DAS GROSSE ILLUSTRIERTE
LEXIKON

DAS GROSSE ILLUSTRIERTE
LEXIKON

70 000 Stichwörter · 3000 Abbildungen
170 Übersichtstabellen · 100 Schwerpunktthemen
1000 Seiten kompaktes Wissen von A-Z

BAND 3

PARC-Z

ORBIS VERLAG

*Warenzeichen, Gebrauchs- und Geschmacksmuster sowie Patente sind in
diesem Werk, wie in allgemeinen Nachschlagewerken üblich,
nicht als solche gekennzeichnet.
Es wird empfohlen, vor Benutzung von bestimmten Zeichen für Waren oder
von besonders gestalteten Arbeitsgerätschaften bzw. Gebrauchsgegenständen
sowie von Erfindungen beim Deutschen Patentamt in München anzufragen, ob ein Schutz besteht.*

Genehmigte Sonderausgabe
Orbis Verlag für Publizistik GmbH, München
Alle Rechte vorbehalten
Gesamtherstellung: westermann druck GmbH, Braunschweig
ISBN 3-572-00766-6

Paratyphus, akute, anzeigepflichtige, infektiöse Darmerkrankung, hervorgerufen durch *Salmonellen* in verdorbenen Fleisch-, Fisch-, Wurst- u. Eierwaren; Brechdurchfall, cholera- u. typhusähnl. Krankheitsbilder.

Parchim, Krst. in Mecklenburg-Vorpommern, 24 000 Ew.; Metall-, Tuch- u. Nahrungsmittel-Ind.

Parcours [-'kuːr], im Pferdesport die für Jagdspringen angelegte Hindernisbahn.

Pardel →Leopard.

Pardo Bazán ['parðo va'θan], Emilia, *1851, †1921, span. Schriftst.; schilderte in naturalist. Romanen ihre galic. Heimat.

Pardubitz, tschech. *Pardubice,* Stadt im östl. Böhmen (Tschech. Rep.), an der Elbe, 165 000 Ew.; landw. Markt, Erdölraffinerie; berühmtes Hindernisrennen.

Pardune, ein starkes Tau, das einen Mast nach hinten u. nach den Seiten abspannt.

Parenchym, 1. bei Wirbeltierorganen das entsprechend der Funktion spezialisierte Gewebe; bes. in drüsigen Organen, z.B. in Leber, Niere u. Milz; Ggs.: *Bindegewebe.* – **2.** das Grundgewebe der Pflanzen aus meist lebenden, dünnwandigen u. plastidenreichen Zellen, die umfangreiche Crafträume enthalten.

parenterale Aufnahme, Zufuhr von Nährstoffen in flüssiger Form unter Umgehung des Verdauungstraktes (z.B. Traubenzucker-, Mineralstoff-, Vitaminlösungen); häufig nach Operationen durch Infusionen in die Blutbahn angewandt.

Parenthese, der Einschub eines formal selbst. Gedankens (Satzes) in eine vorhandene Satzkonstruktion; meist durch Klammern oder Gedankenstriche gekennzeichnet.

Parese, unvollständige Lähmung bei verminderter Funktion eines Nervs.

Pareto, Vilfredo, *1848, †1923, ital. Nationalökonom u. Soziologe; Vertreter der mathemat. Methode der Nationalökonomie (*Lausanner Schule*). Seine Ansichten von der Zirkulation der *Eliten* beeinflußten den Faschismus.

Paretti, Sandra, eigtl. Irmgard Schneeberger, *1935, †1994, dt. Schriftst.; histor. Romane (»Der Winter, der ein Sommer war«).

Paret y Alcázar [-i alˈkaθar], Luis, *1746, †1799, span. Maler (Historienbilder, Landschaften u. Genredarstellungen).

Parfait [parˈfɛ], **1.** Halbgefrorenes, aus Eierschnee, Zucker u. Obst hergestelltes Speiseeis. – **2.** feinste Gänseleber.

par force [parˈfɔrs], mit Gewalt. – **Parforcejagd,** Hetzjagd mit Pferden u. Hunden.

Parfüm, *Parfum* [parˈfœ̃], wäßrig-alkohol. Lösung tier. oder synthet., vorw. pflanzl. Duftstoffe; enthält außerdem den *Fixateur,* der ein längeres Haften des Dufts auf dem parfümierten Gegenstand bewirken soll.

pari, zum Nennwert.

Parias, die *Unberührbaren,* engl. *Outcasts,* die niedrigste Bevölkerungsschicht Indiens; rd. 70 Mio. Menschen, üben die verachtetsten Berufe aus (Straßenfeger, Totengräber), leben oft unter menschenunwürdigen Bedingungen u. erhielten erst im neuen Indien das Wahlrecht. – Übertragen: Rechtloser.

parieren, 1. gehorchen. – **2.** einen Angriff abwehren (beim Fechten). – **3.** *durchparieren,* das Pferd anhalten.

Paris, in der grch. Sage Sohn des Trojanerkönigs Priamos u. der Hekabe; entschied den Streit zw. Hera, Athene u. Aphrodite um den Preis der Schönheit zugunsten Aphrodites, entführte *Helena* u. löste damit den *Trojanischen Krieg* aus.

Paris, Hptst. von Frankreich, inmitten des *P.er Beckens* u. der *Île de France,* an der Seine, 105 km², 2 Mio. Ew. (viele Ausländer). Der Ballungsraum *(Région Parisienne)* umfaßt mit der Innenstadt u. den dazugehörigen rd. 280 Gemeinden 12 008 km² mit 10 Mio. Ew. Verwaltungsmäßig ist P. zugleich eine Gemeinde u. ein Dép. mit 20 Arrondissements u. 80 Quartiers. P. ist Sitz der obersten staatl. u. kirchl. Behörden u. wichtiger internat. Organisationen wie UNESCO, OECD, WEU sowie geistiger u. wirtsch. Mittelpunkt Frankreichs; Universität (Sorbonne) u. a. HS, Forschungs-Inst., Bibliotheken, Museen (Louvre, Centre Georges Pompidou), Oper, Theater; berühmte Bauten: Kirche Saint-Germain des Prés (9. u. 12. Jh.), got. Kathedrale Notre-Dame, Wallfahrtskirche Sacré-Cœur,

PARIS

Blick durch die Rue Soufflot auf das Panthéon, Quartier Latin (links). – Die 1989 fertiggestellte Glaspyramide, 21,65 m hoch, ist der neue Eingang zum Louvre-Museum (rechts)

Der Eiffelturm. Im Hintergrund halbrechts UNESCO-Haus; unter dem Torbogen die École Militaire (links). – Ein architektonisches Meisterwerk ist der 1989 anläßlich der 200-Jahr-Feiern der Französischen Revolution eingeweihte »Große Bogen« (La Grande Arche) im Pariser Geschäftsvorort La Défense. Erbaut aus Beton, Stahl, Marmor und Glas verfügt dieser Triumphbogen mit seiner Höhe von 110 m über 35 Stockwerke, in denen sich rd. 87 000 m² Bürofläche und große Ausstellungshallen befinden. Die Dachterrasse (rd. 1 Hektar) ist öffentlich zugänglich und bietet eine der schönsten Aussichten über Paris (rechts)

Panthéon, Arc de Triomphe, Eiffelturm. – Industrien: bes. Modewaren u. Luxusartikel, Parfüme, Verbrauchsgüter u. Lebensmittel; Mittelpunkt eines zentral ausgerichteten Eisenbahn- u. Straßennetzes; internat. Luftverkehrsknotenpunkt (3 Großflughäfen).
Gesch.: Zur Zeit Cäsars war P. (*Lutetia P.iorum*) eine Siedlung des gall. Volksstamms der *P.ier* auf der *Île de la Cité.* 52 v. Chr. von den Römern eingenommen, 508 Hptst. des Merowingerreichs, 987 Hptst. Frankreichs. Unter *Ludwig XIV.* wurde P. geistiger u. kultureller Mittelpunkt Europas. 1814/15 wurde P. von den verbündeten Mächten besetzt; im 2. Weltkrieg 1940–44 von dt. Truppen.

Pariser Bluthochzeit →Bartholomäusnacht.

Pariser Friedensschlüsse, 1. 1763 zw. England, Portugal, Frankreich u. Spanien; beendete den *Siebenjährigen Krieg* zw. England u. Frankreich um die koloniale Vorherrschaft. Großbrit. gewann u. a. Kanada (von Frankreich) u. Florida (von Spanien). – **2.** 1783 zw. Großbrit. u. den USA: Großbrit. erkannte die Unabhängigkeit der Vereinigten Staaten an. – **3.** 1814 (*1. Pariser Friede*): Beendigung der *Koalitionskriege.* Frankreich behielt die Grenzen von 1792. – **4.** 1946/47 nach Abschluß des *2. Weltkriegs* Friedensverträge der Alliierten mit Bulgarien, Finnland, Italien, Ungarn u. Rumänien.

Pariser Übereinkunft *zum Schutze des gewerbl. Eigentums* 1883, völkerrechtl. Vertrag zw. etwa 90 Staaten zur Regelung des internat. Patent-, Geschmacks- u. Gebrauchsmuster-, Marken- u. Firmen(schutz)rechts sowie zum Schutz gegen unlauteren Wettbewerb.

Pariser Verträge, 1954 zw. den W-europ. Staaten u. den USA getroffene Abkommen zur Einbeziehung der BR Dtld. in die westl. Verteidigungsverträge; über die Beendigung des Besatzungsregimes in der BR Dtld.; über die Stationierung fremder Streitkräfte in der BR Dtld.; über den Beitritt der BR Dtld. zur Westeuropäischen Union (WEU) u. zur NATO; dt.-frz. Abkommen über die Saar (*Saar-Statut*).

Pariser Vorortverträge, die den Mittelmächten nach dem 1. Weltkrieg von der Entente auferlegten Friedensverträge, ben. nach den Orten der Unterzeichnung; →Versailler Vertrag; Saint-Germain mit Östr. (Abtretung Südtirols an Italien); Neuilly mit Bulgarien; Trianon mit Ungarn; Sèvres mit der Türkei.

Parität, Gleichberechtigung, Gleichwertigkeit. – **1.** das offiziell festgesetzte Austauschverhältnis zw. den Währungen zweier Länder bzw. zw. einzelnen Länderwährungen u. dem Gold (*Gold-P.*) oder einem künstl. internat. Zahlungsmittel wie der Europ. Währungseinheit (ECU). – **2.** die zahlenmäßige Gleichstellung bestimmter Bevölkerungsgruppen bei der Besetzung von Stellen in Staat u. Wirtschaft.

Paritätischer Wohlfahrtsverband →Deutscher Paritätischer Wohlfahrtsverband e.V.

Park, ein künstl. geschaffener Naturausschnitt, der den engeren Rahmen des *Gartens* überschreitet; meist in landschaftl. freier Gestaltung.

Pariser Verträge: Unterzeichnung der Souveränitätsabmachungen durch Adenauer, Dulles, Mendès-France und Eden (von links)

Park, 1. Mungo, *1771, †1806, schott. Arzt u. Afrikareisender; bereiste das Nigergebiet. – **2.** Ruth, *24.8.1921, austral. Schriftst.; Unterhaltungsromane über das Leben der unteren Schichten.

Parka, gesteppter Anorak mit Kapuze.

Park-and-ride-System [pa:k ænd raid-], in den USA entwickeltes Verfahren zur Entlastung der Innenstädte, bei dem Pendler ihr Kraftfahrzeug am Stadtrand abstellen u. mit öffentl. Verkehrsmittel in die Stadt fahren.

Park Chung Hee [-tʃuŋhi], *1917, †1979 (ermordet), S-korean. General u. Politiker; seit 1963 Staats-Präs.; regierte zunehmend diktatorisch; wurde vom Chef seines Geheimdienstes erschossen.

Parker ['pa:kə], **1.** Charlie (Charles Christopher), gen. »Bird«, *1920, †1955, afroamerik. Jazzmusiker (Altsaxophon); Mitschöpfer des *Bebop.* – **2.** Dorothy, geb. *Rothschild,* *1893, †1967, US-amerik. Schriftst. (satir. Kurzgeschichten u. Gedichte). – **3.** Horatio William, *1863, †1919, US-amerik. Komponist (Kirchen- u. Instrumentalmusik). – **4.** Matthew, *1504, †1575, erster anglikan. Erzbischof von Canterbury (seit 1559).

Parkes [pa:ks], Alexander, *1813, †1890, engl. Chemiker; erfand das *P.-Verfahren* zur Anreicherung u. Gewinnung von Silber im Werkblei durch Zugabe von Zink. 1850 entdeckte er das Celluloid.

Parkett, 1. stab- oder lamellenförmiger Fußbodenbelag aus Hartholz (Eiche, Buche). – **2.** im Theater der untere Zuschauerraum, im Ggs. zu Rang u. Logen.

Parkinson ['pa:kinsən], **1.** Cyril Northcote, *1909, †1993, brit. Historiker u. Journalist; stellte, auf der Grenze von Ironie u. Ernst, drei »P.sche Gesetze« auf (Kritik am Wachstum der Bürokratie). – **2.** James, *1755, †1824, engl. Arzt; gab die erste Beschreibung der nach ihm ben. **P.schen Krankheit,** *Schüttellähmung,* einer Stammhirnerkrankung mit Muskelstarre, Bewegungsarmut, Zittern, Schütteln u. a. Störungen. Ursächl. werden erbl. Faktoren angenommen.

Parlament, die Volksvertretung als Staatsorgan. Das vom Volk gewählte P. ist Wesensmerkmal jeder Demokratie. Wahl, Aufgaben u. Befugnisse des P. sind in der Verfassung geregelt. Dem P. ist die Rechtsetzung vorbehalten, daneben Funktionen wie Wahl der Minister, Mitwirkung bei der Wahl des Staatsoberhaupts. Die P. bestehen aus einer oder zwei *Kammern,* so in Großbrit.: *Ober-* u. *Unterhaus;* Vereinigte Staaten: *Repräsentantenhaus* u. *Senat;* Frankreich: *Nationalversammlung* u. *Senat;* Schweiz: *Nationalrat* u. *Ständerat;* Österreich: *Nationalrat* u. *Bundesrat.* In Bundesstaaten ist die Zweite Kammer meist die Vertretung der Gliedstaaten; im übrigen dient dies Zweikammersystem dem Ausgleich unterschiedl. Interessen. Die BR Dtld. hat als gesetzgebendes Organ den →Bundestag; daneben besteht der →Bundesrat als föderalist. Organ.

Parlamentär, militär. Unterhändler (zw. feindl. Heeren).

Parlamentarier →Abgeordnete.

Parlamentarischer Rat, die 1948 von den Ministerpräsidenten der 11 Länder der Westzonen im Auftrag der westl. Militärgouverneure einberufene Versammlung zur Vorbereitung u. Abfassung des *Grundgesetzes* für die BR Dtld.

parlamentarischer Staatssekretär →Staatssekretär.

Parlamentarismus, Oberbegriff für die Existenz repräsentativer oder parlamentarischer Einrichtungen, die die staatl. Willensbildung beeinflussen, herbeiführen u. kontrollieren. Darunter fallen versch. Regierungstypen: das *präsidiale System* (z.B. USA), in dem Exekutive (Präsident) u. Legislative (in den USA: Kongreß, gebildet aus Senat u. Repräsentantenhaus) unabhängig nebeneinanderstehen; das *Direktorialsystem* der Schweiz. Heute ist das *parlamentar. System* am häufigsten, womit insbes. der im 19. Jh. vollzogene Übergang der Gesetzgebung vom absoluten Monarchen auf das Parlament gemeint ist. Das betrifft nicht nur die Gesetzgebung i.e.S., sondern auch die wichtigsten Entscheidungen der Exekutive, für die Gesetzesform verlangt wird: Verabschiedung des Haushaltsplans, Entscheidung über Krieg u. Frieden, Zustimmung zu völkerrechtl. Verträgen u. ä. – Im *parlamentar. System* kommt hinzu, daß die Regierung aus dem Parlament hervorgeht u. in enger Verbindung mit seiner Mehrheit verbleibt.

parlando, bes. in der ital. Oper: das sich dem Sprechen nähernde Singen.

Parler, dt. Baumeisterfamilie des 14. Jh.; stilbestimmend für die Entwicklung der spätgot. Baukunst u. Plastik in Dtld., tätig u. a. in Köln, Ulm, Regensburg, Freiburg, Nürnberg u. Prag. Als Herkunftsort wird Köln angenommen. **1.** Peter, *1330, †1399; 1353 nach Prag berufen, um den Dombau zu leiten; baute die Karlsbrücke in Prag. – **2.** Wenzel, Sohn von 1); übernahm zus. mit seinem Bruder Johann die Leitung der Prager Dombauhütte; 1400 Dombaumeister in Wien.

parlieren, rasch u. eifrig reden.

Parma, ital. Prov.-Hptst. in der mittleren Po-Ebene, 175 000 Ew.; Univ. (1065), Kunstakademie, Musikhochschule; roman. Dom, Kloster San Paolo; Schuh-, Tabak-, Uhren-, Nahrungsmittel-Ind. (Parmesankäse, P.-Schinken).
Gesch.: 1512 gliederte Papst *Julius II.* P. dem Kirchenstaat ein. Papst *Paul III.* erhob P. 1545 zum Hzgt., mit dem er seinen unehel. Sohn Pietro Luigi *Farnese* belehnte. 1731 fiel P. an die span. Bourbonen (*Bourbon-P.*), wurde 1735 östr., 1748 span., 1802 frz., 1860 ital.

Parmäne, zu den *Goldrenetten* zählende Apfelsorte, lange haltbar.

Parmenides, *aus Elea,* *um 540 v. Chr., †nach 480 v. Chr., grch. Philosoph; Vorsokratiker, Begr. der *Eleatischen Schule;* führte das logisch-begriffl. Denken in die Philos. ein. Dem trüger. Schein der Wahrnehmung stellte er das nur im Denken zu erfassende, eine, unwandelbare *Sein* gegenüber.

Parmesankäse, halbfetter Hartkäse aus Oberitalien (bes. Parma); gerieben als Würze für Teigwaren u. Suppen.

Parmigianino [-dʒa-], eigtl. Francesco *Mazzola,* *1503, †1540, ital. Maler; Mitbegr. des Manierismus; malte hpts. Madonnenbilder in elegant kühlem Linien- u. Farbstil.

Parnaíba, NO-brasil. Fluß, 1700 km; mündet in den Atlantik.

Parnaß, grch. *Parnassós,* Kalkmassiv in Mittelgriechenland, bis 2457 m. Am SW-Hang liegt *Delphi.* Der P. galt den alten Griechen als Sitz der *Musen* u. des *Apollon* (daher auch Symbol für die Dichtkunst).

Parnassiens [-'sjɛ̃], gegen die Romantik gerichtete frz. Dichtergruppe mit hohen Ansprüchen an die Form u. innere Logik des dichter. Kunstwerks (u. a. Ch. M. *Leconte de Lisle,* J.-M. de *Hérédia,* Ch. *Baudelaire* u. *Sully Prudhomme*).

Parochie [-'xi:] →Pfarrei.

Parodie, 1. Darstellungsweise, die ein als bekannt vorausgesetztes Werk durch Entstellung oder Verformung des Inhalts, aber unter Beibehaltung der Form lächerl. macht. Gewöhnl. wird ein ernster Inhalt durch einen banalen oder komischen ersetzt. – **2.** die umformende Nachahmung einer Komposition, bei der der musikal. Substanz meist bleibt, der Text meist geändert wird u. Stücke in einem neuen Kontext erscheinen, z.B. weltl. Melodien in kirchl. Musik.

Parodist, Verfasser einer Parodie oder jemand, der eine Parodie öffentl. vorträgt.

Parodontitis, entzündl. Erkrankung des Zahnbetts.

Parodontose, *Paradentose,* Rückbildungsvorgänge an Kieferknochen, Zahnfleisch u. Zahnbettgewebe. Die P. führt zu Lockerung der Zähne, Zahnverlust u. Schwund der Kieferknochen.

Parole, militär. Kennwort, Losung.

Parole d'honneur [pa'rɔlɔ'nœ:r], Ehrenwort.

Paroli, im *Pharaospiel* die Verdopplung des Einsatzes. – *P. bieten,* sich jemandem widersetzen.

Paros, grch. Insel der Kykladen, 194 km², 6800 Ew.; Hauptort *Parikia;* bis 706 m hoch Bergland; Abbau von Marmor; Fremdenverkehr.

Paroxysmus, Anfall, höchste Steigerung von Krankheitserscheinungen.

Parrhasios, grch. Maler, tätig im letzten Drittel des 5. Jh. v. Chr.

Parricidium, Sir Charles Hubert Hastings, *1848, †1918, engl. Komponist; schrieb romant. Chorwerke, Sinfonien, Kirchenmusik.

Parry, Sir William Edward, *1790, †1855, engl. Polarforscher; erreichte 1827 als erster die nördl. Breite von 82° 45'; entdeckte u. a. die nach ihm ben. *P.inseln* im kanad.-arkt. Archipel im Nordpolarmeer.

Parsberg, Stadt in der Oberpfalz, Bayern, 5000 Ew.; Schloß (16. Jh.); feinmechan. Ind.

Parseier Spitze, höchste Erhebung der Lechtaler Alpen in Tirol (Östr.), 3038 m.

Parsęk, *Parsec,* Kurzzeichen pc, Kurzwort für *Parallaxensekunde,* in der Astronomie gebräuchliches Längenmaß: 1 pc = 30,86 Billionen km = 3,262 Lichtjahre.

Parsen, die Anhänger des *Parsismus.* Die meisten der P., die den Islam nicht annehmen wollten, wanderten im 8. Jh. aus Persien nach Indien aus. Dort (bes. in Gujarat u. Bombay) leben heute rd. 100 000 P., meist als wohlhabende Kaufleute mit *Gujarati* als Sprache.

Parsenn, schweiz. Wintersportgebiet nördl. von Davos (Graubünden).

Parseval, August von, * 1861, † 1942, dt. Ingenieur; Erbauer des Drachenballons u. Erfinder eines Luftschiffs.

Parsifal →Parzival.

Parsismus, *Mazdaismus,* die in Persien entstandene, auf *Zarathustra* (1. Hälfte des 1. Jt. v. Chr.) zurückgehende Religion. Grundanschauung des P. ist ein doppelter Dualismus von Gut u. Böse u. von geistiger u. körperl. Wirklichkeit. Dem guten Gott *Ahura Mazda* steht der böse Gott *Ahriman* gegenüber. Die parsist. Eschatologie erwartet den Sieg des guten Geistes über den bösen, ein Endgericht u. die Verklärung der Welt. Vor dem Weltgericht erwartet man das Kommen eines Heilands *(Saoschjant).* Für den Kult sind bes. die zahlr. Reinigungsriten u. der *Feuerkult* bezeichnend. Wegen der Heiligkeit des Feuers dürfen die Parsen ihre Toten nicht im Feuer verbrennen, daher setzen sie sie auf den »Türmen des Schweigens« aus, wo sie von Raubvögeln gefressen werden.

Parsons [ˈpaːsənz]. **1.** Sir Charles Algernon, * 1854, † 1931, engl. Ingenieur; Erfinder einer ihm ben. Dampfturbine. — **2.** Talcott, * 1901, † 1979, US-amerik. Soziologe u. Nationalökonom; Mitgl. der »strukturell-funktionalen Theorie« u. der »Theorie des soz. Handelns«.

Part [der], Teil, Anteil; in der Musik beim Zusammenwirken mehrerer Instrumente oder Stimmen die Einzelaufgabe; z.B. der Violinpart; auch die Rolle in einem Theaterstück.

Partei, ein Zusammenschluß von Menschen gleicher oder ähnl. polit., soz., wirtschaftl. u. weltanschaul. Willensrichtung, um sich im staatl. Leben Einfluß zu verschaffen. Die Entwicklung der modernen P. als festgefügte Körperschaften war im allg. ein Vorgang des 18./19. Jh. Schärfer umrissene P.engruppen bildeten sich in den amerik. Unabhängigkeitskämpfen u. in der Frz. Revolution, dann in den dt. Verfassungsbewegungen des »Vormärz«. In der Frankfurter Nationalversammlung begannen sie, sich in Dtld. klarer abzuzeichnen. Ziel einer P. ist es, die Mehrheit im Parlament zu erhalten u. damit den polit. beherrschenden Einfluß zu gewinnen; ihre Gegner im Parlament sind dann im Wahlkampf unterlegenen *Oppositions-P.en.* Das Wechselspiel der P.en ist eine der Grundvoraussetzungen des modernen Verfassungslebens, bes. des parlamentar. Systems. Dabei wird vorausgesetzt, daß die P.en gemeinsam den Volkswillen repräsentieren. Wo eine P. allein den wahren Volkswillen zu verkörpern vorgibt oder sich als Elite betrachtet, kommt es zum *Einparteiensystem* (z.B. in der Diktatur). Die Organisation der P. ist je nach ihrer inneren Einstellung demokrat., aristokrat. oder autoritär. Gemäß Art. 21 GG muß die innere Ordnung aller P.en der BR Dtld. den demokrat. Grundsätzen entsprechen.

Partei des demokratischen Sozialismus →Sozialistische Einheitspartei Deutschlands.

Parteien, 1. Mieter eines Hauses. — **2.** die gleichberechtigten Gegner eines Rechtsstreits.

Parteifähigkeit, die Fähigkeit, in einem Zivilprozeß Partei zu sein, d. h. den Prozeß als Kläger oder Beklagter im eigenen Namen zu führen; an die *Rechtsfähigkeit* geknüpft.

Parteiverrat, *Prävarikation,* pflichtwidrige Unterstützung beider Parteien einer Rechtssache durch einen Anwalt oder Rechtsbeistand.

Parterre [-ˈtɛr]. **1.** das Erdgeschoß. — **2.** die hinteren Reihen des *Parketts.*

Parthenogenese, *Jungfernzeugung,* die Entwicklung der Eizelle ohne vorhergegangene Besamung, z.B. bei Stabheuschrecken, Platt- u. Rundwürmern u. einigen Blütenpflanzen (Tabak, Reis, Weizen). Bei einigen Tieren kommt P. nur gelegentl. neben normaler geschlechtl. Fortpflanzung vor, wie bei einigen Schmetterlingen. Die männl. Bienen (Drohnen) entstehen immer aus unbefruchteten Eiern.

Parthenokarpie, *Jungfernfrüchtigkeit,* die Bildung samenloser Früchte ohne Befruchtung; v. a. bei Kulturpflanzen (z.B. Banane, kernlose Mandarinen u. Sultaninen, Feige).

Parthenon, ein der jungfräul. *Athene* geweihter dorischer Tempel auf der Akropolis von Athen, 447–432 v. Chr. von *Iktinos* u. *Kallikrates* errichtet; beherbergte das von *Phidias* geschaffene Gold-Elfenbeinbild der Göttin.

Parther, iran. Stamm, der unter den *Arsakiden* (247 v. Chr. – 224 n. Chr.), bes. unter *Mithridates I.,* um 150 v. Chr. zur Großmacht des Ostens wurde u. fast ganz Mesopotamien eroberte. 96 v. Chr. begannen die 300 Jahre währenden Auseinandersetzungen mit den Römern. Nach dem Tod des letzten P.königs 224 herrschte die Dynastie der Sassaniden.

partial, *partiell,* teilweise, anteilig.

Partialdruck, der von jedem einzelnen Gas einer Mischung mehrerer idealer Gase ausgeübte Teildruck. Der P. ist gleich dem Druck, den es auch ausüben würde, wenn es allein anwesend wäre. Der Gesamtdruck ist also gleich der Summe der P. *(Daltonsches Gesetz).*

Partialtöne →Obertöne.

Partie, 1. Teil, Anzahl, (Waren-) Menge; Gang in einem Wettbewerb oder Spiel; Ausflug *(Land-P.);* Heirat (gute oder schlechte P.). — **2.** *Part,* Bühnenrolle.

Partikel, 1. nicht flektierbares Wort (u. a. alle Konjunktionen u. Präpositionen). — **2.** Teilchen, z.B. mikroskop. kleines Wassertröpfchen im Nebel; auch Sammelbez. für atomare Teilchen wie Elektronen, Protonen, Atome, Ionen.

partikular, nur einen Teil betreffend, einzeln.

Partikularismus, die Bewahrung der polit. Selbständigkeit gegenüber einer größeren staatl. Einheit.

Partikularrecht, eine Rechtsordnung, die nur für einen Teil eines größeren einheitl. Rechtsgebiets gilt; z.B. die Gesetzgebung der ehem. dt. Territorialstaaten im Ggs. zum röm. Recht u. zu den Reichsgesetzen, dem *Gemeinen Recht.* In der BR Dtld. entspricht diesem Ggs. der von *Bundesrecht* u. *Landesrecht.*

Partisan, ein bewaffneter Parteigänger hinter u. zw. den feindl. Fronten, der nicht als Soldat gekennzeichnet ist; völkerrechtl. nicht als Kombattant anerkannt. Der Begriff überschneidet sich z. T. mit →Guerilla.

Parther: lebensgroße Statue eines parthischen Königs. Bagdad, Nationalmuseum

Pascalsches Dreieck

Partisane, lange, der *Hellebarde* ähnl. Stoßwaffe des Fußvolks im 16./17. Jh.; mit zweischneidiger, spitzer Klinge.

Partita, seit dem 17. Jh. Bez. für die Suite; bes. Form: *Choral-P.,* bei der dem Choralthema figurierte Variationen folgen.

Partitur, die übersichtl. nach einzelnen Instrumentengruppen u. Instrumenten oder Gesangsstimmen geordnete Niederschrift von Musikwerken, so daß die gleichzeitig erklingenden Noten untereinander stehen.

Partizip, Mittelwort, eine nominale Form des Verbums; im Dt. in 2 Typen: 1. für die Gegenwart, z.B. »singend« *(P. Präsens);* 2. für die Vergangenheit, z.B. »gesungen« *(P. Perfekt).*

partizipieren, teilnehmen, beteiligt sein.

Partnach, r. Nbfl. der Loisach in Oberbayern, 18 km; durchbricht sö. von Garmisch-Partenkirchen in der 500 m langen *P.-Klamm* das Wettersteingebirge.

Partner, Teilhaber, Gefährte, Mitspieler.

Partnerstadt, Stadt, die kulturelle Beziehungen zu einer anderen (ausländ.) Stadt pflegt.

partout [-tu], durchaus, unbedingt.

Partus, die Geburt. — **P. immaturus,** Fehlgeburt. — **P. praematurus,** Frühgeburt.

Partwork [ˈpaːtwəːk], ein umfangreiches Werk, das in Form regelmäßig erscheinender Hefte veröffentl. u. hpts. über den Zeitschriftenvertriebsweg verbreitet wird.

Party, geselliges Beisammensein, privates Fest.

Parusie, im NT die Wiederkunft Jesu zum Jüngsten Gericht.

Parzelle, Waldbezirk, Flurstück, Teil eines Grundstücks oder eines Abbaugebiets für Schürfungen.

Parzen, die drei röm. Schicksalsgöttinnen; den grch. *Moiren* (Moira) gleichgesetzt.

Parzival, *Parsifal,* Titelheld eines um 1200–1210 entstandenen Versepos von *Wolfram von Eschenbach* (Vorlage war der altfrz. Versroman von Chrétien de Troyes). »P.« ist ein mittelalterl. Bildungsroman, in dem der Auszug des Ritters nach Abenteuern (Artus-Epik) zur Suche des Menschen nach Gott wird (Grals-Epik). Erst nach langen Irrwegen, auf denen P. ohne Gott auszukommen glaubt, wird er schließl. als ein Geläuterter zum Gralskönig gekrönt. Bühnenweihfestspiel »Parsifal« von R. Wagner (1882).

Pas [pa], Schritt, Tanzschritt. — **Pas de deux,** im Ballett ein Tanz zu zweit.

PAS, Abk. für *Para-Aminosalicylsäure,* ein Derivat der Benzoesäure; ein Tuberkulostatikum (wirkt wachstumshemmend auf Tuberkelbazillen).

Pasadena [pæsəˈdiːnə], Stadt im nordöstl. Vorortbereich von Los Angeles, Calif. (USA), 119 000 Ew.; Raumfahrtbehörden mit Laboratorien, Rechenzentren; Elektroind.; nördl. von P. der *Mt. Wilson* mit Sternwarte.

Pasay [-ˈaj], fr. *Rizal,* philippin. Stadt in Luzon, südl. von Manila, 288 000 Ew.; Univ.; Tabak-Ind.; Flughafen.

Pascal, 1. ab 1970 entwickelte höhere Programmiersprache. — **2.** Kurzzeichen Pa, Einheit des Drucks: 1 Pa = 1 N/m² (Newton pro Quadratmeter), 100 Pa = 1 Hektopascal (hPa).

Pascal, Blaise, * 1623, † 1662, frz. Mathematiker, Physiker u. Philosoph; erfand eine Rechenmaschine, begr. u. a. die *Wahrscheinlichkeitsrechnung* u. arbeitete über die Zahlenkombinatorik. Mit 26 Jahren gewann er Anschluß bei den *Jansenisten* von *Port-Royal.* Philos. Hptw.: »Pensées sur la religion« (posthum zuerst 1670). Ihm ging es um die Grenzen rationaler Erkenntnis, um Recht intuitiver Gewißheit, um Gebrochenheit, Elend u. Größe des Menschen u. um die Absolutheit des Christentums.

Pascalsches Dreieck, ein Zahlendreieck, gebildet aus den Binomialkoeffizienten. Alle Randzahlen einer Zeile sind 1, die übrigen Zahlen einer Reihe entstehen durch Addition der beiden nächstgelegenen Zahlen der vorhergehenden Reihe.

```
              1
            1   1
          1   2   1
        1   3   3   1
      1   4   6   4   1
    1   5  10  10   5   1
  1   6  15  20  15   6   1
```

Pasch, ein Wurf, bei dem 2 oder mehr Würfel die gleiche Augenzahl zeigen.
Pascha, 1. ['paʃa] →Pessach. – **2.** [-'ʃa], fr. Titel der höchsten Beamten u. Offiziere im Osman. Reich, auch in Ägypten.
Paschalis, Päpste:
1. P. I., †824, Papst 817–824; Kaiser *Ludwig I.* (der Fromme) bestätigte ihm den Besitz des Kirchenstaats. – Heiliger (Fest: 14.5.). – **2. P. II.,** eigtl. *Rainer,* †1118, Papst 1099–1118; Mönch aus Cluny, versuchte vergebl., den Investiturstreit gegen *Heinrich V.* zu beenden. – **3. P. (III.),** eigtl. *Guido von Crema,* †1168, Gegenpapst 1164–68; sprach Karl d. Gr. heilig.
Paschasius Radbertus [pas'çazius], * um 790, † um 860, karoling. Theologe; Benediktiner, Abt von Corbie. – Heiliger (Fest: 26.4.).
Paschen, Friedrich, *1865, †1947, dt. Physiker; führte genaue Wellenlängenmessungen bei Wasserstoff u. Helium zur Bestimmung der Rydberg-Konstanten durch; erfand empfindl. elektr. Meßgeräte *(P.-Galvanometer).*
Paschto, *Paschtu,* eine neuiran. Sprache im NW Pakistans u. in Afghanistan (dort Amtssprache).
Paschtunen, Volk in Afghanistan u. Pakistan.
Pascoli, Giovanni, *1855, †1912, ital. Schriftst. Seine Lyrik schildert die idyll. Welt von Blumen, Vögeln u. Kindern.
Pas de Calais [padəka'lɛ], *Straße von Dover,* die Meerenge im Kanal, zw. Calais u. Dover.
Pasewalk, Krst. in Mecklenburg, an der Uecker, 15 000 Ew.; Masch.- u. Lebensmittel-Ind.
Pašić ['paʃitɕ], *Paschitsch,* Nikola, *1846, †1926, serb. Politiker; an der Gründung Jugoslawiens maßgebl. beteiligt; 1921–26 dessen Min.-Präs.; Verfechter großserb. Ideen.
Pasigraphie, Begriffschrift, Darst. der Begriffe durch festgelegte Symbole; z.B. in der *Logistik.*
Paskai ['paʃkai], László, *8.5.1927, ung. kath. Theologe; 1987 Erzbischof von Esztergom u. Oberhaupt der kath. Kirche in Ungarn.
Pašman ['paʃ-], kroat. Insel im Adriat. Meer, 57 km², 1900 Ew.; Fischfang, Fremdenverkehr.
Pasmore ['pa:smɔ:], Victor, *3.12.1908, engl. Maler; erweiterte in seinen »Konstruktionen« den Bildraum in die Dreidimensionalität.
Paso doble, schneller span. Paartanz im ²/₄- oder ³/₄-Takt; auch schneller Marsch im ⁶/₈-Takt.
Pasolini, Pier Paolo, *1922, †1975 (ermordet), ital. Filmregisseur u. Schriftst.; sozialkrit. Filme (»Accatone«, »Das 1. Evangelium – Matthäus«, »Edipo Re«, »Teorema«, »Medea«, »Decamerone«, »Die 120 Tage von Sodom«); schrieb auch Lyrik u. Romane.
Paspel, Zierstreifen an Kleidungsstücken u. Uniformen.
Pasquill, meist anonyme Schmähschrift.
Paß, 1. Figur des Maßwerks in Form eines Kreises, Halb- oder Dreiviertelkreises. – **2.** die als Leitlinien des Verkehrs wichtigen Übergänge in Einsattelungen von Gebirgskämmen. – **3.** das genaue Zuspielen des Balls (bes. beim Fußball) oder des Pucks (beim Eishockey) zwischen zwei Spielern einer Mannschaft. – **4.** *Reisepaß,* öffentl. Urkunde zur Legitimation einer Person, insbes. im internat. Verkehr.

In Passau, der »Drei-Flüsse-Stadt«, vereinigen sich Inn, Donau und Ilz (von links)

passabel, leidl., annehmbar.
Passacaglia [-'kalja], ein der *Chaconne* nahestehendes Tonstück von ernster, würdevoller Haltung im ruhigen Zeitmaß u. ³/₄-Takt; bes. in der Orgelmusik des 17./18. Jh.
Passage [pa'sa:ʒə], **1.** Überfahrt, Durchfahrt; Gang; Reise mit dem Schiff oder Flugzeug. – **2.** Durchgang eines Gestirns durch den Meridian; beobachtet durch das *P.instrument.* – **3.** überdachter Gebäudedurchgang. – **4.** beim Dressurreiten erhabener schwungvoller Trab mit starker *Versammlung,* wobei die diagonalen Beinpaare vor jedem Aufsetzen in der Beugung kurz verhalten werden. – **5.** →Lauf (2).
Passah →Pessach.
Passameter, Meßinstrument für genaue Außenmessungen.
Passarge, poln. *Pasłęka,* Fluß im Ermland, 169 km; mündet ins Frische Haff.
Passarowitz, serb. *Požarevac,* Stadt in Serbien, sö. von Belgrad, 33 000 Ew. – Der *Friede von P.* beendete den Türkenkrieg 1716–18.
Passat, ganzjährig wehender, mäßiger Wind in den Tropen, von den Roßbreiten zum Äquator; infolge der ablenkenden Kraft der Erdrotation auf der Nordhalbkugel als *Nordost-P.,* auf der Südhalbkugel als *Südost-P.*
Passau, krfr. Stadt in Niederbayern, am Zusammenfluß von Donau, Inn u. Ilz, 52 000 Ew.; kath. Bischofssitz, Univ.; Dom (15.–17. Jh., große Orgel) u. a. bed. Kirchen, Alte u. Neue Residenz, Nibelungenhalle; Masch.-, Elektro- u. chem. Ind.
Passavant [-'vã], Johann David, *1787, †1861, dt. Maler u. Kunsthistoriker; schloß sich 1817–24 in Rom den *Nazarenern* an.
Passe, bei Kleidern u. Mänteln angesetztes Stück über beide Schultern.
passé, vergangen, überholt.
Passeiertal, waldreiches Seitental der Etsch, bei Meran (Italien), 35 km lang.
Passepartout [paspar'tu], Hauptschlüssel; Papp- oder Kartonrahmen (ohne Glas) für Bilder.
Passepied [pas'pje], alter frz. Rundtanz aus der Bretagne im ³/₄-Takt.
Passer, das Zusammenstimmen beim Übereinanderdrucken von Farbplatten; →Register (4).
Paßgang, die bei Bären, Elefanten, Kamelen u. a. übl. Gangart, bei der die Beine der gleichen Seite gleichzeitig u. gleichförmig nach vorn gesetzt werden.
passieren, 1. überqueren, hindurchgehen. – **2.** Speisen durch ein Sieb hindurchgießen oder seihen.
Passion, 1. starke Neigung, Liebhaberei. – **2.** das Leiden Jesu von der Festnahme bis zum Tod am Kreuz in den Evangelien aufgezeichnet. – Die 40tägige *P.szeit* vor Ostern (in der kath. Kirche *Fastenzeit*) ist dem Gedenken des Leidens u. Sterbens Jesu gewidmet. – Vertonung der P.sgeschichte bes. seit H. Schütz u. J. S. Bach bis hin zu K. Penderecki.
Passionsblumen, *Passiflora,* rankende Gewächse im trop. Amerika, mit großen Blüten, in denen man Dornenkrone, Nägel, Kreuz u. Geißel Christi sah. Die P. liefern wohlschmeckende Früchte **(Passionsfrüchte)** mit gelbroter, glänzender Schale.
Passionsspiel, die häufigste Form des *geistl. Schauspiels* im MA; behandelt die Leidensgeschichte Christi. Das P. blühte bes. im 14./15. Jh. u. hat sich bis in die Gegenwart erhalten (Oberammergau).
passiv, untätig, teilnahmslos.
Passiv, *Passivum, Leideform,* ein *Genus verbi,* durch das Subjekt als Erleider der durch das Verbum bezeichneten Handlung hingestellt wird; mit Hilfsverben gebildet (»ich werde geschlagen«). Ggs.: *Aktiv.*
Passiva, zusammenfassende Bez. für die der Aktivseite einer *Bilanz* gegenüberstehenden Posten. Während die Passivseite die finanzielle Herkunft der im Betrieb arbeitenden Mittel ausweist, zeigt die Aktivseite die Verwendung dieser Mittel (Vermögen). Die P. werden auf der rechten Bilanzseite dargestellt; sie bestehen aus Schulden (Passiva i.e.S.), Rückstellungen für ungewisse Schulden, Eigenkapital.
passiver Widerstand, Widerstand, der auf dem Prinzip der Gewaltlosigkeit basiert; Gewaltanwendung wird abgelehnt, um die Eskalation der Gegengewalt zu verhindern. Formen: Verweigerung jeder Zusammenarbeit mit der herrschenden Regierung, Boykott öffentl. Einrichtungen, ziviler Ungehorsam.
passives Wahlrecht, *Wählbarkeit* →Wahlrecht.
Passivgeschäfte, die Entgegennahme von Einlagen (Depositen u. Spareinlagen) u. die Aufnahme von Krediten durch Kreditinstitute; im Ggs. zum *Aktivgeschäft* der Kreditgewährung.
Passung, Art u. Weise, wie zusammengehörige Maschinenteile (z.B. Bohrung u. Welle) zusammenpassen.
Passus, Stelle oder Absatz in einer Schrift.
Passuth ['pɔʃut], László, *1900, †1979, ung. Schriftst. (histor. Romane).
Pastasciutta [-'ʃuta], ital. Nationalspeise aus Nudeln mit versch. Beilagen.
Paste, 1. *Pasta,* breiige zähe Masse; Salbe-Pulver-Mischung (z.B. *Zink-P.*). – **2.** Ersatz u. Nachbildung einer Gemme aus farbigem Glas.
Pastellmalerei, Trockenmalerei mit *Pastellstiften* (mit Schlemmkreide oder Tonerde versetzt). Die in staubigen Schichten aufgetragenen u. oft verriebenen Farben ermöglichen zarteste Werte von samtiger Wirkung. Die Anfänge der P. liegen im

Passionsspielhaus in Oberammergau

15. Jh.; vom 17. Jh. an entwickelte sie sich zum selbst. Kunstmittel (bes. Bildnismalerei); auch Impressionisten u. Symbolisten bedienten sich dieser Technik.

Pasternak, Boris Leonidowitsch, * 1890, † 1960, russ. Schriftst.; schrieb esoterische, durch Musikalität bestimmte Lyrik (»Wenn es aufklart«). Sein Roman »Doktor Schiwago« brachte ihm 1958 den Nobelpreis ein, den er jedoch unter staatl. Druck ablehnen mußte.

Pasterze, größter ostalpiner Gletscher, am Großglockner (Östr.); eine über 9 km lange u. bis 1650 m breite Eiszunge.

Pastete, hohles Backwerk aus Blätterteig mit feiner Fleisch-, Fisch- oder Gemüsefüllung.

Pasteur [pas'tœ:r], Louis, * 1822, † 1895, frz. Chemiker u. Bakteriologe; entwickelte Impfstoffe gegen Tollwut, Rotlauf, Milzbrand; begr. durch die Entdeckung der Kleinstlebewesen u. ihrer Mitwirkung bei Gärungs- u. Krankheitsprozessen die Lehre von der *Mikrobiologie.* – **P.isierung,** die Inaktivierung von Mikroorganismen durch kurzfristige Temperaturbehandlung unter 100 °C; bes. für Entkeimung von Getränken (Milch, auch Obstsäfte) eingesetzt. Bei der P. werden die Lebensmittel *keimarm,* nicht *keimlos* wie bei der → Sterilisation.

Pasticcio [-'titʃo], **1.** gefälschtes Kunstwerk; auch die virtuose Nachahmung eines anderen Stils ohne fälschende Absicht. – **2.** aus den Werken versch. Komponisten zusammengesetztes Musikstück, bes. Oper oder Singspiel.

Pastille, Täfelchen oder Scheibchen, offizinelle Arzneizubereitung.

Pastinak, gelb blühendes *Doldengewächs,* dessen

Pasterze

Wurzeln als Gemüse u. Viehfutter dienen.

Pasto, *San Juan de P.,* Dep.-Hptst. in SW-Kolumbien, 2560 m ü. M., 245 000 Ew.; kath. Bischofssitz; Univ.; landw. Handelszentrum, Flugplatz.

Pastor(in), Seelsorger(in), bes. der (die) ev. → Pfarrer(in).

Pastor, Ludwig, Frhr. von *Campersfelden,* * 1854, † 1928, dt. Historiker; Ⓦ »Gesch. der Päpste seit dem Ausgang des MA«.

pastoral, 1. idyllisch. – **2.** feierlich, seelsorgerisch.

Pastoralbriefe, im NT die Briefe an *Timotheus* u. *Titus,* die unter dem Namen des Apostels Paulus verfaßt worden sind.

Pastorale, 1. in der Malerei eine idyllische Hirtenszene. – **2.** die musikal. Wiedergabe ländl. Motive; »P.« heißt die 6. Sinfonie L. van *Beethovens.*

Pastoraltheologie, ein Gebiet der kath. Theologie, das alle zur seelsorger. Praxis gehörigen Bereiche umfaßt, u. a. *Homiletik, Katechetik u. Liturgik,* Sondergebiet *Pastoralmedizin.* Im ev. Bereich ist die P. ein Teil der »praktischen Theologie«.

pastos, teigig; in dickem Farbauftrag gemalt.

Patagonien, der Südteil von Südamerika, vom Rio Negro bis zur Magellan-Straße; besteht aus den Patagon. Anden *(West-P.)* in Chile u. dem Patagon. Tafel- u. Schichtstufenland *(Ost-P.)* in Argentinien; bed. Erdöl- u. Erdgasfelder (60% der argentin. Erdölförderung).

Patan, Stadt in Nepal, bei Katmandu, 1220 m ü. M., 70 000 Ew.; religiöses Zentrum; Leder- u. Textil-Ind.

Pataria, Reformbewegung im 11. Jh. in Oberitalien, bes. in Mailand, gegen die Verweltlichung des Klerus, gegen Priesterehe, Ämterkauf u. Investitur.

Patchen [pætʃən], Kenneth, * 1911, † 1972, US-amerik. Schriftst.; schrieb avantgardist. Lyrik u. oft experimentell gefärbte Prosa; Wegbereiter der »Beat Generation«.

Patchwork ['pætʃwəːk], »Flickwerk«, aus Stoffresten in versch. Farben u. Dessins zusammengesetzte Stoffbahnen für Decken u. Vorhänge u. ä.

Pate, »geistl. Vater«, Zeuge der christl. Taufe (in der kath. Kirche auch Firmung) u. Bürge für die Erziehung des getauften Kindes im christl. Glauben.

Patella, Kniescheibe.

Patene, Hostienteller.

Patent, 1. das vom Staat erteilte ausschl. Recht, eine Erfindung zu benutzen. Rechtsgrundlage ist in der BR Dtld. das *P.gesetz* vom 16.12.1980. Dritten ist es verboten, das geschützte Erzeugnis herzustellen, anzubieten, in Verkehr zu bringen oder zu gebrauchen. P. werden nur erteilt für Erfindungen, die neu sind, auf einer erfinder. Tätigkeit beruhen u. gewerbl. anwendbar sind. Nicht schutzfähig sind: Entdeckungen sowie wiss. Theorien u. math. Methoden, ästhet. Formschöpfungen, Programme für Datenverarbeitungsanlagen sowie biolog. Verfahren zur Züchtung von Pflanzen oder Tieren. Das Recht auf das P. hat der Erfinder oder sein Rechtsnachfolger. Die Erfindung muß beim *P.amt* schriftl. zur Eintragung in die *P.rolle* angemeldet werden. – Das Dt. **P.amt** (München) nimmt die Aufgaben des gewerbl. Rechtsschutzes wahr. Prüfungsstellen prüfen die angemeldeten P., Gebrauchsmuster u. Warenzeichen auf ihre Schutzfähigkeit u. entscheiden über Widersprüche. – **P.anwalt,** beim Patentamt der BR Dtld. eingetragene Person, die zur Rechtsberatung u. Vertretung vor dem P.gericht befugt ist. – **2.** öffentl. Urkunde über die Verleihung eines Rechts (Kapitäns-P.).

Patentlösung, die alle Beteiligten zufriedenstellende Lösung eines Problems.

Pater, 1. [pa'tɛr] Jean-Baptiste, * 1695, † 1736, frz. Maler; Schüler von A. *Watteau,* malte Genreszenen u. Darst. galanter Feste im Stil des Rokoko. – **2.** ['peitə] Walter Horatio, * 1839, † 1894, engl. Schriftst. (kulturhistor. Studien).

Paternalismus, Bestreben (des Staates), den Bürger zu bevormunden.

Paternò, ital. Stadt auf Sizilien, am Ätna, 47 000 Ew.; Schwefelthermen.

Paternoster, 1. das nach den lat. Anfangsworten benannte → Vaterunser. – **2.** → Aufzug.

Pater patriae, »Vater des Vaterlands«, Ehrenname für die röm. Kaiser u. verdiente hohe Staatsbeamte.

Paterson ['pætəsən], Stadt in New Jersey (USA), an den Wasserfällen des *Passaic River,* 138 000 Ew.; kath. Univ.; Textil-, Auto- u. Flugzeug-Ind.

pathetisch, leidenschaftl., erhaben, übertrieben gefühlvoll.

pathogen, krankmachend. – **Pathogenese,** Entstehung, Entwicklung einer Krankheit. – **Pathogenität,** Fähigkeit eines Keims (Bakterium, Virus), Infektionskrankheiten verursachen zu können.

Pathologie, die Lehre von den Krankheiten, d. h. die Erforschung der Gesetzmäßigkeiten im krankhaften Geschehens. Die *patholog. Anatomie* untersucht die Gewebs- u. Organveränderungen, die *patholog. Histologie* die feingewebl. Veränderungen, die *patholog. Physiologie* die Veränderungen der Organfunktionen durch die Krankheiten. – **Pathologe,** Arzt für P. – **pathologisch,** die P. betreffend; krankhaft.

Pathos, Leidenschaft, Erregung; leidenschaftl. Vortragsweise.

Patience [pa:sjɑ̃s], Kartengeduldspiel, meist für eine Person.

Patient, der Leidende, der Kranke.

Patina, graugrüne Oberflächenschicht aus Kupfercarbonat auf Kupfer, die sich unter Einfluß der Witterung bildet; an Schmuckgegenständen oft künstl. erzeugt.

Patinier, *Patinir,* Joachim, * um 1480, † 1524, ndl. Maler; bahnbrechend in der Behandlung weiträumiger Landschaften.

Patio, Innenhof span. Häuser.

Pâtisserie, feines Backwerk; Feinbäckerei.

Patmos, grch. Insel des Dodekanes, 34 km², 2400 Ew., Hauptort *Chora;* felsig; Johanneskloster (11. Jh.). Nach der Legende Verbannungsort des Apostels Johannes.

Patna, Hptst. des N-ind. Bundesstaats Bihar, am Ganges, 917 000 Ew.; Univ.; Metall-, Leder- u. Nahrungsmittel-Ind.

Patois [pa'twa], Bez. für versch. frz. Dorfmundarten innerhalb eines größeren Dialektgebietes; später abwertend für frz. Dialekte schlechthin.

Paton ['peitən], Alan, * 1903, † 1988, südafrik. Schriftst.; kämpfte für die Gleichstellung der Schwarzen u. behandelte in seinen Romanen die Rassenproblematik. Ⓦ »Denn sie sollen getröstet werden«.

Patras, grch. Hafenstadt an der Nordküste des Peloponnes, am *Golf von P.,* 140 000 Ew.; Univ.; Baumwoll-, Papier- u. Ind.

Patriarch, 1. bibl. Erzvater. – **2.** Oberhaupt der Juden im röm. Reich (bes. in Palästina) zw. 2. u. 5. Jh., aus der Fam. *Hillel.* – **3.** Titel leitender Bischöfe in Konstantinopel, Alexandria, Antiochia, Jerusalem.

Patriarchat, 1. Stellung u. Amt eines *Patriarchen* (3). – **2. Männerherrschaft, Vaterherrschaft,** die Herrschaft des Vaters im Fam.- u. Sippenverband; Ggs.: *Matriarchat.*

Patrick ['pætrik], * um 385, † 461, Apostel Irlands; organisierte eine eigenständige Nationalkirche. – Heiliger (Fest: 17.3.).

Patrimonialgerichtsbarkeit, die gutsherrl. Gerichtsbarkeit, in Dtld. abgeschafft durch die Reichsjustizgesetze von 1877.

Patrimonium, im röm. Recht das väterl. Erbgut; allg. Vermögen.

Patriot, Vaterlandsfreund.

Patriotismus, die »vaterländ. Gesinnung«, die auf einem starken Zugehörigkeitsgefühl zur Heimat beruht u. bis zur selbstlosen Hingabe an die staatl. Gemeinschaft gesteigert werden kann. Für die nationale Einigung war P. v. a. nach 1866 einer der stärksten Antriebe. Von den Nationalsozialisten wurde die Idee des P. für ihre Zwecke mißbraucht.

Patrize, in der Schriftgießerei ein stählerner Schriftstempel zum Einprägen des Buchstabenbilds in die *Matrize,* aus der dann die *Type* (Letter) gegossen wird.

Patrizier, 1. Adeliger im alten Rom. – **2.** im MA Mitgl. des wohlhabenden Bürgertums.

Patroklos, in *Homers* »Ilias« Freund des *Achilles,* von *Hektor* getötet.

Patrologie, die Wiss. von den Schriften u. der Theologie der *Kirchenväter* (2.–7. Jh.). In der prot. Forschung spricht man seit Ende des 19. Jh. von *altchristl. Literaturgeschichte.*

Patron, 1. *Schutz-P.,* ein Heiliger, dessen Schutz eine einzelne Person, eine Gemeinschaft oder ein Ort anbefohlen ist (Schutzheiliger, Namens-, Kirchen-P.). – **2.** Inhaber eines *Patronats.* – **3.** im röm. Recht der *Herr* im Verhältnis zu seinen Freigelassenen u. Schutzbefohlenen.

Patronat, ein Inbegriff von Rechten (bes. Stellenbesetzung) u. Pflichten (bes. Baulast); urspr. von der Kirche Stiftern u. ihren Rechtsnachfolgern im Grundeigentum zugestanden.

Patrone, 1. als Munition für Handfeuerwaffen dienende Hülse mit Zünder, Treibladung u. aufgesetztem Geschoß. – **2.** auswechselbare Tintenkapsel für Füllfederhalter.

Patronymikon, aus dem Namen des Vaters oder Stammvaters gewonnener Personenname; z.B. »Petersen« (= Peter-Sohn).

Patrouille [-'truljə], Spähtrupp.

Patras: Sankt-Andreas-Kirche

Patrozinium, 1. die »Schutzherrschaft« eines Heiligen über die ihm geweihte Kirche; auch das kirchl. Fest des Patrons einer Kirche. – **2.** im alten Rom Vertretung durch einen Patron vor Gericht; im MA Rechtsschutz des Gutsherrn für seine Untergebenen (Übergang zum *Lehnswesen* u. *Feudalismus*).

Patscherkofel, Berggipfel sö. von Innsbruck (Östr.), 2246 m.

Patt, beim Schachspiel eine Stellung, in der der am Zug befindl. Spieler keine seiner Figuren mehr ziehen kann. Das Spiel endet dadurch *remis*. – Übertragen: eine polit. oder militär. Situation, in der die Gegner gleich stark u. daher bewegungsunfähig sind.

Pattaya, Badeort an der O-Küste von Thailand, 45 000 Ew.; Touristenzentrum.

Pattern ['pætən], Muster, Struktur, Modell; in den Sozialwiss. Bez. für spezif. Modelle, die schemat. ein Bild von der Struktur individuellen oder kollektiven Verhaltens ergeben.

Pattern Painting ['pætən 'peɪntɪŋ], Schablonen-Malerei; eine Kunstrichtung seit etwa 1968, die aus Protest gegen die Eintönigkeit der Minimal Art das dekorative Element betont.

Patzak, Julius, *1898, †1974, östr. Sänger (Tenor).

Pau [po], SW-frz. Dép.-Hptst. auf einer Hochebene über dem Tal des *Gave de P*., 83 000 Ew.; Luftkurort; Metall-, Textil- u. Leder-Ind.

Pauke, Kessel-P., ein Schlag- u. Rhythmusinstrument des Orchesters; ein metallener Kessel, über den ein Kalbs-, Esels- oder synthet. Fell gespannt ist. Die Spannung des Fells u. damit die Tonhöhe kann erhöht u. erniedrigt werden.

Paukenhöhle, Teil des *Mittelohrs* der Wirbeltiere.

Paul, Päpste:
1. P. I., †767, Papst 757–67; Heiliger (Fest: 28.6.). –
2. P. III., eigtl. Alexandro *Farnese*, *1468, †1549, Papst 1534–49; ausgeprägter Renaissanceherscher; verkündete die Exkommunikation *Heinrichs VIII.* von England, bestätigte den Jesuitenorden u. berief 1545 das Konzil von Trient ein. – **3. P. IV.,** eigtl. Giampietro *Caraffa*, *1476, †1559, Papst 1555–59; setzte sich für die innere Reform der verweltlichten Kirche ein; Mitgr. des *Theatinerordens*. Die Inquisition handhabte er mit äußerster Härte. – **4. P. V.,** eigtl. Camillo *Borghese*, *1552, †1621, Papst 1605–21; setzte die Kirchenreform fort, bes. durch die Förderung der neuen Orden. – **5. P. VI.,** eigtl. Giovanni Battista *Montini*, *1897, †1978, Papst 1963–78; führte das 2. Vatikan. Konzil zu Ende; mahnte zu Frieden u. Gerechtigkeit. Die päpstl. Autorität betonte er stark, gegenüber neuen Strömungen in der kath. Theologie verhielt er sich reserviert.

Paul, Fürsten:

Griechenland:
1. P. I., *1901, †1964, König der Hellenen 1947–64; Prinz von Dänemark, seit 1938 mit *Friederike Luise* von Hannover-Braunschweig verheiratet.

Jugoslawien:
2. P. Karadjordjević, *1893, †1976, Prinzregent 1934–41 für *Peter II.*; wegen seines Beitritts zum Dreimächtepakt (1941) durch einen Offiziersputsch abgesetzt.

Rußland:
3. P. I., russ. *Pawel Petrowitsch*, *1754, †1801, Zar 1796–1801; verschärfte unter dem Eindruck der Frz. Revolution die Zensur u. unterband den kulturellen Verkehr mit W-Europa; wurde durch eine Offiziersverschwörung unter Führung P. Graf *Pahlens* ermordet.

Paul, 1. Bruno, *1874, †1968, dt. Architekt u. Graphiker; mit öffentl. u. privaten Bauten, Möbel- u. Lampendesigns überwand er Historismus u. Jugendstil u. gelangte zu neuen, zweckgebundenen Formen. – **2.** Hermann, *1846, †1921, dt. Sprachforscher u. Germanist; W »Dt. Wörterbuch«, »Dt. Grammatik«. – **3.** →Jean Paul. – **4.** Wolfgang, *1913, †1993, dt. Experimentalphysiker; Arbeiten zur Atomphysik, Massenspektroskopie, Elementarteilchenphysik. Nobelpreis 1989.

Paulding ['pɔːldɪŋ], James Kirke, *1778, †1860, US-amerik. Schriftst.; verherrlichte in Romanen die junge amerik. Demokratie.

Paulhan [po'lɑ̃], Frédéric, *1856, †1931, frz. Philosoph; vertrat pessimist. Thesen über die Lüge als Grundelement unserer Kultur.

Pauli, 1. Johannes, *um 1455, †nach 1530, dt. Wanderprediger; Hrsg. von Predigten des *Geiler von Kaysersberg* sowie von volkstüml. Schwänken. – **2.** Richard, *1886, †1951, dt. Psychologe; entwickelte aus einem Arbeitsversuch (fortlaufendes Addieren) E. *Kraepelins* den **P.-Test** zur Beurteilung der psych. Leistungsfähigkeit u. -dynamik. – **3.** Wolfgang, *1900, †1958, östr. Physiker; einer der Mitbegr. der Quantentheorie, Entdecker des **P.-Prinzips,** aus dem sich u. a. der Aufbau der Elektronenhülle im Atom u. damit das Periodensystem der Elemente ableiten läßt. Das P.-Prinzip gilt für alle Teilchen mit halbzahligem Spin, z.B. für die Protonen u. Neutronen im Atomkern. Nobelpreis 1945.

Pauliner, ung. Eremitenkongregation, um 1250 entstanden. Neben eigenen strengen Satzungen nahmen sie die Augustinerregel an; Klöster in Tschenstochau u. Krakau.

Pauling ['pɔːlɪŋ], Linus, *1901, †1994, US-amerik. Chemiker; arbeitete über chem. Bindungen u. Strukturen von Eiweißstoffen; 1954 Nobelpreis für Chemie, 1963 Friedensnobelpreis.

Paulsen, 1. Friedrich, *1846, †1908, dt. Philosoph; Kant-Forscher u. Vertreter des Neuidealismus; W »System der Ethik«. – **2.** Rudolf, Sohn von 1), *1883, †1966, dt. Schriftst.; gehörte zum »Charon«-Kreis um O. zur *Linde*; stimmungsvolle Lyrik.

Paulskirche, ev. Kirche in Frankfurt a.M.; 1786–1833 in klassizist. Stil von J.A. *Liebhardt* erbaut; 1848/49 Tagungsstätte der *Frankfurter Nationalversammlung*.

Paulus, hebr. *Saulus*, Apostel, der bedeutendste Missionar des Urchristentums, *um 10, †um 64 als Märtyrer in Rom; aus jüd. Familie, aber von Geburt an röm. Bürger; leidenschaftl. Verfechter des jüd. Gesetzes u. Verfolger der christl. Gemeinde. Wohl aufgrund einer Vision (Damaskuserlebnis) kam er um 33/34 zum christl. Glauben. Mehrjährige Missionstätigkeit auf Zypern, in Kleinasien, Syrien, Griechenland, Makedonien. Durch kompromißlose Verkündigung eines Evangeliums frei von Gesetzesbindungen trat er in Ggs. zum Judenchristentum der Urgemeinde, konnte jedoch beim »Apostelkonzil« in Jerusalem die Einheit des fr. Christentums bewahren. – Fest: 29.6. – **P.briefe,** *Paulinische Briefe,* im NT 13 Briefe des P. Als echt gelten

Paulus; Mosaik in der Erzbischöflichen Kapelle von Ravenna, um 500

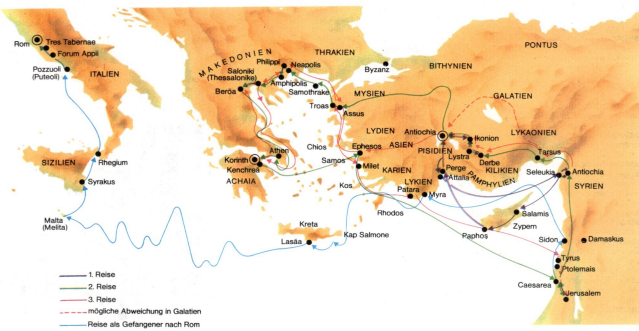

Paulus: Reisewege des Apostels

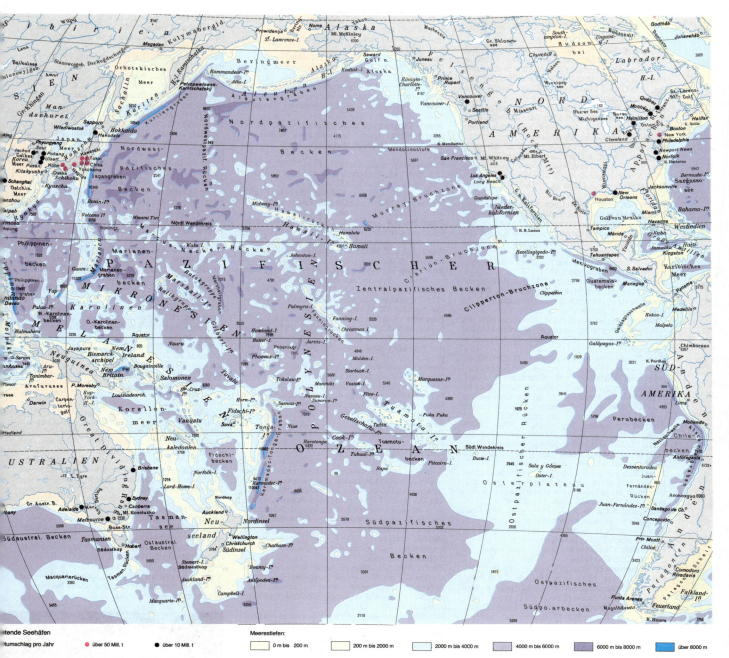

Pazifischer Ozean: Becken und Schwellen

Römerbrief, Korintherbriefe, Galaterbrief, Philipperbrief, 1. **Thessalonicherbrief** u. **Philemonbrief**; umstritten hinsichtl. der Verfasserschaft sind bes. der **Epheserbrief** u. die *Pastoralbriefe*, z. T. auch der **Kolosserbrief** u. der 2. **Thessalonicherbrief**. Nicht von P. stammt der **Hebräerbrief**.

Paulus, Friedrich, *1890, †1957, dt. Offizier; Generalfeldmarschall; 1942 Oberbefehlshaber der 6. Armee, die bei *Stalingrad* eingeschlossen wurde; kapitulierte gegen Hitlers Befehl am 31.1.1943 u. schloß sich in der Kriegsgefangenschaft dem »Nationalkomitee Dtld.« an; lebte seit 1953 in der DDR.

Paulus Diaconus, * um 720, † um 800, mittellat. Geschichtsschreiber; Langobarde, Mönch in Montecassino, am Hof *Karls d. Gr.*; schrieb eine Gesch. der Langobarden.

Paul vom Kreuz, *1694, †1775, ital. Bußprediger; Stifter der *Passionisten*, einer Kongregation zur inneren u. äußeren Mission. – Heiliger (Fest: 19.10.).

Pauly, August, *1756, †1845, dt. Altphilologe; Begr. der »Real-Encyclopädie der class. Alterthumswiss.«; »Der kleine Pauly«.

Paumann, Konrad, * um 1415, †1473, dt. Organist u. Komponist; begr. eine bed. Orgelschule.

Paumgartner, Bernhard, *1887, †1971, östr. Dirigent u. Komponist; Mitbegr. der Salzburger Festspiele.

pauperieren, vom Züchter gewünschte Eigenschaften durch Inzucht verlieren.

Pauperismus, dauernde Verarmung u. Verelendung der unterbäuerl. u. unterbürgerl. Schichten.

Pausanias, 1. †467 v. Chr. (?), spartan. Feldherr; Sieger über die Perser bei *Plataä* 479 v. Chr. Einer Verschwörung bezichtigt, flüchtete er in den Tempel der Athena zu Sparta, wo er eingemauert wurde. – **2.** grch. Schriftst. des 2. Jh. n. Chr.; schrieb ein Reisehandbuch über Griechenland von hohem Quellenwert.

pauschal, alles zusammen (gerechnet), rund.

Pauschalreise, Gesellschaftsreise, bei der Kosten für Fahrt, Unterbringung, Verpflegung im Gesamtpreis eingeschlossen sind.

Pause, 1. vorübergehendes Aufhören einer Tätigkeit, kurze Rast. – **2.** das vorübergehende Aussetzen einzelner gesungener Stimmen oder Instrumente. Das gemeinsame Pausieren aller Vokalstimmen oder Instrumente heißt *General-P.* – **3.** Durchzeichnung nach einer Vorlage mit Hilfe von *Fauspapier*.

Pausewang, Gudrun, *3.3.1928, dt. Schriftst.; lebt in Kolumbien; schildert Welt u. Menschen Südamerikas.

Pauspapier, hochtransparentes Papier, meist aus reiner Cellulose hergestellt; zur Herstellung von Kopien u. techn. Zeichnungen, von denen direkt *Lichtpausen* hergestellt werden können.

Paustowskij, Konstantin Georgijewitsch, *1892, †1968, russ. Schriftst.; schilderte in Romanen u. Novellen, oft lyrisch getönt, das zeitgenöss. Leben in der Sowjetunion.

Pavane, *Paduane,* alter Tanz ital. Ursprungs, geradtaktiger höfischer Schreittanz.

Pavarotti, Luciano, *12.10.1935, ital. Sänger (Tenor); bes. Interpret ital. Opern.

Pavelić [-litç], *Pawelitsch,* Ante, *1889, †1959, kroat. Politiker; Führer der vom Faschismus beeinflußten kroat. Unabhängigkeitsbewegung (*Ustascha*); 1941 mit Hilfe der Achsenmächte Staatschef des selbständigen Kroatien, floh 1945; wurde in Abwesenheit zum Tode verurteilt.

Pavese, Cesare, *1908, †1950 (Selbstmord), ital. Schriftst.; Neorealist, von pessimist. resignierender Grundhaltung; Romane (»Der schöne Sommer«).
Pavia, ital. Prov.-Hptst. in der Lombardei, am Tessin, 81 000 Ew.; Univ. (1361), Dom, Basilika San Michele; Masch.-Ind.
Paviane, *Hundskopfaffen* des mittleren Afrika; mit schnauzenartig verlängertem Gesichtsteil, kräftigem Gebiß, Gesäßschwielen u. langem Schwanz; hierzu der *Babuin* u. der *Mantel-P.*
Pavillon [ˈpaviljõ], kleines, meist offenes Gebäude in Garten- u. Parkanlagen; auch Einzelbau einer im *P.-System* angelegten Gruppe von Gebäuden (Ausstellungsbauten, Schulen).
Pavlović [-vitj], Miodrag, *28.11.1928, serb. Schriftst.; führender Lyriker.
Pawlodar, Stadt im NO von Kasachstan, am Irtysch, 331 000 Ew.; HS; Erdölraffinerie.
Pawlow [-lɔf], Iwan Petrowitsch, *1849, †1936, russ. Physiologe; erforschte bes. den Einfluß des Nervensystems auf die Magensaftabsonderung **(P.scher Reflex:** allein der Anblick der Speise löst die Magensekretion aus); entdeckte die *bedingten Reflexe;* Nobelpreis 1904.
Pawlowa, Anna, *1882, †1931, russ. Ballettänzerin; verkörperte den Höhepunkt der klass. Ballettkunst (»Der sterbende Schwan«); gehörte 1903–13 zur Truppe S. *Diaghilews.*
Pawnee [ˈpɔːni], nordamerik. Indianerstamm der Caddo-Sprachgruppe, ursprünglich zu den Prärie-Indianern gehörend, seit 1876 in einer Reservation in Oklahoma.
Pax, Friede; röm. Friedensgöttin. – **P. Christi**, internat. kath. Friedensbewegung; 1983 Friedenspreis der UNESCO. – **P. Romana, 1.** »röm. Friede«, von *Augustus* konzipierte Reichsidee im Sinne der das ganze röm. Weltreich umfassenden kaiserl. Fürsorge. – **2.** intern. Zusammenschluß der kath. Studentenverbände, gegr. 1921.
Paxton [ˈpækstən], Sir Joseph, *1803, †1865, engl. Architekt u. Landschaftsgärtner; schuf den *Kristallpalast* in London für die Weltausstellung 1851 (zerstört durch Brand 1936), der früheste rein funktionalist. Bau aus Glas u. Eisen.
Pay-TV [ˈpeɪtiːviː], auch *Abonnentenfernsehen,* Fernsehprogramm, das gegen Entrichtung von Gebühren an die privaten Anbieter empfangen werden kann; 1986 in der BR Dtld. eingeführt.
Paz [pas], Octavio, *13.3.1914, mex. Schriftst.; zeitweise im diplomat. Dienst; verbindet europ. u. mex. Elemente in seiner der konkreten Poesie zuzurechnenden Lyrik; Nobelpreis 1990.
Pazardžik [ˈpazardʒik], bulgar. Bez.-Hptst., an der Maritza, 77 000 Ew.
Paz Estenssoro [pas-], Victor, *2.10.1907, bolivian. Politiker; 1952–56 u. 1960–64 Staats-Präs.; durch Militärrevolte gestürzt, nach peruan. Exil 1985–89 erneut Staats-Präs.
Pazifischer Ozean, *Großer* oder *Stiller Ozean,* kurz *Pazifik,* das größte Weltmeer, zw. Asien u. Australien, dem antarkt. Festland u. Amerika. Es bedeckt mit Nebenmeeren 179,7 Mio. km² (mehr als 1/3 der Erdoberfläche); mittlere Tiefe 3940 m, größte Tiefe 11 034 m; Salzgehalt 32–37‰; wichtigste Nebenmeere: *Beringmeer, Ochotskisches, Jap., Ost- u. Südchin. Meer* u. *Australasiat. Mittelmeer.* Die Meeresströmungen beschreiben einen südpazif. Kreislauf (in Gegenuhrzeigersinn). Im Bereich des Australasiat. Mittelmeers u. des Südchin. Meers bildet sich unter dem Einfluß der Monsune die jahreszeitl. wechselnde *Monsundrift* aus. – Die Bedeutung des Pazifik als Verkehrsträger begann erst nach der Öffnung der jap. u. chin. Häfen. Von negativer Wirkung sind die trop. Wirbelstürme: die *Willy-Willies* im austral. Bereich, die *Taifune* in asiat. Gewässern u. die *Hurrikane* vor der kaliforn. Küste. – K → S. 679
Pazifismus, *i.e.S.* absolute Kriegsgegnerschaft aus eth. u. prakt. Überlegungen; i.w.S. alle Friedensbewegungen, die den Krieg als Fortsetzung der Politik mit anderen Mitteln ablehnen. Vorläufer des modernen P. waren die *Quäker* u. die *Mennoniten* als radikale Kriegsdienstverweigerer. In Dtld. lebte der P. bes. nach dem 1. Weltkrieg auf u. wurde vom Nat.-Soz. gewaltsam unterdrückt. Nach dem 2. Weltkrieg äußerte er sich bes. im Protest gegen die atomare Aufrüstung u. in der *Friedensbewegung* seit den 1980er Jahren.
Pázmány [ˈpaːzmaːnj], Péter, *1570, †1637, ung. kath. Theologe; Jesuit, 1616 Erzbischof von Gran u. Primas von Ungarn; Führer der Gegenreformation in Ungarn.
Paz Zamora, Jaime, *15.4.1939, bolivian. Politiker; 1989–93 Staats-Präs.
Pb, chem. Zeichen für *Blei* (lat. *plumbum*).
PC, Abk. für engl. *Personal Computer;* →Personalcomputer.
PCP, Abk. für *Pentachlorphenol.*
PDS, Abk. für *Partei des demokratischen Sozialismus,* →Sozialistische Einheitspartei Deutschlands.
Peace Corps [piːs kɔː] →Friedenskorps.
Peace River [piːs ˈrivə], Fluß in W-Kanada, 1923 km; bildet mit dem *Athabasca* den *Sklavenfluß.*
Peacock [ˈpiːkək], Thomas Love, *1785, †1866, engl. Schriftst.; Freund P. B. *Shelleys;* schrieb witzige, teilweise parodist. Romane.
Peale [piːl], Charles Willson, *1741, †1827, nordamerik. Maler; gründete das erste amerik. Museum (Philadelphia); malte v. a. Porträts.
Pearl Harbor [pəːl ˈhaːbə], Flottenstützpunkt der USA auf der Hawaii-Insel *Oahu.* Am 7.12.1941 vernichtete Japan hier ohne Kriegserklärung einen Großteil der Pazifik-Flotte der USA; Beginn des jap.-amerik. Krieges.
Pearlstein [ˈpəːl-], Philipp, *24.5.1924, US-amerik. Maler; Vertreter des Photorealismus.
Pears [piːəs], Peter, *1910, †1986, brit. Sänger (Tenor); konzertierte mit B. Britten u. J. Bream; trat bes. für die ältere engl. Musik ein.
Pearson [ˈpiːəsən], Lester Bowles, *1897, †1972, kanad. Politiker (Liberaler); 1948–57 Außen-Min., 1963–68 Prem.-Min.; entscheidend beteiligt an der Gründung der NATO; Friedensnobelpreis 1957.
Peary [ˈpiəri], Robert Edwin, *1856, †1920, US-amerik. Polarforscher; bewies durch die nördl. Umfahrt die Inselnatur Grönlands; erreichte am 6./7.4.1909 als erster das Gebiet um den Nordpol.
Peć [pɛtsj], alban. *Pejë,* Stadt im SW Serbiens, in Kosovo, 42 000 Ew.; 1235–1922 Mittelpunkt der serb.-orth. Kirche.
PeCe-Faser, eine Kunstfaser aus nachchloriertem *Polyvinylchlorid;* von hoher Festigkeit u. Dehnbarkeit; für techn. Gewebe.
Pech, Rückstand bei der Destillation von Stein-, Braun- u. Holzkohlenteer u. Erdöl; enthält neben rußähnl. Substanzen noch hochmolekulare Kohlenwasserstoffe; schwarz bis bräunl., zäh, brennbar. Das weiße *Faß-P.* zum Auspichen der Bierfässer wird aus Fichtenharz, das schwarze *Schuster-P.* aus Holzkohlenteer hergestellt. – **P.blende**, *Uranpecherz,* ein Mineral.
Peche, Dagobert, *1887, †1923, östr. Kunsthandwerker u. Graphiker; entwarf Tapeten, Schmuck, Keramik.
Pechkohle, tiefschwarze, harte, dichte Kohle, die altersmäßig der *Braunkohle* entspricht, bei starken Erdkrustenbewegungen jedoch so hohem Druck ausgesetzt war, daß sie steinkohlenähnl. Charakter angenommen hat.
Pechnase, ein unten offener Erker an mittelalterl. Befestigungsanlagen, aus dem siedendes Pech auf den Feind gegossen wurde.
Pechnelke, eine *Lichtnelke,* mit klebrigem Stengel, Blüten hellrot.
Pechstein, Max, *1881, †1955, dt. Maler u. Graphiker; seit 1906 Mitgl. der Künstlergemeinschaft »Brücke«; malte starkfarbige Aktfiguren, Landschaften u. Bildnisse in expressivem Stil.
Peck, Gregory, *5.4.1916, US-amerik. Filmschauspieler; erfolgreich bes. in »Moby Dick«, »Wer die Nachtigall stört«, »Das Omen«, »MacArthur«, »Old Gringo«.
Peckinpah [ˈpɛkinpaː], Sam, *1925, †1984, US-amerik. Filmregisseur; seine Filme haben die Gewalt zum Thema (»Wer Gewalt sät«, »Getaway«, »Das Osterman Weekend«).
Pécs [peːtʃ], dt. *Fünfkirchen,* ung. Stadt südl. des Mecsekgebirges, 179 000 Ew.; Kathedrale, Univ.; keram., Zement-, Textil- u. a. Ind.
Pedal, 1. Fußhebel, z.B. am Auto, Flugzeug oder Fahrrad. – **2.** bei Orgel u. Harmonium Fußklaviatur oder -hebel, am Hammerklavier schmale Trethebel zur Betätigung von Mechanikteilen (Dämpfung, Verschiebung, Moderator), bei Pauken u. Harfen zum Bedienen der Umstimmvorrichtung.
Pedant, kleinl., peinl. genauer Mensch. – **Pedanterie**, übertriebener Ordnungssinn. – **pedantisch**, übertrieben genau u. gewissenhaft.
Peddigrohr, *Span. Rohr,* Rohr aus dem Innern des Stamms der *Rotangpalme.*
Pedell, Hausmeister (Schule u. Univ.).
Pedersen, Charles, *1904, †1989, US-amerik. Chemiker norweg. Herkunft; arbeitete über Polymere; Nobelpreis 1987.
Pedigree [ˈpɛdigriː], die Ahnentafel von Pferden.
Pediküre, Fußpflege.
Pedologie, →Bodenkunde.
Pedrell, Felipe, *1841, †1922, span. Komponist u. Musikschriftst.; Erneuerer der span. Musik.
Pedro, span. u. portug. für Peter.
Peel [piːl], Sir Robert, *1788, †1850, brit. Politiker (Tory); 1834/35 u. 1841–46 Prem.-Min.; setzte die Einkommensteuer u. die Bankakte (*Peel's Act*) durch, mit Unterstützung der Whigs ferner Freihandel u. Abschaffung der Kornzölle.
Peele [piːl], George, *um 1556, †um 1596, engl. Dichter (Hirtenlegenden u. Märchenstücke).
Peene, 1. westl. Mündungsarm der Oder zw. der Küste Vorpommerns u. Usedom. – **2.** mecklenburg.-vorpommerscher Fluß, 128 km; mündet östl. von Anklam in den ebenfalls P. gen. Teil des Kleinen (Stettiner) Haffs zw. Usedom u. Festland.
Peenemünde, Gem. an der NW-Spitze der Insel Usedom, 600 Ew.; 1935–45 Versuchsgelände für Raketengeschosse (bes. V-Waffen).
Peep-Show [ˈpiːpʃoʊ], Zurschaustellung einer unbekleideten Frau auf einer runden, drehbaren Bühne, die gegen Entgelt betrachtet werden kann.
Peer [piːə], engl. Hochadliger (Baron, Viscount, Earl, Marquis, Duke) mit Sitz im Oberhaus u. mit dem Titel *Lord;* die P.würde ist erblich.
Pegasus, 1. Flügelroß der grch. Myth., springt aus dem Rumpf der von Perseus enthaupteten Medusa, wurde von Bellerophon gezähmt. Durch den Hufschlag des P. entsteht die Quelle Hippokrene. P. wurde im 18. Jh. als »Richterroß« Sinnbild des künstler. Elans. – **2.** Sternbild des nördl. Himmels.
Pegel, 1. *Wasserstandsmesser,* ein Maßstab, der in das Wasser hineinragt u. den Wasserstand des betreffenden Gewässers anzeigt; auch als Schwimmer mit Übertragung auf einen Zeiger (*P.uhr*). – **2.** das logarithm. Verhältnis elektr. oder akust. Größen (z.B. Leistung, Spannung, Strom, Schalldruck); z.B. *Stör-P.* eines Verstärkers, *Geräusch-P.* u. a. Der Vergleich mit internat. festgelegten Bezugswerten eines Normalgenerators liefert den *absoluten P.* Der P. wird in *Dezibel* oder *Neper* gemessen.
Pegmatit, grob kristallisiertes Ganggestein; oft das Muttergestein reicher Mineralfunde.
Pegnitz, 1. Stadt in Oberfranken, Bayern, 13 000 Ew.; Burgruine *Böheimstein;* Metall-, Masch.- u. Textil-Ind. – **2.** Fluß in Franken, 117 km; vereinigt sich bei Fürth mit der *Rednitz.*
Pegu, Prov.-Hptst. in Birma, 150 000 Ew.; Reisanbau, Textil-, Nahrungsmittel- u. a. Ind.; buddhist. Wallfahrtsort, *Schwemada-Pagode* mit einer 55 m langen Statue des liegenden Buddha.
Péguy [peˈgi], Charles Pierre, *1873, †1914, frz. Schriftst.; zunächst Sozialist, später Vorkämpfer der kath. Erneuerungsbewegung u. des Nationalismus; schrieb Versdichtungen.

Pegu: Diese liegende Buddha-Statue ist die größte der Welt

Pekinese

Rosapelikan

Pei, Ieoh Ming, * 26.4.1917, US-amerik. Architekt chin. Herkunft.
Peichl, Gustav, Pseud. *Ironimus,* * 18.3.1928, östr. Architekt u. Karikaturist; Karikaturen für östr. u. dt. Tageszeitungen.
Peierls, Rudolf Ernst, * 5.6.1907, engl. Physiker dt. Herkunft (Arbeiten zur Quantentheorie der Festkörper u. Theorie der Elementarteilchen).
Pejes, Schläfenlocken, die nach jüd. (orth. u. chassid.) Brauch nicht abgeschnitten werden.
Peilung, *Peilen,* Navigationsverfahren zur Feststellung des Ortes *(Ortung)* eines Gegenstands (z.B. Flugzeug, Schiff, Funkfeuer) nach Richtung u. Entfernung; entweder optisch durch Anpeilen bekannter Punkte (Leuchttürme, Gestirne) oder (heute meist) mittels elektromagnet. Wellen (Funk-P.). Hierbei wird ausgenutzt, daß Richtantennen die Richtung der empfangenen Wellen zu bestimmen gestatten.
Peine, Krst. in Nds., am Mittellandkanal, 46 000 Ew.; eisenverarbeitende Ind., Zucker-, Schuh- u. Möbel-Ind.
Peipus-See, fischreicher Binnensee an der Grenze zw. Estland u. Rußland; verbunden mit dem *Pskower (Pleskauer) See,* zus. 4300 km².
Peirce [piːəs], Charles Sanders, * 1839, † 1914, US-amerik. Philosoph; Begr. des *Pragmatismus.*
Peire Vidal [peːr-], * um 1175, † um 1210, provençal. Troubadour.
Peisistratos, * um 600 v. Chr., † um 528 oder 527 v. Chr., Tyrann von Athen; entmachtete den Adel, förderte Bauern, Handel u. Gewerbe, führte regelmäßige Steuern ein. Der wirtsch. Aufschwung ermöglichte Bautätigkeit u. Kulturpolitik.
Peißenberg, Markt in Oberbayern, sw. von Weilheim, 10 000 Ew.; westl. von P. der *Hohe P.* mit Wallfahrtskirche.
Peiting, Marktgem. in Bay., 11 000 Ew.; Wallfahrtskapelle (17./18. Jh.), Gräberfelder kelt., röm. u. alemann. Siedlungen.
Peitschenschlange, *Baumschnüffler,* mit schlankem grünem Körper; in Regenwäldern Malayas auf Bäumen, tagsüber aktiv.
Peitschenwurm, zu den *Fadenwürmern* gehörender, bis 5 cm langer Schmarotzer im Dickdarm des Menschen.
Peixoto [peiˈʃotu], Júlio Afrânio, * 1876, † 1947, brasil. Schriftst. (symbolist. Jugendlyrik u. Heimatromane).
pejorativ, verschlechternd, abwertend.
Pekalongan, indones. Hafenstadt in N-Java, 133 000 Ew.; Zucker-Ind., Webereien, Batikwerkstätten.
Pekari →Nabelschweine.
Pekinese, chin. Zwerghundrasse mit stark verkürzter Schnauze u. langem Fell.
Peking, *Beijing,* 1928–49 *Peiping,* Hptst. der VR China, am NW-Rand der Großen Ebene, 5,6 Mio. Ew.; wirtsch., kulturelles u. Verwaltungszentrum: Akademie der Wissenschaften, 2 Univ., 2 TH u. a. HS, Museen u. Theater, Verlage, Masch.- u. Kraftfahrzeugbau, chem., Nahrungsmittel- u. a. Ind.; internat. Flughafen. – Das alte P., die »Ummauerte Stadt«, ist in 4 Bezirke gegliedert: im Mittelpunkt die ehem. »Verbotene Stadt« *(Purpurstadt)* mit Kaiserpalast (heute Palastmuseum); *Kaiserstadt* (Dienst- u. Wirtschaftsgebäude, Tor des Himml. Friedens, P.-Bibliothek; im N *Innere Stadt (Mandschu-, Tatarenstadt);* im S *Äußere Stadt (Chinesenstadt)* mit Himmelstempel (15. Jh.). – G e s c h.: Im 12./13. Jh. Hptst. *(Zhongdu)* der Jin-Dynastie, 1215 von Mongolen zerstört, 1264–1368 Hptst. *(Dadu)* des Mongolenreichs; im 14. Jh. bereits Millionenstadt; 1403 Hptst. der Ming-Dynastie; mit Ausnahme der Jahre 1928–49 seither Hptst. Chinas.
Pekingente, weiß-gelbl. Hausentenrasse aus China, Fleisch- u. Legeente; Gewicht 3–3,5 kg.
Peking-Mensch, *Homo erectus [Sinanthropus] pekinensis,* ausgestorbene eiszeitl. Menschenform; erste Funde 1921 bei Peking.
Peking-Oper, chin. Musiktheater mit mimischen u. akrobat. Elementen aus dem 18. Jh.; volkstüml. Darst. meist histor. Stoffe.
Pekoe Souchon [ˈpikou ˈsuːʃɔŋ], Gütegrad bei der Siebung der Teeblätter; große dritte bis sechste Blätter.
Pektin, sehr quellfähiger, kohlenhydratähnl. Stoff, der bes. in saurem Obst enthalten ist. Zus. mit Zucker u. Säure bewirkt P. das Gelieren der Obstsäfte beim Kochen.
pektoral, die Brust betreffend.
Pektorale, *Brustkreuz,* seit dem MA Teil der bischöfl. Insignien: ein mit Edelsteinen geschmücktes, meist goldenes Kreuz mit Reliquien.
pekuniär, geldlich.
Pelagial, der Lebensraum des freien Meers, bewohnt von Organismen mit *(Nekton)* u. ohne *(Plankton)* Eigenbewegung.
Pelagianismus, von dem Mönch *Pelagius* begr. Lehre, wonach der Mensch einen freien Willen zum Guten oder Bösen hat. Hauptgegner des P. war *Augustinus.*
pelagisch, Tiere u. Pflanzen der küstenfernen, offenen Meere u. der Binnengewässer betreffend.
Pelagische Inseln, ital. Mittelmeerinseln zw. Tunesien u. Malta, 28 km², 4000 Ew.; mit *Lampedusa, Lampione* u. *Linosa.*
Pelagius, 1. P. I., † 561, Papst 556–561; von Kaiser Justinian designiert, nachdem er die Verdammung der »Drei Kapitel« *(Dreikapitelstreit* zur Zeit des Vigilius) anerkannt hatte. – **2. P. II.,** † 590, Papst 579–590; got. Abstammung, bemühte sich als erster Papst um die Hilfe der Franken gegen die Langobarden (jedoch vergebl.); leitete die Bekehrung der arian. Westgoten ein.
Pelagius, Mönch aus Britannien, † 418; entschiedener Gegner der Gnadenlehre des *Augustinus;* →Pelagianismus.
Pelargonie, Gatt. der *Storchschnabelgewächse,* fälschl. *Geranie* gen.; aus S-Afrika; beliebte Balkonpflanze.
Pelasger, nach antiken grch. Autoren die Ureinwohner Griechenlands; heute Bez. für die vorindoeurop. Ureinwohner des Mittelmeerraums u. W-Kleinasiens.
Pelé, eigtl. Edson *Arantes do Nascimento,* * 21.10.1940, brasil. Fußballspieler.
Pelemele [pɛlˈmɛːl], Mischmasch, Durcheinander.
Pelerine, urspr. ein Pilgermantel, später ein weitgeschnittener Umhang.
Peleus [-lɔis], thessalischer Heros, in der grch. Sage Vater des *Achilles.*
Pelikane, Fam. großer *Ruderfüßer,* die in 6 Arten die Binnengewässer, in einer weiteren die Küsten der wärmeren Zonen bewohnen; ernähren sich von Fischen; kennzeichnend ist der große, dehnbare Kehlsack zur Nahrungsaufnahme.
Pelion →Pilion.
Pelite, feinkörnige klastische Sedimentgesteine mit Korngrößen unter 0,02 mm.
Pella, Hptst. Makedoniens bis 168 v. Chr.
Pellagra, bei einseitiger Ernährung mit Mais auftretende Erkrankung der dem Licht ausgesetzten Hautpartien, verbunden mit Darmstörungen u. Schädigung des Nervensystems.
Pellico, Silvio, * 1789, † 1854, ital. Schriftst. (romant. Versnovellen u. Schauspiele).
Pellworm, nordfries. Insel zw. Amrum u. Nordstrand, 37 km², 1200 Ew.; 1634 durch Sturmflut von Nordstrand abgetrennt.
Pelopidas, † 364 v. Chr., theban. Heerführer; mit seinem Freund *Epaminondas* 371 v. Chr. Sieger über die Spartaner in der Schlacht bei Leuktra.
Peloponnes, *Morea,* die südl. Halbinsel Griechenlands, durch den *Isthmus von Korinth* mit dem Festland verbunden, bildet die Region P. 21 429 km², 1 Mio. Ew., Hptst. *Patras;* gebirgig (im Taygetos 2407 m), im S in langgestreckte Halbinseln aufgelöst.
Peloponnesischer Krieg, der Krieg zw. Sparta u. Athen um die Vorherrschaft in Griechenland, 431–404 v. Chr. Mit Athen waren der Attische Seebund, Thessalien u. Teile W-Griechenlands verbündet; auf Spartas Seite standen der Peloponnes. Bund, die meisten mittelgrch. Staaten u. die Kolonien Korinths. Athen war finanziell u. zur See, Sparta zu Land überlegen. 405 v. Chr. vernichtete der Spartaner *Lysander* die letzte athen. Flotte u. zwang Athen 404 v. Chr. durch Einschließung zur Kapitulation. Athen wurde teilweise zerstört. Über Griechenland errichtete Sparta eine rücksichtslose Hegemonie.
Pelops, in der grch. Sage Sohn des *Tantalos;* Stammvater der *Pelopiden,* des Herrschergeschlechts von Mykene. Nach ihm wurde der *Peloponnes* benannt.
Pelota, ein Rückschlagspiel für zwei Spieler oder Mannschaften, aus dem bask. Nationalspiel *Blaid a chistera* entwickelt.
Pelotas, brasil. Stadt in Rio Grande do Sul, 291 000 Ew.; Univ.; Handelszentrum, Schlachtereien, Brauereien.
Peltier-Effekt [pɛlˈtje-], die nach dem frz. Physiker J. C. *Peltier* (* 1785, † 1845) ben. Erscheinung, daß die von einem elektr. Strom durchflossene Lötstelle zweier verschiedenartiger Metalle sich je nach der Stromrichtung erwärmt oder abkühlt. Der P. ist die Umkehrung des *thermoelektr. Effekts.*
Pelton [ˈpɛltən], Lester Allan, * 1829, † 1908, US-amerik. Ingenieur; erfand um 1880 eine nach ihm ben. Freistrahlturbine.
Pelvoux [-ˈvu], *Massiv du P.,* Berggruppe in den frz. Zentralalpen; höchster Gipfel: *Barre des Écrins* (4103 m), Nationalpark P.
Pelz, *Fell,* die mit Haaren bedeckte Haut von Säugetieren, die u. a. zu Kleidung verarbeitet wird. Die bekanntesten Edel-P.e sind: *Chinchilla, Nerz, Zobel* sowie geflecte Katzenfelle *(Ozelot, Luchs, Leopard),* versch. Fuchsfelle *(Rot-, Blau-, Silber-, Graufuchs),* Lammfelle *(Persianer, Breitschwanz), Seal, Otter, Marder, Biber, Hermelin, Bisam* u. *Nutria.*
Pelzbiene, langbehaarte, hummelähnl. Stechimme, einzeln lebend.
Pelzflatterer, *Großgleitflieger, Flugmakis,* eine

Peking: Himmelstempel

682 Pelzrobben

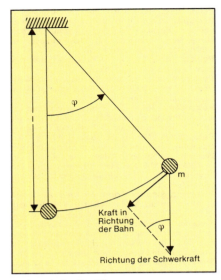

mathematisches Pendel

Ordnung der *Säugetiere,* die Merkmale von Halbaffen, Fledermäusen u. Insektenfressern aufweist; nachtaktive Tiere in Waldgebieten von Hinterindien bis zu den Philippinen.
Pelzrobben →Seebären.
Pemán y Pemartín, José María, *1898, †1981, span. Schriftst. u. Politiker; behandelt polit. Themen in seiner symbolist. Lyrik u. in seinen die andalus. Folklore verwertenden ideolog. Dramen.
Pematangsiantar, indones. Stadt in N-Sumatra, zw. dem Tobasee u. Medan, 150 000 Ew.
Pemba, Koralleninsel vor der Küste O-Afrikas im Ind. Ozean, gehört zu *Tansania,* 984 km², 257 000 Ew., Hptst. *Chake Chake.*
Pemmikan, urspr. ein lange haltbares Nahrungsmittel der nordamerik. Indianer aus zerriebenem u. getrocknetem Büffel- oder Elenfleisch; jetzt amerik. Fleischkonserve aus Fleischpulver u. Fett.
Penang, *Pinang,* Teilstaat →Malaysias.
Penaten, in der röm. Religion Schutzgötter des Hauses (Vorratskammer u. Herd).
Pence [pɛns], Pl. von →Penny.
PEN-Club, *PEN,* Abk. für engl. *Poets and Playwrights, Essayists and Editors, Novellists,* »Dichter u. Dramatiker, Essayisten u. Herausgeber, Romanschriftst.«, 1921 in London gegr. internat. Vereinigung von Schriftst.
Pencz [pɛnts], Georg, *um 1500 (?), †1550, dt. Maler u. Kupferstecher; beeinflußt von A. *Dürer;* schuf u. a. Porträts.
Pendant [pã'dã], Gegenstück, inhaltl. u. formale Entsprechung von etwas.
Pendel, ein starrer Körper, der um eine Achse hin- u. herschwingen (pendeln) kann. Der Abstand Aufhängepunkt – Schwerpunkt heißt *P.länge.* Beim *Sekunden-P.* beträgt die halbe Schwingungsdauer 1 s, die P.länge rd. 1 m (99,4 cm).
Pendelachse, eine Achse (meist für Hinterräder) von Kraftfahrzeugen, bei der die Räder an Halbachsen befestigt sind, die um ihre Endpunkte schwingen.
Pendelverkehr, das Hin- u. Herfahren eines öffentl. Verkehrsmittels auf einer kurzen Strecke.
Pendentif [pãdã-], *Hängezwickel,* der als sphärisches Dreieck gebildete Gewölbeansatz einer *Hängekuppel.*
Penderecki [pɛndɛ'rɛtski], Krzysztof, *23.11.1933, poln. Komponist; ging von A. Webern, A. Schönberg u. P. Boulez aus; nähert durch Vierteltonintervalle, Clusterbildungen u. verfremdende Spielanweisungen das traditionelle Instrumentarium dem Geräuschklang an. Ⓦ »Stabat Mater«, »Lukaspassion«; Oratorium »Dies Irae«; Oper »Die Teufel von Loudun«.
Pendüle, Penduluhr.
Penelope, Frau des Odysseus, Vorbild ehel. Treue.
penetrant, durchdringend, aufdringlich.
penibel, sehr eigen, übertrieben genau.
Penicillin, das Stoffwechselprodukt verschiedener Arten des *Pinselschimmels (Penicillium),* heute auch synthet. herstellbar, das als *Antibiotikum* gegen viele Krankheitserreger (z.B. Kokken, Syphilisspirochäten) wirkt; 1928/29 von A. *Fleming* entdeckt, 1939 als erstes Antibiotikum eingeführt.
Peninsula, Halbinsel.
Penis, das männl. Glied; →Geschlechtsorgane.
Penisknochen, *Os priapi,* bei vielen männl. Säugetieren im Penis liegender Knochen.
Penki →Benxi.
Penn, 1. Arthur, *27.9.1922, US-amerik. Filmregisseur. Ⓦ »Bonnie und Clyde«. – **2.** Irving, Bruder von 1), *16.6.1917, US-amerik. Photograph. – **3.** William, *1644, †1718, engl. Quäker; wanderte nach Amerika aus u. erwarb für die in Europa verfolgten Quäker 1681 das Gebiet des heutigen *Pennsylvania;* gründete 1683 Philadelphia.
Penney ['pɛni], Sir (seit 1952) William George, *1909, †1991, brit. Atomforscher; konstruierte die erste brit. Atombombe.
Penni, finn. Münzeinheit: 100 P. = 1 Finnmark.
Pennine Chain ['pɛnain 'tʃein], *Penninen,* N-engl. Berg- u. Hügelland, im *Cross Fell* 893 m.
Penninische Alpen →Walliser Alpen.
Pennsylvania [pɛnsil'veinjə], Abk. *Pa.,* Gliedstaat der →Vereinigten Staaten von Amerika; 1681 als Quäkerkolonie von W. *Penn* gegründet.
Pennsylvaniadeutsch [pɛnsil'veinjə-], die dt. Sprache in Nordamerika, bes. in O-Pennsylvania u. Westmaryland; ein auf pfälz. Grundlage entstandener Dialekt mit vielen engl. Elementen.
Penny, Münzeinheit in Großbrit.; seit 1971: 1 Neuer P. = $1/100$ *Pfund Sterling.*
Pensa, Hptst. der Oblast P. in Rußland, an der Sura, 540 000 Ew.; Holz-, Papier-, Masch.-Ind., Flugplatz.
Pensacola [pɛnsə'koulə], Hafenstadt im NW Floridas (USA), an der *P.-Bucht* des Golfs von Mexiko, 61 000 Ew.; Fisch- u. Holzhandel; Erholungsgebiet.
Pension [pã'zjo:n], **1.** das Ruhegehalt der Beamten, auch Witwengeld u. Altersrente. Die P. bei Arbeitern u. Angestellten beruht auf Betriebsvereinbarung. – **2.** Fremdenheim; Unterkunft u. Verköstigung.
Pensionat [pã-], priv. Institut zur gesellschaftl. u. hauswirtschaftl. Ausbildung junger Mädchen (bes. in der Schweiz).
Pensionierung [pã-], die Versetzung eines Beamten in den Ruhestand.
Pensum, in einer bestimmten Zeit zu erledigende Arbeit, Aufgabe.
Pentachlorphenol, Abk. *PCP,* umweltbelastende u. gesundheitsschädl. Chemikalie, wurde wegen starker Giftwirkung bes. als Fungizid u. Desinfektionsmittel verwendet; seit Dez. 1989 sind Produktion u. Inverkehrbringen von p.haltigen Produkten in Dtld. verboten.
Pentaeder, von 5 Flächen begrenzter Körper.
Pentagon, 1. Fünfeck. – **2.** ['pɛn-], das in Form eines Fünfecks während des 2. Weltkriegs angelegte Gebäude des Verteidigungsministeriums der USA in Washington; auch das Verteidigungsministerium selbst.
Pentagramm →Druden.
Pentameter, ein 6hebiger Vers mit einem Einschnitt nach dem 3. Hebung; nach einem Hexameter als 2. Teil eines *Distichons* verwendet.
Pentan, im Erdöl vorkommender, gesättigter aliphat. Kohlenwasserstoff, als Lösungsmittel verwendet.
Pentapolis, Zusammenschluß von 5 Städten (5 Philisterstädte *Ekron, Gath, Asdod, Askalon* u. *Gaza;* 5 Griechenstädte *Kyrene, Apollonia, Ptolemaïs, Arsinoë* u. *Berenike* in der heutigen Cyrenaika in N-Afrika; im MA Bez. für die 5 Städte an der ital. Ostküste: *Rimini, Pesaro, Fano, Senigàllia* u. *Ancona).*
Pentateuch, im wiss. Sprachgebrauch die »fünf Bücher Mose« des AT: *Genesis, Exodus, Leviticus, Numeri, Deuteronomium.*
Pentathlon, der altgrch. Fünfkampf (Stadienlauf, Weitsprung, Speer- u. Diskuswurf, Ringkampf).
Pentatonik, »Fünftönigkeit«, bereits in der Antike verwendete musikal. Systeme mit 5 Tönen. Die *halbtonlose P.* wird aus einer Folge von 5 Quinten gebildet:
c-g-d-a-e = c-d-e-g-a   f-c-g-d-a = f-g-a-c-d
Hemitonische P. (mit Halbtönen) existiert vor allem in Asien.
Pentelikon, Bergland im mittelgrch. Attika, bis 1109 m; Marmorbrüche *(Pentelischer Marmor,* z.B. für die Akropolis).
Penthesilea, in der grch. Sage Königin der *Amazonen;* fiel im Kampf vor Troja durch *Achilles,* der sich in die Sterbende verliebte.
Penthouse ['pɛnthaus], Komfortwohnung in Bungalowform auf dem Dach eines Hochhauses.
Pentode, *Fünfpolröhre,* Elektronenröhre mit Kathode, Anode, Steuer-, Schirm- u. Bremsgitter.
Pentosen, Zuckerarten mit 5 Kohlenstoffatomen, die zur Gruppe der *Monosaccharide* zählen; z.B. Arabinose, Ribose u. Xylose.
Penumbra, Randgebiet um den Kern eines Sonnenflecks.
Penzance [-'zæns], SW-engl. Seebad u. Fischereihafen in Cornwall, 19 000 Ew.; Frühgemüseanbau, Fremdenverkehr.
Penzberg, Stadt in Oberbayern, an der Loisach, westl. von Bad Tölz, 13 000 Ew.; Masch.- u. Elektro-Ind.
Penzias, Arno Allan, *26.4.1933, US-amerik. Physiker; Nachweis der kosmischen Hintergrundstrahlung; Nobelpreis 1978.
Penzoldt, Ernst, *1892, †1955, dt. Schriftst.; Bildhauer, Kunstgewerbler; schrieb Romane (»Der arme Chatterton«, »Die Powenzbande«).
Peon, landw. Arbeitskraft auf mittel- u. südamerik. Gutsbetrieben, oft in wirtsch. Abhängigkeit vom Grundbesitzer.
Peoria [pi'ɔːriə], Hafenstadt in Illinois (USA), am Illinois River, 124 000 Ew.; Univ.; Kohlenbergbau, metallverarbeitende Ind.
Pep, ugs. Schwung.
Peperoni, kleine, bes. scharfe Paprikaschoten in Essig.
Pepita, kleinkariertes (meist schwarz-weiß) Gewebe aus Wolle oder Baumwolle.
Pepping, Ernst, *1901, †1981, dt. Komponist u. Organist; Erneuerer der geistl. u. weltl. Chormusik in Dtld.
Pepsin, ein Enzym aus dem Magensaft des Menschen u. a. Wirbeltiere; wichtig für die Eiweißverdauung. *P.präparate* bei bestimmten Verdauungsstörungen.
Peptide, aus Aminosäure aufgebaute Verbindungen, Zwischenprodukte beim Abbau von Eiweißkörpern.
Peptidhormone, Hormone, die ihrer chem. Natur nach *Peptide* sind, wie das *Oxytocin* u. das *Vasopressin* des Hypophysenhinterlappens. Auch die Hormone des Pankreas, das *Insulin* u. das *Glucagon,* werden zu den P. gerechnet.
Peptone, bei der Verdauung von Proteinen entstehende hochmolekulare, wasserlösl. Abbauprodukte; auch industriell hergestellt; für diätetische Zwecke verwendet.
Pepusch, Johann Christoph, *1667, †1752, dt. Komponist; seit 1700 in England; schuf mit J. *Hay* die gesellschaftskrit. »Beggar's Opera« (»Bettleroper«, zur »Dreigroschenoper« von K. *Weill/* B. *Brecht* umgeformt).
Pepys ['pɛpis, auch piːps], Samuel, *1633, †1703, engl. Schriftst.; verfaßte 1660-69 in Geheimschrift ein Tagebuch, dessen schonungslos of-

Penicillin: Verschiedene Antibiotika werden aus den Stoffwechselprodukten von Lebewesen, meist einfachen Pilzarten, gewonnen, das Penicillin aus einem dem Brotschimmel verwandten Schimmelpilz; im Bild eine Kultur von Streptomyces lividans

fene Aufzeichnungen einen hohen kulturgeschichtl. Wert haben.

Pera, früherer Name eines europ. Stadtteils von Istanbul, jetzt *Beyoğlu*.

Peräa, eine der 4 Provinzen des antiken Palästina, östl. des Jordangrabens, Hptst. *Gadara*.

Perak, Teilstaat in → Malaysia, im W der Halbinsel Malakka.

Perborate, Verbindung aus Wasserstoffperoxid u. Boraten, Wasch- u. Bleichmittel.

Perche [pɛrʃ], Ldsch. in N-Frankreich, zw. der Normandie u. dem Ostteil des Maine; bis 300 m hohes Hügelland; Apfelbaumkulturen; Zuchtgebiet der Ackerpferd-Rasse *Percherons*.

Percht, *Berchta*, im Volksglauben eine dämon. Frau, die in den *Zwölften*, bes. am Dreikönigstag, umgeht; daher der Brauch, in Masken als »P.en« durch den Ort zu ziehen (*P.enlaufen*).

Percy [ˈpəːsi], Thomas, *1729, †1811, engl. Geistlicher u. Folklorist; veröffentlichte 1765 eine Sammlung alter schott. u. engl. Balladen u. Lieder.

Père [pɛːr; frz. »Vater«], Pater (Anrede für Geistliche).

Pereira, kolumb. Dep.-Hptst., südl. von Manizales, 390 000 Ew.; kath. Bischofssitz, TU; Kaffeehandelszentrum.

Perekop, das antike *Taphros*, Ort in der Ukraine; auf der *Landenge von P.*, die die Halbinsel Krim mit dem Festland verbindet.

peremptorisch, vernichtend; zwingend.

perennierend, 1. mehrjährig, ausdauernd (bei Pflanzen). – **2.** Bez. für Quellen, die das ganze Jahr hindurch schütten, u. für Flüsse, die das ganze Jahr über Wasser führen.

Peres, Shimon, *15.8.1923, isr. Politiker (Rafi, Arbeiterpartei); Mitgr. der *Rafi;* seit 1969 mehrf. Min.; 1977–92 Vors. der Arbeiterpartei, 1977 u. 1984–86 Min.-Präs., 1986–88 u. seit 1992 Außen-Min., 1988–90 Finanz-Min.; 1994 gemeinsam mit J. *Arafat* u. I. *Rabin* Friedensnobelpreis.

Perestroika [russ., »Umbau, Umgestaltung«], von dem sowj. Parteichef M. *Gorbatschow* seit 1985 verwendetes Schlagwort für seine auf eine Reform des Staats- u. Wirtschaftssystems der UdSSR abzielende Politik.

Perez, Itzhok Lejb, *1851, †1915, jidd. Schriftst.; schilderte die Welt des ostjüd. Chassidismus.

Pérez [ˈpereθ], Carlos Andrés, *27.10.1922, venezol. Politiker; 1974–79 u. seit 1989 Staats-Präs. (1993 suspendiert).

Pérez de Ayala [ˈpereθ ðe-], Ramón, *1881, †1962, span. Schriftst.; essayist. Romane u. symbolist. Lyrik.

Pérez de Cuéllar [ˈpereθ de kuɛˈjar], Javier, *19.1.1920, peruan. Politiker; seit 1944 im diplomat. Dienst; 1982–91 Generalsekretär der UNO.

Pérez Esquivel [ˈpereθ eskiˈbel], Adolfo, *26.11.1931, argent. Bürgerrechtler; Generalsekretär der Organisation »Dienst für Frieden u. Gerechtigkeit«; 1980 Friedensnobelpreis.

Pérez Galdós [ˈpereθ-], Benito, *1843, †1920, span. Schriftst.; gelangte zu einem ethisch begründeten Spiritualismus.

perfekt, vollkommen; abgeschlossen.

Perfekt, ein Tempus des Verbums, das einen Zustand als Ergebnis einer abgeschlossenen Handlung bezeichnet; z.B. »ich habe gelesen«.

Perfektionismus, übertriebener Drang zur Vervollkommnung.

perfid, hinterhältig, heimtückisch.

Perforation, Durchbohrung; Durchbruch (von Geschwüren).

Performance [pəˈfɔːməns], *Demonstrationskunst*, seit Ende der 1960er Jahre Bez. für die gestisch-theatral. Aktion eines Künstlers, bei der das Publikum nur zusieht u. nicht einbezogen wird.

Pergament, ungegerbte, enthaarte Tierhaut (Schaf, Ziege, Kalb); vor Erfindung des Papiers zum Schreiben verwendet, heute noch für Bucheinbände, auch für Lampenschirme u. Bespannung von Trommeln.

Pergamentpapier, mit Schwefelsäure behandeltes saugfähiges Rohpapier; durchscheinend, weitgehend wasserfest, fettdicht u. dampfdurchlässig.

Pergamon, antike Stadt in Mysien, im nordwestl. Kleinasien, Hptst. des *Pergamenischen Reichs* (283–133 v. Chr.), der späteren röm. Prov. *Asia;* das heutige *Bergama*. Der Relieffries mit dem *P.-Altars,* der als Altar des Zeus u. der Athene um 180 v. Chr. unter Eumenes II. errichtet wurde, befindet sich heute in Berlin (P.-Museum). Die *Pergamenische Bibliothek* war nach der Alexandrin. Bibliothek die bedeutendste der hellenist. Zeit.

Pergola, offener, meist überrankter Laubengang.

Pergolesi, Giovanni Battista, *1710, †1736, ital. Komponist in Neapel. Opera buffa »La serva padrona« (»Die Magd als Herrin«); Kirchenmusik (»Stabat Mater«).

Perhydrol, 30%ige wäßrige Lösung von Wasserstoffperoxid, u.a. zur Wunddesinfektion.

Peri, 1. Giovanni Domenico, Genueser Kaufmann um 1650; verfaßte eine Abhandlung, die als erstes Lehrbuch der Handlungswissenschaft (Betriebswirtschaftslehre) gilt. – **2.** Jacopo, *1561, †1633, ital. Komponist; sein Musikdrama »Euridice« 1600 gilt als älteste vollständig erhaltene »Oper«.

Periander, Tyrann von Korinth um 627–587 v. Chr.; unter ihm erreichte Korinth den Höhepunkt seiner Macht.

Peridot, ein Mineral, → Olivin.

Perigäum → Erdnähe.

Perigon, nicht in Kelch u. Krone gegliederte Blütenhülle höherer Pflanzen, z.B. Tulpe.

Périgord [-ˈgoːr], Ldsch. im SW Frankreichs, nordöstl. Teil der *Guyenne;* Obst-, Walnuß-, Wein-, Tabakanbau; bes. bekannt durch Trüffeln.

Périgueux [-ˈgø], SW-frz. Dep.-Hptst., an der Isle, alte Hptst. des *Périgord*, 32 000 Ew.; Reste röm. Bauten, roman. Kathedrale; landw. Handelszentrum.

Perihel, *Sonnennähe*, sonnennächster Punkt einer Planeten- oder Kometenbahn. – **P.bewegung,** die Drehung der Bahnellipsen von Planeten u. Monden.

Perikard, Herzbeutel. – **Perikarditis,** Erkrankung des Herzbeutels, fortgeleitet von einer Lungenfellentzündung oder nach akutem Gelenkrheumatismus. Man unterscheidet trockene u. feuchte Formen der P.

Perikles, *um 490 v. Chr., †429 v. Chr., athen. Politiker; seit 461 v. Chr. »Führer des Demos« u. Stratege, seit 443 v. Chr. mit demokrat. Legitimation fast Alleinherrscher von Athen. In seine Regierungszeit (nach ihm das *Perikleische Zeitalter* gen.) fällt die Glanzzeit Athens: Blüte von Handel u. Gewerbe, Ausbau der Akropolis, Aufschwung von Kunst, Literatur u. Wiss. Außenpolit. Erfolge in Kriegen gegen Persien u. Sparta. 431 v. Chr. Aus-

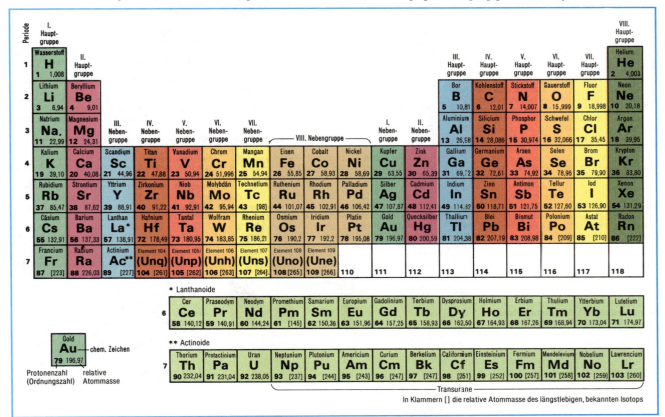

Im (Lang-)Periodensystem der Elemente ist jedem Element ein Platz zugeordnet, der auch Aufschluß gibt über die Elektronenhüllenstruktur der Atome. Jeder Zeile (Periode) entspricht eine neue Hüllenschale.

Perikles. London, British Museum

bruch des *Peloponnesischen Kriegs.* P. starb in Athen an der Pest.
Perikopen, bibl. Abschnitte, die in der kath. Kirche als Lesungen für die Meßfeier vorgeschrieben sind u. als Lesungen u. Predigttexte in den ev. Gottesdienst übergegangen sind.
Perimeter, augenärztl. Instrument zur Bestimmung des Gesichtsfelds.
Perinatalmedizin, *Perinatologie,* ein spezielles Arbeitsgebiet der geburtshilfl. Gynäkologie, das sich mit den Erkrankungen u. Gefährdungen von Mutter u. Kind im *perinatalen* Zeitraum (d. h. kurz vor, während u. bis 7 Tage nach der Geburt) befaßt; von E. *Saling* u. a. entwickelt.
Periode, 1. der Zeitabschnitt, in dem sich eine Erscheinung regelmäßig wiederholt; z.B. Umlaufzeit eines Gestirns. – **2.** in der Mathematik ist eine Funktion periodisch, wenn gilt: $f(x+nw) = f(x)$, $n = 1, 2, 3 \ldots$; w ist dann die P.; z.B. die Sinusfunktion $y = \sin x$ mit der P. 2π. – **3.** *Regelblutung* → Menstruation. – **4.** ein symmetrisch aufgebautes Element der musikal. Form, 8 Takte, die sich in einen viertaktigen Vordersatz mit Halbschluß u. einen viertaktigen Nachsatz mit Ganzschluß gliedern. Die P. liegt hpts. dem Volkslied u. Tanz zugrunde. – **5.** *Epoche,* ein durch einheitl. Grundzüge des Geschehens gekennzeichneter Zeitraum.
Periodensystem der Elemente, Anordnung der → chemischen Elemente nach ihrer Ordnungs-(Kernladungs-)zahl. Sie entspricht mit einigen Abweichungen einer Anordnung nach steigender Atommasse. In den waagerechten *Perioden* u. in den senkrechten *Gruppen* werden die Elektronenschalen der chem. Elemente nach energet. Gesetzmäßigkeiten aufgebaut. Durch die Anordnung werden die chem. u. physikal. Eigenschaften der Elemente bestimmt. So nimmt z.B. der metallische Charakter der Elemente in den Gruppen von oben nach unten zu. – Das P. wurde 1868/69 von D. I. *Mendelejew* u. 1872 von Lothar *Meyer* aufgestellt. Das heute bevorzugte Langperiodensystem wurde 1905 von A. *Werner* aufgestellt. – B → S. 683
Periodentitis, Wurzelhautentzündung.
Periodika, in bestimmten Abständen erscheinende Schriften: Zeitungen, Zeitschriften u. Jahrbücher.
Periöke, in Altertum urspr. der benachbart Wohnende im geograph. Sinn, später in einer bestimmten Rechtsstellung stehende; auf Kreta die unfreien Bauern; in Sparta die Bürger ohne aktive polit. Rechte, aber militärpflichtig.
Periost, die Knochenhaut.
Periostitis, Knochenhautentzündung.
Peripatetiker, die Angehörigen der aristotel. Schule; ben. nach dem *Peripatos,* der Säulenhalle, in der die Gespräche mit den Schülern im Umherwandeln geführt wurden.

peripher, am Rand befindl.; nebensächl., unbedeutend.
Peripherie, 1. Umfangslinie, z.B. eines Kreises; Rand (einer Stadt). – **2.** die Körperoberfläche.
Periskop, *Sehrohr,* ein opt. Instrument für Bunker, U-Boot, Panzer. Der Strahlengang im P. wird durch Prismen oder Spiegel entsprechend geknickt.
Peristaltik, durch den Willen nicht beeinflußbare Kontraktionswellen der glatten Muskulatur in Hohlorganen. Durch abwechselndes Kontrahieren u. Erschlaffen wird der Inhalt von Darm, Harn-, Ei- u. Samenleiter vorwärtsbewegt.
Peristase, Gesamtheit der Umwelteinflüsse, die auf den Organismus während des vorgeburtl. Lebens (von seiten der Mutter) u. während des nachgeburtl. Lebens einwirken (Ernährung, Lebensweise, Klima u. a.).
Peristyl, von einem Säulenumgang umgebener Innenhof des grch. u. röm. Hauses.
Peritoneum, Bauchfell. – **Peritonitis,** Bauchfellentzündung.
Perkal [der], feinfädiges Baumwollgewebe in Leinwandbindung.
Perkins ['pə:kinz], Anthony, * 1932, † 1992, US-amerik. Schauspieler (meist neurot. Figuren); Filme: »Psycho«, »Mord im Orient-Express«.
Perkonig, Josef Friedrich, * 1890, † 1959, östr. Schriftst.; schilderte Grenzgebirgswelt u. Volkstum der Kärntner u. Südslawen.
Perkussion, von L. von *Auenbrugger* erfundene Untersuchungsmethode, durch Beklopfen des Körpers (mit Fingern oder *P. shammer*) aus den Schallqualitäten auf die Beschaffenheit des Körperinneren zu schließen.
Perkussionsinstrumente → Schlaginstrumente.
perkutan, durch die Haut hindurch.
Perleberg, Krst. in Brandenburg, 14 000 Ew.; Konserven- u. Masch.-Ind.
Perlen, von *Perlmuscheln* erzeugte Gebilde aus Calciumcarbonat. Ausgelöst durch Verletzung oder durch das Eindringen eines Fremdkörpers oder durch Parasiten. Das Mantelepithel rundet sich im Bindegewebe ab u. scheidet nach innen Schichten von *Perlmutt* aus. Heute zieht man künstl. P. *(Zucht-P.),* indem man den Muscheln Fremdkörper in den Mantel pflanzt.
Perlfluß, *Cantonfluß, Zhu Jiang,* Flußarm im Deltagebiet des Xi Jiang (China), mündet zw. Hongkong u. Macau ins Südchin. Meer.
Perlgarn, *Perlwolle,* Strick- u. Stickgarn, das durch mehrf. Zwirnung perliges Aussehen erhält.
Perlhühner, *Numidinae,* Unterfam. der *Fasanenartigen* in Afrika u. Madagaskar, mit weißen »Perlen« auf grauem Gefieder; typ. Bodenbewohner. Das *Helmperlhuhn* ist zu einem Haustier geworden.
Perlis, Teilstaat in →Malaysia, an der Malakkastraße.
Perlman ['pə:lmən], Itzhak, * 31.8.1945, US-amerik. Geiger israel. Herkunft.
Perlmuscheln, Muscheln, die in ihrem Mantel →Perlen erzeugen. An erster Stelle steht die *Seeperlmuschel,* die in den meisten warmen Meeren vorkommt, durch Taucher oder in Netzen gefischt. Vor der Verschmutzung der Süßgewässer war in Europa die *Flußperlmuschel* von wirtsch. Bedeutung.
Perlmutt [das], die *Perlmutter,* die innere Schicht der Schalen der Perlmuscheln u. verschiedener Seeschnecken; mit irisierendem Farbenspiel.
Perlmutterfalter, zur Fam. der *Fleckenfalter* gehörende Tagfalter, mit perlmuttartigem Glanz auf den Flügelunterseiten.
Perlon [das], aus einem Polyamid bestehende Kunstfaser; sehr fest, elast. u. beständig gegen

Perlen im Mantel der Muschel Pinna nobilis

Helmperlhühner

Fäulnis u. Alkalien, aber nicht gegen Säuren u. Temperaturen über 120 °C.
Perlpilz, in Größe u. Farbe des Huts wechselnder *Blätterpilz;* Speisepilz, leicht mit dem giftigen *Pantherpilz* zu verwechseln.
Perlzwiebel, kleine, eßbare Nebenzwiebeln einer Lauchart.
Perm, die jüngste Formation des Paläozoikums, →Erdzeitalter.
Perm, 1940–57 *Molotow,* Hptst. der gleichn. Oblast in Rußland, westl. des Mittleren Ural, 1 Mio. Ew.; Univ., TH; Masch.-, Flugzeug-, Schiffbau, Erdölraffinerie; Hafen, Flugplatz.
Permalloy, eine Legierung von hoher magnet. Permeabilität, aus 78% Nickel u. 21,5% Weicheisen; für Transformatorkerne.
permanent, dauernd, ständig.
Permanganate, Salze der (hypothet.) *Permangansäure;* violett gefärbte Oxidationsmittel.
Permeabilität, 1. Durchlässigkeit von biolog. oder künstl. Membranen für Gase oder Flüssigkeiten. – **2.** das Verhältnis μ der magnet. Induktion zur magnet. Feldstärke. Bei paramagnetischen Stoffen ist $\mu < 1$; bei diamagnetischen $\mu > 1$; bei ferromagnetischen $\mu \gg 1$; im Vakuum $\mu = 1$.
Permission, Erlaubnis.
Permit ['pə:mit], Erlaubnis-, Passierschein.
Permoser, Balthasar, * 1651, † 1732, dt. Bildhauer; 1689 als Hofbildhauer nach Dresden berufen; Haupw.: Skulpturen am Dresdner Zwinger.
Permutation, Vertauschung, Umstellung.
Permutit, ein Natrium-Aluminium-Silicat, das als *Ionenaustauscher* Natrium gegen Calcium, Mangan u. Eisen austauschen kann u. dazu verwendet wird, Wasser zu enthärten.
Pernambuco, Bundesstaat in →Brasilien, am Atlantik.
Pernau, estn. *Pärnu,* Hafenstadt u. Seebad in Estland, am Rigaer Meerbusen, 51 000 Ew.
Pernik, 1949–62 *Dimitrowo,* bulgar. Bez.-Hptst. sw. von Sofia, 94 000 Ew.; Braunkohlenbergbau.
perniziös, bösartig (im medizin. Sprachgebrauch).
Pernod [per'no], Wz., alkohol. Getränk (40–45% Alkoholgehalt) mit Anis; wird als Aperitif getrunken.
Perón, 1. Eva Maria *Duarte de P.* (»Evita«), verh. mit 3), * 1919, † 1952, argent. Politikerin; förderte sozialpolit. Maßnahmen; von der Bevölkerung leidenschaftl. verehrt. – **2.** Isabel, 3. Frau von 3), * 4.2.1931, argent. Politikerin; 1974–76 Staatspräsidentin, von einer Militärjunta gestürzt. – **3.** Juan Domingo, * 1895, † 1974, argent. Politiker u. Offizier; 1946 u. 1951 zum Staats-Präs. gewählt. Die vom ital. Faschismus beeinflußte Ideologie u. Herrschaftspraxis P.s war autoritär, antiparlamentarisch u. nationalistisch; P. führte Verstaatlichungen u. Sozialreformen durch. 1955 wurde er gestürzt, ging ins Exil, kehrte 1973 zurück u. wurde erneut zum Staats-Präs. gewählt.
Peronospora, Pflanzenschädlinge, die den Falschen Mehltau des Weins, den Blauschimmel des Tabaks u. die Krautfäule bei der Kartoffel erzeugen.
per os, *peroral,* durch den Mund (ein Medikament u. ä. einnehmen).
Perotinus, *P. Magnus* [»der Große«], * 1155/65, † 1210/25, frz. Komponist; der bedeutendste frz. Meister der Notre-Dame-Schule in Paris; führte die Mehrstimmigkeit zum ersten künstler. Höhepunkt.
Perow [-rɔf], Wasilij Grigorjewitsch, * 1834, † 1882, russ. Maler (realist. Gemälde mit soz. Thematik).

Peroxide, vom Wasserstoffperoxid durch Ersatz der beiden Wasserstoffatome abgeleitete Verbindungen; z.B. Natriumperoxid.
Perpendicular style [pə:pən'dikjulə stail], in der engl. Baukunst eine Stilstufe der Spätgotik (14.–16. Jh.). Charakteristisch sind das Vorherrschen der Senkrechten im Stab- u. Maßwerk u. die Anwendung von Fächergewölbe u. Flachbogen (Kielbogen, Tudor-Bogen).
Perpendikel, fr. Bez. für die Senkrechte in der Geometrie; auch Uhrpendel.
Perpetuum mobile, eine Vorrichtung, die ohne Energiezufuhr dauernd Arbeit leisten kann. Die Konstruktion eines P. m. ist physikalisch unmögl., wurde aber (seit dem 13. Jh.) immer wieder von vielen Erfindern versucht.
Perpignan [-pi'njã], S-frz. Dép.-Hptst. nahe der span. Grenze, 111 000 Ew.; Kathedrale, Zitadelle mit dem Palast der Könige von Mallorca; Univ.; Metall-, Konserven- u. a. Ind., Fremdenverkehr.
perplex, verwirrt, bestürzt, ratlos.
Perrault [pɛ'ro], **1.** *Charles,* *1628, †1703, frz. Dichter; brach mit dem alten Vorurteil, die klass. antiken Dichter seien den modernen überlegen. – **2.** *Claude,* *1613, †1688, frz. Architekt; Schöpfer der Ostfassade des Louvre.
Perret [pɛ'rɛ], *Auguste,* *1874, †1954, frz. Architekt; mit seinem Bruder *Gustave P.* (*1876, †1952) einer der einflußreichsten Wegbereiter des Eisen- u. Stahlbetonbaus u. des Funktionalismus.
Perrin [pɛ'rɛ̃], **1.** *Francis,* Sohn von 2), *1901, †1992, frz. Physiker; 1951–70 Hochkommissar für Atomenergie. – **2.** *Jean-Baptiste,* *1870, †1942, frz. Physiker; arbeitete über quantentheoret. Fragen, entdeckte das Sedimentationsgleichgewicht; Nobelpreis 1926.
Perron [-'rõ], Bahnsteig, Plattform (des alten Eisenbahnwagens).
Perronneau [pɛrɔ'no], *Jean-Baptiste,* *1715, †1783, frz. Maler; Porträtist.
Persante, Küstenfluß in Hinterpommern, 127 km; mündet bei Kolberg in die Ostsee.
per se, von selbst, von sich aus.
Perse [pɛrs] → Saint-John Perse.
Perseiden, ein Sternschnuppenschwarm, der alljährl. vom 20.7. bis 19.8. (Maximum: 12.8.) aus dem Sternbild *Perseus* ausstrahlt.
Persephone, in der grch. Myth. Königin der Unterwelt, Gemahlin des Hades, der sie ihrer Mutter Demeter geraubt hat; im röm. Kult *Proserpina.*
Persepolis, die größte achämenid. Anlage in SW-Persien nordöstl. von Schiras, 1570 m hoch gelegen. Baubeginn unter *Dareios I.* 518 v. Chr., vollendet um 460 v. Chr., 330 v. Chr. von *Alexander d. Gr.* zerstört. P. war wahrsch. eine sakrale Anlage, die dem Neujahrsfest (im März) diente. Die Reliefs von P. zählen zu den besten Werken der achämenid. Kunst. Zu den bed. Ruinen gehören v. a. die der Propyläen.
Perser, eigener Name *Irani,* indoeurop. Volk auf dem Hochland von Iran; schiitische Moslems.
Perserkatze, gedrungene Hauskatze mit vollem, seidigem Fell, kam im 16. Jh. nach Europa.
Perserkriege, die Kriege zw. Persien u. Griechenland 492–449 v. Chr. Persien hatte im 6. Jh. v. Chr. die kleinasiat. Kolonien Griechenlands unterworfen. Deren erfolgloser Aufstand 500–494 v. Chr. war von Athen unterstützt worden; 490 v. Chr. wurde ein pers. Heer bei *Marathon* von dem Athener *Miltiades* besiegt. Zehn Jahre später versuchte *Xerxes I.* auf dem Landweg die Eroberung Griechenlands. Nach Bezwingung des *Thermopylen-Passes* 480 v. Chr. fiel ganz Mittelgriechenland in die Hand der Perser, Athen wurde zerstört. Dann gelang es den Athenern unter *Themistokles,* die feindl. Flotte bei *Salamis* vernichtend zu schlagen. Die pers. Landmacht wurde 479 v. Chr. bei *Plataiä* von *Pausanias,* die restl. pers. Flotte bei *Mykale* besiegt. 449 v. Chr. wurden die P. formell beendet.
Perseus [-zɔis], **1.** in der grch. Myth. Sohn des Zeus u. der Danaë; schlug der Gorgo *Medusa* den Kopf ab u. rettete *Andromeda* vor einem Seeungeheuer; gründete Mykene. – **2.** Sternbild des nördl. Himmels; Hauptstern *Algenib.*
Perseveration, Fortdauer, Beharrung; das Nachwirken seelischer Vorgänge; zwanghaftes Wiederholen bestimmter Wörter u. Bewegungen.
Pershing ['pə:ʃiŋ; nach J. J. *Pershing*], Bez. für einen amerik. Boden-Boden-Flugkörper für den Einsatz nuklearer Sprengköpfe, der von mobilen Werfern aus gestartet wird. Die seit Ende der 1950er Jahre eingesetzte Version P. Ia kann Ziele bis zu 750 km Entfernung bekämpfen. Die modernere Ausführung P. II hat eine Reichweite von 1800 km u. hohe Zielgenauigkeit.
Pershing ['pə:ʃiŋ], *John Joseph,* *1860, †1948,

Pershing-Rakete beim Start

US-amerik. General; im 1. Weltkrieg 1917/18 Oberbefehlshaber der US-Truppen in Europa.
Persianer, das schwarze, gelockte Fell der 1–3 Tage alten Karakullämmer.
Persien, bis 1935 übl. Bez. für Iran.
Persiflage ['fla:ʒə], (geistreiche) Verspottung.
Persipan, Marzipanersatz aus geschälten, entbitterten Pfirsich- oder Aprikosenkernen.
Persischer Golf, *Arab. Golf,* Nebenmeer im NW des Ind. Ozeans, zw. Arabien u. Iran, 239 000 km², bis 150 m tief; umfangreiche Unterwasservorkommen von Erdöl u. Erdgas.
persistent, anhaltend, dauernd.
Persius Flaccus, *Aulus,* *34 n. Chr., †62, röm. Dichter (Satiren in schwer verständl. Sprache).
Person, der Mensch als Träger einer bes. Eigenart u. eines spezif. Ich-Bewußtseins. Im Recht ist die P. Träger von Rechten u. Pflichten *(natürl. P. u. jurist. P.).*
Persona grata, in der Diplomatensprache eine erwünschte Person als Vertreter eines fremden Staates. Bei polit. oder strafrechtl. Fehlverhalten eines Diplomaten kann jeder Angehörige einer diplomat. Mission zur *Persona ingrata (Persona non grata,* »unerwünschte Person«) erklärt werden.
Personalausweis, Papier zum Nachweis der Identität, meist mit Lichtbild. In Dtld. besteht Ausweispflicht für Personen über 16 Jahre, soweit sie keinen gültigen Paß haben.
Personalcomputer, *persönl. Computer, PC,* Bez. für →Computer unterschiedl. Art u. Leistungsfähigkeit, die meist am Arbeitsplatz oder im privaten Bereich eingesetzt werden.
Personalgesellschaften, *Personengesellschaften,* Gesellschaften, bei denen mehrere Personen gemeinsam Unternehmer u. Geldgeber sind. Dazu gehören: *Gesellschaft des bürgerl. Rechts, Stille Gesellschaft, Offene Handelsgesellschaft* u. *Kommanditgesellschaft.*
Personalien, die Lebensdaten eines Menschen (z.B. Alter, Geschlecht, Wohnort, Staats- u. Konfessionszugehörigkeit).
Personalinformationssysteme, vor allem in Großbetrieben mit Hilfe der EDV erstellte Datensammlungen, die Informationen über Arbeitnehmer, Arbeitsplätze u. Produktionsvorgänge enthalten; wegen der Möglichkeiten der Datenverknüpfung aus der Sicht von Datenschutzexperten bedenklich.
Personalismus, zunächst die Lehre von der *Personalität* (Personhaftigkeit) des Absoluten oder vom personalen Aufbau der Welt (G. W. *Leibniz*); heute die Lehre von der Personalität u. Eigenständigkeit des Menschen, vor allem gegenüber soz. u. sonstigen Übermächten.

Perserkriege: Heerzüge, Schlachten und Flottenbewegungen

Personalkörperschaft, eine Körperschaft des öffentl. Rechts, deren Mitgliedschaft im Ggs. zur *Gebietskörperschaft* nicht an den Wohnsitz, sondern an bestimmte persönl. Merkmale wie den Beruf anknüpfen. P. sind z.B. berufsständische (Anwalts-, Ärzte-, Handwerks-) Kammern u. Universitäten.

Personalkredit, Bankkredit ohne dingl. Sicherheiten (Ggs.: *Realkredit*), meist in Form des *Kontokorrentkredits.*

Personalpronomen, das persönl. Fürwort (ich, du usw.).

Personalsteuer, eine Steuer, die bestimmte Personen u. Personengruppen erfaßt, wobei die persönl. Verhältnisse der Steuerpflichtigen Berücksichtigung finden; Beispiel: Einkommensteuer.

Personalunion, die Verbindung zweier Staaten durch die Person des *Monarchen* bei sonst fortbestehender staatsrechtl. Trennung; Beispiele: Hannover/Großbrit. 1714–1837, Niederlande/Luxemburg 1815–90. Übertragen: Vereinigung von Ämtern in der Hand einer Person.

Personalvertretung, das Gremium zur →Mitbestimmung im Bereich des öffentl. Dienstes. In allen Dienststellen wird ein *Personalrat* (dem Betriebsrat entspr.) gebildet, der die Mitwirkungs- u. Mitbestimmungsrechte gegenüber der Dienststelle ausübt. Die P. ist weitgehend der Mitbestimmung nach dem Betriebsverfassungsgesetz angeglichen.

Personenfirma, eine Firma, die den Namen einer oder mehrerer Personen enthält.

Personenkraftwagen →Kraftwagen.

Personenkult, die übergebühr. Verehrung u. Verherrlichung einer Person, bes. eines polit. Führers.

Personenrecht, 1. die Rechtsnormen über die Voraussetzungen u. Wirkungen der Anerkennung als Person im Rechtssinn (→Rechtsfähigkeit). – **2.** →Persönlichkeitsrecht.

Personenstand, das familienrechtl., auf Abstammung oder Rechtsakt beruhende Verhältnis einer Person zu einer anderen. Der P. wird von den Standesämtern u. Standesbeamten in *Personenstandsbüchern (Heiratsbuch, Familienbuch, Geburtenbuch, Sterbebuch)* beurkundet. – **P.sanzeige,** Mitteilung einer Geburt oder eines Sterbefalls beim Standesamt. Die Pflicht zur Anzeige ist im Personenstandsgesetz begründet.

Personenversicherung, Oberbegriff für Lebens-, Renten-, Unfall- u. Krankenversicherung.

Personifikation, Vermenschlichung, Verkörperung.

Persönlichkeit, Gesamtheit aller Wesenszüge eines Menschen; der Mensch als Einzelwesen, in seiner Eigenart; bed. Mensch, durch Stellung u. Rang sich heraushebender Mensch.

Persönlichkeitsrecht, ein rechtsstaatl. Grundrecht, verfassungsmäßig garantiert. Nach Art. 1 GG ist die Würde des Menschen unantastbar; sie zu schützen u. zu achten ist Verpflichtung aller staatl. Gewalt. Nach Art. 2 GG hat jeder das Recht auf freie Entfaltung seiner Persönlichkeit, soweit er nicht die Rechte anderer verletzt u. nicht gegen die verfassungsmäßige Ordnung oder das Sittengesetz verstößt. Im *Zivilrecht* ist z.B. das Recht des Menschen auf unbeeinträchtigte Führung des Namens ein P. Ein Ausfluß des P. ist z.B. auch das *Recht am eigenen Bild,* das das Urheberrecht des Malers, Zeichners u. Photographen überlagert.

Persönlichkeitsspaltung → Schizophrenie.

Perspektive, 1. Ausblick, Durchblick; Sehweise, Standpunkt; Aussicht für die Zukunft. – **2.** die jeweilige Art, Raumgebilde auf Flächen (im allg. auf Ebenen) anschaul. darzustellen. 1. *Zentral-P.:* Die Raumgebilde werden so dargestellt, wie sie sich bei der Netzhaut des Auges oder auf der Mattscheibe eines Photoapparats abbilden. Die Projektionsstrahlen gehen von einem Punkt aus. – 2. *Parallel-P.:* Die Projektionsstrahlen laufen parallel; stehen sie auf der Bildfläche senkrecht, heißt sie *Vogelschau-* oder *Normal-P.* – K u n s t : In der grch. u. röm. Skenographie waren bereits Ansätze zu raumperspektivischer Darst. mittels Verkleinerung der Hintergrundformen u. Verkürzung. Wegbereiter der *Zentral-P.* in Italien war *Giotto,* der die menschl. Figuren mit einem einfachen stereometrischen Gefüge von »Kastenräumen« umgab. Das theoret. u. künstler. Bemühen um die P. fand seinen Höhepunkt bei *Leonardo da Vinci* u. bei *A. Dürer.* Ende des 16. Jh. ergänzten in den Ndl. *Luft-* u. *Farb-P.* als Mittel der realist. Raumdarstellung die *Linear-P.*

Perspektivismus, die »perspektivische«, d. h. auf das Subjekt, seine Umwelt u. Anschauung, auf den Standort des einzelnen bezogene, unabschließbare, weil zu immer neuen Perspektiven führende Beschaffenheit des Erkennens. Der P. ist ein *Relativismus* u. auch Bestandteil des *Existenzphilosophie.*

Perspiration, Hautatmung.

Perth [pə:θ], **1.** Stadt in Mittelschottland, am Firth of Tay, 42 000 Ew.; Glas- u. Textil-Ind., zeitw. Hptst. Schottlands. – **2.** Hptst. u. einzige Großstadt W-Australiens, am Swan River u. Melville Water, 1,2 Mio. Ew.; Univ. (gegr. 1911); Eisen- u. Stahl-Ind., Druckereien, Ölraffinerie, chem., Textil- u. Nahrungsmittel-Ind.; Hafen *Fremantle;* internat. Flughafen.

Perthes, 1. Friedrich Christoph, * 1772, † 1843, dt. Buchhändler u. Verleger; gründete 1796 in Hamburg die erste dt. Sortimentsbuchhandlung u. 1822 in Gotha einen Verlag; Mitgr. des Börsenvereins der dt. Buchhändler. – **2.** Johann Georg Justus, Onkel von 1), * 1749, † 1816, dt. Verleger; gründete 1785 in Gotha die Verlagsbuchhandlung *Geograph.* *Anstalt* *Justus* *P.,* seit 1953 in Darmstadt. Kartographie, genealog. Taschenbücher.

Pertini, Alessandro, * 1896, † 1990, ital. Politiker (Sozialist); 1978–85 Staats-Präs.

Perturbation, Verwirrung, Störung.

Pertussis → Keuchhusten.

Pertz, Georg Heinrich, * 1795, † 1876, dt. Historiker; 1823–73 Hrsg. der »Monumenta Germaniae Historica«.

Peru, Staat in S-Amerika, 1 285 216 km², 22,3 Mio. Ew., Hptst. *Lima.*

Peru

L a n d e s n a t u r . Die Anden nehmen fast $2/3$ von P. ein. Sie gliedern sich im S in zwei z. T. vulkan. Ketten (Misti 5842 m, Nudo Coropuna 6613 m), die an der Grenze nach Bolivien ein trockenes Hochbecken, das *Altiplano* mit dem Titicacasee, einschließen, während im N drei Ketten ausgebildet sind. Nach O senkt sich das Land im Gebiet der *Montaña* zum Amazonasbecken. Das Gebirge trägt überwiegend Kältesteppen, das Küstenland *(Costa)* ist teilweise wüstenhaft. Unmittelbar an der Küste herrscht ein Nebelklima *(Garúa).*
Die B e v ö l k e r u n g besteht aus 45% Indianern (Ketschua, Aymará), zu 40% aus Mestizen u. zu 10% aus Weißen. Ein Drittel der Bev. lebt im Küstenbereich, über 60% in den Hochbecken der Anden.
W i r t s c h a f t . In den Flußoasen der Costa werden v. a. Baumwolle, Zuckerrohr u. Reis angebaut. Die Viehzucht liefert für den Export Wolle, Häute u. Felle. Den Hauptteil des Exports stellen der Bergbau, der über große Vorkommen von Erdöl, Kupfer, Zink, Blei, Eisen, Silber u. a. verfügt, u. der Fischfang. – P. besitzt die höchstgelegenen Bahnanlagen der Erde (Strecke Lima-Oroya bis 4816 m hoch). Straßenhauptachse ist die Carretera Panamericana. Haupthafen ist Callao. Iquitos ist der Endpunkt der Amazonas-Schiffahrt.
G e s c h i c h t e . Um 1250 v. Chr. – 200 n. Chr. entstanden zahlreiche lokale Kulturen. Im 15. Jh. eroberten die Inka die Gebiete der anderen Stämme u. Völker P. u. errichteten ein Reich, das 1531–33 von F. *Pizarro* für Spanien erobert wurde. Das span. *Vizekönigreich P.* umfaßte fast ganz Südamerika. 1739 wurden von P. das Vizekönigreich *Río de la Plata* u. das Vizekönigreich *Neugranada* abgetrennt. J. de *San Martín* gelang es 1820, P. von der span. Herrschaft zu befreien. P. erklärte seine Unabhängigkeit. 1825 trennte sich Ober-P. als selbständige Rep. *Bolivien* von P., doch kam es 1835–39 noch einmal zu einer vorübergehenden Union. Im Salpeterkrieg (1879–83) gegen Chile mußte P. Gebiete abtreten. Die weitere Entwicklung war durch häufige innere Unruhen gekennzeichnet. 1968 kam es zu einem Militärputsch. 1979 wurde eine neue Verf. verabschiedet. Das Militärregime wurde durch eine zivile Reg. ersetzt. In den 1980er Jahren verschlechterte sich die wirtschaftl. Lage P. rapide. Das polit. System wurde zunehmend durch die linksextreme Guerillabewegung »Sendero Luminoso« *(Leuchtender Pfad)* erschüttert. 1990 übernahm A. *Fujimori* das Amt des Staats-Präs. Er löste 1992 das Parlament auf u. setzte die Verf. außer Kraft. Im gleichen Jahr gelang die Festnahme des Sendero-Führers A. *Guzman.* 1993 trat eine neue Verf. in Kraft.

Perubalsam, Harzbalsam aus dem mittelamerik. Baum *Myroxylon peruvianum.*

Perücke, künstl. angefertigte Haartracht aus Menschen- oder Tierhaaren, auch aus Kunsthaaren; bereits im ägypt. u. pers. Altertum als Zeichen der Würde gebräuchl., im 17./18. Jh. Standeszeichen für Männer, im 19./20. Jh. Mode- u. Zweitfrisur für Frauen, auch Haarersatz für Männer.

Perugia [-dʒa], mittelalt. Prov.-Hptst. in *Umbrien,* 148 000 Ew.; Erzbischofssitz; Kunst- u. Kulturzentrum mit Univ. (1276) u. a. HS; got. Kathedrale; Süßwaren-, Textil-, keram. Ind.; Fremdenverkehr. – Das etrusk. *Perusia,* eine der *Zwölfstädte,* 310 v. Chr. römisch.

Perugino [-'dʒi:no], eigtl. Pietro *Vannucci,* * um 1445/48, † 1523, ital. Maler; Hauptmeister der umbr. Schule, Lehrer *Raffaels;* malte klare, oft symmetrisch gebaute Bilder.

Perutz, 1. Leo, * 1884, † 1957, östr. Schriftst.; emigrierte 1938 nach Tel Aviv; schrieb histor. u. phantast. Romane. – **2.** Max Ferdinand, * 19.5.1914, brit. Chemiker östr. Herkunft; erforschte die Strukturen des Hämoglobins u. des Myoglobins; Nobelpreis 1962.

Peruzzi, Baldassare, * 1481, † 1536, ital. Architekt u. Maler; Mitarbeiter Bramantes bei den Entwürfen für St. Peter, in Rom seit 1520 Baumeister an der Peterskirche, 1529 in Siena.

pervers, widernatürl. empfindend. – **Perversion,** Abnormität, Verkehrung der Empfindungen u. Triebe, bes. des Geschlechtstriebs, aus der bestimmte **Perversitäten** entstehen, z.B. Fetischismus, Exhibitionismus, Masochismus, Sadismus.

Pervitin, Handelsname für ein Anregungsmittel. Wegen gefährl. Nebenwirkungen ist es dem Betäubungsmittelgesetz unterstellt.

Perwouralsk, Stadt in Rußland, im Mittleren Ural, 138 000 Ew.; Eisenhütten- u. chem. Ind.

Perzent, östr. für *Prozent.*

Perzeption, Erfassung, Wahrnehmung, »Vorstellung mit Bewußtsein« (I. Kant).

Pesaro, ital. Prov.-Hptst., Seebad u. Hafenstadt, 90 000 Ew.; Herzogspalast; Motorrad- u. Textil-Ind.

Pescadores, *Fischerinseln,* amtl. Name *Penghu Liedao,* taiwanes. Inselgruppe in der Formosastraße, 127 km², 102 000 Ew.; Hauptinsel *Penghu Dao* mit Hafen u. Hauptort *Penghu.*

Pescara, ital. Prov.-Hptst., Hafenstadt u. Seebad in der Region Abruzzen, 131 000 Ew.; Univ.; Fremdenverkehr.

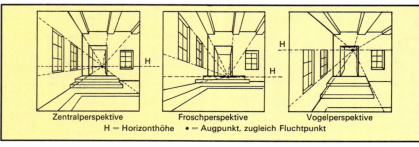

Perspektive

Weiße Pestwurz; wächst in feuchten Bergwäldern

Peseta, Pta, Währungseinheit in Spanien.

Peshawar [pe'∫a:-], strateg. wichtige Prov.-Hptst. unterhalb des Khaibarpasses im nw. Pakistan, 566 000 Ew.; Univ.; Handels- u. Verkehrszentrum, Flugplatz.

Pesidien, antike Ldsch. u. röm. Prov. im südl. Kleinasien; von den *Pisidern* bewohnt.

Pesne [pɛ:n], Antoine, * 1683, † 1757, frz. Maler; seit 1711 preuß. Hofmaler in Berlin; Decken- u. Wandgemälde, Porträts.

Peso, Währungseinheit in Argentinien, Chile, der Dominikan. Rep., Kolumbien, Kuba, Mexiko, Uruguay, Philippinen.

Pessach, *Passah, Pascha,* eines der 3 Wallfahrtsfeste des Judentums; in der jüd. Überlieferung mit der Verschonung Israels in Ägypten verbunden u. ein Befreiungsfest; gefeiert am ersten Frühlingsvollmond (14. Nissan). Die Sederfeier, das festl. P.-Mahl, ist ein wichtiges Familienfest.

Pessanha [pəˈsaɲa], Camilo, * 1867, † 1926, portug. Schriftst. des Symbolismus.

Pessar, *Mutterring,* ring-, schalen-, siebförmige oder anders geformte Einlage in die Scheide; bes. zur Stützung der vorfallenden Gebärmutter, auch zur Empfängnisverhütung.

Pessimismus, Schwarzseherei, Lebensunlust; als Ggs. zu *Optimismus* erst im 19. Jh. aufgekommener Begriff, der Sache nach jedoch schon Bestandteil aller Erlösungsreligionen, des Buddhismus, Gnostizismus, Christentums u. der grch. Tragödie (Sophokles).

Pessoa, Fernando António *Nogueira de Seabra,* * 1888, † 1935, portug. Schriftst. (modernist. Lyrik).

Pessôa Câmara, Helder, brasil. kath. Theologe, →Câmara, Helder Pessoa.

Pest, *Pestilenz,* eine durch *P.bakterien* hervorgerufene epidem. Krankheit, die heute durch strenge hygien. Überwachung aus Europa verdrängt ist. Die P. wird durch den Rattenfloh auf den Menschen übertragen, dann auch durch Tröpfcheninfektion von Mensch zu Mensch. Die Seuche tritt als *Haut-* u. *Drüsen-P. (Beulen-P.)* u. als *Lungen-P.* auf. Die Haut verfärbt sich wegen mangelnder Sauerstoffversorgung düsterblau (daher »Schwarzer Tod«).

Pest [pɛʃt], Stadtteil von Budapest.

Pestalozzi, Johann Heinrich, * 1746, † 1827, schweiz. Pädagoge; leitete das Waisenhaus in Stans, Schulen in Burgdorf u. Yverdon, versuchte, Kindererziehung mit der Arbeit in der Landwirtschaft zu verbinden. Kerngedanken: Die innere Natur des Menschen schafft Gemeinschaft, Ehe, Familie, Kernstück der Menschenbildung ist die sittl. Elementarbildung. W »Lienhard u. Gertrud«, »Wie Gertrud ihre Kinder lehrt«.

Pestilenz, Pest, Seuche.

Pestizide, *Biozide,* chem. Substanzen, die als Pflanzenschutz- u. Schädlingsbekämpfungsmittel eingesetzt werden. Nach ihren verschied. Anwendungsbereichen teilt man die P. ein in: *Bakterizide* (gegen Bakterien), *Fungizide* (gegen Pilze), *Herbizide* (gegen Unkräuter), *Insektizide* (gegen Insekten), *Akarizide* (gegen Milben), *Molluszide* (gegen Schnecken), *Rodentizide* (gegen Nagetiere), *Nematizide* (gegen Fadenwürmer). P. bestehen aus einem (giftigen) Wirkstoff u. einem Trägerstoff (Wasser, Dieselöl, Talk u. a.). Wirkstoffe sind: anorgan. Mittel (Schwefel-, Kupfer-, Arsenverbindungen u. a.), natürl. organ. Mittel (Nicotin, Pyrethrum, Derris, Quassia u.) u. künstl. organ. Mittel (z.B. chlorierte Kohlenwasserstoffe, z.B. DDT, Hexa, Lindan; organ. Phosphorverbindungen [Phosphorsäureester], z.B. E 605, Parathion; Carbamidsäurerever-

bindungen [Carbamate], z.B. Propoxur Aldicarb). Wegen der mit der Anwendung von P. verbundenen Umweltgefahren wird zunehmend der Einsatz von Mitteln bevorzugt, die sehr gezielt wirken. Außerdem gewinnen biolog. u. biotechn. Methoden im Pflanzenschutz an Bedeutung.

Pestwurz, Gatt. der *Korbblütler;* bes. häufig: *Gewöhnl. P.,* an feuchten Stellen, mit purpurnen u. rosa Blüten, die vor den Blättern erscheinen.

Petah Tiqwa ['pɛta 'tikva], isr. Stadt im östl. Vorortbereich von Tel Aviv, 131 000 Ew.; Orangenanbau; Textil-, Masch.- u. a. Ind.

Pétain [pe'tɛ̃], Philippe, * 1856, † 1951, frz. Offizier u. Politiker; als Organisator der Abwehrschlacht von Verdun (1916) zum Nationalheld geworden. Als Staatschef (1940-44) gründete er die autoritär-paternalist. *Vichy-Regierung.* 1945 wurde er wegen Hoch- u. Landesverrats (»Kollaboration« mit Dtld.) zum Tod verurteilt, aber zu lebenslängl. Haft begnadigt.

Petel, Georg (Jörg), * 1600/01, † 1634, dt. Bildhauer; schuf Terrakotta-, Elfenbein- u. Holzplastiken in bewegtem Barockstil.

Peter, Fürsten:

Aragón:

1. P. II., Pedro II., * 1174, † 1213, König 1196–1213; erkannte 1204 die Lehnshoheit des Papstes *Innozenz III.* an; fiel im Kampf auf seiten der *Albigenser.* – **2. P. III., Pedro III., P. d. Gr.,** * 1239, † 1285, König 1276–85; verh. mit der Stauferprinzessin *Konstanze von Sizilien;* erwarb Sizilien im Kampf gegen *Karl von Anjou.*

Brasilien:

3. P. I., Pedro I., * 1798, † 1834, Kaiser 1822–31; erklärte 1822 die Unabhängigkeit Brasiliens; 1826 auch König von Portugal *(P. IV.);* überließ dieses seiner Tochter *Maria II. da Glória;* trat 1831 in Brasilien zugunsten seines Sohnes, *P. II.,* zurück. – **4. P. II., Pedro II.,** Sohn von 3), * 1825, † 1891, Kaiser 1831–89, wegen Aufhebung der Sklaverei abgesetzt.

Jugoslawien:

5. P. I. →Karadjordjević. – **6. P. II.,** * 1923, † 1970, König 1934–45; nach der Ermordung seines Vaters *Alexander I.* unter der Regentschaft seines Onkels Paul *Karadjordjević* für großjährig erklärt; 1945 abgesetzt, lebte seit 1941 im Exil.

Portugal:

7. Dom Pedro, * 1392, † 1449 (gefallen), Herzog von Coimbra, Infant von Portugal; Wegbereiter des Humanismus in Portugal. – **8. P. V., Pedro V.,** * 1837, † 1861, König 1853–61; Sohn *Marias II. da Glória.* Mit ihm gelangte das Haus Bragança-Coburg auf den portug. Thron.

Rußland:

9. P. I., P. der Große, russ. *Pjotr Alexejewitsch,* * 1672, † 1725, Zar 1682–1725. Seine Regierung stand im Zeichen des *Nord. Kriegs.* Als Ergebnis gewann Rußland das östl. Baltikum u. stieg zur europ. Großmacht auf. Seine inneren Reformen führ-

Peter der Große; Stich von J. Houbraken nach einem Gemälde von K. de Moor

ten zur Europäisierung Rußlands. Sichtbarer Ausdruck der Wandlung waren u. a. die Verlegung der Hptst. in das 1703 gegr. *St. Petersburg* u. die Annahme des Kaisertitels durch P. (1721). – **10. P. II.,** russ. *Pjotr Alexejewitsch,* Enkel von 9), * 1715, † 1730, Zar (Kaiser) 1727–30. Die Regierung leitete zunächst A. Fürst *Menschikow,* danach die Fürsten *Dolgorukij.* – **11. P. III.,** russ. *Pjotr Fjodorowitsch,* Enkel von 9), * 1728, † 1762, Zar (Kaiser) 1762; schloß Frieden mit Friedrich d. Gr. Seine Überheblichkeit gegenüber dem Russentum förderte seinen Sturz durch seine Frau *Katharina II.* Er wurde von G. *Orlow* ermordet.

Peterborough ['pi:tǝbǝrǝ], ostengl. Stadt, am Nene (zur Wash-Bucht), 115 000 Ew.; got. Kathedrale; Masch.- u. Nahrungsmittel-Ind.

Peterhead [pi:tǝ'hɛd], Hafenstadt im O Schottlands, nordöstl. von Aberdeen, 17 000 Ew.; Heringsfischerei.

Petermännchen, ein *Drachenfisch* der europ. u. afrik. Küsten, 30–40 cm lang, mit Giftstacheln an Kiemendeckeln u. Rückenflosse; Speisefisch.

Peters, Carl, * 1856, † 1918, dt. Kolonialpolitiker u. Afrikaforscher; gründete die *Gesellschaft für dt. Kolonisation* u. erwarb 1884 Teile des späteren Dt.-Ostafrika; Reichskommissar in O-Afrika (wegen Amtsmißbrauchs entlassen).

Petersberg, vulkan. Basaltkuppe im Siebengebirge, am Rhein bei Königswinter, 331 m. Hotel *P.,* 1945–52 Sitz der westl. Hohen Kommissare.

Petersburg →Sankt Petersburg.

Petersen, 1. Julius, * 1878, † 1941, dt. Literarhistoriker; erforschte die Lit. der Klassik. – **2.** Nils, * 1897, † 1943, dän. Schriftst.; Pazifist; schrieb Lyrik u. histor. Romane. – **3.** Peter, * 1884, † 1952, dt. Reformpädagoge; Wegbereiter der Gesamtschule. – **4.** Wolfgang, * 14.3.1941, dt. Filmregisseur; »Das Boot«, »Die unendliche Geschichte«, »Tod im Spiegel«, »In the line of fire«.

Petersfische, *Zeiformes,* Ordnung der *Echten Knochenfische,* den *Barschfischen* verwandt.

Petershagen, Stadt in NRW, an der Weser, 24 000 Ew.; Heilbad; Möbel- u. keram. Ind.; Kraftwerk.

Petersilie, zu den *Doldengewächsen* gehörende, zweijährige, bis 1 m hohe Pflanze aus dem Mittelmeergebiet; Küchenkraut.

Peterskirche, *S. Pietro in Vaticano,* St. Peter, Papstkirche in Rom; urspr. unter Kaiser *Konstantin d. Gr.* über dem Grab des Apostels *Petrus* als fünfschiffige Basilika errichtet; Neubau seit 1506 zunächst nach D. *Bramantes* Plan mit weitgespannter Mittelkuppel. Dombaumeister: *Bramante, Raffael, Michelangelo* (endgültige Kuppelform), G. della *Porta* u. a.; durch C. *Maderna* Weiterführung des Langhauses, durch G. L. *Bernini* Vollendung der Fassade u. des Petersplatzes (Kolonnaden, Brunnen).

Peterson ['pi:tǝsǝn], Oscar (Emmanuel), * 15.8.1925, kanad. Jazzmusiker (Pianist).

Peterspfennig, im MA vom Papst erhobene Steuer, heute freiwillige Spende nach Rom.

Peter und Paul, kath. Fest am 29. Juni zum Gedächtnis der Apostel *Petrus* u. *Paulus.*

Peterwardein, serbokr. *Petrovaradin,* Festungsstadt auf einer Donauinsel, bei Novi Sad (Neusatz) in Serbien. – In der Schlacht bei P. in den Türkenkriegen besiegte Prinz *Eugen* 1716 die Türken.

Petipa, Marius Iwanowitsch, * 1822, † 1910, frz. Tänzer u. Choreograph; schuf den klassizist. russ. Ballettstil, Schöpfer noch heute gültiger Choreographien zu »Schwanensee« u. »Dornröschen«.

Petit [pti] **1.** Alexis-Thérèse, * 1791, † 1820, frz. Physiker; führte Untersuchungen über die Wärmeausdehnung u. die spezif. Wärme von festen Körpern durch. – **2.** Roland, * 13.1.1924, frz. Tänzer u. Choreograph; verbindet klass. Ballett mit modernem Ausdruckstanz u. Show; gründete 1945 die *Ballets des Champs-Elysées,* 1948 die *Ballets de Paris.*

Petitgrain-Öl [pti'grɛ̃], aus den Blättern u. unreifen Früchten der *Pomeranze* gewonnenes Öl; Verwendung in der Parfümerie.

Petition, Bitte, Bittschrift, Gesuch (bes. an ein Staatsorgan). – **P.srecht,** verfassungsrechtl. geschützte Befugnis, sich mit Bitten od. Beschwerden an die zuständigen Behörden oder Parlamente zu wenden.

Petition of Right [pi'tiʃǝn ǝv rait], ein Schreiben des engl. Parlaments 1628 an König *Karl I.* mit der

Bitte um Wiederherstellung des Rechtszustands im Lande, was gegen Bewilligung von Kriegsgeldern vom König formell zugestanden wurde, ohne Gesetzeskraft zu erhalten.

Petitpierre [pti'pjɛːr], Max Eduard, *1899, †1994, schweiz. Politiker (Freisinnig-demokrat. Partei); mehrf. Bundes-Präs. (1950, 1955, 1960).

Petit Point [-pti'pwɛ̃], Nadelarbeit mit Perlstichen auf feinsten Gitterleinen.

Petits fours [-pti'fuːr], kleines Backwerk, mit Fondant überzogen u. garniert.

Petkow [-kɔf], Nikola, *1889, †1947 (hingerichtet), bulgar. Politiker; trat für Zusammenarbeit mit den Kommunisten ein, bekämpfte die »volksdemokrat.« Entwicklung, wurde zum Tode verurteilt.

Petőfi ['pɛtøfi], Sándor, *1823, †1849 (gefallen in der Revolutionsarmee), ung. Schriftst.; größter ung. Lyriker voller Leidenschaft; schrieb Helden- u. Märchenepen (»Der Held Janos«).

Petra, antike Stadt im zentralen Edom (Ostjordanland), vom 3. Jh. v. Chr. bis ins 1. Jh. n. Chr. Hptst. des Nabatäerreichs, seit 106 Hptst. der röm. Provinz *Arabia Petraea*.

PETRA, Abk. für *P*ositronen-*E*lektronen-*T*andem-*R*ingbeschleuniger-*A*nlage, Anlage (ringförmiger, unterird. Tunnel) für Experimente der Hochenergiephysik (→Teilchenbeschleuniger) beim Dt. Elektronen-Synchrotron (DESY) in Hamburg.

Petrarca, Francesco, *1304, †1374, ital. Dichter; Geistl. u. Diplomat in Frankreich u. Italien. Seine Gedichte in ital. Sprache (»Canzoniere«) spiegeln die Liebe zu *Laura* wider; sie verlassen den konventionellen Rahmen der Troubadour-Lyrik u. drücken selbsterlebte u. -erlittene Stimmungen u. Gefühle aus. P. beeinflußte inhaltl. u. formal die Lyrik des 15./16. Jh. (**Petrarkismus**). Seine hervorragenden Kenntnisse der lat. Sprache u. Lit. u. seine krit., der Scholastik abgewandte Denkart machten ihn zum eigtl. Begr. des *Humanismus*.

Petrassi, Goffredo, *16.7.1904, ital. Komponist; stand zuerst A. *Casella* u. P. *Hindemith* nahe, wandte sich später eine freie Zwölftontechnik an.

Petrefakt, Versteinerung, →Fossilien.

Petrescu, 1. Camil, *1894, †1957, rumän. Schriftst.; schrieb psychol. Gesellschaftsromane u. Dramen. **2.** Cezar, *1892, †1961, rumän. Schriftst. (Romane u. Erzählungen aus der zeitgenöss. rumän. Geschichte).

Petri, Olaus, *1493, †1552, schwed. luth. Theologe; Schüler M. *Luthers*, für die Einführung der luth. Reformation tätig.

Petrie ['piːtri], Sir William Matthew Flinders, *1853, †1942, engl. Archäologe; forschte in Stonehenge (England), später in Ägypten; bediente sich wiss. Ausgrabungsmethoden.

Petrikau, poln. *Piotrków Trybunalski*, poln. Stadt südl. von Lodsch, 79 000 Ew.; Glas- u. Textil-Ind.

Petrischale, runde Glasschale mit überstehendem Deckel, zur Züchtung von Mikroorganismen.

Petrochemie, *Petrolchemie*, die Gesamtheit der chem. Prozesse u. ihre Produkte, für die *Erdöl* u. *Erdgas* Rohstoffe sind. Die gesättigten Kohlenwasserstoffe des Öls u. Gases werden in ungesättigte (Olefine, Acetylen u. a.) oder aromat. Verbindungen umgewandelt. Alle Produkte der P. sind Grundstoffe für die Herstellung von Kunststoffen, Arzneimitteln, Farbstoffen, Waschmitteln.

Petrograd, 1914–24 Name von Sankt Petersburg.

Petrographie, Gesteinskunde.

Petrolether →Gasolin.

Petroleum [-eːum], Destillationsprodukt des →Erdöls.

Petrologie, die Wiss. von der Entstehung der Gesteine; Teilgebiet der Petrographie.

Petronius Arbiter, Gaius, †66 n. Chr. (Selbstmord wegen einer Denunziation bei Nero), röm. Satiriker; Roman »Satiricon«, ein Sittengemälde seiner Zeit.

Petropawlowsk, Stadt in Kasachstan, am Ischim 233 000 Ew.; Nahrungsmittel-, Leder- u. Baustoff-Ind.

Petropawlowsk-Kamtschatskij, Stadt im russ. Fernen Osten, an der Ostküste der Halbinsel Kamtschatka, 252 000 Ew.; HS; Schiffbau, Hafen.

Petrus; Holzschnitt aus der Schedelschen Weltchronik: Jesus hilft dem sinkenden Petrus; 1493. Nürnberg, Stadtgeschichtliche Museen

Petrópolis, Stadt im brasil. Staat Rio de Janeiro, 146 000 Ew.; Edelsteinschleifereien, Textil-, Tabak- u. chem. Ind.; Höhenkurort. 1894–1903 brasil. Hptst.

Petrosawodsk, Hptst. der Rep. Karelien (Rußland), am Onega-See, 264 000 Ew.; Univ.; Sägewerke, Hafen, Flughafen.

Petroșeni [-'ʃɛnj], rumän. Stadt in den Südkarpaten, am Jiu, 49 000 Ew.; Steinkohlenbergbau.

Petrosjan, Tigran, *1929, †1984, georg. Schachspieler; Weltmeister 1963–69.

Petrus [»der Fels«], Jünger u. Apostel Jesu, von Haus aus *Simon*, Fischer am See Genezareth. Nach Ostern erschien er neben *Jakobus* u. *Johannes* als Führer der Urgemeinde in Jerusalem u. unternahm auch (Missions-)Reisen, die ihn bis nach Rom führten. Hier fand er um 64 oder 67 unter Nero den Märtyrertod; man vermutet sein Grab unter der *Peterskirche*. – Nach röm.-kath. Lehre war P. der erste Bischof von Rom; sein durch Jesu Verheißung (Matth. 16,19) begr. Vorrang im Kreis seiner Apostel ging auf seine Nachfolger in diesem Amt über (→Papst). – Heiliger (Fest: 29.6. »Peter u. Paul«). – **P.briefe**, zwei dem P. zugeschriebene Briefe im NT; Verfasserschaft umstritten.

Petrus Canisius →Canisius.

Petrus Chrysologus, *um 380, †um 450, Bischof von Ravenna; Heiliger, Kirchenlehrer (Fest: 30.7.).

Petrus Claver, *1580, †1654, span. Jesuit; nahm sich in Südamerika bes. der Negersklaven an. Zwei Missionsgesellschaften wurden nach ihm benannt. – Fest: 9.9.

Petrus Damiani, *1007, †1072, ital. Benediktiner; Kardinalbischof von Ostia, wandte sich scharf gegen die kirchl. Mißstände, vor allem gegen Priesterehe u. Simonie. – Heiliger, Kirchenlehrer (Fest: 21.2.).

Petrus de Vinea, *um 1190, †1249 (Selbstmord), ital. Jurist; Leiter der kaiserl. Kanzlei *Friedrichs II.*; wegen Amtsmißbrauchs eingekerkert u. geblendet.

Petrus Lombardus, *um 1095, †um 1160, ital. Theologe der Frühscholastik; Bischof von Paris; stellte ein dogmat. Lehrbuch zus. (»Sentenzen«), das erst im 16. Jh. durch die »Summa theologiae« des *Thomas von Aquin* ersetzt wurde.

Petrus Nolascus, *1182 (?), †1256, span. Ordensstifter (*Mercedarier*, 1218). – Heiligsprechung 1628.

Petrus Venerabilis, *um 1094, †1156, 9. Abt von Cluny; Förderer der Cluniazensischen Reform. – Heiliger (Fest: 25.12.).

Petrochemie: Hauptprodukte der Petrochemie; sie sind die wichtigsten Ausgangsstoffe der organisch-chemischen Industrie

Petrus von Alcántara, * 1499, † 1562, span. Ordensgründer; gründete 1555 den Orden der *Alcantariner,* den strengsten Zweig des Franziskanerordens. – Heiligsprechung 1669.

Petrus Waldes, † um 1217; Gründer der nach ihm ben. religiösen Laienbewegung der *Waldenser.*

Petschaft, Handstempel mit Namenszug oder Wappen zum Siegeln.

Petschenga, finn. *Petsamo,* Ort in der Oblast Murmansk (Rußland), an der *P.bucht* der Barentssee, Nickelerzbergbau; eisfreier Hafen.

Petschora, Fluß im nördl. Rußland, 1809 km; mündet in die Barentssee; schiffbar, jedoch 7 Monate vereist; riesige Steinkohlenvorkommen im *P.- Becken.*

Pettenkofen, August Xaver Karl Ritter von, * 1822, † 1889, östr. Maler u. Graphiker (Szenen aus dem Wiener Volksleben).

Pettenkofer, Max von, * 1818, † 1901 (Selbstmord), dt. Hygieniker; Begr. der wiss. Hygiene. Die *P.sche Reaktion* dient dem Nachweis von Gallensäuren.

Petticoat [-kout], Damenunterrock aus waschbeständig versteiftem Gewebe (Baumwolle, Perlon).

Pettiford, Oscar, * 1922, † 1960, afroamerik. Jazzmusiker (Kontrabaß u. Cello).

Petting, sexuell erregende körperl. Berührungen aller Art mit Ausnahme des Geschlechtsverkehrs selbst.

Petty, Sir William, * 1623, † 1687, engl. Nationalökonom u. Statistiker; Begr. der *Arbeitswerttheorie* (Arbeit als Maßstab des Wertes).

Petunie, Gatt. der *Nachtschattengewächse,* weiß u. violett blühend; als Garten- u. Balkonpflanze kultiviert.

Petzold, Alfons, * 1882, † 1923, östr. Schriftst.; schrieb soz. u. religiöse Lyrik, schilderte das Proletarierleben in Romanen.

Petzval, Josef, * 1807, † 1891, östr. Mathematiker u. Physiker; bahnbrechende Arbeiten zur Photooptik; errechnete 1840 das *P.objektiv,* das 16mal lichtstärker war als damals bekannte Photoobjektive.

peu à peu [pø̞a ˈpø̞], nach u. nach.

Peuckert, Will-Erich, * 1895, † 1969, deutscher Schriftst. u. Volkskundler; Romane, Biographien, Bücher über Magie u. Volksglaube.

Peutinger, Konrad, * 1465, † 1547, Augsburger Humanist; Berater Kaiser *Maximilians.* – Nach ihm benannt ist die **P.sche Tafel,** Kopie einer röm. Landkarte des 4. Jh.

Pevsner, 1. Antoine, * 1886, † 1962, frz. Bildhauer u. Maler russ. Herkunft; schuf ungegenständl. Plastiken aus Kupfer, Bronze u. Plexiglas. – **2.** Nikolaus, * 1902, † 1983, engl. Kunsthistoriker dt. Herkunft; Spezialgebiete: europ. Architektur u. moderne Formgebung.

Peymann, Claus, * 7.6.1937, dt. Regisseur u. Theaterleiter; Schauspieldirektor in Stuttgart, Bochum, Direktor des Wiener Burgtheaters.

Peynet [pɛˈnɛ], Raymond, * 16.11.1908, frz. Bühnenbildner u. Karikaturist (liebenswürdig-romant. Zeichenfolgen des Liebespaars »Petit poète« u. »Petit Peynet«).

Peyotl [pe'jo:tl], die getrockneten Spitzen der Kakteenart *Lophophova willionsii;* Rauschgift der Indianer in Mexiko *(Mescalin).*

Peyrefitte [pɛr'fit], **1.** Alain, * 26.8.1925, frz. Politiker (Gaullist); versch. Min.-Ämter, 1977–81 Justiz-Min. – **2.** Roger, * 17.8.1907, frz. Schriftst.; Ⓦ »Diplomaten«, »Die Schlüssel von St. Peter«, »Die Söhne des Lichts«, »Die Juden«, »Amerikaner, Amerikaner«.

Pfadfinder, engl. *Boy Scouts,* internat. Jugendorganisation, 1907 in England von Lord *Baden-Powell* gegr.; in Dtld. 1909 gegr. Die P.bewegung ist parteiunabhängig; sie will den Gemeinschaftsgeist u. eine naturgemäße Lebensführung fördern; die Mitgl. verpflichten sich zu einer tägl. »guten Tat«.

Pfäfers, *Bad P.,* Thermalbad im schweiz. Kt. St. Gallen, im Tal der Tamina, 1800 Ew.

Pfaff, Johann Friedrich, * 1765, † 1825, dt. Mathematiker (Arbeiten über partielle Differentialgleichungen u. lineare Differentialformen).

Pfaffe, Geistlicher; seit der Reformation in abwertendem Sinn.

Pfaffenhofen an der Ilm, Krst. in Oberbayern, in der Hallertau, 17 000 Ew.; Hopfenanbau, Masch.- u. Holz-Ind.

Pfaffenhütchen, ein *Spindelbaumgewächs;* bis 6 m hoher Strauch mit vierkantigen, roten Fruchtkapseln. Alle Teile der Pflanze sind giftig.

Pfaffenwinkel, das wegen seiner großen Zahl von Klöstern so genannte oberbayer. Gebiet zw. Lech u. Isar, sw. von München.

Pfäffikon, Bez.-Hptst. im schweiz. Kt. Zürich, 8000 Ew.; in der Nähe das Römerkastell *Irgenhausen* (3. Jh. n. Chr.).

Pfahlbauten, zum Schutz gegen Überfälle, Tiere u. Hochwasser auf Pfählen errichtete Wohnbauten im Uferwasser von Seen u. Flüssen, an Meeresküsten oder in Sumpfgebieten; in S-Amerika u. SO-Asien noch verbreitet. – Die »P.« aus der Jungsteinzeit u. Urnenfelderzeit an schweiz. u. südd. Seen waren wahrsch. in ebenerdiger Bauweise am Seeufer errichtete Dörfer, die in späteren Perioden von steigendem Wasser überflutet wurden.

Pfahlbürger, im MA Landbewohner im Besitz des Bürgerrechts, die außerhalb der Stadt, vor ihren Mauern wohnten.

Pfahler, Georg, * 8.10.1926, dt. Maler; Vertreter der Signalkunst u. der geometr. Abstraktion.

Pfahlmuschel →Miesmuschel.

Pfahlwurzel, lange, pfahlförmige Wurzel, z.B. bei Lupinen.

Pfalz, burgähnl. Anlage zur zeitweisen Beherbergung u. Hofhaltung der fränk. u. dt. Herrscher im MA *(Königs-* bzw. *Kaiser-P.);* Stätten der Gerichtsbarkeit u. Repräsentation (Aachen, Frankfurt a.M., Gelnhausen, Goslar, Ingelheim, Kaiserslautern, Köln, Magdeburg, Mainz, Nimwegen, Nürnberg, Quedlinburg, Speyer, Wimpfen, Worms u. a.).

Pfalz, histor. Ldsch. zw. Rheintal, Elsaß u. Saarland; von N nach S vom *Pfälzer Wald* durchzogen. Im O hat das Gebiet Anteil an der Oberrhein. Tiefebene *(Vorder-P.),* im W am *Westrich;* im N schließt sich das *Pfälzer Bergland* an. Die P. gehört zu den wichtigsten dt. Weinbaugebieten.

Gesch.: Die seit etwa 1155 mit dem Amt des *P.grafen bei Rhein* verbundenen Gebiete waren seit 1214 als Reichslehen im Besitz der *Wittelsbacher;* 1266 erwarb Herzog *Ludwig II. von Bay.* den bay. *Nordgau* (spätere *Ober-P.)* u. 1288 Heidelberg. 1329 wurde die P. von Altbayern getrennt u. als *Rhein-* u. *Ober-P.* selbst., 1356 der Besitz der Kurwürde bestätigt. 1623 gingen Land u. Kurwürde an Bayern. Durch den Westfäl. Frieden erhielt *Karl Ludwig* einen Teil des Landes zurück, verbunden mit einer neuen, achten Kurwürde. Anfang des 19. Jh. kamen die Gebiete der P. an Frankreich, die rechtsrhein. an Baden u. Hessen-Darmstadt. Seit 1816 bildete die P. einen bay. Reg.-Bez. (1918–30 frz. besetzt). Der westl. Teil kam 1919 zu Saarland. Seit 1946 ist die P. Teil von Rhld.-Pf.

Pfälzer Wald, fr. die *Haardt,* südwest-deutsches Mittelgebirge westl. der Oberrhein. Tiefebene, in der Pfalz; im *Eschkopf* 610 m.

Pfalzgraf, in merowing. Zeit ein Hofbeamter zur Verw. u. Rechtspflege in der königl. *Pfalz;* unter den Karolingern Vertreter des Königs im Gericht.

Pfand, Gegenstand, der als Bürgschaft für eine Forderung gegeben wird. →Pfandleihe, →Pfandrecht.

Pfandbrief, langfristige, festverzinsl. Schuldverschreibung der Bodenkreditanstalten; durch Hypotheken gesichert u. börsengängig; kündbar nur durch die Hypothekenbank.

Pfänder [der], Berggipfel im Bregenzer Wald (Östr.), 1064 m.

Pfänder, Alexander, * 1870, † 1941, dt. Philosoph;

Pfauen: balzender Blauer Pfau mit Henne

arbeitete mit an der phänomenolog. Grundlegung der Logik.

Pfandleihe, das von öffentl. Stellen oder privaten Unternehmungen *(Leihhäuser, Pfandleihanstalten)* betriebene Geschäft, gegen Hinterlegung von *Pfändern* u. gegen festgesetzte Zinssätze kurzfristig Geld auszuleihen. Für das hinterlegte Pfand wird ein *Pfandschein* ausgestellt.

Pfandrecht, im bürgerl. Recht das auf Vertrag beruhende, subjektive *dingl. Recht des Pfandgläubigers* an einer Sache oder einem Recht des *Pfandschuldners* oder eines Dritten zur Sicherung einer Forderung; im einzelnen: 1. durch Vertrag *(Verpfändung)* begründetes P.: a) an beweg!. Sachen, stets als *Faustpfand* im Besitz des Pfandgläubigers; b) an Grundstücken; c) an übertragbaren Rechten, bes. an Forderungen. 2. gesetzl. begründetes P. *(gesetzl. P.),* z.B. des Vermieters, Verpächters u. Gastwirts an eingebrachten Sachen des Mieters. 3. *Pfändungs-P.* aufgrund einer Pfändung; seine Verwertung erfolgt im Wege der öffentl. Versteigerung.

Pfändung, im Zwangsvollstreckungsrecht die öffentl.-rechtl. Beschlagnahme *(Verstrickung)* von nicht dem *P.sschutz* unterliegenden Gegenständen des beweg!. Vermögens des Vollstreckungsschuldners als Mittel zur Beitreibung von Geldforderungen oder zum Arrestvollzug; bei Sachen durch Besitzergreifung des Gerichtsvollziehers, bei Forderungen u. a. Rechten durch *P.sbeschluß* des Vollstreckungsgerichts.

Pfanne, 1. flaches Gefäß zum Backen u. Braten. – **2.** *Gelenk-P.,* hohler Teil des Gelenks.

Pfannkuchen, *Plinsen,* in der Pfanne gebackene flache Kuchen aus Mehl, Milch, Ei, Fett u. a.

Pfarrei, *Parochie,* nach ev. u. kath. Kirchenrecht der unterste selbständige, räuml. oder personal abgegrenzte Seelsorgebezirk.

Pfarrer, der Inhaber der Amts- u. Seelsorgepflichten in einer räuml. begrenzten selbst. Kirchengemeinde; in kath. Gemeinden der vom Bischof berufene Verwalter des Pfarramts. In den meisten ev. Kirchen wird der P. von der Gemeinde gewählt, z. T. alternierend mit der Kirchenleitung. – **Pfarrerin,** *Pastorin,* Amtsbez. der ev. Theologin; seit Mitte der 1970er Jahre in allen Landeskirchen zum Pfarramt zugelassen.

Pfarrhelfer, *Gemeindehelfer, Prediger, Diakone,* Hilfskräfte in der ev. u. kath. Gemeindearbeit für Verwaltung, Unterricht *(Katecheten),* Predigt, Jugend- u. Fürsorgearbeit.

Pfarrkirchen, Krst. in Niederbayern, an der Rott, 10 000 Ew.; roman. Pfarrkirche, Wallfahrtskirche (17. Jh.); Schuhindustrie.

Pfarrvikar, in der kath. Kirche Stellvertreter des Pfarrers.

Pfauen, *Pavo,* Gruppe großer *Fasanenvögel.* Der vorderind. *Blaue Pfau* trägt eine Federkrone u. die Männchen ein glänzendes Prachtgefieder mit stark verlängerten Schwanzdeckfedern, die in der Balz zu einem Rad aufgerichtet werden.

Pfauenauge, ein *Fleckenfalter* mit je einem Augenfleck an den Flügeln. Dazu gehören: *Kleines* u. *Großes Nacht-P.* u. *Abend-P.* (ein Schwärmer).

Pfahlbausiedlung

Pfeilkraut

Pfaueninsel, unter Naturschutz stehende Insel in der Havel, sw. vom Wannsee, bei Berlin.
Pfeffel, Gottlieb Konrad, *1736, †1809, dt. Schriftst. u. Pädagoge; 1757 erblindet; von Ch. F. *Gellert* angeregter Fabeldichter.
Pfeffer, artenreiche Gatt. der *P.gewächse* (→Pflanzen). Alle Arten haben Ölzellen, die aromat. u. scharf schmeckende Stoffe enthalten. Als Genußmittel (Kaumittel) werden im trop. Asien die Blätter des *Betel-P.* verwendet. Als *Schwarzer P.* werden die vollständigen, unreif geernteten u. getrockneten Früchte der trop. Kletterpflanze *Piper nigrum* bezeichnet, während *Weißer P.* die geschälten, reifen Früchte derselben Pflanze sind. *Grünen P.* erhält man, wenn die Früchte in Salzlake oder Essig eingelegt werden. *Roter P.:* →Cayenne-Pfeffer.
Pfefferfresser, veraltete Bez. für die →Tukane.
Pfefferkorn, Johannes, *1469, †1522, Spitalmeister in Köln; getaufter Jude, forderte die gewaltsame Bekehrung der Juden u. die Auslieferung des hebr. Schrifttums u. löste dadurch die *Dunkelmännerbriefe* aus.
Pfefferkornhaar, *Fil-Fil,* das kurze Haar der *Negriden* u. *Pygmiden,* das pfefferkornartig eng gedreht zusammensteht.
Pfefferkuchen, *Lebkuchen,* stark gewürztes, süßes Kleingebäck.
Pfefferküste, die Küste des W-afrik. Staats Liberia; auch die Malabarküste in Indien.
Pfefferminzbaum, *Mandelblättriger Eukalyptus,* Gatt. der *Myrtengewächse* mit zahlr. kleinen Blüten.
Pfefferminze →Minze.
Pfefferminzöl, ätherisches Öl aus den Blättern der Pfefferminze, enthält bis zu 70% Menthol; Aroma- u. Geschmackstoff.
Pfeffermuschel, daumennagelgroße *Muschel* mit weiß glänzenden Schale, am Schelfrand der Nordsee.
Pfeffernüsse, Gebäck aus Lebkuchenteig.
Pfefferpilz →Pfifferling.
Pfefferrohr, dunkel geflecker Bambus.
Pfefferstrauch, *Schinus,* südamerikan. Gatt. der *Sumachgewächse;* der *Peruan. P.* liefert ein angenehm riechendes Harz *(Molleharz, Amerikan. Mastix),* die Beeren dienen als Pfefferersatz.
Pfeife, 1. einfaches Flöteninstrument; übl. als Triller-P.; Orgel-P. →Orgel. – **2.** Werkzeug des Glasbläsers. – **3.** Tabakspfeife.
Pfeifengras, Gatt. der *Süßgräser.* Das *Blaue P. (Besenried)* ist auf nassen, moorigen Wiesen heimisch. Die Halme wurden fr. zum Pfeifenreinigen verwendet.
Pfeifenstrauch, 1. *Pfeifenwinde,* bis 6 m hoher nordamerik. Kletterstrauch, ein *Osterluzeigewächs.* – **2.** →Jasmin (2).
Pfeiffer, 1. Emil, *1846, †1921, dt. Bakteriologe. Nach ihm ben. ist das *P.sche Drüsenfieber.* – **2.** Johannes, *1902, †1970, dt. Literaturwissenschaftler. – **3.** Richard, *1858, †1945, dt. Bakteriologe u. Serologe; entdeckte die *Bakteriolysine,* gegen Krankheitserreger gerichtete Abwehrstoffe im Blut. Nach ihm ben. sind u. a. die *P.schen Influenzabakterien.*
Pfeifhasen, *Pikas,* Fam. der *Hasenartigen;* in den Hochsteppen der nördl. Gebiete Asiens u. Amerikas. Namengebend ist ihr lautes Pfeifen bei der Nahrungssuche.
Pfeil, ein Geschoß, das mit der Sehne eines *Bogens* (auch mit *Armbrust*) abgeschossen wird. Am Ende des P. sind Federn angebracht, die ihn im Flug stabil halten. Beim sportl. Bogenschießen ist ein P. ca. 72 cm lang u. 28 g schwer.
Pfeiler, ein stützender rechteckiger oder polygonaler Bauteil, der, wie die *Säule,* zur Aufnahme der Lasten der auf ihm ruhenden Gewölbe, Träger, Bogen u. ä. dient; Wandpfeiler: →Pilaster.
Pfeilgifte, Gifte, mit denen Pfeilspitzen überzogen werden. Sie führen meist zu einer Herz- oder Nervenlähmung des Opfers. P. sind bes. bekannt aus S-Asien *(Ipoh-Gift* auf Borneo) u. Südamerika *(Curare).*
Pfeilhechte →Barracudas.
Pfeilkraut, *Sagittaria,* Gatt. der *Froschlöffelgewächse;* Sumpf- u. Wasserpflanzen.
Pfeilschwänze, *Schwertschwänze,* eine Ordnung der *Merostomata* (Klasse der *Spinnentiere* mit langem Schwanzstachel). Die größte Art, bis 60 cm lang, lebt an der atlant. Küste Nordamerikas, 4 kleinere Arten *(Molukkenkrebse)* an SO-asiat. Küsten.
Pfeilwürmer, bis 8 cm große, durchsichtige Meeresbewohner, die zu den *Urleibeshöhlentieren* zählen.
Pfeilwurz, *Maranta,* im trop. Amerika heim. Gatt. der *P.gewächse* mit schön gefärbten Blattpflanzen. Die auf den Westindischen Inseln angebaute *Schilfartige P.* liefert *Arrowroot* (eine Stärkeart).
Pfennig, Abk. *Pf,* seit dem 8. Jh. die dt. Hauptwährungsmünze, im 8.–16. Jh. in Silber geprägt; seit 1871: 1 Pf = $1/100$ Mark; in der BR Dtld. seit 1948: 1 Deutscher P. = $1/100$ Deutsche Mark.
Pferch, durch bewegl. Hürden abgegrenztes Weidestück als Übernachtungsort für Schafe.
Pferd, Turngerät für Schwung- *(Seit-, Quer-P.)* u. Sprungübungen *(Längs-P.).* Es besteht aus einem 1,60–1,63 m langen u. 35 cm breiten, lederbezoge-

Pferd: Das Turngerät wird als Seitpferd für das Kunstturnen der Männer (Bild) und für den Pferdsprung der Frauen sowie als Längspferd für den Pferdsprung der Männer verwendet

nen Rumpf u. vier in der Höhe verstellbaren Beinen.
Pferde, 1. *Equidae, i.w.S.:* Einhufer schlanke, langbeinige *Unpaarhufer,* die beim Gehen nur die mit einem Huf umgebene Mittelzehe benutzen. Die P. leben in Herden in den Steppengebieten Afrikas u. Asiens. Zu den P. gehören *Wild-P., Esel, Halbesel* u. *Zebras.* – **2.** *i.e.S.* das *Hauspferd.* Als seine Stammform sieht man das *Przewalskipferd* (→Wildpferd) an, das fr. in ganz N-Eurasien verbreitet war. Die Domestizierung begann wohl im 4. Jt. v. Chr. Das männl. Pferd heißt *Hengst,* das kastrierte männl. *Wallach,* die weibl. *Stute,* die jungen *Fohlen (Füllen).* An Farben treten braun (Brauner, Falbe), weiß (Schimmel), schwarz (Rappe) u. fuchsfarbig (Fuchs) auf. Rassengruppen: Warmblut- u. Kaltblutrassen. Die *Warmblutrassen (Warmblüter)* sind leichter im Körperbau, temperamentvoller u. auch gelehriger, deshalb als Reit- u. Wagenpferd benutzt, während

Schleswiger-Kaltblut

Araber-Vollblut

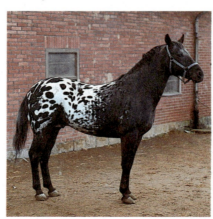

Appaloosa-Hengst

Holsteiner

Pferdesport: Galopprennen (links). – Beim Sprung über das Hindernis versucht der Reiter, durch Aufrichten in den Steigbügeln das Pferd zu entlasten (rechts)

die *Kaltblutrassen* (Kaltblüter; schwer, ruhiges Temperament) als Ackerpferd u. zum Transport schwerer Lasten benutzt werden. Zu den Warmblütern zählen u. a. *Araber, Engl. Vollblüter, Lipizzaner;* die dt. Warmblutrassen sind durch Kreuzung von Arabern u. Engl. Vollblut mit Landpferdrassen entstanden, z.B.: Ostpreußisches (Halbblut Trakehner), Hannoversches, Oldenburgisches, Holsteinisches u. Ostfriesisches Pferd. Aus P. der amerik. Siedler entstanden in Amerika einerseits die freilebenden *Mustangs* u. andererseits die *Western-Horses,* die für die ausdauernde Arbeit bei den Viehherden gezüchtet wurden *(Paint, Quarter-Horse, Appaloosa* u. a.). Bes. kleine u. urtüml. Pferde sind die europ. *Ponys.*

Pferdebohne, *Saubohne,* Gatt. der *Schmetterlingsblütler.* Die großen, derben Hülsen enthalten eßbare Samen *(Große Bohnen, Dicke Bohnen).*

Pferderennen. Sie wurden bereits bei den antiken Olymp. Spielen ausgetragen: als Wagenrennen seit 680 v. Chr., als Wettreiten mit Hengsten seit 648 v. Chr. Im 12. Jh. gab es die ersten P. in England. Die heutigen P., bes. die Zuchtrennen, dienen der Erprobung von Vollblutpferden auf ihre Leistungsfähigkeit sowie zur Intensivierung des Pferdesports. Bei öffentl. P. können *Rennwetten* abgeschlossen werden. G a l o p p r e n n e n werden unterteilt in *Hindernisrennen* u. *Flachrennen,* beide auf ovalen Grasbahnen ausgetragen. Flachrennen führen über Distanzen von 1000–4800 m; Pferde, die ihre besten Leistungen in kurzen Rennen bringen, werden *Flieger,* die auf mittleren Strecken *Meiler* u. die auf Langstrecken *Steher* genannt. *Zuchtrennen* sind Wettbewerbe zw. Pferden des gleichen Jahrgangs, die alle das gleiche Gewicht (Stuten 2 kg weniger als Hengste) tragen müssen. T r a b r e n n e n sind Wettbewerbe, bei denen das Rennpferd (Traber) vor einen *Sulky* gespannt wird, auf dem der Fahrer sitzt, u. bei denen es nur im Trab laufen darf.

Pferdesport, alle Sportarten, bei denen Pferde als Reit- oder Zugtiere verwendet werden; dazu gehö-

Die Systematik des Pflanzenreichs

Die ungeheure Vielfalt der niederen und höheren Pflanzen wird durch die Systematik erfaßt und geordnet. Die hier aufgeführten Ordnungen und Familien der Pflanzen sind keine vollständigen Listen; sie geben aber die wichtigsten Gruppen der mitteleuropäischen Flora wieder.

Abteilung, Klasse	Beispiel	Artenzahl rd.
Prokaryota		
A. Bakterien		2500
I. Urbakterien (Archaebacteria)	Methanbakterien	
II. Bakterien (Eubacteria)	Pestbazillus	
B. Prokaryotische Algen		2000
I. Blaualgen (Cyanophyta)	Wasserblüte	
II. Urgrünalgen (Prochlorophyta)	Prochloron	
Eukaryota		
A. Eukaryotische Algen		3300
I. Augentierchen (Euglenophyta)	Schönauge	370
II. Mikroalgen (Cryptophyta)	Cryptomonas	
III. Zweigeißelalgen (Dinophyta)	Peridinium	1000
IV. Haftalgen (Haptophyta)	Coccolithus	
V. Grünalgen (Chlorophyta)	Rote Schneealge	7000
1. Chlorophyceae	Meersalat	
2. Jochalgen (Conjugatae)	Zieralgen	
3. Armleuchteralgen (Charophyceae)	Chara	
VI. Goldgelbe Algen (Chrysophyta)		9000
1. Gelbalgen (Xanthophyceae)	Vaucheria	
2. Goldalgen (Chrysophyceae)	Dinobryon	
3. Kieselalgen (Bacillariophyceae)	Diatoma	6000
4. Braunalgen (Phaeophyceae)	Blasentang, Jodalgen	1500
VII. Rotalgen (Rhodophyta)	Irländ. Moos, Agar-Agar Algen	4000
B. Schleimpilze		500
I. Acrasiomycota	Dictostelium	
II. Myxomycota	Lohblüte	
III. Plasmodiophoromycota	Plasmodiophora	
C. Pilze (Fungi)		
I. Oomycota		600
II. Echte Pilze (Eumycota)	Allomyces	600
1. Chytridiomycetes	Allomyces	600
2. Zygomycetes	Köpfchenschimmel	650
3. Schlauchpilze (Ascomycetes)	Hefen	30 000
4. Ständerpilze (Basidiomycetes)	Steinpilz	30 000
D. Flechten (Lichenes)	Isländisch Moos	20 000
E. Moose und Gefäßpflanzen (Embryophyta)		
I. Moose (Bryophyta)		26 000
1. Hornmoose (Anthocerales)	Hornmoos	
2. Lebermoose (Marchantiales)	Marchantia	
3. Laubmoose (Bryatae)	Torfmoos	
II. Farnpflanzen (Pteridophyta)		15 000
1. Urfane (Psilophytatae)	Rhynia	
2. Gabelblattgewächse (Psilotatae)	Gabelblatt	
3. Bärlappgewächse (Lycopodiatae)	Bärlapp	400
4. Schachtelhalmgewächse (Equisetatae)	Schachtelhalm	32
5. Farne (Filicatae)		
III. Blütenpflanzen (Spermatophyta)		
1. Nacktsamer (Gymnospermae)		800
Ginkgoatae	Ginkgobaum	1
Pinatae	Kiefer, Tanne, Eibe	600
2. Fiederblättriger Nacktsamer (Cycadophytinae)		
Samenfarne (Pteridospermae)	Lyginopteris	ausgestorben
Cycadeen (Cycadatae)	Palmfarne	100*
Bennettitatae	Williamsonia	ausgestorben
Mantelsamer (Gnetatae)	Ephedra	66*
3. Bedecktsamer (Angiospermae)		235 000
Zweikeimblättrige Pflanzen (Dicotyledonceae)	Erbse, Linde, Aster	177 000
Einkeimblättrige Pflanzen (Monocotyledonceae)	Lilie, Gras, Palme	54 000

*rezente Arten

Pfifferling

692 **Pferdestärke**

ren Reit- u. Fahrsport (Dressur, Jagdspringen, Military), Pferderennen u. Polo.
Pferdestärke, Kurzzeichen PS, bis zum 31.12.1977 offizielle Einheit für die Leistung: 1 PS = 75 mkp/s; durch die Einheit →Watt ersetzt. Es gilt: 1 PS = 735,498 Watt.

Pferdestaupe, *Rotlaufseuche*, hochansteckende Viruskrankheit des Pferdes.
Pfetten, beim Dachstuhl *(Pfettendach)* die parallel zum First angeordneten Balken, auf denen die *Sparren* ruhen.
Pfifferling, *Pfefferpilz, Gelbling, Eierschwamm,* Speisepilz mit dotter-, rot- oder hellgelbem Hut; Vorkommen: Juli bis Sept. in Laub- u. Nadelwäldern. – ⬚ →S. 691

Pfingstbewegung, eine 1906 von Los Angeles ausgegangene Bewegung, die als Hochziel des christl. Heilswegs die »Geistestaufe« erstrebt, ein ekstat. Erlebnis mit Zungenrede, das als Inbesitznahme des Menschen durch den Hl. Geist gedeutet wird; stärkste Verbreitung in den USA (»Church of God in Christ«), S-Amerika u. Indonesien.
Pfingsten, christl. Fest am 50. Tag nach Ostern, zur Erinnerung an die Herabkunft des *Hl. Geistes*

PFLANZEN

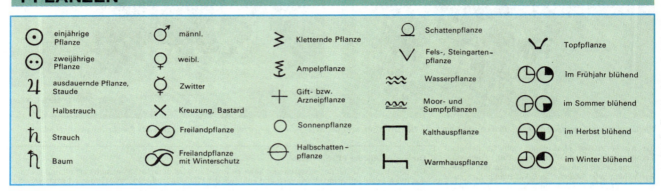

Botanische Zeichen

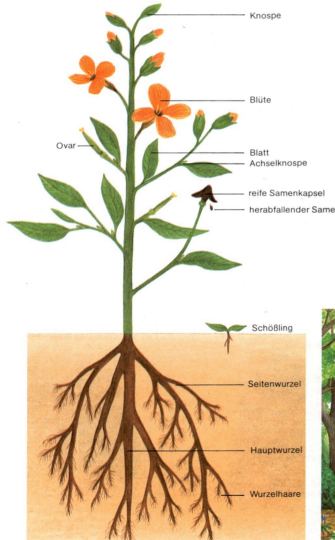

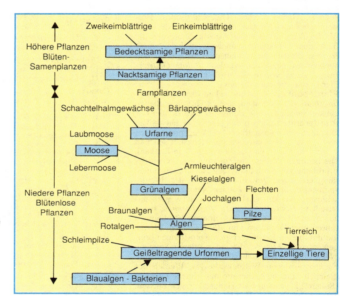

Stammbaum der Pflanzen mit den wichtigsten Gruppen

Bauplan einer Blütenpflanze (links). – In einem Wald der gemäßigten Breiten bilden die dominanten Baumarten die Wipfelschicht, in ihrem Schatten wachsen kleinere Bäume. Es folgt eine Zone mit Strauchbewuchs, und der Boden schließlich wird von einer Schicht einjähriger Kräuter bedeckt (rechts).

auf die in Jerusalem versammelten Apostel (Apg. 2); seit dem 3. Jh. bezeugt.

Pfingstrose, *Päonie,* Gatt. der *Hahnenfußgewächse.* Die *Echte P.* mit dunkelroten Blüten blüht zur Pfingstzeit.

Pfirsich, *P.baum,* zu den *Rosengewächsen* gehörender Obstbaum mit filzig behaarten, fleischigen Früchten mit Steinkernen; wahrscheinl. aus Persien stammend; gedeiht nur in mildem Klima.

Pfister, 1. Albrecht, † vor 1466, druckte die frühesten dt.-sprachigen Inkunabeln u. verwandte erstmals Holzschnitte zur Buchillustration. – **2.** Oskar, *1873, †1956, schweiz. Psychoanalytiker; prot. Pfarrer, Schüler S. *Freuds;* wandte dessen Erkenntnisse in Seelsorge u. Pädagogik an; der erste Kinderanalytiker.

Pfitzner, Hans, *1869, †1949, dt. Komponist; Vertreter der Spätromantik; mit der Erlösungsthematik seiner ersten Oper »Der arme Heinrich« 1895 noch deutlich R. *Wagner* verpflichtet. In seinem Hptw., der musikal. Legende »Palestrina« 1917, verschmolz er polyphonen Stil u. kühn ausgeweitete Chromatik; schrieb über 100 Lieder.

Pflanzen, Lebewesen, die in der Lage sind, aus anorgan. Stoffen mit Hilfe des Sonnenlichts (→Photosynthese) oder mit Hilfe von Energie, die aus bes. chem. Reaktionen gewonnen wird, organ. Stoffe aufzubauen. Die P. (mit Ausnahme der wenigen saprophytisch oder parasitisch lebenden) bezeichnet man daher als *autotroph* [»sich selbst ernährend«]. Sie schaffen hierdurch erst die Grundlage für die heterotroph lebenden *Tiere,* die nur organ. Stoffe als Nahrung verwerten können. Bestimmte *Protozoen (Flagellaten),* die gemeinsamen Vorfahren von P. u. Tieren, haben noch beide Formen der Energiebeschaffung; sie sind *mixotroph.* Grundbestandteil der P. ist die Zelle.

Pflanzenbewegungen, aktive Bewegungen von Pflanzen oder Pflanzenteilen: 1. *Autonome P.* werden von Außenfaktoren weder hervorgerufen noch gesteuert u. erscheinen als *Nutation (Schlafbewegungen).* 2. Die *Reizbewegungen* werden durch äußeren Anlaß hervorgerufen.

Pflanzeneiweiße, Proteine pflanzl. Ursprungs, z.B. aus Sojabohnen, Erdnüssen, Kartoffeln, Algen, Hefen.

Pflanzenfarbstoffe, in Pflanzen enthaltene Farbstoffe, z.B. *Indigo* u. *Krapp.*

Pflanzenfaserstoffe, als Festigungsorgane häufig in Sproß u. Blättern der Pflanzen enthaltene Fasern, die, wenn sie nicht verholzt sind, zur Herstellung von Textilien Verwendung finden *(Flachs, Nessel).* Gröbere Fasern werden zur Herstellung von Sackleinen *(Jute)* oder für Seilerwaren *(Hanf, Sisal)* benutzt.

Pflanzengeographie, *Phytogeographie,* die Lehre von der Verbreitung der Pflanzen auf der Erdoberfläche. Die *ökologische P. (Pflanzenökologie)* untersucht die Standortfaktoren einzelner Pflanzen u. Pflanzengesellschaften. Die *soziologische P. (Pflanzensoziologie)* analysiert u. systematisiert diese.

Pflanzengesellschaften, die Bausteine der *Vegetation* eines Gebiets: die regelmäßig wiederkehrenden Vergesellschaftungen von Pflanzen mit ähnl. ökolog. Ansprüchen in Form von Wäldern, Wiesen, Weiden, Röhrichten, Mooren u. a.

Pflanzenkrebs, Sammelname für Pflanzenkrankheiten, die durch Wucherungen gekennzeichnet sind, z.B. *Kartoffelkrebs;* durch Viren oder Bakterien verursacht.

Pflanzenkunde →Botanik.

Pflanzenmilch →Milch (2).

Pflanzenphysiologie, die Lehre von den pflanzl. Lebenserscheinungen. Die *Stoffwechselphysiologie* untersucht die Stoffaufnahme des Organismus aus der Umwelt, die Umwandlung in körpereigene Stoffe u. die Ausscheidung. Die *Entwicklungsphysiologie* beschäftigt sich mit Entwicklung u. Wachstum von Zellen u. Organen. In der *Hormonphysiologie* wird die Regelung der Funktionen von im Körper erzeugten Botenstoffen (Hormonen) erforscht. Die *Zellphysiologie* bearbeitet Zellfunktionen im molekularen Bereich. Die *Bioenergetik* erforscht Gesetzmäßigkeiten bei Stoffwechselreaktionen, die sich unter Veränderung des Energiehaushalts vollziehen.

Pflanzenschädlinge, Tiere, die Kulturpflanzen direkt schädigen oder Pflanzenkrankheiten übertragen. Potentielle P. sind alle pflanzenfressenden Tiere, v. a. diejenigen, die zu Massenvermehrungen fähig sind (Insekten, Milben, Mäuse). Indirekte Schäden entstehen z.B. durch viele saugende Insekten (Blattläuse) u. Milben als Überträger von Viren, Pilzsporen u. Bakterien.

Pflanzenschutz, 1. der Teil des Naturschutzes, der sich mit dem Schutz seltener oder gefährdeter *Wildpflanzen* befaßt. Durch die Bundesartenschutzverordnung völlig geschützt sind z.B. alle einheim. Orchideen, Anemonen, Primeln, Enziane, Seerosen. – **2.** Schutz der *Kulturpflanzen* vor Krankheiten u. Schädlingen. Gesetzl. Grundlage ist das Pflanzenschutzgesetz von 1986. Der gesetzl. P. umfaßt: Verhinderung der Einschleppung von Schädlingen u. Krankheiten durch Einfuhrkontrolle, Erfassung von Schädlingen durch Meldepflicht (z.B. Kartoffelkäfer, Reblaus) sowie Schutz von Menschen u. Haustieren (z.B. Bienen) vor giftigen Schädlingsbekämpfungsmitteln.

Pflanzenschutzämter, die Pflanzenschutz-Dienststellen der Bundesländer; Aufgaben: Beratung u. Unterstützung der Praxis im Pflanzen- u. Vorratsschutz, Untersuchung von Saatgut u. Futter, Kontrolle von Pflanzen bei Ein- u. Ausfuhr u. biolog. Mittel.

Pflanzenschutzmittel, die zum Schutz der

Untergliederung der Blütenpflanzen Ordnung, Familie	Beispiel	Artenzahl rd.
Zweikeimblättrige Pflanzen (Dicotyledonae)		
Magnoliales		
Magnoliengewächse (Magnoliaceae)	Magnolie	220
Muskatnußgewächse (Myristicaceae)	Muskatnußbaum	380
Laurales		
Lorbeergewächse (Lauraceae)	Lorbeer-, Zimtbaum	2500
Ranunculales		
Hahnenfußgewächse (Ranunculaceae)	Weidenröschen	2000
Sauerdorngewächse (Beriberidaceae)	Berberitze	600
Piperales		3007
Pfeffergewächse (Piperaceae)	Pfefferstrauch	2000
Nymphaeales		
Seerosengewächse (Nymphaeaceae)	Lotosblume	90
Hornblattgewächse (Ceratophyllaceae)	Hornblatt	
Papaverales		
Mohngewächse (Papaveraceae)	Klatschmohn	250
Caryophyllales		9700
Nelkengewächse (Caryophyllaceae)	Nelke	2000
Gänsefußgewächse (Chenopodiaceae)	Spinat, Runkelrübe	1500
Kaktusgewächse (Cactaceae)	Kakteen	>2000
Polygonales		750
Knöterichgewächse (Polygonaceae)	Rhabarber, Sauerampfer	750
Hamamelidales		
Hamamelisgewächse (Hamamelidaceae)	Zaubernuß	
Platanengewächse (Platanaceae)	Platane	10
Fagales		1200
Birkengewächse (Betulaceae)	Birke, Erle	170
Buchengewächse (Fagaceae)	Buche, Eiche	1000
Juglandales		
Walnußgewächse (Juglandaceae)	Walnußbaum	58
Gagelgewächse (Myricaceae)	Gagelstrauch	56
Urticales		
Ulmengewächse (Ulmaceae)	Ulme	>150
Maulbeergewächse (Moraceae)	Hanf, Hopfen	1550
Nesselgewächse (Urticaceae)	Brennessel	>700
Saxifragales		
Steinbrechgewächse (Saxifragaceae)	Stachel-, Johannisbeer	1200
Dickblattgewächse (Crassulaceae)	Hauswurz	1400
Rosales		7100
Rosengewächse (Rosaceae)	Himbeere, Apfel	3400
Fabales		17000
Schmetterlingsblütler (Fabaceae)	Hülsenfrüchte, Klee	
Mimosen (Mimosaceae)	Sinnpflanze	
Rutales		4600
Rautengewächse (Rutaceae)	Citrusfrüchte	
Sapindales		2900
Ahorngewächse (Aceraceae)	Feldahorn	
Roßkastaniengewächse (Hippocastanaceae)	Roßkastanienbaum	
Geraniales		
Leingewächse (Linaceae)	Flachs	500
Storchschnabelgewächse (Geraniaceae)	Pelargonie	800
Rhamnales		1700
Weinrebengewächse (Vitaceae)	Weinstock	
Santalales		2100
Mistelgewächse (Loranthaceae)	Mistel	
Leinblatt- u. Sandelbaumgewächse (Santalaceae)	Bergflachs	
Euphorbiales		7500
Wolfsmilchgewächse (Euphorbiaceae)	Sonnenwolfsmilch	
Araliales (Umbellales)		
Doldengewächse (Umbelliferae)	Möhre, Fenchel	>3000
Guttiferales		3200
Teegewächse (Theaceae)	Teestrauch	
Violales		5250
Veilchengewächse (Violaceae)	Stiefmütterchen	
Capparales		3800
Kreuzblütler (Brassicaceae)	Kohl, Goldlack	
Salicales		350
Weidengewächse (Salicaceae)	Pappel, Korbweide	
Cucurbitales		850
Kürbisgewächse (Cucurbitaceae)	Gurke, Melone, Kürbis	
Malvales		2700
Lindengewächse (Tiliaceae)	Linde	
Malvengewächse (Malvaceae)	Baumwollstrauch	
Primulales		2000
Primelgewächse (Primulaceae)	Schlüsselblume	
Ericales		3570
Heidekrautgewächse (Ericaceae)	Heidelbeere, Azalee	
Dipsacales		
Geißblattgewächse (Caprifoliaceae)	Schneeball, Baldrian	400

Fortsetzung S. 694

Pflanzensystem

Pflanzen gegen tierische u. pflanzl. Schädlinge angewandt werden; *i.w.S.* auch Vorratsschutzmittel, Mittel zur Unkrautbekämpfung u. Mittel zur Beeinflussung des Wachstums von Kulturpflanzen; *i.e.S:* die chem. →Pestizide.

Pflanzensystem, nach der engeren oder weiteren Verwandtschaft geordnete Übersicht über alle Pflanzenarten. Aufgabe der *systematischen Botanik* ist es, über die Beschreibung der Formen hinaus zu einer sinnvollen Ordnung in der ungeheuren Fülle des Pflanzenreichs zu kommen. C. von *Linné* hat 1735 mit seinem Sexualsystem das erste künstl. P. geschaffen. – T →S. 691 u. 693

Pflanzenwespen, Unterordnung der *Hautflügler,* keine einheitl. Verwandtschaftsgruppe. Zu den P. gehören die *Blattwespen, Keulenblattwespen, Buschhornblattwespen, Gespinstblattwespen, Holzwespen* u. *Halmwespen*. Die Larven fressen an Pflanzen.

Pflaster, 1. *Heftpflaster,* Klebeband mit einem Stück Mull in der Mitte, zum Schutz von Wunden; auch P. mit therapeut. Eigenschaften, z.B. Rheuma-P. – **2.** Straßendecke aus dichtgefügten Steinen.

Pflaume, *Pflaumenbaum, Prunus,* Gatt. der *Rosengewächse*. Als Kultur- u. Zierpflanzen werden bei uns angebaut: *Kirsch-P*. mit kugeligen Früchten; *Hafer-P.* mit kugeligen, blauschwarzen oder grünl. Früchten *(Reineclaude); Mirabelle* mit kleinen, runden, gelben Früchten; die eigtl. *P.* oder *Zwetschge,* mit eiförmigen Früchten.

Pflaumenwickler, ein kleiner, braunvioletter Schmetterling aus der Fam. der *Wickler,* dessen Raupen in unreifen Pflaumen fressen.

Pflegekind, ein Kind unter 16 Jahren, das sich dauernd oder für einen Teil des Tages in fremder Pflege befindet (meist gegen Entgelt). Die Annahme eines P. bedarf der Erlaubnis des *Jugendamts,* das auch die Aufsicht ausübt.

Pflegschaft, *Kuratel,* die bürgerlich-rechtl. Fürsorgetätigkeit für bes. Angelegenheiten einer Person, die diese selbst nicht wahrnehmen kann, durch einen staatl. (meist vom Vormundschaftsgericht) bestellten Bevollmächtigten *(Pfleger, Kurator)*. Eine P. ist möglich u.a. für Gebrechliche, Abwesende, unbekannte Beteiligte (z.B. Nachlaß-P.).

Pflicht, 1. das Gebot, einer Norm entsprechend zu handeln. Pflichtbewußt oder aus P. handeln heißt, einem Sollen gemäß zu wollen u. zu handeln. – **2.** *Sport:* vorgeschriebener Teil einer Sportübung (beim Turnen, Eiskunstlauf, Wasserspringen); Ggs.: *Kür*.

Pflichtexemplar, aufgrund gesetzl. Regelung vom Verleger oder Drucker an den Staat unentgeltl. abzulieferndes Exemplar eines Druckwerks; in Dtld. an die Dt. Bibliothek in Frankfurt a.M.

Pflichtteil, der Teil des Nachlasses (im halben Wert des *gesetzl. Erbteils*), den ein durch *Verfügung von Todes wegen* von der gesetzl. Erbfolge ausgeschlossener (enterbter) Abkömmling, Elternteil oder Ehegatte vom Erben verlangen kann.

Pflichtversicherung, eine Versicherung, zu deren Abschluß eine gesetzl. Verpflichtung besteht (z.B. *Kraftfahrthaft-P., Sozialversicherung*).

Pflichtverteidiger →Offizialverteidiger.

Pflimlin [pflim'lɛ̃], Pierre, *5.2.1907, frz. Politiker (christl. Demokrat); 1958 letzter Min.-Präs. der 4. Rep., 1959–83 Bürgermeister von Straßburg, 1984–87 Präs. des Europ. Parlaments.

Pflug, in Bodenbearbeitungsgerät, das Kennzeichen höherer Ackerkultur; dient zur Lockerung u. Krümelung, zum Wenden u. Mischen der Erde. Der P. besteht aus *P.baum* oder *Grindel, P.körper* mit *Schar* u. *Streichblech,* evtl. mit *Vorschäler* oder *Sech,* u. Zug- mit Führungsvorrichtung. – Aus dem *Haken-P.,* der an einem P.baum aus Holz eine Steinschar trug u. flach durch den Boden gezogen wurde, sind die heutigen P.formen entwickelt.

Pflüger, Eduard Friedrich Wilhelm, *1829, †1910, dt. Physiologe; Arbeiten über Stoffwechsel-, Muskel- u. Nervenphysiologie. **P.sches Grundgesetz:** Schwache Reize regen die Lebenstätigkeit an, mittelstarke fördern, starke hemmen, stärkste heben sie auf.

Pflugscharbein, *Vomer,* ein Schädelknochen, der wie eine Pflugschar auf dem Boden der Nasenhöhle steht u. das Knorpelgerüst der Nase stützt.

Pforr, Franz, *1788, †1812, dt. Maler u. Graphiker; ein Hauptmeister der dt. Romantik; gründete 1809 in Wien mit F. *Overbeck* den »Lukasbund«, der 1810 nach Rom übersiedelte *(Nazarener)*.

Ordnung, Familie	Beispiel	Artenzahl rd.
Oleales		600
Ölbaumgewächse (Oleaceae)	Flieder, Jasmin	
Gentianales		12 600
Enziangewächse (Gentianaceae)	Tausendgüldenkraut	
Rötegewächse (Rutaceae)	Kaffeebaum, Waldmeister	
Solanales		
Nachtschattengewächse (Solanaceae)	Kartoffel, Tabak	2300
Boraginales		
Rauhblattgewächse (Boraginaceae)	Vergißmeinnicht	2000
Scrophulariales		
Rachenblütler (Scrophulariaceae)	Leinkraut, Fingerhut	3000
Lamiales		
Lippenblütler (Lamiaceae)	Salbei, Minze, Lavendel	3000
Campanulales		2200
Glockenblumengewächse (Campanulaceae)	Frauenspiegel, Lobelie	
Asterales		25 000
Korbblütler (Asteraceae)	Dahlien, Disteln	
Einkeimblättrige Pflanzen (Monocotyledonae)		
Alismatales		
Froschlöffelgewächse (Alismataceae)	Pfeilkraut	70
Hydrocharitales		
Froschbißgewächse (Hydrocharitaceae)	Wasserpest	100
Zosterales		
Laichkrautgewächse (Potamogetonaceae)	Laichkraut	105
Seegrasgewächse (Zosteraceae)	Seegras	14
Asparagales		
Maiglöckchengewächse (Convallariaceae)	Spargel	11
Liliales		8700
Liliengewächse (Liliaceae)	Tulpe, Hyazinthe	
Narzissengewächse (Amaryllidaceae)	Schneeglöckchen	
Schwertliliengewächse (Iridaceae)	Gladiole, Krokus	
Orchidales		20 000
Orchideengewächse (Orchidaceae)	Knabenkraut, Vanille	
Bromeliales		2000
Ananasgewächse (Bromeliaceae)	Ananas	
Juncales		300
Binsengewächse (Juncaceae)	Binsen	
Cyperales		4000
Riedgräser (Cyperaceae)	Wollgras	
Poales		9000
Gräser (Graminaceae)	Hafer, Zuckerrohr	
Arecales		3400
Palmen (Palmaceae)	Dattel-, Sago-, Ölpalme	
Arales		1825
Aronstabgewächse (Araceae)	Philodendron	1800
Wasserlinsengewächse (Lemnaceae)	Wasserlinsen	25

Pförtner, *Magenpförtner,* Ausgang des Magens.

Pforzheim, Krst. in Ba.-Wü., an der Mündung der Nagold u. Würm in die Enz, 110 000 Ew.; Goldschmiedeschule; Uhren-, Schmuck-Ind.

Pfriem →Ahle.

Pfronten, Gem. in Bay., an der Vils, Kurort u. Wintersportplatz, 900 m ü. M., 7000 Ew.

pfropfen, veredeln, indem Edelreiser einem stärkeren Zweig oder Ast (Unterlage) aufgesetzt werden; als *Rinden-* (hinter die Rinde) oder *Geisfußpfropfung* (keilförmiger Zuschnitt von Reis u. Unterlage); bes. bei Obst- u. Weinbau.

Pfründe, die Ausstattung eines geistl. Amts mit Landbesitz u. Einkünften; durch Gehälter abgelöst.

Pfullendorf, Stadt in Ba.-Wü., nördl. des Bodensees, 10 200 Ew.; Möbel-Ind.

Pfullingen, Stadt in Ba.-Wü., südl. von Reutlingen, 16 700 Ew.; Bekleidungs- u. Masch.-Ind.

Pfund, 1. Abk. *Pfd.,* alte Masseneinheit vor Einführung des metr. Systems, heute = ½ kg; gesetzl. nicht mehr zulässig. – **2.** Währungseinheit in Großbrit. (bis 1971: 1 *P. Sterling* (Abk. £) = 20 *Shillings* = 240 *Pence;* seit 1971: 1 £ = 100 *New Pence),* Gibraltar, Irland, Malta, Zypern, Ägypten, Libanon, Sudan, Syrien sowie in der Türkei.

Pfungstadt, Stadt in Hessen, an der Bergstraße, 23 000 Ew.; Maschinenbau, Brauerei.

pH [Abk. für lat. *potentia hydrogenii,* »Wasserstoff-Stärke«], *pH-Wert,* Maßzahl für die Wasserstoffionen-Konzentration u. damit für die Acidität oder Alkalität (d. h. für die Stärke der sauren oder alkalischen Reaktion) einer Lösung. Der pH-Wert ist gleich dem negativen dekadischen Logarithmus der Wasserstoffionen-Konzentration. Ein pH-Wert von < 7 bedeutet alkalische, einer von 7 neutrale u. einer von > 7 saure Reaktion der Lösung.

Phäaken, *Phaiaken,* in Homers »Odyssee« ein märchenhaftes Seefahrervolk im Land *Scheria* (vielleicht Korfu).

Phädon →Phaidon.

Phädra, *Phaidra,* in der grch. Sage Tochter des *Minos,* zweite Gattin des *Theseus;* verliebte sich in ihren Stiefsohn *Hippolytos*.

Phaedrus, röm. Fabeldichter, 1. Hälfte des 1. Jh. n. Chr.; freigelassener Sklave.

Phaethon ['fa:etɔn], **1.** in der grch. Myth. der Sohn des *Helios,* dem von seinem Vater für einen Tag die Lenkung des Sonnenwagens anvertraut wurde. Er kam der Erde zu nahe, so daß ein großer Brand entstand. Zeus tötete ihn mit einem Blitz. – **2.** leichter vierrädriger Kutschierwagen.

Phagen →Bakteriophagen.

Phagozyten →Freßzellen.

Phagozytose, die Fähigkeit einzelner Zellen, z.B. der weißen Blutkörperchen bei Tieren, sich feste Nahrungspartikel, Zelltrümmer, Bakterien oder kleine Fremdkörper einzuverleiben; spielt eine Rolle bei der Immunabwehr.

Phaiaken →Phäaken.

Phaidon, *Phädon,* grch. Philosoph, Schüler des *Sokrates,* nach dessen Tod Begr. der *Elischen Schule*.

Phaistos, minoische Palastanlage auf S-Kreta, erster Palast 2000–1700 v. Chr., zweiter Palast 16. Jh. v. Chr.; reiche Funde der minoischen Kultur.

Phalaenopsis [-lɛ-], eine Orchideenart mit traubigem Blütenstand.

Phalanx, lange, geschlossene Schlachtreihe des grch.-makedon. Fußvolks, 8–16 Mann tief.

Phaleron, Ort u. Bucht östl. von Piräus, im Altertum Haupthafen Athens.

Phallus, das männl. Glied; als Fruchtbarkeitssymbol schon in ältesten Kulturen bekannt (im antiken Griechenland; Schiwakult Südasiens).

Pham Van Dong [pam-], *1.3.1906, vietnames. Politiker (Kommunist); schloß sich 1925 Ho Chi Minh an; 1955–76 Regierungschef von N-Vietnam, 1976–87 der Sozialist. Rep. Vietnam.

Phanerogamen →Blütenpflanzen.

Phänokopie, Merkmalsänderung bei einem Individuum, die durch Außenfaktoren entstanden, also nichterbl. *Modifikation* ist, aber phänotypische Übereinstimmung mit erbl. Merkmalen anderer Individuen zeigt.

Phänologie, die Lehre von den wohl klimat. bedingten, im jahreszeitl. Ablauf period. auftretenden Erscheinungen der Pflanzen- u. Tierwelt, z.B. Ankunft der Zugvögel, Obstblüte, Fruchtreife, Laubfall u. a.

Phänomen, 1. die *Erscheinung* als Gegenstand der sinnl. Anschauung; allg.: Erkenntnisgegenstand überhaupt. – **2.** Wunder(ding), kluger Kopf. – **phänomenal,** großartig, erstaunlich.

Phänomenalismus, die Auffassung, daß uns die Welt nur in Form von Erscheinungen (Phänomenen) zugängl. sei oder als Erscheinungswelt von uns konstruiert werde. Der strenge P. verneint eine den Phänomenen zugrunde liegende »Wirklichkeit an sich«, der agnost. P. nur die Erkennbarkeit einer solchen Wirklichkeit.

Phänomenologie, allg. die Lehre von den Erscheinungen *(Phänomenen);* zuerst bei J.H. *Lambert* u. I. *Kant* (hier als Lehre von der Materie als Erscheinung des äußeren Sinns). Eine andere Bed. hat der Begriff bei E. *Husserl,* dem Begr. der eigtl. P. als philos. Richtung: Husserls *transzendentale P.* ist die philos. Erforschung des transzendentalen Bewußtseinslebens, d. h. die Lehre vom wesensschauenden Bewußtsein, vom Entstehen der Wesensphänomene im Bewußtsein.

Phänotyp, äußere Erscheinung eines Lebewesens. Sie ist das Ergebnis aus dem Zusammenspiel zw. den Erbanlagen *(Genotyp)* u. der Umwelt.

Phantasie, 1. Einbildungskraft, Vorstellungsvermögen. – **2.** *Musik:* →Fantasie.

Phantasmagorie, *Phantasma,* künstl. erzeugtes Trugbild auf der Bühne (z.B. Gespenster- oder Geistererscheinungen).

Phantast, Träumer, Schwärmer.

Phantastischer Realismus →Wiener Schule des Phantastischen Realismus.

Phantom, 1. Trugbild, Sinnestäuschung. – **2.** naturgetreue Organnachbildung für Operationsübungen u. Demonstrationen.

Phantombild, nach Angaben von Augenzeugen angefertigtes Bild eines Gesuchten.

Phantomschmerz, die Erscheinung, daß Amputierte in den nicht mehr vorhandenen Gliedern (den *Phantomgliedern*) Schmerzen empfinden.

Pharao, altägypt. Königstitel; urspr. nur für den königl. Palast gebraucht.

Pharaonenhund, von den Balearen stammender großer *Laufhund;* bereits in altägypt. Malereien u. Skulpturen abgebildet.

Pharisäer, eine spätjüdische, strengreligiöse u. soz. Partei, die das Leben durch Gesetzesgehorsam Gott weihen wollten. Die P. waren seit 150 v. Chr. die bestimmende Partei im Ggs. zu den verweltlichten *Hasmonäern* u. den *Sadduzäern.* Übertragen: selbstgerechter Mensch.

Pharmakogenetik, pharmakolog. Arbeitsgebiet, das sich mit den erbl. (genet.) Grundlagen anomaler Reaktionsweisen auf die Anwendung von Arzneimitteln befaßt.

Pharmakognosie, Drogenkunde.

Pharmakologie, *Arzneimittellehre,* eine Teilwiss. der Medizin, die die Wechselwirkungen zw. chem. Stoffen (Arzneimittel, Pharmaka, Giften) u. lebenden Organismen erforscht. Die *P. i.e.S.* untersucht die Beziehungen zw. Arzneistoffen u. Lebewesen.

Pharmakophagie, die Aufnahme von Wirkstoffen aus Pflanzen durch Insekten.

Pharmakopoe, *Arzneibuch, Apothekerbuch,* die amtl. Vorschriften für die Zubereitung, Beschaffung, Prüfung u. Vorratshaltung zahlr. Arzneimittel, die als *offizinell* bezeichnet werden.

Pharmakotherapie, die Behandlung mit Arzneimitteln.

Pharmazie, *Pharmazeutik,* die Wiss. von der Zubereitung, Beschaffenheit u. Anwendung der Arzneimittel. Das Studium der P. führt zum Beruf des *Apothekers.* – **Pharmazeut,** Apotheker, Heilmittelkundiger.

Pharos, ägypt. Insel (jetzt Halbinsel) vor Alexandria. Als eines der *Sieben Weltwunder* galt der um 280/79 v. Chr. vollendete, ca. 136 m hohe Leuchtturm von P. Er wurde im 14. Jh. bei einem Erdbeben zerstört.

Pharsalos, antike grch. Stadt in Thessalien. Bei P. siegte 48 v. Chr. *Cäsar* über *Pompeius.*

Pharynx →Rachen. – **Pharyngitis,** Rachenkatarrh.

Phase, 1. Entwicklungsstufe; Erscheinungsform. – **2.** die jeweilige Beleuchtungsfigur eines von der Sonne beschienenen Himmelskörpers (Mond, Planet), wie sie von der Erde aus erscheint. – **3.** allg. der jeweilige Zustand (z.B. Bewegungszustand) eines Körpers oder der Aggregatzustand; speziell die Größe, die bei einer Schwingung den Schwingungszustand in einem bestimmten Zeitpunkt charakterisiert. Bei einem durch einen Kondensator fließenden Wechselstrom eilt z.B. der Strom der Spannung um die *P.ndifferenz* von 90 ° voraus. – Die **P.ngeschwindigkeit** gibt die Fortpflanzungsgeschwindigkeit der Wellenberge von fortschreitenden Wellen an. Sie ist das Produkt aus Wellenlänge u. Frequenz. – **P.nverschiebung** ist die Änderung der P. in bezug auf einen vorbestimmten Punkt, z.B. beim Licht beim Übergang von einem Medium in ein anderes oder beim Wechselstrom beim Durchgang durch einen Widerstand oder Kondensator.

Phasenkontrastmikroskop, optisches Gerät zur Beobachtung von Objekten, die im normalen Mikroskop nicht sichtbar werden, wobei die Phasenunterschiede in Helligkeitsunterschiede umgewandelt werden.

Phasenraum, ein mehrdimensionaler Raum, dessen Punkte den Bewegungszuständen eines Körpers oder eines Systems von Massen entsprechen.

Phasenschieber, ein elektr. Gerät, das in Wechsel- u. Drehstromnetzen die Phasenverschiebung ausgleicht.

PHB-Ester, Konservierungsstoff für Lebensmittel, Arzneimittel u. kosmet. Präparate.

Phenanthren, ein aromat. Kohlenwasserstoff, wird zur Herstellung von Ruß u. Farbstoffen verwendet.

Phenol, *Karbolsäure, Carbolsäure,* ein starkes Zellgift; verursacht Ätzungen auf der Haut u. Atemlähmung; fr. zur Desinfektion von Gebäuden u. Geräten, in steigendem Maß zur Herstellung von Kunststoffen, Farbstoffen, Arzneimitteln u. Sprengstoffen verwendet.

Phenole, *Hydroxybenzole,* Verbindungen der aromatischen Reihe. Sie enthalten einen Benzolkern, in dem ein oder mehrere Wasserstoffatome durch Hydroxyl-[OH-]Gruppen ersetzt sind. Die P. haben sowohl die Eigenschaften von schwachen Säuren als auch die von Alkoholen (Veresterung, Veretherung). Die P. werden z. T. aus Steinkohlenteer gewonnen, oft aber synthet. hergestellt. Verwendung: zur Herstellung von Farb- u. Kunststoffen sowie von Sprengstoffen, als Desinfektionsmittel, zur Holzkonservierung u. a.

Phenolharze, *Phenoplaste,* eine Gruppe von Kunststoffen, die durch Kondensation von *Phenol* oder *Kresol* mit *Formaldehyd* gewonnen werden; Verwendung: zur Herstellung von Preßstoffen; für Schichtstoffe, die aus Lagen von Papier, Geweben oder dünnen Holzschichten bestehen, die mit Phenolharz durchtränkt u. verbunden werden; ohne Füllstoff als Lackharz, Leim, Preßharz oder in Blöcken als Edelkunstharz.

Phenolphthalein, zur Gruppe der *Phthaleine* zählender Triphenylmethan-Farbstoff; als *Indikator* in der analyt. Chemie verwendet (sauer = farblos; alkalisch = rot).

Phenoplaste →Phenolharze.

Phenyl, das einwertige aromat. Radikal C_6H_5-; Bestandteil vieler chem. Verbindungen.

Phenylacetaldehyd, C_6H_5-CH_2-CHO, farblose, stark nach Hyazinthen duftende Flüssigkeit; synthet. für die Parfümerie hergestellt.

Phenylalanin, α-Amino-ß-phenylpropionsäure, C_6H_5–CH_2–CH(NH_2)–COOH, eine aromat. Aminosäure, Bestandteil des Eiweißes.

Phenylethylalkohol, wichtiger Duft- u. Geschmacksstoff, kommt z.B. im Rosenöl vor.

Phenylhydrazin, eine organ.-chem. Base, starkes Blutgift (zerstört die roten Blutkörperchen).

Phenylketonurie, *Föllingsche Krankheit,* angeborene, erbl. Stoffwechselstörung im Sinne eines Enzymdefekts, kann zu bleibenden Hirnschäden mit Schwachsinn führen; Behandlung durch phenylalaninarme Kost.

Pheromone, *Soziohormone, Exohormone,* hormonähnl. Substanzen, die von einem Individuum nach außen abgegeben werden u. von einem anderen Individuum gleicher Art wahrgenommen werden, bei dem sie dann eine spezif. Reaktion auslösen; dienen v. a. als Informationsträger bei staatenbildenden Insekten. Auch Sexual-P. von Schadinsekten sind bekannt.

Phiale, grch. schalenartiges Gefäß mit einem nach innen gewölbten Buckel *(Omphalos)* in der Mitte; im antiken Kult für die Trankspende benutzt.

Phidias, *Pheidias,* *nach 500 v. Chr., †vor 423 v. Chr., athen. Bildhauer; Vollender der grch. Klassik; führte seit etwa 450 v. Chr. die Oberaufsicht über Bau- u. Bildhauerarbeiten auf der Akropolis in Athen. Hptw.: die Gold-Elfenbein-Statue der »Athena Parthenos«; in Olympia aus Gold u. Elfenbein das Kultbild des Zeustempels, eines der Sieben Weltwunder des Altertums.

phil..., philo..., Wortbestandteil mit der Bed. »freund-, freundlich gesinnt, liebend«.

Philadelphia [filə'dɛlfjə], Stadt in Pennsylvania (USA), Hafen am Delaware River, 1,65 Mio. Ew.; 2 Univ. (1740 u. 1884); Textil-, Leder-, chem. Ind., Schiff- u. Lokomotivbau. – 1682 von W. *Penn* als Hptst. der Quäkerkolonie Pennsylvania gegr., 1790–1800 Hptst. der USA.

Philae, Nilinsel oberhalb von Assuan; mit Ruinen eines Isis-Heiligtums, die nach dem Bau des Staudamms häufig überflutet wurden u. mit Unterstützung der UNESCO auf die Nachbarinsel Agilkia versetzt wurden.

Philanthrop, Menschenfreund. – **P.ie,** Menschenfreundlichkeit, Wohltätigkeit von Einzelpersonen oder privaten Wohltätigkeitsorganisationen.

Philanthropismus, die von J. B. *Basedow* begr. Richtung des Aufklärungsdenkens, die unter dem Einfluß *Rousseaus* für eine Erneuerung der Erziehung auf der Grundlage einer vernünftigen, naturgemäßen Lebensweise kämpfte.

Philaret, 1. eigtl. Fjodor Nikititsch *Romanow,* *vor 1560, †1633, Patriarch von Moskau 1619–33; Vater des Zaren *Michael Fjodorowitsch.* – **2.** eigtl. Wasilij Michailowitsch *Drozdow,* *1782, †1867, Metropolit von Moskau 1821–67; Wissenschaftler, Bibelübersetzer u. Kirchenpolitiker.

Philatelie, das Sammeln von Briefmarken u. die Erforschung postgeschichtl. Dokumente. – Briefmarken wurden bald nach ihrer Einführung (Großbrit. 1840) Objekte für Sammler. Sammelgebiete: einzelne Länder, Motive, Spezialgebiete wie Stempel, Ganzsachen, Luftpost. – **Philatelist,** Kenner u. Sammler von Briefmarken.

Philby ['filbi], Harry Saint John Bridger, *1885, †1960, Arabienforscher; bereiste als erster Europäer das südl. Nadjd; im 1. Weltkrieg polit. Agent in Irak u. Arabien.

Philemon, 1. *361 v. Chr. (?). †um 263 v. Chr., grch. Dichter der neuen Komödie in Athen. – **2.** ein Christ in Kolossä, dem *Paulus* den kurzen *P.brief* schrieb.

Philemon und Baucis, in *Ovids* »Metamorphosen« erzählte grch. Sage von einem alten Ehepaar, das die Götter Zeus u. Hermes trotz Armut gastl. aufnahm u. dafür in hohem Alter gleichzeitig sterben durfte.

Philharmonie, Name für Vereinigungen u. Gesellschaften von Musikfreunden; auch für Orchester u. Konzertsäle, z.B. Philharmonisches Orchester, Philharmoniker, Berliner P.

Philhellenen, die »Griechenfreunde«, die den Befreiungskampf der Griechen 1821–27 gegen die Türken unterstützten; u. a. Lord *Byron.*

Philip, *10.6.1921, Prince of the United Kingdom of Great Britain and Northern Ireland (seit 1957), Duke of Edinburgh (seit 1947); Sohn des grch. Prinzen Andreas u. der Prinzessin Alice von Battenberg (Mountbatten), seit 1947 mit der brit. Königin *Elisabeth II.* verheiratet.

Philipe [fi'lip], Gérard, *1922, †1959, frz. Schauspieler; bes. bekannt durch Filmrollen, u. a. in »Fanfan der Husar«.

Philipp, Fürsten:

Deutscher König:

1. P. von Schwaben, *um 1178, †1208, König 1198–1208; Sohn Friedrichs I. Barbarossa; ließ sich 1198 zum König erheben, während ein anderer Teil der Fürsten zugleich den Welfen *Otto IV.* wählte; wurde vom bay. Pfalzgrafen *Otto VIII.* von Wittelsbach ermordet.

Burgund:

2. P. II., P. der Kühne, aus dem Haus Anjou, *1342, †1404, Herzog 1363–1404, Graf von Flandern, Artois u. Burgund 1384–1404. – **3. P. III., P. der Gute,** *1396, †1467, Herzog 1419–67; kämpfte 1420–35 auf seiten der Engländer gegen Frankreich; erwarb den Hennegau, die Picardie, Brabant u. Holland; Burgund wurde zum europ. Kultur- u. Wirtschaftszentrum.

Frankreich:

4. P. II. August, *1165, †1223, König 1180 bis 1223; gewann den Besitz der engl. Könige in Frankreich, siegte 1214 über den engl. König *Johann ohne Land* u. Kaiser *Otto IV.;* Teilnehmer am 3. Kreuzzug 1189–92. – **5. P. IV., P. der Schöne,** *1268, †1314, König 1285–1314; nahm den Templern ihre Güter; setzte 1305 die Wahl des Erzbischofs von Bordeaux zum Papst *(Klemens V.)* durch, der seinen Sitz in Avignon nahm (»Babylo-

nische Gefangenschaft« der Kirche). – **6. P. VI., P. von Valois,** * 1293, † 1350, König 1328–50; Begr. der Dynastie *Valois;* verfocht den Thronanspruch seines Hauses gegen den engl. König *Eduard III.,* gegen den er den *Hundertjährigen Krieg* begann.
Hessen:
7. P. I., P. der Großmütige, * 1504, † 1567, Landgraf 1509–67; Vorkämpfer der Reformation, 1527 Gründer der Univ. Marburg, 1531 Mitgr. des *Schmalkald. Bunds.* Im *Schmalkald. Krieg* 1546/47 führte P. zwar anfangs zus. mit Sachsen den Oberbefehl, unterwarf sich aber 1547 Kaiser Karl V., der ihn 5 Jahre lang gefangenhielt.
Kastilien:
8. P. I., P. der Schöne, * 1478, † 1506, Regent u. König 1504–06; Sohn Kaiser *Maximilians I.* u. *Marias von Burgund,* deren Länder er erbte; verh. mit *Johanna der Wahnsinnigen,* Vater der Kaiser *Karl V.* u. *Ferdinand I.*
Makedonien:
9. P. II., * um 382 v. Chr., † 336 v. Chr. (ermordet), König 359–336 v. Chr.; erhob Makedonien zur Großmacht; besiegte die Griechen bei *Chaironeia* (338 v. Chr.); gründete den *Korinthischen Bund* u. bereitete den Rachezug gegen Persien vor, den sein Sohn *Alexander d. Gr.* dann durchführte.
10. P. V., * 238 v. Chr., † 179 v. Chr., König 221–179 v. Chr.; im 1. Makedon. Krieg 215–205 v. Chr. von den Römern besiegt.
Spanien:
11. P. II., * 1527, † 1598, König 1556–98; Sohn Kaiser *Karls V.,* der ihm die Niederlande, Neapel-Sizilien, Mailand, die Freigrafschaft Burgund u. 1556 auch Spanien übergab; verstand sich als erster Vorkämpfer der *Gegenreformation.* Er scheiterte mit der Eroberung Englands (Untergang der Armada 1588 u. Niederlage bei *Cádiz* 1596) u. der Unterwerfung der aufständischen Niederlande.
12. P. V., * 1683, † 1746, König 1700–46; erster span. *Bourbone,* kam mit Hilfe seines Großvaters *Ludwig XIV.* von Frankreich auf den Thron u. hielt sich nur durch diesen (Span. Erbfolgekrieg).
Philipperbrief, im NT Brief des gefangenen *Paulus* an die von ihm gegründete u. ihm bes. verbundene Gemeinde in Philippi (Makedonien).
Philippi, Stadt u. Grenzfestung des Altertums in Makedonien, nw. von Kawala; 42 v. Chr. Sieg *Octavians* u. *Antonius'* über die Mörder Cäsars, *Brutus* u. *Cassius.*
Philippika, Titel der 14 Reden, die *Cicero* gegen *Antonius* hielt (in Anspielung auf die Reden des *Demosthenes* gegen *Philipp II. von Makedonien*); übertragen: scharfe Strafrede.
Philippinen, Staat in SO-Asien, 300 000 km², 63,9 Mio. Ew., Hptst. *Manila.*

Philipp II. (11): Gemälde von A. Sánchez Coello; 16. Jahrhundert. Madrid, Prado

Philippinen

Landesnatur. Die P. bestehen aus über 7000 gebirgigen Inseln mit zahlr., z. T. noch tätigen Vulkanen (*Mt. Apo* auf Mindanao 2953 m). Das Monsunklima ist trop. heiß, niederschlagsreich u. bringt häufig Taifune. Das Land ist mehr als zur Hälfte waldbedeckt.
Die Bevölkerung ist zu 93% christl. Den größten Anteil stellen die *Jungmalaien (Filipinos)* mit 70% der Bevölkerung; es folgen Chinesen mit 10% sowie die Altmalaien (meist Bergvölker) u. die Negritos (10%).
Wirtschaft. Der landwirtschaftl. Anbau umfaßt u. a. Zuckerrohr, Kokos, Hanf, Tabak, Reis, Mais, Südfrüchte u. Gemüse. Bedeutend ist auch die Küstenfischerei u. die Forstwirtschaft. Beträchtl. sind die Vorkommen von Gold, Eisen, Buntmetallen u. Kohle. Die Industrie stellt über die Hälfte des Exportwertes u. liefert v. a. Nahrungsmittel, daneben aber auch Textilien, Metallwaren, Möbel, elektron. Waren sowie Eisen u. Stahl. – Wegen der Zersplitterung in zahlr. Inseln kommt neben dem Straßenverkehr v. a. der Küstenschiffahrt u. dem Flugverkehr bes. Bedeutung zu.
Geschichte. Die P. wurden 1521 von F. de *Magalhães* entdeckt u. fielen Ende des 16. Jh. unter span. Herrschaft. 1898 erklärten die Filipinos ihre Unabhängigkeit. Im selben Jahr kamen sie jedoch unter US-amerik. Herrschaft. 1924 erhielten die P. erweiterte Autonomie als Dominion. Im 2. Weltkrieg gelang es den Japanern 1941/42–45, die Inseln zu besetzen. Am 4.7.1946 wurden die P. unabh. u. erhielten eine Verf. nach US-amerik. Vorbild. Die engen Verbindungen mit den USA blieben bestehen. 1965 wurde F. *Marcos* Staats-Präs. Er verhängte 1972 das Kriegsrecht. 1973 u. 1981 wurde die Verf. umgestaltet. Das Kriegsrecht wurde aufgehoben, Marcos behielt jedoch umfassende Notstandsvollmachten. 1986 wurde Marcos gestürzt u. ging ins Exil. Das Präsidentenamt übernahm Corazón *Aquino.* 1987 wurde eine neue Verf. verabschiedet. Die innenpolit. Lage blieb instabil. Seit 1992 ist F. *Ramos* Präsident.
Philippinengraben, pazif. Meeresgraben östl. der Philippinen; größte Tiefe die *Galatheatiefe* (–10 540 m).
Philippsburg, Stadt in Ba.-Wü., am Rhein, 10 000 Ew.; Kernkraftwerk, Gummi- u. chem. Ind.
Philippus, 1. einer der Jünger Jesu, als Märtyrer verehrt; Heiliger (Fest: 3.5.). – **2.** einer der 7 »Diakone« in Jerusalem, der nach dem Tod des *Stephanus* das Evangelium in Samaria predigte u. zuletzt in Caesarea wirkte.
Philister, ein Volk aus der Gruppe der sog. *Seevölker,* die aus dem ägäischen Raum vertrieben wurden u. in die westl. Randgebiete des Vorderen Orients eindrangen. Sie wurden um 1180 v. Chr. von *Ramses III.* geschlagen u. in der palästinens. Küstenebene angesiedelt. Ihre Ausdehnung ins Landesinnere führte zu erbitterten Kämpfen mit den israelit. Stämmen, die dadurch unter *Saul* u. *David* zur polit. Einigung veranlaßt wurden. – Übertragen: engstirniger Mensch, Spießbürger.
Philodendron, trop. Gatt. der *Aronstabgewächse;* Kletterstäucher, häufig mit Luftwurzeln.
Philokalia, Ende des 18. Jh. zusammengestellte Sammlung von asket.-myst. Schriften älterer grch. Autoren.
Philoktet, in der grch. Sage ein berühmter Bogenschütze, von den Griechen auf der Fahrt nach Troja wegen des üblen Geruchs einer Wunde auf Lemnos zurückgelassen. Im 10. Jahr des Trojan. Kriegs nach Troja geholt, tötete er den Paris durch Pfeilschuß.
Philolaos, grch. Philosoph im 5. Jh. v. Chr.; gilt als der erste *Pythagoreer,* der die Schuldoktrin aufzeichnete.
Philologe, Wissenschaftler oder Student der *Philologie.*
Philologie, i.w.S. die Wiss. von der Sprache u. Lit., darüber hinaus auch von der gesamten Kultur eines Volkes, so wie sie sich in Sprache u. Lit. niederschlägt. Die P. gliedert sich in *Sprachwiss.* u. *Literaturwiss.* u. in Randgebiete wie Volkskunde, Rechtsgeschichte, Kulturgeschichte, Religionswissenschaft. *I.e.S.:* die Sammlung u. method. Bearbeitung der literar. Überlieferung (*Textkritik*) u. damit die Voraussetzung für die P. i.w.S.
Philomele, in der grch. Sage Tochter des attischen Königs *Pandion,* von ihrem Schwager *Tereus* vergewaltigt u. dann der Zunge beraubt; von den Göttern in eine Schwalbe oder Nachtigall verwandelt.
Philon von Alexandria, * etwa 25 v. Chr., † etwa 50 n. Chr., jüd. Philosoph; verwandte in seinen zahlreichen Schriften philos. (stoisches u. platonisches) Gedankengut zur Darst. des jüd. Glaubens, um das alttestamentl. Gesetz u. die Philos. zu versöhnen.
Philon von Larissa, grch. Philosoph, Leiter der platon. *Akademie* im 1. Jh. v. Chr.
Philosemitismus, unkritisch positive, schwärmer. Beurteilung des Judentums im Ggs. zum *Antisemitismus.*
Philosophia perennis [lat., »ewige Philosophie«], die in der Tradition verankerten, von der Subjektivität der Philosophen unabhängigen philos. Erkenntnisse.
Philosophie [grch., »Liebe zur Weisheit, zur Wiss.«], das Streben der menschl. Vernunft nach Wahrheit, nach »letzten Gründen«, insbes. nach dem Fragen nach der Stellung des Menschen in der Welt. Die P. läßt sich nicht auf einen bestimmten Gegenstandsbereich festlegen. Mit der fortlaufenden Verselbständigung der Einzelwiss. seit Beginn der Neuzeit wurde die Definition der P. als Universalwiss. problematisch. So wird P. heute häufig mit Erkenntnis- bzw. Wissenschaftstheorie gleichgesetzt, d. h., ihr fällt die Aufgabe zu, die unbewiesen von den Einzelwiss. vorausgesetzten Prinzipien u. Möglichkeitsbedingungen zu klären. Kennzeichnend für das philos. Fragen ist nicht selten seine Radikalität, d. h., nicht die Erforschung einzelner Kausalzusammenhänge steht im Vordergrund, sondern der Sinn des Seienden überhaupt ist Gegenstand des Fragens.
Geschichte. Das Wort P. trat zuerst bei *Heraklit* auf. Der die Wiss. (Weisheit) Besitzende war der Weise, der sie Lehrende der Sophist. So ist der Sophist ursprüngl. der erfahrene Kenner, der aber immer mehr zum Alleskönner im negativen Sinne wird. *Sokrates* nannte sich im Ggs. zu den Sophisten *Philosoph.* Seit *Platon* ist der Begriff feststehender Ausdruck. War für *Aristoteles* P. lehrbare Wiss., die er in *theoret.* (Mathematik, Physik, einschl. Psychologie), *prakt.* (Ethik, Politik, Ökonomik) u. *poietische P.* (Technik, Ästhetik, Rhetorik, Pädagogik) einteilte, so hob er doch von den einzelnen Lehrfächern die »erste P.« (Metaphysik) als Seinswiss. u. Prinzipienlehre hervor. Der P.begriff des MA führte in der *Scholastik* zur Aufgliederung der P. in die *Metaphysik* (mit Ontologie u. Theologie), *Physik* (Kosmologie u. Psychologie) u. *Ethik* (Politik). Durch die mit R. *Descartes* u. dem engl. Empirismus (insbes. J. *Locke*) beginnenden u. mit *Kant* ihren ersten Höhepunkt erreichende Untersuchungen zu den Bedingungen der Erkenntnis trat die Disziplin der *Erkenntnistheorie* u. *Erkenntniskritik* in den Vordergrund. Aus der immer stärkeren Verselbständigung der Einzelwiss. im 19. Jh. entwickelten sich zahlr. Sonderdisziplinen der P. Heute bleiben von dem Anspruch der P., das Ganze zu denken, eigtl. nur noch ein Teil der Metaphysik, die Ontologie, die Erkenntnis- u. Wissenschaftstheorie sowie Existenz- u. Geschichts-P. übrig. In diese scheint auch die Ethik immer mehr aufzugehen, die als formale *Metaethik* auftritt.
Philosophikum, Teilprüfung des Staatsexamens an philosoph. Fakultäten für Lehramtskandidaten, frühestens nach dem 6. Semester möglich.
philosophisch-theologische Hochschulen, Hochschulen mit der Aufgabe, Studierende der kath. Theologie wiss. auf den Priesterberuf vorzubereiten.
Philotas, † 330 v. Chr., makedon. Heerführer; Jugendfreund u. Feldherr *Alexanders d. Gr.,* auf dessen Veranlassung wegen angebl. Teilnahme an der sog. Pagenverschwörung hingerichtet.
Phimose, die Verengung der Vorhaut am männl. Glied, die ein Zurückschieben der Vorhaut über die Eichel nicht gestattet; kommt angeboren u. erworben vor, kann operativ behoben werden.
Phiole, langhalsige, birnenförmige Glasflasche der Alchemisten.
Phlebitis, Venenentzündung.
Phlegma, Trägheit, Schwerfälligkeit.
Phlegmatiker, nach der antiken Temperamentenlehre ein langsamer, schwer ansprechbarer Mensch mit oft großem Durchhaltevermögen.

Phnom Penh: Silberpagode im Palastbezirk

Phlegräische Felder, vulkanisches Gebiet mit Tuffkratern, Lavafeldern u. heißen Quellen in Mittelitalien, nördl. vom Golf von Neapel; Reste grch. u. röm. Kultur.

Phlox, vorwiegend nordamerik. Gatt. der *Sperrkrautgewächse*, Zierpflanzen mit weißen, rosa oder violetten Blüten.

Phnom Penh ['pnɔm'pɛn], Hptst. von Kambodscha, am Tonlé-Sap-Fluß, 700 000 Ew.; Univ. u. HS; Phnom-Tempel (15. Jh.), Pagode, ehem. Königspalast; versch. Ind.; Hafen, Flughafen. – 1434 bis Anfang 16. Jh. Residenz der Khmerkönige.

Phöbe, *Phoibe,* in der grch. Myth. eine Titanin, Tochter des *Uranos,* Mutter der *Leto.*

Phobie, zwanghaft auftretende, unbegründete Furcht vor Situationen u. Objekten; z.B. →Platzangst u. →Claustrophobie.

Phobos, ein Satellit des Planeten *Mars.*

Phöbus [»der Leuchtende«], Beiname *Apollons.*

Phoebe, ein von W.H. *Pickering* 1898 entdeckter Saturnmond mit 100–300 km Durchmesser.

Phoenix →Dattelpalme.

Phoenix ['fi:niks], Hptst. von Arizona (USA), am Salt River, 882 000 Ew.; Wirtschafts- u. Verkehrszentrum, Handelszentrum für Agrarprodukte.

Phokaia, *Phokäa,* im 8. Jh. v. Chr. gegr. grch. Hafenstadt im westl. Kleinasien, beim heutigen Eski Foca; im 7. u. 6. Jh. v. Chr. wichtiger Handelsplatz; mehrmals, u. a. von den Persern 545 v. Chr., zerstört.

Phokis, *Fokis.* histor. Ldsch. in Mittelgriechenland, nördl. des Golfs von Korinth.

phon(o), Wortbestandteil mit der Bed. »Schall, Laut, Stimme, Ton.«

Phon, Kurzzeichen *phon,* Einheit der Lautstärke. 1 P. entspricht (ungefähr) der Hörschwelle des Ohres bei der Frequenz v = 1000 Hz u. einer Schallstärke von 10^{-16} Watt/cm². Lautstärkenunterschiede werden in *Dezibel* (dB) angegeben; 1 phon = 1 dB.

Phonem, die kleinste bedeutungsunterscheidende lautl. Einheit einer Sprache, z.B. die Laute g u. k in *Groll* u. *Kroll.*

Phonetik, *Lautlehre,* Lehre von der Art u. Erzeugung der Laute, vom Vorgang des Sprechens.

Phönix, 1. *Phoenix, Phoinix,* grch. Name des bes. in Ägypten verehrten Vogels, der als Erscheinungsform des *Re* und *Osiris* galt. Nach der Sage verbrannte sich P. selbst u. stand verjüngt aus der Asche auf (Sinnbild der Unsterblichkeit u. der Auferstehung). – **2.** Sternbild des südl. Himmels.

Phönizier, *Phöniker, Phönikier, Kanaanäer,* semit. Bewohner des *Phönizien* (*Phönikien*) gen. Küstenstreifens von Syrien. Phönizien war keine polit. Einheit, sondern bestand aus einzelnen Stadtstaaten, unter denen *Byblos, Sidon, Tyros, Berytos, Arados* u. *Ugarit* zeitweise stärker hervortraten. – Die P., deren Herkunft ungeklärt ist, wanderten vermutl. gegen Ende des 3. Jt. v. Chr. in Syrien ein u. standen bis um 1200 v. Chr. unter dem kulturellen u. polit. Einfluß Ägyptens. Als kühne Seefahrer u. tüchtige Kaufleute wurden die P. bald das beherrschende See- u. Handelsvolk im Mittelmeer. Sie gründeten Handelsniederlassungen an den Küsten u. auf den Inseln des Mittelmeers, insbes. auf Sizilien, Malta, in S-Spanien u. N-Afrika. – Im 8. Jh. v. Chr. verloren die P. ihre Seemacht an die Griechen; Phönizien selbst wurde as-syr. Prov. Doch erst nach der Zerstörung von Tyros durch *Alexander d. Gr.* 332 v. Chr. wurde Phönizien bedeutungslos. Nur seine ehem. Kolonie *Karthago* spielte bis zu ihrer Zerstörung durch die Römer 146 v. Chr. noch eine Rolle.

Phonograph, zur Aufnahme u. Wiedergabe von Sprache u. Musik von T. A. *Edison* 1877 erfundenes Gerät; Vorläufer des Plattenspielers.

Phonolith, *Klingstein,* grünl.-graues, auch bräunl. Ergußgestein.

Phonologie, Lehre von den *Phonemen,* ihrer Ermittlung, Verteilung u. Klassifizierung; beschäftigt sich im Unterschied zur *Phonetik* nur mit den sprachl.-strukturell (funktional) wichtigen Eigenschaften der Sprachlaute.

Phonometer, Gerät zum Messen der Lautstärke.

Phosgen, $COCl_2$, ein Gas, das sich aus Kohlenmonoxid u. Chlor unter der Einwirkung von Licht bildet; dient u. a. zur Herstellung von Pharmazeutika, Kunstharzen u. Herbiziden; sehr giftig.

Phosphate, Salze u. Ester der versch. *Phosphorsäuren;* Verwendung hpts. als Düngemittel u. als Zusatz in Wasch- u. Reinigungsmitteln.

Phosphatide, *Phospholipide,* physiolog. wichtige Stoffe (zum Aufbau des Nervengewebes), die sich aus teilweise mit Fettsäuren verestertem Glycerin, Phosphorsäure u. (meist) Aminoverbindungen zusammensetzen. →Lipoide.

phosphatieren, Phosphatschichten auf Stahl, Eisen u. a. als Rostschutz aufbringen.

Phosphor →chemisches Element; in der Natur ausschl. in gebundenen Zustand in Form von *Phosphaten* vorkommend (v. a. im *Phosphorit*); wesentl. Bestandteil des pflanzl. u. tier. Organismus (u. a. in den Knochen u. im Eiweiß); tritt in 3 *Modifikationen* auf: *weißer P.* (sehr giftig), *roter P.* u. *schwarzer P.*

Phosphoreszenz, Eigenschaft mancher Stoffe, nach Belichtung mit sichtbarem oder ultraviolettem Licht nachzuleuchten (bis zu mehreren Stunden); eine Art der *Lumineszenz.* Phosphoreszierende Stoffe (*Phosphore*) sind meist Kristalle, deren Gitterstruktur durch ganz geringe Beimengungen eines Fremdstoffs gestört ist.

Phosphorit, feinkristalline oder faserige Variante des *Apatits;* auch Bez. für Sedimente aus phosphorsaurem Kalk (Düngemittel).

Phosphorvergiftung, durch Einatmen der Dämpfe des *weißen Phosphors* hervorgerufene Vergiftung.

Photios, * um 820, † zw. 891 u. 898, Patriarch von Konstantinopel 858–867 u. 877–886. Während seiner Amtszeit kam es zum Schisma zw. West- u. Ostkirche (*Photianisches Schisma*).

Photo, *Foto* →Photographie.

Phönizier: goldenes Zeremonialbeil; etwa 1800 v. Chr. Beirut, Nationalmuseum

Photobiologie, Teilgebiet der Biologie, das sich mit den Wechselwirkungen zw Licht u. Organismus befaßt; z.B. *Photosynthese* der Pflanzen, opt. Sinne der Tiere.

Photochemie, Teilgebiet der *physikal. Chemie,* das sich mit den Wirkungen des Lichts der verschiedensten Wellenlängen (sichtbares u. ultraviolettes Licht, Röntgenstrahlen) auf chem. Reaktionen befaßt.

Photoeffekt, *lichtelektrischer Effekt,* die Erscheinung, daß Lichtstrahlen aus Metalloberflächen Elektronen herausschlagen können (*äußerer P.*) Der P. wird in *Photoelement* u. *Photozelle* ausgenutzt. – Bei Nichtleitern gibt es den *inneren P.*: Die im Innern der Substanz aus einem Atom herausgeschlagenen Elektronen können sich frei bewegen u. machen den Isolator zu einem Halbleiter (Selenzelle).

Photoelement, Halbleiterelement, das im Prinzip aus einer Sperrschicht besteht (z.B. aus Selen), die auf ein Trägermetall (z.B. Eisen) aufgedampft ist; auf das Selen ist noch eine lichtdurchlässige Schicht, etwa Platin, aufgebracht. Bei Belichtung entsteht durch den *Photoeffekt* eine Spannung von einigen Zehntel Volt. Es wird in Belichtungsmessern u. Lichtrelais verwendet.

photogen, *fotogen,* bildwirksam; geeignet, photographiert zu werden.

Photogrammetrie, *Bildmessung,* wiss. Meßverfahren, einen Teil der Erdoberfläche nach Lage u. Höhe aus stereoskop. Bildern wiederzugeben.

Photographie, *Fotografie, Lichtbildnerei, Lichtbildkunst,* ein opt.-chem. Wiedergabeverfahren, das auf der Lichtempfindlichkeit der Halogensilbersalze beruht; es umfaßt drei Prozesse: 1. Aufnahme (opt. Bildentstehung), 2. Negativprozeß

Phönizier: die Ruinen von Byblos; im Vordergrund der Tempel des Reschef, im Hintergrund links der Obeliskentempel

698 Photohalbleiter

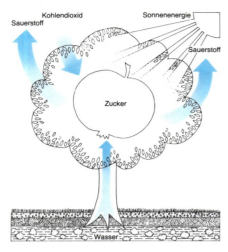

Prinzip der Photosynthese (vereinfacht)

(chem. Bildentstehung), 3. Positivprozeß (Wiedergabe). Bei der **Aufnahme** entsteht mit Hilfe des Objektivs einer Kamera auf lichtempfindl. Film oder (fr.) Platte ein (meist verkleinertes) Bild, dessen Qualität in erster Linie von der opt. Güte des Objektivs abhängt. Das Gelingen der Aufnahme hängt ferner von Scharfeinstellung u. richtiger Wahl der Belichtungszeit ab. Die lichtempfindl. Schicht (Bromsilbergelatine) registriert die Helligkeitsunterschiede des opt. Bilds, u. es entsteht ein unsichtbares, entwickelbares Bild. Im **Negativprozeß** der Schwarz-Weiß-P. wird dieses latente Bild sichtbar gemacht. Der *Entwickler* (Reduktionsmittel) setzt die vom Licht eingeleitete Spaltung des Bromsilbers in Silber u. Brom fort, u. das entstandene »Negativ« enthält die Helligkeitsunterschiede des Aufnahmeobjekts als silbergraue Schwärzungsunterschiede. Im **Positivprozeß** wird vom Negativ ein endgültiges Bild hergestellt, u. zwar im Wege des Kontaktabzugs, des Vergrößerns oder Verkleinerns auf Papier (Aufsichtsbild) oder auf Film oder Platte (Durchsichtsbild, *Diapositiv*). Das Kopiermaterial der Schwarz-Weiß-P. besteht aus Bromsilber- oder Chlorsilberschichten versch. Gradation (hart u. weich arbeitend). Durch Belichtung wird ein latentes Bild erzeugt, das wie im Negativverfahren entwickelt u. fixiert wird. – **Farb-P.,** P. in natürl. Farben. Grundlage aller Verfahren ist die Zerlegung des vom Objekt reflektierten Farbgemisches in die drei Grundfarben Blau, Grün u. Rot; z.B. durch Verwendung von drei entspr. Farbfiltern auf Schwarzweißmaterial u. anschließenden Dreifarbendruck oder durch drei übereinanderliegende, jeweils für eine der Grundfarben empfindl. Bromsilberemulsionsschichten. Geschichte: Die Lichtempfindlichkeit der Silbersalze wurde 1727 von J. H. *Schulze* entdeckt. Das erste brauchbare Lichtbildverfahren *(Daguerreotypie)* wurde 1839 von N. *Niepce* u. L. J. M. *Daguerre* entwickelt. Im gleichen Jahr wurde das Verfahren mit kopierbaren Negativen von H. F. *Talbot* erfunden *(Talbotypie).* Kollodiumnegative auf Glasplatten führte 1851 F. S. *Archer* ein. Diese »nasse Kollodiumplatte« wurde 1871 von R. L. *Maddox* durch die Gelatine-Trockenplatte ersetzt. Mit der Erfindung des Rollfilms, 1884 durch G. W. *Eastman* auf Papier, 1887 durch H. *Goodwin* auf Zelluloid, wurde die P. durch leichtere Handhabung u. geringere Kosten populär. Die Farb-P., schon 1869 von L. D. du *Hauron* erstmals in der Praxis gezeigt, fand erst um 1936 mit Agfacolor- u. Kodachrome-Verfahren Anwendung im großen Umfang.

Photohalbleiter, elektron. Bauelemente aus Halbleitermaterial, die das Steuern von Strömen durch Licht (impulse) erlauben. Es gibt den *Photowiderstand,* die *Photodiode* u. den bes. empfindl. *Phototransistor.*

»photokina«, internat. Photo- u. Kinoausstellung in Köln; seit 1950 alle 2 Jahre.

Photokopie, *Fotokopie,* lichttechn. Vervielfältigung ohne photograph. Aufnahme u. ohne Filmnegativ.

Photolyse, durch elektromagnet. Strahlung eingeleitete Zersetzung von chem. Verbindungen; bedeutsam z.B. bei der Photosynthese.

Photometrie, *Lichtmessung,* die Messung der Helligkeit von Lichtquellen oder beleuchteten Körpern; Teil der *Optik,* auch der *Astrophysik.* Die dazu benötigten Geräte heißen *Photometer.*

Photomontage [-ʒə], das In- u. Übereinanderkopieren von Photos.

Photomultiplier [-'mʌltiplaiə], Kombination einer *Photozelle* mit einem *Elektronenvervielfacher.* Der in der Zelle durch einfallendes Licht ausgelöste schwache Elektronenstrom wird im Vervielfacher stark verstärkt; Verwendung u. a. in der *Photometrie* u. zur Registrierung von *Szintillationen* in der Kernphysik.

Photon → Lichtquant.

Photoobjektive, Hauptbestandteil photograph. Apparate, Kombinationen mehrerer Linsen, weitgehend von *Abbildungsfehlern* frei, gekennzeichnet durch Lichtstärke u. Brennweite; unterschieden nach dem Negativformat, das scharf ausgezeichnet wird (Bildkreisdurchmesser), in *Kleinbild-* u. *Großbildobjektive,* nach Bildwinkel in *Weitwinkel-, Normal-* u. *Teleobjektive,* nach der Scharfzeichnung in *Porträt-, Weichzeichner-* u. techn. *Objektive.*

Photosatz, auch *Lichtsatz,* moderne Technik der Herstellung von Druckvorlagen auf Photopapier oder Film. Die neuen Setzmaschinen arbeiten mit Kathodenstrahlröhre oder Laserstrahl. Bei beiden Systemen sind volle Schriftzeichen in digitaler Form gespeichert. Die Satzanweisungen u. Manuskriptdaten werden per Datenfernübertragung oder Trägermedium (Diskette, Magnetband) dem Satzrechner zugeführt, der sie mit Hilfe eines Satzprogramms für die Belichtungsmaschine aufbereitet.

Photosphäre, Schicht der Sonne, aus der die uns erreichende Strahlung durch die darüberliegende *Chromosphäre* nach außen dringt.

Photosynthese, Umwandlung von Kohlendioxid u. Wasser in Kohlenhydrate (Glucose) bei Ausnutzung der Lichtenergie der Sonne durch grüne Pflanzen; der wichtigste biochem. Vorgang auf der Erde. Mit den so gebildeten Kohlenhydraten deckt die Pflanze ihren eigenen Bedarf an energiereichen Substanzen u. den der Tiere direkt (Pflanzenfresser) oder indirekt (über ein pflanzenfressendes Beutetier); außerdem geht die Energie von Holz, Kohle u. Erdöl auf die P. in früheren Erdepochen zurück. Die Energieübertragung verläuft mit Hilfe von Enzymen nach einem komplizierten u. erst z. T. bekannten Mechanismus ab.

Photovoltaik, Technik, bei der Sonnenstrahlung u. Licht mit Hilfe von *Solarzellen* in elektr. Energie umgewandelt wird; u. a. für die Energieversorgung von Satelliten u. Raumsonden eingesetzt.

Photowiderstand, Halbleitermaterial (z.B. Cadmiumsulfid), dessen Widerstand bei Lichteinfall kleiner wird.

Photozelle, *lichtelektr. Zelle,* Gerät, das unter Ausnutzung des *Photoeffekts* Licht in elektr. Strom umwandelt; Anwendung z.B. beim Tonfilm.

Phrase, Redewendung; abgegriffene, nichtssagende Formulierung; Sinneinheit eines musikal. Gedankens.

Phraseologie, Sammlung der einer Sprache eigentüml. Redensarten.

PHOTOGRAPHIE

Zweimal dasselbe Motiv: Die Luftaufnahme auf Infrarot-Falschfarbenfilm (rechts) läßt gegenüber der Normalfilmaufnahme (links) die Vegetationsunterschiede deutlicher erkennen

Stroboskop-Photographie (links). – Doppelbelichtung zur Steigerung der Bildaussage (rechts)

Phrygien, histor. Ldsch. u. Kgr. in Kleinasien. Die indoeurop. **Phryger** bildeten etwa im 8. Jh. ein selbst. Kgr. mit der Hptst. *Gordion.* Den Höhepunkt seiner Macht erreichte P. unter König *Midas* (um 710 v. Chr.). Das Reich wurde um 695 v. Chr. von den *Kimmeriern* zerstört.
Phryne, schöne Hetäre in Athen im 4. Jh. v. Chr.; nach antiker Legende Modell des *Praxiteles* für seine *Aphrodite von Knidos.*
Phthalate, Bez. meist für die Ester u. Salze der *Phthalsäure.* Phthalsäureester sind meist farblose, schwer wasserlösl. Flüssigkeiten mit hohem Siedepunkt.
Phthaleïne, *Xanthenfarbstoffe,* aus Phthalsäureanhydrid u. Phenolen hergestellte Triphenylmethanfarbstoffe, z.B. *Phenolphthalein, Eosin* u. *Fluorescein.*
Phthalsäure, *Benzol-o-dicarbonsäure,* eine aromat. Dicarbonsäure, aus Naphthalin hergestellt. P. u. ihr Anhydrid werden zur Farbstoffherstellung verwendet; ihre Ester mit höheren Alkoholen *(Palatinole)* dienen u. a. als Weichmacher für PVC.
Phuket ['puː-], Insel vor der Westküste des thailänd. Teils der Halbinsel Malakka, 543 km², 147 000 Ew.; Abbau u. Verhüttung von Zinnerzen; Fremdenverkehr.
ph-Wert → pH.
Phyle, altgrch. Stamm, Geschlechtsverband (Kultgemeinde).
Phyllis, in der grch. Sage thrak. Königstochter, von *Demophon* verlassen; sie tötete sich u. wurde in einen Mandelbaum verwandelt.
Phyllit, *Tonglimmerschiefer,* kristalliner Schiefer, vorw. aus Quarz u. Serizit von grünl.-grauer Farbe.

Phylogenetik, Wiss. von der Stammesentwicklung *(Phylogenie, Phylogenese)* der Lebewesen.
Phyongyang [pjəŋjaŋ], *Pjöngjang,* jap. *Heijo,* Hptst. von Nordkorea, am Taidong, 2,6 Mio. Ew.; kulturelles, wirtsch. u. Verkehrszentrum; Univ.; vielseitige Ind.; See- u. Flughafen. Älteste Hptst. Koreas (2. Jt. v. Chr.).
Phyrrhon *von Elis,* *360 v. Chr., †270 v. Chr., grch. Philosoph; Begr. der älteren skept. Schule in Athen; leugnete die Erkenntnis der Wirklichkeit.
Physik, die Wiss. von den Vorgängen in der unbelebten Natur. Die P. umfaßt sowohl die Beschreibung vielfältiger Naturerscheinungen als auch die Formulierung von Gesetzmäßigkeiten. Die wichtigsten Teilgebiete der P.: Mechanik, Akustik, Thermodynamik, Elektrodynamik, Optik, Atom- u. Kern-P., Relativitätstheorie u. Quantenmechanik. – T → S. 700
physikalische Konstanten, die wichtigsten Zahlengrößen der Physik, auf deren allg. Gültigkeit sich alle zahlenmäßigen Angaben gründen u. auf die alle anderen Konstanten zurückgeführt werden; hierzu u. a. die *Lichtgeschwindigkeit,* das *Plancksche Wirkungsquantum* u. die *Elementarladung.*
physikalische Therapie, *Physiotherapie,* Verwendung physik. Einflüsse (Massage, Wärme, Strahlen, Elektrizität, Wasser u. a.) zur Krankenbehandlung.
Physikum, die fr. übl. Vorprüfung der Medizinstudenten (nach den vorklin. Semestern) auf den Gebieten Anatomie u. Physiologie, physiol. Chemie, Physik, Chemie, Zoologie, Botanik.
Physiognomie, äußere Erscheinung eines Lebewesens.

Physiognomik, Lehre vom menschl. Gesichtsausdruck im Ruhezustand *(Physiognomie),* im Ggs. zum belebten Gesichtsausdruck *(Mimik).* Als Teil der *Ausdruckskunde* dient die P. der Persönlichkeitsdiagnostik.
Physiokratie, *Physiokratismus,* im 18. Jh. von F. *Quesnay* begr., auf dem Naturrecht fußende Schule der Volkswirtschaftslehre, nach welcher der Staat die Aufgabe hat, die gegebene Ordnung durch die Gesetzgebung der natürl. Ordnung anzupassen, bes. das Eigentum zu schützen u. das Prinzip des *Laissez-faire* zu erhalten. Der Boden als einzige Reichtumsquelle sollte auch allein die Abgaben an den Staat tragen (einheitl. Grundsteuer).
Physiologie, Lehre von den chem.-physik. Vorgängen in lebenden Organismen. Je nach den untersuchten Lebewesen spricht man von Pflanzen-, Tier-, Insekten-, Säugetier-, Human-P. (P. des Menschen) u. a.
physiologische Kochsalzlösung → Kochsalz.
Physiologus, seit frühchristl. Zeit in vielen Fassungen u. Sprachen verbreitetes illustriertes Tierbuch mit natursymbol. Inhalt; eine Vermischung mytholog. Zoologie mit christl. Glaubenslehre. Der lat. P. heißt *Bestiarium.*
Physiotherapie → physikalische Therapie.
physisch, körperl.; in der Natur begr., sie betreffend.
Phytologie, Pflanzenkunde.
Phytopathologie, Wiss. von den Pflanzenkrankheiten.

Albert Renger-Patzsch: Landstraße bei Schneesturm; 1936

Kyoichi Sawada: Flucht in die Sicherheit; 1965 (links). – Edward Steichen: Empire State Building, New York; Mehrfachbelichtung (rechts)

Wichtige Daten zur Geschichte der Physik	
v. Chr.	
um 600	Anziehungskraft des Magnetsteins bekannt (*Thales von Milet*)
um 500	Zahlenmäßige Beschreibung der Natur (*Pythagoras*)
um 400	Atomhypothese (*Leukipp* u. *Demokrit*)
250	Hebelgesetz (*Archimedes*)
n. Chr.	
1589	Fall- u. Wurfgesetze (G. *Galilei*)
1649	Luftpumpe u. Vakuum (O. von *Guericke*)
1687	Gravitationsgesetz (I. *Newton*)
1690	Wellentheorie des Lichts (C. *Huygens*)
1785	Coulombsches Gesetz (C. A. de *Coulomb*)
1808	Wissenschaftliche Atomtheorie (J. *Dalton*)
1820	Magnet. Wirkung eines elektrischen Stromes (H. C. *Oersted*t); Kraft zwischen zwei Strömen (A. M. *Ampère*)
1826	Ohmsches Gesetz (G. S. *Ohm*)
1831	Elektromagnetische Induktion, Selbstinduktion (1835) (M. *Faraday*)
1842	Prinzip von der Erhaltung der Energie (J. R. *Mayer*)
1859	Spektralanalyse (R. W. *Bunsen*, C. R. *Kirchhoff*)
1862	Elektromagnetische Lichttheorie (J. C. *Maxwell*)
1886	Nachweis der elektromagnetischen Wellen (H. *Hertz*)
1895	Röntgenstrahlen (W. C. *Röntgen*)
1896	Radioaktive Strahlung (H. *Becquerel*)
1897	Elektron (J. J. *Thomson*)
1898	Entdeckung der radioaktiven Elemente Polonium u. Radium (P. u. M. *Curie*)
1900	Quantenhypothese (M. *Planck*)
1905	Spezielle Relativitätstheorie, Quantentheorie des Photoeffekts (A. *Einstein*)
1906	Dritter Hauptsatz der Thermodynamik vermutet (W. *Nernst*)
1911	Rutherfordsches Atommodell (E. *Rutherford*); Supraleitung (H. *Kammerlingh Onnes*)
1913	Bohrsches Atommodell (N. *Bohr*)
1915	Allg. Relativitätstheorie (A. *Einstein*)
1919	Erste künstliche Elementumwandlung (E. *Rutherford*)
1924	Materiewellen (L. V. de *Broglie*)
1925	Quantenmechanik (W. *Heisenberg*); Ausschließungsprinzip (W. *Pauli*)
1926	Wellenmechanik (E. *Schrödinger*)
1927	Unschärferelation (W. *Heisenberg*)
1928	Quantentheorie der Strahlung (P. *Dirac*)
1932	Entdeckung des Neutrons (J. *Chadwick*); Nachweis des Positrons (C. D. *Anderson*)
1938	Spaltung des Urankerns (O. *Hahn*, F. *Straßmann*)
1942	Erster Kernreaktor (E. *Fermi*)
1948	Entdeckung des Transistoreffekts (J. *Bardeen*, W. *Brattain*)
1949	Schalenmodell des Atomkerns (M. *Goeppert-Mayer*, H. D. *Jensen*)
1955	Entdeckung des Antiprotons (E. *Segrè*, O. *Chamberlain*, C. *Wiegand*, T. *Ypsilantis*)
1957	Theorie der Supraleitung (J. *Bardeen*, L. *Cooper*, R. *Schriefter*)
1958	Heisenbergsche Weltformel; Mößbauer-Effekt (R. *Mößbauer*); Maser- u. Lasertheorie (A. C. *Schawlow*, C. H. *Townes*, N. G. *Basow*, A. M. *Prochorow*)
1960	Erster Laser (T. H. *Maimann*)
1964	Quarkhypothese (M. *Gell-Mann*, G. *Zweig*)
1967	Einheitliche Theorie der schwachen u. elektromagnetischen Wechselwirkung (S. *Glashow*, S. *Weinberg*, A. *Salam*)
1976	„Charm"-Quark entdeckt (DESY)
1980	Quantisierter Halleffekt (K. von *Klitzing*)
1983	Nachweis der Austauschteilchen für die schwache Wechselwirkung (CERN)
1986	Hochtemperatur-Supraleitung (K. A. *Müller*, J. G. *Bednorz*)
1989	Existenz von nur drei Quark-Familien nachgewiesen (CERN, SLAC)
1994	Nachweis des Top-Quarks (*Fermilab*)

phytophag, pflanzenfressend.
Pi, π, Π, 16. Buchstabe des grch. Alphabets; Symbol für den Umfang des Kreises mit dem Radius 0,5; auch *Ludolfsche Zahl* genannt; ein unendlicher, nichtperiod. Dezimalbruch mit dem Zahlenwert π = 3,14159265358...
Piacenza [-'tʃɛntsa], ital. Prov.-Hptst. sö. von Mailand, 105000 Ew.; Univ.; roman. Dom (12./13. Jh.), got. Rathaus (13. Jh.); landw. Handelszentrum, versch. Ind.
Piaf, Edith, eigtl. E. Giovanna *Gassion,* *1915, †1963, frz. Chansonsängerin; internat. erfolgreich mit z. T. eigenen Chansons.
Piaffe [pi'af], Übung bei der *Dressur* u. der *Hohen Schule,* trabähnl. Bewegung auf der Stelle.
Piaget [pia'ʒɛ], Jean, *1896, †1980, schweiz. Psychologe (bes. Psychologie des Kindes).
Pianist, berufsmäßiger Klaviervirtuose.
piano, musikal. Vortragsbez.: leise; in der Notenschrift: *p; pianissimo* (Notenschrift: *pp*), sehr leise.
Piano, Kurzwort für *Pianoforte;* andere Bez. für →Hammerklavier.
Piaristen, 1617 gegr. kath. Orden, der sich v. a. der Erziehung widmete.
Piassava, Palmfaser zur Herstellung von Matten, Seilen u. Bürsten.
Piasten, ältestes poln. Herrscherhaus (seit dem 9./10. Jh.), ausgestorben 1370 mit *Kasimir III.*
Piastre [pi'astrə], *Piaster,* Münzeinheit in Ägypten, Libanon, Sudan u. Syrien; 1/100 der jeweiligen Landeswährung.
Piatra Neamţ, rumän. Krs.-Hptst., an der Bistriţa, 100000 Ew.; Textil-, Metall- u. a. Ind.
Piauí, Bundesstaat im NO von →Brasilien.
Piave, der antike *Plavis,* Fluß im nordöstl. Italien, 220 km; entspringt am Südfuß der westl. Karn. Alpen, mündet in den Golf von Venedig.
Piazza [ital.], Platz, bes. Marktplatz.
Piazzetta, Giovanni Battista, *1682, †1754, ital. Maler; spätbarocke Gemälde, meist Genreszenen.
Picador, *Pikador,* berittener Stierkämpfer, der den Stier mit der Lanze reizt.
Picard [-'ka:r], **1.** Jean, *1620, †1682, frz. Astronom; führte die erste genaue Gradmessung in Frankreich durch, veröffentlichte das erste astronom. Jahrbuch. – **2.** Max, *1888, †1965, schweiz. philosoph. Schriftst.
Picardie, histor. Prov. in N-Frankreich, nördl. Teil des *Pariser Beckens.*
Picasso, Pablo Ruiz, *1881, †1973, frz. Maler, Graphiker u. Bildhauer span. Herkunft; von größter stil- u. schulbildender Wirkung auf die Entwicklung der modernen Kunst; begr. nach der melanchol. »Blauen Periode« (1901–04) u. den Zirkusbildern der »Rosa Periode« (1905–07) zus. mit G. Braque den Kubismus; Ablösung der analyt.-kubist. Periode von einer synthet. Periode (1914–18), in der P. sich jedoch auch anderer Ausdrucksmittel mit vielseitiger Experimentierfreude bediente; neoklassizist. Phase (1920–24); seit 1928 größere graph. u. plast. Arbeiten, in denen surrealist. Einflüsse anklingen. Hptw. des Jahrzehnts vor Ausbruch des 2. Weltkriegs sind außer zahlr. weibl. Figurenbildern die Radierfolge »Minotauromachie« 1935 u. das Monumentalgemälde »Guernica« 1937. Eine strenge stilperiod. Gliederung der nach 1930 entstandenen Arbeiten P.s ist kaum mögl., da Gestaltungsmittel u. -formen ständig wechseln.

Piccadilly [pikə'dili], Geschäftsstraße in London, mündet in den runden Platz *P. Circus.*
Piccard [pi'ka:r], **1.** Auguste, *1884, †1962, schweiz. Physiker; erreichte mit einem Ballon 1932 die Höhe von 16940 m, mit einer Tauchgondel *(Bathyscaph)* 1953 eine Meerestiefe von 3150 m. – **2.** Jacques, Sohn von 1), *28.7.1922, schweiz. Tiefseeforscher; erreichte 1960 mit dem Tauchboot »Trieste« eine Tiefe von 10910 m.
Piccinni [pit'tʃini], Nicola, *1728, †1800, ital. Opernkomponist; wandelte die *Opera buffa* von der Posse zur bürgerl. Oper.
Piccoli, Michel, *27.12.1925, frz. Filmschauspieler; u. a. in »Das große Fressen«, »Das weite Land«, »Eine Komödie im Mai«.
Piccolo, Kurzbez. für die kleine *Querflöte* (eine Oktave höher als die große).
Piccolomini, ital. Adelsgeschlecht aus Siena, das in den Lehnsbesitz des Hzgt. *Amalfi* gekommen war u. sich in Siena niedergelassen hatte. – *Ottavio P.,* *1599, †1656, Herzog von Amalfi (1639), Heerführer im Dreißigjährigen Krieg, am Sturz Wallensteins beteiligt.
Picht, Georg, *1913, †1982, dt. Pädagoge u. Philosoph (Bildungs- u. Friedensforschung).
Pickel, 1. Spitzhacke, bes. Eis-P. des Bergsteigers. – **2.** verstopfte, entzündete u. vereiterte Haarbalgdrüsen (Talgdrüsen) der Haut.
Pickelhaube, 1842 in das preuß. Heer eingeführter Helm mit Spitze.
Pickelhering, komische Person in den Bühnenstücken der engl. Komödianten.
Pico..., Abk. *p,* Vorsatzsilbe bei Maßeinheiten mit der Bed. 10^{-12} (ein Billionstel).
Pico, vulkan. Insel der port. Azoren, 433 km², 20000 Ew.
Pico della Mirandola, Giovanni, *1463, †1494, ital. Philosoph; vertrat einen myst. *Neuplatonismus,* den er mit der jüd. *Kabbala,* aber auch mit *Aristoteles* zu verbinden suchte.
Pidgin English ['pidʒin 'inglɪʃ], vereinfachte engl. Verkehrssprache zw. Engländern u. Asiaten; Mischung aus engl. Wortschatz u. chin. Satzbau.
Pieck, Wilhelm, *1876, †1960, dt. Politiker; 1919 Mitgr. der KPD; 1933–45 im Exil; 1935–46 Vors. der KPD, 1946–54 Vors. der SED (mit O. *Grotewohl*), 1949–60 erster u. einziger Präs. der DDR.
Piedestal [pje-], Fußgestell, Sockel von Bildwerken oder Säulen.
Piemont [pi:ɛ-], ital. *Piemonte,* Region in N-Italien, an der Grenze zu Frankreich u. der Schweiz. Gesch.: P. wurde 1416 mit Savoyen, 1720 mit Sardinien vereinigt; nannte sich seitdem Kgr. Sardinien, das auf dem Wiener Kongreß um das Hzgt. Genua vergrößert wurde. Unter *Viktor Emanuel II.* von Sardinien-P. (1849–78) wurde Italien 1859 geeint. 1861 nahm Viktor Emanuel mit Billigung des ersten ital. Parlaments den Titel eines Königs von Italien an.
Pieper, *Anthus,* mit den *Bachstelzen* nahverwandte Gatt. lerchenähnl. Singvögel, in offenen Landschaften. Einheimisch sind: Brach-P., Baum-P., Wiesen-P., Wasser-P.
Pier, Bollwerk aus Holz, Stahl, Beton u. ä. als Anlegestelle für Schiffe.
Piero della Francesca [-'tʃeska], *1410/20, †1492, ital. Maler; einer der Hauptmeister der Quattrocento-Malerei.

Pablo Picasso: Der Frieden; Fresko aus dem Friedenstempel in Vallauris; 1952

Piemont: Weinberge westlich von Turin

Pierrot [pjɛˈro], seit dem 17. Jh. Dienerfigur der *Comédie Italienne;* Kostüm: weite, weiße Hose u. Jacke, weißgepudertes Gesicht.
Pietà [piːeˈta], ital. Bez. für das Vesperbild mit der hl. Maria, die den Leichnam Christi im Schoß hält.
Pietät, die Achtung vor heiligen Dingen; Frömmigkeit; Ehrfurcht, Rücksichtnahme.
Pietermaritzburg, Hptst. der Prov. Kwazulu/Natal (Rep. Südafrika), 179 000 Ew.; Univ.; Ind.
Pietismus, ev. Bewegung seit dem Ende des 17. Jh. in Dtld.; trat gegen die erstarrte Orthodoxie für lebendige Glaubenserfahrung, prakt. Frömmigkeit, Abkehr von der Welt u. aktive Mitarbeit der Laien ein (P.J. *Spener,* A.H. *Francke*). Eine eigene Kirchengemeinschaft stiftete Graf *Zinzendorf* in der *Brüdergemeine* in Herrnhut. Die eschatologische Erwartung, die subjektive, myst. u. enthusiast. Form der Frömmigkeit u. die oft moralist. Gesetzlichkeit im P. führten zu Spaltungen (Sektierertum). In ev.-kirchl. Gruppen u. einigen ev. Landeskirchen wirkt der P. durch die *Erweckungsbewegungen* des 19. Jh. bis heute nach.
Piezoelektrizität, manche Kristalle werden unter Druck elektr. polarisiert, d. h., es bildet sich dann in ihrer Umgebung ein elektr. Feld aus *(piezoelektr. Effekt).* Die P. wird zur Konstanthaltung der Frequenz bei Quarzuhren, zur Erzeugung von Ultraschall u. in der Funktechnik verwendet.
Pigalle [-ˈgal], Jean-Baptiste, *1714, †1785, frz. Bildhauer; Frühklassizist.
Pigmente, 1. als mikroskop. kleine Körner oder in gelöster Form in Geweben bei Tier u. Pflanze vorhandene Farbstoffe; können die Körperfärbung verursachen u. dienen z.B. bei der Geschlechtsfindung, Schutz- u. Tarnfärbung. – **2.** *Körperfarben,* farbige Substanzen (z.B. Zinnober, Chromgelb), meist anorgan. Herkunft, die in Form von Pulver, mit einem Bindemittel angerührt, zur Malerei u. in der Drucktechnik verwendet werden.
Pignolen [piˈnjoː-], *Pinienüsse,* die ölreichen Samen der *Pinie.*
Pik, *Pique, Schüppen, Schippe,* Farbe der frz. Spielkarten.

pikant, 1. kräftig gewürzt, scharf. – **2.** anzüglich, schlüpfrig.
Pikanterie, Anzüglichkeit.
Pike, langer Spieß der Landsknechte *(Pikeniere)* des 17. Jh.
Pikee, *Piqué,* ein Doppelgewebe, bei dem Ober- u. Untergewebe so miteinander verbunden sind, daß steppartige Musterungen entstehen.
pikieren, Jungpflanzen im Obst- u. Gemüsebau ein- oder mehrmals verpflanzen.
pikiert, verärgert, gereizt.
Pikkolo, 1. Kellnerlehrling. – **2.** kleine Sektflasche mit 200 cm³ Inhalt.
Pikrinsäure, *Trinitrophenol,* durch Nitrierung von *Phenol* darstellbare hellgelbe, bitter schmeckende Verbindung, $C_6H_2(OH)(NO_2)_3$.
Pikten, frühgeschichtl. Bewohner Schottlands.
Piktogramm, internat. verständl. Bildsymbol.
Piktographie →Bilderschrift.
Pilaster, flacher Wandpfeiler, im Unterschied zur *Lisene* mit Sockel, Basis u. Kapitell ausgestattet.
Pilatus, schweiz. Bergmassiv in den Berner Alpen, am Vierwaldstätter See, mit *P.-Kulm* (2070 m), *Esel* (2120 m) u. *Tomlishorn* (2129 m).
Pilatus, →Pontius Pilatus.
Pilaw, *Pilaf, Pilau,* in Hammelfett gedünsteter Reis zu Fleischgerichten im Orient.
Pilchard [ˈpiltʃəd], ein *Heringsfisch.* Die Jungtiere werden als *Sardinen* bezeichnet; ein weltweit wichtiger Nutzfisch.
Pilcher, Rosamunde, *1924, engl. Schriftst.; erfolgreiche Romane »Die Muschelsucher«, »September«.
Pilcomayo, r. Nbfl. des Paraguay, rd. 2500 km; entspringt im boliv. Hochland, durchfließt den trockenen Chaco, mündet bei Asunción.
Pilger, *Pilgrim,* Wallfahrer nach heiligen Orten.
Pilgerväter, engl. *Pilgrim Fathers,* eine kleine Gruppe von engl. *Puritanern,* die, wegen ihrer religiösen Anschauung verfolgt, zunächst nach Holland ging u. 1620 mit dem Schiff »Mayflower« nach Nordamerika auswanderte.
Pilgram, Anton, *1450/60, †um 1515, östr. Bildhauer u. Baumeister; schuf ausdrucksstarke Physiognomien meist tragischer Figuren.
Pilion, grch. Gebirge an der O-Küste Thessaliens, bis 1651 m hoch.
Pillau, russ. *Baltijsk,* Stadt u. Seebad in Ostpreußen, 17 000 Ew.; Vorhafen von Königsberg; Fischfang; Marine- u. Militärstützpunkt.
Pillendreher →Skarabäus.
Pillnitz, sö. Stadtteil von Dresden, an der Elbe; Lustschloß, Barock- u. Neues Palais.
Pilon [piˈlõ], Germain, *1535, †1590, frz. Bildhauer; Hauptmeister der frz. Renaissanceplastik.
Pilot, Flugzeugführer; Lotse, Hochseesteuermann.
Piloty, Karl von, *1826, †1886, Maler; kolossale Geschichtsbilder von theatral.-pathet. Ausdruck.
Pils, *Pilsener,* sehr helles, untergäriges Vollbier mit deutlichem Hopfencharakter.
Pilsen, tschech. *Plzeň,* Stadt in Westböhmen, im fruchtbaren Becken von P., 170 000 Ew.; Renaissance-Rathaus, got. Bartholomäuskirche (13.–16. Jh.); Großbrauereien *(P.er Bier),* Masch.- u. Fahrzeugbau *(Škoda).*
Piłsudski [piuˈsutski], Józef, *1867, †1935, poln. Politiker; Mitgr. der Poln. Sozialist. Partei (PPS), 1918–22 Staatschef, führte 1919/20 erfolgreich Krieg gegen Sowjetrußland; stürzte 1926 die par-

lamentar. Regierung u. herrschte seitdem fakt. als Diktator Polens; schloß Nichtangriffsverträge mit der UdSSR (1932) u. dem Dt. Reich (1934).
Pilze, *Fungi, Mycota,* chlorophyllfreie Organismen, die sich im wesentl. von organ. Substanzen lebender oder toter Organismen ernähren; bestehen aus vielzelligen Pilzfäden oder *Hyphen,* deren Gesamtheit *Myzel (Mycelium)* genannt wird. Die Pilzzellen sind i.d.R. von einer Membran umgeben, die im Ggs. zur Cellulosenmembran höherer Pflanzen aus Chitin besteht. Die P. vermehren sich ungeschlechtl. durch *Sporen,* geschlechtl. durch Verschmelzung von Geschlechtszellen *(Gameten)* oder von Gameten enthaltenden Behältern *(Gametangien).* Einteilung in 2 Abt.: *Scheuerpilze* u. *Höhere P.* (hierzu u. a. *Ständerpilze* u. *Schlauchpilze*). Die P. haben große Bedeutung als Speise-P., als nützl. Bodenmikroorganismen u. als gefürchtete Krankheitserreger, bes. bei Pflanzen. B →S. 702/703. – **Pilzkrankheiten,** *Mykosen,* durch P. hervorgerufene Erkrankungen, bes. der Haut *(Dermatomykosen),* u. a. die *Mikrosporie* (eine Er-

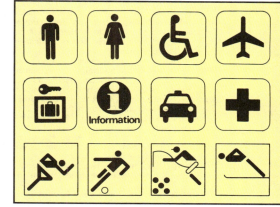

Piktogramm; obere Reihe (von links): Herren-, Damen-, Behinderten-WC, Flughafen; mittlere Reihe: Gepäckschließfächer, Information, Taxistand, Krankenhaus; untere Reihe: Leichtathletik, Fußball, Moderner Fünfkampf, Skispringen

krankung der behaarten Kopfhaut), der *Favus* u. die *Trichophytie.* – **Pilzvergiftung,** *Myzetismus,* durch den Genuß giftiger P. verursachte Erkrankung; Symptome: Durchfall, Erbrechen, Bewußtseinstrübung (bis Bewußtlosigkeit), Erregungszustände, Speichelfluß u. Pupillenverengung; kann zu Blutzerfall, Gelbsucht u. Blutfarbstoffausscheidung im Harn führen; sofort ärztl. Hilfe nötig.
Pimentbaum, zu den *Myrtengewächsen* gehörender, in Westindien u. Zentralamerika heim. Baum mit weißer Rinde und myrtenähnl. Blüten. Die unreifen Früchte dienen als Gewürz *(Piment, Nelkenpfeffer, englisches Gewürz).*
Pimpinella →Bibernelle.
Pinakothek, Bez. für fürstl. Gemäldesammlungen; in der BR Dtld. die *Alte* u. die *Neue P.* in München.
Pinang, *Penang, Pulau P.,* Teilstaat in →Malaysia, umfaßt ein Gebiet an der W-Küste der Halbinsel Malakka u. die vorgelagerte Insel P.
Pinasse, Ruder-, Dampf- oder Motorbeiboot von Kriegsschiffen.
Pindar, *Pindaros,* *518/22 v. Chr., †nach 446 v. Chr., grch. Lyriker; schrieb Chorlieder zu Götterfesten u. Siegeslieder für Preisträger der panhellen. Wettspiele in Olympia u. a.
Pindos, lat. *Pindus, Pindhos,* waldreiches Gebirge in Griechenland, im *Smolikas* 2637 m.
Pinen, α-Pinen, zur Gruppe der bicyclischen, ungesättigten Terpene gehörender Kohlenwasserstoff, Bestandteil der Terpentinöle.
Ping-Pong →Tischtennis.
Pingtung, Stadt auf Taiwan, 200 000 Ew.; Maschinenbau.
Pinguine, *Sphenisciformes,* Ordnung von 17 Arten flugunfähiger, schwimmgewandter *Vögel* der S-Halbkugel, bes. in der Nähe der Antarktis. Das Gefieder ist schuppenförmig ausgebildet, ein Fettpolster dient als zusätzl. Wärmeschutz; die Flügel

Pablo Picasso: Der Krieg; Fresko aus dem Friedenstempel in Vallauris; 1952

702 **Pinie**

Kaiserpinguin

werden wie Flossen, die Beine als Steuer beim Schwimmen benutzt. Die Nahrung besteht aus Fischen u. kleineren Meerestieren. Soziale Instinkte sind hoch ausgebildet: Anlage von Brutkolonien, Einrichtung von »Kindergärten«. Hierzu: *Kaiser-P.*, die über 1 m hoch werden, *Königs-P., Brillen-P., Magellan-P., Felsen-P.*
Pinie, zur Gatt. *Kiefer* gehörender Nadelbaum des Mittelmeergebietes, schirmförmige Krone, Samen *(P.nnüsse, Pignolen)* mit eßbarem, ölhaltigen Kern.
Pink Floyd [ˈpiŋk ˈflɔi:d], brit. Rock-Gruppe, gegr. 1965, Synthese aus Rock u. elektron. Musik (Psychedelic Rock) mit Geräuscheffekten u. aufwendigen Lichtshows (The Wall); 1986 löste sich die Gruppe auf.
Pinne, 1. Nagel, Reißnagel. – **2.** *Ruder-P.*, waagerechter Hebel im Steuerruderschaft, um diesen leichter drehen zu können.
Pinneberg, Krst. in Schl.-Ho., an der Pinnau, 37 000 Ew.; Rosenzucht, Baumschulen; versch. Industrie.
Pinocchio [piˈnɔkjo], Name einer Gliederpuppe, Hauptfigur eines ital. Kinderbuchs von C. *Collodi* (1880).
Pinochet [pinɔˈtʃɛt], *P. Ugarte,* Augusto, * 25.11.1915, chilen. Offizier u. Politiker; nach dem Sturz *Allendes* 1973 Chef der Militärregierung, seit 1974 Präs., nach der neuen Verf. 1981–90 ziviler Staats-Präs.
Pinot [piˈno], frz. Bez. für Rebsorten: *P. blanc* = weißer Burgunder, *P. noir* = Spätburgunder, *P. gris* = Ruländer.
Pinscher, Hunderassengruppe von variabler Gestalt; hierzu u. a. *Edel-P., Zwerg-P., Dobermann.*
Pinsk, Stadt in Weißrußland, an der Pina, im Gebiet der Pripjatsümpfe, 119 000 Ew.; Sägemühlen, Holz- u. Lederwarenind., Werft; Tonabbau, Wärmekraftwerk; Hafen.
Pint [paint], Hohlmaß: in Großbrit. = 0,568 *l*, in den USA = 0,473 *l*.
Pinter [ˈpintə], Harold, * 10.10.1930, engl. Schriftst.; Vertreter des absurden Theaters, schrieb auch realist.-psych. Stücke u. Fernsehspiele.
Pinturicchio [-ˈrikjo], eigtl. *Bernardino di Betto,* * um 1454, † 1513, ital. Maler; ein Hauptmeister der umbr. Malerschule.
Pinyin, Kurzform für *hanyu pinyin*, »Lautschrift der chin. Sprache«, ein in der VR China 1958 eingeführtes, 1979 für verbindlich erklärtes System zur Wiedergabe chin. Wörter u. Namen in Lateinschrift.
Pinzette, kleine, federnde Zange zum Erfassen kleiner Gegenstände.
Pinzgau, einer der fünf Gaue im Land Salzburg (Östr.), Hauptort: Zell am See; bek. durch die Zucht der schweren *P.er Pferde* u. der rotweißen *P.er Rinder.*
Piombino, ital. Stadt in der Toskana, 39 000 Ew.; Hafen, Fähre nach Elba.
Piombo → Sebastiano del Piombo.
Pioneer [paiəˈniə], Name für eine Serie von US-amerik. Sonden zur Erforschung des interplanetaren Raums.
Pionier, 1. Bahnbrecher (für eine Idee, eine Erfindung); Kolonisator. – **2.** Soldat der techn. Truppe des Heeres.
Piontek, Heinz, * 15.11.1925, dt. Schriftst. (Lyrik, erzählende Prosa, Essays u. Hörspiele).
Pipeline [ˈpaiplain], Rohrleitung zum Transport von Rohöl und Erdgas.
Pipette, Glasröhrchen zum Abmessen von Flüssigkeiten.
Pippau, *Crepis,* Gatt. der *Korbblütler,* mit rd. 200 Arten; auf der Nordhalbkugel u. in Afrika weit verbreitet.

Piranhas: Natterers Sägesalmler

Pippin, *Pipin,* fränk. Hausmeier u. Könige: **1. P. der Ältere,** † 640, 623–640 neben *Arnulf von Metz* Hausmeier der Merowinger-Könige *Dagobert I.* u. *Sigibert III.* in Austrien. – **2. P. der Mittlere,** *P. von Heristal,* Enkel von 1), * um 635, † 714, fränk. Hausmeier, Vater *Karl Martells*; gewann 687 die zentrale Gewalt als Hausmeier des gesamten Frankenreichs. – **3. P. der Jüngere** (auch *P. der Kleine, P. der Kurze*), Enkel von 2), * um 715, † 768, König der Franken 751–768, Sohn *Karl Martells* u. Vater *Karls d. Großen,* 741 Hausmeier, 751 König; vereinte ganz Gallien unter seiner Herrschaft; schenkte Papst Stephan II. 754 seine langobard. Eroberungen **(P.sche Schenkung).**
Pique → Pik.
Pirandello, Luigi, * 1867, † 1936, ital. Schriftst.; bahnbrechend für das moderne anti-illusionist.

PILZE

In diesem Buchenwald gibt es verschiedenartige Lebensmöglichkeiten für Pilze: 1 an einer sterbenden alten Buche (Zunderschwamm, Austernpilz, Ringgrübling und Goldfellschüppling); 2 am gefallenen Ast (Hallimasch, Zunderschwamm u. a.); 3 auf Brandstellen (Kohlenrüblinge); 4 im Fallaub (Hexenring von Trichterlingen); 5 Schmarotzerröhrling auf einem Kartoffelbovist; 6 unter dem Erdboden (Trüffel); 7 Begleitpilz einer jungen Fichte (Fliegenpilz); 8 an Buchenstümpfen (Hallimasch, Porlinge); 9 in Moospolstern (Mooshäubling); 10 bodenbewohnende, von Bäumen unabhängige Pilze (Lorchel, Becherling); 11 Mykorrhizapilze der Buchen (Steinpilz; Täublinge)

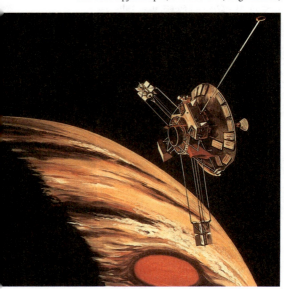
Pioneer: zeichnerische Darstellung von Pioneer 10 beim Vorbeiflug am Jupiter

Theater. W »Sechs Personen suchen einen Autor«; Nobelpreis 1934.

Piranęsi, Giovanni Battista, *1720, †1778, ital. Kupferstecher u. Baumeister (Ansichten von Rom u. Architekturphantasien).

Pirạnhas [-njas], *Pirayas, Sägesalmler,* mehrere Arten räuber. lebender Salmler in S-Amerika, bis 35 cm große, hochrückige, seitl. stark abgeflachte Fische mit rasiermesserscharfen Zähnen; ernähren sich von Fischen u. a. Wirbeltieren.

Pirạt, Seeräuber.

Pirạtensender, privatwirtsch. Rundfunksender, die ihre durch Werbung finanzierten Programme über Sendeanlagen verbreiten, die (außerhalb des Geltungsbereichs nationaler Bestimmungen) außerhalb der Hoheitsgewässer errichtet sind.

Piraterịe, *Seeraub,* das gewaltsame Vorgehen, um sich eines fremden Schiffs in räuber. Absicht zu bemächtigen (Ausplünderung). Piraten konnten seit alters mit dem Tod bestraft werden. Im übertragenen Sinn wurde auch ein für unerlaubt gehaltener Akt der Seekriegsführung als P. bezeichnet (U-Boot-Krieg), der Verantwortliche jedoch als Kriegsgefangener behandelt. Die heute vorherrschende Form der P. ist die *Luft-P.*

Pirạ̈us, *Peiraieus,* das antike *Kantharos,* grch. Stadt in Attika, am Saron. Golf, 188 000 Ew.; Teil der Agglomeration u. Hafen von Athen; versch. Ind., bed. Reedereien.

Pirạyas → Piranhas.

Pire [piːr], Dominique Georges, *1910, †1969, belg. Dominikanerpater; gründete seit 1956 »Europadörfer« für heimatlose Ausländer. Friedensnobelpreis 1958.

Pirmasens, Krst. in Rhld.-Pf., am W-Rand des Pfälzer Walds, 47 000 Ew.; Zentrum der Schuh-Ind.

Pirna, Krst. in Sachsen, sö. von Dresden, 45 000 Ew.; Feste *Sonnenstein* (16. Jh., einst stärk-

Pirol (Männchen)

ste sächs. Festung), zahlr. histor. Bauten; Textil-, Möbel-, Glas-Ind.

Pirọge, *Piragua,* durch Planken überhöhter Einbaum der Kariben in Westindien u. Guyana.

Pirọgge, Pastete aus Hefeteig mit einer Füllung aus Fleisch, Kohl, Pilzen u. Eiern.

Pirọl, einheim. Vertreter der Singvogelfam. der *Pirole,* die in rd. 30 Arten Wälder der Alten Welt bewohnen. Der nordeurasiat. P. ist im männl. Geschlecht gelbschwarz gefärbt *(Goldamsel).*

Pirouętte [piru-], in der *Tanzkunst* die schnelle Drehung am Ort auf einem Fuß. Im *Eis-* u. *Rollschuhkunstlauf* unterscheidet man *Sitz-P., Stand-P.* u. *Waage-P.* Beim *Turnen* ist die P. eine ganze Drehung des Körpers um seine Längsachse während eines Sprungs oder Flugs. Im *Reitsport* (Dressur) ist die P. eine ganze Drehung des Pferdes um die Hinterhand.

Pirsch, eine Jagdart, bei der der Jäger das Wild anschleicht.

Pịsa, ital. Stadt in der Toskana, am unteren Arno, Hptst. der gleichn. Prov., 104 000 Ew., Univ. (1343), Dom (11./12. Jh.) mit weltberühmtem »Schiefen Turm« (54,5 m hoch; stellte sich bereits während des Baus im 12.–14. Jh. schräg u. hängt jetzt 6 m über); Baptisterium (1152 begonnen); Kernforschungszentrum. Fahrzeug-, Glas-, keram. u. Textil-Ind. – G e s c h.: Urspr. eine grch. Siedlung; 180 v. Chr. röm. Kolonie; im MA eine der bedeutendsten See- u. Handelsstädte. – B → S. 704

Pisanello, Antonio, eigtl. A. *Pisano,* * um 1395, †1455, ital. Maler u. Medailleur; verband got. Tradition mit dem Realismus des Quattrocento (v. a. Bildnismedaillen); Bildnisse des Lionello d'Este u. des Kaisers Sigismund.

Pirouette: Die Biellmann-Pirouette ist eine schwierige Kürfigur beim Eiskunstlaufen

Pisano, ital. Künstlerfam.: **1.** Andrea, * um 1295, †1348/49, Bildhauer u. Baumeister, zunächst Goldschmied; schuf die älteste der Bronzetüren des Baptisteriums in Florenz. – **2.** Giovanni, * um 1250, †nach 1314, Bildhauer u. Baumeister; bedeutendster Meister der mittelalterl. toskan. Plastik. – **3.** Niccolò, * um 1225, †1278/87, Bildhauer; verband in seinen Reliefs byzantin., klass.-antike u. frz.-got. Stilelemente.

Piscạtor, Erwin, *1893, †1966, dt. Theaterleiter u. Regisseur; setzte sich für das politisch-dokumentar. Theater ein (u. a. R. *Hochhuth,* P. *Weiss*); 1961–66 Intendant der freien Volksbühne.

Pissarrọ, Camille, *1830, †1903, frz. Maler u. Graphiker; Impressionist, vorübergehend Pointillist; malte v. a. Landschaften u. Stadtansichten.

Pistạzie, die ölgebenden Samen des *Sumachgewächses Pistacia vera;* im Mittelmeerraum kultiviert.

Piste, Start- u. Landebahn auf Flugplätzen; Ski-, Auto- oder Radrennstrecke; Einfassung der Manege im Zirkus.

Pistòia, ital. Stadt in der nördl. Toskana, Hptst. der gleichn. Prov., 91 000 Ew.; roman. Dom (12. Jh.), got. Rathaus (13. Jh.); versch. Ind.

Pistọle, 1. *Dublone,* im 16. Jh. eingeführte span. Goldmünze; in Frankreich seit 1641 als *Louisd'or,* in Dtld. als *Friedrichsd'or* (= 5 Taler) nachgeprägt. – **2.** Faustwaffe, urspr. mit Feuersteinschloß u. handgriffartig gebogenem Kolben. Die bekannte-

Speisemorchel (links). – *Kulturbild des Pilzes Trichophyton soudanense, häufiger Erreger von Hautmykosen in Afrika* (rechts)

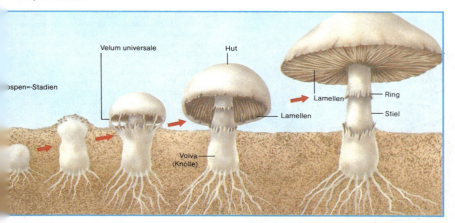

Der eßbare Feldchampignon (Agaricus campestris): Kennzeichnend für seinen Fruchtkörper ist der Hut mit den Lamellen an der Unterseite, an denen die Sporen gebildet werden. Die Abbildung zeigt die Entwicklung des Fruchtkörpers, beginnend mit den im Boden verborgenen Knospenstadien

sten Bauarten: *Mauser-P.,* die *Parabellum-P.,* die *Browning-P.* u. die *Walther-P.*

Piston [-'tɔ̃], **1.** *Cornet à pistons,* ein *Kornett* in hoher Stimmlage mit Pumpventilen. – **2.** ein Pumpventil bei Blechblasinstrumenten.

Piston ['pistən], Walter, * 1894, † 1976, US-amerik. Komponist; Neoklassizist, Jazz-Einflüsse.

Piśtyan, slowak. *Piešt'any,* ung. *Pöstyén,* Badeort in der westl. Slowakei, 33 000 Ew.; warme Schwefelquellen u. Moorbäder.

Pisuęrga, r. Nbfl. des Duero im Hochland von Altkastilien (Spanien), 283 km.

Pitaval, Bez. für Sammlungen von Kriminalfällen; nach dem frz. Strafrechtler François Gayot de P. (* 1673, † 1743).

Pitcairn [-kɛən], brit. Südseeinsel, im SO der Tuamotu-Inseln, von Korallenriffen umgeben, 4,6 km², rd. 300 m hoch, 65 Ew., Hauptort *Adamstown;* 1790 Zufluchtsort der Bounty-Meuterer; seit 1838 brit. Kolonie.

Pitchpine ['pitʃpain], aus N-Amerika eingeführtes Holz der *Sumpfkiefer* u. der *Pechkiefer;* zu Fußböden, Möbeln u. im Schiffbau verwendet.

Pitești [pi'tɛʃti], Hptst. des rumän. Kreises Argeș, in der Walachei, 157 000 Ew.; Zentrum eines Obst- u. Weinbaugebietes; versch. Ind.

Pithecanthropus, *Archanthropinen,* ausgestorbene Urmenschen aus dem Alt- u. Mittelpleistozän (600 000 bis 250 000 v. Chr.) Europas, Asiens u. Afrikas; getrennt vom heutigen Menschen durch das kleine Hirnvolumen (1000 cm³), starke Überaugenwülste u. stark vorspringende Gesichtsregion; Werkzeug- u. Feuergebrauch u. Kannibalismus nachgewiesen. Die zahlr. beschriebenen Formen werden heute alle zu der Art *Homo erectus* zusammengefaßt.

Pitot-Rohr [pi'to-], rechtwinklig gebogenes Staurohr zum Messen von stat. u. dynam. Drücken bei Flüssigkeits- u. Gasströmungen.

Pitt, 1. William d. Ä., Earl of *Chatham,* * 1708, † 1778, brit. Politiker; 1757–61 u. 1766–68 leitender Min.; verantwortl. für die engl. Außenpolitik u. Kriegsführung während des Siebenjährigen Kriegs an der Seite Preußens; verdrängte Frankreich aus Kanada u. aus O-Indien. – **2.** William d. J., Earl of *Chatham,* Sohn von 1), * 1759, † 1806, brit. Politiker; 1783–1801 u. 1804–06 Prem.-Min.; brachte die Union mit Irland (1801) zustande, wurde Führer der europ. Koalition gegen die Frz. Revolution.

Pittas, eine Fam. trop., prächtig gefärbter, drosselartiger *Sperlingsvögel.*

Pitti, Palazzo P., monumentaler Renaissance-Palast in Florenz, um 1458 begonnen, 1570 vollendet; heute Gemäldegalerie.

pittoresk, malerisch.

Pittsburgh [-bə:g], Stadt in Pennsylvania (USA), auf einer Halbinsel zw. den Quellflüssen des Ohio, 425 000 Ew.; Univ. (1787); Kernforschungszentrum; Schwerpunkt der Stahl- u. Eisen-Ind., in der Nähe Kohlen- u. Erdöllager.

Pityriasis, Sammelname für abschuppende Hautkrankheiten, z.B. *Kleienflechte* u. *Schuppenröschen.*

Francisco Pizarro; Kupferstich, 1673

Pityusen, span. Inselgruppe der Balearen (Formentera u. Ibiza).

più [pju:], mehr; oft bei musikal. Vortragsbez., z.B. *più forte:* lauter.

Piura, *San Miguel de P.,* peruan. Dep.-Hptst., 190 000 Ew.; Univ.

Pius, Päpste:
1. P. II., eigtl. Enea Silvio de' *Piccolomini,* lat. *Aeneas Silvius,* * 1405, † 1464, Papst 1458–64, Humanist; Anhänger des Konziliarismus; bemühte sich erfolglos um die Einigung Europas gegen die Türken. – **2. P. IV.,** eigtl. Gian Angelo *Medici,* * 1499, † 1565, Papst 1559–65, schränkte die Macht der Inquisition ein u. suchte die von seinem Vorgänger *Paul IV.* heraufbeschworenen Zwistigkeiten mit Spanien u. Kaiser Ferdinand I. zu beenden; berief das Konzil von Trient wieder ein u. brachte es zum Abschluß (1563). – **3. P. V.,** eigtl. Michele *Ghislieri,* * 1504, † 1572, Papst 1566–72, 1558 Großinquisitor; sorgte für die Verbreitung u. Durchführung der Dekrete des Konzils von Trient; am Seesieg über die Türken bei Lepanto (1571) beteiligt. Heiliger (Fest: 30.4.). – **4. P. VII.,** eigtl. Barnaba *Chiaramonti,* * 1742, † 1823, Papst 1800–23, widmete sich dem Wiederaufbau der frz. Kirche; nach dem Bruch mit Napoleon 1809–14 in Haft; erreichte die Wiederherstellung des Jesuitenordens (1814) u. des Kirchenstaats (Wiener Kongreß 1815). – **5. P. IX.,** eigtl. Giovanni Maria *Mastai-Ferretti,* * 1792, † 1878, Papst 1846–78, verbot nach Aufhebung des Kirchenstaats (1870) den Katholiken die Teilnahme am polit. Leben Italiens; verkündete das Dogma der Unbefleckten Empfängnis Mariens (1854) u. zog eine scharfe Trennung zw. der Kirche u. vielen geistigen, polit. u. soz. Bestrebungen der Zeit. Das von P. beeinflußte 1. Vatikan. Konzil (1869/70) definierte den Universalepiskopat des Papstes u. seine Unfehlbarkeit in Glaubens- u. Sittenlehre. – **6. P. X.,** eigtl. Giuseppe *Sarto,* * 1835, † 1914, Papst 1903–14, begann mit der Vereinheitlichung u. Neukodifikation des Kirchenrechts (Codex Iuris Canonici); trat Versuchen, das Glaubensgut neu zu durchdenken, mit der rigorosen Verurteilung des »Modernismus« entgegen; ließ es zum offenen Bruch mit Frankreich (1905 Trennung von Kirche u. Staat) kommen. Heiliger (Fest: 21.8.). – **7. P. XI.,** eigtl. Achille *Ratti,* * 1857, † 1939, Papst 1922–39, wandte sich in dem Rundschreiben »Mit brennender Sorge« (1937) gegen zahlr. Konkordatsverletzungen des Dt. Reichs u. unterzog die nat.-soz. Ideologie scharfer Kritik; schloß 1929 mit Italien die *Lateranverträge* ab. – **8. P. XII.,** eigtl. Eugenio *Pacelli,* * 1876, † 1958, Papst 1939–58, regierte die Kirche straff u. autokratisch; verkündete das Dogma der leibl. Aufnahme Mariens in den Himmel (1950).

Piz, Berggipfel, bes. in den schweiz. Alpen.

Pizarro [-'θarro], Francisco, * um 1478, † 1541 (ermordet), span. Konquistador; eroberte 1531–33 das Inkareich in Peru u. ließ den letzten Inkakaiser *Atahualpa* 1533 hinrichten; gründete 1535 Lima.

Pizza, ital. Hefekuchen mit einem Belag aus Tomaten, Mozzarellakäse, Sardellen, Öl, Salz, Pfeffer u. Majoran. – **Pizzeria,** ital. Spezialrestaurant, das hpts. P. serviert.

pizzicato, Abk. *pizz.,* bei Streichinstrumenten Vortragsbez. für das Zupfen der Saiten mit den Fingern.

Pjöngjang →Phyongyang.

Pkw, *PKW,* Abk. für *Personenkraftwagen.*

Placębo, *Plazebo,* ein einem echten Arzneimittel äußerl. gleiches Präparat, das aber dessen eigtl. Wirkstoffe nicht enthält; dient der Unterscheidung zw. der subjektiven u. der objektiven Wirksamkeit des Arzneimittels.

Placenta →Plazenta.

Placentalia →Plazentatiere.

Placet →Plazet.

placieren, 1. an einen bestimmten Platz stellen. – **2.** einen gezielten Schuß (Ballspiel) abgeben bzw. einen Hieb, Treffer (Fechten) oder Schlag (Boxen) anbringen; *sich p.:* bei Sportwettkämpfen einen der vorderen Plätze (nach dem Sieger) erringen. – **3.** Kapital anlegen oder unterbringen.

plädieren, ein *Plädoyer* halten; etwas befürworten.

Plädoyer [plɛ:dwa'je], *Plaidoyer,* Schlußvortrag des Verteidigers oder des Staatsanwalts in der Hauptverhandlung.

Plafond [pla'fɔ̃], die Decke eines Raumes.

Plagiat, bewußte Verletzung des Urheberrechts, indem fremdes Geistesgut als eigenes ausgegeben wird.

Plaid [ple:d], Reisedecke; großes Umschlagtuch aus Wolle.

Plakat, öffentl. angebrachtes, meist großformatiges Anschlagblatt mit mitteilendem oder werbendem Aufdruck, oft künstler. gestaltet.

Plakętte, Schau- oder Gedenkmünze in meist eckiger Form, i.w.S. jede mit Relief-Darst. versehene medaillenähnl. Metallplatte.

Planarien, *Planaria,* zu den *Strudelwürmern* gehörende Würmer, deren Darm aus drei Schenkeln besteht.

Planck, Max, * 1858, † 1947, dt. Physiker; gab als Begr. der *Quantentheorie* der modernen Physik eine entscheidende Prägung. Ausgehend von Untersuchungen zur Thermodynamik entdeckte er eine neue Naturkonstante, das sog. *P.sche Wirkungsquantum* sowie das *P.sche Strahlungsgesetz,* das die Abhängigkeit elektromagnet. Energie eines *schwarzen Körpers* von seiner Temperatur u. der Frequenz der Strahlung beschreibt. – Nobelpreis 1918. P. zu Ehren wurde die Kaiser-Wilhelm-Gesellschaft zur Förderung der Wiss. in *Max-Planck-Gesellschaft* umbenannt.

planetarische Nebel, gasförmige, meist regelmäßig begrenzte Nebelflecke, die eine komplizierte Feinstruktur zeigen (Ringnebel). Im Innern ist meist ein sehr heller u. heißer, blau leuchtender Zentralstern sichtbar, der die umgebenden Nebelgase beleuchtet oder zum Leuchten anregt. Etwa 300 p. N. sind bekannt.

Planetarium, Vorrichtung zur Demonstration der Himmelsbewegungen, bei der die Gestirne (Fixsternhimmel, Sonne, Mond, Planeten) auf die Innenfläche einer halbkugelförmigen Vorführungskuppel projiziert werden.

Planeten, *Wandelsterne,* kugelförmige oder ellip-

Pisa: Dom und »Schiefer Turm«

soide Himmelskörper, die in ellipsenförmigen Bahnen um die Sonne laufen. Bisher sind 9 *Große P.* bekannt (einschl. Erde), davon 3 erst in neuerer Zeit entdeckt (Uranus 1781, Neptun 1846, Pluto 1930); außerdem rd. 1700 *Kleine P.* Der 1977 entdeckte *Chiron* (mit einer Bahn zw. Saturn u. Uranus) gehört vermutl. zu den Kleinen P.

Planetengetriebe, Zahnradgetriebe, das aus drei Gliedern besteht; zwei (größeren) Hauptzahnrädern u. einem »Planetenträger«, an dem meist mehrere »Planetenräder« frei drehbar angeordnet sind. Für Kennungswandler werden häufig mehrere P. zusammengebaut. Das *Differential* ist eine Sonderbauart des P.

Planetensystem, die Gesamtheit der *Planeten,* die einen Himmelskörper umkreisen. Das einzige bisher bekannte P. ist das Sonnensystem.

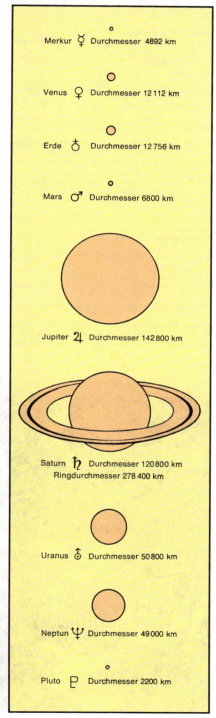

Größe der Planeten

Dimensionen u. physikalische Konstanten der Planeten

Planet	D	A	M	d	f	Ab
Merkur	4892	0,06	0,053	5,4	4,2	0
Venus	12112	0,76	0,815	5,16	10,3	0
Erde	12756	0,39	1,000	5,53	11,2	1:297
Mars	6800	0,15	0,107	3,95	5,0	1:190
Jupiter	142800	0,51	318,00	1,33	61	1:16
Saturn	120800	0,42	95,22	0,69	37	1:10
Uranus	50800	0,66	14,55	1,21	22	1:15
Neptun	49000	0,62	17,23	1,70	25	1:40
Pluto	2200	0,50	0,002	2,1	1	?

(D = Äquatiordurchmesser in km, A = Albedo, M = Masse (einschl. Monde [Erde = 1], d = mittlere Dichte [Wasser = 1], f = Fluchtgeschwindigkeit in km/s, Ab = Abplattung)

Die wichtigsten Bahnelemente der Planeten

Planet	a	e	i	T	U
Merkur	0,387	0,206	7° 0',2	0,241	115,9
Venus	0,723	0,007	3° 23',6	0,615	583,9
Erde	1,000	0,017	0° 0',0	1,000	–
Mars	1,524	0,093	1° 51',0	1,881	779,9
Jupiter	5,203	0,048	1° 18',5	11,862	398,9
Saturn	9,539	0,056	2° 29',6	29,458	378,1
Uranus	19,182	0,047	0° 46',4	84,015	369,7
Neptun	30,057	0,009	1° 46',4	164,788	367,5
Pluto	39,75	0,249	17° 8',7	247,7	366,7

(a = große Halbachsen in *astronomischen Einheiten,* e = Exzentrizität, i = Neigung gegen die Ekliptik, T = siderische Umlaufzeit in Jahren, U = synodische Umlaufzeit in Tagen)

Planetoiden, *Kleine Planeten, Asteroiden,* kleine planetenartige Körper, die in der Mehrzahl zw. Mars- u. Jupiterbahn die Sonne umkreisen. Bisher sind 3000 P. mit gesicherten Bahnen bekannt. Die meisten P. haben wenige km Durchmesser; nur einige über 100 km.

planieren, ebnen, glätten (Gelände, Boden).

Planisphäre, eine Karte, in der die Gesamtoberfläche der Erde oder eines anderen Himmelskörpers mit ellipt. Umriß dargestellt ist.

Plankton, Sammelbez. für alle im Wasser schwebenden Organismen, die keine größere Eigenbewegung ausführen u. passiv durch Wasserbewegungen verdriftet werden. Das pflanzl. P. heißt *Phyto-P.,* das tier. *Zoo-P.,* die einzelnen P.-Organismen *Plankter.* Das P. des Süßwassers (*Limno-P.*) unterscheidet sich in seiner Zusammensetzung stark von dem des Salzwassers (*Hali-P.*). Das P. spielt eine große Rolle als Nahrung für Fische, Muscheln u. andere Tiere.

Planspiel, *Unternehmungsspiel,* eine Ausbildungsmethode, insbes. für Wirtschaftswissenschaftler u. Verwaltungsfachleute, bei der das Treffen von Entscheidungen geübt wird.

Plantage [-ʒə], *Pflanzung,* landw. Betrieb zum flächenmäßig größeren Anbau von Monokulturen; bes. in den Tropen.

Plantagenet [plæn'tædʒinit, engl.; plātaʒə'nɛ, frz.], Beiname des Grafen *Gottfried von Anjou,* nach einer Ginsterstrauchart, die er als Helmzier trug. 1154–1399 saß das Haus P. auf dem engl. Thron (*Anjou-P.*). Es teilte sich 1399 in die Linien *Lancaster* (bis 1471) u. *York* (bis 1485).

Planung, die Festsetzung von Zielen sowie das Auffinden u. Abwägen von alternativen Handlungsmöglichkeiten.

Planwirtschaft, *Zentralverwaltungswirtschaft,* im Ggs. zur *Marktwirtschaft* ein Wirtschaftssystem, in dem die Wirtschaftsvorgänge durch eine oberste, staatl. Wirtschaftsbehörde zentral geplant u. gelenkt werden.

Plasma, 1. *Biologie:* →Protoplasma. – **2.** *Kernphysik:* ein Gas, das aus freien Elektronen u. Ionen besteht. Bei sehr hohen Temperaturen werden die Gasmoleküle ionisiert, u. die äußeren Elektronen bleiben abgetrennt. Die Materie in Sternen u. auch Gaswolken im interstellaren Raum befinden sich im P.-Zustand. Das P. kann kontrolliert auf extrem hohe Temperaturen gebracht werden. Bei diesen Temperaturen können Fusionsreaktionen ablaufen, die zu einer starken Energiefreisetzung führen. – **3.** *Physiologie:* flüssige Bestandteile von Blut u. Milch.

Plasmodium, 1. vielkernige, nackte Plasmamasse der Schleimpilze. – **2.** Gatt. der *Hämosporidien,* Erreger der Malaria.

Plasmolyse, Reaktionserscheinung der lebenden Zelle auf eine Konzentrationserhöhung des Außenmediums: Der *Protoplast* löst sich infolge osmot. Wasserabgabe (→Osmose) von der Zellwand u. schrumpft.

Plasmon, Gesamtheit der außerhalb der Chromosomen liegenden Erbfaktoren.

Plastiden, pflanzl. Zellorganellen, die nur den Bakterien, Pilzen u. Blaualgen fehlen. Sie bestehen aus lipoidreichen Reaktionsräumen, die von einer Doppelmembran umhüllt sind. P. sind oft durch fettlösl. Farbstoffe auffällig gefärbt u. werden dann als *Chromatophoren (Chromoplasten)* bezeichnet, z.B. die Blattgrün enthaltenden *Chloroplasten.* Die farblosen P. werden als *Leukoplasten* bezeichnet, z.B. in den Wurzeln u. Wurzelstöcken bei grünen Pflanzen vorkommend.

Plastik, 1. *Bildhauerkunst, Bildnerei, Skulptur,* das künstler. Formen bildsamer Materialien (Ton, Stein, Holz, Elfenbein, Gips, Metall u. a.) zu dreidimensionalen Werken, auch das geformte Einzelwerk selbst. – **2.** →Kunststoffe.

Plastikbombe →plastischer Sprengstoff.

Plastilin, wachsähnl. Modelliermasse.

plastisch, körperlich, bildsam, anschaulich.

plastische Chirurgie, operative Beseitigung von Haut-, Schleimhaut-, Knochen- u. a. Gewebsdefekten zur Wiederherstellung gestörter Funktionen u. zur Beseitigung von Entstellungen; auch eine Operation, bei der störendes Gewebe entfernt wird, um eine bestimmte Form zu erreichen, z.B. Nasenplastik, Brustplastik (kosmet. *Chirurgie*).

plastischer Sprengstoff, *Plastik-Sprengstoff,* beliebiger Sprengstoff, der durch Zusätze knetbar gemacht u. in diesem Zustand erhalten bleibt (*Plastikbombe*).

Plastizität, Bildsamkeit, Geschmeidigkeit; die Fähigkeit eines Stoffs, nach der Beanspruchung seine neue Form zu behalten; übertragen auch Anschaulichkeit.

Plataiá, *Plataiai,* antiker Stadtstaat in Böotien; 479 v. Chr. Sieg der Griechen über die Perser.

Platane, *Platanus,* Baum aus der Fam. der *P.ngewächse* (→Pflanzen), mit heller, fleckiger Rinde u. ahornähnl., jedoch wechselständigen Blättern; häufig als Allee- u. Parkbaum.

Plateau [-'to], Hochfläche, Tafelland.

Platen, *August Graf von P.-Hallermünde,* *1796, †1835, dt. Schriftst.; vertrat gegen die Romantik einen klassizist. strengen Sprach- u. Formstil (v. a. Oden, Sonette, Balladen).

Plateresktil, ornamentaler Bau- u. Dekorationsstil in Spanien z. Z. der Spätgotik u. Frührenaissance (feingliedrige, teppichartige Ziermuster).

Platin, grauweißes, dehnbares Edelmetall; kommt gediegen in Form kleiner Körnchen im Flußsand vor, v. a. in Rußland (Ural), Kanada, Südafrika u. Kolumbien. Verwendung: für Schmuckgegenstände, Geräte in chem. Laboratorien u. a. – **P.metalle,** die in der Natur meist gemeinsam auftretenden Edelmetalle der VIII. Nebengruppe des Periodensystems der Elemente: Platin, Palladium,

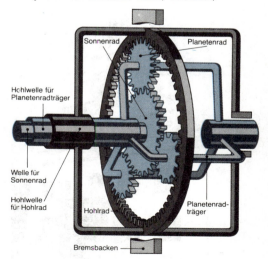

Planetengetriebe: Bei vollautomatischen Kraftfahrzeuggetrieben wird dem Drehmomentwandler ein Planetengetriebe nachgeschaltet

Platon. Marmorbüste. Florenz, Uffizien

Rhodium, Iridium, Ruthenium u. Osmium. →*chemische Elemente*.

Platon, *Plato*, * 427 v. Chr., † 347 v. Chr., grch. Philosoph, Schüler des Sokrates; gründete 387 in Athen eine eigene Schule, die *Akademie*. P. Philosophie, die klass. Form des Idealismus, ist in einer Reihe von *Dialogen* niedergelegt. Kern seiner Lehre sind die *Ideen,* die unveränderl. Urbilder, denen im Ggs. zu den wahrnehmbaren Dingen, den Abbildern der Ideen, wirkl. Existenz zukommt. Höchste Idee ist die Idee des Guten, aus der die anderen Tugenden abgeleitet werden. In seiner *Politik* entwirft P. das Bild des bestmögl. Staates, an dessen Spitze der Beste, mit Einsicht Regierende (*Philosophenkönig*) stehen soll. Seine bekanntesten Werke: »Apologie«, »Politeia«, »Gorgias«, »Kratylos«, »Symposion«, »Phaidon«, »Timaios«.

platonische Körper, Körper, die von regelmäßigen, untereinander kongruenten Vielecken begrenzt sind, z. B. Oktaeder, Tetraeder.

platonische Liebe, vergeistigte, unkörperl. Liebe (nach Platons »Symposion«).

platonisches Jahr, Zeitabschnitt von 25 780 Jahren; die Zeit, in der der Frühlingspunkt infolge der *Präzession* die Ekliptik umwandert.

Platonismus, Nachwirken der Lehre *Platons* in der europ. Philosophie. Als bewußte Anknüpfung an Platon verstand sich der *Neuplatonismus*.

Plattdeutsch, volkstüml. für *Niederdeutsch*.

Platte, Rudolf, * 1904, † 1984, dt. Schauspieler (v. a. Charakterdarsteller).

Plattensee, ung. Balaton, See in Ungarn, mittlere Tiefe 3 m, 591 km²; Erwärmung des Wassers im Sommer bis 28 °C; mehrere Badeorte.

Plattenspieler, fr. *Grammophon*, Gerät zum Abspielen von *Schallplatten;* besteht im wesentl. aus einem *Plattenteller* mit Motorantrieb, einem bewegl. *Tonarm* u. einem magnetodynam. *Tonabnehmer* mit Nadel (Saphir oder Diamant) zum Abtasten der Schallplattenrillen. Die Compact Disc wird von einem P. mit einem Laserabtastsystem abgespielt.

Plattentektonik, Theorie, die dynam. Vorgänge in der *Lithosphäre,* wie die Entstehung von Gebirgen, die Bewegungen der Ozeanböden, die Erdbeben- u. Vulkanzonen sowie die Kontinentalverschiebung, zu erklären versucht. Danach ist die Lithosphäre in mehrere, 100–150 km dicke, versch. starre Platten (Tafeln, Großschollen) zerlegt, die auf dem zähflüssigen Erdmantel gegeneinander bewegt werden. An den *Mittelozeanischen Rücken* weichen die Platten auseinander (bis zu 6 cm/Jahr), wobei aus den Dehnungs-(Trennungs-)Fugen vulkan. Material aufsteigt, das die ozean. Kruste ständig ergänzt. Das Wachsen u. Auseinanderdriften der Ozeanböden wird durch ein Abtauchen an den stabilen Rändern benachbarter Platten ausgeglichen. Solche Verschluckungszonen (*Subduktionszonen*) finden sich im Bereich der Tiefseerinnen. Bewegen sich Platten aufeinander zu, so entstehen Gebirge oder vulkan. Inselbögen. Als Motor der Bewegung werden Wärmeströmungen im Erdmantel angenommen. Die P. unterscheidet sechs große Platten (afrikan., amerikan., antarkt., eurasiat., indo-austral., pazif. Platte), zw. die kleinere eingeschaltet sind.

Platterbse, *Lathyrus,* artenreiche Gatt. der *Schmetterlingsblütler;* hierzu u. a. *Wiesen-P.* u. *Wohlriechende P.* (*Gartenwicke*).

Platte River [plæt rivə], r. Nbfl. des Missouri in Nebraska (USA), rd. 500 km.

Plattfische, *Schollen i.w.S., Flachfische, Seitenschwimmer, Pleuronectiformes,* Ordnung der *Echten Knochenfische;* auffallend asymmetr., sehr kurze, scheibenförmige Fische. Zu den P. gehören: *Scholle, Flunder, Heilbutt, Steinbutt, Kliesche* u. *Seezunge*.

Plattfuß, *Pes planus,* höchster Grad des *Senkfußes,* bei dem das Fußgewölbe so abgeflacht ist, daß auch der innere Fußrand beim Auftreten den Boden berührt.

plattieren, *doublieren,* unedles Metall mit einem hochwertigen belegen, so daß eine unlösl. Verbindung entsteht, z.B. Kupfer mit Stahl.

Plattwürmer, *Plathelminthes,* Stamm niederer Würmer (über 12 000 Arten); umfaßt eine freilebende Ordnung, die *Strudelwürmer,* u. zwei parasit. lebende Ordnungen, die *Saugwürmer* u. die *Bandwürmer*.

Platzangst, *Agoraphobie,* krankhafter Angstzustand beim Überschreiten freier Plätze.

Platzhirsch, Hirsch, der in der Brunftzeit ein Hochwildrudel beherrscht; Ggs.: *Beihirsch*.

Platzwette, Wettart bei Pferderennen.

Plauen, Stadt im Vogtland, an der Weißen Elster, 78 000 Ew.; histor. Bauten, Textil- (*P.er Spitzen* u. *Gardinen*), Maschinen-, Elektro-, metallverarbeitende u. chem. Ind.

plausibel, einleuchtend, glaubhaft.

Plautus, Titus Maccius, * um 250 v. Chr., † 184 v. Chr., röm. Komödiendichter; die 21 für echt angesehenen Stücke sind den röm. Verhältnissen angepaßte Bearbeitungen grch. Komödien von *Menander* u. a.

Play-back ['pleɪbæk], Verfahren des Rückspielens aufgenommener Sprach- oder Musikdarbietungen bei Film-, Hörfunk-, Fernseh-, Schallplatten- u. Tonbandaufnahmen zur Synchronisation mit einem zugehörigen Teil der Darbietung (z.B. Synchronisation von Ton u. Bild).

Playboy ['pleɪbɔɪ], reicher (junger) Mann, der nicht arbeitet u. nur gesellschaftl. Vergnügungen nachgeht.

Play-off-Runde ['pleɪ 'ɔf-], gesonderte Endrunde (meistens der sechs Erstplazierten einer Vorrunde) in Mannschaftssportarten zur endgültigen Ermittlung des Meisters (z.B. Basketball, Eishockey).

Plazenta, *Placenta, Mutterkuchen,* Organ zur Ernährung des Embryos in der mütterl. Gebärmutter der *P.tiere* einschl. des Menschen. Die äußere Embryonalhülle wird hier zur *Zottenhaut,* die das mütterl. u. das embryonale Blut trennt, durch die aber Sauerstoff u. Nährstoffe einerseits u. Kohlensäure u. Schlackenstoffe andererseits hindurchwandern

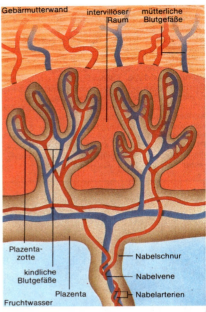

Die Plazenta besteht aus schwammigem, von Zotten durchzogenem Gewebe, das zur Mutter hin von der Basalschicht, zum Keimling hin von der Chorionplatte begrenzt ist. Durch feine Spalten in der Basalschicht gelangt mütterliches Blut in das Zottensystem, dessen Blutgefäße diffundierende Nährstoffe und Sauerstoffe aufnehmen

können. Die P. wird nach der Geburt ausgestoßen (*Nachgeburt*).

Plazentatiere, *Plazentalier, Placentalia,* Säugetiere mit Zottenhaut, Plazenta, unpaarer Scheide (Vagina) u. Gebärmutter (Uterus), d. h. alle Säugetiere außer *Kloakentieren* u. *Beuteltieren*.

Plazet, *Placet,* Zustimmung, Bestätigung.

Plebejer, im alten Rom Angehöriger der *Plebs;* übertragen: gewöhnl., ungehobelter Mensch.

Plebiszit, *Referendum,* Volksabstimmung, Volksentscheid.

plebiszitäre Demokratie, demokrat. Staatsform, bei der das Volk nicht nur das Parlament, sondern auch andere Staatsorgane (insbes. das Staatsober-

Plauen: Rathaus

Plitwitzer Seen

haupt) wählt u. direkt über Verfassungsänderungen oder auch Gesetze entscheidet.

Plebs, urspr. die Masse der röm. Bürger, im Ggs. zu den privilegierten *Patriziern;* später nur noch der besitzlose Teil des Volks; erwarb sich in über 200 Jahre währenden sog. Ständekämpfen schrittweise die polit. Gleichberechtigung (bis 287 v. Chr. erreicht); heute noch abfällig für »Pöbel, niederes Volk« gebraucht.

Plechanow [-nɔf], Georgij Walentinowitsch, *1856, †1918, russ. Sozialist; gründete 1883 in der Schweiz die erste russ. marxist. Gruppe, schloß sich später den *Menschewiki* an.

Pleistozän, fr. *Diluvium,* untere Abteilung des *Quartärs;* mit starker, viermaliger Vereisung der Nordhalbkugel (etwa 2 000 000 bis 20 000 v. Chr.); zw. den Eisvorstößen sind drei Warmzeiten nachgewiesen; erstes Auftreten des Menschen. Es gab viele, z. T. heute ausgestorbene, kälteliebende Tiere u. Pflanzen. Auch →Eiszeit.

Plejaden, 1. *Siebengestirn, Gluckhenne,* offener Sternhaufen im *Stier;* Entfernung etwa 410 Lichtjahre. – **2.** in der grch. Myth. die 7 Töchter des *Atlas* u. der *Pleïone,* von *Orion* verfolgt u. von *Zeus* als Gestirn an den Himmel versetzt.

Plektron, *Plektrum,* Schlagfeder, -stäbchen oder -plättchen zum Anreißen der Saiten versch. Zupfinstrumente.

Plenarium, ein liturg. Buch, das alle Texte für die Lesungen der Messe enthält.

Plenarsitzung, Tagung des *Plenums.*

Plenterwald, eine Form des *Hochwalds,* bei der Bäume aller Entwicklungsstufen auf kleinster Fläche nebeneinanderstehen.

Plenum, allg. die Vollversammlung aller einem Gesamtorgan angehörenden Mitgl., z.B. P. des Bundestags.

Plenzdorf, Ulrich, *26.10.1934, dt. Schriftst.; W »Die neuen Leiden des jungen W.«, »Die Legende von Paul u. Paula«.

pleo..., Wortbestandteil mit der Bed. »reichhaltig, über«.

Pleochroismus, die Eigenschaft bestimmter Kristalle, in polarisiertem Licht in versch. Richtungen versch. Farben durchzulassen.

Pleonasmus, eine rhetorische Figur, in der ein Begriff mit einem an sich selbstverständl. Zusatz versehen wird (z.B. »alter Greis«).

Pleskau, dt. Name der russ. Stadt →Pskow.

Plessner, Helmuth, *1892, †1985, dt. Philosoph u. Soziologe; Arbeiten über philos. Anthropologie, Kultursoziologie u. Ästhetik.

Plettenberg, Stadt in NRW, im westl. Sauerland, 28 000 Ew.; Burgruine Schwarzenberg; Walzwerk.

Pleuelstange, Stange zur Übertragung von Schubkräften u. umlaufenden Teilen u. hin- u. hergehenden Maschinenteilen (z.B. *Kolben*).

Pleura, *Brustfell* →Brust (1).

Pleuritis, Brustfellentzündung, Lungenfellentzündung; →Rippenfellentzündung.

Pleven, dt. *Plewen,* türk. *Plevne,* Hptst. des nordbulgar. Bez. P., 130 000 Ew.; Maschinenbau, Textil-, Nahrungsmittel-, Zement- u. chem. Ind.

Plexiglas, glasartig durchsichtiger Kunststoff aus Polymethacrylsäureester; splittersicher u. mechan. leicht zu bearbeiten.

Plexus, netzartige Vereinigung von Blut- oder Lymphgefäßen sowie von Nerven.

Pleydenwurff, Hans, *um 1420, †1472, dt. Maler; Hauptmeister der Nürnberger Malerei vor A. *Dürer.*

Pleyel, Ignaz Joseph, *1757, †1831, öster. Komponist (Sinfonien, Instrumentalkonzerte u. Kammermusik); gründete einen Musikverlag u. eine Klavierfabrik.

Plinius, 1. Gaius P. Secundus d. Ä., *23/24, †79, röm. Schriftst.; behandelte in seinem Sammelwerk »Naturalis historia« hpts. naturwiss., aber auch kunstgeschichtl. Probleme. – **2.** Gaius P. Caecilius Secundus d. J., Neffe u. Adoptivsohn von 1), *61/62, †um 113, röm. Schriftst. (kulturgeschichtl. bedeutsame Briefe).

Plinthe, quadrat. oder rechteckige Unterlage der Säulenbasis; Sockel eines Monuments.

Pliozän, geolog. Stufe des Tertiärs →Erdzeitalter.

Plissee, Gewebe mit regelmäßigen Quer- oder Längsfalten.

Plitwitzer Seen, serbokr. *Plitvička jezera,* Gruppe von 16 Gebirgsseen in Kroatien, durch Wasserfälle u. Stromschnellen miteinander verbunden; Naturschutzgebiet.

PLO, Abk. für engl. *Palestine Liberation Organization,* »Organisation zur Befreiung Palästinas«,

Plejaden

1964 gegr. Organisation, die die Errichtung eines unabh. arab. Staates auf dem Boden des ehem. brit. Mandatsgebiets *Palästina* anstrebt u. sich als legitime Vertreterin der Palästinenser versteht. Die PLO ist ein loser Dachverband zahlr. Gruppen. Vors. ist seit 1969 J. *Arafat.* Ihr wichtigstes Operationsgebiet war zunächst Jordanien, dann Libanon; in beiden Ländern griff sie in innenpolit. Auseinandersetzungen ein. Ihre Aktivität gegen Israel bestand hpts. in Terroranschlägen. Von ihrer Maximalforderung – Beseitigung des Staates Israel – rückte die PLO seit Ende der 80er Jahre allmählich ab. Dadurch geriet sie in Gegensatz zu den islam.-fundamentalist. Kräften. 1993 schlossen Israel u. die PLO ein Abkommen über eine palästinens. Teilautonomie in Jericho u. im Gazastreifen; entspr. Selbstverwaltungsorgane wurden 1994 errichtet.

Plochingen, Stadt in Ba.-Wü., nahe der Mündung der Fils in den Neckar, 12 000 Ew.; Elektro-, Kunststoff-, Textil- u. Masch.-Ind.

Płock [pu'ɔtsk], poln. Stadt an der Weichsel, 116 000 Ew.; roman. Dom (12. Jh.); Erdölraffinerie, chem. u. Nahrungsmittel-Ind.

Ploetz, Karl Julius, *1829, †1881, dt. Historiker; verfaßte ein weitverbreitetes Kompendium der Geschichte.

Ploieşti [plo'jɛʃtj], rumän. Stadt am Südabfall der Südkarpaten, 235 000 Ew.; Wirtschafts- u. Verkehrszentrum, Erdölförderung, Raffinerien.

Plombe, 1. ein Blei- oder Blechsiegel, das so an Verpackungsschnüren oder -drähten befestigt wird, daß das zu sichernde Stück nur durch Verletzung der P. geöffnet werden kann. – **2.** Zahnfüllung aus Amalgam, Gold, Zement, Kunststoff oder Porzellan.

Plön, Krst. in Schl.-Ho., zw. dem *Großen* u. dem *Kleinen P.er See* in der Holstein. Schweiz, 12 000 Ew.; Luftkurort; Schloß (1623–1761 Residenz des Hzgt. Schl.-Ho.-Sonderburg-P.); Max-Planck-Inst. für Limnologie.

Plotin, *Plotinos,* *um 205, †270, grch. Philosoph; Begr. des *Neuplatonismus;* deutete Platon im Sinn einer myst. Religiosität.

Plotter, ein Zeichengerät, das mit einer Datenverarbeitungsanlage in Verbindung steht u. deren Ergebnisse graph. darstellt.

Plötze, *Rotauge, Bleier, Schwalen,* 12–30 cm langer *Weißfisch* aus dem Süß- u. Brackwasser Nord- u. Mitteleuropas; Speisefisch.

Plötzensee, Strafanstalt in Berlin, Hinrichtungsstätte dt. Widerstandskämpfer vom 20.7.1944.

Plovdiv [-dif], *Plowdiw,* Hptst. des bulgar. Bez. P., an der Maritza, 380 000 Ew.; Univ.; Moscheen; vielseitige Ind.

Pluderhose, *Pumphose,* geschlitzte weite Hose mit breit eingelegtem Pluderstoff; Modetracht des 16. u. 17. Jh.

Plumpbeutler, *Wombats,* Fam. der *Beuteltiere.*

Plumpudding ['plʌm-], traditioneller engl. Weihnachtspudding.

Plural, *Mehrzahl,* die sprachl. Mehrzahlform (z.B. *Häuser* von *Haus*).

Pluraletantum, nur im Plural vorkommendes Wort, z.B. »Ferien«.

Pluralismus, 1. *Philos.:* die Auffassung, daß es ein »letztes Vieles«, eine Vielheit von Substanzen oder von Aspekten gebe (Ggs.: *Monismus, Singularismus*). – **2.** *Politik:* die Form eines polit. Gemeinwesens, das ein Höchstmaß autonomer Gestaltungsmöglichkeiten gewährleistet, indem es alle individuellen u. korporativen Grundrechte garantiert u. respektiert. Im pluralist. Gemeinwesen ist der Staat in seiner Macht begrenzt (*Gewaltenteilung*) u. zur Beachtung autonomer Gruppenwillen (Kirchen, Gewerkschaften, Parteien u. a.) verpflichtet. Grundprinzip ist das Recht auf *Opposition.*

plus, mathemat. Zeichen (+) für die Addition; Vorzeichen der positiven Zahlen.

Plusquamperfekt, Zeitform der *Vorvergangenheit* (»er hatte geschrieben«).

Plutarch, *Plutarchos,* *um 45, †um 125, grch. Philosoph u. Geschichtsforscher (Biographien berühmter Griechen u. Römer sowie philos. u. lit. Arbeiten).

Plön: Inmitten des Seengebiets der Holsteinischen Schweiz liegt der Luftkurort Plön

Pluto, Zeichen ♇, einer der großen →Planeten.
Plutokratie, eine Herrschaftsform, bei der (rechtl. oder tatsächl.) für den Anteil an der Staatsmacht der Besitz ausschlaggebend ist.
plutonische Gesteine, *Plutonite, Tiefengesteine, Intrusivgesteine*, in größeren Tiefen der Erdkruste erstarrte Eruptivgesteine mit grobkörnigem Gefüge: Granit, Syenit, Diorit, Gabbro u. a.
Plutonismus, Erscheinungen, die mit den Magmabewegungen im Erdinnern zusammenhängen (Aufdringen, Erstarren, Metamorphose).
Plutonium, künstl. hergestelltes radioaktives Element, das zu den *Transuranen* gehört. Das P.isotop 239 wird als Brennstoff für Kernreaktoren u. zur Herstellung von Atombomben verwendet. →chemische Elemente.
Plutos →griechische Religion.
Pluviale, *Rauchmantel, Chormantel*, ärmelloses, fußlanges liturg. Obergewand kath. Kleriker.
Pluvialzeit, den pleistozänen *Eiszeiten* (im N) entspr. feuchtklimat. Periode in den Subtropen.
Pluviometer →Regenmesser.
Plymouth ['plɪmǝθ], **1.** südengl. Hafenstadt am *P. Sound*, an der westl. Kanalküste, 244 000 Ew.; Royal Citadel (1566–70 erbaut); bed. Handels- u. Kriegshafen; versch. Ind. – **2.** Hafenstadt in Massachusetts (USA), an der Cape Cod Bay, 36 000 Ew.; 1620 von den Pilgervätern gegründet.
p.m., 1. Abk. für *pro mille*. – **2.** Abk. für *post meridiem*. – **3.** Abk. für *post mortem*.
Pm, chem. Zeichen für *Promethium*.
Pneuma, im NT Bez. für den Hl. Geist.
Pneumatik, Geräte oder Anlagen, die mit Druckluft arbeiten.
Pneumatiker, 1. antike Ärzteschule, die im *Pneuma* (»Wind, Atem«) die Lebenskraft sah. – **2.** im NT ein unter dem Einfluß des Hl. Geistes handelnder u. redender Mensch.
pneumatische Kammer, luftdicht verschlossene Kammer zur Herstellung von Unter- oder Überdruckverhältnissen zur Behandlung von Lungenerkrankungen oder für Operationen, die die Öffnung der Brusthöhle erfordern.
Pneumokokken, Kugelbakterien, u. a. Erreger von Lungenentzündung.
Pneumonie →Lungenentzündung.
Pneumothorax, die Füllung des Pleura-Spalts der Lunge mit Luft oder Gasen; wird bei Lungenerkrankungen zur Ruhigstellung der Lunge künstl. angelegt.
Po, der antike *Padus*, Hauptfluß Italiens, 652 km; entspringt in den Cott. Alpen, tritt östl. von Turin in die fruchtbare *Poebene* ein, mündet mit seinem riesigen Delta in das Adriat. Meer; durch Anschwemmung schiebt sich die Mündung jährl. um 70 m ins Meer hinaus.
Pocci ['potʃi], Franz Graf von, * 1807, † 1876, dt. Zeichner u. Schriftst.; witziger Illustrator, schrieb Kinderbücher, Märchen u. Marionettenstücke.
pochieren [pɔ'ʃi:-], Speisen in heißem Wasser garen, ohne sie zu kochen.
Pocken, *Blattern, Variola*, gemeingefährl., anzeigepflichtige, sehr ansteckende akute Infektionskrankheit; wird durch das *P.virus* hervorgerufen, das v. a. durch Tröpfcheninfektion übertragen wird. Die P., die vor Einführung der *P.-Schutzimpfung* viele Opfer forderten, sind heute fast unbekannt geworden, so daß der Impfzwang abgebaut wurde.
poco, wenig, etwas; musikal. Vortragsbez., z.B. *poco a poco*, nach u. nach.
Podest, Podium; Absatz einer Treppe.
Podestà, im MA der kaiserl. Stadtvogt in Italien, dann in den ital. Stadt-Rep. das meist diktator. regierende Stadtoberhaupt.
Podgorica, fr. *Titograd*, Hptst. der jugoslaw. Teilrepublik *Montenegro*, 96 000 Ew.; Aluminiumwerk, Maschinenbau.
Podgornyj, Nikolaj Wiktorowitsch, * 1903, † 1983, sowj. Politiker (KP); 1965–77 Vors. des Präs. des Obersten Sowjets (Staatsoberhaupt).
Podiebrad ['podje-], *Poděbrad*, Georg von *P. u. Kunštát*, * 1420, † 1471, König von Böhmen 1458–71; Führer der *Kalixtiner*; von der kath. Kirche gebannt.
Podium, Bühne, Erhöhung für ein Rednerpult.
Podolien, histor. Ldsch. in der Ukraine. – **Podolier**, Stamm der *Ukrainer*.
Podolsk, Stadt in Rußland, südl. von Moskau, 209 000 Ew.; Maschinenbau, elektrotechn. Ind.

Edgar Allan Poe

Podsol, *Bleicherde*, Boden, aus dessen oberem Horizont die Mineralsalze u. Eisenverbindungen ausgewaschen sind.
Poe [poʊ], Edgar Allan, * 1809, † 1849, US-amerik. Schriftst.; stellte in Kurzgeschichten u. Gedichten bes. das Grotesk-Unheiml. u. Visionäre dar; Meister der Detektivgeschichte; erster bed. Literaturkritiker Amerikas.
Poel, mecklenburg. Ostsee-Insel nördl. der Wismarer Bucht, 37 km², 3000 Ew.; Fremdenverkehr.
Poelzig, Hans, * 1869, † 1936, dt. Architekt; Hauptvertreter der expressionist. Architektur (Großes Schauspielhaus Berlin).
Poem, veraltete Bez. für »Gedicht«.
Poesie, Dichtkunst, insbes. die Versdichtung, hier wiederum insbes. das lyr. Gedicht.
Poetik, Wiss. vom Wesen u. von den Formen der Dichtung, neben der Lit.-Gesch. ein Teil der Lit.-Wiss.
Poggio Bracciolini ['pɔddʒo brattʃo-], Gian Francesco, * 1380, † 1459, ital. Humanist (Briefe, Traktate u. Schwänke).
Pogrom, gewaltsame Ausschreitungen gegen Minderheiten, v. a. gegen Juden.
Pohl, 1. Gerhart, * 1902, † 1966, dt. Schriftst.; gehörte zum Freundeskreis um G. *Hauptmann*, dessen letzte Tage er beschrieb. – **2.** Robert Wichard, * 1884, † 1976, dt. Physiker; arbeitete über Elektrizität u. Optik.
Pöhl, Karl Otto, * 1.12.1929, dt. Finanzfachmann; 1980–91 Präs. der Dt. Bundesbank.
Poincaré, 1. Henri, * 1854, † 1912, frz. Mathematiker u. Astronom; Arbeiten zu versch. Gebieten der Math., theoret. Physik, Himmelsmechanik u. Wissenschaftstheorie. – **2.** Raymond, Vetter von 1), * 1860, † 1934, frz. Politiker; 1913–20 Präs. der Rep. 1912/13, 1922–24 u. 1926–29 Min.-Präs.
Pointe [pwɛ̃t], Spitze; der »springende Punkt« eines Witzes, einer Anekdote.
Pointe-à-Pitre [pwɛta'pitr], Hafen- u. Handelsstadt auf der frz. Insel Guadeloupe, Kleine Antillen, 30 000 Ew.
Pointe-Noire [pwɛt'nwa:r], Hafenstadt der Rep. Kongo, 237 000 Ew.
Pointer, engl. Vorstehhund, kurzhaarig.
Pointillismus [pwɛti-], Richtung der frz. Malerei um 1885 als Form des *Nachimpressionismus*, die die im Impressionismus entwickelte Farbzerlegung in eine die einzelnen Farbpunkte dicht drängende Malweise verwandelte. Hauptmeister waren G. *Seurat* u. P. *Signac*.
Poisson [pwa'sɔ̃], Siméon-Denis, * 1781, † 1840, frz. Physiker u. Mathematiker; arbeitete über Akustik, Elastizität, Wärme, elektr. Eigenschaften von festen Körpern.
Poitiers [pwa'tje], westfrz. Stadt auf einem Felshügel am Clain, alte Hptst. des *Poitou*, 79 000 Ew.; Univ. (1432); got. Kathedrale, viele roman. Kirchen; chem., Elektro- u. Textil-Ind. – Am 17.10.732 besiegte *Karl Martell* bei *Tours* u. *P.* die Araber.
Poitou [pwa'tu], histor. Prov. in W-Frankreich, zw. dem Pariser Becken, dem Garonnetiefland u. dem Zentralplateau, alte Hptst. *Poitiers*; der küstennahe Teil bildet die *Vendée*.
Pokal, prunkvolles, kelchartiges Trink- oder Ziergefäß aus Glas oder Metall mit hohem Schaft.
pökeln, Fleisch durch Einsalzen haltbar machen. Zum P. wird **Pökelsalz** verwendet, ein Gemisch aus Kochsalz, Zucker u. 1–2% Salpeter.

Poker, Kartenglücksspiel mit 52 Karten für 2–8 Personen.
Pol, 1. →Gradnetz. – **2.** der eine von zwei Punkten mit entgegengesetzten Eigenschaften; z.B. bei elektr. geladenen Körpern: Plus- u. Minus-P.; bei Magneten: Nord- u. Süd-P.
Polański, Roman, * 18.8.1933, poln. Filmregisseur; Filme mit absurden u. surrealist. Elementen (»Ekel«, »Tanz der Vampire«, »Rosemaries Baby«).
Polanyi, John Charles, * 23.1.1929, kanad. Chemiker dt. Herkunft; Arbeiten auf dem Gebiet der chem. Reaktionsdynamik; erhielt zus. mit D. R. *Herschbach* u. Y. T. *Lee* 1986 den Nobelpreis.
Polarfuchs, *Eisfuchs, Canis*, ein *Fuchs* der nördl. arkt. Gebiete, Körperlänge bis 45 cm, fast gleichlanger, buschiger Schwanz. Das Fell ist im Sommer grau bis schwarzblau u. im Winter weiß. Tiere mit dunklem *(Blaufuchs)* u. weißem *(Silberfuchs)* Winterpelz werden als Pelztiere geschätzt.
Polargebiete, *Polarländer*, Gebiete um den Nord- u. Südpol *(Arktis, Antarktis)* jenseits der

Der Lebensraum des Polar- oder Eisfuchses umfaßt das gesamte Nordpolargebiet

10°-Isotherme des wärmsten Monats, mit nivalen oder Frostklimaten, gegenüber anderen Gebieten in Lichtzufuhr u. Temperatur benachteiligt; die Sonne bleibt im Winter längere Zeit unter dem Horizont (Polarnacht).
Polarhunde, *Nordlandhunde*, in den Ländern um den nördl. Polarkreis als Zug- *(Schlittenhunde)* u. Jagdtiere gezüchtete langhaarige Gebrauchshundtypen von großer Ausdauer u. Kraft.
Polarisation, die Erscheinung, daß ein urspr. homogenes Medium Punkte oder Flächen entgegengesetzter (polarer) Eigenschaften annimmt. Beispiele: 1. *elektr. P.*: Bei Materie, die sich in einem elektr. Feld befindet, verschieben sich überall die Elektronen der Atomhülle gegenüber den Atomkernen. Es treten also Ladungsverschiebungen auf. – 2. *magnet. P.*: Werden in einem Magnetfeld magnetisierbare Stoffe polarisiert, dann richten sich die Elementarmagneten aus. Die Pole der Elementarmagneten heben sich nicht mehr in ihrer Wirkung auf. – 3. *P. von Licht*: Gewöhnl. Licht ist unpolarisiert. Läßt man die Lichtwellen durch ein *P.sfilter* (z.B. Nicolsches Prisma) laufen, so bleibt nur ein polarisierter Anteil übrig, d. h., der das

Polarlicht über einer Bergbausiedlung im nördlichen Norwegen

Licht beschreibende elektr. Feldvektor schwingt senkr. zur Fortpflanzungsrichtung in einer geraden Linie *(linear polarisiert)*; dreht sich der Vektor in einer Ebene, so liegt *zirkular* (auch *elliptisch*) *polarisiertes* Licht vor. Ebenso wie Licht können alle elektromagnet. Wellen polarisiert werden.

Polarisationsfilter, *Polfilter,* ein in der Photographie benutztes Aufnahmefilter zur Beseitigung von Lichtreflexen.

Polarität, das Verhältnis zweier entgegengesetzter, aufeinander angewiesener Kräfte oder Wesen; Beispiele: positive u. negative Elektrizität, das Männliche u. das Weibliche.

Polarkreis, die Breitenkreise in 66° 33' nördl. u. südl. Breite, die die Polarzonen von den gemäßigten Zonen abgrenzen.

Polarlicht, *Nord-* u. *Südlicht,* kaltes Leuchten der Luft auf der Nachtseite der Erde, am häufigsten etwa 10° von der erdmagnet. Polen entfernt, u. U. auch in den Tropen sichtbar; wird in versch. Formen u. Farben beobachtet; entsteht durch Ströme elektr. geladener Teilchen, die von der Sonne ausgehen, im Magnetfeld der Erde abgelenkt werden u. beim Eindringen in die Atmosphäre die Moleküle u. Atome zum Leuchten anregen.

Polarnacht, die Zeit, in der die Sonne jenseits des Polarkreises Tag u. Nacht unter dem Horizont bleibt; an den Polen 6 Monate lang.

Polarstern, *Polaris, Nordstern,* α Ursae Minoris, hellster Stern im *Kleinen Bären,* 1 Grad vom Nordpol des Himmels entfernt.

Polarwolf, seltene, reinweiße Wolfsrasse; im arkt. Amerika u. Asien.

Polarzonen, *kalte Zonen,* die Gebiete der Erde innerhalb des nördl. u. südl. *Polarkreises.*

Polder, *Koog,* durch Eindeichung trockengelegtes Land, das tiefer liegt als der Meeresspiegel u. durch Ringdeiche gegen Überflutung geschützt ist.

Polemik, öffentl. meist unsachl. Meinungsstreit im Rahmen polit. oder wiss. Diskussionen.

Polen, Staat in O-Europa, 312 677 km², 38,6 Mio. Ew. (vorw. röm.-kath.), Hptst. *Warschau.*

Polen

Landesnatur. Das Land ist zum größten Teil Tiefland mit ostwestl. gerichteten, in der Eiszeit angelegten Tälern u. aufgesetzten Platten *(Baltischer Landrücken,* 331 m). Südl. des Mittelpoln. Tieflands erhebt sich das Land zu einer schmalen Mittelgebirgsregion. Im S hat P. Anteil an den Karpaten *(Rysyspitze,* 2499 m) u. an den Sudeten *(Schneekoppe,* 1603 m). Das Klima ist gemäßigt kontinental mit strengeren Wintern u. geringeren Niederschlägen als in W-Europa.

Wirtschaft. Bis zum 2. Weltkrieg war P. ein Agrarland; heute sind noch rd. 29% in der Landwirtschaft beschäftigt. Hauptanbauprodukte sind Getreide, Kartoffeln u. Zuckerrüben. Die Viehzucht tritt hinter den Ackerbau zurück. Über 70% der landw. Fläche werden privatwirtschaftl. genutzt; demgegenüber entfällt die Industrieproduktion vorw. auf staatl. u. genossenschaftl. Betriebe. Ihre Privatisierung wird schrittweise vorangetrieben. Die wichtigsten Industriezweige sind die Eisen- u. Stahl- sowie die Textil-, Nahrungsmittel-, Maschinen-, chem. u. elektrotechn. Ind. P. verfügt über umfangreiche Bodenschätze. Die Steinkohle ist eines der wichtigsten Exportgüter. Außerdem werden in beträchtl. Mengen Braunkohle, Kupfer u. Schwefel gewonnen. Andere Bodenschätze sind Eisenerz, Blei, Zink, Kalisalze, Erdöl u. Erdgas. – Die Poln. Staatsbahn ist der wichtigste Verkehrsträger des Landes. Hauptseehäfen sind Stettin, Gdingen u. Danzig.

Geschichte. Seit dem 6. u. 7. Jh. wanderten in das Gebiet P. slaw. Stämme ein. Seit Mitte des 9. Jh. gelang die Einigung der zentralpoln. Gebiete, in denen um 960 (–992) *Mieszko I.* aus dem Haus der Piasten Herzog der Polanen wurde. Sein Sohn *Bolesław I. Chrobry* (992–1025) erweiterte seine Herrschaft um S-Polen (Schlesien, Krakau u. Sandomir). Nach 1138 zerfiel P. in eine Reihe selbständiger Herzogtümer. Diese Ereignisse schufen die Voraussetzungen für die dt. Ostsiedlung. Im W mußte P. sich gegen die Ausdehnung Brandenburgs

Polen: Trachten aus Krakau

u. im O gegen die Einfälle der Mongolen (Schlacht bei Liegnitz 1241) wehren. *Przemysł II.* gelang die Einigung Groß-P. (Posen, Gnesen, Kalisch). Durch die Heirat der Thronerbin *Hedwig* (Jadwiga) mit dem Großfürsten *Jagiełło* 1386 kam die Personalunion P. mit Litauen (bis 1569) zustande. Die Großmacht konnte den Deutschen Orden 1410 in der *Schlacht bei Tannenberg* besiegen. *Władysław III.* (1434–44) gewann die ungar. Krone (1440). 1526 gingen Ungarn u. Böhmen an Habsburg verloren. Masowien wurde P. angegliedert, u. Herzog Albrecht von Brandenburg unterstellte 1525 das Ordensland Preußen der poln. Lehnshoheit; 1561 wurde auch Kurland poln. Lehen. Der Reichstag *(Sejm)* der Magnaten engte die Macht des Königtums zunehmend ein u. sicherte sich nach dem Aussterben der Jagiellonen das Recht der Königswahl (1572). Der poln. Thron wurde nun mit ausländ. Fürsten besetzt. Der Reg. *Władysławs IV.* aus dem Haus Wasa (1632–48) wurde mit dem Kosakenaufstand unter B. *Chmielnizki* 1648 ein Ende gesetzt. Der Kosakenaufstand riß P. in einen Krieg mit Rußland hinein (Abtretung der Ukraine links des Dnjepr). Im *Nordischen Krieg* mußte P. ungeheure Verwüstungen u. Bevölkerungsverluste hinnehmen u. im *Frieden von Oliva* Livland abtreten. Um P. nicht völlig dem russ. Einfluß zu überlassen, erklärten sich Preußen u. Östr. mit der *1. Poln. Tei-*

Polen 709

lung einverstanden (1772). Preußen erhielt Westpreußen, Ermland, Pommerellen ohne Danzig, das Kulmer Land, das nördl. Kujawien u. das Netzegebiet; Östr. fielen Galizien, die südl. Teile der Wojewodschaften Krakau, Sandomir u. die Wojewodschaft Reussen mit Lemberg zu; Rußland fielen die Gebiete östl. der Düna u. des Dnjepr zu. Die poln. Reaktion darauf waren wirtschaftl. Stabilisierung, Reformbestrebungen der Zentralregierung u. ein kultureller Aufschwung. Dem wirkte die *Magnatenkonföderation von Targowica* (1792) entgegen u. holte russ. Hilfe ins Land. Daraufhin kam es zur *2. Poln. Teilung* (1793). Unter Führung von T. *Kościuszko* erhob sich P. dagegen, doch folgte darauf die *3. Poln. Teilung* (1795), in der Rußland, Preußen u. Östr. sich Restpolen teilten. Aus den von Preußen u. Östr. annektierten poln. Gebieten bildete Napoleon 1807 nach dem Frieden von Tilsit das *Großherzogtum Warschau.* Der *Wiener Kongreß* schuf 1815 *Kongreßpolen* (Kgr. P.), das in Personalunion mit Rußland verbunden wurde; Östr. erhielt Galizien u. Preußen das *Großherzogtum Posen.* 1830/31 erhob sich das poln. Volk unter Führung des Adels im Kgr. P. Der Aufstand scheiterte jedoch genauso wie ein weiterer Aufstand 1863/64. Marschall J. *Piłsudski* führte im 1. Weltkrieg die poln. Legionen auf östr.-ung. Seite. Am 7.11.1918 wurde die *Republik P.* ausgerufen. Piłsudski wurde am 22.11. zum Staats-Präs. ernannt (bis 1922). – Das deutsch-poln. Verhältnis war von Anfang an belastet durch die im Versailler Vertrag fixierte neue W-Grenze P. u. durch das Problem der deutschen Minderheit. An der O-Grenze trübten die nach dem poln.-russ. Krieg 1919/20 entstandenen Verhältnisse die Beziehungen zur Sowj. Diese Probleme u. innenpolit. Schwierigkeiten veranlaßten Piłsudski 1926, die Verfassung in eine autoritäre persönl. Regierung umzuwandeln, die er bis 1935 innehatte. 1932 schloß P. mit der Sowj., 1934 mit Dtld. einen Nichtangriffspakt. 1938 begann Hitlers Expansionspolitik gegenüber P. Er schloß am 23.8.1939 mit der Sowj. einen Nichtangriffspakt, u. am 1.9. marschierte er in P. ein. Am 17.9. besetzte die Sowj. die poln. O-Gebiete. Zentrum des Widerstands gegen die dt. Besatzungsmacht war Warschau; der Aufstand (1.8.–2.1.1944) wurde blutig niedergeschlagen. Während des Vordringens der sowj. Truppen wurden am 22.7.1944 durch das *Poln. Komitee der Nationalen Befreiung* eine Verf. verkündet u. eine Provisor. Regierung ausgerufen. Auf der *Potsdamer Konferenz* wurde P. für den

territoriale Entwicklung Polens

Polesje

Polen: Präsident Wałęsa spricht vor dem Sejm

Gebietsverlust im O an seiner W-Grenze mit ehem. dt. Gebieten entschädigt.
In der 1945 gebildeten »Regierung der nationalen Einheit« besetzten die Kommunisten von Anfang an Schlüsselpositionen. Nach Ausschaltung oppositioneller Elemente wurde das kommunist. Herrschaftssystem ausgebaut (1952 Verf. der *Volksrepublik P.*). 1956 kam es zu Arbeiterunruhen. Wegen anhaltender wirtschaftl. Schwierigkeiten, die erneut zu Unruhen führten, mußte Parteichef W. *Gomułka* 1970 zurücktreten. Sein Nachfolger E. *Gierek* bemühte sich um eine pragmat. Politik, konnte aber die Lage nicht nachhaltig bessern. 1980 kam es zu ausgedehnten Streiks. Der unabhängige Gewerkschaftsverband »Solidarność« unter Führung von L. *Wałęsa* bildete sich. 1981 wurde General W. *Jaruzelski* neuer Min.-Präs. u. Erster ZK-Sekretär. Er verhängte das Kriegsrecht (bis 1983), verfügte eine allg. Zensur u. verbot die Solidarność. Da sich die innenpolit. Lage nicht verbesserte, begannen – auch unter dem Einfluß der Reformen in der UdSSR – Gespräche zw. Reg. u. Opposition (*Runder Tisch*), die 1989 zu einem Kompromiß in wichtigen Fragen führten. Nach Verfassungsänderungen kam es zu den ersten teilweise freien Wahlen. P. erhielt eine Allparteien-Reg. unter nichtkommunist. Führung; die Volksrep. wurde zur demokrat. Republik P. 1990 wurde *Wałęsa* zum Präs. gewählt. Der Übergang zur Marktwirtschaft war mit großen wirtsch. u. sozialen Problemen verbunden. 1991 u. 1993 fanden völlig freie Wahlen statt. Min.-Präs. ist seit 1993 W. *Pawlak*.

Polesje, *Polesien*, Sumpf- u. Waldlandschaft in Weißrußland u. Ukraine.
Polgar, Alfred, *1873, †1955, östr. Schriftst. u. Theaterkritiker (Essays, Skizzen u. Erzählungen).
Polhöhe, die Höhe des Himmelsnordpols über dem Horizont, entspricht der geograph. Breite.
Polier, *Parlier*, oberster Vorarbeiter der Maurer oder Zimmerer auf einer Baustelle. **P.mittel**, feinkörnige bis pulverige Substanzen, z.B. Knochenasche, Wiener Kalk, Kieselgur, Bimsmehl.

Polizei: Einsatzfahrzeug der Verkehrspolizei mit optischen Signaleinrichtungen

Poliklinik, meist einem Krankenhaus angegliederte Abt. zur ambulanten Krankenbehandlung u. -versorgung.
Poliomyelitis, *Polio* →Kinderlähmung.
Polis, altgrch. Stadtstaat mit polit. Autonomie, demokrat. Verfassung, Verehrung einer eigenen Stadtgottheit u. wirtsch. Autarkie.
Polisario, Abk. für *Frente Popular para la Liberación de Saguia el-Hamra y Río de Oro* (Volksfront für die Befreiung von Saguia el-Hamra u. Río de Oro), 1973 gegr. Guerilla-Organisation in der →Westsahara; kämpft für die Unabhängigkeit des fr. span. Gebiets.
Politbüro, oberste Parteiinstanz in den meisten kommunist. Parteien; Träger der obersten Staatsgewalt.
Politik, *Staatskunst*, urspr. die Lehre von der Verf. einer *Polis*; heute: Gemeinschaftsgestaltung, die auf die Durchsetzung von Vorstellungen zur Ordnung soz. Gemeinwesen u. auf die Verwirklichung von Zielen u. Werten gerichtet ist; v. a. jedes auf den Staat bezogene Handeln; Unterscheidung nach Tätigkeitsbereichen in Außen-, Innen-P. u. a.
Politikum, Gegenstand der Politik; Ereignis von polit. Bedeutung.
politische Gefangene, Personen, die wegen ihrer tatsächl. oder vermuteten Gesinnung gegen das polit. System, desgleichen wegen ihrer Hautfarbe, Volkszugehörigkeit, Sprache oder Religion inhaftiert sind, verfolgt oder diskriminiert werden.
politische Ökonomie, fr. Bez. für Volkswirtschaftslehre, heute gleichzusetzen mit *Wirtschaftspolitik*.
Politische Polizei, Abt. der allg. staatl. Sicherheitspolizei, die für den Schutz der verfassungsmäßigen Einrichtungen eines Staates, seiner Vertreter u. auswärtiger Staatsbesucher gegen Anschläge jeder Art verantwortl. ist.
politische Wissenschaft, *Politikwissenschaft*, *Politologie*, wiss. Beschäftigung mit den Erscheinungen des polit. Lebens, ihre Deutung u. Einordnung in ein System von wiss. Kategorien.
Politur, Glätte, Glanz; Poliermittel.
Polizei, als Staatsaufgabe: die notwendigen Maßnahmen, um von der Allgemeinheit oder von einzelnen Gefahren abzuwehren, durch die die öffentl. Sicherheit oder Ordnung bedroht wird sowie die Behördenorganisation zur Durchführung dieser Staatsaufgabe. Einteilung in: *Verwaltungs-P.* (Paß-, Personal- u. Ausländerwesen, Gewerbeaufsichtsämter u. dgl.) u. *Vollzugs-P.* (Schutz-P., Kriminal-P., Bereitschafts-P.). Spezielle P.einheiten sind der *Bundesgrenzschutz, Bahn-, Wasser- u. Schiffahrts-P.* sowie der *Zolldienst*.
Polizeihaft, polizeil. Verwahrung, auf einen Tag befristeter polizeil. Gewahrsam; keine Strafe, sondern Schutzmaßnahme (»Schutzhaft«).
Polizeistaat, urspr. der umfassende *Verwaltungsstaat* des 17. u. 18. Jh.; im 20. Jh. – im Ggs. zum *Rechts-* oder *Verf.-Staat* – Bez. für einen totalitären Staat mit starker Geheimpolizei.
Polizeistunde, *Sperrstunde*, der Zeitpunkt, auch die Zeitdauer, der abendl. oder nächtl. Schließung von Gast- u. Vergnügungsstätten; i.d.R. 1 Uhr.
Polje, wannen- oder kesselförmiges Becken mit steilen Hängen u. ebenem Boden in Karstlandschaften.
Polka, böhm. Tanz, urspr. ein Rundtanz, in schnellem ³/₄-Takt.
Pollack ['pɔlæk], Sidney, *1.7.1934, US-amerik. Filmregisseur; »Tootsie«, »Jenseits von Afrika«, »Die Firma«.
Pollen, *Blütenstaub*, die in den Staubblättern der Samenpflanzen enthaltenen Körnchen, aus denen die männl. Geschlechtskerne hervorgehen.
Pollenanalyse, Untersuchung fossilen Blütenstaubs, v. a. zur Bestimmung der Zusammensetzung fossiler Wälder.
Pollini, Maurizio, *5.1.1942, ital. Pianist; bed. Interpret der Werke des 20. Jh.
Pollock ['pɔlək], Jackson, *1912, †1956, US-amerik. Maler; Begr. des *Action Painting* (abstrakter Expressionismus).
Pollution, beim Mann der unwillkürl. nächtl. Samenerguß.
Pollux, *β Geminorum*, der hellere der beiden Hauptsterne des Sternbilds Zwillinge.
Polnischer Korridor, durch den Vertrag von Versailles (1919) geschaffener, 30–90 km breiter poln. Zugang zur Ostsee zw. Pommern u. der Weichselmündung, trennte Ostpreußen vom übrigen Reichsgebiet.
Polnischer Thronfolgekrieg, 1733–38 der Krieg um die poln. Thronfolge nach dem Tod *Augusts II. (des Starken)*. Dem von poln. Großadel gewählten u. von Frankreich, Spanien u. Sardinien unterstützten *Stanislaus Leszczyński* setzten Rußland, Östr. u. Ungarn den Sohn Augusts des Starken, *August III.*, entgegen, der sich behaupten konnte. Im *Wiener Frieden* 1738 erhielt Leszczyński Lothringen, dessen Herzog, der spätere Kaiser Franz I., im Austausch Toskana bekam.
Polnische Teilungen →Polen (Geschichte).
Polo, hockeyähnl. Reiterspiel; gespielt von 2 Parteien zu je 4 Reitern. Ein Ball aus Bambusholz ist mit Schlägern in das gegner. Tor zu treiben.
Polo, Marco, *1254, †um 1325, venezian. Kaufmann u. Weltreisender; reiste 1271 über den Pamir nach China u. kehrte 1292–95 auf dem Seeweg zurück; zahlr. Reiseberichte.
Polonäse [-'nɛːzə], *Polonäsa, Polacca*, poln. Nationaltanz in ruhigem ³/₄-Takt; ein Schreittanz.
Polonium, ein →chemisches Element.
Polonnaruwa [polonnə'ruə], Ruinenstadt in Sri Lanka, sö. von Anuradhapuraya, 1017–1235 Hptst. des Kgr. Ceylon.
Pol Pot, *19.5.1928, kambodschan. Politiker; 1976–79 Min.-Präs., errichtete ein terrorist. Herrschaftssystem.
Poltawa, ukrain. *Piltawa*, Hptst. der gleichn. Oblast in der Ukraine, an der Worskla, 309 000 Ew.; HS; Erdöl- u. Erdgasvorkommen; versch. Ind. – In der *Schlacht bei P.* am 8.7.1709 im Nord. Krieg siegte *Peter d. Gr.* über den Schwedenkönig *Karl XII.*
Polterabend, Vorabend des Hochzeitstages; benannt nach dem alten Brauch, Scherben u. Gerümpel gegen Tür u. Schwelle zu werfen (zur Abwehr böser Geister).
poly..., Wortbestandteil mit der Bed. »viel, mehr«.
Polyacrylnitril, durch Polymerisation von *Acrylnitril* $CH_2 = CHCN$ gewonnener Kunststoff; verwendet zur Herstellung von Chemiefasern.
Polyacrylnitrilfaserstoff, künstl., durch Polymerisation entstandene Endlosfäden u. Fasern aus mindestens 85% Acrylnitril. P. aus reinem Acrylnitril wie *PAN, Orlon, Dralon* sind elast., knitterfest u. im Griff wollähnlich.
Polyaddition, chem. Reaktion, Aufbau von hochpolymeren Stoffen aus kleinen Molekülen; bei der Herstellung einiger Kunststoffe angewandt.
Polyamide, durch *Polykondensation* von organ. Säuren mit *Aminen* hergestellte thermoplast. Kunststoffe u. Kunstfasern (*Polyamidfaser, Nylon*); hornartig hart, temperaturbeständig bis ca. 100 °C, gute elektr. Isolatoren, beständig gegen Öl u. Benzin, aber nicht gegen Säuren u. Laugen. Verwendung: als Textilfaser, für Zahnräder u. a.
Polyandrie, *Vielmännerei*, die Ehe einer Frau mit mehreren Männern, gewöhnl. Brüdern (*fraternale P.*) oder Vettern; findet sich u. a. bei Drawida- u. Naturvölkern Indiens u. in Tibet.
Polybios, *um 200 v. Chr., †um 120 v. Chr., grch. Geschichtsschreiber, schrieb eine die Zeit von 264 bis 144 v. Chr. umfassende röm. Gesch.
Polycarbonat, ein thermoplast. Kunststoff; Verwendung für techn. Formteile, Gebrauchsartikel, Folien; in Dtld. als *Makrolon* u. *Makrofol*.
Polychäten, *Vielborster*, Kl. der *Ringelwürmer*; meist Meeresbewohner, leben entweder als freischwimmende Räuber oder als festsitzende Strudler.
Polychromie, Mehr- oder Vielfarbigkeit, bes. in der Bemalung von Architektur, Plastiken u. kunsthandwerkl. Gegenständen.
Polyeder, *Vielfach*, von geradlinigen, ebenen Vielecken begrenzter Körper.
Polyester, Gruppe von Kunststoffen, die aus solchen organ. Säuren u. Alkoholen hergestellt werden, die mindestens zwei Carboxyl- bzw. Hydroxylgruppen im Molekül enthalten; Verwendung für Kunstfasern (Handelsbez. z.B. *Diolen, Trevira*), Folien, Preßmassen u. a.
Polyethylen, durch Polymerisation von *Ethylen* hergestellter Kunststoff; durchsichtig, leicht, zäh, elastisch, chem. kaum angreifbar, guter elektr. Isolator; Verwendung für Verpackungsfolien u. Flaschen, als Isolationsmaterial, als Korrosionsschutz u. a.
Polygamie, **1.** Vorkommen zwittriger u. eingeschlechtiger Blüten in versch. Verteilung auf einer Pflanze. – **2.** Vielehe, Mehrehe; Ggs.: *Monogamie*.
Polygenie, Beeinflussung eines Merkmals durch mehrere Gene.

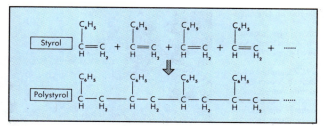

Polymerisation von Styrol zu Polystyrol

Polyglotte, Buch, das den gleichen Text in versch. Sprachen neben- oder nacheinander bringt; häufig bei Bibelausgaben.
Polygon → Vieleck.
Polygynie, *Vielweiberei,* die Ehe eines Mannes mit mehreren Frauen; bei einigen Naturvölkern u. patriarchal. Gesellschaften gebräuchlich.
Polyimide, Abk. *PI,* hochtemperaturbeständige Kunststoffe, mit guten mechan. u. elektr. Eigenschaften; sind gegen ionisierende Strahlung beständig.
Polyklet, grch. Bildhauer, tätig in der 2. Hälfte des 5. Jh. v. Chr. (peloponnes.-dorischer Stil).
Polykondensation, *Kondensation,* zw. Verbindungen mit mindestens zwei reaktionsfähigen Gruppen; spielt bei der Herstellung von Kunststoffen eine bed. Rolle.
Polykrates, Tyrann von Samos etwa 538–522 v. Chr., unterwarf viele Städte Kleinasiens u. trieb Seeräuberei.
polymer, durch *Polymerisation* entstanden.
Polymerisation, Zusammentreten von mehreren Molekülen eines Stoffs zu einer neuen Verbindung, deren Molekulargewicht ein ganzzahliges Vielfaches von dem des Ausgangsstoffs (des *Monomeren*) ist. Die durch P. entstehenden Stoffe werden als **Polymere** des Ausgangsstoffs bezeichnet; wenn die P. zu sehr großen Molekülen führt, entstehen *Hochpolymere.* Die P. ist ein wichtiger Schritt bei der Herstellung vieler Kunststoffe.
Polymorphie, 1. Verschiedengestaltigkeit der Individuen ein u. derselben Art von Lebewesen; kann z.B. zusammenhängen mit Arbeitsteilung zw. den Individuen (z.B. bei soz. Insekten) oder mit wechselnden Umweltbedingungen *(Saison-P.).* – 2. Eigenschaft eines Minerals, in Abhängigkeit von Druck u. Temperatur zu unterschiedl. Gittertypen zu kristallisieren, z.B. Kohlenstoff als *Diamant* oder *Graphit.*
Polynesien, das Inselreich Ozeaniens im trop. Bereich des Pazif. Ozeans; umfaßt Fidschi, die Cook-, Fanning-, Gambier-, Gesellschafts-, Lagunen-, Line-, Manahiki-, Marquesas-, Samoa-, Tokelau-, Tuamotu- u. Tubuai-Inseln sowie Neuseeland, Hawaii, die Osterinsel u. a., zus. 298 000 km² u. 4,5 Mio. Ew.
Polynesier, Bewohner der polynes. Inselwelt des Pazif. Ozeans, hpts. aus SO-Asien eingewandert.
Polyneuritis, entzündl. Erkrankung gleichzeitig mehrerer Nerven oder eines ausgedehnten Nervengebiets mit Lähmungen, Mißempfindungen u. a.
Polynom, math. Buchstabenausdruck in Summenform, z.B. $3x^4 - 2x^2 + 7x + 1$.
Polypen, 1. gutartige Schleimhautgeschwulst, bes. im Nasenraum. – 2. die festsitzenden *Hohltiere,* z.B. Süßwasser-P. (Hydra); auch volkstüml. für Kraken.
Polyphemos, *Polyphem,* einer der *Kyklopen,* von Odysseus geblendet.
Polyphonie, mehrstimmiger Satz mit selbst. melod. Führung der einzelnen Stimmen (Ggs.: *Homophonie*). Die Lehre vom polyphonen Satz heißt *Kontrapunkt.* Im 16. Jh. erreichte die polyphone A-cappella-Stil seinen Höhepunkt; auf die Instrumentalmusik übertragen, führte er zu neuen Formen, bes. zur *Fuge,* die als Nachweis satztechn. Meisterschaft galt. Viele Komponisten des 20. Jh. erneuerten die P. unter Aufgabe der traditionellen harmon. Bindungen.
Polyploidie, Vielwertigkeit des Chromosomensatzes, d. h. Vervielfachung der normalen, für die betr. Art typ. Chromosomenzahl; kommt durch Mutation oder durch Ausbleiben der Kernteilung nach der Chromosomenteilung zustande u. führt oft zur Steigerung der Größe des Organismus oder zu besseren Leistungen (z.B. sind viele Nutzpflanzen *polyploid*).
Polypropylen, durch Polymerisation von *Propylen* hergestellter wärmebeständiger Kunststoff.
Polysaccharide [-zaxa-], hochmolekulare Kohlenhydrate, die sich aus mehr als 10 einfachen Zukkermolekülen zusammensetzen, z.B. Stärke.
Polystyrol, durch Polymerisation von *Styrol* hergestellter Kunststoff; gutes Isoliermaterial; Verwendung u. a. in der Elektrotechnik, zur Herstellung von Kunstfasern u. Styropor-Schaumstoff.
Polytechnikum, fr. Bez. für Technische Hochschule.
Polytetrafluorethylen, durch Polymerisation von *Tetrafluorethylen* gewonnener Kunststoff *(Teflon, Hostaflon);* äußerst widerstandsfähig gegen chem. Einflüsse, widersteht Temperaturen bis zu 250 °C u. hat gute Gleiteigenschaften; Verwendung u. a. zur Auskleidung von Bratpfannen.
Polytheismus, *Vielgötterei,* der Glaube an eine Vielzahl von Göttern, z.B. Natur-, Funktions-, Lokalgötter.
Polyurethane, Gruppe von Kunststoffen, die durch Polyaddition von *Diisocyanaten* an Verbindungen mit 2 oder mehr reaktionsfähigen Wasserstoffatomen erzeugt werden; Verwendung für Formteile, Fasern, Borsten, Lacke, Klebstoffe, Schaumstoffe *(Moltopren)* u. Imprägnierungen.
Polyvinylacetat, ein durch Polymerisation von *Vinylacetat* (aus Acetylen u. Essigsäure) hergestellter Kunststoff; Verwendung als Lackrohstoff, für Spachtelmassen u. Klebstoffe, in der Leder- u. Textil-Ind.
Polyvinylchlorid, Abk. *PVC,* ein durch Polymerisation von *Vinylchlorid* $CH_2 = CHCl$ hergestellter Kunststoff; thermoplast., zäh u. hart *(Hart-PVC),* läßt sich durch Zusatz von Weichmachern aber biegsam u. elastisch machen *(Weich-PVC);* schwer brennbar, ungiftig; Verwendung für Rohre, Platten, Schallplatten, Fasern, Fußbodenbeläge u. Folien. P.-Produkte können, wenn sie noch ungebundenes gasförmiges Vinylchlorid enthalten u. mit Lebensmitteln in Berührung kommen, ein gesundheitl. Risiko darstellen.
Pomade, fetthaltiges Haarpflegemittel.
Pombal, Sebastião José de *Carvalho e Mello,* Marquês de P., *1699, †1782, port. Politiker; seit 1750 maßgebender Min. Josephs I. von Portugal; gilt als Begr. des modernen Portugal.
Pomeranze, Unterart der Orange; in Orangenmarmelade enthalten u. zur Herstellung von Likör (z.B. Curaçao) verwendet.

Pommerellen, poln. *Pomorze Gdańskie,* seen- u. hügelreiche Ldsch. im NW Polens, zw. Küddow u. Weichsel; mit den höchsten Erhebungen des Balt. Landrückens bei Danzig *(Turmberg* 331 m) u. bei Zoppot *(Dohnasberg* 206 m).
Pommern, poln. *Pomorze,* ehem. preuß. Prov., 38 401 km², 2,4 Mio. Ew. (1939), Hptst. *Stettin;* umfaßt die Ostseeküste mit ihrem Hinterland zw. Darß u. Rixhöft; durch die *Oder* in das westl. der Oder liegende *Vor-P.* u. das östl. der Oder liegende *Hinter-P.* geteilt; von O nach W seenreich *(Pommersche Seenplatte),* bewaldete, sanft gewellte Hügelldsch. *(Balt. Landrücken);* stark von der Landwirtschaft geprägt.
G e s c h.: P. war urspr. von Germanen bewohnt, denen nach der Völkerwanderung Slawen folgten. Die Christianisierung fand unter Bischof *Otto von Bamberg* statt, der 1140 das Bistum Wollin gründete. Die pommerschen Fürsten erhielten 1181 die Anerkennung als Reichsfürsten. Im Westfäl. Frieden 1648 kam Hinter-P. an Brandenburg, während Vor-P., Rügen, Stettin, Gollnow u. die Odermündungen an Schweden fielen, das 1720 Vor-P. zw. Oder u. Peene u. 1815 auch den Rest an Preußen abtrat. Nach dem 2. Weltkrieg wurde die dt. Bev. östl. der Oder zwangsausgesiedelt, Hinter-P. u. Stettin wurden 1945 poln. Verw. unterstellt; Vor-P. (ohne Stettin) wurde mit Mecklenburg vereinigt.
Pommersfelden, Gem. in Oberfranken, südl. von Bamberg, 2200 Ew.; Barockschloß *Weißenstein* (1711–16).
Pommes frites [pɔmˈfrit], Streifen aus rohen Kartoffeln, in Fett schwimmend gebacken.
Pomologie, Wiss. vom Obstbau.
Pomp, Pracht, Prunk.
Pompadour [-duːr], Taschenbeutelchen mit Trageschnur.
Pompadour [-duːr], *Madame P.,* Jeanne Antoinette *Poisson,* Marquise de P. (1745), *1721, †1764, Mätresse *Ludwigs XV.* von Frankreich (seit 1745), erlangte polit. Einfluß.
Pompeius [-ˈpeːjus], Gnaeus P. *Magnus,* *106 v. Chr., †48 v. Chr., röm. Staatsmann u. Feldherr; machte bed. Eroberungen im Osten, schloß 60 v. Chr. mit *Cäsar* u. *Crassus* ein Bündnis (56 v. Chr. 1. Triumvirat), geriet dann in Ggs. zu Cäsar, der ihn 48 v. Chr. bei *Pharsalos* besiegte. P. wurde in Ägypten ermordet.
Pompeji, ital. *Pompei,* Stadt in Kampanien (Italien), am S-Fuß des Vesuvs, 22 000 Ew.; westl. davon die Ruinen des antiken P., das 79 n. Chr. mit den benachbarten Städten *Stabiae* u. *Herculaneum* bei einem Vesuvausbruch verschüttet wurde; seit 1748 ausgegraben u. archäolog. erforscht.
Pompidou [pɔ̃piˈdu], Georges, *1911, †1974, frz. Politiker (Gaullist); 1962–68 Prem.-Min., 1969–74 Staats-Präs.

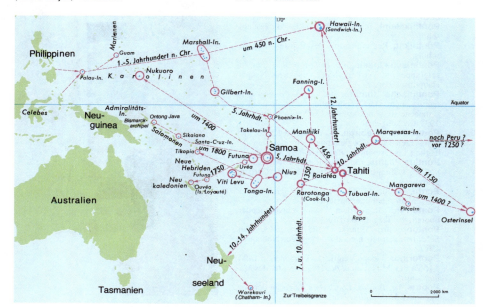

Polynesien: Ausbreitung der polynesischen Kultur

Pool-Billard: Durch Anstoßen mit der weißen Kugel werden die farbigen Kugeln in die Löcher gespielt

Ponce, Stadt an der S-Küste von Puerto Rico, 188 000 Ew.; Univ.; vielseitige Ind.
Poncelet [pɔ̃sə'lɛ], Jean Victor, *1788, †1867, frz. Ingenieur u. Mathematiker; schuf die Grundlagen der *projektiven Geometrie.*
Poncho [ˈpɔntʃo], ärmelloser Überwurf aus Tuch oder Fell mit Schlitz für den Kopf.
Pond, Kurzzeichen p, nicht mehr zulässige Einheit der Kraft u. des Gewichts; 1978 durch *Newton* abgelöst.
Pondicherry [-ˈtʃeri], ind. Unionsterritorium, südl. von Madras, 480 km², 604 000 Ew., Hptst. *P.*; bis 1954 französisch.
Ponge, Francis, *1899, †1988, frz. Schriftst.; wirkte auf den Nouveau Roman.
Poniatowski, Józef Antoni Fürst, *1763, †1813, poln. Offizier; 1812/13 bei Napoleons Rußlandfeldzug Befehlshaber des poln. Armeekorps.
Poniatowski, Stanisław →Stanislaus (2).
Pönitenz, vom Beichtvater auferlegte Buße.
Pontevedra, NW-span. Hafen- u. Prov.-Stadt in Galicien, 67 000 Ew.; Maschinenbau, Metall-, Fisch-, Nahrungsmittel-, keram. u. chem. Ind.
Ponti, Carlo, *11.12.1913, ital. Filmproduzent (»La Strada«, »Doktor Schiwago«); verh. mit S. *Loren.*
Pontiac [-æ k], Stadt im SO von Michigan (USA), 77 000 Ew.; Auto-Ind.
Pontianak, indones. Prov.-Hptst. an der W-Küste von Borneo, 355 000 Ew.; Handelshafen; Flugplatz; in der Nähe Diamanten- u. Goldvorkommen.
Pontifex, im alten Rom auf Lebenszeit gewähltes Mitgl. der obersten Priesterbehörde. Seit Papst *Leo d. Gr.* ist »P. maximus« ein Titel des Papstes.
Pontifikalamt, feierl. Meßopfer des Diözesanbischofs.
Pontifikat, Regierungszeit des Papstes oder Bischofs.
Pontinische Inseln, ital. *Isole Ponziane,* ital. Inselgruppe im Tyrrhen. Meer, nw. von Neapel; Hauptinsel *Ponza.*
Pontinische Sümpfe, ital. *Agro Pontino (Romano),* ehem. stark versumpftes Gebiet in der Küstenebene sö. von Rom; seit 1899 entwässert u. bis 1939 trockengelegt.
Pontisches Gebirge, der die S-Küste des Schwarzen Meers begleitende Gebirgszug in der Türkei; im Ostpontus *(Kaçkar Daği)* 3937 m.
Pontius Pilatus, röm. Procurator in Judäa 26–36 n. Chr.; während seiner Amtszeit wurde Christus gekreuzigt.
Ponto, Erich, *1884, †1957, dt. Schauspieler; vielseitiger Charakterdarsteller.
Ponton [pɔ̃ˈtɔ̃], auf dem Wasser schwimmender, bootartiger Träger von Brücken.
Pontoppidan, Henrik, *1857, †1943, dän. Schriftst.; schrieb naturalist. Romane; Nobelpreis 1917.
Pontormo, Jacopo, eigtl. J. *Carrucci,* *1494, †1557, ital. Maler; einer der Hauptmeister des *Manierismus.*
Pontos, lat. *Pontus, Pontisches Reich,* in der Antike unter *Mithradates I.* um 280 v. Chr. ein selbst. Kgr. um das Pont. Gebirge; seit 63 v. Chr. röm. Prov.

Pontresina, schweiz. Höhenkurort im Oberengadin, 1777 m ü. M., 1700 Ew.
Pony, sehr kleine Pferderasse, bis höchstens 140 cm Schulterhöhe; hierzu u. a. das engl. *Shetland-P.,* das *Island-P.,* die schwed.-norw. *Telemarker* u. der östr. *Haflinger.*
Pool [puːl]. **1.** *Ausgleichskartell,* Zusammenschluß mehrerer rechtl. selbst. Produzenten, wobei für jedes Unternehmen die Produktionsmenge festgesetzt wird. Der Gewinn wird geteilt. – **2.** loser Zusammenschluß mehrerer Versicherer, die ihre Verträge eines risikoreichen Versicherungszweigs zusammenlegen.
Pool-Billard [ˈpuːlbiljart], *American Pool,* Form des Billardspiels, bei dem die 15 numerierte Kunststoffkugeln in die 6 auf dem Billardtisch eingelassenen Löcher einzuspielen sind.
Poole [puːl], südengl. Hafenstadt u. Seebad, am Kanal, 119 000 Ew.; Schiffbau, Keramikherstellung, Fremdenverkehr.
Poona [ˈpuːnə], *Pune,* Stadt in Maharashtra (Indien), sö. von Bombay, 1,68 Mio. Ew.; Univ.; Paläste u. Tempel aus dem 17. u. 18. Jh.; versch. Ind. – P. war in den 1970er Jahren das religiöse Zentrum der Bhagwan-Bewegung.
Pop →Pop-Art, →Pop-Musik.
Pop-Art, Kunstrichtung der späten 1950er u. der 1960er Jahre, die Gegenstände der zivilisator. Alltagswelt (z.B. Comic Strips, Schaufensterpuppen, Reklamebilder) einbezog u. häufig durch Vergrößerung, Reihung u. ä. verfremdete. Sie entstand in England, erlebte aber (mit R. Rauschenberg als Wegbereiter) ihren Höhepunkt in den USA mit R. Indiana, R. Lichtenstein, C. Oldenburg, A. Warhol u. T. Wesselmann.
Popayán, Dep.-Hptst. in SW-Kolumbien, 160 000 Ew.; Univ. (1827); Textil- u. Nahrungsmittel-Ind.
Popcorn, *Puffmais* →Puffreis.
Pope, fr. volkstüml., später verächtl. Bez. für die Weltgeistlichen in der russ.-orth. Kirche.
Pope [poup], Alexander, *1688, †1744, engl. Schriftst.; Vollender des engl. Klassizismus, ep. Dichtungen, Satiren, Vers-Essays.
Popeline, feinrippiges Gewebe aus Baumwolle, Wolle oder Chemiefasern.
Popiełuszko [pɔpjɛˈwuʃkɔ], Jerzy, *1947, †1984 (ermordet), poln. Priester, Befürworter der *Solidarność,* von Mitarbeitern des Geheimdienstes ermordet.
Pop-Musik, Kurzwort für engl. *popular music,* zunächst allg. verwendet für Unterhaltungsmusik,

Pop-Art: Robert Rauschenberg, Oktave. Objekt auf Leinwand, bemalt; 1960. Privatbesitz

Popocatépetl

die von einem Massenpublikum konsumiert wird; i.e.S. eine Sparte der *Rockmusik,* die sich durch einfache, eingängige Formen u. Texte auszeichnet, ähnl. dem Schlager.
Popocatépetl, Vulkan sö. der Stadt Mexico, 5452 m.
Pöppelmann, Matthäus Daniel, *1662, †1736, dt. Baumeister; baute v. a. in Dresden (»Zwinger«) u. Warschau in einem vom Barock zum Rokoko überleitenden Stil.
Popper, Sir (seit 1964) Karl Raimund, *1902, †1994, engl. Philosoph östr. Herkunft; Begr. u. Hauptvertreter des *Krit. Rationalismus.*
populär, volkstüml., beliebt; allgemeinverständlich.
Populären, im alten Rom Politiker meist adliger Herkunft, die die Interessen der Plebs vertraten. Bed. P. waren die *Gracchen.*
Population, 1. Gruppe von Sternen, die hinsichtl. chem. Zusammensetzung, räuml. Stellung u. Alter ähnl. sind. – **2.** *Bevölkerung,* eine Gruppe von tatsächl. oder potentiell sich untereinander fortpflanzenden Organismen einer Art an einer bestimmten Örtlichkeit.
Poquelin [pɔˈklɛ̃], Jean-Baptiste →Molière.
Pordenone, ital. Prov.-Hptst., westl. von Udine, 51 000 Ew.; Dom (15. Jh.); keram., Textil- u. Elektro-Ind.
Pore, 1. *Poren,* kleine Öffnungen auf der Oberfläche oder feine Kanäle in versch. (*porösen*) Stoffen, z.B. Bimsstein, Gußeisen. – *Hautporen,* Mündungen der Schweißdrüsen der Haut. – **2.** kleiner dunkler, meist kreisförmig begrenzter Fleck auf der Sonne, aus dem sich ein größerer Sonnenfleck entwickeln kann.
Poreč [ˈpɔrɛtʃ], ital. *Parenzo,* Seebad auf der Halbinsel Istrien (Kroatien), 4000 Ew.; Basilika (6. Jh.).
Pori, schwed. *Björneborg,* Prov.-Hptst. in SW-Finnland, 79 000 Ew.; Masch.-, Holz- u. Textil-Ind., Handelszentrum.
Porlinge, *Löcherpilze,* zu den *Ständerpilzen* gehörende Pilze; von innen mit Löchern durchsetzte Fruchtschicht.
Pornographie, Darstellung sexueller Vorgänge in Wort u. Bild in grob aufdringl. Weise unter Ausklammerung aller sonstigen menschl. Bezüge; *harte P.:* Schriften u. Abbildungen, die den sexuellen Mißbrauch von Kindern oder mit Gewalttätigkeiten verbundene sexuelle Handlungen zum Gegenstand haben; strafbar.
Porphyr, alle subvulkan. Gesteine mit dichter Grundmasse u. größeren Kristallen als Einsprenglingen.
Porphyrios, * um 232, † um 304, grch. Philosoph, Schüler *Plotins;* bed. Aristoteles-Kommentator.
Porree, *Aschlauch, Borré,* span. *Lauch,* im Mittelmeergebiet heim. *Lauch.*
Porrentruy [pɔrɑ̃ˈtryj], dt. *Pruntrut,* schweiz. Bez.-Hptst., an der Allaine, 7000 Ew.; Schloß, Jesuitenkolleg; Uhrenind.
Porridge [ˈpɔridʒ], Haferflockenbrei.
Porsche, Ferdinand, *1875, †1951, dt. Autokonstrukteur; konstruierte zahlr. Rennwagen, bes. bek. als Konstrukteur des Volkswagens.
Porst, *Ledum,* Gatt. der *Heidekrautgewächse.*
Port [pɔːt], Bestandteil geograph. Namen: Hafen.

Portal, der durch architekton. Gliederung oder plast. Schmuck hervorgehobene Eingang von Tempeln, Kirchen, Palästen u. ä.
Porta Nigra, Tor der röm. Stadtbefestigung von Trier, um 180 n. Chr. erbaut.
Port Arthur, chin. *Lüshun,* chin. Kriegshafen am Gelben Meer, Stadtteil von Lüda. – 1905–45 japan., 1945–55 sowj. Flottenstützpunkt; 1955 an China zurückgegeben.
Portativ, kleine tragbare Orgel mit einem Manual, ohne Pedal.
Port-au-Prince [pɔrtoˈprɛ̃s], Hptst. der Rep. Haiti, an der W-Küste der Insel, 763 000 Ew.; Univ.; Ind.-Zentrum; Flughafen.
Porta Westfalica, 1. *Westfälische Pforte,* 800 m breiter Taleinschnitt zw. Wiehen- u. Wesergebirge südl. von Minden, Durchbruch der Weser aus dem Mittelgebirge in die Norddt. Tiefebene. – **2.** Stadt in NRW, an der Weser, 34 000 Ew.; Maschinenbau, Metall- u. Möbel-Ind.
Portefeuille [pɔrtˈføːj], **1.** fr. Bez. für Brieftasche, Aktenmappe. – **2.** *Wechsel-P.,* alle im Besitz einer Bank befindl. Wechsel; ebenso *Effekten-P.* – **3.** der Geschäftsbereich eines Ministers.
Port Elizabeth [pɔːt iˈlizəbəθ], Hafenstadt in der Prov. Ost-Kap (Rep. Südafrika), 492 000 Ew.; Univ.; vielseitige Ind., Wollhandel.
Porten, Henny, * 1890, † 1960, dt. Filmschauspielerin; große Erfolge im Stummfilm.
Portepee, versilberte oder vergoldete Quaste am Degen, Säbel oder Dolch der Offiziere u. Feldwebel.
Porter [ˈpɔːtə], schweres, dunkles Bier aus Großbritannien.
Porter [ˈpɔːtə], **1.** Cole, * 1891, † 1964, US-amerik. Komponist; schrieb Filmmusiken, Schlager u. Musicals (z. B. »Kiss me, Kate«, »Can Can«). – **2.** George, * 6.12.1920, brit. Chemiker; Untersuchungen von Reaktionsmechanismen sehr schneller chem. Vorgänge; Nobelpreis 1967. – **3.** Katherine Anne, * 1894, † 1980, US-amerik. Schriftst. (psychol. Kurzgeschichten u. Romane, »Das Narrenschiff«). – **4.** Rodney R., * 1917, † 1985, brit. Biochemiker; Forschungen zur Aufklärung der Struktur von Antikörpern; Nobelpreis für Medizin 1972.
Port-Gentil [pɔːrʒãˈti], Hafenstadt u. Wirtschaftszentrum in Gabun, 164 000 Ew.; Holzverarbeitung, Ölraffinerie.
Port Harcourt [pɔːt ˈhaːkət], Hptst. des Bundesstaats Rivers in Nigeria, 340 000 Ew.; Ölraffinerie, Export von Kohle u. Zinnerz.
Pòrtici [-tʃi], ital. Hafenstadt in Kampanien, am Golf von Neapel, 85 000 Ew.; Seebad; Schiffbau, chem. u. Nahrungsmittel-Ind.
Portier [pɔrˈtjeː], Pförtner, Hausmeister.
Portikus, *Stoa,* nach einer Seite offene, ein- oder mehrschiffige Säulenhalle.
Portland [ˈpɔːtlənd], **1.** Hafenstadt im NW von Oregon (USA), 366 000 Ew.; Kultur-, Ind.- u. Handelszentrum. – **2.** größte Stadt des USA-Staats Maine, auf einer Halbinsel am Mainegolf, 62 000 Ew.; Univ.; Maschinenbau, Werften, Fischerei; Fremdenverkehr.
Port Louis [pɔːt ˈluis], Hptst. u. Hafen von Mauritius, 150 000 Ew.; Handelszentrum u. Stützpunkt für die Schiffahrt auf dem Ind. Ozean.
Portmann, Adolf, * 1897, † 1982, schweiz. Zoologe u. Naturphilosoph; arbeitete auf dem Gebiet der Entwicklungsgeschichte u. betonte die biol. Sonderstellung des Menschen.
Port Moresby [pɔːt ˈmɔːzbi], *Konedobu,* Hptst. u. Hafen von Papua-Neuguinea, 144 000 Ew.; Univ. u. TU; Handelszentrum; Flughafen.
Pörtner, Rudolf, * 30.4.1912, dt. Schriftst. (populäre archäolog. u. histor. Sachbücher).
Porto [ˈportu], *Oporto,* port. Hafen- u. Ind.-Stadt am N-Ufer des Douro, 327 000 Ew.; kultureller u. wirtsch. Mittelpunkt N-Portugals; Univ. u. a. HS, roman. Kathedrale; vielseitige Ind.; Fisch- u. Weinhandel; Erdölraffinerie.
Pôrto Alegre [ˈportu aˈlɛgri], Hptst. u. Hafen des südbrasil. Staats Rio Grande do Sul, 2,6 Mio. Ew.; 2 Univ.; bedeutendstes Handels- u. Ind.-Zentrum im S Brasiliens; Erdölraffinerie; Flughafen.
Portoferràio, Hauptort der ital. Insel Elba, 11 000 Ew.; Fremdenverkehr.
Portofino, ital. Kur- u. Badeort in Ligurien, 770 Ew.
Port of Spain [pɔːt əv ˈspein], Hptst. des Staats Trinidad u. Tobago u. Hauptort der westind. Insel Trinidad, 66 000 Ew.; Kultur-, Ind.- u. Handelszentrum; Hafen; Flughafen.
Porto-Novo, Hptst. u. Hafen der westafrik. Rep. Benin, 200 000 Ew.; Wirtschaftszentrum.
Porträt [pɔrˈtrɛː], *Portrait,* Darst. eines Menschen oder einer Menschengruppe.
Port-Royal [pɔːrrwaˈjal], ehem. Zisterzienserinnenkloster bei Versailles, 1204 gegr.; im 17. Jh. ein Mittelpunkt des *Jansenismus.*
Port Said [pɔːt-], arab. *Bur Said,* Hafenstadt in Ägypten, am Nordende des Suezkanals, 316 000 Ew.; chem. Ind.; Salzgewinnung; Seebad; Flughafen.
Portsmouth [ˈpɔːtsməθ], **1.** größter Militärhafen Großbrit., am Kanal, 179 000 Ew.; Werften, Schiffs-, Schwer-, Textil- u. Nahrungsmittel-Ind.; Fremdenverkehr. – **2.** Stadt in Virginia (USA), am S-Ende der Chesapeakebucht, 105 000 Ew.; Übersee- u. Fischereihafen; Marinestützpunkt.
Port Sudan, Hafenstadt der Rep. Sudan, am Roten Meer, 207 000 Ew.; Textil- u. a. Ind.; Ölraffinerie; Flughafen.
Portugal, Staat im W der Pyrenäenhalbinsel, 92 389 km², 9,8 Mio. Ew. (röm.-kath.), Hptst. *Lissabon.*
Landesnatur. Der N ist ein stark zertaltes Gebirgsland (*Serra da Estrela,* 1991 m), das nach S in die Mittelgebirge Estremaduras übergeht. Süd-

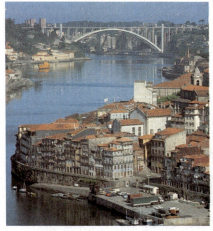

Porto: die Altstadt am Douro; im Hintergrund die 1963 erbaute Arrábida-Brücke

Portal: mittleres Westportal der Kathedrale Notre-Dame in Reims; 1255–1290 erbaut

Portugal

Portugal

westl. des weiten Tieflands um die Flüsse Tejo u. Sado erstreckt sich das Hügelland von Alentejo u. die Algarve. Das ozean. Klima ist nördl. des Tejo kühler u. feuchter als im S.
Wirtschaft. Die Landwirtschaft beschäftigt noch rd. 17% der Erwerbstätigen. Hauptanbauprodukt ist Getreide, im N auch Kartoffeln, im S Wein, Oliven, Obst u. Reis. P. ist der größte Korklieferant der Erde (rd. 50% der Welterzeugung); außerdem werden Hölzer u. Harze ausgeführt. Die Fischerei hat erhebl. Bedeutung. An Bodenschätzen werden v. a. Wolfram, Schwefelkies, Uran u. Eisen abgebaut. Die Industrie ist noch schwach entwickelt. Wichtigster Zweig ist die Textilind. Der Fremdenverkehr spielt v. a. in der Algarve eine bed. Rolle. – Das Verkehrsnetz ist in weiten Landesteilen recht weitmaschig. Lissabon u. Porto sind die wichtigsten Häfen u. Flughäfen des Landes.
Geschichte. P. als Gebiet der *Lusitaner* wurde 72 v. Chr. röm. Prov., 585 westgot., 711 arab. Im 9. Jh. begann die Rückeroberung (*Reconquista*). 1139 begr. König *Alfons I.* die Selbständigkeit P. 1147 eroberte er im Kampf gegen die Araber Lissabon. 1267 wurde die bis heute gültige Grenze mit Spanien festgelegt. Der »Windsorvertrag« von 1386 leitete die noch heute bestehende Anlehnung an England ein. – 1415 begann die Eroberung nordafrik. Gebiets, später folgte die Ausbreitung an der Küste W-Afrikas (*Heinrich der Seefahrer*). Ende des 15. Jh. erreichten die Portugiesen das Kap (B. *Díaz*) u. ließen sich nach Entdeckung des Seewegs nach Indien (Vasco da *Gama*) dort in Handelskolonien nieder. Zum asiat. u. afrik. Kolonialbesitz kam das 1499 (P.A. *Cabral*) entdeckte Brasilien. Nach dem Aussterben der Königsdynastie annektierten 1580 die Spanier P. Die Lösung der Vereinigung mit Spanien (1640) erfolgte durch Jo-

▨ Gebirgsland (Hochportugal)
▨ Berg- und Hügelland
▨ Küstentiefland und Flußebenen
〰 Stauseen

Portugal: landschaftliche Gliederung

Porzellan: Kanne der Preußischen Porzellanmanufaktur Berlin

hann IV. († 1656). Die Wirtschaft wurde durch den *Methuenvertrag* 1703 noch stärker von England abhängig; der größte Teil des Kolonialbesitzes war an die Niederländer u. Engländer verlorengegangen. 1807 mußte der port. Hof vor Napoleon I. nach Brasilien fliehen. Mit engl. Hilfe (A. *Wellington*) wurden die Franzosen allerdings (1808/09, 1811 endgültig) vertrieben. 1822 wurde Brasilien unabh. 1911 wurde P. R e p u b l i k . Die parlamentar. Demokratie konnte sich nicht durchsetzen (mehrere Putsche). Seit 1928 errichtete A. de Oliveira *Salazar* einen autoritär-korporativen Einparteienstaat *(Estado Novo)*. 1949 trat P. der NATO, 1955 den UN bei. Die port. Kolonien wurden 1951 zu »Überseeischen Provinzen« erklärt. Salazars Nachfolger M. *Caetano* (1968–74) setzte die repressive Innen- u. Kolonialpolitik seines Vorgängers fort. 1974 wurde die Diktatur von der »Bewegung der Streitkräfte« (MFA) gestürzt. Diese entließ die Überseegebiete in die Unabhängigkeit, stellte die Demokratie wieder her u. verkündete als Ziel die Errichtung einer sozialist. Gesellschaftsordnung. Nach rechts- u. linksradikalen Putschversuchen setzten sich gemäßigte Kräfte durch. 1976 wurde eine liberal-demokrat. Verf. verabschiedet. 1986 wurde P. Mitgl. der Europ. Union. Staats-Präs. ist seit 1986 M. *Soares*, Min.-Präs. seit 1985 A. *Cavaco Silva*. – Nach der Verfassung von 1976 (mit Änderungen 1982 u. 1989) ist P. eine parlamentar.-demokrat. Rep. Das Einkammerparlament hat 230 Abgeordnete. Führende Parteien sind die *Sozialist. Partei (PSP)* u. die *Sozialdemokrat. Partei (PSD)*.

Portugal: Küste bei Praia da Rocha

Portulak, *Portulaca,* Gatt. der *P.gewächse;* der Gewöhnl. P. Salat-, Suppen- u. Gemüsekraut.
Portwein, schwerer Südwein aus Portugal.
Porzellan, Keramik mit völlig dichtem, durchscheinendem Scherben aus Kaolin, Feldspat u. Quarz. Zusammensetzung der Rohstoffe u. Brenntemperatur bestimmen die Eigenschaften des Scherbens. Unterschieden wird zw. hochschmelzendem, gegenüber mechan. Anforderungen u. Temperaturwechsel beständigem *Hart-P.* u. dem empfindlicheren *Weich-P.* Die vermischten Stoffe gelangen als *Schlicker* in Vorratsbassins; nach weiterem Feuchtigkeitsentzug mittels Filter- oder Vakuumpressen wird die Masse zu flachen »Kuchen« geformt u. einem längeren Sumpfungs- u. Gärungsprozeß unterworfen (»Mauken«). Der Formgebung nach Gipsformen durch Gießen oder auf der Töpferscheibe folgt das Verputzen u. Glätten der Formstücke sowie deren Trocknung. Der anschließende Vorbrand *(Glühbrand)* bei 800–1000 °C verleiht dem Scherben Festigkeit u. macht ihn aufnahmefähig für die Glasur. Im 2. Brand, dem *Scharf-, Glatt-* oder *Garbrand* (1300–1500 °C), verdichtet sich der Scherben bis zur völligen Sinterung (Verglasung). Die Farben werden entweder als Unterglasurfarben beim zweiten Brand eingebrannt oder nach dem zweiten Brand aufgemalt u. bei einem dritten Brand (750–850 °C) aufgebrannt. — G e s c h .: Das P. ist eine chin. Erfindung; früheste Nachrichten stammen aus dem 7. Jh. Als Exportgut gelangte chin. P. seit dem MA in zahlr. Länder. In Europa wurde Hart-P. erstmals 1708 von J. F. *Böttger* u. E. W. von *Tschirnhaus* hergestellt; die erste europ. P.-Manufaktur wurde 1710 in Meißen gegründet.
Porzellanschnecken, *Tigerschnecken,* große, in den trop. Meeren lebende Vorderkiemer mit porzellanartiger Schale, z.B. die *Kaurischnecke.*
POS, Abk. für *point-of-sale;* Bez. für ein bargeldloses Zahlungssystem, bei dem Euroscheck- oder Kreditkarten sowie der Geheimcode in einen Kartenleser einzugeben sind. Der Rechnungsbetrag wird vom Konto des Kunden abgebucht; seit 1988 in einigen Städten der BR Dtld.
Posamenten, textile Ziermittel, bes. Borten, Schnüre, Fransen u. Quasten.
Posaune, Blechblasinstrument mit Kesselmundstück, langgezogener S-förmiger Röhre u. bis zu $^{2/3}$ zylindr. Verlauf, heute v. a. *Tenor-* u. *Baß-P.;* wichtiges Jazzinstrument.
Pose, Stellung, meist auf eine bestimmte Wirkung berechnete Haltung. – **posieren,** eine P. einnehmen.
Poseidon → griechische Religion.
Poseidonios, * um 135 v. Chr., † 51 v. Chr., grch. Philosoph; Vertreter der mittleren *Stoa.*
Posen, poln. *Poznań,* Stadt im W von Polen, an der Warthe, 574 000 Ew.; Univ. u. a. HS; Museen, Theater; Dom (1431 begonnen); Kulturpalast (ehem. Kaiserschloß); versch. Ind.; P.er Messe. Gesch.: Im 10. Jh. Sitz poln. Herzöge; um 1250 Anlage der Neustadt durch dt. Siedler; 1815–30 Hptst. des preuß. Hzgt., 1830–1919 der gleichn. preuß. Prov.; 1939 an das Dt. Reich; 1945 wieder polnisch.
Position, Stellung, Lage, Zustand, Ort.
Positionslichter, Lichter, die in der Dunkelheit von Flugzeugen u. Schiffen geführt werden müssen. In Fahrtrichtung leuchtet seitwärts nach Backbord (links) rotes, nach Steuerbord (rechts) grünes, nach achtern (hinten) weißes Licht.
positiv, tatsächl. vorhanden; bejahend; größer als Null; elektronenarm.
Positiv, 1. eine kleine *Orgel,* meist ohne Zungenstimmen, mit einem Manual u. oft ohne Pedal. – **2.** den wirklichen Hell-Dunkel- u. Farbverhältnissen entsprechenden photograph. Kopie oder Vergrößerung auf Papier, auch auf Platten oder Film als *Diapositiv.*
positives Recht, durch die Rechtsgemeinschaft geformtes Recht; Ggs.: *Naturrecht.*
Positivismus, erkenntnistheoret. Grundhaltung, die davon ausgeht, daß die Quelle aller menschl. Erkenntnis das Gegebene, d. h. die *positiven* Tatsachen, ist. Der P. lehnt alles als unwissenschaftl. ab, was nicht beobachtbar u. durch wiss. Experimente erfaßbar ist (z.B. metaphys., eth. u. theol. Fragestellungen). Als Begr. des P. gilt A. *Comte* mit seiner »Dreistadienlehre«. Wichtige Vertreter des dt. P. im 19. Jh. waren E. *Mach* u. R. *Avenarius.* Im 20. Jh. setzten die *Neopositivisten* des *Wiener Kreises* (u. a. R. *Carnap,* O. *Neurath*) die Tradition des älteren P. fort.

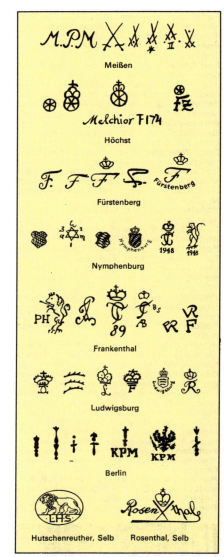

Porzellan: Manufakturzeichen

In der westdt. Soziologie gab es in den 1960er Jahren eine wiss. Debatte über den P. **(P.streit).**
Positron, positiv geladenes Elementarteilchen mit demselben Gewicht wie das *Elektron* u. von sehr kurzer Lebensdauer (Antielektron).
Positur, Stellung, Haltung, die in einer bestimmten Situation bewußt eingenommen wird.
Posse, derb-kom. Bühnenstück, das auf Verwechslungen, Zufällen u. Übertreibungen aufbaut; aus dem *Fastnachtsspiel* u. der *Commedia dell'arte* entwickelt u. z. T. noch mit deren Haupttypen arbeitend.
Possessivpronomen, besitzanzeigendes Fürwort (mein, dein, sein, unser).
Pößneck, Krst. in Thüringen, ö. von Rudolstadt, 16 800 Ew. graph., Textil-, Leder-, Süßwarenind.; Brauerei.
post..., Vorsilbe mit der Bed. »nach, hinter«.
Post, dem Gemeinwohl dienende, dauernd betriebene staatl. Einrichtung zur Beförderung von Nachrichten, Kleingütern u. Personen sowie zur Durchführung von Geldverkehr u. Urkundsgeschäften. Die P.geschäfte in Dtld. besorgt die *Dt. Bundespost.*
postalisch, die Post betreffend, von der Post ausgehend.
Postanweisung, Auftrag an die Post, einen eingezahlten Geldbetrag einem bestimmten Empfänger gegen Quittung auszuhändigen; Höchstbetrag 1000 DM.
post Christum, *p. C. natum,* Abk. *p. Chr. (n.),* nach Christi Geburt.
Posten, 1. Stellung, Amt. – **2.** Einzelbetrag auf einer Rechnung. – **3.** militär. Wache.

Poster ['pousto], Plakat mit künstler. Anspruch oder von dekorativem oder provozierendem Charakter.

Postfach, fr. *Postschließfach,* verschließbares, bei der Post zu mietendes Fach; ermöglicht die Abholung von Postsendungen auch außerhalb der Schalterdienststunden.

Postgeheimnis, Verpflichtung der Postbediensteten zur strengsten Geheimhaltung des Postverkehrs hinsichtl. des Brief- u. Paketdienstes, der gesamten von der Post ausgeführten Bankdienste sowie des Fernmeldedienstes.

Postgiro, bankähnl. Einrichtung der Post zur Förderung des unbaren Zahlungsverkehrs; 1909 in Dtld. eingeführt, bis 1983 unter der Bez. *Postscheckdienst.* Die P.konten werden von den P.ämtern verwaltet.

posthum, *postum,* nachgeboren; nachgelassen (von den Werken eines Künstlers oder Wiss.); nach dem Tode verliehen (von Preisen).

Postille, urspr. eine fortlaufende Bibelerklärung; seit dem 15. Jh. eine Predigtsammlung. Berühmt sind M. Luthers »Kirchen-P.«

Postillion, der Kutscher einer Postkutsche.

Postkarte, von der Post zugelassene offene Karte, Länge bis 16,2 cm u. Breite bis 11,4 cm.

Postl, Karl Anton →Sealsfield, Charles.

postlagernd, Vermerk auf Postsendungen; danach soll die Bestimmungspostanstalt die Sendung zur Abholung durch den Empfänger für eine bestimmte Frist aufbewahren.

Postleitzahl, ziffernmäßige Bez. für das Gebiet einer Oberpostdirektion; 1943 vom Reichspostministerium eingeführt. 1961 erhielt in der BR Dtld. jeder Ort mit Postanstalt eine eigene vierstellige P., aus der alle notwendigen Hinweise für die Lage des Ortes zu ersehen sind. Nach dem 3.10.1990 wurden die P. zusätzlich mit dem Vorsatz O- bzw. W- gekennzeichnet. Ab 1.7.1993 gilt ein System mit fünfstelligen P.en.

post meridiem, Abk. *p.m.,* nachmittags.

Postmoderne, in den 1970er Jahren eingeführte Bez. für einen architekton. Stil, der sich gegen die geometr. Abstraktheit u. Technikbezogenheit der sog. *Moderne* wendet; nimmt Rücksicht auf regionale Gegebenheiten u. paßt sich stilist. an; spieler. Hantieren mit historisierenden Formen (z.B. Säule, Triumphbogen) sowie Stilmischungen; auch in den Geisteswissenschaften verwendeter Begriff.

post mortem, Abk. *p.m.,* nach dem Tod.

Postregal, das Alleinrecht des Staates, Posteinrichtungen zu gründen u. zu betreiben.

Postskriptum, Abk. *P.S., PS,* Nachschrift, Nachsatz (in einem Brief u. ä.).

Postulat, nicht bewiesene, aber als gültig vorausgesetzte Annahme; auch sittl. Forderung.

postum →posthum.

Postwertzeichen →Briefmarken.

Potemkin [pʌ'tjomkin] →Potjomkin.

Potential, 1. Gesamtheit aller für einen Zweck zur Verfügung stehenden Mittel. – **2.** in der Physik das Maß für die Stärke eines elektr. oder magnet. Kraftfelds in einem bestimmten Punkt.

potentiell, mögl., denkbar; unter Umständen in der Zukunft sich ergebend.

Potentiometer, verstellbarer elektr. Widerstand; meist zur Spannungsteilung verwendet.

Potenz, 1. Möglichkeit, Vermögen, Kraft. – **2.** das Ergebnis des Potenzierens, bzw. das Gebilde aus einer *Grundzahl (Basis)* u. einer *Hochzahl (Exponent):* Die allg. Form einer P. ist a^m (gelesen: a hoch m). Für natürl. Hochzahlen m ist die m-te P. einer beliebigen Grundzahl a:

$$a^m = \underbrace{a \cdot a \cdot a \cdots a}_{m \text{ Faktoren}}.$$

So ist z. B. 2^4, die vierte P. von 2, gleich $2 \cdot 2 \cdot 2 \cdot 2 = 16$. Die entsprechende Rechenoperation heißt *potenzieren.* P.regeln:

$$a^m \cdot a^n = a^{m+n}; \quad a^m : a^n = a^{m-n}; \quad (a^m)^n = a^{m \cdot n};$$
$$a^{-n} = 1/a^n; \quad a^0 = 1; \quad a^{1/n} = \sqrt[n]{a}.$$

– **3.** Fähigkeit des Mannes zum Geschlechtsverkehr; auch Zeugungsfähigkeit; Ggs.: *Impotenz.*

Potenza, Stadt in S-Italien, Hptst. der Reg. Basilicata u. der Prov. P., 67 000 Ew.; archäolog. Museum.

Potjomkin, *Potemkin,* Grigorij Alexandrowitsch Fürst, * 1739, † 1791, russ. Minister; Favorit u. Berater *Katharinas II.;* ließ bei deren Krimreise 1787 angebl. längs des Wolgawegs Attrappen von Siedlungen (»Potemkinsche Dörfer«) errichten.

Potomac [pə'toumək], Fluß in den USA, rd. 460 km; entspringt in den Allegheny Mountains, bildet nw. von Washington die Stromschnellen der *Great Falls,* mündet in die Chesapeakebucht.

Potosí, ehem. *Villa Imperial,* bolivian. Dep.-Hptst., am Fuß des *Cerro de P.,* 4070 m ü. M., 113 000 Ew.; Univ. (1892); Zinnbergbau.

Potpourri ['potpuri], Allerlei, Kunterbuntes; Aneinanderreihung beliebter Melodien u. bek. Themen (meist aus Opern oder Operetten) ohne höhere Formeinheit.

Potsdam, Hptst. des Landes Brandenburg, sw. von Berlin auf einer Insel (*P.er Werder*) der sich seeartig erweiternden Havel, 143 000 Ew.; zahlr. HS u. Institute; Sternwarte u. physik. Observatorium; Schloß Sanssouci u. das Neue Palais (1763–69), im Park von Sanssouci Schloß Charlottenhof; Marstall, Marmorpalais; versch. Ind. – Bis 1918 zweite königl. Residenz (z.B. *Friedrich Wilhelm I., Friedrich d. Gr.*).

Potsdamer Abkommen, Ergebnis der von den USA, Großbrit. u. der Sowj. geführten *Potsdamer Konferenz* (17.7.–2.8.1945 im Schloß Cecilienhof). Als oberste Regierungsgewalt in Dtld. wurde ein Alliierter Kontrollrat gebildet. Als Ziele der Besetzung Dtld. wurden genannt: völlige Abrüstung u. Entmilitarisierung, Vernichtung der dt. Rüstungsind., Entnazifizierung, Verurteilung der dt. Kriegsverbrecher, Demokratisierung des dt. polit. Lebens, ferner Befriedigung der Reparationsforderungen der Alliierten durch Demontagen. Die dt. Gebiete östl. von Oder u. Neiße sollten von Polen, der Nordteil Ostpreußens von der Sowj. verwaltet werden. Die endgültige Festlegung der dt. Grenzen wurde einem Friedensvertrag vorbehalten.

Pottasche, chem. *Kaliumcarbonat* K_2CO_3, kohlensaures Kalium; Verwendung als Treibmittel, auch zur Seifen- u. Glasherstellung.

Potter, 1. Paulus, * 1625, † 1654, ndl. Maler u. Radierer (v. a. Tierbilder). – **2.** Philip, * 19.8.1921, methodist. Geistlicher; 1972–84 Generalsekretär des Ökumen. Rates der Kirchen.

Pottwale, *Physeteridae,* Fam. der *Zahnwale,* mit gewaltigem Kopf (¹/₃ der Gesamtlänge); 2 Arten: der *Große Pottwal* (10–25 m lang) u. der *Zwergpottwal* (bis 3,40 m).

Poularde [pu'lardə], junges Masthuhn, das mit 7–8 Monaten geschlachtet wird.

Poulenc [pu'lɛk], Francis, * 1899, † 1963, frz. Komponist; zur Gruppe der »Six« gehörend, Neoklassizist; Opern, geistl. Musik, Klavierwerke u. a.

Poulsen ['poul-], Valdemar, * 1869, † 1942, dän. Physiker; erfand 1898 das Stahldrahtverfahren (Magneton) u. 1903 den Lichtbogensender.

Pound [paund], Ezra Loomis, * 1885, † 1972, US-amerik. Schriftst.; Begr. des *Imaginismus;* formreiche, phantast., von scharfer Intellektualität geprägte Dichtungen, auch Essays.

Pour le mérite [purlə'mri't], von *Friedrich d. Gr.* 1740 gestifteter Halsorden; 1810–18 für militär. Verdienste; seit 1842 *Friedensklasse* für Wiss. u. Künste (1952 wieder belebt).

Poussin [pu'sɛ̃], Nicolas, * 1593, † 1665, frz. Maler; Begr. der heroischen Landschaftsmalerei mit klassizist. Prägung.

Powell ['pouəl], **1.** Cecil Frank, * 1903, † 1969, brit. Physiker; führte grundlegende Experimente auf dem Gebiet der Kernphysik durch; Nobelpreis 1950 für seine Entdeckung des π-Mesons. – **2.** Colin Luther, * 5.4.1937, US-amerik. General; 1987 Sicherheitsberater von Präs. R. *Reagan;* 1989–93 Vors. der Vereinigten Stabschefs.

Powerplay ['pauəplei], im Eishockey überlegen geführtes Angriffsspiel einer Mannschaft, die die gegner. Mannschaft für längere Zeit in ihrem Abwehrdrittel bindet.

Poznań ['poznain], poln. Name von →Posen.

Pozzuoli, ital. Hafenstadt in Kampanien, am *Golf von P.,* 72 000 Ew.; Ruinen eines röm. Amphitheaters; Gummi- u. Masch.-Ind.; Fremdenverkehr.

pp, *Musik:* Abk. für *pianissimo.*

p.p., *ppa.,* Abk. für *per procura,* Zusatz bei der Namensunterschrift des Prokuristen.

ppm [engl. *parts per million*], in der Chemie u. Pharmakologie gebräuchl. Abk. für Millionstel.

PR, Abk. für *Public Relations.*

prä..., Prä..., Vorsilbe mit der Bed. »vor«.

Präambel, Eingang, Vorspruch; in Verträgen u. Gesetzen die richtungweisende Einleitung.

Prachtfinken, *Estrildidae,* eine über 100 Arten umfassende Fam. der *Sperlingsvögel,* aus Afrika, S-Asien u. Australien; häufig Käfigvögel.

Prachtkäfer, *Buprestidae,* eine hpts. in den Tropen aller Erdteile verbreitete Fam. der *Käfer,* meist metallisch glänzend.

Prack, Rudolf, * 1902, † 1981, östr. Schauspieler; seit 1937 erfolgreich beim Film.

Prädestination, Vorherbestimmung; das Bestimmtsein des Menschen zur Gnade oder Verdammnis durch den Willen Gottes.

Prädikat, 1. Bewertung, Zensur. – **2.** *Satzaussage,* Satzteil, der den Zustand oder die Tätigkeit des Subjekts angibt.

Prädisposition, Anlage, Empfänglichkeit (für eine Krankheit).

Prado, *Museo del P.,* staatl. Museum in Madrid, mit einer Sammlung von ca. 3000 Werken der span., ital., frz., ndl. u. dt. Malerei.

Praetor, *Prätor,* in der röm. Frühzeit Titel der Feldherren, seit 363 v. Chr. nach dem *Konsul* der höchste Stadtbeamte, mit vornehml. richterl. Aufgaben.

Praetorius [prɛ:-], *Prätorius,* Michael, eigtl. M. *Schultheiß,* * 1571, † 1621, dt. Komponist; gilt als der eigtl. Schöpfer der Choralkonzerts.

Präfation, in der kath. Meßliturgie das veränderl. Lob- u. Dankgebet zu Beginn der Opferhandlung, im ev. Gottesdienst zu Beginn der Abendmahlsfeier.

Präfekt, 1. oberster Verwaltungsbeamter eines frz. Départements. – **2.** *kath. Kirche:* Apostolischer *P.,* von der Kongregation zur Evangelisierung der Völker ernannter Vorsteher eines kirchl. Verwaltungsbezirks in Missionsgebieten. – **3.** *Röm. Reich:* urspr. der Vertreter der hohen röm. Beamten, in der Kaiserzeit ein Verwaltungsbeamter mit bes. Aufgaben.

Präfektur, Amt, Bezirk, Wohnung eines Präfekten

Präferenzsystem, ein System gegenseitiger handels-, bes. zollpolit. Bevorzugungen im Warenverkehr zweier oder mehrerer Länder.

Präfix, Vorsilbe, dem Stamm eines Wortes vorangehendes Wortbildungselement (z.B. ent-, er-).

Prag, tschech. *Praha,* Hptst. der Tschech. Rep. (seit 1918), an der Moldau, 1,2 Mio. Ew.; Stadt der

Prag: Blick von der Altstadt auf den Hradschin mit dem Sankt-Veits-Dom: im Vordergrund die Karlsbrücke

prägen

Pranger in Berlin; um 1380

Gotik u. des Barocks (das »Goldene P.«); kulturelles Zentrum, Univ. (1348), TH (1709); zahlr. Sehenswürdigkeiten: *Hradschin* (14.–18. Jh.), St.-Veits-Dom mit Wenzelkapelle, Karlsbrücke (14. Jh.), Altstädter Rathaus (14. Jh., berühmte astronom. Uhr, 1410); Nationalgalerie, Theater u. Museen; Tschech. Philharmonie; vielseitige Ind.; Flußhafen; Flughafen.
Gesch.: Um die Burgen *Hradschin* u. *Vyšehrad* entstand im 6. Jh. n. Chr. eine slaw. Siedlung; sie wurde im 10. Jh. Residenz der Přemysliden, 973 Bischofssitz, 1344 Erzbistum. 1255 erhielt die Altstadt dt. Stadtrecht; in der 2. Hälfte des 14. Jh. machte Kaiser *Karl IV.* P. zur Residenz u. Hptst. des Dt. Reichs. 1784 wurden die alten Stadtteile Hradschin, Altstadt, Kleinseite u. Neustadt administrativ zur Stadt P. zusammengeschlossen.
prägen, Erhöhungen u. Vertiefungen in Metall, Leder oder Pappe mit einem Prägestempel pressen, so daß eine reliefartige Oberfläche entsteht.
Prager Fenstersturz, Protestakt böhm. Protestanten am 23.5.1618 gegen die kath. Regierung, wobei zwei kaiserl. Räte aus einem Prager Schloßfenster geworfen wurden. Der folgende Aufstand des vorw. ev. Adels in Böhmen leitete den ersten Teil des *Dreißigjährigen Kriegs* ein.
Prager Frühling, die unter A. *Dubček* 1968 eingeleiteten Reformen in der ČSSR, die durch den Einmarsch der Streitkräfte der Warschauer-Pakt-Mächte am 21.8.1968 beendet wurden.
pragmatisch, auf das Handeln bezogen, prakt., der Praxis dienen.
Pragmatische Sanktion, in vorkonstitutioneller Zeit ein unverletzl. Staatsgesetz; bes. die P. S. Kaiser Karls VI. (1713), die in Östr. die weibl Erbfolge sicherte u. die Unteilbarkeit der habsburg. Länder einführte.
Pragmatismus, Weltanschauung, die theoret. Erkennen sowie die Wahrheit von Theorien nur nach ihrem prakt. Nutzen bewertet.
prägnant, kurz, treffend; sinn- u. bedeutungsvoll. – **Prägnanz,** Treffsicherheit.
Praha, tschech. Name der Stadt →Prag.
prähistorisch, vorgeschichtlich.
Prahm, plattbodiges Wasserfahrzeug für Arbeitszwecke.
Praia, Porto Praia, Hptst. der Kapverd. Inseln, auf der Insel São Tiago, 50000 Ew.
Präjudiz, Vorentscheidung; v. a. gerichtl. Entscheidung eines *Präzedenzfalls*, die häufig bindende Wirkung für spätere Entscheidungen in gleichgelagerten Fällen hat.

Präkambrium →Erdzeitalter.
Präklusion, die »Ausschließung« von etwas, bes. im Recht; z.B. die Verweigerung der Geltendmachung bestimmter Rechte oder Rechtshandlungen wegen Fristversäumnis.
Praktik, Ausübung (einer Tätigkeit), Handhabung (eines Werkzeugs); Verfahren. – **praktikabel,** brauchbar, benutzbar, zweckmäßig. – **Praktikant,** jemand, der in der prakt. Ausbildung steht. – **Praktikum,** Übung zur prakt. Anwendung theoret. Kenntnisse an Hochschulen.
praktisch, 1. auf Praxis beruhend, in der Praxis, in Wirklichkeit; Ggs.: *theoretisch*. – **2.** geschickt, findig (Person). – **3.** zweckmäßig, gut zu handhaben (Werkzeug, Gegenstand, Verfahren).
praktizieren, 1. in der Praxis einsetzen. – **2.** als Arzt tätig sein.
Prälat, in der kath. Kirche höherer kirchl. Würdenträger (z.B. Bischof); in der ev. Kirche in einigen Landeskirchen Leiter der mittleren Aufsichtsbezirke, auch Ehrentitel für den Bevollmächtigten der EKD beim der Bundes-Reg.
Präliminarien, vorläufige Abmachungen, bes. in der Diplomatie; z.B. beim *Präliminarfrieden (Vorfrieden).*
Präludium, frz. *Prélude*, zunächst die meist improvisierte Einleitung zum Choral, später einleitender Satz vor der Fuge u. Suite, schließl. selbständiges Tonstück.
Prämie, 1. Belohnung, Beitrag, Zusatzgewinn. – **2.** *Versicherungs-P.*, einklagbare Bringschuld des Versicherungsnehmers als Entgelt für den Versicherungsschutz. Es gibt die *Einmal-P. (Mise)* u. die *laufende P.*
prämieren, mit einem Preis belohnen, auszeichnen.
Prämisse, Vordersatz (Voraussetzung) eines logischen Schlusses.
Prämonstratenser, ein geistl. →Orden.
Prandtauer, *Prandauer*, Jakob, *1658, †1726, östr. Baumeister u. Bildhauer; einer der ersten Vertreter der östr. Hochbarockarchitektur; Erbauer des Stiftes Melk an der Donau (1702–38).
Prandtl, Ludwig, *1875, †1953, dt. Physiker; Mitbegr. der Aero- u. Hydrodynamik.
Pranger, *Schandpfahl*, ein Pfahl, an dem im MA Verbrecher öffentl. ausgestellt wurden.
pränumerando, im voraus zu zahlen; Ggs.: *postnumerando*.
Präparat, etwas »Zubereitetes«, z.B. ein Arzneimittel oder med. Anschauungsmaterial.
Präparation, 1. Vorbereitung. – **2.** Herstellung eines demonstrierbaren *Präparats*, das Freilegen z.B. von Gefäß- u. Nervenverbindungen; auch die Herstellung konservierter Präparate.
Präposition, *Verhältniswort*, unflektierbare Wortart zur Bez. des räuml., zeitl. oder log. Verhältnisses, in dem ein Nomen zum Rest des Satzes steht (z.B. vor, über).
Präraffaeliten, eine 1848 von D. G. *Rosetti*, W. H. *Hunt*, J. E. *Millais* u. a. in Anlehnung an den Kreis der *Nazarener* gegr. Vereinigung engl. Maler, die eine Erneuerung der Kunst aus dem Geist der ital. Frührenaissance (vor *Raffael*) erstrebte.
Prärie, ebene Grassteppe in Nordamerika, zw. dem Golf von Mexiko im S u. dem Saskatchewan River im N, vom Mississippi im O bis zum Anstieg der Rocky Mountains im W.
Präriehunde, zwei Arten 35 cm langer *Hörnchen*; gesellige Erdhöhlenbewohner mit bellender Stimme; leben in den Prärien Nordamerikas u. sind mit dem Murmeltier verwandt.
Prärie-Indianer, nordamerik. Indianerstämme (*Sioux, Kiowa, Apachen, Blackfeet, Pawnee, Comanchen, Shoshonen* u. a.), die einst zw. Mississippi u. Rocky Mountains nomadisch von der Büffeljagd lebten. Sie setzten den eindringenden weißen Siedlern starken Widerstand entgegen; Vorbild für die klischeehaften Indianerdarstellungen, bes. im Wildwestfilm.
Präriewolf →Coyote.
Prärogative, Vorrecht im Sinn einer ausschl. staatsrechtl. Zuständigkeit; im Konstitutionalismus die Rechte des Monarchen, die er ohne Mitwirkung des Parlaments geltend machen konnte.
Präsens, *Gegenwart*, das Tempus des Verbums zur Bez. einer gegenwärtigen Handlung oder eines Zustands, z.B. P. »ich gehe«; »die Erde dreht sich«.
präsent, anwesend, gegenwärtig.
Präsent, Geschenk, kleine Aufmerksamkeit.
Präsentation, Vorstellung, Vorlegung.
präsentieren, 1. darreichen, darbieten, vorlegen. – **2.** *das Gewehr p.*, das Gewehr senkr. vor den Körper halten (als militär. Ehrenbezeigung).
Präsenz, Anwesenheit. – **P.-Bibliothek,** Bibliothek, deren Bücher nicht ausgeliehen werden, sondern nur im Lesesaal benutzt werden dürfen.
Praseodym, ein →chemisches Element.
Präservativ →Kondom.
Präses, Vorsteher, Vors., bes. einer ev. Synode; leitender Theologe der ev. Landeskirchen von Rheinland u. Westfalen.
Präsident, gewählter Vors. von Verbänden, Vereinen u. Körperschaften; Leiter mancher HS; ernannter Vorstand von Behörden (z.B. *Regierungs-P.*); Amtsbez. für das Staatsoberhaupt in Republiken.
Präsidialsystem, *Präsidentschaftssystem*, eine republikan. Regierungsform, die dem *Präsidenten* als Staatsoberhaupt entscheidende Rechte zur polit. Gestaltung einräumt. Der Präs. ist gleichzeitig

Schwarzschwanz-Präriehunde

Präraffaeliten: Edward Burne-Jones, Die Goldene Treppe; 1880. London, Tate Gallery

Staatsoberhaupt u. Regierungschef, oberster Befehlshaber u. Inhaber der auswärtigen Gewalt. Er wird meist direkt vom Volk gewählt, z.B. in Frankreich. Er ist vom Parlament unabhängig, kann dieses aber auch nicht auflösen u. hat keine Gesetzesinitiative. Ggs.: *parlamentar. System.*

Präsumtion, *Präsumption,* Annahme, Voraussetzung.

Prätendent, jemand, der auf etwas Anspruch erhebt; bes. auf eine Krone.

Prater, Au- u. Wiesenldsch. am rechten Donauufer unterhalb von Wien; Sportanlagen u. Messegelände, Vergnügungsviertel »Wurstel-P.« mit 64 m hohem Riesenrad.

Prätor →Praetor.

Präteritum, *i.w.S.* Vergangenheitsform des Verbums in Sprachen, die nicht mehrere Vergangenheitsformen unterscheiden; *i.e.S.* Imperfekt.

Prato, ital. Stadt in der Toskana, am Bisènzio, 165 000 Ew.; got.-roman. Dom; versch. Ind.

Pratolini, Vasco, *1913, †1991, ital. Schriftst.; (neorealist. sozialkrit. Romane).

Prätor →Praetor.

Prätorianer, seit *Augustus* die Leibgarde der röm. Kaiser; spielten während der Thronwirren der späteren Kaiserzeit eine bed. Rolle.

Prätorius, Michael →Praetorius.

Praunheim, Rosa von, eigtl. Holger *Mischwitzky,* *25.11.1942, dt. Filmregisseur; Filme v. a. über das Thema Homosexualität.

Prävention, Zuvorkommen (z.B. mit einer Rechtshandlung); Vorbeugung, Abschreckung.

präventiv, vorbeugend. – **Präventivkrieg,** einem voraussichtl. Angriff des Gegners zuvorkommender Angriffskrieg. – **Präventivmedizin,** *prophylaktische, vorbeugende Medizin,* die Gesamtheit aller individual- u. kollektiv-medizin. Maßnahmen zur Verhütung u. Vorbeugung von Krankheiten, z.B. Schutzimpfungen, Vorsorgeuntersuchungen, Gesundheitsaufklärung u. -beratung.

Praxis, 1. Berufsausübung; Tätigkeit, prakt. Anwendung u. Erfahrung. – 2. Räume für die Berufsausübung (bes. der Ärzte u. Rechtsanwälte).

Praxiteles, grch. Bildhauer, tätig um 370–330 v. Chr.; galt in der Antike neben *Phidias* als Repräsentant der grch. Klassik.

Präzedenzfall, Musterfall, der für spätere ähnl. Fälle beispielgebend ist.

Präzeptor, im MA Lehrer, bes. Hauslehrer, Hofmeister.

Präzession, Drehbewegung, die die Figurenachse eines Kreisels unter dem Einfluß einer äußeren Kraft um eine raumfeste Achse in Kraftrichtung ausführt (*P. skegel*); insbes. die Kreisbewegung der Erdachse, die aufgrund der Gravitationskräfte, die Mond u. Sonne auf den Äquatorwulst der abgeplatteten Erde ausüben, erfolgt. Ein voller Umlauf dauert 25 780 Jahre (*Platon. Jahr*). Dabei kommt es zu einer fortschreitenden Verlagerung des Frühlingspunkts auf der Ekliptik im rückläufigen Sinn (Ost-West, entgegengesetzt der jährl. scheinbaren Sonnenbewegung durch die Ekliptik).

präzisieren, eine bereits gemachte Aussage genauer u. exakter formulieren oder beschreiben.

Präzision, Genauigkeit, Feinheit, Exaktheit.

Predella, Sockel eines Altaraufsatzes; im Barock oft mit dem Reliquienschrein verbunden.

Predigerseminar, Ausbildungsstätte für ev. Vikare nach Abschluß des Hochschulstudiums.

Preetz, Stadt in Schl.-Ho., zw. Kiel u. Plön, 15 000 Ew.; Luftkurort; Klosterkirche (13./14. Jh.); Nahrungsmittel- u. chem. Ind.

Pregel, russ. *Pregola,* Fluß in Ostpreußen, 128 km; gebildet von Angerapp u. Inster bei Insterburg, mündet westl. von Königsberg ins Frische Haff.

Elvis Presley bei einem Konzert 1973

Pregl, Fritz, *1869, †1930, östr. Chemiker; Begr. der Mikroanalyse; Nobelpreis 1923.

Preis, 1. der Tauschwert eines Gutes, *i.e.S.* der in Geld ausgedrückte Wert eines Gutes oder einer Leistung. P.e sind wichtigstes Lenkungsmittel für die volkswirtschaftl. Produktions- u. Verteilungsprozesse. Je nach Konsumwertigkeit des Gutes unterscheidet man: *Rohstoff-P., Erzeuger-P., Großhandels-P., Einzelhandels-P.* Ein *Weltmarkt-P.* ergibt sich bei börsenmäßig auf dem Weltmarkt gehandelten Gütern. – 2. Auszeichnung, Belohnung bei Wettbewerben u. ä.

Preisbindung, Verpflichtung des Abnehmers gegenüber dem Hersteller, eine Ware zu bestimmtem Preis zu verkaufen.

Preisindex, Index, der die Entwicklung der Preise bestimmter Güter u. Dienstleistungen darstellt. Von allg. Interesse ist der *P. für die Lebenshaltung.*

Preißelbeere, *Preiselbeere, Kronsbeere,* ein *Heidekrautgewächs* mit scharlachroten Beerenfrüchten; 10–30 cm hoher Halbstrauch auf Heideböden u. in trockenen Wäldern.

Preisstopp, staatl. Maßnahme in Form einer gesetzl. Vorschrift darüber, daß die Preise bestimmter oder aller Güter u. Leistungen eine bestimmte festgesetzte Höhe nicht überschreiten dürfen; bezweckt die Vermeidung einer *Inflation.*

prekär, schwierig, peinl. (Frage, Situation).

Prellball, Ballspiel, bei dem ein Hohlball mit der Faust über eine in 40 cm Höhe gespannte Leine so zu schlagen ist, daß ihn die Gegenspieler nicht zurückprellen können.

Prellbock, *Eisenbahn:* eine Vorrichtung mit starken Puffern, die das Überfahren eines Gleisendes verhindern soll.

Prellerei, volkstüml. Bez. für versch. Erscheinungsformen des *Betrugs,* insbes. für die Erschleichung einer Leistung (z.B. *Zech-P.*).

Prellung, häufige Form von Verletzungen durch stumpfe Gewalt (Schlag, Stoß); meist mit einem Bluterguß verbunden.

Prelog, Vladimir, *23.7.1906, schweiz. Chemiker jugoslaw. Herkunft; Arbeiten über die Stereochemie organ. Moleküle u. Reaktionen; Nobelpreis 1975.

Prélude [pre'ly:d] →Präludium.

Premadasa, Ranasinghe, *1924, †1993 (ermordet), srilank. Politiker (Vereinigte Nationalpartei); 1978–88 Prem.-Min.; 1989–93 Staats-Präs.

Premier [prə'mje:], Kurzform für *Premierminister.*

Premiere [prəm'je:rə], Erstaufführung eines Theaterstücks (*Uraufführung*) oder einer Inszenierung.

Premiere, *P. Medien GmbH & Co. KG,* deutschsprachiges werbefreies privates Fernsehprogramm als Abonnenten-Fernsehen (*PAY-TV*), Sitz: Hamburg; seit 1991.

Preminger, Otto Ludwig, *1906, †1986, östr.-amerik. Filmregisseur u. -produzent. ▣ »Carmen Jones«, »Porgy u. Bess«, »Exodus«.

Přemysliden [prʒɛmɪs-], böhm. Königshaus, das die tschech. Stämme einte. Sagenhafter Ahnherr war *Přemysl,* verh. mit *Libussa.*

Prenzlau, Krst. in Brandenburg, in der Uckermark, 24 000 Ew.; histor. Bauten; Masch.-, Lebensmittel- u. Holz-Ind.

Presbyter, im Urchristentum Titel der »Ältesten«, die mit dem Vorsteher (Aufseher, Bischof) die Gemeinde leiteten; in der kath. Kirche ein mit der Stufe des *P.ats* geweihter Priester; in der ev. Kirche Mitgl. der gewählten Kirchengemeindevertretung (*P.ium*).

Presbyterianer, auf calvinist. Grundlage stehende Kirchen; gehören dem *Reformierten Weltbund* an; lehnen das Bischofsamt ab; die Leitung liegt statt dessen auf allen Ebenen (Gem., Kreissynode etc.); v. a. in den USA in der Hand von »Ältesten« oder *Presbytern.*

Presbyterium, in der Urchristenheit die Gemeinschaft der Ältesten zur Gemeindeleitung; in der ev. Kirche das Organ der Gemeindeleitung (Gemeindekirchenrat, Kirchenvorstand); in der kath. Kirche das Priesterkollegium eines Bistums.

Preschau, slowak. *Prešov,* Stadt in der östl. Slowakei, 81 000 Ew.; landwirtschaftl. Handelszentrum, Salzbergbau.

Presley ['prɛsli], Elvis, *1935, †1977, US-amerik. Rocksänger u. Gitarrist (»The King of Rock 'n' Roll«); weltweites Teenageridol sowie Show- u. Filmstar.

Preßburg, slowak. *Bratislava,* ung. *Pozsony,* Hptst. der Slowakei, an der Donau, nahe der östr.-ung. Grenze, 445 000 Ew.; kulturelles Zentrum der Slowakei; Univ. u. a. HS; Burganlage, barocke Adelspaläste u. Bürgerhäuser; mittelalterl. Rathaus u. Rolandsbrunnen (16. Jh.), got. Dom St. Martin (13.–15. Jh.); versch. Ind.; Donauhafen. – Gesch.: Anfang des 10 Jh. Ersterwähnung, um 1200 Stadtgründung, 1526 bis 1784 ung. Hptst. Der *Friede von P.* am 26.12.1805 beendete den 3. Koalitionskrieg zw. Östr. u. Frankreich.

Presse, 1. alle mit der Druck-P. hergestellten Schriften, heute meist Zeitungen u. Zeitschriften. – 2. Maschine zur Erzeugung von Druckkräften, z.B. *Frucht-, Kümpel-, Schmiede-, Zieh-, Hebel-P.*

Presseamt, *Pressestelle, Pressereferat,* Einrichtung bei Gemeinden, Landes- u. Bundesbehörden, Parteien u. Verbänden, die einerseits Presse-, Funk- u. Film-Aussagen auswertet, andererseits Presse u. Funk mit Informationen aus ihrem Bereich versorgen u. den Kontakt mit der Öffentlichkeit pflegen soll.

Pressefreiheit, die Freiheit der Presse von staatl. Zwang, insbes. das Verbot der *Zensur.* Art. 5 GG gewährleistet die P. u. die Freiheit der Berichterstattung. Die P. ist ein Anwendungsfall der Meinungs- u. Informationsfreiheit. Beschränkungen der P. sind oft der Beginn eines autoritären Regimes. Eine Gefährdung der P. ist auch in der Pressekonzentration zu sehen. – In Österreich ist die P. gewährleistet durch Art. 13 Staatsgrundgesetz 1867, Art. 149 BVerfG u. das Pressegesetz 1922; in der Schweiz durch Art. 55 der Bundesverfassung.

Pressekonzentration, in allen westl. Industriestaaten zu beobachtender Vorgang der Verringerung der Zahl von Zeitungs- u. Zeitschriftentiteln sowie der Konzentration ihrer Herstellung auf wenige wirtschaftl. starke Verlage bei einer steigenden Höhe der Gesamtauflagen.

Pression, Druck, Zwang, Nötigung.

Preßluft →Drucklaft.

Prestige [prɛs'tiːʒ], Ansehen, Geltung; *Sozial-P.,* das Ansehen, das dem Inhaber einer soz. Position aufgrund ihrer der Erwartung entspr. Ausfüllung entgegengebracht wird.

presto, musikal. Tempobez.: schnell; *prestissimo,* sehr schnell.

Preston [-tən], Verw.-Sitz der westengl. Gft. *Lancashire,* 87 000 Ew.; Eisen-, Baumwoll-, Masch.- u. chem. Ind.

Pretoria, Hptst. der südafrik. Prov. P./Witwatersrand/Vaal-Gebiet u. Reg.-Sitz der Rep. Südafrika (seit 1910), 1400 m ü. M., 528 000 Ew.; Univ.; Schwer- u. a. Ind., in der Nähe Diamant-, Platin- u. Eisenerzbergbau. – 1855 gegr. u. nach dem 1. Präs. von Transvaal, Andries *Pretorius,* benannt.

Preuß, Hugo, *1860, †1925, dt. Rechtswissenschaftler u. Politiker; Febr.-Juni 1919 Reichsinnen-Min.; schuf den Entwurf zur *Weimarer Verfassung;* Mitgr. der *Dt. Demokrat. Partei.*

Preußen, ehem. Land des Dt. Reiches; umfaßte zuletzt 294 160 km² mit (1939) rd. 41,8 Mio. Ew. Gesch.: Durch Bernsteinfunde war (Ost- u. West-)P. schon den Völkern der Antike bekannt. Der ansässige Stamm der *Pruzzen* widersetzte sich der Christianisierung, bis der erste Bischof von P., *Christian von Oliva* (seit 1215), eingesetzt wurde u. der Piastenherzog *Konrad I.* von Masowien

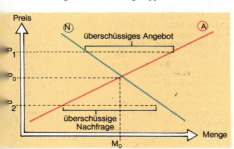

Preis: Auf dem Konkurrenzmarkt bildet sich der Preis P_0 heraus, bei dem Angebot und Nachfrage übereinstimmen (Schnittpunkt der Angebotskurve A mit der Nachfragekurve N); umgesetzte Menge M_0

Preußisch Stargard

1225/26 den *Deutschen Orden* herbeirief. 1441 wurde der Hochmeister des Dt. Ordens persönl. Landesherr von P. Nach dem 2. Frieden von Thorn (1466) blieb vom alten Ordensgebiet lediglich. *Ost-P.* erhalten, das der Hochmeister *Albrecht* von Brandenburg-Ansbach 1525 in ein erbl. Hzgt. P. unter poln. Lehnshoheit umwandelte. Dieses Hzgt. fiel 1618 durch Erbverträge an die kurbrandenburg. Linie der *Hohenzollern. Friedrich Wilhelm,* der Große Kurfürst (seit 1640), war bestrebt, seine zu fast selbst. polit. Gebilden gewordenen Länder in einem einheitl. Gesamtstaat zusammenzufassen. 1656/60 erreichte er die Aufhebung der poln. Lehnshoheit über P. u. gliederte es in seine Stammlande ein. Sein Sohn, Kurfürst *Friedrich III.,* nahm 1701 in Königsberg seine Krönung als *Friedrich I.,* »König in Preußen« vor u. begr. damit das preuß. Königtum.
König *Friedrich Wilhelm I.* (seit 1713) schuf die Grundlagen des preuß. Verwaltungs- u. Militärstaats. *Friedrich II.,* der Große, begann die Vergrößerung seines Staatsgebiets u. die Stärkung seiner Macht durch die *Schlesischen Kriege,* wobei der *Siebenjährige Krieg* den Besitz *Schlesiens* endgültig sicherte. In der *1. Poln. Teilung* erwarb er 1772 wieder *Ermland* u. *West-P.,* die Verbindung zw. Brandenburg u. O-Preußen. Innenpolit. wurde P. unter Friedrich d. Gr. zu einem Beispiel des aufgeklärten Absolutismus. Nachdem das von Napoleon bei Jena u. Auerstedt besiegte P. im Frieden von Tilsit (1807) weite Gebiete hatte abtreten müssen, kam es zu inneren Reformen (Frhr. vom *Stein:* Bauernbefreiung, Städteordnung; Fürst *Hardenberg:* Gewerbefreiheit, Judenemanzipation). Das preuß. Heer wurde zum Instrument der allg. Wehrpflicht umgewandelt (G. von *Scharnhorst,* N. von *Gneisenau,* H. von *Boyen*).
In den Befreiungskriegen erstarkte neben dem preuß. Staatsbewußtsein das dt. Nationalgefühl. Auf dem Wiener Kongreß (1814/15) gewann P. als Mitgl. des neuen Dt. Bunds seine Machtstellung zurück. Die Märzrevolution von 1848 blieb, wie überall in Dtld., nach den ersten Erfolgen stecken. So konnte Friedrich Wilhelm IV. die ihm seitens der Frankfurter Nationalversammlung angetragene dt. Kaiserkrone ausschlagen u. eine Verfassung oktroyieren (seit 1849 Dreiklassenwahlrecht). Bis 1858 blieben extrem konservative Kreise bestimmend. Prinzregent Wilhelm, seit 1861 König *Wilhelm I.,* suchte eine Liberalisierung durchzuführen. Jedoch zeigten sich nach der Berufung *Bismarcks* zum Min.-Präs. 1862 erneut die Gegensätze zw. monarch., konservativ-militär. Staatsregierung u. liberalem Bürgertum. Außenpolit. stand Bismarck vor dem Dualismus zw. Östr. u. P. Nach dem gemeinsamen Krieg gegen Dänemark 1864 u. im Dt. Krieg sah er sich zu einer Lösung der dt. Frage im kleindt. Sinn unter preuß. Führung gedrängt (Norddt. Bund 1867, Dt.-Französ. Krieg 1870/71, Reichsgründung 1871). In der Reichsverfassung von 1871 zeigte sich die Verklammerung von P. im Reich, aber auch die Beherrschung des Reichs durch P. 1918 mußte Kaiser *Wilhelm II.* außer Landes gehen, abdanken u. damit die Tradition der preuß. Krone aufgeben. Nach der Novemberrevolution von 1918 blieb P. als weitaus größtes Land des Reichs bestehen. Im Verlauf des 2. Weltkriegs wurde auch die territoriale Einheit P. zerschlagen.

Preußisch Stargard, poln. *Starogród Gdański,* Stadt in Pommerellen (Polen), an der Ferse, 45 000 Ew.; pharmazeut. Holz- u. Nahrungsmittel-Ind.

Preußler, Otfried, *20.10.1923, dt. Kinderbuchautor; W »Die kleine Hexe«, »Der Räuber Hotzenplotz«.

Prévert [-ˈvɛr], Jacques, *1900, †1977, frz. Schriftst. (v. a. volkstüml. Lyrik).

Previn [ˈprɛvɪn], André George, *6.4.1930, US-amerik. Dirigent, Pianist u. Komponist frz. Herkunft; 1985–91 Leiter des London Royal Philharmonic Orchestra.

Prévost [preˈvo], **1.** *Jean,* *1901, †1944, frz. Schriftst. (Romane, Essays u. Novellen). – **2.** *Marcel,* *1862, †1941, frz. Schriftst. (v. a. Gesellschaftsromane).

Prévost d'Exiles [preˈvodɛgˈzil], Antoine François, gen. *Abbé Prévost,* *1697, †1763, frz. Schriftst.; schrieb v. a. Liebesromane, nahm Elemente der Frühromantik vorweg. W »Manon Lescaut« 1733.

Prey, Hermann, *11.7.1929, dt. Sänger (Bariton); bek. u. a. als Interpret von Mozart-Partien.

Preysing, Konrad Graf von *P.-Lichtenegg-Moos,* *1880, †1950, dt. kath. Geistlicher; 1935 Bischof von Berlin, 1946 Kardinal; Gegner des Nat.-Soz.

preziös, kostbar; geschraubt, geziert, unnatürl. im Benehmen.

Priamos, in der grch. Sage König von Troja, Gatte der Hekabe, Vater von Hektor u. Paris.

Priapos, urspr. kleinasiat., später grch.-röm. Fruchtbarkeitsgott mit Phallussymbol.

Price [prais], Leontyne, *10.2.1927, afroamerik. Sängerin (Sopran).

Priel, *Balje, Ley, Piep,* auch während der Ebbe Wasser führende Rinne im Wattenmeer.

Priem, ein Stück Kautabak.

Prießnitz, Vincenz, *1799, †1851, östr. Naturheilkundiger; begr. die Kaltwasserbehandlung.

Priester, in den versch. Religionen die durch bes. Kraft begabten Vermittler zw. Gott u. Mensch, in deren Händen die Ausübung des Kultus (Opfer, Gebet) u. die Weitergabe der Lehre liegen. Das Priestertum kann im Stand des Häuptlings oder Königs oder des Familienvaters begründet sein; es kann erbl. sein oder verliehen werden. In der kath. Kirche ist der P. ein Kleriker mit sakramentaler Priesterweihe, zur Teilnahme am Priestertum Christi u. an der Sendung der Bischöfe berufen; dreifaches Amt: Verkünder des Wortes Gottes, Spender der Sakramente u. Hirte seiner Gemeinde. In den ev. Kirchen gilt die Überzeugung, daß alle getauften Christen gemeinsam das priesterl. Volk Gottes sind u. als P. im Glauben unmittelbar Zugang zu Gott haben (»allg. P.tum«).

Priestley, 1. *John Boynton,* *1894, †1984, brit. Schriftst.; schildert in Romanen u. Dramen humorvoll die Welt des engl. Mittelstands. – **2.** *Joseph,* *1733, †1804, brit. Naturforscher u. Philosoph; entdeckte u. a. Sauerstoff, Ammoniak, Chlorwasserstoff u. Kohlenmonoxid.

Prignitz, *Priegnitz,* Ldsch. im NW der ehem. Mark Brandenburg, in den *Ruhner Bergen* 178 m; Hauptort *Perleberg.*

Prilep, Stadt in Makedonien, 64 000 Ew.; Burgruine, Kloster; Tabakfabrik, Teppichweberei.

Prima, fr. Bez. für die beiden obersten Gymnasialklassen (*Unter-* u. *Ober-P.*).

Primaballerina, erste Solotänzerin einer Ballett-Truppe.

Primadonna, seit dem 17. Jh. v. a. in der ital. Oper die erste Sängerin für die Hauptrolle.

Primage, *Primgeld,* Belohnung an den Schiffer für bes. Leistung.

primär, urspr.; wesentlich; unmittelbar entstanden, erst...

Primarschule, in Belgien, Frankreich u. der Schweiz Bez. für die Volksschule.

Primarstufe, Grundschule (1.–4. Klasse).

Primas, 1. in der kath. Kirche fr. der Oberbischof über Länder und Völker; heute nur noch ein Ehrentitel, oft mit bestimmten Bischofssitzen verbunden. – **2.** [ˈpriːmaʃ], der Vorgeiger in ung. Zigeunerkapellen.

Primat, Vorzug, Vorherrschaft; Vorrangstellung (des Papstes als Oberhaupt der kath. Kirche).

Primaten, *Primates* → Herrentiere.

Primaticcio [-ˈtittʃo], Francesco, *1504, †1570, ital. Maler u. Baumeister; führte die Stilbestrebungen des ital. Manierismus in die frz. Kunst ein; Dekorationen im Schloß Fontainebleau.

prima vista, ein Musikstück »auf den ersten Blick« vom Notenblatt abspielen, ohne es vorher geübt zu haben.

Primel, *Schlüsselblume, Primula,* Gatt. der P.gewächse (→ Pflanzen); Kräuter mit grundständigen Blättern u. auf langem Schaft meist doldig stehenden Blüten; einheim. sind u. a. die dunkelgelb blühende *Wiesen-P. (Himmelsschlüssel),* die hellgelb blühende *Gewöhnl.* oder *Wald-P.,* im Gebirge die *Aurikel.* Viele Zierpflanzen.

primitiv, 1. urspr., im Urzustand. – **2.** einfach, dürftig, unvollkommen. – **3.** geistig wenig entwickelt, wenig anspruchsvoll.

primitive Kunst, Bez. für die Kunst der Naturvölker; z. T. auch Bez. für die zeitgenöss. *naive Malerei.*

Primiz, in der kath. Kirche die erste feierl. Messe eines neu geweihten Priesters.

Primogenitur, das Vorrecht des Erstgeborenen (u. seiner Linie) bei der Thron- oder Erbfolge.

Primus, der Erste, der beste Schüler einer Klasse. – **P. inter pares,** der Erste unter Gleichen.

Primzahlen, natürl. Zahlen, die durch keine ganze

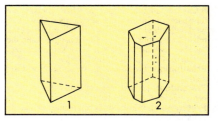

Prisma: 1 = dreiseitiges, 2 = unregelmäßiges Prisma

Zahl außer durch 1 u. sich selbst teilbar sind, also 2, 3, 5, 7, 11, 13,…

Prince Edward Island [ˈprɪns ˈɛdwəd ˈaɪlənd], kleinste kanad. Prov., umfaßt die gleichn. Insel im St.-Lorenz-Golf. → Kanada.

Prince of Wales [prɪns əv weɪlz], Titel des Thronfolgers in Großbritannien.

Princeps, führender Staatsmann in Rom, später Titel der röm. Kaiser; im MA der Fürst.

Princeton [ˈprɪnstən], Stadt in New Jersey (USA), 12 000 Ew.; Univ. (1746).

Printe, stark gewürzter, harter Pfefferkuchen.

Printmedien, gedruckte Information im Ggs. zur nicht gedruckten Information in den sog. → Neuen Medien.

Prinz, nichtregierendes Mitgl. eines Fürstenhauses; weibl. Form *Prinzessin.* – **P. gemahl,** Ehemann einer regierenden Fürstin. – **P. regent,** Stellvertreter eines Regenten.

Prinz Eugen → Eugen.

Prinzip, Ursprung, Anfang, grundlegende Voraussetzung, Grundsatz.

Prinzipal, 1. Geschäftsinhaber oder -leiter; Direktor einer Theatertruppe. – **2.** Hauptstimme; 1. im Orchester das erste oder Soloinstrument; 2. in der Orgel das Haupt- u. Grundregister von mittlerer Mensur.

Prinzipat, die Alleinherrschaft der röm. Kaiser seit *Augustus.*

Prior, Vorsteher eines kath. Klosters; bei den Benediktinern Vertreter des Abts.

Priorität, Vorrang, zeitliches oder bedeutungsmäßiges Vorhergehen. – **P. en, P. saktien,** bevorzugte Wertpapiere, z.B. Vorzugsaktien.

Pripjat, ukrain. *Prypjat,* poln. *Prypeć,* r. Nbfl. des Dnjepr in der Ukraine u. in S Weißrußlands, 779 km; entspringt im N der Wolynischen Platte, durchfließt die fr. versumpfte (*P.-Sümpfe*) Ldsch. *Polesje,* mündet oberhalb von Kiew.

Prise, 1. soviel (Salz, Tabak u. ä.), wie zw. zwei Fingern zu greifen ist. – **2.** die nach den Regeln des Seekriegsrechts als Beute weggenommenen Handelsschiffe u. Schiffsladungen.

Prisma, 1. *Geometrie:* Körper, der von 2 kongruenten, in parallelen Ebenen liegenden *n*-Ecken (*Grundflächen*) u. *n*-Parallelogrammen begrenzt ist. – **2.** *Optik:* durchsichtiger, keilförmiger Körper; dient zur Totalreflexion von Lichtstrahlen (z.B. im *Prismenglas*) oder zur Zerlegung von Licht in die Spektralfarben. Ein P. kann aus Glas, Quarz oder Steinsalz bestehen.

Priština [ˈpriːʃ-], Stadt im S von Serbien, Hptst. der Prov. *Kosovo,* 100 000 Ew.; Kaisermoschee; Univ.; Textil-Ind., Braunkohlenlager.

Pritchett [ˈprɪtʃɪt], Sir Victor Sawdon, *16.12.1900, engl. Schriftst.; Kurzgeschichten u. Romane über das engl. Kleinbürgertum; 1974–76 Präs. des internat. PEN-Clubs.

privat, 1. nicht öffentlich, persönlich, vertraulich. – **2.** nicht staatlich.

Privatbanken → Banken.

Privatdozent → Dozent.

Privatfernsehen, durch nichtstaatl. Träger organisiertes TV-Programm, das v. a. durch Werbeeinnahmen oder Abonnementsgebühren (*Pay-TV*) finanziert wird; techn. Voraussetzung: Installation der Übertragungswege (Kabelnetze, Satelliten); in Dtld. neben dem *öffentl.-rechtl. Fernsehen* 1987 im *Medienstaatsvertrag* bundesweit festgelegt.

privatisieren, staatl. Vermögen in Privatvermögen umwandeln.

Privatissimum, Hochschulvorlesung oder -übung mit beschränkter Teilnehmerzahl.

Privatklage, *Privatanklage,* Verfolgung einer Straftat durch den Verletzten ohne Anrufung der Staatsanwaltschaft; zulässig wegen einfachen Hausfriedensbruchs, Beleidigung, leichter, gefährlicher u. fahrlässiger Körperverletzung, Bedro-

hung, Verletzung des Briefgeheimnisses, einfacher Sachbeschädigung u. a. Bei öffentl. Interesse kann die Staatsanwaltschaft die Verfolgung des Verfahrens übernehmen, wodurch der Privatkläger zum *Nebenkläger* wird.
Privatrecht →bürgerl. Recht.
Privatschulen, Schulen, die im Unterschied zu den *öffentl. Schulen* von nichtstaatl. Organisationen gebildet u. geführt werden, jedoch unter staatl. Aufsicht stehen.
Privatwirtschaft, die auf Privateigentum an Produktionsmitteln beruhende, durch selbstgesetzte Ziele bestimmte wirtsch. Tätigkeit von Unternehmen; auch die Gesamtheit aller privaten Unternehmen, im Gegensatz zur *öffentl. Wirtschaft.*
Privileg, Recht eines einzelnen oder einer gesellschaftl. Gruppe, Sonderrecht, Vorrecht.
Prizren, Stadt in der jugoslaw. Prov. Kosovo (Serbien), 42 000 Ew.; oriental. Stadtbild.
pro..., Vorsilbe mit der Bed. »vor, vorher«.
PRO 7, *PRO 7 TELEVISION GmbH,* privater TV-Veranstalter, Sitz: Unterföhring; seit 1989.
pro anno, Abk. *p.a.,* aufs Jahr, jährlich.
Probabilismus, allg. der Grundsatz, sich bei unerreichbarer Gewißheit im Denken u. Handeln auf Wahrscheinlichkeit zu stützen; v. a. ein kath. (bes. von Jesuiten vertretenes) Moralsystem.
Proband [lat.], ein strafgerichtl. Verurteilter, der der Aufsicht eines →Bewährungshelfers unterstellt ist.
Probezeit, im Arbeitsvertragsrecht der Zeitraum, innerhalb dessen ein Teil oder beide Teile feststellen wollen, ob die Arbeitsleistung oder der Arbeitsplatz den Erwartungen entspricht (zw. 1 u. 6 Monaten).
Prochorow [-rɔf], Alexander Michailowitsch, *11.7.1916, russ. Physiker; arbeitete über das Maser-Laser-Prinzip; Nobelpreis 1964.
pro domo, für sich selbst, zum eigenen Nutzen.
Produkt, 1. Erzeugnis, Ergebnis. – 2. Ergebnis der *Multiplikation* von Zahlen; z.B. ist 63 das P. der Zahlen 7 u. 9.
Produktion, die Erstellung von Gütern u. Dienstleistungen durch P.seinheiten des privaten u. öffentl. Bereichs. Man unterscheidet zw. der P. des primären Sektors (Produkte der Land- u. Forstwirtsch. sowie des Bergbaus), des sekundären Sektors (gewerbl. P., Stoffbe- u. Stoffverarbeitung) u. des tertiären Sektors (privat u. öffentl. dargebotene Dienstleistungen).
Produktionsfaktoren, die an der Produktion beteiligten elementaren Einsatzfaktoren; in einzelwirtschaftl. Sicht die versch. Arbeitsleistungen, Betriebsmittel, Werkstoffe u. Leistungen der Betriebsführung, die notwendige Bestandteile des Produktionsprozesses sind. In gesamtwirtschaftl. Sicht unterscheidet man traditionell die P. *Arbeit, Boden* u. *Kapital,* gelegentl. zählt man die *Unternehmensleitung* als »dispositiven Faktor« hinzu.
Produktionsgenossenschaft, Personenvereinigung zum Zweck gemeinsamer Herstellung von Gütern u. ihres Vertriebs auf gemeinsame Rechnung.
produktiv, fruchtbar, ertragsfähig; schöpferisch. –
Produktivität, schöpfer. Leistung; Ergiebigkeit des Wirtschaftsprozesses; das Verhältnis von Produktionsmenge *(output)* zu Faktoreinsatz *(input).*
Produzent, Erzeuger, Hersteller.
Prof., Abk. für Professor.
Pro Familia, *Dt. Gesellschaft für Sexualberatung u. Familienplanung e.V.,* 1952 gegr. polit. u. konfessionell neutrale Vereinigung für Hilfeleistung in Fragen der Familienplanung u. Sexualberatung.
profan, weltlich, verweltlicht; Ggs.: sakral.
Profeß, 1. [die], Ablegung der Ordensgelübde der Armut, der Ehelosigkeit u. des Gehorsams. – 2. [der], Ordensangehöriger, der die P. abgelegt hat.
Professional [prou'feʃənəl], Berufssportler.
Professor, Hochschullehrer, in manchen Ländern (z.B. Östr.) auch für Lehrer an höheren Schulen.
Profi, Kurzwort für *Professional.*
Profil, 1. Seitenansicht des Gesichts oder eines Gegenstands. – **2.** Kerbung (bes. von Reifen u. Schuhsohlen). – **3.** Abbildung, senkr. Schnitt durch einen Teil der Erdkruste zur Veranschaulichung der Schichtenlagerung.
Profit, Einkommenskategorie marktorientierter Wirtschafts- u. Gesellschaftssysteme, die auf der privaten Verfügung u. der Disposition über Vermögen (Kapital) beruht; *i.w.S.* Vermögenseinkommen (Zins, Rente) u. ein Arbeitseinkommensanteil (Unternehmerlohn); *i.e.S.* der nach Abzug von Zins, Rente u. Unternehmerlohn verbleibende Restgewinn. – **profitieren,** Profit, Gewinn erzielen; Nutzen haben.
Profit-Center ['prɔfit 'sentə], ein Unternehmensbereich, für den eine Erfolgsrechnung erstellt wird. Ein P. umfaßt z.B. Einkauf, Lagerung, Fertigung u. Absatz für eine marktfähige Erzeugnisgruppe. Die P.-Organisation erlaubt eine bessere wirtschaftl. Kontrolle über einzelne Bereiche.
pro forma, der Form nach, zum Schein.
profund, tief, gründlich.
Progesteron →Sexualhormone.
Prognose, Vorhersage, z.B. eines Krankheitsverlaufs, einer wirtsch. Entwicklung.
Programm, 1. Arbeitsplan, Darlegung der Grundsätze (bes. von Parteien u. Gemeinschaften); Reihenfolge von Veranstaltungen u. Festlichkeiten, Spielplan, Sendefolge. – **2.** eine nach den Regeln der verwendeten P.iersprache abgefaßte Vorschrift, die alle notwendigen Elemente zur Lösung einer bestimmten Aufgabe mit Hilfe eines Computers enthält.
Programmiersprache, künstl. Sprache für das Programmieren von Computern. Die Sprache, die der Rechner direkt versteht, ist die binär verschlüsselte *Maschinensprache.* Der Maschinensprache angeglichen, aber für den Menschen besser lesbar, sind die *maschinenorientierten P.n (Assembler).* Die weiteste Verbreitung finden heute die *höheren, problemorientierten P.n,* von denen einzelne für spezielle Anwendungsgebiete bes. geeignet sind (z.B. *Cobol* für den kaufmänn. Bereich, *Algol* u. *Fortran* für den techn.-wiss. Bereich). Die Umwandlung des in einer höheren P. geschriebenen Programms in die Maschinensprache besorgt ein geeignetes Übersetzungsprogramm (Compiler oder Interpreter).
Programmusik, im Ggs. zur *absoluten Musik* der Versuch, in der Instrumentalmusik außermusikal. Vorgänge (seel. Erlebnisse, äußere Eindrücke u. a.) musikal. darzustellen. Als Begr. der modernen P. gilt H. Berlioz, ihre wichtigste Gatt. war die *sinfon. Dichtung,* die etwa Mitte des 19. Jh. entstand u. von vielen Komponisten gepflegt wurde.
Progreß, Fortschritt, Fortgang.
Progression, 1. Fortgang als Steigerung, z.B. bei arithmet. oder geometr. Reihen. – **2.** Zunahme des prozentualen Steuersatzes bei Zunahme der zu versteuernden Werte.
progressiv, fortschreitend; fortschrittlich.

progressive Paralyse →Paralyse.
Progymnasium, unvollständiges Gymnasium, dem die oberen 3 Klassen fehlen.
Prohibition, Verhinderung, Verbot; bes. ein USamerik. Gesetz, das die Herstellung u. den Verkauf von alkohol. Getränken unterbinden sollte; 1919 als 18. Verfassungszusatz verabschiedet, 1933 wieder aufgehoben.
Projekt, Plan, Vorhaben, Absicht.
Projektil, Geschoß.
Projektion, 1. *Geometrie:* die Abbildung von Raumgebilden auf eine Ebene. – **2.** *Kartographie:* Karten-P., Abbildung des Gradnetzes der Erdoberfläche in der Kartenfläche. – **3.** *Optik:* das Erzeugen eines reellen opt. Bilds auf einer Bildwand, Mattscheibe u. a. mit Hilfe eines *Projektors, Projektionsapparats* u. a. – **4.** *Psychologie:* unbewußtes Übertragen von »Innenvorgängen« (z.B. Empfindungen) in die Außenwelt.
Projektionsapparat, zusammenfassende Bez. für *Diaskop, Episkop* u. *Epidiaskop,* opt. Geräte zur Abbildung durchsichtiger (Dias) oder undurchsichtiger Bilder auf größere Flächen. – **Projektor,** *Bildwerfer,* P. für Schmal- oder Kinofilm.
Proklamation, Aufruf, Kundgebung von Regierungen, Bewegungen u. a. zur Verkündung eines bestimmten Zustands (meist Kriegs- oder Belagerungszustand, Revolution, Herrschaftswechsel) oder bestimmter Forderungen.
Proklos, *um 411, †485. grch. Philosoph; leitete die neuplaton. Akademie in Athen.
Prokofjew, *Prokofieff,* Sergej Sergejewitsch, *1891, †1953, russ. Komponist u. Pianist; in seinen frühen Werken maßgebl. an der Ausbildung einer antiromant. Musiksprache beteiligt, gelangte P. unter dem Einfluß doktrinärer Kulturpolitik zunehmend zu einer traditionsverhafteten Volkstümlichkeit. Kennzeichnend für sein Werk sind große melod. Linienzüge sowie stark ausgeprägte Motorik u. ein Hang zur Groteske; u. a. Opern, Ballette (z.B. »Romeo u. Julia«, »Aschenbrödel«), Sinfonien, die sinfon. Märchen »Peter u. der Wolf«, Klavier- u. Violinkonzerte.
Prokonsul, im alten Rom der gewesene *Konsul;* oft Statthalter einer Provinz.
Prokop, *Procopius von Cäsarea,* *um 490, †um 562, byzantin. Geschichtsschreiber; berichtete von *Belisars* Feldzügen, veröffentlichte eine Skandalchronik des byzantin. Hofs.
Prokopjewsk, Bergbau- u. Ind.-Stadt in Rußland, in W-Sibirien, 278 000 Ew.; Steinkohlenbergbau, Masch.-, petrochem. u. Nahrungsmittel-Ind.
Prokura, ins Handelsregister einzutragende, vom Inhaber des Handelsgeschäfts oder seinem gesetzl. Vertreter erteilte Vollmacht, alle Arten von Geschäften u. Rechtshandlungen vorzunehmen, die der Betrieb eines Handelsgewerbes mit sich bringt. – **Prokurist,** Inhaber einer P.
Prokurator, in Frankreich der Staatsanwalt *(Procureur de la République);* im Röm. Reich der höchste Verwaltungsbeamte einer kleinen Prov.; in der Rep. Venedig Titel der 9 höchsten Beamten.
Prolactin, *Lactotropin,* Abk. *LTH,* ein Hormon, das die Milchsekretion auslöst u. eine vermehrte Bildung von *Progesteron* bewirkt.
Prolet, (abwertend:) ungebildeter Mensch.
Proletariat, im alten Rom die ärmsten Bürger, die nicht einmal die niedrigste Steuerklasse erreichten; nach dem Sprachgebrauch des Marxismus die Klasse der besitzlosen u. ausgebeuteten Lohnarbeiter, die mittels des Klassenkampfs zur *Diktatur des P.* gelangen soll.
Prolog, Vorrede; im Theater das Vorspiel oder die Einführung in das Stück.
Prolongationsgeschäft, eine Form des Termingeschäfts, bei der die Erfüllung des Geschäfts durch Einschaltung eines Dritten auf den nächsten Termin verschoben wird.
Promesse, Versprechen; Urkunde, bes. im Effektenverkehr, mit Leistungsversprechen.
Prometheus, im grch. Mythos Sohn des Titanen *Iapetos* u. der *Klymene;* knetete aus Lehm u. Wasser die ersten Menschen, denen er das von Zeus gehütete Feuer brachte. Aus Rache wurde P. an einen Felsen geschmiedet; ein Adler fraß ihm seine immer nachwachsende Leber, bis er von *Herakles* befreit wurde.
Promethium, ein →chemisches Element.
pro mille, *per mille,* Abk. *p.m.,* v.T., Zeichen ‰, je Tausend; das *Promille,* ein Tausendstel.

Wichtige Programmiersprachen (Auswahl)		
Abk.	Name/Herkunft	Anwendung
ALGOL	*Algorithmic Language*	Algorithmische Programmiersprache für mathematische u. technisch-wissenschaftliche Probleme
APT	*Automatic Programming for Tools*	Numerische Steuerung von Werkzeugmaschinen
ASSEMBLER	*Assembly Language*	Maschinenorientierte Programmiersprache
BASIC	*Beginners All-Purpose Symbolic Instruction Code*	Leicht erlernbare Programmiersprache
C	von B. W. Kernighan u. D. M. Ritchie, USA, entwickelt	Höhere Programmiersprache mit ASSEMBLER-nahen Eigenschaften
COBOL	*Common Business Oriented Language*	Kaufmännische Anwendungen
FORTRAN	*Formula Translation*	Technisch-wissenschaftliche Probleme
LISP	*List Processing Language*	Künstliche Intelligenz (KI); Listenverarbeitung
PASCAL	Weiterentwicklung von ALGOL	Höhere Programmiersprache für strukturierte Programmierung
PL/1	*Programming Language/1*	Algorithmische Programmiersprache, vereinigt Vorzüge von ALGOL u. COBOL
PROLOG	*Programming in Logic*	Künstliche Intelligenz (KI)

720 Promiskuität

Prostitution im Amsterdamer »Roten Viertel«

Promiskuität, häufiger Wechsel des Geschlechtspartners.
Promoter [prəm'autə], Veranstalter von Sportwettkämpfen (bes. Boxen u. Ringen), Konzerten, Tourneen u. ä.
Promotion, 1. Prüfungsverfahren zur Erlangung der Doktorwürde. – **2.** →Sales Promotion.
Pronomen, *Fürwort,* Wortart, die Substantive vertritt; Arten: Personal-P. *(persönl. Fürwort* [ich, du, er ...]), Demonstrativ-P. *(hinweisendes Fürwort* [dieser, jener]), Relativ-P. *(bezügl. Fürwort* [der, welcher]), Interrogativ-P. *(fragendes Fürwort* [wer?]), Indefinit-P. *(unbestimmtes Fürwort* [jemand]), Possessiv-P. *(besitzanzeigendes Fürwort* [mein, dein, sein ...]), Reflexiv-P. *(rückbezügl. Fürwort* [sich]).
Pronuntius, päpstl. Gesandter, der den Hl. Stuhl bei einem Staat u. zugleich bei der Ortskirche vertritt.
Propädeutik, Vorbildung, Vorübung; Einführung in eine Wissenschaft.
Propaganda, Beeinflussung der öffentl. Meinung durch Wort, Schrift, Bild, Musik, Sinnbild u. Aktion; hpts. in polit. Absicht.
Propan, aliphat., gasförmiger Kohlenwasserstoff, $CH_3-CH_2-CH_3$; farb- u. geruchlos; Nebenprodukt der Kokereien u. Erdölaufbereitungsanlagen; hpts. für Beleuchtungs- u. Heizzwecke verwendet.
Propeller →Luftschraube, →Schiffsschraube.
Propen, *Propylen,* ungesättigter aliphat. Kohlenwasserstoff, $CH_2=CH-CH_3$; ein zu den *Olefinen* zählendes, farbloses Gas, das beim Crackprozeß von Erdölen gewonnen wird.
Prophet, der Empfänger einer göttl. Offenbarung durch Gesichte *(Vision)* oder Hören *(Audition)* u. Künder des Gotteswillens oder des Verborgenen u. des Zukünftigen (Heil, Unheil, Wetter). Bes. Bedeutung haben die P. im AT. Nach dem Umfang der prophet. Bücher unterscheidet man 4 »große« P.: *Jesaja, Jeremia, Hesekiel* u. *Daniel,* u. 12 »kleine« P.: *Hosea, Joel, Amos, Obadja, Jona, Micha, Nahum, Habakuk, Zephanja, Haggai, Sacharja* u. *Maleachi.*
Prophylaxe, Vorbeugung; Maßnahme zur Verhütung von Krankheiten.
Propionsäure, *Propansäure,* eine aliphat. Carbonsäure; zur Verhütung von Schimmelbildung bei Brot u. Käse eingesetzt. Die Konservierung von Schnittbrot mit P. ist in Dtld. seit 1988 verboten.
Proportion, 1. Ebenmaß, Größenverhältnis. – **2.** Gleichung zw. 2 Zahlenverhältnissen, z.B. $a:b = c:d$; aus ihr folgt die Produktengleichung $a \cdot d = b \cdot c$. – **P.ale,** jede der 4 Größen einer P.
Proporz, in Östr. u. in der Schweiz Kennzeichnung für das Verhältniswahlrecht.
Propst, in der kath. Kirche Vorsteher eines Dom- oder Stiftskapitels; in der ev. Kirche Titel des Pfarrers einer Hauptkirche.
Propyläen, säulengetragene Eingangs- oder Vorhalle zu einem grch. Heiligtum, z. B. P. der Akropolis zu Athen.
Prorogation, 1. Aufschub, Verlängerung einer Frist. – **2.** im Zivilprozeß die in bestimmten Fällen mögl. Vereinbarung der Parteien, daß der Rechtsstreit von einem an sich örtl. oder (u.) sachl. unzuständigen Gericht des ersten Rechtszugs entschieden werden solle.
Prosa, nicht durch Vers oder Reim gebundene Sprache. Sprechweise des Alltags u. der Wiss. In der Dichtung vorzugsweise dann verwandt, wenn ein sachl., wirklichkeitsnaher Stil erreicht werden soll, z.B. im Roman oder im naturalist. Drama. – **prosaisch,** in Prosa abgefaßt; meist übertragen verwendet: phantasiearm, nüchtern.
Prosektor, Leiter der patholog. Abt. **(Prosektur)** eines Krankenhauses.
Proseminar, Einführungsübung für Studenten in den ersten Semestern.
Proserpina, röm. Name der grch. Göttin *Persephone.*
Prospekt, 1. genaue, perspektiv.-raumillusionist. Darst. einer Stadt- oder Landschaftsansicht; z.B. in der Bühnenmalerei. – **2.** der vor der Zulassung eines Wertpapiers zum amtl. Börsenhandel zu veröffentlichende Bericht, der eine Beurteilung des Wertpapiers bzw. des ausgebenden Unternehmens ermögliche soll. – **3.** die Orgelfassade. – **4.** meist bebilderte Werbeschrift.
prospektieren, abbauwürdige Lagerstätten durch geolog. Beobachtung, geophysikal. u. geochem. Methoden ohne größere Schürf- u. Bohrarbeiten aufspüren.
prosperieren, gedeihen, blühen, gut vorankommen (bes. wirtsch.). – **Prosperität,** Erfolg, Wohlstand, wirtsch. Blüte.
Prost, Alain, * 24.2.1955, frz. Automobilrennfahrer; Weltmeister (Formel I) 1985, 1986, 1989 u. 1993.
Prostaglandin, Sammelname für eine Gruppe von Gewebshormonen aus der Vorsteherdrüse *(Prostata)* u. a. Organgeweben.
Prostata, *Vorsteherdrüse,* Anhangsdrüse des männl. Geschlechtsapparats der Säugetiere. Beim Menschen ein kastaniengroßes, drüsiges, mit glatter Muskulatur durchzogenes Organ, das unterhalb der Blase den hinteren Teil der Harnröhre ringförmig umfaßt; im höheren Alter entstehen oft Vergrößerungen (bis Apfelgröße), die den Harnabfluß stören *(P. hypertrophie).*
Prostitution, gewerbsmäßiges Anbieten des eigenen Körpers zur sexuellen Befriedigung anderer gegen Entgelt; in Häusern (→Bordell) oder auf der Straße (»auf den Strich gehen«, auch als »Auto-Strich«), auch zum homosexuellen Verkehr (Strichjungen). Der P. nachgehende Personen *(Dirnen, Freudenmädchen, Prostituierte;* euphemistisch in der Antike: *Hetären,* in der Neuzeit: *Kurtisanen)* werden in den meisten Staaten zur Bekämpfung der Geschlechtskrankheiten gesundheitspolizeil. überwacht.
Proszenium, Vorbühne oder vorderste Zone der Bühne; im klass. Theaterbau Übergang zw. Bühne u. Zuschauerraum.
Protagonist, im grch. Theater urspr. der erste Sprecher; übertragen: Vorkämpfer.
Protagoras, * um 480 v. Chr., †410 v. Chr., grch. Philosoph; bereitete die radikale Erkenntniskritik der Sophistik vor.
Proteasen, *Peptidasen,* Enzyme, die Eiweiße u. Peptide abbauen. Bek. P. sind das in der Magenschleimhaut gebildete *Pepsin* sowie das *Trypsin* u. das *Chymotrypsin* aus der Bauchspeicheldrüse.
Protégé [-'ʒeː], Schützling, Günstling. – **protegieren,** jemanden fördern.
Proteide, *zusammengesetzte Eiweißstoffe,* Eiweißstoffe, die aus Aminosäuren u. eiweißfremden Bestandteilen zusammengesetzt sind; in der Natur weiter verbreitet als die *Proteine.*
Proteine, *einfache Eiweißstoffe,* Eiweißstoffe, die allein aus Aminosäuren aufgebaut sind. Zu ihnen gehören u. a. *Albumine, Globuline* (beide z.B. im Blutserum), *Protamine* (in Samenkörnern u. im Fischsperma).
Protektion, Schutz; Förderung, Gönnerschaft. – **P.ismus,** Schutz der inländ. Erzeuger vor dem Wettbewerb des Auslandes durch Einfuhrkontingente, Schutzzölle u. a. – **Protektor,** Beschützer, Gönner.
Protektorat, halbkoloniale »Schutzherrschaft« vorw. eines europ. Staats *(Schutzmacht)* über ein afrik. oder asiat. Gebiet. Das P. unterscheidet sich von einer *Kolonie* durch die etwas größere Autonomie, die jedoch nie Souveränität bedeutet. Die weitaus meisten P. sind inzwischen unabh.
Proteohormone, Hormone mit Eiweißcharakter, z.B. das *Parathormon* der Nebenschilddrüse u. einige Hormone der Hypophyse.
Proterozoikum, *Eozoikum, Archäozoikum, Erdfrühzeit,* umfaßt *Archaikum,* Alt- u. *Jungalgonkium.* →Erdzeitalter.
Protest, 1. Einspruch, Widerspruch, Vorbehalt, Verwahrung. – **2.** im Wechsel- u. Scheckrecht die notarielle Beurkundung der Verweigerung 1. der Zahlung, 2. beim Wechsel auch des Akzepts. Der P. muß innerhalb einer bestimmten, kurzbemessenen Frist eingelegt werden.
Protestantismus, von der Bez. *Protestanten* für die ev. Reichsstände, die sich auf dem 2. Reichstag zu Speyer (1529) den Beschlüssen der kath. Reichsstände in der »Protestation« widersetzten, abgeleitete Gesamtbez. für alle aus der *Reformation* des 16. Jh. hervorgegangenen Formen des Christentums, im Unterschied zum Katholizismus u. zum Ostkirchentum. Der P. hat sich von Anfang an in versch. Formen entwickelt. Nach ihrem Ursprung kann man unterscheiden: 1. die auf die Wittenberger Reformation u. bes. auf die Lehre M. *Luthers* zurückgehenden luth. Kirchen; 2. die auf die schweizer. Reformation H. *Zwinglis* u. J. *Calvins* zurückgehenden i.e.S. Reformierten (Presbyterian.) Kirchen; 3. die auf die Reformation in England zurückgehende *Anglikanische Kirche;* 4. die zumeist auf reformiertem u. anglikan. Boden gewachsenen selbst. Kirchengemeinschaften bes. Ursprungs: Kongregationalisten (Independenten), Baptisten, Methodisten, freie Kirchen u. Gemeinden.
Proteus [-tɔis], in der grch. Sage ein weissagender Meergreis mit der Gabe, sich in jede beliebige Gestalt zu verwandeln.
Prothese, Ersatzglied für fehlende Körperteile durch Nachbildungen aus körperfremdem Material: künstl. Gebiß, Glasauge u. künstl. Glieder.
Protisten, *Urtierchen,* einzellige Lebewesen tier. *(Protozoen)* u. pflanzl. Art *(Protophyten).* In ihnen erblickt man die gemeinsame Wurzel von Tier- u. Pflanzenreich.
Protium, neuere Bez. für das *Wasserstoffisotop* ^1H mit dem Atomgewicht 1,008; der Atomkern besteht aus einem Proton.
proto..., Wortbestandteil mit der Bed. »wichtigster, erster, vorderster«.
Protokoll, 1. Niederschrift einer Verhandlung. – **2.** diplomat. Zeremoniell; als diplomat. Schriftstück auch die Aufzeichnung über einen rechtserhebl. Vorgang; vielf. auch die Form der Vereinbarung über Nebenfragen eines Vertrags.
Proton, positiv geladenes Elementarteilchen, zus. mit dem Neutron Baustein des Atomkerns. Die P.en bilden den wesentl. Teil der kosm. Strahlung.
Protophyten, die niedrigste morpholog. Organisationsstufe der Pflanzen, umfaßt alle einzelligen Pflanzen sowie die lockeren Zellverbände, die noch nicht im Sinn einer Arbeitsteilung differenziert sind.
Protoplasma, *Plasma,* von der Zellmembran – bei Pflanzen außerdem von der Zellwand – umgebene lebende Masse der Zelle.
Prototyp, Urbild, Muster; als Einzelmodell (in geringer Zahl) gebautes techn. Erzeugnis (Maschine, Kraftwagen).
Protozoen, *Urtiere, Einzeller,* mikroskop. kleine Tiere, die aus einem Zellkörper, dem Protoplasma, u. einem oder mehreren Kernen bestehen.

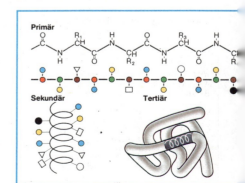

Proteine: schematische Darstellung des strukturellen Aufbaus

Protuberanz, Gaseruption aus der Sonne, mit großer Geschwindigkeit oft bis zu 1 Mio. km über die Sonnenoberfläche aufsteigend.
Pro u. Contra, das Für u. Wider.
Proudhon [pru'dõ], Pierre Joseph, *1809, †1865, frz. Sozialist; einer der Begr. des Anarchismus; bekämpfte das Eigentum (»Eigentum ist Diebstahl«) u. propagierte ein System gegenseitiger Dienstleistungen *(Mutualismus).*
Proust [pru:st], Marcel, *1871, †1922, frz. Schriftst.; schrieb gesellschaftskrit. Romane, W »Auf der Suche nach der verlorenen Zeit«.
Prout [praut], William, *1785, †1850, brit. Arzt u. Chemiker; stellte 1815 die P.sche Hypothese auf, daß die Atome aller Elemente aus Wasserstoffatomen aufgebaut seien.
Provence [pro'vãs], histor. Ldsch. im SO Frankreichs, zw. Mittelländ. Meer, unterer Rhône u. Meeralpen; alte Hptst. *Aix-en-P.;* ein von der *Durance* durchflossenes Gebirgsland; mildes subtrop. Klima, mediterrane Vegetation; Landw.; Fremdenverkehr. – G e s c h .: seit 879 zum Kgr. Niederburgund, seit 934 zum Kgr. Burgund (Arelat) u. seit 1032 zum Dt. Reich; bis 1481 gehörte die P. dem Haus Anjou, danach fiel sie an die frz. Krone.
Proviant, Vorrat an Lebensmitteln, bes. bei der Versorgung von Truppen u. Expeditionen.
Providence ['prɔvidəns], Hptst. u. größte Stadt von Rhode Island (USA), 157000 Ew.; Univ. (1764); versch. Ind.; Hafen, Flugplatz.
Provinz, 1. größeres (staatl. oder kirchl.) Verwaltungsgebiet; Hinterland im Gegensatz zur Hptst.; iron.-abwertend für »rückständige Gegend«. – **2.** *Röm. Reich:* ein von den Römern erobertes u. beherrschtes Gebiet, von einem *Prokonsul* oder *Propraetor* verwaltet. Die ältesten röm. P. waren Sizilien, Sardinien u. Korsika.
Provision, Vergütung für die Besorgung oder Vermittlung von Geschäften in Prozenten vom Umsatz.
provisorisch, vorübergehend, vorläufig, behelfsmäßig. – **Provisorium,** vorläufiger Zustand, behelfsmäßige Einrichtung.
Provokation, Herausforderung; im Völkerrecht Herausforderung fremder Staaten, insbes. durch Drohung mit Nachteilen, Ankündigung rechtswidriger Handlungen u. ä. – **provokativ,** herausfordernd; **provozieren,** etw. heraufbeschwören, hervorrufen.
Proxima Centauri, der erdnächste Fixstern (4,3 Lichtjahre entfernt), Begleiter des Sterns α Centauri, nur mit Fernrohren zu erkennen.
Prozent, Zeichen %, Abk. v. H., vom Hundert, Hundertstel (3% = $^3/_{100}$).
Prozeß, 1. Ablauf, Vorgang, Verfahren. – **2.** förml. behördl., v. a. gerichtl. Verfahren. Die Regelung der Prozesse, das *P.-Recht,* ist in vielf. als *P.-Ordnungen* bezeichneten Gesetzen enthalten, u. zwar gesondert für den Zivil-P., den Straf-P. u. die Prozesse der Verfassungsgerichtsbarkeit, der Verwaltungsgerichtsbarkeit, der Finanzgerichtsbarkeit, der Arbeitsgerichtsbarkeit, der Sozialgerichtsbarkeit u. des Dienststrafverfahrens. Grundsätze des modernen Prozesses, von denen es aber Ausnahmen gibt, sind in allen P.-Arten, bes. ausgeprägt im Straf-P.: das *Recht auf Gehör* sowie *Mündlichkeit* u. *Öffentlichkeit* der Verhandlung u. die Befugnis zur Ablehnung von Gerichtspersonen, die Konzentration des Verfahrens u. hinsichtl. der Erhebung von Beweisen die *freie Beweiswürdigung.*
Prozeßagent, eine Person, der von der Justizverwaltung das geschäftsmäßige Auftreten vor Gericht in fremden Rechtsangelegenheiten gestattet ist, ohne daß sie als *Rechtsanwalt* zugelassen ist.
Prozession, feierl. Umzug um ein Heiligtum oder zu einem Heiligtum, auch um ein bestimmtes Gebiet, für das man bes. Segen erbittet.
Prozessionsspinner, *Thaumatopoeidae,* Nachtschmetterlinge Afrikas, Asiens u. Europas, deren Raupen *(Prozessionsraupe, Heerwurm)* nachts in langen geschlossenen Reihen zum Fressen auf die Bäume ziehen.
Prozeßkosten, Gerichtskosten u. außergerichtl. Kosten (bes. Anwaltskosten).
Prozeßkostenhilfe, bis 1980 *Armenrecht,* die vollständige oder teilweise Befreiung einer minderbemittelten Prozeßpartei von den Prozeßkosten; Nachweis durch eine zu belegende Erklärung (fr. *Armutszeugnis).*
Prozessor, in der Datenverarbeitung urspr. eine Einheit, die einen Prozeß betreut. Heute kann ein P. sehr viele Prozesse prakt. gleichzeitig betreuen *(CPU).*

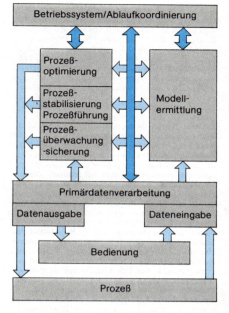

Prozeßrechner: Aufbau und Funktion

Prozeßrechner, elektron. Rechenanlage v. a. zur Steuerung industrieller Prozesse, meist ein Digitalrechner hoher Geschwindigkeit.
Prschewalskij, Nikolaj Michailowitsch, *1839, †1888, russ. Forschungsreisender; erforschte die Wüste Gobi, den Kunlun u. das Tarimbecken; entdeckte das *P.-Pferd* (mongol. Wildpferd) u. das wilde Kamel.
Prudentius, Aurelius P. *Clemens,* *348, †405 (?), lat. Dichter; erfüllte die klass. Formen in Lyrik u. Epik mit christl. Inhalten u. beeinflußte die gesamte Dichtung des MA.
Prud'hon [pry'dõ], Pierre-Paul, *1758, †1823, frz. Maler u. Zeichner; Gemälde nach Stoffen antiker Mythologien in frühklassizist. Stil mit nachklingendem Rokoko.
Prüm, Stadt in Rhld.-Pf., am Südrand der Schneifel, 4900 Ew.; Benediktinerabtei (721–1802), barocke Basilika (1721–30).
Prünelle, *Brünelle, Brinelle,* Trockenpflaume.
Prunskienė ['brunskjɛnɛ], Kazimiera Danute, verh. *Tarwidene,* *1943, lit. Politikerin; Mitgl. der lit. Unabhängigkeitsbewegung SAJUDIS; 1990/91 Min.-Präs. von Litauen.
Prunus, Gatt. der *Rosengewächse,* zu der u. a. *Aprikose, Kirschbaum, Mandelbaum, Pfirsich, Pflaume* gehören.
Pruritus, Hautjucken, Reizzustand der Hautnerven, der vielerlei Ursachen haben kann, z.B. Hautkrankheiten, Insektenstiche.
Prus, Bolesław, eigtl. Alexander *Głowacki,* *1847, †1912, poln. Schriftst. u. Publizist (Romane mit soz. u. polit. Tendenz).
Prusias, Könige von Bithynien; insbes. *P. I.,* etwa 230–182 v. Chr., der *Hannibal* auf seiner Flucht vor den Römern Unterkunft gewährte.
Pruth, rumän. *Prut,* der antike *Pyretus,* l. Nbfl. der Donau, 950 km; entspringt im N der Ostkarpaten, bildet mit Mittel- u. Unterlauf die Grenze zw. Rumänien u. Moldova, mündet östl. von Galatz.
Pruzzen, balt. Volksstamm; gaben *Preußen* den Namen.
Przemyśl ['pʃɛmisjl], poln. Stadt in Galizien, 66000 Ew.; Dom (13. u. 15. Jh.), Schloß (17. Jh.), Renaissancehäuser; versch. Ind.
Przybyszewski [pʃibi'ʃɛfski], Stanisław, *1868, †1927, poln. Schriftst.; Vertreter des »Jungen Polen« (Werke mit antibürgerl. Tendenz).
PS, 1. Abk. für *Pferdestärke.* – **2.** Abk. für *Postskriptum.*
Psalmen, im AT 150 Lieder u. Gebete der israelit. Gemeinde, die im *Buch der P. (Psalter)* zusammengefaßt sind. Die Sammlung ist wahrsch. in der makkabäischen Zeit (um 165 v. Chr.) abgeschlossen, enthält aber sehr alte Lieder.
Psalmodie, das Singen von Psalmen, im christl. Gottesdienst Wechselgesang.
Psalter, 1. → Psalmen. – **2.** Psalterium, altes, aus dem Orient stammendes Saiteninstrument.

pseudo..., Wortbestandteil mit der Bed. »falsch, scheinbar, vorgetäuscht«.
Pseudokrupp, akute Kehlkopf- u. oft auch Luftröhrenentzündung bei Kindern, entweder im Verlauf eines Katarrhs der oberen Luftwege oder ohne Vorsymptome; kennzeichnend sind Anfälle mit Husten, Heiserkeit, Atemnot; Ursachen v. a. versch. Infektionen, allerg. u. tox. Faktoren sowie Luftverschmutzung.
Pseudonym, Deckname für Schriftst., Schauspieler u. Artisten *(Künstlername);* auch die unter einem Deckname erschienene Schrift selbst.
Psi-Funktion, hypothet. menschl. Fähigkeit, die *außersinnl. Wahrnehmung* u. *Psychokinese* erklären soll.
Psilomelan, *schwarzer Glaskopf,* ein Mineral; Manganerz.
Psilophyten, *Nacktfarne,* die ältesten Landpflanzen, erscheinen im Devon; Stammgruppe der *Farne, Bärlappgewächse, Schachtelhalme* u. *Blütenpflanzen.*
Psittakose, Papageienkrankheit.
Pskow, dt. *Pleskau,* Hptst. der gleichn. Oblast in Rußland, oberhalb der Mündung der Welikaja in den *P.er See,* 202000 Ew.; HS, berühmter Kreml (12.–16. Jh.) mit Hl.-Dreifaltigkeits-Kirche (12. Jh.); Handelshäuser (16./17. Jh.).
Psoriasis → Schuppenflechte.
Psychagogik, Form der psych. Hilfe, die über Umorientierung u. Selbsterziehung die Bewältigung der Lebensaufgaben ermöglichen soll; in enger Beziehung zur *Psychotherapie.*
Psyche, 1. Seele. – **2.** nach einem Märchen des *Apuleius* Geliebte des Amor (Eros).
psychedelisch, Bez. für den durch Rauschmittel (insbes. *Halluzinogene)* ausgelösten Zustand der halluzinatorischen »Bewußtseinserweiterung«, der gekennzeichnet ist durch den Verlust des Zeitgefühls, den Eindruck der Schwerelosigkeit, die Auflösung der gegenständl. Erfahrungen u. ä. – Unter *psychedelischer Kunst* versteht man Werke, die unter Drogeneinfluß entstanden sind oder ähnl. Alpträume u. Visionen wiedergeben.
Psychiatrie, *Seelenheilkunde,* Fachgebiet, das sich mit seel. Krankheiten, Störungen u. Behinderungen, sog. *Geistes- u. Gemütskrankheiten,* wie *Psychosen, Neurosen, Psychopathien* u. a. befaßt. Spezialgebiete der P.: *Klinische P., forens. (gerichtl.) P., Sozial-P., Kinder- u. Jugend-P.* u. a. – **Psychiater,** Arzt für P.
psych[o]..., Wortbestandteil mit der Bed. »Seele, Geist, Gemüt«.
Psychoanalyse, Lehre S. *Freuds* von der Dynamik des unbewußten Seelenlebens u. die darauf beruhende Methode zur Behandlung bestimmter seel. Erkrankungen (Neurosen). Der **Psychoanalytiker** versucht, durch Befragung des Patienten sowie durch Erzählenlassen von Träumen u. unangenehmen Erlebnissen ins Unbewußte verdrängte Inhalte wieder ins Bewußtsein zu heben.
Psychodrama, psychotherapeut. Methode zum Abreagieren von Affekten u. zum Bewußtmachen verdrängter Inhalte u. verborgener Selbstheilungstendenzen; schauspieler. Darst. der Konflikte.
psychogen, seel. bedingt, aus der Psyche heraus entstanden.

Fronleichnamsprozession auf dem Rhein

Psychologie, Wiss. von den Erscheinungen des Seelenlebens, welche die Funktionen u. Zustände des Denkens, Fühlens, Wahrnehmens sowie deren Zusammenhänge mit körperl. Vorgängen untersucht; Hauptgebiete: 1. *Theoret. P.,* die aufgrund empir. Befunde u. der Überprüfung einzelner Theorien die allgemeinsten Gesetzmäßigkeiten des Psychischen aufstellt; 2. *Angewandte P.,* die sich mit ihren zahlr. Bereichen auf das prakt. u. kulturelle Leben bezieht, z.B. *Arbeits-, Betriebs-, Pädagog. P., Werbe-P.*

Psycho-Onkologie, eine med. Arbeitsrichtung, die die Rolle psych. Faktoren bei der Krebsentstehung u. bei der Betreuung Krebskranker erforscht.

Psychopath, Mensch, der an *Psychosen* oder *Neurosen* leidet. – **Psychopathie,** von der Norm abweichendes psych. Verhalten. – **Psychopathologie,** Wiss. von den seel. Störungen, Abnormitäten u. Funktionsstörungen; Grundlage der *Psychiatrie* u. *Psychotherapie*.

Psychopharmaka, Arzneimittel, bei denen eine Beeinflussung der seel. Vorgänge im Vordergrund steht; 1. *Neuroplegika (Neuroleptika),* beruhigende, dämpfende Wirkung, z. T. mit antipsychot. Effekt; entspr. auch die *Psychoplegika (Psycholeptika);* 2. *Psychosedativa (Tranquilizer, Ataraktika),* dämpfende Wirkung; 3. *Thymoleptika (Thymoplegika),* »aufhellende«, stabilisierende, z. T. anregende Wirkung; 4. *Psychoenergetika (Psychotonika),* anregende, aktivierende Wirkung; 5. *Psychotomimetika (Psychedelika),* halluzinator. Wirkung; i.w.S. auch Rausch- u. Schlafmittel.

Psychophysik, seit G. T. *Fechner* (1860) der experimentelle Zweig der *Psychologie,* der sich mit den gesetzmäßigen Beziehungen zw. den meßbaren Gegebenheiten der physik. Umwelt (Reize) u. dem erlebten psych. Abbild (Empfindungen) beschäftigt.

Psychosen, seel. Krankheiten, die auf ererbten Bedingungen *(endogene P.)* oder auf erworbenen Schädigungen *(exogene P.)* beruhen.

Psychosomatik, med.-psych. Arbeits- u. Forschungseinrichtung, die sich mit den Wechselwirkungen zw. Seele u. Körper u. bes. mit den seel. Einflüssen auf körperl. Geschehen bei der Entstehung von Krankheiten u. Gesundheitsstörungen befaßt.

Psychotherapie, Behandlung psych. Störungen durch seel. Mittel u. Beeinflussung, z.B. Suggestion, autogenes Training, Hypnose, Psychoanalyse, Gruppen-, Verhaltens- oder Familientherapie.

Pt, chem. Zeichen für *Platin.*

Ptah → ägyptische Religion.

Pterosaurier, *Flugsaurier,* fliegende Reptilien des Mesozoikums (Jura bis Kreide) mit verlängerten Vorderextremitäten u. Flughäuten; berühmte Funde im Malm von Solnhofen in Bayern *(Pterodactylus* u. *Rhamphorhynchus)* u. in der Oberkreide Nordamerikas *(Pteranodon,* über 8 m Flügelspannweite).

Ptolemäer, makedon.-grch. Königsgeschlecht 323–30 v. Chr. in Ägypten; alle Herrscher trugen den Namen *Ptolemaios* (lat. *Ptolemäus*). – **Ptolemaios I.** *Soter,* König von Ägypten seit 305 v. Chr., Satrap seit 323 v. Chr., * vor 360 v. Chr., † 283 v. Chr., Freund u. General *Alexanders d. Gr.,* nahm im Verlauf der Diadochenkämpfe den Königstitel an u. wurde damit Gründer der Dynastie. Er ernannte 285 v. Chr. seinen Sohn *Ptolemaios II. Philadelphos* zum Mitregenten u. Nachfolger. Letzte Repräsentantin der P. war *Kleopatra VII.*

Ptolemäus, Claudius, bekanntester Geograph, Mathematiker u. Astronom des Altertums, lebte um 140 n. Chr. in Alexandria. Sein Hptw. »*Almagest*« begr. er das geozentr. *Ptolemäische Weltsystem* (die Erde als Mittelpunkt des Planetensystems).

Ptyalin, Stärke abbauendes Enzym im Speichel.

Pu, chem. Zeichen für *Plutonium.*

Pub [pʌb], Bierlokal oder Bar nach engl. Vorbild.

Pubertät, Zeitabschnitt im *Jugendalter,* in dem der heranwachsende Jugendliche die *Geschlechtsreife* erlangt; in Mitteleuropa bei Mädchen ab dem 11., bei Jungen ab dem 12. Lebensjahr; in körperl. Hinsicht gekennzeichnet durch das erste Auftreten der Regel *(Menarche)* beim Mädchen bzw. von Samenergüssen (als *Pollution*) beim Jungen sowie durch die endgültige Ausprägung der *sekundären Geschlechtsmerkmale* (z.B. Bartwuchs, Stimmlage); typ. seel. Erscheinungen: z.B. innere Unausgeglichenheit u. nonkonformist. Neigungen.

Publicity [pʌˈblisiti], öffentl. Aufsehen; Werbung, Propaganda, die den Bekanntheitsgrad einer Person oder Sache sichern soll.

Public Relations [ˈpʌblik riˈleiʃənz], Abk. *PR, Öffentlichkeitsarbeit,* geplantes u. dauerndes Bemühen, Verständnis u. Vertrauen in der Öffentlichkeit aufzubauen u. zu pflegen (für Wirtschaftsunternehmen, Institutionen oder Einzelpersonen).

Public Schools [ˈpʌblik skuːlz], exklusive, private Internatsschulen in England, z.B. *Eton, Harrow, Rugby.*

publik, öffentl., allg. bekannt. – **Publikation,** Veröffentlichung. – **Publikum,** Öffentlichkeit; Besucher, Zuhörer u. Zuschauer. – **publizieren,** veröffentlichen, bekanntmachen. – **Publizist,** Angestellter oder freier Mitarbeiter publizist. Einrichtungen; Journalist, Schriftst., Redakteur oder Hrsg., auch Publizistik- u. Kommunikationswissenschaftler. – **Publizistik,** alle öffentl. Aussagen in Wort u. Ton, Bild u. Film, vermittelt durch die »Medien« Bild u. Plakat, Buch u. Presse, Rundfunk, Film u. Fernsehen; allg. auch Lehre von den Massenmedien.

Puccini [puˈtʃiːni], Giacomo, * 1858, † 1924, ital. Komponist; Opern: »Manon Lescaut«, »La Bohème«, »Tosca«, »Madame Butterfly«, »Turandot« u. a.

Puck, 1. beim Eishockey die runde Hartgummischeibe, die mit dem Eishockeyschläger gespielt wird. – **2.** Kobold in *Shakespeares* »Sommernachtstraum«.

Pückler-Muskau, Hermann Fürst von, * 1785, † 1871, dt. Schriftst. u. Gartenkünstler; schuf die Parks von Muskau u. Branitz im Stil des engl. Landschaftsgartens.

Pudel, urspr. als Jagdhund gezüchtete Hunderasse, heute als Modehund in drei großen Spielarten gehalten: *Groß-(Königs-)P., Klein-P.* u. *Zwerg-P.,* wolliges in versch. Weise geschorenes Fell.

Puder, pulverförmiges Medikament, Hautpflege- oder Schönheitsmittel.

Pudowkin, Wsewolod Illarionowitsch, * 1893, † 1953, russ. Filmregisseur u. Schriftst. (v. a. Stummfilme »Mutter«).

Pudu, *Spießhirsch, Mazama,* Gatt. der *Hirsche,* deren Geweih nur als Spieß ausgebildet ist; im W-Teil von Südamerika; hierzu der *Chilenische P.* (nur 34 cm hoch).

Puebla de Zaragoza [-ðe saraˈgosa], Hptst. des zentralmex. Bundesstaats Puebla, östl. des Popocatépetl, 2155 m ü. M., 786 000 Ew.; Kathedrale (16./17. Jh.); Univ.; Leder-, Textil-, Glas-, keram. u. landw. Ind.

Pueblo-Indianer, seßhafte Indianerstämme in Colorado, Arizona u. New Mexico, die burgartig aneinander- u. stufenförmig aufeinandergebaute Häuser *(Pueblos)* aus Lehmziegeln bewohnen; meist Bodenbauern; wichtigste Stämme: *Hopi, Keres, Tano, Zuñi.*

Puerto Barrios, größter Hafen von Guatemala, am Golf von Honduras, 39 000 Ew.; Exporthafen am Karib. Meer für El Salvador.

Puerto Cabello [-kaˈbeljo], Hafen in NW-Venezuela, am Karib. Meer, 94 000 Ew.; u. a. Nahrungsmittel-, Baustoff- u. chem. Ind., Erdölraffinerie, Werft.

Puerto de la Cruz [-ðə la ˈkruθ], Hafenstadt an der N-Küste der span. Kanareninsel Teneriffa, 21 000 Ew.; Altstadt mit histor. Bauten; Fremdenverkehrszentrum.

Puerto Montt, Hptst. der südchilen. Prov. Llanquihue, Hafen an der Küste des Pazif. Ozeans, 110 000 Ew. (viele Deutsche).

Puerto Rico, kleinste Insel der Großen Antillen, 8683 km², zus. mit den Inseln *Mona, Vieques* u. *Culebra* insges. 8897 km², 3,7 Mio. Ew., Hptst. *San Juan.* – Die Insel P.R. wird von einem zentralen Faltengebirge (bis 1338 m) durchzogen. P.R. hat trop. Klima mit einem regenreichen Nordteil u. einem trockeneren Südteil. Rd. 80% der Bevölkerung sind Weiße, 20% Schwarze u. Mulatten. – Bis zu Beginn der 1960er Jahre war Zucker das wichtigste Exportgut. Die chem. u. die Textilind. sowie der Maschinenbau haben heute weit größere Bedeutung. Der Fremdenverkehr nimmt zu.

Geschichte. 1493 wurde P.R. von C. *Kolumbus* entdeckt, seit 1508 von Spaniern kolonisiert. 1898 wurde es von den USA annektiert. 1917 erhielt es beschränkte Selbstverwaltung, die 1952 zum Dominion-Status umgewandelt wurde. 1967 sprach sich die Bevölkerung in einer Volksabstimmung für die Beibehaltung des seit 1952 geltenden Status aus, der P.R. als einen den USA assoziierten Staat (nicht US-Bundesstaat) definiert.

Puerto-Rico-Graben, Tiefseerinne im Atlantik, im S-Teil des Nordamerikan. Beckens; am W-Ende die *Milwaukee-Tiefe,* mit 9219 m die größte bek. Tiefe des Atlantik.

Pufendorf, Samuel Frhr. von, * 1632, † 1694, dt. Rechtslehrer; Historiograph am schwed. u. brandenburg. Hof; führender Vertreter des *Naturrechts* als Vernunftsrecht u. des *Völkerrechts,* Wegbereiter der Aufklärung.

Puffer, Vorrichtung zur Aufnahme u. zum Abbremsen von Druck- u. Stoßkräften.

Pufferstaat, ein Mittel- oder Kleinstaat, der geograph. zw. größeren Staaten liegt u. unmittelbare territoriale Reibungen u. Zusammenstöße verhüten soll.

Pufferung, die Aufrechterhaltung einer bestimmten Acidität oder Alkalität (pH-Wert) von Lösungen durch Zugabe von Lösungen bestimmter Salze oder Salzgemische *(Pufferlösungen).*

Puffotter, bis 1,5 m lange, sehr gefährl. Giftschlange des trop. u. südl. Afrika.

Puffreis, geschälter, durch Dämpfen unter hohem Druck stark aufgequollener Reis. – Puffmais: *Popcorn.*

Pugatschow [-ˈtʃof], Jemeljan Iwanowitsch, * um 1742, † 1775 (hingerichtet), Kosakenführer; brachte als Führer des Kosaken- u. Bauernaufstands 1773–75 fast ganz S-Rußland unter seine Herrschaft.

Puget [pyˈʒɛ], Pierre, * 1622, † 1694, frz. Maler, Bildhauer u. Architekt; schuf insbes. Marmorgruppen von extrem naturalist. Bewegtheit.

Pula, ital. *Pola,* Hafenstadt in Kroatien, im S der Halbinsel Istrien, 50 000 Ew.; Reste eines röm. Triumphbogens, Amphitheater; Schiffbau u. vielseitige Ind.; Kriegs- u. Handelshafen.

Pulcinella [-tʃi-], *Policinello,* Typ des frechen Dieners im S-ital. Volkslustspiel; über die *Commedia dell'arte* in das Puppentheater gelangt.

Pulheim, Stadt in NRW, nw. von Köln, 48 000 Ew.; Walzwerk.

Pulitzer, Joseph, * 1847, † 1911, US-amerik. Journalist u. Verleger ung. Herkunft; ermöglichte durch eine Stiftung den **P.-Preis,** der seit 1917 jährl. für bes. literar. u. publizist. Verdienste vergeben wird.

Pullmann [-mən], George Mortimer, * 1831, † 1897, US-amerik. Industrieller; führte für die Eisenbahn Schlafwagen, Speisewagen sowie gut ausgestattete Durchgangswagen *(P.-Wagen)* ein.

Pullover, *Pulli,* eine über den Kopf zu ziehende Strickbluse; fr. *Sweater,* um 1920 *Jumper* genannt.

Pulpa, 1. Zahnmark; weiche, blutgefäß- u. nervenreiche Gewebemasse in der Zahnhöhle; **Pulpitis,** Zahnmarkentzündung. – **2.** Milzgewebe.

Pulpe, 1. *Pülpe,* Fruchtstücke, die durch Kochen sterilisiert oder durch chem. Konservierungsmittel haltbar gemacht werden; Rohmaterial für Konfitüren. – **2.** Rückstand der Stärkefabrikation aus Kartoffeln oder Getreide; zu Sprit verarbeitet oder als Viehfutter verwendet.

Pulque [-kɛ], *Pulke,* vergorener Saft der *Agave,* berauschendes Nationalgetränk der Mexikaner.

Puls, die vom Herzen bei jeder Kontraktion ausgehende Druckwelle in den elast. Adern.

Pulsar, astronom. Radioquelle (Himmelskörper), die mit großer Regelmäßigkeit Radioimpulse aus-

Die Welt des Ptolemäus (Sternatlas von A. Cellarius)

Puma

sendet. Die Perioden liegen etwa zw. 0,033 u. einigen Sekunden. Man vermutet, daß es sich bei den P.en um schnell rotierende Neutronensterne handelt, die das Endstadium in der Entwicklung eines Sterns nach dem Ausbruch einer Supernova erreicht haben. Man kennt bisher 250 P.

Pulver, 1. allg.: sehr fein zerteilter Stoff. – **2.** i.e.S.: *Schieß-P.*, ein Explosivstoff. Man unterscheidet das schon sehr lange bekannte *Schwarz-P.*, das aus einem Gemisch von Kohlenstoff, Schwefel u. Salpeter besteht, u. das *rauchschwache P.* aus gelatinierter *Nitrocellulose*, der für bestimmte Zwecke auch *Nitroglycerin* beigemischt wird.

Pulver, Liselotte, *11.10.1929, schweiz. Schauspielerin (u. a. in »Ich denke oft an Piroschka«, »Das Wirtshaus im Spessart«).

Puma, *Silberlöwe*, gelbl. bis silbergrau gefärbte Kleinkatze von rd. 130 cm Körperlänge; von Kanada bis S-Argentinien verbreitet.

Pumpen, Maschinen zur Förderung von Flüssigkeiten oder auch Gasen. Nach Ausführungsform oder Verwendungsart unterscheidet man: 1. K o l b e n - P.: a) *Saug-* oder *Hub-P.:* Die Flüssigkeit wird durch einen Kolben angesaugt, strömt beim Zurückgehen des Kolbens durch ein Ventil in den Hubraum u. wird beim zweiten Ansaugen nach außen gefördert; b) *Druck-P.:* Die Flüssigkeit wird über ein Saugventil durch einen Kolben angesaugt u. tritt bei dessen Rückgang durch ein Druckventil in die Druckleitung. – Die Kolben-P. unterteilt man auch in *Tauchkolben-* (Plunger-), *Flügelrad-, Zahnrad-, Stufen-* oder *Differential-P.* 2. K r e i s e l - P. *(Schleuder-P.):* Die Flüssigkeit tritt in der Mitte eines Laufrads ein u. wird durch dessen schnelle Umdrehung in die Leitung gedrückt. 3. S t r a h l - P.: *Dampfstrahlpumpe,* mit hohem Druck wird der Dampfstrahl durch eine Düse in ein sich verengendes Rohr geblasen. Infolge der hohen Geschwindigkeit reißt der Dampfstrahl die in dem Rohr befindl. Luft oder das Wasser mit sich fort u. erzeugt dadurch Unterdruck.

Pumpernickel, aus Westfalen stammendes schwarzbraunes Roggenschrotbrot mit süßl. Geschmack.

Pumphose → Pluderhose.

Pumps [pœmps], leichte, stark ausgeschnittene Damenhalbschuhe.

Pumpspeicherwerk, ein Kraftwerk, in dem während der Nacht mit Hilfe von überschüssigem elektr. Strom Wasser in ein hochgelegenes Speicherbecken gepumpt wird. Bei Entnahmespitzen am Tag treibt das gespeicherte Wasser Turbinen an.

Puna, Hochland zw. 3000 u. 4500 m in den Anden Argentiniens, N-Chiles, Boliviens u. Perus; Strauch- u. Grassteppe; Viehwirtschaft (Lama, Alpaka); verbreitet Salztonflächen.

Punch [pʌntʃ], lustige Figur der engl. Komödie seit Ende des 17. Jh.; entspricht dem dt. *Kasperl.*

Punchingball [pʌntʃiŋbɔːl], *Plattformball,* birnenförmiger, an einer Plattform oder einem Holzring leicht bewegl. aufgehängter, 30–40 cm langer Vollball; Trainingsgerät zur Verbesserung der Schlagschnelligkeit.

Punier [-niːər], Bez. der Römer für die *Karthager.*

Punische Kriege, die 3 Kriege zw. den Römern u. Karthagern (Puniern) um die Vorherrschaft im westl. Mittelmeer: *1. Punischer Krieg,* 264–201 v. Chr.: Die Karthager verloren Sizilien u. die umliegenden Inseln an Rom. – *2. Punischer Krieg,* 218–201 v. Chr.: Feldzüge *Hannibals* nach Italien, zunächst siegreich (216 v. Chr. bei *Cannae),* 202 v. Chr. Sieg des *Cornelius Scipio Africanus* bei *Zama* (Nordafrika) über Hannibal; Auslieferung aller auswärtigen Besitzungen u. der Flotte an Rom. – *3. Punischer Krieg,* 149–146 v. Chr.: Zerstörung Karthagos durch *Cornelius Scipio Africanus Numantinus.*

Punjab [ˈpʌndʒɑb], **1.** *Pandschab, Panjab,* Prov. in Pakistan, zw. dem Mittellauf des Indus u. der ind. Grenze. – **2.** Bundesstaat in → Indien, im Vorland des nw. Himalaya.

Punkt, 1. Zeichen der Multiplikation, z.B. 3 · 7 *(mal).* – **2.** typograph. P., Maßeinheit für die Schriftgröße: 1 p = 0,376 mm (in dem bei uns gebräuchl. *Didot-System).* – **3.** die Schnittstelle zweier Linien; ohne Ausdehnung. – **4.** hinter eine Note gesetztes Zeichen, das ihren Zeitwert um die Hälfte verlängert *(punktierte Note).* Über oder unter der Note stehend ist der P. Vortragsbez. für *staccato* bzw. mit Bogen für *portato.* – **5.** 1. → Zeichensetzung; 2. → Punktation. – **6.** Bewertungseinheit bei vielen Sportarten (P.-Wertung, P.-System).

Punktalgläser, konvex-konkave Brillengläser, die auch bei schrägem Lichteinfall eine punktförmige (anastigmatische) Abb. erzeugen.

Punktation, 1. Verwendung diakritischer Zeichen (Punkte) zur Darst. der Vokale in arab. Lehr- u. a. Schriften. – **2.** *Völkerrecht:* schriftl. Festlegung u. Paraphierung eines Verhandlungsergebnisses, meist eines Vertragsentwurfs.

Punktion, Entnahme von Flüssigkeiten u. Gewebsstückchen aus dem Körper mit Spezialinstrumenten, für diagnost. oder therapeut. Zwecke.

Punsch, heißes Getränk aus Wein oder Wasser, Tee, Arrak (auch Rum), Zitronensaft u. Zucker.

Punta Arenas, Hptst. der S-chilen. Region Magallanes, an der Magellan-Straße, 120000 Ew.; südlichste Stadt der Erde; Hafen- u. Handelszentrum Patagoniens.

Punze, *Bunze,* Stift oder Stempel aus Stahl, mit dem in Metall (auch Leder u. a.) Verzierungen (Zeichen, Muster) eingetrieben werden *(punzieren);* auch zur Kennzeichnung des Feingehalts von Silber- oder Goldwaren.

Pupille, Sehloch in der Regenbogenhaut des Auges, erscheint beim Gesunden schwarz, verengt sich reflektor. bei Lichteinfall u. erweitert sich bei Verdunkelung *(P.nreaktionen).*

Puppe, 1. v. a. für Kinder bestimmte plast. Nachbildung des menschl. Körpers oder von Märchen- u. Sagengestalten; seit der Zeit der fr. Hochkulturen (Ägypten) wie auch im Kunsthandwerk der Naturvölker anzutreffen. – **2.** Ruhestadium in der Entwicklung von Insekten mit vollkommener Verwandlung vor der Umbildung zum fertigen Insekt *(Imago, Vollkerf).*

Puppenräuber, *Calosoma,* Gatt. der *Laufkäfer,* die häufig auf Bäume steigen u. die Larven u. Puppen von Insekten erbeuten; bunt-metall. schillernd; in Dtld. 5 Arten (unter Naturschutz).

Puppenspiel, *Puppentheater, Figurentheater,* bei fast allen Völkern bestehendes Theater mit Puppen; mit Vollkörperpuppen *(Handpuppen, Marionetten, Stock-* oder *Stabpuppen)* oder mit flachen Puppen *(Schattenpuppen, Schattenspiel).* Die Ursprünge des P. liegen im myth. Bereich des Götterkults. Hinweise auf sein Vorhandensein im Altertum gibt es aus Ägypten, Ostasien, Indien. Das dt. P. war eine weitgehende Nachahmung der Personenbühne u. ihrer Akteure, insbes. des alten Volkstheaters mit der Hauptfigur des *Hanswurst (Kasper).* In neuester Zeit kam es zur Neubesinnung auf die illusionist. u. surrealen Mittel des P.

Purana, altind. mytholog.-gelehrte Schriftwerke, teils kanon. Charakters.

Purcell [pəːsl], **1.** *Edward Mills,* *30.8.1912, US-amerik. Physiker; Arbeitsgebiete: magnet. Momente der Atomkerne, Radiowellenspektroskopie; Nobelpreis (zus. mit F. *Bloch)* 1952. – **2.** *Henry,* *1659, †1695, der bedeutendste engl. Komponist der Barockzeit (u. a. Kirchenkantaten, Oden, Kammermusik, Opern).

Purimfest, *Losfest,* am 14. Adar (Febr./März) gefeiertes (spät-)jüd. Volksfest zur Erinnerung an die Errettung der Juden durch Ester.

Purin, *Imidazo-Pyrimidin,* eine organ.-chem., heterocyclische Verbindung, Ausgangsprodukt der P.-Gruppe *(Purine,* Harnsäure-Verbindungen); entsteht im tier. u. pflanzl. Stoffwechsel (z.B. *Coffein).*

Purismus, Reinigungsbestrebung, bes. zur Reinigung der Sprache von Fremdwörtern u. fremden Wortformen.

Puritaner, seit Mitte des 16. Jh. Bez. für alle streng calvinist. gesinnten Protestanten in England u. Schottland, die auf persönl. Heilsglauben (Bewußtsein der Auserwählung), Einfachheit (Abschaffung der Priestergewänder u. Vereinfachung der Liturgie) u. enge Moral drängten u. das Episkopalsystem der Staatskirche ablehnten: *Presbyterianer, Independenten, Kongregationalisten, Quäker.*

Purpur, rotvioletter Farbstoff, der schon im Altertum (bes. von den Phöniziern) aus den *Purpurschnecken* gewonnen wurde; heute synthet. hergestellt.

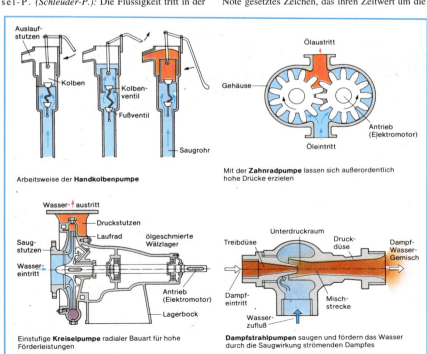

Pumpen

gerade, regelmäßige, vierseitige Pyramide — schiefe, dreiseitige Pyramide — Pyramidenstumpf

Pyramide

Purrmann, Hans, *1880, †1966, dt. Maler u. Graphiker; neben O. *Moll* u. R. *Levy* Hauptvertreter der dt. Matisse-Schule; v. a. Bildnisse, Stilleben u. südl. Landschaften.

Purtscheller, Ludwig, *1849, †1900, östr. Bergsteiger; Erstbesteiger des Kilimandscharo (1889).

Pusan, *Fusan,* wichtigste Hafenstadt Südkoreas, an der SO-Küste, 3,85 Mio. Ew.; HS; Ind.-Zentrum. Fischereihafen, Flughafen.

Puschkin, bis 1917 *Zarskoje Selo,* 1917–37 *Detskoje Selo,* Stadt in Rußland, südl. von St. Petersburg, 90 000 Ew.; fr. Sommerresidenz des Zaren; *P.-Museum.*

Puschkin, Alexander Sergejewitsch, *1799, †1837, russ. Dichter; Begr. der modernen russ. Literatur u. Dichtungssprache, Wegbereiter des Realismus; W Versroman »Eugen Onegin«, »Bjelkins Erzählungen« (darin »Der Postmeister«), »Boris Godunow«.

Puẞta, *Puszta,* steppenartiges Grasland der ung. Tiefebene, durch extensive Viehzucht (bes. Rinder) genutzt; in jüngster Zeit durch den Gewinn weiterer bewässerter Ackerbauflächen verringert.

Pustel, *Pustula,* Eiterbläschen auf der Haut.

Puter [der], *Pute,* [die] → Truthühner.

Putsch, gewaltsamer Umsturzversuch oder Umsturz, polit. Revolte, Staatsstreich.

Putte → Putto.

Puttgarden, Fährhafen der *Vogelfluglinie* auf der Insel Fehmarn.

Putto [der], *Putte* [die], in der bildenden Kunst eine nackte Knabengestalt mit oder ohne Flügel; Mischwesen aus antiken *Eroten* u. christl. *Engeln*; in weltl. Darstellungen *Amoretten*.

Putumayo, l. Nbfl. des Amazonas, 1600 km; bildet die Grenze zw. Kolumbien u. Peru, mündet als Içá bei Santo Antônio do Içá.

Putzger, Friedrich Wilhelm, *1849, †1913, dt. Pädagoge; veröffentlichte 1877 den »Histor. Schulatlas für höhere Schulen«.

Puvis de Chavannes [py'vidʃa'van], Pierre-Cécile, *1824, †1898, frz. Maler (Wandgemälde in strengem, flächenrhythm. Monumentalstil).

Puy [py'i] → Le Puy.

Puy de Dôme [py'idə'dom], höchster, erloschener Vulkan in der nördl. Auvergne (Mittelfrankreich), bei Clermont-Ferrand, 1465 m.

Pu Yi [pu:i], *1906, †1967, als *Xuantong* letzter Kaiser von China 1908–12, durch die Revolution von 1911/12 gestürzt, 1932 Präs.; 1934–45 Kaiser von Mandschukuo; danach in sowj. u. chin. Gefangenschaft.

Puzo, Mario, *15.10.1920, US-amerik. Schriftst. ital. Abstammung; realist. Unterhaltungsromane um ital. Einwanderer u. über die Mafia; W »Der Pate«, »Der Sizilianer«.

Puzzle [pʌzl], Geduldsspiel, bei dem aus zahlr. einander in Form u. Farbe ähnl. Einzelteilen ein Bild zusammengesetzt werden muß.

PVC, Abk. für *Polyvinylchlorid.*

Pyämie, Blutvergiftung *(Sepsis)* als Folge einer Verschleppung von Eitererregern im Körper auf dem Blutwege.

Pygmäen, Sammelbez. für die kleinwüchsigen, dunkelhäutigen, kurz-kraushaarigen, nomadisierenden Wildbeuterstämme in den trop. Regenwäldern Zentralafrikas.

Pygmalion, grch. Sagenkönig, verliebte sich in eine von ihm selbst geschaffene Mädchenstatue; *Aphrodite* hauchte ihr Leben ein.

Pygmide, Sammelbez. für alle Menschengruppen mit angeborener Kleinwüchsigkeit, die *Pygmäen* in Afrika, die *Negritos* in SO-Asien u. Melanesien u. a. kleinere Gruppen.

Pykniker, ein Körperbautypus; → Konstitution.

Pyknometer, Gerät zur Dichtebestimmung von Flüssigkeiten.

Pylades, in der grch. Sage Freund des *Orest.*

Pylon, in der ägypt. Baukunst Eingangsturm in den Toranlagen der Tempel seit dem Mittleren Reich. – **2.** Seiltragstütze einer Hängebrücke.

Pynchon ['pintʃən], Thomas, *8.5.1937, US-amerik. Schriftst.; stilist. virtuose Prosa der Postmoderne: »V«, »Die Enden der Parabeln«, »Vineland«.

Pyramide, 1. monumentaler Grabbau der ägypt. Pharaonen in P.nform; bek. v. a. die *Cheops-P.* In den alten Kulturen Mittel- u. S-Amerika bildeten die P. als *Stufen-P.n* meist den Unterbau von Tempeln. – **2.** ein von einem *n*-Eck (Grundfläche *G*) u. *n* Dreiecken (Seitenflächen mit gemeinsamer Spitze) begrenzter Körper (*n*-seitige P.). Der Abstand der Spitze der P. von der Grundfläche heißt Höhe *(h)*. Der Rauminhalt beträgt $V = 1/3 \cdot G \cdot h$. – Ein *P.nstumpf* entsteht aus einer P. durch den Schnitt einer zur Grundfläche parallelen Ebene.

Pyramidenbahn, *Tractus corticospinalis,* wichtige zentralnervöse Leitungsbahn, die die Erregung für die willkürl. Muskelbewegungen vom Gehirn weiterleitet.

Pyramus und Thisbe, babyl. Liebespaar der grch. Sage, dessen Schicksal (Tod durch Mißverständnisse) *Ovid* im 4. Buch seiner »Metamorphosen« behandelt.

Pyrenäen, span. *Pirineos,* frz. *Pyrénées,* Gebirge zw. Spanien u. Frankreich, 440 km lang, 130 km breit; trennt die P.halbinsel vom übrigen Europa. Das von NW nach SO streichende Faltengebirge ist aus Schiefern u. Kreide aufgebaut; zahlr. Quertäler: *West-P.:* Mittelgebirgscharakter, regenreich, dicht bewaldet; von Basken besiedelt; *Zentral-P.:* Maladeta-Gruppe, im Pico de Aneto 3404 m hoch; *Ost-P.:* bis rd. 2900 m; Mittelmeerklima mit Edelkastanien, Ölbäumen u. Weinanbau; zahlr. Thermalbäder u. Wintersportplätze. Im östl. Teil liegt der Zwergstaat *Andorra.*

Pyrenäen-Friede, 1659 zw. *Ludwig XIV.* von Frankreich (vertreten durch Kardinal *Mazarin*) u. *Philipp IV.* von Spanien geschlossener Friede; beendete den 150jährigen Kampf Frankreichs gegen die span.-habsburg. Umklammerung zugunsten der Franzosen.

Pyrenäenhalbinsel, *Iberische Halbinsel,* Halbinsel im äußersten SW Europas. Sie ist im N u. W vom Atlantik, im S u. O vom Mittelmeer umgeben u. durch die 14 km enge *Straße von Gibraltar* von Afrika getrennt. Besteht polit. aus Spanien, Portugal, dem Zwergstaat Andorra u. der brit. Kronkolonie Gibraltar. Die Halbinsel ist ein massiver Hochlandblock, dessen Kern die 650–1000 m hohe innere Hochfläche *(Meseta)* bildet; seine ausgedehnten Tafelhochländer von Alt- u. Neukastilien sind durch das *Kastilische* (oder *Haupt-*) *Scheidegebirge* geteilt. Die Meseta wird von hohen Gebirgen gesäumt (Kantabrisches Gebirge 2648 m; Iberisches Randgebirge 2316 m; Sierra Morena 1796 m), an die sich zwei dreieckige Beckenlandschaften anschließen: im NO das *Ebrobecken,* im S das sich breit zum Meer öffnende *Guadalquivirbecken.*

Pyrethrum, *Flores pyrethri,* Insektenpulver aus den zermahlenen Blütenköpfen einiger Wucherblumenarten.

Pyrgos, *Pirgos,* grch. Stadt auf dem Peloponnes, 21 000 Ew.

Pyridin, eine heterozykl. stickstoffhaltige Verbindung, C_5H_5N; verwendet als Lösungsmittel, zur Vergällung von Spiritus (Denaturierung) sowie für Synthesen.

Pyrimidin, *m-Diazin,* eine heterozykl. Verbindung mit 2 Stickstoffatomen; als Baustein in vielen Naturstoffen, z.B. in Spaltstücken der Nucleinsäuren, in den Purinen, in Vitamin B_1 u. B_2 u. in den Pterinen. P.-Derivate (z.B. Barbitursäure, Sulfonamide) sind wichtige Heilmittel.

Pyrit, *Eisenkies* → Mineralien. P. ist das verbreitetste Schwefelerz.

Pyrmont [auch -'mɔnt], *Bad P.,* Stadt in Nds., im Weserbergland, sw. von Hameln, 21 000 Ew.; Schloß (18. Jh.); Kurort mit Heilquellen u. Moorbädern.

Pyrogallol, *Pyrogallussäure,* dreiwertiges Phenol, chem.: Trihydroxybenzol; starkes Reduktionsmittel, fr. als photograph. Entwicklersubstanz verwendet; dient heute zur Haarfärbung sowie in der Medizin bei Hautkrankheiten.

Pyrolusit, *Weichmanganerz,* ein Mineral.

Pyromanie, krankhafter Trieb zur Brandstiftung.

Pyrometer, Gerät zum Messen hoher Temperaturen.

Pyrop, dunkelroter bis bräunl. Granat.

Pyrophor, feinstes Metallpulver (Eisen, Nickel, Blei), das durch Reduktion von Oxiden im Wasserstoffstrom hergestellt wird. Die P. verbrennen oder verglimmen bei Zutritt von Luft *(Luftzünder).*

Pyrotechnik, Herstellung u. Anwendung der Explosivstoffe, bes. die *Feuerwerkerei.*

Pyroxene, Gruppe von Silicatmineralien.

Pyrrhos, *Pyrrhus,* *319 v. Chr., †272 v. Chr., König von Epirus 306–301 v. Chr. u. 297–272 v. Chr.; 2 Siege über die Römer (280 u. 279 v. Chr.) unter schweren eigenen Verlusten *(P.siege).*

Pythagoras *von Samos,* *um 580 v. Chr., †496 v. Chr., grch. Philosoph; vertrat neben der orph. Lehre von der Wiedergeburt der menschl. Seele wiss., bes. math. Interessen. Der *pythagoreische Lehrsatz* wird P. fälschl. zugeschrieben. – **Pythagoreismus,** die Lehre des *P.* u. seiner Schule. Die Pythagoreer des 5. Jh. v. Chr. *(Philolaos, Archytas)* trieben Mathematik u. Astronomie u. führten die Eigenschaften aller Dinge auf zahlenmäßige Verhältnisse zurück. Die Erde wurde als um ein Zentralfeuer bewegt gedacht; die Planeten, so wurde gelehrt, erzeugten bei ihrer Umdrehung Klänge *(Sphärenmusik).*

pythagoreischer Lehrsatz, Fundamentalsatz der Geometrie: Im rechtwinkligen Dreieck ist die Fläche des Quadrats über der Hypotenuse *(c)* gleich der Summe der Flächen der Quadrate über den beiden Katheten *(a, b)*: $a^2 + b^2 = c^2$.

Pytheas, grch. Gelehrter, reiste um 325 v. Chr. von Massilia (Marseille) nach England, an die mittelnorw. Küste *(Thule)* u. ins Bernsteinland der dt. Küste.

Pythia, die Orakelpriesterin im Apollon-Tempel in Delphi. – **pythisch,** dunkel, orakelhaft (wie die P. in Delphi).

Python, in der grch. Sage ein Drache, Sohn der *Gäa* (Erdmutter), von *Apollon* getötet.

Pythonschlangen, *Pythonidae,* Unterfam. der *Riesenschlangen,* vorw. in der Alten Welt; 4 m, Einzelexemplare bis 9 m lang; hierzu u. a. Netz-, Tiger- u. Königs-Python.

Pyrenäen: Der Pico de Aneto ist die höchste Erhebung des Gebirges

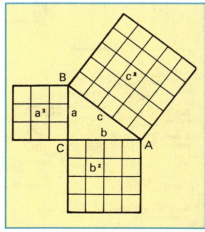

Pythagoras; pythagoreischer Lehrsatz: $a^2 + b^2 = c^2$

vierseitige Pyramide   Pyramide
Pyramide

Purrmann, Hans, *1880, †1966, dt. Maler u. Graphiker; neben O. *Moll* u. R. *Levy* Hauptvertreter...

Pustel, *Pustula,* Eiterbläschen auf der Haut.

Puttgarden, Fährhafen der *Vogelfluglinie* auf der Insel Fehmarn.

in weltl. Darstellungen *Amoretten.*
Putumayo, l. Nbfl. des Amazonas, 1600 km; bildet die Grenze zw. Kolumbien u. Peru, mündet als Içá bei Santo Antônio do Içá.

Puvis de Chavannes [py'vidə[a'van], Pierre-Cécile, *1824, †1898, frz. Maler (Wandmalerei)...
Puy [py'i] →Le Puy.
Puy de Dôme [py'ida'dom], höchster erloschener Vulkan in der nördl. Auvergne (Mittelfrankreich)...

Puzo, Mario, *15.10.1920, US-amerik. Schriftst.

Puzzle [pazl]. Geduldsspiel, bei dem aus zahlr. einander in Form u. Farbe ähnl. Einzelteilen ein Bild zusammengesetzt werden muß.
PVC, Abk. für *Polyvinylchlorid.*
Pyämie, Blutvergiftung (*Sepsis*) als Folge einer Verschleppung von Eitererregern im Körper auf dem Blutwege.
Pygmäen, Sammelbez. für die kleinwüchsigen, dunkelhäutigen, kurz-kraushaarigen, nomadisierenden Wildbeuterstämme in den trop. Regenwäldern...
Pygmalion, grch. Sagenkönig, verliebte sich in eine von ihm selbst geschaffene Mädchenstatue; Aphrodite hauchte ihr Leben ein.
Pygmide, Sammelbez. für alle Menschengruppen mit angeborener Kleinwüchsigkeit, die *Pygmäen* in Afrika, die *Negritos* in SO-Asien u. Melanesien...

Pynchon [pɪntʃən], Thomas, *8.5.1937, US amerik. Schriftst.; stilist. virtuose Prosa der Postmoderne...
Pyramide, 1. monumentaler Grabbau der ägypt. Pharaonen in P.form; bek. v.a. die *Cheops-P.* In den alten Kulturen Mittel- u. S-Amerikas findet die P. als *Stufen-P.*n meist den Unterbau von Tempeln...
Höhe (h). Der Rauminhalt beträgt $V = ⅓ G·h$. Ein **P.nstumpf** entsteht aus einer P. durch den Schnitt einer zur Grundebene parallelen Ebene.
Pyramidenbahn,...
Pyramus und Thisbe, babyl. Liebespaar, der Sage...

Pyrenäen, span. *Pirineos,* frz. *Pyrénées,* Gebirge zw. Spanien u. Frankreich, 440 km lang, 130 km breit... Das bis im NW streichende Faltengebirge ist aus Schiefern u. Kreide aufgebaut; zahlr. Quertäler... deta-Gruppe im Pico de Aneto 3404 m hoch; Ost-P. ... der u. Wintersportplätze. Im östl. Teil liegt der Zwergstaat Andorra.
Pyrenäen-Friede, 1659 zw. *Ludwig XIV.* von...
Pyrenäenhalbinsel, *Iberische Halbinsel,* Halbinsel im äußersten SW Europas. Sie ist im N u. W vom Atlantik, im S u. O vom Mittelmeer umgeben... landblock, dessen Kern das 650–1000 m hohe innere Bergland (*Meseta*) bildet; seine ausgedehnten Faltengebirge von Alt- u. Neukastilien sind durch das Kastilische Scheidegebirge getrennt... sches Randgebirge 2516 m; Sierra Morena 1796 m), an die sich zwei dreieckige Beckenlandschaften anschließen: im NO das *Ebrobecken,* im S das sich breit zum Meer öffnende *Guadalquivirbecken.*
Pyrethrum, *Flores pyrethri,* Insektenpulver aus Blumenarten.
Pyrgos, *Pirgos,* grch. Stadt auf dem Peloponnes, 21000 Ew.
Pyridin, eine heterozykl. stickstoffhaltige Verbindung, C_5H_5N; verwendet als Lösungsmittel, zur Vergällung von Spiritus (*Denaturierung*) sowie für...

Pyrimidin, *m-Diazin,* eine heterozykl. Verbindung mit 2 Stickstoffatomen; als Baustein in vielen Naturstoffen, z.B. in Spaltstücken der Nucleinsäuren, in Vitamin B_1 u. B_2 u. in den Pterinen. P.-Derivate (z.B. Barbitursäure, Sulfonamide) sind wichtige Heilmittel.
Pyrit, *Eisenkies* →Mineralien. P. ist das verbreitetste Schwefelerz.
Pyrmont [auch -'mont], *Bad P.,* Stadt in Nds., im Weserbergland, sw. von Hameln, 21000 Ew....

Pyrogallol, *Pyrogallussäure,* dreiwertiges Phenol, chem. Trihydroxybenzol; starkes Reduktionsmittel, fr. als photograph. Entwicklersubstanz verwendet; dient heute zur Haarfärbung sowie in der Medizin bei Hautkrankheiten.
Pyrolusit, *Weichmanganerz,* ein Mineral
Pyromanie, krankhafter Trieb zur Brandstiftung.
Pyrop, dunkelroter bis brauner Granat.

verringern bei Zufuhr von Luft (*Luftzünder*).
Pyrotechnik, Herstellung u. Anwendung der Ex...
Pyroxene, Gruppe von Silicatmineralien.
Pyrrhos, *Pyrrhus,* ~319 v.Chr., †272 v.Chr., König von Epirus 306–301 v.Chr. u. 297–272 v.Chr. Erfolge über die Römer (280 u. 279 v.Chr.) unter schweren eigenen Verlusten...
Pythagoras von Samos, *um 580 v.Chr. †um... Seele, wiss., bes. math. Interessen. Der *pythagoreische Lehrsatz* wird P. fälschl. zugeschrieben. – **Pythagoreismus,** die Lehre der v. P. gegr. Schule. Die *Pythagoreer* des 5. Jh. v.Chr....
der Geometrie: Im rechtwinkligen Dreieck ist die Fläche des Quadrats über der Hypotenuse (c) gleich der Summe der Flächen der Quadrate über den beiden Katheten (a, b): $a^2 + b^2 = c^2$.
Pytheas, grch. Gelehrter, reiste um 325 v.Chr.... Küste.
Pythia, die Orakelpriesterin im Apollon-Tempel in Delphi.
Python, in der grch. Sage ein Drache, Sohn der *Gäa* (Erdmutter), von *Apollon* getötet.

Pyrenäen: Der Pico de Aneto ist die höchste Erhebung des Gebirges

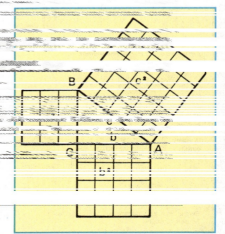

Pythagoras; pythagoreischer Lehrsatz: $a^2 + b^2 = c^2$

Quantenmechanik

wichtigen Teil der modernen theoret. Kernphysik. Die entscheidende Hypothese der Q. lautet: Zu jedem Kraftfeld gibt es *Quanten,* d. h. Teilchen als Träger dieser Kraft. →Quantentheorie.

Quantenmechanik, die von M. *Born,* W. *Heisenberg,* P. *Jordan* u. P. *Dirac* begr. physikal.-math. Theorie, die heute eine widerspruchsfreie Beschreibung der atomaren Vorgänge erlaubt; ein ebenso in sich geschlossenes Gebiet wie die klass. (Newtonsche) Mechanik, die als ein Sonderfall in der Q. enthalten ist.

Quantentheorie, eine physikal. Theorie, die die Atome u. Moleküle sowie ihre Wechselwirkung mit Elementarteilchen beschreibt. Den Ausgangspunkt bildete (1900) die Entdeckung von M. *Planck,* daß man die Energiedichte der Lichtstrahlen eines *schwarzen Körpers* nur dann richtig berechnen kann, wenn man annimmt, daß alle Lichtenergie nur in ganzzahligen Vielfachen von $h \cdot \nu$ abgegeben (emittiert) werden kann. Dabei ist ν die Frequenz des Lichts u. h eine universelle Konstante, nämlich das *Plancksche Wirkungsquantum* ($h = 6{,}626 \cdot 10^{-34}$ J·s). Während Planck dieses Gesetz unter der Annahme von harmon. Oszillatoren ableitete, zeigte A. *Einstein* durch seine Erklärung der Lichtausbeute seines Photoeffekt die Gültigkeit auch für Atome. Damit war die Möglichkeit gegeben, die diskontinuierliche (quantenhafte) Lichtemission u. -absorption von Atomen zu verstehen (*Lichtquanten*). N. *Bohr* u. A. *Sommerfeld* gaben eine Theorie der Spektrallinien, die allerdings noch einige Widersprüche aufzeigte; das dabei von Bohr benutzte Korrespondenzprinzip führte W. *Heisenberg* zu seiner Matrizendarstellung der Quantenmechanik, einer abstrakten math. Theorie, mit der alle Experimente widerspruchsfrei erklärt werden konnten.

Ein anderer Zugang zum Bau der Atome war die Vermutung von L. de *Broglie,* daß nicht nur das Licht, sondern auch alle Materie Wellencharakter habe. Dies wurde durch Experimente bestätigt u. von E. *Schrödinger* in seiner Wellenmechanik mathematisch verarbeitet.

Die Q. liefert zwei sehr wichtige Ergebnisse:
1. Alle atomaren Gesetze haben nur statist. Bed., d. h. man kann nicht für einzelne Elementarteilchen aussagen, was mit ihnen im Lauf der Zeit geschieht; es ist vielmehr nur möglich, für viele Teilchen eine Aussage zu machen. Die Physik ist also im atomaren Bereich nicht mehr determiniert (vorausbestimmbar), wohl aber noch kausal. Für sehr viele Atome gehen die statist. Gesetze in die bekannten Gesetze der klass. Physik über.
2. Die Elementarteilchen treten in den beiden Erscheinungsformen »Korpuskel« (Teilchen) u. »Welle« auf. Eine math. Formulierung dieses *Dualismus* zw. Welle u. Korpuskel gibt die *Heisenbergsche Unschärferelation,* nach der man entweder den Impuls oder den Ort eines Teilchens, niemals aber beide zugleich genau messen kann. Mit Hilfe der Q. konnten z. B. das Periodensystem der Elemente, der Aufbau der Atomhülle u. die Gesetzmäßigkeiten der Spektren erklärt werden. Dabei zeigte sich, daß jedes Elementarteilchen einen eingeprägten Drehimpuls, den *Spin,* hat. P. *Dirac* konnte diese Eigenschaft aus einer die Relativitätstheorie einbeziehenden Gleichung ableiten. Die *Q. der Wellenfelder* (Quantenfeldtheorie) beschreibt die Elementarteilchen mit ihren Wechselwirkungen u. Reaktionen (auch Erzeugung u. Vernichtung von Teilchen): Feldgleichungen der klass. Physik (am bekanntesten sind die Maxwellschen Gleichungen der Elektrodynamik) werden durch Einführung von Quantenbedingungen so umgedeutet, daß den Feldern *Quanten* (Teilchen) zugeordnet sind, z.B. dem elektromagnet. Feld die *Lichtquanten,* dem Kernkraftfeld die *Mesonen.*

Die Entwicklung dieser Q. der Wellenfelder ist noch nicht abgeschlossen.

Quantenzahlen, in der Quantentheorie Zahlen, die die versch. mögl. Zustände eines mikrophysikal. Systems (z.B. Atom, Atomkern) charakterisieren.

Quantifizierung, die Erarbeitung von Größenvorstellungen oder ziffernmäßigen Angaben über Erscheinungen oder Zusammenhänge anhand empir. statist. Daten.

Quantität, Größe, Menge, Zählbarkeit; Ggs.: *Qualität.*

Quantité négligeable [kãtite:negli'ʒabl], eine Größe, die nicht berücksichtigt zu werden braucht.

Quantum, bestimmt begrenzte Menge, Größe.

Quantz, Johann Joachim, * 1697, † 1773, dt. Flötist u. Komponist; seit 1741 am Hof *Friedrichs II.,* der sein Flötenschüler wurde.

Quarantäne [ka-], die Absonderung (urspr. für 40 Tage) von Infektionskranken oder -verdächtigen in geschlossenen Abteilungen.

Quark, [kwɔːk], Name für 1964 von M. *Gell-Mann* u. G. *Zweig* eingeführte hypothet. Ur-Teilchen der Materie, aus denen alle Baryonen (z.B. Proton, Neutron) u. Mesonen (z.B. Pionen) aufgebaut sind. Man nimmt heute 6 Q.s u. 6 Anti-Q.s an.

Quastenflosser

Protonen u. Neutronen setzen sich aus jeweils drei Q.s, Mesonen aus je einem Q. u. einem Anti-Q. zusammen. Der Nachweis der Q.s geschieht experimentell durch Beobachtung von Elementarteilchen in großen Elektron-Positron-Speicherringen (z.B. DESY in Hamburg).

Quark, *Quarg, Matz, Topfen, Glumse, Weißkäse,* durch Säuerung der Milch ausgeschiedener u. aus der Molke abfiltrierter Käse; reich an Eiweiß, Kalk u. Phosphorsalzen. *Speise-Q.* wird vorw. in den Fettstufen 20% Fett i.Tr. u. 40% Fett i.Tr. hergestellt. *Schichtkäse* ist ein Frischkäse, bei dessen Herstellung die Q. schichtweise in Formen geschöpft wird.

Quart [die], beim Fechten ein Stoß oder Hieb gegen die Q.linie (Linie von der linken Schulter zur rechten Hüfte).

Quarta, fr. Bez. für die dritte Klasse des Gymnasiums; entspr. dem 7. Schuljahr.

Quartal, ein Viertel des Jahres.

Quartär, die jüngste Form der Erdneuzeit. →Erdzeitalter (Tabelle).

Quarte, die 4. Stufe der diaton. Tonleiter u. das Intervall zw. dem 1. u. dem 4. Ton.

Quartett, Komposition für vier Singstimmen oder Instrumente, auch die Gruppe von vier Solisten; Streichquartett.

Quartier, 1. Stadtviertel; z.B. *Q. latin* [kartj'e latɛ̃, »gelehrtes Viertel«], das Pariser Studentenviertel. – **2.** Unterkunft, bes. für Truppen (z.B. *Stand-, Winterquartier*).

Quartsextakkord, zweite Umkehrung des Dreiklangs, wodurch dessen Quinte tiefster Ton wird (z.B. g-c-e statt c-e-g).

Quarz, in zahlr. Gesteinsarten als Hauptgemengteil vorkommendes Mineral, aus kristallisiertem wasserfreiem Siliciumdioxid (SiO_2); besteht bei freiem Wachstum aus 6seitigen regelmäßigen Prismen mit aufgesetzten gleichmäßigen Pyramiden. Es findet hpts. Verwendung zur Herstellung von Glas (reiner *Q.sand*) u. Porzellan u. in der Funk- u. Meßtechnik wegen seiner piezoelektr. Eigenschaften. Von techn. Bed. für die Keramik sind bes. die *Quarzite* (Gesteine aus Q.). – Varietäten des Q. sind (oft als Schmucksteine geschätzt): der violette *Amethyst,* der *Aventurin,* der wasserklare *Bergkristall,* der gelbe *Zitrin,* der apfelgrüne *Chrysopras,* der schwarze *Morion,* der lauchgrüne *Prasem,* der braune *Rauch-Q.* (Rauchtopas), der rosenrote *Rosen-Q.,* der bläul. *Saphir-Q.,* ferner *Eisenkiesel, Feuerstein, Jaspis, Opal* (amorphes Siliciumdioxid mit Wassergehalt).

Quarzglas, aus reinstem Quarz (99,5% SiO_2) hergestelltes Glas.

Quarzuhr, eine Uhr, die durch die elektr. erregten elast. Eigenschwingungen einer Quarzplatte gesteuert wird. Die Q. besitzt eine außerordentlich hohe Ganggenauigkeit.

Quasar, *Quasi-Stern, quasistellare Radioquelle,* eine kosmische Radioquelle weit außerhalb der Galaxis; sendet außerordentl. hohe Radiostrahlung aus.

Quasimodo, Salvatore, * 1901, † 1968, ital. Lyriker; schilderte den Menschen in der modernen Gesellschaft; Nobelpreis 1959.

Quasimodogeniti, Name des 1. Sonntags nach Ostern, auch Weißer Sonntag genannt.

Quassie, *Quassia amara,* Stammpflanze des echten Quassiaholzes, aus der Gatt. der Bitterholzgewächse; kleiner, bis 5 m hoher Baum oder Strauch des nördl. S-Amerika.

Quastenflosser, *Crossopterygii,* Ordnung der Fische, die als seit der Kreide (vor 70 Mio. Jahren) ausgestorben galt. Die paarigen Flossen der Q. sind pinselartig gestielt. Die 1938 vor der Küste SO-Afrikas entdeckte Art *Latimeria chalumnae* hat je-

Ausgewählte Quarzarten: Rosenquarz (schwach gefärbt)   *Bergkristall*

Chrysopras   *Rauchquarz*   *Zitrin*

doch 350 Mio. Jahre in den Tiefen des Ind. Ozeans überlebt u. gilt als lebendes Fossil; sie wird bis 1,80 m lang u. 100 kg schwer. Von allen lebenden Tieren steht Latimeria dem Ursprung der Landwirbeltiere am nächsten.

Quästor, altröm. Beamter, →Quaestor.

Quatember, in der kath. Kirche Feier zur geistl. Erneuerung der Gemeinden an einem Tag der 1. Advents- u. Fastenwoche, der Woche vor Pfingsten u. der 1. Oktoberwoche.

Quattrocento [-'tʃɛnto], Bez. für die Kunst des 15. Jh. in Italien.

Quebec [kwi'bɛk, engl.], *Québec* [ke'bɛk, frz.], **1.** Provinz in →Kanada. – **2.** Hptst. von 1), hpts. am linken Ufer des Sankt-Lorenz-Stroms, 165 000 Ew.; Zentrum des frankokanad. Kultur- u. Geisteslebens; Univ. (1852); Handels-, Ind.- u. Verkehrszentrum; 1608 gegr.

Quebracho [kɛ'bratʃo], termitensicheres, sehr hartes u. schweres, rotes oder weißes Holz, das zu 20% gerbende Substanzen *(Tannin)* enthält; von versch. Arten der zu den *Sumachgewächsen* gehörenden südamerik. Bäume der Gatt. *Schinopsis.* Q.-Gerbstoff wird in der Lederind. verwendet.

Quechua ['kɛtʃua] →Ketschua.

Quecke, Gatt. der *Süßgräser*. Die Gewöhnl. Q. ist eines der lästigsten Ackerunkräuter, da die langen, kriechenden u. Ausläufer treibenden Wurzelstöcke sich nur schwer beseitigen lassen. Die Wurzelstöcke werden als harntreibende Droge verwendet. Weitere Arten sind: *Hunds-Q., Binsenartige* oder *Strand-Q.*

Quecksilber, ein →chemisches Element (flüssiges Metall). Vorkommen vorw. als *Q.sulfid* HgS *(Zinnober).* Hauptfundstätten: Idria (Italien) u. Almadén (Spanien). Q.dämpfe u. Q.salze sind sehr giftig. Q. wird in Thermometern, in der wiss. Laboratoriumspraxis, in Form von Amalgam u. a. verwendet.

Quecksilbervergiftung, *Merkurialismus, Hydrargyrose, Hydrargyrismus,* eine durch Einatmung von Quecksilberdämpfen oder durch Quecksilberverbindungen hervorgerufene Erkrankung, die akut zu schwerer Verätzung der Schleimhäute, zu Erbrechen u. Kollaps führt; nach Tagen scheinbarer Besserung schließen sich schwere Darm- u. Nierenschädigungen an. Erste Hilfe: Milchtrinken, Magenentleerung. Daneben kommt die Q. chron. als Folge gewerbl. Schädigung mit Quecksilberpräparaten vor. Sie ist als Berufskrankheit melde- u. entschädigungspflichtig. Eine bes. Form ist die *Minimata-Krankheit,* die durch eine quecksilberverseuchte Umwelt verursacht wird u. sich in einer starken Beeinträchtigung der Nerven- u. Muskelfunktionen auswirkt.

Quedlinburg, Krst. in Sachsen-Anhalt, an der Bode, im nördl. Harzvorland, 29 500 Ew.; König-Heinrich-Dom (11./12. Jh.); rom. Stiftskirche St. Servatii, mit den Gräbern König Heinrichs I. u. seiner Frau Mathilde; im 10./11. Jh. ein bed. Kulturzentrum; Blumen- u. Samenzucht.

Queen [kwi:n], engl.: Königin.

Queensland ['kwi:nzlənd], der nordöstl. Bundesstaat des Austral. Bundes, 1 727 200 km², 2,6 Mio. Ew., Hptst. *Brisbane;* allg. hohe (trop.) Temp.; im Sommer Niederschläge, die zum Landesinneren abnehmen; in der Küstenebene Anbau von Zuckerrohr, Tabak, Weizen; Viehzucht. Bed. Vorkommen von Kupfer, Blei, Zink, Silber, Bauxit u. Kohle. – Q. entstand 1859 durch Ausgliederung aus Neusüdwales.

Queis, poln. *Kwisa,* l. Nbfl. des Bober in Schlesien, 136 km; Talsperren.

Quelimane [kə-], *Kilimane,* Hafenstadt im mittleren Moçambique, nördl. der Sambesi-Mündung. 190 000 Ew.

Quelle, 1. natürl. oder künstl. Austrittsstelle des Grundwassers oder seltener von Wasser aus tieferen Teilen des Erdinnern an die Erdoberfläche. Je nach Art des Grundwasserträgers unterscheidet man *Fels-Q.* (in anstehendem Gestein) u. *Schutt-Q.* (wenn die eigtl. Q. von verwittertem Gestein verschüttet wurde u. das Wasser an einer tieferen Stelle des Hangs austritt). Nach der Art der Schüttung einer Q. unterscheidet man: 1. *perennierende* (dauernd fließende), 2. *episodisch* oder *periodisch fließende,* 3. *intermittierende* (in kurzen Abständen, mehr oder weniger regelmäßig fließende, z.B. der *Geysir).* Von bes. Bed. sind die *Mineral-* u. *Thermal-Q.* Eine Sonderform ist die *Karst-Q.* Nach der Bewegungsrichtung vor dem Austritt des Wassers trennt man *absteigende* oder *Auslauf-Q. (Tal-Q.),* wenn sich Täler bis zum Grundwasserspiegel einschneiden, u. *aufsteigende Q.,* wenn das Wasser unter hydrostat. Druck austritt. *Schicht-Q.* treten auf, wenn es an der Grenze wasserführender gegen wasserstauende Schichten zum Austritt kommt, *Überlauf-Q.* treten am Rand muldenförmig gelagerter wasserstauender Schichten auf. – **2.** histor. Zeugnis. Man unterscheidet Überreste u. Überlieferungen (Traditionen): »Überreste« sind »von sich aus« als Zeugnisse der Vergangenheit auf uns gekommen; »Traditionen« (Chroniken, Memoiren) sind eigens mit dem Ziel, die Nachwelt zu unterrichten, geschaffen worden.

Quellenangabe, gesetzl. vorgeschriebene Angabe der Herkunft eines Werkes.

Queller, *Glasschmalz, Salicornia,* Gatt. der *Gänsefußgewächse;* Pflanzen, die die Landgewinnung an der Meeresküste unterstützen, da sie den Boden entsalzen.

Quellinus, Artus (Arnoldus) d. Ä., * 1609, † 1668, neben L. *Faydherbe* Hauptmeister der fläm. Barockplastik, Ausschmückung des Amsterdamer Rathauses.

Quelpart, korean. *Cheju-do,* gebirgige südkorean. Insel im Ostchin. Meer, 1830 km², bis 1950 m hoch, 470 000 Ew., Hptst. *Cheju.*

Quemoy [kɛ'mɔi], chin. *Kinmen,* zu Taiwan gehörende Inselgruppe vor der Küste der chin. Prov. Fujian, 175 km², 62 000 Ew.; strateg. Stützpunkt mit unterird. Tunnelnetz.

Quempas, *Q.singer* [nach dem lat. Weihnachtslied »Quem pastores laudavere«, »den die Hirten lobeten sehre«], seit dem 15. Jh. bekannter Brauch, am Weihnachtsmorgen Wechselgesänge der Christmette durch vier im Kirchenraum verteilte Sänger aufzuführen.

Quendel →Thymian.

Queneau [kə'no], Raymond, * 1903, † 1976, frz. Schriftst.; zeigt den Menschen als Objekt des Zufalls u. stellt in oft grotesker Form existentielle Leere dar. W »Zazie im Metro«.

Quent, *Quentchen, Quint, Quentin,* altes dt. Handelsgewicht; in Preußen ab 1858: 1. Q. = 1,67 g.

Quercia ['kuɛrtʃa], Jacopo della, * um 1374,

Querfeldeinlauf

† 1438, ital. Bildhauer; Wegbereiter der Renaissance.

Quercy [kɛr'si], Ldsch. in S-Frankreich; ein wenig fruchtbares, dünnbesiedeltes Kalkplateau, Zentrum ist *Cahors.*

Querétaro [kɛ-], Hptst. des gleichn. zentralmex. Bundesstaats, 180 000 Ew.; Univ., Kathedrale u. a. kolonialzeitl. Bauten.

Querfeldeinlauf, engl. *Cross Country,* leichtathlet. Langstreckenlauf quer durch Wald- oder Hügelgelände.

Querflöte, Hauptvertreterin der Flöteninstrumente. Als heutige Orchester-Q. findet fast ausschl. die 1832 von T. Böhm konstruierte *Böhm-Flöte* Verwendung. Umfang: c^1-c^4.

Querfurt, Krst. in Sachsen-Anhalt, westl. von Merseburg, 7600 Ew.; karoling. Burg mit Kapelle (12. Jh.); Lebensmittelind.

Querschiff, *Querhaus, Transept,* quer zur Hauptachse einer Kirche liegender Raum als Grenze zw. Chor u. Langhaus.

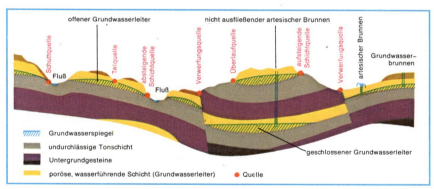

Quellentypen

Querschnitt, Schnitt durch einen geometr. Körper senkr. zur Achse; Ggs.: *Längsschnitt.*

Querschnittslähmung, Lähmung infolge völliger *(totale Q.)* oder teilweiser *(partielle Q.)* Unterbrechung des Rückenmarks an einer bestimmten Stelle, durch Verletzungen, Entzündungen oder Geschwulst. Von da aus abwärts besteht keine (vollständige) Verbindung mehr zu den höheren Abschnitten des Zentralnervensystems, u. die Körperteile unterhalb der Querschnittsläsion sind gelähmt. Die Q. oberhalb des Halsmarks ist meist sofort tödlich.

Quersumme, die Summe der Ziffern einer Zahl; z.B. hat 536 die Q. 5+3+6 = 14.

Querulant, auf sein (angebl.) Recht pochender, streitsüchtiger, dauernd sich beschwerender, lästig fallender (querulierender) Mensch.

Quesenbandwurm, in den Därmen von Hunden schmarotzender *Bandwurm,* 0,6–1 m lang u. 5 mm breit. Die Eier entwickeln sich in den Gehirnen von Schafen, manchmal auch von Rindern zu einer hühnereigroßen Blasenfinne **(Quese).** Sie verursacht die *Drehkrankheit* der Schafe.

Quesnay [kɛ'nɛ], François, * 1694, † 1774, frz. Nationalökonom u. Enzyklopädist; Leibarzt Ludwigs XV. u. der Marquise de Pompadour. Begr. der *Physiokratie.* Sein »Tableau économique« (1758)

Quebec: Blick über die Stadt auf den Sankt-Lorenz-Strom

728 Quesnel

Quipu

ist die erstmalige Darst. eines geschlossenen Wirtschaftskreislaufs.

Quesnel [kɛ'nɛl], Pasquier (Paschasius), * 1634, † 1719, frz. jansenist. Theologe; Oratorianer (bis 1681); durch die »Réflexions morales« in seiner NT-Ausgabe ein Erneuerer des Jansenismus.

Quetelet [kɛt'lɛ], Lambert Adolphe Jacques, * 1769, † 1874, belg. Mathematiker, Statistiker u. Astronom; Begr. der modernen Sozialstatistik.

Quetschung, *Kontusion,* Verletzung durch stumpfe Gewalt.

Quetta, Hptst. der pakistan. Prov. Belutschistan, unterhalb des Bolan-Passes; 290 000 Ew.

Quetzal [kɛt'sal], *Quesal* →Trogons.

Quetzalcoatl [kɛts-], altmex. Gottheit: in Teotihuacan Naturgottheit, bei den Tolteken Gott des Morgensterns, bei den Azteken Gott des Winds, des Himmels u. der Erde. Außer als Federschlange wurde er häufig mit einer schnabelförmigen Maske über der Mundpartie u. oft als bärtig u. hellhäutig dargestellt. Sein wichtigstes Heiligtum befand sich in *Cholula.* Mit dieser Gottesgestalt, die Züge eines Heilbringers u. Kulturheros zeigt, vermischte sich das Bild eines gleichn. Herrschers der *Tolteken,* der zw. 950 u. 1000 der letzte Priesterkönig von *Tula* oder der Führer einer priesterl. oder konservativen Partei war. →Azteken.

Queue [kø], der etwa 1,45 m lange, bis 500 g schwere Billardstock.

Quevedo y Villegas [kɛ'veðo i vil'jɛgas], Francisco Gómez de, * 1580, † 1645, span. Schriftst.; Meister des *Conceptismo,* bed. span. Satiriker; Ⓦ Schelmenroman »Der abenteuerl. Buscon«.

Quezon City [ke'θɔn 'siti], Stadt am NO-Rand von Manila, in Luzon (Philippinen), 1,6 Mio. Ew.; Univ.; 1947 gegr., 1950–76 Hptst. u. Regierungssitz der Philippinen.

Quickborn, 1. Vereinigung von Freunden der ndt. Sprache u. Lit., gegr. 1904, Sitz: Hamburg. – **2.** ein 1909 in Schlesien entstandener kath. Jugendbund, 1966 im Bund der Dt. kath. Jugend aufgegangen.

Quickborn, Stadt in Schl.-Ho., 18 500 Ew.; Baumschulen.

Quidde, Ludwig, * 1858, † 1941, dt. Politiker (Dt. Demokrat. Partei) u. Historiker; seit 1892 in der Friedensbewegung tätig, ging 1933 in die Emigration; Friedensnobelpreis 1927.

Quietismus, die Enthaltung des Menschen vom Wollen u. Tun, um der myst. Vereinigung mit dem Göttlichen u. dem Wirken u. Willen Gottes im Menschen Raum zu geben. Der Q. lehnt das persönl. sittl. Streben ab. Er findet sich bes. im Buddhismus, Stoizismus, in der christl. Mystik u. auch im Pietismus.

Quillaja, die Rinde des →Seifenbaums.

Quillet [ki'jɛ], Aristide Ambroise, * 1880, † 1955, frz. Verleger; gründete 1898 einen Verlag für Bücher zum Selbststudium u. Nachschlagewerke.

Quilmes [ˈkil-], sö. Vorstadt der argent. Hptst. Buenos Aires, am Río de la Plata, 410 000 Ew.; Großbrauerei, Raffinerie.

Quimper [kɛ̃'pɛːr], Hptst. des W-frz. Dép. Finistère, in der Bretagne, 60 500 Ew; got. Kathedrale; Fayence-Ind., Hafen.

Quinar, röm. Silbermünze: 1 Q. = ½ Denar; geprägt bis zum 3. Jh. n. Chr.

Quincey [ˈkwinsi] →De Quincey.

Quincke, 1. Georg Hermann, * 1834, † 1924, dt. Physiker; erfand das *Q.sche Rohr,* das mit einer Interferenzmethode die Wellenlänge von Schallwellen zu messen gestattet. – **2.** Heinrich Irenaeus, Bruder von 1), * 1842, † 1922, dt. Internist; Erfinder der *Lumbalpunktion* (1891).

Quinn, Anthony, * 21.4.1915, US-amerik. Filmschauspieler. Ⓦ »La Strada«, »Der Glöckner von Notre-Dame«, »Alexis Sorbas«.

Quinquagesima, früher Name des ersten Sonntags der 50tägigen Fastenzeit vor Ostern, auch *Estomihi* genannt.

Quinta, fr. Bez. für die 2. Klasse (von unten) der höheren Schule; entspr. dem 6. Schuljahr.

Quintana, Manuel José, * 1772, † 1857, span. Schriftst.; bed. Klassizist; Biographien, literarkrit. Studien, Tragödien.

Quinte, die 5. Stufe der diaton. Tonleiter.

Quintenzirkel, *Musik:* im temperierten System der Rundgang der 50tägigen zu Quinte, der bei enharmonischer Verwechslung (His = C) beim 12. Quintschritt zur Ausgangstonart zurückführt.

Quintessenz, bei *Aristoteles* der Äther als 5. Element; allg.: das eigtl. Wesen einer Sache.

Quintett, eine Komposition für fünf Stimmen oder Instrumente, auch die Gruppe von fünf Solisten (Streich-Q., Bläser-Q.).

Quipu [ˈkipu], *Knotenschrift,* von den altperuan. Kulturvölkern verwendete Knotenschnüre zum Zählen, aus verschiedenfarbigen Fäden. Während die Farbe jeweils den Gegenstand bezeichnet (Menschen, Tiere, Feldfrüchte, Edelmetalle), markieren die Knoten die Anzahl, wobei die Rechnung streng dezimal fortschreitet (die unteren Knoten der Schnüre sind Einer, die nächsten Zehner usw.).

Quiriguá [ki-], an der Ostgrenze von Guatemala gelegene Ruinenstätte der *Maya,* errichtet 692–810 n. Chr.

Quirinal, lat. *Quirinalis mons,* einer der 7 Hügel Roms, der eine der beiden ältesten Siedlungen trug; mit dem ehem. Sommerpalast der Päpste (16.–18. Jh.): *Palazzo del Quirinale,* seit 1870 Residenz des ital. Königs, seit 1948 Sitz des ital. Staats-Präs.

Quirinus, röm. Kriegsgott mit einem Heiligtum auf dem Quirinal; mit *Jupiter* u. *Mars* in einer Götterdreiheit verehrt.

Quiriten, ältester Name der röm. Bürger.

Quisling, Vidkun, * 1887, † 1945 (hingerichtet), norw. Politiker; gründete 1933 die faschist. Partei »Nasjonal Samling«; 1942–45 Min.-Präs.; wegen seiner Zusammenarbeit mit den Deutschen zum Tod verurteilt.

Quito [ˈkito], *San Francisco de Q.,* Hptst. des südamerik. Staats Ecuador, in einem 2850 m hohen Becken der Anden, 1,1 Mio. Ew.; 2 Univ. (1769 u.

Quitte

1946); Ind.- u. Handelszentrum, Flughafen. – 1534 gegr.

Quitte, *Cydonia,* Gatt. der *Rosengewächse.* Die *Gemeine Q.* ist ein 2–4 m hoher Obstbaum mit gelben, birnen- oder apfelförmigen Scheinfrüchten, die hpts. zu Gelee verarbeitet werden.

Quittung, Empfangsbestätigung. – Im Schuldrecht ist der Gläubiger auf Verlangen zur schriftl. Quittungserteilung verpflichtet.

Quiz [kviz], eine vom Hörfunk entwickelte, vom Fernsehen übernommene u. optisch weiterentwickelte Unterhaltungssendung, bei der Teilnehmer aus Hörer- oder Zuschauerschaft nach jeweils festgelegten Regeln von einem Q.master in meist heiterer Form über Themen des allg. Wissens befragt u. für richtige Antworten belohnt werden.

Qumran [kum-], *Chirbet Q.,* Ruinen einer jüd. Siedlung (bis 68 n. Chr. bewohnt) am NW-Ufer des Toten Meers (ausgegraben 1951–56), die um 100 v. Chr. von der jüd. Sekte der *Essener* angelegt wurde. In den Höhlen der Umgebung wurden seit 1947 zahlr. Schriftrollen gefunden mit Texten aus dem AT, Kommentaren u. eig. Schriften der Gemeinde von Q. Sie gewähren nicht nur Einblick in das Leben u. den Glauben der Bewohner, sondern geben auch Einblick in die Geschichte der hebr. Sprache u. der Überlieferung des AT sowie auf die Umwelt Jesu u. der christl. Urgemeinde.

Quodlibet, Mischmasch, Durcheinander; Zusammenstellung von Texten oder Musikstücken (*Potpourri*).

Quorum, jene Anzahl der Mitgl. eines Organs oder Wahlkörpers, deren Anwesenheit oder Teilnahme bei einer Abstimmung oder Wahl zu deren Gültigkeit erforderlich ist.

Quote, Anteil eines Ganzen.

Quotient, bei einer rechner. Division das Verhältnis von Dividend u. Divisor.

Quo vadis? [lat., »wohin gehst du?«], in der christl. Legende Frage des aus dem röm. Gefängnis fliehenden Apostels Petrus an Christus. Der antwortete: »Nach Rom, um zum zweiten Mal gekreuzigt zu werden!« Beschämt kehrte Petrus ins Gefängnis zurück. – Romantitel von H. *Sienkiewicz.*

Qwaqwa, *Basotho-Q.,* ehem. Bantu-Homeland im O des Oranjefreistaats (Republik Südafrika), 520 km², 160 000 Ew. (meist Süd-Sotho); Hptst. *Phuthaditjhaba.* 1994 aufgelöst.

Qytet Stalin [ˈki], fr. u. heute wieder *Kuçovë,* alban. Stadt; 15 000 Ew.; Erdölgebiet.

Quito: Plaza San Francisco; im Hintergrund die Kuppeln der Kirche La Campaña

Qumran: Fragment der Schriftfunde vom Toten Meer, in aramäischer Sprache

R

r, R, 18. Buchstabe des dt. Alphabets.
r, R, Kurzzeichen für *Radius; Réaumur; r. Winkel; Röntgen.*
Ra, 1. →Re. – 2. chem. Zeichen für Radium.
Raab, 1. ung. *Győr,* Komitats-Hptst. in NW-Ungarn, nahe der Mündung von Rabnitz u. R. in die Donau (Hafen *Gönyü*), 129 000 Ew.; Masch.-Ind. – 2. ung. *Rába,* r. Nbfl. der Donau, 398 km.

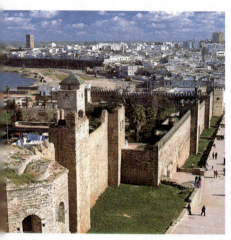

Rabat

Raab, Julius, * 1891, † 1964, östr. Politiker (ÖVP); unter seiner Kanzlerschaft (1953–61) Abschluß des östr. Staatsvertrages (1955).
Raabe, Wilhelm, Pseud.: Jakob *Corvinus,* * 1831, † 1910, dt. Schriftst.; schrieb poet. realist. Romane mit schwermütig-humorvollem Ton, warnte vor dem Ungeist der Zeit; Ⓦ »Der Hungerpastor«, »Abu Telfan«, »Der Schüdderump«.
Rab, ital. *Arbe,* Insel u. Seebad in Kroatien, an der N-dalmat. Küste, 91 km², 9000 Ew.; Hauptort: R.
Rabat, *Er Rabât,* Hptst. von Marokko, Hafen am Atlantik, 1,03 Mio. Ew.; Univ.; Residenz des Königs; Leder-, Teppich-, keram. Ind.
Rabatte, langgestrecktes Pflanzenbeet.
Rabaul, Hafenstadt der Pazifikinsel New Britain im Bismarckarchipel, 15 000 Ew.
Rabbi, Ehrentitel spätjüd. Theologen.
Rabbiner, Seelsorger u. Leiter einer jüd. Gemeinde; auch Prediger u. Religionslehrer; entscheidet in Fragen der religiösen/rituellen Praxis.
Rabe →Kolkrabe.
Rabelais [rab'lɛ], François, * 1494, † 1553, frz. Satiriker u. Humanist, Geistlicher u. Arzt; hielt in den grotesken Taten u. bombast. Reden seiner riesenhaften Romanhelden *Gargantua* u. *Pantagruël* allen Ständen u. Konfessionen seiner Zeit einen Spiegel vor.
Rabenschlacht, mhd. Epos um *Dietrich von Bern* (entstanden 1268 in Tirol), das auf den Kampf von Theoderich u. Odoaker um Ravenna (dt. Raben) 490–492 zurückgeht.
Rabenvögel, *Corvidae,* in 100 Arten weltweit verbreitete Fam. der *Singvögel;* meist große, kräftige, wendige Vögel mit z. T. ausgezeichnetem Lernvermögen; u. a. *Dohlen, Krähen, Elstern, Häher, Kolkraben.*
Rabi ['rɛibi], Isidor Isaac, * 1898, † 1988, US-amerik. Physiker; Arbeiten über elektr. u. magnet. Eigenschaften von Atomkernen; Nobelpreis für Physik 1944.
Rabin, Izhak, * 1.3.1922, isr. Politiker u. Offizier; 1964–67 Generalstabschef, 1968–73 Botschafter in den USA, 1974–77 u. wieder seit 1992 Min.-Präs.; 1984–90 Verteidigungs-Min. 1994 gemeinsam mit J. Arafat u. S. *Peres* Friedensnobelpreis.

Rabulist, Rechtsverdreher, Haarspalter.
Rachel, Berggruppe im Bay. Wald, sö. vom Arber, im *Großen R.* 1452 m, im *Kleinen R.* 1401 m.
Rachel [ra'ʃɛl], Elisa, eigtl. Elisa R. *Félix,* * 1821, † 1858, frz. Schauspielerin u. berühmte Tragödin.
Rachen, *Pharynx,* der nach oben zur Nasenhöhle, nach vorn zur Mundhöhle offene Raum, der unten in die Luftröhre (über den Kehlkopf) u. in die Speiseröhre führt.
Rachenblütler →Pflanzen.
Rachenmandel →Mandeln.
Rachitis, engl. *Krankheit,* eine durch eine Störung des Kalk- u. Phosphorstoffwechsels charakterisierte Erkrankung, die auf Vitamin-D-Mangel beruht; führt zur Erweichung der Knochen. Bes. gefährdet sind Kleinkinder, v. a. in der sonnenarmen Jahreszeit.
Rachmaninow [-nɔf], Sergej Wassiljewitsch, * 1873, † 1943, russ.-amerik. Komponist, Pianist u. Dirigent. Seine Kompositionen stehen P. *Tschaikowskij* u. F. *Liszt* nahe.
Rachmanowa, Alja, * 1898, † 1991, russ. Schriftst.; emigrierte 1926, lebte in der Schweiz; Romane über russ. Lebensweisen.
Racibórz [-tʃibuʃ] →Ratibor.
Racine [ra'sin], Jean, * 1639, † 1699, frz. Dichter; neben P. *Corneille* u. *Molière* Klassiker der frz. Bühne; schrieb leidenschaftl. zugespitzte Tragödien; Ⓦ »Andromache«, »Britannicus«, »Berenice«, »Mithridates«, »Phädra«.
Rackelwild, *Rackelhuhn,* Bastard von Auerhuhn u. Birkhahn; meistens unfruchtbar.
Rackenvögel, *Raken, Coraciformes,* Ordnung der Vögel, von sehr versch. Habitus; u. a. *Eisvögel, Todis, Sägeracken, Bienenfresser, Racken* i.e.S., *Hopfe* u. *Nashornvögel.*
Racket ['ræ kit], *Rakett,* der Tennisschläger.
rad, Kurzzeichen für →*Radiant* (2).
Rad, 1. rundes, um seinen Mittelpunkt drehbares Masch.-Element, eine der ältesten u. wichtigsten Erfindungen, für Fahrzeuge als Stütz- u. Fortbewegungsmittel schon um 4000 v. Chr. bekannt; besteht aus *R.nabe, R.stern* (Speichen) oder *R.scheibe* u. *Felge* (*R.kranz*). Die Felge trägt beim luftbereifeten R. den Luftreifen. – 2. ein Überschlag seitwärts beim Bodenturnen u. auf dem Schwebebalken.
Radar, Kurzwort aus engl. *radio detection and ranging,* »Aufspüren u. Orten durch Radiowellen«, Bez. für das Funkmessen oder Funkorten zur Erfassung u. Ortsbestimmung von Gegenständen (z.B. Schiffe, Flugzeuge, Berge). Ein leistungsstarker Sender strahlt über eine Richtantenne hochfrequente elektromagnet. Impulse, das sind kurzdauernde (jeweils rd. ein millionstel s) Wellenzüge, in die gewünschte Richtung aus. Die Impulse werden von dem Meßgegenstand reflektiert, von der Antenne des R.geräts wieder aufgenommen u. jetzt dem Empfänger zugeführt. Nach Verstärkung erscheint der empfangene Impuls neben dem Sendeimpuls auf dem Schirm der Braunschen Röhre des Empfangsgeräts. Aus dem Abstand der beiden Impulse, der der Laufzeit des Impulses zw. R.gerät u. Meßobjekt proportional ist, kann man sofort die Entfernung angeben. Zu *Panoramaaufnahmen* wird (mit Hilfe von rotierenden Antennen) ein größeres Gebiet abgetastet.
Radball, Torspiel auf Spezial-Fahrrädern für Mannschaften von je 2 (*Hallen-R.*) Spielern. Der Ball darf nur mit den Rädern gespielt oder mit dem Körper bewegt werden.
Radbruch, Gustav, * 1878, † 1949, dt. Rechtswissenschaftler u. Politiker (Soz.-Demokrat); trat für eine humane, soz. Strafrechtspflege ein.
Raddampfer, *Radschiff,* mit Hilfe zweier Seiten(schaufel)räder oder eines Heckrads fortbewegtes Schiff; für flache Gewässer u. Flüsse.
Raddatz, Carl, * 13.3.1912, dt. Schauspieler, u. a. in »Die Buddenbrooks«.
Rade →Kornrade.
Radeberg, Stadt in Sachsen, 16 000 Ew.; Schloß; elektron. u. versch. Ind.; Brauereien.
Radebeul, Stadt in Sachsen, 34 000 Ew.; Schloß; Masch.-, Metall- u. Elektro-Ind.; Obst-, Wein- u. Spargelanbau.

Nabenloses Rad des Erfinders F. Sbarro

Radecki [ra'dɛtski], Sigismund von, * 1891, † 1970, dt. humorist. Schriftst. u. Feuilletonist.
Radek, Karl Bernhardowitsch, eigtl. K. *Sobelson,* * 1885, † 1939, sowj. Politiker poln. Herkunft; seit dem 1. Weltkrieg Mitarbeiter *Lenins,* bis 1923 wichtiger Verbindungsmann zu den dt. Kommunisten; starb im Arbeitslager.
Rädelsführer, urspr. Anführer einer Bauernschar (*Rädlein*); später Anstifter eines Aufruhrs, Haupt einer Verschwörung; heute Anführer einer verbotenen, kriminellen oder terrorist. Vereinigung.
rädern, Todesstrafe im MA, indem man den Verurteilten mit zerschmetterten Gliedern auf ein Rad flocht.
Rädertiere, *Rotatorien,* mit einem Strudelorgan versehene Kl. 0,2–0,4 mm großer *Hohlwürmer,* die meist im Süßwasser leben; etwa 1500 Arten; meist in Uferregionen.
Radetzky, Joseph Wenzel Graf R. *von Radetz,* * 1766, † 1858, östr. Feldmarschall; entscheidend beteiligt am Feldzugplan der Völkerschlacht bei Leipzig; 1831–57 Oberbefehlshaber bzw. Generalgouverneur in Oberitalien, wo er alle Erhebungen gegen die habsburg. Herrschaft niederwarf (Siege u. a. bei *Custoza* u. *Novara*); volkstüml. Heerführer (*R.-Marsch* von J. *Strauß* [Vater]).
Radevormwald, Stadt in NRW, sö. von Wuppertal, 23 000 Ew.; versch. Ind.
Radhakrishnan, Sarvepalli, * 1888, † 1975, ind. Philosoph u. Politiker; 1952–62 Vize-Präs., 1962–67 Präs. der Rep. Indien.
radial, in Richtung des Radius, von einem Mittelpunkt ausstrahlend, Kreis... – **Radialsymmetrie,** Kreissymmetrie.

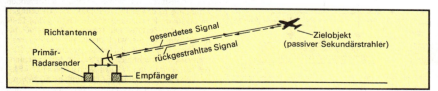

Radar: Wirkungsweise einer Primärimpuls-Radaranlage

Radialbewegung

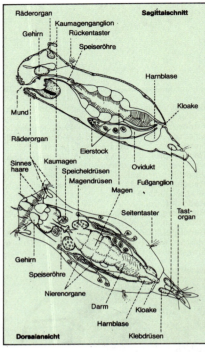

Rädertiere: Bauplan

Radialbewegung, die Bewegungskomponente der Gestirne in Richtung auf den Beobachter zu oder von ihm weg.

Radiant, 1. *Radiationspunkt,* der Punkt der Himmelskugel, von dem die zu einem Schwarm gehörigen Meteore (Sternschnuppen) auszustrahlen scheinen. – **2.** Abk. rad, Winkeleinheit im Bogenmaß: der Winkel, für den das Verhältnis der Längen von Kreisbogen u. Radius gleich 1 ist.

Radiästhesie, Strahlenempfänglichkeit, eine zur Erklärung der Handhabung von *siderischen Pendeln* u. *Wünschelruten* angenommene besondere menschl. Veranlagung.

Radiator, Gliederheizkörper.

Radierung, als Gatt. der Druckgraphik eine seit dem 16. Jh. bekannte Sonderform des Kupferstichs. In eine mit säurefestem Ätzgrund (Harz-Wachs-Asphaltschicht) bedeckte Kupferplatte wird die Zeichnung seitenverkehrt mit einer spitzen Stahlnadel *(Radiernadel)* geritzt; die Plattenoberfläche wird anschließend so lange einem Säurebad ausgesetzt, bis die durch die Nadel vom Ätzgrund freigelegten Linien von der Säure angegriffen (geätzt), vertieft u. somit aufnahmefähig für die Druckfarbe sind. Bei der *Kaltnadel-R.* wird die Zeichnung unmittelbar ohne Grundierung der Platte eingeritzt.

Radieschen, kleine Zuchtform des *Rettichs.*

radikal, kompromißlos einen Gedanken verfolgend, gründl., rücksichtslos; in der Politik: links- oder rechtsextrem; →Radikalismus.

Radikal, 1. eine ein- oder mehrwertige Atomgruppe, die als Ganzes reagiert, d. h. bei Reaktionen meist unverändert bleibt; in freier Form nicht beständig, nur in Verbindungen. – **2.** das Wurzelzeichen $\sqrt{}$, das zur Bez. der Rechenoperation »Wurzelziehen« verwendet wird; auch das Ergebnis des Wurzelziehens.

Radikalenbeschluß, Bez. für die Übereinkunft des Bundeskanzlers u. der Min.-Präs. von 1972 zur Fernhaltung polit. Extremisten aus dem öffentl. Dienst der BR Dtld. Der R. u. seine Handhabung stießen im In- u. Ausland z. T. auf heftige Kritik.

radikaler Realismus, *Photorealismus,* eine Kunstrichtung der späten 1960er u. der fr. 1970er Jahre, die als Reaktion auf die Unanschaulichkeit der »Ideenkunst« den Gegenstand, vornehml. den Menschen wieder ins Bild bringt.

Radikalismus, das fanat., oft gewalttätige Vertreten einer links- oder rechtsextremen Ideologie, ohne die Fähigkeit, das jeweils Machbare u. mögl. Kompromisse zu sehen.

Radikand, die Größe unter einem math. Wurzelzeichen; →Wurzel.

Radio, der Hörfunk allg. oder das Hörfunkempfangsgerät im besonderen; →Rundfunk.

radioaktive Abfälle, feste, flüssige u. gasförmige Rückstände aus der Nutzung der Kernenergie, der Wiederaufbereitung von Kernbrennstoffen u. der Anwendung der Radioaktivität in Forschung, Technik u. Medizin. Wegen ihrer Gefährlichkeit müssen die radioaktiven Abfallstoffe bis zu ihrem radioaktiven Zerfall sicher vom Biozyklus abgeschlossen werden. Durch Wiederaufbereitung u. Verarbeitung der Abfallstoffe soll eine weitgehende Volumenreduktion sowie eine Überführung in eine geeignete endlagerungsfähige Form erreicht werden. Eine große Bedeutung hat dabei neben der Veraschung schwach aktiver Abfälle die Einbindung der r.n A. in auslaugungsresistente Glaskörper. Das Volumen der verglasten Spaltprodukte beträgt etwa 3 bis 4 m³ jährl. für ein 1300 MW$_e$-Kraftwerk. Die Lösung der Endlagerungsfrage für r. A. ist ein dringendes Problem der Kerntechnik u. aller ihrer Anwendungen, das bislang noch nicht zufriedenstellend geklärt ist.

radioaktive Altersbestimmung, Methode zur Bestimmung des geolog. Alters von Gesteinen, Meteoren oder organ. Stoffen durch Messung ihrer *Radioaktivität;* bei organ. Stoffen auch durch Ermittlung des Gehalts an radioaktivem Kohlenstoff *(Radiokarbonmethode, C14-Methode),* der mit dem Alter abnimmt.

radioaktive Isotope, *Radioisotope, Radionuklide,* künstl., d. h. bei Kernreaktionen entstandene, oder natürl. Isotope, die unter Aussendung radioaktiver Strahlung u. Bildung anderer Elemente zerfallen.

radioaktiver Niederschlag →Fallout.

Radioaktivität, die Eigenschaft mancher chem. Elemente *(Radionuklide),* unter Aussendung einer unsichtbaren Strahlung u. Bildung anderer Elemente zu zerfallen. Bei der beim radioaktiven Zerfall auftretenden u. aus dem Atomkern stammenden Strahlung unterscheidet man die α-Strahlung aus positiv geladenen Heliumkernen, die *β-Strahlung* aus Elektronen u. die γ-Strahlung, die eine energiereiche elektromagnet. Strahlung ist.
In der Natur kommen die *Uran-,* die *Thorium-* u. die *Actinium-Zerfallsreihe* vor, die von den Elementen Uran, Thorium u. Actinium ausgehen. Bei diesen Zerfallsreihen ist nach Durchschreiten zahlr. Zwischenstufen, die sich je nach der auftretenden Strahlung u. den damit verbundenen Änderungen an positiven Kernladungen ergeben, das *Blei* Endprodukt des Zerfalls. Die Geschwindigkeit des radioaktiven Zerfalls wird durch die *Halbwertzeit* angegeben, die bei den versch. radioaktiven Elementen zw. Bruchteilen von Sek. u. Mio. von Jahren betragen kann. – *Künstl.* R. tritt bei vielen Elementen durch Beschuß mit Heliumkernen, Neutronen, Wasserstoffkernen oder γ-Strahlen auf. Heute sind zu allen chem. Elementen (meist mehrere) radioaktive *Isotope* bekannt. In größeren Mengen können sie im Kernreaktor durch Umwandlung natürl. Elemente mittels intensiver Neutronenbestrahlung gewonnen werden. Die R. findet medizin. Anwendung z.B. bei der Strahlentherapie bösartiger Geschwulste; starke Dosen wirken ausgesprochen schädigend.
Die R. wurde 1896 erstmalig von H. *Becquerel* beim Uran beobachtet; 1898 wurden von dem Ehepaar *Curie* die radioaktiven Elemente Polonium u. Radium aus der Joachimsthaler Pechblende isoliert. Der erste Fall von künstl. R. wurde 1934 von dem Ehepaar *Joliot-Curie* bei der Bestrahlung von Aluminium mit α-Strahlen beobachtet, wobei radioaktiver Phosphor entsteht.

Radioastronomie, der Zweig der Astronomie, der die Durchlässigkeit der Atmosphäre für elektromagnet. Wellen mit Wellenlängen von etwa 1 cm bis 20 m u. aus der Eigenstrahlung (Radiostrahlung) versch. Objekte im Weltall in diesem Wellenbereich für astronom. Beobachtungen ausnutzt. Die Verfahren der R. entsprechen weitgehend dem Radarverfahren; wegen der geringen Intensität sind aber Empfangsantennen mit Flächen bis zu einigen 1000 m² u. bes. (Interferenz-)Anordnungen notwendig.

Radiokarbonmethode →radioaktive Altersbestimmung.

Radiolarien, *Strahlentierchen,* Ordnung der *Wurzelfüßer* des Meeresplanktons; mit strahlenförmigem Skelett aus Strontiumsulfat u. Kieselsäure. Die Skelette der toten Tiere bilden den *R.schlamm* sowie Kreidemergel- u. Polierschieferschichten.

Radiologie, *Strahlenheilkunde,* die Lehre von den energiereichen (Röntgen-, Gamma- u. a.) Strahlen u. ihrer therapeut. *(Radiotherapie:* →Strahlenbehandlung*)* u. diagnost. *(Radiodiagnostik)* Anwendung; →Nuklearmedizin.

Radiometer, *Lichtmühle,* Gerät, mit dem die Intensität von Lichtstrahlung gemessen wird; besteht aus einem fast luftleeren Glaskolben, in dem ein einseitig geschwärztes Flügelrädchen leicht drehbar aufgehängt ist. Bei Bestrahlung erwärmt sich die schwarze Seite, reflektiert die auf sie auftreffenden Luftmoleküle mit größerer Geschwindigkeit u. erfährt dabei selbst einen Rückstoß, der das Rädchen zum Drehen bringt.

Radiosonde, mit Funkgeräten ausgerüsteter →Registrierballon.

Radioteleskop, Gerät zum Empfang u. zur Lokalisierung kosm. *Radiostrahlung* im Wellenbereich von wenigen Millimetern bis etwa 20 m. Zu den größten bewegl. R. gehören das R. in Effelsberg (Eifel) mit einem Antennendurchmesser von 100 m u. das R. in Arecibo (Puerto Rico) mit 300 m.

Radiotherapie →Strahlenbehandlung.

Radium, chem. Zeichen Ra, ein radioaktives →chemisches Element.

Radius, 1. Halbmesser des Kreises oder der Kugel. – *R.vektor (Fahrstrahl),* die von einem festen Punkt zu einem bewegl. Punkt gehende gerichtete Strecke, in der Astronomie z.B. die Verbindungslinie Sonne-Planet. – **2.** →Speiche.

radizieren, die Wurzel einer Zahl berechnen.

Radolfzell am Bodensee, Stadt in Ba.-Wü., 26 000 Ew.; Kneippkurort; Textil-, Masch.-, Nah-

Radioaktivität: Darstellung einer strahlenbiologischen Reaktionskette

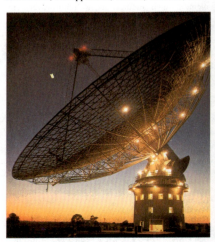

Radioteleskop in Parkes, Australien; der Spiegel hat einen Durchmesser von 65 m

Radsport: Bei Bahnrennen mit Zeitwertung verwenden die Fahrer aerodynamisch vorteilhafte Bekleidung und Scheibenräder

rungsmittel-Ind.; in der Nähe Schloß *Möggingen* (mit Vogelwarte).
Radom, Kurzwort für *Radardom,* kugelförmige Halle zum Schutz von Antennenanlagen vor störenden Witterungseinflüssen.
Radom, Stadt im mittleren Polen, nördl. des Heiligenkreuzgebirges, 219 000 Ew.; TH; versch. Ind.; Eisenbahnknotenpunkt.
Radon, ein radioaktives →chemisches Element.
Radowitz, Joseph Maria von, *1797, †1853, preuß. General u. Politiker; in der Frankfurter Nat.-Versammlung Führer der Rechten; vertrat die kleindt. Lösung.
Radscha, *Raja,* Fürst in Indien u. auf dem Mal. Archipel. Herrscher über den R. ist der *Maha-R.*
Radsport, *Radfahrsport,* der Wettkampfsport auf Fahrrädern; im Mittelpunkt stehen Straßenrennen, Bahnrennen u. Saalradsport (Kunstradfahren, Radball).
Radstadt, östr. Stadt in Salzburg, 862 m ü. M., 4000 Ew.; Fremdenverkehr.
Radstädter Tauern, östr. Paß in den Niederen Tauern, von Radstadt nach Mauterndorf, 1738 m.
Radstand, *Achsstand,* Abstand der Radmitten eines mehrachsigen Fahrzeugs in Längsrichtung.
Radsturz, Seitenneigung des Rads gegenüber der Senkrechten, hervorgerufen durch entspr. Neigung des *Achsschenkels.*
Radula, *Reibzunge,* zum Ablösen u. Zerkleinern der Nahrung bei Weichtieren (außer Muscheln), deren Chitinzähne in einer Tasche auf der Unterseite des Schlunds (*R.tasche*) ständig nachgebildet werden.
Radziwill, Franz, *1895, †1983, dt. Maler u. Graphiker; schuf apokalypt. Visionen des Krieges.
Radziwill, lit.-poln. Magnatengeschlecht; im 16. Jh. dt. Reichsfürsten.
Raeder, Erich, *1876, †1960, dt. Seeoffizier; Großadmiral, 1935–43 Oberbefehlshaber der Kriegsmarine.
RAF, 1. Abk. für →*Royal Air Force.* – **2.** Abk. für *Rote Armee Fraktion,* Terror-Organisation in der BR Dtld.
Raff, Joseph Joachim, *1822, †1882, dt. Komponist (Sinfonien, Kammermusik u. a.).
Raffael, eigtl. Raffaello *Santi,* *1483, †1520, ital. Maler u. Baumeister; neben *Michelangelo* u. *Leonardo* Hauptmeister der ital. Renaissance; Madonnen, Fresken, Wand- u. Deckengemälde. – W »Grablegung«, Fresken in der Villa Farnesina (»Triumph der Galathea«), Madonnen »Baldacchino«, »Alba«, »Aldobrandini«, »Foligno«, »Sixtina«, »della Sedia«, Bildnisse von Kardinal Alidori, Papst Julius II., Papst Leo X. Seit 1515 war R. Bauleiter der Peterskirche.
Raffiafaser, *Raphia,* hanfähnl. Blattfaser von der in Madagskar u. in Südafrika heim. *Bambuspalme;* zu Möbelstoffen verarbeitet. *Raffiabast* wird auch in der Gärtnerei verwendet.
Raffinade, reinster, in Lösung durch Knochenkohle filtrierter Zucker.
Raffination, Reinigung von techn. Produkten (z.B. Zucker, Erdöl, Kupfer) in der *Raffinerie.*
Rafflesia, im Mal. Archipel, auf den Philippinen u. in Hinterindien heim. Schmarotzerpflanzen, die auf den Wurzeln einer wilden Weinrebe im Regenwald leben. *R. arnoldii* aus Sumatra trägt mit einem Durchmesser von 1 m die größten Blüten der Erde.
Rafsandschani, Ali Akbar Haschemi, *1934, Lehrer des Islam u. iran. Staats-Präs.

Rag [ræg], mehrteilige Tanzkomposition im 2/4-Takt im *Ragtime-Stil,* seit 1897 in den USA.
Ragaz, *Bad R.,* schweiz. Kurort im Kt. St. Gallen, 3700 Ew.; Thermalbäder.
Raglan ['ræglən], Mantel, dessen Ärmelansatznähte seitl. vom Hals bis unter die Achseln führen, so daß Schulter u. Ärmel aus einem Stück geschnitten sind; entspr. auch bei Kleidern, Jacken u. Pullovern.
Ragnarök, in der nord. Myth. Kampf u. Untergang der Götter, Vernichtung der Erde im Weltenbrand.
Ragout [ra'gu:], Gericht aus kleingeschnittenem Fleisch, Fisch oder Gemüse in pikanter Tunke. – **Ragout fin,** bes. feines R. aus gekochtem Kalbshirn, kleingeschnittenem Kalbfleisch oder Hühnerfleisch u. Pilzen.
Ragtime ['rægtaim], Vorläufer des *Jazz,* von dem er sich durch starke Synkopierung u. mangelnden Swing unterscheidet. Wichtigster Vertreter des R. war der Pianist Scott *Joplin.* Der R. entstand, wie der Cakewalk, in den 1890er Jahren im Mittelwesten der USA.
Ragusa, 1. ital. Provinz-Hauptstadt auf Sizilien, 68 000 Ew.; Kirche San Giorgio Nuovo, Weinanbau, petrochem. Ind.; 1693 durch Erdbeben zerstört. – **2.** ital. Name von →Dubrovnik.
Ragwurz, *Insektenblume, Ophrys,* Gatt. der *Orchideen;* mit Blüten, die einem Insekt ähneln.
Rahe, bei Segelschiffen eine quer am Mast aufgehängte →Spiere, die das *Rahsegel* trägt.
Rahel ['ra:xəl], *Rachel,* im AT Tochter Labans, Lieblingsfrau Jakobs, Mutter Josephs u. Benjamins.
Rahm, *Sahne, Schmant,* Milchfett, das durch Stehenlassen (*Sauer-R.*) oder Zentrifugieren (*Süß-R.*) gewonnen wird. Nach dem Fettgehalt unterscheidet man: *Schlagsahne* (28%), *Butter-* (25–30%), *Kaffee-* oder *Trink-R.* (mindestens 10%).
Rahmenantenne, Sonderausführung einer Antenne: großflächig gewickelte Spule auf einem Rahmen; gestattet Richtempfang bzw. gerichtete Abstrahlung; Verwendung in der Funkpeilung, im Richtfunk auf Kurzwellen, bei der Suche nach Rundfunkstörungen u. Schwarzsendern.
Rahmenerzählung, eine Erzählung, die mehrere selbst. Erzählungen umschließt; oder eine Erzählung, die aus zwei Handlungsebenen besteht.
Rahmengesetzgebung, Gesetzgebung, bei der sich der Gesetzgeber auf den Erlaß von *Rahmenvorschriften* beschränkt. Die weitere Ausgestaltung wird einem anderen Staatsorgan überlassen (der Exekutive in der Form von Rechtsverordnungen; bei Bundesstaaten der Gesetzgebung der Gliedstaaten). Gs.: *konkurrierende* u. *ausschließl. Gesetzgebung.*
Rahmkäse, fettreicher (mindestens 50%) Weichkäse aus Rahm u. Lab.
Rahner, Karl, *1904, †1984, dt. kath. Theologe; Jesuit, einflußreicher Dogmatiker (unter Einbeziehung der Erkenntnisse der Naturwiss., der Existenzphilosophie u. der Anthropologie); engagierte sich in der ökumen. Bewegung.

Raffael: Madonna Tempi. München, Alte Pinakothek

Ragwurz: Blüte der mediterranen Art Ophrys tenthredinifera

Raiffeisen, Friedrich Wilhelm, *1818, †1888, dt. Genossenschaftler; zus. mit H. *Schulze-Delitzsch* Schöpfer des dt. Genossenschaftswesens; gründete 1848 den Konsumverein im Weyerbusch, aus dem sich die landwirtsch. Spar- u. Darlehnskassen entwickelten. – **R.kassen** →ländliche Kreditgenossenschaften.
Raimund, Ferdinand, eigtl. F. *Raimann,* *1790, †1836, östr. Schriftst. u. Schauspieler; vereinte Barocktradition, die allegor.-moral. Lehrstück u. das zeitgenöss. Singspiel zu handlungsreichen Zauberpossen u. poesievollen Märchendramen.
Rainald von Dassel, *um 1120, †1167, Reichskanzler 1156–67, Erzbischof von Köln seit 1159; beeinflußte entscheidend die Reichspolitik Kaiser *Friedrichs I. Barbarossa.*
Rainfarn, ein *Korbblütler;* meterhohe Pflanzen an Wiesenrändern, Gräben u. Flußufern.
Rainier III. [rɛ'nje:], *31.5.1923, Fürst von Monaco; war seit 1956 mit der US-amerik. Schauspielerin Grace *Kelly* (Gracia Patricia) verh.
Rainwater ['rɛinwɔ:tə], James, *1917, †1986, US-amerik. Physiker; Arbeiten über Wechselwirkungen zw. Kernteilchen; Nobelpreis 1975.
Raiser, Konrad, *25.1.1938, dt. ev. Theologe; seit 1993 Generalsekretär des Ökumen. Rates der Kirchen.
Rajasthan ['ra:dʒa-], Bundesstaat im NW von →Indien; umfaßt die Wüste Thar, das Arravalligebirge u. einen Teil des Malwa-Hochlands.
Rajkot ['ra:dʒko:t], größte Stadt auf der Halbinsel Kathiawar (westl. Indien), im Hptst. des ehem. Fürstenstaats R., 444 000 Ew.; Handelszentrum; Nahrungsmittel-, Textil- u. chem. Ind.
Rajputen [ra:dʒ-], nordind. Volksstamm mit hinduist. Glauben; urspr. Adels- u. Kriegerkaste.
Raken, *Rakenvögel* →Rackenvögel.
Rakete, Flugkörper, der im Ggs. zum *Flugzeug* keine Atmosphäre benötigt u. alle zum Antrieb notwendigen Mittel mit sich führt. Eine R. besteht aus *Zelle* u. *Triebwerk.* In der Zelle befinden sich die Treibstoffvorräte, die Steuerungsgeräte, die Nutzlast u., bei bemannten R., die Besatzung. Das Triebwerk erzeugt den *Vortrieb* oder *Schub* der R. Er entsteht durch einen mit großer Geschwindigkeit ausgestoßenen Gasstrom; der dabei auftretende Rückstoß treibt die R. in entgegengesetzter Richtung vorwärts. Eine *Steuerung* der R. nach dem Start kann man nur dadurch erreichen, daß man die Richtung der ausströmenden Gase verändert.
Da es mit einer einzelnen R. noch nicht mögl. ist, weit in den Weltraum vorzustoßen, hat man das *Mehrstufenprinzip* entwickelt. Dabei trägt eine R. als Nutzlast eine zweite R., deren Antrieb erst dann einsetzt, wenn der Antrieb der ersten R. (*untere Stufe, Startstufe*) ausgebrannt u. abgeworfen wird. Auf diese Weise entstehen zwei- u. mehrstufige R. Chem. R.ntriebwerke: Der Antriebsstrahl wird durch kontinuierliches Verbrennen fester oder flüssiger Treibstoffe erzeugt. Das *Flüssigkeits-R.ntriebwerk* enthält flüssigen Brennstoff u. den flüssigen Sauerstoffträger (*Oxidator*) in getrennten Behältern. Als Brennstoff dienen z.B. Alkohole, Kerosin, Anilin sowie Wasserstoff, als Oxidator flüssiger Sauerstoff, Salpetersäure, Wasserstoffperoxid u. a. – Beim *Feststoff-R.ntriebwerk* verwendet man gießbare oder plast. formbare Treibstoffe. Im Fall des chem. *Einstoffsystems* ist der

732 Raketenwaffen

Sauerstoff unmittelbar an den Brennstoff gebunden, beim chem. *Mehrstoffsystem* dagegen sind Brennstoff u. Sauerstoffträger fein verteilt gemischt. Als Brennstoffe dienen Harz, Asphalt u. synthetischer Kautschuk; Sauerstoffträger sind Kalium- u. Ammoniumperchlorat sowie Ammoniumnitrat. Der *Hybridantrieb (Fest-Flüssig-Antrieb)* vereinigt einige Vorteile des Fest- u. des Flüssig-Antriebs.

Das *Kernenergietriebwerk* verwendet die in einem Kernreaktor freiwerdende Energie zum Aufheizen eines Antriebsstrahls.

Die elektr. Strahltriebwerke: Beim *Ionentriebwerk (Ionenstrahlantrieb, Ionenmotor)* werden in einer Vakuumkammer elektr. geladene Teilchen, im allg. Cäsium, von elektrostat. Feldern (Linearbeschleuniger) beschleunigt. Beim *Plasmatriebwerk* wird ein →Plasma (ionisierte Teilchen) in einem starken Magnetfeld beschleunigt (elektromagnet. Antrieb). – Beim *Lichtbogentriebwerk* heizt man Wasserstoff als Massenträger in einer bes. Brennkammer mit Hilfe eines starken elektr. Lichtbogens auf.

Das *Photonentriebwerk* nützt den Rückstoß von Photonen (Lichtquanten) aus.

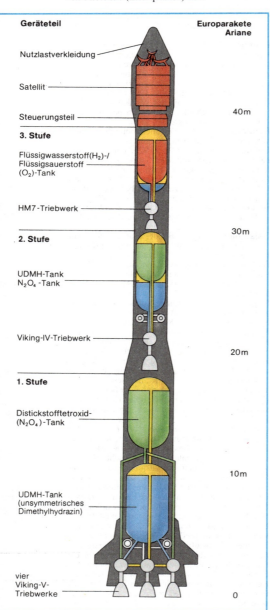

Europarakete Ariane

Raketenwaffen: die US-amerikanische Interkontinentalrakete »Minuteman III« in ihrem unterirdischen Silo

Geschichte. Die Entwicklung der R. ist u. a. mit den Namen K. E. *Ziolkowskij,* H. *Oberth,* R. H. *Goddard,* M. *Valier,* E. *Sänger* u. W. von *Braun* verknüpft. Die erste Großanwendung der R. war die dt. V-2 des 2. Weltkriegs (1942). Die erste US-amerik. 2-Stufen-R. erreichte 1949 eine Höhe von 402 km. Am 4.10.1957 gelang es der Sowj., erstmalig mit einer Mehrstufen-R. einen Satelliten in eine Umlaufbahn zu bringen (→Sputnik). Die bisher größte R. ist die US-amerik. dreistufige Saturn 5 mit 2800 t Startgewicht, die 120 t Nutzlast in eine niedrige Umlaufbahn oder 45 t auf Fluchtgeschwindigkeit bringen kann. Der erste Start erfolgte am 9.11.1967 im Rahmen des →Apollo-Programms. Weitere bek. Träger-R. bzw. -familien sind: Atlas, Delta, Titan, Centaur, Scout (alle USA), Sojus-Wostok A2 (Sowj.) u. die europ. →Ariane. Eine neue Trägergeneration stellt der wiederverwendbare →Raumtransporter Space Shuttle dar.

Raketenwaffen, Flugkörper mit Raketenantrieb u. Gefechtskopf; dem *Geschütz* überlegen durch Rückstoßfreiheit beim Abschuß u. die Möglichkeit, mehrere Gefechtsköpfe gleichzeitig abzuschießen. Moderne Armeen sind mit zahlr. Typen aller Größenordnungen ausgerüstet. R. haben in der Regel Feststofftriebwerke. Der Flugkörper kann sich durch von ihm selbst ausgesandte u. vom Ziel reflektierte Impulse (Radar) ins Ziel lenken *(Aktivlenkung)* oder aber an vom Ziel ausgesandter Strahlung (Infrarot, Schall, elektromagnet. Feld) orientieren *(Passivlenkung).* Es werden unterschieden: 1. Einteilung nach Ausgangs- u. Zielposition: Boden-Boden-Raketen, Boden-Luft-Raketen, Luft-Luft-Raketen. 2. Einteilung nach der Reichweite: *takt. R.,* einige hundert Meter bis 250 km; *takt.-operative R.,* bis 1000 km; *strateg. R.:* Mittelstrecken-R. 2000 bis 4000 km, Interkontinental-R. bis 20 000 km, Global-R. über 20 000 km. Je nach Typ der R. beruht die Waffenwirkung auf Spreng- u. Splitterwirkung (Flugabwehr, Artillerie), Hohlladung (Panzerabwehr), Atomsprengkopf (Mittel- u. Langstrecken-R.); auch Langstrecken-R. mit mehr. Sprengköpfen.

Raki, türk. Anisbranntwein.

Rákóczi, ['ra:kotsi], ung. Adelsfamilie:
1. *Franz II.,* *1676, †1735, Fürst von Siebenbürgen u. Ungarn 1704/05; proklamierte 1703 Ungarns Unabhängigkeit, unterlag den Habsburgern u. ging 1711 ins Exil. – 2. *Georg II.,* *1621, †1660, Fürst von Siebenbürgen 1648–60; unterlag, verbündet mit Schweden, den Polen u. Türken.

Rákosi ['ra:kɔʃi], Mátyás, *1892, †1971, ung. Politiker (KP); 1945–56 Generalsekretär bzw. Erster Sekretär der KP, zugleich 1952/53 Min.-Präs.; bis 1956 der Diktator Ungarns, mußte im Zuge der Entstalinisierung zurücktreten.

Rakowski, Mieczyslaw Franczisek, *1.12.1926, poln. Politiker; 1987–90 Mitgl. des Politbüros, 1989/90 Erster Sekretär des ZK der Vereinigten Poln. Arbeiterpartei.

Raleigh ['rɔ:li], Hptst. von North Carolina (USA), 148 000 Ew.; Univ.; Tabakanbau; Textil-, Papier- u. Stahl-Ind.

Raleigh ['rɔ:li:], Sir Walter, *um 1552, †1618 (hingerichtet), engl. Seefahrer; gründete 1585 die erste engl. Kolonie in N-Amerika (Virginia); kämpfte im Dienst Englands zur See gegen Spanien.

Rallen, Fam. der *Kranichartigen,* kleine Sumpfvögel; hierzu *Bläßhuhn, Teichhuhn, Wachtelkönig, Sumpfhuhn, Wasserralle, Sultanshuhn.*

Rallye ['rali, 'ræli], Wettbewerb im Automobilsport, der meist aus einer Sternfahrt von verschiedenen Startorten u. Kontrollstellen zum Zielort sowie aus Nachtprüfungen, Schnelligkeitswettbewerben, Bergrennen (auch auf Eis u. Schnee) u. a. besteht. Die älteste R. ist die *R. Monte Carlo,* die seit 1911 gefahren wird.

RAM, Abk. für *random access memory,* Speicher in der Datenverarbeitung mit wahlfreiem Zugriff, dessen Inhalt nicht nur gelesen (→ROM), sondern auch verändert werden kann.

Rama, Held des ind. Epos *Ramajana.*

Ramadan, der vom Koran vorgeschriebene 30tägige islam. Fastenmonat.

Ramajana, ind. Nat.-Epos (4./3. Jh. v. Chr.).

Ramakrischna, *1834, †1886, ind. Asket u. Mystiker; hielt alle religiösen Ansichten für gleichberechtigt, weil jede persönl. Gottheit eine Erscheinungsform des überpersönl. Absoluten sei. 1897 schlossen sich seine Anhänger unter Swami *Vivekananda* zur *R.-Mission* zusammen.

Raman, Chandrasekhara Venkata, *1888, †1970, ind. Physiker; arbeitete über Atom- u. Molekülphysik; Nobelpreis 1930 für die Entdeckung des *R.-Effekts.*

Ramat Gan, isr. Ind.-Stadt im östl. Vorortbereich von Tel Aviv, 116 000 Ew.; bed. Ind.-Standort; Diamantenbörse; religiöse Univ.

Rambouillet [rãbu'jɛ], Stadt im N-frz. Dép. Yvelines, sw. von Versailles, 21 000 Ew.; seit 1896 Sommersitz des Staats-Präs.

Rameau [ra'mo:], Jean-Philippe, *1683, †1764, frz. Komponist u. Musiktheoretiker; klass. frz. Oper u. Ballett, Klavierkompositionen; lehrte zum erstenmal die Umkehrbarkeit der Akkorde u. gilt als Begr. der Harmonielehre der Neuzeit.

Ramie, Stengelfaser der in O-Asien heim., zu den *Brennesselgewächsen* gehörenden *Boehmeria nivea* u. *Boehmeria viridis.* Aus der Rinde werden die bes. reißfesten, seidig glänzenden, weichen, bis 25 cm langen Fasern *(Chinagras)* gewonnen, die u. a. für Tischwäsche, Oberhemden u. weiße Tropenkleidung gebraucht werden. Als Bast wird R. für Seilerwaren verwendet.

Ramme, Werkzeug oder Masch. zur Verdichtung von Erdboden oder zum Eintreiben von Pfählen u. Spundbohlen in den Erdboden.

Rammelsberg, 636 m hoher Berg bei Goslar, dessen Silber- u. Kupfererze seit dem 10. Jh. gefördert werden; heute Zinkabbau.

Rammler, männl. Tier bei Kaninchen u. Hasen.

Rampe, 1. schräge Auffahrt mit anschließend gerader Strecke; meist zur Erleichterung des Be- u. Entladens *(Lade-R.).* – **2.** im Theater der vorderste Teil des Bühnenbodens.

ramponieren, ugs. für beschädigen.

Ramsau, alpines Hochplateau (1000 bis 1200 m ü. M., 18 km lang) südl. des Dachstein-Massivs (Östr.); mit dem Wintersportort R.

Rallye: Prüfungen in schwierigem Gelände und auf unbefestigten Straßen, hier bei der Ostafrika-Rallye, sind typisch für diesen Automobilsport

Pharao Ramses II., 1290–1224 v. Chr.

Ramsay [ˈræmzɪ], Sir William, *1852, †1916, brit. Chemiker; entdeckte die Edelgase u. beobachtete die Entstehung von Helium beim Zerfall des Radons; Nobelpreis 1904.
Ramsch, 1. zusammengewürfelte Warenreste, die man billig verkauft *(verramscht)*. – **2.** Spiel im Skat; auch selbst. Kartenspiel.
Ramses, Name von 11 ägypt. Königen der 19. u. 20. Dynastie; am bedeutendsten: **1.** *R. II.,* 1290–24 v. Chr.; kämpfte gegen die Hethiter u. schloß einen Bündnisvertrag. In seinem Totentempel in W-Theben ließ er eine der größten monolith. Statuen aufstellen. – **2.** *R. III.,* um 1196–65 v. Chr.; verteidigte Ägypten gegen die Angriffe der Libyer u. »Seevölker« u. siedelte die Philister in S-Palästina an; erbaute die Tempelfestung Medinet Habu bei Theben.
Ramsey [ˈræmzɪ], **1.** Arthur Michael, *1904, †1988, anglikan. Geistlicher; Erzbischof von Canterbury u. Primas von England (1961–74). – **2.** Norman Foster, *27.8.1915, US-amerik. Physiker; grundlegende Arbeiten zu den heute verwendeten Atomuhren; 1989 zus. mit H.G. *Dehmelt* u. W. *Paul* Nobelpreis.
Ramsgate [ˈræmzgɪt], SO-engl. Hafenstadt nordöstl. von Dover, 40 000 Ew.; Schiffbau, Fischerei; Fremdenverkehr.
Ramstein-Miesenbach, Gemeinde in Rhld.-Pf., 8000 Ew.; großer Militärflugplatz.
Ramuz [raˈmy], Charles Ferdinand, *1878, †1947, schweiz. Schriftst.; gestaltete urtüml. Natur- u. Seelenmächte in Bildern des heimatl. Waadtlands.
Ranch [raːntʃ, ræntʃ], in den USA: Viehfarm; in S-Amerika Landwohnstätte *(Rancho).*
Ranchi, Industriestadt im S von Bihar (Indien), 500 000 Ew.; kath. Erzbischofssitz, Univ.
Rand [rænd], Währungseinheit in der Rep. Südafrika u. in Namibia.
Randers [ˈranɐs], Hafenstadt in der dän. Amtskommune Århus, am *R.fjord,* im nö. Jütland, 61 000 Ew.; Brauerei.
Randmeer, ein *Nebenmeer* in randl. Lage.
Random-Verfahren [ˈrændəm-], in der Statistik eine Zufallsstichprobe.
Randstad Holland, *Ringstadt Holland,* stark verstädterte Planungsregion mit mehreren Zentren im W der Niederlande, von 30% (= 4 Mio.) der Gesamtbevölkerung bewohnt. Als größte Städte sind Amsterdam, Rotterdam u. Den Haag vertreten.

Rang, 1. Stufe in einer Ämter-, staatl., gesellschaftl., höf., militär. oder sonstigen Ordnung, auch →Dienstgrad. – **2.** Verhältnis eines Grundstücksrechts zu anderen Rechten an dem gleichen Grundstück. – **3.** balkonartiges Stockwerk mit Sitzplätzen im Zuschauerraum des Theaters.
Ranger [ˈreɪndʒə], **1.** in den USA Truppe aus bes. ausgebildeten Soldaten oder Polizisten. – **2.** Sammelbez. für eine 1961–65 gestartete Serie US-amerik. Raumfluggeräte, die vor dem harten Aufschlag auf dem Mond zahlr. Photos zur Erde sendeten.
rangieren [rãˈʒiː-], Güterwagen mit (meist dieselgetriebenen) *Rangierlokomotiven* in Züge einordnen.
Rangordnung, das bes. in soz. Tiergesellschaften (z.B. Hühner, Dohlen, Gänse, Huftiere, Affen, Wölfe, Präriehunde, Hyänenhunde) ausgeprägte hierarch. System. Die R. setzt Kennenlernen der Artgenossen voraus u. entwickelt sich aufgrund gelegentl. Kämpfe. Neben Stärke entscheiden über die R. auch Größe der Waffen sowie Ausdauer u. Intelligenz. Bei Hühnern wird die R. *Hackordnung* genannt.
Rangun, engl. *Rangoon, Yangon,* Hptst. u. wichtigster Hafen des hinterind. Staats Birma, am R.-Fluß (Irrawaddy-Mündungsarm), 2,46 Mio. Ew.; Univ. (1920); Handelszentrum; vergoldete, 112 m hohe Schwe-Dagon-Pagode (18. Jh.; buddhist. Heiligtum); bed. Exporthafen, Flughafen.
Rank [ræŋk], Joseph Arthur, Baron *R. of Sutton Scotney,* *1888, †1972, engl. Filmproduzent; Gründer u. Leiter der *J. Arthur Rank Organisation Ltd.*
Ranke, Leopold von, *1795, †1886, dt. Historiker; 1825–71 Prof. in Berlin; schuf mit der *Quellenkritik* die Grundlagen der modernen Geschichtswiss. u. formte den *Historismus.*
Ranken, umgewandelte Blätter, Sprosse oder Wurzeln, die fädig verlängert u. durch ihre Kontaktreizbarkeit in der Lage sind, Stützen zu erfassen u. sich daran zu befestigen.
Rankenfußkrebse, *Cirripedia,* Kl. meeresbewohnender, stets festsitzender *Krebse;* von Gestalt nicht krebs-, sondern muschelartig; u. a. *Entenmuscheln, Seepocken* u. *Wurzelkrebse.*
Rankūne, heiml. Feindschaft.
ranzig, Bez. für den üblen Geruch u. Geschmack bei Fetten, in denen durch Sauerstoff- u. Lichteinwirkung teilw. Zersetzung in freie Fettsäuren u. Glycerin eingetreten ist.
Rap [ræp], Form des rhythm. Sprechgesangs in der Rockmusik.
Rapacki [raˈpatski], Adam, *1909, †1970, poln. Politiker (Kommunist); 1956–68 Außen-Min.; bek. durch den *R.-Plan* (1957), der Mitteleuropa zur atomwaffenfreien Zone machen sollte.
Rapallo, ital. Winterkurort u. Seebad in Ligurien, sö. von Genua, 28 000 Ew.
Rapallo-Vertrag, 1. ital.-jugoslaw. Vertrag vom 12.11.1920 über die Adria u. die Unabhängigkeit Fiumes. – **2.** dt.-sowj. Abkommen über die Wiederaufnahme von diplomat. u. wirtsch. Beziehungen, vom 16.4.1922; später oft als gegen die Westmächte gerichtete dt.-sowj. Verständigung *(Geist von Rapallo)* gedeutet.
Raphael [-faɛl], einer der Erzengel (Tobias 12,15); Schutzpatron der Apotheker u. Reisenden (Fest: 29.9.).
Raphael [-faɛl], Günter, *1903, †1960, dt. Komponist; Sinfonien, Kirchen- u. Kammermusik.
Raphia →Bambuspalme; →Raffiafaser.
rapid, sehr schnell.
Rapier, Stich- oder Hiebwaffe mit schmaler gerader Klinge u. Handschutz.
Rappe, Pferd mit schwarzer Haarfarbe, häufig mit weißen Abzeichen.
Rappen, schweiz. Münzeinheit; 1 R. (Centime) = 1/100 Franken.
Rapperswil, schweiz. Seebad am Nordufer des Zürichsees, 8000 Ew.
Rapport, 1. (militär.) Bericht, Meldung. – **2.** innere Abhängigkeit des Hypnotisierten vom Hypnotiseur u. die Bereitschaft zur Befehlsausführung. – **3.** Wiederkehr eines Motivs im Webmuster.
Raps, *Kreuzblütler,* bis 2 m hohe krautige Pflanze mit sattgelben Blütentrauben; seit dem späten MA die wichtigste einheim. Ölpflanze. Die Samen enthalten bis zu 40% *R.öl,* das als Speiseöl sowie zu techn. Zwecken verwendet wird.
Rapsglanzkäfer, bis 2 mm langer grün- oder blauglänzender Käfer; frißt an Blüten u. Knospen des Rapses.

Rapunzel, *Rapunzelchen,* Bez. für versch. Pflanzen, deren Blätter oder Wurzeln als Salat (z.B. Feldsalat) genutzt werden.
Rapunzel, Märchengestalt, ein Mädchen, das von einer Hexe in einem Turm gefangengehalten wird. Es wird von einem Königssohn entdeckt, den sie an ihrem langen Haar zu sich heraufklettern läßt.
Rarität, Seltenheit.
Ras, arab.: Häuptling, Fürst.
Ras al-Khaima, Emirat der →Vereinigten Arab. Emirate.
Rasanz, der flache Verlauf der Flugbahn eines Geschosses. Die Flugbahn ist um so rasanter, je stärker die Treibladung ist.
Räscht, iran. Prov.-Hptst. am Kaspischen Meer, 294 000 Ew.; Handelszentrum; bei einem Erdbeben 1990 zu 80% zerstört.
Rasen, gepflegte Grasfläche in Gärten, Parks u. auf Sportplätzen.
Raseneisenerz, *Sumpferz, Wiesenerz,* mit Ton vermengter *Limonit.*
Rasin, Stepan Timofejewitsch (Stenka), *um 1630, †1671 (hingerichtet), Führer des Kosaken- u. Bauernaufstands in S-Rußland 1670/71.
Rask, Rasmus Kristian, *1787, †1832, dän. Sprachforscher; erkannte Lautensprechungen zw. den indoeurop. Sprachen u. wurde zum Begr. der Indoeuropäistik.
Raskolniki, kirchl. Bewegung gegen die liturg. Reformen des Patriarchen *Nikon* von Moskau 1652ff. Ihre Selbstbez. ist »Altritualisten«, eine häufig für sie gebrauchte Bez. »Altgläubige«.
Rasmussen, Knud, *1879, †1933, dän. Polarforscher; erforschte bes. Grönland u. die Eskimo.
Räson [rɛˈzoː], Vernunft, Einsicht.
Raspel, Feile mit grobem Hieb.
Rasputin, Grigorij Jefimowitsch, *1864/65, †1916 (ermordet), russ. Mönch; seit 1905 Günstling am Hof *Nikolaus' II.,* gewann als angebl. Wundertäter Einfluß auf die Zarenfamilie.
Rasse, 1. *Unterart, Spielart,* die systemat. Kategorie unterhalb der *Art,* deren Angehörige alle miteinander uneingeschränkt fruchtbar sind, sich aber im Erbgut (Genbestand) – meist schon äußerlich – voneinander unterscheiden. – **2.** *Sorte,* Gebrauchszüchtungen von Nutzpflanzen. – **3.** auf bestimmte Zuchtziele hin (Schönheit, Nutzwert, Genügsamkeit, klimat. Verträglichkeit u. a.) einheitl. züchter. bearbeitete Sorte von Haustieren *(Zucht-R.).* – **4.** →Menschenrassen.
Rassenkunde, ein Teilgebiet der *Anthropologie,* erforscht die Menschenrassen.
Rassismus, Auffassung, daß die versch. Menschenrassen einen unterschiedl. hohen Wert haben, u. das nachdrückl. (häufig gewaltsame) Vertreten dieser Auffassung; insbes. in Gebieten, wo durch das Nebeneinander versch. Rassen soz. u. polit. Spannungen *(Rassenprobleme)* entstanden sind. In der Rep. Südafrika (→Apartheid) u. in den USA (bes. in den Südstaaten) spielt der R. bis heute eine große Rolle.
Rastatt, Krst. in Ba.-Wü., an der Murg, 41 000 Ew.; Masch.- u. Fahrzeugbau, Elektro-, opt. Ind. – 1705–71 bad. Residenz. Der *Friede von R.* am 7.3.1714 beendete den Span. Erbfolgekrieg.

Raps

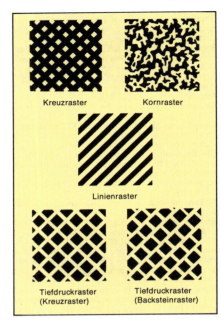

Raster

Rastenburg, poln. *Kętrzyn,* Stadt in Ostpreußen, im N der Masur. Seenplatte, 27 000 Ew.; Ordensschloß. In der Nähe die »Wolfsschanze« (Hauptquartier Hitlers, am 20.7.1944 Attentat.
Raster, in der Drucktechnik ein opt. Gerät zur Zerlegung von Halbtonvorlagen (z.B. Photos) in einzelne Punkte. Die durch R. im Film u. später im Druck erzeugten Punkte heißen ebenfalls Raster.
Rasterfahndung →Fahndung.
Rastertunnelmikroskop, ein von G. *Binnig* u. H. *Rohrer* entwickeltes Mikroskop, das unter Ausnutzung des quantenmechan. Tunneleffekts Strukturen atomarer Größe auf Oberflächen von Metallen u. Halbleitern sichtbar machen kann.
Rastral, aus Messingblech gefertigtes, fünfzinkiges Werkzeug zum Ziehen von Notenlinien.
Rastrelli, Bartolomeo Francesco, * um 1700, † 1771, ital. Architekt; Vertreter des Spätbarocks, prägte entscheidend das Stadtbild von St. Petersburg.
Rat, 1. seit der russ. Revolution von 1905 Bez. für gewählte polit. Funktionäre *(Arbeiter-, Soldaten-, Betriebsräte),* bes. in revolutionären Situationen; →Rätesystem. – **2.** Bez. für eine kollegiale Behörde oder ein Staatsorgan u. deren Mitgl.; auch für sonstige Amtsbez. oder Titel gebraucht.
Rat der Volksbeauftragten, die revolutionäre Übergangsreg. des Dt. Reichs vom 10.11.1918 bis 11.2.1919, aus Mitgl. der SPD u. (bis 29.12.1918) der USPD bestehend.
Rat der Volkskommissare, russ. *Sowjet Narodnych Kommissarow,* Abk. *Sownarkom,* 1917–46 das oberste Regierungsorgan in der Sowj. u. in ihren Gliedstaaten; seitdem *Ministerrat.*
Rate, Teilbetrag, Quote; regelmäßig fällig werdende Zahlung, z.B. bei Abzahlungsgeschäften u. Krediten; →Abzahlung.
Rätesystem, *Rätedemokratie,* ein innenpolit. Instrument zur Verwirklichung der »Diktatur des Proletariats«; Hauptmerkmale: 1. pyramidenförmiger Aufbau der Vertretungskörperschaften (Dorf-, Stadt-, Kreis-, Bezirksräte, Oberster Rat), also eine mehrstufig-indirekte Wahl der Spitzenvertreter; 2. keine Gewaltenteilung, sondern Vereinigung von legislativen u. exekutiven Funktionen in den Ausschüssen; 3. jederzeitige Abwählbarkeit der Vertreter durch ihre Wähler. Versuche zur Schaffung von R.en in Dtld. (Bay., Bremen) u. Ungarn nach dem 1. Weltkrieg wurden rasch niedergeschlagen. In Rußland wurde 1917 nach der Oktoberrevolution ein R. errichtet, doch wurden die Räte *(Sowjets)* bald zur bloßen Hülle für die bis 1991 bestehende Diktatur der Kommunist. Partei. Die Grundsätze des R. wurden in der Sowj. 1936 größtenteils auch formell abgeschafft.
Rat für gegenseitige Wirtschaftshilfe, Abk. *RGW,* →COMECON.
Rathaus, Verw.- u. Repräsentationsgebäude einer Stadtgemeinde.
Rathenau, Walther, * 1867, † 1922, dt. Industrieller u. Politiker; Präsident der AEG 1915–21; Verfechter einer Planwirtsch. auf korporativ-demokrat. Grundlage; 1921 Reichs-Min. für den Wiederaufbau, 1922 Reichsaußen-Min.; schloß den Vertrag von *Rapallo* ab; von Rechtsradikalen ermordet.
Rathenow [-no:], Krst. in Brandenburg, an der Havel, 31 000 Ew.; opt. Ind.
Ratibor, poln. *Racibórz,* Stadt in Schlesien, an der Oder, 57 000 Ew.; Schloß; versch. Ind.
Rätien, lat. *Raetia,* röm. Prov., seit 16 v. Chr., die NO-Schweiz, Graubünden, Tirol, Vorarlberg u. O-Württemberg umfassend; benannt nach den *Rätern* (→Rätoromanen).
Ratifikation, *Ratifizierung,* **1.** die Zustimmung des Parlaments zu einem völkerrechtl. Vertrag. Welche Verträge dieser Zustimmung bedürfen, bestimmt die Verfassung, für die BR Dtld. Art. 59 Abs. 2 GG. – **2.** die feierl. urkundl. Bestätigung von völkerrechtl. Verträgen durch das Staatsoberhaupt.
Rätikon, *Rhätikon,* Teil der nördl. Kalkalpen, in der *Schesaplana* 2964 m.
Ratingen, Stadt in NRW, nordöstl. von Düsseldorf, 90 000 Ew.; metallverarbeitende, Textil-, Elektro-, keram. Ind.
Ratio, Vernunft, Verstand; Grund.
rationale Rechenoperationen, die Grundrechnungsarten.
rationale Zahlen →Zahlen.
Rationalisierung, in Wirtsch. u. Technik alle Maßnahmen, die dazu dienen, ein bestimmtes Ziel mit möglichst geringem Aufwand zu erreichen. R. führt zur Steigerung der *Produktivität.* Sie findet ihren Ausdruck v. a. in dem Streben nach *Mechanisierung* u. *Automation,* um bes. Arbeitskraft, -zeit u. -raum einzusparen.
Rationalismus, Bez. für eine Vernunfthaltung, die sich auf den versch. Gebieten der Philos. u. in der Theol. ausgeprägt hat. Als *metaphys.* R. wird die Überzeugung bez., die Welt sei logisch u. gesetzmäßig geordnet, auch dort, wo das unmittelbar nicht einzusehen ist. Der *erkenntnistheoret.* R. operiert mit der Annahme, daß die Welt u. die Dinge, unabhängig von der menschl. Erfahrung, allein mit Hilfe der Vernunftbegriffe erkannt werden könnten u. daß es Wahrheiten a priori gebe, die von höherem Rang seien als die Erfahrungswahrheiten. Der *ethische* R. betont die Bed. der Vernunfteinsichten für das sittl. Handeln: Die Vernunftprinzipien, die zur Erkenntnis verhelfen, seien angeboren u. schlössen sich zusammen im menschl. Erkenntnisvermögen, das die Erfahrung u. sinnl. Anschauung durchhelle, kläre u. verdeutliche.
Als philos. Strömung wird der R. bei R. *Descartes* angesetzt; er führte über B. *Spinoza,* G.W. *Leibniz* u. C. *Wolff* zu I. *Kant,* der den rationalist. Glauben an die unbegrenzte Erkenntnisfähigkeit des Menschen erschütterte. In dogmat. Verfestigung wurde der R. zur Ideologie der frz. *Aufklärung* u. richtete sich gegen die bestehenden Verhältnisse in Gesellschaft, Staat, Kunst u. Religion.
Rationierung, planmäßige Erfassung u. Verteilung knapper Güter, bes. in Kriegs- u. Krisenzeiten; oft mit Karten- u. Bezugsscheinsystem.
Rätische Alpen, *Rhätische Alpen,* Teil der schweiz. Alpen; im N *Rätikon* u. *Silvretta,* im S *Albula* u. *Bernina.*
Rätoromanen, roman. Volk mit rätoroman. Sprache, in Graubünden, im Engadin u. in Teilen Südtirols *(Ladiner)* u. Friauls; Nachkommen der früh romanisierten, wohl den Etruskern verwandten Räter. In der Schweiz ist ihre Sprache *(Rumantsch)* seit 1938 als 4. Sprache gleichberechtigt im amtl. Verkehr.
Ratsche, Werkzeug mit Sperrad zum Drehen eines Bohrers oder einer Schraubenmutter durch Hin- u. Herbewegen des Handgriffs, dessen Klinke in das Sperrad eingreift.
Ratsherr, Bez. für die Mitgl. der Gem.-Vertretung in Nds., auch in NRW u. Schl.-Ho. z. T. gebräuchl.; im MA vielfach für Mitgl. des Magistrats der Städte.
Ratten, Nagetiergatt. der *Echten Mäuse.* Hauptvertreter sind die *Haus-R. (Dach-R.)* u. die aus O-Asien eingewanderten *Wander-R.* Sie sind Überträger mehrerer ansteckender Krankheiten; der Floh der ind. Unterart der Haus-R., der auch auf der europ. lebensfähig ist, enthält Pest-Erreger. →Wasserratte.
Rattenfänger von Hameln →Hameln.
Rattengift, Meerzwiebel-, Thallium-, Arsen-, Kumarin- u. a. Präparate, die mit Ködern zur Rattenbekämpfung ausgelegt werden.
Rattigan ['rætɪgən], Terence, * 1911, † 1977, engl. Schriftst.; bühnenwirksame Gesellschaftskomödien u. Problemstücke.
Ratzeburg, Krst. in Schl.-Ho., sö. von Lübeck, auf einer Insel im *R. See,* 13 000 Ew.; Luftkurort; spätrom. Dom, Ernst-Barlach-Haus (Museum); Fremdenverkehr; bis 1504 Bischofssitz.
Ratzel, Friedrich, * 1844, † 1904, dt. Geograph; Begr. u. Förderer der *Anthropogeographie,* bes. der polit. Geographie.
Ratzinger, Joseph, * 16.4.1927, dt. kath. Theologe; Sachverständiger des 2. Vatikan. Konzils; 1977–82 Erzbischof von München-Freising; 1977 Kardinal, 1993 Kardinalbischof, seit 1982 Präfekt der päpstl. Glaubenskongregation in Rom.
Rau, Johannes, * 16.1.1931, dt. Politiker (SPD), 1970–78 Wiss.-Min., seit 1978 Min.-Präs. von NRW, seit 1982 zugleich stellv. Partei-Vors. der SPD, 1987 deren Kanzlerkandidat.
Raub, der mit Gewalt gegen eine Person oder unter Anwendung von Drohungen mit gegenwärtiger Gefahr für Leib u. Leben begangene Diebstahl; zu unterscheiden vom *räuber. Diebstahl,* der beim auf frischer Tat betroffenen Dieb Gewalt oder Drohung zur Sicherung seiner Beute anwendet. Im Strafrecht der BR Dtld. werden R. u. räuber. Dieb-

Ratten: Hausratte

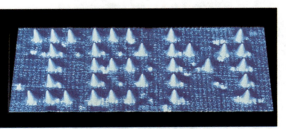

Rastertunnelmikroskop (RTM): Nickeloberfläche mit anhaftenden Xenon-Atomen. Die Atome wurden mit der RTM-Spitze positioniert, um »IBM« zu schreiben

Raubmöwen: Skua

Raubtiere	
Familie *lat. Name*	Arten (Auswahl)
Marder *Mustelidae*	Wiesel, Nerze, Iltisse, Marder, Vielfraß, Dachse, Skunks, Otter
Kleinbären *Procyonidae*	Katzenfrette, Makibären, Waschbären, Nasenbären
Katzenbären *Ailuridae*	Katzenbär, Bambusbär
Großbären *Ursidae*	Braunbären, Schwarzbären, Eisbär, Lippenbär, Malaienbär, Brillenbär
Schleichkatzen *Viverridae*	Zibetkatzen, Ginsterkatzen, Linsangs, Palmenroller, Mungos, Erdmännchen
Erdwölfe *Protelidae*	Erdwolf
Hyänen *Hyaenidae*	Tüpfelhyäne, Streifenhyäne, Schabrackenhyäne
Hunde *Canidae*	Wolf, Kojote, Schakale, Marderhund, Mähnenwolf, Echte Füchse, Waldfüchse, Kampffuchs
Katzen *Felidae*	Wildkatze, Serval, Luchse, Nebelparder, Leopard, Jaguar, Tiger, Löwe, Gepard
Ohrenrobben *Otariidae*	Seebären, Seelöwen
Walrosse *Odobenidae*	Walroß
Hundsrobben u. Seehunde *Phocidae*	Mönchsrobben, See-Elefant, Klappmütze, Sattelrobbe, Kegelrobbe, Seehund

stahl mit Freiheitsstrafe nicht unter einem Jahr bestraft, als *schwerer R.* mit Freiheitsstrafe nicht unter 5 Jahren.
Raubbau, Ausnutzung des Bodens bis zur Erschöpfung an Nährstoffen u. Humus; hat *Erosion* zur Folge.
Raubfliegen, *Mordfliegen, Asilidae,* meist kräftig gebaute, große, oft behaarte Tiere, die entweder auf Blättern lauern oder in gewandtem, reißendem Flug andere Insekten jagen.
Raubmöwen, kräftige, düster gefärbte Vögel der N-Küsten Amerikas u. Eurasiens, mit fast raubvogelhaftem Verhalten.
Raubtiere, *Carnivora,* Ordnung vorw. fleischfressender *Säugetiere.* Das Gebiß hat kleine Schneidezähne, große Eckzähne zum Festhalten u. zum Schneiden umgebildete Backenzähne *(Reißzähne).* Lebende Unterordnungen sind *Land-R.* u. *Robben (Wasser-R.).*
Raubvögel, heute von den meisten Ornithologen abgelehnte Bez., die für *Greifvögel* als „Tag-R." u. „Eulen" als „Nacht-R." angewendet wurde.
Raubwild, jagdbare Raubtiere, wie Fuchs, Marder u. a., die anderen Tieren *(Nutzwild)* nachstellen.
Raubzeug, nicht jagdbare Tiere, wie streunende Katzen u. Hunde, die jagdbaren Tieren nachstellen oder auch sonst dem Wild schädlich sind, wie Elstern, Krähen u. a. Ggs.: *Raubwild.*
Rauch, Gemisch aus Rauchgasen (Kohlendioxid, Schwefeldioxid, Wasserdampf, Stickstoff) u. bei unvollkommener Verbrennung auch Kohlenmonoxid; enthält außerdem Ruß u. Staubteilchen (Flugasche).
Rauch, Christian Daniel, * 1777, † 1857, dt. Bildhauer; Hauptmeister des dt. Klassizismus (Sarkophag der Königin Luise im Mausoleum Berlin-Charlottenburg).
Rauchabzug, für bestimmte Gebäude vorgeschriebene, automatisch im Brandfalle sich öffnende Fenster oder Oberlichter zum Entweichen des Rauchs.
Rauchbier, dunkles, untergäriges Vollbier.
Rauche, Zustand eines Felles, bei dem Haarlänge, Seidigkeit, Elastizität, Dichte u. Verankerung der Haare maximal ausgebildet sind.
rauchen, den Rauch verbrannter Pflanzenteile inhalieren. Vor der Entdeckung Amerikas (1492) inhalierte man den Rauch von Gräsern, Baumfrüchten u. a. zur Bekämpfung von Krankheiten, heute den von Tabak u. Rauschmitteln als Genußmittel. Das R. von Tabakblättern wurde von *Kolumbus* entdeckt; es war urspr. Kulthandlung (Friedenspfeife) u. wurde erst im 16. Jh. durch die Spanier nach Europa gebracht. Das R. ist gesundheitsschädlich.
räuchern, Fleisch oder Fisch zur Konservierung u. Geschmacksveränderung mit Rauch (von Birken-, Buchen- oder Wacholderholz) behandeln.

Die Räucherware wird in Räucherkammern bzw. -öfen behandelt. Durch R. werden dem Fleisch keimtötende Stoffe wie Ameisen-, Essig- u. Gerbsäure, Kreosot u. Teer zugeführt; außerdem wird die Austrocknung bewirkt.
Rauchfang, nach unten trichterförmig erweiterter offener Schornstein zum Ableiten des Rauchs bei offenem Feuer; oft zum *Räuchern* verwendet.
Rauchfaß, *Thuribulum,* Schwenkbehälter aus Bronze, Kupfer oder Silber zur Verbrennung des Weihrauchs im kath. Gottesdienst.
Rauchfleisch, gepökeltes u. geräuchertes Rind- oder Schweinefleisch.
Rauchgasentschwefelung, Verfahren zur Verminderung des umweltschädl. Schwefeldioxids im Rauchgas von Kraftwerken u. Großfeuerungsanlagen, vorw. durch Naßverfahren *(Rauchgaswäsche)* auf Kalkbasis.
Rauchquarz, fälschl. *Rauchtopas,* Quarzmineral mit rauchbrauner Farbe, die beim Erhitzen auf 450° verschwindet.
Rauchvergiftung, durch Rauch hervorgerufene Vergiftung, die, abgesehen von der Schleimhautreizung durch die Rauchstoffe, mit einer Kohlenmonoxid-Vergiftung gleichzusetzen ist.
Rauchwaren, zugerichtete (veredelte) Pelztierfelle.
Räude, *Schorf,* Erkrankung durch Befall mit R.-Milben; ekzemartige Erscheinungen, Juckreiz, Schuppenbildung u. Haarausfall; befällt Pferde, Rinder, Schafe, Hunde u. Schweine.
Raufhandel, Schlägerei mehrerer Personen, bei der der Tod eines Menschen oder eine schwere Körperverletzung verursacht wird; für alle Beteiligten strafbar.
Rauhblattgewächse →Pflanzen.
Rauhes Haus, Anstalt der Inneren Mission, gegr. von J.H. *Wichern* 1833 bei Hamburg (Waisenhaus, Heim für Erziehungshilfe). Heute sind Lehrwerkstätten, Schulen, Diakonenanstalt u. eine Verlagsbuchhandlung (»Agentur des Rauhen Hauses«) angegliedert.
Rauhfußhühner, *Waldhühner, Tetraoninae,* Unterfamilie der *Fasanenvögel,* bei denen der Lauf, z. T. auch die Zehen befiedert sind; in Europa: *Auerhuhn, Birkhuhn, Haselhuhn, Schneehuhn;* in N-Amerika: *Präriehuhn.*
Rauhnächte, *Rauchnächte,* oberdt. Name für die →Zwölften.
Rauhreif, Nebelfrostablagerung an der Windseite fester Gegenstände, aus feinen hellweißen Eiskristallen.
Raum, die äußere Form der sinnl. erfaßbaren Wirklichkeit, gekennzeichnet durch das Ausgedehntsein (Länge, Breite, Höhe) u. das Auseinandersein räuml. Gegenstände in drei Dimensionen. *Aristoteles* definiert R. als das Begrenzende der Körper, der Rationalismus setzt R. mit Materie gleich, die Renaissance (N. *Kopernikus,* G. *Bruno*) betont die Vorstellung eines unendl. astronom. R.s. Der Kritizismus *Kants* bestimmt R. u. Zeit als *apriorische Anschauungsformen.* Die Physik geht vom geometr. R. bzw. von der euklid. Geometrie aus, deren Gültigkeit sie jedoch auf den Bereich unserer gewöhnl. Erfahrung beschränkt. Die →Relativitätstheorie zeigt, daß R. u. Zeit eine Einheit bilden. Die Math. bez. den R. stark verallgemeinernd als eine Menge von Elementen, zw. denen bestimmte Beziehungen bestehen.
Rauma, Hafenstadt in SW-Finnland, am Bottn. Meerbusen, 31 000 Ew.
Raumfähre →Raumtransporter.
Raumfahrt →Weltraumfahrt.
Raumfahrtmedizin, *Weltraummedizin,* medizin. Spezialgebiet, das sich mit den physiolog. u. psychol. Wirkungen der Bedingungen des Weltraum-

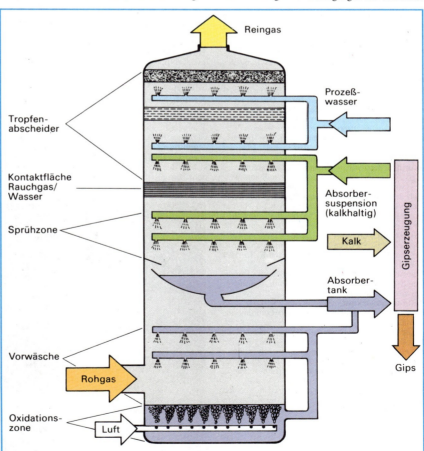

Rauchgasentschwefelung: Das Rohgas wird in einer Vorwaschstufe im Gaswäscher (hier Sprühtrennwäscher) vorbehandelt, um Verunreinigungen des Gipses zu vermeiden. Bei der Gipsbereitung läßt sich der eingesetzte Kalk (Calciumcarbonat, $CaCO_3$) mit dem Schwefeldioxid (SO_2) der Abluft bei geeigneter Reaktionsführung quantitativ umsetzen und durch Oxidation mit Luft in Gips ($CaSO_4 \cdot 2H_2O$) umwandeln. Die SO_2-freie Abluft verläßt den Wäscher als Reingas

flugs auf den (menschl.) Organismus befaßt. Bes. Probleme liegen im Einfluß der im Raum herrschenden *Schwerelosigkeit* auf Muskulatur, Kreislauf, Atmung u. andere Körperfunktionen. Strahlungen, Luftdruckabfall, Temp.- u. Feuchtigkeitsbedingungen, Ernährung, Hygiene u. a. sind weitere Untersuchungsfaktoren.

Raumfilm, *3-D-Film, plast. Film, Stereofilm,* Film, bei dem jedem Auge, entspr. dem natürl. Sehen, das ihm zugeordnete Bild getrennt zugeführt wird. Erforderl. ist die gleichzeitige Aufnahme von zwei Bildern derselben Szene aus etwa Augenabstand. Die Filmverfahren *Cinerama, Cinemascope* u. *Vistavision* sind Raumillusions- oder Panoramaverfahren, die keine echten Stereoeffekte ergeben.

Rauminhalt, *Volumen,* als geometr. Größe der von einem Körper eingenommene Raum.

Raumladung, elektr. Ladung, die in Gasen oder bei strömenden Ladungen über einen Raumbereich verteilt ist; z.B. bildet sich eine R. in Elektronenröhren vor der Kathode aus.

Raummeter, *Ster,* Rauminhalt eines würfelförmigen Körpers, dessen Kante 1 m ist, ohne Rücksicht auf Hohlräume; Ggs.: *Festmeter;* seit 1978 amtl. nicht mehr zulässig; die Volumenangabe erfolgt nur noch in m³.

Raumordnung, bestmögl. räuml. Verteilung von Wohnsiedlungen, Arbeitsstätten u. Erholungsgebieten, von kulturellen u. soz. Einrichtungen sowie deren Verknüpfung durch das moderne Verkehrs- u. Nachrichtenwesen. Maßgebend für die Organisation der R. ist in Dtld. der Bund. Träger der *Landesplanung* sind die Länder. Die *Regionalplanung* wird von Landesplanungsgemeinschaften oder Gebietskörperschaften wahrgenommen. Die *Gemeindeplanung* befaßt sich mit der Erstellung von Bauleitplänen (Flächennutzungspläne u. Bebauungspläne).

Raumschiff, unbemanntes oder bemanntes, von Raketen angetriebenes Fahrzeug, mit dem die Erde umkreist wird oder das dazu dient, uns benachbarte Himmelskörper zu erreichen.

Raumsonde, einfacher, unbemannter Raumflugkörper ohne Antriebssystem zur Erforschung des interplanetaren Raums; →Satellit.

Raumstation, *Orbitalstation,* engl. *space station,* Satellit mit Aufenthalts-, Labor- u. Beobachtungseinrichtungen für eine mehrköpfige Besatzung u. eine längere Zeitdauer. Die UdSSR brachte zw. 1971 u. 1982 sieben R. vom Typ *Saljut* in eine Erdumlaufbahn. 1986 folgte die verbesserte Version *Mir.* Die USA wollen nach dem Start ihrer experimentellen R. →Skylab (1973) erst Mitte der 1990er Jahre eine R. errichten.

Raumtransporter, *Raumfähre, Raumgleiter,* engl. *space shuttle,* ein wiederverwendbares Trägersystem, das zur Erdoberfläche zurückkehrt u. nach der Wartung erneut verwendet werden kann. Die USA starteten 1981 den ersten R., 1983 mit dem europ. Weltraumlabor *Spacelab* an Bord. Mit der Explosion des R. *Challenger* (1986) wurde die US-amerik. Raumfahrt um Jahre verzögert. 1988 startete die UdSSR den ersten unbemannten R. *Buran.* Europa plant mit dem dreisitzigen R. *Hermes* eine eig. Raumfähre.

Räumungsklage, Klage auf Räumung eines Grundstücks, Wohnraums oder anderen Raums innerhalb einer *Räumungsfrist.*

Räumungsverkauf, verbilligter Verkauf von Waren im Zusammenhang mit einer Räumung des Ladenlokals.

Raumwellen, elektromagnet. Wellen eines Senders, die nicht geradlinig zum Empfänger gelangen wie etwa *Bodenwellen,* sondern erst nach (mehrf.) Reflexion an hochgelegenen Atmosphäreschichten. Der weltweite Kurzwellenverkehr wird nur über R. abgewickelt.

Raupe, 1. Larvenform der Schmetterlinge. Nach mehreren Häutungen verpuppt sich die R., indem sie einen *Kokon* fertigt, in dem sich die Verwandlung zum fertigen Insekt vollzieht. – **2.** endloses Band aus bewegl. aneinandergereihten Metallplatten; wird um Wagenräder gelegt (z.B. beim *R.nschlepper),* um das Einsinken zu verhindern oder die Haftfähigkeit zu vergrößern.

Rauschbeere →Krähenbeere.

Rauschbrand, durch Wundinfektion mit *Clostridien* verursachte Zellgewebsentzündung der Haut u. der Muskulatur der Rinder (auch der Schafe), mit Gasbildung.

Rauschenberg [-bə:g], Robert, *22.10.1925, amerik. Künstler; wurde mit seinem *Combine Painting* zum Wegbereiter der Pop-Art.

Rauschgold, dünner Flitter aus Messingblech.

Rauschmittel, *Rauschgifte* →Drogen.

Rauschning, Hermann, *1887, †1982, dt. Politiker; 1933/34 nat.-soz. Senatspräs. der Freien Stadt Danzig; floh 1936 in die Schweiz, lebte seit 1948 als Farmer in den USA; krit. Bücher über den Nat.-Soz.

Rauschtat, im Zustand der *Trunkenheit* begangene Straftat.

Raute, 1. *Ruta,* Gatt. der *R.ngewächse* (→Pflanzen); ausdauernde Kräuter, die unten häufig verholzen u. daher Halbsträucher bilden. Die *Garten-R.,* eine bereits den Juden u. Römern bekannte Kulturpflanze, fand als Gewürz oder als Heilpflanze (magenstärkendes Mittel) Verwendung. – **2.** →Rhombus.

Rauwolfia, trop. *Hundsgiftgewächs;* von Indien bis Java verbreiteter Strauch; enthält eine alkaloidreiche Wurzeldroge, v. a. das blutdrucksenkende *Reserpin.*

Ravel, Maurice, *1875, †1937, frz. Komponist; Vertreter des musikal. Impressionismus; gelangte in klassizist. Spätwerken zu äußerster Vereinfachung u. Radikalität der Polyphonie; viele Werke haben span. Einschlag. ⃞ »Rhapsodie espagnole«, »Daphnis et Chloé«, »Boléro«, Klavierwerke.

Ravenna, ital. Prov.-Hpst. in der Region Emilia-Romagna, 136 000 Ew.; Kunstmuseum, Kunstakad.; Fremdenverkehr, versch. Ind.; Ölraffinerie. G e s c h .: Etrusk.-umbrische Gründung, seit dem 2. Jh. v. Chr. röm., seit 402 kaiserl. Residenz, seit 493 ostgot., seit 552 Exarchat von Byzanz, seit 751 unter langobard. Herrschaft, seit 1509 Besitz des Kirchenstaats. Die Bed. der spätantik-christl. K u n s t in R. liegt v. a. in der großen Zahl der unverfälscht erhaltenen Bauten mit Mosaikschmuck, darunter das als Mausoleum der Galla Placidia (2. Viertel des 5. Jh.) u. S. Giovanni Evangelista, nach 424 gegr. Hofkirche. Außerdem u. a. S. Apollinare Nuovo (um 490); S. Apollinare in Classe, 549 geweiht; S. Vitale, 545 gebaut; Mausoleum des Theoderich.

Ravensberger Land, *R. Mulde,* hügelige Ldsch. zw. Teutoburger Wald, Lipper Bergland, Wiehengebirge u. Osnabrück.

Ravensburg, ba.-wü. Krst. nördl. des Bodensees, 45 000 Ew.; histor. Bauten; versch. Ind.; Verlag.

Ravioli, Nudelteigtaschen mit Füllung aus Fleisch oder Gemüse.

Rawalpindi, pakistan. Distrikt-Hpst. im nördl. Pandschab, 795 000 Ew.; versch. Ind., Erdölraffinerien; 1958–60 provisor. Hpst. von Pakistan.

Rawlinson ['rɔ:linsn], Sir Henry Creswicke, *1810, †1895, engl. Archäologe; leistete entscheidende Beiträge zur Entzifferung der altpers. Keilschrift.

Raxalpe, Kalkgebirgsstock nw. des Semmering

Raumtransporter: ein erfolgreicher Start des Raumtransporters Discovery auf Cape Canaveral

Ravenna: das Grabmal der Galla Placidia wurde um 400 n. Chr. wahrscheinlich als Märtyrergedenkkapelle erbaut

(Östr.), Hochalpenplateau von rd. 1800 m Höhe, mit aufgesetzten Kuppen *(Heukuppe* 2007 m).

Ray [rei], **1.** Man, *1890, †1976, US-amerik. Photograph, Maler u. Filmschaffender. – **2.** Nicholas, eigtl. Raymond Nicholas *Kienzle,* *1911, †1979, US-amerik. Filmregisseur. ⃞ »Johnny Guitar – Wenn Frauen hassen«, »... denn sie wissen nicht, was sie tun«.

Raygras →Lolch.

Rayleigh ['reili], John William *Strutt,* Baron R., *1842, †1919, engl. Physiker; entdeckte 1894 (mit W. *Ramsay)* das Argon; erklärte das Himmelsblau durch seine *R.sche Streuformel* für Licht, nach der blaues Licht stärker gestreut wird als rotes; Nobelpreis 1904.

Raymond, Fred, eigtl. Friedrich *Vesely,* *1900, †1954, östr. Schlager- u. Operettenkomponist; ⃞ »Maske in Blau«, »Saison in Salzburg«.

Raynal [rɛ'nal], Paul, *1885, †1971, franz. Schriftst.; Antikriegsstücke. ⃞ »Das Grabmal des unbek. Soldaten«.

Rayon [rɛ'jɔ̃], Bezirk, Bereich, Abteilung.

Raypur, *Raipur,* ind. Distrikt-Hpst. im südl. Madhya Pradesh, 338 000 Ew.; Univ.; Handelszentrum.

Razzia, Polizeistreife zur Fahndung nach verdächtigen Personen.

Rb, chem. Zeichen für Rubidium.

Re, *Ra,* altägypt. Sonnengott u. Weltbeherrscher.

Re, chem. Zeichen für Rhenium.

Ré, *Île de R.,* W-frz. Insel vor der Mündung der Sèvre in den Atlantik, 86 km², 10 000 Ew.

Read [ri:d], **1.** Grantly Dick, *1890, †1959, brit. Frauenarzt u. Geburtshelfer; entwickelte eine Methode zur Herabsetzung des Geburtsschmerzes durch systemat. gymnast. Lockerungs- u. Entspannungsübungen u. durch seel. Beeinflussung der werdenden Mutter. – **2.** Sir Herbert, *1893, †1968, engl. Kunstschriftst. u. -philosoph; vertrat den Standpunkt, die Kunst müsse soz., nicht religiöse Aufgaben erfüllen.

Reading ['redɪŋ], Hpst. der S-engl. Gft. Berkshire, an der Mündung des Kennet in die Themse, 124 000 Ew.; Univ.; Textil-, Nahrungsmittel-Ind.

Ready-made ['redi meid], ein serielles Warenprodukt, das (nicht oder nur geringfügig verändert) zum Kunstwerk erklärt wird *(Objektkunst).*

Reagan ['reigən], Ronald W., *6.2.1911, US-amerik. Politiker (Republikaner); urspr. Filmschauspieler, 1967–75 Gouverneur von Kalifornien, 1980–89 40. Präs. der USA. R. förderte die Privatwirtsch., vertrat gesellschaftspolit. einen konservativen Kurs, außenpolit. eine Politik der Stärke; schloß 1987 mit der UdSSR ein Abkommen über die Beseitigung nuklearer Mittelstreckenwaffen in Europa.

Reagenz, chem. Stoff, der in der Analyse durch Färbung, Niederschlagsbildung u. a. zum Nachweis bestimmter Stoffe verwendet wird. – **R.glas,** *Probierglas,* dünnwandiges, röhrenförmiges Glasgefäß (bis 20 cm lang u. bis 2,5 cm weit) für chem. Versuche. – **R.papier,** ein mit der Lösung eines Indikators getränkter Filtrierpapierstreifen, der sich bei Einwirkung des Prüfstoffs färbt oder dessen Farbe eine andere Farbe annimmt.

Reaktion, 1. allg. Rückwirkung, Gegenwirkung. – **2.** in der Biol. u. Psych. die Antwort eines Organismus auf einen Reiz. – **3.** jeder chem. Vorgang, der eine stoffl. Umwandlung zur Folge hat. – **4.** rückschrittl. polit. Gegenwirkung, Festhalten am Alten um des Alten willen.

reaktivieren, wieder in Tätigkeit setzen, wieder wirksam machen.

Reaktor, 1. *Reaktionsapparat,* ein Gefäß, in dem im techn. Maßstab chem. Reaktionen durchgeführt werden. – **2.** kurz für →Kernreaktor.

Reaktorsicherheit →Kernreaktor.

real, sachlich, dinglich; wirklich.

Real, im 15. Jh. eingeführte span. Silbermünze (3,5 g); auch in Portugal verbreitet; Gold- u. Silbermünze des 16. Jh. in den Ndl.

Realeinkommen, Nominaleinkommen, bereinigt um die Preissteigerungen.

Realien, die sich mit »Sachen« beschäftigenden Fächer (z.B. Physik, Geographie, Gesch.), im Ggs. zu den sprachl. Fächern.

Realinjurie, durch Tätlichkeiten zum Ausdruck gebrachte Beleidigung.

realisieren, verwirklichen, in die Tat umsetzen; zu Geld machen.

Realismus, 1. Gestaltungsweise in Malerei u. Plastik, deren Ergebnis ein Abbild der sichtbaren Wirklichkeit ist; darüber hinaus kann realist. Darst. zugleich Deutung u. Wertung des abzubildenden Sujets beinhalten. Hier liegt der Unterschied zum *Naturalismus,* der auf die naturgetreue, objektive Wiedergabe des Bildmotivs hinzielt. Der R. als Kunstrichtung des 19. Jh. (Vertreter z.B. J. *Millet,* G. *Courbet*) ist als Reaktion auf den idealisierenden Klassizismus zu verstehen. – **2.** als *Stilbegriff* der Lit. die getreue Wiedergabe der Wirklichkeit mit einfachen, dem Gegenstand angemessenen Mitteln; steht im Ggs. zur idealist. Erhöhung u. zur romantischen Auflösung. Als *Epochenbegriff* die Lit.-Epoche zw. Romantik u. Naturalismus in der 2. Hälfte des 19. Jh., im dt.-sprachigen Raum (sog. *poetischer R.*) etwa von 1840-85. Die großen Themen sind die Einordnung des Individuums in Umwelt u. bürgerl. Gesellschaft. Führende Vertreter des R. waren H. de *Balzac, Stendhal,* G. *Flaubert* (Frankreich), C. *Dickens,* W. M. *Thackeray* (England), F. M. *Dostojewskij,* L. N. *Tolstoj,* J. *Turgenjew* (Rußland), G. *Keller,* T. *Fontane,* W. *Raabe* (dt.-sprachiger Raum). – **3.** in der Philos. der die *Realität,* Faktizität, Bewußtseinsunabhängigkeit von Ansichseiendem betonende, sie zum Grund, Maßstab u. Inhalt alles Seins u. Bewußtseins machende Standpunkt.

Realität, Dinglichkeit, Wirklichkeit.

Realkonkurrenz, Verletzung mehrerer Strafbestimmungen oder die mehrf. Verletzung derselben Bestimmung durch mehrere selbst. Handlungen. Ggs.: *Idealkonkurrenz.*

Realkredit, gegen dingl. Sicherheiten (z.B. Hypothek) gewährter Kredit. Ggs.: *Personalkredit.*

Ronald Reagan: Gipfeltreffen in Moskau 1988 zwischen M. Gorbatschow und Reagan

Reallast, Belastung eines Grundstücks durch die Verpflichtung, aus ihm an den *R.berechtigten* wiederkehrende Leistungen (z.B. Altenteil) zu erbringen.

Reallexikon, Lexikon, das ausschl. das Sachwissen eines bestimmten Wissensgebietes vermittelt.

Realpolitik, 1853 von L. von *Rochau* geprägter Begriff, der eine Ausrichtung an den realen Interessen des Staats bzw. seiner Führungsschichten forderte. Heute auch: »Politik des Machbaren« im Ggs. zur »Politik des Wünschbaren« (utop. Reformen).

Realschule, bis 1938 6-stufige Schule ohne Lateinunterricht. Die Bez. ging seit 1952 in den meisten Bundesländern auf die fr. *Mittelschule* über.

Realsteuer, Steuer, die an ein Sachobjekt oder eine sonstige »Realität« anknüpft, ohne die persönl. Verhältnisse der Steuerpflichtigen zu berücksichtigen; z.B. die Grundsteuer.

Realunion, Verbindung von Staaten unter einem *Monarchen,* bei der dem Gesamtstaat meist die Vertretung nach außen sowie die Leitung der Militär- u. Finanzangelegenheiten zufällt. Beispiel: Österreich-Ungarn 1867–1918.

Realwert, im Ggs. zum *Nominalwert* der tatsächl. Wert eines Gutes (z.B. Börsenwert).

Reanimation, Wiederbelebung.

Reassekuranz, Rückversicherung.

Réaumur [reo'myr], René-Antoine Ferchault de, * 1683, † 1757, frz. Physiker u. Zoologe; führte 1730 dem Thermometer die *R.-Skala* mit 80 Skalenteilen ein.

Rebe →Weinrebe.

Rebekka, im AT Frau Isaaks, Mutter Jakobs u. Esaus.

Rebellion, Aufruhr, Empörung.

Rebenstecher, *Rebenwickler, Blattroller, Rüsselkäfer,* der aus Blättern von Weide, Pappel, Weinreben u. a. tütenähnl. Behälter für seine Eier u. Jungen fertigt.

Rebhuhn, einheim., unscheinbarer *Fasanenvogel* mit braunem Fleck auf der Brust, rd. 30 cm lang.

Reblaus, schädl. Pflanzenlaus aus der Fam. der *Blattläuse,* um 1860 von Amerika nach Europa geschleppt; Länge etwa 1 mm.

Rebmann, Kurt, *30.5.1924, dt. Jurist, 1977–90 Generalbundesanwalt.

Reboux [rə'buː], Paul, eigtl. Henri *Amillet,* * 1877, † 1963, frz. Schriftst. (galante Liebes- u. biograph. Romane).

Rebroff, Ivan, eigtl. Hans Rolf *Rippert,* * 31.7.1931, bekannt als Sänger russ. Folklore.

Rebus →Bilderrätsel.

Récamier [reka'mje], Julie, geb. Bernard, * 1777, † 1849, frz. Gesellschaftsdame; ihr Salon war Treffpunkt der Opposition gegen Napoleon.

Receiver [ri'siːvə], Steuergerät: Rundfunkgerät aus Empfangsteil *(Tuner)* u. Verstärker.

Rechen, 1. *Harke,* Werkzeug zum Krümeln des Bodens u. zum Sammeln von Heu u. ä. – **2.** Gitter zum Zurückhalten von groben Verunreinigungen vor Mühlen, Kläranlagen u. a.

Rechenanlage →Computer.

Rechenarten, Sammelbez. für die vier *Grund-R.* Addition, Subtraktion, Multiplikation u. Division sowie die drei *höheren R.* Potenzieren, Radizieren u. Logarithmieren.

Rechenmaschine, Gerät zur schnellen Ausführung der vier Grundrechenarten mittels mech. Zählwerk; durch elektron. Rechner verdrängt. →Computer.

Rechenstab, *Rechenschieber,* math. Gerät zur Berechnung von Produkten, Quotienten, Potenzen u. Wurzeln; verwendet gegeneinander verschiebbare logarithmische Skalen.

Rechentafeln, Zahlenzusammenstellungen in Tabellenform zur Erleichterung des Zahlenrechnens, z.B. Logarithmentafeln.

Rechenwerk, Teil der Zentraleinheit eines *Computers.*

Rechenzentrum, wiss. oder kommerzielles Institut, das mit Hilfe von elektron. Datenverarbeitungsanlagen Rechenaufträge programmiert u. ausführt.

Recherche, Ermittlung, Nachforschung.

Rechner, *i.w.S.* Bez. für elektron. Geräte vom *Taschen-R.* bis zum *Groß-R.; i.e.S.* Bez. für *Mikrocomputer* u. *Personal Computer.*

Rechnung, *Faktura,* die dem Käufer einer Ware oder Dienstleistung vom Verkäufer überreichte Mitteilung über Menge, Art, Preis u. Zahlungsbedingungen; in der Regel zugleich Zahlungsaufforderung.

Rechtsetzung 737

Rechnungsabgrenzungsposten, in der Bilanz ausgewiesene Aufwendungen oder Erträge, die entweder bereits bezahlt wurden, aber das Ergebnis des nächsten Jahres betreffen, oder das Ergebnis des laufenden Jahres betreffen, aber noch nicht bezahlt wurden.

Rechnungshof, Behörde zur Überprüfung des Rechnungswesens der öffentl. Verw.; muß Mitgl. besitzen richterl. Unabhängigkeit. In der BR Dtld. bestehen der *Bundes-R.* u. *Landesrechnungshöfe.*

Rechnungsjahr, der nicht notwendig mit dem Kalenderjahr übereinstimmende Zeitraum, für den die Jahresrechnung (Bilanz, Etat) aufgestellt wird.

Rechnungswesen, Gesamtheit der zahlenmäßigen Aufschreibungen zur lückenlosen Erfassung u. planmäßigen Ordnung aller Mengen- u. Wertbewegungen in einem Unternehmen; gegliedert in Geschäfts- oder Finanzbuchhaltung, Betriebsbuchführung, Vergleichsrechnung, Vorschaurechnung.

Recht, die aufgrund der eth. Idee des R. u. der gesellschaftl. Kräfteverhältnisse allg. verbindl. geltende Regelung (Ggs.: Sitte, Gewohnheit, Herkommen) des äußeren zwischenmenschl. Verhaltens. R. im objektiven Sinn *(Rechtsordnung)* ist die Summe aller Rechtsnormen des sog. positiven Rechts einer *Rechtsgemeinschaft;* sowohl geschriebenes als auch ungeschriebenes R. Es ist sachl. u. inhaltl. Regelung von Rechtsverhältnissen *(materielles R.,* z.B. bürgerl. R.) oder Regelung der Durchführung oder Durchsetzung solcher Regelungen durch die zuständigen förml. Verfahren *(formelles R.,* z.B. die Prozeßordnungen). Nach Sachgebieten ist das objektive R. entspr. den von ihm geregelten Lebensbereichen in viele Spezialgebiete gegliedert. Diese werden meist zusammengefaßt in den beiden Hauptzweigen des *öffentl. R.* u. des *Privatrechts,* die einander jedoch in vielen Bereichen überschneiden. Das R. im subjektiven Sinn *(Berechtigung)* ist eine aus dem objektiven R. fließende Befugnis *(Anspruch)* von Mitgl. der Rechtsgemeinschaft mit Rechtsfähigkeit. Subjektive R. sind z.B. Persönlichkeitsrechte u. familienrechtl. Befugnisse). – B →S. 738

Rechteck, Parallelogramm mit 4 gleichen Winkeln.

Rechtfertigung, zentraler Begriff der paulin. u. der ev. Theologie. Er besagt, daß Gott den sündigen Menschen nicht verwirft, sondern um Christi willen in seine Gemeinschaft aufnimmt. Dies ist ein Akt der freien Gnade Gottes, durch keinerlei religiös-sittl. Leistung des Menschen bedingt.

Rechtsaltertümer, Quellen u. Gegenstände der *Rechtsgeschichte,* z.B. Rechtsbücher, sprachliche Formeln, Rechtssymbole.

Rechtsanspruch, rechtl. geschützte Befugnis, von einem anderen ein bestimmtes Tun, Dulden oder Unterlassen zu verlangen.

Rechtsanwalt, der rechtsgelehrte, freiberufl. *Anwalt,* der zur Wahrnehmung fremder Interessen als unabhängiges Organ der Rechtspflege berufen ist u. als Verteidiger, Beistand oder Bevollmächtigter in Rechtsangelegenheiten aufzutreten berechtigt ist; bedarf der Zulassung durch die Justizverwaltung. Standesorganisationen sind die *R.skammern.*

Rechtsbehelf, jede prozeßrechtl. Befugnis zur Durchsetzung eines Rechts; neben den *Rechtsmitteln* auch Klage, Widerspruch, Verfassungsbeschwerde.

Rechtsbeistand, *i.e.S.* Person, der eine behördl. Erlaubnis zur geschäftsmäßigen Rechtsberatung erteilt ist, ohne daß sie als Rechtsanwalt, Prozeßagent oder dgl. zugelassen ist; *i.w.S.* jedermann, der in Rechtssachen Rat u. Hilfe leistet, z.B. Rechtsanwalt, Prozeßagent, Justitiar.

Rechtsbeugung, Verletzung des Rechts durch einen Richter, anderen Amtsträger oder Schiedsrichter bei der Leitung oder Entscheidung einer Rechtssache zugunsten oder zum Nachteil einer Partei; bedroht mit Freiheitsstrafe nicht unter einem Jahr.

Rechtschreibung, *Orthographie,* einheitliche Schreibung innerhalb eines Sprachgebiets. Der *Orthograph. Konferenz* gelang 1901 eine Einigung, die für Dtld., Österreich u. Schweiz anerkannt u. im »Duden« niedergelegt, seither aber oft angegriffen wurde. Änderungen werden seit 1950 im Sinn einer Vereinfachung angestrebt.

Rechtsetzung, Erlaß rechtl. verpflichtender Bestimmungen in der Rangfolge: Verfassung, Gesetz, Verordnung, Erlaß, Verfügung.

Rechtsfähigkeit, *Rechtspersönlichkeit*, die Fähigkeit, Träger von subjektiven Rechten u. Pflichten zu sein. Die bürgerl.-rechtl. R. wird von allen *natürl. Personen* mit der Vollendung der Geburt erworben, von *jurist. Personen* durch Erfüllung bestimmter gesetzl. Voraussetzungen.

Rechtsgeschäft, im Privatrecht eine Handlung, durch die Rechte begr., geändert und aufgehoben werden. R. können *einseitig* (z.B. Testament) oder *mehrseitig* (z.B. Vertrag) sein.

Rechtshängigkeit, *Streithängigkeit*, das Schweben eines Rechtsstreits vor einem Gericht, beginnt in der Regel mit der Zustellung der Klage u. endet mit deren Rücknahme, der Entscheidung oder einem Vergleich; im Strafprozeß dauert sie vom Eröffnungsbeschluß bis zur Entscheidung oder bis zur Einstellung des Verfahrens.

Rechtshilfe, *Rechts- u. Amtshilfe*, gegenseitige Unterstützung der Behörden, auch versch. Behördenzweige.

Rechtskraft, im Prozeßrecht die Wirkung einer gerichtl. Entscheidung. Eine Durchbrechung der R. erfolgt durch das Wiederaufnahmeverfahren. Die R. bewirkt stets die endgültige Vollstreckbarkeit der Entscheidung.

Rechtsmängel, Beeinträchtigung des verkauften oder vermieteten Gegenstands durch Rechte Dritter, für die der Vertragspartner einzustehen hat.

Rechtsmißbrauch, Ausübung einer rechtl. Befugnis, die deren eigtl. Inhalt oder Sinn zuwiderläuft; erfolgt die Ausübung des Rechts nur zu dem Zweck, einem anderen zu schaden, so ist sie rechtswidrig.

Rechtsmittel, Rechtsbehelf gegen eine behördl. oder gerichtl. Entscheidung, deren Rechtskraft oder Verbindlichkeit durch die Einlegung des R. gehemmt wird. Alle R. können nur innerhalb bestimmter Fristen eingelegt werden. Die wichtigsten prozessualen R. sind *Berufung* u. *Revision* (bzw. *Rechtsbeschwerde*).

Rechtsnachfolge, *Sukzession*, Eintritt einer (auch jurist.) Person, des *Rechtsnachfolgers*, in die oder in eine bestimmte Rechtsposition seines Rechtsvorgängers, wobei in der Regel die zu dieser Rechtsposition gehörigen Aktiva u. Passiva in vollem Umfang übernommen werden *(Gesamt-R., Universalsukzession)*.

Rechtsnormen, logisch als Rechtssätze aufgebaute, abstrakte u. generelle Gebote u. Verbote des *positiven Rechts*, z.B. Rechtsgrundsätze allg. Art, Gewohnheitsrecht.

Rechtsparteien, die in der Regel auf Beharrung oder Wiederherstellung früherer polit.-gesellschaftl. Zustände abzielenden Parteien, deren Abg. in Parlamenten meist rechts sitzen (vom Präsidenten aus gesehen).

Rechtspfleger, Justizbeamte des gehobenen Dienstes, die selbst. u. weisungsunabhängig unter eig. Verantwortung im Rahmen des Ges. richterl. Aufgaben (bes. auf den Gebieten der Freiwilligen Gerichtsbarkeit, des Mahnverfahrens u. des Vollstreckungswesens) wahrnehmen.

Rechtsphilosophie, systemat. Beschäftigung mit den Grundfragen des Rechts (Gesetz, Gerechtigkeit u. deren Verhältnis zu den anderen Teilen der Rechtsidee, bes. zur Rechtssicherheit, ferner auch zur Billigkeit u. Zweckmäßigkeit; die Metaphysik u. Ethik des Rechts), meist weltanschaul. gefärbt.

Rechtsprechung, als *R. im materiellen Sinn (Jurisdiktion)* die Akte der Staatsgewalt, durch die Ungewißheit über das Recht durch einen unbeteiligten Dritten mit Anspruch auf Letztverbindlichkeit beseitigt wird. Die R. ist den Richtern anvertraut. Als *R. im formellen Sinn* der Ausspruch der in Entscheidungsform ergehenden Akte der Gerichte (Urteile, Bescheide, Beschlüsse, Verfügungen) u. deren Vorbereitung durch das Gericht.

Rechtsstaat, Staat, in dem die Einhaltung von Rechtsschranken bei der Ausübung der Staatsgewalt verfassungsrechtl. bes. garantiert ist u. in dem der einzelne bei unabhängigen Gerichten Schutz gegen Übergriffe der Staatsgewalt findet.

Rechtsstreit, *Rechtssache*, Streit zw. Partnern eines Rechtsverhältnisses.

Rechtsweg, in Verfassungs- u. Prozeßrecht der Weg zum Gericht, im dt. Recht urspr. nur der zur ordentl. Gerichtsbarkeit, nach dem GG dagegen außer diesem, dem *ordentl. R.*, auch der R. zu den Verw.-, Fin.-, Arbeits-, Soz.-, Disziplinar- u. Verfassungsgerichten. Wird jemand durch die öffentl. Gewalt in seinen Rechten beeinträchtigt, so ist stets ein R. gegeben *(Rechtsstaat)*.

Rechtswidrigkeit, Unvereinbarkeit einer Handlung mit dem Recht. Sie ist Merkmal der *strafbaren* u. der *unerlaubten Handlung*.

Rechtswissenschaft, *Jurisprudenz, Rechtslehre*, kurz *Jura*, die Wiss. vom Recht. Vielfach versteht man unter R. nur die *Rechtsdogmatik*, d. h. die Erforschung des positiven Rechts durch dessen Aus-

Reck: Turnübung mit Umgreifen (Griffwechsel)

deutung mit den Methoden der Rechtsfindung u. durch systemat. Erfassen u. Verarbeiten seiner Quellen, Begriffe u. Rechtsinstitute unter Zugrundelegung allg. Grundbegriffe des Rechts, der *Allg. Rechtslehre*. Zur R. rechnet aber auch die Fortbildung u. Kritik des Rechts (die *Rechtspolitik*) aufgrund neuer Erkenntnisse von Rechtsphilosophie, -soziologie, -vergleichung u. polit. Wiss.

Recife [rɛˈsiːfi], fr. auch *Pernambuco*, Hptst. des NO-brasil. Staates Pernambuco, am Atlantik, 1,29 Mio. Ew.; 2 Univ.; kolonialzeitl. Kirchen, versch. Ind.; internat. Flughafen.

Récital [resiˈtal; das; frz.], *Récit*, im 17. Jh. Bez. in Frankreich für einen begleiteten Sologesang oder solist. Instrumentalvortrag; seit dem 19. Jh. Konzertveranstaltungen eines Instrumentalsolisten, besonders Virtuosen, z.B. die Klavierabende von F. Liszt, der den Begriff 1840 bei einem Londoner Konzert einführte.

Reck, von F. L. *Jahn* 1812 eingeführtes Turngerät; besteht aus einer glatten, runden, 28 mm starken u. 2,40 m langen, horizontalen Stahlstange, die an 2 senkr. am Boden verspannten Pfosten befestigt ist; Wettkampfhöhe 2,50 m.

Recklinghausen, Krst. in NRW, im nördl. Ruhrgebiet, 122 000 Ew.; Ruhrfestspiele; Ikonenmuseum; Steinkohlenbergbau, Metall-, Masch.-, Textil- u. chem. Ind.; Hafen.

Reclam, Anton Philipp, *1807, †1896, dt. Verlagsbuchhändler; gründete 1828 in Leipzig die Verlagsbuchhandlung Philipp R. jun., die durch die 1867 gegr. Taschenbuchreihe »Universalbibliothek« weltbekannt geworden ist.

Reconquista [-ˈkista], Kampf der Christen in Spanien gegen die Araber, der mit dem Sieg *Pelayos* bei Covadonga 722 begann u. mit der Eroberung Granadas durch die Kath. Könige 1492 endete.

Rectum, Enddarm, Mastdarm.

Recycling [riˈsaikliŋ], Wiedereinführung von Alt- u. Abfallstoffen in den Stoffkreislauf, d. h. ihre Rückgewinnung u. Wiederverwertung; auch die Rückschleusung von Geld in den Wirtsch.-Kreislauf, aus dem es transferiert wurde.

Redakteur [-tøːr], *Schriftleiter*, schweiz. *Redaktor*, festangestellter Mitarbeiter einer *Redaktion* bei Presse oder Rundfunk, auch in Buchverlagen; gestaltet Ztg., Ztschr., Sendungen bzw. Bücher inhaltl. u. stilist. bis zur Veröffentlichungsreife.

Redding [ˈrɛdɪŋ], Otis, *1940, †1967, US-amerik. Soulmusiker; gelangte erst nach seinem Tod zu Weltruhm.

Redekunst →Rhetorik.

Redemptoristen, kath. Kongregation, →Orden.

Redford [ˈrɛdfəd], Robert, *18.8.1937, US-amerik. Filmschauspieler u. Regisseur; Filme: »Der Clou«, »Der große Gatsby«, »Jenseits von Afrika«.

Redgrave [ˈrɛdgreɪv], Vanessa, *30.1.1937, engl. Schauspielerin; Filme u. a.: »Blow up«, »Julia«, »Wetherby«, »Wiedersehen in Howard's End«.

redigieren, bearbeiten, satzfertig bzw. (im Rundfunk) sendefertig machen.

Rediskontierung, *Rückdiskontierung*, Verkauf diskontierter Wechsel von Bank zu Bank.

Rednitz, Fluß in Mittelfranken, nach Vereinigung mit der *Pegnitz: Regnitz*.

Redon [rəˈdɔ̃], Bertrand-Jean, genannt *Odilon*, *1840, †1916, frz. Lithograph u. Maler; symbolist. Visionen; Vorläufer der Surrealisten.

Redoute [reˈduːtə], **1.** Tanzfest, Maskenball. — **2.** Schanze, deren Brustwehren nach allen Seiten gerichtet sind u. deren Linienführung nur nach außen springende Winkel aufweist.

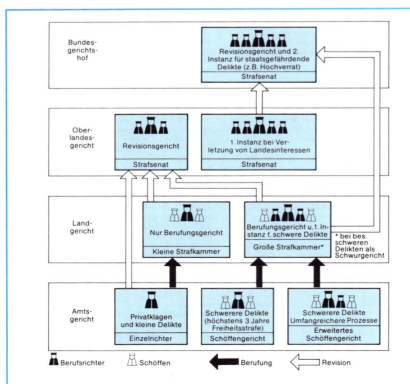

Recht: Aufbau der ordentlichen Gerichte in der Bundesrepublik Deutschland

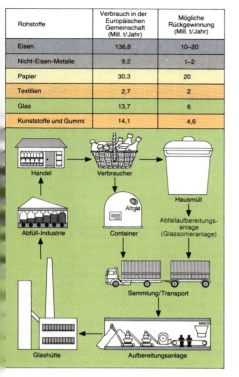

recyclingfähige Rohstoffe (oben) und schematische Darstellung des Recycling am Beispiel des Altglases

Red River of the North [ˈrɛd ˈrivər əv ðə ˈnɔːθ], Fluß in den nördl. USA, 1200 km.
Red River of the South [ˈrɛd ˈrivər əv ðə ˈsauθ], r. Nbfl. des Mississippi, 2045 km.
Reduktion, 1. Zurückführung, Herabsetzung, Einschränkung, Minderung. – **2.** rückschreitende Umwandlung von Organen im Lauf der Stammesgeschichte; **R.steilung** →Reifeteilung. – **3.** Entzug von Sauerstoff oder Aufnahme von Wasserstoff. Ggs.: *Oxidation*.
Redundanz, Weitschweifigkeit, Informationsüberschuß; Nachricht, die keinen Informationswert hat u. deshalb überflüssig (redundant) ist.
reduzieren, zurückführen, einschränken, mindern.
Redwood [ˈrɛdwud] →Mammutbaum.
Reed [riːd], Sir (seit 1952) Carol, *1906, †1976, engl. Filmregisseur, Ⓦ »Der dritte Mann«, »Unser Mann in Havanna«.
Reede, Ankerplatz für Seeschiffe; *offene R.* (Außen-R.) wenig, *innere R.* (Binnen-R.) etwas geschützt; dient als Vorhafen oder als Hafenersatz.
Reederei, *i.e.S.* Erwerbsgesellschaft, bei der mehrere Personen ein ihnen gemeinschaftl. zustehendes Schiff zum Erwerb durch die Seeschiffahrt für gemeinsame Rechnung erwerben; *i.w.S.* das Gewerbe, das die Beförderung von Personen u. Gütern mittels Seeschiffen mit kaufmänn. Zielsetzung betreibt.
reell, tatsächlich, wirklich; redlich, zuverlässig.
reelle Zahlen, alle Zahlen, die durch ganze Zahlen oder (in dezimaler Schreibweise) durch eine endl. oder unendl., period. oder nicht-period. Dezimalzahl dargestellt werden können; umfassen die *rationalen* u. die *irrationalen Zahlen*.
Reep, Schiffstau, Seil, starke Leine. – **Reeperbahn,** Seilerbahn; Straße im Hamburger Vergnügungsviertel St. Pauli.
REFA, Abk. für **R**eichsausschuß für **A**rbeitsstudien (seit 1924); seit 1951 *Verband für Arbeitsstudien u. Betriebsorganisation e.V.*, Sitz: Darmstadt; von Arbeitgeberverbänden u. Gewerkschaften unterstützter Verband zur Förderung arbeitswiss. Grundlagenforschung u. zur Ausarbeitung von Verfahren für Arbeitsstudien.
Refaktie, 1. Vergütung für schadhafte oder unbrauchbare Teile einer Warenlieferung. – **2.** teilw. oder gesamte Rückvergütung der Frachtkosten.
Refektorium, *Rem(p)ter,* Speisesaal in Klöstern, meist als zweischiffiger Raum gestaltet.
Referat, Vortrag, Fachberichterstattung; Arbeitsgebiet eines Referenten.

Referendar, der nach Ablegung der 1. Staatsprüfung oder einer Diplomprüfung im Vorbereitungsdienst für die höhere Beamtenlaufbahn stehende Akademiker (z.B. *Gerichts-R., Studien-R.*). Mit dem Bestehen der 2. Staatsprüfung wird der R. zum *Assessor* ernannt.
Referendum, Volksbefragung, Volksbegehren.
Referent, Berichterstatter, Sachbearbeiter in einer Behörde.
Referenz, Auskunft, Empfehlung.
Reff, *Reef,* der Teil der Segelfläche, um den sie bei Sturm zu verkleinern ist *(reffen).*
Refinanzierung, Aufnahme von Krediten, um Kredite gewähren zu können.
reflektieren, zurückstrahlen; nachdenken; etwas erstreben.
Reflektor, 1. Metallstab oder Fläche aus Draht, wird hinter einem Dipol befestigt u. verhindert den Empfang von elektromagnet. Wellen aus rückwärtiger Richtung. – **2.** Hohlspiegel, in dem Licht gesammelt u. in bestimmter Richtung zurückgesandt (reflektiert) wird. – **3.** Einrichtung in Kernreaktoren, die den Abfluß von Neutronen aus dem Reaktorkern stark vermindert.
Reflex, 1. Widerschein, Rückstrahlung. – **2.** zwangsläufig auf einen bestimmten Reiz eintretende Reaktion.
Reflexion, 1. Denken, Nachdenken. – **2.** Zurückwerfung eines Strahls (einer Welle) an der Grenzfläche des Stoffs, in dem er sich bewegt. Für die *reguläre R.* gilt das *R.sgesetz* (Einfall- gleich Ausfallwinkel). Durch die R. von Licht wird ein Körper erst sichtbar.
Reflexivpronomen →Pronomen.
Reform, erneuernde Umgestaltung, bes. von öffentl. Einrichtungen, die sich im Ggs. zur *Revolution* nicht in gewaltsamer Form vollzieht.
Reformation, allg.: Wiederherstellung, Erneuerung; Umgestaltung. In der Kirchengeschichte die durch M. *Luther,* H. *Zwingli* u. J. *Calvin* hervorgerufene Bewegung zur Erneuerung der Kirche, zur Entstehung neuer, vom Papsttum unabhängiger Kirchen führte. Innerkirchl. Mißstände sowie die soz. u. geistige Entwicklung seit dem Spät-MA hatten ihr den Boden bereitet. Die schwelende Unzufriedenheit wurde durch das Auftreten Luthers im Ablaßstreit u. die schnelle Verbreitung seiner Programmschriften zur Flamme entfacht. Der Großteil der weltl. Machthaber unterstützte Luther, teils

auch aus polit. Gründen. V.a. aber wurde eine echte Volksbewegung zum Träger luth. Gedanken. Luthers Theol. wurde von zahlr. Predigern in Dtld. verbreitet, der Gottesdienst wurde umgestaltet, neue Formen des Gemeindelebens entwickelt. In dem Jahrzehnt zw. 1520 u. 1530 festigte sich die R. Das *Augsburg. Bekenntnis* 1530 stellte das Glaubensgut der 1529 gegen Mehrheitsbeschlüsse in religiösen Fragen Protestierenden fest. Die prot. Stände schlossen sich 1531 im *Schmalkald. Bund* zusammen. Kaiser Karl V. mußte 1532 im Nürnberger Religionsfrieden u. endgültig 1555 im Augsburger Religionsfrieden den Protestanten freie Religionsausübung zugestehen. Um 1561 war Dtld. zu $^4/_5$ prot. Doch gelang der kath. Kirche in den folgenden Jahrzehnten die Rückgewinnung mancher Gebiete (→Gegenreformation). Im *Westfäl. Frieden* 1648 wurde der Bestand der Konfessionen garantiert.
In der dt. Schweiz führte *Zwingli* von Zürich, in der frz. Schweiz *Calvin* von Genf aus die R. durch. Eine Einigung zw. Luther u. Zwingli scheiterte an der unterschiedl. Abendmahlslehre.
Trotz der Unterschiede innerhalb der reformator. Bewegung im 16. Jh. gab es einheitl. Anliegen. Alle Reformatoren hoben die Bed. der Hl. Schrift als der grundlegenden Offenbarungsurkunde hervor, alle betonten die Souveränität Gottes im Zusammenhang der Lehre von Gnade u. Rechtfertigung, alle aktivierten das Bewußtsein vom allg. Priestertum der Gläubigen u. der christl. Verantwortung für die Welt.
Reformationsfest, Festtag in der ev. Kirche am 31. Okt. (auch am Sonntag danach) zum Gedenken an *Luthers* Thesenanschlag (1517).
reformierte Kirche, die auf das Reformwerk H. Zwinglis u. später J. Calvins zurückgehenden Kirchengemeinschaften (hpts. in der Schweiz, Frankreich, Holland, einigen Teilen Dtld.s, Schottland, Ungarn u. N-Amerika). Besonderheiten: Prädestinationslehre, die von der luth. Kirchen in Einzelheiten abweichende Abendmahlslehre, die strenge Kirchenzucht, die schlichte Gottesdienstform, die Leitung der Gemeinde durch Presbyterien u. der Kirche durch Synoden sowie eine starke polit. Aktivität. Die meisten r. K. sind im *Reform.*

Reformation: Konfessionen um 1560

Reformkonzilien

Regenbogen

Weltbund (engl. *World Alliance of Reformed Churches*) zusammengeschlossen.

Reformkonzilien, Konzilien des 15./16. Jh., die, z. T. auf der Grundlage des *Konziliarismus,* das abendländ. Schisma (1378–1417) beseitigen wollten u. eine Kirchenreform anstrebten: die Konzilien von Pisa (1409), Konstanz (1414–18), Pavia-Siena (1423/24), Basel (1431–37 bzw. 1449).

Refrain [rə'frɛ̃] →Kehrreim.

Refraktion, Strahlenbrechung des von den Gestirnen kommenden Lichts in der Erdatmosphäre. Infolge der unterschiedl. Dichte der versch. Luftschichten werden die Strahlen an den Grenzflächen der Schichten gebrochen u. aus ihrer urspr. Richtung abgelenkt. Die Höhe der Sterne über dem Horizont erscheint durch die R. vergrößert.

Refraktometer, opt. Meßgerät zur Bestimmung des Brechungsindex.

Refraktor, Fernrohr mit Objektivlinse.

Réfugiés [refy'ʒje], »Flüchtlinge«, die während der Religionsverfolgungen des 16. u. 17. Jh. aus Frankreich geflüchteten ca. 500 000 Protestanten (Hugenotten), die v. a. in den Niederlanden, Brandenburg, der Schweiz u. England Aufnahme fanden.

Refugium, Zufluchtsort.

Rega, Ostseezufluß in Pommern, 199 km, entfließt dem *Ritziger See* (poln. *Jezioro Resko*).

Regal, 1. Gestell mit Fächern für Bücher oder Waren. – **2.** kleine, tragbare Orgel, meist in Tischform, die nur Zungenpfeifen mit kleinen Schallbechern aufweist; vom 15.–18. Jh. als Begleitorgel beliebt; auch ein Orgelregister.

Regalien, die schon seit fränk. Zeit ausgeübten königl. Hoheitsrechte, u. a. die königl. Verfügungsgewalt über das Reichskirchengut, über Herzogtümer, Markgrafschaften, Grafschaften, Reichsstädte, später alle nutzbaren Hoheitsrechte überhaupt, wie Gerichtsbarkeit, Zölle, Münz-, Geleits-, Jagd-, Berg- u. a. Rechte.

Regatta, Veranstaltung mit Wettfahrten von Ruder-, Segel-, Kanu- oder Motorbooten.

Regel, 1. Richtlinie; Vorschrift; das allg. Übliche; Norm. – **2.** →Menstruation. – **3.** im Unterschied zu *Gesetz* ein bloß tatsächlicher, nicht als notwendig erkannter, gleichförmiger, sich wiederholender Vorgang oder Sachverhalt. – **4.** für den Normalfall geltende Rechtsnorm, von der aufgrund von Ausnahmevorschriften abgewichen werden kann.

Regelation, das temperaturbedingte Auftauen u. Wiedergefrieren von Eis (bedeutsam für die Gletscherbewegung); das Auftauen u. Wiedergefrieren von Böden bei häufigem Frostwechsel.

Regeldetri, *Dreisatz(rechnung),* Verfahren zur Berechnung einer 4. Größe aus 3 gegebenen.

Regelkreis, in sich geschlossener Wirkungskreis, in dem eine bestimmte Größe durch Regeleinrichtungen (z.B. Rückkopplung) innerhalb gewisser Grenzen auf einem vorgegebenen Wert gehalten wird.

Regelstudienzeit, durch Prüfungsordnungen der Hochschulen bestimmter Zeitabschnitt, in dem ein erster berufsqualifizierender Abschluß erworben werden kann u. bei dessen Überschreitung Sanktionen einsetzen können.

Regeltechnik, ein moderner Zweig der Technik, der sich mit der Theorie u. der techn. Ausführung von automat. Regelungsvorgängen befaßt. Bei einer Regelung wird ein Zustand oder Vorgang, die *Regelgröße,* die einen momentanen Wert, den *Istwert,* hat, laufend gemessen u. von einem *Regler* dauernd auf einen bestimmten Wert, den *Sollwert,* den die Regelgröße haben soll, korrigiert; dadurch ist es möglich, etwaige Störungen, *Störgrößen,* die von außen einwirken, auszuschalten. Die zu regelnde Anlage ist der *Regelkreis.* Typische Regelgrößen sind z.B. Temperatur, Druck, Drehzahl, Durchlaufmenge. In komplizierten Regelkreisen werden im allg. heute →Prozeßrechner eingesetzt.

Regelunterhalt, der nichtehel. Kind von seinem Vater bis zur Vollendung des 18. Lebensjahrs zu zahlende Mindestunterhalt.

Regen, Bez. für flüssige Niederschläge; je nach der Größe der Tropfen beträgt die Fallgeschwindigkeit des R.s bis 8 m/s. Als *R.tag* gilt ein Tag mit mindestens 0,1 mm Niederschlag je Stunde.

Regen, 1. l. Nbfl. der Donau, 165 km, entspringt als *Schwarzer R.* im Böhmerwald, nimmt bei Kötzing den *Weißen R.* auf, mündet bei Regensburg. – **2.** niederbay. Krst. am Schwarzen R., 11 000 Ew.; Erholungsort; opt., Textil-, Glas- u. Holz-Ind.

Regenbogen, kreisförmiger Bogen in den Spektralfarben der Sonne, der auftritt, wenn bei Regen die Sonne scheint; entsteht durch Brechung u. Spiegelung der Sonnenstrahlen an den Regentropfen.

Regenbogenhaut, *Iris* →Auge.

Regenbogenpresse (so ben. nach den mehrfarbigen Kopfleisten), unterhaltende Wochenend-Zeitschriften; pflegen eine Art moderner Märchenwelt mit Themen aus Adel, Gesellschaft, Freizeit-Ind. u. ä.

Regeneration, 1. Wiedererzeugung, Wiedergewinnung. – **2.** das Vermögen vieler Organismen, verlorengegangene Teile zu ersetzen. Die R.fähigkeit ist ein Beweis dafür, daß in jeder Zelle die gesamte genet. Information eines Lebewesens vereinigt ist. – **3.** Wiedergewinnung von noch verwendbaren Bestandteilen verbrauchter Stoffe; Beispiel: R. von Altöl.

Regenmesser, *Niederschlagsmesser, Pluviometer, Ombrometer,* Gerät zur Ermittlung der Niederschlagsmenge auf einer bestimmten Fläche in einer bestimmten Zeit.

Regenpfeifer, *Charadriidae,* Fam. kleiner, kräftig gebauter, z. T. auffällig gezeichneter Watvögel. Alle Arten sind Zugvögel.

Regens, Leiter einer kath. kirchl. Ausbildungsanstalt.

Regensburg, Hptst. des bay. Reg.-Bez. *Oberpfalz,* 124 000 Ew.; Univ.; Dom (13.–16. Jh.), Steinerne Brücke (12. Jh.), ehem. Benediktinerkloster St. Emmeram mit bed. Grabmälern, seit 1812 Residenz der Fürsten von Thurn u. Taxis; bed. Bauten des 13. u. 14. Jh.; versch. Ind.
Gesch.: Aus dem röm. *Castra Regina* entwickelte sich R. nach der Völkerwanderungszeit in Verbindung mit dem bay. Stammes-Hzgt.; kirchl. Mittelpunkt (*Bistum R.,* 739–1821); Handels- u. Verkehrszentrum, 1245 Reichsstadt. Seit der 2. Hälfte des 16. Jh. war R. die Stadt der Reichstage, 1663–1806 des »Immerwährenden Reichstags«; 1810 kam R. zu Bayern.

Regent, regierender Fürst; bes. der meist verfassungsrechtl. bestimmte Vertreter des Monarchen bei dessen Unmündigkeit oder Geschäftsunfähigkeit, in Ausnahmefällen auch bei langer Abwesenheit.

Regenwald, üppige Vegetation (Urwald) immerfeuchter, bes. der heißen Tropenklimate, wie im Amazonasbecken, in Zentralafrika u. Hinterindien; ferner die weniger üppigen Arten von Gebirgs-, subtrop., temperiertem immergrünem R. sowie Hartlaub-, Lorbeerwälder u. Mangrovegehölze; i.w.S. auch die borealen Nadelwälder.
Der trop. R. ist durch großen Artenreichtum u. einen meist dreistöckigen Aufbau gekennzeichnet. Im Waldinnern ist die Luft fast feuchtigkeitsgesättigt. Kennzeichnend sind zahlr. *Kletterpflanzen* (hpts. *Lianen*), die in ihrem Streben nach Licht ganze Baumkronen umspinnen können. Neben epiphyt. Moosen u. Flechten, die meist auf Blättern leben, gibt es zahlr. höher organisierte *Epiphyten,* die auf Ästen u. Stämmen siedeln u. bes. Einrichtungen zum Sammeln von Wasser u. Humus besitzen, z.B. Orchideen. Das organ. Material zersetzt sich rasch. Eine Humusschicht vermag sich daher nicht zu bilden. Der R. beeinflußt den Kohlenstoff-, Sauerstoff- u. Stickstoffkreislauf der Erde u. ist somit ein wichtiger Klimaregulator. In den letzten Jahren sind große Teile des R. abgeholzt bzw. abgebrannt worden; Auswirkungen auf das weltweite Klimageschehen sind zu befürchten.

Regenwürmer, *Lumbricidae,* Fam. der *wenigborstigen Ringelwürmer,* feuchtigkeitsbedürftige Bodenbewohner, die sich von Pflanzenteilen ernähren; Fortpflanzung als Zwitter, Regenerationsvermögen ist bei R. häufig. R. sind von Bedeutung für die Durchlüftung des Bodens u. für die Humusbildung.

Regenzeit, Zeit großer Niederschläge, bes. in den Tropen, in denen zweimal ein Maximum der Niederschläge fällt.

Reger, Max, * 1873, † 1916, dt. Komponist; schuf in der Nachfolge von J. Brahms eine harmon. überreiche Musik, nahm Anregungen des Impressionismus' auf; Orgelwerke, Kammermusik, Chöre, Lieder.

Regesten, zeitl. geordnete Urkundenauszüge mit knappen Angaben über den Inhalt.

Reggae ['regɛi], Musik der farbigen Stadtbevölkerung Jamaicas; zeichnet sich durch starke Betonung afro-amerik. u. karib. musikal. Elemente, bes. im Rhythmus, aus.

Règgio di Calàbria ['rɛddʒo-], Prov.-Hptst. in S-Italien u. Hafen an der Straße von Messina; 179 000 Ew.; Dom; Univ.; chem. u. Bekleidungs-Ind.; Obsthandel u. -verarbeitung.

Règgio nell'Emìlia ['rɛddʒo-], ital. Prov.-Hptst. in der Region Emilia-Romagna, 130 000 Ew.; roman. Dom; Landmaschinenbau.

Regie [re'ʒi:], im Theater, Film, Hörfunk u. Fernsehen die Tätigkeit des **Regisseurs:** Rollenbesetzung, dramaturg. Einrichtung u. Inszenierung eines Stücks, Leitung der Proben.

Regierung, im modernen Verfassungsstaat die lenkende, planende, polit. gestaltende Tätigkeit der obersten Staatsorgane (im Ggs. zur verwaltenden u. zur richterl. Tätigkeit); in Dtld. werden unter R. die *Bundes-R.* u. die *Länder-R.en* verstanden.

Regierungsbezirk, mittlerer staatl. Verw.-Bez., urspr. in Preußen, 1934–45 einheitl. für das ganze Dt. Reich; heute in 6 Ländern der BR Dtld. Leitender Beamter des R. ist der *Reg.-Präs.*

Regensburg

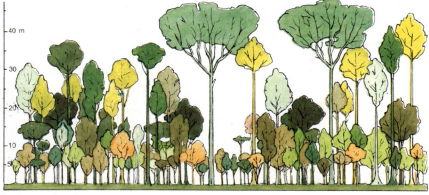
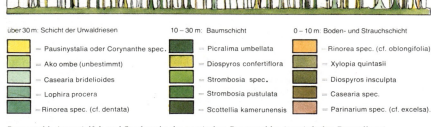

Regenwald: Artenvielfalt und Stockwerke des tropischen Regenwaldes (vereinfachte Darstellung)

Regierungsrat, 1. Amtsbez. für Beamte des staatl. höheren Verwaltungsdienstes. – **2.** *Conseil d'Etat, Consiglio di Stato,* in der Schweiz die Reg. eines Kantons, dt. auch deren einzelnes Mitglied.
Regime [re'ʒi:m], Regierung, Regierungsform, Regierungsstil.
Regiment, 1. Regierung, Herrschaft. – **2.** aus mehreren Bataillonen der gleichen Waffengatt. bestehender Verband bei Heer, Luftwaffe u. Marine.
Regina [ri'dʒainə], Hptst. der kanad. Prov. Saskatchewan, 175 000 Ew.; Univ.; Handelszentrum; landw. Ind.; Erdölraffinerien; Automobilbau; chem. Ind.
Regiomontanus, eigtl. Johannes *Müller,* * 1436, † 1476, dt. Mathematiker u. Astronom; gründete in Nürnberg die erste dt. Sternwarte, schuf die moderne Trigonometrie.
Region, 1. Gegend, Bereich. – **2.** in der Raumordnung ein Gebiet, das die Grundlage für gemeinsame Planungsvorhaben der betr. Gemeinden bildet; z.B. ein städt. Verdichtungsraum einschl. des auf ihn bezogenen agrar. Umlandes.
Regisseur [reʒi'sø:r], *Spielleiter* →Regie.
Register, 1. alphabet. Sach-, Personen- oder Ortsverzeichnis, das die Stellen angibt, wo das Stichwort im Text auftaucht. – **2.** öffentl. Urkundsbuch, in das für den Rechtsverkehr erhebl. Tatsachen eingetragen werden, z.B. Handels-, Schiffs-, Vereins-, Güterrechts-R., Grundbuch. – **3.** Einrichtung zur vorübergehenden Datenspeicherung in einer elektron. Datenverarbeitungsanlage. – **4.** das genaue Aufeinanderpassen des Satzspiegels der einzelnen Buchseiten. – **5.** bei der Orgel eine Reihe von Pfeifen gleicher Klangart. Die Orgel hat für jedes Manual u. das Pedal eig. R. – Bei der menschl. Stimme sowie bei Streich- u. Blasinstrumenten ist R. die Höhenlage, die je eine eig. Klangfarbe aufweist, z.B. beim Menschen die Brust-, Mittel- u. Kopf-(Falsett-)Stimme.
registered ['redʒistəd], Abk. *reg.* **1.** in ein *Register* eingetragen, gesetzl. geschützt. – **2.** auf Postsendungen: eingeschrieben.
Registergericht, Gericht der *Freiwilligen Gerichtsbarkeit* zur Führung von Urkundsbüchern, z.B. des Handels- u. Genossenschafts-, des Güterrechts- u. des Vereinsregisters. R. ist in Dtld. das *Amtsgericht.*
Registertonne, Volumeneinheit für Handelsschiffe: 1 R. (RT) = 100 engl. Kubikfuß = 2,83 m³.
Registrierballon, unbemannter Luftballon mit selbstregistrierenden meteorolog. Meßinstrumenten; erreicht Höhen über 50 km.
Registriergerät, Meß- u. Schreibgerät zum fortlaufenden Aufzeichnen von Meßwerten wie Geschwindigkeiten, Drehzahl, Spannung, Strom, Druck in Abhängigkeit von der Zeit.
Registrierkasse, *Kontrollkasse,* Kasse, die selbsttätig addiert, den Rechnungsbetrag anzeigt u. ihn auf den Kassenzettel u. einen Kontrollstreifen verbucht.

Reglement [reglə'mã], die Gesamtheit aller geltenden Vorschriften für spezielle Gebiete (z.B. im Dienst- u. Arbeitsbereich, aber auch für sportl. Wettkämpfe).
reglementieren, etwas genau vorschreiben u. dadurch einschränken.
Regler, Vorrichtung, die den Wert einer physikal. Größe in Abhängigkeit von einer anderen steuert oder konstant hält, z.B. im Kfz u. a. Spannungs-R. der Lichtmaschine, Drehzahl-R., Bremskraft-R.
Regnier [re'nje:], Charles, * 22.7.1915, schweiz. Schauspieler, verkörpert in Boulevardkomödien meist den Typ des Gentleman; auch Regisseur.
Regnitz, auch *Rednitz,* 1. Nbfl. des Main, 68 km, entsteht durch Zusammenfluß von *Rednitz* u. *Pegnitz* bei Fürth, mündet bei Bamberg.
Regreß, *Rückgriff,* Ausgleichungs- oder Ersatzanspruch des R.-Berechtigten gegen jemanden, für den oder an dessen Stelle er eine Schuld erfüllt hat, z.B. als Bürge, Gesamtschuldner oder Einlöser eines Wechsels; auch als Staat im Rahmen seiner Beamtenhaftung.
Regression, Rückzug des Meeres infolge aufsteigender Bewegung des Festlands oder Meeresspiegelsenkung.
regulär, der Regel entspr., üblich, gewöhnlich.
Reguläre, Mitglied eines kath. Ordens nach Ablegung der Profeß.
Regulation, Fähigkeit von Organismen, auf Umweltstörungen u. Veränderungen im Körperinnern so zu reagieren, daß die Lebensprozesse dennoch unter annähernd konstanten Bedingungen ablaufen können.
Regulativ, Vorschrift, Verordnung, Verfügung, Geschäftsordnung.
Regulator, Wanduhr mit Gewichtsaufzug u. kompensiertem Pendel.
regulieren, regeln, ordnen; begradigen.
Regulus, α Leonis, Hauptstern im Löwen.
Reh, *Capreolus capreolus,* ca. 75 cm hohe Art der *Hirsche,* in 3 Unterarten über ganz Eurasien verbreitet; Farbe braun bis rostrot; lebt in Rudeln, oft als Kulturfolger. Jagdl. heißen: das männl. R. *Kitzbock, Spießbock* (1. Jahr), *Gabelbock* (2. Jahr) u. *Bock* sowie das weibl. R. entspr. *Kitzkalb, Schmal-R.* u. *Ricke.*
Rehabilitation, 1. Wiederherstellung der Leistungsfähigkeit u. Gesundheit eines durch Krankheit u. Unfallfolgen Geschädigten. Wichtige Teilbereiche sind Bewegungstherapie, Krankengymnastik u. Behindertensport. – **2.** Wiederherstellung des guten Rufs; Beseitigung des Makels einer Strafe durch beschränkte Auskunft oder Tilgung in dem Strafregister.
Rehburg-Loccum, Stadt in Nds., westl. des Steinhuder Meers, 9400 Ew.; Luftkurort; Ev. Akademie.
Rehfisch, Hans José, * 1891, † 1960, dt. Schriftst.; schrieb über 25 zumeist gesellschaftskrit. Stücke, auch Romane u. Hörspiele.

Rehmke, Johannes, * 1848, † 1930, dt. Philosoph; objektivist. Gegenstands- u. Bewußtseinslehre.
Rehovot, isr. Stadt südl. von Tel Aviv, 71 000 Ew.; Weizmanninstitut (naturwiss. Forschung).
Reibahle, Werkzeug zum Glätten u. Herstellen der vorgeschriebenen Maße (Paßmaße) von Bohrungen.
Reibekuchen, *Kartoffelpuffer,* flacher, in der Pfanne gebackener salziger Kuchen aus rohen, geriebenen Kartoffeln.
Reibung, Widerstand, der die Bewegung eines Körpers relativ zu einem anderen berührten Körper *(äußere R.)* oder die Bewegung von Teilen eines Stoffs gegeneinander *(innere R.)* zu hindern sucht.
Reibungselektrizität, durch Aneinanderreiben zweier Isolatoren entstehende Elektrizität; identisch mit der *Berührungselektrizität.*
Reich, allg.: Gebiet, Bereich, z.B. *Tier-R.;* nicht scharf abgrenzbarer Begriff für großräumiges Herrschaftsgebiet, das von einem übergeordneten Herrscher regiert wird, vielfach mit dem Anspruch auf Weltherrschaft verbunden *(Imperium).*
Reich, Wilhelm, * 1897, † 1957, öst. Psychoanalytiker u. Psychiater; Mitarbeiter *Freuds;* versuchte die Psychoanalyse mit marxist. Gesellschaftskritik zu verbinden (Sexpol-Bewegung 1931). W »Die Funktion des Orgasmus«, »Die Massen-Psych. des Faschismus«.
Reichardt, Johann Friedrich, * 1752, † 1814, dt. Komponist u. Musikschriftst.; schrieb zahlr. Werke der Orchester-, Instrumental- u. Kammermusik, Singspiele u. etwa 1000 Lieder.
Reiche, Anton Josef, * 1770, † 1836, frz. Komponist u. Musiktheoretiker böhm. Herkunft; Opern, Kammermusik.
Reichenau, Insel im westl. Bodensee, durch einen 2 km langen Damm mit dem Ufer verbunden, 4,3 km², 5000 Ew. Berühmte, im 724 durch den Wanderbischof Pirmin gegr. Benediktinerabtei, die vom 8.–11. Jh. eine Pflegestätte mittelalterl. Kunst war. Die karoling. Kirche *St. Georg* in Oberzell (890–896) enthält kostbare Wandmalereien aus otton. Zeit.
Reichenbach, *R./Vogtl.,* Krst. in Sachsen, 26 000 Ew.
Reichenbach, 1. Hans, * 1891, † 1953, dt.-amerik. Philosoph; Neopositivist, entwickelte die Theorie der Wahrscheinlichkeit u. der Induktion. – **2.** Karl-Ludwig Freiherr von, * 1788, † 1869, dt. Industrieller u. Naturphilosoph, entdeckte das Paraffin, behauptete die Existenz einer bes. Naturkraft »Od«.
Reichenberg, tschech. *Liberec,* Stadt an der Lausitzer Neiße in N-Böhmen, 160 000 Ew.; HS für Maschinenbau u. Textilwirtsch.; histor. Bauten; Kfz-, Textil- u. Nahrungsmittel-Ind.
Reichenhall, *Bad R.,* oberbay. Stadt an der Saalach, am Fuß des *Predigtstuhls,* 18 000 Ew.; Heilbad; Salzgewinnung.
Reichensperger, August, * 1808, † 1895, dt. Politiker; Mitgr. der Zentrumspartei.
Reichert, Willy, * 1896, † 1973, dt. Schauspieler; trat bes. als schwäb. Humorist-Ind. hervor.
Reich Gottes, Hauptbegriff der Verkündigung Jesu (Mark 1,15), mit dem er das Wirken Gottes zum Heil der Menschen umschreibt: Gott will sein Regiment der Gerechtigkeit u. der Güte aufrichten.

Reh-Familie

Reichow, Hans Bernhard, * 1899, † 1974, dt. Architekt u. Stadtplaner.
Reich-Ranicki [-ran'itski], Marcel, * 2.6.1920, dt. Schriftst. u. Lit.-Kritiker poln. Abstammung; umfassende u. krit. Darstellungen der zeitgenöss. Lit.
Reichsadler, Wappentier des röm.-dt. Reichs, bis 1806 als doppelköpfiger Adler; 1871–1945 für das Dt. Reich als einköpfiger Adler; 1949 für die BR Dtld. übernommen.
Reichsämter, 1. im röm.-dt. Reich die *Erzämter.* – **2.** im Dt. Reich 1871–1918 oberste Reichsbehörden unter der Leitung von *Staatssekretären,* dem Reichskanzler unterstellt; den heutigen Min. entspr.
Reichsarchiv, Archiv des Dt. Reichs in Potsdam, 1919 gegr. zur Sammlung u. Verw. des Urkunden- u. Aktenmaterials der Reichsbehörden; heute *Bundesarchiv* in Koblenz u. *Deutsches Zentralarchiv* in Potsdam.
Reichsbahn → Deutsche Reichsbahn.
Reichsbanner, 1. Hauptheerfahne des röm.-dt. Reichs; zeigte unter *Heinrich I.* u. *Otto I.* das Bild eines Engels; seit dem 13. Jh. war es gelb mit einem einköpfigen schwarzen Adler. – **2.** *R. Schwarz-Rot-Gold,* 1924 gegr. republikan. Wehrverband auf der Basis der Weimarer Koalition (SPD, DDP, Zentrum); 1932 Zusammenschluß mit den Freien Gewerkschaften zur »Eisernen Front« gegen den Rechtsradikalismus, 1933 verboten.
Reichsdeputationshauptschluß, Beschluß vom 25.2.1803 der letzten, außerordentl. *Reichsdeputation* des Regensburger Reichtags des Hl. Röm. Reichs Dt. Nation, durch den die Entschädigung der Fürsten, die infolge der Frieden von Basel u. Lunéville ihre linksrhein. Gebiete an Frankreich hatten abtreten müssen, festgesetzt wurde: 1. Aufhebung der meisten geistl. Fürstentümer; 2. Säkularisierung des Kirchenguts; 3. Mediatisierung der meisten Reichsstädte; 4. Neuschaffung der Kurfürstentümer Baden, Württemberg, Hessen-Kassel u. Salzburg.
Reichsexekution, 1. im 16. Jh. eingeführte Regelung, wonach Urteile des Reichskammergerichts mit Truppenhilfe durchgesetzt werden konnten. – **2.** im Dt. Reich seit 1871 der notfalls verfügbare Einsatz militär. Reichsgewalt zur Einhaltung der Reichsverfassung in den Ländern.
reichsfrei, *reichsunmittelbar, immediat,* im röm.-dt. Reich dem König u. dem Reich unmittelbar unterstehend.
Reichsgericht, höchstes Gericht der ordentl. Gerichtsbarkeit im Dt. Reich 1879–1945; Sitz: Leipzig.
Reichshofrat, neben dem *Reichskammergericht* oberstes Gericht des Kaisers im röm.-dt. Reich, bestand 1498–1806, Sitz: Wien; entschied in Angelegenheiten der Reichsunmittelbaren u. kaiserl. Privilegien.
Reichsinsignien → Reichskleinodien.
Reichskammergericht, höchstes Gericht im röm.-dt. Reich, bestand 1495–1806, Sitz: zunächst Frankfurt, 1526–1689 Speyer, dann Wetzlar. Das R. urteilte u. a. über Zivilsachen der Reichsmittelbaren u. war oberstes Appellationsgericht.
Reichskanzler, 1. im röm.-dt. Reich höchster Beamter des Reiches *(Erzkanzler).* – **2.** im Dt. Reich 1871–1918 der vom Kaiser ernannte, parlamentar. nicht verantwortl. einzige Minister; führte den Vorsitz im Bundesrat u. war meist gleichzeitig Min.-Präs. Preußens. – **3.** in der Weimarer Rep. 1919–33 der vom Vertrauen des Reichstags abhängige, vom Reichspräs. zu ernennende Chef der Reichsregierung. Er bestimmte die Richtlinien der Politik. – **4.** *Führer u. R.,* 1934–45 Amtsbez. *Hitlers,* der durch Ges. vom 1.8.1934 in seiner Person die Ämter des Staatsoberhaupts u. des Regierungschefs vereinigte.
Reichskirche, ähnl. der *Staatskirche* oder *Nationalkirche* eine Kirche, die unter der Hoheit bzw. unter dem Einfluß eines Reichs steht. Die Geschichte der R. beginnt mit der Einordnung der christl. Kirche in das Röm. Reich durch Konstantin d. Gr. 313 u. mit der Proklamation des Christentums zur alleinigen Staatsreligion durch Theodosius I. 380. Unter Karl d. Gr. wurde die R. erneuert. Otto d. Gr. baute die R. als Gegengewicht gegen die Herzogsgewalt weiter aus. Das System gründete auf der Verfügungsgewalt des Königs über das Kirchengut u. auf der *Investitur* der Bischöfe (u. Äbte) durch den König. Der *Investiturstreit* erschütterte dieses System. Durch die Reformation erfuhr die R. eine weitere nachhaltige Schwächung. Der Reichsdeputationshauptschluß 1803 führte zum Ende des Hl. Röm. Reichs Dt. Nation u. der damit verbundenen R.
Reichskleinodien, *Insignien,* Hoheitszeichen u. Krönungsschmuck der röm.-dt. Kaiser u. Könige bis 1806 (u. a. Krone, Reichsschwert, Krönungsmantel), in Wien aufbewahrt.
Reichskonkordat, der am 20.7.1933 zw. dem Hl. Stuhl u. dem Dt. Reich abgeschlossene völkerrechtl. Vertrag. *Hitler* brauchte das R. als außenpolit. Erfolg, um die Bedenken der kath. Kreise gegen das neue Regime zu überwinden. Das R. sicherte die Freiheit der Religionsausübung, beschränkte andererseits die Organisations- u. Vereinstätigkeit auf kulturelle, religiöse u. karitative Zwecke. – Vom nat.-soz. Staat wurde das R. fast von Anfang an verletzt. Allerdings gab das R. Rom die Möglichkeit zu Protesten. Die Fortgeltung des R. für die BR Dtld. wurde 1957 vom Bundesverfassungsgericht festgestellt.
Reichsland, 1. Bez. für ein Territorium des röm.-dt. Reichs. – **2.** 1871–1918 Bez. für *Elsaß-Lothringen* als reichsunmittelbares Gebiet (nicht Bundesstaat).
Reichsmark, Abk. *RM,* 1924–48 dt. Währungseinheit, 1 RM = 100 *Reichspfennig (Rpf.).*
Reichsnährstand, nat.-soz. Zwangsorganisation aller landw. Erzeuger u. der ihre Erzeugnisse verteilenden u. verarbeitenden Betriebe (1933–45).
Reichspost, *Deutsche R.,* die reichseig. Postverwaltung bis 1945; begr. durch das R.gesetz von 1871, mit dem die Post des Norddt. Bundes u. Badens an das Reich überging; 1920 folgten die bay. u. württ. Landespostverwaltungen.
Reichspräsident, Staatsoberhaupt des Dt. Reichs 1919–34. Der R. wurde auf 7 Jahre vom Volk gewählt u. war mit wichtigen Befugnissen ausgestattet (militär. Oberbefehl, Recht zur Auflösung des Reichstags u. zur Verhängung des Ausnahmezustands), deren Ausübung 1930–33 die parlamentar. Demokratie der Weimarer Verf. in eine *Präsidialdemokratie* autoritärer Prägung überleitete. R. waren F. *Ebert* (1919–25) u. P. von *Hindenburg* (1925–34). *Hitler* vereinigte 1934 die Ämter des R. u. des Reichskanzlers in seiner Person.
Reichsrat, 1. die 2. Kammer des Dt. Reichs 1919–34; Vertretung der Länder bei Gesetzgebung u. Verwaltung. – **2.** Mitgl. der bay. *Kammer der Reichsräte* (1818–1918 die 2. Kammer Bay., ständisch zusammengesetzt). – **3.** das östr. Parlament 1867–1918 (1. Kammer: *Herrenhaus,* 2. Kammer: *Abgeordnetenhaus).*
Reichsreform, Bestrebungen im 15. u. 16. Jh., die eine neue Verfassung des röm.-dt. Reichs zum Ziel hatten. Ritterschaft, Bürgertum u. Bauern erstrebten eine Stärkung, die Territorien jedoch eine Schwächung der kaiserl. Zentralgewalt. Daran scheiterten die Reformbestrebungen. Bleibende Ergebnisse der R. waren u. a. der *Ewige Landfriede* u. das *Reichskammergericht* (1495), die Gliederung des Reichs in *Reichskreise* (1500 u. 1512).
Reichsregierung, das Reichskabinett des Dt. Reichs 1919–45, bestand aus dem Reichskanzler u. den Reichsmin., die vom Reichspräs. berufen u. bis 1933 dem Reichstag verantwortl. waren.
Reichsritterschaft, im röm.-dt. Reich die unmittelbar dem König u. Reich unterstehenden Ritter, die dem niederen Adel angehörten, ohne Sitz u. Stimme im Reichstag.
Reichsstädte, im röm.-dt. Reich unmittelbar Kaiser u. Reich unterstehende Städte mit Sitz u. Stimme auf den Reichstagen. 1803–10 wurden alle R. mediatisiert; 1815 erhielten Hamburg, Bremen, Frankfurt a. M. (bis 1866) u. Lübeck (bis 1937) ihre Selbständigkeit zurück.
Reichstadt, Napoléon Franz Joseph Karl Herzog von, von den Bonapartisten *Napoleon II.* gen., * 1811, † 1832, einziger Sohn Napoleons I. u. Marie-Louises von Österreich.
Reichstag, Name von Parlamenten oder Parlamentskammern: 1. im röm.-dt. Reich die Vertretung der Reichsstände, seit 1663 als »Immerwährender R.« in Regensburg; 2. im Dt. Reich 1871–1918 die 1. Kammer des Parlaments mit den Aufgaben der Mitwirkung an der Gesetzgebung u. der allg. polit. Kontrolle; 3. in der Weimarer Rep. wie 2), darüber hinaus aber das eigtl. Gesetzgebungsorgan; 4. in der nat.-soz. Zeit formal wie 3), aber durch das Ermächtigungsgesetz bedeutungslos. – Als R. bezeichnet man im Deutschen auch die Parlamente Finnlands *(Eduskunta)* u. Schwedens *(Riksdag).*
Reichstagsbrand, Brand des Reichstagsgebäudes in Berlin am 27.2.1933. Die nat.-soz. Staatsführung behauptete, der R. habe als Fanal für einen kommunist. Umsturzversuch dienen sollen, u. schuf sich mit der Notverordnung vom 28.2.1933 eine Handhabe zur Unterdrückung der Opposition, bes. der KPD. Gegner des Regimes beschuldigten ihrerseits die Nationalsozialisten der Brandstiftung. Im *R.-Prozeß* (21.9.–23.12.1933) vor dem Reichsgericht wurde der Holländer M. van der *Lubbe* zum Tod verurteilt; die mitangeklagten kommunist. Politiker (u. a. G. *Dimitroff)* mußten freigesprochen werden.
Reichstein, Tadeusz, * 20.7.1897, schweiz. Chemiker poln. Herkunft; erhielt für Isolierung von Nebennierenrindenhormonen (Cortison) den Nobelpreis 1950.
reichsunmittelbar → reichsfrei.
Reichsverfassung, 1. die von der Frankfurter Nationalversammlung 1849 beschlossene Verfassung (blieb unwirksam); 2. die Verfassung des Dt. Reichs vom 16.4.1871; 3. die Verfassung des Dt. Reichs vom 11.8.1919, beschlossen von der Nationalversammlung in Weimar.
Reichsversicherungsordnung, Abk. *RVO,* vom 19.7.1911 in der Fassung vom 15.12.1924, regelt die Sozialversicherung für Krankheit u. Unfall u. die Arbeiterrentenversicherung.
Reichsverweser, 1. *Reichsvikar,* im röm.-dt. Reich Vertreter des Kaisers (Königs) bei Minderjährigkeit, Verhinderung, Tod (bis zur Neuwahl). – **2.** der von der Frankfurter Nationalversammlung 1848 als Inhaber der vorläufigen Zentralgewalt gewählte Erzherzog *Johann* von Österreich. – **3.** in Ungarn 1444–52 Titel des János *Hunyadi,* 1920–44 Titel des Staatschefs Admiral M. *Horthy.*
Reichswehr, die nach den Bestimmungen des Versailler Vertrags seit 1919 aus Berufssoldaten gebildeten dt. Streitkräfte, bestehend aus dem *Reichsheer* (100 000 Mann) u. der *Reichsmarine* (15 000).
Reichwein, Adolf, * 1898, † 1944 (hingerichtet), dt. Pädagoge; Sozialdemokrat, Widerstandskämpfer, Mitgl. des *Kreisauer Kreises.*
Reid [ri:d], Thomas, * 1710, † 1796, schott. Philosoph; Begr. der *Schott. Schule,* kritisierte den Skeptizismus D. *Humes.*
Reif, dünner Eisbelag am Erdboden oder an Gegenständen in Bodennähe; entsteht, wenn der Taupunkt der Luft unter dem Gefrierpunkt liegt u. die bodennahe Luftschicht durch Ausstrahlung des Erdbodens unter den Taupunkt abgekühlt wird.
Reifen, Teil eines Rads, der die Felgen umfaßt; besteht z.B. beim Fahrrad u. Kraftfahrzeug aus Gummischlauch u. Decke (Mantel) bzw. nur Decke *(schlauchloser R.).* Der *Schlauch* enthält die unter Druck stehende Luft, der *Mantel* bildet die schützende Außenhülle. Bei *schlauchlosen Reifen* (bei Personenwagen überwiegend) übernimmt der Mantel auch die Aufgabe des Schlauchs zus. mit der Felge.
Reifeprüfung, *Abitur, Matur(a),* Abschlußprüfung der 9stufigen höheren Schulen, durch die die Berechtigung zum Hochschulstudium erworben wird; seit 1965 auch als fachgebundene Hochschulreife möglich.
Reifeteilung, *Reduktionsteilung, Meiose,* die beiden Kern- u. Zellteilungen, die der Ausbildung der Geschlechtszellen vorausgehen. – B → Genetik.
Reifrock, Mitte des 16. Jh. in Spanien aufgekommener, durch Stäbchen u. Fischbein versteifter, abstehender Unterrock; später im Rokoko beliebt *(Krinoline).*
Reigen, sehr alte Tanzformen; in der Antike als Chortanz.
Reihe, math. Begriff: Eine R. entsteht aus einer *Folge* durch Summierung der Glieder. Sie heißt je nach der erzeugenden Folge *endlich* oder *unendlich.* Hat die Folge der Teilsummen (der Summen der *n* ersten Glieder) einen *Grenzwert,* so heißt die R. *konvergent* u. der Grenzwert *Summe der R.* Existiert kein Grenzwert, so heißt die R. *divergent.* – Bei der *arithmet. R.* ist jedes Glied das arithmet. Mittel seiner benachbarten Glieder. Die Differenz zweier benachbarter Glieder ist konstant. Bei der *geometr. R.* ist jedes Glied das geometr. Mittel seiner benachbarten Glieder. Der Quotient zweier benachbarter Glieder ist konstant.
Reihenschaltung, *Hintereinanderschaltung, Serienschaltung,* Verbindung mehrerer elektr. Geräte in einer fortlaufenden Reihe.
Reiher, *Ardeidae,* Fam. der *Schreitvögel,* Storchvögel mit langem, kantigem Schnabel. Einheim.

Reims: Kathedrale

sind: *Grau-R.* (*Fisch-R.*), *Rohrdommel* u. *Zwergrohrdommel*; weitere bek. Arten: *Nacht-R.*, *Purpur-R.*, *Kuh-R.*, *Seiden-R.*, *Silber-R.* sowie *Kahnschnabel*.

Reiherente, in N-Dtld. brütende, von Island bis N-Sibirien verbreitete schwarzweiße *Tauchente* mit Federbusch am Hinterkopf.

Reiherschnabel, *Erodium,* Gatt. der *Storchschnabelgewächse;* vorw. im Mittelmeergebiet verbreitete Pflanzen mit doldig oder einzeln stehenden Blüten, die rötl. oder bläul. Blumenblätter tragen.

Reim, die lautliche Übereinstimmung zweier Wörter vom letzten betonten Selbstlaut ab (z.B. T-ór/zuv-ór); im Ggs. zur *Assonanz,* bei der nur die Selbstlaute, nicht aber die Mitlaute ident. sein müssen (z.B. bot/log). Der R. tritt gewöhnl. nur im *Vers* auf (meist am Ende zweier Verse [*Endreim*]), ist aber kein notwendiger Bestandteil des Verses.

Reimann, Aribert, * 4.3.1936, dt. Komponist u. Liedbegleiter; im Klanggestus u. der virtuosen Beherrschung H.W. Henze verwandt. Oper »Lear« 1978.

Reimarus, Hermann Samuel, * 1694, † 1768, dt. ev. Theologe u. Philosoph; übte vom Standpunkt einer deistischen Vernunftreligion Kritik an der Bibel.

Reims [rɛ̃s], frz. Stadt in der Champagne, 177 000 Ew.; kultureller u. wirtsch. Mittelpunkt der Region; Bischofssitz; Kathedrale Notre-Dame; Univ.; Champagnerherstellung u. -handel; versch. Ind. – R. war 988–1825 die Krönungsstadt Frankreichs.

Reinbek, Stadt in Schl.-Ho., an der Bille, 25 000 Ew.; Verlage; versch. Ind.

Reinecker, Herbert, * 24.12.1914, dt. Drehbuchautor u. Schriftst.; bes. erfolgreich als Fernsehautor (»Der Kommissar«, »Derrick«).

Reineclaude [rɛːnəˈkloːdə] →Reneklode.

Reineke Fuchs, ein im MA aus oriental. u. grch. Fabeln entwickeltes Tierepos mit satir. Einschlag; fr. Zusammenfassungen sind der lat. »*Isengrimus*« (um 1150), der frz. »*Roman de Renart*« (um 1200) u. der fläm. »*Van den vos Reinaerde*« (um 1250). Auf einer ndl. Fassung des 16. Jh. fußte *Goethes* Epos »R.F.« 1794.

Reinhardswald, bewaldeter Höhenzug nördl. von Kassel, im *Staufenberg* 472 m; urwaldartiges Naturschutzgebiet.

Reinhardt, 1. Django, eigtl. Jean Baptiste R., * 1910, † 1953, frz. Jazzmusiker (Gitarre). – **2.** Max, eigtl. M. *Goldmann,* * 1873, † 1943, östr. Schauspieler, Regisseur u. Theaterleiter; 1905–32 Direktor des Dt. Theaters in Berlin; Mitgr. der Salzburger Festspiele; emigrierte 1938 nach Amerika.

Reinheitsgebot →Bier.

Reinick, Robert, * 1805, † 1852, dt. Maler u. Schriftst. des Biedermeiers.

Reinig, Christa, * 6.8.1926, dt. Schriftst.; Gedichte u. Hörspiele (Grundthema: das Ausgeliefertsein an inhumane Mächte).

Reinkarnation [reːin-], Wiederverkörperung der Seele von Gestorbenen.

Reinkultur, Züchtung (*Kultur*) von Mikroorganismen (Hefen, Bakterien, Viren) einer Art oder eines Stammes in bestimmten Nährlösungen oder auf speziellen Nährböden.

Reinmar von Hagenau, *Reinmar der Alte,* * um 1165, † vor 1210, mhd. Minnesänger; pflegte eine höfisch zuchtvolle Gedankenlyrik; erst Vorbild, dann Gegner *Walthers von der Vogelweide*.

Reinmar von Zweter, * um 1200, † nach 1252, mhd. Spruchdichter; vertrat die ständ.-ritterl. Ethik, wirkte auf den Meistergesang.

Reis, *Oryza,* in den Tropen heim. Gatt. der *Süßgräser.* Ungefähr $1/3$ der Menschheit ernährt sich hpts. von R. In Vorder- u. Hinterindien, dem Mal. Archipel, China u. Japan nimmt der R.bau die 1. Stelle in der Landw. ein. Den mit Bewässerung kultivierten R. der Tropen bezeichnet man als *Wasser-* oder *Naß-R.,* den in den trockneren Bergländern angebauten R. als *Berg-R.* Das R.korn, das einen hohen Nährwert besitzt, wird bei uns meistens im geschälten u. polierten Zustand gegessen, während in O-Asien nur unpolierter R. gehandelt wird. Mit dem Polieren werden die vitaminhaltigen Schichten des R.korns beseitigt. Der Genuß von poliertem Reis als Hauptnahrung führt zur *Beri-Beri-Krankheit.* Die größten R.produzenten sind China, Indien u. Indonesien.

Reis, Johann Philipp, * 1834, † 1874, dt. Lehrer; konstruierte 1861 Geräte zur elektr. Sprachübertragung, aus denen das Telephon hervorging.

Reisebuchhandel, Form des Buchhandels, bei der meist umfangreiche Werke durch Reisende unmittelbar an die Kunden vertrieben werden, gewöhnl. mit Teilzahlung.

Reisegewerbe, gewerbl. Betätigung im Umherziehen bzw. mit einem Verkehrsmittel. Erforderl. ist in der Regel eine Genehmigung in Form der R.karte.

Reisescheck, *Traveller-Scheck,* ein von Banken oder Sparkassen ausgestellter Scheck über einen festen Betrag, der an allen Bankplätzen eingelöst wird; erspart Mitnahme größerer Bargeldbeträge.

Reisfink, schwarz-weißgrauer, rotschnäbeliger *Prachtfink;* Stubenvogel.

Reisig, Dünnholz.

Reisige, im MA bewaffnete Dienstleute, später auch in der Bed. »Reiterei« im Ggs. zum Fußvolk.

Reismelde, *Quinoareis,* in Bolivien u. Peru angebaute Pflanze aus der Fam. der *Gänsefußgewächse,* deren Samen als Nahrungsmittel dienen.

Reispapier, Papier aus dem Mark der *Tetrapcnax papyrifer;* zu Malereien mit Wasserfarben, in O-Asien auch als Kleiderstoff verwendet.

Reißbrett, rechtwinkl. Brett zum Aufheften von Zeichenpapier; Zeichengerät zum Ziehen von Strichen u. Kreisen mit Tusche ist die **Reißfeder.** Die Breite der Striche wird durch eine Schraube eingestellt. Für das Ziehen gerader, paralleler Striche u. zum Anlegen von Winkeln ist die **Reißschiene** angebracht. Eine Zusammenstellung versch. Zeichengeräte (Zirkel u. Reißfedern) für geometr. bzw. techn. Zeichnen ist das **Reißzeug.**

Reißverschluß, Verschluß für biegsame Stoffe mit zwei Reihen gegenüberstehender Zähne (Krampen), die durch einen Schieber ineinandergeschoben werden. Der R. wurde seit Mitte des

Reis: bewässertes Feld mit jungen Pflanzen

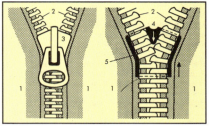

Reißverschluß: 1 = Stoff, 2 = Krampenreihen, 3 = Schieber mit Zugschleife, 4 = Herzstück, das die Krampen auseinanderdrückt und so den Verschluß öffnet, 5 = Schieberleisten, die die Krampen zusammendrücken und den Verschluß schließen

19. Jh. von mehreren Erfindern entwickelt u. ist seit etwa 1930 allg. gebräuchl. Ein Patent erhielt 1914 der schwed. Ing. Gideon *Sunback.*

Reißwolle, aus gebrauchter Wolle oder Wollabfällen durch Reißen gewonnenes Spinnmaterial für *Kunstwolle.*

Reißzähne, Backenzähne mit starker Scherwirkung im Gebiß von Raubtieren.

Reiswein, in Japan (*Sake*) u. China (*Chaosing*) beliebtes alkohol. Getränk.

Reit im Winkl, oberbay. Kurort u. Wintersportplatz südl. vom Chiemsee, 701 m ü. M., 2600 Ew.

Reitkunst, durch systemat. Schulung des Pferdes erreichte reiterl. Harmonie zw. Mensch u. Tier. Die R. entwickelte sich aus der (seit dem 3. Jt. v. Chr. bekannt) Verwendung von Pferden als Zug- oder Reittiere für die Jagd u. bes. für Kriege. Bei den Griechen der Antike wurden zuerst Wagenrennen gepflegt, später auch Pferderennen. Im MA wurden Reiterspiele v. a. von den Rittern auf Turnieren geübt. Im 16. Jh. entstanden in Spanien u. Italien neue Dressurmethoden, die bes. von der Span. Reitschule in Wien u. der frz. Kavallerieschule in Saumur zur *Hohen Schule* entwickelt wurden. Die Sportart, bei der v. a. die R. geprüft wird, ist die *Dressur.*

Reitsch, Hanna, * 1912, † 1979, dt. Fliegerin; stellte 1931 einen Dauersegelflug-Weltrekord für Frauen auf; seit 1934 Versuchspilotin.

Reit- und Fahrturnier, Veranstaltung mit Leistungsprüfungen für Reit- u. Wagenpferde.

Reitz, Edgar, * 1.11.1932, dt. Filmregisseur. W »Heimat«, »Die zweite Heimat«.

Reiz, in der Biol. alles, was von außen her auf den Körper, seine Organe oder seine Zellen einwirkt. Die Fähigkeit der Zellen, den R. zu beantworten, ist die *R.barkeit.* Ob der R. eine Reaktion auslöst, hängt davon ab, ob ein bestimmter Schwellenwert (**R.schwelle**) überschritten wird.

Reizker, *Milchling, Lactarius,* Gatt. der *Blätterpilze,* kenntl. an dem milchartigen Saft, der bei Bruch oder Verletzung des Pilzkörpers austritt. Ein wohlschmeckender Speisepilz ist der rötl.-gelbe *Edel-R.,* der fast ausschl. unter Kiefern wächst.

Reizmittel, Stoffe, die erregend auf Zellen, Organe oder den gesamten Organismus wirken; z.B. Alkohol, Tabak, coffeinhaltige Getränke.

rekapitulieren, zusammenfassend wiederholen.

Reklamation, Geltendmachen von Mängeln einer Sache oder eines Rechts.

Reklame, meist abwertend gebrauchte Bez. für Werbung.

rekognoszieren, für echt, richtig erklären; erforschen, aufklären.

rekonstruieren, den urspr. Zustand von etwas wiederherstellen; naturgetreu nachbilden.

Rekonvaleszenz, Genesung, die sich an eine (längere) Krankheit anschließende Zeit noch verminderter Leistungsfähigkeit.

Rekonziliation, Wiederaufnahme eines (religiös) Schuldigen in die kirchl. Gemeinschaft nach der Buße.

Rekord, bei einem sportl. Wettbewerb unter bestimmten Bedingungen aufgestellte u. von einer sportamtl. Stelle anerkannte Höchstleistung.

Rekrut, der zum Wehrdienst einberufene Soldat, in der ersten Zeit seiner Ausbildung.

Rektaklausel, *negative Orderklausel,* im Wertpapierrecht ein Vermerk wie »nicht an Order«. Eine R. des Ausstellers macht ein geborenes Orderpapier zum Namenspapier (**Rektapapier**).

744 rektal

rektal, vom Mastdarm *(Rectum)* aus, auf den Mastdarm bezüglich.
Rektaszension, Abk. *AR,* eine der Bestimmungsgrößen eines Sternorts im System des Himmelsäquators; wird vom Frühlingspunkt nach O gezählt (0–360° oder 0–24ʰ).
Rektifikation, 1. Berichtigung, Läuterung. – **2.** Reinigung u. Trennung von Flüssigkeiten durch Destillation. – **3.** math. Bestimmung der Länge eines Kurvenbogens.
Rektor, 1. 1. Vorsteher einer HS, je nach HS-Verfassung mit unterschiedl. Rechtsstellung; Amtsbez. an manchen HS *Präs.* – 2. Leiter einer mehrklassigen Grund-, Haupt-, Real- oder Sonderschule. – **2.** geistl. Vorsteher einer kath. Kirche, die nicht Pfarr- oder Stiftskirche ist, oder an anderen kirchl. Instituten.
Rektoskopie, endoskop. Untersuchung (Spiegelung) des Mastdarms.
Rekultivierung, Wiedernutzbarmachung von Ödland durch Maßnahmen zur Bodenverbesserung, insbes. bei Bodenmaterial, das als Folge des Bergbaus umgelagert wurde.
Rekurs, 1. ältere Bez. für die förml. Beschwerde des dt. Verwaltungsrechts. – 2. Österreich: Rechtsmittel gegen Entscheidungen der Zivilgerichte u. einige Verfügungen der Verwaltungsbehörden. – 3. S c h w e i z : Rechtsmittel gegen Entscheidungen unterer Instanzen bei höheren Instanzen im Zivilprozeßrecht u. im Verwaltungsrecht.
Relais [rəˈlɛː], elektromechan. Bauteil, bei dem ein oder mehrere Kontakte durch einen Elektromagneten betätigt werden. Die Bez. R. wird i.w.S. auch gebraucht für *therm.* R. (Bimetallauslösung), für *Photo-R.,* bei denen Belichtung einen Stromstoß bewirkt, u. v. a. für *elektron.* R. wie Elektronenröhren u. Transistoren.
Relation, Beziehung, Verhältnis; Bericht.
relativ, verhältnismäßig; bedingt.
relative Luftfeuchtigkeit →Luftfeuchtigkeit.
Relativismus, Lehre, wonach es im Erkennen, Denken, Handeln, Werten kein Absolutes gibt, alle Erkenntnis vielmehr nur *relativ* gilt.
Relativität, Bezüglichkeit, Bedingtheit, bedingte Geltung.
Relativitätstheorie, von A. Einstein geschaffene Erweiterung der klass. Physik; wurde veranlaßt durch den negativen Ausgang des *Michelson-Versuchs.* Nach diesem Versuch pflanzt sich das Licht relativ zu einem bewegten Körper nach allen Seiten gleich schnell fort, im Widerspruch zur klass. Physik. Eine grundsätzl. Lösung brachte die *spezielle* R. (1905). Sie postuliert: die Lichtgeschwindigkeit ist von der Bewegung eines Systems unabhängig; es gibt keinen physikal. Versuch, durch den bei gleichförmig-geradlinig bewegten Bezugssystemen eine absolute Bewegung festgestellt werden kann; nur rel. Bewegungen sind beobachtbar; physikal. Ges. müssen vom Bezugssystem unabhängig sein *(invariant).* Folgerungen hieraus sind: einem ruhenden Beobachter erscheint eine Zeitspanne in einem bewegten System größer (→Zeitdilatation), ferner erscheint ihm die Länge eines bewegten Gegenstands in Bewegungsrichtung verkürzt (Längenkontraktion). Zeit u. Raum sind also rel. Begriffe, ebenso die Masse *(m)* eines Körpers, die von seiner Geschwindigkeit *(v)* abhängt; sie nimmt gegenüber der Ruhmasse *(m₀)* nach dem Ausdruck

$$m = \frac{m_0}{\sqrt{1 - \frac{v^2}{c^2}}}$$

zu; bei der Lichtgeschwindigkeit *(c)* würde sie unendlich groß werden, d. h. die Lichtgeschwindigkeit ist die größtmögl. Geschwindigkeit überhaupt, mit der Energie (Masse) transportiert werden kann. – Eine weitere Folgerung ist die Äquivalenz von Masse u. Energie *(E = m·c²).*
Eine Erweiterung der speziellen R. auf beschleunigte Bezugssysteme ist die *allg.* R. (1915). Nach ihr ist es nicht möglich, die Wirkung von Gravitation u. Beschleunigung zu unterscheiden; vorausgesetzt ist die Wesensgleichheit von schwerer u. träger Masse. Folgerungen hieraus sind u. a.: 1. Ablenkung eines Lichtstrahles im Gravitationsfeld (z.B. der Sonne); 2. ein erweitertes Gravitationsgesetz in Form einer unendl. Reihe, deren erstes Glied mit dem Newtonschen Gravitationsgesetz identisch ist; 3. Rotverschiebung der Spektrallinien eines Sterns gegen die der gleichen Stoffe auf der Erde als Folge von (starken) Gravitationsfeldern. Der Weltraum ist geschlossen u. endlich, aber unbegrenzt; er ist nicht »eben«, sondern »gekrümmt«; die Anwesenheit von Materie beeinflußt die Raumstruktur.
Relativpronomen, bezügl. Fürwort (z.B. »der« in »ein Mann, der ißt«).
Relegation, Strafverweisung, z.B. eines Studenten von der HS. – **R.sspiel,** Qualifikationsspiel (z.B. im Fußball).
relevant, von Belang, erheblich, wichtig.
Relief, 1. die durch Höhenunterschiede bestimmten Oberflächenformen eines Ausschnitts der Erdoberfläche; auch verkleinerte Nachbildung eines solchen Gebiets mit der Darst. der Oberflächenformen, auch *Geländemodell* oder *Hochbild* genannt. – **2.** in der Kunst die sich plast. aus einer Fläche erhebende Darstellung. Je nach dem Grad, mit dem sich die Formen von der R.fläche abheben, unterscheidet man Hoch-, Halb- u. Flach-R.
Reliefumkehr, *Inversion,* Enstehung von Erhebungen wie z. B. Bergrücken, Massiven aus ursprüngl. tiefer liegenden Schichten von Mulden oder Gräben durch verstärkte Abtragung der urspr. Erhebungen.
Religion, Gottesfurcht, Scheu vor der Gottheit; System von Glaubensaussagen; zwei Grundmomente enthält in irgendeiner Form jede R.: einmal die Begegnung mit der Wirklichkeit des Heiligen, das als persönl. Wesen, als Göttervielfalt oder als nichtpersonale numinose Größe erfahren u. vorgestellt werden kann; zum anderen die Antwort des Menschen in Gestalt des Kultus, des Tanzes, des eth. Handelns u. des künstler. Ausdrucks. Zum Erscheinungsbild der R. gehört ferner ihre soziale Bezogenheit. – Die Einzel-R.en lassen sich vielfältig gliedern: nach ihren Grundstrukturen in Volks-R.en u. Universal-R.en; nach der Gottesauffassung in Dynamismus (Machtglaube), Dämonismus (Glaube an Geister u. Dämonen), Polytheismus, Monotheismus, Pantheismus; nach ihrem Ursprung in gewachsene u. gestiftete R.en; nach ihrer Frömmigkeit in myst. u. prophet. R.en. – Frühge-

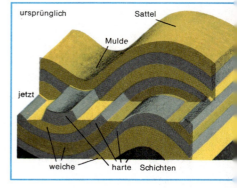

Reliefumkehr

schichte u. Völkerkunde haben gezeigt, daß es keine Völker ohne R. gibt u., soweit erkennbar, auch nicht gegeben hat.
Religionsedikt, staatl. Verordnung zur Regelung der öffentl.-rechtl. Stellung einer Religionsgemeinschaft. Das *R. von Mailand* (Toleranzedikt, 313) stellte das Christentum den heidn. Kulten gleich. Das *R. von Worms* (1521) verhängte über Luther die Reichsacht.
Religionsfreiheit, das verfassungsrechtl. verbürgte Recht auf freies Bekenntnis zu einer Religion (Konfession, Weltanschauung) sowie zur freien Religionsausübung *(Kultusfreiheit).* Daraus ergeben sich u. a. die Ablehnung einer Staatskirche u. der Grundsatz des Zugangs zu öffentl. Ämtern unabhängig vom religiösen Bekenntnis.
Religionsgesellschaften, *Religionsgemeinschaften,* Vereinigungen von Angehörigen derselben oder verwandter Glaubensbekenntnisse zu gemeinsamer Religionsausübung in umfassendem Sinn. R. sind z.B. die christl. Kirchen, die Israeliten u. die Buddhisten. Die R. erwerben die bürgerl. Rechtsfähigkeit nach den allg. Vorschriften; die Eigenschaft als *Körperschaft des öffentl. Rechts* kann ihnen verliehen werden. In dieser verfassungsrechtl. Stellung sind den R. die *Weltanschauungsvereinigungen (z.B.* der Atheisten) grundsätzl. gleichgestellt.
Religionskriege, die aus unterschiedl. religiöser oder konfessioneller Überzeugung entstandenen Kriege, fast immer mit polit. Zielen verknüpft; z.B. die *Kreuzzüge* (gegen Moslems, »Heiden«, »Ketzer«), im 16. u. 17. Jh. die *Hugenottenkriege* u. der *Dreißigjährige Krieg.*
Religionswissenschaft, histor. u. systemat. Wiss. von den geschichtl. Religionen; umfaßt die allg. u. spezielle Religionsgeschichte u. die systemat. vergleichende R. Zur R. gehört auch die Religionssoziologie; nicht zur R. gehören Religionsphilosophie, Religionspsychologie u. Theologie.
religiös, die Religion betr.; gläubig, fromm.
Religiosen, Mitgl. eines Ordens oder einer religiösen Kongregation, die Gelübde abgelegt haben.
Relikt, Überbleibsel; in der Biogeographie Überrest einer altertüml., fr. weiter verbreiteten Art an begrenzten, isolierten Stellen *(lebendes Fossil),* z.B. Mammutbaum in Kalifornien, Brückenechse in Neuseeland.
Reling, *Reeling,* Geländer auf einem Schiffsdeck.
Reliquiar, *Heiligenschrein,* Behälter zur Aufbewahrung oder Schaustellung von Reliquien.
Reliquien, »Überreste« des Körpers eines Heiligen; i.w.S. alle Gegenstände, die von ihm zu Lebzeiten gebraucht wurden.
Relish [ˈrɛlɪʃ], engl. Würzsauce in versch. Geschmacksrichtungen; zu grilliertem Fleisch u. zu Fondue.
rem, Abk. für engl. *rœntgen equivalent man,* auch *Rem,* veraltete biolog. Strahlendosiseinheit; seit 1986 ist die neue gesetzl. Einheit das *Sievert* (Sv): 1 Sv = 100 rem.
Remagen, Stadt in Rheinland-Pfalz, am Rhein, 14 000 Ew.; röm. Überreste, Rolandsbogen; Fremdenverkehr; Masch.-, Konserven-, Textil-Ind.
Remake [riˈmeɪk], Neuverfilmung eines bereits verfilmten Stoffs.
Remarque [rəˈmark], Erich Maria, eigtl. E. Paul *Remark,* *1898, †1970, dt. Schriftst.; gesellschafts- u. zeitkrit. Romane, von denen einige Welterfolge wurden. Ⓦ »Im Westen nichts Neues«.
Rembourskredit [rãˈbuːr-], Form des Akzeptkredits im internat. Waren-, bes. Überseehandel, er-

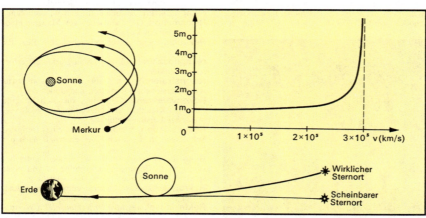

Relativitätstheorie: Perihel-Drehung des Merkur (oben links), Abhängigkeit der Masse von seiner Geschwindigkeit (oben rechts), Lichtablenkung durch die Sonne (unten)

Rembrandt: Selbstbildnis mit Palette. London, Kenwood House

möglicht kapitalschwachen Kaufleuten Importgeschäfte *(Remboursgeschäfte).*
Rembrandt, eigtl. *R. Harmensz van Rijn,* *1606, †1669, holl. Maler u. Graphiker; Sohn eines Müllers, war in der Lehre bei J.I. van *Swanenburgh* u. P. *Lastman.* 1626 begann R.s selbst. künstler. Tätigkeit. 1634 heiratete er Saskia van *Uijlenburgh,* deren Vermögen ihm zu Wohlstand verhalf. In den 1650er Jahren begann sein gesellschaftl. Niedergang, 1656 kam der finanzielle Zusammenbruch. R. starb in Armut u. Einsamkeit.
R. ist die wichtigste Erscheinung der holl. Kunst im 17. Jh. u. einer der bed. Repräsentanten der neueren abendländ. Malerei. In etwa 600 Gemälden, über 300 Radierungen u. mehr als 1500 Zeichnungen behandelte er sämtl. künstler. Stoffgebiete seiner Zeit. Dem Bildnis gab er eine unerreichte Differenzierung u. Tiefe. Seine zahlr. Selbstbildnisse sind eindrucksvolle Dokumente seiner Entwicklung zum Hintergründigen. Die Graphik, oft Vorarbeit zu Gemälden, erweist sich diesen meist als künstler. ebenbürtig.
R.s Malerei lebt von der meisterhaften Stoffbehandlung u. der spannungsvollen Hell-Dunkel-Wirkung. W »Nachtwache«, »Der Mann mit dem Goldhelm«, »Der Segen Jacobs« u. a.
Remedium, Arzneimittel, Heilmittel.
Remigius, *um 436, †533 (?), Bischof von Reims (seit 458); taufte 498/99 Chlodwig I. – Heiliger (Fest: 1.10).
Remington [-tən], Philo, *1816, †1889, US-amerik. Industrieller; stellte als erster Schreibmaschinen fabrikmäßig her.
Reminiscere, 5. Sonntag vor Ostern, 2. Fastensonntag (Anfangsworte des Introitus Ps. 25,6).
Reminiszenz, Erinnerung.
remis [rə'mi:], unentschieden (z.B. beim Schach).
Remise, Wagenschuppen, Geräteschuppen; Schutzgehölz.
Remission, Erlaß, Nachsicht; das Nachlassen von Krankheitssymptomen.
Remittenden, nicht verkaufte, vom Buchhändler dem Verleger zurückgeschickte Bücher oder Zeitschriften (auch »Krebse« gen.).
Remittent, Wechselnehmer, der erste Berechtigte aus dem Wechsel, an den die Wechselsumme gezahlt werden soll.
Remonstranten →Arminianer.
Remoulade [rəmu-], kalt zubereitete, dickflüssige, gewürzte Tunke aus Öl, Essig (Zitronensaft) u. Eigelb.
Remscheid, Industriestadt in NRW, südlich von Wuppertal. 121 000 Ew.; Werkzeugmuseum, Werkzeug-Ind.
Remter, *Rempter,* Refektorium (Speisesaal) einer Ordensburg.
Remus, Bruder des →Romulus.
Ren →Rentier.
Renaissance [rənɛ'sãs], italien. *Rinascimento,*

RENAISSANCE

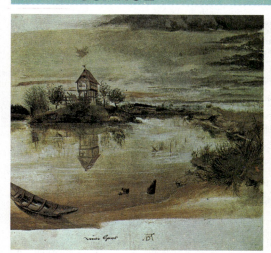

Albrecht Dürer: Weiherhäuschen; Aquarell, um 1494/95

Sandro Botticelli: Der Frühling; 1477/78

Bauelemente (links). – Hermann Wulff zugeschriebenes, sog. »Hexenbürgermeisterhaus«; 1571. Lemgo (rechts)

746 Renan

»Wiedergeburt«, die von Italien im 14. Jh. ausgehende, sich in sämtl. Lebens- u. Geistesbereichen vollziehende Kulturwende vom MA zur Neuzeit, begleitet vom *Humanismus* u. geschichtl. verbunden mit der *Reformation.* Sie bedeutet: Bewußtwerdung der Persönlichkeit, Ausbildung eines neuen Lebensgefühls unter Rückbesinnung auf antike Überlieferungen u. Streben nach objektiver Naturerkenntnis. Die Früh-R. umfaßt etwa die Zeit zw. 1420 u. 1500; die Hoch-R., in der sich die Ideen der R. am reinsten verwirklichen, geht in dem Jahrzehnt zw. 1520 u. 30 zu Ende u. mündet in die Spät-R. bzw. in den *Manierismus.*
In der Malerei fand die neue Weltsicht ihren Ausdruck zuerst in den Bildern *Giottos.* Felsen, Bäume u. Vögel traten an die Stelle der leuchtenden Goldgründe, die bis dahin der Malerei beherrschten. Zugleich gewannen die Körper der Dargestellten einen plast. Wert; sie erschienen als wirkl. menschl. Körper. In Florenz wirkten in gleichem Sinn seine Zeitgenossen u. Nachfolger A. *Orcagna, Fra Angelico, Masaccio,* P. *Uccello, Fra Filippo Lippi* u. a. In Venedig, das länger als Florenz dem byzantin. Einfluß von O geöffnet blieb, begann mit den Werken des späten G. *Bellini* u. des jungen *Giorgione* am Anfang des 16. Jh. das von der Farbe, nicht vom Zeichnerischen bestimmte klass. Zeitalter der venezian. Schule, die dann in *Tizian* ihren größten Repräsentanten fand. Viele R.-Künstler waren Maler, Baumeister, Festungsing., Konstrukteure, Erfinder u. Bildhauer zugleich, die größten von ihnen, *Leonardo da Vinci* u. *Michelangelo,* vereinigten diese Berufe zu einmaliger Universalität.
Florenz war auch für die Baukunst Italiens Ausgangsort der Bestrebungen, das Formgut der Antike mit neuen Schönheitsidealen zu verschmelzen. Am Anfang des 15. Jh., 1418–33, entstand der erste große Zentralbau der R., der Florentiner Dom. Die Gruppierung einzelner Raumteile um einen von der Kuppel bekrönten Zentralbau wurde von da an eine der beliebtesten Bauideen u. gipfelte in dem 1506 begonnenen Neubau von St. Peter in Rom. Hauptmerkmal des R.-Palastes ist die blockhaft geschlossene Gesamtform.
Die Bildhauerkunst der ital. R. sah sich vor die gleichen Formprobleme gestellt wie die Malerei. Die Gestaltung der menschl. Figur zu einer vollplast. Erscheinung, die Annäherung an das Kunstideal der Antike, die wechselseitige Verbindung religiöser u. weltl. Motive fanden ihre erste Lösung bei J. della *Quercia* u. L. *Ghiberti.* Mit *Donatello* u. *Michelangelo* erfuhren Reiterdenkmal u. Grabmal monumentale Gestaltung.
Das Ideengut der R. u. ihre künstler. Zielsetzungen wurden auch in anderen Ländern Europas aufgenommen, doch geschah das erst um 1500.
Literatur. Das neue Lebens- u. Weltgefühl der R. u. die Ideen des *Humanismus* fanden auch in der Lit. ihren Niederschlag. Es entwickelte sich ein gelehrtes neulat. Schrifttum, v. a. aber eine volkssprachl. Dichtung, die bestrebt war, mit den Werken der Antike zu wetteifern. In Italien bildeten F. *Petrarca,* G. *Boccaccio,* L. *Ariosto* u. T. *Tasso* den Höhepunkt der R.-Dichtung. Die frz. Vertreter sind F. *Villon,* F. *Rabelais,* M.E. de *Montaigne* u. die Dichtergruppe der *Plejade.* Die wichtigste Gatt. in Spanien ist der Schelmenroman; weltbek. ist *Cervantes'* »Don Quijote«. In England brachte die R. einen Höhepunkt in der Entwicklung des europ. Dramas; die überragende Gestalt des sog. Elisabethan. Zeitalters ist *Shakespeare.*
Musik. Im 15. u. 16. Jh. fanden wie in den anderen Künsten auch in der Musik tiefgreifende Wandlungen statt. Sie äußerten sich in dem Streben nach Schönheit u. Klangfülle, in der sorgfältigeren Textdeklamation u. einprägsamen Affektendarstellung. Messe u. Motette waren die bevorzugten Gattungen. Im Madrigal des 16. Jh. trafen sich ndl. Tradition u. ital. Sensibilität. Neben der Vokalmusik entwickelte sich eine neue selbst. instrumentale Kunst.
Philosophie. Bedingt durch die Wiederentdeckung antiker Texte bildeten sich in der Philosophie eine neuplaton.-christl. (M. *Ficino,* G.G. *Plethon*) u. eine aristotel. Richtung (P. *Pomponatius*). In *Nikolaus von Kues* gelangte die Philosophie zu einer neuen Metaphysik, die in G. *Brunos* Monadenlehre weiterentwickelt wurde.
Renan [rə'nã], Ernest, * 1823, † 1892, frz. Religionswiss. u. Schriftst.; schrieb histor.-krit. Arbeiten über das Leben Jesu u. die Ursprünge des Christentums.

Rennmäuse: Nordafrikanische Rennmaus

Renard [rə'na:r], Jules, * 1864, † 1910, franz. Schriftst.; Roman »Rotfuchs«.
Renaturierung, Rückverwandlung einer stark gestörten Kulturlandschaft mit naturfremden Pflanzengesellschaften in eine Naturlandschaft.
Renault [rə'no:], Louis, * 1843, † 1918, frz. Rechtswiss.; Richter am Internat. Gerichtshof in Den Haag; Friedensnobelpreis 1907.
Rendement [rãdə'mã], Ertrag, Ausbeute; bei Rohwolle Anteil der reinen Wollsubstanz.
Rendezvous [rãde'vu], **1.** Verabredung, Stelldichein. – **2.** Begegnung künstl. Erdsatelliten im Weltraum.
Rendite, Verzinsung eines Wertpapiers in v. H. des Kurswerts.
Rendsburg, Krst. in Schl.-Ho., am Nord-Ostsee-Kanal, 31 000 Ew.; histor. Kirchen u. Gebäude; Werft-, Hütten- u. versch. Ind.; Eisenbahn- u. Straßenhochbrücke über, Straßentunnel unter dem Kanal.
Renegat, Abtrünniger.
Reneklode, *Reineclaude,* edle Pflaumensorte mit fester, grüngelber Frucht.
Renette, *Reinette,* gute Apfelsorten, mit säuerl.-süßem Geschmack.
Renger, Annemarie, * 7.10.1919, dt. Politikerin (SPD); 1953–90 MdB, 1972–76 Bundestags-Präs.; 1976–90 Vize-Präs.
Reni, Guido, * 1575, † 1642, ital. Maler; stark gefühlvolle u. religiöse Bilder.
renitent, widerspenstig.
Renke, Fisch, →Maräne.
Renn, Ludwig, eigtl. Arnold Friedrich *Vieth von Golßenau,* * 1889, † 1979, dt. Schriftst.; schrieb sachl. genaue antimilitarist. Erlebnisberichte, auch Kinderbücher.
Renner, Karl, * 1870, † 1950, östr. Politiker (SPÖ); 1918–20 Staatskanzler (Regierungschef), 1930–33 Präs. des Nationalrats; 1945–50 Bundespräs.
Rennert, Günther, * 1911, † 1978, dt. Theaterleiter u. Regisseur; 1946–56 Intendant der Staatsoper Hamburg, 1967–76 der Bay. Staatsoper München.
Rennes [rɛn], frz. Dép.-Hptst., am Zusammenfluß der Ille u. Vilaine, alte Hptst. der Bretagne, 195 000 Ew.; Erzbischofssitz; Univ.; Handelszentrum; Erdöl-, Kfz-, Masch.- u. a. Ind.
Rennmäuse, *Gerbillus,* etwa 12 Gatt. der Wühlmäuse; maus- bis rattengroß mit langen Hinterbeinen; Wüsten- u. Steppenbewohner.
Rennquintett, eine Wette beim Pferderennsport, bei der die richtige Reihenfolge der Pferde beim Zieleinlauf vorauszusagen ist.
Rennschlitten, *Rennrodel* →Rodel.
Rennsteig, Kammweg auf der Höhe des Thüringer Waldes.
Rennwagen, i.w.S. alle für Schnelligkeitswettbewerbe oder Zuverlässigkeitsprüfungen gebauten Kraftwagen, die nach Leistung u. Konstruktionsweise in internat. gültige Kategorien, Gruppen u. Formeln eingeteilt sind. In der Formel I wird die Automobil-Weltmeisterschaft ausgetragen.
Rennwetten, das Wetten auf bestimmte, als Sieger oder Plazierte eines Rennens erwartete Pferde. R. können nur am *Totalisator* oder bei konzessionierten *Buchmachern* abgeschlossen werden. Über die R. finanzieren die Rennvereine v. a. die Rennpreise. Der Gewinn *(Quote)* ergibt sich aus dem Verhältnis von Ein- u. Auszahlungen.
Reno ['ri:nou], Stadt in Nevada (USA), östl. der Sierra Nevada, 115 000 Ew.; Univ. (1874); Metall- u. Holz-Ind.; gilt als »Spielhölle« u. »Scheidungsparadies«.
Renoir [rə'nwa:r], **1.** Auguste, * 1841, † 1919, frz. Maler; Hauptmeister des frz. Impressionismus; stellte Menschen u. Landschaften in lichttrunkener Farbhelligkeit dar. – **2.** Jean, Sohn von 1), * 1894, † 1979, frz. Filmregisseur; begann 1924 mit romant. Kurzfilmen; Meister des realist. Spielfilms.
Renommee, (guter) Ruf, Leumund.
Renouvier [rənu'vje:], Charles, * 1815, † 1903, frz. Philosoph; Begr. des frz. Neokritizismus.
renovieren, neu herrichten, erneuern, instandsetzen.
rentabel, einträglich, gewinnbringend.
Rentabilität, Fähigkeit eines Betriebs, einen Gewinn abzuwerfen; gemessen durch das Verhältnis von Gewinn in einer Periode zu Umsatz oder Kapital.
Rentamt, fr. örtl. Finanz- oder Kassenverwaltung; heute private Verw. größerer, meist landw. Vermögen.
Rente, 1. regelmäßiges Einkommen aus einem Vermögen, i.e.S. feste Zinsen; auch das auf Grundbesitz zurückzuführende Einkommen *(Grund-R.).* – **2.** periodisch zu zahlende Geldsumme *(R.nschuld)* u. Versorgungsbezüge *(Ruhegehalt* der Beamten sowie Altersruhegeld, Hinterbliebenen-R. u. R. wegen Berufs- oder Erwerbsunfähigkeit aus der Sozialversicherung).
Rentenformel, Berechnungsart in der gesetzl. Rentenversicherung für die Höhe der Renten u. des Altersruhegelds. Maßgebend sind anrechnungsfähige Versicherungsjahre, persönl. u. allg. Rentenbemessungsgrundlage sowie der Steigerungssatz.
Rentenmark, durch auf Gold lautende Rentenbriefe gedeckte Währungseinheit in Dtld. 1923/24, 1 R. = 100 *Rentenpfennig;* Übergangswährung zw. *Mark* u. der *Reichsmark.*
Rentenpapier, festverzinsl. Wertpapier.
Rentenschuld, Abart der Grundschuld; ein Grundpfandrecht, durch das ein Grundstück in der Weise belastet wird, daß aus ihm zu regelmäßig wiederkehrenden Terminen eine bestimmte Geldsumme zu zahlen ist.
Rentenversicherung, 1. im Rahmen der *Sozialversicherung* die Arbeiterrentenversicherung, die Angestelltenversicherung u. die Knappschaftsversicherung. – **2.** private R., Form der Lebensversicherung.
Rentier, *Ren,* zirkumpolare Art der *Hirsche* in nördl. Ländern, wird oft in großen Herden als Haustier gehalten (Zug-, Reit-, Last-, Fleisch- u. Milchtier). Eine nordamerik. Unterart ist das *Karibu.*
Rentierflechte, Strauchflechte in den Tundren.
Renz, Ernst Jakob, * 1815, † 1892, dt. Zirkusdirektor; Gründer des ersten dt. Großzirkus mit festen Häusern.
reorganisieren, neu ordnen, umgestalten.
Reparationen, *Kriegsentschädigungen,* Leistungen, die der im Krieg unterlegene Staat als Ersatz für Kosten u. Verlust des Siegers zu erbringen hat.

Rennwagen: Weltmeister Ayrton Senna aus Brasilien, in seinem McLaren-Honda-Rennwagen während eines Formel I-Rennens

Auguste Renoir: Das Frühstück der Ruderer; 1881. Washington, D. C., The Philipps Collection

Nicht zu den R. rechnen Entschädigungen für individuelle Verluste.
Reparatur, Instandsetzung, Wiederherstellung, Ausbesserung; **reparieren,** ausbessern.
Repatriierung, 1. Heimbeförderung in das Land der Staatsangehörigkeit (z.B. Abschiebung unerwünschter Ausländer); bes. Rückführung von Kriegsgefangenen in ihre Heimat. – **2.** Wiederverleihung der Staatsangehörigkeit nach Verlust.
Repellents [ri'pɛlənts], *Schreckstoffe,* chem. Mittel, die der Abschreckung u. dem Fernhalten von Schädlingen dienen. Anwendung z.B. gegen Vögel, Blutsauger, Vorratsschädlinge.
Repertoire [-'twar], Gesamtheit der Bühnenwerke, die das Ensemble eines Theaters spielen kann.
repetieren, wiederholen, durch Wiederholen einüben.
Repetitor, freiberufl. Jurist, der Jurastudenten gegen Bezahlung auf die Prüfung vorbereitet.
Repin, *Rjepin,* Ilja Jefimowitsch, * 1844, † 1930, russ. Maler, Hauptmeister der realist. Historienmalerei Rußlands.
Replantation, *Reimplantation,* Wiedereinpflanzung, z.B. das chirurg. Wiederansetzen eines abgetrennten Körperteils.
Replik, 1. Entgegnung, Erwiderung. – **2.** *Gegeneinrede,* im Prozeß die Erwiderung des Klägers auf die vom Beklagten gegen die Klage vorgebrachten Verteidigungsmittel. Die Erwiderung auf eine R. nennt man *Duplik.* – **3.** genaue Kopie eines Kunstwerks durch den Künstler selbst.

Rentier

Report, Bericht, Mitteilung. – **R.age,** Berichterstattung in Presse, Rundfunk u. Fernsehen. – **R.er,** Berichterstatter.
Reppe, Walter Julius, * 1892, † 1969, dt. Chemiker, bed. Arbeiten zur Entwicklung des Acetylens (*R.-Chemie*).
Repräsentant, Vertreter, Stellvertreter; Volksvertreter; Abgeordneter.
Repräsentantenhaus, *House of Representatives,* in den USA die Kammer des *Kongresses,* in der die Wählerschaft vertreten ist (andere Kammer: *Senat,* Vertretung der Gliedstaaten); ähnl. auch in anderen Staaten.
Repräsentation, Vertretung; standesgemäßes Auftreten.

Repräsentativerhebung, Stichprobe, bei der nur ein Teil der Einzelfälle einbezogen wird. Dabei wird angenommen, daß dieser Teilausschnitt aus der Gesamtheit die Struktur der Gesamtheit richtig wiedergibt (*Gesetz der großen Zahl*).
Repräsentativsystem, demokrat. Staatsform, bei der die polit. Aktivbürger vornehml. oder ausschl. durch Parlamentswahlen an der polit. Willensbildung teilnehmen (im Unterschied zur plebiszitären Demokratie). Die gewählten Organe handeln im Namen, jedoch ohne bindenden Auftrag des Volkes (*freies Mandat*).
Repressalie, 1. Vergeltungsmaßnahme. – **2.** Akt der Selbsthilfe zur Unterbindung des rechtswidrigen Verhaltens eines fremden Staats. Die R. muß angedroht werden u. darf nicht ausgeübt werden, falls die Gegenseite sich nicht mehr rechtswidrig verhält.
Repression, Unterdrückung, Bedrückung, Einengung; gegen die herrschende Gesellschaftsordnung gerichtetes Schlagwort der *antiautoritären Bewegungen* ab 1966/67.
Reprint [ri:'print], photomechan. Abdruck eines vergriffenen Werks.
Reprise, 1. Kursanstieg an der Börse, durch den ein vorausgehender Kursfall ausgeglichen wird. – **2.** Wiederholung eines Teils einer musikal. Komposition. – **3.** im Seerecht Zurückgewinnung vom Feind gemachter Beute. – **4.** Wiederholung, Wiederaufnahme eines Bühnenstücks.
Reprivatisierung, Rückführung von öffentl. Unternehmungen, die urspr. private Unternehmungen waren, in Privateigentum.
Reproduktion, 1. Fortpflanzung. – **2.** Wiedergabe von Vorlagen durch Druck oder Photographie. – **3.** Wiederhervorbringung fr. Bewußtseinsinhalte (durch das Gedächtnis).
Reptilien, *Kriechtiere,* Klasse wechselwarmer *Wirbeltiere* mit drüsenarmer, beschuppter oder beschilderter Haut u. meist 4 Gliedmaßen, die den Körper bei der schlängelnd-kriechenden Bewegung nur unvollkommen vom Boden abheben. Rd. 5500 vorw. landbewohnende Arten sind bekannt, u. a. die Ordnungen der *Brückenechsen, Schildkröten, Krokodile, Schuppenkriechtiere* (*Echsen* u. *Schlangen*).
Reptilienfonds [-fɔ̃], im Anschluß an eine Äußerung *Bismarcks* geprägte spött. Bez. für Geldmittel, die die Regierung ohne parlamentar. Kontrolle zur Pressebeeinflussung verwendet.
Republik, *Freistaat, Volksstaat,* Staat ohne monarch. Staatsoberhaupt, in dem mehrere Personen oder das Staatsvolk Träger der Staatsgewalt sind. Heute unterscheidet man nach der obersten Repräsentation des Staates zw. Monarchie u. R., nach der Ausübung der Staatsgewalt zw. Demokratie u. Nichtdemokratie (autoritäre, totalitäre Systeme, Diktaturen).
Republikaner, 1. Anhänger einer republikan. Staatsform. – **2.** in der BR Dtld. unter der Bez. »Die R.« 1983 von ehemaligen CSU-Mitgl. gegründete rechtsradikale Partei; Vors.: F. *Schönhuber.* – **3.** Oppositionspartei gegen das Kaiserreich Napoleons III., die sich nach 1870 in mehrere Flügel spaltete. – **4.** in den USA eine der beiden großen Parteien (Gegenpartei: die *Demokraten*). Im 19. Jh. waren sie die bes. im N vorherrschende Partei des kapitalist. Bürgertums; heute unterscheiden sie sich programmatisch kaum von den Demokra-

ten; Präs. u. a. A. Lincoln, T. Roosevelt, D. D. Eisenhower, R. M. Nixon, G. R. Ford, R. Reagan, G. Bush.
Republikflucht, fr. die in der DDR mit Strafe belegte Abwanderung von Bürgern ohne behördl. Erlaubnis; mit Öffnung der Grenzen 1989 gegenstandslos.
Repunze, Stempel, mit dem auf Gegenständen aus Edelmetallen der Feingehalt beglaubigt wird.
Reputation, Ruf, Ansehen.
Requiem, *Totenmesse, Seelenamt,* in der kath. Kirche Messe zum Gedächtnis Verstorbener, ben. nach dem Introitus »Requiem aeternam dona eis, Domine« (»Herr, gib ihnen die ewige Ruhe«); Vertonungen von M. *Haydn,* W. A. *Mozart,* H. *Berlioz,* F. *Liszt,* G. *Verdi* u. a.
Requiescat in pace [lat. »er (sie) möge ruhen in Frieden«], Abk. *R.I.P.,* Gebetswort der kath. Totenliturgie, häufig Grabinschrift.
requirieren, beschlagnahmen; ersuchen; anfordern.
Requisiten, für die Aufführung von Bühnenstücken benötigtes Zubehör.
Res [lat., »Sache«], jurist. Fachausdruck für körperl. Gegenstand; Ggs.: *Rechte.*
Resa'iye, fr. *Urmia,* Hptst. der iran. Prov. West-Aserbaidschan, 165 000 Ew.; Erzbischofssitz (Nestorianer); Handelszentrum.
Resā Schah Pahlevi [-pæç] → Riza Schah Pahlewi.
Resede, *Reseda, Wau,* Gatt. der *Resedagewächse,* deren Hauptverbreitungsgebiet zw. Spanien u. dem

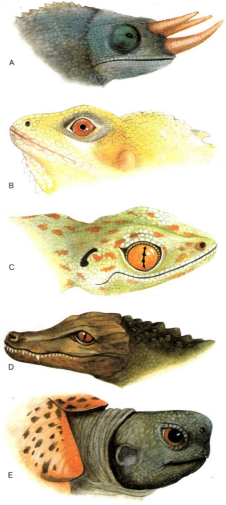

Reptilien: Köpfe einiger Vertreter von Reptiliengattungen, die die unterschiedlichen Augenformen zeigen: A) Chamäleon, B) Echse, C) Gecko, D) Krokodil, E) Schildkröte

Resektion

Iran liegt. Pflanzen mit unscheinbaren Blüten, die in Trauben angeordnet sind.
Resektion, chirurg. Herausschneiden von Teilen eines kranken Organs bzw. Körperteils.
Reservat, Vorbehalt, Schutzgebiet.
Reservationen, *Reservate,* vom 17. Jh. an vom Staat eingerichtete, ausschl. den Indianern vorbehaltene Wohn- u. Jagdgebiete in N-Amerika.
Reserve, 1. Vorrat, Rücklage; Zurückhaltung. – **2.** liquide Mittel, Vorräte, Wertpapiere u. Anlagen, die ein Betrieb jederzeit einsetzen kann, um einen plötzl. auftretenden zusätzl. Bedarf zu decken. – **3.** zurückgehaltene Truppen, durch deren späteren Einsatz der höhere Truppenführer Teile der Front verstärken oder Lücken schließen kann. Auch: Gesamtheit der ausgebildeten u. entlassenen Wehrpflichtigen **(Reservisten).**
reservieren, vormerken, freihalten; aufbewahren. – **reserviert,** zurückhaltend, kühl.
Reservoir [-'vwa:r], Sammelbehälter (bes. für Wasser); Speicher; Vorrat.
Residenz, Wohn- u. Amtssitz von Landesherren oder hohen Kirchenfürsten. – **R.pflicht,** Pflicht des Beamten, am Dienstort zu wohnen.
Resignation, Fügen in ein Schicksal, das als unausweichl. erscheint; **resigniert,** ergeben, gefaßt.
Resinate, Metallsalze der Harzsäuren; für Firnisse verwendet.
Résistance [rezis'tãs], die frz. Widerstandsbewegung gegen die dt. Besatzungsmacht u. die Vichy-Regierung im 2. Weltkrieg.
Resistencia, argentin. Prov.-Hptst., am Paraná, 218 000 Ew.; Univ.; Textil- u. Nahrungsmittel-Ind., Buntmetallverhüttung.
Resistenz, erbl. Unempfindlichkeit eines Organismus gegenüber einem Krankheitserreger oder Schädiger.
Reşita ['reʃitsa], *Reschitza,* rumän. Stadt im Banat, 106 000 Ew.; Maschinenbau; Metall- u. chem. Ind., Steinkohlen- u. Eisenerzabbau.
Reskript, Verfügung, Befehl, Erlaß.
Resnais [rɛ'nɛ:], Alain, * 3.6.1922, frz. Filmregisseur; Hauptvertreter des »Neuen Welle«. W »Hiroshima, mon amour«.
resolut, entschlossen.
Resolution, formulierte Erklärung einer Versammlungsmehrheit; Beschluß einer Behörde.
Resonanz, Mitschwingen eines schwingungsfähigen Körpers (Systems), wenn die Erregerfrequenz mit der Eigenfrequenz des Körpers übereinstimmt.
Resonator, physikal. Gebilde, das durch mechan. (akust.) oder elektr. Schwingungen zu starken (Resonanz-)Schwingungen angeregt wird.
resorbieren, einen gelösten Stoff aufsaugen, aufnehmen. – **Resorption,** Aufnahme der bei der Verdauung verflüssigten u. chem. gespaltenen Nahrung durch die Zellwände des Darms im Blut.
Resozialisierung, (Wieder-)Eingliederung in die Gesellschaft, bes. von Strafgefangenen.

Respekt, Achtung; Ehrerbietung; **respektieren,** achten, anerkennen.
respektive, beziehungsweise.
Respighi [-gi], Ottorino, * 1879, † 1936, ital. Komponist, schrieb Opern, Kammermusik u. sinfon. Dichtungen.
Respiration → Atmung.
Responsorium, Wechselgesang zw. Vorsänger u. Chor bzw. Geistlichem u. Gemeinde.
Ressentiment [-sãti'mã], Groll; unterbewußter Neid, der aus dem Gefühl des Benachteiligtseins erwächst.
Ressort [rɛ'so:r], **1.** Amtsbereich, Fach. – **2.** Schubfach, das durch Federdruck zu öffnen ist; Springfeder in einem Schloß.
Ressourcen [rɛ'sursən; frz.], Hilfs- bzw. Geldmittel, Reserven; Rohstoffe.
Restant, 1. rückständiger Schuldner. – **2.** gekündigtes, aber nicht abgehobenes Wertpapier.
Restaurant [rɛsto'rã], Speise- u. Schankwirtschaft.
Restauration, Wiederherstellung einer gesellschaftl. oder polit. Ordnung, bes. einer durch Revolution vertriebenen Dynastie; i.e.S. die Zeit zw. dem Wiener Kongreß 1815 u. der Julirevolution 1830.
Restaurierung, Wiederherstellung, Instandsetzung, bes. von geschädigten, teilzerstörten Bauwerken, Plastiken, Gemälden u. a.
Restitution, 1. im Verfahrensrecht die Wiedereinsetzung in den vorigen Stand; auch bes. Art des → Wiederaufnahmeverfahrens. – **2.** Rückerstattung an Verfolgte des Nat.-Soz. – **3.** Herausgabe widerrechtl. Kriegsbeute aufgrund eines Waffenstillstands- oder Friedensvertrags.
Restriktion, 1. Beschränkung, Vorbehalt; **restriktiv,** einschränkend. – **2.** Maßnahmen zur Beschränkung des gesamtwirtschaftl. Kreditvolumens; auch Handelseinschränkungen.
Resultante, die bei Überlagerung mehrerer Einzelkräfte insges. wirkende Kraft.
Resultat, Ergebnis, Erfolg; **resultieren,** sich ergeben.
Resümee, Zusammenfassung, kurze Übersicht.
Retabel, Altaraufsatz in Form einer gemalten oder geschnitzten Bilderwand.
retard, auf Arzneimitteln Bez. für eine verlängerte bzw. verzögerte *(retardierte)* Wirksamkeit der Arzneisubstanz.
Retardation, 1. Verzögerung in der Entwicklung bestimmter Merkmale bei Lebewesen; eine Ursache der stammesgeschichtl. Veränderung der Organismen. – **2.** *retardierendes Moment,* im Drama u. in anderen literar. Gatt. eine Verzögerung des Handlungsablaufs, die eine andere Lösung des Konflikts als die zu erwartende als mögl. aufzeigt.
Rethel, Alfred, * 1816, † 1859, dt. Maler u. Graphiker; erhielt Anregungen durch die Nazarener, deren Stil er mit Betonung des Linearen abwandelte; Fresken u. Holzschnitte.
Rethymnon, grch. Hafenstadt auf Kreta, 18 000 Ew.; Kastell, Seebad.
Retina, *Netzhaut* → Auge.

Rettungsschwimmen: Bergung eines Ertrinkenden durch Kopfgriff und Transportschwimmen in Rückenlage

Retorsion, Vergeltung eines zwar nicht rechtswidrigen, aber unfreundl. Akts eines Staates mit einem gleichen Verhalten (anders → Repressalie).
Retorte, 1. birnenförmiges Glasgefäß mit zur Seite gerichtetem langem Hals, fr. viel zum Destillieren u. zum Durchführen von chem. Reaktionen benutzt. – **2.** luftdicht abschließbares Metallgefäß von beliebiger Form zur Erhitzung fester Stoffe, insbes. als Entgasungskammer.
Retortenbaby, Bez. für ein durch künstl. Befruchtung außerhalb des Körpers der Mutter gezeugtes, auf natürl. Wege geb. Kind (erstmals 1978 in England). Bei diesem Verfahren werden reife Eizellen im Labor mit männl. Samenzellen zusammengebracht; der Embryo wird dann in die Gebärmutterhöhle der Frau eingeführt; Bez. für das Verfahren auch *In-vitro-Fertilisation.*
retour [rə'tu:r], zurück.
Retriever, engl. Rasse der Apportierhunde, bes. bei der Jagd auf Flugwild eingesetzt.
retrospektiv, zurückschauend. – **Retrospektive,** Rückschau; in der bildenden Kunst eine Ausstellung, die einen Überblick über das Schaffen eines Künstlers gibt.
Retsina, weißer, harzig schmeckender, grch. Wein.
Rettich, *Raphanus,* Gatt. der *Kreuzblütler,* deren Hauptmerkmal die zylindr., nach oben zu pfrieml. verschmälerten, in Glieder zerfallenden Früchte sind. Der *Garten-R.* wird wegen seiner scharfschmeckenden Wurzeln angebaut, die beim *Schwarzen* oder *Winter-R.* außen grauschwarz, beim *Radieschen* rot oder weiß sind.
Rettungsmedaille, Auszeichnung für Rettung von Menschenleben unter eig. Lebensgefahr u. unter schwierigen Verhältnissen; in Dtld. von den Ländern verliehen.
Rettungsschwimmen, zusammenfassende Bez. für alle Handlungen, die dem Retten Ertrinkender dienen. Die Ausbildung von Rettungsschwimmern betreibt die Dt. Lebens-Rettungs-Gesellschaft (DLRG); Fähigkeitsstufen im Retten Ertrinkender beurkundet der *Dt. Rettungsschwimmpaß.*
Rettungswesen, Sammelbez. für teils private, teils behördl. Einrichtungen, die bei Unglücksfällen zur Hilfe eingesetzt werden, z.B. *Bergwacht, Feuerwehr, Rotes Kreuz, Seenotdienst.*
Retusche, Herrichten eines Photos zur Klischeeanfertigung; auch Überarbeiten eines Negativs oder Positivs zur Beseitigung von Fehlern, Ungleichmäßigkeiten u. störenden Bildteilen.
Reuchlin, Johannes, * 1455, † 1522, dt. Humanist, Gegner der Reformation.
Reue, im Christentum der Kern der *Buße;* sie ist Abkehr des menschl. Herzens von der Sünde, die vor Gott erkannt u. bekannt ist.
Reuenthal → Neidhart von Reuenthal.
Reugeld, Geldsumme, die aufgrund bes. Vereinbarung beim Rücktritt vom Vertrag zu zahlen ist, den das R. im Ggs. zur *Vertragsstrafe* erleichtern soll.
Reuleaux [rœ'lo:], Franz, * 1829, † 1905, dt. Ingenieur, begr. die wiss. Kinematik.
Réunion, bis 1848 *Île de Bourbon,* vulkan. Insel im Ind. Ozean, in der Gruppe der *Maskarenen,* 2512 km², 600 000 Ew., Hptst. *Saint-Denis;* seit 1664 zu Frankreich.
Reunionen, die von Ludwig XIV. 1678–97 vorgenommenen Gebietsannexionen von über 600 Herrschaften, Städten u. Flecken im Elsaß, in der

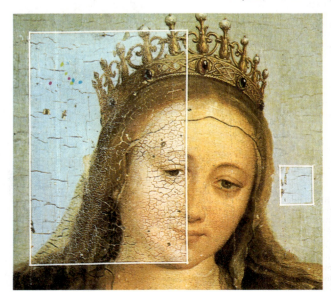

Restaurierung: Detail der Solothurner Madonna von Hans Holbein d. J. während der Restaurierung im Schweizerischen Institut für Kunstwissenschaften, Zürich. Die Freilegungsproben zeigen die Rißbildung in der Maltafel, die durch eine falsche Konstruktion des Ersatzbildträgers im 19. Jahrhundert hervorgerufen wurde

Franche-Comté, in Luxemburg u. Italien. Im Frieden von Rijswijk 1697 mußte Ludwig XIV. die R. bis auf Elsaß u. Straßburg wieder herausgeben.

Reurecht, beim Abzahlungs- bzw. Ratenkauf das Recht des Käufers, innerhalb einer bestimmten Frist nach Vertragsabschluß vom Vertrag zurückzutreten, ohne daß ihn eine Schadensersatzpflicht trifft.

Reuse, Fischereigerät; faßartiger Behälter, der als Öffnung einen sich nach innen verengenden Trichter hat. Die Tiere finden den Weg in die R., aber nicht mehr den engen Ausgang.

Reuss, *Reuß*, r. Nbfl. der Aare, 159 km, entspringt am St. Gotthard, fließt durch den Urner u. Vierwaldstätter See.

Reuß, dt. Fürstengeschlecht, von den Vögten von *Weida* (Thüringen) abstammend. Die beiden Fürstentümer *R. älterer Linie* u. *R. jüngerer Linie* gingen 1920 in *Thüringen* auf.

reüssieren, Erfolg haben.

Reuter, 1. Christian, *1665, †um 1712, dt. Schriftst.; schrieb satir. Lustspiele u. schuf mit »Schelmuffsky« 1696 den ersten dt. humorist. bürgerl. Schelmenroman. – **2.** Ernst, *1889, †1953, dt. Politiker (SPD); 1926–31 Stadtrat in Berlin, 1931–33 Oberbürgermeister von Magdeburg, 1935 emigriert (Türkei), 1947 Oberbürgermeister von Berlin, 1950–53 Regierender Bürgermeister von Westberlin. – **3.** Fritz, *1810, †1874, dt. Schriftst.; schrieb Verserzählungen u. realist.-humorist. Romane in plattdt. Sprache (»Ut de Franzosentid«). – **4.** Paul Julius von, eigtl. Israel Beer *Josaphat*, *1816, †1899, dt.-engl. Verleger; gründete 1849 in Aachen *R.s Telegraphenbüro*, verlegte es 1851 nach London (heute *R.'s Ltd.*), die erste weltweit arbeitende Nachrichtenagentur.

Reutlingen, Kreisstadt in Ba.-Wü., an der Echaz, 100 000 Ew.; histor. Bauten; Textil- (v. a. Wirkwaren), Metall-, Masch.-, Elektro-, Kunststoff- u. Holz-Ind.

Reutter, Hermann, *1900, †1985, dt. Komponist u. Pianist; schrieb Lieder, Klavier- u. Kammermusik, Chorwerke, Ballette u. Opern.

Reval, estn. *Tallinn*, Hptst. von Estland, am Finn. Meerbusen, 478 000 Ew.; Kultur- u. Handelszentrum, viele mittelalterl. Bauten der nach dem 2. Weltkrieg rekonstruierten Altstadt; Schiff- u. Maschinenbau, Fischerei u. versch. Ind. G e s c h.: Seit dem 10. Jh. Kaufmannssiedlung, 1219 von Dänemark erobert, 1346 mit Estland an den Dt. Orden verkauft, 1561 bis Anfang 18. Jh. schwed., Anfang 18. Jh. bis 1918 russisch, ab 1918 u. wieder seit 1991 Hptst. der Rep. Estland, 1940–91 Hptst. der Estn. SSR.

Revanche [rə'vãʃ], Rache, Vergeltung; im Sport: Rückspiel.

Revanchismus, Bez. für außenpolit. Bestrebungen von Staaten, die nur auf Vergeltung für polit. oder militär. Niederlagen gerichtet sind.

Reveille [rə'vɛ:jə], fr. das militär. Wecken durch Horn- oder Trompetensignal.

Reventlow [-lo:], Franziska (eigtl. Fanny) Gräfin zu, *1871, †1918, Schriftst.; Chronistin von München-Schwabing.

Reverend ['rɛvərənd], Titel der Geistlichen im engl. Sprachraum.

Reverenz, Ehrerbietung.

Revers, 1. schriftl. Verpflichtung. – **2.** [rə'vɛ:r], Aufschlag an Kleidungsstücken. – **3.** die Rückseite einer Münze.

reversibel, umkehrbar (bes. von physik. u. chem. Vorgängen); Ggs.: irreversibel.

revidieren, prüfen, seine Meinung ändern.

Revier, 1. Gebiet, Bezirk. – **2.** Abteilung einer Bergwerksgrube. – **3.** *Territorium*, der einem einzelnen Tier, einem Paar oder einer größeren Gruppe gehörende Raum, der gegen Fremde verteidigt wird; häufig durch Drüsensekrete, Harn oder Kot gekennzeichnet (*Duftmarkierung*). – **4.** einem R.förster übertragener Waldbezirk. – **5.** fr. Bez. für den *Sanitätsbereich* in der Kaserne.

Revirement [rəvirə'mã], gleichzeitige Umbesetzung mehrerer, v. a. diplomat. Posten.

Revision, 1. (nochmalige) Durchsicht, Nachprüfung, Änderung, z.B. einer Ansicht. – **2.** Prüfung der vom Setzer ausgeführten Korrekturen. – **3.** *Rechtsmittel*, mit dem (im Unterschied zur *Berufung*) nur die Überprüfung von Rechtsfragen durch ein höheres Gericht begehrt wird. – **4.** Nachprüfen des Rechnungswesens eines Unternehmens durch Sachverständige (*Revisoren*) des Unternehmens (*Innen-R.*), durch freiberufl. Wirtschaftsprüfer oder Behörden, bes. Finanzamt (*Betriebsprüfung*).

Revisionismus, in der SPD um 1900 eine Richtung, die den Marxismus durch eine sozialreformer. Politik zu ersetzen suchte. Heute wird vom Kommunismus jede »Rechtsabweichung« als R. bezeichnet.

Revival [ri'vaivəl], erneute Popularität eines Musikstils im Bereich Jazz, Rock- u. Popmusik, dessen erste Blütezeit schon Jahre zurückliegt.

Revolte, Aufruhr, Empörung.

Revolution, die rasche u. gewaltsame Veränderung des Bestehenden, aber auch eine nicht unbedingt gewaltsame Veränderung einer gesamten Staatsordnung in soz., wirtsch. u. vielfach auch kultureller Hinsicht; z.B. die *Frz. R.* von 1789–99, die *Oktober-R.* von 1917 in Rußland, auch die »unblutige, glorreiche« *engl. R. von 1689*. Die Abgrenzung zu anderen Formen der polit. Gewalt (*Aufstand, Putsch, Rebellion, Revolte*) ist schwierig. – Im übertragenen Sinn versteht man unter R. eine tiefgreifende Umgestaltung u. Erneuerung auf einem bestimmten Gebiet.

Revolver, drehbare Wechselvorrichtung, z.B. an der R.drehbank zum Werkzeugwechsel. – **2.** Pistole mit drehbarem, hinter dem Lauf angebrachten Trommelmagazin.

revozieren, widerrufen.

Revue [rə'vy], **1.** Bühnendarbietung aus lose aneinandergereihten Szenen mit Gesang, Tanz u. Artistik; heute gleichbedeutend mit »Show«. – **2.** oft Bestandteil von Zeitschriftentiteln (»Rundschau«).

Rex [lat.], König.

Rexistenbewegung, faschist. wallon. Bewegung in Belgien, gegr. 1930 von Léon *Degrelle*, kollaborierte im 2. Weltkrieg mit der dt. Besatzungsmacht.

Rexrodt, Günter, *12. 9. 1941, dt. Politiker (FDP); seit 1993 Bundes-Min. für Wirtschaft.

Reykjavik ['rɛikjavi:k], Hptst. u. wichtigster Handels- u. Hafenplatz von Island an der SW-Küste, 89 000 Ew.; Univ. (1911); Schiffbau, Leder-, Textil-, Fisch-Ind., Flughafen.

Reymont ['rɛj-], Władysław, Stanisław, *1867, †1925, poln. Schriftst.; schilderte bes. das poln. Dorfleben; Nobelpreis 1924; W »Die Bauern«.

Reynaud [rɛ'no:], Paul, *1878, †1966, frz. Politiker (bürgerl. Rechte); mehrf. Min., 1940 Min.-Präs., 1942–45 im dt. KZ; 1953/54 stellv. Min.-Präs; nahm Einfluß auf die Gestaltung der Verfassung der 5. Rep.

Reynolds, 1. Burt, *11.2.1936, US-amerik. Filmschauspieler; verkörpert u. a. sehr männl. Typen (»Silent Movie«, »Malone«). – **2.** Sir Joshua, *1723, †1792, engl. Maler; Porträtist der Londoner Gesellschaft des Rokokos.

Reynoldssche Zahl [nach dem engl. Physiker O. *Reynolds*, *1842, †1912], dimensionslose Zahl, die den Strömungswiderstand in zähen Flüssigkeiten kennzeichnet; spielt u. a. bei Modellversuche in der Hydrodynamik eine große Rolle.

Reyon [rɛ'jõ], *Rayon, Rayonne*, Kunstseide aus Viskose.

Reza Pahlewi [rɛ:za pæç-] → Mohammed.

Rezension, 1. krit. Durchsicht eines alten Textes mit Verzeichnis der wichtigst. Lesarten; Bestandteil der *Textkritik*. – **2.** Besprechung eines neuerschienenen Buchs in einer Ztg. oder Ztschr.

rezent, 1. neu, jung. – **2.** der erdgeschichtl. Gegenwart angehörig (ab Holozän). Ggs.: *fossil*.

Rezept, *i.w.S.* Vorschrift für ein Herstellungs- oder Anwendungsverfahren in Industrie, Küche u. a.; *i.e.S.* die ärztl. Verschreibung einer in der Apotheke anzufertigenden oder auszuliefernden Arznei. Bes. sind alle Gifte u. stark wirkenden Arzneimittel apotheken- u. rezeptpflichtig.

Rezeption, 1. Empfang; Empfangsschalter im Hotel. – **2.** An-, Auf- oder Übernahme; bes. von Rechtsvorschriften einer anderen Rechtsgemeinschaft; als solche bedeutsam u. a. die R. des Röm. Rechts als maßgebendes Recht des europ. Kontinents um die Wende des MA zur Neuzeit.

rezeptiv, empfänglich.

Rezeptor, 1. Empfänger; Steuereinnehmer. – **2.** Bezirk eines Organismus, der einen Reiz aufnimmt u. in *Erregung* transformiert.

Rezeptur, Arzneianfertigung entspr. dem ärztl. Rezept; dazu dienender Apothekenraum oder -arbeitsplatz.

Rezeß, Protokoll oder Vertrag, bes. Vergleich.

Rezession, Phase des Konjunkturzyklus: der Beginn des Abschwungs im Konjunkturverlauf; auch ein Nachlassen der Wachstumsrate der Volkswirtschaft.

rezessiv, Merkmale in der Vererbung betr., die von anderen (*dominanten*) Eigenschaften verdeckt werden, aber immer wieder in Erscheinung treten können.

Rezidiv, Rückfall (einer Krankheit).

Rezipient, Versuchsgefäß (meist Glasglocke), das luftleer gepumpt wird.

reziproke Zahlen, Zahlen, deren Produkt 1 ist, also Zahl u. Kehrwert; z.B. 3/4 u. 4/3.

Reziprozität, Grundsatz im zwischenstaatl. Handelsverkehr: keine Vergünstigung ohne entspr. Gegenleistung.

Rezitation, der künstler. gestaltete Vortrag von Dichtungen nur mit der Mitteln der Sprache (im Unterschied zur Bühnendarst. des Schauspielers).

Rezitativ, in Oper, Oratorium u. Kantate verwendeter Sprechgesang (*parlando*). Während der R. anfängl. nur von wenigen Akkorden des Cembalos gestützt wurde (*Secco-R.*, »trockenes R.«), fanden im Anschluß an C. Monteverdi u. A. Scarlatti die rein musikal. Elemente stärkere Aufnahme u. führten zur Form des *Recitativo accompagnato* (»begleitetes R.«), das zum Mittelpunkt der Opernreform C. W. von Glucks wurde.

Rezniček ['rɛznitʃɛk], Emil Nikolaus Frhr. von, *1860, †1945, östr. Dirigent u. Komponist; schrieb 12 Opern.

Rezzori, Gregor von, eigtl. G. von R. d'*Arezzo*, *13.5.1914, östr. Schriftst. u. Zeichner; fabulierfreudiger, witzig-iron. Erzähler anekdot. schwankhafter Geschichten u. Romane.

R-Gespräch, Ferngespräch, bei dem der verlangte Teilnehmer die Gebühren übernimmt; im allg. nur noch im Auslandsverkehr möglich, in der BR Dtld. nicht mehr seit 1981.

RGW, Abk. für **R**at für **g**egenseitige **W**irtschaftshilfe, → COMECON.

Rh, rh → Rhesusfaktor.

Rh, chem. Zeichen für Rhodium.

Rhabarber, *Rheum*, in Asien heim. Gatt. der Knöterichgewächse mit großblättrigen, ausdauernden Kräutern; Pflanzen mit rübenförmigen Grundachsen u. riesigen, verzweigten Blütenständen. Der *Gemüse-R.* unserer Gärten ist ein Artengemisch.

Rhapsode, der wandernde, berufsmäßige Vortragskünstler der griech. Antike, der an den Fürstenhöfen eig. oder fremde Dichtungen vortrug.

Rhapsodie, 1. urspr. die von einem *Rhapsoden* vorgetragene erzählende Dichtung; später ein formal freies, gefühlsbetontes Gedicht. – **2.** der freien Fantasie ähnl. Instrumentalstück mit Verwendung nat.-folklorist. Motive.

Rhea, 1. *Rheia*, Tochter des *Uranos* u. der *Gäa*; Gattin des *Kronos*, Mutter des *Zeus*, mit der *Magna Mater* verschmolzen. – **2.** ein von G.D. *Cassini* 1672 entdeckter Saturnmond; Durchmesser 1800 km.

Rheda-Wiedenbrück, Stadt in NRW, sw. von Gütersloh, 38 000 Ew.; Schloß, histor. Bauten; Möbel-, Papier-, Textil-, Fleischwaren-Ind.; Fahrzeugbau.

Rhee, Syngman, Li Sing-Man, *1875, †1965, korean. Politiker; lange im Exil, 1948–60 Präs. der Rep. Südkorea, regierte autoritär, mußte nach Unruhen zurücktreten u. emigrieren.

Rhein: das malerische Durchbruchstal im Rheinischen Schiefergebirge bei St. Goarshausen; im Vordergrund der Loreley-Felsen

Rhein, frz. *Rhin,* ndl. *Rijn,* längster dt. Fluß, 1320 km lang, davon in Dtld. 867 km (719 km schiffbar); verbindet die Alpen mit der Nordsee; entspringt als *Vorder-R.* im St.-Gotthard-Massiv, vereinigt sich bei Reichenau mit dem Hinter-R. zum *Alpen-R.;* mündet in den Bodensee, den er als *See-R.* verläßt. Zw. dem *R.fall von Schaffhausen* u. Basel bildet der *Hoch-R.* die dt.-schweiz. Grenze. Nördl. von Basel fließt der *Ober-R.* durch die Oberrhein. Tiefebene. Bei Bingen beginnt der *Mittel-R.,* der das Rhein. Schiefergebirge durchbricht. Bei Bonn strömt der *Nieder-R.* in die Niederrhein. Bucht, die er, bis 800 m breit, durchfließt. Unterhalb von Emmerich fließt er in die Ndl. u. mündet mehrarmig *(Waal, Lek, Alter R.)* in die Nordsee. Der R. ist eine der wichtigsten internat. Schiffahrtsstraßen der Erde u. kann von Schiffen bis zu 3000 t befahren werden. Viele Kanäle verbinden ihn mit dem Binnenland, z.B. der *R.-Rhône-, R.-Herne-, Dortmund-Ems-* u. *Mittellandkanal;* der 1992 fertiggestellte *R.-Main-Donau-Kanal* verbindet die Nordsee mit dem Schwarzen Meer.
Rheinbach, Stadt in NRW, am Nordrand der Eifel, 23 000 Ew.; Zentrum der Glas-Ind.
Rheinberg, Stadt in NRW, südl. von Wesel, 27 000 Ew.; Rheinhafen Ossenberg; Likörfabrik; Salzbergwerk.
Rheinbund, frz. *Confédération du Rhin,* von Napoleon I. gegr. Bund zw. 16 süd- u. südwestdt. Fürsten, die sich unter frz. Protektorat für souverän erklärten u. vom Hl. Röm. Reich Dt. Nation lösten. Sie mußten größere Heereskontigente für die frz. Armee stellen u. erhielten dafür Gebietszuwachs u. Standeserhöhungen. Nach der Niederlage Preußens 1806 traten weitere dt. Staaten dem R. bei, der zuletzt 36 Mitgl. hatte. Abseits hielten sich Östr., Preußen, Kurhessen u. Braunschweig.
Rheine, Stadt in NRW an der Ems, 70 000 Ew.; Textil-, Masch.-, Nahrungsmittel- u. Kalk-Ind.
Rheinfall, *R. von Schaffhausen,* bis 24 m hoher, 150 m breiter Wasserfall des Rhein, unterhalb von Schaffhausen bei Neuhausen am R.
Rheinfelden, 1. *R. (Baden),* Stadt in Ba.-Wü., östl. von Basel, 28 000 Ew.; metallverarbeitende u. chem. Ind. – **2.** schweiz. Bez.-Hptst. im Kt. Aargau, am linken Rheinufer, gegenüber von R. (1); 10 000 Ew.; histor. Altstadt; Solbad; Brauereien.
Rheingau, Hügelland zw. dem Südrand des westl. Taunus u. dem Rhein, zw. Biebrich u. Rüdesheim; bek. Weinbaugebiet.
Rheinhausen, westl. Stadtteil von Duisburg; bed. Verschiebebahnhof u. Rheinhafen.
Rhein-Herne-Kanal, Wasserstraße von Duisburg-Ruhrort über Oberhausen, Herne nach Henrichenburg bei Datteln, mündet hier in den Dortmund-Ems-Kanal, 46 km, 7 Schleusen, 3,5 m tief.
Rheinhessen, fr. der linksrhein. Teil von Hessen, 1946–68 Reg.-Bez. von Rhld.-Pf., seit 1968 Teil des Reg.-Bez. R.-Pfalz.
Rheinisches Schiefergebirge, Westteil des dt. Mittelgebirgslandes, besteht aus einem linksrhein. Teil mit Ardennen, Eifel u. Hunsrück sowie einem rechtsrhein. Teil mit Süderbergland (Sauerland), Westerwald u. Taunus.
Rheinisch-Westfälisches Industriegebiet, größtes dt. Industriegebiet; umfaßt westl. des Rheins das Niederrhein-, Aachener u. Kölner Gebiet, östl. des Rheins das Ruhrgebiet, das Berg. u. Märk. Land zw. Köln, Wupper, Lenne, Ruhr in S, Wulfen, Haltern, Ahlen in N; Stein- u. Braunkohlenbergbau, Mineralölverarbeitung, Eisen- u. Metall-, chem., Kalk- u. Zement-, Textil-, Elektro- u. a. Ind.
Rheinländer, *Rheinische Polka, Schottisch,* Gesellschaftstanz im ruhigen $^2/_4$-Takt.
Rheinland-Pfalz, sw. Bundesland der BR Dtld., 19 848 km², 3,8 Mio. Ew.; Hptst. *Mainz.* Landschaftl. ist R. zum größten Teil ein Berg- u. Hügelland. Die Täler von Rhein u. Mosel sind bevorzugte Siedlungs- und Wirtschaftsgebiete. Die Bev. ist überwiegend fränk. Stammes. Zentren sind die alten Römerstädte Koblenz, Trier, Mainz u. Worms

Rheinland-Pfalz: Regierungsbezirke		
Regierungsbezirk	Fläche in km²	Einwohner in 1000	Hauptstadt
Koblenz	8 093	1 423	Koblenz
Rheinhessen-Pfalz	6 830	1 910	Neustadt an der Weinstraße
Trier	4 923	489	Trier

sowie die Städte Ludwigshafen (chem. Industrie) u. Kaiserslautern; Schmuckgewerbe in Idar-Oberstein. Das Mittelrheintal prägen viele Burgruinen. R. ist die wichtigste Weinbauregion in Dtld.; bekannte Weinbaugebiete: Rheinpfalz, Rheinhessen, Mosel-Saar-Ruwer, Nahe, Mittelrhein u. Ahr. – R. wurde 1946 aus bay., hess. u. vormals. preuß. Landesteilen gebildet. Seit 1947 stellte ununterbrochen die CDU als stärkste Partei den Min.-Präs. Bei den Landtagswahlen 1991 fand ein Wechsel zugunsten der SPD statt, die mit Rudolf *Scharping* seitdem den Min.-Präs. stellt.
Rhein-Main-Donau-Kanal, *Europakanal Rhein-Main-Donau,* internat. Schiffahrtsweg zw. Rhein u. Donau, der nach seiner Fertigstellung (1992) für Schiffe bis zu 110 m Länge, 11,4 m Breite, 2,8 m Tiefgang u. 2100 t Tragfähigkeit eine durchgängige Wasserstraßenverbindung von insges. rd. 3500 km Länge vom Schwarzen Meer bis zur Nordsee herstellt; bed. Binnenhäfen: Nürnberg, Erlangen.
Rhein-Marne-Kanal, frz. *Canal de la Marne au Rhin,* Schiffahrtskanal zw. dem Marne-Seitenkanal bei Vitry-le-François u. dem Rhein-Ill-Kanal im Hafen von *Straßburg,* 315 km; 1838–53 erbaut, 178 Schleusen.
Rheinpfalz, *Pfalz,* ehem. bay. Reg.-Bez. links des Rheins, gebildet aus Teilen der *Kurpfalz* u. anderen ehem. Herrschaften; 1814–1946 bei Bay.; 1946 als Teil der frz. Besatzungszone mit Rheinhessen u. den Reg.-Bez. Koblenz, Trier u. Montabaur zum Land Rhld.-Pf. zusammengeschlossen.
Rhein-Rhône-Kanal, frz. *Canal du Rhône au Rhin,* Schiffahrtskanal zwischen dem Rhein bei Straßburg u. der Saône bei Saint-Symphorien-sur-Saône, 324 km; 1810–33 erbaut, 167 Schleusen.
Rheinsberg, Stadt in Brandenburg, am *R.er (Grienerick-)See,* 5300 Ew.; Wasserschloß im Rokokostil; pharmazeut. u. elektron. Ind., Fremdenverkehr; Atomkraftwerk.
Rheinseitenkanal, frz. *Grand Canal d'Alsace,* Kanal im Oberelsaß, links des Rhein, 50 km, dient der Schiffahrt u. der Energiegewinnung; Stauanlagen mit Kraftwerken.
Rheinwaldhorn, höchster Gipfel der Adula-Alpen, 3381 m.
Rhenium, ein →chemisches Element.
Rhesusaffe, *Macaca mulatta,* zu den *Hundskopfaffen* gehörende *Schmalnase;* in Laboratorien häufig als Versuchstier.
Rhesusfaktor, *Rh-Faktor,* 1940 von K. *Landsteiner* u. A. S. *Wiener* im Blut von Rhesusaffen entdecktes Blutkörperchenmerkmal; 85% der Menschen zeigen dieses Merkmal, sie sind rhesus-positiv (Rh), 15% sind rhesus-negativ (rh). Der R. wird vor jeder Bluttransfusion festgestellt. Injiziertes Rh-positives Blut erzeugt im Körper eines rh-negativen Menschen sog. Agglutinine u. Hämolysine, die bei einer späteren zweiten Blutübertragung zu schweren Zwischenfällen führen.
Rhetor, Redner, Redekünstler; in der Antike auch Lehrer der Beredsamkeit. – **Rhetorik**, Redekunst, die Lehre von der guten, wirkungsvollen Rede; Teilgebiet der Stilistik.
rhetorische Figur, *Redefigur,* jede sprachl. Wendung, die von der kürzesten, »eigentlichen« Redeweise abweicht; in erster Linie das Mittel der Kunstrede, doch auch in der Umgangssprache weit verbreitet. – **rhetorische Frage**, rhetor. Figur, in der eine Aussage formal als Fragesatz erscheint, z.B.: »Wer hätte das gedacht?« statt »Niemand hätte das gedacht«.
Rheumatismus, *Rheuma,* zusammenfassende Bez. für schmerzhafte Erkrankungen der Muskeln, Gelenke u. serösen Häute, die nach Ursachen, Anzeichen u. Verlauf ganz unterschiedlich sind: 1. *entzündl. R.* (z.B. rheumat. Fieber), 2. *degenerativer R.* (z.B. Arthrose, Bandscheibenschaden); 3. *Weichteil-R.* (z.B. Muskel-R., Sehnenscheidenentzündung).
Rhin, 1. [rɛ̃], frz. Name des Rhein. – **2.** r. Nbfl. der Havel, 105 km, entspringt nördl. von Rheinsberg, entwässert das ehem. stark sumpfige *R.luch* sw. von Neuruppin.
Rhinologie, Nasenheilkunde, Teilgebiet der Hals-Nasen-Ohren-Heilkunde.
Rhinozeros → Nashörner.
Rhizom, *Wurzelstock,* unterird. Sproß mit mehr oder weniger verdickter Sproßachse, mit dessen Hilfe die damit versehenen Pflanzen überwintern können.
Rhizopoden, *Rhizopoda* →Wurzelfüßer.
Rhode Island [ˈroudˈailənd], Abk. *R.I.,* kleinster Gliedstaat der →Vereinigten Staaten; in Neuengland.
Rhodes [rouːdz], Cecil, *1853, †1902, brit. Kolonialpolitiker, gab den Anstoß zur Gründung der Brit.-Südafrik. Gesellschaft (1889), die die Eroberung des nach ihm ben. *Rhodesien* leitete; 1890–96 Prem.-Min. der Kapkolonie; betrieb die Angliederung der Burenstaaten an das brit. Südafrika.
Rhodesien → Simbabwe.
Rhodium, ein →chemisches Element.
Rhododendron, Gatt. der *Heidekrautgewächse.* In Mitteleuropa gehören dazu die *Alpenrosen,* bis 1 m hohe Sträucher der hochalpinen Regionen mit kleinen, immergrünen Blättern u. purpur- bzw. hellroten Blüten. Zu den R. gehören auch die *Azaleen,* die aus O-Asien abstammen u. bei uns als Zimmerpflanze gehalten werden. Die meisten in Gärten kultivierten R.-Arten stammen aus N-Amerika oder O-Asien.
Rhodopen, bulgar. *Rodopi,* Gebirge in SW-Bulgarien, im *Musala* 2925 m.
Rhodos, *Ródos,* grch. Insel vor der SW-Küste Kleinasiens, besteht aus einem zentralen, bis 1215 m hohen Bergland, das von fruchtbaren Ebenen umgeben ist, 1398 km², 66 000 Ew.; Hauptort R. im NO der Insel, 41 000 Ew.
G e s c h.: In hellenist. Zeit war R. neben Athen u.

Rhein-Main-Donau-Kanal in Mittelfranken

Rhodos: die Akropolis von Lindos

Rhönrad: Turnübung im Geraderollen

Alexandria Mittelpunkt grch. Geisteslebens. Im MA stand R. unter dem Einfluß der Byzantiner, Genuesen u. Araber; 1309–1522 vom Johanniterorden besetzt, dann 1523 unter türk. Herrschaft, 1911 von Italien beansprucht, 1923 offiziell an dieses abgetreten, seit 1947 grch.

Rhombus, *Raute,* gleichseitiges, schiefwinkliges Parallelogramm.

Rhön, dt. Mittelgebirge zw. den Oberläufen von Werra, Fulda, Fränk. Saale u. Sinn, gehört zu Hessen, Bay. u. Thüringen; gliedert sich in: die *Hohe R.,* in der *Wasserkuppe* 950 m; die *Kuppige R. (Vorder-R.)* im N, in der *Milseburg* 833 m; die *Waldreiche R. (Süd-R.)* südl. der Senke von Bischofsheim u. Gersfeld, im *Kreuzberg* 933 m.

Rhondda [ˈrɔndə], Stadt in S-Wales, nw. von Cardiff, 72 000 Ew.; Kohlen- u. Eisenbergbau, Stahl- u. Metall-Ind.

Rhöndorf, Stadtteil von Bad →Honnef.

Rhône [roːn], zweitlängster Fluß Frankreichs, 812 km, davon 550 km in Frankreich; entspringt dem *R.gletscher* in den Berner Alpen, durchfließt das Wallis u. den Genfer See, durchbricht die südl. Ketten des Jura, wendet sich bei Lyon nach S, durchzieht den *R.graben,* teilt sich bei Arles u. mündet, eine Deltaebene (Camargue) bildend, bei Marseille in das Mittelmeer. Von Lyon bis zum Meer (330 km) für Schiffe bis zu 3000 t schiffbar.

Rhönrad, 1925 entwickeltes Turn- u. Gymnastikgerät aus zwei gleichgroßen Stahlrohrreifen (von 1,40 bis 2,20 m Durchmesser), die durch Querstäbe verbunden sind, mit Handgriffen u. Fußhaltern.

Rhythmik, Lehre vom Rhythmus u. von der rhythm. Bewegung.

rhythmische Sportgymnastik, aus der rhythm. Gymnastik entwickelte Form des Leistungssports für Frauen u. Mädchen; klass. Handgeräte sind: *Ball, Keule, Reifen, Seil* u. *Band,* daneben *Stab, Rahmentrommel, Tuch (Schleier)* u. *Schlegel.*

Rhythmus, Gliederung eines zeitl. Vorgangs oder einer räuml. Ausdehnung in sinnl. wahrnehmbare Einheiten, in der Form, daß sich die kurzen u. langen, betonten u. unbetonten Teile der Bewegung für den Betrachter zu regelmäßig wiederkehrenden oder als ähnl. empfundenen Gruppen zusammenfügen. Die meisten der natürl. Lebensvorgänge u. zahlr. Arbeitsabläufe haben einen stark regelmäßigen R. – In der M u s i k ist der R. das wichtigste Element neben Melodie u. Harmonie. Er wirkt mittels Dauer (zeitl.) u. Schwere (dynam.). – In der D i c h t u n g wird der R. bes. im *Vers* gepflegt. Der R. des Verses ist an eine regelmäßige Folge von Länge u. Kürze *(quantitierende Metrik)* oder Hebung u. Senkung *(akzentuierende Metrik)* gebunden. – R. ist seel.-körperl. erlebbar als ein Erwartungsgefühl, das durch den Mitvollzug rhythm. Vorgänge, z.B. Tanzen, Schreiten, Marschieren, in der Kunstmusik durch geistigen Mitvollzug, befriedigt wird.

Riad, *Ar Rijad,* Hptst. von Saudi-Arabien, in der Ldsch. Nadjd, 585 m ü. M.; 2 Mio. Ew.; 2 Univ.; modernes Stadtbild; Zementfabrik, chem. Ind.; seit 1821 Sitz des saud. Fürstenhauses.

Rial, Währungseinheit in Iran.

RIAS, Abk. für *Rundfunk im amerik. Sektor,* 1946 gegr. Sender in Westberlin, unterstand dem United States Information Service (USIS); 1992 aufgelöst.

Ribalta, Francisco, *1551/55, †1628, span. Maler; entwickelte ein Helldunkel, das vorbildl. für die valencian. Malschule des 17. Jh. wurde.

Ribbentrop, Joachim von, *1893, †1946 (hingerichtet), dt. Politiker (NSDAP), 1938–45 Außen-Min.; im Nürnberger Prozeß zum Tode verurteilt.

Ribeirão Prêto [ribeiˈrãum ˈpretu], brasil. Stadt im Staat São Paulo, 427 000 Ew.; ehem. Kaffeeanbauzentrum; Verarbeitung land- u. forstwirtsch. Produkte; Stahlind., Maschinenbau.

Ribera, Jusepe de, gen. *lo Spagnoletto,* *1591, †1652, span. Maler u. Radierer; malte in ausdrucksvollem Helldunkel religiöse Szenen mit oft realist.-dramat. Spannungsreichtum.

Ribnitz-Damgarten, Krst. in Mecklenburg, am *Ribnitzer Bodden,* 17 500 Ew.; histor. Gebäude; Fischerei; Bernsteinverarbeitung.

Riboflavin, fr. *Lactoflavin, Vitamin B_2,* beim Fehlen kommt es zu Haut- u. Darmerkrankungen.

Ribonucleinsäuren, Abk. *RNS,* →Nucleinsäuren.

Ribose, Zuckerart (Monosaccharid) mit 5 Kohlenstoffatomen *(Aldopentose),* ein Bestandteil der Ribonucleinsäuren.

Ribosomen, im Zytoplasma der Zelle vorkommende Körnchen von rd. 18 nm Durchmesser, bestehen hpts. aus Ribonucleinsäure u. Eiweißen; an ihnen findet die Eiweißsynthese statt.

Ribozyme, katalyt. wirksame Ribonucleinsäuremoleküle; finden sich bei fast allen Organismen, mit Ausnahme der höheren Tiere. Für ihre Entdeckung erhielten S. *Altmann* u. T. *Cech* 1989 den Nobelpreis für Chemie.

Ricardo, David, *1772, †1823, engl. Nationalökonom; schuf ein geschlossenes System der Volkswirtschaftslehre u. Wirtschaftspolitik, das auf dem liberalen Grundsatz der Wirtschaftsfreiheit fußte. Im Mittelpunkt stand das Verteilungsproblem, das er in seiner Arbeitswerttheorie, seiner Grundrenten- u. Preistheorie darstellte. Er zeigte die Vorteile des Freihandels auf.

Riccione [ritˈtʃoːne], ital. Seebad an der Adria, sö. von Rimini, 31 000 Ew.; Heilquelle; Fischerei.

Rice [rais], Elmer, eigtl. E. *Reizenstein,* *1892, †1967, US-amerik. Dramatiker; schrieb zunächst expressionist., dann sozialkrit. Dramen; auch Romane.

Ricercar [ritʃerˈkaːr], *Ricercare,* musikal. Kompositionsform in strenger Setzweise, die zur Entwicklung der Fuge führte.

Richard, Fürsten:
Dt. König:
1. *R. von Cornwall,* *1209, †1272, König 1257–72, von einem Teil der Kurfürsten gewählt, konnte sich im Reich nicht durchsetzen.
Großbrit.:
2. R. I. Löwenherz, *1157, †1199 (gefallen), König 1189–99, nahm am 3. Kreuzzug 1189–92 teil; geriet auf der Rückfahrt in Gefangenschaft des Herzogs Leopold V. von Östr., mußte Kaiser Heinrich VI. als Lehnsherrn anerkennen, kehrte 1194 nach England zurück. – **3. R. II.,** *1367, †1400, König 1377–99; wegen seiner Willkürherrschaft

Richard I. Löwenherz; Statue in der Abtei von Fontevrault

Richelieu; Stich von R. Nanteuil nach einem Gemälde von P. de Champaigne

von Heinrich IV. Lancaster mit Zustimmung des Parlaments abgesetzt; wahrsch. ermordet. – **4. R. III.,** *1452, †1485 (gefallen), König 1483–85, Herzog von Gloucester, ließ sich zum König erheben u. seine thronberechtigten Neffen Eduard u. Richard ermorden; unterlag gegen Heinrich Tudor (König Heinrich VII.) 1485 bei Bosworth. – Histor. Drama von *Shakespeare,* der in der Gestalt des R. das Bild des verbrecher. Gewaltherrschers zeichnete.

Richards, 1. Dickinson W., *1895, †1973, US-amerik. Mediziner; arbeitete am Herzkatheterismus; Nobelpreis 1956. – **2.** Theodore William, *1868, †1928, US-amerik. Chemiker; verdient um die Atomgewichtsbestimmung; Nobelpreis 1914.

Richardson, 1. Dorothy, *1873, †1957, engl. Schriftst.; als Mitbegr. des »Bewußtseinsromans« Vorläuferin von J. *Joyce* u. V. *Woolf.* – **2.** Henry Handel, eigtl. Henrietta R., verh. *Robertson,* *1870, †1946, austral. Schriftst.; schilderte Künstler- u. Einwandererschicksale. – **3.** Sir Owen Williams, *1879, †1959, brit. Physiker; entdeckte die Elektronenaussendung glühender Metalle; Nobelpreis 1928. – **4.** Samuel, *1689, †1761, engl. Schriftst.; schrieb empfindsame Briefromane von puritan. Geisteshaltung. Ⓦ »Pamela«, »Clarissa«. – **5.** Tony, *1928, †1991, brit. Theater- u. Filmregisseur; Vertreter des *Free Cinema.* Ⓦ »Blick zurück im Zorn«, »Bitterer Honig«, »Die Einsamkeit des Langstreckenläufers«.

Richelieu [riʃəˈljø], Armand Jean du Plessis, Herzog von R., *1585, †1642, frz. Staatsmann; 1622 Kardinal, seit 1624 leitender Min.; errichtete den frz. absolutist. Einheitsstaat, begr. Frankreichs Vormachtstellung in Europa.

Richet [riˈʃɛ], Charles Robert, *1850, †1935, frz. Physiologe; lieferte grundlegende serolog. u. immunolog. Arbeiten; Nobelpreis für Medizin 1913.

Richier [riˈʃje], Germaine, *1904, †1959, frz. Bildhauerin u. Graphikerin; dünngliedriger, expressiv-bizarrer Figurenstil mit surrealist. Elementen.

Richmond [ˈritʃmənd], Hptst. von Virginia (USA), am James River, 219 000 Ew.; 2 Univ. (1832 u. 1865); Maschinen-, Tabak-, chem., Textil-Ind.; Handelszentrum. Im Sezessionskrieg Hptst. der Südstaaten.

Richtantenne, Antennenform, die bei Aussendung u. Empfang elektromagnet. Wellen bestimmte Richtungen bevorzugt u. daher Strahlenbündelung bzw. Auswahl der Empfangsrichtung gestattet. R.n werden bes. in der Navigation u. im Kurzwellenfunk verwendet.

Richter, 1. Person, die die rechtsprechende Gewalt des Staates ausübt, entweder als *Berufs-R.* oder als ehrenamtl. *Laien-R.* Im modernen gewaltenteilenden Rechtsstaat bildet die *sachl. Unabhängigkeit* der R. (Weisungsfreiheit, ausschl. Bindung an das Gesetz) die Grundlage der Gerichts-

Richter

verfassung. Die *persönl. Unabhängigkeit* (Unabsetzbarkeit u. Unversetzbarkeit) ist in der BR Dtld. nur den endgültig angestellten Berufsrichtern garantiert. Die *Befähigung zum R.amt* wird durch die Ablegung zweier Staatsprüfungen erworben. – **2.** im AT charismat. Führer der Stämme Israels zw. der Landnahme u. der Einsetzung des Königtums (sog. große R., z.B. *Samuel*); auch Rechtsprecher des Stämmeverbands (kleine R.).
Richter, 1. Burton, * 22.3.1931, US-amerik. Physiker; Arbeiten über Elementarteilchen; Nobelpreis 1976. – **2.** Franz Xaver, * 1709, † 1789, östr. Komponist; Repräsentant der Mannheimer Schule, schrieb Sinfonien, Messen, Psalmen u. Motetten. – **3.** Hans, * 1843, † 1916, östr. Dirigent; einer der wichtigsten Wagner-Dirigenten seiner Zeit. – **4.** Hans Theo, * 1902, † 1969, dt. Graphiker; schuf figürl. Lithographien von stiller Verhaltenheit. – **5.** Hans Werner, * 1908, † 1993, dt. Schriftst.; schrieb sozialkritische Gegenwartsromane, Gründer u. Leiter der »Gruppe 47«. – **6.** Horst-Eberhard, * 28.4.1923, dt. Psychoanalytiker u. Sozialpsychologe; Arbeiten zur Familientherapie, Psychosomatik, Sozial-Philos.; zahlr. publizist. Aktivitäten. – **7.** Johann Paul Friedrich → *Jean Paul.* – **8.** Karl, * 1926, † 1981, dt. Organist u. Dirigent; bed. Bach-Interpret. – **9.** Ludwig, * 1803, † 1884, dt. Maler u. Graphiker; schuf spätromant. Landschaften nach Motiven der Heimat u. volkstüml. Holzschnittillustrationen im Sinn des Biedermeier zu Märchen von Andersen u. Bechstein. – **10.** Swjatoslaw, * 20.3.1915, russ. Pianist; einer der bedeutendsten Klaviervirtuosen des 20. Jh.
Richter-Skala [nach C. F. Richter, * 1900, † 1985], nach oben offene Erdbebenskala auf seismograph. Berechnung, aufgezeichnet wird die Stärke eines Erdbebens.
Richtfest, Feier nach dem Aufrichten des Dachstuhls mit Richtsprüchen, Richtschmaus u. Schmücken des Dachfirstes durch Richtkranz oder Richtbaum.
Richtfunkverbindung, drahtlose Übertragungslinie im Nachrichten- u. Fernsprechverkehr, vielfach anstelle von Fernsprechkabeln benutzt, denen sie hinsichtl. Übertragungsgüte u. Betriebssicherheit gleichwertig sind. Die sehr hochfrequente Trägerwelle kann 1800 Ferngespräche gleichzeitig übertragen. Die Antennen sind scharfbündelnde Richtstrahler.
Richthofen, 1. Ferdinand Frhr. von, * 1833,

Tilman Riemenschneider: Heiligblutaltar (Ausschnitt), 1501–1504. Rothenburg ob der Tauber, St. Jakob

Adam Riese: Titelseite der 1537 gedruckten Ausgabe seines Rechenbuches

† 1905, Geograph; bereiste u. a. China, Japan, die mal. Inselwelt u. N-Amerika; einer der Schöpfer der neueren Geographie. – **2.** Manfred Frhr. von, * 1892, † 1918 (gefallen), erfolgreichster dt. Jagdflieger des 1. Weltkriegs.
Richtlinienkompetenz, die Berechtigung des Bundeskanzlers der BR Dtld., die Richtlinien der Regierungspolitik zu bestimmen (Art. 65 GG).
Richtpreis, lockerste Form der *Preisfestsetzung* durch Behörden bzw. Unternehmen; eine nicht verbindl. Preisempfehlung.
Ricke, *Rehgeiß,* das erwachsene weibl. Reh.
Rickettsien, intrazelluläre bakterielle Parasiten des Menschen, der Säugetiere, Vögel u. Gliederfüßer. Sie sind geißellose, gramnegative, unbewegl. Stäbchen von rd. 80 nm Größe; sie rufen Infektionskrankheiten hervor, z.B. Fleckfieber, Fünftagefieber.
Riechsalz, belebend wirkendes Gemisch aus Salmiakgeist u. äther. Ölen (Moschus, Lavendel u. a.).
Ried, südd. für Moor, Sumpf.
Riedböcke, *Redunca,* Gatt. *Echter Antilopen* von rehähnl. Habitus mit kurzem Gehörn.
Riedgräser → Pflanzen.
Riefenstahl, Leni, * 22.8.1902, dt. Filmregisseurin u. Photographin; drehte propagandist. Dokumentarfilme über die NS-Parteitage u. die Olymp. Spiele 1936.
Riege, Abteilung von (Geräte-)Turnern unter der Anleitung eines Vorturners.
Riehl, Wilhelm Heinrich von, * 1823, † 1897, dt. Kulturhistoriker u. Schriftst.; einer der Begr. der Volkskunde.
Riemann, 1. Bernhard, * 1826, † 1866, dt. Mathematiker; einer der berühmtesten Mathematiker des 19. Jh., arbeitete über die Grundlagen der Geometrie u. funktionentheoret. Fragen. – **2.** Hugo, * 1849, † 1919, dt. Musikwissenschaftler; Werke zur Musikwiss. u. Musikgeschichte.
Riemen, 1. aus Leder, Gummi oder (Kunst-)Stoff angefertigtes Band zur Kraftübertragung. – **2.** seemänn. Bez. für die Ruderstangen.
Riemenschneider, Tilman, * um 1460, † 1531, dt. Bildhauer u. Bildschnitzer; seit 1483 in Würzburg, 1520 Bürgermeister, 1525 wegen Unterstützung des Bauernkriegs gefangen u. gefoltert. In seiner Kunst verbinden sich Elemente der dt. Spätgotik mit Stilformen der beginnenden Renaissance; Schnitzaltäre in Rothenburg o. d. T., Creglingen, Dettwang, Maidbronn; zahlr. Einzelbildwerke (Madonnen, Kreuzgruppen, Heilige).
rien ne va plus [riɛ̃ nəva'ply:], frz. »nichts geht mehr«, es kann nichts mehr eingesetzt werden (beim Roulettespiel).
Rienz, ital. *Rienza,* l. Nbfl. des Eisack, 90 km, entspringt am Fuß der Südtiroler Drei Zinnen, mündet bei Brixen.
Rienzo, *Rienzi,* Cola di, eigtl. Nicolà di *Lorenzo*

Gabrini, * 1313, † 1354, röm. Politiker; machte sich 1347 zum Volkstribun, um eine Rep. nach altröm. Vorbild zu errichten; durch päpstl. Bann Ende 1347 zum Verlassen Roms gezwungen.
Ries, Abk. *Rs,* Papierzählmaß, fr. 500, jetzt *(Neuries,* seit 1877) 1000 Bogen.
Ries, flache, fruchtbare Beckenldsch. zw. der Schwäb. u. der Fränk. Alb; gilt als Überbleibsel eines Meteoreinschlags. Zentrum: *Nördlingen.*
Riesa, Krst. in Sachsen, an der Elbe, 49 000 Ew.; Stahl-, Walz- u. Röhrenwerk; versch. Ind.
Riese, eigtl. *Ries,* Adam, * 1492, † 1559, dt. Rechenmeister; Verf. der ersten dt. Rechenbücher.
Rieselfelder, Felder, über die die *Abwässer* der Städte gereinigt u. landw. genutzt werden. Die festen Bestandteile werden in *Kläranlagen* zurückgehalten; das Rieselwasser dient zur Düngung.
Riesen, übergroße Gestalten in den Sagen vieler Völker, bei den Griechen verkörpert in *Titanen* u. *Giganten.* Im Märchen sind die R. meist gutmütig; sie werden vom Helden überlistet u. überwunden.
Riesengebirge, polnisch *Karkonosze,* tschechisch *Krkonoše,* höchster Teil der Sudeten, 37 km lang, bis 25 km breit, in der *Schneekoppe* 1602 m hoch; seit 1959 Nationalpark.
Riesenhuber, Heinz, * 1.12.1935, dt. Politiker (CDU), seit 1976 MdB, 1982–93 Bundes-Min. für Forschung u. Technologie.
Riesenmuschel, bis 200 kg schwere u. 1,20 m große *Muschel.*
Riesensalamander, größte lebende Art der *Amphibien,* aus der Fam. der R.artigen; bis 150 cm groß.
Riesenschildkröte, größte *Landschildkröte,* bis

Riesenschildkröte

1,5 m lang u. 215 kg schwer; lebt auf den Seychellen.
Riesenschlangen, *Stummelfüßer, Boidae,* Fam. bis 10 m langer, ungiftiger Schlangen, die ihre Beute erdrosseln u. unzerkleinert verschlingen. Hierzu: *Python-* u. *Boaschlangen.*
Riesenslalom, *Riesentorlauf,* alpines Skirennen, bei dem die Wettkämpfer eine durch Kontrolltore ausgeflaggte Strecke zu durchfahren haben; mindestens 30 Tore; eine Mischung aus Abfahrtslauf u. Slalom.
Riesensterne, Fixsterne mit großer Masse u. Leuchtkraft. *Rote R.* haben niedrige Oberflächentemp., sehr kleine Dichte u. sehr großen Durchmesser.
Riesling, edelste Traubensorte, bes. des Rheingaus.
Rietberg, Stadt in NRW, an der Ems, 23 000 Ew.; Kloster; histor. Bauwerke; Maschinenbau, Möbel-Ind.
Rieti, ital. Provinz-Hptst. nordöstl. von Rom, 44 000 Ew.; Dom (12./13. Jh.), Palazzo Papale; Zucker-, Kunstfaser-, Textil-Ind.
Rietschel, Ernst, * 1804, † 1861, dt. Bildhauer; schuf klassizist. Plastiken u. Denkmäler (u. a. Goethe-Schiller-Denkmal in Weimar).
Rif, *Er Rif,* zerschluchtetes Küstenbergland in N-Marokko, im *Jbel Tidîrhîn* 2456 m.
Riff, eine dicht unter dem Wasserspiegel vom Meeresboden aufragende felsige Erhebung.
Riffel, *Riffelkamm,* kammartiges Werkzeug zum Abstreifen der Samenkapseln des Flachses.
Riffelblech, Blech mit rautenförmig sich kreuzenden Riffeln (rippenartige Streifen).
Rifkabylen, Berber des Rif im N Marokkos; erhoben sich 1921–26 unter *Abd el-Krim* gegen die span. u. die frz. Herrschaft.
Riga, Hptst. von Lettland, an der Düna, 900 000 Ew.; Univ.; alte sehenswerte Gebäude;

Riga; im Hintergrund die Petrikirche

wichtiger Handels- u. Fischereihafen; vielseitige Ind. Gesch.: 1201 gegr., 1255 Erzbistum, seit 1282 Mitgl. der Hanse, 1561–82 im Status einer freien Reichsstadt, dann poln., 1621 schwed., 1710 russ., ab 1918 u. wieder seit 1991 Hptst. der Rep. Lettland, 1940–91 Hptst. der Lett. SSR.

Rigaud [ri'go:], Hyacinthe, * 1659, † 1743, frz. Maler; Hauptmeister der barocken Porträtmalerei Frankreichs.

Rigel, heller Stern im Orion.

Rigi, schweiz. Bergmassiv zw. Vierwaldstätter, Lauerzer u. Zuger See, im *R.-Kulm* 1798 m, vielbesuchter Aussichtsberg.

Rigorismus, in der Ethik strenge, kompromißlose Gesetzes- u. Pflichtauffassung, bes. der *eth. R.* Kants.

Rigorosum, mündl. Doktorprüfung.

Rigweda, *Rigveda,* ältestes ind. Literaturwerk, enthält 1028 Hymnen meist religiösen Inhalts, sprachl. eine sehr alte Sanskritstufe (2. Jt. v. Chr.).

Rihm, Wolfgang, * 13.3.1952, dt. Komponist; macht durch extreme musikal. Gegensätze psych. Ausnahmesituationen deutlich.

Rijeka, ital. *Fiume,* Hafenstadt in Kroatien, an der Adriaküste, östlich der Halbinsel Istrien, 158 000 Ew.; winklige Altstadt; chem., Holz-, Papier-Ind.; Schiff- u. Maschinenbau, Ölraffinerie. Gesch.: 1465–1779 östr., bis 1848 ungar., danach zeitw. kroat. u. ungar., 1920 Freistaat, 1924 ital., seit 1945 jugosl., seit 1991 kroat.

Rijksmuseum Amsterdam ['rɛjks-], gegr. 1808, eines der führenden Museen der Welt; Gemäldegalerie mit Werken ital., holl. u. frz. Meister.

Rijswijk ['rɛjsvɛjk], *Ryswijk,* Stadt in der ndl. Prov. Südholland, 49 000 Ew.; Metall-Ind. – Der *Friede von R.* (1697) zw. Frankreich, den Ndl., Großbrit., Spanien u. dem röm.-dt. Reich beendete den Pfälz. Erbfolgekrieg.

Rikscha, zweirädriger, mit Menschenkraft gezogener Wagen, Personenbeförderungsmittel in O- u. S-Asien, heute vielfach durch Fahrrad-R. ersetzt.

Riksmål [-mo:l], *Bokmål,* die norw. Schriftsprache.

Rila, nw. Teil der Rhodopen mit ausgedehnten Hochflächen, im *Musala* 2925 m. – **R.-Kloster,** Nationalheiligtum der Bulgaren, im 9. Jh. gegr., Grablege bulgar. Könige.

Rilke, Rainer (eigtl. René) Maria, * 1875, † 1926, östr. Dichter; seit 1919 in der Schweiz. Sein lyr. Schaffen, das stimmungshaft, impressionistisch u. klangvoll begann, entwickelte sich zu differenzierten u. kostbaren Sprachprägungen mit weltweiter Wirkung. W »Das Stundenbuch«, »Neue Gedichte«, »Duineser Elegien«, »Sonette an Orpheus«.

Rimbaud [rɛ̃'bo:], (Jean Nicolas) Arthur, * 1854, † 1891, frz. Dichter; suchte in inspirativer Chiffrensprache scheinbar Unvereinbares u. Übersinnliches zu gestalten; wurde ein Wegbereiter des Symbolismus, Surrealismus u. Existenzialismus. W »Erleuchtungen«, »Das trunkene Schiff«.

Rimini, ital. Seebad u. Hafenstadt an der Adria, 130 000 Ew.; got. Kirche; Fremdenverkehr, vielseitige Ind.

Rimskij-Korsakow, Nikolaj Andrejewitsch, * 1844, † 1908, russ. Komponist; eines der bedeutendsten Mitgl. der »jungruss. Schule« (Opern, 3 Sinfonien, Kammermusik, Lieder).

Rinckard, *Rinkart,* Martin, * 1586, † 1649, dt. ev. Theologe; verfaßte geistl. Lieder.

Rinde, der äußere Gewebemantel beim Sproß u. der Wurzel höherer Pflanzen.

Rinder, *Bovinae,* Unterfam. der *Horntiere* mit plumpem Körperbau u. an der Basis breiten, weit auseinanderstehenden Hörnern bei beiden Geschlechtern. Erhalten sind die Gatt. *Büffel, Echte Rinder* u. *Bison.*
Das zu den Echten R.n gehörende Hausrind wurde schon vor über 7000 Jahren domestiziert. Wegen seiner vielseitigen Leistung (Milch, Butter, Käse, Fleisch; Leder; Hörner; Zugleistung) ist es überall in der Welt verbreitet. Die versch. R a s s e n unterscheiden sich in der Größe (1 bis fast 2 m hoch), im Körperbau (jeweils nach Nutzrichtung), in der Haarfarbe sowie in ihren Ansprüchen an die Haltung. Die europ. Rassen werden unterteilt in *Niederungs-* u. *Höhenvieh.* Die Niederungsrassen sind auf Milch-Fett-Leistung, das Höhenvieh auch auf Zugleistung gezüchtet. Die Z u c h t erfolgt mittels Auslese geeigneter Tiere *(Körung),* meist in Reinzucht, selten durch Kreuzung versch. Rassen. Rinderzuchtverbände fassen die einzelnen Zuchtbetriebe in den Zuchtgebieten zus. u. führen das *Herdbuch.* Die erstmalig zur Zucht verwendeten Tiere heißen beim weibl. Geschlecht *Kalbe (Färse, Stärke* oder *Rind),* beim männl. *Jungstier (Jungbulle),* später *Bulle (Farr),* kastriert *Ochse.*

Rinderbremse, bis 2 cm lange *Bremse;* u. a. Überträger des *Milzbrands.*

Rinderpest, Viruskrankheit der Rinder mit Fieber u. Katarrhen; tritt noch in Afrika u. Asien auf.

Ring, 1. kreisförmige Straße um den Stadtkern. – **2.** Schmuckreif, Kettenglied. – **3.** abgegrenzter Platz für Wettkämpfe (z.B. beim Boxen).

Ring Christlich-Demokratischer Studenten, *RCDS,* der CDU/CSU nahestehende polit. Hochschulgruppe in der BR Dtld.

Ringe, Turngerät aus zwei Griffringen aus Holz oder mit Leder überzogenem Eisen, die an Schwungseilen an einem Gerüst hängen.

Ringelblume, *Calendula,* Gatt. der *Korbblütler* mit meist gelben Blüten u. gekrümmten oder geringelten Früchten.

Ringelnatter, häufigste ungiftige *Natter* der Gewässer Mitteleuropas, kenntl. an den beiden halbmondförmigen gelblichweißen Schläfenflecken.

Ringelnatz, Joachim, eigtl. Hans *Bötticher,* * 1883, † 1934, dt. Schriftst. u. Kabarettist; schrieb skurrile Lyrik u. Erinnerungsbücher. W »Kuttel-Daddeldu«.

Ringelrobben, *Pusa,* Gatt. bis 1,4 m langer *Hundsrobben;* namengebend sind die hellen Ringe der dunklen Oberseite; leben im Küstenbereich von Arktis u. Ostsee.

Ringeltaube, bis über 40 cm große *Taube* mit weißem Band über den Flügeln.

Ringelwürmer, *Gliederwürmer, Annelida,* Tierstamm der *Gliedertiere;* Würmer mit gleichförmiger Segmentierung u. entspr. Gliederung der inneren Organe, die teilw. als äußere »Ringelung« erkennbar ist.

Ringen, *Ringkampf,* älteste, auch bei den meisten Naturvölkern bek. Form des Zweikampfs ohne Waffen; beim modernen sportl. R. unterscheidet man *grch.-röm. Stil,* bei dem nur Griffe am Körper vom Scheitel bis zur Hüfte angewendet werden dürfen, u. *Freistil,* bei dem der Gegner am ganzen Körper, auch mit den Beinen, angegriffen werden darf. Ziel des Ringkampfs ist es, den Gegner auf

Ringelnatter

Ringen im griechisch-römischen Stil

den Boden zu werfen u. auf beiden Schultern 1 s festzuhalten *(Schultersieg)* oder durch möglichst viele gelungene Angriffsaktionen einen *Punktsieg* zu erreichen.

Ringsted, Stadt in der dän. Amtskommune Westseeland, 28 000 Ew.; rom.-got. Kirche (12. Jh.).

Ringwall, vor- oder frühgeschichtl. Befestigungsanlage.

Rinser, Luise, * 30.4.1911, dt. Schriftst.; 1953–59 mit dem Komponisten C. *Orff* verh., wandte sich vom Psycholog. u. Zeitgeschichtl. mehr u. mehr religiösen Fragen zu; schrieb Romane, Erzählungen, Hörspiele.

Rinteln, Krst. in Nds., an der Weser, 26 000 Ew.; mittelalterl. Altstadtbild; Maschinenbau, Möbel-, Papier-, Wäsche-, Glas-Ind.; 1621–1809 Univ.

Rio [span. Río], port., span. u. ital. Bez. für Fluß.

Riobamba, Prov.-Hptst. in Ecuador, 2650 m ü. M., 150 000 Ew.

Rio de Janeiro [-ʒa'nɛiro], Hptst. des brasil. Bundesstaates R. d. J., am Westufer der Guanabarabucht, 5,5 Mio. Ew.; Wahrzeichen der Stadt sind der *Corcovado* (mit 32 m hoher Christusstatue) u. der *Zuckerhut;* Seebad *Copacabana;* mehrere Univ. u. a. HS, Nat.-Bibliothek; wichtigster Handels-, Banken- u. Ind.-Standort des Landes; Importhafen, internat. Flughafen.
Gesch.: R. d. J. wurde 1567 von Portugiesen gegr.; 1763 Hauptstadt des Vizekönigreichs Brasilien; 1808–21 Residenz des port. Königs; 1889–1960 Hptst. der Rep. Brasilien.

Rio Grande [-'grandi], **1.** *São Pedro de R. G.,* Hafenstadt im brasil. Staat R. G. do Sul, 125 000 Ew.; Univ.; verschiedene Ind.; Erdölraffinerie, Fischereihafen. – **2.** Quellfluß des Paraná, im mittleren Brasilien, 1450 km, entspringt am *Itatiaia;* am Oberlauf zum 120 km² großen *Furnas-Stausee* gestaut. – **3.** mex. *Río Bravo del Norte,* nordamerik. Fluß, entspringt in SW-Colorado (USA), bildet ab El Paso die Grenze zwischen den USA u. Mexiko, mündet in den Golf von Mexiko, rd. 2800 km; im Unterlauf intensive Bewässerungslandwirtschaft.

Rio Grande do Norte [-'grandi du 'nɔrti], Küstenstaat im NO →Brasiliens.

Rio Grande do Sul [-'grandi du 'sul], südl. Staat →Brasiliens.

Rioja [ri'oxa], *La R.,* autonome Region im NO von Spanien, 5034 km², 254 000 Ew., Hptst. *Logroño.*

Río Muni, *Mbini,* Teil von *Äquatorialguinea* auf dem afrik. Festland.

Río Negro, 1. l. Nbfl. des Amazonas, 2000 km, davon 1000 km schiffbar, entspringt als *Guainía* im Hochland von Kolumbien, mündet bei Manaus. – **2.** Prov. in →Argentinien, N-Patagonien.

Riopelle [riɔ'pɛl], Jean-Paul, * 7.10.1923, kanad. Maler; Vertreter des Tachismus.

Río Tinto, südspan. Fluß in Andalusien, 98 km; entspringt in der Sierra de Aracena, mündet in den Golf von Cádiz.

Riphahn, Wilhelm, * 1889, † 1963, dt. Architekt; zahlr. öffentl. Gebäude, bes. im Rheinland.

Rippe, 1. *Costa,* bei Wirbeltieren längl. gebogene Knochen, die in wechselnder Anzahl von der Wirbelsäule ausgehend nach unten bzw. (beim Menschen) nach vorn ziehen u. den Leib beiderseits umfassen. Der Mensch hat 7 sog. echte Rippenpaare, die knorpelig mit dem Brustbein verwachsen sind; weitere 3 Paare hängen durch knorpelige Rippenbögen am Brustbein an, die 11. u. 12. R. enden frei. Alle R. sind gelenkig mit den Wirbelkörpern der Brustwirbelsäule verbunden u. bilden mit dem

Rippelmarken

Brustbein den knöchernen Brustkorb. – **2.** der plastisch durch einen Wulst, Birnstab, ein rechteckiges Band u. ä. hervorgehobene Diagonalbogen eines *Kreuzgewölbes.*
Rippelmarken, kleine parallele »Wälle« aus Sand oder Schnee; durch Wind oder Wellenbewegung des Wassers entstanden.
Rippenfell, *Pleura costalis,* Teil des Brustfells.
Rippenfellentzündung, *Pleuritis,* entzündl. Erkrankung des Brustfells, als trockene Form mit Fibrinabscheidung, als feuchte Form mit seröser (oder serofibrinöser) Ausschwitzung in den Brustfellraum einhergehend; geht meist von Erkrankungen der Lunge aus.
Rippenquallen, *Kammquallen,* zu den *Hohltieren* gehörende durchsichtige zarte Meerestiere von rundl. bis langbandförmiger Gestalt.
Rippenspeer, gekochtes oder gebratenes Rippenstück vom Schwein, auch geräuchert.
Rips, Sammelbez. für Gewebe in *R.bindung,* bei denen Quer- oder Längsrippen ausgeprägter Form charakterist. sind.
Ripuarier, mit Errichtung des Hzgt. *Ribuarien* im alten fränk. Herrschaftsbereich um Köln während des 7. Jh. aufgekommener Name für die *Franken* am Mittelrhein.
Risiko, Gefahr des Verlustes. – **R.prämie,** Entgelt für die Übernahme eines *R.;* bildet bei Unternehmen, deren Leistungen bes. Risiken unterliegen (z.B. Versicherungen) einen Teil der Kosten.
Risorgimento [risordʒi-], die ital. Einheitsbestrebungen seit Beginn des 19. Jh., bes. 1815–70.
Risotto, Speise aus gedünstetem Reis mit geriebenem Parmesankäse, Pilzen oder Tomaten.
Rispe, traubiger Blütenstand, dessen Seitenachsen wieder Trauben bilden.
Rispengras, *Poa,* artenreiche Gatt. der *Süßgräser,* hpts. der gemäßigten Zonen; zwei- bis vielblütige Ährchen in *Rispen* angeordnet. Sehr verbreitet ist das *Einjährige R.,* ein 5–25 cm hohes, auf Wegen, zw. Straßenpflaster, auf Wiesen u. in Gärten überall häufiges Gras.
Riß, techn. Zeichnung, bes. im Maschinenbau u. Bauwesen angewendet für *Grund-, Auf-* u. *Längs-R.*
Riß, 1. r. Nbfl. der Donau, 60 km, entspringt sw. von Biberach, mündet sw. von Ulm. – **2.** r. Nbfl. der Isar im Karwendelgebirge.
Rist, der Fußrücken.
Rist, Johann (1653 geadelt), *1607, †1667, dt. Schriftst.; Mitgl. mehrerer Sprachgesellschaften, verfaßte geistl. u. weltl. Lieder u. etwa 30 Schauspiele.
ritardando, Abk. *rit., ritard.,* musikal. Vortragsbez.: allmähl. langsamer werdend.
rite [lat.], auf rechte oder gebührende Weise, nach hergebrachter Form. Bei der dt. Doktorprüfung das geringste Prädikat, etwa: genügend.
Ritenkongregation, Kurienkongregation, seit 1969 zuständig für Heilig- u. Seligsprechungsprozesse.
Ritornell, 1. Form des ital. Volkslieds mit einem kurzen u. zwei langen Versen; der 1. u. 3. Vers reimen miteinander, der 2. bleibt reimlos. – **2.** 1. in Madrigal, Ballade, Frottola der Kehrreim; 2. instrumentales Vor-, Zwischen- u. Nachspiel bei Arien u. Strophenliedern.
Ritschl, 1. Albrecht, *1822, †1889, dt. ev. Theologe; gab dem theol. Denken am Ende des 19. Jh. viele Anregungen. – **2.** Otto, *1885, †1976, dt. Maler; schuf seit 1932 ungegenständl. Bilder.
Ritsos, Jannis, *1909, †1990, neugrch. Lyriker; stellte die Krise der bürgerl. Kultur u. persönl. Erlebnisse der Gefangenschaft dar.
Rittelmeyer, Friedrich, *1872, †1938, dt. ev. Theologe; verschmolz bibl. Botschaft u. anthroposoph. Erkenntnisse; Mitgr. der *Christengemeinschaft.*
Ritter, 1. der 2. Stand im alten Rom, urspr. berittene Krieger *(equites),* später eine Art Geldaristokratie. – **2.** im MA zunächst der berittene u. vollgerüstete Adlige, Freie bzw. Vasall, seit dem 12. Jh. auch der in gleicher Weise Kriegsdienst leistende unfreie Dienstmann *(Ministeriale).* In der Stauferzeit entwickelte sich eine ritterl. Kultur, deren literar. Zeugnis die *höfische Dichtung* ist. Die R.würde wurde nach einer *Knappenzeit* durch die *Schwertleite* (seit dem 13. Jh. *R.schlag*) verliehen. Seit dem Spät-MA verstand man unter R. die Angehörigen des *niederen Adels.*
Ritter, 1. Carl, *1779, †1859, dt. Geograph; Wegbereiter der modernen, auch der vergleichenden Geographie. – **2.** Gerhard, *1888, †1967, dt. Historiker; Repräsentant nationalpolit. Geschichtsschreibung, die auch die Grenzen u. Irrwege nat. Politik aufzeigte.
Rittergut, landw. Großbetrieb, bes. im dt. Osten; urspr. gegen Übernahme von Wehrdiensten zu Lehen gegeben u. mit Sonderrechten ausgestattet. Das bäuerl. Abhängigkeitsverhältnis zum R. (Erbuntertänigkeit) wurde durch die Steinschen Reformen zu Beginn des 19. Jh. gelöst.
Ritterkreuz, 1. R. des *Eisernen Kreuzes,* höchste dt. Tapferkeitsauszeichnung im 2. Weltkrieg, Halsorden, 5 Stufen. – **2.** R. des *Kriegsverdienstkreuzes,* höchste dt. Verdienstauszeichnung im 2. Weltkrieg, Halsorden, 1 Stufe.
Ritterling, *Tricholoma,* Gatt. der *Blätterpilze;* ziemlich große Pilze, meist in Wäldern, einige Arten auch auf Wiesen u. Feldern.
Ritterorden, während der *Kreuzzüge* entstandene Sonderform des geistl. Ordens, dessen Mitgl. neben den drei Mönchsgelübden den Kampf gegen die »Ungläubigen« gelobten; z.B. *Johanniter-, Templer-, Schwertbrüder-* u. *Dt. Orden.*
Rittersporn, *Delphinium,* Gatt. der *Hahnenfußgewächse,* meist hohe Stauden oder Kräuter.
Ritterstern, *Amaryllis,* Gatt. der *Amaryllisgewächse* mit meist lebhaft roten Blüten; Zierpflanze.
Rittmeister, ehem., dem *Hauptmann* entspr. Offiziersdienstgrad bei der Kavallerie.

Charlie Rivel in seiner berühmten Nummer mit Gitarre und Stuhl

Ritual, ein bestimmten Regeln folgender, eingeübter oder unbewußt eingespielter Verhaltensablauf bei Tieren u. Menschen; bei Tieren instinktgesteuertes Verhalten *(R.isation),* beim Menschen kulturell geprägt.
Ritualbücher, Sammlungen von Texten u. Riten für den gottesdienstl. Gebrauch; in der kath. Kirche bes. das *Rituale Romanum,* in der ev. Kirche die *Agenda.*
Ritualmord, aus religiösen Gründen vollzogene Tötung eines Menschen.
Ritus, 1. der hl., aus dem Mythos stammende Brauch; Festsetzung des Verlaufs kult. Handlungen. – **2.** in der kath. Kirche u. den Ostkirchen die gottesdienstl. Handlungen.
Ritz, César, *1850, †1918, schweiz. Hotelier; Gründer berühmter Hotels.
Riva del Garda, ital. Stadt am N-Ufer des Gardasees, 13 000 Ew.
Rivale, Nebenbuhler, Mitbewerber. – **rivalisieren,** wetteifern. – **Rivalität,** Nebenbuhlerschaft.
Rivarol, Antoine de, *1753, †1801, frz. Schriftst.; geistreicher Zeitkritiker u. Aphoristiker.
Rivel, Charlie, eigtl. José *Andreo,* *1896, †1983, span. Clown (»Akrobat – schöön!«).
Rivera, 1. Diego, *1886, †1957, mex. Maler; stellte in personenreichen Riesenfresken Episoden aus der Geschichte seines Landes dar. – **2.** José Eustasio, *1889, †1928, kolumbian. Schriftst.; schrieb Sonette u. realist. Romane.
Riviera, Küstenstreifen des Mittelmeers am Fuß der See- u. Ligur. Alpen u. des Ligur. Apennin zw. Toulon u. La Spèzia. Frz. R. *(Côte d'Azur)* zw. Toulon u. Ventimiglia; ital. R.: westl. von Genua *R. di Ponente,* östl. von Genua *R. di Levante.* Felsenküsten; mildes Klima, subtrop. Vegetation; bed. Fremdenverkehr.
Riyal, Währungseinheit in Saudi-Arabien.
Riza Schah Pahlewi, 1. *Resa Schah Pehlewi,* *1878, †1944, Schah von Iran 1925–41; Offizier, ergriff 1921 durch Staatsstreich die Macht, ließ sich 1925 zum Schah ausrufen; 1941 zur Abdankung gezwungen. – **2.** →Mohammed.
Rize ['rize], Hptst. der gleichn. N-türk. Prov., Hafen am Schwarzen Meer, 50 000 Ew.; Metall-Ind., Kupfergruben.
Rizinus, *Wunderbaum, Ricinus,* Gatt. der *Wolfsmilchgewächse.* Einzige Art ist der *Gewöhnl. R.,* eine Kulturpflanze, die in warmen Gegenden baumförmig wächst u. Höhen von 10 m erreicht. Das Öl der Samen wird als Abführmittel u. technisch verwendet.
Rjasan, Hptst. der gleichn. Oblast in Rußland, an der Oka, 510 000 Ew.; mehrere HS; Landmaschinenbau, Erdölraffinerie.
Rjurik, *Rurik,* altnord. *Hrörek,* Warägerfürst; eroberte mit seinen Brüdern 862 das Land Nowgorod. Die R.-Dynastie regierte in Rußland bis 1598.

Ritter: Turnier im Jahr 1509; Holzschnitt von Lucas Cranach d. Ä.

RM, Abk. für *Reichsmark.*
RN, chem. Zeichen für *Radon.*
RNS →Nucleinsäuren.
Roadster ['ro:d-], offener, zweisitziger Sportwagen mit Klappverdeck.
Roanne [rɔ'an], Stadt im mittelfrz. Dép. Loire, am Anfang des Loirekanals (Hafen), 49 000 Ew.; vielseitige Ind.
Roanoke ['rouənouk], Stadt in Virginia (USA), 100 000 Ew.; Obstanbau; Stahl-, Kfz- u. Nahrungsmittel-Ind.
Roastbeef ['roustbi:f], Hochrippenstück des Rinds, aus dem der Rostbraten geschnitten wird.
Robbe-Grillet [rɔbgri'jɛ], Alain, * 18.8.1922, frz. Schriftst., Romancier u. Theoretiker des *Nouveau Roman;* führte auch Filmregie.
Robben, Flossenfüßer, Pinnipedia, Unterordnung der *Raubtiere,* im Wasser lebende *Säugetiere* mit spindelförmigem Körper u. zu Ruderflossen umgewandelten kurzen Gliedmaßen. Zu den R. gehören die Fam. der *Ohren-R.,* der *Seehunde* u. der *Walrosse.*
Robbia, 1. Andrea della, Neffe von 2), * 1435, † 1525, ital. Bildhauer; führte die Technik der Fayence-Plastik weiter. – 2. Luca della, * 1399, † 1482, ital. Bildhauer; Hauptmeister der florentin. Frührenaissance; Begr. der glasierten Keramikskulptur.
Robbins, 1. Frederic Chapman, * 25.8.1916, US-amerik. Bakteriologe u. Kinderarzt; fand Impfstoffe gegen Kinderlähmung; Nobelpreis 1954. – 2. Harold, * 21.5.1912, US-amerik. Schriftst., Bestsellerautor; Filmdrehbücher. – 3. Jerome, * 11.10.1918, US-amerik. Tänzer u. Choreograph für Ballett u. Broadway-Shows (»West Side Story«).
Robe, langes, bis auf die Füße reichendes Obergewand.
Robert, Fürsten:
Normandie:
1. R. I., *R. der Teufel,* † 1035, Herzog 1027–35; Vater von Wilhelm dem Eroberer, stützte das frz. Königtum u. unterwarf aufständ. Vasallen.
Schottland:
2. R. I. *Bruce,* * 1274, † 1329, König 1306–29; einigte Schottland u. machte es unabhängig.
Roberts, 1. ['rɔbəts], Kenneth, * 1885, † 1957, US-amerik. Schriftsteller (historische u. Abenteuerromane). – 2. Richard, * 6. 9. 1943, brit. Wissenschaftler; arbeitet in der Genforschung; Nobelpr. für Med. 1993.
Robertson-Moses ['rɔbətsn 'mouziz], Anna Mary, gen. *Grandma Moses,* * 1860, † 1961, US-amerik. Laienmalerin; schuf volkstüml. Schilderungen des amerik. Farmerlebens in naivem Stil.
Robert von Molesme [-mɔ'lɛ:m], * um 1027, † 1111, frz. Benediktiner, stiftete 1098 den Orden der Zisterzienser; Heiliger (Fest: 26.1.).
Robespierre [rɔbs'pjɛ:r], Maximilien de, * 1758, † 1794 (hingerichtet), frz. Revolutionär; seit Juli 1793 der maßgebende Kopf des Wohlfahrtsausschusses u. seit April 1794 fakt. Diktator, erstrebte eine radikale Demokratisierung, bediente sich eines zunehmenden Terrors; am 9. Thermidor (27.7.) 1794 gestürzt.
Robin Hood ['rɔbin 'hud], Held einer engl.

Maximilien de Robespierre; Stich von G. Fiesinger

Volksballade des ausgehenden MA, beraubt die Reichen, um den Armen zu helfen.
Robinie, Robinia, Gatt. der Schmetterlingsblütler, baum- oder strauchförmige Pflanzen mit weißen, rosa oder purpurnen Blütentrauben. Bek. ist die *Gewöhnl. R.* oder die *Scheinakazie;* sehr hartes Holz.
Robinson ['rɔbinsn], 1. Edwin Arlington, * 1869, † 1935, US-amerik. Schriftst. (Gedankenlyrik u. erzählende Dichtungen). – 2. Henry Morton, * 1898, † 1961, US-amerik. Schriftst. (Romane u. Biographien).
Robinson Crusoe ['rɔbinsn 'kru:sou], Titelheld eines Romans von *D. Defoe* (1719). In seinem Leben als Schiffbrüchiger auf einsamer Insel wird die Kulturentwicklung der Menschheit dargestellt. R. C. wurde in vielen **Robinsonaden** nachgeahmt.
Roboter, *Maschinenmensch,* Apparatur, die die Gestalt eines Menschen haben u. einfache Hantierungen ausführen kann. Bes. im 18. Jh. wurden solche uhrwerkgetriebenen Automaten für Schaustellungszwecke konstruiert. Neuere Form ist der *Industrie-R.,* das sind selbständige Handlungsgeräte zur Beschickung von Fertigungsmaschinen, auch zum Führen von Werkzeugen.
robust, kräftig, stämmig.
Rocaille [rɔ'kajə], muschelartige Schmuckform des nach diesem Dekor ben. *Rokokos.*
Rocard [rɔ'ka:r], Michel, * 23.8.1930, frz. Politiker (Sozialist); 1981–85 zunächst Planungs-, dann Landw.-Min., 1988–91 Prem.-Min.; 1993/94 Erster Sekretär der Sozialist. Partei.
Rochade [rɔx-], im Schach ein Zug, bei dem der König u. ein Turm gleichzeitig bewegt werden.
Rochdale ['rɔtʃdeil], engl. Ind.-Stadt in der Grafschaft Greater Manchester, 93 000 Ew.; Kohlenbergbau, Textil-Ind.
Rochefort [rɔʃ'fɔ:r], W-frz. Stadt an der Charente, 26 000 Ew.; ehem. Arsenal mit der monumentalen Porte du Soleil; chem., Masch.-, Luftfahrt- u. Holz-Ind., Handelshafen.
Rochen, Ordnung der Knorpelfische, Körper abgeflacht, rhomb., Schwanz deutlich abgesetzt, meist lang u. peitschenförmig; 5 Kiemenspalten auf der Bauchseite, stark verbreitete Brustflossen, mit den Körperseiten verwachsen; Bodenfische, die ihre Beute überschwimmen. 5 Unterordnungen: *Säge-R., Geigen-R., Zitter-R., Echte R.* u. *Stachelrochenartige.*
Rochester ['rɔtʃistər], 1. engl. Hafenstadt östl. von London, 53 000 Ew.; got. Kathedrale; Erdöl-, Masch.-Ind.; Austernfischerei. – 2. Stadt in Staat New York (USA), am Eriekanal, 242 000 Ew.; Univ.; Ind.- u. Handelszentrum; chem. u. opt. Ind.
Rockefeller, 1. John Davison, * 1839, † 1937, US-amerik. Unternehmer; gründete 1862 eine Erdölfirma, aus der die *Standard Oil Company of Ohio* hervorging; vereinigte große Bereiche der amerik. Ölwirtsch. (1882 *Standard Oil Trust,* 1892 *Standard Oil Company,* 1972 *Exxon Corporation);* Gründer der Univ. Chicago u. bed. Stiftungen. – 2. Nelson Aldrich, Enkel von 1., * 1908 † 1979, US-amerik. Politiker (Republikaner); 1959–73 Gouverneur des Staats New York; 1974–77 Vize-Präs. der USA.
Rocker, mit schwarzer Lederkleidung u. Motorrä-

Gewöhnlicher Rizinus

dern »uniformierte« Jugendliche, die Gruppen bilden u. z. T. gewalttätige Aggressivität zeigen.
Rockmusik, *Rock,* in den 1950er Jahren in den USA entstandene, in Großbrit. weiterentwickelte u. inzwischen weltweit verbreitete Musikart; umfaßt zahlr. Stile; setzt sich durch vergleichsweise unflexible Handhabung des Rhythmus vom *Jazz,* durch Textinhalte u. Klangcharakter vom *Schlager* ab. R. ist überwiegend Ausdruck einer Jugendkultur mit provozierend antibürgerl. Haltung. Zu unterscheiden von *Popmusik* (aber auch syn. gebraucht), ebenso von *Beat* als einer R.-Stilrichtung. R. wird vorw. von kleineren Bands gespielt (Gesang, elektr. Gitarre, elektr. Bass, Schlagzeug; auch Blasinstrumente, Tasteninstrumente u. seit den 1970er Jahren Synthesizer). Richtungen u. ihre Vertreter:
1. *Rock 'n' Roll,* etwa 1954–62: C. Berry, B. Haley, E. Presley, Little Richard. – 2. *Folk Rock, Twist, Surf Music,* etwa 1960–65: J. Baez, B. Dylan, P. Seeger. – 3. *Beat,* etwa 1963–69: The Beatles, The Rolling Stones; mit Ausrichtungen auf *Psychedelic Rock, Soul* u. *Latin Rock:* The Byrds, J. Hendrix, Jefferson Airplane, Pink Floyd, O. Redding, Santana, Soft Machine, F. Zappa. – 4. *Jazz Rock, Country Rock, Hard Rock,* etwa 1969–75: Chicago, M. Davis, H. Hancock, J. McLaughlin; in der BR Dtld. Amon Düül, Can, Tangerine Dream. – 5. *Punk Rock, New Wave,* etwa ab 1976. – 6. *Rap, Hip-Hop, Techno,* seit 1980.
Rock 'n' Roll ['rɔkn'roul], engl. *rock and roll,* »wiegen u. rollen«, Spielart des Swing-Stils, etwa 1950 entstanden (Chuck Berry u. Buddy Holly); durch Bill *Haley* 1955 weltweit verbreitet; gewann durch Elvis *Presley* starken Einfluß auf die Unterhaltungsmusik.
Rocky Mountains ['rɔki mauntinz], *Rockies,* dt. auch *Felsengebirge,* der rd. 4300 km lange hochgebirgsartige östl. Teil der nordamerikan. Kordilleren, in Alaska (Brooks Range), Kanada u. USA, im *Mount Elbert* 4399 m, mit steilem Ostabfall u. mit häufigen Querschluchten (Verkehrsleitlinien).
Roda Roda, Alexander, eigtl. Sándor Friedrich *Rosenfeld,* * 1872, † 1945, östr. Schriftst.; Komödien, Anekdoten, Schwänke.
Rodel, überwiegend aus Holz gebautes Wintersportgerät mit zwei Stahlkufen u. einem Sitz aus geflochtenen Gurten. *Renn-R.* werden als Ein- u. Doppelsitzer gebaut. – B →S. 756.
roden, das Entfernen von Baumwurzeln aus dem Boden, um Land urbar zu machen.
Rodenberg, Julius, eigtl. J. *Levy,* * 1831, † 1914, dt. Schriftst.; gründete 1874 die »Dt. Rundschau«.
Rodeo, Reiterspiel der Cowboys in den USA, u. a. mit Ritten auf wilden Pferden oder Stieren.

Roboter: Industrieroboter beim Punktschweißen an einer Karosserie

756 Rodgers

Rennrodel in der Eisbahn; das Sportgerät wird vom Fahrer durch Druck der Füße gegen die flexiblen Holme und durch Gewichtsverlagerung gesteuert

Rodgers [ˈrɔdʒəz], Richard, *1902, †1979, US-amerik. Komponist; schrieb Musicals (»Oklahoma!«) u. Lieder.

Rodin [rɔˈdɛ̃], Auguste François René, *1840, †1917, frz. Bildhauer; Hauptmeister der impressionist. Plastik Frankreichs; verband maler.-impressionist. Formgebung mit dramat. Spannungsreichtum im psych. Ausdruck. W »Das eherne Zeitalter«, »Der Denker«, »Bürger von Calais«, »Der Kuß«, Porträtplastiken von *Balzac*, V. *Hugo* u. a.

Rodrigues [rɔˈðriɡeθ], östlichste Insel der Maskarenen im Ind. Ozean, zu Mauritius gehörend, 104 km², 33 000 Ew.; Hauptort *Port Mathurin*.

Roermond [ruːr-], Stadt in der ndl. Prov. Limburg, an der Mündung der Rur (Roer) in die Maas, 38 000 Ew.; alte Bischofsstadt; elektro-techn. u. chem. Ind.

Roeselare [ˈruːsə-], frz. *Roulers*, Stadt in der belg. Prov. Westflandern, 52 000 Ew.; Leinenweberei.

Rogate, der 5. Sonntag nach Ostern (kath. Kirche: 6. Ostersonntag).

Rogen, die Eier der Fische, bei *Stören* als *Kaviar* bezeichnet.

Roggen, zu den *Süßgräsern* gehörende Pflanze, die das wichtigste Brotgetreide N- u. O-Europas liefert; hier schon in der Jungsteinzeit angebaut.

Rogier von der Weyden → Weyden.

Roheisen, kohlenstoffreiches Eisen, das im Hochofen gewonnen worden ist.

Rohgewinn, *Bruttogewinn*, Überschuß des Umsatzes über den Anschaffungswert der verkauften Waren bzw. des eingesetzten Rohmaterials.

Rohkost, vitamin- u. mineralsalzreiche, aber fett- u. eiweißarme Ernährung mit frischem, rohem Obst, Gemüse, Salaten, Nüssen.

Rohlfs, 1. Christian, *1849, †1938, dt. Maler u. Graphiker; anfangs Impressionist, fand gegen 1905 zu einem expressiven, formvereinfachenden Stil. – 2. Gerhard Friedrich, *1831, †1896, dt. Afrikareisender; Reiseberichte; W »Quer durch Afrika«.

Röhm, Ernst, *1887, †1934 (ermordet), dt. Politiker (NSDAP); Offizier, 1923 am Hitler-Putsch beteiligt, seit 1931 Stabschef der SA; wurde unter der unbewiesenen Anschuldigung, er habe eine »zweite Revolution« geplant (sog. *R.-Putsch*), ohne Verfahren erschossen.

Rohmer [rɔˈmɛːr], Eric, eigtl. Maurice *Schérer*, *4.4.1920, frz. Filmregisseur; Vertreter des neuen frz. Films (*Nouvelle Vague*). W »Meine Nacht bei Maud«, »Claires Knie«, »Die Marquise von O.«, »Vollmondnächte«.

Rohöle, Erdöle, die noch nicht destilliert sind; auch Steinkohlen- u. Braunkohlenschweröle.

Rohr, 1. verbreiteter Pflanzenname, z.B. für die *Süßgräser: Schilf, Diß, Bambus, Zucker-R.* – 2. dem *Lauf* bei Handfeuerwaffen entspr. Teil des Geschützes. – 3. meist runder Hohlkörper zur Weiterleitung von Flüssigkeiten u. Gasen.

Rohrblattmundstück, Anblasevorrichtung einer Gruppe von Blasinstrumenten aus Schilfrohr; schwingt wie eine Zunge bei Zungenpfeifen.

Rohrdommel, *Moorochse*, bis 75 cm großer einheim. *Reiher*, der verborgen im Schilf lebt.

Röhrenpilze, *Röhrlinge*, Fam. der *Ständerpilze*; gestielte Hüte mit auf der Unterseite befindl., senkr. zur Oberfläche stehenden Röhren, in denen die Sporen gebildet werden. Hierzu: *Steinpilz, Bronzeröhrling*.

Röhrenwürmer, *Sedentaria*, Ordnung der *vielborstigen Ringelwürmer* (Polychäten); Meeresbewohner, die sich im Sandboden Wohnröhren herstellen.

Rohrer, Heinrich, *6.6.1933, schweiz. Physiker; Nobelpreis 1986 zus. mit G. *Binnig* für die Entwicklung des Rastertunnelmikroskops.

Rohrkolben, *Teichkolben*, Sumpf- oder Uferpflanzen mit ausdauernden, kriechenden Wurzelstöcken; Blüten in Kolben.

Röhrlinge → Röhrenpilze.

Rohrpost, Anlage zur Beförderung von Sendungen in Rohren mit Druck- oder Saugluft; in Firmen, Bibliotheken u. ä. verwendet.

Rohrsänger, *Acrocephalus*, Gatt. der Singvögel aus der Verwandtschaft der *Grasmücken*; in Gras- u. Schilfgebieten.

Rohrzucker, *Rübenzucker, Saccharose*, verbreitetstes Kohlenhydrat der Disaccharidgruppe, findet sich in fast sämtl. Früchten u. Pflanzensäften, bes. aber im Zuckerrohr u. in Zuckerrüben.

Rohstoff, urspr. völlig unbearbeiteter Stoff, z.B. Kohle, Wolle; auch Ausgangsstoff für einen weiteren Arbeitsprozeß.

Rohwedder, Detlev, *1932, †1991 (ermordet), dt. Politiker (SPD) u. Industriemanager; 1969–78 Staatssekretär im Bundesministerium für Wirtsch.; seit 1990 Präs. der Treuhandanstalt.

Rojas Zorrilla [ˈrɔxas θɔˈrilja], Francisco de, *1607, †1648, span. Bühnenschriftst., Schöpfer der span. Charakterkomödie.

Rökk, Marika, *3.11.1913, dt.-östr. Schauspielerin, Tänzerin u. Sängerin ungar. Herkunft; wirkte in zahlr. Operetten, Filmen, Shows.

Rokoko, europ. Kunstepoche von etwa 1720 bis 1775; aus dem Barock hervorgegangen, dessen leidenschaftl. Bewegungsstil in eine heiter-liebenswürdige Dekorationskunst verwandelt wurde.

  Bildende Kunst. In der frz. Architektur des

ROKOKO

Rocaille

Antoine Pesne: Die Tänzerin Barbara Campanini (genannt »La Barbarina«); um 1745. Berlin, Schloß Charlottenburg (links). – Clodion: Amor und Psyche; Terrakotta. London, Victoria and Albert Museum (Mitte). – Chorgestühl und Orgel in der Basilika von Ottobeuren (rechts)

Die Rolling Stones während eines Konzertes 1982

Rollschuhsport: Disziplin Rolltanz

18. Jh. sind R. de *Cotte* u. G.M. *Oppenort* Hauptvertreter des R. Die R.-Malerei Frankreichs wird repräsentiert von A. *Watteau,* F. *Boucher,* J. M. *Nattier* u. N. *Lancret.* Auch Kostüm u. Mode trugen der Sinnenfreudigkeit des R. Rechnung. Erzeugnisse der Porzellankunst brachten einen spielerischen. Geist vielleicht am sinnfälligsten zum Ausdruck. Das R. Dtlds. u. der Schweiz wird stärker durch bürgerl. Züge bestimmt, doch treten auch hier die Höfe als eigtl. Träger dieses Stils auf. Hauptdenkmäler der dt. R.-Architektur sind u. a. der Dresdner Zwinger, Schloß Sanssouci bei Potsdam, die Wallfahrtskirche in der Wies, Ottobeuren, Schloß Benrath bei Düsseldorf. In der ital. Malerei ist das R. Ausklang einer traditionsreichen Entwicklung. Hauptmeister waren u. a. G. B. *Tiepolo,* G. A. *Pellegrini,* G. B. *Pittoni,* F. *Zuccarelli,* F. *Guardi.*
Literatur. R. nennt man den spieler. Spätstil der Barockdichtung, der vorw. dekorativ, naiv-stilisiert u. galant-erot. ist. Einzelne Strömungen sind *Anakreontik, Hirtendichtung* u. *galante Dichtung.* Der Hauptvertreter dieser Zeit ist in Dtld. Ch.M. *Wieland;* auch *Schiller* u. *Goethe* schrieben in ihrer Frühzeit im Stil des R.
In der Musik kündigte sich das Ende der Barockzeit zuerst in der Klavierkunst an. Weitere un- u. antibarocke Züge der Musik zw. 1730 u. 1770, einschmeichelnde, period. u. symmetr. gerundete u. kleingliedrige Melodik, kamen aus Italien (G. *Platti,* D. *Scarlatti,* G. B. *Pergolesi*). Hauptvertreter in Dtld. waren C. P. E. *Bach,* J. A. *Hasse,* J. J. *Quantz,* die Brüder J. G. u. K. H. *Braun,* auch *Haydn* u. *Mozart.*

Rokossowskij, Konstantin Konstantinowitsch, *1896, †1968, sowj. Marschall poln. Herkunft; Heerführer im 2. Weltkrieg, 1949–56 auf Veranlassung *Stalins* poln. Verteidigungs-Min.

Roland, in der Sage einer der 12 Paladine *Karls d. Gr.;* geschichtl. Markgraf *Hruodlandus* von der Bretagne, der 778 bei Roncesvalles fiel. Seine Taten besingt das *R.slied* (um 1100 frz., um 1170 dt.). – **R.-Säule,** überlebensgroße Standfigur eines Ritters auf städt. Plätzen, z.B. in Bremen, wahrsch. Rechtssymbol u. Sinnbild städt. Marktfreiheit.

Rolland [rɔˈlã], Romain, *1866, †1944, frz. Schriftst. u. Musiktheoretiker; leidenschaftl. Kriegsgegner u. Vorkämpfer idealist. u. humanitärer Bestrebungen. W »Jean Christophe« (Romanzyklus). Nobelpreis 1915.

Rolle, 1. Buchform der Antike, waagr. gerollt u. einseitig in Längsrichtung beschrieben (Papyrus, dann Pergament). – 2. *soziale R.,* jedes zusammenhängende System von Verhaltensweisen, die durch die Erwartungen der Gesellschaft dem einzelnen gemäß seiner soz. Position abverlangt werden (z.B. die R. des Lehrers, des Ehemanns, der Mutter, des Kollegen). – 3. die Figur, die einem Schauspieler übertragen ist (**Rollenfach**); auch der Text, den diese Figur zu sprechen hat. – 4. eine Drehung um die Querachse des Körpers, vorwärts oder rückwärts, auf dem Boden (Hecht-R., Hechtsprung) oder auf einem Gerät.

Roller, zweirädriges lenkbares Fahrzeug; Motor-R.

Roller Skates [ˈroʊlə skeɪts], weiterentwickelte Rollschuhe mit breiten Kunststoffrollen u. bewegl. Achsen.

Rolling Stones [ˈroʊlɪŋ stoʊnz], 1962 in London gegr. brit. Rock-Gruppe: Mick *Jagger* (Gesang); Keith *Richards* (Gitarre); Brian *Jones* †1969, Mick *Taylor,* 1969–74, u. Ron *Wood,* ab 1974, (Gitarre); Bill *Wyman* (Baß); Charlie *Watts* (Schlagzeug); mit ihrer Musik aus Elementen des *Rhythm & Blues* u. *Rock 'n' Roll* eine der erfolgreichsten Rockbands; in den 1960er Jahren Symbolfiguren der rebell. Jugendkultur. Der Erfolg der R. S. reicht bis in die 1990er Jahre.

Rollmops, zusammengerolltes Filet vom entgräteten *Hering* mit Gurkenstreifen, Paprika u. Zwiebeln als Einlage.

Rollschuhsport, *Rollsport,* alle Sportarten, die auf **Rollschuhen** (fußsohlengroße Gestelle mit 4 auf Kugellagern laufenden Metall-, Holz- oder Hartgummirädern u. Gummipuffern an den Spitzen zum Abbremsen) ausgeübt werden: Kunstlauf, Schnellaufen u. Roll(schuh)hockey.

Rolltreppe, *Fahrtreppe,* Treppe, bei der die Stufen auf einem Förderband befestigt sind; bewegt sich mit rd. 0,5 m/s auf- oder abwärts.

Rom, ital. *Roma,* Hptst. Italiens, der Region *Latium* u. der Prov. R., am Tiber, 2,8 Mio. Ew.; bed. Überreste der Antike (Forum Romanum, Kolosseum, Pantheon, Caracallathermen, Hadriangrab, Engelsburg); als Sitz des Papstes (→Vatikanstadt) Mittelpunkt der röm.-kath. Kirche; 600 kirchl. Bauten (u. a. Peterskirche, San Giovanni im Lateran, Santa Maria Maggiore, Santa Croce); histor. Bauten (Trevi, Fiumi); berühmte Paläste des 16. u. 17. Jh. (Farnese, Barbarini, Quirinal, Villa Borghese); Nationalgalerie (Corsini); Museen; Univ. (1303), Techn. HS, Akademien, Jesuiten-Univ. (Gregoriana), 7 päpstl. Akademien, kirchl. Kollegien; Verkehrsknotenpunkt mit Flughafen *Fiumicino;* vielseitige Ind.; Film- u. Modezentrum, Kunsthandel.
Geschichte: Der Sage nach wurde R. 753 v. Chr. von *Romulus* gegr. Ausgrabungen führen jedoch ins 10. Jh. v. Chr. zurück. Um 650 v. Chr. wuchs die Stadt aus Einzelsiedlungen zusammen. Um 510 v. Chr. wurde R. Republik u. zum Mittelpunkt des Röm. Reichs. Der Senatsadel bestimmte die Geschicke der Stadt. Soz. u. wirtsch. Krisen entfachten in dem Jh. der Revolution (133 bis 130 v. Chr.) zahlr. Straßenkämpfe. Unter *Augustus* u. seinen Nachfolgern hatte R. zw. 600 000 u. 2 Mio. Ew. 410 wurde R. durch die *Westgoten* unter *Alarich,* 455 durch die *Wandalen* unter *Geiserich,* 546 durch die *Ostgoten* erobert; die Stadt verfiel u. hatte zeitw. weniger als 1000 Ew. 754 wurde sie von Papst *Stephan II.* gegen die *Langobarden* unter Schutz des Frankenkönigs *Pippin d. J.* u. seiner Söhne gestellt. Seit *Karl d. Gr.* wurde R. Krönungsstadt der Kaiser des Hl. Röm. Reiches. Im hohen MA machte neben dem röm. Adel das machtvoll aufgestiegene Papsttum den Kaisern die Herrschaft über R. streitig. Mit Beginn der Renaissance setzte der Wiederaufstieg ein, gefördert durch die mächtigen u. prachtliebenden Renaissancepäpste. Die Einnahme u. Plünderung der Stadt durch das dt.-span. Heer Karls V. 1527/28 setzte der Renaissance-Kultur ein Ende. Die von R. ausgehende Barockkultur bestimmte den Stil dieser bis ins 18. Jh. reichenden Epoche. Von ihr ist das heutige Stadtbild geprägt. 1870 eroberten Truppen des Königreichs Italien R. u. machten es zur Hptst.

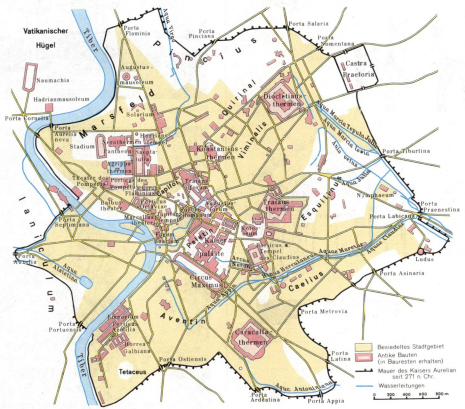
Rom: Das antike Stadtgebiet zur Kaiserzeit; es bedeckte etwa den Bereich der heutigen Innenstadt, abgesehen von einigen Gebieten westlich des Tibers

758 ROM

1929 wurde in den *Lateranverträgen* der Friede mit dem Papsttum geschlossen u. die Gegend um den Vatikan zum souveränen Staat erklärt.
ROM, Abk. für engl. *read only memory*, Lesespeicher in der Datenverarbeitung; kann im Ggs. zu →RAM nur gelesen werden.
Röm, dän. *Rømø*, eine der Nordfries. Inseln, 98 km², 850 Ew.; Hauptort *Kirkeby;* seit 1920 dänisch.
Roma, eig. Name der Zigeuner; i.e.S. Bez. für die Gruppe der auf dem Balkan u. in Ungarn lebenden Zigeuner. Die R. sind unter allen Kulturvölkern verbreitet (weltweit 7–8 Mio., davon in Europa rd. 4 Mio.). Die R. gliedern sich in mehrere Stämme u. Dialekte u. leben z. T. nomadisch oder halbseßhaft. Die indoeurop. Sprache der R., das *Romanes,* sprechen noch rd. 1 Mio. Die R. stammen aus N-Indien u. wanderten im 14./15. Jh. über den Balkan nach Europa ein. Unter dem Nat.-Soz. wurden sie verfolgt.
Romagna [ro'manja], norditalien. Landschaft zw. Po-Mündung u. Apennin; fruchtbares Flachland.
Romains [ro'mɛ̃], Jules, eigtl. Louis *Farigoule,* *1885, †1972, frz. Schriftst.; Verkünder eines »Unanimismus« (Gruppenseele); W »Die guten Willens sind« (Romanzyklus).
Roman, umfangreiche, zahlr. Einzelerlebnisse enthaltende Erzählung in Prosaform; der Form u. dem Inhalt nach unbegrenzt. Bes. Formen sind der Ich-R., der Brief-R. u. der Tagebuch-R. Dem Inhalt nach unterscheidet man u. a.: Abenteuer-, Entwicklungs-, Fam.-, Gesellschafts-, Heimat-, Kriminal-R. Heute nimmt die Gattung des R. den weitaus größten Teil der Weltliteratur ein.
Romanik, kunstgeschichtl. Stilbegriff; wegen der Wiederverwendung römischer Architekturmotive (Rundbogen, Säule) in der roman. Architektur anfängl. auf die Baukunst beschränkt, später Bez. für die gesamte abendländ. Kunst von etwa 1000 bis zur Hälfte des 13. Jh. Roman. Stilelemente sind aber auch schon in vorroman. Kunst nachweisbar. B a u k u n s t. Die Aufgaben der Monumentalarchitektur lagen vorw. im Kirchen- u. Klosterbau. Der Typus der *Basilika* wurde umgestaltet u. bereichert. Jedes Element des schweren, wuchtigen Mauerbaus (Mittelschiff, Seitenschiff, Querhaus, Chor) ist als Einzelform empfunden. Der durch Querhaus u. Apsis betonten Ostseite wurde oft die durch den 2. Chor u. das 2. Querhaus akzentuierte Westseite mit reicher Fassadenbildung entgegengesetzt. Weitere charakteristische Merkmale sind Würfelkapitelle, Zwerggalerien u. Hallenkrypten. Hauptwerke der R. in Dtld.: St. Michael in Hildesheim u. die Kaiserdome in Mainz, Worms u. Speyer. Die Profankunst kennt Kaiserpfalzen (Gelnhausen, Wimpfen, Goslar) u. Burgen (Wartburg).

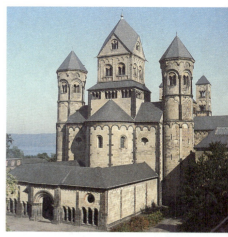

Romanik: Maria Laach (links). – Taufe Christi vom Tauf

ROM

Trevibrunnen; 18. Jahrhundert

Blick auf das moderne Ausstellungs- und

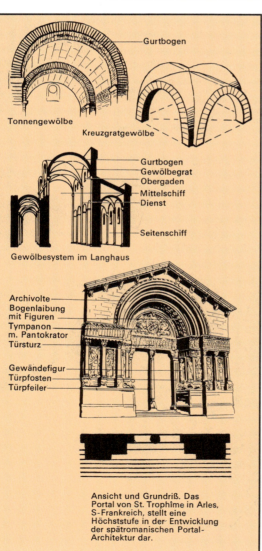

Romanik: Gewölbetypen (oben), Portal (unten)

Modell der Stadt zur Kaiserzeit

Die roman. Plastik, gekennzeichnet durch lineare Strenge der Einzelform u. Blockhaftigkeit, entwickelte sich in enger Bindung an die Architektur. Großplastiken fügten sich v. a. als *Portalschmuck* dem ikonograph. Programm der Kirchenbauten ein. Beispiele für die dt. Großplastik der R.: Bronzegrab Friedrichs von Wettin in Magdeburg, um 1152; Quedlinburger Äbtissinnen-Gräber; Braunschweiger Löwe, 1166.

Die als Wand-, Glas- u. Miniaturmalerei auftretende roman. Malerei folgte ähnl. Gestaltungsprinzipien wie die Plastik; sie verzichtete auf Raum- u. Körperillusionismus u. stellte die Figuren in flächenhafter Fixierung dar.

romạnische Sprachen, aus dem Vulgärlatein entstandene europ. Sprachen; aufgrund ihres Verwandtschaftsgrads in 3 Gruppen eingeteilt: 1. *Westroman.* (Span., Portug., Katalan., Provençal., Französ., Rätoroman.); 2. *Ostroman.* (Italien., Dalmatin. [ausgestorben], Rumän.); 3. *Zentralroman.* (Sard.).

Romanịstik, Wiss. von den roman. Sprachen u. Literaturen.

Romạnow, russ. Kaiserhaus 1613–1762 (bis 1730 in männl. Linie); fortgesetzt durch die Seitenlinie

reckenhorst; Anfang des 12. Jahrhunderts (rechts)

eumsviertel EUR am Südrand der Stadt

Die Spanische Treppe ist ein beliebter Treffpunkt

Blick von der Kuppel des Petersdoms auf Petersplatz, Via della Conciliazione, Engelsburg und Tiber

Romantik 759

Romantik (Literatur): »Des Knaben Wunderhorn«, Titelkupfer des zweiten Bandes zu C. Brentanos und A. von Arnims 1808 erschienenem Werk. Das im mittelalterlichen Geschmack verzierte Horn (von C. Brentano entworfen) gibt den Blick auf die Heidelberger Landschaft frei. Berlin, Staatsbibliothek Preußischer Kulturbesitz

R.-Holstein-Gottorf bis 1917. Letzter Herrscher aus der Seitenlinie war Nikolaus II.

Romanshorn, schweiz. Hafenstadt am Südufer des Bodensees, im Kt. Thurgau, 7900 Ew.; Kirche (seit 8. Jh. mehrf. erweitert); vielseitige Ind.; Autofähre u. Eisenbahntrajekt nach Friedrichshafen; Fremdenverkehr.

Romantik, Epoche der dt. Literatur von 1798 bis um 1830. Am Ende des 18. Jh. kam ein neues Lebens- u. Kunstverständnis auf, das dem Rationalismus der Spätaufklärung Gefühl u. Innerlichkeit, der strengen Form der Weimarer Klassik die freie Subjektivität des Geistes entgegensetzte. Die R. lebte aus der Sehnsucht nach der Vereinigung mit dem Unendlichen, die Grenzen zw. Traum, Phantasie u. Wirklichkeit wurden aufgehoben (Symbol: die »blaue Blume«). Die erste Stufe war die *Früh-R.*, auch *Jenaer R.* gen. (1797–1804). Die Leistung dieses Kreises, dem A W. u. F. von *Schlegel*, L. *Tieck*, W.H. *Wackenroder* u. *Novalis* angehörten, war in erster Linie die theoret. Grundlegung der romant. Dichtung. In den Dichtungen der Früh-R. kam ein stimmungsvolles Neuerlebnis der Landschaft u. des MA zum Durchbruch. Das Zentrum der *Hoch-R.* (1804–15) war der Kreis der *Heidelberger R.*, daneben bildeten sich Schwerpunkte in Dresden u. Berlin. Sie brachte v. a. eine Besinnung auf Volkstum u. Geschichte. C. *Brentano* u. A. von *Arnim* gaben die Volksliedsammlung »Des Knaben Wunderhorn« heraus; J. u. W. *Grimm* sammelten »Kinder- u. Hausmärchen«. Der volkstüml. Frömmigkeit u. den ungetrübten Landschaftsbildern J. von *Eichendorffs* stehen die phantast. Erzählungen E.T.A. *Hoffmanns* gegenüber. Zentren der *Spät-R.* (1815–30) waren Wien, Berlin, Nürnberg u. Schwaben. – Über die Dichtung hinaus erfaßte die R. alle Gebiete des geistigen Lebens. Die Brüder *Schlegel* begründeten die Lit.-Wiss., die Brüder *Grimm* die Germanistik, F.C. von *Savigny* die Rechtsgeschichte. Von romantischen Schulen spricht man auch in Philosophie u. Volkswirtschaftslehre.

In der bildenden Kunst des beginnenden 19. Jh. haben die Ideen der R. einen vielgestaltigen Niederschlag gefunden. Durch die Hinwendung zur nat. Vergangenheit leistete die romantische Kunst dem Historismus Vorschub. Die romantischen Landschaftsbilder (C.D. *Friedrich*, C.G. *Carus*, Ph.O. *Runge*) weisen durch ihre Ausschnitthaftig-

Romanze

keit auf das Unbegrenzte des Universums hin. Die beschaulichen Holzschnitte L. *Richters* u. die Märchenbilder M. von *Schwinds* führten bereits in die friedliebende kleinbürgerl. Welt der *Biedermeierzeit*.

In der Musik ist eine stilgeschichtl. genaue Abgrenzung der R. kaum möglich. Ein Hauptmerkmal romant. Musik ist vorherrschende Gefühlshaftigkeit mit ihrer Neigung zu Extremen. Gemüthafte Innigkeit spricht bes. aus den Liedvertonungen von F. *Schubert*, R. *Schumann*, J. *Brahms* u. H. *Wolf*; neu ist auch das *lyr. Stück* u. das *Lied ohne Worte* für Klavier. Die Großformen erfahren einen gewaltigen Zuwachs der Dimension, der in der Sinfonik von J. *Brahms*, A. *Bruckner* u. G. *Mahler* u. im Opernschaffen von R. *Wagner* u. R. *Strauss* gipfelt. Auffallend ist die Erweiterung des Ausdrucksbereichs (u. a. tonmaler. Elemente), die allmähl. Trennung einer eigenständigen Unterhaltungsmusik (Salonmusik, Modetänze, Operette) u. die Ausbreitung des Laienmusizierens.

Romanze, 1. urspr. volksliedhafte Verserzählung in der romant. Lit., entspr. der germ. *Ballade*; entstand im 14./15. Jh. in Spanien; in Dtld. bes. in der Romantik gepflegt. – **2.** Musikstück lyr. Charakters.

RÖMISCHES REICH

Römische Legionen überqueren die Donau bei Carnuntum; Relief von der Marc-Aurel-Säule in Rom (links). – Relief der Italia an der Rückseite der Ara Pacis, links außen neben dem rückwärtigen Eingang; 13–9 v. Chr. Rom, Lungotevere in Augusta (rechts)

Entwicklung des Römischen Reiches
- Römisches Gebiet um 300 v. Chr.
- Römisches Gebiet um 218 v. Chr. (vor Beginn des 2. Punischen Krieges)
- Römisches Gebiet um 100 v. Chr.
- Römisches Gebiet um Christi Geburt
- Römisches Gebiet um 117 n. Chr. (Tod Trajans)
- Ungefähre Grenze der von Augustus erstrebten Provinz Germania
- Gebietsverluste seit 117 n. Chr.
- Grenze zwischen Ost- und Weströmischem Reich seit 395 n. Chr.

Rombach, Otto, *1904, †1984, dt. Schriftst.; kulturgeschichtl. Romane, Reiseberichte, Dramen, Essays. W »Adrian der Tulpendieb«.

Römer, 1. halb- bis dreiviertelkugeliges gläsernes Trinkgefäß auf Schaft mit flachem, breitem Fuß; dient dem Trinken von Rheinwein. – **2.** das alte Rathaus in Frankfurt a.M., mit dem *Kaisersaal,* der Stätte der dt. Königswahl.

Römer, Ole (Olaf), *1644, †1710, dän. Astronom; bestimmte 1675 die Lichtgeschwindigkeit.

Der Adler mit Palmenzweig und Eichenkranz war das Machtsymbol Roms; Kamee, um 40 n. Chr. Wien, Kunsthistorisches Museum (oben). – Stilelemente und Beispiele der römischen Baukunst (unten)

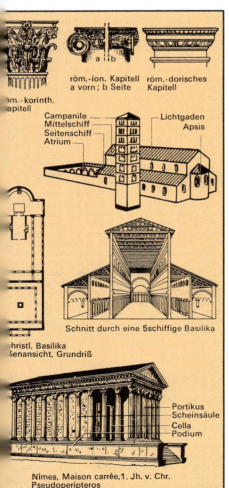

Römerbrief, der längste u. theol. bedeutsamste der Briefe des Apostels *Paulus* im NT, etwa 57/58 in Korinth geschrieben. Er dient der Vorbereitung des Besuchs des Apostels in der von ihm nicht gegründeten Gemeinde. u. er entfaltet das Evangelium als Botschaft vom Handeln des gerechten Gottes zu Gerechtigkeit u. Heil in Christus für alle Menschen.

Römerstraßen, Fernverkehrsstraßen des Röm. Reichs, das älteste Straßennetz Europas, urspr. zu militär. Zwecken angelegt; später auch für den Handel genutzt. Ihre Länge erreichte unter Trajan (um 100 n. Chr.) 80000 km.

Rominter Heide, Landschaft an der *Rominte* (Nbfl. der Pissa) in Ostpreußen, 240 km^2, histor. Jagdrevier u. Naturschutzgebiet; seit 1945 Nordteil russ., Südteil poln.

Römische Kaiserzeit, in Mitteleuropa der von der germ. u. provinzialröm. Kultur geprägte letzte Abschnitt der Eisenzeit, von Christi Geburt bis zum Beginn der Völkerwanderung 375; Beginn der Frühgeschichte, in der neben Bodenfunden mehr u. mehr Schriftquellen Aussagen ermöglichen.

römische Kunst, Architektur, Plastik, Malerei u. Kleinkunst der röm. Republik u. Kaiserzeit (rd. 500 v. Chr. bis rd. 350 n. Chr.). Die r. K. ist, anders als die grch. Kunst, grundsätzl. anonym u. kennt nur wenige Architekten u. Künstler; Bau- u. Kunstwerke stehen in erster Linie im Dienst des Auftraggebers (Kaiser, Staat, Gemeinde, Einzelperson), repräsentieren dessen Rang u. Funktion, polit. u. soz. Status sowie seine religiöse Bindung; auch die sog. dekorativen Künste (Wandmalerei, Kunstgewerbe) leiten ihren Stellenwert innerhalb des röm. Lebens davon ab u. dienen der Überhöhung der Wirklichkeit.

römische Literatur, die in lat. Sprache geschriebene Lit. im Röm. Reich; in der v o r k l a s s. Z e i t (240–80 v. Chr.): Livius Andronicus, Naevius, Ennius, Plautus, Terenz mit Tragödie, Komödie, Epos. In der k l a s s. Z e i t (80 v. Chr. – 14 n. Chr.) waren führende Politiker unter den Schriftst.: *Cäsar, Sallust, Cicero,* während sich die Dichter (*Lukrez, Catull*) von der Politik fernhielten. Die augusteische, klass. Zeit brachte die Dichtung zu höchster Blüte: *Vergil, Horaz, Properz, Tibull, Ovid;* in der Prosa gibt das Geschichtswerk des *Livius* ein stolzes Bild der röm. Vergangenheit. Die n a c h k l a s s. Z e i t (14 n. Chr. bis ins 6. Jh.) brachte eine reiche Lit. hervor (*Persius, Flaccus, Juvenal, Martial Lucanus, Silius Italicus, Valerius Flaccus, Statius*). Unter den Prosaikern sind zu nennen *Tacitus, Curtius Rufus, Sueton,* die beiden *Seneca* u. *Plinius.*

römische Religion, urspr. eine Bauern- u. Hirtenreligion mit den Hauptgöttern *Jupiter, Mars, Quirinus* u. einer Vielzahl von Sondergöttern des Berufs u. der Natur. Später erfolgten Überfremdungen durch die etrusk. (*Vulkan, Jupiter, Juno, Minerva*), die →griechische Religion u. oriental. Gottheiten (*Magna Mater, Isis*).

römisches Recht, das Recht des Röm. Reichs, bes. das stark die Rechtsstellung des Individuums betonende Privatrecht; entwickelte sich von seiner ersten Kodifikation im *Zwölftafelgesetz* von 451/50 v. Chr. über die Rechtsetzung der Prätoren, die republikan. u. die Kaiser-Gesetze zu der großen Privatrechtskodifikation des *Corpus juris civilis.* Diese wurde von den *Glossatoren* u. *Postglossatoren* fortgebildet u. dadurch Grundlage der Rezeption des r. R. um die Wende vom MA zur Neuzeit. Das r. R. bildete eine der Grundlagen für das deutsche Recht, bes. das BGB.

Römisches Reich, lat. *Imperium Romanum,* das im Altertum von dem Stadtstaat Rom aus durch krieger. Eroberungen u. Anschluß geschaffene Weltreich, das den gesamten Mittelmeerraum u. angrenzende Länder umfaßte.

Das als Siedlung schon länger bestehende Rom wurde vermutl. im 7. Jh. v. Chr. ausgebaut u. von den Etruskern zur Stadt erhoben. Um 510 v. Chr. wurde die etrusk. Fremdherrschaft gestürzt u. die Rep. eingeführt. Ihre Verf. war in Zusammenwirken der drei Institutionen Senat, Magistrat u. *Volksversammlung.* An der Spitze des Staats standen zwei jährl. gewählte *Konsuln.* In Notzeiten wurde für 6 Monate ein *Diktator* gewählt. Der Senat wurde von anfangs 300 patriz. Mitgl. gebildet, zu denen später als Amtsadel auch Männer aus dem Volk (*Plebejer*) hinzutraten. Ihre Teilnahme an den Geschicken des Staats mußten sich die Plebejer erst erkämpfen: Errichtung des *Volkstribunats* 494 v. Chr., Anerkennung der Gleichberechtigung der Plebejer 287 v. Chr. Mitte des 4. Jh. v. Chr. war die röm. Hegemonie über ganz Latium anerkannt. Zu Beginn des 3. Jh. v. Chr. herrschte Rom über fast ganz Italien. Das Ausgreifen nach Sizilien führte zu Auseinandersetzungen mit Karthago. Im Verlauf der drei *Punischen Kriege* (264–241, 218–201, 149–146 v. Chr.) stieg Rom zur bestimmenden Macht im westl. Mittelmeer auf. In den drei *Makedonischen Kriegen* (215–205, 200–197, 171–168 v. Chr.) u. im *Syr. Krieg* (192–189 v. Chr.) faßte Rom Fuß in Griechenland. 148 v. Chr. wurde Makedonien röm. Prov. 146 v. Chr. wurde Karthago zerstört u. sein Hinterland zur Prov. Africa gemacht. Griechenland wurde 146 v. Chr. röm. Prov. Durch die Errichtung der Prov. Asia in Kleinasien war Rom Weltmacht geworden.

Das Zeitalter der Bürgerkriege bis zur Alleinherrschaft des *Augustus* brachte das Ende der Rep. (133–27 v. Chr.). Eingeleitet wurden die Bürgerkriege mit den blutigen Kämpfen um die Reform der *Gracchen* (133–121 v. Chr.). Die Jahre 111–79 v. Chr. waren gekennzeichnet durch die Kämpfe zw. *Marius* (Volkspartei) u. *Sulla* (Senatspartei). Den Sklavenaufstand des *Spartacus* unterdrückte 71 v. Chr. *Pompeius.* Mit *Cäsar,* der Führer der Volkspartei war, u. dem reichen *Crassus* schloß er 60 v. Chr. das *1. Triumvirat.* Cäsar, der 58–50 v. Chr. ganz Gallien erobert hatte, wandte sich gegen ihn u. besiegte ihn. 45 v. Chr. wurde Cäsar die Diktatur auf Lebenszeit übertragen, jedoch wurde er von Anhängern der republikan. Partei schon 44 v. Chr. ermordet. Der von Cäsar als Haupterbe eingesetzte *Octavian* setzte sich gegen Rivalen durch u. war seit 31 v. Chr. Alleinherrscher über das R. R. Nach u. nach vereinte er die wichtigsten Amtsgewalten in seiner Person u. begr. damit die Stel-

Römisches Reich 761

Römisches Reich: Provinzen (Auswahl)

lateinischer Name	ungefähr heutiges Gebiet	eingerichtet
Achaia	Südgriechenland	27 v. Chr.
Aegyptus	Ägypten	30 v. Chr.
Africa	Tunesien (früheres Gebiet Karthagos)	146 v. Chr.
Aquitania	Südwestfrankreich	16 v. Chr.
Arabia	Sinaihalbinsel u. Jordanien	106 n. Chr.
Armenia	Armenien	114 n. Chr.
Asia	Westtürkei	129 v. Chr.
Assyria	Nordirak	115 n. Chr.
Baetica	Südspanien	19 v. Chr.
Belgica	Nordostfrankreich und Belgien	16 v. Chr.
Bithynia et Pontus	Nordtürkei	63 v. Chr.
Britannia	England u. Wales	43 n. Chr.
Cappadocia	Osttürkei	17 n. Chr.
Creta	Kreta	64 v. Chr.
Cyprus	Zypern	58 v. Chr.
Cyrenaica	Nordlibyen	74 v. Chr.
Dacia	Mittelrumänien	107 n. Chr.
Galatia	Zentralanatolien	25 v. Chr.
Gallia cisalpina	Norditalien	81 v. Chr.
Germania inferior	Südniederlande	90 n. Chr.
Germania superior	Ostfrankreich, Rheingebiet	90 n. Chr.
Illyricum	Bosnien, Kroatien	33 v. Chr.
Judaea	Israel	72 v. Chr.
Lugdunensis	Mittleres Frankreich	16 v. Chr.
Lusitania	Portugal	19 v. Chr.
Macedonia	Nordgriechenland	148 v. Chr.
Mauretania	Marokko u. Westalgerien	42 v. Chr.
Moesia	Serbien u. Südrumänien	86 v. Chr.
Noricum	Österreich	15 v. Chr.
Numidia	Algerien	46 v. Chr.
Pannonia	Ungarn, Slowenien	9/10 n. Chr.
Raetia	Ostschweiz, Bayern	15 v. Chr.
Sardinia u. Corsica	Sardinien u. Korsika	227 v. Chr.
Sicilia	Sizilien	242 v. Chr.
Syria	Syrien	63 v. Chr.
Tarraconensis	Nordostspanien	19 v. Chr.
Thracia	Bulgarien	46 n. Chr.

Römische Verträge

lung der röm. Kaiser (27 v. Chr. Titel *Augustus*). Im Augusteischen Zeitalter erreichte der Staat Frieden u. hohe kulturelle Blüte.
Unter den Adoptivkaisern (seit 96) erlebte das R. R. seine größte Macht u. erreichte unter *Traian* (98–117) seinen größten Umfang; er gewann Dakien, Arabia Petraea, Armenien u. Mesopotamien hinzu. *Caracalla* (212–217) verlieh 212 allen freien Bewohnern des Reichs das röm. Bürgerrecht. Unter den Soldatenkaisern (Beginn mit *Maximinus Thrax* 235) begann das R. R. zu zerfallen. Erst *Aurelian* (270–275) vermochte das Reich wieder zusammenzufassen u. zu sichern. *Diocletian* (284–305) führte die absolutist. Stellung des Kaisers ein, gliederte Reich u. Verw. neu u. suchte die Nachfolge zu regulieren. 303 begann er die 2. Christenverfolgung. Unter seinen Nachfolgern setzte sich *Konstantin d. Gr.* (324–337) durch. Er erkannte das Christentum als Religion an u. machte *Konstantinopel* zur neuen Hptst. Unter *Theodosius d. Gr.* (392–395), der das Christentum zur Staatsreligion erhob, wurde das R. R. letztmals unter einer einheitl. Regierungsgewalt zusammengefaßt. Die Teilung des Reichs unter seine Söhne *Honorius* u. *Arcadius* brachte die Spaltung in *Oströmisches (Byzantinisches)* u. *Weströmisches Reich.* Während das Byzantin. Reich erst 1453 durch die Türken unterging, blieb das Weström. Reich nur noch einige Jahrzehnte bestehen. 476 setzte *Odoaker* den letzten Kaiser *Romulus Augustulus* ab.

Römische Verträge, die am 25.3.1957 von den Benelux-Staaten, der BR Dtld., Frankreich u. Italien in Rom unterzeichneten Verträge über die Gründung der *Europäischen Wirtschaftsgemeinschaft* u. *Euratom.*

römische Ziffern, die im alten Rom u. im europ. MA, in bes. Fällen noch heute gebrauchten Ziffern. Ziffern u. gleichzeitig Zahlen sind die Zeichen I = 1, V = 5, X = 10, L = 50, C = 100, D = 500, M = 1000. Aus ihnen werden durch Addition die anderen Zahlen gebildet, jedoch werden höchstens 3 der Ziffern I, X, C, M nebeneinandergesetzt. Außerdem ist zu beachten: IV = 4, IX = 9, XL = 40, XC = 90, CD = 400, CM = 900. Beispiel: 1990 = MCMXC.

römisch-katholische Kirche →katholische Kirche.

Rommé, Kartenspiel für 3–6 Personen mit 2 Spielen zu 52 Blatt u. 4–6 Jokern.

Rommel, Erwin, *1891, †1944, dt. Generalfeldmarschall (1942); 1941–43 Befehlshaber des Afrikakorps, 1944 Oberbefehlshaber der Heeresgruppe B an der Westfront; wegen seiner Beziehungen zur Widerstandsbewegung von Hitler zum Selbstmord gezwungen.

Rømø →Röm.

Romulus, sagenhafter Gründer u. erster König Roms, Sohn des Mars u. der Vestalin Rhea Silvia, Zwillingsbruder des *Remus.*

Ronda, S-span. Stadt in Andalusien, im Gebirgsland von R. (im *Tolox* 1919 m), 31 000 Ew.; Baureste aus der Maurenzeit; einer der Ursprungsorte des Stierkampfs; Fremdenverkehr.

Rondeau [rɔ̃'do], frz. Gedichtform aus meist 12–14 Zeilen mit nur zwei Reimen.

Rondell, 1. rundes Bauwerk an alten Befestigungsanlagen. – **2.** rundes Blumenbeet.

Rondo, urspr. Rundgesang, dann bes. Form der barocken u. klass. Instrumentalmusik.

Rønne, *Rønne,* Hptst. der dän. Amtskommune Bornholm, Hafenstadt an der Westküste, 15 000 Ew.; keram. Ind.; Festungsanlagen (17. Jh.).

Ronneburg, Stadt in Thüringen, östl. von Gera, 10 000 Ew.; Schloß; Textil-, Holz- u. Metall-Ind.

Ronsard [rɔ̃'sa:r], Pierre de, *1524/25, †1585, frz. Dichter; führender Kopf der *Plejade,* Mitbegr. des frz. Klassizismus.

Rönsch, Hannelore, *12.12.1942, dt. Politikerin (CDU); 1991–94 Bundes-Min. für Familie u. Senioren.

Röntgen, Wilhelm Conrad, *1845, †1923, dt. Physiker; entdeckte 1895 die R.strahlen; Nobelpreis 1901.

Röntgendiagnostik, Krankheitserkennung mittels *Röntgenstrahlen.* Man kann aufgrund der versch. Dichte u. Strahlendurchlässigkeit der Körpergewebe für Röntgenstrahlen Form- u. Dichtigkeitsveränderungen von Organen feststellen. Wo kein genügend starker Kontrast vorhanden ist, kann er durch Luft oder schattengebende Stoffe *(Röntgenkontrastmittel),* die in die Organe eingegeben oder in den Körper eingespritzt werden, erzeugt werden *(Röntgenkontrastdarstellung).* Das Bild wird entweder auf einem Leuchtschirm direkt *(Durchleuchtung)* oder auf photograph. Weg auf Papier oder Film *(Röntgenaufnahme)* sichtbar gemacht.

Röntgenspektroskopie, physikal. Arbeitsgebiet, das die Spektrallinien von Atomen im Spektrum der kurzwelligen elektromagnet. Strahlung untersucht.

Röntgenstrahlen, von ihrem Entdecker W. C. *Röntgen* u. in manchen Ländern *X-Strahlen* genannt; kurzwellige unsichtbare elektromagnet. Strahlen (Wellenlänge rd. 10^{-8} bis 10^{-13} m), die in einer *Röntgenröhre* erzeugt u. in Materie nur wenig absorbiert werden. Diese Absorption wird nur durch die Dichte der Materie bestimmt. Knochen absorbieren daher stärker als Haut, ebenso alle Stoffe mit großer relativer Atommasse (z.B. Blei). Schutz vor R. kann z.B. durch Bleischichten erzielt werden. In der Technik werden R. zur Röntgenuntersuchung verwendet; in der Wiss. z.B. zur Untersuchung des Aufbaus von Kristallen; in der Medizin zur Röntgendiagnostik u. Röntgentherapie.

Röntgenstrukturanalyse, wichtige Untersuchungstechnik zur Bestimmung der räuml. Anordnung der Atome in Festkörpern mit Hilfe von Röntgenstrahlen; die Strahlen werden an den Elektronen der Festkörperatome gebeugt. Die Beugungsmuster lassen Rückschlüsse auf die Kristallstruktur zu. Die R. führte u. a. zur Aufklärung der Doppelhelix-Struktur der Desoxyribonucleinsäure (DNS).

Röntgentherapie, Anwendung von *Röntgenstrahlen* zu Heilzwecken: in den durch Röntgenstrahlen getroffenen Stellen werden Moleküle ionisiert u. zerstören dadurch die Zelle. In Frage kommen: 1. Oberflächenbestrahlung zur Behandlung von Hautkrankheiten, zur Enthaarung u. Umstimmung; 2. Tiefenbestrahlung zur Behandlung tiefliegender Geschwülste.

Roon, Albrecht Graf von, *1803, †1879, preuß. Offizier u. Politiker; 1859–73 Kriegs-Min., vertrat die Heeresreform Wilhelms I.

Roosevelt ['rouzvɛlt], **1.** Franklin Delano, *1882, †1945, US-amerik. Politiker (Demokrat); 1933–45

Röntgendiagnostik

Römische Kaiser	
Iulisch-Claudisches Kaiserhaus	
Augustus	27 v. Chr.–14 n. Chr.
Tiberius	14–37
Caligula	37–41
Claudius	41–54
Nero	54–68
Dreikaiserjahr	
Galba	68–69
Otho	69
Vitellius	69
Flavisches Kaiserhaus	
Vespasian	69–79
Titus	79–81
Domitian	81–96
Adoptivkaiser	
Nerva	96-98
Traian	98–117
Hadrian	117–138
Antonius Pius	138–161
Marc Aurel	161–180
Lucius Verus	161–169
Commodus	(177) 180–192
Vierkaiserjahr	
Pertinax	193
Didius Julianus	193
Pescennius Niger	193–194
Clodius Albinus	193–197
Severisches Kaiserhaus	
Septimius Severus	193–211
Geta	(209) 211–212
Caracalla	(198) 212–217
Macrinus u. Diadumenianus	217–218
(im O vom Heer ausgerufen, keine Severer)	
Elagabal	218–222
Severus Alexander	222–235
Soldatenkaiser	
Maximinus Thrax	235–238
Gordian I.	238
Gordian II.	238
Pupienus	238
Balbinus	238
Gordian III.	238–244
Philippus Arabs	244–249
Decius	249–251
Trebonianus Gallus	251–253
Volusianus	251–253
Aemilianus	253
Valerian	253–260
Gallienus	(253) 260–268
Postumus (Gallisches Sonderreich)	259–268
Claudius II.	268–270
Victorinus (Gallisches Sonderreich)	268–270
Quintillus	270
Aurelian	270–275
Tetricus (Gallisches Sonderreich)	270–273
Tacitus	275–276
Florianus	276
Probus	276–282
Carus	282–283
Carinus	283–285
Numerianus	283–284
Tetrarchie	
Diocletian	284–305
Maximian	286–305
Carausius u.	286–293
Allectus: Gegenkaiser in Britannien	293–296
Galerius	305–311
Constantius Chlorus	305–306
Flavius Severus	306–307
Maxentius (Usurpator in Rom)	306–312
Maximinus Daia	309–313
Licinius	(307) 311–324
Kaiser bis zur Reichsteilung	
Konstantin d. Gr.	(306) 324–337
Konstantin II.	337–340
Constantius II.	337–361
Constans	337–350
Julian Apostata	361–363
Jovianus	363–364
Valentinian I.	364–375
Valens	(364) 375–378
Gratian	(367) 375–383
Valentinian II.	375–392
Theodosius d. Gr.	(379) 394–395
Weströmische Kaiser nach der Reichsteilung	
Honorius	(393) 395–423
Constantius III.	421
Johannes	423–425
Valentinian III.	425–455
Petronius Maximus	455
Avitus	455–456
Maiorianus	457–461
Libius Severus	461–465
Anthemius	467–472
Olybrius	472
Glycerius	473–474
Julius Nepos	474–475
Romulus Augustulus	475–476

(32.) Präs. der USA (viermal nacheinander gewählt), bekämpfte erfolgreich die Wirtschaftsdepression durch den *New Deal* u. setzte notwendige Sozialreformen durch; durchbrach den Isolationismus der USA u. führte sie in den Krieg gegen die Achsenmächte; bemühte sich um Zusammenarbeit mit der Sowj. u. betrieb die Gründung der UNO. – **2.** Theodore, *1858, †1919, US-amerik. Politiker (Republikaner); 1901–09 (26.) Präs. der USA, einer der Hauptvertreter des großkapitalist. Imperialismus; Friedensnobelpreis 1906.

Root [ru:t], Elihu, *1845, †1937, US-amerik. Politiker; 1905–09 Außen-Min. (Förderer des Panamerikanismus); Friedensnobelpreis 1912.

Röpke, Wilhelm, *1899, †1966, dt. Nationalökonom; Vertreter des Neoliberalismus, bekämpfte den Kollektivismus; verfocht eine soz. u. eth. verpflichtete Marktwirtschaft.

Roquefort [rɔk'fo:r], fetter, mit grünem Schimmelpilz durchwachsener Rahmkäse aus Schafsmilch.

Roráte, kath. Bez. für den 4. Adventssonntag.

Rorschach, Hafenstadt u. Bezirks-Hptst. im schweiz. Kt. St. Gallen, am Südufer des Bodensees, 10 000 Ew.; Pfarrkirche (seit 1206); ehem. Kloster (seit 1484); Textil-, Masch.-, Metall-Ind.

Rorschach-Test, von dem schweiz. Psychiater H. *Rorschach* (*1884, †1922) entwickelter Persönlichkeitstest (1921), in dem die getestete Person teils schwarz-weiße, teils farbige Kleckbilder »deuten« muß.

Rosario [ro'sarjo], argent. Stadt am rechten Ufer des Paraná, 800 000 Ew.; bed. Handels- u. Ind.-Zentrum; Übersehafen.

Rose, 1. *Rosa,* Gatt. der *Rosengewächse,* Sträucher meist mit Stacheln, Blätter unpaarig gefiedert, Blüten zwittrig, einzeln oder in Büscheln; Blütenachse kugelig oder flaschenförmig vertieft; Kronblätter rot, rosa, weiß oder gelb. Zu den R. gehören: *Hunds-R., Hecken-R., Filz-R., Alpen-R.* u. a. Verschiedenste Artbastarde u. Züchtungen der R. sind die wirtsch. wichtigsten Gartenzierpflanzen. – **2.** *Med.: Wund-R., Erysipel,* akute, sehr ansteckende Haut- u. Unterhautzellgewebsentzündungen durch Infektion von Wunden u. oberflächl. Hautverletzungen mit *Streptokokken.*

Rosegger, Peter, *1843, †1918, öst. Schriftst.; begann mit Mundartgedichten, wurde zum beliebsten u. volkserzieher. Erzähler. W »Waldheimat«, »Als ich noch der Waldbauernbub war«.

Rosenberg, Alfred, *1893, †1946 (hingerichtet), dt. Politiker (NSDAP); führender Ideologe des Nat.-Soz., Reichs-Min. für die besetzten Ostgebiete (1941–44); im Nürnberger Prozeß zum Tode verurteilt.

Rosendahl, Heide, *14.2.1947, dt. Leichtathletin (bes. erfolgreich bei den Olymp. Spielen 1972).

Rosendorfer, Herbert, *19.2.1934, dt. Schriftst.; Vorliebe für grotesk-phantast. Geschehnisse; Romane, Erzählungen, Hörspiele.

Rosengarten, ital. *Catináccio,* westl., bizarre Berggruppe der Südtiroler Dolomiten, im *Kesselkogel* 3004 m.

Rosengewächse →Pflanzen.

Rosenheim, krsfr. Stadt in Oberbayern, am Inn, 55 000 Ew.; alte Patrizierhäuser mit Laubengängen u. Erkern; Holz-, Metall- u. Textil-Ind.

Rosenholz, zusammenfassende Bez. für versch. Hölzer aufgrund bes. Eigenschaften, v. a. der hellbis dunkelroten Farbe; auch rosenartiger Duft.

Rosenkäfer, *Cetoniinae,* Unterfam. der *Skarabäen,* metall.-glänzende, flache Käfer.

Rosenkohl, Abart des Kopfkohls.

Rosenkranz, Perlenschnur zur Kontrolle der Zahl der zu sprechenden Gebete; im Katholizismus Gebetsform zu Ehren Marias, bei der 15mal (oder 5mal) nacheinander je 10 Ave Maria gebetet werden, jeweils durch 1 Paternoster u. 1 Gloria Patri unterbrochen.

Rosenkreuzer, legendäre, später wirkliche Geheimgesellschaft, deren Symbole vier Rosen mit einem Andreaskreuz waren; zurückgehend auf 3 anonyme Traktate, die J. *Andreä* 1614/15 veröffentlichte.

Rosenkriege, eine Reihe von Bürgerkriegen (1455–85) zw. den Häusern *Lancaster* (Rote Rose) u. *York* (Weiße Rose) des engl. Königshauses *Plantagenet* um die Thronfolge.

Rosenmontag, der Montag vor Fastnacht, an dem große Umzüge veranstaltet werden.

Rosenöl, wohlriechendes äther. Öl, meist aus den Blättern der Damaszenerrose.

Rosenplüt, *Rosenblut,* Hans, *um 1400, †um 1470, Nürnberger Dichter; schrieb derbe Fastnachtsspiele u. Schwänke.

Rosenquarz, als Schmuckstein verwendeter hellrosa gefärbter Quarz.

Rosenquist [r'ouzənkwist], James, *29.11.1933, amerik. Objektkünstler; Vertreter der Pop-Art.

Roseolen, kleinfleckiger, rötl. Hautausschlag, tritt z.B. bei *Typhus* auf.

Rosétta, *Rosette,* arab. *Rashîd,* Hafenstadt in Unterägypten, am R.-Arm des Nildelta, 50 000 Ew. – Der 1799 gefundene *Stein von R.* ermöglichte die Entzifferung der Hieroglyphen.

Rosétte, 1. Verzierung in Form einer offenen Rose, in Stein oder Stuck als Gebäudeschmuck. – **2.** stilisiertes, rund angeordnetes Band- oder Stoffornament; bes. im Barock beliebt.

Roséwein, aus roten Keltertrauben hergestellter rosafarbener Wein.

Rosinánte, Pferd *Don Quijotes;* allg. Klepper, Schindmähre.

Rosínen, getrocknete Weinbeeren. *Sultanínen* sind hellgelb, kernlos u. dünnschalig; *Korinthen* klein, kernlos u. fast schwarz.

Roskilde ['rɔskilə], *Röskilde,* dän. Hafenstadt u. Verw.-Sitz der gleichn. Amtskommune auf der Insel Seeland, 49 000 Ew.; got. Dom (13. Jh.) mit Königsgräbern. – 10.–15. Jh. Residenz der dänischen Könige; 1658 Friede von R. (Ende des schwed.-poln. Kriegs).

Rosmarín, Gatt. der *Lippenblütler.* Charakterpflanze der Macchie im Mittelmeergebiet; *äther. R.öl* für hautreizende Einreibungen.

Rosmarin

Ross, 1. Sir James Clark, Neffe von 2), *1800, †1862, brit. Polarforscher; entdeckte 1839–43 die nach ihm ben. *R.-Barriere* u. das **R.-Meer,** eine Bucht des Pazif. Südpolarmeers, an der antarkt. Küste. – **2.** Sir John, *1777, †1856, brit. Polarforscher; erforschte den amerik.-arkt. Archipel. – **3.** Sir Ronald, *1857, †1932, brit. Physiologe; erkannte die Anophelesmücke als Überträger des Malariaerregers; Nobelpreis für Medizin 1902.

Roßbreiten, windschwache Zonen, zw. 20° u 35° nördl. u. südl. Breite.

Rosselino, 1. Antonio, *1427, †1479, ital. Bildhauer; schuf Altarwerke, Statuen u. Büsten. – **2.** Bernardo, Bruder von 1), *1409, †1464, ital. Architekt u. Bildhauer der Frührenaissance.

Rossellini, Roberto, *1906, †1977, ital. Filmregisseur; prägte den sog. neorealist. Filmstil; W »Rom, offene Stadt«.

Rösselsprung, im Schach die Zugart des Springers *(Rössel),* der zwei Felder geradlinig u. eins seitwärts springt; auch eine Rätselart, bei der die Silben des zu erratenden Textes in der Folge des R. über die Felder eines Quadrats verteilt sind.

Rosetti, 1. Christina Georgina, Schwester von 2), *1830, †1894, engl. Dichterin; schrieb schwermütige, oft betont religiöse Sonette von großer Formvollendung. – **2.** Dante Gabriel, *1828, †1882, engl. Maler u. Dichter; gründete 1848 mit W.H. *Hunt* u. J.E. *Millais* die Malerbruderschaft der *Präraffaeliten.*

Roßhaar, Schweif- u. Mähnenhaar von Pferden; für Bürsten, Besen u. als Polstermaterial.

Rossíni, Gioacchino Antonio, *1792, †1868, ital. Komponist; schrieb 40 Opern, deren Musik sich durch geistvolle melod. Erfindung u. rhythm. Beweglichkeit auszeichnet. W »Die Italienerin in Algier«, »Der Barbier von Sevilla«, »Wilhelm Tell«; Kirchenwerk »Stabat mater«.

Rossítten, russ. *Rybatschi,* Seebadeort in Ostpreußen, in der russ. Oblast Kaliningrad, auf der Kurischen Nehrung, 750 Ew.

Roßkastánie, *Aesculus,* mit der Kastanie nicht verwandte Gatt. der *R.ngewächse,* die *Gewöhnl. R.,* ein 20–30 m hoher Baum mit fünf- bis siebenfingerigen Blättern, harzig-klebrigen Knospen u. in Rispen stehenden weißen, gefleckten Blüten; beliebter Alleebaum.

Roßlau/Elbe, Krst. in Sachsen-Anhalt, an der Elbe, 15 000 Ew.; Wasserburg; Motoren- u. Schiffbau; Elbhafen.

Roßtrappe, steiler Granitfelsen im Oberharz, bei Thale, über dem Bodetal.

Rost, 1. infolge Einwirkung von feuchter Luft auf Eisen entstehende lockere, braunrote Schicht; besteht aus wasserhaltigen Eisenoxiden. – **2.** *Feuer-R.,* durchlöcherte Unterlage für Brennstoffe in der Feuerung. – **3.** →Rostpilze.

Rostand [rɔs'tɑ̃], Edmond, *1868, †1918, frz. Schriftst.; schrieb neuromant. Versdramen.

rösten, 1. ohne Zusatz von Fett oder Wasser durch Erhitzen bräunen (Brot, Kaffee); auf dem Rost, in der Pfanne braten. – **2.** bei der Gewinnung von Metallen die sulfid. Erze unter Luftzutritt erhitzen.

Rostock, Stadt u. bed. Ostseehafen in Mecklenburg-Vorpommern, an der Warnow-Mündung u. ihrer Erweiterung, dem *Breitling,* 255 000 Ew.; alte Hansestadt mit Univ. (1419) u. bed. Bauwerken der Backsteingotik; got. Marienkirche; Schiffbau; Überseehafen *R.-Petersdorf,* 1957–60 erbaut, mit nur 7 km langem Seekanal; vielseitige Nahrungsmittel- (v. a. Fisch), chem., graph., holzverarbeitende u. Masch.-Ind.; von Warnemünde (Seebad) seit 1903 Fährverkehr nach Gedser (Dänemark).

Rostow-na-Donu [ra'stɔf na da'nu], Hptst. der Oblast Rostow in Rußland, am Don, oberhalb seiner Mündung ins Asowsche Meer, 992 000 Ew.; Kultur-, Ind.- u. Handelszentrum; Univ.

Rostpilze, *Uredinales,* formenreiche Ordnung der *Ständerpilze,* die echte Parasiten sind. Sie befallen viele Nutzpflanzen, bes. alle Getreidearten, u. verursachen Rostkrankheiten *(Rost).*

Rostropowítsch, Mstislaw, *27.3.1927, russ. Cellist u. Komponist; 1974 emigriert, 1978 ausgebürgert, 1989 wieder eingebürgert.

Rosvaenge, Helge, *1897, †1972, dän. Sänger (Tenor); vor allem Mozart-, Verdi- u. Puccini-Interpret.

Roswítha von Gandersheim →Hrotsvith von Gandersheim.

Rot, Farbe, die die größte Wellenlänge im sichtbaren Spektrum besitzt (ungefähr 620–780 nm).

Rotalgen →Algen.

Rotangpalmen, *Rohrpalmen, Calamus,* artenreiche Gatt. von *Palmen,* die häufig zuerst buschig sind, später aber lange Kletterstämme bilden. Die Blattstengel liefern das *Span. Rohr, Rattan, Peddigrohr* u. ä.

Rotary-Club, *Rotarier,* eine 1905 von Paul *Harris* in Chicago gegr., heute weltumspannende Vereinigung von Geschäftsleuten u. Freiberuflern, die die Ideale des Dienens eintritt.

Rotation, Drehung eines Körpers oder einer Fläche um eine Achse.

Rotationsmaschine, Masch. für den Druck von zylindr. Druckformen.

Rosenkäfer

Rotfeuerfisch

Rotationsprinzip, Grundsatz, nach dem nur einmalige Wahl und höchstens einmalige Wiederwahl in ein öffentl. Amt zulässig ist, bek. durch seine Anwendung bei den »Grünen«.
Rotbarsch, *Goldbarsch,* zu den *Drachenköpfen* gehörend, 50–60 cm langer leuchtendroter Fisch der Nordsee u. des Atlantik.
Rote Armee, Kurzform für *Rote Arbeiter- u. Bauernarmee,* 1918–46 Bez. für das Heer der Sowj., danach *Sowjetarmee.*
Rote Armee Fraktion →RAF.
Rote Bete, *Rote Rübe, Salatrübe,* eine Zuchtvarietät der Runkelrübe.
Rote Garde, meist aus Schülern u. Studenten rekrutierte Jugendorganisation in der chin. Kulturrevolution; auch revolutionäre Kampfverbände in Sowjetrußland ab 1917 u. in Dtld. ab 1918.
Rote Kapelle, Gestapo-Bez. für eine kommunist. Widerstandsorganisation gegen das nat.-soz. Regime; 1942/43 größtenteils zerschlagen.
Rote Khmer, Bez. für kommunist. Guerillaverbände in Kambodscha; eroberten 1975 ganz Kambodscha; gelten als die eigtl. Verantwortlichen für die Massenmorde am eig. Volk unter dem Regime *Pol Pots.*
Rote Liste, 1. Verzeichnis der gefährdeten Tier- u. Pflanzenarten, die bes. Schutz bedürfen. – **2.** Verzeichnis der gehandelten Arzneien u. ihrer Wirkungen.
Röteln, *Rubeolae,* ansteckende, im allg. leichte Infektionskrankheit bei Kindern mit masernähnl. Ausschlag u. Lymphknotenschwellung. Die Erkrankung eine werdenden Mutter, bes. in den ersten 2 bis 3 Schwangerschaftsmonaten, kann das Kind im Mutterleib schädigen u. zu Mißbildungen Anlaß geben; Vorbeugung durch *R.schutzimpfung.*
Rotenburg (Wümme), Krst. in Nds. an der Wümme, östl. von Bremen, 20 000 Ew.; Landwirtschaftszentrum.
Rotenburg an der Fulda, hess. Stadt nördl. von Hersfeld, 15 000 Ew.; Luftkurort; mittelalterl. Altstadt, Schloß.
Roterde, *Latosol,* krümeliger, bröckeliger, humus- u. tonarmer Boden mit starker Rotfärbung im obersten Bodenhorizont.
Roter Fluß, vietnames. *Sông Nhi Ha,* chin. *Yuan Jiang,* hinterind. Fluß, rd. 1200 km; entspringt in Yunnan u. mündet in den Golf von Tonkin.
Roter Halbmond →Rotes Kreuz.
Roter Main, Quellfluß des *Main,* entspringt in der nördl. Fränk. Alb, vereinigt sich westl. von Kulmbach mit dem *Weißen Main.*
Roter Sand, Untiefe vor der Wesermündung.
Rotes Kreuz, Abk. *RK,* 1863 von H. *Dunant* gegr. internat. Organisation, die es sich zur Aufgabe macht, im Krieg das Los der Kriegsopfer zu mildern. Grundpfeiler des Internat. RK sind das *Internat. Komitee vom Roten Kreuz* (IKRK) u. die *Liga der RK-Gesellschaften.* Das *Dt. Rote Kreuz* (DRK) wurde 1921 gegr., 1945 aufgelöst, in der BR Dtld. 1951 wieder gegr. Das DRK arbeitet auch im Rettungsdienst, Sozialwesen, in der Krankenfürsorge u. unterhält einen Vermißtensuchdienst. Das rote Kreuz im weißen Feld sichert dem Sanitätspersonal den Schutz der Genfer Konventionen. Ihm entspricht in der Türkei der *Rote Halbmond,* in Iran der *Rote Löwe* u. die *Rote Sonne,* in Israel der *Rote Davidstern.*
Rotes Meer, arab. *Al-Bahr al-Ahmar, Bahr el Hedjas,* Nebenmeer des Ind. Ozeans, zw. Arabien u. NO-Afrika, ein rd. 440 000 km² großer Graben; größte Tiefe 2604 m; durch den Suezkanal mit dem Mittelmeer verbunden.
Rote Spinne, eine bis zu 0,5 mm lange *Spinnmilbe,* lebt auf Obstbäumen; sehr schädlich.
Rotfeuerfisch, zu den *Drachenköpfen* gehörender, lebhaft gefärbter trop. Grundfisch; Rücken- u. Brustflossen mit verlängerten Strahlen.
Rotfuchs →Füchse.
Rotgültigerz, Bez. für trigonal kristallisierende, wertvolle Silbererze.
Roth, Krst. in Mittelfranken (Bay.), an der Rednitz, 24 000 Ew.; Schloß; Fachschulen für Hopfen u. Tabakanbau.
Roth, 1. Eugen, *1895, †1976, dt. Schriftst.; schrieb heiter-satir. Versbücher. W »Ein Mensch«. – **2.** Joseph, *1894, †1939, östr. Schriftst.; Schilderer der östr.-ung. Monarchie. W »Radetzkymarsch«.
Rothaargebirge, *Hochsauerland,* höchster Teil des Sauerlands, im *Langenberg* 843 m.
Rothacker, Erich, *1888, †1965, dt. Philosoph u. Psychologe, entwickelte in der Nachfolge W. *Diltheys* eine Theorie der Geisteswiss. u. eine Schichtenlehre der Persönlichkeit.
Rothäute, Bez. für die nordamerik. Indianer wegen der Körperbemalung.
Rothe, Hans, *1894, †1978, dt. Schriftst.; schuf eine Shakespeare-Übersetzung u. schrieb Dramen.
Rothenberger, Anneliese, *19.6.1924, dt. Sängerin (Sopran).
Rothenburg ob der Tauber, Stadt in Mittelfranken (Bay.), 11 000 Ew.; sehr gut erhaltenes mittelalterl. Stadtbild; St. Jakobskirche mit Heiligblutaltar von T. Riemenschneider; Fremdenverkehr.
Rothfels, Hans, *1891, †1976, dt. Historiker; arbeitete über Bismarckzeit, Nationalitätenfrage, Zeitgeschichte u. Widerstandsbewegung.
Rothirsch, *Rotwild, Edelwild,* in 20 Unterarten über die Nordhalbkugel verbreiteter *Hirsch.* Größte Unterart ist der nordamerik. *Wapiti (Elk)* mit 1,65 m Standhöhe u. 2,50 m Länge.
Rotholz, Farbhölzer trop. Bäume aus der Fam. der *Zäsalpiniengewächse;* witterungsfest.
Rothschild, Meyer Amschel, *1743, †1812, dt.-jüd. Bankier, Gründer des Bankhauses R. in Frankfurt a.M. Durch die unter seiner Leitung seiner Söhne stehenden Niederlassungen gewann das Haus R. in der 1. Hälfte des 19. Jh. großen polit. Einfluß in Europa. Amschel (*1773, †1855; übernahm das Stammhaus), Nathan (*1777, †1836; London), James (*1792, †1868; Paris), Salomon (*1774, †1855; Wien) u. Karl (*1788, †1855; Neapel).
Rotkehlchen, in die Verwandtschaft der *Drosseln* gehöriger kleiner euras. *Singvogel* mit orangefarbener Brust.
Rotlauf, *Erysipeloid,* Infektionskrankheit der Schweine, auf den Menschen übertragbar.
Rotliegendes, die untere Stufe des dt. Perm, Abtragungsschutt des varisz. Gebirges.

Rothenburg ob der Tauber: Blick auf das Rödertor und den Markusturm

Rotor, rotierender Teil einer Maschine, insbes. Drehflügel des Hubschraubers.
Rotorua, Stadt im Innern der Nordinsel Neuseelands, auf einem vulkan. Plateau, 50 000 Ew.; Kur- u. Fremdenverkehrszentrum.
Rotschwanz, in die Verwandtschaft der *Drosseln* gehöriger kleiner einheim. *Singvogel;* zwei Arten: *Haus-R., u. Garten-R.*
Rott am Inn, Gem. in Oberbay., 3000 Ew.; ehem. Benediktinerkloster mit berühmter Rokokokirche.
Rotte, 1. Abteilung, Schar. – **2.** mehrere zusammenstehende Stücke bei Schwarzwild u. Wölfen. – **3.** nebeneinander marschierende Soldaten einer Marschkolonne; takt. Einheit von zwei Flugzeugen oder Kriegsschiffen.
Rottenburg am Neckar, Stadt in Ba.-Wü., sw. von Tübingen, 35 000 Ew.; Bischofssitz; Dom (1821, Turm 15. Jh.), Wallfahrtskirche (1682).
Rotterdam, zweitgrößte Stadt der Niederlande, zu beiden Seiten des nördl. Hauptarms des Rheindeltas u. der Neuen Maas, 576 000 Ew. R. hat den größten Seehafen des europ. Festlands; i.w.S. auch die benachbarten Häfen von *Schiedam, Vlaardingen* u. *Hoek van Holland,* mit *Europoort* insges. 11,5 km² Hafenfläche; Ind.- u. Handelszentrum: Werften, Maschinenbau, Erdölraffinerien, Öl-, Margarine-, Seifen-, Schokoladenfabriken, Kaffeeröstereien, Holz-, Auto- u. chem. Ind., Elektrogerätebau, Verkehrsknotenpunkt.
Rottmann, Carl, *1797, †1850, dt. Maler; schuf romant. Landschaften mit Helldunkelkontrasten.
Rottmayr, Johann Michael R. von Rosenbrunn (1704), *1654, †1730, östr. Maler; schuf Deckengemälde u. Fresken in Barockbauten.
Rottweil, Krst. in Ba.-Wü., am oberen Neckar, 23 000 Ew.; Uhren-Ind.; alljährl. R.er Fastnacht mit allemann. Kostümen u. Masken.
Rottweiler, große, schwere Hunderasse; Dienst- u. Wachhund.
Rotunde, Rundbau, runder Raum.
Rotverschiebung, Verschiebung von Spektrallinien einer elektromagnet. Strahlung zu größeren Wellenlängen, beim Licht also zum roten Ende des sichtbaren Ursprungs hin. Die wichtigste physikal. Ursache für eine R. ist der *Doppler-Effekt.*
Rotwelsch, dt. Gaunersprache, seit dem Ausgang des MA nachweisbar; enthält u. a. jidd. u. zigeuner. Elemente.
Rotwild, *Edelwild* →Rothirsch.
Rotz, *Malleus,* Infektionskrankheit bes. der Einhufer (Pferd, Esel), die auch auf andere Tierarten u. auf den Menschen übertragen werden kann.
Rotzunge, Plattfisch des Nordatlantiks, schmackhafter Speisefisch.
Rouault [ru'o:], Georges, *1871, †1958, frz. Maler u. Graphiker; schuf in expressivem, stark konturiertem Figurenstil religiöse Darstellungen.
Roubaix [ru'bɛ], Ind.-Stadt im frz. Dép. Nord, am Kanal von R., 102 000 Ew.; got. Kathedrale; Zentrum der nordfrz. Textilind.
Rouen [ru'ã], Hpst. des N-frz. Dép. *Seine-Maritime,* am Unterlauf der Seine, Zentrum der Normandie, 102 000 Ew.; got. Kathedrale Notre-Dame (12.–15. Jh.) u. viele andere histor. Bauten; Mu-

Rothirsch

seen; kath. Erzbischofssitz; Univ.; bed. Flußhafen; Schiff-, Masch.-, Lokomotiv-, Waggon- u. Kfz-Bau, Erdölraffinerien. – In R. wurde 1431 Jeanne d'Arc verbrannt.
Rouge [ru:ʒ], Wangenschminke (Creme, Puder).
Rouget de Lisle [ruʒɛ:d'lil], Claude Joseph, *1760, †1836, frz. Offizier; dichtete u. komponierte 1792 die *Marseillaise*.
Roulade [ru-], geschmorte, mit Speck, Gurke, Zwiebeln u. Gewürzen gefüllte Fleischrolle.
Rouleau [ru'lo:], aufrollbarer Vorhang.
Roulette [das], *Roulett*, Glücksspiel, bei dem eine Kugel auf einer drehbaren Scheibe rollt u. zum Schluß in einem der mit 0–36 numerierten Felder liegenbleibt. Der Spieler setzt auf Nummern oder Nummernkombinationen; als Gewinn kann der einfache bis 35fache Einsatz erzielt werden.
Round-Table-Konferenz [raund 'te:bl-], Konferenz (Gleichberechtigter) am runden Tisch.
Rourkela [rur-], *Raurkela*, ind. Stadt im nördl. Orissa, nahe bei den Kohlen- u. Eisenerzlagern von *Chota Nagpur*, 310 000 Ew.; Hüttenwerk (von dt. Firmen 1956 erbaut).
Rous [raus], Francis Peyton, *1879, †1970, US-amerik. Mediziner; entdeckte krebserregende Viren; Nobelpreis 1966.
Rousseau [ru'so:], **1.** Henri, *1844, †1910, frz. Maler; Hauptvertreter der *naiven Malerei*. – **2.**

Roulette: Kessel, Chips und das Tableau mit der Einteilung der Gewinnmöglichkeiten

Jean-Baptiste, *1670, †1741, frz. Schriftst.; verfaßte Oden u. witzige Epigramme. – **3.** Jean-Jacques, *1712, †1778, frz. Schriftst. u Philosoph schweiz. Herkunft; führte ein unstetes Wanderleben, das er in den »Bekenntnissen« mit rücksichtsloser Offenheit beschrieb. Seine Preisschrift über den (negativen) Einfluß der Künste u. der Wiss. auf die Sitten steht am Beginn der modernen Kulturkritik. Das Recht auf Freiheit des Gefühls verkündete R. in dem Briefroman »Julie oder Die neue Héloïse«. In dem Roman »Emil oder Über die Erziehung« stellte er das Ideal einer naturnahen Erziehung auf. Die Schrift »Der Gesellschaftsvertrag« betrachtet den Staat als eine freiwillige Vereinigung der Einzelwillen zu einem »Gesamtwillen«; daher gehe die Souveränität vom Volk aus. R. war Wegbereiter der Romantik, der Frz. Revolution u. der Demokratie. – **4.** Théodore, *1812, †1867, frz. Maler u. Graphiker; Mitgl. der Schule von Barbizon.
Roussel [ru'sɛl], Albert, *1869, †1937, frz. Komponist; Neuklassizist.
Roussillon [rusi'jɔ̃], Ldsch. u. histor. Prov. in S-Frankreich, am Mittelmeer, Hptst. *Perpignan*.
Routine [ru'ti:nə], durch Übung u. Erfahrung gewonnene Fertigkeit. – **routiniert**, geschickt, gewandt, erfahren. – **Routinier**, geübter, erfahrener Mensch.
Rovaniemi, Prov.-Hptst. in N-Finnland, 32 500 Ew.; Flugplatz.
Rovigo, ital. Prov.-Hptst. in Venetien, zw. Po u. Etsch, 53 000 Ew.; Dom (17. Jh.).
Rovuma, *Rowuma*, Grenzfluß zw. Tansania u. Moçambique, 1100 km.
Rowdy ['raudi:], streitsüchtiger Mensch; Raufbold.
Rowohlt, Ernst, *1887, †1960, dt. Verleger; gründete 1908 (neu 1919 u. 1945) einen bed. Verlag (seit 1960 in Reinbek bei Hamburg).
Roxane, †311 v. Chr. (ermordet), baktr. Fürstentochter, mit *Alexander d. Gr.* vermählt.

royal [rwa'jal], königlich, königstreu.
Royal Air Force ['rɔiəl 'ɛə 'fɔ:s], Abk. *RAF*, die Luftwaffe Großbritanniens.
Royalismus, Königstreue, Befürwortung der Monarchie. – **Royalisten**, Anhänger der Monarchie, Königstreue.
Royal Society ['rɔiəl sə'saiəti], älteste engl., 1660 gegr. Akademie der Wiss. in London.
Rp., Abk. für lat. *recipe*, »empfange«, auf dem ärztl. Rezept.
RP, postal. Zeichen für *Rückantwort bezahlt* (bei Telegrammen), frz. *réponse payée*.
RSFSR, Abk. für *Russische Sozialistische Föderative Sowjetrepublik*; heute →Rußland.
RT, Abk. für *Registertonne*.
RTL, seit 1984 von der Rundfunkanstalt *RTL plus Dtld. Fernsehen GmbH & Co. Betriebs-KG* ausgestrahltes privates dt.-sprachiges Fernsehprogramm; bis 1992 *RTL plus*; Sitz Köln.
RTL 2, seit 1993 privater TV-Veranstalter, Sitz Köln.
Ru, chem. Zeichen für *Ruthenium*.
Ruanda-Urundi →Burundi, →Rwanda.
Rub al Khali ['rupal'xa:li], *Ar Rimal*, Sandwüste im S der Arab. Halbinsel, 132 000 km².
rubato, Bez. für die freie Behandlung des Zeitmaßes im musikal. Vortrag.
Rubbia, Carlo, *1934, ital. Physiker; grundlegende Arbeiten zur Teilchenphysik; 1984 Nobelpreis.
Rubel, Währungseinheit in Rußland u. anderen Nachfolgestaaten der Sowj., 1 R. = 100 *Kopeken*.
Rüben, Pflanzen der Gatt. *Brassica (Stoppel-R., Kohl-R.), Beta (Runkel-, Zucker-, Rote R.)* u. Doldengewächse *(Karotten, gelbe R.)*, mit gezüchteten, fleischig verdickten Pfahlwurzeln, reich an Nährstoffen (bes. Kohlenhydraten). Alle R. sind zweijährig, d. h. sie treiben im 1. Vegetationsjahr nur Blätter, im 2. Jahr erst Blüten u. Samen.
Rubens, Peter Paul, *1577, †1640, fläm. Maler; neben Rembrandt das größte künstler. Genie seiner Zeit; fand zu einer eig. unklassizist. Bildform, die sich mit raumrhythmisierender Figurengebärde zu einem repräsentativen Barockstil entwickelte. Die Kühnheit seiner auf Bewegung angelegten Bilderfindung kam am großartigsten im Spätwerk zur Geltung. R. schuf zykl. Folgen, Altarbilder, mytholog. Szenen, Jagdstücke, Porträts.

Jean-Jacques Rousseau: Kupferstich von Chodowiecki zu dem Briefroman »Julie oder die neue Héloïse«; aus einem Zyklus von 12 Blättern, 1783. Berlin, Staatsbibliothek Preußischer Kulturbesitz

Rübezahl, Berggeist des Riesengebirges, der in vielerlei Gestalt erscheint.
Rubidium, ein →chemisches Element.
Rubikon, lat. *Rubico*, der antike Grenzfluß zw. Italien u. Gallia Cisalpina in der südl. Romagna. *Cäsars* Überschreitung des R. 49 v. Chr. führte den Bürgerkrieg herbei.
Rubik-Würfel, *Zauberwürfel*, Geschicklichkeitsspiel für 1 Person, erfunden 1977 von dem Ungarn Ernö *Rubik*. Der Kubus hat auf seinen 6 Außensei-

Peter Paul Rubens: Nymphen und Satyrn; 1635-1640. Madrid, Prado

766 Rubin

ten je 3 × 3 drehbare Teilwürfel. Durch Verstellen ergeben sich 43 252 003 274 489 856 000 versch. Kombinationsmöglichkeiten. Weitere Entwicklungen: *Rubik's Magic, Rubik's Clock*.
Rubin, rotes, diamantglänzendes, durchsichtiges Mineral; Abart des Korunds; →Edelsteine.
Rubinstein, 1. Anton Grigorjewitsch, *1829, †1894, russ. Komponist u. Pianist; Opern, Oratorien, Klavierkonzerte. **2.** Art(h)ur, *1887, †1982, US-amerik. Pianist poln. Herkunft; Interpret Chopins, Beethovens u. neuerer span. Musik.
Rubljow, Andrej, *1360/1370, †um 1430, russ. Ikonen- u. Freskenmaler.

Rubik-Würfel, »Zauberwürfel« (links). – Rubik's Magic, »Magische Ringe« (rechts)

Ruderfußkrebs

Rüböl, fettes Öl, aus den Samen des *Rübsen* gewonnen; Verwendung zu Speiseölen u. a.
Rubrik, 1. urspr. die rotgemalte Überschrift in Handschriften des MA, jetzt Abteilung, Spalte. – **2.** in liturg. Büchern des kath. Ritus eine Anweisung zum Vollzug der gottesdienstl. Zeremonien.
Rübsen, *Rübsamen, Feldkohl,* ein *Kreuzblütler* mit gelben Blütentrauben; neben dem Raps wichtigste einheim. Ölpflanze, deren Samen *Rüböl* liefert.
Rücken, 1. Bereich von der Schulter- bis zur Lendengegend auf der Rückseite des menschl. Rumpfes; Oberseite des tier. Rumpfes. – **2.** langgestrecktes untermeer. Gebirge mit steilen Hängen.
Rückenmark, das auf der Rückseite liegende röhrenförmige *Zentralnervensystem* der *Chordatiere.* Bei den höheren Wirbeltieren mit deutl. abgesetztem Gehirn ist das R. (Medulla spinalis) die Fortsetzung des vom Gehirn ausgehenden verlängerten Marks, die im R.skanal (Neuralrohr in der Wirbelsäule) verläuft. Innerhalb des R. sind die Nervenfasern wie in einem Telegraphenkabel in einzelnen Bündeln angeordnet.
Rückert, Friedrich, *1788, †1866, dt. Schriftst., Lyriker u. Spruchdichter des Biedermeier, bahnbrechender Übers. oriental. Dichtung.
Rückfall, 1. *Rezidiv,* erneutes Auftreten einer Krankheit, die überwunden war bzw. schien. – **2.** erneute Verletzung eines Strafgesetzes durch einen wegen gleicher oder anderer Taten vorbestraften Täter. Das Strafrecht der BR Dtld. sieht bei R. in bestimmten Fällen eine Erhöhung der Mindeststrafe vor.
Rückfallfieber, *Rekurrensfieber,* eine fieberhafte, schubweise verlaufende, anzeigepflichtige Infektionskrankheit; Erreger sind die Rekurrens-Spirochäten, die durch Läuse bzw. Zecken übertragen werden.
Rückgrat →Wirbelsäule.
Rückgratverkrümmung, Folge von Krankheiten der Wirbelsäule (z.B. Rachitis) oder Verletzungen. Formen: *Rundbuckel (Kyphose), Gibbus (Spitzbuckel), Lordose, Skoliose.*
Rückgriff →Regreß.
Rückkopplung, *Selbststeuerung,* Vorgang, bei dem einem schwingenden System während einer Periode diejenige Energie wieder zugeführt wird, die es in dieser Periode verloren hat. In der Rundfunktechnik dient die R.-Schaltung zur Erzeugung von ungedämpften Schwingungen. – In der Elektroakustik: bei akust. Kopplungen zw. Lautsprecher u. Mikrophon; äußert sich als hoher Pfeifton. – Den Begriff R., hier oft *Feedback* genannt, benutzt man auch für physiolog., kommunikative u. a. Prozesse, bei denen ein Teil der Wirkung eines Vorgangs zur Steuerung des auslösenden Vorgangs rückgemeldet wird; das gesamte System bildet einen *Regelkreis.*
Rücklagen, Teil des *Eigenkapitals* eines Unternehmens, der über das Grund- u. Stammkapital hinausgeht. Offene R. sind auf der Passivseite der Bilanz ausgewiesen. Stille R. sind aus der Bilanz nicht zu erkennen; sie entstehen z.B. durch Unterbewertung von Vermögen.
Rückschein, vom Postempfänger zu vollziehende Empfangsbescheinigung, die dem Absender übersandt wird.
Rückstände, im Umweltschutz die Restmengen unerwünschter Stoffe (z.B. Pflanzenschutzmittel) in Böden, Gewässern, Lebens- u. Futtermitteln.
Rückstellung, Passivposten der Bilanz, der für künftige Aufwandszahlungen zu bilden ist, deren Höhe oder Fälligkeit noch nicht genau feststeht.
Rückstoß, Impuls, den ein Körper erfährt, wenn von ihm aufgrund eines inneren Vorgangs Masse fortgestoßen wird. Bei Raketen u. Strahltriebwerken dient der R. durch den ausgestoßenen Gasstrom zum Antrieb.
Rücktritt, 1. als *R. vom Vertrag* dessen rückwirkende Vernichtung durch Erklärung des R. gegenüber dem Partner aufgrund vertragl. R.vorbehalts oder gesetzl. R.rechts. – **2.** als *R. vom Versuch* einer der *Strafaufhebungsgründe.*
Rückversicherung, *Reassekuranz,* Weitergabe von Risiken, die der Versicherer dem Kunden gegenüber deckt, soweit sie ein im Wert normales Maß übersteigen, an andere Versicherer.
Ruda, poln. *R. Śląska,* Stadt in Oberschlesien, westl. von Kattowitz, 167 000 Ew.; Steinkohlenbergbau, Eisenhütten, Kokereien, Kraftwerk.
Rüde, das Männchen von Raubtieren der Hunde- u. Marderfamilien.
Rudel, größere Hochwild-, Gams- oder Rehgruppe; auch Rotte.
Ruder, Steuer-R., Steuerorgan bei Booten, Schiffen u. Luftfahrzeugen.
Ruderalpflanzen, *Schuttpflanzen,* Pflanzen, die stickstoffreiche Böden in Siedlungsnähe bewohnen, z.B. Brennessel- u. Gänsefußarten.
Ruderfüßer, *Pelecaniformes,* Ordnung ausgesprochener Wasservögel, bei denen alle 4 Zehen durch Schwimmhäute verbunden sind. Hierzu: *Tropik-, Fregatt-, Schlangenhalsvögel, Kormorane, Tölpel* u. *Pelikane.*
Ruderfußkrebse, *Hüpferlinge, Copepoda,* Kl. der *Krebse;* 4000 Arten im Meer- u. Süßwasser aller Erdteile, freilebend oder als Parasiten.
Rudern, Vorwärtsbewegung von Wasserfahrzeugen durch Muskelkraft mit Hilfe von *Riemen* oder *Skulls;* danach unterscheidet man *Riemenboote* (jeder Ruderer faßt die Ruderstange [Riemen] mit beiden Händen) u. *Skullboote* (jeder Ruderer bedient ein Ruderstangenpaar [Skull]). Bootsgattungen für Regatta-R.: Einer, Doppelzweier, Zweier ohne Steuermann, Zweier mit Steuermann, Doppelvierer, Vierer ohne Steuermann, Vierer mit Steuermann, Achter.
Rüdesheim am Rhein, hess. Stadt am Südhang des Niederwalds (Rheingaugebirge), 10 000 Ew.; Fremdenverkehr, Weinbauzentrum.
Rudiment, *Rudimentärorgan,* im Lauf der Stammesentwicklung funktionslos gewordenes, u. daher verkümmertes Organ bzw. dessen Reste. – **rudimentär,** rückgebildet, verkümmert.
Rudolf, Fürsten:
Deutsche Könige u. Kaiser:
1. *R. von Rheinfelden,* †1080, Herzog von Schwaben 1057–80, dt. Gegenkönig 1077–80; fand nur in Sachsen Rückhalt. – **2.** *R. I., R. von Habsburg,* *1218, †1291, König 1273–91; als vermögenster

 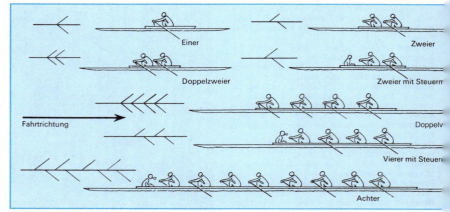

Rudern: Endspurt bei einem Frauen-Wettbewerb der Bootsklasse Zweier ohne Steuerfrau (links). – In diesen Rennboot-Klassen werden internationale Wettbewerbe ausgetragen, dazu kommt der hier nicht abgebildete Vierer ohne Steuermann. Der Einer, der Doppelzweier und der Doppelvierer sind Skullboote, bei denen ein Ruderer (bzw. eine Ruderin) ein Ruderstangenpaar (Skulls) bedient, die übrigen sind Riemenboote (rechts)

Territorialherr im dt. Südwesten zum dt. König gewählt, besiegte 1278 König *Ottokar II.* von Böhmen, sorgte für Wiederherstellung des Landfriedens. – **3. R. II.,** *1552, †1612, Kaiser 1576–1612; Sohn *Maximilians II.,* wegen zunehmender Geisteskrankheit ab 1604 schrittweise entmachtet.
Österreich:
4. R. IV., *R. der Stifter,* *1339, †1365, Herzog 1358–65; Urheber des *Privilegiums maius.* – **5.** *1858, †1889 (Selbstmord), Erzherzog, Kronprinz; erschoß sich mit der Baronin Mary *Vetsera* in Schloß Mayerling.
Rudolfsee →Turkanasee.
Rudolf von Ems, *um 1200, †1250/1254, späthöf. mhd. Epiker; erweiterte den Stoffbereich nach dem Bürgerlichen hin.
Rudolstadt, Stadt in Thüringen, an der Saale, 32 000 Ew.; ehem. Residenz (1574–1918) der Grafen bzw. Fürsten von Schwarzburg-R., Schloß Heidecksburg; Porzellan-, pharmazeut. u. Kunstfaser-Ind.
Ruf, 1. Leumund, Ansehen, Ruhm. – 2. Berufung in ein Amt.
Ruf, Sepp, *1908, †1982, dt. Architekt; seit 1953 Präs. der Akademie der bildenden Künste München. Ⓦ Dt. Pavillon Expo 1958 in Brüssel (zus. mit E. *Eiermann;* US-Botschaft in Godesberg-Mehlem; Bungalow im Garten des Palais Schaumburg, Bonn.
Rufname →Name.
Rugby ['rʌgbi], ein erstmals 1823 am College von R. (England) als Zwischenform von Fuß- u. Handball gespieltes Rasenspiel. Zwei Mannschaften von je 15 Spielern versuchen, den eiförmigen Ball in das gegner. *Malfeld* (hinter den Toren) zu tragen

Rüdesheim am Rhein: Drosselgasse

oder zu werfen oder über die 3 m hohen Querlatten der Tore (Male) zu treten. Die Spielzeit beträgt 2 x 40 min.
Ruge, Arnold, *1803, †1880, dt. Philosoph u. polit. Schriftst.; 1844 mit K. *Marx* Hrsg. der »Dt.-Frz. Jahrbücher«.
Rüge, Tadel, Zurechtweisung, bes. im Kaufrecht (*Mängel-R.*) u. im dt. Verfassungsrecht.
Rügen, größte dt. Insel, in der Ostsee, durch den Strelasund von Vorpommern getrennt, 926 km²; besteht aus fast ebenem Kernland im S u. W u. Hügelgebiet im N u. O; höchster Punkt ist mit 161 m der *Piekberg* (Jasmund); im N die Halbinsel *Wittow* mit Kap Arkona, im O Jasmund mit Kreidesteilküste (*Stubbenkammer*); durch Bodden u. Buchten stark gegliederte Küste; Landw. u. Fischfang, Kreidekalkabbau, Badebetrieb. Der 2,5 km lange *R.damm* zw. Stralsund u. Altefähr verbindet seit 1936 die Insel mit dem Festland, eine Eisenbahnfähre führt nach Trälleborg (Schweden).
Rugier, ein zw. Weichsel u. Oder ansässiger ostgerm. Stamm, schloß sich im 4. Jh. dem Gotenzug nach S an. Im 5. Jh. ließen sich die R. im heutigen Niederöstr. nieder; 487/88 vernichtete *Odoaker* ihr Reich.

Rudolf I. von Habsburg; Grabplatte im Dom zu Speyer

Rühe, Volker, *25.9.1942, dt. Politiker (CDU); seit 1976 MdB; 1989–92 Generalsekretär der CDU, seit 1992 Bundes-Min. der Verteidigung.
Ruhegehalt, Pension, Teil der Versorgungsbezüge von Beamten im *Ruhestand,* wird nach Ableistung einer *ruhegehaltsfähigen Dienstzeit* von mindestens 5 Jahren, wegen vorzeitiger *Dienstunfähigkeit* oder bei Versetzung in den *einstweiligen Ruhestand* gewährt.
Ruhegeld, im weitesten Sinn die gesamte Altersversorgung.
Ruhestand, *Pension,* das Rechtsverhältnis eines Beamten, Richters oder Berufssoldaten zu seinem Dienstherrn nach ehrenhaftem Ausscheiden aus dem aktiven Dienst durch *Eintritt in den R.* oder *Versetzung in den R.* Der Eintritt in den R. erfolgt automat. mit Erreichen der *Altersgrenze,* kann aber ausnahmsweise bis längstens zum 70. Lebensjahr hinausgeschoben werden. Beamte können bei vorzeitiger Dienstunfähigkeit in den R. versetzt werden. Bestimmte höhere Beamte, die sog. *polit. Beamten,* können in den *einstweiligen R.* (Wartestand) versetzt werden. R.sbeamte haben Anspruch auf Versorgung, bes. durch Zahlung eines *Ruhegehalts.*
Ruhestörung, Erregung von Lärm, der unzulässig oder nach den Umständen in seinem Ausmaß vermeidbar ist; kann als Ordnungswidrigkeit mit Geldbuße geahndet werden.
Ruhla, Stadt in Thüringen, im Thüringer Wald, sö. von Eisenach, 7000 Ew.; Uhren-, Masch.- u. Elektro-Ind.
Rühm, Gerhard, *12.2.1930, östr. Schriftst.; seit 1954 im Kreis der »Wiener Gruppe« tätig; Vertreter der *konkreten Poesie.*

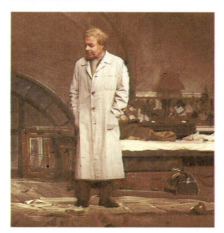

Heinz Rühmann in Harold Pinters Stück »Der Hausmeister«

Rühmann, Heinz, *1902, †1994, dt. Schauspieler; populär als Komiker u. Charakterdarsteller; zahlreiche Filme, u. a. »Die Feuerzangenbowle«, »Der Hauptmann von Köpenick«, »Der brave Soldat Schwejk«.
Rühmkorf, Peter, *25.10.1929, dt. Schriftst.; gibt in parodist. montierten Gedichten u. Stücken eine polem. Zeitanalyse.
Ruhpolding, oberbay. Gem., an der Traun, 6000 Ew.; Wintersportplatz u. Luftkurort.
Ruhr, *Dysenterie,* Darminfektionskrankheit, die durch mehrere Typen von Bakterien (*Shigellen*) oder einzellige Lebewesen (*R.amöben*) hervorgerufen wird u. je nach Erregertyp in leichten bis lebensgefährl. Formen verlaufen kann.
Ruhr, r. Nbfl. des Rhein, 235 km, davon 76 km schiffbar; entspringt am *R.kopf* im Sauerland, durchfließt das *R.gebiet,* mündet bei Duisburg-R.ort.
Ruhrgebiet, Kernzone des Rhein.-Westfäl. Industriegebiets zw. Ruhr im S, Lippe im N, Kamp-Lintfort/Rheinhausen im W, Hamm/Unna/Herdecke im O; bed. Industrieballung Kontinentaleuropas; umfaßt mit 11 krsfr. Städten u. 4 Ldkrs. 4900 km², 5,3 Mio. Ew. Seit 1920 besteht zur Lösung gemeinsamer Siedlungs- u. Verkehrsprobleme der *Siedlungsverband Ruhrkohlenbezirk,* heute *Kommunalverband Ruhrgebiet (KVR).*

Rugby: Nach Regelverstößen wird der Ball durch ein »Gedränge« wieder ins Spiel gebracht

Den Aufschwung des R. förderte neben dem Kohlenreichtum die günstige Verkehrslage am Schnittpunkt des Rhein mit alten O-W-Verkehrsstraßen. Die Gesamtvorräte des R. an Steinkohle werden auf derzeit noch 20 Mrd. t geschätzt, rd. 85% der Vorräte in Dtld. Neben dem Bergbau beherbergt das R. alle wichtigen Industriezweige; seit den 1960er Jahren zunehmend Strukturprobleme durch Strukturwandel im Energiesektor (Erdöl, Erdgas, Kernenergie). Trotz Auflockerung der Industrielandschaft durch Wald, Seen u. Agrarflächen ist die Umweltbelastung hoch. – 🗺 S. 763.
Ruhrort, Ortsteil von Duisburg, Hafen.
Ruin, Zusammenbruch, Untergang, Verfall; Vermögensverlust. – **ruinieren,** zerstören.
Ruine, Rest eines verfallenen oder zerstörten Gebäudes. R.n antiker Bauwerke sind Gegenstand archäolog. Interesses.
Ruisdael ['rœysdaːl], *Ruysdael,* Jacob van, *1628/29, †1682, holl. Maler u. Radierer; malte ausschl. Landschaften, zunächst getreu wiedergegebene Naturausschnitte, seit etwa 1650 pathet. Stimmungslandschaften. Sein Werk war von starker Wirkung auf die dt. Romantik.
Ruiz ['ruiθ], Juan, gen. *Arcipreste de* (Erzpriester von) *Hita,* *um 1283, †um 1350, der bedeutendste Dichter des span. MA.
Ruiz de Alarcón y Mendoza ['ruiθ ðe alar'kon imen'doθa], Juan, *um 1581, †1639, span. Dramatiker; schrieb moralisierende Comedias.
Ruländer, Rebsorte mit grauroten, süßen Beeren.
Rum, auf den Westind. Inseln (z.B. als Jamaica-R.) aus Zuckerrohrsaft oder -melasse gewonnener Branntwein.

Rumänen

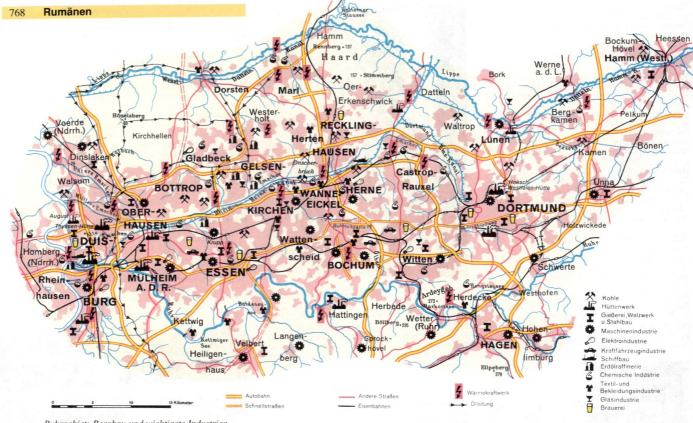

Ruhrgebiet: Bergbau und wichtigste Industrien

Rumänen, Balkanvolk mit roman. Sprache (rd. 22 Mio.) im Gebiet zw. Donaubecken u. Schwarzem Meer.

Rumänien, Staat auf der Balkanhalbinsel (SO-Europa), 237 500 km², 23,3 Mio. Ew., Hptst. *Bukarest.* L a n d e s n a t u r. Von den Karpaten zur Donau erstreckt sich das Tiefland der Walachei. Das Karpatengebirge umschließt das Transsilvanische Hochland mit Siebenbürgen, an das nach W das Flachland des Banats angrenzt. Im O liegt die Hügel-

Rumänien

landschaft der Moldau, zw. der unteren Donau u. dem Schwarzen Meer die Dobrudscha. Das Klima hat kontinentalen Charakter mit nach O u. SO wachsenden jahreszeitl. Temperaturschwankungen u. abnehmenden Niederschlägen.

In der B e v ö l k e r u n g überwiegen die meist orthodoxen Rumänen bei weitem (88%); 52% leben auf dem Lande.

W i r t s c h a f t. Angebaut werden v. a. Mais, Weizen, Obst, Zuckerrüben, Hafer, Wein, Tabak, Sojabohnen, Reis u. Sonnenblumen. Im Tiefland werden Rinder u. Schweine gezüchtet, im Gebirge wird neben Waldnutzung Ziegen-, Schafzucht betrieben. Der wichtigste Bodenschatz ist das Erdöl im Karpatenvorland. Daneben gibt es bed. Vorkommen von Erdgas, Kohle, Eisen, Zink, Blei, Kupfer, Mangan u. Bauxit. Hauptzweige der Industrie sind die Eisen-, Stahl-, Metall-, chem. u. Konsumgüterind. sowie der Maschinenbau. – Die Donau ist ein bed. Wasserweg. Die wichtigsten Binnenhäfen sind Brăila u. Galați. Bed. Seehafen ist Constanța am Schwarzen Meer.

G e s c h i c h t e. Das Land war einige Jh. v. Chr. von *Dakern* u. *Geten* bewohnt; seit dem 7. Jh. v. Chr. wurden grch. Kolonien gegr.; 107 n. Chr. kam es unter röm. Herrschaft. Ab 271 wurde es von den Wellen der Völkerwanderung erfaßt. Seit dem 6. Jh. drangen *Slawen* ein. Im 10./11. Jh. bildeten sich kleinere Herrschaften; *Siebenbürgen* geriet unter ung. Einfluß u. wurde 1526 Fürstentum. Im 14. Jh. entstanden die beiden Fürstentümer *Moldau* u. *Walachei*. Sie gerieten im 15. Jh. unter osman. Oberhoheit. Die Moldau u. Walachei wurden 1861 zu einem Staat R. vereinigt (unter Fürst Alexandru Ioan *Cuza*). 1881 erklärte sich R. zum unabhängigen Kgr. Im 1. Balkankrieg neutral, nahm R. am 2. Balkankrieg teil u. gewann von Bulgarien die S-Dobrudscha. Unter *Ferdinand I.* (1914–27) trat R. 1916 an der Seite der Entente in den Krieg ein u. erhielt 1919/20 Bessarabien, das östl. Banat, die Bukowina u. Siebenbürgen *(Groß-R.)* zugesprochen.

R. suchte in den 1930er Jahren Anlehnung an Dtld. 1940 machte sich General I. *Antonescu* zum Staatsführer; den Thron bestieg *Michael I.* R. nahm auf dt. Seite am 2. Weltkrieg teil. Es verlor 1940 Bessarabien u. die Nordbukowina an die Sowj., den Hauptteil Siebenbürgens an Ungarn, die Süddobrudscha an Bulgarien. 1944 wurde Antonescu gestürzt; R. schloß einen Waffenstillstand mit der Sowj. u. geriet unter sowj. Einfluß. Durch die Pariser Friedensverträge erhielt R. N-Siebenbürgen zurück. 1947 wurde R. Volksrepublik. Es trat 1949 dem COMECON, 1955 dem Warschauer Pakt bei. Unter N. *Ceaușescu* (seit 1965 Generalsekretär der Partei, seit 1967 zugleich Staatsoberhaupt) betrieb R. eine gegenüber der UdSSR relativ eigenständige Außenpolitik. In der Innenpolitik verfolgte das Regime einen harten Kurs. Die Wirtschafts- u. Versorgungslage verschlechterte sich in den 1980er Jahren rapide. 1989 kam es zu einer Volkserhebung gegen das Regime, der sich das Militär anschloß. Ceaușescu wurde gestürzt u. hingerichtet. 1991 stimmte die Bevölkerung einer neuen demokrat. Verf. zu. Danach ist R. eine präsidiale Rep. Staats-Präs. ist seit 1989 I. *Iliescu.*

Rumba, um 1930 aus einem kuban. Volkstanz entwickelter Gesellschaftstanz.

Rumelien, türk. *Rumili,* ältere Bez. für Thrakien u. O-Makedonien; polit. für die europ. Türkei.

Rumor, Lärm, Unruhe, Tumult. – **rumoren,** lärmen, poltern.

Rumor, Mariano, *1915, †1990, ital. Politiker (Democrazia Cristiana); mehrfach Min. u. Min.-Präs.

Rumpelstilzchen, Märchenfigur aus einem Märchen der *Brüder Grimm:* Der Zwerg R. verlangt als Entgelt für geleistete Dienste das erste Kind einer

Rumänien: Siedlungsgebiete der deutschen und ungarischen Minderheiten (links). – Armeeangehörige und »Securitate«-Mitglieder lieferten sich bei der Revolution 1989 heftige Feuergefechte (rechts)

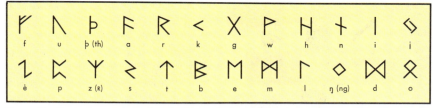

Runen: Das ältere oder gemeingermanische Runenalphabet (auch »Futhark« genannt) hat 24 Zeichen

jungen Frau, falls sie nicht seinen Namen errät. Als ihr das gelingt, ist sie R.s Macht entronnen u. ihm überlegen.

Rumpler, Edmund, * 1872, † 1940, östr. Flugzeugbauer; gründete 1906 in Berlin eine Werkstatt für den Flugzeugbau, schuf mit der *R.-Taube* das erfolgreichste Flugzeug vor dem 1. Weltkrieg.

Rumpsteak ['rumpste:k], Scheibe aus dem Hochrippenstück des Rinds, in heißem Fett gebraten.

Run [rʌn], durch krisenhafte Ereignisse hervorgerufener Ansturm auf die Banken.

Runcie ['rʌnsi], Robert Alexander Kennedy, * 2.10.1921, anglik. Theologe; 1980–91 Erzbischof von Canterbury.

Rundbau, über kreisförmigem oder ovalem Grundriß aufgeführtes Gebäude.

Runder Tisch, während der Umwälzung in der DDR vom 7.12.1989 bis 12.3.1990 tagendes Diskussionsforum der oppositionellen Gruppen u. der etablierten Parteien; gab Impulse für die demokrat. Erneuerung.

Rundfunk, Verbreitung von Ton- u. Bildprogrammen auf drahtlosem Weg durch elektromagnet. Wellen. Die Möglichkeit des R. beruht auf den Eigenschaften der elektromagnet. Wellen, sich ohne große Energieverluste über weite Strecken durch den Raum fortzupflanzen u. mit Niederfrequenz moduliert werden zu können. Dabei wird die vom Sender abgestrahlte Hochfrequenz im Rhythmus der zu übertragenden Tonfrequenz oder Bildinformation geprägt. Im Empfänger wird dann die Tonfrequenz (Bildinformation) von der Hochfrequenz *(Trägerfrequenz)* abgenommen *(Demodulation),* verstärkt u. einem Lautsprecher (Bildröhre) zugeführt. In seinen zwei Erscheinungsformen als Hörfunk u. →Fernsehen ist der R. heute neben Ztg. u. Ztschr. das bedeutendste publizist. Aussage- u. Kommunikationsmittel.

Rundling, Dorfform, bei der die Häuser mit ihren Giebelseiten fächerförmig um einen zentralen runden Platz angeordnet sind.

Rundstedt, Gerd von, * 1875, † 1953, dt. Generalfeldmarschall; Heerführer im 2. Weltkrieg, führte 1944 die erfolglose Ardennen-Offensive.

Rundwürmer →Hohlwürmer.

Runeberg [-bɛrj], Johan Ludvig, * 1804, † 1877, finn. Dichter; schrieb in schwed. Sprache Balladen u. Verserzählungen.

Runen, germ. Schriftzeichen, urspr. in Holz geritzt, später auch in Stein, Elfenbein u. ä., fast nur für Inschriften u. dgl. benutzt; zunächst zu einem Alphabet von 24 Zeichen entwickelt, später zu 28 Zeichen erweitert *(angelsächs. R.).*

Runge, 1. Friedlieb Ferdinand, * 1795, † 1867, dt. Chemiker; stellte die Alkaloide Atropin u. Coffein dar; entdeckte Anilin, Chinolin u. Phenol. – **2.** Philipp Otto, * 1777, † 1810, dt. Maler u. Graphiker; Hauptmeister der romant. Malerei in Dtld.

Runkelrübe, vom Mittelmeergebiet bis Vorderasien verbreitetes *Gänsefußgewächs,* urspr. Strandpflanze, heute weltweit verschleppt. Die *Wildrübe* ist die Stammpflanze der als Nahrungs- u. Futtermittel angepflanzten R.nsorten. Hierzu: *Mangold, Rote Rübe (Rote Bete), Zuckerrübe, Futterrübe.*

Rupert, † um 720, erster Bischof von Salzburg; Heiliger (Fest: 24.3. u. 27.9.).

Rupiah, Währungseinheit in Indonesien.

Rupie, Währungseinheit in Indien, Nepal, Pakistan, Sri Lanka, Mauritius.

Ruprecht von der Pfalz, * 1352, † 1410, dt. König 1400–10; konnte sich gegen den Widerstand der dt. Fürsten nicht durchsetzen.

Ruptur, Riß, Durchbruch, Zerreißung.

Rur, ndl. *Roer,* r. Nbfl. der Maas, 207 km.

Rüsche, durch starkes Einreihen gekrauster gerader Stoff- oder Bandstreifen.

Ruse, bulgar. Bez.-Hptst., wichtige Hafenstadt an der Donau, 184 000 Ew.; Univ.; Fahrzeug- u. Schiffbau.

Rushdie ['rʌʃdi], Salman, * 19.4.1947, engl. Schriftst. ind. Herkunft; sein Roman »Die satan. Verse« erregte 1988 das Mißfallen mehrerer islam. Länder u. führte zum Mordaufruf von Ayatollah Chomeini wegen vorgebl. Gotteslästerung. W »Mitternachtskinder«.

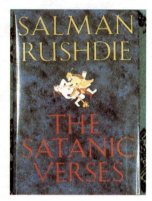

Salman Rushdie: Das umstrittenste Buch der Jahre 1988/89 war »Die Satanischen Verse« des indobritischen Romanautors; es brachte Rushdie eine Morddrohung des Iran ein

Rush-hour ['rʌʃauə], Hauptverkehrszeit.

Ruska, Ernst, * 1906, † 1988, dt. Ing.; baute 1931 mit M. *Knoll* das erste Elektronenmikroskop; 1986 Nobelpreis für Physik.

Ruskin ['rʌskin], John, * 1819, † 1900, engl. Schriftst., Kunstkritiker u. Sozialreformer.

Ruß, Kohlenstoff in feinstverteilter Form, der sich bei unvollkommener Verbrennung ausscheidet.

Rüssel, spitze oder röhrenförmige Verlängerung des Vorderkörpers oder Kopfes oder eines seiner Teile.

Rüsselkäfer, *Curculionidae,* Familie fast stets von Pflanzenteilen lebender *Käfer* mit rüsselförmig verlängertem Kopf; über 46 000 Arten, viele Schädlinge: *Blütenstecher, Kornkäfer, Palmenbohrer* u. a.

Russell ['rʌsl]. **1.** Bertrand, Earl R., * 1872, † 1970, engl. Mathematiker u. Philosoph; Hauptvertreter der math. Logik; Neurealist mit phänomenalist.-positivist. Zügen; als Pazifist u. Gegner der Atombewaffnung auch polit. hervorgetreten; Nobelpreis für Lit. 1950. – **2.** George William,

Bertrand Russell

Pseudonym Æ, * 1867, † 1935, angloirischer Dichter, Maler u. Publizist; Vertreter der »kelt. Renaissance« u. einer theosoph. Mystik. – **3.** Henry Norris, * 1877, † 1957, US-amerik. Astrophysiker; bes. bekannt durch das *Hertz-R.-Diagramm.*

Rüsselsheim, hess. Stadt am unteren Main, 59 000 Ew.; dt. Hauptwerk der *Opel AG,* Herstellung von Kühlanlagen, Elektro-, Masch.-, pharmazeut., Textil-Ind.

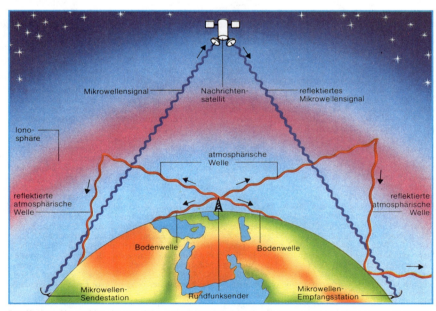

Rundfunksender strahlen die von ihnen ausgehenden Wellen in alle Richtungen ab. Atmosphärische Wellen pflanzen sich gradlinig in die Atmosphäre fort, bis sie auf die als Reflektor wirkende Ionosphäre treffen, von der sie wieder zur Erde zurückreflektiert werden. Diese reflektierten Wellen ermöglichen so den Rundfunkempfang auch an Orten, die außerhalb der theoretischen Sichtweite des Senders liegen. Bei nochmaliger Reflexion der Radiowellen zwischen Erdoberfläche und Ionosphäre können große Reichweiten erzielt werden (bis über 20 000 km). Die sogenannten Bodenwellen breiten sich dagegen parallel zum Erdboden aus, ihr Empfangsbereich liegt deshalb nicht weit außerhalb der theoretischen Sichtverbindung mit dem Sender. Mikrowellen werden von der Ionosphäre nicht reflektiert. Sie strahlen vom Sender geradlinig in den Weltraum ab und dienen so dem Nachrichtenverkehr mit Satelliten oder via Satellit mit Empfangsstationen auf der Erde

Rüsseltiere, *Proboscidea*, zu den *Vorhuftieren* gestellte Ordnung der *Huftiere;* bes. im Tertiär verbreitete große Landsäugetiere; zu den rezenten R. gehören die *Elefanten.*

Russen, ostslaw. Völkergruppe im osteurop. Tiefland u. Sibirien, entstanden in jahrhundertelangem Kolonisations- u. Verschmelzungsprozeß von ostslaw. Stämmen mit germ., finn., mongol. u. Turkvölkern. Es werden unterschieden: *Groß-R., Weiß-R.* u. *Ukrainer (Klein-R.).*

russische Kunst. B a u k u n s t. Zentrum der altruss. Kirchenarchitektur war *Kiew.* Im Zug der Christianisierung kam es dort zu einer Verbindung byzantin. u. roman. Bautypen mit einheimischen Holzbauformen. Haupttypus des Kirchenbaus wurde die *Kreuzkuppelkirche* (Sophien-Kathedrale). Im 16. Jh. schuf die russ. Architektur in den von der Holzbaukunst abgeleiteten Kirchen mit pyramidenförmigem Zeltdach einen nationalen Typus, für den oft bizarre Mischungen aus got. u. ital. Dekormotiven kennzeichnend sind (Moskauer Basilius-Kathedrale, 1556–60).
Für die seit Peter d. Gr. zu datierende Epoche der neuruss. Kunst ist die Verwendung westeurop. Bauformen typisch. Die rechtwinklige Anlage des 1703 gegr. St. Petersburg geht auf *D. Trezzini* zurück. *B.F. Rastrelli* führte den frz.-ital. Barock ein (Winterpalast in St. Petersburg) u. entwickelte daraus einen national-russ. Rokokostil. Zur Regierungszeit Alexanders I. kam in der russ. Empirestil, der sog. »alexandrinische Klassizismus« auf.
Die nach der Thronbesteigung Nikolaus I. aufgekommene »vaterländische Richtung« der russ. Architektur war eine historisierende Baubewegung. A.P. *Brüllow* schuf in neoroman. Stil 1832 die Peterskirche zu St. Petersburg. Die klassizist. Richtung wurde hpts. von Ausländern weitergeführt; so baute L. von *Klenze* die Eremitage von St. Petersburg (seit 1851).
Seit Mitte der 1920er Jahre herrschte ein repräsentativer Monumentalstil vor, der von sachlicher Formgestaltung u. internat. Einflüssen abgelöst wurde.
P l a s t i k. Die altruss. Bildhauerkunst besteht im wesentl. aus mit folklorist. Elementen durchsetzten Werken der Reliefskulptur u. der religiösen Kleinkunst (geschnitzte Ikonen, Buchdeckel, Brustkreuze), da die orth. Kirche die Aufstellung von Statuen in Gotteshäusern verbot. Hervorragendes kunsthandwerkl. Können verrät u. a. der 1896 aufgefundene goldene Schatz von Wladimir. Die zur Zeit Peters d. Gr. entstandenen Werke russ. Plastik wurden hpts. von ausländ. Künstlern ausgeführt (Bartolomeo Carlo Graf *Rastrelli,* Reiterdenkmal Peters d. Gr.). Der nach 1812 neuerwachte Patriotismus wurde auf dem Gebiet der Plastik am deutlichsten im Werk von M. *Antokolskij,* einem Schöpfer realist. Denkmäler, repräsentiert.
M a l e r e i. Die ältesten Hptw. der altruss. Malerei entstanden in Kiew (Fresken- u. Mosaikzyklen in der Zehnt-Kirche, der Sophien-Kathedrale, dem Michail-Kloster u. dem Kyrill-Kloster). Die Malerei der westruss. Fürstentümer stand lange unter Kiewer Einfluß (Ikone »Gottesmutter von Wladimir«, 1. Hälfte des 12. Jh.); Wandmalereien in der Dmitrij-Kathedrale in Wladimir; illustrierte Chroniken u. a. brachte eine bed. Ikonenschulen hervor. In die Ikonenmalerei Nowgorods drangen im 13. Jh. volkstüml. Motive u. helle leuchtende Farben ein. Hauptmeister der altruss. Malerei ist A. *Rubljow* (Wandmalereien der Uspenje-Kathedrale in Wladimir, 1408; Dreifaltigkeits-Ikone, um 1411). Nach der Thronbesteigung Peters d. Gr. nahm die Porträtkunst in der Malerei die erste Stelle ein. Die Malerei Rußlands im 18. u. 19. Jh. stand im Zeichen der Tätigkeit westl. oder in Westeuropa ausgebildeter Künstler. In der Porträtmalerei u. in Werken mit allegor. u. mytholog. Themen überwogen anfangs klassizist. u. romantisierende Züge. In der Historienmalerei setzte sich dagegen ein roman. Realismus durch, die sich neue Kräfte aus einer Rückbesinnung auf das Formengut der russ. Volkskunst bezog. Voll dramat. Bewegtheit sind die Bilder von I. *Repin,* dem Hauptvertreter des realist. Malerei in der 2. Hälfte des 19. Jh. Die russ. Volks- u. Sagenwelt gewann in den letzten Jahrzehnten des 19. Jh. zunehmend Oberhand über die aus dem Westen übernommenen Themenkreise (M.*Wrubel*).
Ausstellungen moderner Kunst u. direkte Verbindungen mit westeurop. Künstlern führten zu Beginn des 20. Jh. zur Aktivierung junger schöpferischer Kräfte, die in der Emigrationskunst von W. *Kandinsky,* M.*Chagall* u. A. von *Jawlensky* die moderne Kunst entscheidend mitbestimmten. Futurismus u. Kubismus wirkten in Rußland nachhaltig; Richtungen wie der Rayonismus von M. *Larionow* u. der von K. *Malewitsch* begründete *Suprematismus* entstanden. In jüngster Zeit weicht die jahrzehntelange Vorherrschaft des sozialist. Realismus größerer Experimentierfreude.

russische Kunst: K. Malewitsch, Suprematisches Bild Nr. 50

russische Literatur. Mit der Christianisierung des Kiewer Reichs (988) entstanden geistl. Schriften in kirchenslaw. Sprache (*Ostromir-Evangelium* 1056), dann auch eine weltl. Lit., die bes. die Geschichtsschreibung (*Nestorchronik*) pflegte u. im *Igorlied* (1185–87) ihren Gipfelpunkt erreichte. Das Vorhandensein einer reichen Volksdichtung bekunden Reste ep. Heldenlieder (*Bylinen*). Der erste vollständige kirchenslaw. Bibelkodex wurde 1490–99 zusammengestellt.
Die r. L. des 16. Jh. stand im Zeichen der Theorie von Moskau als dem »dritten Rom«. Monumentalwerke (liturg. Schriften, reich illustrierte Chroniken u. a.) bezweckten die Kodifizierung des Ererbten. Im 17. Jh. kam es zu einer Verweltlichung der r. L. Westeurop. unterhaltsame Erzählstoffe wurden verarbeitet. Aus dem Heiligenleben erwuchs die Autobiographie (P. *Awwakum*), aus dem Kirchenlied die Satire. Simeon *Polozkij* begründete die russ. Versdichtung.
Die von *Peter I.* durchgeführte Angleichung des kyrill. Alphabets an das lat. bewirkte im 18. Jh. eine Aufspaltung der r.n L. in eine weltl. u. eine am kirchenslaw. Alphabet festhaltende kirchl. Die weltl. r. L. orientierte sich an der frz. u. dt. Literaturtheorie. W. K. *Trediakowskij,* A. P. *Sumarokow,* der Leiter des ersten ständigen russ. Theaters, u. M. W. *Lomonossow* stellten Verslehren mit Musterbeispielen zusammen u. förderten durch ihre Oden die russ. Literatursprache. Klassizist. Tragödien (W. I. *Lukin*) entstanden. Verbreitung fanden seit 1769 Zeitschriften zumeist satir. Inhalts (N. I. *Nowikow*). In Komödien (D. I. *Fonwisin*) wurden Mißstände gegeißelt. Ende des 18. Jh. fanden N. M. *Karamsins* empfindsame Novellen zahlreiche Nachahmer. G. R. *Derwaschins* Anakreontik näherte sich dem Rokoko.
Die ersten Jahrzehnte des 19. Jh. standen im Zeichen der Versdichtung (W. A. *Schukowskij,* K. N. *Batjuschkow*). A. S. *Puschkin,* der russ. Nationaldichter, schuf Meisterwerke in fast allen Gattungen u. begründete die moderne Literatursprache. Westeurop. Einflüsse der Romantik wurden maßgebend (M. J. *Lermontow*). N. W. *Gogol* gilt als Vorläufer des psycholog., sittl. u. sozialkrit. Realismus.
In den 1840er Jahren entstanden die sich befehdenden Gruppen der »Westler« (die nach Europa orientiert waren) u. der Slawophilen (die die Eigenständigkeit der russ. Kultur verfochten). Seit 1846 verfolgte die r. L. soziale u. polit. Ziele. Sie übte scharfe Kritik an der Umwelt im Glauben an eine bessere Zukunft. Das Inhaltliche überwog die Formgebung im poetischen (I. S. *Turgenjew*), pragmatischen (I. A. *Gontscharow*), satirischen (M. J. *Saltykow*), psychologischen (F. M. *Dostojewskij*) u. plastischen (L. N. *Tolstoj*) Realismus. Auf der Bühne wurden Milieustücke gespielt (A. N. *Ostrowskij*).
In den 1880er Jahren verdrängte die pessimist.-melanchol. Kurzerzählung (A. P. *Tschechow*) die Vorherrschaft des Romans. Als Reaktion gegen die Überbetonung des Inhaltlichen entwickelte sich seit der Mitte der 1890er Jahre der kosmopolit. ausgerichtete, von Formwillen geprägte Symbolismus (W. J. *Brjusow,* K. D. *Balmont*). M. *Gorkij* setzte die sozialkrit. Traditionen in revolutionärer Steigerung fort. Um 1910 brachten neue Strömungen von kurzer Dauer, aber z. T. beachtl. Leistungen: *Futurismus* (W. W. *Majakowskij*), *Expressionismus* (A. *Belyjs* Romane), der gegen den Symbolismus gerichtete *Akmeismus* (N. S. *Gumiljow,* A. *Achmatowa,* O. E. *Mandelschtam*) u. *Imaginismus* (S. A. *Jessenin*).
Nach der Oktoberrevolution verließen viele Schriftsteller die Heimat (u. a. I. A. *Bunin,* D. S. *Mereschkowskij,* I. G. *Ehrenburg,* A. N. *Tolstoj,* A. *Belyj*); die letzten drei kehrten zurück. Die »Russ. Vereinigung proletar. Schriftsteller« (RAPP) bekämpfte sämtl. Strömungen, die nicht parteipolit. ausgerichtet waren, bes. die 1920 entstandene Gruppe der *Serapionsbrüder* (N. S. *Tichonow,* V. B. *Schklowskij* u. a.). Themat. überwog die Schilderung von Bürgerkrieg u. Revolution. Auf dem Gebiet der Komposition des Romans u. in der Lyrik (W. W. *Majakowskij,* B. L. *Pasternak*) wurde viel experimentiert.
1934 wurde der »sozialist. Realismus« zur verbindl. »Schaffensmethode« der r. L. erklärt. Der »positive Held« des sozialist. Aufbaus sollte im Mittelpunkt stehen (F. W. *Gladkow,* M. A. *Scholochow*). Histor. Romane (A. N. *Tolstoj*) bezweckten die Hebung des russ. Selbstgefühls. Der 2. Weltkrieg verlieh der r. L. eine stark patriot. Note (A. T. *Twardowskij,* aber auch I. G. *Ehrenburg* u. A. A. *Fadejew*). Nach Stalins Tod (1953) erfolgte gleichzeitig mit der Rehabilitierung der meisten verfemten Schriftst. eine Auflockerung der Literaturpolitik. Die Thematik wurde erweitert (»Tauwetterperiode«). Formprobleme gewannen an Gewicht.
In Lyrik (J. A. *Jewtuschenko*), Prosa (W. D. *Dudinzew*) u. Drama (A. J. *Kornejtschuk*) wurden persönl. u. krit. Töne laut. Allerdings wurde die literar. Freiheit bald wieder eingeschränkt (Zwangsmaßnahmen gegen B. L. *Pasternak,* A. I. *Solschenizyn,* J. A. *Brodskij*); nichtkonformist. Lit. konnte nur im Untergrund (*Samisdat*) erscheinen. Seit Mitte der 1980er Jahre (Amtsantritt M. S. *Gorbatschows*) sind die Möglichkeiten literar. Aussage erneut beträchtl. ausgeweitet worden.

russische Musik. Typisch für die Volksmusik ist die Bewegung der Melodie um einen Zentralton, unperiodische Formgestaltung, reich entfaltete Rhythmik (unter Verwendung unregelmäßiger Taktarten) u. der Gebrauch von Volksinstrumenten (*Gusli, Bandura, Balalaika*). Starken Einfluß gewann die im 10. Jh. aufkommende byzantin. beeinflußte Kirchenmusik.
Unter dem als »Vater der russ. Musik« bezeichneten M. *Glinka* vollzog sich der Durchbruch der von A. N. *Serow* u. A. S. *Dargomyschkij* fortgeführten Entwicklung einer nationalruss. Kunstmusik. Diese Bewegung wurde weitergeführt durch die Meister der 1860 gegr. »Neurussischen Schule«, M. A. *Balakirew,* A. P. *Borodin,* C. *Cui,* M. *Mussorgskij* u. N. *Rimskij-Korsakow,* genannt das »Mächtige Häuflein«; Mussorgskij schuf mit »Boris Godunow« eine Nationaloper von Weltrang. Die »Moskauer Schule« dagegen schloß sich in ihrem Schaffen der westl. Welt an, unter ihnen die Brüder N. u. A. *Rubinstein,* P. I. *Tschaikowskij* u. A. K. *Glasunow.* Bei den Nachfolgern N. *Tscherepnin,* S. W. *Rachmaninow,* A. T. *Gretschaninow* u. a. verwischten sich die Gegensätze. Bes. A. *Skrjabin* beeinflußte die r. M. nachhaltig mit seinem sehr verfeinerten Klangempfinden. Unter den russ. Komponisten der jüngeren Zeit sind bes. zu nennen: A. *Mossolow,* N. *Roslawez,* A. *Golyscheff,* A. *Lourié.* Darüber hinaus wurde I. *Strawinsky* einer der für die gesamte zeitgenöss. Musik bed. Meister, der i.e.S. aber nicht mehr zur r. M. gezählt werden kann.

Während der ersten Jahre nach der Oktoberrevolution stand das Schaffen der sowj. Komponisten unter dem Einfluß zeitgenöss. westeurop. Musikpflege mit den Zentren Leningrad u. Moskau. Futurist. Experimente standen neben weitreichenden kulturpolit. Projekten. Von den 1930er Jahren an vollzog sich die Ausbildung eines offiziellen realist. Musikstils. Komponisten dieser Richtung waren R. *Glière*, A. I. *Chatschaturjan*, mit gewissen Einschränkungen auch D. *Schostakowitsch* u. S. *Prokofjew*. Immer wieder kam es zu Konflikten mit der offiziellen Kulturpolitik.

Seit den 1970er Jahren setzte sich langsam wieder eine liberalere Haltung durch, die Komponisten benutzten inzwischen alle in der westl. Neuen Musik entwickelten Kompositionsrichtungen. Am bekanntesten sind A. *Schnittke*, E. *Denissow*, A. *Pärt*, B. *Tischtschenko*, R. *Schtschedrin*, S. *Slonimskij*.

russische Sprache, *großruss. Sprache*, in Rußland u. anderen Nachfolgestaaten der Sowj. als Verkehrssprache gesprochene ostslaw. Sprache; Grundlage ist der Moskauer Dialekt; mit kyrill. Schrift.

russisch-japanischer Krieg, 1904/05 um die Beherrschung der Mandschurei u. Koreas geführt, von Japan ohne offizielle Kriegserklärung begonnen. Rußland mußte die Mandschurei räumen, Korea als japan. Interessengebiet anerkennen, die Halbinsel Liaodong mit Port Arthur u. das südl. Sachalin an Japan abtreten.

russisch-orthodoxe Kirche, Teil der orth. Kirchen. 988 nahm Wladimir d. Gr. das Christentum in seiner byzantin. Form an. 1589 Errichtung des Moskauer Patriarchats, im 18. Jh. durch den vom Zaren abhängigen Hl. Synod ersetzt, 1917 Wiedererrichtung des Patriarchats (unter Staatsaufsicht). Nach Jahrzehnten der Unterdrückung u. Verfolgung, Zerstörung von Kirchen, Enteignung des kirchl. Vermögens billigt der Staat dem religiösen Leben wieder mehr Freiraum zu.

Rußland, russ. *Rossija*, Staat in O-Europa u. Asien, 17 075 400 km², 149 Mio. Ew., Hptst. *Moskau*.
R. führte von 1918–92 den Staatsnamen *Russische Sozialistische Föderative Sowjetrepublik* (Abk. *RSFSR*), seit 1992 *Russ. Föderation*. R. ist Gründungsmitglied u. größter Mitgliedstaat der 1991 gegr. *Gemeinschaft Unabhängiger Staaten* (Abk. *GUS*); nur auf R. entfallen 76% der Fläche u. 52% der Bev. der GUS.
Zu R. gehört auch die räuml. durch Litauen vom Hauptteil getrennte Oblast Kaliningrad (fr. Königsberg), das nördl. Ostpreußen. Auf dem Territorium R.s bestehen für nichtruss. Nationalitäten 21 Teilrepubliken (mit eigener Verfassung u. Gesetzgebung). Die übrigen Landesteile sind in 6 Kraja (Regionen) u. 49 Oblasti (Gebiete) sowie die beiden Bundesstädte Moskau u. St. Petersburg gegliedert. Innerhalb dieser Verwaltungseinheiten bestehen für kleinere nat. Minderheiten eine Autonome Oblast (AO) u. 10 Autonome Kreise (AK).

Rußland

Landesnatur. R. ist das größte zusammenhängende Staatsgebiet der Erde. Es ist fast doppelt so groß wie die USA u. erstreckt sich von der Ostsee u. dem Schwarzen Meer im W über O-Europa u. N-Asien (Sibirien) bis zum Pazif. Ozean im O. Die osteurop. Tiefebene (*Russische Tafel*) ist das Kernland R.s. Es ragt nur in den flachwelligen Höhenrücken über die 200-Meter-Höhenlinie hinaus. Nach O wird es vom 2000 km langen Uralgebirge begrenzt. Östl. des Ural folgen das *Westsibirische Tiefland* bis zum Jenissej, weiter bis zur Lena das *Mittelsibirische Bergland* u. schließl. das *Ostsibirische Gebirgsland* (→Sibirien). Die breite Flachlandzone wird im S von Hochgebirgen begrenzt (Kaukasus, Sajan).

Klima. R. hat Anteil an fast allen Klimazonen der Erde. Die große Ausdehnung der Festlandsmasse ist die wesentl. Ursache für das nach O mit zunehmender Trockenheit u. wachsenden Temperaturschwankungen immer extremer kontinental werdende Klima. Bei Ojmjakon in Ostsibirien reichen sie durchschnittl. von –53 °C im Januar bis +16 °C im Juli. – Die Vegetationszonen sind von N nach S die baumlose *Tundra*, die riesigen Nadelwälder der *Taiga*, denen sich im europ. Teil u. im S des russ. Fernen Ostens Misch- u. Laubwälder anschließen. Vor den Gebirgsrändern u. an der Grenze zu Kasachstan erstrecken sich Steppen.

Bevölkerung. Den Großteil der Bev. stellen mit 81,5 % die Russen; dennoch ist R. ein Vielvölkerstaat, der rd. 100 Minderheiten beherbergt, von denen die Tataren, Ukrainer, Tschuwaschen, Dagestaner, Baschkiren die größten Gruppen sind. In der Sowjetära wurden für einige der vielen Nationalitäten autonome Gebiete eingerichtet, wo sie in begrenztem Maße ihre nat. Eigenständigkeit pflegen können. Unter den neuen polit. Verhältnissen führte das Streben nach mehr Autonomie zu wachsenden Nationalitätenkonflikten (z. B. Tataren, Inguschen u. Tschetschenen). Vor der russ. Revolution 1917 bekannte sich die Mehrzahl der Russen zum orth. Christentum. Unter dem massiven Druck der kommunist. Machthaber verlor die russ.-orth. Kirche jedoch einen Großteil ihrer Gläubigen. Seit dem polit. Machtwechsel erlebt sie nun wieder einen starken Zulauf. In ganz R. ist Russisch die

RUSSLAND Geographie

Steppe bei Rostow-na-Donu

Transsibirische Eisenbahn

Sankt Petersburg: Zarenpalast Peterhof

Landschaft im Ural

Staatssprache. Von der Bev. leben 3/4 im europ. Teil R.s.

Wirtschaft. Vor der Oktoberrevolution 1917 war R. ein überw. agrar. geprägtes Land. In der Sowjetära entwickelte sich R. im polit. Verbund mit den anderen sowj. Unionsrepubliken innerhalb von wenigen Jahrzehnten zum zweitgrößten Industriestaat der Erde. Ausgangspunkt war die Einführung der staatl. gelenkten Planwirtschaft u. der Aufbau einer umfangreichen Schwerindustrie auf der Basis der reichen Steinkohlen- u. Eisenerzvorkommen.

Nach der Machtübernahme Gorbatschows wurde eine Wirtschaftsreform beschlossen, die eine Umgestaltung der Struktur- u. Investitionspolitik, eine Verbesserung der Wirtschaftsführung u. Planung des gesamten Wirtschaftsmechanismus sowie eine Erweiterung der Rechte u. der Selbständigkeit der Betriebe zum Inhalt hatte. Da die alten Wirtschaftsmechanismen nicht mehr funktionierten u. die neuen, bei anhaltender Planungsbürokratie, nicht griffen, war ein rapider Niedergang der sowj. Wirtschaft die Folge. Mit der Niederschlagung des Putsches u. der Auflösung der Sowj. entstand eine neue wirtschaftl. u. polit. Perspektive für R. u. für die anderen ehem. Unionsrepubliken. Durch Gesetze wurde jetzt der Weg für den Übergang in marktwirtschaftl. Verhältnisse geebnet; die umwälzende Entwicklung wird mit massiver wirtschaftl. u. finanzieller Hilfe aus den reichen Industriestaaten unterstützt. Als kompliziert müssen die Fragen beurteilt werden, die aus dem Zerfall der ehem. staatl. Einheit resultieren. Angesichts der starken wirtschaftl. Verflechtungen zw. den Rep. u. der ungleichen Verteilung der natürl. Ressourcen gilt ein einheitl. Wirtschaftsraum der GUS, etwa vergleichbar dem der EG, als notwendige Basis, um den Verfall der Wirtschaft aufzuhalten.

Die Landwirtschaft ist eine der empfindl. Schwachstellen der Staatengemeinschaft, trotz beträchtl. Ertragssteigerungen in der Vergangenheit. Jedoch liegen die durchschnittl. Erträge je ha weit unter den Werten, die im westeurop. Ackerbau erreicht werden. Engpässe in der Versorgung der Bev. mit Lebensmitteln sind damals wie heute eine Begleiterscheinung des staatl. gelenkten Agrarsystems. Dessen Stützpfeiler sind die *Sowchosen* (staatl., vollmechanisierte Großbetriebe) u. *Kolchosen* (landwirtschaftl. Produktionsgenossenschaften, in denen Erzeugung u. Absatz kollektiv u. zentral geleitet durchgeführt werden). Die Reformansätze in der Landwirtschaft zielen darauf ab, die Eigentumsverhältnisse neu zu gestalten. Dabei sind mehrere Wege möglich, von der Beibehaltung der alten Verhältnisse, über die Verpachtung des Landes an die bisherigen Kolchos- u. Sowchosbauern bis hin zur Privatisierung u. Errichtung von bäuerl. Familienbetrieben. Die Reg. R. hat bereits 1991 die gesetzl. Grundlagen dafür geschaffen.

Zentren der Eisen- u. Stahlerzeugung sind v. a. das Becken von Kusnezk u. der südl. Ural. Andere bed. Industriezweige sind der Maschinen-, Fahrzeug- u. Schiffbau, die chem. Ind., Textil-, Leder-, Holz- u. Nahrungsmittelindustrie. Die Energieerzeugung beruht v. a. auf Kohle-, Erdöl- u. Erdgasvorkommen. Außerdem wird die Wasserkraft (bes. in Sibirien) genutzt. Zunehmende Bedeutung gewinnt die Kernenergie. Außer über Eisenerz, Kohle, Erdöl u. Erdgas verfügt R. noch über reiche Vorkommen von Mangan, Chrom, Nickel, Kupfer, Gold, Antimon, Quecksilber, Wolfram, Molybdän, Uran u. a. Die wichtigsten Industriegebiete sind Moskau mit Umland, der Raum um St. Petersburg u. die Verarbeitungszentren auf der Basis der reichen Bodenschätze bzw. an den Schnittpunkten der Hauptverkehrswege.

Die größten Agrargebiete sind die Waldsteppen u. Steppen mit fruchtbaren Schwarzerdeböden im nördl. Kaukasusvorland, mittleren Wolgagebiet u. im S von Mittelsibirien; Anbau insbes. von Weizen u. anderen Getreidearten. Andere wichtige Anbauprodukte sind Kartoffeln, Zuckerrüben, Mais u. Sonnenblumen. Der Nutzviehbestand umfaßt v. a. Rinder, Schweine u. Schafe. Durch die Anlage von Staubecken u. Bewässerungskanälen werden in zunehmendem Maße Trockengebiete für den Ackerbau erschlossen. Der Wald (80% Nadelhölzer) bedeckt rd. 40% der Gesamtfläche des Landes. Über die Hälfte des Holzbestandes entfallen auf Sibirien; die Taiga ist reich an Pelztieren.

Verkehr. Wichtigster Verkehrsträger ist die Eisenbahn. Hauptverkehrsachse im asiat. Teil ist nach wie vor die Transsibir. Eisenbahn, die seit 1984 durch eine nördl. Parallelstrecke (Baikal-Amur-Magistrale) z. T. entlastet wird. Die Binnenschiffahrt spielt eine wichtige Rolle, wird aber im N des Landes durch den langen Eisgang der Flüsse stark behindert. Im europ. Teil besteht ein gut ausgebautes Kanalsystem. Wichtigste Wasserstraße ist die Wolga. Die staatl. Luftverkehrsgesellschaft »Aeroflot« bedient im Flugverkehr das größte Streckennetz der Erde. Zentrum des Flugverkehrs ist Moskau.

Geschichte. Slawen drangen vom 7. bis 9. Jh. siedelnd in die Gebiete des Dnjepr, der Düna, der oberen Oka u. der oberen Wolga vor. Durch die Zentralisierung normann. Herrschaften unter Oleg entstand das *Kiewer Reich* (882–1169), das 988 das Christentum orth.-byzant. Prägung übernahm. Im Anschluß an dieses Reich bildeten sich in R. 3 polit. Zentren: 1. im SW das Fürstentum *Halitsch-Wolynien,* das 1340 an Polen fiel; 2. im NW *Groß-Nowgorod,* das erst 1478 von Moskau unterworfen wurde; 3. im NO stieg das Fürstentum *Wladimir-Susdal* zw. Oka u. oberer Wolga schnell auf, fiel aber 1238 an die Mongolen.

Allmählich kristallisierte sich die polit. Macht um das Teilfürstentum Moskau. Hier konnte nach dem Ende der Mongolenherrschaft *Iwan III.* (1462 bis 1505) einen starken Einheitsstaat schaffen, den

RUSSLAND Geschichte

Wladimir Monomach, Großfürst von Kiew (1113–1125). Kreml

Der Brand von Moskau 1812 und die Katastrophe an der Beresina zwangen Napoléon zum Rückzug. Zeitgenössische Darstellung des Brandes

Hohe Würdenträger der russisch-orthodoxen Kirche werden von Gorbatschow empfangen

Iwan IV., der Schreckliche, mit der Zarenkrönung 1547 u. der russ. Ostexpansion weiter stärkte. Das Erlöschen der Rjurik-Dynastie 1598 führte in die »Zeit der Wirren«, die mit der Thronbesteigung des Hauses Romanow 1613 endete. Mitte des 17. Jh. konnte die Ukraine im Kampf gegen Polen gewonnen werden. *Peter d. Gr.* (1682–1725) europäisierte das Land im Innern u. machte es zur europ. Großmacht. 1703 wurde die neue Hptst. Petersburg gegr. Kaiserin *Katharina II.* (1762–96) gewann das Küstenland des Schwarzen Meeres bis zum Dnjestr. Die Teilungen Polens (1772, 1793 u. 1795) schoben die Grenzen R.s bis nach Mitteleuropa vor. Die führende Rolle R.s beim Sieg über Napoleon I. (1813–15) machte es unter *Alexander I.* (1801–25) zur kontinentalen Hegemonialmacht. Durch die Eroberung Finnlands 1809 u. den Erwerb des größten Teils von Polen auf dem *Wiener Kongreß* 1815 fand die russ. Expansion nach W zunächst ihren Abschluß. Nachdem R. 1812 Bessarabien u. 1829 das Donaudelta erworben hatte, setzten Frankreich u. Großbrit. im *Krim-Krieg* (1853–56) einem weiteren Vordringen ein Ende. Das russ. Expansionsstreben verlagerte sich nach dem Fernen Osten, wo es erst durch den russ.-jap. Krieg (1904/05) gestoppt wurde.

Im Innern hatte sich nach dem Krimkrieg zunächst eine liberale Politik durchgesetzt, die unter *Alexander III.* (1881–94) u. *Nikolaus II.* (1894–1917) aber zunehmend ins Reaktionäre umschlug, was schließl. in die Revolution von 1905/06 mündete, die die Berufung einer Volksvertretung (*Duma*) erzwang. 1907 kam es durch die russ.-engl. Verständigung zum Zusammengehen mit der *Entente.* Die Unterstützung Serbiens zog das Russ. Reich in den 1. Weltkrieg. Nach schweren Niederlagen gegen die dt. Truppen kam es zur *Februar-Revolution* von 1917. Nikolaus II. wurde zur Abdankung gezwungen. R. wurde Republik. Die unentschlossene Politik der *Provisor. Regierung* nutzten die *Bolschewiki* am 25.10. (7.11. n. St.) zu einem von Lenin organisierten Aufstand (*Oktober-Revolution*) aus.

Zar Peter der Große prügelt einen Bürger; Kupferstich von Daniel Chodowiecki; 1789 (links). – Das letzte Zarenpaar, Nikolaus II. und Alexandra, im Krönungsornat, 1894 (Mitte). – Moskau feiert den Jahrestag der Oktoberrevolution (rechts)

Die territoriale Entwicklung Rußlands

Es gelang ihnen durch den *Frieden von Brest-Litowsk* (3.3.1918) u. das *Dekret über die Landaufteilung* breite Massen auf ihre Seite zu ziehen. R. wurde zur *Russ. Sozialist. Föderativen Sowjetrepublik* (Verf. vom 10.7.1918) erklärt, die sich im anschließenden Bürgerkrieg behaupten konnte.
Die Gründung der *Union der Sozialistischen Sowjetrepubliken* (*UdSSR*) am 30.12.1922 u. die neue Verf. von 1923/24 kennzeichneten eine Konsolidierung der bolschewist. Macht. Im Inneren stärkte Lenin die Wirtschaft durch die *Neue Ökonom. Politik* (*NEP*, 1921–27).
Nach Lenins Tod (1924) wurde J.W. *Stalin* Generalsekretär der Partei. Mit dem 1. *Fünfjahresplan* 1928 begann die Umwandlung aus einem Agrar- zum Industriestaat. Die Kollektivierung der Landw. stieß bes. bei den Großbauern auf erbitterten Widerstand u. rief einen Rückgang in der landw. Produktion hervor. Stalins totalitäre Diktatur gipfelte in den *Säuberungen* 1936–38 (G. I. *Sinowjew*, L. B. *Kamenew*, A. I. *Rykow*, N. I. *Bucharin*, K. B. *Radek*, L. D. *Trotzkij*). Am 23.8.1939 schloß Stalin überraschend einen *dt.-sowj. Nichtangriffspakt* mit Hitler, dem er dadurch den letzten Anstoß zum Angriff auf Polen gab. Die Sowj. nutzte den Ausbruch des 2. Weltkriegs zu Gebietserweiterungen im W. Sie annektierte O-Polen, Estland, Lettland, Bessarabien, Litauen u. die N-Bukowina. Durch den *Winterkrieg* 1939/40 erzwang sie die Abtretung Kareliens von Finnland. 1941 erfolgte der dt. Angriff auf die Sowj.
Nach dem Ende des 2. Weltkriegs wurde die Sowj. zur Weltmacht. Sie annektierte N-Ostpreußen, Karpato-Ukraine u. förderte mit Hilfe ihrer Besatzungstruppen die Errichtung von volksdemokrat. Regimen in den osteurop. Staaten u. in der SBZ Dtld. Im Fernen Osten sicherte sie sich S-Sachalin u. die Kurilen. Daraus entwickelte sich ein Gegensatz zu den Westmächten, der zur Bildung von *NATO* (1949) u. *Warschauer Pakt* (1955) führte.
Nach Stalins Tod (1953) trat eine kollektive Führung mit G. M. *Malenkow*, L. P. *Berija* u. *Molotow* an die Spitze. Berija wurde 1953 hingerichtet. Seit Herbst 1953 begann der Aufstieg N. S. *Chruschtschows*. Auf seine Initiative wurden in der Sowj. der stalinsche Terror u. Personenkult verurteilt (1956) u. die Wirtschaftsleitung konsolidiert. Angesichts des zunehmenden westl. Widerstands gegen die aggressive sowj. Außenpolitik wurden schon seit 1953 einige Konfliktherde beseitigt (Waffenstillstand in Korea 1953 u. Indochina 1954, Staatsvertrag mit Östr. 1955, Beendigung des Kriegszustands mit Japan 1956), u. es wurde die These der »friedl. Koexistenz« propagiert. Die Lockerung des sowj. Griffs führte zu Emanzipationsbestrebungen in einigen Staaten des Ostblocks, die allerdings blutig unterdrückt wurden (17. Juni 1953 in der DDR; 1956 Ungarn u. Polen). Nach Chruschtschows Sturz im Okt. 1964 wurde die Herrschaft der Parteibürokratie wieder gestrafft. Innerhalb der zunächst kollektiven Führung trat Parteichef L. I. *Breschnew* (seit 1977 auch Staatsoberhaupt) mehr u. mehr in den Vordergrund. 1968 besetzte die Sowj. zur Unterdrückung reformkommunist. Tendenzen die ČSSR. Im Nahostkonflikt unterstützte sie die Staatengruppe, die einen Frieden mit Israel entschieden ablehnte. In mehreren afrik. Staaten gewann die Sowj. großen Einfluß. In Europa u. gegenüber den USA bemühte

RUSSLAND Kultur

M. A. Wrubel: Mädchen mit Perserteppich (links). – Holzbaukunst auf der Kischi-Insel im Onegasee 18. Jh. (rechts)

Das Bolschoj-Ballett in »Anna Karenina« mit Maja Plissetskaja (links). – Wera Ignatjewna Muchina, Arbeiter und Kolchosbäuerin; 1937. Moskau. Dieses Werk steht für den Sozialistischen Realismus (rechts)

sich die Sowj. um Entspannung: 1970 Moskauer Vertrag mit der BR Dtld.; 1972 u. 1979 Verträge mit den USA zur Begrenzung der Raketenrüstung (SALT); Europ. Sicherheitskonferenz (KSZE). Ende 1979 besetzte die Sowj. Afghanistan. In Polen betrieb die UdSSR die Errichtung eines Militärregimes (Dez. 1981).
Nach dem Tode Breschnews (1982) u. seiner Nachfolger J. W. *Andropow* (1982–84) u. K. U. *Tschernenko* (1984/85) wurde 1985 M. *Gorbatschow* Generalsekretär des KPdSU. Unter den Losungsworten *Glasnost* (»Offenheit«) u. *Perestrojka* (»Umgestaltung«) proklamierte er eine wirtsch. u. polit. Reformpolitik, die zur Auflösung der kommunist. Herrschaftsstrukturen in den Ländern Osteuropas führte. Im Innern setzte Gorbatschow eine Verfassungsreform durch, außenpolit. betrieb er die Verständigung mit den USA. Seit 1988 auch Staatsoberhaupt, veranlaßte er 1989 den Rückzug aus Afghanistan. 1990 setzte er die Einführung eines Präsidialsystems durch u. reduzierte den polit. Einfluß der KPdSU. Er selbst wurde zum Staatspräs. gewählt. Innenpolitisch verschärfte sich die wirtschaftl. Lage. Die Unabhängigkeitsbestrebungen

Ruthenium, ein →chemisches Element.
Rutherford [ˈrʌθəfəd], **1.** Ernest, Baron *R. of Nelson and Cambridge* (seit 1931), * 1871, † 1937, brit. Chemiker u. Physiker; gilt als Begründer der modernen Kernphysik; erklärte den radioaktiven Zerfall der Elemente; erzielte 1919 die erste künstl. Atomkernreaktion; 1908 Nobelpr. für Chemie. – **2.** Dame (seit 1967) Margaret, * 1892, † 1972, brit. Schauspielerin; bes. bekannt als Miss Marple in Verfilmungen der Romane A. *Christies*.
Rutil, ein Mineral; wichtiges Titanerz.
Rütli, *Grütli*, Bergwiese im schweiz. Kt. Uri, 502 m ü. M.; der Überlieferung nach Gründungsstätte der Eidgenossenschaft (1291) durch den sagenhaften *R.schwur* der Urkantone gegen die Habsburger.
Rüttgers, Jürgen, * 26.6.1951, dt. Politiker (CDU); Jurist; seit 1994 Bundes-Min. für Bildung, Wissenschaft, Forschung u. Technologie.
Ruwenzori, *Runsoro*, stark vergletschertes Hochgebirge am Zentralafrik. Graben zw. Albert- u. Edwardsee, im *Margherita* 5110 m.
Ruwer, rechter Moselzufluß, 40 km.
Ruysbroeck [ˈrœysbruːk], Johannes van, * 1293, † 1381, fläm. Mystiker.

Die neuen Staaten auf dem Territorium der ehem. Sowjetunion

der balt. Staaten u. a. Unions-Rep. sowie die sich verschärfenden Nationalitätenkonflikte (Armenien/Aserbaidschan) bedrohten die Einheit der Sowj. Außenpolit. suchte Gorbatschow die wirtschaftl. Unterstützung des Westens. Er förderte die europ. Entspannungspolitik durch Tolerierung des dt. Wiedervereinigungsprozesses u. unterstützte die USA in der Golfkrise. Im Aug. 1991 scheiterte ein Putsch kons. Kräfte v. a. am Widerstand des russ. Präs. B. *Jelzin*. Die KPdSU wurde verboten, die Unabhängigkeit der balt. Staaten anerkannt. Die meisten Unionsrepubliken erklärten sich für unabhängig. Am 8.12.1991 gründeten R., die Ukraine u. Weißrußland die *Gemeinschaft Unabhängiger Staaten (GUS);* ihr schlossen sich am 21.12.1991 alle übrigen ehem. Sowjetrepubliken mit Ausnahme Georgiens an. Gorbatschow trat als Präs. zurück. Damit hörte die Sowj. auf zu bestehen. R. nach dem Ende der UdSSR: Im März 1992 unterzeichneten die autonomen 18 Republiken u. Regionen R.s einen Föderationsvertrag. 1993 scheiterte ein Putschversuch reaktionärer Kräfte gegen Präs. Jelzin. Im selben Jahr trat eine neue präsidialdemokrat. Verf. in Kraft. Bei Parlamentswahlen gewannen Rechtsnationalisten u. Kommunisten große Stimmenanteile.
Rüster = Ulme.
rustikal, ländlich, bäuerlich.
Rüstung, 1. die Schutzwaffen der Kämpfer im Altertum u. im MA, bes. der Ritter; bestanden aus *Helm* u. *Harnisch* sowie Arm- u. Beinschienen *(Panzer)* u. Eisenschuhen. – **2.** alle Maßnahmen phys. u. psych. Art, die der Aufbau eines militär. Schutzes erfordert.
Rüstungsbeschränkung →Abrüstung.
Rute, 1. *Penis*, männl. Begattungsorgan der Tiere. – **2.** der Schwanz des Hundes, des Raubwilds u. des Eichhörnchens. – **3.** altes dt. Längenmaß, 3–5 m je nach Land.
Ruth, Buch des AT, Erzählung von der Moabiterin R., einer Urgroßmutter *Davids*.
Ruthenen, *Russinen*, Ukrainer, die als *Huzulen (Lemken, Bojken)* in den Karpaten u. als *Wolynier* im Tiefland ansässig sind.

Ruysdael [ˈrœysdaːl], Salomon van, * 1600/03, † 1670, ndl. Maler; Onkel von Jakob van *Ruisdael;* Landschaftsgemälde.
Ružička [ruˈʒitʃka], Leopold, * 1887, † 1976, schweiz. Chemiker kroat. Herkunft, arbeitete über vielgliedrige Kohlenstoffringe u. Polyterpene; Nobelpreis 1939.
Rwanda, *Ruanda*, Binnenstaat in O-Afrika, 26 338 km², 7,5 Mio. Ew., Hptst. *Kigali*.
Landesnatur. R. ist ein mäßig warmes u.

Rwanda: ländlicher Markt; angeboten werden vor allem Bataten (Süßkartoffeln)

feuchtes Tropenhochland (2000 m). Darüber erheben sich im N die Kirunga-Vulkane (Karisimbi 4507 m).
Bevölkerung. 88% der Bev. stellt die Bantugruppe der *Hutu*. Das osthamit. Hirtenvolk der *Tussi* (11% der Bev.) bildete vor Erlangen der Unabhängigkeit die Oberschicht. In Stammeskämpfen wurde in R. die Tussi-Hegemonie beseitigt.
Wirtschaft. Die tradit. Viehzucht (Rinder, Ziegen, Schafe) hat abnehmende Bedeutung. Die wenigen Großfarmen liefern Kaffee, der 60% des Exports ausmacht, ferner Tee, Baumwolle, Sisal, Chi-

Rwanda

narinde, Tabak u. a. für den Export. Der Bergbau liefert v. a. Zinnerz u. Wolfram. – Das verhältnismäßig dichte Straßennetz ist nur zu den Trockenzeiten befahrbar. Kigali u. Cyangugu besitzen internat. Flughäfen.
Geschichte. Zus. mit *Burundi* gehörte R. 1899–1919 zur Kolonie *Deutsch-Ostafrika*, war dann Mandatsgebiet des Völkerbunds u. als *Ruanda-Urundi* seit 1946 UN-Mandat unter belg. Verwaltung. 1962 wurde die Staatenunion getrennt, R. wurde unabhängige Rep. Nach einem Militärputsch 1973 wurde R. ein Einparteienstaat. Die ethn. Spannungen zw. der Bevölkerungsminderheit der Tussi u. der Bevölkerungsmehrheit der Hutus führten zu ständigen Konflikten. Diese eskalierten zuletzt 1994 nach dem Tode von Staats-Präs. J. *Habyarimana* (seit 1973 im Amt). Mehrere Hunderttausend Menschen wurden Opfer blutiger Massaker.
Rybinsk, Stadt in Rußland, an der oberen Wolga, 247 000 Ew.; Masch.- u. Schiffbau, Metall-, Holz-, Lederverarbeitung, Kabelwerk; Stausee.
Rydberg [ˈrydbærj], Johann Robert, * 1854, † 1919, schwed. Physiker; arbeitete über die Theorie der Spektren.
Rykow, Alexej Iwanowitsch, * 1881, † 1938 (hingerichtet), sowj. Politiker; 1924–30 als Nachfolger Lenins Regierungschef, 1929 zus. mit Bucharin entmachtet u. 1938 zum Tod verurteilt; 1988 jurist. u. polit. rehabilitiert.
Ryle [rail], Sir Martin, * 1918, † 1984, brit. Physiker (Astrophysik); Nobelpreis 1974.
Ryschkow, Nikolaj Iwanowitsch, * 28.9.1929, sowj. Politiker; 1985–90 Mitgl. des Politbüros der KPdSU, 1985–91 Vors. des Ministerrats der UdSSR, 1990 Mitgl. des Präsidialrats der UdSSR.
Ryukyu [rjukjuː], *Riukiu-Inseln*, jap. Inselgruppe zw. Taiwan u. Kyushu, 2386 km²; 1,0 Mio. Ew., Hptst. *Naha* auf Okinawa. Der südl. des 29. Breitengrads gelegene Teil war 1945–72 unter US-amerik. Verwaltung.
Rzeszów [ˈʒɛʃuf], 1939–44 *Reichshof*, Hptst. der poln. Wojewodschaft R., am Wisłok, 145 000 Ew.; 2 HS; Masch.-, Nahrungsmittel-Ind.

Rüstung: halber Harnisch (Stahl); Ränder und Streifen mit abwechselnd vergoldetem und eingeschwärztem Ätzdekor versehen, Höhe 97 cm; Augsburg um 1565. Coburg, Kunstsammlung der Veste Coburg

S

s, S, 19. Buchstabe des dt. Alphabets; entspricht dem grch. *Sigma* (σ, Σ).
S, Zeichen für *Schwefel* (lat. *sulp[h]ur*).
SA, Abk. für *Sturmabteilung*, paramilitär. Formation der NSDAP, entstand aus seit 1920 bestehenden Parteikampfgruppen u. wurde von E. *Röhm* zu einer Parteiarmee mit über 2 Mio. Mitgl. entwickelt. Nach dem sog. *Röhm-Putsch* verlor die SA ihre polit. Bedeutung an die SS.
Saadi, Muscharrifuddin →Sadi.
Saadja ben Josef, *882, †942, jüd. Religionsphilosoph; schrieb die erste systemat.-theolog. Darstellung des jüd. Glaubens.
Saalach, *Salzburger Saale*, l. Nbfl. der Salzach (Östr.), 103 km.
Saalburg, ehem. Kastell am obergerm. Limes bei Bad Homburg v.d.H.; Ausgrabungen seit 1853, Wiederaufbau 1898–1907.
Saale, 1. *Sächs.,* oder *Thüring. S.,* l. Nbfl. der Elbe, 427 km; entspringt am Großen Waldstein im Fichtelgebirge, mündet oberhalb von Barby. – **2.** *Fränkische S.,* r. Nbfl. des Main, 135 km.
Saaleeiszeit →Eiszeit.
Saalfeld/Saale, Krst. in Thüringen an der Saale, 35 000 Ew.; Nahrungsmittel-, opt. u. a. Ind.
Saalkirche, meist mit Emporen versehene Kirche, deren Langhaus nur aus einem Schiff besteht.
Saane, frz. *Sarine,* l. Nbfl. der Aare, entspringt in den westl. Berner Alpen, mündet nach 128 km bei Grümmenen.

SA bei einem Aufmarsch in Harzburg 1931

Saanen, frz. *Gessenay,* schweiz. Bez.-Hptst. im Berner Oberland, 5900 Ew.
Saar, frz. *Sarre,* r. Nbfl. der Mosel, 246 km; kommt als *Weiße* u. *Rote S.* vom Donon (nördl. Vogesen), mündet bei Konz; ab Saargemünd (120 km) schiffbar.
Saarbrücken, Hptst. u. größte Stadt des Saarlands, an der Saar, 190 000 Ew.; Univ. (gegr. 1948), HS für Musik, Pädagog. HS; Schloßkirche (15. Jh.), Stiftskirche (13./14. Jh.), Reste eines Römerkastells; Steinkohlenbergbau, Stahl-, Eisen-, Masch.- u. a. Ind.; Flughafen. – Stadtrecht seit 1321, seit 1919 Hptst. des Saargebiets (des späteren Saarlandes).
Saarburg, 1. Stadt in Rhld.-Pf., an der Saar, 5600 Ew.; Glockengießerei. – **2.** frz. *Sarrebourg,* Stadt im frz. Dép. Moselle in Lothringen, an der oberen Saar, 13 000 Ew.
Saargemünd, frz. *Sarreguemines,* frz. Stadt in Lothringen, 25 000 Ew.; Porzellanmanufaktur (1785 gegr.).
Saarinen, 1. Eero, Sohn von 2), *1910, †1961, finn. Architekt; seit 1923 in den USA, erstrebte moderne, funktionsgerechte Formgebung. – **2.** Eliel, *1873, †1950, finn. Architekt; seit 1923 in den USA, erstrebte Einbeziehung der Bauten in die Landschaft.
Saarland, Land der BR Dtld.; mit Ausnahme der Stadtstaaten das kleinste Bundesland mit 2569 km² u. 1,08 Mio. Ew.; Hptst. *Saarbrücken.* Im N hat das S. Anteil am *Saar-Nahe-Hügelland.* Den S u. O nehmen ein niedriges Hügel- u. Stufenland ein. Die wirtsch. Bed. des S. liegt im Steinkohlenbergbau. Neben Hüttenwerken gibt es Betriebe der Metallverarbeitung u. des Maschinenbaus, der chem., Elektro-, Kunststoff-, Fahrzeug-, Textil- u. a. Ind. Geschichte. Nach dem 1. Weltkrieg wurde das aus preuß. u. bay. Landesteilen gebildete *Saargebiet* (offizielle Bez. bis 1935) dem Völkerbund unterstellt, 1935 nach einer Volksabstimmung wieder dem Dt. Reich angegliedert. Nach dem 2. Weltkrieg erhielt das S. autonomen Status u. überließ Frankreich die außenpolit. Vertretung. 1955 lehnte die Saarbevölkerung das eine Europäisierung vorsehende *Saarstatut* ab. Am 1.1.1957 wurde das S. zehntes Bundesland der BR Dtld.
Saarlouis [-'lui], 1936–45 *Saarlautern,* saarländ. Krst., 38 000 Ew.; Stahl-, Masch.- u. Fahrzeugbau.
Saas-Fee, Wintersportort im schweizer. Kt. Wallis, 900 Ew.
Saateule, Nachtschmetterling aus der Fam. der →Eulen (2).
Saatgut, die zur Aussaat bestimmten Samen (z.B. Mohn), Früchte (z.B. Getreide) oder Knollen (z.B. Kartoffel).
Saatkrähe →Krähen.
Saavedra, Miguel de →Cervantes Saavedra.
Saaz, tschech. *Žatec,* Stadt in Nordböhmen (Tschech. Rep.), an der Eger, 23 000 Ew.
Saaz, Johannes von →Johannes von Tepl.
Saba, *Scheba,* südarab. Reich der *Sabäer,* etwa 1100 v. Chr. – 575 n. Chr., Hptst. *Marib;* umfaßte um 300 ganz Südarabien.
Saba, Insel der *Niederl. Antillen,* Kleine Antillen, 13 km², 1100 Ew.; wichtigster Ort *Bottom.*
Sabadell [-'ðel], NO-span. Ind.-Stadt in Katalonien, am Ripoll, 190 000 Ew.
Sabah, Teilstaat von →Malaysia in N-Borneo.
Sabaoth →Zebaoth.
Sabatier [-'tje:], Paul, *1854, †1941, frz. Chemiker; verdient um die Erforschung katalytischer Reaktionen; Nobelpreis 1912.
Sabbat, *Schabbat,* jidd. *Schabbes,* jüd. Ruhe- u. Feiertag; der 7. Tag der Woche. Jedes 7. Jahr war ein **S.jahr,** in dem das Land nicht bebaut wurde u. keine Schulden eingetrieben werden sollten.
Säbel, einschneidige Hiebwaffe mit leicht gekrümmter Klinge; früher Waffe der Kavallerie. Im Fechtsport Hieb- u. Stoßwaffe mit gerader Klinge.

Säbelantilope →Oryxantilope.
Säbelschnäbler, *Recurvirostridae,* Fam. der *Regenpfeiferartigen,* Watvögel mit dünnem, aufwärts gekrümmtem Schnabel.
Säbelzahntiger, *Säbeltiger,* mehrere Gatt. ausgestorbener, katzenartiger Raubtiere.
Sabin [engl. 'sɛibin], Albert Bruce, *1906, †1993, US-amerik. Bakteriologe; entwickelte Impfstoffe gegen spinale Kinderlähmung.

Säbelschnäbler am Nest

Sabiner, italischer Volksstamm im antiken Mittelitalien.
Sabinerberge, ital. *Monti Sabini,* Vorberge des mittleren Apennin, im *Monte Pellècchia* 1365 m.
Sabotage [-ʒə], geheimes Arbeiten oder passiver Widerstand gegen die Ziele anderer.
SAC, Abk. für engl. *Strategic Air Command,* strateg. Bomberkommando der USA.
Saccharase [zaxa-], *Invertase,* ein Enzym, das Rohrzucker in Glucose u. Fructose spaltet.
Saccharide [zaxa-] →Kohlenhydrate.
Saccharin [zaxa-], *Sacharin,* künstl. Süßstoff, chem. *o-Benzoesäuresulfimid;* die Süßkraft ist rd. 500 mal größer als die des Rohrzuckers.
Saccharose [zaxa-], *Saccharum* →Rohrzucker.
SACEUR, Abk. für engl. *Supreme Allied Commander Europe,* NATO-Oberbefehlshaber in Europa.
Sachalin, jap. *Karafuto,* Insel in Ostasien, 76 400 km²; gebirgig (in der *Gora Lopatina* 1609 m), bewaldet, naßkaltes Klima; Rentierzucht u. Pelztierjagd, Waldwirtschaft, Fischfang u. Fischverarbeitung, Erdöl- u. Kohlelager. – S. fiel 1875 an Rußland. Der S von S. wurde 1905 jap. u. 1945 wieder sowjetisch. Administrativ bildet die Insel zus. mit den Kurilen eine Oblast im Fernen

Saalburg im Taunus

Saarbrücken: Kongreßhalle an der Saar

Osten Rußlands, rd. 87 100 km², 700 000 Ew. (Giljaken, Ainu, Russen), Hptst. *Juschno-Sachalinsk.*
Sacharja, grch. *Zacharias,* im AT einer der kleinen Propheten, um 520 v. Chr. in Jerusalem.
Sacharow, Andrej Dmitrijewitsch, *1921, †1989, russ. Atomphysiker; trat seit Ende der 1960er Jahre für eine Liberalisierung des sowj. Herrschaftssystems ein; 1980–86 nach Gorkij verbannt; im Zuge der Perestroika 1989 in den Kongreß der Volksdeputierten gewählt. Friedensnobelpreis 1975.
Sachbeschädigung, vorsätzl. Beschädigung oder Zerstörung fremder Sachen; strafbar.
Sachbuch, ein Buchtyp, der im Unterschied zur *Belletristik* u. zum *Fachbuch* sachbezogene Themen allgemeinverständl. darstellt.
Sacheinlage, Einbringung von Sachwerten in eine Unternehmung als haftendes Kapital.
Sachen, 1. *bürgerl. Recht:* nur körperl. Gegenstände, nicht geistige Erzeugnisse u. Rechte. – **2.** *öffentl. Recht:* öffentl. S., die S. im Gemeingebrauch (Straßen, Plätze, Meeresstrand, Gewässer) u. das Verwaltungsvermögen.
Sachenrecht, Regelung der menschl. Herrschaft über die *Sachen,* im bürgerl. Recht die Bestimmungen über die im 3. Buch des BGB zusammengefaßten *dinglichen Rechte.*
Sacher-Masoch, Leopold Ritter von, *1836, †1895, östr. Schriftst.; schilderte in Romanen das poln. Bauern- u. Kleinbürgerleben sowie geschlechtl. Abweichungen *(Masochismus).*
Sachlegitimation, *Sachbefugnis,* im Prozeßrecht Rechtszuständigkeit, zu unterscheiden von der *Prozeßführungsbefugnis.*
Sachs, 1. Hans, *1494, †1576, dt. Dichter, Schuhmacher u. Meistersinger; schrieb rd. 1700 Schwänke, 200 Bühnenspiele, 4000 Meisterlieder. – **2.** Nelly, *1891, †1970, dt. Lyrikerin; setzte sich in ihren Werken mit dem jüd. Schicksal auseinander; Nobelpreis 1966.
Sachsa, *Bad. S.,* Stadt in Nds., am Südharzrand, 8500 Ew.
Sachsen, westgerman. bzw. dt. Volksstamm. Sein Siedlungsgebiet erstreckte sich von der Elbe u. nördl. davon bis zum Niederrhein, Hessen u. Thüringen. Aus vier Stammesgruppen *(Westfalen, Engern, Ostfalen* u. *Nordalbinger)* entstand ein sächs. Stammesherzogtum. Die Sachsenkriege Karls d. Gr. führten zur Eingliederung der S. ins Frankenreich. Später entstand ein neues sächsisches Stammesherzogtum der *Liudolfinger.* In Herzog *Heinrich I.* fiel dem Haus (→ Ottonen) 919 die dt. Königskrone zu. Nach dem Aussterben der Liudolfinger wurde *Lothar III.* von Supplinburg mit dem Herzogtum S. belehnt (1106); nach dessen Tod der Welfe Herzog *Heinrich der Stolze* von Bayern. Dessen Sohn *Heinrich der Löwe* (1142–80) erweiterte das Gebiet bis zur Ostsee, verlor es aber bei seinem Sturz an den Erzbischof von Köln u. an den Askanier Graf *Bernhard* von Anhalt. Der N u. NW zerfiel in kleine Territorien. Die Askanier teilten 1260 ihr Gebiet in die Herzogtümer *S.-Lauenburg* u. *S.-Wittenberg.* Nach dem Aussterben dieser Linie erhielt 1423 der Markgraf von Meißen, der Wettiner *Friedrich der Streitbare,* Herzogtum u. Kurwürde (→ Sachsen [Land]).
Sachsen, 1. Land in Dtld., 18 337 km², 4,99 Mio. Ew.; Hptst. ist *Dresden.* Von den Höhen des Elster-, Erz-, Elbsandstein- u. Zittauer Gebirges reicht S. nach N bis zur Leipziger Tieflandsbucht u. zur Niederlausitz.
Geschichte. Kerngebiet des Landes war die Mark *Meißen* (gegr. 965). 1264 wurde der größte Teil Thüringens erworben. 1423 wurden diese Gebiete mit S.-Wittenberg zum Kurfürstentum S. vereinigt. In der Leipziger Teilung von 1485 erhielt Kurfürst *Ernst,* Stammvater der *Ernestiner,* Kursachsen, Thüringen u. das Vogtland; Herzog *Albrecht,* Stammvater der *Albertiner,* Meißen, einen Teil des Osterlands u. den nördl. Randstreifen Thüringens. In der *Wittenberger Kapitulation* (1547) mußten die Ernestiner zugunsten des Albertiners *Moritz* auf S. u. der Kurwürde verzichten. *Friedrich August I. der Starke,* trat 1697 zum Katholizismus über, um König von Polen zu werden. *Friedrich August III.* trat 1806 dem *Rheinbund* bei u. erhielt den Königstitel *(Friedrich August I.).* Auf dem *Wiener Kongreß* (1814/15) mußte das neue Königreich S. die Niederlausitz, den O der Oberlausitz, den Kurkreis u. seine thüring. Gebiete an Preußen abtreten; es entstand die preuß. Prov. S. (→ Sachsen[2]). 1866 im *Dt. Krieg* kämpfte S. auf seiten von Östr. u. mußte im *Berliner Frieden* dem *Norddt. Bund* beitreten. Mitgliedschaft im *Dt. Zollverein* (1834), im Norddt. Bund u. im Dt. Reich bescherten S. einen wirtsch. Aufschwung. Nach der Novemberrevolution 1918 trat der König zurück *(Freistaat S.).* Nach der nat.-soz. Machtergreifung 1933 wurde S. »gleichgeschaltet«. 1945 kam die um die Reste Schlesiens vergrößerte Land S. unter sowj. Militärverwaltung u. wurde ein Teil der DDR. 1952 wurde es aufgelöst u. in die Bezirke Dresden, Leipzig u. Chemnitz (Karl-Marx-Stadt) geteilt. 1990 wurde das Land wiederhergestellt. Heute ist S. Freistaat. – **2.** ehem. preuß. Prov., 1816 nach dem Wiener Kongreß gebildet aus den altpreuß. Besitzungen *Altmark, Magdeburg, Ziesar, Halle, Halberstadt,* dem Königreich S. erworbenen Gebieten des Kurkreises u. des nördl. Thüringen sowie dem Kurmainz *Erfurt* u. *Eichsfeld* u. den Reichsstädten *Nordhausen* u. *Mühlhausen.* Hptst. war Magdeburg. 1944 wurde sie in die Prov.

Andrej Dmitrijewitsch Sacharow

Magdeburg u. *Halle-Merseburg* geteilt; Erfurt kam zu Thüringen. Nach 1945 wurden beide Prov. mit Anhalt zu S.-*Anhalt* vereinigt.
Sachsen-Anhalt, Land in Mittel-Deutschland, 20 445 km², 2,82 Mio. Ew.; Hptst. ist *Magdeburg;* 1945 aus dem Hauptteil der preuß. Prov. → Sachsen (2) u. dem Land → Anhalt gebildet, wurde es Teil der DDR, im Jahr 1952 aufgelöst. 1990 wurde es wiederhergestellt.

Sachsen-Anhalt: Regierungsbezirke

Regierungsbezirk	Fläche in km²	Einwohner in 1000	Hauptstadt
Dessau	4254	586	Dessau
Halle	4869	1007	Halle/Saale
Magdeburg	11 320	1230	Magdeburg

Sachsenhausen, nordöstl. Stadtteil von Oranienburg, 3400 Ew.; ehem. KZ.
Sachsenspiegel, das älteste u. bedeutendste der dt. Rechtsbücher, verfaßt in den zwanziger Jahren des 13. Jh., zuerst in lat., dann in niederdt. Sprache von Eike von Repkow.
Sachsenwald, Waldgebiet in Schl.-Ho., 65 km², von Wilhelm I. Bismarck geschenkt.
Sächsische Herzogtümer, entstanden aus den nach der *Wittenberger Kapitulation* 1547 den Ernestinern verbliebenen thüring. Besitzungen, die wiederholt geteilt wurden. Zuletzt bestanden das Großherzogtum *Sachsen-Weimar-Eisenach,* die Herzogtümer *Sachsen-Coburg-Gotha, Sachsen-Meiningen* u. *Sachsen-Altenburg.* Sie wurden 1918 Freistaaten u. schlossen sich mit anderen Gebieten 1920 mit Ausnahme Coburgs, das sich mit Bay. vereinigte, zum Land *Thüringen* zusammen.
Sächsische Schweiz →Elbsandsteingebirge.
Sächsische Weltchronik, erste Chronik in Prosa in niederdt. Sprache, um 1231 entstanden.
Sachversicherung, im Gegensatz zur Personen-, Vermögens- u. Rückversicherung Sammelbegriff für die übrigen Versicherungszweige.
Sachverständigenrat, durch den Bundesrat 1963 gebildetes Gremium aus 5 unabhängigen Sachverständigen (»5 Weise«) mit der Aufgabe, die gesamtwirtschaftl. Entwicklung der BR Dtld. jährl. zu begutachten.

Sachwerte, von Geldwertschwankungen nicht in ihrem Tauschwert beeinflußbare Güter.
Sack, Erna, *1898, †1972, dt. Sängerin, Stimme von ungewöhnlichem Umfang (bis c⁴).
Sackbahnhof, *Kopfbahnhof,* ein Bahnhof, bei dem die Gleise vor einem Querbahnsteig enden.
Säckingen, *Bad. S.,* Stadt in Ba.-Wü., am Hochrhein, 14 000 Ew.; überdachte Holzbrücke (1571) über den Rhein.
Sackmäuler, Ordnung von Tiefseefischen, die den *Aalfischen* nahesteht.
Sackpfeife, *Dudelsack,* volkstüml. Blasinstrument, wird aus einem Ledersack mit Luft versorgt.
Sackville ['sækvil], Thomas, *1536, †1608, engl. Dichter (erste engl. Blankverstragödie »Gorboduc«).
Sackville-West ['sækvil-], Victoria Mary, *1892, †1962, engl. Schriftst. (Gesellschaftsromane; u. a. »Weg einer Weiser«).
SACLANT, Abk. für engl. *Supreme Allied Commander Atlantic,* NATO-Oberbefehlshaber für den Kommandobereich Atlantik.
Sacramento [sækrə'mentou], Hptst. des USA-Staats Kalifornien am S. *River,* 276 000 Ew.; 1848 als Goldgräbersiedlung gegr.
Sacramento River [sækrə'mentou 'rivə], Fluß in den westl. USA, im N des kaliforn. Längstals *(Sacramento Valley),* rd. 620 km.
Sacré-Cœur ['-kœr], **1.** Bez. für das Herz Jesu, Name kath. Genossenschaften. – **2.** Kirche im Pariser Stadtteil Montmartre, 1876–1919 in roman.-byzantin. Stil erbaut.
Sacrificium, in der kath. Kirche: Meßopfer.
Sadat, Anwar As, *1918, †1981 (ermordet), ägypt. Politiker, Offizier; seit 1970 Staatspräs.; Friedensnobelpreis 1978; schloß 1979 einen Friedensvertrag mit Israel.
Sadduzäer, jüd. konservative Partei des alten Priesteradels, Gegner der *Pharisäer.*
Sade [sa:d], Donatien Alphonse François, Marquis de, *1740, †1814, frz. Schriftst. u. Aufklärer. Romane u. Erzählungen, die präzise sexuelle Perversionen beschreiben *(Sadismus).*
Sadebaum, niedriger, am Boden liegender oder aufsteigender *Wacholderstrauch.*
Sadhu [sanskr.], Name ind. Asketen.
Sadi, Muscharrifuddin, um *1215, †1292, pers. Dichter; schrieb didakt. Werke u. Lyrik.
Sadismus, eine dem *Masochismus* entgegengesetzte Triebperversion, bei der die Geschlechtslust mit dem Zufügen von Qualen verbunden ist. S. u. *Masochismus* finden sich auch oft kombiniert (*Sadomasochismus*).
Sadoveanu, Mihail, *1880, †1961, rumän. Schriftst.; schrieb über 120 Romane u. Novellen, bes. über das Leben der moldauischen Bauern.
SAE, Abk. für engl. *Society of Automotive Engineers,* Gesellschaft für Kfz-Ingenieure, New York.
SAE-PS ist in den USA die Leistung für Verbrennungsmotoren; zur Umrechnung in DIN-PS bzw. DIN-kW sind 15–20% abzuziehen.
Safari, urspr. Karawanenreise, jetzt tourist. Photo- oder Jagdreise in Afrika.
Safawiden, iran. Dynastie 1502–1722, die das Land im Zeichen des schiit. Islams verteidigte.
Safe [se:f], verschließbares Tresorfach; Geldschrank.
Safed, *Safad,* Stadt im N Israels, 14 000 Ew., eine der vier heiligen Städte des Judentums.
Saffianleder, pflanzl. gegerbtes, farbiges Ziegenleder mit stark profilierten Narben.
Safi, marokkanische Hafenstadt am Atlantik, 299 000 Ew.
Saflor, Färberdistel, Gatt. der *Korbblütler,* Blüten dienten früher der Farbherstellung.
Safran, Gewürz u. gelber Pflanzenfarbstoff, hergestellt aus *S. krokus.*
Saga, altnord., bes. auf Island im MA gepflegte Prosa-Erzählform. Die urspr. mündl. überlieferten S. wurden im 13./14. Jh. aufgezeichnet.
Sagamibucht [jap. sanami-], große Meeresbucht an der SO-Küste von Honshu (Japan).
Sagan, poln. *Żagań,* Stadt in Schlesien, am Bober, 22 000 Ew.
Sagan [sa'gã], Françoise, eigtl. F. *Quoirez,* *21.6.1935, frz. Schriftst.; melanchol. Romane; W »Bonjour Tristesse«).
Sage, die mündl. überlieferte Erzählung einer für wahr gehaltenen oder auf einem wahren Kern beruhenden Begebenheit; im Lauf der Zeit phantast.

Sägefische

Saibling: Bachsaibling

ausgeschmückt u. ständig umgestaltet. Beliebte Figuren der S. sind Riesen, Zwerge, Elfen u. übermenschl. Helden.

Sägefische, Unterordnung der *Rochen,* bis 10 m lang.
Sägehaie, Unterordnung der *Haiähnlichen* mit einer Familie *(Sägeträger)* bis 1,20 m lange Haie.
Säger, *Mergeae,* Gatt. von *Meertauchenten* mit zahnartigen Erhebungen am Schnabel.
Sago, gekörntes Stärkemehl aus dem Mark der *S.palme;* dt. S. wird aus Kartoffelstärke gewonnen.
Sagopalmen, hochstämmige Fiederpalmen des mal. Archipels u. Neuguineas.
Sagorsk, *Sergijew Posad,* russ. Stadt nordöstl. von Moskau, 109 000 Ew.; berühmtes Kloster, Zentrum der russ.-orth. Kirche.
Sagrosgebirge, Gebirge im W-Iran.
Sagunto, span. Stadt in der Prov. Valencia, 55 000 Ew.; im Altertum wichtige Hafenstadt.
Sahara, größte Wüste der Erde, erstreckt sich quer durch N-Afrika vom Atlant. Ozean zum Roten Meer, bedeckt rd. 8,7 Mio. km², rd. 5000 km breit; im *Tibestimassiv* bis 3415 m hoch. Rd. 1,5 Mio. Ew. in Oasen; Erdöl-, Erdgas- u. Erzvorkommen.
Saharanpur, engl. *Saharanpore,* ind. Distrikt-Hptst. im nw. Uttar Pradesh, 300 000 Ew.
Sahel, Landschaftsgürtel am S-Rand der Sahara, Übergangszone zw. Wüste u. Trockensavanne; wird period. von starken Dürrekatastrophen heimgesucht.
Sahib, in Indien u. Iran Anrede für Europäer.
Saho, hamit. Stämme (50 000) in N-Äthiopien.

Sagorsk: Mariä-Himmelfahrts-Kathedrale, in der sich das Grab von Boris Godunow (1598–1605 Zar von Rußland) befindet

Saibling, zu den *Lachsen* gehörender Fisch in Gebirgsseen Eurasiens u. Amerikas.
Saida, Hafenstadt in Libanon, 25 000 Ew.; das phöniz. *Sidon.*
Saiga, asiat. Steppenantilope, Unterfamilie der Horntiere.
Saigon [ˈzaigɔn], Stadt in Vietnam, seit 1976 → Ho-Chi-Minh-Stadt.
Sailer, 1. Johann Michael, * 1751, † 1832, dt. kath. Theologe; Bischof von Regensburg (1829). – **2.** Toni, * 17.11.1935, östr. alpiner Skiläufer; dreifacher Goldmedaillengewinner 1956.
Saimaa, fischreiche Seengruppe in SO-Finnland, zus. rd. 4400 km², bis 58 m tief.
Saint Albans [sint ˈɔːlbənz], S-engl. Stadt nw. von London, 52 000 Ew.; normann. Kathedrale.
Saint Andrews [sint ˈændruːz], mittelschott. Stadt an der Nordsee, 10 000 Ew.; älteste schott. Univ.
Saint-Barthélemy [sɛ̃bartelaˈmi], Insel der Kleinen Antillen, Teil des frz. Übersee-Dép. *Guadeloupe,* 25 km², 3100 Ew.
Saint-Brieuc [sɛ̃briˈø], Hptst. des NW-frz. Dép. *Côtes-d'Armor,* in der Bretagne, 48 000 Ew.
Saint Christopher [sint ˈkristəfə], *Saint Kitts,* In-

Saint Christopher-Nevis

sel im westind. Staat S. C.-Nevis, 168 km², 45 000 Ew.
Saint Christopher-Nevis [sint ˈkristəfəˈniːvis], Staat der Kleinen Antillen, 261 km², 49 000 Ew. (vorw. Schwarze), Hptst. *Basseterre;* besteht aus den beiden Vulkaninseln *Saint Christopher* u. *Nevis* sowie der Koralleninsel *Sombrero;* feuchttrop. Klima, Regen- u. Nebelwälder; Anbau von Zuckerrohr u. Baumwolle; Fremdenverkehr.
Geschichte. S. C. wurde 1493 von Kolumbus entdeckt, 1713 bekam Großbritannien die Oberhoheit. 1983 erhielt S. C. im Rahmen des Commonwealth die Unabhängigkeit.
Saint Croix [sint ˈkrɔi], *Santa Cruz,* größte Insel der US-amerik. Jungferninseln (Kleine Antillen), 212 km², 55 000 Ew.
Saint-Denis [sɛ̃dəˈniː], **1.** nördl. Industrievorstadt von Paris, 100 000 Ew.; frühgot. Kathedrale (12./13. Jh.) mit frz. u. fränk. Königsgräbern. – **2.** Hptst. der frz. Insel u. des Übersee-Dép. Réunion im Ind. Ozean, 109 000 Ew.
Sainte-Beuve [sɛ̃tˈbœv], Charles Augustin de, * 1804, † 1869, frz. Literaturkritiker.
Saintes-Maries-de-la-Mer [sɛ̃tmariədəlaˈmɛːr], Stadt u. frz. Zigeunerwallfahrtsort in der Camargue, 2000 Ew.; Seebad.
Saint-Étienne [sɛ̃teˈtjɛn], Hptst. des S-frz. Dép. Loire, 205 000 Ew.; vielseitige Ind.
Saint-Exupéry [sɛ̃tɛgzypeˈri], Antoine de, * 1900, † 1944, frz. Schriftst. u. Flieger; versuchte in seinem Werk eine Verbindung von moderner Technik u. humanist. Ideen. W »Der kleine Prinz«.
Saint George's [sint dʒɔːdʒiz], Hptst. des westind. Antillenstaates Grenada 7500 Ew.
Saint-Germain-en-Laye [sɛ̃ʒɛrmɛ̃ãˈlɛ], westl. Vorstadt von Paris, 38 000 Ew. – Friede von S. → Pariser Vorortverträge.
Saint Helena [sint ˈhɛlinə] → Sankt Helena.
Saint Hélier [sɛ̃teˈlje], Hptst. der Kanalinsel Jersey, 28 000 Ew.
Saint James's Palace [sint ˈdʒɛimziz ˈpælis], Palast in London, bis 1830 königl. Residenz.
Saint John [sint ˈdʒɔn], Hafenstadt in der kanad. Prov. Neubraunschweig, 76 000 Ew.
Saint-John Perse [sɛ̃dʒɔnˈpɛrs], eigtl. Alexis *Léger,* * 1887, † 1975, frz. Dichter u. Diplomat, feierl. freirhythm. Dichtungen; Nobelpreis 1960.
Saint John's [sint ˈdʒɔnz], **1.** Hptst. u. Hafen der kanad. Prov. u. Insel Neufundland, 96 000 Ew. – **2.** Hptst. der Antillen-Insel Antigua u. des westind. Staats Antigua u. Barbuda, 30 000 Ew.
Saint-Just [sɛ̃ˈʒyst], Louis Antoine Léon, * 1767, † 1794 (hingerichtet), frz. Revolutionär; Anhänger *Robespierres.*
Saint Kitts [sint ˈkits] → Saint Christopher.
Saint Kitts, Nevis and Anguilla [sint ˈkits ˈnivis ənd æŋgiːlə], ehem. brit. Gruppe der Leeward Islands, Kleine Antillen; 1967–83 Glied der Westind. Assoziierten Staaten.

Saint-Lô [sɛ̃ˈlo], Hptst. des N-frz. Dép. Manche, in der Normandie, 25 000 Ew.
Saint Louis [sint ˈluis], größte Stadt von Missouri (USA), am westlichen Ufer des Mississippi, 429 000 Ew.; mehrere Univ.; Flugzeug- u. Automobilbau, Großflughafen.

Saint Lucia

Saint-Louis [sɛluˈi], Hafen in der W-afrik. Rep. Senegal, an der Senegalmündung, 118 000 Ew.
Saint Lucia [sint ˈluːʃə], Staat der Kleinen Antillen, 622 km², 150 000 Ew. (Schwarze u. Mulatten), Hptst. *Castries;* Bergland (bis 951 m); Export von Bananen u. Kokosprodukten; Fremdenverkehr. – Seit 1814 brit., seit 1967 mit Autonomie, seit 1979 unabhängig.
Saint-Malo [sɛ̃maˈlo], NW-frz. Hafenstadt an der Kanal-Küste der Bretagne, 46 700 Ew.; Gezeitenkraftwerk.
Saint-Martin [sɛ̃marˈtɛ̃], ndl. *Sint Maarten,* Insel im N der Kleinen Antillen, Westindien, östl. von Puerto Rico; geteilt in einen frz. N-Teil (52 km², 8100 Ew.; Hauptort *Marigot*) u. einen ndl. Südteil (34 km², 16 000 Ew.; Hauptort *Philipsburg*).
Saint-Nazaire [sɛ̃naˈzɛːr], westfrz. Hafenstadt, 70 000 Ew.; Schiffsbau.
Saintonge [sɛ̃tɔ̃ːʒ], Küstenlandschaft (histor. Prov.) im westl. Frankreich, zw. der Charente u. der Gironde, alte Hptst. *Saintes.*
Saint Paul [sint ˈpɔːl], Hptst. von Minnesota (USA), am Mississippi, mit *Minneapolis* zusammengewachsen, 270 000 Ew.; Methodisten-Univ. (1854); vielseitige Ind.
Saint Peter Port [sint ˈpiːtə pɔːt], frz. *Saint-Pierre,* Hptst. der Kanal-Insel Guernsey, 16 000 Ew.
Saint Petersburg [sint ˈpiːtəzbəːg], Hafenstadt u. Winterkurort in Florida (USA), 242 000 Ew.
Saint-Phalle [sɛ̃ˈfal], Niki de, * 29.10.1930, frz. Künstlerin; als Malerin, Schriftst. u. Bildhauerin tätig.
Saint-Pierre, 1. Jacques Henri Bernardin de, * 1737, † 1814, frz. Schriftst.; vorromant. Reiseberichte u. Erzählungen, W »Paul et Virginie«. – **2.** Michel de, * 1916, † 1987, frz. Schriftst.; schrieb realist., lebensbejahende Romane.
Saint-Pierre et Miquelon [sɛ̃ˈpjɛːrəmikəˈlɔ̃], frz. Übersee-Dép. südl. von Neufundland, 242 km², 6300 Ew., Hptst. *Saint-Pierre.*

Antoine de Saint-Exupéry: Der kleine Prinz auf dem Asteroid B 612; Illustration des Verfassers aus seinem Buch »Der kleine Prinz«, 1943

Niki de Saint-Phalle: Brunnenfigur. Paris, Centre Georges Pompidou

Saint-Quentin [sɛ̃kãtɛ̃], N-frz. Stadt an der Somme, 63 000 Ew.
Saint-Raphaël [sɛ̃rafa'ɛl], SO-frz. Hafenstadt an der Côte d'Azur, 24 000 Ew.
Saint-Saëns [sɛ̃'sãs], Camille, *1835, †1921, frz. Komponist; Vertreter der neuklassizist. Musik. W »Samson u. Dalila«.
Saint-Simon [sɛ̃si'mõ], Claude Henry de Rouvroy, Graf von, *1760, †1825, frz. Schriftst. u. Sozialkritiker; wird zu den *Frühsozialisten* gerechnet; kritisierte den Adel u. gehört zu den Begründern der Wirtschaftssoziologie.

Saint Vincent und die Grenadinen

Saint-Tropez [sɛ̃trɔ'pe], S-frz. Stadt, Seebad u. Fischereihafen, 6200 Ew.
Saint Vincent und die Grenadinen [sɪnt'vɪnsənt], Staat der Kleinen Antillen, 388 km², 110 000 Ew. (vorw. Schwarze u. Mulatten), Hptst. *Kingstown*; gebirgige Vulkaninseln (*La Soufrière*, 1234 m); Export von Bananen u. Pfeilwurz (Marantastärke). – S. V. wurde 1498 von Kolumbus entdeckt. Die Insel war seit 1814 brit. 1979 wurde S. V. als konstitutionelle Monarchie im Rahmen des Commonwealth unabhängig.
Saipan, Hauptinsel der Marianen, im Pazif. Ozean, 122 km², 12 000 Ew.
Saison [zɛ'zõ], »Jahreszeit« mit stärkstem Betrieb in Verkehr u. Geschäftsleben; beste Kurzeit. – **S.arbeiter** werden zu best. Jahreszeiten beschäftigt. – **S.schlußverkauf**, Ausverkauf von modeabhängigen Waren, z.B. *Winterschlußverkauf*.
Saiten, Tonerzeuger der Saiteninstrumente. Sie sind zw. zwei festen Punkten gespannt u. bestehen aus Pflanzenfasern, zusammengedrehten Därmen, Haaren, Seide, Metall, Perlon oder Nylon. – **S.instrumente**, Tonwerkzeuge, bei denen der Ton durch eine Saite erzeugt u. in seiner Höhe bestimmt wird, während ein Resonanzkörper für die nötige Verstärkung u. Abstrahlung sorgt.
Sajan, *Sajanisches Gebirge*, Gebirgssystem im südl. Sibirien, im *Munku-Sardyk* 3492 m.
Sakai, jap. Hafenstadt im südl. Honshu, 810 000 Ew.; Kaisergräber aus dem 3. u. 4. Jh.
Sake, *Saki, Reiswein*, jap. Nationalgetränk aus mit Hefe vergorenem Reis.
Sakmann, Bert, *12.6.1942, dt. Mediziner; erforschte die Ionenkanäle der Zellen. 1991 Nobelpreis für Medizin zus. mit E. *Neher*.
sakral, geweiht, heilig.
Sakrament, in der kath. Kirche von Christus zu best. Gnadenwirkungen im Gläubigen eingesetztes Zeichen. Es gibt 7 S.e: Taufe, Firmung, Eucharistie, Buß-S., Krankensalbung, Priesterweihe, Ehe. – Die ev. Kirche hat nur 2 von Christus selbst eingesetzte S.e: Taufe u. Abendmahl.
Sakramentalien, in der kath. Kirche den Sakramenten ähnliche kirchl. Handlungen u. Gegenstände, z.B. Segnungen, geweihtes Öl.
Sakrileg, Religionsfrevel, Vergehen gegen Heiliges.

Sakristei, Nebenraum in der Kirche zum Aufenthalt der Geistlichen.
Säkularisation, 1. weltl. Interpretation aller Lebensbeziehungen, »Verweltlichung«. – **2.** Enteignung kirchl. Eigentums durch den Staat. Die nach der Reformation in Dtld. noch verbliebenen geistl. Territorien wurden 1803 durch den Reichsdeputationshauptschluß aufgelöst.
Säkulum, Jahrhundert, auch Zeitalter.
Sakynthos →Zakynthos.
Salacrou [-'kru:], Armand, *1899, †1989, frz. Dramatiker; schrieb surrealist. u. bürgerl. Bühnenstücke.
Saladin, *Salah Ad Din, Jusuf Ibn Ajjub*, *1138, †1193, Sultan von Ägypten u. Syrien 1175–93; Begr. der Dynastie der *Ajjubiden*; schlug die Kreuzfahrer u. eroberte 1187 Jerusalem.
Salado, *Rio S.*, r. Nbfl. des Paraná in Argentinien, rd. 2000 km.
Salamanca, span. Prov.-Hptst. in einer Ebene im S der histor. Ldsch. *León*, 162 000 Ew.; berühmte Univ. (1218).
Salamander, Fam. der Schwanzlurche.
Salami, stark gewürzte Dauerwurst.
Salamis, grch. Insel im Saron. Golf, stark gegliedert, 95 km², 23 000 Ew. – 480 v. Chr. Seesieg der Griechen (*Themistokles*) über die Perser.
Salangane, *Collacalia*, S-asiat. Vögel aus der Fam. der *Segler*; eßbare Vogelnester.
Salat [die], islam. Pflichtgebet, täglich fünfmal zu verrichten.
Salazar [-'zar], Antonio de Oliveira, *1889, †1970, port. Politiker; 1932–68 Min.-Präs.; führte eine autoritär-korporative Verfassung ein; regierte diktatorisch.
Salband, seitl. Grenzfläche eines Gesteins- oder Erzgangs gegen das Nebengestein.
Salbe, aus Fetten, Vaseline oder fettfreien schmierfähigen Stoffen bestehende kosmet. oder Arzneizubereitung zum äußeren Gebrauch.
Salbei [auch 'sal-], in den gemäßigten u. wärmeren Zonen der Erde heim. Gatt. der *Lippenblütler*. Der Echte S. liefert die *S.blätter*, die u. a. als schweißhemmendes Mittel dienen.
Saldo, die Differenz zw. Soll- u. Habenseite eines Kontos.
Salem [arab.], Wohlbefinden; als Gruß: Friede; *S. aleikum*, Friede sei mit euch!
Salem, 1. Gem. in Ba.-Wü., 8900 Ew.; bekanntes Internat. – **2.** *Selam*, S-ind. Stadt in Tamil Nadu, 361 000 Ew. – **3.** ['sɛɪləm], Hptst. von Oregon (USA), 89 000 Ew.; Univ., Konserven-Ind.
Salep, getrocknete Wurzelknollen einiger Orchideenarten, Grundlage zur Herstellung von Emulsionen.
Salerno, ital. Hafenstadt in Kampanien, Hptst. der Prov. S., 154 000 Ew.; roman. Dom (11. Jh.), Univ. (gegr. 1944).
Salesianer Don Boscos, ein geistl. →Orden.
Sales Promotion [sɛɪls prə'məʊʃən], bes. Maßnahmen der Verkaufsförderung über einfache Anzeigen-, Film-, Funk- u. Fernsehwerbung hinaus.
Salicylsäure, $C_6H_4(OH)COOH$, *o-Hydroxybenzoesäure*, eine aromat. Carbonsäure, Konservierungsmittel u. Grundstoff für fiebersenkende Arzneien.
Salier, Stammesgruppen der niederrhein. Franken (*salische Franken*). – **Salische Kaiser**, *fränkische Kaiser*, die dt. Könige u. Kaiser *Konrad II., Heinrich III., Heinrich IV. u. Heinrich V.*, 1024–1125.
Salieri, Antonio, *1750, †1825, ital. Komponist;

Saladin; Stich von Johann H. Lijs

Hofkomponist u. -kapellmeister in Wien, Lehrer u. a. von Beethoven u. Schubert.
Salinas de Gortari, Carlos, *3.4.1948, mex. Politiker (PRI), seit 1988 Staats-Präs.
Saline, Anlage zur Gewinnung von Salz aus einer Salzlösung (*Sole*) durch Einkochen oder durch Verdunstung von Meerwasser (Meeres-S.).
Salinger ['sælɪndʒər], Jerome David, *1.1.1919, US-amerik. Schriftst.; erschließt in seiner Prosa bes. die Welt von Kindern u. Jugendlichen; W »Der Fänger im Roggen«.
Salisbury ['sɔːlzbəri], **1.** *New Sarum*, S-engl. Stadt, am Avon, 35 000 Ew.; got. Kathedrale. – **2.** →Harare.
Salisbury ['sɔːlzbəri], Robert Cecil, Marquess of S., *1830, †1903, brit. Politiker (Konservativer); 1885/86, 1886–92 u. 1895–1902 Prem.-Min.; verfolgte eine expansive Kolonialpolitik.
Salix →Weide.
Salk [sɔːk], Jonas Edward, *28.10.1914, US-amerik. Bakteriologe u. Serologe; entwickelte 1954 einen Impfstoff gegen spinale Kinderlähmung.
Sallust, *Caius Sallustius Crispus*, *86 v. Chr., †36 v. Chr., röm. Politiker u. Historiker; schrieb über die Verschwörung des Catilina u. den Jugurthin. Krieg.
Salm →Lachs.
Salmiak, triviale Bez. für *Ammoniumchlorid*, NH_4Cl; beim Löten, in der Berberei u. a. verwendet. – **S.geist**, wäßrige Lösung von →Ammoniak; gutes Reinigungsmittel.
Salmler, *Characoidea*, Unterordnung der *Karpfenfische*, trop Süßwasserfische; oft in Aquarien.
Salmonellen, *Salmonella*, Gatt. der *Bakterien* von bewegl. Stäbchenform, unter ihnen Erreger von typhösen Erkrankungen, bes. bei bakterieller Lebensmittelvergiftung, u. von Tierseuchen.
Salò, ital. Stadt in der Lombardei, am Gardasee, 10 000 Ew.; 1943–45 Sitz der faschist. Regierung N-Italiens (»Republik von S.«).
Salome, Tochter der *Herodias*, *15, †61, bat

Roter Wiesensalamander

Wiesen-Salbei

780 Salomo

nach Mark. 6,17 ff. ihren Stiefvater *Herodes Antipas* um das Haupt *Johannes des Täufers* (histor. nicht gesichert).

Salomo, *Salomon,* König von Israel u. Juda 965–926 v. Chr.; Sohn *Davids* u. der *Bathseba;* konnte das von seinem Vater geschaffene Großreich erhalten; modernisierte die Verwaltung, erweiterte u. befestigte Jerusalem (Bau des Tempels); soll einige bibl. Bücher verfaßt haben.

Salomon, 1. Erich, * 1886, † 1944 (im KZ ermordet), dt. Photograph, Begr. des Photojournalismus. – **2.** Ernst von, * 1902, † 1972, dt. Schriftst.; wegen Beteiligung an der Ermordung W. *Rathenaus* 1922–27 im Zuchthaus; schrieb autobiograph. Werke, Romane u. Drehbücher.

Salomonen, engl. *Solomon Islands,* Inselstaat im westl. Pazifik, 28 896 km², 320 000 Ew. (Melanesier), Hptst. *Honiara;* besteht aus der Inselgruppe der S. (mit Ausnahme von Bougainville u. Buka) u. den *Santa-Cruz-Inseln;* gebirgige, dicht bewaldete

Salomonen

Vulkaninseln; Export von Kopra u. Holz, Bauxit, Phosphat u. Gold.

Geschichte. Die Inselgruppe wurde 1568 von Spaniern entdeckt. Der nördl. Teil wurde 1885 dt. Kolonie u. kam nach dem 1. Weltkrieg unter austral. Völkerbundsmandat; gehört heute zu Papua-Neuguinea. Der südl. Teil wurde 1893 brit. Protektorat u. 1978 unabhängig.

Salon [za'lɔ̃], Empfangs- u. Besuchszimmer; Geschäfts- u. Bedienungsraum der Friseure u. Kosmetiker; seit dem 18. Jh. Bez. für offizielle Kunstausstellungen in Paris; außerdem Bez. für einen Gesellschaftskreis von Intellektuellen.

Saloniki, *Thessaloniki,* Stadt in Grch.-Makedonien, 410 000 Ew.; antike Bauwerke; Univ.; Ind.-Zentrum, Flughafen.

Salpeter, einige Salze der S.säure; u. a. Chile-S., Kali-S., Kalk-S.

Salpeterkrieg, 1879–83, Krieg Chiles gegen Peru u. Bolivien. Chile siegte u. gewann dadurch das Weltmonopol für Salpeter.

Salpetersäure, HNO_3, in Form von Salzen *(Nitraten)* in der Natur vorkommende starke Säure; wird heute gewonnen: 1. durch katalyt. Verbrennung von Ammoniak, 2. durch Luftverbrennung im Lichtbogen. S. dient u. a. zum Beizen von Metallen.

Salpeterstrauch, *Nitraria,* Gatt. der Jochblattgewächse, bis 2 m hohe, oft dornige Sträucher.

SALT [sɔːlt], Abk. für engl. **S**trategic **A**rms **L**imitation **T**alks, seit 1969 geführte Verhandlungen zw. den USA u. der UdSSR über eine Begrenzung der Atom- u. Raketenrüstung; entspr. Abkommen wurden 1972 (SALT I) u. 1979 (SALT II) geschlossen. S. II wurde aufgrund des sowj. Einmarsches in Afghanistan von den USA nicht ratifiziert.

Salta, Hptst. der N-argent. Prov. S., 188 000 Ew.; Fremdenverkehr; Kolonialstadt (1582 gegr.).

Saltarello, seit dem 14. Jh. bekannter ital. u. span. Springtanz mit 6/8- oder Tripeltakt.

Salten, Felix, eigtl. Siegmund *Salzmann,* * 1869, † 1945, östr. Schriftst.; schrieb Romane, Novellen; bes. bekannt seine Tiergeschichten; Ⓦ »Bambi«.

Saltillo [-'tiljo], Hptst. des mex. Staates *Coahuila,* 1600 m ü. M., 243 000 Ew.; Textil-Ind.

Salt Lake City [sɔːlt lɛik 'siti], Hptst. von Utah (USA), 163 000 Ew.; Univ. (1850); 1847 von Mormonen gegr. u. heute ihr Zentrum.

Salto, freier Überschlag; Sprung mit Drehung um die Breitenachse des Körpers.

Saltykow [-'kɔf], Michail Jewgrafowitsch, * 1826, † 1889, russ. Schriftst.; schrieb gesellschaftskrit. Satiren.

Salus, in der röm. Myth. Göttin des Staatswohls.

Salut, militär. Ehrenbezeigung.

Salut [sa'ly:], *Îles du S.,* 3 Felseninseln im Atlantik, vor der Küste von Frz.-Guyana; 1854–1946 Strafkolonie.

Salvador, 1. → El Salvador, → San Salvador. – **2.** *São S. da Bahia,* früher *Bahia,* Hafenstadt u. Hptst. des NO-brasil. Staats Bahia, 1,8 Mio. Ew.; 2 Univ., Kathedrale, zahlreiche histor. Bauten; Fremdenverkehr. – 1549 gegr., bis 1749 Hptst. Brasiliens.

SALT II: Unterzeichnung der Vertragsurkunden durch J. Carter und L. Breschnew in Wien, 18.6.1979

Salvation Army [sæl'vɛiʃən 'aːmi] → Heilsarmee.

Salvatorianer, ein geistl. → Orden.

Salve, gleichzeitiges Abfeuern mehrerer Schüsse.

Salweide, häufigste → Weide.

Salz → Kochsalz, → Salze.

Salzach, r. Nbfl. des Inn, 220 km; entspringt in den Kitzbühler Alpen, mündet bei Burghausen.

Salzbrunn, *Bad S., Ober-S.,* poln. *Szczawno Zdrój,* Stadt in Schlesien, im Waldenburger Bergland, 7000 Ew.; Mineralquellen; Geburtsort Gerhart *Hauptmanns.*

Salto: gestreckter Schraubensalto bei einer Bodenturnübung

Salzburg, 1. österreich. Bundesland, 7154 km², 463 000 Ew., Hptst. S.; 739 Bistum, 798 Erzbistum, um 1300–1803 geistl. Reichsfürstentum; 1810–15 bei Bayern; 1816 erneut zu Östr., 1849 Kronland, seit 1920 Bundesland. – **2.** Hptst. des östr. Bundeslandes S., an der Salzach, 140 000 Ew.; umgeben vom *Mönchsberg* (542 m) mit der *Feste Hohensalzburg* u. Kapuzinerberg (638 m) mit dem Kapuzinerkloster; Dom, Barockschloß *Mirabell,* Univ., Geburtshaus von W.A. *Mozart;* seit 1920 jährl. Salzburger Festspiele; bed. Fremdenverkehr.

Salzdetfurth, *Bad S.,* Stadt in Nds., am Ostende des Hildesheimer Waldes, 14 200 Ew.; Heilbad.

Salze, chem. Verbindungen, die sich aus einem Säurerest (Anion) u. Metallkationen (auch anderen Kationen, aber nicht ausschl. Wasserstoff) zusammensetzen. Sie können gebildet werden durch Einwirkung einer Säure auf ein Metall, Metalloxid oder Metallhydroxid sowie durch Neutralisation einer Base mit einer Säure. S. sind Elektrolyte.

Salzgitter, krfr. Stadt in Nds., sw. von Braunschweig, 110 000 Ew.; Eisen- u. Stahlgewinnung.

Salzkammergut, Ldsch. der Nördl. Kalkalpen in Östr.; Salzgewinnung; Fremdenverkehr.

Salzpflanzen, Halophyten, Pflanzen salzreicher Standorte, vorwiegend der Meeresküsten.

Salzsäure, *Chlorwasserstoffsäure,* wäßrige Lösung von Chlorwasserstoff (HCl), starke Säure. S. löst die meisten Metalle unter Entwicklung von Wasserstoff, die Edelmetalle jedoch nicht.

Salzschlirf, *Bad S.,* hess. Gem. nordöstl. des Vogelsberges, 2500 Ew.; Heilbad.

Salomo: Empfang der Königin von Saba im Schloß des Salomo (nach 1. Könige 10); aus dem Freskenzyklus der »Legende des hl. Kreuzes« von Piero della Francesca. Arezzo, Chiesa di San Francesco

Salzburg: Feste Hohensalzburg und Salzach (links). – »Jedermann«-Aufführung vor dem Dom während der Salzburger Festspiele (rechts)

Salzseen, abflußlose Seen in Trockengebieten.
Salzstock, *Diapir,* pilzförmiger Salzkörper in der Erdkruste, der stellenweise bis an die Erdoberfläche reicht, so z.B. in N-Dtld. Salzstöcke eignen sich als Vorratsspeicher u. Lagerstätte.
Salzstraßen, alte mitteleurop. Handelswege, auf denen bes. Salz transportiert wurde.
Salzuflen, *Bad S.,* Stadt in NRW, an der Werre, 51 000 Ew.; Heilbad mit Thermal- u. Solequellen.
Salzungen, *Bad S.,* Krst. in Thüringen, an der Werra, 21 000 Ew.; Burg; Solbad.
Salzwedel, Krst. in Sachsen-Anhalt, 24 000 Ew.; Marienkirche, Franziskanerkloster.
Samar, östl. Insel der Philippinen, 13 429 km², 1,2 Mio. Ew.; Hauptort *Catbalogan;* Fischfang.
Samara, 1. l. Nbfl. der Wolga, 587 km. – **2.** fr. *Kujbyschew,* Hptst. der gleichn. Oblast in Rußland, an der Mündung der S. in die Wolga (Hafen), 1,28 Mio. Ew.; Hüttenwerk, Maschinenbau, Werften, chem. Ind.; Wasser- u. Wärmekraftwerk.
Samaranch [-rantʃ], Juan Antonio, * 17.7.1920, span. Diplomat u. Sportfunktionär; seit 1980 Präs. des Internat. Olymp. Komitees (IOC).
Samaria, hebr. *Shomeron,* antike Stadt in Mittelpalästina, später Name der umliegenden Landschaft.
Samariter, 1. *Samaritaner,* die Restbevölkerung des 722 v. Chr. zerstörten u. in die assyr. Prov. *Samaria* verwandelten Reiches Israel. Von den Juden als unrein betrachtet, konstituierten sie sich im 5. Jh. v. Chr. als eig. Kultgemeinschaft. – **2.** nach dem Gleichnis vom »barmherzigen S.« im NT Bez. für freiwillige Krankenpfleger.
Samarium, ein →chemisches Element.
Samarkand, Hptst. der gleichn. Oblast in Usbekistan, im Tal des Serawschan, 388 000 Ew. 1369–1405 die Hptst. Timurs; wurde 1868 russisch.
Samarra, schiit. Wallfahrtsort nördl. von Bagdad; 836–883 Residenz des abbasidischen Kalifats.
Samba, urspr. afrik.-brasil. Tanz, im ⁴/₄-Takt mit Synkopen; dann Gesellschaftstanz.
Sambesi, längster Fluß in Südafrika, 2660 km,

1,3 Mio. km² Einzugsgebiet; entspringt auf der Lundaschwelle, stürzt über die Victoriafälle, passiert die Schluchten von Kariba u. Cabora Bassa (Staudämme), mündet bei Chinde in den Ind. Ozean.
Sambia, Staat im S Afrikas, 752 614 km², 8 Mio. Ew. (Bantus), Hptst. *Lusaka.*
Landesnatur. S. wird hpts. von dem 1000–1300 m hohen Hochland der *Lundaschwelle* eingenommen, die von den tiefen Talungen des *Sambesi* u. seiner Zuflüsse durchzogen wird. Das trop. Höhenklima ist mäßig warm u. feucht.
Wirtschaft. Der wichtigste Wirtschaftszweig

Sambia

ist der Bergbau, auf den 95% des Exports entfallen. Am bedeutendsten ist die Gewinnung u. Verhüttung von Kupfererzen im *Copper Belt.* Das Binnenland S. ist auf gute Verkehrsverbindungen mit den Ausfuhrhäfen in Moçambique, Angola, Tansania u. Südafrika angewiesen.
Geschichte. Das heutige S. kam 1890 durch C. *Rhodes* unter den Einfluß Großbritanniens. 1899–1964 war es brit. Protektorat. Dabei wurde das Land 1953 Bestandteil der Föderation von Rhodesien und Nyasaland. 1964 wurde es als Republik S. selbständig. 1964–1991 regierte der Staatsgründer K. *Kaunda.* Nach freien Wahlen wurde 1991 F. *Chiluba* neuer Staats-Präs.
Sambre, l. Nbfl. der Maas, 185 km.
Samedan, dt. *Samaden,* schweiz. Luftkurort u. Wintersportplatz im Oberengadin, 1728 m ü. M., 2700 Ew.
Samen, 1. Verbreitungsorgan der Samenpflanzen; der in Nährgewebe eingebettete u. von einer schützenden Hülle umgebene Embryo. Die Verbreitung

erfolgt meist durch den Wind, aber auch durch Vögel oder Insekten. – **2.** grch. *Sperma,* die aus der männl. Geschlechtsöffnung der Tiere u. des Menschen austretende Flüssigkeit; enthält die von den männl. Keimdrüsen (Hoden) gebildeten Samenzellen.
Samen, Selbstbez. der →Lappen.
Samenanlage, etwa 1 mm großes Organ der Samenpflanzen, aus dem nach der Befruchtung der *Samen* hervorgeht.
Samenleiter, Ausleitungsgang der männl. Keimdrüse (Hoden).
Samenpflanzen →Blütenpflanzen.
Samenstrang, ein fester Strang, der beim Mann den Leistenkanal durchzieht u. den Samenleiter, die Nerven u. Blutgefäße des Hodens u. Nebenhodens u. den Aufhängemuskel des Hodens enthält.
Samenzelle, *Spermium, Spermatozoon,* die männliche Fortpflanzungszelle der vielzelligen Lebewesen.
Sämischleder, *Chamois,* narbenloses Leder aus Schaf- oder Wildfellen.
Samjatin, Jewgenij Iwanowitsch, * 1884, † 1937, russ. Schriftst.; übte scharfe Kritik am Kommunismus in dem utop. Roman »Wir«.
Samland, ostpreuß. Halbinsel zw. Frischem u. Kurischem Haff in der russ. Oblast Kaliningrad.
Sammartini, Giovanni Battista, * 1700 oder 1701, † 1775, ital. Organist u. Komponist; Lehrer von J. S. *Bach* u. Ch. W. *Gluck;* Meister der Vorklassik, beeinflußte die Wiener Klassik.
Sammelfrucht, aus Einzelfrüchten zusammengesetzte pflanzl. Frucht (z.B. Erdbeere, Himbeere).
Sammelspiegel, *Konkavspiegel* →Hohlspiegel.
Sammelwirtschaft, eine Wirtschaftsform bei Naturvölkern, bei der Wildfrüchte, Wurzeln, Kleintiere u. a. gesammelt werden.
Samniten, ein zur oskisch-umbrischen Sprachgruppe gehörendes Volk der Italiker in Mittel- u. Süditalien; in den *S.kriegen* (343–341; 326–304; 298–290 v. Chr.) von den Römern besiegt.
Samoa, *S.inseln,* polynes., vulkan. Inselgruppe im Pazifik, nordöstl. von Fidschi, feuchtheißes Klima, 3029 km², 210 000 Ew. (*S.ner);* polit. geteilt in den unabhängigen Staat S.amoa sowie in den Teil **Amerik.-S.,** das den östl. Teil der S.inseln (*Tutuila, Aunuu* u. *Swains*), das Atoll *Rose* sowie die *Manua Islands* umfaßt, 199 km², 38 000 Ew., Hauptort u. Hafen *Pago-Pago* auf der Insel *Tutuila;* Fischerei (bes. Ausfuhr von Thunfischkonserven) u. Tourismus; seit 1899 von den USA abhängig, seit 1956 mit innerer Autonomie.
Samoa, *West-S.,* Inselstaat im Pazifik, 2842 km², 158 000 Ew., Hptst. *Apia;* größte Inseln sind Savaii (bis 1857 m hoch) u. Upolu, von Korallenriffen umgeben; wichtigster Wirtschaftszweig ist der Ex-

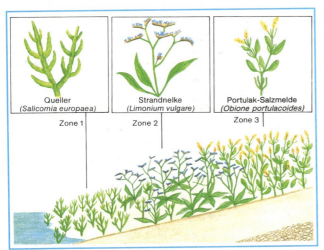

Salzpflanzen: Die Pflanzen in den Salzmarschen sind an die teilweise Überflutung ihrer Standorte durch Salzwasser angepaßt. An der meerzugewandten Seite wachsen Queller und andere Salicornia-Arten. Im mittleren Bereich siedelt z. B. die Strandnelke. Die trockenen, höher gelegenen Gebiete werden u. a. von der Portulak-Salzmelde und von der Grasnelke bewohnt

Samoa

782 Samojeden

Samoa: Parlamentsgebäude in Apia

port v. a. von Kopra (50% der Gesamtausfuhr), Kakao u. Bananen.
Geschichte. S. ist seit etwa 500 n. Chr. von Polynesiern bewohnt. 1899 wurde die Inselgruppe zw. dem Dt. Reich u. den USA geteilt. Der dt. Teil wurde 1920 Völkerbundsmandat, 1947 Treuhandgebiet unter neuseeländ. Verwaltung. Seit 1962 ist das Gebiet ein unabhängiger Staat. Der polit. Struktur nach ist S. eine Häuptlingsaristokratie.

Samojeden, eig. Name *Nenzen,* Polarvolk mit finn.-ugrischer Sprache in NW-Sibirien u. NO-Rußland (30 000).

Samos, grch. Insel der Südl. Sporaden, 476 km², 32 000 Ew., Hauptort *Vathy;* hügelig bis gebirgig, bis 1443 m, Anbau von Wein, Südfrüchten, Oliven u. Tabak; Marmor- u. Asbestvorkommen; Fremdenverkehr.

Samothraki [-'θraki], *Samothrake,* grch. Insel im nördl. Ägäischen Meer, 168 km², ca. 3000 Ew.; Fremdenverkehr.

Samowar, in Rußland gebräuchl. Wasserkessel zur Teebereitung.

Sample ['sa:mpl], Warenprobe, Muster.

Samsø, dän. Insel, nw. von Seeland, 114 km², 5200 Ew.

Samson →Simson.

Samsun, türk. Stadt am Schwarzen Meer, Hptst. der Prov. S., 128 000 Ew.; Tabakanbau, Ind.-Zentrum.

Samt, Gewebe mit einer kurzen, dichten, meist aufgeschnittenen Flordecke.

Samuel, Gestalt des AT, dargestellt als Prophet, Richter, Kriegsheld, Priestergehilfe, Initiator des Königtums in Israel. Der histor. S. hat wohl im 11. Jh. v. Chr. als Verfechter der Jahwe-Religion eine Rolle gespielt.

Samuelson, 1. Bengt, * 21.5.1934, schwed. Biochemiker; Arbeiten auf dem Gebiet der Prostaglandine; Nobelpreis 1982 für Med. u. Physiologie. – **2.** ['sæmjuəlsn], Paul Anthony, * 15.5.1915, US-amerik. Nationalökonom; entwickelte die stat. u. dynam. Volkswirtschaftstheorie weiter; Nobelpreis 1970.

Samum, nordafrik.-vorderasiat. Wüstenwind, trocken, heiß, staub- u. sandführend.

Samurai, urspr. (8. Jh.) schwerttragende Dienstleute des jap. Hofadels, dann Feudalritter, später (bis zum 19. Jh.) privilegierte Vasallen.

San, r. Nbfl. der Weichsel, 444 km; mündet bei Sandomir.

San'a, Hptst. des Vereinigten →Jemen, 2350 m ü. M., 427 000 Ew.; Univ.; mehrstöckige Bauwerke aus Lehmziegeln.

Sanaga, längster Fluß von Kamerun, 900 km; Staudamm mit Kraftwerk.

San Andreas Fault, 1100 km lange Verwerfungszone in Kalifornien; Erdbebengebiet: u. a. die Beben in San Francisco 1906 u. 1989.

San Antonio [sænən'tounıou], Stadt in S-Texas (USA), 843 000 Ew. (große mex. Minderheit); 2 Univ.; Handels- u. Ind.-Zentrum; gehörte zeitw. zu Mexiko.

Sanatorium, Heilstätte, Kurheim.

San-Bernardino-Paß, *Sankt Bernhardin,* Alpenpaß im schweiz. Kt. Graubünden, 2065 m; die Straße führt durch den *Bernardin-Tunnel* (erbaut 1962–67).

Sancho Pansa ['santʃo-], in *Cervantes'* Roman »Don Quijote« der pfiffige Knappe des Titelhelden.

San Cristóbal, Hptst. des venezol. Andenstaats Táchira, 187 000 Ew.; Bischofssitz; mehrfach durch Erdbeben zerstört.

Sanctus, liturg. Lobgesang in der kath. Messe.

Sand, Lockergestein aus losen Mineralkörnchen, ein Endprodukt aller Gesteinsverwitterung: Fein-S. (0,06–0,2 mm), Mittel-S. (0,2–0,6 mm), Grob-S. (0,6–2 mm).

Adele Sandrock

Sand [sã], George, eigtl. Aurore *Dupin,* * 1804, † 1876, frz. Schriftst.; Geliebte von A. de Musset u. F. Chopin; trat in Romanen für die Frauenemanzipation ein.

Sandale, Sommerschuh mit verschlungenem Riemenwerk oder durchbrochenem Oberleder.

Sandarakzypresse, *Callitris,* am Mittelmeer heim. Gatt. der *Zypressengewächse;* Nutzholzlieferant; das Sandarakharz wird für Räuchermittel verwendet.

Sandblatt, eine bestimmte Sorte von Tabakblättern, die zw. den untersten Blättern wachsen; als Zigarrendeckblätter verwendet.

Sandburg ['sændbə:rg], Carl, * 1878, † 1967, US-amerik. Lyriker; schrieb Lyrik in freien Versen, auch eine Lincoln-Biographie.

Sanddorn, *Hippophaë,* Gatt. der Ölweidengewächse; der *S.strauch* dient zur Befestigung von Dünen, seine rotgelben Früchte enthalten viel Vitamin C.

Sandelholz, wohlriechendes hartes u. schweres Kernholz vom *S.baum,* das für Schnitzarbeiten u. zur Gewinnung von Sandelöl genutzt wird.

Sander [isländ.], Ablagerungen der subglazialen Schmelzwässer im Vorland der Gletscher.

Sander, August, * 1876, † 1964, dt. Photograph (Bilder aus dem Arbeitsleben).

Sandfloh, *Jigger,* an Warmblütern in Amerika u. Afrika schmarotzender, rd. 1 mm großer Floh.

San Diego [sæn di'eigou], Hafenstadt in Kalifornien (USA), sö. von Los Angeles, 960 000 Ew.; Methodisten-Univ.; Flugzeug-Ind.

Sandinistische Nationale Befreiungsfront, *Frente Sandinista de Liberación Nacional,* Abk. *FSLN,* 1962 in Nicaragua gegr. Befreiungsbewegung, benannt nach Augusto César *Sandino* (* 1895, † 1934). Die FSLN stürzte 1979 die Diktatur A. Somozas u. war bis 1990 die polit. führende Organisation in Nicaragua.

Sandomir, poln. *Sandomierz,* poln. Stadt an der Weichsel, sö. von Radom, 21 000 Ew.; Renaissance- u. Barockbauten.

San Francisco und Golden Gate Bridge

Sandpier, ein Ringelwurm aus der Klasse der Polychäten; lebt im Wattenmeer; als Köder beim Angeln benutzt.

Sandrart, Joachim, * 1606, † 1688, dt. Maler u. Kunstschriftst.; schrieb das erste Kunstgeschichtswerk in dt. Sprache.

Sandrock, Adele, * 1864, † 1937, dt. Schauspielerin; spielte dämon. Frauenrollen, später dann als komische Alte bes. im Film volkstümlich.

Sandschliff, *Windschliff, Korrasion,* Abschleifung der Gesteinsoberfläche durch sandbeladenen Wind.

Sandstein, mit kalkigen, kieseligen u. a. Bindemitteln durchtränkte u. verfestigte Sande.

Sandstrahlgebläse, ein Gebläse, das Sand durch einen Preßluftstrahl auf eine Oberfläche schleudert; u. a. zum Putzen von Gußstücken.

Sandsturm, Sturm oder starker Wind, der Sand mit sich führt, bes. in Wüsten.

Sanduhr, ein Gerät, das die Zeit durch eine bestimmte Menge feinen Sandes anzeigt, der durch eine kleine Öffnung von einem oberen in ein unteres Gefäß fließt.

Sandviper, bis 90 cm lange *Viper,* größte Giftschlange in Mitteleuropa.

Sandwich ['sæn(d)witʃ; nach dem brit. Politiker J. *Montagu,* Earl of S., * 1718, † 1792], belegte Weißbrotschnitte.

Sandwich-Inseln →Hawaii-Inseln, →Südsandwich-Inseln.

San Fernando, span. Stadt in Andalusien, 76 100 Ew.; Sitz der Kriegsmarine, Salzgewinnung.

San Francisco [sæn frən'siskou], volkstüml. Abk. *Frisco,* Hafenstadt in Kalifornien (USA), an der S. F. Bay südl. des Golden Gate, 724 000 Ew., mehrere Univ., Oper, Museen; Handels- u. Ind.-Zentrum, internat. Flughafen. – 1776 als Mission gegr.; 1848 von Spanien an die USA; 1906 u. 1989 schwere Erdbeben. – Auf der *Konferenz von S. F.* (25.4.–26.6.1945) wurde die Satzung der UN ausgearbeitet. – Der *Friede von S. F.* am 8.9.1951 beendete den 2. Weltkrieg zw. Japan u. den Alliierten (außer der UdSSR).

Sänfte, Tragesessel, schon im Altertum bekannt, bei päpstl. Zeremonien noch heute gebräuchl.

Sanger ['sæŋə], Frederick, * 13.8.1918, brit. Chemiker; forscht über Eiweißkörper; Nobelpreis 1958 u. 1980.

Sänger, Eugen, * 1905, † 1964, dt. Raketentechniker; arbeitete u. a. über Photonenraketen u. schuf die theoret. Grundlagen für den Raumtransporter.

Sangerhausen, Kreisstadt in Sachsen-Anhalt, 34 000 Ew.; Rosengarten; Kupferschieferbergbau.

»Sängerkrieg auf der Wartburg«, »Wartburgkrieg«, mhd. episches Gedicht eines unbekannten Verfassers, entstanden zw. 1240 u. 1260.

San Gimignano [-dʒimi'nja:no], ital. Stadt in der Toskana, nordöstl. von Siena, 7500 Ew.; mittelalterl. Wohnanlagen des Adels (Geschlechtertürme).

Sanguineti [sangwi'neti], Edoardo, * 9.12.1930, ital. Schriftst.; schreibt experimentelle Lyrik u. Romane.

Sanguiniker, nach der antiken Temperamentenlehre ein Mensch von lebhaftem Temperament.

Sanherib, assyr. König 704–681 v. Chr., drang erfolgreich in Palästina ein u. zerstörte Babylon.

Samowar

Sanierung, Heilung, Wiederherstellung der Gesundheit; auch Behebung finanzieller Schwierigkeiten eines Unternehmens oder städtebaul. Maßnahmen zur Verbesserung von Wohnverhältnissen.
Sanitäter, in der Ersten Hilfe Ausgebildeter.
Sanitätswesen, das Gesundheitswesen.
San Jose [sæn houˈzɛi], Stadt in Kalifornien (USA), 686 000 Ew.; Landwirtschaftszentrum. – 1777 von Mexikanern gegr., um 1850 Zentrum des Goldbergbaus.
San José [-xɔˈseː], Hptst. des zentralamerik. Staats Costa Rica, 1165 m ü. M., 280 000 Ew.; Univ.; Kaffeeanbau- u. Ind.-Zentrum; Flughafen. – 1737 gegr.; seit 1823 Hptst.
San Juan [-xuˈan], **1.** *S. J. de la Frontera,* Hptst. der argent. Prov. S. J.; 125 000 Ew.; Univ.; Handelszentrum. – **2.** *S. J. (de Puerto Rico),* Hptst. der US-amerikanischen Antilleninsel Puerto Rico, 435 000 Ew.; Univ.; Fremdenverkehr; Flottenstützpunkt.
Sankt, Abk. *St.,* heilig.
Sankt Andreasberg, niedersächs. Stadt, Oberharzer Bergstadt, 2600 Ew.; Kurort; Bergwerksmuseum.
Sankt Anton, östr. Wintersportort in Tirol, im Stanzertal am Arlberg, 1287 m ü. M., 2200 Ew.; auch Sommerfrische.
Sankt Augustin, Gem. in NRW, östl. von Bonn, 51 000 Ew.; Forschungsinstitute.
Sankt Bernhard, 1. *Großer S. B.,* Paß in den Westalpen, im schweiz. Kt. Wallis, 2469 m; wird von einem Straßentunnel (5,8 km) durchquert, auf der Paßhöhe ein vom hl. Bernhard von Menthon um 1050 gegr. Hospiz (Zucht der *Bernhardinerhunde*). – **2.** *Kleiner S. B., Col du Petit Saint Bernard,* Paß in den Westalpen, südl. vom Mont-Blanc-Massiv, 2188 m.
Sankt Blasien, Stadt in Ba.-Wü., im Albtal, 4100 Ew.; Kurort.
Sankt Florian, oberöstr. Ort, rechts am Inn, sö. von Linz, 3800 Ew.; Augustiner-Chorherrenstift, Barockkirche.
Sankt Gallen, 1. Kt. der →Schweiz. – **2.** Hptst. des Kantons. Kt. S. G., 75 500 Ew.; um 614 durch den ir. Mönch *Gallus* gegr.; Textil-Ind.; ehem. bed. Benediktinerkloster, barocke Stiftskirche.

Sankt Petersburg: Die Erlöserkirche (1883–1907 erbaut) steht am Ort der Ermordung Zar Alexanders II. (1881)

Weiße; Hauptort *Jamestown.* – Seit 1659 brit. Kolonie. *Napoleon I.* wurde 1815 auf die Insel verbannt.
Sankt Ingbert, saarländ. Stadt nordöstl. von Saarbrücken, 42 000 Ew.; Schwerind.
Sanktion, 1. Bestätigung, Verbindlicherklärung. – **2.** einerseits Ahndung von Verstößen gegen geltende soziale Verhaltensmuster (*negative S.*), andererseits Belohnung erwartungskonformen Verhaltens (*positive S.*). – **3.** Verleihung der formellen Gesetzeskraft. – **4.** Zwangsmittel zur Durchsetzung rechtl. Verpflichtungen, das notfalls gegen Mitgliedstaaten der UN angewendet wird.
Sankt Joachimsthal, tschech. *Jáchymov,* Stadt in Westböhmen (Tschech. Rep.), am Südrand des mittl. Erzgebirges, 3300 Ew.; fr. Silberbergbau (seit 1515), Prägung der *Joachimsthaler;* Fremdenverkehr; radioaktive Heilquellen.
Sankt Johann im Pongau, östr. Markt in Salzburg, an der Salzach, 7600 Ew., Fremdenverkehr.
Sankt-Lorenz-Golf, Randmeer des Atlantik, 240 000 km²; Hauptzufluß: *Sankt-Lorenz-Strom.*
Sankt-Lorenz-Strom, längster u. wichtigster Zufluß des Atlantik in Nordamerika, 1200 km, bis zu den Großen Seen für Seeschiffe befahrbar.
Sankt Martin, slowak. *Martin,* Stadt in der Mittelslowakei, 64 000 Ew.; got. Kirche; Slowak. Nationalmuseum, altes Kulturzentrum der Slowakei; Schwermaschinenbau, Holzverarbeitung, Baustoffherstellung.
Sankt Moritz, rätoroman. *San Murezzan,* Ort im schweiz. Kt. Graubünden, 6100 Ew.; Badekurort, Wintersportplatz.
Sankt Pauli, Ortsteil von Hamburg; Landungsbrücken, Vergnügungsviertel Reeperbahn.

San Marino 783

Sankt Paul im Lavanttal, östr. Ort im sö. Kärnten, 400 m ü. M., 5800 Ew.; Benediktinerabtei (1091 gegr.) mit bed. Bibliothek u. Schule.
Sankt Peter, Gem. in Ba.-Wü., östl. von Freiburg, 2300 Ew.; ehem. Benediktinerabtei.
Sankt Peter-Ording, schleswig-holstein. Gem., 5000 Ew.; Nordseebad.
Sankt Petersburg, bis 1991 *Leningrad,* 1914–24 *Petrograd,* Hptst. der gleichn. Oblast in Rußland, an der Mündung der Newa in den Finn. Meerbusen, mit 4,5 Mio. Ew. die zweitgrößte Stadt Rußlands; das kulturelle u. wirtschaftl. Zentrum Nordrußlands; viele bed. Bauwerke: Isaak-Kathedrale (1819–58), Peter-u.-Pauls-Kathedrale (1714–33), Palais Stroganow; Alexander-Newskij-Kloster (1713 gegr.) u. Zarenschloß Peterhof in der Umgebung (B→Rußland); Univ. (1819 gegr.) u. HS, Bibliotheken, Museen (Eremitage im Winterpalais, u. a.); Standort hochentwickelter Ind., Verkehrsmittelpunkt, Hafen, Flughafen
Gesch.: 1703 von *Peter d. Gr.* gegr., 1712–1918 Residenz u. Hptst. Rußlands; 1917 Ausgangsort der Russ. Oktoberrevolution.
Sankt Pölten, Hptst. des östr. Bundeslandes Nieder-Östr., an der Traisen, 50 500 Ew.; roman. Dom; Theolog. Hochschule. – Seit 1986 Landes-Hptst.
Sankt Urban, ehem. Zisterzienserabtei (1194 bis 1848) im schweiz. Kt. Luzern.
Sankt Veit an der Glan, östr. Bez.-Hptst. in Kärnten, 12 000 Ew.
Sankt Vith, Stadt in Belgien, in den Ardennen, 8400 Ew.; bis 1920 dt.
Sankt Wendel, saarländ. Krst., 27 000 Ew.; Wallfahrtskirche.
Sankt Wolfgang, oberöstr. Ort im Salzkammergut; am *S.-W.-See,* 2500 Ew.; Fremdenverkehr.
Sankt-Wolfgang-See, *Wolfgangsee, Abersee,* Alpensee im Salzkammergut (Östr.), 539 m ü. M., 11 km lang, 2 km breit, bis 114 m tief.
Sankuru, r. Nbfl. des Kasai im Kongobecken, 1200 km.
Sanlúcar de Barrameda, südspan. Hafenstadt in Andalusien, an der Mündung des Guadalquivir in den Golf von Cádiz, 49 000 Ew.; Seebad; Weinanbauzentrum, Salzbewinnung u. Fischerei. – Hier begann *Kolumbus* 1498 seine 3. Fahrt nach der Neuen Welt u. *Magelhães* 1519 seine erste Erdumsegelung.
San Luis Potosí, Bundesstaat in →Mexiko, im zentralen Hochland.
San Marino, europ. Zwergstaat in N-Italien, 61 km², 23 000, meist kath. Ew., Hptst. *S. M.;* Briefmarkenverkauf, Fremdenverkehr.
Gesch.: Die Republik bildete sich um das 885

San Marino

erstmals erwähnte Kloster S.M. Die Unabhängigkeit geht bis auf das 13./14. Jh. zurück. 1862 stellte sich S. M. unter den Schutz Italiens, das auch die auswärtigen Interessen S. M. wahrnimmt.

Sankt Bernhard: Blick auf das berühmte Hospiz

Sankt Georgen im Schwarzwald, Stadt in Ba.-Wü., an der Brigach, 12 000 Ew.; Erholungs- u. Wintersportort.
Sankt-Georgs-Kanal, engl. *Saint George's Channel,* auch *Südkanal,* Meeresstraße zw. Irland u. Wales.
Sankt Gilgen, östr. Sommerfrische in Salzburg, am Westende des St.-Wolfgang-Sees, 2800 Ew.
Sankt Goar, Stadt in Rhld.-Pf., am Rhein, 3600 Ew.; Burgruine Rheinfels; Fremdenverkehr.
Sankt Gotthard, schweiz. Gebirgsstock östl. der Berner Alpen, Quellgebiet von Rhône, Reuss, Rhein u. Tessin; im W-Teil 3192 m (*Pizzo Rotondo*), im O-Teil 3001 m (*Pizzo Centrale*); dazwischen der *S.-G.-Paß,* 2108 m. 1818–30 wurde die *S.-G.-Straße* zw. Göschenen u. Airolo gebaut, 1872–82 die *S.-G.-Bahn* mit dem *S.-G.-Tunnel* (15 km). 1980 wurde ein Straßentunnel (16,3 km lang) fertiggestellt.
Sankt Helena, *Saint Helena,* brit. Insel im Südatlantik, 122 km², 7000 Ew.; Schwarze, Mulatten u.

San Marino: Festung La Guaita auf dem Monte Titano

San Martín, José de, * 1778, † 1850, argent. General u. Politiker; befreite 1814–17 Argentinien u. Chile endgültig von der span. Herrschaft.

Sannazaro, Jacopo, * 1456, † 1530, ital. Dichter; begr. den europ. Schäferroman; Ⓦ »Arcadia«.

San Pedro Sula, zweitgrößte Stadt von Honduras, Zentralamerika, 400 000 Ew.; Univ.

San Remo, ital. Kurort in Ligurien, 60 000 Ew.; Spielbank, Blumenzucht.

Sansa, *Zanza*, afrik. Zupfinstrument.

San Salvador, 1. Hptst. der zentralamerik. Republik El Salvador, 450 000 Ew.; Univ.; Ind.-Zentrum; Flughafen. – 1539 gegr. – **2.** [engl. sæn 'sælvədɔ:], Bahama-Insel, auf der Kolumbus am 12.10.1492 amerik. Boden betrat; 155 km², 780 Ew.

Sansculotten [sāky-], in der Frz. Revolution von 1789 Spottname (»ohne Kniehosen«) für die Revolutionäre.

San Sebastián, N-span. Hafenstadt am Golf von Biscaya, 170 000 Ew.; Seebad; Ind.-Zentrum.

Sansevieria, *Bogenhanf, Bajonettpflanze*, vorwiegend afrik. Gatt. der Fam. *Liliengewächse*; Zierpflanze mit fleischigen langen Blättern; liefern wertvolle Fasern.

Sansibar [engl. *Zanzibar*], **1.** Koralleninsel vor der ostafrik. Küste im Ind. Ozean, gegenüber von Dar es Salaam, 1659 km², 317 000 Ew. Bevölkerung: Afrikaner (Bantu), ferner Araber u. Inder. Plantagenbau von Gewürznelken, Kokospalmen, Pfeffer u. Reis. – Gesch.: Seit dem MA arab.; 1503 von Portugiesen erobert; im 17. Jh. wieder von arab. Moslems besetzt u. im 19. Jh. Kern eines Sultanats der Oman-Araber. 1890 errichtete England sein Protektorat über S. 1963 wurde S. unabhängig. 1964 schloß es sich mit Tanganjika zur Vereinigten Republik von Tansania zusammen. – **2.** Hptst. von S. (1), 119 000 Ew.; Handelszentrum; Überseehafen; arab. Altstadt.

Sanskrit, altind. Literatursprache; als Umgangssprache schon v. Chr. durch das *Prakrit* verdrängt; als klass. Gelehrtensprache bis heute gebräuchlich.

Sansovino, ital. Bildhauer u. Architekten: **1.** Andrea, eigtl. A. *Contucci*, * um 1460, † 1529; schuf im Stil der Hochrenaissance Gräber in Rom. – **2.** Jacopo, eigtl. J. *Tatti*, * 1486, † 1570, Schüler von 1); wirkte seit 1527 in Venedig.

Sanssouci [sãsu'si], Rokokoschloß mit Park bei Potsdam, 1745–47 von G.W. *Knobelsdorff* für *Friedrich d. Gr.* erbaut.

Santa Ana, zweitgrößte Stadt im zentralamerik. Staat El Salvador, 135 000 Ew.; Kathedrale; Ind.-Zentrum.

Santa Barbara, Hafenstadt in Kalifornien (USA), 72 000 Ew.; Univ.; Fremdenverkehr.

Santa Catarina, Küstenstaat in →Brasilien.

Santa Clara, Stadt in Mittelkuba, 172 000 Ew.; Univ.; Metallverarbeitung.

Santa Cruz, 1. [-kru:θ], *S. C. de Teneriffa*, Prov.-Hptst. der span. Kanar. Insel, an der Ostküste von Teneriffa, 222 000 Ew.; Handelszentrum; Ölraffinerie; Hafen; Fremdenverkehr. – **2.** [-krus], Prov. in →Argentinien. – **3.** [-krus], auch *S. C. de la Sierra*, Hptst. des O-boliv. Dep. *S. C.*, 380 000 Ew.; Univ.; Flugplatz.

São Paulo: Kathedrale Metropolitana

Santa Cruz de la Palma [-kruð ðe-], Hauptort der span. Kanar. Insel La Palma, 20 000 Ew.; Flughafen.

Santa-Cruz-Inseln [-'kru:s], Inselgruppe in Melanesien, 940 km², 3000 Ew.; polit. zu Salomonen.

Santa Fe, 1. Hptst. der NO-argent. Prov. S. F., 265 000 Ew.; 2 Univ.; Handelszentrum, Schiffswerft. – **2.** ['sæntə 'feɪ], Hptst. von New Mexico (USA), in Gebirgslage, 56 000 Ew.; Pueblobauten; Fremdenverkehr.

Santa Marta, kolumbian. Dep.-Hptst. an der karib. Küste, 220 000 Ew.; Seebad; 1526 gegr. (älteste span. Stadt in S-Amerika.)

Santa Monica ['sæntə 'mɔnɪkə], Hafenstadt im südl. Kalifornien (USA), 89 000 Ew.; Flugzeugbau; Badeort.

Santander, N-span. Prov.-Hptst., 185 000 Ew.; vielseitige Ind., Ausfuhrhafen; Seebad.

Santarém [-rẽi], Stadt im mittleren Portugal, am Tejo, 19 000 Ew.; Schloß; Korkverarbeitung.

Santayana [engl. sænti'ænə], George, eigtl. Jorge *Ruiz de S. y Borrás*, * 1863, † 1952, US-amerik. Dichter u. Philosoph span. Herkunft; versuchte eine Verbindung von Naturalismus u. Platonismus.

Santer [sã'te], Jacques, * 18.5.1937, luxemburg. Politiker (Christl.-Soziale Volkspartei), seit 1984 Min.-Präs.

Santiago, 1. *S. de Chile*, Hptst. von Chile u. der Provinz S., 4,4 Mio. Ew.; zwei Univ.; Kathedrale (18. Jh.); Flughafen; Ind.-Zentrum; 1541 gegr. – **2.** *S. de Compostela*, NW-span. Stadt im Galicischen Bergland, 85 000 Ew.; Wallfahrtsort, Univ. (1501), roman. Kathedrale, Klöster u. Kirchen. Nach der Legende Begräbnisort des Apostels Jakobus (span. Santiago).

Santiago de Cuba [-ðe-], Prov.-Hptst. an der Südküste Kubas, 360 000 Ew.; Flottenstützpunkt u. Ausfuhrhafen.

Santiago del Estero [-ðɛl-], Hptst. der gleichn. argent. Prov., 115 000 Ew.; Handelszentrum.

Santiago de los Caballeros [ðe lɔs kabal'jerɔs], Prov.-Hptst. in der Dominikan. Rep., 280 000 Ew.

Säntis, höchste Erhebung des schweiz. *S.gebirges* (Alpsteingebirge), in den Appenzeller Alpen, 2501 m, Seilschwebebahn.

Santo Domingo, 1936–61 *Ciudad Trujillo*, Hptst. u. wichtiger Hafen der Dominikan. Rep., 1,4 Mio. Ew.; Kathedrale (16. Jh.); S. D. wurde 1496 gegr. von Bartholomäus Kolumbus, dem Bruder von Ch. Kolumbus.

Santorin, *Thira, Thera*, südlichste grch. Kykladeninsel, 76 km², 7800 Ew., Hauptort *Thira*; Fremdenverkehr; vulkan. Tätigkeit. – Das antike *Thera* wurde um 1500 v. Chr. von einem Vulkanausbruch zerstört.

Santos [-tus], Hauptausfuhrhafen Brasiliens in São Paulo, 461 000 Ew.; Welthandelsplatz für Kaffee.

Santur, Zitherntyp des Vorderen Orients.

São [sãu; port.], heilig.

São Francisco [sãu frã'sisku], Hauptfluß O-Brasiliens, 2800 km.

São Jorge [sãu ʒɔrʒɛ], port. Azoren-Insel, 238 km², 15 700 Ew.; Hauptort *Velas*.

São Luis [-sãu-], *S. L. do Maranhão*, Hptst. des

Sapporo: einige der monumentalen Schneeskulpturen, die für das jährliche Schneefest typisch sind

brasil. Staats Maranhão, 564 000 Ew.; Kulturzentrum; Nahrungsmittelind.

São Miguel [sãu mi'gɛl], Hauptinsel der Azoren, 747 km², 180 000 Ew.; Hptst. *Ponta Delgada*.

Saône [so:n], wasserreicher u. längster Nbfl. der Rhône in O-Frankreich, 445 km.

São Paulo [sãu 'paulu], **1.** Bundesstaat in →Brasilien; führende Wirtschaftsregion des Landes. – **2.** Hptst. des gleichn. Bundesstaats, 9,7 Mio. Ew.; mehrere Univ.; 2 Flughäfen, wichtigster Industriestandort Brasiliens; Kaffeemarkt. – 1554 von Jesuiten gegr.

São Tiago [sãu ti'agu], größte der Kapverd. Inseln, 991 km², 150 000 Ew.; Hptst. *Praia*.

São Tomé und Príncipe [sãu tu'mɛ – prĩŋsipə], Inselrepublik im Golf von Guinea, 964 km², 124 000 Ew. (meist Schwarze), Hptst. *São Tomé* (18 000 Ew.) auf der gleichnamigen Insel. Die von Vulkanen (bis 2024 m) überragten u. von Regen-

São Tomé und Príncipe

wald überwucherten feuchttrop. Inseln liefern Kakao, Kopra, Mais, Palmprodukte u. Hölzer. – Geschichte. S. T. u. P. wurde 1471 von Portugiesen entdeckt u. war bis zu seiner Unabhängigkeit 1975 im port. Besitz.

Saouîra, *Es S.*, arab. *As Sawirah*, fr. *Mogador*, Hafenstadt u. Seebad in Marokko, 50 000 Ew.

Saphir, blaues, diamantglänzendes Mineral, sehr geschätzter Edelstein; Abart des *Korund*.

Saponine, eine Gruppe pflanzl. Glukoside, u. a. in Panamarinde enthalten; z. T. stark giftig.

Saporoschje, ukrain. *Soporischja*, Hptst. der gleichn. Oblast in der Ukraine, am Dnjepr, 855 000 Ew.; Schwerindustrie.

Sapotaceae, *Seifenbaumgewächse*, Fam. der *Ebenales*, trop. Holz- u. Milchsaftgewächse, oft mit eßbaren Früchten.

Sappho ['zafo, auch 'zapfo], grch. Lyrikerin aus Mytilene auf Lesbos, um 600 v. Chr.; sammelte einen Kreis junger Mädchen um sich, um sie im Dichten zu unterweisen.

Sapporo, Hptst. der japan. Insel Hokkaido, 1,6 Mio. Ew.; Kurort, 2 Univ., Flughafen; 1972 Olymp. Winterspiele.

Sapropel →Faulschlamm.

Saprophyten, *Fäulnisbewohner*, pflanzl. Organismen, die nicht zur Kohlensäureassimilation befähigt sind; die meisten Bakterien u. Pilze.

Saqqara, *Sakkara*, Ort in Ägypten, 20 km sw. von Kairo; mit Pyramiden (Stufenpyramide des Königs Djoser) u. a. Bauwerken, v. a. aus der Zeit des Alten Reichs (3000–2134 v. Chr.).

Sara, *Sarah*, im AT *Abrahams* Frau, nach langer Unfruchtbarkeit Mutter *Isaaks*.

Sarabande, alter span. Tanz im ³/₄-Takt; im 17. u. 18. Jh. weit verbreitet.

Saragat, Giuseppe, *1898, †1988, ital. Politiker (Sozialdemokrat); 1964–71 Staats-Präs.
Saragossa, *Zaragoza,* NO-span. Stadt im Ebrobecken, 610 000 Ew.; Univ. (1533); Adelspaläste, vielseitige Ind.; Hptst. des ehem. Königreiches *Aragonien* u. der Prov. S.
Sarajevo, Hptst. von *Bosnien-Herzegowina,* im Tal der Miljačka, 450 000 Ew.; Islam. HS, Moscheen; Olymp. Winterspiele 1984. – In S. wurde am 28.6.1914 der östr.-ung. Thronfolger Franz Ferdinand ermordet, dadurch wurde der 1. Weltkrieg ausgelöst.
Sarangi, ind. Saiteninstrument.
Saransk, Hptst. Mordwiniens (Rußland), nördl. von Pensa, 323 000 Ew.; Ind.-Zentrum.
Sarasate, Pablo de, *1844, †1908, span. Violinvirtuose; komponierte u. a. »Zigeunerweisen«.
Saratow [-tɔf], Hptst. der gleichn. Oblast in Rußland, am NW-Ufer des Wolgograder Stausees, 900 000 Ew.; Umschlagplatz für Getreide u. Erdöl.
Sarawak, Teilstaat in → Malaysia, in NW-Borneo.
Saray, *Serail,* Regierungssitz pers., mongol., türk. Herrscher.
Sarazenen, urspr. Bez. für einen NW-arab. Stamm, im MA allg. für Araber, dann für alle Moslems des Mittelmeergebiets.
Sardellen, *Anchovis,* Fam. der *Heringsfische,* 12–16 cm lange Schwarmfische; Speisefisch.
Sarden, *Sardinier,* Bewohner der Insel Sardinien; wohl iberischen Ursprungs.
Sardine →Pilchard.
Sardinien, *Sardegna,* ital. Region, Insel im Tyrrhen. Meer, 24 090 km², 1,6 Mio. Ew. (Sarden), Hptst. Càgliari. Ackerbau oft nur mit künstl. Bewässerung möglich; Fischerei; Schafzucht; reiche Vorkommen an Eisen-, Kupfer-, Mangan- u. Antimonerzen; petrochem. Ind.; Fremdenverkehr.
Gesch.: Seit dem 9. Jh. v. Chr. von Phöniziern besiedelt, 540 v. Chr. unter Herrschaft der Karthager, 238 v. Chr. röm. Prov., gehörte im 5./6. Jh. n. Chr. zum Wandalen-, später zum Byzantin. Reich, wurde 1165 kaiserl. Lehen Pisas, fiel 1297 an Aragón, 1713 an Östr., kam 1720 an Savoyen, seit 1948 ital. Region mit Sonderstatut.
Sardou [-'du:], Victorien, *1831, †1908, frz. Bühnendichter; schuf den Typ des modernen Gesellschaftsstücks.
Sargassosee, *Sargassomeer,* Teil des Nordamerik. Beckens sö. der Bermuda-Inseln; Algenwälder, Laichplätze der Flußaale.
Sargassum, Gatt. der *Braunalgen.*
Sargent [-dʒənt], John Singer, *1856, †1925, USamerik. Maler; beeinflußt vom Impressionismus.
Sari, das lange Wickelgewand der ind. Frau.
Saribupalme, *Livistona,* im subtrop. u. trop. Asien bis Australien heim. Gatt. der *Palmen;* Fächerpalme, bis 20 m hoch.
Sarkasmus, beißender Hohn.
Sarkis, Elias, *1924, †1985, libanes. Politiker; 1976–82 Staats-Präs.
Sarkom, *Fleischgeschwulst,* bösartige, aus unreifen Bindegewebszellen gebildete Geschwulst.
Sarkophag, Steinsarg, der meist als Hülle anderer (Holz-)Särge dient.
Sarmaten, *Sauromaten,* den *Skythen* verwandtes Steppenvolk iran. Herkunft, vom 8./7. bis 4. Jh. v. Chr. östl. der Wolga u. im südl. Uralgebiet ansässig; drangen im 1. Jh. v. Chr. in das Karpatenbecken, die Ung. Tiefebene u. bis an die Donaumündung vor. Sie wurden im 3. Jh. n. Chr. von den Goten u. im 4. Jh. von den Hunnen unterworfen.
Sarmiento, Domingo Faustino, *1811, †1888, argent. Schriftst. u. Politiker; 1868–74 Staats-Präs.; W »Facundo«.

Jean-Paul Sartre

Sarnen, Hptst. des schweiz. Halbkt. *Obwalden,* am *Sarner See* (7,6 km²), 7000 Ew.; Fremdenverkehr.
Sarney [sar'nɛi], José, *24.4.1930, brasil. Politiker u. Schriftst.; 1985–90 Präs.
Sarong, gewickelter Rock der hinterind. u. indochines. Frauen.
Sarosperiode, der Zeitraum zw. 2 gleichartigen Sonnen- oder Mondfinsternissen, rd. 18 Jahre 10 Tage.
Saroyan [sə'rɔjən], William, *1908, †1981, USamerik. Schriftst.; Kurzgeschichten mit Alltagsschilderungen, auch Romane (»Menschl. Komödie«) u. Dramen.
Sarrasani, 1901 von Hans *Stosch-S.* (*1872, †1934) gegr. Wanderzirkus; Neugründung 1956.
Sarraute [-'ro:t], Nathalie, *18.7.1902, frz. Schriftst. russ. Herkunft; Wegbereiterin u. Hauptvertreterin des *Nouveau Roman;* W »Tropismen«.
Sarrusophon, Blasinstrument aus Metall.
Sarthe [sart], NW-frz. Fluß, 285 km.
Sarto, Andrea del, *1486, †1530, ital. Maler; Hauptmeister der florentin. Hochrenaissance; Freskenmalerei.
Sartre ['sartr], Jean-Paul, *1905, †1980, frz. Philosoph u. Schriftst.; Begr. des frz. *Existentialismus;* vertrat einen atheist. Humanismus, in dem der einzelne »zur Freiheit verurteilt« ist. Polit. nahm S. eine unabhängige Stellung auf der äußersten Linken ein. Er lehnte den Nobelpreis 1964 ab. W »Das Sein u. das Nichts«, »Kritik der dialekt. Vernunft«, »Der Idiot der Familie«, »Die Fliegen« (Drama), »Die Wege der Freiheit« (Romanzyklus), »Die Wörter« (Autobiographie).
Sasebo, *Saseho,* jap. Hafenstadt in NW von Kyushu, 270 000 Ew.; Schiffbau; Steinkohlenförderung.
Saskatchewan [sæs'kætʃiwən], Prov. in → Kanada.
Saskatchewan River [sæs'kætʃiwən rivə], Fluß in den kanad. Prärieprovinzen; 1950 km.
Sassafras, Gatt. der *Lorbeergewächse,* S.-Holz *(Fenchelholz, Panama-Holz)* wird in der Parfümerie verwendet, früher auch Fiebermittel.
Sassaniden, *Sasaniden,* pers. Königsdynastie 224–651 n. Chr.
Sassari, ital. Stadt auf Sardinien, Hptst. der gleichn. Prov., 120 000 Ew.; Univ. (1562); Handels- u. Ind.-Zentrum.
Sassendorf, *Bad S.,* Gem. in NRW, 9000 Ew.; Sole- u. Moorheilbad.
Saßnitz, Stadt u. Bad im Inselkreis Rügen, auf der Halbinsel Jasmund, 15 200 Ew.; Kreideindustrie.

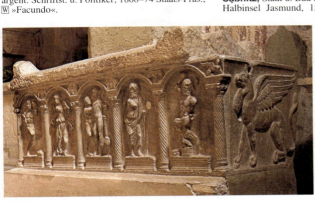

Sarkophag mit Reliefdarstellung (von links: tanzender Satyr, Mänade, Dionysos, der von einem Satyr gehalten wird, Silen und Pan; an der Stirnseite Löwengreif); römisch, Ende 2. Jahrhundert. San Pietro in Valle bei Ferentillo

Fischereihafen; Eisenbahnfähre nach Trelleborg (Schweden).
3 sat, vom Östr. Rundfunk ORF, der Schweiz. Radio- u. Fernsehgesellschaft SRG u. vom Zweiten Dt. Fernsehen seit 1984 gemeinsam veranstaltetes deutschsprachiges Satellitenprogramm.
SAT 1, seit 1985 in der BR Dtld., Östr. u. der Schweiz verbreitetes privates Fernsehprogramm; Träger ist ein Konsortium von Presse-Unternehmen. Sitz: Mainz.
Satan, im AT Name des Teufels als Ankläger, Verführer u. Verderber.
Satansaffe, 1. zu den *Rollschwanzaffen* gehörende *Breitnase,* in S-Amerika; 55 cm Körperlänge. – **2.** *Teufelsaffe,* zu den *Stummelaffen* gehörende *Schmalnase* W-Afrikas, mit langen schwarzen Haaren.
Satanspilz, giftiger *Röhrenpilz.*
Satellit, 1. Begleiter eines Planeten. – **2.** *künstlicher Erd-S.,* ein Flugkörper, der mit Hilfe einer Rakete in eine kreisförmige oder ellipt. Umlaufbahn um die Erde gebracht wird. Dabei wird der Anziehungskraft der Erde durch die Zentrifugalkraft das Gleichgewicht gehalten. Die hierzu erforderl. *Kreisbahngeschwindigkeit* beträgt nahe der Erdoberfläche rd. 7,9 km/s. Es gibt astronom. Meß-S., Wetter-S., Nachrichten-S. u. militär.-S. Der erste S. war der sowj. »Sputnik 1« 1957.
Satellitenfernsehen, Übertragung von Fernseh-

Satellitenfernsehen: Satelliten-Übertragungs-Wagen verbreiten aktuelle Nachrichten in alle Welt

programmen via Satellit; ermöglicht gegenüber der terrestr. Übertragungsweise größere Reichweiten, bessere Bild- u. Tonqualitäten u. die Einrichtung einer größeren Anzahl von Kanälen (bes. Privatfernseher); in der BR Dtld. seit 1984. Voraussetzung für die Empfangbarkeit: Parabolantenne u. Konverter. Satelliten u. a.: Astra, TV-Sat u. TDF.
Satellitengeodäsie, Vermessung der Oberfläche u. Gestalt der Erde u. a. Himmelskörper mit Hilfe von Forschungssatelliten.
Satellitenstaat, formal selbständiger Staat, der jedoch von einer Großmacht abhängig ist.
Satellitenstadt, *Trabantenstadt,* außerhalb einer Großstadt nach modernen städtebaul., verkehrstechn. u. soziolog. Erfordernissen errichtete Nebenstadt.
Sati, die in Indien fr. übliche Verbrennung der Witwe auf dem Scheiterhaufen des toten Gatten (in Einzelfällen auch heute noch).
Satie, Erik, *1866, †1925, frz. Komponist; Mitgründer der Gruppe der »Six«; antiromant. Musik mit blockartigen Strukturen.
Satin [-'tɛ̃], stark glänzende Gewebe aus Seide, Reyon oder Baumwolle in Atlasbindung.
Satinage [-'na:ʒə], das Glätten von Papier unter starkem Druck im Kalander *(satinieren).*
Satire, in literar. Werk (beliebiger Gattung), das Mißstände oder bestimmte Anschauungen kritisiert, indem es sie lächerlich macht.
Satisfaktion, Genugtuung, bes. mit der Waffe, bei Beleidigung u. Ehrverletzung.
Sato, Eisaku, *1901, †1975, jap. Politiker (Liberaldemokrat. Partei); 1964–72 Min.-Präs.; Friedensnobelpreis 1974.

788 Sattel

Saturn: Wasserstoff und Helium sind die Hauptbestandteile des Saturn. Das starke Schwerefeld des Planeten hält diese leichten Elemente zusammen

Sattel, 1. Sitzvorrichtung für Reiter oder Tragvorrichtung für Lasten, besteht aus zwei durch *Stege* verbundenen Hälften *(Trachten).* – **2.** paßartige Einsenkung in einem Gebirgskamm.
Satu Mare, Hptst. des rumän. Kreises S. M. am Szamos, 120 000 Ew.; Siedlungsgebiet der Sathmarer Schwaben.
saturiert, selbstzufrieden, gesättigt.
Saturn, 1. *Saturnus,* röm. Saatgott mit der Sichel; wurde früh dem *Kronos* gleichgesetzt. – **2.** Zeichen ♄, zweitgrößter Planet des Sonnensystems; die Atmosphäre enthält Methan, Ammoniak, Wasserstoff u. Helium. S. hat 18 Monde. Außerdem ist S. von einem Ringsystem umgeben, das aus Eis- u. Staubteilchen besteht. →Planeten. – **3.** US-amerik. Großraketen des Apollo-Programms.
Satyr, im grch. Mythos Wald- u. Berggeist; trunksüchtiger, lüsterner Begleiter des Dionysos.
Satz, 1. *Schriftsatz,* der aus einzelnen Lettern zusammengesetzte Text. – **2.** eine sprachl. Einheit, die nicht mehr Teil einer größeren grammat. Konstruktion ist. – **3.** a) Setzweise der Noten (z.B. strenger, freier, ein- oder mehrstimmiger S.); b) in sich geschlossener Einzelteil einer Suite, Sonate, Sinfonie. – **4.** Teil eines Wettkampfs bei Ballspielen.
Satzlehre →Syntax.
Satzspiegel, die von Text u. Bild eingenommene Fläche der Buchseite oder Spalte.
Satzung, Rechtsvorschrift über die Ordnung bzw. Verfassung von Körperschaften u. Gesellschaften.
Sau, 1. [Pl. *Säue*], das weibl. Hausschwein. – **2.** [Pl. *Sauen*], das (männl. u. weibl.) Wildschwein.
Saubohne →Pferdebohne.
Sauciere [so'sjɛrə], Soßenschüssel.
Saud, *Sa'ud Ibn Abd Al Asis Ibn Abd Ar Rahman As Sa'ud,* * 1902, † 1969, König von Saudi-Arabien 1953–64; trat zugunsten seines Bruders *Faisal* zurück.

Saudi-Arabien

Saudi-Arabien, Staat auf der Arab. Halbinsel, 2 149 690 km², 14,9 Mio. Ew., Hptst. *Riad.*
L a n d e s n a t u r. Das Kerngebiet von S. besteht aus einem Hochplateau *(Nadjd)* mit Stein- u. Sandwüsten zw. 600 u. 1000 m Höhe. Hinter der Küstenebene *Tihama* am Roten Meer steigt das Küstengebirge im *Djabal Ibrahim* auf 2500 m an. Nach O senkt sich das Land zum Pers. Golf. Das Klima ist sehr heiß u. äußerst trocken.
Die islam., fast ausschl. arab. B e v ö l k e r u n g lebt zu 10% nomad. oder halbnomad., 18% als seßhafte Bauern u. 72% in Städten.
W i r t s c h a f t. Außenhandel u. Staatshaushalt beruhen auf dem Erdöl, das am Pers. Golf gefördert wird. Die Landwirtschaft beschränkt sich hpts. auf die Haltung von Schafen, Ziegen u. Kamelen sowie auf die Oasenwirtschaft.
G e s c h i c h t e. 1902–21 schuf *Ibn Saud* das Reich der *Wahhabiten* im *Nadjd* neu u. eroberte 1924–26 das Kgr. *Hedjas;* 1932 nannte er sein Reich S. 1953 folgte ihm sein Sohn *Saud* auf den Thron. Seit 1964 war dessen Bruder *Faisal* König. 1975 wurde Faisal ermordet; Nachfolger wurde sein Bruder *Chaled;* nach dessen Tod übernahm 1982 *Fahd* die Regentschaft. Nach der Annexion Kuwaits durch Irak 1990 verlegten die USA Truppen nach S. Grundlage der Gesellschaftsordnung des Landes ist der Islam. Das polit. System ist auf den absolutist. regierenden König zugeschnitten.
Sauer, frz. *Sûre,* l. Nbfl. der Mosel; 164 km.
Sauerampfer →Ampfer.
Sauerbruch, Ernst Ferdinand, * 1875, † 1951, dt. Chirurg; Begr. der Lungenchirurgie im Druckdifferenzverfahren.
Sauerbrunnen →Säuerling.
Sauerdorn →Berberitze.
Sauerdorngewächse →Pflanzen.
Sauergräser, grasähnl. Sumpfwiesenpflanzen.
Sauerkirsche →Kirsche.
Sauerklee, *Oxalis,* Gatt. der S.gewächse, meist ausdauernde Kräuter oder Stauden; enthalten Kleesalz.
Sauerkraut, *Sauerkohl,* durch Milchsäuregärung konservierter, feingehobelter Weißkohl.
Sauerland, der nordöstl. Teil des Rhein. Schiefergebirges zw. Ruhr, Möhne u. Sieg mit Rothaar- u. Ebbegebirge; zahlreiche Talsperren; Tropfsteinhöhlen; Fremdenverkehr.
Säuerling, *Sauerbrunnen,* Mineralquelle mit über 1 g Kohlendioxid in 1 Liter Wasser.
Sauerstoff, ein ᴏ-chemisches Element; kommt in freiem Zustand als Bestandteil der Luft (20,8 Volumen-%), in gebundenem Zustand im Wasser u. in zahlreichen Mineralien vor. Insges. ist er zu 49,5 Gewichts-% auf der Erdoberfläche vertreten u. damit das am häufigsten vorkommende Element. S. verbindet sich mit den meisten Elementen zu Oxiden (Oxidation). Wenn dieser Vorgang unter Abgabe von Wärme u. Licht verläuft, spricht man von *Verbrennung.*
Sauerteig, durch Milchsäurebakterien u. Hefepilze gegorener Roggenmehlteig, der bei der Brotherstellung als Treibmittel benutzt wird.
Säugetiere, *Mammalia,* Klasse mit einem Haarkleid versehener, warmblütiger *Wirbeltiere,* die lebende Junge gebären u. sie mit ihrem Brustdrüsensekret nähren; in der Regel vier Gliedmaßen. Die Haut ist drüsenreich u. dient der Wärmeregulation. Die S. haben sich fast alle Lebensräume der Erde erobert. Die heutigen S. umfassen 2 Unterklassen: 1. die *Ursäugetiere* mit der Ordnung *Kloakentiere,* 2. die *eigtl. S.* mit den Teilklassen *Beuteltiere* u. *Höhere Säuger.* – 🄱 →S. 786/87.
Säugling, der Mensch im 1. Lebensjahr (in den ersten 28 Lebenstagen *Neugeborener*).
Säuglingssterblichkeit, das Verhältnis der Zahl der im 1. Lebensjahr verstorbenen Säuglinge zur Zahl der Lebendgeborenen in dem selben Zeitraum.
Saugmotor, ein Verbrennungsmotor ohne Vorverdichtung der Verbrennungsluft.
Saugnapf, Haftapparat der Körperoberfläche bei versch. Tieren, bes. bei Parasiten.
Saugrüssel, die saugenden Mundwerkzeuge bestimmter Insekten.
Saugwürmer, *Trematoden,* Klasse der *Plattwürmer* mit Haftorganen; über 2400 Arten; Schmarotzer.
Saul, erster König Israels, ca. 1012–04 v. Chr.; erwarb das Königtum aufgrund seiner krieger. Erfolge; scheiterte dann im Kampf gegen die Philister u. beging Selbstmord.

Die Gliedmaßen der Säugetiere sind in ihrem Grundaufbau gleich. Beim Menschen besitzt der Fuß fünf Zehen. Zwischen dem Knöchel und den aus drei Gliedern bestehenden Zehen liegen die Mittelfußknochen. Diese Grundstruktur, die man bei Sohlengängern, wie Bären und Menschen, findet, wird in mannigfaltiger Weise abgewandelt. Bei den Zehengängern berühren nur die Zehen den Boden, die Huftiere setzen als Zehenspitzengänger nur das äußerste Zehenglied auf; bei wasserlebenden Säugetieren haben sich aus den Beinen Flossen entwickelt

Säule, stützendes oder die Fassade schmückendes rundes Bauglied aus Stein, gliedert sich in der Regel in den *Fuß (Basis),* den *Schaft* u. den vielfältig abgewandelten *Kopf (Kapitell* oder *Knauf).* In der ägäischen Kultur (seit 3. Jt. v. Chr.) war die S. bereits voll entwickeltes repräsentatives Architekturglied. In der klass. Architektur unterscheidet man die dorische, ionische u. korinthische S.nordnung.
Säulen des Herkules, antike Bez. für die Felsen beiderseits der Straße von Gibraltar.
Säulenkaktus, *Kandelaberkaktus, Cereus,* u. nahestehende Gatt. der *Kaktusgewächse,* im westl. Amerika; mit vielen bestachelten Rippen.
Säulenordnung, in der Antike festgelegte Anordnung von Stufenbau, Basis, Säule u. Kapitell, die für die drei Hauptstile der grch. Architektur, den *dorischen* (seit ca. 625 v. Chr.), den *ionischen* (seit ca. 570 v. Chr.) u. den *korinthischen* (seit ca. 400 v. Chr.) verbindl. ist. – Wo Schmuckformen des ion. Kapitells mit solchen des korinth. verbinden, spricht man von *Kompositkapitell.*
Saulus →Paulus.
Saum, 1. Gewebekante, die umgelegt (oder gerollt) u. durch Festnähen gesichert ist. – **2.** [sa'um], bei den Moslems das Fasten im Monat Ramadan.
Saumpfad, schmaler Weg durch das Gebirge, auf dem die »Säumer« mit *Saumtieren* (Pferde, Esel, Maulesel) den Handelsverkehr besorgten.
Saumur [so'myr], frz. Stadt an der unteren Loire, 32 000 Ew.; Wein- u. Likörerzeugung.
Sauna, finn. Heißluftbad; Raumbad in trockener Hitze von 70 bis 90 °C, bei dem während des Bads Dampfstöße erzeugt werden; anschließend Abkühlung durch Kaltwasser oder Schnee; regt den Stoffwechsel an.
Saunders ['sɔːndəz], James, * 8.1.1925, engl. Dramatiker, beeinflußt von Ionesco (experimentelle Theaterstücke).
Saura, 1. Antonio, * 22.9.1930, span. Maler; widmet sich hpts. der Darst. des menschl. Antlitzes. – **2.** Carlos, * 4.1.1932, span. Filmregisseur; kriti-

Saudi-Arabien: Moschee in Djidda

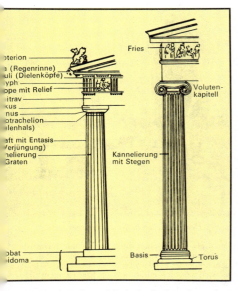

Säule: dorische und ionische Säulenordnung (von links)

sierte in seinen Filmen die Franco-Zeit; W »Carmen«.

Säure, eine chem. Verbindung, die in wäßriger Lösung infolge der elektrolyt. Dissoziation Wasserstoff-Ionen u. Säurerest-Ionen liefert u. sauren Geschmack hat. S. bilden mit Metallen, Metalloxiden u. -hydroxiden Salze. Je nach Anzahl der Wasserstoffatome im Molekül spricht man von *ein-* u. *mehrbasischen* S.; je nach dem Vorhandensein oder der Abwesenheit von Sauerstoff im Molekül von *Sauerstoff-S.* oder *sauerstoff-freien S.* Die *Stärke* einer S. entpricht dem Grad der *Dissoziation,* d. h. der Konzentration der Lösung an Wasserstoff-Ionen. Die S. kann u. a. an der Farbreaktion eines Indikators erkannt werden.

saurer Regen, Schlagwort für die durch Niederschläge bewirkte Ablagerung von Luftverunreinigungen aus Fabriken, Heizungen u. Autos. V. a. durch Oxidation von Schwefeldioxid entstandene Schwefelsäure führt über das Regenwasser zur Versauerung von Böden u. Gewässern.

Saurier, Sammelbegriff für versch. Gruppen der *Reptilien,* v. a. für die großen ausgestorbenen Formen des Mesozoikums.

Saussure [so'sy:r], Ferdinand de, * 1857, † 1913, schweiz. Sprachforscher; Begr. der modernen Sprachwiss.

Savannah [sə'vænə], Stadt im sö. Georgia (USA), 142 000 Ew.; Hafen; Fremdenverkehr.

Savannah River [sə'vænə'rivə], atlant. Küstenfluß in den östl. USA, rd. 500 km.

Savanne, Vegetationsformation im wechselfeuchten Tropenbereich beiderseits des Äquators, überwiegend Grasland mit Gebüschen, Baumgruppen u. Einzelbäumen.

Savart [sa'va:r], Félix, * 1791, † 1841, frz. Physiker; arbeitete u. a. über Akustik u. Elektromagnetismus.

Save, slowen. *Sava,* r. Nbfl. der Donau, 940 km; mündet bei Belgrad.

Savigny ['savinji:], Friedrich Carl von, * 1779, † 1861, dt. Rechtswissenschaftler; 1842–48 preuß. Min. für Gesetzgebung; Begr. der *Historischen Rechtsschule.*

Savoldo, Giovanni, * 1480, † 1548, ital. Maler.

Savona, ital. Prov.-Hptst. u. Hafenstadt in Ligurien, 71 000 Ew.

Savonarola, Girolamo, * 1452, † 1498, ital. Bußprediger (Dominikaner); suchte in Florenz eine Demokratie auf theokrat. Grundlage durchzusetzen; als Ketzer gefoltert u. verbrannt.

Savoyen, frz. *La Savoie,* ital. *Savoia,* histor. Ldsch. in SO-Frankreich. – 121 v. Chr. röm., 534 fränk., seit 1033 beim röm.-dt. Reich, 1361 Reichsfürstentum, Erwerb von Piemont, 1536–59 frz., 1720 mit Sardinien vereint u. zum Königreich (Sardinien) erhoben, 1860 an Frankreich abgetreten.

Sawallisch, Wolfgang, * 26.8.1923, dt. Dirigent; 1981–92 Intendant der Bay. Staatsoper; seit 1993 Chefdirigent des Philadelphia Orchestra.

Sax, Adolphe, * 1814, † 1894, belg. Instrumentenbauer; konstruierte das *Saxophon* u. *Saxhörner* (Ventilbügelhörner).

Saxophon, von A. *Sax* erfundenes, 1846 patentiertes Blasinstrument aus Nickel, mit einfachem Rohrblattmundstück u. konischer Schallröhre.

Say [sɛ:], Jean Baptiste, * 1767, † 1832, frz. Nationalökonom; Hauptvertreter der klass. Richtung; Theorie der Absatzwege.

Sayers ['sɛiəz], Dorothy Leigh, * 1893, † 1957, engl. Schriftst. (psycholog. Kriminalromane).

S-Bahn, Kurzbez. für *Stadtschnellbahn,* Personennahverkehrssystem in Ballungsgebieten mit Taktfahrplan u. relativ kurzer Zugfolge.

Scalfaro, Oscar Luigi, * 9.9.1918, ital. Politiker (DC); seit 1992 Staats-Präs.

Scaliger ['ska:ligɛr], (della) Scala, Veroneser Adelsgeschlecht, herrschte 1259–1387 in Verona, danach bis 1598 bay. Landadel.

Scaliger ['ska:ligɛr], **1.** Joseph Justus, Sohn von 2), * 1540, † 1609, frz.-ital. Humanist (Sprach- u. Altertumsforscher). – **2.** Julius Caesar, eigtl. Giulio *Bordone della Scala,* * 1484, † 1558, ital. Dichter u. Humanist; schuf eine Poetik, die auf die gesamte europ. Dichtung der Barockzeit wirkte.

Scandium, Skandium, ein → chemisches Element.

Scanner ['skɛnə], Gerät, das Objekte elektron. punkt- oder zeilenweise abtastet u. die ermittelten Daten zur Weiterverarbeitung speichert, v. a. in der Druck-Ind. u. Medizin verwendet.

Scaramuccio [-'mutʃo], frz. *Scaramouche,* in der *Commedia dell'arte* die Rolle des Aufschneiders.

Scarborough ['ska:brə], engl. Nordseebad, in der Gft. Yorkshire, 44 000 Ew.; Fremdenverkehr.

Savanne in Ostafrika

S-Card, mit einem Magnetstreifen versehene Kundenkarte der Sparkassen, die u. a. die Benutzung von Geldausgabeautomaten u. Kontoausdruckern der Sparkassen erlaubt.

Scarlatti, 1. Alessandro, * 1660, † 1725, ital. Komponist, schrieb über 100 Opern der *Neapolitan. Schule.* – **2.** Domenico, Sohn von 1), * 1685, † 1757, ital. Komponist; entwickelte in seinen Klaviersonaten einen »galanten« Stil.

Scarron [ska'rɔ̃], Paul, * 1610, † 1660, frz. Dichter; schuf die Gatt. des heroisch-komischen Epos.

Scat [skæt]. *Scat Singing,* im Jazz der Gesang von einzelnen Silben ohne Wortsinn, das Instrumentenspiel nachahmend.

Schaalsee, See am Westrand der Mecklenburg. Seenplatte, 23,1 km².

Schabbes → Sabbat.

Schaben, 1. i.w.S. Ordnung der *Insekten,* zur Überordnung der *Schabenartigen* zählend; Vorratsschädlinge; über 2200 Arten. – **2.** *Schwaben, Russen, Franzosen,* i.e.S. *Deutsche* S. bis 13 mm lange, weltweit verbreitete *Schabe* mit 2 dunklen Längsstreifen auf dem gelbl. Halsschild.

Schabkunst, *Englische Manier, Mezzotinto,* eine Variante des Kupferstichs, bei der die Platte gleichmäßig mit dem Granierstahl aufgerauht u. die hell zu druckenden Partien anschließend mit einem Schabeisen herausgeschabt werden.

Schablone, Musterstück aus Blech, Holz oder Pappe zum Nachbilden gleicher Formen.

Schabracke, reich verzierte Satteldecke.

Schach, ein um 1000 n. Chr. aus dem Orient nach Europa gekommenes altes Brettspiel, vermutl. in Indien entwickelt. Es wird auf den 64 (8x8) abwechselnd weißen u. schwarzen (unten links immer schwarz) Quadratfeldern des S.- oder Damebretts von 2 Spielern mit je 16 Spielfiguren (je 1 König, 1 Dame, 2 Läufer, 2 Türme, 2 Springer, 8 Bauern) gespielt, die nur nach jeweils eig. Regeln abwechselnd mit je 1 Zug über das Spielfeld ziehen dürfen (weiß stets zuerst). Ziel des Spiels ist es, den gegner. König »matt« zu setzen, d. h. so anzugreifen,

Saurier (Reptilien der Urzeit)		
Unterklasse	Ordnung	Erdzeitalter
Schläfengrubenlose Reptilien *Anapsida*	Stammreptilien *Cotylosauria*	Karbon-Trias
	Schildkröten *Testudines*	Trias-Jetztzeit
Säugetierähnliche Reptilien *Synapsida*	Urursaurier *Pelycosauria*	Karbon-Perm
	Säugetierähnliche Reptilien* *Therapsida*	Perm-Jura
	Rechengebißechsen *Mesosauria*	Perm
Fischechsen *Ichthyopterygia*	Fischechsen *Ichtyosauria*	Kreide
Permechsenartige *Araeoscelidae*		
systematische Stellung ungewiß	Dreijochzahnechsen *Trilophosauria*	
	Weigeltechsen *Weigeltisauria*	
Paddelechsenverwandte *Euryapsida*	Paddelechsenartige *Sauropterygia*	Kreide
	Pflasterzahnsaurier *Placodontia*	Trias
Groß-Saurier *Archosauria*	Urwurzelzähner* *Thecodontia*	Perm-Trias
	Krokodile *Crocodylia*	Trias-Jetztzeit
	Echsenbecken-Dinosaurier *Saurischia*	Trias-Kreide
	Vogelbecken-Dinosaurier *Ornithischia*	Trias-Kreide
	Flugsaurier *Pterosauria*	Trias-Kreide
Schuppenkriechtiere *Lepidosauria*	Urschuppensaurier *Eosuchia*	Perm-Trias
	Schnabelköpfe *Rhynchocephalia*	Perm-Jetztzeit
	Eigentliche Schuppenkriechtiere *Squamata*	

*Die Säugetierähnlichen Reptilien (*Therapsida*) sind die Stammgruppe der Säugetiere. Die Urwurzelzähner (*Thecodontia*) sind die Stammgruppe der Vögel.

Schächer

Schach: Grundstellung der Figuren auf dem Schachbrett. Die Damen stehen zu Beginn immer auf der d-Linie (weiße Dame auf weißem, schwarze Dame auf schwarzem Feld). Durch die Benennung der senkrechten Linien mit Buchstaben und der waagerechten mit Ziffern ist jedes Feld sowie jeder Zug genau zu bezeichnen

Schachcomputer, mit mehreren Schwierigkeitsstufen ausgestattet

daß er sich dem Geschlagenwerden nicht mehr entziehen kann. – **S.computer** [-kɔmˈpjuːtə], ein elektron. Rechner, der als S.partner dient.
Schächer, Räuber; in der Luther-Bibel die beiden mit Jesus gekreuzigten Räuber oder Zeloten.
Schacht, meist senkrechter, röhrenförmiger Zugang zu einer Grube. Schräge Schächte heißen *tonnlägig.*
Schacht, Hjalmar, *1877, †1970, dt. Finanzpolitiker; 1923–30 u. 1933–39 Reichsbank-Präsident, 1934–37 zugleich Reichswirtschafts-Min.; im Nürnberger Prozeß freigesprochen.
Schachtelhalmgewächse →Pflanzen.
Schachtgrab, altägypt. Grabtypus mit senkrecht in den Boden führendem, abgedecktem Schacht, an den sich seitlich die Grabkammer anschließt.
Schachtofen, Schmelzofen für Metalle mit stehendem Schacht (höher als breit) zur Aufnahme von Schmelzgut u. Brennstoff (Hochofen, Kupolofen); auch Brennofen für Kalk, Zement u. ä.
Schack, Adolf Friedrich Graf von (seit 1876), *1815, †1894, dt. Schriftst. u. Mäzen. Aus seiner Gemäldesammlung ging die S.-Galerie in München hervor.
Schad, Christian, *1894, †1982, dt. Maler; Hauptvertreter der Neuen Sachlichkeit.
Schädel, *Cranium,* das zunächst knorpelige *(Knorpel-S.* bei Knorpelfischen), dann knöcherne Skelett des Kopfs der Wirbeltiere.
Der S. des Menschen besteht aus *Gehirn-* u. *Gesichts-S.* Im unteren Teil des Gehirn-S., der *S.basis,* die aus Keilbein, Schläfenbeinen u. Hinterhauptsbein gebildet wird, befinden sich Öffnungen zum Austritt der Gehirnnerven. Der obere Abschluß, die *S.decke (Kalotte),* überwölbt die *S.höhle,* die das Gehirn enthält. Die S.knochen sind durch Knochennähte verbunden.
Schädelstätte, die Kreuzigungsstätte Christi (Golgatha); im MA der außerhalb der Stadtgrenzen liegende Hinrichtungsort.
Schadensersatz, Wiedergutmachung eines Schadens; bei materiellem Schaden grundsätzl. durch Wiederherstellung des vor Schadenseintritt bestehenden Zustands *(Naturalrestitution).* Ist dieses nicht möglich, so wird der Schaden in Geld ausgeglichen.
Schädlinge, Tiere u. Pflanzen, die am Menschen oder an seinen Nutztieren, Nutzpflanzen u. für ihn nützlichen Produkten aller Art Schaden (Totalverlust oder Veränderung) verursachen. Praktisch werden Gesundheitsschädlinge, Pflanzenschädlinge u. Vorratsschädlinge unterschieden.
Schädlingsbekämpfung, Maßnahmen zur Abwehr tier. oder pflanzl. *Schädlinge;* mechanisch (z.B. durch Feuer, Wasser, Fallen), chem. (durch Gifte; umweltschädlich) oder im weitesten Sinn biologisch (mit Hilfe natürl. Feinde u. a.).
Schadow [-do], Johann Gottfried, *1764, †1850, dt. Bildhauer u. Graphiker; Hauptmeister des klassizist. Plastik in Dtld.; Ⓦ Viergespann mit Viktoria auf dem Brandenburger Tor, 1794 aufgestellt.
Schaefer, Oda, *1900, †1988, dt. Schriftst. (naturverbundene Lyrik).
Schaeffer, Albrecht, *1885, †1950, dt. Schriftst.; an antiken u. abendländ. Idealen orientiert.
Schaf, *Ovis ammon,* Gatt. der *Böcke,* alle S. gelten heute als Rassen einer einzigen Art mit 2 Untergruppen (Ästen): 1. dem eurasischen *Mufflon* u. 2. dem nordamerik. *Dickhorn-Schaf.* Das *Haus-S.* leitet sich von den euras. Rassen her. Es dient als Woll- u. Fleischlieferant.
Schäfer, Wilhelm, *1868, †1952, dt. Schriftst., Hrsg. der Zeitschrift »Die Rheinlande«.
Schäferdichtung →Hirtendichtung.
Schäferhund, unterschiedl. Rassen von Gebrauchshunden, die aus Hirtenhunden herausgezüchtet wurden; u. a. der *Dt. S.*
Schäffer, Fritz, *1888, †1967, dt. Politiker (CSU); 1945 bay. Min.-Präs.; 1949–57 Bundesfinanz-, 1957–61 Justiz-Min.
Schaffermahlzeit, seit 1581 ein feierl. Essen, das in Bremen die Reeder ihren Schiffern alljährlich am zweiten Freitag im Februar geben.
Schaffhausen, 1. Kt. der →Schweiz. – **2.** Hptst. von 1), oberhalb des *Rheinfalls von S.,* 34 000 Ew.; mittelalterl. Stadtbild.
Schafgarbe, *Garbe, Achillea,* artenreiche Gatt. der *Korbblütler,* mit kleinen weißen oder gelben Blüten; die *Gewöhnl. S.* dient zur Bereitung von Heiltee.
Schafkopf, Kartenspiel mit einem Spiel von 32 Blatt für 4 Personen; Arten: *Wendischer S., Dreiwendsch* (3 Spieler) u. *dt. S.*
Schafott, Hinrichtungs-, Blutgerüst.
Schafskälte, Kälterückfall mit regnerischem Wetter im Juni in Mitteleuropa.
Schah, Titel der pers. Herrscher seit dem 3. Jh.; auch in Afghanistan u. Indien.
Schah Dschahan, Schah Jahan, *1592, †1666,

Johann Gottfried Schadow: Doppelbildnis der Prinzessinnen Luise und Friederike von Preußen

Schaffhausen: in der Bildmitte die Festung Munot, die 1564–1585 nach der Befestigungslehre von A. Dürer erbaut wurde; rechts der Rhein

Schaf: Heidschnucken in der Lüneburger Heide

Goldschakal

Großmogul in Indien 1628–58; errichtete das marmorne Grabmal *Tadsch Mahal*.
Schakale, gelblichgrau gefärbte Raubtiere der *Hundeartigen*. Der *Gold-S.* lebt in Steppen SO-Europas, Asiens u. Afrikas, der kleinere *Streifen-S.* in Urwäldern Afrikas.
Schalen, *Klauen,* die Hufe des Schalenwilds.
Schalenbauweise, eine Leichtbauweise im Land- u. Luftfahrzeugbau, bei der die umhüllenden Außenhautbleche auch zur Aufnahme von Belastungen herangezogen werden. Auf Druck beanspruchte Hautfelder werden durch Spanten u. Längsprofile versteift.
Schalenmodell, von H. D. *Jensen* u. M. *Goeppert-Mayer* entwickelte Modellvorstellung für den Atomkern, wobei die Protonen u. Neutronen in einzelnen Schalen angeordnet gedacht werden, ähnlich wie die Elektronen im Atom.
Schalenobst, Früchte, deren eßbarer Kern von einer festen, ungenießbaren Schale umgeben ist; z.B. Haselnuß, Mandel, Walnuß.
Schalenwild, die jagdbaren Huftiere: Rot-, Elch-, Dam-, Sika-, Reh-, Gams-, Stein-, Muffelwild, Wisent u. Schwarzwild.
Schaljapin, Fjodor Iwanowitsch, *1873, †1938, russ. Sänger (Baßbariton); einer der stimm- u. ausdrucksgewaltigsten Darsteller seiner Zeit.
Schall, Schwingungen der Materie, die mit dem Ohr gehört oder mit entspr. physikal. Geräten nachgewiesen werden können. Der S. pflanzt sich im Medium (S.träger, meist Luft) als period. Schwankung der Dichte in longitudinalen Wellen fort; in festen Stoffen sind auch transversale Wellen möglich. Beim hörbaren S. unterscheidet man die aus ungefähr sinusförmigen Schwingungen bestehenden *Töne,* die aus mehreren Tönen zusammengesetzten *Klänge* u. die als *Geräusch* empfundenen unregelmäßigen Schwingungen. Hörbar sind S.wellen von 16 bis rd. 20 000 Schwingungen pro s. Je größer die Schwingungszahl (Frequenz) ist, um so höher ist der Ton. Der für den Menschen nicht mehr hörbare S. heißt *Infra-S.* (unter 16) bzw. *Ultra-S.* (über 20 000 Schwingungen pro s).
Schallgeschwindigkeit, die Ausbreitungsgeschwindigkeit der Schallwellen. Für gasförmige Stoffe beträgt sie einige hundert m/s (Luft: rd. 330 m/s). In Flüssigkeiten ist die S. infolge der geringen Kompressibilität erhebl. höher, bis zu 2000 m/s (Wasser: 1407 m/s). Die größten Werte werden in festen Stoffen erreicht; z.B. ist die S. in Eisen 5100 m/s.
Schallmauer, bildhafte Bez. für die starke Zunahme des Luftwiderstands, die ein Flugobjekt bei Geschwindigkeiten nahe der Schallgeschwindigkeit erfährt. Vor dem Objekt entsteht eine Stauung stark komprimierter Luft, von der bei Überschreiten der Schallgeschwindigkeit eine starke Stoßwelle ausgeht.
Schallplatte, ein kreisscheibenförmiger Tonträger, auf dem nach versch. Verfahren Schallschwingungen aufgezeichnet werden. Beim *Nadeltonverfahren* wird der Schall in spiralförmig verlaufenden Rillen auf eine Kunststoffplatte aufgezeichnet, beim *Direct Metal Mastering* wird die Aufnahme direkt in eine Kupferschichtplatte geschnitten (Vervielfältigung durch Pressen). Im *Compact-Disc-Verfahren* werden digitalisierte Schallimpulse in eine silbrige Kunststoffplatte geprägt. Die CD wird von einem Laser abgetastet, während die herkömml. S. von einer Nadel abgetastet wird, wobei es genormte Umdrehungszahlen gibt (33¹/₃, 45 u. früher 78 U/min.). – Die S. wurde 1887 von E. *Berliner* erfunden.
Schallschutz →Lärmschutz.
Schallück, Paul, *1922, †1976, Schriftst. dt.-russ. Abstammung; Theaterkritiker u. Journalist, schrieb zeitkrit. Erzählungen u. Romane.
Schalmei, *i.w.S.* jedes Rohrblattinstrument; *i.e.S.* seit dem Spät-MA der Diskant-Pommer mit Doppelrohrblatt, ein Vorläufer der Oboe.
Schalotte, in Vorderasien heimische Lauchart.
Schaltalgebra, die Anwendung des Formalismus von logischen Verknüpfungen *(Boolesche Algebra)* auf die Beschreibung von Schaltelementen.
Schaltbild, *Schaltplan,* zeichner. Darstellung der Schaltung eines elektr. Geräts oder einer Anlage.
Schalter, Vorrichtung zum Öffnen u. Schließen elektr. Stromkreise.
Schaltjahr, ein Jahr zu 366 Tagen (Februar: 29 *[Schalttag]* statt 28 Tage). Im *Gregorian. Kalender* ist jedes Jahr mit durch 4 teilbarer Zahl ein S., ausgenommen die nicht durch 400 teilbaren vollen Jahrhundertzahlen (1700, 1800, 1900, 2100 usw.).
Schaltung, 1. das System der elektr. Verbindungen zw. den Apparaten, Stromquellen, Maschinen u. Schaltern einer elektr. Anlage oder zw. den Bauteilen eines Geräts. – **2.** *Getriebe-S.,* Vorrichtung in Kraftfahrzeugen zum Einschalten der Übersetzungsstufen des →Kennungswandlers.
Schalung, Formen aus Brettern, Stahl oder Kunststoff, die die frische Betonmasse so lange aufnehmen, bis sie erhärtet ist.
Schaluppe, kleineres, einmastiges Segelboot.
Schälwald, Eichenniederwald, in dem *Gerbrinde* gewonnen wird.
Scham, *Schamteile,* die Geschlechtsorgane des Menschen, bes. die weiblichen.
Schamanismus, eine religiöse Vorstellung, die einem Menschen (dem *Schamanen*) aufgrund bes. Veranlagung die Fähigkeit zuschreibt, in einem Trancezustand direkte persönl. Verbindung mit der Welt der Geister aufzunehmen, um Krankheiten zu heilen, die Natur zu beeinflussen u. a.; Hauptverbreitungsgebiete: Nord- u. Zentralasien u. bei den Eskimo (»Angekok«); ähnl. bei Feuerländern, Australiern, Negritos.
Schambein, vorderer, unterer Teil des Hüftbeins.
Schamberg, der unterste, etwas erhabene u. behaarte Teil der Bauchwand über dem *Schambein*; bei der Frau auch als *Venusberg* bezeichnet.
Schamfuge, *Schambeinfuge,* feste Verbindung der beiden *Schambeine* vorn in der Mittellinie; besteht aus einer Faserknorpelscheibe.
Schamir, Izhak, urspr. *Jagernicki,* *3.11.1914, isr. Politiker (Cherut); 1983/84 u. 1986–92 Min.-Präs.
Schamlippen, äußere weibl. Geschlechtsorgane: Die *großen S.,* zwei Hautfalten, deren Außenflächen mit Schamhaaren besetzt sind, stoßen an der von ihnen gebildeten *Schamspalte* zus. u. bedecken die *kleinen S.* Diese begrenzen den Scheidenvorhof.
Schamotte, ein bes. in Feuerungsanlagen verwendeter feuerfester Baustoff aus gebranntem Ton oder Kaolin.
Schams, Ldsch. im schweiz. Kt. Graubünden, mit der Rofla-Schlucht u. der *Via Mala.*
Schan, Volk (1,25 Mio.) der westl. *Thai,* von S-China als Eroberer nach NO-Birma eingewandert.
Schandau, *Bad S.,* Kurstadt in Sachsen, an der Elbe, 4400 Ew.
Schändung, 1. Entehrung durch physischen An- oder Eingriff, z.B. Grabschändung oder Leichenschändung. – **2.** Mißbrauch einer wegen krankhafter seel. Störung, tiefgreifender Bewußtseinsstö-

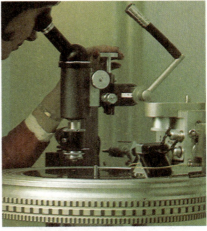

Schallplatte: Überspielung der Bandaufnahme auf eine Folie in der Tontechnik (oben). – Versilberung der Schallfolie (unten)

rung, Schwachsinns, einer schweren anderen seel. Abartigkeit oder körperlich widerstandsunfähigen Frau zum außerehel. Beischlaf.
Schang →Shang.
Schanghai, *Shanghai,* größte Stadt der VR China, im Mündungsgebiet des Chiang Jiang, 7,2 Mio. Ew.; Univ., 3 TH, bed. Theater, wichtigste Handels- u. Hafenstadt Chinas; vielseitige Ind. Gesch.: 1075 erstmals erwähnt; 1842 Zwangsöffnung für ausländ. Handel; 1937–45 jap. besetzt, 1966 Ausgangspunkt der Kulturrevolution.
Schankara, *788, †820, ind. Philosoph; behauptet in seiner Lehre die Illusionshaftigkeit der Welt.
Schanker, Geschwür an den Geschlechtsteilen. Der *harte S.* (*Ulcus durum*) ist der Primäraffekt der →Syphilis; der *weiche S.* (*Ulcus molle*) wird durch Streptobakterien hervorgerufen.
Schansi →Shanxi.
Schanstaat, halbautonomer Staat der *Schan* in Birma, 158 222 km², 3,7 Mio. Ew.; Hptst. Taunggyi.
Schantung, chin. Rohseidengewebe.
Schantung →Shandong.

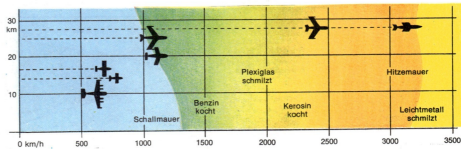

Schall- und Hitzemauer (Siedetemperaturen: Benzin 80–130°C, Kerosin zwischen 175–325°C)

792 **Schanze**

Adolf Schärf

Schanze, 1. auf größeren Kriegsschiffen das Oberdeck des Achterschiffs. – **2.** früher ein militär. Stützpunkt. – **3.** →Sprungschanze.
Schapel, *Schappel,* ornamentierter Metallreif oder Blumenkranz als Kopfschmuck.
Schaper, Edzard (Hellmuth), * 1908, † 1984, dt. Schriftst. Seine Romane behandeln ethische u. religiöse Fragen.
Scharade, *Charade,* Silbenrätsel.
Scharbockskraut, gelbblühendes *Hahnenfußgewächs.*
Schären, kleine Felsinseln vor der finn. u. schwed. Küste.
Scharf, Kurt, * 1902, † 1990, dt. ev. Theologe; 1961–67 Vors., 1967–73 stellv. Vors. des Rats der EKD; 1966–76 Bischof von Berlin-Brandenburg.
Schärf, Adolf, * 1890, † 1965, östr. Politiker (Sozialdemokrat); 1945–57 Vors. der SPÖ, zugleich Vizekanzler; 1957–65 Bundes-Präs.
Scharfrichter, *Henker,* Vollstrecker der Todes- u. Verstümmelungsstrafen seit dem 13. Jh.; gehörte wegen seines Gewerbes zu den rechtl. benachteiligten »unehrlichen Leuten«.
Scharhörn, Nordsee-Insel im Wattenmeer nw. von Cuxhaven, 2,7 km²; Vogelschutzwarte.
Scharia, *Schari'a, Scheria,* das religiöse islam. Recht; umfaßt das rituelle Recht (Gebet, Fasten, Wallfahrt) sowie das Familien-, Erb-, Schuld-, Straf- u. Kriegsrecht.
Schariqa [-ka] →Shariqah.
Scharlach, anzeigepflichtige Infektionskrankheit vorwiegend im Kindesalter. Die Erreger sind die S.-Streptokokken. Symptome: Fieber, Mandelentzündung sowie ein kleinfleckiger, flammendroter Ausschlag an Rumpf u. Gliedern mit Freibleiben der Mundpartie.
Scharmützelsee, See in der mittleren Mark Brandenburg, südl. von Fürstenwalde, 13,8 km².
Scharnhorst, Gerhard Johann David von (1804), * 1755, † 1813, preuß. Offizier; 1807 preuß. Generalstabschef; arbeitete zus. mit A.N. von *Gneisenau* die Heeresreform aus, die er im Rahmen der Reformen des Frhr. vom *Stein* durchführte. Er umging die Beschränkung der Heeresstärke durch das *Krümpersystem,* schaffte das Adelsprivileg auf die Offiziersstellen ab u. setzte die allg. Wehrpflicht durch (1813).
Scharnier, Gelenk zur bewegl. Befestigung von Fenstern, Türen, Klappen u. a.
Scharoun [-'run], Hans, * 1893, † 1972, dt. Architekt; nach 1945 am Wiederaufbau Westberlins beteiligt (Philharmonie).
Schärpe, ein Band, das über die Schulter oder um den Leib getragen wird; Uniformteil.
Scharping, Rudolf, * 2.12.1947, dt. Politiker (SPD); seit 1991 Min.-Präs. von Rhld.-Pf., seit 1993 Vors. der SPD.
Scharte, *Serratula,* Gatt. der *Korbblütler;* hierzu die *Färberscharte.*
Schasar, *Shazar,* Schneor Salman, urspr. S. *Rubaschow,* * 1889, † 1974, isr. Politiker (Mapai); 1963–73 Staats-Präs.
Schaschlik, gebratene Fleischspießchen, urspr. bei Nomadenvölkern, dann türk. u. russ. Nationalgericht.
Schäßburg →Sighişoara.
Schatt Al Arab →Shatt Al Arab.

Schatten, das Gebiet hinter einem Körper, in das die Teilchen bzw. Wellen eines Strahls (z.B. Licht, Schall) nicht eindringen können. Der Bereich, in den überhaupt kein Licht gelangt, heißt *Kern-S.,* der Bereich, in den nur ein Teil der Lichtstrahlen gelangt, *Halb-S.*
Schattenblume, *Maianthemum,* Gatt. der *Liliengewächse;* die *Zweiblättrige S.* hat weiße Blätter u. rote Beeren; in schattigen Laubwäldern auf der Nordhalbkugel verbreitet.
Schattenkabinett, das in Großbritannien (zuweilen nach engl. Vorbild auch in anderen Staaten) von der Opposition gebildete »Gegenkabinett«. Jedes Mitgl. ist Sprecher für ein bestimmtes Ressort.
Schattenmorelle, die in Dtld. am häufigsten angebaute Sorte der *Sauerkirschen.*
Schattenriß →Scherenschnitt, →Silhouette.
Schattenspiel, *Schattentheater,* eine aus China stammende Form des Theaters, bei der vor oder hinter einem von hinten erleuchteten Papier- oder Glasschirm Bildscheiben oder Figuren gezeigt werden, die durch Stäbchen oder Fäden in Bewegung gesetzt werden.
Schatz, im bürgerl. Recht eine Sache, die so lange verborgen gelegen hat, daß der Eigentümer nicht

Schattenspiel mit Puppen aus Pappe

mehr zu ermitteln ist. Wird der S. entdeckt, erwerben der Entdecker u. der Eigentümer der Sache, in der er verborgen war, je zur Hälfte das Eigentum an ihm.
Schatzanweisung, die kurz- oder mittelfristige *Schuldverschreibung* einer öffentl. Gebietskörperschaft.
Schaubild, anschauliche graph. Darstellung statistischer Werte.
Schäuble, Wolfgang, * 18.9.1942, dt. Politiker (CDU); 1981–84 Parlamentarischer Geschäftsführer der CDU/CSU-Fraktion; 1984–89 Bundes-Min. u. Chef des Bundeskanzleramtes; 1989–91 Bundes-Min. des Innern; seit 1991 Vors. der CDU/CSU-Bundestagsfraktion.
Schaudinn, Fritz Richard, * 1871, † 1906, dt. Zoologe; entdeckte 1905 zus. mit Erich *Hoffmann* den Syphilis-Erreger.
Schauerleute, Hafenarbeiter, die Stückgüter in die Schiffe verstauen (einladen) u. ausladen.
Schauerroman, ein Roman, der durch grausige u. furchterregende Ereignisse, Schauplätze u. Effekte den Leser fesseln will; im 18. Jh. u. in der Romantik bes. gepflegt.
Schaufel, 1. die schaufelförmigen Geweihe älterer Elche u. Damhirsche; **2.** die langen Oberstoßfedern des Schwanzes beim Auerhahn.
Schäufelein, *Schäuffelin,* Hans, * um 1483, † um 1539, dt. Maler u. Zeichner für den Holzschnitt.
Schauinsland, Berggipfel im Schwarzwald, sö. von Freiburg i. Br., 1284 m.
Schaukal, Richard von (seit 1918), * 1874, † 1942, östr. Schriftst. (Lyrik, Dramen u. Prosa).

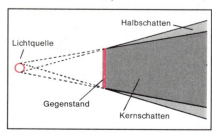
Schatten: Entstehen von Kern- und Halbschatten (Schema)

Schaumann, Ruth, * 1899, † 1975, dt. Schriftst. u. bildende Künstlerin (Kleinplastiken; Lyrik u. Prosa).
Schaumburg, *Gft. S.,* alte dt. Gft. im Wesertal; seit 1946 niedersächs. (vorher preuß.) Ldkrs. – Die Gft. S. ist benannt nach der S. (früher *Schauenburg*) bei Rinteln.
Schaumburg-Lippe, ehem. dt. Fürstentum mit der Hptst. Bückeburg, östl. der Weser. – Die Linie S. (oder *Bückeburg*) des Hauses *Lippe* gründete Graf *Philipp I.* (* 1601, † 1681), der 1643 einen Teil der Gft. *Schaumburg* erbte, 1807 wurde S. Fürstentum, 1918 Freistaat; 1946 zu Nds.
Schaumkraut, *Cardamine,* Gatt. der *Kreuzblütler;* krautige Pflanzen feuchter Wiesen.
Schaumstoffe, Bez. für schaumartig (mit geschlossenen Zellen) oder schwammartig (mit offenen Zellen) aufgeblähten Kunststoff oder Kautschuk, z.B. *Moltopren, Styropor.* Verwendung: als Isoliermittel, als Polstermaterial, für Leichtbauplatten, Verpackungen, Dekorationen.
Schaumwein →Sekt.
Schauspiel →Drama; i.e.S. ein Drama, das ein weder trag. noch kom. Geschehen entwickelt.
Schausteller, zum *Reisegewerbe* gehörende Person, die auf Jahrmärkten akrobatische, zirzens. u. ä. Vorführungen bietet oder Tiere, Wachsfiguren u. a. zur Schau stellt bzw. ein Fahrgeschäft betreibt.
Schdanow, 1948–89 Name von →Mariupol.
Schdanow [-nɔf], Andrej Alexandrowitsch, * 1896, † 1948, sowj. Politiker; seit 1939 Mitgl. des Politbüros; führender Parteiideologe, prägte die S.-Ära in der Kulturpolitik.
Scheck, eine bei Vorlage einzulösende schriftl. Zahlungsanweisung auf das Guthaben des Ausstellers bei einem Geldinstitut (z.B. Bank). Ein S. muß enthalten: 1. die Bez. als S. im Text der Urkunde (*S.klausel*); 2. die Anweisung auf eine bestimmte Geldsumme; 3. den Namen eines Bankiers, der zahlen soll (*Bezogener*); 4. die Angabe des Zahlungsorts; 5. die Angabe von Tag u. Ort der Ausstellung; 6. die Unterschrift des Ausstellers.
Schecke, geflecktes Pferd oder Rind.
Scheckkarte, die von einem Kreditinstitut einem Konto-Inhaber ausgestellte Karte, mit der die Einlösung von Schecks bis zu einer bestimmten Höhe durch das Kreditinstitut garantiert wird.
Scheckpapier, holzfreies Papier, das entweder durch ein Flächenwasserzeichen oder durch einen auf bestimmte Chemikalien reagierenden Aufdruck gegen Fälschungen gesichert ist.
Schedel, Hartmann, * 1440, † 1514, Nürnberger Arzt u. Geschichtsschreiber; veröffentlichte 1493 eine illustrierte Weltchronik.
Scheel, 1. Mildred, verh. mit 2), * 1932, † 1985, Ärztin; gründete 1974 die Dt. Krebshilfe. – **2.**

Walter Scheel

Walter, * 8.7.1919, dt. Politiker (FDP); 1961–66 Bundes-Min. für wirtschaftliche Zusammenarbeit; 1968–74 Vors. der FDP, 1969–74 Außen-Min., 1974–79 Bundes-Präs.
Scheele, Karl Wilhelm, * 1742, † 1786, schwed. Chemiker dt. Herkunft; Apotheker; entdeckte 1771 den Sauerstoff, 1774 das Chlor u. das Mangan; nach ihm benannt *S.s Grün,* ein giftiges Kupferhydrogenarsenit, u. das *Scheelit,* ein Wolframerz.
Scheer, Reinhard von, * 1863, † 1928, dt. Seeoffizier; führte 1916 in der *Skagerrak-Schlacht* die Hochseeflotte; 1918 Chef der Seekriegsleitung.
Scheerbart, Paul, * 1863, † 1915, dt. Schriftst.; phantast. grotesker Erzähler.
Scheffel, früheres (bis 1872) dt. Hohlmaß für

Schellfisch

schüttbare feste Körper (z.B. Getreide): 1 S. = 0,23–2,22 hl.
Scheffel, Joseph Viktor von (seit 1876), * 1826, † 1886, dt. Schriftst.; schrieb das romantisierende Versepos »Der Trompeter von Säckingen« u. den histor. Roman »Ekkehard«.
Scheffler, Johann → Angelus Silesius.
Schéhadé, Georges, * 1907, † 1989, libanes. Schriftst. frz. Sprache; surrealist. Lyrik u. absurde Dramen.
Scheherezade [-'za:də], Erzählerin in Tausendundeine Nacht.
Scheibe, 1. Emil, * 23.10.1914, dt. Maler u. Graphiker; zumeist gegenständl. orientiert; Bildnisse religiösen Inhalts. – **2.** Richard, * 1879, † 1964, dt. Bildhauer; Denkmäler u. Aktfiguren.
Scheibenbarsch, zu den *Sonnenbarschen* gehörender Fisch; grau- bis grüngelb, bis 10 cm lang; Aquarienfisch.
Scheibenbremse → Bremse.
Scheibenpilze, zu den *Schlauchpilzen* gehörende Pilze mit becher- bis schüsselförmigen Fruchtkörpern.
Scheibenzüngler, Fam. der *Froschlurche;* mit scheibenförmiger Zunge. Hierzu: *Unken, Geburtshelferkröte* u. *Barbourfrösche.*
Scheich, *Scheik,* Stammesoberhaupt bei den arab. Beduinen; in islam. Ländern volkstüml. Titel für führende Leute des geistl. oder geistigen Lebens.
Scheide → Vagina, → Geschlechtsorgane.
Scheidegeld, *Scheidemünze,* unterwertiges (nicht voll ausgeprägtes), auf kleine Werteinheiten lautendes Geld; Ggs.: *Kurantgeld.*
Scheidegg, Name versch. Bergsättel in den Alpen, z. B. im schweizer. Kt. Bern die *Große S. (Hasli-S.),* 1961 m ü. M., u. die *Kleine S. (Wengern-S.),* 2061 m ü. M.
Scheidemann, 1. Heinrich, * um 1596, † 1663, dt. Organist u. Komponist; beeinflußte die norddt. Orgelmusik. – **2.** Philipp, * 1865, † 1939, dt. Politiker (Sozialdemokrat); Staatssekretär im Kabinett des Prinzen *Max von Baden,* proklamierte am 9.11.1918 die dt. Republik; Februar-Juni 1919 Reichs-Min.-Präs.; emigrierte 1933.
Scheidemünze → Scheidegeld.
Scheidewasser, mäßig konzentrierte Salpetersäure zur Trennung *(Scheidung)* von Gold u. Silber.
Scheidt, 1. *Scheit, Scheid, Scheyt,* Kaspar, * vor 1520, † 1565, dt. Humanist; Lehrer J. *Fischarts,* Moralist u. Lehrdichter. – **2.** Samuel, * 1587, † 1654, dt. Organist u. Komponist; »Tabulatura nova«.
Scheidung, 1. → Ehe. – **2.** chem. Trennung der Bestandteile von Metallegierungen.
Schein, Johann Hermann, * 1586, † 1630, dt. Organist; 1616 Thomaskantor in Leipzig.
Scheindolde → Trugdolde.
Scheineibe, *Kopfeibe, Cephalotaxus,* Gatt. der *Nadelhölzer;* von Ostasien bis Vorderindien; kleine oder mittlere Bäume mit breiten, zweizeilig angeordneten langen Nadeln; Zierbäume.
Scheiner, 1. Christoph, * 1573, † 1650, dt. Mathematiker u. Astronom; Jesuitenpater; entdeckte 1611 die Sonnenflecken. – **2.** Julius, * 1858, † 1913, dt. Astronom; Arbeitsgebiet: Spektralanalyse der Gestirne.
Scheinfeld, Stadt in Mittelfranken (Bay.), am Steigerwald, 4300 Ew.; Schloß *Schwarzenberg.*
Scheinfrucht, eine Fruchtstand, der einer Einzelfrucht ähnelt (z.B. Feige, Erdbeere).
Scheingeschäft, ein Rechtsgeschäft, das im Einverständnis der Beteiligten nur zum Schein abgeschlossen ist; nach § 117 BGB nichtig.

Scheingewinn, ein Gewinn, der infolge von inflationist. Preissteigerungen oder von Preissteigerungen auf einzelnen Märkten ohne spezielle Leistung des Unternehmens entsteht.
Scheintod, ein Zustand, bei dem keine äußeren Lebenszeichen festgestellt werden können; sichere Todeszeichen wie Totenflecken u. Totenstarre bleiben jedoch aus.
Scheinträchtigkeit, eine vorgetäuschte Schwangerschaft, Auftreten von Milchsekretion u. Bemutterungstrieben; bes. bei der Hündin.
Scheinwerfer, Gerät zum Ausstrahlen eines kräftigen, gerichteten Lichtbündels.
Scheitel, die in der Mittelebene des Körpers verlaufende Verbindungslinie beider S.beine auf der Höhe des Kopfes bei den Wirbeltieren.
Scheitelbeine, *Parietalia,* die beiden die Seitenwände der oberen Schädelkapsel bildenden Schädelknochen.
Scheitelpunkt, 1. der Punkt größter oder kleinster Krümmung bei einer axialsymmetr. Kurve. – **2.** der Schnittpunkt der Schenkel eines Winkels.
Scheitelwert, Höchstwert, Extremwert; größte Amplitude einer Sinusschwingung.
Schekel, *Sekel,* alte hebr., phöniz. u. babylon. Gewichtseinheit, bes. für Gold u. Silber. – In Israel Währungseinheit: 1 S. = 100 *Agorot.*
Schelde ['sxɛldə], frz. *Escaut,* bedeutendster Fluß Belgiens, 430 km, davon 107 km in Frankreich, 233 km in Belgien u. 90 km in den Ndl.
Scheler, Max, * 1874, † 1928, dt. Philosoph; Vertreter der Phänomenologie u. Neubegr. der Anthropologie.
Schelf, Kontinentalsockel, direkt den Küsten vorgelagerte Gebiete mit Wassertiefen von weniger als 200 m. Die S. enthalten rd. 30% der Welterdölreserven u. liefern 90% des Weltfischereiertrages. **S.meere** sind die Wassergebiete auf dem S.
Schelfeise, *Eisschelfe,* am Rand polarer Landflächen über dem Schelf im Meereswasser schwimmende, große, bis zu 100 m mächtige Eistafeln, z.B. Ross-Schelfeis.
Schelfhout ['sxɛlfhɔut], Andreas, * 1787, † 1870, ndl. Maler u. Radierer (kleinformatige Sommer- u. Winterlandschaften).
Schell, 1. Herman, * 1850, † 1906, dt. kath. Theologe; Vertreter des *Reformkatholizismus.* – **2.** Maria, * 5.1.1926, schweiz. Schauspielerin (sentimentale Rollen u. Charakterdarstellerin). – **3.** Maximilian, Bruder von 2), * 8.12.1930, schweiz. Schauspieler u. Regisseur.
Schellack, *Gummilack, Blattlack,* harzige Abscheidungen ost- u. hinterindischer Schildläuse auf den Zweigen versch. Bäume; für die Herstellung von Lacken u. ä. gesammelt; früher auch für Schallplatten.
Schelladler, bis 74 cm großer *Adler* O-Europas u. Asiens; mit großen weißen Flecken auf der Oberseite u. hellen Flügelbinden.
Schellenbaum, *Halbmond,* reich verzierte, repräsentative Standarte der Infanterie-Musikkorps für feierl. Anlässe; aus der türk. Janitscharenmusik übernommen.
Schellfische, *Dorsche i.w.S., Gadidae,* Fam. der *Schellfischartigen* der kalten u. gemäßigten Meere; mit dreiteiliger Rückenflosse u. Bartfaden. Zu den S. gehören *Dorsche* (hierzu auch die Art *Schellfisch,* ein wichtiger Speisefisch), *Seehechte* u. *Quappen.*
Schelling, 1. Friedrich Wilhelm Joseph von, * 1775, † 1854, dt. Philosoph; studierte im Stift zu Tübingen (Freundschaft mit *Hegel* u. *Hölderlin);* stand in enger Verbindung zur *Romantik.* S. gehört zu den Hauptvertretern des *Dt. Idealismus;* W »System des transzendentalen Idealismus«. – **2.** Karoline, geb. *Michaelis,* Frau von 1) seit 1803, * 1763, † 1809; 1796–1801 mit A.W. von *Schlegel* verh.; Mittelpunkt der Jenaer Romantik.
Schelmenroman, *pikarischer, pikaresker Roman,* ein Abenteuerroman, der von den Erlebnissen u. Streichen eines *pícaro* (span., »Schelm«) handelt. Im S. wird die zeitgenöss. große Gesellschaft krit. betrachtet u. lächerl. gemacht. – Der S. entstand in der 2. Hälfte des 16. Jh. in Spanien u. wurde in ganz Europa nachgeahmt; in Dtld. »Simplicissimus«.
Schelsky, Helmut, * 1912, † 1984, dt. Soziologe; untersuchte soziale Strukturwandlungen sowie Fragen der Bildungsplanung.
Schema ['ʃe:-], Grundriß, Umriß, anschauliche (oft graph.) Darstellung der wesentl. Züge eines Sachverhalts.
Schendel ['sxɛn-], Arthur van, * 1874, † 1946,

Schewardnadse 793

ndl. Schriftst.; schrieb von der Neuromantik herkommende, später realist. Romane.
Schenjang → Shenyang.
Schenkel, *Crus,* Teile der hinteren (unteren) Extremitäten der vierfüßigen Wirbeltiere u. des Menschen.
Schenkelbruch, *Hernia femoralis,* das Hervortreten der Baucheingeweide unterhalb des Leistenbands im *Schenkelkanal.*
Schenkelhalsbruch, Bruch des Oberschenkelbeins am Schenkelhals.
Schenkendorf, Max von, * 1783, † 1817, dt. Schriftst.; Lyriker der Freiheitskriege.
Schenkung, eine vertragliche unentgeltl. Vermögensübertragung, durch die der Beschenkte auf Kosten des Schenkers bereichert wird.
Schenkungsteuer → Erbschaftsteuer.
Schenk von Stauffenberg → Stauffenberg.
Schensi → Shaanxi.
Schenzinger, Karl Aloys, * 1886, † 1962, dt. Schriftst. (Tatsachenromane).
Scherben [der], die gebrannte Tonmasse bei Keramik-Erzeugnissen.
Scherchen, Hermann, * 1891, † 1966, dt. Dirigent, Komponist u. Musikschriftst. (setzte sich für die *Neue Musik* ein).
Scherenberg, Christian Friedrich, * 1798, † 1881, dt. Schriftst. (Versepen über preuß. Kriegstaten).
Scherenfernrohr, ein Doppelprismenfernrohr mit Meßeinrichtung u. veränderl. Abstand der Objektive; stark vergrößernd u. von hoher Lichtstärke.
Scherenschnitt, Umrißbild eines Gegenstands; mit der Schere aus schwarzem Papier geschnitten; bis ins 19. Jh. in der Kunst gepflegt.
Scherer, Wilhelm, * 1841, † 1886, dt. Sprach- u. Literaturwissenschaftler; betrieb eine positivist. Literaturbetrachtung.
Scherf, halber Pfennig; bes. kleine Münze (»*Scherflein*«); im 16./17. Jh. in Kupfer geprägt.
Scherge, Gerichtsdiener, auch abwertend für Polizist (Büttel).
Scheria, *Scheri'a* → Scharia.
Scherif, Titel der Nachkommen des Propheten *Mohammed,* oberste Hüter des Heiligtums (der Kaaba) in Mekka.
Schermaus → Wasserratte.
Scherrer, Paul, * 1890, † 1969, schweiz. Physiker; arbeitete über den Aufbau von Kristallen u. Atomkernen.
Scherzo ['skɛrtso], seit dem 16. Jh. Bez. für Tonsätze heiteren, scherzhaften Charakters, die in der klass. Zeit (seit *Beethoven*) das Menuett in Sonate u. Sinfonie ablösten; im 19. Jh. auch ein virtuoses Klavierstück.
Schesaplana, höchster Gipfel des Rätikon, im Grenzgebiet zw. Schweiz u. Östr., 2964 m.
Scheuermannsche Krankheit, Wirbelsäulenerkrankung, die zu einer Verformung der Wirbelknochen u. zur Verkrümmung der Wirbelsäule führt (Rundbuckel, Kyphose).
Scheurebe, bes. würzige Rebsorte.
Scheveningen ['sxe:vənɪŋə], Ortsteil von *Den Haag* (Ndl.), Seebad u. Fischereihafen.
Schewardnadse, Eduard A., * 25.1.1928, ukrain.

Scheveningen: das elegante Nordseebad ist der größte aller niederländischen Badeorte

Politiker; 1985–90 Mitgl. des Politbüros; 1985 bis 1991 Außen-Min; trat wegen diktator. Tendenzen in der sowj. Politik zurück; seit 1992 Staatsoberhaupt von Georgien.
Schewtschenko, Taras Grigorjewitsch, *1814, †1861, ukrain. Schriftst. u. Maler; schuf eine ukrain. Literatursprache.
Schiaparelli [skja-], Giovanni Virginio, *1835, †1910, ital. Astronom; entdeckte die »Marskanäle« (1877).
Schicht, 1. durch Sedimentation entstandene, tafel- oder plattenförmige Gesteinslage von beträchtl. waagerechter Ausdehnung. – **2.** die tägl. Arbeitszeit eines Industrie-, urspr. eines Bergarbeiters. – **3.** ein Teil der Gesellschaft, der aufgrund ähnl. wirtschaftl. Verhältnisse, Mentalität u. sozialer Einschätzung als verhältnismäßig gleichartiges Kollektiv empfunden wird.
Schichtgesteine →Sedimentgesteine.
Schichtstufen, durch Abtragung schräggestellter, wechsellagernder harter u. weicher Gesteinsschichten entstehende Geländestufen.

Schichtwolke →Stratus.
Schickele, René, Pseud.: *Sascha,* *1883, †1940, elsäss. Schriftst.; trat für eine dt.-frz. Verständigung ein; Hrsg. der pazifist. »Weißen Blätter«.
Schickeria, reiche, sich extravagant gebende, übertrieben modisch gekleidete Gesellschaftsschicht.
Schicksal, Geschick; das menschl. Leben lenkende Macht.
Schicksalsdrama, ein Schauspiel, das in oberflächl. Nachahmung der antiken *Schicksalstragödie* den Untergang des Helden durch eine unheilvolle Verkettung äußerer Umstände herbeiführt; beliebt zu Anfang des 19. Jh.
Schiebebühne, 1. eine Vorrichtung, um Lokomotiven u. Eisenbahnwaggons von einem Gleis zu einem parallel laufenden zu versetzen. – **2.** *Wagenbühne,* seit der Antike bekannte Form der Theaterbühne für schnellen Szenenwechsel.
Schieblehre, *Meßschieber, Kaliber,* Längenmeßinstrument mit Millimeter-Längeneinteilung; die Messung erfolgt zw. zwei Meßschenkeln, von denen der eine verschiebbar ist. Die Feinablesung geschieht mit dem *Nonius;* Ablesegenauigkeit 0,1 bis 0,05 mm.

Schiedam [sxi'dam], Stadt in der ndl. Prov. Südholland, 69 000 Ew.; Schiffbau.
Schieder, Theodor, *1908, †1984, dt. Historiker; Hrsg. des »Hdb. der europ. Geschichte«.
Schiedsgerichtsbarkeit, 1. die Entscheidung von Rechtsstreitigkeiten durch von den Parteien des Rechtsstreits vereinbarte (nichtstaatl.) *Schiedsgerichte* mittels *Schiedsspruchs.* Das *Schiedsverfahren* endet mit dem *Schiedsspruch* oder *Schiedsvergleich.* – **2.** die Beilegung internat. Streitigkeiten durch unbeteiligte Dritte, wobei sich die Parteien vorher der Entscheidung zu unterwerfen versprechen. Eine wichtige Instanz ist der **Ständige Schiedshof** in Den Haag.
Schiedsmann, *Friedensrichter,* Inhaber eines öffentl. Ehrenamts, dem die gütl. Beilegung eines bürgerl. Rechtsstreits übertragen werden kann.
Schiedsrichter, 1. der Richter der Schiedsgerichtsbarkeit; zu unterscheiden vom *Schiedsmann.* – **2.** unparteiischer Leiter von sportl. Wettkämpfen, bes. von Wettspielen.
Schiedsspruch →Schiedsgerichtsbarkeit.
Schiefblattgewächse →Pflanzen.
schiefe Ebene, eine Ebene, die gegen eine waagerechte Ebene um einen Winkel α geneigt ist.

SCHIFFAHRT

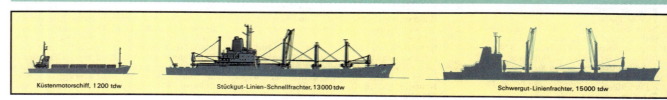

Küstenmotorschiff, 1 200 tdw — Stückgut-Linien-Schnellfrachter, 13 000 tdw — Schwergut-Linienfrachter, 15 000 tdw

Hamburg, ein offener Seehafen; Binnenschiffe können kreuzungsfrei in die Seehafenbecken einfahren

Containerschiff, 30 000 tdw — Großtanker, 200 000 tdw

Egon Schiele: Vier Bäume; 1917. Wien, Österreichische Galerie

Schiefer, deutl. parallel angeordnete, in dünnen, ebenen Platten spaltbare Gesteine; *i.e.S.* die durch Metamorphose entstandenen *kristallinen S.* u. die durch tekton. Druck entstandenen *Ton-S.*

Schiele, Egon, *1890, †1918, östr. Maler u. Graphiker; seine Werke haben expressionist. Charakter (Landschaften, Selbstporträts, Aktdarstellungen, Kinderbildnisse).

Schielen, *Strabismus,* Abweichungen vom Normalzustand, in dem beide Augäpfel in ihrer Bewegung so gleichgeschaltet sind, daß die Gesichtslinien sich im Fixationspunkt schneiden.

Schienbein, *Tibia,* einer der beiden Unterschenkelknochen der vierfüßigen Wirbeltiere; beim Menschen der größere, nach innen gelegene.

Schiene, 1. *Elektrotechnik:* 1. Verbindung mehrerer Leitungen zu einer Hauptleitung *(Sammel-S.);* 2. in der Nähe des Gleiskörpers von U- u. S-Bahnen isoliert angebrachter Leiter großen Querschnitts aus Kupfer oder Stahl zur Führung des Fahrstroms *(Strom-S.).* – **2.** Gerät aus festem oder biegsamem Material zur Verstärkung von Verbänden u. Bandagen, mit dem Zweck der Ruhigstellung u. Feststellung von Knochenbrüchen u. Gelenken.

Schienenbremse, mechan. oder elektromagnet. wirkende Zusatzbremse an Schienenfahrzeugen.

Schienenbus, zwei- oder vierachsiges Eisenbahntriebfahrzeug für Nahverkehr u. Nebenstrecken.

Schierling, *Conium,* Gatt. der *Doldengewächse.* Der *Gefleckte S.* enthält das sehr giftige Alkaloid *Coniin.*

Schierlingstanne → Tsuga.

Schiermonnikoog [sxi:r'mɔniko:x], ndl. Nordsee-Insel, eine der Westfries. Inseln; 900 Ew.; Seebad, Fischerei.

Schießbaumwolle, *Schießwolle,* ein Cellulosenitrat (Nitrocellulosen), aus Baumwolle oder Edelzellstoff; früher in der Sprengtechnik verwendet.

Schießpulver → Pulver.

Schießsport, zusammenfassende Bez. für Gewehr-, Pistolen-, Wurftauben-, Bogen- u. Armbrustschießen sowie das Schießen auf laufende Scheiben (z.B. »Laufender Keiler«). – B →S. 796.

Schiff, 1. größeres Wasserfahrzeug zur Beförderung von Personen u. Gütern. Es schwimmt nach

Fährschiffe im Hamburger Hafen

Kreuzfahrt-Fahrgastschiff MS »Europa V«, 35 000 BRT

Die Be- und Entladung erfolgt bei Spezialschiffen nach dem Ro/Ro-Prinzip (links). – Kommandobrücke eines modernen Schiffes (rechts)

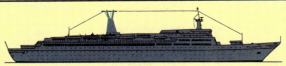

Schiffahrt

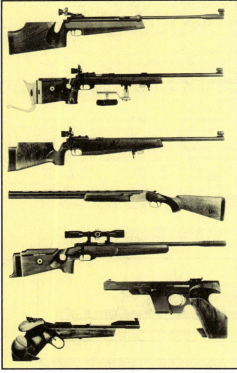

Schießsport (von oben nach unten): Luftgewehr, Kal. 4,5 mm (Mod. Walther), Kleinkaliber Freies Gewehr, Kal. 5,6 mm (.22 lr), KK-Standardgewehr, Kal. wie vor (beide Mod. Anschütz), Wurftaubenflinte mit Doppellauf, Kal. 12/70 (Mod. Dynamit-Nobel), Büchse für laufende Scheibe, Kal. .22lr (Mod. Anschütz), Sportpistole, Kal. 5,6 mm, Freie Pistole, Kal. 5,6 mm (beide Mod. Walther)

dem archimed. Prinzip: Das Gewicht der verdrängten Wassermenge ist gleich dem *Auftrieb.* – **2.** der größte Raumabschnitt einer Kirche. Man unterscheidet das *Mittel-* oder *Hauptschiff* von den *Seiten-* oder *Nebenschiffen.* Das quer zur Kirchenachse verlaufende S. heißt *Querschiff* oder *-haus.*
Schiffahrt, die Beförderung von Personen u. Gütern auf dem Wasser durch Schiffe; i.e.S. die *Handels-* im Unterschied zur *Kriegs-S.* Nach den befahrenen Gewässern unterscheidet man *Binnen-, Küsten-* u. *See-S.* – B → S. 794/95.
Schiffchen, 1. kleines längliches Schälchen aus feuerfestem Material für die chem. Analyse. – **2.** *Käppi,* kleine ovale militär. Kopfbedeckung. – **3.** Weberei: → Schütze.
Schifferstadt, Stadt in Rhld.-Pf., nw. von Speyer, 17 400 Ew.; Gemüse- u. Tabakanbau.
Schiffsbohrwurm, eine *Muschel,* deren verkümmerte Schalen als Bohrorgan dienen; bohrt sich in das Holz von Schiffen.
Schiffshalter, *Echeneiformes,* Ordnung der *Echten Knochenfische,* deren 1. Rückenflosse kopfwärts gerückt u. zu einer Haftscheibe umgebildet ist, mit der sich die S. an größeren Fischen festsaugen.
Schiffshebewerk, Vorrichtung zum Heben u. Senken von Schiffen zw. versch. hohen Wasserspiegeln. Das Schiff wird in einen großen Trog gefahren, der senkrecht hochgehoben (oder herabgelassen) wird.
Schiffsklassifikation, die Einstufung eines Schiffs nach Bauart, Zustand, Ausrüstung u. a. Merkmalen durch eine staatl. konzessionierte *S.-Gesellschaft.*
Schiffsmakler, engl. *Shipbroker,* meist ein Handelsmakler, der sich mit der Vermittlung von Schiffsfrachten u. Laderaum befaßt.
Schiffsraum, Gesamtraum (in Bruttoregistertonnen gemäß Schiffsvermessung) eines Schiffs.
Schiffsregister, öffentl. Register beim Amtsgericht des Heimathafens oder -orts über die See- u. Flußschiffe unter der dt. Flagge *(See- u. Binnen-S.)* sowie über im Bau befindl. Schiffe *(Schiffsbauregister).* Sie geben Auskunft über das Schiff, den Eigentümer, Schiffshypotheken u. a.
Schiffsschraube, *Schraubenpropeller, Propeller,* ein Schiffsantriebsorgan am hinteren Ende der Schraubenwelle. Die S. erzeugt bei Drehung einen nach hinten gerichteten Wasserstrahl, dem nach dem Rückstoßprinzip eine Schubkraft nach vorn entspricht.
Schiffsvermessung, die amtl. Ermittlung des geschlossenen Innenraums von Schiffen, seit 1982 nach einem neuen internat. System. Die *Bruttoraumzahl* (BRZ) ergibt sich aus dem Inhalt aller umbauten Räume des Schiffes, multipliziert mit einem Wert zw. 0,22 u. 0,32. Die *Nettoraumzahl* (NRZ) repräsentiert den Laderauminhalt. Die Angaben *Bruttoregistertonnen* (1 BRT = 2,832 m³) u. *Nettoregistertonnen* (NRT) sind überholt.
Schiga → Shiga.
Schiiten, islam. Parteien, urspr. die Anhänger *Alis,* des Vetters u. Schwiegersohns Mohammeds, die nur ihn u. seine Nachkommen als Kalifen anerkannten. Gegenüber den *Sunniten* vertreten die S. die Lehre vom Imam als (gottähnlichem) Mittler u. Führer. Sie sind in versch. Sekten aufgespalten u. bes. in Iran verbreitet.
Schikaneder, Emanuel, eigtl. Johann Jakob S.,

Wichtige Daten zur Geschichte der Schiffahrt

v. Chr.	
3000	In Ägypten werden Segelschiffe verwendet
1250	Unter *Ramses II.* wird der Kanal vom Nil zum Roten Meer vollendet
580	Der Skythe *Anarcharsis* erfindet den zweiarmigen Schiffsanker
500	Die Griechen benutzen seegehende Ruderschiffe
n. Chr.	
1487	B. *Díaz* umfährt als erster das Kap der Guten Hoffnung
1519	F. *Magalhães* findet die nach ihm benannte Meeresstraße
1707	D. *Papin* baut das erste Dampfschiff
1730	J. *Hadley* baut ein Spiegelpeilgerät (Oktant)
1807	R. *Fulton* konstruiert einen Schaufelrad-Flußdampfer
1819	Das erste Dampfschiff überquert den Atlantik
1820	In Frankreich wird an der Saône die Kettenschiffahrt eingeführt
1822	Erstes vollständig aus Eisen gebautes Dampfschiff
1826	J. *Ressel* entwickelt die Schiffsschraube
1863	Erstes Unterseeboot mit Motorantrieb
1869	Der Suezkanal wird für die Schiffahrt freigegeben
1894	Erstes Turbinenschiff
1903	E. O. *Schlick* konstruiert den Schiffskreisel
1908	Erster erfolgreicher Einsatz eines Kreiselkompasses
1912	Untergang des als unsinkbar geltenden Schnelldampfers „Titanic" (1517 Todesopfer)
1914	Eröffnung des Panamakanals nach 35 Jahren Bauzeit
1918	Erster Flugzeugträger
1924	A. *Flettner* baut das erste Rotorschiff
1948	Funkpeilgeräte werden für alle Schiffe über 1600 BRT vorgeschrieben
1954	Erstes mit Kernenergie angetriebenes Schiff (U-Boot „Nautilus")
1955	Beginn des Containertransports per Schiff
1959	Erste Luftkissenfahrzeuge („Hovercraft") im Einsatz
1960	J. *Piccard* erreicht mit der „Trieste" eine Tiefe von 11 521 m
1977	Erste Flüssignaturgas-Tankschiffe
1980	In Japan wird ein modernes Segelfrachtschiff gebaut
1984	Entwicklung der Zustromdüse zur Schiffsschraube (Energieeinsparung)
1985	Zunehmender Einsatz der metergenauen Satellitennavigation
1986	Erstes Roll-on-Roll-off-Lastschiff („Barber Texas")

Schiffshebewerk im Elbe-Seitenkanal bei Lüneburg

* 1751, † 1812, dt. Schauspieler, Sänger u. Librettist; schrieb das Textbuch zu Mozarts »Zauberflöte«.
Schikiatschuang → Shijiazhuang.
Schild [der], am linken Arm getragene Schutzwaffe versch. Form.
Schildbürger, die Einwohner der gedachten Stadt *Schilda,* über die närrische Schwänke berichtet werden.
Schilddrüse, eine Drüse innerer Sekretion; beim Menschen vor u. beiderseits neben der Luftröhre dicht unter dem Kehlkopf. Unterfunktion führt zum *Myxödem;* Überfunktion zur *Basedowschen Krankheit.*
Schildknorpel, Teil des Knorpelgerüsts des Kehlkopfs.
Schildkröten, Ordnung der *Reptilien;* mit kurzer, gedrungener Körperform u. knöchernem Rücken- u. Bauchschild, zw. die Kopf, Schwanz u. Beine zurückgezogen werden können. Unter den heute bekannten rd. 200 Arten finden sich Formen von 10 cm bis 2 m Länge. Die S. werden eingeteilt in die Gruppen *Halsberger-S.* u. *Halswender-S.*
Schildläuse, Unterordnung der *Pflanzensauger;* Schnabelkerfe, die oft als gefürchtete Schädlinge an Kulturpflanzen auftreten.
Schildpatt, die oberen, hornartigen Platten des Rückenschilds von Seeschildkröten.
Schilf, *S.rohr,* Gatt. der *Süßgräser.* Das Gewöhnl. *S.rohr* ist über die ganze Erde verbreitet. Die Halme werden u. a. für Matten verwendet.
Schill, Ferdinand von, * 1776, † 1809, preuß. Offizier; zog 1809 mit seinem Berliner Husarenregiment eigenmächtig gegen die Franzosen, um Preußens Kriegseintritt zu erzwingen; fiel in Stralsund.
Schiller, 1. [ˈskilə], Ferdinand Canning Scott, * 1864, † 1937, engl. Philosoph; ein Hauptvertreter des engl. *Pragmatismus.* – **2.** (Johann Christoph) Friedrich von (1802 geadelt), dt. Dichter u. Philosoph, * 1759, † 1805; besuchte die militär. akadem. Karlsschule, studierte dort Medizin u. wurde 1780 Regimentsarzt in Stuttgart; nach dem großen Erfolg seines Dramas »Die Räuber« Desertion u. Flucht nach Mannheim; dort 1783/84 Theaterdichter u. erfolgreiche Aufführung von »Kabale u. Liebe«. 1785–87 zuerst in Leipzig, dann in Dresden. Dichterische Erträge jener Zeit sind u. a. der Hymnus »An die Freude« u. die endgültige Fassung seines »Don Carlos«. Intensive Geschichtsstudien trugen

ihm eine Professur an der Universität Jena ein. 1790 heiratete er Charlotte von *Lengefeld.* 1791 zog er sich ein schweres Lungenleiden zu. Eine fünfjährige Ehrenpension ermöglichte ihm eingehende philosoph. u. ästhet. Studien. Die Schriften (u. a.) »Über die ästhet. Erziehung des Menschen« u. »Über naive und sentimentalische Dichtung« entwickeln einen *sittl.-ästhet. Idealismus.* – Die letzte Schaffenszeit stand unter dem Zeichen seiner Freundschaft mit Goethe. S. schrieb Balladen (u. a. »Der Ring des Polykrates«, »Der Taucher«) u. Gedankenlyrik (u. a. »Das Ideal u. das Leben«), daneben seine späten Dramen: die »Wallenstein«-Trilogie, »Maria Stuart«, »Die Jungfrau von Orléans«, »Die Braut von Messina«, »Wilhelm Tell« u. der Fragment gebliebene »Demetrius«. – **3.** Karl August, * 1911, † 1994, dt. Nationalökonom u. Politiker (SPD); 1966–72 Bundeswirtschafts-, 1971/72 auch Finanz-Min.
Schillerlocken, geräucherte Bauchlappen vom Dornhai.
Schiller-Nationalmuseum, Marbach am Neckar, bed. Literaturmuseum (»Dt. Literaturarchiv«, seit 1955) in Dtld., 1903 eröffnet.
Schilling, alte Währungseinheit; heute noch in Österreich.
Schillings, Max von, * 1868, † 1933, dt. Dirigent u. Komponist; schrieb Opern.
Schilluk, *Shilluk,* Nilotenvolk der Luo-Gruppe (120 000) am oberen Weißen Nil.
Schimäre →Chimäre.
Schimmel, 1. →Schimmelpilze. – **2.** weißes Pferd.
Schimmelpilze, auf feuchten Nahrungsmitteln (Brot u. a.) u. verderbenden Früchten verbreitete *Schlauchpilze* der Gatt. *Aspergillus* (Gießkannenschimmel) u. *Penicillium* (Pinselschimmel).
Schimmelreiter, der Sage nach eine geisterhafte Gestalt zu Pferde, ähnlich dem *Wilden Jäger;* Novelle von T. Storm.
Schimonoseki →Shimonoseki.
Schimpanse, häufigster Vertreter der *Menschenaffen;* lebt in West- u. Zentralafrika in kleinen Gruppen; 100–170 cm groß.
Schinanogawa →Shinanogawa.
Schinasi, Ibrahim, * 1826, † 1871, osman. Schriftst.; leitete die moderne türk. Literatur ein.
Schindanger, früher der Ort, wo der *Schinder* (Abdecker) dem toten Vieh die Haut abzog.
Schinderhannes, eigtl. Johann *Bückler,* * 1777, † 1803 (hingerichtet), dt. Räuberhauptmann; hauste mit seiner Bande am Rhein u. im Taunus.
Schindler, Oskar, * 1908, † 1974, dt. Industrieller; bewahrte viele Juden, die in seinen Firmen in Polen u. im Sudetenland während des 2. Weltkriegs beschäftigt waren, vor der Deportation ins Vernichtungslager. T. *Keneallys* Buch „S.s Liste" wurde 1993 von S. *Spielberg* verfilmt.
Schinkel, Karl Friedrich, * 1781, † 1841, dt. Architekt u. Maler; Hauptvertreter des Berliner Klas-

Friedrich von Schiller; Pastell mit Deckfarben von Ludovike Simanowiz, 1793. Marbach, Schiller-Nationalmuseum

Schiwa Winadhara; Bronze, Südostindien, 11. Jahrhundert. Paris, Musée Guimet

sizismus; W Neue Wache, Schauspielhaus, Altes Museum.
Schintoismus →Shintoismus.
Schiphol ['sxip-], Flughafen von Amsterdam.
Schipkapaß, bulgar. *Sipčenski prohod,* bulgar. Paß über den Hohen Balkan, 1300 m.
Schirach, Baldur von, * 1907, † 1974, dt. Politiker (NSDAP); 1931–40 Reichsjugendführer; 1940–45 Gauleiter u. Reichsstatthalter von Wien; in Nürnberg 1946 zu 20 Jahren Gefängnis verurteilt wegen Verbrechen gegen die Menschlichkeit.
Schiras, Hptst. der SW-iran. Prov. *Fars* u. der Ldsch. *Farsistan,* 848 000 Ew.; Ind.- u. Kulturzentrum; Parkanlagen.
Schirmakazie, einzeln stehende Akazien der afrikan. Steppe in der Wuchsform eines *Schirmbaums.*
Schirmer, Johann Wilhelm, * 1807, † 1863, dt. Maler u. Graphiker (realist. Landschaften).
Schirmling, *Schirmpilz, Lepiota,* Gatt. der *Ständerpilze.* Einige sind gute Speisepilze. Der *Riesenschirmpilz* oder *Parasolpilz* bis zu 30 cm hoch.
Schirmtanne, in Japan heim. *Nadelholz,* bes. in Tempelnähe angepflanzt.
Schirokko, warmer, oft stürm. Wind im Mittelmeerraum.
Schirrantilope, auffällig bunt gefärbte *Echte Antilope* in Waldgebieten W-Afrikas.
Schirrmann, Richard, * 1874, † 1961, dt. Volksschullehrer; gründete 1909 auf der Burg Altena die erste Jugendherberge der Welt.
Schischkin, Iwan Iwanowitsch, * 1832, † 1898, russ. Maler u. Graphiker (monumentale Waldlandschaften).
Schisma, Spaltung kirchl. u. rechtl., aber nicht lehrmäßige Trennung u. Bildung voneinander unabhängiger Teile in einer Kirchengemeinschaft. Bes. bekannt sind: 1. *Morgenländisches S.* zw. der morgenländ. u. der abendländ. Kirche 867, endgültig 1054; 2. *Abendländisches* oder *Großes S.* (1378–1417), als 2 oder sogar 3 Päpste gleichzeitig den Primat beanspruchten.
Schistosoma, *Pärchenegel,* Gatt. der *Saugwürmer* u. Erreger der →Bilharziose.
Schitomir [ʒi'tɔmir], Hptst. der gleichn. Oblast im W der Ukraine, am Teterew, 287 000 Ew.; Landwirtschaftszentrum.
Schiwa, *Shiva,* einer der Hauptgötter des Hinduismus, bildet mit *Wischnu* u. *Brahma* die hinduist. Götterdreiheit *(Trimurti);* oft mit dem Stier *Nandi* dargestellt.
Schiwkow [-kɔf], *Shiwkoff,* Todor, * 7.9.1911, bulgar. Politiker; 1954–89 Erster Sekretär des ZK der KP Bulgariens; zugleich 1962–71 Min.-Präs. u. 1971–89 Staatsrats-Vors.; verlor 1989 alle Ämter,

Schlager 797

wurde aus der Partei ausgeschlossen u. 1990 inhaftiert. 1992 wurde S. zu einer Haftstrafe verurteilt.
Schizophrenie, auch *gespaltene Persönlichkeit* gen., Oberbegriff für versch. Formen einer schweren psych. Erkrankung, die mit Veränderungen des Denkens, Fühlens u. Verhaltens einhergeht. Ein Hauptmerkmal dieser Störung ist ein tiefgreifender Realitätsverlust.
Schkopau, Gem. in Sachsen-Anhalt, 4000 Ew.; Buna-Werke, Großkraftwerk.
Schlachthof, *Schlachthaus,* eine öffentl. Anlage, in der unter amtl. Kontrolle Schlachtvieh gesammelt, untersucht, geschlachtet u. zerlegt wird.
Schlachtordnung, die takt. Gliederung einer militär. Truppe im Kampf.
Schlachtschiff, großes, stark bewaffnetes u. gepanzertes Kriegsschiff.
Schlacke, geschmolzene Asche (meist Silicate) als Rückstände bei der Kohlenfeuerung.
Schladming, östr. Stadt in der Steiermark, im oberen Ennstal, 749 m ü. M., 3900 Ew.; Wintersportort.
Schlaf, ein lebenswichtiger physiolog. Ruhezustand des Körpers, der der Wiederherstellung u. Erholung des Organismus dient. Beim S. sind die Funktionen der Sinnesorgane (u. a. Organe) weitgehend herabgesetzt.
Schlaf, Johannes, * 1862, † 1941, dt. Schriftst.; schrieb mit A. *Holz* die ersten Musterstücke des konsequenten Naturalismus.
Schlafkrankheit, 1. *afrikanische S.,* eine Tropenkrankheit, hervorgerufen durch ein Geißeltierchen, das durch Stechfliegen übertragen wird; Symptome: Schlafsucht u. fortschreitende Auszehrung. – **2.** *europäische S.* →Gehirnentzündung.

Karl Friedrich Schinkel: »Neue Wache« in Berlin

Schlafmäuse →Bilche.
Schlafmittel, *Hypnotika,* zur Erzeugung eines künstl. Schlafs verwendete Mittel.
Schlafwandeln →Nachtwandeln.
Schlag, 1. einzelnes Feldstück. – **2.** eine räuml. beschränkte Waldfläche, auf die die Fällung hiebsreifer Bäume konzentriert wird. – **3.** eine Gruppe von Tieren einer *Rasse,* die sich durch bestimmte genetisch bedingte Merkmale von den übrigen Angehörigen dieser Rasse unterscheiden.
Schlagadern →Adern.
Schlaganfall, *Schlag, Apoplexie,* eine plötzlich auftretende, zum Tod oder zur Lähmung führende Unterbrechung der Blutversorgung. Gewöhnlich wird darunter der *Gehirnschlag* verstanden, d. h. der plötzl. Funktionsverlust des Hirns durch Hirnblutungen.
Schlagball, Ballspiel, das dem engl. Kricket u. dem amerik. Baseball verwandt ist; Lauf- u. Fangspiel, 2 Parteien.
Schlagbaum, kippbarer Absperrbalken zur Unterbrechung des Verkehrs, bes. zu Grenzkontrollzwecken.
Schlagbolzen, Teil des Schlosses von Feuerwaffen. Er schlägt auf das Zündhütchen am Boden der Metallpatrone u. bringt es zur Entzündung.
Schlägel, *Schlegel, Fäustel,* der Hammer des Bergmanns.
schlagende Wetter, *Schlagwetter,* hpts. in Bergwerksgruben auftretendes explosives Gemisch von Luft u. 5–14% Methan; bereits durch Funken zündbar *(Schlagwetterexplosion).*
Schlager, einprägsames Stück der Unterhaltungs-, Tanz-, Operetten-, Musical- u. Filmmusik.

Schlangenhalsvogel

Schlangenstern

Schleiereulen

Schlageter, Leo, * 1894, † 1923 (erschossen), dt. Offizier; verübte während des *Ruhrkampfs* Anschläge auf Verkehrswege u. wurde deshalb zum Tode verurteilt; Symbolfigur der Nat.-Soz.
Schlaginstrumente, *Perkussionsinstrumente,* Musikinstrumente, bei denen der Ton durch Schlagen erzeugt wird; vor allem Rhythmusinstrumente.
Schlagintweit, drei Brüder, dt. Naturforscher u. Geographen: Adolf (* 1829, † 1857), Hermann (* 1826, † 1882) u. Robert (* 1833, † 1885); bereisten 1855/56, z. T. gemeinsam, Asien.
Schlagmann, das dem Heck am nächsten sitzende Mitglied der Rudermannschaft, das die Schlagzahl bestimmt.
Schlagring, ein Metallkörper mit Einstecköffnungen für vier Finger, oft mit Spitzen bewehrt; Schlagwaffe, waffenrechtl. verboten.
Schlagseite, Schräglage eines Schiffs; z.B. infolge einseitiger Beladung.
Schlagwort, ein Wort, das in kürzester Form ein aktuelles Problem umreißt, aber immer die Gefahr der Vereinfachung mit sich bringt.
Schlagzeile, Hauptüberschrift des wichtigsten Beitrags der ersten Seite einer Zeitung.
Schlagzeug, Sammelbez. für alle im Orchester oder in einer Tanzkapelle verwendeten *Schlaginstrumente.*
Schlamm, feinste, von Wasser durchtränkte, breiige Ton- u. Sandablagerungen.
Schlammbäder, meist in moorigem (Moorbäder), sonst auch in Mineralschlamm genommene Heilbäder.
Schlammbeißer, 30 cm langer Schmerlenfisch des Süßwassers.
Schlammfisch, *Kahlhecht,* bis 70 cm langer Raubfisch, im Gebiet der Großen Seen (USA) u. ihrer Zuflüsse.
Schlammfliegen, zu den *Schwebfliegen* gehörige, 2 cm lange Insekten.
Schlämmkreide, feingemahlene Kreide, durch Schlämmen gereinigt; Verwendung als Poliermittel u. a.
Schlammspringer, Fische der wärmeren Gewässer, bes. der Mangrovengebiete des Ind. u. Stillen Ozeans.
Schlange, *Serpens,* Sternbild der Äquatorzone des Himmels.
Schlangen, *Serpentes, Ophidia,* Unterordnung der *Schuppenkriechtiere.* Gliedmaßen fehlen u. sind nur noch bei wenigen Formen als rudimentäre Organe nachweisbar. Auf dem Kiefer stehen zahlr. nach hinten gerichtete Zähne, die als Giftzähne mit Giftkanälen ausgebildet sein können. *S.-Gifte* wirken auf Nerven, Herz u. Kreislauf. Die Augenlider sind verwachsen u. werden bei der mehrmals im Jahr stattfindenden Häutung, dem Abstreifen des Schuppenkleids, mit gehäutet. Die S. pflanzen sich durch Eier fort, die in Erdgruben abgelegt werden; einige Arten sind lebendgebärend. Die S. bewohnen mit rd. 2500 Arten vorw. warme Länder.
Schlangenadler, ein S- u. O-europ. *Raubvogel,* der sich von Reptilien u. Amphibien ernährt.
Schlangenbad, hess. Gem. im südl. Taunus, 6100 Ew.; Heilbad.
Schlangenbeschwörung, Brauch der oriental. Völker, bei dem eine Schlange sich scheinbar zum Ton einer Flöte bewegt. In Wirklichkeit folgt das Tier den Bewegungen des Vorführers.
Schlangenhalsschildkröten, *Chelidae,* Fam. der *Halswender;* wasserbewohnende Schildkröten Südamerikas, Neuguineas u. Australiens.
Schlangenhalsvogel, *Anhinga,* Gatt. der *Ruderfüßer;* der S. jagt tauchende Fische.
Schlangensterne, *Ophiuren,* Kl. der *Stachelhäuter;* mit scharf vom zentralen Körper abgesetzten, dünnen u. sehr bewegl. Armen, 1500 Arten.
Schlangenstörche, *Cariamidae,* Fam. der *Kranichvögel* (nicht mit den Störchen verwandt) in den Waldsteppen Südamerikas.
Schlankaffen, *Colobinae,* Unter-Fam. der *Schmalnase,* von schlankem Körperbau.
Schlaraffenland, Fabelland des müßigen Lebens. Das S. spielte in spätmittelalterl. Fastnachtsbräuchen eine große Rolle.
Schlauchboot, ein Wasserfahrzeug, bei dem ein mit Luft aufgeblasener ringförmiger Schlauch als Schwimmkörper dient.
Schlauchpilze →*Pilze.*
Schlauchwürmer →*Hohlwürmer.*
Schlaun, Johann Conrad, * 1695, † 1773, dt. Architekt u. Ingenieur; führender Baumeister des westfäl. Barocks; Ⓦ Erbdrostenhof u. Residenz in Münster.
Schlechtwettergeld, in Betrieben des Baugewerbes vom Arbeitsamt in der Zeit vom 1.11. bis 31.3. gewährte Ausgleichszahlung, wenn aus Witterungsgründen an einzelnen Tagen nicht gearbeitet wird.
Schlegel, *Schlägel,* Schlagwerkzeug zum Bedienen fast aller *Schlaginstrumente.*
Schlegel, 1. August Wilhelm von (seit 1815), Bruder von 3), * 1767, † 1845, dt. Schriftst., Übersetzer u. Kritiker; mit seinem Bruder Friedrich Hrsg. der Zeitschrift »Athenäum«, die Mittelpunkt des frühromant. Kreises wurde; schuf die klass.

Schlangen: Die Giftschlangen werden nach der Stellung ihrer Giftzähne in drei Familien eingeteilt. Elapidae, Viperidae und Colubridae; die Abbildung zeigt je eine typische Art

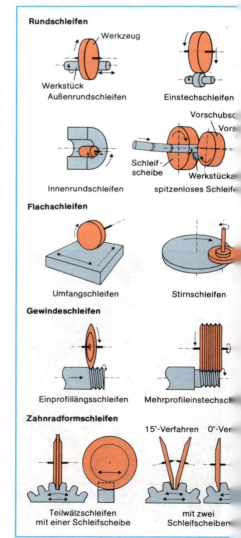
schleifen: maschinelle Schleifverfahren

Schleißheim: Neues Schloß (18. Jahrhundert) im Ortsteil Oberschleißheim

Shakespeare-Übersetzung; begr. die Indologie in Dtld. – **2.** Dorothea, Frau von 3), * 1763, † 1839, dt. Schriftst. u. Übersetzerin; älteste Tochter von M. *Mendelssohn,* Roman »Florentin«. – **3.** Friedrich von (seit 1815), Bruder von 1), * 1772, † 1829, dt. Schriftst., Philosoph, Programmatiker der Romantik u. Sprachforscher; verkündete im »Gespräch über die Poesie« (1800) die künftige »progressive Universalpoesie« u. verfocht in seinem Romanfragment »Lucinde« (1799) ein freigeistiges Lebensgefühl.

Schlehe, mit Zweigdornen ausgestatteter Strauch aus der Fam. der *Rosengewächse* mit schwarzblauen Früchten.

Schleich, Carl Ludwig, * 1859, † 1922, dt. Arzt u. Schriftst.; Entdecker der Lokalanästhesie (1892).

Schleichen, *Anguidae,* Fam. bodenbewohnender *Echsen* von meist schlangenförmiger Gestalt.

Schleicher, Kurt von, * 1882, † 1934, dt. Offizier u. Politiker; 1932 Reichswehr-Min., Dez. 1932 bis Jan. 1933 Reichskanzler; erstrebte eine Spaltung der NSDAP, um ihre Regierungsübernahme zu verhindern; wurde anläßl. des »Röhm-Putsches« ermordet.

Schleichhandel, unter Umgehung von gesetzl. Vorschriften (z.B. Zollpflicht: *Schmuggel*) durchgeführter Warenhandel.

Schleichkatzen, *Viverridae,* urtüml. Fam. der katzenartigen Landraubtiere; 6 Unter-Fam., u. a. die *Zibetkatzen.*

Schleie, *Schlei,* ein *Karpfenfisch* von selten über 50 cm Länge u. 2 kg Gewicht.

Schleier, leichtes, meist durchsichtiges Gewebe, Teil der weibl. Tracht zur Verhüllung des Gesichts; in islam. Ländern auch heute noch.

Schleiereule, einheim., schlanke, helle *Eule;* vorzugsweise in menschl. Siedlungen.

Schleiermacher, Friedrich Daniel Ernst, * 1768, † 1834, dt. ev. Theologe u. Philosoph; beeinflußt von Platon, dessen Werk er übersetzte, Spinoza, Kant, Fichte u. Schelling; wurde auf dem Boden der Romantik u. in Gegnerschaft zur Aufklärung zu einem wichtigen Vertreter des dt. Idealismus. Er schuf die Grundlage der wiss. Hermeneutik.

Schleierschwanz → Goldfisch.

Schleife, engl. *loop,* in der Datenverarbeitung ein Programmteil, der mehrmals hintereinander durchlaufen wird.

schleifen, **1.** metallische u. nichtmetallische Werkstücke zur Erreichung glatter Oberflächen oder scharfer Schneiden durch Wegnahme feiner Späne mit *Schleifmitteln* formen. – **2.** Befestigungswerke niederreißen.

Schleifenblume, *Iberis,* Gatt. der *Kreuzblütler,* beliebte Zierpflanze.

Schleiflack, Lack aus Spiritus u. Kopal, nach dem Erhärten mit Bimsstein geschliffen; heute oft auf Kunststoffbasis.

Schleim, **1.** *Pflanzenschleim,* quellbare, nicht fadenziehende Polysaccharide. – **2.** im Tierkörper eine von S.drüsen u. Becherzellen, auch von Epithelien (z.B. Magenepithel) abgesonderte, zähe, schlüpfrige, leicht klebrige Flüssigkeit, die die Oberfläche der S.häute überzieht u. schützt.

Schleimbeutel, *Bursa,* mit Gelenkschmiere (*Synovia*) gefüllte Hohlräume zw. Knochen u. den darüber verlaufenden Muskeln u. Sehnen zur Erleichterung des Gleitens.

Schleimhaut, *Mucosa,* die bei Wirbeltieren alle nach außen sich öffnenden Höhlen u. Kanäle (Luftwege, Darmkanal, Geschlechtskanal) auskleidende Membran. Durch Sekret wird die S. stets feucht u. schlüpfrig gehalten.

Schleimpilze, *Myxophyta,* chlorophyllfreie Pilzorganismen aus amöboid-bewegl. einkernigen Zellen.

Schleißheim, zwei oberbay. Gem. (*Unter-* u. *Ober-S.*), zus. 31 900 Ew.; Altes u. Neues Schloß.

Schleiz, Krst. in Thüringen, 8200 Ew.; fürstl. Residenz.

Schlemmer, Oskar, * 1888, † 1943, dt. Maler u. Graphiker; Prof. am Bauhaus; schuf geometr. aufgebaute Figurenkompositionen.

Schlempe, bei der Destillation einer alkoholhaltigen Gärflüssigkeit übrigbleibender Rückstand; Futtermittel.

Schlepper, **1.** Bergmann der ersten Ausbildungsstufe; meist einem *Hauer* zugeteilt. – **2.** ein Schiff mit starken Maschinen u. zugleich auch Pumpen, um havarierte Schiffe zu bergen oder größere Schiffe beim Manövrieren in engen Gewässern zu unterstützen. – **3.** → Traktor.

Schlern, ital. *Monte Sciliar,* Aussichtsberg in den Südtiroler Dolomiten, 2564 m.

Schlesien, poln. *Śląsk,* ehem. preuß. Prov. (1939: 36 696 km², 4,8 Mio. Ew.), 1945 größtenteils poln. Verwaltung unterstellt. Ein kleinerer Teil gehört zu Sachsen. S. erstreckt sich von den Sudeten über die Oderebene bis zum schles.-poln. Landrücken.
Geschichte. Nach Abwanderung der wandalischen *Silingen* (nach 300) wurde S. von slaw. Stämmen besiedelt. Kaiser Friedrich I. Barbarossa errichtete 1163 die beiden schles. Herzogtümer *Breslau* u. *Ratibor.* Später zerfiel S. in zahlreiche Teilfürstentümer. 1327 wurde der böhm. König *Johann von Luxemburg* Lehnsherr von S.; 1526 fiel es an die Habsburger. Nach dem 1. *Schles. Krieg* fiel der größte Teil S. an Preußen. Ein kleinerer Teil blieb habsburgisch.
Nach dem 1. Weltkrieg fielen Teile S. an Polen u. die Tschechoslowakei. Nach dem 2. Weltkrieg wurde der östl. der *Oder-Neiße-Linie* gelegene Teil S. poln. Verwaltung unterstellt, die 1990 endgültig völkerrechtl. bestätigt wurde.

Schlesinger, John, * 16.2.1926, brit. Filmregisseur; W »Asphalt-Cowboy«, »Der Falke u. der Schneemann«, »Fremde Schatten«.

Schlesische Kriege, die drei preuß.-östr. Kriege um den Besitz Schlesiens. – 1. Schlesischer Krieg 1740–42: Im *Frieden von Berlin* (1742) kamen nach den Schlachten von Mollwitz u. Chotusitz Niederschlesien, Teile Oberschlesiens u. die Gft. Glatz an Preußen. – 2. Schlesischer Krieg 1744/45: Der Sieg bei *Hohenfriedberg* brachte die Entscheidung zugunsten Preußens. Der *Friede von Dresden* (1745) bestätigte den schles. Besitz Preußens. – 3. Schlesischer Krieg → Siebenjähriger Krieg.

Schleswig, Stadt in Schl.-Ho. an der Schlei, 28 300 Ew.; roman.-got. Dom St. Petri, Schloß Gottorp.

Schleswig-Holstein, das nördlichste Land der BR Dtld., 15 720 km², 2,57 Mio. Ew., Hptst. *Kiel.* Eider u. Nord-Ostsee-Kanal trennen die Landesteile Schleswig im N u. Holstein im S. Im W erstreckt sich hinter der Zone des *Wattenmeers* das *Marschland.* Im Wattenmeer liegen die Nordfries.

Schlesien: Die Schneekoppe ist mit 1602 m der höchste Berg im Riesengebirge

Inseln. Östl. schließt sich die weniger fruchtbare *Geest* an. Die fruchtbare Jungmoränenlandschaft des O u. SO, die *Holsteinische Schweiz,* ist reich an Hügeln u. Seen. Die meist steile Ostsee-Küste ist durch Buchten (Förden) stark gegliedert. – Die großen Städte sind Kiel, Flensburg, Lübeck u. Neumünster. S. ist landw. geprägt. Außerdem spielen Hochseefischerei u. Tourismus eine wirtschaftl. Rolle.
Geschichte. Das Hzgt. Schleswig u. die Gft. Holstein wurden 1386 vereinigt. Christian I. von Dänemark sicherte ewige Unteilbarkeit der schleswig-holstein. Verbindung zu. Als 1848 der dän. König Friedrich VII. die Einverleibung Schleswigs in Dänemark bestimmte, erhoben sich die Schleswig-Holsteiner; der 1. dt.-dän. Krieg 1848–50 endete zugunsten der Dänen. Die tatsächl. Einverleibung S. in Dänemark durch das »Grundgesetz« vom 13.11.1863 führte zum 2. dt.-dän. Krieg 1864. Die besiegten Dänen mußten im Wiener Frieden (30.10.1864) die Herzogtümer Schleswig, Holstein u. Lauenburg an Östr. u. Preußen abtreten. Nach dem Dt. Krieg von 1866 übertrug Östr. seine Rechte auf Schleswig u. Holstein dem König von Preußen. 1920 kam Nordschleswig an Dänemark. 1946 wurde S. ein selbständiges Land u. als solches später Bundesland der BR Dtld.

Schletterer, Jakob Christoph, * 1699, † 1774, östr. Barock-Bildhauer; W Triumphsäulen der Karlskirche in Wien.

Schlettstadt, frz. *Sélestat,* Stadt im O-frz. Dép.

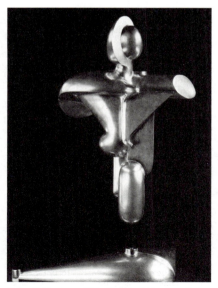

Oskar Schlemmer: Abstrakte Figur; Bronzeguß, vernickelt, 1921. München, Neue Pinakothek

Schleuderball

Schleudersitz: Ausschuß durch das Kabinendach

Bas-Rhin (Elsaß), an der Ill, 15 100 Ew.; got. Münster. – Ehem. Pfalz- u. freie Reichsstadt.
Schleuderball, ein Vollball mit Lederschlaufe; zum *Weitwurf* u. für das *S.spiel.*
Schleudersitz, ein Sitz für Flugzeugbesatzungen, mit dem sich der Pilot im Notfall aus dem Flugzeug herausschleudern kann.
Schleuse, Bauwerk zur Verbindung versch. hoher Wasserspiegel für Schiffe; besteht aus einer durch Tore verschließbaren S.nkammer, in der der Wasserstand gesenkt oder gehoben werden kann.
Schleyer, Hanns Martin, *1915, †1977 (ermordet), dt. Unternehmer; seit 1973 Präs. der Bundesvereinigung der Dt. Arbeitgeberverbände, 1977 auch Präs. des Bundesverbandes der Dt. Industrie; von RAF-Terroristen entführt u. später ermordet aufgefunden.
Schlick, von Flüssen in Seen oder im Meer abgelagerter Schlamm.
Schlick, Moritz, *1882, †1936 (ermordet), dt. Philosoph; Begr. des *Wiener Kreises* des Neopositivismus. Vertreter eines empir. Realismus.
Schliefer, *Hyracoidea,* zu den *Vorhuftieren* gestellte Ordnung der *Huftiere;* kaninchengroße, gesellige Pflanzenfresser.
Schlieffen, Alfred Graf von, *1833, †1913, dt. Offizier; 1891–1905 Generalstabschef. Der *S.-Plan* (seit 1905) sah vor, einen Zweifrontenkrieg rasch in Frankreich zu entscheiden. Unter Vernachlässigung der Ostfront sollte das frz. Heer nach einem Durchmarsch durch Belgien eingekesselt u. vernichtet werden. Der Plan scheiterte im 1. Weltkrieg.
Schliemann, Heinrich, *1822, †1890, dt. Archäologe; fand 1871 bei Hissarlik an den Dardanellen das homer. Troja, grub seit 1874 in Mykene, ferner in Tiryns, Ithaka u. Orchomenos.
Schlieren, Stellen in durchsichtigen Körpern, die infolge versch. Dichte einen anderen Brechungsindex haben als ihre Umgebung.
Schliersee, See in Oberbay., östl. vom Tegernsee, 777 m ü. M., 2,2 km².
Schließfrucht, eine Frucht, in der der pflanzl. Samen während der Verbreitung eingeschlossen bleibt.
Schließmuskel, *Sphinkter,* ringförmiger Muskel zum Schließen vor Körperöffnungen; z.B. beim After.
schlingern, *rollen,* pendelnde Bewegungen um die Längsachse ausführen (bei Fahrzeugen).
Schlingnatter, bis 70 cm lange, beißlustige, ungiftige Schlange Europas u. Asiens.
Schlingpflanzen →Kletterpflanzen.
Schlitten, ein Fahrzeug für Personen u. Lasten, das auf zwei Kufen gleitet.
Schlittenhunde →Polarhunde.
Schlittschuhe, Sportgerät zum Fortbewegen auf dem Eis; eine Stahlkufe unter einem Metallgestell, das mit dem knöchelhohen Schlittschuhstiefel verschraubt wird.
Schlitz, hess. Stadt zw. Vogelsberg u. Rhön, 9400 Ew.; mittelalterl. Stadtmauer.
Schlochau, poln. *Człuchów,* Stadt in Pommern, 11 300 Ew.; Ruine einer Ordensburg.
Schlöndorff, Volker, *31.3.1939, dt. Filmregisseur; Ⓦ »Die Blechtrommel«, »Tod eines Handlungsreisenden«, »Die Geschichte der Dienerin«.
Schloß, 1. eine Sperrvorrichtung für Behälter, Türen, Fenster u. a., die mit einem *Schlüssel* geöffnet werden kann. Hauptbestandteile sind der Kasten, der Riegel u. die Zuhaltungen. Das Sicherheits-S. hat mehrere Zuhaltungen. – **2.** burgartige Anlage, Prachtbau.
Schlosser, 1. Friedrich Christoph, *1776, †1861, dt. Historiker; schrieb im Geist der Aufklärung. – **2.** Johann Georg, *1739, †1799, dt. Schriftst.; heiratete 1773 *Goethes* Schwester Cornelia (*1750, †1777).
Schloß Holte-Stukenbrock, Gem. in NRW, 21 000 Ew.; in der Nähe Safari-Park.
Schlot, Bez. für →Schornstein.
Schlotten, *Karstbrunnen,* in Karstgebieten auftretende enge Schlote (natürl. Schächte).
Schlözer, August Ludwig von, *1735, †1809, dt. Historiker, Publizist u. Philologe; Mitbegr. der modernen Staatswissenschaften.
Schluchsee, See im südl. Schwarzwald, 900 m ü. M., rd. 5 km².
Schlucht, enges, tiefes Tal ohne Talsohle.
Schlüchtern, hess. Stadt an der oberen Kinzig, 14 400 Ew., Luftkurort.
Schluckimpfung, *Trinkimpfung,* von H. R. *Lose* u. A. *Sabin* entwickelte Schutzimpfung gegen spinale Kinderlähmung durch Einnahme des Impfstoffs.
Schlumberger [frz. ʃlœbɛrˈʒe], Jean, *1877, †1968, frz. Schriftst. u. Kritiker; psycholog. Romane, Dramen u. Novellen.
Schlumpf, Leon, *3.2.1925, schweiz. Politiker (SVP); 1980–87 Bundesrat; 1987 Bundes-Präs.
Schlund, bei Wirbeltieren der untere Teil des Rachens zwischen Kehlkopf u. Speiseröhre.
Schlupfwespen, *Ichneumonoidea,* Überfam. aus der Gruppe der *Legimmen;* rotgelb bis schwarz gefärbte, schlanke, langbeinige Wespen, über 40 000 Arten; Zerstörer von Schadinsekten.
Schlusnus, Heinrich, *1888, †1952, dt. Sänger (Bariton).
Schluß, *conclusio,* in der Logik die Folgerung aus vorausgesetzten Sätzen oder Urteilen.
Schlüssel, 1. →Notenschlüssel. – **2.** →Code. – **3.** →Schloß.
Schlüsselbein, ein paariger Knochen des Schultergürtels, der beim Menschen am oberen Brustbein ansetzt u. zum Schulterblatt zieht.
Schlüsselblume →Primel.
Schlüsselerlebnis, ein frühes Erlebnis, das unbewußt das Verhalten eines Menschen beeinflußt.
Schlüsselgewalt, 1. nach Matth. 16,19 (»Schlüssel des Himmelreichs«) Bez. für die Kirchengewalt. – **2.** die rechtl. Befugnis des Ehegatten, Rechtsgeschäfte zur angemessenen Deckung des Lebensbedarfs der Familie mit Wirkung auch für den anderen Ehegatten zu besorgen.
Schlüsselindustrie, Industriezweige, deren Produkte für die gesamte Ind. als Rohstoffe, Halbfabrikate u. ä. von Wichtigkeit sind.
Schlüsselroman, ein Roman, in dem die erdachten Personen u. Ereignisse nur verschlüsselte (für den Eingeweihten aber doch durchschaubare) Darstellungen lebender Persönlichkeiten sind.
Schlußstein, der im Schnittpunkt der Diagonalrippen eines Kreuzgewölbes liegende, tellerartige oder knaufförmige Stein.
Schlüter, 1. Andreas, *1660, †1714, dt. Bildhauer u. Baumeister; Hauptmeister des norddt. Barocks, seit 1694 in Berlin tätig (Teile des Schloßneubaus 1698–1707). – **2.** [ˈslyːdər], Poul, *3.4.1929, dän. Politiker (Konservative Volkspartei); 1982-93 Min.-Präs.
Schmalenbach, Eugen, *1873, †1955, dt. Betriebswirt; Mitbegr. der Betriebswirtschaftslehre als akadem. Disziplin.
Schmalfilm, Film von 8 mm oder 16 mm Breite.
Schmalkalden, *Kurort* S., Krst. in Thüringen, 17 400 Ew.; Renaissanceschloß Wilhelmsburg; Metall-Ind.

Schlittschuhe für die Sportarten Eishockey, Eiskunstlauf und Eisschnellauf (von oben nach unten)

Schleuse: Blick in die Schleusenkammer

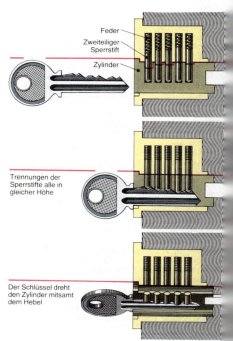

Schloß: Zylinderschloß

Schmalkaldischer Bund, der 1531 in Schmalkalden von prot. Fürsten u. Reichsstädten geschlossene Bund gegen Kaiser Karl V. u. die kath. Stände. Die Niederlage des S. B. bei *Mühlberg* im **Schmalkald. Krieg** 1546/47 führte zu seiner Auflösung.
Schmallenberg, Stadt in NRW an der Lenne, 25 000 Ew.; Wintersportort.
Schmalnasen, *Catarrhini,* die altweltl. Affen. Die Nasenscheidewand ist schmal; die Nasenlöcher sind nach unten gerichtet. Zu den S. gehören die *Geschwänzten Altweltaffen* oder *Hundsaffen* mit den *Meerkatzenartigen, Schlankaffen* u. *Stummelaffen* sowie die *Menschenartigen* mit *Gibbons, Großen Menschenaffen* u. *Menschen.*
Schmalspur → Spurweite.
Schmarotzer → Parasit.
Schmeil, Otto, *1860, †1943, dt. Biologe (Lehrbücher der Zoologie u. Botanik).
Schmeißfliegen, *Aasfliegen,* weltweit verbreitete Fam. *cyclorapher Fliegen;* die *Blaue S.* ist bis 14 mm lang u. legt bis zu 300 Eier pro Weibchen an faulendes Fleisch.
Schmeling, Max, *28.9.1905, dt. Boxsportler; 1930–32 Profi-Weltmeister im Schwergewicht.
Schmeljow [-'ljɔf], Iwan Sergejewitsch, *1873, †1950, russ. Schriftst.; emigrierte 1922; schilderte in Novellen die Revolution.
Schmelz, *Zahnschmelz,* der von der Epidermis gebildete Überzug der Zahnkrone von Reptilien u. Säugetieren, der aus harten Substanzen vorwiegend anorganischer Natur besteht.
schmelzen, einen Stoff aus dem festen in den flüssigen Aggregatzustand überführen, bei einer für den betreffenden Stoff spezif. Temp. (*Schmelzpunkt*).

Schmuck: René Lalique, Nachtfalter-Brosche; 1902. Privatbesitz

Schmerlen, *Cobitidae,* Fam. der *Karpfenartigen,* Fische des Süßwassers. Hierzu: *Schlammbeißer, Steinbeißer* u. *Bartgrundel.*
Schmerz, *Dolor,* eine an bes. Nervenbahnen (*S.nerven*) gebundene, unangenehme Empfindung des Körpers. Die S.zentren liegen im Gehirn im *Thalamus* u. in den Rindenbezirken des Stirn- u. Schläfenlappens.
Schmerzensgeld, der Schadensersatz für jede Beeinträchtigung der körperl. u. seel. Verfassung des Opfers einer Körperverletzung oder eines der Freiheits- oder (nur bei Frauen) Sittlichkeitsdelikte sowie u. U. bei Verletzung des allg. Persönlichkeitsrechts.
Schmetterlinge, *Falter, Schuppenflügler, Lepidoptera,* Ordnung der *Insekten,* deren Angehörige gleichartig beschuppte Flügel u. einen Saugrüssel haben; etwa 120 000 Arten. Die Larven (*Raupen*) bilden nach Verpuppung u. Ruhestadium der erwachsenen Falter (*vollständige Metamorphose*). Man unterscheidet die Hauptgruppen *Tag-* u. *Nachtfalter.*
Schmetterlingsblütler → Pflanzen.
Schmetterlingsfische, *Pantodontoidei,* Fam. der *Heringsfische;* im Süßwasser des trop. Afrika.
Schmetterlingsstil → Schwimmen.
Schmid, Carlo, *1896, †1979, dt. Politiker (SPD); 1947–70 Mitglied des SPD-Parteipräsidiums, 1949–66 u. 1969–72 Vizepräs. des Bundestags, 1966–69 Bundesrats-Min.
Schmidt, 1. Arno, *1914, †1979, dt. Schriftst.; vereinigt in eigenwilligen Erzählformen aufklärer. u. naturalist. u. expressionist. Züge; Ⓦ »Kaff auch Mare Crisium«, »Zettels Traum«. – **2.** Erich, *1853, †1913, dt. Literaturhistoriker; entdeckte u. veröffentlichte Goethes »Urfaust«. – **3.** Franz,

Helmut Schmidt bei einer Rede im Deutschen Bundestag

*1874, †1939, östr. Komponist u. Cellist; Nachromantiker; Ⓦ Oper »Notre-Dame«. – **4.** Helmut, *23.12.1918, dt. Politiker (SPD); 1961–65 Hamburger Innensenator; 1969–72 Bundesverteidigungs-, 1972 Wirtschafts- u. Finanz-, 1972–74 Finanz-Min.; 1974–82 Bundeskanzler; wurde durch ein konstruktives Mißtrauensvotum gestürzt; seit 1983 Mit-Hrsg. u. seit 1985 Verleger der Wochenzeitung »Die Zeit«. – **5.** Joseph, *1904, †1942, Sänger rumän.-jüd. Herkunft (lyrischer Tenor). – **6.** Wilhelm, *1868, †1954, dt. Ethnologe, Sprachforscher u. Religionswissenschaftler; vertrat die These vom Urmonotheismus der Naturvölker.
Schmidtbonn, Wilhelm, eigtl. W. *Schmidt,* *1876, †1952, dt. Schriftst.; Neuromantiker.
Schmidt-Isserstedt, Hans, *1900, †1973, dt. Dirigent u. Komponist; Chefdirigent des Orchesters des NDR sowie des Philharmon. Orchesters Stockholm.
Schmidt-Rottluff, Karl, *1884, †1976, dt. Maler u. Graphiker; ein Hauptmeister des dt. Expressionismus, Mitbegr. der Künstlergemeinschaft »Brücke« 1905.
schmieden, Metalle in erhitztem (*Warm-s.*) oder kaltem (*Kalt-s.*) Zustand mit Hämmern oder Schmiedemaschinen formen.
Schmiedeöfen, Öfen zur Erwärmung der Schmiedestücke auf 1200–1400 °C.
Schmiergeld, Geld, das zu unlauterer Beeinflussung (*Schmieren*) im Staats- u. Wirtschaftsleben verwandt wird.
Schmiermittel, Öle u. Fette (auch vielfach Graphit u. Silicone), die eine möglichst geringe innere Reibung haben, unveränderlich gegenüber der Einwirkung von Luft u. im Druck- u. Temp.-Veränderungen, völlig säurefrei u. frei von festen Bestandteilen sowie Wasser sind. S. vermindern die Reibung, die den mechan. Wirkungsgrad herabsetzt, die Erwärmung, die durch Reibung entsteht, u. die Abnutzung.
Schminke, seit dem Altertum gebräuchl. Mittel zur Verschönerung der Haut u. zur Maskierung.
Schmirgel, ein hartes Mineral, Gemisch aus Korund u. Hämatit; zum Schleifen verwendet.
Schmiß, Narbe der Fechtwunde von student. Mensuren, z. T. künstl. vergrößert.
Schmitt, Carl, *1888, †1985, dt. Rechtswissenschaftler; Kritiker des Liberalismus u. der Demokratie, lieferte rechtstheoret. Grundlagen für das autoritäre Zwischenregime (F. von *Papen,* K. von *Schleicher*) u. im Staatsrecht für die Zeit des Nat.-Soz. (Ermächtigungsgesetz u. a.).
Schmitz, Bruno, *1858, †1916, dt. Architekt; schuf Monumentaldenkmäler (Kaiser-Wilhelm-Denkmal am Dt. Eck bei Koblenz, Völkerschlachtdenkmal in Leipzig).
Schmölders, Günter, *1903, †1991, dt. Nationalökonom; vor allem Finanz- u. Steuerfachmann.
Schmölln, Krst. in Thüringen, 11 900 Ew.; Pfarrkirche (15. Jh.); Werkzeug-Ind.
Schmuck, alles, was dem menschl. Körper (oder einem Gegenstand) hinzugefügt wird, um ihn vor

Schnecken 801

anderen auszuzeichnen; dekorative, mehr oder weniger kostbare Kleingegenstände als Zutaten der Kleidung, der Haartracht u. a. (Ringe, Ketten u. a.).
Schmuckkörbchen, *Kosmee, Cosmos,* im trop. u. subtrop. Amerika heim. Gatt. der *Korbblütler* mit rd. 30 Arten; einjährige Kräuter oder Stauden.
Schmuckvögel, *Pipridae,* eine rd. 60 Arten umfassende Fam. buntgefärbter, insektenfressender *Sperlingsvögel* S-Amerikas.
Schmude, Jürgen, *9.6.1936, dt. Politiker (SPD); 1978–81 Bundesmin. für Bildung u. Wissenschaft, 1981/82 der Justiz; seit 1985 Präses der Synode der EKD.
Schmuggel, verbotswidriges Verbringen von Sachen über die Grenze (Zollhinterziehung, Bannbruch); mit Geld- u. Freiheitsstrafen bedroht.
Schnabel, 1. vorgezogenes Mundwerkzeug: 1. die verlängerten u. mit einer Hornscheide überzogenen Kiefer der Vögel, des S.tiers, des S.igels (Ameisenigel); 2. der Stechrüssel der S.kerfe. – **2.** Mundstück der Blockflöte.
Schnabel, 1. Artur, *1882, †1951, östr. Pianist u. Komponist; Beethoven-, Schubert- u. Brahmsinterpret. – **2.** Ernst, *1913, †1986, dt. Schriftst.; 1946–50 Chefdramaturg, 1951–55 Intendant des NWDR; schrieb Hörspiele u. Erzählungen. – **3.** Franz, *1887, †1966, dt. Historiker; entwickelte sein Geschichtsbild aus der Verbindung von Liberalismus u. Katholizismus. – **4.** Johann Gottfried, Pseud. *Gisander,* *1692, †1752, dt. Schriftst.; Ⓦ »Wunderliche Fata einiger Seefahrer...« (»Die Insel Felsenburg«).
Schnabeligel → Ameisenigel.
Schnabelkerfe, *Hemipteroidea, Rhynchota,* Überordnung der *Insekten;* mit stechend-saugenden, schnabelartigen Mundwerkzeugen.
Schnabelschuhe, im 13.–15. Jh. übl. Schuhform mit bis zu 1/2 m langen Spitzen.
Schnabeltier, 60 cm langes *Kloakentier* Australiens u. Tasmaniens.
Schnack, 1. Anton, *1892, †1973, dt. Schriftst.; Lyrik u. Kleinprosa. – **2.** Friedrich, Bruder von 1), *1888, †1977, dt. Schriftst.; Lyrik, Reiseprosa, Kinderbücher.
Schnaderhüpfl, vierzeilige, scherzhaft-parodist. Lieder.
Schnaken, *Tipulidae,* Fam. großer, langbeiniger *Mücken,* deren Larven sich in Wasser, nassem Boden (*Wiesen-S.*) oder faulendem Holz (*Kamm-S.*) entwickeln.
Schnäpper → Fliegenschnäpper.
Schnauzer, eine Hunderasse: rauhhaarige Spielart des Dt. Pinschers.
Schnecke, 1. *Cochlea,* Teil des Ohrs. – **2.** ein schraubenförmiges Zahnrad, das mit dem *S.nrad* zus. das *S.ngetriebe* bildet. – **3.** das Streichinstrumenten der obere, schneckenförmig ausgearbeitete Abschluß des Wirbelkastens; als Schmuck seit dem 14. Jh. verwendet. – **4.** das Gehörn (*Trophäe*) des Mufflons.
Schnecken, *Bauchfüßer, Gastropoda,* Kl. der *Weichtiere;* mit etwa 85 000 über alle Erdteile verbreiteten Arten. Die Hauptteile des Körpers sind der Kopf mit 2 oder 4 Fühlern, auf oder an denen die Augen sitzen, der Fuß als der eigtl. Körper, in dem sich auch wichtige Organe, Nerven u. a. be-

Schnabeltier

Hainschnirkelschnecke

finden, u. der Eingeweidesack mit der oft großen Mantelfalte, deren Rand die gehäusebildenden Kalkdrüsen enthält. Die *Schalen-S.* können sich mehr oder weniger vollständig in ihr Gehäuse zurückziehen, im Unterschied zu den *Nackt-S.* Aus den Eiern entwickeln sich die Land-S. direkt, die Wasser-S. erst über eine typische Larvenform.

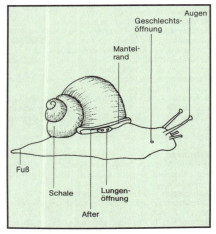

Schnecken: Bauplan

Schnee, fester Niederschlag in Gestalt einzelner oder zu *S.flocken* vereinigter hexagonaler Eiskristalle.
Schneeammer, ein nord. *Finkenvogel,* der auch Dtld. erreicht.
Schneeball, *Viburnum,* Gatt. der *Geißblattgewächse.* Der *Wollige S.* liefert Holz für Faßreifen u. Pfeifenröhren.
Schneeball-System, auch *Hydra-System, Gella-System,* eine in Dtld. verbotene Form des Warenabsatzes, bei der dem Käufer für die Werbung weiterer Kunden Preisnachlässe oder sonstige Vorteile gewährt werden; z. T. verbunden mit Elementen des Glücksspiels, dann u. U. strafbar.
Schneebeere, *Symphoricarpus,* Gatt. der Geißblattgewächse; die *Traubige S.* in Mitteleuropa als Zierstrauch.
Schneeberg, 1. Stadt im Erzgebirge, 22 100 Ew.; Kirche mit Altar von L. Cranach d. Ä.; Holzschnitzerei. – **2.** höchster Gipfel des Fichtelgebirges (Oberfranken), 1051 m. – **3.** *Großer S., Glatzer S.,* höchster Gipfel des Glatzer Schneegebirges, 1425 m. – **4.** *Hoher S.,* höchster Gipfel des Elbsandsteingebirges, 726 m.
Schneeblindheit, akuter Blendungszustand infolge zu starker Lichteinstrahlung (bes. UV-Strahlung) bei langem Aufenthalt auf beleuchteten Schneeflächen oder bei Höhensonnenbestrahlung.
Schneebrett, eine Lawinenart: abrutschende, dichte Oberflächenschichten.
Schnee-Eifel → Schneifel.
Schnee-Eule, eine sehr große, überwiegend weiße, rundköpfige *Eule* der arkt. Tundra.

Schneegemse, *Schneeziege,* weiße *Gemse* der N-amerik. Gebirge.
Schneeglöckchen, *Galanthus,* vorw. im Mittelmeergebiet heim. Gatt. der *Amaryllisgewächse.* In Mitteleuropa ist das *Kleine S.* verbreitet.
Schneegrenze, die untere Grenze der dauernden Schneebedeckung; in erster Linie abhängig von der geograph. Breite, der Niederschlagsmenge u. Exposition (1).
Schneehase → Hasen.
Schneehuhn, *Alpen-S.,* 35 cm großes, im nördl. Polargebiet u. in eurasischen Gebirgen verbreitetes *Rauhfußhuhn* mit im Winter weißem Gefieder.
Schneeketten, Gleitschutzketten für Kfz auf schneereichen Straßen oder in weichem Gelände; in der Regel aus Stahl, seltener mit Gliedern aus Gummi.
Schneekopf, Gipfel im Thüringer Wald, 978 m.
Schneekoppe, *Riesenkoppe,* höchster Berg des schles. Riesengebirges, 1602 m; Wintersportzentrum. – B → S. 795.
Schneeleopard, *Schneepanther, Irbis,* eine mittelasiatische *Großkatze* von 130 cm Körperlänge u. 60 cm Schulterhöhe; dichter weißlichgrauer Pelz; im Bestand gefährdet.
Schneemensch, *Yeti,* ein urtüml. Mensch, der angebl. in den Hochregionen des Himalaya lebt u. dort durch Fußabdrücke aufgefallen sein soll.
Schneerose → Christrose.
Schneidemühl, poln. *Piła,* Stadt in O-Brandenburg, Hptst. der poln. Wojewodschaft Piła an der Küddow, 69 500 Ew.; Verkehrsknotenpunkt; 1922 bis 1938 Hptst. der ehem. Grenzmark Posen-Westpreußen.
Schneider, 1. Erich, *1900, †1970, dt. Wirtschaftswissenschaftler; W »Einführung in die Wirtschaftstheorie«. – **2.** Friedrich, *1786, †1853, dt. Komponist u. Dirigent; komponierte 7 Opern, 23 Symphonien u. a. – **3.** Paul, *1897, †1939, dt. ev. Theologe (»Prediger von Buchenwald«); starb als Märtyrer. – **4.** Reinhold, *1903, †1958, dt. Schriftst. (kulturphilosoph.-kath. geprägte Erzählungen, Dramen, Gedichte u. Essays). – **5.** Romy, *1938, †1982, dt. Filmschauspielerin; zunächst bekannt durch ihre Rolle als »Sissy«; später als Charakterdarstellerin v. a. im frz. Film.
Schneidezähne, *Inzisiven,* die vorderen Zähne der Säugetiere.
Schneifel, *Schnee-Eifel,* Teil der westl. Eifel nw. von Prüm, im *Schwarzen Mann* 697 m.
Schneise, eine durch den Wald gehauene Gasse.
Schnellbahnen → S-Bahn.
Schnellboot, kleines Kriegsschiff für das Küstenvorfeld.
Schneller Brüter, ein Brutreaktor, bei dem das spaltbare Material Plutonium durch schnelle Neutronen gespalten wird. 100 gespaltene Plutoniumkerne können etwa 110–120 Urankerne in Plutoniumkerne umwandeln; d. h. Uran wird ebenfalls zur Energiegewinnung genutzt. Gegner des S. B. verweisen auf die hohe Giftigkeit des Plutoniums. Die Technologie befindet sich z.Z. noch im Teststadium.
Schnellkäfer, *Schmiede, Elateridae,* sehr artenreich u. weltweit verbreitete Fam. der *Käfer.* Sie können sich mit einem *Schnellapparat* aus der Rückenlage wieder in die normale Bauchlage zurückbringen.
Schnellverfahren, *beschleunigtes Verfahren,* formfreies Verfahren im Strafprozeß auf Antrag der Staatsanwaltschaft.; zulässig nur bei einfachen Sachverhalten.
Schnepfen, Gattungsgruppe der *S.vögel,* mit spitzem Schnabel. Bei uns heimisch die *Wald-S.*
Schnirkelschnecken, *Helicidae,* Fam. der *Landlungenschnecken.* Hierzu: *Garten-S.* u. *Hain-S.*
Schnitger, Arp, *1648, †1719, dt. Orgelbauer; führend im Orgelbau des Barock.
Schnitt, im Film: das sinngemäße Aneinanderfügen von Einstellungen, Sequenzen u. Szenen zum fertigen Film.
Schnittke, Alfred, *24.11.1934, russ. Komponist; ein führender Vertreter der russ. Avantgarde mit pluralist. Techniken; Orchesterwerke, Oper, Oratorium, Ballette.
Schnittlauch, Gebirgspflanze aus der Fam. der *Liliengewächse;* beliebtes Gewürz.
Schnitzler, Arthur, *1862, †1931, östr. Schriftst.; sensibler Schilderer der Wiener Gesellschaft um die Jahrhundertwende. W Theaterstücke »Liebelei«, »Reigen« u. »Das weite Land«. Erzählungen »Leutnant Gustl« u. »Fräulein Else«.
Schnorchel, beim U-Boot eine ausfahrbare Röhre, die das Ansaugen von Frischluft bei Tauchfahrt ermöglicht. Ähnliche Vorrichtungen befinden sich an Sport-Tauchgeräten.
Schnorr von Carolsfeld, Julius, *1794, †1872, dt. Maler u. Graphiker; schloß sich in Rom den Nazarenern an; schuf in München die Nibelungenfresken. W »Bibel in Bildern« (mit 240 Holzschnitten).
Schnüffelsucht, *sniffing,* Einatmen der Dämpfe von Lösungsmitteln zur Erzeugung von Rauschzuständen.
Schnulze, rührseliges, kitschiges Schlagerlied, Theater-, Kino- oder Fernsehstück.
Schnupfen, *Koryza,* Absonderung größerer Mengen flüssig-schleimigen (auch eitrigen oder blutigen) Sekrets aus der Nase, verbunden mit Schleimhautschwellung u. Niesanfällen; Ursachen: Entzündung der Nasenschleimhaut (*Rhinitis*) durch Viren.
Schnupftabak, Tabakpulver aus bes. nikotinreichen Tabaken, das die Magenschleimhäute reizt.
Schnürboden, im Bauwesen: eine ebene Fläche, auf der der Zimmermann die Teile einer Holzkonstruktion in natürl. Größe aufzeichnet, um sie danach zuzuschneiden; ähnl. im Schiffsbau.
Schnellzug, ein Eisenbahnzug mit hoher Fahrgeschwindigkeit (bis 160 km/h).
Schnürboden, im Theater: der Raum über der Bühne zum Einhängen der Kulissen.
Schnurre, Wolfdietrich, *1947, †1989, dt. Schriftst.; Mitbegr. der Gruppe 47; Essays, Romane, Lyrik, Hör- u. Fernsehspiele, Kinderbücher.
Schnurwürmer, *Nemertinen, Nemertini,* ein Tierstamm, dessen hochorganisierte Vertreter meist im Meer vorkommen. Der längste Schnurwurm kann ausgestreckt 30 m lang sein.
Schober, Johannes, *1874, †1932, östr. Politiker; 1921/22 u. 1929/30 Bundeskanzler, 1930–32 Außen-Min.
Schock, 1. eine plötzl., den Organismus tiefgreifend verändernde Erschütterung; meist Folge einer schweren Körperverletzung (*traumatischer S., Wund-S.*). Häufig ist auch der *seelische S. (Nerven-S.)* bei Menschen mit labilem Nervensystem. Der *Kreislauf-S.* führt zum Zusammenbruch des Kreislaufsystems. – **2.** altes dt. Zählmaß: 1 S. = 5 Dutzend = 60 Stück.
Schock, Rudolf, *1915, †1986, dt. Sänger (Tenor).
Schockemöhle, 1. Alwin, Bruder von 2), *29.5.1937, dt. Springreiter; Olympiasieger 1976 (Einzelwertung) u. 1960 (Mannschaft). – **2.** Paul, Bruder von 1), *22.3.1945, dt. Springreiter; erfolgreich bei nat. u. internat. Meisterschaften.
Schoeck, Othmar, *1886, †1957, schweiz. Komponist u. Dirigent; schrieb lyr. Musik von romant. Grundhaltung bei ausgeweiteter Tonalität.
Schöffen, ehrenamtl., bei Berufung aber zur

Arp Schnitger: Orgel in Cappel

Übernahme dieses Amts verpflichtete Mitglieder (Beisitzer) bestimmter Gerichte (Laienrichter; früher z. T. auch unter der Bez. *Geschworene*). – **S.gericht,** in Dtld. zum Amtsgericht gehörendes Kollegialgericht für Strafsachen im Rahmen der ordentl. Gerichtsbarkeit.
Schogun →Shogun.
Schokolade, Nahrungs- u. Genußmittel aus Ka-

Scholle

kaomasse, Zucker u. entspr. geschmackgebenden Zutaten.
Scholar, Scholast, fahrender Schüler, Student im MA u. in der frühen Neuzeit.
Scholastik, die theolog.-philosoph. Wiss. des MA, wie sie an Univ., Kloster- u. Domschulen gelehrt wurde. Sie war bestrebt, mit den Mitteln des Denkens ein umfassendes Weltbild im Rahmen des christl. Glaubens zu errichten, u. knüpfte an die grch. u. arab. Wiss. (Mathematik, Astronomie, Medizin) u. v. a. an die Naturphilosophie u. Metaphysik des *Aristoteles* an. Bed. Vertreter waren Albertus Magnus u. Thomas von Aquin. Als Gegen-

Schoner: 3-Mast-Gaffelschoner »Elinor«

strömung zur kath. Romantik kam es im 19. Jh. zu einer Neubelebung (*Neu-S.*).
Scholem, Gershom (Gerhard), * 1897, † 1982, dt. jüd. Gelehrter; Erforscher der jüd. Mystik u. Kabbala.
Scholem Alejchem, *Schalom Alechem,* eigtl. Schalom *Rabinowitsch*, * 1859, † 1916, jidd. Schriftst. aus der Ukraine; schilderte das Leben jüd. Auswanderer in den USA; Ⓦ Roman »Tewje, der Milchmann«.
Scholie [-li:ə], in der Literatur des Altertums eine kurze, erläuternde Bemerkung zu einer schwierigen Textstelle.
Scholl, Geschwister S. (Hans, * 1918; Sophie, * 1921), dt. Widerstandskämpfer; als Mitgl. der Widerstandsgruppe *Weiße Rose* vom Volksgerichtshof zum Tode verurteilt u. am 22.2.1943 hingerichtet.
Scholle, *Goldbutt,* ein *Plattfisch* der europ. Küstenmeere, bis 200 m Tiefe; in der Küstenfischerei nach dem Kabeljau der bedeutendste Fisch.
Schöllkraut, ein *Mohngewächs* der Nordhalbkugel mit goldgelben Blüten.
Scholl-Latour, Peter, * 9.3.1924, dt. Journalist u. Schriftst. Ⓦ »Der Tod im Reisfeld«, »Der Ritt auf dem Drachen«.
Scholochow [-xɔf], Michail Alexandrowitsch, * 1905, † 1984, russ. Schriftst.; Vertreter des sozialist. Realismus; Nobelpreis 1965; Ⓦ Roman »Der stille Don«.
Scholz, Wilhelm von, * 1874, † 1969, dt. Schriftst.; kam vom lyr. Symbolismus zum Neuklassizismus.
Schön, Helmut, * 19.5.1915, dt. Fußballspieler u.

-trainer; 1964–78 Bundestrainer des Dt. Fußballbunds; 1974 Weltmeister.
Schönbein, Christian Friedrich, * 1799, † 1868, dt. Chemiker; Entdecker des Ozons; erfand die Schießbaumwolle u. das Kollodium.
Schönberg, Arnold, * 1874, † 1951, östr. Komponist; entwickelte als Nachromantiker einen expressiven Musikstil u. kam dann zu einer expressionist.-atonalen Periode. S. schuf mit der *Zwölftontechnik* eine umwälzende Neuordnung des Tonmaterials, die sich zu einem musikal.-avantgardist. Weltstil entfaltete. Ⓦ »Serenade«, »Suite für Klavier«, »Variationen für Orchester«, Oper »Moses u. Aaron«.
Schönborn, urspr. rhein., seit dem 17. Jh. in Franken ansässiges Uradelsgeschlecht, seit 1701 Reichsgrafen; stellte viele Bischöfe.
Schönbrunn, Barockschloß im Wiener Bez. Hietzing, 1695–1713 nach Plänen von J.B. *Fischer von Erlach* begonnen, 1744–49 nach Entwürfen von N. *Pacassi* (* 1716, † 1790) umgestaltet.
Schönebeck/Elbe, Krst. in Sachsen-Anhalt, 45 200 Ew.; chem. Ind.; Solbad im Ortsteil *Salzelmen*.
Schonen, schwed. *Skåne,* S-schwed. Ldsch., 10 900 km², 1,2 Mio. Ew., Hauptzentrum Malmö, »Kornkammer Schwedens«.
Schoner, *Schooner, Schuner,* jedes mehrmastige Segelfahrzeug mit Gaffel-getakelten Masten, von denen der größte Mast hinten steht.
Schönerer, Georg Ritter von, * 1842, † 1921, östr. Politiker; vertrat eine dt.-nat., antiliberale, antisem. u. antiklerikale Richtung; beeinflußte Hitler.
Schongau, oberbay. Stadt am Lech, 10 800 Ew.
Schongauer, Martin, * um 1450, † 1491, dt. Maler u. Kupferstecher; Hauptmeister der spätgot. Malerei in S-Dtld.
Schönherr, 1. Albrecht, * 11.9.1911, dt. ev. Geistlicher; 1973–81 Bischof der Ev. Kirche in Berlin-Brandenburg. – **2.** Karl, * 1867, † 1943, östr. Schriftst. (volkstüml. Dramen).
Schönhuber, Franz, * 10.1.1923, dt. Politiker (Republikaner); 1983 Gründungsmitgl. der Republikaner; seit 1985 Partei-Vors.
Schöntal, Gem. in Ba.-Wü. an der Jagst, 5400 Ew.; Barockkirche des Zisterzienserklosters (1153–1802).
Schonung, junger Baumbestand, der nicht betreten werden darf.
Schönwetterwolken, flache Haufenwolken, die bes. im Sommer bei beständigem Wetter vor Mittag auftreten u. am Abend verschwinden.
Schonzeit, *Hegezeit,* die Zeit, in der jagdbare Tiere nicht erlegt werden dürfen; Ggs.: *Schußzeiten.*
Schopenhauer, 1. Arthur, * 1788, † 1860, dt. Philosoph; habilitierte sich 1820 in Berlin, lebte seit 1831 als Privatgelehrter in Frankfurt a. M. Sein

Arthur Schopenhauer; Gemälde von J. Hamel, 1856

Hptw. ist »Die Welt als Wille u. Vorstellung«. S. verband metaphys. Vorstellungen mit einer idealist. Ästhetik, einer Mitleidsethik u. einer pessimist.

Schottland 803

Schöpfung: Erde und Wasser sind geschieden, die Sonne erschaffen, Gras, Kraut und Bäume wachsen auf dem Feld; lombardische Malerei aus dem 4. Jahrhundert. Paris, Bibliothèque Nationale

Lehre von der Erlösung durch Selbstverneinung des Willens zum Leben. – **2.** Johanna, Mutter von 1), * 1766, † 1838, dt. Schriftst.; Mittelpunkt eines auch von *Goethe* besuchten literar. Salons in Weimar.
Schopfbäume, Wuchsform von Pflanzen mit kahlem Stamm u. endständigem Blattschopf; z.B. *Palmen.*
Schopfheim, Stadt in Ba.-Wü., 15 600 Ew.
Schopfhuhn, ein Baumvogel der feuchten Tropenwälder.
Schopfpalme, *Schirmpalme,* in Indien u. auf den Sunda-Inseln heim., hohe, kahlstämmige *Palme.*
Schöpfung, im Judentum, Christentum u. Islam Bez. für die Erschaffung alles Seienden durch das Wort Gottes.
Schoppen, altes süddt. u. schweiz. Flüssigkeitsmaß: 1 S. = etwa ½ Liter; heute im Gastgewerbe: 1 S. = ¼ Liter.
Schorf, durch Eintrocknung von Blut u. Wundsaft entstehender Wundbelag (*Borke*), unter dessen Schutz die Gewebsneubildung vor sich geht.
Schorfheide, brandenburg. Waldgebiet in der Uckermark, nw. von Eberswalde.
Schorle, *Gespritzter,* Weiß- oder Rotwein mit Mineral- oder Sodawasser.
Schorndorf, Stadt in Ba.-Wü. an der Rems, 37 000 Ew.; Fachwerkbauten, Elektro-, Kunststoff-, Bekleidungs- u. a. Ind.
Schornstein, *Kamin, Schlot, Esse,* östr. *Rauchgang,* bis über das Dach hochgeführter Abzugskanal für die Rauchgase der Feuerstätten; bewirkt zugleich die Frischluftzufuhr für die Verbrennung.
Schostakowitsch, Dimitrij, * 1906, † 1975, russ. Komponist (15 Sinfonien, Opern »Die Nase« u. a., Ballette).
Schote, die Kapselfrucht der Kreuzblütler; volkstüml. oft für die *Hülse* der Hülsenfrüchte.
Schöterich, *Erysimum,* in Europa artenreich vertretene Gatt. der *Kreuzblütler;* z.B. der *Acker-S.*
Schott, 1. Anselm, * 1843, † 1896, dt. Benediktiner; übersetzte u. erklärte das *Missale Romanum.* – **2.** Friedrich Otto, * 1851, † 1935, dt. Chemiker u. Fabrikant; gründete 1884 zus. mit Ernst *Abbe* das *Jenaer Glaswerk S. u. Genossen.*
Schöttel, *Schottelius,* Justus Georg, * 1612, † 1676, dt. Sprachgelehrter u. Barockdichter; schrieb die erste philolog. unterbaute dt. Sprachlehre.
Schotten, die kelt. Bewohner von Schottland, Nachkommen der *Pikten* u. *Scoten.*
Schotter, 1. maschinell oder von Hand zerkleinertes Gestein (Basalt, Granit, Gneis) von 25–70 mm Größe. – **2.** grobe, abgerollte, von fließendem Wasser angehäufte Gesteinsbruchstücke.
Schottland, engl. *Scotland,* der N-Teil Großbritanniens einschl. der Hebriden, Orkney- u. Shetland-Inseln, 73 764 km², 5,2 Mio. Ew., Hptst. *Edinburgh.* S. ist ein gebirgiges Land (*Ben Nevis* 1343 m) mit zahlr., weit ins Land eindringenden Fjorden u. vielen Seen. Das ozean. Klima ist nebel-

Schouten

u. niederschlagsreich u. begünstigt den Weiden-, Moor- u. Heidereichtum bes. in den *Highlands*. In den *Lowlands* um Glasgow befinden sich die Ind.-Zentren.

Geschichte. Der krieger. Stamm der kelt. *Pikten* bildete ein Reich, das von den ir. *Scoten* erobert wurde. Sie bildeten das Königreich Alban. Dieses unterwarf im 10. Jh. auch die übrigen schott. Gebiete. – Das Christentum faßte in Schottland schon in der zweiten Hälfte des 6. Jh. Boden. Im MA wurden die schott. Könige mehrfach gezwungen, die engl. Oberlehnsherrschaft anzuerkennen, doch gelang es ihnen immer wieder, ihre Unabhängigkeit zurückzugewinnen. 1328 gelang es dem schott. König *Robert I. Bruce*, die Engländer zur Anerkennung des schott. Königreichs zu zwingen. 1371 folgte auf das Geschlecht der *Bruce* das Königshaus der *Stuart*. Während in der Reformationszeit das Königshaus kath. blieb, unterstützte der Adel die Reformation unter John Knox. Da das engl. Königshaus mit Elisabeth I. 1603 ausgestorben war, bestiegen mit Jakob VI. (als engl. König Jakob I.) die schott. Stuarts auch den engl. Thron. Mit der *Union-Akte* von 1707 wurde aus der engl.-schott. Personalunion der Staat *Großbritannien* geschaffen. → Großbritannien u. Nordirland.

Schouten [ˈsxɔutə], Cornelius, * um 1580, † 1625, ndl. Seefahrer; begleitete 1615–17 *Le Maire* auf einer Südseefahrt.

Schraffierung, *Schraffur*, in der Zeichnung oder Druckgraphik zur Erzielung von Dunkelzonen (Schatten) angebrachte parallele Linien.

Schramm, Percy Ernst, * 1894, † 1970, dt. Historiker (Arbeiten zur mittelalterl. u. neuen Geschichte).

Schrammel, Johann, * 1850, † 1893, östr. Geiger u. Komponist; mit seinem Bruder Josef S. (* 1852, † 1895) Begr. der Wiener *Schrammelmusik*.

Schranze, urspr. Ritz, Schlitz, dann Träger der geschlitzten Hoftracht (*Hof-S.*); i.ü.S.: charakterloser Hofmann, aufdringl. Geck.

Schrat, *Schratt*, im Volksglauben ein koboldartiger Wald- oder Naturgeist.

Schraube, mit Gewinde versehener Stift (*Schraubenspindel, -bolzen*) zur Herstellung lösbarer Verbindungen; mit oder ohne *Mutter*.

Schraubenbaum, *Pandanus*, Gatt. der zu den *Pandanales* gehörenden Fam. der *S.gewächse*, trop. Bäume oder Sträucher mit schraubig den Stamm umlaufenden Blättern.

Schraubenziege, *Schraubenhornziege*, Rassengruppe der Ziege mit schraubenartig gedrehten Hörnern.

Schraubgetriebe, Getriebe zur Umwandlung einer Drehbewegung (des Schraubenbolzens) in eine Längsbewegung (der Wandermutter).

Schraublehre, *Meßschraube, Mikrometerschraube*, ein Längenmeßinstrument mit $^{1}/_{100}$-mm-Einteilung.

Schraubstock, Werkzeug zum Festhalten von Arbeitsstücken.

Schraubzwinge, Werkzeug aus Holz oder Eisen zum Zusammendrücken von Gegenständen beim Zusammenleimen.

Schrebergarten, nach dem Leipziger Arzt Daniel *Schreber* (* 1808, † 1861) benannte Form des Kleingartens.

Schreck, *Pavor*, heftige Gemütsbewegung auf instinktiv-reflektor. Grundlage bei drohenden Gefahren. – *S.-Sekunde*, die vom *S.-Reiz* bis zur steuernden Gegenbewegung verstreichende Zeit; zw. 0,6 u. 1,2 s.

Schreibmaschine, eine Büromaschine, mit der fortlaufend Schriftzeichen über ein Farbband auf Papier geschrieben u. Durchschläge (Kopien) hergestellt werden können. Die früher gebräuchl. mechan. S. wurde durch die elektr. S. (Antrieb durch Elektromotor) bzw. durch die elektron. S. (mit eingebautem Mikroprozessor) ersetzt. Nach der Konstruktion des Druckmechanismus unterscheidet man Typenhebel-, Kugelkopf-, Typenrad- u. Thermo-S. Elektron. S. mit Festspeichern bilden den Übergang zu Systemen der Textverarbeitung. – Die erste S. wurde 1864 von P. *Mitterhofer* gebaut; die erste Fabrikation nahm E. *Remington* 1873 auf.

Schreier, Peter, * 29.7.1935, dt. Sänger (Tenor).

Schreivögel, *Clamatores*, mit den *Singvögeln* verwandte *Sperlingsvögel*.

Schreker, Franz, * 1878, † 1934, östr. Komponist u. Dirigent; schrieb sensualist. Opern.

Schreyvogel, Joseph, * 1768, † 1832, östr. Schriftst.; Freund u. Entdecker F. *Grillparzers*.

Schrieffer [ˈʃriːfə], John R., * 31.5.1931, USamerik. Physiker; Arbeiten über Supraleitung; Nobelpreis 1972.

Schriesheim, Stadt in Ba.-Wü., nördl. von Heidelberg, 14 100 Ew.; Burgruine *Strahlenburg*; Rathaus; Weinanbau.

Schrift, jedes System zur Lesbarmachung der gesprochenen Sprache. Vorstufen der S. sind Zeichen, die der Erinnerung dienen sollen u. kein System bilden. Wenn solche Zeichen einheitl. innerhalb einer bestimmten Gruppe gebraucht werden, spricht man von *Bilder-S.*, die sich zur *Silben-S.* weiterentwickeln kann. Bei der als nächste Stufe entstehenden *Buchstaben-S.* hat jeder Laut ein eigenes Zeichen. Die älteste S. ist die sumer. Bilder-S. aus dem 4. Jt. v. Chr. Aus ihr entwickelte sich die *Keil-S.;* die ägypt. Hieroglyphen traten um 3000 v. Chr. auf. Während sich die meisten S. zur Silben-S. fortentwickelten, stehen die Zeichen der chin. Schrift noch heute für Begriffe. Im 2. Jt. v. Chr erfanden Semiten die Buchstaben-S. Darin entspricht im wesentl. ein Zeichen einem Laut. Sämtl. heute gebräuchl. Buchstaben-S. gehen auf das semitische Uralphabet zurück.

Schriftform, *Schriftlichkeit*, formgebundene Art des Abschlusses von Rechtsgeschäften.

Schriftgelehrter, jüd. Gelehrter am Tempel zu Jerusalem oder einzelner religiöser Gruppen; Theologe, Leiter der Synagoge, Rechtsberater, zugleich Richter u. oft Ortsvorstand.

Schriftgrad, *Grad*, die Größe einer Druckschrift. Die versch. S. wurden nach dem typograph. Punktsytem (1 typograph. Punkt = 0,376 mm) unterschieden, z.B. *Perl* (5 Punkt), *Cicero* (12 Punkt). Seit 1978 gilt nur noch das metrische System.

Schriftsatz, schriftl. Antrag oder schriftl. Erklärung in gerichtl. Verfahren.

Schriftsprache, die Stilform einer Sprache, die charakterist. für die Mehrzahl der gedruckten Texte ist; die bewußtere, stärker kontrollierte Verwendungsform der *Hochsprache (Standardsprache)* im Unterschied zur Umgangssprache.

Schrimpf, Georg, * 1889, † 1938, dt. Maler u. Graphiker; Vertreter der *Neuen Sachlichkeit*.

Schrittmacher, 1. → *Herzschrittmacher*. – **2.** bei Steher-Radrennen der auf einem Spezial-Motorrad dem *Steher* vorausfahrende Fahrer.

Schrobenhausen, oberbay. Stadt an der Paar, 14 300 Ew.; mittelalterl. Stadtbild.

Schröder, 1. Friedrich Ludwig, * 1744, † 1816, dt. Schauspieler, Theaterleiter u. Schriftst.; setzte als erster die Natürlichkeit des Sprechens gegen die damals übl. Deklamation durch. – **2.** Gerhard, * 1910, † 1989, dt. Politiker (CDU); 1953–61 Bundes-Min. des Innern, 1961–66 des Auswärtigen, 1966–69 der Verteidigung. – **3.** Gerhard, * 7.4.1944, dt. Politiker (SPD); 1980–86 MdB; seit 1986 Fraktionsvors. der SPD in Nds.; seit 1990

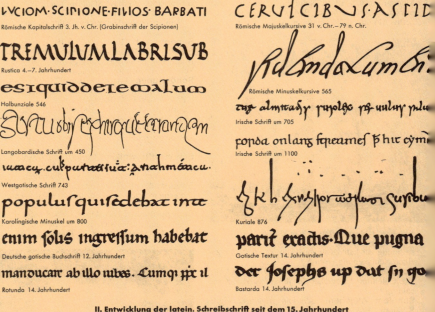

I. Entwicklung der Lateinschrift vom 3. Jh. v. Chr. bis zur Erfindung des Buchdrucks

Römische Kapitalschrift 3. Jh. v. Chr. (Grabinschrift der Scipionen)
Römische Majuskelkursive 31 v. Chr.–79 n. Chr.
Rustica 4.–7. Jahrhundert
Römische Minuskelkursive 565
Halbunziale 546
Irische Schrift um 705
Langobardische Schrift um 450
Irische Schrift um 1100
Westgotische Schrift 743
Kuriale 876
Karolingische Minuskel um 800
Gotische Textur 14. Jahrhundert
Deutsche gotische Buchschrift 12. Jahrhundert
Bastarda 14. Jahrhundert
Rotunda 14. Jahrhundert

II. Entwicklung der latein. Schreibschrift seit dem 15. Jahrhundert

Lateinische Schreibschrift (Italien) 16. Jahrhundert
Lateinische Schreibschrift (Cancellaresca) 1522
Lateinische Schreibschrift 1649
Lateinische Schreibschrift um 1780
Lateinische Schreibschrift um 1834
Deutsche Normalschrift seit 1941

III. Entwicklung der deutschen Schreibschrift seit dem 15. Jahrhundert

Gotische Schreibschrift (Bastarda) 15. Jahrhundert
Deutsche Kurrentschrift 1553
Deutsche Kanzleischrift 1553
Deutsche Schreibschrift 1649
Deutsche Schreibschrift um 1780
Deutsche Schreibschrift 1834
Deutsche Sütterlinschrift 1937

Diamant	= 4 Punkt	HAUS
Perl	= 5 Punkt	HAUS
Nonpareille	= 6 Punkt	HAUS
Kolonel	= 7 Punkt	HAUS
Petit	= 8 Punkt	HAUS
Borgis	= 9 Punkt	HAUS
Korpus (Garmond)	= 10 Punkt	HAUS
Cicero	= 12 Punkt	HAUS
Mittel	= 14 Punkt	HAUS
Tertia	= 16 Punkt	HAUS
Text	= 20 Punkt	HAUS

Schriftgrade

Min.-Präs. von Nds. – **4.** Rudolf Alexander, *1878, †1962, dt. Schriftst.; verband die Tradition des Humanismus mit prot. Gläubigkeit.
Schrödinger, Erwin, *1887, †1961, östr. Physiker; schuf die Grundlage zur *Wellenmechanik,* stellte die **S.-Gleichung,** eine Grundgleichung der Quantentheorie, auf; Nobelpreis 1933.
Schroeder, Hermann, *1904, †1984, dt. Komponist; führender kath. Kirchenmusiker.
Schroeter, Werner, *7.4.1945, dt. Filmregisseur; drehte opernhafte, melodramat. Filme (»Palermo oder Wolfsburg«, »Tag der Idioten«).
schröpfen, Blut durch **Schröpfköpfe** (glockenförmige Geräte aus versch. Materialien, in denen Unterdruck hergestellt wird) in die Haut ziehen *(trockenes S.).* Beim *blutigen S.* wird durch Einschnitte in die Haut gleichzeitig Blut entzogen. Das S. dient der Entlastung des Kreislaufs.
Schrot, 1. grob gemahlene Getreidekörner. – **2.** *Flinten-, Blei-S.,* Bleikügelchen, die in größerer Anzahl mit einem Schuß geschossen werden.
Schroth, Carl-Heinz, *1902, †1989, dt. Schauspieler (bekannt v. a. als Fernsehschauspieler).
Schroth-Kur, nach dem naturheilkundigen Landwirt J. *Schroth* (*1798, †1856) benannte Kur, bei der nur trockene Brötchen, Getreidebrei u. nur wenig Flüssigkeit verabreicht werden.
Schrott, Altmetall; Alteisen, Eisenabfälle; als Zusatz zu Roheisen wieder verwertet.
Schrumpfkopf, *Tsantsa* →*Jivaro.*
Schrumpfniere, *Nephrosklerose,* zunehmende Verhärtung u. Verkleinerung der Nieren mit entspr. Beeinträchtigung der Nierenfunktionen.
Schruns, östr. Markt in Montafon, Vorarlberg, 689 m ü. M., 3900 Ew.; Wintersportort.
Schub, 1. *S.kraft, Scherung,* die Kraft, die zwei benachbarte, parallele Querschnittsflächen eines Körpers parallel zu sich selbst gegeneinander verschiebt. – **2.** die Kraft, mit der ein durch Rückstoß bewegter Körper bewegt wird; bei Raketen u. Strahltriebwerken.
Schubart, Christian Friedrich Daniel, *1739, †1791, dt. Schriftst., Publizist, Musiker u. Revolutionär; wegen seiner Polemik gegen Herzog *Karl Eugen* von Württemberg 1777–87 auf dem Hohenasperg eingekerkert.
Schubert, Franz, *1797, †1828, östr. Komponist. Seine Musik bewegt sich in der Formensprache der Wiener Klassik, gehört aber mit ihrer teils volkstüml., teils schwermütig aufbrechenden Grundstimmung bereits zur Romantik. Seine Hinterlassenschaft umfaßt u. a. Singspiele, Kirchenkompositionen, 9 Sinfonien, kammermusikal. Werke (»Forellenquintett«) u. über 600 Lieder, darunter die Liederzyklen »Die schöne Müllerin«, »Die Winterreise«, »Schwanengesang«.
Schublehre → Schieblehre.
Schubumkehranlage, Anlage zur Umlenkung des Schubstrahls eines Strahltriebwerks in die Bewegungsrichtung eines Flugzeugs; zum Abbremsen nach der Landung.
Schuch, Carl, *1846, †1903, östr. Maler; Stilleben in fein abgestimmter Weise.
Schücking, Levin, *1814, †1883, dt. Schriftst.; mit Annette von *Droste-Hülshoff* befreundet; schilderte die westfäl. Landschaft.

Schuh, Oskar Fritz, *1904, †1984, dt. Regisseur u. Theaterleiter; an vielen namhaften dt. u. europ. Bühnen tätig.
Schuhplattler, derber bay.-östr. Volkstanz im $3/4$-Takt mit Dreh- u. Sprungfiguren.
Schukow ['ʒukɔf], Georgij Konstantinowitsch, *1896, †1974, sowj. Offizier; Marschall der Sowj. (1944), Heerführer im 2. Weltkrieg (Stalingrad, Eroberung Berlins); 1955–57 Verteidigungs-Min.; 1957 aller Ämter enthoben.
Schulchan Aruch, das jüd. Gesetzbuch, das rituelle Anweisungen u. Vorschriften des allg. Rechts enthält; von Josef *Karo* (*1488, †1575) zusammengestellt, erstmalig gedruckt 1564.
Schuld, 1. die *Verpflichtung des Schuldners dem Gläubiger gegenüber;* Ggs.: *Forderung.* – **2.** im Stafrecht die subjektive Beziehung des Täters zu seiner Tat, die es ermöglicht, ihm aus dieser einen persönl. Vorwurf zu machen. Dies setzt zunächst *S.fähigkeit* voraus; ferner muß eine psycholog. Beziehung des Täters zu seiner Tat bestehen *(Vorsatz* oder *Fahrlässigkeit);* endlich dürfen keine *S.ausschließungsgründe* vorliegen.
Schuldanerkenntnis, ein Vertrag, durch den das Bestehen eines *Schuldverhältnisses* anerkannt wird.
Schuldbuch, *Staats-S.,* Verzeichnis (Register) der Staatsschulden u. Staatsbürgschaften; von der *Bundesschuldenverwaltung* geführt.
Schuldfähigkeit, Zurechnungsfähigkeit; im

Schule: Behelfsschule in einem somalischen Lager

Strafrecht allg. Voraussetzung dafür, daß jemand strafrechtl. für sein Tun verantwortlich gemacht werden kann. Maßgebend sind Alter sowie Einsichts- u. Steuerungsfähigkeit. Ist die S. erheblich vermindert, so kann die Strafe gemildert werden.
Schuldner, der durch ein Schuldverhältnis zu einer Leistung an den *Gläubiger* Verpflichtete.
Schuldnerverzug, der Verzug eines Schuldners

Franz Schubert; Aquarell von W. A. Rieder, 1825

durch Nichtleistung trotz Fälligkeit u. Mahnung, Klageerhebung oder Zustellung eines Zahlungsbefehls des Gläubigers oder allein durch Verstreichen eines Leistungstermins; verpflichtet den Schuldner u. a. zum *Schadensersatz.*
Schuldschein, Urkunde zur Beweissicherung einer durch sie begr. oder bestätigten Schuldverpflichtung.
Schuldverhältnis, *Obligation.* das Rechtsverhältnis zwischen Gläubiger u. Schuldner, kraft dessen der Gläubiger berechtigt ist, vom Schuldner eine Leistung (Tun oder Unterlassen) zu fordern.
Schuldverschreibungen, *Obligationen,* meist fest verzinsl. Wertpapiere, in denen sich der Aussteller zu einer bestimmten (Geld-) Leistung verpflichtet.
Schule, Einrichtung u. Gebäude zur Erteilung eines planmäßigen Unterrichts an Kinder u. Jugendliche zur Vermittlung von Wissen, das zur Ausführung wissenschaftl., wirtschaftl., polit. u. kultureller Tätigkeiten befähigen soll.
S. war urspr. die Bez. für die schöpfer. Lehr- u. Lerntätigkeit der grch. Philosophen u. ihrer Schüler. Im MA blühten *Kloster-* u. *Dom-S.,* dann auch *Stadt-S.* u. *Univ.;* hier wurden die *Artes liberales* gelehrt. Im 17. Jh. begann die allg. Institutionalisierung des Schulwesens. Durch die Bemühungen J.H. →*Pestalozzis* u. a. verbreitete sich die *Volks-S.* zur Grundausbildung aller Bevölkerungsschichten. Ständiger Fortschritt von Wiss. u. Technik u. wachsende Vielgestaltigkeit der Umwelt u. des Lebens ließen in der Folgezeit das *S.system* immer vielfältiger werden. Heute unterscheidet man in Dtld. nach ihrem Ausbildungsziel 2 Gruppen: die allgemeinbildenden u. berufsbildenden S. (mit einer Fülle von unterschiedl. Schultypen). →Schulrecht.
Schulenburg, 1. Friedrich Werner Graf von der, *1875, †1944 (hingerichtet), dt. Diplomat u. Widerstandskämpfer; 1939–41 Botschafter in Moskau, gehörte zum Kreis von C. *Goerdeler.* – **2.** Werner von der, *1881, †1958, dt. Schriftst.; schrieb histor. Romane.
Schülerlotsen, Schüler, die zur Sicherung des Schulwegs ihrer Kameraden, bes. über verkehrsreiche Straßen, eingesetzt werden. Der S.-Dienst wurde in der BR Dtld. 1953 nach US-amerik. Vorbild aufgebaut.
Schülerselbstverwaltung, *Schülermitverwaltung,* Beteiligung der Schüler an der Tätigkeit der Schule im Bereich Verwaltung u. in der Gestaltung des Schullebens.
Schulkindergarten, ein Kindergarten, der schulpflichtige, aber noch nicht schulreife Kinder aufnimmt u. versucht, sie durch heilpädagog. Hilfen schulfähig zu machen.
Schuller ['ʃulɐ], Gunther, *22.11.1925, US-amerik. Komponist; schrieb die Jazz-Oper »The Visitation«.
Schulp, die verkalkte, seltener verhornte Schale 10armiger *Kopffüßer.*
Schulpflicht →Schulrecht.
Schulpforta, ehem. Zisterzienserkloster (St. Ma-

806 Schulrat

rien zur Pforte) bei Naumburg (Saale), 1137 gegr., 1543 aufgehoben; ehem. berühmte Internatsschule (Fürstenschule).

Schulrat, ein Beamter der Schulaufsichtsbehörde.

Schulrecht, Gesamtheit der Rechtsnormen, die sich auf das Schulwesen beziehen; das S. fällt unter die Kulturhoheit der Länder. Die *Schulpflicht* beginnt für alle Kinder mit der Vollendung des 6. Lebensjahres. Die Vollzeit-Schulpflicht endet nach 9 Jahren. Außer den allgemeinbildenden Grund- u. Hauptschulen sind *Pflichtschulen: Berufsschulen* u. bestimmte *Sonderschulen. Wahlschulen* sind alle übrigen Schulen. Alle diese Schulen sind in der Regel *öffentl.* (staatl. oder kommunale) Schulen. Die Errichtung von *Privatschulen* bedarf in Dtld. staatl. Genehmigung.

In Dtld. unterliegt das gesamte Schulwesen der *Schulaufsicht* (einschl. Lenkung u. Leitung) des Staates. Diese wird von den Kultusministern u. nachgeordneten *Schulbehörden* ausgeübt. Die Verwaltung der inneren Schulangelegenheiten ist in der Regel Aufgabe des Staates, die der äußeren Schulangelegenheiten (wirtschaftl. Voraussetzungen des Schulbetriebs) Sache der *Schulträger.* Diese müssen für die persönl. u. sachl. *Schullasten* aufkommen. Schulträger der öffentl. Schulen sind Länder, Gemeinden u. Gemeindeverbände.

Schulreife, der für den Schulbeginn erforderl. geistige u. körperl. Entwicklungsgrad.

Schulschiff, ein Schiff mit speziellen Einrichtungen zur Ausbildung für den Offiziersnachwuchs bei der Handels- u. Kriegsmarine.

Schult, Hans Jürgen (HA), *24.6.1939, dt. Aktionskünstler; happeningartige Veranstaltungen.

Schulten, Rudolf, *16.8.1923, dt. Physiker; entwickelte einen nach ihm ben. Kernreaktor.

Schulter, die Umgebung der Verbindungsstelle der Vordergliedmaßen (Arme) mit dem Brustkorb; besteht aus *S.gelenk* u. *S.muskeln.*

Schulterblatt, *Scapula,* Teil des Schultergürtels; ein paariger, annähernd dreieckiger, flacher Knochen.

Schultergürtel, der der Aufhängung der vorderen Extremitäten (im Schultergelenk) dienende vordere Gliedmaßengürtel der vierfüßigen Wirbeltiere.

Schultheiß, *Schulze,* in fränk. Zeit ein Vollstreckungsbeamter des *Grafen;* dann Dorfrichter oder Bürgermeister.

Schultz, Johannes Heinrich, *1884, †1970, dt. Nervenarzt; begr. das *autogene Training.*

Schultze, Norbert, *26.1.1911, dt. Komponist u. Musikverleger; schrieb den Schlager »Lilli Marleen« u. die volkstüml. Oper »Schwarzer Peter«.

Schulz, 1. Bruno, *1892, †1942 (ermordet), poln. Schriftst.; schrieb grotesk-expressionist. Ich-Erzählungen; von der SS erschossen. – **2.** Hugo, *1853, †1932, dt. Pharmakologe. Nach ihm u. dem Psychiater Rudolf *Arndt* (*1835, †1900) ist das *Arndt-Schulzsche Gesetz* benannt, wonach schwache Reize Lebensvorgänge anregen, mittlere fördern, starke hemmen u. stärkste lähmen. – **3.** Johann Abraham Peter, *1747, †1800, dt. Liederkomponist (z.B. »Der Mond ist aufgegangen«).

Schulze → Schultheiß.

Schulze, Johann Heinrich, *1687, †1744, dt. Arzt; entdeckte 1725, daß Silbersalze durch Lichteinwirkung geschwärzt werden; wichtig für die Entwicklung der Photographie.

Schulze-Delitzsch, Hermann, *1808, †1883, dt. Genossenschaftler; neben F. W. *Raiffeisen* Gründer des dt. Genossenschaftswesens.

Schumacher, 1. Emil, *29.8.1912, führender dt. Maler des Tachismus. – **2.** Fritz, *1869, †1947, dt. Architekt u. Schriftst.; verband traditionelle Bauweisen (Backsteinbau) mit sachlich-modernen Formen. – **3.** Kurt, *1895, †1952, dt. Politiker (SPD); 1930–33 Mitgl. des Reichstags, 1933–44 mit kurzer Unterbrechung im KZ; nach dem 2. Weltkrieg maßgebl. beteiligt an der Reorganisation der SPD u. an der Abwehr der von den Kommunisten erstrebten Verschmelzung; seit 1946 Partei-Vors., seit 1949 auch Vors. der Bundestagsfraktion. – **4.** Michael, *3.1.1969, dt. Automobilrennfahrer; Automobil-Weltmeister (Formel 1) 1994.

Schuman, 1. [ʃuˈmɑ̃], Robert, *1886, †1963, frz. Politiker; Mitbegr. des Mouvement Républicain Populaire (MRP); 1947/48 Min.-Präs., 1948–52 Außen-Min.; regte die Europ. Gemeinschaft für Kohle u. Stahl an **(S.-Plan).** – **2.** [ˈʃumən], William Howard, *1910, †1992, US-amerik. Komponist; Neoklassizist.

Schumann, 1. Clara, geb. *Wieck,* seit 1840 Frau von 4), *1819, †1896, dt. Pianistin u. Komponistin; befreundet mit J. Brahms. – **2.** Georg, *1866, †1952, dt. Komponist u. Chordirigent; Spätromantiker. – **3.** [ʃuˈman], Maurice, *10.4.1911, frz. Politiker; Mitbegr. des Mouvement Républicain Populaire (MRP), 1969–73 Außen-Min. – **4.** Robert, *1810, †1856, dt. Komponist; 1843 Lehrer am Leipziger Konservatorium, 1847 Dirigent in Dresden, 1850 städt. Musikdirektor in Düsseldorf; 1854 Selbstmordversuch, lebte danach in der Heilanstalt Endenich; Meister der Hochromantik: 4 Sinfonien, Klavierkompositionen, Kammermusik, Chorwerke, Liedzyklen u. a.

Schumpeter, Joseph Alois, *1883, †1950, östr. Nationalökonom; 1919 östr. Finanz-Min.; schuf in Auseinandersetzung mit dem Marxismus eine eigene Wirtschaftstheorie.

Schuppen, abgeplattete Haare mit sehr dünner Wand, mit einem Stiel in die Haut eingekeilt; oft Träger der Färbung (v. a. bei Schmetterlingen). Bei Fischen lassen sich drei Typen von *Haut-S.* unterscheiden. Bei Reptilien kommen verhornte S. u. *Knochen-S.* vor. Auch die Haut der Säugetiere zeigt eine feine S.struktur, von der dauernd kleine S. abgestoßen werden.

Schuppenflechte, *Psoriasis,* meist an den Streckseiten der Arme u. Beine, am Kopfhaarboden, aber auch am Rumpf auftretende chron. Hauterkrankung.

Schuppenkriechtiere, *Schuppenechsen, Squamata,* die arten- u. formenreichste Ordnung der *Reptilien;* Unterordnungen: *Echsen* u. *Schlangen.*

Schuppentiere, *Tannenzapfentiere, Pholidota,* Ordnung der Säugetiere, die Steppen u. Waldgebiete Afrikas u. S-Asiens bewohnt; bis 1,80 m lang; mit Hornschuppen bedeckt; Hauptnahrung: Ameisen u. Termiten.

Schüppling, *Flämmling, Pholiota,* Gatt. der *Blätterpilze;* der Stock-S. ist ein bek. Speisepilz.

schürfen, Lagerstätten durch Schürfgräben, -stollen u. -schächte aufsuchen, i.w.S. auch durch Bohren.

Schuricht, Carl, *1880, †1967, dt. Dirigent; wirkte vor allem in Wiesbaden u. in der Schweiz.

Schurz, 1. um die Hüften getragenes Kleidungsstück; häufig bei Naturvölkern (*Lenden-S.*). – **2.** Carl, *1829, †1906, US-amerik. Politiker dt. Herkunft; wanderte 1852 nach N-Amerika aus; 1877–81 Innen-Min.

Schuschnigg, Kurt (Edler von), *1897, †1977, östr. Politiker (christl.-sozial); 1934–38 Bundeskanzler; versuchte die Unabhängigkeit Östr. zu wahren; 1935–45 in dt. Haft (KZ), 1948–67 Prof. in St. Louis (USA).

Schuß, der Querfaden eines Gewebes, mit den *Kettfäden* verkreuzt.

Schussenried, *Bad S.,* Stadt in Ba.-Wü., in Oberschwaben, 7500 Ew.; Moorbad.

Schüttellähmung → Parkinsonsche Krankheit.

Schüttelreim, ein *Doppelreim,* bei dem die Konsonanten vor den Reimvokalen der ersten Zeile in umgekehrter Reihenfolge in der zweiten Zeile auftreten.

Schüttgut, aus vielen einzelnen Körnern bestehendes Fördergut (Getreide, Erz, Kohle, Pulver).

Schüttinseln, zwei aufgeschüttete Inseln in der Donau, am Eintritt in die ung. Tiefebene des Alföld, sö. von Preßburg.

Schüttung, die Wassermenge, die eine Quelle innerhalb einer gewissen Zeit schüttet.

Schutz [ʃyts], Roger, *12.5.1915, schweiz. ev. Theologe; Gründer u. Prior der *Communauté de Taizé;* erhielt 1989 den Karlspreis.

Schütz, 1. Heinrich, *1585, †1672, dt. Komponist; schrieb Madrigale u. Motetten, orator. Kompositionen (»Weihnachtsoratorium«, Passionen nach Matthäus, Lukas u. Johannes) u. a. Werke. – **2.** Klaus, *17.6.1926, dt. Politiker (SPD); 1967 bis 1977 Regierender Bürgermeister von Westberlin, seit 1987 Direktor der Landesrundfunkanstalt in NRW. – **3.** Wilhelm, *1839, †1920, dt. Tierarzt; entdeckte den Erreger des Rotzes u. zus. mit F.A.J. *Löffler* den des Schweinerotlaufs.

Schutzbrief, Erklärung der zuständigen Staatsbehörde über die Gewährung *freien Geleits* beim Erscheinen von Ausländern vor fremden Gerichten.

Schütze, 1. unterster Mannschaftsdienstgrad beim Heer. – **2.** *Sagittarius,* fr. *Arcitenens,* Zeichen ♐, Sternbild des Tierkreises am südl. Himmel. – **3.** *Schützen, Weberschiffchen,* längl. Hohlfaden zum Eintragen des Schußfadens in das geöffnete Webfach.

Schuppentiere: Fünfzehiges Schuppentier oder Pangolin

Schützenfisch, bis 25 cm langer Barschfisch, hpts. in SO-Asien u. Australien.

Schutzengel, nach der kath. Lehre ein dem Menschen als Beschützer beigegebener Engel.

Schützengesellschaften, *Schützengilden,* urspr. im MA Organisationen der Bürger, die sich im Schießen mit der Armbrust übten, um ihre Stadt verteidigen zu können. Daraus entstanden *Schützenvereine,* die das Schießen als Sport betreiben.

Schützengraben, im Rahmen der *Feldbefestigung* eine Deckung der Infanterie.

Schützenpanzer, gepanzertes Fahrzeug für Kampfaufgaben der Panzergrenadiere.

Schutzgebiet, ein Gebiet, das einer Schutzmacht untersteht. S. war die amtl. Bez. für die dt. Kolonien bis 1918.

Schutzhaft, beschönigende Bez. für die Inhaftierung polit. u. sonstiger Gegner des Nat.-Soz. in Konzentrationslagern.

Schutzheiliger, *Schutzpatron* → Patron.

Schutzherrschaft, die unter versch. Rechtsformen (*Protektorat, Mandat* u. a.) durchgeführte Herrschaft über Territorien.

Schutzimpfung, die Erzeugung einer künstl. *Immunität* als Vorbeugungsmaßnahme gegen Infektionskrankheiten. Die wichtigsten S.en, eingeteilt nach Art des Impfstoffs, sind: 1. S. mit *lebenden, abgeschwächten,* d. h. nicht mehr krankmachenden, aber noch immunisierenden *Erregern* gegen: Gelbfieber, Kinderlähmung, Milzbrand, Pest, Pocken, Tollwut u. Tuberkulose. – 2. S. mit *abgetöteten Erregern* gegen: Cholera, Fleckfieber, Grippe, Keuchhusten, Kinderlähmung, Masern, Röteln, Typhus u. Paratyphus. – 3. S. mit entgifteten (unschädl. gemachten) *Erregergiften* gegen: Diphtherie u. Tetanus. Versch. S.en können miteinander kombiniert werden, z.B. Typhus-Paratyphus- u. Tetanus-S., Typhus-Paratyphus- u. Cholera-S. sowie Kinderlähmung-Diphtherie-Tetanus-S.

Schutzmacht, ein Staat, der aus unterschiedl. Rechtsgründen Angehörigen fremder Staaten oder Staatenlosen Schutz gewährt.

Schutzpolizei → Polizei.

Schutzschaltung, Verbindung eines elektr. Stromkreises mit einem Schutzschalter, der bei Überlastung oder bei Fehlerspannung den Stromkreis unterbricht.

Schutzstaffel → SS.

Schutztruppe, militär. Formationen, die Dtld. seit 1891 in den *Schutzgebieten* unterhielt.

Schutzzoll, zum Schutz inländ. Wirtschaftszweige erhobener Einfuhrzoll.

Schwab, Gustav, *1792, †1850, dt. Schriftst.; Spätromantiker des Schwäb. Dichterkreises; Nacherzähler dt. Volksbücher u. der »Schönsten Sagen des klass. Altertums«.

Schwabach, Stadt in Mittelfranken (Bayern), 35 000 Ew.; Stadtkirche (15. Jh.).

Schwaben, dt. Volksstamm; Teilstamm der *Alemannen.*

Schwaben, 1. ehem. dt. Herzogtum, benannt nach den *Sweben;* umfaßte die dt. Schweiz mit Graubünden, das Elsaß, Südbaden, Württemberg (ohne den N) u. das bay. S. König Heinrich IV. gab das schwäb. Stammesherzogtum 1079 *Friedrich I.* von Staufen, dessen Haus es bis 1268 behielt. Nach Gebietsverlusten verlieh König Rudolf I. von Habsburg das restl. S. seinem Sohn *Rudolf* (†1290), das nach dessen Tod zerfiel. – **2.** bay. Reg.-Bez., 9989 km², 1,5 Mio. Ew.; Hptst. *Augsburg;* erstreckt sich von den Allgäuer Alpen bis zur Schwäb.-Fränk. Alb.

Schwabenspiegel, eines der dt. Rechtsbücher des MA.
Schwäbische Alb, *Schwäbischer Jura,* westl. Abschnitt des südt. Jura; erstreckt sich über 210 km vom Hegau nach NO bis zum Nördlinger Ries; *Lemberg* 1015 m.
Schwäbischer Dichterkreis, *Schwäbische Romantik,* erwachsen aus einem spät-romantischen student. Freundeskreis (Tübingen um 1806), dem L. *Uhland,* J. *Kerner,* später auch G. *Schwab* u. a. angehörten.
Schwäbischer Städtebund, zuerst 1331 zur Wahrung des Landfriedens, dann 1376 unter Führung Ulms erneut gegr. Bund schwäb. Reichsstädte zur Erhaltung ihrer Reichsunmittelbarkeit.; im Landfrieden von Eger 1389 verboten.
Schwäbisch Gmünd, ba.-wü. Stadt an der Rems, 58 000 Ew.; histor. Altstadt, Schmuckwaren-Ind., Glashütten.
Schwäbisch Hall, ba.-wü. Krst. u. Solbad im Tal der Kocher, 32 000 Ew.; versch. Ind.
Schwachsinn, *Geistesschwäche,* angeborener oder erworbener Intelligenz-Mangel, meist verbunden mit mangelnder Persönlichkeitsentwicklung.
Schwachstrom, elektr. Strom in Fernmelde- u. Signalanlagen bei Spannungen von maximal 60 V.
Schwadron, fr. *Eskadron,* unterste, einer *Kompanie* entspr. Einheit bei berittenen Truppen.
Schwaetzer, Irmgard, *5.4.1942, dt. Politikerin (FDP); 1988–94 stellv. Vors. der FDP; 1991–94 Bundes-Min. für Raumordnung, Bauwesen u. Städtebau.
Schwägerschaft, das familienrechtl. Verhältnis zu den Verwandten des Ehegatten. *Schwager* u. *Schwägerin* sind *verschwägert,* nicht verwandt. Zw. Verschwägerten in gerader Linie kann in Dtld. eine Ehe nur bei Befreiung vom *Eheverbot* der S. geschlossen werden.
Schwalbach, *Bad S.,* Krst. in Hessen am NW-Hang des Taunus, 9500 Ew.; Heilbad.
Schwalben, *Hirundinidae,* in rd. 75 Arten weltweit verbreitete Fam. kleiner *Singvögel.* Mit dem kurzen, aber weit gespaltenen Schnabel werden Insekten im Flug gefangen. Einheim. sind: *Rauch-S., Mehl-S.* u. die braune *Ufer-S.*
Schwalbennester, aus dem Speichel von Seglervögeln gebaute Nester; in Ostasien als Delikatesse geschätzt (*Ind. Vogelnester*).
Schwalbenschwänze, *Papilio, Edelfalter,* von leuchtenden Farben u. mit schwanzartigem Anhang an den Hinterflügeln.
Schwalm, r. Nbfl. der Eder, 80 km, mündet östl. von Fritzlar.
Schwalmstadt, hess. Stadt an der Schwalm, 17 700 Ew.; versch. Ind.
Schwämmchen, *Soor, Stomatomykosis,* eine Mundkrankheit, hervorgerufen durch Ansiedlung des Soorpilzes auf den inneren Schleimhäuten.
Schwämme, *Porifera, Spongiaria,* ein Tierstamm mit etwa 5000 Arten, dessen stets festsitzende Angehörige von niederer Organisation sind. Sie haben noch keine echten Gewebe. Ihre Körper werden von lockeren Zellansammlungen gebildet, die nach außen durch eine Skelettschicht u. nach innen durch eine Schicht von *Kragengeißelzellen* begrenzt werden. Die meisten S. leben im Meerwasser, einige aber auch im Süßwasser (*Spongillidae*). – Ein einfach gebauter Schwamm ist ein sackförmiger Schlauch mit zentralem Hohlraum u. einer Ein- u. Ausströmöffnung am oberen Körperende. Oft wachsen die S. zu Kolonien mit mehreren Ausströmöffnungen heran. S. sind teils Zwitter, teils getrennt geschlechtlich. Hauptgruppen der S. sind *Kalk-S., Kiesel-S.* u. *Horn-S.*
Schwammenauel, *Rur-Stausee,* Talsperre der Rur zw. Rurberg u. Heimbach (nw. Eifel), 7,8 km², 205 Mio. km³ Stauinhalt.
Schwan, 1. → Schwäne. – 2. Sternbild des nördl. Himmels.
Schwandorf, Krst. in der Oberpfalz (Bay.), an der Naab, 26 000 Ew.; Karmeliterkloster auf dem *Kreuzberg.*
Schwäne, *Cygnus,* mit den Gänsen nah verwandte große *Siebschnäbler,* mit langem Hals (1,2 m bis 1,6 m). Sie leben in strenger Einehe u. bauen ihr Nest an oder auf Gewässern; hierzu: *Höcker-S., Sing-S., Trauer-S.*
Schwanenblume, *Butomus,* Gatt. der *Wasserlieschgewächse;* einzige Art ist die *Doldige S.* mit rötlichweißen Blüten.
Schwanengesang, Bez. für das letzte Werk eines Künstlers vor seinem Tod; nach der antiken

Schwalbenschwanz

Vorstellung, daß ein Schwan beim Sterben melod. Klagelaute singe.
Schwangerschaft, *Gravidität,* der Zustand des mütterl. Körpers während der Fruchtentwicklung von der Befruchtung des Eies bis zur Geburt. Die S. dauert im Durchschnitt 280 Tage (von der letzten Regel an). Im allg. wird die S. am Ausbleiben der Regel bemerkt; doch ist dies kein sicheres Zeichen, da die Menstruation auch aus anderen Gründen ausbleiben kann. Durch Untersuchung von der Scheide aus kann man etwa vom 2. Monat an eine S. feststellen; will man vorher Gewißheit haben, so können biolog. Proben angestellt werden; auch mit Hilfe bestimmter Hormonpräparate ist dem Arzt eine Frühdiagnose der S. möglich (*Duogynon-Test*). Etwa vom 5. Monat an werden von der Mutter Kindesbewegungen gespürt. Das von der Schwangeren bemerkte Unwohlsein u. die Brechneigung beschränken sich meist auf die ersten 3–4 Monate der S.; im letzten Drittel können Störungen sich auch durch Schädigungen der Nierentätigkeit, wassersüchtige Schwellungen u. Blutdruckerhöhungen äußern. Um solche S.serkrankungen u. -störungen sowie etwa zu erwartende Geburtsschwierigkeiten rechtzeitig zu erkennen u. ihnen vorzubeugen, sind ärztl. S.suntersuchungen in bestimmten Zeitabständen zu empfehlen. Rechtlich beginnt die S. mit der → Nidation.
Schwangerschaftsabbruch → Abtreibung.
Schwank, humorvolle Erzählung über eine komische Begebenheit oder einen listigen Streich; auf der Bühne: ein kurzes Spiel mit Stoffen u. Typen der erzählten S.
Schwanritter, mittelalterl. Heldengestalt im Zusammenhang mit der Gralssage, als *Lohengrin* in frz. u. dt. Epen.

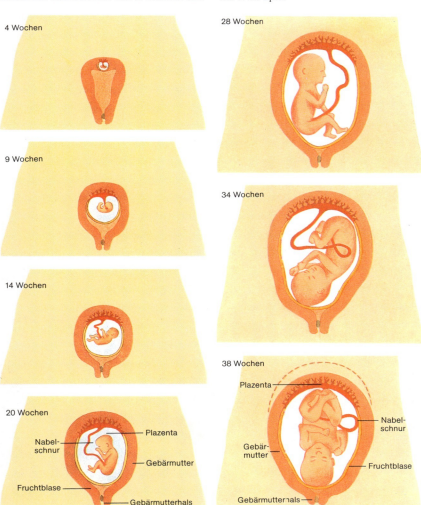

Schwangerschaft; Entwicklung des Embryos (Schema): Nach 4 Wochen mißt der Embryo etwa 0,5 cm. Rückenmarksrohr, Nerven, einige Blutgefäße und das Herz haben begonnen sich auszubilden. Nach 9 Wochen sind alle Organe angelegt. Die Grundform des Menschen ist bereits erkennbar. Der Embryo ist etwa 4 cm lang. Nach 14 Wochen sind die Gesichtszüge – Augen, Nase, Mund, Ohren – erkennbar. Die Geschlechtsorgane beginnen sich auszubilden. Der Embryo ist etwa 12 cm lang. Nach 20 Wochen ist der Körper des Fetus von weichem Flaumhaar (Lanugo) bedeckt. Finger- und Zehennägel sind ausgebildet. Der Embryo ist etwa 20 cm lang. Nach 28 Wochen macht sich das Kind durch kräftige Bewegungen bemerkbar. Bald wird es sich mit dem Kopf in Richtung Geburtskanal drehen. Es ist etwa 35 cm lang. Nach 34 Wochen liegt das Kind mit dem Kopf nach unten. Der Gebärmutteroberrand steht nun am höchsten. Um das Kind bildet sich eine fetthaltige Schutzschicht. Nach 38 Wochen ist das Kind zur Geburt bereit. Es ist jetzt 48 bis 53 cm lang und wiegt rd. 3200 g.

808 Schwanthaler

Schwarzer Freitag: Menschenauflauf vor der Börse in der New Yorker Wall Street, 1929

Schwanthaler, Ludwig von, *1802, †1848, dt. Bildhauer; führender Meister der klassizistischen Bildhauerei in S-Dtld.

Schwanzlurche, *Molche,* lang gestreckte *Amphibien* mit gut entwickeltem Schwanz.

Schwärmer, Nachtfalter mit gewandtem Flug u. großen, schlanken Vorder- u. kleinen Hinterflügeln.

Schwartau, *Bad S.,* Stadt in Schl.-Ho., an der Trave, 19 400 Ew., Mineral- u. Moorbad; Nahrungsmittel-Ind.

Schwarz, die Körperfarbe, die im Idealfall alles auffallende Licht absorbiert u. nichts reflektiert.

Schwarz, 1. *Schwartz, der Schwarze,* Berthold, dt. Franziskanermönch, lebte um 1300, erfand angebl. das S.pulver (Schießpulver). – **2.** Hans, *um 1492, dt. Medailleur u. Bildschnitzer; tätig in den Niederlanden, dort verschollen. – **3.** Jewgenij Lwowitsch, *1896, †1958, russ. Schriftst.; schrieb Theaterstücke, in denen sich Märchenhaftes u. Alltägliches verbinden.

Schwarza, Fluß in Niederöstr., vereinigt sich mit der *Pitten* zur *Leitha.*

Schwarzarbeit, selbst. oder Lohnarbeit, die unter Umgehung gesetzl., bes. steuer- u. sozialversicherungsrechtl. Vorschriften ausgeführt wird (von Arbeitslosen, Krankgemeldeten oder nach Feierabend).

Schwarzdorn →Schlehe.

Schwarzdrossel →Amsel.

Schwarze Kunst, 1. bis ins 19. Jh. Bez. für die Buchdruckerkunst. – **2.** Magie u. Alchemie.

Schwarzenberg, 1. Felix, Fürst zu, Neffe von 2), *1800, †1852, östr. Politiker; 1848–52 Min.-Präs. u. Außen-Min.; schlug 1848/49 den Aufstand in Wien u. Ungarn nieder. 1850 vereitelte er die preuß. Unionspolitik in der *Ölmützer Punktation.* – **2.** Karl Philipp Fürst zu, *1771, †1820, östr. Feldmarschall; 1812 Führer der östr. Hilfstruppen in der Großen Armee Napoleons in Rußland, 1813 Oberbefehlshaber der Verbündeten.

Schwarzenberg/Erzgebirge, Krst. in Sachsen, 21 000 Ew.; Schloß; Metall- u. a. Ind. Klöppelspitzenhandwerk.

Schwarzenegger, Arnold Alois, *30.7.1947, US-amerik. Filmschauspieler östr. Herkunft; erfolgreich als Bodybuilder u. Darsteller in Actionfilmen.

Schwarzer Adlerorden →Adlerorden.

Schwarzerde, russ. *Tschernosem,* ein in trockenen Erdgebieten mit kalten Wintern u. trockenen Sommern (u. a. in S-Rußland) verbreiteter, fruchtbarer Bodentyp von dunkelbrauner bis schwarzer Farbe.

Schwarzer Freitag, der 9.5.1873, an dem die Wirtschaftskrise der »Gründerjahre« begann. Die *Weltwirtschaftskrise* wurde dagegen nicht an einem Freitag eingeleitet, sondern an einem Donnerstag, dem 24.10.1929.

schwarzer Humor, absurde u. grausige Komik, makaber-grotesk übersteigert, oft zynisch.

schwarzer Körper, *schwarzer Strahler,* ein idealer Körper, der alles auf ihn fallende Licht absorbiert. Experimentell verwirklichen läßt er sich recht gut durch einen *Hohlraumstrahler:* einen Hohlkörper mit kleiner Öffnung u. geheizten Innenwänden. Die Strahlung, die ein s. K. emittiert, heißt **schwarze Strahlung.**

schwarzer Markt →Schwarzhandel.

Schwarzer Star, *Amaurose,* völlige Blindheit.

schwarzer Tod →Pest.

Schwarzes Loch, engl. *black hole,* ein hypothet. Stern, der aus einer Ausgangsmasse von über 2,5 Sonnenmassen kollabiert ist (daher auch *Kollapsar*) u. jetzt eine mittlere Dichte von 10^{17} g/cm³ aufweist. Man nennt einen derartigen Stern *S. L.,* weil er infolge seiner großen Gravitation keinerlei Strahlung nach außen abgeben kann. Bisher ist noch kein *S. L.* einwandfrei nachgewiesen worden.

Schwarzes Meer, durch *Bosporus, Marmarameer* u. *Dardanellen* mit dem östl. Mittelmeer verbundenes Nebenmeer zw. Türkei, Bulgarien, Rumänien, Ukraine, Rußland u. Georgien, 452 000 km².

Schwarze Witwe, *Black widow,* eine zu den *Kugelspinnen* gehörende amerik. Spinne, deren Biß für den Menschen tödlich sein kann.

Schwarzhandel, Sonderform des Schleichhandels in (Krisen-)Zeiten mit Güterbewirtschaftung (*Rationierung*) u. Preisfestsetzungen. Durch die Rationierung entsteht infolge der Festpreise ein Geldüberhang, der zu einem »schwarzen Markt« führt, auf dem rationierte Waren frei gehandelt u. die Festpreise überschritten werden.

Schwarzhemden, die paramilitär. Organisation des faschist. Italiens.

Schwarzhörer, jemand, der ohne Genehmigung einen Rundfunk- oder Fernsehempfänger betreibt; strafbar.

Schwarzkopf, Elisabeth, *9.12.1915, dt. Sängerin (Sopran).

Schwarzkümmel, *Nigella,* Gatt. der *Hahnenfußgewächse;* hierzu der *Echte S.* u. die *Jungfer im Grünen (Gretchen im Busch, Braut im Haar).*

Schwarznessel, *Stinkandorn,* ein übelriechender *Lippenblütler.*

Schwarzotter, 2,5 m lange, häufige *Giftnatter* Australiens.

Schwarzpulver →Pulver.

Schwarz-Schilling, Christian, *19.11.1930, dt. Politiker (CDU); 1982–92 Bundes-Min. für das Post- u. Fernmeldewesen (seit 1989 für Post- u. Telekommunikation).

Schwarzsender, eine Funksendeanlage, die ohne Genehmigung betrieben wird; strafbar mit Freiheitsstrafe oder Geldstrafe.

Schwärzung, *Dichte,* bei einer photograph. Schicht das Schwarzfärben von belichteten Stellen beim Entwickeln.

Schwarzwald, höchstes Mittelgebirge in S-Dtld. im oberrhein. Winkel; steigt als Urgebirge aus der Oberrhein. Tiefebene gegenüber den Vogesen auf u. geht im O allmähl. in das Schwäb. Stufenland, die Landschaften der Baar, des oberen Gäus u. des Enzgaus über; im *Feldberg* 1493 m hoch; viele Flüsse u. Bergseen (Titi-, Schluchsee u. a.); die Kinzig trennt den Nord- vom Süd-S.; Viehzucht, feinmechan. u. elektrotechn. Ind.; Höhenkurorte, Thermalbäder, Fremdenverkehr.

SCHWEIZ Geographie

Kapellbrücke und Wasserturm in Luzern; im Hintergrund der Pilatus

Rätische Bahn

Alte und neue Straßenführung des seit Ja

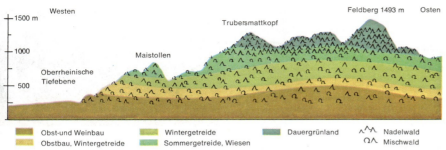

Schwarzwald: Anbau- und Vegetationsstufen

Schwarzwild, → Wildschweine.
Schwarzwurzel, *Skorzonere,* Gatt. der *Korbblütler,* etwa 100 Arten; als Gemüsepflanze kultiviert wird die *Garten-S.*
Schwaz, östr. Bez.-Hptst. im Tiroler Unterinntal, 10 900 Ew.; alte Bergwerksstadt.
Schwebebahn, eine Einschienen-Hängebahn. Die Wuppertaler S. verkehrt seit 1901.
Schwebebalken, *Schwebebaum,* Turngerät für das Frauenturnen: ein Balken aus Hartholz, 5 m lang, 10 cm breit, Wettkampfhöhe 1,20 m.
Schwebfliegen, *Schwirrfliegen,* Fliegen, die mit raschen Flügelschlägen lange in der Luft an Ort u. Stelle »stehen«.
Schwebung, das period. wechselnde An- u. Abschwellen der Amplitude einer Schwingung, die bei der Überlagerung zweier period. Schwingungen mit wenig versch. Frequenzen u. gleicher Amplitude entsteht.
Schwechat, niederöstr. Stadt sö. von Wien, an der S., 14 800 Ew.; Flughafen *Wien-S.*
Schweden, N-german. Volk (8,2 Mio.) auf der O-Seite der skandinav. Halbinsel sowie in W-Finnland *(Finnländer)* u. auf einigen Ostsee-Inseln, außerdem über 1 Mio. in N-Amerika.
Schweden, Staat in N-Europa, 440 945 km², 8,6 Mio. Ew., Hptst. *Stockholm.*
Landesnatur. Den nördl. Teil *(Norrland)* bestimmt die von großen Wäldern, Fjellheiden u. Kahlflächen bedeckte O-Abdachung des skandinav. Gebirges *(Kebnekajse* 2117 m). Auf der Breite von Stockholm folgt die mittelschwed. Senke *(Svealand),* die den Übergang bildet zum südschwed. Bergland *(Götaland).* Das Klima hat kontinentalen Charakter mit schneereichen, kalten Wintern u. warmen Sommern. Der Wald nimmt 50% der Landesfläche ein.
Die Bevölkerung besteht fast nur aus Schweden u. konzentriert sich im S; 95% gehören der ev.-luth. Staatskirche an.
Wirtschaft. Angebaut werden v. a. Hafer, Weizen, Gerste, Kartoffeln u. Ölpflanzen; daneben wird Milchvieh-, Schweine- u. Pelztierzucht betrieben.

Schweden

An Bodenschätzen finden sich große Eisenerz- sowie Kupfer-, Zink-, Silber- u. Bleierzlager. Auf Bergbau u. Forstwirtschaft basiert die stark ausgebaute Metall-, Holz- u. Papierind. Daneben sind der Maschinen-, Schiff- u. Fahrzeugbau sowie die Elektro-, Textil- u. Nahrungsmittelind.

Schweizer Jura nordwestlich von Olten (links). – Schweizerische Volkstanzgruppe; im Vordergrund typische Engadiner Volkstracht (rechts)

n benutzten Sankt-Gotthard-Passes *Bernina-Gruppe*

Schwedische Akademie

Schweden: Schloß Gripsholm

bes. entwickelt. Die erforderl. elektr. Energie wird zu 75% durch Ausnutzung der reichl. Wasserkräfte gewonnen. Das Verkehrsnetz ist nur in Mittel- u. Süd-S. engmaschig. Die Küstenschiffahrt ist bedeutend. Haupthäfen sind Göteborg, Stockholm, Helsingborg, Malmö u. Luleå.

Geschichte. In vorgeschichtl. Zeit waren Süd- u. Mittel-S. von Germanen besiedelt. Im 9. u. 10. Jh. war S. Ausgangsland zahlr. Wikingerzüge. Allmählich bildete sich eine staatl. Ordnung heraus. Der schwed. König *Albrecht III.* unterlag 1384 der Königin *Margarete I. von Dänemark.* Die Folge war die Vereinigung S. mit Dänemark u. Norwegen (Kalmarer Union). Erst unter *Gustav Wasa* 1523 wurde S. wieder selbständig. Nach der Einführung der Reformation wurde das Land unter *Gustav II. Adolf* u. im Dreißigjährigen Krieg europ. Großmacht u. erwarb zahlr. neue Territorien, die im 2. Nord. Krieg (1700–21) wieder verloren wurden. Die Beteiligung *Gustavs IV. Adolf* (1792–1809) am Krieg gegen Napoleon I. führte zum Verlust Vorpommerns, Stralsunds u. Finnlands. Mit *Karl XIV. Johan* (1818–44) begann das Haus *Bernadotte* (bis heute). Unter seiner Führung gewann S. 1814 Norwegen, das bis 1905 in Personalunion angegliedert blieb. Im 1. u. 2. Weltkrieg blieb S. neutral. Danach entwickelte sich das Land zu einem modernen Wohlfahrtsstaat. Die Sozialdemokraten regierten das Land von 1936–76 u. wieder seit 1982. Nach der Ermordung von O. *Palme* wurde 1986 I. *Carlsson* Min.-Präs. Seit 1991 steht C. *Bildt* an der Spitze einer konservativen Reg. Staatsoberhaupt ist seit 1973 König *Carl XVI. Gustav.*

Schwedische Akademie, in Stockholm 1786 nach dem Vorbild der *Académie Française* von König *Gustav III.* gestiftete Gesellschaft; verleiht seit 1901 den Nobelpreis für Literatur.

schwedische Sprache, in Schweden u. Teilen Finnlands gesprochene, zum Ostnord. gehörende germ. Sprache. Heute unterscheidet man die der Schriftsprache entspr. *Riksspråk* u. als Umgangssprache die *Talspråk.*

Schwedt/Oder, Stadt in Brandenburg, sw. von Stettin, 53 000 Ew.; Erdölraffinerie u. -verarbeitung, Papier-Ind.

Schwefel, ein →chemisches Element.

Schwefeldioxid, SO_2, farbloses, stechend riechendes, stark toxisches Gas.

Schwefelkohlenstoff, *Kohlenstoffdisulfid,* CS_2, eine farblose, feuergefährl. Flüssigkeit; Verwendung u. a. zur Herstellung von Viskose, als Lösungsmittel.

schwefeln, desinfizieren, konservieren oder bleichen mit Schwefeldioxid.

Schwefelquellen, Schwefelverbindungen (bes. Schwefelwasserstoff) enthaltende Heilquellen.

Schwefelsäure, H_2SO_4, eine ölige, stark wasseranziehende Flüssigkeit; einer der wichtigsten Grundstoffe für die chem. Ind. Ihre Salze heißen *Sulfate,* ihre sauren Salze *Hydrogensulfate.*

schweflige Säure, H_2SO_3, wäßrige Lösung von Schwefeldioxid SO_2. Die Salze heißen *Sulfite.*

Schweidnitz, poln. *Świdnica,* Stadt in Polen, nordöstl. vom Eulengebirge, 57 800 Ew.; got. Kirche (mit 103 m hohem Turm); Masch.-Ind.

Schweigepflicht →Berufsgeheimnis.

Schweikart, Hans, * 1895, † 1975, dt. Theaterleiter, Regisseur u. Schriftst.; 1947–62 Leiter der Kammerspiele in München.

Schweine, *Suidae,* Fam. *nichtwiederkäuernder Paarhufer;* mit gedrungenem Körper, rüsselartiger Schnauze u. kräftigen Eckzähnen (Hauer). S. sind in Rudeln lebende Alles-, aber vorzugsweise Pflanzenfresser in feuchten Wäldern. Hierzu: *Wildschwein, Flußschwein, Hirscheber, Warzenschwein* u. *Waldschwein.* Das *Haus-S.* als Zuchtform des *Wild-S.* ist ein wichtiger Fleischlieferant.

Schweinepest, eine Viruskrankheit der Schweine. Übertragung: durch Kontakt, Futter, Harn u. a.

Schweinfurt, krsfr. Stadt in Unterfranken (Bay.), am Main, 53 000 Ew.; Kugellager-Ind.; ehem. Reichsstadt.

Schweinfurth, Georg, * 1836, † 1925, dt. Afrikaforscher; bereiste O- u. NO-Afrika.

Schweinsaffe, ein *Hundskopfaffe* mit kurzem Schwanz; in SO-Asien beheimatet.

Schweinswale, *Phocaenidae,* Fam. der *Zahnwale;* bis 2 m lang.

Schweiß, **1.** *Sudor,* ein wäßriges Drüsensekret; enthält hpts. Natriumchlorid (Kochsalz), daneben Ammoniak, Harnsäure u. flüchtige Fettsäuren. Die S.absonderung dient der Wärmeregulation. – **2.** *Fasch,* austretendes Blut beim angeschossenen Wild.

schweißen, Werkstoffe (Metalle, Kunststoffe) durch Druck, Wärmezufuhr oder beides unlösbar miteinander verbinden; Ggs.: *löten.*

Albert Schweitzer

Schweitzer, Albert, * 1875, † 1965, dt. ev. Theologe, Musikwissenschaftler, Mediziner u. Philosoph; begann 1913 seine Tätigkeit im Urwaldhospital bei Lambaréné. Seine Philosophie gipfelt in einer weltbejahenden Ethik tätiger Nächstenliebe. S. war auch in der modernen Orgelbewegung führend. – Friedensnobelpreis 1952.

Schweine: Angler Sattelschwein

Schweiz, Staat in Mitteleuropa, 41 293 km², 6,7 Mio. Ew.; Hptst. *Bern.* Die S. ist gegliedert in 20 Kantone u. 6 Halbkantone (vgl. Tabelle).

Landesnatur. Die S. besteht aus den drei Landschaftseinheiten Alpen (60% der Fläche), Mittelland (30%) u. Jura (10%). Die *Alpen* haben eine Durchschnittshöhe von 1800–2500 m (O-Alpen: Rätikon, Silvretta, Bernina; W-Alpen: Glarner, Urner, Vierwaldstätter, Berner u. Freiburger Alpen im N sowie Adula-, Tessiner- u. Walliser Alpen im S). Nach NW schließen sich die *Voralpen* an, die in das tiefer gelegene *Mittelland* übergehen. Dieser 40–60 km breite Landstrich zw. Genfer See u. Bo-

Schweiz

densee ist der fruchtbarste u. zugleich der dichtestbesiedelte Landesteil. Der bis nahe 1700 m hohe *S.er Jura* ist ein größtenteils gefaltetes Mittelgebirge. – Das mitteleurop. *Klima* ist auf den Jurahöhen rauher als im Mittelland, während es am Genfer See u. im Tessin bereits mediterranen Charakter hat. – B →auch S. 808/09.

85% der Bevölkerung sind S.er Bürger u. 15% Ausländer, davon über 39% Italiener u. 11% Spanier. Die Bev. ist zu etwa gleichen Teilen ev. u. kath.; 65% haben Deutsch als Muttersprache, 18% Frz., 10% Ital. u. 0,8% Rätoromanisch. Die größten Städte sind Zürich, Basel, Genf, Bern, Lausanne,

Kanton (*Halb- kanton)	Beitritt zur Eid- genossen- schaft	Flä- che in km²	Ein- wohner in 1000	Hauptstadt
Aargau	1803	1395	512	Aarau
Appenzell- Außer- rhoden*	1513	243	53	Herisau
Appenzell- Innerrhoden*	1513	173	14	Appenzell
Basel- Landschaft*	1501	428	233	Liestal
Basel-Stadt*	1501	37	197	Basel
Bern	1353	5932	954	Bern
Freiburg	1481	1591	215	Freiburg
Genf	1815	246	384	Genf
Glarus	1352	681	39	Glarus
Graubünden	1803	7105	179	Chur
Jura	1979	837	68	Delémont
Luzern	1332	1429	332	Luzern
Neuenburg	1815	717	163	Neuenburg
Nidwalden*	1291	242	35	Stans
Obwalden*	1291	481	30	Sarnen
Sankt Gallen	1803	1951	433	Sankt Gallen
Schaffhausen	1501	298	73	Schaff- hausen
Schwyz	1291	852	116	Schwyz
Solothurn	1481	791	235	Solothurn
Tessin	1803	2738	294	Bellinzona
Thurgau	1803	863	213	Frauenfeld
Uri	1291	1058	36	Altdorf
Waadt	1803	2822	539	Lausanne
Wallis	1815	5213	262	Sitten
Zug	1352	207	87	Zug
Zürich	1351	1661	1158	Zürich

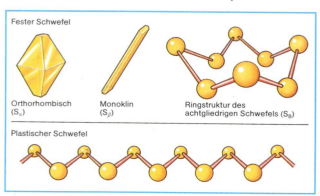

Schwefel tritt in zwei verschiedenen Kristallformen auf, als rhombischer Schwefel (S_α) bei Temperaturen unter 95,6° C und als nadelförmiger, monokliner Schwefel (S_β) bei Temperaturen zwischen 96° C und dem Schmelzpunkt von 119° C. In beiden Fällen liegen gewellte Molekülringe vor. Plastischer Schwefel besteht dagegen aus langen, zickzackförmig verlaufenden Ketten

Luzern, Winterthur, Biel, St. Gallen, Thun, Lugano, Schaffhausen, Neuenburg, Baden, Freiburg, Aarau u. Olten.

Wirtschaft. Der Schwerpunkt der Landwirtschaft liegt auf der Viehzucht (87% des landw. Produktionswerts), v. a. auf der Milchwirtschaft. Die reichen Wasserkräfte liefern 60% des elektr. Stroms. Die vielseitige Industrieproduktion, in der arbeitsintensive Veredlungs- u. Qualitätsarbeiten überwiegen, erfolgt größtenteils in Klein- u. Mittelbetrieben. Die wichtigsten Zweige sind der Apparatebau, die Textil-, Schuh-, Metall-, chem., Uhren-, Nahrungsmittel-, holzverarbeitende u. a. Ind. Rd. 1/4 aller Beschäftigten sind Ausländer. Der Kapital- u. Fremdenverkehr hat erhebl. wirtschaftl. Bedeutung. – Die S. hat ein dichtes Straßennetz mit zahlr. Paßstraßen über die Alpen u. ein voll elektrifiziertes Eisenbahnnetz. Der Rhein ist ein wichtiger Binnenschiffahrtsweg; Haupthafen ist Basel.

Geschichte. Der kelt. Volksstamm der *Helvetier* wanderte um 100 v. Chr. zw. Jura u. Alpen ein u. wurde 58 v. Chr. von Cäsar unterworfen; 15 v. Chr. wurden auch die in den O-Alpen lebenden *Rätier* von Rom unterworfen. Um 445 eroberten die Burgunder von SW her das Wallis u. das Gebiet bis zur Aare; im Tessin u. in Graubünden konnte sich die bisherige Bev. halten, während das übrige Land von den *Alemannen* besiedelt wurde. Im 6. Jh. wurde das heutige Staatsgebiet dem Fränk. Reich angegliedert; 843 kam die O-Schweiz an das Dt. Reich, im 11. Jh. auch die W-Schweiz; Territorialherrschaften bildeten sich. Gleichzeitig erkämpften sich die Länder Uri u. Schwyz sowie einzelne Städte die Reichsfreiheit. Die Eidgenossenschaft entstand durch den Zusammenschluß der 3 *Urkantone* Uri, Schwyz u. Unterwalden 1291 (»Ewiger Bund«). Der Ewige Bund wurde 1332 um

SCHWEIZ GESCHICHTE

Erste Seite der Bundesverfassung von 1848

Landsgemeinde in Glarus

Parade eidgenössischer Truppen vor General Dufour nach dem Sieg im Sonderbundskrieg 1847; Gemälde. Zürich, Schweizerisches Landesmuseum (links). – Die territoriale Entwicklung der Eidgenossenschaft (rechts)

Schweizerdeutsch

Luzern, 1351 um Zürich, 1352 um Glarus u. Zug u. 1353 um Bern vergrößert. 1389 mußten die Habsburger die Unabhängigkeit der Eidgenossenschaft anerkennen, die ihr Territorium allmähl. erweiterte. Die endgültige Loslösung vom Dt. Reich wurde im *Westfälischen Frieden* 1648 bestätigt. Mit dem Beitritt von Basel u. Schaffhausen 1501 u. Appenzell 1513 wurde der Bund zur Eidgenossenschaft der *Dreizehn Orte*. – Die Reformation wurde in der deutschen S. von Zürich aus durch H. *Zwingli*, in der welschen S. von Genf aus durch J. *Calvin* eingeführt. 1798 entstand die *Helvetische Republik*. Die S. wurde zunächst Einheitsstaat. Durch die *Mediationsakte* vom 19. 2. 1803 wurde die S. ein Staatenbund von 19 souveränen *Kantonen*. Auf dem *Wiener Kongreß* von 1814/15 erlangte die S. die Anerkennung dauernder Neutralität. Es bestanden jetzt 22 Kt.; nach dem *Sonderbundskrieg* (1847) wurde die S. durch die liberale Verfassung 1848 in einen Bundesstaat umgewandelt. Im 1. u. 2. Weltkrieg bewahrte die S. strenge Neutralität. 1971 wurde auf Bundesebene das Wahl- u. Stimmrecht für Frauen eingeführt. 1978 wurde durch Volksabstimmung die Gründung eines neuen Kt. Jura aus Teilen des Kt. Bern beschlossen. Die Regierung der S. (Bundesrat) wird seit Jahrzehnten von einer Koalition der vier größten Parteien gebildet: Sozialdemokraten, Freisinnig-Demokraten, Christl.-Demokrat. Volkspartei, Schweizer. Volkspartei. Die S. ist nicht Mitgl. der UN, gehört aber dem Europarat u. der EFTA an.

Schweizerdeutsch →Schwyzerdütsch.

Schweizergarde, ital. *Guardia Svizzera Pontificia,* 1506 von Papst *Julius II.* gegr. Wachtruppe des Vatikans. Aufgenommen werden nur kath. Schweizer, die zuvor in der schweiz. Armee gedient haben.

Schweizerische Eidgenossenschaft, amtl. Name der →Schweiz.

schweizerische Kunst. Sie ist eng mit der Kunst der angrenzenden Länder Frankreich, Italien u. Dtld. verbunden. Die ersten Kirchenbauten auf dem Gebiet der heutigen Schweiz entstanden seit dem 4. Jh. In der Romanik herrschten drei Einflußströmungen vor, die von Cluny ausgehende burgund., die lombard. u. die oberrhein. Das Einwirken der frz. Frühgotik wurde zuerst beim Bau von St.-Pierre in Genf u. an der Kathedrale von Lausanne deutlich; die Spätgotik manifestierte sich v. a. im Münster zu Bern (seit 1421). Während sich die Renaissance-Architektur der südl. Schweiz ital. Vorbildern anschloß, war sie nördl. der Alpen von südlt. Bauten abhängig. Für die Baukunst des 19. Jh. sind auf schweiz. Gebiet die gleichen Strömungen nachweisbar wie in Dtld. Bed. ist der Beitrag der Schweiz zur modernen Architektur.

Die mittelalterl. Skulptur fand ihren vollkommensten Ausdruck in der Galluspforte des Baseler Münsters. Einen bemerkenswerten Anteil haben die Werke schweiz. Künstler – z.B. M. *Bills,* A. *Giacomettis* u. J. *Tinguelys* – an der Plastik des 20. Jh. Auch in der Malerei des 19. u. 20. Jh. ist der Beitrag, den Künstler wie A. *Böcklin,* F. *Hodler,* C. *Amiet,* P. *Klee* einbrachten, bedeutend.

schweizerische Literatur, die dem dt., frz., ital. u. rätoroman. Sprachraum zugehörige Lit. der Schweiz.

Erste Zeugnisse d e u t s c h s p r a c h i g e r Literatur sind mit dem Namen des Klosters St. Gallen verbunden (um 800). Zur höf. Epik gehören *Ulrich von Zatzikoven* u. *Konrad von Würzburg,* volkstüml., lehrhafte Dichtung pflegte *Konrad von Ammenhausen.* Oster- u. Passionsspiele des 14. u. 15. Jh. sind Beiträge zum religiösen Schauspiel. Das 14. bis 16. Jh. sind geprägt von der Mystik (*Nikolaus von Basel; Paracelsus*) sowie von Humanismus u. Reformation (H. *Zwingli,* A. *Tschudi*). Das 17. Jh. wird repräsentiert durch den Moralsatiriker J. *Grob,* die Lyriker *Simler* u. *Hardmeyer* u. den Barockdramatiker J. K. *Weissenbach.*

Engste Beziehung zur Literatur in Dtld. schufen in der Aufklärung J. J. *Bodmer* u. J. J. *Breitinger.* J. K. *Lavater* beeinflußte den Sturm u. Drang u. Goethe. Volksschriftsteller waren J. H. *Pestalozzi* u. U. *Bräker.* J. *Gotthelf,* G. *Keller,* C. F. *Meyer* führten die Dichtung im 19. Jh. zu einem Höhepunkt. Bed. Schriftst. des 20. Jh. sind R. *Walser,* C. *Spitteler,* M. *Frisch* u. F. *Dürrenmatt.*

Namhafte f r a n z ö s i s c h s p r a c h i g e Autoren des

Schweiz: Kantone

SCHWEIZ Kultur

Die Galluspforte am Baseler Münster gehört zu den ältesten Figurenportalen im deutschen Sprachraum; Ende 12. Jahrhundert (links). – Tanzender Engel des sog. Erminoldmeisters, Basel; um 1280 (rechts)

Paul Klee, Der goldene Fisch; 1925. Hamburg, Kunsthalle

20. Jh. sind: C. F. *Ramuz*, G. *Roud*, C. F. *Landry*, J. *Mercanton*, M. *Zermatten*, J. *Marteau*, M. *Saint-Hélier*, G. de *Pourtalès*, D. de *Rougemont*, B. *Cendrars*. Als literar. Vertreter der ital. Schweiz sind zu nennen: F. *Chiesa*, G. *Zoppi*, G. *Calgari*, F. *Filippini*. Die rätoroman. Lit. repräsentierten G. F. *Caderas*, G. A. *Huonder*, P. *Lansel*, A. *Lozza*, G. C. *Muoth*, G. M. *Nay*, A. *Peer*, M. *Rauch*, G. *Vonmoos*.

Schweizerische Radio- u. Fernsehgesellschaft, Abk. *SRG,* privatrechtl. Verein mit monopolartigem Recht zur Verbreitung (viersprachig) von Hörfunk- u. Fernsehprogrammen in der Schweiz.

Schweizerischer Gewerkschaftsbund, Abk. *SGB,* Dachverband nichtkonfessioneller u. überparteil. Berufsgewerkschaften der Schweiz.

Schweizerischer Nationalpark, 168,7 km² großes Naturschutzgebiet im östl. Kt. Graubünden.

Schweizerische Volkspartei, Abk. *SVP,* 1971 gegr. Zusammenschluß der gesamtschweizer. *Bauern-, Gewerbe- u. Bürgerpartei (BGB)* mit der *Demokratischen Partei* der Kt. Glarus u. Graubünden; versteht sich als Partei der Mitte.

Schweizer Jura, bewaldetes Mittelgebirge im W u. NW der Schweiz; *Mont Tendre* 1679 m, *La Dôle* 1677 m.

Schweizer Käse, *Emmentaler Käse,* Hartkäse mit mindestens 45% Fettgehalt.

Schwelle, 1. unterster, waagerechter Teil der Türumrahmung. – **2.** Unterlage für Eisenbahnschienen. – **3.** flache Aufwölbung des Meeresbodens oder des Festlands ohne deutl. sichtbare Ränder.

Schwellenländer, Entwicklungsländer, deren wirtschaftl. Dynamik es erlaubt, in absehbarer Zeit den Status des Entwicklungslandes zu überwinden.

Schwellkörper, von Bluthohlräumen (*Lakunen*) durchsetztes Schwammwerk aus Bindegewebsbalken, die glatte Muskulatur u. elast. Fasern enthalten. Sie schwellen durch Blutfüllung an u. nehmen durch Entleerung wieder ab. S. finden sich z.B. am männl. Glied.

Schwelm, Stadt in NRW, östl. von Wuppertal, 30 000 Ew.; Metall-, Masch.- u. a. Ind.

Schwelung, Vergasungsprozeß von Steinkohle, Braunkohle, Ölschiefer, Torf u. Holz bei langsamer Erhitzung auf 500–600 °C unter Luftabschluß.

Schwemmkegel, Flußablagerung an der Mündung eines Nbfl. in einen Hptfl.

Schwemmland, in Flußtälern, Tiefebenen u. an Küsten von Wasser aufgeschüttete Geröll-, Schlamm- u. Sandschichten.

Schwenckfeld, *Schwenkfeld,* Kaspar, * um 1489, † 1561, dt. Sektenstifter; gründete kleine prot. Gemeinden (*S.er*), die in der Gegenreformation aus Schlesien vertrieben wurden u. 1734 nach Pennsylvania auswanderten.

Schwenkflügelflugzeug, ein Flugzeug, bei dem die Stellung der Flügel durch Schwenken der Flügelhälften während des Flugs veränderl. ist.

Schwerathletik, *Athletik, Kraftsport,* zusammenfassende Bez. für die Sportarten Ringen, Gewichtheben, Rasen- u. Kunstkraftsport. Früher wurde auch Boxen einbezogen.

Schwerbehinderte, Personen, die körperl., geistig oder seel. behindert u. wegen der Behinderung in ihrer Erwerbsfähigkeit nicht nur vorübergehend um wenigstens 50% gemindert sind. S. genießen bes. Schutz u. Förderung im Arbeitsleben (bes. Kündigungsschutz, Zusatzurlaub).

Schwereanomalie, Abweichungen der auf der Erde gemessenen Fallbeschleunigung vom Normalwert. Sie deuten auf eine ungleiche Verteilung der Masse in der Erdkruste hin.

Schwerelosigkeit, *Gewichtslosigkeit,* ein beim antriebslosen Weltraumflug (oder beim freien Fall zur Erdoberfläche) auftretender Zustand, bei dem alle Körper gewichtslos werden u. frei in der Kabine des Weltraumfahrzeugs schweben, sofern sie nicht festgeschnallt sind. – *Permanente S.,* S. auf einer Kreisbahn in 500 km Entfernung um die Erde.

schweres Wasser, *Deuteriumoxid,* chem. Formel D₂O, Wasser, das anstelle von Wasserstoffatomen Deuteriumatome hat. Verwendet wird es als *Moderator* in Reaktoren u. bei kernphysikal. Arbeiten.

Schwergewicht, eine der →Gewichtsklassen in der Schwerathletik.

Schwerhörigkeit, vermindertes Hörvermögen. Es kann durch Verstopfung des äußeren Gehörgangs mit Ohrschmalz oder durch Erkrankung des Mittelohrraums (*Mittelohr-S.*) u. des Innenohrs (*Innenohr-S.*) bedingt sein. Doppelseitige S. beruht meist auf der *Otosklerose,* einer im mittleren Lebensalter auf erbl. Anlage entstehenden u. mit dem Alter fortschreitenden Erkrankung der knöchernen Labyrinthkapsel.

Schwerin, Hptst. des Landes Mecklenburg-Vorpommern, am SW-Ufer des *S.er Sees* (63,4 km²), 131 000 Ew.; frühere Residenz u. Hptst. von Mecklenburg mit ehem. großherzogl. Schloß (19. Jh.), Ingenieurschule; Masch.-Ind., Kultur- u. Wirtschaftszentrum eines großen Agrargebiets.

Schwerindustrie, Sammelbegriff für den Bergbau sowie die Großeisen- u. Stahlind.

Schwerin von Krosigk, Johann Ludwig (Lutz) Graf, * 1887, † 1977, nat.-soz. Politiker; 1932–45 Reichsfinanz-Min.; unter Karl Dönitz im Mai 1945 Leiter der »Geschäftsführenden Reichsregierung«.

Schwerionenbeschleuniger, ein Beschleuniger, in dem Teilchen mit einer Massenzahl größer als 4 beschleunigt werden.

Schwerkraft, die Anziehungskraft der Erde, die verursacht, daß alle Körper nach dem Erdmittelpunkt gezogen werden u. »schwer« sind, d. h. ein *Gewicht* haben. S. ist gleich (schwere) Masse mal Erdbeschleunigung; dabei ist die Erdbeschleunigung auf der Erdoberfläche wenig veränderl. u. hat den ungefähren Wert 9,81 m/s². Am Äquator ist die S. infolge der Erdabplattung u. Zentrifugalkraft am kleinsten. →Gravitation.

Schwermetalle, Metalle mit einem spezif. Gewicht über 5; →chemische Elemente (Tabelle).

Schweröle, Öle mit einem hohen Siedepunkt (230–360 °C); Destillationsprodukte des Erdöls u. des Steinkohlenteers. Sie werden in Diesel- u. Glühkopfmotoren sowie als Heizöl verwendet.

Schwerpunkt, der Punkt eines Körpers, in dem die gesamte Masse vereinigt gedacht werden kann. Bei Unterstützung im S. bleibt der Körper im Gleichgewicht.

Schwerspat, älterer Name für →Baryt.

Schwert, 1. alte Hieb- u. Stichwaffe. – **2.** in der Mitte (*Mittel-S.*) oder an beiden Seiten (*Seiten-S.*) von flachbodigen Segelbooten versenkbare Flosse, meist aus Metall, zur Verringerung der Abdrift beim Kreuzen.

Schwertadel, durch die *Schwertleite* in den Adelsstand erhobene Ritter; das Berufsrittertum.

Alberto Giacometti, Der Hund; 1951. Basel, Kunstmuseum, Depositum der Alberto-Giacometti-Stiftung

Stiftsbibliothek in St. Gallen von Peter Thumb; 1755

Schwertbrüderorden, geistl. Ritterorden in Livland; 1202 gegr.; an der Eroberung Livlands maßgebl. beteiligt; später mit dem *Dt. Orden* vereinigt.
Schwerte, Stadt in NRW, 50 000 Ew.; spätgot. Rathaus, metallverarbeitende Ind.
Schwertfisch, *Meerschwert,* 3–5 m langer u. 150–300 kg schwerer *makrelenartiger Fisch* der wärmeren Meere mit schwertartig verlängertem, zahnlosem Oberkiefer.
Schwertleite, zeremonielle Aufnahme eines Knappen in den Ritterstand.
Schwertlilie, *Iris,* Gattung der *S.ngewächse* (→ Pflanzen), mit violett, gelb oder blau gefärbten Blüten.
Schwertmagen, *Germagen,* im alten dt. Recht die durch Männer miteinander verwandten Männer, im Unterschied zu den *Kunkelmagen.*
Schwertschwänze → Pfeilschwänze.
Schwerttanz, mit u. zw. Schwertern aufgeführter figurenreicher Tanz; bei den Germanen ein kult. Tanz, im MA Schautanz der Zünfte.
Schwertträger, *Xiphophorus,* Gatt. lebendgebärender *Zahnkarpfen* aus den Zuflüssen des Golfs von Mexiko; beliebte Aquarienfische.
Schwertwal, ein *Delphin;* der *Kleine S.* wird 3–5 m lang; der *Große S.* kann bis 10 m lang werden.
Schwester, Mitgl. einer kirchl. oder freien Genossenschaft für Krankenpflege, Fürsorge u. a.
Schwetzingen, Stadt in Ba.-Wü., 17 900 Ew.; Schloß (18. Jh.) mit Rokoko-Theater (Festspiele).
Schwiele, *Kallositas,* umschriebene Verdickung der Außenhaut oder des Bindegewebes.
Schwielensohler → Kamele.
Schwielochsee, von der Spree durchflossener, brandenburg. See, 11,7 km².
Schwielowsee [-lo:-], brandenburg. Havelsee sw. von Potsdam, 8,5 km².
Schwientochlowitz, poln. *Świętochłowice,* Ind.-Stadt im poln. Oberschlesien, 59 900 Ew.; Kohlenbergbau, Schwer-Ind.
Schwimmbeutler, *Wasseropossum,* mit dem Opossum verwandte *Beutelratte.*
Schwimmblase, gasgefülltes Hohlorgan der meisten Knochenfische. Durch versch. starke Füllung der S. kann der Fisch sein Gewicht nach dem Wasserdruck regulieren.
Schwimmdock, ein stählerner Schwimmkörper, der durch Fluten von Zellen abgesenkt u. dann, nach dem Einfahren eines Schiffs, leergepumpt wird.
Schwimmen, das Nicht-Untergehen eines Körpers u. die Fortbewegung in einer Flüssigkeit. Es wird beim Menschen ermöglicht durch die Verminderung des Körpergewichts um das Gewicht des verdrängten Wassers (Auftrieb) u. durch Bewegungen der Arme u. Beine. – Die im *Sport-S.* gebräuchl. Schwimmarten werden unterschieden in: 1. *Brust-S.,* bei dem die Arme seitwärts durch das Wasser u. wieder zur Brust geführt, die Beine angezogen, dann seitwärts in eine Schwunggrätsche u. wieder zusammengeführt u. dabei die Arme mit zusammengelegten Händen nach vorn gestoßen werden; 2. *Kraul-S., Crawl,* bei dem die Arme abwechselnd senkrecht durchs Wasser ziehen u. über dem Wasser wieder nach vorn gebracht werden u. die Beine wechselweise vertikale Schlagbewegungen aus dem Beckengürtel heraus ausführen; 3. *Rückenkraul,* bei dem die Beine (aus der Rückenlage) wiederum Wechselschläge ausführen, die Arme abwechselnd über den Kopf nach rückwärts geführt u. nach unten durchs Wasser gezogen werden; 4. *Delphin,* bei dem beide Arme gleichzeitig über Wasser nach vorn gebracht u. dann durchs Wasser gezogen werden, während die Beine geschlossen bleiben u. vertikale Schlagbewegungen ausführen. Diese wellenförmige Bein- u. Körperbewegung ist der Unterschied zum *Schmetterlingsstil.*

Schwerttanz: georgischer Säbeltanz

Schwimmer, ein Hohlkörper unterschiedl. Form, der im Wasser Auftrieb bewirkt.
Schwimmfarn, frei schwimmender einheim. Wasserfarn.
Schwimmfüße, Anpassung von Extremitäten an die Bewegung im Wasser; z.B. bei Schwimmvögeln u. -säugern durch Schwimmhäute zw. den Zehen.
Schwimmkäfer, *Echte Wasserkäfer,* an das Leben im Wasser angepaßte Fam. der *Käfer;* von flach kahnartigem Körperbau.
Schwimmvögel, Sammelbez. für alle schwimmfähigen Vögel ohne Rücksicht auf die systemat. Zugehörigkeit.
Schwimmwanze, bis 16 mm lange, käferähnl., olivbraune *Wasserwanze.*
Schwimmweste, Gerät zur Rettung aus Seenot; besteht aus wasserdichtem, doppellagigem Tuch in Form einer gürtelartigen Weste. Die Zwischenräume sind mit Kork, Kapok oder Schaumstoff ausgefüllt oder können aufgeblasen werden.
Schwind, Moritz von, *1804, †1871, dt. Maler u. Graphiker; Hauptmeister der Spätromantik im volkstümlich-biedermeierl. Stil; Gemälde u. Illustrationen nach Themen der dt. Sagen- u. Märchenwelt.
Schwindel, *Vertigo,* eine das Gleichgewichtsgefühl störende, vorübergehende Erscheinung bei Reizung des Innenohrs; meist in Form eines *Dreh-S.,* seltener in Form eines *Schwank-S.*
Schwindling, *Marasmius,* Gatt. der *Blätterpilze,* in Dtld. bekannt der *Küchen-S.;* ein Würzpilz.
Schwindsucht → Tuberkulose.
Schwingachse, Einzelradaufhängung bei Kraftwagen, bes. Anordnungen mit Querlenkern.
Schwingboden, eine Konstruktion des modernen Sporthallenbaus, bei der ein Parkettboden so gelegt wird, daß er leicht federt.
Schwingel, *Festuca,* Gatt. der *Süßgräser;* der *Wiesen-S.* ist ein gutes Futtergras.
Schwingen, *Hosenlupf,* schweiz. Art des Ringkampfs; gerungen wird mit *Schwingerhosen,* an denen sich die Schwinger gegenseitig festhalten.
Schwinger, Julian, *1918, †1994, US-amerik. Physiker; arbeitete über Quantenelektrodynamik; Nobelpreis 1965.
Schwingkreis, *Schwingungskreis,* die Zusammenschaltung eines Kondensators u. einer Spule in Reihe oder parallel, die zu elektr. Schwingungen angeregt werden kann. Durch eine angelegte Spannung wird der Kondensator aufgeladen. Er entlädt sich über die Spule, in der infolge des Stromflusses eine Gegenspannung erzeugt wird, die wiederum den Kondensator auflädt usw. So pendelt der Strom immer hin u. her. Wenn keine neue Energie zugeführt wird, klingen die Schwingungen rasch ab *(gedämpfte Schwingung).* S. werden verwendet, um aus versch. Frequenzen eine bestimmte herauszusieben u. um bestimmte Frequenzen zu erzeugen.
Schwingquarz, *Piezoquarz,* ein Plättchen aus Quarz, das beim Anlegen elektr. Wechselspannungen mit bestimmter Frequenz schwingt.
Schwingung, die zeitl. sich wiederholende Zu- u. Abnahme einer physikal. Größe; z.B. das Hin- u. Herschwingen einer Feder oder Saite oder die S. von Licht- u. Materiewellen. Die einfachste S. ist die Sinus-S.
Schwippschwager, der Bruder eines Ehegatten im Verhältnis zu den Geschwistern des anderen Ehegatten; keine Schwägerschaft im Rechtssinn.
Schwirle, *Locustella,* Gatt. der *Singvögel* aus der Fam. der *Grasmücken;* einheimisch ist u. a. der *Feld-Schwirl.*
Schwirrflug, *Rüttelflug,* ein Fliegen an Ort u. Stelle, das unter den Insekten bes. die *Schwebfliegen,* unter den Vögeln bes. die *Kolibris* sowie eine Reihe anderer Vögel *(Schwirrvögel),* z.B. der Turmfalke, beherrschen.

Moritz von Schwind: Der Ritt des Falkensteiners; 1843/44. Leipzig, Museum der bildenden Künste

Schwirrholz, ein an einer Schnur über dem Kopf herumgeschwungenes Stück Holz, das dabei einen brummenden Laut (die Stimme eines »Geistes«) hören läßt; Kultgegenstand versch. Kulturen Afrikas, Amerikas u. Australiens.
Schwitters, Kurt, *1887, †1948, dt. Maler, Graphiker, Bildhauer u. Schriftst.; ein Hauptvertreter des Dadaismus; Schöpfer der »Merzkunst«.
Schwüle, feuchte Wärme der Luft (bei 20 °C eine relative Feuchtigkeit der Luft von wenigstens 75%, bei 30 °C wenigstens 40%).
Schwulst, überladener Stil, bes. der des Hochbarocks.
Schwungrad, ein rotierendes schweres Rad zum Speichern mechan. Energie u. zum Ausgleich ungleichmäßiger Antriebe.
Schwur → Eid.
Schwurgericht, erstinstanzl. Gericht der ordentl. Gerichtsbarkeit für bes. bedeutsame Strafsachen;

Schwimmen: Bewegungsstudie eines Kraulschwimmers in der Atemholphase

Schwingen: Kampfszene dieser schweizerischen Ringersportart

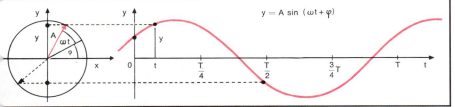

Schwingung: phasenverschobene Sinusschwingung

errichtet beim *Landgericht,* besetzt mit 3 Berufsrichtern u. 2 *Schöffen.*

Schwyz [ʃviːts], **1.** Kt. der →Schweiz. – **2.** Hptst. von 1), am Ausgang des Muotatals u. am Fuß der Mythen, 516 m ü. M., 12 000 Ew.; Kirche St. Martin; Bundesbriefarchiv; Fremdenverkehr.

Schwyzerdütsch [ˈʃviː-], *Schweizerdeutsch,* die versch., umgangssprachl. gebrauchten schweiz. Mundarten. Sie stehen dem ahd. Lautstand am nächsten. Es gibt keine überregionale dt.-schweiz. Verkehrssprache.

Schygulla, Hanna, *25.12.1943, dt. Schauspielerin; wurde bekannt durch die Filme R.W. Faßbinders; später auch internat. Produktionen.

Sciascia [ˈʃaʃa], Leonardo, *1921, †1989, ital. Schriftst.; Kriminalromane u. Erzählungen über das sizilian. Verbrechertum; W »Der Tag der Eule«, »Die Affäre Moro«.

Science Fiction [ˈsaiəns ˈfikʃən], romanhafte Schilderung von Geschehnissen u. Abenteuern, die auf mögl. oder phantast. Folgen des wissenschaftl. Fortschritts basieren.

Scientology-Kirche [saiənˈtɔlɔʒi-; »Lehre vom Wissen«], Selbstbez. einer 1954 von Lafayette Ron Hubbard (*1911, †1986) gegr., mit religiösem Anspruch auftretenden nichtchristl. »Selbstverwirklichungs-Organisation«.

Scilla [sˈtsilla], Gatt. der *Liliengewächse;* in Dtld. u. a. der *Zweiblätterige Blaustern.*

Scillyinseln [ˈsili-], engl. *Scilly Islands,* über 140 brit. Inseln, von denen nur 5 bewohnt sind, rd. 40 km sw. von England; 14,5 km², 2000 Ew.; Blumen- u. Gemüsezucht, Fremdenverkehr.

Scipio [sˈtsi-], **1.** *S. d. Ä.,* Publius Cornelius S. Africanus Maior, *235 v. Chr., †138 v. Chr., röm. Feldherr; entriß 206 v. Chr. den Karthagern Spanien, schlug *Hannibal* 202 v. Chr. bei Zama. – **2.** *S. d. J.,* Publius Cornelius S. Aemilianus Africanus Minor, *185 v. Chr., †129 v. Chr., röm. Feldherr; zerstörte 146 v. Chr. Karthago und beendete damit den 3. *Punischen Krieg.*

Scirocco →Schirokko.

Sckell [skɛl], Friedrich Ludwig von, *1750, †1823, dt. Gartenarchitekt; schuf seit 1804 den Engl. Garten, 1813 den Alten Botan. Garten in München.

Scola, Ettore, *10.5.1931, ital. Filmregisseur; Komödien u. gesellschaftskrit. Filme, W »Le bal«, »Splendor«.

Scoresby [ˈskɔːzbi], William, *1789, †1857, brit. Seefahrer u. Walfänger; Begr. der modernen Polarforschung.

Scorsese [skɔːˈsiːz], Martin, *17.11.1942, US-amerik. Filmregisseur; Vertreter des »Neuen Hollywood«; W »Taxi Driver«, »Die Farbe des Geldes«, »Kap der Angst«.

Scoten, *Skoten,* frühgeschichtl. ir. Völkerschaft; setzte im frühen MA nach Schottland über u. vermischte sich dort mit den *Pikten.*

Scotland Yard [ˈskɔtlənd jaːd], die Londoner Polizei, bes. die Kriminalpolizei (ben. nach ihrem früheren Hauptgebäude).

Scott, 1. Cyril Meir, *1879, †1971, engl. Komponist (exotisierende Klavierwerke). – **2.** Gabriel, eigtl. Holst *Jensen,* *1874, †1958, norw. Schriftst. (sozialkrit. Romane). – **3.** Sir George Gilbert, *1811, †1878, engl. Architekt; baute im Stil der engl. Früh- u. Hochgotik. – **4.** Robert Falcon, *1868, †1912, brit. Antarktisforscher; erreichte am 18.1.1912 den Südpol, 4 Wochen nach Amundsen; kam auf dem Rückweg ums Leben. – **5.** Sir Walter, *1771, †1832, schott. Schriftst.; schrieb roman. gefärbte histor. Romane; einer der Gründer dieser Gattung; W »Ivanhoe«.

Scottish Terrier [ˈskɔtiʃ -], *Schottenterrier,* einfarbig schwarzer, kurzbeiniger, kleiner Jagdhund.

Scrabble [ˈskræbl], Buchstaben-Legespiel für 2–4 Personen; 1948 in den USA erstmals erschienen.

Scribe [skriːb], Eugène, *1791, †1861, frz. Schriftst.; schrieb über 400 Bühnenstücke u. Opernlibretti; W »Ein Glas Wasser«.

Scrub [skrʌb], Strauchformation aus immer grünen, oft undurchdringl. dichten, hartlaubigen Dornbüschen in den austral. Trockengebieten.

Scudéry [skydeˈri], Madeleine de, *1607, †1701, frz. Schriftst.; Hauptvertreterin des *Preziösentums;* schrieb histor.-galante Romane.

Scultetus, Andreas, eigtl. Andreas *Scholz,* *1622, †1647, schles. Barock-Dichter; Jugendfreund von *Angelus Silesius.*

Scutari →Shkodër.

SDI, Abk. für engl. *Strategic Defense Initiative,* →Strategische Verteidigungsinitiative.

Se, chem. Zeichen für Selen.

Seaborg [ˈsiːbɔːg], Glenn Theodore, *19.4.1912, US-amerik. Physiker; Arbeitsgebiet: Transurane; Nobelpreis für Chemie 1951.

Seal [siːl], Bez. für das Robbenfell (bes. der Seebären), von dem nur die eingefärbte, seidenweiche Unterwolle verwendet wird.

Sealsfield [ˈsiːlsfiːld], Charles, eigtl. Karl (Anton)

Scipio d. Ä.; Porträtbüste. Neapel, Museo Archeologico

Postl, *1793, †1864, östr. Schriftst.; schilderte in realist., von J.F. *Cooper* beeinflußten Romanen den »Wilden Westen« Amerikas.

Seami, Motokijo, Jusaki M., *1363, †1443, jap. Dichter, Schauspieler u. Dramaturg; Schöpfer u. Vollender des *No-Spiels.*

Séance [seˈɑ̃s], spiritist. Sitzung, →Spiritismus.

Searle [səːl], **1.** Humphrey, *1915, †1982, engl. Komponist; Schüler von A. *Webern.* – **2.** John Rogers, *31.7.1932, US-amerik. Sprachwissenschaftler; entwickelte die Sprechakttheorie J. L. *Austins* weiter.

SEATO, Abk. für engl. *South-East Asia Treaty Organization,* Südostasien-Pakt, 1954 geschlossen als Teil des US-amerik. Bündnisgürtels zur Eindämmung des Kommunismus; Mitte 1977 aufgelöst. Der SEATO gehörten an: USA, Frankreich (bis 1974), Großbritannien, Australien, Neuseeland, Philippinen (bis 1975), Thailand (bis 1975) u. Pakistan (bis 1972).

Seattle [siˈætl], Hafenstadt u. größte Stadt im USA-Staat Washington, 491 000 Ew.; 3 Univ.; Schiff-, Masch.- u. Flugzeugbau, Stahl-Ind., Pelzhandel; 2 Flughäfen.

Sebaldus, Einsiedler u. Missionar bei Nürnberg, vielleicht angelsächs. Herkunft, lebte im 8. oder 10./11. Jh.; Heiliger (Fest: 19.8.).

Sebastian, Märtyrer zu Rom in der 2. Hälfte des 3. Jh.; wurde nach der Legende mit Pfeilen durchbohrt; Heiliger (Fest: 20.1.).

Sebastiano del Piombo, eigtl. *Luciani,* *um 1485, †1547, ital. Maler; verband venezian. u. röm. Stilelemente; W »Auferweckung des Lazarus«, »Heimsuchung Mariä«.

Sebestyén [ˈʃɛbɛʃtjeːn], György, *1930, †1990, östr. Schriftst. ung. Herkunft; zeitgeschichtl. Prosa.

Sebil, oriental. öffentl. Brunnen, bes. der Wandbrunnen in der osman. Profanarchitektur.

Sebnitz, Krst. in Sachsen, 11 700 Ew.; Holzverarbeitung, Landmaschinenbau.

Seborrhoe, *Talgfluß,* krankhaft vermehrte Absonderung der Talgdrüsen; führt zu Fettglanz der Haut, Mitesserbildung u. Schuppen.

Seboû, *Oued S.* [wɛdsəˈbuː], Fluß in Marokko, 500 km, mündet bei Rabat.

Sebulon, im AT einer der 12 Stämme Israels.

sec, Bez. bei Weinen: herb, »trocken«.

SECAM, Abk. für frz. *système en couleur avec mémoire* oder *séqueniel à mémoire,* in Frankreich u. O-europ. Ländern verwendetes Farbfernsehverfahren (entwickelt von Henri de *France*).

Secchi [ˈsɛkki], Angelo, *1818, †1878, ital. Astrophysiker; entdeckte den inneren Saturnring.

Secco-Malerei, Malerei *al secco,* eine Technik der Wandmalerei, bei der im Unterschied zum *Fresko* auf einem trockenen, bes. präparierten Untergrund gemalt wird.

Sechstagerennen, auf Hallenbahnen von Berufsfahrern ausgetragenes Radrennen über 145 Stunden für Zweier- oder Dreier-Mannschaften.

sechster Sinn, das einem Menschen zugeschriebene bes. Ahnungsvermögen.

Secrétan [səkreˈtɑ̃], Charles, *1815, †1895, schweiz. Philosoph; gehörte zu den Hauptvertretern des frz. Spiritualismus.

Secret Service [ˈsiːkrət ˈsəːvis], brit. Geheimdienst, der einige Bereiche der Wirtschaft u. der wiss. Forschung überwacht.

Sedan [səˈdɑ̃], Ind.-Stadt im NO-frz. Dép. Ardennes, 23 500 Ew.; Stahl- u. Textil-Ind. – Am 1./2.9.1870 fand dort die Entscheidungsschlacht im Dt.-Frz. Krieg statt.

Sedativa, beruhigende Arzneimittel.

Sedes, Sitz, Stuhl, Amtssitz eines kath. Bischofs; *S. Apostolica,* der *Apostolische Stuhl.*

Sediment, der Bodensatz, der sich in stehenden Flüssigkeiten absetzt.

Sedimentation, die Ablagerung von Verwitterungsprodukten der Erdkruste, organ. Substanzen u. chem. Ausscheidungen.

Sedimentgesteine, durch Ablagerung u. anschließende Verfestigung *(Diagenese)* von Verwitterungsschutt, organ. Substanzen u. chem. Ausscheidungen entstandene Gesteine.

Sedlmayr, 1. Hans, *1896, †1984, dt. Kunsthistoriker östr. Herkunft; Arbeiten über Barockarchitektur u. Kathedralbaukunst. – **2.** Walter, *1926, †1990 (ermordet), dt. Schauspieler u. Regisseur; bes. volkstüml. Rollen.

Sedom, bibl. *Sodom,* isr. Ind.-Standort (seit 1934) am Südende des Toten Meers; chem. Ind. Die Geschichte des bibl. Sodom dürfte auf eine Erdbebenkatastrophe zurückgehen.

Sedschade →Gebetsteppich.

Sedum →Fetthenne.

See, 1. [der], ein stehendes Gewässer, das mit dem Meer nicht unmittelbar verbunden ist. Man unterscheidet *Süßwasser-* u. *Salz-S.* (Salzgehalt über

Sechstagerennen: Während der Ablösung eines Paares setzt ein anderer Fahrer zur Überrundung an

816 Seeaal

Die größten Seen der Erde	
Name (Land)	Fläche in km²
Kaspisches Meer (Aserbaidschan, Rußland, Kasachstan, Turkmenistan, Iran	371 000
Oberer See (USA, Kanada)	82 103
Victoriasee (Kenia, Tansania, Uganda)	69 484
Aralsee (Usbekistan, Kasachstan)	64 501
Huronsee (USA, Kanada)	59 570
Michigansee (USA)	57 757
Tanganjikasee (Burundi, Tansania, Sambia, Zaire)	32 893
Baikalsee (Rußland)	31 500
Großer Bärensee (Kanada)	31 329
Malawisee (Malawi, Moçambique, Tansania)	29 604
Großer Sklavensee (Kanada)	28 570
Eriesee (USA, Kanada)	25 667
Winnipegsee (Kanada)	24 390
Ontariosee (USA, Kanada)	19 011
Balchaschsee (Kasachstan)	18 428
Ladogasee (Rußland)	17 703
Maracaibosee (Venezuela)	16 317
Tschadsee (Niger, Nigeria, Tschad)	16 000
Eyresee (Australien)	10 000

5‰). – **2.** [die], das Meer. – **3.** seemänn. Ausdruck für *Seegang* oder *Welle*.

Seeaal, 1. Handelsbez. für den Leng. – **2.** →*Meeraale*.

Seeadler, bis über 90 cm großer, weißschwänziger *Greifvogel* mit bes. kräftigem Schnabel. Hierzu: *Weißkopf-S.* u. *Schrei-S.*

Seealpen →*Meeralpen*.

Seeamt, Untersuchungs- u. Spruchbehörde für Unfälle auf See. Höchste Instanz in Dtld. ist das *Bundesober-S.* in Hamburg.

Seebarbe →*Meerbarben*.

Seebären, *Pelzrobben,* Gruppe der *Ohrenrobben;* von bipolarer Verbreitung; die Männchen erreichen 2 m Länge u. 350 kg Gewicht, die Weibchen 1,5 m Länge bei 250 kg. Am bekanntesten ist der *Nördl. S.,* sein Pelz wird als Seal gehandelt. Alle Arten des *Südl. S.* sind stark bedroht.

Seebarsch, ein *Zackenbarsch* von 1 m Länge, bis 10 kg schwer.

Seebeben, Erdbeben mit untermeer. (submarinem) Ausgangspunkt; oft Ursache verheerender Flutwellen *(Tsunamis).*

Seeblase, *Portugiesische Galeere,* eine weltweit verbreitete *Staatsqualle;* tritt oft in riesigen Schwärmen auf; ist giftig.

Seeboden, östr. Seebad am Westende des Millstätter Sees, in Kärnten, 5500 Ew.; Kurpark, Spielcasino.

Seebohm, Hans Christoph, * 1903, † 1967, dt. Politiker (DP, seit 1960 CDU); 1949–66 Bundesverkehrs-Min.

Seeckt, Hans von, * 1866, † 1936, dt. Offizier; mit Reichswehr-Min. O. Gessler Schöpfer der *Reichswehr,* 1920–26 Chef der Heeresleitung, 1933–35 militär. Berater in China.

Seedrachen, *Chimären, Holocephalia,* Unterklasse der *Knorpelfische;* mit dickem, plumpem Kopf u. schuppenloser Haut. Einzige rezente Ordnung sind die *Seekatzen.*

See-Elefant, *Elefantenrobbe,* ein bis 6 m langer *Seehund.* Der *Nördl. S.* lebt fast nur noch auf Guadeloupe, der *Südl. S.* auf Inseln des Pazif. Ozeans.

Seefahrtbuch, amtl. Ausweis u. Arbeitsbuch für jeden Seemann, ausgestellt vom *Seemannsamt.*

Seefedern, *Federkorallen, Meerestiere* von federartiger Gestalt, die im Ggs. zu allen übrigen Korallen nicht festgewachsen sind. In der Nord- u. Ostsee kommt die *Leuchtende S.* vor.

Seefeld in Tirol, östr. Luftkurort u. Wintersportplatz, 1180 m ü. M., 2500 Ew. – 1964 u. 1976 Austragungsort der Olymp. Winterspiele (nord. Disziplinen).

Seefried, Irmgard, * 1919, † 1988, östr. Sängerin (Sopran); seit 1943 an der Wiener Staatsoper.

Seefrosch, größter mittel- u. osteurop. *Frosch;* bis 17 cm, olivgrün.

Seegang, durch Wind verursachte Bewegung des Meeres.

Seegras, *Zostera,* Gattung der *S.gewächse* (→*Pflanzen*); im Meeresschlamm der Küsten wurzelnde Pflanzen mit grasartigen Blättern.

Seegurken →*Seewalzen.*

Seehase, *Meerhase,* ein die N-europ. Küsten bewohnender *Lumpfisch;* Länge bis 50 cm, Gewicht bis 5 kg. Sein Rogen wird zu »Dt. Kaviar« verarbeitet.

Seehecht, *Meerhecht, Hechtdorsch,* bis 1 m langer u. 10 kg schwerer *Schellfisch;* Nutzfisch.

Seeheim-Jugenheim, Gemeinde in Hessen, 16 600 Ew.; Kneippheilbad.

Seehofer, Horst, * 4.7.1949, dt. Politiker (CSU); seit 1992 Bundes-Min. für Gesundheit.

Seehunde, *Hundsrobben, Phocidae,* Fam. der *Robben;* fast völlig dem Leben im Wasser angepaßte Tiere. Der *Gewöhnl. S. (Meerkalb)* wird 2 m lang; er ist in den nördl. Meeren bis in die Nordsee verbreitet. S. sind z. T. wichtige Pelztiere. Hierzu: *Ringelrobbe, Kegelrobbe, Klappmütze, Sattelrobbe, Mönchsrobbe, Seeleopard, See-Elefant.*

Seeigel, kugel-, herz- oder scheibenförmige Meerestiere aus dem Stamm der *Stachelhäuter,* deren aus Kalktafeln aufgebautes Skelett den Körper außen umschließt u. bewegl. Stacheln trägt.

Seejungfer, smaragdgrüne *Libelle* aus der Gruppe der *Schlankjungfern.*

Seekadett, in der Marine der Offiziersanwärter im Dienstgrad eines Unteroffiziers.

Seekarte, nautische Karte, die kartograph. Erfassung von Meeren mit Küstenstreifen, in die für die Seeschiffahrt wichtige Gegebenheiten (Tiefen, Strömungen, Gezeitenhub u. a.) eingetragen sind.

Seekatz, Johann Conrad, * 1719, † 1768, dt. Maler (rokokohafte Genreszenen). W Gruppenbild der Fam. Goethe.

Seeklima, *maritimes,* oder *ozean. Klima,* gekennzeichnet u. a. durch: geringe Temperaturschwankungen; hohe, landeinwärts abnehmende Niederschläge; hohe Luftfeuchtigkeit; kühle Sommer, milde Winter.

Seekrankheit, *Reisekrankheit,* das Auftreten von Übelkeit, Drehschwindel, Angstgefühl u. schließl. völlige Teilnahmslosigkeit; ausgelöst durch Reizung des Gleichgewichtsorgans bei schaukelnden u. drehenden Bewegungen.

Südlicher See-Elefant

Seekriegsrecht, die v. a. im *Haager Abkommen* von 1907, dann aber auch im *Genfer Abkommen* von 1949 getroffene sowie durch Völkergewohnheitsrecht ergänzte Regelung der militär. Auseinandersetzungen zur See.

Seekühe, *Sirenen,* zu den *Vorhuftieren* gestellte Ordnung der *Huftiere;* mit den Elefanten verwandt. Sie leben in trop. Küstenmeeren u. Flußmündungen, wo sie den Pflanzenbewuchs abweiden. Wenige Arten: z.B. die *Manatis.*

Seelachs, Handelsbez. für geräucherten *Leng* oder *Köhler.*

Seeland, 1. *Sjælland,* dän. Insel zw. Großem Belt u. Öresund, 7434 km², 2,15 Mio. Ew., Hptst. *Kopenhagen.* – **2.** *Zeeland,* sw. Prov. der →*Niederlande;* das Mündungsgebiet der Schelde.

Seele, *Psyche, Anima,* in der Religionsgeschichte das angenommene Lebensprinzip des einzelnen Menschen, aber auch von Pflanze u. Tier (so bei *Aristoteles*). Viele Naturvölker fassen alles Be-

Seeigel

Seeblase

Seegang					
Stufe	Kennwort	Beschreibung der Kennzeichen	Wellenlänge	Wellenhöhe	Windstärke
0	spiegelglatte See	spiegelglatte See	–	–	0
1	gekräuselte, ruhige See	kleine Kräuselwellen ohne Schaumkämme	bis 5 m	bis ¼ m	1
2	schwach bewegte See	Kämme beginnen sich zu brechen; vereinzelte Schaumköpfe	bis 25 m	bis 1 m	2–3
3	leicht bewegte See	häufigeres Auftreten der weißen Schaumköpfe, aber noch kleine Wellen	bis 50 m	bis 2 m	4
4	mäßig bewegte See	mäßige Wellen und überall weiße Schaumkämme	bis 75 m	bis 4 m	5
5	grober Seegang	schon große Wellen, deren Kämme sich brechen und Schaumflächen hinterlassen	bis 100 m	bis 6 m	6
6	sehr grober Seegang	Wellen türmen sich; der weiße Schaum bildet Streifen in Windrichtung	bis 135 m	bis 7 m	7
7	hoher Seegang	hohe Wellenberge mit dichten Schaumstreifen; See beginnt zu „rollen"	bis 200 m	bis 10 m	8–9
8	sehr hoher Seegang	sehr hohe Wellenberge; lange überbrechende Kämme; Gischt beeinträchtigt Sicht	bis 250 m	bis 12 m	10
9	schwerer Seegang	Schaum und Gischt erfüllen die Luft; See weiß; keine Fernsicht mehr	über 250 m	über 12 m	über 10

Galápagos-Seelöwin mit Jungem

wegte als beseelt auf (*Animismus*). Als Träger psych. Vorgänge ein wichtiger Begriff der Psychologie im 19. Jh., spielt S. als wiss. Terminus heute keine bed. Rolle mehr.

Seelenamt, →Requiem.
Seelenwanderung, *Reinkarnation,* in versch. Religionen die Vorstellung von einer Wiederverkörperung der unvergängl. Seele nach dem Tod des Leibes in einem menschl., tier. oder pflanzl. Körper. → Karma.
Seeleopard, ein *Seehund* der Antarktis, bis 2,50 m lang; längste u. schlankste Südrobbe.
Seeler, Uwe, *5.11.1936, dt. Fußballspieler; bestritt 72 Länderspiele.
Seeliger, Hugo von, *1849, †1924, dt. Astronom; arbeitete über Photometrie u. Stellarstatistik.
Seelilien →Haarsterne.
Seelow [-lo], Krst. in Brandenburg, 4700 Ew.; Nahrungsmittel-Ind.
Seelöwen, Gruppe der *Ohrenrobben*. Der *Kaliforn. S.* ist als Zirkustier bekannt.
Seelsorge, die christl. Betreuung des einzelnen.
Seelze, Stadt in Nds., an Leine u. Mittellandkanal, 30 000 Ew.; chem. Ind.
Seemacht, ein Staat, der seine Macht militär. vorw. auf eine ausgebaute Kriegsflotte u. wirtsch. auf eine große Handelsflotte stützt.
Seemannsamt, Verw.-Behörde; nimmt die An- u. Abmusterung von Schiffsbesatzungen vor u. schlichtet Streitigkeiten.
Seemannssprache, eine Standessprache, für den dt. Sprachraum v. a. mit ndt. u. engl. Elementen durchsetzt.
Seemeile, nautische Meile, Abk. *sm,* internat. gebräuchl. Maß für Entfernungen über See: 1 sm = 1852 m.
Seenadeln, Unterordnung der *Büschelkiemerfische;* z.B. das Seepferdchen.
Seenelke, ein zu den *Aktinien* gehöriges festsitzendes Meerestier.
Seenkunde, *Limnologie, Binnengewässerkunde,* die Wiss. von den Binnengewässern einschl. der Flüsse. Seen u. Flüsse werden als ökol. Systeme in Beziehung zu den Umweltfaktoren betrachtet.
Seenot, schwere Gefahr des Untergangs von Schiffen u. auf See notgelandeten Flugzeugen. Ein S.zeichen ist der Morseruf SOS. Zur Rettung aus S. wurde 1865 die *Dt. Gesellschaft zur Rettung Schiffbrüchiger* gegr.
Seeotter, *Meerotter,* ein bis 1,30 m langer *Marder* des nördl. Pazifik u. der Beringsee.
Seepferdchen, bis 15 cm lange *Seenadeln* des Mittelmeers, der Nordsee u. des Atlantik; Flachwasserfisch mit spitz auslaufendem Schwanz u. pferdeähnl. Kopf; über 20 Arten.
Seepocken, *Balanomorpha,* Gruppe der *Rankenfußkrebse;* 250 Arten, oft in großen Mengen festsitzend auf toten Gegenständen u. Tieren.
Seeraub →Piraterie.
Seerecht, das für die Schiffahrt u. Fischerei geltende Recht. Dabei ist zu unterscheiden:
1. das auf Vertrag oder Gewohnheit beruhende zwischenstaatl. Recht zur Regelung des Seeverkehrs. Grundlage ist das Prinzip der *Meeresfreiheit* (*mare liberum*). Die Schiffahrt aller Nationen darf auf freiem Meer nicht behindert werden.
2. die Bestimmungen über das Führen von Flaggen (*Flaggenrecht*), über die *Seepolizei,* über Seenot, über die Schiffsvermessung u. über die Berufsordnung der auf See Beschäftigten.
3. die Vorschriften über Havarie, Reederhaftung, Seefrachtvertrag, Schiffshypotheken u. a.; meist in den Handelsgesetzbüchern geregelt, ergänzt durch internat. Verträge.

Seerose, 1. *Nymphaea,* Gatt. der *Seerosengewächse* (→Pflanzen); am Grund von flachen Gewässern wurzelnde Pflanzen mit auf dem Wasser schwimmenden Blättern; in Dtld. die *Weiße S.* u. die *Glänzende S.* Beide stehen unter Naturschutz. – **2.** →Aktinien.
Seescheiden, *Ascidia,* Kl. der *Manteltiere* von meist schlauchförmiger, manchmal gestielter Gestalt, die entweder frei am Grund des Meeres im Sand oder festgewachsen leben; Zwitter.
Seeschildkröten, *Cheloniidae,* Fam. der *Meeresschildkröten,* deren Panzer aus großen, mit Hornschilden bedeckten Knochenplatten besteht. Hierher gehören *Suppen-* u. *Karettschildkröten.*
Seeschlangen, *Hydrophiidae,* Fam. meeresbewohnender *Giftnattern;* bis 2,75 m lang, im Pazifik.
Seeschwalben, *Sterninae,* Unter-Fam. der *Möwen,* mit bes. zierl. Körper u. gewandtem Flug. Einheim. sind u. a. *Trauer-S., Küsten-S., Brand-S., Zwerg-S., Fluß-S.*
Seesen, Stadt in Nds., am NW-Rand des Harzes, 22 000 Ew.; Nahrungsmittel- u. Papier-Ind.
Seeskorpion, 60–100 cm langer *Groppen-Fisch* der Küstenzone der nördl. Meere.
Seespinne, bis 11 cm lange, gelbrote *Dreieckskrabbe.*
Seesterne, *Asteroidea,* Ordnung der *Stachelhäuter;* von flach sternförmigem Körper mit meist 5 regelmäßigen Armen zum Ergreifen von Beutetieren; etwa 1100 Arten in fast allen Weltmeeren; häufigste Art an den dt. Küsten ist der *Gewöhnl. Seestern.*
Seetaucher, *Gaviformes,* Ordnung von 4 Arten tauchender Schwimmvögel der offenen Gewässer; hierzu der *Pracht-* oder *Polartaucher.*
Seeteufel, *Lophioidei,* Meeresfische, Unterordnung der *Armflosser.*
Seevetal, Gem. in Nds., südl. von Hamburg, 37 000 Ew.; im Ortsteil *Maschen* Verschiebebahnhof.
Seewald, Richard, *1889, †1976, dt.-schweiz. Maler u. Graphiker (Stilleben u. Landschaften).
Seewalzen, *Seegurken,* wurmförmig gestreckte Stachelhäuter; rd. 600 Arten, darunter die zwittrige *Lebendgebärende Seegurke.*
Seewolf, *Katfisch,* bis 1,20 m langer *Schleimfisch* der westl. Ostsee, des nördl. Atlantiks u. des nördl.

Seepferdchen

Eismeers; im Handel als *Karbonaden-* oder *Austernfisch.*
Seezeichen, *Schiffahrtszeichen,* Zeichen versch. Art an Küsten u. auf dem Wasser (*Land-* u. *Seemarken*), die der Schiffahrt zur Ortsbestimmung, Kursweisung u. Warnung dienen; z.B. Leuchttürme, Feuerschiffe, Tonnen.
Seezunge, bis 40 cm langer u. 400 g schwerer *Plattfisch;* an den Küsten Europas vom Schwarzen Meer bis zur Nordsee; erhebl. wirtschaftl. Bed.
Seferis, Giorgos, eigtl. Giorgios Stylianos *Seferiades,* *1900, †1971, grch. Schriftst.; Diplomat; einflußreicher Vertreter der neugrch. Lyrik. Nobelpreis 1963.
Sefid Rud, Fluß in N-Iran, 650 km.
Segal ['si:gəl], Erich Wolf, *16.6.1937, US-amerik. Schriftst.; Prof. für klass. Philologie; W »Love Story«.
Segeberg, Bad S., Krst. in Schl.-Ho. am S.er

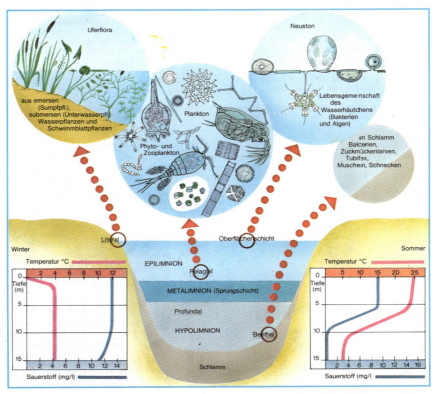

Seenkunde: ökologische Differenzierung eines Sees gemäßigter Breiten (thermische Schichtung und Sauerstoffverteilung im Sommer und Winter sowie verschiedene Lebensgemeinschaften)

Schema eines Segelbootes (470er Jolle)

Segelflug: Hochleistungs-Segelflugzeug »Nimbus 2«

Kalkberg (91 m) u. S.er See, 13 900 Ew.; Freilichttheater (Karl-May-Festspiele).

Segel, das meist aus mehreren Bahnen (S.leinwand) zusammengenähte Tuch, durch das das S.fahrzeug bei Wind vorwärts bewegt wird. –
S.boot, ein meist kleineres, oft ungedecktes Boot, das durch S. angetrieben wird. Man unterscheidet 2 Konstruktionstypen: *Kielboote* u. *Schwertboote.*

Segelfalter, mit dem Schwalbenschwanz verwandter u. diesem ähnelnder großer *Ritterfalter;* unter Naturschutz.

Segelflosser, *Skalar,* Aquarienfische aus der Fam. der *Buntbarsche;* Heimat: Amazonasgebiet.

Segelflug, das Fliegen mit motorlosem Flugzeug unter Ausnutzung atmosphär. Aufwindquellen.

segeln, ein Fahrzeug (z.B. Boot oder Eisschlitten) durch Segel fortbewegen.

Segelqualle, *Segler vor dem Winde,* eine bis 6 cm große *Staatsqualle;* auf allen Meeren.

Segelschiff, ein Schiff, das Segel an Masten trägt u. mittels Windkraft (-druck) getrieben wird. Die Ursprünge reichen bis in die Anfänge der Schiffahrt überhaupt zurück; die Glanzzeit war das 16.–18. Jh.; die schnellsten S. *(Klipper)* entstanden u. fuhren 1850–80. Noch um 1900 übertraf die Tonnage der S. die der Dampfschiffe.

Segen, das heilschaffende Wort im Ggs. zum *Fluch.* Oft ist der S. von Handlungen begleitet (Handauflegen, Kreuzzeichen) oder an ein Amt gebunden (Priester, Prophet, Familienoberhaupt).

Segge, *Riedgras,* Gatt. der *Sauergräser;* über 800 Arten. Die *Sand-S.* dient zur Befestigung von Flugsand u. Deichen.

Seghers, 1. Anna, eigtl. Netty *Radványi,* geb. *Reiling,* *1900, †1983, dt. Schriftst.; Mitgl. der KPD; 1933–47 im Exil; seit 1947 in Ostberlin; Erzählungen u. Romane; W »Das siebente Kreuz«, »Transit«. – **2.** ['se:xərs], Herkules, *1589/90, †um 1638, ndl. Maler u. Radierer; malte holländ. Flachlandschaften von großer Tiefenwirkung.

Segler, *Anodinae,* Fam. schwalbenähnl., aber nicht mit den Schwalben verwandter Vögel; heim. Arten: *Mauer-S., Alpen-S.*

Segment, 1. eine Fläche, die durch eine Sehne u. eine Kurve begrenzt wird; ebenso ein Körper, der durch eine Ebene u. eine Kappe begrenzt wird. – **2.** jeder der gleichförmigen Teile, aus denen die Körper bestimmter Tiere aufgebaut sind; bes. deutl. bei Gliedertieren.

Segni ['sɛnji], Antonio, *1891, †1972, ital. Politiker (Democrazia Cristiana); 1955–57 u. 1959/60 Min.-Präs., 1960–62 Außen-Min., 1962–64 Staats-Präs.

Ségou [-gu], Stadt im westafrik. Mali, am oberen Niger, 99 000 Ew.; Binnenhafen.

Segovia, mittelspan. Prov.-Hptst., 53 000 Ew.; röm. Aquädukt, spätgot. Kathedrale; versch. Ind. – S. war lange Zeit bevorzugte Residenz der kastil. Könige.

Segovia, Andrés, eigtl. A. S. *y Torres,* Marquis de Salobreña, *1893, †1987, span. Musiker (Erneuerer des Gitarrenspiels im 20. Jh.).

Segre, *Río S.,* l. Nbfl. des Ebro in Katalonien, 265 km; mündet bei Mequinenza.

Segrè, Emilio Gino, *1905, †1989, US-amerik. Physiker ital. Herkunft; wies 1955 mit O. *Chamberlain* u. a. die Existenz des Antiprotons nach; Nobelpreis 1959.

Segregation, Absonderung eines Personenkreises mit gleichen Merkmalen (rass., religiöse u. a.) von der Gesellschaft.

Seguidilla [zɛgi'dilja], span. Tanz im Dreivierteltakt mit Kastagnettenbegleitung.

Segura, Fluß in SO-Spanien, 225 km.

Sehne, 1. Muskel-Endstück aus Bindegewebe, das die Verbindung zw. Muskel u. Knochen herstellt. – **2.** eine Strecke, die zwei Punkte einer Kurve verbindet.

Sehnenscheide, eine röhrenförmige Hüllscheide an Sehnen, um ein leichtes Gleiten der Sehnen zu ermöglichen. Die **S.nentzündung** ist eine akute oder chron. Entzündung der S.

Sehwinkel, *Gesichtswinkel,* der Winkel, den die von den äußeren Punkten eines Gegenstands zum Auge ziehenden Linien bilden.

Sehzellen, primäre Sinneszellen, die die Lichtsinnesorgane der Tiere bilden.

Seide, die Fasern aus der Mittelschicht des Kokons, den die Raupe des Seidenspinners bei der Verpuppung spinnt. Die Raupe des *Maulbeerspinners* züchtet man seit dem Altertum in China, Japan u. Indien, in neuerer Zeit auch in anderen Ländern (Italien, Griechenland) zur Gewinnung von S. (→ Seidenraupenzucht). Ein Kokon liefert rd. 800 m Seidenfäden, die je nach Herkunft u. Güte 8–15 μm dick sind.

Durch seifenartige Lösungen wird die S. vom Serizin (*S.nleim*) befreit (entbastet), dann meist mit Metallsalzlösungen »schwerer« gemacht. Mehrere Fäden werden vereinigt (gezwirnt).

Seidel, 1. Schank- u. Trinkgefäß. – **2.** altes bay. u. östr. Flüssigkeitsmaß: 1 S. in Bay. = 0,535 l, in Östr. = 0,354 l.

Seidel, 1. Heinrich, *1842, †1906, dt. Schriftst.; schilderte humorvoll u. idyll. das Bürgerleben; W »Leberecht Hühnchen«. – **2.** Ina, Nichte von 1), *1885, †1974, dt. Schriftst.; behandelte bes. Fragen des Fraulichen u. Mütterlichen; W »Das Wunschkind«.

Seidelbast, *Daphne,* unter Naturschutz stehende Gatt. der *S.gewächse;* hierzu der *Gewöhnl. S.,* dessen scharlachrote, saftige Beeren giftig sind. Rinde u. Wurzeln enthalten einen Bitterstoff (*Daphnin, S.bitter*).

Seidenmalerei, Malerei mit wäßrigen Farben auf Seidengrund, seit dem 4. Jh. v. Chr. in China.

Seidenraupenzucht, Zucht des *Maulbeerspinners* (→ Seidenspinner) zur Gewinnung von Seide. Die Weibchen legen in wenigen Tagen 300 bis 700 Eier an den Zweigen des Maulbeerbaums ab. In der S. läßt man die Tiere die 1–1,5 mm langen Eier in kleinen Pappkäfigen ablegen; nach 10–15 Tagen schlüpfen die Raupen. Sie werden mit frischen Blättern des Maulbeerbaums gefüttert. Nach dem Verpuppen tötet man die Tiere durch heißen Dampf u. wickelt den Kokon ab.

Seidenreiher, 56 cm großer weißer *Reiher* der wärmeren Gebiete der Alten Welt; in Amerika eine nah verwandte Art: *Schneereiher.*

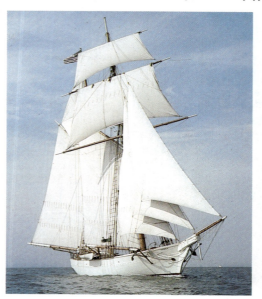

Segelschiff: Der amerikanische Zweimast-Toppsegelschoner »Shenandoah« wird für Passagier-Kreuzfahrten eingesetzt (links). – Der japanische 700-Tonnen-Motortanker »Shin Aitoku Maru« mit moderner Segelkonstruktion (rechts)

Seidenspinner: Falter und Kokon

Seidenschwanz, ein 18 cm großer bräunl. *Singvogel* in den Wäldern N-Eurasiens.
Seidenspinnen, trop. *Radnetzspinnen* der Gatt. *Nephila.* In ihrem festen Netz können sich sogar kleine Vögel fangen.
Seidenspinner, Fam. meist trop. *Schmetterlinge,* deren Kokongespinste zu Stoffseiden (sog. *Wildseiden*) verarbeitet werden.
Seidenstraße, alte, über Hamadan u. Palmyra führende Handelsstraße zw. N-China (Luoyang) u. dem Mittelmeerhafen Antiochia mit Abzweigungen in S- u. W-Asien.
Seidenwollbaum →Wollbaum.
Seidl, 1. Gabriel von, *1848, †1913, dt. Architekt; Vertreter der historisierenden Richtung; Ⓦ Dt. Museum in München. – **2.** Johann Gabriel, *1804, †1875, östr. Schriftst.; Vertreter des Biedermeiers, volkstüml. Lyriker (Kaiserhymne: »Gott erhalte Franz den Kaiser«).
Seife, 1. Sand- u. Kieselablagerungen, in denen sich spezif. schwerere oder verwitterungsbeständige Mineralien (Metall, Erze oder Diamanten) angesammelt haben *(Gold-, Diamant-S.).* – **2.** ein Waschmittel, das aus Natrium- oder Kaliumsalzen der höheren Fettsäuren besteht. Man unterscheidet *harte* oder *Natron-S.* u. *weiche* oder *Schmier-S.* Ausgangsmaterial für die Herstellung sind Fette. Die reinigende Wirkung beruht darauf, daß die S. die Oberflächenspannung des Wassers erhebl. herabsetzt u. dadurch in die kleinsten Zwischenräume eindringen u. den Schmutz beseitigen kann.
Seifenbaum, 1. *Sapindus,* Gatt. der *S.gewächse;* 15 Arten im trop. Amerika u. Asien. – **2.** *Chilenischer S.,* zu den *Rosengewächsen* gehörender, in S-Amerika heim. Baum; liefert die saponinhaltige Seifenrinde (Panama-Rinde, -Holz).
Seifenkraut, ein *Nelkengewächs* mit saponinhaltigen Wurzeln.
Seifert, Jaroslav, *1901, †1986, tschech. Lyriker; artikulierte die sozialist. Wirklichkeit; flüchtete sich aber auch in Melancholie u. Traum. Nobelpreis 1984.
seigern, *saigern,* Metalle aus dem Eis ausschmelzen bzw. Metalle aus Metallmischungen trennen.
Seigneur, [sɛˈɲøːr], verkürzt *Sieur,* in Frankreich vor 1789 der Grundherr (mit Gerichtsbarkeit).
Seikantunnel, untermeer. Eisenbahntunnel zw. den jap. Inseln Honshu u. Hokkaido, 54 km lang.
Seil, ein Faser- oder Drahterzeugnis zur Übertragung von Zugkräften.
Seilbahn, Fördermittel für Personen u. Lasten zur Überwindung großer Höhenunterschiede oder von ungünstigem Gelände. Bei der *Draht-S., Seilschwebebahn, Ein-S.* läuft das Seil um u. wird auf Stützen über Rollen geleitet. Die Wagen werden am Seil mit Klemmen befestigt. Bei der *Zwei-S.* laufen die Wagen auf Rollen auf dem Tragseil u. werden durch ein dünneres Zugseil, das meist endlos umläuft, gezogen.
Sein, Grundbegriff der *Ontologie* (Seinslehre), das Existieren von Dingen überhaupt, das Identische in der Vielfalt des Seienden.
Seine, [sɛːn], frz. Fluß, 776 km; durchfließt Paris, mündet bei Le Havre in den Ärmelkanal.
Seipel, Ignaz, *1876, †1932, östr. Politiker (Christlichsozialer); Exponent des kath.-konservativen Großbürgertums, 1922–24 u. 1926–29 Bundeskanzler.
Seismizität, die Erdbebenhäufigkeit u. -stärke eines bestimmten Gebiets.
Seismograph, Gerät zur Aufzeichnung von Erdbebenwellen in Form von *Seismogrammen.*

Seismologie, *Seismik,* die Erdbebenforschung.
Seite, Berndt, *22.4.1944, dt. Politiker (CDU); seit 1992 Min.-Präs. von Meckl.-Vorp.
Seitengewehr, jede an der Seite (in einer Scheide) getragene Stich- oder Hiebwaffe, bes. die kurze Waffe, die als Bajonett für das Gewehr bestimmt ist.
Seitenstechen, stechender Schmerz in der Rippengegend; tritt meist in der Jugend bei übermäßigen Anstrengungen auf u. beruht auf der Mobilisierung des Blutdepots in der Milz.
Seitenwagen, *Beiwagen,* Fahrzeug mit nur einem Rad, zur Verbindung mit einem Kraftrad.
Seiters, Rudolf, *13.10.1937, dt. Politiker (CDU); 1989–91 als Bundes-Min. für bes. Aufgaben Chef des Bundeskanzleramtes; 1991–93 Bundes-Min. des Innern.
Seitlinge, *Pleurotus,* Gatt. der *Blätterpilze.* Der *Austern-Seitling* ist ein guter Speisepilz.
Seitz, 1. Gustav, *1906, †1969, dt. Bildhauer u. Graphiker; beeinflußt von A. Maillol. – **2.** Karl, *1869, †1950, östr. Politiker; seit 1907 einer der Führer der östr. Sozialdemokratie; 1923–34 Bürgermeister von Wien.
Seja, *Zeja,* l. Nbfl. des Amur, 1240 km.
Sejm [sejm], der poln. Reichstag, bis Ende des 18. Jh. Adelsparlament, seit 1947 das Parlament Polens.
Sekante, eine Gerade, die eine Kurve (speziell einen Kreis) schneidet.
Sekler [ˈseː-], *Székler, Székelyek,* Teilstamm der *Ungarn* in Rumänien.
Sekondi-Takoradi, Doppelstadt an der Küste von Ghana, 170 000 Ew.; Seehafen.
Sekret [das], von tierischen oder pflanzl. Zellen abgesonderter Stoff.
Sekretär, 1. urspr. Geheimschreiber; heute Schreiber, Schriftführer; leitender Funktionär einer Organisation; Dienstbez. eines Beamten des mittleren Dienstes. – **2.** seit der Renaissance gebräuchl. Schreibschrank. – **3.** bis 1,50 m großer afrik. Greifvogel der Fam. *Sagittariidae;* mit Kopfhaube u. langen Läufen *(Kranichgeier«).*
Sekretin, ein Hormon der Zwölffingerschleimhaut; löst in der Bauchspeicheldrüse die Sekretion des Verdauungssaftes aus.
Sekretion, die Abgabe von Drüseninhalt.
Sekt, *Schaumwein,* moussierender Wein. Er enthält im Unterschied zum gewöhnl. (»stillen«) Wein viel Kohlensäure, die entweder durch Gärung entstanden oder im sog. Imprägnierverfahren in den »ausgebauten« (bereits mit »Likör«-Zusatz versehenen) Wein hineingepreßt ist.
Sekte, (religiöse) Gemeinschaft, die sich innerhalb einer Konfession um eine Sonderlehre gesammelt u. mit der Verwerfung der gemeinsamen Glaubensgrundlage auch die äußere Trennung vollzogen hat.
Sektion, 1. Abt., bes. einer Behörde. – **2.** Leichenöffnung.
Sektor, 1. Ausschnitt, Flächenstück zw. einem Kurvenstück (Kreis) u. den begrenzenden Schenkeln eines Winkels. – **2.** Gebiet, Bezirk.
Sekunda, veraltete Bez. für das 6. (Unter-S.) u. 7. (Ober-S.) Schuljahr des Gymnasiums.
Sekundant, Beistand eines Duellanten oder Fechters (Mensur); Helfer u. Berater eines Boxers.
sekundäre Leibeshöhle, *Coelum, Zölom,* die von dem sog. dritten Keimblatt *(Mesoderm)* gebildete, von eig. Epithel *(Coelomepithel)* ausgekleidete Leibeshöhle der höheren Tiere *(Coelomata).*
Sekundärliteratur, wiss. u. krit. Werke über andere Schriften (Dichtungen oder histor. Quellen).
Sekundarschule, allg. Bez. für alle Schulen, die auf die Primar- (Grund-, Elementar-) Stufe folgen.
Sekundarstufe, auf der Primarstufe aufbauende Schulstufe der Schuljahre 5–10 *(S. I.)* u. der Schuljahre 11–13 *(S. II.).* Die S. II. schließt mit dem Abitur ab.
Sekunde, 1. Abk. *s,* der 60. Teil einer Minute; Zeichen für die *Bogen-S.:* ″, für die *Zeit-S.:* s. – Als *Basiseinheit* ist die S. das 9 192 631 770fache der Periodendauer der dem Übergang zw. den beiden Hyperfeinstrukturniveaus des Grundzustands des Atoms des Nuklids ^{133}Cs entspr. Strahlung. – **2.** die 2. Stufe der diaton. Tonleiter u. das Intervall zw. dem 1. u. dem 2. Ton; große S.: c-d, kleine S.: c-des; übermäßige S.: c-dis.
Sekundogenitur, von einem zweitgeborenen Sohn begr. Nebenlinien eines Fürstenhauses.
Selamlik, öffentl. zugängl. Teil des oriental. Hauses; getrennt von den Familienräumen, dem *Harem.*

Selangor, *Salangor,* Teilstaat in →Malaysia.
Selb, Stadt in Oberfranken (Bay.), im nördl. Fichtelgebirge, 20 000 Ew.; Porzellan-Ind.; staatl. Fachschule für Porzellan.
Selbstbefriedigung, *Onanie* →Masturbation.
Selbstbefruchtung, *Autogamie,* im Pflanzenreich die Selbstbestäubung; im Tierreich selten, z.B. bei Bandwürmern.
Selbstbestimmungsrecht, der Anspruch eines Volkes oder einer Nation auf Unabhängigkeit u. Entscheidung über staatl. Existenz u. innere Angelegenheiten.
Selbstbewußtsein, allg. die Überzeugung vom Wert der eig. Person, in der Philos. die Reflexionsform des *Bewußtseins.*
Selbsterhaltungstrieb, die Gesamtheit der auf die Erhaltung des Individuums abzielenden Triebe wie *Nahrungstrieb, Verteidigungstrieb.*

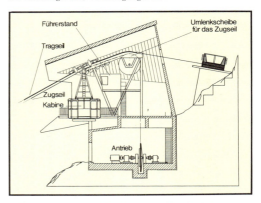
Seilbahn: schematische Darstellung der Bergstation einer Großkabinen-Seilschwebebahn

Selbsthilfe, die Durchsetzung von Rechtsansprüchen ohne Zuhilfenahme der dafür zuständigen Behörden, notfalls auch mit Gewalt; im bürgerl. u. Strafrecht nur zulässig, wenn behördl. Hilfe nicht rechtzeitig zu erlangen ist u. ohne sofortiges Eingreifen die Gefahr besteht, daß die Verwirklichung des Anspruchs vereitelt oder wesentl. erschwert wird.
Selbstkosten, die auf ein Wirtschaftsgut entfal-

Sekten			
Name	Gründer	Entstehungszeit	Entstehungsland
Christengemeinschaft	Friedrich Rittelmeyer	1922	Deutschland
Christliche Wissenschaft; Christian Science	Mary Baker-Eddy	1879	USA
Darbysten	John Nelson Darby	1827	England
Gemeinden Christi		19. Jh.	USA
Gralsbewegung	Oskar Ernst Bernhardt	1928	Deutschland
Jehovas Zeugen	Charles Taze Russell	1879	USA
kath.-apostolische Gemeinden	Henry Drummond	1826	England
Mormonen; Kirche Jesu Christi der Heiligen der Letzten Tage	Joe Smith	1830	USA
Neuapostolische Kirche		1860	Deutschland
Pfingstbewegung		1906	USA
Quäker	George Fox	1652	England
Siebenten-Tags-Adventisten	Ellen Gould White	1861	USA

lenden *Herstellungskosten* (Löhne, Material, Material- u. Fertigungsgemeinkosten) zuzügl. anteiliger *Verwaltungs-* u. *Vertriebskosten*.

Selbstmord, *Freitod, Suizid,* die absichtl. Vernichtung des eig. Lebens. Nach dt. Recht ist weder der Versuch des S. noch die Teilnahme daran strafbar.

Selbstschuß, *Legschuß,* eine Vorrichtung, die bei Berührung selbsttätig einen Schuß auslöst u. den Berührenden verletzt.

Selbstverlag, Vervielfältigung u. Verbreitung eines Druckwerks durch den Autor selbst.

Selbstverstümmelung, im Wehrstrafrecht die Verletzung eines Soldaten durch eig. Hand oder eines anderen Soldaten mit dessen Einwilligung, um sich oder den anderen wehrdienstunfähig zu machen. Auch der Versuch ist strafbar.

Selbstverwaltung, das vom Staat anerkannte Recht der Angehörigen einer Gebietskörperschaft sowie von Personal- oder Realkörperschaften auf eigenverantwortl. Wahrnehmung allg. oder durch Gesetz genau abgegrenzter Verwaltungstätigkeit einschl. Rechtsetzung (Autonomie).

Selbstwählferndienst, selbsttätig vermittelter Fernsprechverkehr zw. versch. Ortsnetzen im In- u. Ausland.

Seldschuken, Fürstendynastie vom 11.–14. Jh. im Vorderen Orient. *Seldschük,* der Stammvater des Geschlechts, wanderte um 1000 als Anführer der türk. *Oghusen* nach Buchara u. nahm den Islam an. Um 1150 zerfiel das S.reich in Iran. Reste der Dynastie konnten sich bis 1317 in Anatolien halten.

Seldte, Franz, *1882, †1947, dt. Politiker; Gründer u. Bundesführer des »Stahlhelm«, 1933–45 Reichsarbeits-Min.

Selektion, *Auslese,* Begriff der Abstammungslehre: die Ausmerzung schwacher u. ungeeigneter Lebewesen als wichtiger Faktor der Artbildung.

Selektivität, *Trennschärfe,* die Eigenschaft eines (Rund-)Funkempfängers, aus der über die Antenne kommenden Frequenzgemisch eine eingestellte Frequenz auszusieben u. zu verstärken, während alle anderen unterdrückt werden.

Selen, ein →chemisches Element.

Selene, grch. Mondgöttin.

Selenga, Hauptzufluß des Baikalsees in Zentralasien, 1024 km.

Selenograd, *Zelenograd,* Stadt in Rußland, Trabantenstadt nw. von Moskau, 144 000 Ew.

Selenographie, Beschreibung u. Kartographierung des Mondes.

Selenologie, die Wiss. vom Gesteinsaufbau des Mondes sowie von der Entstehung der Formen der Mondoberfläche.

Seleukia, *Seleukeia,* Name zahlr. hellenist. Städte im Seleukidenreich. Die von *Seleukos I.* als Hptst. seines Reichs gegr. Stadt S. am Tigris (nördl. von Bagdad) war ein Zentrum des Hellenismus in Mesopotamien.

Seleukiden, eine der Diadochen-Dynastien, gegr. 312 v. Chr. von *Seleukos I. Nikator.* Das S.reich erstreckte sich z. Zt. seiner größten Blüte (um 280 v. Chr. u. um 200 v. Chr.) über fast ganz Kleinasien u. reichte bis zum Indus. Es zerfiel bis 64 v. Chr.

Self-government [sɛlf 'gʌvənmənt], im engl. Sprachraum übl. Begriff für *Selbstverwaltung.*

Selfkant, Ldsch. zw. unterer Rur u. ndl. Grenze, sw. von Heinsberg.

Selfmademan [ˈsɛlfmeɪdmən], ein Mann in bed. Stellung, zu der er sich aus eig. Kraft heraufgearbeitet hat.

Selicha, das Bußgebet im jüd. Ritual.

selig →Seligkeit, →Seligsprechung.

Seligenstadt, hess. Stadt am Main, 17 000 Ew.; mittelalterl. Stadtbild. Einhartsbasilika.

Seligkeit, der völlig leid- u. schuldlose Zustand immerwährender, vollendeter Glücksempfindung in der Gemeinschaft mit Gott; von vielen Religionen als Sinnziel der Weltgeschichte erwartet.

Seligsprechung, *Beatifikation,* Erklärung des Papstes über die Seligkeit eines Verstorbenen mit der Erlaubnis begrenzter öffentl. Verehrung. Die S. bildet die Vorstufe zur *Heiligsprechung.*

Selim, osman. Sultane.
1. S. I. Yavuz [türk. »der Strenge«], *1467, †1520, Sultan 1512–20, Kalif 1517–20; Sohn Bajezids II., begr. den Aufstieg des Osman. Reichs zur Weltmacht. – **2. S. II. Mest,** *S. der Trunkenbold,* Enkel von 1), *1524, †1574, Sultan 1566–74; nahm den Venezianern 1570/71 Zypern. Seine Flotte unterlag 1571 in der Seeschlacht bei *Lepanto.* – **3. S. III.,** *1761, †1808 (ermordet), Sultan 1789–1807; leitete, bes. militär., die Modernisierung des Reichs ein; von den Janitscharen entthront.

Selinunt, Ruinenstätte an der SW-Küste Siziliens, um die Mitte des 7. Jh. v. Chr. gegr. westlichste grch. Siedlung; Blütezeit im 6./5. Jh. v. Chr.

Sellerie, *Eppich,* über die ganze Erde verbreitetes *Doldengewächs.* Die rübenförmigen Wurzelknollen werden als Salat, Gemüse u. Gewürz, die Blattbasen *(Bleich-, Stengel-, Engl. S.)* als Gemüse, das Kraut *(Schnitt-S.)* als Küchenkraut verwendet.

Sellers, Peter, *1925, †1980, brit. Filmschauspieler; v. a. in kom. Rollen erfolgreich.

Sellner, Gustav Rudolf, *1905, †1990, dt. Theaterleiter u. Regisseur; 1960–72 Generalintendant der Dt. Oper Berlin (West).

Selm, Stadt in NRW, 25 000 Ew.; Schloß Cappenberg.

seltene Erden, schwach basische Oxide der seltenen Erdmetalle.

seltene Erdmetalle, die Elemente *Scandium, Yttrium* u. *Lanthan* sowie die *Lanthanoide.*

Selterswasser, urspr. das alkal. Mineralwasser aus *Niederselters,* heute meist künstl. hergestellt.

Seltsame Teilchen, engl. *strange particles,* Elementarteilchen (z.B. K-Meson, Λ-, Σ-Hyperon), die bei hochenerget. Wechselwirkungen in großer Zahl entstehen und nur relativ langsam zerfallen; durch die Quantenzahl *Strangeness* charakterisiert.

Selvas, die trop. Regenwaldgebiete Amazoniens.

Selye [ˈsɛljə], Hans, *1907, †1982, kanad. Mediziner ung. Herkunft; entwickelte die Lehre vom *Streß* u. vom Adaptationssyndrom *(S.sches Syndrom).*

Selznick [ˈsɛlz-], David Oliver, *1902, †1965, US-amerik. Filmproduzent (»Vom Winde verweht«).

Sem, im AT der erste Sohn *Noahs;* angebl. der Stammvater der *Semiten.*

Semang, Zwergvolk *(Negritos)* der Mon-Khmer-Sprachgruppe auf der Halbinsel Malakka, noch etwa 3000.

Semantik, Teilgebiet der Linguistik, die Lehre von der Bed. der Zeichen; d. h. die Lehre von den Beziehungen zw. den Bed. u. den Ausdrucksformen (z.B. den Wörtern). In der Logik ist S. allg. Bez. für die Theorie der Wahrheit log. Sätze u. Folgerungen.

Semarang, *Samarang,* indones. Hafenstadt an der N-Küste Mitteljavas, 1,27 Mio. Ew.; Univ.; Handels- u. Ind.-Zentrum.

Semasiologie, *Bedeutungslehre,* die Forschungsrichtung der *Semantik,* die im Unterschied zur *Onomasiologie* feststellt, was die Ausdrucksformen (z.B. Wörter) einer Sprache bedeuten.

Semele, in der grch. Sage Tochter des *Kadmos,* Geliebte des *Zeus,* Mutter des *Dionysos.*

Semeru, *Semeroe,* tätiger Vulkan der Insel Java, südl. von Surabaya, 3676 m.

Semester, Studienhalbjahr an dt. Hochschulen.

Semikolon, Strichpunkt.

Seminar, **1.** wiss. Abt. einer HS, auch Lehrveranstaltung. – **2.** Ausbildungsstätte für pädagog. oder theolog. Berufe.

Semiotik, die Lehre von den Zeichen u. ihrer Verwendung.

Semipalatinsk, seit 1992 *Semey,* Hptst. der Oblast S. in NO-Kasachstan, 330 000 Ew.; Univ.; Leder- u. Fleisch-Ind.; Flugplatz.

semipermeabel, halbdurchlässig, nur von einer Seite durchlässig.

Semiramis, in der grch. Sage Königin von Babylon. Schöpferin der »Hängenden Gärten«; gemeint ist die assyr. Königin *Sammuramat* um 800 v. Chr.

Semiten, rass. uneinheitl. Völkergruppe mit semit. Sprache. Ende des 4. Jt. v. Chr. saßen die ältesten bek. S. in Mesopotamien.

semitische Schriften, die von semit. Völkern verwendeten Buchstabenschriften, ohne Vokalzeichnung; z.B. die arab., die phöniz. u. die hebr. Schrift.

Semjonow [-nɔf], **1.** Nikolaj Nikolajewitsch, *1896, †1986, russ. Physikochemiker; arbeitete über chem. Reaktionsmechanismen; Nobelpreis 1956. – **2.** Wladimir Semjonowitsch, *1911, †1992, sowj. Diplomat; 1953/54 Botschafter in der DDR, 1978–86 in Bonn.

Semmelporling, ein jung wohlschmeckender, später bitterer Speisepilz.

Semmelweis, Ignaz Philipp, *1818, †1865, ung. Frauenarzt u. Geburtshelfer; entdeckte die Infektiosität des Kindbettfiebers u. führte die entspr. Schutz- u. Vorbeugungsmaßnahmen ein.

Semnonen, westgerm. Stamm zw. mittlerer Elbe u. Oder, nach *Tacitus* der älteste u. vornehmste Stamm der *Sweben.* Sie gingen in den *Alemannen* auf.

Sempach, schweiz. Stadt im Kt. Luzern, am O-Ufer des S.er Sees, 2200 Ew.; mittelalterl. Wehranlagen. – Bei S. besiegten am 9.7.1386 die Eidgenossen ein östr. Ritterheer.

Semper, Gottfried, *1803, †1879, dt. Architekt u. Kunsttheoretiker; Schüler F. von *Gärtners;* Hauptvertreter der auf die Renaissance zurückgreifenden Richtung des Historismus. Ⓦ Opernhaus (1945 ausgebrannt, 1985 wieder eröffnet) u. Gemäldegalerie in Dresden, Burgtheater in Wien.

Semprun [sã'prœ], Jorge, *10.12.1923, frz. Schriftst. span. Herkunft; schreibt bekenntnishafte polit. Romane.

Sen, **1.** Laubholz aus O-Asien, für großflächige Vertäfelungen u. Möbel. – **2.** Münzeinheit in Indonesien, Japan u. Kambodscha, 1/100 der betr. Landeswährung.

Senancour [sənã'ku:r], Étienne Pivert de, *1770, †1846, frz. Schriftst.; von J.J. Rousseau beeinflußter Frühromantiker.

Senat, **1.** der Rat der Ältesten im alten Rom, maßgebendes Verfassungsorgan. Er hatte zunächst 300, später 600 Mitgl. In der Kaiserzeit ging der Einfluß des S. immer mehr zurück. – **2.** der einzelne Spruchkörper höherer dt. Gerichte. – **3.** an Univ. u. sonstigen HS das koordinierende Entscheidungsorgan in akad. Selbstverwaltungsangelegenheiten. – **4.** in den Stadtstaaten Berlin, Bremen u. Hamburg die höchste Exekutivorgan. – **5.** in manchen Staaten eine *Kammer* des Parlaments; z.B. in den USA. In Dtld hat lediglich Bay. einen S. Er ist aus Angehörigen von Berufs- u. Bildungsständen zusammengesetzt, übt nur beratende Funktionen aus u. hat das Recht der Gesetzesinitiative.

Senator, Mitgl. eines *Senats.*

Senckenberg, Johann Christian, *1707, †1772, dt. Arzt u. Naturforscher; nach ihm ist die 1817 gegr. S.ische Naturforschende Gesellschaft benannt.

Sendai, jap. Präfektur-Hptst. an der O-Küste des nördl. Honshu, 700 000 Ew.; Hafen, versch. Ind.

Sender, Einrichtungen zur Erzeugung, Modulation, Verstärkung u. zum Aussenden hochfrequenter Schwingungen, die Nachrichten als Impulse, Ton oder Bild enthalten.

Sender Freies Berlin, Abk. *SFB,* 1953 errichtete öffentl.-rechtl. Rundfunkanstalt mit Sitz u. Funkhaus in Berlin (West).

Senebier [sən'bje], Jean, *1742, †1809, schweiz. Naturforscher; entdeckte bei Pflanzen die Kohlendioxidassimilation (→Photosynthese).

Seneca, Lucius Annaeus, *der Jüngere,* *4 v. Chr., †65 n. Chr., röm. Philosoph u. Dichter; Erzieher *Neros* u. eine Zeitlang bei ihm einflußreich, später von ihm zum Selbstmord genötigt; Vertreter der stoischen Philos.; verfaßte auch Tragödien.

Senefelder, Aloys, *1771, †1834, östr. Drucker; erfand 1796/97 das Drucken von Steinplatten *(Lithographie),* das erste Flachdruckverfahren.

Senegal, W-afrik. Fluß, 1430 km; mündet bei Saint-Louis (Rep. S.) in den Atlantik.

Senegal, Staat an der W-Spitze Afrikas, 196 712 km², 7,5 Mio. Ew., Hptst. *Dakar.*
L a n d e s n a t u r. S. ist ein flaches Senkungsgebiet, das landeinwärts wenig ansteigt. Bei Saint-Louis mündet der Fluß S. (1430 km lang) in den Atlantik. Die Feuchtsavanne im S geht zur Trocken- u. Dornsavanne im N über.
Die B e v ö l k e r u n g gehört überwiegend islam.

Senegal

Sudannegerstämmen (Wolof, Serer, Tukulor, Dyola, Malinke) sowie den Fulbe an.
W i r t s c h a f t. Erdnüsse u. Erdnußprodukte sind die wichtigsten Agrarprodukte. Von großer Bed., auch für den Export, ist der Fischfang. Die Vieh-

Sennelandschaft

zucht hat v. a. im N Bedeutung. Als bed. Bodenschatz kommt Phosphat vor. Die im Ausbau begriffene Industrie liefert neben Agrarprodukten, Kunstdünger u. Zement auch Fertigwaren.
Geschichte. Im MA gehörte S. zunächst zum Kgr. Ghana, dann zu Mali. Im Rahmen der europ. Kolonisation verblieb S. bei Frz.-Westafrika, zuletzt als autonome Rep. 1960 erlangte das Land die volle Unabhängigkeit. 1982 wurde zus. mit Gambia die Konföderation *Senegambia* gebildet (bis 1989). Staats-Präs. ist seit 1981 A. *Diouf*.

Senf, *Sinapis*, Gatt. der *Kreuzblütler*, bes. verbreitet im Mittelmeergebiet; in Dtld. der *Acker-S.* u. der *Weiße S.*, dessen hellgelbe Samen u. a. zur Gewinnung von Speise-S. *(Mostrich)* verwendet werden. Die dunkelbraunen Samen des *Schwarzen S.* (*S.kohl*) werden in der Heilkunde verwendet.
Senfgas, *Lost, Dichlordiethylsulfid, Yperit*, eine organ.-chem. Schwefelverbindung, $(C_2H_4Cl)_2S$; chem. Kampfstoff der Gelbkreuz-Klasse von lungen- u. hautschädigender Wirkung.
Senfl, Ludwig, *um 1486, †1542/43, schweiz. Komponist; einer der Hauptmeister des polyphonen Liedsatzes.
Senftenberg, Krst. in Brandenburg, in der Niederlausitz, 33 000 Ew.; Schloß (16. Jh.), Stadtkirche (um 1400); Braunkohlenbergbau.
Senghor [sẽˈgɔːr], Léopold Sédar, *9.10.1906, senegales. Politiker u. Schriftst.; 1960–80 Staats-Präs. – Mit A. *Césaire* ist S. der führende Dichter der *Négritude*.
Sengi, *Zengi, Zangi*, Imad, †1146 (ermordet), Emir von Mosul 1127–46; Begr. der *Sengiden-(Zengiden-)Dynastie*.
Seni, Giovanni Baptista, *1602, †1656, ital. Astrologe im Dienst *Wallensteins*.
Senigallia, ital. Hafenstadt in der Region Marken, an der Adria nw. von Ancona, 37 000 Ew.; Festung; Seebad.
Senior, 1. Abk. *sen.*, der Ältere von zwei Verwandten gleichen Namens. – 2. in den meisten Sportarten der Angehörige der wichtigsten *Altersklasse (S.enklasse*, meist zw. 18 u. 30 Jahren).
Senkfuß, Deformation des Fußes infolge mangelhafter Festigkeit der Knochen, Bänder u. Muskeln.
Senkgrube, eine gemauerte Grube zur Aufnahme von Fäkalien; bei abflußlosen Aborten.
Senkkasten, *Caisson*, unten offener Kasten aus Stahlbeton oder Stahl für Gründungsarbeiten unter Wasser; durch Luftschleusen zu erreichen.
senkrecht, *lotrecht*, unter einem Winkel von 90° auf einer Geraden oder einer Ebene stehend.
Senkrechtstarter →VTOL-Flugzeug.
Senkwaage →Aräometer.
Senna, Ayrton, eigtl. A. S. *da Silva*, *1960, †1994, brasil. Automobilrennfahrer; 1988, 90 u. 91 Automobilweltmeister.
Senne, sandige Heidelandschaft vor dem SW-Hang des Teutoburger Walds, zw. Bielefeld u. Bad Lippspringe.
Sennerei, sommerl. Milchwirtsch. in den Alpen.
Señor [seˈnjor], span.: Herr.
Señora [seˈnjora], span.: Dame, Frau.
Señorita [senjo-], span.: Fräulein.
Sense, Gerät zum Mähen von Getreide u. anderen Nutzpflanzen.
Sensibilisierung, durch bestimmte Substanzen (Antigene) hervorgerufene Empfindlichkeit bei Mensch u. Tier. Bei erneutem Kontakt mit dieser Substanz äußert sich der Organismus mit einer Überempfindlichkeitsreaktion *(Allergie)*.
Sensibilität, Empfänglichkeit, Empfindlichkeit, Feinfühligkeit.
Sensor, *Meßfühler*, ein Teil einer physikal. oder chem. Meßanordnung, der die zu messende Größe erfaßt u. in ein elektr. Signal umsetzt. – **S.taste**, eine Taste, bei der durch bloßes Berühren ein elektron. Schalter ausgelöst wird, z.B. bei Kameras.
sensorische Nerven, *afferente, zentripetale Nerven*, alle Nerven, die Erregungen von der Peripherie (z.B. von Sinnesorganen) zum Zentrum (Gehirn, Rückenmark) leiten.
Sensualismus, eine bes. in England heim. philosoph. Richtung, die alle Bewußtseinsinhalte aus Empfindungen, Sinneseindrücken oder Wahrnehmungen ableitet. Vertreter: u. a. J. *Locke*, E.B. de *Condillac*.
Sensus communis, allg. übl. Verständnis, gesunder Menschenverstand.
Sentenz, treffend formulierter Ausspruch.
sentimental [frz.], empfindsam, überschwenglich. – **Sentimentalität**, Empfindsamkeit, Rührseligkeit.
Senussi, *Senusi*, politisch-religiöser islam. Derwischorden, gegr. um 1835 von Sidi Mohammed Ibn Abi As S. in Mekka; urspr. europa- u. christenfeindlich.
Seoul [seˈul], *Soul*, Hptst. von Südkorea, am Hangang, 10,9 Mio. Ew.; Univ., kulturelles u. wirtsch. Zentrum; Textil-, Metall-, Papier-, chem.- u. a. Ind.; Flughafen. – 1988 Olymp. Sommerspiele.
Separatismus, polit., geistige oder religiöse Absonderung, bes. nat. Minderheiten.
Séparée, *Chambre séparée*, abgetrennter Gästeraum, Nische in Nachtlokalen.
Sephardim, Spaniolen, Gruppe der Juden.
Sepien, *Sepioidea*, Unterordnung der *Kopffüßer*. Der bis 30 cm lange *Europ. Tintenfisch* spritzt bei Gefahr einen dunkelbraunen Farbstoff **(Sepia)**.
Sepik, Fluß in Neuguinea, 1000 km.
Sepsis →Blutvergiftung.
Septett, Komposition für 7 Stimmen (vokal oder instrumental), auch die Gruppe von 7 Solisten.
Septime, die 7. Stufe der diaton. Tonleiter u. das Intervall zw. dem 1. u. dem 7. Ton.
Septuagesima, fr. Sonntag der 1. Sonntag der Vorfastenzeit (9. Sonntag vor Ostern).
Septuaginta, Abk. *LXX*, die grch. Übers. des AT aus dem Hebräischen; nach der Legende in Alexandria im 3. Jh. v. Chr. begonnen.
Septum, Scheide-, Trennwand.
Sepulcrum, Grabstätte; die kleine Reliquiengruft in der Mensa des kath. Altars.
Sequenz, 1. Folge, Reihe. – 2. in der kath. Kirche Teil der Meßliturgie. 3. die Wiederholung einer Ton- (Motiv-) oder Harmoniefolge schrittweise steigend oder fallend auf anderen Tonstufen.
Sequoia, *Riesenmammutbaum* →Mammutbaum.
Serafimowitsch, Alexander, eigtl. A.S. *Popow*, *1863, †1949, russ. Schriftst.; Vertreter des sozialist. Realismus.
Serail →Saray.
Seraing [səˈrɛ̃], Stadt in der belg. Prov. Lüttich, an der Maas, 61 700 Ew.; Eisen- u. Stahl-Ind.
Seram, *Ceram, Serang*, drittgrößte indones. Molukken-Insel, 17 150 km², rd. 120 000 Ew. *(Alfuren)*, Hauptort Sawai.
Seraph, himml. (sechsflügeliges) Wesen. Die **Seraphim** bilden den höchsten der 9 Engelchöre.
Séraphine [seraˈfin], eigtl. Séraphine *Louis*, *1864, †1942, frz. Malerin; malte Pflanzen u. Bäume mit üppig kreisendem Blattwerk.
Serben, eigene Bez. *Srbi*, südslaw. Volk auf der Balkanhalbinsel, zwischen Donau u. Adria, etwa 9 Mio.; gehören vorw. der grch.-orth. Kirche an; mit kyrill. Schrift.
Serbien, serbokroat. *Srbija*, histor. Kernlandschaft u. Teilrep. Jugoslawiens, 88 361 km², 9,83 Mio. Ew. (einschl. der Gebiete *Kosovo* u. *Vojvodina*), Hptst. *Belgrad*.
Geschichte. Nach 1180 konnte sich S. aus der Abhängigkeit von Byzanz lösen. 1217 wurde es Kgr.; unter *Stephan Dušan* entstand ein *Großserbisches Reich*. Nach der Schlacht auf dem Amselfeld 1389 geriet S. unter osman. Einfluß (seit 1459 Prov. des Osman. Reiches). Volle Unabhängigkeit erlangte es erst wieder 1878. 1882 wurde S. Kgr. In der Folgezeit kam es zu Spannungen in den serb.-östr. Beziehungen. In den Balkankriegen gewann S. Makedonien (1913). Das Attentat auf den östr. Thronfolger Franz Ferdinand in Sarajevo ließ den Konflikt mit Östr. eskalieren u. wurde Anlaß zum Ausbruch des 1. Weltkriegs. 1913 wurde S. ein Teil des *Kgr.s der Serben, Kroaten u. Slowenen*, das 1929 in Jugoslawien umbenannt wurde. S. widersetzte sich den Unabhängigkeitsbestrebungen von Slowenien, Kroatien u. Bosnien-Herzegowina. Es kam zum Bürgerkrieg u. zum Zerfall des jugoslaw. Staates. 1992 proklamierte S. zusammen mit Montenegro die neue „Bundes-Rep. Jugoslawien". Die serb. Regierung unterstützte in den Konflikten in Bosnien-Herzegowina u. Kroatien weiterhin massiv die serb. Kräfte.
serbokroatische Sprache, auf dem Balkan gesprochene, zum südl. Zweig der *slaw. Sprachen* gehörige Sprache. *Serbisch* war bisher die mit kyrill. Buchstaben geschriebene, von den Serben gesprochene, *Kroatisch* die mit lat. Buchstaben geschriebene, von den kath. Kroaten gesprochene Variante. Heute entsteht schrittweise eine Spracheinheit (mit lat. Schrift).
Serenade, Abendmusik, Ständchen.

Sepien: Tintenfisch

Serengeti, Kurzgrassavanne im nördl. Tansania (O-Afrika), westl. des Hochlands der Riesenkrater *Ngorongoro*, 1500–1800 m ü. M.; mit dem *S.-Nationalpark*.
Sereth, rumän. *Siret*, l. Nbfl. der Donau, 699 km; mündet südl. von Galatz.
Serge [sɛrʒ], Gewebe in meist einseitiger Köperverbindung aus Seide, Viskose, Wolle, Baumwolle; Kleider- u. Futterstoff.
Sergeant, *Sergent* [sɛrˈʒant], engl. [ˈsaːdʒənt], Unteroffiziersdienstgrad.
Sergijew Posad →Sagorsk.
serielle Musik, die in der Reihenlehre der *Zwölftonmusik* geforderte Benutzung einer vorgeschriebenen Tonreihe; in der neuesten Zeit auch auf Elemente wie Tondauer, Tonstärke, Tonhöhe u. Klangfarbe ausgedehnt.
Serigraphie →Siebdruck.
Serir, flache, mit Kies u. Geröll bedeckte Wüstentafel, bes. in Libyen u. Ägypten.
Serkin [ˈzɔːkɪn], Rudolf, *1903, †1991, US-amerik. Pianist (klass. u. romant. Musik).
Serlio, Sebastiano di Bartolomeo, *1475, †1554, ital. Baumeister u. Maler (erste systemat. Darst. der fünf Säulenordnungen).
Sermon, langatmige Rede, Geschwätz.
serös, das *Serum* betreffend, Serum enthaltend oder absondernd.
Serosa, *Tunica serosa*, zarte, glatte Haut, die seröse (eiweißhaltige) Flüssigkeit ausscheidet u. eine seröse Höhle (Brust-, Bauch-, Herzhöhle) auskleidet oder deren Organe als *S.-Überzug* einhüllt (Brust-, Bauchfell, Herzbeutel).
Serpent, ein Blasinstrument aus Holz; in Schlangenform gebaut.
Serpentin →Mineralien (Tabelle).
Serpentine, in Windungen in die Höhe führender Weg.
Serpuchow [ˈsjɛrpuxɔf], Stadt in Rußland, im Moskauer Ind.-Gebiet; 142 000 Ew.; Wissenschaftsstadt *Protwino*.
Serradella, *Vogelfuß*, 30–60 cm hoher, krautiger, in S-Europa heim. *Schmetterlingsblütler*; der *Große Vogelfuß* wird auf Sandböden in NW-Dtld. als Futterpflanze angebaut.

822 **Sertão**

Serval

Sertão [-'tão], ausgedehnte trockene Landschaften im Bergland NO-Brasiliens; von Dornsträuchern u. Sukkulentenwäldern der *Caatinga* bedeckt; extensive Vieh- u. Sammelwirtschaft.

Sertürner, Friedrich Wilhelm Adam, *1783, †1841, dt. Apotheker; isolierte um 1804 das Morphin aus dem Opium u. prägte den Begriff *Alkaloid*.

Serum, 1. die farblose Blutflüssigkeit; entsteht bei der Gerinnung aus dem Blutplasma u. enthält viele Stoffe mit biolog. Eigenschaften (Globuline, Albumine, Antikörper u. a.). – **2.** →Heilserum.

Serval, hochbeinige gelbbraune, gefleckte *Raubkatze* in Buschsteppen u. Felsgebieten Afrikas.

Servet, Michael, eigtl. Miguel *Serveto*, *1511, †1553, span. Arzt u. Theologe; kritisierte die Lehre von der Dreieinigkeit; gab erstmals eine richtige Beschreibung des kleinen Blutkreislaufs; als Gotteslästerer verbrannt.

Service, 1. [zɛrˈviːs], einheitl. Satz Tafelgeschirr. – **2.** [ˈsəːvis], Kundendienst.

Servius Tullius, sagenhafter 6. König des alten Rom; auf Veranlassung seiner Tochter *Tullia* von seinem Schwager *Tarquinius Superbus* ermordet.

Servolenkung, Lenkhilfe, die den Fahrer bei Betätigung der Lenkung durch eine Hilfskraft (Öldruck, selten Luftdruck) unterstützt.

Sesam, *Sesamum*, artenreichste Gatt. der *Pedaliazeen* des trop. Afrika u. Asien. Wichtig als Ölpflanze ist der *Indische S*, dessen schwarzer oder gelbl. Samen bis zu 57% Öl enthält.

Sesambein, rundes Knöchelchen in Sehnen mancher Hand- u. Fußmuskeln in Gelenknähe. Größtes S. des Menschen ist die Kniescheibe.

Sesostris, ägypt. *Senwosret*, Name ägypt. Könige der 12. Dynastie: **S. III.**, 1878–42 v. Chr.; bedeutendster Herrscher des Mittleren Reichs.

Sessellift, *Sesselbahn*, eine Seilbahn, mit frei aufgehängten, rings mit Schutzgeländer versehenen Einzel- oder Doppelsitzen.

Sesshu [seʃʃuː], *1420, †1506, jap. Zen-Priester u. Maler; bedeutendster Landschaftsmaler Japans.

Session, Sitzungsperiode eines Parlaments oder eines Gerichts.

Sessions [ˈsɛʃəns], Roger Huntington, *1896, †1985, US-amerik. Komponist; Opern, Sinfonien, Konzert- u. Kammermusik, Lieder.

Sesson, *1504, †um 1589, jap. Zen-Priester u. Maler; Meister der monochromen Tuschmalerei.

Sesterz, Abk. *HS*, um 215 v. Chr. eingeführte röm. Silbermünze (1,13 g).

Sestos, antike Stadt an der engsten Stelle des Hellespont.

Set [sɛt], Ensemble, Satz, Zusammengehöriges.

Sète [sɛːt], bis 1927 *Cette*, frz. Hafenstadt am Golfe du Lion, 39 500 Ew.; Ölhafen; Seebad.

Seth, 1. altägypt. Gott, Verkörperung der Königsmacht, als Herr der Wüste auch des Bösen; tötete seinen Bruder *Osiris*. – **2.** dritter Sohn Adams u. Evas (1. Mose 4,25).

Sétif, Bez.-Hptst. in Algerien, sw. von Constantine, 187 000 Ew.; Agrarzentrum. – S. ist das röm. *Sitifis*.

Seton [ˈsiːtən], Ernest Thompson, *1860, †1946, kanad. Schriftst. (Tiererzählungen).

Setschuan →Sichuan.

Setter, mittelgroße brit. Vorstehhunde (Jagdhunde).

Setúbal, port. Hafenstadt u. Distr.-Hptst. sö. von Lissabon, 77 900 Ew.; Fischerei; Konserven-Ind.; im 15. Jh. königl. Residenz.

setzen, Drucktypen zu Zeilen u. ganzen Druckformen aneinanderfügen, entweder von Hand oder durch Setzmaschinen. Hierbei wird der Text in *Setzmaschinen* eingetastet u. gleichzeitig gesetzt u. gegossen – entweder letternweise (*Monotype;* 1885 von Tolbert *Lanston* erfunden) oder zeilenweise (*Linotype, Intertype, Typograph, Monoline;* 1884 von Ottmar *Mergenthaler* erfunden). Seit den 1970er Jahren ist der *Photosatz* oder der *Lichtsatz* (*Fotosetter, Linofilm, Monophoto*) an die Stelle des Maschinensatzes getreten.

Seuche, eine sich schnell ausbreitende ansteckende Infektionskrankheit, wie Lepra, Cholera, Gelbfieber, Pest, Pocken, Malaria u. a.; als Epidemie, Endemie oder Pandemie.

Seume, Johann Gottfried, *1763, †1810, dt. Schriftst. u. Publizist; zum Militärdienst gezwungen u. nach Amerika verkauft, desertierte 1783; schrieb Memoiren u. Reiseberichte; »Spaziergang nach Syrakus im Jahre 1802«.

Seurat [sœˈra], Georges, *1859, †1891, frz. Maler; neben P. *Signac* Hauptmeister des frz. Neoimpressionismus (*Pointillismus*).

Seuse, lat. *Suso*, Heinrich, *1295 (?), †1366, dt. Mystiker; Dominikaner, Schüler *Meister Eckharts;* Passionsmystik.

Severin, Bischof von Köln um 400; Heiliger, Patron von Köln (Fest: 23.10.).

Severing, Carl, *1875, †1952, dt. sozialdemokratischer Politiker; 1928–30 Reichsinnen-Min.; 1920–32 (mit Unterbrechungen) preuß. Innen-Min.

Severini, Gino, *1883, †1966, ital. Maler (Mitbegr. des Futurismus).

Severn [ˈsɛvən], Fluß in Wales u. im SW Englands, 339 km; mündet in den Bristol-Kanal.

Severus, 1. Lucius *Septimius S.*, *146, †211, röm. Kaiser 193–211; Begr. der Sever. Dynastie. – **2.** Marcus Aurelius *S. Alexander*, *208, †235, röm. Kaiser 222–235; wurde auf einem Germanenfeldzug von den eigenen Soldaten ermordet.

Seveso, ital. Ind.-Vorort nördl. von Mailand, 17 000 Ew.; im Juli 1976 Giftgaskatastrophe (Dioxin).

Sévigné [seviˈnje], Marie, geb. de *Rabutin-Chantal*, Marquise de, *1626, †1696, frz. Schriftst.; schrieb 1669–95 etwa 1500 Briefe an ihre Tochter, in denen sie das gesellschaftl. Leben in Paris schilderte.

Sevilla [sɛˈvilja], *Seville*, S-span. Prov.-Hptst. u. Hafenstadt am Guadalquivir, 674 000 Ew.; reich an Kunst- u. Bauwerken, spätgot. Kathedrale, Univ. (1502); alte Hptst. *Andalusiens;* 712-1248 in maurischem Besitz.

Sèvres [sɛːvr], sw. Vorstadt von Paris, links der Seine, 20 000 Ew.; Sitz des Internat. Büros für Maße u. Gewichte; Staatl. Porzellanmanufaktur (S.-Porzellan).

Sewastopol, *Sebastopol*, Hafenstadt im SW der Halbinsel Krim (Ukraine) am Schwarzen Meer, 350 000 Ew.; Flottenstützpunkt; ozeanograph. Observatorium; Schiffbau. Im Krimkrieg u. in beiden Weltkriegen umkämpft.

Sewernaja Semlja, fast unbewohnte russ. Inselgruppe in der Laptew-See des Nördl. Eismeers, 37 804 km².

Sex [sɛks], kurz für (menschl.) Sexualität.

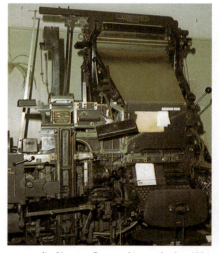

setzen: die Linotype-Setzmaschine, erfunden 1884, setzt und gießt ganze Zeilen

Sexagesima, fr. der 2. Sonntag der Vorfastenzeit (8. Sonntag vor Ostern).

Sexagesimalsystem, das Zahlensystem mit der Grundzahl 60; heute noch in der Zeit- u. Winkeleinteilung in Min. u. Sek. erkennbar.

Sexagon, Sechseck.

Sex-Appeal [-əˈpiːl], Anziehungskraft auf das andere Geschlecht.

Sexismus, die Benachteiligung u. Unterdrückung eines Menschen (allg. der Frau) wegen seines Geschlechts.

Sexologie →Sexualwissenschaft.

Sext, kirchl. Stundengebet zur Mittagsstunde.

Sesshu: Landschaft

Sevilla: im Vordergrund Guadalquivir und Torre del Oro, im Hintergrund Giralda und Kathedrale

Sexta, veraltete Bez. für das erste Schuljahr des Gymnasiums.
Sextant, 1. 6. Teil eines Kreises, Sektor von 60°. – **2.** *Spiegel-S.*, Gerät zur Messung von Winkelabständen zw. Gestirnen u. von Gestirnshöhen (Winkelabstände der Gestirne vom Horizont).
Sexte, die 6. Stufe der diaton. Tonleiter u. das Intervall zw. dem 1. u. dem 6. Ton.
Sextett, Komposition für 6 Stimmen (vokal oder instrumental), auch die Gruppe von 6 Solisten.
Sexualerziehung, als Schulfach: *Sexualkunde,* über die sexuelle *Aufklärung* hinaus und der jeweiligen Entwicklungsstufe des Kindes u. Jugendlichen angemessene Hinführung zur Sexualität.
Sexualethik, der Zweig der Ethik, der es mit den geschlechtl. Verhaltensweisen zu tun hat.
Sexualhormone, Hormone der *Gonaden,* die auf Anregung der gonadotropen Hormone des Hypophysenvorderlappens entstehen. Die S. bewirken die volle Ausbildung der Gonaden u. die Prägung der sekundären Geschlechtsmerkmale. Weibl. S. sind die *Östrogene.* Sie regeln den Genitalzyklus. Das wichtigste der männl. S. ist das *Testosteron.* Chemisch sind die S. *Steroide.*
Sexualität, *Geschlechtlichkeit,* alle Vorgänge, die dazu dienen, eine geschlechtl. Fortpflanzung zu ermöglichen. Unabhängig von der Fortpflanzung beinhaltet die S. des Menschen wesentl. die Erzeugung u. Befriedigung von Lust. Dabei sind die sexuellen Verhaltensweisen des Menschen von psych., soz. u. kulturellen Faktoren beeinflußt.
Sexualkunde, → *Sexualerziehung.*
Sexualneurosen, aus einer Störung des Geschlechtslebens (meist verdrängtes Triebleben) entstandene seelische Konflikte.
Sexualproportion, *Geschlechtsverhältnis,* das zahlenmäßige Geburtenverhältnis zw. Knaben u. Mädchen.
Sexualstraftaten, strafbare sexuelle Handlungen, d. h. Delikte, die eine Beziehung zum Geschlechtlichen aufweisen. Strafbar sind nach dem StGB der BR Dtld.: *Vergewaltigung* (§ 177), *sexuelle Nötigung* (§ 178) u. der *sexuelle Mißbrauch von Widerstandsunfähigen.* Die fr. sog. *Blutschande* ist nur noch als Beischlaf zw. (nahen) Verwandten (nicht mehr zw. Verschwägerten) strafbar (§ 173). Die Strafbarkeit *homosexueller Handlungen* beschränkt sich auf solche mit Personen unter 18 Jahren oder mit Abhängigen (§ 175). Die *Kuppelei* ist nur noch als Förderung sexueller Handlungen Minderjähriger unter 16 Jahren, gegen Entgelt oder bei Mißbrauch eines Abhängigkeitsverhältnisses bei Jugendlichen unter 18 Jahren strafbar (§ 180). Strafbar sind schließlich die gewerbsmäßige Förderung der *Prostitution* (§ 180a), der *Menschenhandel* (§ 181), *Zuhälterei* (§ 181a), *Verführung* von Mädchen unter 16 Jahren (§ 182), die *Belästigung Dritter* durch exhibitionist. (§ 183) u. sonstige öffentl. sexuelle Handlungen (§ 183a), die Verbreitung von *Pornographie* an Jugendliche u. von sog. harter Pornographie (§ 184) u. die Ausübung verbotener oder jugendgefährdender Prostitution (§ 184a, b).
Sexualwissenschaft, *Sexologie,* die Wiss., die alle mit der Sexualität zusammenhängenden Vorgänge u. Verhaltensweisen in ihrer Verschiedenheit bei Mann u. Frau in ihrer Entwicklung sowie in den abweichenden Erscheinungsformen (*Perversionen*) erforscht u. beschreibt.
Sexualzyklus, *Sexualrhythmus, Sexualperiodizität,* der regelmäßig period. Ablauf der Bereitschaft zur Befruchtung bei allen höheren Tierarten (Brunft); bei der Frau als monatl. Regel.
Sexus, das Geschlecht.
Seychellen [seˈʃɛlən], *Seychelles,* Inselstaat im Ind. Ozean, nördl. von Madagaskar; 453 km², 69 000 Ew., Hptst. *Victoria* auf Mahé; teils vulkan.-gebirgige, teils flache Koralleninseln; Export von Kopra, Gewürzen u. Fisch; bed. Fremdenverkehr. G e s c h i c h t e. Die S. wurden von Portugiesen im 16. Jh. entdeckt; 1743 kamen sie in frz. Besitz. Seit 1814 waren sie brit.; seit 1903 mit anderen Inseln Kronkolonie; seit 1976 unabh. Rep.; Staats- u. Reg.-Chef ist seit 1977 F.-A. *René.*
Seydlitz, Friedrich Wilhelm v. *1721, †1773, preuß. Reitergeneral im Siebenjährigen Krieg.
Seyfer, *Syfer,* Hans, *um 1460, †1509, dt. Bild-

Seychellen

hauer; ging von der realist. Kunst N. *Gerhaerts* aus.
Seymour [ˈsiːmɔː], Jane → Johanna (2).
Seyß-Inquart, Arthur, *1892, †1946 (hingerichtet), östr. Politiker (NSDAP); 1938 zuerst als Innen-Min., dann als Bundeskanzler (11.3.) an der Herbeiführung des Anschlusses Östr. beteiligt; 1938/39 Reichsstatthalter in Östr., 1939/40 stellv. Generalgouverneur von Polen, 1940–45 Reichskommissar für die Niederlande.
Sezession, 1. Abspaltung, Abtrennung. – **2.** Bez. für Künstlergruppen, die sich von älteren Vereinigungen lösten.
Sezessionskrieg, der nordamerik. Bürgerkrieg 1861–65 zw. den Nord- u. Südstaaten. Ursache war der tiefgreifende wirtschaftspolit. u. soz. Gegensatz (Konflikt um die Sklaverei) zw. den südl. Agrarstaaten u. den nördl. Ind.-Staaten. Auslöser des S. war die Wahl A. Lincolns, eines Sklavereigegners, zum Präs. der USA. Die 11 Südstaaten erklärten daraufhin ihren Austritt aus der Union (Konföderierte Staaten von Amerika). Der S. endete mit der Niederlage der Südstaaten.
Sfax, tunes. Hafenstadt am Golf von Gabès, 232 000 Ew.; Fischerei; Phosphatwerk.
Sforza, ital. Adelsfam.:
1. *Bianca Maria,* *1472, †1510, dt. Kaiserin; zweite Frau (1493) Kaiser Maximilians I. – **2.** *Francesco,* *1401, †1466, Herzog von Mailand 1450–66; Kondottiere. – **3.** *Lodovico il Moro* [»der Mohr«], Onkel von 1), *1452, †1508, Herzog von Mailand 1494–99; starb im frz. Kerker; Kunstmäzen.
Sganarelle [sganaˈrɛl], Figur der frz. Komödie.
Sgraffito, eine Technik der Wandmalerei, bei der Linien u. Flächen in verschiedenfarbige, übereinandergelegte Putzschichten eingeschnitten oder geritzt werden.
Shaanxi [ʃanɕi], *Schensi,* Prov. in → China. Im N Hochgebirgsland, im S Hochgebirgsland; Steinkohlenbergbau, Erdölgewinnung.
Shaba [ˈʃaba], bis 1971 *Katanga.* Prov. in Zaire, 496 965 km², 3,87 Mio. Ew.; Hptst. Lubumbashi; Hochland mit reichen Bodenschätzen; 1960–63 Sezessionsbestrebungen.
Shackleton [ˈʃæklten], Sir Ernest Henry, *1874, †1922, brit. Antarktis-Forscher (mehrere Südpolexpeditionen).
Shaftesbury [ˈʃɑːftsbəri], **1.** *Anthony Ashley Cooper,* Earl of S., *1621, †1683, engl. Politiker (Whig); setzte die *Habeas-Corpus-Akte* (1679) durch. – **2.** *Anthony Ashley Cooper,* Earl of S., Enkel von 1), *1671, †1713, engl. Philosoph; Begr. des engl. ethischen *Sensualismus.*
Shakespeare [ˈʃɛikspiə], William, engl. Dichter, getauft 1564, †1616, Sohn des Handwerkers u. Bürgermeisters John *S.* u. der Gutsbesitzertochter *Mary Arden.* Er heiratete 18jährig Anne *Hathaway* (*1556, †1623) u. wurde 1592 als Schauspieler in London genannt. Um 1610 ging er nach Stratford on Avon, seinen Geburtsort, zurück, wo er sein Vermögen als Bühnenistiker u. Teilhaberschaft am *Globe-Theater* anlegte u. bis zu seinem Tod wohnte. In S. Schauspielen (Königsdramen, Tragödien, Komödien, Märchenspiele) vereinigen sich dichter. Einbildungskraft, Bildhaftigkeit u. Vielfalt

William Shakespeare: Das »Flower«-Porträt von Shakespeare, das nach Ansicht mancher Forscher noch zu Lebzeiten des Dichters entstanden ist und das Vorbild für den Kupferstich im Titelblatt der Folio-Ausgabe sein könnte

des sprachl. Ausdrucks, Tiefe der seel. Erfahrung u. die Fähigkeit zu theatergemäßer, bühnengerechter Konzeption. Sie zeigen eine unvergleichl. vielseitige Darstellungskraft, meisterhaft im trag. Pathos wie in grotesker Komik u. in der Zeichnung der Charaktere. Frei von den »3 Einheiten« der frz. Bühne, entwickelte S. die Handlung nach den Notwendigkeiten der Fabel u. der Charaktere u. paßte die Sprache realist. den Charakteren u. der Situation an.
Das dramat. Werk gliedert sich in 4 Abschnitte; die Datierung der einzelnen Stücke ist dabei jedoch z. T. unsicher: **1.** (bis 1594): »Heinrich VI.« (3 Teile), »Verlorene Liebesmüh«, »Komödie der Irrungen«, »Die beiden Veroneser«, »Der Widerspenstigen Zähmung«, »Richard III.«, »Titus Andronicus«; **2.** (1594 bis 1601): »Ein Sommernachtstraum«, »Romeo u. Julia«, »König Johann«, »Richard II.«, »Der Kaufmann von Venedig«, »Viel Lärm um nichts«, »Heinrich IV.«, »Heinrich V.«, »Julius Cäsar«, »Die lustigen Weiber von Windsor«, »Wie es euch gefällt«, »Was ihr wollt«; **3.** (1601–09): »Hamlet«, »Troilus u. Cressida«, »Ende gut, alles gut«, »Maß für Maß«, »Othello«, »König Lear«, »Macbeth«, »Antonius u. Cleopatra«, »Coriolan«, »Timon von Athen«, »Pericles«; **4.** (1610–13): »Cymbeline«, »Wintermärchen«, »Der Sturm«, »Heinrich VIII.«. Daneben ist S. vor allem durch seine Sonette berühmt.
Die erste dt. Übersetzung von 22 Dramen S.s schuf C.M. *Wieland.* Als die klassische dt. Übersetzung gelten die Arbeiten von A.W. *Schlegel,* W. von *Baudissin* u. L. *Tieck* (neue Übersetzung von E. *Fried*).

Seychellen: Bird Island

Sezessionskrieg: Angriff der Konföderierten (»Sklavenhalterstaaten«) auf den Friedhof von Gettysburg, 2. Juli 1863

Shandong [ʃandung], *Schantung*, Prov. in →China, am Gelben Meer.
Shang [ʃaŋ], *Schang*, auch Yin, die erste histor. faßbare Dynastie in China.
Shanghai → Schanghai.
Shankar [ˈʃaŋ-], Ravi, *7.4.1920, ind. Komponist u. Sitarspieler (klass. ind. Raga-Musik).
Shannon [ˈʃænən], längster Fluß Irlands, 350 km.
Shanty [ˈʃænti], Seemannslied.
Shanxi [ʃançi], *Schansi*, Prov. im N von →China.
Shapley [ˈʃæpli], Harlow, *1885, †1972, US-amerik. Astronom; bestimmte die Entfernung der kugelförmigen Sternhaufen.
Sharif [ʃa-], Omar, eigtl. Michael *Chalboub*, *10.4.1932, ägypt. Filmschauspieler, u. a. in »Doktor Schiwago«.
Shariqah [ʃa-], arab. Emirat in den Vereinigten Arabischen Emiraten, 2500 km², 269 000 Ew.; Hptst. S.; Erdöl; Fischerei.
Sharp [ʃaɹp], Phillip A., *6.6.1944, US-amerikan. Wissenschaftler; arbeitet in der Genforschung; 1993 Nobelpr. für Med.
Shatt Al Arab [ʃat-], vereinigter Unterlauf von Euphrat u. Tigris, rd. 150 km.
Shaw [ʃɔː], George Bernard, *1856, †1950, engl.-ir. Schriftst.; schrieb geistreiche Konversationskomödien; Nobelpreis 1925. – W »Frau Warrens Gewerbe«, »Helden«, »Pygmalion«, »Die heilige Johanna«.
Sheffield [ˈʃɛfiːld], Stadt in Mittelengland, 534 000 Ew.; Univ.; Schwer-Ind.
Shelley [ˈʃɛli], **1.** Mary Wollstonecraft, geb. *Godwin*, seit 1816 Frau von 2), *1797, †1851, engl. Schriftst.; schrieb phantast. Romane (»Frankenstein oder der moderne Prometheus«). – **2.** Percy Bysshe, *1792, †1822 (ertrunken), engl. Dichter; schrieb romant. Lyrik u. Schauspiele (»Der entfesselte Prometheus«); vertrat sozialrevolutionäre Auffassungen; seit 1818 in Italien.
Sheng [ʃɛŋ], jap. *Sho, Mundorgel*, O-asiat. Zungenpfeifenspiel.
Shenyang, *Schenjang*, fr. *Mukden*, Hptst. der Prov. Liaoning, 3,5 Mio. Ew.; Univ.; Kaiserpalast; Metall-Ind.; 1625–44 Hptst. Chinas.
Shepard [ˈʃɛpəd], Sam, *5.11.1943, US-amerik. Schriftst. u. Schauspieler; schuf Gegenwartsdramen, die das amerik. Alltagsleben kritisieren.
Sheridan [ˈʃɛɹidən], Richard Brinsley, *1751, †1816, engl. Schriftst.; verfaßte brillante Komödien.
Sheriff [ˈʃɛɹif], **1.** in England: ehrenamtl. Repräsentant der County, meist ein Exekutivbeamter der Krone. – **2.** in den USA: gewählter Polizei- u. Vollzugsbeamter.
Sherlock Holmes [ˈʃəːlɔk hɔumez] →Holmes.
Sherman [ˈʃəːmən], William Tecumseh, *1820, †1891, US-amerik. Offizier; trug entscheidend zum Sieg der Nordstaaten bei; 1869–84 Oberkommandierender der US-Armee.
Sherpa [ˈʃɛɹpə], tibet. Stamm in Nepal; vor allem im Gebiet des Mt. Everest.
Sherrington [ˈʃɛɹiŋtn], Sir Charles Scott, *1859, †1952, brit. Neurophysiologe; erforschte die Zusammenhänge zw. sensiblen Hautsegmenten u. Eingeweidesegmenten u. die Funktion der Neurone; Nobelpreis für Medizin 1932.
Sherry [ˈʃɛɹi], span. Dessertwein aus *Jérez de la Frontera*.
's-Hertogenbosch [sɛɹtoːxənˈbɔs] →Herzogenbusch.
Shetland-Inseln [ˈʃɛtlənd-], brit. Inselgruppe (rd. 100 Inseln) nordöstl. von Schottland, 1425 km², 23 600 Ew.
Shetland-Pony [ˈʃɛtlənd-], kleine Pferderasse der Shetland-Inseln, mit struppigem Schweif- u. Mähnenhaar.
Shiga [ʃiga], Kiyoshi, *1870, †1957, jap. Bakteriologe; entdeckte 1898 die nach ihm *Shigellen* genannten Erreger der Bakterienruhr; entwickelte 1903 mit P. *Ehrlich* das Trypaflavin.
Shijiazhuang [ʃədʒiadʃuaŋ], *Schikiatschuang*, *Schimen*, Hptst. der chin. Prov. Hebei, 1,16 Mio. Ew.; in einem Baumwollanbaugebiet; Textil-Ind.; Eisenbahnknotenpunkt.
Shi Jing [ʃədʒiŋ], *Schi-king*, chin. Gedichtsammlung aus dem 6. Jh. v. Chr.
Shikoku, die kleinste der jap. Hauptinseln, zw. Honshu u. Kyushu, 18 766 km², 4,2 Mio. Ew.; Hptst. *Tokushima*; Landw.; Kupfererzbergbau.
Shillong [ˈʃilɔŋ], *Shilaong*, Hptst. des NO-ind. Bundesstaats Meghalaya, in den Khasi Hills, 1500 m ü. M., 173 000 Ew.; kath. Bischofssitz.
Shimla [ˈʃimla], *Simla*, Hptst. des ind. Bundesstaats Himachal Pradesh, in den Himalaya-Vorbergen, 2200 m ü.M., 70 000 Ew.; 1865–1939 Sommersitz der brit.-ind. Kolonialregierung.
Shimonoseki [ʃi-], *Schimonoseki*, jap. Hafenstadt im SW von Honshu, 269 000 Ew.; größter Fischereihafen Japans; Kammon-Unterwassertunnel.
Shinanogawa [ʃi-], längster Fluß Japans; 369 km.
Shintoismus [ʃi-], *Schintoismus*, die jap. Urreligion (vor der Übernahme des Buddhismus), die aus Natur- u. Ahnenverehrung besteht u. bis zum Ende des 2. Weltkriegs Staatsreligion war. Der Kaiser (*Tenno*) galt als Enkel der Sonnengöttin *Amaterasu*. Noch heute besteht der S. als Volksreligion fort.
Shirley [ˈʃəːli], James, *1596, †1666, engl. Dichter (Tragödien, Sittenkomödien).
Shizuoka [ʃi-], *Schisuoka*, jap. Präfektur-Hptst. in Mittelhonshu, 468 000 Ew.
Shkodër [ˈʃkodər], ital. *Scutari*, N-alban. Stadt an der SO-Ecke des *S.-Sees*, 71 200 Ew.
Shockley [ˈʃɔkli], William, *1910, †1989, US-amerik. Physiker engl. Herkunft; entwickelte zus. mit W. *Brattain* u. J. *Bardeen* den Transistor; Nobelpreis 1956.
Shoemaker [ˈʃuːmɛɪkə], William, *19.8.1931, US-amerik. Rennreiter; erfolgreichster Jockey der Galoppgeschichte.
Shogun [ʃo-], urspr. Titel jap. Feldherren; 1192 bis 1868 die Amtsbez. des tatsächl. Herrschers über Japan.
Sholapur, *Solapur*, ind. Distr.-Hptst. in Maharashtra, 514 000 Ew.; Textil-, Metall- u. Nahrungsmittel-Ind.
Shorts [ʃɔːts], kurze Sommerhose.
Short story [ʃɔːt ˈstɔːri], angelsächs. Bez. für *Novelle* u. *Kurzgeschichte*.
Show [ʃou], Schau, Darbietung unterhaltenden Charakters; Nachfolge der *Revue*.
Shreveport [ˈʃriːvpɔːt], Stadt in Louisiana (USA), am Red River, 206 000 Ew.; Handelszentrum.
Shrewsbury [ˈʃruːzbəri], **1.** Charles *Talbot*, *1660, †1718, engl. Staatsmann; spielte eine bed. Rolle in der Glorreichen Revolution 1688. – **2.** John *Talbot*, *um 1384, †1453, engl. Heerführer, Marschall der engl. Truppen im Hundertjährigen Krieg. Seine Niederlage bei Castillon 1453 beendete die engl. Herrschaft über Aquitanien.
Shrimp [ʃrimp], engl. Bez. für kleine Garnelenarten, z. B. für die *Nordseegarnele*.
Shrinagar [ˈʃri-], *Srinagar*, Hptst. des ind. Staats Jammu u. Kaschmir, 1600 m ü. M. im nw. Himalaya, 588 000 Ew.; Wirtsch.- u. Handelszentrum von Kaschmir.
Shultz [ʃultz], George Pratt, *13.12.1920, US-amerikan. Politiker; 1968–74 mehrfach Min.; 1982–89 Außen-Min.
Shunt [ʃʌnt], Parallel- oder Nebenschlußwiderstand in elektr. Stromkreisen.
Si, chem. Zeichen für *Silicium*.
Sialkot [engl. ˈsjaːlkɔt], pakistan. Ind.-Stadt im Pandschab, 302 000 Ew.
Siam, ehem. Name von Thailand.
Siamesen, ein Volk der *Thai*, das Staatsvolk Thailands.
siamesische Zwillinge, eineiige Zwillinge, die körperl. miteinander verwachsen sind.
Si'an →Xi'an.
Sibelius, Jean, *1865, †1957, finn. Komponist; Vertreter der nat. finn. Musik; W Sinfon. Dichtungen, u. a. »Finlandia«, 7 Sinfonien, Violinkonzert u. a.
Šibenik [ˈʃi-], Hafenstadt in Dalmatien (Kroatien), 33 000 Ew.; Reste venezian. Bauten.
Sibirien, russ. *Sibir*, der nördl. Teil Asiens, gehört zu Rußland, 16,2 Mio. km², rd. 30 Mio. Ew.; reicht vom Ural bis zum Pazif. Ozean u. von der Eismeerküste bis zur mongol. Grenze; baumlose Tundrenzone im N, breiter Waldgürtel der Taiga n. westsibir. Steppen mit fruchtbarem Schwarzerdeböden im S; das Klima ist extrem kontinental. – Den Hauptteil der Bewohner stellen die zugewanderten Russen; die altsibir. Bev. bilden turkmongol. Stämme. – Auf der Basis reicher Bodenschätze (Kohle, Erdöl, Eisen, Zinn, Zink u. a. Buntmetalle) entstanden n. längs der Transsibirischen Eisenbahn Bergbau- u. Ind.-Zentren (Kusnezkbecken); Umschlagplätze an den Flußüberquerungen der Bahn entwickelten sich zu Großstädten mit vielseitiger Ind., Wasser-Groß-

Siebenschläfer

kraftwerke an den Strömen sichern die Energieversorgung. Nördl. der Transsibirischen Eisenbahn verläuft die Baikal-Amur-Magistrale, eine Bahnlinie, die die weitere Erschließung S. fördern soll.
Gesch.: Seit dem 14. Jh. Tatarenreich *Sibir* mit der Hptst. Isker; 1582 von dem Kosaken *Jermak* erobert. 1633 drangen Kosaken bis Kamtschatka vor. Ende des 19. Jh. bekam Rußland das Amur- u. Ussurigebiet u. Südsachalin; seit 1922 gehört ganz S. zu Rußland.
Sibiu, *Hermannstadt*, Stadt in Siebenbürgen (Rumänien), am N-Fuß der Südkarpaten, 178 000 Ew.; ehem. Mittelpunkt der Siebenbürger Sachsen; Zentrum des Deutschtums in Rumänien.
Sibylle, weissagende Seherin (Priesterin) des Altertums; in Italien die S. von Cumae, der die *Sibyllinischen Bücher*, eine Sammlung von dunklen Weissagungen, zugeschrieben wurden.
Sica, Vittorio de, *1902, †1974, ital. Schauspieler u. Filmregisseur (Hauptvertreter des Neorealismus).
Sichel, halbmondförmiges Messer mit kurzem Holzgriff zum Abschneiden von Getreide u. a.; seit der Steinzeit bekannt.
Sichelzellen-Anämie, erbl. Leiden (*Anämie*), gekennzeichnet durch sichelförmige rote Blutkörperchen u. eine veränderte Hämoglobinstruktur.
Sichem, hebr. *Schechäm*, heute der Ruinenhügel *Tell Balata*, nahe Nablus; im Altertum bedeutendste Stadt Mittelpalästinas, besiedelt seit dem 4. Jt. v. Chr.
Sicherheitsglas, *Verbundglas*, splitterfreies Glas, das in versch. Ausführungen hergestellt wird.
Sicherheitsgurt, eine Vorrichtung in Flug- u. Kraftfahrzeugen, durch die die Insassen bei einem Unfall an ihrem Sitz festgehalten werden, um sie vor Aufprallschäden zu schützen.
Sicherheitskonferenz →KSZE.
Sicherheitsrat, *Weltsicherheitsrat* →Vereinte Nationen.
Sicherheitsventil, ein durch Feder oder Gewicht belastetes Ventil an Dampf- oder anderen Kesseln sowie Leitungen, das sich selbsttätig öffnet, wenn der zulässige Höchstdruck überschritten wird.
Sicherung, ein elektr. Bauteil, das einen Stromkreis bei Überlastung unterbricht. In *Schmelz-S.* brennt bei überhöhtem Strom ein dünner, meist in Quarzsand eingebetteter Schmelzdraht durch. *S.-Automaten* enthalten einen Elektromagneten, durch dessen Spule der Verbraucherstrom fließt. Bei Überlast oder Kurzschluß löst der Elektromagnet die Arretierung einer Feder aus, die den Stromkreis unterbricht.
Sicherungsübereignung, die treuhänder. Übereignung von Sachen ohne Übertragung des unmittelbaren Besitzes (durch Vereinbarung eines *Besitzkonstituts*) zur Sicherung einer Forderung.
Sicherungsverwahrung, Sicherungsmaßregel des Strafrechts gegen *Hangtäter*. Sie dauert bei erstmaliger S. höchstens 10 Jahre u. wird vollstreckt in *Verwahrungsanstalten*, die in der Regel räuml. mit Strafanstalten verbunden sind.
Sichteinlagen, tägliche fällige Gelder.
Sichtvermerk, *Visum*, (Genehmigungs-)Eintragung in den Reisepaß durch das Konsulat des ausländ. Staates, für den die Ein- oder Durchreise beantragt wurde.

Sichtwechsel, ein Wechsel, der bei Vorlegung fällig wird. Er muß binnen eines Jahres seit der Ausstellung zur Zahlung vorgelegt werden.
Sichuan [sztʃuan], *Szetschuan,* Prov. in → China.
Sickerbrunnen, *Senkwasser,* Teil der Niederschläge, der nach Eindringen in den Boden zum *Grundwasser* durchsickert; auch Wasser, das unter u. neben Talsperren u. unter Deichen kontrolliert durch Bodenschichten u. Gesteinsspalten dringt.
Sickingen, Franz von, *1481, †1523, dt. Reichsritter u. Söldnerführer; durch U. von *Hutten* für die Reformation gewonnen, eröffnete er 1522 den Kampf gegen den Erzbischof von Trier, wurde aber von seinen Freunden im Stich gelassen u. auf seiner Feste Landstuhl eingeschlossen u. tödl. verwundet.
Siddharta, ind. Name → Buddhas.
Side-board [ˈsaidbɔːd], Anrichte, Büfett.
siderisch, auf das System der Fixsterne bezüglich.
siderisches Pendel, Pendel für angebl. hellseher. Versuche.
Siders, frz. *Sierre,* Bez.-Hptst. im schweiz. Kt. Wallis, 13 100 Ew.; Fremdenverkehr.
Sidi-Bel-Abbès, alger. Distrikt-Hptst., südl. von Oran, 187 000 Ew.; Agrarzentrum; bis 1962 zentrale Garnison der Fremdenlegion.
Sidney [-ni], Sir Philipp, *1554, †1586, engl. Dichter u. Diplomat; Petrarkist, galt seinerzeit als Inbegriff des ritterl., feingebildeten Menschen.
Sidon → Saida.
Siebbein, *Ethmoidale,* urspr. dreiteiliger Schädelknochen vor dem Keilbein.
Siebdruck, *Serigraphie, Schablonendruck,* in mehreren Varianten entwickeltes Durchdruckverfahren, bei dem auf ein gerahmtes Sieb aus Drahtnetz oder ähnlichem eine Schablone aufgebracht wird, die die nicht Farbe tragenden Teile abdeckt. Beim Druck wird Farbe durch den offenen Teil des Siebs auf den Druckträger gequetscht.
Siebenbürgen, rumän. *Transsilvania,* NW-rumän. Ldsch., im O u. S von den Karpaten u. im W vom Bihor-Gebirge umrahmt, Hauptort *Cluj-Napoca.*
G e s c h.: Ende des 9. Jh. kam S. unter ung. Einfluß *(Sekler).* Im 12./13. Jh. wurden Deutsche *(Siebenbürger Sachsen)* ins Land gerufen. Der ung. Wojewode *János (Johann) Szápolyai* löste nach der Schlacht bei *Mohács* 1526 S. von Ungarn u. begr. das *Fürstentum* S. unter türk. Herrschaft; 1867 Anschluß an Ungarn; 1918 mit Rumänien vereinigt; 1940 z. T. wieder an Ungarn; seit 1947 ganz S. wieder bei Rumänien.
Siebengebirge, Bergland nw. des Westerwalds am Rhein, sö. von Bonn; im *Großen Ölberg* 460 m, im *Petersberg* 331 m, im *Drachenfels* 321 m.
Siebenjähriger Krieg, Konflikt zw. den europ. Großmächten 1756–63. Kaiserin *Maria Theresia* u. der östr. Min. Graf W.A. *Kaunitz* waren nach dem 2. der Schlesischen Kriege bestrebt, Schlesien zurückzugewinnen.
Friedrich d. Gr. von Preußen beschloß, einem mögl. Angriff zuvorzukommen u. marschierte in Sachsen ein. Der *Friede von Hubertusburg* vom 15.2.1763 bestätigte nach wechselndem Kriegsglück u. wechselnden Koalitionen Preußen den Besitz Schlesiens. – Weltpolit. noch wichtiger als dieser *3. Schlesische Krieg* war der mit dem europ. Krieg verquickte Krieg zw. Großbrit. u. Frankreich um Kanada u. Indien, der zugunsten Großbritanniens ausging.
Siebenkampf, leichtathlet. Mehrkampf für Frauen; besteht aus den Disziplinen 100-m-Hürdenlauf, Kugelstoßen, Hochsprung, 200-m-Lauf, Weitsprung, Speerwerfen u. 800-m-Lauf.
Siebenschläfer, 1. Gedenktag (27. Juni) zu Ehren der *Sieben Brüder,* die nach einer Legende während der Christenverfolgung des *Decius* 251 in einer Höhle eingemauert wurden u. nach fast 200 Jahren (446) wieder zum Leben erwachten. – **2.** ein euras. *Bilch* von 16 cm Körperlänge. Er hält rd. 7 Monate Winterschlaf.
Sieben Weise, im alten Griechenland Vertreter prakt. Lebensweisheit, denen bestimmte Sinnsprüche zugeschrieben werden: *Thales von Milet, Bias von Priene, Pittakos, Solon, Kleobulos von Lindos, Chilon* u. *Myson.*
Sieben Weltmeere, ältere Bez. für die Teile des Weltmeers: Nordatlant., Südatlant., Nordpazif., Südpazif., Ind. Ozean, Nord- u. Südpolarmeer.
Sieben Weltwunder → Weltwunder.
Siebold, Carl Theodor Ernst von, *1804, †1885, dt. Zoologe; wies bei Schmetterlingen die Jungfernzeugung nach.

Siegel: Wachssiegel Friedrichs II. Frankfurt a. M., Stadtarchiv

Siebs, Theodor, *1862, †1941, dt. Germanist; maßgebend für die dt. Einheitsaussprache. 📖 »Dt. Bühnenaussprache«.
sieden, eine Flüssigkeit in den gasförmigen Aggregatzustand überführen; bei einer spezif. *Siedetemperatur (Siedepunkt, Kochpunkt),* die auch durch den äußeren Druck bestimmt ist.
Siedlung, *i.w.S.* jede menschl. Wohnstätte; außerdem das Gebiet, in dem Menschen wohnen u. ihren Lebensunterhalt finden, einschl. der Bauten u. Anlagen. – *I.e.S.* die vorgeplante Anlage neuer Ortsteile oder ganzer Dörfer u. Städte, z.B. im MA bei der dt. *Ost-S.* – **S.sformen,** die Formen menschl. Niederlassungen: Einzelhof, Weiler, Dorf, Stadt.
Siedlungsgenossenschaft, genossenschaftl. Zusammenschluß zum Bau von Wohnsiedlungen, meist für Nichtmitgl.; oft Träger der *Heimstätten.*
Sieg [die], r. Nbfl. des Rhein, 130 km.
Siegbahn, 1. Kai Manne, Sohn von 2), *20.4.1918, schwed. Physiker; Arbeitsfeld: Elektronenspektroskopie; Nobelpreis 1981. – **2.** Karl Manne, *1886, †1978, schwed. Physiker; arbeitete über Röntgenspektren u. Astrophysik; Nobelpreis 1924.
Siegburg, Krst. in NRW, an der Mündung der Agger in die Sieg, 35 000 Ew.; Bundesfinanzakademie; im MA berühmte Töpferstadt; chem. Ind., Maschinenbau.
Siegel, reliefartiges Zeichen aus Metall, Wachs oder einer anderen leicht erhärtbaren Masse *(S.lack)* zur Beglaubigung einer Urkunde oder zum Verschluß eines Schriftstücks oder eines Behältnisses. S. (aus Ton) finden sich schon bei den Assyrern u. Babyloniern.
Siegellack, aus Schellack, Fichtenharz oder Terpentinharz u. Mineralpigmenten bestehende harzartige, spröde Masse zum Siegeln.
Siegen, Krst. in NRW, an der oberen Sieg, 107 000 Ew.; ehem. Residenz von Nassau-Oranien; Gesamthochschule; Eisen-Ind.
Siegerland, Bergland beiderseits der oberen Sieg, südlichster Teil Westfalens; Hauptort *Siegen;* stark industrialisiert.
Siegfried & Roy, Show-Duo (»Siegfried« Fischbacher u. Uwe Horn, »Roy«) in Las Vegas; bes. erfolgreich mit spektakulären, illusionist. Vorführungen mit weißen Tigern.
Siegfried, mhd. *Sigfrid,* später *Seyfried,* nord. *Sigurd,* Gestalt der dt. u. nord. Heldensage. Die Überlieferung aus *Nibelungenlied, Edda* u. *Thidrekssaga* zerfällt in Jugendsagen (Waldkindheit, Schmiedelehre, Drachenkampf, Erwerb des Nibelungenhorts, Befreiung der Jungfrau) u. in Sagen von seinem Tod (Brautwerbung u. Rache der Betrogenen).
SI-Einheitensystem, Abk. für frz. *Système Internationale d'Unités (Internationales Einheitensystem),* die Basiseinheiten der Internat. Einheitensystems. Seit der 14. Generalkonferenz für Maße u. Gewichte vom 16.10.1971 gilt internat.:

SI-Einheiten		
Einheit	Einheitenzeichen	physik. Größe
Meter	m	Länge
Kilogramm	kg	Masse
Sekunde	s	Zeit
Ampere	A	elektr. Stromstärke
Kelvin	K	thermodynam. Temperatur
Mol	mol	Stoffmenge
Candela	cd	Lichtstärke

Sierra Nevada

Siel, kleine Deichschleuse an Küsten u. Flüssen; schließt sich bei ansteigender Flut selbständig; auch allg. Bez. für Abwässerkanal.
Siemens, Kurzzeichen S, Maßeinheit der elektr. Leitfähigkeit; Kehrwert des *Ohms,* der Einheit für den Widerstand.
Siemens, 1. Karl Wilhelm, Bruder von 2), 1883 geadelt (Sir William S.), *1823, †1883, dt. Industrieller; entwickelte mit Émile u. Pierre *Martin* das *S.-Martin-Verfahren* zur Stahlerzeugung. – **2.** Werner (seit 1888) von, *1816, †1892, dt. Elektrotechniker u. Industrieller; gründete 1847 zus. mit dem Mechaniker J.G. *Halske* in Berlin eine Telegraphenbauanstalt, aus der die *Siemens & Halske AG* (heute *Siemens AG*) hervorging. Er begründete u. a. durch die Erfindung der Dynamomaschine (1866) die Starkstromtechnik. 1879 baute er die erste elektr. Eisenbahn der Welt u. wenig später die erste elektr. Straßenbahn.
Siena, ital. Prov.-Hptst. in der Toskana, an der Elsa, 60 000 Ew.; Paläste und Kirchen aus dem 13. u. 14. Jh.; *Corsa di Pàlio* (Pferderennen).
Sienkiewicz [cɛŋˈkjɛvitʃ], Henryk, *1846, †1916, poln. Schr.ftst.; schrieb histor. Romane, u. a. »Quo vadis«; Nobelpreis 1905.
Sierra, span. Bez. für kettenartige Gebirgszüge.
Sierra Leone, Staat in W-Afrika, an der Atlantikküste, 71 740 km², 4 Mio. Ew., Hptst. *Freetown.*

Sierra Leone

L a n d e s n a t u r. Das Land dehnt sich von einem feuchttrop. Schwemmlandstreifen an der Küste bis auf die von Savannen bewachsene Nordguineaschwelle aus *(Loma Mountains* 1948 m). Südl. von Freetown liegt die bis 888 m hohe Halbinsel S. L. W i r t s c h a f t. Die Landw. produziert Ölpalmprodukte, Kaffee, Kakao, Piassava u. Kolanüsse für

Sierra Leone: Frauen vom Mende-Stamm beim Zerstampfen von Reis

den Export. Hauptausfuhrgüter sind Diamanten, Eisenerz, Bauxit u. Rutil (80% des Exports).
G e s c h i c h t e. Um 1450 wurde S.L. von Portugiesen entdeckt. 1808 wurde die Halbinsel um Freetown brit. Kronkolonie, 1896 das gesamte Hinterland brit. Protektorat. Am 27.4.1961 wurde die Unabhängigkeit proklamiert. 1967/68 übernahm eine Militärjunta die Macht. Seit 1971 ist S. L. Republik.
Sierra Madre, in NW-SO-Richtung verlaufende Randgebirge beiderseits des zentralen Hochlands von Mexiko.
Sierra Nevada, 1. Gebirgszug in S-Spanien,

826 Siesta

90 km lang, im *Mulhacén* 3478 m (höchster Gipfel der Pyrenäen-Halbinsel). – **2.** Gebirgszug in California (USA); im *Mount Whitney* 4418 m.

Siesta [zi'ɛsta], Mittagsruhe, Ruhezeit nach dem Mittagessen.

Sieveking, Kurt, *1897, †1986, dt. Politiker (CDU); 1953–57 Erster Bürgermeister u. Präs. des Hamburger Senats.

Sievers, Wilhelm, *5.4.1931, ev. Theologe u. Jurist, 1986 Bischof der Ev.-Luth. Kirche in Oldenburg.

Sievert, Abk. *Sv,* Einheit für die *Äquivalentdosis:* 1 Sv = 1 J/kg.

Sieyès [sje'jɛ:s], Emmanuel Joseph Graf (1809), *1748, †1836, frz. Publizist u. Politiker; Abbé, 1780 bischöfl. Generalvikar, 1789 Mitgl. der Generalstände. Seine Schrift »Was ist der dritte Stand?« war ein Manifest der Frz. Revolution.

Sigel, *Sigle,* Abkürzungszeichen; stenograph. Kürzel; Abk. für Werktitel, Handschriften u. ä.

Siger von Brabant, *um 1235, †um 1282 (ermordet), ndl. Philosoph; Hauptvertreter des lat. *Averroismus.*

Sighişoara [sigi'ʃoara], dt. *Schäßburg,* rumän. Stadt in Siebenbürgen, 36 800 Ew.; mittelalterl. Stadtbild.

Sightseeing ['saitsi:iŋ], Besichtigung von Sehenswürdigkeiten, Stadtrundfahrt.

König Sigismund (1) spricht Recht und verteilt Lehen; 1415. Berner Chronik von Diebold Schilling

Sikhs vor dem Goldenen Tempel in Amritsar, ihrem religiösen und politischen Zentrum

Sigillaria, *Siegelbaum,* ein *Bärlappbaum* der Steinkohlenwälder; mit siegelartigen Blattpolstern am Stamm.

Sigismund, *Siegismund, Si(e)gmund,* Fürsten:
Röm.-Dt. Reich:
1. *1368, †1437, König 1410–37, Kaiser seit 1433; Sohn *Karls IV.,* seit 1387 König von Ungarn; wurde 1410 zugleich dt. König; seit 1433 dt. Kaiser; leitete das Konstanzer Konzil, führte die Hussitenkriege.
Polen:
2. S. I., *Zygmunt Stary, S. der Alte,* *1467, †1548, König 1506–48; Großfürst von Litauen, leitete das »goldene Zeitalter« Polens ein. – **3. S. II. August,** *Zygmunt II. August,* Sohn von 2), *1520, †1572, König 1548–72 (formal seit 1530); Großfürst von Litauen, der letzte Jagiellone, verband Polen u. Litauen staatsrechtl. durch die *Lubliner Union* (1569). – **4. S. III.,** *Zygmunt III. Wasa,* Enkel von 2), *1566, †1632, König 1587–1632; Sohn König Johanns III. von Schweden aus dem Haus Wasa; nach dem Tod des Vaters 1592 auch König von Schweden, doch 1604 zugunsten von Karl IX. abgesetzt.

Sigmaringen, Krst. in Ba.-Wü., 15 200 Ew.; Hohenzollernschloß; Masch.-Ind.

Sigmund → Sigismund.

Signac [si'njak], *1863, †1935, frz. Maler u. Graphiker (Neoimpressionist, Pointillist).

Signal, opt., elektr. oder akust. Zeichen mit vereinbarter Bedeutung.

Signalflaggen, mehrfarbige Flaggen, Wimpel u. Stander für den opt. Schiffssignalverkehr.

Signatur, 1. *Paraphe,* Kurzzeichen als Unterschrift, Namenszug. – **2.** in Bibliotheken: die Standortbezeichnung für das einzelne Buch. – **3.** Monogramm oder Zeichen des Urhebers eines Kunstwerks. – **4.** *Kartenzeichen,* im Kartenbild verwendetes Zeichen für die Darst. eines wichtigen Gegenstands. – **5.** *Apostolische S.,* oberstes päpstl. Gericht für den äußeren Rechtsbereich. – **6.** Einschnitt an der *Type;* Erkennungszeichen für die Schriftart.

Signet, Siegel, Petschaft; seit dem 18. Jh. bes. das Herstellerzeichen der Verleger u. Buchdrucker.

Signora [si'njo:ra], ital.: Frau.

Signore [si'njo:re], ital.: Herr.

Signorelli [sinjo-], Luca, *1441, †1523, ital. Maler; Hauptmeister der umbrischen Malerschule im späten Quattrocento.

Signoret [sinjɔ'rɛ], Simone, eigtl. Simone *Kaminker,* *1921, †1985, frz. Schauspielerin; verh. mit Y. *Montand;* Charakterrollen.

Signoria [sinjo-], Bez. sowohl für die Reg. wie für das Herrschaftsgebiet der ital. Stadtstaaten Florenz, Verona u. a.; seit Ende des 12. Jh. in Venedig ein Staatsrat neben dem Dogen; seit Mitte des 13. Jh. der eigtl. Herrschaftsträger.

Sigrist, schweiz. für Küster.

Sigúrd-Lieder, Heldenlieder der altnord. Sage.

Sihanouk [-'nuk], Norodom Varman, *31.10.1922, kambodschan. Politiker; 1941–55 König von Kambodscha; erreichte 1954 die Unabhängigkeit seines Landes; seit 1960 mehrf. Staatsoberhaupt, zuletzt seit 1991; die polit. Machtverhältnisse in K. zwangen ihn, zeitw. ins Exil zu gehen.

Šik [ʃik], Ota, *11.9.1919, tschech. Nationalökonom u. Politiker; entwickelte ein ökonom. Reformmodell, in dem sozialist. Staatsbetriebe unter Markt- u. Wettbewerbsbedingungen operieren.

Sikh, *Shikh,* Anhänger einer Religionsgemeinschaft in N-Indien, von *Nanak* Ende des 15. Jh. im Pandschab gegr.; beeinflußt durch Lehren des Islam u. Hinduismus. Die S. errichteten einen eig. Staat, der 1849 von den Engländern unterworfen wurde. Heute leben die meisten S. im ind. Unionsstaat Punjab.

Sikkativ, *Trockenstoff,* ein Zusatz zu Ölfarben u. Firnis, der das Trocknen beschleunigt.

Sikkim, Bundesstaat im W Indiens, 7096 km², 410 000 Ew.; Hptst. Gangtok. – 1641 Kgr.; 1861 brit. Protektorat; 1950 ind. Protektorat, 1974 mit Indien assoziiert; seit 1975 Bundesstaat.

Sikorski, Wladyslaw, *1881, †1943 (Flugzeugabsturz), poln. Politiker u. Offizier; Jan.-Mai 1923 Min.-Präs.; 1939–43 Min.-Präs. der Exilregierung in London.

Silage [-ʒə], *Ensilage,* in Silos durch Einsäuern konserviertes Futter (Grünfutter, Kartoffeln).

Silbe, die kleinste lautl. Einheit einer Sprache, die mögl. Träger eines Akzents, einer Tonhöhe oder Länge ist.

Silbenschrift, eine Schriftart, die im Gegensatz zur Laut- u. Wortbildschrift jede Silbe durch ein bes. Zeichen ausdrückt. Beispiele sind die jap. Schrift u. die späteren Hieroglyphen.

Silber, ein → chemisches Element (Edelmetall).

Silberahorn, ein *Ahorngewächs* aus dem N der USA, bis 15 m hoher Baum.

Silberblatt, *Mondviole,* ein *Kreuzblütler;* hierzu das *Wilde S.* u. das *Judas-S.* in feuchten Laubwäldern Mittel- u. S-Europas.

Silberfischchen, zur Fam. *Lepismatidae* der Ordnung *Fischchen* gehöriges, primitives, kosmopolit. Insekt mit silbrig glänzenden Hautschuppen; lebt bes. an feuchten Orten.

Silberfuchs, Farbspielart des *Rotfuchses;* wegen des Pelzes oft auf Farmen gezüchtet.

Silberglanz, *Argentit,* ein Mineral.

Silbergras, Bez. für mehrere Süßgräser.

Silberhornerz, *Kerargyrit,* ein Mineral.

Silberlinde, *Ungarische S.,* Gatt. der *Lindengewächse;* ein bis 30 m hoher Baum in SO-Europa.

Silberlinge, die Silbermünzen, um die Christus von Judas verraten wurde; wahrsch. *Denare* des Kaisers Tiberius.

Silberlöwe → Puma.

Silbermann, 1. Andreas, *1678, †1734, dt. Orgel- u. Klavierbauer (Orgel des Straßburger Münsters). – **2.** Gottfried, Bruder von 1), *1683,

Achtblättrige Silberwurz

† 1753, dt. Orgel- u. Klavierbauer (etwa 500 Orgeln in Sachsen u. Thüringen).
silberne Hochzeit, 25. Jahrestag der Hochzeit.
Silbernes Lorbeerblatt, *Silberlorbeer,* höchste Sportauszeichnung in der BR Dtld., seit 1950 vom Bundes-Präs. (bis 1963 ohne Statut) für außergewöhnl. sportl. Leistungen verliehen; 1964 zum Ehrenzeichen erhoben.
Silberreiher, ein großer, blendendweißer *Reiher,* der die wärmeren Gebiete der ganzen Welt bewohnt.
Silberwurz, 1. *Dryas,* Gatt. der *Rosengewächse;* hierzu die *Achtblättrige S.,* eine Alpenpflanze. – **2.** →Eberwurz.
Silcher, Philipp Friedrich, *1789, †1860, dt. Komponist; führend in der Volksliedbewegung.
Sild, junger Hering; auch eingelegte Heringstücke.
Silen, *Silenos,* in der grch. Myth. ein den *Satyrn* ähnl. Fruchtbarkeitsdämon, ein Mischwesen aus Mensch u. Pferd.
Silesius →Angelus Silesius.
Silge, *Selinum,* Gatt. der *Doldengewächse.* Die *Kümmelblättrige S.* wächst auf feuchten Wiesen.
Silhouette [silu-], *Schattenbild, Schattenriß,* flächiges Umrißbild eines Gegenstands oder einer Figur, entweder hell vor dunklem oder dunkel vor hellem Untergrund; ben. nach dem frz. Min. Étienne de S. (*1709, †1769); ähnl. dem Scherenschnitt.
Silicagel, *Kieselgel,* oberflächenaktive Kieselsäure, SiO_2, mit hohem Adsorptionsvermögen; zum Trocknen von Gasen, organ. Flüssigkeiten u. Ölen u. zur Lufttrocknung in Klimaanlagen. *Blaugel* ist S. mit Kobaltsalzen als Indikator.
Silicate, *Silikate,* die Salze der Orthokieselsäure $Si(OH)_4$. Etwa 25% aller Minerale sind S. Die Erdkruste (bis zu 16 km Tiefe) besteht zu 95% aus Quarz u. S.
Silicium, ein →chemisches Element.
Silicone, *Polysiloxane,* polymere Verbindungen des Siliciums mit Kohlenwasserstoffen. Die meisten S. sind wasserabstoßend, elektr. Isolatoren u. beständig gegen Oxidationsmittel u. Säuren. *S.öle* werden z.B. als Hydraulikmittel verwendet.
Silicon Valley ['silikən 'væli], Tal südl. von San Francisco, Weltzentrum der Mikroelektronik.
Silistra, Hptst. des gleichn. bulgar. Bez., Hafenstadt an der Donau, 60 000 Ew.; Handels- u. Verkehrszentrum der südl. Dobrudscha.
Silja, Anja, eigtl. Anna S. Regina *Langwagen,* *17.4.1940, dt. Sängerin (Sopran).
Siljan, See im mittleren Schweden, 290 km²; vom Österdalälven durchflossen.
Silla, eines der drei frühen korean. Königreiche, 57 v. Chr.–935 n. Chr.
Sillanpää [-pɛː], Frans Eemil, *1888, †1964, finn. Schriftst.; schilderte Natur u. Menschen in seiner Heimat; Ⓦ »Silja, die Magd«; Nobelpreis 1939.
Sillimanit, *Faserkiesel,* ein Mineral.

Sillitoe ['silitoʊ], Alan, *4.3.1928, engl. Schriftst. (sozialkrit. Prosa aus dem engl. Arbeitermilieu).
Silo, *Schachtspeicher,* Speicher zur Aufbewahrung von Hackfrüchten, Grünfutter u. ä.
Silone, Ignazio, eigtl. Secondo *Tranquilli,* *1900, †1978, ital. Schriftst.; 1930–44 im schweiz. Exil; Romane über die südital. Landbevölkerung; Ⓦ »Brot u. Wein«.
Sils, rätoroman. *Segl,* schweiz. Luftkurort u. Wintersportplatz im Oberengadin, am Inn-Ausfluß aus dem *S.er See,* 1812 m ü. M., 510 Ew.
Silt, *S.stein, Schluff, Schluffstein,* klastisches Sediment oder Sedimentgestein mit Mineralkörnern von 0,063–0,002 mm Korngröße.
Silur, geolog. Formation des Paläozoikums, zw. Ordovizium u. Devon. →Erdzeitalter.
Silvaner, *Sylvaner,* weiße, in Dtld. u. Östr. verbreitete Rebsorten u. Weine.
Silvanus, altröm. Waldgott, mit *Pan* verglichen.
Silvester, letzter Tag des Jahres, Namenstag des Papstes *S. I.*
Silvester, 1. S. I., †335, Papst 314–35. Unter ihm fand auf Initiative Kaiser *Konstantins d. Gr.* der grundlegende Friedensschluß zw. dem Röm. Reich u. dem Christentum statt. – Heiliger (Fest: 31.12). – **2. S. II.,** eigtl. *Gerbert von Aurillac,* *um 940, †1003, Papst 999–1003; Lehrer u. Freund Kaiser *Ottos III.;* berühmt für seine Gelehrsamkeit; organisierte die Kirche in Polen u. Ungarn.
Silvretta, stark vergletschertes Alpenmassiv an der schweiz.-östr. Grenze; *Piz Linard* 3411 m, *Fluchthorn* 3399 m, *Piz Buin* 3312 m.
Simaruba, von Florida bis Brasilien verbreitete Gatt. der *Bitterholzgewächse.* Einige Arten liefern eine bittere Wurzelrinde *(Cortex Simarubae)* gegen Diarrhöe u. Ruhr.
Simbabwe, *Zimbabwe,* bis 1980 *Rhodesien,* Binnenstaat in SO-Afrika, 390 580 km², 10 Mio. Ew. (hpts. Bantuneger, 140 000 Weiße), Hptst. *Harare.*
L a n d e s n a t u r . Das Hochland (1100–1800 m) senkt sich nach N zum Sambesi, nach S zum Limpopo u. nach W zur Kalahari. Im O erreicht es in den Inyangabergen mit 2596 m die größten Höhen. Das trop. Klima hat im Hochland gemäßigte Temperaturen mit von W nach O zunehmenden Niederschlägen. Das Hochland wird vorw. von Savannen, die Niederungen werden von Trockenwäldern eingenommen.
W i r t s c h a f t . Die Landwirtschaft liefert Tabak, Baumwolle, Zuckerrohr, Tee, Mais, Weizen u. Südfrüchte für den Export. Haupterwerbszweig ist der Bergbau (Gold, Asbest, Kohle, Platin, Nickel, Eisen, Kupfer u. a.). S. ist das am meisten industrialisierte Gebiet des trop. Afrika (Bergbau- u. Agrarprodukte, Maschinen, Textilien, chem. Produkte u. zahlr. Verbrauchsgüter). Elektr. Energie liefern die Kraftwerke am Kariba-Staudamm.
G e s c h i c h t e . Das Gebiet wurde 1889/90 von der Britisch-Südafrika. Gesellschaft in Besitz genommen u. 1895 *Rhodesien* genannt. S-Rhodesien wurde 1923 brit. Kolonie. Es bildete 1953–63 zus. mit N-Rhodesien (heute Sambia) u. Nyasaland

Simbabwe

(heute Malawi) die Föderation *Rhodesien u. Nyasaland.* Der S erklärte sich als Rhodesien 1965 einseitig für unabhängig u. 1969 zur Republik. Es regierte eine Minderheitsregierung unter I. *Smith.* 1978/79 gab es eine gemischtrassige Regierung, danach erhielt das Land kurzzeitig wieder den Status einer brit. Kolonie. Aufgrund der Beschlüsse der Lancaster-House-Konferenz von London wurde das Land 1980 als S. unabhängig. Staats-Präs. ist seit 1987 R. G. *Mugabe.*
Simbabwe, *Zimbabwe,* Ruinenstadt 20 km sö. von Masvingo, erste früheisenzeitl. Besiedlung zu Beginn des 1. Jt. n. Chr., Beginn der *S.-Kultur* im 8./9. Jh., Hochblüte mit riesigen, ohne Mörtel gefügten Steinbauten in Rundformen etwa im 14./15. Jh., sakrosanktes Königtum.
Simbirsk, 1924–91 *Uljanowsk,* Hptst. der Oblast S. in Rußland, am Samara-Stausee der Wolga, 648 000 Ew.; Kreml, Klöster; Kfz-, Land- u. Werkzeugmaschinenbau.

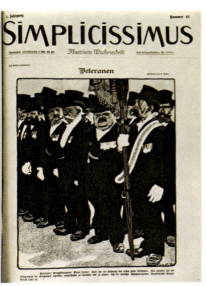

Simplicissimus: Titelseite der ersten Nummer vom 1.4.1896

Simchat Thora, in der jüd. Religion der Tag der Gesetzesfreude, am 23. Tischri im Anschluß an das Laubhüttenfest gefeiert.
Simenon [simə'nɔ̃], Georges, *1903, †1989, belg. Schriftst.; über 200 Kriminal- u. psycholog. Romane (Romanheld Kommissar *Maigret*).
Simeon, im AT der 2. Sohn Jakobs u. Leas. Nach ihm benannt war einer der 12 Stämme Israels.
Simeon, bulgar. Fürsten:
1. S. I., *S. d. Gr.,* *865, †927, Fürst 893–927; seit 917 Zar (Basileus) der Bulgaren u. Griechen. Sein Reich umfaßte fast die ganze Balkanhalbinsel. – **2. S. II.,** *16.6.1937, bulgar. Zar 1943–46; mußte nach Volksentscheid im Sept. 1946 abdanken; letzter bulgar. Zar.
Simferopol, Hptst. der Rep. Krim (Ukraine), 338 000 Ew.; Univ.; Tabak- u. Konserven-Ind.; Fremdenverkehr, Flugplatz.
Similaun-Mann, Bez. für einen vorgeschichtl. Leichenfund, der im Sept. 1991 in einem Gletscher der Ötztaler Alpen in ungewöhnl. gutem Erhaltungszustand entdeckt wurde.
Simili, Nachahmung, bes. von Edelsteinen.
Simmel, 1. Georg, *1858, †1918, dt. Philosoph; vertrat einen lebensphilosoph. Relativismus mit neukantian. Zügen. – **2.** Johannes Mario, *7.4.1924, östr. Schriftst.; gegenwartsbezogene Unterhaltungsliteratur; Ⓦ »Es muß nicht immer Kaviar sein«, »Bitte laßt die Blumen leben«.
Simmern, Krst. in Rhld.-Pf., an der *Simmer* (zur Nahe), 5700 Ew.; metallverarbeitende Ind.
Simon, 1. [si'mɔ̃], Claude, *10.10.1913, frz. Schriftst.; Erzähler des *Nouveau Roman;* Ⓦ »Die Straße in Flandern«; Nobelpreis 1985. – **2.** ['saimən], Herbert Alexander, *15.6.1916, US-amerik. Wirtsch.-Wiss.; forscht über Entscheidungsprozesse in Wirtschaftsorganisationen; Nobelpreis 1978. – **3.** [si'mɔ̃], Michel, eigtl. François S., *1895, †1975, frz. Filmschauspieler schweiz. Herkunft; bek. durch die Filme J. *Renoirs,* u. a. »Hafen im Nebel«.
Simonie, der Handel mit geistl. Sachen (Sakramente, Sakramentalien u. kirchl. Ämter).
Simonis, Heide, *4.7.1943, dt. Politikerin (SPD); 1976–88 MdB; 1988–93 Finanz-Min., seit 1993 Min.-Präs. von Schl.-Ho.
Simon Kananäus, *Simon der Eiferer, Simon der Zelot,* Jünger u. Apostel Jesu, nach der Legende Märtyrer in Persien. – Heiliger (Fest: 28.10.).
Simon von Kyrene, ein Jude, der nach Matth. 27,32 von röm. Soldaten gezwungen wurde, für Jesus das Kreuz zu tragen.
Simplex, im Ggs. zum *Kompositum* das einfache, nicht zusammengesetzte Wort.
Simplicissimus [lat., »der Einfältigste«], **1.** *Simplicius S.,* Held des Schelmen- u. Entwicklungsromans »Der abenteuerl. S.« von H.J.Ch. von *Grimmelshausen.* – **2.** 1896 von A. *Langen* u.

Gottfried Silbermann: Hammerflügel im Musikzimmer von Schloß Sanssouci in Potsdam

Sinai: Katharinenkloster

Th. *Heine* in München gegr. satir. illustrierte Wochenschrift; 1944 eingestellt, 1954 neugegr., 1967 eingestellt.

Simpson, 1. [-sən], Sir James Young, *1811, †1870, brit. Frauenarzt u. Geburtshelfer; führte das Chloroform zur Narkose bei Geburten ein (1847). – **2.** [-'sən], Norman Frederick, *29.1.1919, engl. Dramatiker (absurde Theaterstücke). – **3.** William von, *1881, †1945, dt. Schriftst. (ostpreuß. Familienromane).

Simse, *Binse, Scirpus,* Gatt. der *Sauergräser;* hierzu die *Teich-S.,* eine über 2 m hohe Pflanze stehender oder fließender Gewässer.

Simson, grch. *Samson,* im AT einer der im Richterbuch (Kap. 13–16) beschriebenen Helden; von großer Körperkraft; besiegte die Philister; dann von *Delila (Dalila)* verraten.

Simulation, Vortäuschung, bes. von Krankheit; auch modellhafte Darst. von Prozessen oder Systemen.

Simulator, eine elektron. Datenverarbeitungsanlage, mit deren Hilfe z.B. Vorgänge in Kernreaktoren u. elektr. Netzwerken oder Flugzustände u. -bedingungen von Flugzeugen *(Link-Trainer)* u. bemannten Weltraumkapseln simuliert (»durchgespielt«) werden.

simultan, gleichzeitig, gemeinsam.

Simultanbühne, eine Bühne, die neben- oder übereinander mehrere Orte darstellt u. so das Spiel ohne Szenenwechsel oder gleichzeitig an mehreren Orten gestattet.

Simultankirche, ein gottesdienstl. Raum, der von mehreren Konfessionen benutzt wird; wird von der kath. Kirche abgelehnt.

Sinai ['zi:na:i], ägypt. Halbinsel nördl. des Roten Meers, zw. den Golfen von Aqaba u. Suez, 1967 von Israel erobert; wurde nach dem Friedensvertrag von 1979 schrittweise bis 1982 geräumt; 60 100 km², 200 000 Ew., Hptst. *Al Arish;* das wüstenhafte *S.-Gebirge* (2637 m) ist nur von wenigen fruchtbaren Oasen durchsetzt. Auf dem *Jabal Musa* (2240 m) liegt das grch.-orth. Katharinenkloster mit berühmter Bibliothek.

Sinaloa, Bundesstaat in →Mexiko, am südl. Golf von Kalifornien.

Sinan, *1498, †1588, bed. Architekt des osman. Hofs; W Schehzade-Moschee u. Suleiman-Moschee in Istanbul, Selim-Moschee in Edirne.

Sinatra, Frank, *12.12.1915, US-amerik. Sänger u. Filmschauspieler (führende Persönlichkeit des US-amerik. Unterhaltungsgeschäfts).

Sinclair ['siŋkleə], Upton Beall, *1878, †1968, US-amerik. Schriftst.; bekämpfte als Sozialist in seinen Romanen die soz. Mißstände der kapitalist. Ordnung; W »Der Sumpf«, »König Kohle«.

Sindbad, *S. der Seefahrer,* Held oriental. Seefahrergeschichten aus dem 10. Jh., eines der bekanntesten Märchen aus »1001 Nacht«.

Sindelfingen, Stadt in Ba.-Wü., sw. von Stuttgart, 58 000 Ew.; Ind.-Zentrum *(Daimler, IBM).*

Sindermann, Horst, *1915, †1990, DDR-Politiker (SED); 1967–89 Mitgl. des Politbüros des ZK der SED; 1973–76 Vors. des Ministerrats der DDR, 1976–89 Präs. der Volkskammer; wurde 1989 aus der Partei ausgeschlossen.

Sindh, *Sind,* Prov. in →Pakistan, am Indus.

Sinding, Christian August, *1856, †1941, norw. Komponist (Spätromantiker).

Sinekure, Pfründe ohne Amtsgeschäfte; einträgl. Amt ohne Pflichten.

Sinfonie, *Symphonie,* von etwa 1750 allg. Bez. für das Zusammenspiel von Instrumenten ohne Vokalstimmen, dann fester musikal. Formbegriff für ein 3sätziges, später meist 4sätziges Orchesterwerk mit klar gegliederter Themenstellung u. -verarbeitung, dessen 1. Satz meist Sonatenform hat. Die S. fand ihre volle Ausbildung durch *Haydn, Mozart, Beethoven* u. *Brahms;* spätere bedeutende Sinfoniker: *Mahler, Strawinsky, Hartmann.*

sinfonische Dichtung, meist einsätziges Orchesterwerk in sinfon. Form, das aus der *Programmusik* hervorgegangen ist; zuerst bei H. *Berlioz* (»Symphonie fantastique«) als *Programm-Sinfonie,* durch F. *Liszt* als s. D. ausgeprägt. Ein außermusikal. Programm (ein Bild, Gedicht oder histor. Ereignis) liegt meist zugrunde, z.B. bei F. *Liszt* »Hunnenschlacht«, R. *Strauss* »Don Juan«.

Singapur, Inselstaat in SO-Asien, 618 km², 2,8 Mio. Ew., Hptst. *S.*

Landesnatur. Die Hauptinsel S. ist durch einen Eisenbahn- u. Straßendamm mit dem Festland verbunden. Zum Staatsgebiet gehören noch rd. 50 kleinere Küsteninseln. Das Klima ist trop. heiß u. feucht.

Die Bevölkerung besteht aus 76% Chinesen, 15% Malaien, 7% Indern u. Pakistanern. Zentrum der Besiedlung ist die *City.*

Singapur

Wirtschaft. S. ist ein äußerst bed. Handels-, Finanz-, Dienstleistungs- u. Technologiezentrum. Es ist das größte Erdölraffineriezentrum SO-Asiens. Die wichtigsten Industriezweige sind Maschinen-, Schiff- u. Fahrzeugbau sowie die opt. u. Elektroindustrie. Hauptanbauprodukte sind Kokos- u. Ölpalmen, Kautschuk, Ananas u. Tabak. – S. liegt im

SINGVÖGEL MITTELEUROPAS

Schnittpunkt internat. Schiffahrtswege u. Flugrouten u. hat sich dadurch zum bed. Verkehrszentrum SO-Asiens entwickelt.
Geschichte. S. wurde von der Ostindien-Kompagnie 1819 gegr. u. 1851 Brit.-Indien unterstellt; 1867–1941 Teil der Kronkolonie *Straits Settlement;* 1942–45 jap. besetzt; seit 1946 brit. Kronkolonie mit Selbst-Verw. Am 31.8.1963 folgte die Unabhängigkeitserklärung u. am 16.9. der Zusammenschluß mit Malaya u. Brit.-Borneo zur Föderation *Malaysia,* aus der S. 1965 wieder austrat. Prem.-Min. war 1959–90 *Lee Kuan Yew.* Sein Nachfolger wurde *Goh Chok Tong.*

Singen (Hohentwiel), Stadt in Ba.-Wü., im Hegau, 43 000 Ew.; Nahrungsmittel-Ind. *(Maggi).*

Singer, Isaac Baschewis, *1904, †1991, jidd.-hebr. Schriftst.; emigrierte 1935 in die USA; Ⓦ »Satan in Goraj«, »Der Kabbalist von East Broadway«, »Ein Tag des Glücks«; Nobelpreis 1978.

Singh, Vishwanath Pratap, *25.6.1931, ind. Politiker (Janata Dal); 1980–82 Chef-Min. von Uttar Pradesh; 1989/90 Prem.-Min.

Singhalesen, mit 10 Mio. die herrschende buddhist. u. zahlenmäßig größte Volksgruppe Sri Lankas; Indoarier mit Drawida-Beimischung u. einer eig. neuind. Sprache **(Singhalesisch).**

Single [siŋl], **1.** kleine 17-cm-Schallplatte. – **2.** alleinlebende Person.

Sing Sing, Staatsgefängnis von New York, ben. nach der Stadt *Ossining* (fr. S.S.).

Singspiel, Gatt. des musikal. Theaters, bei dem die einzelnen Musiknummern durch ausgedehnten gesprochenen Dialog verbunden werden.

Singular, Einzahl. Ggs.: *Plural.*

Singularetantum, ein Wort, das nur im Singular vorkommt; z. B. Butter, Haß, Menschheit. Ggs.: *Pluraletantum.*

Singularität, einzelne meteorolog. Elemente (z. B. Temp.), Wetterlagen oder Witterungserscheinungen, die jährl. in einer dafür untypischen Jahreszeit als »Störungen« wiederzukehren neigen.

Singvögel, *Oscines,* mit rd. 4000 Arten in rd. 35 Fam. die weitaus umfangreichste Unterordnung der *Sperlingsvögel;* mit 7–9 Paar Singmuskeln. Zu den S. gehören u. a. Lerchen, Schwalben, Raben- u. Drosselvögel, Meisen u. Finken.

Singzikaden, *Cicadomorpha,* Gruppe der *Zikaden,* deren Männchen mit ihrem Trommelorgan für den Menschen hörbare Töne erzeugen; 1100 Arten, bes. in wärmeren Ländern; hierzu die größte Art der Schnabelkerfe, die *Kaiserzikade,* Spannweite 18 cm.

Sinide, volkreichste Rasse der *Mongoliden,* mit höherem Wuchs u. schwächer ausgebildeten mongoliden Merkmalen.

Sinigaglia [-'galja], Leone, *1868, †1944, ital. Komponist; befreundet mit J. *Brahms.*

Sining →Xining.

Sinjawskij, Andrej Donatowitsch, Pseud.: Abram Terz, *8.10.1925, sowjetruss. Literarhistoriker; emigrierte 1973 nach Frankreich; Romane u. Erzählungen.

Sinkiang →Xinjiang.

Singapur

Sinn, 1. geistiger Gehalt, Bedeutung, Bedeutungszusammenhang, Zweck. – **2.** die Fähigkeit des Organismus, versch. Arten von Reizen (→Reiz) wahrzunehmen. Zur Aufnahme des Reizes dienen spezialisierte Sinneszellen *(Rezeptoren),* die häufig mit Hilfseinrichtungen zu komplizierten Sinnesorganen zusammengefaßt sind: 1. mechanischer S. *(Gehör, Schwere-, Tast-, Druck- u. Strömungs-S., Drehbeschleunigungs-S.),* 2. Temperatur-S. *(Wärme-, Kälte-S.),* 3. chemischer S. *(Geruch u. Geschmack),* 4. Licht-S. – *Orientierungs-* u. *Zeit-S.* sind keine echten S.e. Der *Schmerz-S.* läßt sich durch versch. Energieformen auslösen.

Sinnbild, im 17. Jh. gebildetes Wort für *Emblem,* später für *Symbol.*

Sinnesorgan, zur Information über äußere u. innere Zustandsänderungen dienendes Organ. Die auf Außenreize ansprechenden S. sind die *Exterozeptoren* (Auge, Ohr, Geruchsorgan u. a.). Veränderungen im Organismus reizen die *Interozeptoren:* solche des Eingeweides die *Viszerozeptoren,* solche in Muskeln u. Sehnen die *Propriozeptoren.* Der Reiz wird von *Sinneszellen* aufgenommen u. in Erregung transformiert.

Sinnesphysiologie, ein Teilgebiet der Physiologie, das sich vorwiegend mit den Reaktionen von Tieren u. Menschen auf bestimmte Reize befaßt (Erregungsbildung, Weiterleitung u. Verarbeitung).

Sinnestäuschung, entweder eine Umdeutung von Sinneseindrücken *(Illusion)* oder vermeintl. Sinneseindrücke von objektiv nicht nachweisbaren Gegebenheiten *(Halluzination).* Zu den S. können i.w.S. auch die *optischen Täuschungen* gezählt werden.

Sinneszellen, *Sensillen,* Epithelzellen der Gewebetiere, die darauf spezialisiert sind, Sinnesreize aufzunehmen u. deren Erregung über Nervenzellen weiterzuleiten

Sinn Féin [ʃin fein], radikal-nationalist. ir. Partei, 1905 als ir. Freiheitspartei gegr., heute der polit. Arm der *IRA.*

Sinngedicht →Epigramm.

830 **Sinnspruch**

Sioux: Häuptling Sitting Bull führte die Sioux in der Schlacht am Little Big Horn

Sinnspruch, eine treffend formulierte Lebensregel oder Erkenntnis; in der Lit. als *Epigramm, Sentenz, Devise, Motto.*
Sinologie, die Wiss. von der chin. Sprache u. Literatur, i.w.S. von China überhaupt.
Sinop, das antike *Sinope,* türk. Hafenstadt u. Prov.-Hptst. am Schwarzen Meer, 25 000 Ew.; Handelszentrum.
Sinowatz, Fred, *5.2.1929, östr. Politiker (SPÖ); 1971–83 Bundes-Min. für Unterricht u. Kunst; 1983–88 Partei-Vors.; 1983–86 Bundeskanzler.
Sinowjew [-vjef], eigtl. *Radomyslskij,* Grigorij Jewsejewitsch, *1883, †1936 (hingerichtet), sowj. Politiker; enger Mitarbeiter Lenins, als Führer der »Linksopposition« 1927 aus der KP ausgeschlossen u. 1936 in einem Schauprozeß zum Tode verurteilt. Das Urteil wurde 1988 aufgehoben.
Sinsheim, Stadt in Ba.-Wü., an der Elsenz, 28 000 Ew.; Metall-, Elektro- u. a. Ind.
Sintenis, Renée, *1888, †1965, dt. Bildhauerin (impressionist. empfundene Kleinplastiken).
Sinter, mineral. Absätze kalk- oder kieselsäurehaltiger fließender Wässer, oft unter Mitwirkung von Pflanzen.
sintern, Stoffe (Metallpulver u. keram. Stoffe) durch Erhitzen zusammenbacken.
Sintflut, eine urzeitl. Flutkatastrophe, von der im AT (Gen. 6,5–9,17) berichtet wird; als Gottesstrafe für die sündhafte Menschheit (daher auch Sündflut); ähnl. in anderen Religionen u. Sagen.

Sirmione: Scaligerburg

Sinti, eig. Bez. der in Dtld. lebenden *Roma.*
Sintra, fr. *Cintra,* portug. Stadt nw. von Lissabon, am Nordhang der waldreichen *Serra da S.,* 20 800 Ew.; ehem. königl. Residenz.
Sintschu, *Hsinchu,* Stadt im NW Taiwans, 243 000 Ew.; Landw.-Zentrum.
Sinuiju [sinuidʒu], *Sinuidschu,* nordkorean. Hafenstadt nahe der Yalu-Mündung ins Gelbe Meer, 300 000 Ew.; Ind.-Zentrum; Verkehrsknotenpunkt.
Sinus, Zeichen *sin,* eine der *Winkelfunktionen.*
Sinzig, Stadt in Rhld.-Pf., an der Ahr-Mündung, 14 900 Ew.; Schloß; Mineralquelle.
Siodmak, Robert, *1900, †1973, US-amerik. Filmregisseur; wuchs in Dtld. auf; später in den USA erfolgreich; W »Die Wendeltreppe«, »Der rote Korsar«.
Sion [sjɔ̃] →Sitten.
Sioux [suːz, ˈsiuks], Gruppe von Indianerstämmen in den USA (noch etwa 40 000); nomad. Bisonjäger, einst von Winnipeg bis Arkansas verbreitet; heute in mehreren Reservationen in North u. South Dakota.
Siphon [Syphon,]. **1.** →Geruchsverschluß. – **2.** Druckbehälter zum Ausschank von Getränken, die durch den Druck zugefügten Kohlendioxids beim Öffnen eines Ventils herausgedrückt werden.
Sippe, eine größere Verwandtengruppe, die sich von einem gemeinsamen Vorfahren ableitet.
Sippenhaft, *Sippenhaftung,* das Einstehenmüssen u. die Verfolgung von Familienmitgl. u. anderen Verwandten eines Straftäters für dessen Taten; in altertüml. Rechtsordnungen anzutreffen *(Blutrache);* in jüngerer Zeit insbes. im nat.-soz. Dtld.
Sir [søː]. **1.** Titel des niederen engl. Adels; wird mit Vor- u. Familiennamen oder mit dem Vornamen allein gebraucht. – **2.** engl. Anrede: »Herr« (ohne Namen).
Sirach, ein apokryphes Buch zum AT, um 200 v. Chr. abgefaßt; eine spätjüd. Weisheitsschrift.
Sire [sir], frz. Anrede für Monarchen.
Sirene, Signalapparat zur Erzeugung eines Heultons in Fabriken, in der Schiffahrt, bei Lokomotiven, im Luftschutz- u. Feuerwarndienst.
Sirenen, 1. in der grch. Myth. Meerjungfrauen mit Vogelleib, die durch Gesang die Schiffer anlockten u. töteten. – **2.** →Seekühe.
Sirius, *Hundsstern,* α Canis Majoris, Hauptstern im *Großen Hund,* hellster aller Fixsterne.
Sirk [søːk], Douglas, eigtl. Detlef *Sierck,* *1900, †1987, US-amerik. Filmregisseur dän. Herkunft; melodramat. Filme; W »Duell in den Wolken«.
Sirmien, serbokr. *Srem,* Ldsch. zw. der Donau u. der unteren Save; gehört größtenteils zu Serbien.
Sirmione, ital. Kurort am Südende des Gardasees, 4300 Ew.; Scaligerburg (13. Jh.).
Sirtaki, grch. Volkstanz.
Sirup, *Syrup,* konzentrierte, zähflüssige, bei der Gewinnung von Zucker anfallende Zuckerlösung.
Sisalagave, zu den *Agavengewächsen* gehörende trop. Pflanze, deren Blätter den *Sisalhanf* liefern. Er wird für die Herstellung von Teppichen u. Seilen verwendet.
Sisley [-'lɛ], Alfred, *1839, †1899, frz. Maler u. Graphiker engl. Abstammung; ein Hauptmeister der impressionist. Landschaftsmalerei.
Sismondi [-mɔ̃'di], Jean Charles Léonard Simonde de, *1773, †1842, schweiz. Nationalökonom u. Historiker; forderte staatl. Eingriffe zur Steigerung der Wohlfahrt.
Sistierung, alter Ausdruck für vorläufige Festnahme zur Ermittlung der Personalien.
Sisyphos, *Sisyphus,* grch. Sagenheld, König von Korinth; mußte in der Unterwelt einen Felsblock einen Berghang hinaufwälzen, der, fast am Gipfel, jedesmal wieder hinabrollte; danach **S.-Arbeit,** vergebliche Mühe.
Sitar, ind. Langhalslaute mit urspr. 3 Saiten (heute bis zu 7) u. 18 Bünden am Hals.
Sit-in, Sitzdemonstration.
Sitkafichte, die bedeutendste *Fichte* der Westküste N-Amerikas bis Alaska, die bis 60 m hoch u. 800 Jahre alt wird; auch an den dt. u. skandinav. Nordseeküste angepflanzt.
Sitte, die auf soz. Gewohnheit u. Überlieferung beruhende äußere Verhaltensregelung.
Sitte, Willi, *28.2.1921, dt. Maler u. Graphiker; Bilder im expressiv variierten Stil des sozialist. Realismus.
Sitten, frz. *Sion,* Hptst. des schweiz. Kt. *Wallis,* an der Rhône, 23 500 Ew.; mittelalterl. Stadtbild; Fremdenverkehr.
Sittiche, meist langschwänzige *Papageien.*

Signale im Frieden
Rundfunk einschalten – auf Durchsage achten 1 Minute Heulton
Feueralarm 1 Minute Dauerton zweimal unterbrochen

Signale im Verteidigungsfall
Luftalarm 1 Minute Heulton
ABC-Alarm 1 Minute Heulton zweimal unterbrochen, nach 30 Sekunden Pause – Wiederholung
Entwarnung 1 Minute Dauerton

Sirene: offizielle Alarm-Lautzeichen

Sitting Bull, eigtl. *Tatanka Yotanka,* *um 1831, †1890, Sioux-Häuptling; Führer des letzten indian. Freiheitskampfs 1869–76; bei der Gefangennahme erschossen.
Situation, die bes. Lage; Umstände, auf die das Handeln bezogen ist.
Situationskomik, Komik, die dadurch entsteht, daß in einer veränderten Situation – weil die Beteiligten von der Änderung nichts wissen – im Sinn der früheren Situation gehandelt wird.
Situla, aus Bronzeblech hergestelltes Gefäß der Hallstatt- u. Latène-Zeit; später oft auch aus Ton.
Sitwell [ˈsitwəl], Lady (seit 1954) Edith, *1887, †1964, engl. Schriftst. (Lyrik u. biograph. Romane).
Sitzbein, *Ischium,* der untere Teil des Hüftbeins.
Sivas, das antike *Sebaste,* türk. Prov.-Hptst., am Kizilirmak, 1275 m ü.M., 197 000 Ew.; Teppichgewerbe, Flugplatz.

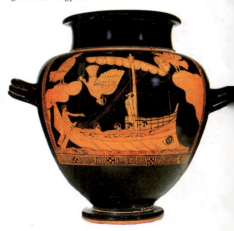

Sirenen: Um dem verlockenden Gesang der Sirenen widerstehen zu können, hat sich Odysseus an den Mast binden lassen, während seine Gefährten ihre Ohren mit Wachs verschlossen haben; attische Hydria, um 460. London, Britisches Museum

Siwa, das antike *Ammonion,* ägypt. Oase in der Libyschen Wüste, bis 25 m u.M., 6000 Ew. (Berber); 200 Quellen u. Mineralthermen; im Altertum Heiligtum des *Amun.*
Siwalikkette, Kette der südl. Vorberge des Himalaya, bis 1200 m.
Siwan, 9. Monat des jüd. Kalenders (Mai/Juni).
Six, Les Six [le'sis], »die Sechs«, eine Pariser Komponistengruppe, die sich 1918 unter dem Patronat von E. *Satie* zusammenfand: D. Milhaud, A. Honegger, F. Poulenc, G. Auric, Louis Durey u. die Komponistin G. Tailleferre. Wortführer der Gruppe war der Schriftst. J. Cocteau.
Sixpence [-pəns], 1551 eingeführte engl. Münze: 1 S. = ½ Shilling = 6 Pence; entspricht nach Einführung der Dezimalwährung (1971) 2½ Pence.
Sixtinische Kapelle, 1473–81 unter *Sixtus IV.*

von Giovanni de' *Dolci* erbaute Hauskapelle im Vatikan; mit Fresken von S. *Botticelli,* D. *Ghirlandaio, Perugino, Pinturicchio* u. L. *Signorelli* (Langwände) sowie von *Michelangelo.*

Sixtus, 1. S. IV., eigtl. *Francesco della Rovere,* * 1414, † 1484, Papst 1471–84; Renaissance-Papst, förderte Kunst u. Wiss. (u. a. Bau der Sixtin. Kapelle). – **2. S. V.,** eigtl. Felice *Peretti,* * 1521, † 1590, Papst 1585–90; reorganisierte die röm. Kurie. Durch großzügige Bauten (Vollendung der Peterskuppel) legte er den Grund zum barocken Rom.

Sizilianische Vesper, Aufstand der Sizilianer am 30.3.1282 zur Vertreibung der Franzosen aus Sizilien.

Sizilien, größte u. volkreichste ital. Insel, im Mittelmeer zw. Italien u. Afrika, durch die *Straße von S.* von Afrika getrennt, 25 708 km², 5,11 Mio. Ew., Hptst. *Palermo.* Das erdbebenreiche Gebirge im N (bis 1979 m) geht nach S in ein Berg- u. Hügelland über; im O erhebt sich der Vulkan *Ätna* (3340 m). S. weist heiße, trockene Sommer u. milde Winter auf. Anbau von Südfrüchten, Wein u. Weizen; Küstenfischerei; Abbau von Stein- u. Kalisalz, Erdgas- u. Erdölförderung; Fremdenverkehr. *Geschichte.* S. war in der ältesten Zeit von Sikanern u. Sikulern bewohnt. Später folgten Phönizier, Griechen u. Karthager. 241 v. Chr. wurde S. die erste röm. Prov. Im fr. MA wechselte die Herrschaft über S. ständig, bis der Normanne *Roger II.* die Insel 1130 mit Unteritalien vereinigte. 1194–1268 (1265) war S. im Besitz der Staufer, dann in dem der frz. Anjous. 1282 kam es zu Aragón. 1713 fiel es an Savoyen, 1720 durch Tausch an Östr.; 1735–1860 war es bourbon. u. mit Neapel vereinigt (»Kgr. beider S.«); danach Teil des Kgr. Italien.

Sjöberg ['ʃø:bærj], **1.** Alf Sven Erik, * 1903, † 1980, schwed. Regisseur (bed. Shakespeareinszenierungen u. Filme). – **2.** Birger, * 1885, † 1929, schwed. Schriftst.; schrieb wehmütig-iron. Kleinstadtpoesie.

Skabies [-biɛs] → Krätze.

Skabiose, Grindkraut, *Scabiosa,* Gatt. der *Kardengewächse;* Blüten mit Streublättern.

Skagen ['sga:gən], dän. Hafenstadt an der jütländ. Nordspitze, 11 600 Ew.; Seebad, Fischerei.

Skateboardfahren auf speziell dafür gebauten Betonbahnen erfordert große Körperbeherrschung

teidigte als Führer der »Alban. Liga« die Unabhängigkeit Albaniens, das er auch einigte.

skandieren, einen Vers so sprechen, daß ohne Rücksicht auf Sinn u. natürl. Betonung das metr. Schema deutlich wird.

Skandinavien, Skandinavische Halbinsel, N-europ. Halbinsel zw. dem Europ. Nordmeer, dem Atlantik, der Ostsee u. deren Finn. Meerbusen, 1950 km lang, bis 800 km breit, 775 000 km² mit 13 Mio. Ew.; umfaßt die Staaten Norwegen u. Schweden ganz u. von Finnland den äußersten NW.

Skapulier, in einigen kathol. Orden Teil der Ordenstracht: ein über Brust u. Rücken fallender, die Schultern überdeckender Überwurf.

Skarabäus, *Pillendreher,* dunkelbraune bis schwarze Käfer, die aus Huftierkot Kugeln (»Pillen«) formen, in Dtld. der *Kleine Pillendreher.* Der *Heilige Pillendreher* galt den alten Ägyptern als Sinnbild des Sonnengotts *Cheper-Re,* weshalb seine Gestalt in Schmucksteinen nachgebildet wurde.

Skarga, Piotr, eigtl. P. *Poweski,* * 1536, † 1612, poln. Jesuit; Hofprediger; Träger der Gegenreformation in Polen; seine »Heiligenleben« wurden zu einem Volksbuch, seine »Reichstagspredigten« leiteten den poln. Messianismus ein.

Skat, dt. Kartenspiel mit 32 Karten zw. 3 Spielern. Es kam Anfang des 19. Jh. in Altenburg (Thüringen) auf.

Skateboard ['skɛitbɔ:d], Sportgerät, bestehend aus einem ca. 60–70 cm langen Brett mit 4 federnd gelagerten Rollen.

Skeleton, schwerer, niedriger Sportschlitten für hohe Geschwindigkeiten.

Skelett, starre Teile des Tierkörpers, die das Stützgerüst bilden u. häufig gestaltbestimmend sind. *Außen-S.* kommen in Form von Panzern oder Schalen bei versch. Tiergruppen vor, v. a. bei Gliederfüßern u. Weichtieren. *Innen-S.* haben v. a. die Wirbeltiere u. die Stachelhäuter.

Das S. der Wirbeltiere besteht aus dem *Knochengerüst,* das durch einen *Bänderapparat* zusammengehalten wird u. gleichzeitig Festigkeit u.

Sizilien: Tempel in Agrigento

Skagerrak, Ostausläufer der Nordsee zw. S-Norwegen u. Dänemark, geht ins Kattegat über; 110–150 km breit, im NO bis 700 m tief. – Die Seeschlacht vor dem S. am 31.5.1916 war die einzige große Seeschlacht des 1. Weltkriegs. Die Schlacht zw. der dt. Hochseeflotte u. der engl. Grand Fleet endete unentschieden.

Skala, 1. Stufenfolge, Gradeinteilung; mit Zeichen (z.B. Zahlen, Buchstaben) versehene Teilung an Meßgeräten zum Ablesen von Meßwerten. – **2.** → Tonleiter.

Skalar, *skalare Größe,* eine nur durch einen einzigen Zahlenwert gekennzeichnete ungerichtete Größe; z.B. Temp., Zeit, Arbeit, Länge.

Skalde, der altnord. Dichter u. Hofpoet.

Skalp, bei den N-amerik. Indianern als Trophäe mitsamt dem Haar abgetrenntes Stück Kopfhaut eines Feindes.

Skalpell, kleines chirurg. Messer mit feststehender Klinge.

Skanderbeg, *Iskenderbeg* [»Fürst Alexander«], eigtl. *Georg Kastriota,* * um 1405, † 1468, alban. Nationalheld; erhob sich gegen die Türken u. ver-

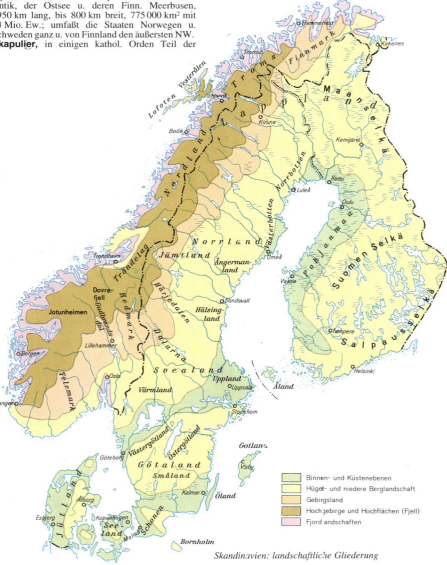
Skandinavien: landschaftliche Gliederung

832 Skellefteå

hohe Elastizität aufweist. Es gliedert sich in das biegsame *Achsen-S.* des Körperstamms u. die gelenkig damit verbundenen *Gliedmaßen,* die in zwei Gliedmaßengürteln *(Schultergürtel* u. *Beckengürtel)* aufgehängt sind.

Skellefteå [ſɛ'lɛftɔə:], Stadt in der N-schwed. Prov. (Län) Västerbotten, 74 300 Ew.; Schwefel- u. Erz-Ind.

Skelton ['skɛltən], John, *um 1460, †1529, engl. Dichter; Meister des satir. u. grotesken Gedichts.

Skene, im altgrch. Theater der Holzbau, der als Abschluß der Bühne diente u. vor dem die Schauspieler auftraten; davon abgeleitet: *Szene.*

Skepsis, Zweifel, Bedenken.

Skeptizismus, eine philos. Denkweise, die die Letztgültigkeit von Denkpositionen bezweifelt u. philos., moral. oder religiöse Thesen grundsätzlich in Frage stellt.

Sketch [skɛtʃ], ein kurzes, oft nur wenige Minuten dauerndes Bühnenstück, das auf eine Pointe ausgerichtet ist; bes. beliebt im Kabarett.

Ski [ʃi], *Schi, Bretter,* Schneeschuhe zur Fortbewegung auf Schneeflächen, die das Einsinken verhindern, in vielen Formen gebraucht; als Sportgerät 1,60–2,60 m lange, 6–10 cm breite, elast., vorn aufgebogene, meist gekehlte Bretter.

Skiathos, grch. Insel der Nördl. Sporaden, 48 km², 4000 Ew.; Fremdenverkehr.

Skibob ['ʃi:-], ein Wintersportgerät mit 2 kurzen Skiern, Sattel u. Lenksteuerung.

Skien ['ʃi:ən], Hafenstadt u. Hptst. der norw. Prov. (Fylke) Telemark, 47 200 Ew.; Holz- u. Papier-Industrie.

Skiff, *Einer,* einsitziges Ruderboot.

Skiffle, im Jazz das Musizieren in kleinen Gruppen mit sehr volkstüml. Repertoire u. einfachen Instrumenten; etwa 1955 in Dtld. u. England aus der afroamerik. Folklore übernommen.

Skifliegen ['ʃi-], das Skispringen von Flugschanzen mit theoret. Sprungweiten bis zu 180 m.

Skikda, Stadt in NO-Algerien, 141 000 Ew.; Ölraffinerie, Erdgasverflüssigungsanlage; das phöniz. *Rusicada.*

Skin-Effekt, *Hautwirkung,* die Stromverdrängung eines elektr. Wechselstroms hoher Frequenz aus dem Innern des durchflossenen Drahts. Der Strom fließt nur in einer »Haut« an der Drahtoberfläche.

Skinhead [-hed], Angehöriger einer Gruppe gewalttätiger, rechtsextremer Jugendlicher mit kurz- oder kahlgeschorenem Kopf u. bes. Kleidung.

Skinke, *Scincidae,* Fam. der *Echsen;* meist wühlende Bodentiere (Wühlechsen) von eidechsen- oder schlangenartiger Gestalt.

Skinner, Burrhus Frederic, *1904, †1990, US-amerik. Psychologe; Vertreter des deskriptiven *Behaviorismus,* Wegbereiter des *programmierten Unterrichts.*

Skipetaren [»Adlersöhne«], die Albaner.

Skiren, ostgerm. Volksstamm.

Skisport ['ʃi-], das Laufen auf Skiern über Schneeflächen zum Zweck der Erholung, Gesunderhaltung u. des sportl. Wettkampfs, das bei Abfahrten auch Freude an der Geschwindigkeit vermittelt. Der S. hat sich aus der urspr. Benutzung von Schneeschuhen u. Skiern versch. Art zur Jagd u. als Verkehrsmittel entwickelt. In der 2. Hälfte des 19. Jh. fanden in Skandinavien, bes. in Telemarken (Norwegen), die ersten Laufwettbewerbe statt. In Mitteleuropa wurde der Skilauf v. a. durch F. *Nansen* (»Auf Schneeschuhen durch Grönland«) populär. 1891 wurde in München der erste dt. Skiklub gegr., 1905 der Dt. u. der Östr. Skiverband. Seit 1924 werden Olymp. Winterspiele durchgeführt, in deren Mittelpunkt die S.-Wettbewerbe stehen. Bes. nach 1945 gewann der S. in der ganzen Welt viele Anhänger, u. das Skilaufen entwickelte sich zum Volkssport. Im wettkampfmäßigen S. wird unterschieden zw. alpinen u. nord. Wettbewerben. Zum *alpinen S.* gehören Abfahrtslauf, Riesenslalom u. Slalom für Männer u. Frauen; *nord. Wettbewerbe* sind Biathlon, Langläufe u. das Skispringen.

Skispringen ['ʃi-], *Sprunglauf,* eine Disziplin des nord. Skilaufs; von Sprungschanzen aus durchgeführt. Im olymp. Programm stehen Wettbewerbe im S. von der Normalschanze (Sprungweiten um 70 m) u. von der Großschanze (um 90–100 m).

Skizze, erster Entwurf, Vorstudie.

Skladanowsky, Max, *1863, †1939, dt. Schausteller; konstruierte 1893 das »Bioskop«, einen Vorläufer des bewegl. Films.

Sklave, ein Mensch, der das Eigentum eines anderen Menschen ist u. keinerlei oder nur geringen Rechtsschutz genießt. Die **Sklaverei** ist entstanden durch die Verwendung der Kriegsgefangenen; sie bildete die Wirtschaftsgrundlage u. damit die Voraussetzung für die Kulturhöhe des Altertums (Ägypten, Griechenland, Rom).

Während die S.rei im Orient bis in die neueste Zeit bestand (in Arabien z. T. noch verdeckt besteht), wurde in Europa im MA nur die mildere Form der →Leibeigenschaft ausgebildet. Die S.rei nahm jedoch einen neuen Aufschwung, als im 16. Jh. afrik. Neger-S. für die Zuckerrohr- u. Baumwollplantagen Amerikas gebraucht wurden. Zentrum des einträgl. S.nhandels war im 18. Jh. Liverpool. Die Bestrebungen zur Abschaffung des S.nhandels (in England z.B. 1807, seit 1865 Bestandteil der amerik. Verf., in Brasilien erst 1888) gingen vom *Abolitionismus* aus.

Sklavenkriege, 3 Erhebungen röm. Sklaven: am bekanntesten der 3. S. *(Gladiatorenkrieg)* 73–71 v. Chr., unter Führung des thrakischen Gladiators *Spartacus.* Er breitete sich über ganz Italien aus.

Sklavensee, zwei Seen in Kanada: in den NW-Territorien der *Große S.,* 28 919 km²; in der Prov. Alberta der *Kleine S.,* 1230 km².

Sklavenstaaten, richtiger *Sklavereistaaten,* die südl. Bundesstaaten der USA, in denen bis 1865 die Haltung von Negersklaven gestattet war.

Sklerodermie, eine chron. Hautkrankheit mit Verhärtung u. in fortgeschrittenem Stadium Verkürzung der Haut.

Sklerose, krankhafte Verhärtung eines Organs; z.B. *Arterio-S., Nephro-S.*

Škoda, Albin, *1909, †1961, östr. Schauspieler (Charakterdarsteller).

Škoda ['ʃkoda], Emil Ritter von, *1839, †1900, östr. Großindustrieller; gründete 1869 in Pilsen die *S.-Werke,* die sich zu einem der größten europ. Maschinenbau- u. Rüstungskonzerne entwickelten. Die Werke wurden 1946 verstaatlicht.

Skoliose, seitl. Rückgratverkrümmung.

Skonto, Preisnachlaß bei Zahlung des Kaufpreises innerhalb einer bestimmten Frist.

Skontration, *Fortschreibung,* die Ermittlung des Lagerbestands durch Aufzeichnung der Zu- u. Abgänge.

Skopas, grch. Bildhauer aus Paros, 1. Hälfte des 4. Jh. v. Chr.; Mitarbeiter am Artemision von Ephesos u. am Mausoleum von Halikarnassos.

Skopelos, grch. Insel der Nördl. Sporaden, 96 km², 4500 Ew.; Hauptort S. (das antike *Peparethos);* Fremdenverkehr.

Skopje, Hptst. von Makedonien, am Vadar, 406 000 Ew.; Univ.; Stahl- u. chem. Ind.; nach dem schweren Erdbeben von 1963 großzügig wieder aufgebaut.

Skorbut, Vitamin-C-Mangelkrankheit; fr. häufig bei Matrosen; Anzeichen: Mattigkeit, Muskelschwäche, Zahnfleischblutungen.

Skorpion, Sternbild des Tierkreises am südl. Himmel; Hauptstern *Antares.*

Skorpione, *Scorpiones,* Ordnung der *Spinnentiere;* mit langem, gegliedertem Hinterleib, der als Anhang eine bewegl. Giftblase mit Endstachel trägt. In den wärmeren u. trop. Gegenden erreichen die S. bis 18 cm Länge. In S-Europa leben die europ. S. in 5 Arten. Das Gift der großen Arten ist auch für den Menschen gefährlich; der Stich ist sehr schmerzhaft.

Skovgaard ['skouɡɔ:r], **1.** Joakim Frederik, Sohn von 2), *1856, †1933, dän. Maler u. Graphiker (Fresken u. Mosaiken). – **2.** Peter Christian, *1817, †1875, dän. Maler u. Graphiker (Landschaftsmaler).

Skram, Bertha Amalie, *1847, †1905, norw. Schriftst. (naturalist. Frauen- u. Eheromane).

Skript, schriftl. Ausarbeitung, Filmdrehbuch.

Skrjabin, Alexander Nikolajewitsch, *1872, †1915, russ. Pianist u. Komponist; Wegbereiter der modernen Musik; theosoph. Mystiker.

Skrofulose, tuberkulo-allerg. Reaktion im Kindesalter mit Lymphknotenschwellung u. Schleimhautkatarrh.

Skrotum, der Hodensack.

Skisport: Beim Durchlaufen der Tore werden die Kippstangen meist mit den Armen weggestoßen

Skisport: Siitonen- oder Schlittschuhschritt (Skating) beim Skilanglauf

Skrupel, moral. Bedenken, hemmender Zweifel.

Skulls, am Ruderboot beidseitig befestigte Holme mit Ruderblättern.

Skulptur, das einzelne Werk der Bildhauerkunst.

Skunk → Stinktier.

Skupština ['skupʃtina], das Parlament in Jugoslawien.

Škvorecký ['ʃkvɔrɛtski:], Josef, *27.9.1924, tschech. Schriftst. (iron.-satir. Darst. des tschech. Bürgertums).

Skye [skai], die größte Insel der Inneren Hebriden, 1740 km², rd. 9000 Ew.; Hptst. *Portree;* Fischfang.

Skyeterrier [skai-], eine 20–23 cm hohe, rauhhaarige Hunderasse.

Skylab ['skailæb], am 14.5.1973 gestartetes US-amerik. Raumforschungslaboratorium mit Aufenthalts- u. Arbeitsmöglichkeiten für 3 Astronauten. Die Umlaufbahn um die Erde hatte eine Höhe von 435 km; verglühte 1979.

Skylla, in der grch. Sage ein Meerungeheuer. Es wohnt in einer Felsenhöhle u. schnappt nach jedem vorbeifahrenden Seefahrer, während gegenüber die *Charybdis* dreimal am Tag das Meerwasser einschlürft u. wieder hervorsprudelt (im Altertum lokalisiert in der Straße von Messina).

Skyphozoen, *Bechertiere,* Kl. der *Hohltiere* mit 200 Arten (u. a. die *Becherquallen).*

Skinke: Apothekerskink, das untere Tier zeigt das »Sandschwimmen«

Skorpione: Dickschwanzskorpione aus den Wüstengebieten Nordafrikas

Skyros, grch. Insel der Nördl. Sporaden, 209 km², 2400 Ew., Hauptort *S.;* Viehzucht, Fischfang; Fremdenverkehr.

Skythen, eine indoeurop. Völkerschaft iran. Abstammung, urspr. nomadisierende Bewohner der südruss. Steppe. Sie ließen sich in der 1. Hälfte des 1. Jt. v. Chr. im Schwarzmeergebiet nieder, wo sie mit der grch. Kultur in Berührung kamen.

Słaby, Adolf, *1849, †1913, dt. Physiker; Pionier der Funktechnik u. Funktelegraphie.

Slalom, *Torlauf,* Schnelligkeitswettbewerb im alpinen Skisport. Auf einer Gefällstrecke mit 120–220 m Höhenunterschied ist eine Reihe von abgesteckten Toren (für Damen 40–55, Herren 50–75) zu durchlaufen.

Slang [slæŋ], lässige Form der Umgangssprache; »Jargon«, auch Berufs-, Sport-, Gaunersprache.

Slánský ['sla:nski:], Rudolf, *1901, †1952 (hingerichtet), tschechosl. Politiker; 1945–51 Generalsekretär der KPČ; wegen angebl. Verschwörung zum Tode verurteilt, 1963 rehabilitiert.

Slapstick-Komödie ['slæpstik-], Komödie oder Filmszene mit einer Anhäufung grotesker Gags.

Slatin, Rudolf Frhr. von, *S. Pascha,* *1857, †1932, östr. Offizier in engl. Diensten; 1884–95 in der Gefangenschaft der Mahdisten, 1900–14 Generalinspektor des Sudan.

Slatina, Hptst. des rumän. Kreises Olt, Walachei, 76 700 Ew.; Wasserkraftwerk.

Slatoust, Ind.-Stadt in Rußland, im Südl. Ural, 206 000 Ew.; Erzbergbau.

Slawen, indoeurop. Völker- u. Sprachengruppe Mittel-, O- u. SO-Europas; 3 Hauptgruppen: *Ost-S.* (Großrussen, Weißrussen, Ukrainer), *West-S.* (Polen, Tschechen, Slowaken, Sorben, Kaschuben) u. *Süd-S.* (Serben, Kroaten, Slowenen, Bulgaren).

slawische Sprache, eine Gruppe der indoeurop. Sprachen, unter diesen am nächsten mit den *balt. Sprachen* verwandt. Die am frühesten (9. Jh. n. Chr.) überlieferte slaw. Sprache ist das *Altkirchenslawische* (Altbulgarisch).

Slawistik, die Wiss. von den Sprachen, Literaturen u. Kulturen der slaw. Völker.

Slawonien, vom kroat.-slawon. Inselgebirge durchzogene Ldsch. zw. Drau u. Save; der Ostteil von Kroatien.

Slawophile, »Slawenfreunde«, Anhänger einer geistigen Bewegung in Rußland, die sich seit etwa 1830 um die Herausarbeitung des spezif. russ. Volkscharakters in Geschichte u. Gegenwart sowie um die Behauptung der kulturellen Eigenständigkeit des russ. Volks gegenüber W-Europa bemühte. Seit dem Krim-Krieg ging das Slawophilentum in einen militanten *Panslawismus* über.

Slevogt, Max, *1868, †1932, dt. Maler u. Graphiker; ein Hauptmeister des dt. Impressionismus; auch Bühnenbildner u. Buchillustrator.

Slezak [-zak], Leo, *1873, †1946, östr. Sänger (Heldentenor); nach 1932 Filmschauspieler.

Sliema, größte Stadt auf Malta, nw. von Valetta, 20 100 Ew.; Univ., Seebad.

Sligo ['slaigəu], Hptst. u. Hafen der gleichn. NW-irischen Gft., an der S.-Bucht des Atlantik, 17 300 Ew.

Slipper, leichter, absatzloser Schuh, dessen Oberleder ausgeschnitten ist.

Sliwen, Hptst. des gleichn. bulgar. Bez., in Ostrumelien, 102 000 Ew.; Textil-Ind.; Obstbau.

Sliwowitz, *Slibowitz,* Branntwein aus Zwetschgen.

Slobozia [-'zia], rumänische Stadt in der Bărăgan-Steppe, 46 300 Ew.; Handelszentrum.

Slogan ['sləugən], Schlagwort, bes. in der Werbung.

Słowacki [suɔ'vatski], Juliusz, *1809, †1849, poln. Schriftst.; lebte meist in Paris; neben A. *Mickiewicz* führender nat. Romantiker.

Slowakei, Staat im östl. Mitteleuropa, 49 036 km², 5,2 Mio. Ew., Hptst. *Bratislava* (dt. Preßburg); im

Slowakei

W u. O vorw. Hügelland mit breiten Flußtälern, im N in der Hohen Tatra (2663 m) waldreiches Hochgebirge, im S Flachland; in den Tälern Landwirtschaft; Braunkohlen- u. Erzabbau; Hütten- u. chem. Ind. – G e s c h.: Im 6. Jh. drängten slaw. Stämme in das Gebiet. Im 7. Jh. war die S. Teil des Samo-Reiches, im 9. Jh. Teil des *Großmährischen Reiches.* 907 (bzw. 1025) – 1918 gehörte die S. zu Ungarn. 1918 wurde die S. ein Gebiet der Tschecho-

Slowakei: Junge Menschen feiern in Bratislava die Staatsgründung am 31. 12. 1992

slowakei; 1939 wurde sie formell unabh., tatsächl. aber ein dt. Satellitenstaat. Seit 1945 war sie wieder Teil der Tschechoslowakei. Am 1.1.1993 erlangte sie die volle Unabhängigkeit.

Slowaken, ein westslaw., den Tschechen nah verwandtes Volk in den Westkarpaten, 4,4 Mio. (ferner 1 Mio. in die USA ausgewandert).

slowakische Sprache, in der Slowakei gesprochene, zur westl. Gruppe der *slaw. Sprachen* gehörende Sprache; mit dem Tschechischen verwandt.

Slowenen, südslaw. Volk im NW der Balkanhalbinsel; außer in Slowenien in S-Kärnten u. in den Randgebieten NO-Italiens; röm.-kath.

Slowenien, Staat in SO-Europa, 20 251 km², 1,94 Mio. Ew., Hptst. *Ljubljana (Laibach);* waldreiches Bergland; Viehzucht; Holzwirtsch.; Hütten- u. chem. Ind.; Braunkohle.

G e s c h i c h t e. Seit 1282 habsburg.; 1918 Zu-

Slowenien

sammenschluß mit Serbien u. Kroatien; seit 1929 Rep. in Jugoslawien. Seit Ende der 1980er Jahre Forderung nach Demokratisierung; 1990 freie Parlamentswahlen (Präs. M. *Kučan);* im gleichen Jahr endgültiger Bruch mit Serbien; zeitgleich mit Kroatien erklärte S. am 25. 6. 1991 seine Unabhängigkeit.

slowenische Sprache, zur südl. Gruppe der *slaw. Sprachen* gehörende, in Slowenien, in SO-Kärnten u. in der Gegend von Triest gesprochene Sprache; dem Kroatischen nahestehend.

Slowfox ['sləu-], langsamer Foxtrott.

Slum [slʌm], Elendsviertel in Großstädten.

Sluter ['sly:tər], Claus, *um 1340/50, †1405/06, ndl. Bildhauer; Nachf. J. de *Marvilles,* Wegbereiter der nord. Renaissance.

Småland ['smɔ:-], Ldsch. in S-Schweden, wenig besiedelte, waldreiche Seenplatte mit Mooren.

Smaragd, ein Edelstein, grüne Varietät des *Berylls.*

smart, [engl.], elegant; gewandt, gerissen.

Smetana, Bedřich (Friedrich), *1824, †1884, tschech. Komponist; fand die Unterstützung F. *Liszts,* seit 1874 völlig taub; erstrebte eine auf Volkslied u. -tanz beruhende Nationalkunst; 🅆 kom. Oper »Die verkaufte Braut«, sinfon. Dichtungen »Mein Vaterland«, darin »Die Moldau«.

Smith [smiθ], **1.** Adam, *1723, †1790, schott. Nationalökonom u. Philosoph; Begr. der *klassischen Nationalökonomie;* schuf ein einheitl. System der liberalen Wirtschaftslehre; sah als Quelle des nat. Reichtums die geleistete Arbeit des Volkes; 🅆 »Der Wohlstand der Nationen«. – **2.** Bessie (Elisabeth), *1894, †1937, afroamerik. Blues-Sängerin (klass. Bluesgesang). – **3.** David, *1906, †1965, US-amerik. Bildhauer (Metallplastiken). – **4.** Hamilton, *23.8.1931, US-amerik. Biochemiker; Enzymforschung; Nobelpreis für Med. u. Physiologie 1978. – **5.** Ian, *8.4.1919, rhodes. Politiker; 1964–79 Prem.-Min.; erklärte 1965 einseitig die Unabhängigkeit Rhodesiens; 1979/80 Min. ohne Portefeuille im Kabinett *Muzorewa*. – **6.** Joseph, *1805, †1844, US-amerik. Gründer der Kirche der *Mormonen* (1830); 1844 verhaftet u. im Gefängnis ermordet. – **7.** William, *1769, †1839, engl. Geologe; Begr. der Stratigraphie (»Vater der Geologie«).

Smoking, Gesellschaftsanzug für den Abend, mit langen, spitzen Klappen oder Schalkragen, die mit Seide belegt sind.

Smolensk, Hptst. der gleichn. Oblast im W Rußlands, am oberen Dnjepr, 338 000 Ew.; Univ.; Maschinenbau, Holzverarbeitung; Kernkraftwerk.

Smørrebrød ['smœ-], dän. Butterbrot, mehrf. belegt u. reich verziert.

Smuts [smʌts], Jan Christiaan, *1870, †1950, südafrik. Politiker u. brit. Feldmarschall; im 1. Weltkrieg Oberbefehlshaber gegen die dt. Schutztruppe in O-Afrika, 1919–24 u. 1939–48 Min.-Präs. der Südafrik. Union; engagierte sich für Völkerbund u. UNO.

Smyrna →Izmir.

Sn, chem. Zeichen für Zinn.

Snackbar ['snæk-], Imbißstube.

Snake River [sneik 'rivə], größter Nbfl. des Columbia im NW der USA, 1600 km; mündet bei Pasco.

Snell, 1. Bruno, *1896, †1986, dt. Altphilologe (Arbeiten zur grch. Literatur). – **2.** George Davis, *19.12.1903, US-amerik. Zoologe u. Genetiker; Gewebeforschung; Nobelpreis für Med. u. Physiologie 1980.

Snellius, eigtl. *Snell van Royen,* Willebrord, *1591, †1626, ndl. Mathematiker u. Physiker; entdeckte das Brechungsgesetz der Optik.

Snob, Vornehmtuer, blasierter Angeber.

Snofru, ägypt. König um 2600–2570 v. Chr., Begr. der 4. Dynastie.

Snoilsky, Carl Graf, Pseud.: *Sven Tröst,* *1841, †1903, schwed. Schriftst.; der bedeutendste Vertreter des lyrischen Realismus.

Snorri Sturluson, *1179, †1241 (ermordet), altisländ. Gelehrter; verfaßte die Skaldenpoetik der *Jüngeren* oder *Prosa-Edda* u. die *Heimskringla,* die Lebensgeschichte der norw. Könige.

Snowdon ['snəudən], Antony *Armstrong-Jones,* Earl of *S.,* *7.3.1930, engl. Photograph; 1960–78 Ehemann der engl. Prinzessin Margaret Rose.

SNR-300, bei Kalkar 1973–91 gebauter schneller Brutreaktor für 300 MW elektr. Leistung. 1991 wurde das Projekt eingestellt.

Snyders ['snɛidərs], Frans, *1579, †1657, fläm. Maler; Freund u. Mitarbeiter von P. P. *Rubens;* Jagdstücke u. Stilleben.

Soane [səun], Sir John, *1752, †1837, engl. Architekt (klassizist. Gebäude).

Soap Opera [soup 'ɔpərə], »Seifenoper«, engl. Bez. für ein Hör- oder Fernsehspiel, das das alltägl. familiäre Leben zeigt; oft von Waschmittelherstellern finanziert.

Soares [su'a:riʃ], Mario, *7.12.1924, port. Politiker (Sozialist); Rechtsanwalt; 1973–86 Generalsekretär der Sozialist. Partei. 1976–78 u. 1983–85 Min.-Präs.; seit 1986 Staats-Präs.

Sobibór [-bur], Dorf am Bug, nordöstl. von Lublin (Polen); 1942/43 nat.-soz. Vernichtungslager für Juden.

Sobranje, das bulgar. Parlament.

Soccer ['sɔkə], US-amerik. Bez. für das europ.-lateinamerik. Fußballspiel, im Unterschied zu *American Football* u. *Rugby.*

Social Democratic Party ['səuʃəl demə'krætik 'pa:ti], *SDP,* von ehem. führenden Mitgl. der brit.

Sofia: Alexander-Newskij-Kathedrale

Labour Party 1981 gegr. sozialdemokrat. Partei. Die Mehrheit der SDP vereinigte sich 1988 mit der Liberal Party zur *Social and Liberal Democratic Party.* Die Restpartei löste sich 1990 auf.

Society [sə'saiəti], engl.: Gesellschaft.
Sockel, 1. unterer Teil der Umfassungswand eines Gebäudes, bis etwa zur Höhe des Erdgeschoßfußbodens reichend, bei monumentalen Bauten oft nach oben durch ein *S.gesims* begrenzt. – 2. meist ungegliederter Block unter Säulen, Pfeilern u. ä.
Sockenblume, *Epimedium,* Gatt. der *Sauerdorngewächse;* in den Alpen u. im Alpenvorland die *Alpen-S.* mit roten, innen gelben Blüten.
Socotra, Insel im Ind. Ozean vor der Ostspitze Afrikas, mit kleinen Nebeninseln, 3626 km², rd. 15 000 Ew.; Hauptort *Tamrida;* gehört polit. zu Jemen.
Soda, Natriumcarbonat, kohlensaures Natrium, Na₂CO₃, in einigen kaliforn. u. O-afrik. Seen natürlich vorkommendes, kristallwasserhaltiges Salz. Der größte Teil der Weltproduktion wird nach dem Ammoniak-S.-Verfahren *(Solvay-Verfahren)* gewonnen (fr. auch *Leblanc-Verfahren).* S. ist einer der wichtigsten Grundrohstoffe der anorgan. chem. Ind.
Sodawasser, durch Lösen von Kohlendioxid in Wasser hergestelltes Tafelwasser.
Sodbrennen, aus dem Magen in Speiseröhre u. Mund aufsteigende, brennend ätzende Empfindung; verursacht meist durch übermäßige Säurebildung.
Soddy ['sɔ-], Frederick, * 1877, † 1956, brit. Physikochemiker; führte den Begriff »Isotop« ein; gab 1913 die nach ihm u. Kasimir *Fajans* benannten *Verschiebungssätze* an; Nobelpreis für Chemie 1921.
Sode, 1. Rasen-, Torfscholle. – 2. *Suaeda,* Gatt. der *Gänsefußgewächse;* an salzhaltigen Standorten die *Strand-S.* (fr. benutzt zur Sodagewinnung).
Soden, *Bad S. am Taunus,* hess. Stadt u. Heilbad, 18 400 Ew.; pharmazeut. Ind.
Soden-Salmünster, *Bad S.,* hess. Stadt, im Kinzig-Tal, 11 800 Ew., Kurort.
Söderberg [-bɛrj], Hjalmar, * 1869, † 1941, schwed. Schriftst.; schilderte im Stil des *Fin de siècle* das Stockholmer Leben.
Söderblom, [-blum], Nathan, eigtl. Lars Olof Jonathan S., * 1866, † 1931, schwed. ev. Theologe; seit 1914 Erzbischof von Uppsala; bemühte sich um die Ökumene; Friedensnobelpreis 1930.
Södermanland, Ldsch. u. Prov. in Mittelschweden, Hptst. *Nyköping.*
Södertälje, Stadt in Södermanland, sw. von Stockholm, 80 000 Ew.; Masch.- u. pharmazeut. Ind.
Sodom, bibl. Name von →Sedom (Israel). – *S. und Gomorrha,* im AT zwei Städte am Toten Meer, die nach 1. Mose 19 wegen bes. Sündhaftigkeit ihrer Bewohner durch einen Feuer- u. Schwefelregen vernichtet wurden.
Sodoma, Giovanni, eigtl. Giovanni Antonio *Bazzi,* * 1477, † 1549, ital. Maler; malte in der Nachfolge *Leonardos* u. *Raffaels.*
Sodomie, Geschlechtsverkehr mit Tieren; nicht strafbar.
Soest [zo:st], Krst. in NRW, in der *S.er Börde* am Hellweg, 42 000 Ew.; mit frühroman. Dom (12. Jh.), Petrikirche (um 1150), Wiesenkirche (14./15. Jh.);

Nahrungsmittel-, Elektro-, Maschinenbau-Ind. – Im Spät-MA führende Hansestadt.
Soest [zo:st] →Konrad von Soest.
Sofala, fr. *Beira,* zweitgrößte Hafenstadt in Moçambique, 350 000 Ew.; Wirtschaftszentrum; wichtige Eisenbahnlinien nach Simbabwe u. Malawi; internat. Flughafen.
Soffionen, Erdspalten in der Toskana, aus denen borhaltiger Wasserdampf austritt.
Soffitte, vom Schnürboden des Theaters herabhängendes Dekorationsteil.
Sofia, Hptst. Bulgariens, im SW des Iskâr-Beckens, 1,2 Mio. Ew.; Univ.; Nationalgalerie; Schloß; Alexander-Newskij-Kathedrale; Maschinenbau, Textil-, Tabak-, Nahrungsmittel- u. chem. Ind.; im 11. u. 12. Jh. byzant., seit 1382 türk., seit 1878 bulgar. Hptst.
Softeis ['sɔft-], weiches Milchspeiseeis.
Software ['sɔftwɛə] →Computer.
Sognefjord ['sɔŋnəfjuːr], längster Fjord Norwegens, an der Westküste nördl. von Bergen, 180 km.
Sohle, 1. ein flächig der Unterlage aufliegender Teil von Bewegungsorganen bei Tieren; z.B. die *Kriech-S.* der Schnecken, die *Fuß-S.* der Säugetiere u. des Menschen. – **2.** Teil des Schuhs. – **3.** der Boden eines *Grubenbaus;* auch die Höhenlage eines Streckensystems in einer Grube.
Söhnker, Hans, * 1903, † 1981, dt. Schauspieler (Theater, Film u. Fernsehen).
Soho [sou'hou], durch zahlr. Vergnügungsstätten bekanntes Stadtviertel Londons, nordöstl. vom Hyde Park, südl. der Oxford Street.
Soissons [swa'sɔ̃], Stadt in Frankreich, an der Aisne, 30 200 Ew.; got. Kathedrale (12./13. Jh.); Metall-, Masch.- u. a. Ind.
Sojabohne, ein einjähriger O-asiat. Schmetterlingsblütler, der zu einer der wichtigsten Kulturpflanzen, der *Glycine soja,* herangezüchtet wurde, Hauptanbaugebiete: O-Asien, N-Amerika, auch S-Amerika, Afrika, S-Rußland. Die S. enthält neben geringeren Mengen an Stärke wertvolle Eiweißstoffe (38–40%) u. beträchtl. Mengen eines hochwertigen Öls (17–18%). Die S. wird für die menschl. Ernährung vielseitig verwendet, z. T. zur Herstellung von Fleisch- u. Milchersatzprodukten, u. a. der *Bohnenkäse* (jap. *Tofu).*
Sojus [sa'juz], Name sowj. Raumkapseln für eine Drei-Mann-Besatzung; erster Start 1967; seit 1971 Zubringer für die Raumstation *Saljut.* Seit 1980 für bemannte Flüge verbessertes Modell *S.-T;* seit 1982 *S.-TM 2.*
Soka-gakkai, die bedeutendste buddhist. Sekte Japans.
Sokolow ['zɔkɔləf], Nachum, * 1860, † 1937, poln.-jüd. Schriftst. u. Politiker; 1931–35 Präs. der zionist. Weltorganisation.

Sojus: Start des Raumschiffs Sojus T-7

Sokolowskij, Wasilij Danilowitsch, * 1897, † 1968, sowj. Marschall; 1946–49 Oberkommandierender der sowj. Besatzungstruppen in Dtld., 1952–60 Generalstabschef der UdSSR u. des Warschauer Pakts.
Sokoto, Hptst. der NW-Staats in Nigeria, altes Handels- u. Wirtschaftszentrum, 152 000 Ew.; Univ.; moslem. Zentrum.
Sokrates, grch. Philosoph, * 470 v. Chr., † 399 v. Chr., lebte arm u. bedürfnislos in Athen u. lehrte ohne Entgelt auf den Straßen u. in Gymnasien; durch eindringl. Fragen u. angebl. Nichtwissen *(sokrat. Methode, Mäeutik)* versuchte er, die Menschen vom Scheinwissen zum echten Wissen zu bringen. Dabei ging es S. um das allen Handlungen zugrunde liegende sittl. Wissen. In der Überzeugung, daß niemand gegen seine bessere Einsicht handeln könne, hielt er Tugend für lehrbar. Er berief sich auf eine warnende u. tadelnde innere Stimme *(Daimonion).* S. wurde verleumdet u. zum Tode verurteilt. Ein Angebot zur Flucht schlug er aus u. trank den Schierlingsbecher. – S. hat keine Schriften hinterlassen; seine Philosophie ist nur durch die Werke *Platons* zu rekonstruieren.

Sokrates

Sokratiker, die Schüler u. Anhänger des *Sokrates,* bes. die Schulen des *Euklid von Megara* (Megariker), des *Phaidon* (Elische Schule), des *Antisthenes* (Kyniker) u. des *Aristippos* (Kyrenaiker).
Sol, altröm. Sonnengott.
Solanin, ein Sterin-Alkaloid versch. Arten der Nachtschattengewächse, giftig.
Solapur →Sholapur.
Solarenergie →Sonnenenergie.
solarer Wind, *Sonnenwind,* von der Sonne ausströmendes, hpts. aus Protonen u. Elektronen bestehendes *Plasma.* Es schwankt im 11jährigen Zyklus (→Sonnenfleckenperiode), verformt das Magnetfeld der Sonne u. bewirkt Störungen des erdmagnet. Felds (magnet. Stürme).
Solarisation, *Photographie:* die Erscheinung, daß zu lange Belichtung eines Negativs statt Schwärzung Aufhellung bewirkt.
Solarium, Liegehalle zum Sonnenbaden, auch mit künstl. Höhensonnenbestrahlung.
Solarkollektor, Vorrichtung zur Umwandlung von Sonnenenergie in Wärme.
Solarkonstante, die Strahlungsenergie der Sonne, die (außerhalb der Atmosphäre) auf 1 cm² in mittlerer Sonnenentfernung in 1 min senkr. eingestrahlt wird; z. Z. wahrscheinlichster Wert: 1395 W/m².
Solarkraftwerk, *Sonnenkraftwerk,* Anlage zur Erzeugung elektr. Energie durch Ausnutzen der Sonnenstrahlen, die direkt über photoelektr. Zellen oder indirekt über Dampferzeugung umgewandelt werden.
Solarzelle, ein großflächiges Photoelement, durch das Strahlungsenergie der Sonne direkt in elektr. Energie umgewandelt wird, u. zwar auf photoelektr. Wege durch Freisetzen von Elektronen im Innern z.B. von Silicium, Galliumarsenid oder Cadmiumtellurid. Mehrere S.n können zu *Solarbatterien* oder *Solargeneratoren* zusammengeschaltet werden.
Soldat, ein im Wehrdienst stehender Angehöriger der Streitkräfte.
Soldatenkaiser, Sammelbez. für die röm. Kaiser von *Maximinus Thrax* bis zum Regierungsantritt *Diocletians* 235.
Sölden, die flächengrößte Gem. Östr.s, im Ötztal. Der Hauptort S. liegt 1377 m ü.M., mit 2500 Ew.; Sommerfrische u. Wintersportort.

Solarzelle: Solarmobile nutzen die Sonnenenergie mit Hilfe von Solarzellen

Söldner, für *Sold* dienende Soldaten, von Landesfürsten oder Söldnerführern *(Condottieri)* angeworben (z.B. die *Landsknechte*).

Sole, Lösung von Salzen mit mindestens 1,5% Salzgehalt.

Solei, *Salzei,* hartgekochtes Ei, mit geklopfter Schale in Salzwasser (Sole) eingelegt.

Solfatare, schwefelreiche vulkan. Gasaushauchung mit Temp. von 100–200 °C.

Solfeggio [sɔl'fɛdʒo], eine gesangl. Übung zur Verbesserung der Gesangstechnik, wobei auf die ital. Tonnamen do, re, mi, fa, sol, la, si gesungen wird.

Solferino, ital. Ort in der Lombardei, südl. vom Gardasee, 1900 Ew. – In der Schlacht bei S. am 24.6.1859 schlugen frz. u. piemontes. Truppen die Österreicher entscheidend.

solidarisch, gemeinsam, übereinstimmend, eng verbunden.

Solidarität, die wechselseitige Verbundenheit u. Mitverantwortung der Mitgl. einer Gruppe, soz. Kl. oder Gemeinschaft.

Solidarność [soli'darnɔstjs; poln. »Solidarität«], *Verband unabhängiger Gewerkschaften – Solidarität,* die 1980 gegr. Dachorganisation unabh. poln. Gewerkschaften. Führender Repräsentant u. erster Vors. der S. war bis 1990 L. Wałęsa. Nach der Verhängung des Kriegsrechts 1981 wurde die S. unterdrückt, 1982 offiziell verboten, 1989 wieder offiziell zugelassen; aus der S. bildeten sich 1990 als polit. Parteien die »Bürgerbewegung für Demokrat. Aktion« sowie die »Zentrumsallianz«.

Solidus, 309 n. Chr. eingeführte röm. Goldmünze; in Byzanz bis zum 15. Jh. gebräuchl.; auch lat. Bez. für das *Schilling.*

Solifluktion, *Bodenfließen,* hangabwärtiges Fließen oder Kriechen der obersten, lockeren, wasserdurchtränkten Bodenschichten.

Solihull [sɔuli'hʌl], Stadt in England, sö. von Birmingham, 112 000 Ew.; Schwerind.; Automobilbau.

Solimena, Francesco, * 1657, † 1747, ital. Maler u. Architekt; entwickelte einen großzügigen, farbig reizvollen Dekorationsstil.

Soling, ein Einheitskielboot aus Kunststoff, 8,15 m lang, Segelfläche 21,7 m² plus Spinnaker, drei Mann Besatzung; seit 1972 eine der olymp. Segelbootsklassen.

Solingen, krfr. Stadt in NRW, im Berg. Land, sö. von Düsseldorf, 162 000 Ew.; Wasserburg *Hackhausen;* Fachschule für Metallgestaltung u. Metalltechnik; Dt. Klingenmuseum; Schneidwarenherstellung.

Solis, Virgil, * 1514, † 1562, dt. Zeichner u. Kupferstecher; Kupferstiche u. Holzschnitte; in der Nachfolge H. *Holbeins* u. der Nürnberger Kleinmeister.

Solist, Einzelmusiker.

solitär, einzeln lebend (von Tieren); Ggs.: *sozial.*

Solitär, einzeln gefaßter Edelstein, großer Diamant.

Solitude [-'tu:də; die], Name von Schlössern, z.B. Schloß S. bei Stuttgart.

Soll, die linke Seite eines Kontos. Ggs.: *Haben.*

Sollbruchstelle, Überlastungssicherung von Maschinenbauteilen durch eine sinnvoll angeordnete Schwachstelle, an der bei Überlastung ein Bruch eintritt.

Sölle-Steffensky, Dorothee, * 30.9.1929, dt. ev. Theologin; Arbeiten zu einer polit. Theologie.

Solling, Teil des Weserberglands zw. Weser u. Leine, in der *Großen Blöße* 528 m.

Solluxlampe, Bestrahlungslampe zur örtl. Wärmebehandlung.

Solna [so:l-], Stadt in Schweden, nw. von Stockholm, 50 000 Ew.; Nobel-Institut.

Solnhofen, Gem. in Mittelfranken (Bayern), 1500 Ew.; Abbau der *S.er Schieferplatten.*

Solo, Einzelspiel, Einzelvortrag.

Sologub, Fjodor, eigtl. F. Kusmitsch *Teternikow,* * 1863, † 1927, russ. Schriftst.; Symbolist.

Solomos, Dionysios, * 1798, † 1857, grch. Schriftst.; zarte, klass. Lyrik; schrieb die grch. Nationalhymne (1823).

Solon, * um 640 v.Chr., † um 560 v. Chr., athen. Gesetzgeber; wurde 594 v. Chr. Archon. Gegen die Mißstände der aristokrat. Herrschaft schuf er eine Verf. mit regierenden Archonten u. beschlußfassender Volksversammlung. Er wurde zu den *Sieben Weisen* gezählt.

Solothurn, 1. Kt. der → Schweiz. – **2.** Hptst. von 1), an der Aare, 15 500 Ew.; mittelalterl. Stadtbild; Uhren- u. Metall-Ind.

Solow ['sɔuləu], Robert M., * 23.8.1924, US-amerik. Nationalökonom; 1987 Nobelpreis für Arbeiten über wiss. Wachstumstheorien.

Solowjow [-'vjɔf], Wladimir Sergejewitsch, * 1853, † 1900, russ. Religionsphilosoph; vertrat eine christl. Theosophie u. Geschichtsphilosophie.

Solözismus, grober Sprachfehler, bes. eine fehlerhafte Verbindung von Begriffen.

Solschenizyn, Alexander Issajewitsch, * 11.12. 1918, russ. Schriftst.; 1945–56 in Haft u. Verbannung (in Kasachstan); setzt sich in seinen Werken mit der Unterdrückung in der kommunist. Gesellschaft auseinander. Ⓦ »Ein Tag im Leben des Iwan Denissowitsch«, »Krebsstation«, »Der erste Kreis der Hölle«, »Der Archipel GULAG«, »November 1916«. S. wurde 1974 aus der UdSSR ausgewiesen u. lebte seit 1976 in den USA. 1994 kehrte er zurück. Nobelpreis 1970.

Solstitium, *Sonnenwende,* der Zeitpunkt, an dem die Sonne ihre größte nördl. oder südl. Deklination erreicht (Sommer-S. am 21. Juni, Winter-S. am 21. Dez.).

Soltau, Stadt in Nds., 19 500 Ew.; Bienenzucht.

Solti ['ʃɔlti], Sir (1971) Georg, * 21.10.1912, brit. Dirigent ung. Herkunft; 1969–91 Chefdirigent des Chicago Symphony Orchestra, 1979–83 auch Leiter des London Philharmonic Orchestra.

Solvay [sɔl'vɛ], Ernest, * 1838, † 1922, belg. Chemiker u. Fabrikant; erfand das nach ihm ben. Verfahren zur Herstellung von *Soda* aus Steinsalz, Ammoniak u. Kohlendioxid.

solvent, zahlungsfähig; Ggs.: *insolvent.*

Soma [das], *Philosophie:* der Leib als Träger der Lebensfunktionen; Ggs.: *Seele, Geist.*

Somal, osthamitisches islamisches Viehzüchtervolk (etwa 3,25 Mio., zur Hälfte Nomaden), das Staatsvolk Somalias; auch im S Äthiopiens u. NO Kenias.

Somalia, Staat in Ost-Afrika, 637 657 km², 7,7 Mio. Ew. (islam. *Somal*), Hptst. *Mogadischo.* Landesnatur. Die Somalitafel geht nach SO in ein flaches Tiefland über. Nach N steigt sie auf Höhen von über 2000 m an u. fällt dann steil zum Golf von Aden ab. Die N-Küste von S. gehört zu den heißesten Gegenden Afrikas. Das Land erhält nur wenig Niederschläge. Trockensavanne im SW geht nach NO in Dornsavanne u. an der N-Küste in Halbwüste über. Die Bevölkerung gehört überwiegend dem osthamit. Volk der *Somal* an. Wirtschaft. Exportiert werden Schlachtvieh (Schafe, Ziegen, Rinder), Fleischkonserven, Häute u. Felle. Der Bananenexport (Anbau durch künstl. Bewässerung) macht 25% des Gesamtexports aus. S. deckt ³/₄ des Weltbedarfs an Weihrauch. Geschichte. Das Land der im 16. Jh. islamisierten Somal wurde im 1887 u. 1891 unter England, Italien u. Frankreich aufgeteilt. *Ital.-Somaliland* u. *Brit.-Somaliland* erhielten 1960 die Unabhängigkeit. Beide vereinigten sich 1960 zur Republik S.

Somalia

Der seit 1969 amtierende Staatschef General M.S. *Barre* wurde nach blutigen Kämpfen 1991 gestürzt. Auch danach hielten die Bürgerkriegswirren an. Es kam zu einer Hungerkatastrophe u. zur Stationierung von UNO-Truppen.

Somaliland, von den *Somal* bewohnte NO-afrik. Ldsch. auf der Somalihalbinsel, polit. gegliedert in die Rep. *Somalia* u. *Djibouti* sowie die östl. Randgebiete von Äthiopien u. Kenia.

Somatologie, Teilgebiet der *Anthropologie,* befaßt sich mit der körperl. Beschaffenheit der Menschen.

Somatotropin, ein Hormon des Hypophysenvorderlappens, das wachstumsfördernd wirkt.

Sombart, Werner, * 1863, † 1941, dt. Nationalökonom; forderte im Bereich der wirklichkeitsnahe, histor.-soziolog. Nationalökonomie; anfangs Anhänger, später Gegner des Marxismus.

Sombrero, breitrandiger, leichter Hut, bes. in Mittel- u. S-Amerika.

Somerset ['sʌməsit], *S.shire,* SW-engl. Gft. südl. des Bristol-Kanals.

Somme [sɔm], Fluß in N-Frankreich, 245 km; mündet in die S.-Bucht des Ärmelkanals; im 1. Weltkrieg fanden an der S. schwere Kämpfe statt.

Sommer, die Jahreszeit zw. 21. Juni u. 23. Sept. auf der Nordhalbkugel u. zw. 22. Dez. u. 21. März auf der Südhalbkugel.

Sömmerda, Krst. in Thüringen, an der Unstrut, 24 000 Ew.; feinmechan. u. elektron. Ind.

Sommerfeld, Arnold, * 1868, † 1951, dt. Physiker; stellte u. a. eine Theorie des Kreisels auf, baute die Quanten- u. Atomtheorie weiter aus u. entwickelte eine Theorie der Struktur des Wasserstoffspektrums.

Sommergetreide, die Getreidearten (bes. Sommergerste u. -hafer), die nicht überwintern, also im Ansaatjahr noch reif werden.

Sommerschlaf, *Trockenstarre,* bei Tieren eine Parallelerscheinung zur Kältestarre; dient dem Überdauern von Trocken- oder Hitzeperioden.

Sommersprossen, *Epheliden,* kleine braune Farbflecken im Bereich der sonnenbestrahlten Haut, bes. bei blonden oder rothaarigen Menschen. S. beruhen auf einer zu starken Pigmentbildung.

Sommerwurz, *Orobanche,* zu den *Sommerwurzgewächsen* gehörende Schmarotzerpflanzen ohne Blattgrün, mit Schuppen anstelle der Blätter.

Sommerzeit, die Uhrzeit, die während der Sommermonate gegenüber der *Zonenzeit* meist um eine Stunde vorverlegt wird, zur besseren Ausnutzung des Tageslichts; in der BR Dtld. seit 1980.

Somnambulismus, Bez. für Schlafwandeln, für hyster. u. epilept. Dämmerzustände oder für bestimmte hypnot. Erscheinungen.

Somnolenz, Benommenheit u. Schläfrigkeit stärkeren Grades; Folge einer mechan. oder chem. ver-

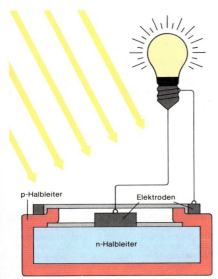

Solarzelle (Funktionsprinzip)

ursachten Schädigung des Gehirns (z.B. Vergiftung).
Somnus, altröm. Gott des Schlafs.
Somoza Debayle [so'mosa de'bajle], Anastasio, *1925, †1980 (ermordet), nicaraguan. Politiker; Staats-Präs. 1967–79 (gestürzt); Sohn des Diktators A. Somoza García (*1896, †1956).
Sonar, Abk. für engl. *Sound Navigation and Ranging,* Gerät zur Ortung von Unterwasserobjekten; arbeitet mit Ultraschall nach einem *Doppler-Radar-Prinzip.*
Sonate, ein Musikstück für ein oder zwei Instrumente, das aus drei oder vier Sätzen besteht. Die S. in der heutigen Bed. geht auf J. *Haydn* zurück.
Sonatine, leicht spielbare, gekürzte *Sonate* mit meist nur 2 oder 3 Sätzen; im 20. Jh. auch kurze, techn. anspruchsvolle Sonate.
Sonde, stab- oder schlauchförmiges, biegsames oder starres Instrument zum Austasten (»Sondieren«) von Körperhöhlen u. -gängen oder zum Entnehmen oder Einbringen von Flüssigkeiten.
Sonderabfälle, Stoffe, die wegen ihrer Eigenschaften (z.B. giftig) oder ihrer Menge gesondert beseitigt werden müssen; im *Abfallbeseitigungsgesetz* festgelegt. Zu den S. zählen z. B. Industrieschlämme, Säuren u. Autoreifen.
Sonderbund, 1845 der Zusammenschluß der konservativen, zumeist kath. schweiz. Kantone Schwyz, Uri, Unterwalden, Luzern, Zug, Freiburg u. Wallis gegen die übrigen, demokrat. verfaßten Kt. Der S. unterlag diesen im *S.skrieg* 1847.
Sonderburg, dän. *Sønderborg,* Hafenstadt auf der Insel Alsen, 27 600 Ew.; Schloß.
Sondergerichte, Gerichte, die anstelle der sonst allg. zuständigen Gerichte für bes. Personengruppen oder Sachgebiete zuständig sind u. deren Zuständigkeit durch ein Gesetz festgelegt ist.
Sonderpädagogik, *Heilpädagogik,* der Bereich der Erziehungswissenschaft, der sich mit der Situation von Behinderten befaßt. Zu den Einrichtungen der S. gehören z.B. Sonderkindergärten, Sonderschulen u. Behindertenwerkstätten.
Sonderschulen, fr. auch *Hilfsschulen,* Schulen zur Erziehung von Schülern mit geistigen, seel. oder körperl. Entwicklungsstörungen oder Schäden; z.B. Schulen für Lernbehinderte, Blindenschulen u. ä.
Sondershausen, Krst. in Thüringen, an der Wipper, 25 000 Ew.; Schloß; Kali-Ind.
Sonderziehungsrechte, künstl. Reservewährung zur Ergänzung der bestehenden Währungsreserven des *Internationalen Währungsfonds* (IWF).
sondieren, vorsichtig erkunden, ausforschen.
Sondrio, ital. Prov.-Hptst. im Veltlin, 22 900 Ew.; Fremdenverkehr.

Sonepat, Stadt in Haryana (Indien), nördl. von Delhi, 109 000 Ew.; Fahrzeug-Ind.
Sonett, ein Gedicht aus zwei Abschnitten zu je vier Versen *(Quartette)* u. zwei Abschnitten zu je drei Versen *(Terzette).* Den ersten Höhepunkt erreichte das S. bei *Dante* u. F. *Petrarca.*
Song [sɔŋ], Lied, Schlager; als *Protest-S.* mit soz.-krit. Inhalt.
Song [suŋ], *Sung,* die 960–1279 in China herrschende Dynastie.
Songhai, *Sonrhai, Kuria,* mit Berbern vermischtes afrik. Volk (über 500 000) im mittleren Nigertal. Das islam. *Reich S.* erreichte unter *Askia d. Gr.* (1493–1528) den Höhepunkt seiner Macht.
Songhua Jiang [suŋxuadjiaŋ], *Sungari,* r. Nbfl. des Amur in China, 2110 km lang.
Soninke, *Sarakolle, Marka,* islam. Volk (über 350 000) der Mande-Gruppe zw. Senegal u. Niger.
Sonne, Zeichen ⊙, lat. *Sol,* grch. *Helios,* der Zentralkörper des Planetensystems *(S.nsystems);* mittlere Entfernung von der Erde: 149,6 Mio. km; Durchmesser: 1,392 Mio. km = 109 Äquatordurchmesser der Erde; Masse: 333 660 Erdmassen; mittlere Dichte: 1,4 g/cm³; Schwerebeschleunigung an der Oberfläche: 28mal größer als am Erdäquator, in höheren Breiten etwas größer; Neigung des Sonnenäquators gegen die Ekliptik: 7° 15'; Strahlungstemperatur an der Oberfläche (Photosphäre): 5785 K; Mittelpunktstemperatur: fast 15 Mio. K. Die Sonne ist ein Fixstern vom Spektraltyp G 1 u. gehört im Hertzsprung-Russell-Diagramm der »Hauptreihe« an. Aufbau der Sonnenatmosphäre: →Photosphäre, →Chromosphäre, →Korona; bes. Erscheinungen der S.: →Sonnenflecken, →Fakkel, →Granulation. Seit 1942 ist die S. als Radiostrahler, seit den 1950er Jahren auch als Röntgenstrahler bekannt. Hauptquelle sind die Korona u. S.nflecken bzw. S.neruptionen.
Sonneberg, Krst. in Thüringen, nordöstl. von Coburg, 28 000 Ew.; Sternwarte.
Sonnenbarsche, *Centrarchidae,* Fam. der *Barschartigen* aus den Flüssen N-Amerikas; hierzu *Scheibenbarsch, Pfauenaugenbarsch* u. *Sonnenfisch.*
Sonnenblume, *Helianthus,* Gatt. der *Korbblütler;* Hauptverbreitung in N-Amerika. Aus den ölreichen Samen wird ein gutes Speiseöl gewonnen (Großkulturen v. a. in S-Rußland).
Sonnenbrand, *Gletscherbrand,* Verbrennung der Haut bei zu starker Sonneneinstrahlung (durch deren Ultraviolett-Anteil). Folge ist Rötung der Haut mit schmerzhaftem Brennen, Hautentzündung oder echte Verbrennung.
Sonnenenergie, *Solarenergie,* von der Sonne als Strahlung emittierter Energiebetrag, der durch Kernfusion im Innern freigesetzt wird. S. wird zur Strom- u. Wärmeerzeugung genutzt.
Sonnenferne →Aphel.

Sonne: Sonnenkorona

Sonnenfinsternis, die Bedeckung der Sonne durch den Mond, von einem irdischen Standpunkt aus gesehen. Die Spitze des Kernschattenkegels des Mondes bei einer S. reicht gerade auf die Erdoberfläche u. erzeugt dort einen Schattenfleck von höchstens 270 km Durchmesser.
Sonnenflecken, dunkle Flecken auf der Sonnenoberfläche; entdeckt von *Galilei* (1610), unabh. von Th. *Harriot* (1610), Ch. *Scheiner* u. J. *Fabricius* (1611). Bei den S. ist ein dunkler Kern *(Umbra)* von einem helleren u. strukturreichen Hof *(Penumbra)* umgeben. Die Lebensdauer der S. reicht von wenigen Tagen bis zu mehreren Monaten. Sie entstehen wahrsch. durch wirbelartige Strömungsvorgänge, bei denen Magnetfelder erzeugt werden, u. bilden Gruppen bis zu rd. 300 000 km Länge. – S.periode, ein Zeitraum von im Mittel 11,1 Jahren, in dem die Fleckentätigkeit der Sonne schwankt. Die S. wurde 1843 von Heinrich *Schwabe* (*1789, †1875) entdeckt.
Sonnengeflecht, *Solarplexus,* das größte Nervenknotengeflecht des Lebensnervensystems (vegetatives Nervensystem) beim Menschen; auf der Vorderseite der Hauptschlagader, dicht unter dem Zwerchfell. Das S. ist mit den Nerven der Bauchorgane verbunden.
Sonnenhut, *Igelkopf, Echinacea,* nordamerik. Gatt. der *Korbblütler.* Tinkturen aus dem *Schmalblättrigen S.* oder *Igelkopf* werden als fiebersenkende u. entzündungshemmende Mittel genutzt.
Sonnenkönig, frz. *Roi Soleil,* Beiname des frz. Königs *Ludwig XIV.*
Sonnenkraftwerk →Solarkraftwerk.
Sonnennähe →Perihel.
Sonnenparallaxe, die scheinbare Verschiebung des Sonnenorts bei Verrückung des Beobachtungsstandpunkts um 1 Erdhalbmesser. Sie ist gleich dem Winkel (8,80″), unter dem der Äquatorhalbmesser der Erde von der Sonne aus in mittlerer Entfernung erscheint.
Sonnenröschen, *Helianthemum,* Gatt. der *Zistrosengewächse;* hpts. in Mitteleuropa heim. das *Gewöhnl. S.* mit zitronengelben Blüten.
Sonnenschein, Carl, *1876, †1929, dt. Sozialpolitiker; Gründer der kath.-soz. Studentenbewegung.
Sonnenstich, *Ictus solis,* Gehirnschädigung durch Einwirkung von Sonnenstrahlen auf Kopf u. Nacken, meist mit Kreislauf-, Atem- u. Bewußtseinsstörungen.
Sonnentag, die Zeitdauer der Erdumdrehung in bezug auf die Sonne. Zu unterscheiden sind: *wahrer S.,* Zeit zw. zwei unteren Kulminationen der Sonne (wahre Mitternacht); *mittlerer S.,* durchschnittl. Dauer des wahren S., dient als Zeiteinheit (1 mittlerer S. = 24 Std. = 1440 min = 86 400 s).
Sonnentau, *Drosera,* kleine, meist an sumpfigen Orten wachsende Pflanzen mit grundständiger Blattrosette u. weißen Blüten; fängt Insekten durch Blätter mit roten, klebrigen Drüsenhaaren.
Sonnentierchen, *Heliozoen,* Kl. der *Wurzelfüßer;* Einzeller, meist im Süßwasser. Kugeliger Körper mit strahlenartigen Scheinfüßchen *(Axopodien).*

Sonnenenergie (Projekt Solar-Wasserstoff): Mit Solarzellen photovoltaisch erzeugter Strom spaltet Wasser in Sauerstoff und Wasserstoff. Letzterer findet als umweltfreundlicher Energieträger Anwendung in allen Bereichen

Sonnenuhr, Vorrichtung zur Messung der wahren Sonnenzeit: Ein parallel zur Erdachse aufgestellter Stab wirft einen Schatten, der auf einer Zifferblattfläche als Zeiger dient. Der Urtyp ist der →Gnomon.

Sonnenvogel, chin. *Singvogel* aus der Verwandtschaft der *Fliegenschnäpper;* nach dem auffallenden Gesang auch *Chin. Nachtigall* genannt; Käfigvogel.

Sonnenwarte, ein astronomisches Observatorium, das sich hauptsächlich mit der Sonnenforschung befaßt.

Sonnenwende, 1. →Solstitium. – **2.** *Heliotropium,* Gatt. der *Rauhblattgewächse;* hierzu die *Garten-S.* mit starkem Vanilleduft.

Sonnenwind →solarer Wind.

Sonnenzeit, die Einteilung des Tages nach dem Stand der Sonne.

Sonnenzelle →Solarzelle.

Sonntag, in der jüd. Woche der 1. Tag, in der röm. Planetenwoche der 2. Tag. Die Urkirche betrachtete ihn als 1. Tag der Woche; durch Konstantin d. Gr. öffentl. Ruhetag. 1976 wurde der S. international zum letzten Tag der Woche erklärt.

SONNE

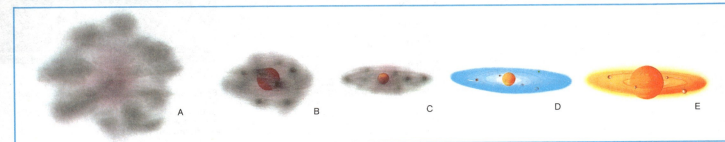

Die Entstehung des Sonnensystems begann vermutlich mit einer interstellaren Gas- und Staubwolke, die in einzelne Teile zerfiel und sich verdichtete (A). Sodann setzten im Innern der Sonne Kernverschmelzungsprozesse ein, und die Sonne begann zu leuchten (B). Die Planeten dürften aus Verdichtungen in der die Sonne umgebenden Wolke entstanden sein (C). Diese Verdichtungen sammelten das übriggebliebene Material weitgehend auf, so daß der Raum zwischen den Planeten frei wurde (D). Später wird sich die Sonne allmählich aufblähen (E) und in einen roten Riesenstern verwandeln

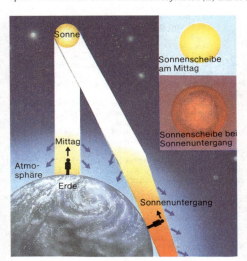
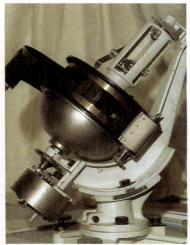
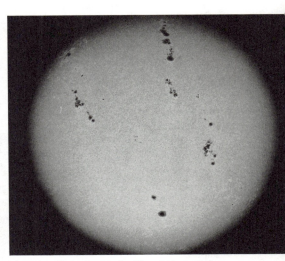

Mittags durchdringen die Sonnenstrahlen die Atmosphäre auf kürzestem Weg, und ein Teil des blauen Lichts wird gestreut. Dadurch wirkt der Himmel blau und die Sonne selbst gelblich. Bei Sonnenaufgang oder -untergang werden die Lichtstrahlen infolge des längeren Wegs stärker gebeugt und gestreut, so daß die Sonnenscheibe größer und rot erscheint (links). – UV-Spektograph zur Untersuchung ultravioletter Sonnenstrahlen (Mitte). – Sonnenflecken (rechts)

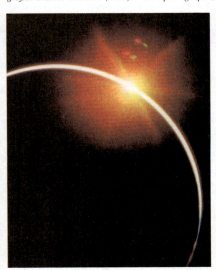
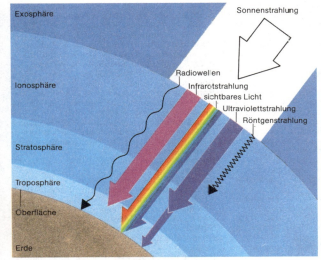

Sonnenfinsternis (links). – Die Erdatmosphäre absorbiert die schädliche, kurzwellige Röntgen- und Ultraviolettstrahlung. Radiowellen und das sichtbare Licht dringen bis zur Erdoberfläche vor (Mitte). – *Protuberanz am Sonnenrand* (rechts)

Sonora, Bundesstaat in →Mexiko, am nördl. Golf von Kalifornien; vorw. Wüsten u. Dornstrauchsteppen.
Sontag, Susan, *28.1.1933, US-amerik. Schriftst. (kulturkrit. Essays u. Romane).
Sontheimer, Kurt, *31.7.1928, dt. Politologe (Regierungslehre u. vergl. Politikwiss.).
Sonthofen, Krst. in Schwaben (Bay.), 748 m ü. M., 21 000 Ew.; Fachschulen der Bundeswehr; Hüttenwerk.
Sooden-Allendorf, *Bad S.,* hess. Stadt an der Werra, 9600 Ew.; Kurort mit Solquellen.
Sophia, altchristl. röm. Märtyrerin; eine der »Eisheiligen« (Fest: 15.5.).
Sophie, Fürstinnen:
1. S. Charlotte, *1668, †1705, preuß. Königin; Frau *Friedrichs I.* von Preußen. – **2. S. (Sofija) Alexejewna,** *1657, †1704, russ. Prinzessin; übernahm nach dem Tod Fjodors III. 1682 die Regentschaft für ihre minderjährigen Brüder *Iwan V.* u. *Peter I.;* 1689 von Peter I. gestürzt. – **3. Sophia,** *2.11.1938, Prinzessin von Griechenland, seit 1962 Frau Königs *Juan Carlos* von Spanien.
Sophisma, *Sophismus* →Trugschluß.
Sophisten, in alten Griechenland urspr. Bez. für die Denker u. Weisen überhaupt; Mitte des 5. Jh. v. Chr. ein Stand von Lehrern der Beredsamkeit, die sich *S.* nannten u. die »Wahrheit« von der Kunstfertigkeit des Diskutierens abhängig machen wollten. Durch *Platons* Kritik erhielt allmähl. das Wort *S.* eine abschätzige Bedeutung.
Sophistik, die Lehre der *Sophisten;* abwertend: hohle, spitzfindige Scheinweisheit.
Sophokles, *um 496 v. Chr., †um 406 v. Chr., grch. Tragödiendichter in Athen; wiederholt in hohen Staatsämtern (Schatzmeister, Stratege). Die attische Tragödie entwickelte er durch Einführung des 3. Schauspielers, Vergrößerung des Chors u. Lösung des Einzelstücks aus dem Zusammenhang der Trilogie über seinen Vorgänger *Äschylus* hinaus. Von den 130 Stücken sind 7 erhalten: »Aias«, »Antigone«, »Elektra«, »König Ödipus«, »Trachinierinnen«, »Philoktet«, »Ödipus auf Kolonos«.
Sophron, grch. Dichter aus Syrakus, 5. Jh. v. Chr.; begr. die Kunstgattung des (bis dahin improvisierten) *Mimus.*
Sophrosyne, Besonnenheit, Mäßigung; eine der Haupttugenden Platonischer Ethik.
Sopran, die höchste Stimmlage.
Sopraporte, *Supraporte,* durch Reliefornamente oder Malereien verzierte Wandfläche über der Tür.
Sopron [-ʃo-], dt. *Ödenburg,* westung. Stadt im östl. Alpenvorland, 57 000 Ew.; Univ.; Textil- u. Holz-Ind.
Sorau, poln. *Żary,* Stadt in O-Brandenburg (Polen), 35 900 Ew.; Franziskanerkirche, Schloß; Textil-Ind.
Soraya, *Soraja,* geb. *Esfandiari,* *22.6.1932, zweite Frau von Schah Mohammed Riza Pahlewi 1951–58; wegen Kinderlosigkeit geschieden.
Sorben, *Serbja, Serby,* auch *Wenden, Lausitzer,* westslaw. Volksgruppe in der Lausitz; Reste der seit dem 8./9. Jh. zw. Elbe, Oder u. Saale siedelnden Slawen; mit eig. Sprache (*Ober-* u. *Niedersorbisch*); weitgehend in den Deutschen aufgegangen, noch auf etwa 40 000 geschätzt; genießen kulturelle Autonomie; ihr Volkstum hat sich bes. rein im Spreewald u. um Hoyerswerda erhalten.
Sorbet, Kühltrank oder Halbgefrorenes aus Früchten.
Sorbinsäure, eine zweifach ungesättigte aliphat. Carbonsäure, $CH_3-CH=(CH)_2=CH-COOH$; Konservierungsstoff für Lebens- u. Genußmittel, ferner Kunststoff- u. Kautschukzusatz.
Sorbit, ein sechswertiger aliphat. (Zucker-)Alkohol; kommt in den Früchten des Vogelbeerbaums vor u. wird als Glycerinersatz sowie in der Diabetikerdiät als Zuckerersatz verwendet.
Sorbonne [sɔr'bɔn], größte u. bedeutendste Univ. Frankreichs in Paris; 1253 als theolog. Studienkolleg gegr.
Sorbus, Gatt. der *Rosengewächse;* hierzu z.B. *Eberesche, Elsbeerbaum, Mehlbeerstrauch.*
Sordello di Goito, *um 1200, †um 1270, ital. Troubadour; im Dienst *Karls von Anjou,* der ihm ein Lehen in den Abruzzen übertrug.
Sordino, der Dämpfer für Musikinstrumente.
Sorel, 1. Agnès, *um 1422, †1450, Mätresse des frz. Königs *Karl VII.;* bekam Schloß Beauté-sur-Marne geschenkt (danach »Dame de Beauté«). –
2. Georges, *1847, †1922, frz. polit. Schriftst.; betonte die Bedeutung von Elite u. Mythos.
Sörensen, Sören, *1868, †1939, dän. Chemiker; führte den Begriff *pH-Wert* ein.
Sorge, 1. Reinhard Johannes, *1892, †1916 (gefallen), dt. Schriftst.; Frühexpressionist, Lyrik u. Dramen. – **2. Richard,** *1895, †1944 (hingerichtet), dt. Spion in sowj. Diensten; 1941 von den Japanern verhaftet u. zum Tode verurteilt.
Sorghum, *Sorgum* →Hirse.
Soria, span. Prov.-Hptst. in Altkastilien, am oberen Duero, 31 400 Ew.; rom. Kirchen.
Sororat, *Schwägerinnenehe,* die bei Feldbau treibenden Naturvölkern häufige Sitte, daß ein Mann mit seiner Frau zugleich deren Schwester heiratet.
Sorrento, *Sorrent,* das antike *Surrentum,* ital. Stadt in Kampanien, am Golf von Neapel, 17 300 Ew.; Kathedrale; Tourismus.
Sorte, Art, Gattung, Güteklasse.
Sorten, ausländ. Banknoten u. Münzen.
Sortiment, *Assortiment,* die Gesamtheit der in einem Betrieb regelmäßig zum Verkauf verfügbaren Warensorten. – **S.buchhandlung,** das Buchhandels-Ladengeschäft. Der S.buchhändler (*S.er*) verkauft unmittelbar ans Publikum.
SOS [als Abk. für engl. *save our souls,* »Rettet unsere Seelen« gedeutet], internat. Morse-Code-Signal: Schiff in Seenot.
Soschtschenko [ˈzɔʃt͡ʃinka], Michail Michailowitsch, *1895, †1958, russ. Schriftst.; Mitgl. der *Serapionsbrüder;* Satiriker.
SOS-Kinderdörfer, von H. *Gmeiner* gegr. Sozialwerk zum Schutz heimatloser Kinder.
Sosnowiec [-vjɛts], *Sosnowitz,* Stadt in Oberschlesien (Polen), 255 000 Ew.; Steinkohlenbergbau; Hütten- u. Metall-Ind.
sostenuto, musikal. Vortragsbez.: gedehnt, getragen.
Sostratos von Knidos, grch. Architekt; erbaute um 280 v. Chr. den Pharos (Leuchtturm) von Alexandria, eines der *Sieben Weltwunder.*
Soter, »Retter, Heiland«, Beiname grch. Götter (Äskulap, Zeus), seit dem Hellenismus auch auf Fürsten angewandt (Alexander d. Gr., Augustus); im NT auf Jesus übertragen.
Sotheby's [ˈsʌðəbiːz], 1744 von Samuel *Baker* in London gegr. Auktionshaus für Kunst u. Antiquitäten.
Sotho-Tswana, Gruppe der südafrik. SO-Bantu (über 3 Mio.).
Sotschi, Hafenstadt u. Kurort in Rußland, an der kaukas. Schwarzmeerküste, 317 000 Ew.; in der Nähe Schwefelbad *Mazesta;* Flugplatz.
Sou, frz., bis 1715 *Sol,* ehem. frz. Münzeinheit. Der Name hielt sich als Bez. für die 5-Centimes-Münze.
Soubrette [su-], Sopranrolle (vorw. Koloratursopran) in Spieloper u. Operette.
Souf [suf], Oasengruppe in der nordöstl. alger. Sahara, Hauptort *El Oued,* insges. rd. 100 000 Ew.
Soufflé [suˈfle], Eierauflauf.
Souffleur [suˈfløːr], meist eine **Souffleuse,** eine Theaterhilfskraft, die den Text mitspricht u. den Darstellern, falls nötig, weiterhilft. Sie sitzt gewöhnl. im S.kasten an der Bühnenrampe.
Soufflot [suˈflo], Jacques-Germain, *1713, †1780, frz. Architekt; Klassizist; wurde 1776 in Paris Generalinspektor der königl. Bauten.
Soufrière [sufriˈɛːr], **1.** *La Grande S.,* Vulkangipfel auf der westind. Insel Guadeloupe, 1467 m. –
2. *La S.,* Vulkan auf Saint Vincent, Windward Islands (Kleine Antillen), 1234 m.
Soul [soul] →Seoul.
Soulages [suˈlaːʒ], Pierre, *24.12.1919, frz. Maler u. Graphiker; einer der Hauptvertreter der abstrakt-ungegenständl. Richtung.
Soul Music [soul ˈmjuːzik], *Soul Jazz,* Gegenstück der Farbigen zum »weißen« Beat, entwickelte sich seit den 1960er Jahren. Die Texte stammen aus der Gospel-Überlieferung.
Soupault [suˈpo], Philippe, *1897, †1990, frz. Schriftst.; surrealist. Lyrik.
Souper [suˈpe], Abend-, Nachtessen.
Souphanouvong [supanuvɔŋ], Prinz, *1912, †1995, laot. Politiker; 1975–86 Staats-Präs.
Sousa [suːzə], John Philip, *1854, †1932, US-amerik. Komponist; Märsche, Operetten, Lieder. –
S.phon, aus dem Helikon entwickelte sehr große Baßtuba mit nach vorn gerichteter Stürze; von S. angeregt.
Sousse [sus], tunes. Bez.-Hptst. u. Hafenstadt am Golf von Hammâmèt, 83 500 Ew.; Export von Olivenöl; Fisch-Ind.; Seebad.

South Dakota: Badlands

Soutane [zu-], langer, enger Rock der kath. Geistlichen.
Souterrain [sutɛˈrɛ̃], teilweise unter der Erde liegendes Geschoß (Kellergeschoß).
Southampton [sauˈθæmptən], Hafenstadt in S-England, nördl. der Insel Wight, 206 000 Ew.; Univ.; Schiffbau; Überseepassagierhafen mit Dockanlagen.
South Carolina [sauθ kæ rəˈlainə], Abk. *S.C.,* Gliedstaat im SO der →Vereinigten Staaten von Amerika.
South Dakota [sauθ dəˈkəutə], Abk. *S.D.,* Gliedstaat der →Vereinigten Staaten von Amerika.
Southend-on-Sea [ˈsauθend ɔn siː], Hafenstadt u. Seebad im O Englands, an der Themse-Mündung, 160 000 Ew.; Metall-Ind.; Fremdenverkehr.
Southey [sʌði], Robert, *1774, †1843, engl. Schriftst.; Wegbereiter der romant. Schule.
Southport [ˈsauθpɔːt], NW-engl. Hafenstadt u. Seebad an der Irischen See, 89 700 Ew.; Fremdenverkehr.
South Shields [sauθ ʃiːldz], Hafenstadt in NO-England, an der Mündung des Tyne, 87 200 Ew.; Schiffbau; Kohlenhafen.
Soutine [suˈtiːn], Chaim, *1893, †1943, frz. Maler russ.-jüd. Abstammung; Vertreter des Expressionismus.
Souvanna Phouma [ˈsuːˈpuːma], Prinz, *1901, †1984, laot. Politiker; mehrf. Prem.-Min.
Souvenir [suvəˈniːr], Erinnerungsstück, Reiseandenken.
souverän [su-], rechtl. selbständig, unabhängig; überlegen.
Souveränität [su-], die rechtl. Unabhängigkeit des Staates von anderen Staaten sowie in der Ausübung der Staatsgewalt im Inneren.
Sovereign [ˈsɔvrin], 1489 eingeführte engl. Goldmünze.
Sowchos [-xɔs; der], *Sowchose,* [die], Abk. für russ. *Sowjetskoje chosjaistwo,* »Sowjetwirtschaft«, Staatsgut in der Sowj.; Muster- u. Versuchsgut.
Soweto, Abk. für engl. *South Western Township,* südafrik. Wohnsiedlung für Schwarze im Vorortbereich von Johannesburg, 2 Mio. Ew.; häufig Schauplatz von Unruhen.
Sowjet, russ. Bez. für *Rat;* in der Sowj. offizielle Bez. für die Volksvertretungen auf allen Ebenen der territorialen Verwaltungsorganisation.
Sowjetunion, *Union der Sozialist. Sowjetrepubliken (UdSSR),* Name für die bis 1991 bestehende kommunist. Großmacht; ehem. Unionsrepubliken

Sowjetunion

sind heute selbst. Staaten. Sie schlossen sich mit Ausnahme Estlands, Lettlands u. Litauens zur *Gemeinschaft Unabhängiger Staaten (GUS)* zusammen. Geschichte: →Rußland.
Soxleth, Franz, *1848, †1926, östr. Agrikulturchemiker; entwickelte den *S.-Apparat* zur Extraktion fester Stoffe.
Soya, Carl Erik, *1896, †1983, dän. Schriftst. (psychoanalyt. Dramen u. Romane).
Soyfer, Jura, *1912, †1939, östr. Schriftst.; kari-

kierte in Kurzdramen u. Liedern das unkrit. polit. Denken des Bürgertums sowie faschist. Staatsideologien.

Soyinka, Wole, * 13.7.1934, nigerian. Schriftst. u. Regisseur; Nobelpreis 1986.

sozial, gesellig, gesellschaftl., auf die Gesellschaft bezogen; menschenfreundlich.

Sozialarbeit, ein nicht genau umgrenzter Bereich behördl. u. frei initiierter Arbeit mit benachteiligten u. hilfsbedürftigen Menschen. S. reicht von eingreifenden Maßnahmen bis zur formlosen Beratung; sie benutzt materielle, psychosoziale u. administrative Mittel.

Sozialarbeiter, *Sozialarbeiterin,* die berufl. in der *Sozialarbeit* tätige Person (in Fürsorgestellen, Stiftungen, Vereinen, Betrieben, weibl. Kriminalpolizei). Die Ausbildung erfolgt an einer höheren Fachschule oder Akademie für Sozialarbeit.

Sozialdemokratie, Sammelbez. für die sich in mehreren Staaten Europas in der 2. Hälfte des 19. Jh. herausbildenden Parteien, die sich allmähl. von sozialrevolutionären zu sozialreformer., das parlamentar. System anerkennenden u. mittragenden Parteien entwickelten.

In Österreich wurde 1888/89 unter Führung V. *Adlers* die *Sozialdemokrat. Partei Österreichs* gegr., die nach Einführung des allg. Wahlrechts (1907) stärkste Partei im Reichsrat wurde. Die SPÖ war bis zum Verbot 1934 ein wichtiger polit. Faktor in der 1. Republik (1918–38). 1945 wurde die Partei durch K. *Renner* als *Sozialistische Partei Österreichs* (SPÖ) neu gegr. 1991 wurde wieder der alte Name angenommen. In der S c h w e i z begann der polit. Zusammenschluß der Sozialisten um 1870; 1888 wurde die *Sozialdemokratische Partei der Schweiz* gegr. Seit 1959 stellt sie zwei der sieben Bundesräte. In Großbritannien entwickelte sich eine Sonderform der S. in Gestalt der →Labour Party. In F r a n k r e i c h ist die S. Ende des 19. Jh. aus den verschiedensten Gründungen sozialist. Parteien hervorgegangen. Im Juni 1971 kam es zur Neugründung einer »Sozialistischen Partei« *(Parti Socialiste)* unter F. *Mitterrand.* Die 1882 gegr. Sozialistische Partei I t a l i e n s wurde 1926 von Mussolini aufgelöst; 1944 wurde sie neu errichtet. 1947 spaltete sie sich in die Sozialisten unter P. *Nenni* u. die Sozialdemokraten unter G. *Saragat.* Die r u s s . S. *(Menschewiki)* bestand offiziell noch bis 1917; sie war aus der Bewegung der *Narodniki* u. der *Sozialrevolutionäre* hervorgegangen. In den s k a n d i n a v . L ä n d e r n wie auch in B e l g i e n u. den N i e d e r l a n d e n entwickelte sich die S. zur regierenden oder mindestens mitregierenden Partei.

Sozialdemokratische Partei Deutschlands, Abk. *SPD.* Sie wurde 1869 in Eisenach von W. *Liebknecht* u. A. *Bebel* gegr. Neben ihr bestand der von F. *Lassalle* gegr. *Allgemeine Dt. Arbeiterverein* von 1863, bis sich beide Parteien 1875 auf der Grundlage des »Gothaer Programms« zur *Sozialist. Arbeiterpartei Deutschlands* zusammenschlossen. 1891 nahm die Bewegung auf dem Parteitag zu Halle (Saale) den Namen der *SPD* an. Die marxist. Grundeinstellung wurde 1891 im *Erfurter Programm* erneut bestätigt, doch gewann praktisch die revisionist. Bewegung E. *Bernsteins* u. G. von *Vollmars* mehr u. mehr an Gewicht. Im Herbst 1918 verhinderte die Parteiführung ein Weitertreiben der November-Revolution in sozialist. Richtung, nachdem sich 1916 der linke, marxist. Flügel der Partei in der *Unabhängigen Sozialdemokrat. Partei* (USPD 1917–22) u. bes. deutlich im *Spartakusbund* (ab 1919 *KPD*) abgetrennt hatte. Im polit. System der Weimarer Rep. war die SPD bei allen Reichstagswahlen bis 1930 stimmenstärkste Partei, jedoch nur an wenigen Regierungen beteiligt. Nach der Machtübernahme Hitlers u. der NSDAP wurde die SPD im Juni 1933 zwangsweise aufgelöst. Unter Kurt Schumacher nach 1945 wiedergegr. (in der sowj. Besatzungszone mit der SED vereinigt), gab

Sozialdemokratische Partei Deutschlands: Hans-Joachim Vogel und Wolfgang Thierse auf dem Vereinigungsparteitag 1990 in Berlin

sie sich 1959 mit dem *Godesberger Programm* das Profil einer Volkspartei. Bis 1966 blieb die SPD stets in der Opposition. 1966–69 bildete sie eine große Koalition mit der CDU/CSU. 1969–82 regierte sie mit der FDP. Seitdem ist sie wieder in der Opposition. 1989 verabschiedete sie ein neues Grundsatzprogramm (Berliner Programm). Parteivors. waren 1964–87 W. *Brandt,* 1987–91 H.-J. *Vogel,* 1991–93 B. *Engholm,* seit 1993 R. *Scharping.* – Unter dem SED-Regime wurde 1989 zunächst illegal die *Sozialdemokratische Partei in der DDR (SDP)* gegr. Sie wurde 1990 in *SPD* umbe-

---

Das politische System der Sowjetunion.

Die polit. Strukturen des von *Lenin* gegr. Sowjetstaates erhielten ihre endgültige Gestalt in den 30er Jahren unter der Diktatur *Stalins.* Der weitaus wichtigste Bestandteil des Systems war die *Kommunistische Partei der Sowjetunion (KPdSU),* die von Anfang an den Staat beherrschte. Die KPdSU war keine Regierungspartei im Sinne der westl. Demokratie. Sie duldete keine Opposition u. ihre Herrschaft erstreckte sich weit über den polit. Bereich hinaus auf das gesamte gesellschaftl. Leben. Ihr innerer Aufbau gründete sich auf Befehl u. Gehorsam. Elemente der innerparteil. Demokratie waren im Lauf der 20er Jahre beseitigt worden; seither gab es nur noch einstimmige Beschlüsse u. Scheinwahlen, die in Wirklichkeit Ernennungen waren.

Die KPdSU hatte zuletzt, vor ihrem Zerfall, 19,5 Mio. Mitgl. Die Mitgliedschaft war in der Regel Voraussetzung für jede höhere Karriere. Die formal höchsten Parteiorgane, der *Parteitag* u. das *Zentralkomitee (ZK),* hatten keine realen Machtbefugnisse. Die tatsächl. Parteileitung lag bei zwei Ausschüssen des ZK, dem *Politbüro* u. dem *Sekretariat,* deren Kompetenzen nicht deutl. abgegrenzt waren u. die sich personell z.T. überschnitten. Das Politbüro war die eigtl. Regierung der Sowj.; es traf alle wesentl. Entscheidungen. Den Vorsitz in beiden Gremien führte der *Generalsekretär des ZK.* Er war der maßgebliche Politiker des Landes u. konnte eine nahezu diktator. Machtfülle erlangen. Stalin wurde als Generalsekretär zum despot. Alleinherrscher. Die Parteiorgane waren auf allen Verwaltungsstufen den Staatsorganen übergeordnet. Für jedes Aufgabengebiet der Staatsverwaltung gab es eine parallele Abteilung im Parteiapparat. Über die Besetzung wichtiger Posten in Behörden, Verbänden, Betrieben u. kulturellen Einrichtungen entschieden die zuständigen Parteiorgane, auch wenn es sich nominell um Wahlämter handelte.

Die sowj. Verfassungen von 1936 u. 1977 boten das Bild eines demokrat. Staates mit freien Wahlen u. Bürgerrechten. Den einzigen Hinweis auf die wirkl. Machtverhältnisse gab ein Artikel, in dem die KPdSU als »führende u. lenkende Kraft« bezeichnet wurde. Die Sowj. war ein Vielvölkerstaat, in dem theoret. alle Nationalitäten gleichberechtigt waren. Tatsächl. blieb jedoch die russ. Vorherrschaft ungebrochen: noch 1988 saßen im Politbüro neben zehn Russen nur zwei Nichtrussen. Seit 1940 bestand die Sowj. aus 15 *Unionsrepubliken.* Jede Republik hatte eine eigene Regierung, die aber faktisch ausführende Organe der Moskauer Zentrale waren. Der Erste Parteisekretär einer Republik war in der Regel ein Einheimischer; die tatsächl. Befehlsgewalt lag bei seinem russ. Stellvertreter.

Die parlamentar. u. Körperschaften auf allen Ebenen führten die aus der Revolutionszeit stammende Bez. *Sowjet* (Rat). Bei Wahlen kandidierte allein die Einheitsliste »Block der Kommunisten u. Parteilosen«, die stets rd. 99 % der Stimmen erhielt. Formal höchstes Staatsorgan u. Gesetzgeber war der *Oberste Sowjet der UdSSR.* Er trat nur zweimal jährl. für wenige Tage zus. u. billigte stets einstimmig bereits getroffene Entscheidungen. Sein Präsidium fungierte als kollektives Staatsoberhaupt. Die Regierung der Sowj., der *Ministerrat,* hatte rd. 100 Mitgl., da es neben den »klass.« Ressorts Ministerien für alle Wirtschaftszweige gab. Die *Gerichte* unterstanden wie alle Staatsorgane den Weisungen der KPdSU. Die in der Verfassung garantierten Freiheitsrechte konnten nicht gerichtlich eingeklagt werden. Außerhalb aller Gesetze wirkten die Staatssicherheitsorgane, die im *Komitee für Staatssicherheit (KGB)* zusammengefaßt waren. Sie waren nur der Parteiführung verantwortlich.

Grundlegende Veränderungen im polit. System der Sowj. vollzogen sich seit 1989 unter *Gorbatschow.* Eine durchgreifende Reform des Aufbaus der staatl. Organe bewirkten die Verfassungsänderungen von 1988 u. 1990. Danach war die S. ein föderativ organisierter sozialist. Staat mit einem Präsidialsystem. Aus wenigstens teilw. freien Wahlen ging ein *Kongreß der Volksdeputierten* mit 2250 Abg. als neues höchstes Staatsorgan hervor. Die KPdSU verzichtete auf ihre Führungsrolle. Das Amt eines mit großen Vollmachten ausgestatteten *Präsidenten der UdSSR* wurde eingeführt. Ein neuer Unionsvertrag wurde vorbereitet. Diese u. andere geplante Reformen konnten den Untergang der Sowj. nicht aufhalten.

Staatsoberhäupter der Sowjetunion

(1917–1938 Vors. des Zentralexekutivkomitees, 1938–1989 Vors. des Präsidiums des Obersten Sowjets, 1989/90 Vors. des Obersten Sowjets, seit 1990 Präsident der UdSSR)

Lew Kamenew	1917
Jakow Swerdlow	1917–1919
Michail Kalinin	1919–1946
Nikolaj Schwernik	1946–1953
Kliment Woroschilow	1953–1960
Leonid Breschnew	1960–1964
Anastas Mikojan	1964–1965
Nikolaj Podgornyj	1965–1977
Leonid Breschnew (erneut)	1977–1982
Jurij Andropow	1983–1984
Konstantin Tschernenko	1984–1985
Andrej Gromyko	1985–1988
Michail Gorbatschow	1988–1991

Regierungschefs der Sowjetunion

(1917–1946 Vors. des Rates der Volkskommissare, seit 1946 Vors. des Ministerrates)

Wladimir Lenin	1917–1924
Alexej Rykow	1924–1930
Wjatscheslaw Molotow	1930–1941
Jossif Stalin	1941–1953
Georgij Malenkow	1953–1955
Nikolaj Bulganin	1955–1958
Nikita Chruschtschow	1958–1964
Alexej Kossygin	1964–1980
Nikolaj Tichonow	1980–1985
Nikolaj Ryschkow	1985–1991
Valentin Pawlow	1991

Parteiführer der Kommunistischen Partei

Wladimir Lenin (ohne formelles Amt)	1912–1924
(Machtkämpfe	1924–1929)
Jossif Stalin (seit 1922 Generalsekretär)	1929–1953
Nikita Chruschtschow (Erster Sekretär)	1953–1964
Leonid Breschnew (Erster Sekretär, 1966 Generalsekretär)	1964–1982
Jurij Andropow (Generalsekretär)	1982–1984
Konstantin Tschernenko (Generalsekretär)	1984–1985
Michail Gorbatschow (Generalsekretär)	1985–1991

Sozialdemokratische Partei Österreichs

nannt. 1990 bildete sie mit CDU, DSU, DA u. BFD eine Reg. der Großen Koalition, aus der sie im Aug. 1990 austrat. Sie schloß sich der SPD der BR Dtld. an.

Sozialdemokratische Partei Österreichs, Abk. *SPÖ,* →Sozialdemokratie.

soziale Grundrechte, die *Menschenrechte* auf Arbeit, Wohnung, Bildung u. Erholung.

soziale Marktwirtschaft, eine Wettbewerbsordnung, deren Ziel es ist, auf der Basis einer *Konkurrenzwirtschaft* die freie Initiative des einzelnen mit einem durch Leistungswettbewerb gesicherten soz. Fortschritt zu vereinen. →Marktwirtschaft.

Sozialenzykliken, umfangreiche päpstl. Rundschreiben, die sich mit der Ordnung u. Entwicklung des Gesellschaftslebens befassen.

sozialer Rechtsstaat, →Sozialstaat.

sozialer Wandel, Veränderungen in der *Sozialstruktur.*

soziale Sicherheit, die Abdeckung der Grundrisiken des Lebens in der industriellen Gesellschaft (Arbeitslosigkeit, Krankheit, Kinderreichtum u. Alter). Der Begriff wurde erstmals 1935 in den USA verwendet *(Social Security Act).*

Sozialethik, eine Ethik, die im Ggs. zur *Individualethik* den Schwerpunkt auf das an der Mitwelt orientierte sittl. Verhalten legt.

Sozialforschung, die empir. Arbeitsweise der *Sozialwiss.* Die Techniken der S. sind Statistik, Befragung, Beobachtung, Experiment u. a.

Sozialgerichtsbarkeit, die Rechtsprechung in öffentl.-rechtl. Streitigkeiten über Angelegenheiten der Sozialversicherung einschl. des Kassenarztrechts, der Kriegsopferversorgung u. des Aufgabenbereichs der Bundesanstalt für Arbeit; in der BR Dtld. als bes. Zweig der Gerichtsbarkeit geregelt im *Sozialgerichtsgesetz* vom 3.9.1953 in der Fassung vom 23.9.1975.

Sozialhilfe, fr. *öffentl. Fürsorge,* öffentl. Wohlfahrtspflege, die durch das *Bundessozialhilfegesetz* geregelt wird. Leistungen sind die *Hilfe zum Lebensunterhalt,* wenn der notwendige Lebensbedarf nicht ausreichend beschafft werden kann u. auch nicht von anderer Seite (Angehörige) erhältl. ist, außerdem die *Hilfe in bes. Lebenslagen,* z.B. die Krankenhilfe. Zuständig für die Gewährung von S. sind die Sozialämter. Neben den staatl. Trägern der S. gibt es auch private Institutionen (z.B. kirchl. Verbände).

Sozialisation, Einführung u. Einfügung in die Gesellschaft.

Sozialisierung, *Vergesellschaftung, Verstaatlichung,* die Überführung von Wirtschaftsgütern in *Gemeineigentum (Volkseigentum)* unter Entziehung des Privateigentums aus ideolog. oder gesellschafts- u. wirtschaftspolit. Gründen.

Sozialismus, Sammelbegriff für Ideen u. Bestrebungen, die im Ggs. zum individualist. Liberalismus u. Kapitalismus das allg. Wohl der Gesellschaft stärker oder ausschl. zur Geltung bringen wollen. Dabei ist das Ziel die Schaffung einer klassenlosen, auf Gemeineigentum u. Gemeinwirtsch. gegr. Ordnung. Vorformen des S. finden sich bereits bei antiken Denkern. Der utop. S. fußt u. a. auf den Ideen T. Morus' (»Utopia«) sowie den Staatslehren des 18. Jh. Im 19. Jh. begr. K. Marx u. F. Engels den wiss. S. (→Marxismus). Daraus entwickelte sich eine internat. Massenbewegung, da er die beherrschende Theorie der Arbeiterbewegung wurde. Im Zuge der Herausbildung moderner Demokratien entstand der freiheitl. S. der heutigen Sozialdemokratie aus der Sozialreformbewegung des 19. Jh. Dieser wandte sich seit Mitte der 1970er Jahre verstärkt ökolog. Fragestellungen zu (*Öko-S.*), während der marxist. geprägte S. durch den Niedergang der kommunist. Herrschaft (seit 1989) in den Staaten des Warschauer Paktes zunehmend diskreditiert wurde.

Sozialistische Einheitspartei Deutschlands, Abk. *SED,* die 1949–89 herrschende Staatspartei der DDR, gegr. 1946 in der SBZ durch Zwangsvereinigung der SPD mit KPD, seit 1948 zur leninist. Kaderpartei umgeformt. In der DDR besetzte die SED alle Führungspositionen; die Parteichefs W. *Ulbricht* (1950–71) u. E. *Honecker* (1971–89) hatten eine diktator. Machtfülle. In der friedl. Revolution 1989 mußte die SED unter E. *Krenz* ihren Führungsanspruch aufgeben. Unter dem Vorsitz von G. *Gysi* distanzierte sich die Partei tlw. von ihrer bisherigen Ideologie u. Praxis. Seit 1990 nennt

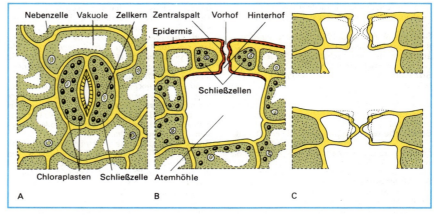

Spaltöffnungen: A = Aufsicht, B = Querschnitt, C = Funktionsprinzip

sie sich *Partei des demokr. Sozialismus (PDS).* 1993 wurde L. *Bisky* neuer PDS-Vors.

sozialistischer Realismus, die 1932 in der Sowj. u. später auch in den anderen kommunist. regierten Ländern für verbindl. erklärte »Schaffensmethode« in Lit., Musik u. bildender Kunst. Gefordert wurde die »wahrheitsgetreue, konkret-histor. Darst. der Wirklichkeit in ihrer revolutionären Entwicklung«.

Sozialklausel, im Mietrecht Härteklausel zum Schutz des Mieters (§§ 556a – 556c BGB).

Sozialkunde, *Gesellschaftslehre, Gemeinschaftskunde, Staatsbürgerkunde,* Unterrichtsfach, das polit. u. soz. Zusammenhänge der Gesellschaft behandelt.

Soziallast, Belastung der Volkswirtschaft mit Ausgaben für soz. Zwecke.

Sozialleistungen, Geld- u. Sachleistungen des Staates u. öffentl.-rechtl. Körperschaften im Rahmen der soz. Sicherheit; *freiwillige S.,* d. h. nicht unmittelbar zum Arbeitslohn gehörende Geld- u. Sachleistungen, gewährt der Unternehmer seinen Arbeitnehmern ohne gesetzl. oder tarifvertragl. Verpflichtung, z.B. Weihnachtsgratifikationen, Ausgaben für Werkskantinen, betriebl. Gesundheitsdienst u. a.

Sozialordnung, die Ordnungsvorstellungen vom menschl. Zusammenleben. Vier Grundkonzeptionen der S. lassen sich heute unterscheiden: 1. die *christl. S.,* deren Bestrebungen sich wesentl. in der christl. Demokratie manifestieren; 2. die *liberale S.,* die dem aufklärerischen Gedankengut des →Liberalismus (freies Spiel der Kräfte) entspringt; 3. die *sozialist. S.* (→Sozialismus) u. 4. die *marxist.-leninist. S.* (→Kommunismus, →Marxismus).

Sozialpartner, Arbeitgeberverbände u. Gewerkschaften. In der Zeit der Weimarer Rep. wurden die S. *soziale Gegenspieler* genannt.

Sozialplan, Vereinbarung zw. Betriebsleitung u. Betriebsrat über Ausgleich oder Milderung wirtsch. Nachteile, die Arbeitnehmern durch Betriebsänderungen (Einschränkung oder Stillegung des ganzen Betriebs) entstehen.

Sozialpolitik, alle Grundsätze u. Maßnahmen des Staates u. größerer Verbände zur Gewährleistung eines Minimums an soz. Sicherheit. Dazu zählen u. a. die Arbeitsförderung, die Sozialversicherung u. die Lohnpolitik.

Sozialprodukt, die in Währungseinheiten ausgedrückten wirtsch. Leistungen einer Volkswirtschaft in einem bestimmten Zeitraum, die nicht in derselben Periode wieder in den Produktionsprozeß eingehen. Danach ist das *Brutto-S.* der Wert aller hergestellten Güter u. Dienstleistungen, die konsumiert u. exportiert werden, vermindert um die Importe. Dieser Betrag, vermindert um die Abschreibungen u. die indirekten Steuern, ist das *Netto-S.,* das dem *Volkseinkommen* entspricht. Die Steigerung des Brutto-S. nennt man *wirtschaftl. Wachstum.*

Sozialpsychiatrie, ein Aspekt der Psychiatrie, der die Wechselbeziehungen zw. dem psych. Kranken u. der Umwelt berücksichtigt.

Sozialpsychologie, die Wiss. vom Einfluß des gesellschaftl. Zusammenlebens auf das individuelle Seelenleben u. umgekehrt des Seelischen auf das Leben der Gesellschaft.

Sozialreform, eine Umgestaltung der Gesellschaft, um die Störungen der gesellschaftl. Ord-

nung zu beseitigen u. um diese selbst weiterzuentwickeln.

Sozialrentner, Bezieher einer Rente aus der Sozialversicherung u. aufgrund des *Bundesversorgungsgesetzes.*

Sozialstaat, *sozialer Rechtsstaat,* ein Staat, der soz. verantwortl. handelt u. soz. Gerechtigkeit u. Sicherheit gewährleistet. Art. 20 des GG enthält den soz. Rechtsstaat als Staatszielbestimmung.

Sozialstruktur, die Zusammensetzung oder Gliederung einer Bevölkerung (einer Gemeinde, einer Region, eines Landes u. ä.) nach Merkmalen, denen man soz. Bedeutung beilegt (z.B. nach der Stellung im Beruf: Arbeiter, Angestellte, Beamte, Selbständige; nach Geschlecht u. Alter).

sozialtherapeutische Anstalten, bes. Anstalten des Strafvollzugs zur Behandlung von Tätern mit schweren Persönlichkeitsstörungen durch Anwendung von Methoden der Psychiatrie u. Psychologie (§ 66 StGB).

Sozialversicherung, staatl. Zwangsversicherung zum Schutz der Arbeitnehmer vor den Folgen von Krankheit, Erwerbs- u. Berufsunfähigkeit, Betriebsunfällen, Alter u. Tod. Die S. umfaßt Krankenversicherung, Pflegeversicherung, Unfallversicherung, Arbeitslosenversicherung, Arbeiterrentenversicherung, Angestelltenversicherung. *Versicherungsbehörden* (für die Aufsicht über die Versicherungsträger) sind die Arbeitsministerien der Länder u. des Bundes sowie die Versicherungsämter u. das Bundesversicherungsamt.

Sozialversicherungsnachweis, Identifikationskarte, die 1991 von den Rentenversicherungsträgern zur Bekämpfung von Schwarzarbeit u. Leiharbeit eingeführt wurde.

Sozialwissenschaften, die Gesamtheit der Wiss., die sich mit dem Zusammenleben der Menschen u. seinen Ordnungsformen befassen; oft auch zusammenfassende Bez. für Rechtswiss., Soziologie u. Politikwissenschaft.

Sozietät, Genossenschaft, Gesellschaft, Verband.

Soziologie, die Wiss. von den formalen u. inhaltl. Zusammenhängen des Lebens gegenwärtiger u. histor. Gesellschaften. Die Bez. S. wurde von A. *Comte* geprägt. Mit ihrer Festigung u. Ausbreitung entwickelte sich neben der *allg. S.* eine Vielzahl von *speziellen S.n:* z. B. Agrar-, Familien-, Gemeinde-, Finanz-, Ind.-, Kunst-, Rechts-, Religions-, Wirtschafts-S.

Soziometrie, von J. L. *Moreno* entwickeltes *soziograph.* Verfahren zur Darst. mitmenschl. Beziehungen innerhalb einer Gruppe.

Sozius, 1. Genosse, Teilhaber. – **2.** Mitfahrer auf dem Rücksitz eines Motorrads.

Spa, Kurort in der belg. Prov. Lüttich, 9700 Ew.; Mineralquellen; im 18./19. Jh. das Modebad Westeuropas.

Spaak, Paul-Henri, * 1899, † 1972, belg. Politiker (Sozialist); mehrf. Min.-Präs. u. Außen-Min.

Spacelab ['speislæb], europ. Weltraumlaboratorium, das 1983 erstmals mit Hilfe eines Raumtransporters in eine Erdumlaufbahn gebracht wurde. S. ist wiederverwendbar u. kann bis zu 4 Personen aufnehmen. Es dient der med. Forschung u. naturwiss. Experimenten.

Spaceshuttle ['speis ʃʌtl] →Raumtransporter.

Spadolini, Giovanni, * 1925, † 1994, ital. Politiker (Republikaner); seit 1974 mehrmals Min.; 1981/82 der erste Min.-Präs. nach dem 2. Weltkrieg, der

 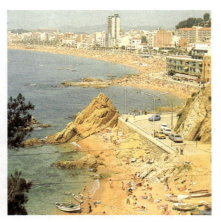

Spanien: Kloster Montserrat im Katalonischen Bergland (links). – Costa Brava mit Lloret de Mar (rechts)

nicht den Christdemokraten angehörte; 1987–94 Senats-Präs.

Spagat, das Grätschen der Beine bis zu einer waagr. Linie, seitl. oder nach vorn u. hinten.

Spaghetti, fadenförmige Nudeln aus kleberreichem Weizenmehl.

Spalatin, Georg, eigtl. G. *Burckhardt,* *1484, †1545, dt. luth. Theologe; einflußreich bei der Einrichtung der kursächs. Landeskirche.

Spalier, 1. Gitterwand, an der Obst *(S.-Obst)* gezogen wird. – **2.** Ehrenformation beiderseits eines Weges.

Spallation, eine Kernreaktion, bei der ein Atomkern mit energiereichen Teilchen beschossen wird.

Spaltfrucht, eine Frucht, die bei Reife in einsamige Teilfrüchtchen zerfällt, die einzelnen Fruchtblättern entsprechen (z. B. Ahorn, Doldengewächse).

Spaltkölbchen, *Schisandra,* den *Magnoliengewächsen* nahestehende Gatt. in Asien u. N-Amerika heim. Schlingpflanzen.

Spaltlampe, *Spaltleuchtengerät,* ein augenärztl. Untersuchungsgerät, mit dem einzelne versch. tiefe Abschnitte des Augeninnern genau betrachtet werden können.

Spaltleder, durch horizontales Spalten der gegerbten Haut entstehende Lederart.

Spaltneutronen, Neutronen, die bei der Spaltung von Atomkernen frei werden.

Spaltöffnungen, *Stomata,* Einrichtungen in der Oberhaut *(Epidermis)* der von Luft umgebenen grünen Teile höherer Pflanzen, die dem Gasaustausch u. der Transpiration dienen.

Spaltpflanzen, *Schizophyta,* zusammenfassende Bez. für *Bakterien* u. *Blaualgen,* die keinen echten Zellkern haben u. sich durch einfache Spaltung vermehren.

Spaltpilze, →Bakterien.

Spaltprodukte, die bei der Spaltung von Atomkernen im Kernreaktor entstehenden Kernbruchstücke; stark radioaktiv.

Spanferkel, *Saugferkel,* noch an der Zitze, dem »Span«, saugendes Ferkel.

Spangenberg, August Gottlieb, *1704, †1792, dt. ev. Theologe; gründete die nordamerik. Herrnhuter Brüdergemeine; nach 1762 Leiter der Brüderunität in Herrnhut.

Spaniel ['spænjəl], Jagdhundrassen (Stöberhunde), die als *Cocker-S., Cumber-S.* u. *Field-S.* u. als Zwergform *(Blenheim-S., King-Charles-S., Ruby-S.)* gezüchtet werden.

Spanien, Staat in SW-Europa, 504 782 km², 39 Mio. Ew., Hptst. *Madrid.*

Spanien

Landesnatur. Das durch die *Pyrenäen* vom übrigen Europa getrennte S. ist überwiegend ein Gebirgsland. Die beiden Kernlandschaften sind *Alt-* u. *Neukastilien,* deren Tafelhochländer der 650–1000 m hohen *Meseta* (→Pyrenäenhalbinsel) angehören. Im NW u. N schließen sich die randl. Gebirgslandschaften von *Galicien, Asturien* u. der *Baskischen Provinzen* an. *Aragonien* erfaßt den größten Teil des Ebrobeckens, während *Katalonien* den äußersten NO des Landes einnimmt. *Valencia* u. *Murcia* sind die Küstenlandschaften am Mittelmeer. Im SW folgt *Andalusien,* das sowohl die Guadalquivir-Senke umschließt als auch von der Betischen Kordillere (im *Mulhacén* 3478 m) durchzogen wird. *Estremadura* u. *León* als Landschaften des inneren Hochlands schließen S. gegen Portugal ab. – Das Klima ist kontinental, mit Ausnahme im feuchten N u. NW, u. zeigt einen sommertrockenen mediterranen Charakter u. Winterkälte im Hochland; die Meseta hat z. T. vom Menschen verursachte Steppenvegetation.

Bevölkerung. Die iber. Urbevölkerung hat sich mit Kelten, Römern, Westgoten, Arabern u. a. vermischt. Die Spanier sprechen zu 64% kastil. Mundarten, 24% sprechen Katalanisch, 8% das Gallego u. 2,5% Baskisch. Staatssprache ist Spanisch. Der röm.-kath. Glauben ist die vorherrschende Religion. Die Bev. konzentriert sich in den Provinzen der Randlandschaften.

Wirtschaft. In der Landwirtschaft überwiegt der Weizen-, Mais-, Zuckerrüben- u. Gemüseanbau. In den neuesten Bewässerungsgebieten werden v. a. Exportprodukte (Südfrüchte, Wein, Mandeln, Tabak, Baumwolle) erzeugt. S. ist auch ein wichtiger Korkexporteur. Bedeutend ist die Fischerei (Schellfische, Sardinen, Thunfische), wobei etwa $1/3$ für den Export zu Konserven verarbeitet wird. – S. besitzt als wichtige Bodenschätze Steinkohle, Eisenerz, Erdöl, Schwefelkies, Kupfer-, Blei-, Zinkerz, Steinsalz u. Quecksilber. – Die Industrie stützt sich weitgehend auf die Verarbeitung der landw. Produkte. Gut entwickelt sind aber auch die Metall- u. Maschinen-, die Bau- u. die Papier- sowie in neuerer Zeit die chem. Ind. Der Fremdenverkehr ist auf den Inseln (Balearen, Kanar. Inseln) u. an den Küsten die wichtigste Erwerbsgrundlage.

Geschichte. Unter heftigen Kämpfen drangen seit 600 v. Chr. *Kelten* ein, die sich mit den *Iberern* mischten *(Keltiberer).* 19 v. Chr. war ganz S. im Besitz der Römer. *Eurich* (†484), König der *Westgoten,* vertrieb die Römer. Die Araber zerstörten 711 das Westgotenreich. Unter der *Omajjadenherrschaft* (756–1031) erlebte das Land eine wirtsch. u. kulturelle Blüte. Die sich in Nord-S. bildenden christl. Herrschaften breiteten sich mit zunehmender Schwäche der Araber nach S aus. Die Rückeroberung *(Reconquista)* wurde 1492 mit der Eroberung Granadas vollendet. Die Ehe zw. *Ferdinand II. von Aragón* u. *Isabella I. von Kastilien* 1469 begr. 1479 den span. Nationalstaat. Durch die Eroberungen in Amerika kam S. in den Besitz eines großen Weltreichs. S. war unbestrittene See- u. Weltmacht.

Unter *Philipp II.* (1556–98) konnte sich Frankreich wieder erheben, u. die Seeherrschaft ging an England verloren (Untergang der Armada). Es gelang Philipp 1580, Portugal zu erobern, das unter *Philipp IV.* (1621–65) wieder verlorenging. Im *Spanischen Erbfolgekrieg* konnte Frankreich die Thronfolge der *Bourbonen* auf dem span. Thron durchsetzen *(Philipp V.,* †1746), Gibraltar blieb (seit 1704) in engl. Hand; der größte Teil der span. Nebenländer (Niederlande, in Italien) ging verloren. Napoleon I. ließ 1807 S. besetzen; *Joseph Bonaparte* wurde span. König. Das Volk errang im

Spanien: Der Badeort Benidorm an der Costa Blanca (links). – Steilküste bei Blanes (rechts)

Spanier

Guerillakrieg (1808–14) seine Freiheit zurück, es gab sich eine liberale Verf. *Ferdinand VII.* (1813–33) führte den Absolutismus wieder ein; er verlor die lateinamerik. Kolonien. Danach wurde S. von den *Karlistenkriegen* zerrüttet. 1898 mußte S. die Philippinen, Puerto Rico u. Kuba an die USA abtreten. Im 1. Weltkrieg war S. neutral. 1923–30 regierte M. *Primo de Rivera* das Land diktator. 1931 wurde die Republik ausgerufen. Gegen die aus den Wahlen im Februar 1936 siegreich hervorgegangene Volksfront erhob sich General F. *Franco* am 17.7.1936 in Span.-Marokko. Die Erhebung weitete sich zum *Spanischen Bürgerkrieg* (1936–39) aus, den Franco siegreich beenden konnte, der als Caudillo (»Führer«) an die Spitze des faschist. aufgebauten Staats trat. – Im 2. Weltkrieg blieb S. neutral. 1947 erklärte Franco S. durch Gesetz zur kath. *Monarchie*. Seit Dez. 1955 ist S. Mitgl. der UN. Nach dem Tod Francos 1975 wurde *Juan Carlos* König. S. vollzog schrittweise den Übergang zur Demokratie u. erhielt 1978 eine neue Verfassung. 1981 scheiterte ein Militärputsch. 1982 wurde S. Mitgl. der NATO, 1986 der EU. Seit 1982 ist der Sozialist F. *González* Min.-Präs. Eine schwere Belastung stellen die separatist. Bewegungen bes. des Baskenlands dar.

Spanier, roman. Volk in SW-Europa; 40 Mio., von denen sich 2,5 Mio. *Galicier* u. 9 Mio. *Katalanen* (in Katalonien u. Valencia) sprachl. u. vielfach auch in der Volkskultur abheben.

Spaniolen, die Nachkommen der nach 1492 von der Pyrenäenhalbinsel vertriebenen Juden.

spanische Literatur. Die maur. Fremdherrschaft hat eine frühzeitige Entfaltung der span. Sprache u. Literatur behindert. Das erste erhaltene Werk von Bedeutung ist das »Cantar de mío Cid« (um 1140), ein Epos von den Kämpfen des Nationalhelden *Cíd* gegen die Mauren. Ein Rolands-Epos ist in Fragmenten, andere Epen sind in späteren Prosafassungen erhalten. Die Spielmannsepik u. die geistl. Dichtung des frühen MA zeigen frz. Einflüsse. Der älteste namentl. bekannte span. Dichter ist der Kleriker *Gonzalo de Berceo*, der um 1230 Marien- u. Heiligen-Legenden schrieb.

In der Mitte des 13. Jh. wurde am Hof *Alfons' des Weisen* von Kastilien eine provençal. beeinflußte Minnedichtung gepflegt. Zur gleichen Zeit entstand die große Weltchronik »Grande e General Historia«. Der maur. Einfluß zeigte sich in zahlr. Übers. aus dem Arabischen. Gegen Ende des 13. Jh. schrieb P. *López de Ayala* die Gesellschaftssatire »Rimado de Palacio«. Die Dichter des 15. Jh. (Marqués de *Santillana*, J. de *Mena*, J. *Manrique*) standen unter dem Einfluß *Dantes* u. der ital. Renaissance. 1492 verfaßte der Humanist Antonio de *Nebrija* eine span. Grammatik.

Das 16. u. 17. Jh. waren das »Goldene Zeitalter« der s. L. Die Lyrik des 16. Jh. wurde von den Formen u. Themen der ital. Renaissance bestimmt (*Petrarkismus*). Um 1600 setzte sich der überladene Stil des Barocks durch. Die größten Lyriker dieser Epoche waren F. G. de *Quevedo* u. L. de *Góngora* (*Gongorismus*). Mit dem »Lazarillo de Tormes« (anonym 1554) begann die Reihe der Schelmenromane, die die gesamte europ. Literatur beeinflußten. Der Gipfel in der Entwicklung des span. Romans ist der »Don Quijote« von *Cervantes* (1605–15). Auch das span. Theater erreichte seinen Höhepunkt, sowohl im geistl. (*Auto sacramental*) wie im weltl. Drama (*Comedia*) u. im kurzen Zwischenspiel (*Entremés*). Die großen Dramatiker der Zeit waren Lope F. de *Vega Carpio*, Tirso de Molina u. P. *Calderón de la Barca*.

Die Lit. des 18. Jh. ist von der klassizist. Nachahmung des »Goldenen Zeitalters« u. der Übernahme

SPANIEN Geschichte und Kultur

Franco-Truppen im Bürgerkrieg vor Madrid

Antonio Tàpies: Traumgarten; 1949. Köln, Museum Ludwig

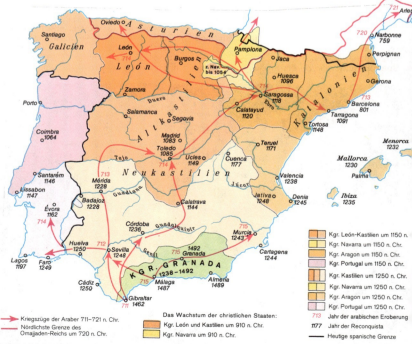

Antonio Gaudí y Cornet: Sagrada Familia in Barcelona; 1884–1926 erbaut (links). – Reconquista (Wiedereroberung) der von Arabern besetzten Gebiete Spaniens durch die Christen (rechts)

Spanische Reitschule: Vorführung der Lipizzaner

der Aufklärung bestimmt. Der Kampf gegen Napoleon gab der s. L. eine neue Richtung; romant. Gedankengut gelangte nach Spanien. Meister der spätromant. Lyrik u. Prosa war G. A. *Bécquer*. Mit den Heimatromanen der *Fernán Caballero* u. den psycholog. Romanen J. *Valeras* begann die Epoche des Realismus, die in den »Episodios Nacionales« u. den histor. u. gesellschaftskrit. Romanen von B. *Pérez Galdós* ihren Höhepunkt erreichte. Die »Generation von 1898« (M. de *Unamuno,* J. *Ortega y Gasset, Azorín,* R. *Pérez de Ayala*) erstrebte nach der Niederlage gegen die USA eine geistige Erneuerung der Nation. Die moderne Lyrik ist weitgehend von R. *Darío* (aus Nicaragua) beeinflußt. Die wichtigsten Lyriker sind J. R. *Jiménez,* V. *Aleixandre,* D. *Alonso* u. Eugenio de *Nora.* F. *García Lorca* erneuerte das volkstüml. Problemtheater; Dramatiker wie A. *Casona* u. Antonio *Buero Vallejo* stehen unter frz. u. angelsächs. Einfluß. Die bekanntesten modernen Romanciers sind P. *Baroja y Nessi,* J. A. de *Zunzunegui,* R. J. *Sender,* C. J. *Cela,* J. M. *Gironella,* C. *Laforet,* F. *Arrabal,* A. M. *Matute,* J. u. L. *Goytisolo.*

Spanische Niederlande → Niederlande.
Spanischer Bürgerkrieg → Spanien (Geschichte).
Spanische Reitschule, fr. *Hofreitschule,* die *Hohe Schule* pflegende Reitschule in Wien. Die Pferde sind Lipizzanerhengste.
spanische Sprache, eine westroman. Sprache, gesprochen in Spanien, Mittelamerika (einschl. Mexiko) u. S-Amerika (außer Brasilien); entstanden aus dem Vulgärlatein der röm. Besatzungszeit.
Spanisch-Marokko, 1912–56 span. Protektorat in N-Marokko, bis auf die *Plazas de Soberanía* (Presidios: Ceuta u. Melilla) aufgegeben.
Spanisch-Sahara → Westsahara.
Spann, Othmar, *1878, †1950, öst. Nationalökonom u. Soziologe; forderte einen christl., berufsständ. Staat u. beeinflußte den *Austrofaschismus.*
Spannbeton → Beton.
Spanne, *Spann,* ein natürl. Längenmaß: der Abstand zw. Daumen u. Mittelfingerspitze *(kleine S.)* oder zw. Daumen u. Spitze des kleinen Fingers *(große S.).*
Spanner, *Geometridae,* Fam. der Schmetterlinge, die die Flügel in der Ruhestellung flach ausbreiten u. deren Raupen sich spannend (mit Buckelbildung) fortbewegen; *Frost-, Stachelbeer-, Kiefern-* u. *Birken-S.*
Spannung, 1. *Elektrizität:* Formelzeichen *U,* die Potentialdifferenz zw. 2 Punkten eines elektrostat. Felds; Ursache des elektr. Stroms. Die Einheit

Gesamtansicht der Alhambra nach Süden vom Albaicín aus mit Blick auf die Berge der Sierra Nevada

Kaiser Karl V. und Isabella von Portugal; Kopie von Rubens nach einem Gemälde von Tizian, um 1628. Madrid, Palast des Herzogs Alba (links). – Das spanische Königspaar, Juan Carlos und Sophie, bei der Stimmabgabe zur Parlamentswahl 1986 (rechts)

der S. ist das Volt. – **2.** *Mechanik:* die Kraft, die im Innern eines durch äußere Kräfte belasteten (elast.) Körpers je Flächeneinheit auftritt.
Spannungsmesser →Voltmeter.
Spannungsteiler, Reihenschaltung mehrerer Widerstände, zw. denen die in ihrem Verhältnis geteilte Spannung abgenommen werden kann; auch kontinuierl. Teilung eines Widerstands (Potentiometer).
Spannungswandler, elektr. Gerät *(Transformator)* zur Umwandlung einer Spannung in eine höhere oder niedrigere.
Spant, 1. rippenähnl. Querverbandsteil im Schiff zum Versteifen der Außenhaut. Bei Großfrachtschiffen gibt es auch *Längsspanten.* – **2.** bei Schiffszeichnungen die Querschnittsform eines Schiffs an einer bestimmten Stelle.
Sparbrief, Urkunde über eine Spareinlage in fester Stückelung u. mit bestimmter Festlegungszeit von meist mehreren Jahren.
Sparbuch, das von einer Bank oder Sparkasse *(Sparkassenbuch)* dem Inhaber eines Sparkontos ausgestellte Buch, in dem alle Kontenveränderungen eingetragen werden.
Spargel, *Asparagus,* Gatt. der *Liliengewächse.* Der *Gemüse-S.* liefert die jungen, eßbaren, wenig über die Erde herauskommenden Schößlinge des Handels.
Spargelhähnchen, ein bis 7 mm langer *Blattkäfer,* Spargelschädling.
Spark, *Spergula,* Gatt. der *Nelkengewächse;* kleine Kräuter mit fadenförmigen Blättern; hierzu der *Feld-S.*
Spark [spa:k], Muriel Sarah, *1.2.1918, engl. Schriftst.; schildert in ihren Romanen mit skurrilem Humor das Leben von Sonderlingen.
Sparkassen, Geld- u. Kreditinstitute, die vorwiegend Spargelder *(Spareinlagen)* annehmen, verzinsen u. verwalten, aber auch Depositen- u. Kontokorrentkonten unterhalten u. Kredite geben; in Dtld. meist von Gemeinden oder Gemeindeverbänden betrieben.
Spärkling, *Spergularia,* Gatt. der *Nelkengewächse;* in Dtld. der *Salz-S.* mit blaßroten Blüten u. der *Rote S.* mit rosenroten Blüten.
Sparrendach, eine Dachkonstruktion, bei der je zwei gegenüberliegende Sparren mit dem darunterliegenden Balken auf der obersten Balkenlage zu einem Dreieck verbunden sind.
Sparring, das Training des Boxers an Geräten oder mit einem Partner.
Sparta, *Sparte,* grch. Stadt auf dem Peloponnes, 15 900 Ew.; gegen 1050 v. Chr. von *Doriern* besiedelt, die einen Staat eig. Prägung entwickelten *(Lakedämon).* Die *Spartiaten* (Vollbürger) bildeten eine geschlossene militarist. Oberschicht. S. übernahm seit der Mitte des 6. Jh. v. Chr. die Führung der Staaten auf dem Peloponnes *(Peloponnesischer Bund)* u. in den Perserkriegen an der Seite Athens die Vorkämpferschaft für ganz Hellas *(Leonidas, Pausanias).* Athens Aufstieg *(Attischer Seebund)* führte zur Rivalität. 431 v. Chr. brach der *Peloponnesische Krieg* aus, den S. mit pers. Hilfe gewinnen konnte. Mit der Niederlage in der Schlacht bei Leuktra 371 v. Chr. u. dem Verlust Messeniens endete S.s große Zeit.
Spartacus, *Spartakus,* †71 v. Chr. (gefallen), Anführer im *3. Sklavenkrieg* gegen die Römer; nach anfängl. Erfolgen von Crassus besiegt u. getötet.
Spartakiade, in den Ostblockstaaten in unregelmäßigem Abstand veranstaltetes Massensportfest mit Wettbewerben in allen Sportarten; erste S. 1928 in Moskau.
Spartakusbund, Zusammenschluß revolutionärer Sozialisten zur Zeit des 1. Weltkriegs, gegr. Anfang 1916; nannte sich zunächst *Gruppe Internationale,* dann *Spartakusgruppe,* seit 11.11. 1918 dann S. Führende Persönlichkeiten waren K. *Liebknecht,* R. *Luxemburg,* Leo *Jogiches.* Die Gruppe bildete den Kern der späteren KPD.
spartanisch, streng, hart; genügsam, anspruchslos.
Sparte, Abteilung, Fach-, Geschäfts- oder Wissenschaftszweig.
Sparterie, urspr. Mattenflechtarbeit, heute Holzflechtarbeit.
spasmisch, krampfartig, krampfhaft.
Spasmolytika, *Antispasmodika,* krampflösende Mittel.
Spasmophilie, kindl. Tetanie, eine bei Säuglingen u. Kindern vorkommende Erkrankung, deren Hauptzeichen eine abnorme Krampfbereitschaft ist. Ursache ist eine Störung des Hormon- u. Mineralstoffwechsels.
Spasmus, Krampf.
Spastiker, jemand, der an spastischer Lähmung leidet (bes. Kinder). Ursachen der spast. Lähmung sind v. a. angeborene oder frühkindl. erworbene Hirnschädigungen. Hauptzeichen sind Lähmungen u. Bewegungsstörungen sowie Sprach-, Seh- u. Hörschäden.
Spat, alte Bez. für gut spaltbare Mineralien *(Feld-, Kalk-S.)* u. a.).
Spätgeburt, eine Geburt später als 14 Tage nach dem errechneten Termin.
Späth, Lothar, *16.11.1937, dt. Politiker (CDU); 1978–91 Min.-Präs. von Ba.-Wü.
Spätheimkehrer, alle Heimkehrer, die nach bestimmten Stichtagen aus der Kriegsgefangenschaft in die BR Dtld. oder nach Westberlin zurückgekehrt sind. Sie wurden gegenüber den übrigen Heimkehrern bes. gefördert.
spationieren, *spatiieren,* Wörter beim Schriftsatz durch Einlegen dünner Metallplättchen *(Spatien)* zw. die Buchstaben sperren.
Spatium, Zwischenraum, Raum.
Spätlese, dt. Bez. für Qualitätsweine aus Trauben, die nach Abschluß der Normalernte geerntet werden.
Spatz, *Haussperling* →Sperlinge.
Spätzle, *Knöpfle,* Mehlspeise (Teig aus Mehl, Milch oder Wasser u. Eiern).
SPD, Abk. für *Sozialdemokratische Partei Deutschlands.*
Speaker ['spi:kə], der Präs. des brit. Unterhauses u. des Repräsentantenhauses der USA.
Spechte, *Picidae,* weltweit verbreitete Fam. mit Meißelschnabel ausgerüsteter, kräftiger, oft bunter *Spechtvögel,* die Insekten u. deren Larven aus Baumrinde u. Holz heraushacken. Einheim. sind die grau-grau gefärbten *Grün-* u. *Grau-S.* mit »lachendem« Ruf, die weiß-schwarz-rot gefärbten *Bunt-, Klein-* u. *Mittel-S.* u. der 46 cm große, eine rote Kappe tragende *Schwarz-Specht.*
Spechtvögel, *Piciformes,* eine Ordnung der Vögel, zu der die Fam. Glanzvögel, Bartvögel, Spechte, Tukane u. Honiganzeiger gehören.
Speck, die Fettschicht unter der Haut des Schweins.
Speck, Paul, *1896, †1966, schweiz. Bildhauer (steinerne Brunnen u. Figurengruppen).
Speckkäfer, *Dermestidae,* in allen Erdteilen lebende Fam. der *Käfer;* Vorratsschädlinge; hierzu der *Gewöhnl. S.* sowie *Pelzkäfer, Teppichkäfer, Khaprakäfer* u. *Museumskäfer.*
Speckstein, *Steatit,* Varietät des Minerals *Talk.*
Speckter, 1. Erwin, *1806, †1853, dt. Maler u. Graphiker; verarbeitete Anregungen der Nazarener u. des Klassizismus. – **2.** Otto, Bruder von 1), *1807, †1871, dt. Maler u. Graphiker; illustrierte H.Ch. Andersons Märchen.
Speculum, »Spiegel«, häufiger lat. Titel von spätmittelalterl. Kompilationen theolog., lehrhafter u. unterhaltender Art.
Spediteur [-'tø:r], ein Kaufmann, der gewerbsmäßig die Besorgung von Gütertransporten für Rechnung eines anderen (des Versenders) in eigenem Namen übernimmt.
Spee, 1. *S. von Langenfeld,* Friedrich, *1591, †1635, dt. Barock-Dichter; Jesuit; myst. geistl. Gedichte. – **2.** Maximilian Reichsgraf von, *1861, †1914 (gefallen), dt. Admiral; im 1. Weltkrieg Sieger bei der Ostasien-Geschwader bei Coronel am 1.11.1914; unterlag bei den Falklandinseln.
Speed [spi:d], Geschwindigkeitssteigerung, Spurt.
Speedway ['spi:dwɛi], fr. *Dirt-Track-Rennen,* Motorradrennen auf 400 m langen Bahnen mit Spezialmotorrädern.
Speer, eine der ältesten Nah- u. Fernwaffen für Jagd, Kampf u. Sport.
Speer, Albert, *1905, †1981, dt. Architekt u. nat.-soz. Politiker; errichtete große Partei- u. Staatsbauten; 1942/43 Reichs-Min. für Bewaffnung u. Munition, 1943–45 für Rüstung u. Kriegsproduktion, im Nürnberger Kriegsverbrecherprozeß zu 20 Jahren Haft verurteilt, die er in Spandau verbüßte.
Speerschleuder, *Wurfholz, Wurfschleuder,* ein Stück Holz, mit dessen Hilfe der Speer hebelartig kräftiger u. weiter geworfen wird.
Speerwerfen, ein leichtathlet. Wurfwettbewerb, bei dem der Speer nach Anlauf geworfen wird.
Speiche, 1. Teil des Rads. – **2.** *Radius,* einer der beiden Unterarmknochen der vorderen Gliedmaßen; beim Menschen der vierfüßiger Wirbeltiere; beim Menschen der stärkere, auf der Daumenseite liegende.
Speichel, *Saliva,* dünnflüssiges Sekret der S.drüsen. Er setzt sich aus anorgan. u. organ. Substanzen wie Mucin u. Proteinen zusammen.
Speicheldrüsen, traubige *(azinöse)* Drüsen im Kopf von Gliederfüßern, Weichtieren u. Wirbeltieren, die in den Mundraum münden. Ihre Sekrete *(Speichel)* dienen der Nahrungsaufnahme u. Mundverdauung.
Speicher, 1. Vorratsraum, -gebäude. – **2.** Funktionseinheit eines →Computers, die Daten aufnimmt, aufbewahrt u. abgibt.
Speichergestein, poröses Gestein, in das Erdöl eingewandert ist.
Speichergewebe, Körpergewebe zur Speicherung von flüssigen oder festen Stoffen, die entweder im Stoffwechsel wieder verwendet oder als Exkrete gespeichert werden.
Speicherkraftwerk, eine Wasserkraftanlage, die ihr Triebwasser einem Speicher entnimmt. Die Stromerzeugung kann dem ständig wechselnden Bedarf angepaßt werden.
Speicherofen, ein elektr. Heizgerät, das durch eingelegte Heizwicklungen meist mit billigem Nachtstrom aufgeheizt wird. Die gespeicherte Wärme wird tagsüber abgegeben.
Speicherring, zwei wellenförmig ineinander verschlungene Ringe, in die hoch beschleunigte Protonen eingeschleust u. so gespeichert werden, daß sich die Teilchenbahnen kreuzen; dient Versuchen in der Hochenergiephysik z. B. bei den Projekten CERN u. DESY.
Speidel, Hans, *1897, †1984, dt. Offizier; 1957 bis 1963 Befehlshaber der NATO-Landstreitkräfte Mitteleuropa; im 2. Weltkrieg Heeresgruppen-Stabschef unter E. *Rommel;* am Widerstand gegen Hitler beteiligt.
Speigatt, rundes Loch in den Schiffswänden für den Wasserablauf.
Speik, Bez. für versch. Gebirgspflanzen mit zusammengesetzten Blütenständen, z. B. der *Echte S.,* ein *Baldriangewächs.*
Speischlange, bis 2 m lange afrik. *Hutschlange;* speit giftigen Speichel gegen die Augen von Feinden.
Speiseopfer, Darbietung von Speisen oder Teilen der Mahlzeit für die Gottheit oder die Ahnen, wozu auch das *Trankopfer (Libation)* gehört.
Speiseröhre, *Ösophagus,* Teil des Darmkanals: das Verbindungsstück zw. Schlund u. Magen.
Speispinnen, *Sicariidae,* Fam. der *Spinnen.* Die Gatt. *Syctodes* u. *Loxosceles* schleudern aus den Giftdrüsen der Cheliceren (nicht den Spinndrüsen) Leimfäden über die Beute.
Speke [spi:k], John Hanning, *1827, †1864, brit.

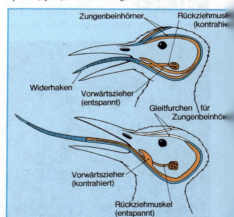

Spechte können ihre Zunge um die vielfache Länge des Oberschnabels herausstrecken, um tief in der Baumrinde sitzende Insekten herauszuholen, die mit den Widerhaken an der Zungenspitze geangelt werden. Die Zunge ist das Endstück des flexiblen doppelten Zungenbeins, das sich um den Schnabel des Spechts schlingt und erst in der Nähe des Nasenlochs ansetzt. Ebenso ungewöhnlich ist der Luftröhren-Zungenbeinmuskel, der zwischen Zungenbeinhorn und Luftröhre ausgespannt ist und den Zungenbeinapparat zurückholen kann. Der tiefe Vorwärtszieher zieht das Zungenbein nach vorn

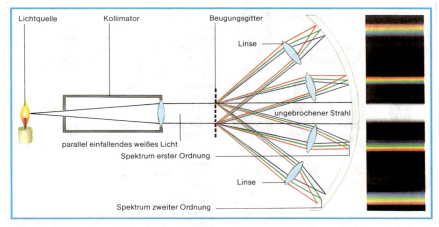

Spektrum: Ein Beugungsgitter spaltet das einfallende weiße Licht in eine Reihe von Spektren auf, da der rötliche, längerwellige Lichtanteil stärker gebeugt wird als der kurzwellige blaue. Das Spektrum erster Ordnung zu beiden Seiten des ungebeugt hindurchtretenden Lichtstrahls ist das schmalste und gleichzeitig das hellste. Weiter außen folgen die Spektren zweiter, dritter und vierter Ordnung, die sich über einen größeren Raum ausbreiten, aber noch lichtschwächer werden. Die Photographie einer Kerzenflamme durch ein Beugungsgitter zeigt deutlich die beiden Spektren erster und zweiter Ordnung

Afrikaforscher; entdeckte 1858 mit R. F. *Burton* den Tanganjikasee u. den Victoriasee.
Spektabilität, *Eure (Ew.) S.,* tradit. Anrede eines Dekans an einer Universität.
spektral, das *Spektrum* betreffend.
Spektralanalyse, die Untersuchung von Stoffen auf ihre chem. Elemente durch Zerlegen des von ihnen ausgestrahlten Lichts in Spektralfarben.
Spektralapparat, opt. Gerät zur Zerlegung des Lichts nach Wellenlängen (*Spektralanalyse*); Hauptbestandteile: der Kollimator, ein Prisma oder ein Beugungsgitter u. ein Fernrohr, mit dem die Spektrallinien beobachtet (*Spektroskop*) oder photographiert (*Spektrograph*) werden.
Spektraldurchmusterung, ein Sternkatalog, der die Spektralklassen zahlr. Sterne enthält; z. B. *Henry-Draper-Katalog* (Abk. HD) mit 225 300 Sternen bis zur Größe 9,5.
Spektralfarben, die versch. Farben, aus denen das weiße Licht zusammengesetzt ist; → *Spektrum.*
Spektralklassen, Einteilung der Sterne nach dem Aussehen ihres Spektrums; O: sehr heiße, blauweiße Sterne; B: heiße, weiße Sterne; A: zieml. heiße, weißgelbe Sterne; F: hellgelbe Sterne, etwas heißer als die Sonne; G: gelbe Sterne wie die Sonne; K: rötl.-gelbe Sterne, etwas kühler als die Sonne; M: rötl., kühle Sterne (Metallinien, Titanoxidbanden stark).
Spektrallinie → Spektrum.
Spektrograph → Spektralapparat.
Spektroheliograph, Apparat zur photograph. Aufnahme (*Spektroheliogramm*) der Sonne im monochromat. Licht einer einzigen Spektrallinie (z. B. Wasserstofflinie).
Spektroskop → Spektralapparat.
Spektroskopie, die Untersuchung der von Gasen, festen Körpern u. Flüssigkeiten ausgesandten Spektren; → Spektralanalyse.
Spektrum, urspr. die Aufspaltung weißen Lichts in Licht versch. Farben, d. h. Wellen versch. Wellenlänge bzw. Frequenz, dann entspr. erweitert auf alle elektromagnet. Wellen. Im übertragenen Sinn wird S. auch für die Zerlegung anderer Strahlungen nach einem untersuchten Merkmal benutzt, z. B. *Frequenz-S.* von Schallwellen, *Geschwindigkeits-S.* einer Betastrahlung, *Massen-S.* eines Atomstrahls. Ferner spricht man von S. auch, wenn die Gesamtheit der mögl. Zahlenwerte für eine physik. Größe gemeint ist, z. B. das *Energie-S.* eines Atoms. Werden in einem S. nur einzelne, getrennt liegende Zahlenwerte angenommen, so nennt man dies ein *diskretes S.* Dagegen variieren die Zahlenwerte bei einem *kontinuierl. S.* die Zahlenwerte stetig. – Die Atome u. Moleküle versch. Stoffe senden bei Anregung Wellen nur ganz bestimmter Länge aus. Die ausgestrahlten Lichtwellen werden in einem Spektralapparat als *Spektrallinien* gesehen. Bei einatomigen Gasen (z. B. Edelgasen) sind die einzelnen Spektrallinien gut getrennt (*Linien-S.*), bei Molekülen dagegen innerhalb größerer Gebiete verwaschen (*Banden-S.*). Man unterscheidet zw. *Emissions-S.,* d. h. Spektrallinien, die von angeregten Atomen ausgesandt (emittiert) werden, u. *Absorptions-S.,* das beim Durchgang von weißem Licht durch Gase infolge Absorption bestimmter Lichtwellen in den Gasatomen entsteht.
Spekulation, 1. Gedankengang, der Erkenntnis gewinnt ohne Beziehung zur äußeren Wirklichkeit. – **2.** eine Erkenntnis Gottes aus der »Spiegelung« in seinen Werken. – **3.** eine geschäftl. Tätigkeit (*S.sgeschäft*), bes. mit Wertpapieren an der Börse (z. B. als Termingeschäft oder mit Grundstücken) zur Gewinnerzielung aus Preisschwankungen (billig kaufen, teuer verkaufen) durch den *Spekulanten.*
Spekulatius, Kleingebäck aus Mürbeteig, mit Reliefformen ausgestochen.
spekulatives Denken → Spekulation (1).
Spekulum, *Spiegel,* Instrument zum Einblick in Körperhöhlen.
Speläologie, Höhlenkunde.
Spellman [-mən], Francis Joseph, *1889, †1967, US-amerik. Kardinal (1946); seit 1939 Erzbischof von New York u. Militärbischof.
Spelzen, trockenhäutige Hüllblättchen (Hochblätter) an Blüten u. Früchten von Gräsern.
Spemann, Hans, *1869, †1941, dt. Zoologe; entdeckte die organinduzierende Wirkung bestimmter Stoffe u. Organteile; Nobelpreis 1935.
Spencer ['spɛnsə], **1.** *Christopher M.,* *1833, †(?), US-amerik. Ing.; baute 1873 die erste automat. Werkzeugmaschine. – **2.** *Herbert,* *1820, †1903, engl. Philosoph u. Soziologe; Theoretiker der Evolution mit positivist. Erkenntnistheorie.
Spende, freiwillige Zahlung oder Lieferung von Gütern ohne Gegenleistung mit einer gewissen Zweckbestimmung. S.n zur Förderung mildtätiger, kirchl., wiss. u. als bes. förderungswürdig anerkannter gemeinnütziger Zwecke sind bei der Einkommensteuerberechnung abzugsfähig.
Spender ['spɛndə], Stephen, *28.2.1909, engl. Schriftst.; nahm am Span. Bürgerkrieg teil; wandte sich später vom Kommunismus ab; kontemplative Lyrik; Erzählungen u. Reiseberichte.
Spener, Philipp Jakob, *1635, †1705, dt. ev. Theologe; der bedeutendste Vertreter des luth. *Pietismus;* gründete »Konventikel ernster Christen« (*Collegia pietatis*).
Spengler, Oswald, *1880, †1936, dt. Geschichtsphilosoph; in seinem Hptw. »Der Untergang des Abendlandes« entwickelte er eine Geschichtstheorie, wonach die bisherige Weltgeschichte als ein unverbundenes Nach- u. Nebeneinander von 8 selbständigen Hochkulturen zu verstehen ist, die alle einen bestimmten Wachstums- u. Zerfallsprozeß durchmachen.
Spenser ['spɛnsə], Edmund, *um 1552, †1599, engl. Dichter; setzte mit seinem Werk einen Höhepunkt der engl. Renaissancedichtung. W Epos »Die Feenkönigin«.
Spenzer, um die Wende vom 18. zum 19. Jh. von Männern u. Frauen getragene kurze, enge Jacke mit andersfarbigem Kragen u. Rückengurt.
Sperber, *Stößer,* dem Habicht ähnelnder, aber kleinerer (30–40 cm) *Greifvogel;* ein Vogeljäger. Das graubraune Gefieder zeigt bes. an der Brust eine in Querbinden angeordnete »Sperberung«.

Sperber, Manès, *1905, †1984, Schriftst. frz.-östr. Herkunft; setzte sich in Romanen u. Essays mit dem Kommunismus auseinander; W »Wie eine Träne im Ozean«.
Sperl, Johann, *1840, †1917, dt. Maler (realist. Landschaften u. Jagdszenen).
Sperlinge, *Passerinae,* eine Unter-Fam. der Webervögel. Zu den eigtl. S.n gehören *Haus-* u. *Feld-S.,* die in Dtld. weit verbreitet sind.
Sperlingsvögel, *Passeriformes,* rd. 5000 Arten umfassende, größte Ordnung der *Vögel;* weltweit verbreitet. Hierher gehören *Breitrachen, Leierschwänze, Schreivögel* u. *Singvögel.*
Sperma → Samen.
Spermatophore, bei vielen Tieren (z. B. Kopffüßer u. viele Gliedertiere) ein von Anhangsorganen des männl. Geschlechtsapparats gebildeter Sammelbehälter, in dem die Samen (*Spermien*) gesammelt werden.
Spermatozoen, *Spermien* → Samenzelle.
Spermium, *Spermatozoon,* die männliche Geschlechtszelle; → Samenzelle.
Sperrguthaben, *Sperrkonto,* ein Bankguthaben, über das nur mit Sondergenehmigung oder zu einem bestimmten Termin verfügt werden kann.
Sperrholz, ein plattenförmiger Holzwerkstoff, der durch kreuzweises Verleimen einzelner Holzlagen (*Absperren*) gebildet wird.
Sperrklausel, bei der Mandatsvergabe nach Wahlen die Nichtberücksichtigung von Parteien, die einen gesetzl. festgelegten Mindestanteil der abgegebenen Stimmen nicht erreicht haben.
Sperrkreis, ein elektr. *Schwingkreis,* der den Wechselstrom mit einer Frequenz, die seiner Eigenschwingung entspricht, bes. stark dämpft.
Sperrminorität, ein Minderheitsanteil am Kapital einer Gesellschaft, mit dem Beschlüsse, die eine qualifizierte Stimmenmehrheit verlangen, verhindert werden können.
Sperry, Roger W., *1913, †1994, US-amerik. Neurobiologe, Hirnforscher; zus. mit D. H. *Hubel* u. J. N. *Wiesel* 1981 Nobelpreis für Medizin u. Physiologie.
Spes, röm. Göttin der Hoffnung.
Spesen, durch den Auftraggeber zu ersetzende Kosten, bes. für Reisen (*Reisekosten*).
Spessart, dt. Mittelgebirge in Franken u. Hessen, zw. Odenwald u. Rhön, auf 3 Seiten vom Main, im N von der Kinzig umflossen; im *Geyersberg* 585 m.
Speyer, krfr. Stadt in Rhld.-Pf., 46 000 Ew.; HS für Verw.-Wiss.; **S.er Dom** (1030–1100; Gräber der salischen Kaiser; Elektro-, Metall-, chem. Ind. Gesch.: Im 1. Jh v. Chr kam S. in röm. Besitz; seit 614 Bischofssitz, 1294–1797 freie Reichsstadt,

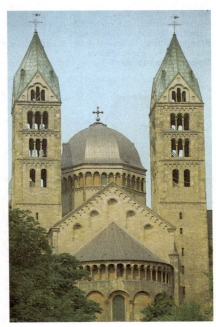

Speyerer Dom

846 Speziation

1526–1689 Sitz des Reichskammergerichts, 1816–1938 Hptst. der bay. Pfalz.
Speziation, der Vorgang der Artentstehung in der Biologie durch Isolationsprozesse.
Spezies → Art.
Spezifikationskauf, *Bestimmungskauf,* ein Handelskauf, bei dem der Käufer die Ware noch nach Maß, Form oder ähnl. Verhältnissen näher bestimmen soll; übl. bes. in der Eisen-, Holz-, Garn- u. Papier-Wirtsch.
spezifischer Widerstand, Zeichen ρ, eine Materialkonstante als Maß für den Widerstand, den ein bestimmter Stoff dem elektr. Strom entgegensetzt; definiert als Ohmscher Widerstand eines Leiters von 1 m Länge u. 1 mm² Querschnitt.
spezifisches Gewicht → Wichte.
spezifische Wärme, die Wärmemenge, die nötig ist, um 1 g eines Stoffes um 1 °C zu erwärmen.
Sphagnales, *Torfmoose,* Ordnung der Laubmoose.
Sphäre ['sfɛ:rə], Erd- u. Himmelskugel; Lebens-, Wirkungskreis; in der Astronomie: die scheinbare Himmelskugel.
sphärisch, kugelig, die Kugel betreffend.
sphärische Geometrie, die Geometrie auf der Kugelfläche.
Sphäroid, leicht abgeplattete Kugel.
Sphärometer, dreifüßiges (auch zweifüßiges) Meßgerät mit Mikrometerschraube zur Messung des Krümmungsradius von Kugelflächen oder der Dicke von Plättchen.
Sphinx [sfiŋks; der oder die], ägypt. Fabelwesen in Löwengestalt mit Menschenkopf.
Sphygmomanometer, Pulsdruckmesser (Blutdruckmesser).
Spickaal, der geräucherte Aal.
Spiegel, 1. → Satzspiegel. – **2.** hell behaarter, hinterer Teil der Keulen aller Hirscharten (auch *Scheibe;*) auch Achselfleck auf den Flügeln des Federwilds. – **3.** eine ebene oder gekrümmte Fläche, die auftreffende Strahlen reflektiert. *Glas-S.* bestehen aus polierten Glasscheiben, auf deren einer Seite eine sehr dünne Silberschicht aufgebracht ist. – **4.** Bez. für dt. Rechtsbücher des MA, z. B. Sachsenspiegel.
Spiegel-Affäre, innenpolit. Krise in der BR Dtld.; ausgelöst 1962 durch einen im Nachrichtenmagazin »Der Spiegel« veröffentl. Artikel über ein NATO-Manöver; führte zu einer Regierungsumbildung.
Spiegelgalvanometer, ein hochempfindl., elektr. Meßinstrument mit einem Lichtstrahl als Zeiger.
Spiegelinstrumente, in der Nautik zur astronom. Ortsbestimmung dienende Instrumente: Oktant u. Sextant.
Spiegelreflexkamera, eine photograph. Kamera, bei der das Motiv über einen um 45° geneigten Spiegel entweder durch ein Sucher- oder durch das Aufnahmeobjektiv eingestellt wird.
Spiegelschrift, seitenverkehrte Schriftzeichen, wie sie im Spiegel erscheinen.
Spiegelteleskop, ein Fernrohr, in dem statt der Objektivlinse ein Hohlspiegel zur Erzeugung eines opt. Bilds des beobachteten Objekts erzeugt wird.

Spielkarten: Symbole (Farben); obere Reihe: italienisch-spanische Symbole (von links): Münze – Schwert – Stab oder Keule – Becher oder Pokal; mittlere Reihe: deutsche Symbole (von links): Herz – Blatt – Eichel – Schelle; untere Reihe: französische Symbole (von links): Kreuz oder Treff – Karo – Pik – Herz

Spiekeroog, ostfries. Insel zw. Langeoog im W u. Wangerooge im O, 17,5 km², 880 Ew.
Spielbank, *Kasino,* konzessionierter Veranstaltungsraum für öffentl. Glücksspiele.
Spielberg [spi:lbə:g], Steven, *18.12.1947, US-amerik. Filmregisseur u. Produzent; erfolgreiche Unterhaltungsfilme mit hoher techn. Präzision; W »Der weiße Hai«, »E.T.«, »Die Farbe Lila«, »Jurassic Park«, »Schindlers Liste«.
Spielkarten, Kartenblätter aus Karton (früher auch aus Elfenbein, Holz u. ä.) mit Figuren u. Zeichen für Karten-, Glücks- u. andere Spiele u. zum Wahrsagen (*Kartenschlagen, Kartenlegen*); um 1300 in Europa eingeführt.
Spielleute, weltl. Dichter u. Musiker des (späten) MA, entweder Fahrende oder im Dienst von Herren u. Städten; Vorläufer der *Stadtpfeifer.*
Spielmannsdichtung, zusammenfassende Bez. für die Epik u. Spruchdichtung des MA, die nicht zur *höfischen* oder zur *Heldendichtung* gehört.
Spieltheorie, eine von J. von *Neumann* entwickelte Theorie, die die math. Zusammenhänge für optimales Verhalten (*Strategie*) in Wettbewerbssituationen, *math. Spiele* genannt, behandelt.
Spieltherapie, eine Form der *Psychotherapie,* die sich vorwiegend als bei Kindern geeignet erwiesen hat. Erstrebt wird mit Hilfe des Spiels Angstauflösung u. bessere Realitätsanpassung.
Spiere, seemänn. für *Rundholz.*
Spierstrauch, *Spiraea,* Gatt. der *Rosengewächse;* meist niedrige, sommergrüne Sträucher; in Dtld. bes. der *Weiden-S.* u. der *Ulmen-S.*
Spieß, 1. der Kompaniefeldwebel bzw. Hauptfeldwebel. – **2.** kurze Lanze.
Spießbürger, *Spießer,* urspr. die mit Spießen bewaffneten gewöhnl. Bürger; heute: Kleinbürger, Mensch mit beschränktem Horizont u. verklemmt-verlogener Moral.
Spießer, Träger des unverzweigten Erstgeweihs bei Hirschen.
Spießrutenlaufen, militär. Strafe des 17./18. Jh.: Der Bestrafte mußte mehrmals durch eine von 100–300 Mann gebildete Gasse laufen u. erhielt dabei von jedem Mann einen Stockschlag.
Spiez, schweiz. Kurort im Kt. Bern, am Thuner See, 9800 Ew.; Fremdenverkehr.
Spigelia, Gatt. der *Strychnosgewächse;* etwa 50 Arten im trop.-subtrop. Amerika.
Spike ['spaik], Stahlnagel an der Sohle von Rennschuhen u. Autoreifen. – **S.s,** Rennschuhe mit heraus stehenden Stahlnägeln in der Sohle.
Spilanthes, in den Tropen heim. Gatt. der *Korbblütler.* Einige Arten werden als Gemüsepflanze angebaut, andere dienen als Heilmittel gegen Skorbut.
Spill, Winde mit senkrechter Achse auf Schiffen.
Spilling, volkstüml. Bez. für die *Pflaume.*
Spin, der innere Freiheitsgrad eines Elementarteilchens oder Atomkerns, der anschaul. als Drehimpuls (»Drall«) einer inneren Drehbewegung des Teilchens angesehen werden kann.
Spina, spitzer Auswuchs u. Ansatzstelle von Muskeln an Knochen, bes. an den Wirbelkörpern (*Dornfortsätze*).
spinal, Wirbelsäule oder Rückenmark betreffend.
spinale Kinderlähmung → Kinderlähmung.
Spinalparalyse, Rückenmarkslähmung.
Spinat, *Spinacia,* ein *Gänsefußgewächs;* als Sommer- oder Winterform angebaute Gemüsepflanze; stammt aus W-Asien.
Spindel, 1. mit Gewinde versehene Welle. – **2.** rotierendes Maschinenelement einer Dreh- oder Zwirnmaschine zur Drehungserteilung u. Aufwicklung.
Spindelbaumgewächse → Pflanzen.
Spindelstrauch, *Euonymus,* Gatt. der *Spindelbaumgewächse;* bekannte Ziersträucher sind *Warzen-S.* u. *Pfaffenhütchen.*
Spinell, ein Mineral; T → Edelsteine.
Spinello Aretino, *um 1346, †1410, ital. Maler; schuf in der Nachfolge *Giottos* Tafelbilder u. Fresken in monumentalem Stil.
Spinett, ein Kielklavier in längl.-rechteckiger Tafelform mit einchörigem Bezug.
Spinifex, *Stachelkopfgras,* austral. Gatt. der *Süßgräser.* Zum Befestigen von Dünen wird *S. hirsutus* angebaut.
Spinnaker, ein leichtes dreieckiges Vorwindsegel, das bei entspr. Wind u. Kurs am Bug eines Segelboots mit Hilfe des *S.baums* gesetzt wird.

Spinett: italienisches Instrument des 17. Jahrhunderts. München, Musikinstrumentenmuseum

Spinndrüsen, bei Gliederfüßern u. Muscheln vorkommende Drüsenorgane, deren Sekret rasch erhärtende Fäden bildet, die z. B. zum Nestbau, zum Kokonbau oder zum Beutefang benutzt werden.
spinnen, 1. einen beliebig langen Faden (*Gespinst*) aus endl. langen, weitgehend parallel angeordneten Fasern durch Drallgebung erzeugen. – **2.** Chemiefasern durch *Spinndüsen* aus einer Spinnlösung, Schmelze oder verformbaren Masse herstellen.
Spinnen, *Araneae,* über alle Erdteile verbreitete Ordnung der *S.tiere,* ca. 20 000 Arten. Der fast immer ungegliederte Hinterkörper sitzt mit einem schmalen Stiel am Vorderkörper, der bis zu 4 Augenpaare, 2 Paar Mundwerkzeuge u. 4 Gangbeinpaare trägt. Am Endglied der Kieferklauen mündet eine Giftdrüse. Die meisten S. lähmen ihre Beute mit diesem Gift.
Spinnenasseln, *Notostigmophora,* Ordnung der *Hundertfüßer;* Nachttiere mit 15 m langen Beinpaaren; hierzu der *Spinnenläufer.*
Spinnengewebe, von den Spinnen als Drüsensekrete aus den am Hinterende des Hinterleibs auf

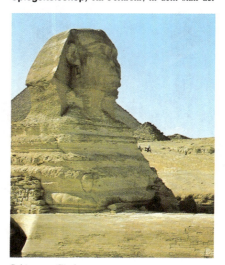

Sphinx von Gizeh

Spinnen: das farbenprächtige Männchen der Art Eresus niger

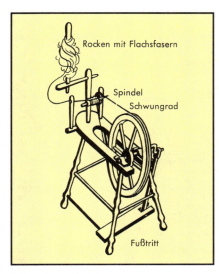

Spinnrad zum Handspinnen

der Bauchseite liegenden *Spinnwarzen* ausgeschiedene Fäden.
Spinnengifte, Substanzen mit Eiweißnatur (die z. T. auch Enzymcharakter haben), die Spinnentiere als Waffe zur Verteidigung u. zum Beuteerwerb einsetzen.
Spinnenpflanze, *Cleone,* Gatt. aus der Fam. der *Kaperngewächse* mit rd. 200 Arten; verbreitet in trop. Amerika u. N-Afrika. In Mitteleuropa ist die *Dornige S.* als Gartenpflanze mit rosafarbigen Blütentrauben beliebt.
Spinnentiere, 1. *i. e. S.: Arachnida,* Klasse der *Spinnentiere i. w. S. (Chelicerata);* Ordnungen: Skorpione, Geißelskorpione, Fadenskorpione, Spinnen, Kapuzenspinnen, Afterskorpione, Walzenspinnen, Weberknechte, Milben. – **2.** *i. w. S.: Fühlerlose, Kieferklauenträger, Chelicerata,* Unterstamm der *Gliederfüßer* mit über 36 000 lebenden Arten.
Spinner, 1. dem *Blinker* ähnl., künstl. Köder (Glas, Blech u. a.) zum Fang von Raubfischen. – **2.** *Bombyces,* versch. Familiengruppen der Großschmetterlinge, deren Raupen vor der Verpuppung einen Kokon spinnen. Hierher gehören *Birken-S.* u. die *Spinner i. e. S. (Bombycoidea),* eine Überfam. der Schmetterlinge mit den Fam. *Glucken, Seiden-S., Nachtpfauenaugen, Zahn-S., Prozessions-S.* u. a.
Spinnerei, der dem Weben vorausgehende techn. Vorgang der Fadenbildung; d. h. die Garnherstellung aus tier., pflanzl. oder künstl. Fasern, die durch Handspinnen oder auf der Spinnmaschine (Vor- u. Feinspinnmaschine) zu einem Faden verdreht (versponnen) werden. – Die Handspindel wurde seit dem 15. Jh. vom Spinnrad abgelöst. 1764 erbaute J. *Hargraves* die erste Spinnmaschine. 1830 erfand der Amerikaner *Thorp* die Ringspinnmaschine. 1965 wurde die Rotorspinnmaschine erfunden.
Spinnmilben, lebhaft gefärbte Pflanzenparasiten von 0,2–0,8 mm Länge; hierzu die berüchtigte *Rote Spinne.*
Spinnweb-Theorem, engl. *cobweb-theorem,* ein in der Volkswirtschaftslehre nach der spinngewebeähnl. graph. Darstellung bezeichnetes Theorem zur Erklärung oszillator. Preis- u. Mengenbewegungen.
Spinoza [-za], Benedictus, eigtl. Baruch *d'Espinosa,* * 1632, † 1677, ndl. Philosoph; schuf ein System des phil. Monismus, in dem Gott oder die Natur die absolute, ewige Substanz ist; W »Tractatus theologico-politicus«.
Spionage [-'naːʒə], die Auspähung von Geheimnissen, insbes. auf militär., polit. u. wirtsch. Gebiet, durch *Spione, Agenten, V-Männer* u. *Nachrichtendienste.* Nach nat. Strafrecht wird S. als Landesverrat, Verrat militär. oder diplomat. Geheimnisse oder ähnl. bestraft, doch bleibt die S.tätigkeit zugunsten des eigenen Staates immer straffrei.
Spiräe [-za] → Spierstrauch.
Spirale, eine ebene Kurve, die sich mit wachsendem Abstand um einen Punkt herumwindet.
Spiralnebel, *extragalakt. Nebel,* Sternsysteme von der Art des Milchstraßensystems; meist von flachlinsenförmiger Gestalt, mit zwei oder mehr spiralig gewundenen Armen, die meist vom Mittelpunkt ausgehen.
Spirdingsee, größter der ostpreuß. Masur. Seen, westl. von Lyck, 113,8 km²; durch die *Galinde* zum Narew entwässert; Fischfang, Wassersport.
Spirillen, *Spirillaceae,* Fam. der *Bakterien* von gedrehter Form, zu denen z. B. der Erreger der Cholera, *Vibrio comma,* gehört.
Spiritismus, *Geisterglaube,* der Glaube, daß eine Verständigung zw. Seelen Verstorbener u. Lebender mögl. sei. Verbindung wird gesucht in *Séancen* durch *Medien.*
Spiritual, 1. der mit der geistl. Leitung beauftragte Priester in kath. Orden u. Priesterseminaren. – **2.** ['spiritjuəl] → Negro Spiritual.
Spiritualismus, die monist. Auffassung, daß die Körper nur Erscheinungsformen des Geistes (der Geister) seien oder daß es nur geistige Substanzen gebe (*Plotin, Leibniz, G. Berkeley* u. a.).
Spirituosen, alkohol. Getränke.
Spiritus, *Sprit,* gewerbsmäßig gewonnener *Ethylalkohol;* Alkoholgehalt: Roh-S. 80%, Primasprit 92,4%, Sekundasprit 94,4%.
Spiritus rector, Anführer, treibender Geist.
Spirochaeten, *Spirochaetales,* Ordnung schraubenförmig gewundener *Bakterien.* Sie haben keine festen Zellwände u. bewegen sich schlangenartig.

Spitze: Ausschnitt aus einer geklöppelten Bettdecke für Erzherzog Albrecht VII. von Österreich und seine Frau Isabella; 1599. Brüssel, Musée des Arts décoratifs et industriels

Spirochätose, durch *Spirochaeten* hervorgerufene Infektionskrankheit; z. B. Weilsche Krankheit, Syphilis, Rückfallfieber.
Spirometer, Atmungsmesser zur Bestimmung des Lungeninhalts.
Spirotricha, Ordnung der *Euziliaten;* Wimpertierchen mit spiralig um den Mund angeordneten Wimpernmembranellkränzen.
Spirula, Gatt. zehnarmiger *Kopffüßer;* mit einem gelbgrün strahlenden Leuchtorgan am Hinterende; in wärmeren Meeren.
Spital → Hospital.
Spitta, 1. Friedrich, Sohn von 3), * 1852, † 1924, dt. ev. Theologe; an der Ausgestaltung der ev. Liturgie beteiligt. – **2.** Heinrich, Sohn von 1), * 1902, † 1972, dt. Komponist u. Musikwissenschaftler; schrieb v. a. Chormusik. – **3.** Karl Johann Philipp, Vater von 1), * 1801, † 1859, dt. ev. Theologe; veröffentlichte Predigten u. geistl. Lieder (»Psalter u. Harfe«).
Spittal, östr. Bez.-Hptst. in Kärnten, an der Mündung der Lieser in die Drau, 14 800 Ew.; Fremdenverkehr.
Spitteler, Carl, Pseud.: C. Felix *Tandem,* * 1845, † 1924, schweiz. Schriftst.; von der grch. Mythologie beeinflußt; Erneuerer des Epos; W »Olymp. Frühling«; Nobelpreis 1919.
Spitz, Rasse langhaariger Haus- u. Wachhunde. Spitzartige Hunde bilden die älteste Form unseres Haushundes.
Spitz, 1. Mark, * 10.2.1950, US-amerik. Schwimmer; erfolgreichster Athlet der Olymp. Spiele in München 1972 (7 Goldmedaillen). – **2.** René Ar-

splendid isolation 847

Spitzmäuse: Hausspitzmaus

pad, * 1887, † 1974, östr. Psychoanalytiker; Schüler S. *Freuds.*
Spitzbergen, norw. *Svalbard,* norw. Inselgruppe (mit Kolonialstatus) im Nördlichen Eismeer, 62 050 km², 4000 Ew.; Hauptort: *Longyearbyen;* zu 80% eisbedeckt (sonst Tundra); Steinkohlenlager, die auch von Rußland ausgebeutet werden.
Spitze, textiles, durchbrochenes Fadengebilde, hergestellt in Hand- oder Maschinenarbeit als *Klöppel-, Web-, Nadel-, Häkel-, Strick-, Knüpf-* oder *Wirk-S.;* Besatz für Geweberänder.
Spitzel, Polizeiagent, Aushorcher, Spion.
Spitzenentladung, eine Entladung (sehr feine, schwach leuchtende Fäden) verhältnismäßig geringer Elektrizitätsmengen über Spitzen oder scharfen Kanten; im Dunkeln gelegentl. (vor Gewittern) sichtbar an Schiffsmasten, metall. Spitzen u. a. (*Elmsfeuer*).
Spitzentanz, ein für den klass. Ballettanz entwickeltes Tanzen auf den Fußspitzen.
Spitzfuß, eine Fußmißbildung, die nur ein Auftreten mit Ballen u. Zehen zuläßt.
Spitzhörnchen, *Tupajas, Tupaiidae,* heute schon vielfach als eigene Ordnung *(Scandentia)* der Säugetiere aufgefaßt; mit 46 Arten von Hinterindien bis zu den Philippinen verbreitet.
Spitzmarke, die ersten Wörter eines Buch- oder Zeitungstextes, die durch größere Schrift oder Fettdruck hervorgehoben sind.
Spitzmaulnashorn, 3,4 m langes u. 1,6 m hohes zweihörniges *Nashorn* der Steppen u. Savannen Afrikas.
Spitzmäuse, *Soricidae,* Fam. der *Insektenfresser;* mit rüsselförmiger Schnauze u. weichem kurzem Fell, u. a. Wald- u. Zwergspitzmaus.
Spitzweg, Carl, * 1808, † 1885, dt. Maler u. Graphiker; urspr. Apotheker; idyll.-humorvolle Bilder aus der Welt des Biedermeier; W »Der arme Poet«. B → S. 848
Spleen [spliːn], fixe Idee, Tick.
splendid, prächtig, freigiebig.
splendid isolation [-aisəˈleiʃən], polit. Schlagwort für die brit. Bündnislosigkeit im 19. Jh. (bis 1902).

Spitzbergen: Gletscherzungen am Magdalenenfjord

Splint, ein aus Draht mit halbkreisförmigem Querschnitt gebogener Stift.
Splintholz, bei manchen Bäumen die äußeren, noch lebenden Holzschichten, die aus den zuletzt entstandenen Jahresringen bestehen; meist heller gefärbt.
Split, kroat. Hafenstadt in S-Dalmatien, 169 000 Ew.; Diocletian-Palast; Fischerei; Fremdenverkehr.
Splitt, feiner Steinschlag (für Straßenbelag); Korngröße von 7–30 mm.
Splitting, eine Form der Ehegattenbesteuerung: Die Einkommen beider Ehegatten werden addiert, u. der auf die Hälfte davon entfallende Steuerbetrag wird verdoppelt. Die Progression der Einkommensteuer wird auf diese Weise gemildert.
SPÖ, Abk. für 1. *Sozialdemokrat. Partei Östr.* u. 2. *Sozialist. Partei Östr.;* → Sozialdemokratie.
Spodumen, ein Mineral; T → Edelsteine.
Spoerl, 1. *Alexander,* Sohn von 2), * 1917, † 1978, dt. Schriftst. (Unterhaltungs- u. Sachbücher). **2.** *Heinrich,* * 1887, † 1955, dt. humorist. Schriftst.; W »Die Feuerzangenbowle«, »Der Maulkorb«.
Spohr, *Louis,* * 1784, † 1859, dt. Komponist u. Violinvirtuose; von Klassik u. Frühromantik bestimmt.
Spoiler ['spɔilə], Kunststoff-, Gummi- oder Blechwulst an Kraftfahrzeugen zur Verringerung des Luftwiderstands u. Verbesserung der Bodenhaftung der Räder.
Spokane [spou'kæn], Stadt in Washington (USA), am *S. River,* 171 000 Ew.; Univ. (1887), Handelszentrum für Agrarprodukte; Verkehrsknotenpunkt.
Spökenkieker, ndt. für Hellseher, Geisterseher.
Spoleto, ital. Stadt in Umbrien, sö. von Perùgia, 36 800 Ew.; mittelalterl. Stadtbild; rom. Dom; Papierind.
Spolien, 1. bei den alten Römern die Waffenbeute. – **2.** im frühen MA der bewegl. Nachlaß von Geistlichen, über den der dt. König aufgrund des *Eigenkirchenrechts* die Verfügungsgewalt beanspruchte. – **3.** Teile eines Bauwerks oder Kunstwerks, die aus anderen Bauten oder Werken eingefügt sind.
Spondeus, in der antiken Dichtung ein Versfuß, der aus zwei langen Silben besteht; ersetzt im Hexameter oft einen *Daktylus.*
Spondias, Gatt. trop. Bäume aus der Fam. der *Sumachgewächse;* hierzu die *Süße Balsampflaume*

Europäische Sprachen			
Sprache	Sprachfamilie (Sprachzweig)	Verbreitung	Sprecher in Mio.
Dänisch	Indoeuropäisch (Nordgermanisch)	Dänemark	4,90
		Deutschland	0,03
Deutsch	Indoeuropäisch (Westgermanisch)	Deutschland	73,30
		Österreich	7,40
		Schweiz	3,90
		sonstige, zus. ca.	4,50
Englisch	Indoeuropäisch (Westgermanisch)	Großbritannien	55,70
		Irland	3,00
		USA	222,00
		Kanada	15,00
		Australien	12,00
		Neuseeland	3,00
		Rep. Südafrika	2,10
Finnisch	Finno-Ugrisch (Ostseefinnisch)	Finnland	4,87
		Schweden	0,25
Französisch	Indoeuropäisch (Westromanisch)	Frankreich	55,00
		Belgien	3,20
		Schweiz	1,00
		Kanada	6,25
Griechisch	Indoeuropäisch	Griechenland	9,80
		sonstige, zus. ca.	3,00
Italienisch	Indoeuropäisch (Südromanisch)	Italien	54,00
		Frankreich	0,60
Katalanisch	Indoeuropäisch (Westromanisch)	Spanien	9,20
		Frankreich	0,30
		Italien	0,02
Niederländisch	Indoeuropäisch (Westgermanisch)	Niederlande	13,90
		Belgien	5,60
		Deutschland	0,01
		Frankreich	0,20
Polnisch	Indoeuropäisch (Westslawisch)	Polen	35,70
Portugiesisch	Indoeuropäisch (Westromanisch)	Portugal	10,10
		Frankreich	1,00
		Brasilien	110,00
Rumänisch	Indoeuropäisch (Ostromanisch)	Rumänien	20,20
Russisch	Indoeuropäisch (Ostslawisch)	Staaten der fr. Sowjetunion	153,50
Schwedisch	Indoeuropäisch (Nordgermanisch)	Schweden	3,00
		Dänemark	0,02
Serbokroatisch	Indoeuropäisch (Südslawisch)	Staaten des fr. Jugoslawien	12,50
Slowakisch	Indoeuropäisch (Westslawisch)	Slowakei	4,70
		Ungarn	0,10
Spanisch	Indoeuropäisch (Westromanisch)	Spanien	24,50
		Frankreich	0,64
		Deutschland	0,16
		USA	15,90
		ganz Lateinamerika (außer Brasilien)	230,00
Tschechisch	Indoeuropäisch (Westslawisch)	Tschechische Republik	10,00
Ukrainisch	Indoeuropäisch (Ostslawisch)	Ukraine	34,70
Ungarisch	Finno-Ugrisch (Ugrisch)	Ungarn	10,30
		Rumänien	1,70
		Kroatien, Slowenien, Jugoslawien	0,40

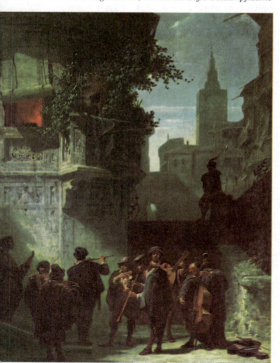

Carl Spitzweg: Das Ständchen. München, Bayerische Staatsgemäldesammlungen, Schackgalerie

sowie die *Gelbe Mombinpflaume,* polynes. Obstbäume.
Spondylitis, *Wirbelentzündung,* versch. Formen der akuten oder chron. Entzündung eines oder mehrerer Wirbelkörper.
Spongien, *Spongia* → Schwämme.
Spongillidae, *Süßwasserschwämme,* Fam. der *Hornschwämme.* Zu den S. gehören u. a. die Gatt. *Spongilla* u. *Ephydatia.*
Spongin, hornartige Substanz mit hohem Jodgehalt, chem. den Proteinkörpern (Eiweißen) nahestehend; die Skelettsubstanz der Schwämme.
Spongiosa, das schwammige Innengewebe der Knochen.
Sponsalien, Verlobungsgeschenke.
Sponsor, Förderer, Gönner.
Spontaneität, Selbsttätigkeit, Handeln aus eigenem Antrieb.
Spontini, *Gasparo Luigi Pacifico,* * 1774, † 1851, ital. Dirigent u. Komponist; bereitete mit seinen Prunkopern die frz. *Grande Opéra* vor.
Sporaden, zwei grch. Inselgruppen im Ägäischen Meer. Die *Nördl. S.* oder *Magnes. Inseln* umfassen 80 Inseln östl. des grch. Festlands, mit den Hauptinseln Skyros, Skiathos u. Skopelos. Die *Südl. S.* bestehen aus 50 Inseln vor der türk. Küste, mit den Hauptinseln Chios, Samos, Ikaria, Patmos, Kos, Rhodos u. Nisyros. Der südl. Teil wird auch als *Dodekanes* bezeichnet.
sporadisch, vereinzelt, selten.
Sporen, 1. die ungeschlechtl. Fortpflanzungszellen (*Keimzellen*) vieler Algen, Pilze, Moose u. Farnpflanzen. Die S. werden in **Sporangien** (Sporenbehälter) gebildet, die bei Algen, Pilzen u. Flechten meist noch einzellig sind, bei Moosen u. Farnpflanzen dagegen aus vielzelligen Organen bestehen. – **2.** die *Zysten* von Bakterien (*Bazillen*) u. Schleimpilzen, die z. T. sehr tiefe Temperaturen (bis - 253 °C) u. längeres Kochen in Wasser vertragen. – **3.** sehr versch. u. entwicklungsgeschichtl. nicht vergleichbare Dauerformen der *Sporozoen.* Nur die *Telosporidien* haben echte S., die Keimzellen sind.
Sporenblätter, *Sporophylle,* Blätter der Farnpflanzen, die die *Sporangien* tragen.
Sporenpflanzen → Kryptogamen.
Sporentierchen → Sporozoen.
Sporn, 1. horniger Fortsatz am Fuß vieler männl. Hühner- u. a. Vögel. – **2.** hornförmige, meist Nektar enthaltende Ausstülpung mancher pflanzl. Blütenblätter. – **3.** Stachel oder Zahnrädchen am Stiefelabsatz zum Antreiben des Pferdes beim Reiten. – **4.** *Ramme,* einst eine Verlängerung unter Wasser am Bug des Kriegsschiffs, um durch Stoß feindl. Schiffe zum Sinken zu bringen.
Spornblume, Zierpflanze aus der Fam. der *Baldriangewächse.* Die *Rote S.* wird bis 1 m hoch.
Spornpieper, zu den *Stelzen* gehöriger asiat. *Singvogel;* im Winter auch in Europa.
Sporophyll, das *Sporangien* tragende Blatt der Farnpflanzen.
Sporophyt, die sporenbildende, ungeschlechtl. Generation bei Pflanzen mit Generationswechsel; → Farnpflanzen, → Moose.
Sporozoen, *Sporozoa, Sporentierchen,* Gruppe parasitischer *Protozoen,* die sich durch eine bes. Dauerform in ihrem Vermehrungszyklus, die *Spore,* auszeichnen.
Sport, *Leibesübungen, Leibeserziehung, Turnen,* (i.w.S.), *Körperkultur,* zusammenfassende Bez. für die spielerischen menschl. Betätigungen, die auf eine höhere (meist körperl., aber auch geistige) Leistungsfähigkeit zielen.
Sportl.-spieler. Betätigung hat es zu allen Zeiten bei allen Völkern gegeben. Die erste Phase der modernen Entwicklung um 1800 ist durch Gewaltleistungen gekennzeichnet, vor allem im Lauf- u. Kraftsport. Die ersten Schulwettkämpfe wurden

Sprache

Außereuropäische Sprachen

Sprache	Sprachfamilie (Sprachzweig)	Verbreitung	Sprecher in Mio.
Afrikaans	Indoeuropäisch (Westgermanisch)	Rep. Südafrika	23,50
Arabisch	Hamitosemitisch (Semitisch)	ganz Nordafrika, Naher Osten, sonstige, zus. ca.	140,00
Bengali	Indoeuropäisch (Indoarisch)	Bangladesch	92,30
		Indien, Pakistan, zus. ca.	42,00
Chinesisch	Sinotibetisch (eigene Gruppe mit mehreren Idiomen)	Volksrepublik China	957,00
		Taiwan	15,00
Farsi	Indoeuropäisch (Westiranisch)	Iran	28,00
Hindi/Hindustani	Indoeuropäisch (Indoarisch)	Indien	220,00
Japanisch	keine Zugehörigkeit	Japan	116,00
Ki Swahili	Niger-Kongo (Bantu)	Ost- und Zentralafrika	ohne Angaben
Koreanisch	keine Zugehörigkeit	Südkorea	40,60
		Nordkorea	19,20
Malaiisch	Malaiisch-Polynesisch	Indonesien, Malaysia, sonstige, zus. ca.	100,00
Marathi	Indoeuropäisch (Indoarisch)	Indien	50,00
Tamil	Drawidisch	Indien, Sri Lanka, Malaysia zus. ca.	50,00
Telugu	Drawidisch	Indien	50,00
Türkisch	Turk (Altaisch)	Türkei	42,20
Urdu	Indoeuropäisch (Indoarisch)	Pakistan	6,50
		Indien, sonstige, zus. ca.	54,00
Vietnamesisch	keine Zugehörigkeit	Vietnam	45,80
Yoruba	Kwa (Nigerkordofanisch)	Nigeria	18,60

dann im Cricket (zw. den Public Schools von Eton u. Harrow 1805) u. im Rudern (seit 1829 Regatta der Univ. Oxford u. Cambridge) durchgeführt. Es folgten Fußball, Rugby, Hockey, Tennis u. Leichtathletik. Die nächste Phase war durch Festlegung der Regeln, Normierung der Geräte u. Gründung von Verbänden gekennzeichnet. Der Dachverband des S. in Dtld. ist der Deutsche Sportbund (DSB), dem die Spitzenverbände u. außerordentl. Mitgliederorganisationen angeschlossen sind. Der DSB kümmert sich auch um den Freizeit-S. Die Spitzenverbände sind außerdem Mitgl. in den entspr. internat. Zusammenschlüssen.

Sportabzeichen, Auszeichnung für sportl. Leistungs- u. Vielseitigkeitsprüfungen; z.B. das *Dt. Sportabzeichen.*

Sportarzt, ein Arzt mit einer Spezialausbildung zur Untersuchung u. Betreuung der Sportler sowie zur Beratung der Sportvereine u. Fachverbände; →Sportmedizin.

Sportel, *Dienergebühr, Beamtengebühr,* eine Verwaltungsgebühr, die früher unmittelbar dem Beamten als Vergütung für seine Tätigkeit zufloß. Überreste sind die Notariatsgebühren.

Sportherz, Erweiterung der Herzhöhlen mit entspr. Vergrößerung der Herzförderleistung sowie Zunahme der Herzmuskelmasse als Anpassung an langandauerndes Ausdauertraining.

Sportler des Jahres, ein erfolgreicher u. vorbildlicher Sportler, der jährl. durch Wahl der Sportjournalisten mit diesem Ehrentitel ausgezeichnet wird. In der BR Dtld. wird diese Wahl seit 1947 vom *Verband Dt. Sportpresse* durchgeführt.

Sportmedizin, ein medizin. Fachgebiet: 1. die wiss. Erforschung der Einflüsse u. Auswirkungen sportl. Betätigung auf Leistungsfähigkeit u. Gesundheitszustand. 2. die Erkennung, Behandlung u. v. a. Verhütung von Sportverletzungen *(klinische S.)* sowie die gesundheitl. Überwachung des sportl. Trainings zur Vermeidung von Überanstrengungsschäden u. zur Erzielung sportl. Höchstform.

Sporttauchen →Tauchsport.

Sporttrauma, Sportverletzung.

Sportwagen, Hochleistungs-Kraftwagen für Rennsport-Wettbewerbe, die jedoch den Anforderungen für den öffentl. Straßenverkehr entsprechen müssen.

Spot, *Werbe-S.,* Werbekurzfilm von etwa 10–30 s Dauer im Fernsehen u. in Lichtspieltheatern; auch werbl. Toneinblendung in Radiosendungen.

Spotgeschäft, an den internat. Warenbörsen getätigte Geschäfte über sofort (kurzfristig) liefer- u. bezahlbare Ware. Ggs.: *Termingeschäft.*

Spotlight [-lәit], *Punktlicht,* Scheinwerfer, der hartes, durch sammelnde Linsen gebündeltes Licht abgibt.

Spottvögel, Vögel, die Laute aller Art nachahmen können; z.B. der Gelbspötter, der Eichelhäher, die nordamerik. Spottdrossel, die südasiat. Schamadrossel u. einige Rohrsänger.

S.P.Q.R., Abk. für *Senatus Populusque Romanus,* Senat u. Volk von Rom.

Sprachakademie, eine Einrichtung gelehrten Ursprungs, die vorwiegend der Pflege u. Regelung der Sprache dient; am bekanntesten die *Académie Française* in Paris u. die *Accademia della Crusca* in Florenz. In der BR Dtld. wurde 1949 die *Dt. Akademie für Sprache u. Dichtung* gegr.

Sprachatlas, eine Kartensammlung, die mundartl. Sprachformen nach den Orten ihres Vorkommens geograph. verzeichnet.

Sprachbarriere, die zusätzl. Benachteiligung für Kinder aus den Unterschichten, die sich aus ihrer schwach entwickelten Ausdrucksfähigkeit u. aus ihrem beschränkten Wortschatz ergibt.

Sprache, Sammelbegriff für unterschiedl. Fähigkeiten u. Sozialgebilde: 1. die allg. menschl. Fähigkeit des Zeichengebrauchs; 2. das ständig in Entwicklung begriffene Zeichensystem einer bestimmten Menschengruppe, einer Sprachgemeinschaft; 3. der charakt. Sprachbesitz (-gebrauch) eines bestimmten Individuums; 4. Aussprache u. Klangbild. Eine andere Einteilung unterscheidet S. als ein System von Möglichkeiten u. S. als Realisierung dieser Möglichkeiten durch die Sprecher u. Schreiber dieser S.

Die S. ist ein System von Zeichen für Begriffe u. Gegenstände u. ein System von Regeln für die Kombination dieser Zeichen. Sie dient der Er-

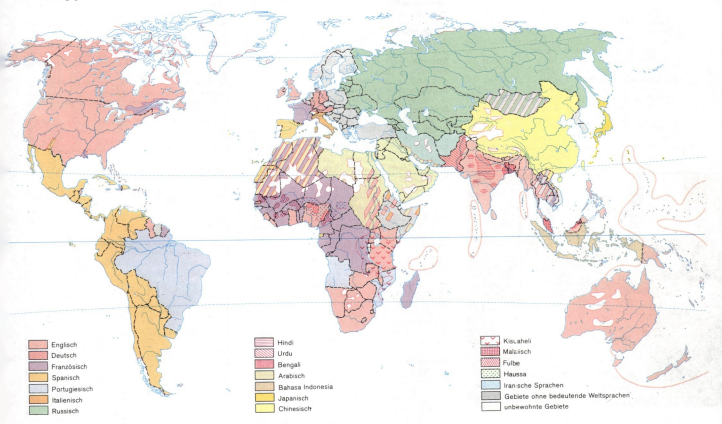

Verkehrssprachen und Sprachen mit mehr als 50 Millionen Sprechern

Sprachgesellschaften

innerung u. der Erkenntnisgewinnung u. v. a. der Mitteilung *(Kommunikation)*.
Die bekannteste, wenngleich mehrfach angefochtene Einteilung der versch. S. in S p r a c h t y p e n benutzt als Kriterium die Art der Wortbildung: 1. *isolierende* S. haben nur Wörter, die nicht grammat. verändert (flektiert) werden können u. in denen die grammat. Beziehungen im Satz durch die Stellung der Wörter zueinander, durch Intonation, Pausen u. bes. Verbindungswörter bezeichnet werden, z.B. das klass. Chinesisch; 2. *polysynthet.* (*inkorporierende, einverleibende*) S. bilden Wortformen aus mehreren Stämmen u. Affixen (Endungen), z.B. zahlr. Indianersprachen; 3. *agglutinierende* (»anklebende«) S. bilden ihre Wortform gewöhnl. aus Stamm + Affixen, wobei der Stamm unverändert bleibt, z.B. die finnisch-ugrischen S.; 4. *flektierende* S. bilden ihre Wortform vielfach aus Stamm + Affixen, wobei die Grenze zw. beiden häufig undeutlich ist u. der Stamm verändert werden kann, z.B. die semit. u. indoeurop. S.
Eine andere Einteilung stellt synthet. u. analyt. S. einander gegenüber: In den *analyt.* S. werden die grammat. Beziehungen im Unterschied zu den *synthet.* S. vornehml. durch Wörter, nicht durch Teile von Wortformen ausgedrückt.

Sprachgesellschaften, dt. gelehrte Vereinigungen im 17. Jh. zur Pflege u. Reinhaltung der dt. Sprache, nach dem Vorbild der ital. *Accademia della Crusca*.

Sprachheilkunde, *Sprach- u. Stimmheilkunde* → Logopädie.

Sprachinsel, vom Hauptverbreitungsgebiet einer Sprache abgetrennter kleinerer Verbreitungsbezirk, der im Gebiet einer anderen Sprache liegt.

Sprachlabor, audiovisuelle Sprachlehranlage (mit Kopfhörer, Tonband, Bildschirm u. a.) für den programmierten Unterricht in Fremdsprachen.

Sprachlehre → Grammatik.

Sprachstörungen, meist körperl., oft auch durch psych. Hemmungen bedingte Störungen des Sprechvermögens. Die Sprachentwicklung hängt u. a. mit dem Hörvermögen zusammen; angeborene Taubheit ist daher mit Stummheit verbunden. Schädigung der Sprachzentren durch Erkrankungen des Gehirns führt zu Störungen im Ablauf des Sprechvorgangs, z.B. zum Ausfall bestimmter Laute (Stammeln, Lispeln), Näseln u. Silbenstolpern. S. können auch, wie z.B. das Stottern u. der Sprachverlust, als Angst- u. Schreckreaktion auf nervös-seelischer Grundlage entstehen.

Sprachwandel, die Gesamtheit der Veränderungen der Sprache im histor. Prozeß.

Sprachwissenschaft, *Linguistik,* die Wiss. von der (menschl.) Sprache. Sie beschäftigt sich im Unterschied zur *Philologie* mit der Sprache überhaupt als Verständigungsmittel u. als Zeichensystem. Sachlich sucht die S. jede nur denkbare Seite an der menschl. Sprache zu erfassen: Sprachlaute *(Phonetik, Phonologie),* Strukturen *(Grammatik mit Morphologie, Lexikologie u. Syntax)* sowie die Sprachinhalte *(Semantik, Sprachinhaltsforschung).* I.w.S. gehören zur S. auch *Sprachpsychologie, Sprachsoziologie* u. *Sprachgeographie* mit *Dialektologie (Mundartenkunde).*

Spranger, 1. Bartholomäus, *1546, †1611, fläm. Maler u. Graphiker; Manierist. – **2.** Carl-Dieter, *28.3.1939, dt. Politiker (CSU); seit 1991 Bundes-Min. für wirtsch. Zusammenarbeit (seit 1993 für wirtsch. Zusammenarbeit u. Entwicklung). – **3.** Eduard, *1882, †1963, dt. Philosoph u. Pädagoge; Hauptvertreter der modernen Kulturpädagogik u. -philosophie sowie der geisteswiss. Psychologie.

Spray [sprɛi], Flüssigkeitszerstäuber, auch die zu zerstäubende Flüssigkeit u. der durch ein Treibgas erzeugte Sprühregen.

Sprechgesang → Rezitativ.

Sprechkunde, *Sprecherziehung,* die Entwicklung der Sprechtätigkeit des Menschen, in Dtld. auf der Grundlage (der Bühnenaussprache) der dt. *Hochsprache.*

Spree, l. Nbfl. der Havel, 382 km; durchfließt, in viele Arme aufgegliedert, die Ldsch. des *Spreewalds,* durchquert Berlin u. mündet in Berlin-Spandau.

Spreizfuß, Fußsenkung mit betonter Abflachung des Quergewölbes des Fußes.

Spremberg, Stadt in Brandenburg, an der Spree u. in der Lausitz, 25 000 Ew.; Altstadt auf der Spree-Insel.

Sprengel, kirchl. oder Gerichtsbezirk.

Sprengkapsel, (Kupfer-)Hülse mit Knallquecksilber oder Bleiazid; als Initialzünder verwendet.

Sprengmeister, *Schießmeister,* eine bes. ausgebildete Person, die Sprengungen in Steinbrüchen u. Ziegeleien u. im Hoch- u. Tiefbau durchführt.

Sprengstoffe → Explosivstoffe.

Spreu, *Kaff,* die beim Dreschen von Getreide abfallenden Spelzen, Hülsen, Grannen, Samenhüllen u. Stengelteile.

Sprichwort, im Volk geläufige, meist in einem kurzen Behauptungssatz formulierte Lebensweisheit, die in eine anschaul. verständl. u. oft witzige Form gefaßt ist.

Spriet, ein Rundholz, das das unregelmäßig viereckige *S.segel* ausspannt.

Spring, Howard, *1889, †1965, engl. Schriftst.; schilderte die selbsterlebte Welt der Elendsviertel.

Springaffen, *Callicebus,* Gatt. der *Rollschwanzaffen;* Urwaldbewohner Brasiliens.

Springbeutler, *Känguruhartige, Macropodidae,* Fam. der pflanzenfressenden *Beuteltiere;* hierzu *Känguruhs* u. *Känguruhratten.*

Springbock, etwa damhirschgroße *Gazelle* des Sambesigebiets (S-Afrika); bewegt sich mit über 2 m hohen Sprüngen fort.

Springe, Stadt in Nds. am Deister, 29 000 Ew., Möbel- u. a. Ind.; bei S. Naturschutzgebiet »Saupark« mit Wisentgehege.

Springer, eine Figur (Offizier) beim Schach, die als einzige über andere hinweg springen darf.

Springer, 1. Anton, *1825, †1891, dt. Kunsthistoriker; W »Hdb. der Kunstgeschichte«. – **2.** Axel Cäsar, *1912, †1985, dt. Zeitungsverleger; baute nach 1945 die größte Presseverlagsgruppe der BR Dtld. auf. – **3.** Julius, *1817, †1877, dt. Verleger; gründete 1842 einen Verlag, der sich zu einem der führenden wiss. Verlage entwickelte.

Springfield ['sprɪŋfiːld], **1.** Stadt in Massachusetts (USA), am Connecticut River, 152 000 Ew.; Colleges; Papier-, Maschinen- u. a. Ind.; Waffenherstellung. – **2.** Hptst. von Illinois (USA), am Sangamon River, 100 000 Ew.; Gedenkstätte für A. Lincoln; Agrarhandelszentrum; Abbau von Kohle; Fremdenverkehr.

Springflut, bes. starkes Hochwasser nach Voll- u. Neumond.

Springfrosch, sehr langbeiniger *Froschlurch* Mittel- u. S-Europas; kann Sprünge von 2 m Weite u. 1 m Höhe ausführen; unter Naturschutz.

Springgurke → Spritzgurke.

Springhase, mit anderen Gruppen nicht näher verwandtes *Nagetier* (kein Hase) im südl. Afrika.

Springkraut, *Impatiens,* Gatt. der *Balsaminengewächse;* Klappen der Früchte rollen sich bei Berührung ein, wobei die Samen fortgeschleudert wird. Dazu gehört das *Fleißige Lieschen.*

Springkürbis → Spritzgurke.

Springmäuse, *Dipodidae,* Fam. der *Nagetiere;* mit stark verlängerten Sprungbeinen u. langem Balancierschwanz mit Quaste. Die *Wüstenspringmaus* lebt in NO-Afrika, Arabien u. Palästina.

Springs, Stadt in der Prov. Pretoria/Witwatersrand/Vaal-Gebiet (Rep. Südafrika), 154 000 Ew.; Goldbergbau.

Springspinnen fallen durch eine Vorderreihe besonders großer Augen auf

Springschwänze, *Collembola,* Ordnung der *Insekten.* Die meisten der rd. 3500 Arten leben in der Arktis u. den gemäßigten Zonen unter Moos, Rinde u. auf Wasseroberflächen. Zu den S. gehören die *Glieder-* u. *Kugelspringer.*

Springspinnen, *Hüftspinnen, Salticidae,* Fam. der *Spinnen,* die ihre Beute mit einem großen Sprung überwältigen; oft prächtig gefärbt.

Springsteen ['sprɪŋstiːn], Bruce, *23.9.1949, US-amerik. Rockmusiker (Gitarre, Gesang).

Sprinkleranlage, ortsfeste Löschanlage, die sich selbsttätig einschaltet.

Sprint, das Zurücklegen einer kurzen Strecke durch einen Sportler *(Sprinter)* in größtmögl. Geschwindigkeit.

Sprit, 1. kurz für *Spiritus.* – **2.** umgangssprachl. für Kraftstoff (Benzin).

Spritzgurke, *Esels-, Springgurke, Springkürbis,* im Mittelmeergebiet heim. *Kürbisgewächs;* mit längl. Früchten, die auf Druck die Samen u. den bitteren, giftigen Fruchtsaft herausschleudern.

Spritzguß, ein *Druckguß,* bei dem das Metall in teigigem (Messing) oder flüssigem (Aluminium) Zustand in die (Dauer-)Form gespritzt wird.

Sprockhövel, Stadt in NRW, 24 000 Ew.; Glas- u. elektrotechn. Ind.

Sproß, der Pflanzentrieb, der aus Sproßachse (Stengel) u. Blättern besteht.

Sprossenwand, Turngerät; ein 2,50 m hohes leiterartiges Gestell, das an einer Wand befestigt ist; für Dehn- u. Beugeübungen.

Sproßpilze, Hefepilze, die sich durch Zellsprossung vermehren.

Sprossung, eine Form der ungeschlechtl. Fortpflanzung: Die Mutterzelle bildet einen Auswuchs, der später abgeschnürt wird. Im Tierreich nennt man den entspr. Vorgang *Knospung.*

Sprotte, 15 cm langer, nah mit den *Heringen* verwandter Fisch der Nord- u. Ostsee, des Mittelmeers u. des Schwarzen Meers; geräuchert als *Kieler S.* bekannt.

Spruch, 1. in kurzer u. einprägsamer Form ausgesprochener Gedanke, auch in Reimen. – **2.** *Recht:* Urteil, Entscheidung.

Spruchbehörde, urteilende, entscheidende Behörde; entspr. auch *Spruchrichter.*

Sprudelstein, dichte, faserige u. kugelige Absätze von *Aragonit* aus Mineralquellen.

Sprue [spruː], eine tropische, selten auch in Mitteleuropa vorkommende chron. Stoffwechselstörung, deren Hauptanzeichen voluminöse, schaumige, fettreiche Durchfallstühle sind. Im weiteren Verlauf: Abmagerung, Verfall u. Blutarmut.

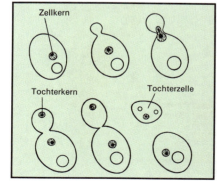

Sprossung einer Hefezelle

Sprachlabor: Sprachunterricht mit den Techniken des Sprachlabors

Sprungbein, *Talus,* Hauptknochen der Fußwurzel.
Sprungfeder, spiralförmige Stahlfeder in Polstersitzen.
Sprunggelenk, 1. *oberes* S., Gelenk zw. den beiden Unterschenkelknochen u. dem Sprungbein. – **2.** *unteres* S., Gelenk zw. Sprungbein, Fersenbein u. Kahnbein.
Sprungschanze, Anlage für Skispringen; mit Schanzenturm, Anlaufbahn, Schanzentisch u. Aufsprungbahn.
Sprungschicht, *Metalimnion,* eine Wasserschicht in Süßwasserseen, an der die Temperatur nach unten sprungartig abnimmt.
Sprungtemperatur, *i.w.S.* die Temperatur, bei der sich eine physikal. Eigenschaft eines Materials sprunghaft ändert; *i.e.S.* bei der Supraleitung die Temperatur, bei der die elektr. Widerstand plötzlich verschwindet.
Sprungtuch, ein verstärktes Tuch zum Auffangen frei fallender Personen.
Sprungwellen, hohe Wellen, die bei Fluteintritt in Flüssen aufwärts stürzen.
SPS, Abk. für *Sozialdemokratische Partei der Schweiz;* → Sozialdemokratie.
Spuk, gespensterhafte Erscheinung.
Spule, 1. auf eine Hülse aufgewickeltes Garn. – **2.** Wicklung aus isoliertem Drahtwindungen. Die S. erzeugt wegen ihrer hohen *Induktivität* bei Stromfluß ein starkes Magnetfeld, das der Windungszahl proportional ist.
Spulwürmer, *Ascarida,* im Verdauungskanal der Säugetiere schmarotzende *Fadenwürmer.* Beim Menschen findet man *Ascaris lumbricoides* im Dünndarm.
Spundwand, Wand aus Spundbohlen (Holz, Stahl, Stahlbeton) zum Abdichten von Baugruben gegen Grundwasser u. zur Uferbefestigung.
Spur, Fährte.
Spurenelemente, die im Unterschied zu den *Mengen-* oder *Bauelementen* nur in geringer Konzentration im Körper vorhandenen chem. Elemente. Lebenswichtige S. für den Menschen: Kupfer, Zink, Mangan, Kobalt, Jod, Fluor.

Squash: Spielraum mit durchsichtigen Wänden, durch die man das Spiel gut verfolgen kann

Spurensicherung, kriminalist. Maßnahmen zur Erhaltung u. Sicherstellung der an einem Tatort hinterlassenen Spuren.
Spurt, *Sport:* eine plötzl. Schnelligkeitserhöhung bei Rennen aller Art, als *Zwischen-* oder *End-*S.
Spurweite, allg. der Abstand zweier Räder derselben Achse; außerdem der Abstand zw. den Innenkanten von Eisenbahnschienen. Die *Normal-* oder *Regelspur* (1,435 m) ist in den meisten Ländern eingeführt; Ausnahmen: *Breitspur* in Spanien, Portugal, Chile, Argentinien (1,676 m), Irland (1,600 m), in der GUS (1,524 m); *Schmalspur* in Südafrika (1,067 m); Kapspur), Japan, Java, Teilen von Afrika u. S-Amerika (1,000 m).
Sputnik [russ. »Weggefährte«], Name der ersten sowjet. techn. Satelliten für wiss. Aufgaben. S. *1* startete am 4.10.1957.
Spyri, Johanna, geb. *Heußer,* *1829, †1901, schweizerische Jugend-Schriftst.; Erzählungen mit pädag. u. religiösem Grundton; W »Heidi«.

Square ['skwɛə], Quadrat, auch rechteckiger Platz.
Square dance ['skwɛə 'da:ns], nordamerik. Volkstanz, von jeweils 4 Paaren nach den Weisungen eines Ansagers im Viereck getanzt.
Squash [skwɔʃ], ein Mitte des 19. Jh. in Harrow (Großbrit.) entwickeltes Rückschlagspiel, das in einer Halle gespielt wird.
Squatter ['skwɔtə], in den USA der Ansiedler auf noch nicht in Anspruch genommenem Regierungsland; in Australien der Pächter von Regierungsland (meist Schafhalter).
Squaw [skwɔ:], Indianerfrau.
Squaw Valley ['skwɔ: 'væli], Ort in der kaliforn. *Sierra Nevada* (USA), Austragungsort der Olymp. Winterspiele 1960.
Squire ['skwaiə], engl. Landedelmann, Gutsherr; in anglo-amerik. Ländern Höflichkeitstitel für (Friedens-)Richter u. Anwälte.
Srbik ['zrbik], Heinrich Ritter von, *1878, †1951, östr. Historiker; W »Metternich«.
Sri Lanka, fr. *Ceylon,* Inselstaat in S-Asien, sö. von Indien, 65 610 km², 17,4 Mio. Ew., Hptst. *Colombo.*

Sri Lanka

Landesnatur. Im Innern erhebt sich ein Berg- u. Hügelland, ansonsten überwiegen Tiefländer. S. L. ist eine Tropeninsel mit einem stark beregneten SW-Teil; die übrigen Teile haben ausgedehnte Trockenzeiten.
Die Bevölkerung besteht zu 74% aus buddhist. Singhalesen u. zu 18% aus hinduist. Tamilen; daneben gibt es 7% islam. Mauren.
Wirtschaft. Hauptausfuhrprodukte sind Tee (S. L. ist zweitgrößter Tee-Exporteur der Welt), Kautschuk u. Kokospalmprodukte. Von Bedeutung ist das traditionelle Handwerk (Verarbeitung von Edelsteinen, Elfenbein, Holz, Silber u. a.) u. der Fremdenverkehr. Haupthafen ist Colombo.
Geschichte. Im 6. Jh. v. Chr. von Singhalesen erobert; im 16. Jh. port.; seit 1655 ndl.; 1796 gewannen Engländer die Insel, die 1815 Kronkolonie wurde. Seit 1948 unabh. wurde das Land 1972 Rep. S. L. (bis dahin Ceylon); seit der Verfassungsänderung von 1978 Präsidialsystem. S. L. ist belastet vom Konflikt zw. der Bevölkerungsmehrheit der Singhalesen u. der Bevölkerungsminderheit der Tamilen, in den sich auch Indien 1987 mit der Entsendung von Truppen einmischte. Nach Abzug der Truppen 1990 gingen die Kämpfe mit den tamilischen Rebellen weiter. Staats-Präs. ist seit 1993 *Dingiri Banda Wijetunga.* S. L. ist Mitgl. der UNO u. des Commonwealth.
Srinagar → Shrinagar.
SS, Abk. für *Schutzstaffel,* eine Formation der NSDAP, 1925 aus besonders ergebenen Nationalsozialisten zunächst zum Schutz Hitlers u. der nat.-soz. Führer gegr., seit 1929 unter H. *Himmler* zur parteiinternen Sicherheitsorganisation ausgebaut. Nach der Ausschaltung E. Röhms (SA) 1934 begann die Entwicklung der SS zu einem beherrschenden Machtfaktor. Sie wurde Hitler direkt unterstellt. Aus der »Leibstandarte Adolf Hitler« u. den »Polit. Bereitschaften« entwickelte Himmler die *SS-Verfügungstruppe,* eine Art SS-Armee (1939 etwa 18 000 Mann). Außerdem gab es die *SS-Totenkopfverbände,* die 1934 die Bewachung der *Konzentrationslager* übernahmen. Aus der SS-Verfügungstruppe u. SS-Totenkopfverbänden wurde 1940 die *Waffen-SS* gebildet. Die Waffen-SS (1944 fast 600 000 Mann) kämpfte im 2. Weltkrieg an der Seite des Heeres, war aber kein Teil der Wehrmacht.
Vom Internat. Militärgerichtshof in Nürnberg wurde die SS 1946 zur »verbrecherischen Organisation« erklärt.
SSR, Abk. für *Sozialistische Sowjetrepublik,* die einzelne, jeweils nach ihrem Volk ben. Unionsrep. der Sowjetunion.
SSW, Abk. für *Südschleswigscher Wählerverband.*
s.t., Abk. für *sine tempore,* ohne Zeit (-Zugabe); pünktlich.
St., Abk. für Sankt, Saint.

Staatsanwaltschaft

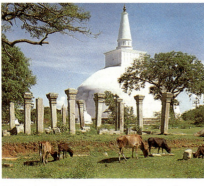

Sri Lanka: Ruwanweli-Dagoba in Anuradhapura; 2. Jahrhundert v Chr.

Staat, 1. die höchstorganisierte Ordnungseinheit des menschl. Zusammenwirkens, deren Eigenart darin besteht, daß sie das Monopol der legitimen phys. Gewaltanwendung hat. Ein S. hat ein *S.volk,* ein *S.gebiet* u. eine *S.gewalt.* Unter rechtl. Gesichtspunkten ist der S. eine *jurist. Person:* eine *Gebietskörperschaft* mit oberster, unabgeleiteter Anordnungsgewalt, die zugleich Gebietsherrschaft u. Personenherrschaft ausübt. → Staatsformen.
2. eine geordnete u. über eine längere Zeit hinweg bestehende Ansammlung von tier. Individuen gleicher Art, die in Nestern oder Bauten ein geordnetes u. oft hochorganisiertes Leben führen unter Einteilung in versch. soziale Kategorien (»Kasten«): Arbeiter, Soldaten, König(in), z.B. bei Bienen, Ameisen.
Staatenbund, völkerrechtliche Verbindung von (souveränen) Staaten zur gemeinsamen Bewältigung bestimmter Aufgaben; Ggs.: *Bundesstaat.*
Staatenlose, *Apolide, Apatride,* Personen ohne Staatsangehörigkeit. Dieser Verlust kann u. a. eintreten bei Zwangsausbürgerung durch den Heimatstaat.
Staatensukzession, *Staatennachfolge,* Rechtsnachfolge eines Staates in Rechte u. Pflichten eines nicht mehr bestehenden Staates (z.B. Nachfolgestaaten bei der Auflösung Österreich-Ungarns 1918).
Staatsakt, 1. staatl. Veranstaltung von bes. Feierlichkeit (*Nationalfeiertag, Staatsbegräbnis*). – **2.** ein bes. bedeutungsvoller Hoheitsakt des Staates (der Gesetzgebung, Verwaltung oder Rechtsprechung). Als *Act of State* wird im anglo-amerik. Recht eine Entscheidung oberster Behörden bezeichnet, an die jedes Gericht gebunden ist u. deren Inhalt gerichtlicher Nachprüfung nicht unterliegt.
Staatsangehörigkeit, *Staatsbürgerschaft,* das formale *Bürgerrecht,* das den Bürger mit seinem Heimatstaat verbindet u. das gegenseitige Rechte u. Pflichten begründet (früher als »allg. Gewaltverhältnis« des Staates über die Personen seiner nat.). Die S. wird zunächst automatisch mit der *Geburt* erworben. Entweder erhält jeder die S. des Staates, auf dessen Territorium er geboren wird (*Jus soli,* »Recht des Bodens«), oder er erhält die S. seines Vaters bzw. die seiner Mutter (*Jus sanguinis,* »Abstammungsrecht«). Letzteres gilt insbesondere in den kontinentaleurop. Staaten. Neben diesem automat. Erwerb durch Geburt gibt es noch den Erwerb einer fremden S. durch *Einbürgerung* auf Antrag (mit u. ohne Verlust der bisherigen S. *[doppelte S.]*), bei Ehefrauen durch *Heirat* (nicht mehr in allen Staaten), durch Eintritt in fremde Staatsdienste, auch durch Legitimation als ehel. Kind oder durch Adoption.
Staatsanleihe → Staatsschuld.
Staatsanwalt, Beamter des höheren Dienstes bei der *Staatsanwaltschaft.* Er muß die Befähigung zum Amt eines Richters haben.
Staatsanwaltschaft, Behörde zur Vertretung der Belange der Allgemeinheit (des Staates) vor Gericht; in Dtld. v. a. im Strafprozeß als *Strafverfolgungs-, Anklage-* u. *Strafvollstreckungsbehörde* tätig, daneben im Zivilprozeß als Klage-, Antrags- oder Mitwirkungsberechtigte in Ehe- u. Personenstandssachen sowie im Aufgebotsverfahren bei Verschollenheit u. im Entmündigungsverfahren. Die S. steht in Dtld. unter der Aufsicht der Ju-

Staatsaufsicht

stizministerien u. ist der ordentl. Gerichtsbarkeit angegliedert, mit folgenden Stufen: *Bundesanwaltschaft* (*Generalbundesanwalt, Bundesanwälte* u. *Oberstaatsanwälte*) beim Bundesgerichtshof, S. beim Oberlandesgericht u. S. beim Landgericht (*General-, Ober-* u. *Erste Staatsanwälte sowie Staatsanwälte*) u. die *Amtsanwaltschaft* (*Amtsanwälte*) beim Amtsgericht.

Staatsaufsicht, die Aufsicht, die der Staat über alle jurist. Personen des öffentl. Rechts, die öffentl. Verwaltungsaufgaben wahrnehmen, ausübt.

Staatsausgaben, die im Haushaltsplan veranschlagten Geldausgaben des Staates.

Staatsbanken, staatl. Bankinstitute der Länder, bes. in Bundesstaaten; in der BR Dtld. bis 1957 die *Landeszentralbanken*.

Staatsbankrott, Erklärung der Zahlungsunfähigkeit des Staates. Beim *direkten S.* (*offener S., Repudiation*) erklärt der Staat ausdrückl. seine Zahlungsunfähigkeit; häufiger ist aber der *verschleierte* oder *noble S.* durch Abwertung (*Währungsreform*), Herabsetzung der Zinssätze, Verschiebung der Rückzahlungstermine für Staatsschulden u. a.

Staatsbibliothek zu Berlin – Preußischer Kulturbesitz, die größte wissenschaftl. Bibliothek Deutschlands, hervorgegangen aus der 1961 gegründeten *Preußischen Staatsbibliothek*, deren Bestände nach dem 2. Weltkrieg auf zwei getrennte Bibliotheken in Ost- u. Westberlin verteilt waren. Sie wurden 1992 unter dem jetzigen Namen vereinigt. Gesamtbestand: rd. 8,6 Mio. Bände.

Staatsbürger, jeder Staatsangehörige im Verhältnis zu seinem Heimatstaat.

staatsbürgerliche Rechte, die dem *Staatsbürger* vom Staat garantierte Rechtsstellung, auch gegenüber den Trägern der öffentl. Gewalt; v. a. das Recht zur Mitgestaltung des Staates durch Teilnahme an Wahlen, Abhaltung polit. Versammlungen, Gründung polit. Vereine.

Staatseinnahmen, die im Haushaltsplan veranschlagten Geldeinnahmen des Staates.

Staatsexamen, Prüfung vor einer vom Staat beauftragten Prüfungskommission; vorgeschrieben z.B. für Lehrer, Ärzte, Juristen.

Staatsformen, die versch. Arten der organisator.-soziolog. Struktur des Staates:
1. Nach der Repräsentation des Staates (*Staatsoberhaupt*) unterscheidet man *Monarchie* u. *Republik*. –
2. Nach dem Träger der Staatsgewalt unterscheidet man, ob die Staatsgewalt beim Volk liegt (*Demokratie*) oder bei Klassen, Ständen, Gruppen, Einheitsparteien oder sogar in der Hand eines einzelnen (*Monokratie, Autokratie,* »*Führerstaat*«). –
3. Bei den *Regierungsformen* wird unterschieden: *parlamentarisches System* oder keine Abhängigkeit der Regierung vom Vertrauen des Parlaments. –
4. Unterscheidung zw. *unitarisch* (*zentralistisch*) u. *föderalistisch* organisierten Staaten. – 5. Unter funktionalen Gesichtspunkten kann man *Gesetzgebungs-, Verwaltungs-* u. *Justizstaaten* unterscheiden. – 6. In gruppensoziolog. Sicht kennzeichnet man Staaten nach den jeweils herrschenden, auch in den sozialen Prestigeansichten an der Spitze befindl. Gruppen, z.B. *Beamtenstaat*. – 7. Nach histor.-polit. Gesichtspunkten läßt sich für Europa in der Neuzeit eine Entwicklung in folgender Richtung feststellen: a) der *absolutistische Staat* (als Wiege des modernen Staates); b) nach der Frz. Revolution der Übergang zu *konstitutionellen Monarchie.*; c) der *republikanisch-demokratische Verfassungsstaat* moderner Prägung.

Staatsgebiet, der räuml. Herrschaftsbereich eines Staates.

Staatsgefährdung, in Dtld. als strafbare *Gefährdung des demokrat. Rechtsstaats* gemäß §§ 84–91 StGB geltende Delikte: Organisationsdelikte, die Vorbereitung von Sabotageakten, Störhandlungen gegen lebenswichtige Anlagen u. Einrichtungen, Zersetzung der Bundeswehr u. öffentl. Sicherheitsorgane, Verunglimpfung des Bundes-Präs., Beschimpfung des Landes u. Verunglimpfung von Verfassungsorganen.

Staatsgeheimnis →Landesverrat.

Staatsgewalt, die Zusammenfassung der dem Staat zukommenden Befugnisse u. der Mittel zu ihrer Verwirklichung in den Formen der *Verfassunggebung, Gesetzgebung* u. sonstigen Rechtsetzung, *Regierung, Verwaltung* u. *Rechtsprechung*. Das Prinzip der *Rechtsstaatlichkeit* gewährleistet, daß derartige Akte von unabhängigen Gerichten auf ihre Rechtmäßigkeit nachgeprüft u. notfalls aufgehoben werden können. (Art. 19 Abs. 4 GG)

Staatshaftung, die Haftung des Staates (Bund, Land) oder sonstiger öffentl.-rechtl. Körperschaften (z.B. Kreis, Gemeinde) für schuldhafte *Amtspflichtverletzungen*.

Staatskabinett, *Kabinett*, die Regierung.

Staatskanzler, Titel der leitenden Minister K.A. Fürst von *Hardenberg* in Preußen (1810–22) u. K. Fürst von *Metternich* in Östr. (1821–48); 1919/20 u. April-Nov. 1945 des östr. Regierungschefs (jetzt *Bundeskanzler*).

Staatskapitalismus, eine Wirtschaftsform, bei der der Staat vorwiegend oder ausschl. Eigentümer der Produktionsmittel ist.

Staatskirche, eine Kirche, die dem Staat im Verhältnis rechtlicher Unterordnung eng verbunden ist u. von ihm mit Vorrechten ausgestattet wird. I.w.S. sind S. auch solche Kirchen, deren Bekenntnis vom Staat zur *Staatsreligion* erklärt ist.

Staatskommissar, mit der Durchführung besonderer Aufgaben betrauter Beamter, insbes. zur Durchsetzung staatl. Maßnahmen gegenüber nachgeordneten Organen u. Dienststellen.

Staatsminister, Titel einzelner Parlamentar. Staatssekretäre im Bund u. der Landesminister in manchen Ländern der BR Dtld.

Staatsministerium, Bez. für die Regierungen einiger dt. Länder, z.B. früher *Preußisches S.*

staatsmonopolistischer Kapitalismus, kurz *Stamokap*, von kommunist. Theoretikern geprägter, auf Gedanken W.I. *Lenins* zurückgehender Begriff, nach dem auf der höchsten Stufe des modernen Kapitalismus der »imperialist.« Staat mit den wirtschaftl. Monopolen zu einem einzigen Herrschaftsinstrument verschmilzt.

Staatsnotstand →Notstand (3).

Staatsoberhaupt, als eigtl. Spitze der Exekutive der Repräsentant des Staates. Das S. kann entweder eine *Einzelperson* sein oder ein *Kollegialorgan* (so etwa in der Schweiz der *Bundesrat*).

Staatsorgane, die zur Ausübung der Staatsgewalt berufenen Organe des Staates, zu unterscheiden von den sie besetzenden Personen. Als *oberste S.* (auch *Verfassungsorgane,* z.B. Staatsvolk, Parlament, Staatsoberhaupt) sind sie von Weisungen anderer S. weitgehend frei.

Staatspapiere, Staatsanleihen u. Schatzanweisungen; →Staatsschuld.

Staatsphilosophie, die philosoph. Beschäftigung mit den Fragen nach Ursprung, Wesen u. Sinn (Rechtfertigung u. Zweck) sowie nach der (ethisch) besten Form des Staates (*Staatstheorien*); zu unterscheiden von der *Allgemeinen Staatslehre*.

Staatspolizei, 1. staatl. (im Unterschied zur kommunalen) Polizei. – **2.** die *Politische Polizei* zur Abwehr von Gefahren für die Verfassungsordnung.

Staatspräsident, 1. das Staatsoberhaupt in Republiken. – **2.** in Dtld. 1919–34 Bez. für den *Ministerpräsidenten* (Chef der Landesregierung) in Baden, Hessen u. Württemberg, 1947–53 in (Süd-) Baden u. Württemberg-Hohenzollern.

Staatsquallen, *Siphonophora,* eine Ordnung der *Hydrozoen*. Viele Individuen, die durch Knospung aus der urspr. Planula-Larve entstanden, bilden einen *Tierstock*, bei dem jedes Einzeltier eine bes. Funktion hat, für die es sich morpholog. anpaßt. Zu den S. gehören u. a. *Seeblase* u. *Segelqualle*.

Staatsräson [-rɛ'zɔ̃], *Staatsraison,* seit N. *Machiavelli* der Grundsatz, daß die Sicherung des Staates (als Machtprodukt u. Machtinstrument) oberste Richtschnur des polit. Handelns zu sein habe; bes. für Theorie u. Praxis der Staatsführung im 17. u. 18. Jh. von Bedeutung.

Staatsrat, 1. *Anhalt:* 1918–33 die Landesregierung. – **2.** *DDR:* 1960–90 das kollektive Staatsoberhaupt (Vors., mehrere Stellvertreter u. Mitglieder, Sekretär). – **3.** *Frankreich: Conseil d'État,* das oberste Verwaltungsgericht. – **4.** *Österreich:* das von der Provisorischen Nationalversammlung 1918/19 gewählte Organ, das die Funktion des Staatsoberhaupts ausübte. – **5.** *Preußen:* 1817–48 ein beratendes Organ des preuß. Königs, v. a. zur Begutachtung von Gesetzen; 1920–33 die Vertretung der Prov. mit Initiativ- u. Vetorecht, 1933–45 mit beratenden Funktionen, jedoch ohne Bedeutung. – **6.** *Schweiz: Conseil d'État,* in den Kantonen Freiburg u. Wallis die Kantonalregierung.

Staatsrecht, 1. das vom Staat erlassene Recht im Unterschied zum *Kirchen-* u. *Völkerrecht.* – **2.**

Stabheuschrecke

Teil des öffentl. Rechts: das eigtl. *Verfassungsrecht* einschl. der *Grundrechte,* wozu noch das *Staatsangehörigkeitsrecht,* die Grundzüge des *öffentl. Dienstrechts,* das *Wahlrecht* u. ä. kommen.

staatsrechtliche Beschwerde, schweiz. Form der *Verfassungsbeschwerde*.

Staatsreligion, eine rechtl. bevorzugte oder allein öffentl. zugelassene Religion. Das Christentum war S. seit Theodosius d. Gr. (4. Jh.) bis zur Frz. Revolution. u. ist es in einigen Ländern – ohne Ausschließung anderer Konfessionen – heute noch.

Staatsschuld, *Staatsschulden,* die Gesamtheit der Schulden, die der Staat zur Deckung des nicht durch Steuern, Gebühren u. a. gedeckten Bedarfs auf sich genommen hat. Nach der Laufzeit der Schuldverschreibungen unterscheidet man *Schatzanweisungen* (Schatzwechsel, Schatzscheine; *schwebende S.* zur Deckung eines vorübergehenden Bedarfs) u. *Staatsanleihen* (*fundierte, konsolidierte S.* zur Deckung langfristigen Bedarfs).

Staatsschuldbuch, ein öffentl. Register, in dem Darlehnsforderungen an die öffentl. Hand, über die keine Schuldverschreibungen ausgestellt sind, beurkundet werden. Das S. wird von der *Staatsschuldenverwaltung* (in Dtld.: *Bundesschuldenverwaltung*) geführt.

Staatssekretär, in mehreren Ländern gebräuchlicher Titel eines hohen Beamten mit unterschiedl. Rechtsstellung; in Dtld. seit 1919 der oberste Beamte eines Ministeriums u. Vertreter des Ministers. Der *Parlamentarische S.* (in der BR Dtld. seit 1967) ist ein nichtbeamteter, einem Bundes-Min. beigegebener Abg. des Bundestags (u. U. mit dem Titel *Staatsminister*), der hpts. die Aufgabe hat, den Min. im Parlament zu vertreten. – In Östr. war S. 1918–20 u. 1945 die Bez. für die Mitglieder der Bundesregierung; jetzt ist der S. weisungsgebundener Beamter eines Ministeriums. – In Großbritannien führen einige Kabinettsmitglieder den Titel S. (*Secretary of State*), in den USA der Außen-Min.

Staatssicherheitsdienst, Abk. *SSD,* kurz »Stasi«, früher die polit. Polizei der DDR. Oberste Behörde 1950–53 u. wieder seit 1955 war das *Ministerium für Staatssicherheit* (*MfS*). Der SSD (85 000 hauptamtl. u. über 100 000 »inoffizielle Mitarbeiter«) hatte sämtl. Lebensbereiche der DDR gegen »staatsgefährdende« Regungen geheimpolizeil. zu sichern u. außerdem Spionage in der BR Dtld. u. den übrigen westl. Ländern zu organisieren. Nach den polit. Umwälzungen in der DDR 1989 wurde der S. zunächst in ein *Amt für nationale Sicherheit* überführt u. 1990 aufgelöst. Für die gesetzl. eng begrenzte Sichtung u. Aufarbeitung der »Stasi-Akten« (rd. 8 Mio. Akten mit personenbezogenen Daten) wurde ein Sonderbeauftragter der Bundesregierung bestellt.

Staatsstreich, frz. *coup d'état,* der vom Inhaber der Staatsgewalt oder von Trägern staatl. Funktionen, insbes. von höheren Offizieren, unternommene gewaltsame Umsturz mit dem Ziel der Errichtung eines eigenen, meist autoritären oder dik-

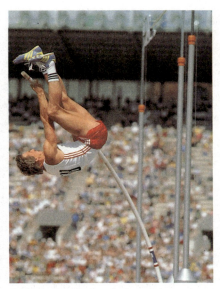

Stabhochsprung: Springer in der Aufschwungphase

tator. Systems. Der S. unterscheidet sich von der *Revolution* dadurch, daß nicht außerhalb des Staatsapparats stehende Gruppen revoltieren, sondern Mitträger der staatl. Verantwortung.

Staatsverbrechen, strafbare Handlungen gegen den Staat u. die Ausübung der Staatsgewalt.

Staatsvermögen, die Gesamtheit der dem Staat gehörenden bewegl. u. unbewegl. Sachen.

Staatsvertrag, 1. der →*Gesellschaftsvertrag* (2). – **2.** Bez. für bes. wichtige völkerrechtl. Verträge; z.B. der östr. S. mit der Sowj., Großbrit., Frankreich u. den USA vom 15.5.1955 sowie die Staatsverträge zw. der BR Dtld. u. der DDR vom 18.5.1990 über die Schaffung einer Währungs-, Wirtschafts- u. Sozialunion u. vom 31.8.1990 über die Herstellung der Einheit Dtld.s.

Staatsvolk, eines der drei *Staatselemente:* 1. im allg. Sinn die Bev. eines Staates unter Ausschluß der fremden Staatsangehörigen u. der Staatenlosen; 2. im verfassungsrechtlich-organisator. Sinn die wahlberechtigten Staatsangehörigen, die an den polit. Entscheidungen teilnehmen; 3. im ethn.-polit. Sinn bei Vielvölkerstaaten oder Staaten mit andersvölk. Minderheiten die den Staat tragende ethn. Hauptgruppe(n); 4. im geschichtsphilosoph. Sinn Völker, die früh zur dauerhaften Staatsbildung gekommen sind.

Staatswissenschaften, früher die Gesamtheit der Wissenschaftszweige, die sich mit dem Staat beschäftigen: Staats-, Verwaltungs-, Völker- u. Finanzrecht, polit. Soziologie, Politik, Nationalökonomie, Finanzwissenschaft, Völkerkunde, Völkerpsychologie. Heute wird der Begriff S. auf die wirtschafts- u. allenfalls die sozialwiss. Betrachtungsweise beschränkt.

Stab, beim Militär die dem Kommandeur zugeteilten Führungsoffiziere; in Wirtschaftsunternehmen die Angehörigen des oberen Managements.

Stabat mater, *S. m. dolorosa* [lat., »es stand die schmerzensreiche Mutter«], mittelalterl. Marienlied; in der Meßliturgie der röm.-kath. Kirche zum Fest der Sieben Schmerzen Marias gesungen.

Stäbchen, lichtempfindl. Sinneszellen in der Netzhaut *(Retina)* höherer Tiere, die zum Sehen in Graustufen dienen.

Stäbchenbakterien, stäbchenförmige *Bakterien,* wie sie in vielen Bakterienordnungen vorkommen; i.e.S. die Bazillen.

Stabheuschrecken, *Phasmatidae,* Fam. der *Gespensttheuschrecken,* mit rd. 2500 Arten verbreitet, Baum- u. Strauchbewohner. Größte Art ist die *Riesen-S.*

Stabhochsprung, eine leichtathlet. Sprungübung, die mit Hilfe eines Sprungstabs ausgeführt wird. Der heute ausschließlich verwendete Glasfiberstab ermöglicht durch seine »Katapultwirkung« Sprunghöhen von über 6 m.

stabil, standfest, dauerhaft. – **stabilisieren,** festsetzen; festigen.

Stabile, das unbewegl. Gegenstück zu der von A. *Calder* entwickelten Form der mehrgliedrigen, durch Luftdynamik bewegten Metallplastik *(Mobile).*

Stabilisator, 1. in der Chemie ein Stoff, der einem anderen Stoff zur Erhöhung seiner chem. Beständigkeit zugesetzt wird u. seine Zersetzung verhindert oder verlangsamt. – **2.** →Stabilisierungsflossen.

Stabilisierung, im Währungswesen die Sicherung eines von Schwankungen freien Geldwerts *(Geldwert-Stabilität).*

Stabilisierungsflossen, *Stabilisatoren,* bei großen Fahrgast-, Fähr- u. Containerschiffen eingebaute Schlingerdämpfungsanlage.

Stabilität, Standfestigkeit, Beharrungsvermögen.

Stabkirchen, Kirchen in typ. nordgerm. Holzbauart, bes. in Norwegen verbreitet, u. a. in Urnes (11. Jh.), Borgund (12. Jh.), Hitterdal (14. Jh.).

Stabpuppen, *Stockpuppen,* aus dem javan. *Wajang-golek* entwickelte Spielfiguren, deren Kopf u. Hände mit Stäben, die durch ein Puppenkleid verdeckt sind, bewegt werden.

Stabreim, *Alliteration,* die Übereinstimmung der Anfangslaute zweier oder mehrerer betonter Silben (z.B. Kind u. Kegel, Haus u. Hof). Alle Konsonanten sowie die Verbindungen st, sp, sk »staben« jeweils nur mit sich selbst, alle anlautenden Vokale »staben« auch untereinander; die Reimform der altgerm. Dichtung.

Stabsoffizier, Offizier in der Dienstgradgruppe der S. mit den Dienstgraden (von oben nach unten) *Oberst, Oberstleutnant, Major.*

Stabwerk, alle Pfosten eines got. Maßwerkfensters.

staccato, in der Musik Anweisung, daß eine Tonfolge kurz abgestoßen zu spielen oder zu singen ist.

Stachel, 1. ein Anhangsgebilde der Pflanzen, an dessen Bildung außer der Oberhaut auch tiefere Gewebsschichten beteiligt sind; z.B. bei den Rosen (die keine *Dornen,* sondern S. haben). – **2.** stark entwickelte *Haare* (z.B. Igel, Stachelschwein), *Schuppen* (manche Fische), *Hautzähne* (Rochen) oder *Anhänge des Hautskeletts* (Stachelhäuter: Seeigel).

Stachelbeere, mit Stacheln bewehrter, zu den *Steinbrechgewächsen* gehörender Strauch; mit zahlreichen Kulturformen, wobei Farbe u. Größe der Beeren variieren: Rote Triumphbeere, Maiherzog, Frühe Rote, Rote Eibeere u. a.

Stachelgurke, 1. *Echinocystis,* Gatt. der *Kürbisgewächse.* In Dtld. wurde aus Nordamerika eingebürgert die *Gelappte S.,* mit lang bestachelten, eßbaren Früchten. – **2.** *Chayote,* Kürbisgewächs aus Zentralamerika; die birnenförmige Frucht wird gekocht genossen oder als Viehfutter verwendet.

Stachelhäuter, *Echinodermen, Echinodermata,* sehr alter Stamm meeresbewohnender Tiere mit radialsymmetr. Körperbau. Ihre Haut ist meist von mehr oder weniger spitzen u. starren Kalkstacheln bedeckt. Die S. umfassen den Unterstamm der *Pelmatozoa* (meist festsitzende Formen), zu denen z.B. die Klasse der Seelilien (Haarsterne) gehört, u. den Unterstamm der *Eleutherozoa* mit den Klassen der *Seesterne, Schlangensterne, Seeigel* u. *Seewalzen,* insges. etwa 4500 heute noch lebende Arten.

Stachelmakrelen: Die Königsmakrele oder »Yellow Jack« ist im Indopazifik weit verbreitet

Stachelmakrelen, *Carangidae,* Fam. der *Barsche;* über 200 Arten in trop. u. subtrop. Meeren; von erhebl. wirtsch. Bedeutung.

Stachelpilze, *Hydnaceae,* durch Stacheln, Warzen oder zahnförmige Fortsätze an der Hutunterseite gekennzeichnete *Ständerpilze;* z.B. *Rotgelber Stoppelpilz* u. *Habichtspilz.*

Stachelrochen, *Stechrochen.* Grundfische wärmerer Meere mit Giftstachel auf dem langen Schwanz. Die bis 2,5 m lange *Feuerflunder* kommt von der südl. Nordsee bis Südafrika u. im Mittelmeer vor.

Stachelschweine, *Hystricidae,* Fam. der *Stachelschweinartigen,* große Nager mit auf dem Rücken zu langen, aufrichtbaren Stacheln umgewandeltem Haarkleid; in Europa das *Erdstachelschwein.*

Stachelskinke, *Egernia,* Gatt. austral. u. neuseeländ. *Skinke* mit gut entwickelten Gliedmaßen u. gekielten Stachelschuppen; z.B. *White's Skink.*

Stachelspinnen, versch. Gatt. *(Gasteracantha* u. a.) der *Radnetzspinnen.*

Stachelwelse, *Bagridae,* Fam. der *Welse* mit nacktem Körper, Fettflossen u. kräftigen Stacheln in Rücken- u. Brustflossen; 15 Gattungen.

Stade, Krst. in Nds. an der Unterelbe, 43 000 Ew.; Hafen u. Kernkraftwerk in Stadersand.

Stadion, 1. im antiken Griechenland ein Weg- u. Längenmaß: 1 S. in Olympia = 192,27 m. – **2.** im antiken Griechenland die (urspr. rechteckige, später halbkreisförmige) Bahn der sportl. Wettkampfstätte; heute die Gesamtanlage einer Wettkampfbahn für sportl. Zwecke, mit Rasenplatz, ovaler Laufbahn, Wurf- u. Sprunganlagen sowie Zuschauer- u. Pressetribünen.

Stadion, Johann Philipp Karl Graf von *S.-Warthausen,* *1763, †1824, östr. Politiker; 1805–09 Außen-Min., von *Metternich* abgelöst; verhandelte 1813 erfolgreich mit Preußen u. Rußland; als Fin.-Min. (1815–24) Gründer der Nationalbank.

Stadium, Entwicklungsphase, augenblickl. Zustand.

Stadler, Ernst, *1883, †1914 (gefallen), dt.

Stabkirche von Borgund, Norwegen

Das Gewöhnliche Stachelschwein kommt auch in Süditalien vor; sein Hauptverbreitungsgebiet ist aber Nord- und Westafrika

854 Stadt

Schriftst.; Lyriker; Freund R. *Schickeles*, Frühexpressionist.

Stadt, eine seit Jahrtausenden bestehende Siedlungsform mit bestimmtem Rechtsstatus, gekennzeichnet durch dichte Besiedlung u. Konzentration von Wohn- u. Arbeitsstätten einer Bevölkerung mit überwiegend tertiär- u. sekundärwirtschaftl. Lebensunterhalt; Zentrum von polit., Wirtschafts-, Verwaltungs- u. Kultureinrichtungen mit eig. architekton. Prägung, innerer Differenzierung des Siedlungskörpers u. vielfältigen Verkehrsbeziehungen zw. den Teilräumen einerseits u. dem Umland, für das die S. Verkehrsmittelpunkt ist, andererseits. G e s c h i c h t e . Die frühesten Städte entstanden in den alten Hochkulturen (z.B. Jericho, Ninive u. Ur). Die grch. S. war als S.staat tragendes Element der grch. Geschichte. Frühe röm. Städte entstanden bereits im 5. Jh. v.Chr. Im 2. Jh. hatte Rom bereits über 500 000 Ew. Die dt. S. entstand häufig im Anschluß an röm. Gründungen (Köln). Im Spät-MA bildeten sich *Städtebünde* (Hanse). Eine hohe S.kultur entwickelte sich in Italien (z.B. Venedig u. Florenz) während der Stauferzeit. Im 14. u. 15. Jh. wuchsen auch London u. Paris zu Weltstädten heran. Im 19. Jh. entwickelten sich die Industriestädte. Im 20. Jh. entstanden Millionenstädte mit ausgedehnten Slums in den Entwicklungsländern, die die S.funktionen kaum noch aufrechterhalten können.

Stadtbahn, ein Nahverkehrssystem in Großstädten, das Bau- u. Betriebselemente der Straßen- u. U-Bahn in sich vereinigt.

Stadtdirektor, Amtsbez. des leitenden Gemeindebeamten in kreisangehörigen, des 1. Beigeordneten in krfr. Städten (deren leitender Beamter: *Ober-S.*) der brit. Besatzungszone in Dtld. 1945 bis 1950, seit 1950 nur noch in Nds. u. NRW.

Städtebau, die räuml. u. baul. Gestaltung städt. Ansiedlungen. Die städtebaul. Planungshoheit liegt bei den Städten u. Gemeinden.

Städtebauförderungsgesetz, Bundesgesetz von 1971 (Neufassung 1976) zur Erleichterung u. Verbesserung der Bauplanung u. der Stadtentwicklung. Das S. gibt der Stadtplanung u. a. das Recht, in Sanierungs- u. Entwicklungsgebieten Abbruch-, Bau- u. Modernisierungsgebote zu erlassen. Es schreibt die Aufstellung von Finanzierungs- u. Sozialplänen vor, die (bes. in Sanierungsgebieten) den Bedürfnissen der Bewohner Rechnung tragen. 1986 in das Bundesbaugesetz aufgenommen.

Die größten Städte der Erde, Stadtgebiete (Einwohner in Mio.)

Stadt	Ew.	Stadt	Ew.	Stadt	Ew.
Seoul (Südkorea)	10,9	Bangkok (Thailand)	5,8	Los Angeles (USA)	3,5
Bombay (Indien)	9,9	Peking (China)	5,6	Shenyang (China)	3,5
São Paulo (Brasilien)	9,7	Rio de Janeiro (Brasilien)	5,5	Berlin (Deutschland)	3,4
Moskau (Rußland)	8,8	Karatschi (Pakistan)	5,2	Ho-Chi-Minh-Stadt (Vietnam)	3,2
México (Mexiko)	8,2	Sankt Petersburg (Rußland)	4,5	Wuhan (China)	3,2
Tokio (Japan)	8,2	Kalkutta (Indien)	4,4	Madrid (Spanien)	3,1
Jakarta (Indonesien)	7,8	Santiago (Chile)	4,4	Melbourne (Australien)	3,1
New York (USA)	7,3	Tianjin (China)	4,4	Hyderabad (Indien)	3,0
Delhi (Indien)	7,2	Bogotá (Kolumbien)	4,0	Lahore (Pakistan)	3,0
Schanghai (China)	7,2	Bagdad (Irak)	3,8	Amdabad (Indien)	2,9
Istanbul (Türkei)	6,6	Madras (Indien)	3,8	Alexandria (Ägypten)	2,9
Kairo (Ägypten)	6,1	Sydney (Australien)	3,7	Buenos Aires (Argentinien)	2,9
Teheran (Iran)	6,0	Kinshasa (Zaire)	3,6	Canton (China)	2,8

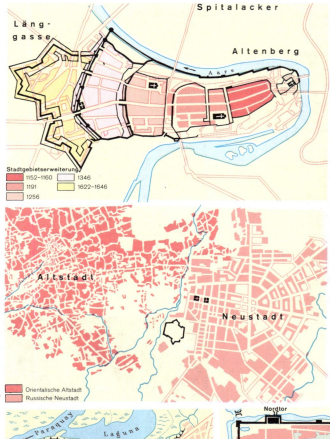

Stadt: Naarden in den Niederlanden; im 14. Jahrhundert gegründet, 1673 zur sternförmigen Festung ausgebaut (oben). – Grundrisse städtischer Siedlungen: Bern wurde in geschützter Lage auf einem Bergsporn angelegt (oben links); Taschkent vor der Sanierung der Altstadt (Mitte links); Asunción in Paraguay hat das für spanische Gründungen in Amerika typische Schachbrettmuster (unten links); eine chinesische Altstadt (unten rechts).

Städtebünde, Zusammenschlüsse von Städten zum Schutz gegen König, Fürsten u. Ritter im späteren MA, u. a. Rhein. Städtebund, Schwäb. Städtebund, Sächs. Städtebund.

Städteordnung, nur für Städte geltende *Gemeindeordnung* (Ggs.: *Landgemeindeordnung*), z.B. die preuß. S. des Frhr. vom *Stein* von 1808. Das moderne Gemeinderecht kennt nur noch gemeinschaftl. Gemeindeordnungen für Städte u. Landgemeinden.

Städtepartnerschaft, die Partnerschaft zw. Städten versch. Länder mit dem Ziel kulturellen u. wirtsch. Austauschs.

Stadtgas, früher *Leuchtgas*, das früher meist in städt. *Gaswerken* aus Steinkohle (seltener Braunkohle) hergestellte, heute von *Kokereien* u. Großgaswerken an die Städte gelieferte Gas *(Ferngas)* für Koch-, Beleuchtungs- (Straßenlaternen) u. Heizzwecke. Auch *Erdgas* wird als S. verwendet.

Stadtguerilla [-gɛˈrilja] →Tupamaros.

Stadthagen, Krst. in Nds. nördl. der Bückeberge, 23 000 Ew.; St. Martinikirche (14./15. Jh.).

Städtebau: Hochhäuser prägen heute das Bild der Stadtzentren; im Bild die Innenstadt von Dallas

Stadtkämmerer, Leiter des städt. Finanzwesens.
Stadtkreis, in Dtld. nichtamtl. Bez. für eine (land-)krfr. Stadt.
Stadtlohn, Stadt in NRW an der Berkel, nahe der ndl. Grenze, 17 000 Ew.; Textil- u. Möbel-Ind.
Stadtmarathon, zuerst in Boston (USA) seit 1897 ausgetragener Marathonlauf, heute in vielen Großstädten der Welt.
Stadtmission, 1826 von David Nassmith (* 1799, † 1839) in Glasgow (Schottland) zuerst begonnene ev. Fürsorge- u. Missionstätigkeit in Großstädten; in Dtld. von J.H. Wichern 1848 in Hamburg begonnen, heute vom Diakon. Werk getragen.
Stadtpfeifer, bes. im 14.–18. Jh. in Städten angestellte Musiker, die sich in Zünften zusammenschlossen.
Stadtpräsident, in der Schweiz der Bürgermeister oder Oberbürgermeister einer Stadt, d. h. einer Gemeinde mit über 10 000 Einwohnern (darunter: *Gemeindepräsident*).
Stadtrat, im Gemeinderecht der Städte der BR Dtld. 1. Name der *Gemeindevertretung* oder des *Gemeindevorstands;* 2. v. a. Amtsbez. der neben den leitenden Gemeindebeamten wichtigsten leitenden Mitglieder des Gemeindevorstands, die dann in der Regel noch näher nach dem betr. Aufgabengebiet bestimmt ist (z. B. *Stadtbaurat, -rechtsrat, -schulrat*). Höhere Kommunalbeamte, die nicht Wahlbeamte sind, heißen dagegen *städtische Räte* (u. a. *städt. Baurat*).
Stadtrecht, 1. das Recht der Städte des MA: Satzungen, die zunächst Privilegien *(Handfeste)* des Stadtherrn waren, seit dem 13. Jh. dann von den Städten selbst autonom erlassen wurden (*Willküren, Schraen*). – 2. das für die Städte geltende Gemeinderecht.
Stadtregion, das Gebiet einer größeren Stadt einschl. desjenigen Umlandbereichs, dessen Bewohner überwiegend nichtlandwirtsch. Berufe ausüben u. zu einem erhebl. Teil ihre wirtsch. Existenz unmittelbar in den Arbeitsstätten der Stadt finden *(Einpendler).*
Stadtroda, bis 1925 *Roda,* Krst. in Thüringen, sö. von Jena, 5300 Ew.; Barockschloß.
Stadtstaat, eine Stadt, deren Gebiet zugleich Staatshoheitsbereich ist; in Dtld. eine Stadtgemeinde, die zugleich Bundesland ist.
Stadtverordneter, im Gemeinderecht der Städte mehrerer Länder der BR Dtld. Amtsbez. für die Mitglieder der *Gemeindevertretung.*
Staeck, Klaus, * 28.2.1938, dt. Maler u. Graphiker (zeitkrit., satir. Plakate).
Staël [sta:l], Nicolas de, * 1914, † 1955, frz. Maler russ. Herkunft; gelangte zu einem expressiv-abstrakten Stil mit gefühlsbetonter Farbverwendung.
Staël-Holstein [sta:l-], (Anne Louise) Germaine Baronne de, gen. *Madame de Staël,* * 1766, † 1817, frz. Schriftst.; Tochter des frz. Finanzministers Jacques *Necker;* unterhielt um 1800 den führenden Pariser Salon; wurde 1802 zur Emigration gezwungen; vermittelte die entscheidenden Anstöße für die Romantik in Frankreich; W »De l'Allemagne« (dt. »Deutschland«).
Stafette, fr. reitender Bote, Eilbote; heute Staffel.
Staff, Leopold, * 1878, † 1957, poln. Schriftst. (pazifist. Lyrik u. symbolist. Dramen).
Staffage [-ʒə], Ausstattung, Beiwerk.
Staffel, Einheit eines Luftwaffengeschwaders; bei der Marine Formation des Fahrens im Verband.
Staffelei, verstellbares, meist dreibeiniges Gerüst, dient dem Maler während des Malens als Träger der aufgespannten Leinwand oder anderer Bildgründe.
Staffelgiebel, *Treppengiebel,* ein Giebel, der stufenförmig ansteigt; in der norddt. Backsteinarchitektur.
Staffellauf, *Stafettenlauf,* ein Mannschaftslauf, bei dem die einzelnen Läufer einer Staffel sich nach Übergabe eines Stabs ablösen.
Stafford ['stæfəd], Hptst. der mittelengl. Gft. *S.shire* am Grand Trunk Canal, 56 000 Ew.; Masch.- u. Leder-Ind.
Stag, ein Hanf- oder Stahlseil, das Schiffsmasten versteift u. Stengen nach vorn steif (straff) setzt.
Stagflation [Kunstwort aus *Stagnation* u. *Inflation*], inflationist. Tendenzen (insbes. starke Preissteigerungen) bei gleichzeitiger Stagnation der Wirtschaftstätigkeit u. Arbeitslosigkeit.
Stagnation, Stillstand, Stockung.
Stahl, alle schmiedbaren Eisenlegierungen; wichtigster Werkstoff der Gegenwart.
Erzeugung: S. wird heute ausschl. im schmelzflüssigen Zustand *(Fluß-S.)* erzeugt. *Schweiß-S.,* seit alters im Rennfeuer, seit 1784 durch Puddeln im teigigen Zustand erzeugt, wird heute nicht mehr gewonnen. Ausgangsstoff ist überwiegend das dem Hochofen oder dem Niederschachtofen entnommene Roheisen. – *Blasverfahren (Windfrischen)*: Flüssiges Roheisen wird in den Konverter gefüllt, u. durch Hindurchblasen von Luft (»Wind«) werden die unerwünschten Stoffe verbrannt. Beim *Bessemer-S.* sind dies Kohlenstoff, Mangan u. Silicium, beim *Thomas-S.* Kohlenstoff, Mangan u. Phosphor. Beim *LD-Verfahren* (nach den östr. Entwicklerwerken Linz-Donawitz) wird Sauerstoff mit einer *Sauerstofflanze* auf die Oberfläche von flüssigem Eisen im Tiegel geblasen. Eine Abwandlung des LD-Verfahrens ist das *LD-AC-Verfahren,* wobei ein Sauerstoff-Kalk-Gemisch geblasen wird. Beim abgewandelten Sauerstoffblasverfahren im *Kaldo-Ofen* dreht sich der Ofen in Schrägstellung 30mal in der Minute um seine eig. Achse. – *Flammofenverfahren:* Der *Siemens-Martin-Ofen* (seit 1864) besteht aus einer Schmelzwanne mit einem Fassungsvermögen bis 900 t Stahl. In ihr wird durch eine lange Flamme von etwa 1800 °C der »Einsatz« niedergeschmolzen, der je nach dem gewählten Verfahren aus festem oder flüssigem Roheisen u. S.schrott oder nur aus Schrott mit Kohle oder aus Roheisen mit Erz besteht. Der Frischvorgang dauert 4–8 Stunden. Als Brennstoff dient überwiegend Öl. Im *Elektroofen* (*Elektro-S.*) besteht der »Einsatz« aus Rohstahl, Legierungsstoffen u. Zusätzen; er wird durch Lichtbogen- oder Induktionswärme niedergeschmolzen (Lichtbogenofen: W. von Siemens, 1880). – Verarbeitung: Der flüssige S. (außer S.guß) wird zu S.blöcken bis zu 250 t in *Kokillen* vergossen u., noch glühend, in Walzwerken zu *Form-S.* (S.trägern), *Stab-S., Walzdraht, nahtlosen Rohren* oder *Blechen* u. *Bändern* ausgewalzt (70% der Rohstahlerzeugung) oder, erkaltet, nach nochmaligem Erwärmen unter Pressen u. Häm-

Stalingrad 855

mern zu Freiformschmiedestücken u. Hohlblöcken ausgeschmiedet.
Stahl, 1. Friedrich Julius, * 1802, † 1861, dt. Rechtsphilosoph u. Politiker; Vertreter der religiöskonservativen Form einer prot. Sozialphilosophie. – **2.** Georg Ernst, * 1660, † 1734, dt. Arzt u. Chemiker; Leibarzt *Friedrich Wilhelms I.* von Preußen.
Ståhlberg ['stoːlbærj], Kaarlo, * 1865, † 1952, finn. Politiker; Schöpfer der Verf. von 1919; 1919–25 Staats-Präs.
Stahlbeton → Beton.
Stahlguß → Stahl.
Stahlhelm, *S., Bund der Frontsoldaten,* im Nov. 1918 in Magdeburg von F. *Seldte* gegr. Wehrorganisation; Sammelbecken des militanten Nationalismus der bürgerl. Rechtsparteien. In seinem Kampf gegen die Weimarer Republik ging er zeitweise (seit 1929) mit der NSDAP zusammen (*Harzburger Front*); seit 1934 *Nat.-soz. Dt. Frontkämpferbund.* 1951 als S. neu gegr.
Stahlhof → Stalhof.
Stählin, Wilhelm, * 1883, † 1975, dt. ev. Theologe; 1945–52 Bischof in Oldenburg; Anreger u. geistiger Leiter des *Berneuchener Kreises.*
Stahlpakt, der am 22.5.1939 zw. dem nat.-soz. Dt. Reich u. dem faschist. Italien geschlossene Freundschafts- u. Bündnispakt. Er setzte die Linie der 1936 begonnen Politik (»Achse Berlin-Rom«) fort.
Stahlstich, um 1820 in England erfundenes Tiefdruckverfahren, dem *Kupferstich* ähnlich. Die Zeichnung wird in eine Stahlplatte geätzt oder gestochen.
Staiger, Emil, * 1908, † 1987, schweiz. Literaturwiss.; u. a. Arbeiten zur dt. Klassik; W »Goethe«.
Stainer, *Steiner,* Jakob, * vor 1617(?), † 1683, östr. Geigenbauer; Begr. der »Tiroler Schule«, bahnbrechend für den dt. Geigenbau.
Staket, Lattenzaun, Pfahlwerk.
Stalagmit, durch auftropfendes kalkhaltiges Wasser allmählich von unten nach oben wachsendes säulenartiges Tropfsteingebilde.
Stalaktit, ein hängendes, zapfenartiges Tropfsteingebilde in Höhlen, das von der Decke nach unten auf der *Stalagmiten* zu wächst.
Stalhof, fälschl. *Stahlhof,* seit dem 15. Jh. Bez. für das Kontor der *Hanse* in London; 1603 geschlossen.

Josef Stalin (Aufnahme aus seinen letzten Lebensjahren; das Bild durfte zu Stalins Lebzeiten in der UdSSR nicht veröffentlicht werden)

Stalin, eigtl. *Dschugaschwili,* Jossif (Josef) Wissarionowitsch, * 1879, † 1953, sowj. Revolutionär u. Politiker; Georgier; wurde 1912 in das ZK der bolschewist. Partei kooptiert. Den 1. Weltkrieg verbrachte er in sibir. Verbannung. Seit 1922 brachte er als Generalsekretär den Parteiapparat der KPdSU unter seine Kontrolle. Nach dem Tod *Lenins* schaltete er durch geschicktes Ausspielen der versch. Gruppen in der KPdSU nacheinander L. Trotzkij, G. Sinowjew, L. Kamenew, N. Bucharin u. a. prominente Bolschewiki aus. Seit Ende der 1920er Jahre war er Diktator der Partei u. des Landes. Sein innenpolit. Sieg brachte der UdSSR ein brutales Terrorregime. Seit 1941 war S. auch Vors. des Rates der Volkskommissare u. Oberbefehlshaber der Streitkräfte. Seine durch den Pakt mit Hitler betriebenen Annexionen im W baute er nach dem 2. Weltkrieg aus. Dadurch wurde der kalte Krieg eingeleitet. S. ließ sich als »Genius der Menschheit« feiern.
Stalingrad, 1925–61 Name der sowjet. Stadt *Wolgograd.* – Im 2. Weltkrieg war S. schwer um-

Staffellauf: Stabwechsel bei einer 4 × 100 m-Staffel der Frauen

kämpft. Die Kapitulation der dt. 6. Armee unter F. *Paulus* am 31.1.–2.2.1943 bedeutete den Wendepunkt des Kriegsgeschehens an der Ostfront.

Stalinismus, Praxis u. Theorie des Bolschewismus unter J.W. *Stalin.* Der S. begann nach der Ausschaltung der innerparteil. Opposition in der KPdSU um 1930. Hauptmerkmale waren u. a.: Verengung der marxist. Theorie zu einem Dogmensystem; exzessiver Personenkult; Beseitigung aller bürgerl. Freiheiten u. umfassender Terror. Nach 1945 wurde der S. auf die osteurop. Satellitenstaaten der UdSSR ausgedehnt. Auf dem 20. Parteitag der KPdSU leitete N. *Chruschtschow* eine »Entstalinisierung« ein. Nach dem Sturz Chruschtschows wurde diese Entwicklung gestoppt u. erst mit dem Amtsantritt *M. Gorbatschows* 1985 wieder aufgenommen.

Stalinorgel, russ. *Katjuscha,* Bez. für sowjet. Mehrfachraketenwerfer; seit 1941 von der sowjet. Armee verwendet.

Stallhase, volkstüml. Bez. für das Kaninchen.

Stallone [stə'ləʊn], Sylvester Enzio, *6.7.1946, US-amerik. Filmschauspieler u. Regisseur; bes. bekannt durch seine »Rocky«- u. »Rambo«-Filme.

Stamitz, Johann, *1717, †1757, böhm. Geiger, Dirigent u. Komponist; wirkte seit 1741 in Mannheim u. schuf den neuartigen Instrumentalstil der *Mannheimer Schule;* führte die damals als revolutionär empfundene Orchesterdynamik ein.

Stamm, 1. *Phylum,* die höhere biolog.-systemat. Einheit, die mehrere *Klassen* zusammenfaßt. – 2. der von Flexionsendungen befreite Wortkern eines Simplex oder Derivativums; auch dasjenige Morphem, das als kleinste Einheit der Wortbildung anzusehen ist (z.B. »-wend-« in »Verwendung«). – 3. *Volksstamm,* eine sehr unterschiedl. große Gruppe von Menschen, die ein eigenes Territorium besitzt u. sich von ihrer Umgebung durch Sprache oder Dialekt, Sitte, Brauch, gesellschaftl. Einrichtungen u. stoffl. Kulturbesitz abhebt.

Stammaktie, die einfache Aktie ohne Bevorrechtung.

Stammbaum, 1. die Darstellung der Abstammung eines bestimmten Lebewesens oder einer ganzen Gruppe verwandter Arten, Klassen u. ä. im Sinn der →Abstammungslehre. – 2. *Nachfahrentafel,* in der Genealogie die Aufzeichnung aller Nachkommen eines Elternpaares.

Stammbuch, urspr. ein Verzeichnis der Familienmitglieder; seit dem 16. Jh. ein Buch, in das Gäste u. Freunde sich zur Erinnerung mit einer kurzen Widmung eintragen; heute noch als *Gästebuch* oder bei Schulkindern als *Poesiealbum.*

Stammeinlage, die Kapitalbeteiligung des Gesellschafters einer GmbH. Alle S. zusammen bilden das *Stammkapital.*

stammeln, eine Sprachstörung, bei der Laute, Lautverbindungen oder Silben falsch ausgesprochen, ausgelassen, wiederholt oder durch andere ersetzt werden.

Stammesgeschichte, *Phylogenie, Phylogenese,* die biolog. Wiss. von der Entwicklung des Tier- u. Pflanzenreichs; Teilgebiet der Abstammungslehre.

Stammholz, Nutzholz, das mind. 3 m lang ist u. 1 m über dem unteren Ende mind. 14 cm Durchmesser (ohne Rinde) hat.

Stammkapital, das Nennkapital einer Gesellschaft mit beschränkter Haftung.

Stammrolle, Namensverzeichnis.

Stammsukkulenten, wasserspeichernde Pflanzen (Sukkulenten), die an extrem trockene Standorte mit kurzen Regenperioden (Wüsten, Halbwü-

Entwicklung der Stammsukkulenz unter dem Einfluß warmer, trockener Klimate mit kurzen, ergiebigen Regenzeiten: Bis auf die Keimblätter werden die Laubblätter fortschreitend zu unscheinbaren Anhängseln und die Blattknospen zu Dornenbüscheln (Areolen) reduziert, während das Rindengewebe zu einem Wasserspeicher erweitert wird; 1) Peireskie, 2) Opuntia, 3) Cereus (nach Troll, vereinfacht)

sten) angepaßt sind. Ihr Sproß ist fleischig verdickt. S. haben sich in mehreren Verwandtschaftsgruppen konvergent entwickelt (»Kakteentypus«).

Stammwürze, in der Bierbrauerei der Gehalt an Extrakt (Maltose, Dextrine u. a.) in der *Würze* vor der Gärung.

Stamnos, antikes Vorratsgefäß aus gebranntem Ton; mit zwei Henkeln.

Standard, festgelegte Qualitätshöhe, Maß, Norm, Richtschnur.

Standarte, *Stander,* Flagge eines Staatsoberhaupts, fr. Fahne der berittenen Truppen; ein rechtwinkliges Tuch mit einem spitzwinkligen Einschnitt.

Standbild →Statue.

Stände, 1. soziale Kollektivgebilde, die im Unterschied zur bloßen sozialen *Schicht* Interessengemeinsamkeit, Solidarität, genossenschaftl.-organisator. Verbindung der einzelnen u. eine gewisse Abgeschlossenheit haben. Im Unterschied zur *Klasse* ist der Stand nicht durch eine ökonom. Lage u. das Bewußtsein dieser Lage allein, sondern v. a. durch exklusive Tradition u. konservatives Ethos *(Standesbewußtsein)* bestimmt. Die »klass.« S. waren Geistlichkeit, Adel u. Bürgertum, dazu das Proletariat als *vierter Stand.* – 2. in der Schweiz die 23 Kantone einschl. der 3 Doppelkantone (die 6 Halbkantone bilden jeweils nur einen halben Stand).

Ständemehr, die Mehrheit im schweiz. Ständerat; auch die Mehrheit der Kantone bei Volksabstimmungen.

Stander, 1. eine dreieckige Signalflagge. – 2. eine starre Flagge am Kraftwagen oder vor einer militär. Dienststelle, die den Aufenthaltsort u. die Dienststellung eines militär. Führers kenntlich macht.

Ständerat, die aus 46 Abg. der Kantone zusammengesetzte 2. Kammer der schweiz. Parlaments, der *Bundesversammlung.*

Ständerpilze →Pilze.

Standesamt, kommunale Verwaltungsbehörde zur Beurkundung der Personenstands u. zur Ermittlung von Ehehindernissen *(Aufgebot);* in der Schweiz *Zivilstandsamt.*

Standesherren, *Mediatisierte,* die reichsunmittelbaren Fürsten u. Grafen, die die Reichsstandschaft des alten Dt. Reichs besaßen, 1803–06 aber mediatisiert wurden.

Ständestaat, vom 14.–17. Jh. die in Europa vorherrschende Staatsform, soweit sich nicht der Absolutismus durchgesetzt hatte (obwohl auch er ständ. Vertretungen dulden mußte). Die beherrschenden drei *Stände* waren der *Adel,* die *Geistlichkeit* u. das durch die Reichsstädte vertretene *Bürgertum.* Im 19. u. 20. Jh. hatte der S. in einer Mischung mit berufsständ. Vorstellungen eine vorw. theoretische Bedeutung.

Ständiger Schiedshof, *Haager Schiedshof,* durch die Friedenskonferenzen 1899 u. 1907 errichtete internat. Schiedsinstanz; verfügt über ein *Internat. Büro* (Geschäftsstelle) in Den Haag.

Standort, 1. die Umwelt einer Pflanze oder Pflanzengesellschaft. – 2. Unterkunftsort einer Truppe. – 3. Lage eines Betriebs im Wirtschaftsbereich.

Standrecht, das verschärfte Strafrecht u. verein-

fachte Strafverfahren während eines Ausnahmezustandes oder im Kriegsfall; wird von *Standgerichten* durchgesetzt.

Stanford ['stænfəd], Sir Charles Villiers, *1852, †1924, ir. Dirigent u. Komponist; Opern, Sinfonien, Kammermusik.

Stanislaus, *Stanisław,* poln. Könige: **1. S. I.** *Leszczyński,* *1677, †1766, König 1704–09 u. 1733–36; unter schwed. Druck zum König gewählt; mußte nach der Niederlage Karls XII. bei Poltawa 1709 flüchten. Seine Wahl zum König nach dem Tod Augusts des Starken (1733) konnte er im Poln. Thronfolgekrieg gegen Rußland u. Östr. nicht verteidigen. – **2. S. II. August Poniatowski,** *1732, †1798, (letzter) König 1764–95; mußte die drei Poln. Teilungen hinnehmen u. abdanken (Ende des alten Polens).

Stanisław [-suaf], *um 1030, †1079, Bischof von Krakau seit 1072; von König Bolesław II. zum Tod verurteilt. – Heiliger, Patron von Polen (Fest: 11.4., in Polen 8.5.).

Stanisławski [-su'afski], Jan, *1860, †1907, poln. Maler; Hauptvertreter der neueren poln. Landschaftsmalerei.

Stanisławskij, Konstantin Sergejewitsch, eigtl. *K.S. Alexejew,* *1863, †1938, russ. Schauspieler u. Regisseur; Mitgr. u. Leiter des Moskauer Künstlertheaters (1898); erarbeitete einen neuen realist. Bühnenstil.

Stanley ['stænli], **1.** Sir Henry Morton, eigtl. John *Rowlands,* *1841, †1904, brit. Journalist u. Forschungsreisender; fand 1871 den in O-Afrika verschollenen D. *Livingstone;* durchquerte 1874–77 erstmalig Zentralafrika auf dem Kongo; fand u. befreite 1887–89 *Emin Pascha.* – **2.** Wendell Meredith, *1904, †1971, US-amerik. Chemiker u. Biologe; führte grundlegende Untersuchungen über die Viren, bes. das Tabak-Mosaik-Virus, durch; Nobelpreis für Chemie 1946.

Stanleyfälle ['stænli-], jetzt *Malebofälle,* Stromschnellen u. Wasserfälle des *Lualaba* (der ab hier *Kongo* heißt) oberhalb von Kisangani, bei denen der Lualaba auf 100 km Länge 60 m an Höhe verliert.

Stanniol, dünne Folie aus Zinn; auch Metallpapier.

Stans, Hptst. des schweiz. Halb-Kt. *Nidwalden,* südl. des Vierwaldstätter Sees, am Fuß des *S. erhorns* (1898 m), 5800 Ew.; Flugzeugwerke, Traktorenfabrik.

Stanton ['stæntən], Elizabeth Cady, *1815, †1902, US-amerik. Frauenrechtlerin; 1888 Präs. der 1. internat. Frauenkonferenz.

stanzen, Formstücke aus dünnem Werkstoff (Blech, Pappe, Textilien) auf der Presse mit bes. Schnittwerkzeug heraussschneiden.

Stapel, 1. Holzklötze, auf denen das Schiff während der Bauzeit aufliegt. – 2. Warenlager.

Stapelholm, Ldsch. in Schl.-Ho., zw. Eider u. unterer Trenne.

Stapelie, Gatt. der *Seidenpflanzengewächse;* kakteenähnl. Sukkulenten aus S-Afrika.

Stapellauf, das Heruntergleiten eines Schiffsneubaus von der *Helling* ins Wasser.

Stapelrecht, im MA ein an Städte verliehenes Recht, nach dem die durchziehenden Kaufleute

Stalinorgel

verpflichtet waren, ihre Waren in der Stadt anzubieten.

Staphylokokken, *Traubenkokken,* vorwiegend runde, unbewegl. *Bakterien;* Erreger akuter Entzündungen, sehr empfindlich gegen Antibiotika.

Star, 1. [zu *starren*], Augenkrankheiten: 1. *schwarzer S.,* Amaurose; 2. *grauer S.,* Katarakt; 3. *grüner S.,* Glaukom. – **2.** [engl., »Stern«], berühmter (männl. oder weibl.) Sänger oder Schauspieler, bes. auf dem Unterhaltungssektor. – **3.** Singvogel: →Stare.

Stara Zagora, Hptst. des gleichn. bulgar. Bez. am Südhang der Sredna Gora, 156000 Ew.; Obstanbau; Kurort; Nahrungsmittelindustrie.

Stare, *Sturnidae,* rd. 100 Arten umfassende Fam. afrik. u. euras. *Singvögel;* mit kurzem Hals u. langem, spitzem Schnabel. Einheim. ist der getüpfelte, glänzende *Gewöhnl. Star.*

Starez, ein im geistl. Leben erfahrener u. charismatisch begabter orth. Priester oder Mönch, dessen Hauptwirksamkeit in der Seelsorge liegt.

Stargard, 1. poln. *Stargard Szczeciński,* Stadt in Pommern, sö. von Stettin, 61 000 Ew.; mittelalterl. Stadtbild; Bahnknotenpunkt. – **2.** →Preußisch Stargard. – **3.** *Land, Herrschaft S.,* der größere, sö. Gebietsanteil des ehem. Großherzogtums bzw. Freistaats Mecklenburg-Strelitz.

Starhemberg, 1. Ernst Rüdiger Graf von, * 1638, † 1701, östr. Feldmarschall; seit 1680 Kommandant der Stadt Wien, die er erfolgreich 1683 gegen die Türken verteidigte. – **2.** Ernst Rüdiger (Fürst von), * 1899, † 1956, östr. Politiker (Austrofaschist); seit 1930 Führer der paramilitär. *Heimwehr,* 1934–36 Vizekanzler u. zugleich Bundesführer der *Vaterländ. Front;* 1936 durch Schuschnigg gestürzt.

Stark, Johannes, * 1874, † 1957, dt. Physiker; entdeckte 1913 den *S.-Effekt,* die Aufspaltung einer Spektrallinie in mehrere Einzellinien, wenn die Atome in ein starkes elektr. Feld gebracht werden; Nobelpreis 1919.

Stärke, *Amylum,* ein hochmolekulares Polysaccharid, das in den Chloroplasten der Pflanzen gebildet u. in Form kleiner, runder oder ovaler Körnchen in den Wurzeln, Knollen u. Samen gespeichert wird; der wichtigste Kohlenhydrat-Reservestoff der Pflanzen. Die techn. Gewinnung der S. erfolgt durch Wasch- u. Schlämmprozesse aus Kartoffeln, Mais, Reis u. Weizen. S. wird u. a. als Nährstoff sowie zur Herstellung von Leimen u. Kleistern verwendet.

Stärkesirup, *Kartoffelsirup,* farbloser Sirup mit rd. $1/3$ Süßkraft des Rohrzuckers, hergestellt durch Hydrolyse von Stärke.

Stärkezucker, Glucose (Traubenzucker), die aus Kartoffel- oder Maisstärke durch Kochen mit verdünnter Salzsäure unter starkem Druck gewonnen wird.

Starkstrom, elektr. Strom zum Verrichten einer Arbeit, d. h. für die Erzeugung von mechan. Energie, Licht u. Wärme u. für die Zwecke der Elektrochemie.

Starlet, »Sternchen«, Nachwuchs-Filmschauspielerin.

Stärlinge, *Icteridae,* eine rd. 90 Arten umfassende Fam. der *Singvögel* in Amerika.

Starnberg, oberbay. Krst. am Nordende des *Starnberger Sees* (57,2 km²), 19 000 Ew.; Fremdenverkehr.

Starrkrampf →Wundstarrkrampf.

Stars and Stripes ['sta:z ənd 'straips], *Sternenbanner,* die Nationalflagge der USA.

Start, 1. Abflug eines Flugzeugs. – **2.** Beginn u. Ausgangspunkt jedes Rennens.

START, Abk. für engl. *Strategic Arms Reduction Talks,* dt. »Gespräche über die Reduzierung strateg. Waffen«; zw. USA u. UdSSR in Fortsetzung der SALT-Verhandlungen seit 1982 geführte Verhandlungen über den Abbau strateg. Waffen; der Vertrag (START-I) wurde am 31.7.1991 unterzeichnet. Am 3. 1. 1993 unterzeichneten Rußland u. die USA den START-II-Vertrag.

Stasi [die], volkstüml. Abk. für →Staatssicherheitsdienst.

Staßfurt, Krst. in Sachsen-Anhalt, an der Bode, 28 000 Ew.; Kalibergbau.

State Department ['steit di'pa:tmənt], das Außenministerium der USA in Washington.

Statik, ein Teilgebiet der *Mechanik,* das die Bedingungen untersucht, unter denen die an einem Körper angreifenden Kräfte im Gleichgewicht sind.

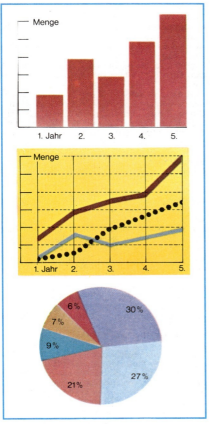

Statistik: Säulen-, Kurven-, Kreisdiagramm (von oben nach unten)

In der Technik ist sie die Grundlage aller Berechnungen u. Konstruktionen von Bauwerken (Brücken, Häuser). – **Statiker,** Ingenieur für statische Berechnungen.

Station, 1. Standort, Aufenthalt; Rundfunk- oder Forschungsstelle. – **2.** Abt. im Krankenhaus. – **3.** Bahnhof oder Haltestelle.

stationär, ortsfest. – **s.e Behandlung,** Krankenhausaufenthalt.

Stationierung, dauernde Unterbringung von Truppen an einem Standort.

statische Organe, die Sinnesorgane des statischen (mechanischen) Sinns: die Gleichgewichtssinnesorgane (Schweresinnesorgane), einschl. der Drehsinnesorgane der Wirbeltiere, u. die Gehörsinnesorgane.

Statist, Darsteller einer stummen Nebenrolle in Theater u. Film, bes. in Massenszenen. – **S.erie,** die Gesamtheit der Statisten.

Statistik, die Methoden zur Untersuchung von Massenerscheinungen. Die S. hat ihre mathemat. Grundlage u. Rechtfertigung im *Gesetz der großen Zahl* (wenn die Zahl der untersuchten Einzelfälle genügend groß ist, werden die zufälligen Abweichungen aufgehoben, u. die typ. Zahlenverhältnisse kommen zum Vorschein) u. in der *Wahrscheinlichkeitsrechnung.* Sie findet Anwendung bes. als *Wirtschafts-* u. *Bevölkerungs-S.*

statistische Reihe, eine Zusammenstellung von gleichartigen statist. Größen in gesetzmäßiger Reihenfolge; so bildet z.B. die jedem Jahr zugeordnete Niederschlagsmenge eine statist. Zeitreihe.

Statistisches Bundesamt, Wiesbaden, selbständige Bundesoberbehörde u. Zentrale der statist. Organisation in Dtld; gegr. 1948, Nachfolger des *Statistischen Reichsamts* (1872–1945).

Stativ, Ständer für Kameras; verstellbare Halterung für Instrumente.

Statthalter, Vertreter des Staatsoberhaupts oder der Regierung in einem Gebietsteil.

Statue [-tuə], *Standbild,* die aus plast. Material geformte Einzelfigur eines Menschen oder Tiers. – **statuarisch,** standbildähnlich, unbeweglich.

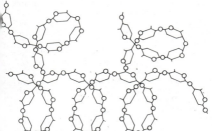
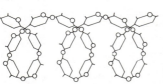

Stärke: Unterschiede im molekularen Aufbau der Hauptbestandteile der Stärkekörner Amylopektin und Amylose

Statur

Statur, äußere Erscheinung, Gestalt.

Status, Stand, Zustand, Rang.

Status nascendi, der Zustand chem. Stoffe (z.B. atomaren Wasserstoffs) im Augenblick ihres Entstehens aus anderen, wo sie bes. reaktionsfähig sind.

Status quo, der gegenwärtige Zustand. – **Status quo ante,** der Zustand vor einem bestimmten Ereignis.

Statut, 1. Satzung. – 2. der Name des Gesellschaftsvertrags einer eingetragenen Gesellschaft.

Staub, feinste, in der Luft schwebende feste Teilchen, bis zu vielen Tausenden in 1 dm³ enthalten.

Staubbachfall, 260 m hoher Wasserfall des Staubbachs (linker Zufluß der Weißen Lütschine), im Schweizer Kt. Bern.

Staubblätter, *Staubgefäße, Stamina,* die männl. Geschlechtsorgane der Blüte. Die S. tragen Pollensäcke, in denen die Pollenkörner (Gesamtheit: Blütenstaub oder Pollen) gebildet werden.

Stäubling, *Lycoperdon,* Gatt. der *Bauchpilze,* die in reifem Zustand ein feines Sporenpulver ausstreuen; z.B. der *Flaschen-S.*

Staublunge, *Pneumokoniose,* durch ständige Einatmung bestimmter Staubarten hervorgerufene, chronisch entzündl. Erkrankung der Atemwege; mit Lungenblähungen oder Wucherungen u. narbigen Schrumpfungen des Lungengewebes, Berufskrankheit.

Stauden, *Perennen,* ausdauernde *(perennierende),* wiederholt fruchtende Pflanzen, die in ihrem oberird. Teil relativ wenig Holzgewebe u. häufig unter der Erde stärker entwickelte Achsenorgane hervorbringen.

Staudinger, Hermann, * 1881, † 1965, dt. Chemiker; entdeckte u. a. eine quantitative Beziehung zw. dem Molekulargewicht u. der Viskosität von Lösungen dieser Stoffe; Nobelpreis 1953.

Staudruck, der Druck, der von einer strömenden Flüssigkeit oder von einem strömenden Gas an einem Hindernis hervorgerufen wird. – **S.messer,** ein Meßgerät, das die Geschwindigkeit gegenüber der umgebenden Luft durch ein Staurohr *(Prandtl-Rohr)* anzeigt. Dabei wird aus dem Staudruck die Strömungs- bzw. Fluggeschwindigkeit ermittelt.

Staudt, Karl Georg Christian von, * 1798, † 1867, dt. Mathematiker; berühmt durch seine »Geometrie der Lage« (projektive Geometrie).

Staudte, Wolfgang, * 1906, † 1984, dt. Filmregisseur; 🎞 »Die Mörder sind unter uns«, »Der Untertan«; auch Fernsehfilme.

Stauer, *Stauerbaas,* selbständiger Unternehmer, für die sachgemäße Verstauung der Ladung auf einem Schiff verantwortlich.

Staufer, schwäb. Fürstengeschlecht, stellte von 1138 bis 1254 die dt. Könige u. Kaiser. – *Friedrich von Büren* (* um 1090) ist der erste nachweisbare S. Sein Sohn *Friedrich* († 1105) erbaute die Burg *Hohenstaufen. Konrad III.* († 1152) war der erste S. auf dem dt. Königsthron.

Stauffacher, Rudolf, vor 1300 Landammann von Schwyz; spielte eine führende Rolle im urschweiz. Befreiungskampf gegen Habsburg.

Stauffenberg, Claus Graf *Schenk von S.,* * 1907, † 1944, dt. Offizier; Oberst u. Stabschef des Befehlshabers des Ersatzheeres, legte am 20.7.1944 eine Bombe im Führerhauptquartier »Wolfschanze« bei Rastenburg (Ostpreußen). Er wurde nach Mißlingen des Attentats standrechtl. erschossen.

Stavanger

Staupe, sehr ansteckende Viruserkrankung, bes. bei (jungen) Hunden, aber auch bei Katzen u. in Pelzfarmen gezüchteten Füchsen u. Nerzen. Symptome: Fieber, Durchfall, Erbrechen *(Darm-S.),* Husten, Bronchopneumie *(Lungen-S.)* u. Krämpfe *(zentralnervöse Form);* Vorbeugung durch Immunisierung mit Lebendimpfstoff.

Staurolith, ein Mineral.

Stausee, durch eine Talsperre aufgestautes Gewässer, Teil einer Stauanlage.

Staustufe, Sammelbez. für Wehranlagen, Schleusen u. Kraftwerke.

Die größten Stauseen der Erde

Name	Staat	Stauraum in Mio. m³
Owen Falls	Uganda	2 700 000
Bratsk	Rußland	169 270
Sadd Al Ali (Assuan)	Ägypten	168 900
Kariba	Sambia/Simbabwe	160 368
Akosombo	Ghana	148 000
Daniel Johnson	Kanada	141 582
Guri	Venezuela	138 000
Krasnojarsk	Rußland	73 300
W.A.C. Bennet	Kanada	70 309
Seja	Rußland	68 400
Wadi Tharthar	Irak	66 700
Sanmen	VR China	65 000
Cabora Bassa	Moçambique	63 000
La Grande 2	Kanada	61 715
La Grande 3	Kanada	60 020
Ust Ilim	Rußland	59 300
Samara (Kujbyschew)	Rußland	58 000
São Felix	Brasilien	55 200
Caniapiscau	Kanada	53 800
Buchtarma	Rußland	49 800
Cerros Colorados	Argentinien	48 000
Irkutsk	Rußland	46 000
Lower Tunguska	Rußland	45 000
Hoover	USA	40 000
Vilyui	Rußland	35 900

Stavanger, Hafenstadt u. Prov.-Hptst. am *S.fjord (Boknfjord),* 96 000 Ew.; Fischverarbeitung; Erdölindustrie.

Stavenhagen, Fritz, * 1876, † 1906, niederdt. Schriftst. (Volksstücke u. Bauernkomödien).

Stawropol, Hptst. des gleichn. Kraj in Rußland, im nördl. Kaukasusvorland, 306 000 Ew.; Masch.-Ind., Erdgasgewinnung.

Steady-state ['stɛdi 'stɛit], **1.** Bez. für eine von dem engl. Astrophysiker F. *Hoyle* aufgestellte Theorie, nach der die Materiedichte im Raum trotz der Expansion des Weltalls stets gleich bleibt, so daß fortlaufend eine bestimmte Menge an Materie neu entstehen muß *(stationäres Universum).* – **2.** Stoffwechselgleichgewicht; ein Zustand, bei dem Energieeintwicklung u. Energieausgabe bei Arbeit im Gleichgewicht sind.

Steak [stɛik], gebratene Fleischschnitte, bes. von Rind- u. Kalbfleisch.

Steamer ['sti:mə], Dampfschiff.

Stearin, Gemisch von Stearin- u. Palmitinsäure; weiße Masse, die für die Herstellung von Kerzen u. Kosmetika, ferner in der Seifen- u. Leder-Ind. verwendet wird.

Stearinsäure, eine langkettige Fettsäure, chem. Formel $C_{17}H_{35}COOH$. Sie findet sich, mit Glycerin verestert, in allen festen u. halbfesten Fetten.

Steatit, 1. [das], ein keram. Werkstoff hpts. für Hochspannungs- u. Niederspannungsisolatoren verwendet. – **2.** [der], Varietät des Minerals *Talk.*

Stechapfel, *Datura,* Gatt. der *Nachtschattengewächse.* Der *Gewöhnl. S.,* ist stark giftig.

Stechfliege, eine der Stubenfliegen ähnliche, aber durch den deutl. Stechrüssel unterschiedene hellgraue *Echte Fliege;* über die ganze Erde verbreiteter Blutsauger.

Stechginster, *Ulex,* Gatt. der *Schmetterlingsblütler* im atlant. Europa u. N-Afrika. Charakterpflanze der Heidegebiete des westl. Mitteleuropa ist der *Europ. S.,* mit dornartigen Blättern.

Stechimmen, *Aculeata,* diejenige Fam. der Hautflügler-Unterordnung der Apocrita, bei denen das Legrohr zu einem Wehrstachel umgebildet ist.

Stechmücken, *Culicidae,* mit ca. 1500 Arten weltweit verbreitete Fam. der *Mücken.*

Stechpalme, *Ilex,* Gatt. der *S.ngewächse;* rd. 450 Arten. *Ilex aquifolium* ist ein immergrüner, in milden Klimaten stattlicher Baum mit ledrigen, glänzend grünen, grobdornig gezähnten u. in einem Dorn endenden Blättern. *Ilex paraguariensis* liefert den *Mate-Tee.*

Stechuhr, Stempeluhren, die Beginn u. Ende der Arbeitszeit festhalten.

Steckbrief, öffentl. Aufforderung zur Ergreifung eines Beschuldigten oder eines Verurteilten, mit Personenbeschreibung u. Bild.

Steckel, Leonard, * 1901, † 1971, östr. Schauspieler u. Regisseur; verkörperte bes. Shakespeare-Gestalten.

Steckenkraut, *Ferula,* Gattung der *Doldengewächse;* in Dtld. als Gartenzierpflanze das *Gewöhnl. S.,* 2–5 m hoch.

Stecklinge, der ungeschlechtl. *(vegetativen)* Vermehrung dienende, von der Mutterpflanze abgetrennte Pflanzenteile.

Steckrübe, Kohlrübe →Raps.

Steele [sti:l], Sir Richard, * 1672, † 1729, engl. Schriftst.; einer der Begr. der Essayistik, zuerst in den von ihm mit J. *Addison* hrsg. Ztschr. »Tatler« (1709–11) u. »Spectator« (1711/12).

Steel Guitar ['sti:l gi'ta:r], elektr. verstärkte Gitarre in der Country- u. Hawaiimusik.

Steen, Jan, * 1626, † 1679, ndl. Maler (humorvolle Genreszenen).

Staufer: Stammtafel

```
(Welfen)                    Friedrich von Büren † um 1090              (Salier)
Heinrich der Schwarze von Bayern †1126    Friedrich I. von Schwaben †1105 ⚭ Agnes †1143    Kaiser Heinrich IV. †1106
Heinrich der Stolze †1139    Judith † um 1130 ⚭ Friedrich II. von Schwaben †1147    König Konrad III. †1152
Heinrich der Löwe †1195    Kaiser Friedrich Barbarossa †1190
Kaiser Otto IV. †1218    Kaiser Heinrich VI. †1197    König Philipp †1208
                         Kaiser Friedrich II. †1250    Beatrix †1234 ⚭ Ferdinand III. von Kastilien †1252
König Heinrich (VII.) †1242    Enzio †1272    König Konrad IV. †1254    Manfred †1266    Alfons deutscher König †1284
                Konradin †1268    Konstanze †1301 ⚭ Peter III. von Aragonien †1285
```

Steeplechase ['sti:pltʃɛis], engl. Hindernisrennen.
Steg, 1. schmale Brücke, schmaler Weg. – 2. bei Saiteninstrumenten ein kunstvoll gesägtes oder geschnitztes Holz, mit zwei Füßen auf der Decke stehend, das die Schwingungen der Saite auf den Resonanzkörper überträgt.
Stegreif, Steigbügel; *aus dem S.*, aus dem Augenblick heraus, improvisiert, ohne lange Vorbereitung. – *S.komödie*, ein Schauspiel, für dessen Darstellung kein fester Text zugrunde liegt.
Steher, ein Radrennfahrer, der hinter einem Schrittmacher Dauerrennen auf der Bahn bestreitet.
Stehkragen, aufrechter, den Hals glatt umschließender Kragen.
Steichen ['sti:kən], Edward, *1879, †1973, US-amerik. Photograph luxemburg. Herkunft; führte die Bildnisphotographie zu künstler. Höhe.
Steiermark, österreich. Bundesland, 16 387 km², 1,18 Mio. Ew. *Hptst.* Graz. Die Ober-S. hat Anteil an den Nördl. Kalkalpen u. an den Zentralalpen, gegliedert durch die Längstalzonen von Enns, Mur u. Mürz. Mittel- u. Unter-S. gehören im steir. Randgebirge zu den Zentralalpen; daran schließt gegen O u. S (Grazer Bucht) Hügelland an. Am dichtesten sind die großen Alpentäler besiedelt. Geschichte. Unter röm. Herrschaft gehörte die S. zu den Prov. Noricum u. Pannonien. Ende des 6. Jh. drangen die Awaren ein. Im 8. Jh. von Bay. aus besiedelt; 1180 Hzgt.; 1192 babenberg. 1278 kam das Gebiet an Rudolf von Habsburg, 1919 fiel die Süd-S. an Jugoslawien, seit 1991 zu Slowenien.
Steigaale, stromaufwärts wandernde Jungaale.
Steigbügel, 1. Metallbügel an Riemen zu beiden Seiten des Sattels, dient dem Reiter als Fußstütze. – 2. → Ohr.
Steiger, der Bergbeamte der mittleren u. gehobenen Laufbahn.
Steiger ['staigə], Rod, *14.4.1925, US-amerik. Filmschauspieler; u. a. in den Filmen »Die Faust im Nacken«, »Das nackte Gesicht«.
Steigerwald, stark bewaldetes dt. Mittelgebirge in Franken, südl. des Main, zw. Schweinfurt u. Bamberg; im *Hohenlandsberg* 488 m.

Steher: Durch das Fahren im Windschatten des Schrittmachers werden hohe Geschwindigkeiten erreicht

Steigung, 1. Math.: der Anstieg einer Kurve. Unter der *S. einer Geraden* versteht man den Tangens des Winkels, den die Gerade mit der x-Achse des Koordinatensystems bildet. – 2. Anstieg bzw. Gefälle einer Strecke bezogen auf die Einheit in horizontaler Richtung; wird entweder in Graden oder häufiger in Prozenten angegeben; z.B. sind 45° ≙ 100%, 30° ≙ 57,7%.
Stein, 1. → Gesteine, → Edelsteine. – 2. der innere harte, den Samen umgebende Teil der Fruchtwand bei den *S.früchten*.
Stein, Stadt in Mittelfranken (Bay.), an der Rednitz, 13 000 Ew.
Stein, 1. [stain], Sir Aurel, *1862, †1943, brit. Archäologe (Asien-Forscher). – 2. Charlotte von, geb. von *Schardt,* *1742, †1827, Freundin Goethes; Hofdame der Herzogin Anna Amalia von Sachsen-Weimar, seit 1764 verh. mit dem herzogl. Oberstallmeister Friedrich Frhr. von Stein (†1793). – 3. Edith, *1891, †1942 (im KZ ermordet), dt. Philosophin; Jüdin, konvertierte 1922 zum kath. Glauben; seit 1933 Karmeliterin; Schülerin u. Mitarbeiterin E. Husserls; 1987 seliggesprochen. – 4. [stain], Gertrude, *1874, †1946, US-amerik. Schriftst.; lebte seit 1903 in Paris; beeinflußte u. a. Hemingway u. Dos Passos; W »The making of Americans«. – 5. Karl Reichsfreiherr vom u. zum, *1757, †1831, preuß. Min.; 1807 zum leitenden Min. berufen. S. führte umfangreiche Reformen durch (Bauernbefreiung 1807, Städteordnung 1808, Verwaltungsreform 1808). – Auf Betreiben Napoleons wurde S. am 24.11.1808 zum zweiten Mal (zuerst 1807 von Friedrich Wilhelm III.) entlassen. Bis zu seiner Berufung als Berater des Zaren im Jahr 1812 lebte er in Prag u. Brünn im Exil. Sein Reformwerk wurde von Hardenberg in einem etwas anderen Geist fortgesetzt (*S.-Hardenbergsche Reformen*). S. regte die *Monumenta Germaniae Historica* an. – 6. Lorenz von, *1815, †1890, dt. Nationalökonom; Mitbegründer der modernen Soziologie u. Verwaltungslehre. – 7. Peter, *1.10.1937, dt. Regisseur u. Theaterleiter; seit 1970 Regisseur u. bis 1985 Leiter der Schaubühne am Halleschen Ufer (seit 1981 am Lehniner Platz); bekannt durch seine Klassikerinszenierungen. – 8. [stain], William Howard, *1911, †1980, US-amerik. Biochemiker; arbeitete über Enzyme; Nobelpreis für Chemie 1972.
Steinach, Stadt in Thüringen, nördl. von Sonneberg, 7300 Ew.; Spielzeug-Ind.; Wintersportplatz.
Steinadler, bis 90 cm großer *Greifvogel* von dunkler Färbung; bewohnt felsige Hochgebirgswälder; fast ausgerottet.
Steinamanger → Szombathely.
Stein am Rhein, schweiz. Bez.-Hptst. im Kt. Schaffhausen, am Rhein-Ausfluß aus dem Untersee (Bodensee), 2500 Ew.; ehem. Benediktinerkloster; Weinanbau; Fremdenverkehr.
Steinbeck ['stainbɛk], John, *1902, †1968, US-amerik. Schriftst.; sozialkrit. Prosa; W »Die Schelme von Tortilla Flat«, »Die Straße der Ölsardinen«, »Früchte des Zorns«, »Jenseits von Eden«. Nobelpreis 1962.
Steinberger, Emil, *6.1.1933, schweiz. Kabarettist (Filme u. Fernsehshows).
Steinbock, Sternbild des südl. Sternhimmels.
Steinböcke, Artgruppe der Ziege: 1. die *echten S.*, die als gewandte Kletterer in Restbeständen über die Gipfelregionen der Gebirge Europas,

Asiens u. N-Afrikas verbreitet sind; 2. die *Pyrenäen-S.*, aus den Hochgebirgen der Iberischen Halbinsel; heute nahezu ausgerottet.
Steinbrand, *Schmierbrand*, gefährliche Weizenkrankheit durch Befall mit *Brandpilzen*.
Steinbrech, *Saxifraga*, Gattung der *S.gewächse* (→Pflanzen) mit 350 Arten; krautige Pflanzen mit in der Regel rosettigen Blättern.
Steinbruch, Anlage über Tage zur Gewinnung von technisch nutzbarem Gestein.
Steinbrut, Infektionskrankheit der Bienen; Erreger: *Aspergillus flavus*.
Steinbuch, Karl, *15.6 1917, dt. Informationswiss.; W »Die informierte Gesellschaft«.
Steinbutt, meist 50 cm, selten 1 m langer u. bis 12 kg schwerer *Plattfisch* in europ. Küstenmeeren.
Stein der Weisen, ein Stein, der nach der Lehre der Alchemie alle Krankheiten heilen u. Metalle, bes. Blei, in Gold verwandeln soll.
Steindruck → Flachdruck.
Steineibe, *Steinfruchteibe, Popocarpus*, Gatt. der

Edith Stein

S.ngewächse (Fam. der Nadelhölzer); Sträucher oder mächtige Waldbäume trop. Gebiete.
Steiner, Rudolf, *1861, †1925, östr. Theosoph, Begr. der *Anthroposophie;* versuchte, eine Wiss. des Übersinnlichen philos. zu begründen; Gründer der *Waldorfschulen* sowie der *Anthroposoph. Gesellschaft* (1913).
Steinernes Meer, verkarstete Hochfläche in den Salzburger Kalkalpen, sw. vom Königssee.
Steinfurt, Krst. in NRW, nw. von Münster; 31 000 Ew.; Wasserburg; Textil- u. Masch.-Ind.
Steingut, weißes bis cremefarbenes feinkeramisches Erzeugnis mit porösem Scherben; Rohstoffe: weißbrennende reine Tone, Kaolin, Quarz, Feldspat auch mit Kalkspat. Das S. wurde um 1720 in England (Staffordshire) erfunden u. dort von J. Wedgwood um 1765 verbessert.
Steinhäger, ein Branntwein mit Wacholdergeschmack; nach dem Herstellungsort *Steinhagen* in NRW benannt.
Steinheim, 1. Stadt in NRW, sö. von Detmold, 12 000 Ew; Möbelind. – 2. *S. an der Murr*, Stadt in Ba.-Wü., nördl. von Stuttgart, 9300 Ew., Fundort eines fossilen Schädels (*S.er Schädel*).

Nubischer Steinbock

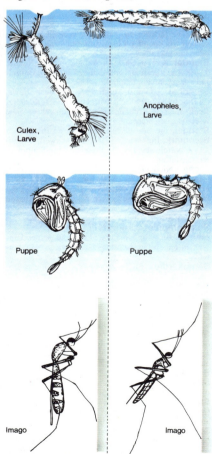

Stechmücken: Vergleich der Gattung Culex und Anopheles

Steinhuder Meer, See in Nds. nw. von Hannover, 30 km², bis 3 m tief; Segelsport; auf einer künstl. Insel die Festung Wilhelmstein (18. Jh.).
Steinhuhn, SO-europ. *Fasanenvogel* der höchsten Gebirgslagen.
Steinigung, Hinrichtung durch Steinwürfe; im Altertum bei mehreren Völkern gebräuchlich; heute noch vereinzelt in islam. Ländern.
Steinkauz, einheim., kleine, flachköpfige *Eule*; »Totenvogel« genannt.
Steinkohle, ein kompliziertes Gemisch aus chem. Verbindungen, die hpts. Kohlenstoff, Wasserstoff u. Sauerstoff, daneben geringe Mengen an Schwefel u. Stickstoff enthalten; außerdem finden sich in S. noch mineral. Bestandteile u. etwa 10% freier Kohlenstoff. S. ist durch *Inkohlung* von Schachtelhalmen, Farnen u. Bärlappgewächsen in den Formationen Jura, Trias, Perm u. Karbon entstanden. S. ist eine schwarzglänzende (auch matte), feste Substanz, die in S.flözen abgebaut wird.
Steinkohleneinheit, Abk. *SKE*, die Energiemenge, die in 1 kg Steinkohle enthalten ist; dient insbes. zum Vergleich versch. Energieträger.
Steinkohlenteer →*Teer*.
Steinkorallen, *Madreporaria*, zu den *Hexacorallia* gehörige, stockbildende Polypen. Zu den S. gehören die riffbildenden Korallen. Es sind etwa 2500 Arten bekannt.
Steinkraut, *Alyssum*, Gatt. der *Kreuzblütler*. Eine gelbblühende dt. Art ist das *Kelch-S.* auf Äckern, Dämmen u. Mauern. Eine beliebte Gartenpflanze ist das *Felsen-S.*
Steinkühler, Franz, *20.5.1937, Gewerkschaftsführer; 1986–93 1. Vors. der IG Metall.
Steinmarder, *Hausmarder*, braungelb gefärbter *Marder* mit weißem Kehlfleck.
Steinmetzzeichen, Urhebermarke des an einem Bau mitwirkenden Steinmetzen, im MA auch Signatur einer ganzen Bauhütte; gebräuchl. vom MA bis zum 18. Jh.
Steinnußpalme, eine südamerikanische stammlose *Palme* mit riesigen Fiederblättern u. kopfgroßen Sammelfrüchten. Die Samen gelangen als *Elfenbeinnüsse*, *Vegetabilisches Elfenbein* oder *Steinnüsse* nach Europa u. sind Rohstoff für die Knopffabrikation.
Steinobst, *Steinfrüchte*, Früchte (z.B. Pfirsich, Aprikose, Pflaume, Kirsche, Walnuß), bei denen die innere Schicht der Fruchtwand einen den Samen bergenden Steinkern bildet. – **S.gewächse**, *Prunoideae*, Unter-Fam. der *Rosengewächse*; hierher die Nutzpflanzen der Gatt. Prunus.
Steinpeitzger, *Dorngrundel*, *Steinbeißer*, 15 cm lange *Schmerle*; ein Grundfisch Eurasiens.
Steinpilz, *Herrenpilz*, wohlschmeckender *Röhrenpilz*; mit braunem Hut.
Steinsalz, *Halit*, das Mineral *Natriumchlorid*.
Steinsame, *Lithospermum*, Gatt. der *Rauhblattgewächse*; u. a. der *Gewöhnl. S.* mit glänzend weißen Früchten.
Steinschlag, Absturz von Gesteinstrümmern, die durch Verwitterungsvorgänge aus Felswänden gelockert wurden.
Steinschloßgewehr, von der Mitte des 17. Jh. bis nach den napoleon. Kriegen in Frankreich verwendetes Gewehr. Es verbesserte das Luntenschloß des älteren Gewehrs durch den Feuerstein.
Steinschneidekunst, *Glyptik*, die plast. Bearbeitung von Halb- u. Ganzedelsteinen, Bergkristall u.

Steinmarder

ähnlichen Steinsorten mit Hilfe von Schneid- u. Schleifgeräten.
Steinwälzer, kleiner, kräftiger Strandvogel aus der Verwandtschaft der *Regenpfeifer* u. *Schnepfen*.
Steinweg, Heinrich Engelhard, *1797, †1871, dt. Klavierbauer; wanderte 1850 nach Amerika aus, wo er 1853 die Klavierbaufirma Steinway & Sons gründete (Name 1854 anglisiert).
Steinzeit →*Vorgeschichte*.
Steinzeug, aus einer tonreichen Masse (Zusammensetzung: 50–80% Ton, 20–40% Quarz u. 1–10% Feldspat) gebrannte Tonware. Seinem Charakter nach steht das S. zw. Steingut u. Porzellan.
Steiß, *Steißbein*, bei Mensch u. Menschenaffe der kleine, am Kreuzbein nach unten ansetzende, aus 3–6 (meist 4) Wirbelkörpern verwachsene Knochen; Rest der Schwanzwirbelsäule der Wirbeltiere.
Steißhühner, *Tinaminiformes*, eine Ordnung der *Vögel*, die in einer Fam. (*Tinamidae*) Amerika von Mexiko bis S-Argentinien bewohnt.
Stele, senkrecht im Boden stehende schmale Steinplatte, in der Antike als Grabstein (*Grab-S.*).
stellar, die Sterne betreffend, von ihnen stammend.
Stellarastronomie, Teilgebiete der Astronomie, die sich mit den Fixsternen u. Sternsystemen (*Galaxien*) befassen.
Stellarator, in den USA gebaute Versuchsanlage zur techn. Erzeugung von Kernenergie durch Kernverschmelzung.
Stellenbosch [-bɔs], Stadt in der Prov. West-Kap (Rep. Südafrika), 30 000 Ew.; Univ.; Missionskirche.

Steinpilz

Stellenplan, *Organisationsplan*, der Plan einer Verw.-Behörde, in dem die durch das Haushaltsgesetz bewilligten *Planstellen* für alle Bediensteten im einzelnen aufgeführt sind.
Steller, eigtl. *Stoeller*, Georg Wilhelm, *1709, †1746, dt. Naturforscher; begleitete 1741 V. *Bering* zur Alaska-Küste; beschrieb die **S.sche Seekuh**, eine bis 10 m lange Seekuh, die um 1790 ausgerottet wurde.
Stellmacher, *Wagner*, handwerkl. Ausbildungsberuf für die Herstellung u. Reparatur von Wagen, Karren u. Schlitten, heute auch von Wohnwagen, Leitern, Werkzeugteilen u. a.
Stellprobe, beim Theater im Unterschied zur *Leseprobe* eine Probe, bei der die Schauspieler u. Sänger bereits auf der Bühne oder auf einer bes. Probebühne Bewegungen u. Stellungen proben.
Stellwerk, eine zentrale Stelle im Eisenbahnbetrieb, in der Weichen u. Signale gestellt werden.
Stelzen, 1. Stangen mit Trittklötzen als Belustigungsmittel, zum Durchqueren von überschwemmten Stellen (in Marschgebieten) u. um größer zu erscheinen (in afrik. Kulten). – **2.** *Motacillidae*, Fam. der *Singvögel*; mit rd. 50 Arten weltweit verbreitet, gut laufende Erdvögel.
Stelzenläufer, bis 40 cm großer, weltweit verbreiteter *Regenpfeifer* der Subtropen; mit sehr langen Beinen.
Stelzfuß, *Überköten*, bei Tieren die krankhafte Beugestellung der Zehengelenke, bes. des Fesselgelenks.
Stelzvögel, *Schreitvögel*, *Ciconiiformes*, eine Ordnung der *Vögel*, deren Vertreter in rd. 100 Arten an den Binnengewässern aller Erdteile vorkommen; Familien: *Reiher*, *Schattenvögel*, *Sichler*, *Störche*, *Ibisse* u. *Löffler*.
Stempel, 1. Werkzeug aus Stahl oder Gummi zum Drucken, Siegeln, Pressen oder Schneiden; *Präge-S.*, zur Herstellung von Münzen, Medaillen u. dgl. – **2.** Geschlechtsorgan der Samenpflanzen.
Stempelfarben, *Stempelkissenfarben*, Lösungen

Stendal: Uenglinger Tor (1380)

von Teerfarbstoffen oder Rußsuspensionen in schwer trocknenden Lösungsmitteln (z.B. Glycerin oder Glykol).
Stendal, Krst. in Sachsen-Anhalt, in der Altmark, 51 000 Ew.; roman.-got. Dom, Nahrungsmittel-Ind.; Verkehrsknotenpunkt.
Stendhal [stãˈdal], eigtl. Marie-Henri *Beyle*, *1783, †1842, frz. Schriftst.; ein Vorläufer des frz. Realismus; W Romane: »Rot u. Schwarz«, »Die Kartause von Parma«.
Stengel, die Sproßachse der höheren Pflanze.
Stenmark, Ingemar, *18.3.1956, schwed. Skiläufer; Olympiasieger u. Weltmeister im Slalom u. Riesenslalom.
Steno, Nicolaus, eigtl. Niels *Stensen*, *1638, †1686, dän. Arzt u. Naturforscher, später kath. Priester u. Bischof; entdeckte 1661 den Ausgang der Ohrspeicheldrüse; erkannte als erster fossile Tiere.
Stenogramm, Niederschrift in *Kurzschrift*.
Stenographie →*Kurzschrift*.
stenök, Bez. für ein Lebewesen, das seiner Umwelt in engen Grenzen angepaßt ist (z.B. Höhlentiere).
Stenokardie, *Herzbeklemmung* →Angina pectoris.
stenophag, auf bestimmte Nahrung spezialisiert.
Stenose, angeborene oder durch Narbenbildung, Geschwülste u. a. entstandene Verengung von Hohlgängen oder Hohlorganen; z.B. an Herzklappen, Adern, Harnleitern, Darm.
Stenotypistin, Schreibkraft in kaufmänn. Büros oder in Verwaltungen, meist als *Bürogehilfin* ausgebildet. Die *Phonotypistin* schreibt nach Diktiergerät.
Stensen, Niels →Steno, Nicolaus.
Stentor, bei Homer ein grch. Kämpfer vor Troja mit der Stimmstärke von 50 Männern (*S.stimme*).
Step, ein Tanz, bei dem in klapperndem Rhythmus (mit bes. Schuhen auf einer klingenden Holzplatte) auf der Stelle getanzt wird (*steppen*).
Stepanakert, seit 1990 wieder *Chankendy*, Hptst. der Bergkarabachen-AO im SW von Aserbaidschan, im Kleinen Kaukasus, 57 000 Ew.; Woll- u. Seidenind.
Stephan, Päpste: **1. S. I.**, †257, Papst 254 bis

Steinhuder Meer: Jachthafen

Stephansdom (links) und Innenansicht mit Orgel (rechts)

257; trat für die Gültigkeit der Ketzertaufe ein *(Ketzertaufstreit)*; Heiliger. – **2. S. II.,** † 757, Papst 752–757; stellte sich u. die Kirche unter den Schutz *Pippins d. J.,* dessen Herrschaft er durch die Königskrönung festigte. 756 übereignete Pippin ihm das Exarchat Ravenna *(Pippinische Schenkung).* – **3. S. IX.,** eigtl. *Friedrich von Lothringen,* † 1058, Papst 1057/58; Bruder Gottfrieds d. Bärtigen; vertrat die Ziele der Cluniazens. Reform; bereitete den Bruch mit dem dt. Kaisertum vor.

Stephan, *Stefan,* F ü r s t e n : **1. S. III., S. d. Gr.,** *um 1435, † 1504, Fürst (Woiwode) der Moldau 1457–1504; behauptete die Unabhängigkeit seines Landes von der türk. Oberherrschaft. – **2. S. I. Nemanja,** *1114, † 1200, Großžupan (Großfürst) von Raszien um 1166–96; begr. die Einheit Serbiens (um 1171) u. befreite den Staat von byzantin. Oberhoheit. 1196 wurde er Mönch *(Simeon).* – **3. S. Dušan (Nemanjić) IV.,** *um 1308, † 1355, Zar der Serben u. Griechen 1346–55; gewann Makedonien, Albanien, Epiros u. Thessalien; löste die serb. Kirche von Byzanz u. errichtete ein serb. Patriarchat. – **4. S. I., S. der Heilige,** ung. *István,* *969, † 1038, König von Ungarn 997 (1000) – 1038; heiratete die bay. Prinzessin *Gisela,* Schwester Kaiser Heinrichs II.; machte aus Ungarn einen abendländisch-christl. Staat. – 1087 heiliggesprochen (Fest: 16.8.).

Stephan, Heinrich von (1885 geadelt), *1831, † 1897, Organisator des dt. Postwesens; führte 1870 die 1865 von ihm erfundene Postkarte ein.

Stephansdom, ein Hptw. der mittelalterl. Baukunst Östr. in Wien. Der Gründungsbau, 1147 geweiht, wurde 1258 durch Brand zerstört. Der Südturm (»Steffel«) wurde 1433 vollendet.

Stephanskrone, die ung. Königskrone, nach König *Stephan I.,* der sie um 1000 von Papst Silvester II. erhalten haben soll; gelangte 1945 in die USA; 1978 an Ungarn zurückgegeben.

Stephanus, einer der 7 Diakone der christl. Urgemeinde zu Jerusalem, erster Märtyrer der christl. Kirche. – Heiliger (Fest: 26.12.).

Stephenson ['sti:vnsn], George, *1781, † 1848, engl. Ingenieur; erbaute 1814 die erste betriebsfähige Eisenbahn; eröffnete 1825 die erste Eisenbahnstrecke Stockton-Darlington.

Steppe, Bez. für die offenen, baumarmen bis baumlosen Vegetationsformationen (Grasländer) der außertrop. Gebiete. Trop. Gräsländer nennt man *Savannen.*

steppen, 1. zwei Stoffe aufeinander nähen. – **2.** →Step.

Steppenheide, wärmeliebende Pflanzengesellschaften auf Kalkböden, bes. Gräser u. Stauden.

Steppenpaviane, *Babuine,* in offenen Ldsch. Afrikas lebende Paviane.

Steppenraute, *Peganum,* Gatt. der *Jochblattgewächse.* Die kleinen schwärzl. Samen der *Syrischen S.* dienen zur Herstellung von *Türkischrot.*

Steppenschliefer, *Heterohyrax,* Gatt. der *Schliefer,* in NW-Afrika bis Angola.

Steppenwolf, *Präriewolf* →Coyote.

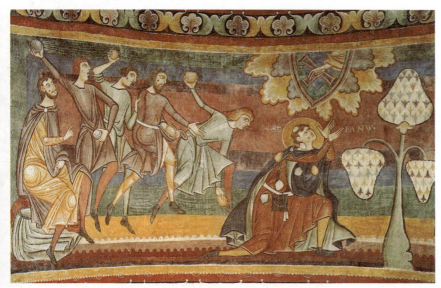

Stephanus: Steinigung des Stephanus, des ersten Märtyrers. Fresko aus der Benediktinerinnen-Klosterkirche Müstair in Graubünden; zwischen 1165 und 1180

Stereotyp

Ster, Abk. st, veraltetes Raummaß, bes. für Holz: 1 st = 1 m³.

Sterbegeld, der Geldbetrag, der beim Tod eines Versicherten bes. zur Deckung der Beerdigungskosten an die Hinterbliebenen gezahlt wird, 1. von einer *Sterbekasse,* 2. von der *Sozialversicherung* (Kranken- u. Unfallversicherung).

Sterbehilfe, *Hilfe beim Sterben,* in erster Linie menschl. Beistand, der durch persönl. Zuwendung u. Betreuung geleistet wird. Werden Eingriffe vorgenommen, um das Eintreten des Todes zu beschleunigen *(aktive S.),* oder werden Maßnahmen unterlassen, die das Leben verlängern könnten *(passive S.),* ist eine strafbare Handlung gegeben. Erlaubt ist die S. durch Verabreichung schmerzlindernder Mittel mit lebensverkürzender Nebenwirkung u. durch Verzicht auf lebensverlängernde Therapie. S. ist in der Öffentlichkeit umstritten.

Sterbekasse, *Totenlade,* Privatversicherungsverein, der meist nur Deckung der Begräbniskosten bezweckt.

Sterbesakramente, in der kath. Kirche die in Todesgefahr empfangenen Sakramente der Buße, Krankensalbung u. Kommunion.

Sterblichkeit, *Mortalität,* das Ausmaß der Todesfälle im Verhältnis zur Gesamtbevölkerung oder zu einzelnen Altersklassen; in der ct. Statistik: die pro Jahr Gestorbenen je 1000 Ew. *(Sterbeziffer);* in *Sterbetafeln* spezifiziert.

stereo..., in Zusammensetzungen »starr, fest; Raum..., Körper...«

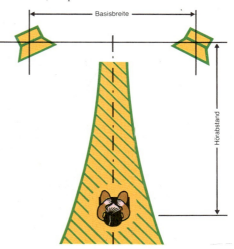

Stereophonie: Darstellung der Hörfläche

Stereochromie, eine 1823 erfundene Technik der Wandmalerei.

Stereokamera →Stereophotographie.

Stereokomparator, Apparat, mit dem man zwei gleichartige Himmelsaufnahmen, die von derselben Himmelsstelle, aber zu versch. Zeiten aufgenommen wurden, optisch zur Deckung bringt.

Stereometrie, *Raumlehre,* die Geometrie des dreidimensionalen euklid. Raums, bes. der Körper.

Stereophonie, Kurzwort *Stereo,* elektroakust. Tonwiedergabe mit räuml. Klangwirkung aufgrund der tatsächl. Laufzeitunterschiede; im Rundfunk (auf UKW), bei Schallplatte, Tonband u. Tonfilm möglich. Dazu wird der Ton mit zwei getrennten Mikrophonen (entspr. den beiden Ohren) aufgenommen u. in einem Zwei-Kanal-(Stereo-)Verstärker verstärkt; jeder Kanal wird über einen eig. Lautsprecher wiedergegeben. Aus der zweikanaligen S. entwickelte sich die *Vierkanal-S.* bzw. *Quadrophonie.*

Stereophotographie, *Raumphotographie,* eine Aufnahmetechnik, bei der mit einer *Stereokamera* zwei Teilbilder im Abstand von 65 mm (Augenabstand) aufgenommen werden, die, im *Stereoskop* oder mit Hilfe eines *Stereoprojektors* betrachtet, einen plast. Eindruck vermitteln.

Stereotyp, feste Redewendung; eine dem *Vorurteil* ähnliche, schablonenhafte Sehweise von bestimmten Gruppen, sowohl für eig. *(Auto-S.)* wie für fremde Eigentümlichkeiten *(Hetero-S.).* – **stereotyp,** feststehend, formelhaft.

Stereotypie, 1. die Abformung u. Vervielfältigung von Schriftsätzen oder Druckstöcken in einer angefeuchteten Matrizenpappe unter Druck. Die Matrizen *(Matern)* werden mit Letternmetall zu druckfähigen Platten *(Stereotypieplatten,* kurz *Stereos)* ausgegossen. – **2.** krankhafte dauernde Wiederholung oder Beibehaltung immer derselben Bewegungen, Handlungen u. Gedanken (Aussprüche).

steril, keimfrei; unfruchtbar; unfähig, Nachkommen zu zeugen (→Impotenz).

Sterilisation, 1. Keimfreimachung durch Abtötung von Mikroorganismen mittels Hitze oder Strahlung. – **2.** die künstl. Aufhebung der Fortpflanzungsfähigkeit.

Sterine, im Tier- u. Pflanzenreich vorkommende Verbindungen *(Zoo-* u. *Phyto-S.),* die sich vom *Steran* ableiten u. eine große Bedeutung für den Ablauf der Lebensvorgänge haben; u. a. das *Cholesterin.*

Sterkulie, *Sterculia,* Gattung der *S.gewächse* (→Pflanzen); etwa 200 trop. Arten.

Sterlet, ein *Stör* der Zuflüsse des Asowschen u. Kasp. Meers; bis 1 m lang; Kaviarlieferant.

Sterling ['stəːlɪŋ], Bez. für den 1180 eingeführten engl. *Penny.* Heute hat sich die Bez. nur in Zusammensetzungen erhalten *(Pfund S., S.silver).*

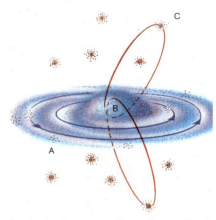

Sternhaufen; Bewegung und Lage offener und kugelförmiger Sternhaufen in unserem Milchstraßensystem: Die offenen Haufen (A) finden sich vor allem in den Spiralarmen der Milchstraße. Sie bewegen sich um das galaktische Zentrum (B) in der galaktischen Ebene. Kugelförmige Sternhaufen (C) liegen vor allem im galaktischen Halo und bewegen sich in elliptischen Bahnen um das Zentrum

Stern, ugs. ein Himmelskörper, der dem bloßen Auge als punktförmige Lichtquelle erscheint, in der Astronomie eine selbstleuchtende Gaskugel wie unsere Sonne. Ein S. bildet sich als Verdichtung in der interstellaren Materie. Er wird durch ein Gleichgewicht zw. der Gravitation im Innern u. dem nach außen gerichteten Gasdruck sowie dem Strahlungsdruck stabil gehalten. S.e entwickeln sich zu *Roten Riesen* oder *Überriesen,* die ausbrennen. Dadurch entstehen *Weiße Zwerge.* Weitere Entwicklungsstadien sind *Supernovae, Neutronen-S.e* u. *Schwarze Löcher.*

Stern, 1. Horst, *24.10.1922, Fernsehjournalist u. Schriftst.; krit. Tiersendungen u. Tierbücher. – **2.** [stəːn], Isaac, *21.7.1920, US-amerik. Geiger russ. Herkunft; spielte u. a. mit P. *Casals.* – **3.** Otto, *1888, †1969, dt.-amerik. Physiker; wies zus. mit W. *Gerlach* die auf dem Elektronenspin beruhende Aufspaltung eines Strahls von Silberatomen durch ein inhomogenes Magnetfeld in Strahlen versch. Richtung nach *(Richtungsquantelung);* Nobelpreis 1943. – **4.** William, *1871, †1938, dt. Philosoph u. Psychologe; Begr. der *differentiellen Psychologie.*

Sternberg, 1. Fritz, *1895, †1963, dt. Soziologe u. Wirtschaftswissenschaftler; emigrierte 1933; bekannt durch seine *Imperialismustheorie.* – **2.** Josef von, *1894, †1969, US-amerik. Filmregisseur östr. Herkunft; drehte u. a. »Der blaue Engel«.

Sternberger, Dolf, *1907, †1989, dt. Publizist u. Politologe (politolog. Untersuchungen u. Essays).

Sternbild, eine Gruppe von Fixsternen, die am Himmel eine mehr oder weniger ins Auge fallende Figur bilden u. vom Volksmund mit Namen bedacht wurden; astronomisch ein Gebiet des Sternhimmels. Der ganze Himmel ist heute in 88 S.er eingeteilt.

Sterndeutung →Astrologie.

Sterndolde, *Astrantia,* Gattung der *Doldengewächse;* hierzu die *Große S.,* eine bis 1 m hoch werdende Staude.

Sterne [stəːn], Laurence, *1713, †1768, engl. Schriftst.; einer der großen Humoristen der Weltliteratur; Ⓦ Roman »Leben u. Meinungen des Herrn Tristram Shandy«.

STERNE

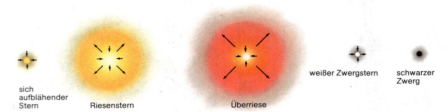

Ein Stern von einer Sonnenmasse verbleibt rund 10 Milliarden Jahre auf der Hauptreihe. Dann ist in seinem Kern der Wasserstoffvorrat erschöpft. Später beginnt im Innern dieses Sterns die Verwandlung von Helium zu Kohlenstoff. Die äußeren Sternschichten blähen sich auf, und es entsteht ein roter Riese. Schließlich fällt der Stern wieder zu einem weißen und noch später zu einem schwarzen Zwerg zusammen

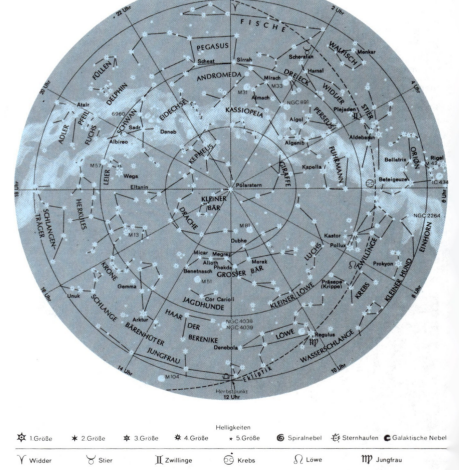

Nördlicher Sternenhimmel. Ein Teil der Sternbilder des nördlichen Himmels geht für die geographische Breite Mitteleuropas nie unter und kann stets in etwa Nordrichtung beobachtet werden (Zirkumpolar-Sternbilder): Kleiner und Großer Bär, Drache, Giraffe, Kassiopeia, Kepheus sowie teilweise Perseus, Fuhrmann, Schwan und Luchs. Oft fügt man die hellsten Sterne noch zu besonderen Figuren zusammen, z. B. das »Sommerdreieck« Deneb-Atair-Wega oder das »Wintersechseck« Kapella-Kastor-Prokyon-Sirius-Rigel-Aldebaran. Von diesen ist Sirius auf der Karte des südlichen Himmels. Zu den Frühjahrssternbildern gehört das Gebiet zwischen Löwe und Bärenhüter, zu den Herbststernbildern Pegasus bis Widder. Das bedeutet, daß diese Sternbilder in den betreffenden Jahreszeiten am besten abends zu beobachten sind. Von den Sternhaufen können bereits die Plejaden und Präsepe mit bloßem Auge erkannt werden

Sternenbanner →Stars and Stripes.
Sternfahrt, eine sportl. Veranstaltung, bei der die Teilnehmer in versch. Orten starten u. einem gemeinsamen Ziel zustreben.
Sternhaufen, auffällige Anhäufung von Fixsternen auf einem kleinen Ausschnitt des Himmels.
Sternheim, Carl, *1878, †1942, dt. Schriftst.; übte in expressionist., äußerst verknappter Ausdrucksweise bissige Gesellschaftskritik, bes. in seinem Dramenzyklus »Aus dem bürgerl. Heldenleben« (darin: »Die Hose«, »Der Snob«).
Sternhortensie, *Decumaria,* Gatt. der *Steinbrechgewächse;* jeweils eine Art in Nordamerika u. China.

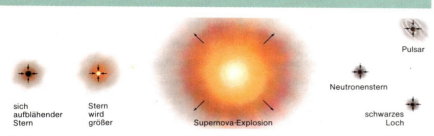

Ein massereicherer Stern als unsere Sonne erfährt am Ende seiner Entwicklung einen so starken Kollaps, daß es zu einer Supernova-Explosion und zum Zusammenbruch zu einem Neutronenstern, vielleicht auch zu einem Pulsar oder sogar zu einem schwarzen Loch kommt (die nach innen gerichteten Pfeile bezeichnen die Gravitation, die nach außen gerichteten den Gasdruck)

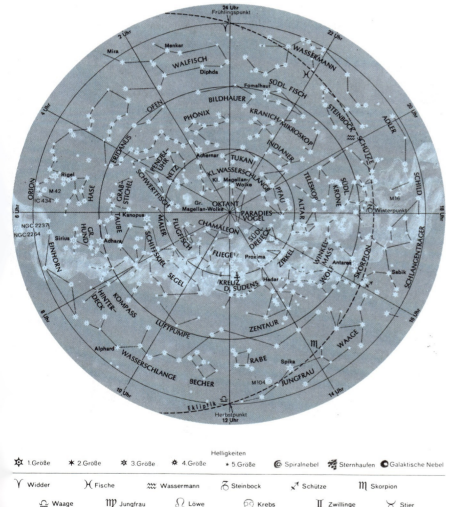

Südlicher Sternenhimmel. Die Sternbilder, die etwa südlich der Linie Fomalhaut-Antares-Adhara liegen, kommen für Mitteleuropa kaum oder überhaupt nicht mehr über den Horizont. Das bekannteste Sternbild des südlichen Himmels ist das Kreuz des Südens. Der Längsbalken dieses Kreuzes weist in Richtung auf den Himmelssüdpol. Proxima im Zentaur ist ein schwacher, nicht mehr mit bloßem Auge sichtbarer Begleiter des hellen, eingezeichneten Sterns Alpha dieses Sternbilds. Die Milchstraße zeigt ihre größte Helligkeit in den Sternbildern Schild und Schütze. Diese Gebiete gelangen für Mitteleuropa nur wenig über den Horizont. Der hellste Stern von der Erde aus gesehen ist Sirius im Großen Hund. In der Nachbarschaft der Milchstraße befinden sich die beiden Magellanschen Wolken, die gut mit freiem Auge zu sehen sind. Es sind selbständige Sternsysteme, die in unmittelbarer Nähe unseres eigenen Milchstraßensystems stehen

Sternkarte, kartenmäßige Darst. des Fixsternhimmels im Koordinatensystem des Äquators. Ältester Sternatlas der neueren Zeit ist die »Uranometria« 1603 von J. *Bayer,* mit den heute noch gültigen grch. Bez. der helleren Sterne.
Sternkatalog, ein Verzeichnis von Fixsternen, in dem die Örter der Fixsterne, scheinbare Helligkeit, mitunter auch Eigenbewegung, Radialgeschwindigkeit u. Spektraltypus angegeben sind.
Sternkunde →Astronomie.
Sternmiere, *Stellaria,* Gatt. der *Nelkengewächse;* etwa 100 Arten weltweit; u. a. die *Vogelmiere.*
Sternmoos, *Mnium,* Gatt. der *Laubmoose* mit kräftigen, großblättrigen Sprossen.
Sternschaltung, elektr. Anschlußschaltung für drei Verbraucher oder Wicklungen an das Drehstromnetz. Dabei wird jeweils einer der beiden Verbraucheranschlüsse an je einen Leiter des Drehstromnetzes, der andere an einen gemeinsamen Sternpunkt angeschlossen.
Sternschnuppe, ein kleiner Meteor.
Sternsystem, umfassende Bez. für eine Ansammlung von vielen Milliarden Sternen u. interstellarer Materie; →Galaxien, →Milchstraßensystem.
Sterntag, die Umdrehungszeit der Erde in bezug auf den Frühlingspunkt: 23 Std., 56 min, 4,1 s mittlere Sonnenzeit. Es gilt: 1 Jahr = 365,2422 S.
Sternwarte, *astronomisches Observatorium,* Institut für astronom. Forschungsarbeit u. Himmelsbeobachtung.
Sternzeit, ein astronom. Zeitmaß, dessen Einheit der →Sterntag ist; in 24 Stunden S. eingeteilt.
Steroide, eine Stoffklasse, zu der die *Sterine,* die Rinden- u. *Sexualhormone,* die *Cortico-S.,* die D-Vitamine, die *Digitalisglycoside* u. die *Saponine* rechnen. Gemeinsam ist ihnen das Ringsystem des *Sterans* (Cyclopentano-perhydro-phenanthren).
Sterzinsky, Georg, *9.2.1936, kath. Theologe; seit 1989 Bischof, seit 1994 Erzbischof von Berlin; 1991 Kardinal.
Stethoskop, *Hörrohr,* 1819 von R.T.H. *Laennec* erfundenes Gerät zur Auskultation.
Stetigkeit, Begriff der math. Analysis. Eine Funktion $x \rightarrow f(x)$ heißt *stetig* an einer Stelle x_o ihres Definitionsbereichs mit dem Funktionswert $f(x_o)$, wenn sich für die Funktionswerte in einer beliebig kleinen Umgebung von $f(x_o)$ eine (hinreichend kleine) Umgebung von x_o finden läßt, die alle zugehörigen Urbilder enthält.
Stettin, poln. *Szczecin,* Hafenstadt in Pommern, an der Mündung der Oder ins S.er Haff, seit 1945 Hptst. der poln. Wojewodschaft Szczecin, bed. Ostsee-Hafen, 410000 Ew.; 5 HS; Schiffbau, Metall-Ind.; 1278 Hansestadt, 1648 schwed., seit 1720 preuß., 1815 Prov.-Hptst. von Pommern.
Stettiner Haff, *Pommersches Haff,* Mündungsbucht der Oder, von der Ostsee durch die Inseln *Usedom* u. *Wollin* abgeschlossen; *Großes Haff* (Ost-), *Kleines Haff* (Westteil), insges. 912 km².
Steuben, Friedrich Wilhelm von, *1730, †1794, dt.-amerik. General; Offizier unter Friedrich d. Gr. im 2. Schles. Krieg; ging 1777 nach Nordamerika, wo er als Generalstabschef G. *Washingtons* gegen die Briten kämpfte.
Steuer →Ruder.
Steuerberatung, geschäftsmäßige Beratung u. Vertretung in Steuersachen einschl. der Hilfeleistung in Steuerstrafsachen u. bei der Erfüllung der Buchführungspflichten; wird ausgeübt durch Steuerberater, Steuerbevollmächtigte, S.gesellschaften, Rechtsanwälte, Wirtschaftsprüfer u. ä.
Steuerbilanz, nach steuerrechtl. Bewertungsvorschriften aufgestellte Bilanz zur Ermittlung des steuerpflichtigen Gewinns oder Vermögens.
Steuerbord, die rechte Seite des Schiffs, in Fahrtrichtung gesehen; Ggs.: Backbord.
Steuererklärung, eine meist schriftl. Erklärung gegenüber dem Finanzamt, die nach Vorschriften bestimmter Gesetze und Ausführungsbestimmungen als Unterlage für die Festsetzung von Besteuerungsgrundlagen oder für die Festsetzung einer Steuer dient (§ 149 ff. AO).
Steuerfahndungsdienst, eine Dienststelle der Finanzverwaltung, die bei Verdacht von Steuervergehen u. bei Verdunklungsgefahr Ermittlungen u. außerordentl. Betriebsprüfungen durchführt.
Steuerflucht, die Verlegung des Wohn- oder Geschäftssitzes ins Ausland mit dem Zweck, die Besteuerung zu vermeiden; meist unter Mitnahme größerer Vermögensteile (*Kapitalflucht*).

Dreistachliger Stichling (Männchen im Hochzeitskleid)

Steuergeheimnis, die Verpflichtung der Amtsträger u. amtl. zugezogenen Sachverständigen zur Verschwiegenheit über die Verhältnisse eines Steuerpflichtigen.

Steuerhinterziehung, die strafbare Erschleichung ungerechtfertigter Steuervorteile.

Steuerklassen, im Steuerrecht die nach versch. Kriterien festgelegte Einteilung zur Berechnung der *Lohnsteuer* u. der *Erbschaftsteuer*.

Steuermann, ein seemänn. Beruf der Deckslaufbahn. Der S. steuert das Schiff unter verantwortl. Führung des Kapitäns.

Steuern, die von den öffentl. Gebietskörperschaften ihren Bürgern ohne Anspruch auf Gegenleistung auferlegten Zwangsabgaben. Zölle fallen auch darunter, aber nicht Gebühren u. Beiträge. Die S. dienen neben der fiskal. Einnahmengewinnung als wirksame Mittel der Wirtschafts- u. Sozialpolitik. Fast alle wirtsch. Vorgänge sind in den heutigen Kulturstaaten irgendwie Gegenstand der Besteuerung. Hauptgrundsätze der Besteuerung sind u. a. Gleichmäßigkeit, Bestimmtheit u. Billigkeit. Einteilung der S.: 1. nach der Möglichkeit der Überwälzung: *direkte S.* (als nicht überwälzbar angesehen, z.B. Einkommen- u. Vermögensteuern) u. *indirekte S.* (als überwälzbar angesehen, z.B. Verbrauchsteuern u. Zölle). 2. nach der Art der Auferlegung der Steuerlast: *Quotitäts-S.* (Steuersatz steht fest) u. *Repartitions-S.* (der erforderl. Gesamtertrag wird auf die Steuerträger aufgeteilt; heute selten); 3. nach der Berücksichtigung persönl. Momente: *Personal-* u. *Real-S.* u. *Subjekt-* u. *Objekt-S.* (die beiden Unterscheidungen decken sich nicht); 4. in der Steuerpraxis: *Besitz-S.* (z.B. Einkommen-, Ertrag-, Vermögen-, Erbschaft-S.), *Verkehr-S.* (z.B. Umsatz-, Grunderwerb-, Beförderung-S.) u. *Verbrauch-S.* (z.B. Zölle, Getränke-S.); 5. nach der Körperschaft, der die Erträge zufließen: *Bundes-, Landes-* u. *Gemeinde-S.*

Steuerprogression, Steuertarif bei den direkten Steuern, bei dem der Steuersatz mit wachsender Bemessungsgrundlage relativ zunimmt.

Steuerrecht, Teil des öffentl. Rechts: Das Recht, Steuern zu schaffen u. darüber Rechtsregeln aufzustellen, liegt in Dtld. gemäß Art. 105 GG beim Bund u. bei den Ländern (Steuerhoheit). Für jede einzelne Steuer gelten eig. Gesetze; daneben wurden Rahmenvorschriften erlassen.

Steuerreform, wesentl. Umgestaltung eines bestehenden Steuersystems oder einzelner Steuern; z.B. in der BR Dtld. die Reform der Lohn- u. Einkommensteuer 1986–90.

Steuersatz, der auf je eine Besteuerungseinheit entfallende Steuerbetrag oder der Prozentsatz, der auf die Steuerbemessungsgrundlage zur Berechnung des Steuerbetrags anzuwenden ist.

Steuerstrafrecht, das Strafrecht im Bereich des Steuerrechts, geregelt in § 369 ff. AO u. in Einzelsteuergesetzen. *Steuervergehen,* die mit Freiheitsstrafe u. (oder) Geldstrafe bestraft werden, sind u. a.: Steuerhinterziehung, Bannbruch, Schmuggel u. Steuerhehlerei. *Steuerordnungswidrigkeiten,* die mit Geldbuße geahndet werden, sind u. a.: leichtfertige Steuerverkürzung u. unzulässiger Erwerb von Steuererstattungs- u. Vergütungsansprüchen.

Steuerung → Regeltechnik, → Kybernetik.

Steven, starker, vorwiegend vertikaler Mittelbalken vorn u. achtern am Schiff.

Stevens [sti:vnz], Cat, eigtl. Steven Demetri *Georgiou,* * 1.7.1948, brit. Popmusiker (Gesang, Klavier, Gitarre); nach Annahme des islam. Glaubens nennt er sich *Yusuf Islam.*

Stevenson ['sti:vənsn], Robert Louis Balfour, * 1850, † 1894, engl. Schriftst.; abenteuerl.-romant. Prosa; W Roman »Die Schatzinsel«.

Stevin, Simon, * 1548, † 1620, ndl. Mathematiker u. Physiker; führte die Dezimalrechnung allg. ein; entdeckte die Gesetze der Hydrostatik u. das Parallelogramm der Kräfte.

Steward ['stjuəd], Kellner oder Angehöriger des Bedienungspersonals in der See- u. Luftfahrt.

Stewardeß ['stjuədɛs], weibl. Steward zur Betreuung der Passagiere auf Schiffen u. bei Luftfahrtgesellschaften (*Boden-* oder *Luft-S.*).

Stewart ['stjuət], **1.** James, eigtl. James *Maitland,* * 20.5.1908, US-amerik. Bühnen- u. Filmschauspieler; vielseitiger Charakterdarsteller, u. a. in »Das Fenster zum Hof«. – **2.** John (»Jackie«), * 6.11.1939, brit. Automobilrennfahrer; Weltmeister 1969, 1971 u. 1973.

Steyler Missionare, eine kath. Kongregation, gegr. 1875 in Steyl (Ndl.) von Arnold *Janssen*; widmen sich der inneren u. äußeren Mission.

Steyr, oberöstr. Bez.-Hptst. an der Mündung der S. in die Enns, 39 000 Ew.; seit dem frühen MA Mittelpunkt der östr. Eisen-Ind.; Ennskraftwerke.

StGB, Abk. für *Strafgesetzbuch.*

Stibin, *Antimonwasserstoff,* SbH₃, ein farbloses, übelriechendes u. giftiges Gas.

Stibium, das Element *Antimon.*

Stibnit, das Mineral *Antimonit.*

Stich → Kupferstich, → Stahlstich.

Stich, 1. Michael, * 18.10.1968, dt. Tennisspieler, Wimbledon-Sieger im Einzel 1991, Davis-Pokal-Sieger 1993. – **2.** Otto, * 10.1.1927, schweiz. Politiker (Sozialdemokrat); seit 1984 Bundesrat; 1988 u. 1994 Bundes-Präs.

Stichbahn, eine Abzweigung einer Eisenbahnlinie, die blind endet; entspr. *Stichkanal.*

Stichblatt, Handschutz bei Schlag- u. Stichwaffen (z.B. Degen, Säbel) zw. Klinge u. Griff.

Stichel, 1. spitzes Werkzeug (mit Griff) des Kupfer- u. Stahlstechers u. Holzschneiders. – **2.** der Grabstock.

Stichelhaare, die glatten, schlichten Grannenhaare bei Tieren.

Stichflamme, eine Flamme, die bei Explosionen blitzartig aufleuchtet.

Stichlinge, *Gasterosteiformes,* Ordnung der *Echten Knochenfische*; mit hochentwickelten Fortpflanzungsinstinkten (Nestbau, Zickzacktanz, Bewachen der Jungen durch das Männchen). S. sind über die ganze Nordhalbkugel verbreitet.

Stichometrie, 1. in der Antike die Bestimmung des Umfangs einer Schrift nach Normalzeilen zu etwa 16 Silben (eine Hexameter-Zeile). – **2.** in der Rhetorik eine Antithese, die im Dialog durch Behauptung u. Entgegnung entsteht.

Stichprobe, *Sample,* in der Statistik eine (zufallsgesteuerte) Auswahl von Einheiten aus einer Gesamtheit, bei der jede Einheit die gleiche Chance hat, in die Auswahl zu kommen.

Stichwahl, *engere Wahl,* zweiter Wahlgang zw. nur mehr zwei Kandidaten.

Stichwort, 1. das bes. in Nachschlagewerken durch den Druck hervorgehobene, dem Text vorangestellte Wort, das im folgenden erklärt wird. – **2.** im Theater das Wort eines Darstellers, das das Zeichen für den Auftritt des nächsten Darstellers gibt.

Stickelberger, Emanuel, * 1884, † 1962, schweiz. Schriftst. (geschichtl. Romane, Biographien).

Stickerei, mit der Hand oder Maschine ausgeführte Nadelarbeit mit Darst. oder Verzierungen durch ein- oder aufgenähte Fäden, Bänder u. ä. auf Geweben oder Leder.

Stickstoff, farb-, geschmack- u. geruchloses, gasförmiges chemisches Element; Hauptbestandteil der Luft. Gebunden mit anderen Atomen findet sich S. u. a. in Nitraten, Ammoniak, tier. u. pflanzl. Proteinen u. Nucleinsäuren. S. wird durch fraktionierte Destillation verflüssigter Luft gewonnen u. in großem Umfang für die techn. Gewinnung von Ammoniak verwendet. Unentbehrl. in der Landwirtsch. sind S.dünger. Zwischen den obersten Erdschicht u. der Atmosphäre findet ein S.kreislauf statt. Symbiot. Knöllchenbakterien u. bestimmte frei im Boden lebende Bakterien sind in der Lage, den Luft-S. zu binden. Pflanzen können den S. in Form von Nitrat- oder Ammonium-Ionen aufnehmen. S. wird durch Pflanzen u. Tieren in großen Mengen vornehmlich zum Aufbau der Proteine benötigt.

Stickstoffassimilation, Aufnahme von *Stickstoff* in Form von Nitraten aus dem Boden in die Leitungsbahnen der Wurzel u. dessen Überführung in organ. Stoffe (Aminosäuren, Eiweiße).

Stiefkind, das Kind eines Elternteils, der durch eine (neue) Heirat mit dem leibl. Vater oder der leibl. Mutter des Kindes verbunden ist, ohne daß das Kind von jenem Elternteil gezeugt oder geboren worden ist.

Stiefmütterchen, *Dreifarbiges Veilchen,* auf Äckern, Brachen u. Wiesen häufiges *Veilchengewächs* mit herz-eiförmigen kleinen Blättern, weißl.-gelben oder dreifarbigen kleinen Blüten. Das Kraut des *Wilden S.* wirkt harntreibend.

Stiege, Treppe mit großem Steigungsverhältnis.

Stieglitz, *Distelfink,* bunter einheim. *Finkenvogel* des Kulturlands; ernährt sich bes. von Disteln u. Kletten.

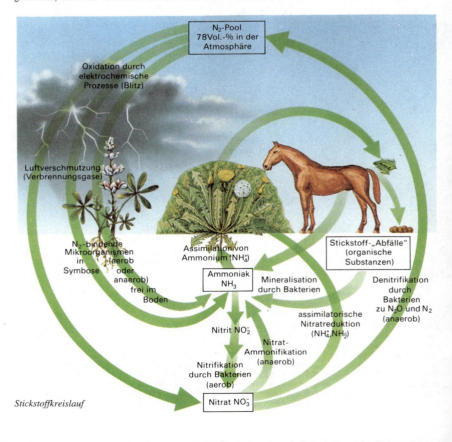

Stickstoffkreislauf

Stieglitz

Stieglitz, Alfred, * 1864, † 1946, US-amerik. Photograph dt. Herkunft (Arbeiten im realist. Dokumentationsstil).
Stieler, 1. Adolf, * 1775, † 1836, dt. Kartograph; schuf einen nach ihm benannten Atlas. – **2.** Joseph Karl, * 1781, † 1858, dt. Maler; Hofmaler König Ludwigs I. von Bayern. – **3.** Kaspar von, Pseud.: *Filidor der Dorfferer,* * 1632, † 1707, dt. Schriftst. u. Sprachwissenschaftler; verfaßte kunstreiche Lyrik u. ein dt. Wörterbuch.
Stier, 1. Bulle, männl. Rind. – **2.** *Taurus,* Sternbild des Tierkreises am nördl. Himmel; Hauptstern: Aldebaran; Sternhaufen: Plejaden u. Hyaden.
Stierkampf, span. *Corrida de Toros,* Kämpfe von Menschen gegen Stiere; bereits im alten Ägypten, in Vorderasien u. in der kret. Kultur bekannt. Der klass. S. nach festgelegten Regeln wird heute nur noch in Spanien ausgeübt; in S-Frankreich u. Portugal wird eine unblutige Form bevorzugt, in Mittel- u. Lateinamerika wird er frei gehandhabt.
Stift, 1. eine Anstalt, die auf eine *Stiftung* zurückgeht; zu karitativen oder schulischen Zwecken (Waisenhaus, Altersheim, weltl. Damenstift, Erziehungsanstalt). – **2.** eine geistl. Körperschaft mit Pfründeneinkünften. – **3.** kurzes, stabförmiges Gerät (Blei-S., Draht-S.e); im Maschinenbau *Bolzen*.
Stifter, Adalbert, * 1805, † 1868, östr. Schriftst.; entstammte der bürgerl. Welt des Biedermeiers, war, nach romant. Anfängen, vom klass. Bildungs- u. Humanitätsideal geprägt; Vertreter des »poet. Realismus«. W Erzählungen »Der Hochwald«, »Bunte Steine«, Romane »Der Nachsommer«, »Witiko«.
Stiftshütte, *Bundeshütte,* im AT das Zelt der »Zusammenkunft« Gottes mit Mose, zentrales Wanderheiligtum der israelit. Stämme; nach dem Priesterkodex Aufbewahrungsort der *Bundeslade.*
Stiftskirche, die Kirche eines Stifts, bei der die Befugnisse einer regierenden Bischofs von einem Kollegiatkapitel wahrgenommen werden; in Dtld. in den Diözesen München, Passau u. Regensburg.
Stiftung, 1. Gründung. – **2.** die Zuwendung von Vermögenswerten zu einem vom *Stifter* bestimmten Zweck. Das S.svermögen kann rechtsfähig sein (jurist. Person des privaten oder öffentl. Rechts); es muß dann einen Vorstand haben u. steht in der Regel unter Staatsaufsicht nach näherer Bestimmung des Landesrechts. – **S.sverbände,** Vereinigungen mit Stiftungscharakter zur Förderung wiss. Aufgaben u. Forschungen u. zur Unterstützung von Wissenschaftlern u. wiss. Nachwuchs; in Dtld. u. a. die *Alexander-von-Humboldt-Stiftung,* die *Friedrich-Ebert-Stiftung,* die *Fritz-Thyssen-Stiftung,* der *Stifterverband für die Deutsche Wissenschaft,* die *Stiftung Mitbestimmung,* die *Stiftung Volkswagenwerk,* die *Studienstiftung des Deutschen Volkes.*
Stiftung Deutsche Sporthilfe → Deutsche Sporthilfe.
Stiftung Preußischer Kulturbesitz, durch Bundesgesetz von 1957 geschaffene Pflegestätte von Kunstgegenständen u. wiss. Objekten, die sich früher im Besitz des preuß. Staats befanden. Zu der Stiftung gehören in Berlin u. a. 17 Museen u. die *Staatsbibliothek.*
Stiftung Warentest, 1964 in Westberlin mit Bundesmitteln gegr. Warentestinstitut.
Stiftzahn, mittels eines Stifts in der Zahnwurzel verankerter Zahnersatz.
Stigler, George Joseph, * 1911, † 1991, US-amerik. Nationalökonom; Beiträge zur Funktionsweise der Märkte; Nobelpreis für Wirtschaftswiss. 1982.
Stigma, Zeichen, Brandmal, Wundmal, bes. die durch die Kreuzigung Jesus zugefügten Wunden.

Stigmatisation, das Auftreten der Wundmale Jesu (an Händen u. Füßen, an der Seite u. am Kopf) sowie symbol. Zeichen (Kreuz, Geißelspuren) am Körper religiös erregter Personen. Der erste geschichtl. bezeugte Fall von S. ist Franz von Assisi.
Stijl, *De Stijl* [də steil], ndl. Künstlervereinigung, 1917 gegr. u. a. von den Malern P. *Mondrian* u. T. van *Doesburg* (Hrsg. der Ztschr. »De Stijl«). Die Gruppe bekannte sich zur ungegenständl., geometrisch-abstrakten Darstellungsform in Malerei, Plastik u. Architektur in einem auf Funktionalität beschränkten Purismus, ähnl. dem »Bauhaus«.
Stil, *i.w.S.* die Art u. Weise, in der eine Tätigkeit ausgeführt wird (z.B. Schwimm-, Denk-, Lebensstil); *i.e.S.* Sammelbegriff für alles, was die Art u. Weise einer sprachl. oder künstler. Aussage ausmacht (im Gegensatz zu ihrem objektiven Inhalt).
Stilblüte, scherzhaft für einen sprachl. Mißgriff.
Stilett, kurzer Dolch.
Stilfser Joch, ital. *Passo dello Stèlvio,* Südtiroler Alpenpaß an der ital.-schweiz. Grenze, nw. vom Ortler, 2757 m.
Stilicho, Flavius, * um 365, † 408, röm. Feldherr; Sohn eines Wandalen u. einer Römerin; 395–408 Reichsverweser des weström. Reiches; von röm. Nationalisten fälschl. des Hochverrats beschuldigt u. hingerichtet.
Stilistik, *Stillehre,* die Anleitung zum richtigen Gebrauch der Stilmittel beim Schreiben u. Sprechen.
Still, Clyfford, * 1904, † 1980, US-amerik. Maler; Begr. des *Color Field Painting.*
Stilleben [»stilles Leben«], frz. *nature morte,* ital.

Stierkampf: Im letzten Kampfabschnitt tritt der Torero dem Stier mit dem roten Tuch (»muleta«) und dem Stoßdegen entgegen; mit letzterem muß er den Stier durch einen genauen Stoß von vorn zwischen die Schulterblätter töten

natura morta, eine Gatt. der Malerei, deren Thematik sich auf ein nach formalkünstler. Gesichtspunkten geordnetes Beieinander unbelebter Gegenstände (Früchte, Geschirr, Kunstgegenstände, Blumen, totes Wild) beschränkt.
Stille Gesellschaft, eine Sonderform der Gesellschaft, die dadurch entsteht, daß sich ein *stiller Gesellschafter (stiller Teilhaber)* an dem Handelsgewerbe eines anderen mit einer Einlage beteiligt, die in das Vermögen des Inhabers des Handelsgeschäfts übergeht. Der stille Gesellschafter tritt nach außen hin nicht in Erscheinung.
stille Reserven, *stille Rücklagen,* Teile des Eigenkapitals einer Unternehmung, die (unkontrollierbar) dadurch entstehen, daß Vermögensteile unter dem rechtl. zulässigen oder betriebswirtsch. vertretbaren Höchstwert (Unterbewertung der Aktiva) oder überhaupt nicht aktiviert werden oder daß Fremdkapitalteile über dem rechtl. zulässigen oder betriebswirtsch. vertretbaren niedrigsten Wert (Überbewertung der Passiva) passiviert werden.
Stiller Ozean → Pazifischer Ozean.
Stilling, Heinrich → Jung-Stilling.
Stillsche Krankheit, nach dem engl. Kinderarzt George Frederick *Still* (* 1868, † 1941) benannte chronisch-infektiöse Erkrankung bei Kindern, verbunden mit Gelenkentzündung, Fieberschüben, Lymphknoten- u. Milzschwellung u. a.
Stilton ['stiltən], engl. fetter Weichkäse aus Kuhmilch mit graugrüner Schimmeladerung, dem *Roquefort* ähnlich.
Stimmbänder → Stimmlippen.
Stimmbildung, 1. die Stimmgebung *(Phonation);* → Stimme. – **2.** Ausbildung der Stimme im Gesangunterricht u. in der Sprechtechnik.

Stilleben: Odilon Redon, Die Türkisvase. Bern, Sammlung Prof. Dr. H. Hahnloser

Stimmbruch, die Senkung der Stimme durch die Pubertät, die ein Umkippen u. einen belegten Klang infolge des starken Wachstums des Kehlkopfs mit sich bringt.
Stimme, 1. der durch Schwingungen der *Stimmlippen* des Kehlkopfs hervorgerufene Klang, der beim Übergang von der Ein- zur Ausatmung einsetzt *(Phonation).* Die entstandenen Wellen pflanzen sich in die oberhalb u. unterhalb der Stimmritze gelegenen Resonanzräume fort. Die Stimmlippen schwingen in ihrer ganzen Breite bei der *Brust-S.;* bei der *Kopf-S.* schwingen nur die inneren Ränder. Der Umfang der menschl. S. reicht etwa von E = 82,4 Hz bis f^3 = 1397 Hz. → Stimmlage. – **2.** der von einem Sänger oder Instrumentalisten innerhalb einer Gruppe auszuführende Part.
stimmen → Stimmung.
Stimmer, Tobias, * 1539, † 1584, dt. Maler; Hauptmeister der dt. Spätrenaissance.
Stimmgabel, Stahlstab mit 2 gabelartigen Zinken, die durch Anschlagen zum Schwingen gebracht werden.
stimmhaft → stimmlos.
Stimmlage, der Normalbereich einer (rd. 2 Oktaven umfassenden) Singstimme, u. zw.: *Sopran, Alt, Tenor, Baß.* Als Zwischenlagen werden bezeichnet: *Mezzosopran* (zw. Sopran u. Alt), *Kontraalt* als tiefste Frauenstimme, *Bariton* zw. Tenor u. Baß, in tieferer Lage auch *Baßbariton.* Die höchste

Stimmlagen

u. beweglichste Stimmgattung ist der *Koloratursopran.*
Stimmlippen, die der Bildung der Stimme dienenden, in scharfe Ränder **(Stimmbänder)** auslaufenden Wülste im Innern des Kehlkopfs, die die **Stimmritze** *(Glottis)* begrenzen u. mittels Stellknorpel bei der Stimmgebung eingestellt werden.
stimmlos, ohne Schwingung der Stimmbänder gebildete Laute; z.B. die Laute p,t,k gegenüber den **stimmhaften,** d. h. mit Schwingung gebildeten Lauten b, d, g.
Stimmritze → Stimmlippen.
Stimmung, 1. die Regulierung der Tonhöhe bei Musikinstrumenten, die bis zur Einführung eines einheitl. *Kammertons* starken Schwankungen unterworfen war. – **2.** eine länger andauernde Gefühlslage. Ggs.: *Affekt.*
Stimulantia, anregende Mittel, Reizmittel, den Kreislauf, das Nervensystem, auch den Stoffwechsel anregende Mittel.
Stimulation, Anregung.

Stinde, Julius, *1841, †1905, dt. Schriftst. (humorist. Romane).
Sting, eigtl. Gordon *Sumner,* *2.10.1951, brit. Rocksänger (»If You Love Somebody Set Them Free«, »If I Ever Lose My Faith In You«).
Stingl, Josef, *19.3.1919, dt. Sozialpolitiker (CSU); 1968–84 Präs. der Bundesanstalt für Arbeit.
Stinkdrüsen, die Duftdrüsen mancher Wirbeltiere u. Insekten, deren Sekrete für menschl. Empfinden heftig u. oft dauerhaft stinken.
Stinkmorchel, *Gichtmorchel,* ein *Bauchpilz,* dessen Hut zur Reifezeit von blaugrünem, widerlich riechendem Schleim bedeckt ist.
Stinknase, *Ozaena, Rhinitis atrophicans,* chron. Nasenkatarrh mit Schleimhautschwund, Verlust des Geruchssinns u. Borkenbildung. Infolge bakterieller Zersetzung entsteht ein übler Geruch aus der Nase.
Stinktier, *Skunk,* ein Dachsverwandter von 40 cm Körperlänge in Nordamerika. Das S. verspritzt bei Gefahr ein widerlich riechendes Afterdrüsensekret. Sein Fell liefert ein sehr begehrtes Pelzwerk.
Stinkwanzen, Baumwanzen, die bei Berührung einen lange haftenden u. unangenehm riechenden Duftstoff absondern. Zu den S. gehört die *Grüne Stinkwanze.*
Stinnes, Hugo, *1870, †1924, dt. Großindustrieller; schuf den *S.-Konzern* (seit 1965 zur *Veba AG).*
Stint, 25 cm langer *Lachsfisch* der Nord- u. Ostsee; von durchdringendem Geruch nach frischen Gurken *(Gurkenfisch).*
Stipendium, eine Geldbeihilfe, die Schülern, Studenten, Gelehrten oder Künstlern einmalig oder auf bestimmte Zeit aus öffentlichen oder privaten Mitteln gewährt wird. – **Stipendiat,** Empfänger eines S.
Stirling ['stə:lɪŋ], Hptst. der schott. Central Region, 39 000 Ew.; Königsschloß; Fremdenverkehr.
Stirling-Motor ['stə:lɪŋ-], ein Heißgas-Kolbenmotor mit umweltfreundl. Eigenschaften, im Prinzip 1816 von dem schott. Geistlichen Robert *Stirling* entwickelt.
Stirn, *Frons,* der vom *S.bein* gebildete, über den Augenbrauen beginnende u. bis zur Haargrenze reichende Teil des Gesichts.
Stirnbein, *Frontale,* vorderster Knochen des Schädeldachs, Teil der Augen- u. der Nasenhöhle.
Stirner, Max, eigtl. Kaspar *Schmidt,* *1806, †1856, dt. Philosoph; Junghegelianer, Theoretiker des Egoismus u. des Anarchismus; W »Der Einzige u. sein Eigentum«.
Stirnhöhle, *Sinus frontalis,* Nebenräume der Nase von wechselnder Größe u. Gestalt im *Stirnbein* über den inneren Augenwinkeln.
Stoa, 1. die altgrch. Vorform des röm. *Porticus:* eine nach einer Seite offene Säulen-(Wandel-, Markt-)Halle. – **2.** eine um 300 v. Chr. von *Zenon d. J.* aus Kition gegr. philos. Schulrichtung. Das

Stinkmorchel

Stinktier

Hauptinteresse galt einer unerschütterl. Lebensführung. Der *Stoizismus* vertrat dabei das Ideal des sich um die Tugend Mühenden sowie das Ideal des Weisen.
Stochastik, die Gesamtheit der Methoden der Wahrscheinlichkeitsrechnung u. der math. Statistik. Die zeitl. Entwicklung einer Zufallsgröße nennt man einen *stochast. Prozeß.*
Stöchiometrie, ein Teilgebiet der Chemie, das sich mit der mengenmäßigen, durch die Atom- u. Molekulargewichte gegebenen Zusammensetzung der chem. Verbindungen u. mit den Gewichtsverhältnissen befaßt, in denen chem. Elemente u. Verbindungen miteinander reagieren.
Stock, 1. eine umfangreiche, unregelmäßig geformte Gesteinsmasse, die als Fremdkörper andere Gesteine durchsetzt. – **2.** Vorrat, Grundkapital; **Stocks,** Wertpapiere, bes. Staatsanleihen; **S. exchange,** Wertpapierbörse.
Stock-cars, aus Serienfahrzeugen durch Motorfrisierung u. Karosserieverstärkung für Rennzwecke umgebaute Spezialwagen.
Stockente, die häufigste *Wildente* der Nordhalbkugel. Von der S. stammen mit Ausnahme der Moschusente alle Hausentenrassen ab.
Stöcker, *Bastardmakrele,* bis 40 cm lange *Stachelmakrele;* wichtiger Nutzfisch.
Stockfisch → *Kabeljau.*
Stockflecke, *Schimmelflecke,* durch Feuchtigkeit u. Luftabschluß an Textilien entstehende Flecke, verursacht durch Schimmelpilze u. Bakterien.
Stockhausen, Karlheinz, *22.8.1928, dt. Komponist; Schüler von F. *Martin,* O. *Messiaen* u. D. *Milhaud,* führend auf dem Gebiet der seriellen u. elektron. Musik, seit den 1970er Jahren einer intuitiven Musik. W »Telemusik«, »Sirius«, »Licht«.
Stockholm, Hptst. von Schweden u. der gleichn. schwed. Prov., an der Mündung des Mälaren in die Ostsee, 680 000 Ew. – Die Altstadt liegt auf den Inseln *Staden, Riddar-* u. *Helgeandsholmen,* umgeben von den modernen Stadtteilen *Norr-, Öster-,* *Södermalm* u. *Kungsholmen;* königl. Schloß, Univ. (1877), HS; Sitz der Nobelstiftung; Schiffbau; Masch.-, Metall-, Papier- u. Holz-Ind.; Hafen u. Flughafen. – Im 13. Jh. gegr.; seit 1634 die Hptst. Schwedens.
Stockkrankheit, bes. an Winterroggen u. Hafer auftretende, durch den Befall mit *Stengelälchen* verursachte Krankheit.
Stockport ['stɔkpɔ:t], Stadt im nw. England, 137 000 Ew.; Textil- u. Masch.-Ind.
Stockschwämmchen, *Stockpilz,* ein jung wohlschmeckender *Blätterpilz,* der büschel- oder rasenartig an modernden Stöcken von Laubhölzern, seltener an Nadelhölzern zu finden ist.
Stockton ['stɔktən], Frank Richard, *1834, †1902, US-amerik. Schriftst. (Jugenderzählungen).
Stoecker, Adolf, *1835, †1909, dt. ev. Theologe u. Politiker; gründete 1878 die *Christlichsoziale Arbeiterpartei.* S. war betonter Antisemit.
Stoessl, Otto, *1875, †1936, östr. Schriftst.; schilderte die bürgerl. Welt des alten Österreich.
Stofftransport, die Beförderung von Wasser, Salzen, organ. Stoffwechselprodukten u. Gasen als Voraussetzung für einen abgestimmten Stoffwechselablauf. Das die ganze P f l a n z e durchziehende *Zwischenzellsystem* ermöglicht die Beförderung der Gase (Kohlendioxid, Sauerstoff u. Wasserdampf) ohne aktive Beteiligung der Pflanze, allein durch Diffusion. *Leitungsbahnen* (Leitgewebe, Leitbündel) übernehmen hier den Wassertransport. Zucker, Fette, Eiweiß, Alkaloide u. Hormone werden über das Markstrahl-Parenchym u. lebende *Siebröhren* transportiert. Bei T i e r e n sind energieverbrauchende Stoffwechselreaktionen am S. beteiligt; bei höheren Tieren ist ein Blutgefäßsystem ausgebildet.
Stoffwechsel, *Metabolismus,* die Gesamtheit der chemischen Umwandlungen im Organismus. Der S. verläuft stets unter Mitwirkung von Enzymen über eine Kette von Zwischenprodukten. →Assimilation (2), →Dissimilation, →Glykolyse. – **S.krankheiten,** durch Störungen der Stoffwechselprozesse hervorgerufene Krankheiten. So verursacht z.B. die Störung des Fettstoffwechsels Fettsucht oder Magersucht, des Kohlenhydratstoffwechsels Zuckerkrankheit, des Eiweißstoffwechsels Gicht.
Stoiber, Edmund, *28.9.1941, dt. Politiker (CSU), 1978–83 Generalsekretär der CSU; 1988–93 Innenmin., seit 1993 Min.-Präs. von Bay.
Stoizismus [sto:i-] →Stoa.
Stoke-on-Trent ['stouk ɔn 'trent], mittelengl. Stadt am Trent, in der Gft. Staffordshire, 247 000 Ew.; Zentrum der Töpfereiwaren- u. Porzellanherstellung (»Pottery District«).
Stoker ['stouker], Bram, *1847, †1912, anglo-ir. Schriftst.; bekannt durch den Schauerroman »Dracula«.
Stokes [stouks], Sir George Gabriel, *1819, †1903, brit. Mathematiker u. Physiker; entdeckte die *S.sche Regel,* nach der das Fluoreszenzlicht immer eine kleinere Frequenz hat als das erregende Licht; fand das *S.sche Reibungsgesetz* von Strömungen.
Stokowski, Leopold, *1882, †1977, US-amerik. Dirigent poln.-ir. Abstammung; Förderer der Neuen Musik; 1912–36 Leiter des Philadelphia Orchestra, von 1962–73 des American Symphony Orchestra in New York.
Stola, 1. das zweite, über der *Tunika* getragene Hemdgewand der altröm. u. byzantin. Frau. – **2.** seit etwa 1820 in der weibl. Mode Bez. für einen

Stockholm: die Insel Riddarholmen mit der Riddarholmskirche

von den Schultern lang herabfallenden Pelz- oder Stoffumhang. – **3.** in der kath. u. anglik. Kirche Teil der liturg. Kleidung: ein etwa 2,50 m langes, schärpenartiges Tuch, über die Schulter gelegt.
Stolberg, 1. *S./Harz*, Stadt in Sachsen-Anhalt, nordöstl. von Nordhausen, überragt vom *Auerberg* (575 m), 2100 Ew.; Luftkurort; mittelalterl. Stadtkern. – **2.** *S. (Rheinland)*, Ind.-Stadt in NRW, 57 000 Ew.; Burg *Bleibtreu*.
Stolberg-Stolberg, 1. Christian Graf zu S.-S., *1748, †1821, dt. Schriftst.; Mitgl. des »Göttinger Hains« u. mit Goethe befreundet. – **2.** Friedrich Leopold Graf zu S.-S., *1750, †1819, dt. Schriftst.; schrieb in Anlehnung an F.G. Klopstock Oden, auch vaterländ. Lieder.
STOL-Flugzeug [Abk. für engl. *Short Take-Off and Landing*, »Kurzstart u. -landung«], für kurze Start- u. Landestrecken entwickeltes Flugzeug.
Stollberg/Erzgeb., Krst. in Sachsen, 13 000 Ew.; Metallindustrie.
Stollen, 1. *Tunnel*, künstl. angelegter unterird. Gang, Unterführung. – **2.** *Stolle*, Weihnachtsgebäck aus feinem Hefeteig mit reichlich Rosinen, Mandeln u. Zitronat.
Stollwerck, Franz, *1815, †1876, dt. Industrieller; entwickelte sein 1839 in Köln gegr. Back- u. Zuckerwarengeschäft zu einer Schokoladenfabrik (seit 1902 *Gebr. S. AG*, seit 1972 *S. AG*).
Stolp, poln. *Słupsk*, Stadt in Pommern, an der Stolpe, 96 000 Ew.; got. Marienkirche (15. Jh.); Masch.- u. landw. Ind., Bahnknotenpunkt.
Stolpe, poln. *Słupia*, Ostsee-Zufluß in Pommern, 188 km; mündet bei Stolpmünde.
Stolpe, Manfred, *16.5.1935, dt. Politiker (SPD); seit 1959 im Dienst der Ev. Kirche Berlin-Brandenburg; seit 1990 Min.-Präs. von Brandenburg.
Stolte, Dieter, *18.9.1934, Publizist; seit 1982 Intendant des ZDF.
Stoltenberg, Gerhard, *29.9.1928, dt. Politiker (CDU); 1965–69 Bundes-Min. f. wiss. Forschung, 1971–82 Min.-Präs. von Schleswig-Holstein; 1982–89 Bundes-Min. der Finanzen; 1989–92 Bundes-Min. der Verteidigung.
Stolz, Robert, *1880, †1975, öst. Dirigent u. Komponist (Operetten, Film- u. Schlagermusik).
Stölzel, Gottfried Heinrich, *1690, †1749, dt. Komponist; seit 1719 Hofkapellmeister in Gotha.
Stolzenfels, Schloß am linken Rheinufer; erbaut 1836–42 nach Entwürfen von K. F. *Schinkel*.
Stomatitis, Mundschleimhautentzündung.
Stone [stoun], Kurzzeichen st., engl. Massemaß: 1 st. = 14 Pound = 6,3502 kg.
Stone [stoun], **1.** Irving, *1903, †1989, US-amerik. Schriftst. (romanhafte Biographien). – **2.** Oliver, *15.9.1946, US-amerik. Filmregisseur u. Drehbuchautor; stellt Probleme der amerik. Gegenwartsgesellschaft dar; Ⓦ »Platoon«, »Geboren am 4. Juli«. – **3.** Sir (seit 1978) Richard, *1913, †1991, brit. Nationalökonom; Arbeiten über die volkswirtschaftliche Gesamtrechnung; Nobelpreis 1984.
Stonehenge ['stounhendʒ], sakrale Steinkreisanlage vom Ende der Jungsteinzeit u. Beginn der Bronzezeit nördl. von Salisbury (Gft. Wiltshire) im Zentrum der *Wessex-Kultur* Englands. Sie besteht aus zwei Steinkreisen mit hochragenden, säulenartigen Vierkantblöcken; auf je zweien lag ein waagerechter Stein (Trilithen).

Störche: Weißstorch mit Jungvögeln im Nest

Stoph [ʃtof], Willi, *9.7.1914, DDR-Politiker (SED); 1952–55 Innen-Min., 1956–60 Verteidigungs-Min., 1964–73 u. seit 1976 Vors. des Ministerrats (Min.-Präs.), 1973–76 Vors. des Staatsrats der DDR, verlor nach dem polit. Umsturz 1989 alle Ämter u. wurde aus der Partei ausgeschlossen.
Stoppard ['stɔpəd], Tom; urspr. Thomas *Straussler*, *3.7.1937, engl. Schriftst. tschech. Herkunft; schreibt Theaterstücke, in denen er absurde u. realist. Elemente verbindet.
Stoppelpilz, *Hydnum*, in Hut u. Stiel gegliederter *Ständerpilz*. Zu den S. gehören *Semmelgelber S.* u. *Rotgelber S.*; jung sind beide wohlschmeckend.
Stoppuhr, Kurzzeitmesser mit einem großen *Stoppzeiger* zum Messen von Sekunden u. Sekundenbruchteilen (im allg. Zehntelsekunden) u. einem *Zählzeiger* für die Minutenanzeige.
Störche, *Ciconiidae*, in 17 Arten über die warmen u. gemäßigten Zonen verbreitete Fam. der *Stelzvögel*, die feuchte Niederungen, Steppen u. Wälder bewohnen. Außereurop. S. sind u. a.: *Sattelstorch* u. *Marabu*; einheim. sind *Weißer Storch* u. *Schwarzstorch*.
Storchschnabel, 1. *Geranium*, nach den langen schnabelähnl. Früchten benannte Gatt. der *S.gewächse* (→*Pflanzen*); hierzu u. a.: *Stinkender S.* (*Ruprechtskraut*) u. *Weich-S.* – **2.** *Pantograph*, Gerät zur mechan. Vergrößerung u. Verkleinerung von Strichzeichnungen.
Störe, *Acipenseridae*, Fam. der *Störähnlichen* in den Meeren der Nordhalbkugel; Schuppen zu 5 Längsreihen zu Knochenschilden reduziert. Der Rogen wird zu *Kaviar* verarbeitet. Der Stör wird 1–2 m, selten bis 6 m lang.

Störfallanalyse, die Untersuchung von Störfällen in großtechn. Anlagen, bes. in Kernreaktoren.
Storm, Theodor, *1817, †1888, dt. Schriftst.; schilderte als Vertreter des »poet. Realismus« in stimmungsreichen Gedichten u. in über 50 Novellen Landschaften u. Menschen seiner nordfries. Küstenheimat; Ⓦ »Immensee«, »Viola tricolor«, »Pole Poppenspäler«, »Der Schimmelreiter«.
Stormarn, Ldsch. in Schl.-Ho., zw. der unteren Elbe, der Stör, der mittleren Trave u. dem Herzogtum Lauenburg; Hauptort *Bad Oldesloe*.
stornieren, eine Buchung durch *Storno*, der Buchung durch Einsetzen des gleichen Betrages auf der Gegenseite des Kontos, rückgängig machen.
Störsender, ein Rundfunksender, der durch Störgeräusche (oft ein andauernder Heulton) auf der Trägerfrequenz eines anderen Senders dessen Empfang verhindern soll.
Störtebeker, Klaus, †1401, dt. Freibeuter; wurde 1394 mit *Godeke Micheels* Führer der *Vitalienbrüder*; von den Hamburgern bei Helgoland 1401 gefangen u. hingerichtet.
Storting ['stur-], das norw. Parlament. Es wählt aus seiner Mitte das *Lagting* (4. Teil seiner Mitgl.); die übrigen Abg. bilden das *Odelsting*.
Story ['stɔ:ri], **1.** der Inhalt einer Geschichte, knapper Abriß des Handlungsverlaufs. – **2.** →Short story.
Storz, Gerhard, *1898, †1983, Literaturwissenschaftler u. Politiker (CDU); 1958–64 Kultus-Min. von Ba.-Wü.; 1966–72 Präs. der Dt. Akademie für Sprache u. Dichtung in Darmstadt; Ⓦ »Der Dichter Friedrich Schiller«.
Stosch, Albrecht von, *1818, †1896, dt. Offizier; polit. Gegner Bismarcks. 1872–83 Chef der Admiralität.
Stoß, 1. *Physik:* Aufeinanderprall zweier oder mehrerer Körper. 1. *elastischer S.:* Die Körper fliegen nach dem Zusammenprall wieder auseinander, ohne daß kinet. Energie in andere Energieformen umgewandelt wird; 2. *unelastischer S.:* Ein Teil oder alle vor dem S. vorhandene Bewegungsenergie wird in andere Energieformen, z.B. Wärme

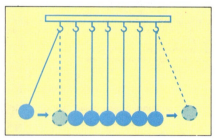

Stoß: Durch den Energie- und Impulsübertrag von Kugel zu Kugel fliegt beim elastischen Stoß die letzte Kugel mit derselben Geschwindigkeit weg, mit der die erste ankommt

oder innere Anregungsenergie bei einem Atom, umgewandelt. – **2.** die Stelle, an der zwei Bauteile mit Stirnflächen zusammentreffen, z.B. Eisenbahnschienen, Balken, Steine. – **3.** *Jagd:* Schwanz des Federwilds.
Stoß, Veit, *um 1445, †1533, dt. Bildhauer, Maler u. Kupferstecher; neben T. *Riemenschneider* der bedeutendste Bildhauer der dt. Spätgotik, tätig vor allem in Nürnberg, 1477–96 in Krakau. 1503 wurde er wegen Wechselfälschung gebrandmarkt u. gefangengesetzt. Ⓦ Hochaltar der Marienkirche in Krakau; Engl. Gruß, Nürnberg, St. Lorenz; Christus am Kreuz, Nürnberg, St. Sebald; Hochaltar im Bamberger Dom.
Stoßdämpfer, richtiger *Schwingungsdämpfer*, Anordnung zur Verbesserung des Fahrkomforts u. der Fahrsicherheit eines Kraftfahrzeugs. – Ⓑ →S. 868.
Stößel, 1. beim *Mörser* die Reibkeule. – **2.** bei Pressen der bewegl. Werkzeugträger. – **3.** beim Verbrennungsmotor Teil der Steuerung, überträgt die Bewegung der Nockenwelle auf das Ventil.
stoßen, eine Art des Gewichthebens; die sportl. Übungen Kugelstoßen u. Steinstoßen.
Stoßgenerator, Gerät zum Prüfen der Hochspannungsfestigkeit von elektr. Geräten durch künstl. Erzeugung von Funkenüberschlägen.

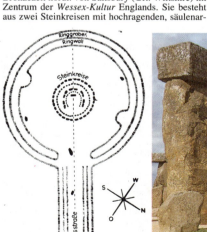

Stonehenge: Rekonstruktion des Grundrisses (links). – Blick zwischen inneren und äußeren Kreis nach Südosten (rechts)

Stoßionisation

Stoßionisation, die Ionisation von Atomen oder Molekülen durch Stoß mit Elektronen oder Ionen.
Stoßkuppe, *Belonit,* ein mehr oder weniger erstarrter Lavaschlot eines Vulkans, z.B. die *Montagne Pelée* (Ausbruch 1902).
Stoßtrupp, eine militär. Abt. bis zur Stärke einer Kompanie, die für einen bestimmten Kampfauftrag bes. ausgerüstet u. zusammengesetzt ist.
Stoßzahn, zur Waffe verlängerter u. umgebildeter Schneidezahn.
Stottern, krampfartige Störung der am Sprechakt beteiligten Muskeln (z.B. durch Schreck, Unfall, Erziehungsfehler).
Stout [staut], dem *Porter* ähnl. engl. Starkbier.
Stout, Rex, *1886, †1975, US-amerik. Schriftst. (Detektivgeschichten).
Stowe [stou] →Beecher-Stowe.
Strabismus →Schielen.
Strabo, *Strabon,* *64 v. Chr., †um 20 n. Chr., grch. Geograph u. Geschichtsschreiber; setzte die »Röm. Geschichte« des *Polybios* fort u. schrieb das Werk »Geographie«.
Strachey ['streitʃi], Giles Lytton, *1880, †1932, engl. Schriftst. (desillusionierende Biographien).
Strachwitz, Moritz Graf von, *1822, †1847, dt. Schriftst.; schrieb patriot. u. heroische Balladen bes. aus der nord. Sagenwelt.
Stradivari, Antonio, *1644, †1737, ital. Geigenbauer; Schüler N. *Amatis.* Von ihm sind etwa 520 Geigen, 12 Violen u. 50 Violoncelli bekannt, doch ist die Echtheit mancher umstritten.
Straelen ['ʃtra:-], Stadt in NRW, nw. von Krefeld, 12 000 Ew.; Lehr- u. Versuchsanstalt für Gartenbau.
Strafanstalt →Vollzugsanstalt, →Strafkolonie, →Straflager.
Strafantrag, das förml. Begehren der Einleitung eines Strafverfahrens durch den Geschädigten, das bei *Antragsdelikten* (z.B. bei Beleidigung, Hausfriedensbruch, Sachbeschädigung) formelle Voraussetzung für die Strafverfolgung ist (§§ 77–77e StGB).
Strafanzeige, die Mitteilung des Verdachts einer strafbaren Handlung an die Strafverfolgungsbehörden (Staatsanwaltschaft, Polizei).
Strafaufhebungsgründe, Umstände, aufgrund deren eine bereits verwirkte Strafe wegfällt; so die Begnadigung.
Strafaufschub →Strafvollstreckung.
Strafausschließungsgründe, *persönliche S.,* Umstände, bei deren Vorliegen in der Person des Täters dessen Tat straflos bleibt. S. sind z.B. *Exterritorialität* sowie bei bestimmten Delikten die Angehörigeneigenschaft.
Strafaussetzung, *Strafausstand,* Aufschub oder Unterbrechung der Vollstreckung einer rechtskräftig verhängten Strafe, als **S. zur Bewährung** im gerichtl. Strafurteil zulässig nach § 56 StGB bei Freiheitsstrafe, Jugendstrafe u. Strafarrest. Die Bewährungszeit beträgt 2 bis 5 Jahre. Grundgedanke ist, dem Täter Gelegenheit zu geben, sich durch straffreies Verhalten nach der Tat die Straffreiheit zu verdienen.
strafbare Handlung, *Straftat, Kriminaldelikt,* allg. eine Handlung, die durch das kriminelle Strafrecht mit Strafe bedroht ist; eingeteilt in *Verbrechen* u. *Vergehen* (§ 12 StGB).
Strafbefehl, eine Strafentscheidung des Amtsrichters bei Vergehen, durch die aber nur bestimmte Strafen u. Nebenfolgen verhängt werden dürfen (z.B. Geldstrafen). Das Rechtsmittel gegen den S. ist der *Einspruch.*
Strafe, 1. →Dienststrafrecht. – **2.** →Vertragsstrafe. – **3.** repressive Übel zur Ahndung begangener Straftaten. Arten der S. sind *Todesstrafe, Freiheitsstrafe* u. *Geldstrafe.* Neben Hauptstrafen enthält das dt. Strafrecht Nebenstrafen u. Nebenfolgen. Von der S. zu unterscheiden sind die Sicherungsmaßregeln. – Umstritten ist der Zweck der S. Er wird teils in der *Vergeltung* oder *Sühne* für die Tat, teils in der allg. *Abschreckung* oder in der Erziehung u. Besserung des Täters selbst gesehen (General- bzw. Spezialprävention).
Straferlaß →Strafaussetzung.
Strafford ['stræfəd], Thomas *Wentworth,* Earl of S., *1593, †1641, engl. Peer; seit 1639 Ratgeber *Karls I.,* der ihn dem Parlament opfern mußte u. seine Hinrichtung zuließ, nachdem S. selbst dazu geraten hatte, um den König zu retten.
Straffreiheit, durch Gesetz gelegentl. aus polit. Anlässen gewährter Straferlaß; →Amnestie.
Strafgericht, der Teil eines Gerichts der ordentl. Gerichtsbarkeit, der nur über Strafsachen entscheidet.
Strafgesetzbuch, Zusammenfassung strafrechtl. Vorschriften in einem Gesetzbuch. In der BR Dtld. gilt nach Abschluß der Strafrechtsreform das S. (StGB) vom 15.5.1871 in der Neufassung vom 10.3.1987. – In Öst. gilt seit 1.1.1975 das völlig neue StGB vom 23.1.1974 (bis dahin Strafgesetz von 1852/1945). – In der DDR war das StGB vom 12.1.1968 am 1.7.1968 in Kraft getreten. – Schweiz: StGB von 1937/42.
Strafkolonie, *Verbrecherkolonie,* Strafvollzugseinrichtung in abgelegenen Gegenden, meist für bes. schwere Verbrecher; z.B. die ehem. frz. S. auf Cayenne u. den Teufelsinseln.
Straflager, Vollzugsanstalt in Form eines Lagers; z.B. in der Sowjetunion.
Strafmilderung, Unterschreiten der für die bestimmte Straftat an sich vorgeschriebenen Regelstrafe, regelmäßig ein Viertel des Höchstmaßes.
Strafmündigkeit, das Mindestalter für die strafrechtl. Verantwortlichkeit; Jugendliche zw. 14 u. 18 Jahren gelten als *bedingt strafmündig,* bei Tätern unter 21 Jahren kann das Jugendstrafrecht angewendet werden.
Strafprozeß, *Strafverfahren,* Verfahren, in dem über das Vorliegen einer strafbaren Handlung zu entscheiden ist: geregelt in der S.ordnung (StPO, Neufassung von 1987); gliedert sich in: *Vorverfahren* (mit *Ermittlungsverfahren), Zwischenverfahren* (Entscheidung über die Eröffnung des Hauptverfahrens) u. *Hauptverfahren* mit der öffentl. *Hauptverhandlung.* Gegen die Urteile können Rechtsmittel eingelegt werden.
Strafprozeßordnung →Strafprozeß.
Strafrecht, die Gesamtheit der Rechtsvorschriften, durch die strafbare Handlungen mit Strafe bedroht werden u./oder Maßregeln der Besserung u. Sicherung angeordnet werden. Das S. ist überwiegend im *Strafgesetzbuch* enthalten. Es wurde in der BR Dtld. 1968–75 durch die 5. *Strafrechtsreform* umgestaltet.
Strafregister, amtl. Verzeichnis über strafrechtl. bedeutsame Entscheidungen, wird als *Bundeszentralregister* unter Aufsicht des Generalbundesanwalts in Berlin geführt.
Strafschärfungsgründe, *Strafverschärfungsgründe,* Gründe zur Erhöhung der für eine Straftat angedrohten Strafe, z.B. bei Geschäftsmäßigkeit, Gewerbsmäßigkeit, Gewohnheitsmäßigkeit, Rückfall u. in gesetzl. vorgesehenen weiteren Fällen.
Strafsenat, Kollegialgericht für Strafsachen bei höheren Gerichten der ordentl. Gerichtsbarkeit.
Straftat →strafbare Handlung.
Straftilgung, Beseitigung des Strafvermerks im Strafregister.

Strahlengriffel

Strafvereitelung, *persönl. Begünstigung,* eine Straftat nach § 258 StGB, die begeht, wer die Bestrafung eines anderen oder die Anordnung oder Vollstreckung einer Maßregel ganz oder z. T. vereitelt.
Strafverfahren →Strafprozeß.
Strafverfahren gegen Abwesende, die bes. Form des Strafverfahrens gegen einen Beschuldigten, dessen Aufenthalt unbekannt oder der im Ausland unerreichbar ist.
Strafverfügung, *gerichtl. Strafverfügung,* gerichtl. Strafentscheidung bei Übertretungen ohne Hauptverhandlung allein aufgrund polizeil. Ermittlungen ohne Einschaltung der Staatsanwaltschaft (im Unterschied zum *Strafbefehl).*
Strafvollstreckung, das Anordnen u. Überwachen der Strafverwirklichung (→Strafvollzug) durch die S.sbehörde (regelmäßig Staatsanwaltschaft, u. U. auch Amtsanwälte u. Amtsrichter).
Strafvollzug, der Vollzug von Freiheitsstrafen u. freiheitsentziehenden Maßnahmen in Justizvollzugsanstalten, gesetzl. geregelt durch das Bundes-S.sgesetz von 1976.
Strafzumessung, die Festsetzung der konkreten Rechtsfolgen einer Straftat durch das Gericht innerhalb des vom Strafgesetz vorgegebenen Strafrahmens.
Strahl, *Halbgerade,* eine von einem Punkt ausgehende Gerade, die sich ins Unendliche erstreckt.
Strahlantrieb, *Düsenantrieb,* →Strahltriebwerk.
Strahlen, physik. Sammelbegriff für die aus *elektromagnet. Wellen* bestehenden Licht-, Röntgen- u. Gammastrahlen sowie für die aus *Elementarteilchen* bestehenden S., z.B. Alpha-, Beta-, Kathodenstrahlen. Alle diese S. können sich je nach den Experimenten wie Korpuskeln (Teilchen) oder wie Wellen verhalten.
Strahlenbehandlung, *Strahlentherapie, Radiotherapie,* die Verwendung der biolog. Wirkung versch. Strahlen zu Heizzwecken; als Wärmebehandlung *(Diathermie, Kurzwellen, Ultrakurzwellen, infrarote [Ultrarot]* u. rote Strahlen) oder zur Gewebszerstörung *(ultraviolette Strahlen, Röntgenstrahlen* u. *Gammastrahlen).* Mit den letzteren u. mit anderen energiereichen Strahlen ist Oberflächen- u. Tiefenbestrahlung möglich, bes. zur Geschwulstbehandlung (»Bestrahlung«, *Radiumtherapie).*
Strahlenbelastung, Einwirkung von ionisierenden Strahlen, d. h. von Radioaktivität, auf den menschl. Organismus. Die Menge der in einem Gramm Körpermasse aufgenommenen Strahlenenergie nennt man *Strahlendosis* (1 rad bzw. rem = 10^{-2} J/kg). Eine radioaktive S. des ganzen Körpers von etwa 5 J/kg wirkt ohne Behandlung tödlich; bei einer Belastung zw. 5 u. 30 J/kg tritt der Tod ohne Behandlung nach etwa zwei Wochen ein, u. zwar durch Blutungen, Infektionen (Zerstörung der Abwehrzellen), Wasser- u. Elektrolytverlust (Erbrechen u. Durchfälle), Schädigung der Darmwand u. des blutbildenden Knochenmarks.
Die natürl. S., der die Menschen seit Urzeiten ausgesetzt sind, beträgt pro Jahr etwa 1–4 mJ/kg, in manchen Gegenden mit Urgestein u. im Hochgebirge liegt sie erheblich höher. Energiereiche (ionisierende) Strahlen haben 2 entscheidende Wirkungen: die *somatische* (körperl.) u. die *genetische* Wirkung. Wesentliche somat. Wirkung ist die Erhöhung des Krebsrisikos für das bestrahlte Organ. Strahlenenergie stößt in tiefste Bereiche des Organismus vor u. verändert dort winzigste Einheiten u. Regelelemente. Sie kann elektr. neutrale Moleküle in *Ionen* verwandeln, die Zellfunktion u. Stoff-

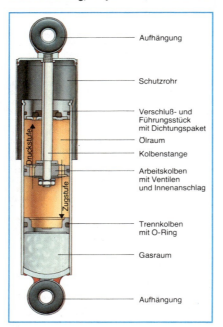

Gasdruck-Stoßdämpfer im Schnitt

wechsel durcheinanderbringen können. Treffen die Strahlen den Informationsspeicher der Zelle, d. h. die Desoxyribonucleinsäure (DNS), kann unkontrolliertes Wachstum, also Krebs, entstehen. Wird die DNS der Chromosomen in den Keimdrüsen getroffen, kann eine Informationsveränderung zu Mißbildungen führen. Sehr hohe Dosen bewirken dagegen eine Teilungsunfähigkeit bzw. den Tod von Zellen. Diese Wirkung wird in der Strahlenbehandlung eingesetzt.

Strahlenbiologie, die Lehre von den biol. Wirkungen energiereicher, ionisierender Strahlen (→Strahlenschäden). Von bes. Bed. ist die Wirkung von Strahlen auf Keimzellen **(Strahlengenetik),** da sie *Mutationen* auslösen.

Strahlengriffel, *Actinidia,* O-asiat. ausdauernde Kletterpflanze mit eßbaren Beerenfrüchten; hierzu: *Chines. Stachelbeere* (bek. als *Kiwi-Frucht*), *Japan. Stachelbeere.*

Strahlenheilkunde →Radiologie, →Strahlenbehandlung.

Strahlenpilze, *Actinomycetales,* Ordnung der *Bakterien,* die unter bestimmten Bedingungen pilzähnl., verzweigte Fäden u. Geflechte u. Dauersporen bilden. Zu ihnen gehören z.B. der Tuberkulose- u. der Diphtherie-Erreger.

Strahlenpilzkrankheit, *Aktinomykose,* durch Strahlenpilze (*Actinomyces israeli, Actinomyces bovis*) hervorgerufene, chron. entzündl. Erkrankung.

Strahlenschäden, Veränderungen, die durch energiereiche (ionisierende) Strahlen in Keim- u. Körperzellen hervorgerufen werden. Die Veränderungen in den Keimzellen (→Mutation) sind nicht rückgängig zu machen.

Strahlenschutz, Sammelbegriff für alle Maßnahmen, die dem Schutz von Menschen, Pflanzen, Tieren u. Sachen vor den Wirkungen ionisierender Strahlung dienen. Grundregel des S. ist, daß jede Bestrahlung auf ein unvermeidl. Mindestmaß beschränkt wird. Gesetzl. Regelungen finden sich im *S.vorsorgegesetz* vom 19.12.1986.

Strahlentierchen →Radiolarien.

Strahlflugzeug, *Düsenflugzeug,* engl. *Jet,* Flugzeug mit Antrieb durch → Strahltriebwerk. Erste S. flogen in Dtld. (He 178 am 27.8.1939), in Großbrit. (Gloster G-40 am 15.5.1941) u. in Italien (Caproni C.C.2 am 27.8.1940). Als erste Fluggesellschaft setzte die PANAM die *Boeing 707* in der Zivilluftfahrt ein, die 1954 ihren Erstflug hatte u. gemeinsam mit der *McDonnell Douglas DC-8* den Luftverkehr der 1960er Jahre prägte. Bes. erfolgreiche Baumuster für den Kurz- u. Mittelstreckenverkehr waren die *Caravelle* u. die *Boeing 727*. Die *Boeing 747* leitete unter dem Namen »Jumbo-Jet« 1970 das Zeitalter der Großraumflugzeuge ein. In den folgenden Jahren kamen die dreistrahligen Großraumflugzeuge der Typen *McDonnell Douglas DC-10,* die *Lockheed L-1011* (»TriStar«) u. die vierstrahlige sowj. *Iljuschin IL-86* auf den Markt. Für den Kurz- u. Mittelstreckenverkehr steht seit 1974 der in europ. Gemeinschaftsproduktion hergestellte, zweistrahlige *Airbus A 300* bzw. *A 310* zur Verfügung. Die sowj. *Tupolew TU-144,* die am 31.12.1968, rd. zwei Monate vor der *Concorde,* ihren Erstflug absolvierte, leitete den zivilen Überschallflugverkehr ein.

Strahlstrom →Jet-stream.

Strahltriebwerk, Antriebsanlage zur Erzeugung einer Schubkraft nach dem Prinzip des *Strahlantriebs,* vorzugsweise für Flugzeuge. L u f t a t m e n d e T r i e b w e r k e (Luft-S.e) verdichten eine durch eine Eintrittsöffnung (Lufteinlauf) angesaugte Luftmenge, deren Energie durch Zuführung von Verbrennungswärme erhöht u. die durch Expansion in einer Austrittsdüse auf die zur Schuberzeugung notwendige Austrittsgeschwindigkeit beschleunigt wird. Beim *Turbinen-Luftstrahl-Triebwerk* (TL-Triebwerk) wird die Verdichtung durch einen umlaufenden Turboverdichter erzielt. Beim *Stau-S.* ergibt sich eine Stauaufladung mit anschließender Verdichtung in einer rohrförmigen Erweiterung (Diffusor) ohne umlaufende Triebwerkteile. In großen Höhen wird wegen des Luftmangels das R a k e t e n t r i e b w e r k (→Rakete) als S. verwendet.

Strahlung, die in Form von Strahlen sich räumlich ausbreitende Energie. Man unterscheidet zw. *Korpuskular-* u. *Wellen-S.*

Strahlungsgesetze, physikal. Gesetze, die den Zusammenhang zw. der Temp. eines Körpers u. der ausgesandten Strahlungsleistung u. der Wellenlänge angeben; u. a. das *Kirchhoffsche Gesetz,* das *Stefan-Boltzmannsche Gesetz* u. das *Plancksche Strahlungsgesetz.*

Strahlungsgürtel, *Van Allenscher S.,* eine gürtelförmig um die Erde liegende Zone, in der Teilchenstrahlungen sehr hoher Intensität vorhanden sind. Der S. liegt rotationssymmetr. zur Äquatorial. Achse wie etwa eine Schale um die Erde u. erstreckt sich etwa bis zu 45 000 km Höhe über der Erdoberfläche. Die größte Strahlungsintensität herrscht in zwei Zonen (also eigtl. zwei S.): etwa um 3000 km u. um 20 000 km über der Erdoberfläche. Die Teilchen stammen aus dem Sonnenwind u. aus der kosm. Strahlung.

Straits Settlements ['streɪts 'setlmənts], 1867 bis 1946 bestehende britische Kronkolonie in SO-Asien, Hptst. *Singapur*. Die meisten Gebiete gehören heute zu *Malaysia*.

Stralsund, Stadt in Mecklenburg-Vorpommern, Hafen am Strelasund, gegenüber der Insel Rügen, 76 000 Ew.; Bauten im Stil der Backsteingotik, u. a. Marienkirche, Nikolaikirche, Rathaus; Maschinenbau, Fischverarbeitung, Schiffbau; Fremdenverkehr. G e s c h i c h t e : Seit 1234 Stadtrecht, 1278 Gründungsmitgl. der Hanse; 1648–1815 schwed.; 1815 zu Preußen, 1945 zu Mecklenburg.

Stramm, August, *1874, †1915 (gefallen), dt. Schriftst., expressionist. Lyriker u. Dramatiker; führender Mitarbeiter der Ztschr. »Der Sturm«.

Strand, Berührungssaum zw. dem Festland u. dem bewegl. Meeresspiegel; ein flacher, meist aus Sand u. Kies bestehender Küstenstreifen.

Stranddistel = Mannstreu.

Strandfloh, bis 1,5 cm langer *Flohkrebs* des Sandstrands der Nord- u. Ostsee.

Strandgut, von der See ans Ufer geschwemmte *(strandtriftige)* Gegenstände. Sie sind nach § 16 der *Strandungsordnung* gegen *Bergelohn* dem Schiffer oder sonstigen Berechtigten auszuliefern.

Strandhafer, *Helmgras, Ammophila,* Gatt. der *Süßgräser.* Der *Gewöhnl. S.* ist das verbreiteste Dünengras Europas u. N-Amerikas, dient zur Dünenbefestigung.

Strandläufer, *Calidris,* Gatt. kleiner, kräftiger *Schnepfenvögel,* die gesellig die Küsten bevölkern.

Strandlinie, *Küstenlinie,* die Grenze zw. Meer u. Strand bei normalem Wasserstand.

Strandnelke, *Strandflieder, Strandheliotrop,* zu den *Grasnelkengewächsen* gehörende, am Meeresstrand vorkommende, violett blühende Staude.

Strandpflanzen, *Dünenpflanzen,* an nährstoffarme, salzreiche, lockere Sandböden angepaßte Pflanzen der Meeresküsten; z.B. *Strandhafer, Strandnelke, Sandsegge.*

Strandrecht, Regelung der Rechtsverhältnisse am Strandgut u. bei einer Strandung.

Strandschnecken, *Littorina,* Gatt. der *Vorderkiemerschnecken,* mit kegeligen, kräftigen Gehäusen; leben in der Gezeitenzone.

Strandseen, vom Meer durch Nehrungen abgeschnürte flache Meeresbuchten *(Lagunen, Haffe),* die völlig aussüßen (z.B. Fr.sches u. Kur. Haff).

Strandung, Auflaufen eines Schiffs auf Grund, möglich auch als Fall der großen *Havarie,* um Schiff u. Ladung zu retten.

Strandvogt, Organ des *Strandamts.* Der S. hat v. a. für die Rettung von Personen in Seenot zu sorgen u. bei Bergung u. Hilfeleistung die Leitung zu übernehmen.

Stranggguß, ein Gießverfahren für Nichteisenmetalle u. Stahl, bei dem das flüssige Metall in eine beidseitig offene, wassergekühlte *Kokille* gegossen wird. An der unteren Öffnung der Kokille tritt das Metall als erstarrter Strang aus.

Strangulation, Tod (Tötung) durch Luftabschnürung; Hinrichtung durch den Strang.

Stranitzky, Joseph Anton, *1676, †1726, östr. Schauspieler u. Schriftst.; kreierte die komische Bauernfigur des dummschlauen *Hanswursts.*

Strasberg [stræs'bəːg], Lee, *1901, †1982, US-amerik. Schauspieler östr. Herkunft; gründete 1947 mit Elia Kazan das »Actor's Studio«, aus dem zahlr. Hollywood-Stars hervorgingen.

Straß, stark lichtbrechendes Bleiglas zur Imitation von Edelsteinen; ben. nach dem Juwelier G.-F. *Strass* (*1701, †1773).

Straßburg, frz. *Strasbourg,* kultureller u. wirtsch. Mittelpunkt des *Elsaß* im Oberrhein. Tiefland, an der Mündung der Ill, des Rhein-Marne- u. des Rhein-Rhône-Kanals in den *Rhein,* 249 000 Ew.; *Straßburger Münster,* Fachwerk-, Renaissance- u. Barockbauten; Sitz des Europarats u. Europa-Parlaments; Univ. (1537); Handels- u. Industriezentrum; Atomforschungszentrum (Kronenbourg), 2 Erdölraffinerien; Rheinhafen, Flughafen Entzheim. G e s c h .: das röm. *Argentoratum;* 1262 freie Reichsstadt, im 15./16. Jh. ein Zentrum des Humanismus u. der Mystik, 1871–1918 Hptst. des Reichslands Elsaß-Lothringen, seitdem frz.

Straßburger Eide, Bekräftigung des Bündnisses zw. *Ludwig dem Deutschen* u. *Karl dem Kahlen* aus dem Jahr 842 gegen Kaiser *Lothar I.;* von Karl ahd., von Ludwig altfrz. beschworen; ältestes Zeugnis der sprachl. Verschiedenheit von O- u. W-Franken (überliefert bei *Nithard*).

Straßburger Münster, eines der Hptw. mittelalterl. Kirchenbaukunst; auf den Fundamenten des 1015 begonnenen otton. Münsters, das 1176 durch Feuer weitgehend zerstört wurde. 1250–75 Bau des Langhauses als hochgot. Kathedrale, 1276 wurde mit dem Bau der von *Erwin von Steinbach* entworfenen Westfassade begonnen. *Johannes Hültz* (†1449) u. *U. Ensinger* waren die Meister des 143 m hohen Nordturms; bed. farbige Glasfenster (13./14 Jh.).

Straße, für den Verkehr von Fahrzeugen bes. hergerichteter, befestigter Weg. Nach dem Träger der Baulast unterscheidet man in Dtld. *Bundesfern-S.n* (*Bundesautobahnen* u. *Bundes-S.n*), *Land-S.n, Kreis-S.n, Gemeinde-S.n.* G e s c h .: Erste befestigte Verkehrswege von Stadt zu Stadt bauten die Römer. Unter Kaiser Trajan erreichte das Netz etwa 100 000 km. In Europa begann ein Aufschwung im S.nbau im 17./18. Jh., bes. unter Napoleon.

Straßenbahn, elektr. betriebenes Personennahverkehrsmittel, dessen Gleise meist in die Straßendecke verlegt sind. Erste Pferde-S. 1832 in New York, 1854 Paris, 1865 Berlin; erste elektr. S. 1881 in Berlin.

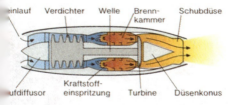

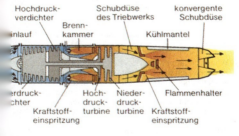

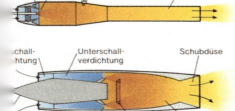

Strahltriebwerk: a), b) *Turbinen-Luftstrahl-Triebwerk, c) Verpuffungsstrahltriebwerk, d) Staustrahltriebwerk*

Afrikanischer Strauß

Franz Josef Strauß

Straßenbau, die Herstellung von Straßenbauwerken auf dem natürl. Untergrund.

Straßendorf, eine Dorfform, bei der die Gehöfte entlang einer Hauptstraße angeordnet sind.

Straßenverkehrsgefährdung, die Herbeiführung einer Gefahr für Leib oder Leben eines anderen oder für fremde Sachen von bed. Wert durch Beeinträchtigung der Sicherheit des Straßenverkehrs.

Straßenverkehrsrecht, die Gesamtheit der Vorschriften über die Teilnahme am u. Verhalten im öffentl. Straßenverkehr als Führer von Kraftfahrzeugen, Fahrzeugen ohne eigenen Antrieb oder als Fußgänger. Das geltende S. beruht im wesentlichen auf dem *Straßenverkehrsgesetz* vom 19.12.1952 (Abk. *StVG*), der *Straßenverkehrsordnung* vom 16.11.1970 (Abk. *StVO*), der *Straßenverkehrs-Zulassungs-Ordnung* in der Neufassung vom 28.9.1988 (Abk. *StVZO*), ferner auf der *VO über internationalen Kraftfahrzeugverkehr* vom 12.11.1934 u. dem *Gesetz über die Haftpflichtversicherung für ausländische Kraftfahrzeuge u. Kraftfahrzeuganhänger* vom 24.7.1956.

Strasser, Gregor, * 1892, † 1934, nat.-soz. Politiker; 1923 Teilnehmer am Hitler-Putsch, 1928–32 Reichsorganisationsleiter der NSDAP, während des Röhm-Putsches ermordet.

Straßmann, Fritz, * 1902, † 1980, dt. Chemiker; entdeckte mit Otto *Hahn* die Uranspaltung.

Stratege, Feldherr, Heerführer; im alten Griechenland ein oberster Militärbeamter, der auf Zeit gewählt wurde, den Oberbefehl über das Heer hatte, oft aber auch die polit. Führung übernahm.

Strategic Arms Limitation Talks [strəˈtiːdʒɪk ɑːmz lɪmɪˈteɪʃən tɔːks] → SALT.

Strategic Arms Reduction Talks [strəˈtiːdʒɪk ɑːmz rɪˈdʌkʃən tɔːks] → START.

Strategie, Kriegskunst, Feldherrnkunst; die Kunst der Führung von Streitkräften im Krieg; allg.: geschicktes Vorgehen.

Strategische Verteidigungsinitiative, engl. *Strategic Defense Initiative,* Abk. *SDI,* seit 1993 »Ballist. Raketenabwehrorganisation«, ein am 23.3.1983 vom US-amerik. Präs. R. *Reagan* verkündetes strateg. Konzept, das den Aufbau eines Systems von im Weltraum stationierten Defensivwaffen vorsieht, mit denen feindl. Atomraketen unschädl. gemacht werden können.

strategische Waffen, Waffen mit interkontinentaler Reichweite, die eine direkte Bedrohung des gegner. Territoriums bedeuten, wie Interkontinentalraketen oder das Strateg. Luftkommando der USA.

Stratford-on-Avon [ˈstrætfəd ɒn ˈeɪvən], Stadt am Avon, im mittleren England, 20 000 Ew.; Geburts- u. Sterbeort *Shakespeares,* jährl. Shakespeare-Festspiele.

Stratigraphie, die Untersuchung u. Unterscheidung älterer u. jüngerer Schichten *(Straten)* bei Ausgrabungen u. geolog. Forschungen. Werden die Schichten aufgrund von Fossilien gegliedert, spricht man von *Biostratigraphie.*

Stratokumulus, Schicht-Haufenwolke, tiefe Wolke unter 2 km Höhe; aus flachen Schollen oder Ballen; in der Regel ohne Niederschlag.

Straton von *Lampsakos* (»der Physiker«), grch. Philosoph des 3. Jh. v. Chr.

Stratosphäre, die Atmosphärenschicht oberhalb der Troposphäre, unterhalb der Mesosphäre, in etwa 12–50 km Höhe.

Stratus, *Schichtwolke,* niedrige, gleichmäßige Wolkenschicht (bis rd. 2 km Höhe); entspricht einem Nebel, der nicht auf dem Boden liegt.

Straub, 1. Jean Marie, * 8.1.1933, frz. Filmregisseur; dreht zus. mit seiner Frau D. Huillet streng hermetische Filme. – **2.** Johann Baptist, * 1704, † 1784, dt. Bildhauer; Meister des bay. Rokokos, seit 1735 in München.

Straubing, krfr. Stadt in Bay., sö. von Regensburg, 42 000 Ew.; maler. Stadtbild; Elektro-, Metall- u. Holzind.

Sträucher, Holzpflanzen mit mehreren, von Grund an verzweigten, meist dünn bleibenden Holzstämmen, die bis 3 m hoch werden können. Im Ggs. zu Bäumen bilden S. keinen Stamm als Hauptachse aus.

Strauchformationen, Vegetationstypen versch. Klimazonen, hpts. Gebüsche; immergrün oder laubabwerfend.

Strauchpappel, *Lavatera,* mittelmeer. Gatt. der *Malvengewächse;* in Dtld. nur die *Thüringer S.*

Straus, Oscar, * 1870, † 1954, östr. Komponist; Ⓦ Operette »Ein Walzertraum«.

Strausberg, Krst. in Brandenburg, östl. von Berlin, am Ostufer des *Straussees,* 29 000 Ew.; Marienkirche; elektron. Ind.

Strauß, der größte heute lebende Vogel, zu den Flachbrustvögeln gehörender Vertreter einer eig. Ordnung *(Struthiones)* aus den Steppen Afrikas u. Vorderasiens. Die 10–15 Eier werden tags vom unscheinbar gefärbten Weibchen, nachts vom schwarz befiederten Hahn bebrütet. S. sind flugunfähig, aber gute Läufer.

Strauß, 1. Botho, * 2.12.1944, dt. Schriftst.; Theaterstücke u. Prosa, die die menschl. Identität in der Gegenwartsgesellschaft analysieren; Ⓦ »Paare, Passanten«, »Der junge Mann«, »Trilogie des Wiedersehens«, »Der Park«. – **2.** David Friedrich, * 1808, † 1874, dt. ev. Theologe u. Schriftst.; verneinte die histor. Zuverlässigkeit der Evangelien u. fand in ihnen myth. Überlieferungen; trat für einen von der christl. Überlieferung gelösten Glauben ein; Ⓦ »Das Leben Jesu«. – **3.** Emil, * 1866, † 1960, dt. Schriftst.; schrieb realist., z. T. neuromant. Prosa. – **4.** Franz Josef, * 1915, † 1988, dt. Politiker; Gründungsmitglied der CSU, seit 1961 deren Vors.; 1953–55 Bundes-Min. für bes. Aufgaben, 1955/56 für Atomfragen, 1956–62 der Verteidigung (Rücktritt aufgrund der *Spiegel-Affäre*); 1966–69 der Finanzen; 1978–88 Min.-Präs. von Bayern; 1980 Kanzlerkandidat der CDU/CSU. – **5.** Johann, Vater von 6) u. 7), * 1804, † 1849, östr. Komponist; seit 1835 Hofballdirektor in Wien; schrieb über 250 Werke, davon etwa 150 Walzer, Quadrillen, Polkas u. Märsche (u. a. den »Radetzky-Marsch«). – **6.** Johann, Sohn von 5), * 1825, † 1899, östr. Komponist; 1863–70 Hofballdirektor in Wien. Seine Walzer (u. a. »An der schönen blauen Donau«, »G'schichten aus dem Wiener

Johann Strauß (Sohn) mit seiner Kapelle beim Hofball; nach einem Aquarell von Theo Zasche

Wald«, »Kaiserwalzer«, »Rosen aus dem Süden«) zeichnen sich durch Reichtum an melod. Erfindung aus. Daneben schrieb er Märsche, Polkas u. Operetten (»Die Fledermaus«, »Der Zigeunerbaron«, »Eine Nacht in Venedig«). – **7.** Josef, Sohn von 5), * 1827, † 1870, östr. Komponist (Walzer, u. a. »Dorfschwalben aus Österreich«).

Strauss, 1. Ludwig, * 1892, † 1953, isr. Schriftst. dt. Herkunft; seit 1934 in Israel, Schwiegersohn M. *Bubers;* Lyrik u. Aphorismen. – **2.** Richard, * 1864, † 1949, dt. Komponist u. Dirigent; 1886–89 u. 1894–98 Kapellmeister in München, 1889–94 in Weimar, 1898–1914 in Berlin; 1919–24 Leiter der Wiener Staatsoper, 1933–35 Präs. der Reichsmusikkammer. S. gehört zu den bed. Opernkomponisten des 20. Jh. Ⓦ »Rosenkavalier«, »Ariadne auf Naxos«, »Arabella« u. a.; sinfon. Dichtungen »Don Juan«, »Till Eulenspiegels lustige Streiche«, »Ein Heldenleben«, »Eine Alpensymphonie« u. a.; Solokonzerte, Lieder.

Straußfarn, Zierfarn mit straußenfederförmigen, bis 150 cm langen, einen Trichter bildenden Trophophyllen.

Straußgras, *Agrostis,* Gatt. der Süßgräser; in Dtld.: Gewöhnl. S. (Rotes S.) u. Weißes S. (Fioringras).

Strauß und Torney, Lulu von, * 1873, † 1956, dt. Schriftst.; seit 1916 verheiratet mit dem Verleger E. *Diederichs;* Natur- u. Stimmungslyrik.

Strawinsky, Igor Fjodorowitsch, * 1882, † 1971,

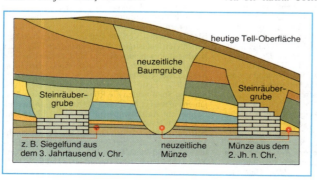
Stratigraphie: Durch genaue Beschreibung der Schichten und späterer Störungen des Schichtenverlaufes können zeitlich auseinanderliegende Funde auf demselben Niveau richtig zugeordnet werden

russ. Komponist; Schüler von N. *Rimskij-Korsakow;* 1915–20 in der Schweiz, bis 1939 in Frankreich, seitdem in den USA (Hollywood), wo er 1945 US-amerik. Staatsbürger wurde. Sein Werk wandelte sich von folkorist. beeinflußten Anfängen bis zum späten Serialismus. W »Der Feuervogel«, »Petruschka«, »Le Sacre du Printemps« (Ballette), »The rake's progress« (Oper); außerdem zahlr. Orchester- u. Klavierwerke sowie Kammermusik.

Strebebogen, Teil des *Strebewerks* einer got. Basilika: der Bogen zw. den Strebepfeilern des Seitenschiffs u. dem Obergaden.

Strebepfeiler, Teil des *Strebewerks:* pfeilerartige Verstärkung der Wände einer mittelalterl. Kirche, Klosteranlage, Burg oder eines profanen Gebäudes.

Strebewerk, die Gesamtheit von *Strebepfeiler* u. *Strebebogen.*

Strecke, 1. ein horizontaler, tunnelartiger Grubenbau, der, im Gegensatz zum *Stollen,* von einem vorhandenen Grubenbau ausgeht. – **2.** Teil einer Geraden zw. zweien ihrer Punkte.

Streckmuskeln, *Extensoren,* Muskeln zur Streckung der Gelenke; Ggs.: *Beuger.*

Streckverband, *Extensionsverband,* ein Zugverband, der dazu dient, verschobene Knochenbruchenden in richtiger Lage ohne Verkürzung aneinander anheilen zu lassen.

Streep [stri:p], Meryl, eigtl. Mary Louise S., *22.6.1949, US-amerik. Schauspielerin; seit 1976 beim Film u. a. in »Jenseits von Afrika«, »Das Geisterhaus«.

Strehler, Giorgio, *14.8.1921, ital. Regisseur u. Theaterleiter; gründete 1947 mit Paolo *Grassi* das Piccolo Teatro in Mailand.

Streibl, Max, *6.1.1932, dt. Politiker (CSU); 1967–71 Generalsekretär der CSU; 1970–77 Umwelt-, 1977–88 Finanz-Min. in Bay.; 1988-93 Min.-Präs. von Bay.

Streich, Rita, *1920, †1987, dt. Sängerin (Koloratursopran).

Streichen [das], die Himmelsrichtung, in der die Schnittlinie einer geneigten Erdschicht mit einer gedachten horizontalen Ebene verläuft.

Streicher, 1. Johann Andreas, *1761, †1833, dt. Klavierfabrikant u. Pianist; erfand die Mechanik mit Hammeranschlag von oben. – **2.** Julius, *1885, †1946 (hingerichtet), nat.-soz. Politiker; 1923 Teilnehmer am Hitler-Putsch, seit 1923 Hrsg. des antisemit. Hetzblatts »Der Stürmer«, 1928–40 Gauleiter von Franken; bei den Nürnberger Prozessen zum Tode verurteilt.

Streichhölzer →*Zündhölzer.*

Streichinstrumente, Musikinstrumente mit Saiten, die mit einem Bogen gestrichen u. infolge der auftretenden Reibung zum Schwingen gebracht werden, wobei ein Resonanzkörper (*Korpus*) für Verstärkung u. Färbung des Tons sorgt; in der europ. Musik ist der Typus der Violine führend.

Streichquartett, 1. Komposition für vier Streichinstrumente (meist 2 Violinen, Viola u. Violoncello) in Sonaten- oder Suitenform. – **2.** eine Gruppe von vier Spielern, die zumeist den Namen des 1. Geigers (Primgeiger) trägt.

Streife, eine Polizei- oder Militärwache, die im Gegensatz zum *Posten* einen größeren Bereich zu sichern hat.

Streifenfarn, *Asplenium,* Gatt. der *Farne;* mit streifenförmigen Sporangienhäufchen (*Sori*).

Streifenhörnchen, *Eutamias,* Gatt. der *Hörnchen;* etwa halb so groß wie die Eichhörnchen, mit 5 Längsstreifen auf dem braungrauen Fell; 16 Arten in Asien u. Nordamerika.

Streik, *Ausstand,* gemeinschaftl. Arbeitsniederlegung der Arbeitnehmer als Kampfmaßnahme zur Erlangung besserer Arbeits-, bes. Lohnbedingungen (*arbeitsrechtl. S.*) oder zur Durchsetzung von Forderungen (*polit. S.*). Der *organisierte S.* wird von den Gewerkschaften, der *wilde* oder *spontane S.* ohne ihren Willen geführt. Der organisierte S. erfolgt nach einer S.-*Urabstimmung.* Weiterhin unterscheidet man den *Sympathie-S.* zur Unterstützung einer bereits im Arbeitskampf stehenden Arbeitnehmergruppe, den *Teil-S.,* bei dem nur ein kleiner, aber bes. wichtiger Teil der Arbeitnehmer die Arbeit niederlegt, den *Sitz-S.,* bei dem die Arbeitnehmer zwar im Betrieb erscheinen, aber nicht arbeiten, den *Bummel-S.,* bei dem die Arbeitsrichtlinien so übergenau befolgt werden, daß die Arbeit nur schleppend weitergeht, u. die *passive Resistenz,* bei der die Arbeitnehmer ohne Arbeitserfolg weiterarbeiten. Im Gegensatz zum eigtl. *Kampf-S.* steht der *Demonstrations-S.* (*Protest-* u. *Warn-S.*), bei dem der Wunsch nach besseren Arbeitsbedingungen nur betont werden soll, ohne daß eine Maßnahme direkt erzwungen wird. – Die Gegenmaßnahme des Arbeitgebers ist die *Aussperrung.* →Generalstreik.

Streisand, Barbra, *24.4.1942, US-amerik. Sängerin u. Schauspielerin; erfolgreich als Musical- u. Filmstar. W »Funny Girl«, »Is' was, Doc?«, »Yentl«.

Streitaxt, Waffe in Axtform, oft reich verziert; aus Knochen oder Stein schon in prähistor. Zeit benutzt, später aus Bronze oder Eisen. Eine Sonderform ist der *Tomahawk* der nordamerik. Indianer.

streitige Gerichtsbarkeit, in der ordentl. Gerichtsbarkeit die Tätigkeit der Gerichte in Zivilprozeßsachen (einschl. der Zwangsvollstreckung u. des Konkurses) u. in Strafsachen.

Streitkräfte, die zur Wahrnehmung der Staatsinteressen gegenüber anderen Mächten bestimmten bewaffneten Verbände eines Staates: Heer, Luftwaffe, Marine.

Streitwagen, im Altertum ein zweirädriger, pferdebespannter Kampfwagen mit Wagenlenker u. Krieger; an der Seite oft mit Messern (*Sichelwagen*).

Streitwert, im Prozeßrecht der Wert des *Streitgegenstands;* vom Gericht, z. T. auch vom Urkundsbeamten der Geschäftsstelle, nach freiem Ermessen festzusetzen.

Strelasund, vom Rügendamm überbrückte, rd. 2,5 km breite Meeresstraße der Ostsee, zw. Rügen u. dem Festland bei Stralsund.

Strelitz, Mecklenburg-S., 1701 durch den »Hamburger Vergleich« geschaffene Linie Mecklenburgs mit dem Land *Stargard* sowie u. a. dem Fürstentum *Ratzeburg.*

Strelitzen, Palastgarde der russischen Zaren, von Iwan IV. um 1550 aufgestellt. Nach dem *S.-Aufstand* 1698 ließ Peter d. Gr. 2000 S. hinrichten u. löste die Truppe auf.

Strelitzie, *Strelitzia,* Gatt. der Bananengewächse mit 5 Arten in Südafrika. Die 1–2 m hohe *Paradiesvogelblume (Papageienblume)* hat orangefarbene äußere Blütenblätter u. ist eine beliebte Schnittblume u. Zimmerpflanze.

strenges Recht, *Jus strictum,* ein Recht, das für einen eindeutig festgelegten Sachverhalt eine genaue bestimmte Rechtsfolge anordnet u. in seiner Anwendung keine Rücksichtnahme auf die *Billigkeit* duldet; vielfach auch unscharf für *zwingendes Recht.*

Streptokokken, *Kettenkokken, Streptococcus,* artenreiche Gatt. in Perlschnurform aneinandergereihter, kugelförmiger *Bakterien.* Sie gehören neben den *Staphylokokken* zu den häufigsten Eitererregern, bes. *Streptomyces pyogenes.*

Streptomycin, ein Antibiotikum aus einem Strahlenpilz (*Streptomyces griseus*); u. a. gegen Tuberkulosebakterien wirksam.

Stresa, ital. Kurort am Westufer des *Lago Maggiore,* 6400 Ew.; Fremdenverkehr.

Stresemann, kleiner Gesellschaftsanzug für den

Richard Strauss (rechts) und Hugo von Hofmannsthal

Streuung 871

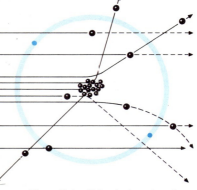
Streuung (2) von Alphateilchen (rot) an einem Atomkern. Nur Teilchen, die dem Kern nahekommen, werden stark abgelenkt, die Elektronen (blau) haben keinen Einfluß

Tag (weniger formell als der *Cut*): schwarzer oder marengofarbener Sakko u. gestreifte, umschlaglose Hose.

Stresemann, Gustav, *1878, †1929, dt. Politiker; Mitgr. der *Dt. Volkspartei,* 1923 Reichskanzler einer großen Koalition, 1923–29 Reichsaußen-Min.; beendete 1923 den *Ruhrkampf* u. schuf durch die Annahme des *Dawes-Plans* u. den Abschluß des *Locarno-Vertrags* die Grundlagen seiner Verständigungspolitik, deren Höhepunkt der Eintritt Deutschlands in den Völkerbund war. – Friedensnobelpreis 1926 (zus. mit A. *Briand*).

Streß, *Stress,* anhaltende Überbeanspruchung; von H. *Selye* 1936 geprägte Bez. für die Belastung, die der Körper durch zu lange oder ihm unangemessene Reize u. schädigende Einflüsse erfährt. S. löst eine Reihe von Alarmreaktionen im Organismus aus.

Stretch [strɛʃ], dehnfähige u. sehr elast. Web- u. Wirkwaren aus Chemiefasern (z. B. Nylon oder Perlon).

Stretta, in einem Musikstück: Schlußsteigerung als Beschleunigung oder Verdichtung.

Streufeld, *magnet. S.,* ein magnet. Kraftlinienfeld (z. B. bei Generatoren u. Transformatoren), das nicht im magnet. Werkstoff, sondern außerhalb verläuft u. dadurch den Nutzeffekt verringert.

Streufrucht, jede pflanzl. Frucht, die sich öffnet u. die Samen ausstreut; meist vielsamig.

Streusiedlung, Siedlung in Einzelhöfen u. kleinen Weilern.

Streuung, 1. das Voneinander-Abweichen von Geschossen, die nacheinander aus derselben Waffe bei gleichbleibender Richtung abgefeuert werden. –

Gustav Stresemann spricht 1926 vor der Völkerbundesversammlung in Genf

872 Streuvels

2. bei Messungen die Abweichung einzelner Werte vom Mittelwert; die Richtungsänderung einer Strahlung beim Durchlaufen eines Mediums; die Änderung der Bewegungsrichtung eines atomaren Teilchens beim Passieren eines Kraftzentrums (*Streuzentrum*), z. B. eines Atoms. Als Maß für die Wahrscheinlichkeit einer solchen S. dient der Wirkungsquerschnitt. Infolge der S. von Licht in der Atmosphäre hat der wolkenfreie Himmel eine blaue Färbung. – B → S. 871 – **3.** die Verteilung der Einzelwerte einer statist. Reihe um den Mittelwert; → Varianz.
Streuvels ['strø:vəls], Stijn, eigtl. Frank *Lateur*, *1871, †1969, fläm. Schriftst.; schilderte die flandr. Bauern u. Landarbeiter.
Streymoy ['strømø], dän. *Strömö*, größte Insel der *Färöer*, 374 km², 18 000 Ew.; mit der Hptst. *Tórshavn*.
Strich, **1.** die Farbe fein zerteilter oder pulverisierter Mineralien, die oft von der Farbe im kompakten Zustand abweicht. – **2.** veraltete Kompaßeinteilung: 1 S. = 1/8 eines rechten Winkels = 1/32 der Kompaßrose (voller Kreis) = 11,25 °. – **3.** Gegend der Straßenprostitution, *S. junge, S. mädchen*.
Strichätzung → Klischee.
Strichcode [-ko:d], *Barcode*, maschinell lesbare Codierung von Zahlen durch Kombinationen von Strichen unterschiedl. Breite, z. B. das *EAN-System*.
Strichvögel, Vogelarten, die ihr Brutgebiet in ungünstigen Jahreszeiten nur umherstreifend verlassen.
stricken, mit Hilfe einer Rundnadel oder mehrerer Nadeln einen Faden (im Unterschied zum *Weben*) zu einer flächigen Maschenbahn verschlingen. Die Technik des S. ist in Europa seit dem 13. Jh. gesichert.
Stricker, *Der S.*, mhd. Dichter aus Franken, als Fahrender in Östr. um 1230–40; schrieb Versepen u. Schwänke.
Strickleiter, Leiter aus Hanfseilen mit Holzstegen; bes. in der Schiffahrt verwendet.
Strigel, Bernhard, *1465/70, †1528, dt. Maler; seit 1515 Hofmaler Kaiser Maximilians.
strikt, streng, genau.
Strindberg [-bɛrj], August, *1849, †1912, schwed. Schriftst.; verhalf dem Naturalismus in Schweden zum Durchbruch; hatte mit seinen Stücken großen Einfluß auf die europ. Dramatik des 20. Jh.; W »Fräulein Julie«; Trilogie: »Nach Damaskus«, »Totentanz«, »Ein Traumspiel«; Prosa: »Sohn einer Magd« u. a.
stringent, zwingend, streng.
Stripping, bei einer Kernreaktion, bei der vom stoßenden oder gestoßenen Atomkern ein Nukleon »abgestreift« wird.
Striptease ['stripti:z], tänzer. Entkleidung.
Stritch [stritʃ], Samuel, *1887, †1958, erster US-amerik. Kurienkardinal (1958); 1940 Erzbischof von Chicago, 1946 Kardinal.
Strittmatter, Erwin, *1912, †1994, dt. Schriftst.; mehrfach preisgekrönter Vertreter des sozialist. Realismus in der DDR. W »Ole Bienkopp«.
Stroboskop, opt. Gerät zum Beobachten u. Messen rasch ablaufender Vorgänge (z. B. Drehzahlmessung) mit Hilfe eines period. unterbrochenen Lichtstrahls (Dauer z. B. 10⁻⁵ s). Stimmen die Frequenzen vom S. u. Meßvorgang überein, so scheint der Vorgang stillzustehen, weil jeder Lichtblitz den gleichen Bewegungszustand beleuchtet (**stroboskop. Effekt**).
Stroessner, Alfredo, *3.11.1912, paraguay. Politiker dt. Herkunft; wurde 1954 Staats-Präs.; errichtete ein diktator. Regime; 1989 durch einen Militärputsch gestürzt.
Stroganow [-nɔf], ein russ. Kaufmannsgeschlecht, das im 16. Jh. große Salinen am Ural sowie Hüttenwerke u. Goldwäschereien in Sibirien besaß.
Stroh, ausgedroschene Halme u. Blätter von Getreide, Hülsenfrüchten u. Gespinstpflanzen.
Strohblume, *Helichrysum*, eine Gatt. der *Korbblütler*. Die Blüten werden für Kränze u. Trockenbukette verwendet. In Dtld.: die *Sand-S.*
Stroheim, Erich von, eigtl. Hans Erich Maria von *S. von Nordenwall*, *1885, †1957, östr. Schauspieler u. Regisseur; von 1906–36 in den USA, danach in Frankreich, seit 1933 nur noch als Schauspieler tätig; W »Die lustige Witwe«, »Der Hochzeitsmarsch«.
Strohmann, eine nach außen als unabhängiger Rechtsträger auftretende Person, die in Wirklichkeit nur Anordnungen eines anderen abhängig ist.
Strohwein, *Leckwein*, alkoholreicher Wein aus den reifsten Trauben, die, auf Stroh oder Horden gebreitet, geschrumpft wurden; bes. die feinen Dessertweine (z. B. Malaga, Madeira).
Strom → Stromversorgung.
Stromabnehmer, gefedertes Gestänge (*Gleitbügel*) mit Schleifstücken zur *Oberleitung* bei Eisenbahnen, Straßenbahnen u. Obussen oder aus der dritten Schiene (*Stromschiene*) bei Stadtschnellbahnen u. U-Bahnen.
Stromboli, nördlichste der ital. Lipar. Inseln im Tyrrhen. Meer, 12,6 km², rd. 400 Ew.; im Innern tätiger Vulkan S., 926 m.
Stromkreis, ein in sich geschlossener Kreis, der sich aus Spannungsquelle, Leitungen u. Widerständen zusammensetzt.
Stromlinien, in der Strömungslehre Kurven, deren Richtung an jeder Stelle die Geschwindigkeitsrichtung einer Flüssigkeit oder eines Gasstroms angibt u. deren Dichte ein Maß für die Größe dieser Geschwindigkeit ist. – **S.form**, diejenige Form eines festen Körpers, die einer Flüssigkeits- oder Gasströmung den kleinsten Widerstand entgegensetzt u. bei der keine Wirbelbildung auftritt.
Strommesser, *Amperemeter*, Instrument zum Messen der Stärke eines elektr. Stroms. Beim *Weicheiseninstrument* wird ein Weicheisenanker durch ein Magnetfeld bewegt, das sich proportional dem erzeugenden Strom verändert.
Stromrichter, elektr. Geräte zum Umwandeln von Stromarten. *Gleichrichter* erzeugen Gleichstrom aus Wechsel- oder Drehstrom, *Wechselrichter* Drehstrom oder Wechselstrom aus Gleichstrom; *Umrichter* verändern die Frequenz.
Stromschnelle, ein Gefällsknick, der eine Flußstrecke mit starkem Gefälle u. hoher Strömungsgeschwindigkeit zur Folge hat. Größere Gefällsknicke nennt man *Wasserfall*.
Stromstärke, Formelzeichen *I*, die in der Zeiteinheit *t* durch den Leiterquerschnitt hindurchfließende elektr. Ladungsmenge *Q*; Formel: $I = Q/t$. Die S. wird in *Ampere* gemessen.
Strömungslehre, die Wissenschaft von den Bewegungsgesetzen der Gase u. Flüssigkeiten.
Strömungsmaschinen, Energieumwandlungsmaschinen, die als Energieträger Flüssigkeiten, Gase oder Dämpfe verwenden, die die S. kontinuierl. u. mit großer Geschwindigkeit durchströmen, z. B. Turbinen.
Stromversorgung, die Belieferung aller Verbraucher mit elektr. Energie durch Wasser- u. Wärmekraftwerke, ein dichtes Netz von Höchst- u. Mittelspannungsleitungen, Umspannstationen u. a. Im Gegensatz zu der verhältnismäßig niedrigen Erzeuger- u. Verbraucherspannung (nur ganz selten mehr als 20 000 Volt) wird elektr. Energie mit sehr hoher Spannung übertragen. Im allg. ist die öffent-

Strömungslehre: Bei einem kreisförmigen Körper (A) ist die Strömung zunächst laminar, wird aber hinter dem Körper turbulent. Der vom Körper der Luft entgegengesetzte Widerstand wird als Strömungswiderstand bezeichnet (schwarze Pfeile). Das Umströmen eines rechteckigen Körpers (B) verursacht weitaus größere Turbulenzen mit einem entsprechend erhöhten Strömungswiderstand. Eine aerodynamisch günstig gestaltete Tragfläche (C) wird an Über- und Unterseite laminar umflossen. Dabei tritt an der Oberseite eine größere Geschwindigkeit und damit ein geringerer Druck auf, an der Unterseite dagegen Überdruck. Über- und Unterdruck zusammen erzeugen die Auftriebskraft (roter Pfeil). Bei geringfügiger Neigung der Tragfläche gegen die Anströmrichtung (D) treten an ihrem hinteren Ende zwar Luftwirbel auf, die auch den Strömungswiderstand vergrößern, gleichzeitig aber verstärken sich die Auftriebskräfte und übersteigen den Luftwiderstand. Erst bei Erreichen eines bestimmten kritischen Anstellwinkels (E) verursacht die immer turbulenter werdende Strömung einen so starken Luftwiderstand, daß sie die vorhandenen Auftriebskräfte übersteigt

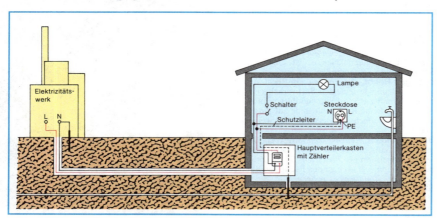

Stromversorgung eines Hauses; Schema (L = Außenleiter, früher Phasenleiter; N = Mittelleiter, früher Nullleiter; PE = Schutzleiter)

liche S. so aufgebaut, daß der Strom mit Höchstspannung (in der BR Dtld. bis 400 000 Volt) bis in die Nähe der Verbraucherzentren übertragen wird u. hier in mehreren Stufen auf mittlere Spannungen umgesetzt wird, bis er in den Hausanschlüssen mit 220/380 Volt ankommt.
Stromwandler, Meßwandler zur Messung elektr. Ströme.
Stromwärme, *Joulesche Wärme,* in einem stromdurchflossenen Leiter anfallende Wärme.
Strontium, ein chemisches Element.
Strophantin, ein herzwirksamed Glykosid aus den Samen des *Strophanthusstrauchs.*
Strophe, eine aus mehreren *Versen* gebildete Einheit, deren metr. Struktur innerhalb einer Versdichtung regelmäßig wiederkehrt.
Strossenbau, ein hpts. im Tagebau angewandtes Abbauverfahren, bei dem die Lagerstätte in waagerechten Scheiben *(Strossen)* von oben nach unten abgetragen wird.
Strougal ['ʃtrougal], Lubomír, * 19.10.1924, tschechoslowak. Politiker (KP); 1961–65 Innen-Min., seit 1970 Min.-Präs. der Tschechoslowakei; trat 1988 als Mitglied der Parteipräsidiums u. als Min.-Präs. zurück; wurde 1990 aus der Partei ausgeschlossen.
Stroux [ʃtruks], Karlheinz, * 1908, † 1985, dt. Theaterleiter, Schauspieler u. Regisseur; 1955–72 Generalintendant des Düsseldorfer Schauspielhauses.
Strozzi, florent. Adelsfamilie. Unter *Filippo S. d. Ä.* (*1428, † 1491), einem bed. Kunstmäzen u. Bankier, wurde der *Palazzo S.* in Auftrag gegeben.
Strozzi, Bernardo, * 1581, † 1644, ital. Maler (barocke Andachts- u. Genrebilder).
Strudel, 1. trichterförmiger Wasserwirbel; bildet u. U. am Flußgrund einen *S.topf.* – 2. südd. u. östr. Mehlspeise.
Strudelwürmer, *Turbellarien,* freilebende Kl. der *Plattwürmer,* die sich ähnl. wie Schnecken kriechend fortbewegen, kleinere Arten auch durch die Bauchbewimperung; etwa 3000 Arten; S. sind Zwitter.
Struensee, Johann Friedrich Graf von, * 1737, † 1772, dt. Leibarzt des Dänenkönigs *Christian VII.* u. Geliebter der Königin *Karoline Mathilde;* seit 1771 Staats-Min.; führte als Anhänger der Aufklärung überstürzte Reformen durch. Seine Gegner erzwangen seine Hinrichtung.
Struktur, 1. Gefüge, Gliederung; der innere Aufbau eines Gegenstands oder Gedankenbilds. – 2. eine Menge, zw. deren Elementen *Verknüpfungen* erklärt sind oder *Relationen* bestehen; z. B. Gruppe, Ring, Körper.
Strukturalismus, die Hauptrichtung der *allg. Sprachwissenschaft* in der ersten Hälfte des 20. Jh. Der Grundgedanke ist, die Sprache als ein System von Elementen anzusehen u. die zw. ihnen waltenden Beziehungen offenzulegen. Ausgehend vom sprachwissenschaftl. S. entstand in den 1950er Jahren der S. als universale Denkrichtung in den *Kultur-* u. *Geisteswissenschaften.* Hauptvertreter: J. Lacan, M. Foucault, C. *Lévi-Strauss* u. R. *Barthes.*
Strukturformel, → chemische Formeln.
Strukturpolitik, die wirtschaftspolit. Maßnahmen zur Beeinflussung der wirtsch. Grunddaten einer Volkswirtschaft; z. B. Maßnahmen zur Förderung bestimmter Regionen, Branchen u. Betriebsgrößen.
Struma → Kropf.
Struma, der antike *Strymon,* Fluß im sö. Europa, 395 km; mündet östl. von Saloniki in den *Strymon. Golf des Ägäischen Meers.*
Strumpf, 1. gestrickte oder gewirkte Fuß- u. Beinbekleidung; von der Antike bis ins 18. Jh. fast ausschließl. ein männl. Kleidungsstück. Erst mit dem Reifrock begann die weibl. Strumpfmode. – 2. Teil der Gasbeleuchtung; → Gasglühlicht.
»Struwwelpeter«, Titel eines illustrierten Kinderbuchs des Frankfurter Arztes H. *Hoffmann,* 1845 erstmals erschienen.
Strychnin, ein Alkaloid der *Brechnuß* u. der *Ignatiusbohne.* Es wirkt erregend auf Nervensystem, Muskeln, Kreislauf u. Atmung. Bei Vergiftungen mit S. kommt es zur Erstickung durch Starrkrampf der Atemmuskeln.
Strychnos, in den gesamten Tropen verbreitete Gatt. der *S.gewächse* (→ Pflanzen); meist kleinere Bäume, Dornsträucher oder Lianen, deren Beeren alkaloidreiche (*Strychnin, Brucin* u. a.), in Fruchtmus eingebettete Samen enthalten.
Stuart ['stjuət], *Stewart,* (bis 1542) schott.-engl. Königshaus aus der anglo-normann. Fam. Fitz-Alan, die das Amt des Hofmeisters (Stewart) erbl. wurde. Die S. kamen 1371 auf den schott. Thron, 1603 auch auf den engl.; 1688 verloren sie beide. 1807 starb die Hauptlinie aus.
Stubaital, vom Ruetzbach durchflossenes Tal in den *Stubaier Alpen* (im *Zuckerhütl* 3507 m); Hauptort Fulpmes, Tirol.
Stubbenkammer → Rügen.
Stubbs [stʌbz], George, * 1724, † 1806, engl. Maler u. Radierer; malte bes. Pferde u. Hunde.
Stubenfliege, eine *Echte Fliege,* über die ganze Erde verbreitet. Die Eier werden in Unrat, Kompost, Kehricht u. ä. abgelegt. Außer der normalen S. findet man oft noch die *Kleine S.*
Stubenvögel, für die Käfighaltung *(Käfigvögel)* geeignete Vögel, z. B. Papageien oder Wellensittiche.
Stuck, 1. gut formbare, schnell erhärtende Masse aus Gips, Kalk, Sand u. (Leim-)Wasser, bes. für Auftragearbeiten an Decken u. Wänden. – 2. Franz von (seit 1906), * 1863, † 1928, dt. Maler, Graphiker, Bildhauer u. Architekt; bereitete in seinen Werken den Jugendstil vor.
Stück, 1. an der Börse Bez. für *Wertpapier.* – 2. im MA Bez. für *Geschütz.*
Stückelberg, Ernst, * 1831, † 1903, schweiz. Maler (Genreszenen u. Bildnisse, Wandgemälde von monumentaler Auffassung).
Stückelberger, Christine, * 22.5.1947, schweiz. Dressurreiterin; Olympiasiegerin 1976, Weltmeisterin 1978.
Stückgut, Einzelfrachtstücke, Ggs.: *Massengut.*
Stücklen, Richard, * 20.8.1916, dt. Politiker (CSU); 1957–66 Bundes-Min. für das Post- u. Fernmeldewesen; 1967–76 Vors. der CSU-Landesgruppe im Dt. Bundestag; 1979–83 Präs. des Dt. Bundestags; 1983–90 Vize-Präs.
Stücklohn, der nach der Menge der geleisteten Arbeit berechnete *Stückgeldakkord.*
Stückzinsen, bei festverzinsl. Wertpapieren die Zinsen vom Tag des Erwerbs bis zum nächsten (vergangenen oder zukünftigen) Zinstermin.
Student, Abk. *stud.* (mit Angabe der Fakultät), seit dem 14. Jh. eingeführte Bez. für Lernende an Hochschulen.
Studentenbewegung, die polit. Unruhen, die sich in den 1960er Jahren an den Hochschulen in Europa u. den USA ausbreiteten.
Studentenblume, *Sammetblume, Samtblume, Tagetes,* Gatt. gelb bis braun blühender *Korbblütler* aus Amerika mit rd. 35 Arten; einige Arten sind beliebte Zierpflanzen.
Studentenschaft, die Gesamtheit der Studenten einer Hochschule (ohne Gasthörer). Sie wählt zur Vertretung ihrer Interessen den *Allgemeinen Studentenausschuß (ASTA),* Studentenparlamente u. student. Vertreter für die Selbstverwaltungsgremien der Hochschule.
Studentenverbindungen, an den Hochschulen bestehende Verbände mit eigenständigen student. Zielen u. student. Gemeinschaftsleben.
Im MA schlossen sich Magister u. Scholaren zu »Nationen« zusammen; in den *Bursen* lebten sie nach klösterl. Vorbild. Aus den »Nationen« entwickelten sich die *Landsmannschaften,* aus diesen die *Corps;* hinzu kamen die *Burschenschaften.* Landsmannschaften, Corps u. Burschenschaften bestimmten im 19. Jh. das Bild der S. *(Korporationen);* sie entwickelten mit Band u. Mütze (Couleur), »Wichs«, Komment u. Mensur ein eigenes student. Brauchtum u. ein akadem. »Standesbewußtsein«. Unter den Nat.-Soz. aufgelöst, entstanden die S. nach 1945 neu. – Nach dem 2. Weltkrieg wurden polit. u. internat. Studentenvereinigungen u. konfessionelle Studentengruppen gegr., die das Korporationswesen ablehnten.
Studentenwerk, an den Hochschulen bestehende Einrichtung zur wirtschaftl. u. gesundheitl. Betreuung der Studenten (Mensa, Studentenheime, Studienförderung, Gesundheitsdienst).
Studie, Entwurf, wiss. Untersuchung.
Studienassessor → Assessor.
Studienförderung → Ausbildungsförderung.
Studienrat, seit 1918 Amtsbez. für die festangestellten (beamteten) Lehrer an höheren Schulen, seit 1965 auch an berufsbildenden Schulen. Der S. kann zum *Ober-S.,* in Bay. zum *Studienprofessor* befördert werden.
Studienreferendar → Referendar.
Studienstiftung des Deutschen Volkes e. V., 1925 gegr., 1934 aufgelöster u. 1948 neugegr. Unterstützungsfonds, der das Studium überdurchschnittl. Begabter u. ausgewählter Abiturienten u. Studenten ermöglicht. Sitz: Bonn.
Studio, Atelier mit allen techn. Spezialeinrichtungen, die für Filmaufnahmen, Fernseh- oder Hörfunkübertragungen notwendig sind.
Studium, das wiss. Lernen u. Forschen (Studieren), bes. an einer Hochschule.
Studium generale, interdisziplinäres Grundstudium, allgemeinbildende Vorlesungen als Ergänzung zum Fachstudium.
Stufenbarren, ein im Frauenturnen verwendetes Turngerät; besteht aus zwei miteinander verspannten, parallelen Reckaufbauten mit einem niedrigen (1,50 m) u. einem hohen Holm (2,30 m).
Stufenlehrer, ein für den Unterricht an Gesamtschulen ausgebildeter Lehrer.
Stufenpyramide, eine Pyramide mit abgetreppten, stufenartig ansteigenden Seiten.
Stufenschalter, ein Mehrfach-Drehschalter mit Rastschritten, der in den einzelnen Stellungen versch. Stromkreise schließt, z.B. bei elektr. Kochplatten.
Stuhlgang, die Darmentleerung beim Menschen; → Verdauung.
Stuhlgericht, Gericht der Feme.
Stuhlweißenburg → Székesfehérvár.
Stuhlzwang, *Stuhldrang, Tenesmus,* schmerzhafter Krampf des Afterschließmuskels, z. B. aufgrund von Mastdarmentzündung.
Stuka, Abk. für *Sturzkampfflugzeug.*
Stukkateur [-'tøːr], *Gipser,* Ausbildungsberuf des Handwerks für das Verputzen der Wände, Deckenarbeiten u. den Einbau von Trennwänden. Fertigteilen; führt *Stuck-*Arbeiten durch.
Stüler, Friedrich August, * 1800, † 1865, dt. Architekt; Vertreter des Historismus.
Stulpe, umklappbarer, meist leicht konisch geformter Stoff-, Spitzen- oder Lederbesatz an Ärmeln, Stiefeln u. ä.
Stülpnagel, Karl Heinrich von, * 1886, † 1944 (hingerichtet), dt. Offizier; seit 1942 dt. Militärbefehlshaber in Frankreich; an der Widerstandsbewegung gegen Hitler (20. Juli 1944) beteiligt.
Stummelaffen, *Colobus,* Gatt. der *Schlankaffen* in Afrika. Namengebend ist die stummelartige Rückbildung des Daumens.
Stummelfüßer, *Onychophora,* Stamm der Gliedertiere; etwa 7–15 cm lange Arten, mit Merkmalen, z. T. für die *Ringelwürmer,* z. T. für *Gliederfüßer* charakterist. sind; feuchtigkeitsbedürftige Landtiere der Südhalbkugel.
Stummfilm → Film.
Stummheit, *Mutitas,* das Unvermögen zu sprechen; Folge von Taubheit *(Taub-S.)* oder von Ausfällen im Gehirn; kann auch durch seel. Einwirkungen entstehen.
Stumpen, runde oder gepreßte, an beiden Enden beschnittene, gleichmäßig dicke Zigarre.
Stumpfschwanzpapageien, *Psittacini,* größere Gruppe stärkerer, kurzschwänziger *Papageien;* hierzu gehören vor allem der *Graupapagei* u. die *Amazonen.*
Stunde, der 24. Teil eines Tages, ein Zeitraum von 3600 s oder 60 min; gleichförmige Einteilung des Tages erst seit Ende des MA üblich.
Stundenbuch, lat. *horarium,* frz. *livre d'heures,*

Stufenpyramide von Saqqara in Ägypten

874 Stundengebet

ein Gebetbuch für Laien, das Gebete u. Lieder für die einzelnen Tageszeiten enthält.
Stundengebet, kirchl. *Tagzeiten,* lat. *horae canonicae,* das für alle Priester u. Ordensleute verpflichtende, im *Brevier* festgelegte Gebet zu bestimmten Tagesstunden.
Stundenglas →Sanduhr.
Stundung, das Zugeständnis des Gläubigers an den Schuldner, die Begleichung einer Schuld über den Fälligkeitstermin hinauszuschieben.
Stuntman ['stʌntmən], Schauspieler-Double in gefährl. Szenen; waghalsiger Akrobat.
Stupa, halbkugelförmiges buddhist. u. jinist. Reliquienmal; in Höhlentempeln, als Freibau u. in Kleinform als Votivgabe.
Stupor, *Stumpfheit,* Zustand völligen Mangels an körperl. u. geistigen Regungen nach schwerer Erschöpfung oder bei versch. Geistes- u. Gehirnkrankheiten.
Sture, 1. Sten Sture d. Ä., *um 1440, †1503, schwed. Reichsverweser; kämpfte mit Unterstützung der schwed. Bauern vergebl. für die Auflösung der Union mit Dänemark. – **2.** Sten Sture d. J., *um 1492, †1520, schwed. Reichsverweser; machte sich 1512 durch einen Staatsstreich zum Reichsverweser u. setzte die Politik der Unabhängigkeit gegen den Widerstand der schwed. Aristokratie fort; verlor 1520 eine Schlacht gegen den dän. König Christian II., in der er tödl. verwundet wurde.
Stürgkh, Karl Graf, *1859, †1916, östr. Politiker; 1911–16 Min.-Präs., Vertreter einer starken Regierungsgewalt zur Erhaltung der Reichseinheit; fiel einem Attentat F. *Adlers* zum Opfer.
Sturm, Wind der Windstärke 9 u. mehr.
Sturmabteilung →SA.
Stürmer, 1. der hohe Zweispitz, beliebte Hutform um 1800; dann eine Studentenmütze, die einer phryg. Mütze ähnelt. – **2.** bei Ballspielen die Angriffsspieler, die in vorderster Reihe spielen u. Tore erzielen sollen.
Sturmflut, unregelmäßiges Hochwasser der See bei hohem Windstau des Wassers.
Sturmgewehr, ein automat. Gewehr, Hauptwaffe der Infanteristen.
Sturmius, *Sturm(i),* *um 715, †779, Schüler des *Bonifatius,* in dessen Auftrag er 744 die Benediktinerabtei Fulda gründete u. zu hoher Blüte führte. – Heiliger (Fest: 17.12.).

Sturmmöwe →Möwen.
Sturmschwalben, *Hydrobatidae,* zu den *Röhrennasen* gehörige Unterfam. gewandter, zierl. Hochseevögel; z. B. die *Sturmschwalbe.*
Sturmtaucher, *Procellariinae,* zu den *Sturmvögeln* gehörige Fam. gewandter Hochseevögel; u. a. der *Eissturmvogel.*
Sturm und Drang, *Geniezeit,* die nach dem Drama »S. u. D.« von F. M. *Klinger* (1766) benannte Epoche der dt. Literatur von 1765 bis etwa 1790; eine Auflehnung der jungen Generation gegen die verstandesbetonte Aufklärung. Der S. u. D. verherrlichte die »Leidenschaft« u. das »Originalgenie«, das jede Autorität ablehnt. Dramatiker des S. u. D. sind J. M. R. *Lenz,* F. M. *Klinger,* H. L. *Wagner,* J. A. *Leisewitz,* H. W. von *Gerstenberg* sowie *Goethe* u. *Schiller* in ihrer Frühzeit.
Sturmvögel, *Tubinares,* Ordnung von rd. 70 Arten typ. Hochseevögel; schnelle Gleitflieger, die sich dicht über der Wasseroberfläche bewegen; hierzu *Albatrosse, Sturmschwalben* u. *Sturmtaucher.*
Sturz, Überdeckung einer Tür- oder Fensteröffnung zwecks Stabilisierung.
Sturzbecher, ein fußloser Trinkbecher aus Glas oder Metall, der nach dem Austrinken mit der Öffnung nach unten gestellt wird.
Sturzbett, *Tosbecken,* eine beckenartige Vertiefung hinter Wehren, Talsperrenüberläufen u. a.
Sturzenegger, Hans, *1875, †1943, schweiz. Maler u. Graphiker; mit Anklängen an den Stil F. *Hodlers.*
Sturzgeburt, überschnelle Geburt; Schädelverletzungen des Kindes oder Nabelschnurrisse können die Folge sein.
Sturzhelm, leichter, kopfschützender Helm, bes. für Motorrad- u. Rennfahrer u. Skiläufer.
Sturzkampfflugzeug, *Sturzbomber,* Abk. *Stuka,* ein Bomber robuster Bauart, der zur besseren Treffgenauigkeit im Sturzflug feindl. Punktziele anvisiert u. kurz vor dem Abfangen die außenbords aufgehängten Bomben abwirft; vor dem 2. Weltkrieg entwickelt, wurde vom Jagdbomber u. vom Schlachtflugzeug abgelöst.
Stute, weibl. Pferd.
Stuttgart, Hptst. des Landes Ba.-Wü. u. des gleichnamigen Reg.-Bez.; in einem Neckarbecken; 570 000 Ew.; Univ., mehrere HS, Max-Planck-Institut; Staatl. Museum für Naturkunde, Staatsgalerie Württemberg, Staatstheater; Süddt. Rundfunk; Altes u. Neues Schloß, Lustschloß Solitude; Elektro-, feinmechan. u. Kraftfahrzeug-Ind. (Daimler-Benz), Verlage. – Gesch.: S. war Mitte des 15. Jh. Residenz der württemberg. Herzöge u. Landeshptst.; seit 1806 Mittelpunkt des Kgr. Württemberg, 1920 vorübergehend (Kapp-Putsch) Sitz der Reichsregierung.
Stütz, eine turner. oder gymnast. Übung, wobei die Körperlast des Turners auf den gestreckten oder gebeugten Armen oder Unterarmen ruht.
Stutzen, 1. kurzer Wadenstrumpf. – **2.** rohrförmiges Übergangsstück zw. der Wand eines Gasoder Flüssigkeitsbehälters u. einer anschließenden Rohrleitung. – **3.** kurzes, handl. Jagdgewehr.
Stutzkäfer, *Histeridae,* Fam. gedrungener *Käfer* mit sehr harter Chitinbedeckung; in Europa der *Mist-S.*
StVO, Abk. für *Straßenverkehrsordnung.*
StVZO, Abk. für *Straßenverkehrs-Zulassungsordnung.*
Styling ['stailiŋ], ind. bzw. allg. mod. Formgestaltung; im Kfz-Bau: Karosserie-Formgebung.
Styron ['stairən], William, *11.6.1925, US-amerik. Schriftst.; Romane in der Tradition der Südstaatenliteratur.
Styx, in der grch. Myth. der Fluß der Unterwelt, über den die Seelen der Verstorbenen von *Charon* übergesetzt wurden.
Suaheli, *Swahili,* die vorwiegend arab.-pers. beeinflußten Küstenbewohner O-Afrikas (von Kenia bis Moçambique); Moslems. Ihre Sprache (Ki-S.) wurde zur wichtigsten Verkehrssprache O-Afrikas.
Suarès [sya'rɛːs], André, eigtl. Isaac Félix *S.,* Pseud.: *Yves Scantrel,* *1868, †1948, frz. Schriftst. portug. Herkunft; in der Verherrlichung des Genies von F. *Nietzsche* beinflußt.
Suárez ['swareθ], Francisco de, *1548, †1617, span. Theologe u. Philosoph; Jesuit; Schöpfer eines neuen, Thomismus u. Scotismus u. Nominalismus verbindenden Systems.
Suárez Gonzáles ['swareθ gɔn'θales], Adolfo, *25.9.1932, span. Politiker; 1976–81 Min.-Präs.; gründete 1982 das »Demokrat.-soziale Zentrum« (CDS).
subalpin, Bez. für die unter der *alpinen* Höhenstufe der Gebirgsvegetation liegende Zone.
Subalternation, Unterordnung eines Begriffs unter einen anderen von weiterem Umfang oder eines Teilurteils unter ein allg. Urteil.
subantarktisch, zum Übergangsgebiet zw. südl. gemäßigter Zone u. Antarktis gehörig.
subarktisch, zum Übergangsgebiet zw. nördl. gemäßigter Zone u. Arktis gehörig.
Subartu, das nördl. Assyrien am Oberlauf des Tigris, dessen Bewohner (*Subaräer*) schon im 3. Jt. v. Chr. Ackerbau u. Viehzucht trieben u. Keramik- u. Metallarbeiten fertigten.
Subatlantikum, die Periode der Nacheiszeit (Holozän) von 500 v. Chr. bis zur Gegenwart.
Subboreal, *S.zeit,* die Periode der Nacheiszeit (Holozän) von 2500 bis 500 v. Chr.
Subdominante, die 4. Stufe der Tonleiter u. der auf ihr errichtete Dreiklang (in C-Dur: f-a-c; in a-Moll: d-f-a).
subglazial, unter dem Gletscher- oder Inlandeis befindl. oder entstanden.
Subjekt, 1. *Satzgegenstand,* derjenige Satzteil, über den etwas ausgesagt wird, der Träger eines Geschehens, z. B. »*ich gehe*«. – **2.** in der Logik der Begriff, dem etwas prädiziert wird (→*Urteil*); in der Erkenntnistheorie gleichbedeutend mit *Bewußtsein:* als denkendes Wesen der letzte Beziehungspunkt für alle *Objekte.* – **3.** übertragen: heruntergekommener, gemeiner Mensch.
subjektiv, dem *Subjekt* zukommend; von einer nur für das individuelle Subjekt bestehenden, nicht allg. Gültigkeit; persönl. motiviert, unsachl.
subjektives Recht, Rechtswirkungen, die der Wille des Rechtssubjekts auf der Grundlage des objektiven Rechts erzeugen kann: dingl. Rechte, Forderungsrechte u. a.
Subjektivismus, Betonung der *Subjektivität;* die Lehre, daß alles (Erkennen, Werte, Welt) nur subjektiv sei, sowie die Neigung, das *Subjekt* zum Maß aller Dinge zu machen; daher auch: Unsachlichkeit. Gegensatz: *Objektivismus.*
Subjektivität, die persönl. Färbung eines Urteils, Voreingenommenheit.
Subkultur, eine Gruppenkultur innnerhalb einer größeren, sie umfassenden Kultur oder Gesellschaft, die eigene Verhaltensnormen entwickelt (z. B. Sekten und Erweckungsbewegungen, revolutionäre Gruppen u. versch. gesellschaftl. Randgruppen).
subkutan, unter der (die) Haut.

Die großen Sturmfluten in der Deutschen Bucht

Datum	Name der Sturmflut	betroffene Küstengebiete und Auswirkungen
17. 2. 1164	Julianenflut	südliche Nordseeküste; Meereseinbrüche Zuidersee, Jadebusen
16. 1. 1219	1. Marcellusflut	niederländische Küste (Friesland); viele Menschen ertrunken
15.–17. 1. 1362	2. Marcellusflut	Ost- und Nordfriesland; Meereseinbrüche Dollart, Leybucht, Harlebucht, Erweiterung des Jadebusens; große Verluste an Mensch und Vieh; Nordfriesland besonders schwer heimgesucht
9. 10. 1374	Dionysiusflut	Ostfriesland; die Leybucht erhält ihre größte Ausdehnung
18. 11. 1421	St.-Elisabeth-Flut	holländische Küste
1. 11. 1570	Allerheiligenflut	Flandern bis Eiderstedt; viele Deichbrüche und hohe Überflutung weiter Küstengebiete (höchster Wasserstand etwa 3,80 m über Mittleres Tidehochwasser)
19. 10. 1634	Oktoberflut	Nordseeküste; die Insel Nordstrand wird zerstört
26. 2. 1651	Petriflut	ganz Friesland; Juist und Langeoog durchgerissen, Deichbrüche
24. 12. 1717	Weihnachtsflut	von den Niederlanden bis Schleswig-Holstein; umfangreiche Deichzerstörungen, hohe Menschenverluste (höchster Wasserstand 3,84 m über Mittleres Tidehochwasser)
2./4. 2. 1825	Februarflut	Ost- und Nordfriesland; fast alle Deiche überströmt, viele zerstört, weite Gebiete überflutet (höchster Wasserstand 3,81 m über Mittleres Tidehochwasser)
13. 3. 1906	Märzflut	südliche Nordseeküste; hoher Wasserstand (3,62 m über Mittleres Tidehochwasser), keine katastrophalen Schäden
31. 1./1. 2. 1953	Februarflut	Küstengebiete der Nordsee, besonders holländische Küste u. englische Ostküste, zahlreiche Dammbrüche, 200 000 ha überflutet
16./17. 2. 1962	Februarflut	gesamte Nordseeküste; besonders schwer wurde das Elbegebiet mit Hamburg betroffen. Erhebliche Schäden an den Küsten- u. Inselschutzwerken; infolge mehrerer Deichbrüche wurden 56 000 ha überflutet (höchster Wasserstand 3,67 m über Mittleres Tidehochwasser)
31. 12. 1962	Dezemberflut	Nordseeküste, besonders Hamburg betroffen
3./4. 1. 1976	Januarflut	deutsche Nordseeküste; besonders betroffen wurde das Elbegebiet mit der Haseldorfer Marsch sowie die Insel Sylt (höchster Wasserstand 3,65 m über Mittleres Tidehochwasser)

Antonio José de Sucre; Gemälde von A. Michelena

Sublimat, ein fester Stoff, der sich bei Abkühlung bestimmter Dämpfe als Kondensat ausscheidet.
Sublimation, 1. der Übergang eines Stoffes aus dem festen in den gasförmigen Aggregatzustand, ohne daß die Stufe des flüssigen Aggregatzustands durchlaufen wird. – **2.** die »Veredelung« einer niedrig bewerteten Neigung; ein →Abwehrmechanismus.
submarin, untermeer., unter dem Meeresspiegel vorkommend oder geschehend.
Submission, 1. Unterwürfigkeit, Unterwerfung. – **2.** → Ausschreibung.
Subotica [-tsa], Stadt in der nördl. Batschka (Serbien), 100 000 Ew.; Maschinenbau-, Textil- u. chem. Ind.
subpolar, zu einem der beiden Übergangsgebiete zw. Polargebieten u. gemäßigten Zonen gehörig.
subsidiär, hilfsweise, in zweiter Linie.
Subsidiarität, ein Grundsatz der thomist.-naturrechtl. u. christl.-kath. Sozialordnung, nach dem die Tätigkeit der Gesellschaft die ihrer Glieder nicht ersetzen u. aufheben, sondern nur ergänzen u. fördern soll u. nach dem die jeweils kleinere Gruppe alle Aufgaben übernehmen soll, die nicht von ihr bewältigt werden können (so die Familie vor der Gemeinde, die Gemeinde vor dem Staat).
Subskription, 1. in antiken Handschriften die Angabe am Schluß über Inhalt, Verfasser u. Herkunft des Werks. – **2.** das Eingehen der Verpflichtung, zukünftig erscheinende Gegenstände (bes. Wertpapiere u. Bücher) abzunehmen; meist zu einem günstigeren *S.spreis.*
Subspecies [-tsiɛs], Abk. *ssp.,* Unterart → Rasse.
Substantialismus, ein am Substanzbegriff orientiertes Denken.
substantiell, wesentl., zur Substanz gehörend.
Substantiv, *Hauptwort, Dingwort,* eine Wortart, Unterklasse der *Nomina.* Man unterscheidet: 1. *Konkreta:* Eigennamen (z. B. »Wien«) u. Gattungsnamen (z. B. »Tier«); 2. *Abstrakta* (z. B. »Güte«, »Weisheit«).
Substanz, Stoff, beständiger Kern; Wesen einer Sache; der selbständige, für sich bestehende Träger von unselbständigen Eigenschaften *(Akzidenzien).* – Physik: →Materie.
Substitut, Stellvertreter, Ersatzmann.
Substitution, das Ersetzen einer Größe (eines Teils, einer Sache) durch eine oder mehrere andere, die *Substituenten.*
Substrat, Grundlage, Nährboden.
subsumieren, einen konkreten Gegenstand oder Fall einem allg. Begriff bzw. Rechtssatz unterordnen, d. h. diesen darauf anwenden.
Subtraktion, die 2. Grundrechenart: Abziehen einer Größe *(Subtrahend)* von einer gleichartigen *(Minuend).* Das Ergebnis heißt *Differenz.*
Subtropen, durch trockene Sommer u. milde Winter ausgezeichnete klimat. Übergangszonen der Erde zw. den Tropen u. den gemäßigten Zonen; →Klima.
Suburb [ˈsʌbəːb], engl.: Vorstadt.
Subvention, Beihilfe; Unterstützung an private Unternehmer durch den Staat.
subversiv, umstürzlerisch.

Succubus, weibl. Buhlteufel; →Incubus.
Suceava [sutʃɛava], Hptst. des gleichnam. rumän. Krs., 96 000 Ew.; Kloster Zamca; Papier- u. Holz-Ind.; Handelszentrum.
Suchard [syˈʃaːr], Philippe, *1797, †1884, schweiz. Industrieller; Gründer (1826) der Schokoladenfabrik S. in Serrières bei Neuenburg.
Suchdienst, vom Roten Kreuz sowie von Staat, Kirchen u. Wohlfahrtsverbänden getragene Einrichtung zur Nachforschung über vermißte Zivil- u. Militärpersonen.
Sucher, 1. kleines Hilfsfernrohr mit großem Gesichtsfeld, an größeren Fernrohren parallel dem Hauptrohr angebracht. – **2.** »Kontrollauge« an Kameras zur Einstellung des aufzunehmenden Motivausschnitts.
Sucht, *Süchtigkeit, Rauschgiftsucht,* krankhaftes Verlangen nach einem Rauschmittel, verbunden mit einer abnormen seel. u. körperl. Abhängigkeit vom Suchtmittel u. der Notwendigkeit, die Dosis ständig zu steigern.
Suchumi, Hptst. der autonomen Rep. Abchasien (Georgien), an der kaukas. Schwarzmeerküste (Hafen), 130 000 Ew.; Kurort; Nahrungsmittel- u. Tabakind.; Flugplatz.
Sucre, Währungseinheit in Ecuador.
Sucre, 1. boliv. Dep.-Hptst., 2695 m ü. M., in einem Hochbecken, 89 000 Ew. (1624), Kathedrale; S. war 1825–98 tatsächl., ist seitdem noch formell die Hptst. Boliviens (Regierungssitz derzeit *La Paz*). – **2.** Bundesstaat in →Venezuela, in den nördl. Anden.
Sucre, Antonio Jose de, *1795, †1830 (ermordet), südamerik. Unabhängigkeitskämpfer; siegte 1824 in Peru u. Bolivien entscheidend über die Spanier; 1826–28 erster Präs. von Bolivien.
Sud, durch Sieden gewonnene Lösung.
Südafrika, Staat im S Afrikas, 1 221 037 km² (einschl. ehem. Homelands), 36,1 Mio. Ew., Hptst. *Pretoria.* – S. besteht seit 1994 aus neun Provinzen

Südafrika

(Kwazulu/Natal, Nord-Kap, Nord-Transvaal, Nordwest, Oranjefreistaat, Ost-Kap, Ost-Transvaal, Pretoria/Witwatersrand/Vaal-Gebiet, West-Kap). Auf dem Territorium von S. entstanden seit 1963, als deutlicher Ausdruck der Politik der »getrennten Entwicklung« (Apartheid), autonome Gebiete für die schwarzafrik. Bevölkerung (hpts. Bantu). Seit 1994 sind die zehn sog. *Homelands* für die schwarzen Volksgruppen wieder eingegliedert.
Landesnatur. Der größte Teil S. ist eine 900 bis über 1200 m hohe muldenförmige Hochebene. Nach N geht sie in das *Kalahari-Becken,* nach NO in die *Limpopo-Senke* über. Im W, S u. O wird sie von einer Randstufe gesäumt, die in den *Drakensbergen* (3660 m) ihre höchste Erhebung erreicht. – Das subtrop. Klima wird durch die große Höhenlage des Binnenhochlands u. den Steilabfall der Großen Randstufe zur tieferen Küstenzone stark abgewandelt. Die Temperaturen im Hochland sind bes. im Winter niedrig. Im größten Teil des Landes fallen die geringen Niederschläge im Sommer. Sie nehmen von O nach W u. von S nach N ab. – Im Winterregengebiet der Provinz West-Kap gedeiht Hartlaubvegetation. Baumreiche Feuchtsavannen im östl. Teil gehen nach W u. NW zur Kalahari hin in Trocken- u. Dornsavannen über.
Bevölkerung. In S. leben z. Z. etwa 27,7 Mio. Bantu, 4,9 Mio. Weiße, 3,2 Mio. Mischlinge u. 0,9 Mio. Asiaten. 58% der Weißen sprechen als Muttersprache Afrikaans, 40% Englisch. Die meisten Europäer u. ca. 36% der Bantu sind Protestanten.
Wirtschaft. S. gehört zu den an Bodenschätzen reichsten Ländern der Erde; es liefert über 45% der Weltförderung an Gold sowie große Mengen an Uran, Diamanten, Platin, Eisen, Vanadium, Mangan, Chrom, Kupfer, Asbest u. Steinkohle. Die vielseitige u. leistungsfähige Industrie erzeugt v. a. Maschinen, chem. Produkte u. Textilien. Sie verarbeitet die Produkte der Landwirtschaft u. des Bergbaus. Die weitverbreitete Viehzucht (Rinder, Schafe) hat für den Export größere Bedeutung als der Ackerbau. Das wichtigste Erzeugnis ist hier Wolle. Hauptanbauprodukte sind Mais u. Weizen, daneben Zuckerrohr, Baumwolle, Tabak, Wein u. Zitrusfrüchte. Die Küsten- u. Hochseefischerei hat große Bedeutung.
Geschichte. Große Teile des Gebiets des heutigen S. wurden spätestens im 15. Jh. von schwarzafrik. Völkern besiedelt. 1652 errichteten Holländer die Siedlung Kapstadt. 1814 annektierte England die holländ. *Kapkolonie.* Die Buren wanderten 1836–40 aus u. gründeten weiter östl. die Burenrepubliken *Natal, Oranjefreistaat* u. *Transvaal.* 1843 annektierten die Engländer Natal u. 1877 Transvaal, mußten dem Land aber nach dem Aufstand der Buren 1881 die Unabhängigkeit bis auf die Außenpolitik zugestehen. Im *Burenkrieg* 1899–1902 nahm England den Burenstaaten ihre Selbständigkeit. – 1910 schlossen sich die Kapkolonie, Natal, Oranjefreistaat u. Transvaal zur *Südafrikan. Union* zusammen; sie wurde ein brit. Dominion. Die Union eroberte im 1. Weltkrieg (1915) Dt.-Südwestafrika u. erhielt vom Völkerbund ein C-Mandat über dieses Gebiet.
Im *Statut von Westminster* (1931) erhielt S. volle Selbstregierung zuerkannt. S. nahm unter J. *Smuts* (1939–48 Min.-Präs.) am 2. Weltkrieg teil. 1940 bildete sich die Nationale Partei, die für eine Politik der →Apartheid eintrat u. diese Politik seit 1948 durchsetzte. Das Programm der »getrennten Entwicklung« wurde verwirklicht: Die Schwarzafrikaner erhielten eng begrenzte Autonomie in Homelands (Reservaten, *Bantustans*«); in den übrigen »weißen« Gebieten hatten Nicht-Weiße keine polit. Rechte. Schwarzafrikaner durften dort nur als Arbeitskräfte leben. Dagegen sammelte sich die schwarze Opposition im *Afrik. Nationalkongreß (ANC).* Die polit. Organisationen der Schwarzen wurden 1960 nach dem Massaker von Sharpeville verboten. Die Rassenpolitik S.s führte zu einer internat. polit. Isolierung des Landes. Es trat 1961 aus dem Commonwealth aus. 1963 verhängte der UN-Sicherheitsrat ein Waffenembargo. 1964 wurde N. *Mandela,* der führende schwarze Oppositionspolitiker, zu lebenslanger Haft verurteilt. 1966 entzog die UNO S. das Mandat über den ehem. Dt.-Südwestafrika. Unter der Regierung B. J. *Vorsters* wurden den Homelands Transkei (1976), Bophuthatswana (1977) u. Venda (1979) die Unabhängigkeit gewährt (internat. nicht anerkannt). Ciskei folgte 1981. Seit 1976 kam es immer wieder zu Unruhen, besonders heftig in *Soweto.* 1984 wurde unter der Regierung P. *Bothas* eine neue Verfassung verabschiedet (Präsidialsystem, bestimmte polit. Mitspracherechte für Mischlinge u. Inder). Aufgrund der wachsenden Militanz der Apartheidgegner verhängte die Reg. 1986 den Ausnahmezustand. 1988 wurde zw. S., Angola u. Kuba ein Abkommen über den Rückzug der kuban. Truppen aus Angola sowie die Unabhängigkeit Namibias ge-

Südafrika: der neu gewählte Präsident Nelson Mandela mit seinen Vizepräsidenten Frederik Willem de Klerk und Thabo Mbeki

876 Südafrikanische Union

schlossen. Der neue Präs. F. *de Klerk* (seit 1989) leitete die endgültige Abkehr vom Apartheidsystem ein. Er veranlaßte 1990 die Freilassung Mandelas sowie die Wiederzulassung des ANC u. anderer schwarzer Gruppierungen. Der Ausnahmezustand sowie alle wesentl. Apartheidgesetze wurden aufgehoben. Blutige Auseinandersetzungen u. Anschläge gefährdeten den Demokratisierungsprozeß. Trotzdem gelang 1993 die Verabschiedung einer Übergangsverfassung, mit der die Alleinherrschaft der weißen Bevölkerung beendet wurde. Das Gebiet der Walfischbucht ging 1994 in namib. Besitz über. Freie Wahlen im gleichen Jahr gewann der ANC mit überwältigender Mehrheit. N. Mandela übernahm das Amt des Staats-Präs. S. erhielt eine neue Verwaltungsgliederung (9 Provinzen). Die Homelands wurden aufgelöst.

Südafrikanische Union, 1910–61 Name der heutigen *Südafrik. Republik* (→Südafrika).

Südamerika, an Nord- u. Zentralamerika anschließender Kontinent. →Amerika.

Sudan, N-afrik. Großlandschaft zw. der Sahara im N, der atlant. Küste im W, den Urwaldgebieten Guineas u. des Kongobeckens im S u. dem äthiop. Hochland im O, 5,5 Mio. km².

Sudan, Staat im NO Afrikas, 2 505 813 km², 25,9 Mio. Ew.; Hptst. *Khartum*.

Sudan

Landesnatur. Im N liegen die einförmigen Hügel- u. Tafelländer der Wüste Sahara, die im Randgebirge am Roten Meer auf 2780 m ansteigt. Südl. schließt sich eine breite Steppenzone an, auf die äquatorwärts das feuchtheiße Becken am Weißen Nil u. Bahr el Ghasal mit der weiten Sumpflandschaft *Sud* folgt.
Die Bevölkerung des islam. N besteht v. a. aus Arabern u. Nubiern. Dagegen leben im S Niloten, Nilotohamiten u. Sudanneger. Sie gehören vorw. Naturreligionen u. dem kath. Glauben an.
Wirtschaft. Die Landwirtschaft liefert das Hauptexportgut Baumwolle, ferner Sesam u. a. Ölsaaten sowie für den Eigenbedarf v. a. Hirse. In S. werden 80% der Weltproduktion an Gummiarabicum gewonnen. Die Viehzucht erbringt wegen Überweidung geringen wirtschaftl. Nutzen. Die Ind. verarbeitet v. a. Agrarprodukte; obenan steht die Textil-Ind.
Geschichte. Vermutlich schon im 4. Jt. v. Chr. entstand das Reich *Kusch*, das 350 n. Chr. zerfiel. Nach wechselnden Herrschaften dominierte der ägypt. Einfluß im S. Der Aufstand des Mahdi *Mohammed Ahmed* brachte im 19. Jh. den Verlust der ägypt. Herrschaft. Nach brit. Intervention entstand 1899 ein anglo-ägypt. Kondominium, das bis zur Unabhängigkeit des S. 1956 Bestand hatte. Religiöse Gegensätze zw. Nord- u. Süd-S. bestimmten die Innenpolitik des Landes. Ein 17jähriger Bürgerkrieg wurde 1972 mit der Gewährung der Autonomie für die christl. S-Provinzen beendet. Der in einem Einparteienstaat regierende Präs. D. *An Numeiri* (seit 1969) wurde 1985 gestürzt. Bereits 1983 war der Bürgerkrieg im S unter Führung der *Sudanes. Volksbefreiungsarmee* neu entflammt. Die seit 1989 amtierende Militär-Reg. proklamierte einen föderativen S. mit 9 Bundesstaaten. Für den islam. N wurde die Scharia eingeführt. Seit 1992 verstärkte das Regime den militär. Druck auf den S. Dort kam es zu einer Hungerkatastrophe.

Südarabische Föderation, 1. der 1959–67 aus dem ehem. brit. Protektorat Südarabien, mehreren Emiraten u. Sultanaten sowie der Kronkolonie Aden hervorgegangene autonome Bundesstaat, der 1967–90 als *Südjemen* unabhängig war. – **2.** →Vereinigte Arabische Emirate.

Südaustralien →Australien.

Südbaden, ehem. Reg.-Bez. in Ba.-Wü., seit 1973 der Reg.-Bez. *Freiburg*.

Sudbury [ˈsʌdbəri], Stadt in der kanad. Provinz Ontario, nördl. des Huronsees, 89 000 Ew.; Univ.; hpts. Nickel- u. Kupferabbau.

Südchinesisches Meer, chin. *Nan-hai*, pazif. Randmeer zw. Taiwan, dem Philippinen-Borneo-Bogen, Hinterindien u. der Südküste Chinas; im *Südchin. Becken* im NO bis 5559 m tief.

Süddeutscher Rundfunk, Abk. *SDR,* 1950 gegr. öffentl.-rechtl. Rundfunkanstalt, Sitz Stuttgart.

Sudeten, poln. u. tschech. *Sudety,* das Mittelgebirge, das die nordöstl. Umrandung des Böhm. Beckens zw. der Zittauer Bucht u. der Mähr. Pforte bildet, 310 km lang, 30–45 km breit, in der *Schneekoppe* 1602 m; gliedert sich in die *West-S.* mit Iser-, Riesen- u. Katzbachgebirge, die *Innersudet. Mulde* mit dem *Glatzer Bergland* u. die *Ost-S.* mit *Altvatergebirge* u. *Mährischem Gesenke.*

Sudetendeutsche, erst im 20. Jh. gebräuchl. gewordene Bez., für die in Böhmen u. Mähren u. im ehem. Österreich-Schlesien, bes. in den Randgebieten wohnenden Deutschen. Die S. wurden 1919 gegen ihren Willen in die Tschechoslowakei eingegliedert; ihre Autonomieforderungen blieben unberücksichtigt. Die *Sudetendeutsche Partei* unter K. *Henlein* geriet nach 1935 zunehmend unter dt. Einfluß u. forderte schließlich die Abtrennung der sudetendt. Gebiete. Im Münchner Abkommen vom 29.9.1938 wurde der Anschluß der von Deutschen bewohnten Randgebiete *(Sudetengau)* an das Dt. Reich beschlossen. 1945 wurde das Gebiet wieder der Tschechoslowakei angegliedert; ca. 2,5 Mio. S. wurden vertrieben.

Südfrüchte, Früchte wärmerer bis trop. Klimate, die in die Länder der gemäßigten Zone eingeführt werden.

Südgeorgien, engl. *South Georgia,* brit. Insel im Südatlantik, eine Dependenz der Falklandinseln, 3755 km², bis 2934 m *(Mount Paget)* hoch; Walfangstationen (bis 1965).

Südholland, Prov. der Ndl., an der Nordseeküste. Hptst. *Den Haag.*

Südjemen →Jemen.

Südkaper, *Südwal,* 15 m langer, dickleibiger Glattwal der südl. Stillen Ozeans; fast ausgerottet.

Südkorea →Korea.

Südliche Alpen, *Southern Alps,* Neuseeländ. Alpen, Hochgebirge auf der Südinsel Neuseelands, im *Mount Cook* 3764 m.

Südliches Kreuz, Sternbild am südl. Himmel.

Südorkneyinseln [-ˈɔːkni-], engl. *South Orkney Islands,* unbewohnte, stark vergletscherte Inselgruppe im Südatlantik, sö. der Falklandinseln, Teil des British Antarctic Territory, 620 km².

Südostasien-Pakt →SEATO.

Südostbantu, volkreiche Gruppe von Bantuvölkern in SO-Afrika zw. Sambesi u. dem Kapland: *Nguni (Zulu-Xhosa), Tonga-Ronga* u. *Sotho-Tschwana.*

Südpol, das südl. Ende der Erdachse, auf Antarktika, in 2800 m Höhe; am 14. 12. 1911 von R. *Amundsen* entdeckt, am 18. 1. 1912 von R. F. *Scott* erreicht.

Südpolarstern, σ *Octantis,* schwacher Stern im Sternbild *Oktant* (5,5 Größe), weniger als 1 Grad vom Südpol des Himmels entfernt; vertritt auf der südl. Halbkugel bei astronom. Ortsbestimmungen die Rolle des Polarsterns.

Südsandwichinseln [-ˈsænwitʃ-], engl. *South Sandwich Islands,* unbewohnte Inselgruppe im S-Atlantik, der Antarkt. Halbinsel vorgelagert, Dependenz der Falklandinseln, 310 km².

Suezkanal

Südschleswigscher Wählerverband, Abk. *SSW,* Partei der dän. Minderheit in Schl.-Ho.; gegr. 1948 als Nachfolgerin des 1947 gegr. *Südschleswigschen Vereins.*

Südsee, ehem. Bez. für den ganzen Pazifik, heute nur für den inselreichen Teil des zentralen Ozeaniens.

Südshetlandinseln [-ˈʃetlənd-], engl. *South Shetland Islands,* stark vergletscherte Inselgruppe nördl. der Antarkt. Halbinsel, Teil des British Antarctic Territory, 4700 km².

Südslawen, die Südgruppe der slaw. Völker: *Serben, Kroaten, Slowenen, Montenegriner, Bosnier u. Herzegovzen (Herzegowiner).*

Südstaaten, die Staaten, die sich während des Sezessionskriegs von den USA lösten.

Südtirol, i. e. S. das von Etsch, Eisack u. Riens durchflossene, seit 1919 ital. Gebiet *Alto Adige (Oberetsch),* mit Ortler u. Dolomiten; *i. w. S.* das ganze südl. vom Brenner u. Reschenscheideck liegende Gebiet des ehem. östr. Kronlands Tirol; Hochgebirge.
Geschichte. 1919 kam das überwiegend dt. besiedelte Land an Italien. Ein Umsiedlungsabkommen von 1939 beließ S. bei Italien u. gab der dt. Bevölkerung die Möglichkeit zur Option für das Dt. Reich (Umsiedlung). Dieser Vertrag wurde rückgängig gemacht durch das *Gruber-de-Gasperi-Abkommen* 1946. Es gestattete den Optanten die Wiedererwerbung der ital. Staatsangehörigkeit u. sollte die völlige Rechtsgleichheit der dt. u. der ital. Südtiroler sowie die Zweisprachigkeit sicherstellen. 1969 wurde ein Operationskalender zur schrittweisen Durchführung des Gruber-de-Gasperi-Abkommens verabschiedet.

Südvietnam →Vietnam.

Südwestafrika →Namibia.

Südwestfunk, Abk. *SWF,* durch Staatsvertrag 1948 gegr. öffentl.-rechtl. Rundfunkanstalt mit Sitz u. Funkhaus in Baden-Baden.

Südwürttemberg-Hohenzollern, ehem. Reg.-Bez. in Ba.-Wü., seit 1973 hpts. der Reg.-Bez. *Tübingen.*

Sue [sy:], Eugène, eigtl. Marie-Joseph S., * 1804, † 1857, frz. Schriftst.; Feuilletonromane; W »Die Geheimnisse von Paris«.

Sueben →Sweben.

Suez [ˈzuːɛs], *Sues,* arab. *As Suways,* ägypt. Hafenstadt am S-Ende des S.kanals, 327 000 Ew.; bed. Handelszentrum, Erdölraffinerie.

Suezkanal [ˈzuːɛs-], einer der wichtigsten Schiffahrtswege der Erde; quert die Wüstengebiete am Westrand der Halbinsel Sinai in Ägypten u. verbindet das Mittelmeer (Atlantik) mit dem Roten Meer (Ind. Ozean). Der S. ist 161 km lang u. durchschnittl. 120 m breit. Befahrbar für Schiffe mit bis zu 20,4 m Tiefgang. Unter der Leitung von F. *de Lesseps* wurde der S. 1859–69 gebaut. 1956 verstaatlichte Ägypten den Kanal. Daraufhin besetzten brit., frz. u. isr. Truppen die Kanalzone. Die *Suezkrise* wurde erst durch die Intervention der Großmächte UdSSR u. USA beigelegt. Als Folge des isr.-arab. Kriegs war der S. 1967–75 für die Schiffahrt gesperrt; seit 1979 auch für isr. Schiffe passierbar.

Suffix, dem Stamm eines Worts angehängtes Wortbildungs- oder Flexionselement (-morphem); z. B. *-st* in »du dienst«.

Sudan: Sintflutartige Regenfälle führten 1988 zu einer Überschwemmungskatastrophe

Suffragan, in der kath. Kirche ein Bischof, der einem Erzbischof untersteht.

Suffrage, rechts *(Suffrage)* für Frauen, die 1903–14 in England entstand.

Sufismus, eine dem Islam fremde, im Orient von außerislam. Lehren (Neuplatonismus u. ind. Religionen) beeinflußte Mystik.

Sugambrer, germ. Volksstamm zw. Sieg u. Lippe, 8 v. Chr. von *Tiberius* unterworfen.

Suggestion, unterschwellige Beeinflussung des Denkens, Fühlens, Wollens oder Handelns eines Menschen.

Suggestivfrage, eine Frage, die dem Partner die Antwort einflößt.

Suharto, * 8.6.1921, indones. Offizier u. Politiker, schaltete Präs. *Sukarno* aus; seit 1966 Regierungschef, 1967 amtierender, seit 1968 gewählter Präs.

Suhl, Stadt in Thüringen, am Südhang des Thüringer Walds, 57 000 Ew.; Marienkirche (15. u. 18. Jh.); feinmechan. u. opt. Ind., Waffenind.

Suhle, Morast oder Tümpel, in dem sich das Schwarzwild z. Hautschutz u. zur Abkühlung vor Ungezieferabwehr suhlt (wälzt).

Sühne, Wiedergutmachung; in den Religionen der Ausgleich für religiöses Verschulden (Sünde) durch Gebet u. Opfer.

Lucius Cornelius Sulla; Porträt auf einem Denar, um 55 v. Chr.

Suizid → Selbstmord.

Sujet [sy'ze]: Gegenstand, Stoff, Aufgabe einer künstler. Darstellung, bes. einer Dichtung.

Sukarno, * 6. 6. 1901, † 21. 6. 1970, indones. Politiker; proklamierte 1945 die Unabhängigkeit Indonesiens; 1949–67 Staats-Präs. (ab 1963 auf Lebenszeit), seit 1959 zugleich Ministerpräsident; wurde 1965 durch einen Armeeputsch entmachtet.

Sukkot → Laubhüttenfest.

Sukkulenten, in trockenen Gebieten wachsende Pflanzen mit fleischig-saftiger Beschaffenheit *(Sukkulenz)* der wasserspeichernden Gewebe, Mangrovepflanzen.

Sukzession, Aufeinanderfolge, Nachfolge.

Sukzessionskrieg → Erbfolgekrieg.

Sukzessionsstaaten → Nachfolgestaaten.

Suleiman, *Sulaiman, Soliman,* osman. Sultane: **S. II. Kanuni** [türk., »der Gesetzgeber«], in Europa *S. d. Prächtige,* * 1494/95, † 1566, Sultan 1520–66; eroberte Ungarn; belagerte 1529 Wien (vergebl.), nahm den Persern 1534 Täbris u. Bagdad, unterwarf Tripolitanien u. Algerien. Er gab dem Osman. Reich eine neue innere Organisation.

Sulfate, die Salze der Schwefelsäure, z.B. Na_2SO_4 Natriumsulfat (Glaubersalz).

Sulfide, Schwefelverbindungen der Metalle; z.B. die Alkali-S. können als Salze der als schwache Schwefelwasserstoffsäure angesehen werden.

Na_2SO_3 Natriumsulfit.

Sulfonamide, synthet. hergestellte chemotherapeut. Arzneimittel zur Bekämpfung bakterieller Infektionen.

Sulfonate, Salze u. Ester der *Sulfonsäuren.* Die Alkalisalze sind wichtige Waschmittelrohstoffe.

Sulfonsäuren, organ. Schwefelverbindungen, Ausgangsstoffe für die Herstellung von Waschmitteln; durch Umwandlung zu Arzneimitteln, Farbstoffen.

Sulla, *Lucius Cornelius,* * 138, † 78 v. Chr., röm. Feldherr u. Staatsmann; schlug 88 v. Chr. als Konsul die Erhebung der Anhänger des *Marius* nieder, 82 v. Chr.

zum Diktator ernannt u. 80 v. Chr. zusätzl. zum Konsul ernannt. Ließ eine Reform der Verfassung im aristokrat. Sinn durchführen.

Sullivan [ˈsʌlɪvən], **1.** *Sir Arthur Seymour,* * 1842, † 1900, engl. Komponist (u. a. Schauspielmusiken u. Operetten). – **2.** *Louis Henry,* * 1856, † 1924, US-amerik. Architekt; entwickelte die Prinzipien des Funktionalismus.

Sully, *Maximilien de Béthune, Herzog von,* * 1560, † 1641, frz. Finanz-Min. seit 1597.

Sully, *Thomas,* * 1783, † 1872, US-amerik. Maler engl. Herkunft, führender Porträtist um 1830–50.

Sully Prudhomme [syˈlipryˈdɔm], eigtl. *René François Armand Prudhomme,* * 1839, † 1907, frz. Schriftst.; gehörte zu den *Parnassiens;* Bekenntnislyrik; erster Nobelpreisträger für Literatur (1901).

Sultan [arab.], Titel islam. Herrscher, bes. in älterer Zeit in islam. Ländern; im Osman. Reich 1400–1922 Titel des Herrschers u. der Prinzen.

Suluinseln, philippin. Inselgruppe zw. Borneo u. Mindanao, Hauptort *Jolo.*

Sulusee, Binnenmeer im Australasiat. Mittelmeer zw. N-Borneo u. den Philippinen; im SO im *Sulubecken* bis 5580 m tief.

Sulzbach-Rosenberg, Stadt in der Oberpfalz (Bay.), nw. von Amberg, 18 000 Ew.; Rathaus (16. Jh.), Schloß, ehem. Augustinerkloster; Stahl- u. Masch.-Ind.

Sülze, *Sulz,* gekochte Teile von Schlachttieren, die mit Essig, Gewürzen u. Gelatine zu einem aspikähnl. Gericht verarbeitet werden.

Sumach, *Rhus,* Gatt. der S.gewächse (→Pflanzen), Bäume oder Sträucher. Wichtig als Gerbstoff-

lieferanten sind *Gerber-S.* Als Giftpflanze berüchtigt ist der nordamerikan. Gift-S., der *Essig-S.* als Zierpflanze gehalten.

Sumatra [auch -ˈtraː], indones. *Sumatera,* die westlichste der Großen Sundainseln in Indonesien, zw. der Halbinsel Malakka u. Java, 424 979 km², 36,9 Mio. Ew. (überw. *Minangkabau* u. *Batak*); überw. bergig, im W vulkanisch; im O von tropen Regenwald (Wälder, Savannen), im O von tropen Regenwald bedeckt. Infolge starker Schwemmung viele Reisanbau, Tabak, Pfeffer, Tee, Kautschuk, Kaffee, Kakao; Holz- u. Kautschukgewinnung, Kohle- u. Erdölvorkommen. — Geschichtl.: 1509 landeten die Portugiesen, 1596 die Holländer, die S. im 19. Jh. endgültig unterwarfen. Seit 1949 ist S. ein Teil Indonesiens.

Sumba, eine der indones. Kleinen Sundainseln, sw. von Flores, 11 082 km², rd. 250 000 Ew.

Sumbawa, eine der vulkanreichen indones. Kleinen Sundainseln (östl. der Insel Flores); im *Tambora* Vulkan 2850 m (1815 verheerender Ausbruch), 15 448 km², rd. 540 000 Ew., Hauptort *S. Besar.*

Sumerer, die Bewohner des Landes *Sumer,* das den unteren Teil Mesopotamiens südl. von Babylon umfaßte. Die S. schufen schon vor 3000 v. Chr. den Grundstock ihrer Kultur und Religion; die sumer. Schrift *(Keilschrift)* geschaffen. Sumer bestand aus einzelnen Stadtstaaten (Uruk, Ur, Kisch, Lagasch, Umma u. a.). Das sumer. Reich erlag nach 2500 v. Chr. den semit. *Akkadern.* Im neusumer. Reich (2070–1950 v. Chr.) führte die Einwanderung der *Amoriter* zum Zerfall des Staatswesens u. schließl. zur Eingliederung in das babylon. Reich.

Sumgait, Stadt in Aserbaidschan, nahe der Mündung des gleichn. Flusses ins Kasp. Meer, 234 000 Ew.; Aluminium-Ind., Hüttenind.

Summa, *Summe, Zusammenfassung;* im MA Gesamtdarstellung eines Wissensgebietes.

summa cum laude [lat., »mit höchstem Lob«], höchstes Prädikat bei der Promotion.

Summand, Glied einer Summe.

summa summarum [lat.], »Summe der Summen«, alles in allem, Gesamtbetrag.

summarisch, zusammenfassend; pauschal; obenhin, im großen u. ganzen.

Summe, Zusammenfassung, Gesamtheit; Ergebnis der *Addition.*

Summer, elektr. Tonerzeuger, der nach dem Prinzip der elektr. Klingel arbeitet.

Sumner [ˈsʌmnə], *James Batcheller,* * 1887, † 1955, amerik. Biochemiker; Nobelpreis für Chemie 1946.

Sumo, jap. Ringkampf; die jap. S.-Ringer sind besonders kräftige Männer mit einem Gewicht bis über 150 kg. Der Kampf wird in der Arena (Dohyô) auf erhöhtem Platz ausgetragen. Der Kampf mit 48 versch. Griffen. Die S.-Ringer sind

Sumo: Diese japanische Art des Ringkampfes wird nach traditionellen Regeln und einem festgelegten Zeremoniell ausgetragen.

Sumpfgas, natürl. vorkommendes Gemisch aus Methan u. Kohlendioxid. Es entsteht im Schlamm

878 Sumpfhühner

von Sümpfen durch Vergärung von Pflanzenteilen unter Mitwirkung von Bakterien.

Sumpfhühner, *Porzana,* Gatt. unauffälliger, sumpfbewohnender *Rallen;* z. B. in Eurasien das *Tüpfelsumpfhuhn.*

Sumpfotter →Nerz.

Sumpfpflanzen, *Helophyten,* Pflanzen, die unter Wasser festgewurzelt sind oder an wasserreichen Stellen vorkommen; z. B. Sumpfbinse, Rohrkolben, Schilf.

Sumpfschildkröten, *Emydidae,* weitverbreitete Fam. meist wasserbewohnender *Schildkröten;* 25 Gatt. mit 76 Arten. Viele Arten der nördl. Halbkugel verbringen den Winter in einem Starrezustand. Zu den S. gehören *Schmuckschildkröten, Dosenschildkröten* u. die *Europ. Sumpfschildkröte.*

Sumpfvögel, Bez. für alle in feuchtem Gelände lebenden Vögel; oft mit langen, stelzenden Beinen (Stelzvögel, Kraniche).

Sumpfwurz, *Sitter, Epipactis,* Gatt. der *Orchideen;* in Dtld. S. i.e.S. (Stendelwurz, Sumpfsitter), *Breitblättrige S.* sowie *Schwarzrote S.* (Strandvanille).

Sumpfzypresse, *Sumpfzeder, Taxodium,* nordamerik. Gatt. der *Taxodiengewächse.* Kennzeichnend sind die dauernd mit Nadeln besetzten Langtriebe, während die Kurztriebe im Herbst abgeworfen werden.

Sumy, Hptst. der gleichn. Oblast im NO der Ukraine, 268 000 Ew.; Zuckerraffinerien; Landmaschinenbau.

Sund, Meerenge, bes. der Öresund.

Sundainseln, *Sundaarchipel,* südostasiat. Inselreich zw. der Halbinsel Malakka u. Australien, gegliedert in die *Großen S.* (Sumatra, Java, Borneo u. Celebes) u. die *Kleinen S.* (Bali, Lombok, Sumbawa, Flores, Sumba, Timor u. a.) Die S. gehören polit. überwiegend zu Indonesien.

Sundanesen, jungindonesisches Kulturvolk (rd. 10 Mio.) auf W-Java.

Sundastraße, flache Meerenge zw. Java u. Sumatra.

Sünde, im religiösen Bewußtsein eine Störung im Verhältnis des Menschen zu einer Gottheit. In den Universalreligionen wird als S. eine existentielle Unheilssituation verschiedener Art (ichhafte, ichsüchtige Existenz) angesehen, die nur durch Eingriff der göttl. Wirklichkeit in die menschl. Existenz aufgehoben werden kann.

Sündenbock, im AT (3. Mose 16, 21) ein Bock, dem am Versöhnungstag der jüd. Hohepriester durch Auflegen der Hände symbol. die Sünden des ganzen Volks übertrug. Danach wurde der Bock in die Wüste geschickt.

Sündenfall, der im Bestreben des Menschen, Gott gleich zu sein, begründete erste Ungehorsam (S. Adams u. Evas; 1. Mose 3); →Erbsünde.

Sunderland ['sʌndələnd], NO-engl. Hafenstadt, an der Mündung des Wear in die Nordsee, 196 000 Ew.; Seefahrtschule, Schiffbau.

Sundern (Sauerland), Stadt in NRW, südl. von Arnsberg, 26 000 Ew.; Metallwarenind.

Sundgau, Ldsch. im S des Elsaß, das Hügelland zw. Vogesen, Oberrhein. Tiefland u. Jura; Zentrum *Mühlhausen.*

Sumpfschildkröten: Europäische Sumpfschildkröte (links). – Stachel-Erdschildkröte (rechts)

Sundsvall, Hafenstadt in der mittelschwed. Prov. Västernorrland, am Bottn. Meerbusen, 93 000 Ew., Holzhandel.

Sung →Song.

Sungari →Songhua Jiang.

Sunion, das sö. Kap Attikas.

Sunna, Aussprüche u. Berichte über beispielhaftes Verhalten Mohammeds, die in Traditionssammlungen vorliegen u. neben dem *Koran* als autoritative Glaubensurkunden des Islams gelten.

Sunniten, Anhänger der *Sunna.* Zu ihnen gehören die meisten Moslems.

Sun Yatsen, *1866, †1925, chin. Politiker; gründete die erste chin. Partei nach westl. Vorbild, die *Guomindang;* während der Revolution 1911/12 kurze Zeit Präs. der republikan. Regierung, 1921 Präs. der Gegenregierung in Canton, reorganisierte 1923/24 die Guomindang mit Hilfe sowjetruss. Berater.

Suomi, finn. Name für *Finnland.*

Superazidität, *Hyperazidität,* Übersäuerung des Mageninhalts bei Ausscheidung zu großer Salzsäuremengen mit dem Magensaft.

Super-G, Abk. für engl. *Super-Giant,* andere Bez. für *Super-Riesenslalom,* eine Disziplin des alpinen Skisports; eine Mischung zw. Abfahrtslauf u. Riesenslalom.

Superintendent, ein ev. Pfarrer, der die geistl. u. verwaltungstechn. Aufsicht über die Pfarrer eines Kirchenkreises führt; in S-Dtld. auch *Dekan,* in N-Dtld. auch *Propst* genannt.

Superior, Leiter eines Klosters, einer Ordensprovinz oder eines ganzen Ordens.

Superiorität, Überlegenheit, Übergewicht.

Superlativ, die höchste Steigerungsstufe der Adjektive u. Adverbien; z. B. »der schönste«, »am meisten«.

Supermarkt, engl. *Supermarket,* aus dem Lebensmittel-Selbstbedienungsläden hervorgegangene Form des Großbetriebs im Einzelhandel.

Supernova, neuer Stern mit bes. starkem Helligkeitsausbruch; Helligkeitssteigerung bis zu 19 Größenklassen, d. h. um das 30millionenfache. Am bekanntesten wurden die S.e der Jahre 1604, 1572 u. 1054. Am 24.2.1987 wurde in der Großen Magellanschen Wolke ein neuer Stern entdeckt u. *S. 1987 A* genannt. – S.e-Ausbrüche entstehen am Ende der Entwicklung massereicher Sterne: Bei Erschöpfen aller atomaren Energiereserven fällt der Stern in einem Gravitationskollaps zusammen; dabei werden kurzzeitig enorme Energien freigesetzt; die äußeren Sternschichten werden abgestoßen, während die restliche Masse zu einem Neutronenstern oder schwarzen Loch degeneriert.

Superphosphat, ein Gemisch von primärem Calciumphosphat ($Ca[H_2PO_4]_2$) u. Gips ($CaSO_4$); als Kunstdünger verwendet.

Superrechner, *Parallelrechner,* elektron. Rechenanlage mit höchster Rechenleistung.

Supervielle [sypɛr'vjɛl], Jules, *1884, †1960, frz. Schriftst.; vom Surrealismus beeinflußt.

Supervision, die Fach- u. Praxisberatung von Einrichtungen u. Einzelpersonen durch einen *Supervisor,* einen erfahrenen Spezialisten.

Suppé [zu'pe:], Franz von, *1819, †1895, öStr. Komponist; einer der Meister der klass. Wiener Operette. Ⓦ »Die schöne Galathee«, »Leichte Kavallerie«, »Boccaccio«.

Suppenschildkröte, eine *Seeschildkröte* mit 140 cm Panzerlänge, Gliedmaßen paddelartig. Zur Eiablage kommen S.n an bestimmte Plätze an Sandstränden. Das Fleisch der S. gilt als Delikatesse. Die stark reduzierten Bestände versucht man durch Fangverbote u. künstl. Aufzucht zu vermehren.

Suppiluliuma, hethit. Könige: *S. I.,* um 1380–46 v. Chr. Unter seiner Regierung stieg das Hethiterreich zur Großmacht auf.

Supplement, 1. Ergänzung, Nachtrag. – **2.** der Winkel, der einen anderen zu 180 ° ergänzt.

Supposition, Voraussetzung, Annahme.

Suppositorium, Zäpfchen, aus fettigen Trägerstoffen bestehende kegelförmige Arzneizubereitung zur Einführung in den Mastdarm oder in die Vagina; gibt beim Schmelzen die Wirkstoffe frei.

Supraflüssigkeit, *Suprafluidität,* das Verschwinden der Zähigkeit des flüssigen Heliums bei Temperaturen unter 2,186 Kelvin. Das supraflüssige Helium kriecht reibungslos als dünner Film über den Rand von Gefäßen hinweg. Die Wärmeleitfähigkeit ist millionenfach höher als in normalen Flüssigkeiten.

Supraleitung, *Supraleitfähigkeit,* die 1911 von H. Kamerlingh Onnes entdeckte Eigenschaft mancher

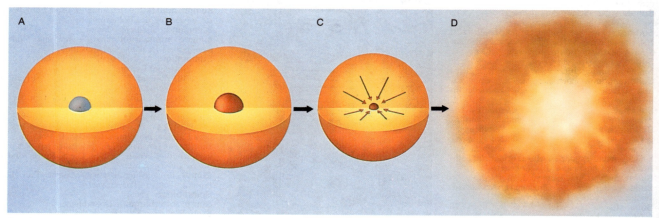

Eine Supernova-Explosion (D) ist ein verhältnismäßig seltenes Schauspiel. Sie ereignet sich als Folge der Anreicherung von Eisen in einem alten, massereichen Stern (A). Der Umfang des Eisenkerns wird größer (B). Schließlich kollabiert der Stern, da seine Energiereserven erschöpft sind (C), das Eisen zerfällt

Metalle (Blei, Quecksilber) u. Legierungen (Sammelbez. **Supraleiter**) in der Nähe des absoluten Nullpunkts dem elektr. Strom keinen Widerstand mehr entgegenzusetzen. Der Übergang vom normalen zum supraleitenden Zustand tritt sehr plötzlich bei einer für jeden Stoff bestimmten *Sprungtemperatur* ein (bis zur Entdeckung der *Hochtemperatur-Supraleiter* 1986 unter 23,3 K). Bei diesem Übergang ändern sich auch andere physikal., z.B. die magnet. Eigenschaften in ungewöhnlicher Weise. Supraleiter finden heute vielfach praktische Anwendung, z.B. in Großrechenanlagen u. Teilchenbeschleunigern.

supranationale Organisationen, Staatenverbindungen, die auf einem völkerrechtl. Vertrag beruhen.

Supranaturalismus, in der Religionsphilosophie: der Glaube an ein übernatürl. Sein; Ggs.: *Naturalismus* u. *Pantheismus*.

Supremat, Oberhoheit, bes. des Papstes.

Surabaya, indones. Hafenstadt an der NO-Küste von Java, 2,3 Mio. Ew., Bischofssitz, Univ., Ind.-Zentrum, Schiffbau, Flughafen.

Surakarta, indones. Stadt im Innern von Java, 495 000 Ew.; kulturelles Zentrum, Univ.; landwirtschaftl. Handelszentrum; Eisenbahnknotenpunkt.

Surat ['surət], ind. Stadt in Gujarat, nördl. von Bombay, 777 000 Ew.; Textil-Ind.

Sure, Abschnitt des Korans.

Sûreté [syr'te:], *S. Nationale,* die frz. Geheimpolizei.

Surfing ['zørfɪŋ] → Wellenreiten, → Windsurfing.

Surgut, Stadt in W-Sibirien (Rußland), 227 000 Ew.; Erdölzentrum.

Suriname, ehem. *Niederländisch-Guayana,* Staat an der Nordküste Südamerikas, 163 265 km², 429 000 Ew. (Mischlinge u. Indischstämmige),

Suriname

Hptst. *Paramaribo.* Das Land ist an der Küste eben u. sumpfig, im Innern gebirgig (Bergland von Guyana). – Neben Bauxit, das z. T. im Land zu Aluminium verarbeitet wird, liefert S. trop. Pflanzungsprodukte (Bananen, Zuckerrohr u. a.) u. Edelhölzer.

Geschichte. 1667 von den Niederländern im Tausch gegen New Amsterdam (das heutige New York) erworben; 1954 erhielt die Kolonie Autonomie, 1975 die Unabhängigkeit. Die polit. Macht wechselt häufig zw. Militärregierungen u. zivilen Regierungen. 1991 wurde R. *Venetiaan* Staatspräs.

Suriname, Surinam, Fluß im gleichn. Land, mündet bei Paramaribo, rd. 350 km.

Surrealismus [syr-], von der Tiefenpsychologie angeregte, von G. *Apollinaire* 1917 so benannte u. in den »Surrealist. Manifesten« (1924/30) von A. *Breton* programmierte Richtung der modernen Lit. u. bildenden Kunst. Der S. erstrebt die Ausschaltung der Logik u. der rational arbeitenden Psych.,

Surtsey: 1963 bis 1965 gab es bei der Insel südlich von Island submarine Vulkanausbrüche

die Freilegung u. Nutzung der Kräfte des Unbewußten u. die Hinwendung zur Traum- u. Mythenwelt. – Vertreter in der Malerei: G. de Chirico, M. Ernst, S. Dali, J. Miró, Y. Tanguy; in der Lit.: L. Aragon, A. Breton, P. Éluard.

Surrogat, Ersatz.

Surtsey ['syrtsɛi], durch Vulkanausbruch am 14.11.1963 im Atlantik, vor der SW-Küste Islands entstandene Insel; unbewohnt, 2,5 km² groß.

survival [sə'vaɪvl; engl.], das Überleben.

Susa, heute *Schusch,* Dorf im NW von Ahvas im Iran, eine der ältesten Ansiedlungen der Menschheit; im 3. Jt. v. Chr Hptst. der *Elamer,* später Residenz der *Achämeniden,* 331 v. Chr. von Alexander d. Gr. erobert, kam im 2. Jh. v. Chr. unter die Herrschaft der Parther, 638 von Arabern erobert, im 13. Jh. von Mongolen zerstört.

Susdal, Kleinstadt in Rußland, an der Kamenka, bei Iwanowo, 10 000 Ew., im MA eine der bed. Städte Rußlands; seit 1967 unter Denkmalschutz.

Suslow [-lof], Michail Andrejewitsch, *1902, †1982, sowj. Politiker; seit 1955 Mitgl. des Präsidiums bzw. des ZK. Politbüros seit 1964 führend am Sturz Chruschtschows beteiligt gewesen sein. Er galt als maßgebl. Theoretiker der KPdSU.

Suso → Seuse, Heinrich.

Suspension, 1. die vorläufige Dienstenthebung (meist wegen eines Dienststrafverfahrens) bis zu dessen Abschluß. – **2.** eine Strafe für Kleriker, die ihnen das Recht der Amtsausübung oder der Nutzung ihrer Pfründe oder beides entzieht. – **3.** Aufschwemmung sehr feiner fester Teilchen in einer Flüssigkeit.

Suspensorium, Tragverband, z. B. Armschlinge.

Susquehanna [sʌskwɪ'hænə], Fluß in den US-Staaten New York u. Pennsylvania, 750 km, schnellenreich (Conawago-Fälle).

Süß, Jud S. → Süß-Oppenheimer.

Süßgräser, *Poaceae,* wichtigste Fam. der zu den *Monokotyledonen* gehörenden Ordnung der *Graminales* (echten Gräser); mit rd. 4000 Arten über die ganze Erde verbreitet; in der Regel krautige Pflanzen mit stielrunden, durch Knoten *(Nodien)* gegliederten Stengeln *(Halmen).* Zu den S. gehören u. a. unsere Getreidepflanzen.

Süßholz, *Glycyrrhiza glabra,* ein *Schmetterlingsblütler.* Aus der Wurzel *(Radix Liquiritiae)* wird *Lakritze* gemacht.

Süßkartoffel → Batate.

Süßkind von Trimberg, mhd. Spruchdichter aus der 2. Hälfte des 13. Jh.

Süßklee, *Hedysarum,* Gatt. der *Schmetterlingsblütler,* im Mittelmeergebiet u. in Vorderasien. Der Alpen-S. ist eine wichtige Futterpflanze.

Süßlippen, *Harlekinfische,* barschartige Korallenfische mit flatternder Schwimmweise.

Süßmayr, Franz Xaver, *1766, †1803, östr. Komponist; Schüler *Mozarts* u. Vollender seines Requiems.

Süßmost, haltbarer, naturreiner, unvergorener Fruchtsaft aus Kern-, Stein-, Beerenobst oder Weintrauben.

Süssmuth, Rita, *17.2.1937, dt. Politikerin (CDU); 1985/86 Bundes-Min. für Jugend, Familie u. Gesundheit, 1986–88 für Jugend, Familie, Frauen u. Gesundheit; seit 1988 Präs. des Dt. Bundestags.

Süß-Oppenheimer, Joseph, gen. *Jud Süß,* *1692, †1738, dt. Geschäftsmann; seit 1732 Berater *Karl Alexanders* von Württemberg; erschloß dem Herzog durch Rechtsverkauf, Ämter- u. Titelhandel neue Geldquellen. Nach dessen Tod wurde S. in einem von Beamtenschaft u. Landständen betriebenen, anfechtbaren Verfahren zum Tode verurteilt u. hingerichtet. – »Jud Süß«, Novelle von W. *Hauff,* Roman von L. *Feuchtwanger,* antisemit. Film von V. *Harlan.*

Süßstoffe, synthet. chem. Verbindungen mit größerer Süßkraft als Rohrzucker, aber ohne Nährwert (z. B. *Saccharin* u. *Cyclamat*).

Süßwasser, Wasser mit geringem Salzgehalt (unter 5‰), im Ggs. zu *Salzwasser.*

Süßwasserpolypen, *Hydridae,* zu den *Hydrozoen* gehörige, einzeln im Süßwasser lebende Polypen, die niemals Medusen hervorbringen. Alle Arten sind stark regenerationsfähig. Sie können bis zu 30 mm Länge erreichen.

Süßwasserschwämme, *Spongillidae,* Fam. der *Hornschwämme,* die einzigen im Süßwasser lebenden Schwämme; in Mitteleuropa die Gatt. *Spongilla* u. *Ephydalia.*

Harlekin-Süßlippe

Suszeptibilität, 1. Empfindlichkeit, Reizbarkeit. – **2.** das Verhältnis der Elektrisierung (d. h. der hervorgerufenen elektr. Dipol-Dichte in einem Stoff) zur elektr. Feldstärke. – **3.** *magnet.* S., das Verhältnis der Magnetisierung zur magnet. Feldstärke.

Sutermeister, Heinrich, *1910, †1995, schweiz. Komponist; Schüler von H. *Pfitzner* u. C. *Orff.*

Sutherland ['sʌðələnd], **1.** Earl Wilbur, *1915, †1974, US-amerik. Physiologe; untersuchte den Wirkungsmechanismus der Hormone, entdeckte das Cyclo-AMP (Adenosinmonophosphat; sog. second-messenger); Nobelpreis für Medizin 1971. – **2.** Graham, *1903, †1980, engl. Maler u. Graphiker (bizarre Naturparaphrasen). – **3.** Joan, *7.11.1926, austral. Sängerin (Sopran), singt bes. Koloraturrollen.

Sutlej ['sʌtlɛdʒ], linker Nbfl. des Indus im östl. Pandschab, rd. 1450 km; vereinigt sich mit dem Chanab zum *Panjnad.*

Sutra, altind. Lehrtext in knappster metr. Formulierung.

Supraleitung: schwebender Magnet über einem Hochtemperatur-Supraleiter

Surrealismus: Max Ernst, Versuchung des hl. Antonius. Duisburg, Lehmbruck-Museum

Sutri, ital. Stadt in Latium, 3300 Ew. – Auf der *Synode von S.* (1046) setzte der dt. König Heinrich III. die Päpste Sylvester III. u. Gregor VI. ab.

Sütschou [sjydʒou] →Xuzhou.

Sutter, Johann August, *1803, †1880, schweiz. Kolonisator; wanderte 1834 nach Kalifornien aus u. gründete 1839/40 an der Stelle des heutigen Sacramento die Siedlung *Neu-Helvetien.*

Sütterlinschrift, von Ludwig *Sütterlin* (*1865, †1917) entworfenes Normalalphabet für dt. u. lat. Schreibschrift; seit 1941 nicht mehr gelehrt.

Suttner, Bertha von, *1843, †1914, östr. Pazifistin u. Schriftst.; W »Die Waffen nieder!«; Friedensnobelpreis 1905.

Sutur, unbewegl., feste Knochenverbindung, bes. der Schädelknochen.

Suu Kyi, Aung San, *1945, birman. Politikerin; gründete 1988 die National League of Democracy (NLD); wurde vom birman. Regime unter Hausarrest gestellt; erhielt 1991 den Friedens-Nobelpr.

Suva, Hptst. des Inselstaats Fidschi in Ozeanien, an der SO-Küste der Hauptinsel *Viti Levu,* 72 000 Ew.; Univ.; Ausfuhrhafen, Flughafen.

Süverkrüp, Dieter, *30.5.1934, dt. Liedermacher (einer der ersten dt. Protestsänger).

Suwałki [-'va:uki], Stadt in Nordost-Polen, 56 000 Ew.; Textil- u. Nahrungsmittelind.

Suzhou [sudʃou], *Sutschou,* Stadt im S der ostchin. Prov. Jiangsu, 722 000 Ew.; Pagoden des MA; Univ.; Seidenweberei; Binnenhafen.

Svalbard, norweg. Name von *Spitzbergen.*

Svarez, *Schwartz,* Carl Gottlieb, *1746, †1798, dt. Jurist; Schöpfer der Preuß. Allg. Gerichtsordnung (1793) u. des Preuß. Allg. Landrechts.

Svear, alter schwed. Volksstamm. Nach ihm wurde das Schwedenreich *(Svearike,* heute *Sverige)* benannt.

Svedberg [-bɛrj], Theodor, *1884, †1971, schwed. Chemiker; bestimmte mit Hilfe der von ihm erbauten Ultrazentrifuge Molekulargewichte u. Teilchengrößen von Proteinen; Nobelpreis 1926.

Sverige ['svɛrjə], schwed. Name von Schweden.

Sverre Sigurdsson, *um 1151, †1202, norw. König 1177–1202; seit 1184 Alleinherrscher; verfocht die Königsmacht gegen Kirche u. Adel.

Svevo, Italo, eigtl. Ettore *Schmitz,* *1861, †1928, ital. Schriftst.; schrieb psychoanalyt. Romane im naturalist. Stil. W »Ein Mann wird älter«.

Svinhufvud ['svi:nhu:vud], Pehr Eyvind, *1861, †1944, finn. Politiker; 1917/18 Führer der finn. Freiheitsbewegung, 1918 Reichsverweser, 1930/31 Min.-Präs., 1931–37 Staats-Präs.

Svoboda, Ludvik, *1895, †1979, tschechosl. Offizier u. Politiker; 1945–50 Verteidigungs-Min. u. Armee-Oberbefehlshaber, 1951 aller Ämter enthoben; 1968–75 Staats-Präs.

SVP, Abk. für *Schweiz. Volkspartei.*

Swakopmund, Distrikt-Hptst. in Namibia an der Atlantikküste, 16 000 Ew., Seebad; unter dt. Kolonialherrschaft bis 1914.

Swammerdam, Jan, *1637, †1680, ndl. Naturforscher; entdeckte die roten Blutkörperchen (1658) u. die Klappen des Lymphgefäßsystems (1664), beschrieb viele Insekten.

Swansea ['swɔnzi], walis. *Abertawe,* Hafenstadt in S-Wales, 168 000 Ew., Schiffbau, Kohlenbergbau, Ölraffinerien; Flugplatz.

Swanson ['swɔnsən], Gloria, *1898, †1983, US-amerik. Filmschauspielerin (Hollywoodstar der 1920er u.1930er Jahre).

Swapgeschäft ['swɔp-], bes. Art des Devisentermingeschäfts in Verbindung mit einem *Kassageschäft* zum Zweck der Kurssicherung.

SWAPO, Abk. für *South West Africans People's Organization,* Bewegung für die Unabhängigkeit Namibias, gegr. 1958, seit 1990 Reg.-Partei in Namibia.

Swasiland ['swazi-], *Ngwane,* Staat in S-Afrika, zwischen der Republik Südafrika u. Moçambique,

Swasiland

17 363 km², 817 000 Ew. (vorw. aus dem Bantuvolk der Swasi), Hptst. *Mbabane.*

Landesnatur. Das Land fällt von W nach O von über 1500 m bis unter 100 m ab. Die höheren Lagen erhalten relativ hohe Niederschläge (Sommerregen) u. haben gemäßigtere Temperaturen als die trockenwarmen tieferen Zonen.

Wirtschaft. S. ist wirtschaftl. eng mit der Rep. Südafrika verbunden. Große Bewässerungsanlagen ermöglichen für den Export den Anbau von Zuckerrohr, Zitrusfrüchten, Reis u. Ananas; Baumwolle u. Tabak werden im Trockenfeldbau angebaut. Die Viehzucht (Rinder, Ziegen, Schafe) ist von Bedeutung. An Bodenschätzen werden Asbest, Eisenerz u. Kohle gewonnen u. exportiert. Die Ind. liefert v. a. Cellulose, Zucker, Frucht- u. Fleischkonserven für den Export.

Geschichte. Seit 1890 geriet S. zunehmend unter den Einfluß Großbritanniens; seit 1907 brit. Protektorat, wurde 1968 unabhängig. Staatsoberhaupt von 1921–82 König *Sobhuza II.* Seit 1986 ist Mswati III. König.

Sweater →Pullover.

Sweben, *Sueben,* germ. Völker, zu denen die *Semnonen, Markomannen, Hermunduren, Quaden, Wangionen* u. die späteren *Alemannen* u. *Langobarden* gehörten. Sie siedelten urspr. im Elbe-Gebiet u. tauchten um die Mitte des 1. Jh. v. Chr. im Rhein-Gebiet auf.

Swedenborg [-bɔrj], Emanuel, *1688, †1772, schwed. Mathematiker, Naturforscher u. Mystiker; entwarf aufgrund angebl. Kundgaben jenseitiger Geister u. Engel eine umfassende Schau von Diesseits u. Jenseits.

Sweelinck, Jan Pieterszoon, *1562, †1621, ndl. Komponist; schrieb Orgel- u. Vokalwerke.

Swerdlow [-lɔf], Jakow Michajlowitsch, *1885, †1919, sowjet. Politiker; 1917–19 Vors. des Zentralen Exekutivkomitees des Sowjetkongresses (Staatsoberhaupt) u. Sekretär des ZK der KP.

Swerdlowsk →Jekaterinburg.

SWF, Abk. für *Südwestfunk.*

Swieten, Gerard van, *1700, †1772, östr. Arzt ndl. Herkunft; Leibarzt der Kaiserin Maria Theresia; reformierte das östr. Medizinalwesen.

Swietenia, Gatt. der *Meliazeen,* ein Laubbaum. *S. mahagoni* liefert echtes *Mahagoniholz; S. candollei,* in Venezuela heimisch, liefert ein wichtiges Nutzholz.

Swift, Jonathan, *1667, †1745, engl. Schriftst.; anglikan. Geistl., Englands größter Satiriker u. einer der hervorragendsten Meister engl. Prosa; W »Gullivers Reisen«.

Swinburne ['swinbə:n], Algernon Charles, *1837, †1909, engl. Schriftst.; schrieb Blankversdramen u. Lyrik. W »Poems and Ballads«.

Swine, poln. *Świna,* größter u. mittlerer Mündungsarm der Oder.

Swinemünde, poln. *Świnoujście,* Hafenstadt in Pommern, 48 000 Ew.; Seebad; größter Fischereihafen Polens auf der Insel Usedom an der Swinemündung.

Swing, 1. die Kreditgrenze in bilateralen Handelsverträgen, bis zu der sich ein Land bei der Verrechnungsstelle des Handelspartners verschulden darf; auch der zinslose Überziehungskredit, den die BR Dtld der DDR im innerdt. Handel gewährte. – **2.** eine Richtung des Jazz etwa 1928–45.

Switchgeschäft ['switʃ-], Form des Außenhandelsgeschäfts: Einkauf von Waren in einem anderen Land als dem Herstellerland (*Import-Switches*) oder Verbrauch von Waren in einem anderen Land als dem Käuferland (*Export-Switches*) unter Ausnutzung von Preisgefällen.

Sybaris, grch. Kolonie am Golf von Tarent in Unteritalien, Ende des 8. Jh v. Chr. gegr.; sagenhaft reich u. verschwenderisch.

Sybel, Heinrich von, *1817, †1895, dt. Historiker; Vertreter der polit.-kleindt. Geschichtsschreibung; Gründer der »Histor. Zeitschrift«.

Syberberg, Hans Jürgen, *8.12.1935, dt. Filmregisseur; drehte u. a. »Ludwig – Requiem für einen jungfräul. König«, »Hitler, ein Film aus Dtld«, »Parsifal«.

Sydenham ['sidnəm], Thomas, *1624, †1689, engl. Arzt; gilt als einer der Begr. der klin. Medizin.

Sydney ['sidni], Hptst. des austral. Bundesstaats Neusüdwales, an der SO-Küste *(Port Jackson Bay),* bedeutendster Hafen u. größte Stadt Australiens, 3,7 Mio. Ew., 3 Univ., Museen, Opernhaus; Schiffbau, Metall-, Maschinen-, chem. u. Nahrungsmittelind.; Flughafen; gegr. 1788.

Sydow ['zy:do], Max von, *10.4.1929, schwed. Schauspieler u. Regisseur; wurde bekannt durch die Filme I. *Bergmans.*

Syenit, Tiefengestein (Magmatit) aus Kalifeldspat

Swasiland: Vorbereitungen zum Binsenfest, einem der beliebtesten jährlichen Feste der Swasi

Sydney mit der berühmten Hafenbrücke über Port Jackson; dahinter das Opernhaus am Bennelong Point und der Botanische Garten

Symbiose: Einsiedlerkrebse gehen eine Symbiose mit Seerosen ein. Der Krebs genießt durch die Aktinie Schutz vor Räubern, die Seerose gewinnt Beweglichkeit und Nahrungsbrocken

u. Hornblende u. gelegentl. Quarz in geringer Menge; meist von rötl. oder grauweißer Farbe.

Sykomore, *Maulbeerfeige,* ein *Maulbeergewächs;* in Ägypten u. Israel angebauter, bis 16 m hoher, dickstämmiger Baum mit feigenähnl. Früchten (*Eselsfeigen*).

Syktywkar, Hptst. der Komi-SSR (Rußland), an der Wytschegda (Flußhafen), 224 000 Ew.; Holz-Ind.

syllabischer Gesang, eine Kompositionsart für Gesänge: jeder Note ist eine Textsilbe unterlegt.

Syllabus, 1864 von Papst *Pius IX.* veröffentlichtes Verzeichnis moderner theol. Anschauungen u. Lehren (80 »Zeitirrtümer«), die von der kath. Kirche abzulehnen seien.

Syllogismus, in der klass. Logik die eigtl. Form des Schlusses, der vom Allgemeinen auf das Besondere schließt.

Sylphiden, grch., sagenhafte weibl. Baum- oder Luftwesen; männl. *Sylphe.*

Sylt, die größte der dt. Nordfries. Inseln, 99,1 km², 23 000 Ew.; seit 1927 durch den *Hindenburgdamm* mit dem Festland verbunden (11 km); ehem. Hauptort *Keitum;* Seebäder Westerland, Wenningstedt, Kampen, List, Rantum, Hörnum; Fremdenverkehr.

Sylvester → Silvester.

Symbiose, eine enge Form von *Vergesellschaftung* zw. zwei Organismusarten, die für beide Partner (**Symbionten**) nützl. u. notwendig ist u. zu einem gesetzmäßig dauernden Zusammenleben (Lebensgemeinschaft) führt; z.B. zw. Pilzen u. Algen.

Symbolismus: Gustave Moreau, Die Einhörner. Paris, Musée Gustave Moreau

Symbol, Sinnbild, Zeichen.

Symbolik, der sinnbildl. Ausdrucksgehalt einer Erscheinung; auch die Lehre vom *Symbol.*

Symbolismus, eine von Frankreich ausgehende, seit 1890 in ganz Europa verbreitete literar. Strömung, die die objektive Wirklichkeitswiedergabe des Realismus u. Naturalismus verwarf u. Hintergründiges u. Irrationales vernehmbar zu machen suchte. Die sprachkünstler. Mittel wurden bes. in der Lyrik bis an die Grenze mag. Beschwörungskraft vorgetrieben. Metaphern u. Synästhesien waren beliebteste Stilmittel. Symbolisten waren u. a. Ch. *Baudelaire,* P. *Verlaine,* A. *Rimbaud,* St. *Mallarmé,* E. *Verhaeren,* J. K. *Huysmans,* M. *Maeterlinck;* in Dtld. u. a. St. *George,* H. von *Hofmannsthal* u. R. M. *Rilke.* Auch in der Malerei wurde der Einfluß des S. deutl., so bei O. *Redon,* J. *Ensor* u. A. *Böcklin.*

Symmetrie, Ebenmaß; ein Aufbau des Ganzen, bei dem sich beide Hälften spiegelbildl. entsprechen; Zerlegbarkeit einer geometr. Figur in 2 spiegelbildl. Teile.

sympathetische Kuren, sympathetische Mittel, Heilverfahren durch mag. Mittel (Besprechen, Gesundbeten u. a.). Etwaige Heilerfolge beruhen stets auf suggestiver Beeinflussung.

Sympathie, Mitgefühl, Wohlwollen, Zuneigung.

Sympathikus, → Nervensystem.

Symphonie → Sinfonie.

Symphyse, Knochenverwachsung; bes. Bez. für die *Schamfuge,* die Verbindung der Schambeine des Beckens vorn in der Mittellinie.

Symposion, Trinkgelage der Griechen u. Römer. Heute bezeichnet man zuweilen Tagungen von Fachwissenschaftlern als S.

Symptom, Anzeichen; bes. die einzelne Krankheitserscheinung, Krankheitszeichen.

Symptomatologie, *Semiologie, Semiotik,* die Lehre von den Krankheitszeichen. Gegenbegriff: *Ätiologie.*

Synagoge, jüd. Lehrhaus, Schule, Tempel. Versammlungshaus der jüd. Gemeinde für den Gottesdienst.

Synapse, Kontaktstelle zw. zwei Nervenzellen (neuro-neuronal: von Nerv zu Nerv) oder zw. einer Nervenzelle u. einer Zelle von Erfolgsorganen wie Muskeln oder Drüsen.

Synästhesie, die Erscheinung, daß bei Erregung eines Sinnesorgans außer der ihm zugehörigen Empfindungen auch solche eines anderen Sinnesorgans auftreten, z. B. Farben beim Hören oder Klänge beim Sehen.

synchron, gleichzeitig, zeitl. prallel.

Synchronisation, 1. vollkommener (»lippensynchroner«) Gleichlauf zw. Bild u. Ton im Tonfilm; zu unterscheiden von der *Synchronisierung.* – 2. das Sichangleichen von Verhaltensabläufen zur sozialen Abstimmung zw. Partnern; z. T. durch *Pheromone* bewirkt.

Synchronisierung, das Abstimmen von Bild u. Ton im Tonfilm, insbes. das akust. Einkopieren eines anderssprachl. Textes oder einer fremden Gesangsstimme.

Synchronismus, Gleichzeitigkeit voneinander unabhängiger Ereignisse.

Synchronmaschinen, Wechsel- u. Drehstromgeneratoren oder -motoren, meist Großmaschinen (mit über 700 MW), bei denen der Ständer als Anker, der Läufer als Polrad ausgebildet ist.

Synchronmotor, ein Elektromotor, bei dem der Läufer unabhängig von der Belastung mit der synchronen Drehzahl des Ständerdrehfeldes umläuft.

Synchronuhr, eine elektr. Uhr, die durch einen Synchronmotor angetrieben wird.

Synchrotron, in der Hochenergiephysik ein Gerät zur Beschleunigung von geladenen Elementarteilchen auf sehr große Geschwindigkeiten.

Syndaktylie, eine angeborene Mißbildung mit Verwachsungen von Fingern oder Zehen.

Syndikat, 1. die straffste Form des Kartells, mit festen Preis- u. Kontingentierungsbestimmungen u. eigener Verkaufsorganisation; auch Bez. für die Verkaufsorganisation eines Kartellverbands. – 2. straff organisierte Verbrecherorganisation.

Syndikus, Sachwalter, angestellter (oft geschäftsführender) Rechtsbeistand (*Justitiar*) bei Kammern, Stiftungen, Verbänden, Vereinen, Unternehmen.

Syndrom, das Zusammentreten einzelner, für sich genommen uncharakterist. Krankheitszeichen (*Symptome*) zu kennzeichnenden Gruppen.

Synedrium, grch. *Synedrion,* hebr. *Sanhedrin,* Hoher Rat, die höchste innerjüd. Vertretung in Re-

synthetische Geometrie

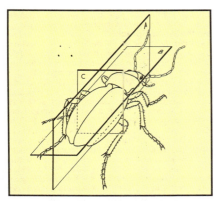

Symmetrie: Körperachsen eines bilateral-symmetrischen Tieres: A) Median-Ebene, B) Frontal-Ebene, C) Querschnitt-Ebene

ligionsangelegenheiten, allg. u. religiöse Gerichtsbarkeit in Jerusalem bis 70 n. Chr.

Synergetik, Forschungsgebiet, das die Entstehung spontaner Ordnungszustände in offenen Vielteilchensystemen der Physik, Biologie u. a. untersucht.

Synergie, Zusammenwirken mehrerer Kräfte zur Erzielung einer einheitl. Leistung.

Synesios von Kyrene, * 370, † 413, grch. Philosoph; verband Neuplatonismus u. Christentum.

Synge [siŋ], 1. John Millington, * 1871, † 1909, ir. Schriftst (Bühnenwerke mit Themen aus dem Leben der ir. Fischer u. Bauern). – 2. Richard, * 1914, † 1994, brit. Chemiker; entwickelte die Verteilungs-Chromatographie; Nobelpreis 1952.

Synklinale, Mulde bei der Faltung von Schichtgesteinen; Ggs.: *Antiklinale.*

Synkope, 1. ['synkope], die Ausstoßung eines unbetonten Vokals zw. zwei Konsonanten im Innern eines Worts (ew'ger statt ewiger); auch der Ausfall einer Senkung im Verssystem. – 2. [zyn'ko:pə], eine Abweichung vom Grundmetrum, indem an sich unbetonte Werte betont werden u. die betonten Werte ohne Akzent bleiben.

Synkretismus, die Verbindung verschiedenartiger philosoph. Lehren, ohne auf innere Übereinstimmung zu achten; auch die Verschmelzung versch. Religionen u. Kulte.

Synod → Heiliger Synod.

Synodale, Mitgl. einer Synode.

Synodalverfassung, *Synodalsystem,* eine Verf. ev. Kirchen, in der die aus Amtsträgern u. Nichttheologen gebildete *Synode* kirchl. Leitungs- u. Verwaltungsbefugnisse hat.

Synode, Versammlung von Abgesandten mehrerer Gemeinden, Bezirke oder Kirchenprovinzen bzw. mehrerer Bistümer.

Synökologie, eine Betrachtungsweise der Ökologie, die die Ganzheit einer Lebensgemeinschaft in den Mittelpunkt stellt.

Synonym, *Synonymon,* ein sinnverwandtes Wort, das weitgehend dieselbe Bedeutung wie ein anderes hat.

Synopse, Übersicht, vergleichende Nebeneinanderstellung, bes. der ersten drei Evangelien (Matthäus, Markus, Lukas). Wegen ihrer auf gemeinsamen Quellen beruhenden Ähnlichkeit heißen diese drei Evangelien auch *synopt.,* ihre Verfasser *Synoptiker.*

Syntax, *Satzlehre,* behandelt als Teil der *Grammatik* den Bau u. die Gliederung des Satzes.

Synthese, 1. Zusammensetzung, Verknüpfung; Gegenbegriff: *Analyse.* – 2. der Aufbau von chem. Verbindungen aus einfacheren Verbindungen oder aus den Elementen.

Synthesizer ['sinθisaizə], Elektrophon zu synthet. Klangerzeugung u. -veränderung; ein elektron.-akust. »Musikbaukasten« mit einer Vielzahl von Kombinationsmöglichkeiten der Gestaltung am Klang u. am Ton; entwickelt in den 1950er Jahren u. a. von R. *Moog.* Heute ist der S. eines der wichtigsten elektron. Instrumente der Unterhaltungsmusik.

synthetisch, zusammengesetzt, künstlich.

synthetische Geometrie, Herleitung der geometr. Sätze aus einem geometr. Axiomensystem (z. B. bei *Euklid*); im Ggs. zur *analyt. Geometrie,* die

synthetische Sprachen

auf den Zahlbegriff gegr. ist u. die geometr. Objekte durch Zahlen u. Gleichungen beschreibt.
synthetische Sprachen →Sprache.
Syphilis, *Lues,* die durch die *Spirochaeta pallida,* das *Treponema pallidum* hervorgerufene Infektionskrankheit. Die Ansteckung kommt am häufigsten durch den Geschlechtsverkehr zustande. 2–3 Wochen nach der Ansteckung entwickelt sich der sog. *Primäraffekt,* der durch Knötchen-, Bläschen- oder Geschwürsbildung gekennzeichnet ist *(harter Schanker).* Etwa 8 Wochen nach der Ansteckung treten die Spirochäten in das Blut über u. führen zu Blutveränderungen. Damit beginnt das Stadium der *sekundären* S. mit flecken- u. knötchenförmigen Ausschlägen an Haut u. Schleimhäuten u. manchmal entzündl. Allgemeinerscheinungen. Im *tertiären Stadium* kommt es zu Veränderungen an Haut, Knochen u. inneren Organen mit Knotenbildungen. Als Spätformen *(Meta-S., Quartärstadium)* der (unbehandelten oder ungenügend behandelten) S. treten Erkrankungen des Rückenmarks *(Rückenmarksschwindsucht, Tabes dorsalis)* u. des Gehirns (sog. *Gehirnerweichung, progressive Paralyse*) auf. Behandelt wird die S. mit Penicillin.
Syracuse [ˈsirəkjuːs], Stadt im US-Staat New York, 170 000 Ew.; Univ.; chem. Ind.; Flughafen.
Syrakus, ital. *Siracusa,* ital. Hafen- u. Prov.-Hptst. an der SO-Küste Siziliens, 125 000 Ew.; antike Ruinen (u. a. Amphitheater, Altar, Nekropole) der Griechen- u. Römerzeit; Erdölraffinerie. Gesch.: S. wurde um 733 v. Chr. von Korinthern gegr.; vom 5.–3. Jh. v. Chr. die bedeutendste Handelsstadt Siziliens; 212 v. Chr. von den Römern, 878 von den Arabern u. 1085 von den Normannen erobert.
Syrdarja, der antike *Jaxartes,* Strom in Mittelasien, mit dem Quellfluß *Naryn* 3078 km; mündet in den Aralsee.
Syrien, Staat in Vorderasien, 185 180 km², 13,0 Mio. Ew. (vorw. islam. Araber), Hptst. *Damaskus.*
Landesnatur. Hinter der Küstenebene erhebt

Syrien

sich das *Alauiten-Gebirge.* Im SW hat S. Anteil am Hochgebirge des *Antilibanon.* Östl. erstreckt sich das syr. Tafelland. Es geht nach SO in die *Syr. Wüste* über. Während im Küstengebiet Mittelmeerklima herrscht, nehmen nach O u. SO die Niederschläge rasch ab.
Wirtschaft. Wichtigste Anbauprodukte sind Baumwolle, Weizen u. Gerste sowie Gemüse u. Früchte. Durch die Vergrößerung der Bewässerungsflächen wurde der Baumwollanbau (Hauptexportgut) stark ausgeweitet. Die Schafzucht ist von großer Bedeutung. An Bodenschätzen werden v. a. Erdöl, Phosphat, Eisenerz u. Steinsalz gewonnen. S. ist ein wichtiges Erdöltransit- u. -verschiffungsland. Wichtigster Ind.-Zweig ist die Textilind.
Geschichte. Im 4. Jt. v. Chr. war das Land von Kanaanäern u. Hurritern, später von Aramäern besiedelt. Nach den Assyrern beherrschten es die Perser 539 v. Chr. Die Seleukiden machten um 300 v. Chr. S. zum Zentrum ihres Reichs. 64 v. Chr. wurde es röm. Prov. u. kam 395 an das Byzantin. Reich. Seit dem 7. Jh. stand S. unter arab. Einfluß; 1517–1918 war es Teil des Osman. Reichs. 1920 wurde S. frz. Völkerbundsmandat, 1944 endgültig unabh.; 1958 schloß es sich mit Ägypten zur *Vereinigten Arab. Republik* zusammen; 1961 wieder selbst.; im Sechstagekrieg 1967 gegen Israel verlor S. die Golanhöhen. 1976 entsandte S. Truppen zur Schlichtung des libanes. Bürgerkriegs, in den es mit wechselnden Frontstellungen eingriff. Staats-Präs. ist seit 1971 H. *Al Assad,* der sich 1970 an die Macht putschte. Er ist auch Generalsekretär der regierenden Baath-Partei; S. ist Mitgl. der *Arab. Liga.*
Syrinx, 1. Panflöte. – **2.** Stimmorgan der Vögel, der allein hier vorkommende *untere Kehlkopf.*
syrisch-orthodoxe Kirche, die (west-)syr.-jako-

Jörg Syrlin d. Ä.: Büste des Pythagoras, vom Chorgestühl des Ulmer Münsters; 1469–1474

bit. Kirche, eine der monophysit. morgenländ. Kirchen; heute noch über 100 000 Gläubige.
Syrlin, 1. Jörg d. Ä., um * 1425, † 1493, dt. Bildhauer u. Kunstschreiner; schuf das Chorgestühl des Ulmer Münsters. – **2.** Jörg d. J., Sohn von 1), um * 1455, um † 1522, dt. Schreiner u. Bildschnitzer (Altäre u. Chorgestühle).
Syrten, zwei Meeresbuchten des Mittelmeers an der nordafrik. Küste: die *Große Syrte (Golf von Sidra)* an der libyschen Küste zw. Bengasi u. Tripolis, westl. davon die *Kleine Syrte (Golf von Gabès)* an der tunes. Küste.
Sysran, Stadt in Rußland, an der mittleren Wolga, 174 000 Ew.; in der Nähe Ölfelder (»Zweites Baku«).
System, 1. allg.: ein durchstrukturiertes, geordnetes Ganzes. – **2.** in der Datenverarbeitung eine Menge von Elementen, zw. denen log. u. funktionelle Beziehungen (Relationen) bestehen. – **3.** internat. Bez. für geolog. Zeitabschnitte (z. B. das Devon), die einer *Formation* entsprechen. – **4.** eine Gesamtheit von physikal. Körpern, Feldern u. ä., die voneinander abhängig sind u. als Ganzes betrachtet werden.
Systemanalyse, Methode zur Untersuchung von Unternehmungen, Behörden zur Verbesserung ihrer Arbeitsweise, wobei das Untersuchungsobjekt vom Einsatz der Produktionsfaktoren bis zur Leistungserstellung als komplexe soziolog.-ökonom.-techn. Ganzheit (»System«) verstanden wird.
Systematik, 1. systemat. Ordnung, Gliederung. – **2.** die Lehre vom natürl. System des Pflanzen- u. Tierreichs; ein Teilgebiet der Botanik u. Zoologie, dessen Aufgabe darin besteht, die in der Natur vorkommenden Arten (Species) festzustellen u. sie in ein hierarch. System versch. Kategorienstufen einzuordnen.
Zu den formalen Aufgaben der S. gehört auch die richtige Benennung der systemat. Kategorien. Sie werden mit lat. Namen bezeichnet, die Arten nach der von C. von *Linné* 1735 eingeführten sog. *binären Nomenklatur* in der Weise, daß dem Gattungsnamen der Artname angefügt wird; z. B. heißt innerhalb der Gatt. *Apis* (Biene) die Honigbiene *Apis melifica* (die honigmachende).

Systole, die der *Diastole* folgende Kontraktion der Herzkammer.
Szabó [ˈsɔboː], **1.** Istvan, * 18.2.1938, ung. Filmregisseur; Filme mit zeitgeschichtl. Hintergrund, u. a. »Mephisto«, »Oberst Redel«, »Hanussen«, »Zauber der Venus«. – **2.** Magda, * 5.10.1917, ung. Schriftst. (psych. Gesellschaftsromane). – **3.** Pál, * 1893, † 1970, ung. Schriftst. (Bauernromane, seit 1945 unter dem Einfluß des sozialist. Realismus).
Szálasi [ˈsaːlɔʃi], Ferenc, * 1897, † 1946 (hingerichtet), ung. Politiker; Führer der faschist. Pfeilkreuzlerpartei (Hungaristenbewegung); 1944 Min.-Präs. u. Staatsoberhaupt; errichtete ein faschist. Terrorregime; nach dem Krieg von den USA an Ungarn ausgeliefert.
Szamos [ˈsɔmoʃ], l. Nbfl. der oberen Theiß, 450 km.
Szczecin [ʃt͡ʃɛt͡ʃin] →Stettin.
Szeged [ˈsɛgɛd], ung. Komitats-Hptst. an der Theiß (Hafen), 188 000 Ew.; Univ.; Leder- u. Textilind.
Székesfehérvár [ˈseːkɛʃfɛhɛːrvaːr], dt. *Stuhlweißenburg,* ung. Komitats-Hptst.; nordöstl. vom Plattensee, 113 000 Ew.; Dom; Maschinenbau; Fahrzeugbau; Aluminium-Ind. – Im MA Krönungs- u. Begräbnisstadt der ung. Könige.
Szenarium, skizzierter Handlungsablauf eines Theaterstücks; seit dem 18. Jh. ein Verzeichnis der auftretenden Personen, der Requisiten, Dekorationen u. Geräusche jeder Szene für den Inspizienten des Theaters.
Szene, im altgrch. Theater das hintere Bühnengebäude *(Skene);* dann allg. der Bühnenraum; danach Bez. für einen Vorgang auf der Bühne, Teileinheit des Akts.
Szent-Györgyi [sɛntˈdjœrdji], Albert, * 1893, † 1986, ung. Biochemiker; seit 1947 in den USA; entdeckte das Vitamin C; Nobelpreis für Medizin 1937.
Szeryng [ˈʃɛrɪŋk], Henryk, * 1918, † 1988, Geiger poln. Herkunft; Interpret mit großem Repertoire.
Szetschuan, *Sichuan* →China.
Szientismus, 1. betont wissenschaftl. Standpunkt; Ggs.: *Fideismus.* – **2.** →Christian Science.
Szintigraphie, ein nuklearmedizin. Untersuchungsverfahren, bei dem durch Einverleibung von Radio-Isotopen u. anschließende Registrierung u. Aufzeichnung *(Szintigramm)* der von ihnen ausgehenden Gammastrahlung ein zweidimensionales Bild eines bestimmten Organs oder Gewebes gewonnen wird.
Szintillation, 1. Schwanken oder Aufblitzen von Lichtern, z. B. bei Fixsternen infolge Dichteschwankungen der Luft. – **2.** eine Leuchterscheinung (kurzer Lichtblitz), die ein energiereiches Teilchen beim Auftreffen oder Durchfliegen in gewissen Kristallen oder Flüssigkeiten erzeugt.
Szolnok [ˈsolnok], ung. Komitats-Hptst. an der Theiß, sö. von Budapest, 81 000 Ew.; alte Festung; Düngemittelproduktion.
Szombathely [ˈsombɔtɛj], dt. *Steinamanger,* ung. Komitats-Hptst., 87 000 Ew.; Kathedrale; chem. u. Leder-Industrie.
Szondi [ˈsondi], Leopold, * 1893, † 1986, ung. Mediziner u. Psychologe; seit 1944 in Zürich; Begr. der *Schicksalsanalyse.*
Szymanowski [ʃimaˈnofski], Karol, * 1882, † 1937, poln. Komponist; Vertreter eines raffinierten Klangsensualismus.

Syrien: Bienenkorbhütten

T

t, T, 20. Buchstabe des dt. Alphabets; entspricht dem grch. Tau (τ, T).

t, Zeichen für *Tonne*.

T, chem. Zeichen für *Tritium*.

Ta, chem. Zeichen für *Tantal*.

Taaffe, Eduard Graf, * 1833, † 1895, östr. Politiker; 1868–70 u. 1879–93 Min.-Präs., 1870/71 u. 1879 Innen-Min.; vertrat eine slawophile, auf die Aussöhnung der Nationalitäten zielende, klerikal-konservative Politik.

Tabak, *Nicotiana,* Gatt. der *Nachtschattengewächse* (100 Arten), urspr. in den wärmeren Teilen Amerikas verbreitet, heute in sehr vielen wärmeren u. gemäßigteren Ländern angebaut. Wirtsch. Bedeutung haben nur die Arten, die den Rauch-, Schnupf- u. Kau-T. liefern: *Virginischer T., Echter T.* mit rosa Blüten; *Bauern-, Veilchen-T.* mit gelben Blüten; *Maryland-T.* mit rosa Blüten, bes. langen Blättern u. sehr niedrigem Nikotingehalt. Die T.blätter werden von unten nach oben in 3 oder 4 Stufen geerntet, danach auf Schnüre gereiht u. einer natürl. Sonnen- oder Lufttrocknung oder einer künstl. Feuer- oder Röhrentrocknung unterzogen. Bei der *Fermentation* wird durch natürl. (Selbsterhitzung) oder zugeführte Wärme ein Gärungsprozeß vollzogen, bei dem die Eiweißstoffe abgebaut u. die Aroma- sowie Farbstoffe entwickelt werden. Fermentierter T. wird zur Erzielung besserer Qualität 1–2 Jahre gelagert. – Für die anregende, aber auch schädl. Wirkung des T. auf das Nervensystem ist der Gehalt an Nikotin verantwortlich.

Tabakspfeife, Gerät zum Tabakrauchen; besteht aus Kopf, Rohr u. Mundstück. Nach dem für den Kopf verwendeten Material unterscheidet man: Ton-, Porzellan-, Holz- (bes. aus Bruyèreholz) u. Meerschaumpfeifen.

Tabaksteuer, Verbrauchsteuer auf Tabakwaren.

Taban Bogdo Uul, *Kujtun,* Berg im W des Mongol. Altai, 4356 m.

Tabari, Abu Dschafar Muhammed ibn Dscharir al-T., * 839, † 923, arab. Geschichtsschreiber u. Koran-Kommentator pers. Herkunft.

Tabasco, Bundesstaat in →Mexiko, am Golf von Campeche.

Tabasco-Sauce [-'zo:sə], fertige Gewürztunke, die fast ausschl. aus *Chillies* (→Cayenne-Pfeffer) besteht.

Tabernakel, in kath. Kirchen ein kunstvoll gestaltetes Gehäuse, das als Aufbewahrungsort für die Hostien dient. Vorläufer des T. war das *Sakramentshäuschen*.

Tableau [ta'blo:], Gemälde, Tafel; Übersicht; im Theater auch ein malerisch gruppiertes Bühnenbild bes. am Schluß eines Aktes.

Tablette, Arzneimittel aus gepulverten Stoffen, die zus. mit Füll- u. Bindemitteln zu kleinen rundl. Formen gepreßt werden.

Tablinum, im altröm. Haus der hinter dem Atrium (dem Eingang gegenüber) liegende Männersaal, Raum für Gastmähler u. ä.

Tabor, *Har Tavor,* Berg in Israel östl. von Nazareth, 588 m; Ort der Verklärung Christi.

Tábor, Stadt in Böhmen (Tschech. Rep.), 34 000 Ew.; alte Stadtbefestigung.

Tabori, George, * 24.5.1914, US-amerik. Schriftst. ung. Herkunft; bek. als Dramatiker u. auch Theaterleiter (seit 1986 in Wien).

Taboriten →Hussiten.

Tabqa [-ka], *Buhayrat al-Assad,* Talsperre in Syrien am Euphrat; 1974 fertiggestellt; ein 4500 m langer Staudamm, der einen See mit 40 Mrd. m³ Fassungsvermögen aufstaut.

Täbris, *Täbriz,* iran. Prov.-Hptst., 994 000 Ew.; Handelszentrum, Maschinenbau.

Tabu, ein Verbot, etwas zu berühren oder etwas zu tun; eine Meidungsvorschrift, bei fast allen Naturvölkern zu finden.

Tabula rasa [lat., »unbeschriebene Tafel«], eine insbes. bei J. *Locke* ausgeprägte Vorstellung vom Zustand der Seele, die bei der Geburt unberührt ist u. in die später wie in eine leere Wachstafel (urspr. antike Bedeutung) die Eindrücke u. Erkenntnisse der Außenwelt »eingetragen« werden.

Tabulator, Vorrichtung an Schreibmaschinen zur Breiteneinstellung von Tabellenspalten.

Tabulatur, 1. im *Meistergesang* das Verzeichnis der Regeln für die Behandlung von Sprache u. Musik. – **2.** die im 14.–18. Jh. gebräuchl. Instrumentaltonschrift, die Tonbuchstaben u. Tonzahlen benutzte, zus. mit rhythm. Zeichen, bes. als Griffschrift für Lauteninstrumente oder als T. für Orgelstücke.

Tacca, Pietro, * 1577, † 1640, ital. Bildhauer u. Architekt; schuf Brunnen u. Reiterstatuen.

Táchira ['tatʃira], Bundesstaat in W →Venezuelas.

Tachismus [ta'ʃis-], *Fleckenkunst,* eine Stilrichtung der modernen Malerei, die im Gefolge des surrealist. Automatismus um 1950 in Paris als Reaktion auf eine Malerei des polit. Engagements entstand u. jede bewußte Formgestaltung ablehnte. Initiator war der in Frankreich lebende, am Bauhaus ausgebildete dt. Emigrant *Wols.* In den USA wurde die Bewegung als »abstrakter Expressionismus« bekannt.

Tachometer, *Geschwindigkeitsmesser,* ein Instrument zum Messen der Drehzahl von Wellen u. Rädern sowie der Geschwindigkeit von Maschinen. – Für Kfz mit einer Höchstgeschwindigkeit von mehr als 20 km/h sind T. durch die StVZO vorgeschrieben.

Tachykardie, erhöhte Herz- u. Pulsfrequenz.

Tachymetrie, ein geodät. Meßverfahren, bei dem Höhe u. Lage von Geländepunkten in einem Arbeitsgang ermittelt werden.

Tachyonen, hypothet. Elementarteilchen mit Überlichtgeschwindigkeit u. imaginärer Ruhmasse; bisher nicht experimentell nachgewiesen.

Tacitus, Publius Cornelius, * um 55, † um 120, röm. Geschichtsschreiber. Von wiss. Wert ist bes. seine Schrift »De origine et situ Germanorum« (um 98), die älteste überlieferte Quelle über Germanien. Seine Hauptwerke, die »Historiae« u. »Annalen«, eine röm. Gesch. vom Tod des Augustus (14) bis zum Tod Domitians (96), sind nur in Bruchstücken erhalten.

Tadschiken, iran. Bauernvolk, 4,2 Mio. v. a. in Tadschikistan u. im N von Afghanistan; Moslems.

Tadschikistan, *Tadschikien,* Staat in Mittelasien, 143 100 km², 5,4 Mio. Ew., Hptst. *Duschanbe;* umfaßt u. a. die Gebirgszüge des Alai u. die vergletscherten Ketten des Pamir. T. besitzt reiche Bodenschätze. Die Bevölkerung betreibt hpts. Landwirtschaft (Baumwolle, Getreide).

Geschichte: Die Tadschiken waren seit vorchristl. Zeit in Mittelasien ansässig u. lebten unter

Tadschikistan

wechselnden Herrschaften. Seit dem 17. Jh. gehörten sie zum usbek. Emirat von Buchara. Im 19. Jh. kam das Gebiet unter zarist. Herrschaft (Generalgouvernement Turkestan). 1921 wurde die *Turkestan. ASSR* gebildet. Aus ihr wurde T. als ASSR der *Usbek. SSR* zugeordnet. 1929 wurde T. dann Unionsrep. der Sowj. 1991 erklärte T. die Unabhängigkeit u. wurde Mitgl. der GUS.

Tadsch-Mahal, ind. Mausoleum, →Taj-Mahal.

Tädschon [tɛdʒʌn], *Taejon* →Daejon.

Taebaeksanmaek, Gebirge entlang der Ostküste Koreas, im *Soraksan* 1708 m.

Taegu, *Taiku,* südkorean. Industriestadt, nw. von Pusan, 2,3 Mio. Ew.; Univ.; Handels- u. Verkehrszentrum.

Tael, *Tail, Tale, Tekl,* ostasiat. Gewichtseinheit (zw. 34,2 u. 37,8 g) u. Gold- u. Silbermünze unterschiedl. Werts, bes. in China.

Tafelberg, tafelförmiger Berg mit vorw. horizontaler Gesteinsschichtung u. plateauförmiger Oberfläche; z.B. der südafrik. T. bei Kapstadt, 1088 m.

Tafelbild, im Bild der Tafelmalerei.

Tafelente, 46 cm große, einheim. braun-schwarzgraue *Tauchente.*

Tafelglas, Glastafeln von 1,6 bis 6 mm Dicke, die hpts. zur Verglasung von Fenstern u. Fahrzeugen benutzt werden.

Tafelland, durch horizontal lagernde Gesteinsschichten *(Tafeln)* gekennzeichnete ebene Teile der Erdoberfläche in versch. Höhenlagen.

Tafelmalerei, im Unterschied zur Wandmalerei die Malerei auf einer transportablen Holztafel, später auch auf Leinwand u. Kupfer. Früheste Zeugnisse der T. sind die ägypt. Mumienporträts.

Tafelschere, Hebelschere mit einem feststehenden, an einer Auflageplatte befestigten Messer; für Papier, Pappe, Blech.

Tafelwerk, *Täfelung,* Wand- oder Deckenverkleidung mit Holztafeln; wichtiges Element der Innenraumgestaltung des 15.–18. Jh.

Tafilalt, Oasengruppe im NW der marokkan. Sahara, 1400 km².

Tafsir, *Tefsir,* die wiss. Auslegung u. Erklärung des Korans.

Taft, *Taffet,* 1. in den Seidenwebereien übl. Bez. für Leinwandbindung; 2. leinwandbindender Stoff aus Naturseide, Viskose oder Halbseide.

Tabak: Die Wirkung des Tabakrauchs ist in höchstem Maße gesundheitsschädlich. Seine Hauptbestandteile Nicotin, Reizstoffe, Kohlenmonoxid und krebserregende (karzinogene) Stoffe greifen direkt die Atemwege (Mund, Rachen und Lungen) an, außerdem indirekt Herz, Kreislauf und Magen sowie den Fetus im Mutterleib

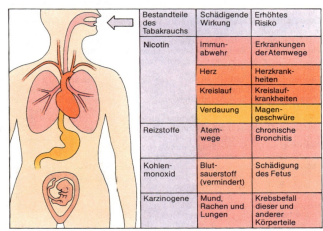

Bestandteile des Tabakrauchs	Schädigende Wirkung	Erhöhtes Risiko
Nicotin	Immunabwehr	Erkrankungen der Atemwege
	Herz	Herzkrankheiten
	Kreislauf	Kreislaufkrankheiten
	Verdauung	Magengeschwüre
Reizstoffe	Atemwege	chronische Bronchitis
Kohlenmonoxid	Blutsauerstoff (vermindert)	Schädigung des Fetus
Karzinogene	Mund, Rachen und Lungen	Krebsbefall dieser und anderer Körperteile

Taft

Tahiti: Einheimische bei einer Handarbeit

Taft [tæft], **1.** Robert, Sohn von 2), *1889, †1953, US-amerik. Politiker (Republikaner); bekämpfte F.D. Roosevelts von der Neutralität wegführenden Kurs. Nach ihm u. F.A. Hartley wurde ein Gesetz von 1947 benannt, das den Einfluß der Gewerkschaften einschränkte. – **2.** William Howard, *1857, †1930, US-amerik. Politiker (Republikaner); 1909–13 (27.) Präs. der USA, warb für den internat. Schiedsgerichtsgedanken; 1921–30 oberster Bundesrichter.

Tag, Zeiteinteilungsbegriff in zwei Bedeutungen: 1. *lichter T.,* die Zeit zw. Auf- u. Untergang der Sonne; 2. die Periode der Erdrotation a) in bezug auf die Richtung Erde-Sonne (Sonnentag), b) in bezug auf den Frühlingspunkt (Sterntag), c) in bezug auf das System der Fixsterne (siderischer T., 0,009 s länger als ein Sterntag).

Tagalen, *Tagalog,* malaiisches Volk (rd. 3,8 Mio.) auf den Philippinen (Mittel-Luzón, Mindoro).

Taganrọg, Ind.- u. Hafenstadt in Rußland, am Asowschen Meer, 295 000 Ew.

Tagebau, der Bergbau an der Erdoberfläche.

Tagebuch, 1. ein Buch, in dem chronolog. die Ereignisse der vergangenen Tage aufgezeichnet werden. – **2.** ein Geschäftsbuch, in das die tägl. Geschäftsvorfälle eingetragen werden.

Tagegelder →Diäten.

Tagelied, eine Gatt. des *Minnesangs.* Es schildert den (fiktiven) Abschied eines Ritters von der geliebten Dame am frühen Morgen.

Tagelöhner, alte Bez. für einen Arbeiter, der jeweils nur für wenige Tage eingestellt u. tägl. entlohnt wird.

Tagesbefehl, ein militär. Befehl, der sich auf Angelegenheiten des inneren Dienstes bezieht; dient auch zur Bekanntgabe von Anerkennungen oder zum Aufruf bei besonderen Anlässen.

Tagesheim, Kinder- u. Fürsorgeheim ohne Übernachtungsmöglichkeit.

Tagesklinik, Abt. von psychiatr. Kliniken, in die Patienten nur tagsüber behandelt werden, ansonsten aber zuhause leben.

Tagesmittel, der exakt aus 24 stündl. Werten berechnete durchschnittl. Tageswert eines meteorolog. Elements, z.B. der Temperatur.

Tagesmutter, jemand, der ein oder mehrere Pflegekinder in seiner Wohnung gegen Bezahlung tagsüber betreut.

Tagesordnung, zeitl. Programm einer Sitzung, Tagung oder Versammlung.

Tageswert →Wiederbeschaffungswert.

Tagẹtes →Studentenblume.

Tagewerk, *Tagwerk,* altes Flächenmaß; urspr. die von einem Ochsengespann an einem Tag umgepflügte Ackerfläche; zw. 25 u. 36 a.

Tagfahrt, im (dt.-)schweiz. Zivilprozeßrecht Bez. für den Termin zur mündl. Verhandlung.

Tagfalter, 1. volkstüml. Bez. für alle am Tage fliegenden Schmetterlinge. – **2.** *i. e. S.: Papilionoidae,* Überfam. der Schmetterlinge, fast stets bei Tag fliegend; hierzu die Fam. der *Edelfalter, Morpho-T., Weißlinge, Augenfalter, Bläulinge.*

Tagliamẹnto [talja-], norditalien. Fluß, 170 km; mündet westl. von Triest in das Adriat. Meer.

Taglioni [ta'ljo:ni], Maria, *1804, †1884, ital. Tänzerin; befreite den Tanz von akrobat. Bewegungen u. konzentrierte den Ausdruck auf die Rolle; tanzte als erste den Spitzentanz.

Tagore, Rabindranath, *1861, †1941, ind. (bengal.) Schriftst. u. Philosoph; trat als Vermittler zw. Orient u. Okzident auf. Er war Mitschöpfer der bengal. Literatursprache u. verfaßte u. vertonte 1911 die ind. Nationalhymne. – Nobelpreis 1913.

Tagpfauenauge, in fast ganz Europa u. Asien vorkommender *Tagfalter* von braunroter Grundfarbe, mit je einem bläulichbunt schillernden Fleck (»Pfauenauge«) auf den 4 Flügeln.

Tagsatzung, 1. bis 1848 der Gesandtenkongreß der Mitgl. der schweiz. Eidgenossenschaft mit wichtigen Staatsaufgaben; Vorläufer des *Ständerats.* – **2.** Bez. der östr. ZPO für den Termin zur mündl. Verhandlung.

Tagundnachtgleiche →Äquinoktium.

Tahịti, größte der frz.-polynes. Gesellschaftsinseln (Insel über dem Winde), im *Orohéna*-Vulkan 2241 m; 1042 km², 116 000 Ew., Hptst. *Papeete;* besteht aus 2 Vulkanen, die zwei rundl. Halbinseln bilden; Flughafen; Fremdenverkehr.

Tahr, ein Horntier (Böcke) von 100 cm Schulterhöhe; in den mittleren Lagen des Himalaya u. SO-Arabien.

T'ai Chi Ch'uan [-tʃi tʃuan], chin. Schattenboxen, ein tradit. Folge von fließenden, harmon. Bewegungen, die unter den Aspekten Gesundheit, Selbstverteidigung u. Meditation erfolgen; basiert auf der Philos. des Tao u. dem Yin u. Yang.

Ta'if ['ta:if], *At T.,* saudi-arab. Oasenstadt östl. von Mekka, im S-Hedjas, 1730 m ü. M., 300 000 Ew.

Taifụn, trop., oft verheerend wirkender Wirbelsturm (Zyklone), bes. auf dem Ind. u. dem Pazif. Ozean in der Nähe SO-Asiens.

Taigạ, Bez. für den nordruss. u. sibir. Nadelwaldgürtel vom Weißen bis zum Ochotskischen Meer, z. T. auf Dauerfrostboden oder auf sumpfigen Böden; größtes zusammenhängendes Waldgebiet der Erde, 1000 km breit, 4800 km lang.

Taika-Reform, die Übernahme des chin. Kalenders (604) u. des chin. Verwaltungssystems (645) in Japan.

Taille, 1. Gürtellinie, Leibchen eines Kleides (*Korsage*). – **2.** in Frankreich vom 15. Jh. bis zur Frz. Revolution die Steuer auf Einkommen oder Vermögen der nichtprivilegierten Stände (Bauern, Bürger).

Tailleferre [taj'fɛːr], Germaine, *1892, †1983, frz. Komponistin; Mitgl. der Gruppe der »Six«.

Tainan, Stadt nahe der SW-Küste von Taiwan, 650 000 Ew.; Maschinenbau u. Textilind.

Tainaron, *Kap T.,* Kap im S des Peloponnes, in der grch. Myth. das Tor zur Unterwelt.

Taine [tɛːn], Hippolyte, *1828, †1893, frz. Historiker u. Philosoph; Positivist; versuchte, die Methoden der exakten Wiss. durch Abstraktion u. Typisierung auf die Geschichte zu übertragen.

Taipẹh, *Taipei,* Hptst. des Inselstaats Taiwan, nahe der Nordspitze, 2,6 Mio. Ew.; Handels- u. Ind.-Zentrum des Landes; Nat. Palastmuseum mit der bed. chin. Kunstsammlung.

Taiping-Revolution, 1850–64 die gegen die Mandschu-Herrschaft gerichtete, sozialreformer. Aufstandsbewegung in China, einer der blutigsten Bürgerkriege der Geschichte. Die T. wurde von Truppen der kaiserl. Reg. mit Unterstützung Englands u. Frankreichs niedergeschlagen.

Taischo-Tenno, *1879, †1926, Kaiser von Japan 1912–26; posthumer Name des Kronprinzen *Yoschihito.* Für den erkrankten T. übernahm 1921 Kronprinz *Hirohito* die Regentschaft.

Tai Shan, Berg in der ostchin. Prov. Shandong, sö. von Jinan, 1545 m; seit alters der heiligste Berg der Chinesen.

Taiwan [auch -'van], Inselstaat vor der S-Küste Chinas; Hauptinsel ist *Formosa,* zu den *Pescadoresinseln* u. den Inseln *Quemoy* u. *Matsu* hat T. eine Fläche von 35 981 km² u. 20,4 Mio. Ew. (Chinesen); Hptst. *Taipeh.*
L a n d e s n a t u r. Dem von trop. Regenwald überwucherten Zentralgebirge (bis 3997 m) ist im W eine fruchtbare Küstenebene vorgelagert. Das Klima ist subtrop. bis trop. u. regenreich.
W i r t s c h a f t. T. gehört zu den führenden Wirtschaftsländern Asiens. Die hochentwickelte Landwirtschaft liefert für den Export bes. Zucker, Bananen, Ananas, Champignons, Zitrusfrüchte, Tee u. Spargel. Die Fischerei ist von zunehmender Bedeutung. Die Industrie hat sich zum wichtigsten Wirtschaftszweig T.s entwickelt. Sie umfaßt insbes. die Textil-, Nahrungsmittel-, chem.-, Elektro- u. Automobilind. sowie den Maschinenbau. Internat. Häfen sind Jilong (Keelung) u. Kaohsiung, internat. Flughäfen sind Taoyüan u. Kaohsiung.
G e s c h i c h t e. Die Ureinwohner T.s kamen vermutl. aus S-Asien. Chinesen wanderten seit 1000 ein, verstärkt seit dem 17. Jh. 1590 entdeckten Portugiesen T. (*Ilha Formosa,* »schöne Insel«); 1624–61 war es ndl. Kolonie; dann wurde es Teil der chin. Prov. Fujian; 1895–1945 war es in jap. Besitz. 1949 flüchtete die von den Kommunisten im Bürgerkrieg geschlagene chin. Reg. unter *Chiang Kai-shek* mit 1,5 Mio. Anhängern nach T. Sie betrachtete sich als alleinige legitime Reg. Chinas u. wurde von vielen Staaten als solche anerkannt. T. schloß ein Militärabkommen mit den USA u. wurde mit deren Hilfe ein moderner, exportorientierter Industriestaat. Die Anerkennung der VR China durch die UN 1971 bewirkte automat. den Ausschluß T.s aus der Weltorganisation.
Staats-Präs. war 1950–75 *Chiang Kai-shek*. Er errichtete ein autoritäres Regime mit der *Guomindang* (in T.: *Kuomintang, KMT*) als Staatspartei, wobei alle Führungspositionen von 1948/49 nach T. gekommenen »Festlandschinesen« bekleidet wurden. Sein Sohn *Chiang Ching-kuo* (Präs. 1978–88) begann mit einer vorsichtigen Lockerung des Regimes. Ihm folgte als Präs. *Lee Teng-hui,* ein gebürtiger »Taiwanese«, der diese Politik fortsetzte. Obwohl T. u. die VR China einander die Staatlichkeit bestreiten, gibt es seit Mitte der 80er Jahre zw. ihnen begrenzte Kontakte auf nichtstaatl. Ebene.

Taiyuan, Hptst. der chin. Prov. Shanxi, am Fen He, 1,8 Mio. Ew.; Textil- u. Schwerind.

Taizé [tɛ'ze] →Communauté de Taizé.

Taizong [taidsʊŋ], urspr. *Li Shimin,* *597, †649, chin. Kaiser 626–649; machte China zum Weltreich, führte grundlegende Land- u. Steuerreformen durch u. förderte die Kunst.

Taịzz, Stadt in Jemen, ehem. Residenz des Imam, 178 000 Ew.

Tajin-Kultur [ta'xin-], altamerik. Kultur an der mex. Golfküste, 400–1200; ben. nach der Ruinenstadt *El Tajin* sw. von Papantla.

Taj-Mahal [tadsch-], *Tadsch-Mahal,* Mausoleum in Agra (Indien), gebaut vom Mogul-Kaiser Shajahan für seine frühverstorbene Gemahlin *Mumtaz-i Mahal;* Bauzeit 1630–48.

Tajmyr ['tai-], *Taimyr, Taimir,* nordasiat. Halbinsel an der sibir. Eismeerküste.

Tajo ['taxo], port. *Tejo,* längster Fluß der Iber. Halbinsel, 1120 km, 81 000 km² Einzugsgebiet; mündet bei Lissabon.

Tajumụlco [taxu-], höchster zentralamerik. Berg (Vulkan), in SW-Guatemala, 4220 m.

Takamatsu, jap. Präfektur-Hptst. im N von Shikoku, 327 000 Ew.; Hafen.

Takaoka, jap. Stadt in Mittelhonshu, nahe der Toyama-Bucht, 176 000 Ew.

Takasaki, jap. Stadt in Honshu, 232 000 Ew.; Seidenind.

Takatsuki, jap. Ind.-Stadt in S-Honshu, nö. von Osaka, 349 000 Ew.

Takeda, Isumo, *1691, †1756, jap. Dramatiker; vollendete die Technik des Puppentheaters.

Takelung, *Takelage,* alles, was zu einer betriebsklaren Besegelung gehört (Tauwerk, Segel, Masten u. a.).

Takeshita, Naborn, *26.2.1924, jap. Politiker; mehrmals Finanz-Min., 1987–89 Min.-Präs.

Takịn, Horntier mit 1 m Schulterhöhe u. büffelähnl. Äußeren mit kräftigen Hörnern; in Indochina u. W-China.

Tạkka, *Tacca,* in den gesamten Tropen verbreitete Pflanzengatt. Einige Arten liefern *T.stärke.*

Tạkla Makạn, innerasiat. Sandwüste im südl. Tarim-Becken (China).

Takt, 1. die Sicherheit des Gefühls für das Richtige u. Angemessene. – **2.** in der Musik u. in der gebundenen Sprache die hörbare Pulsierung des Rhythmus, d. h. die wiederkehrende Abfolge von betonten u. unbetonten Teilen als rhythm. Grundstruktur. In der *Musik* wird die T.art in der Noten-

Taiwan

Tal der Könige: Eingänge zu den Gräbern von Tutanchamun (ganz links unten), Ramses VI. (rechts daneben), Amenmesse (gegenüber) und Ramses III. (rechts davon)

schrift heute durch eine Bruchzahl angegeben; die einzelnen T. werden durch T.striche voneinander abgetrennt, z.B. ²/₂, ⁴/₄, ³/₄, ⁶/₈. In der modernen Musik hat der T. z. T. keine Bedeutung. – In der *Verslehre* ist der T. der *Versteil* von einer betonten Silbe bis zur nächsten unbetonten, als eine *Hebung* u. die ihr folgenden *Senkungen.* Die wichtigsten T.arten sind ²/₄- u. ³/₄-T. Nach der Anzahl der T. in einem Vers unterscheidet man zwei- bis achttaktige (auch »-hebige«) Verse. – **3.** *Arbeits-T.,* der abgeschlossene Teil eines sich wiederholenden Arbeitsvorgangs; z.B. beim Verbrennungsmotor der Kolbenhub (Zweitakt- u. Viertaktmotor).

Taktik, 1. kluges, planmäßiges Vorgehen, absichtsvolles Verhalten. – **2.** die Truppenführung im *Gefecht,* auch die Lehre von der Truppenführung.

Takyre, Salztonebenen in den Trockengebieten Zentralasiens, unfruchtbare, schwach salzhaltige Schwemmböden.

Tal, meist von fließenden Gewässern, aber auch von Gletschern gebildete, langgestreckte Hohlform in der Erdoberfläche. Nach dem Querschnitt unterscheidet man das durch fließende Gewässer entstandene V-förmige *Kerb-T.* von dem durch Gletschererosion ausgehobelten *Trog-T.* Bes. T.formen sind noch *Cañon, Klamm* u. *Schlucht.*

Talar, weites Gewand, Amtstracht der Richter, Rechtsanwälte, Hochschulprofessoren u. der ev. Geistlichen.

Talayotikum, die Bronze- u. Eisenzeit auf den Balearen, eine krieger. Hirten-Bauern-Kultur, seit 1500 v. Chr.; ben. nach dem *Talayot,* dem vorherrschenden Monument in Form eines mehrstöckigen Turms aus Stein, dessen Funktion unklar ist.

Talbot [ˈtɔːlbət], William Henry Fox, * 1800, † 1877, brit. Physiker u. Chemiker; erfand 1839 die *Kalotypie (Talbotypie,* Photographie auf Papier mit gewachsten Negativen u. kopierten Positiven).

Talcahuano [-kauˈano], Handels- u. wichtigster Kriegshafen Chiles, an der Bucht von Concepción, 250 000 Ew.

Tal der Könige, arab. *Biban al-Moluk,* größte altägypt. Nekropole, auf dem Westufer des Nil bei Theben, Begräbnisstätte der Pharaonen des Neuen Reichs, u. a. mit Kammergrab des *Tutanchamun* (1922 von H. Carter entdeckt).

Talent, 1. oberste Gewichts- u. Münzeinheit im antiken Griechenland; 1 attisches T. = 60 Minen = 6000 Drachmen = 26,196 kg. – **2.** überdurchschnittl. Begabung auf einem bestimmten Gebiet.

Taler, ndl. *Daalder,* skand. *Daler,* amerik. *Dollar,* eine 1484 erstmals in Tirol geprägte große Silbermünze; bald in Sachsen (1500) u. Joachimstal (1518, Joachims-T.) aufgegriffen. In den Reichsmünzordnungen wurde der T. als *Reichs-T.* zur Reichsmünze erhoben u. mit 28,6 g Silber festgesetzt (bis zum 18. Jh. geprägt).

Talg, *Inselt, Unschlitt,* Fett, bes. vom Rind u. Hammel. – T.drüsen, *Haarbalgdrüsen,* Drüsen der Säugetiere u. des Menschen, die in der Lederhaut liegen. Sie entleeren ihr Produkt, T.fett oder T., in den Haarfollikel oder außen auf die Haut.

Talien, chin. Stadt, →Dalian.

Talion, in alten Rechtsordnungen die Vergeltung von Gleichem mit Gleichem.

Charles Maurice de Talleyrand; Stich nach einem Gemälde von F. Gérard

Talisman, ein Gegenstand, den man bei sich trägt, weil ihm geheime Kräfte innewohnen sollen, die Unglück abhalten u. Glück bringen.

Talje, seemänn. für *Flaschenzug.*

Talk, sehr weiches Mineral, blättrig oder schuppig, auch in dichten, derben Massen *(Speckstein, Steatit);* Verwendung: als Füllstoff (Papier, Seife), Bestandteil von Streupudern *(Talkumpuder)* u. Schminken.

Talk-Show [ˈtɔːkʃəu; engl., »Plauderschau«], ein in den 1950er Jahren in den USA entstandener Typ von Unterhaltungssendung in Hörfunk u. Fernsehen. Ein oder mehrere »Gastgeber« (engl. *Host,* in Dtld. *Talkmaster* gen.) befragen geladene Gäste in lockerer Form zu privaten, berufl. u. allg. Themen.

Tallahassee [tælaˈhæsi], Hptst. von Florida (USA), nahe dessen Nordgrenze, 120 000 Ew.; Holzindustrie. – 1824 gegr.

Talleyrand [taleˈrɑ̃], T.-Périgord, Charles Maurice, Herzog von T., Fürst von Bénévent, * 1754, † 1838, frz. Diplomat; 1788 Bischof von Autun; leistete 1791 als erster Kleriker den Eid auf die Verf.; 1797–1807 Außen-Min. Er unterstützte zwar den Staatsstreich Napoleons, lehnte aber dessen Eroberungspolitik ab. 1814/15 erneut Außen-Min., war auf dem Wiener Kongreß erfolgreich in der Rehabilitierung Frankreichs.

Tallinn, estn. Name von *Reval,* der Hptst. Estlands.

Tallit →Gebetsmantel.

Talma, François-Joseph, * 1763, † 1826, frz. Schauspieler; gründete 1791 das Théâtre Français, revolutionierte die klass. frz. Bühne durch Realismus in Spiel u. Ausstattung.

Talmi, 1. goldplattierter *Tombak* mit 90% Kupfer u. 10% Zink, für Schmuckgegenstände. – **2.** *übertragen:* falscher Glanz; unechte, vorgetäuschte Kostbarkeit.

Talmud [der; hebr. »Lehre«], die Zusammenfassung der gesamten jüd. Tradition, bes. der Auslegungen, Anwendungen u. Weiterbildungen des mosaischen Gesetzes. Begonnen im 6. Jh. v. Chr., abgeschlossen im 5. Jh. n. Chr., entstand der T. als Zusammenfassung der →Mischna u. der →Gemara.

Talon [taˈlõ, der], **1.** beim Kartenspielen die nach dem Geben übrigbleibenden Karten. – **2.** Erneuerungsschein auf Zins- u. Dividendenbögen.

Talsperre, ein Bauwerk, das ein Tal in voller Breite abschließt u. dadurch zur Aufstauung eines Wasserlaufs führt. T. dienen dem Hochwasserschutz, der Wasserbevorratung u. der Stromerzeugung *(Wasserkraftwerk).* Neben dem eigtl. Sperrbauwerk besteht eine T. aus Betriebsanlagen wie Entnahmebauwerken u. aus Einrichtungen für die Hochwasserentlastung u. die Stauraumentleerung *(Grundablässe).*

TA-Luft, Abk. für *Techn. Anleitung zur Reinhaltung der Luft,* Verwaltungsvorschrift zum *Bundes-Immissionsschutzgesetz.*

Tamale, Stadt im nördl. Ghana, 137 000 Ew.; Verw.- u. Handelszentrum.

Tamanrasset, fr. *Fort-Laperrine,* Oasensiedlung, Militärstützpunkt u. Handelszentrum in der südl. alger. Sahara, 1420 m ü. M., 38 000 Ew.; Endpunkt der Transsaharastraße.

Tamarak, das schwere, harte Holz einer nordamerik. Lärche, mit weißem Splint u. rötl. Kern.

Tamarinde, *Tamarindus,* in Afrika heim. Gatt. der *Zäsalpinengewächse.* Die in afrikan. Baumsteppen heim., in Indien angebaute T. liefert das *Tamarindenmus* (schwaches Abführmittel).

Talsperre: Querschnitt eines Staudamms mit Kraftwerkseinrichtungen

Tamilen: junge Frau mit Kind

Tamarine, *Saguinus* u. *Leontopithecus,* südamerik. Gatt. der *Krallenaffen,* von der Größe eines Eichhörnchens, mit langem Schwanz.
Tamariske, *Tamarix,* strauchige oder bauchförmige Pflanzen im Mittelmeerraum, in Afrika u. SO-Asien, mit kleinen, meist schuppig anliegenden Blättern.
Tamaulipas, Bundesstaat im N →Mexikos mit bed. Landw. (Baumwolle, Sisal) u. Erdölvorkommen.
Tambour [-buːr] **1.** *Baukunst:* der zylindr.-ringförmige oder polygonale Teil eines Gebäudes zw. Kuppel u. Unterbau, meist mit Fenstern. – **2.** *Maschinenbau:* rotierender Zylinder aus Gußeisen oder Blech zur Aufwicklung von Papier. – **3.** *Musik:* Trommel, Trommler; in der Infanteriemusik der Anführer u. Ausbilder der Spielleute (fr. *T. major*).
Tambow [-ˈbɔf], Hptst. der gleichn. Oblast in Rußland, im Schwarzerdegebiet, 305 000 Ew.; metallverarbeitende u. chem. Ind.
Tamburin, span. *Pandero,* kleine, mit nur einem Fell bespannte Handtrommel, mit Schellen.
Tamil, die drawid. Sprache der Tamilen SO-Indiens, auch im N u. O Sri Lankas gesprochen, wo es z. T. das Singhalesische verdrängt hat.
Tamilen, *Tamil,* südind. Volk der Drawida-Gruppe (40 Mio.); seit dem 3. Jh. n. Chr. auch im N Sri Lankas, wo sie ein Reich gründeten. Sie leben heute dort eine hinduist. Minderheit u. stehen im Konflikt zu den Singhalesen.
Tamil Nadu, 1956 gegr. Bundesstaat im SO der Ind. Union, bis 1967 *Madras;* Siedlungsraum der Tamilen.
Tamina, l. Nbfl. des Rhein im schweiz. Kt. St. Gallen, 28 km.
Tamm, Igor Jewgenjewitsch, *1895, †1971, russ. Physiker; erhielt den Nobelpreis 1958 für die theoret. Deutung der Tscherenkow-Strahlen.
Tammus, der 10. Monat des jüd. Kalenders (Juni/Juli).

Tandem: zwei Tandem-Rennfahrerpaare im Endspurt auf der Ziellinie

Tampa [ˈtæmpə], Stadt in W-Florida (USA), an der T.-Bucht, 292 000 Ew.; 2 Univ.; Tabakind.
Tampere, schwed. *Tammerfors,* südfinn. Ind.-Stadt am Näsijärvi u. an den Stromschnellen (Kraftwerke) des Tammerkoski, 163 000 Ew.; 2 Univ.
Tampico, Stadt u. Haupthafen des nordmex. Bundesstaats Tamaulipas, 622 000 Ew.; Seebad.
Tampon, Ballen zur Aufnahme von Flüssigkeiten, bes. Streifen oder Bausch aus Mull zum Ausstopfen von Körper- oder Wundhöhlen.
Tamtam, im europ. Orchester ein urspr. indones. Gong von tiefer, aber unbestimmter Tonhöhe.
tan, veraltet auch tang, tg, Zeichen für Tangens.
Tana, 1. *Tanna,* Insel der südl. Neuen Hebriden, in Melanesien, bis 1042 m hoch, 15 000 Ew. – **2.** finn. *Tenojoki,* finn.-norw. Grenzfluß, 330 km. – **3.** längster Fluß in Kenia, rd. 800 km.
Tanagra, im Altertum Hptst. Ostböotiens, östl. von Theben; 457 v. Chr. Schlacht bei T. (Sieg der Spartaner über die Athener); Fundort vielfältiger Tonfiguren (4. u. 3. Jh. v. Chr.).
Tanami-Wüste, Halbwüste im Innern des austral. N-Territoriums, rd. 100 000 km²; schüttere Spinifexvegetation.
Tananarive →Antananarivo.
Tanaro, l. Nbfl. des Po, 276 km.
Tanasee, See im Hochland von Äthiopien, 1830 m ü. M., rd. 3100 km², bis 70 m tief.
Tanbur, Laute mit langem Hals u. kleinem eiförmigen Holzkorpus; im arab. Raum, Indien, N-Afrika u. auf dem Balkan.
Tandem, 1. leichter Wagen mit zwei hintereinandergespannten Pferden. – **2.** ein Fahrrad, auf dem zwei Fahrer hintereinander sitzen; mit zwei Sätteln u. zwei Tretlagern, vom vorderen Fahrer gesteuert.
Tandschur, Sammlung nichtkanon. Schriften in tibet. Übersetzung; um 1300 abgeschlossen.
Tang, Bez. für die großen Formen der Meeresalgen, bes. der Braunalgen, z. B. *Blasentang.*
Tang, chin. Dynastie 618–906 n. Chr.; Blütezeit der altchin. Kunst u. Kultur.
Tanga, Regions-Hptst. in Tansania, am Ind. Ozean, 188 000 Ew.
Tanganjika, *Tanganyika,* Teil des afrik. Staats Tansania; das frühere *Deutsch-Ostafrika,* 1920–45 brit. Völkerbundmandat, dann UN-Treuhandgebiet, 1962–64 unter dem Namen T. unabhängige Rep. – **T.-See,** zweitgrößter See Afrikas, im Zentralafrik. Grabenbruch, an der Grenze zwischen Tansania, Sambia, Zaire u. Burundi; rd. 650 km lang, 20–80 km breit, 32 893 km².
Tangaren, Fam. der *Singvögel* Amerikas. Zu den auffällig gefärbten T. gehören die *Organisten* u. die *Zuckervögel.*
Tange, Kenzo, *4.9.1913, jap. Architekt.
Tangens, Abk. *tan,* eine der *Winkelfunktionen.*
Tangente, eine Gerade, die eine Kurve oder eine Fläche in einem Punkt berührt.
Tanger, arab. *Tanja,* im Altertum *Tingis,* marokkan. Hafenstadt, am Westeingang der Straße von Gibraltar, 338 000 Ew.; Univ.; Freihafen, bed. Industrie. – Seit 1912 zeitw. unter internat. Verwaltung, 1956 mit dem Kgr. Marokko vereinigt.
Tangermünde, Stadt in Sachsen-Anhalt, in der Altmark, 12 500 Ew.; histor. Stadtbild mit got. Backsteinbauten; Süßwaren-Ind.
Tang La, Paß über die Himalaya-Hauptkette, 4633 m ü. M., wichtigste Verbindung zw. Indien u. Tibet.
Tango, ein argent. Tanz im langsamen 2/4- oder 4/8-Takt, der von der Habanera melod. u. rhythm. Elemente übernahm; seit 1910 in Europa verbreiteter Gesellschaftstanz.
Tangshan, chin. Stadt in der Prov. Hebei, nö. von Tianjin, 1,4 Mio. Ew.; Maschinenbau- u. Textilind. – 1976 durch Erdbeben fast völlig zerstört (ca. 650 000 Tote).
Tanguten, 1. nordtibet. Volksstamm; mit eig. Reich *(Minayk)* in Kansu (9.–13. Jh.) – **2.** mongol. Name für die *Tibeter.*
Tanguy [tɑ̃ˈgi], Yves, *1900, †1955, US-amerik. Maler frz. Herkunft; Surrealist.
Tanis, ägypt. *Djanet,* im AT *Zoan,* Ort im östl. Nildelta, Hptst. der 21. Dynastie (1080–945 v. Chr.); Amun-Tempel von Ramses II.
Tanjore [ˈtændʒɔː], *Thanjavur,* südind. Distrikt-Hptst. am Cauveri-Delta, 184 000 Ew.; Residenzu. Tempelstadt.
Tank, 1. im 1. Weltkrieg der schwer bewaffnete Kampfwagen auf Gleisketten; später zum Panzerkampfwagen weiterentwickelt. – **2.** große Kessel; Behälter für Kraftstoffe, Wasser, Milch u. a.

Tank, Kurt, *1898, †1983, dt. Flugzeugkonstrukteur, entwarf Jagd- u. Langstreckenflugzeuge (»Condor«).
Tanka, *Waka, Uta,* die klass. Form des 31silbigen (5–7–5–7–7) jap. Kurzgedichts.
Tanker, *Tankschiff,* Frachtschiff zum Transport von flüssiger u. fester Ladung. Die z. Z. größten T. der Welt haben Tragfähigkeiten von über 500 000 t.
Tankred [Tancred,] **1.** *T. von Hauteville,* †1041, normann. Ritter. Seine Söhne, bes. *Robert Guiscard* u. *Roger I.,* gründeten das südital. Normannenreich. – **2.** †1112, Regent von Edessa u. Antiochia, Großneffe des Normannenfürsten Robert Guiscard; Held von *Tassos* »Befreitem Jerusalem«. – **3.** *T. von Lecce,* *um 1130, †1194, normann. König von Sizilien 1190–94; verteidigte das sizil. Reich gegen Kaiser Heinrich VI.
Tannaiten, jüd. Gesetzeslehrer der Zeit des 1. bis 3. Jh. n. Chr., deren Lehren den Inhalt der *Mischna* bilden.
Tanne, *Abies,* Gatt. der Nadelhölzer; Bäume mit in 2 Reihen gescheitelten, stumpfen Nadeln. Die *Weiß-, Edel-* oder *Silber-T.* ist ein bis 65 m hoher Baum von pyramidenförmigem Wuchs. Verbreitung: in den Gebirgen des mittleren u. südl. Europa. Von der Edel-T. gibt es einige auffallende Varietäten, z. B. Hänge-, Schlangen-, Pyramiden- u. Zwerg-T. Aus dem westl. Kaukasus stammt die *Kaukasische* oder *Nordmanns-T.,* aus S-Spanien die *Spanische* oder *Pinsapo-T.;* aus dem westl. N-Amerika kommen: *Riesen-T., Pracht-T., Purpur-T., Westl. Balsam-T.* u. a. – Andere T. genannte Bäume gehören anderen Familien oder Gatt. an, z. B. *Schmuck-T.* (→Araukarie), *Schierlings-T.* (→Tsuga), *Douglas-T.* (→Douglasie).
Tännel, *Elatine,* kleine einjährige, amphib. lebende Kräuter aus der Fam. der *T. gewächse;* hierzu z. B. der *Quirl-T.*
Tannenberg, poln. *Stębark,* ostpreuß. Ort sö. von Osterode. – 1410 siegte bei T. *(Grunwald)* ein poln.-litau. Heer über den Dt. Orden. – Im 1. Weltkrieg wurde bei T. 1914 die überlegene russ. Narew-Armee unter Alexander W. Samsonow von der dt. 8. Armee unter Hindenburg (Chef des Generalstabes: E. *Ludendorff*) eingeschlossen u. vernichtet (Denkmal 1927 errichtet, 1945 zerstört).
Tannenhäher, *Birk-, Berghäher,* in Gebirgswäldern Eurasiens heim. *Rabenvogel.*
Tannenwedel, einzige in Dtld. vorkommende Gatt. der *T. gewächse,* eine in fließenden u. stehenden Gewässern zerstreut vorkommende Wasserpflanze.
Tannhäuser, *um 1205, †nach 1266, Minnesänger aus der Oberpfalz; verfaßte parodist. Minnelieder u. höf. Tanzlieder. Durch Übertragung der Venusbergsage auf ihn wurde er im 16. Jh. zur Sagengestalt; am bekanntesten durch R. *Wagners* Oper »T.« 1845.
Tannin, *Gallusgerbsäure,* in den Pflanzengallen versch. Eichen- u. Sumacharten in Japan, China u.

Tannhäuser; Miniatur aus der Manessischen Handschrift, Heidelberg

der Türkei vorkommende, als gelbl. Pulver gehandelte organ. Verbindung; Verwendung als Gerb- u. Beizstoff, Arzneimittel u. a.

Tanreks, *Tenrecidae,* Fam. der Insektenfresser; urtüml. Säugetiere, die aufgrund des Fehlens von höher entwickelten Konkurrenten auf Madagaskar versch. Lebensformtypen entwickeln konnten: Maulwurf-, Spitzmaus-, Otter- u. Igeltyp (*Borstenigel*); letztere sind die typischsten T. Einige Arten haben borstenartiges Fell.

Tansania, Staat in O-Afrika, 945 087 km², 28,4 Mio. Ew., Hptst. *Dodoma;* bis 1981 *Dar es Salaam.*

Tansania

Dorfschule in Tansania

Landesnatur. Zwischen dem Zentralafrik. Graben im W u. dem Ostafrik. Graben liegt das durchschnittl. 1200 m hoch gelegene Hochbecken von Unyamwezi mit dem Victoriasee. T. ist ausgesprochen reich an Vulkanen, zu denen auch der *Kilimandscharo* (mit 5895 m höchster Berg Afrikas) gehört. Das Klima im Küstentiefland ist trop. heiß; der größte Teil des Landes hat gemäßigtes trop. Hochlandklima. Meist herrschen Feucht- u. Trockensavannen mit Galeriewäldern sowie laubabwerfender Trockenwald (Miombo) vor.

Die Bevölkerung besteht aus über 120 Bantustämmen, ferner aus hamit. Viehzüchtervölkern (Massai, Watussi, Wahima) im N u. NW. An der Küste leben die Suaheli, deren Sprache offizielle Landessprache ist. 40% der Bev. sind Anhänger von Naturreligionen, je 30% Moslems u. Christen (²/₃ Katholiken).

Wirtschaft. Die Landw. ist der wichtigste Wirtschaftszweig. Sie liefert für den Export Baumwolle, Kaffee, Sisal (¹/₅ der Welterzeugung), Cashewnüsse, Tee u. a., auf Sansibar u. Pemba Gewürznelken (80% der Welterzeugung) u. Kokospalmprodukte. Die Viehzucht wird z. T. noch nomadisch betrieben. Der Schwerpunkt der Industrie liegt auf der Verarbeitung von Agrarprodukten. Wichtige Standorte: Dar es Salaam u. Tanga. Durch Nationalparks wachsender Fremdenverkehr.

Geschichte. 1919 wurde das *Tanganjika-Territorium* (fr. ein Teil Dt.-Ostafrikas) Völkerbundsmandat unter brit. Verwaltung, 1946 UN-Treuhandgebiet. – Am 9.12.1961 wurde das Land unabh., ein Jahr später Rep. 1964 wurde durch Vereinigung von Tanganjika mit Sansibar die *Vereinigte Republik T.* geschaffen. 1967 wandte sich T. einer sozialist. Politik zu. 1977 wurde die *Revolutionäre Staatspartei (CCM)* gegr. Seit 1985 ist A.H. *Mwinyi* Staats-Präs. Er führte 1992 ein Mehrparteiensystem ein.

Tanta, Prov.-Hptst. im nördl. Ägypten, im Nildelta, 374 000 Ew.

Tantal, ein →chemisches Element.

Tantalos, *Tantalus,* grch. Sagenkönig, setzte seinen von ihm selbst geschlachteten Sohn *Pelops* den Göttern als Mahl vor u. wurde dafür zu »T.-Qualen« in der Unterwelt verdammt: Beim Anblick von Speisen u. Wasser muß er ewigen Hunger u. Durst leiden. Auf seinem Geschlecht **(Tantaliden)** ruhte ein Fluch (Atreus, Agamemnon, Orestes u. a.).

Tantieme [tã'tjɛːmə], **1.** prozentuale Beteiligung der Bühnenautoren an den Bruttoeinnahmen der Aufführungen ihres Stücks. – **2.** Beteiligung der Vorstands- u. Aufsichtsratsmitgl. einer AG am Reingewinn der Gesellschaft; oft auch an leitende Angestellte gezahlt.

Tantra, auch *Agama* [»Überlieferung«], *Sanhita* [»Sammlung«], Bez. für Heiligenbücher u. Offenbarungsschriften des Hinduismus u. Buddhismus; vom 5. Jh. n. Chr. an faßbar.

Tantrismus, im 6. Jh. eine Richtung innerhalb des Hinduismus u. Buddhismus, in der Ritual, Magie u. Mystik mit dem *Tantra* als Grundlage im Vordergrund stehen.

Tanz, eines der urspr. Ausdrucksmittel des Menschen, seel.-geistige Vorgänge durch Bewegungen des Körpers, durch Gestik u. Mimik zu versinnbildlichen; meist von Musik begleitet (Schlagzeug, T.lied, T.musik). – Schon in der frühesten Menschheitsgeschichte ist der T. in vielfältigen Formen nachweisbar; er findet sich noch bei zahlr. Naturvölkern in seiner eigtl. Bed. als mag.-religiöse Beschwörung u. als Hingabe an Mythen u. Naturgeschehen (*Zauber-, Trance-, Tempel-T.*). Auch die Gemeinschaftstänze sind zunächst kult. gebunden (Kriegs-, Fruchtbarkeits-T.). In der ital. Renaissance entwickelte sich aus u. neben den höf. Gesellschaftstänzen (seit dem 14. Jh. Paartänze) eine eigtl. T.kunst. zunächst als festl. Zeremonie von großem Prunk. Solche Veranstaltungen hießen italienisch *balletti,* sie waren der Anfang des Balletts. → Gesellschaftstanz.

Tanzania [-zaː] →Tansania.

Tanzlied, *Tanzleich,* eine Gatt. der mittelalterl. Lyrik, die zum Vortrag beim Reigentanz verfaßt wurde; oft als Kehrreim-Lied.

Tanzmaus, eine Spielart der *Russ.-chin. Hausmaus,* deren Gleichgewichtsorgan im inneren Ohr verkümmert ist u. die Maus dauernd zur Ausführung von Drehbewegungen veranlaßt.

Tanzschrift, →Choreographie.

Tanzsport, *Turniertanz,* die sportl. Form des Gesellschaftstanzes, die bei Turnieren ausgeübt u. durch die Turnierordnung geregelt wird. Die Turniertänze bestehen aus den *Standardtänzen* (Langsamer Walzer, Quickstep, Wiener Walzer, Tango u. Langsamer Fox) u. den *lateinamerik.* Tänzen (Samba, Rumba, Cha-Cha-Cha, Paso doble u. Jive). Organisation: Dt. T.verband. – Der Berufs-T. der Tanzlehrer wird nach den Bestimmungen des

Tänze
(Volks- und Gesellschaftstänze)

Name	Takt	Ursprungsland	Entstehung	Name	Takt	Ursprungsland	Entstehung
Allemande	gerader Takt	Deutschland	16. Jh.	Kontertanz	6/8	England	16. Jh.
				Krakowiak	2/4	Polen	19. Jh.
Blues	4/4	USA	~1920	Ländler	3/4	Bayern/Österreich	15. Jh.
Bolero	3/4	Spanien	18. Jh.				
Boogie-Woogie	4/4	USA	~1920	Mambo	2/4	Kuba	~1940
				Mazurka	3/4 oder 3/8	Polen	17. Jh.
Bourrée	4/4	Frankreich	16. Jh.				
Branle	gerader Takt	Frankreich	16. Jh.	Menuett	3/4	Frankreich	17. Jh.
				Musette	3/4 oder 6/8	Frankreich	17. Jh.
Calypso	2/4 und 4/4	Trinidad	~1900	Onestep	2/4	USA	~1900
				Paso doble	gerader Takt	Spanien Südamerika	1945
Cancan	2/4	Algerien	19. Jh.	Pavane	gerader Takt	Italien	16. Jh.
Cha-Cha-Cha	2/4 und 4/4	Kuba	~1950				
				Polka	2/4	Böhmen	~1830
Chaconne	3/4	vermutl. Spanien	16. Jh.	Polonaise	3/4	Polen	16. Jh.
				Quadrille	2/4	Frankreich	18. Jh.
Charleston	4/4	USA	~1920	Rheinländer	2/4	Deutschland	~1840
Courante	3/8 oder 6/8	Frankreich	16. Jh.	Rigaudon	gerader Takt	Frankreich	17. Jh.
Ecossaise	dreiteilig	Schottland	17. Jh.	Rock'n'Roll	4/4	USA	~1955
Fandango	3/4	Spanien	18. Jh.	Rumba	gerader Takt	Kuba	19. Jh.
Flamenco	dreiteilig	Spanien	16. Jh.				
Forlana	6/8	Italien	17. Jh.	Samba	4/4	Brasilien	~1920
Foxtrott	4/4	USA	~1910	Sarabande	3/4	Spanien	16. Jh.
Gaillarde	ungerader Takt	Italien	14. Jh.	Schuhplattler	3/4 oder	Oberbayern	19. Jh.
Galopp	2/4	Deutschland	~1820	Siciliano	6/8	Sizilien	18. Jh.
Gavotte	2/4	Frankreich	16. Jh.	Tango	2/4	Argentinien	~1900
Gigue	drei-, auch zweiteilig	Irland und Schottland	17. Jh.	Tarantella	6/8	Italien	18. Jh.
				Twist	4/4	USA	~1960
Habanera	2/4	Kuba	19. Jh.	Walzer	3/4	Österreich	~1770
Jitterbug	4/4	USA	~1940				

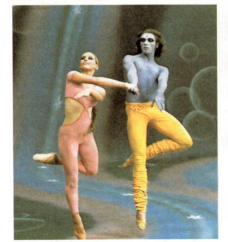 

Tanz: Ballett »Bhakti« von Maurice Béjart (links). – Tanzpaar bei der Weltmeisterschaft der Amateure in den Standardtänzen (rechts)

Schabrackentapir

International Council of Ballroom Dancing, London, durchgeführt.

Tao, alter Grundbegriff des philosoph. Denkens in China. →Dao.

Taoismus →Daoismus.

Taomasina, *Tomatave,* die größte Hafenstadt Madagaskars, Prov.-Hptst. an der Ostküste, 100 000 Ew.; Ölraffinerie, Nahrungsmittelind.

Tao Qian, *Tao Chien, Tao Yüan-ming,* * 365, † 427, chin. Dichter. Seine Lyrik u. Prosa beeinflußten *Li Bai.*

Taormina, das antike *Tauromenion,* ital. Stadt an der Ostküste von Sizilien, 10 000 Ew.; antike Baureste, bes. ein grch. Amphitheater.

Tao-te-king, chin. philos. Werk, →Dao-De-Jing.

Tapa, *Kapa,* in Polynesien ein Bekleidungsstoff aus Rindenbast.

Tapet [das], alte Bez. für Decke, Teppich.

Tapete, seit dem 17. Jh. übl. Wandbekleidung aus Papier. – Zu den Vorläufern der T. gehörte der Teppich in seiner alten Form als Wandbehang. Ihm folgten kostbare Seiden-, Brokat- u. Samtstoffe sowie verzierte Pergament- u. Lederdecken. – Das Deutsche Tapetenmuseum befindet sich in Kassel.

Tapezierspinnen, *Atypidae,* die einzigen mitteleurop. *Vogelspinnen i.w.S.* Sie kleiden ihre Wohnröhren mit einem Gespinst aus, das die Röhre nach außen weit überragt. Dieser äußere Gewebeschlauch dient zum Beutefang.

Taphrina, Gatt. der Schlauchpilze; Erreger des *Hexenbesens* an Weißbuchen u. Kirschbäumen sowie der *Narrenkrankheit* an Pflaumen u. der *Kräuselkrankheit* an Pfirsichen.

Tapiau, russ. *Gwardejsk,* Stadt in Ostpreußen, östl. von Königsberg, am Pregel, 8600 Ew.; Burg des Dt. Ordens.

Tàpies [-piɛs], Antonio, * 23.12.1923, span. Maler u. Graphiker; von P. *Klee* u. J. *Miró* beeinflußte surreale Bilder.

Tapioka →Maniok.

Tapire, 1 m hohe u. bis 2,50 m lange *Unpaarhufer* der trop. Urwälder, mit je 4 Zehen an den Vorder- u. 3 Zehen an den Hinterfüßen. Die Schnauze ist zu einem kurzen Rüssel verlängert. Der südostasiat. *Schabracken-T.* hat eine auffällige Schwarzweißzeichnung.

Tarantella: Darstellung aus der »Phonurgia Nova« von Athanasius Kircher, 1673. München, Bayerische Staatsbibliothek

Tapisserie, urspr. die Herstellung von gewirkten u. gestrickten Wandbehängen, heute Weiß- u. Buntstickerei.

Tappert, 1. Georg, * 1880, † 1957, dt. Maler u. Graphiker (expressionist. Figurenbilder). – 2. Horst, * 26.5.1923, dt. Schauspieler; bes. bekannt als Fernsehkommissar Derrick.

Tara, das Gewicht der Verpackung (Faß, Kiste) einer Ware.

Tarantel, 1. zu den *Wolfsspinnen* gehörende große trop. u. subtrop. Spinnenarten, die wie die Falltürspinnen in Erdröhren wohnen. Bekannt ist *Lycosa tarentula,* die **Apulische T.,** deren schmerzhafter Biß entgegen dem Volksglauben für den Menschen ungefährl. ist. – 2. eine Gatt. der *Geißelspinnen,* die in Amerika lebt; ohne Giftdrüsen. – 3. in N-Amerika gebräuchl. Bez. für Vogelspinnen.

Tarantella, südital. Volkstanz im raschen 6/8-Takt.

Tarapacá, Prov. in →Chile.

Tarascon [-'kɔ̃], *T.-sur-Rhône,* südfrz. Stadt an der Rhône, 11 000 Ew.; Schloß aus dem 14./15. Jh.; Weinbau.

Tarasken, die alten Bewohner von Michoacan in W-Mexiko, 1000–1500. Ihre Kultur ähnelte der der Azteken.

Tarawa, Atoll der pazif. Inselgruppe Kiribati (fr. Gilbertinseln), 24 000 Ew.

Tarbes [tarb], Stadt in SW-Frankreich, am Adour, 51 400 Ew.; Elektro-, Maschinen- u. a. Ind.; got. Kathedrale; Flughafen (Lourdes).

Tardieu [-'djø], 1. André, * 1876, † 1945, frz. Politiker (Linksrepublikaner); 1919 maßgebl. an der Abfassung des Versailler Vertrags beteiligt; 1929/30 u. 1932 Min.-Präs. – 2. Jean, * 1903, † 1995, frz. Schriftst.; Vertreter des absurden Theaters; Lyrik, parodist. Komödien.

Tarent, ital. *Tàranto,* das antike *Taras,* südital. Hafenstadt am Golf von T., Hptst. von Apulien, 250 000 Ew.; Eisen- u. Stahlind.; roman. Dom, Kastell. – 708 v. Chr. von Spartanern gegr.

Tarif, Verzeichnis der Preissätze u. Gebühren für bestimmte Lieferungen u. Leistungen, z.B. *Zoll-, Steuer-, Post-, Gehalts-T.*

Tarifautonomie, das nicht durch staatl. Zwangsschlichtung beschränkte Recht der Arbeitgeber (-Verbände) u. Gewerkschaften, durch Verhandlungen u. notfalls Kampfmaßnahmen die Lohn- u. Gehaltstarife sowie die Manteltarife der Arbeiter u. Angestellten zu bestimmen.

Tarifvertrag, eine schriftl. Gesamtvereinbarung zw. Gewerkschaften u. Arbeitgeberorganisationen *(Verbandstarif)* oder zw. Gewerkschaften u. einem Arbeitgeber *(Firmentarif).* Durch T. kann objektives Recht für den Abschluß u. die Bedingungen (Lohn, Urlaub, Arbeitszeit) von Einzelarbeitsverhältnissen festgelegt werden. Die Arbeitsbedingungen gelten nur, wenn Arbeitgeber u. Arbeitnehmer organisiert sind, die Regelung der betriebl. u. betriebsverfassungsrechtl. Fragen schon, wenn der Arbeitgeber organisiert ist. Ausdehnung durch *Allgemeinverbindlicherklärung* ist mögl. – In der S c h w e i z heißt der T. *Gesamtarbeitsvertrag,* in Österreich *Kollektivvertrag.*

Tarik, *Táriq,* arab. Heerführer; landete, von Afrika kommend, 711 in Gibraltar *(Djebel al-T.),* besiegte die Westgoten bei Jérez de la Frontera u. eroberte den größten Teil der Iber. Halbinsel.

Tarim-Becken, innerasiatisches Trockenbecken in Xinjiang (VR China); um 1000 m hoch, rd. 800 000 km²; im Innern Sandwüste *(Takla-Makan).*

Tarim Darya, chin. *Da li mu,* innerasiat. Fluß in Xianjiang (VR China), 2200 km, 198 000 km² Einzugsbereich; endet im versumpften Gebiet des Lob Nuur.

Tarkowskij, Andrej, * 1932, † 1986, russ. Filmregisseur; philos. argumentierende, bisweilen surreale Arbeiten. W »Iwans Kindheit«, »Solaris«, »Das Opfer«.

Tarlac, philippin. Prov.-Hptst. nw. von Manila, 176 000 Ew.

Tarn, rechter Nbfl. der Garonne in S-Frankreich, 375 km; mündet bei Moissac.

Tarnkappe, *Nebelkappe,* in der dt. u. nord. Sage eine Kappe, die den Träger unsichtbar macht.

Tarnobrzeg [-bʒɛg], poln. Stadt an der Weichsel, südl. von Sandomir, 42 000 Ew.; in der Umgebung Schwefellager.

Tarnopol, *Ternopol,* Hptst. der gleichn. Oblast in der Ukraine, im östl. Galizien, 197 000 Ew.; versch. Ind. – Bis 1939 polnisch.

Tarnów [-nuf], poln. Stadt an der Biala, 118 000 Ew.; chem. Ind.

Tarnowitz, poln. *Tarnowskie Góry,* Stadt in NO-Oberschlesien (Polen), 68 000 Ew.; Maschinenbau. – Seit dem 13. Jh. Bergbau.

Taro, *Wasserbrotwurzel,* aus der Fam. der *Aronstabgewächse,* eine der wichtigsten Stärkepflanzen der trop. Gebiete.

Tarock, Kartenspiel für 4 Personen mit 78 Blättern; den rätselhaften Kartensymbolen wird seit dem 18. Jh. eine myst. Deutung unterlegt.

Tarpan, im 19. Jh. ausgerottetes südosteurop. Pferd; ein verwildertes Hauspferd.

Tarpune, Fam. der *Heringsfische* der wärmeren Meere, bis 2 m lang u. i. allg. 10–25 kg schwer.

Tarquinia, ital. Stadt im nördl. Latium, 12 000 Ew.; mittelalterl. Stadt mit Geschlechtertürmen. Östl. des heutigen T. lag das antike *Tarquinii,* Hptst. des zentraletrusk. Städtebunds, als Widersacher Roms im 3. Jh. v. Chr. besiegt, im 8. Jh. von den Sarazenen zerstört.

Tarquinier, zwei sagenhafte röm. Könige: *Tarquinius Priscus,* 616–578 v. Chr., sowie *Tarquinius Superbus,* 534–510 v. Chr., der 7. u. letzte König von Rom (durch Iunius *Brutus* vertrieben).

Tarragona, Hafenstadt in Katalonien (NO-Spanien), Hptst. der Prov. T., 106 000 Ew.; antike Ruinen, got. Kathedrale; Weinkellereien.

Tarrasa, katalan. *Terrassa,* Stadt in Katalonien (NO-Spanien), 160 000 Ew.; Textilindustrie.

Tarski, Alfred, * 1901, † 1983, poln. Logiker; einer der Begr. der philos. *Semantik.*

Tarsus, *Tarsos,* südtürk. Stadt in Kilikien, am Kydnos, 160 000 Ew.; in der Antike *Tarsus (Cydnus).*

Tartaglia [-'talja], Niccolò, eigtl. N. *Fontana,* * um 1500, † 1557, ital. Mathematiker; arbeitete über Wahrscheinlichkeitsrechnung, fand die Auflösung der Gleichungen dritten Grades.

Tartarus, *Tartaros,* in der grch. Myth. Strafort für die *Titanen* in der Unterwelt.

Tartessos, *Tarsis,* bibl. Name *Tarschisch,* Name einer in antiken Quellen erwähnten Handelsstadt im südwestl. Spanien; um 500 v. Chr. von Karthagern zerstört.

Tartini, Giuseppe, * 1692, † 1770, ital. Geiger u. Komponist; stellte durch Triller u. Doppelgriffe höchste Anforderungen an die Violintechnik.

Tartu, estn. Name der Stadt *Dorpat.*

Tartuffe, *Tartüff,* scheinheiliger Schurke, nach dem Titelhelden in *Molières* Komödie »Le Tartuffe ou l'imposteur« 1664.

Tarzan, im Dschungel lebender weißhäutiger Held der Abenteuerromane von E.R. *Burroughs.*

Taschaus, Hptst. der gleichn. Oblast im N von

Gewöhnlicher Taschenkrebs

Turkmenistan, 110 000 Ew.; Zentrum eines Baumwollanbaugebietes.

Täschelkraut →Hirtentäschel.

Taschenbücher, preiswerte Bücher in Taschenformat; hervorgegangen aus den *Musenalmanachen* u. späteren billigen Buchreihen. Die heutige Art der T. stammt aus den USA *(Pocket Books).* Rotationsdruck, Schnellbindeverfahren u. hohe Auflagen ermöglichen einen niedrigen Preis.

Taschenkrebse, *Cancridae,* Fam. der *Krabben,* an der Nordseeküste.

Taschenmäuse, *Taschenspringer, Heteromyidae,* Fam. der Nagetiere mit rd. 70 Arten; bewegen sich wegen langer Hinterbeine u. langem Schwanz känguruhartig; am bekanntesten sind die *Känguruhratten* N-Amerikas.

Taschenrechner, handl. elektron. Rechner, im Taschenformat, betrieben durch Batterie-, Akku- oder Solarzellen, aufgebaut aus *Mikroprozessoren* u. *integrierten Schaltkreisen,* heute meist mit LCD-Anzeige (→Flüssigkristallanzeige). Einfache T. haben mindestens die vier Grundrechenarten u. einen Speicher; höherwertige T. haben mehrere

Speicher u. bieten viele spezielle Rechenoperationen, z.B. für kaufmänn. oder techn.-wiss. Anwendungen. Kombiniert mit Buchstabentasten sind manche T. heute gleichzeitig auch ein Daten- u. Adressenspeicher.

Taschkent, Hptst. von Usbekistan, in einer ausgedehnten Oase am Tschirtschik, 2,1 Mio. Ew.; kultureller u. wirtsch. Mittelpunkt; Univ.; orient. Altstadt; vielfältige Ind.

Tasman, Abel Janszoon, * 1603, † 1659, ndl. Seefahrer; entdeckte 1642 Tasmanien, 1643 die neuseeländ. Südinsel.

Tasmanien, Insel sö. des austral. Kontinents, kleinster Bundesstaat Australiens, 68 329 km², 449 000 Ew., Hptst. *Hobart;* seenreiches zentrales Gebirgsplateau (im *Mount Ossa* 1617 m); warmgemäßigtes Klima; viele Bodenschätze.

Tasmanier, die im 19. Jh. ausgerotteten Ureinwohner Tasmaniens; in Horden lebende Wildbeuter. Sie gehörten rass. den Melanesiden an.

TASS, Abk. für *Telegrafnoje Agenstwo Sowjetskowo Sojusa,* staatl. Nachrichtenagentur der ehem. UdSSR. 1992 in die russ. Nachrichtenagentur *ITAR-TASS* umgewandelt.

Tassilo, bay. Stammesherzöge aus dem Haus der *Agilolfinger.* – **T. III.** 748–788, * wahrsch. 741, † nach 794; 788 wegen »Heeresverlassung« (T. hatte 763 Pippin auf seinem aquitan. Feldzug im Stich gelassen) zum Tod verurteilt, v. von Karl d. Gr. zu Klosterhaft begnadigt.

Tasso, Torquato, * 1544, † 1595, ital. Dichter; seit 1565 im Dienst der Herzöge von Este in Ferrara, 1579–86 im Irrenhaus in Ferrara, dann auf Fürsprache von Papst u. Kaiser freigelassen; Ⓦ Schäferspiel »*Aminta*«. – Schauspiel von J.W. Goethe.

Tastatur, die Gesamtheit der Tasten an Tasteninstrumenten, Büromaschinen u. ä.

Tastsinn, die Wahrnehmung von Druck; urspr. Sinn, bei allen Tieren vorkommend. Gereizt werden die freien Nervenenden, die *Tastkörperchen.* Bei Wirbellosen erheben sich oft Sinnesstiftungen über die Haut.

Tatabánya, ung. Komitats-Hptst. westl. von Budapest, 76 000 Ew.

Tatar → Beefsteak.

Tataren, einige Turkvölker in Rußland (in der Rep. Tatarstan, 68 000 km², 3,5 Mio. Ew., Hptst. Kasan, am Kaukasus u. in Sibirien), mit zahlr. Stämmen. Der Name T. wurde seit dem 14. Jh. auf das Turkvolk übertragen, das sich aus der Verschmelzung von Mongolen, Türken, Wolga-Finnen u. Slawen an der mittleren u. unteren Wolga, auf der Krim sowie in W-Sibirien herausbildete.

Tatarischer Sund, *Tatarensund, Tatarenstraße,* Nordteil des Jap. Meers zw. dem asiat. Festland u. der Insel Sachalin; Engpaß 7 km breit.

tatauieren, ugs. auch *tätowieren,* den Körper mit dauerhaften Bildern u. Mustern ausschmücken, durch Einführen von Farbstoff mittels Dorn, Nadel, Messer, Tatauierkamm oder Faden unter die Haut. Das T. hat urspr. mag. Zwecke (Abwehr-, Kräftigungszauber), hängt z. T. mit dem Totemismus zusammen (das Totemzeichen wird auftatauiert). T. wird vielfach in Verbindung mit den Reifeweihen ausgeführt.

Tate Gallery ['teɪt 'gæləri], 1897 eröffnete staatl. Gemäldesammlung in London, mit Werken der engl. u. kontinentalen Kunst des 19. u. 20. Jh.

Täter, derjenige, der eine strafbare Handlung begangen hat.

Tati, Jacques, eigtl. J. Tatischeff, * 1909, † 1982, frz. Filmschauspieler u. Regisseur. Ⓦ »Die Ferien des Monsieur Hulot«.

Tätigkeitsform → Aktiv.
Tätigkeitswort → Verbum.

Tatlin, Wladimir, * 1885, † 1953, russ. Bildhauer; ein Hauptmeister der russ. Revolutionskunst.

tätowieren → tatauieren.

Tatra, slowak.-poln. Hochgebirge, höchster Teil der W-Karpaten; Teile: *Liptauer T., Westl. T., Hohe T.* u. *Belaer T.,* in der *Gerlsdorfer Spitze* 2663 m; südl. der Waag die *Niedere T.*

Tattersall ['tætəsɔːl], geschäftl. Unternehmen für Pferdesport u. -auktionen.

Tatti, Jacopo → Sansovino (2).

Tatum ['teɪtəm], **1.** Art, * 1910, † 1956, afroamerik. Jazzpianist. – **2.** Edward Lawrie, * 1909, † 1975, US-amerik. Biologe u. Genetiker; arbeitete über die Steuerung der Eiweißsynthese durch Gene; Nobelpreis für Medizin 1958.

Tatzen, die Füße des Bären (auch *Pranken*).

Tau, 1. [der], Niederschlag von Wassertropfen an den bodennahen Luftschichten am Erdboden (an Gräsern, Sträuchern u. a.). T. entsteht infolge nächtl. Strahlungsabkühlung, bei wenig bewölktem Himmel u. Windstille. – **2.** [das], *Tauwerk,* aus mehreren geteerten Garnen zusammengedrehtes Seil von über ca. 20 mm Durchmesser.

Tau, Max, * 1897, † 1976, dt. Schriftst.; emigrierte 1938 nach Norwegen; Werke im humanitären Geist; 1950 Friedenspreis des Dt. Buchhandels.

taub, 1. nicht erzhaltig (t.es Gestein). – **2.** an Taubheit leidend.

Taube, 1. Henry, * 30.11.1915, US-amerik. Chemiker; 1983 Nobelpreis für Arbeiten über Elektronenübertragungen in Metallen. – **2.** Otto Frhr. von, * 1879, † 1973, baltendt. Schriftst.

Tauben, *Columbiformes,* eine Ordnung der *Vögel,* die mit rd. 310 Arten weltweit verbreitet ist; meist mit typ. gurrender Stimme; amsel- bis gänsegroße Wald-, z. T. Fels- oder Bodenbewohner; oft gewandte Flieger. Die 1–2 Jungen sind Nesthocker u. werden von den Eltern mit käseartiger Kropfmilch genährt. Zu den Tauben i.e.S. zählen z.B. die einheim. *Ringeltaube* u. *Turteltaube.* Von der *Felsentaube* aus dem Mittelmeerraum stammen über 100 Haustaubenrassen ab.

Taubenschwänzchen, ein *Schwärmer* von 5 cm Spannweite, der bei Tage fliegt u. im Schwirrflug mit langem Saugrüssel den Honig aus Röhrenblüten saugt.

Tauber [die], l. Nbfl. des Main, 120 km.

Tauber, Richard, * 1891, eigtl. Ernst *Seiffert,* * 1891, † 1948, östr. Sänger (Tenor), 1938 nach London emigriert.

Tauberbischofsheim, Stadt in Ba.-Wü., an der Tauber, 12 600 Ew.; Schloß aus dem 15./16. Jh.; Weinbau; Leistungszentrum des dt. Fechtsports.

Taubheit, *Surditas,* Gehörlosigkeit, ererbt oder erworben durch Erkrankungen des Innenohrs oder der Hörnerven u. durch Verletzungen; kommt einseitig oder doppelseitig vor. Die angeborene oder frühzeitig erworbene vollständige T. führt zu Stummheit (→ Taubstummheit).

Täubling, *Russula,* Gatt. der *Blätterpilze;* hierzu z.B. die *Speise-T.* u. der giftige *Spei-T.* (*Speiteufel*).

Taubnessel, *Lamium,* artenreiche Gatt. der *Lippenblütler* Europas, N-Afrikas u. des gemäßigten Asien; die brennesselähnl. Blätter brennen nicht bei Berührung.

Taubstummheit, *Surdomutitas,* Unvermögen des Hörens u. Sprechens; durch eine angeborene oder vor dem 7. Lebensjahr erworbene Taubheit. T. kann durch spezielle Schulen gemildert werden.

Tauchenten, *Aythyini,* Unterfam. der *Enten,* die im Unterschied zu den *Schwimmenten* bei der Nahrungssuche ganz untertauchen; einheim. Arten: *Tafelente, Reiherente, Moorente, Kolbenente.*

Taucher, 1. jemand, der mit Hilfe von Tauchgeräten Unterwasserarbeiten ausführt; meist wird ein Tauchanzug mit kupfernem Helm u. direkter Sauerstoffzufuhr von der Oberfläche verwendet, der Arbeiten von 2–3 Stunden in 40–60 m Tiefe ermöglicht; Atmungsgeräte am Körper getragen reichen bis etwa 30 m Tiefe aus. Nackt-T. (z.B. Perlenfischer) tauchen 2–3 min auf Tiefen von etwa 6–30 m; → Tauchsport. – **2.** Sammelbez. für die Vogelordnung der *Lappen-T.* u. *See-T.*

Taucherglocke, ein unten offener Druckluft-Senkkasten, der durch sein Gewicht auf den Grund von Gewässern sinkt. Er dient bei Wasserbauarbeiten als Arbeitsraum.

Taucherkrankheit, *Caisson-, Druckfallkrankheit,* eine Berufskrankheit, die bei (zu schnellem) Übergang aus einem *Caisson* (pneumat. Senkkasten), d. h. aus erhöhtem Druckmilieu, in Normalluftdruck entsteht.

Tauchkugel, bemannte Kugel zur Erforschung der Tiefsee. Der Amerikaner O. *Barton* entwickelte 1930 die *Bathysphäre,* eine stählerne Kugel mit Quarzglasfenstern u. Scheinwerfern, die an einem Stahltrosse hinabgelassen wurde. 1948 tauchte Barton mit einer anderen Kugel bis 1372 m.

Tauchsieder, elektr. Gerät zum Erhitzen von Flüssigkeiten (auch Milch). Es besteht meist aus einem spiralig gewundenen Metallrohr, in das der Heizleiter keram. isoliert eingebettet ist.

Tauchsport, *Sporttauchen,* das Schwimmen unter Wasser mit Hilfe von Tauchgeräten. Die »ABC-Ausrüstung« besteht aus Schnorchel, Tauchmaske u. Schwimmflossen; ferner verwendet man Preßluftatemgeräte, Taucherschutzanzug, Druck- u. Tiefenmesser u. a.

Tauern, Gebirgsgruppen der Zentralalpen in Östr.: → Hohe Tauern, → Niedere Tauern.

Taufe, ein weitverbreiteter religiöser Reinigungs- u. Einweihungsritus; in den christl. Kirchen das erste der Sakramente, durch das der Mensch in die christl. Gemeinschaft aufgenommen wird. Die T. wird nach Matth. 28, 19 durch dreimaliges Begießen oder Besprengen des Kopfes mit Wasser gespendet, bei einzelnen Gruppen (z.B. Baptisten) auch durch Untertauchen des Täuflings. Im allg. wird die T. nur von Geistlichen gespendet, sie kann aber im Notfall (Todesgefahr) von jedem Christen vollzogen werden u. wird dann als *Nottaufe* bezeichnet. Die ordnungsgemäß vorgenommene T. wird in ein Urkundenbuch (*Taufbuch, Taufregister*) eingetragen u. ein *Taufschein* ausgestellt.

Täufer → Wiedertäufer.
Taufkapelle → Baptisterium.

Taufliegen, *Fruchtfliegen,* Fam. kleiner *Fliegen,* deren Larven sich in gärenden Flüssigkeiten oder überreifem Obst entwickeln.

Tauler, Johannes, * um 1300, † 1361, dt. Mystiker; Dominikaner; wirkte in Straßburg, Basel u. Köln.

Taunton ['tɔːntən], Hptst. der südwestengl. Gft. *Somerset,* 35 000 Ew.

Taunus, sö. Teil des Rhein. Schiefergebirges, zw. Rhein u. Main, Lahn u. Wetterau; eine 75 km lange, 35 km breite Hochfläche mit höherem Rücken im S u. langsamem Absinken nach N zur Lahn; im *Großen Feldberg* 880 m, *Altkönig* 798 m.

Taunusstein, Stadt in Hessen, 27 000 Ew.; Maschinen- u. Musikinstrumentenbau; Benediktinerkloster (8. Jh.).

Taupunkt, die Temperatur einer Gasmenge, bes. der Luft, bei der der in ihr enthaltene Wasserdampf zur Sättigung (100%) gerade ausreicht. Bei Luftabkühlung unter den T. kondensiert die Feuchtigkeit; es entstehen Niederschläge (Tau, Reif), Wolken oder Nebel.

Taurisker, kelt. Volksstamm im Tauerngebiet, unter *Augustus* von den Römern unterworfen.

Tauroggen, lit. *Taurage,* Stadt in Litauen, nordöstl. von Tilsit, 20 000 Ew.

Taurus, rd. 1000 km langes türk. Gebirge, von Karien im W bis Kurdistan im O, mit Steilküste zum Mittelmeer; besteht aus dem *Lykischen T.* (im *Bey Dağları* 3086 m) im W, dem *Kilikischen T.* (im *Kaldıdağ* 3734 m) u. dem *Antitaurus* (im *Bimboğe Dağ* 2940 m).

Tauschehe, *Tauschheirat,* eine bei Wildbeutern häufigere Form der Eheschließung, bei der als Ersatz für das aus der Gruppe (Fam., Sippe) scheidende Mädchen gleichzeitig eine Schwester oder nahe Verwandte des Bräutigams in die Gruppe der Braut verheiratet wird.

Tauschierung, Einlegearbeit von Edelmetalldrähten (Gold, Silber) in weniger wertvolles Metall, wie Bronze u. Eisen, aus dem zu diesem Zweck Rillen herausgeätzt werden.

Täuschung → arglistige Täuschung, → Betrug.

Tauschwirtschaft, *Verkehrswirtschaft,* eine Wirtschaftsform, bei der Waren u. Arbeit zw. den einzelnen Wirtschaftseinheiten getauscht werden, bei gleichzeitiger Spezialisierung. Die T. kann in Form der *Naturalwirtschaft* oder der *Geldwirtschaft* auftreten.

Tausendfüßer, *Myriapoda,* Klasse der *Glieder-*

Tauchsport: zwei Taucher beim Tieftauchen mit Preßluftatemgerät

Tausendgüldenkraut

füßer. Der Rumpf besteht aus einer großen Zahl fast gleichartiger Segmente, die fast alle ausgebildete Laufbeinpaare tragen (bis zu 350). Die T. werden unterteilt in die Unterklassen *Hundertfüßer, Doppelfüßer, Wenigfüßer* u. *Zwergfüßer*.

Tausendgüldenkraut, *Centaurium*, Gatt. der *Enziangewächse* der nördl. gemäßigten Zone.

Tausendjähriges Reich, ein religiöser Begriff (→ Millennium), der gelegentl. auch von Anhängern u. (spött.) von Gegnern zur Bez. des nat.-soz. Dtld. gebraucht wurde.

Tausendschön → Gänseblume.

Tausendundeine Nacht, arab. *Alf laila wa-laila*, arab. Erzählsammlungen von über 300 Märchen, Legenden, Anekdoten, Parabeln, Gedichten u. a., von einer Rahmenhandlung zusammengehalten: Um sich für die Untreue seiner Gattin zu rächen, heiratet der König von Samarkand jeden Abend eine andere Frau u. tötet sie am Morgen. Die kluge Tochter des Wesirs, *Scheherezade*, hält den König durch fesselnde Erzählungen von seinem Vorhaben ab. – Die Geschichten sind z. T. ind. Herkunft (8. Jh.; im 10. Jh. pers. übersetzt).

Tausendundein Tag, Slg. orient. Märchen in der Art von »Tausendundeine Nacht«; wahrsch. im 16. Jh. in Indien zusammengestellt, später türk., dann pers. bearbeitet.

Taut, 1. Bruno, (Bruder von 2), *1880, †1938, dt. Architekt; bed. für die Entwicklung moderner Siedlungskomplexe. – 2. Max, *1884, †1967, dt. Architekt u. Schriftst.; zählt mit seinen Bauten zu den Pionieren der modernen Architektur.

Tautologie, 1. in der Logik soviel wie *Zirkelschluß*. – 2. eine rhetor. Figur, in der bedeutungsgleiche Wörter aufgezählt werden (»immer u. ewig« oder »nackt u. bloß«), so daß das zweite oder dritte Glied nichts aussagt, was nicht schon das erste Glied gebracht hätte.

Taxameter, das geeichte Zählwerk in Taxis (die davon ihren Namen haben).

Taxe, durch einen *Taxator* öffentl. festgesetzter Preis; Wertschätzung; Gebühr.

Taxidermie, das Haltbarmachen u. Ausstopfen von Tierkörpern.

Taxis → Thurn und Taxis.

Taxodiengewächse → Pflanzen.

Taxus → Eibe.

Tay [tei], längster Fluß Schottlands, 193 km; mündet bei Perth in den *Firth of T.* in die Nordsee.

Taygetos [ta'ijetɔs]; grch. Gebirgszug auf dem südl. Peloponnes, im *Hagios Ilias* 2407 m.

Taylor ['teilə], 1. Brook, *1685, †1731, engl. Mathematiker; *T.sche Formel:* Reihenentwicklung einer Funktion. – 2. Edward, *1644, †1729, angloamerik. Theologe u. Schriftst. (bildkräftige, religiöse Lyrik). – 3. Elizabeth (Liz), *27.2.1932,

Tausendundeine Nacht: Illustration von Edmund Dulac zu dem Märchen »Prinzessin Badoura« aus »1001 Nacht«

Wichtige Daten zur Geschichte der Technik

v. Chr.

600 000	Geräte aus Knochen und Stein werden benutzt
350 000	Der Gebrauch des Feuers ist bekannt
8 000	Keramikgegenstände werden angefertigt; erste Spuren des Ackerbaus; Ton und Lehm werden als Baumaterial verwendet
5 000	Werkzeuge und Geräte bestehen aus Feuerstein, Geweihen, Holz und Leder
4 000	In Mesopotamien ist das Rad bekannt
3 000	Die Sumerer verwenden vierrädrige Wagen; in Mesopotamien und Ägypten gibt es ausgebildete Schriftsysteme
2 300	In Mesopotamien verwendet man Schöpfwerke
2 000	In Ägypten werden Lasten mit Hilfe von Walzen, Hebeln und Keilen transportiert; auf der Insel Kreta ist die Tinte bekannt
1 830	In Mitteleuropa beginnt die Bronzezeit
1 800	In Ägypten ist das Glas bekannt
1 400	In Ägypten kennt man die Schnellwaage mit einem Laufgewicht; Pergament-Schriftrollen sind in Gebrauch
1 200	Beginn der Eisenzeit im Gebiet des östlichen Mittelmeeres
1 160	In China ist der Kompaß bekannt
700	In Westkleinasien werden Münzen geprägt
550	In Griechenland werden Windmühlen gebaut
500	Die Römer befassen sich mit Metallurgie
290	Die Ägypter verwenden Schreibtafeln aus Wachs
260	*Archimedes* erfindet den Flaschenzug
215	In China benutzt man Haarpinsel als Schreibgerät
200	Baubeginn der Chinesischen Mauer; das Wasserrad mit senkrechter Welle ist bereits bekannt
100	Erfindung des Papiers in China
10	Beginn der Eindeichung Hollands

n. Chr.

330	An der Mosel arbeiten wasserkraftbetriebene Sägemühlen
593	Erfindung hölzerner Druckstöcke in China
950	In Persien treiben Windräder Mühlenwerke an
1044	In China wird Schießpulver zur Explosion gebracht
1206	Im Oberharz werden Silbererze gefördert
1280	In Italien wird die Brille erfunden
1390	U. *Stromer* erbaut die erste Papiermühle in Deutschland
1427	A. *Arnold* erfindet die Uhrfeder
1445	J. *Gutenberg* erfindet den Buchdruck mit beweglichen Lettern
1480	*Leonardo da Vinci* erfindet den Fallschirm
1505	P. *Henlein* erfindet die erste brauchbare Taschenuhr
1571	J. *Besson* entwirft eine Schraubendrehbank
1590	Die Holländer H. und Z. *Janssen* erfinden das Mikroskop
1602	In Nürnberg gibt es die erste fahrbare Feuerspritze
1623	R. *Mansell* entdeckt das Flintglas
1631	Der Jesuit C. *Schreiner* entwickelt den Storchschnabel
1656	C. *Huygens* erfindet die Penduluhr
1665	In England kommt der Bleistift in Gebrauch
1681	D. *Papin* baut eine Dampfmaschine
1687	E. *Weigel* konstruiert einen Fahrstuhl
1708	J. F. *Böttger* erfindet das Hartporzellan
1735	Einführung des Kokshochofens in die Eisenhüttentechnik durch A. *Darby*
1745	W. *Cook* baut eine Dampfheizung
1748	J. *Jansen* erfindet die Stahlschreibfeder
1752	B. *Franklin* erfindet den Blitzableiter
1754	H. *Cort* baut ein Eisenwalzwerk
1759	C. P. *Oberkampf* gründet die erste Seidenwaren-Manufaktur in Frankreich; T. *Mudge* entwickelt die freie Ankerhemmung
1765	J. *Watt* erfindet die Niederdruck-Dampfmaschine
1767	J. *Hargreaves* entwickelt die Jenny-Spinnmaschine
1769	N. J. *Cugnot* baut den ersten Dampfwagen; R. *Arkwright* baut die Spinnmaschine
1776	*Hatton* erfindet die Hobelmaschine; D. *Bushnell* entwickelt den Torpedo
1780	B. *Franklin* erfindet die bifokalen Brillengläser
1785	E. *Cartwright* erfindet den mechanischen Webstuhl
1786	A. *Meikle* baut eine Schlagleisten-Dreschmaschine
1789	W. *Jessop* stellt die Kopfschiene her (die Grundform der heutigen Eisenbahnschiene)
1792	E. *Cartwright* baut eine Wollkämm-Maschine
1793	Erstes Telegramm wird mit dem optischen Telegraphen von C. *Chappe* über eine Strecke von 70 km gesendet
1795	A. *Senefelder* entwickelt die Lithographie
1805	J. M. *Jacquard* erfindet eine Webmaschine (Jacquardmaschine), *Stone* erfindet den Schneidbrenner
1808	*Newberry* erfindet die Bandsäge
1809	*Eckardt* erfindet den Metall-Schleuderguß
1810	F. G. *Koenig* erhält das Patent für eine dampfgetriebene Druckpresse
1814	G. *Stephenson* baut die erste betriebsfähige Lokomotive
1816	J. N. *Niépce* entwickelt die Grundlagen der Photographie; G. *Lankensperger* erfindet die Achsschenkellenkung
1817	K. F. von *Drais* entwickelt das Laufrad
1818	E. *Whitney* baut die Fräsmaschine
1825	G. *Stephenson* baut die erste Eisenbahn
1826	W. *Sturgeon* erfindet den Elektromagneten
1827	B. *Fourneyron* erfindet die Wasserturbine; J. N. von *Dreyse* baut ein Gewehr, das Zündnadelpatronen verschießt
1828	J. *Thorp* baut die Ringspinnmaschine
1829	H. *Maudslay* erfindet die Mikrometerschraube
1830	J. *Madersperger* baut die erste Nähmaschine; A. R. *Polonceau* konstruiert die Straßenwalze
1833	C. F. *Gauß* und W. E. *Weber* bauen den ersten elektrischen Telegraphen
1834	J. *Albert* entwickelt ein Verfahren zur Herstellung gedrehter Drahtseile
1835	A. *Siebe* konstruiert den Taucherhelm
1839	C. N. *Goodyear* entdeckt die Vulkanisation des Kautschuks; J. *Nasmyth* baut den Dampfhammer
1841	J. *Whitworth* entwickelt ein einheitliches Gewindesystem
1843	E. *Drescher* erfindet den Füllfederhalter
1844	J. *Mercer* entwickelt das Merzerisationsverfahren
1846	W. von *Siemens* erfindet den elektrischen Zeigertelegraphen
1848	*Duboscq* u. L. *Foucault* erfinden eine brauchbare Kohlebogenlampe
1850	J. B. *Dancer* erfindet den Mikrofilm
1852	W. *Thomson* (ab 1892 Lord Kelvin) erfindet das Prinzip der Wärmepumpe
1859	G. *Planté* erfindet den Akkumulator
1860	J. J. E. *Lenoir* baut einen Gasmotor
1861	J. P. *Reis* erfindet den Fernsprecher
1862	N. A. *Otto* realisiert den Benzinmotor
1863	W. A. *Bullock* baut eine Rotationsdruckmaschine
1867	J. *Monier* erfindet den Eisenbeton; A. *Nobel* erfindet das Dynamit; W. von *Siemens* baut die Dynamomaschine
1868	A. *Albert* erfindet das Lichtdruckverfahren
1874	J. M. E. *Baudot* vollendet sein Telegraphensystem
1875	C. von *Linde* baut die Ammoniak-Kältemaschine
1876	N. A. *Otto* und E. *Langen* bauen den patentreifen Viertaktmotor; A. G. *Bell* verbessert den Fernsprecher

1877	T. A. *Edison* erfindet das Grammophon
1878	S. G. *Thomas* erfindet das nach ihm benannte Stahlerzeugungsverfahren
1879	T. A. *Edison* konstruiert die Glühlampe mit Kohlefaden
1880	L. *Pelton* konstruiert eine Freistrahlturbine
1882	W. von *Siemens* baut eine elektrische Grubenlokomotive; T. A. *Edison* erbaut das erste Elektrokraftwerk
1884	P. *Nipkow* überträgt Bilder mit elektrischem Bildabtaster (Nipkow-Scheibe); O. *Mergenthaler* erfindet die Setzmaschine (Linotype), G. W. *Eastman* entwickelt den Rollfilm
1885	H. *Bauer* erfindet den Druckknopf; N. N. von *Bernados* erfindet das Lichtbogenschweißen; R. und M. *Mannesmann* erfinden ein Schrägwalzverfahren zur Herstellung nahtloser Rohre; G. W. *Daimler* und W. *Maybach* bauen das Motorrad
1886	C. F. *Benz* baut den Benzinkraftwagen
1887	E. *Berliner* stellt die Schallplatte in der heutigen Form her; N. *Tesla* erfindet den Drehstrommotor
1888	W. *Doehring* u. E. *Hoyer* fertigen Spannbeton; J. B. *Dunlop* erfindet den luftgefüllten Gummireifen
1889	A. G. *Eiffel* baut anläßlich der Weltausstellung in Paris den nach ihm benannten Eiffelturm; N. *Tesla* konstruiert den Wechselstromgenerator
1892	J. *Dewar* und R. *Burger* entwickeln die Thermosflasche
1895	C. von *Linde* erzeugt flüssige Luft
1896	R. *Diesel* entwickelt den nach ihm benannten Motor; G. *Marconi* entwickelt die drahtlose Telegraphie
1897	H. *Goldschmidt* entwickelt die Aluminothermie; K. F. *Braun* erfindet die nach ihm benannte Braunsche Röhre
1900	K. *Mertens* entwickelt den Kupfertiefdruck; F. A. *Kjellin* konstruiert den Induktionsofen
1904	C. *Hermann* und W. *Rubel* entwickeln unabhängig voneinander den Offsetdruck; H. *Anschütz-Kaempfe* erhält ein Patent für den Kreiselkompaß; A. *Korn* entwickelt die Bildtelegraphie
1905	H. *Holzwarth* konstruiert die erste Explosionsgasturbine
1906	A. *Wilm* erfindet das Duraluminium
1907	L. de *Forest* entwickelt die Triode
1912	A. *Brehm* erfindet ein Echolotgerät
1914	G. *Sundback* erhält ein Patent für den Reißverschluß
1915	W. *Gaede* erfindet die Diffusionslampe
1919	H. *Vogt*, J. *Engl* und J. *Massolle* entwickeln das Tonfilm-Verfahren
1922	H. *Busch* konstruiert die erste elektrische Linse
1923	V. K. *Zworykin* baut die Fernseh-Bildaufnahmeröhre (Ikonoskop)
1927	G. J. M. *Darrieus* realisiert einen neuartigen Windrotor
1933	M. *Knoll*, E. *Brüche*, E. *Ruska* u. a. entwickeln das Elektronenmikroskop
1935	S. J. *Sokolow* entwickelt die zerstörungsfreie Materialprüfung mit Ultraschall
1937	C. *Carlson* entwickelt einen Trockenkopierer (Xerox-Verfahren)
1942	W. J. *Kolff* entwickelt die „künstliche Niere"
1945	Auf Hiroschima wird von den USA die erste Atombombe abgeworfen
1948	D. *Gabor* veröffentlicht erste Arbeiten über die Holographie; E. H. *Land* entwickelt die Sofortbildkamera
1950	E. W. *Müller* erfindet das Feldelektronenmikroskop
1952	Entwicklung des Farbfernsehens in den USA von NTSC (National Television System Committee), in Deutschland von W. *Bruch* (Telefunken), in Frankreich von H. *de France*
1954	F. *Wankel* entwickelt den nach ihm benannten Kreiskolbenmotor
1962	Der TV-Satellit „Telstar" überträgt erstmals Fernsehbilder zwischen den USA und Frankreich
1967	Einführung des PAL-Farbfernsehsystems in der Bundesrepublik Deutschland; das erste europäische Gezeitenkraftwerk bei Saint-Malo wird fertiggestellt
1969	Den USA gelingt mit Apollo 11 die bemannte Mondlandung
1970	Der Taschenrechner wird in den USA entwickelt
1971	In der UdSSR geht ein großer magnetohydrodynamischer (MHD) Generator in Betrieb
1972	Erste Kabelfernsehnetze in den USA
1976	Die deutsche Magnetschwebebahn Transrapid erreicht eine Geschwindigkeit von über 401 km/h
1979	Eine in der BR Deutschland entwickelte Drehstromlokomotive (DB-Lok, Baureihe 120) wird erfolgreich erprobt; Entwicklung optischer Transistoren
1981	Produktion der Neutronenwaffe durch die beiden Großmächte USA und UdSSR; Tiefbohrung in über 10 000 m Tiefe (UdSSR)
1982	Einführung der Kernspintomographie als Diagnoseverfahren
1983	Inbetriebnahme der Fusionsforschungsanlage JET in Culham bei London
1984	Das Antiblockiersystem (ABS) kommt in Serienfahrzeugen zur Anwendung
1986	Baubeginn des Eisenbahntunnels unter dem Ärmelkanal
1986	Unfall im sowjetischen Kernreaktor Tschernobyl, bei dem der Reaktorkern zerstört wird
1988	Mikroskopisch kleine Maschinenteile werden aus Silicium hergestellt
1989	Inbetriebnahme des Jade-Windparks Wilhelmshaven zur Erprobung großer Windenergieanlagen
1990	Der französische Hochgeschwindigkeitszug TGV Atlantique erreicht eine Geschwindigkeit von 515 km/h

US-amerik. Filmschauspielerin; war in 5. Ehe mit R. *Burton* verh. (1964–74). – **4.** Frederick Winslow, *1856, †1915, US-amerik. Ingenieur; entwickelte die als **T.ismus** (*T.-System*) bekannte Lehre von der wiss. Betriebsführung (*Scientific Management*), die auf genauen Zeit- u. Arbeitsstudien beruht. – **5.** Zachary, *1784, †1850, US-amerik. General u. Politiker; 1849/50 (12.) Präs. der USA. – **6.** Joseph Hooton, *29. 3. 1941, US-amerik. Physiker; erhielt 1993 den Physik-Nobelpr. für die Entdeckung des ersten Doppelpulsars, wodurch u. a. die Existenz von Gravitationswellen nachgewiesen werden konnte.

Tb, *Tbc, Tbk*, Abk. für *Tuberkulose*.
Tbilisi, georg. Name von *Tiflis*.
TCDD, Abk. für *Tetrachlordibenzodioxin* → Dioxin.
tdw, Abk. für engl. *ton deadweight*, Maßeinheit der Tragfähigkeit von Schiffen; → deadweight.
Teakholz ['ti:k-], in zahlr. Sorten gehandeltes Holz des T.baums, mit bis zu 40 m Höhe in Vorderindien u. SO-Asien. Das gelblichbraune T. ist mittelschwer, sehr dauerhaft (termitenfest) u. witterungsfest.
Teamwork ['ti:mwə:k; das; engl.], Gemeinschafts-, Zusammenarbeit (eines *Teams*, einer Arbeitsgruppe).
Tebaldi, Renata, *1.2.1922, ital. Sängerin (Sopran).
Technetium, ein → chemisches Element.
Technicolor, in den USA u. in Großbritannien verbreitetes Verfahren zur Herstellung farbiger Spielfilme.
Technik, *i.w.S.* die Beherrschung der zweckmäßigsten u. wirtschaftl. Mittel, um ein bestimmtes Ziel zu erreichen; *i.e.S.* die Verfügung über Methoden rationellen, insbes. industriellen Produzierens sowie die Erweiterung des Aktionsradius des Menschen durch planmäßige Ausnutzung der durch die Naturgesetze gegebenen Möglichkeiten. Als Beginn des sog. *technischen Zeitalters* kann die Erfindung der Dampfmaschine (durch J. *Watt* 1769) angesehen werden.
Technische Hochschule, *TH*, Ausbildungsstätte für techn. u. naturwiss. Fachkräfte, die im Aufbau der Univ. entsprechen u. Promotionsrecht haben; seit 1966 meist in *Technische Universitäten* (*TU*) umgewandelt. Die TH (TU) haben eine Einteilung nach Fakultäten oder Fachbereichen für: Ingenieurwissenschaften mit Math. u. ergänzenden geistes- oder naturwiss. Fächern; Maschinenwesen (Elektrotechnik, Maschinenbau, Schiffbau); Bauwesen (Architektur u. Bauingenieurwesen); Bergbau u. Hüttenwesen, an manchen TH (TU) auch Land- u. Gartenbau sowie Naturwiss. u. Sozialwiss. Den Abschluß des Studiums bildet die Diplomprüfung; Absolventen der TU können auch den Grad eines Dr. Ing., Dr. rer. nat., Dr. rer. pol., Dr. agr. oder Dr. rer. hort. erlangen.
Technischer Überwachungsverein, *TÜV*, eine von Gewerbeunternehmen geschaffene Einrichtung zur Prüfung techn. Anlagen auf Betriebssicherheit, die auch die gesetzl. vorgeschriebenen Prüfungen durchführt. Die TÜV unterhalten auch *Techn. Prüfstellen* für den Kfz.-Verkehr.
Technisches Hilfswerk, *THW*, seit 1953 Bundesanstalt, mit freiwilligen, ehrenamtl. tätigen Helfern, bes. aus techn. Berufen; Aufgaben: techn. Hilfeleistung bei Katastrophen u. Unglücksfällen größeren Ausmaßes, im zivilen Luftschutz, bei der Beseitigung öffentl. Notstände; untersteht dem Bundesministerium des Innern.
technisches Zeichnen, maßstabgerechtes Zeichnen eines techn. Gegenstands. Die Zeichnungsformate sind nach DIN 823 festgelegt.
Technische Universität →Technische Hochschule.
Techno, Computermusik, die den reinen Rhythmus betont u. auf Melodie verzichtet.
Technokrat, jemand, der einen »Apparat« (z.B. eine Behörde, eine Partei, einen Wirtschaftsmechanismus) mit überlegenem Sachverstand beherrscht u. bestrebt ist, ihn von aller Fremdbeeinflussung frei zu halten: im abwertenden Sinn jemand, dem das reibungslose Funktionieren seines Apparats Selbstzweck ist, wobei auf angebl. *Sachzwänge* hingewiesen wird.
Technokratie, ein gesellschaftl. oder polit. System, in dem Entscheidungen allein nach techn. Kriterien erfolgen, denen soziale u. a. Aspekte untergeordnet werden.
Technologie, Beschreibung u. Erforschung der in der Technik angewandten Produktionsverfahren.
Techtelmechtel, (geheime) Liebschaft.
Teck, Berg in der Schwäb. Alb, südl. von Kirchheim, 775 m; mit Burgruine.
Teck, nach der Burg T. benanntes Fürstengeschlecht in Schwaben, Nebenlinie der *Zäringer*.
Teckel → Dackel.
Tecklenburg, Stadt in NRW, am Teutoburger Wald sw. von Osnabrück, 8400 Ew.; mittelalterl. Stadtbild; ehem. Gft.
Tecumseh [tɪ'kʌmsi], *1768, †1813, nordamerik. Indianerhäuptling (Shawnee).
Te Deum → ambrosianischer Lobgesang.
Tee, Getränk aus den Blättern der beiden zu den T.gewächsen gehörenden Sträucher *Camellia sinensis* (*Chinesischer T.*) u. *Camellia assamica* (*Assam-T.*). Der Chin. T. wird 3–6 m hoch, ist frühreif u. hat ein bis 9 cm langes u. 3 cm breites Blatt. Der Assam-T. wird 6–15 m hoch, ist spätreif u. hat Blätter von 16 cm Länge u. 4 cm Breite. Der in Naturform immergrüne pyramidenförmige T.baum wird als Kulturpflanze in Strauchform gezogen; nur die zur Samengewinnung bestimmten Bäume behalten ihren natürl. Wuchs. Hauptproduktionsgebiete des Assam-T. liegen in trop. Gebieten, des Chin. T. in trop. bis gemäßigten Gebieten. Den Hauptanteil an der Welt-T.ernte haben Indien, China u. Sri Lanka – Die frisch gepflückten Blättchen werden unterschiedl. Aufbereitungsmethoden unterzogen. Bei der Herstellung des *grünen T.* werden die gedämpften Blättchen gerollt u. getrocknet, wobei die grüne Farbe erhalten bleibt. Bei der Gewinnung des *schwarzen T.* werden die angewelkten Blätter bes. intensiv gerollt u. anschließend einem Fermentationsprozeß unterworfen, bei dem sie ein dunkles, kupferfarbenes Braun sowie einen spezif. Geruch annehmen. Träger der anregenden Wirkung des T. ist der Coffeingehalt (*Tein*) von etwa 2%, Aromastoff bes. das äther. T.öl. Soll bei der T.bereitung der Gerbstoff nicht in Lösung gehen, so muß der Aufguß mit wenig Wasser bei kurzem Brühen hergestellt werden.

T e e q u a l i t ä t e n : Man unterscheidet zunächst, ob der T. aus ganzen (*Blatt*) oder zerkleinerten Blättern (*Broken*) besteht. Die Güte richtet sich nach der Feinheit u. Größe der Blätter, die mit folgenden Stufen bezeichnet werden: *Flowery Orange Pekoe* (erste Qualität; noch nicht entfaltete Blättchen u.

Blatthüllen der Knospen, die *Tips*); *Orange Pekoe* (das erste voll entwickelte Blatt oder Blattspitzen vom jungen Trieb), *Pekoe* (das dritte Blatt), *Pekoe-Souchong* (das dritte bis sechste Blatt), *Souchong* (der gröbste Blattgrad). Außerdem gibt es noch *Fannings* (Blattpartikel, die bei der Fabrikation anfallen; meist für Aufgußbeutel) sowie *Dust* (T.staub). Man unterscheidet bei den T.-Sorten ferner nach Ernten, den *First flush* (erste Ernte nach dem Zurückschneiden der Triebe), den *Second Flush* im Mai bis Juni, den *Bread-and-Butter-Tea* oder *Regentee* (aus der Pflückung von August bis Oktober während der Monsunperioden) bzw. *Autumnal* (die Herbsternten). Die T.arten werden nach geograph. Lagen benannt (*Assam, Ceylon, China, Darjeeling, Formosa, Nilgiri*) bzw. nach Beigaben (z.B. *Jasmin-T., Pflaumen-T.*) oder haben eig. Namen (z.B. *Earl Grey,* ein schwarzer, mit Bergamottöl parfümierter China-T.). Die Blattbez. werden meist abgekürzt nach der T.art genannt (z.B. Darjeeling Blatt FOP = Flowery Orange Pekoe). Aus pflanzl. Rohstoffen werden viele Medizinal-T.s hergestellt, z.B. Pfefferminzblätter-T., Salbeiblätter-, Lindenblüten-, Kamillenblüten-T. Geschichte. Die erste schriftl. Erwähnung stammt aus dem 1. Jh. v. Chr. Zunächst diente er als Arzneimittel; allg. Genußmittel wurde er im 8. Jh. 1610 führten die Holländer den T. in Mitteleuropa ein, wo sich das T.trinken rasch verbreitete (1657 Eröffnung des ersten T.hauses in London). Aus Protest gegen die engl. T.steuer wurden 1773 in Boston T.kisten ins Meer geworfen; dies trug zum Aufstand der amerik. Kolonien bei. *Chanoyu* heißt die japan. T.zeremonie.

TEE, Abk. für *Trans-Europ-Express,* eine schnellfahrende, komfortable Zugart als Verbindung der wichtigsten Städte.

Teenager ['tiːneɪdʒə], die Jugendlichen beider Geschlechter von 13 bis 19 Jahren.

Teer, 1. bei der trockenen Destillation von Stein- u. Braunkohle, Torf u. Holz anfallende, braune bis schwarze, zähe Flüssigkeit. Bei der Aufarbeitung des T. durch fraktionierte Destillation erhält man verschiedene Öle. Der bei der Erhitzung von Braunkohle entstehende T. enthält u. a. Paraffine u. Paraffinöl. – **2.** Kondensat aus den Bestandteilen des Tabakrauchs, gesundheitsschädlich.

Tees [tiːz], Fluß in N-England, 128 km.

Tefillin → Gebetsriemen.

Teflon, Markenbez. für einen Kunststoff aus *Polytetrafluorethylen.*

Tegel, Ortsteil des Berliner Bez. Reinikendorf, am **T.er See** (4,1 km², bis 15,6 m tief), eine Havel-Erweiterung nö. von Spandau; Großflughafen.

Tegernsee, oberbay. Stadt u. Kurort am gleichn. See (9 km², bis 72 m tief), 755 m ü. M., 5000 Ew.

Tegnér [tɛŋˈnɛːr], Esaias, *1782, †1846, schwed. Schriftst.; Klassizist.

Tegucigalpa [-gusi-], Hptst. der zentralamerik. Rep. Honduras, 600000 Ew.; Univ.; Tabak-, Holz- u. a. Ind.; 1579 gegr.

Teheran, *Tehran,* Hptst. des Iran (seit Ende des 18. Jh.), im S des Elbursgebirges, 1170 m ü. M., die bed. Metropole des Mittleren Orients, 6 Mio. Ew.; mehrere Univ., Museen-, vielfältige Ind.

Tehuantepec [tɛuan-], Hafenstadt im südmex. Bundesstaat Oaxaca, 20000 Ew.; der *Isthmus von T.* (210 km) ist die schmalste Stelle Mexikos, gilt zugleich als Südgrenze Nordamerikas.

Teichhuhn, eine kleine *Ralle* im nahen. Gewässer.

Teichmolch, verbreitetster Schwanzlurch des gemäßigten Europa u. Asien; oft in kleinen Tümpeln.

Teichmüller, Gustav, *1832, †1888, dt. Philosoph; entwickelte eine durch Leibniz beeinflußte Metaphysik des christl. Personalismus.

Teichmuschel, eine Muschel im Schlamm von Teichen, bis zu 20 cm groß.

Teichrohr → Schilf.

Teichrose, ein geschütztes *Seerosengewächs* mit auf dem Wasser schwimmenden, eiförmigen, tief eingeschnittenen Blattspreiten u. gelben Blüten.

Teichwirtschaft, Sammelbegriff für Aquakultur, Fischzucht, Forellen-T., Karpfen-T. u. ä.

Teilchenbeschleuniger, *Beschleuniger, Beschleunigungsanlage,* Gerät zur Beschleunigung elektr. geladener Teilchen auf hohe Geschwindigkeiten für kernphysikal. Experimente. Die Beschleunigung erfolgt in elektr. Feldern. Man unterscheidet *Linearbeschleuniger* (geradlinige Bahn) u. *Zirkularbeschleuniger* (kreisförmige Bahn, auf der die Teilchen durch magnet. Felder geführt werden). Zirkularbeschleuniger sind *Betatron, Zyklotron, Synchrotron.* Die wichtigsten T. W-Europas befinden sich beim Dt. Elektronen-Synchrotron DESY in Hamburg u. bei CERN in Genf.

Teiler, eine ganze Zahl (außer 1), durch die sich eine andere ganze Zahl ohne Rest teilen läßt.

Teilhaber, Gesellschafter eines Unternehmens

Pierre Teilhard de Chardin

(bes. Personalgesellschaft). – *Stiller T.:* → Stille Gesellschaft.

Teilhard de Chardin [tɛjardəʃarˈdɛ̃], Pierre, *1881, †1955, frz. Jesuit. Nach seinem Tod wurde das zum großen Teil bis dahin ungedruckte (von der Kirche lange Zeit abgelehnte) Gesamtwerk herausgegeben, in dem T. eine Philos., Anthropologie u. Christologie nach dem Prinzip der Evolution entwarf. W »Der Mensch im Kosmos«.

Teilung, 1. einfache Form der ungeschlechtl. Vermehrung bei Pflanzen u. Tieren. – **2.** → Division (1), → harmonische Teilung.

Teilzahlung → Abzahlung.

Tein → Tee.

Teint [tɛ̃; frz.], Farbe, Eigenart der Gesichtshaut.

Teiresias, *Tiresias,* in der grch. Sage ein blinder Seher aus Theben.

Teja, der letzte Ostgotenkönig; vom Byzantiner *Narses* 552 vernichtend geschlagen u. gefallen.

Tejo [ˈtaʒu], port. Name des → Tajo.

Tektonik, *Geotektonik,* die Lehre vom Bau (Schichtenlagerung) u. den Bewegungen der Erdkruste.

Tel Aviv [tɛlaˈviːf], *T. A.-Jaffa (-Yafo),* größte Stadt Israels, an der Mittelmeerküste, 327000 Ew., m V. 1,1 Mio.; zahlr. Hochschulen; Banken u. Handelszentrum, vielfältige Ind., Seehafen. – *Jaffa* ist seit dem Altertum eine bed. Hafenstadt, T.A. wurde 1909 als Vorort von *Jaffa* gegr., bis 1949 war es provis. Hptst.

tele... [grch.], in Wortzusammensetzungen: fern..., weit...

Telefax, die Übertragung von Texten oder Zeichnungen mit Fernkopiergeräten über das Telefonnetz.

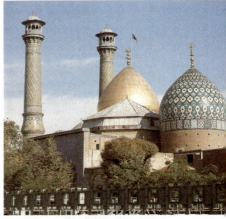

Teheran: Die Moschee von Rei ist die Hauptmoschee der Stadt

Telefon, *Telephon,* Gerät zum Empfangen u. Senden von mündl. Nachrichten. Die wichtigsten Teile eines T.s sind ein *Mikrophon,* das Schallwellen in elektr. Schwingungen umsetzt, u. ein *Fernhörer* für die umgekehrte Funktion. Allg. verwendet wird das von D. E. *Hughes* 1878 erfundene Kohlemikrofon, das neben seiner Funktion als elektroakust. Wandler einen Verstärkungseffekt hat. Die *Wählscheibe* unterbricht den Stromkreis der Anschlußleitung jeweils so oft, wie es der gewählten Ziffer entspricht. In der neueren Technik wird die Wählscheibe durch einen Mehrfrequenz-Tastblock (MFV) ersetzt. Die Wahl erfolgt nicht mehr durch Impulse, sondern durch versch. Frequenzen. Das T. enthält außerdem einen Wechselstromwecker, der bei aufgelegtem Handapparat durch einen Umschalter mit der Leitung verbunden ist, u. eine Gabelschaltung, die die Stromkreise von Mikrophon u. Fernhörer trennt.

telegen, für Fernsehaufnahmen geeignet.

Telegramm, über ein öffentl. Draht- oder Funknetz weitergeleitete schriftl. Mitteilung. T. werden am Empfangsort sofort zugestellt oder bei Fernsprechteilnehmern mündl. durchgegeben.

Telegraphie, Übermittlung schriftl. Nachrichten oder Zeichen (auch Bilder) auf elektr. Wege über Leitungen oder Funk. Buchstaben, Ziffern u. Satzzeichen werden auf der Sendeseite in elektr. Impulsgruppen umgesetzt. Das älteste heute z. T. noch gebräuchl. T.-Gerät ist der *Morseapparat.* Im übrigen wird die T. heute mit dem → Fernschreiber betrieben. Nachrichtenverkehr besteht in erster Linie über → Telex, das öffentl. Teilnehmer-Fernschreibnetz mit Wählvermittlung. Daneben gibt es das »allg.« amtl. Telegraphennetz *(Gentex-Netz)* für die Telegrammübermittlung.

Telekinese, Bewegung von Gegenständen durch ein *Medium,* angebl. ohne physikal. Ursache durch direkte Einwirkung der Psyche.

Telekommunikation, Bez. für alle Informationsübertragungen mit Mitteln der modernen Nachrichtentechnik.

Telemachos, Sohn des Odysseus.

Telemann, Georg Philipp, *1681, †1767, dt. Komponist; seit 1721 Musikdirektor der 5 Hamburger Hauptkirchen. Sein Werk umfaßt Opern, Kirchenmusik, Orchesterwerke, Konzerte, Kammer- u. Solomusik.

Telemark, *Telemarken,* südnorw. Ldsch. u. Prov. (Fylke), Hptst. *Skien;* waldreiches Bergland.

Telemetrie, *Fernmessung,* die Übertragung von Meßwerten per Funk oder leitungsgebunden über größere Entfernungen.

Teleobjektiv, ein Fernobjektiv bes. Bauart zur Aufnahme weit entfernter Gegenstände; längste Brennweiten (Spiegelteleskop-Bauart): 2000 mm.

Teleologie, die Lehre von den Zwecken, der Zweckmäßigkeit u. Zielstrebigkeit. Das teleolog. Denken interpretiert das Geschehen u. die Wirklichkeit nach Zweck- oder Endursachen.

Telepathie, *Gedankenübertragung,* die angebl. Übertragung bzw. Übernahme fremder seel. gedankl. Inhalte ohne Zuhilfenahme der gewöhnl. Sinne.

Telephon → Telefon.

Tegernsee: Blick über den See auf Rottach-Egern mit dem Turm der kleinen Laurentiuskirche; im Hintergrund die Ausläufer des Mangfallgebirges

Teleskop →Fernrohr. – **T.augen,** bei manchen Fischen (bes. der Tiefsee) wie auf einem Hügel stehende, vorgeschobene Augen; z.B. auch beim **T.fisch,** einer Goldfischrasse. – **T.säule,** Säule aus mehreren Rohren unterschiedl. Durchmessers, die zur Längenänderung ineinander verschoben werden können.

Teletex, ein Fernmeldedienst der Dt. Bundespost Telekom, zur Übertragung von digitalisierten Texten u. Graphiken mit einer Geschwindigkeit von z.Z. 2400 bit/s. Endgeräte sind z.B. Personalcomputer, so daß die empfangenen Daten direkt weiterverarbeitet werden können.

Television, *TV,* Fremdwort für Fernsehen.

Telex [Kurzwort aus engl. *teleprinter exchange,* »Fernschreiber-Austausch«], das öffentl. Teilnehmer-Fernschreibnetz mit Wählbetrieb, innerhalb der BR Dtld. im Selbstwählverkehr.

Telgte, Stadt in NRW, östl. von Münster, 15 000 Ew.; Wallfahrtskapelle (17. Jh.).

Tell, Wilhelm, sagenhafter Nationalheld der Schweiz; wurde angebl. bei Altdorf von dem habsburg. Landvogt *Geßler* gedemütigt (T.-Schuß) u. erschoß ihn bei Küßnacht. Darauf erhoben sich die 3 Waldstätte gegen die habsburg. Oberhoheit.

Tell, Ruinenhügel in Vorderasien.

Tell-Atlas, Teil des Atlasgebirges, zieht sich an der Küste Algeriens hin, erhebt sich in der *Djurdjura* bis auf 2308 m.

Teller, Edward, * 15.1.1908, US-amerik. Physiker ung. Herkunft; Hauptarbeitsgebiet: Kernphysik; entwickelte die Wasserstoffbombe.

Tellereisen, eiserne Falle für Raubwild.

Tellerschnecken, Schlammschnecken des Süßwassers mit tellerartig flach aufgewundenem Gehäuse. Zu den T. gehört die *Posthornschnecke.*

Téllez [ˈtejeθ], Gabriel → Tirso de Molina.

Tell Halaf, Ruinenhügel in Syrien. Durch Grabungen wurde die aramäische Stadt *Gosan,* Hptst. eines mächtigen Reichs im 4. Jh. v. Chr., wiederentdeckt.

Tellur, ein →chemisches Element; Verwendung in der Halbleiter- u. Lasertechnik.

Tellurium, ein bewegl. Modell, das die gegenseitigen Bewegungen von Sonne, Erde u. Mond zeigt.

Telstar, erster US-amerik. Nachrichtensatellit, 1962 gestartet.

Teltow [-to], Stadt am SW-Rand von Berlin, 15 000 Ew. – **T.-Kanal,** 38 km lange, 1900–06 erbaute Binnenwasserstraße zw. Havel u. Spree.

Temenos, umgrenzter heiliger Bezirk.

Temeschburg →Timişoara.

Temex, Kunstwort aus engl. *Telemetry Exchange,* ein auf dem Telefonnetz aufbauender Fernwirkdienst, bei dem unabhängig vom »normalen« Fernsprechdienst digitalisierte Meß- u. Steuerungssignale übertragen werden können, z.B. beim automatischen Ablesen von Strom- u. Wasserverbrauch.

Tempel, urspr. eine als heilig geltende Stätte, die kult. Zwecken diente; später jedes einer (nichtchristl.) Gottheit errichtete u. ihr geweihte Bauwerk.

Tempelgesellschaft, *Deutscher Tempel,* eine pietist. ev. Glaubensgemeinschaft aus Württemberg, gegr. 1854 von Christoph *Hoffmann.* Ihre Niederlassungen in Palästina wurden im 2. Weltkrieg nach Australien evakuiert. Dt. Zentrale in Stuttgart.

Verschiedene Temperaturskalen			
°C	K	°F	°R
−273,15	0	−459,67	−218,52
−17,78	255,37	0	−14,22
0	273,15	32	0
10	283,15	50	8
20	293,15	68	16
30	303,15	86	24
40	313,15	104	32
50	323,15	122	40
60	333,15	140	48
70	343,15	158	56
80	353,15	176	64
90	363,15	194	72
100	373,15	212	80

°C = Grad Celsius, K = Kelvin,
°F = Grad Fahrenheit, °R = Réaumur

Bemerkenswerte Temperaturen (in °C)	
Absoluter Nullpunkt	−273,15
Siedepunkt flüssigen Heliums	−268,93
Siedepunkt flüssigen Stickstoffs	−195,8
Kältemischung aus Eis u. Kochsalz	−21
Eispunkt des Wassers	0
Siedepunkt des Wassers	100
Erstarrungspunkt des Platins	1769
Innerer Erdkern	ca. 6000
Strahlungstemperatur der Sonne	5700
Sonneninneres	ca. 15 000 000
Zentrum einer explodierenden H-Bombe	ca. 300 000 000

Tempelherren, die Ritter des *Templerordens.*

Tempelhof, südl. Bez. in Berlin; bek. durch das *T.er Feld,* den ehem. Zentralflughafen Berlins (1923 angelegt; bis 1975 Zivilluftfahrt).

Tempeltanz, kult. Tanz, noch heute z.B. in Indien durch Bajaderen u. im jap. Schintoismus durch Priesterinnen ausgeübt.

Tempera-Malerei, Malerei mit Farben, deren mit Wasser verdünnte Bindemittel (Eigelb, Leim, Honig u. a.) nach schnellem Trocknen wasserunlösl. werden. Dadurch lassen sich in der T. keine grenzenlosen Übergänge wie in der Ölmalerei erzielen. Bis ins 15. Jh. wurden fast alle Gemälde in der Technik der T. ausgeführt.

Temperament, 1. Lebhaftigkeit, Schwung, Feuer. – 2. die unterschiedl. Form des Ablaufs der seel. Bewegungen u. ihrer Äußerungen bei versch. Individuen. Seit der Antike unterscheidet man 4 T.: *Sanguiniker, Choleriker, Phlegmatiker* u. *Melancholiker.*

Temperatur, eine Größe, die den Wärmezustand eines physikal. Systems, z.B. eines Körpers, einer Flüssigkeit oder eines Gases kennzeichnet. Die T. ist zu unterscheiden von der *Wärme,* einer Energieform. Der *absolute Nullpunkt* (−273,15 °C) ist die kleinste überhaupt mögl. T.; man kann ihn nur näherungsweise erreichen. In der Physik ist die »thermodynam. T.skala« (*Kelvinskala*) gebräuchl.; die Fahrenheitskala war lange Zeit in den englischsprechenden Ländern in Gebrauch.

Templerorden, *Tempelherren, Templer,* ein geistl. Ritterorden, 1119 durch *Hugo von Payns* in Jerusalem zum Pilgerschutz (später auch Hospitaldienst) gegr.; kämpfte gegen Sarazenen (Palästina), Mauren (Pyrenäenhalbinsel) u. Mongolen (bei Liegnitz); Tracht: weißer Mantel mit rotem Kreuz. Sitz des Großmeisters zunächst Jerusalem, dann Zypern, später Frankreich; 1312 durch Papst Klemens V. wegen angebl. Entartung (Häresie, Blasphemie, Unzucht) aufgehoben.

Templin, Krst. in Brandenburg, in der Uckermark, am *T. See,* 12 300 Ew.; vollständige mittelalterl. Befestigungen.

Tempo, Schnelligkeitsgrad; in der Musik: Zeitmaß. Die wichtigsten T.bezeichnungen sind (in zunehmender Schnelligkeit): *largo, lento, adagio, anaante, andantino, moderato, allegretto, allegro, vivace, presto, prestissimo.*

temporal, 1. zeitlich, weltlich. – 2. *Anatomie:* an den Schläfen gelegen.

Temporalien, weltl. Rechte u. Einnahmen, die mit der Verw. eines kirchl. Amts verbunden sind.

temporär, zeitweilig, vorübergehend.

Tempus, die Zeitform eines Verbums (Gegenwart, Vergangenheit, Zukunft).

Temuco, Prov.-Hpst. in Chile, am Río Cautín, 218 000 Ew.; Viehhandel; durch dt. Einwanderer geprägt.

Temudschin →Tschingis Khan.

tendenziös, in einer bestimmten Absicht.

Tender, ein Fahrzeug, das an einer Lokomotive angehängt wird, um Kohlen u. Wasser mitzuführen.

Ténéré, Sandwüste der Sahara in der Rep. Niger.

Teneriffa, span. *Tenerife,* größte Kanarische Insel, 2352 km², 660 000 Ew., Hptst. *Santa Cruz de T.;* im Pico de Teide 3710 m; Anbau von Südfrüchten; Fremdenverkehr.

Teng Hsiaoping →Deng Xiaoping.

Teniers, fläm. Maler: 1. David d. Ä., *1582, †1649; religiöse Bilder im Stil des Romanismus. – 2. David d. J., Sohn von 1), getauft 1610, †1690; ein Hauptmeister der ndl. Genremalerei.

Tennengebirge, Hochplateau in den östl. Salzburger Kalkalpen, im *Raucheck* 2431 m.

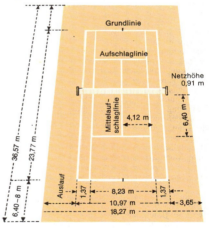

Tennis: Spielfeld

Tennessee [-si:], 1. Abk. *Tenn.,* Staat im SO der →Vereinigten Staaten, zw. Appalachen u. Mississippi. – 2. längster l. Nbfl. des Ohio, 1040 km; mündet bei Paducah, nahe dem Mississippi.

Tennis, ein Rückschlagspiel, das auf Rasenplätzen, Hartplätzen u. in Hallen gespielt wird. Beim T. kommt es darauf an, einen mit Stoff bezogenen Gummiball (Durchmesser 6,35 bis 6,67 cm, 56,7–58,4 g schwer) mit dem Schläger (engl. *racket*) über ein Netz in die gegner. Spielhälfte so zu schlagen, daß der Gegner ihn nicht zurückspielen kann. Das Spielfeld, ein Rechteck von 23,77 m Länge u. 8,23 m Breite, ist in der Mitte durch ein 0,91 m hohes Netz geteilt; es wird bei Doppelspiel durch Einbeziehung zweier »Galerien« an den Seiten auf 10,97 m verbreitert. Gespielt wird entweder zw. 2 Spielern (Einzel) oder zw. 2 Paaren (Doppel). Spielwertung nach Punkten u. Sätzen. Organisation: *Dt. T.-Bund.* – Um 1873 in Großbrit. aus dem Vorläufer *Jeu de Paume* entwickelt.

Tenno, Titel der jap. Kaiser seit dem 8. Jh.

Tenochtitlán [tɛnɔtʃ-], ehem. Hptst. der *Azteken,* bei der Eroberung durch die Spanier 1521 völlig

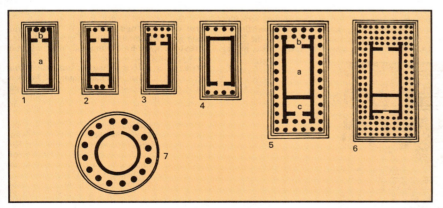

Tempel: 1 = Antentempel; 2 = Doppelantentempel; 3 = Prostylos; 4 = Amphiprostylos; 5 = Peripteros; 6 = Dipteros; 7 = Tholos (Rundtempel). a) Cella (Naos); b) Promaos; c) Opisthodomos (Rückhalle)

zerstört. Auf ihrem Schutt stehen die Bauten der heutigen Stadt Mexico. Nach überlieferten Berichten war T. eine Großstadt mit rechteckigem Grundriß auf einer Fläche von etwa 1000 ha u. hatte 235 000 Ew. Berühmt ist der Kalenderstein (»Sonnenstein«) von T., 24 t schwer u. 3,60 m im Durchmesser. Er zeigt die vier vorgeschichtl. Weltperioden, die zwanzig Tageszeichen u. zwei Türkisschlangen als Symbole des Tageshimmels.

Tenor, 1. ['te-], Hauptstimme, Haltung oder Inhalt eines Schriftstücks; im Gerichtsurteil die Formel der gerichtl. Entscheidung. – **2.** [-'nor], die hohe Männerstimme (c - a'); auch Bez. für die tiefe Mittellage von Musikinstrumenten (Gambe, Blockflöte, Posaune).

Tenside, wasserlösl., waschaktive chem. Verbindungen (synthet. Seifen), die in Wasch-, Netz-, Reinigungs- u. Dispergiermitteln verwendet werden.

Tension, Dampfspannung, Gasdruck.

Tentakel, *Fangarm,* zum Tasten u. zum Ergreifen der Beute dienender Körperanhang, meist in Mund- oder Kopfnähe, z. B. bei Hohltieren, Tintenfischen. – **T.tiere,** *Tentaculata,* Stamm wasserbewohnender *Urleibeshöhlentiere* mit Ausbildung der Polypengestalt. Die T.tiere strudeln mit Hilfe einer T.krone Nahrung in einen meist U-förmigen Darm. Sie haben meist auch Gehäuse oder Schalen. Hierher gehören die Klassen der *Phoroniden,* der *Moostierchen* u. der *Armfüßer.*

Teotihuacán-Kultur, die bed. u. einflußreichste indian. Kultur im Hochtal von Mexiko, 200 v. Chr. bis 800 n. Chr.; ben. nach der nordöstl. der heutigen Hptst. gelegenen großen Ruinenstätte *San Juan de Teotihuacán;* 2 Stufenpyramiden; formschöne, reich verzierte Keramik, Figuren mit bewegl. Gliedmaßen.

Teplitz, tschech. *Teplice,* Kurort in N-Böhmen, am Südhang des Erzgebirges, 55 000 Ew.

Teppich [lat.], geknüpfter, gewirkter oder gewebter, meist gemusterter Fußbodenbelag oder Wandbehang (Bild-T., Gobelin), aus Wolle, Baumwolle, Haargarn, Jute, Kokosgarn, Hanf, Leinen, Seide; mechan. oder von Hand hergestellt. Beim geknüpften Orient-T., dessen Wert bes. nach der Knotenzahl beurteilt wird, besteht die Kette aus Wolle oder Baumwolle, seltener aus Seide; die Knoten werden aus feinen, der Schuß aus dickeren Fäden gearbeitet. Die nach oben ragenden freien Enden des Knotens bilden die samtartige Oberfläche, den Flor, auch Vlies genannt. Farbe, Musterung (Ranken-, Blumen-, Jagd-, Tier-, Drachenornamente) u. Knüpfung sind je nach Herstellungsort verschieden u. werden häufig nach diesem benannt. Die Zahl der Knoten auf 100 cm² schwankt zw. 500 u. 12 000. Urspr. war der T. ein Produkt nomad., später bäuerl. Hausfleißes; später wurden für den Bedarf des Hofes städt. Manufakturen eingerichtet.

Die bes. Zeit des Orient-T.s war das 16.–18. Jh; die Zentren lagen in Persien. Bed. waren v. a. die Hofmanufakturen der pers. Safawiden in Täbris, Kaschan u. Isfahan sowie der türk. Osmanen in Kairo, Istanbul u. Bursa. Der afrik. *Berber-T.,* ein meist in Brauntönen gehaltener Wollteppich mit hohem Flor, ist in Europa v. a. durch den wachsenden Afrika-Tourismus bekannt geworden.

Die in Europa hergestellten T.e sind meist maschinengewebt. Nach der Beschaffenheit der gewebten T.e unterscheidet man *glatte, Noppen-* u. *Schlingen-T.e* (aufgeschnittene bzw. geschlossene Schlingen an der Oberfläche) sowie *Samt-, Plüsch-, Velours-* u. *Flor-T.e.* Glatte T.e sind z. B.

Mutter Teresa

der Haargarn-, Jute- u. Kokosfaser-T. Gewirkte T.e haben nur Kette u. Schuß, keine Knoten. Die maschinelle T.weberei wurde bes. durch J. M. *Jacquard* u. den Rutenstuhl ermöglicht.

Tequila, mexik. Schnaps aus Agavensaft; 42% Alkoholgehalt.

Terbium, ein →chemisches Element.

Terborch [-'bɔrx], Gerard, * 1617, † 1681, ndl. Maler; einer der Hauptmeister der holl. Genre- u. Bildnismalerei des 17. Jh.

Terek, Fluß in N-Kaukasien, 591 km; mündet ins Kasp. Meer.

Terengganu, Teilstaat in →Malaysia.

Terenz, Publius *Terentius Afer,* * um 195 v. Chr., † 159 v. Chr., röm. Dichter; Lustspiele.

Teresa, Mutter T., * 27.8.1910, kath. Ordensschwester alban. Abstammung; gründete den Orden »Missionare der Nächstenliebe«; 1979 Friedensnobelpreis.

Tereschkowa, Walentina Wladimirowna, * 6.3.1937, sowj. Astronautin; umkreiste als erste Frau im 16.–19.6.1963 mit dem Raumschiff »Wostok 4« 49mal die Erde.

Teresina, Hptst. des NO-brasil. Bundesstaats Piauí, am Parnaíba, 476 000 Ew.; Handel u. Verarbeitung trop. Agrarprodukte.

Termin, festgesetzter Zeitpunkt, Ende einer Frist (z.B. Fälligkeitstermin, Zahlungstermin); Zeitpunkt einer mündl. Gerichtsverhandlung.

Terminal ['tə:minəl], Endstation; Busbahnhof im Verkehr vom u. zum Flugplatz; (binnenländ.) Umschlagplatz im Containerverkehr; Ein- u. Ausgabegerät bei Großrechnern.

Termingeschäft, *Zeitgeschäft,* ein Börsengeschäft, dessen Erfüllung im Unterschied zum Kassageschäft für einen späteren Zeitpunkt festgelegt ist; als *Devisen-T.* bes. für Spekulationsgeschäfte ausgenutzt. Das T. soll Erzeugern u. Verbrauchern langfristige Dispositionen u. Ausschaltung der Kursschwankungen durch *Gegengeschäfte* ermöglichen (gleichzeitiger Verkauf u. Kauf auf Termin, so daß ein Verlust durch einen Gewinn kompensiert wird).

Terminologie, die Gesamtheit der Fachausdrücke einer Wissenschaft oder Sparte.

Terminus, Bezeichnung, Fachausdruck (*T. technicus*).

Termiten, *Weiße Ameisen, Isoptera,* Ordnung der *Insekten,* mit 2000 vorw. trop. Arten; staatenbildend. Ein T.staat enthält versch. geformte, soz. versch. gestellte Individuen. Die Königin schwillt durch Vergrößerung der Eierstöcke unverhältnismäßig stark an u. legt in bes. Kammern die Eier. Die Arbeiter sind geschlechtl. verkümmerte, meist augenlose Männchen u. Weibchen. Von diesen Arbeitern sind einige zu »Soldaten« umgebildet (harte u. oft riesig vergrößerte Mundwerkzeuge). Wie bei den Ameisen, so werden auch von den T. Pilzgärten angelegt; auch von ihnen werden gewisse andere Insektenarten geduldet (*T.gäste*). Schädl. werden die T. durch den unaufhaltsam fortschreitenden Fraß an fast allen menschl. Holzbauten. Die T. der Tropen errichten Erdbauten von 3–4 m Höhe.

Terms of Trade ['tə:mz əv 'treid], Maßzahl für den Vorteil, den ein Land aus dem *Außenhandel* zieht. Die einfachste Form der T. o. T. ist das Verhältnis der gewogenen Preisindizes der Import- u. Exportgüter eines Landes.

Terni, ital. Stadt, Prov.-Hptst. im südl. Umbrien, 110 000 Ew.

Terpene, Gruppe von Kohlenwasserstoffen, die in äther. Ölen vieler Pflanzen, bes. der Nadelhölzer, vorkommen u. vielfach als Riechstoffe dienen.

Terpentin, ein Balsam bestimmter Kiefernarten

Termitenbau

(z.B. *Pitchpine),* das zum größten Teil feste Harzanteile enthält, außerdem aber das **T.öl,** eine scharf riechende Flüssigkeit, die aus dem T. durch Destillation gewonnen wird u. hpts. aus Terpenen besteht.

Terpsichore, grch. Muse der Chorlyrik.

Terra, lat.: Erde, Land. – **T. incognita,** unbekanntes Gebiet, Neuland.

Terrain [tɛr'rɛ̃], (Bau-)Gelände, Gebiet.

Terrakotta, *Terracotta,* Kunstgegenstände aus unglasiertem, bei niedrigen Temperaturen (900 bis 1000 °C) gebranntem Ton.

Terrarium, Behälter zur Haltung von Reptilien u. Amphibien.

Terrasse, 1. nicht überdachter (Sitz-)Platz in Höhe des Erdgeschosses; Aussichtsplattform. – **2.** schmale, parallele Ebenheit an Talhängen.

Terrazzo, kaltgebundener künstl. Stein aus Estrichmörtel mit Zusatz von zerkleinertem, farbigem Naturstein (Marmor); geschliffen.

Terre des Hommes [tɛrdeˈzɔm], 1960 in Lausanne gegr. Kinderhilfswerk auf internat. Ebene.

terrestrisch, die Erde betreffend; alles, was zum Land gehört; Ggs.: *marin.*

Terrier [-riər], zuerst in England gezüchtete Hunderasse, die man zur Jagd auf Kaninchen, Fuchs u. Dachs benutzte, später in versch. Spielarten gezüchtet. Hauptformen sind Fox-T., Airedale-T., Welsh-T., Scotch-T., Irish-T., Bedlington-T., Yorkshire-T.

territorial, gebietsmäßig, zu einem Staatsgebiet gehörend, ein *Territorium* betreffend. – **T.gewässer,** *Küstengewässer,* die zum Staatsgebiet des Küstenstaats gehörenden Meeresteile. – **T.e Verteidigung,** der militär. Teil der Bundeswehr, der im Verteidigungsfall nicht der NATO unterstellt ist. – **T.system,** eine Form des Verhältnisses von Staat u. Kirche im Zeitalter des absoluten Staats, bei der die Kirche dem Staatsoberhaupt untergeordnet (*Staatskirche*) war.

Territorialitätsprinzip, der in manchen Ländern

Mongolischer Teppich mit persischer Knüpfung (44 000 Knoten pro m²); typisch ist die breite Skala der Braunabstufungen

geltende Grundsatz, wonach sich die Staatsangehörigkeit nach dem Land der Geburt richtet; auch der Grundsatz, daß ein Rechtsakt sich nach der Rechtsordnung des Landes richtet, auf dessen Gebiet er sich abspielt.

Territorium, 1. allg. Gebiet; im Röm.-Dt. Reich ein Gebiet unter der Landeshoheit eines Fürsten oder einer Reichsstadt. – **2.** in Australien, Kanada, auch in einigen südamerik. Staaten ein Verw.-Gebiet, das dünn besiedelt u. wenig entwickelt ist.

Terror, Schreckensherrschaft, brutale Willkür.

Terrorismus, seit ca. 1970 stark angewachsene, internat. verbreitete Art polit. motivierter Gewaltanwendung u. -androhung Einzelner oder kleiner Gruppen, bes. durch Attentate u. erpresser. Geiselnahme bzw. Luftpiraterie. T. kann sowohl von links- als auch von rechtsextremist. Bewegungen erfolgen. Seit 1978 ist eine »Europ. Konvention gegen den T.« in Kraft. In Dtld. steht die Bildung einer *terrorist. Vereinigung* unter Strafe.

Terschelling [tɛr'sxɛl-], eine der ndl. Westfries. Inseln, 106 km², 4300 Ew.

Tersteegen, Gerhard, * 1697, † 1769, dt. pietist. Liederdichter u. Prediger.

Tertia, in der höheren Schule früher die 4. *(Unter-T.)* u. 5. *(Ober-T.)* Klasse (entsprechen der 8. u. 9. Klasse).

tertiär, 1. Bez. für die dritte Stelle in einer Reihe. – **2.** *Geol.:* das *Tertiär* betreffend.

Tertiär, älteste Formation der Erdneuzeit; → Erdzeitalter.

Tertiarier → Terziaren.

Tertullian, Quintus Septimius Florens, * um 160, † nach 220, lat. Kirchenschriftst.; prägte die lat. theolog. Begriffssprache; maßgebend in der Trinitätslehre u. Christologie.

Terz, 1. *Fechten:* Hieb oder Stoß gegen die T.linie (gedachte Linie von der rechten Schulter zur linken Hüfte). – **2.** *Liturgie:* kirchl. Stundengebet um 9 Uhr. – **3.** *Musik:* die 3. Stufe der diaton. Tonleiter u. das für den Dreiklangsaufbau entscheidende Intervall aus 2 Ganztonschritten *(große T.)* oder einem Ganzton u. einem Halbton *(kleine T.).*

Terzerone, Mischling zw. Weißen u. Mulatten.

Terzett, Komposition für 3 Singstimmen mit oder ohne Begleitung.

Terziaren, *Tertiarier,* weibl. *Terziarinnen,* Mitgl. eines sog. Dritten Ordens, nach einer dritten, nicht so grundsätzl. u. streng bindenden Ordensregel (neben der ersten für den männl. u. der zweiten für den weibl. Zweig eines kath. Ordens).

Terzine, aus Italien stammende Strophenform mit drei fünfhebigen (10- oder 11silbigen) Versen, von denen der erste mit dem dritten reimt. Bei mehreren Strophen reimt die zweite Zeile der vorhergehenden Strophe jeweils mit der ersten u. dritten Zeile der folgenden *(Kettenreim* aba bcb cdc ...). Werkbeispiel: Dantes »Divina Commedia«.

Teschen, Doppelstadt beiderseits der tschech.-poln. (oberschles.) Grenze, an der Olsa: *Cieszyn* (Polen) u. *Český Těšín* (Tschech. Rep.). – Das *T.er Ländchen* war 1290–1653 ein böhm. Piastenherzogtum, 1653–1918 habsburg., 1920 aufgeteilt.

Tesching → Flobert.

Tesla, Einheitenzeichen T, Einheit der *magnet. Flußdichte (magnet. Induktion).* 1 T liegt vor, wenn der magnet. Fluß senkr. durch eine Fläche von 1 m² die Größe 1 Weber (Wb) hat.

Tesla, Nicola, * 1856, † 1943, US-amerik. Physiker u. Elektrotechniker kroat. Herkunft; erfand u. a. den *T.-Transformator,* der hochfrequente Wechselströme *(T.-Ströme)* liefert, die in medizin. Hochfrequenzgeräten eingesetzt werden.

Tessera, antike Wertmarke aus Bronze, Blei oder Bein, diente als Eintrittskarte zu Theater, Zirkus, Bädern oder Gästehäusern.

Tessin, 1. l. Nbfl. des Po, 260 km; mündet bei Pavia. – **2.** Kt. der → Schweiz.

Tessin, schwed. Architekten: **1.** Nicodemus d. Ä., * 1615, † 1681; baute in einem an A. *Palladio* geschulten barocken Klassizismus. – **2.** Nicodemus d. J., Sohn von 1), * 1654, † 1728, baute u. a. das Königl. Schloß in Stockholm.

Test, Stichprobe; Feststellung bzw. Feststellmethode in der experimentellen Psychol. u. in der Psychiatrie, zum Zwecke der Leistungsprüfung, Berufseignung u. der psychophys. Beschaffenheiten.

Testament, 1. die einseitige (Ggs.: *Erbvertrag)* Verfügung des *Erblassers* über den *Nachlaß,* geregelt in § 2064–2273 BGB. Fähig, ein T. zu errichten *(testierfähig),* sind nur Personen, die das 16. Lebensjahr vollendet haben (Östr. u. Schweiz: 18 Jahre). Ehegatten können ein *gemeinschaftliches T.* errichten. Das T. kann die Einsetzung eines oder mehrerer *Erben, Ersatzerben* oder *Nacherben* sowie eines *Testamentsvollstreckers,* eine *Enterbung,* ein *Vermächtnis* oder (u.) eine *Auflage* enthalten. Es muß vom Erblasser persönl., u. zwar mündl. oder schriftl. vor einem Notar oder durch eine eigenhändig handschriftl. geschriebene u. unterschriebene Erklärung errichtet werden. Nach dem Erbfall wird das T. in der Regel vom *Nachlaßgericht* förml. eröffnet u. sein Inhalt den Beteiligten mitgeteilt. Ein T. kann vom Erblasser widerrufen werden. – **2.** *Altes* u. *Neues T.* → Bibel.

Testat, Zeugnis, Bescheinigung.

Testikel [lat.], Hoden.

Testosteron, männl. → Sexualhormon.

Teststoppabkommen, *Atomtestabkommen,* am 5.8.1963 in Moskau zw. Großbrit., der UdSSR u. den USA geschlossenes Abkommen über die Einstellung der Kernwaffenversuche in der Atmosphäre, im Weltraum u. unter Wasser. Zahlr. Staaten sind beigetreten, nicht jedoch Frankreich u. China.

Tetanie, eine Krankheit, die durch Krämpfe der Extremitätenmuskulatur u. Überempfindlichkeit des Nervensystems gekennzeichnet ist; beruht auf Unterfunktion der Epithelkörperchen (Nebenschilddrüsen) u. dadurch verursachter Störung des Calcium-Stoffwechsels.

Tetanus → Wundstarrkrampf.

Tete, frz. *tête,* Kopf; militär.: Spitze eines Truppenverbandes. – **Tête-à-tête** [»Kopf an Kopf«], vertraul. Gespräch, Zusammensein (von Liebenden).

Teterow [-ro], Krst. in Mecklenburg, am *T. See,* 11 400 Ew.

Tethys, 1. ein von G.D. *Cassini* 1684 entdeckter Saturnmond; Durchmesser 1200 km. – **2.** ein erdumfassendes, vom Paläozoikum bis zum Alttertiär bestehendes Meer, aus dessen gefalteten u. emporgehobenen Ablagerungen Alpen u. Himalaya aufgebaut sind.

Tetouân [tetu'an], frz. *Tétuan,* marokkan. Handelsstadt am Fuß des Rif-Gebirges, 400 000 Ew.; fr. Hptst. des ehem. Span.-Marokko.

tetra... [grch.], in Wortzusammensetzungen: vier...

Tetra, Kurzbez. für *Tetrachlorkohlenstoff.* – **T.chlorkohlenstoff,** *T.chlormethan,* Formel CCl_4; unbrennbare, farblose Flüssigkeit von süßl. Geruch; techn. Lösungsmittel, Reinigungsmittel. – **T.chord,** Stufenfolge von 4 Tönen, Grundlage des altgrch. Tonsystems. – **T.eder,** eine von 4 kongruenten, gleichseitigen Dreiecken begrenzte Pyramide. – **T.lin,** *T.hydronaphthalin,* $C_{10}H_{12}$, eine farblose Flüssigkeit, dient als Lösungsmittel. – **T.logie,** eine Einheit von vier formal selbst. Werken, die aber durch Inhalt oder Thematik miteinander verbunden sind. – **T.meter,** in der antiken *Verslehre* ein Vers aus vier Versfüßen. – **T.poden,** *Vierfüßer,* die Wirbeltierklassen der Lurche, Kriechtiere, Vögel u. Säugetiere.

Tetrarch, *Tetrarchos,* im grch. Heer Führer einer Kavallerieabteilung; bei den Römern: Teilfürst.

Tetschen, tschech. *Děčín,* Stadt in N-Böhmen, an der Elbe, 55 000 Ew.; Maschinenbau.

Tettnang, Stadt in Ba.-Wü., nw. von Lindau (Bodensee), 14 500 Ew.; Spargel- u. Hopfenanbau.

Tetzel, Johann, * um 1465, † 1519, dt. Dominikaner. Seine Tätigkeit als Ablaßprediger veranlaßte M. *Luther,* seine 95 Thesen gegen die unwürdige Art der Ablaßverkündigung zu verfassen.

Teufe, bergmänn. Bez. für Tiefe.

Teufel, *Diabolos, Satan,* die bei fast allen Völkern bek. Verkörperung des Bösen. Nach einer Vorstellung des NT ist der T. der mit seinem Anhang (böse Geister oder Dämonen) von Gott abgefallene höchste Engel (→ Lucifer). → Beelzebub.

Teufel, Erwin, * 4.9.1939, dt. Politiker (CDU); seit 1991 Min.-Präs. von Ba.-Wü.

Teufelsauge, *Adonis,* Gatt. der *Hahnenfußgewächse;* in Dtld.: *Frühlings-T. (Adonisröschen); Herbst-T.* als Gartenpflanze.

Teufelsfisch, zu den *Drachenköpfen* gehörender, im indopazifischen Raum lebender Raubfisch; 50–60 cm lang. Der T. gilt als die giftigste Fischart der Erde.

Teufelshöhle, rd. 1600 m lange Tropfsteinhöhle im Fränk. Jura, bei Pottenstein.

Teufelsinsel, frz. *Iles-du-Diable,* Doppelinsel vor der Küste Frz.-Guyanas; ehem. berüchtigte Strafkolonie u. Verbannungsort.

Teufelskralle, Gatt. der *Glockenblumengewächse;* am häufigsten in Mitteleuropa die *Ährige T.* oder *Rapunzel.*

Teufelsmoor, Moorgebiet in Nds., nördl. von Bremen.

Teufelsnadel, häufigste dt. Edellibelle, aus der Gruppe der *Anisoptera,* schwarz-grüner Körper; geschützte Art.

Teufelsrochen, *Mobulidae,* Fam. der *Stachelrochenartigen;* mit hornartigen Kopflappen, die die Plankton-Nahrung in das endständige Maul leiten. Mit 6 m Länge u. 7 m Breite bei bis 2 t Gewicht ist der *Riesen-T., Manta,* der größte Rochen.

Teutoburger Wald, schmales Mittelgebirge in Westfalen; besteht im Hauptteil aus drei Kämmen: im SO der *Lippische Wald (Velmerstot* 468 m), im mittleren Teil der *Osning* bei Bielefeld u. im NW der *Iburger Wald (Dörenberg* 331 m).

Teutonen, germ. oder kelt. Stamm; mit den *Kimbern* u. a. von S-Gallien nach Italien gezogen, 102 v. Chr. von den Römern bei Aquae Sextiae besiegt.

Tewet, *Tebet,* der 4 Monat des jüd. Kalenders (Dezember/Januar).

Texas ['tɛksəs], Abk. *Tex.,* Staat der → Vereinigten Staaten von Amerika; umfangreiche Bewässerungswirtsch. u. Viehzucht; bed. Erdöl- u. Erdgasvorkommen der USA.

Texel ['tɛsəl], größte u. westl. der ndl. Westfries. Inseln, 190 km², 12 500 Ew., Hauptort *Den Burg.*

Text, der Wortlaut eines Schriftwerks, eines Vortrags, einer Bühnenrolle, im Ggs. zu Anmerkungen, Illustrationen u. a.; eine aus mehreren Sätzen bestehende sprachl. Einheit; der Wortlaut eines Liedes, einer Oper im Ggs. zur Melodie.

Texter, Verfasser von Texten für Werbung u. Public-Relation-Arbeit, auch von Musiktiteln.

Textilkunst, Sammelbez. für künstler. gestaltete, dekorative Erzeugnisse aus Textilfasern, bes. Flecht-, Knüpf-, Wirk- u. Webwaren, Zeugdrucke, Häkel-, Spitzen- u. Stickereiarbeiten; eine Gattung des Kunsthandwerks.

Textkritik, *Philologie,* i.e.S. die wiss. Methoden, den urspr. Wortlaut eines Textes möglichst einwandfrei zu sichern; bes. erforderl. bei antiken u. mittelalterl. Schriften, die im Original verloren sind u. von denen oft mehrere (teilweise voneinander abweichende) Abschriften überliefert sind. Die textkrit. durchgesehene Ausgabe einer Schrift wird als *kritische Ausgabe* bezeichnet.

Textur, Gewebe, Gefüge oder Anordnung.

Textverarbeitung, die Erstellung, Überarbeitung u. Speicherung jeder Art von Text mittels elektron. Datenverarbeitung (meist als T. im Bürobereich durch Personal Computer verstanden).

TH, Abk. für *Techn. Hochschule.*

Thackeray ['θækəri], William Makepeace, * 1811, † 1863, engl. Schriftst.; einer der Hauptvertreter des Realismus; schilderte die engl. Gesellschaft seiner Zeit; Ⓦ Roman »Jahrmarkt der Eitelkeit«.

Thaddäus, *Lebbäus,* Apostel Jesu, → Judas (1).

Thadden-Trieglaff, Reinold von, * 1891, † 1976, dt. Jurist; 1949 Gründer u. Präs. des Dt. Ev. Kirchentags.

Thai, *Tai,* eine überwiegend mongolide Völkergruppe, die als große Völkerwelle aus S-China von Christi Geburt an nach Hinterindien einwanderte. Im 1. Jh. gründeten sie versch. Reiche, u. a. das der *Siam* in Thailand.

Thailand, Staat in Hinterindien (Asien), 513 115 km², 56,5 Mio. Ew., Hptst. *Bangkok.*

Thailand

Landesnatur. Fächerförmig greifen die hinterind. Kettengebirge (2000–3000 m hoch) in die fruchtbare Schwemmlandebene des *Menam.* Das Monsunklima begünstigt das Wachstum von dichtem trop. Regenwald.

Die zu etwa 94% buddhist. Bevölkerung gehört überwiegend jungmongoliden Thaivölkern an. Daneben gibt es Minderheiten von *Khmer* u. *Mon* sowie Chinesen u. Malaien.

896 thailändische Sprache

Thailand: Der Marmortempel ist einer von rund 380 Tempeln, die sich in der Hauptstadt Bangkok befinden

Wirtschaft. T. ist eines der größten Reisexportländer der Welt. Wichtig ist auch der Anbau von Mais, Hirse u. Zuckerrohr sowie die Gewinnung von Kautschuk u. Kenaf. Neben dem Reisanbau ist der Fischfang wichtigster Wirtschaftszweig T.s. Die Waldwirtschaft liefert dem Weltmarkt das Teakholz. Die wichtigsten Bodenschätze sind Zinn u. Wolfram. Textilien, Baustoffe, Petrochemie, elektron. Geräte, Konserven u. Maschinenmontage haben sich als neue Industriezweige entwickelt. – Auf 10 000 km Flüssen u. Kanälen wird der größte Teil des Binnenverkehrs abgewickelt.

Geschichte. Vor der Einwanderung der Thai bestanden seit dem 1. Jt. v. Chr. *Mon-Khmer-Staaten*. Im 11. u. 12. Jh. assimilierten sich die Thai mit den Bewohnern des Mon-Reichs u. drangen im 13. Jh. weiter südl. vor. 1350 wurde Ayutthaya Hptst. des Reichs. 1767 zerstörten die Birmanen Ayutthaya. 1782 wurde die bis heute regierende *Chakri-Dynastie* begr. 1932 wurde T. (das bis 1938 Siam hieß) konstitutionelle Monarchie. Im 2. Weltkrieg besetzten jap. Truppen das Land. In der Folgezeit kam es zu zahlreichen Putschen. Militär- u. Zivilregierungen wechselten. Erst seit den 1980er Jahren stabilisierte sich die Innenpolitik gestützt durch ein starkes Wirtschaftswachstum. Staatsoberhaupt ist seit 1946 König Phumiphol Aduljadedsch (Rama IX.).

thailändische Sprache, *Thai, siames. Sprache,* bildet mit dem *Laotischen* u. *Vietnamesischen (Annamitischen)* die *thailänd. Sprachfamilie,* kennt nur einsilbige Wörter. Die Schrift entstand aus der ind. Pali-Quadratschrift.

Thale/Harz, Stadt in Sachsen-Anhalt, am Harzrand, 16 600 Ew.; Eisen- u. Hüttenwerk; Fremdenverkehr.

Thales von Milet *um 625 v. Chr., † um 545 v. Chr., grch. Philosoph; einer der *Sieben Weisen,* gilt seit Aristoteles als Begr. der Philosophie. Nach seiner Lehre ist die Vielfalt der Elemente u. der Einzeldinge aus dem Wasser entstanden.

Thalia, in der grch. Myth. die Muse der Komödie; Symbol des Schauspiels.

Thalidomid, Schlaf- u. Beruhigungsmittel, war 1960–62 unter dem Namen *Contergan* im Handel; wird in ursächl. Zusammenhang gebracht mit angeborenen Mißbildungen u. Nervenschädigungen.

Thallium, ein → chemisches Element, ein weiches Metall, in den chem. Eigenschaften dem Blei ähnl.; T.verbindungen sind sehr giftig (fr. als Rattengift verwendet).

Thalluspflanzen, *Thallophyta, Lagerpflanzen,* vielzellige oder zumindest vielkernige Pflanzen, die einen fadenförmigen, flächigen oder körperl. Verband, ein sog. Lager *(Thallus),* bilden. T. sind die meisten Algen, Pilze, Flechten u. Moose.

Thälmann, Ernst, *1886, †1944 (ermordet), dt. Politiker; seit 1925 Vors. der KPD, 1933–44 ohne Prozeß in Gefängnishaft; auf direkten Befehl Hitlers erschossen.

Thanatos, grch. Todesgott, Bruder des *Hypnos* (Schlaf), Sohn der *Nyx* (Nacht).

Thanksgiving Day [ˈθæŋksgiviŋ dɛi], Erntedankfest, am 4. Donnerstag im Nov. begangener Feiertag in den USA.

Thar, Dornsavanne mit wüstenhaftem Charakter im NW Indiens (Rajasthan) u. in Pakistan.

Thasos, grch. Insel im nördl. Ägäischen Meer, 379 km², 13 000 Ew.; im *Hypsarion* 1203 m hoch, waldreich.

Thatcher [ˈθætʃə], Margaret H., Baroness T. *of Kesteven,* *13.10.1925, brit. Politikerin; 1975–90 Parteiführerin der Konservativen, 1979–90 Prem.-Min. (1. weibl. Reg.-Chef Europas).

Thaumaturgos, »Wundertäter«, Beiname mehrerer Heiliger der orth. Kirchen.

Thaya, tschech. *Dyje,* r. Nbfl. der March, 282 km; mündet bei Hohenau.

Margaret Thatcher

Theater, die Gesamtheit der aufführenden Künste (Schauspiel, Oper, Operette, Ballett) sowie das Gebäude, in dem die Aufführungen stattfinden. Der T.-Betrieb steht unter der Leitung eines Intendanten, eines Direktors oder eines gewählten Kollegiums. In künstler. Fragen stehen dem Intendanten ein Schauspiel- u. Operndirektor oder der Oberspielleiter des Schauspiels, der Oper u. der Operette sowie der Dramaturg zur Seite.

Geschichte. Das T. ist kult. Ursprungs. Schon im 3. Jt. v. Chr. führten die Ägypter Spiele zu Ehren des Gottes Osiris auf. In China gehen die Anfänge des T. bis ins 2. Jt. v. Chr. zurück. In Japan beginnt die Geschichte des T. im 14. Jh. *(No-Drama).* Die Blütezeit des ind. T. begann mit *Kalidasa* im 5. Jh. In Griechenland Anfänge des europ. T. aus dem Dionysoskult: Freilichtaufführungen in *Amphi-T.;* die Schauspieler (nur Männer) traten auf der *Skene* in Gesichtsmasken auf. – Im MA szen. Darst. bibl. Stoffe (Mysterienspiele, Osterspiel, Passionsspiel, Krippenspiel) u. volkstüml. Stücke. Die Bühne des MA war entweder die *Wagenbühne,* bei der die einzelnen Schauplätze am Zuschauer vorübergefahren wurden, oder die *Simultanbühne,* bei der die Zuschauer von einer Dekoration zur anderen wanderten.

In England verbanden sich Moralitäten u. Renaissance-T. zu den *Historien,* die Shakespeare zu

Theoderich d. Gr.: Bildnis des Gotenkönigs auf einer Goldmünze des 6. Jahrhunderts

höchster Vollendung brachte. Die schon 1585 auch in Dtld. auftretenden engl. Komödianten vermittelten die großen engl. Dramen u. regten die Gründung von Berufsensembles (Banden) an. In dieser Zeit entwickelte sich unter ital. Einfluß (→ Commedia dell'arte) die heute übl. Form der Bühne. Auch die ital. → Oper nahm starken Einfluß auf das T. in Dtld. Bei Lessing liegen die Anfänge der Dramaturgie u. Theaterkritik. Realist. maßvoller Bühnenstil durch Schröder (Hamburg u. Wien) u. Iffland (Mannheimer Nationaltheater). Um 1800 hatten die meisten Wandertruppen ein festes Heim gefunden; am bed. waren das Wiener Burg-T. u. das Münchner Hof-T., der Schauspielerstand begann soz. zu steigen. Dramaturg. Impulse gingen v. a. von Laube, Dingelstedt u. R. Wagner aus. Einheitlichkeit u. histor. Treue waren Anliegen der *Meininger* (seit 1874).

Die entscheidende Bühnenreform im 19. Jh. führte O. Brahm mit der »Freien Bühne« (Berlin, 1889) durch, indem er durch die Aufführung der Dramen H. Ibsens, G. Hauptmanns u. a. dem naturalist. Darst. zum Durchbruch verhalf. Neuromant. Gegenströmungen fanden in M. Reinhardts Stimmungsbühne (seit 1905 im »Dt. T.« Berlin) ihren Niederschlag, die alle techn. u. künstler. Mittel in intuitive Inszenierungen einbezog u. Farbigkeit u. Musikalität der Dramatik betonte. Stärkste Anregungen für den Bühnenstil des Expressionismus gingen von der russ. Bühne aus. Tendenzen des heutigen T.s sind die intellektuelle Andeutung u. die Neigung zum Stilisieren, bes. im Bühnenbild. Einen großen Einfluß übte B. *Brecht* mit seinen Modellinszenierungen aus. Die in den Zuschauerraum vorspringende Raumbühne will die scharfe Grenze zw. Darsteller u. Publikum aufheben u. einen engeren Kontakt zw. ihnen herstellen. In den 1960er u. 1970er Jahren herrschte das polit. u. dokumentar. T. vor. Zu Beginn der 1980er Jahre wurde eine Wendung zur Innerlichkeit deutlich. Neue Wirkungsmöglichkeiten erhofft sich das T. durch die Erschließung weiterer Publikumsschichten (Kinder-T.). Man versucht den Zuschauer auch außerhalb des T.gebäudes anzusprechen (Straßen-T.).

Theatiner, ein kath. Orden für Regularkleriker, gegr. 1524 in Rom zur religiösen Erneuerung des Klerus.

Theben, 1. grch. *Thebai,* mittelgrch. Stadt nw. von Athen, 18 000 Ew.; Schauplatz der Sage von *Ödipus, Antigone* u. den *Sieben gegen T. –* T. verbündete sich im *Korinth. Krieg* mit Athen, Argos u. Korinth gegen Sparta. Der Sieg *Epaminondas'* bei Leuktra 371 v. Chr. begr. T. Hegemonie. *Philipp II.* von Makedonien beendete T. Selbständigkeit. – **2.** grch. Name einer altägypt. Stadt beim heutigen *Luxor* in Oberägypten; seit Beginn des Mittleren Reichs (um 2040 v. Chr.) relig. Zentrum, in der 18. Dynastie (um 1550–1305 v. Chr.) Hptst. Ägyptens.

Theiler, Max, *1899, †1972, US-amerik. Bakteriologe; erforschte das Gelbfieber; Nobelpreis für Medizin 1951.

Theismus, die religiöse oder philos. Überzeugung von der Existenz eines göttl. Wesens; Ggs.: *Atheismus.*

Theiß, ung. *Tisza,* rumän. *Tisa,* l. Nbfl. der Donau, 977 km, mündet östl. von Neusatz.

Thailand: auf dem »Schwimmenden Markt« in Bangkok

Thema, 1. Gegenstand, Grundgedanke, z.B. einer schriftl. Arbeit. – **2.** sich wiederholender, aus *Motiven* zusammengesetzter musikal. Gedanke.

Themistokles, *um 525 v. Chr., †459 v. Chr., athen. Politiker; Schöpfer der athen. Flotte; besiegte 480 v. Chr. die pers. Flotte bei *Salamis*.

Themse, engl. *Thames*, Fluß in S-England, 336 km, mündet bei Sheerness in die Nordsee; fließt durch London.

Theoderich, 1. T. d. Gr., *um 454, †526, Ostgotenkönig 473–526; zog im Auftrag des oström. Kaisers *Zenon* 488 nach Italien, um *Odoaker* zu vertreiben, u. herrschte über Italien mit Sizilien u. Dalmatien, die Provence u. über Teile von Rätien, Illyrien u. Noricum; Grabmal in Ravenna. In der Sage: *Dietrich von Bern*. – **2. T. I.,** †451, Westgotenkönig 418–451; begr. das Westgotenreich um Toulouse; fiel auf den Katalaunischen Feldern gegen die Hunnen.

Theodizee, Rechtfertigung Gottes gegenüber den Einwänden, die aus der Tatsache des phys. u. moral. Übels u. des Bösen in der Welt gegen seine Allmacht, Weisheit, Liebe u. Gerechtigkeit erhoben werden können; Begriff von Leibniz eingeführt.

Theodolit, wichtigstes Gerät der Vermessungskunde, zur Ermittlung von Horizontal- u. Vertikalwinkeln; ein Fernrohr mit Fadenkreuz.

Theodosius I.: Huldigung des Kaisers durch besiegte Feinde; Relief auf dem Marmorsockel des ägyptischen Obelisken auf dem Hippodrom in Istanbul

Theodora, *497, †548, byzantin. Kaiserin, einflußreiche Frau des Kaisers *Justinian I*.

Theodorakis, Mikis, *29.7.1925, grch. Komponist (hpts. folklorist. Lieder); W Filmmusik zu »Alexis Sorbas« u. »Z«.

Theodosius, *T. I., T. d. Gr.,* Flavius, *347, †395, röm. Kaiser 379–395; schloß 382 mit den Westgoten einen Friedens- u. Bündnisvertrag. T. vereinigte 394 das Röm. Reich noch einmal.

Theogonie, Ursprung u. Herkunft der Götter.

Theokratie, eine geistl. Herrschaftsform, bei der der Regent als Stellvertreter der Gottheit oder als ihr Sohn aufgefaßt wird.

Theokrit, *um 310 v. Chr., †um 250 v. Chr., grch. Dichter; begr. die *bukol. Dichtung*.

Theologie, die wiss. Lehre von Gott. – Das wiss. – logische – Verfahren in der T. will nicht die theolog. Prinzipien begründen, die ja als durch Offenbarung gesetzt gelten, sondern dient der Schlußfolgerung aus diesen Prinzipien. Die kath. T. erkennt als Quelle der geoffenbarten Wahrheit neben der Hl. Schrift auch die mündl. überlieferte Tradition an u. weiß sich gebunden an die vom Lehramt der Kirche festgelegten Lehrentscheidungen (*Dogmen*). – Nach ev. Verständnis geht es in der T. nicht um log. Schlußfolgerungen, sondern um Interpretation der vorgegebenen u. in der Hl. Schrift bezeugten Gottestat der Offenbarung.

Theophrast, eigtl. *Tyrtamos*, *372 v. Chr., †287 v. Chr., grch. Philosoph; bed. Schüler u. Nachfolger des *Aristoteles*.

THEATER

Das Düsseldorfer Schauspielhaus ist ein Beispiel für den modernen Theaterbau

Arenabühne des Nationaltheaters Mannheim

Baum für das Schlußbild von Verdis »Falstaff« aus drei Teilen und einem Podest für den Sänger (links); Ansicht der gleichen Kulisse vom Zuschauerraum aus (rechts). Deutsche Oper Berlin

Burgtheater in Wien (links). – Mit Webers »Freischütz« wird die Wiedereröffnung der Semper-Oper in Dresden gefeiert (rechts)

Theorbe, eine Baßlaute (16.–18. Jh.) mit freien Bordunsaiten u. einem zweiten Wirbelkasten für die freien Saiten.
Theorem, ein Lehrsatz.
Theorie, eine durch Denken gewonnene Erkenntnis, eine Erklärung von Zusammenhängen u. Tatsachen aus ihnen zugrunde gelegten Gesetzen, die nicht immer bewiesen sind.
Theosophie, das angebl. unmittelbare Erschauen u. Erkennen des Göttlichen oder Absoluten. Die 1875 von H.P. Blavatsky u. H.S. Olcott gegr. Theosoph. Gesellschaft will eine allg. Bruderschaft der Menschen erreichen. R. Steiner trennte sich 1913 von der Gesellschaft u. begr. die **Anthroposophie.**
Thera, *Thira* →Santorin.
Therapeut, jemand, der eine **Therapie** (Heilbehandlung) anwendet; behandelnder Arzt.
Therapsiden, säugerähnl. Reptilien, Vorfahren der Säugetiere.
Theresia von Ávila, *Teresa von Ávila,* auch *Theresia von Jesus,* *1515, †1582, span. Karmeliterin; Heilige (Fest: 15.10.).
Theresia von Lisieux, *Theresia vom Kinde Jesus (u. vom hl. Antlitz),* eigtl. *Thérèse Martin,* *1873, †1897, frz. Karmeliterin; Heilige (Fest: 1.10.).
Theresienstadt, tschech. *Terezín,* Stadt in N-Böhmen (Tschech. Rep.), an der Eger, 3000 Ew.; 1941–45 von der SS unterhaltenes jüd. Ghetto, Durchgangsstation für 88000 Juden auf dem Weg in die Vernichtungslager.
Thermen, 1. *Thermalquellen,* ständig über 20 °C warme Quellen. – **2.** im röm. Altertum die öffentl. Badeanstalten, oft mit Sportplätzen, Kunstsammlungen u. Bibliotheken ausgestattet. Die größten T. sind die des Caracalla (1. Drittel des 3. Jh.) u. des Diocletian (heute Thermenmuseum) in Rom.
Thermidor →Kalender.
Thermik, vertikal aufwärts gerichtete Luftströmung *(Aufwind).*
thermisch, die Wärme betreffend.
thermo... [grch], Wortbestandteil mit der Bedeutung »Wärme, Hitze«. – **T.dynamik,** Teilgebiet der Wärmelehre. – **T.elektrizität,** Elektrizität, die beim Erwärmen einer Lötstelle zw. zwei versch. Metallen entsteht. Haben in einem geschlossenen Leiter 2 solche Lötstellen versch. Temp., so fließt ein elektr. Strom *(T.strom).*
Thermometer, ein Meßgerät, das die Temp. anzeigt. Am häufigsten sind *Ausdehnungs-T.,* die auf der Ausdehnung von Flüssigkeiten (z.B. Alkohol), Gasen (z.B. Luft) oder Metallen (z.B. Quecksilber) beruhen. Die Temp. wird mittels einer Skala gemessen (z.B. *Celsiusskala),* die durch 2 Bezugspunkte (Fixpunkte: Gefrier- oder Eispunkt, Siedepunkt des Wassers bei 101325 Pa) geeicht u. in Grade unterteilt ist. Der Abstand beider Punkte, der beim Celsius-T. (dem gebräuchl. T.) in 100 °C eingeteilt wird, ist der *Fundamentalabstand.* Beim *Maximum-T.* (z.B. *Fieber-T.)* behält der Flüssigkeitsfaden seine höchste Stellung so lange bis, er heruntergeschüttelt wird. *Minimum-T.* zeigen die geringste Temp. an, die während einer gewissen Zeitdauer vorgekommen ist.
Thermoplaste →Kunststoffe.
Thermopylen, nach seinen heißen Schwefelquellen benannter Engpaß in Mittelgriechenland; bek. durch die Schlacht 480 v. Chr., in der der spartan. König *Leonidas* die Landenge gegen pers. Übermacht verteidigte.
Thermosgefäße, doppelwandige, verspiegelte Flaschen oder Behälter mit luftleerem Zwischenraum, der den Wärmeaustausch unterbindet.
Thermosphäre →Atmosphäre.
Thermostat, ein Regler, der Temperaturen auf einem eingestellten Wert hält. Ein Bimetallstreifen reagiert auf Temperaturschwankungen.
Thesaurus, im alten Griechenland tempelartiges Gebäude für Weihgaben; auch Buchtitel in der Bed.: Wort-, Wissensschatz, Sammelwerk.
These, Lehrsatz, Behauptung.
Theseus, sagenhafter Nationalheld der antiken Athener, Sohn des *Poseidon* oder *Ägeus,* des Königs von Athen. Er erschlug den *Prokrustes* u. tötete den *Minotauros* im Labyrinth auf Kreta, in dem er sich durch den Faden der *Ariadne* orientierte.
Thespis, erster grch. Tragödiendichter u. Schauspieler in Athen, 6. Jh. v. Chr. Horaz berichtet, T. sei auf Wagen herumgezogen. Daher: **T.karren,** Schauspielerwohnwagen, Wanderbühne.
Thessalien, *Thessalia,* fruchtbare Beckenlandschaft u. Region in Griechenland; Hauptort *Larisa.*
Thessaloníki →Saloniki.
Theten, im antiken Athen die besitzlosen, auf Lohnarbeit angewiesenen freien Bürger.
Thetis, grch. Meergöttin, Tochter des *Nereus,* Mutter des *Achilles.*
Thiamin, Vitamin B$_1$.
Thiazine, Gruppe heterozykl. Verbindungen mit je einem Schwefel- u. Stickstoffatom im Ring; Grundsubstanz der *Thiazin-Farbstoffe.*
Thibaut IV. [tiˈbo], Graf der Champagne, als *Thibaut I.* König von Navarra, *1201, †1253, frz. Dichter; populärster Minnesänger.
Thidrekssaga [ˈθɪdrɛks-], norw. Sagensammlung um *Dietrich von Bern* u.a.; vielfach die einzige Quelle der dt. Heldensage; um 1250 entstanden.
Thielicke, Helmut, *1908, †1986, dt. ev. Theologe; W »Theol. Ethik«.
Thieme, Ulrich, *1865, †1922, dt. Kunsthistoriker; begr. 1907 mit F. *Becker* das »Allg. Lexikon der bildenden Künstler« (*T.-Becker,* 37 Bde.).
Thiers [tjɛːr], Adolphe, *1797, †1877, frz. Historiker u. Politiker (Liberaler); 1871–73 Präs. der Rep.
Thierse, Wolfgang, *22.10.1943, dt. Politiker (SPD); seit 1990 einer der stellv. Partei-Vors.
Thiès [tiˈɛs], Stadt in der W-afrik. Rep. Senegal, östl. von Dakar, 150000 Ew.; Handelszentrum.
Thiess, Frank, *1890, †1977, dt. Schriftst.; prägte den Begriff »innere Emigration«.
Thimbu, *Timphu,* Residenz von *Bhutan,* Himalaya.
Thimig, östr. Schauspielerfamilie: **1.** Hans, *1900, †1991; Charakterdarsteller. – **2.** Helene, *1889, †1974; verh. mit M. *Reinhardt.* – **3.** Hermann, *1890, †1982; jugendl. Held, Charakterrollen. – **4.** Hugo, Vater von 1)–3), *1854, †1944; 1912–17 Dir. des Wiener Burgtheaters.
Thing, in der german. u. fränk. Zeit die Volksversammlung als Gerichts- u. Heeresversammlung.
Thionville [tjɔ̃ˈviːl], frz. Name der Stadt *Diedenhofen.*
Thioplaste, schwefelhaltige Kunststoffe, dem Kautschuk sehr ähnlich.
Tholos, antiker Rundbau, verwendet als Tempel, für den Heroenkult, u. als Versammlungsraum.
Thoma, 1. Hans, *1839, †1924, dt. Maler u. Graphiker; stimmungsvolle Landschaften, heimatverbundene Figurenbilder. – **2.** Ludwig, *1867, †1921, dt. Schriftst.; Redakteur beim »Simplicissimus«; W humorist. Erzählungen: »Lausbubengeschichten«, »Jozef Filsers Briefwexel«.
Thomanerchor, seit 1519 nachweisbarer Chor der Leipziger Thomaskirche; 1723–50 von J.S. Bach geleitet.
Thomas, 1. einer der zwölf Jünger u. Apostel Jesu, Heiliger (Fest: 3.7.). – **2.** [toˈma], Ambroise,

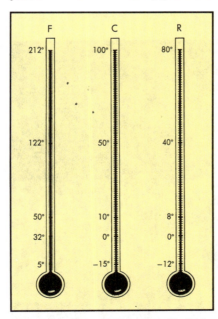

Thermometer: Skalen mit Fahrenheit- (F), Celsius- (C) und Réaumur-Einteilung (R)

Triumph des hl. Thomas von Aquin, der alle Bücher der Bibel und die Hauptwerke des Aristoteles kommentierte; Gemälde von F. Traini, 14. Jahrhundert. Pisa, S. Catarina

*1811, †1896, frz. Komponist; W Oper »Mignon«. – **3.** [ˈtɔməs], Dylan, *1914, †1953, engl. Schriftst.; führender Lyriker seiner Generation. – **4.** Kurt, *1904, †1973, dt. Komponist (Kirchenmusik) u. Chorleiter; 1957–60 Thomaskantor in Leipzig. – **5.** [ˈtɔməs], Sidney Gilchrist, *1850, †1885, engl. Ingenieur; erfand 1878 das *T.-Verfahren.*
Thomasius, Christian, *1655, †1728, dt. Rechtsphilosoph; Vertreter des dt. Naturrechtsdenkens; hielt 1687 die erste öffentl. Vorlesung in dt. Sprache.
Thomaskantor, Leiter des Thomanerchors.
Thomasmehl, phosphorsäurehaltiges Düngemittel aus der Schlacke, die bei der Stahlherstellung nach dem *Thomas-Verfahren* anfällt.
Thomas Morus →More (2).
Thomas-Verfahren, Verfahren bei der Stahlherstellung: Luft wird durch Düsen im Boden eines Konverters *(Thomasbirne)* durch das Roheisen geblasen; Nebenprodukt: *Thomasmehl.*
Thomas von Aquin, *Thomas Aquinas,* *um 1225, †1274, ital. Theologe u. Philosoph; Dominikaner, studierte u.a. bei Albertus Magnus in Köln; lehrte in Paris u. in Italien. – Er versuchte, zur Klärung der Glaubensgeheimnisse die natürl. Vernunft, insbes. das philosoph. Denken des *Aristoteles,* heranzuziehen u. der Theologie den Charakter einer Wiss. zu geben: Die Offenbarung ist nicht wider-, sondern übervernünftig. W »Summa contra gentiles« (Auseinandersetzung mit nicht-christl., bes. islam. Denken), »Summa theologica« (System der Theologie u. Philosophie). Seine Werke bilden die bevorzugte Grundlage aller philosoph.-theolog. Studien in der kath. Kirche. – Heiliger (Fest: 28.1.).
Thomas von Kempen, *Thomas a Kempis,* eigtl. T. *Hemerken,* *1379 oder 1380, †1471, dt. Mystiker; Augustinerchorherr.
Thompson [ˈtɔmpsən], Francis, *1859, †1907, engl. Schriftst., von myst. Religiosität geprägt.
Thomson [ˈtɔmsən], **1.** Sir George Paget, *1892, †1975, brit. Physiker; entdeckte die Beugung von Elektronen an Kristallen; Nobelpreis 1937. – **2.** James, *1700, †1748, schott. Schriftst.; begr. mit seinem naturbeschreibenden Gedicht »The Seasons« eine neuartige realist. Naturauffassung in der europ. Literatur; schrieb das brit. Nationallied »Rule Britannia«. – **3.** Sir Joseph John, *1856, †1940, brit. Physiker; Mitbegr. der modernen Atomphysik; Nobelpreis 1906. – **4.** Sir William, Baron *Kelvin of Largs* (seit 1892), *1824, †1904, brit. Mathematiker u. Physiker; definierte die absolute Temperaturskala *(Kelvin-Skala);* entdeckte das Argon.

Thonburi, Vorstadt der thailänd. Hptst. *Bangkok,* bis 1973 selbst.

Thonon-les-Bains [tɔˈnɔleˈbɛ̃], frz. Bade- u. Luftkurort über dem *Genfer See,* fr. Hptst. des *Chablais,* 27 300 Ew.

Thöny, Eduard, *1866, †1950, östr. Maler u. Graphiker des Jugendstils.

Thor, nord. Gott (entspr. →Donar), Wettergott.

Thora, *Tora,* im Judentum das Gesetz Gottes oder das mosaische Gesetz, allg. Bez. für die »fünf Bücher Mose« im AT; auf eine Rolle aufgezeichnet u. in der Synagoge im *T.schrein* aufbewahrt.

Thorax, 1. die *Brust,* der mittlere Körperabschnitt der Insekten zw. Kopf u. Hinterleib *(Abdomen),* der Träger der Gangbeinpaare. – **2.** der *Brustkorb* der Säugetiere, gebildet von den Rippen.

Thoreau [ˈθɔrou], Henry David, *1817, †1862, US-amerik. Schriftst., stand dem Transzendentalismus Emersons nahe, betonte einen individuellen Idealismus. W »Poems of nature«.

Thorium, ein →chemisches Element.

Thorn, poln. *Toruń,* Stadt in Polen, an der unteren Weichsel, 197 000 Ew.; Geburtsort des Kopernikus; Bürgerhäuser in Backsteingotik; chem., Maschinen- u. Nahrungsmittelind. – G e s c h.: 1231 vom Dt. Orden gegr., Hansestadt, Stadtstaat unter poln. Oberhoheit, 1793–1919 preuß., dann poln.; 1939–45 Teil des Reichsgaues Danzig-Westpreußen.

Thorn, Gaston, *3.9.1928, luxemburg. Politiker (Demokrat. Partei); 1974–79 Min.-Präs., 1981–84 Präs. der EG-Kommission.

Thorndike [ˈθɔːndaik], Edward Lee, *1874, †1949, US-amerik. Psychologe, arbeitete über Lernpsychologie.

Thornhill [ˈθɔːn-], Sir James, *1675 oder 1676, †1734, engl. Maler u. Radierer; schuf monumentale Wand- u. Deckengemälde.

Thorvaldsen, Bertel, *1768, †1844, dän. Bildhauer; bed. Vertreter der klassizist. Plastik. W *Amor u. Psyche.*

Thoth, altägypt. Gott, Schutzherr der Schreibkunst (Literatur u. Wiss.); vorw. mit Ibiskopf dargestellt.

Thrakien, grch. *Thrake,* SO-europ. Ldsch. u. grch. Region zw. den Rhodopen u. dem Istrancagebirge. – In der Antike hieß T. der östl. Teil der Balkanhalbinsel von der Ägäis bis zur Donau. – G e s c h.: Seit etwa 1000 v. Chr. war das Land von den indoeurop. Völkerschaften der *Thraker* bewohnt. 342 v. Chr. wurde es makedon., 281 v. Chr. röm. Prov. Vom 10.–14. Jh. war T. bulg., dann türk.; 1923 kam der westl. Teil zu Griechenland.

Threnos, altgrch. Klagelied zur Flötenbegleitung.

Thriller [ˈθrilə], auf Spannungseffekte u. Nervenkitzel ausgeheckter Roman oder Film.

Thrombose, Bildung von Pfropfen *(Thromben)* aus Blutbestandteilen (Fibrin, Blutkörperchen) in Herz u. Gefäßen. Ursache sind Veränderungen der Gefäßinnenwand oder Verlangsamung der Blutströmung durch Stauung. Häufig führt Venenentzündung zur T. Sie ist gefürchtet wegen der Gefahr einer →Embolie.

Thrombozyten, *Blutplättchen* →Blut.

Thrombus, Blutpfropf.

Thron, meist kunstvoller u. im Material kostbarer Stuhl, urspr. Sitz der Gottheit, später Ehrensitz des röm. Kaisers, dann allg. eines Fürsten. – **T.folge,** die Nachfolge als Monarch beim Tod oder sonstigen Ausscheiden des bisherigen Trägers der Krone.

Thule, 1. nach antiker Vorstellung ein Inselland, das den nördl. Teil der Welt bilden sollte. – **2.** Eskimosiedlung in N-Grönland; US-amerik. Militärstützpunkt.

Thulium, ein →chemisches Element.

Thumb, Peter, *1681, †1766, dt. Baumeister. W Stiftskirche in St. Gallen u. Bibliothek.

Thun, schweiz. Bez.-Hptst. im Kt. Bern, am Ausfluß der Aare aus dem *T.er See* (48 km², bis 217 m tief), 37 000 Ew.; mittelalterl. Stadtbild.

Thunbergie, ein in SO-Afrika heim. *Akanthusgewächs,* darunter die *Geflügelte T.* oder *Schwarze Susanne.*

Thunder Bay [ˈθʌndə bei], Hafenstadt in der kanad. Prov. Ontario, am Oberen See, 112 000 Ew.

Thünen, Johann Heinrich von, *1783, †1850, dt. Nationalökonom; entwickelte eine Standorttheorie der Landwirtschaft *(T.sche Kreise).*

Thunfische, Gatt. *Thunnus* der *Makrelen;* in trop. u. gemäßigten Meeren weit verbreitet; Raubfisch, bis 1,50 m lang, von großer wirtsch. Bedeutung.

Thurgau, Kt. der →Schweiz, südl. des Bodensees; Hptst. *Frauenfeld.* – G e s c h.: Zunächst alemann., 1264 zu Habsburg, 1460 von den Eidgenossen erobert, 1803 eig. Kanton.

Thüringen, Land in Dtld., 16 251 km², 2,72 Mio. Ew.; Hptst. (seit 1990) *Erfurt;* Hptst. bis 1945 *Weimar;* bis 1952 Land der DDR, Hptst. *Erfurt.* – T. ist ein Teil der Mittelgebirgsschwelle. Sein Rückgrat bildet der *Thüringer Wald* (im Großen Beerberg 982 m), der sich nach SO im *Thüring. Schiefergebirge* u. im *Frankenwald* fortsetzt. Zentrum des Landes ist das fruchtbare *Thüringer Becken.* Bodenschätze: Kali u. Braunkohle. – G e s c h i c h t e. 531 wurde T. im N von den Sachsen, im übrigen vom Frankenkönig *Theuderich* erobert, seitdem als fränk. Prov. regiert u. im 8. Jh. von Bonifatius christianisiert. Seit 1050 setzte sich das Geschlecht der *Ludowinger* durch, 1247 das der *Wettiner.* Zuletzt bestand T. aus dem Großherzogtum *Sachsen-Weimar-Eisenach,* den 3 Herzogtümern *Sachsen-Meiningen, Sachsen-Altenburg* u. *Sachsen-Coburg-Gotha* u. den vier Fürstentümern *Schwarzburg-Sondershausen* u. *Schwarzburg-Rudolstadt, Reuß ältere Linie* (Greiz) u. *Reuß jüngere Linie* (Gera). Sie schlossen sich 1920 zum Land T. zus. 1952 wurde T. als Land aufgehoben u. in die Bezirke Gera, Erfurt u. Suhl aufgeteilt. 1990 wurde T. als Land wiederhergestellt.

Thurn, Heinrich Matthias Graf von, *1567, †1640, Führer der prot. Stände in Böhmen; am *Prager Fenstersturz* beteiligt.

Thurn und Taxis, urspr. lombard. Fürstengeschlecht *de la Torre;* 1615–1867 Reichserbgeneralpostmeister.

Thusnelda, Frau des Cheruskerfürsten *Armin.* Sie heiratete ihn gegen den Willen ihres Vaters, des Cheruskerfürsten *Segestes.*

Thutmosis →Tuthmosis.

Thymian, *Quendel,* Gatt. der *Lippenblütler;* Hauptverbreitung im Mittelmeergebiet; die Arten des Halbstrauches werden u. a. für Kräuterbäder u. als Gewürz verwendet.

Thymus, beim Tier *Bries, Briesel,* eine innersekretor. innere Brustdrüse unterhalb der Schilddrüse. Bei vielen Säugern u. beim Menschen verkümmert der T. mit Beginn der Pubertät. Die Hormone des T. zeigen Beziehung zum infantilen Wachstum u. zur primären Immunisierung.

Thyreotropin, Abk. *TSH,* ein Hormon des Hypophysenvorderlappens, das die Schilddrüse zur Bildung von **Thyroxin** anregt, ein jodhaltiges Hormon, das den Grundumsatz steuert, indem es den Abbau von Kohlenhydraten u. Fetten steigert. T. ist ferner ein wichtiger Faktor für das normale Wachstum. Erhöhte T.-Sekretion führt zur Kropfbildung.

Thyristor, ein Halbleitergleichrichter, der zunächst den Strom in beiden Richtungen sperrt; die Durchlaßrichtung wird nur nach einem Steuerimpuls auf die Zusatzelektrode freigegeben.

Thyssen, August, *1842, †1926, dt. Industrieller; Begr. des *T.-Konzerns,* eines der größten dt. Unternehmen der Eisen- u. Stahlind.

Ti, chem. Zeichen für *Titan.*

Tiahuanaco, indian. Ruinenstätte am S-Ufer des Titicacasees in Bolivien; ehem. Kultzentrum einer im zentralen u. südl. Andengebiet verbreiteten vorinkaischen Kultur (etwa 0–1000).

Tialoc, Regengott der Azteken u. Tolteken; trägt eine Maske aus zwei Schlangen.

Tianjin, *Tientsin,* Stadt in N-China, am Hai He sö. von Peking, 4,4 Mio. Ew.; Außenhafen *Xingang* an der Bo-Hai-Bucht des Gelben Meers; Kultur-, Handels- u. Industriezentrum.

Tian Shan, 3000 km langes, bis 600 km breites zentralasiat. Gebirge nördl. von Turkistan; im mittleren Teil an der kirgis.-chin. Grenze sehr stark gegliedert u. z. T. vergletschert; *Pik Pobedy* 7439 m, *Chan Tengri* 6995 m.

Tiara, außerliturg. Kopfbedeckung des Papstes, eine dreifache Krone.

Tiber, ital. *Tevere,* Fluß in Mittelitalien, 405 km, fließt durch Rom, mündet bei Ostia.

Tiberias, Stadt in Israel, am W-Ufer des Sees Genezareth, 206 m u.M., 30 000 Ew.; Kurort mit heißen Mineralquellen, eine der vier heiligen Städte des Judentums; vom 2./3. Jh. n. Chr. bis ins fr. MA das Zentrum jüd. Gelehrsamkeit (Vollendung von Mischna u. Talmud).

Tiberius, *T. Claudius Nero,* *42 v. Chr., †37 n. Chr., röm. Kaiser 14–37 n. Chr.; Nachfolger des *Augustus;* kämpfte in Germanien, Pannonien u. Dalmatien.

Tibesti, Gebirge in der mittleren Sahara. Das rd. 2000 m hohe Hochplateau wird von vulkan. Kuppen *(Emi Koussi,* 3415 m) überragt.

Tibet, ausgedehntes Hochland in Innerasien, gehört zur chinesischen autonomen Region T., 1,22 Mio. km², 2 Mio. Ew., Hptst. *Lhasa.*

Thunbergie: Schwarze Susanne

Thora: Der Thoraschild (in Anlehnung an den Brustschild des Hohenpriesters), aus Silber und z.T. vergoldet, wird als Schmuck um die Thorarolle gehängt; 1806. Wien, Judaica-Sammlung Max Berger

Tiara

Tibet: der Klosterbezirk von Gyangtze, der viertgrößten Stadt Tibets

Landesnatur. T. ist in seinem Zentrum ein abflußloses, 4000–5000 m hoch gelegenes Hochland. Südl. des Transhimalaja breitet sich an den Oberläufen von *Brahmaputra (Tsangpo), Sutlej* u. *Indus* der wirtschaftl. Kernraum aus, der ein günstiges gemäßigtes Klima aufweist, während die trockenkalten Hochbecken nahezu vegetationslos u. so gut wie unbewohnt sind. – Infolge starker chin. Zuwanderung machen die *Tibeter* heute nur noch ²/₃ der Bevölkerung aus. Bedeutend ist die Weidewirtschaft (Schafe, Yaks) auf den Hochsteppen. Die bergbaul. u. ind. Nutzung T.s ist noch gering entwickelt, wird aber gefördert.

Geschichte. Die vermutl. aus dem Stromgebiet des Chang Jiang eingewanderten Tibeter vereinten sich nach 600 n. Chr. in einem Reich, das von Sichuan bis an die ind. Grenze reichte. Im 11. Jh. setzte sich der Buddhismus als Staatsreligion in Form des *Lamaismus* durch. 1270 setzte Kublai Khan die Sakya-Sekte als tributpflichtige Regenten ein. Weltl. Oberhaupt des hierarch. aufgebauten Priesterstaats war der *Dalai Lama*, geistl. Oberhaupt der *Pantschen Lama*. – 1751 wurde T. chin. Protektorat. 1914 wurde T. von Großbritannien, Indien u. Rußland die Unabhängigkeit garantiert. China besetzte T. 1950 u. gliederte es 1951 an. Nach einem erfolglosen Aufstand floh der Dalai Lama 1959 nach Indien. 1965 wurde die autonome Region T. geschaffen.

Tibeter, *Tibetaner*, eig. Name *Bod*, mongol. *Tanguten*, mongolides Volk mit tibetobirman. Sprache in Tibet u. im Himalaja von Ladakh, Sikkim, Bhutan, Nepal; nomad. Viehzüchter; Lamaisten.

Tibetobirmanen, eine Sprachfam. bildende mongolide Völkergruppe (rd. 45 Mio.) in Tibet, Birma, Assam, den Himalaja-Ländern u. SW-China.

Tichonow [-nɔf], **1.** Nikolaj Alexandrowitsch, *14.5.1905, sowj. Politiker; 1980–85 Vors. des Ministerrats. – **2.** Nikolaj Semjonowitsch, * 1896, † 1979, russ. Lyriker u. Erzähler.

Tiden, *Tidenhub*, tageszeitl. Unterschied in der Meeresspiegelhöhe; →Gezeiten.

Tieck, 1. Christian Friedrich, Bruder von 2), * 1776, † 1851, dt. Bildhauer (Marmorbüsten). – **2.** Ludwig, * 1773, † 1853, dt. Schriftst.; kam durch seinen Freund W.H. *Wackenroder* zu romant. Erleben des dt. MA u. 1799 in den Kreis der Jenaer Frühromantiker; Hrsg. altdt. Dichtung sowie der Schlegel-T.schen Shakespeare-Übersetzung (vervollständigt von seiner Tochter Dorothea T. u. W. Graf von Baudissin).

Tief, *T.druckgebiet*, in der Meteorologie ein Gebilde geringen Luftdrucks.

Tiefbau, die Arbeiten des Straßen-, Eisenbahn-, Erd-, Grund- u. Wasserbaus; auch unterird. Bergbau; Ggs.: *Hochbau*.

Tiefbohrung, Bohrung in größere Erdtiefen bis über 500 m. Die bislang tiefsten Bohrungen wurden auf der Halbinsel Kola (12 km) u. in der Oberpfalz (14 km) vorgenommen.

Tiefdruck, Sammelbez. für die Druckverfahren, bei denen die druckenden Teile der Druckform (Bild u. Text) vertieft liegen (z.B. beim Kupferstich). Der T. wird bevorzugt zum Bilddruck für hohe Auflagen eingesetzt.

Tiefebene, tiefliegende Landfläche mit geringen Reliefunterschieden; bei größeren Reliefunterschieden: *Tiefland*. I.e.S. die Höhenstufe bis 200 m ü.M.

Tiefenpsychologie, eine psycholog. Richtung, die hinter den bewußten seel. Erlebnissen die unbewußten, v.a. triebhaften u. emotionalen Vorgänge untersucht u. in der Therapie beeinflußt; insbes. die *Psychoanalyse*.

Tiefenrausch, ein dem Alkoholrausch ähnl. Zustand aufgrund von Sauerstoffmangel u. Stoffwechselrückständen sowie nicht abgeatmetem Kohlendioxid beim Tieftauchen.

Tiefenschärfe, *Schärfentiefe*, die Ausdehnung jener Raumzone vor der Kamera, die vom Objektiv scharf abgebildet wird. Die T. nimmt mit Aufnahmeentfernung u. Abblendung (→Blende) zu, mit der Objektnähe dagegen ab.

Tiefgang, das Maß des Eintauchens eines Schiffs oder schwimmenden Körpers, gerechnet von seinem tiefsten Tauchpunkt senkr. aufwärts zur Wasserlinie.

Tiefgefrierverfahren, *Schnellgefrierverfahren*, industrielles Verfahren zum Tiefgefrieren von Lebensmitteln. Verwendet werden in der Hauptsache: 1. das *Luftgefrierverfahren* v. a. im Gefriertunnel bei stark erhöhter Luftgeschwindigkeit u. Temp. von –35 °C bis –45 °C, geeignet für alle verpackten u. unverpackten Lebensmittel beliebiger Gestalt. Für das Tiefgefrieren unverpackter kleinstückiger Lebensmittel wie Erbsen u. Beerenobst, die einzeln im Kaltluftstrom bei etwa –40 °C schweben, wird das *Fließbettgefrierverfahren* verwendet; 2. das *Kontaktgefrierverfahren* für Gefriergut einheitl. Höhe u. Verpackung. Das Gefrieren erfolgt im doppelseitigen Kontakt mit Platten, durch die ein Kältemittel von ca. –40 °C fließt; 3. das Gefrieren mit flüssigen Gasen wie Kohlendioxid (–78,5 °C) u. Stickstoff (–96 °C), die z.B. im Tunnel, dem Gut auf einem Förderband durchläuft, versprüht werden.

Tiefsee, im Sprachgebrauch der Ozeanographie das Meer unterhalb der 4000-m-Isobathe. In

Tiefseegräben			
Name, Lage	Länge in km	tiefster Punkt	Tiefe in m
Atlantischer Ozean			
Westatlantisches Becken			
Puerto-Rico-Graben	800	Milwaukeetiefe	9219
Südsandwichgraben	965	Meteortiefe	8264
Romancherinne	965		7728
Amerikanisches Mittelmeer			
Caymangraben	965		7680
Indischer Ozean			
Nordwestaustralisches Becken			
Sundagraben	2250	Planettiefe	7455
Pazifischer Ozean			
Westpazifisches Becken			
Neuhebridengraben	320		7570
Ostkarolinenbecken			
Bougainvillegraben	640		9140
Philippinenbecken			
Philippinengraben	1325	Galatheatiefe	10 540
Riukiugraben	1040	Mandschutiefe	7507
Westkarolinenbecken			
Yapgraben	560		8579
Nordpazifisches Großbecken			
Aleutengraben	3200		7822
Nordwestpazifisches Becken			
Kurilengraben	2250	Witjastiefe	10 542
Japangraben	1600		8412
Boningraben	900		9810
Südpazifisches Großbecken			
Tongagraben	2575	Witjastiefe II	10 882
Kermadecgraben	2575	Witjastiefe III	10 047
Marianenbecken			
Marianengraben	2250	Witjastiefe I	11 034
Ostpazifisches Becken			
Atacamagraben	3540		8066
Perugraben	3540		6262
Australasiatisches Mittelmeerbecken			
Bandagraben	240	Webertiefe	7440

der Biologie versteht man unter T. bereits den Meeresbereich unter 200 m Wassertiefe, der nicht mehr von Wind- u. Wärmeverhältnissen der Oberfläche beeinflußt wird. Wegen des Lichtmangels fehlen hier alle Pflanzen außer pflanzl. Geißelalgen, die bis zu 400 m Tiefe vorkommen. **T.fauna**, die Tierwelt der T. (im biolog. Sinn). Sie ist durch zahlr. Eigentümlichkeiten den Lebensbedingungen angepaßt. Der Lichtmangel führt einerseits zu Rückbildung u. Verlust, andererseits zu Vergrößerung (z.B. Riesenmäuler), bes. Ausgestaltung der Augen (Teleskopaugen) u. gesteigerter Ausbildung von Tastorganen (verlängerte Fühler, Beine, Flossenstrahlen, Barteln u. a.). Tiere kommen bis in größte Tiefen vor: Fische wurden bis in 7130 Tiefe gefangen u. Seerosen aus 10 190 m Tiefe geborgen. – **T.forschung**, ein Teilgebiet der *Meeresforschung*, das sich mit der Physik u. Chemie des Meerwassers, der Beschaffenheit des Meeresbodens u. der Lebewelt in der T. befaßt. – Erste genaue Kenntnisse über die T. u. ihre Bewohner wurden auf der Fahrt der »Challenger« 1873–76 gewonnen. Einsätze mit der von O. *Barton* entwickelten bemannten Tauchkugel (Bathysphäre) begannen 1930. A. *Piccard* konstruierte das erste frei bewegl. Tieftauchgerät, den Bathyscaph.

Tiefseegräben, die tiefsten Stellen des Meeresbodens, meist im Bereich der Kontinentalränder.

Tieftemperaturphysik, die Untersuchung des physikal. Verhaltens von Stoffen bei sehr tiefen Temperaturen. Zur Erzeugung tiefer Temp. dienen v. a. verflüssigte Gase.

Tiegelofen, Schmelzofen aus feuerfestem, mit Graphit vermischtem Ton; kann bis auf 1700 °C erhitzt werden.

Tienen ['tiːnə], frz. *Tirlemont*, Stadt in der belg. Prov. Brabant, an der Groote Nete, 33 000 Ew.

Tiepolo, Giovanni Battista, * 1696, † 1770, ital. Maler u. Graphiker; 1750–53 in Würzburg, seit 1762 in Madrid; monumentale Wand- u. Deckengemälde. – Ⓦ Fresken im Treppenhaus u. Kaisersaal der Würzburger Residenz, im Palazzo Labia in Venedig, im Thronsaal des Schlosses in Madrid.

Tier, ein Lebewesen, das sich durch bestimmte Merkmale von der *Pflanze* unterscheidet. Der grundlegende Unterschied liegt in der Art der

Giovanni Battista Tiepolo: Rinaldo und Armida. München, Alte Pinakothek

TIERREICH

Unterreich Protozoa-Einzeller, Urtiere (20 000 Arten)

Stamm Flagellata-Geißeltierchen oder Geißelträger

Stamm Rhizopoda-Wurzelfüßer (Amöben, Foraminiferen, Heliozoen, Radiolarien)

Stamm Sporozoa-Sporentierchen

Stamm Ciliata-Wimpertierchen (Euciliaten, Suctorien)

Unterreich Metazoa-Vielzeller oder Zellverbandstiere (1 050 000 Arten)

Stamm Mesozoa (50 Arten)

Stamm Porifera oder Spongia-Schwämme (5 000 Arten)

Abteilung Histozoa oder Eumetazoa-Gewebetiere oder Echte Vielzeller (1 044 000 Arten)

Unterabteilung Coelenterata oder Radiata-Hohltiere

Stamm Cnidaria-Nesseltiere (8 900 Arten)

    Klasse Hydrozoa (2 700 Arten, davon 700 mit freilebenden Quallen)

    Klasse Scyphozoa-Schirm- oder Scheibenquallen (200 Arten)

    Klasse Anthozoa-Blumen- oder Korallentiere, Blumenpolypen (80 Arten)

Stamm Acnidaria-Hohltiere ohne Nesselzellen (80 Arten)

    Klasse Ctenophora-Rippen- oder Kammquallen

Unterabteilung Bilateralia-Zweiseitig-symmetrische Tiere (1 035 000 Arten)

Stammreihe Protostomia oder Gastroneuralia-Urmund- oder Bauchmarktiere (984 000 Arten)

Stamm Plathelminthes-Plattwürmer (12 500 Arten)

    Klasse Turbellaria-Strudelwürmer (3 000 Arten)

    Klasse Trematodes-Saugwürmer (600 Arten)

    Klasse Cestoda-Bandwürmer (3 400 Arten)

Stamm Kamptozoa oder Entoprocta-Kelchwürmer (60 Arten)

Stamm Nemertini-Schnurwürmer (800 Arten)

Stamm Nemathelminthes oder Aschelminthes-Schlauchwürmer (12 500 Arten)

    Klasse Nematoda-Rund- oder Fadenwürmer (10 000 Arten)

    Klasse Rotatoria-Rädertiere (1 500 Arten)

    Klasse Gastrotricha-Bauchhaarlinge oder Flaschentierchen (150 Arten)

    Klasse Kinorhyncha (100 Arten)

    Klasse Nematomorpha oder Gordiacea-Saitenwürmer (230 Arten)

    Klasse Acanthocephala-Kratzer (500 Arten)

Stamm Priapulida-Priapswürmer (4 Arten)

Stamm Mollusca-Weichtiere (128 000 Arten)

Unterstamm Amphineura-Urmollusken (1 150 Arten)

    Klasse Polyplacophora, Placophora oder Loricata-Käferschnecken (1 000 Arten)

    Klasse Solenogastres oder Aplacophora-Wurmmollusken (150 Arten)

Unterstamm Conchifera (126 000 Arten)

    Klasse Monoplacophora (2 Arten)

    Klasse Gastropoda-Schnecken oder Bauchfüßer (105 000 Arten)

    Klasse Bivalvia oder Lamellibranchiata-Muscheln (20 000 Arten)

    Klasse Scaphopoda oder Solenoconcha-Kahnfüßer, Grabfüßer, Zahnschnecken oder Röhrenschaler (350 Arten)

    Klasse Cephalopoda-Kopffüßer oder Tintenschnecken (730 Arten)

Stamm Sipunculida-Spritzwürmer (250 Arten)

Stamm Echiurida-Igelwürmer (150 Arten)

Stammgruppe Articulata – Gliedertiere

Stamm Annelida-Ringel- oder Gliederwürmer (8 700 Arten)

    Klasse Polychaeta-Vielborster (4770 Arten)

    Klasse Myzostomida-Saugmünder (rd. 30 Arten)

    Klasse Oligochaeta-Wenigborster (3 500 Arten)

    Klasse Hirudinea-Egel oder Blutegel (400 Arten)

Stamm Onychophora-Stummelfüßer (70 Arten)

Stamm Tardigrada-Bärtierchen (200 Arten)

Stamm Linguatulida- oder Pentastomida-Zungenwürmer (60 Arten)

Stamm Arthropoda-Gliederfüßer (816 000 Arten)

Unterstamm Trilobitomorpha-Dreilapper oder Trilobiten †

Unterstamm Chelicerata-Fühlerlose oder Spinnentiere i. w. S.

    Klasse Merostomata-Merostomen (5 Arten)

    Klasse Arachnida-Spinnentiere (36 000 Arten)

    Klasse Pantopoda-Asselspinnen (500 Arten)

Unterstamm Branchiata oder Diantennata-Tiere mit 2 Antennenpaaren

    Klasse Crustacea-Krebstiere (20 000 Arten)

Unterstamm Tracheata-Tracheentiere

    Klasse Chilopoda-Hundertfüßer (2 800 Arten)

    Klasse Diplopoda, Tausendfüßer oder Doppelfüßer (250 Arten)

    Klasse Pauropoda-Wenigfüßer (500 Arten)

    Klasse Symphyla-Zwergfüßer (130 Arten)

    Klasse Insecta-Insekten oder Kerbtiere (800 000 Arten)

Stamm Tentaculata oder Lophophorata-Kranz- oder Armfühler (280 Arten)

    Klasse Phoronidea-Hufeisenwürmer (18 Arten)

    Klasse Bryozoa, Ectoprocta oder Polyzoa-Moostierchen (25 000 Arten)

    Klasse Brachiopoda-Armfüßer (280 Arten)

Stammreihe Deuterostomia oder Notoneuralia-Neumund- oder Rückenmarktiere

Stamm Branchiotremata oder Hemichordata

    Klasse Enteropneusta-Eichelwürmer (60 Arten)

    Klasse Pterobranchia (20 Arten)

    Klasse Planctosphaeroidea

Stamm Echinodermata-Stachelhäuter (6 000 Arten)

Unterstamm Pelmatozoa-Gestielte Stachelhäuter

    Klasse Crinoidea-Seelilien und Haarsterne (620 Arten)

Unterstamm Eleutherozoa oder Echinozoa-Freilebende Stachelhäuter

    Klasse Holothuroidea-Seewalzen oder Seegurken (1 100 Arten)

    Klasse Echinoidea-Seeigel (860 Arten)

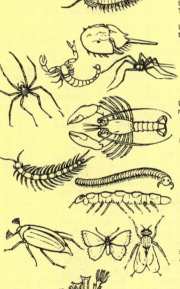
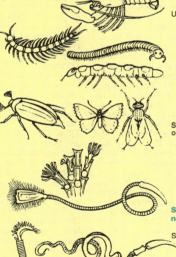
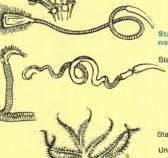

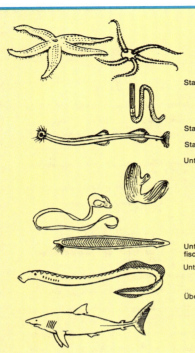
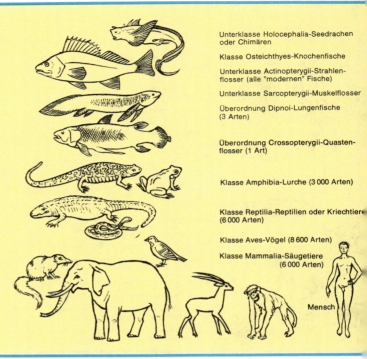

Energiebeschaffung: Das T. gewinnt seine Energie indirekt durch Verwertung organ. Substanz, die es als Nahrung aufnimmt (*heterotroph*), während die Pflanze die zur Erhaltung des Lebens nötige Energie unmittelbar mit Hilfe von Chlorophyll dem Sonnenlicht entnimmt (*autotroph*). Weitere typ. Merkmale der T. sind: aktive u. zielgerechte Beweglichkeit des Körpers u. seiner Organe; Mannigfaltigkeit der Reaktionsformen auf Reize; begrenztes Wachstum; Hohlkörper mit Oberflächenfaltung nach innen; bes. Organe zum Einverleiben u. Verarbeiten der Nahrung; Skelettbildungen; Sinnesorgane, Nerven, Muskeln, Gehirn mit seinen Leistungen. Übersicht: → S. 901.

T.dichtung, die meist erzählende Dichtung, in deren Mittelpunkt T. stehen; z.B. T.märchen, T.fabel. – **T.geographie**, die Wiss. von der Verbreitung der T.welt als einem das Bild der Erdoberfläche mitbestimmenden Faktor. – **T.kreis**, *Zodiakus*, die etwa 20 Grad breite Zone um die Himmelskugel, innerhalb der die Bewegungen von Sonne, Mond u. Planeten vor sich gehen. Die scheinbare Sonnenbahn (*Ekliptik*) bildet die Mittellinie des Tierkreis; enthält folgende 12 Sternbilder (*T.kreis-Sternbilder*): Widder ♈, Stier ♉, Zwillinge ♊, Krebs ♋, Löwe ♌, Jungfrau ♍, Waage ♎, Skorpion ♏, Schütze ♐, Steinbock ♑, Wassermann ♒, Fische ♓. Von ihnen sind zu unterscheiden die *T.kreiszeichen* (genau 30 Grad lang), die heute nicht mehr mit den T.kreis-Sternbildern übereinstimmen. – **T.medizin**, *T.heilkunde*, → Veterinärmedizin. – **T.park** → Zoologischer Garten. – **T.quälerei**, das Verursachen länger dauernder oder sich wiederholender erhebl. Schmerzen oder Leiden eines T. Die unnötige T.quälerei ist strafbar nach § 17 u. 19 des *T.schutzgesetzes* vom 18.8.1986 mit Freiheitsstrafe bis zu 2 Jahren u. Geldstrafe sowie Entziehungen des T. – **T.reich**, die Gesamtheit aller T.arten, Gegenstand der *Zoologie*. Das T.reich umfaßt etwa 1,5 Mio. beschriebene Arten; geschätzt wird auf etwa 3 Mio. lebende Arten. Mit den ausgestorbenen T. würde sich der Gesamtumfang des T.reichs auf etwa 50 Mio. Arten erhöhen. In der heutigen T.welt herrscht der Insektentyp vor: 78% aller T. sind Gliederfüßer, 73% davon Insekten. Nur 4% aller T. sind Wirbel-T. Die Ordnung des T.reichs erfolgt aufgrund der natürl. Verwandtschaftszusammenhänge. – **T.schutz**, Maßnahmen u. Einrichtungen zum Schutz des Lebens u. des Wohlbefindens von T. Das *T.schutzgesetz* in der Fassung von 1993 bestimmt, daß niemand einem T. ohne vernünftigen Grund Schmerzen oder Schäden zufügen darf. Betroffen vom *T.schutzgesetz* sind die T.haltung, der T.handel u. T.versuche. – **T.versuche**, Eingriffe oder Behandlung an lebenden Tieren zu Versuchszwecken; nach § 7 des *T.schutzgesetzes* verboten, wenn sie mit erhebl. Schmerzen oder Schädigungen verbunden sind; zulässig nur für gesetzl. vorgeschriebene Versuchsvorhaben, für Impfungen u. zur Gewinnung von Impfstoffen sowie mit ministerieller Erlaubnis zu wiss. T.versuche in wiss. Instituten. – **T.wanderungen**, regelmäßige oder gelegentl. Wanderungen bestimmter T.arten, hervorgerufen z.B. durch den Jahresrhythmus (Vogelzug). – **T.zucht**, *Viehzucht*, die mittels Reinzucht, Kreuzung oder Inzucht planmäßig durchgeführte Paarung von T.en, die einem best. Zuchtziel (z.B. Körperbau, Leistung) entsprechen.

Tietjen, Heinz, *1881, †1967, dt. Theaterleiter u. Dirigent; wirkte u. a. in Berlin, Bayreuth u. Hamburg.

Tiffany ['tifəni], **1.** *Charles Lewis*, *1812, †1902, US-amerik. Künstler; gründete 1837 ein Luxusartikelgeschäft, aus dem sich die bed. Schmuckwarenfabrik der USA entwickelte. – **2.** *Louis Comfort*, Sohn von 1), *1848, †1933, US-amerik. Kunstgewerbler der L'Art-nouveau-Bewegung, vorw. Glasarbeiten.

Tiflis, georg. *Tbilisi*, Hptst. von Georgien, im Tal der Kura, 1,21 Mio. Ew.; kulturelles u. wirtsch. Zentrum Transkaukasiens, mittelalterl. Kirchen u. Klöster, vielfältige Ind.

Tiger, *Panthera tigris*, eine *Großkatze* mit gelbl. bis rötl. Fell u. dunkler Querstreifung; selten weiß. Unterarten: der *Königs-* oder *Bengal-T.* aus Indien u. der *Sunda-T.* aus Indonesien, die auf den Dschungel beschränkt sind, u. der *Mandschu-T.* (3 m Körperlänge) O-Sibiriens. – **T.auge**, gelbbrauner oder blauer *Schmuckstein* aus Quarz, mit feinen Fasern, undurchsichtig. – **T.blume**, Gatt. der *Schwertliliengewächse*. – **T.hai**, ein bis 4 m langer *Blauhai*. – **T.katzen**, versch. kleingefleckte Bengal-, Wildkatzen u. Ozelot-Verwandte. – **T.python**, bis 6,5 m lange *Riesenschlange* SO-Asiens.

Tigre, neuäthiop. (semit.) Sprache in N-Äthiopien u. Eritrea.

Tigris, arab. *Dijla*, Fluß in Vorderasien, 1950 km; bildet mit dem Euphrat die Schwemmlandebene Mesopotamien u. mündet mit dem Euphrat als *Schatt al Arab* in den Pers. Golf.

Tihama, feuchtheiße, sehr fruchtbare Küstenebene am Roten Meer in Saudi-Arabien.

Tijuana [tix-], Stadt in Baja California (Mexiko), m. V. 920 000 Ew.; Lederind., Fremdenverkehr.

Tikal, die größte u. wohl älteste Ruinenstätte der Maya-Kultur im Petén-Gebiet (Guatemala); besiedelt von ca. 600 v.Chr. bis ca. 900 n. Chr. Zeremonialzentrum mit über 3000 Gebäuden.

Tilburg, Stadt in der ndl. Prov. Nordbrabant, am Wilhelmina-Kanal, 155 000 Ew.; Zentrum des ndl. Katholizismus.

Tilbury ['tilbəri], leichter, zweirädriger Einspänner mit zwei Sitzen u. Klappverdeck.

Tilde, das Schriftzeichen, das z.B. im Spanischen palatalisierte Aussprache (ñ = nj) vorschreibt; ersetzt in Wörterbüchern (~) das Stichwort.

Tilgung, Rückerstattung einer Schuld.

Till Eulenspiegel → Eulenspiegel.

Tilly, Johann *Tserclaes*, Graf von, *1559, †1632, brabant. Feldherr im Dreißigjährigen Krieg; gewann als Oberbefehlshaber der *Liga* 1620 die Schlacht am Weißen Berge; 1630 nach der Absetzung Wallensteins Generalissimus der kaiserl. Truppen; 1631 von Gustav Adolf bei *Breitenfeld* geschlagen u. 1632 bei Rain am Lech tödlich verwundet.

Tilsit, russ. *Sowjetsk*, Ind.-Stadt in Ostpreußen, an der Memel, 40 000 Ew. – Der *Friede von T.*, am 7.7.1807 zw. Frankreich u. Rußland, am 9.7.1807 zw. Frankreich u. Preußen, beendete den Koalitionskrieg von 1806/07. Preußen verlor die 1793 u. 1795 erworbenen poln. Gebiete sowie das Gebiet links der Elbe an Frankreich.

Timbre ['tɛ̃brə], die Klangfarbe einer Stimme.

Timbuktu, Stadt in der Rep. Mali, am Niger, 20 000 Ew.; Salzhandel; bis ins 18./19. Jh. das blühende Zentrum des Inneren W-Afrikas.

Time-Sharing [taim'ʃɛːriŋ], ein Verfahren, bei

Tikal: Tempelpyramide II aus dem 8. Jahrhundert

dem eine zentrale Datenverarbeitungsanlage zahlr. Benutzern gleichzeitig zur Verfügung steht.

Timișoara, dt. *Temeschburg,* ung. *Temesvár,* Hptst. des *Banats,* am Bega-Kanal, 300 000 Ew.; Zentrum der Banater Schwaben; Univ., Museen; vielfältige Ind. – 1552 türk., 1716 östr., 1921 rumän.

Timmermans, Felix, *1886, †1947, flämischer Schriftst. u. Zeichner; Hauptvertreter der flämischen Heimatdichtung.

Timon von Athen, Athener Staatsmann des 5. Jh. v. Chr.; wurde zum Typus des Menschenfeinds, bes. durch *Lukians* u. *Shakespeares* Tragödien.

Timor, größte der Kleinen Sundainseln, westl. von Neuguinea, 33 850 km², 1,5 Mio. Ew. (meist Papuas u. Malaien), Hauptort *Kupang;* größtenteils Savanne; Kaffee-, Tee-, Tabakanbau. Teilgebiete der Insel waren früher port. Kolonie *(Osttimor);* seit 1976 indones. Prov.

Timotheus, Schüler, Begleiter u. Sekretär des Apostels *Paulus,* gilt als erster Bischof von Ephesos; Heiliger (Fest: 26.1.).

Timur, *Tamerlan,* *1336, †1405, mongol. Herrscher. Sein Reich erstreckte sich von O-Turkistan bis S-Rußland; hielt Hof in Samarkand. Seine Nachfolger *(Timuriden)* herrschten im Iran bis 1506.

Tinbergen [-xə], **1.** Jan, *1903, †1994, ndl. Nationalökonom; entwickelte dynam. Modelle zur Analyse wirtsch. Abläufe; Nobelpreis für Wirtschaftswissenschaften 1969. – **2.** Nikolaas, *1907, †1988, ndl. Zoologe; arbeitete über experimentelle Zoologie u. Tierverhalten; Nobelpreis für Medizin 1973.

Tindemans, Leo, *16.4.1922, belg. Politiker (Christl.-Soziale Partei); 1974–78 Min.-Präs., 1981–89 Außen-Min.; 1976 Karlspreis.

Ting, Samuel Chao Chung, *27.1.1936, US-amer. Physiker chin. Abstammung; Arbeiten über schwere Elementarteilchen; Nobelpreis 1976.

Tinguely [tɛ̃gə'li], Jean, *1925, †1991, schweiz. Bildhauer (maschinenähnl., sich bewegende Plastiken).

Tinktur, alkohol. Auszug aus pflanzl. oder tier. Stoffen.

Tinnef [hebr.], Schund; Unsinn.

Tinte, dünnflüssige Lösungen oder Suspensionen von Farbstoffen in Wasser, gewöhnl. synthet. Teerfarbstoffe.

Tintenfische →Kopffüßer.

Tintlinge, *Tintenpilze,* Gatt. der *Blätterpilze;* zarte Pilze mit schwarzem Sporenstaub.

Tintoretto, eigtl. Jacopo *Robusti,* *1518, †1594, ital. Maler; nicht mehr Schüler *El Grecos* bed. Vertreter des europ. Spätmanierismus; wichtigste Gestaltungselemente sind das Licht, ekstatisch bewegte Figuren u. architekton. Fluchträume. W Fresken im Dogenpalast u. in der Scuola di San Rocco in Venedig.

Tipi, kegelförmiges, rinden- oder fellbedecktes Zelt bei manchen nordamerik. Indianern.

Tipperary [tipəˈrɛəri], ir. *Tiobraid Arann,* ir. Gft. in der Prov. Munster, Hptst. *Clonmel.*

Tippett ['tipit], Michael, *2.1.1905, engl. Komponist; schrieb das Oratorium »A Child of our Time« über die Judenverfolgung; Opern, Musical, Oratorium.

Tiryns: Rekonstruktion der Burganlage

TIR, Abk. für frz. *Transport International Routier,* Kennzeichen an Lastkraftwagen, die bei einem Transport mehrere Länder durchfahren müssen.

Tirade, Wortschwall; auch eine altfrz. Strophenform; in der Musik eine Läuferpassage.

Tirana, *Tiranë,* seit 1925 Hptst. von Albanien, 211 000 Ew.; Landesuniversität (1957).

Tîrgu Mureș ['tərgu 'mureʃ], dt. *Neumarkt,* Stadt in Rumänien, in Siebenbürgen, an der Mureș, 159 000 Ew.; HS; versch. Ind.

Tirich Mir ['tiəritʃ 'miə], höchster Berg des pakistan. Hindukusch, 7699 m.

Tirol, östr. Bundesland zw. Dtld. im N, Italien im S, Vorarlberg im W, Salzburg u. Kärnten im O, 12 647 km², 613 000 Ew.; Hptst. *Innsbruck.* Wichtigstes Wirtschafts- u. Siedlungsgebiet ist das Inntal.

Geschichte. T. war urspr. von Rätern, Illyrern, Etruskern u. Kelten bewohnt u. wurde im 1. Jh. v. Chr. von röm. Truppen erobert. Seit dem 6. Jh. war der nördl. Teil von Bajuwaren, der südl. von Langobarden besetzt. Im 8. Jh. wurde T. dem fränk. Prov. Nach dem Aussterben der Karolinger kam das nördl. u. mittlere T. (ben. nach der Burg T. bei Meran) an das bay. Hzgt., das südl. (Trient) zur Veroneser Mark. Nur die Bistümer Brixen u. Trient bewahrten als Reichsstände ihre Selbständigkeit. Im Frieden von Preßburg 1805 wurde T. an Bayern abgetreten. Unter A. Hofer erhoben sich die T.er 1809 gegen die Fremdherrschaft der Bayern u. Franzosen. Im gleichen Jahr wurde T. zw. dem Kgr. Italien, dem frz. Illyrien (Lienz) u. Bayern geteilt. 1814/15 kam es zur Wiedervereinigung mit Östr. Nach dem 1. Weltkrieg wurde ganz →Südtirol an Italien abgetreten, der Rest bildete das östr. Bundesland T. Durch den Vertrag von St.-Germain wurde die Südgrenze auf den Alpenhauptkamm verschoben u. O-Tirol zur Exklave.

Tirpitz, Alfred von, *1849, †1930, dt. Großadmiral (1911); Schöpfer der kaiserl. Flotte; setzte sich für den uneingeschränkten U-Boot-Krieg ein; gründete 1917 mit W. *Kapp* die *Vaterlandspartei,* die den »Sieg-Frieden« vertrat.

Tirschenreuth, Krst. in der Oberpfalz (Bay.), 9500 Ew.; Glas- u. keram. Ind.

Tirso, der antike *Tyrsus,* längster Fluß auf Sardinien, 150 km; mündet in den Golf von Oristano.

Tirso de Molina, eigtl. Fray Gabriel *Téllez,* *1571 oder 1584, †1648, span. Dichter; Klassiker des span. Theaters. Von seinen 300 *Comedias* sind 50 erhalten.

Tiruchirapalli [tirutʃi-], *Trichinopoly,* Stadt in S-Indien, 362 000 Ew.; Schiwa-Tempel (17. Jh.); Metallind.

Tiryns, myken. Burg u. Stadt im nordöstl. Peloponnes; Ausgrabungen seit 1884 durch H. *Schliemann,* W. *Dörpfeld* u. das Dt. Archäolog. Institut in Athen.

Tischbein, dt. Malerfamilie des 18./19. Jh.: **1.** Johann Friedrich August (»*Leipziger T.*«), Neffe von 2), *1750, †1812; malte elegant-repräsentative Porträts. – **2.** Johann Heinrich d. Ä. (»*Kassler T.*«), *1722, †1789; seit 1752 Hofmaler des Landgrafen Wilhelm VIII. von Hessen. – **3.** Johann Heinrich Wilhelm (»*Goethe-T.*«), Neffe von 2), *1751, †1829; W das klassizist. Bildnis »Goethe in der Campagna« 1787.

Tischri, der 1. Monat des jüd. Kalenders (September/Oktober).

Tischtennis, ein dem Tennis ähnl. Spiel an einer Tischplatte, f. *Ping-Pong* genannt. T. kann von Einzelspielern oder Paaren (mit abwechselnder Schlagfolge) gespielt werden. Ein Spiel besteht meist aus 2 Gewinnsätzen; Schläger müssen aus Holz bestehen u. die Seiten versch. gefärbt sein. Gewinner ist, wer mindestens 21 Punkte u. dabei 2 Punkte mehr als der Gegner hat. Organisation: Dt. T.-Bund.

Titan, 1. [der], größter Saturnmond; hat als einziger Satellit im Sonnensystem eine Atmosphäre. – **2.** [das], ein →chemisches Element; Metall; in Legierungen verwendet bes. bei Flugzeugen, Raketen, Düsentriebwerken.

Titanen, in der grch. Myth. die riesenhaften 6 Söhne u. 6 Töchter des *Uranos* u. der *Gäa,* das älteste Göttergeschlecht; u. a. *Okeanos, Hyperion, Kronos, Rhea, Themis, Phöbe, Tethys.* Sie setzten ihren Vater ab u. verschafften *Kronos* die Macht, den sein Sohn *Zeus* verdrängte.

Tirol: Die Gefangennahme Andreas Hofers am 20.2.1810; zeitgenössischer Stahlstich

»Titanic« [taiˈtænik], engl. Schnelldampfer von 46 329 BRT; stieß im Nordatlantik in der Nacht vom 14. auf den 15.4.1912 auf einen Eisberg u. sank (1517 Todesopfer).

Titel, 1. unscharf für *Amtsbezeichnung* (z. B. Univ.-Prof.) u. für akad. *Grade* (Doktor). – **2.** (nur) ehrende Bez. für eine Person, bes. zu deren Anrede; Verleihung seit 1957 durch den Bundes-Präs. oder den Landesregierungen. – **3.** Überschrift, Aufschrift; geschützter Name eines Buches oder Kunstwerks. – *T.schutz,* nach § 16 UWG ist der T. eines lit. Werks oder Films, einer Ztg. oder Ztschr. geschützt, wenn er geeignet ist, die Druckschrift (den Film) von anderen zu unterscheiden.

Titer, 1. in der Maßanalyse der Gehalt einer Meßlösung an gelöster Substanz; meist in *Grammäquivalenten* pro Liter angegeben. – **2.** Maß für die Feinheit von Fasern u. Faserverbänden; das Verhältnis von Gewicht zur Länge.

Titicacasee, See an der peruan.-boliv. Grenze, 3810 m ü. M., 8300 km², bis 272 m tief. – B →S. 904.

Titisee, See im südl. Schwarzwald, östl. vom Feldberg, 848 m ü.M., 1,1 km², bis 40 m tief. – *T.-Neustadt,* Stadt in Ba.-Wü., am Ufer des T., 11 000 Ew.; Kneippkurort.

Tipi der Schwarzfuß-Indianer

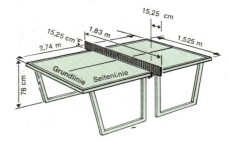

Tischtennis-Spieltisch

Tito, Josip, eigtl. J. *Broz,* *1892, †1980, jugoslaw. Politiker (Kommunist); seit 1937 ununterbrochen Parteiführer der KP; organisierte 1941 Partisanen gegen die dt. Truppen in Jugoslawien; nach 1945 Min.-Präs. u. Staatsoberhaupt; widersetzte sich der sowj. Einflußnahme auf die jugoslaw. Politik u. wurde zu einem führenden Sprecher der blockfreien Staaten.

Titograd, fr. Name von →Podgorica.

Titularbischof, auf den Titel einer nicht mehr bestehenden Diözese geweihter Bischof ohne Jurisdiktion (Weihbischof).

Titulus, erklärende In- oder Beischrift von frühchristl. u. mittelalterl. Malereien oder Mosaiken.

Titurel, Held der Artus-Sagen, erster Gralskönig, Urahn *Parzivals.*

Titus, *Flavius Vespasianus,* *39, †81, röm. Kaiser 79–81; schlug 70 den jüd. Aufstand nieder, wofür ihm in Rom ein Triumphbogen (*T.-Bogen*) errichtet wurde.

Tivoli, das antike *Tibur,* ital. Stadt in Latium, östl. von Rom, 53 000 Ew.; im Altertum Sommeraufenthaltsort der röm. Oberschicht. – Davon abgeleitet ein Vergnügungspark (z.B. T. in Kopenhagen).

Tizian, eigtl. Tiziano *Vecelli,* *um 1477, †1576, ital. Maler; Hauptmeister der venezian. Renaissance; brachte die Hochrenaissance in sinnl. Kolorit u. auslandernder Figurenbewegung zu voller Entfaltung u. erhob die Farbe zum tragenden Element seiner Kunst. In seiner Spätphase schuf er hervorragende Bildnisse u. konzentrierte sich auf die Darst. seel. Geschehnisse. W »Himmelfahrt Mariä«, »Venus von Urbino«, »Reiterbildnis Karls V.«, »Danae«, »Dornenkrönung«.

Tizi-Ouzou [tiziu'zu], alger. Hafenstadt am Mittelmeer, 293 000 Ew.

Tjirebon ['tʃi-] → Cirebon.

Tjost, der Zweikampf der Ritter bei den mittelalterl. Turnieren. Die beiden Kämpfer versuchten dabei – zu Pferde u. durch Schranken getrennt – den Gegner aus vollem Galopp mit der eingelegten Lanze aus dem Sattel zu stoßen.

Tjumen, Hptst. der gleichn. Oblast in W-Sibirien, 456 000 Ew.; Schiff- u. Maschinenbau; älteste russ. Stadt in Sibirien.

Tlaloc, Regengott der Azteken.

Tlemcen [-'sɛn], Bez.-Hptst. in NW-Algerien, sw. von Ouahran, 108 000 Ew.

TNT, Abk. für *Trinitrotoluol.*

Toast [toʊst], **1.** geröstete Brotscheibe. – **2.** Trinkspruch zu Ehren einer Person oder Sache.

Tobago, Insel der Kleinen Antillen (Westindien), nordöstl. von Trinidad, 301 km², 45 000 Ew., Zentrum u. Hafen *Scarborough;* Kakaokulturen, Kokospalmen; 1814–1962 britisch; Teil des Inselstaats →Trinidad und Tobago.

Toba-See, Binnensee auf Sumatra, 2050 km².

Tobel, süddt. Bez. für Schlucht.

Tobey ['toʊbi], Mark, *1890, †1976, US-amerik. Maler; entwickelte einen an chin. Kalligraphie orientierten Stil.

Tobias, grch. *Tobit,* apokryphes Buch zum AT; verfaßt um 200 v. Chr.; zugleich dessen Hauptgestalt, ein in assyr. Gefangenschaft geratener Jude von vorbildl. Gesetzestreue.

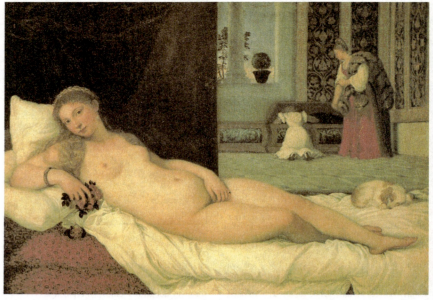

Tizian: Venus von Urbino; um 1538. Florenz, Uffizien

Tobol, l. Nbfl. des Irtysch in W-Sibirien, 1600 km; mündet bei Tobolsk.

Tobruk, *Tobruq,* libysche Hafenstadt in der Cyrenaica, 34 000 Ew.; Pipeline, Erdölhafen.

Tobsucht, meist mit Bewußtseinstrübung verbundener höchster Erregungszustand mit starker Unruhe u. unbeherrschbarem Bewegungs- u. Zerstörungsdrang.

Tocantins, 1. Bundesstaat in →Brasilien. – **2.** Fluß in O-Brasilien, 2640 km; mündet in den Rio do Pará.

Toccata, ein fantasieartiges Musikstück mit streng imitierenden Partien, vorw. für Tasteninstrumente, im 16. Jh. als z. T. improvisiertes Vorspiel entstanden.

Toch, Ernst, *1887, †1964, US-amerik. Komponist östr. Herkunft; freitonale, spieler. betonte Werke.

Tochtergesellschaft, die von einer *Muttergesellschaft* gegr. u. abhängige Kapitalgesellschaft.

Tocqueville [tɔk'vil], Alexis Clérel Graf von, *1805, †1859, frz. Historiker u. Politiker; Gegner Napoleons III.; analysierte die Entwicklung der Demokratie am Beispiel der amerik. Gesellschaft.

Tod, das Erlöschen des individuellen Lebens eines Organismus. Typisch für den T. ist ein völliger Stillstand der wichtigsten physiolog. Funktionen (Assimilation u. Wachstum bei Pflanzen; Atmung, Kreislauf u. Gehirntätigkeit bei Tieren). Das endgültige Erlöschen der Funktionen des Zentralnervensystems (*Gehirn-T.*) bestimmt den *biolog. T.,* während Herz- u. Atemstillstand u. U. (durch Wiederbelebung) reversibel sind (sog. *Klinischer T.*). Die Diagnose des Gehirn-T.es ist auch maßgebl. für die *T.esfeststellung,* was bes. im Hinblick auf eine etwaige Organentnahme zu Transplantationszwecken Bedeutung haben kann. – Der Wechsel von T. u. Neuorganisation ermöglicht den Lebewesen die Anpassung an die sich stetig ändernden Umweltbedingungen. → Darwin, → Selektion. Die Philosophie bemüht sich um eine Sinndeutung des T.es, die Weisung für die Lebensgestaltung u. Antwort auf die Frage nach einem Weiterleben nach dem T. einschließt: T. als endgültiges Erlöschen (Materialismus), als Durchgangsstadium zur Wiederverkörperung (Gnosis), als Befreiung der Seele zur Unsterblichkeit (Platon) oder als unübersehbare Grenzsituation. In der christl. Theologie gilt der T. als Gericht Gottes über die Sünde, dem die Auferstehung der Toten u. das Jüngste Gericht folgen. Der Glaubende vertraut auf die Auferstehung Jesu Christi, die als Überwindung des Todes u. Ermöglichung eines neuen Lebens verstanden wird.

Todd, 1. Michael, eigtl. Avrom Hirsch *Goldbogen,* *1907, †1958, US-amerik. Filmproduzent; entwickelte mit der American Optical Co. das Breitwand-Filmverfahren. – **2.** Sir Robert Alexander, *2.10.1907, brit. Chemiker; arbeitete über Nucleinsäuren, Enzyme, Vitamine; Nobelpr. 1957.

Todeserklärung, förml. Feststellung des Todes bei Verschollenheit einer Person; zulässig nach Ablauf der Verschollenheitsfrist aufgrund eines Aufgebots durch das Amtsgericht. Die T. begründet nur eine widerlegbare Vermutung des Todes.

Todesstrafe, die strafweise Vernichtung des menschl. Lebens; in Dtld. (Art. 102 GG) u. in vielen anderen Staaten verboten.

Tödi, vergletscherte Gebirgsgruppe in den Glarner Alpen, 3614 m.

Todsünde, nach kath. Lehre die schwere Sünde aus voller Erkenntnis u. freiem Willen in einer »wichtigen« Sache. Zu ihrer Vergebung ist das Bußsakrament notwendig.

Todt, Fritz, *1891, †1942, dt. nat.-soz. Politiker; seit 1933 Generalinspekteur für das dt. Straßenwesen, Gründer der *Organisation T.* (O.T.), die u. a. den Westwall erbaute; seit 1940 Reichs-Min. für Bewaffnung u. Munition.

Todtmoos, Gem. in Ba.-Wü., heilklimat. Kurort im südl. Schwarzwald, 840 m ü. M., 2000 Ew.

Toffee ['tofi], zäher Karamelbonbon.

Tofu, quarkähnl. Käse aus den Eiweißstoffen der Sojabohne.

Toga, offizielle Männertracht im röm. Altertum: Ein 5–6 m langes, 2 m breites, halbrund geschnittenes Tuch wurde so umgeworfen, daß der rechte Arm frei blieb.

Togliatti, bis 1964 *Stawropol,* Stadt in Rußland, am Samara-Stausee der Wolga, 627 000 Ew.; ein Zentrum der russ. Automobilproduktion (Lada), petrochem. Ind., Hafen.

Togliatti [tɔ'ljati], Palmiro, *1893, †1964, ital. Politiker (KP); führend in der Komintern bis 1943, 1944/45 stellv. Min.-Präs., 1947–64 Generalsekretär der KPI; verteidigte den Polyzentrismus im Kommunismus.

Togo, Staat an der W-Küste Afrikas, 56 785 km², 3,6 Mio. Ew., Hptst. *Lomé.*

Togo

Landesnatur. T. besteht vorwiegend aus Ebenen, die durch das *T.-Atakora-Gebirge (Mont Agou* 1020 m) getrennt sind. Das trop. Klima läßt Feuchtsavanne gedeihen, die im N in Trockensavanne übergeht.

Bevölkerung. Unter den mehr als 40 Stammesgruppen mit unterschiedl. Sprachen bilden die Ewevölker mit rd. 45% der Gesamtbevölkerung die größte Gruppe. Rd. ein Viertel sind Christen, 10–12% Moslems, der Rest hängt Naturreligionen an.

Titicacasee: Indios mit Binsenbooten

Tolstoj

Tokio

Wirtschaft. Die Landwirtschaft liefert für den Export Kaffee, Kakao, Palmprodukte, Erdnüsse u. Baumwolle. Das wichtigste Ausfuhrgut T.s ist Phosphat. Die Industrie verarbeitet Agrarprodukte. **Geschichte.** 1884 wurde T. dt. Schutzgebiet; 1920 wurde es teils brit., teils frz. Mandatsgebiet. Frankreich gewährte seinem Mandatsgebiet, dem heutigen T., 1955 ein Autonomiestatut u. am 27.4.1960 die Unabhängigkeit; das brit. Gebiet wurde Ghana angegliedert. Nach mehreren Putschen übernahm der Armeebefehlshaber E. *Eyadéma* 1967 als Präs. die Regierungsgewalt.

Tohuwabohu [hebr.], Wirrwarr, Durcheinander, Chaos; nach 1. Mos. 1,2 der »wüste u. leere« Zustand vor der Schöpfung.

Toilette [twalɛtə; frz.], **1.** Spiegeltisch der Dame, an dem sie sich frisiert, schminkt usw. – **2.** Abort u. Waschraum; WC.

Tokaj [-kɔj], Ort in N-Ungarn, an der Mündung der Bodrog in die Theiß, 5200 Ew.; Weinbau (**T.er**, aromat., süßer Dessertwein).

Tokelau-Inseln, engl. *Union Islands*, neuseeländ. Atolle in Polynesien, nördl. von Samoa, 10,1 km², 2000 Ew. (meist Polynesier).

Tokio, *Tokyo*, bis 1868 *Yedo (Edo)*, Hptst. Japans, an der mittleren Ostküste von Honshu, 8,2 Mio. Ew.; bildet mit *Yokohama, Kawasaki* u. einem großen Teil des *Kanto* den größten Siedlungskomplex der Welt (rd. 20 Mio. Ew.). Der Hafen (mit dem von Yokohama zum *Keihin-Hafen* vereint) ist einer der bed. Seehäfen der Welt. T. ist interkontinentales Luftverkehrskreuz im Fernen Osten. Es ist Handels-, Kultur- u. Industriezentrum des Landes; im Zentrum der Kaiserpalast; Univ. (1877). – Die Stadt wurde mehrfach durch Erdbeben zerstört, bes. 1703, zuletzt 1923. – 1603–1868 Sitz der *Tokugawa-Shogune* (Edo-Zeit).

Tokkata → Toccata.

Tokugawa, Familienname der in Japan 1603 bis 1868 regierenden *Shogune* u. Bez. für die Geschichtsperiode, in der die Shogune die Machthaber in Japan waren. Der Begr. des (T.-) Shogunats (Edo-Zeit) war *T. Iejasu* (* 1542, † 1616).

Tokushima, jap. Hafenstadt auf Shikoku, 258 000 Ew.; Textilind.

Toland [ˈtɔulənd], John, * 1670, † 1722, brit. Philosoph; lehnte alle die Vernunfterkenntnis überschreitenden Anschauungen ab.

Toledo, **1.** [toˈleðo], Stadt in Neukastilien (Spanien), auf drei Seiten durch das schluchtartige Tal des *Tajo* eingefaßt, 57 800 Ew.; Bauwerke aus der maur. Zeit (Alcazar) u. der Gotik (Kathedrale); Waffenfabrik; Nahrungsmittelind.
Gesch.: Das antike *Toletum*, seit 192 v. Chr. röm., 534–712 Residenzstadt des Westgotenreichs, seit 712 unter arab. Herrschaft (*Tolaitola*), 1036–85 Hptst. eines arab. Kgr., 1087–1561 Residenz der Könige von Kastilien. – **2.** [tɔˈliːdou], Hafenstadt in Ohio (USA), am Erie-See, 341 000 Ew.; Univ. (1872); Maschinenbau, chem. Ind.

Toleranz, 1. die Respektierung von Meinungen, Wertvorstellungen u. Verhaltensweisen, die von den eigenen abweichen; Duldsamkeit, bes. bei weltanschaul. Gegensätzen. – **2.** *Maschinenbau:* die bei der Fertigung zugelassene Ungenauigkeit.

Tolkien, John Ronald Reuel, * 1892, † 1973, engl. Schriftst.; myth. Erzählungen. Ⓦ Romantrilogie »Der Herr der Ringe«.

Toller, Ernst, * 1893, † 1939 (Selbstmord), dt. Schriftst.; expressionist. Dramatiker; leidenschaftl. Kriegsgegner u. radikaler Sozialist; erhielt 1919 wegen Beteiligung an der bay. Räterepublik 5 Jahre Festungshaft, emigrierte 1933.

Tollkirsche, *Atropa*, Gatt. der *Nachtschattengewächse* mit glänzendschwarzen, sehr giftigen Beeren von ekelhaft süßem Geschmack. Die giftige Wirkung beruht auf dem Gehalt an *Atropin*.

Tollwut, *Lyssa*, eine Infektionskrankheit, die in erster Linie fleischfressende Tiere befällt, aber auch durch Biß auf andere Tiere u. den Menschen übertragbar ist; gekennzeichnet durch auffallenden Drang zum Umherstreifen u. Beißen, bevor das letzte Stadium der Lähmungen einsetzt; T. ist beim Menschen nach 1–4 Tagen tödlich. Der Erreger ist ein neurotropes Virus. Bei einem Biß durch ein tollwütiges Tier ist eine sofortige Impfung notwendig.

Tölpel, *Sulidae*, Fam. gänsegroßer, starkschnäbeliger *Ruderfüßer* der Meeresküsten; Haupterzeuger des Guanos. Auf europ. Atlantikinseln lebt der *Baß-T*.

Tolstoj, **1.** Alexej Konstantinowitsch Graf, Vetter von 3), * 1817, † 1875, russ. Schriftst. (histor. Dramen u. Erzählungen). – **2.** Alexej Nikolajewitsch Graf, * 1883, † 1945, russ. Schriftst.; schrieb symbolist. Lyrik, dann Romane: »Der Leidensweg« (Trilogie über die Revolutionszeit). – **3.** Lew (Leo) Nikolajewitsch Graf, * 1828, † 1910, russ. Schriftst., Offizier; bereiste später Europa u. zog sich, erbittert über den westl. Materialismus, auf das Familiengut Jasnaja Poljana zurück, wo er seine großen Romane schrieb. Ende der 1870er Jahre kam es zu seiner »Bekehrung«; er schrieb dann religiös geprägte Traktate, die einen einfachen Lebensstil forderten u. die stark auf die soz. Strömungen in Rußland einwirkten. – Als Schriftst. ist er bed. durch die psycholog. tiefe, farbenreiche Schilderung Rußlands u. seiner Menschen, die nachhaltig auch auf die westl. Literatur, bes. auf

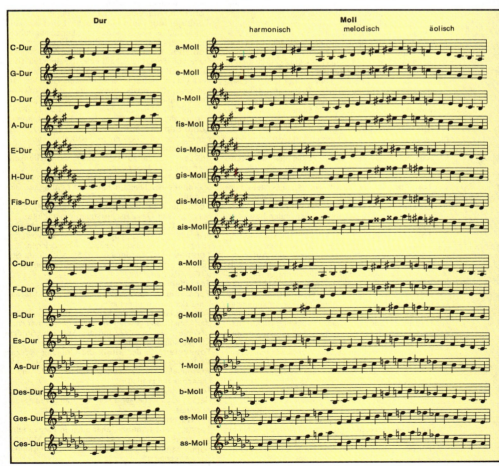

Tonarten

Tolteken, voraztek., krieger. Volk der Nahua im Hochtal von Mexiko; gründeten im 10. Jh. um die Hptst. *Tula* ein Reich. Machtkämpfe zw. den Alteingesessenen u. den Eindringlingen in myth. Verbrämung als Kampf der Götter *Quetzalcoatl* u. *Tezcatlipoca* verbreitet. Die T. beeinflußten die Kultur der Azteken u. der Maya.

Toluca, *T. de Lerdo*, Hptst. des zentralmex. Bundesstaats *México*, 2680 m ü. M., nordöstl. des Vulkans *Nevado de T.* (4577 m), 234 000 Ew.

Toluol, *Methylbenzol*, durch Destillation gewonnene farblose Flüssigkeit; chem. Formel $C_6H_5CH_3$; u. a. als Lösungsmittel u. zur Herstellung von Saccharin u. des Sprengstoffs *Trinitrotoluol*.

Tölz, *Bad T.*, Krst. in Oberbayern, an der Isar, 13 100 Ew.; Luftkurort.

Tomášek ['tɔmaːʃɛk], **1.** František, *1899, †1992, tschech. kath. Theologe; 1977 Kardinal, 1978–91 Erzbischof von Prag. – **2.** Václav Jan, Wenzel Johann *Tomaschek,* *1774, †1850, tschech. Komponist (frühromant. Opern).

Tomasi di Lampedusa, Giuseppe, *1896, †1957, ital. Schriftst. (histor. Roman »Der Leopard«).

Tomate, *Liebesapfel, Paradiesapfel,* einjähriges *Nachtschattengewächs* aus S-Amerika mit vitaminreichen Früchten.

Tombola, Verlosung, eine Art der *Lotterie*.

Tommy, engl. Koseform für *Thomas;* Spitzname für den engl. Soldaten.

Tomographie, Röntgenverfahren, das die Darst. einzelner Körperschichten durch computergesteuerte Kameras erlaubt; zu unterscheiden von der *Kernspin-T.*

Tomsk, Hptst. der gleichn. Oblast in W-Sibirien (Rußland), am unteren *Tom,* 489 000 Ew.; Univ. (1880); vielseitige Ind.

Ton, 1. [Pl. Töne], physikal. eine period. rasche (sinusförmige) Luftschwingung (Schallwelle), die durch das Ohr wahrgenommen wird. Der T. ist bestimmt durch *Tonstärke,* die von der Amplitude abhängt, *Tonhöhe* u. *Klangfarbe,* die von der Zusammensetzung der Obertöne über einem Grundton bestimmt wird. Die Tonhöhe ist durch die Anzahl der Schwingungen in der Sekunde bestimmt (1 Schwingung in der Sekunde = 1 Hertz [Hz]). Die schriftl. Festlegung der Töne erfolgt in der Musik mit Hilfe der *Notenschrift*. – **2.** Farbabstufung. – **3.** [Pl. Tone], weltweit verbreitetes Verwitterungsprodukt von Silikatgesteinen, Gemisch versch. Mineralteilchen (bes. *Kaolinit, Illit, Montmorillonit*). Mit Kalk ergibt T. *Mergel,* mit Sand *Lehm*. Der T. quillt bei Wasseraufnahme u. wirkt gesättigt wasserstauend. Er ist der wichtigste Rohstoff der keram. Industrie; man unterscheidet den weißbrennenden Kaolin-T. (Porzellan) u. den gelb- bis rotbrennenden Töpfer-T. (Steingut).

Tonalität, in der Musik ein Bezugssystem von Tönen, das durch diaton. Tonleitern, Zuordnung zur Dur-Moll-Einteilung u. die Ordnung der Dreiklänge u. ihrer Funktionen zueinander bestimmt wird.

Tonart, das für ein Musikstück grundlegende Beziehungssystem der Töne. – B ➞ S. 905.

Tonbandgerät, *Magnet-T.*, Gerät zum Aufzeichnen u. Wiedergeben von Sprache u. Musik nach dem *Magnetton-Verfahren*. Als Tonträger dient ein Kunststoffband *(Tonband)* mit einer Schicht aus pulverisiertem magnet. Werkstoffen (Eisen, Chromdioxid oder Mischungen). Das Aufsprechen, Wiedergeben u. Löschen von Tonaufzeichnungen läuft über *Tonköpfe,* kleine eekapselte Elektromagnete. Hi-Fi-Kriterium ist neben dem Frequenzumfang die Dynamik, die ein Maß für den Lautstärkeumfang darstellt u. als sog. *Geräuschspannungsabstand* bei Vollaussteuerung in Dezibel (dB) gemessen wird. Zur Verbesserung der Dynamik sind T.e oft mit bes. *Rauschunterdrückungs*-Systemen (*Dolby, DNL, dbx*) ausgestattet. Vollkommene Rauschunterdrückung wird jedoch nur durch *Digitalisierung* des Aufnahmesignals wie beim DAT (*Digital Audio Tape*) erreicht. Das Signal wird hier durch Magnetköpfe auf einer Trommel auf ein Band in einer Minikassette aufgezeichnet.

Tøndern, dän. *Tønder*, Stadt in S-Jütland (»Nordschleswig«), 12 000 Ew.; Nahrungsmittel- u. Textil-Ind.; seit 1920 dänisch.

Tonegawa, Susumu, *5.9.1939, jap. Biologe; erhielt 1987 den Nobelpreis für Medizin für die Entdeckung der »genetischen Grundlagen für das Entstehen des Variationsreichtums der Antikörper«.

Tonerde, *Aluminiumoxid,* Bestandteil des Tons (Kaolin), wird zur techn. Aluminiumherstellung aus Bauxit gewonnen. – *Essigsaure T.* ➞Essigsäure.

Tonfilm, ein Kinofilm, mit dem Bilder u. zugehöriger Ton gleichzeitig wiedergegeben werden können.

Tonfrequenz, Frequenz im Hörbereich (etwa zw. 16 u. 20 000 Hz).

Tonga, Inselstaat im Pazifik, im SW Polynesiens, rd. 170 Vulkan- u. Koralleninseln, 750 km²,

Tonga

120 000 Ew.; Hptst. *Nuku'alofa;* Kopra- u. Bananenausfuhr.

Geschichte. 1616 von Holländern entdeckt, 1643 von A.J. Tasman zuerst betreten; seit 1845 unabhängiges Kgr.; 1900–70 brit. Schutzgebiet unter Fortbestand der alten Königsdynastie; seit 1970 unabhängiger Staat im Commonwealth; König ist seit 1965 *Taufa'ahau Tupou IV.*

Tongareva, eines der größten Südsee-Atolle (280 km² große Lagune) in den neuseeländ. Cook-Inseln.

Tongeren [-rə], *Tongern,* frz. *Tongres,* Stadt in der belg. Prov. Limburg, 26 300 Ew.

Tongking, *Tonkin,* vietnames. *Bắc Bô,* nördl. Teilgebiet von Vietnam, hpts. das Delta des Roten Flusses, fruchtbares Land (Reisanbau), mit der vietnames. Hptst. Hanoi u. dem Haupthafen Haiphong.

Tonika, der Grundton einer Tonart u. auf ihr sich aufbauende Dreiklang.

Tonikum, Anregungs-, Stärkungsmittel.

Toningenieur [-inʒəˈnjøːr], techn. Leiter der Aufnahmestudios von Rundfunk- u. Fernsehanstalten, Filmgesellschaften u. Schallplattenfirmen.

Tonleiter, *Tonskala,* die stufenweise Aufeinanderfolge von Tönen innerhalb eines bestimmten Tonraums, z.B. einer Oktave. Die sowohl Halb- als auch Ganztonschritte verwendenden T.n in der europ. geprägten Musik unterscheiden sich durch jene Stellen, an denen die *Halbtöne* stehen, in der Dur- u. Moll-T.n. Die *Chromat.* T. hat nur Halbtonschritte, die *Ganzton-T.* gar keine Halbtonschritte.

Tonlé Sap, See in Kambodscha, schwillt zur Regenzeit von ca. 3000 auf rd. 10 000 km² an.

Tonmalerei, musikal. Schilderung von Natureindrücken, bildhaften oder poet. Vorstellungen; vorw. in der »Programmusik«.

Tonmeister, künstler. Berater des Toningenieurs; übernimmt bei Tonaufnahmen die Leitung am Regiepult.

Tonnage [-ʒə], vermessener Rauminhalt eines Schiffs, auch Gesamtschiffsraum einer Flotte.

Tonne, **1.** Kurzzeichen t, Masse- u. Gewichtseinheit: 1 T. = 1000 kg; engl. T. *ton*. – **2.** *Schiffahrt:* 1. ➞Registertonne; 2. ➞Seezeichen.

Tönnies [-iəs], Ferdinand, *1855, †1936, dt. Soziologe; differenzierte die Begriffe Gemeinschaft u. Gesellschaft.

Tonsillen ➞Mandeln.

Tonsillitis, *Mandelentzündung,* entzündl. Erkrankung der Gaumenmandeln.

Tonsur, Haartracht der kath. Geistlichen u. Mönche, kreisförmig geschorene Stelle des oberen Hinterkopfes; war bis 1972 mit der Aufnahme in den Klerikerstand verbunden.

Tonsystem, in der Musik die Ordnung der zur Verfügung stehenden Töne u. ihre mögl. Abstände voneinander (in Ganzton-, Halbton- oder noch kleineren Intervallen).

Tonus, normaler Spannungszustand der Muskeln, Gefäße u. Gewebe; wird vom Zentralnervensystem gesteuert.

Tonwaren, grob- u. feinkeram. Erzeugnisse.

Topas, meist farbloses, aber auch in Farbvarietäten vorkommendes, glasglänzendes Mineral; Schmuckstein. Durchsichtiger T. wird im Handel *Edel-T.* genannt.

Topeka [tə'piːkə], Hptst. von Kansas (USA), am Kansas River, 115 000 Ew.; Maschinenbau.

Topfen, in Bay. u. Östr. Bez. für Quark.

Töpfer, Klaus, *29.7.1938, dt. Politiker (CDU); 1987–94 Bundes-Min. für Umwelt, Naturschutz u. Reaktorsicherheit; seit 1994 Bundes-Min. für Raumordnung, Bauwesen u. Städtebau.

Töpferei, die Herstellung von Gegenständen u. Gefäßen aus *Töpferton,* meist auf einer tischartigen, runden *Töpferscheibe* (bereits um 3500 v. Chr. bek.). Die Rohwaren werden gebrannt u. oft bemalt oder glasiert. ➞Keramik, ➞Porzellan.

Töpfervogel, mit über 200 Arten zu einer südamerik. Fam. *(Furnariidae)* gehöriger *Sperlingsvogel,* der sein aus Lehm gemauertes, überwölbtes Nest auf einem Ast errichtet.

Topinambur, *Erdartischocke, Erdbirne, Erdapfel, Jerusalemer Artischocke,* eßbare unterirdische Knolle der amerik. Sonnenblumenart *Helianthus tuberosus,* Verwendung als Viehfutter u. Gemüse.

Toplitzsee, östr. Alpensee im steier. Salzkammergut.

Topographie, Beschreibung der Bodenformen, Gewässer, Siedlungen, Verkehrswege u. a. Gegebenheiten eines Teilgebiets der Erdoberfläche.

Topologie, Teilgebiet der höheren Mathematik; behandelt die Eigenschaften ebener oder vieldimensionaler Punktmengen (Kurven, Flächen, Räume), die bei umkehrbar eindeutigen, stetigen Abbildungen erhalten bleiben.

Topp, oberes Ende eines Masts oder senkrechter Spieren oder Aufbauten. – **T.segel,** oberstes Segel an der Mastspitze.

Topspin, beim Tennis oder Tischtennis ein Vorhandschlag mit extremem Oberschnitt.

Toque [tɔk], krempenlose kleine Kopfbedeckung des 16. Jh.; nach 1900 barettartiger Damenhut, garniert mit Blumen, Federn, Bändern, Pelz u. ä.

Tor, 1. bei den T.spielen (Fußball, Handball, Hockey u. a.) das Angriffsziel (meist ein Rahmen mit darin eingehängtem Netz); auch der erfolgreiche T.schuß oder -wurf. – **2.** beim Skilauf (Slalom) zwei Stangen mit Fähnchen, zw. denen der Skiläufer durchfahren muß.

Toraja, Sammelname für die altindones. Stämme im zentralen Bergland von Celebes; wohnen in reichverzierten großen Pfahlbauten u. pflegen einen ausgeprägten Totenkult.

Torbay ['tɔːbei], Stadt an der engl. Kanalküste, 116 000 Ew.; Seebad, Fischereihafen.

Torberg, Friedrich, eigtl. F. *Kantor-Berg,* *1908, †1979, östr. Schriftst. (Romane über Schicksale von Juden), auch Übersetzer von E. Kishon.

Torelli, Giuseppe, *1658, †1709, ital. Geiger u. Komponist.

Torero, *Toreador,* ein Stierkämpfer.

Torf, brennbares Produkt der Zersetzung pflanzl. Stoffe unter Luftabschluß, mit 55–64% Kohlenstoff; Übergangsstufe zur Braunkohle. Fundorte sind die Moore. T. enthält bis zu 80% Wasser u. muß nach dem Stechen durch Liegen u. Trocknen an der Luft oder Pressen wasserarm gemacht werden. T. ist in Gärten ein Mittel zur Humusanreicherung. – **T.moos,** *Sphagnum,* große Polster bildende Laubmoose sumpfiger Standorte, die an ihrer Oberfläche von Jahr zu Jahr weiterwachsen, während die tieferen Schichten absterben u. schließl. in T. übergehen.

Torgau, Krst. in Sachsen, Hafen an der Elbe, 23 000 Ew.; Renaissance-Schloß *Hartenfels*.

Tories, in England seit dem 17. Jh. die Partei der Königstreuen (meist der kleine Landadel), die für *Jakob II.* gegenüber den *Whigs,* den Anhängern der Parlamentsherrschaft, eintraten. Die Partei wurde 1785 durch W. Pitt d. J. erneuert. Sie stützte sich nun auf den Landadel, die Kaufleute u. die Beamten u. lehnte Reformen ab. Im 19. Jh. entwickelten sich die T. zur Konservativen Partei.

Torii, Torbogen vor Schinto-Schreinen u. a. jap. Heiligtümern.

Törn, Wache an Bord; Dauer einer Schiffsreise; Kehre; Drehung u. ä.

Tornado, 1. Wirbelsturm in N-Amerika; von geringem räuml. Ausmaß (einige hundert Meter Durchmesser), aber großer Zerstörungskraft. – **2.** ein Doppelrumpf-Segelboot (Katamaran) mit zwei Mann Besatzung; olymp. Segelbootsklasse.

Torne Älv, finn.-schwed. Grenzfluß.

Tornister [slaw.-ung. »Hafersack«], Ranzen aus wasserdichtem Stoff oder Leder u. Fell über einem Holz- u. Metallgestell, an zwei Riemen getragen; auch Schulranzen.

Toronto, Hptst. der kanad. Prov. Ontario, Hafen am N-Ufer des Ontario-Sees, 615 000 Ew.; Rathaus

Toronto: in Bildmitte der 553 m hohe Fernsehturm, das z.Z. zweitgrößte Bauwerk der Erde

(City Hall), Fernsehturm (553 m), Handels- u. Bankenzentrum Kanadas, Börse, vielfältige Ind.; zahlr. HS u. Forschungsinstitute; internat. Flughafen in Malton.

Torpedo, mit Steuerapparaten u. durch eig. (Preßluft- oder elektr.) Antrieb sich fortbewegendes, zigarrenförmiges Unterwassergeschoß gegen Schiffsziele, das von Überwasserschiffen u. U-Booten aus einem Rohr gestoßen wird; 1859/60 entwickelte der Östr. B. Luppis den T. mit Eigenantrieb.

Torquay [ˈtɔːki], Stadtteil von *Torbay,* in S-England.

Torquemada [tɔrkeˈmaða], Thomas de, * 1420, † 1498, span. Generalinquisitor (seit 1483).

Torr [nach E. *Torricelli*], nichtgesetzl. Einheit für den Druck. 1 T. ist der Druck einer 0,999 mm hohen Quecksilbersäule auf ihre Unterlage; 1 T. = $1/760$ atm = 1,33322 mbar = 133,322 Pa.

Torremolinos, bed. Seebad im S Spaniens, an der Costa del Sol, 29 000 Ew.

Torreón, Stadt im nordmexikan. Staat Coahuila, 449 000 Ew.; Eisen- u. Stahlwerk, Baumwollverarbeitung.

Torres-Straße, flache Meerenge zw. Australien u. Neuguinea; ben. nach dem span. Seefahrer L.V. *Torres,* der sie 1606 entdeckte.

Torricelli [-ˈtʃɛli], Evangelista, * 1608, † 1647, ital. Physiker u. Mathematiker; erfand das Quecksilberbarometer.

Tórshavn [ˈtɔːrshaun], dän. *Thorshavn,* Hptst. der Färöer, 14 700 Ew.

Torsion, *Drillung,* schrauben- oder spiralförmige Verwindung der Längsfasern eines Stoffs.

Torso, Bruchstück; Standbild ohne Arme, Beine u. Kopf.

Torstensson, Lennart, Graf von *Ortala,* * 1603, † 1651, schwed. Feldherr; im Dreißigjährigen Krieg von 1641–46 Oberkommandierender in Dtld.

Tortelett, *Tartelett,* kleiner Tortenboden, mit Obst, Fleisch- oder Käsefarcen gefüllt.

Tortilla [tɔrˈtiʎa], Kuchenbrot aus Maismehl u. Wasser in Lateinamerika u. Spanien.

Tortur →Folter.

Toruń [-nj] →Thorn.

Torus, schlauchringförmiger mathemat. Körper.

Tory, Einzahl von *Tories.*

Toscanini, Arturo, * 1867, † 1957, ital. Dirigent; leitete u. a. die Mailänder Scala u. die Metropolitan Opera (New York).

Toskana, *Toscana,* mittelital. Hügelland zw. Etrusk. Apennin u. der W-Küste, Hptst. *Florenz;* eine der wichtigsten Fremdenverkehrsregionen Italiens.

Totalisator, behördl. genehmigte Einrichtung zur Entgegennahme von Wetten, Quotenberechnung u. Gewinnauszahlung, bes. bei Pferderennen.

totalitär, alles erfassend u. alles sich unterwerfend, keine abweichende Meinung oder Lebensform duldend; Ggs.: liberal.

Totalreflexion, vollständiges Zurückwerfen des Lichts an der Grenzoberfläche von einem optisch dichteren (z.B. Glas) zu einem optisch dünneren Medium (z.B. Luft), wenn der Einfallswinkel des Lichts größer als der Grenzwinkel der T. ist. Die T. findet Anwendung u. a. in opt. Geräten, zur Umlenkung des Lichtstrahls durch opt. Prismen.

Totalschaden, völlige Zerstörung bzw. Unbrauchbarmachung eines Kraftfahrzeugs durch einen Verkehrsunfall; der Schuldige ist zur Ersatzwagenbeschaffung verpflichtet, wenn die Reparaturkosten den Fahrzeugwert vor der Beschädigung erhebl. übersteigen würden *(wirtsch. T.).* Vom Schädiger ist eine Geldsumme zu zahlen, die den Geschädigten in die Lage versetzt, sich einen gleichwertigen Wagen zu beschaffen.

Totemismus, eine Religionsform, nach der zw. einem Menschen oder einer Gruppe u. einer Tier- oder Pflanzenart, dem **Totem,** eine geheimnisvolle, innige Beziehung besteht; beruht auf dem Glauben an eine gemeinsame Abstammung von Mensch u. Totem. Der T. ist verbunden mit relig. Verehrung des Totems, Heiratsverboten innerhalb der Totemgruppe u. dem Verbot, das Totem zu töten, zu essen oder zu berühren. T. hat seinen Ursprung im Jägertum. Hauptgebiete: NW-Amerika *(Totempfähle),* S-Asien, Australien, Melanesien, Sudan.

Totenbestattung, die Bestattung des menschl. Leichnams u. die damit verbundenen Bräuche; abhängig von den Vorstellungen über Tod u. Weiterleben sowie von der jeweiligen Kulturstufe. Vom einfachen Aussetzen der Leiche (sibir. Völker, Massai) finden sich viele Zwischenstufen über Erdbestattung (mit oder ohne Sarg), Steingräber, Felsengräber, Bestattung in Booten oder Wagen, Versenken im Fluß, See oder Sumpf, bis hin zur Leichenverbrennung (Feuerbestattung). Zuweilen geht der Beisetzung eine Mumifizierung voraus. Die Zusammenfassung der Grabstätten zu Begräbnisplätzen (Friedhöfen) überwiegt gegenüber dem Einzelgrab. Die mit der T. verbundenen Bräuche (Herrichtung der Leiche, Anlegen der Festtagsgewänder, Grabbeigaben) umschließen Maßnahmen zur Lösung des Verstorbenen aus seinen diesseitigen Bindungen (Totenwacht), zur Sicherung des Lebens im Jenseits (Verpflegung, Mitgabe von Dienern, des Leibpferds u. von Geld), zur Ehrung des Toten (Totenmahl), um sein Wohlwollen gegenüber den Hinterbliebenen zu sichern, zum Schutz der Lebenden vor bösen Einflüssen u. vor der Wiederkehr.

Totenbücher, im alten Ägypten den Toten mitgegebene Sammlungen von Sprüchen u. Hymnen.

Totengräber, zu den *Silphidae* gehörende Aaskäfer, die tote Kleintiere unter die Bodenoberfläche bringen.

Totenklage, bei vielen Völkern übl. Brauch als Teil der Trauerzeremonien, oft berufsmäßig von *Klageweibern* ausgeführt.

Totenkopf, ein *Schwärmer* mit totenkopfähnl. Zeichnung.

Totenmaske, meist unmittelbar nach dem Tod abgenommene Gesichtsmaske aus Gips oder Wachs.

Totenmesse →Requiem.

Totenreich, Aufenthaltsort der Toten, in den einzelnen Religionen teils als unterird. Schattenreich *(Hölle,* german. *Hel,* grch. *Hades,* röm. *Orkus),* teils als Paradies vorgestellt.

Totenschein, die aufgrund der Leichenschau durch einen Arzt oder sonstigen Leichenbeschauer ausgestellte Bestätigung über den Todeseintritt u. die Todesursache. Die Vorlage eines T. beim Standesamt ist Voraussetzung für die Erteilung der Bestattungserlaubnis.

Totensonntag, ev. Totengedenktag am letzten Sonntag des Kirchenjahrs (seit 1816); später *Ewigkeitssonntag* genannt.

Totenstarre, *Leichenstarre,* nach dem Tod einsetzende Versteifung der Muskeln; beginnt beim Menschen etwa 1 Std. nach dem Tode. Spätestens 96 Std. nach Eintritt des Todes ist die Muskulatur wieder erschlafft.

Totentanz, frz. *Danse macabre,* in der bildenden Kunst die seit dem 14. Jh. verbreitete themat. Gegenüberstellung des Lebens u. des Todes in meist ständisch geordneten Menschenvertretern u. skelettierten oder leichenhaften Totengestalten.

toter Punkt, 1. *Maschinenbau:* Totpunkt, bei Kolbenmaschinen die Stellung von Kurbelzapfen u. -stange in einer Geraden; wird durch zweiten Antrieb oder Schwungrad überwunden. – **2.** im Sport bei Dauerleistungen auftretendes vorübergehendes Gefühl völliger Erschöpfung; wird hervorgerufen durch eine zu hohe Konzentration von Milchsäure in der beanspruchten Muskulatur.

Totes Gebirge, verkarsteter Gebirgsstock der Nördl. Kalkalpen, im *Großen Priel* 2515 m.

Totes Meer, arab. *Bahr al-Miyet,* hebr. *Yam Hamelah,* Salzsee an der israel.-jordan. Grenze, Mündungssee des Jordan, 80 km lang, bis 18 km breit, tiefste Depression der Erde (Seespiegel 395 m u. M., 1020 km²; infolge des hohen Salzgehalts (30–33%) ohne Lebewesen; Salzgewinnung (Brom, Kali).

tote Sprachen, Sprachen ohne lebende muttersprachl. Sprecher.

totes Rennen, unentschiedener Ausgang bei sportl. Wettbewerben.

Toto, eine Sportwette, bei der Fußballspiele mehrerer Vereine zu einem Wettprogramm zusammengestellt sind. Bei der *Ergebniswette* sind die Spielergebnisse (Sieg, Niederlage oder Unentschieden), bei der *Auswahlwette* unentschieden endende Spielpaarungen vorauszusagen.

Totschlag, die vorsätzl. Tötung eines Menschen ohne die Merkmale eines Mordes.

Toubqâl [tubˈkal], *Jbel T., Tubkal,* höchster Gipfel des Hohen Atlas, 4165 m.

Touggourt [ˈtuggurt], Oasengruppe in der alger. Sahara, 80 000 Ew.

Toulon [tuˈlɔ̃], Hafenstadt im S-frz. Dép. Var, wichtiger Marinestützpunkt, 180 000 Ew.; vielfältige Ind.

Toulouse [tuˈluːz], Hptst. des S-frz. Dép. Haute-Garonne, Mittelpunkt des Languedoc, 348 000 Ew.; Univ. (1229); rom. Basilika Saint-Sernin; Maschinenbau, Eisen-, Textil- u. a. Ind.; Inst. für Luftfahrt- u. Raumforschung.

Toulouse-Lautrec [tuˈluːz loˈtrɛk], Henri Marie Raymond de, * 1864, † 1901, frz. Maler u. Graphiker; entwickelte einen plakativen Flächen- Linienstil, der den Jugendstil beeinflußte; Gemälde u. v. a. Farblithographien aus dem Milieu der Pariser Halbwelt.

Toupet [tuˈpeː], Haarersatzstück für Männer; um 1788 aufgekommen. – **toupieren,** Haare gegen den Strich (in die Höhe) kämmen.

Tour [tuːr], Drehung, Umdrehung, Fahrt, Reise.

Touraine [tuˈrɛːn], Ldsch. im westl. Mittelfrankreich, beiderseits der unteren Loire.

Tourcoing [turˈkwɛ̃], Ind.-Stadt im frz. Dép. Nord, an der belg. Grenze, 97 000 Ew.

Tour de France [tur də ˈfrɑ̃ːs], Radrundfahrt durch Frankreich für Berufsfahrer; schwerstes

Henri de Toulouse-Lautrec: Selbstbildnis; 1880. Albi, Musée Toulouse-Lautrec

Straßenrennen der Welt; wechselnde Streckenführung, Gesamtlänge ca. 4000 km (seit 1903); Ziel ist immer Paris.
Tour de Suisse [tur də'swis], Radrundfahrt für Berufsfahrer in der Schweiz; wechselnde Streckenführung; ca. 1500 km (seit 1933).
Touré [tu're:], Sékou, * 1922, † 1984, guineischer Politiker; seit 1958 Staats-Präs.; errichtete ein diktator. Regime.
Tourismus →Fremdenverkehr.
Tournai [tur'nɛ], fläm. *Doornik,* Stadt in der belg. Prov. Hennegau, an der Schelde, 68 000 Ew.; Kathedrale (12./13. Jh.), Textil- u. a. Ind.
Tournedos [turnə'do], kleine Scheibe aus der Ochsenlende, auf dem Rost oder in der Pfanne gebraten.
Tournüre [tu-], *Turnüre,* hufeisenförmige Gesäßauflage aus Roßhaar oder Stahlschienen, zur rückwärtigen Hochraffung des Kleides 1869–75 u. als *Cul de Paris* 1882–88 getragen.
Tours [tu:r], Hptst. des mittelfrz. Dép. Indre-et-Loire, 130 000 Ew.; Wallfahrtskirche, Kathedrale (13.–16. Jh.), Univ. Bei T. u. Poitiers schlug *Karl Martell* 732 die Araber.
Tower [tauə], **1.** Kontrollturm eines Flughafens. – **2.** Zitadelle im O der Londoner Altstadt, nördl. der *T.-Brücke,* ältestes Bauwerk Londons, 1078 von *Wilhelm dem Eroberer* begonnen, bis 1509 Residenz, später Staatsgefängnis, heute Aufbewahrungsort der Kronjuwelen.
Townes [taunz], Charles, * 28.7.1915, US-amerik. Physiker; arbeitete über Quantenelektronik (Maser, Laser); Nobelpreis 1964.
Toxikologie, Wiss. von den Giften u. Vergiftungen.
Toxine, bakterielle, pflanzl. u. tier. Giftstoffe, die in einem anderen Organismus die Bildung von Antitoxinen bewirken.
Toxoplasmose, auf den Menschen übertragbare, anzeigenpflichtige Tierseuche; Erreger: *Toxoplasma gondii.*
Toyama, jap. Ind.-Stadt in Zentralhonshu an der *T.bucht,* 314 000 Ew.
Toynbee ['tɔinbi], **1.** Arnold, * 1852, † 1883, brit. Sozialreformer; förderte die Bildung der Arbeiter. – **2.** Arnold Joseph, * 1889, † 1975, brit. Historiker; entwickelte eine spekulativ-geschichtsphilosoph. Lehre von 21 einander ablösenden Einzelkulturen.
Toyohashi, jap. Stadt in Zentralhonshu, sö. von Nagoya, 322 000 Ew.; Seidenind.
Trab, ein Gangart (bes. von Pferden), bei der ein Vorderfuß u. der entgegengesetzte Hinterfuß zugleich aufgesetzt werden.
Trabant, im MA Angehöriger der Leibgarden, i.w.S. heute Begleiter; auch Mond, Satellit.
Traben-Trarbach, Stadt in Rhld.-Pf., an der Mosel, 6400 Ew.; Weinanbau.
Traber, Vollblutrennpferd für Trabrennen.
Trabzon, *Trapezunt,* Hptst. der türk. Prov. T., Hafen am Schwarzen Meer, 156 000 Ew.; vielfältige Ind. – 1204–1461 selbst. Kaiserreich.
Trachee, 1. wasserleitendes Element des Leitgewebes der Pflanze. – **2.** Atemröhre der **T.ntiere** (Insekten u. Tausendfüßer) u. mancher Spinnen. T. leiten Luft ohne Vermittlung des Blutes an die Körperorgane.
Trachom, *ägyptische Augenentzündung, Körnerkrankheit, Granulose,* eine Infektionskrankheit des Auges, anzeigepflichtig.
Tracht, 1. die in Form, Farbe u. Trageweise einheitl. Kleidung einer Gemeinschaft, urspr. als Ausdruck ständ. Gliederung (ritterl. T., Bauern-, Hof-T.). Als bäuerl. Volks-T. heute noch in meist abgelegenen Landschaften erhalten. – **2.** äußere Merkmale eines Tiers (z.B. Form, Färbung, Zeichnung).
Trächtigkeit, bei lebendgebärenden Tieren Zustand des Muttertiers zw. Befruchtung der Eizelle u. Geburt des Jungtieres. Die Dauer der T. ist die *Tragzeit,* sie wächst im allg. mit der Größe des Tiers, z.B. Goldhamster 16, Hund u. Katze bis 65, Schwein 110–118, Rind 280–290, Pferd 320–355, Elefant bis 660 Tage.
Trachyt, jüngeres Ergußgestein mit dichter, rauher Grundmasse u. Einzelkristallen.
Tracy ['trɛisi], Spencer, * 1900, † 1967, US-amerik. Filmschauspieler (Charakterdarsteller). Ⓦ »Der alte Mann u. das Meer«, »Vater der Braut«.
Trademark ['trɛid-], engl. Bez. für Warenzeichen.
Trade Union ['trɛid 'ju:njən], die brit. (Arbeiter-)

Trachten

Gewerkschaft; Dachorganisation ist seit 1868 der *T. U. Congress (TUC).*
Tradition, 1. für viele Religionen die mündl. oder schriftl. bewahrte Grundlage ihrer Lehren. Im Katholizismus wertet man mündl. T. u. Bibel als gemeinsame Quelle der göttl. Offenbarung. Die ev. Kirchen lassen die T. neben der Bibel nur als Quellensammlung gelten. – **2.** Überlieferung von kulturellen Formen u. Inhalten (z.B. Bräuche) über eine bestimmte Zeit hinweg.
Trafalgar, span. Kap nw. der Straße von Gibraltar. Bei T. besiegte H. *Nelson* am 21.10.1805 die frz.-span. Flotte.
Trafik, in Östr. Laden, Handel; insbes. der staatl. konzessionierte Tabakwarenladen *(Tabak-T.).*
Trafo, kurz für *Transformator.*
Tragant, *Bärenschote, Stragel, Astragalus,* artenreiche Gatt. der *Schmetterlingsblütler;* Kräuter u. Sträucher mit häufig zu Dornen umgewandelten Blattspindeln.
Träger, im Bauwesen Konstruktionselement zur Aufnahme von Lasten u. deren Übertragung auf die Auflager, z.B. Wände, Stützen.
Trägerfrequenztechnik, ein Verfahren, mit dem man eine Vielzahl von Nachrichten (z.B. Ferngespräche) gleichzeitig auf einer Leitung überträgt, indem auf die Frequenz einer Trägerwelle die eigtl. Nachricht moduliert wird.
Trägerraketen, Raketen zum Transport von Nutzlasten (Satelliten) in den Weltraum.
Tragfläche, *Tragflügel,* Flugzeugbauteil; dient zur Erzeugung einer der Schwerkraft entgegenwirkenden Luftkraft *(Auftrieb)* auf dynam. Weg.
Tragflügelboot, *Tragflächenboot,* ein Motorboot, bei dem kurze Auftriebsflächen unter der Wasseroberfläche bei Geschwindigkeiten über 30 Knoten den Bootskörper völlig über die Wasserfläche emporheben.
Trägheit, *Beharrungsvermögen,* in der Physik die Eigenschaft jedes Körpers, der Änderung seiner momentanen Bewegung einen Widerstand entgegenzusetzen. Das *T.sgesetz* (von G. *Galilei* 1609 angedeutet, von I. *Newton* 1670 formuliert) sagt: Jeder Körper verharrt im Zustand der Ruhe oder der gleichförmigen Bewegung in geradliniger Bahn, solange keine von außen wirkenden Kräfte auf ihn wirken. Nach Einstein hat auch jede Energie T. – **T.smoment,** der Widerstand eines sich um eine Achse drehenden Körpers gegen die Änderung der Rotationsgeschwindigkeit.
Tragik, Kampf u. Untergang der ethisch bewußten Persönlichkeit im Konflikt gegensätzl. Wertordnungen; oft in der Dichtung behandelt (Tragödie).
Tragikomödie, urspr. ein ernstes Drama mit heiterem Ausgang, im heutigen Sinn ein Drama, in dem sich trag. u. kom. Elemente durchdringen. Bekannte T. sind: »Misanthrop« (Molière), »Amphitryon« (Kleist), »Besuch der alten Dame« (Dürrenmatt).
Tragödie, *Trauerspiel,* ein Drama, das in seinem Handlungsverlauf den Helden in einen *trag. Konflikt* stürzt u. die daraus entstehende *trag. Schuld* in irgendeiner Form auflöst, meist durch Vernichtung des Helden. Nach der Blüte der T. in der Antike (Äschylus, Sophokles, Euripides) erlebte sie in der Renaissance in Shakespeare einen absoluten Höhepunkt. Bed. klass. T.ndichter sind: Lope de Vega u. Calderón (Spanien), Corneille u. Racine (Frank-

reich), Lessing, Schiller, Hebbel, Grillparzer (Dtld.)
Tragzeit, *Tragezeit* →Trächtigkeit.
Training ['trɛi-], *i.w.S.* jede organisierte Ausbildung mit dem Ziel der Berufsqualifizierung; in der Psychologie verhaltensändernde Methoden u. Lernverfahren, wie *mentales u. autogenes* T. I.e.S. das *sportl. T.,* die systemat. Vorbereitung für den sportl. Wettkampf mit dem Ziel der Leistungssteigerung.
Trajan, Marcus Ulpius *Traianus,* * 53, † 117, röm. Kaiser 98–117; unter ihm erreichte das Röm. Reich seine größte Ausdehnung; baute das *T.sforum* in Rom. – die **T.ssäule,** Triumphsäule in Rom, 113 zu Ehren der Siege T. über die Daker errichtet, 29,47 m hoch auf 5 m hohem Postament, mit spiralartig umlaufendem Reliefband.
Trajekt, Fährschiff für Eisenbahnzüge; →Fähre.
Trakehner, Pferderasse aus der Kreuzung engl. u. arab. Vollbluts; 1732–1944 im ostpreuß. Gestüt Trakehnen gezüchtet.
Trakl, Georg, * 1887, † 1914 (Selbstmord), östr. Lyriker; gestaltete in klangvollen Traumbildern eine Welt des Vergehens, der Schwermut u. des Wahns.
Trakt, Teil, Flügel eines weitläufigen Gebäudes.
Traktat, Abhandlung, Flugschrift relig. oder polit. Inhalts.
Traktor, eine Zugmaschine mit Dieselmotor für die Land- u. Forstwirtschaft.
Tram, *T.bahn,* süddt. für Straßenbahn.
Traminer, Weißweinrebe, aus der Weine mit würzigem Bukett hergestellt werden.
Tramp ['træmp], Vagabund.
Trampeltier →Kamele.
Trampolin, sportl. Gerät für turner. Sprungübungen. Das Sprungtuch ist aus reißfestem Nylongeflecht, elastisch u. in ca. 1 m hohes Leichtmetallgestell eingehängt.
Tran, aus dem Fettgewebe größerer Meerestiere (z.B. Wale, Robben, Delphine, Haie) durch Erhitzen oder Auspressen gewonnene *fette Öle;* werden hpts. in der Margarineherstellung verarbeitet.
Trance [trãs], schlafähnl. Zustand mit Verlust des Ichbewußtseins bei teilweise erhaltener körperl. u. geistiger Reaktionsfähigkeit.
Tranche [trãʃ], Schnitte, Scheibe. – **tranchieren,** Fleisch, Geflügel u. a. zerlegen.

Tragflügelboot

Tränen, die von den *T.drüsen* ausgeschiedene salzhaltige Flüssigkeit, die den Bindehautsack des Auges befeuchtet, das Auge vor Eintrocknung schützt u. kleine Fremdkörper laufend aus dem Auge spült.
Tränendes Herz, *Flammendes Herz, Jungfernherz,* Gatt. der *Mohngewächse,* herzförmige, rote Blüten.

Tränendes Herz

Tränengas, flüchtige chem. Verbindungen mit augen- u. schleimhautreizender Wirkung.
Trani, ital. Hafenstadt in Apulien, 46 000 Ew.; roman. Kathedrale, Hohenstaufenkastell; Obst- u. Weinanbau (Muskateller).
Tranquilizer ['træŋkwilaizə], Beruhigungsmittel. →Psychopharmaka.
trans... [lat.], Vorsilbe mit der Bedeutung »durch, quer, jenseits, hinüber«.
Transaktion, geschäftl. (meist finanzieller) Vorgang von bes. Tragweite.
Transalai, über 200 km langes innerasiat. Kettengebirge zw. Alai u. Pamir, im *Pik Lenin* 7134 m.
Transceiver [træns'si:və], von engl. *transmitter* (= Sender) u. *receiver* (= Empfänger); kombiniertes Funksende- u. -empfangsgerät.
Transdanubien, ung. *Dunántúl,* Gebiet im westl. Ungarn, zw. Donau, Drau u. östr. Grenze; Flachland, im Bakonywald u. im Mecsekgebirge Bergland.
Transfer, Übertragung, Überführung; Devisenzahlung an das Ausland; Transport von Reisenden vom Ankunftsort zum Hotel; im Sport Vereinswechsel eines Spielers.
Transferasen, umfangreiche Klasse von *Enzymen,* die chem. Gruppen einer Verbindung auf eine andere übertragen.
transfer-Ribonucleinsäuren, *t-RNS,* Moleküle von niedrigem Molekulargewicht, die sich mit Aminosäuren beladen u. diese zu den →Ribosomen bringen, wo die Proteinsäure abläuft.
Transformation, allg. Umwandlung, Umformung, etwa die Umformung einer Energieform in eine andere, z.B. mechan. Arbeit in Wärme.
Transformator, *Trafo,* elektr. Gerät zur Erhöhung oder Erniedrigung einer Wechselspannung ohne wesentl. Energieverluste; in der Nachrichtentechnik *Übertrager,* in der Meßtechnik *Meßwandler,* in der Starkstromtechnik *Umspanner* genannt. Der T. hat meist zwei Wicklungen (oder Spulen), Primär- (= Eingangs-) u. Sekundär- (= Ausgangs-)wicklung. Der durch die Primärwicklung fließende Strom induziert in der Sekundärspule eine Spannung, die dem Verhältnis der Windungszahlen (Übersetzungsverhältnis) proportional ist. Zur Erreichung eines möglichst starken gemeinsamen Magnetfeldes der beiden Wicklungen sitzen diese meist auf den Schenkeln eines ringförmig geschlossenen Eisenkerns *(Kern-T.)* oder auf der mittleren Säule eines doppelt geschlossenen Eisenkerns *(Mantel-T.).*
Transfusion, →Bluttransfusion.
Transgression, Vordringen des Meeres in Festlandsgebiete durch Anhebung des Meeresspiegels oder Absinken des Festlands.
Transhimalaya, *Hedin-Gebirge,* 2300 km langes innerasiat. Hochgebirge, mehrere Gipfel über 7000 m hoch.
Transhumanz, jahreszeitl. Wanderungen von Herden u. Hirten zw. entfernten Weidegebieten.
Transistor, Kurzwort aus engl. *transfer resistor,* meist dreipoliges elektron. Verstärkerelement aus Halbleitermaterial (Germanium bzw. Silicium), in der Wirkung ähnl. der Elektronenröhre, jedoch kleiner u. mit niedriger Betriebsspannung. Die Wirkungsweise des T. wurde 1948 von J. *Bardeen,* W.H. *Brattain* u. B. *Shockley* physikal. beschrieben, die dafür 1956 den Nobelpreis erhielten. T. werden heute als Verstärkerelemente u. zu Schaltzwecken eingesetzt. Anwendungsgebiete: Audio- u. Videotechnik, Computertechnik, Weltraumfahrt, Hörgeräte, Ladegeräte, Blinker u. a.
Transit, meist zollfreie Durchfuhr von Waren durch das Zollinland.

Transformator (Schema)

transitiv, Bez. für Verben, die das Objekt in den Akkusativ setzen (z.B. lieben).
Transjordanien →Jordanien (Geschichte).
Transkarpatien, *Karpato-Ukraine,* Verwaltungsgebiet im W der Ukraine, 12 800 km², 1,2 Mio. Ew., Hptst. *Uschgorod.* – Bis 1918 ung., dann tschechosl., 1939 wieder ung., 1945 sowj.
Transkaukasien, das südl. *Kaukasien;* umfaßt die Südabdachung des (Großen) Kaukasus: die Rioni-Niederung am Schwarzen Meer, die Steppen der Kura-Niederung am Kasp. Meer u. einen Teil des Armen. Hochlands.
Transkei, ehem. Bantu-Homeland im nö. Kapland (Rep. Südafrika), 44 630 km², 2,76 Mio. Ew.

Transkei

(überw. Xhosa), Hptst. *Umtata.* Das recht gut beregnete Stufenland wird landwirtschaftl. genutzt. Als Hafen dient Port St. Johns. – 1976–1994 polit. unabh., aber international nicht anerkannt.
Transkription, 1. das Umschreiben musikal. Werke, z.B. von Vokalwerken auf Instrumente. – **2.** *Umschrift,* Übertragung aus einer Schrift (z.B. der chin., der kyrill.) in eine andere (z.B. die lat.) mit annähernd richtiger Aussprachewiedergabe. →Transliteration. – Verb: **transkribieren.**
Transleithanien, in Östr.-Ungarn 1867–1918 nichtamtl. Name der östl. der Leitha gelegenen Reichsteile Ungarn u. Kroatien.
Transliteration, Übertragung einer Buchstabenschrift (z.B. der kyrill., der grch.) in eine andere (z.B. die lat.) so, daß eine zweifelsfreie Rückübertragung mögl. ist (im Ggs. zur *Transkription*).
Transmission, Anlage zur Verteilung der Kraft einer Kraftmaschine auf mehrere Arbeitsmaschinen.
Transmitter, hormonähnl. Substanzen, die eine Erregung oder Information von einer Nervenzelle auf eine andere oder eine Organzelle übertragen.
Transparent, Bild auf durchsichtigem Papier, das von hinten beleuchtet wird; Spruchband.

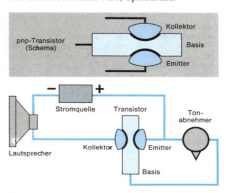

Transistor als Plattenspielerverstärker (Schema)

Transparenz, Durchsichtigkeit; übertragen: die Durchschaubarkeit von Entscheidungsabläufen.
Transpiration, Ausdünstung, Schwitzen; beim Menschen: →Schweiß.
Transplantation, Übertragung von Körpergeweben oder ganzen Organen zum Ersatz geschädigter gleicher Gewebe bzw. Organe (→Gewebsverpflanzung, →Organtransplantation).
transponieren, einen Tonsatz in eine andere Tonart setzen.
Transport, die Beförderung von Personen u. Sachen.
Transrapid, Name eines Magnetschwebefahrzeuges, das nach dem Prinzip der elektromagnet. Anziehung mit kombinierten Trag- u. Führungsmagneten arbeitet. Der T. 07 erreichte auf einer Teststrecke 1989 eine Rekordgeschwindigkeit von 435 km/h.
Transsexualität, eine gegengeschlechtl. Empfindung; starker Drang, dem anderen Geschlecht anzugehören.
Transsibirische Eisenbahn, 1891–1916 erbaute Bahnverbindung im asiat. Rußland, zw. Ural u. Pazif. Ozean, führt von Jekaterinburg bzw. Tscheljabinsk nach Wladiwostok (Entfernung Moskau–Wladiwostok 9302 km); seit 1938 zweigleisig.
Transsilvanien →Siebenbürgen.
Transsubstantiation, nach kath. Lehre die Umwandlung von Brot u. Wein in Leib u. Blut Christi bei der Eucharistie.
Transurane, die im Periodensystem der Elemente auf das Uran folgenden, künstl. gewonnenen radioaktiven Elemente.
Transvaal, ehem. nö. Prov. in der Rep. Südafrika, 262 500 km², 7,5 Mio. Ew., Hptst. *Pretoria;* Hochland (Hoëveld), das nach N zur Limpoposenke abfällt u. im O von den Drakensbergen begrenzt wird, östl. davon die tief gelegene Ebene (Lowveld) des Krüger-Nationalparks; Weidewirtsch.; im westl. *Witwatersrand* die reichsten Goldfelder der Erde, Diamantenminen; bed. Ind.
Geschichte. 1836/37 führte der »Große Treck« Buren aus der Kapkolonie in das Gebiet von T. Die

1852 von Großbrit. als unabhängig anerkannten Siedlungen schlossen sich 1856 zum Freistaat T., 1860 zur Südafrik. Rep. zusammen. Im *Burenkrieg* 1899–1902 wurde T. von Großbrit. annektiert. 1910 wurde T. Prov. der neugegründeten Südafrik. Union, der heutigen Rep. Südafrika; 1994 aufgeteilt in die Prov.en Nord-T., Ost-T., Nordwest sowie Pretoria/Witwatersrand/Vaalgebiet.

Transversale, jede gerade Linie, die eine geometr. Figur schneidet.

Transversalwelle, *Querwelle,* eine Welle, bei der die Schwingung senkr. zur Fortpflanzungsrichtung erfolgt; z.B. Lichtwelle.

Transves(ti)tismus, das triebhafte Bedürfnis, die Kleidung des anderen Geschlechts anzulegen u. das andere Geschlecht nachzuahmen. Menschen mit dieser Veranlagung heißen **Transvestiten.**

transzendent, die Grenzen der Erfahrung oder des Bewußtseins überschreitend. Ggs.: *immanent.* –
Transzendenz, das ein Vorgegebenes Überschreitende, z.B. das Absolute, Göttliche.

Transzendentale Meditation, Abk. *TM,* auch »Wissenschaft der kreativen Intelligenz«, seit 1958 von dem ind. Wander-Yogi Maharishi Mahesh verbreitete Meditationstechnik auf Mantra-Basis, mit dem Ziel, die Naturgesetze zu überwinden. Die TM gibt sich in der Werbung als neutrale Selbstverwirklichungstechnik.

transzendente Zahlen →Zahlen.

Trapani, ital. Hafenstadt an der NW-Küste Siziliens, 74000 Ew.; Weinbau, Fischverarbeitung, Salzgewinnung.

Trapez, 1. Viereck mit 2 parallelen, versch. langen Seiten (Grundlinien). – **2.** *Schwebe-,* oder *Schaukelreck,* ein beim Kunstkraftsport u. von Berufsartisten benutztes Gerät.

Trappen, *Otididae,* eine Fam. der *Kranichartigen,* große Steppenvögel mit kräftigen Beinen u. Schnabel; in Afrika, Australien u. Eurasien.

Trapper [engl. 'træpə], weißer Fallensteller u. Pelztierjäger in N-Amerika.

Trappisten, ein kath. geistl. →Orden, ben. nach dem Stammkloster *La Trappe,* 1098 gegr. als strenger Zweig der Zisterzienser, 1892 selbständig.

Trasimenischer See, *Lago Trasimeno,* mittelital. See in Umbrien, 128 km², bis 6 m tief.

Trassant, Trassat →Wechsel.

Trassierung, das Aufsuchen u. Festlegen der Linie **(Trasse),** nach der eine Straße, Eisenbahn u. ä. im Gelände anzulegen ist.

Tratte, gezogener →Wechsel.

Trattoria, ital. Wirtshaus.

Traube, pflanzl. Blütenstand mit gestielten Einzelblüten an der verlängerten Hauptachse.

Traubenhyazinthe, *Muscari,* Gatt. der *Liliengewächse,* aus dem Mittelmeerraum.

Traubenkirsche, *Ahlkirsche,* aus der Fam. der *Rosengewächse* stammender Strauch mit überhängenden weißen, duftenden Blüten u. schwarzen Früchten.

Traubenzucker →Glucose.

Trauerspiel, seit dem 17. Jh. die dt. Bez. für *Tragödie.*

Transvaal: Blyde River Canyon

Trappen: Großtrappe

Trauerweide, Wuchsform der *Weide* mit herabhängenden Zweigen.

Traufe, Kante einer Dachfläche, von der Wasser abtropfen kann.

Traum, die seel. Abläufe während des Schlafs. Durch Herabsetzung der Reizempfänglichkeit, Ausschaltung der bewußten Verstandestätigkeit u. des Willens hat der T. eine ihm eigentüml. Erlebnisverarbeitung, die teils an bewußt aufgenommene Geschehnisse anknüpft, Erinnerungen aus der fr. Kindheit wachruft, vielfach nur triebhafte Strebungen in symbolhafter Weise wiedergibt; dabei sind Raum- u. Zeitbewußtsein verändert, treten Halluzinationen u. Illusionen auf. Da im T. die Schichten des Unbewußten in meist typ. Bildern gegenwärtig werden, können Träume psychoanalyt. ausgewertet werden **(T.deutung).**

Trauma, Verletzung, Gewalteinwirkung; auch psych. Schock, seel. Erschütterung.

Traun, 1. Stadt in Oberöstr., an der unteren T., 21000 Ew. – **2.** r. Nbfl. der Donau in Oberöstr., 180 km; durchfließt den **T.see** (26 km²).

Traunstein, Krst. in Oberbay., 17000 Ew.; Luftkurort.

Trautonium, ein elektr. Musikinstrument, 1929 von F. *Trautwein* konstruiert.

Trave, Fluß in Schl.-Ho., 118 km; ab Lübeck für Seeschiffe bis 8000 t schiffbar; mit der Elbe durch den Elbe-Lübeck-Kanal verbunden.

Traveller-Scheck ['trævələ-] →Reisescheck.

Travemünde, nordöstl. Stadtteil von Lübeck, Seebad an der Ostseeküste; Autofähren nach Skandinavien.

Traven, B., * 1882 (?), † 1969, Schriftst.; vermutl. ident. mit dem dt. Schauspieler u. Schriftst. Ret *Marut* (unaufgeklärtes Pseud.); schrieb sozialkrit. Romane, die zuerst in dt. Sprache erschienen. W »Das Totenschiff«, »Der Schatz der Sierra Madre«.

Travertin, poröse, krustige Kalksteinabscheidung aus Quellgewässern.

Travestie, verspottende Nachbildung eines literar. Werks, die den urspr. Inhalt beläßt u. ihn in eine unpassende Form bringt.

Travolta, John, * 18.2.1954, US-amerik. Showstar; wurde mit Filmrollen (»Saturday Night Fever«) zu einem Idol der Disco-Generation.

Trawler ['trɔːlə], ein Fischereifahrzeug, das mit Schleppnetz *(Trawl)* arbeitet.

Treber, der nach dem Maischprozeß beim Bierbrauen verbleibende Rückstand; Viehfutter.

Treblinka, Dorf in Polen, nordöstl. von Warschau; 1942/43 nat.-soz. Vernichtungslager.

Trecento [-'tʃɛnto], das 14. Jh., bes. seine Kunst, in Italien.

Treck, Wegzug, Auswanderung.

Treibeis, auf Flüssen u. als Eisberge oder Eisschollen auf dem Meer treibendes Eis.

Treibgas, Gas, das als Hilfsmittel zum Zerstäuben von Flüssigkeiten in Spraydosen dient, z.B. Fluorchlorkohlenwasserstoffe (FCKW).

Treibgut, Gegenstände, die auf See treibend angetroffen werden. Geborgenes T. ist anzuzeigen. Der Berger hat Anspruch auf Bergelohn.

Treibhaus →Gewächshaus.

Treibhauseffekt, *Glashausprinzip,* die Eigenschaft eines Glashauses, das sichtbare u. infrarote Sonnenlicht hereinzulassen, aber kaum eine langwellige Wärmestrahlung nach außen abzugeben. Dadurch erfolgt eine Erwärmung im Glashaus. Die kurzwelligen Sonnenstrahlen können auch die Atmosphäre ungehindert durchdringen, während die von der erwärmten Erdoberfläche ausgesandten längerwelligen Wärmestrahlen von den Spurengasen in der Atmosphäre z. T. zur Erde zurückgeworfen werden. Durch die zunehmende Belastung der Atmosphäre mit Kohlendioxid, Methan u. a. Spurengasen wird dieser an sich natürl. T. entscheidend verstärkt. Wissenschaftler vermuten, daß sich dadurch die durchschnittl. Temp. an der Erdoberfläche (bisher 15 °C) in den nächsten 100 Jahren um 3 bis 9 °C erhöhen wird. Dieser Temperaturanstieg soll eine weltweite Klimaveränderung zur Folge haben, deren Auswirkung sich bei der Vielzahl der voneinander abhängigen Faktoren noch nicht genau beurteilen läßt.

Treibjagd, eine Jagdart, bei der in einem von Jägern u. Treibern umstellten Gebiet *(Treiben)* das Wild aufgescheucht wird.

Treibstoff, alle in Verbrennungskraftmaschinen verwendeten Brennstoffe.

Treitschke, Heinrich von, * 1834, † 1896, dt. Historiker; Verkünder nat. Machtpolitik, Antisemit u. Gegner des Sozialismus.

Trelleborg [-bɔrj], *Trälleborg,* Hafenstadt in Schweden, sö. von Malmö, 36000 Ew.; Fährverkehr u. a. nach Saßnitz u. Lübeck-Travemünde.

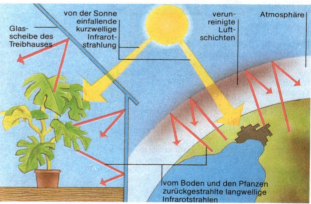

Treibhauseffekt: Im Glashaus (links) ist die Glasscheibe des Treibhauses eine Barriere für die Wärmestrahlung, so daß sich die Luft im Inneren des Glashauses erwärmt. Durch die Anreicherung der Atmosphäre mit strahlungsabsorbierenden Gasen (hauptsächlich Kohlendioxid) kommt es auch auf der Erde zu einer Erwärmung (rechts). Katastrophale Klima- und Umweltveränderungen wären die Folge global ansteigender Temperaturen

Trema, zwei Punkte, die die getrennte Aussprache zweier zusammenhängender Vokale kennzeichnen; z.B. Héloïse.

Trematoda →Saugwürmer.

Tremolo, die möglichst schnelle Wiederholung eines Tones oder Akkordes bei Streichinstrumenten; schneller, trillerähnl. Wechsel von zwei Noten; Schwankungen der Stimmintensität auf einem Ton beim Gesang.

Trenchcoat ['trɛntʃkout], Mantel aus wasserabweisendem Stoff mit breitem Revers u. Gürtel.

Trenck, 1. Franz Frhr. von der, * 1711, † 1749, östr. Kavallerieoffizier; kämpfte im Östr. Erbfolgekrieg 1741–45 an der Spitze eines Pandurenkorps. – **2.** Friedrich Frhr. von der, * 1726, † 1794, preuß. Offizier; 1745 wegen Spionageverdachts u. eines angebl. Liebesverhältnisses zu Prinzessin *Anna Amalie* (Schwester Friedrichs d. Gr.) inhaftiert, entkam 1746 u. floh zu den Österreichern; 1754–63 erneut gefangengehalten, seit 1791 in Paris, wo er hingerichtet wurde.

Trend, Richtung, Entwicklungstendenz.

Trenker, Luis, * 1892, † 1990, Südtiroler Schriftsteller, Schauspieler u. Filmregisseur. W »Der Berg ruft.«

Trense, Gebißteil des Pferdezaums.

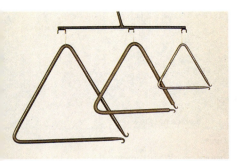
Triangel

Trent, Fluß im mittleren England, 274 km.
Trentino-Südtirol, ital. *Trentino-Alto Adige,* autonome Region in N-Italien, 13 613 km², 884 000 Ew.; Hptst. *Trient;* →Südtirol.
Trepang, gekochte u. getrocknete eßbare Seewalzen (bes. auf indomalaiischen Inseln).
Treppenturm, runder oder vieleckiger Turm eines Gebäudes (Kirche, Schloß, Rathaus), der die Wendeltreppe enthält.
Treppenwitz, witzige Antwort, die einem zu spät, »auf der Treppe«, einfällt.
Tresor, *Geldschrank,* Schrank oder Fach zur feuer- u. diebessicheren Aufbewahrung von Geld u. a. Wertgegenständen; Wände u. Tür aus doppelten Stahlblechen mit unbrennbarer Füllung.
Trester, Obstabfälle, Preßrückstände von Weinbeeren; auch der daraus hergestellte Branntwein.
Treueid →Diensteid.
Treuepflicht, Verpflichtung des Arbeitnehmers zur Wahrung der Interessen des Arbeitgebers.
Treuhand, die Verw. fremder Vermögensinteressen oder sonstiger Werte durch einen *Treuhänder.* – Zur treuhänder. Verw. des Volkseigentums der DDR wurde am 15.3.1990 die T.anstalt gegr. mit Sitz in Berlin; deren Aufgabe besteht in der Privatisierung u. Sanierung bzw. ggf. Stillegung der über 8000 ostdt. Betriebe (zuzügl. Immobilien u. Ländereien). – **T.gesellschaft,** als Kapital- oder Personengesellschaft geführte Wirtschaftsprüfungsgesellschaft. – **T.system,** das in Fortsetzung der Verw. der →Mandatsgebiete von der UN errichtete Verw.-System. Beschränkt sich heute nur noch auf das »strateg. Gebiet« der pazif. Inseln.
Treu und Glauben, allg. Rechtsgrundsatz, nach dem im Rechtsleben gegenseitiges Vertrauen geschützt, aber auch vorausgesetzt wird, u. seine Verletzung u. U. zum Rechtsverlust führt.
Treverer, kelt.-german. Volksstamm an der Mosel, Hptst. *Augusta Treverorum* (Trier).
Trevira, Markenname für eine Kunstfaser aus Polyethylenterephthalat; →Polyester.
Treviso, ital. Stadt in Venetien, 86 000 Ew.; Dom (12. Jh.); keram. Ind.
Triade, Dreiheit.
Triangel, Schlaginstrument; dreieckiger Stahlstab, der mit einem Metallstab angeschlagen wird.

Triangulation, *Dreiecksaufnahme,* Verfahren zur Vermessung größerer Gebiete durch ein Dreiecksnetz. – **T.spunkt,** Abk. *T. P., Trigonometrischer Punkt,* ein durch bes. Marken im Gelände kenntl. gemachter Punkt, dessen genaue geograph. Koordinaten bekannt sind; dient als Fixpunkt zur Vermessung.
Trianon [-'nɔ̃], Name von zwei Lustschlössern im Park von Versailles. – *Vertrag von T.:* →Ungarn (Geschichte).
Trias, älteste Form des Mesozoikums; →Erdzeitalter.
Triathlon, ein sportl. Mehrkampf aus Schwimmen, Radfahren u. Langstreckenlauf; unmittelbar hintereinander ausgeführt über Streckenlängen; in den USA entwickelt. Auf Hawaii wird der *Super-T.* ausgetragen: 3,8 km Meeresschwimmen, 180 km Radfahren, Marathonlauf.
Tribadie →lesbische Liebe.
Triberg im Schwarzwald, Stadt in Ba.-Wü., 5800 Ew.; T.er Wasserfälle (163 m).
Tribun, *Tribunus,* im alten Rom urspr. Vorsteher einer der 3 *Tribus* (Stämme). *Volkstribunen* waren Beamte, die die Rechte der Plebejer gegen die Patrizier zu wahren hatten.
Tribunal, allg. Bez. für versch. Gerichte, auch Sondergerichte.
Tribut, Abgabe, Steuer; Leistung des Besiegten an den Sieger.
Trichinen, *Trichinella spiralis,* parasitäre Fadenwürmer, die versch. Tiere in eingekapseltem Zustand in ihrer Muskulatur beherbergen. Bei Genuß ihres Fleisches gelangen die T. in Magen u. Darm des Menschen. Das Weibchen setzt rd. 1000 lebendgeborene Junge in den Blut- u. Lymphkreislauf ab. Diese gelangen in die Muskeln. Schmerzen u. Schwellungen der Muskulatur, Fieber, Schweißausbruch, Kreislaufstörungen sind die Folge; der Tod kann nach 4–6 Wochen eintreten **(Trichinose).** Alles vom Menschen zu genießende Fleisch muß deshalb auf T. untersucht werden **(T.schau).** Erhitzen auf 70 °C tötet die T. ab.
Trichlorethylen, *Tri,* farblose, unbrennbare, chloroformartig riechende, giftige Flüssigkeit; Verwendung u. a. als Lösungsmittel.
Trichomoniasis, durch *Trichomonaden* (Flagellaten) hervorgerufene Entzündung von Scheide u. Blase.
Trick, Kniff, verblüffender Kunstgriff. – **T.film,** *Animationsfilm,* ein Film, bei dem die einzelnen Bilder gezeichnet u. anschließend mit der Filmkamera aufgenommen werden.
Trieb, latente Bereitschaft zu bestimmten Verhaltensweisen, die jedem Lebewesen erbl. vorgegeben sind. – In der Psychologie eine dem Instinkt verwandte, weitgehend unbewußte Verhaltensgrundlage (Nahrungs-T., Selbsterhaltungs-T., Sexual-T., Spiel-T. u. a.).
Triebwagen, Schienenfahrzeug zur Beförderung von Personen u. Gütern, mit eig. Antriebsmaschine.
Triele, Fam. der *regenpfeiferartigen Vögel,* 9 Arten; bewohnen Steppen u. Meeresstrände in warmen u. gemäßigten Zonen.

Trier: Porta Nigra

Triens, spätröm. Goldmünze.
Trient, ital. *Trento,* N-ital. Stadt an der Etsch, Hptst. der Region *Trentino-Südtirol* u. der Prov. T., 100 000 Ew.; roman. Dom; Handels- u. Fremdenverkehrszentrum, Metall- u. a. Ind.; das kelt.-röm. *Tridentum.* – Von 1545–63 tagte in T. das **T.er Konzil** *(Tridentinisches Konzil),* das gegenüber den Reformatoren die Lehren der röm.-kath. Kirche festlegte u. diese im *Tridentinischen Glaubensbekenntnis* zusammenfaßte.
Trier, Krst. in Rhld.-Pf., Hptst. des Reg.-Bez. T., an der Mosel, 96 000 Ew.; bed. Ruinen der Römerzeit (u. a. Porta Nigra, Amphitheater, Thermen), Dom, Univ., Geburtshaus von K. Marx; Weinkellereien u. -handel, versch. Ind.
Gesch.: 15 v. Chr. als röm. Kolonie *Augusta Treverorum* gegr., 260–399 kaiserl. Residenz; seit 811 Erzbistum.
Triere, Kriegsschiff der alten Griechen mit 3 Reihen Ruder auf jeder Seite.
Triest, ital. *Trieste,* slowen. *Trst,* ital. Hafenstadt in der Region Friaul-Julisch-Venetien, im NW der Halbinsel Istrien, 235 000 Ew. Dom (14. Jh.); Maschinen- u. Schiffbau, Raffinerien; Handels-Freihafen. – Gesch.: Röm. Gründung *Tergeste* (2. Jh. v. Chr.), seit 1382 unter habsburg. Herrschaft. 1919 wurde T. im Frieden von St.-Germain Italien zugesprochen. 1947 wurden T. u. Umgebung zum entmilitarisierten Freistaat erklärt; 1954 kam die nördl. Zone (Stadt u. Hafen) an Italien, die südl. an Jugoslawien.
Trifels, Burgruine im S von Rhld.-Pf., auf dem *Sonnenberg* nw. von Bergzabern; 1193/94 war hier König Richard Löwenherz von England gefangen.
Trifonow, Jurij, *1925, †1981, russ. Schriftst. (Romane u. Erzählungen); W »Widerschein des Feuers«, »Das Haus an der Moskwa«.
Triforium, dreigliedrige Bogenöffnung, wichtiges Element der got. Kirchenarchitektur Frankreichs.
Trift, 1. zum Viehtreiben benutzte Schneise. – **2.** →Drift.
Trigeminus, einer der beiden Gesichtsnerven, der 5. *Gehirnnerv.*
Triglav, ital. *Tricorno,* höchster Gebirgsteil in den Julischen Alpen, im *Großen T.* 2863 m.
Trigonometrie, Berechnung der Winkel u. Seiten von Dreiecken u. a. Figuren aus gegebenen Stücken mit Hilfe der Winkelfunktionen. Die *sphär. T.* untersucht Beziehungen zw. Seiten u. Winkeln von Kugeldreiecken.
Trigonometrischer Punkt →Triangulation.
Trikolore, dreifarbige Fahne, bes. die senkrecht gestreifte blau-weiß-rote T. Frankreichs.
Trikot [-'ko:], poröse, elast. Wirkware für Unterwäsche *(Trikotage)* oder feinmaschige Wirkware für Sportbekleidung.
Triller, eine musikal. Verzierung, bei der ein Haupton sehr rasch mit der höheren (zuweilen auch mit der tieferen) Nebennote wechselt.
Trillion, eine 1 mit 18 Nullen, 10^{18}.
Trilobiten, im Meer lebende primitive niedere Krebse des Kambrium bis Perm, Leitfossilien.
Trilogie, eine Einheit aus drei formal selbst. Werken, bes. in der Dramatik.
Trimeter, in der antiken Verslehre ein Vers aus drei Versfüßen; als *jambischer T.* der übl. Vers des attischen Dramas.
Trimm-Dich-Aktion, eine 1970 vom Dt. Sportbund in Berlin gestartete Aktion zur allg. Förderung sportl. Betätigung.

Trienter Konzil; Kupferstich aus Matthias Burgklehners »Tiroler Adler«, Anfang 17. Jahrhundert. Wien, Bildarchiv der Österreichischen Nationalbibliothek

trimmen, durch günstiges Verteilen einer Ladung bzw. bewegl. Gewichte ein Schiff in eine ausgeglichene Schwimmlage bringen; bei Hunden: das Fell scheren.

Trimurti, im Hinduismus die Dreiheit der hinduist. Götter *Brahma* (Schöpfer), *Wischnu* (Erhalter) u. *Schiwa* (Zerstörer); dargestellt als Menschenkörper mit 3 Köpfen u. 6 Armen.

Trinidad und Tobago, Staat in der Karibik, Kleine Antillen, bestehend aus den beiden trop. In-

Trinidad und Tobago

seln Trinidad u. Tobago, 5128 km², 1,3 Mio. Ew. (60% Schwarze u. Mulatten, 40% Inder), Hptst. *Port of Spain.* Hauptexportgüter sind Erdöl u. Erdölprodukte, daneben Asphalt, Zucker, Rum, Kakao. Der Fremdenverkehr ist nach den Erdöleinnahmen die zweitgrößte Einnahmequelle.
Geschichte. Die 1498 von Kolumbus entdeckten Inseln wurden span. Kolonien u. kamen 1797 bzw. 1814 in engl. Besitz; 1958–62 Mitgl. der Westind. Föderation; seit 1962 unabhängiger Staat im Commonwealth; 1976 Republik (vorher Monarchie).

Trinitarier, ein kath. Orden, 1198 in Frankreich gegr.; auch *Weißspanier* genannt.

Trinität →Dreieinigkeit.

Trinitatis, *Dreifaltigkeitsfest,* 1. Sonntag nach Pfingsten.

Trinitrotoluol, *TNT, Trotyl,* chem. Formel C₆H₂(NO₂)₃CH₃, meistgebrauchter Explosivstoff, relativ stoßsicher.

Trintignant [trɛ̃ti'ɲã], Jean-Louis, * 11.12.1930, frz. Schauspieler, bed. Charakterdarsteller.

Trio, Dreizahl (von Menschen); Tonstück für drei Instrumente.

Triole, *Triplet,* das Erklingen von drei gleichwertigen Noten in einer Takteinheit, in der taktmäßig regulär nur zwei Notenwerte stehen.

Triolet [triɔ'lɛ], Elsa, * 1896, † 1970, frz. Schriftst. russ. Herkunft; verh. mit L. *Aragon;* gesellschaftskrit. Romane mit kommunist. Gesinnung.

Trip, kurze Reise, auch der einzelne Halluzinogen-Rausch.

Tripoli, arab. *Tarabulus ash-Sham, Trablos,* libanes. Stadt am Fuß des Libanon, mit dem Hafen *Al-Mina,* 175 000 Ew.; Ölraffinerien (Pipeline von irak. Ölfeldern), Verkehrs- u. Handelszentrum.

Tripolis, arab. *Tarabulus al-Gharb,* Hptst. von Libyen, an der Kleinen Syrte, 710 000 Ew.; Univ. (Al-Fatah); Ölraffinerie, vielfältige Ind.; internat. Flughafen.

Tripolitanien, nw. Teilgebiet von Libyen, Hauptort *Tripolis.*

Tripper, *Gonorrhoe,* Infektionskrankheit bes. der Schleimhäute der Harn- u. Geschlechtsorgane, häufigste Geschlechtskrankheit; Erreger: *Neisseria gonorrhoeae (Gonokokken),* wird vorw. durch Geschlechtsverkehr übertragen. Die ärztl. Behandlung, in erster Linie mit Penicillin, vermag die meisten Fälle von frischem T. schnell zu heilen.

Triptychon, aus drei Teilen bestehendes Tafelbild oder geschnitztes Altarbild.

Tristan, Sagengestalt eines von Liebesleidenschaft zu *Isolde* ergriffenen Ritters; Epos von *Gottfried von Straßburg* (um 1210), Oper von R. *Wagner* (1859).

Tristan da Cunha ['tristən da: 'ku:nə], brit. Insel im S-Atlantik, vulkan.; mit unbewohnten Nebeninseln 185 km², 300 Ew.

Tritium, *überschwerer Wasserstoff,* Zeichen T oder ³H, künstl. gewonnenes (Beschuß von Lithium mit Neutronen) radioaktives Isotop des Wasserstoffs, Isotopengewicht 3. *Triton* ist der Kern des T.atoms.

Triton, 1. grch. Meergott, Sohn des Poseidon u. der Amphitrite, halb Fisch, halb Mensch. – **2.** ein Mond des Neptun.

Tritonie, *Tritonia,* Gatt. der *Schwertliliengewächse* des südl. u. trop. Afrika; rote, orange bis gelbe Blüten.

Triumph, Sieg, Siegesfreude; im alten Rom die vom Senat gewährte höchste Ehrung für einen siegreichen Feldherrn, ein prunkvoller Festzug. – **T.bogen,** von den Römern geschaffener Typ des Ehrenmonuments für verdiente Feldherrn u. Bürger, später für den Kaiser, in Form eines allseitig frei über einer Straße stehenden Tors.

Triumvirat, im antiken Rom ein Zusammenschluß von drei regierenden Politikern. Ein solches privates T. war das sog. *1. T.,* das *Cäsar, Pompeius* u. *Crassus* 60 v. Chr. u. 56 v. Chr. bildeten, um ihre Forderungen besser durchsetzen zu können. Im *2. T.* wurden *Octavian, Antonius* u. *Lepidus* im November 43 v. Chr. formal »vom Volk« für fünf Jahre mit fast unbeschränkten Vollmachten ausgestattet.

Trivandrum, *Tiruvanantapuram,* Hptst. des ind. Bundesstaates Kerala, 520 000 Ew.; kath. Erzbischofssitz; Verkehrs- u. Handelszentrum, Hafen.

Trivialliteratur, Literatur, die keine künstler. Ansprüche erhebt u. auf das Lesebedürfnis eines breiten Publikums sieht.

Trizeps, *Triceps,* dreiköpfiger Muskel, z.B. der dreiköpfige Streckmuskel des Oberarms.

Trnka, Jiří, * 1912, † 1969, tschech. Filmregisseur u. Buchillustrator; weltbekannte Puppenfilme.

Trochäus, *Choreus,* ein Versfuß aus einer langen u. einer kurzen Silbe (– ⌣).

trocken, frz. *sec,* engl. *dry,* Bez. zur Charakterisierung des Zuckergehalts im Wein (max. 9 g/l).

Trockenbeeren, rosinenartig eingeschrumpfte Beeren der Weintrauben, aus denen die edelsten Spitzenweine hergestellt werden.

Trockendock →Dock.

Trockeneis, Kühlmittel aus festem Kohlendioxid; verdunstet bei –78,5 °C.

Trockenfisch, durch Trocknung für einige Zeit haltbar gemachter Fisch, z.B. *Klippfisch.*

Trockenmilch, *Milchpulver,* durch Wasserentzug haltbar gemachte Voll- oder Magermilch.

Trockenpflanzen, *Xerophyten,* Pflanzen, die an trockene Standorte angepaßt sind, wie Wüsten, Steppen, Felsen, aber auch winterkalte Gebiete.

Trockensubstanz, alle in Lebensmitteln vorhandenen Feststoffe; wird bei Käse als Bezugswert für den Fettgehalt (% i.T. oder Tr.) benutzt.

Trockental, zeitweilig trocken liegendes Flußtal; z.B. *Torrente, Creek, Wadi.*

Trockenzeit, im jahreszeitl. Klimaverlauf der Tropen u. Subtropen regelmäßige Dürreperiode(n).

Trödelhandel, Handel mit Altwaren (Altpapier, -eisen, Knochen). – **Trödler,** Altwarenhändler.

Troer, Trojaner.

Trog, längl., meist aus Holz oder Stein gefertigtes Gefäß.

Troger, Paul, * 1698, † 1762, östr. Maler u. Radierer; schuf Deckengemälde u. Altarbilder mit illusionist. Raumwirkung (u. a. in Stift Melk).

Tröger, Walther, * 4.2.1929, dt. Sportfunktionär; seit 1992 Präs. des Nationalen Olymp. Komitees (NOK) für Dtld.

Trogons, *Trogones,* Vogelordnung mit 35 mittelgroßen, farbenprächtigen, langschwänzigen Arten; hierzu der *Quesal (Quetzal),* der Wappenvogel Guatemalas.

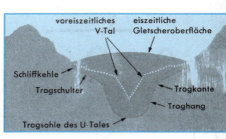
Trogtal

Trogtal, von Gletschern ausgehobeltes, im Querprofil U-förmiges Flußtal.

Troika, Dreigespann; übertragen im Sinn von *Triumvirat* gebraucht.

Troilos, jüngster Sohn des Trojanerkönigs *Priamos,* von *Achilles* beim Tränken der Pferde getötet.

Troisdorf ['tro:s-], Stadt in NRW, an der Agger, 63 000 Ew.; Eisen-, Maschinen- u. chem. Ind.

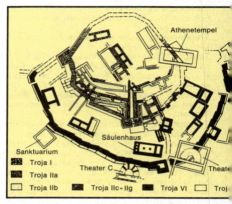
Troja: Plan nach C. W. Blegen

Troja, *Ilion, Ilium,* antike Stadt mit Burg (Pergamos) auf einem Hügel bei Hissarlik im NW Kleinasiens, sw. der Dardanellen; Schauplatz des *T.nischen Kriegs* (vermutl. 12. Jh. v.Chr.). Der Sage nach entführte *Paris* die Gattin des *Menelaos* aus Sparta, *Helena,* nach T. Die Griechen belagerten mit zahlr. Helden (Achilles, Nestor, Aias, Odysseus u. a.) 10 Jahre lang T., zogen dann scheinbar ab u. hinterließen, auf Rat von Odysseus, ein hölzernes Pferd **(T.nisches Pferd),** in dem sich Krieger versteckt hatten. Nachdem das Pferd in die Stadt geholt worden war, öffneten die Krieger den zurückkehrenden Griechen die Tore. T. wurde völlig zerstört. – Bei den von H. *Schliemann* 1870 begonnenen Ausgrabungen wurden 9 Besiedlungsschichten freigelegt; in Schicht VI werden die Reste des von *Homer* beschriebenen T. gesehen.

Trogons: Quesal (Männchen)

Trojanisches Pferd

Trommel: Mönch mit kultischer Trommel

Trompetentierchen

Trüffel: Périgord-Trüffel

Troll, in der altnord. Myth. unheiml. bösartiger Geist, männl. oder weibl. Dämon.
Trollblume, ein *Hahnenfußgewächs* der kalten u. gemäßigten Zone; kugelig zusammenschließende, hellgelbe Blätter.
Trollhättan, Stadt in S-Schweden, 49 000 Ew.; Kraftwerk, Motoren- u. chem. Ind.
Trollinger, rote Weintraube, ergibt helle bis rosafarbene Weine.
Trombe →Wasserhose.
Trommel, ein Membranophon, Rhythmusinstrument, aus einem Holz- oder Metallzylinder (*Zargen*) bestehend, über dessen beide Öffnungen Felle (heute meist Kunststoff) gezogen sind, die mit Schnüren oder Schrauben gespannt u. mit Stöcken, mit dem Jazzbesen oder mit der Hand geschlagen werden. Der Klang wird durch Größe, Stärke u. Spannung des Fells bestimmt.
Trommelfell, Teil des →Ohres.
Trompe, nischenartige, vorragende Wölbung zw. zwei im rechten Winkel aufeinanderstoßenden Wänden.
Trompe-l'œil [trɔp'lœːj; frz.], illusionist. Malerei, die das Auge bewußt täuschen will.
Trompete, Blasinstrument mit überwiegend zylindr. Röhre u. halbkugeligem Kesselmundstück; hat drei Ventile, um durch versch. zusätzl. Röhren alle Töne spielbar zu machen.
Trompetenbaum, Gatt. *Catalpa* (Katalpe) der *Bignoniengewächse*, großblättrige, sommergrüne Bäume mit glockigen Blüten u. im Winter lange an den Bäumen hängenden Früchten.
Trompetentierchen, *Stentor*, trichterförmige Wimperntierchen des Süßwassers.
Trompetervögel, eine Fam. der kranichartigen Vögel, etwa hühnergroß, in Tropenwäldern Amerikas.
Tromsö, norw. Prov.-Hptst. auf der Insel Tromsöy, 47 000 Ew.; Univ.; Fischereihafen.
Trondheim, dt. *Drontheim*, mittelnorw. Hafenstadt u. Prov.-Hptst., 134 000 Ew.; im MA norw. Königsresidenz; roman.-got. Dom; Schiffbau, Fischverarbeitung.
Tróodos, Zentralgebirge Zyperns, im *Olympos* 1952 m.
Tropen, Klimazone beiderseits des Äquators, begrenzt durch die beiden Wendekreise (23,5° nördl. u. südl. Breite) bzw. durch die 18°-Isotherme des kältesten Monats; ganzjährig hohe Temperaturen, hohe Niederschläge (trop. Regenwälder); in den Randgebieten trockener (Savannen). – **T.krankheiten,** Infektionskrankheiten u. Gesundheitsstörungen, die vorw. in trop. Ländern auftreten; v. a. Amöbenruhr, Gelbfieber, Malaria, Bilharziose u. Schlafkrankheit.
Tröpfcheninfektion, Übertragung von Krankheitserregern aus Mund u. Atemwegen durch feinste Tröpfchen Mundflüssigkeit beim Sprechen, Husten oder Niesen.
Tropfstein, aus kalkreichem Tropfwasser in Höhlen abgeschiedener grobkristalliner Kalkstein; von oben nach unten wachsend als *Stalaktit*, auf dem Boden sich bildend als *Stalagmit*.
Tropikvögel, eine Fam. der *Ruderfüßer*, meist leuchtend weiß, mittelgroß, langschwänzig, an trop. Küsten beheimatet.
Tropismus, Bewegung der Organe festgewachsener Pflanzen unter Einwirkung äußerer Reize.
Tropophyten, an wechselfeuchte Standorte angepaßte Pflanzen.
Troposphäre, unterste Schicht der Atmosphäre, in der sich die meisten Wettervorgänge abspielen.

Troppau, tschech. *Opava*, Stadt in Mähren, an der Oppa, 62 000 Ew.; Maschinenbau.
Tropsch, Hans, * 1889, † 1935, dt. Chemiker; entwickelte mit Franz *Fischer* das *Fischer-T.-Verfahren* zur Kohlenhydrierung.
Troß, seit dem MA die das Gepäck der Truppe mitführenden Fahrzeuge.
Trosse, starkes Schiffstau.
Trossingen, Stadt in Ba.-Wü., auf der Baar, 11 000 Ew.; Musikhochschule, Instrumentenbau.
Trott, (nach)lässiger Gang.
Trotta, Margarethe von, * 21.2.1942, dt. Filmregisseurin (behandelt bes. Frauenschicksale »Rosa Luxemburg«).
Trotzalter, Entwicklungsabschnitte des Kindes nach der tradit. Entwicklungspsychologie: zw. 2¹/₂ u. 3¹/₂ Jahren entdeckt das Kind sein eig. Ich, das sich in Willenshandlungen manifestiert. Das Alter von 11–13 Jahren (auch *Flegelalter*) ist durch eine allg. Disharmonierung am Beginn der Pubertät gekennzeichnet.

Lew Dawidowitsch Trotzkij

Trotzkij, Lew (Leo) Dawidowitsch, eigtl. *Leib Bronstein*, * 1879, † 1940, russ. Revolutionär u. Politiker; führender Organisator der Oktoberrevolution; 1919–26 Mitgl. des Politbüros der bolschewist. Partei; als Volkskommissar (Min.) für Militärwesen (1918–25) der eigtl. Schöpfer der Roten Armee; unterlag im Machtkampf gegen *Stalin*; 1929 aus der UdSSR ausgewiesen; von einem Agenten der sowj. Geheimpolizei in Mexiko ermordet.
Troubadour [truba'duːr], in N-Frankreich *Trouvère*, der höf. provençal. Dichter des MA, Komponist u. Sänger, meist ritterl. Standes im Ggs. zum berufsmäßigen, volkstüml. Spielmann niederen Standes (*Jongleur*).
Troyes [trwa], frz. Stadt an der oberen Seine, 63 000 Ew.; got. Kathedrale; Weinhandel.
Troygewicht, engl. u. US-amerik. Gewicht für Edelmetalle u. -steine (1 *Troy Pound* = 373,24 g).
Truchseß, Hofamt im MA, bes. mit der Aufsicht über die Tafel betraut.
Trudeau [try'do], Pierre Elliot, * 8.10.1919, kanad. Politiker (Liberaler); 1968–84 Partei-Vors., 1968–79 u. 1980–84 Prem.-Min.
Truffaut [try'fo:], François, * 1932, † 1984, frz. Filmregisseur (Filme der »Neuen Welle«). Ⓦ »Jules u. Jim«, »Die Braut trug Schwarz«.

Tschad 913

Trüffel, *Tuberales*, Gatt. der *Schlauchpilze*; unterird. lebende Pilze von rundl. oder knolliger, kartoffelähnl. Gestalt; Delikatesse.
Trugdolde, *Scheindolde*, kugel- bis schirmförmiger Blütenstand, bei dem unterhalb der endständigen Blüte mehrere Nebenachsen entspringen, die sich wie die Hauptachse verzweigen können (z.B. Nelkengewächse).
Trugschluß, *Sophisma*, ein auf einem Denkfehler beruhender falscher Schluß.
Trujillo [-'xijo], Dep. u. Hptst. in N-Peru, 491 000 Ew.; Univ.; Kupferind., Hafen.
Trukinseln [trʌk-], *Chuuk*, Inselgruppe der östl. Karolinen in Ozeanien, 132 km², 20 000 Ew.
Trullo, Rundbau aus mörtellosem Mauerwerk, ohne Fenster, mit kuppelförmigem, spitz zulaufendem Scheingewölbe, bes. in Apulien (Italien).
Truman ['truːmən], Harry S., * 1884, † 1972, US-amerik. Politiker (Demokrat); 1944 Vize-Präs., 1945–53 (33.) Präs. der USA; befahl den Abwurf der Atombomben auf Hiroshima u. Nagasaki, nahm 1945 an der Potsdamer Konferenz teil, unterstützte mit dem Marshallplan den wirtsch. Wiederaufbau W-Europas, veranlaßte den Eintritt der USA in den Koreakrieg 1950. – **T.-Doktrin,** die in einer Erklärung des Präs. T. 1947 verkündete Bereitschaft der USA, den durch kommunist. Bewegungen u. Staaten bedrohten Ländern wirtsch., finanzielle u. militär. Hilfe zu gewähren.
Trunksucht, chron., gewohnheitsmäßiger u. suchthafter Alkoholmißbrauch.
Truppe, zusammenfassende Bez. für die Soldaten in den Streitkräften im Ggs. zu den hohen militär. *Kommandobehörden* u. *Stäben*.
Trust [trʌst], Vereinigung von Unternehmungen der gleichen Branche zum Zweck der Marktbeherrschung, meist durch eine *Holdinggesellschaft*.
Truthühner, *Puter*, Fam. der *Hühnervögel*; vom amerik. *Wildtruthuhn* stammt die Zuchtform ab.
Trypanosomen, Fam. der *Flagellaten*, die im Blut von Säugetieren schmarotzen; Erreger ansteckender Krankheiten (Schlafkrankheit, Naganaseuche) bei Mensch u. Tier, meist in den Tropen.
Tschad, Staat im nördlichen Zentralafrika, 1 284 000 km², 5,8 Mio. Ew., Hptst. *N'Djaména*. *Landesnatur.* Über dem T.-Becken erhebt sich im O die Waldaischwelle u. im N das altkristalline Tibestigebirge (bis 3000 m hoch). Das Klima reicht von trop.-wechselfeucht im S bis extrem trocken im N.

Truthühner: balzender Truthahn

914 **Tschadsee**

Tschad

Die Bevölkerung besteht zu 50% aus Sudannegern (im S), zu 30% aus Sudanarabern u. a.; über die Hälfte sind Moslems.
Wirtschaft. T. gehört zu den ärmsten Ländern der Welt. Die Landwirtschaft ist bei weitem die wichtigste Erwerbszweig des Landes; ihre Erzeugnisse sind zu rd. 75% am Gesamtexport beteiligt. Wichtigstes Anbauprodukt ist Baumwolle. Die Viehzucht (Rinder, Schafe, Ziegen) wird v. a. nomadisch u. halbnomadisch betrieben. Der Fischfang ist bedeutend u. trägt zum Export des Landes bei. Am *T.see* wird Natron gewonnen.
Geschichte. 1910 entstand das Generalgouvernement *Frz.-Äquatorialafrika*, das T. einschloß. Am 11.8.1960 erhielt T. die Unabhängigkeit. Die Gegensätze zw. den heterogenen Bevölkerungsgruppen bestimmten die innenpolit. Entwicklung. Es kam immer wieder zu bürgerkriegsartigen Auseinandersetzungen, in die zunehmend auch Frankreich u. Libyen eingriffen. Der seit 1982 regierende H. *Habré* wurde 1990 von einer Rebellenbewegung unter I. *Deby* gestürzt.
Tschadsee, arab. *Bahr as-Salam*, versumpfter Endsee im mittleren Sudan, Größe je nach Jahreszeit zw. 11 000 u. 22 000 km²; wichtigster Zufluß *Chari*; umgeben von üppigen Schilf- u. Papyrusbeständen, Fischfang.

Pjotr Iljitsch Tschaikowskij

Tschaikowskij, Pjotr Iljitsch, *1840, †1893, russ. Komponist; war freundschaftl. mit Frau von *Meck* (sie sahen sich nie) verbunden, die ihn finanziell unterstützte; verband Elemente der russ. Volksmusik m. westl. Traditions- u. Formbewußtsein; W 6 Sinfonien, Klavierkonzert Nr. 1 b-Moll, Violinkonzert D-Dur; Ballette: »Schwanensee«, »Dornröschen«, »Der Nußknacker«; Opern: »Eugen Onegin«, »Pique Dame«.
Tschaka, *Chaka*, *1787, †1828 (ermordet), Fürst der Zulu; Schöpfer eines im 19. Jh. bed. Staats (heutiges Zululand u. Natal).
Tschako, urspr. ung. militär. Kopfbedeckung, stumpfer Kegel mit schmalem Schirm.
Tscham, *Cham*, Kulturvolk (teils Hindu, teils Moslems) in S-Vietnam u. Kambodscha, gründeten das Reich *Tschampa* (Höhepunkt 7.–10. Jh.).
Tschangscha →Changsha.
Tschangtschou →Changzhou.
Tschangtschun →Changchun.
Tschapka, Kopfbedeckung mit viereckigem Deckel der poln. Ulanen.
Tscheboksary, Hptst. der Rep. Tschuwaschien (Rußland), Flußhafen an der Wolga, 414 000 Ew.; Maschinenbau, Kraftwerke.
Tschechen, tschech. *Češi*, westslaw. Volk in der Tschech. Rep.; fand als erstes Slawenvolk im 7. Jh. zu einer staatl. Organisation.
tschechische Literatur. Nachdem die tschech. Sprache sich aus dem Gemeinslawischen gelöst hatte u. die Tschechen mit dem röm.-kath. Glauben die lat. Schrift angenommen hatten, setzte die t. L. im 13. Jh. mit religiösen *(Wenzellied)*, im 14. Jh. mit höf. *(Alexandreis, Dalimilchronik)* u. didakt. Reimdichtungen ein u. erreichte einen Höhepunkt in den Prosaschriften von P. *Chelčický*, J. *Blahoslav*, dem Übersetzer des NT in der »Kralitzer Bibel« (1579–93), u. J. A. *Comenius* (Komenský). Eine Wiederbelebung des nationalen u. literar. Lebens nach einer Zeit des Niedergangs bewirkten im 19. Jh. im Anschluß an die dt. Romantik der Lexikologe J. *Jungmann*, K. J. *Erben* mit Volksliedsammlungen, E. L. *Čelakovský* mit volksnaher Lyrik u. der Romantiker K. H. *Mácha*.
Mit Dorfnovellen leitete B. *Němcová* von der Romantik zum Realismus über u. zur Vorherrschaft der Prosa mit volkstüml. sozialer u. historisch-nationaler Thematik, wie sie nach 1848 bes. J. *Neruda*, S. *Čech*, A. *Jirásek*, Z. *Winter* pflegten. In der Folgezeit begann die Hinwendung der t. L. zur europ. Entwicklung; sie wurde vollends erreicht um die Jahrhundertwende in der »Moderne«; A. *Sova* gehört zum Symbolismus; zum Surrealismus neigten V. *Vančura* u. V. *Nezval*; Expressionistisches findet sich bei J. *Wolker*, der außerdem ebenso wie dann auch I. *Olbracht* u. M. *Majerová* proletar. Dichtung vertrat. Internat. Geltung besitzen bes. die Werke von J. *Hašek* u. K. *Čapek*. Nach 1945 wurde der »sozialistische Realismus« gefördert. Mit der Abwendung vom Dogmatismus seit 1956 setzte eine lebendige literar. Entwicklung ein (F. *Hrubin*, J. *Seifert*, B. *Hrabal*, V. *Lihartova*, P. *Kohout*, V. *Havel*). Die gewaltsame Beendigung des »Prager Frühlings« 1968 verurteilte viele Schriftst. zum Schweigen oder trieb sie ins Exil. Mit dem Sturz des kommunist. Regimes 1989 fielen die Beschränkungen liter. Freiheit.
Tschechische Republik, Staat in Mitteleuropa, 78 864 km², 10,4 Mio. Ew., Hptst. *Prag*.

Tschechische Republik

Landesnatur. Im W liegt das von Elbe u. Moldau entwässerte, vom Böhmerwald, Erzgebirge u. den Sudeten eingerahmte *Böhm. Becken* (→Böhmen). Dieses Kerngebiet wird durch die *Böhm.-Mähr. Höhen* von der *Mähr. Senke* getrennt (→Mähren).
Die überwiegend kath. Bevölkerung setzt sich v. a. aus den westslaw. Tschechen (94%) u. Slowaken (4,1%) zusammen.
Wirtschaft. Die fruchtbaren Ackerflächen (40% der Landesfläche) liefern bes. Kartoffeln, Getreide, Zuckerrüben, Futterpflanzen, Hopfen, Tabak, Obst u. Wein. An Bodenschätzen finden sich Braun- u. Steinkohle, Eisen-, Silber-, Kupfer-, Uran- u. Bleierze, in geringen Mengen Erdöl u. Erdgas. Die Industrie (bes. Hüttenwerke, Metall-, Textil-, Maschinen-, Papier-, Glas-, chem. u. Konsumgüterindustrie) liefert rd. 75% des Volkseinkommens. – Wichtigster Verkehrsträger ist die Eisenbahn. Elbe u. der Unterlauf der Moldau sind für die Binnenschiffahrt bedeutend. In Prag gibt es einen internat. Flughafen.

Tschechische Republik: Václav Havel im Parlament nach seiner Wahl zum Präsidenten am 26.1.1993

Stauanlage von Orlik an der Moldau; 70 m hohe, 460 m lange Schwergewichtsmauer, 700–800 Mill. m³ Fassungsvermögen

Geschichte. Im Kampf gegen Hunnen u. Awaren entstand im mähr. Raum der Herrschaftsbereich des *Samo* (7. Jh.). Das *Großmähr. Reich* (9. Jh.) umfaßte auch weite Teile des heutigen Ungarn, Polen u. Schlesien. Eine neue Staatsbildung erfolgte durch die böhm. *Přemysliden* (bis 1306). Vom röm.-dt. Kaiser *Friedrich II.* wurde den böhm. Fürsten die Königswürde verliehen. Unter *Ottokar II. Přemysl* (1253–78) reichten die Grenzen des böhm. Reichs weit in östr. Gebiet, das aber im Kampf gegen *Rudolf von Habsburg* wieder verlorenging. Ottokars Sohn *Wenzel* gewann die poln. Krone. Nach der Hinrichtung des Reformators Jan *Hus* wandte sich die *Hussitenbewegung* gegen die kirchl. Hierarchie wie gegen die dt. Oberschicht (1. Prager Fenstersturz 1419). Die Hussitenkriege (1419 bis 1436) endeten mit dem Erfolg der Gemäßigten. Mit der Thronbesteigung *Ferdinands I.* begann 1526 die fast 400jährige Herrschaft der kath. *Habsburger* in Böhmen. Der Widerstand der großenteils prot. Bevölkerung führte zum 2. Prager Fenstersturz (1618). Die böhm. Stände wählten den Protestanten Kurfürst *Friedrich von der Pfalz* zum König; er wurde jedoch in der Schlacht am Weißen Berge bei Prag (1620) besiegt. Die kath. *Gegenreformation* setzte ein. Der dt.-tschech. Nationalitätenkonflikt blieb virulent. Nach dem Prager Aufstand von 1848 erstickte ein habsburg. Polizeiregime alle tschech. Autonomiebestrebungen. Bedingt durch den Zerfall der östr.-ung. Monarchie entstand 1918 die Tschechoslowakei. Nach deren Auflösung wurde die T. R. am 1.1.1993 zu einem unabh. Staat. Min.-Präs. ist V. *Klaus*, Staats-Präs. V. *Havel*.
Tschechoslowakei, ehem. Staat in Mitteleuropa, umfaßte zuletzt (1992) 127 876 km² mit 15,7 Mio. Ew., Hptst. war Prag. Die T. entstand aus dem Zerfall der östr.-ung. Donaumonarchie im 1. Weltkrieg (auch →Tschechische Republik). Am 28.10.1918 wurde die *Tschechoslowakische Republik* (ČSR) proklamiert.
Nach dem *Münchner Abkommen* (1938) mußte die T. die überwiegend von Deutschen bewohnten Gebiete im N u. W (Sudetenland) abtreten, ein Teil der Slowakei fiel an Ungarn, das Gebiet um Teschen an Polen. 1939 rief der Führer der Slowak. Volkspartei, J. *Tiso*, einen unabhängigen slowak. Staat aus. Ungarn annektierte die karpato-ukrain. Gebiete. Das Rumpfgebiet von Böhmen u. Mähren wurde von dt. Truppen besetzt u. zum dt. *Protektorat* erklärt. Seit 1944 rückten sowjet. Truppen in die T. vor. Im April 1945 konstituierte sich eine Regierung aus Sozialdemokraten, Kommunisten, Nationalen Sozialisten u. a. Parteien. Mit Billigung der Alliierten erfolgte die Vertreibung der Deutschen. 1948 wurden die bürgerl. Regierungsmitglieder ausgeschaltet. Die T. wurde in eine volksdemokrat. Rep. umgewandelt. Unter K. *Gottwald*, A. *Zápotocký* u. A. *Novotný* festigte sich die stalinistisch geprägte Herrschaft des Regimes. Ein Reformflügel innerhalb der Kommunist. Partei erzwang 1968 den Rücktritt Novotnýs. Die von A. *Dubček* eingeleitete Reformpolitik (»Prager Frühling«) führte am 21.8.1968 zur militär. Intervention des Warschauer Paktes. Unter G. *Husák* wurde eine repressive Politik betrieben, gegen die sich in den

Tschechoslowakei: Einmarsch sowjetischer Truppen am 21.8.1968

1970er Jahren eine Bürgerrechtsbewegung formierte *(Charta 77)*. Nach der Ablösung Husáks als Generalsekretär 1987 beschleunigte sich der Reformprozeß in der T. 1989 kam es zu massiven Demonstrationen gegen das bestehende Regime. Die führende Rolle der KP strich man aus der Verf. Staats-Präs. wurde der Bürgerrechtler V. *Havel.* 1990 wurde das Land in T s c h e c h i s c h e u. S l o w a k i s c h e F ö d e r a t i v e R e p u b l i k umbenannt. In der Slowakei verstärkten sich die Forderungen nach einem eigenen Staat. Nach den Wahlen 1992 wurde nur eine Übergangs-Reg. gebildet. Aufgrund der Souveränitätserklärung der Slowakei im Juli 1992 trat Staats-Präs. V. *Havel* zurück. Am 25.11.1992 wurde die Auflösung der T. in zwei unabh. Staaten zum 31.12.1992 beschlossen.

Tschechow [-xɔf], Anton Pawlowitsch, *1860, †1904, russ. Schriftst.; schrieb psycholog. vertiefte, realist. Erzählungen u. Stücke. Dramen: »Die Möwe«, »Drei Schwestern«, »Der Kirschgarten«.

Tscheljabinsk, Hptst. der gleichn. Oblast in Rußland, östl. des Südl. Ural, 1,1 Mio. Ew.; Univ.; Maschinenbau.

Tschenstochau, poln. *Częstochowa,* Stadt in Polen, an der oberen Warthe, 253 000 Ew.; berühmtester poln. Wallfahrtsort (»Schwarze Madonna«) im Paulinerkloster Jasna Góra.

Tscherenkow [-'kɔf], Pawel Alexejewitsch, *28.7.1904, russ. Physiker; entdeckte 1934 die elektromagnet. **T.-Strahlen,** die von geladenen Teilchen ausgehen, die ein durchsichtiges Medium mit einer Geschwindigkeit durchfliegen, die größer ist als die Ausbreitungsgeschwindigkeit des Lichts in diesem Medium. Nobelpreis 1958.

Tscherepnin, Alexander, *1899, †1977, russ. Komponist u. Pianist; seit 1921 im westl. Ausland.

Tscherkessen, Eigenname *Adyge,* Bez. für Angehörige sprachl. u. kulturell verwandter Bergstämme im nw. Kaukasus, am Kuban u. Terek; größte Gruppe: *Kabardiner.* Der größte Teil wanderte nach Unterwerfung durch die Russen (1864) nach Kleinasien aus.

Tschernenko, Konstantin, *1911, †1985, sowj. Politiker; 1978 Mitglied des Politbüros, seit 1984 Generalsekretär des ZK u. Vors. des Präsidiums des Obersten Sowjets.

Tschernobyl, Stadt in der Ukraine, ca. 30 000 Ew.; am 26.04.1986 ereignete sich der bisher schwerste Kernreaktorunfall; radioaktive Strahlung verbreitete sich in ganz Mittel- u. N-Europa.

Tschernowitz, russ. *Tschernowy,* rumän. *Cernăuti,* Gebiets-Hptst. in der Ukraine, am Pruth, 254 000 Ew.; Univ. (1875); vielseitige Ind.

Tschernyschewskij, Nikolaj Gawrilowitsch, *1828, †1889, russ. Schriftst. Ⓦ »Was tun?« (Roman); als Sozialist 1864–86 nach Sibirien verbannt.

Tschetniks, *Četnici,* im 2. Weltkrieg serb. königstreue Partisanenverbände.

Tschetschenien, Republik innerhalb Rußlands, an der Nordseite des Kaukasus, Hptst. *Grosnyj.* – Bis 1992 Teil der Tschetschenen-und-Inguschen-ASSR (19 300 km², 1,2 Mio. Ew.).

Tschiang Kaischek → Chiang Kai-shek.

Tschiang Tsching → Jiang Qing.

Tschibuk, türk. Tabakspfeife.

Tschikamatsu Monsaëmon, eigtl. *Sugimori Nobumori,* *1653, †1724, jap. Bühnendichter; schrieb Puppenspiele u. *Kabuki.*

Tschimkent, Gebiets-Hptst. in Kasachstan, 389 000 Ew.; Maschinenbau, chem. u. Metallind.

Tschingis Khan, eigtl. *Temudschin,* *1167 (?), †1227, Mongolenherrscher; 1196 Fürst der *Mongchol,* 1206 Großkhan aller Mongolen; unterwarf ganz Zentralasien, drang bis zur Wolga u. zum Indus vor, eroberte N-China.

Tschita, Gebiets-Hptst. im südl. Sibirien, an der Transsibir. Bahn, 349 000 Ew.; vielfältige Ind., Bergbau.

Tschudi, Aegidius von, *1505, †1572, schweiz. Historiker; schrieb eine Schweizer Chronik.

Tschu Hsi → Zhu Xi.

Tschuktschen, ein altsibir. Polarvolk (Rentierzüchter, Fischer, Jäger) auf der **T.-Halbinsel** in NO-Sibirien; hpts. im **Autonomen Kreis der T.,** 737 000 km², 160 000 Ew., Hptst. *Anadyr;* gering besiedeltes Tundrengebiet; Bergbau.

Tschulym, r. Nbfl. des mittleren Ob in W-Sibirien, 1800 km.

Tschungking → Chongqing.

Tschuwaschen, Turkvolk an der mittleren Wolga, hpts. in der Rep. **Tschuwaschien** in Rußland, 18 300 km², 1,5 Mio. Ew., Hptst. Tscheboksary.

Tsetsefliege, *Glossina,* Stechfliege des trop. Afrika; überträgt die Erreger der →Schlafkrankheit.

Ts'in → Qin.

Tsinan → Jinan.

Ts'ing → Qing.

Tsingtao → Qingdao.

Tsin Ling → Qin Ling.

Ts'in Schihuangti → Qin Shihuangdi.

Tsitsihar → Qiqihar.

Tsuga, *Schierlingstanne,* in N-Amerika, O-Asien u. im Himalaya heim. Gatt. der Nadelhölzer. →Hemlocktanne.

Tsugarustraße, Meeresstraße zw. den jap. Inseln Honshu u. Hokkaido; untermeer. verläuft der Seikantunnel.

Tsukuba, jap. Wissenschaftsstadt nordöstl. von Tokio; Univ. u. Forschungsinstitute.

Tsumeb, Distrikt-Hptst. in Namibia, sö. der Etoschapfanne, 10 000 Ew.; Kupfer-, Blei-, Zinkabbau.

Tsunami, Flutwelle bei →Seebeben.

Tsushima, jap. Doppelinsel vor Korea, 697 km², 1905 jap. Seesieg über die Russen.

Tswanaland, Gebiet der *Tswana* im ehem. Homeland *Bophuthatswana* (Südafrika).

TU, Abk. für *Technische Universität.*

Tuaillon [tya'jɔ̃], Louis, *1862, †1919, dt. Bildhauer; knüpfte an die klassizist. Tradition an.

Tuamotu-Inseln, *Paumotu-Inseln,* ein Teil des Überseeterritoriums Französ.-Polynesien, etwa 80 Atolle (darunter *Mururoa,* Atombombentestgebiet), 915 km², 11 000 Ew., Hauptort *Rotoava.*

Tuareg, Eigenname *Imuschag,* hamit. Hirtennomadenvolk im W der Zentralsahara, über 300 000; Moslems.

Tuba, das tiefste Baßinstrument der Blechbläser aus der Fam. der *Bügelhörner.*

Tuber, Höcker, Vorsprung, Knoten bes. bei Knochen.

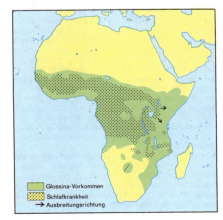

Verbreitung der Tsetsefliege

Tuareg an einer Wasserstelle

Tuberkulose, Abk. *Tb, Tbc,* langwierig verlaufende entzündl. Infektionskrankheit bei Mensch u. Tier; Erreger sind die *Tuberkelbakterien,* die viele Jahre lebensfähig bleiben; Übertragung durch Atmung oder Nahrung. Die Erreger setzen sich an bestimmten Organen (Lungen, Lymphknoten, Darmschleimhaut, Kehlkopf, Niere, Leber u. a.) fest. Eine Erstinfektion machen fast alle Menschen im Kindes- u. Jugendalter durch, ohne deshalb zu erkranken. Treten die Lungen-T. an die Oberfläche des Lungenepithels, so daß T.bakterien durch Auswurf oder Speicheltröpfchen abgegeben werden, dann spricht man von *offener T.* Eine echte Immunität hinterläßt überwundene T. nicht, indes kann das Überstehen einer Organ-T. beschränkten Schutz gegen Neuansteckung verleihen. Hierauf beruht die Schutzimpfverfahren. Die Grundlage der eigtl. Behandlung bildet die Klima- u. Freiluftliegekur u. die Ernährungsbehandlung.

Tübingen, Krst. in Ba.-Wü., Hptst. des Reg.-Bez. T. (fr. *Südwürttemberg-Hohenzollern),* am Neckar, 78 000 Ew.; Univ. (1477); ev.-theolog. Seminar (Stift); Max-Planck-Institute; Schloß *Hohentübingen* (16. Jh.); Metall-, Elektro- u. a. Ind.

Tübke, Werner, *30.7.1929, dt. Maler u. Zeichner; Vertreter des historisierenden Realismus in der DDR. Ⓦ Rundgemälde mit Darstellung des Bauernkriegs (123 m lang, 14 m hoch).

Tubus, Röhre; bes. Rohr eines opt. Geräts.

Tuch, Wollgewebe mit filzartiger, glatter Oberfläche.

Tucholsky, Kurt, *1890, †1935 (Selbstmord), dt. Schriftst., Pseud.: *Kaspar Hauser, Peter Panter, Theobald Tiger, Ignaz Wrobel;* Kritiker des Spießbertums, des Nat.-Soz. u. des Militarismus; seit 1929 in Schweden, 1933 ausgebürgert; schrieb Zeitgedichte, Chansons, Erzählungen. Ⓦ »Rheinsberg«, »Schloß Gripsholm«.

Tucson [tu:'sɔn], Stadt in Arizona (USA), am Santa Cruz, 384 000 Ew.; Univ., Forschungsinstitute; Handelszentrum, Flugzeugbau.

Tucumán, *San Miguel de T.,* Prov.-Hptst. in NW-Argentinien, 400 000 Ew.; Handelszentrum.

Tudor ['tju:də], engl. Königshaus 1485–1603; *Heinrich VII.* war der erste T. auf dem engl. Thron, *Elisabeth I.* die letzte T. – **T. Style** [-stail], engl. Baustil z.Z. der T.-Dynastie; Verbindung von spätgot. u. Renaissance-Elementen.

Tuff, Gestein aus vulkan. Auswurfmassen.

Tugend, in der Ethik der sittl. vollkommene Zustand als Grundlage oder Ziel menschl. Handelns. Es gibt viele T.-Systeme, z.B. die tradit. Unterscheidung der *theolog.* T.en Glaube, Hoffnung, Liebe von den vier *Kardinal*-T.en Klugheit, Mäßigkeit, Tapferkeit u. Gerechtigkeit.

Tuilerien [tyilə'ri:ən], Königsschloß in Paris, seit 1564 errichtet, 1871 beim Kommune-Aufstand bis auf 2 Pavillons zerstört.

Tukane, »Pfefferfresser«, rd. 40 Arten umfassende *Spechtvögel* mit auffällig klobigem, grobgezähntem Schnabel, in Mittel- u. S-Amerika.

Tukuler, *Toucouleurs, Tekarir,* islam. Mischvolk aus Negriden, Fulbe- u. Berberstämmen, am Senegal, in Mali u. Mauretanien.

Tula, 1. in Mexiko gelegene altindian. Ruinenstätte, die ehem. Hptst. *Tollan* der Tolteken; be-

916 Tulin

kannt sind die als Krieger gestalteten Pfeiler (*Atlanten*). – **2.** Hptst. der gleichn. Oblast in Rußland, 532 000 Ew.; Kreml (16. Jh.); Berg- u. Maschinenbau.

Tulln, Bez.-Hptst. in Niederösterreich, an der Donau im *T.er Feld*, 12 000 Ew.; Kernkraftwerk.

Tüll, netzartiges Gewebe.

Tulpe, *Tulipa*, Gatt. der *Liliengewächse* der gemäßigten Zone der Alten Welt; die *Garten-T.* wird in versch. Sorten gezüchtet.

Tulpenbaum, *Liriodendron*, ein nordamerik. *Magnoliengewächs* mit breitlappigen Blättern u. tulpenförmigen, gelben Blüten.

Tulsa ['tʌlsə], Stadt in Oklahoma (USA), am Arkansas River, 373 000 Ew.; Univ.; in der Umgebung bed. Erdgas- u. Erdölfelder; Raffinerien u. Maschinenind.

Tulum, an der Ostküste von Yucatán gelegene Ruinenstätte der Maya, mächtige Stadtmauer.

Tụmba, 1. mittelalterl. Grabtypus mit sarkophagähnl. Grabsockel u. Baldachin; 2. die in den kath. Kirche bei Seelenämtern verwendete Scheinbahre.

Tummler, vom 16. bis 18. Jh. gebräuchl. Form von Trinkgefäßen ohne Fuß u. Griff.

Tümmler, oben dunkler, unten weißer *Delphin* von 4 m Länge.

Tụmor, 1. eines der vier Kardinalsymptome der Entzündung; 2. → Geschwulst.

Tümpel, meist eng begrenztes Gewässer, das (teilweise) austrocknen kann.

Tumulus → Hügelgrab.

Tụndra, baumloser Vegetationstyp (Gräser, Moose, Zwergsträucher) jenseits der polaren Baumgrenze.

Tuner ['tju:nə], Abstimmeinheit von Rundfunk- u. Fernsehgeräten; dient zum Wählen u. genauen Einstellen der einzelnen Kanäle.

Tunesien, Staat im N Afrikas, 163 610 km², 8 Mio. Ew. (islam. Araber), Hptst. *Tunis.*

Tunesien

Landesnatur. Der N wird von den östl. Ausläufern des *Atlas* durchzogen. Südlich folgt eine steppenhafte Hochebene. Im S hat T. Anteil an der Sahara.
Wirtschaft. Die Landwirtschaft baut an der Mittelmeerküste v. a. Getreide u. Wein an, auf Bewässerungsland Gemüse u. Südfrüchte, im Sahel Ölbäume. In den Steppengebieten überwiegt die traditionelle, z. T. noch nomadisch betriebene Viehwirtschaft. Die wichtigsten Bodenschätze sind Phosphat (sechstgrößter Lieferant der Erde), Eisenerz sowie Erdöl u. Erdgas (rd. ¼ des Gesamtausfuhrwerts). Die Industrie (Textil-, Nahrungsmittel- u. a. Ind.) konzentriert sich an der Küste. Das Handwerk umfaßt traditionell die Herstellung von Teppi-

chen, Lederwaren u. Kunstschmiedearbeiten. Der Fremdenverkehr hat sich zum wichtigsten Devisenbringer entwickelt.
Geschichte. Aus phöniz. Kolonien entstand im Altertum in T. das Reich von *Karthago*, das 146 v. Chr. von den Römern zerstört wurde. 439–533 n. Chr. wurde T. von Wandalen, seit 533 von Byzanz beherrscht. Ende des 7. Jh. eroberten die islam. Araber das Land; es herrschten verschiedene Dynastien. 1574 fiel T. an die Türken. 1871 erkannte die Türkei die Unabhängigkeit T. an. 1881 zwang Frankreich den Bei, T. der frz. Schutzherrschaft zu unterstellen. Am 20.3.1956 erlangte T. die volle Unabhängigkeit; H. *Bourguiba* wurde Min.-Präs. Er setzte 1957 den Bei ab u. übernahm das Amt des Staats-Präs. (seit 1975 auf Lebenszeit). 1987 wurde Bourguiba wegen krankheitsbedingter Amtsunfähigkeit abgesetzt. Neuer Präs. wurde Z.A. *Ben Ali.* Bei den Wahlen 1989 wurde er in seinem Amt bestätigt.

Tungide, mongolide Menschenrasse in N-Asien nördl. der Gobi. Dazu gehören: *Tungusen (Ewenken), Aleuten, Burjaten, Giljaken, Kalmüken, Mandschu* u. die eigtl. *Mongolen.*

Tụngölbäume, Gatt. der *Wolfsmilchgewächse*, in allen warmen Zonen, aus deren Früchten ein schnelltrocknendes Öl (*Tungöl*) gewonnen wird.

Tunguska, drei r. Nbfl. des *Jenissej* in Mittelsibirien: *Obere T.,* der Unterlauf der → *Angara*; *Steinige T.,* auch *Mittlere T.* (über 1800 km); *Untere T.* (rd. 3000 km).

Tụnika, altröm. ärmelloses Untergewand.

Tuning ['tju:nɪŋ; das; engl.], optimales Abstimmen von Kraftfahrzeugmotoren u. Fahrwerken auf Leistung; meist mit Verdichtungserhöhung, Mehrvergaseranlagen, breiteren Reifen, wirksameren Bremsen verbunden.

Tụnis, Hafen- u. Hptst. Tunesiens, 600 000 Ew.; ummauerte Medina mit Großer Moschee (732 gegr.); Kultur-, Handels- u. Verkehrszentrum; islam. Univ. (1674); Seehafen La Goulette, internat. Flughafen.

Tunnel, künstl. unterird. Gang durch Bergmassive, unter Flüssen u. Meeresengen, auch unter städt. Bebauung.

Tupamaros, linksextreme Stadtguerillas in Montevideo (Uruguay), operierten seit 1969 zunehmend unter Anwendung von Gewalt (z.B. Entführungen); Vorbild der *Stadtguerilla.*

Tüpfelfarn, Gatt. der *T.gewächse;* der *Gemeine T.* oder *Engelsüß* hat große, rundl., tüpfelförmige Sporangien an fiederteiligen Blättern.

Tüpfelhyäne, *Gefleckte Hyäne,* kräftigste Hyäne S- u. O-Afrikas.

Tupí, *T.-Guaraní*, weitverbreitete Stämme- u. Sprachengruppe der südamerik. Indianer.

Tupolew [-lɛf], Andrej Nikolajewitsch, *1888, †1972, russ. Flugzeugkonstrukteur; entwarf Groß- u. Langstreckenflugzeuge.

Turandot, Prinzessin in einer Erzählung der oriental. Sammlung »Tausendundein Tag«; läßt jeden Freier, der ihre Rätsel nicht lösen kann, köpfen.

Turanische Senke, vorw. wüstenhafte Tiefland in Mittelasien, nimmt einen großen Teil W-Turkistans ein.

Turban, europ. Bez. für eine bei den Hindus u. Moslems verbreitete Kopfbedeckung; ein Seiden- oder Leinenstreifen, der um eine rote Filzmütze gewunden wird.

Turbine, Kraftmaschine mit kreisender Hauptbewegung (*Turbomaschine*) im Unterschied zu *Kolbenmaschinen.* Die T. wird angetrieben durch strömende Mittel wie Wasser, Dampf u. Gas, deren Energie natürl. Ursprungs (Wind-T.) oder durch Verdichtung (Preßluft-T.) oder durch Erwärmen (Dampf-T., Gas-T.) erzeugt sein kann. Die im strömenden Mittel vorhandene potentielle Energie, gekennzeichnet durch den Druck, wird in einer Düse oder einem düsenartig wirkenden Leitschaufelsystem (*Leitrad*) zunächst in Geschwindigkeit u. dann in einem Laufschaufelsystem (*Laufrad*) in mechan. Energie verwandelt. Das Laufrad kann in axialer (*Axial-T.*) oder in radialer (*Radial-T.*) Richtung vom Arbeitsmittel durchströmt werden.
Dampf-T.n sind Strömungskraftmaschinen zur Ausnutzung der in einem Dampf (im allg. Wasserdampf) enthaltenen Wärmeenergie, die durch Expansion des Dampfes auf einen niedrigeren Druck in der T. in mechan. Energie umgewandelt wird. Dampf-T.n sind überw. Maschinen von großer Leistung (bis 1 000 000 kW) sowie hoher Drehzahl (3000 bis 15 000 U/min) u. dienen vorzugsweise

zum Antrieb elektr. Generatoren in Kraftwerken der öffentl. Energieversorgung; sie sind ebenso Bestandteil sämtl. bisheriger Kernkraftwerke. Als Schiffsantriebsmaschinen großer Leistung (über 36 800 kW) werden ebenfalls überw. Dampf-T.n verwendet.
Wasser-T.n sind Strömungskraftmaschinen zur Ausnutzung der in einem Wassergefälle vorhandenen potentiellen Energie. Der Leistungsbereich ist sehr groß, von 0,5 bis 500 MW in einer Einheit bei guter Regelbarkeit.
Gas-T.n sind Verbrennungskraftmaschinen, die als Strömungsmaschinen gebaut sind.

Turboprop, *Propellerturbine,* ein Triebwerk für Luftfahrzeuge, bei dem die Luftschraube durch eine Gasturbinenanlage (bestehend aus Verdichter, Brennkammer, Turbine u. Getriebe) angetrieben wird.

Turbulẹnz, 1. Unruhe, lautes, wildes Getriebe; stürm. Bewegung. – 2. *Mechanik:* ungeordnete, unstetige wirbelartige Bewegung von Gas- oder Flüssigkeitsteilchen. – 3. *Meteorologie:* Luftströmung mit fortwährender Änderung von Richtung u. Geschwindigkeit.

Turf [tɜ:f], Rennbahn für Pferderennen; der Pferderennsport überhaupt.

Turfan, *Turpan,* Oasenstadt in W-China, am Rand der *T.senke* (154 m u. M.), 20 000 Ew.; Schnittpunkt alter Handelsstraßen; buddhist. Höhlentempel.

Turgẹnjew [-jɛf], Iwan Sergejewitsch, *1818, †1883, russ. Schriftst.; behandelte in Romanen u. Novellen soz. u. polit. Probleme; Meister der Landschaftsschilderung. W »Aufzeichnungen eines Jägers«, »Erste Liebe«, »Väter u. Söhne«.

Turgot [tyr'go:], Anne Robert Jacques, Baron de l'Aulne, *1727, †1781, frz. Staatsmann u. Nationalökonom; 1774–76 Fin.-Min. Ludwigs XVI.; Theoretiker der *Physiokratie;* bemühte sich vergebl. um finanzpolit. Reformen.

Turịn, ital. *Torino,* das antike *Taurasia,* N-ital. Stadt, Hptst. von *Piemont* u. der Prov. T., 1,01 Mio. Ew.; Kathedrale (15. Jh.), barocke Paläste u. Kirchen; Univ. (1404); Fahrzeug- (*Fiat, Lancia*) u. Maschinenbau. – **T.er Grabtuch,** seit etwa 1350 als Grabtuch Christi verehrte Leinwand; Echtheit umstritten, Messungen 1988 mit der Radiocarbonmethode ergaben, daß es aus dem MA stammt.

Turkanasee, fr. *Rudolfsee,* abflußloser See im nördl. Kenia, bis 8600 km², fischreich.

Die längsten Verkehrstunnel		
Name (Art)	Staat	Länge (km)
Seikan (Eisenbahn)	Japan	53,850
Eurotunnel (Eisenbahn)	Frankreich/ Großbritannien	49,940
Dai-Shimizu (Eisenbahn)	Japan	22,186
Simplon (Eisenbahn)	Schweiz/Italien	19,824
Shin-Kanmon (Eisenbahn)	Japan	18,680
Apennin (Eisenbahn)	Italien	18,507
Sankt Gotthard (Straße)	Schweiz	16,320
Rokko (Eisenbahn)	Japan	16,000
Henderson (Eisenbahn)	USA (Colorado)	15,800
Furka (Eisenbahn)	Schweiz	15,442
Sankt Gotthard (Eisenbahn)	Schweiz	15,003
Nakayama (Eisenbahn)	Japan	14,700
Lötschberg (Eisenbahn)	Schweiz	14,610
Haruna (Eisenbahn)	Japan	14,400
Arlberg (Straße)	Österreich	13,972
Hokuriku (Eisenbahn)	Japan	13,870
Mont Cenis/Fréjus I (Eisenbahn)	Frankreich/ Italien	13,655
Shin-Shimizu (Eisenbahn)	Japan	13,500
Aki (Eisenbahn)	Japan	13,030
Mont Cenis/ Fréjus II (Straße)	Frankreich/ Italien	12,800
Kaskadengebirge (Eisenbahn)	USA (Washington)	12,550
Mont-Blanc (Straße)	Frankreich/ Italien	11,690
Flathead (Eisenbahn)	USA (Montana)	11,263

Tunesien: Bewässerungskulturen

Türkei, Staat in Kleinasien, 779 452 km², 57,0 Mio. Ew. (überw. Türken), Hptst. Ankara. L a n d e s n a t u r. Das durchschnittl. 900–1100 m hoch gelegene Hochland von Anatolien ist eine abflußlose, von Steppe bedeckte Schüssel. Es wird im N vom *Pontischen Gebirge* (3937 m), im S vom *Taurus* (3734 m) gerahmt. Das westarmen. Hochland erreicht im Vulkankegel des *Ararat* 5165 m Höhe. Den W bildet das Küstenland an der Ägäis. Das Klima ist im N warm-gemäßigt u. sehr feucht, an der W- u. S-Küste mittelmeerisch u. im Inneren streng kontinental.
W i r t s c h a f t. Die Landwirtschaft liefert fast 25% der Ausfuhr, v. a. Baumwolle, Tabak, Südfrüchte, Getreide, Wolle, Obst u. Gemüse. Auf den Steppen des anatol. Hochlands überwiegt extensive Viehzucht. Von den umfangreichen Bodenschätzen werden in erster Linie Chrom u. Kupfer, daneben auch Eisen, Quecksilber, Antimon, Kohle, Schwefel, Erdöl u. a. exportiert. Die Industrie befindet sich im Aufschwung, v. a. die Textil- u. die chem., daneben die Metall-, Papier-, Nahrungsmittel-, Glas-, keram., Zement- u. Tabakind. sowie die Eisen- u. Stahlerzeugung. Bedeutend sind die Teppichknüpferei u. der Fremdenverkehr an der S-Küste (»Türk. Riviera«). – Straßen- u. Eisenbahnnetz sind noch recht weitmaschig. Nach Istanbul sind die wichtigsten Häfen am Mittelmeer Izmir, Mersin, Iskenderun, am Schwarzen Meer Zonguldak, Samsun, Giresun u. Trabzon. Die führenden Flughäfen sind in Istanbul, Ankara, Izmir u. Antalya.
G e s c h i c h t e. *Osman I.* (1259–1326) legte durch seine Eroberungen den Grundstein zum O s m a n i -

Türkei

schen Reich, das rasch expandierte. *Mehmed II.* konnte am 29.5.1453 Konstantinopel einnehmen (Ende des Byzantin. Reichs).
1459 wurden Serbien, 1461 Griechenland, 1463 Bosnien u. 1479 Albanien türk. Provinzen. *Selim I.* eroberte 1516/17 Syrien, Palästina, Ägypten u. Gebiete Nordafrikas. Das Kalifat ging an Istanbul über. 1521 fiel Bagdad, 1522 wurde Rhodos besetzt, 1533–36 Mesopotamien erobert; 1526 wurden die Ungarn besiegt. Tripolis, Tunis u. Algerien kamen unter türk. Oberhoheit. Die T. hatte die größte Ausdehnung erreicht.
Nach 1600 setzte der Niedergang der T. ein. Im *Frieden von Karlowitz* 1699 mußte sie Teile Ungarns u. Siebenbürgen an Östr., Podolien u. die Ukraine an Polen, Asow an Rußland u. einen Teil

Türkei: die Sultan-Ahmed-Moschee, auch »Blaue Moschee« genannt

des Peloponnes an Venedig abtreten. Die Russen eroberten 1769/70 die Krim u. drangen 1773 in Bulgarien ein. Rußland schob in einem neuen Krieg 1806–12 seine Grenze bis an den Pruth vor. Ägypten wurde unter Mohammed Ali unabh. Die Flotten Englands, Rußlands u. Frankreichs erzwangen durch den Sieg über die türk.-ägypt. Flotte 1827 bei Navarino die Freiheit der Griechen. Die Moldau u. Walachei wurden 1859 selbständig (Rumänien); 1867 mußten die türk. Truppen Serbien räumen. Im russ.-türk. Krieg 1877/78 besiegte Rußland die T.; Zypern kam an Großbrit. Die T. mußte hinnehmen, daß Frankreich 1881 Tunesien, Großbrit. 1882 Ägypten besetzte.
Die Revolution der Jungtürken 1908 erzwang die Anerkennung der Verf. durch den Sultan. In den Balkankriegen 1912/13 gingen alle europ. Gebiete verloren (außer Istanbul u. Adrianopel). Im 1. Weltkrieg kämpfte die T. auf dt.-östr. Seite. 1917/18 besetzten brit. Truppen Palästina-Syrien. In Anatolien stellte sich *Mustafa Kemal (Atatürk)* an die Spitze der nationalen Bewegung. Er vertrieb 1921/22 die Griechen aus Anatolien. 1923 wurde die T. zur Rep. erklärt; erster Präs. wurde Kemal. Der Frieden von Lausanne 1923 gab der T. etwa ihr heutiges Staatsgebiet. Kemal nahm Reformen in Angriff: Einführung der Lateinschrift, Trennung von Staat u. Religion, rechtl. Gleichstellung der Frau. 1938 wurde I. Inönü Staats-Präs. u. führte Atatürks Politik fort. Im 2. Weltkrieg blieb die T. neutral (bis Febr. 1945). Danach schloß sie sich dem westl. Bündnissystem an (1952 Nato).
1960 stürzte das Militär die autoritäre Reg. von A. *Menderes.* 1961 ging die Regierung wieder in zivile Hände über. Seit 1965 regierte Min.-Präs. S. *Demirel.* Dieser wurde wegen Verschleppung von Reformen u. zunehmender sozialer Unruhe im Land 1971 vom Militär zum Rücktritt gezwungen. 1974 besetzten türk. Truppen den N-Teil Zyperns. Angesichts der zunehmenden innenpolit. Labilität ergriff die Militärführung 1980 erneut die Macht. Sie stellte die innere Ruhe mit drakon. Mitteln wieder her. 1982 wurde eine neue Verf. verabschiedet. Danach ist die T. eine präsidiale Rep. Staats-Präs. ist seit 1993 *Demirel,* Min.-Präs. T. *Ciller.* Das größte innenpolit. Problem bildet der blutige Konflikt mit den Kurden im SO der T.
Türken, *Osmanen,* Turkvolk in Kleinasien u. (verstreut) auf der Balkanhalbinsel, sunnit. Moslems; vorw. Bauern.
Türkenbund, *Türkenlilie, Goldwurz, Gelbwurz,* ein *Liliengewächs* mit nickenden, braunroten oder purpurnen Blüten; in S-Europa.
Türkis, *Kallaït,* blau- bis apfelgrüner oder himmelblauer, mattglänzender Edelstein, Härte 6.
Türkischer Honig, Zuckerware aus Honig, Zucker, Stärke, Eierschnee, Gelatine, Mandeln u. Nüssen, die im Ofen gebacken wird.
türkische Sprache, (i.e.S.) *Osmanisch,* gehört zu den Turksprachen der altaischen Sprachfam.; 1922 wurde das Istanbuler Türkisch zur Schriftsprache erklärt. 1928 das lat. Alphabet eingeführt.
Turkistan, *Turkestan,* zentralasiat. Landschaft, polit. gegliedert in West-(Russisch-)T. (mit Kirgisien, Tadschikistan u. Usbekistan) u. *Chinesisch-T.* (Ost-T.).
Turkmenen, Turkvolk in Zentralasien u. im Vorderen Orient, meist Viehzüchter; Moslems.
Turkmenistan, *Turkmenien,* Staat in Mittelasien, zw. Kasp. Meer u. Amudarja, 488 100 km², 3,7 Mio. Ew., Hptst. *Aschchabad;* über 90% der Fläche sind Wüste (Karakum) oder Trockensteppe; Baumwollanbau, Bewässerungsfeldbau in Oasen; an Flüssen Fleisch- u. Wollviehwirtschaft; Erdölgewinnung u. Erdgas.
G e s c h i c h t e: Im 10. Jh. islamisiert, kamen die Turkmenen später unter die Herrschaft der Goldenen Horde u. dann unter das Emirat Buchara u. das

Turkmenistan

Khanat Chiwa. Ab 1880 dehnte Rußland seine Herrschaft auf diese Gebiete aus. 1918 gehörte T. zur *Turkestan. ASSR.* 1924 wurde T. sowj. Unionsrep. 1991 wurde T. unabh. u. Mitgl. der GUS.
Turksprachen, *türkische Sprachen i.w.S.,* wahrscheinl. im Altai entstandener Zweig der *altaischen Sprachfam.,* der sich nach W ausbreitete.
Turks- und Caicosinseln [tə:ks-, ˈkaikəs-], *Turks and Caicos Islands,* zwei Gruppen von rd. 30 Inseln sö. der Bahamas, in der Karibik, 430 km², 8000 Ew., Hauptstadt u. -insel *Grand Turk.* – Seit 1976 brit. Kronkolonie mit beschränkter innerer Autonomie.
Turku, schwed. *Åbo,* Prov.-Hptst. u. Hafen am Bottn. Meerbusen (S-Finnland), 162 000 Ew.; bis 1819 Hptst. Finnlands; schwed. u. finn. Univ.; Schloß; vielfältige Ind., Schiffbau.
Turkvölker, *türkische Völker, Turktataren,* eine Gruppe überw. europider Völker mit urspr. ähnl. Kultur, die sich über weite Teile Asiens u. O-Europas ausbreiteten, überw. Moslems; hierzu: *Jakuten, Turkmenen, Kirgisen, Baschkiren, Krimtataren, Aserbaidschaner, Türken.*
Turm, hohes, auf quadrat., polygonalem oder rundem Grundriß errichtetes Bauwerk mit geringer Grundfläche, freistehend oder anderen Bauten angegliedert u. diese überragend.
Turmalin, farbiges oder farbloses, z. T. durchsichtiges, glasglänzendes Mineral u. Edelstein. ⊤ →Edelsteine.
Turmfalke, bis 34 cm großer einheim. Greifvogel; bräunlichrot gefärbt.
Turnen, von F.L. *Jahn* um 1810 geprägte Bez. für alle Leibesübungen. Jahn verstand von ihm begr. *Dt. Turnkunst* als Mittel zur Gemeinschaftsbildung u. Nationalerziehung. 1811 eröffnete er in der Berliner Hasenheide den ersten Turnplatz. Nach 1843 wurde das T. Pflichtlehrfach in allen

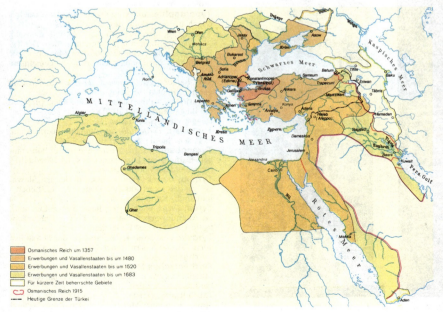

Türkei: die territoriale Entwicklung des Osmanischen Reichs

918 **Turner**

Turnen: Übungsteil mit Grätsche am Stufenbarren

Schulen. Es entstanden viele Turnvereine (*Hamburger Turnerschaft* 1816, *Mainzer Turnverein* 1817). – Heute steht im Mittelpunkt des T. das *Geräteturnen*, dessen schwierigste Ausprägung der Hochleistungssport *Kunstturnen* ist.

Turner ['tə:nə], **1.** Joseph Mallord William, *1775, †1851, engl. Maler; atmosphär. aufgelöste Landschaften mit betonter Farbgebung. – **2.** Lana, *8.2.1920, US-amerik. Filmschauspielerin, u. a. in »Verraten«. – **3.** Tina, eigtl. Annie Mae *Bullock*, *26.11.1939, US-amerik. Soul-Sängerin.

Turnier, 1. Ritterkampfspiel im MA (11.–16. Jh.), auch zu Pferd, mit scharfen oder stumpfen Waffen. – **2.** ein- oder mehrtägige sportl. Veranstaltung, bei der aus der Vielzahl der Teilnehmer in Vor-, Zwischen- u. Endspielen der Sieger ermittelt wird.

Turnus, sich wiederholende Reihenfolge.

Turnu Severin, Stadt in Rumänien, →Drobeta-Turnu Severin.

Turteltaube, bis 28 cm große europ. Wildtaube; in offenem buschigen Gelände; mit schwarzblauem Nackenfleck u. zart braun-graues Gefieder.

Tuschmalerei, Aquarellmalerei mit Tusche (urspr. Ruß, gebunden u. zum Gebrauch mit Wasser verdünnt); in O-Asien bed. Kunstform.

Tusculum, antike Stadt in den Albaner Bergen, sö. von Rom, heute *Frascati;* Villenvorort der reichen Römer.

Tussi, *Watussi,* die hamit. Adels- u. Herrscherschicht der Hima in O-Afrika; Großviehzüchter.

Tutanchamun, *Tut-ench-Amun,* ägypt. König der 18. Dynastie, um 1346–37 v. Chr. Sein unversehrtes Grab wurde 1922 von H. *Carter* im Tal der Könige bei Luxor entdeckt.

Tuthalija, *Tutchalija,* Königsname der Hethiter. **T. IV.,** um 1250–20 v. Chr., errichtete die meisten der erhaltenen Bauwerke der Hptst. *Hattusa.*

Tuthmosis, *Thutmosis,* 4 ägypt. Könige der 18. Dynastie. **T. III.,** 1490–37 v. Chr., erweiterte die Grenzen Ägyptens bis zum Euphrat u. bis über den 4. Nilkatarakt im Sudan.

Tutor, Beschützer, Vormund; Studienleiter, Betreuer student. Arbeitsgruppen.

Tutti [ital., »alle«], der Einsatz aller Instrumente oder Stimmen; Ggs.: *Solo.* – **Tuttifrutti,** versch. rohe oder gekochte Früchte mit Keks u. Vanillecreme serviert; Allerlei, Durcheinander.

Tuttlingen, Krst. in Ba.-Wü., 32 000 Ew.; feinmechan., Leder- u. Textilind.

Tutu, Desmond, *7.10.1931, südafrik. anglikan. Bischof, 1986 Erzbischof von Kapstadt; 1984 Friedensnobelpreis.

Tutzing, oberbay. Gem. am Starnberger See, 9500 Ew.; Ev. Akademie.

TÜV, Abk. für *Technischer Überwachungsverein.*

Tuvalu, ehem. *Ellicesinseln,* Inselstaat im Pazifik, nördl. von Fidschi, 24 km², 90 000 Ew., Hptst. *Funafuti;* besteht aus neun Koralleninseln; trop. Klima; Ausfuhr von Kopra u. Fisch.
Geschichte. 1877–1975 waren die Inseln unter

Tuvalu

dem Namen »Ellicesinseln« Teil der brit. Kolonie »Gilbert and Ellice Islands«. 1976 trennten sich die Ellicesinseln von den Gilbertinseln u. nahmen den Namen T. an. Seit 1978 ist T. unabh. im Rahmen des Commonwealth.

Tuwa, Rep. innerhalb Rußlands, an der mongol. Grenze, 170 500 km², 289 000 Ew., Hptst. *Kysyl;* fr. chin., 1921–44 Rep. *Tannu-Tuwa,* seit 1964 ASSR, seit 1992 Republik.

Desmond Tutu

TV, Abk. für engl. *Tele*vision, Fernsehen.

TWA, Abk. für *Trans World Airlines,* amerik. Luftverkehrsgesellschaft, gegr. 1930.

Twain →Mark Twain.

Twardowskij, Alexander Trifonowitsch, *1910, †1971, russ. Schriftst.; trat für eine Liberalisierung der Literaturpolitik ein.

Tweed [twi:d], großfädiges Wollgewebe aus melierten, z. T. noppigen Garnen; strapazierfähig.

Twen [von engl. twenty = 20], modischer junger Mensch um die zwanzig.

Twer, 1931–90 *Kalinin,* russ. Stadt an der Mündung der Twerza in die Wolga (Hafen), 442 000 Ew.; Palast Katharinas II. (18. Jh.); Univ.; Baumwoll-, Seiden-, chem. u. Masch.-Ind.

Twinset, Kombination von gleichfarbiger Strickjacke u. Pullover.

Twist, 1. Modetanz um 1960, bei dem die Tänzer den Körper nach Rock-'n'-Roll-Rhythmen vor- u. zurückschwingen. – **2.** einfache, lose gedrehte Baumwollgarne zum Stopfen.

Tyndale ['tindəl], *Tindale,* William, *um 1494, †1536 (hingerichtet), engl. Theologe; übersetzte u. verbreitete Luthers Schriften.

Tyndall ['tindəl], John, *1820, †1893, ir. Physiker; untersuchte u. a. die Thermoelektrizität. – **T.-Effekt,** Erscheinungen bei der Zerstreuung von Licht durch kleinste (kolloidale) Teilchen: blaues Licht wird stets stärker getrennt als rotes; darauf beruht die blaue Himmelsfarbe.

Tyne [tain], Fluß in NO-England, 130 km.

Tynemouth ['tainmauθ], Hafenstadt in NO-England, an der Tynemündung in die Nordsee, 60 000 Ew.; Werften, Lachsfang.

Type, gegossener Buchstabe, →Lettern.

Typhus, *T. abdominalis,* durch das *T.-Bakterium, Salmonella typhosa,* mit Wasser, Milch u. a. Nahrungsmitteln übertragene Darminfektionskrankheit mit dem Charakter einer der Blutvergiftung ähnl. Allgemeinkrankheit (Fieber, Kopfschmerzen, vergrößerte Milz); ohne Behandlung meist tödlich.

Typographie, die Gestaltung von Drucksachen (Buch u. a.), speziell des Schriftsatzes.

Typologie, der Versuch, die Vielfalt menschl. Ausprägungsformen in Typen einzuteilen. Der *Typus* repräsentiert eine Gruppe von Menschen, die bestimmte Persönlichkeitsmerkmale gemeinsam haben.

Tyr, bei den Angelsachsen *Tiw,* im Süden *Ziu,* german. Rechts- u. Kriegsgott.

Tyrann, Gewaltherrscher; bei den alten Griechen ein illegal zur Herrschaft (**Tyrannis**) gekommener Regent eines Stadtstaates.

Tyrannen, *Tyrannidae,* artenreiche amerik. Fam. z. T. sehr bunter *Sperlingsvögel.*

Tyrannosaurus, bis 10 m lange u. 5 m hohe räuber. Gattung der Dinosaurier aus der Oberkreide, rückgebildete Vordergliedmaßen.

Tyrnau, slowak. *Trnava,* Stadt in der sw. Slowakei, an der T., 69 000 Ew.; Dom (14. Jh.), Lebensmittelind., Kernkraftwerk.

Tyros, *Tyrus,* phöniz. *Sor,* heute *Sur* (S-Libanon), im Altertum neben Sidon seit 1200 v. Chr. mächtigste Handelsstadt Phöniziens.

Tyrosin, eine aromat. Aminosäure, die sich in fast allen Eiweißkörpern findet.

Tyrrhener, grch. Name der Etrusker.

Tyrrhenisches Meer, ital. *Mare Tirreno,* Teil des Mittelmeers zw. Italien u. den Inseln Elba, Korsika, Sardinien u. Sizilien.

Tzara [tsa'ra], Tristan, *1896, †1963, frz. Lyriker rumän. Herkunft; Mitbegr. des Dadaismus, schloß sich dann dem Surrealismus an.

Tutanchamun: Totenmaske des ägyptischen Pharaos Tutanchamun; um 1346–1337 v. Chr. Kairo, Ägyptisches Museum (links) – Tuthmosis I.: zeitgenössische Statue aus Granit. Turin, Museo Egizio (rechts)

U

u, U, 21. Buchstabe des dt. Alphabets.
U, chem. Zeichen für *Uran.*
U-Bahn, Kurzwort für Untergrundbahn.
Ubangi, r. Nbfl. des Kongo, 2350 km; mündet unterhalb von Mbandaka.
Überbau, nach marxist. Auffassung die polit., religiösen, philos. u. ä. Vorstellungen, die von der sozialökonom. *Basis* bestimmt sind.
Überbein, *Ganglion,* harter, schwer verschiebl. Knoten, bes. häufig am Handrücken in der Nähe des Handgelenks.
Überblenden, zwei Filmszenen derart ineinanderfügen, daß die eine langsam verschwindet u. gleichzeitig die nächste allmähl. sichtbar wird.
Überbrückungskredit, Kredit zur Deckung außergewöhnl. Bedarfs an Umlaufvermögen.
Übereignung, Übergang (Übertragung) des Eigentums (Erwerb des Eigentums).
Überempfindlichkeitsreaktion → Allergie.
Überfall, 1. Angriff, bes. auf den unvorbereiteten Gegner. – **2.** *Wasserbau:* Abflußvorgang über ein Wehr.
Überfremdung, Zunahme Heimatfremder in einem Gebiet.
Überhangmandat → Wahlsystem.
Über-Ich, nach S. *Freud* eine psych. Kontrollinstanz des Ich, die sich aus der Verinnerlichung zunächst der elterl., dann der gesellschaftl. Forderungen, Verbote u. Normen bildet.
Überlagerung, allg. die Addition von zwei oder mehr physikal. Wirkungen, z.B. von Kräften im Kräfte-Parallelogramm bei Bewegungen oder Schwingungen bzw. Wellen.
Überlauf, Entlastungsbauwerk von Staustufen u. Talsperren, das den Abfluß überschüssigen Wassers ermöglicht.
Überlingen, Stadt in Ba.-Wü., am NO-Ufer des *Überlinger (Boden-)Sees,* 20000 Ew.; Luftkurort u. Kneipphеilbad; histor. Stadtbild.
Übermensch, seit *Nietzsche* vieldeutiges Schlagwort für einen neuen, höheren Typ des Menschen.
übernatürlich, das, was unmittelbar der in Christus gegründeten Erlösungs- u. Heilsordnung angehört.
Überreichweite, Ausbreitung von UKW- u. dm-Wellen über den opt. Horizont hinaus infolge von Streuprozessen an der unteren Ionosphäre.
Überriesen, rote Riesensterne mit überdurchschnittl. großem Durchmesser u. kleiner Dichte.
Übersättigung, Zustand von Gasen u. Dämpfen, der entsteht, wenn gesättigte Dämpfe abgekühlt werden. Sie enthalten mehr an Dampf, als der betr. Temp. entspricht; Ü. (Unterkühlung) ruft die *Kondensation* hervor. Bei Ü. der Luft mit Wasserdampf tritt Nebel- u. Niederschlagsbildung auf.
Überschallflugzeug, Flugzeug für Geschwindigkeiten, die größer sind als die Fortpflanzungsgeschwindigkeit des Schalls.
Überschallgeschwindigkeit, Geschwindigkeit, die größer ist als die Schallgeschwindigkeit. Der Luftwiderstand nimmt um ein Vielfaches zu *(Schallmauer).* Die Schallwellen bleiben bei Ü. in einem Kegel *(Machscher Kegel)* hinter dem Körper zurück.
Überschuldung, Vermögenslage, bei der die Verbindlichkeiten den Gesamtwert der Vermögensgegenstände überschreiten.
Übersetzung, 1. Übertragung eines Textes in eine andere Sprache. – **2.** Verhältnis der Drehzahlen zweier Räder, Wellen, der Kräfte hydraul. Pressen u. ä.
Übersichtigkeit, *Hypermetropie,* fr. *Weitsichtigkeit,* Brechungsfehler des Auges infolge eines Mißverhältnisses zw. der Brechkraft der Linse u. der Länge des Augapfels. Die Korrektur der Ü. erfolgt durch Konvexgläser.
Überstunden, Arbeit, die die durch Tarifvertrag, Betriebsvereinbarung oder Einzelarbeitsvertrag festgelegte Arbeitszeit überschreitet.

Übertretung, fr. Form der strafbaren Handlung, die heute teils als strafbares *Vergehen,* teils als *Ordnungswidrigkeit* geahndet wird.
Überweisung, bargeldlose Zahlung im Giroverkehr.
Überzeugung, die durch eig. Urteil gewonnene Einsicht.
Ubier, germ. Volksstamm, siedelte im 1. Jh. v. Chr. zw. Main u. Sieg.
üble Nachrede, Behauptung oder Verbreitung nicht erweislich wahrer Tatsachen, die den Betroffenen verächtlich machen oder in der öffentl. Meinung herabwürdigen können.
U-Boot → Unterseeboot.
Ucayali, Quellfluß des Amazonas in Peru, 1950 km.
Uccello [uˈtʃɛlo], Paolo, eigtl. P. di *Dono,* * um 1397, †1475, ital. Maler; einer der ersten Hauptmeister der florentin. Frührenaissance.
Üchtland, *Uechtland,* schweiz. Voralpenldsch. beiderseits der mittleren Saane; Hauptort *Freiburg* (Fribourg).
Uckermark, Ldsch. im nördl. Brandenburg, an der oberen u. mittleren *Uecker.*
Udaipur, *Udaypur,* ind. Distrikt-Hptst. im südl. Rajasthan, 233000 Ew.; Univ.; histor. Altstadt; 1559–1948 Hptst. des Rajputen-Fürstenstaats.
Uddevalla, Stadt in S-Schweden, nördl. von Göteborg, 46000 Ew.; Schiffbau; Phosphat- u. Textilfabriken.
Udet, Ernst, *1896, †1941 (Selbstmord), dt. Generaloberst; seit 1938 Generalluftzeugmeister.
Udine, Stadt in NO-Italien, Hptst. der Region *Friaul-Julisch-Venetien* u. der Prov. U., 100000 Ew.; Dom (13. Jh.), Rathaus (16. Jh.), Kastell (16. Jh.); Masch.-, Hütten-, Schuh-, Textil-Ind.
Udmurten, *Wotjaken,* östl. der mittleren Wolga lebender finn. Volksstamm, 713000 Ew.
Udmurtien, Republik innerhalb Rußlands, nördl. der unteren Kama, 42100 km², 1,59 Mio. Ew., Hptst. *Ischewsk.*
UdSSR, Abk. für *Union der Sozialist. Sowjetrepubliken,* bis 1991 Name der Sowjetunion.
Uecker, Günther, *13.3.1930, dt. Objektkünstler; film. u. szen. Realisationen; Mitgr. der Gruppe *Zero.*
Ueckermünde, Kreisstadt in Mecklenburg, 12000 Ew.; Schloß
UEFA, Abk. für frz. *Union Européenne de Football Association,* Europäische Fußball-Union, gegr. 1954, Sitz: Basel; veranstaltet die Europameisterschaften für Ländermannschaften (alle 4 Jahre) u. die Europapokalwettbewerbe für Vereinsmannschaften.
Uelzen, Krst. in Nds., in der Lüneburger Heide, 35000 Ew.; Fachwerkbauten; Masch.-, Elektro-, opt. u. Zucker-Ind.
Uetersen, Stadt in Schl.-Ho., an der Pinnau, 17000 Ew.; bed. Rosenzucht; Papier-, Masch.-, pharmazeut. Ind.
Uexküll, Jakob Baron von, *1864, †1944, dt. Zoologe; gründete das Institut für Umweltforschung in Hamburg.
Ufa, Abk. für *Universum-Film AG,* 1917 unter staatl. Mithilfe in Berlin gegr. Filmgesellschaft, größtes dt. Filmunternehmen, 1945 aufgelöst.
Ufa, 1. Hptst. der Rep. Baschkirien (Rußland), an der Mündung der U. in die Bjelaja, 1,09 Mio. Ew.; petrochem. Ind., Kabel-, Motorenfabrik, Schiffs- u. Eisenbahnwerkstätten. – **2.** r. Nbfl. der zur Kama fließenden Bjelaja in Rußland, rd. 900 km.
Ufer, bei stehenden u. fließenden Gewässern der über der Berührungslinie von Wasser u. Land gelegene Grenzsaum des Landes.
Uffizien, *Palazzo degli Uffizi,* seit 1560 von G. *Vasari* für die florentin. Stadtverwaltung erbauter Palast, heute berühmte Kunstsammlung, v. a. der ital., ndl. u. dt. Malerei; Selbstporträts.
UFO, Abk. für engl. *Unidentified Flying Object,* unbek. Flugobjekt, sog. *fliegende Untertasse,* da

sie häufig als scheibenförmige Objekte wahrgenommen wurden.
Uganda, Staat im O Afrikas, 235880 km², 19,5 Mio. Ew.; Hptst. *Kampala.*
Landesnatur. U. nimmt den N des Hochbeckens zw. dem O- u. dem Zentralafrik. Graben ein. Im O erhebt sich der Vulkan Mt. Elgon (4321 m), im W das Hochgebirge des *Ruwenzori* (5110 m).

Uganda

Aus dem *Victoriasee* im S durchfließt der *Victorianil* das Land. Das trop. Höhenklima ist gemäßigt warm. Der gut beregnete Kern des Landes ist dicht besiedelt u. intensiv bebaut. Im W u. NO herrschen Trocken- u. Dornsavanne vor.
Etwa ¾ der Bevölkerung bilden 20 Bantustämme. Rd. 60% sind Christen, 6% Moslems. *Wirtschaft.* Die Landwirtschaft, die den weitaus größten Teil der Erwerbstätigen beschäftigt, liefert für den Export Baumwolle, Kaffee, Tee, Sesam u. Tabak. Die Exportprodukte werden auf Plantagen angebaut. Die Viehzucht exportiert v. a. Häute. An Bodenschätzen finden sich Kupfer, Wolfram u. a. Die Industrie verarbeitet Agrarprodukte. Internat. Flughafen des Landes ist Entebbe. *Geschichte.* Ende des 19. Jh. errichtete Großbrit. sein Protektorat über die Kgr. *Buganda, Bunyoro, Ankole, Toro* u. verband sie zu der neuen Gebietseinheit U. Am 9.10.1962 erhielt U. die Unabhängigkeit. 1963 wurde das Land Rep. mit föderativer Verf. 1966 wurde M. *Obote* Staatsoberhaupt, der einen sozialist. Kurs verfocht. General I. *Amin* stürzte Obote 1971 u. errichtete eine Terrorherrschaft. 1979 wurde Amin mit tansan. Hilfe gestürzt, tansan. Truppen besetzten U. Obote wurde 1980 erneut Staats-Präs., aber bereits 1985 von den Militärs gestürzt, die 1986 von Y. *Museveni* in der Reg. abgelöst wurden.
Ugarit, im AT Stadt an der nordsyr. Küste, heute Ruinenhügel *Ras Schamra.* Älteste Funde aus dem 7. u. 6. Jt. v. Chr., Blütezeit im 2. Jt. v. Chr.
ugrische Sprachen → Sprachen.
Uhde, Fritz von, *1848, †1911, dt. Maler; gestaltete mit impressionist.-naturalist. Mitteln vor allem religiöse Themen.
UHF, Abk. für *Ultrahochfrequenz;* Bereich elektromagnet. Wellen mit Frequenzen zw. 300 u. 3000

Uganda: Wasserkraftwerk bei Jinja

Uhland, Ludwig, *1787, †1862, dt. Schriftst.; einer der Begr. der Germanistik; 1848 Vertreter des Liberalismus im Frankfurter Parlament; Haupt der »Schwäb. Dichterschule«; v. a. bekannt durch volkstüml. Lyrik u. Balladen (»Des Sängers Fluch«).

Uhren, Instrumente zur Messung u. Anzeige des Ablaufs der Zeit; bei mechan. U. (*Räder-U.*) durch Gewichte oder Federn angetrieben. Die *Gangregelung* erfolgt durch Pendel oder *Unruh,* die *Hemmung* kann z.B. durch Anker oder Zylinder erfolgen. In elektr. U. verwendet man als Schwingsystem piezoelektr. ausgelöste Schwingungen eines Quarzes *(Quarz-U.),* Atom- u. Molekülschwingungen *(Atom-U.)* u. a. Die ältesten U. waren *Sonnen-, Sand-* u. *Wasser-U.* Die ersten Räder-U. werden um 1300 erwähnt; die ersten »Taschen-U.« waren die »Nürnberger Eier« (1509). Die erste Atom-U. wurde 1948 gebaut.

Uhu, größte europ. *Eule,* mit auffälligen Federohren; lebt in waldigen Vorgebirgen.

Uiguren, altes Turkvolk, erstmals um 600 erwähnt. Ihr Reich erstreckte sich vom Baikalsee bis zum Altai-Gebirge.

Ujjain [ˈuːdʒain], indische Distr.-Hptst. auf dem nördl. Dekan-Hochland, in Madhya Pradesh, 282000 Ew.; Univ.; hl. Stadt der Hindus; alte Hptst. von *Malwa*.

Ujung Pandang, fr. *Makasar,* Hafen u. Hptst. der indones. Insel Celebes, 841000 Ew.; Univ.; bed. Handelsschiffahrt, Ausfuhr von Gewürzen, Kautschuk, Kaffee, Sandelholz; Zement- u. Papier-Ind.

U. K., Abk. für *United Kingdom,* das Vereinigte Königreich von Großbrit. und Nordirland.

Ukelei, *Schneider, Laube,* karpfenartiger Süßwasser- u. Ostsee-Fisch.

Ukiyo-e, in Japan Kunstrichtung der Edo-Zeit, die getreue, genrehafte Abbilder der Sitten u. Bräuche im 17./18. Jh. gibt.

Ukraine, Staat in O-Europa, 603 700 km², 51,8 Mio. Ew., Hptst. *Kiew;* überwiegend ebenes Land, gebirgig nur in den Waldkarpaten u. im S der

Ukraine

Krim. Auf das von ausgedehnten Mischwäldern bestandene Sumpfgebiet Polesje im NW folgen Wald- u. trockenere Grassteppe mit fruchtbaren Schwarzerdeböden. — G e s c h i c h t e : Die N- u. W-U. war vom 9. bis 12. Jh. Kern des *Kiewer Reichs.* Nach dessen Verfall bildete die W-U. ein selbst. Fürstentum *Wolynien-Halitsch,* das nach 1340 überwiegend an Polen fiel. 1386 war die gesamte U. außer dem Steppengebiet Teil des poln.-litau. Staats. 1654 ging die U. zum Moskauer Zaren über. Durch die Poln. Teilungen kam die restl. U. samt Wolynien zu Rußland, Galizien (Halitsch) zu Östr. Unter Katharina II. wurde auch das unter türk. Herrschaft stehende südl. Steppengebiet mit der Krim Rußland angegliedert. — 1918 mußte Sowjetrußland im Frieden von Brest-Litowsk die Unabhängigkeit der U. anerkennen. 1920 setzte sich die *Ukrain. Sozialist. Sowjetrepublik* durch, die 1922 der UdSSR beitrat. 1954 kam die Krim erneut zur U. 1991 wurde die U. unabh. u. Mitgl. der GUS.

Ukrainer, *Kleinrussen, Ruthenen,* zweitgrößtes ostslaw. Volk (rd. 42 Mio.); hpts. in der Ukraine.

ukrainische Sprache, *Ruthenisch,* fr. auch *Kleinrussisch,* in der Ukraine gesprochene, zur ostslaw. Sprachgruppe gehörende Sprache; in kyrill. Schrift geschrieben.

Ukulele, hawaiische Namen für eine kleine Gitarre port. Ursprungs mit 4 Saiten (a, d', fis', h').

UKW, Abk. für *Ultrakurzwellen.*

Ulan Bator, bis 1924 *Urga,* mongol. *Küren,* Hptst. der Mongolei, am Toola, 500000 Ew.; Univ.; vielseitige Ind.; Handels- u. Verkehrsknotenpunkt.

Ulanen, seit dem 16. Jh. eine poln., mit Lanzen bewaffnete Reitertruppe; in Preußen (nach 1807) als schwere Kavallerie.

MHz; u. a. für Fernseh- u. Richtfunkübertragungen.

Ulanowa, Galina Sergejewna, *26.12.1909, die bedeutendste Ballerina Rußlands; bis 1962 am Bolschoi-Theater in Moskau.

Ulan-Udę, bis 1934 *Werchneudinsk,* Hptst. der Rep. Burjatien (Rußland), sö. des Baikalsees, 351000 Ew.; Lokomotiv-, Waggon- u. Schiffbau; Flughafen.

Ulbricht, Walter, *1893, †1973, dt. Politiker; seit 1920 Funktionär der KPD, 1929 Mitgl. des Politbüros; 1933–45 im Exil; 1946 führend beteiligt an der Gründung der SED, seit 1950 Parteichef (Generalsekretär, 1953 Erster Sekretär); 1960–73 auch Vors. des Staatsrats (Staatsoberhaupt) der DDR. Als Parteichef wurde U. 1971 von E. *Honecker* mit sowj. Hilfe gestürzt.

Ulcus, *Ulkus,* Geschwür.

Ulema, die theol. Lehrer u. Rechtsgelehrten des Islams.

Ulfilas → Wulfila.

Ulixes, lat. Name des → Odysseus.

Uljanow [-nɔf], eigtl. Name von → Lenin.

Uljanowsk, Stadt in Rußland, seit 1991 wieder → Simbirsk.

Ullmann, 1. Fritz, *1875, †1929, dt. Chemiker; an der Entdeckung des Atebrins u. Panflavins beteiligt. **– 2.** Liv, *16.12.1938, norw. Schauspielerin; bes. Hauptdarstellerin in Filmen von I. *Bergman.* W »Szenen einer Ehe«. **– 3.** Regina, *1884, †1961, schweiz. Schriftst.; sinnbildl. Erzählungen. **– 4.** Wolfgang, *18.8.1929, dt. Politiker; Mitgr. der Bürgerbewegung *Demokratie Jetzt,* Febr.-April 1990 Min. ohne Geschäftsbereich im Kabinett Modrow, dann Vize-Präs. der Volkskammer der DDR; seit 1990 MdB (Bündnis 90/Grüne).

Ullrich, Luise, *1911, †1985, dt. Schauspielerin, bes. in Mutterrollen beliebt.

Ulm, Stadt in Ba.-Wü., an der Donau gegenüber dem bay. *Neu-Ulm,* 110 000 Ew.; Ulmer Münster (14. Jh. begonnen, größte got. Pfarrkirche Dtlds., mit 161 m hohem Turm), Univ. (1967 gegr.); vielseitige Ind.

Ulme, *Rüster,* Gatt. der *U.gewächse* (→Pflanzen); Sträucher u. Bäume mit ungleichhälftigen Blättern u. breitgeflügelten Nüssen als Früchten. In Mitteleuropa: Feld-U., Berg-U., Flatter-U.

Ulrich, *1487, †1550, Herzog von Württemberg; 1519 vom *Schwäb. Bund* vertrieben. Philipp von

Ulm: Blick über die Donau auf das Münster und die Patrizierhäuser an der Stadtmauer

Hessen, der ihn für die Reformation gewonnen hatte, ermöglichte ihm 1534 die Rückkehr.

Ulrich von Lichtenstein (*Liechtenstein*),* um 1200, †um 1275, mhd. Minnesänger u. Epiker; autobiograph. höf. Roman »Frauendienst«.

Ulrich von Türheim, *um 1200, †nach 1250, mhd. schwäb. Versepiker; schrieb Fortsetzung zu Gottfried von Straßburgs »Tristan« u. zu Wolfram von Eschenbachs »Willehalm«, betitelt »Rennewart«.

Ulsan, Ind.-Stadt in S-Korea, 560000 Ew.; moderner Hafen.

Ulster [ˈʌlstə], ehem. ir. Prov., 1921 gespalten in den NO-Teil, der als Nordirland bei Großbrit. blieb, u. den zur Rep. Irland gehörenden Teil (ir. *Ulaidh*).

Ultima ratio, das letzte Mittel.

Ultimatum, letzte, befristete Warnung.

Ultimogeschäft, am Monatsletzten fälliges Termingeschäft.

ultra, Vorsilbe mit der Bed. »jenseits von, über - hinaus«.

Ultrafiltration, Verfahren zur Trennung von Kolloiden u. echten Lösungen u. von Kolloid-Teilchen versch. Größe. Die dabei benutzten *Ultrafilter* haben äußerst enge Poren.

Ultrakurzwellen, *UKW,* elektromagnet. Wellen mit Wellenlängen unter 10 m.

Ultramarin, leuchtend blaues bis violettes, auch rotes Farbpigment, schwefelhaltiges Natriumaluminiumsilicat; in der Natur als *Lapislazuli.*

Ultraschall, unhörbare Schallwellen sehr hoher Frequenz (größer als 20000 Hz). Oberhalb 10^9 Hz spricht man von *Hyperschall.* Viele Tiere können U. noch hören. U. wird mit Schwingquarzen u. an-

Uhren: Vor der Erfindung des »Nürnberger Eies« von Peter Henlein (oben links u. oben rechts) standen Taschen-Sonnenuhren (unten links u. Mitte links). Wenig jünger ist die zylindrische Uhr aus Bronze mit sorgfältiger Punzierung (unten rechts). – Die Uhr am Ulmer Rathaus zeigt das astronomische, technische und mathematische Wissen des 16. Jahrhunderts (rechts)

deren Geräten hergestellt. Der U. wird in der Technik vielfach verwendet, findet in der Medizin zur Untersuchung schwangerer Frauen u. Nierensteinzertrümmerung sowie im Fischerei- u. Schiffahrtswesen zur Peilung Anwendung.
Ultraviolett, *UV,* der jenseits des Violetten liegende Teil der elektromagnet. Wellen, mit Wellenlängen von rd. 10–400 nm (Nanometer). Sein kurzwelliger Teil überschneidet sich mit dem Röntgenstrahlen-Gebiet. Das U. vermag die Pigmentbildung in der Haut anzuregen.
Ultrazentrifuge, von T. *Svedberg* gebaute kleine Zentrifuge von sehr hoher Umdrehungszahl (z.Z. bis max. 100000 U/min).
Ulysses, *Ulixes* →Odysseus.
Umberfische, *Sciaenidae,* Fam. der *Barschfische;* bes. in den Küsten- u. Flußgewässern wärmerer Gebiete; sie stoßen dumpfe Töne aus *(Trommelfische).*
Umberto, ital. Könige:
1. U. I., *1844, †1900 (ermordet), König 1878 bis 1900; förderte das Zustandekommen des Dreibunds. – **2. U. II.,** *1904, †1983, König 1946; mußte nach der Volksentscheidung für die Rep. im selben Jahr abdanken u. Italien verlassen.
Umbra, 1. dunkler Kern der Sonnenflecken. – **2.** *Erdbraun, Römisch Braun, Kölner Braun,* dunkelbraunes Farbpigment, ein Verwitterungsprodukt manganhaltiger Eisenerze.
Umbrer, ein wahrsch. zu Beginn des 1. Jt. v. Chr. aus dem N nach Ober- u. Mittelitalien eingewanderter italischer Stamm, vielleicht Träger der *Villanova-Kultur;* im 3. Jh. v. Chr. von den Römern unterworfen.
Umbrien [-iən], ital. *Umbria,* Region im mittleren →Italien.
Umeå ['y:meo:], schwed. Prov.-Hptst., an der Mündung der *Ume Älv* in den Bottn. Meerbusen, 86000 Ew.; Univ.; Holzind.
Umformer, umlaufende elektr. Maschine zur Umwandlung von Wechsel- in Gleichstrom oder in Wechselstrom anderer Frequenz u. umgekehrt.
Umgangssprache, Standardform einer Sprache im schriftl. u. mündl. Gebrauch; weniger bewußt u. kontrolliert gehandhabt als die *Hochsprache.*
Umkehrfilm →Umkehrverfahren.
Umkehrung, in der Musik die Vertauschung der oberen u. unteren Lage von Tönen, Motiven, Themen oder Stimmen.
Umkehrverfahren, Verfahren, bei dem ein *Umkehrfilm* statt zum Negativ zum Positiv entwickelt wird. Es entstehen *Diapositive* als Unikate.
Umlauf, 1. Rundschreiben; Umdrehung. – **2.** Fingerentzündung.
Umlaufvermögen, Vermögensteile eines Betriebs, die im Unterschied zum *Anlagevermögen* nicht zur dauernden Nutzung im Betrieb, sondern zum Umsatz bestimmt oder aus ihm hervorgegangen sind.
Umlaufzeit, Zeitabschnitt, in dem ein Himmelskörper mit period. Bahnbewegung einen Umlauf um seinen Zentralkörper vollendet.
Umlaut, die in allen germ. Sprachen (außer im Gotischen) anzutreffende Veränderung eines Vokals unter dem Einfluß bestimmter Vokale in der folgenden Silbe; im Deutschen bes. der Wandel von a zu ä, o zu ö, u zu ü, wenn in der folgenden Silbe ein i steht oder fr. gestanden hat. Beispiele: Arzt – Ärztin, Hof – Höfe, Muße – müßig.
Umlegung, behördl. Verfahren zur Erzielung einer besseren Bewirtschaftung von Grundstücken u. im Interesse des Städtebaus.
Umsatz, Verkaufswert des Absatzes eines Unternehmens innerhalb eines Zeitraums.
Umsatzsteuer, Verbrauchsteuer, die an die Güter- u. Leistungsumsätze von Unternehmungen anknüpft; kann die vollen Umsätze der Produktions- u. Handelsstufe treffen *(Brutto-U.)* oder nur die jeweilige Wertschöpfung *(Netto-U.,* →*Mehrwertsteuer).*
Umschlag, 1. Briefkuvert, Papierhülle. – **2.** Umwickeln eines Körperteils mit feuchtem Tuch. – **3.** Umladung, bes. vom Schiff auf Landfahrzeuge.
Umschulung, 1. Wechsel von einer Schule in eine andere. – **2.** Erlernen eines neuen Berufs.
Umsiedlung, freiwillige oder (meist) erzwungene Verpflanzung einer Bevölkerung durch staatl. Maßnahmen.
Umspanner, Transformator der Starkstromtechnik.
Umstandswort →Adverb.
Umtata, Hptst. des ehem. Homelands Transkei (Südafrika), 33000 Ew.; Flugplatz.

U-Musik, Kurzwort für Unterhaltungsmusik.
Umwelt, Gesamtheit der Faktoren, die auf einen Organismus von außen einwirken u. ihn beeinflussen. Die Lehre von der U. wurde von J. von *Uexküll* (für das einzelne tier. Individuum) begr. Die Lehre von den Beziehungen zw. den Organismen u. ihrer U. ist die →Ökologie.
Umweltfaktoren, ökolog. Faktoren, alle Gegebenheiten der belebten *(biotische U.)* u. der unbelebten *(abiotische U.)* Umwelt eines Organismus, die sein Leben ermöglichen u. beeinflussen. Wegen der überragenden Bed. der Nahrung für die Organismen unterscheidet man als dritte Gruppe die *trophischen U.*
Umweltschutz, Bez. für alle Maßnahmen, die schädigende Einflüsse auf die gesamte Umwelt, d. h. auf den ird. Lebensraum *(Biosphäre)* als aus-

Umweltzeichen für umweltfreundliche Produkte, wird vergeben seit 1977

gewogenes ökolog. Gefüge, verhindern oder vorhandene Schadfaktoren auf ein vertretbares Maß zurückführen; basiert auf biolog. Grundlagenforschung, vorbeugender U.-Technologie u. gesetzgeber. Maßnahmen. Aufgaben sind u. a.: Reinhaltung von Luft, Wasser, Boden; Lärm- u. Strahlenschutz; Abfallbeseitigung, Abfallverhinderung; Lebensmittel- u. Arzneimittelkontrolle; Naturschutz, Landschaftspflege. – Ⓑ → S. 922.
UN, Abk. für engl. *United Nations,* →Vereinte Nationen.
Unabdingbarkeit, einseitig zwingendes Recht, von dem nur zugunsten einer Partei abgewichen werden kann. U. gilt bes. im Arbeitsrecht für Bestimmungen des *Tarifvertrags.*
Unabhängige Sozialdemokratische Partei Deutschlands, Abk. *USPD,* Linkspartei, die 1917 durch Abspaltung von der SPD entstand; führende Persönlichkeiten H. *Haase,* W. *Dittmann,* K. *Kautsky,* E. *Bernstein.* Mitgl. des linken Flügels der USPD, u. a. K. *Liebknecht,* R. *Luxemburg* u. F. *Mehring,* bildeten innerhalb der Partei den →Spartakusbund. Die Mehrheit der USPD trat 1920 zu den Kommunisten, eine Minderheit 1922 zur SPD über.
Unamuno y Jugo, Miguel de, *1864, †1936, span. Philosoph u. Schriftst.; 1924–30 verbannt; erstrebte in seinen Romanen, Gedichten u. Essays die geistige u. sittl. Erneuerung Spaniens.
Una Sancta, »eine heilige« (Kirche), Formel aus dem *Apostolikum,* mit der das Bekenntnis von der Einheit u. Einzigkeit der »alleinseligmachenden« (kath.) Kirche abgelegt wird.
Unbefleckte Empfängnis, *immaculata conceptio,* kath. Dogma, daß Maria durch bes. Gnade ohne den Makel der Erbsünde ins Dasein getreten sei, als ihre Mutter sie empfing.
Unberührbare, die ind. →Parias.
Unbescholtenheit, Besitz eines einwandfreien Rufes; insbes. Unversehrtheit der Geschlechtsehre.
Unbewußtes, seel. Inhalte, Vorgänge, Strebungen u. Triebregungen, die nicht in das Bewußtsein eintreten oder nicht in ihrer Ursprungsform bewußt werden, sowie fr. Erlebnisinhalte, die dem Bewußtsein nicht mehr zugängl. sind *(Verdrängung).* Der Begriff des Unbewußten erhielt in S. *Freuds* »Psych. des Unbewußten« seine heutige empir.-psych. Bed. als zielgerichtete seel. Kraft.
UNCTAD, Abk. für *United Nations Conference on Trade and Development,* Konferenz der Vereinten Nationen für Handel u. Entwicklung, kurz *Welthandelskonferenz,* 1964 als Organ der Vollversammlung der Vereinten Nationen gegr.; Ziel ist die Förderung des Welthandels, insbes. des Handels zw. Ländern auf versch. Entwicklungsstufen.
Underground ['ʌndəgraund], der künstler. »Un-

Ungarn 921

tergrund«, die Lebenswelt *(Subkultur)* u. die Produktion *(Antikunst)* avantgardist. Filmemacher, Theatergruppen, Bands, Objektkünstler, Makler u. Literaten, die noch nicht völlig vom kommerziellen Kunstbetrieb erfaßt sind.
Understatement [ʌndəˈsteɪtmənt], das als typ. engl. empfundene »Untertreiben«.
Undine, weibl. Wassergeist; enthalten in einigen Werken, u. a. in: Märchennovelle von F. *Fouqué;* Opern von E. T. A. *Hoffmann* u. A. *Lortzing.*
Undset ['ynset], Sigrid, *1882, †1949, norw. Schriftst.; schrieb Gegenwartsromane u. -novellen, Saga-Epen u. Essaybände; Nobelpreis 1928.
Undulation, Wellenbewegung.
uneheliche Kinder →nichtehel. Kinder.
unendlich, Zeichen ∞, nach C. F. *Gauß* Bez. dafür, daß eine Zahlenfolge keinen Grenzwert, eine Folge geometr. Gebilde (Punkte, Geraden) keine Grenzlage hat.
unerlaubte Handlung, rechtswidrig verschuldete Verletzung fremder Lebensgüter u. Rechte, bes. von Leben, Körper, Gesundheit, Freiheit, Geschlechtsehre u. Eigentum; verpflichtet zum Schadensersatz.
UNESCO, Abk. für *United Nations Educational Scientific and Cultural Organization,* 1945 in London gegr. Sonderorganisation der Vereinten Nationen zur Förderung von Wiss., Erziehung, Kultur u. internat. Zusammenarbeit auf diesen Gebieten. Hauptorgane sind: Generalkonferenz (der Delegierten der Mitgliedstaaten), Exekutivrat u. Sekretariat in Paris. Die BR Dtld. wurde 1951 aufgenommen.
Unfall, plötzl. Ereignis, das zu einem nicht völlig belanglosen Personen- oder Sachschaden führt.
Unfehlbarkeit, *Infallibilität,* in der kath. Theol. die dem kirchl. Lehramt verliehene Irrtumslosigkeit in Glaubens- u. Sittenlehren. Träger der U.: 1. die Gesamtheit der Bischöfe, 2. das Konzil, 3. die Kathedralentscheidung des Papstes *(päpstl. U.).*
Unfruchtbarkeit, *Sterilität,* bei der Frau Unvermögen zu empfangen, beim Mann Zeugungsunfähigkeit.
Unfruchtbarmachung →Sterilisation (2).
Ungaretti, Giuseppe, *1888, †1970, ital. Schriftst.; Begr. der *hermet. Dichtung* (»Poesia ermetica«).
ungarische Sprache, *magyar.* Sprache, zu den finn.-ugr. Sprachen gehörend, von über 13 Mio., meist im Gebiet des heutigen Ungarn, gesprochen.
Ungarn, Staat in SO-Europa, 93032 km², 10,5 Mio. Ew., Hptst. *Budapest.*

Ungarn

Landesnatur. U. liegt im Bereich des allseitig von Gebirgen (Alpen, Dinariden, Karpaten) umgebenen großen *Pannonischen Beckens.* Die Donau gliedert es in *Transdanubien* im W u. das *Alföld* im

Ungarn. Volksfest in Budapest am 23. Oktober 1989, dem Tag der Ausrufung der Republik Ungarn

Ungarn

O. – Das Klima ist gemäßigt kontinental mit sehr warmen Sommern u. kalten Wintern. Die Niederschläge nehmen nach O ab. Auf den Lößböden des Alfölds dehnt sich die baumlose Steppe der *Puβta* aus. Der Waldanteil beträgt 15% der Gesamtfläche. Die Bevölkerung besteht hpts. aus *Magyaren*. 45% der Einwohner leben auf dem Land, 20% in Budapest.
Wirtschaft. Grundlage der Landwirtschaft ist der Anbau von Weizen, Kartoffeln, Roggen, Mais, Hafer, Zuckerrüben, Tabak, Gemüse, Ölpflanzen, Obst u. Wein sowie die Viehzucht. An Bodenschätzen finden sich Kohle, Uran, Eisen, Mangan, Bauxit, Erdöl u. Erdgas. In der Industrie, die rd. 40% der Erwerbstätigen beschäftigt, herrschen der Maschinen- u. Fahrzeugbau, die Nahrungsmittel-, Hütten-, Zement- u. chem. Ind. vor. Das Verkehrsnetz ist auf Budapest konzentriert. Budapest verfügt über einen internat. Flughafen.
Geschichte. Die Ungarn wurden im späten 9. Jh. aus dem Gebiet zw. Don u. Dnjepr vertrieben. Sie setzten sich unter ihrem Stammesfürsten *Arpád* 895/896 im Gebiet an Theiß u. mittlerer Donau fest. Nach der Niederlage auf dem Lechfeld (955) wurden sie im pannonischen Raum endgültig seßhaft. Unter *Géza* begann die Christianisierung U. Die Bindung der unter Géza geeinigten ung. Stämme an den westl. Kulturkreis wurde durch *Stephan (István) I.*, den *Heiligen* (997–1038), endgültig. 1091 wurde Kroatien angegliedert; es folgten Dalmatien u. Siebenbürgen. Im 12. Jh. wanderten dt. Siedler nach U. ein. In der Folgezeit wechselten die herrschenden Dynastien. Die Türken drangen unaufhaltsam vor, u. die Hussitenkriege schwächten das Land. In der für Ungarn vernichtenden Türkenschlacht bei *Mohács* (1526) kam König *Ludwig II.* ums Leben. U. verlor seine Unabhängigkeit; der mittlere Teil kam an die Türkei (bis Ende des 17. Jh.), das westl. U. an die Habsburger, Transsilvanien wurde selbständiges Fürstentum. Nach der Befreiung von der Türkenherrschaft 1683–99 wurde ganz U. habsburg. Kronland. 1711 brach die Freiheitsbewegung der *Kuruzen*, deren Truppen fast das ganze Land befreit hatten, zusammen. Mit russ. Hilfe wurde die Revolution 1848 in Ungarn von Kaiser Franz Joseph niedergeschlagen. U. als Teil der Doppelmonarchie Österreich-U. bekam 1867 eine parlamentar. Verf. mit weitgehender Autonomie. Nach der Niederlage im 1. Weltkrieg wurde am 16.11.1918 die Rep. ausgerufen. Kroatien löste sich von U. Die Kommunisten unter Béla *Kun* errichteten im März 1919 eine Räterepublik, die im August niedergeworfen wurde. 1920 wählte die Nationalversammlung M. *Horthy* zum Reichsverweser. Im *Vertrag von Trianon* (1920) verlor U. 60% seiner Bevölkerung u. 75% seines Gebiets. Durch die Wiener

UMWELTSCHUTZ

Smogalarm im Ruhrgebiet; zeitweise sogar der Stufe III (links). – Die Dünnsäureverklappung auf See löste zahlreiche Protestaktionen aus; 1983 blockierten Nordseefischer und Mitglieder der Umweltorganisation »Greenpeace« die Verladepier eines Chemiewerkes in Nordenham (Mitte). – Tonnen verendeter Flußaale werden nach der

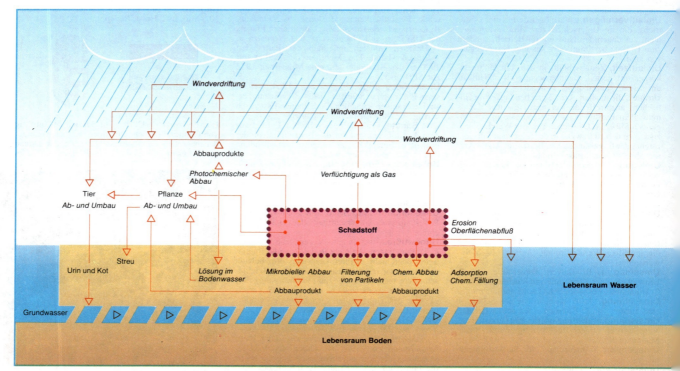

Schematische Darstellung der Wege, auf denen Schadstoffe in Ökosysteme verteilt werden können (links). – Noch im Mai 1990 waren Reinigungstrupps damit beschäftigt, ausgelaufene Öl des am 24. März 1989 vor der Südküste Alaskas leckgeschlagenen Tankers »Exxon Valdez« zu beseitigen. Bei dieser Katastrophe liefen 44 000 Tonnen

Schiedssprüche 1938 erhielt das Land einen Teil der verlorenen Gebiete zurück (bis 1947). An der Seite der Achsenmächte trat es im Juni 1941 in den 2. Weltkrieg ein. 1944 wurde Horthy von den Deutschen abgesetzt, sein Nachfolger wurde der Faschistenführer F. *Szálasi.* 1944/45 besetzten sowjet. Truppen das Land. U. wurde 1946 Rep. Nach dem Vorbild der Sowjetunion wurden Planwirtschaft u. Kollektivwirtschaft eingeführt. Unter Min.-Präs. Imre *Nagy* (1953–55) folgte eine Lockerung, 1955 unter A. *Hegedüs* eine Verschärfung des Kurses. Ende Okt. 1956 brach in Budapest ein Aufstand aus, der zum Sturz des kommunist. Regimes führte; I. Nagy übernahm wieder die Reg. Der Aufstand wurde von sowj. Truppen blutig niedergeschlagen. Eine neue Reg. unter J. *Kádár* konsolidierte die wirtschaftl., innen- u. außenpolit. Lage. Nachdem Kádár lange Zeit den liberaleren Kurs repräsentiert hatte, widersetzte er sich in den 1980er Jahren weiteren Reformschritten. 1988

Ungarn: landschaftliche Gliederung

...atastrophe am Oberrhein bei Rastatt aus dem ver...ten Wasser geborgen (rechts)

...mutzten einige hundert Kilometer Strände und ein ...iches Seegebiet von 1500 km² (rechts)

schied er aus der Führung der Ung. Sozialist. Arbeiterpartei (USAP) aus. 1989 baute U. die Grenzanlagen zu Östr. ab. Die USAP verzichtete auf ihr Machtmonopol. Am 23.10.1989 wurde die demokrat. »Ung. Rep.« proklamiert. Die ersten freien Wahlen seit 45 Jahren gewann 1990 das Ung. Demokrat. Forum. Bei den Parlamentswahlen 1994 gewann die Sozialist. Partei, die frühere USAP, die absolute Mehrheit.

Ungerer, Tomi, eigtl. Jean Thomas U., *28.11.1931, US-amerik. Graphiker u. Cartoonist frz. Herkunft; karikaturist. Zeichnungen.

uni [y'ni], einfarbig.

UNICEF, Abk. für engl. *United Nations International Children's Emergency Fund, Weltkinderhilfswerk,* Hilfsorganisation für Kinder aller Natio-

UNICEF: Emblem des Weltkinderhilfswerks der Vereinten Nationen

nen, von den UN 1946 gegr.; seit 1950 vorwiegend für Kinder in Entwicklungsländern; Sitz: Washington; Friedensnobelpreis 1965.

unierte Kirchen, 1. Kirchen u. Teilkirchen, die, zu den *Ostkirchen* gehörig, eine Union mit der röm.-kath. Kirche unter Anerkennung des päpstl. Primats eingegangen sind. Ihre offizielle Bez. ist *kath. Ostkirchen.* Ihre leitenden Bischöfe tragen z. T. den Titel »Patriarch«. *U. K.* des *morgenländ. Ritus:* Maroniten, syr.-kath. Kirche, chaldäische Kirche, malabar. u. malankar. Kirche der Thomaschristen, kopt.-kath. Kirche, Kirche der Katholiken Äthiopiens, armen.-kath. Kirche; *byzantin. Ritus:* Kirche der unierten Melkiten, Italo-Griechen, ukrain.-kath. Kirche. – **2.** Kirchen, die durch Vereinigung von Lutheranern u. Reformierten entstanden sind, z.B. die *Ev. Kirche der Union.*

uniform, einheitl., einförmig.

Uniform, einheitl. Bekleidung bestimmter Personengruppen, bes. der Soldaten.

Unikum, Einzigartiges, Merkwürdiges.

Unio mystica, »geheimnisvolle Vereinigung« der Seele mit Gott, in der Mystik höchste Stufe der Gotteserkenntnis.

Union, 1. Zusammenschluß, Vereinigung; z.B. Kalmarer U., Utrechter U., Altpreuß. U. – Die *Prot. U.* 1608–21 war das Bündnis der prot. Reichsstände gegen die kath. *Liga.* – **2.** zwischenstaatl. Verbindung, die enger ist als z.B. eine *Allianz.*

Union Jack ['juːnjən dʒæk], ugs. für die engl. Flagge.

Union Pacific Railway ['juːnjən pə'sifik 'ɹeilwei], älteste nordamerik. Transkontinentalbahn, 3003 km; führt von Omaha über Salt Lake City nach San Francisco.

unisono, musikal. Bez.: im Einklang. Gleichklang aller Stimmen oder Instrumente in der Oktavführung.

Unitarier, alle die Trinitätslehre ablehnenden Gruppen im europ. u. engl.-amerik. Protestantismus.

Unitarismus, Streben nach einem möglichst einheitl., zentralist. Staatsaufbau.

United Kingdom [juː'naitid 'kiŋdəm], Abk. *U. K.,* das Vereinigte Königreich von →Großbrit. u. Nordirland.

United Nations [juː'naitid 'neiʃənz], *United Nations Organization* →Vereinte Nationen.

United Press International [juː'naitid prɛs intə'næʃənəl], *UPI,* 1958 durch Zusammenlegung von *United, Press (UP,* gegr. 1907) u. *International News Service (INS,* gegr. 1909) entstandene US-amerik. Nachrichtenagentur; Sitz: New York.

United States of America [juː'naitid steits əv ə'merikə], Abk. *USA,* amtl. engl. Name der →Vereinigten Staaten von Amerika.

universal, allseitig, umfassend, gesamt.

Universalerbe, Alleinerbe.

Universalgenie, ein auf allen Gebieten hervorragender u. kenntnisreicher Mensch; auch scherzhaft für: Alleskönner.

Universalien, Allgemeinbegriffe, abstrakte Oberbegriffe. – **U.streit,** im MA Streit um die Wirklichkeit der U.

Universalität, Gesamtheit, Allseitigkeit; das Ideal einer umfassenden Bildung.

Universiade, vom Internat. Hochschulsportverband (FISU) veranstaltete Weltmeisterschaften im Studentensport, meist in zweijährigem Turnus; erstmals 1959 in Turin.

Universität, HS mit der Aufgabe, die Gesamtheit

Ruhruniversität in Bochum

Unken: Gelbbauchunke

der Wiss. in Lehre u. Forschung zu pflegen. Die Bez. *U.* geht zurück auf den mittelalterl. Begriff *Universitas magistrorum et scholarum* [»Körperschaft der Lehrenden u. Lernenden«], der später in *Universitas literarum* [»Gesamtheit der Wiss.«] umgedeutet wurde. Zu den festen Formen eines *Studium generale* brachte es zuerst die im 12. Jh. mit päpstl. Privileg ausgestattete Hochschule zu Paris. Von hier nahm auch die Abstufung der akadem. Grade *(Baccalaureus, Lizentiat, Magister, Doktor)* ihren Ausgang.
Universum, Weltall.
Unken, *Feuerkröten, Bombina,* zu den *Scheibenzünglern* gehörige Gatt. der *Froschlurche;* Wasserbewohner. Hierzu: Rot- u. Gelbbauchunke (unter Naturschutz). In der Paarungszeit erschallen von den Männchen die melod.-dumpfen »U.rufe«.
Unkräuter, widerstandsfähige oder sich stark vermehrende Pflanzen, die auf einem Standort wachsen, an dem sie für den Menschen unerwünscht sind.
unlauterer Wettbewerb, geschäftl. Handlungen, die nach dem *Gesetz gegen u. W.* mit Unterlassungsklage u. Schadensersatz verfolgt werden können; insbes.: Kundenfang durch Täuschung, Nötigung, übermäßige Belästigung, psych. Kaufzwang; Behinderung des Mitbewerbers (Boykott u. a.); Plagiat u. a.
Unmündigkeit, Minderjährigkeit.
Unna, Krst. in NRW, östl. von Dortmund, 61 000 Ew.; Stadtkirche (14. Jh.); Elektro-, Masch.-, Eisen-Ind., Brauerei.
UNO, Abk. für engl. *United Nations Organization,* → Vereinte Nationen.
Unold, Max, *1885, †1964, dt. Maler u. Graphiker; einer der Hauptvertreter der *Neuen Sachlichkeit.*
Unpaarhufer, *Unpaarzeher, Perissodactyla,* zu den *Huftieren* gehörige Ordnung der *Säugetiere,* die die Fam. mit ungerader Zehenzahl umfaßt, u. a. *Nashörner, Tapire, Pferde.*
Unruh, Gangregler (Schwungrädchen mit Spiralfeder) in Uhren.

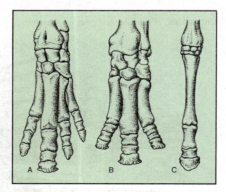

Unpaarhufer: Skelett des jeweils linken Vorderfußes von A) Tapir, B) Nashorn und C) Pferd. Beim Tapir ist nur der Daumen zurückgebildet, die übrigen Zehen blieben erhalten. Bei den heutigen (rezenten) Nashörnern ist außer dem Daumen auch die fünfte Zehe verschwunden; bei den Pferden sind die zweite und vierte Zehe nur noch in Form der Griffelbeine (Knochen am Fuß) vertreten

Unruh, Fritz von, *1885, †1970, dt. Schriftst.; Dramen u. Erzählungen, in denen Probleme des Gewissens u. militär. Gehorsams eine bes. Rolle spielen.
Unschärferelation, *Unbestimmtheitsrelation,* von W. *Heisenberg* aus der Quantentheorie abgeleitete Beziehung zw. der Unschärfe einer Orts- u. einer Impulsmessung für ein Teilchen (z.B. Elektron); besagt, daß Ort u. Impuls eines Teilchens niemals gleichzeitig beliebig genau gemessen werden können.
Unschlitt, *Talg, Inselt,* halbfestes, ausgeschmolzenes Gewebefett von Rindern oder Schafen; zur Margarineherstellung sowie für Seifen u. Kerzen.
Unsöld, Albrecht Otto Johannes, *20.4.1905, dt. Astrophysiker; Untersuchungen über Sternatmosphären, Radiostrahlen der Milchstraße, Spektralanalyse.
Unsterblichkeit, *Athanasie, Immortalität,* bei fast allen Völkern verbreitete Vorstellung von einem Fortleben des Menschen nach dem Tod.

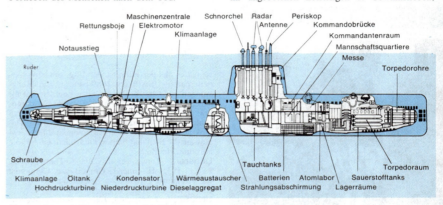

Unterseeboot mit Kernenergieantrieb (Schema)

Unstrut, l. Nbfl. der Saale, 188 km; mündet bei Naumburg.
Unterbewußtes, *Unterbewußtsein,* Gesamtheit der seel. Inhalte u. Vorgänge unterhalb der Schwelle des Bewußtseins.
Unterbrecher, elektr. Gerät, das einen Gleichstrom regelmäßig in kurzen Zeitabständen unterbricht, um diesen z.B. der Zündspule eines Otto-Motors zuzuführen, auch *Wagnerischer Hammer* oder *elektr. Klingel.*
Unterernährung, *Mangelernährung,* durch Nahrungsmangel u. damit Mangel an vielen Nährstoffen hervorgerufener Ernährungszustand. Bes. im Entwicklungsalter kann U. zu bleibenden Schäden führen. Die U. ist für die Ernährungslage eines erhebl. Anteils der Erdbevölkerung kennzeichnend.
Unterfranken, bay. Reg.-Bez. um den mittleren Main, 8532 km², 1,2 Mio. Ew., Hptst. *Würzburg;* zeitweilig *Mainfranken* genannt.
Unterglasurfarben, keram. Farben zum Auftragen auf das bereits einmal gebrannte Porzellan, das danach glasiert wird.
Untergrundbahn, Abk. *U-Bahn,* unterird. elektr. Schnellbahn in Großstädten; oft mit *Hochbahn-* Strecken verbunden. Die erste U. wurde 1863 in London in Betrieb genommen, die erste dt. in Berlin im Jahre 1902.
Untergrundbewegungen, geheim arbeitende illegale polit. Vereinigungen.
Unterhalt, die erforderl. Mittel für die gesamte Lebensführung; die Verpflichtung, einem anderen U. zu gewähren **(U.spflicht),** besteht nach dem Recht der BR Dtld. nur zw. Verwandten in gerader Linie u. Ehegatten.
Unterhaltungsmusik, *U-Musik,* der Unterhaltung dienende, »leichte«, d. h. leicht faßbare Musik zur Unterscheidung von der sog. ernsten Musik (E-Musik); im 20. Jh. v. a. *Tanzmusik, Schlager, Popmusik* u. *Musical.*
Unterhaus, im dt. Sprachgebrauch übl. Bez. für das *House of Commons* des brit. Parlaments, das für die Gesetzgebung ausschlaggebend ist.
Unterholz, niedrig bleibendes Holz, unter *Baumholz* stehend; Schatten ertragende Laubhölzer wie Buche, Hainbuche, Linde, Rüster.
Unterkühlung, 1. → Erfrierung. – **2.** instabiler Zustand, bei dem die Temp. so niedrig ist, daß eine Flüssigkeit gefrieren bzw. ein Gas kondensieren könnte; unterkühltes Gas heißt auch »übersättigt«.

Unterlassungsdelikte, im Strafrecht Straftaten, die durch Unterlassung eines rechtl. gebotenen Tuns begangen werden.
Unterlassungsklage, Klage auf Unterlassung bestimmter, die Rechtsstellung des Klägers beeinträchtigender Handlungen.
Unterleib, der menschl. Rumpf vom Zwerchfell an abwärts bis zur Leistengegend.
Untermieter, Besitzer einer Sache (bes. von Teilen einer Wohnung) aufgrund eines Mietvertrags nicht unmittelbar mit ihrem Eigentümer, sondern mit einem *Hauptmieter.*
Unternehmer, urspr. nur der in eig. Verantwortung (selbst.) auf eig. Risiko handelnde Eigentümer einer wirtsch. Unternehmung; später auf *Manager* ausgedehnt.
Unternehmung, *Unternehmen,* Erscheinungsform des *Betriebs* in einer freien Wirtsch. (Marktwirtsch.), gekennzeichnet durch wirtsch. Selbständigkeit, Übernahme des Marktrisikos für die von ihr angebotenen Leistungen u. Gewinnstreben; wird gewöhnl. auf die gewerbl. Wirtsch. beschränkt. Nach dem Eigentümer wird zw. *privaten, öffentl.* u. *gemischtwirtschaftl.* U. unterschieden.
Unteroffiziere, untere militär. Vorgesetzte.
Unterricht, planmäßige Vermittlung von Wissen u. Fähigkeiten, bes. in der Schule.
Unterschlagung, rechtswidrige Zueignung einer fremden Sache, die sich (im Unterschied zum *Diebstahl*) im Besitz oder Gewahrsam des Täters befindet, z.B. aufgrund einer Leihe oder Miete, aber auch eines Funds (Fund-U.); strafbar.
Unterschrift, eigenhändige Niederschrift des eig. Namens *(Namenszug)* unter ein Schriftstück zur förml. Kenntlichmachung seines Urhebers.
Unterseeboot, Kurzwort *U-Boot, Tauchboot,* Kriegs- oder Forschungsschiff, das so konstruiert ist, daß es auch unter Wasser fahren kann; taucht durch Aufnahme von Wasserballast in Tauchtanks. Angetrieben wird es über Wasser durch Dieselmotoren, unter Wasser durch Elektromotoren; seit 1954 (»Nautilus«, USA) gibt es auch U. mit Kernenergieantrieb. Die Größe (Wasserverdrängung) von U.en beträgt bis zu 25 000 ts, die Geschwindigkeit 15–20 kn unter Wasser (Atom-U. bis 30 kn), die Tauchtiefe 150 m (Atom-U. bis 500), der Aktionsradius 150 sm (Atom-U. tlw. über 100 000 sm). – Versuche, U. zu bauen, gab es bereits im 17. Jh. Der »Brandtaucher« von W. Bauer (1851 Kiel) wurde über Wasser durch zwei Treträder angetriebenen Propeller bewegt. Anfang des 20. Jh. nahm man U. in die Kriegsmarine vieler Staaten auf.
Untersuchungsausschuß, mit hoheitl. Befugnissen ausgestattetes Gremium des Bundestages, das bestimmte Sachverhalte untersuchen, werten u. darüber Bericht erstatten soll.
Untersuchungshaft, kurz *U-Haft,* Freiheitsentziehung zwecks Sicherung des Strafverfahrens. Voraussetzung ist neben dringendem Tatverdacht ein bes., mit bestimmten Tatsachen belegbarer Haftgrund, *Fluchtgefahr* oder *Verdunkelungsgefahr;* bei bestimmten schweren Delikten reicht *Wiederholungsgefahr* aus.
Untersuchungsrichter, im Strafprozeß der die gerichtl. Voruntersuchung führende Richter.
unter Tage, unter der Erdoberfläche; Ggs.: *über Tage.*
Untertan, die im absolutist. Staat übl. Bez. des Staatsangehörigen.

Unterversicherung, liegt bei Sachversicherung vor, wenn die versicherte Summe niedriger als der Wert des versicherten Interesses ist.

Unterwalden, zentralschweiz. Kt. südl. des Vierwaldstättersees, gegliedert in die beiden polit. selbst. Halbkantone *Obwalden* u. *Nidwalden;* vorwiegend dt.-sprachige kathol. Bevölkerung; →Schweiz.

Unterwelt, 1. in der grch. Myth. die Welt der Verstorbenen, im fernen Westen liegend gedacht; von den Flüssen Styx u. Acheron umflossen, vom Höllenhund Zerberus bewacht; geteilt in *Elysium,* den Ort der Seligen, u. *Tartarus,* den Strafort der Verdammten. – **2.** ugs.: zwielichtiges Milieu von Berufsverbrechern, bes. in Großstädten.

Untiefe, die Schiffahrt gefährdende flache Stelle.

Untreue, vorsätzl. Mißbrauch einer gesetzl., behördl. oder rechtsgeschäftl. eingeräumten *Verfügungsmacht* über Vermögensgegenstände oder einer obliegenden Pflicht, fremde Vermögensinteressen wahrzunehmen.

Unze, engl. *Ounce,* Masseeinheit in Großbrit. u. den USA: 1 Ounce = 28,3495 g; internat. Masseeinheit für Sportgeräte (z.B. Boxhandschuhe).

Unzertrennliche, *Agapornis,* Gatt. kleiner sperlingsgroßer Papageien aus Afrika u. Madagaskar; mit starken »ehel.« Bindungen.

Unzucht, Handlungen, durch die das geschlechtl. Schamgefühl verletzt wird, früher Tatbestandsmerkmal mehrerer →Sexualstraftaten. Die Begriffe U. sowie *unzüchtige Handlung* sind mit der Neufassung des Sexualstrafrechts vom 23.11.1973 durch den Begriff der *sexuellen Handlung* ersetzt worden.

Unzurechnungsfähigkeit, fr. Bez. für *Schuldunfähigkeit.*

Upanischaden, ind. religiöse Literaturgattung, die *Weden* abschließend. Erstmalig in der ind. Religionsgeschichte tritt hier Mystik auf.

Updike [ʌpdaik], John (Hoyer), *18.3.1932, US-amerik. Schriftst. (satir. Romane).

UPI [ju: pi ai], Abk. für *United Press International.*

Upolu, zweitgrößte der Samoa-Inseln, 1127 km², 113 000 Ew., Hptst. Apia.

Uppsala, *Upsala,* Hptst. der gleichn. mittelschwed. Prov. nw. von Stockholm, 158 000 Ew.; berühmte Univ. (gegr. 1477) u.a. HS, got. Dom (13.–15. Jh.); Metall-, Masch.-, Textil- u. keram. Ind.

up to date [ʌp tu dɛit], zeitgemäß, auf dem laufenden.

Ur, →Auerochse.

Ur, seit dem 3. Jt. v. Chr. u. während der Herrschaft der 3. Dynastie von Ur (2070–1950 v. Chr.) zeitweilige Metropole Babyloniens. Nach dem AT Heimat *Abrahams* u. seiner Vorfahren.

Urabstimmung, geheime Abstimmung der gewerkschaftsangehörigen Arbeitnehmer über Einleitung u. Durchführung von Arbeitskämpfen.

Ural, 1. Mittelgebirge in Rußland, erstreckt sich, über 2000 km lang, von der Kara-See im N bis zur Kasp. Senke im S u. trennt das Osteurop. vom Westsibir. Tiefland; gilt als Grenze zw. Europa u. Asien; *Gora Narodnaja,* 1894 m. – **2.** tatar. *Jaik,* Fluß in Rußland u. Kasachstan, 2534 km; mündet ins Kasp. Meer; Grenzfluß zw. Europa u. Asien; ab Uralsk schiffbar.

Uralsk, Hptst. der gleichn. Oblast in Kasachstan, 201 000 Ew.; Landmaschinenbau, Textil-, Leder-, Baustoff-, Nahrungsmittel-Ind.; Hafen.

Urämie, Harnvergiftung.

Uran, ein →chemisches Element.

Urania, grch. Muse der Astronomie.

Uranos, grch. Himmelsgott; von seinem Sohn *Kronos* abgesetzt u. entmannt.

Uranus, Zeichen ♅, einer der großen →Planeten, 1781 von F. W. *Herschel* entdeckt.

Urartu, im Altertum Staat in der O-Türkei; durch *Sardur I.* u. 860 v. Chr. durch die Einigung hurrit. Fürstentümer geschaffen.

Uräusschlange, bis 2 m lange, hellbraune bis schwarze *Hutschlange* Mittel- u. N-Afrikas, giftig; altägypt. Symbol der Herrscherwürde.

urban, städtisch kultiviert, weltstädtisch.

Urban, 1. U. II., eigtl. *Odo von Châtillon* oder *Lagery,* * um 1035, †1099, Papst 1088–99; leitete die Kreuzzugsbewegung ein. – **2. U. VIII.,** eigtl. Maffeo *Barberini,* *1568, †1644, Papst 1623–44; schloß sich aus Furcht vor Spaniens Macht Frankreich an u. unterstützte dadurch indirekt die dt. Protestanten. Unter ihm wurde *Galilei* verurteilt.

Urbanisation, Ausbreitung städt. Lebens- u. Siedlungsformen in ländl. Räumen.

Urbi et orbi, lat.: »der Stadt (Rom) u. dem Erdkreis«; Formel bei der Spendung des päpstl. Segens vom Balkon der Peterskirche aus.

Urbino, ital. Stadt im N der Region Marken, 16 000 Ew.; Univ. (gegr. 1504); Renaissancepalast; enggebaute Altstadt mit Mauern; keram. Ind.

Urchristentum, älteste Zeit des Christentums von den Anfängen der ersten Gemeinde zu Jerusalem bis etwa 150, auch Urkirche genannt.

Urd, eine der drei *Nornen* der nord. Myth. (Vergangenheit).

Urdu, neuind. Sprache, Amtssprache von Pakistan; fr. zus. mit Hindi als *Hindustani* bezeichnet.

Ureter, sekundärer Harnleiter, paarige Verbindungsröhren zw. Nieren u. Harnblase bei Säugetieren.

Urey [ˈjuːri], Harold Clayton, *1893, †1981, US-amerik. Chemiker; Entdecker (1932) des schweren Wasserstoffs (Deuterium); mitbeteiligt an der Entwicklung der Atombombe. Nobelpreis 1934.

Urfa, fr. *Edessa,* fr. Altertum *Urscha,* türk. Prov.-Hptst. in Obermesopotamien, 195 000 Ew.; Wallfahrtsmoschee; Handelsplatz; Weinanbau; 1098–1144 ein Zentrum der Kreuzfahrer.

Urfarne →Pflanzen.

Urfé [yrˈfe], Honoré d', *1568 (?), †1625, frz. Schriftst.; schrieb unter dem Einfluß von span. u. ital. Vorbildern den oft nachgeahmten Schäferroman »L'Astrée«.

Urfehde, im MA Eidschwur zur Beilegung einer *Fehde.*

Urft, r. Nbfl. der Rur (Eifel), 40 km; bei Gemünd die 1900–05 erbaute *U.-Talsperre* (45,5 Mio. m³ Inhalt).

Urgemeinde, Jerusalemer christl. Gemeinde bis zur Zerstörung der Stadt im Jahr 70.

Urgeschichte →Vorgeschichte.

Urheber, der Schöpfer eines Werkes der Literatur, der Musik, der Tanzkunst, der bildenden Künste, eines Filmwerks sowie von Darstellungen wissenschaftl. oder techn. Art.

Urheberrecht, Schutz des im Werk wahrnehmbar gewordenen Gehalts geistigen Schaffens, geregelt im *Ges. über U. u. verwandte Schutzrechte (U.sgesetz).* Das U. ist vererbl. Es erlischt grundsätzl. 70 Jahre nach dem Tod des Urhebers. Das U. an Lichtbildwerken erlischt 25 Jahre nach dem Erscheinen des Werks, jedoch bereits 25 Jahre nach der Herstellung, wenn das Werk innerhalb dieser Frist nicht erschienen ist. Bei Druckwerken spricht man von *Copyright.*

Uri, Kt. der →Schweiz, zw. St. Gotthard u. Urner See.

Uriel [-riɛl], in spätjüd.-christl. Tradition Name eines Erzengels.

Urin, →Harn.

Urinsekten, *Apterygota,* fr. vielbenutzte Zusammenfassung der Insektenordnungen *Beintaster, Doppelschwänze, Springschwänze* u. *Zottenschwänze.*

Uris [ˈjuəris], Leon, *3.8.1924, US-amerik. Schriftst.; schrieb die Roman-Reportage »Exodus«, in der u. a. die Entstehung des Staats Israel dargestellt wird.

Urkantone, die 3 schweiz. Kantone Uri, Schwyz u. Unterwalden, die 1291 als Zelle der Schweiz den Ewigen Bund schlossen.

Urnenfelderzeit: bronzener Kultwagen aus Acholshausen. Würzburg, Mainfränkisches Museum

Urkirche →Urchristentum.

Urknall, engl. *big bang,* ein überdichter Zustand, aus dem unser Weltall vor etwa 15 Mrd. Jahren hervorgegangen sein dürfte; die damaligen Zustände können physikal. heute noch nicht exakt beschrieben werden.

Urkunde, jede überlieferte Fixierung eines histor. Vorgangs in schriftl. Fassung; jedes Schriftstück, mit dessen Inhalt etwas bewiesen werden soll u. dessen Urheber erkennbar ist. – **U.ndelikte,** Vergehen gegen die Sicherheit des Rechtsverkehrs durch *U.nfälschung, U.nunterdrückung, Falschbeurkundung* oder *Verrückung* einer *Grenze.*

U.nfälschung, die Herstellung einer *echten U.,* das Verfälschen einer *echten U.* oder der Gebrauch einer unechten oder verfälschten U. zur Täuschung im Rechtsverkehr; strafbar.

Urkundenlehre, *Diplomatik,* Wiss. von den (Kaiser-, Königs-, Papst- u. Privat-)Urkunden; histor. Hilfswissenschaft.

Urlaub, Gewährung von grundsätzl. bezahlter Freizeit während eines Arbeits- oder sonstigen Dienstverhältnisses, regelmäßig im Sinne von Erholungs-U. verstanden. Anspruch auf bezahlten *Bildungs-U.* haben Mitgl. des Betriebsrats sowie Arbeitnehmer zur polit., berufl. oder allg. Weiterbildung im Rahmen hierfür anerkannter Veranstaltungen.

Urmiasee, abflußloser, salzhaltiger See in der NW-iran. Prov. Aserbaidschan, 3900–5900 km².

Urne, Gefäß zur Aufnahme der Brandrückstände nach der Leichenverbrennung (Feuerbestattung); in Europa bereits in Jungstein- u. Bronzezeit verbreitet u. Zubehör der Brandbestattung.

Urnenfelderzeit, Schlußabschnitt der Bronzezeit, etwa 1200–800 v. Chr.; gekennzeichnet durch die große indoeurop. Wanderungsbewegung am Ende des 2. Jt. v. Chr. u. durch die Ausbildung der *Urnenfelder-Kulturen* mit dem Brauch der Brandbestattung in Urnen.

Urologie, med. Fachgebiet, dessen Gegenstand die Erkennung u. Behandlung von Erkrankungen der Harnorgane ist.

Ursache, Grund für ein Geschehen, Ursprung. Der Zusammenhang zw. U. u. Wirkung wird als Kausalität bezeichnet.

Urstromtäler, durch Schmelzwässer der eiszeitl. Gletscher geschaffene breite, flache Talungen an der Stirnseite der versch. Eisrandlagen; in N-Dtld. z.B. zw. Warschau-Berlin.

Ursula, Heilige, Märtyrerin in Köln, Zeit unbestimmt; Stadtpatronin von Köln.

Ursulinen, *Gesellschaft der hl. Ursula,* kath. weibl. Orden für Erziehung u. Unterricht der weibl. Jugend; 1535 gegr. von *Angela Merici.*

Urteil, 1. jede in Form einer sprachl. *Aussage* (Satz) gehaltene Verbindung zweier Vorstellungen, wobei die erste Vorstellung *(Subjekt)* durch eine zweite *(Prädikat)* oder weitere Vorstellungen näher bestimmt wird. – **2.** Entscheidung des Richters im Prozeß, Richterspruch; lautet im Strafprozeß auf Verurteilung, Freispruch oder Einstellung des Verfahrens.

Urtiere →Protozoen.

Uruguay, Fluß im sö. S-Amerika, 1600 km; bildet mit dem *Paraná* den *Rio de la Plata.*

Uruguay, Staat in S-Amerika, 177 414 km², 3,1 Mio. Ew., Hptst. *Montevideo.*

Landesnatur. Grassteppen bedecken den völlig

Landschaft im Ural

ebenen S u. den größten Teil des Hügellandes im N. Das Klima ist subtrop. u. mäßig feucht.
B e v ö l k e r u n g. Abgesehen von 10% Mestizen u. Mulatten ist die spanischsprechende, meist kath. Bevölkerung europ. Herkunft.
W i r t s c h a f t. Die Viehzucht (v. a. Schafe u. Rinder) liefert rd. 80% des Ausfuhrwerts: Wolle, Häute, Felle, Leder u. Fleisch. Der Ackerbau erbringt bes. bei Reis u. Ölfrüchten Exportüberschüsse. Die Fischerei ist bedeutend. In der Ind. überwiegen Nahrungsmittel-, Leder- u. Textilind.;

Uruguay

eingeführte Halbfertigwaren verarbeitet die Metallwaren- u. Elektroind.
G e s c h i c h t e. U. wurde 1515 von Spanien in Besitz genommen. 1776 wurde es dem Vizekönigreich *Río de la Plata* angegliedert. 1811 begann der Unabhängigkeitskampf unter der Führung von J.G. *Artigas.* 1821–25 war U. brasilianisch. Seit 1828 ist es unabhängige Rep. Im 19. Jh. verursachten ständige Kämpfe zw. den polit. Gruppen (*Colorados* u. *Blancos*) Bürgerkriege u. Anarchie. Erst zur Jahrhundertwende stabilisierte sich das Land. Die Verf. auf der Grundlage eines Kollegialsystems sorgte in den 1950er Jahren für innere Ruhe, die vom wirtschaftl. Wachstum begleitet wurde. 1966 wurde durch Plebiszit eine Präsidialverfassung eingeführt. Wirtschaftl. Krisen begünstigten gegen Ende der 1960er Jahre den Terrorismus (Tupamaros). 1973 kam es zum Staatsstreich, das Parlament wurde ausgeschaltet. 1976 übernahmen endgültig die Militärs die Regierungsgewalt. Erst 1984 fanden wieder allgemeine Parlaments- u. Präsidentschaftswahlen statt. Damit war der Rückkehr zu demokrat. Verhältnissen gegeben. Seit 1990 ist L. A. *Lacalle* Staats-Präs.
Uruk, heutiger Ruinenhügel *Warka,* das bibl. *Erech,* sumer. Stadtstaat in Mesopotamien, schon im 4. Jt. v. Chr. besiedelt; Ausgrabungen seit 1912 (u. a. Tontafeln mit den ältesten Schriftzeichen).
Ürümqi, *Urumtschi, Urumchi,* Hptst. der chin. Autonomen Region Xinjiang, 1,0 Mio. Ew.; altes Handelszentrum an der Seidenstraße; Univ.; versch. Ind.
Urwald, natürl. u. urspr. Form des Waldes, ehe der Mensch verändernd u. gestaltend eingreift.
Ury, Lesser, * 1861, † 1931, dt. Maler u. Graphiker (impressionist. Landschaften u. Straßenszenen).
Urzeugung, grch. *Archigonie,* die bis ins 19. Jh. als Tatsache angesehene spontane Entstehung von Lebewesen aus leblosem Material.
Urzidil, Johannes, * 1896, † 1970, östr. Schriftst.; expressionist. Lyrik, sensible Prosa.
US, *USA,* amtl. Abk. für *United States (of America),* →Vereinigte Staaten von Amerika.
Usambaraveilchen, *Gesneriengewächs,* mit rosa oder blauen Blüten, im trop. O-Afrika heimisch.
Usancen [y'zãsən], *Handels(ge)bräuche,* meist beschränkt auf Branche u. Ort.
Usbeken, *Ösbeken,* islam. Turkvolk (12,5 Mio.) Mittelasiens (in Usbekistan, Kirgisien, Kasachstan, Afghanistan).
Usbekistan, Staat in Mittelasien, 447 400 km², 20,7 Mio. Ew., Hptst. *Taschkent;* größtenteils Tiefland u. ebenes Gebirgsvorland mit ausgedehnten Oasen; bed. Baumwollanbaugebiet.

Usbekistan

G e s c h i c h t e: Das Gebiet des heutigen U. geriet im 19. Jh. unter die Kontrolle des Zarenreiches. Nach der russ. Revolution gehörte U. zur *Turkestan. SSR.* Nach deren Auflösung wurde das Gebiet 1924 ASSR u. 1925 sowj. Unionsrep. 1991 erklärte U. seine Unabhängigkeit u. wurde Mitgl. der GUS.
Usedom, Ostsee-Insel im Stettiner Haff, 445 km²; der größere Westteil liegt im NO von Mecklenburg; der Ostteil (mit Swinemünde) untersteht der poln. Wojewodschaft Szczecin; Seebäder.
Ushuaia [uʃu-], Hptst. des argent. Teils von Feuerland, Hafen am Beagle-Kanal, 7000 Ew.; gilt als südlichste Stadt der Erde.
Usinger, Fritz, * 1895, † 1982, dt. Schriftst., Vertreter einer kosm. Weltsicht.
Uslar, Stadt in Niedersachsen, südl. des Solling, 16 000 Ew.; Masch.-, Holz- u. Möbel-Ind., Fremdenverkehr.
Ussuri, chin. *Wusuli Jiang,* r. Nbfl. des Amur im russ. Fernen Osten, im Mittel- u. Unterlauf Grenze zur Mandschurei (China), 960 km.
Uster, Bez.-Hptst. im Kt. Zürich (Schweiz), an der Aa, 25 000 Ew.; Schloß; elektron. Ind.
Ustinov [-nɔf], Sir Peter Alexander, * 16.4.1921, engl. Schauspieler, Regisseur u. Schriftst.; bühnenwirksame Stücke mit zeitgeschichtl. Hintergrund u. exzentr.-grotesken Elementen, Romane u. Erzählungen.

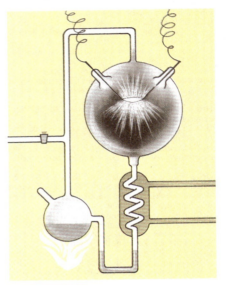

Urzeugung: Mit dieser Apparatur stellte Stanley Miller organische Verbindungen her, indem er durch eine künstliche »Uratmosphäre« aus Methan, Ammoniak und Wasser elektrische Entladungen (Lichtbogen als Blitze) leitete

Ustinow [-nɔf], Dmitrij Fjodorowitsch, * 1908, † 1984, sowj. Politiker; 1957–65 stellv. Min.-Präs., seit 1966 Mitgl. des Politbüros, 1976 Verteidigungs-Min.
Ust-Kamenogorsk, Hptst. der Oblast *Ostkasachstan* in Kasachstan, 321 000 Ew.; vielseitige Ind., Flußhafen.
Usurpator, der durch Revolution oder Putsch (*Usurpation*) zur Herrschaft gelangte Machthaber.
Usus, Brauch, Sitte.

Utah: Der Arches National Park bietet eine Fülle derartiger Erosionsformen

Utah ['juːtaː], Abk. *U.,* westl. Gliedstaat der →Vereinigten Staaten von Amerika.
Utamaro →Kitagawa Utamaro.
Uterus →Gebärmutter.
U Thant, Sithu, * 1909, † 1974, birm. Politiker; 1961–71 Generalsekretär der UN.
Utica, phöniz. Kolonie in N-Afrika, nw. von Karthago; nach dessen Zerstörung 146 v. Chr. Hptst. der röm. Prov. *Africa proconsularis.*
Utilitarismus, auch *Utilismus,* Nützlichkeitsstandpunkt; in der Ethik Bez. für eine Denkrichtung, die den Zweck alles menschl. Handelns in dem Nutzen sieht, der dadurch für den einzelnen oder die Gemeinschaft gestiftet wird.
Utopie, allg.: unerfüllbarer Wunschtraum, nicht zu verwirklichender Plan. – Das »Land Nirgendwo«, nach T. *Mores* Staatsroman »Utopia« (1516) geprägte Bez. für einen in Gedanken konstruierten Idealzustand von Staat u. Gesellschaft; i.w.S. jedes nicht realisierbare Zukunftsbild.
Utrecht ['yːtrɛxt], Hptst. der gleichn. ndl. Prov., am Merwede-Kanal im Rhein-Delta, 230 000 Ew.; got. Dom, mittelalterl. Kirchen u. Bauwerke; Univ. (1636), bed. Museen; Metall-, Masch.-, Textil- u. a. Ind.; Schiffbau, Handels- u. Verkehrszentrum. – 1579 erfolgte der Zusammenschluß der 7 nördl. Prov. der Ndl. zur U.er Union gegen die span. Herrschaft. Der *Friede von U.* (1713) beendete den *Span. Erbfolgekrieg.*
Utrillo [-'triljo], Maurice, * 1883, † 1955, frz. Maler; stimmungsvolle Ansichten von Pariser Straßen u. Plätzen (Montmartre).
Utsunomiya, jap. Präfektur-Hptst. nördl. von Tokio, 412 000 Ew.; Oyaji-Tempel (9. Jh.).
Uttar Pradesh ['utər prə'deːʃ], Bundesstaat von →Indien, umfaßt Teile der Gangesebene.
Uveitis, Entzündung der Gefäßhaut (*Uvea*) des Auges; kann zum Verlust des Sehvermögens führen.
UV-Filter, *Ultraviolett-Sperrfilter,* ein photograph. Aufnahmefilter, der den Ultraviolettanteil des Sonnenlichts zurückhält.
Uxmal [ux-], in NW-Yucatán (Mexiko) gelegene Ruinenstätte der Maya.
Uz, Johann Peter, * 1720, † 1796, dt. Rokoko-Dichter; Anakreontiker.

Maurice Utrillo: Le Jardin de Montmagny. Paris, Musée d'Art Moderne

V

v, V, 22. Buchstabe des dt. Alphabetes.
V, 1. chem. Zeichen für *Vanadium*. – **2.** Kurzzeichen für Volt. – **3.** röm. Zahlzeichen für 5.
Vaal, r. Nbfl. des Oranje (Südafrika), 1200 km.
Vaasa, schwed. *Vasa*, finn. Prov.-Hptst., Hafenstadt am Bottn. Meerbusen, 54 000 Ew.; HS; Holz-, Masch.-, Zucker- u. Textil-Ind.
Vaculík ['vatsuli:k], Ludvík, *23.7.1926, tschech. Schriftst. u. Publizist; gehörte 1977 zu den Initiatoren der Bürgerrechtsbewegung »Charta 77«.
Vademecum [lat., »geh mit mir«], Taschenbuch, Ratgeber, Wegweiser; fr. in Buchtiteln.
Vadim, Roger, *26.1.1928, frz. Filmregisseur; »Gefährliche Liebschaften«.
Vadodara, ehem. *Baroda*, ind. Distrikt-Hptst. im Bundesstaat Gujarat, 734 000 Ew.; Univ.; landw. Handelszentrum; Erdölraffinerie.
vadoses Wasser, unterird. Wasser, das den oberen Erdschichten entstammt.
Vaduz, Hptst. des Fürstentums Liechtenstein, am Rhein, 5000 Ew.; Sitz zahlr. internat. tätiger Firmen; Burg V. Sitz des regierenden Fürsten.
Vagabund, Landstreicher.
Vagantendichtung, weltl. lat. Lyrik des MA; überwiegend Lieder u. Sprüche über Liebe, Spiel u. Wein oder Spottgedichte auf die Kleriker; in ganz Europa verbreitet. Die **Vaganten** (in Frankreich auch *Goliarden*) waren meist fahrende (d. h. wandernde) Kleriker oder Scholaren.
Vagina, *Scheide*, rd. 10 cm langer, dehnungsfähiger Gewebeschlauch der Frau zw. Gebärmutter u. den äußeren Geschlechtsteilen, der von einer Schleimhaut mit vielen Querfalten ausgekleidet ist.
Vagotonie, erhöhter Spannungszustand der vom *Vagus* versorgten Gebiete; langsamer, u. U. unregelmäßiger Puls.
Vagus, *Nervus vagus*, der 10. Gehirnnerv; Nerv mit motor. u. rezeptor. Fasern, der die inneren Organe versorgt.
Vaihingen an der Enz, Stadt in Ba.-Wü., 24 000 Ew.; Schloß, Elektro-Ind., Maschinenbau.
Vaihinger, Hans, *1852, †1933, dt. Philosoph; bek. als Kantforscher.
Vajrayana [vadʒra-], *Wadschrayana*, vom *Tantrismus* geprägte Form der buddhist. Religion; Ziel ist Erlösung u. geistige Vervollkommnung.
vakant, offen, unbesetzt. – **Vakanz,** offene, unbesetzte Stelle.
Vakuole, flüssigkeitsgefüllter Raum im Zytoplasma.
Vakuum, ein (in der Praxis nur näherungsweise herstellbarer) luftleerer Raum; z.B. in Elektronenröhren u. Glühlampen.
Vakzination, Schutzimpfung mit **Vakzine,** urspr. der vom Kalb gewonnene Impfstoff zur Pockenschutzimpfung; heute Bez. für alle Impfstoffe mit toten oder lebenden Erregern.
Valadon [-'dɔ̃], Marie-Clémentine, gen. Suzanne V., *1867, †1938, frz. Malerin u. Graphikerin; Mutter von Maurice *Utrillo*.
Valdivia, Hptst. der gleichn. südchilen. Provinz, Hafenstadt am Pazifik (Vorhafen *Corral*), 120 000 Ew.; Univ.; Handels- u. Ind.-Zentrum; 1960 durch Erdbeben stark zerstört.
Valdivia, Pedro de, *1500, †1553, span. Konquistador; begann 1540 mit der Eroberung Chiles.
Valence [va'lãs], *V.-sur-Rhône*, Stadt in der Dauphiné, 66 000 Ew.; roman. Kathedrale (11. Jh.), landw. Markt; Metall- u. Textil-Ind.
Valencia [-θia], **1.** alte Hptst. des ehem. Königreichs V., drittgrößte Stadt Spaniens, am Turia, in der sehr fruchtbaren *Huerta de V.*, 764 000 Ew.; Univ. (1500), Kathedrale (13.–15. Jh.); bed. andere histor. Bauten; Handelszentrum; versch. Ind.; Hafen *El Grao*; Hptst. der gleichn. Prov. – **2.** Hptst. des venezol. Bundesstaats Carabobo, westl. des **V.-Sees** (400 km²), 1,1 Mio. Ew.; Univ., landw. Zentrum; versch. Ind.
Valenciennes [valã'sjɛn], Stadt im frz. Dép. Nord, an der Schelde, 40 000 Ew.; im Mittelpunkt eines Steinkohlenbeckens mit entspr. Ind.; weltberühmte Spitzenwirkwaren (*V.-Spitze*).
Valens, Flavius, *328, †378 (gefallen), röm. Kaiser 375–378; von seinem Bruder *Valentinian I.* 364 zum Mitkaiser für den O ernannt.
Valente, Caterina, *14.1.1931, Schlagersängerin u. Tänzerin; erfolgreich als Schallplatten-, Fernseh- u. Filmstar.
Valentin, 1. ['fa-], Karl, eigtl. *Valentin Fey*, *1882, †1948, Münchner Komiker; schrieb u. spielte (mit seiner Partnerin L. *Karlstadt*) Szenen u. Dialoge von hintergründigem Witz. – **2.** Heiliger, Priester in Rom, im 3. Jh. hingerichtet; Patron gegen die Fallsucht; seit dem 14. Jh. ist der *V.stag* am 14.2. Festtag der Jugend u. der Liebenden.
Valentinian, 1. Flavius *Valentinianus I.*, *321, †375, Kaiser 364–375; erhob seinen Bruder *Valens* u. seinen Sohn *Gratian* zu Mitkaisern. – **2.** *Valentinianus III.*, *419, †455 (ermordet), weström. Kaiser 425–455; ließ seinen Feldherrn *Aetius* ermorden u. wurde selbst von dessen Anhängern erschlagen; verlor Britannien u. Africa.
Valentino, Rudolph, eigtl. *Guglielmi di Valentino d'Antonguella*, *1895, †1926, US-amerik. Filmschauspieler ital. Herkunft; als Liebhaber ein großer Filmstar der 1920er Jahre in: »Der junge Rajah«, »Der Sohn des Scheichs«.
Valenz → Wertigkeit.
Valera [və'lɛ:rə], Eamon de, *1882, †1975, ir. Politiker; führte 1922/23 den Bürgerkrieg für die volle Unabhängigkeit ganz Irlands, gründete 1926 die Partei *Fianna Fáil*; 1932–48, 1951–54 u. 1957–59 Regierungschef, 1959–73 Staats-Präs.
Valerian, Publius Licinius *Valerianus*, *190, †260, 253–260 röm. Kaiser; 260 von den Persern bei Edessa geschlagen u. gefangengenommen.
Valéry [vale'ri], Paul Ambroise, *1871, †1945, frz. Schriftst.; symbolist. Lyrik.
Valeurs [va'lø:r], Farbabstufungen in der Malerei.
Valla, Lorenzo, eigtl. *L. della Valle*, *1406/07, †1457, ital. Humanist; erkannte die »Konstantin. Schenkung« als Fälschung.
Valladolid [vaʎaðo'lið], span. Prov.-Hptst. auf dem Hochland von Altkastilien, am Pisuerga, 335 000 Ew.; Univ. (gegr. 1346); histor. Bauten; versch. Ind.; Getreidehandel.
Vallendar ['fa-], Stadt in Rhld.-Pf., am Rhein, 9000 Ew.; Kneippkurort; Kath. Theol. HS.
Vallet [va'lɛ], Édouard, *1876, †1929, schweizer. Maler u. Graphiker (Bilder nach Motiven aus der Schweiz).
Valletta, *Valetta*, fr. *La V.*, Hptst. der Mittelmeerinsel u. des Staates Malta, 9000 Ew.; Renaissance-Kathedrale, Univ. (1769), Tiefwasserhafen, Schiffbau, Fischerei; 1566 von Jean de la *Valette*, Großmeister des Malteserordens, als Festung gegr.; ehem. brit. Flotten- u. Luftstützpunkt.
Valloton [-tɔ̃], Félix, *1865, †1925, schweiz. Maler u. Graphiker; Wegbereiter der Neuen Sachlichkeit.
Valois [va'lwa], frz. Herzogs- u. Königsgeschlecht, Seitenlinie der *Kapetinger*.
Valparaíso, Hptst. der gleichn. chilen. Region, Hafenstadt nw. von Santiago, 279 000 Ew.; Univ., TH, Marine-HS; bed. Ind.-Zentrum mit Gießereien, Werften, Bekleidungs- u. Masch.-Ind.
Valuta, 1. Währung. – **2.** der Termin, von dem an die Verzinsung oder eine Zahlungsfrist läuft.
Vamp [væmp], mondäner Frauentyp.
Vampir [auch -'pir], im slaw., vereinzelt auch im ostdt. Volksglauben ein fledermausähnl. Wiedergänger, der Schlafenden das Blut aussaugt.
Van, Prov.-Hptst. in der O-Türkei, 121 000 Ew.; Handelszentrum.
Vanadium, *Vanadin*, ein → chemisches Element.
Van-Allen-Gürtel [væn 'ælin-] → Strahlungsgürtel.
Vancouver [væn'ku:və], wichtigste kanad. Hafenstadt am Pazifik, in British Columbia, 431 000 Ew.; Univ.; Handelszentrum; Holz-, Nahrungsmittel-, Metall- u. Textil-Ind.; Erdölraffinerien, Schiffbau. – **V.-Insel,** gebirgige Insel vor u. Teil von British Columbia (W-Kanada), 31 284 km², 400 000 Ew.; Hptst. *Victoria*.
Vančura ['vantʃura], Vladislav, *1891, †1942 (ermordet), tschech. Schriftst. (expressionist. Romane u. Erzählungen).
Vandalen → Wandalen.
Vanderbilt ['vændə-], Cornelius, *1794, †1877, US-amerik. Finanzmann; der reichste Amerikaner seiner Zeit.
Vane ['vein], John R., *29.3.1927, brit. Pharmakologe; erhielt zus. mit S. K. *Bergström* u. B. I. *Samuelson* für bahnbrechende Forschungen über die Prostaglandine u. verwandte biolog. aktive Wirkstoffe den Nobelpreis für Med. u. Physiologie 1982.
Vänern, See in S-Schweden, 5585 km², Abfluß durch den Göta Älv.
Vanille [va'niljə], *Vanilla*, urspr. in Mexiko heim., in den Tropen verbreitete Gatt. der Orchideen; wirtsch. von Bed. ist die *Echte V.* (*Flachblättrige V.*). Die frischen Früchte sind geruchlos; sie erhalten die schwarze Farbe u. das *V.-Aroma* erst

Karl Valentin (links) und Liesl Karlstadt in »Die Raubritter von München«; 1930

Rudolph Valentino in »Der Sohn des Scheichs«; 1925

im Lauf einer Fermentierung, wobei **Vanillin** entsteht, eine farblose, kristalline aromat. Verbindung mit vanilleartigem Geruch; wird auch synthet. gewonnen; in der Nahrungs- u. Genußmittelind. verwendet.

Vanitas, Bez. für die auf das AT zurückgehende Vorstellung von der Vergänglichkeit alles Irdischen.

Vannes [van], Verw.-Sitz des W-frz. Dép. Morbihan, in der Bretagne, 42 000 Ew.; Kathedrale (13.–15. Jh.); Reste der Stadtmauer; Nahrungsmittel-, Metall-, Gummi- u. Textil-Ind.

Van-See, abflußloser, salzhaltiger See in der O-Türkei, 1710 m ü. M., 3764 km², bis 100 m tief.

Vanuatu, bis 1980 *Neue Hebriden,* Inselstaat im Pazifik, 12 189 km², 160 000 Ew. (vorw. prot. Melanesier), Hptst. *Vila.* V. besteht aus rd. 80 gebirgigen Vulkaninseln. Hauptexportprodukt ist Kopra. Holzwirtschaft u. Fremdenverkehr haben wachsende wirtschaftl. Bedeutung.

Vanuatu

Geschichte. Die Inselgruppe wurde 1606 von Spaniern entdeckt. Die Ansiedlung von Weißen auf den Inseln, die *Neue Hebriden* genannt wurden, begann 1839. Seit 1907 bestand ein brit.-frz. Kondominium. 1980 erhielt die Inselgruppe als *Rep. V.* die Unabhängigkeit.

Van Vleck, John Hasbrouck, * 1899, † 1980, US-amerik. Physiker; Arbeiten über das chem.-physikal. Verhalten von Fremdatomen in Kristallen; zus. mit P. W. *Anderson* u. N. F. *Mott* Nobelpreis für Physik 1977.

Var, Küstenfluß in SO-Frankreich, 120 km.

Varanasi, bis 1960 *Benares,* ind. Distrikt-Hptst. in Uttar Pradesh, am mittleren Ganges, 926 000 Ew.; wichtigster der 7 heiligsten ind. Wallfahrtsorte der Hindu mit zahlr. Tempeln, Palästen u. Schreinen; geistiges Zentrum (2 Univ.); bed. Ind.-Stadt; Flughafen.

Varda, Agnès, * 30.5.1928, frz. Filmregisseurin; W »Die eine singt, die andere nicht«, »Vogelfrei«.

Vardar, griech. *Axios,* makedon.-griech. Fluß, 388 km; mündet in den Thermäischen Golf.

Varel ['fa:rəl], Stadt in Oldenburg (Nds.), südl. vom Jadebusen, 24 000 Ew.; Wehrkirche (13. Jh.); Fremdenverkehr.

Varese, ital. Prov.-Hptst. in der Lombardei, östl. vom Lago Maggiore, 88 000 Ew.; bed. Ind.-Stadt; Fremdenverkehr; Wallfahrtsort.

Varèse [va'rɛːz], Edgar, * 1885, † 1965, US-amerik. Komponist frz. Herkunft; Vorläufer u. Anreger der »Musique concrète«.

Varga, Jenő, * 1879, † 1964, sowj. Politiker u. Ökonom ung. Herkunft; Wirtschaftsberater Stalins, fiel 1947 in Ungnade, 1949 rehabilitiert.

Vargas Llosa [-ljɔsa], Mario, * 28.3.1936, peruan. Schriftst.; Vertreter des magischen Realismus, sozialkrit. Schilderer des lateinamerik. Lebens; W »Die Stadt u. die Hunde«, »Maytas Geschichte«.

Varia, Allerlei, Verschiedenes, Mannigfaltiges.
Variabilität, Veränderlichkeit, Streuung.
Variable, *Veränderliche,* math. Bez. für ein in einer Aussageform auftretendes Leerstellenzeichen (Platzhalter), meist ein Buchstabe.
variable Kosten, Kosten, die in ihrer Höhe mit einer Kosteneinflußgröße variieren.
Variante, veränderte Form, Abart, Spielart.
Varianz, *Statistik:* das Quadrat der *Streuung;* arithmet. Mittel der quadrat. Abweichungen vom Mittelwert einer Stichproben- oder Meßreihe.
Variation, Verschiedenheit, Abwandlung.
Varietät, Abart, Spielart.
Varieté, ein im späten 19. Jh. aus den »Music-Halls« u. »Cabarets« entstandenes Bühnenunternehmen, das bes. artist. Fertigkeiten geistiger u. körperl. Art bietet.
Variometer, Bordinstrument, das die Steig- u. Sinkgeschwindigkeit eines Flugzeugs anzeigt, indem es die zeitl. Änderung des Luftdrucks mißt.
Varioobjektiv →Zoomobjektiv.
Varistor, elektr. Bauteil mit spannungsabhängigem Widerstand, zum Schutz von elektr. Geräten gegen Überspannungen u. für Regelzwecke.
Variszisches Gebirge, *Variskisches Gebirge,* das im Erdaltertum in mehreren geolog. Phasen aufgefaltete, 500 km breite Hochgebirge, das von den Sudeten über S-Belgien u. Frankreich bis nach Wales reichte; der Kern der mitteleurop. Mittelgebirge.
Värmland, Ldsch. u. Prov. (Län) in Mittelschweden, Hptst. *Karlstad,* wald- u. seenreiches Bergland.
Varmus ['va:məs], Harold E., * 18.12.1939, US-amerik. Mediziner; arbeitete über Onkogene, die an der Krebsentstehung beteiligt sind; erhielt zus. mit M. J. *Bishop* den Nobelpreis für Medizin 1989.
Varna, *Warna,* bulg. Hafen- u. Bez.-Hptst. am Schwarzen Meer, 302 000 Ew.; Seebad; Univ.; Masch.- u. Schiffbau, versch. Ind.; Fremdenverkehr.
Varnhagen von Ense, Karl August, * 1785, † 1858, dt. Schriftst.; zeitgeschichtl. bed. Erzählwerke.
Varus, Publius Quintilius, * um 46 v. Chr., † 9 n. Chr., röm. Feldherr; beging Selbstmord nach der **V.-Schlacht,** *Hermannsschlacht,* am Teutoburger Wald 9 n. Chr., in der der Cheruskerfürst *Armin* an der Spitze eines Bundes germ. Völker drei röm. Legionen vernichtete. Der Schlachtort ist unbekannt; nördl. von Osnabrück Münzfunde.
Vasall, Lehnsmann, Gefolgsmann, Abhängiger.
Vasallenstaat, ein trotz formeller Selbständigkeit abhängiger, einem anderen Staat (Großmacht) zu polit. Gefolgschaft verpflichteter Staat.
Vasarély [vazare'li], Victor de, * 9.4.1908, frz. Maler u. Graphiker ung. Herkunft; Schüler von L. *Moholy-Nagy,* Repräsentant der *Op-Art.*
Vasari, Giorgio, * 1511, † 1574, ital. Maler, Baumeister u. Kunstschriftst.; Manierist.
Vasco da Gama →Gama.
Vase, seit etwa 1700 gebräuchl. Bez. für kunsthandwerkl. oder industriell hergestellte Blumengefäße aus Porzellan, Glas, Stein u. a., auch für antike Tongefäße.
Vasektomie, *Vasoresektion,* chirurg. Eingriff zur Unfruchtbarmachung (Sterilisierung) des Mannes.
Vaseline, halbfestes, salbenartiges Gemisch gesättigter aliphat. Kohlenwasserstoffe.
vasomotorische Reaktionen, Erweiterung oder Verengung der Blutgefäße durch versch. Spannungszustände der glatten Gefäßmuskeln unter der Wirkung der Gefäßnerven *(Vasomotoren)* des Sympathikus (gefäßverengend) oder des Parasympathikus *(Vagus,* erweiternd).
Vassiliou [vasil'iu], Georgios, * 20.5.1931, grch.-zypr. Politiker (Unabhängiger), 1988-93 vom grch. Bevölkerungsteil gewählter Staats-Präs.
Västerås [-oːs], *Vesterås,* Hptst. der mittelschwed. Prov. (Län) Västmanland, am Nordufer des Mälaren, 118 000 Ew.; roman.-got. Dom, Schloß; Metall-, Masch.-, Elektro- u. Flugzeug-Ind.
Västerbotten, N-schwed. Ldsch. u. Prov. (Län), Hptst. *Umeå;* seenreiches Bergland.
Västergötland [-jøːt-], S-schwed. Ldsch. zw. Vänern u. Vättern, hügeliges Waldland.
Västmanland, Ldsch. in Mittelschweden, nördl. des Mälaren, Hptst. *Västerås.*

Schlußsitzung des Zweiten Vatikanischen Konzils in der Peterskirche

Vaszary ['vɔsɔri], Gábor von, * 1905, † 1985, ung. Schriftst. (Unterhaltungsromane).
Vaterländische Front, von E. *Dollfuß* 1933 gegr., gegen Austromarxismus u. Nat.-Soz. gerichteter Zusammenschluß aller regierungstreuen Gruppen Östr.; 1938 aufgelöst; Symbol: Krückenkreuz.
Vatermörder, steifer, hoher Kragen.
Vaterrecht, Vorrang des Vaters in der Familien- u. Erbrechtsordnung (Ggs.: *Mutterrecht*). In einer vaterrechtl. Gesellschaftsordnung, bes. bei Hirtenvölkern, werden Stellung, Erbrecht u. Verwandtschaft des einzelnen nach seiner Abstammung in väterl. Linie gerechnet.
Vaterschaft, Verhältnis zw. Vater u. Kind, bedeutsam im ehel. Kindschaftsrecht u. im Recht der nichtehel. Kinder. Der Feststellung der V. dient die med. oder anthropolog. *V.sbestimmung.*
Vaterunser, *Paternoster,* »Gebet des Herrn«, das Jesus seinen Jüngern als Anleitung zum rechten Beten gab; in zwei Fassungen überliefert: Matth. 6 u. Lukas 11.
Vatikan, Hügel *(Monte Vaticano)* im W Roms, auf dem sich im röm. Altertum der Zirkus des Nero befand, die Martyriumsstätte Petri; *Konstantin d. Gr.* errichtete dort die Peterskirche; heute Residenz des Papstes.
Vatikanisches Konzil, 1. *Vaticanum, Erstes V. K.,* das 1869/70 im Vatikan gehaltene Konzil (im kath. Sinn als »ökumenisch« bezeichnet), von Papst *Pius IX.* einberufen; dogmatisierte die Leitungsgewalt des Papstes sowie seine Unfehlbarkeit bei Lehrentscheidungen. – **2.** *Zweites V. K.,* das Konzil 1962-65 im Vatikan; von Papst *Johannes XXIII.* einberufen u. von *Paul VI.* weitergeführt zur Selbsterneuerung der kath. Kirche u. zur Wiederannäherung der christl. Kirchen.
Vatikanstadt, ital. *Stato della Città del Vaticano,* Stadtstaat (kleinster der Erde) im westl. Rom, am rechten Tiberufer, umfaßt 0,44 km² mit 1000 Ew. (Kleriker).

Vatikanstadt

Geschichte. Die V. ist religiöses u. polit. Zentrum der röm.-kath. Kirche, territoriale Grundlage der päpstl. Souveränität; Nachfolgestaat des Kirchenstaats. Sie erhielt ihren Status als souveräner, völkerrechtsfähiger Staat durch die 1929 zw. dem

Varanasi: Hindus beim heiligen Bad im Ganges

Papst u. dem Kgr. Italien abgeschlossenen *Lateranverträge* u. wird seit dem Staatsgrundgesetz vom 7.6.1929 wie eine absolute (Wahl-)Monarchie regiert. Oberste gesetzgebende, vollziehende u. richterl. Gewalt liegt in den Händen des Papstes.

Vatnajökull, größter Plateaugletscher Islands, 8410 km², 2000 m hoch.

Vättern, See in S-Schweden, sö. vom Vänern, 1912 km², bis 119 m tief.

Vauban [vo'bã], Sebastien le Prestre de, *1633, †1707, frz. Volkswirtschaftler u. Festungsbaumeister; gehört zu den Begr. der Statistik.

Vaudeville [vodə'vi:l], urspr. Spottlied in der Normandie, im 18. Jh. heiteres Bühnenstück mit Gesangseinlagen (Couplets), oft mit satir. Tendenz; in den USA, auch unter dem Namen *Music-Hall*, eine Art Varieté.

Vaughan [vɔ:n], Henry, *1622, †1695, walis. Dichter; schrieb in engl. Sprache myst. Gedichte.

Vaughan Williams [vɔ:n 'wiljəms], Ralph, *1872, †1958, engl. Komponist; griff auf das engl. Volkslied u. die Musik der Tudorzeit zurück; Opern, Ballette, Kirchenmusik, Sinfonien, Kammermusik, Lieder.

Växjö [vɛkʃø], *Vexjö*, Hptst. der S-schwed. Prov. (Län) Kronoberg, 67 000 Ew.; Dom (13. Jh.); Univ.; Handelsplatz.

VDE, Abk. für *Verband Deutscher Elektrotechniker e.V.*

VDI, Abk. für *Verein Deutscher Ingenieure*.

VDS, Abk. für *Verband Deutscher Studentenschaften*.

VEB, Abk. für *Volkseigener Betrieb*.

Veblen, Thorstein Bunde, *1857, †1929, US-amerik. Soziologe u. Nationalökonom; W »Die Theorie der feinen Leute«.

Vechta ['fɛçta], Krst. im Oldenburger Land, Nds., 24 000 Ew.; Bau landw. Maschinen.

Vedova, Emilio, *9.8.1919, ital. Maler; expressionist. Arbeiten mit sozialkrit. Tendenz.

Veduten, 1. wirklichkeitsgenaue Ansicht einer Landschaft oder Stadt; bes. in der ital. Kunst des 18. Jh. gepflegt. – **2.** im Festungsbau des 15.–18. Jh. ein hochgelegener oder vorgeschobener Beobachtungspunkt.

Veen [ve:n], Hermann van, *14.3.1945, ndl. Liedermacher; seine Lieder spielen bes. auf emotionale Reaktionen an.

Vega Carpio, Lope Félix de, kurz *Lope de Vega* gen., *1562, †1635, span. Dichter; seit 1590 Sekretär des Herzogs Alba, später des Grafen Lemos; prägte die klass. Form der *Comedia* mit 3 Akten, wechselnden Versmaßen u. der Figur des »Gracioso« (des lustigen Gegenspielers des Helden); von seinen mehr als 1500 Comedias sind etwa 500 erhalten; am bekanntesten ist »Der Richter von Zalamea«.

Vegetabilien, Pflanzen, Pflanzenstoffe, bes. die pflanzl. Nahrungsmittel.

Vegetarier, jemand, der sich nur von pflanzl. Kost ernährt.

Vegetation, Pflanzenwuchs, Pflanzendecke; Gesamtheit der Pflanzenwelt eines Gebiets.

Vegetationspunkt, Initialzone, aus der sich das Bildungsgewebe der pflanzl. Spross- u. Wurzelspitzen *(Vegetationskegel)* entwickelt.

Vegetationszonen, Teile der Erdoberfläche mit bestimmten vorherrschenden Pflanzengesellschaften; sie verlaufen breitenkreisparallel u. entsprechen ungefähr den Klimazonen. Es sind folgende wichtigste V. zu unterscheiden (von N nach S): Tundra, borealer Nadelwald, Mischwald, Steppe, subtrop. Halbwüste u. Wüste, Savanne u. trop. Regenwald.

vegetativ, 1. pflanzl., zur Vegetation gehörig; ungeschlechtl., z.B. *v.e Vermehrung*. – **2.** dem Willenseinfluß entzogen, autonom.

vegetative Dystonie, Abk. *VD*, sehr verschiedengestaltiges Krankheitsbild, dessen Ursachen in einer funktionellen Störung des Gleichgewichts zw. sympathischem u. parasympathischem Anteil des vegetativen Nervensystems liegen.

vegetatives Nervensystem →Nervensystem.

vegetieren, kümmerl. dahinleben.

vehement, heftig, ungestüm.

Vehikel, (altes, altmod., schlechtes) Fahrzeug.

Veil [vɛi], Simone, *13.7.1927, frz. Politikerin (Liberale); 1979–82 Präs. des Europ. Parlaments; seit 1993 Staats-Min. für Gesundheit, Soziales u. Stadtentwicklung; erhielt 1981 als erste Frau den Karlspreis.

Veilchen, *Viola*, artenreiche Gatt. der V.gewächse (→Pflanzen). Von den dt. Arten sind bes. verbreitet: März-V., Rauhes V., Wald-V., Hunds-V.

Veitshöchheim, Gem. in Unterfranken (Bay.), am Main, nw. von Würzburg, 9000 Ew.; Barockschloß u. Rokokogarten; Akad. für Wein-, Obst- u. Gartenbau.

Veitstanz, *Chorea*, Erkrankung des Nervensystems mit unwillkürl. Muskelzuckungen u. ungeordneten Bewegungen.

Veji, Stadt der Etrusker nördl. von Rom; gehörte zum *Zwölfstädtebund*; 396 v. Chr. zerstört.

Vejle ['vailə], *Veile*, dän. Hafenstadt an der Ostküste Jütlands, 50 000 Ew.; Dom (12. Jh.); Textilind.

Vektor, Klasse von gleich langen u. gleich gerichteten Pfeilen im math. V.-Raum; in der Physik durch Betrag u. Richtung gegebene Größe, z.B. Kraft, Feldstärke.

Velázquez [ve'laθkεθ], *Velasquez*, Diego Rodriguez de Silva, *1599, †1660, span. Maler; seit 1623 Hofmaler Philipps IV., Hauptvertreter des span. Barocks. Den Höhepunkt seiner Kunst bildet mit skizzenhaft leichtem Farbauftrag das Spätwerk, das von Bildnissen (Papst Innozenz X., Infantin Margueritta u. a.) u. »Las Meninas« gekrönt wird.

Velbert, Stadt in NRW nw. von Wuppertal, 88 000 Ew.; Zentrum der Schloß- u. Beschläge-Ind., Gießerei.

Velde, 1. Adriaen van de, *1636, †1672, ndl. Maler u. Radierer; anmutige, hellfarbige Landschaften. – **2.** Esaias van de, *um 1591, †1630, ndl. Maler u. Radierer; figurenbelebte Sommer- u. Winterlandschaften. – **3.** Henry van de, *1863, †1957, belg. Architekt u. Kunstgewerbler; arbeitete hpts. in Dtld. u. hatte großen Einfluß auf die Entwicklung des *Jugendstils*. – **4.** Theodor Hendrik van de, *1873, †1937, ndl. Frauenarzt u. Sexualforscher; W »Die vollkommene Ehe«. – **5.** Willem van de, *1633, †1704, ndl. Maler; seit 1673 engl. Hofmaler; Hafenansichten, Seestürme, Seeschlachten.

Veldeke →Heinrich von Veldeke.

Velden am Wörthersee, östr. Markt in Kärnten, am Westende des Wörther Sees, 7500 Ew.; Kur- u. Badeort.

Vélez de Guevara ['vεlεθ ðə gε'vara], Luis, *1579, †1644, span. Dichter (über 400 Bühnenwerke).

VELKD, Abk. für *Vereinigte Evangelisch-Lutherische Kirche Deutschlands*.

Velodrom, (überdachte) Radrennbahn.

Velours [və'lu:r], Gewebe aus Streichgarn, das durch Rauhen eine samtähnl. Oberfläche erhält. – **V.leder**, chromgegerbtes Kalb-, Ziegen- oder Schafleder, dessen samtartig geschliffene Fleischseite Schauseite ist.

Velsen ['vɛl-], Stadt in der ndl. Prov. Nordholland, am Nordsee-Kanal, 57 000 Ew.; roman. Kirche (11./12. Jh.); Schiffbau, Stahl-, Papier- u. chem. Ind.

Velten, Stadt in Brandenburg, im Havelland, 8000 Ew.; keram. u. chem. Ind.

Venedig: Der Markusplatz, das Zentrum der Stadt, mit dem Dogenpalast und dem Campanile

Veltlin, ital. *Valtellina*, breites Längstal der oberen Adda (zum Po) in Oberitalien, Hauptort *Sòndrio*; Obst- u. Weinanbau; 1987 Erdrutschkatastrophe.

Velum, im christl. Gottesdienst verwendetes liturg. Tuch.

Veluwe ['ve:ly:wə], sandige Geestlandschaft im W der ndl. Prov. Gelderland.

Venda, ehem. Bantu-Homeland der V. im nordöstl. Transvaal (Republik Südafrika), 7410 km², 343 000 Ew., Hptst. *Thohoyandou*; Wald u. Weideland, geringer landw. Anbau; 1979 in die Unabhängigkeit entlassen, aber international nicht anerkannt; 1994 aufgelöst.

Vendetta, ital.: Blutrache.

Venedig, ital. *Venèzia*, N-ital. Hafenstadt am *Golf von V.*, auf rd. 120 Inseln in der durch Nehrungen (Lidi) vom Meer abgeschlossenen Lagune von V., Hptst. von *Venetien* u. der Prov. V., 318 000 Ew. Das Zentrum der zw. 150 Kanälen (mit 400 Brücken; Gondel- u. Bootsverkehr bes. auf dem *Canal Grande*) auf Pfählen erbauten Stadt ist der *Markusplatz* mit dem byzantin.-venezian. Markusdom (9. Jh.), dem Dogenpalast (14./15. Jh.), der Seufzerbrücke u. dem 99 m hohen Campanile; am Canal Grande mit der Rialtobrücke (16. Jh.) zahlr. bed. Paläste u. die Kirche S. Maria della Salute (17. Jh.); unter den über 100 Kirchen zahlr. von kunsthistorischer Bedeutung; Univ., andere HS u. Akademien; Filmfestspiele, Biennale, Fremden-

Vatikanstadt: Mittelpunkt des Stadtstaates ist der Petersdom

Venen verkehr; Industrie konzentriert sich v. a. in den neuen Vorstädten *Mestre* u. *Marghera* (vorw. Petrochemie, Aluminium-, Eisen-, Werft-Ind.).
Geschichte. V. wurde im Altertum von den *Venetern* bewohnt, 811 Regierungssitz des *venetian. Seebunds*. Die unabhängige Stadtrepublik bildete sich im 11. Jh. unter Führung der *Dogen*. Um 1000 begann V. die Küsten Istriens u. Dalmatiens zu unterwerfen; während der Kreuzzüge entstand sein Kolonialreich auf dem Balkan bis nach Kleinasien. Im 15. Jh. hatte V. 200 000 Ew. u. besaß eine riesige Handels- u. Kriegsflotte. 2 Jahrhunderte lang verteidigte es seine Stellung, erlag aber schließl. der überlegenen türk. Konkurrenz. 1815 kam V. zu Östr., 1866 zu Italien.

Venen, zum Herzen hinführende Blutgefäße; stehen unter geringerem Druck als die *Schlagadern (Arterien)* u. pulsieren auch nicht; führen im allg. verbrauchtes, nur die Lungen-V. arterielles, sauerstoffreiches Blut.

Venenentzündung, *Phlebitis*, Entzündung einer Blutader; führt oft zu einer *Thrombose*.

venerische Krankheiten → Geschlechtskrankheiten.

Veneter, **1.** *Eneter*, ital. Volk in NO-Italien; gaben *Venedig* den Namen. – **2.** seetüchtiger Keltenstamm in der S-Bretagne (Vendée), von *Cäsar* 56 v. Chr. unterworfen.

Venetien, ital. *Vèneto*, Region in →Italien.

Veneziano, Domenico di Bartolomeo, * um 1410, † 1461, ital. Maler der florentin. Frührenaissance.

Venezuela, Staat im Norden von Südamerika, 912 050 km², 20,2 Mio. Ew., Hptst. *Caracas*.

Venezuela

Landesnatur. Den N u. NW des Landes nehmen die Ausläufer der Anden ein sowie die bis 3000 m hohe Cordillera de la Costa (Küstenkordillere). Südöstl. schließt sich ein weites Tiefland *(Llanos del Orinoco)* an. Im S liegt das Bergland von Guyana (Roraima 2810 m). – Das Klima ist tropisch-warm u. meist wenig bis mäßig feucht. Wald (rd. 40% der Staatsfläche) findet sich an den Andenhängen, im Orinocodelta u. im Bergland von Guyana. Im N der *Llanos* herrscht Trockenwald, im S Grassavanne.

Die meist kath., spanisch sprechende Bevölkerung besteht zu etwa 20% aus Weißen u. 9% Schwarzen, sonst aus Mestizen u. Mulatten.

Wirtschaft. V. ist einer der größten Erdölexporteure der Erde. Erdöl u. Erdölprodukte erbringen über 80% des Ausfuhrwertes u. stellen rd. 60% der Staatseinnahmen. Außerdem nutzt V. die reichen Erdgas- u. Eisenerzlager sowie Vorkommen von Asphalt, Kupfer u. Bauxit, ferner auch Gold u. Diamanten. Die Landwirtschaft (Anbau von Mais, Kaffee, Reis, Zuckerrohr, Gemüse; Viehzucht) deckt nur rd. 60% des Inlandsbedarfs. Die Ind. verarbeitet v. a. Bergbau- u. Agrarprodukte.

Venezuela: landschaftliche Gliederung

VEREINIGTE STAATEN VON AMERIKA GEOGRAPHIE

Erdpyramidenlandschaft im Bryce-Canyon-Nationalpark, Utah (links). – Green Mountains, Wald- und Hügellandschaft in Vermont (rechts)

Baumwollernte in den Südstaaten

Trockenvegetation im Death Valley

Geschichte. 1498 u. 1499 wurden Teile der Küste von *Kolumbus* u. A. de *Hojeda* entdeckt. 1528 übertrug *Karl V.* als span. König dem Augsburger Handelshaus der *Welser* die Kolonisation. 1546 übernahm Spanien die Verwaltung. 1810 eröffnete S. *Bolívar* den Unabhängigkeitskampf (1811 Unabhängigkeitserklärung, 1821 Vertreibung der Spanier). 1830 löste sich V. aus der Rep. Groß-Kolumbien. Danach folgte eine Zeit der inneren Wirren.
Unter General J. V. *Gómez,* der 1908 die Macht übernahm, begann die Förderung der großen Erdölvorkommen, die V. in der Folgezeit beträchtl. Einnahmen brachten. 1948 übernahm eine Militärjunta die Regierungsgewalt. 1958 erhielt V. wieder eine demokrat. Verf. Seit 1993 ist R. *Caldera* Staats-Präs.

veni, vidi, vici [lat., »ich kam, ich sah, ich siegte«], Cäsars Meldung nach Rom nach der Schlacht bei Zela 47 v. Chr.

Venia, Erlaubnis; **V. legendi,** Erlaubnis, an HS Vorlesungen abzuhalten.

Venizelos [-'zɛlɔs], Eleutherios, *1864, †1936, grch. Politiker (Liberaler); mehrfach Min.-Präs., setzte umfangreiche Reformen durch.

Venkataraman, Shri Ramaswami, *4.12.1910, indischer Politiker (Kongreßpartei); 1987–92 Staats-Präs.

Venlo, Ind.-Stadt in der ndl. Prov. Limburg, an der Maas, 64 000 Ew.; Agrarhandelsplatz.

venös, zu den *Venen* gehörig. – **v.es Blut,** sauerstoffarmes, verbrauchtes Blut, wie es durch die Körpervenen zum Herzen zurückfließt u. durch die Lungenarterie in die Lunge gebracht wird.

Ventil, 1. Vorrichtung zur Steuerung strömender Gase u. Flüssigkeiten. – **2.** an Blechblasinstrumenten Vorrichtung zum Verlängern oder Verkürzen des Schallrohrs, wodurch eine Vertiefung bzw. Erhöhung um einen oder mehrere Halbtöne u. damit das Blasen einer chromat. Tonleiter erreicht wird.

Ventilation, Luftaustausch in geschlossenen Räumen.

Ventilator, *Lüfter,* Masch. zum Fördern oder Verdichten von Luft oder anderen Gasen mit einem rotierenden Flügel- oder Schaufelrad.

ventilieren, lüften; sorgfältig erwägen.

Ventimiglia ['milja], frz. *Vintimille,* ital. Hafenstadt u. Kurort in Ligurien, an der Riviera di Ponente, 26 000 Ew.

Ventrikel, Hohlraum, Kammer.

Ventura, Lino, eigtl. Angelo Borrini, *1919, †1987, frz. Filmschauspieler ital. Herkunft, u. a. in »Adieu Bulle«, »Der Maulwurf«.

Venus, 1. altital. Gartengöttin, später der grch. *Aphrodite* gleichgesetzt. Man feierte sie bes. als Liebesgöttin, als Glücksbringerin (*V. felix*) u. als Siegverleiherin (*V. victrix*). – **2.** Zeichen ♀, Nachbarplanet der Erde, als Abend- u. Morgenstern (alter Name: *Hesperus, Phosphorus*) alle anderen →Planeten u. die Fixsterne an Helligkeit übertreffend.

Venusberg, 1. der weibl. Schamberg. – **2.** →Hörselberg.

Venusfliegenfalle, nordamerik. Sonnentaugewächs; insektenfressende Pflanze mit zweiklappigen, reizbaren Blattspreiten, die bei Berührung zusammenschlagen.

Venusmuscheln, *Veneridae,* in allen Meeren lebende, farbenprächtige u. mit Stacheln versehene artenreiche Überfam. der Muscheln.

Veracruz [-'kru:s], **1.** Bundesstaat in →Mexiko, am Golf von Mexiko. – **2.** *V. Llave,* mex. Hafenstadt am Golf von Mexiko, 350 000 Ew.; Kathedrale (1734); wichtigster Einfuhrhafen Mexikos.

Veranda, laubenartiger Anbau, meist verglast u. in Verbindung mit einem Wohnraum.

Veränderliche →Variable.

Veränderliche Sterne, *Veränderliche,* Fixsterne mit schwankender Helligkeit; bisher über 25 000 katalogisiert.

Veranlagung, Festsetzung der Steuer durch Steuerbescheid.

Verätzung, Haut- u. Schleimhautschädigung infolge Einwirkung von Ätzmitteln.

Veräußerung, Übertragung von Rechten, bes. des Eigentums oder einer Forderung (*Abtretung*).

Verbalinjurie [-riə], in Worten ausgedrückte Beleidigung, im Unterschied zur *Realinjurie.*

verballhornen, durch vermeintl. Verbessern verschlimmern.

Verbalnote, im diplomat. Verkehr eine nicht unterzeichnete Aufzeichnung.

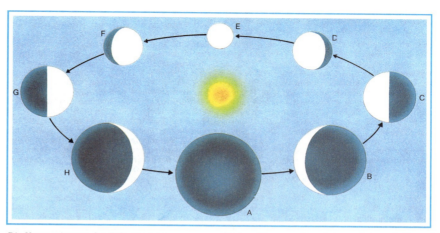

Die Venus zeigt von der Erde aus gesehen ganz verschiedene Phasen und erscheint auch je nach Abstand größer oder kleiner. Ist sie der Erde am nächsten (A), so wendet sie ihr die Nachtseite zu und ist unsichtbar. Bewegt sich nun die Venus weiter um die Sonne, so vergrößert sich ihr Abstand von der Erde (A bis E). Schließlich steht sie etwa hinter der Sonne und wendet der Erde die volle Tagesseite zu. Doch auch zu diesem Zeitpunkt ist die Venus wegen ihrer Nachbarschaft zur Sonne unbeobachtbar (E). In der folgenden Zeit nimmt die Venus erneut ab (E bis A) und durchläuft verschiedene Phasen. Steht die Venus rechts der Sonne (C), ist sie Morgenstern, steht sie links der Sonne (G), Abendstern. Am hellsten erscheint die Venus in den Stellungen B und H

Verband, 1. soz. Gebilde, das zur Verfolgung bestimmter Zwecke gegr. wird. – **2.** Mittel zum Schutz der Wunde vor Verunreinigung oder mechanischer Beschädigung u. zum Stillen von Blutungen (bes. als leichter *Druck-V.*) sowie zur Ruhigstellung von Gliedmaßen (*Schienen-, Gips-, Stärke-Wasserglas-Verbände*). – **3.** organisator. oder zeitl. begrenzte Zusammenfassung mehrerer militär. Einheiten, im allg. von der Stärke eines *Bataillons* aufwärts.

Verbannung, Verbot des Aufenthalts in einem bestimmten Gebiet.

Verbindlichkeiten, Geldschulden.

Verbindung, Stoff, der aus zwei oder mehreren (versch.) chem. Elementen zusammengesetzt ist; kleinste Einheit einer V. ist das *Molekül.*

verblenden, mit anderem, besserem Baustoff (Blendsteinen) verkleiden.

verbrannte Erde, takt. Begriff für Zerstörungen großen Stils beim Rückzug eines Heers, die die Hauptlebensbedürfnisse (Ortschaften, Fabriken, Felder, Brunnen) einschließen.

Verbrauch, völlige Verwendung oder Abnutzung eines Gutes für einen bestimmten Zweck im Haushalt (*Konsum*) oder in der Produktion.

Verbraucherschutz, Maßnahmen zur Sicherung der Konsumfreiheit u. zur Vermeidung der Schädigung des Verbrauchers.

Verbrauchsteuern, Steuern auf Güter des persönl. Lebensbedarfs, z.B. die Mehrwertsteuer.

Verbrechen, die mit Strafe bedrohte Handlung, insbes. die schwereren Formen der Kriminalität.

Verbrennung, 1. die unter Freiwerden von Wärme verlaufende Reaktion von Sauerstoff mit chem. Elementen u. Verbindungen; i. e. S. die V. unter Feuererscheinung; i. w. S. auch langsam verlaufende Oxidationsvorgänge, z.B. im tier. Organismus, die zur Aufrechterhaltung des Lebens erforderlich sind. – **2.** *Combustio,* Gewebsschädigung durch Einwirkung von Hitze oder heißer Flüssigkeit (Verbrühung) oder elektr. Strom (z.B. Blitzschlag); 1. Grad: Rötung der Haut (Erythem); 2. Grad: Blasenbildung; 3. Grad: Gewebstod (Nekrose); 4. Grad: Verkohlung.

Verbrennungskraftmaschine, Masch., bei der durch Verbrennung zündfähiger Brennstoffgemische Wärmeenergie unmittelbar in mechan. umgesetzt wird. Die bekanntesten V. sind Verbrennungsmotor u. Gasturbine.

Verbrennungsmotor, Kraftmaschine, bei der eine durch Verbrennung eines verdichteten Kraftstoff-Luft-Gemisches hervorgerufene Volumenvergrößerung zur Krafterzeugung benutzt wird. V. sind Kolbenmaschinen (*Hubkolbenmotoren* oder *Rotationskolbenmotoren (Wankelmotor)*. Bei Hubkolbenmotoren bewegt sich in einem oder mehreren Zylindern ein hin u. her gehender Kolben, der seine geradlinige Bewegung durch Kurbeltrieb in eine Drehbewegung umsetzt. Man unterscheidet nach der Arbeitsweise Viertakt- u. Zweitaktmaschinen. Die Bauformen der Motoren unterschei-

Miami Beach in Florida

Erdölbohrstelle in Alaska

den sich nach Zylinderzahl u. Stellung der Zylinder zur Kurbelwelle (z.B. Reihen-, V-, Boxer- u. Sternmotor).

Verbum, *Zeitwort, Tätigkeitswort*, die eigtl. prädikative Wortart; Abwandlungen in versch. Formen *(Konjugation):* nach Genera in Aktiv u. Passiv; nach Modi in Indikativ, Konjunktiv u. Imperativ; nach Tempora (Gegenwart, Vergangenheit, Zukunft); außerdem nach Singular u. Plural u. grammat. Person (1., 2., 3.). Nominalformen des V. sind Infinitiv u Partizipien.

Verbundglas → Sicherheitsglas.

Verbundwirtschaft, organisator.-techn. Verbindung versch. Betriebe zur Steigerung der Produktivität u. der Rentabilität, bes. in der *Montanindustrie* u. der *Energiewirtschaft.*

Vercelli [vɛrˈtʃɛli], ital. Prov.-Hptst. in Piemont, an der Sèsia, 51 000 Ew.; roman. Zisterzienserkirche; Zentrum eines Reisanbaugebiets.

Vercingetorix, †46 v. Chr., gallischer Fürst aus dem Stamm der Averner; Führer des großen Aufstands gegen *Cäsar* 52 v. Chr.

Verdächtigung, *falsche V., Denunziation*, unwahre Behauptungen, die jemanden einer rechtswidrigen Tat oder einer Dienstpflichtverletzung beschuldigen, um behördl. Verfahren oder Maßnahmen herbeizuführen; strafbar.

Verdammnis, nach christl. Lehre die durch Gottes Strafgericht vollzogene endgültige Verwerfung der schuldhaft Ungläubigen in ewige, schmerzliche Gottesferne. Gegensatz: *Seligkeit.*

Verdampfung, Übergang eines Stoffs vom flüssigen in den gasförmigen Aggregatzustand; findet nur an der Oberfläche statt. Beim Verdampfen wird der Flüssigkeit *V.swärme* zugeführt. Sie bewirkt keine Temperaturerhöhung u. wird bei der Kondensation als *Kondensationswärme* wieder frei.

Verdauung, *Digestion*, mechan. u. chem. Aufarbeitung der Nahrung in resorptionsfähige Stoffe bei Mensch u. Tier; insbes. durch Drüsen, die bes. Enzyme in das V.ssystem abgeben. Sie spalten die großen Nahrungsmoleküle durch Wasseranlagerung in kleine Bestandteile: Eiweiß in Aminosäuren, Fette in Glycerin u. Fettsäuren, Polysaccharide (Stärke, Glykogen) in Monosaccharide.

Verden (Aller) [ˈfɛr-], Krst. in Nds., am Zusammenfluß von Weser u. Aller, 24 000 Ew.; got. Dom (13.–15. Jh.; mit dem ältesten Hallenumgangschor, 1313 vollendet); Landmaschinenbau, Pferdezucht. – Im Blutbad von V. (782) sollen auf Befehl *Karls d. Gr.* 4500 Angehörige des sächs. Adels hingerichtet worden sein.

Verdi, Giuseppe, *1813, †1901, ital. Komponist, der die Opernkunst des 19. Jh. auf einen Höhepunkt führte. W Opern »Nabucco«, »Ernani«, »Macbeth«, »Rigoletto«, »Der Troubadour«, »La Traviata«, »Ein Maskenball«, »Die Macht des Schicksals«, »Don Carlos«, »Aida«, »Othello«, »Falstaff«; Requiem u. a.

Verdichter → Kompressor.

Verbrennungsmotor: Achtzylindermotor mit 5 Liter Hubraum und Vierventil-Zylinderköpfen. Das V8-Aggregat leistet 240 kW/326 PS

Verdienstorden, Orden, die für Verdienste bes. Art verliehen werden. Der V. der BR Dtld. *(Bundesverdienstkreuz)*, gestiftet durch den Bundespräsidenten 1951, wird in den Stufen *Großkreuz, Großes Verdienstkreuz, Verdienstkreuz I. Klasse* u. *Verdienstmedaille* verliehen.

Verdikt, Entscheidung, Urteil.

Verdingung, Vergebung einer Arbeit; bes. bei öffentl. Ausschreibungen.

VEREINIGTE STAATEN VON AMERIKA Geschichte

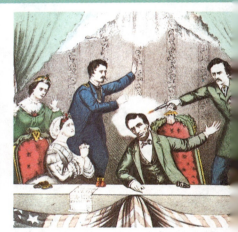

1773 warfen britische Kolonisten aus Ärger über Importzölle eine englische Teeladung ins Meer; die Briten setzten Truppen ein, gegen die sich die Amerikaner unter George Washington erhoben. Der amerikanische Unabhängigkeitskampf hatte begonnen (links). – Ermordung Abraham Lincolns (rechts)

Seegefecht während des Sezessionskrieges; im Vordergrund der Südstaaten-General R. E. Lee (links). – Die Konferenzteilnehmer Clement Richard Attlee, Harry S. Truman und Stalin in Potsdam 1945 (rechts)

Verdon [vɛr'dɔ̃], l. Nbfl. der Durance in SO-Frankreich, 175 km.
Verdrängung, seel. Vorgang, durch den Triebregungen u. die ihnen zugehörigen Vorstellungen, Gedanken u. Affekte vom Bewußtsein ferngehalten werden.
Verdun [vɛr'dœ̃], *V.-sur-Meuse,* frz. Stadt u. ehem. Festung in Lothringen, an der Maas, 22 000 Ew., roman. Kathedrale. – **Vertrag von V.,** 843 zw. den Söhnen Ludwigs des Frommen: *Karl II., der Kahle, Ludwig der Deutsche* zwangen *Lothar I.,* den ihr Vater 817 zum Mitkaiser u. Nachfolger hatte krönen lassen, zur Reichsteilung. Karl erhielt *Westfranken,* Ludwig *Ostfranken* u. Lothar die Kaiserwürde (ohne Oberhoheit über seine Brüder) u. ein Mittelreich. – Die **Schlacht von V.** im 1. Weltkrieg vom 21.2. bis zum 9.9.1916 zw. Deutschen u. Franzosen ging auf den Plan des dt. Generalstabschefs E. von *Falkenhayn* zurück u. sollte die Franzosen durch Menschen- u. Materialverluste schwächen. Die Kämpfe waren äußerst verlustreich, brachten aber nicht die erhoffte Kriegsentscheidung.
Verdunkelungsgefahr, im Strafprozeß die Gefahr der Erschwerung der Wahrheitsermittlung durch Einwirkung auf Beweismittel; Grund für Untersuchungshaft.
Verdunstung, *Verflüchtigung,* Übergang eines Stoffs aus flüssigen in den dampfförmigen Aggregatzustand, ohne daß die Flüssigkeit zum Sieden gebracht worden ist.
Veredelung, Qualitätsverbesserung durch Übertragen von Knospen oder Edelreisern (Zweigstücke von Nutzpflanzen) auf Wildlinge (Sämlinge, Stecklinge, Ableger) als Unterlage.
Verein, Untertypus der rechtl. Personenvereinigung zur Erreichung gemeinsamer Zwecke, dessen Geschäftsführung u. Vertretung bes. Organen übertragen ist *(körperschaftl. Verfassung).* Nach ihrem Zweck gibt es z.B. polit., religiöse, kulturelle, gesellschaftl., sportl. u. wirtsch. V. Nach der Rechtsform gehören hierher außer dem *eingetragenen* V. u. dem *nichtrechtsfähigen* V. bes. AG, GmbH u. eingetragene Genossenschaft.

Giuseppe Verdi

Vereinigte Staaten von Amerika 933

Verein Deutscher Ingenieure, Abk. *VDI,* 1856 gegr. Verein zur Förderung wiss.-techn. Arbeiten u. zur Weiterbildung ihrer Mitgl.; Sitz: Düsseldorf.
Vereinigte Arabische Emirate, fr. *Trucial Oman,* die 7 Scheichtümer im O der Arab. Halbinsel, südl. des Pers. Golfs: *Abu Dhabi, Dubai, Sha-*

Vereinigte Arabische Emirate

riqah, Adjman, Umm Al Qaywayn, Ras Al Khaymah u. *Fudjaira,* insges. 83 600 km², 1,60 Mio. Ew., davon rd. ein Viertel Ausländer; Hptst. ist *Abu Dhabi.* Die V. A. E. sind gegliedert in 7 autonome Emirate (vgl. Tabelle).
Entscheidend für die Wirtschaft ist seit den 1960er Jahren die Erdöl- u. Erdgasförderung, bes. vor der Küste u. auf dem Festland von Abu Dhabi. Die Industrie umfaßt Zement- u. chem. Ind. sowie Erdölraffinerien u. eine Aluminiumschmelze. Mit künstl. Bewässerung werden Getreide, Gemüse u. Datteln angebaut.
Geschichte. Die Föderation der V. A. E. wurde 1971 nach dem Ende des 1853 geschlossenen Schutzvertrages mit Großbrit. u. nach Abzug der brit. Truppen aus den arab. Scheichtümern am Pers.

Vereinigte Arabische Emirate: Verwaltungsgliederung			
Emirat	Fläche in km²	Einwohner in 1000	Hauptstadt
Abu Dhabi	73 548	670	Abu Dhabi
Adjman	250	64	Adjman
Dubai	3 750	419	Dubai
Fudjaira	1 150	54	Fudjaira
Ras Al Khaymah	1 625	117	Ras Al Khaymah
Shariqah	2 500	269	Shariqah
Umm Al Qaywayn	777	29	Umm Al Qaywayn

Golf proklamiert. Der Präs. wird alle 5 Jahre von den Herrschern der 7 Staaten gewählt u. steht dem Obersten Rat vor, der alle gemeinsamen polit. Entscheidungen trifft. Die Föderation ist Mitgl. der UN u. der Arab. Liga.
Vereinigte Arabische Republik, Abk. *VAR,* der polit. Zusammenschluß Ägyptens u. Syriens 1958–61.
Vereinigte Evangelisch-Lutherische Kirche Deutschlands, Abk. *VELKD,* 1948 vollzogener Zusammenschluß der meisten ev.-luth. dt. Landeskirchen; Organe: Generalsynode, Bischofskonferenz, Leitender Bischof, Kirchenleitung.
Vereinigter Landtag, die von *Friedrich Wilhelm IV.* unter liberalem Druck einberufene gemeinsame Versammlung der 8 preußischen Provinziallandtage.
Vereinigtes Königreich von Großbritannien und Nordirland →Großbritannien und Nordirland.
Vereinigte Staaten von Amerika, amtl. *United States of America,* Abk. *USA,* Bundesstaat in Nordamerika, 9 372 614 km², 251,1 Mio. Ew., Hptst. *Washington.* Die USA sind gegliedert in 50 Einzelstaaten u. 1 Bundesdistrikt (District of Columbia, vgl. Tabelle).

Vereinigte Staaten von Amerika

Landesnatur. Die atlant. Küstenebene reicht von New York bis zur mex. Grenze. Am Mississippi greift sie 800 km flußaufwärts. Als langgestrecktes Mittelgebirge erreichen die *Appalachen*

Während eines Blitzbesuches in Westberlin spricht Präsident Kennedy vor dem Schöneberger Rathaus. Er beendet seine Rede mit den historisch gewordenen Worten »Ich bin ein Berliner«

Der Demokrat Bill Clinton wurde in Washington am 20.1.1993 als 42. US-Präsident vereidigt. – Bei seiner anschließenden Antrittsrede auf der Tribüne vor dem Kapitol

Vereinigte Staaten von Amerika

im S (Mount Mitchell) 2037 m Höhe. Nach W schließen sich die Appalachenplateaus an u. gehen in die weiten Ebenen über, die jenseits des Mississippi als *Great Plains* zu den *Rocky Mountains* (im *Mount Elbert* 4399 m hoch) ansteigen. Nach W schließen sich Hochplateaus u. Becken an, im N das *Columbia Plateau*, südl. davon das *Great Basin*. Im SO liegen die Blöcke des *Colorado Plateau* mit dem *Grand Canyon*. Die Hochbecken werden nach W vom *Kaskadengebirge* (Mount Rainier 4392 m), weiter südl. durch die *Sierra Nevada* (Mount Whitney 4418 m) begrenzt. Zwischen diesen Ketten u. der Küstenkordillere liegt das kaliforn. Längstal. – Das im O feuchte Klima wird längs der Linie New York-Kansas City in einen kühl- u. einen warmgemäßigten Bereich gegliedert. S-Florida hat tropisches Klima. Der W ist trockener, z. T. wüstenhaft, die Pazifikküste im N feuchtgemäßigt, im S subtropisch. Im Winter sind Kaltlufteinbrüche mit Schneestürmen häufig (Blizzards). Der Süden wird jährlich von Wirbelstürmen aus der Karib. See heimgesucht.

Bevölkerung. Am dichtesten besiedelt sind die Neuengland- u. die mittelatlant. Staaten zw. Massachusetts u. Pennsylvania, am schwächsten die Trockengebiete in den Rocky Mountains. 80,3% der Bevölkerung sind Weiße, 12,1% Schwarze, 0,8% Indianer u. rd. 2,9% Asiaten. Die Schwarzen leben zu rd. 53% in den Südstaaten (1900 zu 90%).

Wirtschaft. Die USA stehen zwar nach der Einwohnerzahl erst an dritter Stelle unter den Ländern der Erde; nach ihrer Wirtschaftskraft aber übertreffen sie alle anderen Staaten bei weitem. – Die Landwirtschaft nutzt rd. 46% der Landesfläche. Sie kann den Inlandsbedarf decken u. darüber hinaus 15% ihrer Produkte exportieren. Sie wird überwiegend in hochmechanisierten Großfarmen betrieben. Über die Hälfte des Ackerlands dient dem Getreidebau, v. a. von Mais u. Weizen, der auch eine wichtige Exportrolle spielt. Die USA liefern rd. 1/5 der Welternte an Tabak. Der Produktionswert der Viehzucht (Rinder, Milchkühe, Schweine) übersteigt den des Ackerbaus. Im Fisch-

Die Präsidenten der Vereinigten Staaten von Amerika

George Washington (Föderalist)	1789–1797
John Adams (Föderalist)	1797–1801
Thomas Jefferson (Demokrat)	1801–1809
James Madison (Demokrat)	1809–1817
James Monroe (Demokrat)	1817–1825
John Quincy Adams (Demokrat)	1825–1829
Andrew Jackson (Demokrat)	1829–1837
Martin van Buren (Demokrat)	1837–1841
William Henry Harrison (Whig)	1841
John Tyler (Demokrat)	1841–1845
James Polk (Demokrat)	1845–1849
Zachary Taylor (Whig)	1849–1850
Millard Fillmore (Whig)	1850–1853
Franklin Pierce (Demokrat)	1853–1857
James Buchanan (Demokrat)	1857–1861
Abraham Lincoln (Republikaner)	1861–1865
Andrew Johnson (Republikaner)	1865–1869
Ulysses S. Grant (Republikaner)	1869–1877
Rutherford Hayes (Republikaner)	1877–1881
James Garfield (Republikaner)	1881
Chester A. Arthur (Republikaner)	1881–1885
Grover Cleveland (Demokrat)	1885–1889
Benjamin Harrison (Republikaner)	1889–1893
Grover Cleveland (Demokrat)	1893–1897
William MacKinley (Republikaner)	1897–1901
Theodore Roosevelt (Republikaner)	1901–1909
William H. Taft (Republikaner)	1909–1913
Woodrow Wilson (Demokrat)	1913–1921
Warren G. Harding (Republikaner)	1921–1923
Calvin Coolidge (Republikaner)	1923–1929
Herbert Hoover (Republikaner)	1929–1933
Franklin D. Roosevelt (Demokrat)	1933–1945
Harry S. Truman (Demokrat)	1945–1953
Dwight D. Eisenhower (Republikaner)	1953–1961
John F. Kennedy (Demokrat)	1961–1963
Lyndon B. Johnson (Demokrat)	1963–1969
Richard M. Nixon (Republikaner)	1969–1974
Gerald R. Ford (Republikaner)	1974–1977
Jimmy (James E.) Carter (Demokrat)	1977–1981
Ronald W. Reagan (Republikaner)	1981–1989
George H. Bush (Republikaner)	1989–1993
Bill Clinton (Demokrat)	1993–

Die 50 Unionsstaaten der Vereinigten Staaten von Amerika
(in Klammern das Jahr des Beitritts; *Gründerstaat)

Staat	amtl. Abk.	postal. Abk.	Fläche in km²	Einw. in 1000	Hauptstadt
Alabama (1819)	Al.	AL	133915	4041	Montgomery
Alaska (1959)	Ak.	AK	1530693	550	Juneau
Arizona (1912)	Ariz.	AZ	295259	3665	Phoenix
Arkansas (1836)	Ark.	AR	137754	2351	Little Rock
California (1850)	Calif.	CA	411047	29760	Sacramento
Colorado (1876)	Col.	CO	269594	3294	Denver
Connecticut (1788)*	Conn.	CT	12997	3287	Hartford
Delaware (1787)*	Del.	DE	5294	666	Dover
Florida (1845)	Fla.	FL	151939	12938	Tallahassee
Georgia (1788)*	Ga.	GA	152576	6478	Atlanta
Hawaii (1959)	Hi.	HI	16760	1108	Honolulu
Idaho (1890)	Id.	ID	216430	1007	Boise City
Illinois (1818)	Ill.	IL	149885	11431	Springfield
Indiana (1816)	Ind.	IN	94309	5544	Indianapolis
Iowa (1846)	Ia.	IA	145752	2777	Des Moines
Kansas (1861)	Kan.	KS	213096	2478	Topeka
Kentucky (1792)	Ky.	KY	104659	3685	Frankfort
Louisiana (1812)	La.	LA	123677	4220	Baton Rouge
Maine (1820)	Me.	ME	86156	1228	Augusta
Maryland (1788)*	Md.	MD	27091	4781	Annapolis
Massachusetts (1788)*	Mass.	MA	21455	6016	Boston
Michigan (1837)	Mich.	MI	251493	9295	Lansing
Minnesota (1858)	Minn.	MN	224329	4375	Saint Paul
Mississippi (1817)	Miss.	MS	123514	2573	Jackson
Missouri (1821)	Mo.	MO	180514	5117	Jefferson City
Montana (1889)	Mont.	MT	380847	799	Helena
Nebraska (1867)	Neb.	NE	200349	1578	Lincoln
Nevada (1864)	Nev.	NV	286202	1202	Carson City
New Hampshire (1788)*	N.H.	NH	24032	1109	Concord
New Jersey (1787)*	N.J.	NJ	20168	7730	Trenton
New Mexico (1912)	N.M.	NM	314924	1515	Santa Fe
New York (1788)*	N.Y.	NY	136583	17990	Albany
North Carolina (1789)*	N.C.	NC	136412	6629	Raleigh
North Dakota (1889)	N.D.	ND	183117	639	Bismarck
Ohio (1803)	O.	OH	115998	10847	Columbus
Oklahoma (1907)	Okla.	OK	181185	3146	Oklahoma City
Oregon (1859)	Ore.	OR	251418	2842	Salem
Pennsylvania (1787)*	Pa.	PA	119251	11882	Harrisburg
Rhode Island (1790)*	R. I.	RI	3139	1003	Providence
South Carolina (1788)*	S. C.	SC	80582	3487	Columbia
South Dakota (1889)	S. D.	SD	199730	696	Pierre
Tennessee (1796)	Tenn.	TN	109152	4877	Nashville-Davidson
Texas (1845)	Tex.	TX	691027	16987	Austin
Utah (1896)	U.	UT	219887	1723	Salt Lake City
Vermont (1791)	Vt.	VT	24900	563	Montpelier
Virginia (1788)*	Va.	VA	105586	6187	Richmond
Washington (1889)	Wash.	WA	176479	4866	Olympia
West Virginia (1863)	W.Va.	WV	62758	1793	Charleston
Wisconsin (1848)	Wis.	WI	171496	4892	Madison
Wyoming (1890)	Wyo.	WY	253324	454	Cheyenne
District of Columbia (1791; Bundesterritorium)	D. C.	DC	178	607	Washington

fang nehmen die USA die 6. Stelle auf der Erde ein. – Im Bergbau führt wertmäßig das Erdöl u. Erdgas (Texas, Kalifornien, Louisiana) vor der Kohle (Appalachen, Rocky Mountains, zw. Mississippi u. Ohio), dem Eisen- (am Oberen See u. in Alabama) u. Kupfererz (zu über 80% aus Utah) u. allen anderen Produkten. Die USA haben den höchsten Pro-Kopf-Verbrauch an Energie in der Welt. Die wichtigsten Energieerzeuger sind Wärmekraftwerke (auf Erdöl-, Erdgas- oder auch Kohlebasis); 20% der Energie wird in Wasserkraftwerken, 16% in Atomkraftwerken erzeugt. – Die Industrie hat ihre Schwerpunkte v. a. in dem Streifen zw. Boston-Baltimore im O u. Chicago-Saint Louis im W. Die bed. Anteile am Export haben chem. Erzeugnisse, Maschinen u. Fahrzeuge, Metalle u. Metallwaren, Nahrungs- u. Genußmittel, Textilrohstoffe u. Textilien, Fleisch, elektron. Erzeugnisse, Erdöl u. Kohle.

Verkehr. Das gut ausgebaute Verkehrsnetz verfügt bes. im O über ein dichtes Straßen- u. Schienennetz. Im Güterverkehr ist die Eisenbahn noch immer wichtigster Verkehrsträger (40%) vor dem Straßenverkehr, dem Transport durch Pipelines u. der Binnenschiffahrt. Der Flugverkehr verfügt mit Chicago, Dallas u. Los Angeles über die größten Flughäfen der Erde.

Geschichte. Die V. S. v. A. entwickelten sich aus den im 17. Jh. an der O-Küste N-Amerikas gegr. brit. Kolonien. 13 Kolonien schlossen sich 1774 in Philadelphia zusammen. Die Kolonisten (1775: 2,5 Mio.) forderten polit. Gleichberechtigung; sie wollten im Londoner Parlament vertreten sein. Der Einsatz brit. Streitkräfte führte zum Unabhängigkeitskrieg 1775–83. Die *Unabhängigkeitserklärung* (4.7.1776) des Kongresses (Th. *Jefferson*, B. *Franklin*, J. *Adams* u. a.) zerschnitt das Band zw. den Kolonien u. England. Auf einem Verfassungskonvent wurde am 17.9.1787 die bis heute gültige *Verf. der USA* geschaffen. Es entstand ein Bundesstaat (Union). 1792 traten Kentucky u. 1796 Tennessee in die Union ein. 1803 erwarben die USA das Louisiana-Gebiet u. Ohio. 1819 kauften die USA Florida (von Spanien). Der Aufnahme Texas' in den Bund folgte ein Krieg mit Mexiko 1846–48, bei dem die USA das Gebiet der späteren Unionsstaaten New Mexico, Arizona, Colorado, Utah, Nevada u. Kalifornien eroberten. Als A. *Lincoln,* ein Gegner der Sklaverei, zum Präs. gewählt wurde, erklärte South Carolina am 20.12.1860 seinen Austritt aus den USA (Sezession). Bis Mitte Mai 1861 folgten 10 weitere Südstaaten. Sie bildeten die *Konföderierten Staaten von Amerika.* Lincoln verweigerte ihnen die Anerkennung. Mitte April 1861 kam es zum *Sezessionskrieg,* der am 9.4.1865 mit der Kapitulation der Südstaaten u. der Wiederherstellung der Union endete. Den 1863 durch Proklamation des Präs. frei gewordenen Schwarzen wurde das Wahlrecht zuerkannt. 1867 kauften die USA Alaska von Rußland. Gleichzeitig wurden die Midway-Inseln besetzt. Im Krieg gegen Spanien 1898 eroberten die USA Kuba, Puerto Rico u. die Philippinen. Nebenher annektierten sie Guam, Wake u. Hawaii. Im 1. Weltkrieg blieben die USA zunächst neutral. Die Proklamation des uneingeschränkten U-Boot-Kriegs durch Dtld. führte 1917 zur Kriegserklärung an das Deutsche Reich. Auf der Versailler Friedenskonferenz 1919 *(Versailler Vertrag)* konnte Wilson mit seinem Programm der *Vierzehn Punkte* nur teilweise durchdringen. Der Friedensvertrag wurde vom Kongreß nicht ratifiziert. Auch ein Beitritt zum Völkerbund wurde abgelehnt *(Isolationismus).* Die 1929 ausbrechende Weltwirtschaftskrise bekämpfte Präs. F.D. *Roosevelt* mit dem Programm des *New Deal*. Nach Kriegsausbruch 1939 hielt Roosevelt die USA dem Kampfgeschehen zunächst fern. Nach dem Überfall der Japaner auf *Pearl Harbor* am 7.12.1941 erklärten Hitler u. Mussolini Amerika den Krieg. Genau wie im 1. Weltkrieg wurde der Kriegseintritt der USA für den Kriegsverlauf entscheidend.

Das weitere Ausgreifen sowj. Einflüsse nach 1945 veranlaßte Präs. *Truman* u. dessen Nachfolger, den Republikaner D. D. *Eisenhower* (1953–61), zu vielseitigen Abwehrmaßnahmen *(Truman-Doktrin, Marshallplan)*. Militärische Bündnisse wie die NATO, der ANZUS-Pakt u. die SEATO wurden abgeschlossen. Die starken Gegensätze zw. den Weltmächten führten zu begrenzten Waffengängen (Korea-Krieg 1950–53, Laos-Konflikt 1961/62 u. Vietnam-Krieg 1965–73) u. zur Ära des »Kalten Krieges«. Die Wahl des Demokraten J. F. *Kennedy* 1960 zum Präs. führte zu Gesetzen zur rechtl. Gleichstellung der Schwarzen u. zur erfolgreichen Zurückdrängung des sowj. Einflusses auf Kuba. Nach Kennedys Ermordung im Nov. 1963 versuchte L. B. *Johnson* (1963–69), das innenpolit. Programm fortzuführen (Bürgerrechtsgesetz, »Feldzug gegen die Armut«). Die gesamte Politik wurde zunehmend vom Vietnam-Krieg überschattet. Die soziale Unruhe (Rassen- u. Studentenunruhen) wuchs. R.M. *Nixon* konnte 1973 den Krieg in Vietnam durch einen Waffenstillstand u. den Abzug der amerik. Truppen für die USA formell beenden. Er normalisierte das Verhältnis zur Volksrepublik China (Besuch in Peking 1972) u. schloß 1972 das SALT-I-Abkommen mit der UdSSR. Die *Watergate-Affäre* zwang Nixon 1974 zum Rücktritt. Nachfolger wurde Vizepräs. G. *Ford*. Der 1976 zum Präs. gewählte Demokrat J. *Carter* nahm diplomat. Beziehungen zu China auf u. vermittelte den ägypt.-isr. Frieden. Die Geiselhaft US-amerikanischer Botschaftsangehöriger 1979–81 bedeutete eine Demütigung der USA. Die Präs.-Wahl 1980 gewann der Republikaner R. *Reagan*, der einen wirtschaftl. Aufschwung herbeiführte u. gegenüber der UdSSR eine Politik der Stärke verfolgte. 1983 intervenierten die USA in Grenada. 1984 wurde Reagan wiedergewählt. Er unterstützte die Opposition in Nicaragua u. schloß 1987 mit der UdSSR das *INF-Abkommen*. Reagans Nachfolger wurde 1989 G. *Bush*. Im gleichen Jahr intervenierten die USA militärisch in Panama. Am 21.11.1990 endete auf dem KSZE-Gipfel mit der Unterzeichnung der *Pariser Charta für ein neues Europa* zumindest formell der Ost-West-Konflikt. 1991 befreiten die USA im Rahmen eines UNO-Mandats an der Spitze alliierter Truppen das im August 1990 vom Irak annektierte Kuwait. 1993 wurde der Demokrat B. *Clinton* neuer Präs.

Staat u. Gesellschaft. Seit dem 21.6.1788 ist die am 17.9.1787 beschlossene Verfassung in Kraft. Danach sind die USA eine präsidiale Republik. Der Präsident wird von Wahlmännern für 4 Jahre gewählt; einmalige Wiederwahl ist möglich. Er verkörpert die Exekutive. Die Legislative liegt beim *Kongreß*, der aus *Senat* (100 Senatoren) u. dem *Repräsentantenhaus* besteht (435 Abg.) Das höchste Justizorgan ist der Oberste Gerichtshof. Die beiden großen Parteien der *Demokraten* u. *Republikaner* prägen das Zweiparteiensystem.

Vereinigte Staaten von Amerika: Kunst. Die Architektur nahm erst im 18. Jh. einen bed. Aufschwung infolge des wachsenden Wohlstands u. der Förderung durch Präs. Th. *Jefferson*. Stilistisch überwog ein bürgerl. Klassizismus mit palladian. Elementen. Die Stadtgründungen des 19. Jh. erfolgten meist im Schachbrettmuster. Vorbild für die Kapitolbauten in kleineren Städten war das

VEREINIGTE STAATEN VON AMERIKA Kultur

  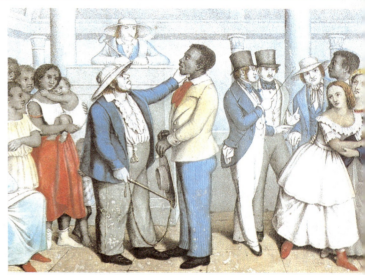

Illustration zu J. F. Coopers »Lederstrumpf-Erzählungen« 1870 (links). – Ruth Vodicka, Tänzerin (Mitte). – »Onkel Tom auf dem Sklavenmarkt«, Szene aus dem Roman »Onkel Toms Hütte« von Harriet Beecher-Stowe; 1852 (rechts)

Der Jazzpianist und -komponist Thelonious Monk, Mitbegründer des Bebop-Stils, gilt als einer der bedeutendsten Jazzmusiker der 1950er Jahre (links). – Thomas Hart Benton: Weizendrescher; 1939. Terre Haute, Indiana, Collection of Sheldon Swope Art Gallery (rechts)

kuppelbekrönte Kapitol in Washington. L. *Sullivan* überwand als erster den Eklektizismus, indem er sich zu Konstruktivität u. Zweckbestimmung als stilbildenden Faktoren bekannte *(Funktionalismus)* u. die Erfindung neuer Materialien u. Bauweisen (Gußeisen-Glas-Architektur) für sein Schaffen nutzte. Bodenspekulation u. technisch-kommerzielle Aufgaben ließen u. a. den *Galloon-frame*, das Stahlglas-Lagerhaus u. den Wolkenkratzer entstehen. Gegen das wahllose u. unsoziale Bauen setzte in den 1920er Jahren eine Protestbewegung ein (F. L. *Wright*). Revolutionierend auf die Entwicklung der neueren US-amerik. Baukunst wirkten seit den 1930er Jahren die ehem. Bauhaus-Architekten W. *Gropius* u. *Mies van der Rohe*; auch E. *Mendelsohn*, A. *Aalto* u. R. *Neutra*. Die Gruppe der *New York Five* knüpfte an den frühen Le Corbusier an u. huldigte in schneeweißen Einfamilienhäusern einem übersteigerten Kult der Form. Daneben gab es aber auch Architekten, die sich mit histor. Vorbildern auseinandersetzten wie L. I. *Kahn*, der mit traditionellen Elementen u. geometr. Formen arbeitete oder P. *Johnson* mit seinem Hang zu klass. Monumentalität. Die Radikalisierung des Eklektizismus, etwa bei R. *Venturi*, leitete über zum Stil der Postmoderne (C. W. *Moore*, R. A. M. *Stern*, S. *Tigerman*, J. *Wines*, F. O. *Gehry*). Eigenständige Positionen abseits aktueller Trends vertreten M. *Yamasaki*, P. *Rudolph*, C. *Pelli*, H. *Hardy* u. R. *Kollhaas*.

Die Bildhauerkunst der USA entwickelte sich erst im 19. Jh. mit Denkmälern u. Porträtbüsten in naturalist.-klassizist. Stil (H. *Greenough*, H. *Powers* u. A. *Saint Gaudens*). Internationales Ansehen erlangten u. a. A. *Calder*, M. *Callery*, Harold *Cousins*, David *Hare*, R. *Lippold*, Seymoor *Lipton* u. G. *Sugarman*, während E. *Kienholz* u. G. *Segal* einen symbolisch-sozialkrit. Realismus vertreten.

Die Malerei N-Amerikas begann mit der schlicht-volkstüml. Kunst der »limners« (Abk. für *illuminators*), die vielfach als wandernde Porträtisten von Ort zu Ort zogen. Der Schwede G. *Hesselius* schuf mit dem Bildnis eines Delaware-Häuptlings die erste authentische Indianerdarstellung. Der Engländer John *Smibert* gründete das erste Kunstmuseum Nordamerikas u. war Lehrer des Porträtisten J. S. *Copley*. In der Malerei des 19. Jh. finden sich enge Beziehungen zu europ. Stilströmungen. Romantik u. Klassizismus unter J. *Vanderlyn* u. W. *Allston* erschlossen mit religiösen u. allegor. Bildern, v. a. aber mit Landschaftsgemälden neue Darstellungsbereiche. Daneben entwikkelte sich eine naive volkstüml. Malerei (E. *Hicks*). Die nach einem Bild von Th. *Cole* benannte *Hudson-River-School* bestimmte die Landschaftsmalerei der USA. Reichen Widerhall fand in der 2. Hälfte des 19. Jh. die stimmungsvolle Naturmalerei (W. S. *Mount*, G.C. *Bingham*, E. *Johnson* u. G. *Inness*). In den Werken von *Eakins* u. W. *Homer* läßt sich erstmals als ein spezifisch amerik. Element eine tief eindringende Wirklichkeitsdarstellung beobachten. Seit der Veranstaltung der *Armory Show* in New York (1912), die das amerik. Kunstleben mit modernen europ. Stilrichtungen bekannt machte, datiert die Ausbreitung abstrakter u. expressionist. Tendenzen in der Malerei der USA. Hauptmeister einer z. T. sozialkritisch gefärbten Richtung sind die Künstler der *Ash-Can-School*, besonders J. *Sloan* u. G. *Bellows*. M. *Hartley* gilt neben J. *Marin* u. Ch. *Burchfield* als der bed. Expressionist der US-amerik. Kunst.

Nach dem 2. Weltkrieg ging mit dem Triumph des *abstrakten Expressionismus* die Führung auf der internat. Kunstszenerie, die bisher Europa innehatte, auf die USA über (A. *Gorky*, R. *Motherwell*, J. *Pollock*, R. *Rauschenberg*, M. *Rothko*). Parallel zu dieser stark dynam. Kunst entwickelte sich die auf reine Farbqualität abgestellte *Post-Painterly Abstraction* (M. *Louis*), während die *Hard-edge-Malerei* wieder der strengen geometr. Form den Vorzug gab (B. *Newmann*, F. *Stella*). Die bedeutendsten Vertreter der *Pop-Art*, die eine Rehabilitation der Gegenständlichkeit brachte, waren J. *Dine*, J. *Johns*, R. *Lichtenstein*, R. *Lindner*, A. *Warhol* u. T. *Wesselmann*. Als Reaktion auf die abstrakten Tendenzen der *Minimal Art* (C. *Andre*, D. *Flavin*, R. *Morris*, B. *Naumann*, R. *Smithson*) versuchten die Vertreter des *Photorealismus* durch übersteigerte Detailgenauigkeit symbol. Bedeutsamkeit zu erzielen (J. de *Andrea*, C. *Close*, A. *Colville*, H. *Kanovitz*, L. *Nesbitt* u. a.). Um 1980 entstand im *Pattern Painting* eine dekorative, von Matisse angeregte Kunst; neoexpressive Tendenzen im Stil der Neuen Wilden zeigen sich bei Künstlern wie W. de *Kooning*, P. *Guston*, H. *Hodgkin* u. J. *Schnabel*.

Vereinigte Staaten von Amerika: Literatur. Die koloniale Epoche (1620–1776) war von der Religiosität des neuengl. Puritanismus bestimmt (theolog. Geschichtsschreibung, religiöse Lyrik). Im frühen 19. Jh. begann die Lit. der USA in Europa Anerkennung zu finden, während sie selbst starke Anregungen von europ. literar. Strömungen (bes. der Romantik) empfing. Lyriker: P. M. *Freneau*, W. C. *Bryant*; Prosa: J. F. *Cooper*, dessen »Lederstrumpf« ein Bild amerik. Lebens im indian. Grenzgebiet vermittelt. E.A. *Poes* ausdrucksstarke Lyrik u. konsequent ästhet. ausgerichtete Literaturtheorie wirkten stark auf die frz. Symbolisten. Mit seinen Schreckensgeschichten u. Detektiverzählungen schuf er eine neue Prosaform. Die erste Blüte der *Short Story* fiel in die Mitte des 19. Jh. (W. *Irving* u. N. *Hawthorne*); ihre bed. Vertreter waren *O'Henry*, T.B. *Aldrich*, F.B. *Harte*, *Mark Twain* u. A.G. *Bierce*. Nach 1830 empfing die Lit. der USA entscheidende Antriebe von der idealist. Lebensphilosophie des Transzendentalismus, der im Werk von R. W. *Emerson*, H. D. *Thoreau* u. H. *Beecher-Stowe* (gegen Sklaventum) weltweite Wirkung ausstrahlte. Die Romandichter dieser Zeit, N. *Hawthorne* u. H. *Melville*, stellten diese optimist. Weltanschauung in Frage. H. *James* beeinflußte den psycholog. Roman. Demgegenüber verkündete der Lyriker W. *Whitman* eine ungebrochene Lebensgläubigkeit.

Im 20. Jh. wurde das Romanschaffen vielfach tonangebend. Naturalist. Darstellung u. sozialkrit. Tendenz herrschten vor: U. *Sinclair*, F. *Norris*, Th. *Dreiser*, J. *London*, E. *Wharton*, J. T. *Farrell*, E. *Caldwell*, J. R. *Dos Passos*, H.S. *Lewis*, J. *Steinbeck*, R. *Wright*. Die »camera-eye«-Erzähltechnik bildete sich aus; es gab mannigfaltig gebrochene Spiegelungen der Gesellschaft (F.S.K. *Fitzgerald*), ein Krisenbewußtsein der modernen Kultur, das Aufbrechen von Tabus (H. *Miller*), der aus makaber-skurriler Weltsicht geschaffene Typ des Anti-Helden (N. *West*) u. grelle Beleuchtung von Zeitnöten (N. *Mailer*, die epischen Reportagen von J. *Jones* u. I. *Shaw*). Einen Kontrast hierzu bildeten die der Aktualität entrückten Geschichtsromane (M. *Mitchell*, K. *Roberts*). Initiator der modernen Kurzgeschichte war S. *Anderson*, der auf W. *Faulkner* u. E. *Hemingway* großen Einfluß hatte. Die Vielschichtigkeit literar. Schaffens dokumentieren T. *Wolfe* wie R. P. *Warren* aus dem Süden, W. C. *Williams*, ein Schilderer des amerik. Alltags u. experimentierender Vertreter »lakon. Poesie«, C. *McCullers*, J. D. *Salinger*, der satir. gesellschaftskrit. Erzähler J. *Updike*, die Schilderer jüd. Einwandererschicksale B. *Malamud* u. S. *Bellow*. Traumhaft-symbol. u. realist. Elemente verband T. *Capote*, der dann mit J. *Hersey* Hauptvertreter der Faktographie (»faction«) wurde. Pazifist., satir. Romane schrieb K. *Vonnegut*; dem Lebensgefühl der »Beat Generation« verliehen J. *Kerouac* u. W. *Burroughs* Ausdruck. Beachtlich ist der Anteil an Schriftstellerinnen, die sich internat. profilieren konnten wie M. *McCarthy*, J. *Didion*, J. C. *Oates* u. J. A. *Phillips*. Für die Lyrik im 20. Jh. war zunächst die Gruppe der *Imagisten* unter der Führung von E. *Pound* richtungweisend. Seit etwa 1930 wuchs der Einfluß des vom Symbolismus kommenden W. *Stevens*. Zu den führenden Lyrikern aus neuerer Zeit zählen J. R. *Jeffers*, W. C. *Williams*, E. E. *Cummings*. Von heftigem Protest gegen die herrschende Gesellschaft sind die in der Form an W. Whitman anknüpfenden Gedichte A. *Ginsbergs* bestimmt.

Erst um 1910 entstand ein literar. bedeutendes Drama. Bis dahin waren die Bühnen von Unterhaltungsstücken des Geschäftstheaters beherrscht worden. Der überragende Dramatiker ist E. *O'Neill*. Neben ihm sind von Bedeutung: M. *Anderson*, E. *Rice*, C. *Odets*, Th. *Wilder*, T. *Williams*, A. *Miller*, W. *Saroyan*, E. *Albee*.

Vereinigte Staaten von Amerika: Musik. Auf dem nordamerik. Kontinent entwickelte sich erst spät eine eigenständige Musik. Im 18. Jh. entstanden die *Negro Spirituals*, wie überhaupt die Verbindung mit afrik. Elementen kennzeichnend für viele Strömungen amerik. Musik bleibt (z. B. Blues). Im 19. Jh. blieb das Musikleben lange von Europa abhängig. In der Nachfolge der Spätromantik stand E. *MacDowell*, der volkstüml. Neger- u. Indianermusik in seinem Schaffen verwendete wie L.M. *Gottschalk*. Zahlreiche Orchestergründungen (New York 1842) förderten das Musikleben. Von bes. Bedeutung ist die Entwicklung des →Jazz sowie der amerik. Volksmusik *(Country-music)* im 19. Jh. Im 20. Jh. konnten sich einheim. Musikerpersönlichkeiten durchsetzen, z. B. G. *Gershwin* u. A. *Copland*, die Elemente des *Jazz* aufnahmen. Offenheit gegenüber vielfältigen musikal. Richtungen u. Experimentierfreudigkeit sind kennzeichnend für C. *Ives* u. C. *Ruggles*. Daneben gewannen die neuen Theorien des in die USA ausgewanderten A. *Schönberg* (Zwölftonmusik) Einfluß u. bes. I. *Strawinsky*. Die Vertreter der neueren nordamerik. Musik, W. *Piston*, R. *Sessions*, R. *Harris*, W. *Schumann*, S. *Barber*, G.-C. *Menotti*, L. *Bernstein* führten im wesentl. traditionelle Elemente weiter (unter Einbeziehung von Jazz u. Volksmusik). Klang- u. Formexperimente führten G. *Antheil*, H. *Cowell*, J. *Cage*, M. *Feldman*, L. *Foss*, H. *Partch*, G. *Schuller*, E. *Varèse* u. C. *Wolff* durch. *Computermusik* wird betont gepflegt (Lejaren A. *Hiller*). In der *Minimal Music* (T. *Riley*, S. *Reich*, P. *Glass* u. a.) lassen sich die bisher letzten musikal. Entwicklungen fassen. Im Bereich des Jazz blieben die USA bis etwa 1960 tonangebend. Ebenso entwickelten sich hier die Form des *Musical* sowie die ersten Anfänge der *Rockmusik*.

Vereinigtes Wirtschaftsgebiet, *Bizone*, die Gebiete der brit. u. der US-amerik. Besatzungszone in Dtld., die am 1.1.1947 zu einer Wirtschaftseinheit zusammengeschlossen wurden.

Vereinigungsfreiheit, das Recht, Vereine zu bilden u. sich Vereinigungen anzuschließen (oder ihnen fernzubleiben); eines der Grundrechte.

Vereinigungskirche, *Mun-Sekte*, 1954 in Südkorea von San Myung *Mun* (*1920) gegr. nichtchristl. Religionsgemeinschaft.

Vereinsregister, beim Amtsgericht geführtes Register, in das Vereine eingetragen werden müssen, um *rechtsfähige Vereine (eingetragene Vereine, e.V.)* zu werden.

Vereinte Nationen, engl. *United Nations (Organization)*, Abk. *UN (UNO)*, 1945 auf der UN-Konferenz von San Francisco von 50 Staaten gegr. Vertragsorganisation souveräner u. gleichberechtigter Staaten mit eigener Charta (1994: 184 Mitgl.). Ziele sind: Förderung der internat. Zusammenarbeit u. Sicherung des Weltfriedens durch Vermittlung u. schiedsrichterl. Entscheidung, durch Beobachtung u. Untersuchung von Konflikten, durch Entsendung von UN-Streitkräften, durch diplomat., wirtsch. u. militär. Sanktionen u. durch Abrüstungsmaßnahmen. Zur Schaffung der positiven Friedensbedingungen fördern die UN die Menschenrechte, schließen Diskriminierung aus, betreiben die Entkolonialisierung u. fördern die wirtsch., soz. u. kulturelle Entwicklung. Die UN sind zugleich Weltparlament u. permanente diplomat. Konferenz mit Stimmblöcken u. wechselnden Koalitionen.

Oberstes Organ ist die *Vollversammlung (VV)*, auch *Generalversammlung*, in der jedes Mitglied eine Stimme hat. Die Hauptarbeit wird von den Fachausschüssen geleistet. Polit. wichtigstes Organ ist der *Sicherheitsrat (SR)*, auch *Weltsicherheitsrat (Security Council)*, mit primärer Zuständigkeit für die Wahrung des Friedens. Dem bes. Gewicht u. ihren Interessen entspr., haben die 5 ständigen Mitgl. des SR (USA, Rußland, China, Großbrit. u. Frankreich) Vorrechte gegenüber den anderen Ratsmitgliedern. Wichtige Sachentscheidungen bedürfen der Zustimmung der ständigen Mitgl. innerhalb einer Zweidrittelmehrheit des SR. Ihm gehören neben den gen. Staaten weitere 10 von der Vollversammlung gewählte Mitgl. an.

Das *Sekretariat* (Sitz New York; europ. Dienststelle in Genf) unter dem *Generalsekretär* ist berechtigt, den Sicherheitbeirat auf wichtige Probleme, insbes. Friedensbedrohungen, aufmerksam zu machen. Bisherige Generalsekretäre: T. *Lie* (1946–52), D. *Hammarskjöld* (1953–61), S. *U Thant* (1961–71), K. *Waldheim*, (1972–81), J. *Pérez de Cuéllar* (1982–91); seit 1992 B. *Boutros Ghali*. Die UN haben zahlr. Sonderorganisationen von z. T. beachtl. Einfluß.

Vererbung, das Auftreten gleicher oder ähnl. erbl. Merkmale (z.B. Haarfarbe, Handlinien, geistige Eigenschaften) bei Vorfahren u. Nachkommen u. die Weitergabe der hierfür verantwortl. Erbanlagen *(Gen)* während der Vermehrung. Die Wiss. von der V. ist die *Vererbungslehre* oder →Genetik.

Veress ['vɛrɛʃ], Sándor, *1907, †1992, ung. Komponist; Schüler von *Bartók* u. *Kodály*; schrieb unter Einbeziehung von Volksmusikelementen u. Zwölftontechniken Ballette, Sinfonien, Kammermusik.

Verfahrenstechnik, Zweig der techn. Wiss., der sich mit der Entwicklung u. Durchführung von physikal.-chem. Verfahren zur wirtsch. Herstellung u. Veränderung von Stoffen befaßt.

Verfallklausel, *kassatorische Klausel*, Nebenabrede in einem Vertrag, daß nach Nichteinhaltung einer Frist ein Recht verwirkt ist.

Verfassung, 1. die bestimmte Art des Aufeinanderbezogenseins der Bestandteile eines Ordnungsgefüges, vor allem der rechtl. oder tatsächl. Ordnung einer gesellschaftl. Gruppe (Fam., Sippe, Volk, Staat), aber auch der körperl. u. seel. Zustand eines Menschen. – 2. *Staats-V., Konstitution*, im polit.-soziolog. Sinne: die *Grundordnung* eines Staates, wie sie tatsächl. besteht. Kennzeichnend hierfür sind Form der Machtausübung, Verwaltungsmethoden, Rechtsstellung des Bürgers.

Verfassungsänderung, *Verfassungsrevision*, Änderung der Verfassungsurkunde: in Dtld. nur bei 2/3-Mehrheit von Bundestag u. -rat möglich.

Verfassungsbeschwerde, Begehren an das Verfassungsgericht, staatl. Hoheitsakte wegen Verletzung von Grundrechten des Beschwerdeführers aufzuheben oder für nichtig zu erklären. Die V. ist in der Regel erst nach Erschöpfung eines sonstigen Rechtswegs zulässig.

Verfassungsgerichtsbarkeit, *Staatsgerichtsbarkeit*, die Rechtsprechung über Fragen des Verfassungsrechts; ausgeübt vom *Verfassungsgericht (Verfassungs-, Staatsgerichtshof, Bundesgerichtshof)*, in manchen Ländern vom Parlament.

Verfassungsgerichtshof, östr. Höchstgericht in Wien, gegr. 1919.

Verfassungsschutz, Staatsschutz, vor allem durch Erlaß entspr. Strafbestimmungen bei Hoch- u. Landesverrat, Geheimnisschutz, aber auch Verbot der gegen den Bestand der verfassungsmäßigen Ordnung gerichteten Bestrebungen, bes. der polit. Parteien; das *Bundesamt für V.* untersteht dem Bundes-Min. des Innern.

Verflüssigung, Überführung aus dem gasförmigen in den flüssigen Aggregatzustand durch Temperaturerniedrigung oder Druckerhöhung; auch Überführung aus dem festen in den flüssigen Zustand durch Erwärmung.

Verfolgungswahn, wahnhafte Vorstellung, von Feinden umgeben zu sein u. verfolgt oder geschädigt zu werden; bei versch. seel. Krankheiten.

Verfrachter, Frachtführer des Seehandels, der die Beförderung von Gütern zur See übernimmt; häufig zugleich *Reeder*.

Verfremdung, der von B. *Brecht* geforderte Effekt des »epischen Theaters«, der den Zuschauer desillusionieren soll, um ihn zum krit. Mitdenken zu veranlassen.

Verfügung, Rechtsgeschäft, durch das unmittelbar auf den Bestand von subjektiven Rechten eingewirkt wird (z.B. Veräußerung); im öffentl. Recht eine behördl. Anordnung zur Regelung eines Einzelfalls, z.B. die Polizei-V., die einstweilige V.

Verführung, Verleitung eines Mädchens unter 16 Jahren zum Beischlaf; strafbar (§ 182 StGB).

Verga, Giovanni, *1840, †1922, ital. Schriftst.; Hauptvertreter des ital. *Verismus*. Ⓦ »Cavalleria rusticana«.

Vergällung → denaturieren.

Vergangenheit → Tempus.

Vergaser, Vorrichtung am V.motor (Ottomotor) zur Zerstäubung des flüssigen Brennstoffs u. zu seiner innigen Mischung mit Luft vor Eintritt in den Zylinder.

Vergehen, strafbare Handlung, die mit Freiheitsstrafe oder mit Geldstrafe bedroht u. kein → Verbrechen ist.

Vergeltung, *Sühne*, nach herkömml. Auffassung einer der Zwecke der Strafe.

Vergesellschaftung, 1. → Sozialisierung. – 2. Beziehungen zw. Tieren der gleichen Art oder zw. Tieren versch. Art.

Vergewaltigung, *Notzucht*, Nötigung einer Frau zum außerehel. Beischlaf durch Gewalt oder Drohung mit gegenwärtiger Gefahr für Leib u. Leben; strafbar mit Freiheitsstrafe von 2–15 Jahren.

Vergiftung, 1. *Intoxikation, Toxikose*, Verletzung, Erkrankung oder Tod eines lebenden Organismus durch Gift *(Toxin)*. Das Gift kann durch die Verdauungsorgane, Atemwege, Haut, Scheide oder Mastdarm aufgenommen werden. – 2. vorsätzl. Einführen von Gift in den Körper eines Menschen, um dessen Gesundheit zu schädigen; strafbar.

Vergil, *Virgil, Publius Vergilius Maro*, *70 v. Chr., †19 v. Chr., röm. Dichter; genoß hohes Ansehen am Kaiserhof; Nachahmungen Theokrits (»Eclogae«, auch »Bucolica« gen.); Lehrgedicht über die Landw. (»Georgica«); Epos »Aeneis« (12 Bücher, 10 000 Verse).

Vergißmeinnicht, *Myosotis*, Gatt. der *Rauhblattgewächse*; hierzu das als Zierpflanze beliebte *Sumpf-V.* mit himmelblauen Blüten.

Vergleich, 1. Vertrag, durch den der Streit oder die Ungewißheit der Parteien über ein Rechtsverhältnis auf dem Wege gegenseitigen Nachgebens beseitigt wird. – 2. das zur Abwendung eines Konkurses bes. geregelte V.sverfahren.

Vergnügungsteuer, *Lustbarkeitsteuer*, Aufwandsteuer auf Veranstaltungen wie Film, Theater u. Konzert.

Vergrößerungsglas → Lupe.

Verhaeren [və'ha:rən], Émile, *1855, †1916, belg. Schriftst.; beschrieb in hymn. Stil die Welt der Masch. u. das Leben in der Großstadt.

Verhaftung, Freiheitsentziehung durch Organe der Staatsgewalt. → Festnahme, → Haft, → Untersuchungshaft.

Vergil zwischen den Musen Klio und Melpomene; römisches Mosaik aus Nordafrika

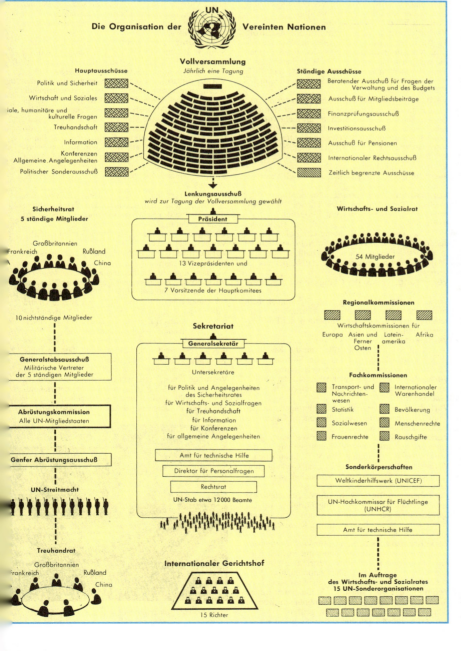

Verhaltensforschung, *Ethologie*, biolog. Forschungsrichtung, die die Gesetzmäßigkeiten des Verhaltens von Mensch u. Tier mit naturwiss. Methoden untersucht.

Verhältnis, Beziehung zw. Gegenständen oder Personen; meßbare oder vergleichbare Beziehung, Proportion; in der Math. Ausdruck der Form $a:b$ (Quotient zweier Größen).

Verhältniswahl, *Listenwahl, Proportionalwahl, Entscheidungsprinzip*, nach dem sich die Vergabe von Mandaten nach dem numer. Verhältnis der auf die Kandidaten oder auf die Listen der Parteien abgegebenen Stimmen richtet. Im Ggs. zur *Mehr-*

Wichtige Verjährungsfristen

Verjährungsfrist	Art des Anspruchs
30 Jahre	Allg. Verjährungsfrist (§ 195 BGB), daneben gibt es besondere, kürzere Verjährungsfristen
4 Jahre	Ansprüche auf Rückstände von Zinsen, Miet- u. Pachtzinsen, Renten, Auszugsleistungen, Besoldungen, Wartegeldern, Ruhegeldern, Unterhaltsbeiträgen u. anderen regelmäßig wiederkehrenden Leistungen (§ 197 BGB)
	Ansprüche von Kaufleuten, Fabrikanten, Handwerkern u. anderer für Leistungen an einen Schuldner, der selbst einen Gewerbebetrieb innehat (§ 196 BGB)
	Ansprüche auf Sozialleistungen (§ 45 SGB I)
	Festsetzung für Steuern u. Steuervergünstigungen außer Zöllen, Verbrauchsteuern, Zollvergütungen u. Verbrauchsteuervergütungen (§ 169 Abgabenordnung)
3 Jahre	Ansprüche auf Schadensersatz aus unerlaubter Handlung u. Amtspflichtverletzung (§ 852 BGB)
	Schadensersatzansprüche gegen Rechtsanwälte (§ 51 Bundesrechtsanwaltsordnung) u. Steuerberater (§ 68 Steuerberatungsgesetz)
	Wechselansprüche gegen den Bezogenen (§ 70 Wechselgesetz)
2 Jahre	Ansprüche von Kaufleuten, Fabrikanten, Handwerkern u. anderer für Warenlieferungen u. Arbeiten, die nicht für einen Gewerbebetrieb bestimmt sind, Forderungen von Frachtführern, Spediteuren, Gastwirten, Hoteliers, Maklern, Verwaltern, Architekten, Ärzten, Hebammen, Notaren, Rechtsanwälten, Steuerberatern, Wirtschaftsprüfern u. a.
	Ansprüche gewerbl. Vermieter für die Vermietung bewegl. Sachen
	Ansprüche von Arbeitnehmern auf Lohn, Gehalt u. andere vereinbarte Leistungen (§ 196 Nr. 1–17 BGB)
	Ansprüche aus einem Verlöbnis (§ 1302 BGB)
1 Jahr	Ansprüche aus Verkäufen von Grundstücken (§ 477 BGB)
	Festsetzung für Zölle, Verbrauchsteuern, Zollvergütungen u. Verbrauchsteuervergütungen (§ 169 Abgabenordnung)
6 Monate	Ansprüche des Käufers einer bewegl. Sache auf Wandelung, Minderung u. Schadensersatz (§ 477 BGB)
	Ansprüche auf Beseitigung eines Mangels (beim Werkvertrag) des Werkes oder Rückgängigmachung (Wandelung) des Vertrags, Minderung u. Schadensersatz (§ 638 BGB)
	Ansprüche aus der Verschlechterung einer vermieteten oder verliehenen Sache u. Verwendungsansprüche des Mieters oder Entleihers (§§ 558, 606 BGB)
	Ansprüche des Verpfänders u. Pfandgläubigers (§ 1226 BGB)

Verjährungsfristen im Strafrecht

Verjährungsfrist	Strafhöhe/Straftatbestand
Strafverfolgung	
30 Jahre	bei Taten, die mit lebenslanger Freiheitsstrafe bedroht sind
20 Jahre	bei Taten, die mit Freiheitsstrafe von mehr als 10 Jahren bedroht sind
10 Jahre	bei Taten, die mit Freiheitsstrafe zwischen mehr als 5 und bis zu 10 Jahren bedroht sind
5 Jahre	bei Taten, die mit Freiheitsstrafe zwischen mehr als 1 Jahr u. bis zu 5 Jahren bedroht sind
3 Jahre	bei allen übrigen Taten
Strafvollstreckung	
25 Jahre	bei Freiheitsstrafen von mehr als 10 Jahren
20 Jahre	bei Freiheitsstrafen zwischen mehr als 5 u. bis zu 10 Jahren
10 Jahre	bei Freiheitsstrafen zwischen mehr als 1 Jahr u. bis zu 5 Jahren
5 Jahre	bei Freiheitsstrafe bis zu 1 Jahr

heitswahl ist bei der V. auch die im Wahlkreis unterlegene Partei über versch. Verrechnungsmethoden an der Mandatsvergabe beteiligt.

Verhältniswort → *Präposition*.

Verhandlungen über konventionelle Streitkräfte in Europa, *VKSE*, 1989 in Wien begonnene Abrüstungsverhandlungen. Konferenzpartner: die Staaten der NATO u. des Warschauer Pakts; Vertragsunterzeichnung 1990 in Paris; danach 2. Verhandlungsphase mit dem 1992 unterzeichneten *KSE Ia-Abkommen*.

Verhandlungsmaxime, *Verhandlungsgrundsatz*, Grundsatz des Prozeßrechts, nach dem der vom Gericht zu beurteilende Sachverhalt nicht von ihm selbst, sondern von den Prozeßparteien beizubringen ist (im Zivilprozeß); Ggs.: *Offizialmaxime*.

Verhoeven, Paul, *1901, †1975, dt. Schauspieler, Regisseur u. Intendant.

Verhör → *Vernehmung*.

verhütten, Erze zu Metallen industriell verarbeiten.

Verifikation, *Verifizierung*, Nachprüfung oder Nachweis der Wahrheit einer Theorie durch Anwendung an einem konkreten Einzelfall.

Verismus, *Verismo*, eine seit der 2. Hälfte des 19. Jh. aufkommende Richtung der ital. Lit., bildenden Kunst u. Musik, die die Naturwirklichkeit in äußerst genauer, auch vor häßl.-abstoßender Wirkung nicht haltmachender Detailwiedergabe zu vergegenwärtigen sucht.

Verjährung, Verlust der Gültigkeit nach einer gesetzl. Frist.

Verkabelung, Verlegung von Breitbandkabeln zum verbesserten Empfang von Hörfunk- u. Fernsehprogrammen, auch zur Nutzung neuer Informationstechniken.

Verkalkung, Ablagerung von Calciumsalzen (Kalk) im Körpergewebe außerhalb des Knochengewebes; Ausdruck u. Folge von Störungen des Zellstoffwechsels u. der Gewebsernährung.

Verkauf, Veräußerung einer Ware auf der Grundlage eines schriftl. oder mündl. abgeschlossenen *Kaufvertrags*.

Verkehr, Gesamtheit aller Einrichtungen, die der räuml. Fortbewegung von Personen, Gütern u. Nachrichten dienen.

Verkehrspolizei, Organisationszweig der Polizei mit den Aufgaben der Verkehrsregelung u. der Aufklärung u. Verhütung von Verkehrsunfällen.

Verkehrssitte, die im Wirtschaftsverkehr übl. Gebräuche u. Bedingungen; entwickelt sich gelegentl. zum *Gewohnheitsrecht*.

Verkehrssprachen, überregionale Sprachen, die die Verständigung zw. Angehörigen versch. Sprachgemeinschaften auf einzelnen Gebieten ermöglichen, z.B. Englisch in Indien, Russisch in den Republiken der GUS.

Verkehrssünderkartei, ugs. für *Verkehrszentralregister*, beim Kraftfahrt-Bundesamt in Flensburg zentral geführte Kartei zur Registrierung von Entscheidungen der Verwaltungsbehörden über Versagung u. Entziehung der Fahrerlaubnis sowie von Verurteilungen oder sonstigen Maßnahmen wegen eines *Verkehrsdelikts*. Die Eintragungen werden nach Ablauf bestimmter Fristen getilgt.

Verkehrswacht, gemeinnützige Selbsthilfeorganisation zur Förderung der Verkehrssicherheit auf den Straßen in Dtld. Spitzenverband ist die *Deutsche Verkehrswacht e.V.*, Bonn.

Verkehrswert, *gemeiner Wert*, im Baurecht der Marktpreis für ein Grundstück, der im gewöhnl. Geschäftsverkehr ohne die Berücksichtigung von Liebhaberinteressen oder sonstigen Umständen zu erzielen ist. Die näheren Bewertungsrichtlinien werden durch eine im Bundesbaugesetz vorgesehene *Wertermittlungsverordnung* festgelegt.

Verkehrszeichen, am Straßenrand angebrachte Tafeln sowie auf die Fahrbahn aufgemalte Markierungen u. Absperrungen (z.B. rotweiß gestreifte Schranken) zur Regelung des Verkehrs auf öffentl. Straßen u. Plätzen. Die Zahl der V. u. ihre Ausgestaltung sind in der Straßenverkehrsordnung (StVO) festgelegt. Danach werden die V. in *Gefahr-, Vorschrift-* u. *Richtzeichen* unterschieden.

Verkehrszentralregister → Verkehrssünderkartei.

Verklappung, die Beseitigung von Sonderabfällen durch Versenken oder Einleiten auf hoher See. Die Abfallbehandlung auf See wird durch internat. Übereinkommen grundsätzlich geregelt. Ökologisch bes. problematisch sind die Einleitung von Dünnsäuren u. das Einbringen von schwermetallhaltigen Klärschlämmen.

Verkohlung, die beim starken Erhitzen vieler organ. Stoffe eintretende völlige Zersetzung, bei der immer kohlenstoffreichere Verbindungen u. schließlich mehr oder weniger reiner Kohlenstoff zurückbleiben.

Verkokung, Kohleveredelungsverfahren, bei dem Stein- u. Braunkohle unter hohen Temp. (1000 °C) von ihren flüchtigen Bestandteilen getrennt werden; dient u. a. zur Gewinnung von *Koks*.

Verkündigung, im christl. Sprachgebrauch das bezeugende, bekennende u. vergegenwärtigende Wort von der Herrschaft u. dem Heil Gottes in Christus, das Glauben als Entscheidung fordert. Hauptformen der V. sind *Predigt* u. *Katechese*.

Verkündung, 1. mündl. Bekanntmachung von Gerichtsurteilen in öffentl. Sitzungen. – **2.** *Publikation*, amtl. Veröffentlichung von Rechtsverordnungen in der vom Gesetz vorgeschriebenen Form (Bundesgesetzblatt, Bundesanzeiger u. a.).

Verl, Gemeinde in NRW, sö. von Gütersloh, 19 000 Ew.

Verlaine [vɛrˈlɛːn], Paul, *1844, †1896, frz. Schriftst.; führender Lyriker des Symbolismus; seine Thematik reicht von morbider Erotik bis zu ekstat. Frömmigkeit.

Verleger, Unternehmer, der einen Verlag betreibt; Verlagsbuchhändler.

Verleumdung, üble Nachrede wider besseres Wissen; strafbar.

Vlies, unterird. Gefängnis, Kerker.

Verlöbnis, *Verlobung*, das gegenseitige Versprechen, miteinander die Ehe eingehen zu wollen, verpflichtet bei Rücktritt ohne wichtigen Grund zum Schadensersatz für angemessene Aufwendungen u. Schuldverpflichtungen sowie zur gegenseitigen Herausgabe von Geschenken.

Vermächtnis, *Legat*, Verfügung des Erblassers durch Testament oder Erbvertrag über einzelne Nachlaßgegenstände zugunsten von Personen, die nicht zu Erben eingesetzt sind.

Vermeer [vɛr-], eigtl. *van der Meer*, Jan, gen. *V. van Delft*, *1632, †1675, ndl. Maler; entwickelte in atmosphär. Farbigkeit einen beseelten Stil, der Menschen u. Dinge mit liebevoller Versenkung in

Verkehr: elektronischer Wegweiser durch den Stadtverkehr

Jan Vermeer van Delft: Bei der Kupplerin; 1656. Dresden, Gemäldegalerie

die maler. Details darstellt. Die meisten Werke zeigen bürgerl. Innenräume mit wenigen Figuren.

Vermehrung →Fortpflanzung.

Vermessungskunde →Geodäsie.

Vermißte, Personen, deren Aufenthalt aufgrund bes. Umstände (Krieg, Naturkatastrophe, Unfall) unbekannt geworden u. auch nicht zu ermitteln ist.

Vermittlungsausschuß, Ausschuß aus der gleichen Anzahl von Mitgl. des *Bundestags* u. des *Bundesrats* zur Einigung über den Inhalt einer Gesetzesvorlage; wird z.B. auf Verlangen des Bundesrats einberufen, wenn der Bundesrat nicht bereit ist, einer vom Bundestag verabschiedeten Vorlage zuzustimmen.

Vermögen, in der Betriebswirtschaft die *Aktiva,* die als *Betriebs-V.* auf der Aktivseite der Bilanz stehen, getrennt nach *Anlage-* u. *Umlauf-V.;* ugs. häufig der Überschuß der Aktiva über die Verbindlichkeiten, das sog. *Rein-V.* – In der Volkswirtschaft das Eigentum natürl. u. jurist. Personen an wirtschaftl. Gütern u. Rechten.

Vermögensbildung, *V.* in Arbeitnehmerhand, Beteiligung der Arbeitnehmer am Produktivkapital der Volkswirtschaft; sozialpolit. Ziel, dem in Dtld. die *V.-Gesetze* dienen, die die *V.* der Arbeitnehmer durch *vermögenswirksame Leistungen* der Arbeitgeber (bis zu 936 DM jährl.) fördern.

Vermögensteuer, Steuer auf das Vermögen, die in Ergänzung zur Einkommen- u. Körperschaftsteuer eine Mehrbelastung des »fundierten« Einkommens bezwecken soll, ohne in die Substanz einzugreifen (nominelle V.).

Vermont [vɛˈmɔnt], Abk. *Vt.,* Gliedstaat im NO der →Vereinigten Staaten.

Vermummungsverbot, Verbot der Teilnahme an einer Demonstration in einer Aufmachung, die geeignet ist, die Feststellung der Identität zu verhindern; seit 1985 Ordnungswidrigkeit, seit 1989 Straftatbestand.

Verne [vɛrn], Jules, *1828, †1905, frz. Schriftst.; schrieb als erster utop., halbwiss. Abenteuerromane; W »Reise zum Mittelpunkt der Erde«, »20 000 Meilen unterm Meer«, »Reise um die Welt in 80 Tagen«.

Vernehmung, *Verhör,* das Befragen von Personen über ihre Person u. bestimmte Vorgänge; bes. die *V.* von Zeugen *(Zeugen-V.)* u. Sachverständigen, des Beschuldigten im Strafprozeß, der Parteien im Zivilprozeß *(Partei-V.).* Bei der *V.* ist jede Beeinflussung zu vermeiden. Vor der *V.* ist der Beschuldigte zu belehren, daß es ihm freisteht, ob er sich zur Sache äußern will, u. daß er vorher einen frei gewählten Verteidiger befragen darf. Zeugen u. Sachverständige sind vor der *V.* über etwaige Zeugnisverweigerungsrechte zu belehren.

Vernichtungslager, von der SS während des 2. Weltkriegs errichtete Lager, die im Unterschied zu den älteren *Konzentrationslagern* (KZ) von vornherein für die Massentötung der europ. Juden bestimmt waren; aus Geheimhaltungsgründen im besetzten Polen eingerichtet: Chełmno, Bełżec, Sobibór, Treblinka, Auschwitz-Birkenau, Lublin-Majdanek. Mehr als die Hälfte der nahezu 6 Mio. Opfer der nationalsozialist. Rassenpolitik kamen in V.n um.

Vernissage [-'saːʒ], Eröffnung einer Kunstausstellung mit geladenen Gästen u. Pressebesichtigung.

Vernunft, Erkenntnisvermögen, das nicht wie der *Verstand* auf die Erkenntnis des einzelnen, sondern auf das jeweilige Ganze oder den totalen Zusammenhang der Erscheinungen gerichtet ist; nach *Kant* das Vermögen, aus eig. Grundsätzen zu urteilen (*theoret. V.*) oder zu handeln (*prakt. V.*).

Verona, N-ital. Prov.-Hptst. an der unteren Etsch, 259 000 Ew.; roman.-got. Dom (12.–15. Jh.), zahlr. mittelalterl. Kirchen u. Paläste, röm. Amphitheater (Opernaufführungen); Scaligerburg; internat. Landw.-Messe, Obst- u. Gemüsegroßmarkt; Masch.-, Fahrzeug- u. Stahl-Ind.; Fremdenverkehr.

Veronese, Paolo, eigtl. P. *Caliari,* *1528, †1588, ital. Maler aus Verona; Hauptmeister der venezian. Spätrenaissance.

Veronika, Heilige, reichte nach der Legende Jesus auf dem Kreuzweg ihr Schweißtuch, auf dem sein Leidensantlitz sichtbar blieb; Fest: 4.2.

Verordnung, Abk. *VO,* von Regierungs- oder Verwaltungsorganen erlassene Vorschrift; enthält Rechtsvorschriften *(Rechts-V.)* oder Anordnungen an nachgeordnete Ämter oder Organe *(Verw.-V.).*

Verpfändung, Begründung eines Pfandrechts durch Vertrag.

Verrat, das Hintergehen eines anderen, dem man zur Treue verpflichtet ist; im Strafrecht häufig Bestandteil von Delikten (Hoch-V., Landes-V., Spionage).

Verrechnungsscheck, Scheck mit dem Vermerk »nur zur Verrechnung« u. ä.; kann nur durch Gutschrift auf ein vom Vorzeiger angegebenes Konto eingelöst werden, nicht bar.

Verrenkung → Luxation.

Verrochio [vɛˈrɔkjo], Andrea del, eigtl. A. del *Cione,* *1435, †1488, ital. Bildhauer, Bronzegießer, Goldschmied u. Maler; führte den Naturalismus in der Plastik des 15. Jh. zum Höhepunkt u. bereitete die Hochrenaissance vor; W David-Statue, Florenz; Reiterdenkmal des Colleoni, Venedig.

Vers, Teil der *gebundenen Rede,* der durch seinen metr. Rhythmus als gliederbare Einheit gekennzeichnet ist. Im antiken *V.* wird die lange Silbe, im abendländ. *V.* die betonte Silbe als rhythmustragend empfunden; als *V.* bezeichnet man gelegentl. auch einen kurzen Prosa-Abschnitt (bes. der Bibel-V.). Fälschlich wird *V.* oft für *Strophe* gebraucht, z.B. beim Kirchenlied.

Versailler Vertrag, Friedensvertrag zw. Dtld. u. den Alliierten zur Beendigung des 1. Weltkriegs; ohne dt. Beteiligung an den Verhandlungen nach Ultimatum am 28.6.1919 unterzeichnet. Durch den V. V. verlor Dtld. 70 000 km² seines Gebiets u. alle Kolonien; es mußte sich mit einem 100 000-Mann-Heer u. mit einer 15jährigen Besetzung des linksrhein. Gebiete abfinden; ihm wurden die Alleinschuld am Ausbruch des 1. Weltkriegs u. der Ersatz aller verschuldeten Kriegsschäden (Reparationen) aufgebürdet. Der V. V. wurde in Dtld. überwiegend als ungerecht empfunden u. von nahezu allen polit. Kräften abgelehnt. Die Unzufriedenheit mit dem V. V. wurde bes. von der NSDAP propagandistisch genutzt.

Versailles [vɛrˈsaj], frz. Stadt sw. von Paris, 92 000 Ew.; Kathedrale (18. Jh.). – Das *Schloß von V.,* 1682–1789 Residenz der frz. Könige, heute Nationalmuseum, ist der Hauptbau des frz. Barocks; es wurde unter *Ludwig XIV.* seit 1661 von L. *Le Vau* u. J. *Hardouin-Mansart* errichtet. Die Parkanlagen, in denen sich die beiden Lustschlösser *Grand* u. *Petit Trianon* befinden, schuf A. *Le Nôtre.*
1783 wurden die 13 Vereinigten Staaten von Amerika im *Frieden von V.* als unabhängig von Großbrit. anerkannt. – Im Spiegelsaal des Schlosses von V. fand nach dem Dt.-Frz. Krieg 1871 die Proklamation des Dt. Reichs statt. – Das Schloß war auch der Ort der Unterzeichnung des →Versailler Vertrags.

Versalien, Großbuchstaben eines Alphabets.

Versammlungsfreiheit, *Versammlungsrecht,* das Recht, sich jederzeit zu jedem Zweck ohne vorherige Genehmigung u. Kontrolle friedl. u. ohne Waffen zu versammeln; in Art. 8 GG u. in den Länderverfassungen gewährleistet.

Versandhandel, *Versandgeschäft, Versandhaus,* Organisationsform des Einzelhandels, durch die in weiträumiger Kundenkreis durch Zusendung von Katalogen u. Prospekten geworben u. bedient werden kann.

verschneiden, versch. Weinsorten zur Hebung der Qualität u. Geschmacksverbesserung mischen. Weinbrand *(Verschnitt)* wird durch Mischung mit Alkohol verschnitten.

Verschollenheit, länger dauernder unbekannter Aufenthalt einer Person, ohne daß Nachrichten darüber vorliegen, ob sie in dieser Zeit noch gelebt hat. Nach Ablauf bestimmter *V.sfristen* ist Todeserklärung möglich.

Verschulden, zivilrechtl. Begriff für Vorsatz u. Fahrlässigkeit. Dem *V.* entspricht im Strafrecht die Schuld.

Verschwörung, die bes. gegen den Staat gerichtete geheime Verbindung; als Komplott strafbar.

Versehrte, Militärdienst- u. Kriegsbeschädigte.

Verseifung, Einwirkung von Ätzkalien (z.B. Natronlauge) auf Fette, wobei sich Glycerin u. höhere Fettsäuren u. deren Alkalisalze bilden.

Versetzungszeichen, *Akzidentien,* in der Notenschrift die »zusätzlichen« Zeichen für die Erniedrigung ♭ u. Erhöhung ♯.

Versfuß → Metrum.

Versicherung, auf Gegenseitigkeit beruhende wirtsch. Veranstaltung zahlr., einem gleichartigen Risiko ausgesetzter Personen oder Sachen zur Deckung eines schätzbaren Vermögensbedarfs, dessen Eintritt dem Grund oder der Höhe nach ungewiß ist. Die *Individual-V.* unterscheidet sich von der *Sozial-V.* dadurch, daß 1. Abschlüsse zumeist freiwillig sind, 2. die Prämie sich individuell nach dem Risikoumfang bemißt u. 3. prakt. jedes Risiko versichert werden kann.

versiert, bewandert, geübt, gewandt.

Version, Fassung, Lesart.

Verslehre →Metrik.

Versöhnungstag →Jom Kippur.

Versorgung, im öffentl. Dienstrecht die materielle Sicherstellung der Beamten nach ihrem Ausscheiden aus dem aktiven Dienst.

Versorgungsausgleich, im Falle der Ehescheidung der Ausgleich von während der Ehe durch die Ehegatten erworbenen Rentenanwartschaften.

Versorgungsbetriebe, *Versorgungsunternehmen, Versorgungseinrichtungen,* öffentl., meist kommunale Einrichtungen zur Versorgung der Bevölkerung mit Energie (Elektrizität, Gas) u. Wasser u. zur Abführung von Abfallstoffen.

Verstaatlichung →Sozialisierung.

Verstädterung, Verlagerung des Schwergewichts des soz. Lebens vom Land in die Stadt u. die Durchdringung des Landes mit städt. Lebensformen. – K → S. 940.

Verstand, allg. die Fähigkeit, sinnl. oder gedankl.

Verstädterung: Anzahl der Millionenstädte

	1880	1890	1900	1920	1930	1940	1950	1960	1970	1980	1990
Europa	3	4	4	5	11	14	20	22	30	37	30
Sowjetunion/Rußland	–	1	2	2	2	2	2	4	10	21	23
Vorderasien	–	–	–	–	–	–	1	2	2	9	18
Süd- und Südostasien	–	–	–	–	2	2	6	12	18	29	27
Ostasien	1	2	3	7	7	9	16	23	27	34	41
Afrika	–	–	–	–	1	1	1	3	6	16	19
Nordamerika	1	3	3	4	5	6	11	21	31	40	30
Mittelamerika	–	–	–	–	–	1	1	4	8	9
Südamerika	–	–	–	2	2	4	4	7	11	20	22
Australien	–	–	–	–	1	2	2	2	2	3	5
Insgesamt		5	10	12	20	31	41	64	97	141	217	224

940 Verstärker

Inhalte im Denken aufzunehmen, zu entwickeln oder zu beurteilen; nach *Kant* das Vermögen zu urteilen; auch das Vermögen der begriffl. Erkenntnis, im Unterschied zur *Anschauung*.

Verstärker, elektron. Gerät zur Verstärkung einer Wechselspannung *(Spannungsverstärkung)* oder einer Wechselstromleistung *(Leistungsverstärkung).*

Verstauchung, *Distorsion,* Zerrung, Überdrehung u. Zerreißung von Gelenkbändern u. -kapsel; häufig an Hand-, Fuß- u. Kniegelenken.

Versteigerung, Ausbieten von Sachen oder Rechten gegen Höchstgebot. Freiwillige V. ist die *Auktion.* Eine öffentl. V. wird durch Gerichtsvollzieher (so immer in der Zwangsvollstreckung) oder durch bes. zugelassene gewerbsmäßige *Versteigerer* durchgeführt.

Versteinerungen → Fossilien.

Verstopfung, *Obstipation, Konstipation, Hartleibigkeit,* unregelmäßige, erschwerte oder ausbleibende Darmentleerung.

Vertebraten, *Vertebrata* → Wirbeltiere.

Verteidiger, 1. Abwehrspieler bei Ballspielen. – 2. vom Beschuldigten zu seiner Verteidigung gewählte oder zur notwendigen Verteidigung vom Gericht als *Offizial-V.* bestellte Rechtskundige.

Verteidigung, 1. *Defensive,* alle Maßnahmen, um einen Angriff *(Offensive)* des Gegners zum Scheitern zu bringen. – 2. Unterstützung des Beschuldigten u. Wahrnehmung seiner Interessen u. Rechte im Strafverfahren durch den Verteidiger.

Verteiler, 1. *Elektrotechnik: Sicherungs-V., Schalt-V.,* ein Kasten mit Anschluß- u. Verbindungsklemmen, in dem einzelne Leitungen miteinander verbunden werden. – 2. *Kfz-Technik: Zünd-V.,* in Verbrennungsmotoren ein umlaufender Schaltarm mit Kontaktscheibe; verteilt den Zündstrom auf die Zündkerzen.

vertikal, senkrecht, von oben nach unten oder umgekehrt; Ggs.: *horizontal.*

Vertikalkreis, Großkreis am Himmelsgewölbe, der auf dem Horizont senkrecht steht u. durch den Zenit geht.

Vertiko, kleiner Zierschrank mit konsolenartigem Aufsatz.

vertikutieren, die Grasmarke eines Rasens wurzeltief lockern u. belüften.

Vertrag, Rechtseinrichtung fast aller Rechtsgebiete, durch die Rechte u. Pflichten der V.spartner *(V.sparteien)* rechtsverbindlich festgelegt werden. Der V.sabschluß ergibt sich in der Regel schon durch die Abgabe übereinstimmender Willenserklärungen der V.spartner *(Konsensual-V.)* in Form der Annahme eines *V.sangebots (Offerte),* z. T. (z. B. beim *Darlehns-* oder *Pfand-V.)* nur bei gleichzeitiger Übergabe von Gegenständen *(Real-V.).*

Vertragsstrafe, *Konventionalstrafe,* aufgrund bes. Vereinbarung bei Nichterfüllung oder Schlechterfüllung eines Vertrags vom Schuldner zu zahlende Geldsumme; Ggs.: *Reugeld.*

Vertrauensarzt, ein von bestimmter Seite (z.B. Krankenkasse, Versicherungsanstalt) ins Vertrauen gezogener Arzt, zu dessen Aufgaben die Beurteilung von Gesundheitszustand, Unfallfolgen, Arbeitsfähigkeit u. ä. gehört.

Vertrauensfrage, die in der parlamentar. Demokratie von der Reg. an das Parlament gestellte Frage, ob sie das Vertrauen des Parlaments besitze, d. h. ob ihre Politik von der Mehrheit der Abg. gebilligt werde. Bei negativer Entscheidung *(Mißtrauensvotum)* der V. tritt die Reg. zurück; häufig kommt es dann zu Neuwahlen.

vertretbare Sachen, *fungible Sachen,* bewegl. Sachen, die im Geschäftsverkehr nach Zahl, Maß oder Gewicht bestimmt werden; z.B. Geld, Getreide, Kohlen.

Vertretung, allg. das Handeln anstelle eines anderen *(Stellvertretung):*
1. *offene V. (unmittelbare, direkte V.),* das als solches erkennbare Handeln im Namen eines anderen mit unmittelbarer Rechtswirkung für u. gegen ihn. *Gesetzl. Vertretungsmacht* haben z.B. die Eltern des ehel. Kindes oder die Geschäftsführung einer GmbH. *Rechtsgeschäftl. Vertretungsmacht* wird begr. durch *Vollmacht* des Vertretenen, im Handelsrecht insbes. durch *Handlungsvollmacht.*
2. *verdeckte V. (mittelbare indirekte V.),* das Handeln im eig. Namen, aber in fremdem Interesse. Verdeckte Vertreter sind z.B. *Kommissionär* u. *Spediteur.*
3. *Ersetzung (Substitution),* das Handeln anstelle einer anderen Person, aber nicht in deren Interesse, sondern im Interesse eines gemeinsamen Interessenten; bes. in der Behördenorganisation.

Vertrieb, Absatz von Waren.

Vertriebene, aus ihrer Heimat ausgewiesene Gruppen oder nat., rass. oder religiöse Minderheiten. Im dt. Sprachgebrauch wird die Bez. vor allem für die nach dem 2. Weltkrieg aus den Gebieten östl. der Oder-Neiße-Linie u. aus der Tschechoslowakei ausgewiesenen Deutschen verwendet.

Verunglimpfung, *Herabwürdigung,* bes. kränkende Form der Beleidigung u. üblen Nachrede.

Veruntreuung, schwerer Fall der *Unterschlagung;* auch → Untreue.

Verursacherprinzip, Grundsatz, daß die Kosten einer Umweltbelastung derjenige tragen soll, der für ihre Entstehung verantwortlich ist.

Verviers [ver'vje:], Stadt in der belg. Prov. Lüttich, an der Vesdre, 54 000 Ew.; Woll-, Leder-, Metall-, Masch.- u. Nahrungsmittel-Ind.

Verwaltung, die unmittelbar u. im einzelnen auf die Aufrechterhaltung oder Abänderung von bestimmten Lebensverhältnissen gerichtete Staatstätigkeit, die die von den anderen »Gewalten« gesetzten Zwecke relativ selbst. gestaltend oder vollziehend ausführt; auch die hierzu eingerichtete Behördenorganisation. Die V. im Rechtsstaat ist beherrscht von dem Grundsatz der *Gesetzmäßigkeit der V.*

Verwaltungsakt, eine Entscheidung oder andere hoheitl. Maßnahme, die von einer Verwaltungsbehörde zur Regelung eines Einzelfalls auf dem Gebiet des öffentl. Rechts getroffen wird.

Verwaltungsrat, Aufsichtsorgan in öffentl.-rechtl. Körperschaften, Anstalten u. Stiftungen.

Verwandtschaft, in Dtld. die *Bluts-V.* infolge Abstammung von gemeinsamen Voreltern(-teilen). Keine V. besteht zw. Ehegatten; durch die Heirat wird dagegen die → Schwägerschaft vermittelt. V. in direkter oder gerader Linie zw. Abkömmlingen (auch durch Annahme als Kind) u. Voreltern, *V. in der Seitenlinie* zw. den Abkömmlingen gemeinsamer Voreltern, *V. in auf-* bzw. *absteigender Linie* zw. Abkömmlingen u. Vorfahren bzw. umgekehrt. Der *Grad der V.* bestimmt sich nach der Zahl der sie vermittelnden Geburten; Geschwister sind Verwandte 2. Grades oder Verwandte 1. Grades der Seitenlinie.

Verwarnung, 1. schriftl. *gebührenpflichtige V.,* Maßnahme des *Ordnungsrechts* bei geringfügigen Ordnungswidrigkeiten anstelle der sonst verwirkten Geldbuße; vor allem im Straßenverkehrsrecht als sofortige Ahndung leichter Verkehrsverstöße. – 2. mündl. oder schriftl. Ermahnung *(Rüge, Tadel)* wegen ungebührlichen Verhaltens.

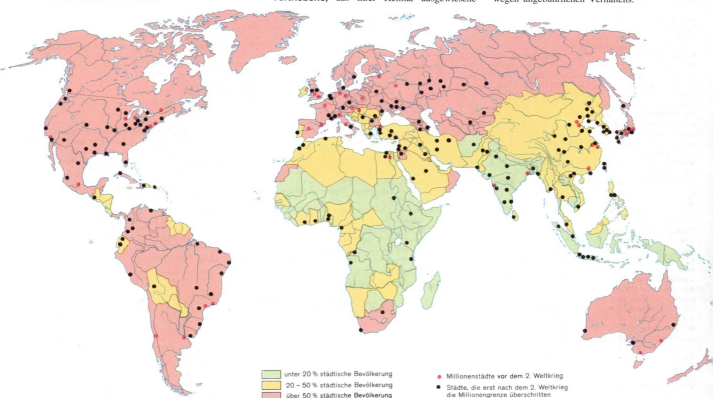

Die Verstädterung der Erde

Verweis, förml. Strafe im *Dienststrafrecht.*
Verwerfung, *Bruch, Sprung,* senkrechte Verschiebung von Gesteinsschollen längs einer mehr oder weniger geneigten Zerreißfläche (*V.sfläche, Bruchfläche*).
Verwertungsgesellschaft, Unternehmen mit der Aufgabe, die Rechte des *Urhebers* wahrzunehmen. Die V. schließt Verträge mit Musikveranstaltern, Rundfunkanstalten, Schallplattenherstellern u. a. Verwertern von Urheberrechtsgut ab u. verteilt die Erträge an die Urheber. →GEMA.
Verwesung, der unter Mitwirkung von Bakterien ablaufende oxydative Abbau organ. Verbindungen, bes. von Eiweiß, zu einfachen Verbindungen wie Ammoniak, Kohlendioxid, Wasser, Nitraten u. Sulfaten.
Verwey [vɛr'wei], Albert, *1865, †1937, ndl. Schriftst.; führend in der Gruppe der »Tachtiger«; schrieb pantheist.-myst. Lyrik.
Verwitterung, zersetzende Veränderung der oberflächennahen Gesteine durch Temperaturschwankungen, durch die lösende Wirkung von Wasser, chem. Umsetzung u. a.
Verwoerd [fər'vu:rt], Hendrik Frensch, *1901, †1966 (ermordet), südafrik. Politiker; Führer der Nationalen Partei, Verfechter der Apartheid-Politik; 1958–66 Min.-Präs.
Vesal, *Vesalius,* Andreas, *1514/15, †1564, Leibarzt Kaiser *Karls* V. u. *Philipps II.* von Spanien; begr. die moderne wiss. Anatomie.
Vespasian, Titus Flavius *Vespasianus,* *9 n. Chr., †79, röm. Kaiser 69–79; Begr. der 1. Dynastie der Flavier.
Vesper, 1. die Zeit gegen den Abend zu; Mahlzeit am Nachmittag, Abendbrot. – **2.** in der kath. Kirche: *Abendlob,* Stundengebet am späten Nachmittag oder Abend.
Vesperbild →Pietà.
Vespucci [-'putʃi], Amerigo, *1451, †1512, ital. Seefahrer; entdeckte 1497–1504 auf vier Reisen große Küstenstrecken Südamerikas. F. *Waldseemüller* (im Glauben, V. sei der Entdecker) benannte »Amerika« nach dessen Vornamen.
Vesta, altröm. Göttin des häusl. Herdes u. des Feuers; Staatskult in einem Rundtempel auf dem Forum Romanum, dessen Flamme von den 6 jungfräul. *Vestalinnen* gehütet wurde.
Vesterålen, N-norw. Inselgruppe der Lofoten, vor Hinnöy.
Vestibül, repräsentative Eingangshalle.
Vesuv, ital. *Monte Vesùvio,* tätiger Vulkan am Golf von Neapel (Italien), 1281 m. Der Ausbruch 79 n. Chr. verschüttete die Städte *Herculaneum, Pompeji* u. *Stabiae.*
Veszprém, dt. *Weißbrunn,* Hptst. des gleichn. ung. Komitats, 64 000 Ew.; TU; erzbischöfl. Palais, Burg, Dom; Nahrungsmittel-Ind.
Veteranen, altgediente oder halbinvalide Soldaten.
Veterinärmedizin, *Tiermedizin, Tierheilkunde,* Wissenschaft, die sich mit der Erforschung, Behandlung u. Verhütung von Krankheiten der Haustiere u. der in freier Wildbahn u. in zoolog. Gärten lebenden Tiere befaßt.
Veto, Einspruch gegen Maßnahmen Dritter mit der Rechtsfolge, daß deren Durchführung unterbleibt.
Vetter, Sohn eines Onkels oder einer Tante; allg. ein entfernter Verwandter *(Gevatter).*
Vetter, Heinz Oskar, *1917, †1990, dt. Gewerkschaftsführer; 1969–82 Vors. des DGB.
Vevey [və'vɛ], Bez.-Hptst. im schweizer. Kt. Waadt, am Genfer See, 15 000 Ew.; Museen; Tabakfabriken; Kurort; Weinanbau.
Vexierbild, Rätselbild, aus dem ein verborgen gezeichnetes anderes Bild (Figur, Tier, Kopf) herausgefunden werden soll.
Vézère [ve'zɛ:r], r. Nebenfluß der *Dordogne* im sw. Frankreich, 192 km. Höhlen am Talhang bergen die vorgeschichtl. Fundstätten Lascaux, Le Moustiers, La Madeleine, Crô-Magnon u. Les Eyzies.
VfB, Abk. für *Verein für Bewegungsspiele.*
VfL, Abk. für *Verein für Leibesübungen.*
VfR, Abk. für *Verein für Rasenspiele(-sport).*
VHF, Abk. für engl. *Very High Frequencies* (Ultrahochfrequenz).
Via Appia, südl. Ausfallstraße Roms, über Benevent nach Brindisi; 312 v. Chr. vom röm. Zensor *Appius Claudius* errichtet.
Via dolorosa, Schmerzensweg *Jesu* durch Jerusalem nach Golgatha.
Viadukt, oft mehrstöckiges Bauwerk zur Überbrückung eines Geländeeinschnitts.

Victoria regia

Via Mala, bis 500 m tiefe, 2,5 km lange, wildromantische Klamm des Hinterrheins im schweiz. Kt. Graubünden.
Viareggio [via'redʒo], ital. Hafenstadt u. Kurort in der Toskana, westl. von Lucca, 59 000 Ew.; berühmter Karneval.
Viaticum, *Wegzehrung,* in der kath. Kirche die dem Sterbenden gereichte Kommunion.
Viborg ['vi:bɔr], Hptst. der gleichn. dän. Amtskommune nw. von Århus, 39 000 Ew.; Dom (12. Jh.); ehem. Hptst. Jütlands.
Vibraphon, Metallstabspiel in Klaviaturanordnung, hpts. im Jazz u. in der U-Musik.
Vibration, Schwingung, Zittern, feine Erschütterung.
Vibrato, das durch schwache Bewegungen des Fingers bei Streichinstrumenten bewirkte Beben des Tons zur Ausdruckssteigerung; ähnlich auch im Gesang.
Vicente [vi'sɛntɛ], Gil, *1465, †1536, port. Dichter; Begr. des port. Theaters.
Vicenza [vi'tʃɛntsa], N-ital. Prov.-Hptst. in Venetien, am Bacchiglione, 110 000 Ew.; Dom (15. Jh.), Altstadt mit Renaissance- u. got.-venezian. Palästen; Hauptzentrum des ital. Goldschmiedehandwerks.
Vichy [vi'ʃi], frz. Stadt u. Heilbad in der Auvergne, 31 000 Ew.; 1940–44 frz. Reg.-Sitz; Ziel der V.-Reg. unter *Pétain* war es, durch Zusammenarbeit *(Kollaboration)* mit Dtld. möglichst viel Eigenständigkeit für Frankreich zu retten.
Vico, Giovanni Battista, *1668, †1744, ital. Philosoph; verfocht gegen den Cartesianismus eine geschichtl.-genet. Betrachtung der Welt.
Vicomte [vi'kɔ̃t], frz. Adelstitel, zw. Graf u. Baron; engl. *Viscount.*
Victoria →Viktoria.
Victoria [vik'tɔria]. **1.** austral. Bundesstaat im SO des Kontinents, 227 600 km², 4,2 Mio. Ew.; Hptst. *Melbourne.* – **2.** Hptst. der brit. Kronkolonie Hongkong, 500 000 Ew.; Reg.-, Banken- u. Geschäftszentrum; Univ.; Flughafen. – **3.** Hptst. u. Hafen der W-kanad. Prov. British Columbia, auf der Insel Vancouver, 66 000 Ew. – **4.** *Port V.,* Hptst. der Republik Seychellen, 23 000 Ew.; Flughafen.
Victoriafälle, bis 122 m hohe Wasserfälle am Sambesi bei Livingstone, auf der Grenze zw. Sambia u. Simbabwe.
Victoria regia, amerik. *Seerosengewächs;* Blätter erlangen einen Durchmesser von 2 m.
Victoriasee, *Lake Victoria,* größter afrik. See, am Äquator, 69 484 km², bis 85 m tief, 1134 m ü. M.; Zufluß *Kagera;* Abfluß *Victorianil;* Anliegerstaaten: Tansania, Uganda u. Kenia; rege Schiffahrt; bed. Fischerei.
Vidal ['vidal], Gore, *3.10.1925 US-amerik. Schriftst.; Kritiker soz. Mißstände u. polit. Willkür.
Videokamera, Kamera zur Aufnahme von Bildsignalen; Hell-Dunkel-Werte werden in elektr. Impulse umgewandelt, die in einem *Videorecorder* auf Magnetband aufgezeichnet, auf einem Fernsehschirm wiedergegeben oder zu einem Bildmischpult weitergeleitet werden. →Camcorder.
Videokunst, Kunstform, die sich des Fernsehgeräts als Medium der künstler. Aussage bedient (N. J. *Paik,* W. *Vostell* u. a.).
Videorecorder, Gerät, das Bilder auf ein Magnetband in einer Kassette aufzeichnen u. wiedergeben kann; Aufzeichnungen können vom Fernsehgerät oder durch eine *Videokamera* gemacht werden.
Videotext, *Fernsehtext,* Übertragung zusätzl. Text- u. Graphikinformationen während des laufenden Fernsehprogramms; für den Zuschauer mit einem bes. Steuergerät abrufbar.
Vidikon, Kameraröhre für das Fernsehen; ähnl. dem *Orthikon* aufgebaut, nützt jedoch den äußeren Photoeffekt von Halbleitern aus.
Vidor, King, *1894, †1982, US-amerik. Regisseur; bek. durch sentimentale, sozialkrit. u. visuell vollkommene Filme; Ⓦ »Krieg u. Frieden«.
Viehzucht →Tierzucht.
Vieleck, *Polygon,* jede geradlinige ebene Figur mit einer festgelegten Anzahl von Eckpunkten.
Vielehe →Polygamie.
Vielflach, *Vielflächner* →Polyeder.
Vielfraß, *Järv,* plumper, mittelgroßer *Marder* mit braunschwarzem Fell u. buschigem Schwanz; im nördl. Eurasien u. Amerika.
Vielgötterei →Polytheismus.
Vielmännerei →Polyandrie.
Vielweiberei →Polygynie.
Vielzeller, die vielzelligen Lebewesen im Gegensatz zu den einzelligen.
Vienne [vjɛn]. **1.** frz. Stadt an der unteren Rhône, 28 000 Ew.; frühe röm. Bauwerke, rom. Klosterkirche (12. Jh.); landw. Handelszentrum, Weinanbau. – **2.** l. Nbfl. der Loire in Frankreich, 372 km.
Vientiane [frz. vjɛn'tjan], Hptst. von Laos, am Mekong, 377 000 Ew.; Flughafen.
Viereck, ebene, geradlinig begrenzte Figur mit vier Ecken; bes. V.e: Quadrat, Rechteck, Drachen, Raute (Rhombus), Trapez u. Parallelogramm.
Viererbande, polem. Bez. für eine linksradikale Fraktion in der Führung der Kommunist. Partei Chinas, die in den letzten Lebensjahren Maos beträchtl. Einfluß ausübte; 1976 verhaftet, 1981 verurteilt zu Todesstrafen (umgewandelt in lebenslängl. Haftstrafen) u. hohen Haftstrafen.
Vierfarbendruck, Farbendruck, bei dem neben Gelb, Rot u. Blau auch Schwarz zur Erzielung besserer Tiefenwirkung Anwendung findet.
Viergespann →Quadriga.
Viernheim, hess. Stadt in der Oberrhein. Tiefebene, 30 000 Ew.; Masch.-, Textil- u. Tabak-Ind.
Vierpol, elektr. Gebilde in der Nachrichtentechnik mit zwei Eingangs- u. zwei Ausgangsklemmen. Es gibt *aktive* (Verstärker) u. *passive* V.e (Transformator, Filter, Leitung).
Viersen [fi:r-], Krst. in NRW, nördl. von Mönchengladbach, 78 000 Ew.; spätgot. St. Remigiuskirche; Weberelen, Elektro- u. Kunststoff-Ind.
vierte Dimension, die zum dreidimensionalen Raum in der →Relativitätstheorie als neue Dimension hinzugenommene *Zeit.*
Vierter Stand, im frühen 19. Jh. sich einbürgernde, am Dreiständeschema Adel-Klerus-Bürgertum orientierte Bez. für das aufkommende Lohnarbeiter-Proletariat.
Vierte Welt, jene Länder der *Dritten Welt,* die über keine Rohstoffe (z.B. Erdöl) verfügen u. von der allg. Preissteigerung bes. hart betroffen sind.
Vierung, Raum der Kirche, in dem sich das Mittelschiff des sich aus Langhaus u. Chor zusammensetzenden Längsbaus u. das Querhaus durchdringen; darüber oft ein *V.sturm.*
Vierwaldstätter See, von der Reuss durchflossener u. von den »Vier Waldstätten« (Urkantone) *Uri, Schwyz, Unterwalden* u. *Luzern* umgebener mittelschweizer. See, 434 m ü. M., 114 km².
Vierzehn Heilige →Nothelfer.
Vierzehnheiligen, Wallfahrtskirche im oberen Maintal bei Staffelstein; Hauptwerk der barocken

Vielfraß

dt. Kirchenbaukunst, begonnen von Balthasar Neumann, vollendet 1772.

Viet-Cong [viɛt-], Kurzform für *Viet-Nam Cong San*, »vietnames. Kommunist«, Bez. für die 1957–75 in Südvietnam operierenden Guerillas der *Nat. Befreiungsfront*.

Viet-Minh [viɛt-], 1941 von *Ho Tschi Minh* gegr. Unabhängigkeitsbewegung Indochinas; gegen die frz. Kolonialherrschaft gerichtet.

Vietnam, Staat in Hinterindien, 331 689 km², 68,2 Mio. Ew., Hptst. *Hanoi*.

L a n d e s n a t u r . Wirtschaftl. Kernräume V. sind

Vietnam

die Schwemmlandebenen um die Deltas vom *Roten Fluß* im N u. vom *Mekong* im S. Ansonsten ist das Land überwiegend gebirgig u. erreicht im *Fan Si Pan* im N Höhen von 3142 m, in der *Annamitischen Kordillere* im S 2598 m. Das Klima ist im N subtropisch, im S tropisch-heiß. Sommerl. Niederschläge bringt der SW-Monsun.

Die B e v ö l k e r u n g besteht zu knapp 90% aus Vietnamesen. Mehr als die Hälfte bekennen sich zum Buddhismus. Daneben gibt es zahlr. Mischreligionen u. eine kath. Minderheit.

W i r t s c h a f t . Die Landwirtschaft ist Lebensgrundlage V. Hauptanbauprodukt ist Reis; für den Export werden v. a. Kautschuk, Tee, Mais u. Kaffee angebaut. Rd. 40% der Landesfläche sind bewaldet u. forstwirtschaftl. nutzbar. Küsten- u. Binnenfischerei sind von Bedeutung. V. verfügt über zahlr. Bodenschätze: Steinkohle, Eisen, Zink, Chrom, Gold, Phosphat u. a. Die verstaatlichte, meist in Kleinbetrieben produzierende Industrie hat ihren Schwerpunkt auf der Nahrungsmittel-, Textil-, Eisen- u. Stahl-, Maschinen- u. chem. Ind.

G e s c h i c h t e . Von 111 v. Chr. bis 939 n. Chr. war V. chin. Prov. Von 939 bis 1945 bestand ein Kaiserreich. Zentralvietnam (früher *Annam*) war zeitweise von den indisierten Cham beherrscht. 1802 wurde das Gesamtgebiet des heutigen V. vereint (letzte Kaiserdynastie *Nguyen*). 1883–1945 unterstanden die vietnames. Kaiser dem frz. Protektorat, seit 1888 gehörte V. zu *Frz.-Indochina*. 1945 dankte Kaiser *Bao-Dai* ab. *Ho Chi Minh* proklamierte am 2.9.1945 die Unabhängigkeit u. rief die D e m o k r a t . R e p u b l i k V i e t n a m aus. Am 19.12.1946 begann mit Partisanenangriffen der *Viet-Minh* auf die frz. Truppen ein langwieriger Kampf (Indochina-Kriege). Mit der Einnahme von *Diên Biên Phu* am 7.5.1954 war die frz. Niederlage besiegelt. Das *Genfer Indochina-Abkommen* vom 21.7.1954 teilte das Land entlang dem 17. Breiten-

grad provisorisch in eine N-Zone (Viet-Minh) u. eine S-Zone.

Nord-V. entwickelte sich zu einer kommunist. Volksrepublik. In *Süd-V.* machte sich 1955 *Ngo Dinh Diem* zum Präs. der Rep. V. (Verf. 1956). Die Weigerung Süd-V., eine Volksabstimmung über die Wiedervereinigung abzuhalten, u. die Mißstände unter dem Diem-Regime bewirkten seit 1957 ein Wiederaufleben der Tätigkeit kommunist. Guerillas *(Viet-Cong)* in Süd-V., die von Nord-V. aus unterstützt wurde. Die USA griffen in wachsendem Maß in die Kämpfe ein. Es kam zum → Vietnam-Krieg. 1973 wurde ein Waffenstillstand geschlossen (Vietnam-Konferenz). Er beendete jedoch nur das militär. Engagement der USA in V.; der Bürgerkrieg ging unvermindert weiter. Im Frühjahr 1975 eroberten Viet-Cong u. Nordvietnamesen Süd-V. 1976 wurden Nord- u. Süd-V. unter Führung Hanois wiedervereint. Die *Sozialist. Rep. V.* entstand. 1977 wurde V. UN-Mitglied. 1979 besetzten vietnames. Truppen das mit China verbündete Kambodscha; daraufhin unternahm China eine »Strafaktion«. Bis zu seinem Tode 1969 war Ho Chi Minh der beherrschende polit. Führer der Kommunisten. Danach bestand eine kollektive Führung. Seit 1986 war *Nguyen Van Linh* Generalsekretär der Kommunist. Partei. 1989 zog V. seine Truppen aus Kambodscha zurück. 1991 wurde *Do Muoi* neuer Parteichef. 1992 trat eine neue Verf. in Kraft.

Vietnam-Krieg, die zweite Phase der *Indochina-Kriege;* anfangs ein vietnames. Bürgerkrieg, der durch Unterstützung der UdSSR u. Chinas auf nordvietnames. Seite u. durch das militär. Eingreifen der USA auf südvietnames. Seite zu einem SO-asiat. Krieg wurde. Die USA griffen ein, weil sie fürchteten, daß die südostasiat. Staaten kommunistisch würden *(Dominotheorie)* u. daß sie selbst Macht u. Einfluß in den östl. u. sö. Pazifik-Staaten verlieren könnten.

Als Südvietnam sich 1956 weigerte, die auf der *Genfer Indochina-Konferenz* (1954) vorgesehene Volksabstimmung zur Wiedervereinigung abzuhalten, kam es in Südvietnam seit 1957 zunehmend zu Guerillatätigkeit der kommunistisch geführten *Viet-Cong.* Obwohl die USA als Garantiemacht seit 1961 Militärberater entsandten u. schließl. auch zum Sturz der Regierung *Diem* beitrugen, verschlechterte sich ständig die militär. Situation, insbes. durch das Einströmen von Material u. Soldaten aus Nordvietnam. 1964 nahmen die USA den *Tonkin-Zwischenfall* zum Anlaß für einen Einsatz eig. Streitkräfte in Südvietnam u. für einen Luftkrieg gegen Nordvietnam.

1969 begannen die USA mit dem Abzug ihrer Truppen. Der V. wurde nach langen Verhandlungen 1973 durch einen Waffenstillstand formell beendet, der jedoch kein Ende der Kämpfe u. keine Klärung der Machtverhältnisse in Südvietnam brachte. Nach dem Sturz des Thieu-Regimes u. der Eroberung Saigons am 30.4.1975 war der 30jährige V. beendet. – Der V. hat beide Teile Vietnams durch Bomben u. Herbizide weithin verwüstet. Er kostete insges. 2,5 Mio. Tote.

Vigée-Lebrun [vi'ʒe: lə'brœ̃], Elisabeth-Louise, *1755, †1842, frz. Malerin; frühklassizist. Bildnisse von anmutiger Eleganz (Marie-Antoinette, Madame de Staël u. a.).

Vigeland, Gustaf, *1869, †1943, norweg. Bildhauer (pathet. Monumentalstatuen).

Vigneaud [vi'njo], Vincent du, *1901, †1978, US-amerik. Biochemiker; arbeitete über Naturstoffe; Nobelpreis 1955.

Vignette, kleinformatiges Zierbild als Buchschmuck (Holz- oder Kupferstich), bes. im 18. Jh..

Vignola [vi'njo:la], Giacomo, eigtl. G. *Barozzi,* *1507, †1573, ital. Baumeister u. Architekturtheoretiker; vollzog den Übergang vom renaissancehaft-stat. Bauen zu barocker Dynamik.

Vigo, NW-span. Ind.-Stadt in Galicien, Militär- u. Handelshafen, 277 000 Ew.; größter Fischereihafen Spaniens; Schiff- u. Kfz-Bau.

Vijayanagar, *Vidschajanagara,* letztes hinduist. Großreich in S-Indien 1346–1565; Hptst. V. von islam. Truppen zerstört, seit 1980 Ausgrabungen.

Vijayawada, ind. Stadt in Andhra Pradesh, am Krishnadelta, 470 000 Ew.; buddhist. Pilgerzentrum.

Vikar, 1. allg. Titel eines Stellvertreters. – **2.** Geistlicher ohne selbständiges Amt.

Viktor, 1. *V. Amadeus II.,* *1666, †1732, Herzog von Savoyen (1675–1730), König von Sizilien 1713–18 u. Sardinien 1718–30; dankte ab. – **2.** *V.

Vietnam-Krieg: amerikanische Soldaten mit Hubschrauberunterstützung im Einsatz

Emanuel II., *1820, †1878, König von Italien 1861–78, König von Sardinien-Piemont 1849–61; aus dem Hause Savoyen. – **3.** *V. Emanuel III.,* Enkel von 2), *1869, †1947, König von Italien 1900–46, seit 1936 auch Kaiser von Äthiopien u. seit 1939 König von Albanien; arbeitete mit dem faschist. Regime zus. 1946 dankte er zugunsten seines Sohnes Umberto (II.) ab u. ging ins Exil.

Viktoria, symbol. Darstellung des Sieges, meist als geflügeltes weibl. Wesen.

Viktoria, 1. Tochter von 2) *1840, †1901, dt. Kaiserin 1888; seit 1858 verh. mit dem preuß. Kronprinzen *Friedrich Wilhelm,* dem späteren Kaiser Friedrich III. – **2.** *Victoria,* *1819, †1901, Königin von Großbritannien u. Irland 1837–1901, Kaiserin von Indien 1877–1901; seit 1840 verh. mit Albert von Sachsen-Coburg-Gotha (†1861). Ihre Regierungszeit nennt man **Viktorianisches Zeitalter,** gekennzeichnet durch wirtsch. Aufschwung, ein festgefügtes, an den Moralprinzipien des Groß- u. Mittelbürgertums ausgerichtetes Gesellschaftsbild u. eine gefühlsbetonte Verankerung der Monarchie im Volk.

Viktualien, Lebensmittel.

Vikunja →Lama.

Vila, Hptst. von Vanuatu, auf Efate, 14 000 Ew.; Überseehafen, Flugplatz.

Vilbel [f-], *Bad V.,* hess. Stadt an der Nidda, 25 000 Ew.; Heilbad; Mineralwasserherstellung, elektron. Ind.

Vildrac [-'drak], Charles, eigtl. C. *Messager,* *1882, †1971, frz. Schriftst.; schilderte die Welt der kleinen Leute.

Villa, Landhaus, größeres Einfamilienhaus.

Villach [f-], östr. Bez.-Hptst. in Kärnten, an der Drau, 53 000 Ew.; östl. der *Villacher Alpe.* – got. Pfarrkirche (15./16. Jh.), barocke Heiligkreuzkirche; Verkehrsknotenpunkt, Metall- u. Masch.-Ind., Brauereien.

Villahermosa [viljaɛr'mosa], Hptst. des mex.

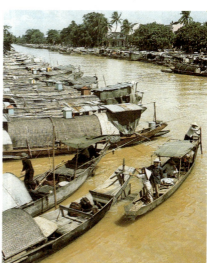

Vietnam: Hausboote in Huê

Königin Viktoria

Bundesstaats Tabasco, 390 000 Ew.; Univ.; Tabak-, Holz-, Zucker-Ind.; Hafen.
Villa-Lobos ['vilja 'lɔbus], Heitor, * 1887, † 1959, brasil. Komponist, Dirigent u. Volksliedforscher; Opern, Ballette, 12 Sinfonien, Klavierkonzerte, Streichquartette u. a.
Ville ['vilə], bis 177 m hoher Hügelzug in der Kölner Bucht, sw. von Köln; Braunkohlentagebau.
Villiers de l'Isle-Adam [vi'lje:dəli:la'dã], Philippe Auguste Comte de, * 1838, † 1889, frz. Schriftst. (myst. gestimmte Erzählungen).
Villingen-Schwenningen [f-], Krst. in Ba.-Wü., nördl. der Baar, 77 000 Ew.; Reste der Stadtmauer, frühgot. Münster, spätgot. Rathaus; Uhrenmuseum; Metall-, Uhren-, Elektro-Ind.
Villon [vi'jõ], **1.** François, eigtl. F. de *Montcorbier* oder des *Loges*, *um 1431, † nach 1463, frz. Dichter; Vagabund, dessen Lebensumstände aus Pariser Polizeiakten bekannt sind. Seine Gedichte sind Ausklang u. Höhepunkt der Vagantendichtung. – **2.** Jacques, eigtl. Gaston *Duchamp*, * 1875, † 1963, frz. Maler u. Graphiker; Bruder von M. *Duchamp* u. R. *Duchamp-Villon*; schloß sich 1910 den Kubisten an u. wurde Hauptfigur der Gruppe »Section d'Or«.

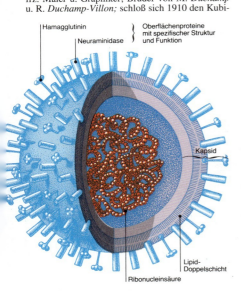

Viren: Modell eines Influenzavirus

Vilnius, *Wilna*, Hptst. von Litauen, 566 000 Ew.; Kultur-, Handels- u. Verkehrszentrum; Univ.; vielseitige Ind.
Vils, r. Nbfl. der Donau, 110 km.
Vilsbiburg [f-], Stadt in Niederbay., an der Vils, 10 000 Ew.; spätgot. Pfarrkirche; Textil- u. Masch.-Ind.
Vilshofen [f-], Stadt in Niederbay. an der Mündung der Vils in die Donau, 15 000 Ew.; Pfarrkirche (1803), Wallfahrtkirche (17. Jh.); Bekleidungs-Ind., Maschinenbau, Brauerei.
Viña del Mar ['vinja ðɛl-], östl. Villenvorstadt von Valparaíso (Chile), 316 000 Ew.; Seebad.
Vinaigrette [vinɛ'grɛt], kalte Soße aus Essig, Öl, Kräutern, oft mit kleingehacktem Ei für Salate.
Vincennes [vɛ̃'sɛn], industriereiche Vorstadt von Paris, 43 000 Ew.; Metall-, Masch.-, Elektro- u. opt. Ind., Druckereien, Parfümfabriken.
Vindeliker, kelt. Stamm südl. der Donau im Land *Vindelizien*; 15 v. Chr. von den Römern unterworfen u. der Prov. Rätien zugeteilt.
Vineta, sagenhafte, untergegangene Stadt auf der Insel Wollin.
Vinkulierung, Einschränkung der Übertragbarkeit eines Wertpapiers durch den Emittenten; z.B. **vinkulierte Aktie**, deren Übertragung erfordert die Zustimmung der Gesellschaft.
Vinland ['vi:n-], »Weinland«, Bez. für die um 1000 n. Chr. von dem Wikinger *Leif Erikson* entdeckte nordamerik. Küste, wo im Hinterland wilder Wein wuchs; wahrsch. die Küste von Massachusetts bei der heutigen Stadt Boston.
Vinylharze, *Poly-V.*, Gruppe von Kunststoffen: *Polyvinylacetale, Polyvinylacetat, Polyvinylalkohol, Polyvinylether, Polyvinylchlorid.*
Vinzenz von Paul, * 1581, † 1660, frz. kath. Ordensstifter; gründete 1625 die Weltpriester-Genossenschaft der *Lazaristen* (Vinzentiner) u. 1633 zus. mit Louise de *Marillac* (* 1591, † 1660) die Genossenschaft der Barmherzigen Schwestern (*Vinzentinerinnen*). – Heiligsprechung 1737 (Fest: 27.9.).
Viola, 1. → Veilchen. – **2.** seit dem 16. Jh. Sammelname für Streichinstrumente in versch. Stimmlagen (*V. da gamba, V. d'amore*); heute nur noch das Altinstrument der Violinfamilie, ugs. meist *Bratsche* genannt.
Violine, *Geige*, das seit dem 18. Jh. führende Streichinstrument, mit den Saiten g-d'-a'-e''. Der Korpus (Resonanzkasten) besteht aus dem Boden, den Zargen u. der Decke mit den F-Löchern. Ein Holzstäbchen – die »Stimme« – im Korpus zw. den F-Löchern hat eine akustisch wichtige Stützfunktion als Verbindung von Decke u. Boden. Zw. den F-Löchern steht der Steg, der die Saitenschwingungen auf den Korpus überträgt. An der Entwicklung der V. waren neben ital. auch dt., östr. u. frz. Meister beteiligt (*Gasparo da Salò*, die Fam. *Amati* u. *Guarneri*, A. *Stradivari*, M. *Klotz*, C. *Tieffenbrucker*, J. *Stainer*).
Violinschlüssel, in der Notenschrift der G-Schlüssel auf der zweituntersten Linie des Fünflinien-Systems, seit dem 13. Jh. in Gebrauch; heute der weitaus gebräuchlichste *Notenschlüssel*.
Viollet-le-Duc [vjɔ'lɛlə'dyk], Eugène-Emmanuel, * 1814, † 1879, frz. Architekt u. Restaurator; Verfechter der Wiederbelebung des got. Stils.
Violoncello [-'tʃɛlo], kurz *Cello*, Geigeninstrument in der tieferen Oktave der *Viola* mit den Saiten C-G-d-a; Bau u. Form entspr. der *Violine*; doch der Hals ist relativ länger, u. die Zargen sind höher.
Violone → Kontrabaß.
Viotti, Giovanni Battista, * 1755, † 1824, ital. Geiger u. Komponist (u. a. 29 Violinkonzerte).
VIP, Abk. für engl. *very important person.*
Vipern, *Viperidae*, Fam. giftiger *Schlangen*; Hauptmerkmale: senkrecht gestellte Pupille, meist dreieckiger, scharf abgesetzter Kopf, zwei Hauptgiftzähne. Hinter den Giftzähnen sind Ersatzgiftzähne in größerer Zahl angelegt. Hierher gehören z.B. *Kreuzotter, Aspisviper, Sandviper.*
Virchow [viʁço], Rudolf, * 1821, † 1902, dt. Pathologe u. Anthropologe; Begr. der Zellularpathologie u. Mitbegr. der modernen Anthropologie u. Vorgeschichtsforschung; Vorkämpfer der öffentl. Gesundheitspflege; als Politiker Mitbegr. der Dt. Fortschrittspartei, Gegner Bismarcks.
Viren [lat., »Gift«], kleine infektiöse Partikel (30 nm – 1 µm), filtrierbare intrazelluläre Parasiten von sehr unterschiedl. Bau, kristallisierbar u. ohne eig. Stoff- u. Energiewechsel. Die Vermehrung ist an die Wirtszelle gebunden, indem die Ribonucleinsäure der V. in der Wirtszelle freigesetzt wird u. den Wirtsstoffwechsel umfunktioniert, so daß weitere V.-Nucleinsäure u. Eiweiß gebildet werden, die zu neuen V. zusammentreten. Durch V. hervorgerufene Krankheiten sind Aids, Schnupfen, Grippe, Ziegenpeter, Pocken, Masern, Kinderlähmung u. a.
Virginal [engl. 'və:dʒɪnəl], im Unterschied zu Cembalo u. Spinett ein rechteckiges Kielklavier insbes. Englands u. der Ndl. im 16. bis 18. Jh.
Virginia [vəˈdʒɪnjə], Abk. *Va.,* Gliedstaat der → Vereinigten Staaten, am Atlantik.
Virtanen, Artturi Ilmari, * 1895, † 1973, finn. Biochemiker; erforschte bes. die Stickstoffbindung durch Knöllchenbakterien; Nobelpreis für Chemie 1945.
virtuell, scheinbar, der Möglichkeit nach vorhanden; z.B. in der Optik ein Bild (*v.es Bild*), das nur durch das Auge gesehen wird, auf einer Mattscheibe aber nicht erscheint u. auch nicht photographierbar ist.
Virtuosität, techn. Perfektion u. Brillanz einer künstler. Darbietung.
Virtus, die altröm. Mannestugend, Tüchtigkeit.
Virulenz, die Ansteckungsfähigkeit von Bakterien u. Viren.
Virunga-Vulkane, *Kirunga-Vulkane*, Gruppe von 8 Vulkanen in Ostafrika, im *Virunga-Nationalpark* auf der Grenze von Rwanda u. Zaire.
Viruskrankheiten → Viren.
Vis, ital. *Lissa*, Adria-Insel in S-Dalmatien, 86 km², 4000 Ew.; gebirgig; Obst- u. Weinanbau, Fischfang; Haupt- u. Hafenort *V.*
Visage [vi'za:ʒə], ugs. abwertend für Gesicht.
vis-à-vis [viza'vi], gegenüber.
Visayanarchipel, Gruppe kleinerer philippin. Inseln (*Panay, Negros, Cebu, Bohol* u. a.).
Visbek, Gem. in Nds., 8000 Ew.; jungsteinzeitl. Gräber.

Vision

Visby ['vi:sby], Hptst. u. Hafen der Insel Gotland, 21 000 Ew.; Dom (geweiht 1225); Getreide- u. Holzmarkt; Badeort. – G e s c h.: im 13./14. Jh. Hauptkontor des Ostseehandels der Hanse; 1361 an Dänemark; 1645 an Schweden.
Vischer [f-], **1.** Friedrich Theodor, * 1807, † 1887, dt. Ästhetiker u. Schriftst.; 1848 lib. Abg. der Frankfurter Nationalversammlung. – **2.** Peter d. Ä., * um 1460, † 1529, dt. Erzgießer; neben V. *Stoß* u. A. *Krafft* Hauptmeister der dt. Plastik der Dürerzeit; führte die Kunst des Bronzegusses in Freiskulpturen u. architekton. gebundenen Figurenzyklen zu künstler. Höhepunkt. – **3.** Peter d. J., Sohn von 2), * 1487, † 1528, dt. Erzgießer; einer der ersten dt. Kleinplastiker.
Visconti, lombard. Geschlecht (Ghibellinen), das 1277–1447 in Mailand herrschte.
Visconti, Luchino, * 1906, † 1976, ital. Film- u. Theaterregisseur; wurde berühmt als Neorealist; auch Historienfilme, Schauspiel-, Opern- u. Ballettinszenierungen. Ⓦ »Rocco u. seine Brüder«, »Der Leopard«, »Tod in Venedig«.
Viscount ['vaikaunt], engl. Adelstitel; entspricht dem frz. *Vicomte*; in der Reihenfolge zw. Earl u. Baron.
Vishakhapatnam [viʃaka-], ind. Distrikt-Hptst. in Andhra Pradesh, an der Küste zw. Godavari- u. Mahanadi-Delta, 584 000 Ew.; Univ.; Schiffbau, Erdölraffinerie, Hafen, Flughafen.
Vishnu → Wischnu.
Visier, 1. an Handfeuerwaffen (fr. auch an Geschützen) Vorrichtung zum Zielen. – **2.** am röm. Kriegshelm u. am Helm der mittelalterl. Ritter der dem Schutz des Gesichts dienende Teil, der mit Durchbrüchen zum Sehen u. Atmen versehen war u. hochgeklappt werden konnte.
Vision, 1. »Gesicht«, ein im äußeren Raum anschaulich gesehenes Bild (→ Halluzination), das für andere Betrachter nicht vorhanden ist. Die V. gehört zu den religiösen Grunderlebnisformen. – **2.** in die Zukunft gerichtete gedankl. Vorstellung.

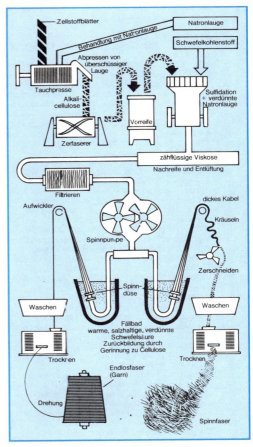

Viskose: Herstellung von Endlos- und Spinnfasern. Sie werden in Mischung oder rein verwendet

Visitation, Durchsuchung; Besichtigung.
Visite, Besuch des Arztes beim Kranken zwecks Untersuchung.
viskos, leimartig, zähflüssig.
Viskose, Lösung von Cellulosenatriumxanthogenat in verdünnter Natronlauge. Die zähe, gelbe Flüssigkeit wird zu textilen Fasern, Folien u. Schwämmen verarbeitet.
Visser't Hooft ['visərt ho:ft], Willem Adolf, *1900, †1985, ndl. ev. Theologe; 1948–66 Generalsekretär des Ökumen. Rats der Kirchen.
visuell, das Sehen oder den Gesichtssinn betreffend.
Visum → Sichtvermerk.
Vita, Lebensbeschreibung, eine Literaturgattung des MA.
vital, das Leben betr., lebenskräftig.
Vitalismus, Lehrauffassung vom Lebendigen, nach der die Lebenserscheinungen eine Eigengesetzlichkeit haben, die auf eine bes. Lebenskraft (*vis vitalis*) zurückzuführen sei.
Vitalität, Lebenskraft, Lebendigkeit.
Vitamine, lebensnotwendige Wirkstoffe, die keinen kalor. Nährwert (wie Kohlenhydrate, Fette u. Eiweiße) haben, deren Vorhandensein aber für die Aufrechterhaltung aller Lebensvorgänge notwendig ist. V. entfalten ihre versch. Wirkungen in enger Wechselwirkung mit den *Enzymen* u. *Hormonen*. Einzelne V. kommen in der Natur als Vorstufen (*Pro-V.*) vor, aus denen sich die eigtl. V. erst unter bestimmten Bedingungen, z. T. im Organismus, bilden. Bei unzureichender Vitaminzufuhr kommt es zu bestimmten Ausfallerscheinungen, den Vitaminmangelkrankheiten.

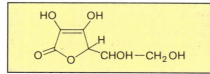

Vitamin C; chemische Formel

Viterbo, ital. Prov.-Hptst. im nördl. Latium, 59000 Ew.; Kathedrale, Papstpalast (13. Jh.), keram. Ind.
Viti Levu, größte Fidschiinsel, 10983 km², 370000 Ew., Hptst. *Suva.*
Vitoria, N-span. Stadt südl. vom Kantabr. Gebirge, 226000 Ew.; Alte (14./15. Jh.) u. Neue Kathedrale (unvollendet); versch. Ind.; Fremdenverkehr.
Vitória, Hptst. des brasil. Bundesstaats Espírito Santo, 277000 Ew.; Univ.; Hafen, vielseitige Ind., Flughafen.
Vitrac [-k], Roger, *1899, †1952, frz. Schriftst.; Dramatiker des Surrealismus.
Vitrine, Glasschrank, Schauschrank.
Vitriol, veraltete Bez. für die kristallwasserhaltigen Sulfate der Metalle Kupfer, Eisen u. Zink.
Vitruv, *Vitruvius Pollio,* röm. Architekt des 1. Jh. v. Chr. Sein Werk über die Baukunst wurde im 15. Jh. wiederentdeckt u. wirkte stark auf die Architektur der Renaissance.
Vitry, Philippe, *1291, †1361, frz. Komponist u. Musiktheoretiker; W »Ars nova«, eine der wichtigsten Quellen mittelalterl. Musikentwicklung.
Vittel, Stadt im O-Frz. Dép. Vosges, 6000 Ew.; Thermalbad, Mineralwasserversand.
Vittorini, Elio, *1908, †1966, ital. Schriftst.; Begr. des ital. Neorealismus.
Vittòrio Vèneto, ital. Stadt in Venetien, nördl. von Treviso, 30000 Ew.; Kastell San Martino; Zweirad-, Spezialfahrzeug- u. Textil-Ind.; 1918 siegreiche Schlacht der Italiener gegen die Österreicher.
Vitztliputztli → Huitzilopochtli.
Vivace [-tʃɛ], musikal. Vortragsbez.: lebhaft; *vivacissimo,* sehr lebhaft.
Vivaldi, Antonio, *1678, †1741, ital. Geiger u. Komponist; einer der bedeutendsten Virtuosen seiner Zeit; führte zahlr. formale u. spieltechn. Neuerungen beim Violinspiel ein; komponierte Stimmungsbilder; W 46 Opern, 344 Solokonzerte, »Die vier Jahreszeiten«.
Vivarini, venezian. Malerfam. des 15. Jh.
Vivarium, Behältnis zur Haltung von land- u. wasserbewohnenden Tieren, das Aquarium u. Terrarium vereinigt.

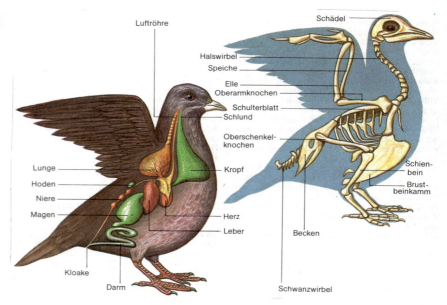

Vögel: Organe und Skelett des Vogels (Schema)

Vives, Juan Luis, *1492, †1540, span. Humanist; bekämpfte die Scholastik u. begr. die empir. Psychologie.
Vivisektion, Eingriff am lebenden Tier; grundsätzlich verboten.

vize..., stellvertretend.
Vlaardingen ['vla:rdiɲə], Hafenstadt in der ndl. Prov. Südholland, 75000 Ew.; Zentrum der Heringsfischerei.
Vlaminck [vla'mɛ̃(k)], Maurice de, *1876,

Vitamine					
Vitamin	Synonyme	Tagesbedarf	Vorkommen in	Aufgabe im Zellstoffwechsel	Störungen bei Unterversorgung (Hypovitaminose)
A	Retinol Axerophthol	0,9 mg bzw. 3000 I.E.	Lebertran, Leber, Palmöl, Eigelb	Förderung der Eiweißsynthese, Beeinflussung des Zellwachstums, Bestandteil des Sehpurpurs	Verhornung von Haut und Schleimhäuten, Gewichtsverlust, verringerte Hell-Dunkel-Anpassung des Auges
	Vorstufe: β-Carotin		Karotten, Petersilie, Spinat, Eigelb		
B_1	Thiamin Aneurin Beriberischutzstoff Antiberiberifaktor	1,4–1,6 mg	Vollkornmehle, Leber, Schweinefleisch, Kartoffeln, Hefe	Bestandteil eines Coenzyms beim Abbau der Kohlenhydrate: Beeinflussung der Schilddrüsenfunktion und der Nerventätigkeit	Beriberikrankheit, Wachstumsstörungen, Gewichtsabnahme, Nervenstörungen
B_2	Riboflavin Lactoflavin	1,8–2,0 mg	Vollkornmehle, Leber, Schweinefleisch, Eier, Milch, Blattgemüse	Bestandteil des Coenzyms FAD – Übertragung von Wasserstoff	Wachstumsstörungen, Gewichtsabnahme, Nervenstörungen, Schädigungen der Haut und Schleimhäute
B_6	Pyridoxine (Pyridoxin, Pyridoxal und Pyridoxamin) Adermin	1,6–1,8 mg	Hefe, Schweinefleisch, Leber, Kartoffeln, Gemüse	Bestandteil des Coenzyms Pyridoxalphosphat-Aminosäurestoffwechsel	Hautschädigungen, Entzündungen an Mund und Augen, Nervenstörungen
B_{12}	i. e. S. Cyanocobalamin Antiperniziosafaktor Cobalamine	0,005 mg	Leber, Eigelb, Milch, Fleisch, Fisch	Mitwirkung bei: Aufbau von RNS, Bildung der roten Blutkörperchen, Einfluß auf den Eiweißstoffwechsel	Anämie – verminderter Gehalt an roten Blutkörperchen, verminderte Zellvermehrung, Störung des Eiweißstoffwechsels
C	Ascorbinsäure antiskorbutisches Vitamin	75 mg	Obst, Gemüse, Kartoffeln, Leber	Mitwirkung beim Aufbau der Grundsubstanz des Bindegewebes, Beteiligung am intermediären Stoffwechsel	Skorbut: Blutungen, Haut, Gelenke, innere Organe; Veränderung der Knochen- und Zahnsubstanz, Anämie, gestörte Herztätigkeit
D_2	Ergocalciferol Calciferol pflanzliches Vitamin D	0,0025 mg bzw. 100 I.E.	Lebertran, Eigelb, Leber, Butter	Förderung der Calciumresorption, Verknöcherung des Skelettes	Deformierung der Knochen, Rachitis bei Kindern, Osteomalazie und Osteoporose bei Erwachsenen

† 1958, frz. Maler u. Graphiker fläm. Herkunft; Landschaften u. Stilleben von farbiger Schwere.
Vlieland ['vli:lant], westfries. Insel zw. Texel u. Terschelling, 52 km², 1000 Ew.
Vlies, textiles Flächengebilde, dessen Zusammenhang durch die Faserhaftung gegeben ist.
Vlissingen ['vlisiŋə], ndl. Hafenstadt, im S der Insel *Walcheren*, 45 000 Ew.; Fährhafen, Seebad, Schiffbau, Fischerei, Erdöl-Ind.
Vlorë [vlɔ:rə], südalban. Hafenstadt an der Adria, 62 000 Ew.; vielseitige Ind.
Vlotho, Stadt in NRW, an der Weser, 19 000 Ew.; Möbelind.
V-Mann, Verbindungsmann der Polizei zur Unterwelt bzw. der Spionage zur gegner. Spionage.
Voerde (Niederrhein) ['fø:rdə-], Stadt in NRW, 36 000 Ew.; Wasserschloß; Masch.-, Aluminium-, Kunststoff-Ind., Motorenwerk, Stahlbau.
Vögel, *Aves,* Klasse der *Wirbeltiere* mit zu Flügeln umgebildetem vorderem Extremitätenpaar. Als Wärmeschutz dient das Federkleid. Die Knochen sind fest, aber spröde u. bes. leicht. V. pflanzen sich durch Eier fort, die im weibl. Eierstock gebildet werden. Sie werden in z. T. sorgfältig gebauten Nestern 11–63 Tage bebrütet. Die Küken sind Nesthocker oder Nestflüchter. Die rd. 30 Ordnungen umfassen 8600 Arten (430 in Europa), wovon 60% auf die Ordnung *Sperlings-V.* entfallen.
Vogel, 1. Bernhard, Bruder von 2), * 19.12.1932, dt. Politiker (CDU); 1967–76 Kultusminister, 1976–88 Min.-Präs. von Rhld.-Pf.; seit 1992 Min.-Präs. von Thüringen, seit 1993 dort auch Landes-Vors. der CDU. – **2.** Hans-Jochen, Bruder von 1), * 3.2.1926, dt. Politiker (SPD); 1962–72 Oberbürgermeister von München, 1972–74 Bundes-Min. für Raumordnung, Bauwesen u. Städtebau, 1974–81 der Justiz, 1981 Regierender Bürgermei-

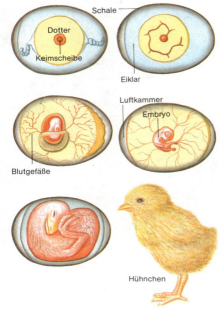

Vögel: Der Embryo entwickelt sich im Vogelei während der Bebrütung bis zum fertigen Jungvogel. Dabei entnimmt er die meisten Nährstoffe dem Dotter, während er den für den Knochenaufbau nötigen Kalk aus der Schale erhält

ster von Westberlin, 1983–91 Vors. der SPD-Bundestagsfraktion, 1987–91 zugleich Parteivorsitzender. – **3.** Hermann Carl, * 1847, † 1907, dt. Astrophysiker; bed. Arbeiten zur Spektralanalyse der Gestirne.
Vogelbeerbaum → Eberesche.
Vogeler, Heinrich, * 1872, † 1942, dt. Maler, Graphiker u. Kunstgewerbler; sei: 1894 Mitgl. der Künstlergruppe in Worpswede, Graphikzyklen u. Gemälde mit soz. Thematik u expressiver Malweise; lebte seit 1925 in der Sowj. ⓑ → S. 946.
Vogelfluglinie, kürzeste, den Zugvögeln folgende Verkehrsverbindung von N-Dtld. über Fehmarn u. die dän. Inseln Lolland u. Falster nach Kopenhagen, mit nur einer Fährstrecke.
vogelfrei, *wolfsfrei,* im MA gleichbedeutend mit: ohne Rechtsschutz. Der **Vogelfreie** durfte von jedem getötet werden.
Vogelherd, Platz, an den Vögel gelockt werden, um dort mit einem Schlagnetz gefangen zu werden.
Vogelkirsche, ein in Wäldern häufiger Kirschbaum, dessen süße Früchte von Vögeln gern gefressen werden.
Vogelsberg, ehem. vulkan. Gebirgsstock im Südteil des Hess. Berglands, etwa 50 km Durchmesser, größtes Basaltmassiv Dtld.s; im *Taufstein* 774 m.
Vogelschutz, Maßnahmen der Erhaltung einer artenreichen Vogelwelt u. ihrer Jahreslebensräume *(Arten- u. Biotopschutz);* u. a. durch *V. gebiete* u. *V. warten.*
Vogelspinnen, *Aviculariidae,* trop. Fam. der Spinnen; bis 9 cm lange, stark behaarte Arten, die nächtl. große Insekten, vereinzelt auch nestjunge Vögel, junge Schlangen u. ä. jagen.

Vogelfluglinie: Fehmarnsundbrücke

Vogelwarte, Institut zur Erforschung des Vogellebens, speziell des Problems des Vogelzugs; 1936 für die ornitholog. Anstalten Helgoland (jetzt Wilhelmshaven), Rossitten (jetzt Möggingen bei Radolfzell) u. Hiddensee eingeführt.
Vogelzug, jahreszeitl. rhythm. Wandern von Vögeln zw. Brutplätzen u. Winterquartieren; hat nur in unseren Breiten eine ernährungsbiolog. Bed. für die Vögel, da es auch einen V. innerhalb der Tropen oder zw. Arktis u. Antarktis gibt.
Vogesen, dt. auch *Wasgenwald,* frz. *Vosges,* linksrheinisches Mittelgebirge westlich der Oberrhein. Tiefebene in Frankreich, gegenüber dem Schwarzwald, durch die nur 410 m hohe *Zaberner Senke* in Nord- u. Süd-V. gegliedert; im *Großen oder Sulzer Belchen* 1426 m.
Vogt, in fränk. Zeit Richter; entwickelte sich zum erbl. *Edel-* oder *Herren-V.,* bes. wenn er über Hochstifte, Kirchen u. Klöster die *Schirmvogtei* ausübte. – V. hieß auch ein vom König im MA bestellter Beamter für Verw. u. Gerichtsbarkeit in einem Krongutsbezirk *(Reichsvogtei).*
Vogtland, von der oberen Elster durchflossene histor. Ldsch. in Sachsen u. Thüringen, zw. Erzgebirge, Frankenwald u. Thüringer Wald, 500 bis 900 m hoch, Zentrum *Plauen.*
Vogts, Hans-Hubert (»Berti«), * 30.12.1946, Fußball-Nationalspieler u. Sportlehrer; seit 1990 Bundestrainer.
Vogue [vo:g], Bewegung, Antrieb, Beliebtheit.
Vojvodina, Provinz im N von Serbien (Jugoslawien), 21 506 km², 2,05 Mio. Ew., Hptst. *Novi Sad;* bis 1991 autonom.

Vitamine					
Vitamin	Synonyme	Tagesbedarf	Vorkommen in	Aufgabe im Zellstoffwechsel	Störungen bei Unterversorgung (Hypovitaminose)
D₃	Cholecalciferol tierisches Vitamin D Vorstufen: Dehydrocholesterin, Ergosterin				
E	Tocopherole	12 mg	Weizenkeimöl, Margarine, Leber, pflanzliche Öle, Eier	verhindert die Oxidation von ungesättigten Fettsäuren, Schutz gegen Muskelschwund und Leberschäden	unbekannt, evtl. Muskelschwund
H	Biotin	nicht bekannt	Leber, Sojamehl, Blumenkohl	Bestandteil eines Coenzyms – Übertragung von CO_2-Gruppen	Übererregbarkeit, Veränderungen der Haut und Schleimhäute
K	Phyllochinon antihämorrhagisches Vitamin	wahrscheinlich 0,01–0,03 mg/kg Körpergewicht	Spinat, Grünkohl, Blumenkohl, Leber	notwendig für den normalen Ablauf der Blutgerinnung	Verzögerung der Blutgerinnung
PP oder B₃	Nicotinsäureamid Nicotinamid Niacinamid Pellagraschutzfaktor Niacin = Nicotinsäureamid + Nicotinsäure	9–15 mg	Vollkornmehle, Leber, Schweinefleisch, Hefe, Eigensynthese aus Tryptophan	Bestandteil der Coenzyme NAD⁺ und NADP⁺-Übertragung von Wasserstoff	Pellagra, Entzündung und Verfärbung der Haut, Entzündung der Schleimhäute, Nervenstörungen
	Pantothensäure	5–8 mg	Leber, Weizenkeime, Getreideerzeugnisse, Eier, Gemüse, Hefe, wird auch von der Darmflora gebildet	Bestandteil des Coenzyms A – überführt die Essigsäure sowie Fettsäuren beim Fettsäureabbau in eine reaktionsfähige Form	Wachstumsstörungen, Gewichtsabnahme, Nervenstörungen, Schädigung der Haut und Schleimhäute
	Pteroylglutaminsäure Folsäure	0,4 mg	Leber, Fleisch, Weizenkeime, Milch, dunkelgrüne Gemüse, Hefe	Bestandteil des Coenzyms F – Übertragung von C_1-Resten im Aminosäurestoffwechsel	Störungen der Blutbildung, Schleimhautentzündungen, Störungen im Magen-Darm-Trakt

* I.E. = Internationale Einheiten

Bei einer Überversorgung *(Hypervitaminose)* sind Störungen durch Vitamin A (Erbrechen, Durchfall, Schleimhautblutungen, Knochenbrüchigkeit und Übererregbarkeit) und Vitamin D₃ (Entkalkung der Knochen, Calciumablagerungen in Blutgefäßen, Lungen und Nieren) nachgewiesen. Bei allen anderen Vitaminen sind Schädigungen durch eine Überversorgung nicht bekannt.

946 Vokabel

Vokabel, einzelnes Wort, bes. einer fremden Sprache.
Vokabular, Verzeichnis einzelner Wörter; Wortschatz (eines Menschen oder einer Gruppe).
Vokal, Selbstlaut. – **V.isation,** beim Gesang Bildung u. Aussprache der Vokale. – **V.musik,** Gesangsmusik, im Unterschied zur Instrumentalmusik.
Vol., *vol.,* Abk. für *Volumen.*
Volant, an Kleidungsstücken gefältelter Besatz.
Volendam, Ortsteil von Edam (Ndl.), Fischerdorf am IJsselmeer; traditionelle Trachten; Künstlerkolonie.
Voliere, großer Vogelkäfig, der ein weitgehend unbehindertes Fliegen ermöglichen soll.
Volk, eine in der Regel auf gemeinsamer Sprache, Abstammung u. Geschichte beruhende menschl. Gesellschaft; wird meist annähernd gleichbedeutend mit *Nation* gebraucht, enthält jedoch in geringerem Grade die Vorstellung der staatl. Einheit.
Volkach, Stadt in Bayern, am Main, 8000 Ew.; got. Wallfahrtskirche (mit Rosenkranz-Madonna von T. Riemenschneider, 16. Jh.), Pfarrkirche (1413 bis 1597 erbaut), Renaissance-Rathaus (1544), Giebelhäuser (16.–18. Jh.).
Völkerball, Kampfspiel zw. zwei Parteien (»Völker«), die sich mit einem großen Ball abzuwerfen versuchen.
Völkerbund, frz. *Société des Nations,* engl. *League of Nations,* auf Anregung des US-amerik. Präs. W. *Wilson* 1919 gegr. internat. Organisation zur Erhaltung des Friedens; Sitz: Genf; 1946 aufgelöst. Seine Ziele werden heute durch die *Vereinten Nationen* verfolgt.
Völkerkunde, *Ethnologie,* Wiss., die die Kulturen u. Kulturelemente (Kulturgüter) der Naturvölker wie auch kleinerer ethn. Einheiten (Ethnien) beschreibt u. miteinander vergleicht. Die beschreibende V. nennt man *Ethnographie,* die vergleichende V. *Ethnologie* (i.e.S.). Außerhalb des dt. Sprachgebiets spricht man ganz allg. von *Anthropologie.*
Völkermord, *Genocid(ium) Genozid,* Ausrottung von Völkern sowie ethn., religiöser u. a. Gruppen; völkerrechtlich durch die Konvention vom 9.12.1948, in der BR Dtld. in § 220 a StGB unter Strafe gestellt.
Völkerrecht, Recht der zwischenstaatl. Beziehungen u. der internat. Organisationen; regelt den zwischenstaatl. Verkehr (Diplomatie, Konsuln), das Vertragsrecht, das von den Staaten begangene völkerrechtl. Unrecht u. dessen Folgen, die Streitschlichtung u. internat. Gerichtsbarkeit; enthält Festlegungen über die Abgrenzung der Staatsgebiete sowie die Rechtsverhältnisse der Hohen See (Meeresfreiheit) u. der Luft, bestimmt die Gründe für das Entstehen u. den Untergang von Staaten u. die Rechtsstellung der Staatsfremden u. nat. Minderheiten.
Völkerwanderung, i.w.S. Wanderungsbewegung ganzer Völkerschaften oder Stämme (Beispiele seit dem 3. Jt. v. Chr.); i.e.S. die Wanderung vor allem germ. Stämme im 4.–6. Jh. n. Chr. – An den Anfang dieser V. wird der Hunneneinfall 375 gesetzt, obwohl die Goten z.B. bereits im 1. Jh. v. Chr. sich aus S-Schweden in das untere Weichselgebiet abgesetzt hatten u. im 2. u. 3. Jh. n. Chr. in vielfache Bewegungen geraten waren. Während bei der V. die Ostgermanen (Goten, Wandalen, Burgunder u. a.) ihre alten Siedlungsgebiete ganz aufgaben, behielten die Westgermanen (Alemannen, Franken, Thüringer u. a.) die Verbindung zu ihren angestammten Sitzen. Die allg. Stoßrichtung der V. ging nach W u. S über die Grenzen des Röm. Reichs, auf dessen Gebiet es zu Reichsgründungen der *Westgoten* in Gallien u. Spanien, der *Burgunder* an der Rhône, der *Wandalen* in Afrika u. der *Ostgoten* in Italien kam. Als Abschluß der V. gilt der Einbruch der *Langobarden* in Italien (568).
Völklingen, Stadt im Saarland, an der Saar, 43 000 Ew.; Steinkohlenbergbau, Eisen- u. Stahlwerke, Masch.- u. chem. Ind., Kraftwerke.

Heinrich Vogeler: Sommerabend auf dem Barkenhoff (»Das Konzert«); 1905. Vor seinem Besitz in Worpswede, gruppiert um seine erste Frau Martha, der Freundeskreis (von links nach rechts): Paula Modersohn-Becker, Agnes Wulff, Otto Modersohn und Clara Westhoff-Rilke. Die Musizierenden sind sein Schwager Martin Schröder mit Flöte, Vogelers Bruder Franz (verdeckt) und – mit Geige – der Maler selbst. Bremen, Ludwig-Roselius-Sammlung

---

Völkerkunde: 1) Amulett der Buje (oberer Kongo, Afrika) – 2) Schwert in Scheide aus Gabun (Afrika) – 3) Frauen-Silberschmuck der Jakuten (Sibirien) – 4) Frauenhaube der Baschkiren (südlicher Ural) – 5) Webstab der Aino (Asien) – 6) Stiefelhose der Samojeden (Nordwestsibirien) – 7) Frauenschurz der Bari (Weißer Nil) – 8) Keule von den Marquesas-Inseln (Ozeanien) – 9) Holzdose der Yoruba (Westafrika) – 10) Holzmaske für Krankenheilung der Singhalesen (Sri Lanka) – 11) Zeremonialstab (Messing) des Ogboni-Geheimbundes der Yoruba (Westafrika) – 12) Lanzenspitze aus Obsidian (Admiralitätsinseln, Ozeanien) – 13) Kapkap (Brustschmuck) aus einer Tricadnamuschelscheibe mit Schildpattauflage (Salomonen, Melanesien) – 14) Tabakspfeife der Maori (Neuseeland, Polynesien) – 15) Messinggewicht der Ashanti zum Goldwiegen (Westafrika) – 16) bemaltes Ruderblatt aus Kamerun (Afrika) – 17) Kriegsschmuck aus Straußenfedern der Massai (Ostafrika)

Volksabstimmung →Volksbegehren, →Volksentscheid; völkerrechtl.: →Plebiszit.

Volksbegehren, *Initiative,* der durch Unterschriften ausgedrückte förml. Wunsch eines bestimmten Teils des Volkes, daß ein Gesetzesvorschlag zum *Volksentscheid (Volksabstimmung)* gestellt werden soll; auf Bundesebene nicht vorgesehen, jedoch in mehreren Länderverfassungen aufgenommen.

Volksdeutsche, vor 1933 geprägte, in der nat.-soz. Zeit amtl. Bez. für Angehörige des dt. Sprach- u. Kulturkreises, die nicht dt., östr. oder schweizer. Staatsbürger waren; bes. in Osteuropa.

Volkseigentum, in der DDR bis 1990 die nach Art eines Obereigentums ausgestaltete öffentl.-rechtl. Sachherrschaft des »Volkes« über Unternehmen der Ind., des Handels u. der Landw. sowie über andere Sachen u. Rechte; vor allem in der Ind. Hauptform des Eigentums *(Volkseigene Betriebe, VEB);* in anderen Wirtschaftszweigen spielte es eine geringere Rolle, da hier das genossenschaftl. Eigentum größere Bed. hatte. So gab es in der Landw. eine Reihe von *Volkseigenen Gütern,* doch war die überwiegende Eigentumsform hier die *Landw. Produktionsgenossenschaft* (LPG). – Zur *Volkseigentum* zählten neben der *Volkseigenen Ind.* die staatl. Verkehrseinrichtungen u. der staatl. Außenhandel, Großhandel u. Einzelhandel. Staatl. Einzelhandelsbetriebe waren die Betriebe der *HO* (Abk. für *Handelsorganisation*).

Volkseinkommen, *Nationaleinkommen, Nettosozialprodukt zu Faktorkosten,* die Summe aller Entgelte an die *Produktionsfaktoren* (Arbeit, Boden, Kapital, Unternehmerleistung); wird durch Summierung der *Wertschöpfung* aller Wirtschaftszweige oder durch Zusammenzählen sämtl. Einkommen berechnet. →Sozialprodukt.

Volksentscheid, *Volksabstimmung,* Abstimmung aller stimmberechtigten Bürger eines Staates, Landes oder Kantons, in der Regel über ein durch Volksbegehren vorgelegtes Gesetz; in Dtld. auf Bundesebene nur in Fragen der Neugliederung der Bundesländer vorgesehen; auf Länderebene: →Volksbegehren.

Volksfront, Regierungskoalition zw. kommunist., sozialist. u. häufig auch linksbürgerl. Parteien eines Landes; 1935 zuerst als takt. Maßnahmen von der Komintern zur Bekämpfung des Faschismus empfohlen.

Volksgerichtshof, Sonderstrafgericht zur Bestrafung von Hoch- u. Landesverrat im Dritten Reich; 1936 geschaffen; Instrument des nat.-soz. Terrors.

Volkshochschule, Abk. *VHS,* Bildungsstätte für Erwachsene außerhalb der Berufsarbeit.

Volkskunde, Wiss. von der Alltagskultur *(Volkskultur, populäre Kultur)* der Industrienationen (im Unterschied zur *Völkerkunde);* fr. auf das sog. *Volkstum* beschränkt; heute eine Sozialwissenschaft.

Volkskunst, *Trivialkunst,* eine als im Ggs. zur »Hoch-« oder »Stilkunst« stehend gedachte Form der bildenden Kunst; Kunstäußerungen von Handwerkern, Werkstätten u. Manufakturen, die, wenn auch z. T. in charakterist. Abwandlungen, mod. Einflüsse erkennen lassen; in Europa vom 16. bis gegen Ende des 19. Jh. verbreitet. Bes. Bedeutung erlangten die Herstellung von Trachten u. Heimtextilien, das Schnitzen von Krippen, Spielzeug, das Bemalen von Möbeln u. Fassaden (*Lüftlmalerei*) u. die Hinterglasmalerei.

Volkslied, im Ggs. zum *Kunstlied* populäres Lied, das mündl. u. anonym überliefert u. weitergegeben wird, z.B. Kinderlied, Totenklage, geistl. V., erzählendes u. histor. V. (Volksballade), Arbeits- u. Arbeiterlied, Liebeslied, Heimatlied.

Volksmusik, populäre, überw. schriftlos überlieferte Musik, die für bestimmte Regional- oder Nationalkulturen charakteristisch ist oder dafür gehalten wird.

Volkspolizei, Abk. *VP, Vopo,* in der DDR seit 1949 Sammelbez. für die Ordnungspolizei mit Schutz-, Kriminal-, Verw. u. Verkehrspolizei.

Volksrepublik, Staatsbez. vieler kommunist. Länder.

Volksschule, veraltete Bez. für die Grundschule u. Hauptschule.

Volkssouveränität →Souveränität.

Volkssturm, durch Erlaß Hitlers vom 25.9.1944 gebildete Kampforganisation, die die dt. Wehrmacht im 2. Weltkrieg unterstützen u. den »Heimatboden mit allen Waffen u. Mitteln« verteidigen sollte. Die aus 16- bis 60jährigen Männern zusammengesetzten Einheiten unterstanden den NSDAP-Gauleitern.

Volkswirtschaft 947

Volksgerichtshof: Vernehmung des Widerstandskämpfers Ulrich von Hassell durch Roland Freisler

Volkstanz, im Ggs. zum populären Modetanz überlieferte Tanzformen, die heute ihrer Tradition wegen geschätzt werden. Im europ. Kulturraum steht die Erhaltung u. Übung des V. fast durchweg unter dem Vorzeichen des *Folklorismus*.

Volkstracht, landschaftl. gebundene Kleidung bestimmter soz. Gruppen u. Schichten (meist der Bauern); heute mehr in der Bed. malerisch, altertüml., »originell«.

Volkstrauertag, nat. Trauertag zum Gedenken der Opfer des Nat.-Soz. u. der Toten beider Weltkriege: 2. Sonntag vor dem 1. Advent.

Volkstribunen →Tribun.

Volksvermögen, *Nationalvermögen,* Zusammenfassung aller wirtsch. Realgüter einer Volkswirtsch. zuzügl. Forderungen an das Ausland (z.B. Gold, Devisen) u. abzügl. Auslandsschulden.

Volksvertretung →Parlament.

Volkswirt, *Nationalökonom,* der akadem. ausgebildete Wirtschaftswissenschaftler.

Volkswirtschaft, Gesamtheit der Einzelwirtschaf-

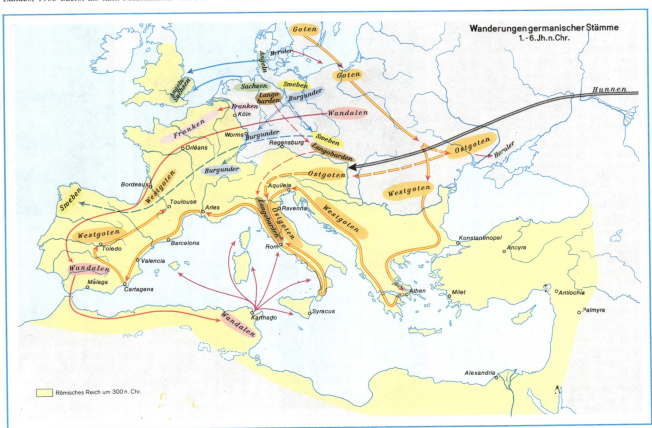

Völkerwanderung

948 volkswirtschaftliche Gesamtrechnung

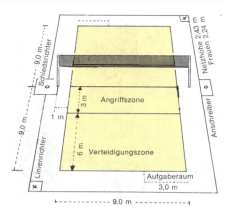

Volleyball: Spielfeld

Voltaire

Sicherung; es gibt den offenen u. den geschlossenen Vollzug.

Volontär, *V.in,* häufig ohne Bezahlung in einem Betrieb nur zum Zweck einer kürzeren, oft zusätzl. Berufspraxis Arbeitender.

Volt, Kurzzeichen V, abgeleitete SI-Einheit der elektr. Spannung: die Spannung, bei der 1 Watt Leistung umgesetzt wird, wenn ein Strom von 1 Ampere fließt.

Volta, westafrik. Fluß, rd. 1600 km, entspringt südl. des Nigerbogens, durchfließt die Rep. Ghana, mündet in die Bucht von Benin; Stausee (8500 km², 146 Mrd. m³) bei Akosombo.

Volta, Alessandro Graf, *1745, †1827, ital. Physiker; entwickelte die Theorie vom elektr. Strom, entdeckte die Elektrolyse von Wasser u. erfand u. a. das *V.-Element,* ein galvan. Element: besteht aus einer Zink- u. einer Kupferelektrode, die in eine Salzlösung tauchen.

Voltaire [vɔlˈtɛːr], eigtl. François-Marie *Arouet,* *1695, †1778, frz. Schriftst. u. Philosoph; einer der *Enzyklopädisten;* wegen seiner krit. Äußerungen mehrmals inhaftiert u. zur Flucht genötigt. 1750–53 Gast *Friedrichs des Großen* in Berlin, in Ungnade entlassen, lebte seit 1760 in Ferney bei Genf; 1791 im Panthéon beigesetzt. – V. ist der

ten eines Staates in ihren Beziehungen zueinander u. zum Staat.

volkswirtschaftliche Gesamtrechnung, systemat. statist. Analyse (Erfassung der relevanten Daten in einem Kontensystem) der Liefer- u. Empfangsbeziehungen, Käufe u. Verkäufe, Forderungen u. Verpflichtungen sowie des Vermögens innerhalb einer Volkswirtschaft. Kern der v.G. ist die Berechnung des →Sozialprodukts.

Volkswirtschaftslehre, *Nationalökonomie, Sozialökonomik, polit. Ökonomie,* Hauptgebiet der *Wirtschaftswiss.* neben Betriebswirtschaftslehre, Finanzwiss. u. Statistik: die Wiss. von den Gesetzmäßigkeiten auf nationaler Ebene bei der Gütererzeugung (Produktion), Einkommensverteilung (Distribution) u. Einkommensverwendung (Konsum u. Ersparnis), von den Bestimmungsfaktoren (Geld, Kredit, Investition, Wert, Preis, Marktformen, Wirtschaftsordnung) u. vom Wesen der wirtsch. Vorgänge (Konjunkturen u. a.).

Volkszählung, Totalerhebung zur Feststellung der Bev.-Zahl eines Landes u. ihrer Gliederung nach natürl. u. soziodemograph. Merkmalen; meist mit Berufs-, Arbeitsstätten- u. Gebäude- bzw. Wohnungszählung verbunden, in der BR Dtld. zuletzt 1987.

Vollbeschäftigung, genauer: *hoher Beschäftigungsgrad;* wichtiges Ziel moderner Wirtschaftspolitik, alle vorhandenen Arbeitskräfte in Arbeit zu bringen u. ausreichend zu entlohnen; gilt prakt. als verwirklicht, wenn die Arbeitslosigkeit 3% nicht übersteigt.

Vollblut, rein gezüchtete Tierrasse; reinrassiges, aus arab. oder engl. Zucht stammendes Pferd.

Volleyball [ˈvɔli-], *Flugball,* ein um 1900 in den USA entwickeltes Rückschlagspiel, das seit 1945 in der ganzen Welt große Verbreitung gefunden hat (über 100 Mio. Aktive). Es wird von zwei Mannschaften zu je 6 Spielern gespielt.

Volljährigkeit, *Großjährigkeit, Mündigkeit,* Alter, mit dem die unbeschränkte Geschäftsfähigkeit beginnt; in Dtld. mit Vollendung des 18. (seit 1.1.1975), in Österreich des 19., in der Schweiz des 20. Lebensjahrs.

Vollkornbrot, mit Mehl oder Schrot aus dem vollständigen Getreidekorn (mit Keim u. Randschichten) gebackenes Brot.

Vollmacht, rechtsgeschäftl. Erteilung der bürgerl.-rechtl. Vertretungsmacht für den *V.geber* an einen oder mehrere *Bevollmächtigte;* als *General-V.* für alle oder als *Spezial-V.* für einzelne Rechtsgeschäfte. Im Handelsrecht: *Prokura* u. *Handlungs-V.*

Vollstreckung, *Beitreibung, Exekution,* Verfahren zur Durchsetzung von privat- oder öffentl.-rechtl. Rechtsansprüchen oder des staatl. Strafanspruchs, geleitet von der *V.sbehörde,* bes. von einem *V.sgericht.* Vollstreckbar ist ein Anspruch in der *Zwangs-V.* mit einem *V.stitel,* in der *Verw.-V.* mit einer *V.sanordnung* der Verw.-Behörde. Belange des Schuldners regelt der *V.sschutz.*

vollziehende Gewalt, Reg. u. Verw.: der Gesamtbereich staatl. Gewalt, der nicht in Gesetzgebung u. Rechtsprechung besteht.

Vollzugsanstalt, *Justizvollzugsanstalt,* Anstalt zum Vollzug von Freiheitsstrafen, Jugendarrest u. freiheitsentziehenden *Maßregeln der Besserung u.*

VORGESCHICHTE

Stier aus der Höhle von Lascaux, Frankreich, um 15 000 v. Chr. (links); Elch ca. 5000–3000 v. Chr., Insel in der Angara, Sibirien (Mitte); Jäger in stilisierendem Stil, ca. 8000–2000 v. Ch., Gasulla-Schlucht, Castellón, Spanien (rechts)

Geräte und Schmuck aus der Trichterbecherkultur (links). – Elfenbeinerner Frauenkopf aus Brassempouy, Dép. Landes, Frankreich; um 25 000 v. Chr. (rechts)

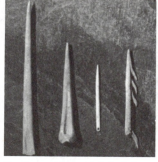 

Knochen und Steine sind die frühesten verwendeten Materialien für Werkzeuge und Geräte: Knochengeräte aus dem 20. bis 10. Jahrtausend v. Chr. (links); steinerne Faustkeile, etwa 10 000 bis 12 000 Jahre alt (rechts)

bed. Vertreter der europ. Aufklärung; seine Werke umfassen das gesamte Ideengut der Epoche. Er verteidigte Toleranz, Menschenrechte u. Vernunft u. wandte sich gegen die Rousseausche Verherrlichung des Naturzustands.
Volterra, ital. Stadt in der Toskana, 14 000 Ew.; Dom (12. Jh.), Adelspaläste, gut erhaltene Stadtmauer (6./4. Jh. v. Chr.); bed. Alabaster-Ind.
voltigieren [-'ʒi:-], turner. Übung für jugendl. Pferdesportler auf dem an der Longe langsam galoppierenden Voltigierpferd; z. B. Aufsprünge, freihändiges Knien u. Stehen, Kosakenhang u. a.
Voltmeter, Gerät zur Messung der elektr. Spannung.
Volubilis, röm. Ruinenstadt bei Meknès, Marokko; gut erhaltene Stadtmauer, bed. Mosaikfußböden.
Volumen, 1. Abk. *Vol.,* Band eines Buchwerks. – 2. Abk. *Vol.,* Rauminhalt. – *Spezif. V.,* Rauminhalt der Masseneinheit eines Stoffs.
Volumenprozent, Abk. *Vol.-%,* Angabe, wie viele cm³ eines Stoffs in 100 cm³ eines Gemisches enthalten sind.

voluminös, umfangreich.
Voluntarismus, Denkrichtung in Philos. u. Psych., die den Willen als Grundprinzip des Seins oder als Grundfunktion des seel. Lebens betrachtet.
Volute, schmückendes Bauglied mit spiralig eingerollten Windungen, z.B. Teil des ion. Kapitells.
Volvox, *Kugelalge,* koloniebildende begeißelte *Grünalge.*
Vondel ['vɔndəl], Joost van den, *1587, †1679, ndl. Dichter; übernahm die Stilwelt der Antike zur Darstellung eines barock-christl. Weltbilds.
Vo Nguyên Giap [-dʒap], *1912, vietnames. General u. Politiker; leitete seit 1946 den Kampf gegen die Franzosen (1954 Schlacht von Diên Biên Phu); 1954–76 Verteidigungs-Min. von Nordvietnam, 1976–80 von Vietnam.
Vonnegut ['vɔnəgʌt], Kurt, *11.11.1922, US-amerik. Schriftst.; Erzählungen u. Romane gegen Krieg, Gewalt, soz. Ungerechtigkeit u. Rassenhaß.
Vorarlberg, westlichstes Bundesland von Österreich, 2601 km², 312 000 Ew., Hptst. *Bregenz;* gebirgig (Nord- u. Zentralalpen).
Vorbären →*Kleinbären.*

Vorgeschichte 949

Das Voltigieren ist ein reitsportlicher Wettbewerb für Jugendliche

Vorderasien, zusammenfassende Bez. für den sw. Teil des asiat. Kontinents, bes. für die Länder der arab. Halbinsel, Türkei, Armenien, Irak u. Iran.
Vorderindien, auch *Südasien,* Teil des asiat. Kontinents; besteht aus den Staaten *Indien, Pakistan, Sri Lanka, Bangladesch* u. *Malediven.*
Vorderkiemer, Unterklasse der *Schnecken,* die meist ein mit einem Deckel verschließbares Gehäuse haben; die Kiemen liegen vor dem Herzen.
Vorderlader, alte Feuerwaffe (Gewehr, auch Geschütz), die von vorn geladen wurde.
vorderorientalische Kirchen →morgenländische Kirchen.
Vorderösterreich, *Vorlande,* die ehem. habsburg. Besitzungen im SW des Reichs, u. a. Aargau, Thurgau, Zürichgau, Elsaß, Breisgau, Ortenau, Hohenberg, Nellenburg. Teile von Oberschwaben (bis 1782 auch Vorarlberg).
Vorderradantrieb, *Frontantrieb,* Antrieb der Vorderräder eines Kfz bei vornliegendem Motor. V. sichert gutes Kurvenverhalten.
Vorerbe, derjenige Erbe, nach dem ein anderer bereits vom Erblasser als *Nacherbe* berufen ist; hat in der Regel zugunsten des Nacherben besondere Pflichten.
Vorfahrt, Vorrecht eines Fahrzeugführers, eine Straße oder Kreuzung vor einem anderen zu benutzen oder zu überqueren; wenn nicht eine andere Regelung durch Verkehrszeichen getroffen ist, gilt »rechts vor links«.
Vorfinanzierung, die Überbrückung von vorübergehendem Kapitalbedarf durch kurzfristige Kredite, die später durch langfristige Finanzierungsmittel (Aktien, Obligationen) abgelöst werden sollen.
Vorfluter, oberird. Gewässer, in das ober- oder unterirdisch zufließendes Wasser, auch gereinigtes oder ungereinigtes Abwasser, eingeleitet u. von dem es abgeführt wird.
Vorführungsbefehl, im Strafprozeß die gerichtl. Anordnung zur Erzwingung des Erscheinens eines ausgebliebenen Beschuldigten (Angeklagten) oder Zeugen zu einem Termin.
Vorgeschichte, *Urgeschichte,* Zeitraum der menschl. Vergangenheit, aus dem keine schriftl. Dokumente überliefert sind. Die Übergangsphase in die durch schriftl. Quellen belegte Zeit wird als *Frühgeschichte* bezeichnet. V. bzw. *prähistorische Archäologie* wird auch die sich im 19. Jh. entwickelnde Wiss. genannt, die sich der Erforschung vorgeschichtl. Kulturen widmet.
Die V. beginnt mit ersten Überresten menschl. Kultur vor 1–2 Mio. Jahren. Sie wird seit Beginn des 19. Jh. in dem sog. Dreiperiodensystem (von dem Dänen C. Thomsen) nach den jeweils kulturprägenden Werkstoffen in *Steinzeit, Bronzezeit* u. *Eisenzeit* unterteilt. Die Steinzeit enthält die Unterepochen *Altsteinzeit* (Paläolithikum), *Mittelsteinzeit* (Mesolithikum) u. *Jungsteinzeit* (Neolithikum).
Die älteste Phase der Altsteinzeit, das *Altpaläolithikum,* liegt bis zu 700 000 Jahren zurück u. erstreckt sich über die ersten drei Eiszeiten (Günz, Mindel, Rißeiszeit) einschl. der dazwischen liegenden Warmzeiten. In den Kulturstufen des *Abbevillien* u. des *Acheuléen* wandelt sich der Faustkeil von einem roh behauenen zu einem regelmäßig geformten Werkzeug. Außerdem ist der Einsatz des

Geologische Perioden	Archäologische Leittypen	Kulturstufen	
Günz-Eiszeit			
Günz-Mindel-Zwischeneiszeit	Faustkeil	Abbevillien	ALTPALÄOLITHIKUM
Mindel-Eiszeit	Faustkeil, Clactonabschlag, Levalloisabschlag	Freilandfundplätze, Faustkeil, Geröllwerkzeuge	
Mindel-Riß-Zwischeneiszeit		Acheuléen	
Riß-Eiszeit	Faustkeil	Freilandfundplätze, Faustkeil, Clactonabschläge, Levalloisabschläge, Feuer	
Riß-Würm-Zwischeneiszeit			
Frühe Würm-Eiszeit	Faustkeile	Micoquien	
Interstadial	Faustkeil, Schaber, Moustérienspitze 30000 v. Chr.	Moustérien	MITTELPALÄOLITHIKUM: Neandertaler Bestattungen, Abri- und Höhlenstationen, Faustkeil, Moustérienspitze, Schaber
Mittlere Würm-Eiszeit		Aurignacien	JUNGPALÄOLITHIKUM: Homo sapiens, erste Siedlungen, Bestattungen, spezialisierte Jäger mit Fernwaffen Feuerstein-, Klingen-, Stichelindustrien
		Gravettien	Geräte aus Geweih, Knochen, Elfenbein
		Solutréen	Schmuck Kleinkunst Felsbilder
Späte Würm-Eiszeit	10000 v. Chr.	Magdalénien	

altsteinzeitliche Leittypen im Rahmen des Eiszeitalters: 1) Speerspitze, 2) Kratzer, 3) Klinge mit beidseitiger Randretusche, 4) Gravettespitze, 5) Kerbspitze, 6) Blattspitze, 7) Harpune, 8) Lochstab, 9) Sägeklinge, 10) Bohrer, 11) Papageienschnabelklinge, 12) Zinken

Feuers bekannt. In einem fließenden Übergang schließt sich vor etwa 150 000 Jahren das Mittelpaläolithikum an u. umfaßt die letzte Warmzeit (Riß-Würm-Zwischeneiszeit) u. die Vorstoßphase der letzten Eiszeit (frühe Würmeiszeit). Das *Micoquien* kennt verfeinerte u. spitz ausgearbeitete Faustkeile; im *Mousterien* treten Schaber, Farbstoffe u. bearbeitete Knochen auf. Der Neandertaler als Kulturträger (zw. 130 000 u. 40 000 v. Chr.) bestattet erstmalig seine Toten u. gibt damit spekulative Hinweise auf religiöse Vorstellungen. Das von 40 000 bis 8000 v. Chr. während Jungpaläolithikum wird durch die Würmeiszeit u. die Klingenkulturen des *Aurignacien, Gravettien, Solutréen* u. *Magdalénien* geprägt. Der Homo sapiens tritt erstmals auf. Es finden sich künstler. Zeugnisse (z. B. in der frz. Höhle Lascaux).

In dem schon in die Nacheiszeit fallenden Mesolithikum (etwa 8000 – 4000 v. Chr.) dient als Lebensgrundlage das Sammeln von Wildfrüchten

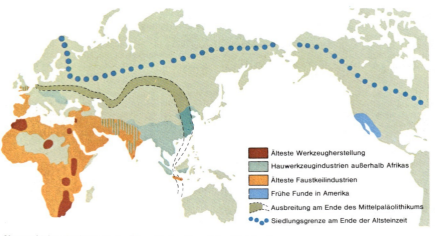

Vorgeschichte. Ausbreitung der Menschheit während der Altsteinzeit

Vorgeschichte (Jungsteinzeit): bandkeramische Flasche aus der Jungfernhöhle

u. -getreide u. die mit Hilfe von Pfeil u. Bogen ausgeübte Jagd von Kleinwild. Aus dieser Wirtschaftsweise folgt Bevorratung, Hüttenbau u. somit eine längere Seßhaftigkeit in kleinen Stämmen. Das Neolithikum breitet sich vom Vorderen Orient (9./8. Jt. v. Chr.) durch Kolonisationsvorgänge nach Nordafrika u. seit dem 5. Jt. v. Chr. nach Europa aus. Entwicklungseinflüsse Anatoliens u. der Balkanhalbinsel führen zur ältesten jungsteinzeitl. Kultur Mitteleuropas, der *Bandkeramik*. Die mittelmeer. *Montserrat-Kultur* bestimmt das südl. Frankreich. In Großbrit. herrscht die *Windmill-Hill-Kultur*, im Rheingebiet die *Michelsberger Kultur* u. in Schl.-Ho. u. Dänemark die *Trichterbecher-Kultur* vor. Diese Kulturen werden durch die sog. neolith. – oder agrar. – Revolution geprägt, mit der der Übergang von der aneignenden zur produzierenden Wirtschaftsweise bezeichnet wird. Der Pflanzenanbau ermöglichte auch die Domestikation von Tieren (Schaf, Ziege, Schwein, Rind). Neue Techniken der Rohstoffgewinnung u. -verarbeitung werden entwickelt. In Folge dieser durch Arbeitsteilung u. Tauschhandel geprägten Wirtschaftsweise ergibt sich das seßhafte Wohnen in Häusern. Die Toten werden in Hockerstellung in einer Grabgrube beigesetzt. Den Abschluß findet das Neolithikum in der Kupferzeit, in der schon Gegenstände aus Kupfer u. Gold benutzt werden. Wanderungen großer Kulturgruppen von etwa 2500–1800 v. Chr. veränderten Mitteleuropa.

In der folgenden Bronzezeit werden Geräte, Waffen u. Schmuck aus Bronze hergestellt. Frühe Bronzegegenstände finden sich in ägypt. Gräbern (vor 3000 v. Chr.), in Mesopotamien (ab 3000 v. Chr.), in Indien (Indus-Tal, um 2500 v. Chr.) u. in China (Huang He, seit 2000 v. Chr.). Aus diesen Ursprungsregionen kommt die Bronzezeit über den ägäischen Raum *(kretisch-mykenische Kultur)* u. Italien *(Terramare-Kultur)* nach Mittel- u. Nordeuropa.

Als frühe Bronzezeit (etwa 2000–1600 v.Chr.) bildet sie hier in den Gebieten mit Erzvorkommen u. entlang der Handelswege versch., miteinander in Verbindung stehende Kulturzentren. In der mittleren (etwa 1600–1200 v. Chr.) u. in der jüngeren bzw. späteren (etwa 1200–800 v. Chr.) Bronzezeit entfaltet sich in N-Europa die *Nordische Kultur* u. in Mitteleuropa die *Hügelgräber-Kultur*. Die späte Bronzezeit wird durch die *Urnenfelderzivilisation* (Brandbestattung, große Flachgräberfelder) geformt, wie z.B. durch die *Lausitzer Kultur* in O-Dtld. u. W-Polen.

Die letzte vorgeschichtl. Epoche, die Eisenzeit, geht wiederum vom Vorderen Orient (dort spätestens seit 1500 v. Chr.) aus. Nach dem Untergang des Hethiterreichs um 1200 v. Chr. gelangt die Eisentechnik über die Balkanhalbinsel u. Italien ab 800 v. Chr. nach Mitteleuropa. Hier wird die Eisenzeit in zwei Abschnitte unterteilt: der ältere wird vom 8. bis zum 5. Jh. v. Chr. durch die *Hallstattkultur* geprägt; der jüngere wird mit der vom 5. bis zum 1. Jh. v. Chr. währenden, durch die Kelten bestimmten *Latènezeit* gleichgesetzt. Die Frühgeschichte setzt mit der röm. Machtentfaltung seit dem Beginn unserer Zeitrechnung ein.

Vorhand, 1. bei den Netzspielen Badminton, Tennis u. Tischtennis eine Schlagart, bei der die Handfläche zum Netz zeigt. – **2.** der vor dem Gebenden sitzende, als erster ausspielende Kartenspieler. – **3.** *Vorderhand*, Vorderbeine des Pferdes.

Vorhaut, *Präputium*, beim Mann die Eichel des Glieds (Penis) überziehende Haut, die hinter die Eichel zurückgezogen werden kann.

Vorherbestimmung → Prädestination.

Vorkauf, Art des Kaufs. Die gesetzlich oder vertraglich mit dem *V.srecht* ausgestattete Person hat bei einem zw. dem Verpflichteten u. einem Dritten geschlossenen Kaufvertrag das Recht, an die Stelle eines Dritten zu treten.

Vorladung, Aufforderung zum Erscheinen vor einer Behörde.

vorläufige Festnahme, die sofortige Entziehung der Fortbewegungsfreiheit, ohne daß es möglich ist, vorher den Haftbefehl des Richters zu erwirken, z.B. wenn jemand auf frischer Tat ertappt wird, verfolgt wird, zur Identitätsfeststellung.

Vorlesung, *Kolleg*, Form des wiss. Unterrichts an den HS.

Vormärz, Zeit zw. dem Wiener Kongreß (1815) u. der März-Revolution von 1848.

Vormenschen, *Prähomininen*, die subhumanen Vorläufer der Menschen, die am Beginn der Menschheitsentwicklung stehen.

Vormsi, ['vɔrmsi], dt. *Worms*, estn. Ostsee-Insel zw. der estländ. Küste u. Dagö, vor dem Rigaer Meerbusen, 93 km², 2300 Ew.; Fischerorte.

Vormundschaft, Wahrnehmung der Personensorge u. Vermögensverwaltung sowie der Vertretung eines Minderjährigen oder Entmündigten, des *Mündels*, durch einen *Vormund*. Dieser steht u. U. unter Kontrolle eines *Gegenvormunds*, stets aber unter Aufsicht des *V.sgerichts*.

Vorruhestand, 1984 geschaffene Regelung, nach der Arbeitnehmer, die 1984–88 58 Jahre oder älter waren, vorzeitig in den Ruhestand gehen konnten; 1989 durch die *Altersteilzeit* ersetzt.

Vorsatz, 1. *V.blatt*, Doppelblatt, dessen eine Seite über die Innenseite eines Buchdeckels geklebt wird; das andere Blatt ist das erste oder letzte bewegl. Blatt des Buches. – **2.** bestimmte innere Beziehung des Täters zu seiner Tat: als Wissen u. Wollen der Verwirklichung des objektiven Tatbestands Voraussetzung strafbarer Handlungen u. der zivilrechtl. unerlaubten Handlung (Ggs.: *Fahrlässigkeit*). – **3.** *V.silben*, Silben vor Maßeinheiten zur Kennzeichnung von Teilen u. Vielfachen (z.B. Giga-, Mega-, Deka-, Dezi-).

Vorschlag, in der Musik Bez. für unterschiedl. Verzierungen, die einem Melodieton vorausgehen.

Vorschulerziehung, *i.e.S.* Tätigkeit von Bildungseinrichtungen, die Kinder auf den Schuleintritt vorbereiten; *i.w.S.* die Erziehung im Kindergarten.

Vorschuß, Vorauszahlung auf einen künftigen Anspruch.

Vorsehung, *Providenz*, die über dem Weltgeschehen u. Menschenleben waltende Macht (Gottes).

Vorsokratiker, die griech. Philosophen vor Sokrates: die ion. Naturphilosophen, Pythagoräer, Eleaten, die jüngeren Naturphilosophen.

Vorsorgeaufwendungen, Beiträge zur Sozialversicherung, zu bestimmten Lebensversicherungen, Beiträge an Bausparkassen u. a.; können bis zu bestimmten Höchstbeträgen als *Sonderausgaben* vom Gesamtbetrag der Einkünfte als steuermindernd abgezogen werden.

Vorsorgeuntersuchungen, Maßnahmen der Krankenversicherung u. der Sozialhilfe zur Früherkennung u. -behandlung von Krankheiten; insbes. Krebs-V. u. Schwangerschafts-V.

Vorsteherdrüse → Prostata.

Vorstehhund, *Hühnerhund*, Jagdhund, der aus-

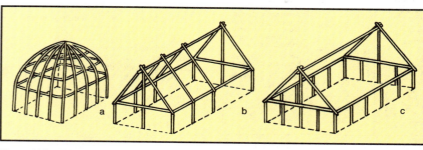

Vorgeschichte: Jungsteinzeitliche Haustypen: a) Hütte mit Kuppeldach aus dem Endneolithikum, b) Rechteckhaus der Rössener Kultur, c) Rechteckhaus der Michelsberger Kultur

gemachtes Wild (Rebhühner, Fasanen, Hasen) durch »Vorstehen«, d. h. Stutzen in bestimmter Haltung, dem Jäger anzeigt.

Vorstell, Wolf, *14.10.1932, dt. Happening-Künstler.

Vorster, Balthazar Johannes, *1915, †1983, südafrikanischer Politiker (Nationalpartei); Min.-Präs. 1966–78, Staats-Präs. 1978/79, entschiedener Vertreter der Apartheid-Politik.

Vorstrafe, frühere Strafe eines Beschuldigten, die noch nicht im *Strafregister* getilgt ist.

Vorvertrag, Vertrag mit der klagbaren Verpflichtung zum Abschluß des beabsichtigten Hauptvertrags.

Vorzeichen, 1. Symbole Plus (+) u. Minus (−), die die positiven bzw. negativen Zahlen kennzeichnen. − **2.** in der Notenschrift die Zeichen ♯ u. ♭ zur Bestimmung der Tonart eines Musikstücks.

Vorzugsaktie, mit Vorrechten bei der Dividendenausschüttung oder der Liquidation ausgestattete Aktie; dafür häufig ohne Stimmrecht.

Vos, Cornelius de, *1584 (?), †1651, fläm. Maler (Porträts der bürgerl. Gesellschaft).

Voscherau, Henning, *13.8.1941, dt. Politiker (SPD), seit 1988 Erster Bürgermeister von Hamburg.

Voß, Johann Heinrich, *1751, †1826, dt. Schriftst.; Mitgl. des »Göttinger Hains«; schrieb ländliche Idyllen, übersetzte die »Odyssee« u. die »Ilias«.

Votiv, Weihe- u. Opfergabe; *V.bild, V.tafel,* im kath. Glaubensbereich ein Bild, das aufgrund eines Gelübdes oder als Dank für erfahrene göttl. Hilfe aufgestellt wird. – *V.messe,* wegen eines bes. Anlasses zelebrierte Messe.

Votum, Gutachten, Stellungnahme; Stimme eines Abstimmenden; Gelübde.

Voyager [ˈvoiadʒə], Name zweier US-amerik. Raumsonden, die der Erforschung der äußeren Planeten des Sonnensystems dienen. V.1 (Start 1977) flog im März 1979 an Jupiter, im Nov. 1980 an Saturn vorbei; V.2 (Start 1977) im Juli 1979 an Jupiter, im Aug. 1981 an Saturn, im Jan. 1986 an Uranus u. im Aug. 1989 an Neptun u. seinem größten Mond Triton. Die Sonden übertrugen zahlr. Photos der Planeten, entdeckten den ersten aktiv vulkan. Körper außerhalb der Erde (den Jupitermond Io), den großen dunklen Fleck bei Neptun u. a. Nach Verlassen des Sonnensystems reicht der Treibstoff der Sonden bis in das Jahr 2030.

Voyeurismus [vwaˈjøːr-], eine sexuelle Abweichung; der **Voyeur** (»Seher«) gelangt durch Zusehen bei sexuellen Handlungen anderer zur geschlechtl. Erregung.

Vranitzky, Franz, *4.10.1937, österr. Politiker (SPÖ); 1984–86 Fin.-Min., seit 1986 Bundeskanzler, seit 1988 zugleich Partei-Vors.

Vrchlický [ˈvrxlitskiː], Jaroslav, eigtl. Emil *Frida*, *1853, †1912, tschech. Schriftst.; formvollendete Lyrik u. Epik.

Vries [vriːs], Adriaen de, *1560, †1626, ndl. Bildhauer (Bronzeplastiken); Manierist; Hofbildhauer Kaiser Rudolfs II. in Prag. Seine späten Werke leiten zum Frühbarock über.

Vring [friŋ], Georg von der, *1889, †1968, dt. Schriftst. u. Maler; volksliedhafte Gedichte u. Romane.

VTOL-Flugzeug, Abk. für engl. *vertical take-off*

Votiv: schmiedeeiserne Votivtiere aus Stanz (Steiermark); Kuh mit Kalb

Die wichtigsten Vulkane der Erde

Vulkan	Lage (Land)	Höhe (m)	Bemerkungen
Mittelmeergebiet			
Vesuv	Golf von Neapel (Italien)	1277	79 n. Chr. Pompeji, Herculaneum und Stabiä vernichtet; letzter Ausbruch 1944
Ätna	Sizilien (Italien)	3369	letzter Ausbruch 1992
Stròmboli	Liparische Inseln (Italien)	926	ständig tätig
Santorin	Kykladen (Griechenland)	556	letzter Ausbruch 1956
Atlantischer Ozean			
Hekla	Island	1491	mehrere Krater; letzter Ausbruch 1981
Surtsey	Island	173	1963–1967 entstanden
Kirkjufell	Heimaey (Island)	221	1973 entstanden
Askia	Island	1510	letzter Ausbruch 1961
Krafla	Island	654	letzter Ausbruch 1984
Pico de Teide	Teneriffa, Kanarische Inseln (Spanien)	3718	letzter Ausbruch 1909
Mont Pelée	Martinique, Kleine Antillen (Frankreich)	1397	großer Ausbruch 1902 (Zerstörung der Stadt St. Pierre, fast 30 000 Tote); letzter Ausbruch 1929
La Soufrière	Guadeloupe, Kleine Antillen (Frankreich)	1467	letzter Ausbruch 1976
Afrika			
Fako (Kamerunberg)	Kamerun	4070	mehrere Krater; letzter Ausbruch 1982
Niragongo	Zaire	3475	letzter Ausbruch 1977
Meru	Tansania	4567	letzter Ausbruch 1910
Indischer Ozean			
Kartala	Komoren	2361	letzter Ausbruch 1977
Piton de la Fournaise	Réunion, Maskarenen (Frankreich)	1823	letzter Ausbruch 1983
Südwestpazifik			
Erebus	Victorialand (Antarktis)	3795	letzter Ausbruch 1984
Ruapehu	Nordinsel (Neuseeland)	2797	letzter Ausbruch 1982
Lopevi	Neue Hebriden (Vanuatu)	1449	letzter Ausbruch 1982
Bagana	Bougainville (Papua-Neuguinea)	1702	letzter Ausbruch 1966
Tambora	Sumbava (Indonesien)	2850	großer Ausbruch 1815/16
Semeru	Java (Indonesien)	3676	letzter Ausbruch 1981
Bromo	Java (Indonesien)	2392	letzter Ausbruch 1972
Merapi	Java (Indonesien)	2911	letzter Ausbruch 1984
Galunggung	Java (Indonesien)	2168	2 große Ausbrüche 1822; letzter Ausbruch 1982
Agung	Bali (Indonesien)	3142	letzter Ausbruch 1964
Krakatau	zwischen Java und Sumatra	816	großer Ausbruch 1883 (über 36 000 Tote); letzter Ausbruch 1952
Kerinci	Sumatra (Indonesien)	3800	letzter Ausbruch 1970
Nordwestpazifik			
Awatscha	Kamtschatka (Rußland)	2725	letzter Ausbruch 1945
Kljutschewskaja Sopka	Kamtschatka (Rußland)	4750	letzter Ausbruch 1984
Fudschiyama	Honschu (Japan)	3776	letzter Ausbruch 1972
Bandaisan	Honschu (Japan)	1964	heftiger Ausbruch 1888
Aso-yama	Kyushu (Japan)	1690	größter Krater der Welt; letzter Ausbruch 1953
Sakuraschima	Kyushu (Japan)	1118	große Ausbrüche 1779 und 1914; letzter Ausbruch 1984
Macaturin	Luzón (Philippinen)	2753	mehrere Ausbrüche 1765–1847
Mayon	Luzón (Philippinen)	3045	letzter Ausbruch 1993
Pinatubo	Luzón (Philippinen)		Ausbruch 1991
Taal	Luzón (Philippinen)	300	letzter Ausbruch 1977
Mauna Kea	Hawaii (USA)	4202	(?)
Mauna Loa	Hawaii (USA)	4170	größte Lavaförderung der Welt; letzter Ausbruch 1984
Kilauea	Hawaii (USA)	1243	letzter Ausbruch 1984
Ostrand des Pazifiks			
Mount Katmai	Alaska (USA)	2047	letzter Ausbruch 1962
Mount St. Helens	Washington (USA)	2950	letzter Ausbruch 1984
Lassen Peak	Kalifornien (USA)	3190	letzter Ausbruch 1914–1916
Colima	Mexiko	3960	letzter Ausbruch 1983
Popocatépetl	Mexiko	5452	letzter Ausbruch 1938
Citlaltépetl	Mexiko	5700	
Paricutín	Mexiko	2774	1943 entstanden; letzter Ausbruch 1952
Santa Maria	Guatemala	3768	letzter Ausbruch 1983
Tajumulco	Guatemala	4211	
Izalco	El Salvador	2362	bis 1956 ständig tätig
Telica	Nicaragua	1039	letzter Ausbruch 1982
Cosigüina	Nicaragua	845	1835 Ausbruch großer Lockermassen (etwa 50 km³)
Cerro Negro	Nicaragua	977	letzter Ausbruch 1971
Poas	Costa Rica	2722	anhaltend leicht tätig, zuletzt stärker 1982
Irazú	Costa Rica	3432	letzter Ausbruch 1967
Arenal	Costa Rica	1552	letzter Ausbruch 1984
Tolima	Kolumbien	5620	Ausbruch 1829
Nevado del Huila	Kolumbien	5750	
Nevado del Ruiz	Kolumbien	5400	letzter Ausbruch 1985
Puracé	Kolumbien	4756	letzter Ausbruch 1977
Cotopaxi	Ecuador	5897	letzter Ausbruch 1975
Sangay	Ecuador	5230	letzter Ausbruch 1976
Sajama	Bolivien	6520	
Licancaur	Bolivien	5960	
Lascar	Chile	5990	letzter Ausbruch 1968
Villarica	Chile	2840	letzter Ausbruch 1984

and landing, **Senkrechtstarter**, Flugzeug, das senkrecht starten u. landen kann; als *Heck-* oder *Flachstarter* gebaut.
Vuillard [vyi'ja:r], Édouard, *1868, †1940, frz. Maler u. Graphiker; nachimpressionist. Stil; Interieurszenen u. Bildnisse.
vulgär, gemein, gewöhnl., ordinär.
Vulgärlatein, die schriftl. nicht überlieferte lat. Volkssprache; durch Sprachvergleich erschließbare Grundlage der *rom. Sprachen*.
Vulgata, meistbenutzte, auf *Hieronymus* zurückgehende lat. Bibelübersetzung; 1546 auf dem Trienter Konzil für authentisch erklärt.

Vulkan, durch Anhäufung von vulkan. Förderprodukten entstandener »feuerspeiender Berg«. Unter der Mitwirkung gespannter Gase steigt das Magma vom *V.herd* durch einen *Schlot* an die Erdoberfläche u. verläßt den *Krater* in Form von *Lava* (Gesteinsschmelzfluß) oder von Lockermassen als Lapilli, vulkan. Bomben, Aschen u. a. Es gibt auf der Erde rd. 475–500 tätige V. Der höchste V.gipfel ist der *Aconcagua* in den Anden.
Vulkanisation, Veredelungsverfahren des Kautschuks durch Zusatz von Schwefel mit anschließender Erhitzung auf ca. 120 °C (*Heiß-V.*) oder Behandlung mit Dischwefeldichlorid (*Kalt-V.*).
Vulpius, 1. Christian August, *1762, †1827, dt. Schriftst.; Schwager *Goethes*; schrieb vielgelesene Schauer- u. Räuberromane. W »Rinaldo Rinaldini«.

– **2.** Christiane, Schwester von 1), *1765, †1827; lebte seit 1788 mit *Goethe* zusammen, der sie 1806 heiratete; gemeinsamer Sohn: August von Goethe.
Vulva, die äußeren weibl. Geschlechtsteile, bestehend aus den großen u. kleinen Schamlippen, dem Kitzler, dem Scheidenvorhof sowie dem Scheideneingang.
V-Waffen, Abk. für *Vergeltungswaffen*, seit 1944 eingesetzte dt. Raketenwaffen: *V 1*, (Fi 103) Flügelbombe mit Selbstantrieb durch ein Staustrahltriebwerk, erstmals am 13.6.1944 eingesetzt; *V 2 (A 4)*, ferngelenkte Flüssigkeits-Großrakete. An ihrer Entwicklung war W. von Braun beteiligt. Erstmals wurde sie am 8.9.1944 eingesetzt. Der Einsatz der V. war von großem propagandist. Aufwand begleitet.

VULKANISMUS

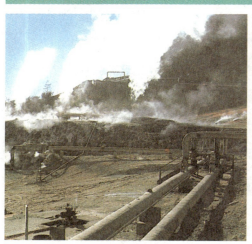

Die in den vulkanischen Dämpfen und heißen Wassern enthaltene Wärmeenergie wird an vielen Stellen der Erde zu Heizzwecken und zum Betreiben von Kraftwerken verwendet. Im Bild Rohrleitungen eines geothermischen Kraftwerks im Somoma-County-Geysir-Gebiet in California, USA (links). – Lavastruktur vom Typ Pahoehoe, auch Strick- oder Seillava genannt (Mitte). – Bis in eine Höhe von 20 km reichte die Aschewolke des Mount St. Helens beim Ausbruch am 18. Mai 1980 (rechts)

Lavastrom und Ausfluß aus einer Spalte am Hang des Mauna Loa auf Hawaii

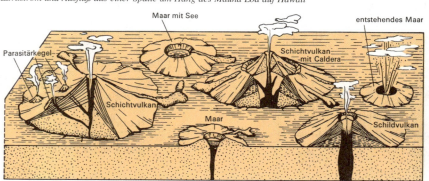

Aufbau und Typen von Vulkanen (links). – Vulkanologen beobachten den Ausbruch des Eldfell (Island) im Jahre 1973 (rechts)

W

w, W, 23. Buchstabe des dt. Alphabets.
W, **1.** Zeichen für *Watt*. – **2.** chem. Zeichen für *Wolfram*.
Waadt, *W.land*, frz. *Vaud*, Kt. der →*Schweiz*.
Waag, slowak. *Váh*, l. Nbfl. der Donau, 392 km; vereinigt sich mit der Kleinen Donau zur *W.donau*, mündet bei Komorn.
Waage, **1.** Gerät zur Gewichtsbestimmung von Körpern durch Massenvergleich. – Bei der *Balken-W.* wird die gesuchte Masse mit bek. »Gewichten« (Massennormalen) verglichen; eine feinere Form ist die für chem. Untersuchungen gebrauchte *Analysen-W.* Bei *Schalt-W.n* werden durch Drehen eines Schalters nacheinander mehr u. mehr Gewichte eingeschaltet. Bei der *Feder-W.* wird eine geeichte Schraubenfeder durch eine Last ausgedehnt. Diese W.n zeigen wegen der kleinen Verschiedenheit der Gravitationskonstante an versch. Orten für gleiche Massen etwas versch. Werte an; sie sind daher nur für gröbere Messungen verwertbar. Bei der *Laufgewichts-W.* (*röm. W.*, *Schnell-W.*) werden ein oder zwei Laufgewichte an einem Balkenende verschoben, bis Gleichgewicht herrscht. Auf demselben Prinzip beruhen die *Neigungs-W.n* (z.B. *Brief-W.*), bei denen die Neigung eines langen Balkenarms verändert wird, u. die *Brücken-W.n*, bei denen die Last auf einer Plattform (Brücke) ruht, deren W.balkenlagen in einem bestimmten Verhältnis zueinander stehen (z.B. *Dezimal-W.n*). Elektronische W.n (Wiegeanlagen) haben keine bewegl. Teile u. benötigen praktisch keine Wartung. – **2.** *Libra*, Sternbild des Tierkreises. – **3.** Übung beim Geräteturnen u. Eiskunstlauf.
Waal, Hauptmündungsarm des Rhein.
Waalkes, Otto (Künstlername »Otto«), * 22.7. 1948, dt. Komiker.
Waals, Johannes Diderik van der, * 1837, † 1923, ndl. Physiker; entwickelte eine Zustandsgleichung (*van-der-W.sche Zustandsgleichung*), die das Verhalten der realen Gase u. ihre Verflüssigung beschreibt; Nobelpreis 1910.
Waben, Gefüge von (grob)sechseckigen Aufzucht- u. Speicherzellen bei Stechbienen.
Wabenkröten, *Pipakröten*, *Pipa*, südamerikan. Gatt. der *Zungenlosen Frösche*. Die Eier entwickeln sich in wabenförmigen Hauttaschen auf dem Rücken des Weibchens bis zur Larve.
Wace [weis, engl.; vas, frz.], Robert, * um 1100, † um 1174, ältester namentl. bek. Dichter frz. Sprache; verfaßte die Reimchronik »Roman de Brut«, in der erstmalig in der frz. Lit. König Artus' Tafelrunde erscheint.
Wachau, rd. 30 km lange Engtalstrecke der Donau in Niederöstr., zw. Melk u. Krems.
Wacholder, *Juniperus*, Gatt. der *Nadelhölzer*, über die ganze nördl. Hemisphäre verbreitet; blauschwarze, fleischige Beerenzapfen (*Krammetsbeeren*); einheim.: *Sadebaum*, *Gewöhnl. W.* (*Machandelbaum*); im Mittelmeergebiet: *Zedern-W.*, *Zypressen-W.*; nordamerik. Arten: *Virgin. Sadebaum* (*Rote Zeder*) u. *Florida-W.* (*Floridazeder*). Aus W.-Beeren gewinnt man harntreibenden Tee, Gewürz u. Branntwein.
Wachsblume, **1.** *Porzellanblume*, *Hoya*, Gatt. der *Seidenpflanzengewächse*, in Australien u. S-Asien vorkommende Pflanze mit blaßroten, wachsähnlich aussehenden Blüten, z. T. als Zierpflanze. – **2.** *Cerinthe*, Gatt. der *Rauhblattgewächse*, Pflanzen mit bläul. bereiften Blättern.
Wachse, Sammelbez. für schmelzbare, leicht knetbare, organ. Stoffe. Chem. gehören sie zu den *Lipiden*. Man unterscheidet: 1. *natürl. W.*: Pflanzenwachs, Mineralwachs u. tier. Wachs (z.B. Bienenwachs); 2. *halb-* oder *vollsynthet. W.*, aus den Paraffinen der Erdölaufbereitung oder der Fischer-Tropsch-Synthese gewonnen.
Wachsfigurenkabinett, Ausstellung von naturgetreuen lebensgroßen Nachbildungen namhafter Persönlichkeiten, bek. v. a. das W. der Madame *Tussaud* in London.

Wachsmalerei →*Enkaustik*.
Wachspapier, mit Paraffin u. ähnl. Stoffen getränktes Papier; wasser- u. luftdicht.
Wachstum, **1.** Größenzunahme eines Organismus durch Neubildung von Körpersubstanz. W. kann entweder auf der Vergrößerung oder auf der Vermehrung von Zellen beruhen. Bedingungen für das W. sind genügendes Nahrungsangebot einschl. der Vitamine u. Funktionstüchtigkeit des Hypophysenvorderlappens, der das W.shormon bildet. Beim Menschen hört nach der Pubertät das Körperwachstum mit dem W. der Knochen auf. – **2.** die anhaltende mengenmäßige Ausweitung der Produktion u. die steigende Pro-Kopf-Versorgung der Bevölkerung.
Wächte, im Windschatten von Graten u. Plateaurändern überhängende Schneemasse.
Wachtelhund, *Deutscher W.*, mittelgroßer, kräftiger Stöberhund (Jagdhund) mit gewelltem, braunweißem Fell.
Wachtelkönig, *Crex crex*, bis 26 cm große, auf Wiesen vorkommende unscheinbare *Ralle*; in Eurasien (außer Mittelmeerraum).
Wachteln, Gatt. kleiner Hühnervögel. Die bis 18 cm große *Europ. Wachtel* ist auf Wiesen, Feldern u. Ödland Eurasiens u. Afrikas in mehreren Rassen verbreitet; Zugvögel. Die *Chines. Zwergwachtel* ist ein beliebter Volierenvogel.
Wachtelweizen, *Melampyrum*, Gatt. der *Rachenblütler*; einjähriger Halbschmarotzer.
Wackenroder, Wilhelm Heinrich, * 1773, † 1798, dt. Schriftst.; wirkte stark auf das Lebensgefühl u. die Kunstauffassung der Romantik; W »Herzensergießungen eines kunstliebenden Klosterbruders« 1797.
Wackersdorf, Gem. in Bayern, 3800 Ew.; eine Wiederaufbereitungsanlage (für abgebrannte Brennelemente aus Kernkraftwerken) war geplant.
Wadai, ehem. afrik. Reich der *Maba* in Sudan, gegr. im 16. Jh., bestand bis Ende des 19. Jh., 1912 frz. Kolonialgebiet.
Wade, *Sura*, hinterer Teil des Unterschenkels, durch den dreiköpfigen W.nmuskel gewölbt. – **W.nbein**, *Fibula*, einer der beiden Unterschenkelknochen der Wirbeltiere u. des Menschen. – **W.nkrampf**, Krampf der W.nmuskulatur; Ursachen: Durchblutungsstörungen, Überanstrengungen u. a.
Wader, Hannes, * 23.6.1942, dt. Liedermacher (v. a. plattdt. Volks- u. Arbeiterlieder).
Wadi, *Oued*, Trockental oder Trockenfluß in Steppen- u. Wüstengebieten.
Wadschrayana →*Vajrayana*.
Wafer ['weifə], Siliciumscheibe, die als Trägermaterial für integrierte Schaltkreise (*Chips*) dient; Durchmesser bis zu 125 mm.
Waffen, vielgestaltige Geräte, die zum Kampf, zur Jagd u., meist in abgewandelter Form, für Sportzwecke verwendet werden. Man unterscheidet heute *konventionelle W.* (*Feuer-W.*), *atomare* oder *Kern-W.* sowie *chem.* u. *biolog. W.* W → S. 954.
Waffenschein, Ausweis, der den Inhaber berechtigt, eine Schußwaffe außerhalb seines Wohn-, Dienst- oder Geschäftsraums zu führen. Vom W. ist die **Waffenbesitzkarte** zu unterscheiden, die für den Besitz, die Überlassung oder den Erwerb von Faustfeuerwaffen vorgeschrieben ist.
Waffen-SS →*SS*.
Waffenstillstand, vorübergehende Unterbrechung der Feindseligkeiten, oft wie die **Waffenruhe** mit einem bestimmten Zweck, meist aber mit der Absicht, den Krieg zu beenden.
Wagadugu →*Ouagadougou*.
Wagenbühne →*Bühne*.
Waggerl, Karl Heinrich, * 1897, † 1973, östr. Schriftst.; humorvoller Schilderer seiner Umwelt.
Wagner, **1.** Adolph, * 1835, † 1917, dt. Nationalökonom; forderte als Vertreter des *Kathedersozialismus* eine Boden- u. Sozialreform. – **2.** Carl-Ludwig, * 9.1.1930, dt. Politiker (CDU); 1988–91 Min.-Präs. von Rhld.-Pf. – **3.** Cosima, * 1837, † 1930, Tochter von F. *Liszt* u. der Gräfin Marie *d'Agoult*; in 1. Ehe 1857 mit H. von *Bülow*, in 2. Ehe 1870 mit R. *Wagner* verheiratet; nach dessen Tod Leiterin der Bayreuther Festspiele. – **4.** Heinrich Leopold, * 1747, † 1779, dt. Schriftst.; Dramatiker des Sturm u. Drang, gehörte zum Kreis um den jungen *Goethe*; schrieb realist. Stücke gegen soz. Ungerechtigkeiten. – **5.** Otto, * 1841, † 1918, östr. Architekt; einer der einflußreichsten Vertreter des Jugendstils. – **6.** Richard, * 1813, † 1883, dt. Komponist; Kapellmeister in Magdeburg, Riga u. Dresden; 1849 wegen Beteiligung an der Revolution Flucht nach Zürich; 1864 von König Lud-

Kleine Wachsblume

Wabenkröte

Europäische Wachtel

wig II. nach München berufen; 1870 Vermählung mit Cosima von Bülow (→Wagner [3]); 1872 Grundsteinlegung zum Festspielhaus in Bayreuth. – Mit seiner Konzeption des Musikdramas wurde W. zum Vollender der romant. Idee vom »Gesamt-

Richard Wagner (Mitte) und Cosima Wagner mit ihrem Vater F. Liszt und H. von Wolzogen in der Villa Wahnfried, Bayreuth; Gemälde von W. Beckmann, 1882. Tribschen, Richard-Wagner-Museum

kunstwerk«. Während die ersten Werke noch den Einfluß der ital. u. frz. großen Oper zeigten, vollzog sich der Umbruch mit den Werken der Dresdener Schaffensperiode. Kennzeichen dieser Erneuerung der Oper sind: Wahl der Stoffe aus dem MA oder dem germ. Mythos, Abwendung von der alten Form der Nummernoper, Schwerpunktverlegung des musikal. Geschehens in das Orchester, Verwendung des Leitmotivs, Ausweitung der Tonalität bis an ihre Grenzen. – Opern: »Rienzi«, »Der Fliegende Holländer«, »Tannhäuser«, »Lohengrin«, »Der Ring des Nibelungen« (»Das Rheingold«, »Die Walküre«, »Siegfried«, »Götterdämmerung«), »Tristan u. Isolde«, »Die Meistersinger von Nürnberg«, »Parsifal«; zahlr. musikal.-weltanschaul. Schriften. – **7.** Siegfried, Sohn von 6) u. 3), *1869, †1930, dt. Komponist u. Regisseur, seit 1909 Leiter der Bayreuther Festspiele; volkstüml. Opern (u. a. »Der Bärenhäuter«). – **8.** Wieland, Sohn von 7) u. 9), *1917, †1966, dt. Regisseur; leitete mit seinem Bruder Wolfgang seit 1951 die Bayreuther Festspiele unter Verzicht auf überlieferte Formen. – **9.** Winifred, geb. *Williams*, Frau von 7), *1897, †1980, leitete 1930–45 die Bayreuther Festspiele. – **10.** Wolfgang, Sohn von 7) u. 9), *20.8.1919, dt. Regisseur; leitete 1951–66 zus. mit seinem Bruder Wieland die Bayreuther Festspiele; seit 1966 alleiniger Leiter.

Wagner-Jauregg, Julius *Wagner Ritter von Jauregg*, *1857, †1940, östr. Neurologe u. Psychiater; Entdecker der Malariakur zur Behandlung der progressiven Paralyse; Nobelpreis für Medizin 1927.

Wagner-Régeny, Rudolf, *1903, †1969, dt. Komponist aus Siebenbürgen; Orchester- u. Klavierwerke, Opern (u. a. »Der Günstling«).

Wagnerscher Hammer, period. Stromunterbrecher, der einen elektr. Stromkreis in schneller Folge öffnet u. schließt u. dadurch Stromimpulse erzeugt; bei Klingeln u. a. verwendet.

Wagrien, holstein. Ldsch. zw. Kieler u. Lübecker Bucht, ben. nach den slaw. **Wagriern,** die das Gebiet ab ca. 600 n. Chr. besiedelten.

Wahhabiten, Anhänger der von *Mohammed Ibn Abd al-Wahhab* (*1720, †1792) gegr. religiösen Bewegung, die den sunnit. Islam zu seiner urspr. Form zurückführen u. alle Neuerungen ausmerzen wollte.

Wahl →Wahlrecht, →Wahlsystem.

Wahldelikte, strafbare Handlungen in bezug auf die Ausübung des Wahlrechts; neben *Wahlbestechung, Wahlnötigung* u. Verletzung des *Wahlgeheimnisses* bes. die Verhinderung oder Störung einer Wahl oder der Feststellung ihres Ergebnisses mittels Gewalt *(Wahlverhinderung)*, das unbefugte Wählen oder sonstiges Herbeiführen eines unrichtigen Wahlergebnisses, dessen Verfälschung oder unrichtige Verkündung *(Wahlfälschung)*.

Wahlen, Friedrich Traugott, *1899, †1985, schweiz. Politiker; 1959–65 im Bundesrat, 1961 Bundes-Präs.

Wahlgeheimnis, staats- u. strafrechtl. geschütztes Recht des Wählers darauf, daß seine Stimmabgabe anderen nicht gegen seinen Willen bekanntgegeben wird.

Wahlkreis, ein Teil des Gesamtwahlgebiets mit selbst. Funktion bei der Auswertung der Wählerstimmen.

Wahlmonarchie, monarch. Staatsform, bei der der Monarch sein Amt auf Lebensdauer ausübt u. der Nachfolger durch Wahl eines Kollegiums bestimmt wird. Das mittelalterl. Kaiserreich war verfassungsrechtl. eine W., faktisch aber seit Mitte des 15. Jh. eine *Erbmonarchie.*

Wahlpflicht, gesetzl. Verpflichtung zur Teilnahme an Wahlen, deren Verletzung mit Ordnungsstrafen geahndet wird; u. a. in Australien, Belgien u. Luxemburg, in Östr. bei der Wahl des Bundes-Präs.; in den Ndl. *Erscheinungspflicht* im Wahllokal.

Wahlrecht, 1. das öffentl.-rechtl. System der Wahlen; →Wahlsystem. – **2.** Recht des einzelnen auf Teilnahme an der Wahl, d. h. das Recht zu wählen *(aktives W.)* u. gewählt zu werden *(passives W.)*; an bestimmte verfassungsrechtl. oder andere gesetzl. Voraussetzungen geknüpft, z.B. bestimmtes Lebensalter (18 Jahre), volle Geschäftsfähigkeit u. staatsrechtl. Unbescholtenheit.

Wahlspruch, *Devise, Losung,* kurzer programmat. Sinnspruch.

Wahlsystem, das Verfahren, mittels dessen die Wähler bei Wahlen ihren polit. Willen in Wählerstimmen ausdrücken u. die Stimmzahlen zur Herbeiführung einer Wahlentscheidung verwertet werden, bei Parlamentswahlen die Übertragung von Stimmen in Mandate. Grundsätzl. lassen sich die Mehrheitswahl u. die Verhältniswahl unterscheiden. *Mehrheits-W.* sind: 1. die *relative Mehrheitswahl* in Einerwahlkreisen, nach der im angelsächs. Bereich gewählt wird. Gewählt ist, wer im Wahlkreis die meisten Stimmen auf sich vereinigen kann. 2. die *absolute Mehrheitswahl* in Einerwahlkreisen mit *Stichwahl* zw. den zwei stimmstärksten Kandidaten des ersten Wahlgangs (Frankreich, Dt. Reich bis 1918). Gewählt ist, wer mehr als die Hälfte der Stimmen erhält. – *Verhältnis-W.* führen in jedem Fall zu einem möglichst exakten Verhältnis von Stimmen u. Mandaten; dies fördert die Parteienvielfalt, woraus sich ein Vielparteiensystem u. möglicherweise labile Koalitionsregierungen ergeben (Beispiele: Weimarer Republik, Italien). – Das W. zum Bundestag der BR Dtld., die »personalisierte Verhältniswahl«, ist ein System der Verhältniswahl, in dem der Entscheidungsmaßstab der Mehrheitswahl mit dem Repräsentationsprinzip der Verhältniswahl verbunden ist. Jeder Wähler hat zwei Stimmen *(Zweistimmensystem),* eine *Erststimme* zur Wahl eines Kandidaten im Wahlkreis nach relativer Mehrheitswahl *(Direktmandat)* u. eine *Zweitstimme* zur Wahl einer Parteiliste auf

WAFFEN historische

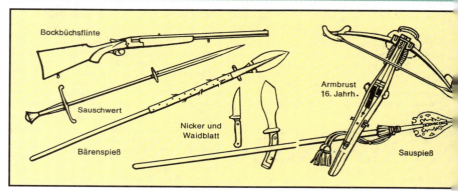

Alte Jagdwaffen

Musketier beim Laden seiner Muskete

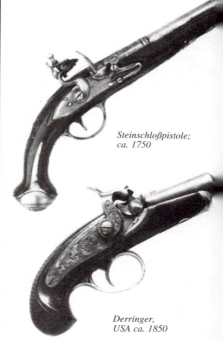

Steinschloßpistole; ca. 1750

Derringer, USA ca. 1850

Länderebene. Maßgebend für die Mandatszahlen der Parteien im Bundestag sind die gültigen Zweitstimmen, wobei die Gesamtzahl der Bundestagsmandate den Parteien proportional zu ihrem Anteil an den Zweitstimmen zuerkannt wird. Hat eine Partei mehr Direktmandate gewonnen, als ihr Mandate aufgrund der Zweitstimmen zustehen, so bleiben ihr diese *Überhangmandate* erhalten.

Wahrheit, die Übereinstimmung der Erkenntnis mit ihrem Gegenstand.

Wahrsagen, die Mitteilung künftiger oder verborgener Vorgänge aufgrund angebl. hellseher. Fähigkeiten, oft mit magischen Praktiken; in der Antike in Form von Orakeln oder als Stern- u. Traumdeutung. Auch die *Handlesekunst* (Chiromantie) gehört zum W.

Wahrscheinlichkeitsrechnung, Gebiet der angewandten Math.; ermittelt die Wahrscheinlichkeit für das Eintreten von Ereignissen bei Vorgängen, die auf nicht meßbaren Einflüssen beruhen (z.B. das Fallen einer »6« beim Würfeln); von größter Bed. für das Versicherungswesen u. bei Messungen in der modernen Physik (kinetische Gastheorie, Atomphysik).

Währung, innerhalb eines Staates durch Gesetz (Geldverfassung) bestimmtes Geldsystem. →Tab. unten: Währungen der Welt.

Währungen der Welt

Land	Währung	Land	Währung	Land	Währung	Land	Währung
Afghanistan	1 Afghani = 100 Puls	Grenada	1 Ostkaribischer Dollar = 100 Cents	Madagaskar	1 Madagaskar-Franc = 100 Centimes	Schweden	1 Schwedische Krone = 100 Öre
Ägypten	1 Ägyptisches Pfund = 100 Piasters	Griechenland	1 Drachme = 100 Lepta	Malawi	1 Malawi-Kwacha = 100 Tambala	Schweiz	1 Schweizer Franken = 100 Rappen
Algerien	1 Algerischer Dinar = 100 Centimes	Großbritannien und Nordirland	1 Pfund Sterling = 100 New Pence	Malaysia	1 Malaysischer Ringgit = 100 Sen	Senegal	1 CFA-Franc = 100 Centimes
Andorra	1 Französischer Franc = 100 Centimes; 1 Peseta = 100 Centimos	Guatemala	1 Quetzal = 100 Centavos	Malediven	1 Rufiyaa = 100 Laari	Seychellen	1 Seychellen-Rupie = 100 Cents
Angola	1 Neuer Kwanza = 100 Lwei	Guinea	1 Guinea-Franc = 100 Centimes	Mali	1 CFA-Franc = 100 Centimes	Sierra Leone	1 Leone = 100 Cents
Antigua und Barbuda	1 Ostkaribischer Dollar = 100 Cents	Guinea-Bissau	1 Guinea-Peso = 100 Centavos	Malta	1 Maltesische Lira = 100 Cents	Simbabwe	1 Simbabwe-Dollar = 100 Cents
Äquatorialguinea	1 CFA-Franc = 100 Centimes	Guyana	1 Guyana-Dollar = 100 Cents	Marokko	1 Dirham = 100 Centimes	Singapur	1 Singapur-Dollar = 100 Cents
Argentinien	1 Argentin. Peso = 100 Centavos	Haiti	1 Gourde = 100 Centimes	Mauretanien	1 Ouguiya = 5 Khoums	Slowakei	1 Slowakische Krone = 100 Hellers
Äthiopien	1 Birr = 100 Cents	Honduras	1 Lempira = 100 Centavos	Mauritius	1 Mauritius-Rupie = 100 Cents	Slowenien	1 Slowenischer Tolar = 100 Stotin
Australien	1 Australischer Dollar = 100 Cents	Indien	1 Indische Rupie = 100 Paise	Mexiko	1 Mexikanischer Neuer Peso = 100 Centavos	Somalia	1 Somalia-Schilling = 100 Centesimi
Bahamas	1 Bahama-Dollar = 100 Cents	Indonesien	1 Rupiah = 100 Sen	Moçambique	1 Metical = 100 Centavos	Spanien	1 Peseta = 100 Centimos
Bahrain	1 Bahrain-Dinar = 1000 Fils	Irak	1 Irak-Dinar = 1000 Fils	Monaco	1 Französischer Franc = 100 Centimes	Sri Lanka	1 Sri-Lanka-Rupie = 100 Sri Lanka Cents
Bangladesch	1 Taka = 100 Poisha	Iran	1 Rial = 100 Dinars	Mongolei	1 Tugrik = 100 Mongo	Südafrika	1 Rand = 100 Cents
Barbados	1 Barbados-Dollar = 100 Cents	Irland	1 Irisches Pfund = 100 New Pence	Namibia	1 Namibia-Dollar = 100 Cents	Sudan	1 Sudanesisches Pfund = 100 Piastres
Belgien	1 Belgischer Franc = 100 Centimes	Island	1 Isländische Krone = 100 Aurar	Nauru	1 Australischer Dollar = 100 Cents	Suriname	1 Suriname-Gulden = 100 Cents
Belize	1 Belize-Dollar = 100 Cents	Israel	1 Neuer Schekel = 100 Agorot	Nepal	1 Nepalesische Rupie = 100 Paisa (50 Paisa = 1 Mohur)	Swasiland	1 Lilangeni (Plural: Emalangeni) = 100 Cents
Benin	1 CFA-Frank = 100 Centimes	Italien	1 Italienische Lira = 100 Centesimi	Neuseeland	1 Neuseeland-Dollar = 100 Cents	Syrien	1 Syrisches Pfund = 100 Piastres
Bhutan	1 Ngultrum = 100 Chetrum	Jamaika	1 Jamaika-Dollar = 100 Cents	Nicaragua	1 Gold-Córdoba = 100 Centavos	Taiwan	1 Neuer Taiwan-Dollar = 100 Cents
Birma	1 Kyat = 100 Pyas	Japan	1 Yen = 100 Sen	Niederlande	1 Holländischer Gulden = 100 Cents	Tansania	1 Tansania-Schilling = 100 Cents
Bolivien	1 Boliviano = 100 Centavos	Jemen	1 Jemen-Rial = 100 Fils	Niger	1 CFA-Franc = 100 Centimes	Thailand	1 Baht = 100 Stangs
Botswana	1 Pula = 100 Thebe	Jordanien	1 Jordan-Dinar = 1000 Fils	Nigeria	1 Naira = 100 Kobo	Togo	1 CFA-Franc = 100 Centimes
Brasilien	1 Cruzeiro real = 100 Centavos	Jugoslawien	1 Jugoslawischer Dinar = 100 Para	Norwegen	1 Norwegische Krone = 100 Øre	Tonga	1 Pa'anga = 100 Seniti
Brunei	1 Brunei-Dollar = 100 Cents	Kambodscha	1 Riel = 10 Kak = 100 Sen	Oman	1 Rial Omani = 1000 Baizas	Trinidad und Tobago	1 Trinidad-und-Tobago-Dollar = 100 Cents
Bulgarien	1 Lew = 100 Stótinki	Kamerun	1 CFA-Franc = 100 Centimes	Österreich	1 Schilling = 100 Groschen	Tschad	1 CFA-Franc = 100 Centimes
Burkina-Faso	1 CFA-Franc = 100 Centimes	Kanada	1 Kanadischer Dollar = 100 Cents	Pakistan	1 Pakistanische Rupie = 100 Paisa	Tschechische Republik	1 Tschechische Krone = 100 Hellers
Burundi	1 Burundi-Franc = 100 Centimes	Kap Verde	1 Kap-Verde-Escudo = 100 Centavos	Panama	1 Balboa = 100 Centésimos	Tunesien	1 Tunesischer Dinar = 1000 Millimes
Chile	1 Chilenischer Peso = 100 Centavos	Katar	1 Katar-Riyal = 100 Dirhams	Papua-Neuguinea	1 Kina = 100 Toea	Türkei	1 Türkische(s) Pfund/Lira = 100 Kuruş
China	1 Renminbi Yuan = 10 Jiao = 100 Fen	Kenia	1 Kenia-Schilling = 100 Cents	Paraguay	1 Guarani = 100 Céntimos	Tuvalu	1 Australischer Dollar = 100 Cents
Costa Rica	1 Costa-Rica-Colón = 100 Céntimos	Kirgisien	1 Kirgisien-Som = 100 Tyin	Peru	1 Neuer Sol = 100 Céntimos		
Dänemark	1 Dänische Krone = 100 Øre	Kiribati	1 Australischer Dollar/Kiribati = 100 Cents	Philippinen	1 Philippinischer Peso = 100 Centavos	Uganda	1 Uganda-Schilling = 100 Cents
Deutschland	1 Deutsche Mark = 100 Pfennig	Kolumbien	1 Kolumbianischer Peso = 100 Centavos	Polen	1 Złoty = 100 Groszy	Ukraine	1 Karbowanez = 100 Kopeken
Djibouti	1 Djibouti-Franc = 100 Centimes	Komoren	1 Komoren-Franc = 100 Centimes	Portugal	1 Escudo = 100 Centavos	Ungarn	1 Forint = 100 Filler
Dominica	1 Ostkaribischer Dollar = 100 Cents	Kongo	1 CFA-Franc = 100 Centimes	Rumänien	1 Leu = 100 Bani	Uruguay	1 Uruguayischer Peso = 100 Centésimos
Dominikanische Republik	1 Dominikanischer Peso = 100 Centavos	Korea, Nord-	1 Won = 100 Chon	Rußland u. die Mehrheit der GUS-Staaten	1 Rubel = 100 Kopeken		
		Korea, Süd-	1 Won = 100 Chon				
Ecuador	1 Sucre = 100 Centavos	Kroatien	1 Kroatischer Dinar = 100 Para	Rwanda	1 Rwanda Franc = 100 Centimes	Vanuatu	1 Vatu = 100 Centimes
Elfenbeinküste	1 CFA-Franc = 100 Centimes	Kuba	1 Kubanischer Peso = 100 Centavos	Saint Kitts-Nevis	1 Ostkaribischer Dollar = 100 Cents	Vatikanstadt	1 Vatikanische Lira = 100 Centesimi
El Salvador	1 El-Salvador-Colón = 100 Centavos	Kuwait	1 Kuwait-Dinar = 1000 Fils	Saint Lucia	1 Ostkaribischer Dollar = 100 Cents	Venezuela	1 Bolívar = 100 Céntimos
Estland	1 Estnische Krone = 100 Senti	Laos	1 Kip	Saint Vincent und die Grenadinen	1 Ostkaribischer Dollar = 100 Cents	Vereinigte Arabische Emirate	1 Dirham = 100 Fils
Fidschi	1 Fidschi-Dollar = 100 Cents	Lesotho	1 Loti (Plural: Maloti) = 100 Lisente	Salomonen	1 Salomonen-Dollar = 100 Cents	Vereinigte Staaten von Amerika	1 US-Dollar = 100 Cents
Finnland	1 Finnmark = 100 Penniä	Lettland	1 Lats = 100 Santims	Sambia	1 Kwacha = 100 Ngwee	Vietnam	1 Dong = 100 Hào = 100 Xu
Frankreich	1 Französischer Franc = 100 Centimes	Libanon	1 Libanesisches Pfund = 100 Piastres	Samoa	1 Tala = 100 Sene	Zaïre	1 Zaire = 100 Makuta = 10000 Sengi
Gabun	1 CFA-Franc = 100 Centimes	Liberia	1 Liberianischer Dollar = 100 Cents	San Marino	1 Italienische Lira = 100 Centesimi	Zentralafrikanische Republik	1 CFA-Franc = 100 Centimes
Gambia	1 Dalasi = 100 Bututs	Libyen	1 Libyscher Dinar = 1000 Dirhams	São Tomé und Príncipe	1 Dobra = 100 Céntimos	Zypern	1 Zypern-Pfund = 100 Cents
Ghana	1 Cedi = 100 Pesewas	Liechtenstein	1 Schweizer Franken = 100 Rappen	Saudi-Arabien	1 Saudi Riyal = 20 Qirshes = 100 Hallalas		
Gibraltar	1 Gibraltar-Pfund = 100 New Pence	Litauen	1 Litas = 100 Centas				
		Luxemburg	1 Luxemburgischer Franc = 100 Centimes				

Währungspolitik

Währungspolitik, *i.e.S.* alle Maßnahmen zur Regulierung des Außenwerts einer Währung, *i.w.S.* alle Maßnahmen der Geld- u. Kreditpolitik.

Währungsreform, *Geldreform,* verdeckte Form des Staatsbankrotts u. Mittel zur Sanierung des Staates u. seiner Körperschaften; bedingt eine gesetzl. Neuordnung des Geldwesens zur Beseitigung der durch Krieg, Krisen u. a. verursachten Währungszerrüttung (Inflation, Wechselkursdisproportionalitäten); z.B. in Dtld. 1948.

Waiblingen, Krst. in Ba.-Wü., nordöstl. von Stuttgart, 47 000 Ew.; Gummi-, Kunststoff-, Masch.-, Nahrungsmittel- u. Textil-Ind.

Waiblinger, Wilhelm Friedrich, *1804, †1830, dt. Schriftst. des Klassizismus.

Waigel, Theodor, *22.4.1939, dt. Politiker (CSU); seit 1972 MdB, 1982–89 Vors. der CSU-Landesgruppe im Bundestag, seit 1989 Bundes-Min. der Finanzen.

Waise, Kind ohne Eltern *(Voll-W.)* oder ohne einen Elternteil *(Halb-W.).* – **W.nrente,** Hinterbliebenenrente für Kinder (i. allg. bis zur Vollendung des 18. Lebensjahrs) verstorbener Versicherter bzw. Versorgungsberechtigter aus der Angestellten-, Unfall-Versicherung o. ä.

Wajda, Andrzej, *6.3.1926, poln. Filmregisseur, drehte u. a. »Asche u. Diamant«, »Danton«.

Wakayama, jap. Hafenstadt u. Präfektur-Hptst. in S-Honshu, 401 000 Ew.; Univ.; Möbel-, Textil- u. Schwer-Ind.; Ölraffinerien.

Waksman [ˈwæksmən], Selman Abraham, *1888, †1973, US-amerik. Bakteriologe; entdeckte 1943 das *Streptomycin;* Nobelpreis für Medizin 1952.

Walachei, Ldsch. zw. S-Karpaten u. Donau, in S-Rumänien; westl. vom Alt die *Kleine W.* (Oltenia), östl. vom Alt die *Große W.* (Muntenia); 5100 km²; 1859 mit dem Fürstentum Moldau verbunden u. 1862 als Rumänien vereinigt.

Walchensee, oberbay. See in den Alpen nördl. von Mittenwald, 16,4 km², bis 192 m tief; *W.-Kraftwerk* am Abfall zum *Kochelsee.*

Walcott, Derek, *23.1.1930, Schriftst. (aus St. Lucia); sein Werk wurzelt in der kulturellen Vielschichtigkeit des karib. Raumes; Gedichte, Dramen; 1992 Nobelpr. für Literatur.

Wald, *Waldung,* größere Flächen mit wild wachsenden hochwüchsigen Holzarten. Die das ganze Jahr über grünen Wälder der regenreichen trop. Gebiete beiderseits des Äquators sind außerordentl. üppig u. weisen zahlr. Laubholz- u. Palmenarten auf *(trop. Regen-W.).* Auf diesen folgen nach N u. S zu in der regenärmeren Zone der *regengrüne trop.* u. *subtrop. Trocken-W.,* der *trop.* u. *subtrop. Monsun-W.* u. der *subtrop. Feucht-W.* Für die noch warmen, aber trockenen Subtropen sind lichte *subtrop. Hartlaubgehölze* kennzeichnend, in denen immergrüne Laubhölzer (Lorbeerarten u. a.) mit derben Blättern vorherrschen; auch Nadelhölzer (Zedernarten u. a.) kommen vor. Im gemäßigt warmen Gebiet wächst der winterkahle *Laub- u. Misch-W. der gemäßigten Zone,* dessen Charakterart die Edelkastanie ist. Auch im gemäßigt kühlen Klima steht winterkahler Laub-W., in dem Trauben- u. Stieleichen sowie Rotbuche gedeihen. Weiter nach N folgt dann als letztes die hpts. aus Fichten- u. Kiefernarten bestehende *immergrüne boreale Nadelwaldzone.* Der natürl. Wald ist eine Lebensgemeinschaft von Pflanzen u. Tieren, deren Zusammenleben durch ökolog. Kontrollmechanismen so geregelt wird, daß ein dynamisches, die Erhaltung des Systems sicherndes Gleichgewicht erhalten wird. In den Industrieländern der Nordhemisphäre unterliegt der Wald seit Mitte der 1970er Jahre einer zunehmenden Schädigung, dem sog. **Waldsterben.** Als Ursachen hierfür gelten der *saure Regen,* Luftverschmutzungen durch Kfz, Haushalte u. Industrie, aber auch waldbaul. Fehler, Klimaänderungen u. Schädlinge.

Waldaj-Höhen, bis 347 m hohe wald- u. seenreiche Landschaft zw. St. Petersburg u. Moskau.

Waldameisen, *Rote W.,* Ameisen der Gatt. *Formica.* Die meisten Arten bauen oft mannshohe Nesthügel aus Pflanzenmaterial, andere leben in Erdnestern; forstwirtsch. wertvoll.

Waldeck, 1. ehem. dt. Fürstentum, heute Teil des Landes Hessen, ehem. Hptst. *Arolsen.* – **2.** Stadt in Hessen, nordöstl. des Eder-Stausees, 7000 Ew.; Luftkurort; fr. Sitz der Grafen von W.

Waldemar, *Woldemar,* Fürsten:
Brandenburg:
1. *um 1280, †1319, Markgraf 1308–19; vereinigte den in mehrere Linien zersplitterten askan. Besitz. – 1348 trat mit der Behauptung, W. sei fälschl. totgesagt worden, ein *Falscher W.* auf.
Dänemark:
2. W. I., *W. der Große,* *1131, †1182, König 1157–82; leitete die dän. »Großmachtzeit« ein; zog zus. mit Heinrich dem Löwen gegen die O-Slawen. – **3. W. II.,** *W. der Sieger,* Sohn von 2), *1170, †1241, König 1202–41; dehnte seine Herrschaft bis nach Estland (1219/20) aus; wurde 1227 von norddt. Fürsten bei Bornhövel geschlagen u. verlor fast alle Eroberungen. – **4. W. IV.** *Atterdag,* *um 1320, †1375, König 1340–75; erneuerte die dän. Königsgewalt; unterlag im Krieg gegen die Hanse.
Schweden:
5. *um 1240, †1302, König 1266–75; erster König aus dem Geschlecht der *Folkunger.*

WALD

Die tropischen Regenwälder gehören zu den letzten Rückzugsgebieten der Erde. Das Bild zeigt Indianer im brasilianischen Xingu-Nationalpark

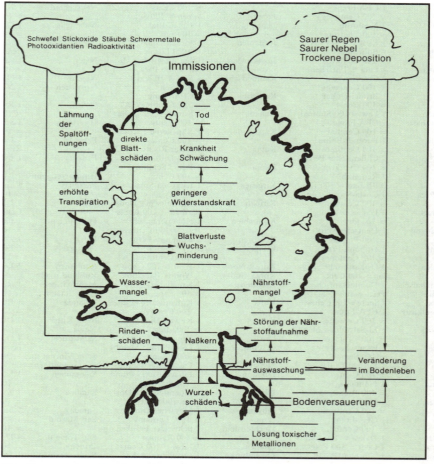

Kausalketten, die beim »Baumsterben« diskutiert werden

Walden, Herwarth, eigtl. Georg *Lewin,* *1878, †1941, dt. Kunsthändler, Schriftst. u. Musiker; förderte viele Künstler; gründete 1910 die Ztschr. »Sturm« u. 1912 eine gleichn. Galerie, die beide bahnbrechend für den Expressionismus wurden.
Waldenburg, poln. *Wałbrzych,* Stadt in Schlesien, im *W.er Bergland,* 139 000 Ew.; v. a. chem. u. Schwer-Ind.
Waldenser, mittelalterl. religiöse Gemeinschaft, gegr. von Petrus **Waldes** († vor 1218), einem reichen Kaufmann aus Lyon, der seit 1175 ein Leben in apostol. Armut führte. Der Gegensatz zum Klerus führte 1184 zu schweren Verfolgungen. – Die W.-Kirche zählt heute etwa 50 000 Mitgl. u. gehört dem Reformierten Weltbund an.
Waldersee, Alfred Graf von, *1832, †1904, dt. Generalfeldmarschall; Gegner *Bismarcks,* 1900/01 Befehlshaber der europ. Truppen im chin. Boxeraufstand.
Waldheim, Kurt, *21.12.1918, östr. Diplomat u. Politiker; 1968–70 Außen-Min., 1972–81 UN-Generalsekretär, 1986–92 Bundes-Präs.
Waldhorn, Blechblasinstrument, dessen Rohr in mehreren kreisförmigen Windungen verläuft u. in einem ausladenden Schalltrichter endet; seit dem Ende des 17. Jh. bekannt.
Waldhufendorf, Reihendorf in mittelalterl. Sied-

Der britische Rockstar Sting unterstützt die Indianer des Amazonas in ihrem Kampf gegen die Zerstörung des Regenwaldes (links). – Urwaldstraße in Zaire, typisch ist die tropische Roterde (rechts)

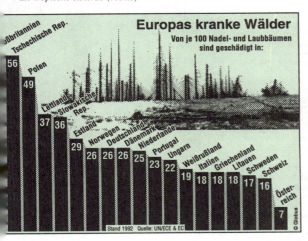

Waldschäden in Europa. Aufstellung der UN-Wirtschaftskommission für Europa, die die geschädigten Waldflächen am Beispiel der Nadel- und Laubbäume auflistet (links). – Herbstlicher Buchenwald der gemäßigten Zone (rechts)

Waldsterben in der Gebirgsregion *Brandrodung des Regenwaldes im Amazonasgebiet*

958 Waldhühner

lungsgebieten, die durch Rodung kolonisiert wurden.
Waldhühner →Rauhfußhühner.
Waldkauz, gedrungen gebaute, bis 40 cm große eurasiat. *Eule.*
Waldmeister, *Wohlriechender W.,* 15–30 cm hohe, weißblühende Pflanze; enthält *Cumarin* u. wird als *Maikraut* zur Herstellung von Maibowle u. als Mottenmittel benutzt.
Waldmüller, Ferdinand Georg, *1793, †1865, östr. Maler; Hauptvertreter der östr. Biedermeier (Porträts, Landschaften, Stilleben, Genrebilder in klarer, kultivierter Farbigkeit).
Waldoff, Claire, *1884, †1957, dt. Kabarettistin; bekannt durch Chansons.
Waldohreule, bis 35 cm große *Eule* mit Federohren, bewohnt Nadelwälder.
Waldorfschulen, staatl. anerkannte, freie öffentl. Schulen, die auf der Grundlage der Pädagogik R. *Steiners* unterrichten; einheitl. Aufbau mit 12 Schuljahren; erstreben Ausgleich zw. wiss. Fächern u. künstler.-prakt. Betätigung.
Waldrapp, ein nur noch selten (z.B. in N-Afrika) anzutreffender *Ibis.*
Waldrebe, *Clematis,* Gatt. der *Hahnenfußgewächse,* kletternde Sträucher oder aufrechte Stauden; viele Gartenzüchtungen.
Waldsassen, Stadt in der Oberpfalz (Bay.), 8000 Ew.; Zisterzienserinnenabtei mit bed. Bibliothekssaal, Barockkirche.
Waldseemüller, *Walzenmüller, Waltzemüller,* Martin, *um 1475, †1521, dt. Kartograph; nannte die Neue Welt »Amerika« nach dem Vornamen des vermeintl. Entdeckers *Amerigo Vespucci.*
Waldshut-Tiengen, Krst. in Ba.-Wü., am Rhein u. an der Wutach, 22 000 Ew.; Altstadt mit histor. Bauten; versch. Ind., Kraftwerk.
Waldstätte, Name für die am Vierwaldstätter See gelegenen schweiz. Kt. Uri, Schwyz, Unterwalden u. Luzern.
Waldsterben →Wald.
Waldviertel, niederöstr. Ldsch. zw. Donau u. tschech. Grenze; waldreiche, 400–700 m hohe Hochfläche mit tief eingeschnittenen Tälern.
Wale, *Cetacea,* Ordnung der *Säugetiere,* die dem Wasserleben angepaßt sind; tropfenförmiger, strömungsgünstiger Körper mit halbmondförmiger Schwanzflosse; Vordergliedmaßen flossenähnl. umgestaltet, keine Hintergliedmaßen; gute Schwimmer; 2 Unterordnungen: die *Barten-W.* u. die *Zahn-W.*
Wales [wɛilz], walis. *Cymru,* Halbinsel im W Großbrit., zw. Bristolkanal u. Mündung des Mersey, 20 763 km², 2,82 Mio. Ew. *(Waliser);* Haupthafen: *Cardiff.* Grundlage der Wirtsch. sind die reichen Kohlenfelder. – 1536 wurde W. mit England vereinigt. 1912 erhielt es begrenzte Eigenständigkeit.
Wałęsa [va'uɛsa], Leszek (Lech), *29.9.1943, poln. Politiker u. Gewerkschaftsführer; 1980 führend in der Streikbewegung der Danziger Werftarbeiter, Mitgr. u. bis 1990 Vors. der unabh. Gewerkschaft *Solidarność* (Solidarität); 1981/82 in Haft; 1983 Friedensnobelpreis; seit 1990 Staats-Präs.
Walfisch, *Cetus,* Sternbild der Äquatorzone.
Walfischbucht, engl. *Walfish Bay,* Gebiet an der Küste Namibias, seit 1922 mit Südwestafrika verwaltet, seit 1977 unter direkter Kontrolle der Kapprovinz (Rep. Südafrika); 1992–94 von Südafrika u. Namibia gemeinsam verwaltet, seit 1994 unter ausschl. Verw. Namibias; 1124 km², mit der Stadt *W.* 27 000 Ew.; Fischerei- u. Haupthafen von Namibia; Flugplatz.
Walfische, 1. fälschl. für →Wale. – **2.** *Cetomimidae,* 5–15 cm große Tiefseefische.
Walhall [auch 'val-], altnord. *Valhöll,* in der germ. Myth. Aufenthaltsort Wodans u. der gefallenen Krieger.
Walhalla, Ruhmeshalle bei Donaustauf unterhalb Regensburg mit Büsten berühmter Deutscher; 1830–42 im Auftrag Ludwigs I. von Bayern durch Leo von *Klenze* erbaut.
walisische Sprache, *Kymrisch, Welsh,* gehört zum brit. Zweig der insel-kelt. Sprachen, in Wales von fast 1 Mio. Menschen gesprochen.
walken, 1. Metallbleche durch hintereinanderliegende Walzenpaare führen u. dabei hin u. her biegen. – **2.** Haare, Fasern, Wollgewebe zur Tuchherstellung miteinander verfilzen.
Walkie-Talkie ['wɔ:ki 'tɔ:ki], sehr kleines Funksprechgerät, das man bei sich trägt.
Walkman ['wɔ:kmɛn], kleiner Kassettenrecorder mit Kopfhörern, den man unterwegs benutzen kann.
Walküren, altnord. *Valkyrjur,* in der germ. Myth. Heldenjungfrauen, die nach Wodans Befehl ihren Helden im Kampf beistehen.
Wall, Überreste vor- oder frühgeschichtl. Befestigungsanlagen.
Wallaby ['wɔləbi], Bez. für die kleineren Känguruharten u. für deren Fell.
Wallace, 1. Alfred Russell, *1823, †1913, brit. Zoologe; Wegbereiter der Abstammungslehre. – **2.** Edgar, *1875, †1932, engl. Schriftst. (über 150 sehr erfolgreiche Kriminalromane). – **3.** Lewis, *1827, †1905, US-amerik. Schriftst.; schrieb histor. Romane; Ⓦ »Ben Hur«.
Wallach, kastriertes männl. Pferd.
Wallach, Otto, *1847, †1931, dt. Chemiker; führte Untersuchungen zur Konstitutionsaufklärung der Terpene; Nobelpreis 1910.
Wallenstein, Albrecht Eusebius Wenzel von, Herzog von Friedland (1625) u. Mecklenburg (1627), Fürst von Sagan (1627), *1583, †1634 (ermordet), Feldherr im Dreißigjährigen Krieg. Als der Kaiser durch den Niedersächs. Bund 1625 in Bedrängnis kam, erbot sich W., auf eig. Kosten ein Heer von 40 000 Mann auszurüsten, wofür er Vollmacht zur Erhebung von Geld u. Naturalien in den eroberten Prov. verlangte. 1626 schlug er Ernst II. von Mansfeld bei Dessau; 1627 vertrieb er

Albrecht von Wallenstein; Ölkopie von J. Schnorr von Carolsfeld nach einem Gemälde von A. van Dyck

Christian IV. von Dänemark vom Festland u. eroberte Mecklenburg, Holstein, Schleswig u. Jütland. 1630 erzwangen seine Gegner seine Absetzung. Im gleichen Jahr übernahm er aber erneut den Oberbefehl über die kaiserl. Truppen u. schlug 1632 die Schweden bei Lützen. Er machte sich durch gleichzeitige Verhandlungen mit Schweden, Brandenburg u. Sachsen verdächtig am Wiener Hof u. wurde von kaiserl. Offizieren ermordet.
Waller →Wels.
Wallfahrt, Besuch von hl. Stätten; feierl. Prozession oder Pilgerfahrt zu Gnadenbildern, Wirkungsstätten, Gräbern oder Reliquien von Heiligen.
Wallis, frz. *Le Valais,* Kt. der →Schweiz.
Walliser Alpen, *Penninische Alpen,* Alpengruppe auf der schweiz.-ital. Grenze, stark vergletschert, mit Monte Rosa (in der *Dufourspitze* 4634 m), Matterhorn, Dom, Weißhorn, Grand Combin.
Wallis und Futuna [fyty'na], frz. Überseeterritorium (mit Selbstverw.) zw. Fidschi u. Samoa in Ozeanien, besteht aus den *Wallis-* u. den *Horninseln,* mit Atollen 240 km², 15 000 Ew.; Hptst. *Mata-Utu* auf Uvéa.
Wallmann, Walter, *24.9.1932, dt. Politiker; 1986/87 Bundes-Min. für Umwelt, Naturschutz u. Reaktorsicherheit; 1987–91 Min.-Präs. von Hessen.
Wallonen, die rd. 3,2 Mio. Wallonisch (Schriftsprache Französisch) sprechenden Südbelgier. →Flamen.
Wallot, Paul, *1841, †1912, dt. Architekt; vertrat

Wales: Blick auf das Snowdon-Massiv

einen historisierenden Monumentalstil (Reichstagsgebäude in Berlin).
Wallraff, Günter, *1.10.1942, dt. Journalist u. Schriftst.; sozialkrit. Reportagen v. a. aus der Arbeitswelt; Ⓦ »Der Aufmacher«, »Zeugen der Anklage«, »Ganz unten«.
Wall Street ['wɔ:l 'stri:t], Straße in New York, Sitz der Börse u. zahlr. Banken.
Walnuß, wichtigste Gatt. der *Nußbaumgewächse,* bek. v. a. die *Echte W.,* ein 15–20 m hoher, im Mittelmeergebiet u. westl. Asien heim. Baum mit eßbaren Steinfrüchten **(Walnüsse).** Das fette Öl der Walnüsse dient als Speiseöl u. zur Herstellung von Ölfarben; das Kernholz wird für Möbel u. Furniere gebraucht.
Walnußgewächse →Pflanzen.
Walpole ['wɔ:lpoul], **1.** Horace, Earl of Orford, Sohn von 3), *1717, †1797, engl. Schriftst.; Wegbereiter des Schauerromans u. des romant. Geschichtsromans. – **2.** Sir Hugh, *1884, †1941, engl. Schriftst.; autobiograph. Roman-Trilogie »Jeremy«. – **3.** Sir Robert, Earl of Orford, *1676, †1745, engl. Politiker (Whig); 1721–42 als Erster Lord des Schatzes leitender Min., gilt als erster brit. »Prem.-Min.«.
Walpurgisnacht, Vorabend des Namensfestes (1. Mai) der hl. Walpurgis, an dem im alten Volksglauben das Hexenfest auf dem Brocken stattfindet.
Walrat, fettartige, weiße Masse aus Stirnhöhle u. Rückenkanal der Pottwale; Grundlage für Salben, u. a. in der Kosmetik verwendet.
Walrosse, *Odobenidae,* im Nördl. Eismeer u. Nordatlantik lebende Fam. der *Robben;* keine äußeren Ohren; obere Eckzähne zu starken, nach un-

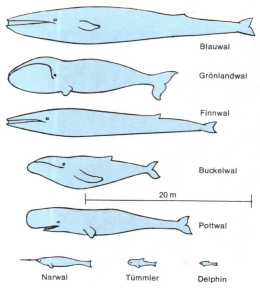

Wale: Größenvergleich einiger Arten

ten gerichteten Hauern umgewandelt; ca. 3,70 m lang, bis 1500 kg schwer; als Lieferanten von Tran, Leder u. wegen ihrer Zahnsubstanz gejagt.
Walsall ['wɔ:lsɔ:l], Stadt in Mittelengland, 179 000 Ew.; Metall-, Masch.-, feinmechan. u. Leder-Ind.
Walser, 1. Martin, *24.3.1927, dt. Schriftst. (zeitsatir. u. sozialkrit. Themen); Romane u. a. »Halbzeit«, »Das Einhorn«, »Seelenarbeit«, »Brandung«, »Ohne einander«; Erzählungen u. a. »Ein fliehendes Pferd«, »Dorle u. Wolf«; auch Theaterstücke, Essays u. Hörspiele. – **2.** Robert, *1878, †1956, schweiz. Schriftst. (Gedichte, Kurzprosa u. Romane).
Walsrode, Stadt in Nds., in der westl. Lüneburger Heide, 23 000 Ew.; Luftkurort; versch. Ind.
Wälsungen, *Wölsungen, Völsungen,* altgerm. sagenhaftes Heldengeschlecht, dem Sigurd (Siegfried) entstammt.
Walter, 1. Bruno, eigtl. Bruno Walter *Schlesinger,* *1876, †1962, dt. Dirigent; seit 1939 in den USA; bes. Mozart-, Bruckner- u. Mahler-Interpret. – **2.** Fritz, *31.10.1920, dt. Fußballspieler; 1954 Mannschaftskapitän der Fußball-Nationalmannschaft der BR Dtld., die 1954 in Bern Weltmeister wurde; bestritt 61 Länderspiele. – **3.** Otto Friedrich, *1928, †1994, schweiz. Schriftst. u. Verleger.
Waltharilied, *Waltharius,* Heldenepos in lat. Hexametern; behandelt die Flucht Walthers von Aquitanien mit Hiltgunt von Burgund aus hunn. Gefangenschaft; die Verfasserschaft *Ekkehards I.* (um 920) ist umstritten.
Walther, Hansjoachim, *16.12.1939, dt. Politiker (DSU); seit 1990 Partei-Vors. u. 1990/91 Bundes-Min. für bes. Aufgaben.
Walther von der Vogelweide, *um 1170, †nach 1229, mhd. Minnesänger u. Spruchdichter; vollendete u. überwand zugleich die Konvention höf. Minnesangs durch persönl. Erlebnisausdruck, neuartiges Naturempfinden, künstler. Vergeistigung u. volksliedhafte Schlichtheit. Seine polit. Spruchdichtungen zeigen eine auf Stärkung der Reichsgewalt u. gegen das Papsttum gerichtete Haltung. Das Spätwerk enthält auch religiöse u. sich von der Welt abwendende eleg. Gedichte.
Walton ['wɔ:ltn], **1.** Ernest, *6.10.1903, ir. Physiker; baute zus. mit J. *Cockcroft* den Kaskadengenerator, mit dessen Hilfe die ersten Kernumwandlungen gelangen; Nobelpreis 1951. – **2.** Sir William Turner, *1902, †1983, engl. Komponist; traditioneller Neuromantiker; Oper »Troilus u. Cressida«; Solokonzerte, Märsche, Kammermusik.
Walzer, Rundtanz im 3/4-Takt, in der 2. Hälfte des 18. Jh. aus dem *dt. Tanz* u. *Ländler* entstanden. Im 20. Jh. wurde in England eine langsame Form ausgebildet (*langsamer W., English Waltz*).
Walzwerk, meist zu einem Hüttenwerk gehörende Anlage mit mehreren Stahl- oder Graugußwalzen, die auch zu *Walzenstraßen* vereinigt sein können u. auf denen aus verformbaren Stoffen, bes. Metallen, langgestreckte Körper versch. Querschnittformen hergestellt werden.
Wamme, *Wampe,* als Hautfalte von der Kehle bis zur Brust herabhängender Brustlappen des Rinds u. a. Tiere.
Wams, im 13. u. 14. Jh. die enge Jacke unter der

Walther von der Vogelweide; Darstellung aus der Manessischen Liedersammlung. Heidelberg, Universitätsbibliothek

Rüstung oder dem Lendner; später die Oberkörperbekleidung unter dem Übergewand.
Wandalen, *Vandalen,* ostgerm. Volk, urspr. im nördl. Jütland beheimatet, im 4. Jh. in Ungarn an der Theiß. Sie wanderten Anfang des 5. Jh. westwärts, setzten 406 bei Mainz über den Rhein, plünderten mit *Alanen* u. *Sueben* Gallien u. fielen 409 mit ihren Bundesgenossen in Spanien ein. 429 setzten sie unter König *Geiserich* nach Afrika über u. gründeten ein Reich um *Karthago;* 455 Plünderung Roms. 533/534 wurden sie vom oström. Feldherrn Belisar besiegt.
Wandelndes Blatt, *Phyllium,* Gatt. bis 10 cm langer, grüner *Gespenstheuschrecken* SO-Asiens; Ähnlichkeit mit dem Eichenlaub.
Wanderameisen, *Treiber-, Heeresameisen,* Unterfam. der Ameisen in Afrika, Indien u. Amerika; begeben sich period. in großen Scharen auf die Wanderung.
Wanderfalke, bis 48 cm großer, weltweit verbreiteter *Falke* mit langen, spitzen Flügeln u. dunklem Backenstreifen; erbeutet Vögel im Fluge.
Wanderheuschrecken, 9 Arten aus der Fam. der *Feldheuschrecken,* die in oft riesigen Schwärmen (bis zu 100 km Länge u. mehreren km Breite) die Felder verwüsten.
Wanderniere, *Nephroptose,* Tiefertreten einer oder beider Nieren infolge Bindegewebserschlaffung; kann zu Abflußbehinderung des Harns u. Nierenstauung führen.
Wanderpreis, ein Siegespreis für sportl. Wettkämpfe, der dem Sieger nur für ein Jahr gehört u.

Waräger 959

dann an den nächstjährigen Sieger weitergegeben wird.
Wanderratte → Ratten.
Wandervogel, 1901 gegr. Ursprungsgruppe der dt. *Jugendbewegung,* deren Mitgl. in Wandern, naturgemäßer Lebensweise u. Pflege von Volkslied u. Volkstanz einen neuen Lebensstil suchten.
Wandlung, 1. Konsekration, Teil der kath. Messe. – **2.** Rückgängigmachen eines Kaufs oder Werkvertrags bei Mangelhaftigkeit, aufgrund des Anspruchs auf Gewährleistung.
Wandmalerei, im Unterschied zur *Tafelmalerei* die Malerei auf Wänden, ausgeführt auf feuchtem Putzbelag in der Technik des *Fresko,* auf der trockenen Wand (*Secco-Malerei*) oder der *Enkaustik.*
Wanen, *Vanen,* nord. Göttergeschlecht, bes. Fruchtbarkeitsgötter (Njörd, Frey, Freya).
Wangen, *Backen,* die für die Säugetiere charakterist., die Mundhöhle seitl. abschließenden Weichteile, die von Haut, Muskulatur, Schleimhaut u. Fett gebildet werden.
Wangen im Allgäu, Stadt in Ba.-Wü., 24 000 Ew.; Luftkurort; Milchwirtschaft.
Wangerooge, östlichste der Ostfries. Inseln u. Gem. in Nds., 4,7 km², 1800 Ew.; Inst. für Meereskunde; Fremdenverkehr.
Wankel, Felix, *1902, †1988, dt. Ingenieur; erfand den nach ihm ben. Kreiskolbenmotor (**W.motor**, ein ventilloser Verbrennungsviertakt-Ottomotor mit Schlitzsteuerung). B → S. 960.

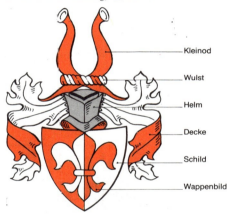

Muster eines Vollwappens; es zeigt die wesentlichen Bestandteile des Wappens

Wanne-Eickel, ehem. Stadt in NRW, seit 1975 Stadtteil von *Herne.*
Wannsee, Ortsteil u. Villenvorort im W-Berliner Bez. Zehlendorf, an den Havelbuchten die Gewässer *Großer W.* u. *Kleiner W.*
Wannsee-Konferenz, Besprechung von Vertretern oberster Reichsbehörden u. Dienststellen der NSDAP u. der SS am 20.1.1942 am Wannsee in Berlin, bei der Heydrich die »Endlösung der europ. Judenfrage« (d. h. die Überführung der in dt. Machtbereich befindl. Juden in die eroberten Ostgebiete zum Zwecke ihrer phys. Vernichtung) erläuterte u. die Mitwirkung der teilnehmenden Dienststellen daran sicherstellte.
Wanzen, 1. *Halbflügler, Hemiptera, Heteroptera,* Unterordnung der *Schnabelkerfe;* flacher Körper, häufig mit Stinkdrüsen; einige Arten als blutsaugende Außenparasiten an Tieren u. Menschen (Übertrager ansteckender Krankheiten). – **2.** Bez. für kleinste Abhöranlagen.
Wapiti → Rothirsch.
Wappen, schildförmig umrandetes, farbiges Zeichen für eine Person, Personengruppe oder Institution (Familien-, Stadt-, Staats-W.). W. entstanden in der ersten Hälfte des 12. Jh. zur Kennzeichnung der in ihrer Rüstung unkenntl. Ritter. Sie wurden bald erbl. u. seit dem 13. Jh. auch von nichtritterl. Kreisen sowie Körperschaften (Städte, Bistümer, Klöster) übernommen. – **W.kunde,** *Heraldik, Heroldskunst,* eine histor. Hilfswiss.; behandelt Entstehung, Veränderung u. Bed. der W.
Waräger, schwed. Normannen (Wikinger), die im 9. Jh. in Rußland eindrangen u. Herrschaften, u. a. in Kiew u. Nowgorod, begründeten.

Wandelndes Blatt

Wanderheuschrecken

Warane, *Varanidae,* Fam. der *Echsen;* große, eidechsenartige Tiere mit langer Schnauze.
Warburg, Stadt in NRW, an der Diemel sö. von Paderborn, 22 000 Ew.; histor. Stadtbild; versch. Ind.
Warburg, 1. Aby, *1866, †1929, dt. Kunst- u. Kulturhistoriker; Arbeiten über das Nachleben der Antike in der europ. Kultur. – **2.** Emil, *1846, †1931, dt. Physiker; Arbeiten über Akustik, kinet. Gastheorie u. Elektrizität. – **3.** Otto Heinrich, Sohn von 2), *1883, †1970, dt. Physiologe; Entdecker der nach ihm ben. Atmungsfermente; Forschungen über Photosynthese u. Stoffwechsel der Krebszelle; Nobelpreis für Medizin 1931.
Waren, Krst. in Mecklenburg, an der Nordspitze des Müritzsees, 25 000 Ew.; Luftkurort; versch. Ind.
Warendorf, Krst. in NRW, im Münsterland, an der Ems, 34 000 Ew.; Pferdezucht, Dt. Reitschule, Sitz des dt. Olympiakomitees für Reiterei.
Warenkorb, kennzeichnet die Zusammensetzung des Verbrauchs eines bestimmten Haushaltstyps, z.B. des sog. *Indexhaushalts,* eines städt. 4-Personen-Arbeitnehmerhaushalts mit nur einem Verdiener (zwei Erwachsene, zwei Kinder); gibt die verbrauchten Mengen an Brot, Molkereiprodukten, Fleisch, Zitrusfrüchten u. a. an, ferner Wohnungsnutzung, Gas u. a. Grundlage für Berechnung von Lebenshaltungskosten u. Preisindex.
Warentest, Untersuchung u. Vergleich der Qualität u. der Preise von Waren; dient der Aufklärung über das Warenangebot; in der BR Dtld. seit 1964 durch die *Stiftung W.*
Warenzeichen, Abk. *Wz.,* zur Unterscheidung der Waren eines bestimmten Geschäftsbetriebs von den Waren anderer in die *Zeichenrolle* des Patentamts (München) eingetragenes Zeichen in Wort oder Bild. Gegen Mißbrauch durch unberechtigte Dritte hat der Verletzte das Recht auf Unterlassungsklage u. Schadensersatz; bei Vorsatz wird auf Geld- oder Freiheitsstrafe erkannt.
Warften, *Wur(f)ten,* im Marschengebiet der dt. Nordseeküste künstl. aufgeschüttete Wohnhügel; Hochwasserschutz.

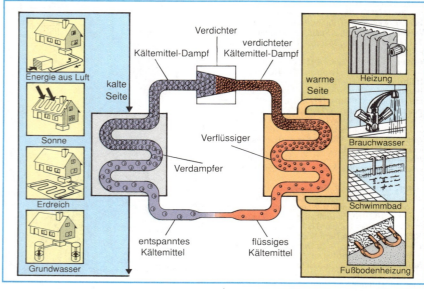

Die Wärmepumpe entzieht der Umgebung Wärmeenergie und gibt diese an den Heiz- und Warmwasserkreislauf ab

Warhol [ˈwɔːhɔl], Andy, *1928, †1987, US-amerik. Maler, Graphiker u. Filmemacher; Hauptvertreter der *Pop-Art.*
Warmblut, Rassengruppe der mittelschweren u. leichten Pferde (Wagen- u. Reitpferde), z.B. Ostpreuß. W., Hannoveraner.
Warmblüter, *homoiotherme Tiere,* Tiere, die ihre Körperwärme dauernd weitgehend konstant halten (Ggs.: *wechselwarme Tiere);* alle Vögel u. Säugetiere einschl. des Menschen.
Wärme, eine Energieform: Bewegungsenergie von atomaren Teilchen. Die W. besteht z.B. bei Kristallen aus den Schwingungen der Atome gegeneinander, in Gasen u. Flüssigkeiten aus der ungeordneten Bewegung von Molekülen oder Molekülgruppen, aus der Rotation der Moleküle u. aus der gegenseitigen Schwingung (Oszillation) ihrer Atome. Die W.menge wird in *Joule* gemessen.
Wärmehaushalt, das Zusammenspiel von Strahlungsbilanz (Einstrahlung minus Ausstrahlung), Verdunstung, Wärmetransport (horizontal u. vertikal) u. Bodenwärmestrom. Neuerdings gewinnt die Frage an Bedeutung, ob infolge der menschl. Aktivitäten eine nachhaltige Veränderung des W.s der Erde zu erwarten ist. Denkbar wäre eine solche Einflußnahme durch die (tatsächlich festzustellende) Erhöhung des Kohlendioxid-Gehaltes der Atmosphäre oder durch Verschmutzung der

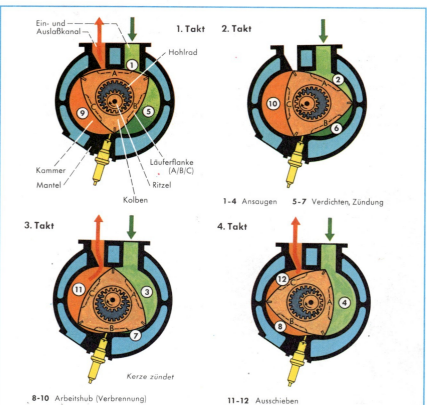

Die Arbeitsweise des Wankelmotors folgt dem Viertaktprinzip. Im Unterschied zum Hubkolbenmotor wird hier der jeweilige Arbeitsraum entlang der Gehäusewand verschoben

Warnemünde

Ozeane, der Inlandeise u. der Atmosphäre sowie durch Versteppung von Vegetationszonen (Ausdehnung der Wüsten, Vernichtung der trop. Regenwälder).
Wärmekraftmaschinen, Kraftmaschinen, die Wärmeenergie in mechan. Energie umwandeln, z.B. Verbrennungsmotor, Dampfmaschine, Dampfturbine.
Wärmepumpe, Masch. zur Erzeugung von Wärme hoher Temp. aus Wärme niedriger Temp.; heute in stärkerem Maße als Heizungsanlage eingesetzt.
Warna →Varna.
Warnemünde, Stadtteil u. Vorhafen von *Rostock,* Ostseebad an der Mündung der Warnow.
Warnke, Jürgen, *20.3.1932, dt. Politiker (CSU); seit 1969 MdB, 1982–87 u. 1989–91 Bundes-Min. für wirtsch. Zusammenarbeit, 1987–89 für Verkehr.
Warren [ˈwɔrin], Robert Penn, *1905, †1989, US-amerik. Schriftst.; Vertreter des »New Criticism«, schrieb Lyrik, Literaturkritik u. Romane.

Warschau: Altstadt (links). – Warschauer Pakt: Bundeskanzler Willy Brandt und der polnische Ministerpräsident Józef Cyrankiewicz beglückwünschen sich nach der Vertragsunterzeichnung (rechts)

Warschau, *Warszawa,* Hptst. von Polen, an der Weichsel, 1,65 Mio. Ew.; wiss., Kultur- u. wirtsch. Zentrum; Univ., TH u. a. HS; Masch.-, Metall-, Elektro-, Textil-, Leder- u. Nahrungsmittel-Ind.; im 2. Weltkrieg zu 84% zerstört, Altstadt stilgetreu wiederaufgebaut. – G e s c h.: 1313 zum erstenmal erwähnt; im 16./17. Jh. Sitz der poln. Könige, 1596 Hptst.; 1795 an Preußen (3. Poln. Teilung), 1815 nach dem Wiener Kongreß Hptst. *Kongreßpolens,* seit 1918 Hptst. der Rep. Polen. Unter dt. Besetzung kam es 1943 zum Aufstand der Juden im *W.er Getto,* 1944 zum *W.er Aufstand.*

Warschauer Pakt, am 14.5.1955 als Gegenstück zur NATO geschlossener Militärpakt der Staaten Albanien (bis 1968), Bulgarien, ČSSR, DDR (bis 1990), Polen, Rumänien, UdSSR u. Ungarn. Infolge des politischen Umbruchs in Osteuropa wurden die militärischen Strukturen des W. P. zum 31.3.1991 aufgelöst. Am 1.7.1991 wurde in Prag ein Protokoll über die endgültige Auflösung des W. P. unterzeichnet.

Warschauer Vertrag, *deutsch-polnischer Vertrag,* am 7.12.1970 zw. der BR Dtld. u. der VR Polen geschlossener Vertrag über die Grundlagen der Normalisierung ihrer gegenseitigen Beziehungen. Beide Staaten stellen darin übereinstimmend fest, daß die von der *Potsdamer Konferenz* gezogene Grenzlinie längs der Oder u. der Görlitzer Neiße die westl. Staatsgrenze Polens bildet, verpflichten sich gegenseitig zur uneingeschränkten Achtung ihrer territorialen Integrität u. erklären, daß sie »gegeneinander keinerlei Gebietsansprüche haben und solche auch in Zukunft nicht erheben werden«; am 3.6.1972 in Kraft getreten.

Warstein, Stadt in NRW, im Sauerland, 28 000 Ew.; Brauerei; in der Nähe die 350 m lange *W.er Tropfsteinhöhle (Bilsteinhöhle).*

Wartburg, Burg im Thüringer Wald, sw. von Eisenach, um 1070 erbaut, bis 1440 Sitz der thüring. Landgrafen, Wohnsitz der hl. Elisabeth (1211–27); hier übersetzte Luther 1521/22 das NT. – **W.fest,** von der Jenaer Burschenschaft auf der W. durchgeführte Erinnerungsfeier an die Reformation 1517 u. an die Völkerschlacht bei Leipzig. Aus der Feier entwickelte sich eine polit. Demonstration gegen die Restaurationspolitik des dt. Bundes.

Warthe, poln. *Warta,* längster r. Nbfl. der Oder, 808 km; 407 km schiffbar.

Warwick ['wɔrik], Hptst. der mittelengl. Gft. W.shire, am Avon, 22 000 Ew.; Burg *W. Castle* (14./15. Jh.).

Warwick ['wɔrik], Richard Neville, Earl of W., *1428, †1471, engl. Magnat, der »Königsmacher« in den *Rosenkriegen.*

Warze, *Verruca,* kleinere oder größere Erhebung der Haut, die durch eine Wucherung der Hautpapillen entsteht u. zu Verhornung neigt.

Warzenschwein, ein plump gebautes *Schwein* mit langer Rückenmähne; in O-Afrika.

Wasa, *Vasa,* schwed. Adelsgeschlecht, 1523 bis 1654 auf dem schwed. Königsthron. – **W.lauf,** Skilanglauf über 87,5 km von Sälen nach Mora in der schwed. Prov. Dalarna; seit 1922 jährlich.

waschaktive Substanzen, *Detergentien, Tenside,* organ.-chem. Verbindungen, die die Grenzflächenspannung wäßriger Lösungen herabsetzen u. deshalb als Bestandteil von Wasch- u. Reinigungsmitteln u. dgl. große Bedeutung haben.

Waschbär, *Schupp,* ein *Kleinbär* von 65 cm Körperlänge mit etwa 25 cm langem, geringeltem Schwanz; Allesfresser, klettert u. schwimmt vorzüglich.

Waschzettel, ein vom Verlag verfaßter Text, der werbend Inhalt u. Absicht eines Buchs umreißt (meist als Klappentext).

Washington ['wɔʃiŋtən], 1. Abk. *Wash.,* nw. Bundesstaat der →*Vereinigten Staaten von Amerika.* – **2.** *Washington, D.C.,* Bundes-Hptst. u. seit 1800 Regierungssitz der USA, nahe der Mündung des Potomac in die Chesapeakebucht, bildet den *District of Columbia* (Abk. *D.C.),* 157 km², 623 000 Ew., davon 71% Schwarze; Regierungsgebäude (Weißes Haus, Kapitol mit Senat u. Repräsentantenhaus, Oberster Gerichtshof); 5 Univ. u. a. HS; Sitz zahlr. naturwiss. Gesellschaften sowie der NASA; *Arlington,* der Wohnvorortbereich von W., ist Standort des US-Verteidigungsministeriums (Pentagon), des größten Ehrenfriedhofs der USA *(Arlington National Cemetery)* sowie des National Airport.

Washington ['wɔʃiŋtən], George, *1732, †1799, US-amerik. Politiker; 1775 Oberbefehlshaber der Truppen der aufständ. Kolonien, siegte 1781 im Unabhängigkeitskrieg gegen England; 1787 Präs. des Verfassungskonvents; 1789–97 erster Präs. der USA.

Washingtoner Artenschutzübereinkommen ['wɔʃiŋtənər-], in Washington (am 3.3.1973 von der BR Dtld.) unterzeichnete u. 1975 als Ges. übernommene Übereinkunft zum Schutz gefährdeter Arten von freilebenden Tieren u. Pflanzen.

Wasmeier, Markus, *9. 9. 1963, dt. Skisportler (alpin); Doppel-Olympiasieger (Riesenslalom, Super-G) 1994, Weltmeister 1985 (Riesenslalom).

Wasow ['vazɔf], Iwan Mintschow, *1850, †1921, bulgar. Schriftst. u. Politiker (v. a. polit. orientierte Dichtung).

Wasser, das Oxid des Wasserstoffs, H_2O; Dichte bei 4 °C 1,0, Siedepunkt 100 °C, Schmelzpunkt 0 °C. Siede- u. Schmelzpunkt des W. sind die Fixpunkte der gebräuchl. Temperaturskalen. Das natürl. vorkommende W. enthält wechselnde Mengen von Salzen u. Gasen. Infolge der Verdunstung des W. enthält die Luft mehr oder weniger große Mengen W. in dampfförmigem Zustand, das bei Abkühlung der Luft kondensiert u. in Form der versch. Niederschlagsarten der Erdoberfläche wieder zugeführt wird. Ein großer Teil des W. findet sich als Grundwasser, ferner bildet es den Hauptbestandteil der tier. u. pflanzl. Organismen. Es ist für den Ablauf der Lebensvorgänge unentbehrl., da sich die physiolog.-chem. Vorgänge in wäßrigen Lösungen abspielen.

Wasseramsel, *Wasserschmätzer, Cinclus cinclus,* ein braunschwarzer *Singvogel* mit weißem Kehlfleck.

Wasseraufbereitung, die für den jeweiligen Verwendungszweck (bes. als Trinkwasser) erforderl. Aufbereitung des *Rohwassers* mit Hilfe biol., chem. u. physik. Verfahren. Unter der *physik. Verfahren* fällt das Abscheiden von festen u. gasförmigen Stoffen der wäßrigen Phase sowie die Ände-

Washington, D.C.: Kapitol

rung der Wassertemperatur. Bei *chem.* u. *physik.-chem. Verfahren* reagieren die Wasserinhaltsstoffe mit Aufbereitungschemikalien, die dem Wasser zudosiert werden. *Biol. Verfahren* bedienen sich der Aktivität von Mikroorganismen, die oxidierend oder reduzierend auf die störenden Wasserinhaltsstoffe einwirken. In den meisten Verfahren kommen gleichzeitig mehrere Mechanismen zur Wirkung.

Wasserball, Ballspiel der Schwimmer, von 2 Mannschaften aus je 7 Spielern mit einem Lederball ausgetragen; Spielfläche 30 m lang u. 20 m breit (für Frauen 25 x 17 m), Wassertiefe 1,80 m, Spieldauer 4 x 7 min reine Spielzeit.

Wasserböcke, *Kobus,* Gatt. der *Antilopen* aus der *Riedbock*-Verwandtschaft. Der eigtl. Wasserbock *(Hirschantilope)* ist rothirschähnl., Körperhöhe etwa 1,30 m; Männchen mit langen Hörnern.

Wasserbüffel, *Arni,* in SO-Asien wild vorkommender, bis 1,80 m hoher *Büffel.* Eine Unterart ist der *Tamarau.*

Wasserburg am Inn, Stadt in Oberbayern,

Wartburg

Waschbär

ten gerichteten Hauern umgewandelt; ca. 3,70 m lang, bis 1500 kg schwer; als Lieferanten von Tran, Leder u. wegen ihrer Zahnsubstanz gejagt.

Walsall ['wɔːlsəl], Stadt in Mittelengland, 179 000 Ew.; Metall-, Masch.-, feinmechan. u. Leder-Ind.

Walser, 1. Martin, * 24.3.1927, dt. Schriftst. (zeitsatir. u. sozialkrit. Themen); Ⓦ Romane u. a. »Halbzeit«, »Das Einhorn«, »Seelenarbeit«, »Brandung«, »Ohne einander«; Erzählungen u. a. »Ein fliehendes Pferd«, »Dorle u. Wolf«; auch Theaterstücke, Essays u. Hörspiele. – **2.** Robert, * 1878, † 1956, schweiz. Schriftst. (Gedichte, Kurzprosa u. Romane).

Walsrode, Stadt in Nds., in der westl. Lüneburger Heide, 23 000 Ew.; Luftkurort; versch. Ind.

Wälsungen, *Wölsungen, Völsungen,* altgerm. sagenhaftes Heldengeschlecht, dem Sigurd (Siegfried) entstammt.

Walter, 1. Bruno, eigtl. Bruno Walter *Schlesinger,* * 1876, † 1962, dt. Dirigent; seit 1939 in den USA; bes. Mozart-, Bruckner- u. Mahler-Interpret. – **2.** Fritz, * 31.10.1920, dt. Fußballspieler; 1954 Mannschaftskapitän der Fußball-Nationalmannschaft der BR Dtld., die 1954 in Bern Weltmeister wurde; bestritt 61 Länderspiele. – **3.** Otto Friedrich, * 1928, † 1994, schweiz. Schriftst. u. Verleger.

Waltharilied, *Waltharius,* Heldenepos in lat. Hexametern; behandelt die Flucht Walthers von Aquitanien mit Hiltgunt von Burgund aus hunn. Gefangenschaft; die Verfasserschaft *Ekkehards I.* (um 920) ist umstritten.

Walther, Hansjoachim, * 16.12.1939, dt. Politiker (DSU); seit 1990 Partei-Vors. u. 1990/91 Bundes-Min. für bes. Aufgaben.

Walther von der Vogelweide, * um 1170, † nach 1229, mhd. Minnesänger u. Spruchdichter; vollendete u. überwand zugleich die Konvention höf. Minnesangs durch persönl. Erlebnisausdruck, neuartiges Naturempfinden, künstler. Vergeistigung u. volksliedhafte Schlichtheit. Seine polit. Spruchdichtungen zeigen eine auf Stärkung der Reichsgewalt u. gegen das Papsttum gerichtete Haltung. Das Spätwerk enthält auch religiöse u. sich von der Welt abwendende eleg. Gedichte.

Walton ['wɔːltn], **1.** Ernest, * 6.10.1903, ir. Physiker; baute zus. mit J. Cockroft den Kaskadengenerator, mit dessen Hilfe die ersten Kernumwandlungen gelangen; Nobelpreis 1951. – **2.** Sir William Turner, * 1902, † 1983, engl. Komponist; traditioneller Neuromantiker; Oper »Troilus u. Cressida«; Solokonzerte, Märsche, Kammermusik.

Walzer, Rundtanz im $^3/_4$-Takt, in der 2. Hälfte des 18. Jh. aus dem *dt. Tanz* u. *Ländler* entstanden. Im 20. Jh. wurde in England eine langsame Form ausgebildet *(langsamer W., English Waltz).*

Walzwerk, meist zu einem Hüttenwerk gehörende Anlage mit mehreren Stahl- oder Graugußwalzen, die auch zu *Walzenstraßen* vereinigt sein können u. auf denen aus verformbaren Stoffen, bes. Metallen, langgestreckte Körper versch. Querschnittformen hergestellt werden.

Wamme, *Wampe,* als Hautfalte von der Kehle bis zur Brust herabhängender Brustlappen des Rinds u. a. Tiere.

Wams, im 13. u. 14. Jh. die enge Jacke unter der

Walther von der Vogelweide; Darstellung aus der Manessischen Liedersammlung. Heidelberg, Universitätsbibliothek

Rüstung oder dem Lendner; später die Oberkörperbekleidung unter dem Übergewand.

Wandalen, *Vandalen,* ostgerm. Volk, urspr. im nördl. Jütland beheimatet, im 4. Jh. in Ungarn an der Theiß. Sie wanderten Anfang des 5. Jh. westwärts, setzten 406 bei Mainz über den Rhein, plünderten mit *Alanen* u. *Sueben* Gallien u. fielen 409 mit ihren Bundesgenossen in Spanien ein. 429 setzten sie unter König *Geiserich* nach Afrika über u. gründeten ein Reich um *Karthago;* 455 Plünderung Roms. 533/534 wurden sie vom oström. Feldherrn Belisar besiegt.

Wandelndes Blatt, *Phyllium,* Gatt. bis 10 cm langer, grüner *Gespstheuschrecken* SO-Asiens; Ähnlichkeit mit Eichenlaub.

Wanderameisen, *Treiber-, Heeresameisen,* Unterfam. der Ameisen in Afrika, Indien u. Amerika; begeben sich period. in großen Scharen auf die Wanderung.

Wanderfalke, bis 48 cm großer, weltweit verbreiteter *Falke* mit langen, spitzen Flügeln u. dunklem Backenstreifen; erbeutet Vögel im Fluge.

Wanderheuschrecken, 9 Arten aus der Fam. der *Feldheuschrecken,* die in oft riesigen Schwärmen (bis zu 100 km Länge u. mehreren km Breite) die Felder verwüsten.

Wanderniere, *Nephroptose,* Tiefertreten einer oder beider Nieren infolge Bindegewebserschlaffung; kann zu Abflußbehinderung des Harns u. Nierenstauung führen.

Wanderpreis, ein Siegespreis für sportl. Wettkämpfe, der dem Sieger nur für ein Jahr gehört u.

dann an den nächstjährigen Sieger weitergegeben wird.

Wanderratte → Ratten.

Wandervogel, 1901 gegr. Ursprungsgruppe der dt. *Jugendbewegung,* deren Mitgl. in Wandern, naturgemäßer Lebensweise u. Pflege von Volkslied u. Volkstanz einen neuen Lebensstil suchten.

Wandlung, 1. *Konsekration,* Teil der kath. Messe. – **2.** Rückgängigmachen eines Kaufs oder Werkvertrags bei Mangelhaftigkeit, aufgrund des Anspruchs auf Gewährleistung.

Wandmalerei, im Unterschied zur *Tafelmalerei* die Malerei auf Wänden, ausgeführt auf feuchtem Putzbelag in der Technik des *Fresko,* auf der trokkenen Wand *(Secco-Malerei)* oder als *Enkaustik.*

Wanen, *Vanen,* nord. Göttergeschlecht, bes. Fruchtbarkeitsgötter (Njörd, Frey, Freya).

Wangen, *Backen,* die für die Säugetiere charakterist., die Mundhöhle seitl. abschließenden Weichteile, die von Haut, Muskulatur, Schleimhaut u. Fett gebildet werden.

Wangen im Allgäu, Stadt in Ba.-Wü., 24 000 Ew.; Luftkurort; Milchwirtschaft.

Wangerooge, östlichste der Ostfries. Inseln u. Gem. in Nds., 4,7 km², 800 Ew.; Inst. für Meereskunde; Fremdenverkehr.

Wankel, Felix, * 1902, † 1988, dt. Ingenieur; erfand den nach ihm ben. Kreiskolbenmotor **(W.motor,** ein ventilloser Verbrennungsviertakt-Ottomotor mit Schlitzsteuerung). Ⓑ → S. 960.

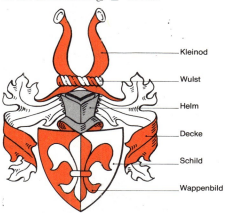

Muster eines Vollwappens; es zeigt die wesentlichen Bestandteile des Wappens

Wanne-Eickel, ehem. Stadt in NRW, seit 1975 Stadtteil von *Herne.*

Wannsee, Ortsteil u. Villenvorort im W-Berliner Bez. Zehlendorf, an den Havelbuchten die Gewässer *Großer W.* u. *Kleiner W.*

Wannsee-Konferenz, Besprechung von Vertretern oberster Reichsbehörden u. Dienststellen der NSDAP u. der SS am 20.1.1942 am Wannsee in Berlin, bei der Heydrich die »Endlösung der europ. Judenfrage« (d. h. die Überführung der im dt. Machtbereich befindl. Juden in die eroberten Ostgebiete zum Zwecke ihrer phys. Vernichtung) erläuterte u. die Mitwirkung der teilnehmenden Dienststellen daran sicherstellte.

Wanzen, 1. *Halbflügler, Hemiptera, Heteroptera,* Unterordnung der *Schnabelkerfe;* flacher Körper, häufig mit Stinkdrüsen; einige Arten als blutsaugende Außenparasiten an Tieren u. Menschen (Überträger ansteckender Krankheiten). – **2.** Bez. für kleinste Abhöranlagen.

Wapiti → Rothirsch.

Wappen, schildförmig umrandetes, farbiges Zeichen für eine Person, Personengruppe oder Institution *(Familien-, Stadt-, Staats-W.).* W. entstanden in der ersten Hälfte des 12. Jh. zur Kennzeichnung der in ihrer Rüstung unkenntl. Ritter. Sie wurden bald erbl. u. seit dem 13. Jh. auch von nichtritterl. Kreisen sowie Körperschaften (Städte, Bistümer, Klöster) übernommen. – **W.kunde,** *Heraldik, Heroldskunst,* eine histor. Hilfswiss.; behandelt Entstehung, Veränderung u. Bed. der W.

Waräger, schwed. Normannen (Wikinger), die im 9. Jh. in Rußland eindrangen u. Herrschaften, u. a. in Kiew u. Nowgorod, begründeten.

Wandelndes Blatt

Wanderheuschrecken

Warane, *Varanidae*, Fam. der *Echsen*; große, eidechsenartige Tiere mit langer Schnauze.
Warburg, Stadt in NRW, an der Diemel sö. von Paderborn, 22 000 Ew.; histor. Stadtbild; versch. Ind.
Warburg, 1. Aby, *1866, †1929, dt. Kunst- u. Kulturhistoriker; Arbeiten über das Nachleben der Antike in der europ. Kultur. – **2.** Emil, *1846, †1931, dt. Physiker; Arbeiten über Akustik, kinet. Gastheorie u. Elektrizität. – **3.** Otto Heinrich, Sohn von 2), *1883, †1970, dt. Physiologe; Entdecker der nach ihm ben. Atmungsfermente; Forschungen über Photosynthese u. Stoffwechsel der Krebszelle; Nobelpreis für Medizin 1931.
Waren, Krst. in Mecklenburg, an der Nordspitze des Müritzsees, 25 000 Ew.; Luftkurort; versch. Ind.
Warendorf, Krst. in NRW, im Münsterland, an der Ems, 34 000 Ew.; Pferdezucht, Dt. Reitschule, Sitz des dt. Olympiakomitees für Reiterei.
Warenkorb, kennzeichnet die Zusammensetzung des Verbrauchs eines bestimmten Haushaltstyps, z.B. des sog. *Indexhaushalts,* eines städt. 4-Personen-Arbeitnehmerhaushalts mit nur einem Verdiener (zwei Erwachsene, zwei Kinder); gibt die verbrauchten Mengen an Brot, Molkereiprodukten, Fleisch, Zitrusfrüchten u. a. an, ferner Wohnungsnutzung, Gas u. a. Grundlage für Berechnung von Lebenshaltungskosten u. Preisindex.
Warentest, Untersuchung u. Vergleich der Qualität u. der Preise von Waren; dient der Aufklärung über das Warenangebot; in der BR Dtld. seit 1964 durch die *Stiftung W.*
Warenzeichen, Abk. Wz., zur Unterscheidung der Waren eines bestimmten Geschäftsbetriebs von den Waren anderer in die *Zeichenrolle* des Patentamts (München) eingetragenes Zeichen in Wort oder Bild. Gegen Mißbrauch durch unberechtigte Dritte hat der Verletzte das Recht auf Unterlassungsklage u. Schadensersatz; bei Vorsatz wird auf Geld- oder Freiheitsstrafe erkannt.
Warften, *Wur(f)ten*, im Marschengebiet der dt. Nordseeküste künstl. aufgeschüttete Wohnhügel; Hochwasserschutz.

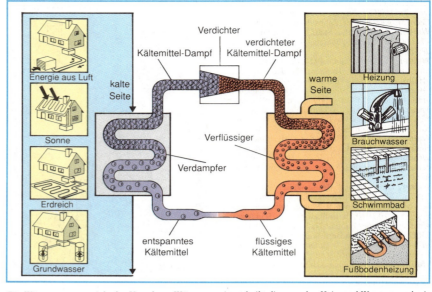

Die Wärmepumpe entzieht der Umgebung Wärmeenergie und gibt diese an den Heiz- und Warmwasserkreislauf ab

Warhol ['wɔ:hɔl], Andy, *1928, †1987, US-amerik. Maler, Graphiker u. Filmemacher; Hauptvertreter der *Pop-Art.*
Warmblut, Rassengruppe der mittelschweren u. leichten Pferde (Wagen- u. Reitpferde), z.B. Ostpreuß. W., Hannoveraner.
Warmblüter, *homoiotherme Tiere*, Tiere, die ihre Körperwärme dauernd weitgehend konstant halten (Ggs.: *wechselwarme Tiere);* alle Vögel u. Säugetiere einschl. des Menschen.
Wärme, eine Energieform: Bewegungsenergie von atomaren Teilchen. Die W. besteht z.B. bei Kristallen aus den Schwingungen der Atome gegeneinander, in Gasen u. Flüssigkeiten aus der ungeordneten Bewegung von Molekülen oder Molekülgruppen, aus der Rotation der Moleküle u. aus der gegenseitigen Schwingung (Oszillation) ihrer Atome. Die W.menge wird in *Joule* gemessen.
Wärmehaushalt, das Zusammenspiel von Strahlungsbilanz (Einstrahlung minus Ausstrahlung), Verdunstung, Wärmetransport (horizontal u. vertikal) u. Bodenwärmestrom. Neuerdings gewinnt die Frage an Bedeutung, ob infolge der menschl. Aktivitäten eine nachhaltige Veränderung des W.s der Erde zu erwarten ist. Denkbar wäre eine solche Einflußnahme durch die (tatsächlich festzustellende) Erhöhung des Kohlendioxid-Gehaltes der Atmosphäre oder durch Verschmutzung der

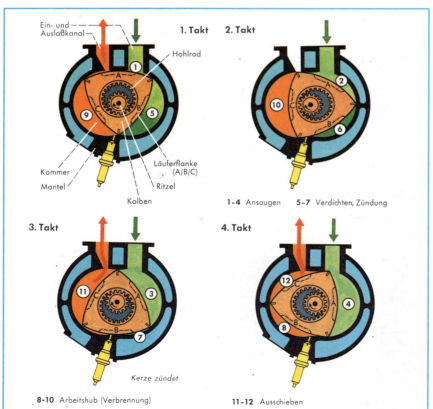

Die Arbeitsweise des Wankelmotors folgt dem Viertaktprinzip. Im Unterschied zum Hubkolbenmotor wird hier der jeweilige Arbeitsraum entlang der Gehäusewand verschoben

Warnemünde

Ozeane, der Inlandeise u. der Atmosphäre sowie durch Versteppung von Vegetationszonen (Ausdehnung der Wüsten, Vernichtung der trop. Regenwälder).
Wärmekraftmaschinen, Kraftmaschinen, die Wärmeenergie in mechan. Energie umwandeln, z.B. Verbrennungsmotor, Dampfmaschine, Dampfturbine.
Wärmepumpe, Masch. zur Erzeugung von Wärme hoher Temp. aus Wärme niedriger Temp.; heute in stärkerem Maße als Heizungsanlage eingesetzt.
Warna → Varna.
Warnemünde, Stadtteil u. Vorhafen von *Rostock,* Ostseebad an der Mündung der Warnow.
Warnke, Jürgen, *20.3.1932, dt. Politiker (CSU); seit 1969 MdB, 1982–87 u. 1989–91 Bundes-Min. für wirtsch. Zusammenarbeit, 1987–89 für Verkehr.
Warren ['wɔrin], Robert Penn, *1905, †1989, US-amerik. Schriftst.; Vertreter des »New Criticism«, schrieb Lyrik, Literaturkritik u. Romane.

Warschau: Altstadt (links). – Warschauer Pakt: Bundeskanzler Willy Brandt und der polnische Ministerpräsident Józef Cyrankiewicz beglückwünschen sich nach der Vertragsunterzeichnung (rechts)

Warschau, *Warszawa,* Hptst. von Polen, an der Weichsel, 1,65 Mio. Ew.; wiss., Kultur- u. wirtsch. Zentrum; Univ., TH u. a. HS; Masch.-, Metall-, Elektro-, Textil-, Leder- u. Nahrungsmittel-Ind.; im 2. Weltkrieg zu 84% zerstört, Altstadt stilgetreu wiederaufgebaut. – *Gesch.:* 1313 zum erstenmal erwähnt; im 16./17. Jh. Sitz der poln. Könige, 1596 Hptst.; 1795 an Preußen (3. Poln. Teilung), 1815 nach dem Wiener Kongreß Hptst. *Kongreßpolens,* seit 1918 Hptst. der Rep. Polen. Unter dt. Besetzung kam es 1943 zum Aufstand der Juden im *W.er Getto,* 1944 zum *W.er Aufstand.*

Warschauer Pakt, am 14.5.1955 als Gegenstück zur NATO geschlossener Militärpakt der Staaten Albanien (bis 1968), Bulgarien, ČSSR, DDR (bis 1990), Polen, Rumänien, UdSSR u. Ungarn. Infolge des politischen Umbruchs in Osteuropa wurden die militärischen Strukturen des W. P. zum 31.3.1991 aufgelöst. Am 1.7.1991 wurde in Prag ein Protokoll über die endgültige Auflösung des W. P. unterzeichnet.

Warschauer Vertrag, *deutsch-polnischer Vertrag,* am 7.12.1970 zw. der BR Dtld. u. der VR Polen geschlossener Vertrag über die Grundlagen der Normalisierung ihrer gegenseitigen Beziehungen. Beide Staaten stellen darin übereinstimmend fest, daß die von der *Potsdamer Konferenz* gezogene Grenzlinie längs der Oder u. der Görlitzer Neiße die westl. Staatsgrenze Polens bildet, verpflichten sich gegenseitig zur uneingeschränkten Achtung ihrer territorialen Integrität u. erklären, daß sie »gegeneinander keinerlei Gebietsansprüche haben und solche auch in Zukunft nicht erheben werden«; am 3.6.1972 in Kraft getreten.

Warstein, Stadt in NRW, im Sauerland, 28 000 Ew.; Brauerei; in der Nähe die 350 m lange *W.er Tropfsteinhöhle (Bilsteinhöhle).*

Wartburg, Burg im Thüringer Wald, sw. von Eisenach, um 1070 erbaut, bis 1440 Sitz der thüring. Landgrafen, Wohnsitz der hl. Elisabeth (1211–27); hier übersetzte Luther 1521/22 das NT. – **W.fest,** von der Jenaer Burschenschaft auf der W. durchgeführte Erinnerungsfeier an die Reformation 1517 u. an die Völkerschlacht bei Leipzig. Aus der Feier entwickelte sich eine polit. Demonstration gegen die Restaurationspolitik des dt. Bundes.

Warthe, poln. *Warta,* längster r. Nbfl. der Oder, 808 km; 407 km schiffbar.

Warwick ['wɔrik], Hptst. der mittelengl. Gft. W.shire, am Avon, 22 000 Ew.; Burg *W. Castle* (14./15. Jh.).

Warwick ['wɔrik], Richard Neville, Earl of W., * 1428, † 1471, engl. Magnat, der »Königsmacher« in den *Rosenkriegen.*

Warze, *Verruca,* kleinere oder größere Erhebung der Haut, die durch eine Wucherung der Hautpapillen entsteht u. zu Verhornung neigt.

Warzenschwein, ein plump gebautes *Schwein* mit langer Rückenmähne; in O-Afrika.

Wasa, *Vasa,* schwed. Adelsgeschlecht, 1523 bis 1654 auf dem schwed. Königsthron. – **W.lauf,** Skilanglauf über 87,5 km von Sälen nach Mora in der schwed. Prov. Dalarna; seit 1922 jährlich.

waschaktive Substanzen, *Detergentien, Tenside,* organ.-chem. Verbindungen, die die Grenzflächenspannung wäßriger Lösungen herabsetzen u. deshalb als Bestandteil von Wasch- u. Reinigungsmitteln u. dgl. große Bedeutung haben.

Waschbär, *Schupp,* ein *Kleinbär* von 65 cm Körperlänge mit etwa 25 cm langem, geringeltem Schwanz; Allesfresser, klettert u. schwimmt vorzüglich; nachtaktiv.

Waschzettel, ein vom Verlag verfaßter Text, der werbend Inhalt u. Absicht eines Buchs umreißt (meist als Klappentext).

Washington ['wɔʃiŋtən], **1.** Abk. *Wash.,* nw. Bundesstaat der → *Vereinigten Staaten von Amerika.* – **2.** *Washington, D.C.,* Bundes-Hptst. u. seit 1800 Regierungssitz der USA, nahe der Mündung des Potomac in die Chesapeakebucht, bildet den *District of Columbia* (Abk. *D.C.),* 157 km², 623 000 Ew., davon 71% Schwarze; Regierungsgebäude (Weißes Haus, Kapitol mit Senat u. Repräsentantenhaus, Oberster Gerichtshof); 5 Univ. u. a. HS; Sitz zahlr. naturwiss. Gesellschaften sowie der NASA; *Arlington,* der Wohnvorortbereich von W., ist Standort des US-Verteidigungsministeriums (Pentagon), des größten Ehrenfriedhofs der USA *(Arlington National Cemetery)* sowie des National Airport.

Washington ['wɔʃiŋtən], George, * 1732, † 1799, US-amerik. Politiker; 1775 Oberbefehlshaber der Truppen der aufständ. Kolonien, siegte 1781 im Unabhängigkeitskrieg gegen England; 1787 Präs. des Verfassungskonvents; 1789–97 erster Präs. der USA.

Washingtoner Artenschutzübereinkommen ['wɔʃiŋtənər-], in Washington (am 3.3.1973 von der BR Dtld.) unterzeichnete u. 1975 als Ges. übernommene Übereinkunft zum Schutz gefährdeter Arten von freilebenden Tieren u. Pflanzen.

Wasmeier, Markus, * 9. 9. 1963, dt. Skisportler (alpin); Doppel-Olympiasieger (Riesenslalom, Super-G) 1994, Weltmeister 1985 (Riesenslalom).

Wasow ['vazɔf], Iwan Mintschow, * 1850, † 1921, bulgar. Schriftst. u. Politiker (v. a. polit. orientierte Dichtung).

Wasser, das Oxid des Wasserstoffs, H_2O; Dichte bei 4 °C 1,0, Siedepunkt 100 °C, Schmelzpunkt 0 °C. Siede- u. Schmelzpunkt des W. sind die Fixpunkte der gebräuchl. Temperaturskalen. Das natürl. vorkommende W. enthält wechselnde Mengen von Salzen u. Gasen. Infolge der Verdunstung des W. enthält die Luft mehr oder weniger große Mengen W. in dampfförmigem Zustand, das bei Abkühlung der Luft kondensiert u. in Form der versch. Niederschlagsarten der Erdoberfläche wieder zugeführt wird. Ein großer Teil des W. findet sich als Grundwasser, ferner bildet es den Hauptbestandteil der tier. u. pflanzl. Organismen. Es ist für den Ablauf der Lebensvorgänge unentbehrl., da sich die physiolog.-chem. Vorgänge in wäßrigen Lösungen abspielen.

Wasseramsel, *Wasserschmätzer, Cinclus cinclus,* ein braunschwarzer *Singvogel* mit weißem Kehlfleck.

Wasseraufbereitung, die für den jeweiligen Verwendungszweck (bes. als Trinkwasser) erforderl. Aufbereitung des *Rohwassers* mit Hilfe biol., chem. u. physik. Verfahren. Unter dem *physik. Verfahren* fällt das Abscheiden von festen u. gasförmigen Stoffen der wäßrigen Phase sowie die Ände-

Washington, D.C.: Kapitol

rung der Wassertemperatur. Bei *chem.* u. *physik.-chem. Verfahren* reagieren die Wasserinhaltsstoffe mit Aufbereitungschemikalien, die dem Wasser zudosiert werden. *Biol. Verfahren* bedienen sich der Aktivität von Mikroorganismen, die oxidierend oder reduzierend auf die störenden Wasserinhaltsstoffe einwirken. In den meisten Verfahren kommen gleichzeitig mehrere Mechanismen zur Wirkung.

Wasserball, Ballspiel der Schwimmer, von 2 Mannschaften aus je 7 Spielern mit einem Lederball ausgetragen; Spielfläche 30 m lang u. 20 m breit (für Frauen 25 x 17 m), Wassertiefe 1,80 m, Spieldauer 4 x 7 min reine Spielzeit.

Wasserböcke, *Kobus,* Gatt. der *Antilopen* aus der *Riedbock-Verwandtschaft.* Der eigtl. Wasserbock *(Hirschantilope)* ist rothirschähnl., Körperhöhe etwa 1,30 m; Männchen mit langen Hörnern.

Wasserbüffel, *Arni,* in SO-Asien wild vorkommender, bis 1,80 m hoher *Büffel.* Eine Unterart ist der *Tamarau.*

Wasserburg am Inn, Stadt in Oberbayern,

Wartburg

Waschbär

962 Wasserdampf

Die höchsten Wasserfälle der Erde	
(San) Ángel (Venezuela)	978 m
Yosemite (USA)	792 m
Kukenaam (Guyana/Venezuela)	609 m
Sutherland (Neuseeland)	571 m
Tugela (Südafrika)	540 m
Roraima (Guyana)	457 m
Kalambo (Tansania)	427 m
Gavarnie (frz. Pyrenäen)	420 m
Krimmler (Österreich)	380 m
Gießbach (Schweiz)	300 m
Staubbach (Schweiz)	287 m

11 000 Ew.; zahlr. histor. Bauten; Brauerei, Nahrungsmittel- u. a. Ind. Fremdenverkehr.
Wasserdampf →Dampf.
Wasserfall, Gefällstufe im Flußlauf, über die das Wasser senkr. (oder fast senkr.), oft mehrere 100 m tief, hinabstürzt.
Wasserflöhe, *Cladocera,* hochentwickelte, artenreiche Unterordnung der *Blattfußkrebse;* spielen als Nahrung in der Fischzucht eine bed. Rolle; hierzu die Gatt. *Daphnia* (Wasserflöhe i.e.S.), *Bosmina* (Rüsselkrebse) u. *Polyphemus.*
Wasserfrosch, auch *Teichfrosch,* häufigster *Frosch* der mittel- u. nordeurop. Gewässer; Lebensdauer bis 10 Jahre.
Wasserglas, zähe, farblose Flüssigkeit, kolloide Lösungen von Natrium- oder Kaliumsilicat; verwendet u. a. zum Leimen von Papier.
Wasserharnruhr, *Diabetes insipidus,* Störung des Wasserhaushalts des Körpers, bei der tägl. mehrere Liter eines dünnen Harns ausgeschieden werden u. quälender Durst besteht.
Wasserhärte →Härte.
Wasserhaushalt, die Regulation der ständig im Organismus auftretenden Wasserzunahme u. -abnahme auf die zum Leben günstigste Menge. Der Wassergehalt der Lebewesen ist unterschiedlich (Qualle 98%, Mensch 65%).
Wasserhose, *Trombe,* Wirbelwind mit einem herabhängenden Wolkenschlauch, der beim Überschreiten von Gewässern einen sichtbaren »Fuß« aus Wasser u. Wasserstaub erzeugt.
Wasserhyazinthe, Wasserpflanze im trop. u. subtrop. Amerika; auch als Zierpflanze; bildet oft große Rasen.
Wasserjungfern →Libellen.
Wasserkopf, *Hydrozephalus,* Schädelvergrößerung durch abnorme Vermehrung der Gehirn-Rückenmarkflüssigkeit; angeboren oder frühkindl. erworben.
Wasserkreislauf, die Zirkulation des Wassers zw. Meer u. Festland in der Abfolge Verdunstung, Niederschlag, Abfluß.
Wasserkunst. Bez. für alle künstlich geschaffenen Wasseranlagen, die der Verschönerung von Gärten u. Parks dienen, indem sie sich mit techn.-automat. Einrichtungen die Beweglichkeit des Wassers zunutze machen, z.B. Fontänen, Kaska-

Wasserburg am Inn: Blick vom Kesselberg

den, Wasserspiele. Der durch ein weitverzweigtes Leitungssystem gesicherte Wasserreichtum des antiken Rom ermöglichte die Ausstattung des Peristyls im Privathaus mit Wasserbecken, Kanälen u. Schalenbrunnen. In der orientalisch-islam. Gartengestaltung spielen Wasseranlagen eine dominierende Rolle (Granada, Alhambra), während das MA nur Mehrschalen- u. Stockbrunnen (Maulbronn) kannte. Renaissance u. vor allem Barock brachten die Blütezeit des Figurenbrunnens mit meist der antiken Meeresmythologie entnommenen Gestalten. Die hervorragendsten Werke schufen A. de *Vries* (Herkulesbrunnen in Augsburg), H. *Gerhard* (Augustusbrunnen ebenda); in Italien G. da *Bologna* (Neptunsbrunnen in Bologna) u. L. *Bernini* (Vierströmebrunnen auf der Piazza Navona u. Fontana Trevi in Rom). Mit der ital. Renaissance entstanden auch die weitverzweigten W.anlagen (Garten der Villa D'Este in Tivoli mit Kaskaden, Terrassen, Fontänen u. Wasserspielen). Im Gegensatz zu den ital. Terrassengärten enthalten die planen Barockparks Frankreichs Kanäle, Becken u. Fontänen (Park von Versailles). Die dt. W. des Barocks schloß sich weitgehend frz. Vorbildern an (Nymphenburg, Sanssouci, Schleißheim u. a.), verband aber auch frz. mit ital. Elementen (Kassel-Wilhelmshöhe).
Wasserkuppe, höchster Berg der Rhön, 950 m.
Wasserläufer, 1. *Tringa,* Gatt. der *Schnepfenvögel;* Watvögel. – **2.** Bez. für Wanzen versch. Familien.
Wasserlinse, *Entengrütze,* kleine schwimmende Wasserpflanze mit blattartigen Stengeln; auf stehenden Gewässern.
Wassermann, 1. *Aquarius,* Sternbild des Tierkreises am südl. Himmel. – **2.** *Wasserwesen,* im Volksglauben u. Märchen des Binnenlands.

Wassermann, 1. August Paul von, * 1866, † 1925, dt. Bakteriologe u. Serologe; bahnbrechend auf dem Gebiet der Immunitätslehre. – **2.** Jakob, * 1873, † 1934, dt. Schriftst. (psycholog. Romane).
Wassermelone →Melone.
Wasserpest, *Elodea,* Gatt. der *Froschbißgewächse,* sehr verbreitet in stehenden u. fließenden Gewässern ist die *Kanad.* W.
Wasserpfeife, im Orient verbreitete Form der Tabakspfeife. Der Rauch muß, bevor er eingeatmet wird, Wasser passieren u. wird dadurch gekühlt, der scharfe u. sehr nikotinreiche Tabak *(Tumbeki)* wird im Aroma milder u. verliert an Nikotingehalt.
Wasserpflanzen, *Hydrophyten,* fast ständig im Wasser lebende Pflanzen; meist Blütenpflanzen, einige Algen u. wenige Farne. Sie nehmen Nährstoffe direkt aus dem Wasser auf.
Wasserratte, *Schermaus, Mollmaus,* eine Wühlmaus von 15 cm Körperlänge; vorw. Wurzelfresser, dadurch in Pflanzenkulturen sehr schädlich; gefährdet außerdem durch ihre Gangsysteme Deiche u. Dämme.
Wasserscheide, Trennungslinie der Einzugsgebiete zweier oder mehrerer Flußsysteme.
Wasserschierling, giftiges *Doldengewächs;* in Gräben u. Sümpfen Europas.
Wasserschutzgebiet, ein zur Sicherung der Trinkwassergewinnung bes. geschütztes Gebiet, meist in drei Zonen unterteilt.
Wasserschutzpolizei, die Strom- u. Schiffahrtspolizei auf den Wasserstraßen.
Wasserschwein, *Capybara,* mit 100 cm Körperlänge u. 50 cm Schulterhöhe das größte lebende *Nagetier;* in S-Amerika an Wasserläufen.
Wasserstand, Höhe des Wasserspiegels bei Flüssen, Seen oder Meeren, gemessen am *Pegel.*
Wasserstoff, ein →chemisches Element.
Wasserstoffbombe, *H-Bombe,* Sonderart der *Atombombe.* Die Explosion entsteht durch Verschmelzung leichter Kerne (Deuterium u. Lithium 6 oder Beryllium), bei der viel Energie in Form von Gamma-, Licht- u. Wärmestrahlung frei wird. Die erste W. wurde 1952 von den USA gezündet.
Wasserstoffionenkonzentration →pH.
Wasserstoffperoxid, fr. *Wasserstoffsuperoxid,* H_2O_2, in reinem, wasserfreiem Zustand farblose Flüssigkeit, starkes Oxidationsmittel.
Wasserstrahlpumpe, einfache Saugpumpe aus Glas, Kunststoff oder Metall zur Herstellung von Unterdruck.
Wassersucht, abnorme Ansammlung von Flüssigkeit (Wasser, Gewebsflüssigkeit, seröse Flüssigkeit) im Körper. Man unterscheidet: 1. *Ödem,* allg. Körper-W.; 2. *Anasarka,* Haut-W.; 3. *Hydrops,* Flüssigkeitsansammlung in den Körperhöhlen.
Wasserturbine →Turbine.
Wasserversorgung, Gewinnung u. Zuleitung von Trink- u. Brauchwasser für Bevölkerung, Industrie u. Landwirtschaft. Das Wasser wird dem Grundwasser, Quellen, Bächen, Flüssen, Seen oder Talsperren entnommen u. bei Bedarf aufbereitet: gefiltert (Sandfilter), enthärtet, enteisent (Rieseln durch Koksfilter, Brauseanlagen) u. zum Keimfreimachen mit Chlor oder Ozon behandelt. Es

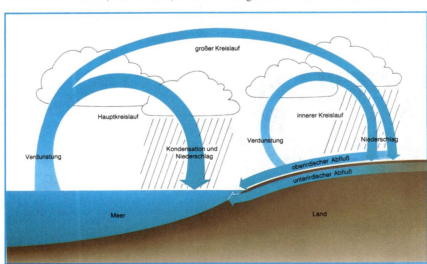

Wasserkreislauf

Wein

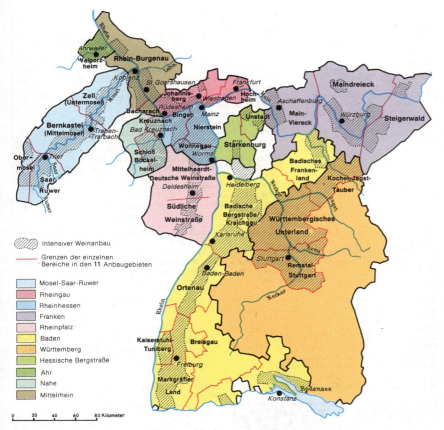

Weinbaugebiete in der Bundesrepublik Deutschland

Weinberge im Kanton Waadt am Genfer See

Weill, Kurt, *1900, †1950, dt. Komponist; emigrierte 1935 in die USA; entwickelte für B. *Brechts* episches Theater einen neuen Typus der Bühnenmusik (bes. *Songs*), eine Synthese aus Unterhaltungsmusik, Moritat, kabarettist. Chanson u. klassizist. Elementen der Kunstmusik. W »Dreigroschenoper«, »Aufstieg u. Fall der Stadt Mahagonny«, »Die sieben Todsünden«.

Weimar, Krst. in Thüringen, an der Ilm, 64 000 Ew.; Herderkirche, Schloß (16. Jh.; Nat. Forschungs- u. Gedenkstätten der klass. dt. Lit.), Goethe- u. Schillerhaus mit angeschlossenen Museen, Goethe- u. Schiller-Archiv, Grabstätten von Goethe u. Schiller, Dt. Nationaltheater, Schloß Tiefurt, Schloß Belvedere, Staatl. Kunstsammlungen. Gesch.: 1547–1918 Residenz des Hzgt. Sachsen-W. bzw. Sachsen-W.-Eisenach; Ende des 18. u. Anfang des 19. Jh. war W. ein Mittelpunkt des dt. Kulturlebens; 1920–48 Hptst. des Landes Thüringen.

Sonnengottes« bestimmt, das Kaiser Aurelian einführte. Die zahlr. Weihnachtsbräuche gehen vielfach auf altröm. u. germ. Brauchtum zurück. Der **Weihnachtsbaum** kam im 16. Jh. auf. – **Weihnachtslieder,** meist aus dem 16.–19. Jh. stammende Lieder, die das Weihnachtsgeschehen behandeln. – **Weihnachtsmann,** am Hl. Abend der Gabenbringer, der Züge des Nikolaus aufweist. – **Weihnachtsgratifikation,** Geldzuwendung zur Weihnachtszeit durch den Arbeitgeber, rechtl. keine Schenkung, bis zu einer bestimmten Höhe lohnsteuerfrei.
Weihnachtsinsel →Christmas Island.
Weihnachtskaktus →Gliederblattkaktus.
Weihnachtsspiel, geistl. Drama des MA, das von den Vorgängen um Christi Geburt handelt.
Weihnachtsstern, 1. im Matthäus-Evangelium erwähnter Stern, der die drei Weisen aus dem Morgenland zur Krippe Christi geführt haben soll; vielleicht eine dreifache Konjunktion zw. Jupiter u. Saturn im Jahr 7 v. Chr. – **2.** *Poinsettie,* ein *Wolfsmilchgewächs,* beliebte Zimmerpflanze mit roten, rosa oder weißen Hochblättern; in warmen Zonen bis 5 m hoher Strauch.
Weihrauch, durch Verbrennung wohlriechender Stoffe (Harze) erzeugter Rauch, zu kult. Zwecken gebraucht, so im röm., grch. u. ägypt. Götterkult, im Buddhismus, auch in der röm.-kath. Kirche. I.e.S. bezeichnet man als W. das *Olibanumöl,* Milchsaft aus den Rinden des *W.baums.*
Weihwasser, in der kath. u. orth. Kirche vom Priester bei Segnungen verwendetes geweihtes Wasser.
Weil, 1. *W. am Rhein,* Stadt in Ba.-Wü., 27 000 Ew.; Obst- u. Weinanbau; Rheinhafen. – **2.** *W. der Stadt,* Stadt in Ba.-Wü., an der Würm, 16 000 Ew.; histor. Altstadt.
Weilburg, Krst. in Hessen, an der mittleren Lahn, 11 000 Ew.; Luftkurort; barocke Schloßkirche; 1355–1816 Residenz von Nassau-W.
Weiler, aus wenigen Gehöften bestehende ländl. Siedlungsform.
Weilheim in Oberbayern, Krst. in Bay., an der Ammer, 17 000 Ew.; elektron. u. chem. Ind.

Weimarer Republik, gebräuchl. Bez. für die republikan.-demokr. Staatsform des Dt. Reiches in den Jahren 1919–33 (nach dem Tagungsort der verfassunggebenden Nationalversammlung 1919); →Deutschland (Geschichte).
Weimarer Verfassung, *Weimarer Reichsverfassung,* Abk. *WRV,* die von der Nationalversammlung in Weimar erlassene Verf. für das Dt. Reich vom 11.8.1919. Am Entwurf der WRV war der Staatsrechtler H. *Preuß* (DDP) maßgebend beteiligt. Die WRV sah einen Kompromiß einheits- u. bundesstaatl. Elemente vor, bei nachdrückl. Betonung der demokrat. Grundrechte u. der Volkssouveränität u. starker Stellung des *Reichspräsidenten.* Die WRV wurde 1933 nicht formell, aber faktisch außer Kraft gesetzt.
Wein, ein alkohol. Getränk, das aus Weintraubensaft hergestellt wird. Die Weinlese beginnt im Sept. u. kann sich bis Dez. hinziehen. Der W. ist gegorener Traubensaft u. enthält in 1 Liter etwa 100 g Alkohol, 4–8 g Fruchtsäuren sowie Geruchs- u. Geschmacksstoffe. Nach dem Zermahlen (Zerquet-

Die klassischen Traubensorten

Traube	Anbauland (Anbaugebiet)	Charakterisierung
Rotweintrauben:		
Cabernet Sauvignon	Australien, Chile, Frankreich (Médoc, Graves, Pomerol, St. Emilion), Kroatien, Rumänien, Ukraine, Südafrika, Argentinien	bukettreiche, harmonische Weine; Bordeaux-Weine (verschnitten mit Merlot oder Malbec)
Pinot Noir	Frankreich (Burgund, Elsaß, Osteuropa)	Hauptbestandteil der besten Champagner (vor der Gärung gekeltert); liefert sonst leichte, sehr gute Rotweine
Weißweintrauben:		
Chardonnay	Frankreich (Champagne, Burgund), Bulgarien, USA (Nordkalifornien)	Grundwein zur Champagnerherstellung (Blanc de Blancs); weißer Burgunder
Muskateller	Frankreich (Elsaß), Griechenland (Samos), Italien (Norditalien, Sizilien), Spanien (Andalusien)	liefert säurearme, alkoholreiche und würzige Weine; Grundlage zahlreicher Dessertweine
Riesling	Australien, Südafrika, Chile, USA (Kalifornien), Deutschland (Mosel, Rheingau), Frankreich	stellt hohe Ansprüche an Klima und Lage; liefert edelste, rassige Spitzenweine; weltberühmt sind die Auslesen, Beerenauslesen und Trockenbeerenauslese; gute Lagerfähigkeit
Sauvignon Blanc	Chile, Argentinien, USA (Livermoore und Santa-Clara-Tal in Kalifornien), Italien, Österreich, Kroatien, Israel, Frankreich (Bordeaux)	liefert Weine mit hohem Alkoholgehalt und von beachtlicher Haltbarkeit, mit Semillon und Muscadelle verschnitten zur Bereitung der Graves- und Sauternes-Weine verwendet
Traminer	Frankreich (Elsaß), Mitteleuropa, USA (Kalifornien)	würzige Tafel- und Spitzenweine

schen) der Trauben in der Traubenmühle folgt das Keltern (Pressen) der Maische. Der anfallende Most wird in Fässer zur Gärung gefüllt. Verschiedentl. Umfüllen, Impfen mit bes. Zuchthefen, »Schönen« u. Auffüllen auf Flaschen folgen, u. nach 6–12 Monaten erreicht der W. die Flaschenreife. Die Unterscheidung der W. erfolgt nach der Farbe (meist Weiß- oder Rot-W.) u. nach der Herkunft (z.B. Rhein- oder Mosel-W.). W.länder mit bes. großer Erzeugung sind Italien, Frankreich, Spanien, Argentinien, USA, Portugal, Südafrika u. Dtld. Von den in Dtld. angebauten Rebsorten haben Müller-Thurgau, Riesling, Silvaner u. Kerner große Bedeutung.

Weinberg [ˈwainbə:g], Steven, *3.5.1933, USamerik. Physiker; Arbeiten über die Vereinheitlichung der schwachen u. der elektromagnet. Wechselwirkung; Nobelpreis 1979.

Weinberger, Jaromir, *1896, †1967, tschech. Komponist; Oper »Schwanda, der Dudelsackpfeifer«.

Weinbergschnecke, zu den *Landlungenschnecken* gehörende Schnecke; gilt als Leckerbissen.

Weinbrand, aus Wein hergestellter *Branntwein* mit mindestens 38 Vol.-% Alkohol.

Weinbrenner, Friedrich, *1766, †1826, dt. Architekt; einflußreicher Vertreter des Klassizismus (Karlsruhe).

Weinert, 1. Erich, *1890, †1953, dt. Schriftst.; schrieb polit.-satir. Zeitgedichte; seit 1929 Kommunist; wirkte als Agitator im Span. Bürgerkrieg u. in der Sowj. – **2.** Hans, *1887, †1967, dt. Anthropologe; Arbeiten zur Stammesgeschichte u. zur menschl. Verbungslehre.

Weinessig, 5–10prozentiger, aus Traubenwein hergestellter Essig.

Weingarten, Stadt in Ba.-Wü., nordöstl. von Ravensburg, 22 000 Ew.; Benediktinerabtei mit Barockkirche; Maschinenbau, Textil-Ind.

Weingartner, Felix von, *1863, †1942, östr. Dirigent u. Komponist; Leiter der Wiener Philharmoniker u. der Staatsoper.

Weinheber, Josef, *1892, †1945 (Selbstmord), östr. Lyriker; strenger, aber auch volkstüml. Formkünstler.

Weinheim, Stadt in Ba.-Wü., an der Bergstraße, 42 000 Ew.; Burgruine Windeck u. die Wachenburg; Kunststoff-, Leder- u. a. Ind.

Weininger, Otto, *1880, †1903 (Selbstmord), östr. Schriftst.; schrieb über Psychologie u. Metaphysik der Geschlechter.

Weinlese, die Traubenernte.

Weinrebe, 1. *Rebe,* Gatt. der *W.ngewächse* (→*Pflanzen*); Hauptverbreitung in den wärmeren Gebieten der nördl. Hemisphäre, die meisten Arten in N-Amerika heimisch. Die wichtigste Art ist die *Echte W.* – **2.** *Wilder Wein, Jungfernrebe,* nordamerik. W.ngewächs, Zierpflanze.

Weinrich, Franz Johannes, Pseud. Heinrich Lerse, *1897, †1978, dt. Schriftst. (Laienspiele, Lyrik u. Romane).

Weinsäure, in vier isomeren Formen bek. Dihydroxycarbonsäure; große, farblose Kristalle. Die d-(Rechts-)W. (W. i.e.S.), auch *Weinsteinsäure* gen., kommt in vielen Früchten (z.B. Weintrauben) frei u. in Form ihrer Salze (*Tartrate*) vor.

Weinsberg, Stadt in Ba.-Wü., östl. von Heilbronn, 9000 Ew.; Burgruine Weibertreu; Obst- u. Weinbau. – Nach einer histor. belegten Geschichte trugen die *Weiber von W.* ihre Männer aus der von König Konrad III. 1140 belagerten Stadt.

Weinstadt, Stadt in Ba.-Wü., im Remstal, 24 000 Ew.; Wein- u. Obstanbau.

Weinstein, Kaliumhydrogentartrat, Kaliumsalz der Weinsäure, in Weintrauben enthalten, scheidet sich als Kruste in Weinfässern ab.

Weinrebe (2): Wilder Wein

Weinviertel, niederöstr. Hügelland zw. March, Thaya, Donau u. Marchfeld, größtes geschlossenes Weinbaugebiet in Östr., im O Erdöl- u. Erdgasförderung.

Weise, Christian, *1642, †1708, dt. spätbarocker Schriftst. (Schuldramen u. satir. Romane); Wegbereiter der Aufklärung.

Weisenborn, Günther, *1902, †1969, dt. Schriftst.; zeitkrit. Dramen (»Die Illegalen«), Dokumentarberichte (»Der lautlose Aufstand«) u. Hörspiele.

Weiser, Grethe, *1903, †1970, dt. Schauspielerin; populär als humorist. Darstellerin.

Weisgerber, Albert, *1878, †1915 (gefallen), dt. expressionist. Maler u. Graphiker.

Weisheit, grch. *Sophia,* lat. *sapientia,* eine der *Kardinaltugenden;* W. bedeutet heute allg. im Unterschied zur Klugheit eine menschl. Grundhaltung, die auf einem umfassenden Wissen um die letzten Gründe u. Ziele des Seienden beruht.

Weisheitszähne, die letzten Mahlzähne, die oft erst im mittleren Lebensalter durchbrechen.

Weismantel, Leo, *1888, †1964, dt. Schriftst. u. Pädagoge; schrieb expressionist. Dramen, Romane u. über Künstler.

Weiß, Ernst, *1884, †1940 (Selbstmord), östr. Schriftst.; Freund F. Kafkas, emigrierte 1936; schrieb gesellschaftskrit. expressionist. Romane.

Weiss, Peter, *1916, †1982, dt. Schriftst. u. Maler; emigrierte 1939 nach Schweden; schrieb Prosawerke, dann sozialkrit. Theaterstücke meist dokumentar. Charakters (»Die Verfolgung u. Ermordung Jean Paul Marats«, »Die Ermittlung«).

Weissagung, im Unterschied zum *Wahrsagen* das religionsgeschichtl. Phänomen der Verkündigung von künftigen Ereignissen durch Propheten.

Weißbirke →*Birke.*

Weißbrunn →*Veszprém.*

Weißdorn, Gatt. der *Rosengewächse,* mit weißen Blüten. Eine Kulturform ist der *Rotdorn.* Die roten Früchte (*Mehlbeeren*) sind eßbar.

Weiße, Christian Felix, *1726, †1804, dt. Schriftst.; Schöpfer des dt. Rokoko-Singspiels.

Weiße Ameisen, irreführend für →*Termiten.*

Weiße Elster, Fluß in Sachsen u. Thüringen, →*Elster (2).*

weiße Jahrgänge, die Geburtsjahrgänge (1927 bis 1.7.1937), die weder zur Wehrmacht noch zur Bundeswehr einberufen wurden.

Weißenburg, Krst. in Mittelfranken (Bay.), an der Schwäb. Rezat, 17 000 Ew.; histor. Altstadt mit Stadtummauerung; chem., Kunststoff- u. a. Ind.

Weißenfels, Krst. in Sachsen-Anhalt, an der Saale, 39 000 Ew.; Barockschloß; Masch.-, Lederwaren- u. a. Ind. – 1656–1746 Residenz des Hzgt. Sachsen-W.

Weißer Hai →*Menschenhai.*

Weißer Jura, *Weißjura,* oberste Abt. des Jura in Dtld.; →*Erdzeitalter.*

Weißer Main, Quellfluß des Main.

Weiße Rose, student. Freundeskreis in München, der 1942/43 durch Flugblätter unter dem Symbol der weißen Rose zum ethisch u. christl. begr. Widerstand gegen das nat.-soz. Regime aufrief. Die aktiven Kräfte (Hans u. Sophie *Scholl,* Christoph *Probst,* Willi *Graf,* Alexander *Schmorell,* Prof. Kurt *Huber*) wurden 1943 vom Volksgerichtshof zum Tode verurteilt u. hingerichtet.

Weißer Sonntag, *Quasimodogeniti,* der 1. Sonntag nach Ostern, für Erstkommunionsfeiern bevorzugt.

Weißer Zwerg, Fixstern von sehr kleinem Durchmesser (Planetengröße), hoher Oberflächentemperatur u. sehr hoher Dichte.

Weißes Haus, *White House,* der Amtssitz der Präs. der USA in Washington, D.C.; nach der Fassadenfarbe ben.; erbaut 1792–1800.

Weinbergschnecke bei der Eiablage

Weißdorn: Zweig mit Früchten

Weißes Kreuz, *Dt. Sittlichkeitsbund vom Weißen Kreuz,* 1890 gegr. ev. Vereinigung für Lebenshilfe in Fragen der Erziehung u. a.
Weißes Meer, Meerbusen der Barentssee, rd. 95 000 km², Haupthafen Archangelsk.
Weiße Väter, kath. Gesellschaft von Priestern u. Laienbrüdern für die Missionierung Afrikas, gegr. 1868; Tracht: weißes Gewand. Weibl. Zweig: *Weiße Schwestern.*
Weißfische, Unterfam. oft silbrig-weiß gefärbter *karpfenartiger Fische;* grätenreich. Hierzu: *Aland, Döbel, Elritze, Blei, Ukelei* u. a.
Weißfluh, Gipfel in den Nordrätischen Alpen (schweiz. Kt. Graubünden), 2844 m.
Weißgardisten, in der russ. Bürgerkrieg nach der bolschewist. Revolution 1917 gegen die Rote Armee kämpfenden Verbände.
Weißherbst, rosafarbener Wein aus roten Rebsorten.
Weißkäse → Quark.
Weißlinge, Fam. von *Tagfaltern,* meist weiß oder gelb; z.B. *Zitronenfalter,* Raupen der *Kohl-W.* werden an Gemüse schädlich.
Weißmeer-Ostsee-Kanal, früher *Stalinkanal,* 227 km langer Binnenschiffahrtsweg in Rußland, verbindet das Weiße Meer mit dem Finn. Meerbusen; 1931–33 erbaut.
Weissmuller, John, *1904, †1984, US-amerik. Schwimmer u. Filmdarsteller; Olympiasieger 1924 u. 1928; wurde als Tarzan-Darsteller im Film weltberühmt.
Weißrussen, *Weißruthenen,* ostslawisches Volk, Hauptvolk von Weißrußland, mit eig. ostslaw. Sprache.
Weißrußland, amtl. *Belarus,* Staat in O-Europa, zw. Baltikum u. Ukraine; 207 600 km², 10,3 Mio. Ew., Hptst. *Minsk;* überwiegend ebenes Land,

Weißrußland

zahlr. Seen u. ausgedehnte Wälder, im S die Pripjat-Sümpfe.
Geschichte: Bereits im 16. Jh. kamen Teile W. unter Moskowiter Herrschaft, die bis 1795 auf das ganze Gebiet ausgedehnt wurde. 1919 wurde eine *Weißruss. SSR* proklamiert. 1991 erklärte W. seine Unabhängigkeit u. wurde Mitgl. der GUS.
Weißstorch, schwarzweißer Stelzvogel mit roten Beinen u. Schnabel, gehört in Dtld. zu den bekanntesten Vögeln; Zugvogel. Die Horst wird auf Hausdächern, Masten, Bäumen errichtet, Gelege besteht aus 3–5 Eiern. Ständiger Rückgang, weil lebenswichtige Feuchtgebiete verschwinden.
Weißwasser, Krst. in Sachsen, in der Oberlausitz, 38 000 Ew.; Braunkohlenabbau, Masch.-, Glas- u. Porzellanindustrie.
Weißwurst, ungeräucherte Wurst aus Kalbfleisch, bes. in Bayern.
Weißwurz, *Salomonssiegel,* Gatt. der *Liliengewächse,* in Laubwäldern; Kräuter mit dicken Wurzelstöcken u. weißen, hängenden Blüten.
Weistritz, l. Nbfl. der Oder, 95 km.
Weitsichtigkeit → Übersichtigkeit.
Weitwinkelobjektiv, ein Objektiv, das einen bes. großen Bildwinkel erfaßt (über 60°); bevorzugt für Innen- u. Architekturaufnahmen angewandt.
Weizen, Gatt. der *Süßgräser* mit wichtigen Getreidearten. Man unterscheidet: 1. *Spelz-W.,* Arten mit zerbrechl. Ährenspindel u. fest von ledrigen Spelzen umschlossenen Körnern (hierzu *Spelz,* [*Dinkel*], dessen unreife Früchte als »Grünkern« geschätzt sind, *Einkorn* u. *Emmer*). 2. *Nackt-W.,* Ährenspindel zäh, reife Körner lösen sich beim Dreschen aus den Spelzen (hierzu *Saat-W.* [*Winter-* oder *Sommer-W.*], *Kolben-W., Hart-W.*).
Weizenälchen, ein Wurm aus der pflanzenschädigenden Ordnung der *Fadenwürmer;* erzeugt eine Art »Gicht der Weizenähren«.
Weizenbier → Bier.
Weizenkeime, die beim Mahlen von Weizen anfallenden Keimlinge; enthalten Kohlenhydrate, hochwertige Eiweiße, Öl reich an Linolsäure u. die Vitamine E, B_1 u. B_6.
Weizman, Ezer, *15.6.1924, israel. Offizier (Generalmajor) u. Politiker; seit 1993 Staats-Präs.
Weizmann, Chaim, *1874, †1952, zionist. u. isr.

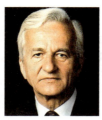

Richard von Weizsäcker

Politiker; geb. in Weißrußland, seit 1903 als Chemiker in England, erwirkte die *Balfour-Deklaration* 1917; 1920–30 u. 1935–46 Präs. der Zionist. Weltorganisation, 1948–52 erster Staats-Präs. Israels.
Weizsäcker, 1. Carl Friedrich Frhr. von, Sohn von 2), *28.6.1912, dt. Physiker u. Philosoph; Arbeiten zu Kernphysik, Astronomie u. Friedenssicherung; 1970–78 Dir. des Max-Planck-Instituts zur Erforschung der Lebensbedingungen der wiss.-techn. Welt in Starnberg. – **2.** Ernst Frhr. von, Bruder von 4), *1882, †1951, dt. Diplomat; 1938–43 Staatssekretär des Auswärtigen Amtes, 1943–45 Botschafter beim Vatikan. 1949 in Nürnberg wegen Mitverantwortung für Judendeportationen verurteilt, 1950 vorzeitig entlassen. – **3.** Richard von, Sohn von 2), *15.4.1920, dt. Politiker (CDU); 1964–70 Präs. des Dt. Ev. Kirchentags, 1969–81 MdB, 1981–84 Regierender Bürgermeister von Westberlin, 1984–94 Bundespräsident. – **4.** Viktor Frhr. von, Bruder von 2), *1886, †1957, dt. Neurologe u. Psychiater; Vertreter der Psychosomatik.
Wekwerth, Manfred, *3.12.1929, dt. Regisseur u. Theaterleiter; 1977–91 Intendant des Berliner Ensembles (Ostberlin), 1982–90 Präs. der Akademie der Künste der DDR.
Welfen, dt. Fürstengeschlecht, nachweisbar seit Karl d. Gr. Es erhielt 1070 das Herzogtum Bayern u. erwarb weitere Güter, bes. das Herzogtum Sachsen. Aus dieser beherrschenden Stellung im Reich entstand ein Gegensatz zu den Staufern, der sich bei *Heinrich dem Löwen* zu offener Auflehnung zuspitzte. Dieser unterlag jedoch Kaiser Friedrich I. Barbarossa. Ihm verblieben nur die Güter um Braunschweig u. Lüneburg, die 1235 zum Herzogtum Braunschweig u. Lüneburg erhoben wurden. Aus diesem gingen das Herzogtum Braunschweig u. das Kurfürstentum u. spätere Königtum Hannover hervor.
Welfenschatz, Reliquienschatz des Hauses Braunschweig-Lüneburg (Burg Dankwarderode), Gegenstände des sakralen Kunstgewerbes aus dem 11.–15. Jh.; 1930 wurde er verkauft, später wurden einzelne Teile nach Dtld. zurückgekauft, z.B. Welfenkreuz, Evangeliar Heinrichs des Löwen.
Weliko Tărnowo, früher *Turnowo,* bulgar. Bez.-Hptst., im Jantratal, 65 000 Ew.; Zarenpalast; Masch.-, Textil- u. Tabak-Ind.
Welk, Ehm, Pseud.: Th. *Trimm,* *1884, †1966, dt. Schriftst. (Dramen u. volkstüml. Romane, u. a. »Die Heiden von Kummerow«).
Wellblech, verzinktes Eisenblech, das quer zur Walzrichtung wellenförmig gebogen ist.
Welle, 1. *Physik:* eine zeitl. u. räuml. period. Bewegung, die sich von einem »Störzentrum« im allg. nach bestimmten Raumrichtungen ausbreitet.

So erzeugt ein ins Wasser geworfener Stein eine kreisförmige *Wasser-W.,* eine Explosion in der Luft eine *Kugel-W.;* die Ausbreitung eines Strahls von Materieteilchen erfolgt als *ebene W.* Erfolgt die Schwingung in einer W. senkrecht zur Fortpflanzungsrichtung, so spricht man von einer *Quer-W. (Transversal-W.),* erfolgt sie in Fortpflanzungsrichtung, so heißt sie *Längs-W. (Longitudinal-W.).* Die einfachste W. wird mathemat. durch ein Sinusgesetz erfaßt. Der größte Ausschlag der W.nbewegung heißt *Amplitude;* der Abstand zweier Punkte, die im gleichen Schwingungszustand sind, heißt *Wellenlänge.* – **2.** *Meereswelle,* meist durch anhaltenden Wind verursachte rhythm. Schwingung des Meerwassers an Ort u. Stelle, senkr. zur Fortpflanzungsrichtung. Da die Wasserteilchen immer wieder an ihren Ausgangspunkt zurückkehren, findet (im Gegensatz zu Meeresströmungen) kein Transport von Wassermassen statt. Die *Wellenhöhe* beträgt selten über 10–12 m. – **3.** ein Maschinenelement in Form einer zylindr. Stahlstange, die in Lagern läuft u. zur Übertragung von Drehmomenten dient.
Wellenreiten, *Brandungsschwimmen,* engl. *Surfing,* an Küstenstellen mit hohem Wellengang betriebener Sport: Auf einem 2,80 m langen Brett aus Balsaholz oder Kunststoff paddelt der Wellenreiter liegend oder kniend den Wellen entgegen, bis er sich von einer geeigneten Welle zurücktragen läßt.
Wellensittich, kleiner austral. *Papagei;* beliebter Käfigvogel, in vielen Farben gezüchtet.
Weller, Thomas Huckle, *15.6.1915, US-amerik. Bakteriologe; erhielt für künstl. Züchtung der Polio-Viren den Nobelpreis für Medizin 1954.
Wellershoff, 1. Dieter, *3.11.1925, dt. Schriftst.; Hörspiele; Romane: »Ein schöner Tag«, »Die Schattengrenze«, »Die Sirene«. – **2.** Dieter, *16.3.1933, dt. Seeoffizier (Admiral); 1986–91 Generalinspekteur der Bundeswehr.
Welles [wɛlz], Orson, *1915, †1985, US-amerik. Filmschauspieler u. -regisseur; erregte großes Aufsehen durch das Hörspiel »Krieg der Welten«; Filme: »Citizen Kane«, »The Lady in Shanghai«, »Othello«, »Der Prozeß«.
Wellfleisch, frisch geschlachtetes u. gekochtes (gewelltes) Schweinefleisch.
Wellhorn, zu den *Vorderkiemern* gehörende Schnecke; an europ. Meeresküsten.
Wellington ['wɛliŋtən], Hptst. Neuseelands, im S der Nordinsel, 324 000 Ew.; Erzbischofssitz, Univ.; Werften, Eisen-, Textil- u. Fleischwaren-Ind.; Hafen, Flughafen.
Wellington ['wɛliŋtən], Arthur Wellesley, Duke of (seit 1814), *1769, †1852, engl. Feldherr u. Politiker; siegte 1815 mit Blücher bei Waterloo über Napoleon.; 1828–30 Prem.-Min., 1834/35 Außen-Min.
Wellpappe, Pappe, die aus einer oder zwei Bahnen eines Deckenpapiers u. einer gewellten Papierlage besteht.
Wells [wɛlz], Herbert George, *1866, †1946, engl. Schriftst.; schrieb wiss.-utop. Romane u. tragikom. Gegenwartsromane. W »Die Zeitmaschine«.
Welpe, Jungtier von hundeartigen Tieren.
Wels, *Waller,* der größte Süßwasserfisch Europas; bis 3 m lang u. 150 kg schwer; nächtl. Raubfisch.
Wels, oberösterr. Bez.-Hptst. an der Traun,

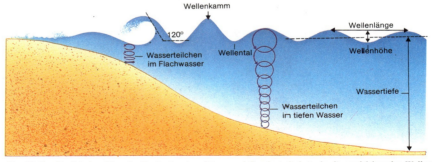

Eine Welle, die sich dem Strand nähert, nimmt an Länge und Geschwindigkeit ab; die nachfolgenden Wellen stauen sich und türmen sich auf. Dadurch gerät die Kreisbewegung der Wasserteilchen unter Druck und wird zunehmend elliptisch. Im Wellental verlangsamt sie sich zusätzlich, so daß der Kamm Übergewicht bekommt und die Welle zusammenbricht

Wels

51 000 Ew.; östr. Landw.-Messe, Mühlen-, Nahrungsmittel-, Leder- u. Masch.-Ind.

Wels, Otto, *1873, †1939, dt. Politiker; seit 1919 einer der Vors. der SPD; lehnte 1933 für die SPD im Reichstag das nat.-soz. Ermächtigungsgesetz ab; nach seiner Emigration Vors. der Exil-SPD.

welsch, fremdländ., oft mit abwertender Bedeutung.

Welsch, Maximilian von, *1671, †1745, dt. Baumeister; Vertreter des rhein.-fränk. Barocks (Würzburger u. Bruchsaler Schloß, Orangerie in Fulda).

Welse, Unterordnung bodenbewohnender *Karpfenfische* wärmerer Süßgewässer; Maul immer mit Barteln u. kräftigen Zähnen.

Welser, Patrizierfamilie, seit dem 13. Jh. in Augsburg urkundl. bezeugt; erlangte durch Handel u. Bergbau Reichtum u. internat. Geltung; berühmtester Schuldner der W. war Karl V.; ihre Finanzmacht wurde erst im 17. Jh gebrochen.

Welt, die ganze Erde u. ihre Bewohner; in der Philosophie die Gesamtheit alles Seienden.

Weltall, *Universum, Kosmos,* der gesamte Raum

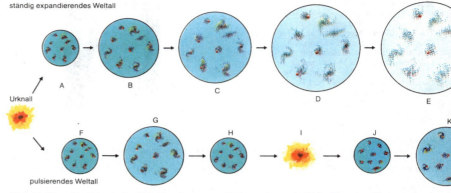

Weltall: Über die Zukunft des Weltalls gibt es verschiedene wissenschaftliche Theorien: Vorherrschende Meinung ist, daß sich das Weltall weiter ausdehnt (A bis E), seine Aktivität nachläßt, die Sterne allmählich sterben und die Galaxien sich zu Gas- und Staubwolken verdünnen. Eine andere Theorie ist die des pulsierenden Weltalls (F bis K). Danach enthält das Universum genügend Materie, um die gegenwärtige Expansion später in eine Kontraktion zu überführen. Es würde wieder eine ungeheuer verdichtete Masse entstehen, die in einem weiteren Urknall erneut explodieren und zur Neuentstehung eines Weltalls führen müßte

ERSTER WELTKRIEG

Gaskrieg (links). – Die deutsche Führung (von links): Paul von Hindenburg, Wilhelm II. und Erich Ludendorff (rechts)

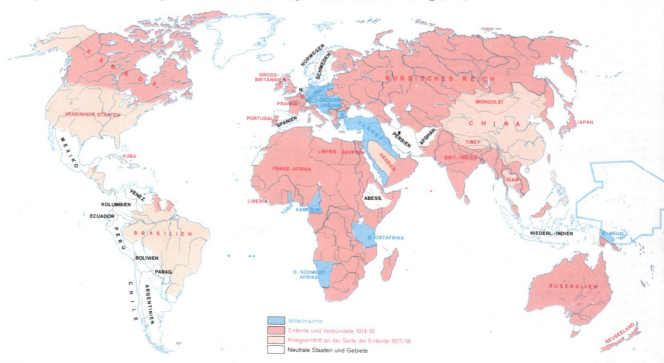

Mächtegruppierung

(Weltraum) mit allen in ihm enthaltenen Körpern. Die Vorstellungen über Inhalt, Art u. Bau des W. haben sich im Laufe der Menschheitsentwicklung stark gewandelt. Im Altertum hielt man die ruhende Erde für den Mittelpunkt des durch die Himmelskugel abgeschlossenen endl. u. begrenzten W. (*geozentr. Weltsystem* des *Ptolemäus*). Im *heliozentr. Weltsystem* des *Kopernikus* wurde die Sonne anstatt der Erde in den Mittelpunkt gesetzt. Die Idee eines unendl., unbegrenzten W. tauchte zuerst bei G. *Bruno* auf, der die Sonnennatur der Fixsterne u. die Erfüllung des W. mit unendl. vielen dieser sonnenähnl. Sterne lehrte. Im 18. Jh. (I. *Kant*, F. W. *Herrschel*) erkannte man, daß die Fixsterne den Raum nicht gleichmäßig erfüllen, sondern ein abgeschlossenes System mit linsenförmiger Gestalt bilden, in dem die Sterndichte nach außen hin abnimmt (*Milchstraßensystem, Galaxis*) u. das im unendl. leeren Raum schwimmt. Mit den größten Fernrohren erblickt man das Weltall bis zu 15 Mrd. Lichtjahren Entfernung nach jeder Richtung; in finder es erfüllt von mehr als 100 Mrd. Sternsystemen. Die Vorstellung von der unendl. Ausdehnung des W. ist durch die allg. Relativitätstheorie als falsch erkannt worden. Nach *Einstein* ist der Raum gekrümmt u. die Raumkrümmung abhängig von der mittleren Dichte der im Raum enthaltenen Materie. Man schätzt heute den Radius des W. auf 18 Mrd. Lichtjahre. Die Gesamtmasse des W. schätzt man auf 10^{56} g. Wegen der Fluchtbewegung der Galaxien nimmt die Materiedichte (u. damit die Raumkrümmung) ständig ab. Der Radius des W. ist daher nicht konstant, sondern nimmt zu, das W. dehnt sich aus.

Weltanschauung, die Weise, in der der Mensch sein Dasein in der Welt versteht u. auslegt.

Weltausstellung → Ausstellung.

Weltbank, *Internat. Bank für Wiederaufbau und Entwicklung*, engl. *International Bank for Reconstruction and Development (IBRD)*, Sitz: Washington; seit 1946 tätiges internat. Bankinstitut, fördert die private internat. Anlagetätigkeit durch Garantieübernahme, Beteiligung oder Vermittlung; 148 Mitgl.

Weltbürger, *Kosmopolit*, jemand, der sich mehr der ganzen Menschheit als einer bestimmten Nation verbunden fühlt.

Weltchronik, universalgeschichtl. Darst. in Prosa oder Vers, die die Ereignisse seit Erschaffung der Welt verzeichnet. Berühmt sind die Weltchroniken *Ottos von Freising* u. *Eikes von Repkow*.

Weltergewicht → Gewichtsklassen.

Weltesche → Yggdrasil.

Weltgeschichte, die Geschichte der gesamten Menschheit u. der Versuch, sie im Zusammenhang des Geschehens darzustellen (in diesem Sinn auch *Universalgeschichte*).

Weltgesundheitsorganisation, Abk. *WGO*, engl. *World Health Organization (WHO)*, Organisation der UN, gegr. 1948; Aufgaben: leitende u. koordinierende Organisation internat. Gesundheitsfragen, Unterstützung der Reg. der Mitgl.-Staaten beim Ausbau ihrer öffentl. Gesundheitsdienste, Bekämpfung von Weltseuchen wie Aids, Malaria u. Pocken, Förderung der medizin. Ausbildung u. Forschung u. a.

Welthandelskonferenz → UNCTAD.

Welthilfssprachen, künstl. Sprachen, die möglichst leicht erlernbar sein u. so die internat. sprachl. Verständigung erleichtern sollen. Bekannte W. sind *Esperanto, Occidental, Ido, Novial, Volapük* u. *Idiom Neutral*.

Welti, Albert, *1862, †1912, schweiz. Maler u. Graphiker; schuf gedanken- u. symbolgeladene Figurenszenen, Landschaften u. Bildnisse.

Weltkinderhilfswerk → UNICEF.

Weltkirchenkonferenz, die Vollversammlung des Ökumen. Rats der Kirchen; → ökumenische Bewegung.

Weltkrieg, ein Krieg, der viele Staaten u. große Teile der Erde in Mitleidenschaft zieht. Als W. wurde von Zeitgenossen bereits der Befreiungskrieg von 1813–15 bezeichnet. W.e im eigtl. Sinne waren jedoch erst die beiden großen Kriege des 20. Jh.

1. W e l t k r i e g (1914–18). Zum W. kam es in einer durch Imperialismus, Nationalismus u. Rivalitäten zw. den Mächten gekennzeichneten Situation. Jedoch begann kein Staat den Krieg aufgrund eines Offensivbündnisses oder mit konkreten Eroberungsabsichten. Unmittelbarer Anlaß war die Ermordung des östr. Thronfolgers Franz Ferdinand u. seiner Gemahlin in Sarajevo am 28.6.1914 durch südslaw. Nationalisten. Östr.-Ungarn machte Serbien verantwortl. u. stellte ihm mit dt. Rückendeckung ein Ultimatum, das abgelehnt wurde. Die östr. Kriegserklärung an Serbien vom 28.7.1914 bewog Rußland zur Mobilmachung, woraufhin Dtld. am 1.8. Rußland u. am 3.8. Frankreich den Krieg erklärte. Nach dem dt. Einmarsch in das neutrale Belgien folgte am 4.8. die brit. Kriegserklärung an Dtld. In den Krieg gegen die Mittelmächte (Dtld., Östr., die Türkei u. Bulgarien) traten ferner ein: 1914 Japan, 1915 Italien, 1916 Portugal u. Rumänien, 1917 die USA, Kuba, Panama, Griechenland, Siam, Liberia, China u. Brasilien, 1918 Guatemala, Nicaragua, Costa Rica, Honduras u. Haiti.

K r i e g s v e r l a u f. *Westfront*: Der dt. Plan, die frz. Armee durch eine weitausgreifende Offensive zu umfassen, scheiterte im Sept. 1914. Der Bewegungskrieg wurde zum verlustreichen Stellungs- u. Zermürbungskrieg. Dt. Offensive 1918 waren erfolglos u. brauchten die letzten Reserven auf. Die Gegenoffensive der Alliierten zwang die dt. Truppen zum Rückzug. – *Ostfront*: Die in Ostpreußen eingerückten Russen wurden im Aug./Sept. 1914 geschlagen. 1915 beendeten dt. u. östr. Siege den russ. Druck auf die Grenzen. Nach weiteren Erfolgen u. der Revolution in Rußland kam es im Dez. 1917 zum Waffenstillstand u. im März 1918 zum Frieden von Brest-Litowsk zw. Sowjetrußland u. den Mittelmächten. – *Balkanfront*: Durch einen dt.-östr.-bulgar. Angriff wurden 1915 Serbien, Montenegro u. Albanien erobert. Brit.-frz. Truppen bauten in Makedonien eine neue Front auf. Rumänien wurde von den Mittelmächten 1916 rasch niedergeworfen. Im Sept. 1918 brach die Balkanfront zusammen; dies machte die militär. Niederlage der Mittelmächte offenkundig. – *Seekrieg*: der von Dtld. mit illusionären Erwartungen begonnene U-Boot-Krieg fügte dem Gegner materielle Verluste zu, führte aber zum kriegsentscheidenden Eintritt der USA in die Kämpfe. Die dt. Schlachtflotte kam nur in der Schlacht am Skagerrak (1916) zum Einsatz. – *Weitere Kriegsschauplätze* waren Norditalien, der Nahe Osten u. die dt. Kolonien.

K r i e g s e n d e u. E r g e b n i s s e. Am 29.9.1918 kapitulierte Bulgarien, am 30.9. die Türkei, am 3.11. Östr.-Ungarn u. am 11.11. Dtld. Friedensschlüsse folgten 1919 in den Pariser Vorortverträgen (Versailles, Saint-Germain, Neuilly, Trianon, Sèvres). An den Kämpfen hatten auf seiten der Mittelmächte 24,2 Mio. Soldaten teilgenommen, auf seiten der Alliierten 42,9 Mio. Etwa 10 Mio. Soldaten waren gefallen. Der 1. W. veränderte das europ. Staatengefüge. Östr.-Ungarn u. das Osman. Reich wurden aufgelöst, Rußland verlor seine nichtruss. Westgebiete. Zahlreiche neue Staaten entstanden, u. viele Grenzen wurden verändert. Das Selbstbestimmungsrecht der Völker wurde jedoch nicht durchgesetzt; auch in den neuen Staaten gab es Probleme nationaler Minderheiten. Dtld., Östr. u. Rußland wurden Republiken. Der 1. W. führte zur bolschewist. Revolution in Rußland u. zum Eintritt der USA in die Weltpolitik; das Jahr 1917, in dem beides geschah, kann als Beginn einer neuen Epoche gelten.

2. W e l t k r i e g (1939–45). Der 2. W. wurde von Hitler entfesselt, der seine rassenideolog. motivierten Expansionspläne (»Eroberung von Lebensraum«) verwirklichen wollte u. als Endziel die dt. Weltherrschaft sah. Das Streben nach Revision des Versailler Vertrags war dabei nur Vorwand. Italien u. Japan, die Hauptverbündeten Dtld., fühlten sich ähnl. wie dieses weltpolit. benachteiligt u. verfolgten ihre eig. Ziele: Italien die Herrschaft über das Mittelmeer, Japan die Errichtung einer

Luftkrieg

Deutsche Kriegspropaganda auf einer Postkarte

Albert Welti: Walpurgisnacht; 1897

Weltkrieg

»Großostasiat. Wohlstandssphäre« unter seiner Führung. Den »Achsenmächten« schlossen sich Ungarn, Rumänien, Bulgarien u. zeitweise Finnland an. Führende Mächte der »Anti-Hitler-Koalition« waren Großbrit. u. Frankreich sowie seit 1941 die USA u. die UdSSR.

Der europ. Krieg 1939–41. Nach Abschluß des dt.-sowj. Nichtangriffspaktes, der die wohlwollende Neutralität u. Unterstützung der UdSSR sicherte, begann der Krieg mit dem dt. Angriff auf Polen am 1.9.1939. Aufgrund ihres Beistandspakts mit Polen erklärten Großbrit. u. Frankreich am 3.9. Dtld. den Krieg. Charakterist. für diese Phase des 2. W. war die dt. Strategie des »Blitzkriegs«. Die Gegner wurden jeweils in wenigen Wochen niedergeworfen: im Sept. 1939 Polen, im April 1940 Dänemark u. Norwegen, im Mai/Juni 1940 Frankreich, Belgien, die Niederlande u. Luxemburg, im April 1941 Jugoslawien u. Griechenland. Die UdSSR führte im Winter 1939/40 Krieg gegen Finnland u. erreichte Gebietsabtretungen. Aufgrund der Absprachen mit Dtld. besetzte sie Ostpolen u. annektierte im Juni 1940 Estland, Lettland, Litauen u. die rumän. Gebiete Bessarabien u. Nordbukowina. Italien suchte einen »Parallelkrieg« im Mittelmeerraum zu führen, mußte aber auf dem Balkan u. in N-Afrika dt. Hilfe in Anspruch nehmen. Am 22.6.1941 begann der Feldzug gegen die UdSSR, die Hitlers eigtl. Angriffsziel war. Nach großen Anfangserfolgen kam die dt. Offensive im Dez. vor Moskau zum Stehen, die sowj. Armee ging zum Gegenangriff über. Damit war die Blitzkriegsstrategie gescheitert.

Die globale Ausweitung 1941. Japan, das seit 1937 Krieg gegen China führte, entschloß sich 1941 zur weiteren Expansion in Richtung SO-Asien u. griff am 7.12.1941 den US-amerik. Stützpunkt Pearl Harbor an. Obwohl vertragl. nicht dazu verpflichtet, erklärten Dtld. u. Italien den USA den Krieg. Japan eroberte in kürzester Zeit Birma, Malaya, Singapur, Hongkong, die Philippinen, Ndl.-Indien u. Neuguinea. In der UdSSR drangen dt. Truppen in einer neuen Offensive 1942 bis Stalingrad u. in den Kaukasus vor; in N-Afrika bedrohten sie den Suezkanal. Im Atlantik erzielten dt. U-Boote große Erfolge bei der Versenkung feindl. Handelsschiffe.

Wende u. Kriegsende. Seit Mitte 1942 trat an den meisten Fronten eine Wende ein. Die jap. Offensive wurde bei den Midwayinseln zum Stehen gebracht. Bei Stalingrad wurde im Winter

ZWEITER WELTKRIEG

Deutsche Soldaten zerstören einen polnischen Grenzschlagbaum am 1. 9. 1939 (links). – Vor dem Salonwagen im Wald von Compiègne, in dem am 23. Juni 1940 die französische Kapitulation unterzeichnet wurde. Von links: Ribbentrop, Keitel, Göring, Heß, Hitler, halb verdeckt Raeder, Brauchitsch (rechts)

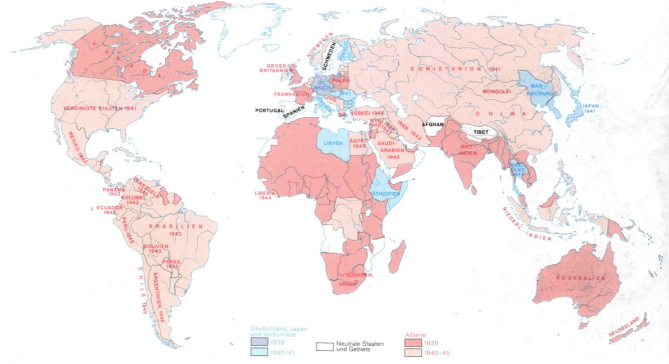

Mächtegruppierung

1942/43 eine dt. Armee eingekesselt u. vernichtet. 1943 ging N-Afrika für die Achsenmächte verloren, der dt. U-Boot-Krieg brach zusammen, u. es begannen massive alliierte Luftangriffe auf dt. Städte. An der Ostfront ging die Initiative an die sowj. Armee über. Die Alliierten landeten auf Sizilien u. anschließend auf dem ital. Festland. Das faschist. Regime wurde gestürzt, die neue ital. Reg. schloß einen Waffenstillstand mit den Westmächten.
Im Juni 1944 begann die alliierte Invasion in N-Frankreich. Ende 1944 hatte Dtld. die meisten eroberten Gebiete außer Norwegen u. Dänemark verloren. Bis April 1945 wurde ganz Dtld. von sowj. u. westalliierten Truppen besetzt. Am 30.4. beging Hitler Selbstmord. Sein testamentar. eingesetzter Nachfolger Dönitz vollzog am 7. u. 9.5. die bedingungslose Kapitulation. Im Pazifik eroberten US-

Alliierter Luftangriff während der Invasion 1944

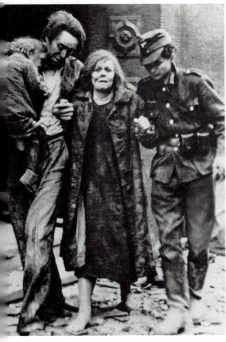

Opfer der Bombardierung

amerik. u. brit. Truppen 1943–45 die meisten der von Japan besetzten Gebiete zurück. Aber erst der Abwurf von zwei amerik. Atombomben (6. u. 9.8.1945) machte Japan kapitulationsbereit. Am 8.8. erklärte die UdSSR Japan den Krieg u. marschierte in die Mandschurei ein. Am 2.9. kapitulierte Japan.
Ergebnisse. Im 2. W. standen 110 Mio. Menschen unter Waffen. 27 Mio. Soldaten u. 25 Mio. Zivilisten starben. Die Anti-Hitler-Koalition zerbrach bald nach Kriegsende. Eine umfassende Friedensregelung blieb deshalb aus. 1946/47 wurden in Paris Friedensverträge mit den europ. Verbündeten Dtld.s geschlossen; 1951 in San Francisco ein Friedensvertrag mit Japan, dem jedoch die UdSSR nicht beitrat; 1955 der Staatsvertrag mit Östr. Ein Friedensvertrag mit Dtld. kam wegen des sich entwickelnden Ost-West-Konflikts nicht zustande; das Land wurde geteilt. Osteuropa kam unter sowj. Vorherrschaft u. wurde einer kommunist. Umgestaltung unterworfen. Die Siegerstaaten Großbrit. u. Frankreich sanken im Vergleich mit den USA u. der UdSSR zu Mächten zweiten Ranges herab. Der 2. W. gab den entscheidenden Anstoß zur Auflösung der Kolonialreiche in den folgenden Jahrzehnten.

Weltkulturgüter, schutzwürdige histor. Stätten, Kunstdenkmäler, Naturschutzgebiete u. Landschaftsteile, die unter den Schutz der UNESCO gestellt sind, z.Z. rd. 300 Objekte. Die wichtigsten Maßnahmen zur Erhaltung u. Restaurierung galten bisher den nubischen Denkmälern (Abu Simbel, Kalabscha, Philae) u. dem buddhist. Heiligtum Borobudur auf Java.

Weltmacht, ein Staat, der polit., militär. u. wirtschaftl. eine weltweite Rolle spielt. Weltmächte im begrenzten Sinn waren in der Antike z. B. das Alexander-Reich u. das Röm. Reich, im MA z. B. das Islam. Reich. W. im vollen Sinn sind nur noch die USA; bis zu ihrer Auflösung auch die Sowjetunion.

Weltmarkt, der »Markt« von Welthandelsgütern; er ist eine Voraussetzung für die Bildung eines einheitl. W.preises, der z. B. für Kaffee in New York, für Weizen in Chicago, für Zucker in London notiert wird.

Weltpolitik, i. e. S. die Politik u. Beziehungen der Groß- oder Weltmächte; i. w. S. die Gesamtheit der polit. wirksamen Aktionen u. Beziehungen, soweit sie die Kräfteverteilung u. Entwicklungstendenzen in der Welt berühren, also auch wirtsch. Beziehungen.

Weltpostverein, Vereinigung von Staaten zur Abwicklung des internat. Postverkehrs nach gemeinsamen Grundsätzen. Grundlage: der *Weltpostvertrag* von 1878, dem sich prakt. alle Länder anschlossen.

Weltpriester, *Weltgeistlicher,* ein kath. Geistlicher, der keinem Orden angehört.

Weltrat der Kirchen →Ökumenischer Rat der Kirchen.

Weltrat für Sportwissenschaft und Leibeserziehung, internat., nichtstaatl. Dachorganisation des Sports u. der Sportwiss.

Weltraumfahrt, die Entsendung unbemannter u. bemannter Flugkörper in den Weltraum u. zu anderen Himmelskörpern. Die W. setzt das Vorhandensein von Antriebswerken voraus, die sich im luftleeren Weltraum fortbewegen können. Ein derartiges Fortbewegungsmittel ist die nach dem Rückstoßprinzip arbeitende →Rakete. Die in den Raketen freigesetzte Energie wird beim Raumflug in erster Linie für die Überwindung des irdischen Schwerefeldes benötigt. Die Schwerewirkung eines Körpers (→Gravitation) ist proportional seiner Masse; sie nimmt mit dem Quadrat der Entfernung vom Mittelpunkt des Körpers ab. Um das Schwerefeld der Erde (auf einer Parabelbahn) verlassen zu können, muß ein Objekt auf die *Fluchtgeschwindigkeit* von rd. 11,2 km/s beschleunigt werden. Bei niedriger Geschwindigkeit bleibt der Raumflugkörper im Schwerefeld der Erde. Bei einer Geschwindigkeit kleiner als 11,2 km/s, aber größer als 7,9 km/s bewegt sich der Satellit auf einer ellipt. Flugbahn um die Erde. Bei rd. 7,9 km/s bewegt er sich auf einer Kreisbahn um die Erde, ist seine Geschwindigkeit niedriger, so kehrt der Flugkörper wieder zur Erde zurück. Nachdem ein Raumflugkörper seine Umlauf- bzw. Fluchtgeschwindigkeit erreicht hat, vollzieht sich der weitere Flug antriebslos unter Ausnutzung der kinet. Energie des Flugkörpers u. der Schwerelosigkeit der Himmelskörper. Es werden allenfalls noch Bahnkorrekturen

Weltraumfahrt 971

durch Zündung der Triebwerke für einige s bis zu wenigen min vorgenommen. Mittels Bremsraketen läßt sich die Geschwindigkeit einer Raumkapsel in der Umlaufbahn vermindern, wodurch sie in weitem Bogen zur Erdoberfläche zurückkehrt. Beim Wiedereintritt in die dichteren Atmosphäreschichten werden die Raumkapseln durch Reibungswärme aufgeheizt. Eine spezielle Wiedereintritts-

Japan und die bis zum Kriegseintritt (7. 12. 1941) von Japan besetzten Gebiete
← Japanische Angriffe 1941

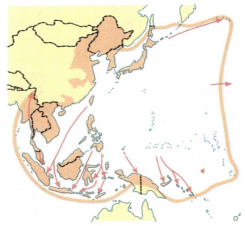

← Japanische Angriffe 1942
Größter japanischer Einflußbereich Ende 1942

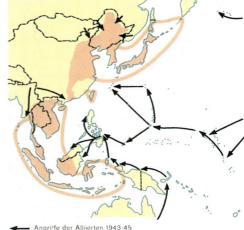

← Angriffe der Alliierten 1943-45
Das von Japan beherrschte Gebiet am Ende des Krieges

Zweiter Weltkrieg: Der Kriegsschauplatz im Pazifik

972 Weltrekord

fläche (schwer schmelzbare Substanzen, Schmelzkühlung), mit der voran die Kapsel in die dichteren Atmosphärenschichten eindringt, nimmt die Reibungshitze auf, die über 3000 °C erreichen kann. Die Entwicklung der modernen Raketentechnik begann 1945 in den USA u. der UdSSR, wobei man auf den Erfahrungen der rein militär. ausgerichteten Großraketenentwicklungen des 2. Weltkriegs aufbaute. Heute starten neben den beiden Großmächten auch viele andere Länder u. internat. Organisationen (z. B. die europ. Weltraumorganisation ESA) eigene Satelliten. Mehr als 1700 Nutzlasten (Satelliten u. bemannte Raumschiffe) befinden sich ständig im Weltall; etwa die gleiche Anzahl ist inzw. wieder verglüht oder zur Erde zu-

Wichtige Daten zur Geschichte der Weltraumfahrt

1957	Start des ersten künstlichen Erdsatelliten Sputnik 1
1958	Explorer 1, der erste US-amerikanische Erdsatellit
1959	Lunik 3 funkt zum ersten Mal Bilder von der Mondrückseite
1960	Mit dem Wettersatelliten Tiros startet der erste Anwendungssatellit
1961	Jurij Gagarin startet als erster Mensch ins All
1965	Erstes Ausstiegsmanöver aus einem Raumfahrzeug (A. Leonow aus Woschod 2)
1965	Early Bird, der erste kommerzielle Nachrichtensatellit
1965	Mariner 4 sendet erste Aufnahmen von der Oberfläche eines anderen Planeten (Mars)
1967	Sojus 1; W. Komarow stirbt bei der Rückkehr aus der Erdumlaufbahn
1968	Erster größerer europäischer Satellit (HEOS 1) mit US-amerikanischer Trägerrakete gestartet
	Die Besatzung von Apollo 8 sieht auf dem Flug zum Mond die Erde zum ersten Mal als blauen Planeten im All
1969	Neil Armstrong u. Edwin Aldrin (Apollo 11) betreten als erste Menschen den Mond
1971	Saljut 1, die erste Raumstation in der Erdumlaufbahn
1972	Pioneer 10 startet zu den äußeren Planeten Jupiter und Saturn
1973	Start des US-amerikanischen Weltraumlabors Skylab
1975	Apollo-Sojus, der erste gemeinsame Raumflug der USA u. der UdSSR
1976	Viking-Sonde landet auf dem Mars
1978	Start des ersten DDR-Kosmonauten (Sigmund Jähn) mit Sojus 31 zu Saljut 6/Sojus 29
1979	Erster erfolgreicher Testflug der europ. Trägerrakete Ariane mit Testsatellit
1981	Erststart des Space-Shuttle, des wiederverwendbaren Raumtransporters
1983	Start des europäischen Weltraumlabors Spacelab im US-amerikanischen Raumtransporter mit dem ersten Astronauten der BR Dtld. (Ulf Merbold)
1984	Einfangen zweier Satelliten u. Rücktransport zur Erde durch den US-amerik. Raumtransporter „Discovery"
1986	Die US-amerikanische Raumfähre Challenger explodiert beim Start. Alle sieben Astronauten kommen ums Leben
	Vorbeiflug von Voyager 2 am Planeten Uranus
	Start der sowjetischen Raumstation Mir
	Vorbeiflug von Vega 1 u. 2 (UdSSR), Giotto (ESA) sowie Sakigake u. Susei (Japan) am Kometen Halley
1988	Erfolgreicher Jungfernflug der europäischen Trägerrakete Ariane 4
	Wiederaufnahme der Flüge des US-amerikanischen Raumtransporters
	Erster unbemannter Flugtest der sowjetischen Raumfähre Buran mit Nutzlast des Schwerlastträgers Energija
1989	Vorbeiflug von Voyager 2 am Planeten Neptun u. seinem größten Mond Triton
1990	Japan startet die erste Mondrakete (Muses-A) seit 1976
1992	Erstmals verläßt mit der Sonnensonde Ulysses ein Raumflugkörper die Bahnebene der Planeten

rückgekehrt. Es gelangen jedoch nicht nur Nutzlasten auf Bahnen um die Erde, sondern auch sog. *Weltraummüll*, u. a. Teile abgesprengter Satellitenverkleidungen u. Raketenstufen. Rd. 70 000 Bruchstücke mit mehr als 1 cm Durchmesser befinden sich im Erdumlauf. Diese Objekte stellen für die W. eine zunehmende Bedrohung dar.

Während anfangs die Satelliten mit zivilen Aufgaben der *Weltraumforschung* überwogen, dient heute die Mehrzahl der Satelliten militär. oder kommerziell-anwendungstechn. Zielen. Anwendungstechn. Satelliten sind die meist auf den 36 000 km hohen Kreisbahnen (*geostationäre Bahn* oder *24-Stunden-Bahn*) befindl. Kommununikations-, Wetter-, Erderkundungs- u. Navigationssatelliten. Sie haben heute eine überragende wirtschaftl. Bedeutung.

Weltrekord, Welthöchstleistungen in den Sportarten mit meßbaren Ergebnissen. W. müssen unter festgelegten Bedingungen erzielt sowie geprüft u. anerkannt worden sein.

Weltreligionen, Religionen mit universalem Geltungsanspruch, die sich über größere Teile der Erde verbreitet haben, insbes. Buddhismus, Christentum u. Islam.

Weltsicherheitsrat → Vereinte Nationen.

Weltsprachen, Sprachen mit internat. Verständigungsbereich, in der Antike z. B. *Akkadisch, Aramäisch, Griechisch* u. *Latein;* in Afrika, W- u. S-Asien seit dem 7. Jh. *Arabisch.* Neuere W. sind *Portugiesisch, Spanisch, Russisch, Französisch, Englisch.*

Weltstadt, eine Großstadt mit mehr als einer Mio. Ew., starken übernat. Verflechtungen u. internat. wirtschaftl., kulturellen u. oft auch polit. Funktionen.

Welttheater, die Vorstellung von der Welt als einem Schauspiel, in dem jeder seine Rolle zu spielen hat; häufiges literar. Motiv.

Weltuntergang, die in vielen Religionen u. deren Mythen sich findende Erwartung eines katastrophenartigen Endes der Welt, als Weltbrand, -überschwemmung oder -dürre vorgestellt. Im christl. Glauben ist der W. mit der Wiederkunft Christi u. dem Jüngsten Gericht verbunden.

Weltwährungsfonds [-fɔ̃] → Internationaler Währungsfonds.

Weltwirtschaft, die zwischenstaatl. Verknüpfung der einzelnen Volkswirtschaften. Von W. im eigtl. Sinn kann man erst seit dem 19. Jh. sprechen.

Weltwirtschaftskrise, die heftige, die meisten Welthandelsstaaten berührende Wirtschaftskrise 1929–33. Sie hatte ihre Ursache bes. in der Umbildung der weltwirtschaftl. Beziehungen (z. B. hatten während u. nach dem 1. Weltkrieg viele Agrarstaaten eigene Ind. aufgebaut), in der Erschütterung vieler Währungen durch das Goldhorten der USA u. in den hohen Reparationszahlungen des Dt. Reichs.

Weltwunder, sieben von *Antipatros von Sidon* um 150/20 v. Chr. als bes. rühmenswert bezeichnete Bauwerke der Antike: 1. der Artemis-Tempel in Ephesos; 2. die ägypt. Pyramiden bei Gizeh; 3. das von *Phidias* 432 v. Chr. begonnene Goldelfenbeinbild des Zeus im Tempel von Olympia; 4. der Leuchtturm von Pharos vor Alexandrien; 5. der Koloß von Rhodos; 6. die Hängenden Gärten der Semiramis in Babylon; 7. das Mausoleum in Halikarnassos. — B → S. 974/75.

Welty [ˈwɛlti], Eudora, * 13.4.1909, US-amerik. Schriftst.; heimatgebundene Romane.

Weltzeit, Abk. *WZ*, mittlere Zeit des Nullmeridians von Greenwich (Westeurop. Zeit); in der Astronomie Normalzeit für Zeitangaben.

Weltzeituhr, eine Uhr, die die Abweichung der Uhrzeit an den versch. Orten der Erde in bezug auf die Weltzeit anzeigt.

Welwitschie, Pflanze der Wüstengebiete SW-Afrikas, mit dickem, niedrigem Stamm u. 2 mehrere Meter langen ledrigen Blättern; unter internat. Naturschutz.

Wembley [ˈwɛmbli], Teil des Stadtbez. Brent von Greater London; berühmtes Sportstadion.

Wendehals, ein singvogelartig wirkender *Specht,* bräunlichgrau gefärbt, Zugvogel; typ. sind drehende Verrenkungen des Kopfes.

Wendekreise, die Breitenkreise in 23° 26′ 45′′ nördl. u. südl. Breite, über denen die Sonne zur Zeit der Sonnenwende im Zenit steht u. die die mathemat. Grenzkreise der *trop. Zone* der Erde sind (Nördl. Wendekreis = Wendekreis des Krebses, weil die Sonne am 21. 6. in das Tierkreiszeichen des Krebses, Südl. Wendekreis = Wendekreis des Steinbocks, weil die Sonne am 21. 12. in das Tierkreiszeichen des Steinbocks tritt).

Wendelstein, Berg in den bay. Kalkalpen, sö. vom Schliersee, 1837 m; Zahnradbahn, Wallfahrtskapelle.

Wendeltreppe, schraubenförmig um eine Achse ansteigende Treppe.

Wenden, fr. zusammenfassende Bez. für die in Dtld. siedelnden Slawen (Elb- u. Ostseeslawen), später auf die Sorben eingeengt; jetzt nicht mehr in dieser Bedeutung gebraucht.

Wenders, Wim, * 14.8.1945, dt. Filmregisseur; W »Die Angst des Tormanns beim Elfmeter«, »Alice in den Städten«, »Der amerik. Freund«, »Der Stand

WELTRAUMFAHRT

Start einer Gemini-Raumkapsel mit einer Titan-2-Rakete

Die von 3 Spezialfallschirmen abgebremste Apollo-17-Kapsel kurz vor der Wasserung im Pazifik

der Dinge«, »Paris, Texas«, »Der Himmel über Berlin«, »In weiter Ferne, so nah«.
Wenezianow [-nɔf], Alexej Gawrilowitsch, *1780, †1847, russ. Maler u. Graphiker; begr. die russ. Genremalerei.
Wengen, schweiz. Luftkurort u. Wintersportplatz im Berner Oberland, 1277 m ü. M., 1300 Ew.
Went, Friedrich A. F. C., *1863, †1935, ndl. Botaniker; entdeckte die *Wuchsstoffe* bei Pflanzen.
Wentschou → Wenzhou.
Wenzel, tschech. *Václav,* Fürsten.
Deutscher König:
1. *1361, †1419, König 1378–1400 (als König von Böhmen W. IV.); Sohn Karls IV., bereits 1376 zum röm. König gewählt u. gekrönt, 1378 Nachfolger seines Vaters im Reich u. in Böhmen; wurde 1400 wegen Unfähigkeit von den Kurfürsten abgesetzt, behielt die böhm. Königskrone u. den Titel des röm. Königs jedoch bis zu seinem Tod.
Böhmen:
2. W. der Heilige, *um 910, †929, Herzog der Böhmen 921–929; förderte das Christentum; wurde von seinem heidn. Bruder Boleslaw I. ermordet. – Nationalheiliger in Böhmen (Fest 28. 9.). – **3. W. II.** *1271, †1305, König von Böhmen 1278–1305, König von Polen 1300–05, König von Ungarn 1302–05; seit 1290 dt. Kurfürst; förderte die dt. Kolonisation in Böhmen.

Wenzhou [-dʃou], chin. Hafenstadt in der Provinz Zhejiang, 536 000 Ew.; Maschinenbau; Nahrungsmittel-, Tabak-, Leder- u. a. Ind.
Werbellinsee, See nw. von Eberswalde, 7,9 km², bis 54 m tief; Naherholungsgebiet.
Werbung, bewußte Beeinflussung von Menschen auf einen bestimmten Werbezweck hin. Man unterscheidet zw. *Propaganda,* die polit. oder kulturellen Zwecken dient, u. *Wirtschafts-W.* Die früher allg. übl. Bez. *Reklame* für alle wirtschaftl. Werbemaßnahmen wird heute häufig in abwertendem

Chinesische Wissenschaftler und Techniker an einer Trägerrakete (links). – Das Hubble Weltraumteleskop wurde 1990 von der Raumfähre Discovery in eine 600 km hohe Erdumlaufbahn befördert (Mitte). – Darstellung des ersten wiederverwendbaren Satelliten SPAS-01 (rechts)

Die sowjetische Raumfähre Buran und die Trägerrakete Energija werden waagerecht zur Startrampe transportiert

Landegerät »Orion« mit Elektromobil »Lunar Rover«. Im Hintergrund Astronaut J. Young, der eine wissenschaftliche Station aufbaut (links). – Die Challenger-Katastrophe: Sieben Menschen verglühten beim Start der Raumfähre (rechts)

Werbungskosten Sinn gebraucht. Zu den **Werbemitteln** gehören Schrift- u. Bildwerbemittel (Anzeigen, Plakate, Werbefilme), akust. Werbemittel, Schaufenster, Fahrzeuge u. a. Als **Werbeträger** werden die Presse (Zeitungen, Zeitschriften), Litfaßsäulen, Post, Kino, Hörfunk u. Fernsehen sowie Messen eingesetzt.

Werbungskosten, die zur Erwerbung, Sicherung u. Erhaltung der Einnahmen notwendigen u. deshalb vom steuerpflichtigen Einkommen abzugsfähigen Aufwendungen, u. a. Schuldzinsen, Grundsteuern, Beiträge zu Berufsverbänden u. Fahrtkosten zw. Wohnung u. Arbeitsstätte.

Werchojansk, Stadt in Jakutien, in O-Sibirien, 2000 Ew.; Nahrungsmittelind.; einer der Kältepole der Erde (−67,6 °C).

Werdau, Krst. in Sachsen, 21 000 Ew.; Textil-, Masch.-, Kfz- u. a. Ind.

Werdenfelser Land, südtl. Ldsch. zw. Wettersteingebirge, Ammergebirge, Kocheler Bergen u. Karwendel, mit Garmisch-Partenkirchen u. Mittenwald.

Werder, Bez. für Flußinseln (*Nonnenwerth* im Rhein), trockengelegtes Niederungsland eines Flusses (*Danziger W.*) u. schmale Landstriche zw. Flüssen.

Werder (Havel), Stadt an der Havel, sw. von Potsdam, 10 000 Ew; großes Obst- u. Gemüseanbaugebiet, Konserven-Ind.

Werdohl, Stadt in NRW, im Sauerland, 22 000 Ew.; Metall-, Stahl- u. Glas-Ind.

Werefkin, Marianne, *1860, †1938, russ. Malerin; lebte seit 1896 in München; dem russ. Symbolismus verbunden.

Werfel, 1. Alma →Mahler-Werfel. – **2.** Franz, *1890, †1945, östr. Schriftst.; geprägt von Zugehörigkeit zum Judentum u. Neigung zum Katholizismus; floh 1940 in die USA; begann mit expressionist. Lyrik, schrieb dann expressionist. Ideen- u. Erlösungsdramen u. kam als Erzähler zu internat. Erfolgen. Ⓦ »Nicht der Mörder, der Ermordete ist schuldig«, »Verdi«, »Die 40 Tage des Musa Dagh«, »Jacobowsky u. der Oberst«, »Das Lied von Bernadette«, »Stern der Ungeborenen«.

Werfen, *Wurfsport,* eine leichtathlet. Übungsgruppe, zu der Speer-, Hammer- u. Diskus-W. gehören.

Werft, Betrieb zum Neubau u. Ausbessern von Schiffen.

Werg, bei der Aufbereitung u. Verarbeitung von Flachs u. Hanf anfallende Kurzfasern; verwendet für grobe Garne als Polster- oder Abdichtungsmaterial.

Wergeld, *Blutgeld,* im germ. Recht eine Sühnezahlung für Tötung an die Sippe des Erschlagenen, gezahlt vom Täter oder seiner Sippe.

Werkkunstschule, *Kunstgewerbeschule,* Lehranstalt zur Ausbildung in den angewandten Künsten, bes. für Graphik u. Buchgewerbe, Mode, Innenarchitektur, Textilkunst, Keramik, Design u. Photographie.

Werkspionage [-'naʒə], Erkundung von *Betriebsgeheimnissen* zur Weitergabe an Konkurrenzfirmen (unlauterer Wettbewerb).

Werkstätte, Arbeitsraum bes. für gewerbl. Fertigung, in dem beim Handwerksbetrieb sämtl. Arbeitsgänge durchgeführt werden.

Werkstoff, alle festen Materialien wie Holz, Stahl, Nichteisenmetalle, Leder, Steine u. Kunststoffe, die sich zur Herstellung von Werkstücken eignen. – **W.prüfung,** *Materialprüfung,* die Untersuchung von W.en im Hinblick auf Zusammensetzung, elektr. u. magnet. Eigenschaften, Wärmeverhalten, Zugfestigkeit, Härte, Verformbarkeit u. a.

Werkunterricht, techn. u. textiles Werken, dient dem handwerkl. Umgang mit Werkstoffen; oft mit Kunsterziehung verbunden.

Werkvertrag, Vertrag über die Herstellung oder Veränderung einer Sache oder über einen anderen, durch Arbeit oder Dienstleistung herbeizuführenden Erfolg; Ggs.: *Dienstvertrag,* bei dem nur die Arbeitsleistung als solche geschuldet wird.

Werkzeugmaschinen, alle Arbeitsmaschinen zur Bearbeitung von Werkstücken. Man unterscheidet *spanende W.,* z. B. Bohr-, Hobel-, Fräs-, Drehmaschine, u. *umformende W.,* z. B. Hämmer, Pressen. Hohe Bearbeitungsflexibilität u. gleichbleibende Qualität erzielen die heute meist verwendeten *numer. gesteuerten W.* (NC- bzw. CNC-Maschinen).

Werl, Stadt in NRW, sw. von Soest, 28 000 Ew.; ehemalige Salzstadt am Hellweg; Wallfahrtskirche; Masch.-, Textil- u. Fahrzeug-Ind.

Wermelskirchen, Stadt in NRW, südl. von Remscheid, 35 000 Ew.; Schuh-, Werkzeug- u. Textil-Ind.

Wermut, Wein mit Zusatz von Absinthauszug u. Zucker; Alkoholgehalt über 14,5 Vol.-%.

Werne, Stadt in NRW, westlich von Hamm, 29 000 Ew.; Elektro-Ind.

Werner, 1. Alfred, *1866, †1919, schweiz. Chemiker; Begr. der Koordinationslehre; Nobelpreis 1913. – **2.** Anton von, *1843, †1915, dt. Historienmaler; einer der Hauptrepräsentanten der Malerei des dt. Kaiserreichs. – **3.** Ilse, *11.7.1921, dt. Schauspielerin; erfolgreich im Film (»Große Freiheit Nr. 7«) u. als Schlagersängerin (melodiös gepfiffene Lieder). – **4.** Oskar, eigtl. O.J. *Bschließmayer,* *1922, †1984, östr. Schauspieler; u. a. am Wiener Burgtheater; Filme: »Jules et Jim«, »Fahrenheit 451«. – **5.** Pierre, *29.12.1913, luxemburg. Politiker (Christl. Soziale Partei); 1959–74 u. 1979–84 Min.-Präs. – **6.** Theodor, *1886, †1969, dt. Maler; kam, vom Kubismus ausgehend, zur zeichner. Abstraktion. – **7.** Zacharias, *1768, †1823, dt. Schriftst.; Spätromantiker (Schicksalsdrama »Der 24. Februar«).

Wernher der Gartenaere [»Wernher der Gärtner«], Fahrender des 13. Jh., Verfasser der zeitkrit. Versnovelle »Meier Helmbrecht« (über die Auflösung der Ständeordnung).

Wernigerode, Krst. in Sachsen-Anhalt, am Nordharz, 38 000 Ew.; heilklimat. Kurort; Fachwerkbauten (17./18. Jh.), Rathaus (15./16. Jh.), Schloß der Fürsten von Stolberg-W.

Werra, Quellfluß der Weser, 292 km; vereinigt sich in Münden mit der Fulda zur Weser.

Werre, l. Nbfl. der Weser, 69 km.

Werst, altes russ. Längenmaß: 1 W. = 1,067 km.

Wert, die Bedeutung, die Gütern für die Bedürfnisbefriedigung beigemessen wird; *Gebrauchs-W.* (nach subjektiver W.schätzung) u. *Tausch-W.* (in Geld ausgedrückt: Preis).

Wertach, l. Nbfl. des Lech, 145 km.

Wertberichtigung, ein Korrekturposten in der *Bilanz;* auf der Passivseite für zu hoch ausgewiesene Posten des Anlagevermögens u. auf der Aktivseite für zu hoch ausgewiesene Passivposten eingesetzt.

WELTWUNDER

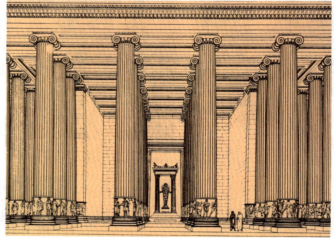

Eingangsseite des Artemistempels (links). – Die Pyramiden von Gizeh (rechts)

Kultstatue der Artemis   *Leuchtturm von Pharos vor Alexandria*

Wertheim, Stadt in Ba.-Wü., an der Taubermündung in den Main, 21 000 Ew.; Fachwerkbauten, spätgot. Stadtkirche; Glas-Ind., Hafen.
Wertheimer, Max, *1880, †1943, östr.-amerik. Psychologe; Mitbegr. der *Gestaltpsychologie*.
Wertigkeit, *Chemie: Valenz,* eine Verhältniszahl, die angibt, wie viele Wasserstoffatome ein Atom eines bestimmten chem. Elements zu binden oder zu ersetzen vermag, um formal ein Molekül zu bilden.
Wertpapiere, Rechte verbriefende Urkunden, bei denen das Recht an den Besitz der Urkunde gebunden ist: *Inhaberpapiere, Namenspapiere* u. *Orderpapiere.*
Wertschöpfung, das Nettoergebnis der Produktionstätigkeiten (Bruttoproduktionswerte minus Vorleistungen minus Abschreibungen) oder die Summe der durch den Produktionsprozeß entstandenen Einkommen einer Volkswirtschaft (Nettosozialprodukt zu Faktorkosten = Volkseinkommen).
Werwolf, im niederdt. Volksglauben ein durch das Anlegen eines Wolfskleids oder Wolfsgürtels zu ekstatischer Wildheit aufgereizter Mann, der Mensch u. Tier anfällt.

Wesel, Krst. in NRW, an der Lippemündung in den Rhein u. am W.-Dattelm-Kanal, 59 000 Ew.; got. Dom St. Willibrord; Masch.-, Zement-, keram. u. a. Ind.
Wesen, i.w.S. Ausdruck für einzelne Dinge, bes. lebende (*Lebewesen*); i.e.S. Eigenart, »Natur«, So-Sein einer Sache; das eigtl. Sein einer Sache im Unterschied zu ihrer faktischen Gegebenheit, auch im Ggs. zum Schein; Bedeutung und Sinngehalt einer Sache; das einer ganzen Art oder Gattung Gemeinsame, das Allgemeine.
Wesendonck, Mathilde, *1828, †1902; Freundin R. *Wagners*, der 5 Gedichte von ihr vertonte.
Weser, Fluß in NW-Dtld., 440 km (bis Bremerhaven; 480 km mit der Außen-W.); entsteht bei Münden durch Vereinigung von Fulda u. Werra u. mündet nw. von Bremen in die Nordsee; Nbfl. Aller, Oker, Hunte.
Weserbergland, die vorw. aus Kalk- u. Sandsteinen aufgebauten, waldreichen dt. Mittelgebirge beiderseits der Weser zw. Münden u. Minden; östl. der Weser: Bramwald, Solling, Vogler, Hils, Ith, Osterwald, Süntel, Deister, Bückeberge, Wesergebirge; westl. der Weser: Reinhardswald, Eggegebirge, Teutoburger Wald, Wiehengebirge; Fremdenverkehr.
Weserrenaissance [-rənɛ'sãs], die Profanbaukunst im Weserland zw. etwa 1530 u. 1630; Hptw.: Schlösser in Stadthagen, Schwöbber, Hämelschenburg, Bevern.
Wesir, Titel der höchsten Staatsbeamten im Islam. Reich seit den Abbasiden; später auch im Osman. Reich.
Wesley ['wɛsli], John, *1703, †1791, engl. Kirchenstifter; gründete Gemeinschaften innerhalb der Anglikan. Kirche, aus denen die Erweckungsbewegung der *Methodisten* hervorging.
Wespen, *Echte W.,* Überfam. der *Stechimmen;* mit der Länge nach zusammenfaltbaren Vorderflügeln. Es gibt einzeln lebende (solitäre) u. staatenbildende (soziale) W. Die etwa 3000 Arten verteilen sich auf 3 Fam.: die solitären *Lehm-W.,* die sozialen *Falten-W.* u. die solitären *Masaridae* (Honigwespen). – ⬚ → S. 976.
Wessel, 1. Helene, *1898, †1969, dt. Politikerin;

Die Zeusstatue des Phidias in Olympia (links). – Die Hängenden Gärten der Semiramis (rechts)

Koloß von Rhodos   *Mausoleum in Halikarnassos*

Wesseling

Wespen: Feldwespe

1949–51 Vors. der Dt. Zentrumspartei, 1952 Mitbegr. der Gesamtdt. Volkspartei, ab 1957 SPD-Mitgl., 1949–53 u. 1957–69 MdB. – **2.** Horst, *1907, †1930, dt. Student u. SA-Sturmführer. Sein Lied »Die Fahne hoch…« *(Horst-W.-Lied)* bildete 1933–45 mit dem Deutschlandlied die dt. Nationalhymne.

Wesseling, Stadt in NRW, zw. Köln u. Bonn, 30 000 Ew.; Eisen- u. chem. Ind., Ölraffinerie; Hafen am Rhein.

Wesselmann [w'eslmən], Tom, *23.2.1931, amerik. Künstler; Vertreter der Pop-art; berühmt sind seine »Great American Nudes«.

Wessely, Paula, *20.1.1907, östr. Schauspielerin; verh. mit Attila *Horbiger;* Charakterdarstellerin; wirkte bes. am Wiener Burgtheater.

Wessex [»Westsachsen«], angelsächs. Teilkönigreich in SW-England, gegr. von dem sagenhaften *Cerdik* um 500. – **W.-Kultur,** frühbronzezeitl. Kultur S-Englands. Denkmal: *Stonehenge.*

Wessobrunn, oberbay. Gemeinde bei Weilheim, 1800 Ew.; ehem. Benediktinerabtei (753–1803; seit 1913 Tutzinger Benediktinerinnen). Das **W.er Gebet** ist eines der ältesten dt. Sprachdenkmäler (aufgezeichnet um 800).

West [west], **1.** Benjamin, *1738, †1820, US-amerik. Maler; Historienbilder u. religiöse Gemälde. – **2.** Mae, *1892, †1980, US-amerik. Filmschauspielerin; verkörperte den selbst. Frauentyp. – **3.** Morris, *26.4.1916, austral. Schriftst.; schrieb v. a. Unterhaltungsromane, auch Dramen. – **4.** Nathanael, eigtl. Nathan *Weinstein,* *1903, †1940, US-amerik. Schriftst.; v. a. satir. Gesellschaftsromane. – **5.** Rebecca, eigtl. Cecily Isabel *Fairfield,* *1892, †1983, engl. Schriftst.; zeit- u. gesellschaftskrit. Romane mit psychoanalyt. Thematik.

Westaustralien, größter Bundesstaat Australiens, 2 525 500 km², 1,4 Mio. Ew. (davon 12 000 Aborigines), Hptst. *Perth;* Hochlandgebiet, überw. Wüsten u. Trockensteppen.

Westbengalen, Bundesstaat von →Indien, der westl. Teil des Ganges-Brahmaputra-Deltas mit Anteil am Himalaja-Vorland; intensive landw. Nutzung auf fruchtbaren Schwemmlandböden, z. T. mit künstl. Bewässerung.

Wessex-Kultur: Beigaben aus einem Männergrab

West Bromwich ['west 'brʌmitʃ], engl. Ind.-Stadt nw. von Birmingham, 155 000 Ew.

Westdeutsche Rektorenkonferenz, *WRK,* seit 1990 *Hochschulrektorenkonferenz,* Arbeitsgemeinschaft der durch ihre Rektoren vertretenen Univ., TH u. anderen wiss. HS in Deutschland.

Westdeutscher Rundfunk, *WDR,* öffentl.-rechtl. Rundfunkanstalt mit Sitz in Köln; Mitgl. der ARD; veranstaltet ein eigenes Drittes Fernsehprogramm *(West 3)* u. 5 Hörfunkprogramme.

Westerland, Stadt in Schl.-Ho., auf Sylt, 8000 Ew.; Seebad mit Spielkasino.

Western →Wildwestfilm.

Western Music ['westən 'mjuzik], US-amerik. Unterhaltungsmusik, in den 1920er Jahren hervorgegangen aus der Folklore der Südstaaten; die Texte verherrlichen amerik. Mythen der Vergangenheit (Abenteuer, Cowboys) u. sentimentale Liebesgeschichten. Prominentester Vertreter: J. *Cash.*

Westerstede, Krst. in Nds., im Ammerland, 18 000 Ew.; Agrarwirtschaft.

Westerwald, dt. Mittelgebirge, Teil des Rheinischen Schiefergebirges zw. Sieg, Rhein u. Lahn; im *Fuchskauten* 656 m; Basaltabbau.

Westeuropäische Union, *WEU,* 1954 gegr. Vertragsorganisation, die über eine Beistandspflicht der Mitgliedstaaten den Frieden in Europa sichern will. Mitgl.: Belgien, Dtld., Frankreich, Griechenland, Großbrit., Italien, Luxemburg, Niederlande, Portugal, Spanien; militär. Aufgaben werden von der NATO wahrgenommen.

Westeuropäische Zeit, *WEZ,* mittlere Ortszeit des Längengrads von Greenwich; als Zonenzeit gebräuchl. z.B. in Island, Färöer, Portugal, Marokko, Senegal, Guinea u. a.

Westfalen, histor. Land in NW-Dtld., innerhalb des Bundeslandes NRW, Hauptort *Münster;* im S u. O vorw. gebirgig (Sauerland, Siegerland, Teutoburger Wald), im Münsterland (Westfäl. Bucht) Flachland. Die wichtigsten Wirtschaftsgebiete sind der östl. Teil des Ruhrgebiets u. O-Westfalen mit Bielefeld als Zentrum.

Gesch.: Urspr. eine der drei sächs. Stammesprovinzen, 1180 wurde das Hzgt. W. dem Erzbischof von Köln übertragen; das napoleon. *Königreich W.* (1807–13) wurde aus preuß., hess. u. a. Besitzungen gegr.; die preuß. *Provinz W.* entstand 1815. 1946 wurden W. u. die nördl. Rheinprovinz mit dem Land Lippe zun *Land NRW* verbunden.

Westfälische Pforte, *Porta Westfalica.*

Westfälischer Friede, am 24.10.1648 nach Verhandlungen des Kaisers mit Frankreich u. dessen Verbündeten in Münster u. mit Schweden u. dessen Verbündeten in Osnabrück unterzeichnetes Vertragswerk, das den *Dreißigjährigen Krieg* beendete. Es wurden territoriale u. konfessionelle Regelungen sowie eine Reichsverfassung festgelegt.

Westflandern, Prov. in →Belgien.

Westfranken, *Westfränkisches Reich,* der westl. Teil des Frankenreichs, der 843 im *Vertrag von Verdun* an *Karl den Kahlen* fiel. Daraus entstand das spätere Frankreich.

Westfriesische Inseln, der ndl. Teil der Fries. Inseln westl. der Emsmündung: Texel, Vlieland, Terschelling, Ameland, Schiermonnikoog.

Westgoten →Goten.

Westheim, Paul, *1886, †1963, dt. Kunstschriftst. u. Kritiker; seit 1933 in Mexiko; Arbeiten über altmex. Kunst.

Westindien, die mittelamerik. Inselwelt *(Große* u. *Kleine Antillen, Bahamas* u. a.), zus. 236 507 km² mit rd. 32 Mio. Ew. – W. erhielt seinen Namen durch die irrtüml. Annahme des Kolumbus, mit der 1492 betretenen Bahamainsel *San Salvador* auf dem westl. Seeweg Indien erreicht zu haben.

Westindische Assoziierte Staaten, ehem. brit. Kolonien im Bereich der Westindischen Inseln über u. unter dem Winde. Gegenwärtig ist nur noch Anguilla Mitglied (mit voller innerer Autonomie). Unabh. wurden: Grenada (1974), Dominica (1978), Saint Lucia (1979), Saint Vincent (1979), Antigua mit Barbuda u. Redonda (1981) u. Saint Christopher-Nevis (1983).

Westirian →Irian Jaya.

Westmächte, in der Zeit nach dem 2. Weltkrieg Bez. für die USA, Frankreich, Großbrit. u. Kanada sowie die mit den USA verbundenen europ. Staaten. Ggs.: *Ostblock.*

Westminster ['westminstə], Stadtbez. im zentralen London, das heutige Regierungsviertel; mit *W. Abbey* u. Parlamentsgebäude.

Westminster Abbey [-'æbi], *Westminster-Abtei,*

Westfälischer Friede; zeitgenössisches Flugblatt

Krönungskirche u. Grablege der engl. Könige in London, Ruhestätte vieler bed. Persönlichkeiten. Der gotische Bau stammt aus dem 13./14. Jh.

Westpreußen, ehem. preuß. Prov. beiderseits der unteren Weichsel, umfaßte das preuß. Weichselgebiet mit Elbing u. Marienburg sowie *Pommerellen* u. das *Kulmerland.*

Gesch.: Der westl. Teil des Ordenslandes Preußen fiel 1466 zu Polen. Durch die Poln. Teilungen fiel W. 1772 (Danzig u. Thorn 1793) an Preußen. Es wurde 1824 mit Ostpreußen zur *Prov. Preußen* vereinigt. 1878 wurde es eine eigene *Prov. W.* mit dem Reg.-Sitz Danzig. Durch den Versailler Vertrag 1919/20 kam Pommerellen zu Polen, Danzig wurde Freie Stadt; bei Dtld. verblieben der *Reg.-Bez. W.* (zur Prov. Ostpreußen) u. die *Grenzmark Posen-W.* 1939 wurde der *Reichsgau Danzig-W.* gebildet. Nach dem 2. Weltkrieg 1945 kamen alle Teile W.s unter poln. Verwaltung.

Weströmisches Reich →Römisches Reich.

Westsahara, Gebiet an der Atlantikküste der Sahara, 266 000 km², 173 000 Ew., Hptst. *Al Aaiun;* halbwüstenhaftes, von Wadis zerschnittenes Sandsteinplateau mit vorw. Sandwüsten im S u. Felswüsten im N. Die Bevölkerung besteht aus den Sahraouis, einer arab.-berber. Mischbevölkerung. Das Land ist wegen seiner Phosphatvorkommen von Bedeutung.

Geschichte. 1885 bekam Spanien von den europ. Großmächten das Río-de-Oro-Gebiet zugesprochen. Das 1912 nach N hin erweiterte u. 1934 um das Hinterland ergänzte Territorium wurde 1946 als Kolonie *Spanisch-Westafrika* mit Ifni zusammengelegt. 1958 wurden Río de Oro u. Saguia Al Hamra zur span. Überseeprovinz *Spanisch-Sahara* erklärt. 1975/76 gab Spanien die Kolonie auf, dessen nördl. Teil nun von Marokko u. dessen südl. Teil von Mauretanien verwaltet werden sollte. Die Befreiungsbewegung Polisario rief noch im selben Jahr die *Demokrat. Arab. Republik Sahara* aus. Mauretanien verzichtete 1979 zugunsten der Polisario auf seinen Anteil an W., der daraufhin auch von Marokko annektiert wurde. Die Rep. Sahara wurde von vielen Staaten anerkannt. 1982 wurde sie in die OAU aufgenommen. Seit 1988 kam es zu einer Annäherung zw. Marokko u. der Polisario.

Westsamoa →Samoa.

West Virginia [west və'dʒinjə], Abk. *W. Va.,* Gliedstaat im O der →Vereinigten Staaten von Amerika.

Westwall, die 1938–40 errichteten dt. Befestigungsanlagen der dt. Westgrenze.

Westwerk, zentraler, in sich geschlossener Bau im W einer Kirche; setzt sich zus. aus einem mehrgeschossigen, turmartigen Mittelbau u. zwei ihn flankierenden Türmen; typisch für karoling. u. otton. Kirchen (Corvey).

Westwinddrift, *Westdrift,* Meeresströmungen im Bereich der außertrop. Westwindzonen, bes. ausgeprägt zw. 35° u. 60° südl. Breite.

Wetluga, l. Nbfl. der mittleren Wolga, 870 km.

Wettbewerb →Konkurrenz.

Wette, ein Vertrag, durch den zur Bekräftigung bestimmter einander widersprechender Behauptungen ein Gewinn für denjenigen vereinbart wird, dessen Behauptung sich als richtig erweist. Die *Wettschuld* ist zahlbar, aber nicht klagbar u. insoweit dem *Spiel* gleichgestellt (§ 762 BGB).

Wetter (Ruhr), Stadt in NRW, nw. von Hagen, 29 000 Ew.; Maschinenbau, Stahl- u. Eisenind.

Wetter, 1. das Zusammenspiel der meteorolog. Elemente (Temperatur, Niederschläge, Wind, Strahlung u. a.) in begrenztem atmosphär. Raum zu einem bestimmten Zeitpunkt. Ursachen des W.geschehens sind die Verlagerung von Tief- u. Hochdruckgebieten. – **2.** bergmänn. Ausdruck für alle im Grubenbereich unter Tage auftretenden Gasgemische.

Wetter [die], r. Nbfl. der Nidda, 55 km; durchfließt die **Wetterau,** fruchtbare Ldsch. zw. Vogelsberg u. Taunus.

Wetter, Friedrich, *20.2.1928, dt. kath. Theologe; 1968 Bischof von Speyer, 1982 Erzbischof von München-Freising, 1985 Kardinal.

Wetterdienste, staatl. Institutionen, die das Wettergeschehen erforschen, die Ergebnisse veröffentlichen (Berichte, Wetterkarten), Wettervorhersagen erstellen u. Beratungs- u. Warndienste (Sturm-, Nebelwartung) ausüben.

Wetterführung, Versorgung von Bergwerken mit frischer Luft.

Wetterkarte, zeichner. Darst. der Wetterverhältnisse eines größeren Gebiets der Erde zu einem bestimmten Zeitpunkt (mittels internat. Symbole). Dargestellt werden u. a. Temperatur-, Luftdruck-, Windverhältnisse, Niederschlag.

Wetterkunde →Meteorologie.

Wetterleuchten, das Aufleuchten von Blitzen oder ihr Widerschein in den Wolken ohne nachfolgenden Donner infolge zu großer Entfernung.

Wetterscheide, Grenzlinie und -zone zw. Gebieten mit versch. Wettercharakter, bes. Gebirgskämme.

Wetterstationen, meteorolog. Stationen, an denen die bodennahen Wetterelemente (z.B. Temperatur, Niederschlag) gemessen werden (*Boden-W.*) u. der physikal. Zustand der höheren Luftschichten erforscht wird (*aerolog. Stationen*).

Wettersteingebirge, Teil der Nordtiroler Kalkalpen zw. Isar u. Loisach, in der *Zugspitze* 2962 m.

Wettervorhersage, *Wetterprognose*, die von sehr versch. Grundlagen ausgehende Beurteilung des künftigen Wetters. Die wiss. W. sucht die atmosphär. Vorgänge physikal. zu verstehen u. aufgrund von Erfahrungen u. der Gesetzmäßigkeiten den weiteren Ablauf zu bestimmen. Eine genaue Berechnung künftiger Wetterentwicklung für größere Zeiträume ist wegen Ungenauigkeiten u. Vereinfachungen der zugrundeliegenden physikal. Modelle bisher nicht möglich.

Kurzfristvorhersagen werden für 1–2 Tage erstellt u. geben eine möglichst genaue Vorhersage zu erwartender Wetterereignisse (z.B. Schauer, Gewitter, Nebel). Wichtig für den voraussichtl. Wetterablauf ist das Verhalten der Druckgebilde u. die Bewegung der Fronten. Als Arbeitsgrundlage für die Vorhersage dienen die Beobachtungen der synopt. Stationen, die in den *Wetterkarten* aufgezeichnet sind. Eine wichtige Ergänzung der Wetterkarte liefern die Satellitenbilder, da sie die großräumige Verteilung der Wolkenfelder zeigen, aus der man auf Luftdruck- u. Strömungsverhältnisse schließen kann.

Wetterwarten, meteorolog. Beobachtungsstellen des Dt. Wetterdienstes; mit Standardausrüstung für Temperatur- u. Luftfeuchtemessung, Wind-, Regen-, Sonnenscheinmesser u. Erdbodentemperaturmessungen.

Wettiner, altes dt. Herrschergeschlecht aus dem zw. Saale, Bode u. Harz gelegenen Nordschwabengau, ben. nach der Burg Wettin (10.–12. Jh.) an der Saale; 1125 Markgrafen von Meißen, 1247 Landgrafen von Thüringen. 1423 erhielten die W. das Hzgt. Sachsen-Wittenberg mit der Kurwürde. 1485 erfolgte die Teilung in *Albertiner* u. *Ernestiner*.

Wettingen, Gem. im schweiz. Kt. Aargau,

Wetter: Satellitenphotos dienen unter anderem der Wettervorhersage

17 000 Ew.; ehem. Zisterzienserabtei.

Wetzlar, Krst. in Hess., am Zusammenfluß von Lahn u. Dill, 51 000 Ew.; roman.-got. Dom; Stahl-, Eisen-, opt. u. a. Ind. – 1694–1806 Sitz des Reichskammergerichts.

WEU →Westeuropäische Union.

Wexford [ˈwɛksfəd], ir. *Loch Garman,* Gft.Hptst. in SO-Irland, 11 500 Ew.; Schiffbau; Seehafen (Rosslare).

Weyden [ˈweidə], Rog(i)er van der, *1399/1400, †1464, ndl. Maler. Sein Werk bildet im Rückgriff auf die Monumentalität der Hochgotik einen Höhepunkt der altndl. Malerei. Hptw.: Kreuzabnahme (Madrid), Jüngstes Gericht (Beaune), Johannesaltar (Berlin).

Weyer, Willi, *1917, †1987, dt. Politiker (FDP) u. Sportführer; 1962–75 Innen-Min. von NRW, 1974–86 Präs. des Dt. Sportbunds.

Weygand [vɛˈgã], Louis Maxime, *1867, †1965, frz. General; im Mai 1940 Oberbefehlshaber der frz. Streitkräfte, bis Sept. 1940 Verteidigungs-Min. der Vichy-Regierung, 1942–45 in dt., bis 1946 in frz. Haft.

Weymouthkiefer [ˈvaimuːt-; engl. ˈweimə θ-] →Kiefer.

Weyrauch, Wolfgang, *1907, †1980, dt. Schriftst.; betonter Avantgardist; vereinte formale Elemente mit polit. Engagement (Lyrik, Erzählungen, Hörspiele).

WEZ →Westeuropäische Zeit.

Wharton [wɔːtn], Edith, *1862, †1937, US-amerik. Schriftst. (realist.-gesellschaftskrit. Romane).

Wheatstone [ˈwiːtstən], Sir Charles, *1802, †1875, engl. Physiker; erfand eine elektr. Nadeltelegraphen u. die **W.sche Brücke,** ein Gerät zur Messung elektr. Widerstände.

Whigs [wigz], **1.** eine der beiden alten brit. Parteien (Gegenpartei: *Tories*). Gestützt auf das städt. Handelsbürgertum u. einen Teil des Landadels, waren sie im 18. Jh. lange Zeit Regierungspartei. Im 19. Jh. ging aus ihnen die moderne Liberale Partei. – **2.** polit. Partei in den USA seit etwa 1828; Gegner der Demokraten; ging in den 1850er Jahren in der Republikan. Partei auf.

Whipple [wipl], George Hoyt, *1878, †1976, US-amerik. Pathologe; Forschungen zur Leberbehandlung der perniziösen Anämie; Nobelpreis für Medizin 1934.

Whisker [ˈwis-], sehr feiner, fadenartig gewachsener, organ. oder anorgan. Einkristall von großer Zugfestigkeit.

Whisky, ein Branntwein, in Schottland aus Gerste (*Scotch W.*), in Amerika bes. aus Mais (*Bourbon Whiskey*) gebrannt, mit 43–44 Vol.-% Alkohol u. darüber.

Whistler [ˈwislə], James Abbott McNeill, *1834, †1903, US-amerik. Maler u. Graphiker; Landschaften u. Bildnisse, mit zunehmend impressionist. Formauflösung.

White [wait], **1.** Clarence H., *1871, †1925, US-amerik. Photograph; Bilder von gemäldeartiger Wirkung; Begr. der *Photosezession*. – **2.** Patrick,

Wetterkarte

978 Whitefield

Alpenkleewidderchen

* 1912, † 1990, austral. Schriftst.; psychol. Romane über das moderne austral. Leben (»Zur Ruhe kam der Baum des Menschen nie«, »Voss«, »Die ungleichen Brüder«, »Im Auge des Sturms«); Nobelpreis 1973.
Whitefield ['waitfi:ld], George, * 1714, † 1770, engl. Erweckungsprediger; mit J. Wesley führend in der methodist. Erweckungsarbeit.
Whitehead ['waithed], Alfred North, * 1861, † 1947, engl. Philosoph u. Mathematiker; begr. mit B. *Russell* die moderne *Logistik,* wandte sich dann naturphilos. u. metaphys. Fragen zu.
White River, 1. r. Nbfl. des Mississippi, 1100 km. – **2.** r. Nbfl. des Missouri in Nebraska u. South Dakota (USA), 816 km.
Whitman ['witmən], Walt(er), * 1819, † 1892, US-amerik. Schriftst.; schuf eine Lyrik von neuem Sprachstil (freie Rhythmen, unkonventionell kühne Wortgebung) u. neuer geistiger Haltung (Verherrlichung des Ichs als seelisch-sinnl. Ganzheit, in der sich der demokrat. Mensch verkörpert); W »Grashalme«.
WHO, Abk. für engl. *World Health Organization,* →Weltgesundheitsorganisation.
Whymper ['wimpə], Edward, * 1840, † 1911, engl. Bergsteiger; bestieg als erster 1865 das Matterhorn; erforschte u. a. die Montblanc-Gruppe.
Wichern, Johann Hinrich, * 1808, † 1881, dt. ev. Theologe; gründete in Hamburg-Horn 1833 das *Rauhe Haus,* gab den Anstoß zur Gründung der »Inneren Mission«; lenkte den Blick der Öffentlichkeit auf die soziale Frage.
Wichert, Ernst, * 1831, † 1902, dt. Schriftst. aus Ostpreußen (Dramen, viele histor. Romane, »Heinrich von Plauen« u a.).
Wichita ['witʃitɔ:], Stadt in Kansas (USA), 280 000 Ew.; 2 Univ.; Mühlen-, Flugzeug- u. a. Ind., Ölraffinerien.
Wichse [von *Wachs*], gefärbte Pasten aus Hartwachsen, Paraffin u. a., meist in Terpentinöl gelöst; zur Lederpflege.
Wichte, *spezifisches Gewicht, Artgewicht,* Formelzeichen γ, das Verhältnis des Gewichtes *G* eines Körpers zu seinem Volumen *V*: γ = G/V. Die W. wird in N/m³ gemessen.
Wicke, artenreiche Gatt. der *Schmetterlingsblütler;* meist mit Wickelranken kletternde Kräuter mit schön gefärbten Blüten.
Wickede (Ruhr), Gem. in NRW, an der Ruhr, 11 000 Ew.; Eisen- u. Metallwarenind.
Wickelbär, *Kinkaju,* ein ca. 50 cm langer Kleinbär mit überkörperlangem Greifschwanz; lebt in den Urwäldern Mittel- u. Südamerikas.
Wickert, Erwin, * 7.1.1915, dt. Schriftst. u. Diplomat; 1976–80 Botschafter in Peking; schrieb Hörspiele, histor.-dokumentar. Romane; Erlebnisbericht »China von innen gesehen«.
Wicki, Bernhard, * 28.10.1919, schweiz. Schauspieler u. Filmregisseur; Regie u. a. »Die Brücke«, »Das falsche Gewicht«, »Die Eroberung der Zitadelle«, »Das Spinnennetz«.
Wickler, *Blatt-, Blütenwickler,* Fam. unscheinbarer Kleinschmetterlinge, deren Raupen in zusammengesponnenen Blättern oder Blüten leben; Obstbaumschädlinge *(Pflaumen-, Apfel-, Traubenw.)* u. Forstschädlinge *(Eichen-, Kieferntrieb-W.).*
Wickram, Jörg, * um 1505, † vor 1562, dt. Humanist; schrieb in bürgerl. Geist die ersten selbständigen dt. Prosaromane.
Wiclif, *Wyclif,* John, * 1330, † 1384, engl. Kirchenreformer; die Bibel war ihm die einzige Glaubensquelle; lehnte Papsttum, Mönchtum, Hierarchie, Güterbesitz der Kirche, Ohrenbeichte u. Zölibat ab, verwarf die kirchl. Lehre über Meßopfer, Sakramente, Heiligen- u. Reliquienverehrung; begann eine Bibelübersetzung ins Englische. Seine Ideen lebten in den Kreisen der *Lollarden* fort. Seine Lehren wurden von J. Hus übernommen u. vom Konzil zu Konstanz 1415 verurteilt.
Widder, 1. männl. Schaf, Schafbock. – **2.** *Aries,* Sternbild des Tierkreises am nördl. Himmel; Hauptstern: Hamal.
Widderchen, Fam. tagsüber fliegender Falter aus der Verwandtschaft der *Eulen* u. *Zahnspinner.*
Widerklage, im Zivilprozeß die Klage des Beklagten gegen den Kläger, zulässig nur, wenn sie mit dem Klageantrag im Zusammenhang steht.
Widerlager, ein schwerer massiver Baukörper aus Mauerwerk, der den Druck eines Tragwerks aufnimmt u. auf den Baugrund überträgt.
Widerrist, der vordere Teil des Rückens der Säugetiere, bes. ausgebildet bei Rind u. Pferd.
Widerruf, die Zurücknahme einer Willenserklärung bzw. eines Auftrags, Darlehnsversprechens oder Testaments oder einer Schenkung oder Vollmacht.
Widerspruch, 1. die extreme Form des *Gegensatzes,* bei dem sich absolute Bejahung u. absolute Verneinung (im Satz) oder absoluter Ausschluß (im Begriff) gegenüberstehen; spielt v. a. in der Dialektik eine Rolle. – **2.** Rechtsbehelf gegen die Art von Verwaltungsakten, der immer bei der Behörde einzulegen ist, die den Verwaltungsakt erlassen hat. – **3.** das Recht des Mieters zum W. gegen eine Kündigung, wenn die vertragsmäßige Beendigung des Mietverhältnisses für den Mieter oder seine Familie eine Härte bedeuten würde, die auch unter Würdigung der berechtigten Interessen des Vermieters nicht zu rechtfertigen ist.
Widerspruchsklage, *Interventionsklage, Drittwiderspruch,* ein Rechtsbehelf, durch den die von einer *Zwangsvollstreckung* betroffenen Dritten geltend machen können, daß sie dadurch in ihren Rechten verletzt werden.
Widerstand, 1. in einem stromdurchflossenen Leiter das Verhältnis R von Spannung U (in Volt) u. Stromstärke I (in Ampere): R = U/I *(Ohmsches Gesetz).* Maßeinheit ist das Ohm. Der Kehrwert des W. wird *Leitwert* genannt. Der W. eines Leiters hängt im wesentl. von dessen Abmessungen, dem Material u. der Temperatur ab. Jedes Material hat einen *spezifischen W.,* der bei Metallen mit der Temperatur ansteigt. – Widerstände als Bauteile gibt es in vielen Ausführungen. *Regel-Widerstände* haben einen verschiebbaren Kontakt; in Spannungsteiler-Schaltungen nennt man sie →Potentiometer. – **2.** W. gegen die Staatsgewalt, Straftat, bestehend in gewalttätiger oder mit Gewaltanwendung drohender Widersetzlichkeit gegen die rechtmäßige Amtsausübung eines Beamten oder Soldaten der Bundeswehr, der zur Vollstreckung von Gesetzen, Rechtsverordnungen, Urteilen, Gerichtsbeschlüssen oder Verfügungen berufen ist.
Widerstandsbewegung, Sammelbez. für die Opposition gegen die nat.-soz. Gewaltherrschaft 1933–45. Aktiver Widerstand, der auf die Untergrabung u. letztl. den Sturz des Regimes abzielte, konnte nur geheim u. in kleinen Gruppen betrieben werden. Daneben gab es passiven Widerstand in Form der Verweigerung gegen Ansprüche u. Maßnahmen des Regimes. Die W. umfaßte Gruppen u. Kreise unterschiedl. weltanschaul. u. polit. Orientierung, die nur wenig Kontakt miteinander hatten: Gewerkschafter (z. B. W. *Leuschner,* J. *Kaiser),* Sozialdemokraten (J. *Leber,* A. *Reichwein),* Kommunisten (H. *Schulze-Boysen,* A. *Saefkow),* Geistliche beider Konfessionen (B. *Lichtenberg,* D. *Bonhoeffer),* Konservative (C. *Goerdeler,* U. von *Hassell),* Studenten (Geschwister *Scholl),* Offiziere (L. *Beck,* E. von *Witzleben).* Treibende Kraft einer Verschwörung von Militärs u. Politikern war seit 1943 C. Graf Schenk von *Stauffenberg.* Sein Bombenanschlag auf Hitler am 20.7.1944 mißlang; damit scheiterte auch der geplante Staatsstreich. In den folgenden Monaten wurden Hunderte von Mitgl. der W. hingerichtet. – In den seit 1938/39 von dt. u. ital. Truppen besetzten Ländern entstanden W.en gegen die Besatzungsmächte. In den letzten Kriegsjahren erlangten sie durch Partisanentätigkeit u. Sabotage eine gewisse militär. Bedeutung. Ihre Aktivität richtete sich auch gegen einheim. Kollaborateure.
Widerstandsrecht, die Befugnis oder Pflicht, den Inhabern der Staatsmacht den Gehorsam zu versagen oder sogar mit Gewalt gegen sie vorzugehen, wenn sie ihre Regierungsämter grob mißbräuchlich ausüben. In das GG der BR Dtld. wurde im Rahmen der Notstandsgesetzgebung (1968) das W. ausdrückl. aufgenommen.
Widmark, Richard, * 26.12.1914, US-amerik. Schauspieler; spezialisiert auf Western- u. Kriminalfilme.
Widmer, Urs, * 21.5.1938, schweiz. Schriftst.; Vorliebe für skurril-phantast. Darst. Erzählungen, Hörspiele, Dramen.
Widmung, die Zueignung einer Sache als Zeichen der Verehrung oder Freundschaft.
Widor, Charles-Marie, * 1844, † 1937, frz. Komponist u. Organist; Begr. der neuen frz. Orgelschule u. der Gatt. der »Orgelsinfonie«.
Widukind, *Wittekind,* westfäl. Adeliger, Führer der Sachsen im Kampf gegen die Franken u. das Christentum; unterlag Karl d. Gr. u. ließ sich 785 in Attigny taufen.
Widukind von Corvey, * um 925, † nach 973, dt. Geschichtsschreiber; Mönch in Corvey; schrieb eine Geschichte der Sachsen.
Wiechert, Ernst, Pseud.: Barany *Bjell,* * 1887, † 1950, dt. Schriftst.; schwermütige Erzählwerke: »Die Majorin«, »Das einfache Leben«, »Die Jerominkinder«, »Missa sine nomine«; Erinnerungsbücher u. Dramen.
Wied, r. Nbfl. des Rheins, 140 km; entspringt im Westerwald, mündet bei Neuwied.
Wied, Maximilian Prinz zu, * 1782, † 1867, dt. Forschungsreisender (Brasilien u. Mississippi-Gebiet).
Wiedehopf, 28 cm großer, orangebräunl. *Rackenvogel* mit aufrichtbarer Federhaube; Insektenfresser, Zugvogel.
Wiedenbrück, Stadtteil von →Rheda-Wiedenbrück.
Wiederaufbereitungsanlage, großtechn. Anlage zur Rückgewinnung von Spaltstoffrestmengen aus abgebrannten Brennelementen von Kernreaktoren u. zur Separierung von den stark radioaktiven Spaltprodukten.
Wiederaufnahmeverfahren, Überprüfung rechtskräftiger Gerichtsentscheidungen in einem neuen Verfahren; dient der Beseitigung von Justizirrtümern.
Wiederbelebung, Maßnahmen zu Wiedereingangsetzung von Kreislauf u. Atmung; durch künstl. Atmung u. Herzmassage. →Erste Hilfe.
Wiederbeschaffungswert, *Tageswert,* der Betrag, der bei Wiederbeschaffung eines Gegenstands aufzuwenden wäre.
Wiedergänger, ein Verstorbener, der nach dem Volksglauben im Jenseits keine Ruhe findet u. zu bestimmten Zeiten auf der Erde umherirrt.
Wiedergeburt, in vielen Religionen (Hinduismus, Buddhismus) verbreitete Vorstellung der *Seelenwanderung* und Wiederkehr der Seele eines Verstorbenen in einem Neugeborenen; im übertragenen Sinn innere Erneuerung.
Wiedergutmachung, allg. Entschädigung für eingetretene Vermögensverluste oder für erlittenes Unrecht. →Reparationen, →Restitution.

Wiedehopf

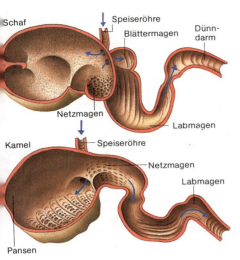

Wiederkäuen: Die Wiederkäuer, z.B. Schafe und Kamele, haben einen mehrteiligen Magen. Die Nahrung gelangt zunächst in den Pansen, dann in den Netzmagen, wo sie mit Hilfe von Bakterien zu einem Brei aufgeschlossen wird. Dieser wird hochgewürgt und wiedergekäut. Dann kommt der Nahrungsbrei in den Blättermagen und anschließend in den Labmagen, wo die Nährstoffe absorbiert werden. Das Kamel hat ca. 800 Wasserspeicherzellen in der Wand des Pansens

Wiederkäuen, die Eigenart vieler Paarhufer, die aufgenommene Pflanzennahrung ein zweites Mal zu kauen. Die zunächst nur oberflächlich gekaute Nahrung gelangt in den *Pansen,* wo sie durch Sekrete erweicht u. von Bakterien aufgeschlossen wird, u. von dort in den *Netzmagen.* Danach steigt sie durch Hervorwürgen wieder in den Mundraum zurück, wo sie erneut gekaut wird. Sie gelangt dann in den *Blättermagen* u. in den *Labmagen,* wo Sekretdrüsen die Verdauung vervollständigen. Das W. ist typ. für 2 Unterordnungen der Paarhufer: die *Kamele* (ohne Blättermagen) u. die **Wiederkäuer** i.e.S.; hierzu: *Zwergböckchen, Hirsche* u. *Horntiere.*

Wiedertäufer, Anabaptisten, Täufer, eine im Ggs. zu den Kirchen stehende Bewegung der Reformationszeit; die ersten Vorkämpfer der persönl. Religionsfreiheit, z. T. revolutionär-kommunist. gesinnt (z.B. Th. *Müntzer*). Allen W. eigentümlich war die Forderung nach Erwachsenentaufe. Ein radikaler Zweig der W. errichtete 1534/35 in Münster »das neue Zion«; Kirchen u. Klöster wurden geplündert u. die allg. Gütergemeinschaft eingeführt. Die Stadt wurde erst nach 16monatiger Belagerung zurückerobert; die Führer der W. wurden hingerichtet.

Wiegand, Theodor, *1864, †1936, dt. Archäologe; Leiter der Ausgrabungen in Milet, Samos, Baalbek u. Palmyra, Gründer des Pergamon-Museums in Berlin.

Wiegendrucke →Inkunabeln.

Wiehengebirge, Höhenzug im Weserbergland, westl. der Porta Westfalica; im *Heidbrink* 320 m.

Wiehl, Stadt in NRW, im Berg. Land, 22 000 Ew.; Luftkurort; Tropfsteinhöhle.

Wieland, kunstreicher Schmied der german. Sage (Thidrekssaga u. Edda); entflieht mit Hilfe selbstgeschmiedeter Flügel der Gefangenschaft bei König Nidhad.

Wieland, 1. Christoph Martin, *1733, †1813, dt. Schriftst.; 1752–58 in Zürich (Umgang mit J.J. *Bodmer*) u. Bern, seit 1772 in Weimar (zuerst Erzieher des Prinzen *Karl August*); begr. die moderne dt. Erzählprosa, Repräsentant des Rokokos wie der Aufklärung in der dt. Literatur. W Bildungsroman »Gesch. des Agathon«, »Musarion oder Die Philosophie der Grazien«, »Der goldene Spiegel«, »Die Abderiten«, »Oberon«. Auch Übers. (22 Dramen Shakespeares), Hrsg. der Ztschr. »Der Teutsche Merkur« (1773–1810). – **2.** Heinrich, *1877, †1957, dt. Chemiker; stellte eine Theorie über den Verlauf der biolog. Oxidation auf; Nobelpreis 1927.

Wiemann, Mathias, *1902, †1969, dt. Schauspieler u. Rezitator.

Wien, Hptst. von Östr. u. östr. Bundesland, an der Donau, 415 km², 1,5 Mio. Ew. Sitz der Bundesregierung u. zahlreicher internat. Organisationen (z.B. OPEC, UN-Behörden), eines kath. Erzbischofs, eines ev. Bischofs u. eines grch.-orth. Metropoliten. W. ist ein mitteleurop. Kulturzentrum mit Univ. (1365) u. HS, bed. Museen, Nationalbibliothek, Akademie der Wissenschaften. W. ist führende Theaterstadt (Burgtheater, Staatsoper). Wahrzeichen W.s ist der roman.-got. *Stephansdom* (13.–16. Jh.). Die meisten bed. Bauten stammen aus dem Barock: Kirchen (Karls-, Peters-, Jesuitenkirche) u. Adelspaläste (Winterpalais u. Belvedereschlösser), Schönbrunn; Hofburg.
W. ist wichtigste Handels- u. auch Industriestadt Östr.; Sitz von Großbanken u. Versicherungen; Börse; Kongreß- u. Messestadt; Fremdenverkehr; Hafen an der Donau, internat. Flughafen.
Geschichte. Als *Vindobona* entstand hier eine röm. Lagerstadt im kelt. Siedlungsgebiet. Otto II. verlieh die Markgrafschaft 976 an seinen Anhänger Leopold I. von Babenberg, dessen Nachfolger, seit 1156 Herzöge, ihre Residenz nach Wien verlegten. Leopold IV. verlieh 1221 das Stadtrecht. Ottokar II. von Böhmen gab W. 1274 seine Befestigungen, die bis 1857 erhalten blieben. 1276 wurde W.

Wien: Barockschloß Schönbrunn

Residenz der Habsburger. 1529 u. 1683 widerstand es dem Angriff der Türken. Im 18. u. 19. Jh. entfalteten sich Kunst u. Kultur zu glanzvoller Höhe. 1804 wurde W. Hptst. des Kaiserreichs Östr., 1805/06 von Franzosen besetzt. Unter Kaiser Franz Joseph I. erhielt die Stadt das Recht auf Selbstverwaltung; 1922 wurde sie Bundesland. 1939–45 war W. »Reichsgau«; 1945–55 stand sie unter Viermächteverwaltung.

Wien, Wilhelm, *1864, †1928, dt. Physiker; arbeitete u. a. über Wärmestrahlen; Nobelpreis 1911.

Wienbarg, Ludolf, Pseud.: L. *Vineta,* *1802, †1872, dt. Schriftst.; Theoretiker des *Jungen Deutschland,* dem er den Namen gab.

Wiene, Robert, *1881, †1938, dt. Filmregisseur (»Das Kabinett des Dr. Caligari«).

Wiener, 1. Alexander S., *1907, †1976, US-amerik. Serologe; entdeckte 1940 zus. mit Karl *Landsteiner* den *Rhesusfaktor.* – **2.** Alfred, *1885, †1964, dt. Arabist u. Publizist; emigrierte 1934 nach Amsterdam, gründete dort 1936 die »Jüd. Informationsstelle«, eine Dokumentationsstelle über den Nat.-Soz.; seit 1939 in London (1946 »The Wiener Library« gen.). – **3.** Norbert, *1894, †1964, US-amerik. Mathematiker; zus. mit C. *Shannon* Begr. der Informationstheorie; maßgebl. an der Entwicklung elektron. Rechenautomaten beteiligt.

Wiener Becken, 7000 km² großes Einbruchsbecken zw. Alpen u. Karpaten, von der Donau geteilt.

Wiener Klassik, die Zeit des Wirkens von *Haydn, Mozart* u. *Beethoven* in Wien.

Wiener Kongreß, 1814/15 in Wien unter Leitung des östr. Staatskanzlers Fürst *Metternich* abgehaltener Kongreß von Herrschern u. Staatsmännern aller europ. Staaten (außer der Türkei) zur Neuordnung Europas nach den Kriegen gegen Napoleon I. Bestimmende Gesichtspunkte waren die Wiederherstellung der vorrevolutionären polit. Ordnung u. das Gleichgewicht der Mächte. Der W. K. fand seinen Abschluß mit der *Wiener Schlußakte*. Dtld. erhielt statt des erhofften Nationalstaats nur die lose Form des Dt. Bundes; Italien wurde die Einheit versagt; Polen wurde erneut unter Rußland, Preußen u. Östr. aufgeteilt.

Wiener Neustadt, niederöstr. Stadt im südl. Wiener Becken, 35 000 Ew.; roman.-got. Liebfrauenkirche, mehrere Klosterkirchen; Masch.- u. Textil- u. Lederindustrie.

Wiener Sängerknaben, 1498 von Maximilian I.

Wiener Kongreß: territoriale Neugliederung Europas (rot umrandet: der Deutsche Bund)

Wiener Schule, als Teil der Hofkapelle gegr. Wiener Knabenchor, 1924 neu gegr.

Wiener Schule, 1. Bez. für eine Gruppe von Komponisten in Wien zw. 1730 u. 1780 (G.C. *Wagenseil*, M.G. *Monn*, F. *Aspelmayr* u. a.); sie fand zur Sinfonie in vier Sätzen, entwickelte Ansätze des Klavierkonzertes u. prägte die Sonatenhauptsatzform; gilt als unmittelbarer Vorläufer der *Wiener Klassik*. – **2.** *Neue W. S., Zweite W. S.*, Bez. für den Schülerkreis um A. *Schönberg* (bes. A. *Webern* u. A. *Berg*, ferner H. E. *Apostel*, R. *Leibowitz*, E. *Wellesz*); prägte die Musik des 20. Jh. entscheidend, gekennzeichnet durch den Übergang zur *atonalen Musik* um 1908, den musikal. Expressionismus u. die Übernahme der *Zwölftontechnik* um 1925.

Wiener Schule des Phantastischen Realismus, eine Gruppe von Malern, die sich nach 1945 um A. P. *Gütersloh* scharte: E. *Fuchs*, R. *Hausner*, W. *Hutter*, u. a. Die W. S. gestaltet künstl. Phantasieräume, deren Zugang intellektuell entschlüsselt werden muß. Ihre Wurzeln liegen im Manierismus der altdt. u. ndl. Malerei, im Jugendstil, in der dt. Neuen Sachlichkeit u. im Surrealismus.

Wienerwald, nordöstl. Alpenausläufer, waldreiches Bergland westl. u. sw. von Wien; im *Schöpfl* 890 m; Erholungsgebiet für Wien.

Wieniawski [vjɛˈnjafski], Henryk (Henri), * 1835, † 1880, poln. Geiger u. Komponist.

Wies, barocke Wallfahrtskirche des Klosters Steingaden in Oberbay.; erbaut 1746–57 nach Plänen von D. *Zimmermann*.

Wiesbaden, Hptst. des Landes Hessen, am Südhang des Taunus u. am Rhein, 255 000 Ew.; internat. Kur- u. Kongreßstadt; Statist. Bundesamt, Bundeskriminalamt; klassizist. Schloß, Hess. Staatstheater, Kurhaus mit Spielbank; chem., Elektro-, Textil- u. Ind., Sektkellereien, Verlage. – 1816–66 war W. Hptst. des Hzgt. Nassau.

Wiese, r. Nbfl. des Rheins, 82 km; mündet bei Basel.

Wiese, 1. *Wiese und Kaiserswaldau*, Benno von, Sohn von 2), * 1903, † 1987, dt. Literarhistoriker; erforschte bes. die Lit. des 18. u. 19. Jh. – **2.** Leopold von, * 1876, † 1969, dt. Soziologe u. Volkswirt; begr. die Soziologie als Beziehungslehre.

Wiesel, *Mustela*, Gatt. bes. schlanker *Marder*; vornehmlich nachts jagende Bewohner der Kulturlandschaft. Das *Große W. (Hermelin)*, von 28 cm Körperlänge, trägt ein braunes Sommer- u. ein wertvolles weißes Winterkleid. Weitere Arten: Nerz u. Mink.

Wiesel, 1. Elie, * 30.9.1928, US-amerik. Schriftsteller; als Jude 1944/45 im KZ; seit 1963 in den USA. Hauptthema seiner erzählenden u. essayist. Werke (»Die Nacht zu begraben, Elisha«, »Gezeiten des Schweigens«) ist die Vernichtung der Juden durch das nat.-soz. Regime; Friedensnobelpreis 1986. – **2.** Torsten, * 3.6.1924, schwed. Mediziner; 1981 Nobelpreis für Arbeiten zur Aufklärung der Impulsvermittlung im Auge.

Wiesenschaumkraut → Schaumkraut.

Wiesenthal, Simon, * 31.12.1908, dt. Publizist; als Jude 1941–45 im KZ; leitet in Wien ein Dokumentationszentrum über NS-Verbrechen. W »Ich jagte Eichmann«, »Doch die Mörder leben«.

Wiesloch, Stadt in Ba.-Wü., südl. von Heidelberg, 22 000 Ew.; Maschinenbau, Wein- u. Obstanbau.

Wiesmoor, Gemeinde in Nds., Ostfriesland, 10 000 Ew.; Großkraftwerk auf Torfbasis; Treibhäuser, Großgärtnereien.

Kaiser Wilhelm I.

Wiessee, Bad W., Gem. in Oberbay., am Tegernsee, 4000 Ew.; Heilbad mit Jod- u. Schwefelquellen; Spielbank; Hotelfachschule.

Wight, *Isle of W.* [ail ɔv wait], S-engl. Insel u. Gft. an der Kanalküste, 381 km², 123 000 Ew., Hptst. *Newport*; mildes Klima, Seebäder.

Wigman, Mary, * 1886, † 1973, dt. Tänzerin, Choreographin u. Tanzpädagogin; weitete die Möglichkeiten des Ausdruckstanzes aus.

Wigner, Eugene Paul, * 1902, † 1995, US-amerik. Physiker ung. Herkunft; arbeitete über Kerntheorie u. Physik der Elementarteilchen; war an der Entwicklung der Atombombe u. von Kernreaktoren beteiligt; Nobelpreis 1963.

Wigwam, urspr. die kuppelförmige, rindenbedeckte Behausung der Algonkinindianer, allg. die indian. Wohnung.

Wik, im frühen MA befestigter Fernhandels- u. Umschlagsplatz.

Wikinger → Normannen.

Wil, schweizer. Bez.-Hptst. im Kt. St. Gallen, 16 000 Ew.; Baumwoll-Ind., Stickerei.

Wilckens, Ulrich, * 5.8.1928, ev. Theologe, 1986 bis 1991 Bischof der Nordelb. Ev.-Luth. Kirche.

Wild, alle der Jagd unterliegenden Säugetiere *(Haar-W.)* u. Vögel *(Feder-, Flug-W.)*.

Wildbad im Schwarzwald, Stadt in Ba.-Wü., 10 000 Ew.; Luftkurort u. Heilbad.

Wildbeuter, Bez. für Naturvölker, die von Jagd (Männer) u. Sammelwirtschaft (Frauen) leben, nicht seßhaft sind u. weder Bodenbau noch Viehzucht betreiben; die älteste u. einfachste Existenzgrundlage der Menschheit.

Wildbret, *Wildpret*, das Fleisch des Nutzwilds.

Wilde [waild], Oscar, * 1854, † 1900, anglo-ir. Schriftst.; vertrat in Lyrik, Drama (»Salome«) u. in dem Roman »Das Bildnis des Dorian Gray« Ästhetizismus des ausgehenden 19. Jh. Er verfaßte auch witzige, bühnenwirksame Konversationslustspiele (»Lady Windermeres Fächer«, »Ein idealer Gatte«). W. wurde wegen Homosexualität zu zweijähriger Zuchthausstrafe verurteilt.

wilde Ehe → Konkubinat.

Wilder [ˈwaildə], **1.** Billy, * 22.6.1906, US-amerik. Filmregisseur u. -autor östr. Herkunft; emigrierte 1934 in die USA. Filme: »Frau ohne Gewissen«, »Das verflixte siebente Jahr«, »Zeugin der Anklage«, »Manche mögen's heiß«, »Eins, zwei, drei«, »Das Mädchen Irma La Douce«. – **2.** Gene, * 11.6.1935, US-amerik. Filmschauspieler u. -regisseur; meist in Filmen mit hintergründiger Komik. – **3.** Thornton, * 1897, † 1975, US-amerik. Schriftst.; schrieb der abendländ. Tradition verpflichtete Romane, oft mit phil.-religiösem Hintergrund (»Die Brücke von San Luis Rey«, »Dem Himmel bin ich auserkoren«, »Die Iden des März«) u. »illusionslose« Theaterstücke (»Unsere kleine Stadt«, »Wir sind noch einmal davongekommen«).

Wilderei, *Jagdwilderei* → Jagdvergehen.

wilder Streik, ein Streik, der nicht von der Gewerkschaft organisiert, sondern von den Arbeitnehmern selbständig geführt wird.

Wildeshausen, Stadt in Nds., an der Hunte, 13 000 Ew.; Elektro-, Textil- u. Metallind.

Wildgans → Gänse.

Wildgans, Anton, * 1881, † 1932, östr. Schriftst.; 1921–23 u. 1930/31 Burgtheaterdirektor; suchte als Dramatiker realist. Sozialkritik mit expressiv symbolhafter Aussage zu vereinen.

Wildkatzen, 1. i.w.S.: *Felis*, Gatt. von *Kleinkatzen*, die die Steppen- u. sogar Wüstengebiete Afrikas u. Asiens bewohnen u. an extrem trockene Lebensräume angepaßt sind. – **2.** i.e.S.: *Felis silvestris*, Rassenkreis einer *Kleinkatze*, die in großen Teilen Asiens, Afrikas u. Europas verbreitet ist; Unterarten: *Europ. Wildkatze; Nub. Falbkatze*, von der die *Hauskatze* urspr. abstammt; *Steppenkatze*.

Wildleder, sämisch gegerbtes Leder von tuchartiger Beschaffenheit aus Häuten wildlebender Tiere wie Hirsch, Reh, Gemse, Gazelle, Antilope.

Wildpferd, *Equus przewalskii*, in Freiheit vermutl. ausgerottetes *Pferd*, fr. in den Ebenen ganz Eurasiens heimisch; typ. ist die Stehmähne.

Wildschwein, zur Fam. der *Schweine* gehörige Stammform der Rassen des Hausschweins; in vielen Unterarten in N-Afrika u. ganz Eurasien verbreitet. Jagdl. heißt der Eber »Keiler«, das Jungtier »Frischling« u. das Muttertier »Bache«.

Wildungen, Bad W., Stadt in Hess., 15 000 Ew.; Heilbad mit eisen-, magnesia- u. kohlensäurehaltigen Quellen.

Wildwestfilm, *Western*, Filmgatt., deren Geschehen im sog. Wilden Westen der USA (zw. 1850 u. 1900) angesiedelt ist. Der erste W. entstand 1903 in den USA: »Der große Eisenbahnraub«.

Wilhelm, Fürsten.

Deutsche Könige u. Kaiser:
1. W. von Holland, * 1227, † 1256, (Gegen-)König 1247–56; von der päpstl. Partei 1247 gegen *Friedrich II.* zum König gewählt. – **2. W. I.**, * 1797, † 1888, König von Preußen 1861–88, Deutscher Kaiser 1871–88; Sohn Friedrich Wilhelms III. u. der Königin Luise, verh. mit *Augusta*, Tochter des Großherzogs Karl Friedrich von Sachsen-Weimar; entschiedener Gegner der Märzrevolution 1848 (»Kartätschenprinz«); seit 1858 Regent für seinen geisteskranken Bruder Friedrich Wilhelm IV.; berief 1862 O. von *Bismarck* zum Min.-Präs. u. ließ sich im wesentl. von ihm lenken; nahm den Kaiserstuhl nur widerstrebend an. – **3. W. II.**, Enkel von 2), * 1859, † 1941, Deutscher Kaiser u. König von Preußen 1888–1918; zwang Bismarck 1890 zum Rücktritt, ohne selbst in der Lage zu sein, das Reich konsequent zu führen. Im 1. Weltkrieg ließ er sich von der Obersten Heeresleitung fast ganz ausschalten. Nach dem militär. Zusammenbruch trat er am 10.11.1918 auf Rat Hindenburgs auf ndl. Boden über, verzichtete am 28.11.1918 formell auf den Thron u. lebte seit 1920 in Doorn. – **4.** Kronprinz des Dt. Reichs u. von Preußen, ältester Sohn von 3), * 1882, † 1951; lebte 1919–23 in den Ndl., dann wieder in Dtld.; unter-

Wiesel: Hermelin im Winterkleid

Wildkatze

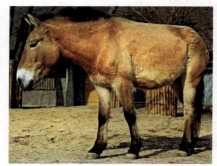
Wildpferd

Kaiser Wilhelm II. in Paradeuniform

stützte in der Endphase der Weimarer Rep. die NSDAP.

Großbritannien:

5. W. I., W. der Eroberer, * um 1027, † 1087, König von England 1066–87, Herzog der Normandie 1035–87; landete 1066 in England u. besiegte den angelsächs. König Harald II. bei *Hastings;* führte die normann. Lehnsverfassung in England ein. – **6. W. III. von Oranien,** * 1650, † 1702, Statthalter der Ndl. 1672–1702, König von England, Schottland (als *W. II.*) u. Irland (als *W. I.*) 1689–1702; landete, von mehreren Lords gerufen, 1688 in England u. vertrieb seinen Schwiegervater Jakob II. *(Glorreiche Revolution);* beschwor die *Declaration of Rights* von 1689. – **7. W. IV.,** * 1765, † 1837, König von Großbrit. u. Irland u. König von Hannover 1830–37; folgte seinem Bruder Georg IV. auf den Thron. Mit ihm endete die Personalunion zw. Großbrit. u. Hannover.

Niederlande:

8. W. von Oranien, W. der Schweiger, * 1533, † 1584, Graf von Nassau u. Prinz von Oranien, Statthalter der Ndl. 1580–84; seit 1560 führend im Widerstand gegen Philipp II. von Spanien, Einiger der Ndl. *(Utrechter Union* 1579). – **9. W. I.,** * 1772, † 1843, König 1815–40, Großherzog von Luxemburg; 1815 zum König der Vereinigten Ndl. ausgerufen; dankte zugunsten seines Sohns *W. II.* ab. – **10. W. III.,** * 1817, † 1890, König der Ndl. u. Großherzog von Luxemburg 1849–90. Mit seinem Tod erlosch die Personalunion der Ndl. mit Luxemburg.

Wilhelmina, * 1880, † 1962, Königin der Ndl. 1890–1948; emigrierte 1940 (bis 1945) nach der dt. Besetzung nach London; dankte 1948 zugunsten ihrer Tochter *Juliana* ab.

Wilhelmine, Sophie Friederike, * 1709, † 1758, Markgräfin von Bayreuth; Lieblingsschwester *Friedrichs d. Gr.,* 1731 mit dem Markgrafen Friedrich von Brandenburg-Bayreuth verheiratet.

Wilhelminische Ära, die Regierungszeit des dt. Kaisers *Wilhelm II.* (1888–1918).

Wilhelmshaven [-fən], Stadt in Nds., am Jadebusen, 90000 Ew.; Zentralinstitut für Meeresforschung, Niedersächs. Landesstelle für Marschen- u. Wurtenforschung; Stützpunkt der Bundesmarine; Schiffbau, Fahrzeugbau, Textil-, Möbel-, chem. u. a. Ind.; Tiefwasserhafen für Erdöltanker mit großem Tanklager, Ölleitung ins Rhein-Ruhr-Gebiet.

Wilhelmshöhe, Schloß bei Kassel, 1787–98 im klassizist. Stil errichtet; Barockpark mit dem von einer Herkulesstatue bekrönten Oktogon über steil abfallenden Kaskaden.

Wilhelm von Aquitanien, * um 750, † 812, Graf von Toulouse u. Herzog von Aquitanien; verteidigte im Auftrag Karls d. Gr. die Span. Mark gegen die Sarazenen. – Heiliger (Fest: 28.5.).

Wilkins ['wilkinz], Maurice Hugh Frederick, * 15.12.1916, engl. Biophysiker; entdeckte die Molekularstruktur der Nucleinsäuren; Nobelpreis für Medizin 1962.

Wilkinson ['wilkinsən], Geoffrey, * 14.7.1921, brit. Chemiker, Prof. in London; forscht über metallorganische Katalysatoren; Nobelpreis 1973 zus. mit E. O. *Fischer.*

Wilkizkij, Boris Andrejewitsch, * 1885, † 1961, russ. Polarforscher; überwand 1914/15 mit zwei Eisbrechern erstmalig den nö. Seeweg von Wladiwostok nach Archangelsk.

Willaert ['wila:rt], Adrian, * um 1490, † 1562, ndl. Komponist (Madrigale, Motetten u. a.); Begr. der *Venezian. Schule;* vereinigte ndl. Polyphonie mit harmon., ital. Kompositionsweisen.

Wille, im Unterschied zu *Trieb* u. *Begehren* ein geistiger Akt, von dem ein Impuls zur Verwirklichung bestimmter Ziele ausgeht.

Willemer, Marianne von, geb. *Jung,* * 1784, † 1860, Freundin Goethes; die »Suleika« seines *Westöstl. Divan,* zu dem sie Gedichte beitrug.

Willemstad, Hptst. u. Hafen der Niederländ. Antillen u. der Insel Curaçao, 50000 Ew.; Altstadt in ndl. Stil; internat. Flughafen.

Willenserklärung, als wichtigster Bestandteil des Rechtsgeschäfts u. damit Grundlage der Privatrechtsordnung die Äußerung des Willens, auf eine Rechtslage einzuwirken, durch ausdrückliche oder stillschweigende Erklärung; ist nur bei voller *Geschäftsfähigkeit* u. bei Fehlen von *Willensmängeln* (Irrtum, Drohung, arglistige Täuschung) wirksam.

Williams ['wiljəmz], Tennessee, eigtl. Thomas Lanier W., * 1911, † 1983, US-amerik. Schriftst.; Hauptvertreter des psychol. Dramas, behandelt sexuelle Probleme, menschl. Versagen u. den Gegensatz von Illusion u. Traum zu Realität u. Gewalt; Zentralerlebnis ist die Einsamkeit. – Ⓦ »Endstation Sehnsucht«, verfilmt von E. *Kazan;* »Die Katze auf dem heißen Blechdach«, verfilmt von R. *Brooks;* »Die Nacht des Leguan«, verfilmt von J. *Huston* u. a.

Williamsburg ['wiljəmzbə:g], Ort in Virginia, 10000 Ew.; 1699–1780 Hptst. der Kolonie Virginia; Rekonstruktion des Stadtbilds vom Ende des 18. Jh.

Willibald, * um 700, † 787 (?), erster Bischof von Eichstätt; angelsächs. Benediktiner. – Heiliger (Fest: 7.7.).

Willibrord, * um 658, † 739, Erzbischof von Utrecht; angelsächs. Benediktiner. – Heiliger (Fest: 7.11.).

Willich, Stadt in NRW, 41000 Ew.; Schloß; Textil-, Stahl-, Masch.-Ind., Brauerei.

Willigis, † 1011, Erzbischof von Mainz u. Erzkanzler 975–1011. – Heiliger (Fest: 23.2.).

Willstätter, Richard, * 1872, † 1942, dt. Chemiker; verdient um die Erforschung von Alkaloiden, Chlorophyll u. Enzymen; Nobelpreis 1915.

Wilms, Dorothee, * 11.10.1929, dt. Politikerin (CDU); 1982–87 Bundes-Min. für Bildung u. Wiss., 1987–91 für innerdt. Beziehungen.

Wilna → Vilnius.

Wilseder Berg, höchste Erhebung der Lüneburger Heide, 169 m; Naturschutzgebiet.

Wilson ['wilsn], **1.** Angus, eigtl. A. Frank *Johnstone-W.,* * 1913, † 1991, engl. Schriftst.; iron.-satir. Romane. – **2.** Charles Thomson Rees, * 1869, † 1959, schott. Physiker; konstruierte die nach ihm ben. *Nebelkammer;* Nobelpreis 1927. – **3.** Sir (1976) Harold, * 11.3.1916, brit. Politiker (Labour); 1963–76 Parteiführer; 1964–70 u. 1974–76 Prem.-Min. – **4.** Kenneth, * 8.6.1936, US-amerik. Physiker; erhielt für seine Theorie der Phasenübergänge u. der krit. Phänomene den Nobelpreis 1982. – **5.** Richard, * 1714, † 1782, engl. Maler; Landschaftsgemälde. – **6.** Robert Woodrow, * 10.1.1936, US-amerik. Physiker; erhielt für die Entdeckung der kosm. Hintergrundstrahlung den Nobelpreis 1978. – **7.** Thomas Woodrow, * 1865, † 1924, US-amerik. Politiker (Demokrat); 1913–21 (28.) Präs. der USA; errang durch die Beteiligung der USA am 1. Weltkrieg für diese der erste Weltmachtstellung bei geringem militär. Einsatz; konnte bei den Pariser Friedensverhandlungen 1918/19 zwar die Gründung des *Völkerbunds,* nicht aber den Frieden aufgrund seiner *Vierzehn Punkte* durchsetzen; Friedensnobelpreis 1919.

Wimbledon: Blick über die Tennisanlage; oben der Centre Court, darunter Court Nr. 1

Wimbledon ['wimbldən], Teil der Stadtgem. *Merton* im SW von Greater London; seit 1877 Austragungsort der internat. Tennismeisterschaften von England.

Wimpel, kleine dreieckige Flagge.

Wimpertierchen, *Ciliata, Infusorien,* Stamm der *Protozoen;* Einzeller von bereits hochentwickelter Organisation u. oft verhältnismäßig beträchtl. Größe; sind mit einer härteren Außenschicht um-

Windstärken nach Beaufort			Geschwindigkeit des Windes in:		
Wind-stärke	Bezeichnung	Beschreibung der Auswirkungen	m/s	km/h	Knoten
0	Windstille	vollkommene Luftruhe, Rauch steigt senkrecht empor	0 – 0,2	unter 1	unter 1
1	leiser Zug	Rauch steigt nicht ganz senkrecht empor, Blätter aber noch unbewegt	0,3– 1,5	1– 5	1– 3
2	leichte Brise	Blätter säuseln, Wind im Gesicht gerade spürbar	1,6– 3,3	6– 11	4– 6
3	schwache Brise	Blätter u. dünne Zweige bewegen sich, Wimpel werden gestreckt	3,4– 5,4	12– 19	7–10
4	mäßige Brise	Zweige u. dünne Äste bewegen sich, loses Papier wird vom Boden aufgehoben	5,5– 7,9	20– 28	11–16
5	frische Brise	größere Zweige u. Bäume bewegen sich, auf Seen bilden sich Schaumköpfe	8,0–10,7	29– 38	17–21
6	starker Wind	auch starke Äste bewegen sich, an Hausecken u. Drähten hörbares Pfeifen	10,8–13,8	39– 49	22–27
7	steifer Wind	Bäume bewegen sich, spürbare Behinderung beim Gehen gegen den Wind	13,9–17,1	50– 61	28–33
8	stürmischer Wind	Zweige werden von den Bäumen abgebrochen, erhebliche Gehbehinderung	17,2–20,7	62– 74	34–40
9	Sturm	Dachziegel werden von den Häusern abgehoben	20,8–24,4	75– 88	41–47
10	schwerer Sturm	Bäume werden entwurzelt, an Häusern schon bedeutende Schäden	24,5–28,8	89–102	48–55
11	orkanartiger Sturm	verbreitete schwere Sturmschäden	28,5–32,6	103–117	56–63
12	Orkan	verwüstende Wirkungen schwerster Art	>32,7	>118	>64

Wimpfeling

geben, die schwingende Protoplasmafortsätze *(Wimpern, Zilien)* zur Fortbewegung u. zum Herbeistrudeln der Nahrung trägt. Bekanntestes W. ist das *Pantoffeltierchen*.

Wimpfeling, *Wimpheling, Wympfeling,* Jakob, *1450, †1528, dt. Humanist; machte den ersten Versuch einer Darstellung der Gesch. Dtld. (1505).

Winchester ['wintʃistə], Verw.-Sitz der Gft. *Hampshire,* 31 000 Ew.; anglikan., roman. Kathedrale (11.–15. Jh.).

Winckelmann, Johann Joachim, *1717, †1768 (ermordet), dt. Archäologe u. Kunstwiss.; Begr. der wiss. Archäologie; seine Wesensdeutung der grch. Kunst bestimmte maßgebl. die Schönheitsideale des Klassizismus. Ⓦ »Gesch. der Kunst des Altertums«.

Winckler, Josef, *1881, †1966, dt. Schriftst.; Ⓦ »Der tolle Bomberg«.

Wind, Bewegung der Luft, meist horizontal, doch bei Beeinflussung durch Bodenformen auch vertikal *(Auf-W.)* oder schräg auf- oder abwärts *(Berg- u. Tal-W., Fall-W.)*. W. entsteht als Ausgleichsstörung zw. Gebieten unterschiedl. Luftdrucks (vom hohen zum tiefen Druck). Durch die Erdrotation werden die W. aus ihrer urspr. Richtung abgelenkt.

Windaus, Adolf, *1876, †1959, dt. Chemiker; Untersuchungen über Steine u. Vitamine; Nobelpreis 1928.

Windbestäuber, *Windblüher, Anemogamen,* Pflanzen, bei denen der Pollen durch den Wind übertragen wird, z.B. Gräser, Nadelhölzer.

Winde, 1. *Convolvulus,* Gatt. der *W.ngewächse;* windende Kräuter oder Sträucher; in Mitteleuropa die *Acker-W.* (lästiges Unkraut), *Zaun-W.* u. *Strand-W.* – **2.** Gerät zum Heben u. Senken von Lasten.

Windei, Vogelei mit sehr dünner oder ohne Schale, evtl. ohne Dotter oder stark verformt.

Windelen, Heinrich, *25.6.1921, dt. Politiker; 1969 Bundes-Min. für Vertriebene, Flüchtlinge u. Kriegsgeschädigte, 1981–83 Vize-Präs. des Bundestages, 1983–87 Bundes-Min. für innerdt. Beziehungen.

Windglider [-glaidə], ein aus Glasfaserkunststoff gefertigtes Surfsegelbrett.

Windhose, *Sandhose, Staubteufel, Wasserhose,* Wirbelwind mit einem aus einer Wolke herabhängenden Wolkentrichter oder -schlauch zu einem »Fuß« aus aufgewirbeltem, angesaugtem Sand, Staub oder Wasser; infolge hoher Windgeschwindigkeit u. enger Begrenzung häufig von zerstörender Wirkung.

Windhuk, engl. u. afrikaans *Windhoek,* Hptst. von Namibia, 120 000 Ew.; Handels-, Ind.- u. Kulturzentrum; Flughafen.

Windhund, Sammelname für Hetzhunde von schlanker u. zartgliedriger Gestalt u. großer Schnelligkeit: *Afghane, Barsoi, Greyhound* u. a.

Windischgrätz, *Windisch-Graetz,* Alfred Fürst zu, *1787, †1862, östr. Feldmarschall; unterdrückte 1848 die Revolution in Böhmen u. Wien.

Windjammer, seemänn. Bez. für große, seetüchtige Segelschiffe.

Windkanal, tunnelartige Versuchseinrichtung zur Erforschung des aerodynam. Verhaltens von Flugzeugen, Flugzeugteilen u. -modellen, Kraftwagenmodellen u. ä.

Windkraftanlage, Anlage, in der die kinet. Energie des Windes zur Erzeugung von Antriebsleistung ausgenutzt wird. Schon vor 3000 Jahren waren *Windmühlen* bekannt. In der norddt. Küstenlandschaft standen noch Anfang dieses Jh. mehr als 10 000 Windmühlen. Heute werden auch Propeller oder Motoren großer Abmessungen gebaut, die nach dem Tragflügelprinzip funktionieren. Durch die von einem Propeller überstrichene Kreisfläche strömt die Luft u. wird am Motor abgebremst. Der Propeller treibt über Welle u. Getriebe einen Generator an. *Windkraftwerke* zur Erzeugung elektr. Energie können mit einer Leistung von mehreren 100 kW Strom entlegene Gebiete dezentral mit Energie versorgen.

Windmeßgeräte, *Windmesser,* Geräte zur Ermittlung der Windgeschwindigkeit *(Anemometer)* oder der Windrichtung *(Windfahne, Windsack).*

Windpocken, *Wasserpocken, Schafblattern, Spitzpocken, Varizellen,* eine meist nur im Kindesalter auftretende, ansteckende, aber harmlose Viruskrankheit; nach einer Inkubationszeit von 14–17 Tagen bilden sich rötl. Flecken mit Wasserbläschen, die rasch eintrocknen u. meist ohne Narben abheilen.

Windröschen → Anemone.

Windrose → Kompaß.

Windsor ['winzə], **1.** amtl. *New W.,* engl. Stadt am Südufer der Themse, westl. von London, 28 000 Ew.; mit *W. Castle* (Sommersitz des engl. Herrscherhauses). – **2.** Stadt in der kanad. Prov. Ontario, nahe der USA-Grenze, 193 000 Ew.; Univ.; Auto-, Masch.-, pharmazeut. u. chem. Ind.; Molkereien.

Windsor ['winzə], seit 1917 Name des brit. Königshauses, den es während des 1. Weltkriegs statt der bisherigen Benennung nach der dt. Linie *Sachsen-Coburg-Gotha* annahm.

Windstärke, Maß für die Größe der Windgeschwindigkeit aufgrund der mechan. Wirkung des Windes, entspr. der *Beaufortskala.* – Ⓣ → S. 981.

Windsurfing [-sə:fiŋ], Art des Wellenreitens auf einem ca. 3,5 m langen Kunststoffbrett *(Surfboard)* mit kombiniertem Segel; 1969 entwickelt.

Windkanal: Untersuchung des aerodynamischen Verhaltens von Automobilen

Weltmeister R. Naish beim Starkwind-Surfen

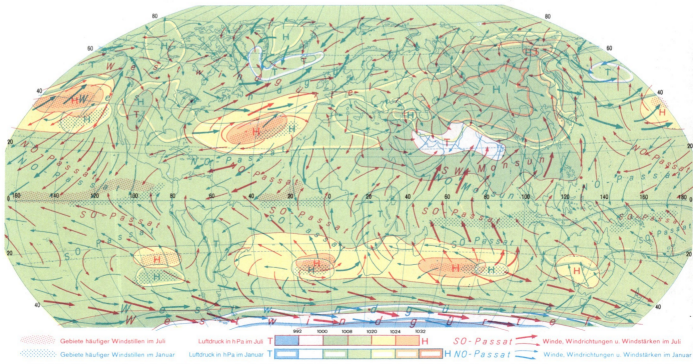

Wind: Das Schema des planetarischen Windsystems zeigt die jahreszeitliche Verbreitung von Hoch- und Tiefdruckgebieten sowie die Luftströmungen unter dem Einfluß der Erdrotation

Windthorst, Ludwig, *1812, †1891, dt. Politiker (Zentrum); v. a. in der Zeit des *Kulturkampfs* der wichtigste Gegenspieler *Bismarcks*.

Windward Islands ['windwəd 'ailəndz], Südgruppe der *Inseln über dem Winde*, Kleine Antillen (Westindien); von N nach S: Dominica, Martinique, Saint Lucia, Saint Vincent, Grenadinen, Grenada.

Winfrid →Bonifatius.

Winkel, geordnetes Paar zweier von einem Punkt, dem *Scheitel*, ausgehender Halbgeraden, der *Schenkel*. Die Größe des W. ist der Richtungsunterschied zw. den beiden Schenkeln; sie wird gemessen durch seinen Bogen (arc), manchmal in rad (Radiant), oder in Graden (°) bzw. Gon, Minuten (') u. Sekunden ("). 1° entspricht dem 360. Teil des Vollwinkels (Kreis), 1' dem 60. Teil eines Grads, 1" dem 60. Teil einer Minute. *Spitze W.* sind kleiner, *stumpfe W.* (bzw. *überstumpfe W.*) größer als 90° (bzw. 180°). *Neben-W.* haben einen Schenkel gemeinsam u. bilden zus. den *gestreckten W.*

Winkelfunktionen, trigonometr. Funktionen,

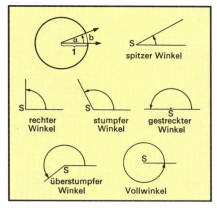

Winkel

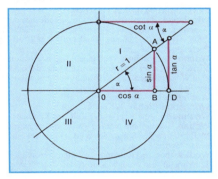

Die vier Winkelfunktionen

Funktionen, die einen Zusammenhang zw. Winkeln u. Strecken herstellen, bes. angewandt bei der Dreiecksberechnung.

Winkerkrabben, an den Küsten aller trop. Meere lebende Gatt. der *Krabben*; auffallend bunt gezeichnet; die Männchen haben eine extrem große Schere.

Winkler, 1. Clemens, *1838, †1904, dt. Chemiker; Entdecker des *Germaniums*; schuf das Kontaktverfahren zur Herstellung von Schwefelsäure. – **2.** Gerhard, *1906, †1977, dt. Komponist u. Pianist; schrieb Operetten u. Filmmusiken. – **3.** Hans Günter, *24.7.1926, dt. Springreiter, mehrf. Weltmeister u. Olympiasieger.

Winnenden, Stadt in Ba.-Wü., nordöstl. von Stuttgart, 23 000 Ew; ehem. Deutschordensschloß *Winnental* mit Schloßkirche (15. Jh.), elektrotechn. Ind., Maschinenbau.

Winnipeg, Hptst. der kanad. Prov. Manitoba, an der Mündung des Assiniboine in den Red River of the North, 647 000 Ew.; Univ. (1877); Mühlen, Sägereien, Schlachtereien, Brauereien, Getreidemarkt, Textil-Ind., Erdölraffinerien; Bahnknotenpunkt; Flughafen.

Winnipegsee, See in der kanad. Prov. Manitoba, 24 387 km², bis 21 m tief.

Winniza, ukrain. *Winnyzja*, Hptst. der gleichn. Oblast in der Ukraine, am Bug, 383 000 Ew.; Univ.; Zuckerfabriken, Phosphatwerke, Metall-, Holz- u. Lederverarbeitung.

Winrich von Kniprode, †1382, Hochmeister des Dt. Ordens seit 1351. Unter seiner Reg. erlebte der Dt.-Ordensstaat seine Blütezeit; veranlaßte Städtegründungen u. die Vollendung der Marienburg.

Winsen (Luhe), Krst. in Nds., am Nordrand der Lüneburger Heide, 27 000 Ew.; Schloß (16. Jh.), Marienkirche (14./15. Jh.); Maschinenbau, Elektro-, Möbel-, pharmazeut. Ind.

Winston-Salem ['winstən 'seiləm], Stadt im NW von North Carolina (USA), 135 000 Ew. Tabakanbau, -handel u. -verarbeitung. – *Salem* wurde 1766 von dt. Einwanderern gegr.

Winter, Jahreszeit auf der Nordhalbkugel 22.12. bis 21.3., auf der Südhalbkugel 21.6. bis 23.9.

Winter, Fritz, *1905, †1976, dt. Maler; Bauhausschüler, abstrakt-ungegenständl. Malerei mit symbolhaften Zeichen.

Winterberg, Stadt in NRW, Luftkurort im Sauerland, 700–800 m ü. M., 15 000 Ew.; Wintersportplatz.

Wintergetreide, Getreiderassen, bei denen zur Ausbildung von Blüten u. Früchten ein Kältereiz notwendig ist.

Winterschlaf, während der nahrungsarmen Winterzeit ein Zustand der Lethargie bei einigen Säugetieren, der im Ggs. zur *Winterruhe* hormonell gesteuert ist; Herabsetzung aller Lebensfunktionen; bes. bei Nagetieren (Hamster, Murmeltier u. a.), Insektenfressern (Igel), Fledermäusen.

Wintersport, Sammelbez. für alle auf Schnee u. Eis betriebenen Sportarten: Bobfahren, Curling, Eislaufen, Eisschießen, Eissegeln, Eishockey, Skisport u. Rodeln.

Winterthur, N-schweiz. Ind.-Stadt im Kt. Zürich, 85 000 Ew.; histor. Stadtkern; Musikkollegium, bed. Textil- u. Masch.-Ind.

Winzer, Weinbauer.

Wipperfürth, Stadt in NRW, an der Wupper, 21 000 Ew.; Textil-, Metall-, Papier-, Elektro- u. Kunststoff-Ind.

Wirbel, 1. das einzelne Glied des Achsenskeletts (*W.säule*) der W.tiere. – **2.** drehende Bewegung von Flüssigkeiten u. Gasen. – **3.** bei Saiteninstrumenten drehbare Pflöcke zum Befestigen u. Stimmen von Saiten. – **4.** schneller Schlagwechsel bei Trommeln u. Pauken.

Wirbellose, *Invertebrata*, nicht systemat. Bez. für die Tiere ohne Wirbelsäule.

Wirbelsäule, Achsenskelett der *Wirbeltiere*, das durch Verknöcherung der biegsamen *Chorda dorsalis* entsteht, durch Gliederung in einzelne Wirbel aber allseitig beweglich bleibt. Beim Menschen besteht die W. (*Rückgrat*) aus 7 Hals-, 12 Brust- u. 5 Lendenwirbeln u. ruht auf dem *Kreuzbein* (5 verwachsene Wirbel), dem das rudimentäre *Steißbein* anhängt.

Wirbelströme, innerhalb von elektr. Leitern (z.B. Blechen) geschlossen verlaufende Ströme, die durch ein veränderl. Magnetfeld entstehen.

Wirbelsturm, starke Luftbewegung um ein Zentrum außergewöhnlich niedrigen Luftdrucks, bes. eine trop. *Zyklone.*

Wirbeltiere, *Vertebrata*, Gruppe der *Chordaten*, zu der u. a. die Säugetiere u. damit auch der Mensch gehören. In der modernen Systematik werden die W. aufgelöst in die Unterstämme *Kieferlose* u. *Kiefermäuler*, die gleichberechtigt neben den anderen beiden Unterstämmen der Chordaten, *Manteltiere* u. *Schädellose*, stehen. Hauptkennzeichen der W. ist das gegliederte Achsenskelett (*Wirbelsäule*), in dessen Nähe und in dessen Innerem sich das *Rückenmark* befindet. Das Nervensystem der W. zeigt meist am Vorderende des Rückenmarks eine Gehirnanlage. Das *Blutkreislaufsystem* ist geschlossen. Die paarigen *Gliedmaßen* lassen sich von den Flossen der Fische, dem sog. *Archipterygium* (»Urflosse«), ableiten. Die Sinnesorgane sind meist hoch entwickelt.

Wirkerei, Zweig der Textiltechnik, der sich mit der Herstellung von Maschenwaren (*Gewirken*) befaßt.

Wirkungsgrad, Verhältnis der nutzbringend gewonnenen zur aufgewendeten Energie.

Wirkungsquantum, *Plancksches W.*, universelle Naturkonstante, wichtigste Zahlengröße der *Quantentheorie* u. Atomphysik, 1900 von M. *Planck* entdeckt; mit dem Buchstaben h bezeichnet; $h = 6,625 \cdot 10^{-34}$ Js.

Wirkwaren, Stoffe, die durch Vermaschung eines Fadens oder Fadensystems entstehen. Bei der aus nur einem Faden hergestellten *Kulierware* wird der waagerechte Faden in Bogen gelegt u. durch die vorhergehende Masche gezogen. Bei der *Kettware* verschlingen sich viele senkrecht hängende Fäden miteinander.

Wirsing →Kohl.

Wirt, der von einem *Parasiten* befallene Organismus.

Wirtel, *Quirl*, bei einer Pflanze mehrere Blätter an einem Stengelknoten.

Wirth, Josef, *1879, †1956, dt. Politiker (Zentrum); 1920 Reichsfinanz-Min., 1921/22 Reichskanzler; schloß 1922 den Rapallovertrag.

Wirtschaft, alle Einrichtungen u. Handlungen, die der planvollen Deckung des menschl. Bedarfs dienen; bes. die Erscheinungen der Gütererzeugung, des Güterverbrauchs, des Güterumlaufs u. der Güterverteilung (bes. Einkommensverteilung).

Wirtschaftlichkeit, das Rationalprinzip im wirtschaftl. Bereich (*ökonom. Prinzip*); gegeben, wenn ein bestimmtes Ziel mit möglichst geringem Aufwand oder mit gegebenem Aufwand ein möglichst hoher Ertrag erzielt wird.

Wirtschaftsausschuß, ein gemäß dem Betriebsverfassungsgesetz in Unternehmen mit mehr als 100 Arbeitnehmern zu bildendes Organ, das dem Zusammenwirken zw. Unternehmer u. Belegschaft in wirtsch. Angelegenheiten dienen soll.

Wirtschaftskrieg, *Handelskrieg*, Gesamtheit der auf die wirtsch. Schwächung des Kriegsgegners gerichteten Maßnahmen; im Frieden bes. durch Zollerhöhung, Embargo, Dumping, im Krieg u. a. durch Sabotage u. Blockade.

Wirtschaftskriminalität, abweichendes Verhalten von den im wirtschaftl. Leben geltenden Normen, das mit strafrechtl. Sanktionen bedroht ist; z.B. Steuerhinterziehung, Subventionserschleichung, Kreditbetrug u. a.

Wirtschaftsordnung, die histor. gewachsene oder bewußt geschaffene, auf ein Leitbild ausgerichtete konkrete Organisation des wirtsch. Lebens eines Landes.

Wirtschaftspolitik, alle Maßnahmen des Staates zur Gestaltung des Wirtschaftslebens.

Wirtschaftssystem, die Organisation der Planung u. Lenkung (Koordination) der Wirtschafts-

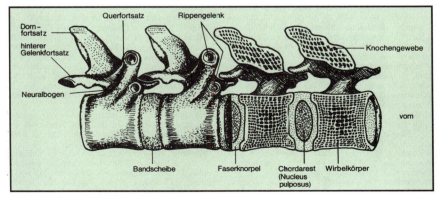

Teil der Wirbelsäule eines Säugetiers

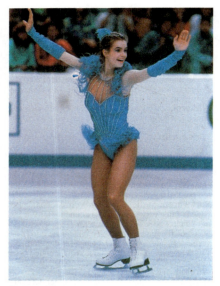

Katarina Witt

prozesse in arbeitsteiligen Gesellschaften. →Marktwirtschaft, →Planwirtschaft.

Wirtschaftswissenschaften, Gesamtheit der Wiss., die wirtsch. Erscheinungen zum Forschungsobjekt haben: *Volkswirtschaftslehre, Volkswirtschaftspolitik, Betriebswirtschaftslehre, Finanzwissenschaft,* auch *Statistik* u. wirtsch. relevante Teile des *Rechts*.

Wirtschaftswunder, volkstüml. Bez. für den außergewöhnl. Aufschwung der Wirtschaft der BR Dtld in der 2. Hälfte der 1950er Jahre.

Wischnewski, Hans-Jürgen, *24.7.1922, dt. Politiker (SPD); 1966–68 Bundes-Min. für wirtsch. Zusammenarbeit, 1974–76 Staats-Min. im Auswärtigen Amt, 1976–79 u. 1982 beim Bundeskanzler, 1979–82 stellvertr. Partei-Vors., 1984/85 Schatzmeister der SPD.

Wischnu [ˈviʃ-], *Vishnu, Narayana, Shridhara, Hari,* einer der Hauptgötter des Hinduismus; Universalgott, die übrigen Götter sind nur seine Erscheinungsformen; erscheint in zehn Inkarnationen.

Wisconsin [wisˈkɔnsin], Abk. *Wis.,* nordöstl. Gliedstaat der →Vereinigten Staaten von Amerika, zw. Mississippi, Oberem u. Michigansee.

Wisent →Bison.

Wismar, kreisfreie Stadt in Mecklenburg-Vorpommern, Hafenstadt an der Ostsee, 58 000 Ew.; histor. Stadtbild mit Marienkirche (14./15. Jh.) u. Giebelhäusern; Schiffbau, Werft.

Wismut, fachsprachl. *Bismut,* ein →chemisches Element (ein Metall).

Wissenschaft, urspr. das systemat. Ganze der Erkenntnis (die *Philosophie* des Altertums u. des MA). Mit der Ausbildung der neuzeitl. Natur-W. begann die Auflösung des universalen W.sbegriffs zugunsten stärkerer Betonung der Einzel-W.en. Zugleich wurde die math.-naturwiss. Methode Vorbild aller Wissenschaftlichkeit, der gegenüber erst im ausgehenden 19. Jh. die *Geistes-W.* ihre andersartige Methodik geltend machten. Wissenschaftlichkeit heißt: Methodik, Vorurteilsfreiheit, Wertfreiheit, Verifizierbarkeit, Möglichkeit der Kritik sowie Intersubjektivität.

Wissenschaftsrat, *Deutscher W.,* 1957 von Bund u. Ländern gegr. Einrichtung der Wissenschaftsförderung in der BR Dtld.

Wissmann, 1. Hermann von, *1853, †1905, dt. Afrikaforscher; 1895/96 Gouverneur von Dt.-Ostafrika. – **2.** Matthias,* *15.4.1949, dt. Politiker (CDU); 1973–83 Bundes-Vors. der Jungen Union, 1993 Bundesminister für Forschung u. Technologie, seit 1993 für Verkehr.

Witebsk, Hptst. der gleichn. Oblast im N von Weißrußland, 347 000 Ew.; HS; Flachsanbau; Werkzeugmaschinenbau u. a. Ind.

Witkiewicz [vitˈkjevitʃ], Stanislaw Ignacy, *1885, †1939 (Selbstmord), poln. Schriftst. u. Maler; utop. Romane, grotesk-absurde Dramen.

Witt, 1. Johan de, *1625, †1672, ndl. Politiker; als Ratspensionär (1653–72) von Holland Leiter der ndl. Politik; von Gegnern ermordet. – **2.** Katarina, *3.12.1965, dt. Eiskunstläuferin; mehrf. Weltmeisterin u. Olympiasiegerin.

Witte, 1. *Wit,* Emanuel de, *um 1617, †1692, ndl. Maler; Hauptmeister des holländ. Architekturbildes (hpts. Kircheninterieurs). – **2.** Sergej Juljewitsch Graf, *1849, †1915, russ. Politiker balt. Herkunft; 1905/06 Min.-Präs.

Wittekind →Widukind.

Wittelsbacher, dt. Herrschergeschlecht, ben. nach der Stammburg *Wittelsbach* (seit 1115) bei Aichach; 1294–1777 in die bay. u. die pfälz. Hauptlinie aufgezweigt; die anfangs gemeinsame Kurwürde erhielt 1356 die pfälz., 1620/48 die bay. Linie, wobei für die Pfalz eine neue, 8. geschaffen wurde; 1777 erlosch die jüngere, bay. Hauptlinie; die pfälz. Linie stellte 1806–1918 die bay. Könige.

Witten, Stadt in NRW, an der Ruhr, sö. von Bochum, 110 000 Ew.; Stahl-, chem., elektrotechn., opt. u. Glas-Ind.

Wittenberg, *Lutherstadt W.,* Krst. in Sachsen-Anhalt, an der Elbe, 54 000 Ew.; kurfürstl. Schloß (15./16. Jh.) mit Schloßkirche (Grabstätten Luthers u. Melanchthons), got. Stadtkirche (13. bis 15. Jh., mit Altar von L. Cranach d. Ä.); Metallwaren-, Masch.-Ind., Apparatebau. – W. war seit 1240 Residenzstadt des Hzgt. Sachsen-W. Die Univ. (1502–1817) war Ausgangspunkt der Reformation.

Wittenberge, Stadt in Brandenburg, an der Elbe (Hafen), 30 000 Ew.; Nähmaschinen- u. a. Ind.

Witterung, vorherrschende Art des allg. Wetterablaufs an einem Ort während eines größeren Zeitraums.

Wittgenstein, Ludwig, *1889, †1951, östr.-engl. Philosoph; einer der Hauptvertreter der modernen *Logistik;* Ⓦ »Tractatus Logico-Philosophicus«.

Wittig, Georg, *1897, †1987, dt. Chemiker; zahlr. Arbeiten auf Gebieten der präparativen u. theoret. organ. Chemie; bed. die W.-Reaktion bei der Synthese der Vitamine A u. D; zus. mit H.C. Brown Nobelpreis 1979.

Wittlich, Krst. in Rhld.-Pf., an der Lieser, 16 000 Ew.; Gummi- u. Metall-Ind.

Wittling, *Merlan,* 30–45 cm langer *Schellfisch.*

Wittlinger, Karl, *1922, †1994, dt. Schriftst.; Komödien, Hörspiele, Fernsehstücke; Ⓦ »Kennen Sie die Milchstraße?«.

Wittmund, Kreisstadt in Nds., in Ostfriesland, 19 000 Ew.; Nikolaikirche (18. Jh.); Landwirtschaftszentrum (Viehmarkt).

Wittstock, Stadt in Brandenburg, in der Prignitz, 14 000 Ew.; vielseitige Ind.

Witwatersrand, engl. *Far East Rand,* an Goldvorkommen reicher südafrik. Höhenzug im südl. Transvaal, Zentrum Johannesburg.

Witwe, *Witfrau, Witib,* Frau, deren Ehemann gestorben ist; entspr. **Witwer.**

Witwen, Unterfam. afrik. Webervögel; Brutparasiten, die ihre Eier in Nester von Prachtfinken legen u. deren Verhalten u. Gesang nachahmen.

Witwenrente, Hinterbliebenenrente an die Ehefrau der verstorbenen Versicherten aus der Unfall- u. Rentenversicherung. Bei Wiederverheiratung erlischt die W.; entspr. **Witwerrente,** falls die Ehefrau den Lebensunterhalt überwiegend bestritten hatte.

Witz, urspr. heller, lebendiger Verstand (so noch in »Mutter-W.«); heute: *Wortkomik.*

Witz, Konrad, *nach 1400, †um 1445, dt. Maler; in der altdt. Malerei ein Hauptmeister des Realismus.

Witzenhausen, Stadt in Hessen, an der Werra, 16 000 Ew.; Fachwerkhäuser; Metall-, Textil-Ind.

Witzleben, Erwin von, *1881, †1944, dt. Offizier; 1940 Generalfeldmarschall; führend in der Militäropposition gegen Hitler; nach dem mißglückten Attentat vom 20. Juli 1944 hingerichtet.

Wjatka, 1. fr. *Kirow,* Stadt in Rußland, an der W. (2), 421 000 Ew.; TH; versch. Industrie. – **2.** r. Nbfl. der in die Wolga mündenden Kama, 1367 km.

Wladikawkas, fr. *Ordschonikidse,* Hptst. der Rep. Nordossetien (Rußland), im nördl. Kaukasus, am oberen Terek, 313 000 Ew.; Univ.; Zink- u. Bleierzwerke; chem. Ind.

Wladimir, Hptst. der gleichn. Oblast in Rußland, an der Kljasma, 343 000 Ew.; Uspenskij-Kathedrale (1158); Demetrius-Kathedrale (1193–97), Kloster (12. Jh.), Goldenes Tor (12. Jh.); Baumwollverarbeitung, Traktorenbau u. chem. Ind.

Wladimir, 1. *W. der Heilige,* *um 956, †1015, Großfürst von Kiew 978–1015; eroberte Gebiete von Polen (981) u. dehnte die Herrschaft Kiews über alle ostslaw. Stämme aus. – **2. W. Monomach,** Urenkel von 1), *1053, †1125, Großfürst von Kiew 1113–25; führte das Kiewer Reich zu einem letzten Höhepunkt seiner Macht.

Wladislaw, 1. W. V., *1456, †1516, König von Böhmen 1471–1516 u. von Ungarn (*László II.* seit 1490); poln. Jagiellone. – **2. Władysław I. Łokietek** [»Ellenlang«], *1260, †1333, König (1306) 1320–33; der eigtl. Schöpfer des poln. Einheitsstaats.

Wladiwostok, Hptst. des *Primorskij Kraj* im russ. Fernen Osten, 627 000 Ew.; Univ.; Fischverarbeitung, Masch.- u. Schiffbau; Erdölraffinerien, Wärmekraftwerk, Kohlebergbau; größter russ. Hafen am Pazifik; Endpunkt der Transsibir. Bahnlinie; befestigter Flotten- u. Luftstützpunkt.

Wlasow [-sɔf], *Wlassow,* Andrej Andrejewitsch, *1901, †1946, sowj. General; seit 1942 in dt. Gefangenschaft; bildete 1944 mit dt. Unterstützung aus sowj. Kriegsgefangenen eine antisowj. »Befreiungsarmee«; von den Amerikanern 1945 an die Sowj. ausgeliefert, dort hingerichtet.

Włocławek [wuɔˈtsuavɛk], poln. Stadt an der Weichsel, 117 000 Ew.; Bischofssitz; got. Kathedrale (1340–65); chem., Stickstoff-, Zellstoff-, Porzellan-, Metall-Ind.

Woche, Zeitabschnitt von sieben Tagen, etwa ein Viertel der Dauer des Mondumlaufs; die siebentägige W. ist morgenländ. Ursprungs u. hängt mit der babylon. Sternkunde zusammen.

Wochenbett →Kindbett.

Wochenbettfieber →Kindbettfieber.

Wöchnerin, eine Frau in der Zeit des Kindbetts.

Wodan, *Wotan,* im Norden *Odin,* in der germ. Myth. die an der Spitze der nord. Götterwelt stehende Gottheit.

Wodka, bes. in Rußland u. Polen verbreiteter Trinkbranntwein aus Kartoffeln; mindestens 40 Vol.-% Alkohol.

Wodu, *Voodoo,* Geheimkult bes. der Schwarzen auf Haiti (Geisterbeschwörung in ekstat. Tänzen, Tieropfer).

Woermann, Adolph, *1847, †1911, dt. Reeder; erwarb Ländereien in Kamerun u. Togo u. übergab sie als Schutzgebiet dem Dt. Reich; 1884–89 nat.-lib. Abg. im Reichstag.

Wogulen, das ugrische Volk der *Mansen.*

Wohlfahrt, Gemeinwohl u. Wohlstand des einzelnen; öffentl. Fürsorge u. **W.spflege,** planmäßige, vorbeugende u. abhelfende Betreuung Notleidender oder Gefährdeter auf gesundheitl., sittl. u. wirtsch. Gebiet.

Wohlfahrtsstaat, Bez. für den modernen *Sozialstaat* u. seine Zielrichtung, allen Staatsbürgern ungeachtet ihrer individuellen Leistungsfähigkeit u. Lebenslage ein Mindestmaß an soz. Sicherung u. materiellem Wohlstand zu gewährleisten; auch polem. als *Versorgungsstaat* bezeichnet.

Wohmann, Gabriele, *21.5.1932, dt. Schriftst.

Wittenberg: Marktplatz mit Renaissance-Rathaus und den Denkmälern Luthers und Melanchthons

Die Wochentage					
Wochentag	Zeichen	englisch	französisch	italienisch	spanisch
Montag	☾	Monday	lundi	lunedì	lunes
Dienstag	♂	Tuesday	mardi	martedì	martes
Mittwoch	☿	Wednesday	mercredi	mercoledì	miércoles
Donnerstag	♃	Thursday	jeudi	giovedì	jueves
Freitag	♀	Friday	vendredi	venerdì	viernes
Sonnabend	♄	Saturday	samedi	sabato	sábado
Sonntag	☉	Sunday	dimanche	domenica	domingo

analysiert das bürgerl. Alltagsleben; Romane, Erzählungen, Hör- u. Fernsehspiele.
Wohngeld, Miet- oder Lastenzuschuß zu den Aufwendungen für Wohnraum; wird gewährt, um die Belastungen durch die Wohnkosten für soz. bedürftige Menschen tragbar zu machen; berechnet nach Einkommen u. Zahl der Familienmitglieder.
Wohngemeinschaft, ein aus der *Kommune* hervorgegangenes Wohn- u. Sozialkonzept zur gemeinschaftl. Nutzung von Wohnräumen durch Personen, zw. denen kein Verwandtschaftsverhältnis besteht, z.B. Studenten-W.
Wohnsitz, Ort der ständigen Niederlassung einer Person.
Wohnungseigentum, *Eigentumswohnung,* Sondereigentum an einer Wohnung mit der Rechtsstellung eines Alleineigentümers, aber auch mit Beschränkungen gegenüber weiteren Wohnungseigentümern aus dem *Bruchteilsmiteigentum* an Grundstück u. Gebäude. Für das W. werden besondere Grundbücher geführt.
Wohnwagen, eingerichteter Wagen mit Schlaf- u. Kochmöglichkeit; als Kfz-Anhänger in Leichtbauweise hergestellt; meist einachsig; bes. für Camping geeignet.
Wojewode, *Woiwode,* oberster staatl. Beamter einer **Wojewodschaft,** Verw.-Gebiet in Polen.
Wojtyla [vɔ'tiwa], Karol, poln. Theologe, seit 1978 Papst →Johannes Paul II.
Wolf, 1. Christa, *18.3.1929, dt. Schriftst.; Fragen nach dem Zusammenleben der Menschen u. der Selbstverwirklichung der einzelnen; W »Nachdenken über Christa T.«, »Kindheitsmuster«, »Kassandra« u. a.; Essays u. Filmdrehbücher. – **2.** Hugo, *1860, †1903, österr. Komponist; der überragende Liedschöpfer der Spätromantik. – **3.** Marcus, *19.1.1923, dt. Geheimdienstchef; 1958–87 stellv. Min. u. Leiter des Hpt.-Verw. Aufklärung im Min. für Staatssicherheit der DDR. – **4.** Max, *1863, †1932, dt. Astronom; förderte die Himmelsphotographie; entdeckte zahlr. Planetoiden.
Wolf, *Canis lupus,* hundeartiges Raubtier, das in vielen Standortrassen über die ganze Welt verbreitet, an vielen Orten aber ausgerottet ist. Die nördl. Rassen (z.B. der riesige, weiße Polar-W.) sind größer u. ebenmäßiger gefärbt; die südl. sind kleiner u. bunter (z.B. der Ind. W., der als Stammform des Hundes gilt); der *Europ.* W. ist gewöhnl. graubraun u. schäferhundgroß.

Wolfenbüttel: Schloß

Wolfe [wulf], Thomas Clayton, *1900, †1938, US-amerik. Schriftst.; gefühlsintensive, krit. Romane zur amerik. Zivilisation. W »Schau heimwärts, Engel«, »Von Zeit u. Strom«, »Geweb u. Fels«.
Wölfel, Ursula, *16.9.1922, dt. Jugendbuchautorin; stellt oft Kinder dar, die innere Isolation durch Reifung oder durch die Hilfe anderer überwinden.
Wolfen, Stadt in Sachsen-Anhalt, nw. von Bitterfeld, 46 000 Ew.; chem. u. Film-Ind.
Wolfenbüttel, Krst. in Nds., südl. von Braunschweig, an der Oker, 51 000 Ew.; Herzog-August-Bibliothek (ab 1572, mit Reichenauer Evangeliar, 10. Jh., Sachsenspiegel, 14. Jh.), Lessingmuseum; Schloß, Zeughaus (17. Jh.). – Bis 1753 Wohnsitz der Herzöge von Braunschweig.
Wolff, 1. *Wolf,* Christian (seit 1745) Reichsfreiherr von, *1679, †1754, dt. Philosoph; schuf ein umfassendes rationalist. System, durch das die gesamte dt. Aufklärung entscheidend beeinflußt wurde. – **2.** Jakob d. Ä., *um 1546, †1612, dt. Baumeister u. Bildhauer der Renaissance, u.a. Rathaus in Rothenburg o.d.T. – **3.** Theodor, *1868, †1943, dt. Publizist; Chefredakteur des »Berliner Tageblatts«; Mitgr. (1918) der Dt. De-

Wolf

mokrat. Partei; führender Vertreter des Linksliberalismus; emigrierte 1933 nach Frankreich, an Dtld. ausgeliefert; starb nach KZ-Haft. – Der 1961 gestiftete *Theodor-W.-Preis* für hervorragende journalist. Leistungen wird vom Bundesverband Dt. Zeitungsverleger verliehen.
Wolf-Ferrari, Ermanno, *1876, †1948, ital. Komponist. dt. Abstammung; erneuerte in seinen Opern Elemente der *Commedia dell'arte.* W »Die vier Grobiane«, »Der Schmuck der Madonna«.
Wölfflin, Heinrich, *1864, †1945, schweiz. Kunsthistoriker; entwickelte kunstgeschichtl. Unterscheidungskriterien, die auch andere Geisteswiss. befruchteten.
Wolfgang, †994, Bischof von Regensburg (seit 972); trat 965 in das Kloster Einsiedeln ein; Erzieher Heinrichs II. – Heiliger (Fest: 31.10.).
Wolfram, fr. auch *Tungsten,* ein →chemisches Element (ein Metall).
Wolfram von Eschenbach, *um 1170, †nach 1220, mhd. Dichter; Epiker der höf. Dichtung; beweist in seinem Hauptwerk, dem mittelalterl. Bildungsroman (in Versen) »Parzival« (um 1210 vollendet), seine große Kunst der Menschencharakterisierung u. der Komposition, ideenreiche Phantasie u. Humor; unvollendet: das stroph. Epos »Titurel« (aus der Spätzeit) u. der »Willehalm« (nach 1210 begonnen, von *Ulrich von Türheim* vollendet).
Wolfratshausen, Stadt in Oberbay., an der Loisach, 15 000 Ew.; metallverarbeitende Ind.
Wolf-Rayet-Sterne [-'rajɛ-], auch *W-Sterne,* nach den Entdeckern, den frz. Astronomen C. *Wolf* (*1827, †1918) u. G. *Rayet* (*1839, †1906), ben., sehr seltene Sterne mit Oberflächentemperaturen

Wolga-Don-Schiffahrtskanal 985

von 50 000 bis 100 000 °C, die dauernd Materie in Form von Gashüllen mit Geschwindigkeiten bis zu 3000 km/s abstoßen.
Wolfsburg, Stadt in Nds., an der Aller u. am Mittellandkanal, 130 000 Ew.; Kulturzentrum von A. *Aalto;* 1938 mit der gleichzeitigen Errichtung der *Volkswagenwerk AG* gegr.
Wolfshund, *Irischer W.,* rauhhaariger Windhund, mit 80 cm Schulterhöhe größte Hunderasse.
Wolfsmilch, *Euphorbia,* artenreiche Gatt. der *W.gewächse* (→Pflanzen); milchsaftführende Gewächse von mannigfaltiger Gestalt. Die kaktusartigen, unbeblätterten u. oft stacheligen Formen (*Baumeuphorbien*) bewohnen vorw. die afrik. Steppen, ebenso sind die hohen baumförmigen *Kandelabereuphorbien* auf die Steppengebiete des wärmeren Afrika u. der atlant. Inseln beschränkt.
Wolfsmilchschwärmer, mitteleurop. *Schwärmer;* die Raupe bevorzugt Wolfsmilcharten.

Wolfsspinne mit Eikokon

Wolfsrachen, Lippen-Kiefer-Gaumenspalte, angeborene Mißbildung.
Wolfsspinnen, *Lycosidae,* Fam. umherschweifender Jagdspinnen, die kein Netz spinnen, z.B. Taranteln.
Wolga, längster u. wasserreichster Strom Europas, 3685 km, Einzugsgebiet 1,38 Mio. km²; entspringt in den Waldaj-Höhen u. mündet mit einem 150 km breiten Delta ins Kasp. Meer; bei Iwankowo, Uglitsch, Rybinsk, Nischnij Nowgorod, Tscheboksary, Samara, Saratow u. Wolgograd Stauanlagen mit Großkraftwerken; wichtigste Binnenwasserstraße in Rußland; durch Kanäle mit den anderen großen Flüssen O-Europas u. den angrenzenden Meeren verbunden.
Wolgadeutsche, seit 1763 von Katharina II. an der Wolga angesiedelte Deutsche; nach 1941 nach Zentralasien deportiert.
Wolga-Don-Schiffahrtskanal, *Lenin-Kanal,* Schiffahrtsweg in der Ukraine, der die untere

Wolfram von Eschenbach: Drei Szenen aus dem »Parzival«; Miniatur aus einer Handschrift des 13. Jahrhunderts

Wolga-Ostsee-Wasserweg

Wolga mit dem unteren Don verbindet (somit den Atlantik mit dem Schwarzen Meer); 101 km lang, 1952 eröffnet.

Wolga-Ostsee-Wasserweg, *Wolga-Balt.-Kanal,* fr. *Marienkanalsystem* (1810), Binnenschifffahrtsstraße im nördl. europ. Teil Rußlands zw. oberer Wolga u. Finn. Meerbusen der Ostsee bei St. Petersburg, 1135 km.

Wolgast, Krst. in Mecklenburg-Vorpommern, gegenüber von Usedom, 17 000 Ew.; Marinestützpunkt; Schiffbau.

Wolgemuth, Michael, * 1434, † 1519, dt. Maler u. Holzschneider; übernahm 1473 die Werkstatt H. *Pleydenwurffs* in Nürnberg; Lehrer A. *Dürers.*

Wolgograd, bis 1925 *Zarizyn,* 1925–61 *Stalingrad,* Hptst. der gleichn. Oblast in Rußland, an der Wolga unterhalb des *W.er Stausees,* 1,0 Mio. Ew.; moderne weiträumige Stadtanlage mit vielen Grünflächen; HS: Edelstahl- u. Walzwerke, Maschinenbau, Fahrzeugbau, Schiffbau, Kugellagerfabrik, Erdölraffinerien. – Im 2. Weltkrieg schwer umkämpft.

Wolkengattungen

Gattungsname	Höhe in m	Kurzbeschreibung
Zirrus	5000–13 700	Eiswolken in Form von weißen feinen Fasern oder Bändern; federartiges Aussehen, seidiger Glanz; meist kein Niederschlag
Zirrokumulus	5000–13 700	dünne Eiswolkenschicht, entweder gleichmäßig verteilt oder feine „Schäfchenwolken"
Zirrostratus	5000–13 700	durchscheinender Eiswolkenschleier; glatt oder faserig; häufig Haloerscheinungen
Altokumulus	2000– 7000	ballen- oder walzenförmige, weiße oder graue Schichtwolken; grobe „Schäfchenwolken"; meist kein Niederschlag
Altostratus	2000– 7000	faserige, gräuliche oder bläuliche Schichtwolken; Sonne verschwommen zu erkennen; oft folgt andauernder leichter oder mäßiger Niederschlag
Nimbostratus	900– 3000	graue, dunkle, schwere Wolkenschicht („Regenwolken"); anhaltender Regen oder Schnee
Stratokumulus	460– 2000	graue oder weiße Schichtwolken mit dunklen Flecken; ballen- oder walzenförmig; meist kein Niederschlag
Stratus	0– 460	graue Wolkenschicht mit gleichmäßiger Untergrenze („Hochnebel"); Sprühregen oder feiner Schnee
Kumulus	460– 2000	einzelne dichte, weiße Haufenwolken; unterer Rand flach, oben blumenkohlförmig („Schönwetterwolken")
Kumulonimbus	460– 2000	dichte turmförmige Haufenwolken mit dunkler Basis; häufig Schauerniederschlag und Gewitter („Gewitterwolken")

WOLKEN

Zirrokumulus

Altostratus

Kumulus

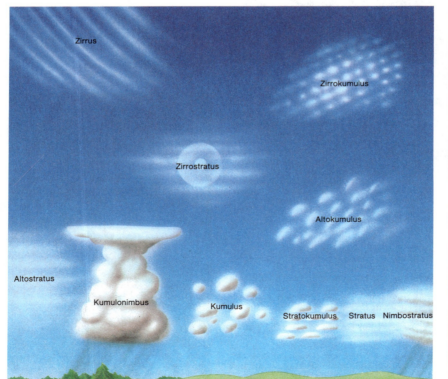

Föhnwetterlage am nördlichen Alpenrand

Wolken werden aufgrund ihrer Höhe und ihrer Form in vier große Gruppen eingeteilt: hohe, mittlere und niedrige Wolken und solche von vertikaler Entwicklung. Hohe Wolken, wie Zirrus, treten über 5000 m auf, mittlere Wolken, wie Altostratus, zwischen 2000 und 7000 m. Niedrige Wolken, wie Nimbostratus, erscheinen unter 3000 m; Kumulonimbus und Kumulus sind Wolken von vertikaler Entwicklung (links). – »Böenwalze« an einer Gewitterfront (rechts)

Wolhynien →Wolynien.
Wolken, sichtbare Ansammlung von Wassertröpfchen oder Eisteilchen in der Atmosphäre, im übertragenen Sinn auch von Staub, Rauch u. a. kleinen Teilchen; entstehen, wenn bei Abkühlung der Luft der Wasserdampf kondensiert; bei zu starkem Anwachsen der Tröpfchen kommt es zu *Niederschlägen.* Vom *Nebel* unterscheiden sich W. nur durch ihre Höhe vom Erdboden. Die wichtigsten Grundformen der W.bildung sind *Schicht-(Stratus), Haufen-(Kumulus), Feder-(Zirrus)* u. *Regen-W. (Nimbus).*
Wolkenkratzer, engl. *skyscraper,* vielstöckiges Hochhaus.
Wollaffen, *Lagothrix,* südamerik. Gatt. der *Rollschwanzaffen,* mit dicht-wolligem Fell.
Wolläuse, *Pemphigidae,* Fam. der *Blattläuse,* die wollig aussehende Wachsmassen ausscheiden können, z.B. die Blutlaus.
Wollbaum, *Bombax,* Gatt. der W.gewächse, trop. Bäume mit gefingerten Blättern; Samen mit seidigen Haaren (als Polstermaterial verwendet); →Kapok.
Wolle, die *Haare* versch. Tiere (Kamel, Ziege, Schaf, Kaninchen), die sich zum Verspinnen u. Weben eignen; Hauptwollieferant ist das *Schaf.*
Wollfett, *Wollwachs,* unangenehm riechendes Fett der Schafwolle; enthält ein Gemisch von Cholesterin- u. Cetylestern höherer Fettsäuren. W. wird gereinigt als *Lanolin* verwendet.
Wollgras, *Eriophorum,* Gatt. der *Sauergräser;* in Mooren u. auf sumpfigen Wiesen häufige Pflanze mit Blütenborsten, die nach der Blütezeit zu langen haarähnl. Fäden auswachsen u. einen weißen Wollschopf bilden.
Wollhandkrabbe, bis 7,5 cm breite *Krabbe* des chin. Tieflands aus der Fam. der *Grapsidae;* 1912 nach Europa eingeschleppt.
Wollin, poln. *Wolin,* pommersche Insel vor dem Stettiner Haff, 265 km².
Wollmaus = Chinchilla.
Wollongong ['wulŋ-], austral. Stadt in Neusüdwales, 240 000 Ew.; Stahlind., Hafen.
Wollschläger, Hans, *17.3.1935, dt. Schriftst.; krit. Essays, Romane; übersetzte Werke von E. A. Poe u. J. Joyce.
Wollstonecraft ['wulstənkra:ft], Mary, *1759, †1797, engl. Schriftst.; Begr. der engl. Frauenrechtsbewegung.
Wolof, westafrik. Volk zw. Senegal u. Gambia; Moslems.
Wologda, Hptst. der gleichn. Oblast in Rußland, an der schiffbaren W., 278 000 Ew.; Kreml, Kathedrale (16. Jh.), HS; Maschinenbau, Eisenbahnwerkstätten.
Wolos, *Bolos,* grch. Hafenstadt in Thessalien, am Pagasäischen Golf, 71 000 Ew.; Metall-, Textil- u. Baustoff-Ind.
Wols, eigtl. Alfred Otto Wolfgang *Schulze-Battmann,* *1913, †1951, dt. Maler u. Graphiker; wegbereitend im internat. *Tachismus.*
Wolsey ['wulzi], Thomas, *um 1475, †1530, engl. Kardinal u. Kanzler; mußte im Zusammenhang mit dem Ehescheidungsprozeß *Heinrichs VIII.* 1529 zurücktreten u. starb in Haft.
Wolter, Charlotte, *1834, †1897, dt. Schauspielerin; gefeiertste Tragödin ihrer Zeit.
Wolverhampton ['wulvəhæmtən], O-engl. Stadt nw. von Birmingham, 252 000 Ew.; TH; Stahl-, Eisen-, Masch.-, Auto-, Flugzeug- u. chem. Ind.
Wolynien, histor. Ldsch. im NW der Ukraine; gilt als Urheimat der Slawen.
Wolzogen, 1. Ernst Ludwig Frhr. von, *1855, †1934, dt. Schriftst.; gründete 1900 in Berlin das literar. Kabarett »Das Überbrettl«. – 2. Hans Paul Frhr. von, Stiefbruder von 1), *1848, †1938, dt. Musikschriftst.; Hrsg. der »Bayreuther Blätter«, die sich für R. *Wagner* einsetzten. – 3. Karoline Freifrau von, geb. von *Lengefeld,* *1763, †1847, Schwägerin *Schillers;* Schillerbiographie.
Wombat, *Plumpbeutler,* Fam. der *Beuteltiere,* plump gebaute, bis 1 m große Tiere mit rückgebildetem Schwanz; Höhlenbewohner in Wäldern Australiens u. Tasmaniens.
Wonder ['wɔndə], Stevie, eigtl. Steveland *Moris,* *13.5.1950, US-amerik. Soul-Musiker; blind geboren.
Wondratschek, Wolf, *14.8.1943, dt. Schriftst.; Hörspiele, Prosa, Lyrik.
Wonsan, *Wŏnsan,* nordkorean. Hafenstadt, 350 000 Ew.; Schiff- u. Maschinenbau, Fischverarbeitung, Ölraffinerie; Flughafen.
Wood [wud], Grant, *1892, †1942, US-amerik. Maler, Graphiker u. Kunstgewerbler; schilderte das Farmerleben im Mittelwesten mit den zeichner. Stilmitteln der Neuen Sachlichkeit.
Woodward ['wudwə:d], Robert Burns, *1917, †1979, US-amerik. Chemiker; grundlegende Forschungen auf dem Gebiet der organ. Synthese; Nobelpreis 1965.
Woolf [wulf], Virginia, *1882, †1941 (Selbstmord), engl. Schriftst.; Tochter von L. *Stephen;* suchte mit Symboltechnik u. poetisierender Sprache Bewußtseinsspiegelungen festzuhalten. W »Mrs. Dalloway«, »Die Fahrt zum Leuchtturm«, »Orlando«, »Die Jahre« u. a.
Woolley ['wu:li], Sir Charles Leonard, *1880, †1960, engl. Archäologe; bed. Ausgrabungen in Nubien, Mesopotamien u. Ur.
Worcester ['wustə], 1. Verw.-Sitz der W-engl. Gft. *Hereford und W.,* am Severn, sw. von Birmingham, 74 000 Ew.; anglikan., roman. Kathedrale (11. bis 13. Jh.); Porzellanmanufaktur (1751), Metall-, Leder- u. Auto-Ind.; Herstellung von **W.sauce,** Gewürzsauce auf der Grundlage von Essig, Tomatenmark u. Tamarindenmus (seit dem 18. Jh.). – 2. Stadt in Massachusetts (USA), 162 000 Ew.; Clark University, Textil-, Metall-, Masch.- u. Auto-Ind.
Wordsworth ['wə:dzwə:θ], William, *1770, †1850, engl. Dichter; anfangs der Frz. Revolution zuneigend, später christl.-konservativ.
Wörishofen, Bad W., Stadt in Schwaben (Bay.), an der Mindel, 13 000 Ew.; 1855–97 Wirkungsstätte von S. *Kneipp.*
Workaholic [wə:kə'hɔlik; engl.], im Wirtschaftsleben Bez. für einen Menschen, der übermäßig arbeitet u. alle anderen Interessen gleichzeitig ignoriert.
Workuta, Bergbaustadt im NO der Komi-SSR in Rußland, am Westrand des Polarural, 102 000 Ew.; Steinkohlenbergbau; großes Straflager.
World-Cup [wə:ld kʌp], engl.: Weltpokal.
World Wide Fund for Nature [wə:ld 'waid fʌnd fɔ 'neitʃə], Abk. *WWF,* früher *World Wildlife Fund,* internat. Naturschutz-Organisation mit nat. Landesgruppen zur Koordinierung u. Finanzierung größerer Naturschutzprojekte; Symbol: Riesen-Panda (Bambusbär).
Wörlitz, Stadt in Sachsen-Anhalt, in der Elbniederung, rd. 2500 Ew.; bed. Landschaftspark nach engl. Vorbild; frühklassizist. Schloß W.
Worms, Stadt in Rhld.-Pf., am Rhein, 75 000 Ew.; die sagenumwobene »Nibelungenstadt« mit vielen Resten mittelalterl. Baukunst; roman. Dom (12./13. Jh.), Reformationsgedächtniskirche zur Hl. Dreifaltigkeit (18. Jh.) u. a. Kirchen; HS; Weinanbau; Masch.-, Elektro-, Kunststoff- u. a. Ind.
G e s c h .: W. war im 5. Jh. polit.- u. kulturelles Zentrum des Burgunderreichs u. wurde dann fränk. Königsgut; ab 1273 Reichsfreiheit; zahlr. Reichstage.
Wormser Edikt, Erlaß Kaiser *Karls V.* 1521 im Anschluß an den Reichstag zu Worms, auf dem *Luther* sich geweigert hatte zu widerrufen; verhängte

Wols: Das trunkene Schiff: 1946/47. Zürich, Kunsthaus

über diesen u. seine Anhänger die Reichsacht u. verbot Verbreitung u. Lektüre seiner Schriften.
Wormser Konkordat, 1122 bei Worms verkündeter Vertrag zw. Kaiser *Heinrich V.* u. Legaten Papst *Kalixts II.* zur Beendigung des *Investiturstreits.*
Wörner, Manfred, *1934, †1994, dt. Politiker (CDU); 1965–88 MdB, 1982–88 Bundes-Min. der Verteidigung, seit 1988 Generalsekretär der NATO.
Wörnitz, linker Zufluß der Donau, 90 km.
Woronesch, Hptst. der gleichn. Oblast in Rußland, am Fluß W. nahe seiner Einmündung in den Don, 886 000 Ew.; kultureller u. wirtsch. Mittelpunkt des Schwarzerdegebiets; Univ. u. HS; Masch.-, Flugzeug- u. Landmaschinenbau, Farben-, elektrotechn. u. a. Ind., Eisenbahnwerkstätten. Atomkraftwerk.
Woroschilow [vara'ʃiləf], Kliment Jefremowitsch, *1881, †1969, sowj. Politiker u. Marschall (1935); 1925–40 Volkskommissar für Militärwesen bzw. Verteidigung, seit 1953 Vors. des Präsidiums des Obersten Sowjets (Staatsoberhaupt).
Woroschilowgrad, fr. Name von →Lugansk.
Worpswede, Gem. in Nds., im Teufelsmoor, nordöstl. von Bremen, 8000 Ew.; seit Ende des 19. Jh. Künstlerkolonie; u. a. Otto u. Paula *Modersohn,* F. *Mackensen,* H. *Vogeler,* F. *Overbeck* u. B. *Hoetger;* verbreitete den Jugendstil in Dtld.
Wort, kleinste, als selbst. Äußerung vorkommende Einheit der *Sprache.*
Wörterbuch, alphabet. angeordnetes Verzeichnis von Wörtern, entweder nur einer Sprache oder mit Übersetzungen in eine andere Sprache.
Wortfeld, Gruppe sinnverwandter Wörter, die sich auf e i n e n Sachverhalt beziehen.
Wörther See, größter See in Kärnten (Östr.), westlich von Klagenfurt, 440 m ü. M., 19,4 km²; Fremdenverkehr (in Velden, Pörtschach u. a.).
Worthing ['wə:ðiŋ], S-engl. Seebad am Kanal, westl. von Brighton, 96 000 Ew.; Fischerei, pharmazeut. Ind.
Wostok, sowj. bemanntes Raumschiff; mit W.1 unternahm J. *Gagarin* 1961 die erste bemannte Erdumkreisung.
Wotan →Wodan.
Wotjaken →Udmurten.
Wotruba, Fritz, *1907, †1975, östr. Bildhauer u. Graphiker; gelangte zu einer archaischen, blockhaften Stilisierung.
Wouk [wəuk], Herman, *27.5.1915, US-amerik. Schriftst. (zeitkrit. Gesellschaftsromane); W »Die Caine war ihr Schicksal«, »Der Feuersturm«.
Wouwermans ['wouwər-], *Wouwerman,* Philips, *1619, †1668, ndl. Maler; Schüler von F. *Hals;* Reiterszenen, Markt- u. Landstraßenbilder.
Wrack, untauglich gewordenes Schiff oder anderes Fahrzeug.
Wrangel, dt.-balt. Uradelsgeschlecht. **1.** Carl Gustav Graf, *1613, †1676, schwed. Feldherr im Dreißigjährigen Krieg. – **2.** Ferdinand Petrowitsch Baron von, *1797 (?), †1870, Polarfahrer in russ. Diensten; 1829–35 Generalgouverneur von Russ.-Amerika (Alaska). – **3.** Friedrich Heinrich Ernst Graf von, *1784, †1877, preuß. Offizier; Generalfeldmarschall; schlug die März-Revolution 1848 in Berlin ohne Blutvergießen nieder.
Wrangelinsel, russ. Insel in der Ostsibir. See, nördl. der Tschuktschen-Halbinsel, 7300 km².
Wren [ren], Sir Christopher, *1632, †1723, engl. Baumeister; nach I. *Jones* der bed. Vertreter des engl., an A. *Palladio* anknüpfenden Klassizismus; W St.-Pauls-Kathedrale in London 1675–1710.
Wright [rait], **1.** Frank Lloyd, *1869, †1959, US-amerik. Architekt; verwirklichte das *organ. Bauen.* – **2.** Orville, *1871, †1948, US-amerik. Flugpionier; erbaute mit seinem Bruder Wilbur das erste flugtüchtige Motorflugzeug, mit dem am 17.12.1903 der erste Motorflug gelang (53 m Länge). – **3.** Richard, *1908, †1960, afroamerik. Schriftst.; trat für Rassengleichheit ein. – **4.** Wilbur, Bruder von 2), *1867, †1912, US-amerik. Flugpionier; Mitarbeiter seines Bruders.
Wrocław ['wrɔtsuaf] →Breslau.
Wucher, Ausbeutung der Notlage, des Leichtsinns oder der Unerfahrenheit eines anderen zur Erzielung unverhältnismäßiger Vermögensvorteile; führt im Zivilrecht zur Nichtigkeit des Rechtsgeschäfts; im Strafrecht als *Miet-W., Kredit-W., Vermittlungs-W., Sozial-W.* u. a. strafbar.

988 Wucherblume

Wunderblume

Wucherblume, *Chrysantheme*, Gatt. der *Korbblütler;* rd. 200 Arten; in Dtld. z.B. die weiße *Wiesen-W. (Große Gänseblume, Großes Maßliebchen, Margerite).*

Wucherung, *Proliferation*, (Neu-)Bildung von Gewebe bei versch. physiolog. u. patholog. Prozessen, z. B. bei Narbenbildung u. Geschwulstwachstum.

Wuhan [wuxan], Hptst. der chin. Prov. Hubei, an der Mündung des Han Shui in den Chang Jiang, 3,6 Mio. Ew.; Univ.; Theater; Eisen- u. Stahlerzeugung, Traktorenherstellung, Werkzeug-, Fahrzeugbau u. a. Ind.

Wühlmäuse, *Microtinae*, Nagetiere aus der Fam. der *Wühler;* legen unterird. Gänge an u. werden dadurch oft schädlich; u. a. *Bisamratte, Erdmaus, Feldmaus, Lemminge, Rötelmaus, Wasserratte.*

Wulfila, *Ulfilas*, * um 311, † 383 (?), arian. Westgoten-Bischof; schuf mit dem got. Alphabet die erste germ. Buchstabenschrift *(Ulfilas-Schrift)* u. übersetzte die Bibel ins Gotische (älteste Übers. der Bibel in eine germ. Sprache); z. T. erhalten im *Codex argenteus.*

Wülfrath, Stadt in NRW, nw. von Wuppertal, 21 000 Ew.; Kalksteinwerk, Kfz-Bau, metallverarbeitende, Textil- u. Leder-Ind.

Wulstlinge, *Amanita*, große u. mittelgroße *Blätterpilze* mit mittelständigem Stil; mehrere sehr giftige Pilze, z.B. der *Knollenblätterpilz*, der *Fliegenpilz*, aber auch sehr gute Speisepilze, z.B. der *Perlpilz.*

Wunde, *Vulnus*, durch gewaltsame Einwirkung entstandene Zerreißung oder Durchtrennung von Körpergewebe.

Wunder, Ereignis in Raum u. Zeit, das menschl. Erfahrung u. den Gesetzlichkeiten von Natur u. Geschichte widerspricht; in den Religionen Wirken Gottes.

Wunderblume, *Mirabilis*, Gatt. der *Nyktaginazeen;* etwa 60 Arten in Amerika; Zierpflanze; für Kreuzungsversuche gut geeignet.

Wunderhorn, »Des Knaben W.«, von A. von *Arnim* u. C. *Brentano* hrsg. u. Goethe gewidmete Volksliedersammlung (3 Bde. 1806–08); anregend auf die romant. Lyrik u. Musik.

Wunderlich, Fritz, * 1930, † 1966, dt. Sänger (lyr. Tenor); bes. Mozart- u. Strauss-Interpret.

Wundklee, *Anthyllis*, hpts. mittelmeer. Gatt. der *Schmetterlingsblütler.*

Wundliegen → Dekubitus.

Wundrose → Rose.

Wundstarrkrampf, *Starrkrampf, Tetanus*, akute, anzeigepflichtige Infektionskrankheit, die durch den Tetanusbazillus hervorgerufen wird. Nach Wundverunreinigung, bes. mit Erde, entwickeln die Erreger nach Abheilung in der Tiefe der Wunde Gifte, die längs der Nervenbahnen zum Rückenmark ziehen, wobei bes. Schling- u. Schluckkrämpfe u. Krämpfe der Atemmuskulatur zum Tod führen können.

Wundt, Wilhelm, * 1832, † 1920, dt. Psychologe u. Philosoph; forderte in der empir. Psych. die Erforschung des seel. Lebens durch naturwiss. Methoden; vertrat in der Philos. einen realist. begründeten, voluntarist. Idealismus.

Wünsche, Kurt, * 14.12.1929, dt. Politiker (LDP, BFD); ab 1948 Parteifunktionär der LDPD; 1967–72 Justiz-Min. u. stellv. Min.-Präs. der DDR, 1990 erneut Justiz-Min. in den Kabinetten Modrow u. de Maizière; trat 1990 aus dem BFD aus u. im Aug. 1990 als Min. zurück.

Wünschelrute, gegabelter Baumzweig oder elast. Metalldraht, der durch Ausschlagen Bodenschätze, Wasservorkommen oder auch »Reizstreifen« auf der Erdoberfläche anzeigen soll.

Wynsiedel, Krst. in Oberfranken (Bay.), im Fichtelgebirge, 10 000 Ew.; Porzellan-, Farben-, Textil-Ind., Likörherstellung, Brauerei.

Wunstorf, Stadt in Nds., sö. vom Steinhuder Meer, 37 000 Ew.; spätroman. Stiftskirche; Eiskrem- u. Tiefkühlkostfabrik.

Wupper, r. Nbfl. des Rheins, 114 km; entspringt als *Wipper* im Ebbegebirge (Sauerland), mündet bei Leverkusen.

Wuppertal, Stadt in NRW, an der Wupper, 374 000 Ew.; Gesamt-HS, Schauspielhaus, Oper, klassizistische Laurentiuskirche; Sitz der Vereinigten Ev. Mission; Schwebebahn (13,3 km lang; über der Wupper); Textil-, chem., Gummi-, Papier-, Metall-, pharmazeut. Ind., Maschinenbau; entstand 1929 durch Vereinigung von *Barmen* u. *Elberfeld* mit 4 anderen Orten.

Würfel, *Hexaeder*, ein von 6 gleichen Quadraten begrenzter Körper mit 12 gleichen Kanten *(a)*; Rauminhalt: $V = a^3$; Oberfläche: $F = 6a^2$.

Würfelfries, *Schachbrettfries*, Ornament der roman. Baukunst, bestehend aus vorspringenden, schachbrettartig angeordneten Würfeln.

Würfelnatter, *Natrix tesselata*, Wassernatter Mitteleuropas; ungiftig, unter Naturschutz.

Wurftaubenschießen, *Tontaubenschießen*, ein Wettbewerb im *Schießsport* mit allen Arten von Schrotgewehren bis Kaliber 12; »Wurftauben« sind Tonscheiben von 11 cm Durchmesser, von Wurfmaschinen hochgeschleudert.

Würger, *Laniidae*, in allen Erdteilen vorkommende Fam. kräftiger, offenes Gelände bewohnender *Singvögel;* einheim. sind *Raub-W., Schwarzstirn-W., Rotkopf-W., Neuntöter.*

Wurm, Theophil, * 1868, † 1953, dt. ev. Kirchenführer; kämpfte gegen die Übergriffe der vom nat.-soz. Staat eingesetzten Kirchenregierung; förderte die Gründung der EKD, 1945–49 Vors. ihres Rates.

Würmer, *Vermes, Helminthes*, Sammelbegriff für Tiergruppen verschiedenster Organisation u. Verwandtschaft, die meist nur die gestreckte, einfache Wurmgestalt gemeinsam haben; u. a. die *Ringel-W. (Meeresborsten-W., Regen-W., Blutegel), Platt-W. (Strudel-W., Saug-W., Band-W.), Faden-W.* (z.B. *Spul-W.), Schnur-W.* u. *Kamptozoen.*

Wurmfarn, Farn mit doppelt gefiederten, bis 1,50 m langen Wedeln; Wurzelstock wird als bandwurmabtreibendes Mittel verwendet.

Wurmfortsatz, etwa 8 cm langer, bleistift- bis kleinfingerdicker, blind endender Fortsatz des *Blinddarms;* reich an lymphatischem Gewebe.

Wurmkrankheit, *Helminthiasis*, durch verschiedenartige Würmer bei Mensch u. Tier in Darm,

Wuppertal: Schwebebahn

Die Wüsten der Erde (Auswahl)

Name/Lage	Ausdehnung	Staaten
Afrika		
Sahara (Nordafrika)	9,07 Mill. km² N-S ca. 1500 km W-O ca. 6000 km	Ägypten/Libyen/Mali/Niger/Tschad/Sudan
Libysche Wüste (Nordafrika) (Teil der Sahara)	1,17 Mill. km²	Libyen/Ägypten/Sudan
Nubische Wüste (Nordafrika) (Teil der Sahara)	259 000 km²	Sudan
Arabische Wüste (Nordafrika)	181 300 km²	Ägypten/Sudan
Namib (Südwestafrika)	310 000 km² NNW-SSO 1300 km W-O bis 100 km	Namibia
Somali (Ostafrika)	260 000 km²	Somalia
Kalahari (Südafrika)	582 750 km² N-S ca. 500 km W-O ca. 500 km	Botswana/Namibia/Rep. Südafrika
Asien		
Nafud (Zentral-Arabien)	103 600 km²	Saudiarabien
Rub al Khali (Südarabien)	647 500 km² NW-SO 1500 km	Saudiarabien/Jemen/Arabische Emirate
Dahna (Ostarabien)	132 000 km²	Saudiarabien
Syrische Wüste (Vorderasien)	259 000 km²	Saudiarabien/Jordanien/Syrien/Irak
Lut (Ostiran) Dasht-e Lut Dasht-e Kavir	zus. 274 100 km² NW-SO 450 km W-O 500 km	Iran
Karakum (Mittelasien)	280 000 km² N-S 450 km NW-SO 950 km	Turkmenistan
Kysylkum (Mittelasien)	259 000 km² N-S 150 km W-O 600 km	Usbekistan
Takla Makan (Zentralasien)	327 400 km² N-S 450 km NO-SW 1050 km	China (Sinkiang)
Gobi (Zentralasien)	1,3 Mill. km² N-S bis 450 km NW-SO 900–1500 km	Mongolei/China
Negev (Vorderasien)	12 000 km² N-S 240 km W-O 10–110 km	Israel
Thar (Südasien)	259 000 km²	Indien
Amerika		
Nordamerikanische Wüsten		
Sonora	181 300 km²	südwestl. USA (Südostkalifornien u. Westarizona)
Mohave	38 850 km²	
Death Valley	8 547 km²	
Imperial Valley	ca. 400 km²	
Great Basin (Nordamerika)	ca. 600 000 km² N-S 800 km W-O 500 km	westl. USA (Utah, Colorado)
Chihuahuan (Nordamerika)	362 600 km²	Mexiko/südl. USA
Atacama (westl. Südamerika)	180 000 km² N-S 1000 km W-O 30-90 km	Chile
Australien		
Große Sandwüste	388 500 km² N-S 360 km W-O 750 km	Westaustralien
Gibsonwüste	310 800 km² N-S 550 km W-O 910 km	Westaustralien
Große Victoriawüste	260 000 km² N-S 300 km W-O 725 km	West- u. Südaustralien
Tanamiwüste	ca. 100 000 km² N-S 250 km W-O 275 km	Zentrales Nordterritorium
Simpsonwüste	103 600 km² N-S 480 km W-O 430 km	Nordterritorium/Queensland/Südaustralien

Würzburg: Feste Marienberg

Geweben u. Eingeweiden hervorgerufene Erkrankung, z.B. durch Bandwürmer, Trichinen u. a.
Würselen, Stadt in NRW, nordöstl. von Aachen, 34 000 Ew.; metallverarbeitende u. Nahrungsmittel-Ind.
Wurten →Warften.
Württemberg, ehem. Land in SW-Dtld.; wurde 1945 aufgeteilt zw. *W.-Baden* u. *W.-Hohenzollern,* dann 1951 mit Baden zum *Südweststaat* (seit 1952 →Baden-Württemberg) vereinigt.
Gesch.: Das Geschlecht derer von W. geht zurück auf *C(u)onradus de Wirdeberch* (1081), der auf dem *Wirteneberg* (später *Wirtemberg,* heute *Rotenberg* bei Untertürkheim) die Stammburg erbaute. Das Land wurde 1803 Kurfürstentum u. 1805–1918 Königreich.
Würzburg, Stadt in Unterfranken (Bay.), am Main, 128 000 Ew.; roman. Dom (11.–13. Jh.), Residenz (von B. *Neumann,* 1720–44) mit berühmtem Treppenhaus (Deckengemälde von G. B. *Tiepolo,* eines der größten Bildwerke der Welt) u. Hofgarten, ehem. Festung *Marienberg,* Alte Mainbrücke (1473–1543), Rathaus (15.–17. Jh.); Univ. (1582); Nahrungsmittel-, Elektro-, Masch.-, Metall-, Textil-, Druck-Ind., Brauerei.
Gesch.: 704 erstmals erwähnt; seit 741/42 Bischofssitz; seit 1168 waren die Bischöfe auch Herzöge von Franken; im 18. Jh. erlebte das Hochstift unter den Schönborns seine Glanzzeit; 1803 wurde es säkularisiert u. kam zu Bay.
Wurzel, 1. *Zahn-W.* →Zahn. – **2.** *Radix,* stets blattloses Organ der Pflanze zur Aufnahme von Wasser u. Nährsalzen sowie zur Verankerung im Boden. Bes. Ausgestaltungen sind: *W.knollen, Luft-W., Haft-W., Stelz-W., W.dornen, Brett-W.* u. a. – **3.** die *n*-te W. aus einer positiven Zahl *a* (geschrieben $\sqrt[n]{a}$) ist diejenige positive Zahl, deren *n*-te Potenz *a* ist. Der unter dem W.zeichen stehende Ausdruck heißt *Radikand,* die hochgestellte Zahl *W.exponent.* Eine andere Schreibweise für $\sqrt[n]{a}$ ist $a^{\frac{1}{n}}$.
Wurzelfüßer, *Rhizopoda,* Tierstamm der *Protozoen;* Einzeller mit veränderl. Körperform; rd. 900 Arten in 4 Klassen: *Amöben, Foraminiferen, Sonnentierchen* u. *Radiolarien.*
Wurzen, Kreisstadt in Sachsen, an der Mulde, 19 000 Ew.; Schloß (1491–97); Nahrungsmittel-Ind., Anlagenbau, Eisengießerei.
Wussow, Klausjürgen, *30.4.1929, dt.-östr. Schauspieler; am Wiener Burgtheater tätig; erfolgreich auch in Filmrollen u. Fernsehserien (»Die Schwarzwaldklinik«).
Wust, Peter, *1884, †1940, dt. Philosoph; vertrat eine auf *Augustinus* zurückgehende, an den dt. Idealismus u. M. *Scheler* anknüpfende kath. Weltanschauung.
Wüsten, Erdräume mit so starker Trockenheit (geringe Wasserzufuhr, starke Verdunstung) oder Kälte, daß sich nur Trockenflora, aber keine großräumige landschaftsbestimmende Vegetation entwickeln kann; man unterscheidet *Kälte-W.* (Eis- u. Felsgebiet des polaren Klimas u. der Hochgebirge) u. *Trocken-W.,* letztere bes. in der Zone des subtrop. Hochdruckgebiete (z.B. Sahara, Gobi, Kalahari, W-austral. W.) sowie an Meeresküsten mit kaltem Auftriebswasser (z.B. Atacama, Namib) u. in abgeschlossenen Gebirgsbecken (Great Basin). Menschl. Siedlungen u. Anbau sind nur in *Oasen* möglich.

Wüstenfuchs →Fennek.
Wüstenrose, *Sandrose,* rosettenartige Verwachsungen von grobblättrigen Gipskristallen.
Wustrow, *Ostseebad W.,* Gem. in Mecklenburg-Vorpommern, am Saaler Bodden, 2000 Ew.; Nordseeheilbad.
Wüstung, untergegangene Siedlung (*Orts-W.*), aufgegebene landw. Nutzfläche (*Flur-W.*).
Wutach, r. Nbfl. des Rheins, 112 km; entspringt im Schwarzwald, durchfließt die *W.schlucht,* mündet bei Waldshut.
Wuxi, chin. Stadt in der Prov. Jiangsu, am Großen Kaiserkanal, 861 000 Ew.; landw. Handelszentrum; Maschinenbau, Textil-, Leder-, Nahrungsmittel-Ind., Herstellung von Tonfiguren.
WWF →World Wide Fund for Nature.
Wyborg, finn. *Viipuri,* schwed. *Viborg,* Hafenstadt in Rußland, an der Mündung des Saimaa-Kanals in die *W.er Bucht* (Finn. Meerbusen), 78 000 Ew.; got. Backsteindom; Masch.- u. Schiffbau; bis 1940 finn.
Wyclif ['wiklif], John →Wiclif.
Wye [wai], Fluß in Wales (Großbrit.), 205 km; mündet in den Severn.
Wyk auf Föhr [vi:k], Stadt auf der nordfries. Insel Föhr, 6000 Ew.; Nordseeheilbad.
Wyle, Niklas von, *um 1410, †1478, schweiz. Frühhumanist; übersetzte aus Werken von G. Boccaccio, F. Petrarca u. a.; vermittelte damit neue Stoffe u. Formen für die dt. Frührenaissance.
Wyler ['wailə], William, *1902, †1981, US-amerik. Filmregisseur; neben Unterhaltungsfilmen Filme unterschiedl. Genres. Ⓦ »Ben Hur«.
Wyoming [wai'əumiŋ], Abk. *Wyo.,* westl. Gliedstaat der →Vereinigten Staaten von Amerika; in den Rocky Mountains.
Wyspiański [vys'pjaɲski], Stanislaw, *1869, †1907, poln. Schriftst. u. Maler; von R. *Wagner* beeinflußt.
Wyszynski [vi'ʃiɲski], Stefan, *1901, †1981, poln. Kardinal (seit 1952); Erzbischof von Gnesen u. Warschau, Primas von Polen; 1953–56 in Klosterhaft.
Wytschegda, östl. Quellfluß der Sewernaja Dwina in Rußland, 1100 km.

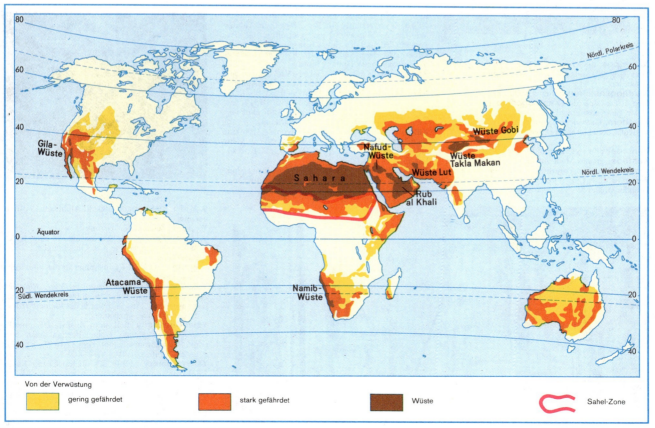

Wüsten und von der Verwüstung bedrohte Gebiete der Erde

X Y

x, X, 24. Buchstabe des dt. Alphabets.
x, in der Math. die unbekannte oder variable Größe.
X, röm. Zahlzeichen für 10.
Xanten, Stadt in NRW, am Niederrhein, 16 000 Ew.; rom.-got. Dom, Klever Tor (1393), Archäolog. Park (mit röm. Bauwerken). Im Nibelungenlied eine Königsstadt (Heimat Siegfrieds).
Xanthi [-θi], *Xanthe,* grch. Stadt in Thrakien, 34 000 Ew.; Tabakanbau u. -handel.
Xanthin, *2.6-Dihydroxypurin,* in der Natur in geringen Mengen vorkommendes Alkaloid, dem Coffein u. Theobromin verwandt; wirkt herzmuskelschädigend.

Xingu: Indianer im Xingu-Nationalpark

Xanthippe, die Frau des Sokrates; (unberechtigt) zum Typ der zänkischen u. launenhaften Ehefrau geworden.
Xanthogensäuren, Ester der *Dithiokohlensäure.* Ihre Salze sind die **Xanthogenate** (Ausgangsstoffe für Kunstfasern).
Xanthom, *Gelbknoten,* gutartige Bindegewebsgeschwulst der Haut in Form gelber bis bräunl. Knoten.
Xanthophylle →Carotinoide.
Xanthos, größte Stadt im antiken Lykien, beim heutigen *Kinik* in Anatolien; 546 v. Chr. durch die Perser u. 42 v. Chr. durch Brutus völlig zerstört; Grabdenkmäler.

Xaver, Franz X. →Heilige.
X-Bein, Abknickung des Unterschenkels gegenüber dem Oberschenkel nach außen bei gleichzeitig bestehendem Knickfuß.
x-Chromosom →Geschlechtschromosomen.
Xenakis, Yannis, * 1.5.1922, grch. Komponist; Vertreter der seriellen Musik, komponiert nach math. Gesetzmäßigkeiten.
Xenien, »Gastgeschenke«, von *Goethe* u. *Schiller* (nach *Martial*) verwendeter Titel für 414 epigrammat. Distichen gegen literar. Widersacher.
Xenon, ein →chemisches Element (ein Edelgas).
Xenophanes, * um 580 v. Chr., † um 480 v. Chr., grch. Philosoph in Elea, Unteritalien; kämpfte gegen die Vermenschlichung des Gottesbildes.
Xenophon, * um 426 v. Chr., † um 355 v. Chr., grch. Geschichtsschreiber; Schüler des Sokrates.
Xerographie, ein elektrostat. Druckverfahren, in großem Umfang für Fotokopien *(Xerokopien)* eingesetzt; 1938 erfunden.
xerophil, Bez. für Tiere u. Pflanzen, die trockene Lebensräume bevorzugen.
Xerophyten →Trockenpflanzen.
Xerose, *Medizin:* Trockenheit, Austrocknung.
Xerxes, grch. Name altpers. Könige aus dem Geschlecht der Achämeniden. **X. I.,** König 486 bis 465 v. Chr., Sohn Dareios' I., * um 519, † 465 v. Chr., der *Ahasverus* der Bibel (Buch Esther), begann 480 v. Chr. den Feldzug gegen Griechenland, der für Persien mit einer Katastrophe endete.
Xhosa ['koːza], *Xosa,* Gruppe von Bantuvölkern, überwiegend im ehem. Homeland Transkei.
Xiamen [ɕiamɛn], *Amoy,* Hafenstadt in S-China, auf einer Insel im Mündungsgebiet des Jiulong Jiang, 558 000 Ew.; Univ.; Tiefwasserhafen; ehem. bedeutender Hafen für chin. Auswanderer.
Xi'an, *Si'an, Hsian,* chin. Prov.-Hptst., im Tal des Wei He, 2,7 Mio. Ew.; Univ.; vielseitige Ind.; Pagoden u. Tempel der Tang-Dynastie, Glockenturm, Große Moschee; seit vor 1000 v. Chr. bis 906 n. Chr. mehrmals Hptst. Chinas.
Xigaze, Stadt im südl. Tibet (VR China), am Tsangpo, 3600 m ü. M., 72 000 Ew.; Handelsplatz.
Ximénez de Cisneros [xi'menɛθ ðə θis-], *Jiménez de Cisneros,* Francisco, * 1436, † 1517, seit 1495 Großkanzler von Kastilien u. Erzbischof von Toledo; 1507 Großinquisitor u. Kardinal.
Xingu [ʃingu], r. Nbfl. des Amazonas, 2100 km; mündet bei Porto de Moz, im Quellgebiet in Mato Grosso der X.-Nationalpark (Schutzgebiet brasil. Indianer).
Xining, *Sining,* chin. Prov.-Hptst., am Huang Shui, 2275 m ü. M., 613 000 Ew.; Handelszentrum, metallurg. Ind.

Xinjiang [ɕindjiaŋ], *Sinkiang-Uighur,* autonome Region im W der VR →China; umfaßt die Dsungarei, den östl. Tian Shan, O-Turkistan mit dem Tarimbecken u. den NW-Teil des Kunlun-Gebirges; weitgehend wüsten- u. steppenhaft.
Xinxiang [ɕinɕiaŋ], *Sinsiang,* chin. Ind.-Stadt am Wei He, 547 000 Ew.
Xipe Totek ['xipə], aztek. Frühlingsgott, mit einer Maske aus abgezogener Menschenhaut dargestellt.
Xochimilco [xɔtʃi-], sö. Vorstadt von Mexico, 40 000 Ew.; Anbau von Gemüse u. Blumen in den »schwimmenden Gärten« (aus Weidengeflecht gebildete Inselchen).
Xochiquetzatl [xɔtʃikɛt'satl], aztek. Göttin der Schönheit, der Liebe, der Blumen u. des Haushalts.
XP, Christusmonogramm; Anfangsbuchstaben von grch. »Christos«, X (Chi) u. P (Rho).
X-Strahlen, in manchen Ländern benutzte Bez. für Röntgenstrahlen.
Xuzhou [ɕydʃou], *Sütschou,* Ind.-Stadt in O-China, südl. des Weishan-Sees, 841 000 Ew.
Xylem, wasserleitender Gefäßteil des pflanzl. *Leitbündels.*
Xylit, 1. als Nebenprodukt der Holzverzuckerung anfallender Zuckeralkohol; Zuckeraustauschstoff. – **2.** fr. *Lignit,* holzige Bestandteile der Braunkohle.
Xylo... [grch.], Wortbestandteil mit der Bedeutung »Holz«.
Xylol, *Dimethylbenzol,* im Steinkohleteer u. Erdöl vorkommende aromat. Verbindung; farblose Flüssigkeit; Lösungsmittel.
Xylose, *Holzzucker,* ein *Monosaccharid* mit 5 Kohlenstoffatomen, das aus Holz, Kleie oder Stroh durch Abbau des polymeren Kohlenhydrats *Xylan* mittels versch. Säuren gewonnen werden kann.

Yak

y, Y, der 25. Buchstabe des dt. Alphabets, Ypsilon genannt.
Y, chem. Zeichen für *Yttrium.*
y, math. Zeichen für die veränderl. oder unbekannte Größe in Formeln u. Gleichungen.
Yacht →Jacht.
Yagi-Antenne, ein Richtstrahler in der Funktechnik; →Antenne.
Yak, *Jak,* bis 2 m hohes, zottiges *Echtes Rind* der zentralasiat. Hochländer in 4000–6000 m Höhe; fast ausgerottet. Aus ihm wurde der kleinere *Haus-Yak, Grunzochse,* gezüchtet.
Yale University [jeil juːni'vəːsiti], US-amerik. Univ. in New Haven, Conn.; benannt nach dem engl. Philanthropen Elihu *Yale* (* 1649, † 1712); gegr. als College 1701.
Yalong Jiang, l. Nbfl. des oberen Chang Jiang, 1200 km.
Yalow ['jɛilou], Rosalyn S., * 19.7.1921, US-amerik. Physikerin; Arbeiten über radioimmunolog. Methoden; Nobelpreis für Medizin 1977.
Yalu Jiang, *Yalu, Jalu,* korean. *Amnokkang,* stromschnellenreicher Grenzfluß zw. Nordkorea u. der Mandschurei, 550 km.

Xerxes I.; bei einer Audienz hinter dem Thron seines Vaters Dareios I. stehend; Relief aus dem Palast von Dareios I. in Persepolis, 5. Jahrhundert v. Chr.

Yaoundé: Russisches Denkmal

Yama, der Urmensch der ind. Religion, im pers. Awesta *Yima;* Gott des Todes im Hinduismus.
Yamagata, jap. Präfektur-Hptst. in N-Honshu, 245 000 Ew.
Yamato-e, Gatt. jap. Malerei des 12./13. Jh.. Die Bilder zeigen höf. Szenen u. Vorgänge aus der Geschichte, Legenden- u. Sagenwelt. Die Szenen werden durch ornamentale Wolken getrennt.
Yamoussoukro, Hptst. (seit 1983) der afrik. Rep. Côte d'Ivoire (Elfenbeinküste), 120 000 Ew.; Kathedrale (dem Petersdom nachempfunden).
Yamswurzel, *Jamswurzel,* Gatt. der *Y.gewächse.* Mehrere Arten werden in den Tropen wegen der stärkereichen Knollen angebaut; in S-Afrika *Hottentottenbrot;* in O-Asien *Chin. Kartoffel.*
Yamuna, *Jumna,* längster r. Nbfl. des Ganges, 1450 km, mündet bei Allahabad; hl. Fluß der Hindu.
Yan'an, *Jenan,* chin. Stadt in der Prov. Shaanxi, 268 000 Ew.; ehem. Wohnhaus Mao Zedongs; nach dem »Langen Marsch« 1935 »Hauptstadt« der kommunist. Bewegung.
Yanbu al-Bahr [-'baxər], *Janbo,* saudi-arab. Stadt am Roten Meer, 12 000 Ew.; Hafen, Industrieanlagen.
Yang, Chen Ning, * 22.9.1922, US-amerik. Physiker chin. Herkunft; befaßt sich mit Quantentheorie u. Kernphysik; erhielt 1957 zusammen mit T. D. Lee den Nobelpreis für Physik.
Yang Shangkun, * 1907, chin. Politiker, 1988–93 Staats-Präs.
Yangtze Kiang → Chang Jiang.
Yang und Yin → Yin und Yang.
Yangzhou, *Kiangtu,* chin. Stadt am Kaiserkanal nördl. des Chang Jiang, 400 000 Ew.; Anfang des 7. Jh. Hptst. von China.
Yankee ['jænki], Spitzname für die Bewohner der USA; in den USA selbst Bez. für die Bewohner der Neuengland-Staaten. – **Y. Doodle** [– du:dl], altes Nationallied in den USA; seit dem 18. Jh. bekannt.
Yanonami, Indianerstamm im waldreichen Grenzgebiet zw. Brasilien u. Venezuela; erst seit den 60er Jahren Kontakt zu Weißen.

Yantai, Hafenstadt in O-China, 734 000 Ew.
Yao, 1. *Man*, Gebirgsvolk in S-China, N-Vietnam u. Laos; Animisten. – **2.** *Wayao,* mutterrechtl. Bantu-Stamm im Hochland von Malawi, Moçambique u. Tansania; Moslems.
Yao, mytholog. Herrschergestalt in China im 3. Jt. v. Chr.
Yaoundé [ja:un'de], *Jaunde,* Hptst. der afrik. Rep. Kamerun, östl. von Douala, 750 000 Ew.; Univ.; Flughafen.
Yap [ja:p], *Jap,* größte Inselgruppe u. Hauptinsel (100 km²) der Karolinen im Pazifik, 4400 Ew.; Hauptort Kolonia.
Yard, Kurzzeichen yd, Längenmaß in Großbrit. u. USA; 1 yd = 3 feet zu 12 inches = 0,9144 m.
Yaren, Hptst. der pazif. Inselrep. Nauru, 7000 Ew.
Yarkand, chin. Oasenstadt am westl. Rand des Tarimbeckens, 80 000 Ew.; Moscheen; Teppichherstellung.
Yarmouk [-muk], *Jarmuk,* längster Nbfl. des Jordan, 150 km, Wasser wird zu Bewässerungszwecken abgeleitet.
Yäsd, *Jezd,* iran. Stadt im SO von Isfahan, 165 000 Ew.; Bergbau (Kohle, Eisen, Nickel u. a.).

Knollen der Yamswurzel

Yawl [jɔ:l], dem *Kutter* ähnl. Boot mit einem zusätzl. Treibermast auf dem Hecküberhang hinter dem Ruder.
Yazilikaya, Felsheiligtum 2 km östl. der hethit. Hptst. *Hattusa* (Boğazköy) in der Türkei; Felsreliefs aus dem 13. Jh. v. Chr.
Ybbs [ips], **1.** *Y. an der Donau,* Stadt in Niederöstr., 6400 Ew.; Donau-Kraftwerk (1957). – **2.** r. Nbfl. der Donau in Niederöstr., 115 km.
y-Chromosom → Geschlechtschromosomen.
Yeats [jɛits], William Butler, * 1865, † 1939, ir. Schriftst.; gestaltete in seinen Werken (Lyrik, Dramen, Erzählungen) eine elementare traumhafte Welt aus ir. Sage, kelt. Mythos u. aristokrat. Geistigkeit. – Nobelpreis 1923.
Yellowknife ['jɛlɔunaif], Hptst. der kanad. NW-Territorien, am N-Ufer des Großen Sklavensees, 11 000 Ew.; Goldbergbau.
Yellow Pine ['jɛlɔu pain], *Pinus ponderosa,* weitverbreitete Kiefernart im östl. N-Amerika.
Yellow Press ['jɛlɔu prɛs], *Gelbe Presse, Sensationsblätter,* abgeleitet von der Zeichnung eines gelbgekleideten Kindes *(Yellow Kid),* der Titelfigur einer Bildstreifengeschichte, mit der zwei New Yorker Sonntagszeitungen 1895 miteinander konkurrierten.

Yellowstone River ['jɛlɔustɔun 'rivə], r. Nbfl. des Missouri (USA), 1600 km; mündet bei Fort Union. Das Quellgebiet des Y. R. in den nördl. Rocky Mountains wurde 1872 zum **Yellowstone-Nationalpark** erklärt, mit vulkan. Formen (Geysir »Old Faithful«) u. reichem Wildbestand (Bären, Elche u. a.).
Yemen → Jemen.
Yen, Währungseinheit in Japan.
Yerma, *Wüstenstaubboden,* extrem humusarmer, staubreicher, lockerer Boden in Wüstengebieten.
Yerwa Maiduguri, Stadt in nordöstl. Nigeria, nahe dem Tschadsee, 237 000 Ew.; Handelszentrum.
Yesilirmak [jɛ'ʃil-], *Iris,* Fluß im N der Türkei; mündet östl. von Samsun, 468 km.
Yeti, *Schneemensch,* angebl. menschenähnl. Bewohner des Himalaya, dessen Existenz nicht bewiesen ist.
Yeu, *Île d'Yeu,* [i:l'djø], Insel vor der W-Küste Frankreichs, sw. der Loiremündung, 22,5 km², 4800 Ew., Hauptort *Port-Joinville;* Fischfang; Fremdenverkehr.
Yezo [jɛzo], älterer Name für Hokkaido.
Yggdrasil, *Yggdrasill, Weltesche,* in der nord. Myth. ein immergrüner Baum im Mittelpunkt der Welt, unter dessen Wurzeln die Welten der Menschen, der Hel u. der Reifriesen liegen.
Yibin [ibin], chin. Stadt an der Mündung des Ming Jiang in den Chang Jiang, 644 000 Ew.; Handelszentrum.
Yin [in], altes chin. Längenmaß: 1 Y. = 24,556 m; auch altes chin. Gewicht: 1 Y. = 1,2096 kg.
Yinchuan ['intʃuan], Hptst. der chin. Autonomen Region Ningxia, 412 000 Ew.
Yining, *Kuldscha,* chin. Stadt im nw. Xianjiang, am Ili, 237 000 Ew.; Handelsplatz an der Seidenstraße.
Yin und Yang, *Yang und Yin,* ein chin. Symbol

Yin und Yang

(Kreis mit einer hellen u. einer dunklen Hälfte). Mit ihm wird die Polarität der dunklen, ruhenden, weibl. Kraft *(Yin)* u. des hellen, bewegl., männl. Geistes *(Yang)* ausgedrückt.
Ylang-Ylang-Öl ['i:laŋ], äther. Öl aus den Blüten einer auf Madagaskar wachsenden Cananga-Art *(Anonaceae);* in der Parfümerie verwendet.
Ylem ['ailəm], Bez. für *Urstoff* oder *Urmaterie* (bes. in der engl. Naturphilosophie). Die Elementarteilchen können als diskrete Quantenzustände des Urstoffs angesehen werden.
YMCA, Abk. für engl. *Young Men's Christian Association,* Weltorganisation der *Christl. Vereine*

Yellowstone National Park: Geysir

Yokohama: Hafen

Ymir

Junger Männer bzw. *Menschen* (CVJM); Sitz: Genf. – Entspr. Organisation für die weibl. Jugend: *YWCA (Young Women's Christian Association).*

Ymir, in der nord. Myth. der Urriese, aus dessen Körperelementen (Fleisch, Blut u. a.) Welt u. Menschen geschaffen wurden.

Yoga →Joga.

Yogi, ind. Büßer brahman. Glaubens.

Yogyakarta [dʒɔgdʒa-], *Jogjakarta,* indones. Stadt im südl. Java, 421 000 Ew.; 1945–49 Hptst. Indonesiens.

Yokohama, *Jokohama,* jap. Hafenstadt u. Präfektur-Hptst. in Honshu, am W-Ufer der Bucht von Tokio, 3,1 Mio. Ew.; bed. Hafen Japans; Flughafen Haneda; mehrere Univ.; vielseitige Ind.

Yokosuka, jap. Hafenstadt in Zentralhonshu, am Eingang der Bucht von Tokio, 430 000 Ew.; kath. Frauenuniv.; US-Marinestützpunkt.

Yoldia, *Yoldia arctica,* urtüml. Muschel des Atlantik im Gebiet der N-amerik. Küste u. der nördl. kalten Meere. Ihr Vorkommen in der Ostsee (**Y.-Meer,** um 8000 v. Chr.) beweist, daß diese fr. außer mit der Nordsee auch noch mit dem Weißen Meer in Verbindung stand.

Yom-Kippur-Krieg, *Jom-Kippur-Krieg* →Nahostkonflikt.

Yonkers ['jɔŋkəz], nördl. Stadtteil von New York, am O-Ufer des Hudson.

Yonne [jɔn], l. Nbfl. der Seine in Mittelfrankreich, 295 km; mündet bei Montereau-faut-Y.

Yorck von Wartenburg, Ludwig Graf, *1759, †1830, preuß. Feldmarschall; führte 1812 das preuß. Hilfskorps im russ. Feldzug Napoleons I.;

Yoruba: Holzskulptur einer Kultgemeinschaft

schloß 1812 die *Konvention von Tauroggen;* gab 1813 das Zeichen zu den *Befreiungskriegen.*

Yoritomo, *Minamoto,* *1147, †1199, jap. Feldherr; als 1. *Shogun* Japans (1192–99) Begr. des Shogunats (Kamakura-Zeit) u. des ritterl. Feudalsystems.

York [jɔ:k], O-engl. Stadt an der Ouse, 100 000 Ew.; got.-roman. Kathedrale; anglikan. Erzbischofssitz. – 79–427 n. Chr. Hptst. Britanniens, dann des angelsächs. Kgr. *Northumbria.*

York [jɔ:k], engl. Herzogsgeschlecht (seit 1385), jüngere Linie des Hauses *Plantagenet;* 1499 ausgestorben. Der Titel des Herzogs von Y. wurde später meist dem zweiten Sohn des engl. Königs verliehen. →Rosenkriege.

Yorkshire [jɔːkʃiə], ehem. NO-engl. Gft., 1974 aufgelöst u. neu geordnet – **Y. Terrier** [-tɛriə], kleine, brit. Haushunderasse mit langen, glänzenden, seidigen Haaren u. kurzer Schnauze.

Yorktown ['jɔ:ktaun], Ort in Virginia (USA), nw. von Norfolk, 300 Ew. Die *Schlacht bei Y.* 1781 entschied den US-amerik. Unabhängigkeitskrieg. Y. bildet mit Jamestown u. Williamsburg den *Colonial National Historical Park.*

Yoruba, *Joruba,* westafrik. Sudannegervolk der W-Region Nigerias; Träger einer alten Hochkultur mit dem kulturellen Zentrum *Ife.* – Im 10.–18. Jh. **Y.-Reich,** eine Konföderation von Stadtstaaten; den Kern bildete *Oyo,* mit einem Gottkönig (»Alafin«) als Oberhaupt.

Yosemite National Park [jouˈsɛmiti ˈnæʃnl ˈpɑːk], Naturpark (seit 1864) in der Sierra Nevada in California (USA); cañonartiges Tal des Merced River (Yosemite Valley) mit den 740 m hohen *Yosemite-Fällen.*

Young [jʌŋ], **1.** Brigham, *1801, †1877, US-amerik. Mormonenführer; gründete Salt Lake City (Utah). – **2.** Edward, *1683, †1765, engl. Dichter; Vertreter einer weltschmerzlich-empfindsamen Vorromantik. W »The complaint, or night thoughts«, meditative Dichtung in rd. 10 000 Blankversen. – **3.** Francis Brett, *1884, †1954, engl. Schriftst. (Abenteuerromane u. psychologisch verfeinerte Frauenromane mit pessimistischer Weltsicht). – **4.** Lester Willis, gen. »Prez«, *1909, †1959, afro-amerik. Jazzmusiker (Tenorsaxophon). – **5.** Owen D., *1874, †1962, US-amerik. Industrieller; als Präs. der internat. Sachverständigenkommission zur Regelung der dt. Reparationsleistungen arbeitete er 1929 den **Y.plan** aus, der Zahlungen von 121 Mrd. Mark in 59 Jahresbeträgen vorsah; wurde 1931/32 aufgehoben. Eine vom Dt. Reich aufgenommene *Y.anleihe* wurde von der BR Dtld. bis 1980 zurückgezahlt. – **6.** Thomas, *1773, †1829, engl. Arzt, Physiker u. Naturphilosoph; führte Versuche über die Wellentheorie des Lichts durch u. erklärte das Farbsehen mit Hilfe einer Dreifarbentheorie.

Younghusband [jʌŋˈhʌzbənd], Sir Francis Edward, *1863, †1942, brit. Forschungsreisender in Innerasien.

Yourcenar [jursə-], Marguerite, eigtl. M. de Crayencour, *1903, †1987, frz. Schriftst. (psycholog. Romane u. Novellen, z. T. histor. Themen), ab 1980 (als erste Frau) Mitgl. der Académie française. W »Ich zähmte die Wölfin«.

Ypern, fläm. *Jeper,* frz. *Ypres,* Stadt in der belg. Prov. W-Flandern, 35 000 Ew.; Gemüseanbau. Im MA reiche Ind.- u. Handelsstadt; Festung (bis 1781); im 1. Weltkrieg Mittelpunkt der Flandernschlachten, dabei fast völlig zerstört; im alten Stil wiederaufgebaut.

Ypsilanti, *Hypsilantis,* Alexandros, *1792, †1828, grch. Freiheitskämpfer; leitete 1821 die grch. Erhebung gegen das Osman. Reich.

Ysaye [iza'i], Eugène, *1858, †1931, belg. Geiger, Dirigent u. Komponist.

Yser [iˈzɛːr], belg.-frz. Fluß in Flandern, 76 km; mündet in die Nordsee.

Ystad, Badeort u. Hafenstadt in Schonen (S-Schweden), 24 000 Ew.

Ytterbium, ein →chemisches Element.

Yttrium, ein →chemisches Element.

Yuan, *Yüan,* fr. Bez. für die Organe der Staatsgewalt in China, noch heute in Taiwan.

Yuan Shikai, *Yüan Shih-K'ai,* *1859, †1916, chin. Offizier u. Politiker; veranlaßte die Abdankung der Qing-Dynastie (1912) u. wurde erster Präs. der chin. Rep. Sein Versuch, sich 1915 zum Kaiser zu machen, scheiterte.

Yucatán, zentralamerik. Halbinsel zw. den Golfen von Honduras u. Campeche, 175 000 km²; umfaßt die mex. Bundesstaaten Y. u. Campeche u. das Bundesterritorium Quintana Roo sowie den Nordteil Guatemalas u. Belize; Ruinenstätten der Maya-Kultur (Chichen Itzá, Uxmal, Tikal, Uaxactún u. a.); Fremdenverkehr.

Yucca, *Palmlilie, Adamsnadel, Dolchpflanze, Span. Bajonett, Bärgras,* amerik. Gatt. der *Liliengewächse;* Pflanzen mit kräftigen, häufig verzweigten Stämmen, langen Blättern u. hängenden glokkigen, in Rispen stehenden weißen Blüten. Viele Arten liefern Blätter zur Fasergewinnung.

Yukawa, Hideki, *1907, †1981, jap. Physiker; erklärte 1935 die Kernkräfte durch die Annahme eines Teilchens, dessen Masse zw. der des Elektrons u. des Protons liegt. Später wurden solche Teilchen *(Mesonen)* tatsächl. entdeckt. Als *Y.-Teilchen* bezeichnet man gelegentl. die pi-Mesonen. – Nobelpreis 1949.

Yukon River, einer der längsten Flüsse N-Amerikas, 3185 km; mündet ins Beringmeer.

Yukonterritorium, Territorium in →Kanada.

Yun, Isang, *17.9.1917, korean. Komponist; lehrt in Berlin; bemüht sich um die Synthese von O-asiat. Musiktradition u. Zwölftonmusik.

Yunnan, *Yünnan,* Prov. in →China. In allen Teilen der Prov. leben nicht-chin. Minderheiten. – In Y. bestand 730–1253 das Reich der *Nantschau.*

Yürüken →Jürüken.

Yvelines [ivˈliːn], N-frz. Dép. beiderseits der unteren Seine, Hptst. *Versailles.*

Yverdon [ivɛrˈdɔ̃], dt. *Iferten,* W-schweiz. Bez.-Hptst. im Kt. Waadt, am Neuenburger See, 21 000 Ew.; Schloß der Herzöge von Savoyen; in der Nähe *Y.-les-Bains* (Bad *Iferten,* Thermalquellen).

YWCA →YMCA.

York: Blick auf das Münster

Yukonterritorium: der Kaskawulsh-Gletscher in den Saint Elias Mountains

Z

z, Z, 26. u. letzter Buchstabe des dt. Alphabets.
Zaanstad [zaːn-], Stadt in der ndl. Prov. Nordholland, 130 000 Ew.; Nahrungsmittel-Ind., Holzhandel.
Zabaleta [θa-], Nicanor, *1907, †1993, span. Harfenist.
Zabern, frz. *Saverne,* frz. Krst. im Unterelsaß, am Vogesenübergang *Z.er Senke,* 10 000 Ew.; Holz- u. Glas-Ind.
Zabrze [ˈzabʒɛ], 1915–45 *Hindenburg O.S.,* Stadt in Schlesien (Polen), 198 000 Ew.; Steinkohlenbergbau, Masch.- u. Eisen-Ind.
Zacatecas [za-], Hptst. des mex. Staats Z., im zentralen Hochland, 2496 m ü. M., 67 000 Ew.; Silber- u. Quecksilberbergbau.
Zachariae, Just Friedrich Wilhelm, *1726, †1777, dt. Schriftst.; W »Der Renommiste« (scherzhaftes Heldengedicht).
Zacharias, 1. der Prophet →Sacharja. – 2. bei Lukas 1,5 der Vater Johannes' des Täufers.
Zacharias, †752, Papst 741–52; unterstützte die Missions- u. Reformtätigkeit des *Bonifatius* in Dtld.
Zacharias, Helmut, *27.1.1920, dt. Geiger (Jazz u. Unterhaltungsmusik).
Zackenbarsche, Fam. der *Barschartigen;* Raubfische warmer u. gemäßigter Meere (hierzu: *Schriftbarsch* u. *Wrackbarsch);* manche Arten im Süßwasser *(Sägebarsch* u. *Wolfsbarsch).*
Zadar [ˈza-], Hafenstadt in Kroatien, am Adriat. Meer, 59 000 Ew.; Renaissance-Paläste, alte Stadtmauern; Fischerei, Tabak- u. Likör-Ind.; Fremdenverkehr.
Zaddik, im Judentum urspr. der Fromme; im *Chassidismus* der wundertätige Meister u. Lehrer.
Ządek, Peter, *19.5.1926, dt. Regisseur; 1933–58

Goldstreifen-Zackenbarsch

in engl. Emigration; 1972–77 in Bochum, seit 1985 Direktor des Dt. Schauspielhauses in Hamburg; bekannt durch seine ins Moderne gewendeten Klassikaufführungen.
Zadkine [zadˈkin], Ossip, *1890, †1967, frz. Bildhauer russ. Herkunft; Plastiken vom Kubismus beeinflußt; W »Orpheus«, »Die zerstörte Stadt« (Denkmal für Rotterdam).
Zadok, Oberpriester Salomos in Jerusalem.
Zagań [ˈzaganj] →Sagan.
Zagreb [ˈza-], dt. *Agram,* Hptst. von Kroatien, an der Save, 763 000 Ew.; Univ. (1874), HS, Sitz eines röm.-kath. u. eines orth. Erzbischofs u. eines prot. Bischofs; spätgot. Dom; Wein- u. Getreidehandel; versch. Ind., Messe; Flughafen.
Zaharoff [zə-], Sir (seit 1919) Basil Zacharias, *1849, †1936, Finanzmann u. Rüstungsindustrieller grch. Herkunft; galt als einer der reichsten Männer Europas mit polit. Einfluß.
Zahiriten, eine islam. Rechtsschule, die die Gesetze aus dem Wortlaut des Korans ableitet.
Zahir Schah [ˈza-], *Sahir Schah,* Mohammed, *15.10.1915, König von Afghanistan 1933–73; 1973 gestürzt.

Zahlen, ein auf der Tätigkeit des Zählens beruhender Begriff: Die Z. 1, 2, 3 … werden *Grund-, Kardinal-* oder *natürliche Z.* genannt. *Gerade Z.* sind 2, 4, 6, …; *ungerade Z.* sind 1, 3, 5, … Die Z.

Ossip Zadkine: »Die zerstörte Stadt«, 1953/54. Rotterdam

als Glieder einer Reihe heißen *Ordnungs-* oder *Ordinal-Z.* (der erste, zweite, …). Durch die Subtraktion als Umkehrung der Addition gelangt man zur *Null* u. zu den *negativen Z.,* durch die Division als Umkehrung der Multiplikation zu den *gebrochenen Z.* (*Brüche*). Die natürl. Z. heißen im Ggs. zu den negativen Z. u. Brüchen *positive ganze Z.* Die ganzen u. die gebrochenen Z. heißen *rationale Z.* Durch Umkehrung der Potenzrechnung gelangt man zu den *irrationalen Z.,* z.B. $\sqrt{2} = 1{,}4142\ldots$ oder $\lg 2 = 0{,}30103\ldots$ Die irrationalen Z. werden eingeteilt in algebraische u. transzendente Z. Eine *algebraische Zahl* ist jede Zahl, die sich als Wurzel (Lösung) einer algebraischen Gleichung ergibt; das sind alle aus Wurzelausdrücken zusammensetzbaren Z., z.B. $\sqrt{2} + \sqrt{3}$. Alle nicht algebraischen Z. heißen *transzendente Z.,* z.B. π, e, die Logarithmen u. die meisten Werte der Winkelfunktionen.
Bei der Lösung von quadrat. Gleichungen können sich *imaginäre Z.* ergeben; denn keine der bisher genannten Z. hat die Eigenschaft, daß ihre Quadratzahl negativ ist; z.B. folgt aus $x^2 = -1$ als Lösung: $x = \pm \sqrt{-1}$. Für $\sqrt{-1}$ wurde das Zeichen i eingeführt; i heißt *imaginäre Einheit.* Die Z. $a \cdot i$, wobei *a* eine der bisher betrachteten Z. ist, die im Ggs. zu diesen Z. *reelle Z.* heißen, werden *imaginäre Z.,* die Z. der Form $a \pm bi$ *komplexe Z.* gen.
Zahlenlotto →Lotto.
Zahlensymbolik, Auffassung, daß einzelnen Zahlen eine über den Zahlenwert hinausgehende Bed. zukomme; 3 u. 12 werden als Symbole der Vollkommenheit (Götterdreiheit; 12 Tierkreiszeichen, 12 olymp. Götter) angesehen.
Zähler, der obere Teil eines Bruches; →Bruch.
Zahlmeister, bis zum Ende des 2. Weltkriegs Wehrmachtsbeamter des gehobenen Dienstes für Verwaltungsangelegenheiten.
Zahlungsbilanz, die Gegenüberstellung sämtl. Zahlungsforderungen u. -verpflichtungen zw. In- u. Ausland für einen bestimmten Zeitraum (meist ein Jahr); ermöglicht ein Urteil über die außenwirtsch. Situation eines Landes.
Zahlungsmittel, die von der Notenbank (in Dtld.:

Dt. Bundesbank) ausgegebenen Banknoten u. Münzen *(gesetzl. Z.).*
Zahlungsunfähigkeit, *Insolvenz,* das Unvermögen eines Schuldners, seine fälligen Geldschulden zu bezahlen, führt zur Zahlungseinstellung u. bildet einen Grund zu Vergleichs- oder Konkursverfahren.
Zählwerk, *Zähler,* Gerät zur selbsttätigen Zählung von sich wiederholenden gleichartigen Vorgängen; z.B. Elektrizitäts-, Gas-, Wasserzähler.
Zahlwort →Numerale.
Zahn, *Dens,* Einzelelement im Gebiß des Menschen u. der Wirbeltiere. Am Z. sind die frei aus dem Kiefer ragende *Krone* (überzogen von *Z.schmelz*), die *Z.wurzel* u. dazwischen der *Z.hals* zu unterscheiden. Mit den Wurzeln ist der Z. im *Alveolarfortsatz* des Kiefers verkeilt u. wird durch die *Wurzelhaut (Periodontium)* befestigt. Im Innern des Z. findet sich ein Hohlraum, der das *Z.mark (Pulpa)* mit Gefäßen u. Nerven enthält. Die Masse des Z. wird vom *Z.bein* gebildet.
Ausgenommen bei den Säugetieren werden die Mundzähne laufend ersetzt u. erneuert *(dauernder Z.wechsel);* bei den meisten Säugetieren u. beim Menschen werden die Zähne einmal im Leben gewechselt, wenn das *Milchgebiß* gegen das bleibende Gebiß ausgewechselt wird.
Im Gebiß des Menschen kommen drei Zahntypen vor: *Schneidezähne, Eckzähne* – beide einwurzelig – u. *Backzähne* (Backenzähne, Prämolaren u. *Molaren)* mit 2–4 Wurzeln. Das menschl. Gebiß besteht im endgültigen Zustand aus 32 Zähnen (4 Schneidezähne, 2 Eckzähne, 4 Prämolaren, 6 Molaren in jedem der beiden Kiefer); im Milchgebiß fehlen die 12 Molaren.
Zahn, 1. Ernst, *1867, †1952, schweiz. Schriftst.

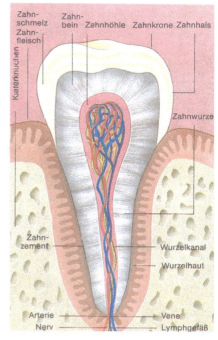

Zahn, schematischer Längsschnitt: Er besteht vorwiegend aus knochenhartem Zahnbein (Dentin), das im Bereich der Krone vom Zahnschmelz, am Zahnhals und an der Wurzel mit Zahnzement bzw. der Wurzelhaut bedeckt ist. Im Inneren liegen die Zahnpulpa, die Nerven, Blut- und Lymphgefäße sowie Bindegewebe. Die Wurzel steckt im Zahnfach (Alveolarfach) des Kieferknochens

994 Zahnarme

(Erzählungen aus der Bergwelt). – **2.** Leopold, *1890, †1970, östr. Kunsthistoriker; Vorkämpfer der modernen Kunst. – **3.** Peter von, *29.1.1913, dt. Journalist; als Reporter in leitenden Funktionen bei Rundfunk u. Fernsehen; schrieb Hörspiele, Reportagen u. Bücher.

Zahnarme, fr. Bez. für *Nebengelenktiere,* dazu gehören Ameisenbären, Faultiere u. Gürteltiere.

Zahnbrasse, als Speisefisch geschätzte, 50 cm bis 1 m lange, bis 10 kg schwere *Meerbrasse* des Atlantik u. Mittelmeers.

Zahnersatz, *künstliche Zähne,* Vervollständigung eines lückenhaften Gebisses aus gesundheitl. u. kosmet. Gründen. Man unterscheidet Kronenersatz (bei einwandfrei erhaltener Wurzel möglich), Z. u. Kieferersatz. Der vollständige Z. erfolgt durch festsitzenden Brückenersatz oder tlw. herauszunehmenden *Plattenersatz,* der vollständige Gebißersatz durch Vollprothese (Ober-, Unterkiefer).

Zahnfleisch, den Alveolarfortsatz der Zähne überziehender Teil der Mundschleimhaut.

Zahnheilkunde, *Zahnmedizin, Odontologie,* die Wiss. von den Zahn-, Mund- u. Kieferkrankheiten, ihrer Erkennung u. Behandlung; dazu gehören auch Kieferregulierung u. Kieferorthopädie.

Zahnkaries [-riɛs], *Zahnfäule,* eine Zahnerkrankung: Zerstörung der Hartsubstanzen des Zahns unter Mitwirkung von Spaltpilzen, Säuren u. Gärungsprodukten; bes. auf der Grundlage von Mangelstörungen in der Ernährung (Mineralstoffe, Spurenelemente), von ungenügender Zahnpflege u. von schädl. Eßgewohnheiten.

Zahnkarpfen, *Kärpflinge,* kleine (sub)trop. *Knochenfische;* als Aquarienfische beliebt sind: *Eierlegende* Z. u. *Lebendgebärende* Z. Hierher gehören u. a. *Schwertträger, Guppy* u. die Gatt. *Poecilia* (»Platy«, »Molly«).

Zahnradbahn, eine Gebirgsbahn zur Überwindung größerer Steigungen, bei denen die Reibungskraft der Zugmaschine nicht mehr ausreicht. Zwischen den Schienen sind eine oder mehrere Zahnstangen befestigt; die Antriebsmaschine hat ebenso viele Zahnräder, die in die Zahnstangen eingreifen.

Zahnräder, Maschinenelemente zur Übertragung von Drehmomenten u. Drehbewegungen zw. zwei Drehwellen oder zw. Drehwelle u. Zahnstange. Zur gleichförmigen Bewegungsübertragung müssen sich die Flanken der ineinandergreifenden Zähne, ohne zu gleiten, aufeinander abwälzen. Das Übersetzungsverhältnis ist gleich dem Verhältnis der Zähnezahl. Hauptarten sind Stirnräder, Kegelräder u. Schneckenräder.

Zahnstein, Ablagerungen von Calciumsalzen, Mikroorganismen u. Speiseresten am Zahn.

Zahnwale, Unterordnung der *Wale,* deren Kiefer mit vielen Zähnen besetzt ist (Delphine, Pottwale). Viele Arten können Pfeiflaute ausstoßen, z. T. im Ultraschallbereich. Für die Erforschung der »Sprache« der Z. eignen sich v. a. Delphine u. Schweinswale.

Zähringer, südl. Adelsgeschlecht, ben. nach der Stammburg *Zähringen* (erbaut 1108) bei Freiburg i. Br.; seit dem 10. Jh. Grafen im Breisgau, später Herzöge von Kärnten u. Burgund.

Zahrnt, Heinz, *31.5.1915, dt. ev. Theologe u. Schriftst.; 1950–75 Chefredakteur des »Dt. Allg. Sonntagsblatts«. Ⓦ »Jesus aus Nazareth«, »Die Sache mit Gott«, »Gotteswende«.

Zährte, ein *Karpfenfisch* (Weißfisch), bis 35 cm lang; im Einzugsgebiet der Nord- u. Ostsee sowie des Kasp. u. Schwarzen Meers.

Zaiditen [zai-], *Saiditen,* eine Konfession des schiitischen Islams, die im 8. Jh. entstand u. sich nach *Zaid Ben Ali* (†739), einem Urenkel *Alis,* nennt. Den Z. gehörten die Herrscher von Jemen bis zum Bürgerkrieg 1962–70 an; der König war religiöses Oberhaupt (Imam).

Zaire [zaˈiːr], Staat in Äquatorialafrika, 2 345 095 km², 36,7 Mio. Ew., Hptst. *Kinshasa.*

Zaire

Landesnatur. Die Kernlandschaft ist das 300–400 m hoch gelegene Becken des *Kongo.* Nach S steigt das Land zur 900 bis über 1500 m hohen *Lundaschwelle* an, nach O zu den Randgebirgen des Zentralafrikan. Grabens *(Ruwenzori* 5110 m). – Das Klima des Landes ist im Becken feucht u. heiß; weiter nach S wird die Trockenzeit länger. Das Kongobecken ist nach dem Amazonasbecken das zweitgrößte Waldgebiet der Tropen. Dieser trop. Regenwald wird von einem Ring von Feuchtsavannen umgeben.

Die Bevölkerung setzt sich zusammen aus Hunderten von Stämmen der Bantu- u. Sudanneger. Daneben gibt es 50 000 Pygmäen.

Wirtschaft. Die Landwirtschaft baut für den Export Kaffee, Kakao, Kautschuk u. Palmprodukte an u. gewinnt Edelhölzer. Der Bergbau (v. a. in Shaba) liefert mit Abstand den größten Teil der Ausfuhr Z. Es werden Kobalt (65% der Welterzeugung), Kupfer, Uran, Zink, Cadmium, Mangan, Zinn, Gold, Silber u. a. abgebaut. In Kasai liegt das bed. Fundgebiet der Erde für Industriediamanten.

Geschichte. Seit 1876 erwarb H. M. *Stanley* weite Teile des Kongo für König Leopold II. von Belgien. 1908 nahm Belgien das Gebiet in direkte Kolonialverwaltung *(Belgisch-Kongo).* 1960 wurde das Land als *Kongo-Kinshasa* (im Unterschied zum frz. *Kongo-Brazzaville*) unabh. Im gleichen Jahr erklärte sich die Prov. Katanga für unabh. 1963 beendeten UN-Truppen gewaltsam die Sezession Katangas. 1965 ergriff General G.-D. *Mobutu* die Macht u. übernahm das Präsidentenamt. 1971 wurde Kongo-Kinshasa in *Republik Z.* umbenannt. Mobutu schuf einen Einparteienstaat u. regierte diktatorisch. 1977/78 wurde eine Invasion von Rebellen in der Prov. Shaba (früher Katanga) zurückgeschlagen. Seit Beginn der 90er Jahre formiert sich eine Demokratiebewegung.

Zakopane [za-], Kurort u. Wintersportplatz im NW der Hohen Tatra (Polen), 28 000 Ew.

Zákynthos, ion. Insel an der W-Küste von Griechenland, 402 km², 30 000 Ew.; Leder- u. Textil-Ind.; Wein- u. Olivenanbau. – 1953 schweres Erdbeben.

Zama, antike, N-afrik. Stadt westl. von Karthago. Hier wurde 202 v. Chr. *Hannibal* durch den älteren *Scipio* geschlagen.

Zambo [ˈθambo], Mischling zw. Schwarzen u. Indianern.

Zamboanga [θambo-], Hafen u. Hauptort der Philippineninsel Mindanao, 344 000 Ew.; Fischmarkt, Perlenfischerei; Flugplatz.

Zamenhof [ˈza:-], Ludwik, *1859, †1917, poln. Augenarzt; erfand die Welthilfssprache *Esperanto.*

Zamora [θaˈmora], W-span. Prov.-Hptst., auf einem Felshügel über dem Duero, 62 000 Ew.; roman. Kathedrale; Herstellung von Branntwein, Lederwaren, Textilien.

Zamość [ˈzamɔstʃ], poln. Stadt in der *Roztocze,* sö. von Lublin, 58 000 Ew.; Holz-, Textil- u. Nahrungsmittel-Ind.

Zande, das afrik. Volk der →Asande.

Zander, *Hechtbarsch,* mit bis 1,30 m Länge u. 15 kg Gewicht der größte *Barsch* Mitteleuropas; Süßwasserfisch, wertvoller Speisefisch.

Zandvoort [ˈzɑntfoːrt], Nordseebad in der ndl. Prov. Nordholland, 16 000 Ew.; 4,2 km lange Rennstrecke für den Motorsport.

Zange, Werkzeug zum Festhalten, Abscheren, Biegen u. Lochen.

Zangwill [ˈzæŋvil], Israel, *1864, †1926, engl. Schriftst.; schloß sich dem Zionismus an; schrieb Romane u. Bühnenstücke in engl. u. jiddisch.

Zanonie, *Kürbisgewächs,* Kletterstrauch des Malaiischen Archipels; große Samen mit den Seitenflügeln, dienten im Flugzeugbau als Vorbild.

Zanuck [ˈzænək], Darryl F., *1902, †1979, US-amerik. Filmproduzent (u. a. »Früchte des Zorns«, »Der längste Tag«).

Zanussi [ds-], Krzysztof, *17.6.1939, poln. Filmregisseur; Filme: »Die Struktur des Kristalls«, »Illumination«, »Blaubart«, »Leben für Leben«.

Zanza [ˈzanza], afrik. Musikinstrument, →Sansa.

Zao-Wou-Ki, *13.2.1921, chin. Maler; seit 1948 in Paris; gelangte zu einem abstrakten Stil.

Zäpfchen, 1. *Gaumen-Z., Uvula,* Teil des weichen Gaumens. – **2.** →Suppositorium.

Zapfen, 1. zur Herstellung von Holzverbindungen zugerichtetes Kantholzende. – **2.** *Zapfenblüte,* die an einer langen Achse angeordneten Staub- oder Fruchtblätter der nacktsamigen Pflanzen. – **3.** lichtempfindl. Element in der Netzhaut des Auges.

Zapfenstreich, urspr. der Zeitpunkt, zu dem auf

Zapoteken: Tempelruinen in Monte Albán

ein Trommel- oder Hornsignal hin im Feldlager Ruhe zu herrschen hatte; später allg. der Zeitpunkt, zu dem alle nicht beurlaubten Soldaten in ihrer Unterkunft zu sein hatten. – Der *Große* Z. ist eine militärmusikal. Zeremonie zu bes. Anlässen.

Zapfsäule, Anlage zum Entnehmen von Benzin, die die abgegebene Menge (u. den Preis) anzeigt.

Zapolska [za-], Gabryela, *1857, †1921, poln. Schriftst. u. Schauspielerin; naturalist. gesellschaftskrit. Romane u. Dramen.

Zapoteken, altes indian. Kulturvolk (heute noch 300 000) aus der Sprachfam. *Oto-Mangue,* in den mex. Bundesstaaten Oaxaca u. Tehuantepec. Zur Zeit der span. Landung bildeten sie ein Reich mit der Hptst. *Zoahila;* Blütezeit 3.–5. Jh. n. Chr. Die wichtigsten Ruinenstätten der Z. sind *Mitla* u. *Monte Alban.*

Zar, Herrschertitel bei Bulgaren (seit dem 7. Jh. u. 1908–46) u. Russen (1547–1917). – **Zariza,** Frau (bzw. Witwe) eines Z. – **Zarewitsch,** Sohn eines Z. u. Titel des russ. Thronfolgers 1547–1797, der seitdem bis 1917 offiziell als *Zesarewitsch* bezeichnet wurde. – **Zarewna,** Tochter eines Z.

Zaragoza [θaraˈgoθa] →Saragossa.

Zarathustra, grch. *Zoroaster,* vornehml. in Baktrien wirkender prophet. Reformator der altiran. Religion, nicht sicher datierbar, *wahrsch. 800 v. Chr. oder 700 v. Chr. Er ist der Stifter des →Parsismus u. verstand sich als von seinem Gott *Ahura Mazda* berufener Verkünder einer monotheist. Religion.

Zarge, 1. in die Mauer eingebauter Rahmen von Türen u. Fenstern. – **2.** Seitenwand zw. Boden u. Decke bei Saiteninstrumenten, z.B. Violine.

Zaria [ˈzarja], Stadt im nördlichen Nigeria, 274 000 Ew.; Univ.; Nahrungsmittel- u. Fahrzeug-Ind., Flugplatz.

Zarlino, Gioseffo, *1517, †1590, ital. Musiktheoretiker u. Komponist; Darst. der Musiklehre auf der Basis der Dur-Moll-Tonalität.

Zarqa, jordan. Stadt nordöstl. von Amman, 266 000 Ew.; Ind.-Standort, Ölraffinerie, Flugplatz.

Žary [ˈʒari] →Sorau.

Zarzuela [θarθuˈela], span. Singspiel, seit dem 17. Jh.

Zäsur, Einschnitt; in der antiken Verslehre die Pause innerhalb eines Versfußes, die durch das Ende eines Worts oder eines Sinnabschnitts entsteht.

Zátopek [ˈza:-], Emil, *16.9.1922, tschech. Langstreckenläufer; gewann 4 Goldmedaillen bei Olymp. Spielen.

Zauber, *Zauberei,* der Versuch, durch Beherrschung übernatürl. Mächte das ird. Geschehen zu beeinflussen. – In Varietés u. Kabaretts ist die *Z.kunst* eine beliebte Unterhaltung, die auf Tricks, Sinnestäuschungen u. großer Handfertigkeit beruht.

Zaubernuß →Hamamelis.

Zauberspruch, Spruchformel, die Abwehr von Unheil oder Krankheit bewirken soll *(Merseburger Z.* in ahd. Sprache, 10. Jh.).

Zaum, Vorrichtung am Kopfgestell, um Zug- u. Reitpferde leichter lenken u. führen zu können, bestehend aus *Trense* u. *Kandare*.
Zauneidechse, die häufigste dt. Eidechse, bis 20 cm lang; Männchen oft grün.
Zauner, Franz Anton von, *1746, †1822, östr. Bildhauer des Frühklassizismus.
Zaunkönig, brauner, bis 9 cm großer einheim. *Singvogel*; baut in dichtem Gestrüpp seine Kugelnester.
Zaunrübe, in Vorderasien u. im Mittelmeergebiet heim. Gatt. der *Kürbisgewächse*; die *Weiße Z*. mit schwarzen Beeren, die *Zweihäusige Z*. mit roten Beeren.
ZDF, Abk. für *Zweites Deutsches Fernsehen*.
Zebaoth, *Sabaoth,* im AT Beiname Gottes als »Herr der Heerscharen«.
Zebrafink, ein *Prachtfink* Australiens u. der Kleinen Sunda-Inseln; anspruchsloser Käfigvogel.
Zebras, wildlebende Pferde (»*Tigerpferde*«) Afrikas, mit schwarzweißer Streifenzeichnung; 3 Arten: die SW-afrik. *Berg-Z*. stehen den Eseln nahe; erhalten gebliebene Unterarten des *Quagga* oder *Steppen-Z*. repräsentieren den Halbesel, die größten Z., die *Grevy-Z*. entsprechen dem Pferdetypus.
Zebrastreifen, Kennzeichnung für Fußgängerüberwege auf Straßen aus weißen Anstrichen.
Zebu, *Buckelrind,* mit buckelförmigem Fetthöcker ausgestattete Rasse des Hausrinds Indiens u. O-Afrikas (*Sanga*); von den Hindus als Symbol der Fruchtbarkeit als heilig angesehen.
Zech, Paul, *1881, †1946, dt. Schriftst.; seit 1937 in der Emigration; Expressionist u. Romantiker, schrieb Lyrik, Novellen, Dramen.
Zeche, Bergwerksbetrieb einschl. der über Tage befindl. Anlagen.
Zechine →*Dukat*.
Zechlin, Ruth, *22.6.1926, dt. Komponistin; Oper »Reineke Fuchs«, Orchester- u. Kammermusik.
Zechprellerei, der Betrug durch Vorspiegeln von Zahlungsfähigkeit oder -absicht beim Verzehr von Speisen u. Getränken.
Zechstein, jüngstes Glied des Erdaltertums, →*Erdzeitalter*.
Zecken, mittelgroße *Milben,* Parasiten an Warmblütern u. Reptilien; für Mensch u. Vieh gefährlich als Überträger von Viruskrankheiten (der *Holzbock* u. a. von Hirnhautentzündungen).
Zedekja, letzter König von Juda; erhob sich 587 v. Chr. gegen Nebukadnezar II.; starb geblendet im Gefängnis in Babylon (Jer. 37–39).
Zedenbal, *Tsedenbal,* Jumschagin, *1916, †1991, mongol. Politiker (Kommunist); 1952–74 Vors. des Ministerrats (Regierungschef), 1958–84 Generalsekretär der Partei, 1974–84 auch Staatsoberhaupt; 1990 aus der Partei ausgeschlossen.
Zeder, Gatt. der Nadelhölzer des Mittelmeergebiets u. des westl. Himalaya. Die *Echte Z*. (*Libanon-Z*.) ist bis 40 m hoher Baum, jung fast pyramidenförmig, im Alter schirmartig mit überhängender Spitze; Hauptverbreitung im Libanon, Taurus u. Atlas; *Atlas-Z*. nur im Atlas, *Himalaya-Z*., heiliger Baum der Hindus, im nw. Himalaya. – **Z.nhölzer** des Handels stammen von nicht zur Gatt. der Z. gehörenden Nadelhölzern. – **Z.nholzöl,** äther. Öl aus dem Holz der Z., zu Seifen u. Parfüms verarbeitet.
Zedrelaholz, *Westindisches Zedernholz,* für die Herstellung von Zigarren- u. Zuckerkisten verwendetes, rotes, aromat. Holz des Zedrachgewächses *Zedrela*.
Zeebrugge [ˈzeːbrʏxə], *Seebrügge,* Hafenstadt nw. von Brügge in Belgien, 3000 Ew.; Fischerei u. Seebad; Fährverkehr nach England.
Zeeman [ˈzeː-], Pieter, *1865, †1943, ndl. Physi-

Hartmann-Zebra

ker; entdeckte 1896 mit H.A. *Lorentz* den Z.-Effekt, bei dem die Spektrallinien der in einem starken Magnetfeld befindl. Atome aufgespalten werden; Nobelpreis 1902.
Zeffirelli, Franco, *12.2.1923, ital. Regisseur; inszenierte v. a. Opern u. drehte auch Filme (»Romeo u. Julia«, »Bruder Sonne, Schwester Mond«, »Das Leben von Jesus Christus«, »Hamlet«).
Zehnerklub, die 10 Mitgliedstaaten des Internat. Währungsfonds, die 1961 das *Pariser Abkommen* schlossen (Belgien, BR Dtld., Frankreich, Großbrit., Italien, Japan, Kanada, Ndl., Schweden, USA), dem 1964 auch die Schweiz beitrat.
Zehnersystem →*Dezimalsystem*.
Zehnfußkrebse, Ordnung der *Höheren Krebse,* umfaßt die größten bek. Krebsformen (Hummer über 1 m lang); Unterordnungen: Garnelen (*Natantia,* Schwimmer) u. *Reptantia* (Kriecher).
Zehn Gebote, *Dekalog,* die nach 2. Mose 20 u. 5. Mose 5 am Sinai von Gott auf 2 steinernen Tafeln an Moses übergebene religiös-sittl. Grundordnung zunächst des Volkes Israel, dann der christl. Ethik bzw. Lebensführung.
Zehnkampf, aus zehn Einzelübungen bestehender Mehrkampf. Der *leichtathlet. Z.* der Männer besteht aus den Übungen: 100-m-Lauf, Weitsprung, Kugelstoßen, Hochsprung, 400-m-Lauf, 110-m-Hürdenlauf, Diskuswerfen, Stabhochsprung, Speerwerfen, 1500-m-Lauf.
Zehnt, *Dezem,* Abgabe (zunächst in Naturalien), urspr. der 10. Teil von Erträgen aus dem Grundbesitz; der *Kirchen-Z*. seit dem 6. Jh., der *weltl. Z*. im 8./9. Jh. an den Grundherrn.
Zeichenfilm, *Zeichentrickfilm,* ein Film, dessen einzelne Bilder gezeichnet u. dann auf dem Tricktisch photographiert werden. Durch W. *Disney* wurde der Z. zur populären Filmgattung.
Zeichenrolle, ein beim *Patentamt* geführtes Register für angemeldete Warenzeichen.
Zeichensetzung, *Interpunktion,* die Verwendung von Zeichen (*Satzzeichen*) nach bestimmten Regeln zur Gliederung geschriebener Texte (Doppelpunkt, Ausrufezeichen, Fragezeichen, Gedankenstrich, Apostroph, Anführungszeichen). Den Griechen der Antike waren bereits Punkt, Semikolon u. Komma bekannt. Ende des 15. Jh. führte der venezian. Buchdrucker A. *Manutius* die heute noch gebräuchl. Satzzeichen ein.
Zeichnung, mit Feder, Pinsel, Kohle, Kreide, Bleistift u. a. ausgeführte bildl.-lineare Darst., die auch farbig angelegt oder getönt sein kann; als Gatt. der bildenden Kunst u. in der Technik.
Zeidler, Wolfgang, *1924, †1987, dt. Richter; 1970–75 Präs. des Bundesverwaltungsgerichts in Berlin, 1983–87 Präs. des Bundesverfassungsgerichts in Karlsruhe.
Zeilensprungverfahren, *Zwischenzeilenverfahren,* ein Bildabtastverfahren in Fernsehempfängern, bei dem zuerst die ungeradzahligen u. dann die geradzahligen Zeilen übertragen werden. Dadurch wird die Bildwechselfrequenz scheinbar verdoppelt u. die Wiedergabe verbessert.
Zeisige, Gatt. der *Finkenvögel;* in Mitteleuropa u. a. *Erlenzeisig, Birkenzeisig, Grünfink, Stieglitz* u. *Hänfling*.
Zeiss, Carl, *1816, †1888, dt. Feinmechaniker u. Industrieller; gründete 1846 die *Z.-Werke* in Jena (feinmechan. u. opt. Erzeugnisse). Das Werk wurde 1891 vom Inhaber Ernst *Abbe* auf die für soz., wiss. gemeinnützige Zwecke tätige *Carl-Z.-Stiftung* übertragen.
Zeist [zɛɪst], Gem. in der ndl. Prov. Utrecht, 59000 Ew.; pharmazeut. u. opt. Ind.; Herrnhuter Brüdergemeine.

Zecken: rechts mit Blut vollgesogen

Zeitrechnung 995

Zeit, für die gewöhnl. Auffassung ein kontinuierl. Fortschreiten, innerhalb dessen sich alle Veränderungen vollziehen. In der Physik ist die Z. eine (nach der alltägl. Erfahrung) nicht beeinflußbare physik. Größe, eine zu den drei Raumkoordinaten hinzutretende 4. Koordinate.
Zeitalter, ein Zeitabschnitt, der von einem herausragenden geschichtl. Ereignis, einer Idee oder einer Persönlichkeit geprägt wird.
Zeitarbeitsvertrag, ein Arbeitsvertrag mit Zusatzklauseln, aufgrund deren das Beschäftigungsverhältnis nach Ablauf eines vereinbarten Zeitraums ohne bes. Kündigung beendet ist.
Zeitdilatation, ein Effekt, der durch die →*Relativitätstheorie* vorausgesagt wird: Eine Uhr geht für einen relativ zu ihr bewegten Beobachter langsamer als für einen ruhenden Beobachter. Experimentell bestätigt worden ist der Z. beim Zerfall sehr schneller μ-Mesonen, die durch die Höhenstrahlung in der Erdatmosphäre erzeugt werden. Diese Mesonen haben ruhend eine mittlere Lebensdauer von $2{,}2 \cdot 10^{-6}$ s; Licht durchläuft in dieser Zeit 660 m, die Mesonen durchlaufen tatsächlich die hundert- bis tausendfache Strecke, bis sie zerfallen.
Zeiteinheiten, die der Zeitmessung zugrunde gelegten prakt. Einheiten, wie Jahr (Abk. a = annus), Tag (Abk. d = dies), Stunde (Abk. h = hora), Minute (Abk. min), Sekunde (Abk. s). Die am meisten benutzte Zeiteinheit ist der →*Sonnentag*.
Zeitformen →*Tempus*.
Zeitgeschäft →*Termingeschäft*.
Zeitgeschichte, Begriff der Geschichtswiss., wird verstanden als wiss. Erforschung der »Epoche der Mitlebenden«.
Zeitlose, Gatt. der *Liliengewächse*. Zu den Z. gehört die *Herbst-Z*.
Zeitlupe, *Zeitdehner,* Filmaufnahme mit erhöhter Bildfrequenz (Bildzahl je Sekunde). Bei Vorführung des Films mit der Normalgeschwindigkeit (18–24 Bilder pro Sekunde) erscheinen schnelle Bewegungen verlangsamt.
Zeitmessung, die Messung der Dauer zweier zeitl. getrennter Ereignisse; im Altertum durch die aus einem Behälter ausgelaufene Menge von Flüssigkeit oder Sand (Sanduhr), heute durch periodische Vorgänge, deren Frequenz sich nicht ändert (z.B. Pendel-, Quarz- u. Atomuhren). Die SI-Einheit der Zeitmessung ist die atomar definierte *Sekunde*.
Zeitraffer, Filmaufnahme mit verringerter Bildfrequenz (Bildzahl je Sekunde). Bei Vorführung des Films mit normaler Geschwindigkeit erscheint der Vorgang beschleunigt.
Zeitrechnung, die auf Beobachtungen des Tages- u. Jahresablaufs beruhende, von einem willkürl.

Zehn Gebote: »Du sollst nicht töten«, das 5. Gebot, am Beispiel Kain und Abel erläutert; Holzschnitt von Lucas Cranach d. Ä.

Zeitschalter

festgelegten Zeitpunkt ausgehende Berechnung (Zählung) des Zeitablaufs. →Chronologie, →Kalender.

Die c h r i s t l. Z. wurde durch den Abt *Dionysius Exiguus* festgelegt, der bei der Aufstellung der Ostertafeln (532) das »Jahr der Menschwerdung des Herrn« als Ausgangspunkt annahm. Wie wir heute wissen, wurde Jesus jedoch 3 bis 7 Jahre vor dem angenommenen Datum geboren. Umgerechnet auf die christl. Ära beginnt die Z. der J u d e n mit dem Jahr 3761 v. Chr.; die r ö m. Z. beginnt mit der Gründung Roms 753 v. Chr.; die b u d d h i s t. Z. beginnt mit dem Todesjahr Buddhas 483 v. Chr.; die i s l a m. Z. mit der Hedschra 622 n. Chr.

Zeitschalter, ein elektr. Schalter, der mit einem Uhrwerk so gekoppelt ist, daß er sich, einmal eingestellt, nach Ablauf einer bestimmten Zeit selbsttätig öffnet u. schließt.

Zeitschrift, in regelmäßiger Zeitfolge erscheinende Druckschrift; ohne die grundsätzl. Aktualität u. Inhalts-Allgemeinheit der Zeitung, ausgerichtet auf bestimmte Leserkreise oder Lesesituationen; z.B. Fach-Z., Berufs-Z. u. Freizeit-Z. *(illustrierte Z., Magazine, Programm-Z.).*

Zeitsinn, Fähigkeit von Tieren, ihr Verhalten an period. Schwankungen der Umweltbedingungen wie Tagesrhythmik, Gezeitenrhythmik oder Jahresrhythmik anzupassen. →Biorhythmik.

Zeitung, üblicherweise werktägl. oder tägl. erscheinende Druckschrift; enthält Nachrichten u. Berichte über Neuigkeiten aus aller Welt u. aus nahezu allen Lebensbereichen, dazu Meinungsbeiträge (Leitartikel, Glossen), Unterhaltungsstoff (Feuilleton) und Anzeigen. Die Inhalte der Z. werden von *Reportern, Korrespondenten, Nachrichtenagenturen* u. *Pressediensten* geliefert, dann von der *Redaktion* zusammengestellt u. publizistisch zur Druckreife gebracht.

Gesammelte u. in schneller Folge als Druckschrift

Einige Standardzeiten (Standard Time)

Wenn es in Deutschland 12 Uhr Mitteleuropäische Zeit ist, zeigt die Uhr — Amtl. Bezeichnung

Uhrzeit	Gebiet	Amtl. Bezeichnung
0.00 Uhr	Westalaska, Aleuten, Samoainseln	Alaska Time
1.00 Uhr	Zentralalaska, Hawaiinseln, Gesellschaftsinseln	Yukon Time
2.00 Uhr	Ostalaska, Kanada (Yukonterritorium)	
3.00 Uhr	Kanada (Brit.-Columbia), USA-Pazifikküste	Pacific Time (PT)
4.00 Uhr	Kanada (Mackenziedistrikt, Alberta, Saskatchewan), USA-Felsengebirgszone, Mexiko	Montain Time (MT)
5.00 Uhr	Kanada (Manitoba u. a.), USA (von Norddakota bis Louisiana), Guatemala, Honduras, Nicaragua, Costa Rica	Central Time (CT)
6.00 Uhr	Kanada (Ontario u. Quebec z. T.), USA-Atlantikküste, Bahamas, Kuba, Haiti, Jamaika, Panama, Kolumbien, Ecuador, Peru	Eastern Time (ET)
7.00 Uhr	Kanada (Quebec z. T., Neuschottland), Brasilien (westl. Teil), Bolivien, Paraguay, Chile	Atlantik Time (AT)
8.00 Uhr	Brasilien (östl. Teil), Argentinien	
9.00 Uhr	Azoren, Kapverdische Inseln	
10.00 Uhr	Island, Madeira, Kanarische Inseln	
11.00 Uhr	Großbritannien, Färöer, Portugal, Marokko, Senegal, Guinea, Ghana, Elfenbeinküste, Togo, Mali, Burkina Faso	Greenwich Mean Time (GMT) oder Westeurop. Zeit
12.00 Uhr	Norwegen, Schweden, Dänemark, Deutschland, Ungarn, Tschech. Rep., Slowakei, Italien, Kroatien, Slowenien, Bosnien-Herzegowina, Makedonien, Jugoslawien, Spanien, Frankreich, Algerien, Tunesien, Nigeria, Angola	Mitteleurop. Zeit (MEZ)
13.00 Uhr	Estland, Lettland, Litauen, Weißrußland, Moldova, Ukraine, Rußland Zone 2 (Moskau, St. Petersburg), Finnland, Rumänien, Griechenland, Türkei, Libanon, Israel, Jordanien, Libyen, Ägypten, Sudan, Zaire (östl. Teil), Simbabwe, Moçambique, Südafrika	Osteurop. Zeit
14.00 Uhr	Rußland Zone 3 (Archangelsk, Wolgograd), Georgien, Armenien, Aserbaidschan, Irak, Jemen, Äthiopien, Somalia, Kenia, Uganda, Tansania, Madagaskar, Komoren	
15.00 Uhr	Rußland Zone 4 (Jekaterinburg), Kasachstan, Turkmenistan, Usbekistan, Mauritius	
16.00 Uhr	Rußland Zone 5 (Omsk), Tadschikistan, Kirgisien, Pakistan	
16.30 Uhr	Indien, Sri Lanka, Nepal	Indische Zeit
17.00 Uhr	Rußland Zone 6 (Nowosibirsk), Bangladesch	
18.00 Uhr	Rußland Zone 7 (Irkutsk), Thailand, Kambodscha	
19.00 Uhr	Rußland Zone 8, Philippinen, mittleres Indonesien, Westaustralien	
20.00 Uhr	Rußland Zone 9 (Wladiwostok), Korea, Japan	Japanische Zeit
21.00 Uhr	Östl. Neuguinea, Ostaustralien, Tasmanien	Ostaustral. Zeit
23.00 Uhr	Marshallinseln, Neuseeland	Neuseeländ. Zeit

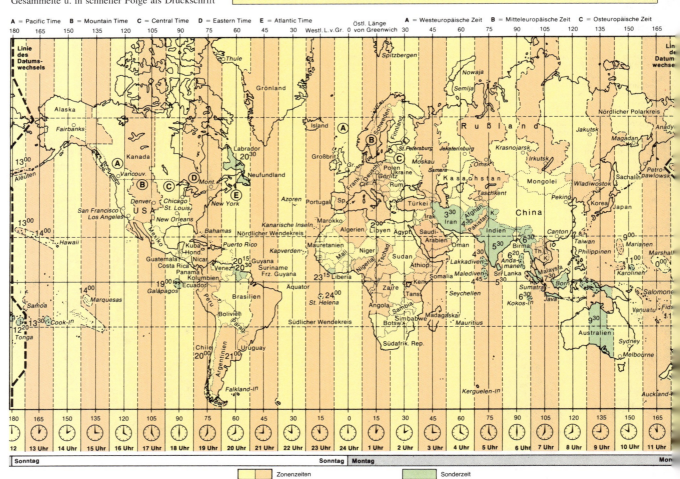

Zeitzonen

veröffentlichte Nachrichten, als Z. im neueren Sinn, gibt es seit 1609: »Relation« (Straßburg) u. »Aviso« (Wolfenbüttel). 1650 erschienen als erste Tageszeitung die »Einkommenden Zeitungen« 6mal wöchentl. in Leipzig.
Zeitwort → Verbum.
Zeitz, Krst. in Sachsen-Anhalt, an der Weißen Elster, 43 000 Ew.; *Moritzburg* (ehem. Bischofs- u. Herzogsschloß), Schloßkirche, Braunkohlen- u. Erdölverarbeitung, Eisengießerei.
Zeitzeichen, v. a. für Schiffs- u. Flugnavigation wichtige, von den Rundfunkstationen u. Küstenfunkstationen zu bestimmten Zeiten ausgesandte Zeichenfolge, die die genaue Zeit angibt.
Zeitzonen, von örtl. Ausnahmen abgesehen jeweils 15 Längengrade breite Zonen der Erdoberfläche mit einer internat. festgelegten einheitl. Zonenzeit.
Zeitzünder, eine Vorrichtung, um Sprengladungen nach einem bestimmten Zeitablauf zur Detonation zu bringen; z.B. durch Uhr oder chem. Zersetzung.
Zelebrant, der die kath. Liturgie leitende Bischof oder Priester. – **zelebrieren,** festlich begehen, bes. das Meßopfer.
Żeleński [ʒɛˈlɛnjski], Tadeusz, Pseud.: *Boy,* * 1874, † 1941, poln. Schriftst. u. Literaturkritiker; Mitgr. des ersten literar. Kabaretts in Polen (»Grüner Ballon«), nach dem Einmarsch der dt. Truppen verhaftet u. erschossen.
Zelinograd, bis 1961 u. wieder seit 1992 *Akmola,* Hptst. der gleichn. Oblast in Kasachstan, am oberen Ischim, 276 000 Ew.; Maschinenbau, Nahrungsmittel-, chem. u. Holz-Ind.
Zell, 1. *Z. am See,* östr. Bez.-Hptst. des Pinzgaus, am **Z.er See** (4,7 km² groß, bis 68 tief), 757 m ü. M., 7000 Ew.; Seebad, Luftkurort u. Wintersportplatz. – **2.** *Z. (Mosel),* Stadt in Rhld.-Pf. an der mittleren Mosel, 4000 Ew.; Weinbau (*Zeller Schwarze Katz*).
Zella-Mehlis, Stadt in Thüringen, am Thüringer Wald, 13 000 Ew.; Erholungs- u. Wintersportort; feinmechan. u. elektron. Ind.
Zelle, 1. kleinste lebende Einheit u. Grundbaustein aller Lebewesen. Bei Einzellern führt eine Z. alle Lebensfunktionen aus. Die lebende, aktiv tätige Zellmasse ist das *Protoplasma.* Es wird bei tier. u. menschl. Z. von einer dünnen Zellmembran (Plasmalemma), bei Pflanzen zusätzl. von einer cellulosehaltigen Zellwand umgeben. Es besteht aus dem Grundzytoplasma u. zahlr. geformten u. beständigen Differenzierungen mit speziellen Aufgaben, den Zellorganellen (*Zellkern, Mitochondrien, Golgi-Apparat, Zentralkörperchen,* bei Pflanzen außerdem *Plastiden*); es wird vom Kanalsystem des endoplasmatischen Retikulums durchzogen u. enthält meist flüssigkeitsgefüllte Räume, die Vakuolen. Die durchschnittl. Zellgröße liegt bei 10–100 μm. Die kleinsten Z. findet man bei Bakterien, die größten, z.B. Vogelei-Z., haben mehrere cm Durchmesser. Die Zellvermehrung erfolgt durch Zellteilung. – **2.** einzelnes Trockenelement oder kleinste Einheit eines Akkumulators; auch die elektrolyt. Z. oder die Photozelle. – **3.** kleiner Raum, z.B. Gefängnis-, Mönchs-, Telefon-Z.
Zeller, Carl, * 1842, † 1898, östr. Komponist; W Operetten »Der Vogelhändler«, »Der Obersteiger«.
Zellglas, dünne, glasklare Kunststoffolie aus Viskose, als Warenzeichen z.B. *Cellophan.*
Zellkern, *Nukleus, Karyon,* die wichtigste *Zellorganelle,* meist kugelig, verformbar. Der Z. tritt in zwei Zuständen auf: 1. als in Teilung begriffener *Mitosekern* (→Kernteilung), 2. als zw. zwei Teilungen befindl., stoffwechselaktiver *Interphase-* oder *Arbeitskern.* Dieser ist durch die Kernmembran vom Zytoplasma abgegrenzt. Sein Inneres (*Karyoplasma*) enthält die Kerngrundsubstanz (lösl. Proteine), ein bis mehrere Kernkörperchen (*Nukleolen*) u. das *Chromatin,* ein feines Netzwerk aus Kerneiweißen (*Nucleoproteiden*) u. *Nucleinsäuren*), das die Erbanlagen enthält. Zu Beginn der Kernteilung formiert es sich zu den *Chromosomen.*
Zellorganellen → Zelle.
Zellstoff, aus Cellulose bestehende, feinfaserige, weiche u. weiße Masse; Ausgangsprodukt für die Herstellung von Papier, Kunstseide, Nitrocellulose, Vulkanfiber, Zellglas u. a. Kunststoffen. Als Rohmaterial für die Gewinnung von Z. verwendet man in erster Linie Holz (Fichte, Kiefer, Buche), aber auch Stroh, Kartoffelkraut u. Bastfasern.
Zellteilung, Entstehung von 2 oder mehr Tochterzellen aus einer Mutterzelle. Der Z. geht immer eine → Kernteilung voraus.

Zelltherapie, *Frischzellenbehandlung,* Behandlung zahlr. Krankheiten durch Einspritzung frischer embryonaler oder jugendlicher Organ- u. Drüsenzellen von Schlachttieren; seit 1988 wegen gefährl. Nebenwirkungen u. mangelnder Wirksamkeit verboten.
Zellulitis, Veränderungen des Unterhautgewebes, bes. bei Frauen, im Hüft- u. Oberschenkelbereich, sog. »Orangenhaut«; manchmal vermehrter Fettansatz mit Schmerzen.
Zelluloid → Celluloid.
Zellulose → Cellulose.
Zellwolle, fr. Bez. für → Viskose.
Zelot, religiöser Eiferer. – Die jüd. Partei der **Zeloten** in Judäa suchte im 1. Jh. n. Chr. gewaltsam durch Aufstände die polit. Befreiung von Rom herbeizuführen. Der Fall von → Masada bedeutete das Ende der Bewegung.
Zelt, eine leicht auf- u. abbaubare u. transportierbare Behelfsunterkunft aus Leinwand (meist zusammenknöpfbare *Z.bahnen*), durch *Z.pflöcke* (Heringe) am Erdboden verankert. – Z.e waren urspr. die transportable Wohnung nomad. Jäger- u. Hirtenstämme.
Zelter, Carl Friedrich, * 1758, † 1832, dt. Komponist; gründete 1809 die erste »Liedertafel« in Berlin; Förderer der Bachpflege. Freund u. musikal. Berater *Goethes.*
Zeltweg, östr. Ort in der oberen Steiermark, 8000 Ew.; Dampfkraftwerk; in der Nähe die Motorsport-Rennstrecke.
Zement, feingemahlenes, an der Luft u. unter Wasser erhärtendes, nach dem Erhärten wasserfestes Bindemittel für Mörtel u. Beton. Rohmehl aus Kalkstein u. Ton oder Kalkmergel wird im Drehofen bis zur Sinterung (etwa 1450 °C) zum *Portlandzementklinker* gebrannt. Daraus wird durch Mahlen mit Gipszusatz der schon seit 1878 genormte *Portland-Z.* gewonnen.
Zemlinsky, Alexander von, * 1871, † 1942, östr. Dirigent u. Komponist; Lehrer A. *Schönbergs.* Opern (»Kleider machen Leute«), sinfon. Werke u. Kammermusik.
Zen [zɛn], jap. Bez. für eine buddhist. Sekte, die Anfang des 6. Jh. von dem ind. Mönch *Bodhidharma* (jap. *Daruma*) nach China gebracht wurde (*Chan-Buddhismus*). Seine Anhänger strebten die Erleuchtung (jap. *Satori*) in diesem Leben an u. wollten sie nicht durch das Studium der hl. buddhist. Schriften, sondern durch eine auf Meditation u. prakt. Arbeit aufgebaute Lebensführung erreichen. Der Chan-Buddhismus wurde im 12./13. Jh. in Japan eingeführt. Die »sitzende Versenkung« (Zazen) wurde zur Grundlage der jap. Kampftechniken, bes. des Schwertkampfs u. des Bogenschießens. In der Malerei, im Teezeremoniell, im No-Theater bis hin zur Blumensteckkunst (Ikebana) zeigt sich der Einfluß des Z.
Zend-Awesta → Awesta.
Zenit, *Scheitelpunkt,* der höchste Punkt der Him-

Zen: Hakuin; Bodhidharma, Privatbesitz. Dieser Typus des Porträts des legendären Zen-Patriarchen soll Geistesstärke und Konzentration übermitteln

melskugel, der von allen Punkten des Horizonts gleichen Abstand hat (Höhe 90 °).
Zenitalregen, der in der Tropenzone um die Jahreszeiten des höchsten Sonnenstands auftretende starke Regen.
Zenon, *Zeno,* **1.** *Z. der Ältere* aus Elea (S-Italien), * um 490 v. Chr., † 430 v. Chr., grch. Philosoph; Schüler des *Parmenides.* – **2.** *Z. der Jüngere* aus Kition (Zypern), * um 336 v. Chr., † 264 v. Chr., grch. Philosoph; Begr. der *Stoa* in Athen.
Zenotaph → Kenotaph.
Zensor, *Censor,* altröm. Magistrat, dem die Steuerschätzung oblag, verbunden mit einer Art Sittengerichtsbarkeit. Seit 312 v. Chr. führte der Z. auch die Senatorenliste, mit dem Recht, Senatoren aus dem Senat zu entfernen.
Zensur, 1. in der kath. Kirche schwere Kirchenstrafe: Kirchenbann, Suspension, Interdikt; auch kirchl. Prüfung u. Verbot von Büchern. – **2.** die Note zur Beurteilung der Schülerleistungen. – **3.**

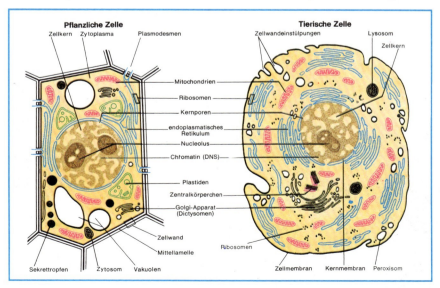

Zelle: Die tierische und pflanzliche Zelle sind im Prinzip gleich aufgebaut. Die Pflanzenzelle hat gegenüber der Tierzelle zusätzlich feste Zellwände, die durch Plasmodesmen durchbrochen sind, grüne Plastiden (zur Assimilation der Stärke) und weite Vakuolen

die staatl. Kontrolle von Inhalt u. Verbreitung von Presseerzeugnissen, von Rundfunk- u. Fernsehsendungen u. Filmen.
Zensus, 1. *Census,* im alten Rom die Schätzung der Bürger nach ihrem Vermögen. – **2.** in den angelsächs. Ländern Bez. für *Volkszählung.*
Zentaur →Kentaur.
Zentenarfeier, Hundertjahrfeier.
Zentimeter, Kurzzeichen cm, vom Meter abgeleitete Längeneinheit: 1 cm = 0,01 m = 10 mm.
Zentner, fr. Handelsgewicht von 100 Pfund, *Doppel-Z.* = 100 kg.
zentral, in der Mitte liegend.
Zentralafrikanische Republik, Staat in Afrika, zw. Tschad im N u. Zaire im S, 622 984 km², 3,1 Mio. Ew., Hptst. *Bangui.*
L a n d e s n a t u r. Das trop., wechselfeuchte Land

Zentralafrikanische Republik

nimmt hpts. die bis 1400 m hohe *Asandeschwelle* ein. Den größten Teil bedeckt Feuchtsavanne.
Die B e v ö l k e r u n g (57% Anhänger von Naturreligionen, 35% Christen, 8% Moslems) besteht aus versch. Sudanneger- u. Bantustämmen.
W i r t s c h a f t. Die Landwirtschaft liefert für den Export v. a. Baumwolle, Kaffee u. Kautschuk. Recht bed. ist die Rinderzucht. An Bodenschätzen gibt es Diamanten (66% des Ausfuhrwerts).
G e s c h i c h t e. Seit 1887 war das Land frz. Kolonialgebiet. 1960 erhielt es die Unabhängigkeit. Präs. D. *Dacko* wurde 1966 von J. B. *Bokassa* abgesetzt, der despotisch regierte u. sich 1977 zum Kaiser krönte. Nach Entzug der frz. Unterstützung wurde er 1979 gestürzt. Das Land wurde wieder Rep. Nach dem Putsch von 1981 übernahm das Militär die Macht. Nach einer Liberalisierung fanden 1993 freie Wahlen statt. Neuer Staats-Präs. wurde A.-F. *Patassé.*
Zentralafrikanischer Graben, Teil des Ostafrik. Grabensystems, mit Mobutu-Sese-Seko-, Rutanzige-, Kivu- u. Tanganjikasee; Erdbebengebiet.
Zentralalpen →Alpen.
Zentralamerika, *i.w.S.* die Landbrücke zw. dem Isthmus von Tehuantepec u. der Atrato-Senke; *i.e.S.* die Staaten Guatemala, Honduras, El Salvador, Nicaragua, Costa Rica u. Panama sowie Belize. Z., Mexiko u. Westindien bilden zus. *Mittelamerika.* →Amerika.
Zentralasien →Innerasien.
Zentralbankrat, oberstes Organ der *Dt. Bundesbank.*
Zentralbau, Bauwerk, das sich um eine senkr. Achse entwickelt, im Unterschied zu einem *Längsbau,* etwa einer Basilika. Ein Z. kann einen kreisförmigen, ovalen, kreuzförmigen, quadrat. oder oktogonalen Grundriß haben.
Zentrale, Mittel-, Ausgangspunkt, Hauptstelle.
Zentraleinheit →Computer.
Zentralheizung →Heizung.
zentralisieren, zusammenziehen, in einem Punkt vereinigen.

Zentralismus, *Zentralisation,* das in der Verw., in Politik u. Wirtsch. vorhandene Bestreben, die Entscheidungsbefugnisse in einer Hand zu konzentrieren. Im Staatsrecht bedeutet Z. Ablehnung des →Föderalismus, auch das Streben nach Beseitigung der kommunalen *Selbstverwaltung.*
Zentralkomitee, *ZK,* das in den kommunist. Parteien eingerichtete oberste Organ zw. den Parteitagen. Das ZK wählt das *Politbüro,* das *Sekretariat* u. die *Zentrale Parteikontrollkommission.* Die wirkl. polit. Machtzentren sind das Politbüro u. das Sekretariat.
Zentralkomitee der deutschen Katholiken, Zusammenschluß der kath. Laienorganisation in Dtld.; veranstaltet die Katholikentage; Sitz: Bonn.
Zentralkörperchen, *Zentriol,* die sich durch Selbstteilung vermehrende Zellorganelle der meisten Tiere u. einiger Pflanzen. Das Z. markiert den Spindelpol, der bei der Kernteilung die Verteilung der Chromosomen übernimmt.
Zentralkraft, eine Kraft, die stets nach demselben Punkt (Zentrum) hin gerichtet ist; z.B. die Kraft, die die Sonne auf die Planeten ausübt.
Zentralnervensystem →Nervensystem.
Zentralplateau [-'to], *Zentralmassiv, Plateau Central, Massif Central,* stark abgetragener Gebirgsblock im mittleren u. südl. Frankreich; Kernldsch. ist das ausgedehnte Vulkangebiet der Auvergne mit den höchsten Erhebungen *(Puy de Sancy* 1886 m).
Zentralprojektion, die Abb. eines Gegenstands auf eine Bildebene mittels Strahlen, die von einem Projektionszentrum ausgehen. Die Projektionsstrahlen sind Verbindungsgeraden zw. Gegenstands- u. Bildpunkt.
Zentralrat der Juden in Deutschland, 1950 gegr. Spitzenorganisation der Juden in der BR Dtld., Sitz: Düsseldorf.
Zentralverwaltungswirtschaft →Planwirtschaft.
zentrieren, auf den Mittelpunkt (Mittelachse) einstellen, z.B. Linsen in einem Objektiv.
zentrifugal, vom Zentrum (Mittelpunkt) fliehend. Ggs.: *zentripetal,* zum Zentrum hinstrebend.
Zentrifugalkraft, *Fliehkraft,* die Kraft, die bei einer Rotationsbewegung einen bewegten Körper vom Zentrum nach außen fortzuziehen versucht. Sie ist eine Trägheitskraft, d. h. sie entsteht erst, wenn der Körper durch eine andere Kraft *(Zentripetalkraft)* aus seiner geradlinigen Bewegung herausgezwungen wird.
Zentrifuge, Gerät zum Trennen von Gemischen aus flüssigen, festen u. gasförmigen Bestandteilen mit Hilfe der Zentrifugalkraft. Hauptbestandteil ist meist ein zylindr. Gefäß, das durch einen Elektromotor in rasche Umdrehung versetzt wird *(Wäscheschleuder, Saft-Z.).*
Zentripetalkraft →Zentrifugalkraft.
Zentrum, Mitte, Mittelpunkt; Innenstadt.
Zentrumspartei, *Zentrum,* kath. Partei im Kaiserreich 1871–1918 u. in der Weimarer Republik 1919–33; 1881–1912 u. 1916–18 stärkste Fraktion im Reichstag. 1933 wurde die Partei zur Selbstauflösung gezwungen.
Zenturie, Hundertschaft (im alten Rom), im Heer die kleinste Einheit, mit einem *Zenturio* an der Spitze.
Zeolithe, Gruppe von wasserhaltigen Alkali-Aluminium-Silicaten mit wechselndem Wassergehalt. Beim Erhitzen können die Z. ohne Störung des Kristallgitterbaus das gebundene Wasser abgeben u. dafür andere Verbindungen oder Ionen aufnehmen. Verwendung u. a. als Molekularsiebe u. Ionenaustauscher (Wasserenthärtung) u. zur Meerwasserentsalzung.
Zephir, allg. jeder warme, sanfte Wind.
Zeppelin, Ferdinand Graf von, * 1838, † 1917, dt. Erfinder; vollendete (mit Th. *Kober*) 1895 den ersten Entwurf eines Starrluftschiffs. 1900 machte das von ihm erbaute Luftschiff LZ 1 den Probeflug.
Zepter, *Szepter,* der Herrscherstab; Bestandteil der Krönungsinsignien.
Zerberus, *Cerberus,* in der grch. Myth. der Wachhund am Tor zur Unterwelt; meist mit drei Köpfen dargestellt.
Zerbst, Krst. in Sachsen-Anhalt, 18 000 Ew.; Stadtbefestigung (um 1430); Spargelanbau, Brauerei, Masch.- u. Lebensmittel-Ind.; 1603–1797 Residenz von *Anhalt-Z.*
Zerealien, der menschl. u. tier. Ernährung dienenden Feldfrüchte.
zerebral, zum Gehirn gehörig.
Zerebralsklerose, gebräuchl. Bez. für Hirn-

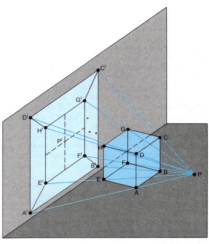

Zentralprojektion: ein Würfel und sein zentral auf eine Ebene projiziertes Bild

durchblutungsstörungen auf arteriosklerotischer Grundlage.
Zerebrospinalflüssigkeit, *Gehirn-Rückenmark-Flüssigkeit,* Flüssigkeit im Gehirn u. Rückenmark der Wirbeltiere; zum mechan. Schutz des Gehirns u. des Rückenmarks; wird durch Punktion gewonnen zur Diagnose vieler Krankheiten.
Zerebrum →Gehirn.
Zeremonie, feierl., förml. Handlung.
Zerhacker, Gerät zur Umwandlung eines Gleichstroms in period. Stromimpulse, die dann meist auf eine höhere Spannung transformiert werden können.
Zermatt, schweiz. Luftkur- u. Wintersportort im Kt. Wallis, 1605 m ü. M., 3500 Ew.; am Fuß des *Matterhorns.*
Zernike ['zɛr-], Frits, * 1888, † 1966, ndl. Physiker; entwickelte ein *Phasenkontrastmikroskop;* Nobelpreis 1953.
Zero, Null (bes. im Roulette).
Zeromski [ʒɛ-], Stefan, * 1864, † 1925, poln. Schriftst.; schilderte die soz. Probleme des Bauerntums.
Zersetzung, Zerfall chem. Verbindungen in Bestandteile niederer Molekularmasse.
Zerstäuber, Verteiler von Flüssigkeiten oder Staub in feinster Form mittels Zentrifugenschleuder, Pralldüse, Druckluft oder Dampfdruck, z.B. Ölbrenner.
Zerstörer, Kurzwort für *Torpedoboot-Z.,* urspr. zur Aufklärung u. U-Boot-Abwehr; heute Überwasser-Hauptkampfschiff in allen Marinen, das über ein großes Arsenal moderner Waffen, Leit-, Ortungs- u. Abwehrsysteme verfügt.
Zerstrahlung, Umwandlung von Materie in elek-

Zermatt mit dem Matterhorn

Zentralafrikanische Republik: Pygmäe mit Elefantenspeer

tromagnet. Strahlungsenergie, z.B. eines Elektron-Positron-Paars in Gammaquanten.
Zerstreuungsspiegel, *Konvexspiegel,* ein nach außen gewölbter Spiegel, der einfallende parallele Lichtstrahlen durch Reflexion in auseinanderlaufende Lichtstrahlen überführt; erzeugt verkleinerte virtuelle Bilder.
Zertifikat, amtl. Ursprungszeugnis, Beglaubigung, Bescheinigung.
Zesarewitsch →Zar.
Zesen, Philipp von, *1619, †1689, dt. Barockdichter; stimmungsvolle Lyrik u. heroisch-galante Romane.
Zetkin, Clara, *1857, †1933, dt. Politikerin; führend in der sozialist. Frauenbewegung.
Zeugdruck, *Stoffdruck,* das Bedrucken von Textilien mit farbigen Mustern. Verfahren: Hand-, Walzen-, Film-, Batikdruck. Heute weit im allg. maschinell im Tief-, Sieb- oder Hochdruckverfahren mit bis zu 16 Farben gedruckt.
Zeuge, eine Person, die tatsächl. Vorgänge wahrgenommen hat (im Unterschied zum Sachverständigen) u. darüber im Prozeß aussagt. Jedermann ist verpflichtet, im Prozeß als Z. auszusagen *(Zeugnispflicht).* Zeugnisverweigerungsrecht haben Ehegatten (auch geschiedene), Verlobte, nahe Verwandte u. Verschwägerte des Prozeßbeteiligten, ferner zur Wahrung des Berufsgeheimnisses u. a. Geistliche, Steuerberater, Ärzte, Abgeordnete.
Zeugen Jehovas, *Jehovas Zeugen,* fr. *Ernste Bibelforscher,* seit 1953 auch *Neue-Welt-Gesellschaft,* eine 1878/79 von Charles Taze *Russell* in Pittsburgh (USA) gegr. apokalypt. Glaubensgemeinschaft, die für 1914 den Anbruch des 1000jährigen Reichs erwartete. Die Leitung beansprucht für alle Anordnungen die Autorität Gottes u. macht das zukünftige Heil der Z. J. von ihrem unbedingten Gehorsam abhängig, bes. von ihrer propagandist. Aktivität. Die Z. J. lehnen die kirchl. Lehren wie Dreieinigkeit, Unsterblichkeit der Seele ab, Taufe u. Abendmahl werden uneigentlich; sie verweigern Militärdienst u. Wahlbeteiligung. Ztschr. »Der Wachtturm«, »Erwachet!«
Zeughaus, fr. Lagergebäude zur Aufbewahrung von Kriegsgerät.
Zeugnis, 1. Bescheinigung einer Tatsache oder Leistung einschl. ihrer Bewertung. – **2.** Bescheinigung des Arbeitgebers an den Arbeitnehmer über Art u. Dauer des Arbeitsverhältnisses, auf Verlangen auch über Leistung u. Führung. Das Z. kann erst bei oder nach Beendigung des Arbeitsverhältnisses verlangt werden, nach Kündigung u. U. ein *Zwischen-Z.*
Zeugungsunfähigkeit →Impotenz.
Zeulenroda, Krst. in Thüringen, im Vogtland, 14 000 Ew.; Möbel-, Masch.-, Gummi- u. a. Ind.
Zeus, in der grch. Religion der Beherrscher aller Götter u. Menschen, Sohn des Kronos u. der Rhea, Gatte der Hera; Garant von Recht, Gesetz u. sittl. Ordnung. Sein Sitz war der Olymp. Röm. Entsprechung: *Jupiter.*
Zeyer, 1. ['zɛjɛr], Julius, *1841, †1901, tschech. Schriftst.; Hauptvertreter der tschech. Neuromantik. – **2.** Werner, *25.5.1929, dt. Politiker (CDU); 1979–85 Min.-Präs. des Saarlandes.
ZGB, Abk. für das schweiz. *Zivilgesetzbuch.*
Zhang Daiqian [dʃaŋ daitjiɛn], *1899, †1983, chin. Maler; malte Rollbilder in der Tradition der ostasiat. Landschaftsmalerei u. restaurierte buddhist. Fresken in den Tempelhöhlen von Dunhuang.
Zhangjiakou [dʃaŋdjiakɔu], *Kalgan,* chin. Stadt, nordwestl. von Peking, an der Großen Mauer, rd. 630 000 Ew.; Handelszentrum für Viehzuchterzeugnisse, Papier u. Tee.
Zhanjiang [dʃandjiaŋ], *Tschankiang,* S-chin. Stadt in der Prov. Guangdong, 950 000 Ew.; Hafenstadt, Schiffbau, chem. u. a. Ind.
Zhao Mengfu [dʒau-], *Chao Meng-fu,* *1254, †1322, chin. Kalligraph u. Maler; berühmter Pferdemaler.
Zhao Ziyang [dʃau dsəjaŋ], *Chao Tsi-yang,* *1919, chin. Politiker (Kommunist); 1980–87 Min.-Präs., 1987–89 Generalsekretär des ZK der Kommunist. Partei. Wegen seiner kompromißbereiten Haltung während der Unruhen 1989 wurde er aller Ämter enthoben.
Zha Shibiao [dʃa ʃəbiau], *Cha Shibiao,* *1615, †1698, chin. Maler u. Kalligraph. Malte v. a. Landschaften im impressionist. Wasserfarbentechnik.
Zhejiang [dʃədjiaŋ], *Tschekiang,* Provinz in →China, am O-chin. Meer.
Zheng Chenggong [dʃəŋ tʃəŋguŋ], *Tscheng*

Ziegenmelker

Tschengkung, *1623, †1662, chin. Heerführer; vertrieb 1661 die Holländer von Taiwan; gilt in Taiwan heute noch als Nationalheld.
Zheng Xie [dʃəŋ çiɛ], *Cheng Hsieh,* *1693, †1765, chin. Maler, Kalligraph u. Dichter; Darst. von Orchideen u. Bambus.
Zhengzhou [dʃəŋdʃou], *Tschengtschou,* Hptst. der chin. Prov. Henan, 1,59 Mio. Ew.; Univ.; Textil-, Nahrungsmittel-, Elektro- u. chem. Ind., Flughafen.
Zhenjiang [dʃəndjian], *Tschenkiang,* chin. Hafenstadt am Chang Jiang, östl. von Nanjing, 422 000 Ew.; Handels- u. Verkehrszentrum, Maschinenbau, Nahrungsmittel-Ind.
Zhou Enlai [dʒou-], *Tschou Enlai,* *1898, †1976, chin. Politiker (Kommunist); wurde 1927 Mitgl. des Zentralkomitees u. war von 1928 bis zu seinem Tode Mitgl. des Politbüros. 1934/35 nahm er am Langen Marsch teil. Nach Gründung der VR war er 1949–76 Min.-Präs. (Vors. des Staatsrats), bis 1958 zugleich Außen-Min.
Zhu Xi [dʃu çi], *1130, †1200, chin. Philosoph; gab dem Konfuzianismus seine bis heute gültige Form *(Neukonfuzianismus.)*
Zhuzhou [dʃudʒou], *Tschutschou,* chin. Ind.-Stadt in der Prov. Hunan, am Xiang Jiang, 513 000 Ew.; Maschinenbau, chem., Papier-, Nahrungsmittel- u. Textil-Ind.
Zia ul-Haq, Mohammed, *1924, †1988 (Flugzeugabsturz), pakistan. Offizier u. Politiker; stürzte 1977 Staats-Präs. Bhutto durch einen Militärputsch; seit 1978 Staats-Präs.; versuchte mit diktator. Mitteln die Islamisierung von Staat u. Gesellschaft durchzusetzen.
Zibetkatzen, Unterfamilie der *Schleichkatzen,* mit großen Duftdrüsen zw. After u. Genitalien; fahlgelbes Fell mit schwarzen Punkten u. körperlangem, lebhaft beringeltem Schwanz. Hierzu gehören auch die *Ginsterkatzen,* die *Linsangs* u. die *Wasserzivetten.*
Zibọrium →Ciborium.
Zichọrie, *Wegwarte,* blaublühende Korbblütlerstaude, mit rauhhaarigen, hohlen Stengeln; liefert in ihren Wurzeln ein Kaffeesurrogat; →Chicorée.
Zick, Januarius, *1730, †1797, dt. Maler u. Architekt des Spätbarocks; Fresken in der Klosterkirche von Wiblingen.
Ziege, *Capra,* Gatt. der *Horntiere;* ausgezeichnete Kletterer. Man unterscheidet 1. Bezoar-Z., 2. Steinböcke, 3. Iberische Steinböcke, 4. Schrauben-Z. Zur Gatt. *Capra* stellt man auch das *Mähnenschaf.* Als Stammform der Haus-Z. Europas kommt vorw. die *Bezoar-Z.* in Frage, die schon in der Jungsteinzeit domestiziert worden ist (vielseitig nützlich durch Milch, Fleisch, Fell).
Ziegel, Oberbegriff für Baustoffe aus gebranntem Ton: Mauer-Z., Dach-Z., Bodenplatten, auch Klinker. – Während jahrtausendelang Z. in Handarbeit gefertig wurden (Lehm-Z. schon im 7. Jt. v. Chr.), ist der **Z.ei** heute ein mechanisierter u. mittels Steuerungs- u. Regelungstechnologie automatisierter Betrieb. Das Rohmaterial wird zerkleinert u. gemischt. Die Formgebung geschieht durch Strangpressen. Das Wasser wird in warmluftgeheizten Trockenanlagen entzogen. Die Formlinge werden in Tunnelöfen bei Temp. von 1000 °C gebrannt.
Ziegenbart, *Korallenschwamm,* Gatt. der *Ständerpilze; der Goldgelbe Z.* in jungem Zustand eßbar.
Ziegenfuß, ein *Röhrenpilz;* Speisepilz.
Ziegenlippe, *Filziger Röhrling,* meist einzeln stehender *Röhrenpilz;* wohlschmeckender Speisepilz.

Ziegenmelker, einheim. *Nachtschwalbe,* erbeutet spätabends u. frühmorgens Nachtfalter.
Ziegenpeter, Infektionskrankheit, →Mumps.
Ziegler, 1. Adolf, *1892, †1959, dt. Maler (allegor. Aktdarst.); organisierte als Präs. der Reichskammer der bildenden Künste 1937 die Ausstellung »Entartete Kunst«; Lieblingsmaler Hitlers. – **2.** Karl, *1898, †1973, dt. Chemiker; Hauptarbeitsgebiet: Darst. von aluminiumorgan. Verbindungen; Nobelpreis 1963.
Ziehharmonika, ein Musikinstrument mit Zungenstimmen. Durch Auseinanderziehen u. Zusammendrücken des Balgs wird Luft durch die Zungen von innen oder außen gedrückt, wenn durch Knöpfe oder Tasten der Weg freigegeben ist. Einzelformen: *Bandoneon, Konzertina, Akkordeon.*
Ziehrer, Carl Michael, *1843, †1922, östr. Komponist; Walzer, Operetten »Die Landstreicher«, »Liebeswalzer«.
Zielfernrohr, opt. Visiergerät für Handfeuerwaffen zum Zielen über weite Entfernung; vergrößert etwa 4fach.
Zielona Góra [zjɛ'lɔna 'gura] →Grünberg.
Zielphotographie, photograph. Verfahren zur exakten Feststellung des Zieleinlaufs bei sportl. Wettkämpfen (Leichtathletik, Pferderennsport, Radsport); ermöglicht exakte Feststellung der Abstände der Teilnehmer im Ziel sowie der erreichten Zeit.
Ziemann, Sonja, *8.2.1926, dt. Schauspielerin; Filmstar der 1950er Jahre.
Zierfische →Aquarienfische.
Ziergräser, Gräser, die wegen Schönheit u. Größe ihrer Blätter u. Blütenstände kultiviert werden; z.B. *Pampasgras, Ravennagras, Weißes Federborstengras, Riesenschilf.*
Zierkirsche, *Japanische Z.,* ein *Rosengewächs* aus O-Asien, mit rosa Blüten.
Ziesel, ein O-europ. *Hörnchen,* ein Nagetier, mit Schwanz 30 cm lang.
Ziest, artenreiche Gatt. der *Lippenblütler;* in feuchten Wäldern der *Wald-Z.,* in Sümpfen der *Sumpf-Z.,* beide mit roten Blüten.
Zieten, Hans Joachim von, *1699, †1786, preuß. Reitergeneral unter Friedrich d. Gr.; im Siebenjährigen Krieg vielfach bewährt.
Ziffern →arabische Ziffern, →römische Ziffern.
Zigarette, in eine Umhüllung von Papier gebrachter, feingeschnittener Tabak, oft mit Filter, der einen Teil des Nikotins u. der Teerbestandteile im Rauch absorbiert; ist in Zentralamerika entstanden u. kam über Spanien Mitte des 19. Jh. nach Europa.
Zigarillo, kleine *Zigarre.*
Zigarre, ein stabförmig gewickeltes Tabakerzeugnis; besteht aus Einlage, Umblatt u. Deckblatt. Der Genuß von Tabak in zusammengerollten Blättern war schon im vorkolumban. Mittelamerika bekannt. In Dtld. wurde das Z.-Rauchen Anfang des 19. Jh. durch die napoleon. Truppen populär.
Zigeuner →Roma.
Ziguinchor [zigɛ̃'ʃɔr], Regions-Hptst. in Senegal, 105 000 Ew.; Hafen.
Zikaden, *Zirpen,* Gruppe der *Pflanzensauger;* mit häufig zu Sprungbeinen umgebildeten Hinterbei-

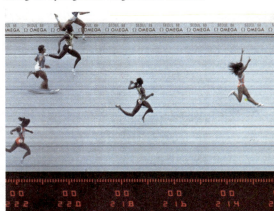

Zielphotographie: Zielphoto des 200-m-Endlaufs der Frauen bei den Olympischen Spielen in Seoul 1988; unten eingeblendet die Zeitskala

Schaumzikaden: Larve in ihrem Schaumnest

nen; über die ganze Welt verbreitete *Schnabelkerfe*. Bekanntere Gruppen sind *Schaum-Z., Sing-Z., Buckelzirpen, Laternenträger* u. *Zwerg-Z.;* Männchen mit Trommelorgan.

Zikkurat, ein auf einer Terrasse über rechteckigem oder quadrat. Grundriß ruhender mehrstufiger Tempelturm; charakterist. Bauform Mesopotamiens in der Art des *babylonischen Turms*.

Zilcher, Hermann, *1881, †1948, dt. Komponist u. Pianist; Nachromantiker; Oper »Doktor Eisenbart«, Sinfonien.

Ziliarkörper, im Auge das Verbindungsstück zw. Regenbogen- u. Aderhaut. Es sondert das Kammerwasser ab u. enthält den *Ziliarmuskel,* der durch ringförmiges Zusammenziehen die Linse zur Naheinstellung wölbt.

Žilina [′ʒi-], dt. *Sillein,* ung. *Zsolna,* Ind.-Stadt in der nördl. Slowakei, an der Waag, 185 000 Ew.

Zille, Heinrich, *1858, †1929, dt. Maler u. Graphiker; volkstüml. Schilderer des Berliner Proletarier-»Milljöhs« mit starker Sozialkritik.

Zillertal, vom *Ziller* durchflossenes rechtes Seitental des Inn in Tirol; Hauptorte: Mayrhofen, Zell am Ziller.

Zillertaler Alpen, Gruppe der Zentralalpen in Östr.; im *Hochfeiler* 3510 m, *Mösele* 3479 m.

Zillig, Winfried, *1905, †1963, dt. Komponist u. Dirigent; Schüler A. *Schönbergs;* Opern »Die Windsbraut«, »Troilus u. Cressida«, Konzerte u. Lieder.

Zilpzalp, ein →*Laubsänger.*

Zimbabwe [zim-], (früher), Ruinenstadt u. Staat in SO-Afrika, u. →Simbabwe.

Zimbeln, kleine Becken, Schlagwerk im Orchester.

Zimbern →Kimbern.

Zimmeraralie, ein *Efeugewächs;* beliebte Zimmerpflanze.

Zimmerlinde, zu den *Lindengewächsen* gehörende, vom Kapland stammende Zimmerpflanze.

Zimmermann, 1. Bernd Alois, *1918, †1970 (Selbstmord), dt. Komponist; W »Konzert für Violine«, Oper »Die Soldaten«, »Requiem für einen jungen Dichter«, Orchesterwerke, Vokalmusik,

Heinrich Zille: Festtag im Hause Stübbecke; Kohlezeichnung aus dem Zyklus »Kinder der Straße«, 1922

elektron. Musik. – **2.** Dominikus, *1685, †1766, dt. Baumeister u. Stukkateur; Hauptmeister des dt. Rokokos; W Wallfahrtskirche *Wies* bei Steingaden. – **3.** Friedrich, *18.7.1925, dt. Politiker (CSU); 1982–89 Bundes-Min. des Innern, 1989–91 für Verkehr. – **4.** Johann Baptist, Bruder von 2), *1680, †1758, dt. Maler u. Stukkateur des Rokokos. – **5.** Mac, *22.8.1912, dt. Maler u. Graphiker (surrealist. Kompositionen mit weiträumigen Landschaften u. gespenst. Traumszenen). – **6.** Udo, *6.10.1943, dt. Komponist; seit 1990 Leipziger Opernintendant; Opern; außerdem Kammer- u. Vokalmusik.

Zimmertanne →Araukarie.

Zimt, Gatt. der *Lorbeergewächse,* mit wichtigen trop. Kulturpflanzen. Das Z.gewürz des Handels wird aus der Rinde des *Ceylon-Zimtbaums* gewonnen; ebenfalls das *Z.öl* (Verwendung in der Parfümerie).

Zinder, Stadt in Niger, 121 000 Ew.; Verw.- u. Handelszentrum.

Zink, 1. [das], ein →chemisches Element. – **2.** [der], *Zinken,* Blasinstrument mit Kesselmundstück, meist aus Holz mit Lederumwicklung; verwendet bis ins 18. Jh.

Zink, Jörg, *22.11.1922, ev. Theologe u. Publizist; bekannter Bibelübersetzer.

Zinkblende, *Sphalerit,* ein Mineral; bed. Zinkerz.

Zinksalbe, Zinkoxid enthaltende, desinfizierende Salbe.

Zinn, ein →chemisches Element.

Zinn, Georg-August, *1901, †1976, dt. Politiker (SPD); 1951–69 Min.-Präs. von Hessen.

Zinne, gezahnte Mauer- oder Turmbekrönung in mittelalterl. Verteidigungsanlagen.

Zinnemann, Fred, *29.4.1907, US-amerik. Filmregisseur östr. Herkunft; drehte u. a. »Das siebente Kreuz«, »Zwölf Uhr mittags«, »Verdammt in alle Ewigkeit«, »Am Rande des Abgrunds«.

Zinnie, *Zinnia,* aus Mexiko stammender *Korbblütler;* Gartenzierpflanze in vielen Farben.

Zinnkraut, alte Bez. für *Schachtelhalm.*

Zinnober, 1. als Farbe: ein gelbliches Rot. – **2.** ein scharlachrotes, auch braunes u. bleigraues Mineral; wichtigstes Erz zur Quecksilbergewinnung.

Zinnstein, *Cassiterit,* ein Mineral; bedeutendster Rohstoff zur Zinngewinnung.

Zins, i.w.S. Miete, Pacht; Abgaben, Steuern, Tributleistungen; i.e.S.: **Zinsen,** Vergütung für geliehenes Geld; meist in Prozent des Geldbetrages pro Jahr ausgedrückt (Z.fuß, Z.satz).

Zinspolitik, Inbegriff aller Maßnahmen des Staates u. der Notenbank zur Regulierung u. Beeinflussung des Zinssatzes in einer Volkswirtschaft.

Zinsrechnung, die Art der *Prozentrechnung,* die sich mit verzinsbar angelegten Geldbeträgen befaßt. Werden die Zinsen eines Kapitals am Ende des Jahres nicht abgehoben, so werden sie dem Kapital zugeschlagen; sie werfen dann ebenfalls Zinsen (*Zinseszinsen*) ab.

Zinzendorf, Nikolaus Ludwig Graf von, *1700, †1760, Begr. der *Herrnhuter Brüdergemeine;* bed. Kirchenliederdichter.

Zion, *Sion,* urspr. die befestigte, vorisraelit. Stadt der Jebusiter auf dem sö. Hügel von Jerusalem; dann auf den von David u. Salomo bebauten nordöstl. Hügel, bes. den Palast- u. Tempelbezirk, u. schließlich auf die ganze Stadt übertragen (*Tochter Z.*).

Zionismus, eine nat.-jüd. Bewegung auf internat. Grundlage, die die Lösung der sog. Judenfrage durch die Gründung bzw. Wiedererrichtung eines jüd. Staats in Palästina anstrebte. Der Z. fußt auf drei Grundannahmen: 1. Die Juden sind ein Volk, nicht nur eine Religionsgemeinschaft; die Judenfrage ist daher eine nat. Frage. 2. Der Antisemitismus u. daraus folgende lebensbedrohende Judenverfolgungen sind eine ständig u. überall vorhandene Gefahr für die Juden. 3. Palästina (das »Land Israel«) war u. ist die Heimat des jüd. Volkes. Den organisierten polit. Z. begr. Theodor *Herzl* mit seiner Programmschrift »Der Judenstaat« 1896 u. mit dem von ihm einberufenen ersten Zionistenkongreß 1897. Mit der →Balfour-Deklaration 1917 begann die Verwirklichung der Forderung nach einer »öffentl.-rechtl. gesicherten Heimstätte« für das jüd. Volk, u. mit der Gründung des Staates Israel 1948 war das Ziel des Z. erreicht.

Zipperlein →Gicht (2).

Zips, Beckendsch. u. bis 1945 dt. Sprachinsel im SO der Hohen Tatra, Zentrum *Käsmark.*

Zirbe, *Zirbelkiefer* →Arve.

Zirbeldrüse, *Epiphyse,* Drüse mit innerer Sekre-

Zirkus: Artistengruppe bei einer Schleuderbrettnummer

tion (*Hormondrüse*) bei Vögeln u. den meisten Säugern. Beim Menschen liegt sie dem Mittelhirn auf u. ist um das 8. Lebensjahr herum am besten entwickelt; hemmt vermutl. die Reifung der Geschlechtsorgane bis zur Pubertät.

Zirkel, 1. Kreis(linie); geselliger Personenkreis. – **2.** Gerät zum Ausmessen von Kreisen u. zum Ausmessen von Strecken; 2 Schenkel, die einen verstellbaren Winkel bilden.

Zirkelschluß →Circulus vitiosus.

Zirkon, ein Mineral. Edelsteinvarietäten sind *Hyazinth* (braun, gelbrot) u. *Jargon* (blaßgelb).

Zirkonium, ein →chemisches Element.

zirkular, kreisförmig, umlaufend. – *Zirkular* [das], Rundschreiben.

Zirkularnote, im diplomat. Verkehr eine gleichzeitig an mehrere Empfänger gerichtete Note.

Zirkulation, Kreislauf, Umlauf.

Zirkus, in altröm. Zeit ein Kampfspielplatz in Form eines langgestreckten Ovals. – In neuerer Zeit (seit Ende des 18. Jh.) ist der Z. ein Unternehmen, das durch artist. Leistungen, bes. Tierdressur, Kunstreiten, Akrobatik u. Clowns, der Unterhaltung dient. Die Vorführungen finden in einer ovalen oder kreisrunden Manege mit umlaufenden ansteigenden Sitzreihen statt.

Zirndorf, Stadt in Bay., westl. von Nürnberg, 22 000 Ew.; Kneippbad; Spielzeug- u. a. Ind.

Zirpen →Zikaden.

Zirrhose, *Zirrhosis,* auf Entzündung beruhende Bindegewebswucherung auf Kosten des drüsigen Gewebes mit nachfolgender narbiger Schrumpfung; z.B. *Leber-Z.*

Zisalpinische Republik, der 1797 von Napoleon I. geschaffene oberital. Staat mit der Hptst. Mailand, 1802 in *Italien. Republik* umbenannt; wurde 1805 zum napoleon. *Königreich Italien.*

ziselieren, Gegenstände aus Gold u. Silber dekorieren bzw. Bronzeguß mit Meißel, Feile, Stichel u. Punze überarbeiten.

Zisterne, unterird. Auffangbehälter für Regenwasser.

Zisterzienser, ein kath. Orden, als Reformbewegung aus dem Benediktinerorden hervorgegangen; zeichnete sich durch bes. Strenge u. Einfachheit in der Lebensweise aus; maßgebend an der Kultivierung u. Christianisierung der Slawenländer beteiligt. – Charakterist. für die Z.architektur sind die bes. formale Behandlung des Chors, das Fehlen von Krypten u. Türmen u. die äußerst sparsame Verwendung von Schmuckmotiven.

Zistrose, *Cistus,* Charakterpflanze der Hartlaubformationen des Mittelmeergebiets, mit roten oder weißen Blüten.

Zita, *1892, †1989, Kaiserin von Östr. u. Königin von Ungarn 1916–18; heiratete 1911 den späteren Kaiser *Karl I.;* lebte seit 1919 im Exil.

Zitadelle, festes Verteidigungswerk innerhalb einer Festung oder einer befestigten Stadt.

Zitat, wörtl. genau wiedergegebene Stelle aus einer Schrift oder Rede; Übernahme nur mit Quellenangabe gestattet.

Zither, Saiteninstrument der Volksmusik, bes. in den Alpenländern; ein flacher Resonanzkasten mit Schalloch, auf dem die 5 Spiel- u. 24–37 Begleitsaiten verlaufen.

Zitrin, *Citrin,* ein Mineral, gelbe, durchsichtige Varietät des Quarzes.

Zitronat, *Sukkade,* kandierte Schale der Zedratzitrone; Backgewürz.

Zitrone, *Limone,* Art der Pflanzengatt. →*Citrus;* im Himalayagebiet beheimatet; Hauptanbaugebiete: Italien, Spanien, N-Amerika. – Aus Z.nschalen wird ein äther. Öl (*Z.öl*) gewonnen.

Zitronenfalter, ein Tagfalter aus der Fam. der *Weißlinge,* der als Falter überwintert; Männchen gelb, Weibchen grünlich-weiß.

Zitronensäure →Citronensäure.

Zitrusfrüchte →Citrus.

Zittau, Krst. in Sachsen, in der Oberlausitz, am *Z.er Gebirge* (Lausche 793 m), 38 000 Ew.; Fahrzeug-, Textil- u. a. Ind.; im Umland Braunkohlenbergbau (*Z.er Becken*). – Ein Teil von Z. kam 1945 an Polen (*Sieniawka*).

Zitteraal, langgestreckter Süßwasserfisch Mittel- u. S-Amerikas; kann zur Lähmung der Beute u. zur Orientierung elektr. Schläge erzeugen.

Zittergras, Gatt. der *Süßgräser,* mit herzförmigen Ährchen, die beim leisesten Luftzug erzittern.

Zitterrochen, Unterordnung der *Rochen.* Zu beiden Seiten des kreisrunden Vorderkörpers liegen elektr. Organe, die als Waffe u. zum Beutefang dienen.

Zitterwels, Fam. der *Welse,* bis über 1 m lange Fische. Das elektr. Organ liegt mantelartig zw. Körperhaut u. Rumpfmuskulatur; dient zur Verteidigung u. zum Beutefang.

Zitze, Saugwarze weibl. Säugetiere.

Ziu →Tyr.

zivil, nichtmilitärisch, bürgerlich; umgänglich.

Zivilbevölkerung, alle Personen, die nicht den bewaffneten Streitkräften angehören; insbes. die nichtmilitär. Bev. eines Landes, das Kriegspartei ist.

Zivilcourage [-kuraʒə], Mut, die eig. Überzeugung zu vertreten.

Zivildienst, fr. *ziviler Ersatzdienst,* der Dienst, der von *Wehrdienstverweigerern* statt des Wehrdienstes in Krankenhäusern, Pflegeheimen u. a. Sozialeinrichtungen geleistet wird.

Zivilehe, die durch staatl. (standesamtl.) Eheschließung begr. Ehe, im Ggs. zur kirchl. geschlossenen Ehe. Die *obligatorische* Z. wurde in Dtld. 1875 eingeführt.

Zivilgericht, Gericht, das für Zivilsachen (bürgerl.-rechtl. Rechtsstreitigkeiten) zuständig ist.

Zivilisation, die durch den Fortschritt der Wiss. u. Technik geschaffenen verbesserten Lebensbedingungen.

Zivilisationskrankheiten, Gesundheitsstörungen, bei denen Einflüsse der Zivilisation von begünstigender oder ursächl. Bed. sind.: Verdauungs- u. Stoffwechselstörungen, Karies, Neurosen, Kreislaufstörungen.

Zivilprozeß, der Prozeß zur Entscheidung über Fragen des Privatrechts (*Zivilsachen*), durchgeführt von den *Zivilgerichten,* geregelt in der *Z.ordnung* (Abk. *ZPO*) in der Fassung vom 12.9.1950; ergänzt von der →Zwangsvollstreckung. Bes. Arten des Z. sind Urkunden- u. Wechselprozeß sowie die Verfahren in Familien- u. Kindschaftssachen u. das Mahnverfahren.

Zivilrecht →Bürgerliches Recht.

Zivilschutz, fr. *Luftschutz,* alle staatl. u. privaten Maßnahmen zum Schutz der Zivilbevölkerung im Kriegsfall u. Notstand, ebenso zur Erhaltung lebenswichtiger ziviler Betriebe u. Anlagen (Katastrophenschutz, Warn- u. Alarmdienst, Schutzraumbau, Gesundheitswesen).

Zivtrauung, die standesamtl. Eheschließung.

ZK, Abk. für *Zentralkomitee*.

Zlin, fr. *Gottwaldov,* Stadt in S-Mähren (Tschech. Rep.), 200 000 Ew.; Schuhherstellung.

Złoty [ˈzuɔti], Währungseinheit in Polen.

Zn, chem. Zeichen für *Zink.*

Znaim, tschech. *Znojmo,* Stadt in S-Mähren (ČR), an der Thaya, 39 000 Ew.; landw. Zentrum.

Zobel, ein *Marder* von 38–58 cm Körperlänge, mit sehr wertvollem Pelz; heute nur noch in Gebirgswäldern Sibiriens.

Zodiakallicht, *Tierkreislicht,* ein schwacher Lichtschimmer, der in dunklen Nächten längs der Ekliptik pyramidenförmig aufragt; Ursache: Streuung des Sonnenlichts an fein verteilter interplanetar. Materie.

Zodiakus →Tierkreis.

Zofe, Kammerjungfer.

Zola [zɔˈla], Émile, * 1840, † 1902, frz. Schriftst.; arbeitete seit 1886 als Journalist; trat in seinem offenen Brief »J'accuse« für A. *Dreyfus* ein. Z. war als Theoretiker wie als Erzähler der Wortführer des europ. *Naturalismus.* Hptw.: 20bändige Romanfolge »Die Rougon-Macquart. Geschichte einer Familie unter dem 2. Kaiserreich« (darin »Der Bauch von Paris«, »Nana«, »Germinal«).

Zöliakie, Erkrankung der Dünndarmschleimhaut im Säuglings- u. Kindesalter, die durch Unverträglichkeit des im Getreide vorkommenden Klebereiweißes Gluten hervorgerufen wird. Dabei ist die Aufnahme aller Nährstoffe gestört.

Zölibat, in der röm.-kath. Kirche die heute von allen Klerikern mit höheren Weihen verlangte Ehelosigkeit; Verletzung der Z.pflicht hat Verlust des Kirchenamtes u. Rückversetzung in den Laienstand zur Folge. Im 11./12. Jh. wurde der Z. allg. Verpflichtung; im Bereich der unierten u. der orth. Ostkirchen nur von den Bischöfen gefordert.

Zoll, altes Längenmaß; in Preußen: 3,76 cm; in England u. den USA (*Inch*): 2,54 cm; in Frankreich (*Pouce*): 2,707 cm.

Zölle, den Verbrauchsteuern ähnl. Abgaben auf in den Zolltarifen bestimmte Waren; heute ausschl. *Grenz-Z.* (Zollpflicht entsteht mit dem Grenzübertritt der Ware); am häufigsten Einfuhr-Z. Der *Zolltarif* wird nach Wert oder Gewicht der Güter bemessen. Große Teile des Zollrechts beruhen auf EU-Recht. Die Z. selbst fließen seit 1975 der EU zu.

Zollfahndungsstelle, örtl. Behörde der Bundesfinanzverwaltung zur Erforschung u. Verfolgung von Zoll- u. Steuervergehen.

Zollikon, Stadt im schweiz. Kt. Zürich, am Zürichsee, 11 000 Ew.; Weinanbau.

Zollunion, Zusammenschluß mehrerer souveräner Staaten zu einem einheitl. Zollgebiet; oft Bestandteil einer engeren wirtsch. u. polit. Union; so z.B.: Dt. Zollverein, EU.

Zölom →sekundäre Leibeshöhle.

Zomba [ˈzomba], Stadt in Malawi, 53 000 Ew.; Univ.; 1964–75 Hptst.

Zombie [ˈtsombi], ein Toter, der dem zu Willen ist, der ihn zum Leben erweckt hat; beliebtes Motiv in Horrorfilmen (urspr. Wodu-Kult).

Zonentarif, bei Straßenbahn u. im Fernsprechwesen nach Zonen berechnete Fahrpreise bzw. Gebühren.

Zonenzeit, die Ortszeit eines bestimmten Längenkreises (Meridians) der Erde, z.B. Mitteleurop. Zeit; →Zeitzonen.

Zonguldak [zɔŋ-], türk. Hafenstadt am Schwarzen Meer, 119 000 Ew.; Kohlenbergbau.

Zitrone

Zoologischer Garten: Moderne Werkstoffe wie Beton und Glas lassen sich zu einer artgerechten Tieranlage verarbeiten

Zönobiten, *Koinobiten,* die gemeinschaftl. in einem Kloster lebenden Mönche; im Ggs. zu Einsiedlern.

Zons, ehem. Stadt in NRW, seit 1975 Ortsteil von Dormagen; ehem. bed. Zollfestung.

Zoologie, *Tierkunde,* Teilgebiet der Biologie; umfaßt die Wissensgebiete *Morphologie* (Formenlehre) mit der *Zytologie* (Zellehre), *Histologie* (Gewebelehre) u. *Organographie* (Organlehre), zus. als *Anatomie* bezeichnet; *Physiologie* (Erforschung der Körperfunktionen u. -leistungen); *Ökologie* (Wechselbeziehungen zw. Tier u. Umwelt); *Verhaltensforschung* (Ethologie); *Systematik* (Herstellung der natürl. Verwandtschaftsbeziehungen zw. den Tieren); *Genetik* (Vererbungslehre); *Tiergeographie* (Tierwelt in den Großräumen der Erde).

Zoologischer Garten, *Zoo,* der Öffentlichkeit zugängl. Einrichtung zur Haltung von Tieren, v. a. von Großtieren aus fremden Ländern; auch zur wiss. Erforschung der Tiere in Gefangenschaft, Erhaltung u. Zucht von seltenen u. gefährdeten Tieren. Ältester Zoo der Welt: Wien-Schönbrunn 1752; ältester Zoo Deutschlands: Berlin 1844.

Zoomobjektiv [ˈzuːm-], *Varioobjektiv,* in der

Marmor-Zitterrochen

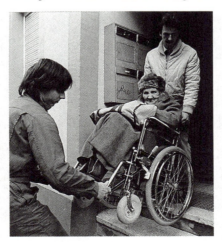

Zivildienstleistende beim Einsatz

Photographie benutztes Objektiv mit veränderl. Brennweite, das eine kontinuierl. Veränderung des Abbildungsmaßstabs ohne Standortwechsel gestattet.

Zoppot, poln. *Sopot,* Ostseebad an der Danziger Bucht (Polen), 51 000 Ew.

Zorilla [θɔ'rilja], *Bandiltis,* ein *Marder* von 35 cm Körperlänge; verspritzt ein übelriechendes Sekret.

Zorn [sɔrn], Anders, * 1860, † 1920, schwed. Maler, Graphiker u. Bildhauer des Impressionismus.

Zoroaster →Zarathustra.

Zorrilla y Moral [θɔ'rilja i-], José, * 1817, † 1893, span. Schriftst.; Hofdichter Kaiser Maximilians von Mexiko; Drama »Don Juan Tenorio«.

Zoser →Djoser.

Zoster →Gürtelrose.

Zote, unanständiger Witz.

Zotten, kegel- oder fingerförmige Ausstülpungen u. Fortsätze des Organgewebes im Innern von Organen; z.B. die *Darm-Z.*

Zottenhaut, *Chorion,* die äußere Embryonalhülle *(Serosa)* bei lebendgebärenden Säugetieren, wo sie mit der Gebärmutterwand die *Plazenta* (Mutterkuchen) bildet.

Zschokke, 1. Alexander, * 1894, † 1982, schweiz. Bildhauer; dem klass. Schönheitsideal verpflichtet (Porträtbüsten, Brunnen). – **2.** Heinrich, * 1771, † 1848, dt.-schweiz. Schriftst.; 1798–1837 Hrsg. der volkserzieher. freisinnigen Wochen-Ztschr. »Der Schweizerbote«.

Zschopau, Krst. in Sachsen, im Erzgebirge, 11 000 Ew.; Fahrzeug- u. Textil-Ind.

Zsigmondy ['ʃigmɔndi], Richard, * 1865, † 1929, dt. Chemiker; kolloidchem. Untersuchungen; Nobelpreis 1925.

Zuber, hölzerner Behälter (Wasch-Z.); altes bad. Raummaß (für Getreide): 1 Z. = 15 000 Liter.

Zubringer, Straße, die zur Anschlußstelle einer Autobahn führt.

Zuccalli, Architektenfamilie aus Graubünden: **1.** Enrico (Johann Heinrich), * um 1642, † 1724, einer der Hauptmeister des Münchner Hochbarocks; vollendete die Theatinerkirche. – **2.** Gasparo (Kaspar), * 1667, † 1717; Hofbaumeister in Salzburg.

Zuccari, 1. Federico, Bruder von 2), * um 1540, † 1609, ital. Maler; malte Fresken u. a. im Florentiner Dom. – **2.** Taddeo, * 1529, † 1566, ital. Maler; vom Spätwerk *Michelangelos* u. *Raffaels* ausgehende dekorative Fresken.

Zucchini, *Zucchetti,* gurkenähnl. Früchte des Sommerkürbisses *Cucurbita pepo,* die als Gemüse oder Salat zubereitet werden.

Züchtigungsrecht, die den Inhabern der *elterl. Sorge* zustehende Befugnis, den ihrer Erziehung anvertrauten Kindern zu Erziehungszwecken Züchtigungen zuzufügen, jedoch sind entwürdigende Erziehungsmaßnahmen unzulässig. Bei Lehrern entfällt das Z.

Zuchtwahl, *Auslese* →Selektion.

Zucker, 1. *i.w.S.* organ.-chem. Verbindungen, die zu den →Kohlehydraten zählen. Man unterscheidet einfache, nicht weiter spaltbare *Monosaccharide* (z.B. Trauben-Z., Frucht-Z.) u. *Disaccharide,* die aus zwei Monosacchariden zusammengesetzt sind (z.B. Rohr-, Rüben-, Milch-, Malz-Z.). Im Körperstoffwechsel werden die Z. oxidiert, wobei unter Wärmeabgabe Energie zur Betätigung von Muskeln u. Drüsen frei wird. – **2.** *Saccharose, i.e.S.: Rohr-Z.* ein aus dem Saft der Z.rübe *(Rüben-Z.),* des Z.-Rohrs u. a. zuckerhaltiger Pflanzen u. Früchte gewonnenes, aus Glucose u. Fructose bestehendes *Disaccharid* von süßem Geschmack u. hohem Nährwert. *Raffinade* ist reinste Saccharose; *Melisware* ist Z. geringerer Qualität.

Zuckerhut, Glockenberg in Rio de Janeiro; steilwandiges, 395 m hohes Wahrzeichen der Stadt.

Zuckerkrankheit, *Zuckerharnruhr, Diabetes mellitus,* Störung des Kohlenhydratstoffwechsels bei ständig erhöhtem Zuckergehalt des Bluts *(Hyperglykämie);* beruht meist auf einer Erkrankung des Inselapparats der Bauchspeicheldrüse, wodurch die Abgabe des Hormons *Insulin* an den Kreislauf erhebl. vermindert ist. Folge davon ist eine ungenügende Verwertung der Kohlenhydrate durch ständige Abnahme der Glykogenreserven, eine beträchtl. Steigerung des Zuckergehalts des Bluts u. bei

Zoologische Gärten in Europa (Auswahl)		
Land	Name, Ort	Besonderheiten, Schwerpunkte
Belgien	Zoolog. Gesellschaft Antwerpen	Aquarium, Delphinarium, Nachttiere, Naturkundemuseum
Dänemark	Zoolog. Garten Kopenhagen	–
Deutschland	Zoolog. Garten Augsburg	Wasservögel
	Tierpark Berlin	–
	Zoolog. Garten u. Aquarium Berlin	Zucht bedrohter Arten
	Zoo am Meer, Bremerhaven	nord. und Meerestiere
	Vivarium Darmstadt	Reptilien
	Tierpark Dortmund	europ. u. südamerik. Säugetiere
	Zoolog. Garten Dresden	Primaten
	Zoo Duisburg	Beuteltiere, Meeressäugetiere
	Thüringer Zoopark Erfurt	Primaten, seltene Huftiere
	Grugapark Essen	–
	Zoolog. Garten der Stadt Frankfurt	–
	Zoolog. Garten Halle	Gebirgstiere, kleine Raubtiere
	Carl Hagenbeck Tierpark, Hamburg	–
	Zoolog. Garten Hannover	Antilopen, Elefanten
	Zoolog. Garten Karlsruhe	–
	Zoolog. Garten Leipzig	Raubtiere, bes. Großkatzen
	Zoolog. Garten Magdeburg	kleine Katzen, Papageien
	Münchner Tierpark Hellabrunn	seltene Huftiere, Affen, Polartiere
	Allwetter Zoo, Münster	–
	Tiergarten der Stadt Nürnberg	Kinderzoo
	Zoolog. Garten Rostock	nord. u. Meerestiere
	Wilhelma, Zoolog.-Botan. Garten, Stuttgart	Affen
	Vogelpark Walsrode	–
	Zoolog. Garten Wuppertal	seltene Katzen, Pinguine, Wasservögel, Affen
Finnland	Zoolog. Garten Helsinki	Schneeleoparden, Gebirgstiere
Frankreich	Zoolog. Garten Paris	–
	Ménagerie du jardin des plantes	–
Großbritannien	Zoolog. Gesellschaft London	–
Italien	Zoolog. Garten u. Naturkundemuseum Rom	–
	Zoolog. Garten Mailand	–
	Zoolog. Garten Turin	–
Monaco	Ozeanograph. Museum u. Aquarium von Monaco	Tropenfische
Niederlande	Zoolog. Garten Amsterdam	–
	Affenfreigehege Apeldoorn	Gorillas u. südamerik. Affen
	Bürgerzoo u. Safaripark Arnheim	Schimpansenkolonie, Wolfswald
	Tierpark u. Zoo Emmen	freilaufende Tiere
	Zoolog. u. botan. Garten Rotterdam	Katzen, Primaten
Norwegen	Aquarium Bergen	Meerestiere der norw. Küste
Österreich	Alpenzoo, Innsbruck	Alpenfauna
	Salzburger Tiergarten, Hellbrunn	freifliegende Gänsegeier und Aras
	Tiergarten Schönbrunn, Wien	Gebirgstiere, Bären, Greifvögel, Mittelmeerfauna
Polen	Zoolog. Garten Warschau	–
	Zoolog. Garten Breslau	Affen, Reptilien
Portugal	Zoolog. Garten Lissabon	–
Schweden	Tierpark Kolmården	gemischte Gruppen afrik. u. asiat. Tiere; Delphinarium
	Zoolog. Garten Skansen, Stockholm	skandinav. Säugetiere u. Vögel
Schweiz	Zoolog. Garten Basel	–
	Städt. Tierpark Bern	europ. Tierwelt
	Zoolog. Garten Zürich	Schneeleoparden, Vikunjas, Affen
Spanien	Zoolog. Garten Barcelona	Primaten, Delphine, Katzen
	Zoo de la casa de campo, Madrid	–
Tschech. Republik	Zoolog. Garten Prag	–
Türkei	Zoolog. Garten Ankara	–
Ungarn	Zoolog. Garten Budapest	–

Zugspitzmassiv; im Vordergrund der Grubigstein

Überschreitung der Nierenschwelle der Übertritt von Zucker in den Harn *(Glykosurie)* unter gleichzeitiger Vermehrung der Harnmenge. Die Anhäufung von Acetonkörpern im Blut führt schließl. zu einer Säurevergiftung des Körpers *(Coma diabeticum);* Behandlung durch Bewegung, Diät u. Insulinzufuhr.

Zuckerrohr, *Saccharum,* ein Rispengras mit langen, dicken Schäften, das in allen subtrop. u. trop. Gebieten mit feuchtwarmem Klima gedeiht. Das Mark enthält Rohrzucker. Hauptanbaugebiete: Westindien (Kuba), Indien u. Java.

Zuckerrübe, eine von der *Runkelrübe* abstammende Kulturpflanze, deren nährstoffreiche Wurzel 12–20% Rohzucker enthält.

Zuckerspiegel, die Konzentration des Zuckers *Glucose* im Blut; Normalwert beim Menschen 70–110 mg/100 ml. Durch Hormonsteuerung wird der Z. konstant gehalten; senkend wirkt das Hormon Insulin. Bei Insulinmangel tritt Zuckerkrankheit auf.

Zuckmayer, Carl, *1896, †1977, dt. Schriftst.; 1939–46 im Exil in den USA, seit 1958 in der Schweiz; erfolgreich mit bühnenwirksamen, lebensnahen u. Zeitprobleme behandelnden Stücken; W »Der fröhliche Weinberg«, »Schinderhannes«, »Katharina Knie«, »Der Hauptmann von Köpenick«, »Des Teufels General«; Erinnerungen »Als wär's ein Stück von mir«.

Zug, 1. bei der Eisenbahn Lokomotive mit angehängtem Wagen. – **2.** schraubenförmig gewundene Vertiefungen, die in das Innere des Laufs von Handfeuerwaffen eingeschnitten sind, um dem Geschoß *Drall* zur Stabilisierung im Flug zu verleihen. – **3.** militär. Teileinheit.

Zug, 1. Kt. der →Schweiz, einer der kleinsten Kantone, umfaßt das Gebiet beiderseits der Nordhälfte des *Z.er Sees* u. um den *Ägerisee.* – **2.** Hptst. von 1), am NO-Ufer des *Z.er Sees,* 21 000 Ew.; Seebad u. Luftkurort; Metall-, Elektro-, Textil-Ind.

Zügel, Leine oder Riemen zum Lenken u. Führen von Zug- oder Reittieren.

Zuger See, fischreicher schweiz. See nördl. des Vierwaldstätter Sees, 413 m ü. M., 38 km².

Zugewinn, in der BR Dtld. seit 1958 der gesetzl. Güterstand des ehel. Güterrechts. Mann u. Frau bleiben Eigentümer u. Verwalter ihres Vermögens. Lediglich der Z. wird beim Ende der Ehe (Tod eines Ehegatten, Scheidung) ausgeglichen.

Zugfestigkeit, der Widerstand eines Körpers gegen Zerreißen beim Auftreten von Zugspannungen, also gegen Beanspruchung durch Zugkräfte.

Zugmaschine, meist mit Dieselmotor ausgestattetes Kfz in der Landw. u. im Transportwesen.

Zugspitze, höchster Berggipfel Dtld., im Wettersteingebirge, 2962 m.

Zuhälterei, das Beziehen von Lebensunterhalt aus den Einkünften einer Prostituierten. Strafbar ist die sog. ausbeuter. Z., die überwachende Z. u. die gewerbsmäßige Vermittlung der Prostitutionsausübung.

Zuidersee ['zœydərze:] →IJsselmeer.

Zukunftsforschung, *Futurologie,* Sammelbez. für Bemühungen, mit wiss. Methoden auf versch. Gebieten (Technik, Wirtschaft, Politik u. a.) Entwicklungen vorauszusagen. Eine der wichtigsten Methoden ist die Extrapolation, bei der Beobachtungsreihen der Vergangenheit in die Zukunft hinein verlängert werden (z.B. Berechnung des Wachstums der Weltbevölkerung). Die Z. wird internat. vom *Club of Rome* betrieben.

Zuladung, *Nutzlast,* die Masse eines beförderten Guts (z.B. in kg); auch die Ladefähigkeit eines Fahrzeugs ohne Kraftstoff.

Zulassung, 1. behördl. Erlaubnis für die Teilnahme von Personen u. Fahrzeugen am öffentl. Straßenverkehr; geregelt in der *Straßenverkehrs-Zulassungs-Ordnung* (StVZO). – **2.** Genehmigung zum Besuch einer Hochschule.

Zülpich, Stadt in NRW, westl. von Bonn, 16 500 Ew.; Papier- u. Steinzeug-Ind.

Zulu, Volk der Nguni-Gruppe (Südostbantu) in Südafrika, in Kwazulu/Natal u. Ost-Transvaal (insges. rd. 5 Mio.). Traditionelle Lebensgrundlage der Z. sind Ackerbau (Mais) u. Rinderhaltung. Aus einem abhängigen Clan (den eigtl. Z.) schuf zu Beginn des 19. Jh. der Häuptling *Tschaka* einen großen Militärstaat.

Zunder, 1. fr. wichtiger Zündstoff für Feuersteinfeuerzeuge, aus dem wergartigen Innern des Feuerschwamms durch Tränken mit Salpeter hergestellt. – **2.** die beim Glühen von Eisen entstehende Oxidschicht, die beim Schmieden oder Walzen abspringt.

Zulufamilie vor ihrer Hütte

Zünder, in einfachen Fällen eine Sprengkapsel zur Zündung von Sprengladungen; die Kapsel selbst wird durch eine Zündschnur gezündet. Genauer arbeiten elektr. Z., in denen ein Drahtstück durch Strom zum Glühen gebracht wird. Dadurch detoniert eine im Z. selbst untergebrachte kleine Sprengladung, die den Sprengstoff zündet.

Zunderschwamm, *Feuerschwamm,* ein parasit. Pilz an Birken u. Buchen; fr. zur Zundergewinnung benutzt.

Zündhölzer, *Streichhölzer,* Holzstäbchen (auch Pappstreifen), die eine Kuppe aus *Zündmasse* tragen u. durch Reiben an einer *Reibfläche* entzündet werden. Bei *Sicherheits-*Z. setzt sich die Zündmasse aus Kaliumchlorat (sauerstoffliefernde Verbindung), Antimonsulfid, Schwefel oder Schwefelkies (brennbare Stoffe) u. Leim zusammen.

Zündhütchen, am Boden von Patronen u. Kartuschen angebrachte kleine Metallkapsel mit Initialsprengstoff.

Zündkerze, eine Vorrichtung an Verbrennungsmotoren (Ottomotoren) zum elektr. Entzünden des im Verbrennungsraum eingeschlossenen Kraft-Luft-Gemisches. Die Z. besteht aus einem Gehäuse mit einer Mittelelektrode, keram. Isolierkörper u. einer Masseelektrode. Zwischen Mittel- u. Masseelektrode springt ein Zündfunke über.

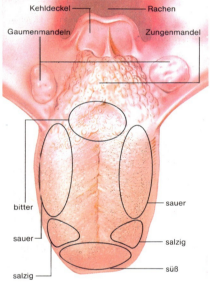
Die Zunge ist ein muskulöses Organ, das – am Zungenbein ansetzend – vom Boden der Mundhöhle ausgeht. Ihre Oberfläche ist mit vier Arten von Geschmackspapillen besetzt

Zündschnur, ein mit einem Explosivstoff gefüllter dünner Schlauch aus Gewebe zur Zündung von Sprengladungen.

Zündung, 1. Vorrichtung, mit deren Hilfe Spreng- u. Treibladungen zur Entzündung gebracht werden; →Zünder. – **2.** bei Otto-(Vergaser-)Motoren die Entzündung des verdichteten Kraftstoff-Luft-Gemischs durch von der *Zündspule* hochgespannten Batteriestrom, der mit Hilfe eines *Verteilers* zu den einzelnen *Zündkerzen* geleitet wird u. dort als Funken zw. 2 Elektroden überschlägt. Bei der Magnet-Z. (meist bei Motorrädern) wird der Zündstrom von einem in den Motor eingebauten Zündapparat erzeugt. Die Z. des eingespritzten Kraftstoffs bei Dieselmotoren erfolgt durch die angesaugte, hochverdichtete u. dadurch erhitzte Luft (Selbst-Z.), während Glühkopfmotoren im Zylinderkopf eine Glühstelle haben.

Zunft, meist pflichtmäßige fachl. Vereinigung der Handwerker im örtl. Bereich. Die Zünfte entstanden im 12. Jh. u. wurden bald neben den Patriziern zu den Trägern der mittelalterl. Städte. Die Zünfte hatten strenge, geschriebene Satzungen (Z.briefe), bestimmten u. a. die Zahl der Meister u. die Lehrlingsausbildung. Die einsetzende Industrialisierung führte (seit dem 16. Jh.) zum Verfall der Zünfte, der mit der Aufhebung ihrer Vorrechte durch die *Gewerbefreiheit* (1869 im Norddt. Bund) endete.

Zunge, 1. *Lingua, Glossa,* wulstförmiges Greif- u. Schluckorgan am Boden der Mundhöhle von Wirbeltieren; hinten am Z.nbein befestigt. Sie trägt auf ihrer rauhen Oberseite (*Z.nrücken*) die Geschmackspapillen. Außerdem dient die Z. der Lautbildung, beim Menschen der Sprache des Menschen. B → S. 1003. – **2.** bei Musikinstrumenten ein elast. Plättchen aus Rohr u. Metall, das bei einigen Orgelregistern, beim Harmonium, bei der Maultrommel durch einen Luftstrom zum Schwingen gebracht wird.

Zungenbein, beim Menschen ein kleiner, hufeisenförmiger Knochen zw. Unterkiefer u. Kehlkopf, durch eine Membran mit dem Schildknorpel des Kehlkopfs verbunden.

Zungenkrebs, krebsige Erkrankung der Zungenschleimhaut.

Zungenpfeife, bei der Orgel ein Pfeifentypus, bei dem der Luftstrom durch eine federnde Zunge (meist Messing) period. unterbrochen wird u. somit zum Schwingen u. Tönen kommt, während die Zunge selbst keinen Ton angibt.

Zünsler, Fam. der Schmetterlinge; weltweit verbreitete Pflanzenschädlinge: *Wachsmotte, Mehlmotte, Mehl-Z., Mais-Z., Dörrobstmotte.*

Zunzunegui y Loredo [θunθu'negi], Juan Antonio de, *1901, †1982, span. Schriftst.; Romane in der Nachfolge der frz. Realisten u. des span. Schelmenromans.

Zuoz, schweiz. Dorf im Oberengadin (Graubünden), 1100 Ew.; Engadinerhäuser 17./18. Jh.

Zupfgeigenhansl, »Der Z.«, Fahrtenliederbuch für den Wandervogel, hrsg. 1908 von dem Arzt Hans *Breuer.*

Zupfinstrumente, Chordophone oder Idiophone, die durch Zupfen oder Anreißen mit dem Finger oder einem Plektron zum Klingen gebracht werden: Zithern, Lauten, Harfen, Leiern.

Zurbarán [θur-], Francisco de, *1598, †1664, span. Maler; gestaltete v. a. religiöse Themen.

Zurechnungsfähigkeit → Schuldfähigkeit.

Zürich, 1. Kt. der → Schweiz, zw. Rhein u. Z.see, der bevölkerungsreichste Kanton. – **2.** Hptst. von 1), am Ausfluß der Limmat aus dem Z.see, 350 000 Ew.; die größte Stadt der Eidgenossenschaft, ihr Finanz-, Handels-, Wirtsch.- u. Kulturzentrum, Kongreß- u. Fremdenverkehrsort; Großmünster (12./13. Jh.), Fraumünster (13.–15. Jh.) u. a. Kirchen, Zunfthäuser; Univ. (1833), Eidgenöss. TH, Musik-HS; Masch.-, Elektro-, Porzellan-, chem.- u. a. Ind., Verlage; Flughafen *Kloten.* – Im 16. Jh. unter H. Zwingli war Z. das Zentrum der Reformation in der dt. Schweiz.

Zürichsee, schweiz. See im Alpenvorland, 406 m ü. M., 90 km²; Abfluß ist die *Limmat* (zur Aare). Im See liegen die Inseln *Ufenau* u. *Lützelau;* an den Ufern Villen-, Kur- u. Badeorte.

Zürn, Jörg, *um 1538, †vor 1635, dt. Bildhauer; Hauptmeister der frühbarocken Plastik im Bodenseegebiet; Hochaltar im Überlinger Münster.

zurren, seemänn.: anbinden (z.B. von Ladung an Deck).

Zurückbehaltungsrecht, das Leistungsverweigerungsrecht des Schuldners bis zum Bewirken der ihm gebührenden Gegenleistung.

Zusammenveranlagung, eine Art der Steuererhebung: in einem Haushalt lebenden Familienangehörigen werden gemeinsam zum Zweck der Steuerberechnung erfaßt.

Zusatzversicherung, in vielen Versicherungszweigen Erweiterung der Leistungen aus dem urspr. Versicherungsvertrag durch Zusatzklauseln; z.B. die Kfz-Insassenversicherung.

Zuschlag, bei Auktionen Annahme des höchsten Angebots (durch Hammerschlag).

Zuse, Konrad, *22.6.1910, dt. Ingenieur; schuf 1941 die erste programmgesteuerte Rechenanlage der Welt.

Zustellung, die förml., durch eine *Z.surkunde* beurkundete Übergabe eines Schriftstücks bei behördl. u. gerichtl. Verfahren, durch den Gerichtsvollzieher oder durch die Post.

Zutphen ['zytfə], Stadt in der ndl. Prov. Gelderland, an der IJssel, 31 000 Ew.; altertüml. Stadtbild; Agrarzentrum.

Zwangsarbeit, schwere Freiheitsstrafe, die auf Ausnutzung der menschl. Arbeitskraft für öffentl. Zwecke gerichtet ist. In der Sowj. wurden große Bauvorhaben durch Z.er ausgeführt. Z. bestimmte auch KZ des nat.-soz. Regimes. Heute verbietet das GG jede mit Zwangsmitteln durchsetzbare Heranziehung zur Arbeit.

Zwangsbehandlung, ärztl. Maßnahmen zur Heilung eines Kranken, die gegen seinen Willen durchgeführt werden; zulässig bei Anstaltsunterbringung u. bei Inhaftierung bei Lebensgefahr. Verpflichtung zur *Zwangsernährung* besteht nicht, solange der Gefangene zur freien Willensbestimmung in der Lage ist.

Zwangsversteigerung, eine Art der Zwangsvollstreckung für Grundstücke u. eingetragene Schiffe, durchgeführt vom Amtsgericht als Vollstreckungsgericht.

Zwangsvollstreckung, *Zwangsbeitreibung, i.w.S.:* ein bes. behördl. Verfahren zur Durchsetzung von Rechtsansprüchen; *i.e.S.* die Z. privatrechtl. Rechtsansprüche auf Betreiben eines einzelnen Gläubigers (im Unterschied zu *Konkurs* u. *Zwangsvergleich*) durch das *Vollstreckungsgericht* (Amtsgericht) u. den *Gerichtsvollzieher.* Die Z. *wegen Geldforderungen* in das bewegl. Vermögen erfolgt durch *Pfändung*, die Z. *in Grundstücke* durch Eintragung einer *Zwangshypothek,* durch *Zwangsversteigerung* oder durch *Zwangsverwaltung.* Die Z. *zur Herausgabe von Sachen* erfolgt durch Inbesitznahme seitens des Gerichtsvollziehers u. Übergabe an den Gläubiger.

Zwangsvorstellung, eine sich zwanghaft aufdrängende Vorstellung, die Denken u. Handeln des Menschen wider seinen bewußten Willen bestimmen kann; kann sich krankhaft verdichten zur *Zwangsneurose.*

Zweckverband, ein Verband von Gemeinden u. Gemeindeverbänden zu gemeinsamer Erfüllung bestimmter Aufgaben (z.B. Bau u. Betrieb von Versorgungsanlagen).

Zweibrücken, Stadt in Rhld.-Pf., nw. von Pirmasens, 34 000 Ew.; Schloß, spätgot. Alexanderkirche; Maschinenbau, Draht-, Armaturen-Herstellung. – 1410–1794 Residenz des Hzgt. Pfalz-Z.

Zweibund, 1. das 1879 geschlossene, gegen Rußland gerichtete Bündnis zw. dem Dt. Reich u. Östr.-Ungarn; 1882 durch den Beitritt Italiens zum *Dreibund* erweitert. – **2.** das frz.-russ. Bündnis, das dem *Dreibund* entgegengestellt wurde; später durch Hinzutreten Englands *(Entente cordiale)* zum *Dreiverband* umgestaltet.

Zweifelderwirtschaft, fr. in der Landw. der Wechsel zw. Weide- u. Ackernutzung (Getreide) oder Brache u. Getreideanbau.

Zweiflügler, weltweit verbreitete u. sehr artenreiche Insektenordnung (ca. 85 000 Arten). Sie besitzen gut ausgebildete Vorderflügel u. zu Schwingkölbchen umgebildete Hinterflügel. Die beinlosen Larven machen eine vollständige Entwicklung *(Holometabolie)* durch. Die Z. werden unterteilt in die Unterordnungen der *Mücken* u. der *Fliegen.*

Zweig, verholzter Trieb.

Zweig, 1. Arnold, *1887, †1968, dt. Schriftst.; emigrierte 1933, kam 1948 aus Palästina nach Ostberlin, dort 1950–53 Präs. der Dt. Akademie der Künste; ein psycholog.-realist. Erzähler u. antimilitarist. Zeitkritiker; W Kriegsroman »Der Streit um den Sergeanten Grischa«; auch Dramen. – **2.** Stefan, *1881, †1942 (Selbstmord), östr. Schriftst.;

Jörg Zürn: Die Geburt Christi, vom Hochaltar des Nikolausmünsters in Überlingen; 1613–1619

emigrierte 1938 nach England, 1941 nach Brasilien; begann mit Lyrik, Dramen u. Novellen u. entwickelte sich dann zu einem von S. *Freud* beeinflußten biograph. Essayisten. Spätere Erzählwerke: »Sternstunden der Menschheit«, »Ungeduld des Herzens«, »Schachnovelle«.

Zweigniederlassung → Filiale.

zweihäusig, *diözisch,* Bez. für Pflanzen, die entweder nur Blüten mit Staubblättern (männl. Blüte) oder nur Blüten mit Fruchtblättern (weibl. Blüte) ausbilden, z.B. Hopfen.

zweijährige Pflanzen, *bienne Pflanzen,* Pflanzen, die ihren Entwicklungszyklus erst im 2. Jahr mit Blüte u. Fruchtbildung abschließen; z.B. Fingerhut, Zwiebel u. Zuckerrübe.

Zweikammersystem, im klass. Konstitutionalismus des 19. Jh. der Grundsatz, daß das Parlament aus zwei unterschiedl. zusammengesetzten *Kammern* bestehen soll, die ein polit. Gleichgewicht bei der Gesetzgebung herstellen. Die eine Kammer ist entweder die Versammlung des Adels, des Klerus (so das brit. *Oberhaus),* oder sie ist in der Form eines *Senats* eine mehr oder weniger parität. Vertretung der Berufsstände oder der einzelnen Gliedstaaten *(Senat* der USA, *Ständerat* der Schweiz). Die andere Kammer besteht aus den aus allg. Wahlen hervorgegangenen *Volksvertretern* (z.B. *Abgeordnetenhaus* in Preußen im Ggs. zum *Herrenhaus, House of Commons* in England). Im 20. Jh. hat die Volkskammer das Schwergewicht erlangt. In vielen Staaten setzte sich das *Einkammersystem* durch.

Zweikampf, *Duell,* vereinbarter, nach vereinbarten Regeln geführter Kampf von zwei Menschen; als *Z. mit tödl. Waffen* bevorzugte Form der Austragung von Ehrenhändeln, seit der Aufklärungszeit als Unsitte mit strengen Strafen verfolgt.

zweikeimblättrige Pflanzen → Blütenpflanzen.

Zweikreisbremse, eine Bremsanlage für Kfz, die in zwei unabh. wirkende Systeme aufgeteilt ist. Gebräuchl. ist die Aufteilung der Bremshydraulik in je einen Kreis für die Vorder- u. für die Hinterräder. Sie verhindert, daß bei Schäden in der Bremsanlage die Bremsen unwirksam werden.

Zweinaturenlehre, *Dyophysitismus,* die christolog. Lehre von den zwei göttl. u. menschl. Naturen Christi; im Konzil von Chalcedon (451) gegenüber dem *Monophysitismus* ausformuliert.

Zwei-plus-vier-Vertrag, *Vertrag über die abschließende Regelung in bezug auf Dtld.,* am 12.9.1990 in Moskau unterzeichneter Vertrag zw. den Siegermächten des 2. Weltkriegs, der BR Dtld. u. der DDR über die Wiederherstellung der Souveränität des wiedervereinten Dtld.; der Vertrag trat am 15.3.1991 in Kraft.

Zweispitz, *Zweimaster,* ein Hut mit auf zwei Seiten aufgeschlagener Krempe; entweder quer oder mit einer Spitze nach vorn getragen; kam um 1790 in Frankreich auf.

Zürich: Großmünster

Zweitaktmotor, eine Verbrennungskraftmaschine, bei der jeder 2. Takt ein Arbeitstakt ist. Gegenüber dem *Viertaktmotor* fallen der 4. Takt (Ausschieben) u. der 1. Takt (Ansaugen) fort. Z. sind nur noch in Krafträdern eingesetzt.

Zweiter Bildungsweg, staatl. Schulangebot für diejenigen, die die allgemeinbildenden Schulen bereits verlassen haben, ohne ihre Schullaufbahn mit dem Abitur abzuschließen. Die schul. Ausbildung zum Abitur wird dann in Abendgymnasien, Kollegs (Vollzeitschulen mit zwei- bis dreijähriger Schulzeit) oder im Fernunterricht (z.B. Telekolleg) nachgeholt.

Zweites Deutsches Fernsehen, ZDF, 1961 gegr. öffentl.-rechtl. Rundfunkanstalt; Sitz: Mainz; strahlt seit 1963 ein weiteres Fernsehprogramm neben der ARD aus; seit 1985 am Satellitenprogramm 3 SAT beteiligt.

Zweites Gesicht, die angebl. Fähigkeit, kommende Geschehnisse vorauszusehen.

Zwerchfell, *Diaphragma,* die für die Atmung wichtige muskulöse Scheidewand zw. Brust- u. Bauchhöhle, die sich kuppelförmig in den Brustraum vorwölbt.

Zwerenz, Gerhard, *3.6.1925, dt. Schriftst.; erste Veröffentlichungen in der DDR, seit 1957 in der BR Dtld.; schildert die Verhältnisse in den beiden dt. Staaten kritisch u. oft provozierend. W »Hat es gelohnt, Genossen?«, »Soldaten sind Mörder«, »Der Mann ist das Mädchen«.

Zwergböckchen, *Zwerghirsche, Zwergmoschus, Hirschferkel,* Fam. sehr primitiver hasengroßer Wiederkäuer.

Zwerge, *Heinzelmännchen, Wichtelmännchen,* im Volksglauben als klein, alt u. bärtig vorgestellte menschenähnl. Erdgeister.

Zwergkaninchen, ein *Hasentier* aus der Verwandtschaft der *Baumwollschwanzkaninchen;* in den westl. USA verbreitet. Nicht zu verwechseln mit den im Zoohandel erhältlichen »Z.«, die Zuchtformen des Hauskaninchens sind.

Zwergmaus, mit ca. 12 cm Gesamt- u. ca. 6 cm Schwanzlänge zweitkleinste europ. *Echte Maus;* gewandter Halmkletterer.

Zwergpalme, Fächerpalme im westl. Mittelmeergebiet; die einzige ursprl. europ. *Palme.*

Zwergwuchs, *Minderwuchs,* zu geringe *Körpergröße,* abnorme Kleinheit. Man unterscheidet beim Menschen den Zwergwuchs i.e.S. *(Nanosomie)* mit einer Körperlänge von max. 130 cm vom *Kleinwuchs* mit höchstens 140–150 cm. Es gibt Z. aufgrund hormonaler Fehlsteuerungen, z.B. der Hypophyse; aufgrund von Stoffwechselstörungen, z.B. bei Rachitis; anlagebedingt, z.B. beim *Down-Syndrom;* ohne erkennbare Ursache (Liliputaner).

Zwetsche, *Zwetsche* → Pflaume.

Zwettl-Niederösterreich, niederöstr. Bez.-Hptst. im Waldviertel, 11 000 Ew.; nordöstl. das 1137 gegr. Zisterzienserstift *Zwettl.*

Zwickau, Krst. in Sachsen, an der Z.er Mulde, sw. von Chemnitz, 122 000 Ew.; TH; Robert-Schumann-Haus; histor. Altstadt, Container- u. Güterwaggonbau, Eisengießerei, Textil-, Masch.-, Fahrzeug-, chem. u. a. Ind.

Zwieback [»zweimal Gebackenes«], geröstete Scheiben von *Einback* (Weizenhefegebäck mit Zucker, Fett, Eiern).

Zwiebel, 1. ein meist unterird., stark gestauchter pflanzl. Sproß, an dem fleischig verdickte Schuppenblätter sitzen, die der Speicherung dienen. – **2.** Z.lauch, Küchen-Z., zweijährige Kulturpflanze, ein *Liliengewächs;* Gewürz u. Gemüse.

Zwiebeldach, *Zwiebelkuppel,* geschweifte Dachhaube mit kielbogenartigem Umriß; in der russ. Kirchenarchitektur bes. häufig.

Zwiebelkuchen, schwäb. (auch hess.) Kuchen aus Brotteig, mit Speckwürfeln, Zwiebeln, Kümmel, Rahm.

Zwiebelmuster, ein bes. in der Delfter Fayence verbreitetes, aus Blüten, Blättern u. zwiebelähnl. Knollen bestehendes Dekorationsmuster in Unterglasurmalerei, entwickelt aus ostasiat. Blumenornamenten; in der Porzellanmanufaktur Meißen eine seit 1793 gebräuchl. Schmuckform.

Zwiefalten, Gem. in Ba.-Wü., auf der Schwäb. Alb, 2500 Ew.; 1089 gegr. Benediktinerkloster (jetzt Psychiatr. Landeskrankenhaus); angegliedert ist das von J.M. *Fischer* u. a. im Rokokostil erbaute Münster.

Zwiesel, Stadt in Niederbayern, Böhmerwald, 10 000 Ew.; Luftkurort; Glas- u. Holz-Ind.; Wintersport.

Zwillich, grobfädiges, kräftiges Baumwoll- oder Leinengewebe für Hand-, Wisch- u. Tischtücher.

Zwillinge, 1. *Gemini,* häufigste Form der Mehrlingsgeburten; als zweieiige Z. (aus zwei befruchteten Eiern hervorgegangen) oder als eineiige Z. (aus einem befruchteten Ei hervorgegangen). *Eineiige Z.* entstehen dadurch, daß sich der Keim in einem frühen Stadium, meist bei den ersten Zellteilungen, in 2 gleiche Teile spaltet, von denen sich jeder zu einem Lebewesen entwickelt. Eineiige Z. haben also den gleichen Chromosomenbestand u. damit gleiches Erbgut; daher ungewöhnl. Ähnlichkeit u. Geschlechtsgleichheit. Bei den seltenen sog. *siamesischen* Z. hat sich die Trennung der Keimeshälften nicht völlig vollzogen, so daß die Z. an Brust, Rücken, Kopf oder Seiten miteinander verwachsen sind. – **2.** Sternbild des Tierkreises am nördl. Himmel; Hauptsterne: Castor u. Pollux.

Zwinger, bei mittelalterl. Befestigungen das von den Ringmauern eingeschlossene, oft mit Tiergehegen (Bären-Z.) ausgestattete Gelände, auf dem mit Vorliebe ritterl. Spiele ausgetragen wurden. Danach ben. der *Dresdner Z.,* von D. Pöppelmann u. B. Permoser 1711–22 geschaffenes Meisterwerk des dt. Barocks, für höfische Festlichkeiten bestimmt.

Zwingli, Huldrych (Ulrich), * 1484, † 1531, erster Reformator der Schweiz; wandte sich gegen Mißbräuche in der Kirche u. gegen die Verbindlichkeit der Fastengebote u. auch des Priesterzölibats. 1522–25 baute er die vom Staat geschützte Volkskirche auf. Mit *Luther* geriet er in Streit über die Abendmahlslehre; Z. betonte den Gedächtnischarakter des Abendmahls u. lehrte die symbol. Gegenwart Christi im Abendmahl. Die kath. Urkantone setzten sich gegen die gewaltsame Einführung der Reformation zur Wehr u. besiegten das Heer der Zürcher in der Schlacht bei Kappel, in der Z. fiel.

Zwirn, aus mehreren zusammengedrehten Garnen hergestellter Faden, z.B. Nähgarn.

Zwirner, Ernst Friedrich, *1802, † 1861, dt. Architekt; leitete seit 1833 die Fertigstellung des Kölner Doms nach den mittelalterl. Plänen.

Zwischenahn, Bad Z., Gem. in Nds., am Z.er Meer (5,2 km²), 24 000 Ew.; Moor- u. Heilbad.

Zwischendeck, bei Seeschiffen jedes zw. dem Hauptdeck u. dem Boden gelegene Deck; bei Fahrgastschiffen fr. das untere Fahrgastdeck (niedrigster Fahrpreis, Vielbettkabinen).

Zwischenspiel, kom. Einlage zw. den Akten eines Schauspiels; in Italien *Intermezzo* genannt.

Zwiebeldach der russischen Kapelle in Darmstadt

Zwitterbildung, *Zwittertum, Hermaphroditismus,* das Vorkommen von männl. u. weibl. Geschlechtsorganen bei einem Lebewesen, das dann *Zwitter* oder *Hermaphrodit* genannt wird. Bei Pflanzen ist zu unterscheiden zw. *zwittrigen Blüten,* die sowohl Staubgefäße als auch Fruchtblätter bilden (die meisten Blütenpflanzen), u. *zwittrigen Pflanzen,* die eingeschlechtige Blüten beiderlei Geschlechts auf ein u. demselben Individuum tragen u. die dann *einhäusig* oder *monözisch* gen. werden. V.a. bei den Tieren gibt es neben echter Z. (Plattwürmer, Regenwürmer, Blutegel, einige Schnecken) auch abnorme Z., d. h. eine Z. bei normalerweise getrenntgeschlechtl. Wesen (→ Androgynie, → Gynandrie).

Zwölffingerdarm, *Duodenum,* bei Säugetieren der an den Magenausgang sich anschließende Anfangsteil des *Dünndarms.* Seine Länge entspricht beim Menschen etwa der Breite von 12 Fingern. In den Z. münden *Lebergallengang* u. *Bauchspeicheldrüsengang.*

Zwölfkampf, Olympischer Z., Mehrkampf im Geräteturnen der Männer; setzt sich aus je einer Pflicht- u. Kürübung am Reck, Barren, Seitpferd, Langpferd (Pferdsprung), an den Ringen u. im Bodenturnen zusammen.

Zwölften, *Zwölfnächte, Rauhnächte,* die 12 Tage zw. Hl. Abend und Hl. Drei Könige, in denen nach dem Volksglauben das Geisterreich offensteht u. dämon. Wesen Umzüge halten.

Zwölftonmusik, *Zwölftontechnik, Dodekaphonie,* Sammelbegriff für Kompositionsweisen, die nicht mehr den Regeln der Harmonielehre gehorchen, sondern ein Bezugssystem bilden, in dem alle Töne gleichberechtigt sind. Ausgangspunkt ist eine Grundreihe aus den 12 Tönen unseres Tonsystems, die zunächst eine Intervall-Reihenfolge festlegt. Die einfachste Zwölftonfolge ist die chromat. Leiter (von c bis h). Die Hauptregel der Z. beruht darauf, daß ein Ton der Reihe erst wiederkehren darf,

Zweitaktmotor: links Bezeichnung der Bauteile, rechts Arbeitsweise (2 Kolbenwege = 1 Arbeitsleistung)

wenn alle übrigen Töne der Reihe erklungen sind, u. daß die einmal festgelegte Reihenstruktur im Verlauf eines Stücks beibehalten wird. Das scheinbar starre Verfahren läßt viele Varianten zu; die wichtigsten davon sind: 1. Veränderungen der Reihe durch Spiegelungen, 2. die Verlegung einzelner Töne in andere Oktavlagen, 3. die Wiederholung von Tönen unmittelbar hintereinander, 4. Transpositionen der Reihe auf andere Tonstufen (bei Beibehaltung der festgelegten Intervallstruktur). A. *Schönberg* entwickelte 1923 diese »Methode mit zwölf nur aufeinander bezogenen Tönen«. Die Z. beeinflußte einen großen Teil der Neuen Musik. A. *Weberns* Handhabung der Z., bei dem die Reihenstruktur mit komplexen Spiegel- u. Kanonverfahren das gesamte kompositor. Denken beeinflußte, wirkte maßgebl. auf die →serielle Musik.

Zwolle [ˈzvɔlə], ndl. Prov.-Hptst., am Zwarte Water, 89 000 Ew.; Ind.- u. Handelszentrum, Viehmarkt.

Zworykin [ˈzvɔri-], Vladimir Kosma, *1889, †1982, US-amerik. Physiker u. Elektrotechniker russ. Herkunft; Erfinder der ersten brauchbaren elektron. Aufnahmeröhre des Fernsehens (1924).

Zyankali →Cyankali.

Zyanose →Blausucht.

Zygote, die durch Verschmelzung zweier Keimzellen entstehende Zelle.

zyklisch, im Kreislauf, regelmäßig wiederkehrend.

zyklische Verbindungen, ringförmige Verbindungen, organ.-chem. Verbindungen, die zu einem Ringmolekül geschlossen sind.

Zyklon, **1**. [das], Warenzeichen für Schädlingsbekämpfungsmittel auf der Basis von Blausäure. Z. wurde unter dem nat.-soz. Regime zur Tötung von Häftlingen in den Gaskammern der Vernichtungslager verwendet. – **2**. [der], trop. Wirbelsturm.

Zyklone, Tiefdruckgebiet mit kreisförmigen bis ellipt. Isobaren; wird vom Wind auf der Nordhalbkugel im Gegenuhrzeigersinn umweht (auf der Südhalbkugel entgegengesetzt).

Zyklopen →Kyklopen.

Zyklophrenie →manisch-depressives Syndrom.

Zyklotron, Anlage der modernen Hochenergiephysik zur Beschleunigung von Protonen u. leichten Atomkernen auf große Geschwindigkeiten. Das Z. besteht aus einem großen Elektromagneten, zw. dessen Polen sich ein dosenförmiges Vakuumgefäß befindet. In dessen Mitte werden die zu beschleunigenden, geladenen Teilchen (Ionen) durch Stoßionisation des entspr. Gases (z.B. Wasserstoff) mittels Glühelektronen erzeugt. Diese positiven Ionen fliegen im Magnetfeld auf Kreisen; sie werden beschleunigt durch ein von einem Kurzwellensender erzeugtes hochfrequentes elektr. Feld, das an zwei mit dem Vakuumgefäß verbundene D-förmige Elektroden angelegt wird. Die Ionen durchfliegen mit wachsender Geschwindigkeit immer größere Kreise u. werden schließlich durch ein elektr. Auslenkfeld ins Freie gelenkt. Die Teilchen im Z. auf etwa $^{1}/_{10}$ Lichtgeschwindigkeit beschleunigt. Moderne Z. ermöglichen Teilchenenergien bis 100 MeV.

Zyklus [Pl. *Zyklen*], **1**. Reihe, Folge, Kreislauf; Schriften- oder Vortragsfolge. – **2**. monatl. Regelblutung der Frau; →Menstruation. – **3**. →Konjunkturzyklus. – **4**. mehrteilige Komposition, die als Einheit aufgefaßt wird; etwa die Liederzyklen der Romantik, Klavierzyklen von Schumann.

Zylinder, **1**. ein geometr. Körper, der von 2 kongruenten, parallelen, krummlinig begrenzten (Grund-)Flächen u. der sie verbindenden Mantelfläche begrenzt wird. Sonderfälle sind der gerade u. der schiefe Kreis-Z. Das Volumen des Kreis-Z. ist $V = \pi r^2 h$. Die Mantelfläche eines geraden Kreis-Z. ist $M = 2\pi r \cdot h$. – **2**. in der 1. Hälfte des 19. Jh. in Mode gekommener Herrenhut mit hohem, steifem, zylindr. Kopf u. runder Krempe. – **3**. ein langgestreckter, runder Hohlkörper, z.B. bei Dampf- u. Verbrennungskraftmaschinen.

Zyniker, urspr. Anhänger einer von *Antisthenes* begr. Philosophenschule (Kyniker); im übertragenen Sinn: »bissiger Mensch«, der die Wertgefühle anderer mißachtet.

Zynismus, eine Lebensanschauung, die aus vollendeter Skepsis, Lebens- oder Menschenverachtung die Werte herabsetzt.

Zypergras, Gatt. der *Sauergräser;* Ufer-, Sumpf- u. Wasserpflanzen der warmen Zonen. Wichtigste Arten sind *Papyrus* u. *Erdmandel*.

Zypern, engl. *Cyprus*, grch. *Kypriaki*, türk. *Kibris*, Inselstaat im östl. Mittelmeer, südl. der Türkei, 9251 km², 708 000 Ew., Hptst. *Nicosia*.

Zypern

Landesnatur. Den S nimmt das ausgedehnte Bergland *Troodos* mit dem *Olympos* (1952 m) ein; im N erhebt sich ein 1000 m hoher Gebirgszug, der nach NO in einer Halbinsel ausläuft. Dazwischen erstreckt sich die fruchtbare Schwemmlandebene *Messaria*. Das Klima hat trockenheiße Sommer u. feuchtmilde Winter.

77% der Bevölkerung sind orth. Griechen, 18% islam. Türken, daneben gibt es Armenier u. libanes. Flüchtlinge.

Wirtschaft. Wirtsch. überwiegt der Anbau von Getreide, Kartoffeln, Wein, Zwiebeln, Südfrüchten, Tabak, Oliven, Obst sowie Baumwolle. Schaf- u. Ziegenhaltung ist weit verbreitet. Den Hauptteil des Exports liefert der Bergbau (Kupfer, Eisen, Chrom, Asbest). Schwerpunkt der Ind. sind Nahrungsmittel- u. Textilind. Der Fremdenverkehr ist v. a. im grch. Teil von Bedeutung.

Geschichte. Im 14./13. Jh. v. Chr. war Z. ein Zentrum der myken. Kultur, um 1000 v. Chr. phönizisch, dann assyr., ägypt. u. pers. (540 v. Chr.). 333 v. Chr. kam es zum Reich Alexanders d. Gr.; 294–58 v. Chr. gehörte es zum Ptolemäer-Reich; 58 v. Chr. fiel es an die Römer, später an die Byzantiner, zeitweilig an die Araber. Auf die Herrschaft der Kreuzfahrer-Dynastie *Lusignan* 1192–1489 folgte die der Venezianer; 1571 wurde Z. von den Türken erobert. 1878 besetzte Großbrit. (bei formeller Anerkennung der türk. Oberhoheit) die Insel, 1914 annektierte es sie; 1925 wurde Z. brit. Kronkolonie.

1960 erhielt Z. die Unabhängigkeit, die von Großbrit., Griechenland u. der Türkei garantiert wurde *(Londoner Abkommen)*. Für das Verhältnis der Nationalitäten wurde eine vorläufige Rechtsgrundlage

Zypern: Kyrenia ist eine malerische Hafenstadt an der Nordküste der Insel

geschaffen. Erzbischof *Makarios* wurde zum Staats-Präs. gewählt. Als er 1963 den verfassungsmäßig garantierten Status der türk. Minderheit zugunsten der grch. Mehrheit ändern wollte, kam es zu blutigen Kämpfen zw. den Volksgruppen. Die UN entsandten 1964 eine Sicherheitstruppe. Am 15.7.1974 putschte die von grch. Offizieren befehligte Nationalgarde gegen Makarios. Unter dem Eindruck eines drohenden Anschlusses Z. an Griechenland besetzten türk. Truppen 40% des zypriot. Territoriums. 1975 proklamierten die Z.-Türken einseitig einen türk.-zypriot. Teilstaat, dessen Präs. R. *Denktaş* wurde. Nach dem Tod Makarios' 1977 wurde S. *Kyprianou* Präs., der von der Türkei u. den zypriot. Türken nicht anerkannt wurde. Der N der Insel erklärte sich 1983 einseitig zur unabhängigen »Türk. Rep. Nord-Z.« 1988 wurde G. *Vassiliou* Nachfolger Kyprianous im Amt des Präs. Verhandlungen zw. Vassiliou u. Denktaş über die Zukunft der Insel blieben trotz UNO-Vermittlung ergebnislos. Nach den Wahlen 1993 wurde Vassiliou von G. *Klerides* als Präs. abgelöst.

Zypresse, Fam. der Nadelhölzer mit meist schuppenförmigen Blättern u. holzigen Zapfen. Die *Echte Z.* ist ein in N-Iran u. im Mittelmeergebiet beheimateter, 20–50 m hoher Baum.

Zyste, **1**. meist mit derber Haut umgebene Hülle bestimmter niederer Tiere (Bakterien, Protozoen) in Zeiten ungünstiger Lebensbedingungen (z.B. Trockenzeit). – **2**. durch eine Membran abgeschlossener Hohlraum mit dünn- oder dickflüssigem Inhalt, durch Behinderung des Abzugs von Flüssigkeiten aus Hohlräumen entstanden, z.B. Balggeschwulst, Blut- u. Lymph-Z.; Behandlung durch Operation.

Zystitis, Entzündung der Harnblase.

Zystoskopie, endoskop. Untersuchung der Harnblase mit dem *Zystoskop* (Blasenspiegel).

Zytodiagnostik, mikroskop. Untersuchung von Zellen aus Körperflüssigkeiten, Zellabstrichen u. ä., bes. zur Frühdiagnostik von Krebs.

Zytogonie, *Agamogonie*, die einfachste Art der Fortpflanzung im Tierreich, wobei Einzelzellen vom Mutterorganismus abgeschnürt werden; z.B. bei den meisten *Protozoen*.

Zytologie, *Zellenlehre*, das Gebiet der allg. Biologie, das den Bau u. die Funktionen der Zelle erforscht.

Zytoplasma, die den Zellkern umgebenden Bestandteile der Zelle, nämlich Grund-Z. u. Zellorganellen.

Zytostatika, *zytostatische Mittel, Karzinostatika*, chem. Stoffe, die auf kranke, bes. auf krebsig entartete Zellen schädigend u. wachstumshemmend einwirken (daher zur Krebschemotherapie angewendet), aber auch auf gesunde Zellen schädigend u. wachstumshemmend einwirken.

Zwolle: am »Zwarte Water«

ABBILDUNGSNACHWEIS

Farbe: aaa photo, Paris (2) – Naud (1) – Picou (1); ABC-Press, Amsterdam (2); action press, Hamburg (2) – Borrel (1); ADN–Zentralbild, Berlin (2); ADVENIAT, Essen (1); AGE Foto Stock, Barcelona (3); Inga Aistrup, Vedbaek (1); Wilhelm Albrecht, Rietberg-Neuenkirchen (10); Alfred-Wegener-Institut f. Polar- u. Meeresforschung, Bremerhaven-Kohnen (1); Alinari, Florenz – Berger, Köln (1); ALL–Sport, London (1) – Yarrow (1); Erich Andres, Hamburg (1); Toni Angermayer, Holzkirchen/Tierpark Hellabrunn (11) – Köster (4) – Pfletschinger (4) – Pölking (1) – Reinhard (11) – Ziesler (3); Animal Photography Ltd., Sally Anne Thompson, London (9); Anthony Verlag, Starnberg – Maier (1) – Reinhold (1) – Reisel (1) – Winter (1); ARDEA, London (1) – Fink (1) – Lindau (1); Archiv für Kunst und Geschichte, Berlin (8); Peter Arnold Inc., New York (1) – Lehmann (1); Asian Art Museum, San Francisco (1); Artothek, Planegg/Sammlung Lothar Günther Buchheim (1); The Art Museum of the Ateneum, Helsinki (1); The Associated Press GmbH, Frankfurt (2); ASTRA, Luxemburg (1); Australian Embassy, Bonn (1); Autoflug GmbH, Rellin (1); Erich Bach, Grünwald (1); Prof. Dr. H. Bandi, Bern (1); Klaus Barisch, Köln (2); Ludwig Bartling, Bielefeld (1); Dr. Wolf Bartmann, Dortmund (1); Bildagentur Baumann, Würenlingen (1) – Eigstler (1); Pressefoto Baumann, Ludwigsburg (4); Bavaria–Verlag, Gauting (15) – Andres (1) – Bekeler (1) – Brinkmann (1) – Eckebrecht (2) – Finders (2) – Fiore (1) – Fischer (1) – Gaiser (1) – Gritschler (1) – Hecker (1) – Heiker (1) – Hubrich (1) – Kanus (3) – Kempter (1) – Kester (1) – Krebs (1) – Kuntsch (1) – Lee–Rue (1) – Leib (1) – Leidmann (1) – Ludwig (1) – Lüthy (1) – Meier (2) – Meier–Ude (1) – Messerschmidt (2) – Müller-Greiff (1) – Muschenetz (1) – Omnia (1) – Othmar (1) – Pedone (1) – Picturepoint (1) – Puck–Kornetzki (1) – Pugh (1) – Reinhard (1) – Rich (1) – Saller (1) – Saud (1) – Schmied (4) – Scholz (2) – Tietze (1) – Widmann (1); Bayer. Staatsbibliothek, München (2); Bayer. Staatsgemäldesammlungen, München (7) – Artothek/Blauel (3); Helmut Bechtel, Düsseldorf (3); Beeldbank & Uitgeefprojekten BV, Amsterdam (2); Beethoven-Haus, Bonn (1); Dr. Gisela Benecke, Gütersloh (14); Bertelsmann Lexikon Verlag, Gütersloh (28); Bertelsmann Publishing Group, New York (3); Luftbildverlag Hans Bertram, München (1); Klaus G. Beyer, Weimar/Nationale Forschungs- und Gedenkstätten (1); Biblioteca Apostolica Vaticana (1); Bibliotheque Nationale, Paris (6); Bildarchiv Preußischer Kulturbesitz, Berlin (36); Bilderberg, Hamburg – Grames (1) – Ellerbrock + Schafft (1); Dr. A. Bill, Trogen (1); Prof. Dr. F. Binder, Flein (1); Biofotos Heather Angel, Farnham (1); Stadt Blieskastel (1); Heiner Blum, Frankfurt (1); BLV-Verlagsgesellschaft mbH, München (1); BMW, München (1); Horst Boerschmann, Clausthal-Zellerfeld (1); Boge GmbH, Eitorf (1); Markus Bolsinger, Esslingen (1); Bongarts, Hamburg (12); Robert Bosch GmbH, Stuttgart (1); Böttcherstraße, Bremen (1); The Bridgeman Art Library, London (1); British Hovercraft Corp., Isle of Wight (1); The British Museum, London (5); Brooklyn Museum, New York (1); Brot für die Welt, Stuttgart/Werner Gartung (1); Dr. Alexander Buchner, Prag (1); Ilse Buhs, Berlin (1); Antje Buhtz, Heidelberg (4); H. D. Bulka, Hamburg (4); J. E. Bulloz, Paris (1); Bundesinnungsverband für das Musikinstrumentenhandwerk, Kassel (1); Bundesministerium der Verteidigung, Bonn (1); Bundesministerium für Forschung und Technologie, Bonn (1); Bundeszentrale für gesundheitliche Aufklärung, Köln (1); Lothar Bünermann, Detmold (2); Burda, Offenburg (1); Burgerbibliothek, Bern (1); California Institute of Technologie and Carnegie Institution of Washington, Pasadena (6); Camera Press, London (1) – Le Lynx (3); Cedri, Paris (2) – Legros (1); CERN, Genf (1); Chester Beatty Library, Dublin (2); Dieter Christoph, Gütersloh (4); Henning Christoph/Thomas Mayer, Essen (1); Coast Wise Packet Co., Vinyard Haven (1); Bruce Coleman Ltd., Uxbridge (11) – Burton (1) – Clees (1) – Chrichton (1) – Cubitt (1) – Erize (1) – Fry (1) – O'Keefe (1) – Reinhard (4) – Sauer (1) – Taylor (2) – Wachtel (1) – Wothe (1) – Ziesler (1); Ilse Collignon, München/Black Star (1); Color Library International, New Malden (1); Colorific, London (1); Comet-Photo, Zürich (1); J. Albrecht Cropp, Niederhöchstadt (1); CTK, Prag (1); Werner Curth, Frankfurt (1); Ingo Czimmeck, Schalksmühle (1); Manfred Danegger, Überlingen (1); Dän. Fremdenverkehrsamt, Hamburg (1); Manfred Dekkart, Bad Tölz (1); DESY, Hamburg (1); Deutsche Airbus GmbH, Hamburg (1); Deutsche Bundesbahn, Mainz (2); Deutsche Fotothek, Dresden (2); Deutsche Verlagsanstalt/Bild der Wissenschaft, Stuttgart – Schott (1) – Weinert (1); Deutsches Museum, München (1); Deutsches Spielkarten Museum, Leinfelden (1); Devizes Museum, Devizes Wilt (1); DFVLR, Oberpfaffenhofen (1); Matha Dittmer, Rosengarten (1); DLRG, Essen (1); Dr. Gisela Dohle, Münster (3); dpa, Frankfurt (63); Edistudio, Barcelona (1); Editions Aimery Somogy, Paris (1); Editions Cercle d'Art, Paris (2); Mara Eggert, Frankfurt (1); Dr. Horst Eichler, Heidelberg (1); Hans Engler, Bremerhaven (3); Ernst + Partner Werbeagentur, Düsseldorf (1); Explorer, Paris (2) – Hervy (1) – Krafft (1) – Labat (1) – Nacivet (1) – Tetrel (1); FAG Kugelfischer Georg Schäfer, Schweinfurt (1); Franz Fiedler, Güglingen (1); Fischerwerke Arthur Fischer GmbH, Turmlingen (1); Manfred Flöttmann, Gütersloh (1); Focus, Hamburg (1) – Rob Nelson Picture Group (1) – Silvester (1); A. Foglia, Neapel (1); Werner Forman Archive, London (1); FPG, New York (3); Frobenius–Institut, Frankfurt (1); Prof. Dr. F. W. Funke, Seelscheid (2); Dr. Ingo Gabriel, Lürschau (2); Albrecht Gaebele, Untersteinbach (1); Raphael Gaillarde, Paris (1); Galerie Beyeler, Basel (1); Gamma, Brüssel (3); Werner Gartung, Freiburg (1); Leif Geiges, Stauffen (1); Gemäldegalerie Dresden (1); GEO, Hamburg (1); Dr. Georg Gerster, Zumikon (2); Gesamtverband d. dt. Steinkohlenbergbaus, Essen (2); Giraudon, Paris (9); Sophie-Renate Gnamm, München (1); Ralf Gräbe, Gütersloh (1); Griech. Zentrale f. Fremdenverkehr, Frankfurt (1); Susan Griggs Agency, London (1); W. E. Gudemann, Gütersloh (1); Günterpress, Lübeck (1); Armin Haab, Oberwil (1); Hanns E. Haehl, Stuttgart (1); Ray Halin, Paris (1); Hamburger Hafen und Lagerhaus AG, Hamburg (2); Hamburger Kunsthalle, Hamburg – Kleinhempel (2); Claus & Liselotte Hansmann, München (5); Robert Harding Picture Library Ltd., London (3) – Freemann (1) – Young (1); Karl Hartmann, Sobernheim (11); Elisabeth Hase, Frankfurt (1); Dr. Armin Haße, Berlin (3); Günter Hauptmann, Bielefeld (1); Verlag Haus am Weyerberg, Bernhard Kaufmann, Worpswede (1); Robert Häusser, Mannheim (1); Heeresgeschichtliches Museum, Wien (1); Konrad Helbig, Wiesbaden (1); André Held, Ecublens (1); Hans Heppner, München (1); Her Majesty's Stationery Office, London (1); Heinz Herford, Bielefeld (2); Atelier Herrlich, Hamburg (2); Herzog Anton–Ulrich Museum, Braunschweig (2); Hess. Landesbibliothek, Fulda (1); Hess. Landesmuseum, Darmstadt (1); Hirmer Fotoarchiv, München (3); Historisches Museum, Frankfurt (1); Hoa-Qui, Paris (3) – Huet (1) – Pavard (1) – Renaudeau (1); Hobby – Magazin der Technik, Hamburg (1); Bruce Hoertel (1); Dr. S. Hohl, München (5); Dr. J. Hohnholz, Tübingen (1); Michael Holford Library, London (2); Wilhelm Hoppe, Hamburg (1); Horstmüller, Düsseldorf (7); Ingo Hothan, Gütersloh (1); Bildarchiv Huber, Garmisch-Partenkirchen (5); IBM, Stuttgart (3) – Baumgardt (4); IFA-Bilderteam, München (10) – Amadeus (1) – Braun (1) – Cassio (1) – Everts (1) – Goecel (1) – Gottschalk (3) – Gyarmathy (1) – Huber (1) – Lecom (3) – Kolban (1) – Lederer (1) – mago Luftbild (1) – Maier (3) – Mossrainer (1) – Salek (1) – v. Stroheim (2) – Thiele (1); The Image Bank, München (2) – Arakawa (1) – Barney/Magnum (1) – Kimak (1); Inbel, Brüssel (1); Inst. f. Auslandsbeziehungen, Stuttgart (1); Instituto per la Storia del Risorgimento Italiano, Rom (1); Internationales Bildarchiv Horst v. Irmer, München (1); Internationale Stiftung Mozarteum, Salzburg (1); Jacana, Paris (2) – Ermie (1) – Errath (1) – Mero (1) – Robert (1) – suinot (1) – Varin–Visage (3); Dr. H. Jahn, Detmold (2); Volkmar E. Janicke, München (5); Jakob Janßen, Wachtendonk (1); Gerold Jung, Ottobrunn (2); Jürgens Ost + Europa–Photo, Köln (16) – TASS (2); Manfred Kage, Lauterstein (2); Kali und Salz AG, Kassel (1); Kanadische Botschaft, Bonn (1); Archiv Karkosch, Gilching (3); Lothar Kaster, Haan (1); Dieter Keller, Nieder-Beerbach (1); Kernforschungsanlage Jülich GmbH (1); Kernforschungszentrum Karlsruhe GmbH (1); Dr. Reinhold Kersch, Nürnberg (1); A. F. Kersting, London (2); Kestner-Museum, Hannover (1); Keystone Bilderdienst, Hamburg (5); Hannes Kilian, Stuttgart (1); Joachim Kinkelin, Worms (3) – Mehlig (1) – Schlapfer (1); Jürg Klages, Zürich (1); Bildkunstverlag Klammet, Germering (24); KLM Aeroporto BV, Den Haag (1); Karl–Heinz Klubescheidt, Rheda-Wiedenbrück (3); Dr. Harro Koch, Köln (1); Dr. Heinz Kohnen, Münster (1); Dr. Rudolf König, Kiel (7); Kövesdi, München (1); KNA, Frankfurt (1); Hagen Kraak, Gütersloh (2); Maurice et Katia Krafft, Centre de Volcanologie, Cernay (2); Kraftwerk Union AG, Erlangen (1); Dr. Hans Kramarz, St. Augustin (2); Arthur F. Krüger Verlag, Hamburg (1); Dr. F. Krügler, Hamburg (3); Fridrich Krupp GmbH, Essen (1); Gerhard Kulwicki, Gütersloh (1); Kunst- und Museumsbibliothek, Köln (4); Kunsthaus, Zürich (3); Kunsthistorisches Museum, Wien (9); Kunstkreis im Ex Libris Verlag, Zürich (1); Kunstsammlung NRW, Düsseldorf (1); Helga Lade, Frankfurt (2) – Bergmann (2) – Radelt (1) – Rubrig (1) – Schuster (1); laenderpress, Düsseldorf (4) – Barbey (1) – Christiansen (1) – FPG (1) – Klaes (1) – Lessing (5) – Reisel (1) – Streichan (1); Werner Layer, Mannheim (1); Rolf Lehmann, Heidelberg (2); Wilhelm-Lehmbruck Museum, Duisburg (1); Elisabeth Lezius, Gütersloh (2); The Library of Congress, Washington (1); Linden-Museum, Stuttgart (1); Photo Löbl-Schreyer, Bad Tölz (6); Diavertrieb Löppert OHG, München (1); Dieter Lorenz, Hohenpeissenberg (1); Giorgio Lotti, Mailand (1); Werner Ludewig, Gütersloh (3); W. Lüthy (1); Prof. Dr. Ludolf v. Mackensen, Kassel (2); Fritz Mader, Hamburg (3); Magnum, Paris (1); Mainbild, Frankfurt (2) – Apel (1) – Müller (7) – Schacht (1) – Scharf (1); Guglielmo Mairani, Mailand (3); Malmö Museum, Malmö (1); Bildarchiv Foto Marburg, Marburg (1); Aldo Margiocco, Campomorone (20); MAS, Barcelona (4); Leonard von Matt, Buochs (1); Dr. H.-J. Matthäi, Lenggries (1); Bildagentur Mauritius, Mittenwald (9); Balzat (1) – Bohnacker (1) – Buff (1) – Cardot (1) – Chrile (1) – Dietrich (1) – Fekete (1) – de Foy (2) – FPG (1) – Frass (1) – Kohlhaupt (1) – Köhler (1) – Kopp (1) – Krimminger (1) – Kugler (1) – Linda (1) – Mallaun (1) – Mayer (1) – Mehlig (2) – Messerschmidt (2) – Mollenhauer (1) – Pott (1) – Reinhard (4) – Ricatto (1) – Schmied (1) – Schrempp (1) – Thamm (1) – Thonig (2) – Torino (1) – Vidler (4) – Witzgall (1); Max-Planck-Inst. f. Astronomie, Heidelberg (1); Max-Planck-Ges., München (1); Dr. Giuseppe Mazza, Monte-Carlo (34); Sammlung Menningen, Lüdge-Niese (1); U. Medenbach, Witten (3); Gerhard Meiser, Gütersloh (2); Federico Arborio Mella, Mailand (1); Abi Melzer Verlag, Dreieich (1); Mercedes Benz, Stuttgart (2); MBB, Bremen (1); MBB, Hamburg (1); The Metropolitan Museum of Art, New York (1); Gebr. Metz, Tübingen (2); Mittet Foto, Oslo (1); Arnoldo Mondadori Editore, Mailand (1); Ivo Moretti, Rom (1); Werner H. Müller, Stuttgart (1); Munch-Museum, Oslo (2); Horst Munzing, Mindelheim (1); Musée d'Art Moderne, Paris (1); Musée de Beaux–Arts, Chartres – Corvaisier (1); Musée des Arts décoratifs et industriels, Brüssel (1); Museo Gregoriano Etrusco, Rom (1); Museum für Hamburgische Geschichte, Hamburg – Heldt (1); Museum of Fine Arts, Boston (1); The Museum of Modern Art, New York (2); Museum Rietberg, Zürich (1); Münchner Stadtmuseum, München (2); MWM Motoren-Werke, Mannheim (1); Nasjonalgalleriet, Oslo (1); National Gallery, London (2); National Gallery of Art, Washington (1); National Portrait Gallery, London (2); Nationalmuseum, Athen (1); National Museum, Bagdad (1); Nationalmuseum, Beirut (1); Johannes Nautsch, Greven (1); NDR, Hamburg (1); Werner Neumeister, München (2); New Eyes, Hamburg – Seven P. (1); New York Graphic Society, New York (2); Niedersächs. Landesgalerie, Hannover (1); A. van den Nieuwenhuizen (1); Vlastimil Odvarko, Gütersloh (1); Öffentl. Kunstsammlung, Basel (2) – Hinz (1); Office du Livre, Fribourg (2); Tierbilder Okapia KG, Frankfurt (6) – Bender (1) – Hofmann (1) – McHugh (1) – Richter (1); Foto Olympic John Decopoulos, Athen (1); Adam Opel AG, Rüsselsheim (2); Österr. Fremdenverkehrswerbung, Frankfurt (1); Österr. Galerie, Wien (1); Österr. Nationalbibliothek, Wien (1); Erhard Pansegrau, Berlin (1); Paris match, Paris (1); Vitalis Pantenburg, Köln (1); Klaus Paysan, Stuttgart (7); Hellmut Penner, Pfullendorf (1); Perkin-Elmer, Überlingen (1); Lazi Perenyi, Düsseldorf (7); Pestalozzi Lehrmittelhandlung, Hamburg (1); Erwin Pflaum, Hof (2); Hans Pfletschinger, Riesbürg (5); The Phillipps Collection, Washington (1); N.V. Philips Gloeilampenfabrieken, Eindhoven (1); Philips Lichttechnisches Laboratorium, Aachen (1); Philips, Hamburg (1); Photo News, Brüssel (1); Pinguin Verlag Pawlowski AG, Innsbruck (1); PolyGram-Archiv, Hannover (1); Paul Popper Ltd., London (5); Dr. Eckart Pott, Stuttgart (2); Prado, Madrid (1); Presse- und Informationsamt der Bundesregierung, Bundesbildstelle, Bonn (4); Pubbli Aer Foto, Milano (1); Winfried Rabanus, München (1); Rapho, Paris (1) – Starcky (1); Karl Rauch Verlag KG, Düsseldorf (1); Prof. Dr. W. Rauh, Heidelberg (3); rfw Redaktion für Wirtschaftspublizistik, Darmstadt (1); Dr. Lothar Reinbacher, Kempten (1); Religionskundliche Sammlung, Marburg (1); Rheinisches Bildarchiv, Köln (1); Prof. Dr. Dr. Hans Rieth, Hamburg (1); Rijksmuseum van Oudheden, Leiden (1); Ringier, Zürich (2); roebild, Frankfurt (8) – Kratz (1) – Müller (4); Walter Rohdich, Münster (1); Klaus Rohmeyer, Fischerhude (1); Römer- und Pelizaeus-Museum, Hildesheim (1); Römisch-Germanisches Museum, Köln (1); Ralf Roman Rossberg, Murnau (1); Hans Roßdeutscher, Bielefeld (6); Günter Rossenbach, Wuppertal (1); Galerie Rothe, Heidelberg (1); RWE AG, Essen (1); Dr. Ernst Rühmekorf, Gelsenkirchen (1); Salzburger Festspiele, Salzburg (1); Bildarchiv

Sammer, Neuenkirchen (2); Dr. Frieder Sauer, Karlsfeld (3); Scala, Antella (23); Wilhelm Schacht, Frasdorf (1); Karl Schäfer & Co. GmbH, Ibbenbüren (1); Michael Schaeffer, München (1); E. Scheurich Pharmawerk GmbH, Appenweiher (1); Schiller-Nationalmuseum, Marbach (1); Wilhelm Schimmel Pianofortefabrik GmbH, Braunschweig (1); Hermann Schlenker, Schwenningen (1); Dorothee Schmid, Essen (1); Prof. Dr. Karl Schmid-Tannwald, Hohenstaufen (1); Schmuckmuseum, Pforzheim (1); Marco Schneiders, Lindau (2); Toni Schneiders, Lindau (12); Schopenhauer Gesellschaft, Frankfurt (1); J. A. Schuckert, Buenos Aires (1); Emil Schulthess, Forch (2); Bildarchiv Karlheinz Schuster, Oberursel (1); Schweizer. Inst. f. Kunstwissenschaft, Zürich (1); Schweizer. Landesmuseum, Zürich (1); Schweizer. Verkehrsbüro, Degonda (1); Seaphot Ltd., London (1); Services Photographiques de la Réunion des Musées Nationaux, Paris (4); Sven Simon, Essen (16); Shostal Ass. Inc., New York (12); Fritz Siedel, Sande (1); Heinz Sielmann-Produktion, München (1); Siemens AG, München (7); Silvestris Fotoservice, Kastl (4) – Jacana/Mero (1) – Layer (1) – Martini (1) – Weiß (1); sipa press, Paris (11) – Boccon–Gibod (1) – Buillermo (1) – Cleriot (1) – Deheulles (1) – Frilet (1) – Haley (1) – Ilhami (1) – Julienne (1) – Laski (1) – Manoocher (2) – Peters (1) – Reis (1) – Schultz (2) – Sichow (2) – Torregano (1) – Tousson (1) – Vanderhaegen (1) – Witt (2); Robert Smithson, New York (1); Sonopress, Gütersloh (1); Sowjetunion heute, Köln – Nowosti (1); Spielzeugmuseum, Nürnberg (1); Sprengel Museum, Hannover (2); Staatl. Antikensammlung und Glyptothek, München (3); Staatl. Kunsthalle, Karlsruhe (1); Staatsarchiv, Hamburg (1); Städt. Kunstmuseum, Bonn (1); Städt. Museum, Wiesbaden (1); Standard Elektrik Lorenz AG, Stuttgart (1); Stedelijk Museum, Amsterdam (2); Herwart Stehr, Gütersloh (1); Irmelies Steinsiek, Gütersloh (2); Stern-Syndication, Hamburg (3) – Eising (1) – Jung (1) – Ullal (1); Stiftung Seebüll Ada und Emild Nolde, Neukirchen (1); Tony Stone Ass., London (11); Mary Strome, Ottawa (1); Studio X, Limours – Chip-Hires (1) – Gamma (1) – Gamma/Papadopoulos (1) – Gamma/Shune (1); Suhrkamp Verlag, Frankfurt (1); Erika Sulzer-Kleinemeier, Gleisweiler (1); Swiss Timing Ltd. (1); Sygma, Brüssel – Andanson (1); The Tate Gallery, London (4); Hans Thiele, Gütersloh (2); Sammlung Thyssen-Bornemisza, Castagnola (1); Time Life Inc., New York (1); Foto-Presse Timmermann, Möhrendorf (1) – Männynoksa (1); The Trans-Antarctis Ass., London (1); Transglobe Agency, Hamburg (3) – Brachwitz (1) – Fischer (1) – Image Bank/Malibu (1) – Müller (1) – Rai/Magnum (1) – van Riel (1) – Schilgen (1) – Seelmann (1) – Sommer (1) – Valencak (1); Transrapid International, München (1); Trumpf GmbH + Co., Ditzingen (1); Ullstein Bilderdienst, Berlin (1); Monika Unger, Gütersloh (1); Uni-Dia-Verlag, Großhesselohe (2); Universitätsbibliothek, Heidelberg (2); University Library, Durham (1); USICA, Bonn (8); VBK, Verwertungsgesellschaft Bildende Kunst (1); V-Dia-Verlag, Heidelberg (3); VDO Adolf Schindling AG, Schwalbach (1); Verw. d. Staatl. Schlösser und Gärten, Berlin (2); Kunstsammlungen der Veste Coburg, Coburg (2); Victoria & Albert Museum, London (3); Vorarlberger Illwerke AG, Bregenz (1); VW AG, Wolfsburg (3); Dr. Rüdiger Wandrey, Bremerhaven (1); Verlag Ernst Wasmuth, Tübingen (1); Jürgen Weber, hannover (1); Ingrid Wehrmann-Schindler, Hamburg (1); Elisabeht Weiland, Zumikon (1); Weltbild-Verlag, Augsburg – Holle (2); Werek, München (5); Irena Windholz, Gütersloh (1); Ludwig Windstosser, Stuttgart (1); Dr. Werner Wrage, Hamburg (1); Württ. Landesmuseum, Stuttgart (2); ZEFA, Düsseldorf (32) – Aiken (1) – Bading (1) – Baglin (1) – Bahnsen (1) – Barone (1) – Baudisch (1) – Brockhaus (1) – Benser (3) – Bleicher (1) – Black Star (1) – Blank (1) – Boutin (1) – Carle (1) – Crader (1) – Damm (8) – Eichborn (1) – Englebert (1) – Ernest (1) – Everts (1) Fritz (1) – Gärtner (1) –Gerbec (1) – Graf (1) – Hackenberg (2) – Heil (1) – Helbig (2) – Herford (1) – Herndl (1) – Hofmann (1) – Horus (1) – Hummel (1) – Idem (1) – Ives (1) – Janoud (2) – Kalt (1) – Kayert (1) – Koch (5) – Kotoh (1) – Kramarz (4) – Layer (1) – Lütticke (1) – Luz (1) – Marche (1) – Masterfile (2) – McCutcheon (1) – Meier (1) – Messerschmidt (2) – Neub (1) – Novak (1) – Oertel (1) – Orion (1) – Oster (1) – Partap (1) – Picherell (1) – Pierer (1) – Prädel (1) – Puck–Kornetzki (1) – Reinhard (1) – Rekos (1) – Rushmer (1) – Sammer (1) – Schaefer (1) – Schlapfer (1) – Scholz (2) – Schörken (2) – Schupf (1) – Schwendt (1) – Seeberg (1) – Shostal (1) – Siewert (3) – Smith (2) – Starfoto (3) – Stoy (1) – Streichan (2) – Sunak (3) – Teuffen (1) – Thiele (1) – Thonig (2) – Waldkirch (1) – Walther (1) – Weyer (1) – Wisniewski (1) – Wolfsberger (3) – Zimmermann (1); Carl Zeiss, Oberkochen (6); Werner Zepf, Bregenz (3); Dorothea Zwicker, Würzburg (1);

Schwarzweiß: action press, Hamburg (1) – Kautia (1) – sipa – Univers. Pict. Press (1); Alinari, Florenz – Berger, Köln (7); American Embassy, Bonn (1); Archiv für Kunst und Geschichte, Berlin (12); Kunstarchiv Arntz, Haag (2); The Associated Press GmbH, Frankfurt (1); Atlas Filmverleih, Duisburg (1); Barockmuseum, Wien – Photo Meyer (1); Bavaria-Verlag, Gauting (2); Bayer. Staatsbibliothek, München (5); Bayer. Staatsgemäldesammlungen, München – Artothek/Blauel (1); Bertelsmann Lexikon Verlag, Gütersloh (38); The Bettmann Archive, New York (1); Bibliotheque Nationale, Paris (2); Bildarchiv Preußischer Kulturbesitz, Berlin (37); The British Museum, London (2); Ilse Buhs, Berlin (1); Bundesarchiv Koblenz (1); Rosemarie Clausen, Hamburg (1); K. Th. Clemens, Bonn (1); Constantin Film-Archiv, München (1); Harry Croner, Berlin (1); Deutsche Fotothek, Dresden (1); Deutscher Sportbund, Frankfurt (1); Deutsches Archäolog. Inst., Rom (1); Deutsches Komitee für Unicef (1); Deutsches Museum, München (3); Deutsches Waffenjournal, Schwäbisch Hall (1); Directorete General of Antiquities, Bagdad (1); dpa, Düsseldorf (18); DTB, Frankfurt (1); Elsevier nederland N.V., Amsterdam (1); Egon Fischer, Stäbelow (1); Germanisches Nationalmuseum, Nürnberg (1); Archiv Gerstenberg, Wietze (4); Sammlung Fritz Gruber, Köln (3); Hanns E. Haehl, Stuttgart (1); Claus & Liselotte Hansmann, München (2); Prof. Dr. H. Härtel, Berlin (1); Hirmer Fotoarchiv, München (5); Historia-Photo, Hamburg (10); Historisches Porträtarchiv, Nürnberg (1); The Hulton Picture Library, London (3); Interfoto, München (1); Archiv Karkosch, Gilching (2); Keystone Bilderdienst, Hamburg (4); KNA, Frankfurt (1); Friedrich Krupp GmbH, Essen (1); Photo Kulturinstitute Worms (1); Kunsthistorisches Museum, Wien (1); Landesbildstelle, Berlin (1); Siegfried Lauterwasser, Überlingen (1); Foto Marburg/Bildarchiv Foto Marburg, Marburg (12); Leonard von Matt, Buochs (1); Sammlung Mennings, Lüdge-Niese (3); The Metropolitan Museum of Art, New York (1); Museum für Völkerkunde, Leipzig (1); National Portrait Gallery, London (1); Nationalmuseet, Kopenhagen (1); Werner Neumeister, München (1); Österr. Galerie, Wien (1); Österr. Nationalbibliothek, Wien (10); Photo-Report, Bonn (1); Pinguin Verlag Pawlowski KG, Innsbruck (1); Presse- und Informationsamt der Bundesregierung, Bundesbildstelle, Bonn (1); Rheinisches Bildarchiv, Köln (2); roebild, Frankfurt – Röhrig (1); Schweizer. Bundesarchiv, Bern (1); Schweizer. Landesmuseum, Zürich (1); Presse-Foto Seeger, Ebingen (1); Services Photographiques de la Réunion des Musées Nationaux, Paris (1); Sven Simon, Essen (2); Sowjetunion heute, Köln – Nowosti (1); SRS Sammelwerk Redaktions-Service GmbH, Hamburg (1); Stadtgeschichtliche Museen, Nürnberg (1); Städt. Kunsthalle, Mannheim (1); Stern-Syndication, Hamburg (1) – Borsu (1) – Ihrt (1) – Krämer (1); Story-Press, Berlin (2); Süddeutscher Verlag, München (12); D.-H. Teuffen, Bielefeld (10); Tokyo National Museum, Tokio (1); Ullstein Bilderdienst, Berlin (19); Univesitätsbibliothek, Jena (1); USICA, Bonn (1); VEB-Verlag Enzyklopädie/VEB Bibliograph. Institut, Leipzig (1); Etienne Bertrand Weill, Paris (1); Werek, München (2).

Reproduktionsgenehmigungen für Abbildungen künstlerischer Werke von Mitgliedern und Wahrnehmungsberechtigten der Verwertungsgesellschaften SPADEM/Paris, SABAM/Brüssel, BEELDRECHT/Amsterdam, VAGA/New York, SIAE/Rom wurden erteilt durch die Verwertungsgesellschaft BILD–KUNST/Bonn.

Einbandfotos
Vorderseite: Andy Warhol (c) ARS, New York; ZEFA, Düsseldorf; dpa, Frankfurt; The Metropolitan Museum of Art, New York. – Rückseite: Georg Stiller, Gütersloh; Mercedes-Benz AG, Stuttgart; USIS, Bonn; Studio X, Limours; Werner Neumeister, München.